Aldo Gabrielli

DIZIONARIO DEI SINONIMI E DEI CONTRARI

ANALOGICO E NOMENCLATORE

e bello doppo il morire vivere anchora

LOESCHER EDITORE

Ristampe

5 4 3 2

1997 1996 1995

Finito di stampare nel gennaio 1994
dalla Tipografia Sograte - Città di Castello (PG)

Siamo lieti di poter pubblicare il *Dizionario dei sinonimi e dei contrari, analogico e nomenclatore* di Aldo Gabrielli — un'opera ormai classica che ha mostrato nel corso degli anni le sue doti di completezza — insieme al *Dizionario dei verbi italiani regolari e irregolari* (1971) del medesimo autore. Le due opere affiancano così nel catalogo Loescher il *Vocabolario della lingua latina* di Luigi Castiglioni e Scevola Mariotti e la nuova edizione (1992) del *Dizionario della lingua italiana* di Fernando Palazzi e Gianfranco Folena.
Il *Dizionario dei sinonimi e dei contrari, analogico e nomenclatore* uscì per la prima volta nel 1967 per i tipi dell'Istituto Editoriale Italiano e venne pubblicato a partire dal 1983 dal Centro Italiano di Divulgazione Editoriale che ne curò nel 1988 l'*Appendice di neologismi e lemmi stranieri di uso corrente nel parlare e nello scrivere.*

settembre 1993 l'Editore

Aldo Gabrielli (1898-1978), dopo aver esordito come giornalista collaborando al «Corriere della Sera», si dedicò all'attività editoriale per la casa editrice Mondadori prima che gli interessi per la ricerca linguistica lo impegnassero in modo assiduo. Fra le sue opere linguistiche si devono ricordare, oltre a quelle sopra citate, il *Dizionario linguistico moderno* (Mondadori, 1956), il *Dizionario illustrato per ragazzi* (ivi, 1962) e il *Grande dizionario illustrato della lingua italiana* (ivi, 1989), uscito postumo a cura di Grazia Gabrielli. Fra i molti saggi di riflessione lessicale e di divulgazione sul tema si devono menzionare almeno i tre volumi del *Ricettario linguistico* (ivi, 1976-90).

PREFAZIONE

A parlar di sinonimi la mente corre naturalmente al Tommaseo; e in effetto chiunque si accinga a compilare una raccolta di termini sinonimi non può non prendere come punto di partenza l'opera tommaseana di gloriosa memoria. Ma occorre dir subito che questo nostro dizionario, pur partendo da quell'opera, non persegue gli stessi intenti né si informa agli stessi sistemi, ma si adegua a intenti e sistemi diversi, piú generali e piú ampi, come i tempi e le esigenze di oggi richiedono. Mentre infatti il grande dizionario del Tommaseo allinea i sinonimi in stretto senso, e solo quelli, mettendoli in diretto raffronto tra loro per indicarne le differenze piú o meno sfumate di significato e i piú riposti valori, questo dizionario raggruppa accanto a ciascun esponente tutti quei vocaboli che hanno con esso non solo una stretta parentela sinonimica, ma anche una parentela piú o meno prossima di significato, oscillante fino alla semplice analogia.
Lo scopo di questo raggruppamento? Non soltanto quello di cogliere il valore piú particolare di ciascun termine sinonimo, ma anche e soprattutto quello di offrire una serie il piú possibile abbondante di termini per vari aspetti affini tra loro, sí da consentire al ricercatore la scelta di quello che meglio si adatta alla determinazione precisa del suo pensiero. Questo dizionario vuole dunque ovviare prontamente e con larghezza di scelta alla momentanea deficienza verbale di chi ha un concetto da esprimere, sia suggerendogli la parola piú appropriata, sia rammentandogli una parola dimenticata, sia infine offrendogliene altre o poco note o addirittura sconosciute.
Il metter penna su carta non è piú oggi una cosa riservata a pochi e privilegiati individui, com'era un tempo. Oggi con la sempre crescente diffusione della cultura e dei rapporti umani l'occasione di comunicare il proprio pensiero a una cerchia spesso vastissima di persone si fa ogni giorno piú frequente. Molti quindi — assai piú che ai tempi del Tommaseo — avvertono il peso che può avere anche la parola singola nella formulazione di un concetto, di un'idea. Difatti, pure scrivendo una semplice lettera privata o una comune lettera commerciale, può accadere che un'idea, per quanto ben delineata nella mente, stenti a volte a concretarsi sulla carta, perché viene a mancare il termine che meglio la definisca e la precisi. Questo dizionario vuole essere appunto il soccorritore pronto e generoso in questi attimi di incertezza.
La sua funzione però non si arresta al semplice suggerimento del termine sinonimo. In uno specifico raggruppamento, chiamato genericamente *nomenclatura*, abbiamo inoltre raccolto una serie pur essa amplissima di altri termini che possono avere con l'esponente un qualsiasi riferimento nel momento dell'uso. Si tratta di sostantivi, aggettivi, verbi e avverbi preziosissimi non solo per arricchire e abbellire un concetto, una espressione, ma addirittura necessari a costruire correttamente un periodo, e in ultimo

a perfezionare l'idea stessa o a suggerirne di nuove. Diciamo dunque che questo dizionario è, in ogni sua parte e sotto ogni aspetto, anche un autentico strumento ausiliario e stimolante del pensiero.

Si tenga conto, oltre tutto, che questa funzione suggeritrice di vocaboli e conseguentemente di idee non si esaurisce nel momento stesso in cui ha luogo. L'abbondanza dei termini sinonimi e analogici, oltre che di quelli contrari che ne rafforzano il valore con l'evidenza stessa del contrasto, non può non produrre effetti assai piú vasti e durevoli: essa infatti non solo concorrerà ad arricchire giorno per giorno il vocabolario di ciascuno di noi, ma servirà anche a creare, col rapporto tra i termini stessi, l'esattezza dell'espressione, la proprietà del linguaggio.

Né va infine taciuto il fatto che questo dizionario, pur nella sua precipua funzione di suggeritore di parole e di idee, non dimentica altre funzioni piú generali, ma non per questo meno preziose, che sono proprie dei comuni dizionari di lingua. Infatti, di tutti i termini esso indica minutamente le caratteristiche morfologiche, specificando cioè se siano sostantivi, e di che genere, e se declinabili o no, se siano preposizioni o congiunzioni o avverbi, e nel caso dei verbi, se si tratti di transitivi, intransitivi o difettivi. Né manca, ove occorra, l'indicazione dei termini letterari o poetici o arcaici o fuor d'uso, e all'opposto dei neologismi usabili oppure non usabili perché mal foggiati o addirittura barbari e da tenersene lontani in prosa vigilata e corretta. Particolare cura si è anche data all'accentazione di ciascun vocabolo, sí che questo dizionario risulta alla fine il piú sicuro e scrupoloso prontuario di pronunzia che si possa oggi offrire a un pubblico troppo spesso disorientato dagli influssi stranieri e dai dialetti.

Pensiamo di aver fatto con questa fatica, suggerita da anni e anni di diretta esperienza con le esigenze linguistiche di un vastissimo pubblico dal piú preparato al meno colto, un lavoro non puramente materiale ma meditato oltre che utile e opportuno; opportuno soprattutto in tempi come questi in cui, per le esigenze stesse della quantità e della rapidità di espressione, il vocabolario di tutti si va sempre piú riducendo, assottigliando, snervando, dissanguando, cosí da diventare sempre piú meccanico e convenzionale e di conseguenza sciatto e inespressivo. Far nascere dalle idee le parole, dalle parole le idee: questo è stato in sintesi il nostro intento. Dirà poi il pubblico se tale intento è stato raggiunto.

ALDO GABRIELLI

Desidero qui ringraziare per la loro valida collaborazione a quest'opera: il prof. GIUSEPPE BONFANTI *che mi ha aiutato a raccogliere sistematicamente il materiale lessicale; e il dott.* ARTAL MAZZOTTI *che con rara competenza e amore ha provveduto a ordinare tutto il materiale raccolto e a curare inoltre la revisione generale dello schedario.*

TAVOLA DELLE ABBREVIAZIONI

accr.	accrescitivo
agg.	aggettivo
anat.	anatomia
angl.	anglicismo
ant.	antico, antiquato
art.	articolo
avv.	avverbio
avvers.	avversativo
cong.	congiunzione
contr.	contrario
deriv.	derivato, derivati
dial.	dialettale
dif.	difettivo
dimin.	diminutivo
ebr.	ebraico
err.	errato
f.	femminile
fam.	familiare
fig.	figurato
fil.	filosofia
fr.	francese
frs.	francesismo
gr.	greco
indecl.	indeclinabile
ingl.	inglese
ingls.	inglesismo
intr.	intransitivo
invar.	invariabile
iron.	ironico
lat.	latino
lett.	letterario
loc.	locuzione
loc. avv.	locuzione avverbiale
m.	maschile
med.	medicina
mil.	militare
neol.	neologismo
nom.	nominale
nomencl.	nomenclatura
onomat.	onomatopeico
peggior.	peggiorativo
pl.	plurale
poco us.	poco usato
poet.	poetico
pol.	politica
pop.	popolare
ppr.	participio presente
pps.	participio passato
pref.	prefisso
prep.	preposizione
pron.	pronome
rar.	raro
region.	regionale
rifl.	riflessivo
roman.	romanesco
rus.	russo
scherz.	scherzoso
sf.	sostantivo femminile
sim.	simili
sing.	singolare
sm.	sostantivo maschile
sost.	sostantivo
sp.	spagnolo
sport.	sportivo
spreg.	spregiativo
sps.	spagnolismo
ted.	tedesco
tosc.	toscano
tr.	transitivo
verb.	verbi
v.intr.	verbo intransitivo
v.rifl.	verbo riflessivo
v.tr.	verbo transitivo
vezz.	vezzeggiativo
volg.	volgare
→	vedi alla voce indicata
||	la barretta indica una variante

A

àbaco, *sm.* → ABBACO || *arch.* tavoletta, tavola quadrata.
abàte, *sm.* abbate.
nomencl. (*tipi*) *nullius*, mitrato, commendatario, presidente, regolare, conte, laico, secolare, militare, del campo || benedizione abbaziale || giurisdizione quasi-episcopale, → CLERO, SACERDOTE.
abat-jour, *sm. fr.* paralume, lume.
abazía, *sf.* → ABBAZIA.
abbacàre, *v. intr.* → FANTASTICARE.
abbacchiàre, *v.tr.* → BATTERE.
abbacchiàto, *agg.* → TRISTE, BATTUTO.
abbàcchio, *sm.* → AGNELLO.
abbachísta, *sm.* → MATEMATICO.
abbacinàre, *v.tr.* abbagliare, abbarbagliare, accecare, offuscare, allucinare || *fig.* → INGANNARE.
àbbaco, *sm.* abaco, tavola pitagorica.
abbadàre, *v.intr.* → OZIARE.
abbagliaménto, *sm.* abbarbagliamento, abbacinamento, accecamento, offuscamento || *fig.* → ERRORE, ILLUSIONE.
abbagliàre, *v.tr.* abbacinare, abbarbagliare, accecare, sfavillare, allucinare, offuscare || *fig.* → AFFASCINARE, CONFONDERE.
abbàglio, *s.m.* abbagliamento, abbacinamento, offuscamento, abbarbaglio || svista, sbaglio, fallo, → ERRORE.
abbaiaménto, *sm.* abbaio, abbaiata, abbaiatura.
abbaiàre, *v.intr.* latrare, ringhiare, guaiolare, guaire, guattire, gagnolare, uggiolare, ustolare, ululare, schiattire, mugolare || *fig.* urlare, gridare, brontolare.
abbaiàta, *sf.* → ABBAIAMENTO.
abbaiatúra, *sf.* → ABBAIAMENTO.
abbaíno, *sm.* mansarda, lucernario, piccionaia.
abbàio, *sm.* → ABBAIAMENTO.
abbaióne, *sm. fig.* → BRONTOLONE.
abballàre, *v.tr.* → IMBALLARE, AVVOLGERE.
abballinàre, *v.tr.* → AVVOLGERE.
abballottàre, *v.tr.* → AVVOLGERE.
abbambolàto, *agg.* → IMBAMBOLATO.
abbandonàre, *v.tr.* lasciare; lasciare da parte, lasciare solo, senza custodia, senza aiuto; trascurare, piantare, piantare tutti, piantare in asso, piantare il banco, piantare baracca e burattini, lasciar bollire nel suo brodo, andarsene, voltar le spalle, lasciare in tronco, allontanarsi, separarsi, sbarazzarsi, sloggiare, sfrattare, disfarsi, divorziare, fare la separazione, dimettersi, dare le dimissioni, espatriare, emigrare, esulare, varcare la frontiera, dare o dire addio, abdicare, disertare, rinnegare, abiurare, apostatare, tradire, spergiurare, defezionare, deporre, dimettere, gettare, svestire, levare, svestirsi, rifiutare, ricusare, ripudiare, allentare, cedere, desistere, disdire, ritirarsi, tralasciare, rinunciare || dar la benedizione, fare la croce, battere in ritirata, sonare a raccolta || lavarsi le mani, lasciare in secco.
nomencl. *rifl.* → AVVILIRE || *avv.* di punto in bianco, improvvisamente, completamente.
contr. accompagnare, resistere, rianimare, essere o mantenersi fedele, continuare, proseguire, perseverare.
abbandonàto, *pps.* di abbandonare || *agg.* lasciato, piantato, trascurato, disertato, derelitto, orfano, trovatello, desolato, reietto || deserto, ermo, solitario, solingo, inabitato, disabitato, romito, selvaggio, selvatico, incolto, incustodito.
contr. ripreso, raccolto, zelante, custodito || affollato, abitato, coltivato.
abbandóno, *sm.* rinunzia, abdicazione, defezione, tradimento, cessione, indifferenza, rovina || *fig.* fiducia || avvilimento, scoraggiamento.
nomencl. *agg.* chiesto, clamoroso, ignorato, imposto, improvviso, lieto, meditato, negletto, ostentato, repentino, simulato, triste, voluto, libero || *loc. avv.* alla chetichella, a malincuore || al braccio secolare.
contr. *fig.* presa di possesso || coraggio, audacia, attività, resistenza.
abbarbagliàre, *v.tr.* → ABBACINARE.
abbarbàre, *v.intr.* → ATTECCHIRE.
abbarbicàre, *v.intr.* e *rifl.* → ATTACCARE, ATTECCHIRE.
abbarcàre, *v.tr.* → AMMUCCHIARE.
abbarràre, *v.tr.* → BARRICARE.
abbaruffàre, *v.tr.* aggattigliare, azzuffarsi, → DISORDINARE, LITIGARE.
contr. rappacificarsi, rappaciarsi, conciliarsi, ordinare.
abbaruffío, *sm.* → DISORDINE.
abbassaménto, *sm.* scadimento, depressione, cedimento, franamento, frana, calo, decrescenza, diminuzione, avvallamento || menomanza || *fig.* umiliazione.
nomencl. *agg.* lieve, grande, dirupato, graduale, moderato, profondo, scosceso, precipitoso, repentino, improvviso || *loc. avv.* pian piano.
contr. rialzamento, innalzamento, sollevamento, elevazione || *fig.* superbia.
abbassàre, *v.tr.* calare, chinare, piegare, diminuire, tirar giú, avvallare, atterrare, abbattere, degradare, deprimere, decrescere || *rifl.* avvilirsi, umiliarsi, degradarsi.
contr. innalzare, elevare, rialzare, sollevare, estollere || ringalluzzire || elevarsi, vantarsi, lodarsi, inorgoglire, insuperbirsi.
abbassàto, *pps.* di abbassare || *agg.* → BASSO.
abbàsso, *avv.* in giú, di sotto, sotto, in basso.
contr. in su, di sopra, sopra, in alto || evviva, viva.
abbastànza, *avv.* e *loc. avv.* sufficientemente, bastantemente, abbondantemente, a iosa, a sazietà, quanto basta, bastevolmente, assai, ampiamente, discretamente, soddisfacentemente, parecchio, a sobrietà, né poco né troppo, quanto occorre, alla necessità.
nomencl. *verb.* bastare, soprabbastare, averne a sufficienza, averne per proprio consumo.
contr. insufficientemente, scarsamente, poco.
abbàte, *sm.* → ABATE.
abbàttere, *v.tr.* atterrare, distruggere, buttar giú, gettar giú, diroccare, demolire, rovinare, radere al

suolo, rovesciare, smantellare, spianare, scrollare, stendere a terra, far cadere, sgominare || uccidere, fulminare, macellare, esanimare || *fig.* avvilire, indebolire, abolire || *rifl.* avvilirsi, sgomentarsi, perdere coraggio, abbiosciarsi, accasciarsi.

contr. erigere, ergere, alzare, costruire, innalzare, edificare, fabbricare || *fig.* farsi coraggio, inorgoglirsi, esaltarsi, rincorarsi, prender l'aire.

abbattiménto, *sm.* → DISTRUZIONE || AVVILIMENTO, TRISTEZZA, DISPERAZIONE, DEBOLEZZA.

nomencl. *agg.* parziale, completo, totale, dalle fondamenta || improvviso, subitaneo, imprevisto, lieve, grave, profondo, sconsolato, senza conforto.

contr. eretto, rilevato, alzato, rialzato, incoraggiato.

abbattúto, *pps.* di abbattere || *agg.* → DIROCCATO || *fig.* → TRISTE, BATTUTO, DEBOLE.

abbazía, *sf.* abbadía, badía, → MONASTERO || BENEFICIO.

abbecedàrio, *sm.* → SILLABARIO.

abbelliménto, *sm.* → ORNAMENTO, FIORITURA.

abbellíre, *v.tr.* imbellire, illeggiadrire, imperlare, infiorare, fiorire, dorare, → FREGIARE, ORNARE.

contr. imbruttire, sfregiare, sporcare, insozzare.

abbellíto, *pps.* di abbellire || *agg.* bello, leggiadro, adorno, adornato, vago || → FIORITO.

contr. imbruttito, disadorno, inornato.

abbeveràre, *v.tr.* far bere, dissetare, condurre a bere, cavar la sete, mescere || *fig.* irrigare || *rifl.* → BERE.

contr. assetare, aver sete || disseccare, inaridire, asciugare, prosciugare.

abbeveratóio, *sm.* beriolo, beverino, pila, bigonciolo, vasca, truogolo, guazzatoio, vaschetta, acquaio.

abbiadàre, *v.tr.* pascere di biada, biadare.

abbicàre, *v.tr.* abbarcare, ammucchiare.

abbiccí, *sm.* → SILLABARIO.

abbiènte, *agg.* e *sm.* benestante, → RICCO.

abbiètto, *agg.* abietto, → IGNOBILE, VILE.

abbiezióne, *sf.* abiezione, → AVVILIMENTO, IGNOBILTÀ.

abbigliaménto, *sm.* → VESTI, ORNAMENTO, FINIMENTO.

abbigliàre, *v.tr.* → BARDARE, ORNARE, VESTIRE.

abbigliatóio, *sm.* → GABINETTO.

abbinàre, *v.tr.* → UNIRE.

abbindolaménto, *sm.* → IMBROGLIO, INGANNO.

abbindolàre, *v.tr.* → IMBROGLIARE, INGANNARE.

abbindolatóre, *sm.* → IMBROGLIONE, INGANNATORE.

abbindolatúra, *sf.* → IMBROGLIO, INGANNO.

abbiosciàre, *v.tr.* → INDEBOLIRE, AVVILIRE || APPASSIRE.

abbiosciàto, *pps.* di abbiosciare || *agg.* → APPASSITO.

abbisognàre, *v.intr.* bisognare, occorrere, necessitare, aver bisogno, aver necessità.

abboccaménto, *sm.* → COLLOQUIO.

abboccàre, *v.tr.* prendere con la bocca l'amo; stringere, afferrare || *fig.* cadere in un inganno || *intr.* combaciare || *rifl.* acceffare, rabboccare, → INCONTRARE.

abboccàto, *agg.* (di vino) dolce, amabile.

contr. secco, amaro, *dry*.

abboccatúra, *sf.* imboccatura.

abbonacciàre, *v.tr.* → CALMARE.

abbonaménto, *sm.* appalto, associazione || abbuono, defalco, sconto.

nomencl. *agg.* annuale, semestrale, mensile, temporaneo, sostenitore, gratúito.

abbonàre, *v.tr.* detrarre, defalcare, scontare, scomputare, → DIMINUIRE || → ASSOCIARE.

contr. aumentare, crescere.

abbonàto, *pps.* di abbonare || *sm.* → SOCIO.

abbonazzàre, *v.tr.* → CALMARE.

abbondànte, *ppr.* di abbondare || *agg.* copioso, ricco, dovizioso, esuberante, opimo, esorbitante, pingue, ubertoso, traboccante, dirotto, frequente, fecondo, molteplice, numeroso, profuso, vantaggiato.

nomencl. *loc. avv.* di buona misura.

contr. scarso, moderato, modesto, parco, insufficiente, manchevole, scarseggiante, limitato, sterile.

abbondanteménte, *avv.* largamente, copiosamente, dirottamente, strabocchevolmente || *loc. avv.* a profusione, a piene mani, a iosa, a bizzeffe, a cappellate, a bigonce, a staia, a cataste, a distesa, a sacchi, a palate, a manciate, a bracciate, a fiumi, a montagne, a rovesci, a cateratte, a crepacorpo, a crepapelle, a scatarosci, a rifuso, a strippapelle, a tutto spiano, a tutto pasto, a non finire, con o in abbondanza.

contr. scarsamente, moderatamente, insufficientemente, manchevolmente, parcamente, in modo limitato, avaramente.

abbondànza, *sf.* profusione, iosa, eccesso, profluvio, infinità, sovrabbondanza, esuberanza, ricchezza, lusso, cuccagna, diffusione, diluvio, copia, dovizia, ridondanza, lautezza, traboccamento, rigurgitamento, subisso, colluvie, congerie, rovescio, troppo, visibilio, buscherio, sterminio, larghezza, generosità, miniera, miriade, serqua, ribocco, superfluo,

nomencl. fortuna, cornucopia, Eldorado, cuccagna, Bengodi || *agg.* grande, enorme, immensa, prodigiosa, favolosa, incommensurabile, profusa || *avv.* e *loc. avv.* troppo, a piene mani, a barelle, a bizzeffe, a bottacciate, a cappellate, a carrate, a cataste, a profusione, a sacchi, a manate, a manciate, a barili, a giumelle, a fiumi, a sciami, a tonnellate, a palate, a più non posso, a iosa.

contr. scarsezza, scarsità, povertà, miseria, carestia, pochezza, indigenza, inopia, penuria, angustia, mancanza, strettezza, bisogno.

abbondàre, *v.intr.* ridondare, riboccare, esorbitare, esuberare, trabastare, avanzare, traboccare, straboccare, sovrabbondare, soprammontare, sopravanzare, eccedere, sopreccedere, soverchiare, soperchiare, rigurgitare, ricolmare, sguazzare, averne da vendere, piovere, fioccare, diluviare, scialare, averne da bastare ad un convento, averne in abbondanza || *loc.* portare vasi a Samo e nottole ad Atene, acqua al mare, indulgenze a Roma; nuotar nelle lasagne.

contr. mancare, scarseggiare, penuriare, angustiare, fare miseria, essere privo.

abbondévole, *agg.* abbondante, inesauribile, ricco.

contr. scarso, mancante, indigente, povero, insufficiente.

abbonire, *v.tr.* → CALMARE.

abbordàbile, *agg.* → ACCESSIBILE.

abbordàggio, *sm.* abbordo, arrembaggio, investimento, → ATTACCO.

abbordàre, *v.tr.* → ASSALIRE, AVVICINARE || PREPARARSI.

abbórdo, *sm.* → ABBORDAGGIO.

abborracciàre, *v.tr.* acciarpare, acciabattare, strafal-

ciare, arrocchiare, affastellare, raffazzonare, tirar via, tirar giú come vien viene, tirar con l'ascia, far fascine.
contr. curare, eseguire con cura, con impegno, con amore, con coscienza, con attenzione, zelare, essere zelante, impegnarsi.
abborracciatóre, *sm.* acciarpone, acciarpatore, acciabattatore, ciabattino, ciabattone, cianfruglione, raffazzonatore, rinfrinzellatore, improvvisatore, abborraccione.
abborràre, *v.tr.* → EMPIRE, AGGIUNGERE.
abbozzacchiàre, *v.tr.* → ABBOZZARE.
abbozzàre, *v.tr.* cominciare, iniziare, fare, formare, schizzare, tracciare, digrossare, sgrossare, ordire, imbastire, modellare, abbozzacchiare, sbozzare, delineare, disegnare, dare un'abbozzata, adombrare, dirozzare, avviare.
contr. condurre a termine, terminare, finire, definire, rifinire, ultimare, completare, perfezionare.
abbòzzo, *sm.* traccia, minuta, embrione, bozzaccia, appunto, schizzo, tracciato, idea, bozzo, sbozzatura, imbrattatura, imbratto, delineamento, modello, studio, imbastitura, saggio || → BOZZETTO.
contr. bella copia; lavoro ultimato, perfetto, finito, rifinito, concluso.
abbozzolàre, *v.tr.* e *rifl.* → AVVOLGERE || ACCOCCOLARSI.
abbracciabòschi, *sm.* → EDERA.
abbracciafústo, *agg.* sèssile.
abbracciaménto, *sm.* → ABBRACCIO.
abbracciàre, *v.tr.* stringere, avvinghiare, allacciare, avviticchiarsi, avvincere, amplettere, avvinghiare il collo, avvinghiarsi, buttare le braccia al collo, buttarsi al collo, stringere in braccio, nelle braccia, al seno, dare un abbraccio, un amplesso, abbracciucchiare, avventarsi || *fig.* circondare, contenere, comprendere, attorniare, capire, estendere, avvicinare, sostenere || *rifl.* aggrapparsi, appendersi, sostenersi, caldeggiare || → ATTACCARE, CINGERE.
abbràccio, *sm.* amplesso, abbracciamento, stretta, allacciamento, avvinghiamento.
nomencl. *agg.* affettuoso, amoroso, caldo, commosso, festoso, fraterno, lezioso, ripetuto, tenero, vicendevole, lungo || *loc. avv.* stretto stretto, alla lesta.
abbracciucchiàre, *v.tr.* → ABBRACCIARE.
abbrancàre, *v.tr.* → PRENDERE || *rifl.* → ATTACCARE.
abbreviàre, *v.tr.* accorciare, raccorciare, restringere, ridurre, scorciare, compendiare, imbreviare, riassumere, scortire, scortare, decurtare, tagliare, tarpare, ricapitolare || → DIMINUIRE.
contr. allungare, prolungare, protrarre, diluire, estendere.
abbreviàto, *pps.* di abbreviare || *agg.* → DIMINUITO.
abbreviatúra, *sf.* abbreviazione, accorciamento, accorciatura, abbreviamento, troncamento, sigla || compendio, estratto, sommario.
nomencl. (*tipi*) per contrazione, per troncamento, cancelleresca, diplomatistica, epigrafica, paleografica || imbreviatura, protocollo || note tironiane, brachigrafia, stenografia, tachigrafia, paleografia.
contr. allungamento, aggiunta, giunta, prolungamento, addizione, estensione.
abbreviazióne, *sf.* → ABBREVIATURA.
abbriccàgnolo, *sm.* → GANCIO, ATTACCAPANNI || *fig.* falsa ragione, pretesto, sotterfugio, scusa, colore, grétola, → CAVILLO.
abbriccàre, *v.tr.* → APPICCARE, ATTACCARE.
abbrividíre, *v.intr.* → INFREDDOLIRE, RABBRIVIDIRE.
abbronzàre, *v.tr.* abbrunire, annerire, annerare, abbrunare, ammorire, abbrustolire, strinare, tostare, avvampare, inaridire, rosolare, bruciare || *rifl.* abbronzarsi, abbrunirsi, scurirsi, prendere la tintarella.
nomencl. *agg.* morato, arsiccio, adusto.
contr. imbianchire, schiarire || schiarirsi.
abbruciacchiàre, *v.tr.* → BRUCIARE.
abbruciaménto, *sm.* → INCENDIO.
abbruciànte, *ppr.* di abbruciare || *agg.* → BRUCIANTE.
abbruciàre, *v.tr.* → BRUCIARE.
abbrunàre, *v.tr.* → ANNERIRE || ABBRONZARE.
abbruníre, *v.intr.* → ANNERIRE || ABBRONZARE.
abbrustiàre, *v.tr.* → BRUCIARE.
abbrustolíre, *v.tr.* → BRUCIARE || ABBRONZARE.
abbrutiménto, *sm.* imbestiamento, imbestialimento, disumanamento.
abbrutíre, *v.tr.* e *intr.* imbestiare, imbestialire, disumanare || ridursi a bestia, come bruto.
contr. rendere o divenire ragionevole, umano.
abbruttíre, *v.tr.* → IMBRUTTIRE.
abbuiaménto, *sm.* → BUIO.
abbuiàre, *v.tr.* → OSCURARE, ANNERIRE || *intr.* → ANNOTTARE || *fig.* → RATTRISTARE.
abbuòno, *sm.* defalco, diffalco, sconto, detrazione, scòmputo, tara, diminuzione, *handicap*.
contr. aumento, rincaro.
abburattàre, *v.tr.* → VAGLIARE || *intr.* → PARLARE.
abdicànte, *ppr.* di abdicare || *agg.* → RINUNZIATARIO.
abdicàre, *v.intr.* rinunciare, rinunziare, dimettersi, abbandonare, respingere, rifiutare.
contr. assumere, accettare, conservare.
abdicatàrio, *sm.* → RINUNZIATARIO.
abdicazióne, *sf.* → RINUNZIA.
abduttóre, *agg.* (di muscolo).
contr. adduttore.
aberrànte, *ppr.* di aberrare || *agg.* → FALSO.
aberràre, *v.intr.* → ERRARE || DEVIARE.
aberrazióne, *sf.* → ERRORE.
abetàia, *sf.* abetina, → FORESTA.
abéte, *sm.*, in Toscana, anche abéto.
nomencl. bianco, rosso, pettinato, balsamico, dell'America, eccelso, di Moscovia.
abetína, *sf.* abetaia, → FORESTA.
abiettézza, *sf.* → BASSEZZA.
abiètto, *agg.* → ABBIETTO.
abiezióne, *sf.* → ABBIEZIONE.
àbile, *agg.* atto, acconcio, adatto, capace, destro, esperto, esperiente, esercitato, idoneo, pratico, valido, valente, versatile, versato, industre, ingegnoso, sagace, adeguato, agguerrito, avveduto, competente, bravo, buono, sufficiente, efficiente, maturo, pari, accorto, pronto, sicuro, appropriato, valoroso, eccellente, costruttivo, fattivo, operoso, procaccevole, talentoso, consumato, ferrato, navigato, dialettico, diplomatico, diritto, agile, alacre, attivo, efficace, intraprendente, di polso, solerte, rabattino, furbo, maestro, perito, diavolo, portento, tatticone, praticone, politicone.

nomencl. persona coi fiocchi, di cartello, a tutta prova || *verb.* che ha le cose sulle dita, ha la mano del cielo, che sa navigare a tutti i venti.
contr. inabile, inetto, inadatto, inesperto, maldestro, incapace, inefficiente, disadatto, refrattario, controindicato, buono a nulla, malacconcio, malconcio, insufficiente.
abilità, *sf.* bravura, capacità, destrezza, desterità, efficacia, efficienza, facoltà, maestria, magistero, magistralità, perizia, sufficienza, valentia, valore, validità, attezza, agilità, bastevolezza, bernoccolo, dono, dote, facoltà, idoneità, ingegno, mano, possibilità, potenza, qualità, requisito, sapienza, stoffa, talento, vaglia, virtú, esperienza, tattica, competenza, industriosità, versatilità, attitudine, accortezza, cognizione, conoscenza, intraprendenza, disposizione, inclinazione, industria, ingegnosità, nozione, pratica, propensione, sagacia, tecnica, virtuosismo, virtuosità, saper fare, furberia.
nomencl. *verb.* aver la politica, aver le mani in pasta; aver la mano esperta, industriosa, ingegnosa; saper il fatto proprio, saperci fare.
contr. inabilità, incapacità, incompetenza, inefficacia, inefficienza, inettitudine, dappocaggine, ignoranza, nullità, inesperienza, insufficienza, inadattabilità, ottusità, impotenza,
abilitàre, *v.tr.* rendere idoneo, abile, capace.
contr. inabilitare.
abilitazióne, *sf.* avere, ottenere il diploma.
abissàle, *agg.* → SCOSCESO || *fig.* rovinoso, infernale, sprofondato.
abísso, *sm.* → DIRUPO, BARATRO || *fig.* rovina, perdizione, → INFERNO.
nomencl. *verb.* inabissarsi, precipitare, cadere, sprofondare, scomparire, essere travolto.
contr. vetta, cima, culmine.
abitàcolo, *sm.* → CASA.
abitànte, *sm.* abitatore, dimorante, domiciliato, residente || *pl.* → POPOLAZIONE.
nomencl. (*distinzioni*) borghigiano, campagnolo, cittadino, castellano, colligiano, montanaro, compaesano, forese, isolano, terrazzano, valligiano, paesano, conterraneo, coabitante, coabitatore, inquilino, coinquilino, pigionale || troglodita, cavernicolo, palafitticolo, autoctono, indigeno, aborigeno || (*attinenti*) anagrafe, censimento, registro anagrafico, registro della popolazione, popolazione stabile, residente, fluttuante || stato d'anime, colonia, incolato, immigrazione, emigrazione.
abitàre, *v.intr.* e *tr.* soggiornare, dimorare, vivere, risiedere, alloggiare, albergare; stare, permanere, stabilirsi, accasarsi, star di casa, aver sede, avere stanza, avere domicilio, prender domicilio, prendere fissa dimora, star vicino a uno, confinare, coabitare, stare a uscio e bottega, riabitare.
contr. sloggiare, sgombrare, trasferirsi, traslocare, andarsene || fare san Martino.
abitàto, *pps.* di abitare || *agg.* popoloso, popolato || *sm.* caseggiato, paese, città.
contr. spopolato, deserto, disabitato, inabitato, vuoto || campagna.
abitatóre, *sm.* → ABITANTE.
abitazióne, *sf.* abitacolo, abituro, alloggiamento, alloggio, casamento, ricettacolo, dimora, focolare, magione, nido, soggiorno, residenza, sede, stanza, albergo, → CASA.
nomencl. (*attinenti*) comune, frazione, città, paese, villaggio, borgo, borgata, metropoli || trasloco, trasferimento, trasmutamento, sgombero || locazione, affitto, pigione || inquilino, casigliano, coinquilino, coabitante, vicinato || *agg.* abbandonata, affittata, sfitta; ammobiliata, arredata, ordinata; calda, civile, cittadina, comoda, centrale, borghese, signorile, sontuosa, sfarzosa, elegante, maestosa, principesca, reale, moderna, nuova, ospitale, centrale, campestre, colonica, primitiva, privata, inabitabile, inospitale, meschina, misera, povera, romita, rustica, spoglia, vuota, spiantata, angusta, naturale, piccola, pronta, rovinata, cadente, diroccata, disusata, temporanea, svaligiata; canonica; coatta, fortificata, galleggiante, palafitticola, trogloditica.
abitíno, *sm.* → SCAPOLARE.
àbito, *sm.* → VESTE, DIVISA || *fig.* → ATTEGGIAMENTO, ABITUDINE.
abituàle, *agg.* → SOLITO.
abitualménte, *avv.* usualmente, ordinariamente, comunemente, solitamente, inveteratamente, di solito.
contr. insolitamente, straordinariamente, eccezionalmente.
abituàre, *v.tr.* assuefare, avvezzare, accostumare, esercitare, addestrare, adusare, agguerrire, allenare, ambientare, coltivare, costumare, formare, familiarizzare, acclimatare, assuefare, dirompere, praticare, travagliare || *rifl.* prendere l'abitudine, l'abito, la piega; assuefarsi, accostumarsi, adusarsi, abituarsi, avvezzarsi, addomesticarsi; far la mano, l'occhio, l'orecchio, l'osso, lo stomaco; incallire.
contr. disabituare, disavvezzare, disassuefare, svezzare, divezzare, estirpare, spaesare, disambientare || disabituarsi, dissuefarsi, divezzarsi, perdere l'abitudine, spaesarsi, disambientarsi.
abituàto, *pps.* di abituare || *agg.* → ABITUDINARIO.
abitudinàrio, *agg.* e *sm.* abituale, abituato, metodico, consuetudinario, meticoloso, incallito, assiduo.
contr. irregolare, volubile, capriccioso, disordinato, eccentrico.
abitúdine, *sf.* abito, usanza, consuetudine, costume, pratica, metodo, assuefazione, andazzo, vezzo, vizio, incallimento, inclinazione, piega, seconda natura, atteggiamento, costumanza, dirizzone, esercizio, tran tran, mania, malvezzo, voga, tradizione, moda.
nomencl. *agg.* buona, cattiva, recente, vecchia, comune, strana, temperata, eccessiva, inveterata, radicata, non sradicabile, maniaca, fossilizzata, insolita, inusitata, scostumata, tradizionalista, spedita, eccentrica.
contr. disuso, disusanza, desuetudine, dissuetudine, eccentricità.
abitúro, *sm.* → CASA.
abiúra, *sf.* abiurazione, apostasia, conversione, → RINUNZIA.
abiuràre, *v.tr.* apostatare, rinnegare, rinunciare, convertirsi, → ABBANDONARE.
abiurazióne, *sf.* → ABIURA.
ablazióne, *sf.* → ASPORTAZIONE.

abluzióne, *sf.* → BAGNO.
abnegazióne, *sf.* → SACRIFICIO, DISINTERESSE, GENEROSITÀ.
abolíbile, *agg.* → CANCELLABILE.
abolíre, *v.tr.* → DISTRUGGERE, CANCELLARE, ANNULLARE.
abolizióne, *sf.* → DISTRUZIONE, ANNULLAMENTO.
abominàre, *v.tr.* → DISPREZZARE, ODIARE.
abominazióne, *sf.* → ODIO; ORRORE.
abominévole, *agg.* → INDEGNO, ODIOSO.
abomínio, *sm.* → INFAMIA, ORRORE; ODIO.
aborígeno, *agg.* e *sm.* → INDIGENO.
aborríre, *v.tr.* → ODIARE.
abortíre, *v.intr.* sconciarsi, guastarsi || *fig.* → FALLIRE.
contr. partorire || riuscire, avere buon esito.
abòrto, *sm.* || *fig.* mostro, mal riuscito, fallimento.
nomencl. (*tipi*) artificiale, forzato, procurato, spontaneo || (*attinenti*) feto, gravidanza; ostetricia, ostetrica || abortivi, anticoncezionali (mezzi).
contr. nascita, parto || *fig.* riuscita, capolavoro.
abràdere, *v.tr.* → RASARE, SCORTICARE, TAGLIARE || CANCELLARE.
abrasióne, *sf.* spellatura, escoriazione, sbucciatura, scorticatura || → CANCELLATURA.
abrogàre, *v.tr.* revocare, abolire, cassare, cancellare, scancellare, estinguere, → ANNULLARE.
contr. ristabilire, rimettere in vigore, derogare, dispensare, surrogare.
abrogazióne, *sf.* → ANNULLAMENTO.
abúlico, *agg.* inerte, influenzabile, svogliato, inetto, sfiaccolato, inconcludente, smidollato || → PIGRO.
contr. energico, attivo, volitivo, fattivo, costruttivo, tenace.
abusàre, *v.intr.* eccedere, usare male, far cattivo uso, prevaricare || → APPROFITTARE.
contr. usar bene, con discrezione, con regolarità, rispettare.
abusivaménte, *avv.* indebitamente, illecitamente, impropriamente, irregolarmente.
contr. debitamente, propriamente, regolarmente, normalmente, lecitamente.
abusívo, *agg.* indebito, illegale, illecito, → IRREGOLARE.
contr. regolare, normale, dovuto, lecito, legale.
abúso, *sm.* vizio, stravizio, eccesso, disordine, scandalo, smoderatezza, immoderatezza, illegalità.
nomencl. *agg.* proibito, tolto, soppresso, sradicato, sopportato, tollerato, subíto, grave, disdicevole, assecondato || *verb.* permettere, acconsentire, sopportare, tollerare, subire, stroncare, proibire, sopprimere, sradicare, combattere, condannare, punire.
contr. uso, legalità, moderazione, temperanza.
abuzzàgo, *sm.* → POIANA.
acàcia, *sf.* → GAGGÍA.
acagiú, *sm.* → MOGANO.
àcaro, *sm.* zecca.
acatalessía, *sf.* → EPILESSIA.
acattòlico, *agg.* → ERETICO.
accadèmia, *sf.* || *fig.* CHIACCHIERA.
nomencl. (*suddivisione*) aeronautica, militare, navale; pontificia, reale, nazionale; musicale, scientifica, letteraria; platonica, neoplatonica, plotiniana || (*esempi storici*) pontaniana, aldina, della Crusca, del Cimento, d'Italia, dei Lincei, degli Arcadi, dei Georgòfili, Ambrosiana, di Brera, Albertina, di Santa Cecilia, di San Luca, delle Scienze e Lettere, di Belle Arti, d'educazione fisica, di Francia || (*Accademia della Crusca*) arciconsolo (presidente), cicalata (lezione scherzevole), accademico compilatore (del vocabolario), cruscante, cruscaio, cruscaiolo, inferigno (soprannomi dell'accademico), frullone (impresa dell'accademia), gerle (sedili), incruscanti (gli ammessi), massaio (l'ufficiale), beccaficata o stravizzo (convito annuale) || aula, bigoncia (cattedra), censore, console, disputazione graduale, immortale (*scherz.*), nome accademico, nomina, segretario, bibliotecario, tornata (adunanza periodica).
accadére, *v.intr.* → AVVENIRE.
accadiménto, *s.m.* → AVVENIMENTO.
accagionàre, *v.tr.* → ACCUSARE.
accagliaménto, *sm.* → COAGULAZIONE, CONDENSAZIONE.
accagliàre, *v.tr.* e *rifl.* → COAGULARE, CONDENSARE.
accalappiàre, *v.tr.* → PRENDERE || *fig.* → INGANNARE.
accalappiaménto, *sm.* *fig.* → INGANNO, SEDUZIONE.
accalcàre, *v.rifl.* → AFFOLLARE.
accaldàre, *v.rifl.* → RISCALDARE, SUDARE || *fig.* scalmanarsi, prendersela.
accaldàto, *pps.* di accaldare || *agg.* → CALDO, SUDATO.
accaloràre, *v.tr.* V. RISCALDARE || *fig.* incitare, infervorare, aizzare, istigare, stimolare, eccitare || *rifl.* riscaldarsi || *fig.* infervorarsi, appassionarsi, esaltarsi, riscaldarsi, entusiasmarsi, animarsi, eccitarsi.
contr. raffreddare || *fig.* calmare, intiepidire, disappassionare, disanimare || *rifl.* spassionarsi, raffreddarsi.
accaloràto, *pps.* di accalorare || *agg.* → CALDO.
accampaménto, *sm.* bivacco, baraccamento, alloggiamento, accantonamento, attendamento, campo, addiaccio, concentramento, castramentazione || campeggio.
nomencl. guardia del campo, guardia delle linee, picchetto || tenda, trabacca.
accampàre, *v.tr.* e *intr.* alloggiare, attendare, disporre l'esercito, porre l'accampamento, appadiglionare, trincerare un campo, accantonare la truppa || campeggiare || parcare, parcheggiare || *fig.* mettere innanzi (scuse, ragioni) || *rifl.* acquartierarsi, attendarsi, accasermarsi, attrabaccarsi, piantar le tende, accamparsi.
contr. sloggiare, disfare o levar le tende, spiantare le tende.
accanalàre, *v.tr.* → SCAVARE.
accaniménto, *sm.* ostinazione, zelo, perseveranza, assiduità, pertinacia, rabbia, → FURIA, IRA, ODIO.
contr. calma, pacatezza, freddezza.
accaníre, *v.rifl.* accanare (*ant.*), accaneggiarsi, infierire, ostinarsi, perseverare con ostinazione, → ADIRARE.
contr. cedere, rinunciare, indulgere, perdonare, lasciar correre.
accanitaménte, *avv.* → DISPERATAMENTE, ASPRAMENTE.
accànto, *avv.* → VICINO.
accantonaménto, *sm.* → ACCAMPAMENTO || *fig.* rinvio || → RISPARMIO.
accantonàre, *v.tr.* → ACCAMPARE || *fig.* rinviare, rimandare || serbare, metter da parte, conservare, custodire, → RISPARMIARE.
accaparraménto, *sm.* → INCETTA.

accaparràre, *v.tr.* accumulare, → INCETTARE, COMPERARE, FISSARE, IMPEGNARE || *rifl.* → OTTENERE.
accaparratóre, *sm.* → INCETTATORE.
accapigliaménto, *sm.* → LITIGIO.
accapigliàre, *v.rifl.* → LITIGARE.
accapigliatúra, *sf.* → LITIGIO.
accappatóio, *sm.* → ASCIUGAMANO.
accappiàre, *v.tr.* → ALLACCIARE.
accappiatúra, *sf.* → NODO.
accappiettàre, *v.tr.* → LEGARE, ALLACCIARE.
accapponàre, *v.tr.* → CASTRARE || *fig. rifl.* aver la pelle d'oca, → RABBRIVIDIRE.
accapponàto, *pps.* di accapponare || *agg.* e *sm.* → CASTRATO || *fig.* rabbrividito.
accappucciàre, *v.tr.* → INCAPPUCCIARE.
accappucciàto, *pps.* di accappucciare || *agg.* → INCAPPUCCIATO.
accaprettàre, *v.tr.* → LEGARE.
accarezzaménto, *sm.* → CAREZZA.
accarezzàre, *v.tr.* carezzare, vezzeggiare, lisciare, fare festa, → BLANDIRE || *fig.* lusingare, adulare, piaggiare, curare, vagheggiare.
contr. maltrattare, malmenare, battere, andare contro il verso giusto || insultare, maledire.
accartocciàre, *v.tr.* → PIEGARE || AVVOLGERE.
contr. scartocciare.
accasaménto, *sm.* → MATRIMONIO.
accasàre, *v.tr.* → SPOSARE || *rifl.* → ABITARE.
accasciaménto, *sm.* → DEBOLEZZA || DISPERAZIONE.
accasciàre, *v.tr.* → INDEBOLIRE, ESAMINARE || *rifl.* → DISPERARE.
accasciàto, *pps.* di accasciare || *agg.* → DEBOLE, ADDOLORATO.
accasermàre, *v.tr.* alloggiare in caserma, acquartierare, accantonare.
accastellàre, *v.tr.* → AMMUCCHIARE.
accastellinàre, *v.tr.* → AMMUCCHIARE.
accatastàre, *v.tr.* → AMMUCCHIARE.
accatricchiàre, *v.tr.* → ARRUFFARE || *rifl. fig.* → LITIGARE.
accattabríghe, *sm.* → ATTACCABRIGHE.
accattaménto, *sm.* → ACCATTONAGGIO.
accattapàne, *sm.* → MENDICANTE.
accattàre, *v.tr.* e *intr.* → ELEMOSINARE, MENDICARE.
accattatòzzi, *sm.* → MENDICANTE.
accàtto, *sm.* colletta, questua, elemosina, → ACCATTONAGGIO || IMPOSTA.
accattonàggio, *sm.* questua, accatto, accattamento, mendicità, cerca, colletta, raccolta di denaro.
accattóne, *sm.* → MENDICANTE.
accavalcàre, *v.tr.* accavallare, accavalciare, incavallare, incavalcare, scavalcare || → AMMUCCHIARE.
contr. stendere, divaricare, allungarsi.
accavalciàre, *v.tr.* → ACCAVALCARE.
accavallàre, *v.tr.* → ACCAVALCARE.
accecaménto, *sm.* → OSCURAMENTO || *fig.* → OCCLUSIONE.
accecàre, *v.intr.* e *tr.* orbare || *fig.* ottenebrare, offuscare, abbarbagliare, abbagliare, abbacinare || turare, otturare, chiudere (una finestra) || legare (la ragione), illudere.
contr. aprire, far vedere, chiarire, illuminare, lumeggiare, sfolgorare.

accecàto, *pps.* di accecare || *agg.* → CIECO || INCONSIDERATO.
accèdere, *v.intr.* → ENTRARE, AVVICINARE || *fig.* → ACCONSENTIRE.
acceffàre, *v.tr.* → ADDENTARE.
acceleraménto, *sm.* → FRETTA.
acceleràre, *v.tr.* affrettare, sollecitare, incalzare, pressare, spingere, sveltire, anticipare, stimolare, spicciarsi, sbrigarsi, fare in fretta, andare in fretta, aver fretta, urgere, instare.
nomencl. (*inerenti*) velocità, fretta, sollecitudine, sveltezza, rapidità, celerità.
contr. rallentare, trattenere, indugiare, attardare, procrastinare, rimandare, temporeggiare, fermarsi || calmare.
accèndere, *v.tr.* dar fuoco, incendiare, infocare, infiammare, affocare, ardere, avvampare, bruciare, rinfocolare || *fig.* eccitare, istigare, incitare, avviare, fomentare, suscitare, aizzare || *rifl.* accalorarsi, infiammarsi, eccitarsi, appassionarsi, → ADIRARE.
contr. spegnere, estinguere, smorzare || *fig.* calmare, tranquillizzare, sopire, reprimere, soffocare.
accendiménto, *sm.* → BRUCIAMENTO.
accendíno, *sm. neol.* accenditore, accendisigaro || → ACCIARINO.
accendisígaro, *sm.* accenditore, accendino (*neol.*).
accenditóre, *sm.* lumaio, lampista, lampionaio || accenditore (automatico), accendisigaro, accendino (*neol.*).
contr. spegnitore, smorzatore, estintore || *fig.* spegnitoio || *agg.* soporifero.
accennàre, *v.intr.* e *tr.* → INDICARE, DESIGNARE || CHIAMARE, AVVERTIRE || ALLUDERE || CANTARE.
accénno, *sm.* segno, traccia, indizio, avvertimento, avviso, allusione, indicazione, → CENNO.
accensíbile, *agg.* → INFIAMMABILE.
accensióne, *sf.* → BRUCIAMENTO.
accentàre, *v.tr.* accentuare || *fig.* calcare, scolpire, mettere l'accento.
contr. disaccentare, togliere l'accento.
accentazióne, *sf.* → CADENZA.
accènto, *sm.* → VOCE, PAROLA.
nomencl. (*tipi*) acuto, circonflesso, grave || finale, grammaticale, tonico, fonico, ritmico || dialettale, straniero, toscano, romano, ecc. || *verb.* accentare, accentuare, mettere l'accento, calcare l'accento.
accentraménto, *sm.* centralizzazione.
nomencl. burocrazia statale, centrale.
contr. decentramento || enti locali.
accentràre, *v.tr.* centralizzare.
contr. decentrare, discentrare.
accentuàre, *v.tr.* accentare || dar rilievo, far spiccare, sottolineare, caricare, drammatizzare, dare evidenza, rimarcare, scolpire, → RAFFORZARE
contr. attenuare, indebolire, attutire, velare, smorzare, sdrammatizzare, estenuare.
accentuàto, *pps.* di accentuare || *agg.* spiccato, rilevato, enfatico, rafforzato, scolpito.
contr. debole, pallido, scialbo, velato, attutito, estenuato.
accerchiaménto, *sm.* → CERCHIA.
accerchiàre, *v.tr.* mettersi attorno, far cerchio, circondare, → CINGERE, GIRARE, ASSEDIARE.

accertaménto, *sm.* → CONFERMA, VERIFICA, RICONOSCIMENTO.
accertàre, *v.tr.* verificare, certificare, affermare, assicurare, stabilire la verità, appurare, cerziorare, chiarire, conoscere, costatare || *rifl.* convincersi, capacitarsi, rendersi certo, accertarsi, persuadersi.
contr. mettere in dubbio, negare, dubitare, essere incerto.
accertatívo, *agg.* → AFFERMATIVO.
accertàto, *pps.* di accertare || *agg.* → CERTO, FIDATO.
accéso, *pps.* di accendere || *agg.* affocato, incendiato, allumato, molto caldo, → INFIAMMATO, BRUCIATO || *fig.* → BIONDO || infervorato, ardente, fervente, zelante, rinfocolato, appassionato, invaghito, → DESIDEROSO.
contr. spento, smorzato, smorto, freddo, gelido, pallido, sbiadito, diminuito.
accessíbile, *agg.* accostevole, raggiungibile, accostabile || *fig.* familiare, affabile, cordiale, comprensivo, abbordabile, compagnevole, alla mano, alla buona, facile, umano, → APERTO.
contr. inaccessibile, scostante, scontroso, ombroso, burbero, superbo, chiuso, inumano.
accessibilità, *sf.* accostabilità, raggiungibilità, comprensibilità, facilità || *fig.* familiarità, affabilità, cordialità, comprensività, umanità.
contr. inaccessibilità, incomprensibilità, inaccostabilità.
accessióne, *sf.* → ACCESSO || *fig.* → CONSENSO || AGGIUNTA.
accèsso, *sm.* àdito, entrata, ingresso, accessione, apertura || insulto, epilessia, attacco, crisi, assalto d'ira || uscire dei gangheri.
contr. uscita, egresso || sortita (*mil.*).
accessoriaménte, *avv.* → SECONDARIAMENTE.
accessòrio, *agg.* aggiunto, superfluo, eccessivo, complementare, eccedente, poco importante, di secondaria importanza, → SECONDARIO, ACCIDENTALE, MARGINALE.
contr. principale, essenziale, sostanziale, fondamentale.
accétta, *sf.* → SCURE.
accettàbile, *agg.* → GRADITO, AMMISSIBILE.
accettànte, *ppr.* di accettare || *sm.* → CONTRAENTE.
accettàre, *v.tr.* prendere, accogliere, ammettere, raccettare, ricettare, ricevere, approvare, acconsentire, gradire, aggradire, far buon viso, non farselo ripetere due volte, non far cerimonie.
contr. dare, offrire || rinunciare, rifiutare, ricusare, respingere, sgradire, negare.
accettazióne, *sf.* accoglienza, accoglimento, aggradimento, gradimento, approvazione, consenso, ammissione, ricevimento.
contr. rifiuto, rigetto, ripudio, negazione, rinunzia.
accettévole, *agg.* → GRADITO.
accètto, *agg.* → GRADITO, AMATO.
accezióne, *sf.* → SIGNIFICATO.
acchetàre, *v.tr.* → CALMARE.
acchiappàre, *v.tr.* → PRENDERE, COLPIRE || *fig.* → INGANNARE.
acchiappatúra, *sf.* → INGANNO.
acchiocciàre, *v.rifl.* → ACCOCCOLARE.
acchiocciolàre, *v.tr.* → AVVOLGERE || *rifl.* → ACCOCCOLARE.
acchiúdere, *v.tr.* → ACCLUDERE.
acciabattàre, *v.tr.* → ABBORRACCIARE.
acciabattatóre, *sm.* → ABBORRACCIATORE.
acciaccàre, *v.tr.* → SCHIACCIARE, PESTARE.
acciaccatúra, *sf.* → SCHIACCIATURA.
acciaccinàre, *v.rifl.* → ADOPERARE.
acciàcco, *sm.* → MALORE, MALATTIA, DEBOLEZZA || DANNO.
acciaiàre, *v.tr.* ridurre ad acciaio, inacciaiare, temperare, dare la tempera.
contr. disacciaiare.
acciaiatúra, *sf.* → GALVANOPLASTICA.
acciaiería, *sf.* fonderia, fucina || → ACCIAIO.
acciàio, *sm.* ferro temprato, acciaro.
nomencl. barra, palla, massello, pane d'acciaio || (*luoghi e procedimenti*) acciaieria, siderurgia, fonderia, fucina, forgia, altoforno, soffieria, forno, convertitore || procedimento Bessmer, procedimento Martin || brunitura, damaschinatura, tempera, fusione, colata, storta, calda || *agg.* dolce, temperato, duro, durissimo, fuso, cromato, inossidabile, damaschinato, naturale || di cementazione o cementato, a tutta tempera, di forgia.
acciaiòlo, *sm.* → ACCIARINO.
acciambellàre, *v.tr.* e *rifl.* → ACCOCCOLARE.
acciampinàre, *v.rifl.* → ADOPERARE.
acciannàre, *v.rifl.* → ADOPERARE.
acciaríno, *sm.* battifuoco, focile, acciaiolo.
nomencl. (*parti*) cane (collo, corpo, bottone, mascelle, vite, gambetto), cartella, coietto, martellina, molla maestra, noce, scatto, sottoscatto, tiramolle, esca, pietra focaia, piromaca || *verb.* battere il foco, accendere l'esca.
acciàro, *sm.* → ACCIAIO || *poet.* → SPADA.
acciarpaménto, *sm.* → ABBORRACCIAMENTO.
acciarpàre, *v.tr.* → ABBORRACCIARE.
acciarpatóre, *sm.* → ABBORRACCIATORE.
acciarpóne, *sm.* → ABBORRACCIATORE.
accidentàle, *agg.* fortúito, contingente, accessorio, eventuale, non sostanziale, non essenziale, casuale, avventizio, secondario, insolito, marginale.
contr. fisso, stabile, essenziale, sostanziale, inerente, certo, abituale, solito, consueto.
accidentalità, *sf.* casualità, superfluità, incidenza, contingenza, accidenza.
contr. sostanzialità, permanenza, continuità.
accidentàto, *agg.* inuguale, disuguale, variato, rotto, declinante, sporgente || → PARALITICO.
accidènte, *sm.* caso, sorte, incidente, evento, esempio, emergenza, contingenza, fatto casuale, fatto improvviso, fatto contingente, evenienza, concomitanza, fenomeno, avvenimento, disgrazia || → PARALISI.
accidènza, *sf.* → ACCIDENTALITÀ.
accídia, *sf.* → PIGRIZIA.
accidióso, *agg.* → PIGRO.
accigliàre, *v.rifl.* → AGGRONDARE, ADIRARE.
accigliàto, *pps.* di accigliare || *agg.* → BURBERO.
accigliatúra, *sf.* → MALUMORE.
accileccàre, *v.tr.* far le cilecche || *fig.* → BLANDIRE.
accincignàre, *v.tr.* → PIEGARE, GUALCIRE, SCIUPARE.
accíngere, *v.rifl.* → PREPARARE, COMINCIARE.
acciocché, *cong.* → AFFINCHÉ.

acciocchíre, *v.tr.* e *intr.* → ADDORMENTARE, DORMIRE.
acciocchíto, *pps.* di acciocchire || *agg.* → ADDORMENTATO.
acciottolàre, *v.tr.* → SELCIARE.
acciottolàto, *pps.* di acciottolare || *sm.* → SELCIATO.
acciottolío, *sm.* → RUMORE.
accipigliàre, *v.tr.* e *rifl.* → AGGRONDARE, ADIRARE.
accipigliàto, *pps.* di accipigliare || *agg.* → BURBERO.
acciuffàre, *v.tr.* → PRENDERE.
acciúga, *sf.* alíce, sardina || *fig.* uomo o donna magra.
accivettàre, *v.tr.* ammaliziare, ammalizzire, → SCALTRIRE || civettare, allettare, lusingare, adescare, attirare, → BLANDIRE.
acclamàre, *v.intr.* approvare, gridare || *tr.* lodare, celebrare, eleggere (con grida) || applaudire, plaudire.
contr. disapprovare, zittire, tacere, fischiare.
acclamazióne, *sf.* → APPLAUSO, APPROVAZIONE.
acclimàre, *v.tr.* e *rifl.* acclimatare, → ABITUARE.
acclimatàre, *v.tr.* e *rifl.* acclimare, → ABITUARE.
acclimatazióne, *sf.* acclimazione.
acclimazióne, *sf.* acclimatazione.
acclíne, *agg.* declive, inclinato, in pendio || proclive.
contr. acclive || restío.
acclíve, *agg.* → ERTO.
acclívio, *sm.* → SALITA.
acclúdere, *v.tr.* unire, acchiudere, allegare, includere, inchiudere, chiudere dentro.
contr. levare, escludere, estrarre, togliere, separare.
accoccàre, *v.tr.* → COLPIRE || ATTRIBUIRE || *fig.* → BEFFARE.
accoccolàre, *v.rifl.* acchiocciolarsi, accovacciarsi, abbozzolarsi, rannicchiarsi, aggomitolarsi, accucciarsi, raggricchiarsi, accucciolarsi, accosciarsi, acquattarsi, racchiocciolarsi, star coccoloni, acchiocciarsi, avvolgersi, acciambellarsi, accovacciolarsi, appollaiarsi.
contr. alzarsi, sollevarsi, adergersi, rizzarsi, rialzarsi, erigersi, levarsi.
accodàre, *v.rifl.* → SEGUIRE, ANDARE.
accogliènte, *ppr.* di accogliere || *agg.* ospitale, cordiale, comodo.
contr. inospitale, inospite, selvaggio, orrido, scomodo.
accogliènza, *sf.* accoglimento, trattamento, gradimento, incontro, visita, riscontro, ospitalità || → CONSENSO.
nomencl. *agg.* agrodolce, buona, bella, brutta, cattiva, gentile, cordiale, fredda, calda, festosa, onorevole, lieta, brusca || *loc. avv.* con buono o cattivo viso, con festa, con onore, a braccia aperte, con buona o cattiva cera, con freddezza, con calore || *verb.* accettare, fare, ricevere, riservare, preparare, rifiutare.
contr. ripudio, ripulsa, rifiuto, ricusazione.
accògliere, *v.tr.* fare accoglienza, ricevere (bene o male) || accettare, ricevere, ricettare || ammettere, approvare, adottare, acconsentire || → RACCOGLIERE || far buon viso, buona cera; far cattivo viso, cattiva cera, fare il viso dell'arme, accogliere con freddezza, con cipiglio, bruscamente, a braccia aperte.
contr. rifiutare, respingere, allontanare, escludere, dar commiato, separarsi.
accogliménto, *sm.* → ACCOGLIENZA || CONSENSO.
accòlito, *sm.* → CHIERICO || SEGUACE.
accollacciàto, *agg.* → ACCOLLATO.
accollàre, *v.tr.* addossare, aggravare, caricare, assegnare, attribuire, applicare, incaricare || *rifl.* assumersi, obbligarsi, mettersi al collo, prendersi l'incarico, impegnarsi.
contr. scollare (d'abito) || liberare, esimere, esonerare || *rifl.* disimpegnarsi, sgravarsi, liberarsi.
accollatàrio, *sm.* → IMPRESARIO, APPALTATORE.
accollàto, *pps.* di accollare || *agg.* accollacciato, chiuso al collo.
contr. scollato, scollacciato, aperto al collo.
accollatúra, *sf.*
contr. scollatura, scollacciatura.
accòllo, *sm.* → APPALTO.
accòlta, *sf.* → ADUNANZA, FASCIO.
accoltellàre, *v.tr.* → FERIRE.
accomandànte, *ppr.* di accomandare || *sm.*
contr. accomandatario.
accomandàre, *v.tr.* → RACCOMANDARE || CONSEGNARE.
accomandatàrio, *sm.*
contr. accomandante.
accomiatàre, *v.tr.* → ALLONTANARE.
accomodaménto, *sm.* accomodatura, raccomodamento, racconciamento, racconciatura, raggiustamento, aggiustatura, assetto, rassettamento, assestamento, riparazione, rabberciamento, acconciamento, acconciatura, rappezzo, rappezzatura, toppa, rattoppo, rattoppatura, riattamento, riassetto, correzione, ripiego, riassestamento, adattamento, appensamento, raddobbo, risarcimento, compenso, espediente, transazione || → ACCORDO.
contr. guasto, avaría, rottura, sbaglio, dissesto, urto, spaccatura, equivoco, dissidio, disaccordo, contrasto, irrigidimento.
accomodànte, *ppr.* di accomodare || *agg.* → DOCILE, FACILE.
accomodàre, *v.tr.* raddobbare, riaccomodare, raccenciare, racciabattare, racconciare, aggiustare, raggiustare, assestare, riassestare, assettare, riassettare, rassettare, riparare, rabberciare, rappezzare, rattoppare, riattare, adattare, correggere, acconciare, raccomodare, rammendare, conciare || rimaneggiare, raffazzonare, rimpolpare, impiastricciare, rimpiaccicottare, dirozzare, aggeggiare || *fig.* comporre, conciliare, transigere, contemperare, accordare, conformare || sistemare, collocare, ordinare, riordinare || *rifl.* acconciarsi, accordarsi, adattarsi, aggiustarsi, riconciliarsi, rappattumarsi, rappaciarsi.
contr. guastare, rompere, distruggere, disfare, scomporre || guastarsi, bisticciarsi, litigare, battagliare, irrigidirsi, non transigere.
accomodatúra, *sf.* → ACCOMODAMENTO.
accompagnaménto, *sm.* corteggio, corteo, séguito, scorta, guida, accompagnatura, codazzo, convoglio, funerale, processione || → CONDIMENTO.
accompagnàre, *v.tr.* riaccompagnare, seguire, scortare, tener dietro, guidare || accoppiare, maritare, sposare || tenere o fare compagnia, unire, associare, aggiungere, appiccare || *rifl.* accoppiarsi, associarsi, unirsi, imbrancarsi, accozzarsi, familiarizzare, praticare, accontarsi.
contr. separare, dividere, disunire || separarsi, disunirsi, divorziare, isolarsi, rompere, essere o star solo.

accompagnatúra, *sf.* → ACCOMPAGNAMENTO.
accomunàre, *v.tr.* mettere in comune, unire, associare, uguagliare || *rifl.* mescolarsi, pareggiarsi, unirsi, familiarizzarsi.
contr. dividere, separare, distinguere, singolarizzare, isolare || dividersi, separarsi, isolarsi.
acconciaménte, *avv.* opportunamente, acconciatamente, attamente, appositamente, debitamente, bene, bellamente, convenientemente.
contr. inopportunamente, indebitamente, male.
acconciaménto, *sm.* → ACCOMODAMENTO.
acconciàre, *v.tr.* aggiustare, adattare, rabberciare, rattoppare, accomodare || adornare, abbellire, ornare, abbigliare, vestire, pettinare, disporre, arredare, allestire, assettare, assestare, ammanierare || → CONDIRE || *rifl.* accordarsi, conformarsi, adattarsi || pettinarsi, abbigliarsi.
contr. disordinare, scomporre, scompigliare, arruffare, confondere, mescolare || spogliarsi, sciamannarsi, spettinarsi.
acconciatúra, *sf.* → ACCOMODAMENTO || PETTINATURA.
accóncio, *agg.* → ADATTO, BUONO || GARBATO.
accondiscendènte, *ppr.* di accondiscendere || *agg.* → DOCILE, FACILE.
accondiscendènza, *sf.* → DOCILITÀ.
accondiscéndere, *v.intr.* → ACCONSENTIRE, ESAUDIRE.
acconsentíre, *v.intr.* accedere, accogliere, accettare, accordare, permettere, ammettere, approvare, condiscendere, accondiscendere, consentire, annuire, concedere, convenire, assentire, avallare, aderire, attenersi, assecondare, comportare, esaudire, compiacere.
contr. contrastare, negare, ricusare, contraddire, opporre, rifiutare, ribellarsi, sottrarsi, esser in disaccordo.
accontàre, *v.rifl.* → UNIRE || *tr.* → RAGGUAGLIARE.
accontentàre, *v.tr.* e *rifl.* → SODDISFARE.
accónto, *sm.* → PEGNO. || *verb.* dare, pagare, ricevere, chiedere.
accoppàre, *v.tr.* → UCCIDERE.
accoppiaménto, *sm.* → UNIONE.
accoppiàre, *v.tr.* → UNIRE, ASSOCIARE.
accoràbile, *agg.* → DOLOROSO.
accoraménto, *sm.* → DOLORE.
accorànte, *ppr.* di accorare || *agg.* → DOLOROSO.
accoràre, *v.tr.* → ADDOLORARE.
accoràto, *pps.* di accorare || *agg.* → ADDOLORATO.
accorciaménto, *sm.* → ABBREVIATURA.
accorciàre, *v.tr.* → ABBREVIARE, DIMINUIRE.
accorciàto, *pps.* di accorciare || *agg.* → BREVE, DIMINUITO.
accorciatúra, *sf.* → ABBREVIATURA.
accordàre, *v.tr.* concedere, acconsentire, cedere, permettere, consentire, annuire || essere dello stesso parere, del medesimo partito, d'accordo, d'intesa; convenire || far concordare, raccordare, accomodare || conciliare, collimare, concordare, concertare, armonizzare, corrispondere, contrarre, stabilire insieme, impattare, transigere, patteggiare, combinare, intendersi, affiatarsi, dirsela, intendersela, essere pane e cacio, contrattare, armonizzarsi, pattuire, rappaciare, rappacificarsi.
contr. litigare || contrastare, negare, rifiutare, ricusare.
accordellàre, *v.tr.* → TORCERE.
accòrdo, *sm.* accomodamento, convenzione, concordato, patto, intesa, contratto, trattato, transazione, compromesso, conciliazione, riconciliazione, || collusione, combutta, corrispondenza, approvazione, condizione, capitolazione, partecipazione, unione, unísono, complicità, connivenza, || consenso, consonanza, coordinazione, consentimento, concordanza, parallelismo, contemperamento || componimento, composizione || simmetria, somiglianza, concordia, affinità, affiatamento, fraternità, armonia, euritmia, amicizia, amore, simpatia, compassione, umanità, unanimità, conformità, fusione, coerenza || → PACE, RESA.
nomencl. (*varianti*) camarilla, complotto, associazione, lega, unione, società, congiura, cospirazione || *agg.* sincero, giurato, composto, concluso, osservato, pattuito, proposto, preparato, rinnovato, rispettato, stabilito, fittizio, tacito, espresso, voluto, richiesto || armonico, gradevole, perfetto, dissonante || *verb.* reggere o tenere il sacco, tener bordone, tenerla da uno, essere d'amore e d'accordo, essere all'unísono, essere due anime in un sol nòcciolo, filare d'accordo || fare, concludere, comporre, concertare, stipulare, firmare, stendere, osservare, proporre, rinnovare, rispettare, stabilire, rompere, stracciare, denunciare.
contr. disaccordo, discordanza, dissidio, sconcordanza, contrasto, discordia, discrepanza, disparere, dissenso.
accòrgere, *v.rifl.* avvedersi, addarsi, apporsi, indovinare, avvertire, capire, aver sentore, subodorare, odorare, addivedersi, percepire, intuire, notare, discernere, presentire || comprendere.
accorgiménto, *sm.* accortezza, avvedutezza, finezza, prontezza, destrezza, scaltrezza, astuzia, furberia, furbizia, sagacia, malizia, intelligenza, avvertenza, scaltrimento, stratagemma || → CAVILLO.
contr. ingenuità, sventataggine, sventatezza, stolidità, opacità, grossezza d'ingegno, grossolanità, ottusità, rozzezza, stoltezza.
accórrere, *v.intr.* → CORRERE, AFFLUIRE.
accortaménte, *avv.* → BELLAMENTE.
accortézza, *sf.* → ABILITÀ, ASTUZIA.
accòrto, *pps.* di accorgere || *agg.* abile, esperto, saggio, astuto, prudente, furbo, scaltro, acuto, avveduto, perspicace, sagace, pronto, destro, malizioso, sveglio, svegliato, avvertito, intelligente.
contr. malaccorto, ingenuo, tardo, sventato, sprovveduto, disavveduto, grossolano, ottuso.
accosciàre, *v.rifl.* → ACCOCCOLARE.
accostàbile, *agg.* → ACCESSIBILE, GENTILE.
accostàre, *v.tr.* raccostare, riaccostare, approssimare, socchiudere, → AVVICINARE, ASSOCIARE || *rifl.* → ASSOMIGLIARE, FAMILIARIZZARE.
contr. allontanare, scostare, rimuovere || dissociarsi, scostarsi, allontanarsi.
accostévole, *agg.* → ACCESSIBILE, GENTILE.
accòsto, *avv.* → VICINO.
accostumàre, *v.tr.* → EDUCARE, ABITUARE.
accovacciàre, *v.rifl.* → ACCOCCOLARE.
accovacciolàre, *v.rifl.* → ACCOCCOLARE.
accozzàglia, *sf.* → FOLLA, MISCUGLIO, CONFUSIONE.
accozzàre, *v.tr.* → UNIRE, MESCOLARE, COMBINARE.
accozzàto, *pps.* di accozzare || *agg.* → CONFUSO.

accreditàre, *v.tr.* dar credito, → STIMARE || aprire un credito || rendere credibile || avvalorare, affermare, presentare.
contr. screditare || addebitare.
accreditàto, *pps.* di accreditare || *agg.* → AUTOREVOLE || *sm.* → AMBASCIATORE.
accréscere, *v.tr.* → AUMENTARE, ESTENDERE, AGGIUNGERE.
accresciménto, *sm.* → AUMENTO.
accrescitívo, *agg.* e *sm.*
contr. diminutivo, vezzeggiativo.
accrespàre, *v.tr.* → INCRESPARE.
accrespatúra, *sf.* → GRINZA.
accrezióne, *sf. ant.* → AUMENTO.
accucciàre, *v.rifl.* → ACCOCCOLARE.
accucciolàre, *v.rifl.* → ACCOCCOLARE.
accudíre, *v.intr.* attendere, occuparsi, dedicarsi, impegnarsi.
contr. trascurare, abbandonare, tralasciare.
accumulàre, *v.tr.* → AMMUCCHIARE.
accumulatóre, *sm.*
nomencl. elettrico, idraulico, di vapore, idropneumatico, termico || batteria di accumulatori || piastre, isolanti, elettrolito, recipiente || carica, scarica di un accumulatore || costante, energia.
accúmulo, *sm.* → AUMENTO.
accuratézza, *sf.* → CURA, ESATTEZZA, FINEZZA.
contr. trascuratezza, trascuraggine, trascurataggine, sbadataggine.
accuràto, *agg.* → DILIGENTE, ESATTO, ELEGANTE.
accúsa, *sf.* imputazione, addebito, incolpazione, incriminazione, denuncia o denunzia, querela, carico, attacco, taccia, insinuazione, calunnia, delazione, denigrazione, diffamazione, maldicenza, vilipendio, diatriba, rimprovero, → BIASIMO, CRITICA.
nomencl. processo, sentenza, assoluzione, condanna, pubblica accusa o pubblico ministero, tribunale, prove, testimoni d'accusa, a discarico || *agg.* illegale, legale, fondata, infondata, giusta, ingiusta, legittima, illegittima, lieve, avventata, balorda, enorme, falsa, grave, ingiuriosa, insussistente, precipitata, pazza, ridicola, turpe, vana, calunniosa, diffamante, denigrante || *verb.* promuovere, muovere, iniziare, presentare, intentare, lanciare, scaraventare, formulare, sostenere, provare, dare, fare, aggravare, sollecitare, comprovare, confermare, abbandonare, tralasciare, riprendere, portare avanti, riassumere, definire, ribadire, ribattere, ritorcere, smentire, respingere, allontanare, sopportare, mettere in stato d'accusa.
contr. scusa, scarico, discarico, discolpa, giustificazione, difesa.
accusàbile, *agg.* → IMPUTABILE.
accusàre, *v.tr.* accagionare, addebitare, imputare, tacciare, incolpare, apporre, attribuire, rinfacciare, bollare, calunniare, diffamare, denigrare, denunciare o denunziare, citare, incriminare, infamare, processare, querelare, vilipendere, rivelare, accennare, far carico, ascrivere a colpa, citare in giudizio, deferire alla giustizia.
nomencl. (*inerenti*) atto di accusa, capo d'accusa, controaccusa, denuncia, giudizio, insinuazione, recriminazione, incriminazione, ordinanza || giurisdizione ordinaria, straordinaria, sussidiaria.
contr. scolpare, discolpare, scagionare, giustificare.
accusàto, *pps.* di accusare || *agg.* e *sm.* imputato, prevenuto, coaccusato, coimputato, incriminato || detenuto, a piede libero, contumace.
contr. accusatore.
accusatóre, *sm.* delatore, denunciatore, spia, sicofante, denigratore, calunniatore || pubblico accusatore o pubblico ministero.
contr. difensore, giustificatore.
acèdia, *sf.* abulía, apatía, accidia, inerzia, → PIGRIZIA || tristezza, malinconia.
contr. attività, intraprendenza, fervore || letizia.
aceràia, *sf.* → ACERETO.
acerbézza, *sf.* → ACERBITÀ, IMMATURITÀ.
acerbità, *sf.* afrezza, asprume, asprezza || *fig.* crudeltà, rigore, severità, rigidezza, rigorosità, acerbezza, acredine, acrimònia, astio, astiosità.
contr. clemenza, dolcezza || longanimità, indulgenza, benignità, mitezza, affabilità.
acèrbo, *agg.* immaturo, prematuro, imperfetto, acre, afro, agro, aspro, asprigno, crudo, brusco, agrigno, agresto, agrestoso, acido, garbo, lazzo, non stagionato || *fig.* austero, amaro, astruso, bestiale, crudele, crudo, duro, fiero, feroce, ingrato, intrattabile, ostinato, pungente, piccante, ostico, rigido, ruvido, severo, spiacevole, zotico, cattivo.
contr. maturo, dolce, abboccato, melato, zuccherato || amabile, benigno, mite, bonario.
aceréta, *sf.* → ACERETO.
aceréto, *sm.* acereta, aceraia, → FORESTA.
acèrvo, *sm.* → AMMASSO, MUCCHIO.
acètico, *agg.* → ACIDO.
acéto, *sm.* vinagro (*ant.*).
nomencl. madre, fondiglio || acetaio, acetata, acetella, acetificazione, acetosità, acetume || *agg.* acescente, acidulo, forte, inacetico, inacidito, aromatico, cosmetico, verginale, artificiale || di vino, di sidro, di orzo, di frutta, dei quattro o dei sette ladri, di fermentazione || *verb.* inacetire.
acetosità, *sf.* → ACIDITÀ.
acetóso, *agg.* → ACIDO.
acetúme, *sm.* → ACIDITÀ.
acherontèo, *agg.* → INFERNALE.
achiurgía, *sf.* → CHIRURGIA.
acicolàre, *agg.* → AGUZZO.
acidézza, *sf.* → ACIDITÀ.
acidità, *sf.* acido, acidume, acidezza, acetosità, acredine, agrore, fortore, spunto, pirosi, ipercloridria, acescenza, acetume, agrume, agrezza || *fig.* acrimonia, acerbità, asprezza, severità.
contr. dolcezza, dolciume || *fig.* umanità, mitezza, benignità, bontà, benevolenza, bonarietà.
acidificàre, *v.tr.* → INACETIRE.
àcido, *sm.* → ACIDITÀ || *agg.* acetoso, acetico, inacetico, acidulo, inacidito, agro, acre, aspro, forte, asprigno, afro, agresto, brusco, frizzante, piccante || *fig.* burbero, severo, uomo inacidito, inasprito.
nomencl. (*varietà*) acetico, carbonico, citrico, cloridrico, fenico, borico, nitrico, tartarico, ossalico, sterico || ba-

sico, bibasico, tribasico, organico, inorganico || alcali || acidimetria, acidimetro.
contr. dolce, dolciastro, dolcigno || *fig.* mite, benigno, benevolo, umano, bonario, buono.
acídulo, *agg.* → ACIDO.
acidúme, *sm.* → ACIDITÀ.
àcino, *sm.* chicco, granello, vinacciòlo.
nomencl. uva, grappolo, racímolo, graspo, raspollo.
àcme, *sf.* punto culminante || → ACUTEZZA.
acòlito o acolitàto, *sm.* → ACCOLITO.
àcqua, *sf.*
nomencl. (*varietà*) alcalína, alcalíno-salina, salina, minerale, salsa, salso-iodica, iodica, bromica, solforosa, solfurea, ferruginosa, termale || ossigenata, acidula, antisterica, cotta, medicata, ferrata, mercuriale o mercuriata, vergine, vegetominerale, regia, ragia, arzente || battesimale, lustrale, gregoriana, santa, benedetta || interna, nazionale, territoriale, internazionale, libera || di mare, di polla, di pioggia, piovana, di cisterna, di sorgente, di vena, di Seltz, di vite, di vita, di odore, di Colonia, di Vichy, di Perugia, di calce, di fusione || (*elementi*) acquerugiola, acquitrino, affluente, subaffluente, alluvione, inondazione, alveo, letto, canale, aves (il piano delle acque sorgive o freatiche), avulsione, belletto, borro, buca, bozzo, capo dell'acqua, cascata, colonna d'acqua, corrente, corso, corrosione, effumazione, fanghiglia, fascio d'acqua, filo dell'acqua, fontanile, gora, gorgo, Geyser, gromma, cristallizzazione, nettunico, padule o palude, pelo dell'acqua, piena, polla, polvere di acqua, pozza, pozzanghera, rampollo, rigagnolo, rincollo, rio, ruscello, ristagno, riviera, riva, sedimento, sonaglio, spartiacque, stagno, stroscia, stufa, torrente, vena, vescica, vortice || (*edifici, istrumenti, operazioni*) acquaio (pila, gratellina, retino, gola, condotto, cannella, chiavetta), acquedotto, bargano, berna, bindolo, bottaccio, calla, canale, canna, chiavica, chiusa, cascata, cateratta, cavo, cavamento, cisterna, collettore, colpo d'ariete, conca, conduttura, depuratore, dicco, manufatto, doccia, doccione, doccionata, fogna, fontana, fosso, fuga, idrante, idrofono, idrometro, incile, palancola, partitore, pescaia, pompa, ponte, pozzino, pozzo, presa, raccolta, rattenuta, regolatore, rendino, retrorso, reflusso, rigurgito, ridotto, scaricatore, scaturigine, scolo, serbatoio, smaltitoio, sperditoio, timpano, tromba, vasca, zampillo, stillicidio || *agg.* àlbula, alta, bassa, bollita, chiara, trasparente, torbida, scura, dolce, salata, salmastra, palustre, potabile, pura, depurata, limpida, cruda, calda, corrotta, cristallina, fredda, ghiaccia o diaccia, ghiacciata o diacciata, gelata, effervescente, fina, gassosa, grassa, grommosa, leggera, pesante, grossa || corrente, viva, calma, cheta, dormiente, morta, perenne, stagnante, rampollante, impetuosa, tranquilla, scrosciante, fluente, ferma, irruente, saltellante, pazza || (*movimenti*) affluire, allagare, ammulinare, appozzare, bagnare, confluire, congiungersi, decrescere, defluire, dirompere, fiottare, grondare, sgrondare, incavernirsi, increspare, inalbare, ingrossare, inondare, irrigare, lambire, morire, ondare, ondeggiare, pollare, pullulare, rampollare, rigurgitare, ringorgare, rocchiare, rugliare, sbattere, sboccare, scaturire, scolare, scrosciare, spagliare, spiovere, sprizzare, spruzzare, stagnare, stillare, strosciare, velarsi, zampillare || (*rumori*) borbottare, canticchiare, ciangottare, gorgogliare, mormorare, murmurare, mormoreggiare, rumoreggiare || (*onomat.*) cià, ciaf, ciac, cicche ciacche, glu glu, cloc cloc.
acquafòrte, *sf.* → INCISIONE.
acquafortísta, *sm.* → INCISORE.
acquàio, *sm.* lavandino, lavello, conca, trógolo → ACQUA, FOSSO, CHIAVICA.
nomencl. pila, buco, gola, retino || rigovernatura, sciacquatura.
acquarellísta, *sm.* acquerellista → PITTORE.
acquarèllo, *sm.* acquerello → PITTURA.
acquartieràre, *v. tr.* → ACCAMPARE.
acquarzènte, *sf.* → ACQUAVITE.
acquastríno, *agg.* → ACQUITRINOSO || *sm.* → PALUDE.
acquàta, *sf.* → PIOGGIA.
acquàtico, *agg.* → ACQUEO.
acquàtile, *agg.* → ACQUEO.
acquatínta, *sf.* → INCISIONE.
acquattàre, *v.rifl.* → ACCOCCOLARE.
acquavíte, *sf.* acquarzente, grappa, *vodka*, *whisky*, fior di vite, *aguardiente*.
acquazzóne, *sm.* → PIOGGIA.
acquedótto, *sm.* → CONDOTTO.
àcqueo, *agg.* acquoso, acquatile, acquidoso, acquido, acquatico, aquatico, aquatile.
contr. arido, secco, essiccante, essiccato, asciutto.
acquerellísta, *sm.* → PITTORE.
acquerèllo, → PITTURA.
acquerúgiola, *sf.* → PIOGGIA, ACQUA.
acquetàre, *v.tr.* → CALMARE.
acquétta, *sf.* → PIOGGIA || VELENO.
àcquido, *agg.* → ACQUEO.
acquidóso, *agg.* → ACQUEO.
acquiescènte, *agg.* → DOCILE.
acquiescènza, *sf.* → CONSENSO, ADATTAMENTO, RINUNZIA, DOCILITÀ.
acquietàre, *v.tr.* → CALMARE.
acquirènte, *sm.* → CLIENTE.
contr. venditore.
acquisíre, *v.tr.* acquistare (non si usa mai riferendosi ad acquisti materiali).
contr. perdere, smarrire.
acquisitóre, *sm.* → CLIENTE.
acquisizióne, *sf.* → ACQUISTO, COMPERA.
acquistàre, *v.tr.* ottenere in possesso, acquisire, comprare, comperare, impadronirsi, fare acquisto, procurarsi, procacciarsi || aumentare, guadagnare, lucrare, ottenere || attirarsi, cattivarsi, beccarsi, buscarsi, conciliarsi, accaparrarsi, raccogliere || avvantaggiare, progredire, migliorare, profittare || acquistar cognizioni, apprendere, imparare || riavere, ripigliare, ricuperare, migliorare || (di pianta o di animale) prosperare.
contr. vendere, esitare, alienare || perdere, scapitare, smarrire, dimenticare, disimparare || peggiorare.
acquísto, *sm.* → COMPERA || emolumento, lucro, profitto, occupazione, acquisizione, guadagno, incremento, aumento, conquista, vantaggio, possesso,
nomencl. *agg.* buono, cattivo, caro, conveniente, incauto, naturale, non naturale, vantaggioso, utile, piccolo,

grande || *loc. avv.* a contanti, a credito, a termine, a rate, all'ingrosso, al minuto, al dettaglio, a prezzo fisso, a buon mercato, senza fatica, gratis, gratuitamente, per donazione.

contr. vendita, alienazione || diminuzione, perdita, scapito, smarrimento, danno, svantaggio, aggravio.

acquitríno, *sm.* → PALUDE.

acquitrinóso, *agg.* acquoso, paludoso, melmoso, stagnante, fangoso, pantanoso, acquastrino.

contr. secco, arido, asciutto, asciugato, prosciugato.

acquóso, *agg.* → ACQUEO, ACQUITRINOSO.

àcre, *agg.* agro, piccante, pungente, aspro, brusco, acerbo, afro, acuto, forte, penetrante, crudo, intenso, vivace, vivo, eccitante, stimolante, violento, → ACIDO, ASPRO || *fig.* acrimonioso, mordace, astioso, ostile, caustico, bruciante, velenoso, corrosivo, crudele, amaro, cattivo, epigrammatico.

acrèdine, *sf.* → ACERBITÀ, ACIDITÀ.

acrimònia, *sf.* → ACERBITÀ, ODIO.

acrimonióso, *agg.* → ACRE.

acròbata, *sm.* equilibrista, funambolo, ginnasta, contorsionista, trapezista, ballerino, danzatore.

acrobatísmo, *sm.* equilibrismo, funambolismo, acrobazia || *fig.* → INCOSTANZA.

acrobazía, *sf.* → ACROBATISMO.

acrocòro, *sm.* → SOMMITÀ.

acromatopsía, *sf.* → DALTONISMO.

acròpoli, *sf.* → FORTIFICAZIONE, BALUARDO || SOMMITÀ.

acrostòlio, *sm.* polena, aplustre.

acrotèrio, *sm.* → PIEDISTALLO.

acuíre, *v.tr.* → AGUZZARE, INACUTIRE.

acuità, *sf.* → ASTUZIA.

acuitívo, *agg.* → ECCITANTE.

aculeàto, *agg.* → AGUZZO.

acúleo, *sm.* → PUNGIGLIONE, PUNTA.

acúme, *sm.* → ACUTEZZA, ASTUZIA, INGEGNO.

acuminàre, *v.tr.* → AGUZZARE.

acuminàto, *agg.* → AGUZZO.

acutézza, *sf. fig.* acme, acuzie, perspicacia, acume, finezza, sottigliezza || arguzia.

contr. ottusità, grossolanità, rozzezza, grossezza.

acúto, *agg.* aguzzo, assottigliato, sottile, puntuto, aculeato, acuminato, ristretto, appuntito || *fig.* sottile, penetrante, perforante, astuto, arguto, perspicace, fine, intelligente || (*di dolore*) lancinante, forte, intenso, violento, tagliente.

contr. ottuso, grossolano, rozzo, smussato, tondo, tondeggiante, spuntato || cronico.

acúzie, *sf.* → ACUTEZZA.

adacquàre, *v.tr.* → BAGNARE.

adagiàre, *v.tr.* → POSARE || *rifl.* sdraiarsi, stendersi, distendersi, coricarsi, assidersi, appanciolarsi, allungarsi, sedere, giacere, atteggiare || *fig.* lasciarsi andare, non reagire, non prendere decisioni.

contr. alzare, sollevare, drizzare; alzarsi, adergersi, rizzarsi.

adàgio[1], *avv.* e *loc. avv.* piano, adagino, passin passino, passo passo, lemme lemme, a poco a poco, bel bello, con comodo, con tutto comodo, a rilento, a passi tardi, a piccoli passi, un passo alla volta, a tutt'agio, con passi radi, catellon catelloni, grondon grondoni, posatamente, con flemma → LENTAMENTE || SOTTOVOCE.

contr. presto, lestamente, sollecitamente, tosto, súbito, rapidamente, forte, alla svelta, alla lesta, di volo, celermente, in fretta, velocemente.

adàgio[2], *sm.* massima, proverbio, sentenza, aforisma, apoftegma, assioma, dettato, detto, arguzia, motto, epigramma.

adamantíno, *agg.* diamantino || *fig.* forte, duro, d'acciaio, irremovibile, costante, stabile, saldo, splendente.

contr. *fig.* cedevole, facile, molle, fiacco, instabile, accomodante.

adamítico, *agg.* → NUDO.

adattaménto, *sm.* accomodamento, disposizione || acquiescenza, conformazione, rassegnazione, compromesso, conformismo.

contr. ribellione, rivolta, anticonformismo, protesta.

adattàre, *v.tr.* acconciare, aggiustare, agguagliare, assestare, coordinare, proporzionare, conformare, ordinare, rabberciare, adeguare, appropriare, applicare, contemperare, riadattare, → ACCOMODARE || attagliarsi, affarsi, addirsi, confarsi, convenire, calzare, quadrare, appartenersi, acconciarsi, acconsentire, conformarsi, rassegnarsi, subire, sottomettersi, sottostare, sopportare, arrangiarsi, comportare, non difendersi || *loc.* prestarsi per un altro, chinare il capo, accomodarsi alla meglio, prendere il mondo come viene, lasciar correre l'acqua per la china, lasciar fare, andare secondo corrente, legar l'asino dove vuole il padrone, far di necessità virtú.

contr. dissentire, ribellarsi, opporsi, avversare, non conformarsi, emergere, fare opposizione, difendersi.

adàtto, *agg.* appropriato, proprio, atto, adeguato, acconcio, convenevole, conveniente, confacente, conforme, cònsono, congruo, proporzionato, opportuno, apposito, pertinente, attenente, attinente, comodo, competente, condegno, condecente, condicevole, afferente, confacevole, congruente, dicevole, consentaneo, consonante, calzante, debito, dovuto, doveroso, decente, indicato, decoroso || → BUONO, ABILE.

contr. disadatto, inadatto, disacconcio, malproprio, inadeguato, incongruo, incongruente, sproporzionato. inopportuno, incomodo, incompetente, disdicevole.

addàre, *v.rifl.* → AVVERTIRE || DEDICARE.

addebitàre, *v.tr.* → ACCUSARE.

addébito, *sm.* → ACCUSA.

addensaménto, *sm.* raddensamento, condensamento, infittimento, agglomerato, concentramento, accumulo || → COAGULAZIONE.

contr. rarefazione, diradamento, diluizione, dispersione, disperdimento.

addensàre, *v.tr.* raddensare, infittire, affittire, condensare, costipare, inspessire, infoltire, concentrare, accumulare, agglomerare, → AFFOLLARE.

contr. rarefare, diradare, diluire, sciogliere, disperdere.

addentàre, *v.tr.* azzannare, acceffare, mordere, morsicare, morsecchiare, rosicchiare, rosicare, rodere, masticare, pinzare, stritolare, afferrare, tirare coi denti, → PRENDERE || *fig.* sparlare, biasimare, criticare, vituperare.

contr. *fig.* blandire, accarezzare, lodare, adulare.

addentellàto, *sm.* → APPIGLIO, ATTACCO.

addentràre, *v.rifl.* → ENTRARE.

addestraménto, *sm.* → ALLENAMENTO, ESERCIZIO.

addestràre, *v.tr.* istruire, insegnare, assuefare, esercitare, rendere abile, avviare, abituare, impratichire, accostumare, avvezzare, allenare, preparare, irrobustire.
contr. disimparare, disassuefarsi, essere giú di esercizio, impigrirsi.

addestratóre, *sm.* → ADDOMESTICATORE.

addétto, *agg.* assegnato, incaricato, aderente, seguace.
nomencl. (*tipi*) militare, culturale, commerciale, navale, d'ambasciata, dell'ufficio stampa, propaganda.
contr. estraneo, ignaro.

addiàccio, *sm.* → BIVACCO, ACCAMPAMENTO.

addío, *sm.* → SALUTO.

addíre, *v.tr.* → DEDICARE || *rifl.* → ADATTARE, AFFARE, APPARTENERE, CONVENIRE.

addirittúra, *avv.* direttamente, senz'altro, assolutamente, → SUBITO.

additàre, *v.tr.* → INDICARE.

addiveníre, *v.intr.* → DIVENIRE.

addiventàre, *v.intr.* → DIVENIRE.

addizionàre, *v.tr.* → AGGIUNGERE, AUMENTARE, SOMMARE, UNIRE.

addizióne, *sf.* aggiunzione, giunta, somma, → AGGIUNTA, AUMENTO|| addendi, totale.
contr. diminuzione, decremento, detrazione, diffalco, defalco, sottrazione.

addobbàre, *v.tr.* raddobbare, guernire, guarnire, parare, decorare, adornare, raffazzonare, acconciare, → ARREDARE, ORNARE || condire.
contr. sguarnire || scondire.

addobbatóre, *sm.* decoratore, paratore, apparatore, tappezziere, attrezzista, assettino.

addòbbo, *sm.* ornamento, paramento, arredamento, parato, assetto, adornamento, decorazione, addobbamento, fregio, fornimento || festone, grillotti, penero, galloni, frange, pendaglio || condimento, guarnizione, salsa.

addolciménto, *sm. fig.* attenuamento, attenuazione, temperamento, lenimento, mitigazione, ammorbidimento, placazione, sopimento, attutimento.
contr. inasprimento, irritazione, irritamento, esasperazione, esacerbazione, rincrudimento, agitazione.

addolcíre, *v.tr.* raddolcire, dolcificare, edulcorare, zuccherare, inzuccherare, saccarinare, candire, giulebbare || *fig.* mitigare, raddolcire, temperare, ammorbidire, ammollire, allenire, lenire, contemperare, correggere, disasprire, calmare, confortare, carezzare || temperare (di metalli).
contr. rendere amaro, salato, agro, aspro, sgradevole || *fig.* inasprire, esasperare, irritare, invelenire, esacerbare, amareggiare, istigare, attizzare.

addoloràre, *v.tr.* e *rifl.* accorare, affliggere, attristare, rattristare, contristare, amareggiare, angosciare, angustiare, crucciare, immalinconire, struggere, affannare, attossicare, avvelenare, desolare, dispiacere, funestare, macerare, fiaccare, infiacchire, deprimere, demoralizzare, prostrare, opprimere, sgomentare, aduggiare, auggiare, attristire, ammalinconire, compungere, costernare, trafiggere, tribolare, intristire, travagliare, tormentare, vessare.
nomencl. (*inerenti*) dolore, dispiacere, affanno, tristezza, afflizione, tormento, sconforto, angoscia, malinconia.
contr. allietare, allegrare, rallegrare, sollevare, consolare, confortare, corroborare, giocondare, sollazzare.

addoloràto, *pps.* di addolorare || *agg.* angustiato, afflitto, dolente, accasciato, appassionato, sconsolato, disconsolato, scontento, doglioso, inconsolato, gramo, malcontento, mesto, rammaricato, sconfortato, sospiroso, tormentato, tribolato, triste.
contr. lieto, sereno, gioioso, tranquillo, contento, ilare.

addòme, *sm.* → VENTRE.

addomesticàre, *v.tr.* domare, ammaestrare, ammansire, ammansare, mansuefare, educare, abituare, addolcire, scozzonare, amicarsi, familiarizzare || *rifl.* familiarizzarsi, assuefarsi.
contr. inselvatichire, rinselvare || inselvatichirsi, inferocire.

addomesticàto, *pps.* di addomesticare || *agg.* → DOMESTICO, DOCILE.

addomesticatóre, *sm.* ammaestratore, addestratore, domatore, scozzone, scozzonatore.

addoppiaménto, *sm.* → RADDOPPIAMENTO.

addoppiàre, *v.tr.* → RADDOPPIARE, ABBINARE, DUPLICARE, UNIRE.

addoppiatúra, *sf.* → RADDOPPIAMENTO.

addóppio, *sm.* → RADDOPPIAMENTO.

addormentàre, *v.tr.* addormire, acciocchire, assonnare, assopire, cullare, far dormire, calmare, acquietare || *rifl.* assopirsi, appisolarsi, prender sonno, insonnolirsi, alloppiarsi, → DORMIRE || *fig.* intorpidirsi, anneghittirsi, arrugginire, infingardirsi, impigrire.
contr. destare, svegliare || destarsi, svegliarsi || *fig.* eccitarsi, accendersi.

addormentatíccio, *agg.* → ADDORMENTATO.

addormentàto, *pps.* di addormentare || *agg.* acciocchito, assopito, assonnato, addormentaticcio, assonnito, sonnacchioso, sonnolento, assonnacchiato, cascante, alloppiato || *fig.* → PIGRO, SCIOCCO.
contr. desto, sveglio, cosciente || vivace, pronto, alacre, solerte, attivo.

addormíre, *v.tr.* e *rifl.* → ADDORMENTARE, DORMIRE.

addossàre, *v.tr.* → ACCOLLARE, CARICARE || INCARICARE || ATTRIBUIRE || *rifl.* → PRENDERE.

addottoràre, *v.tr.* laureare, conferire la laurea, → ISTRUIRE.
nomencl. laurea, diploma, licenza.

addottrinàre, *v.tr.* → ISTRUIRE || *rifl.* → IMPARARE.

addrizzàre, *v.tr.* → ALZARE.

addúrre, *v.tr.* → PORTARE || cagionare, procurare, produrre, raccogliere || citare, allegare, → ECCEPIRE.
contr. dedurre, stralciare, inferire.

adduttóre, *agg.* (di muscolo).
contr. abduttore.

adeguaménto, *sm.* → EGUAGLIAMENTO.

adeguàre, *v.tr.* → EGUAGLIARE, ADATTARE, BILANCIARE.

adeguataménte, *avv.* → BENE.

adeguàto, *pps.* di adeguare || *agg.* → ADATTO, ABILE, BUONO.

adémpiere, *v.tr.* adempire, → ESEGUIRE, FARE, FINIRE || *rifl.* → AVVERARE.

adempiménto, *sm.* → ESECUZIONE, FINE || osservanza, compimento, complemento, obbedienza.
contr. inosservanza, inadempimento, incompletezza, disobbedienza.
adempíre, *v.tr.* → ADEMPIERE.
adèpto, *agg.* e *sm.* → INIZIATO, SEGUACE.
aderènte, *ppr.* di aderire || *agg.* → UNITO || *sm.* → SEGUACE, CLIENTE.
aderènza, *sf.* → CONTATTO || *pl.* → AMICIZIA.
adèrgere, *v.tr.* → ALZARE.
aderíre, *v.intr.* essere o stare attaccato, unito, combaciare || *fig.* accondiscendere, acconsentire, consentire || accostarsi, accedere, seguire, favorire, parteggiare, secondare.
contr. staccarsi, stare e fare da sé || contrastare, contrariare, opporsi, ribellarsi.
adescaménto, *sm.* → ESCA, LUSINGA, VISCHIO.
adescàre, *v.tr.* → INGANNARE, BLANDIRE.
adesióne, *sf.* → CONTATTO || CONSENSO.
adesívo, *agg.* e *sm.* → COLLA.
adèspoto, *agg.* anònimo (di còdice e sim.) || anepígrafo.
adèsso, *avv.* ora, attualmente, presentemente, al presente, oggi, tuttora, in questo momento.
contr. allora, prima, dopo, ieri, domani, una volta, un tempo, in passato.
adiacènte, *agg.* → VICINO.
adiacènza, *sf.* → VICINANZA.
adibíre, *v.tr.* → USARE.
adimàre, *v.tr.* → CALARE.
àdipe, *sm.* → GRASSEZZA, GRASSO.
adiposità, *sf.* → GRASSEZZA.
adipóso, *agg.* → GRASSO.
adiraménto, *sm.* → IRA.
adiràre, *v.rifl.* incollerirsi, stizzirsi, arrabbiarsi, sdegnarsi, corrucciarsi, esasperarsi, irritarsi, accendersi, accanirsi, accigliarsi, arrovellarsi, alterarsi, arrapinarsi, infiammarsi, impermalirsi, infocarsi, inalberarsi, inviperirsi, impazientirsi, imbestialire, imbizzire, fremere, accipigliarsi, rabbuiarsi, rannuvolarsi, arrangolarsi, infuriare, uscire dei gangheri, montare sulle furie, andare in collera, dare in escandescenze.
contr. calmarsi, placarsi, rabbonirsi, raddolcirsi, pacificarsi, conciliarsi, accomodarsi, quetarsi, mitigarsi.
adíre, *v.tr.* ricorrere, rivolgersi, presentarsi (al giúdice e sim.).
àdito, *sm.* → ACCESSO, ENTRATA, PASSAGGIO, PORTA.
adiutóre, *sm.* → AIUTANTE.
adocchiaménto, *sm.* → SGUARDO.
adocchiàre, *v.tr.* → CERCARE, GUARDARE.
adolescènte, *agg.* e *sm.* e *f.* ragazzo, giovinetto, giovincello, garzoncello, imberbe, sbarbatello, minorenne, púbere, pubescente, efebo, di primo pelo, immaturo.
contr. impúbere, adulto, uomo fatto (o donna fatta), maturo, stagionato.
adolescènza, *sf.* pubertà, pubescenza, prima gioventú, giovinezza.
contr. infanzia, puerizia, fanciullezza, maturità, virilità, vecchiaia.
adombraménto, *sm.* → OSCURAMENTO, BUIO || IDEA, ALLEGORIA.
adombràre, *v.tr.* coprire d'ombra, ombreggiare, offuscare, → OSCURARE || *fig.* celare, nascondere, fingere, accennare, simboleggiare, allegorizzare, descrivere, aduggiare, rappresentare, disegnare, delineare || *rifl.* insospettirsi, turbarsi, impermalirsi, oscurarsi.
contr. rischiarare, illuminare, schiarire || chiarire, spiegare.
adombràto, *pps.* di adombrare || *agg.* → BRUNO.
adonestàre, *v.tr.* → GIUSTIFICARE, SCUSARE.
adontàre, *v.tr.* → OFFENDERE || *rifl.* ritenersi offeso, impermalirsi, risentirsi, sdegnarsi, recarsi a onta || vergognarsi.
adoperàre, *v.tr.* adoprare, → USARE, GODERE || *rifl.* affaccendarsi, affaticarsi, sforzarsi, industriarsi, ingegnarsi, affannarsi, arrapinarsi, arrabattarsi, arrangolarsi, aronzarsi, arronzinarsi, armeggiare, cercare, brigare, trafficare, sfangare, darsi da fare.
contr. infischiarsi, non prendersela, essere indifferente, rimanere estraneo.
adopràre, *v.tr.* → ADOPERARE.
adoràbile, *agg.* → BELLO. BUONO.
adoràre, *v.tr.* onorare, riverire, rispettare, pregare, implorare, venerare, idoleggiare, idolatrare, prestare culto, prestare venerazione, render culto, benedire || → AMARE || inchinarsi, genuflettersi, inginocchiarsi, prostrarsi, prosternarsi, umiliarsi.
contr. esecrare, detestare, disprezzare, aborrire, odiare, imprecare, maledire.
adoràto, *pps.* di adorare || *agg.* → AMATO.
adoratóre, *sm.* → AMANTE.
adorazióne, *sf.* venerazione, benedizione, reverenza, divozione, culto, liturgia, sacrificio, ossequio, onore, onoranza, esaltazione, fervore, estasi, raccoglimento || → AMORE, AFFETTO.
contr. odio, disprezzo, abominazione, esecrazione, imprecazione.
adornàre, *v.tr.* → ORNARE.
adórno, *pps.* di adornare || *agg.* → ORNATO, FIORITO.
adottaménto, *sm.* → ADOZIONE.
adottàre, *v.tr.* → ACCOGLIERE.
adozióne, *sf.* adottamento, arrogazione.
adragànte, *sf.* → GOMMA.
aduggiàre, *v.tr.* → ADDOLORARE.
adugnàre, *v.tr.* adunghiare → PRENDERE.
adulàre, *v.tr.* lustrare, piaggiare, lusingare, vezzeggiare, accarezzare, secondare, lodare falsamente, ossequiare, incensare, blandire, far la corte, far codazzo, lisciare, menare il turibolo, inghirlandare, piagellare, solleticare, insaponare, dar del sapone, grattar gli orecchi, piallare, ungere, strisciare, vender fumo, leccare, leccar le scarpe, lisciar la coda, ungere le carrucole o gli stivali, grattar la rogna, violinare, sviolinare.
contr. biasimare, spregiare, abominare, disprezzare, disdegnare, diffamare, denigrare, detrarre, calunniare.
adulatóre, *agg.* e *sm.* incensatore, panegirista, piaggiatore, lusingatore, cortigiano, caudatario, lustrascarpe, insaponatore, piallone, untore, leccazampe, leccapiedi, leccatore, lecchino, pappagallo, piacentiere, sputazucchero, capo inchino, strisciane, sviolinatore, smorfioso, lezioso.
contr. sicofante, detrattore, diffamatore, denigratore sprezzatore, calunniatore.

adulatòrio, *agg.* cortigianesco, servile, umile, lusingatorio, abietto.
contr. fiero, altero, altezzoso, sprezzante, dignitoso.
adulazióne, *sf.* cortigianeria, piaggeria, servilismo, umiltà, gonfiatura, incensata, incensatura, incensamento, saponata, untatura, lustratina, fregagione, sopresaltazione, elogio sperticato, plauso infido, lisciamento, lisciatura, lusinga, sviolinata, sviolinatura, leccatura.
contr. dignità, fierezza, orgoglio, indipendenza, disprezzo, dirittura, biasimo, maldicenza, diffamazione, denigrazione.
adulteràre, *v.tr.* → FALSIFICARE, GUASTARE.
adulterazióne, *sf.* → FALSIFICAZIONE.
adulteríno, *agg.* (di figlio) spurio, illegittimo, bastardo.
contr. legittimo, naturale.
adúltero, *agg.* → INFEDELE.
adúlto, *agg.* e *sm.* uomo fatto, cresciuto, maturo, sviluppato, maggiorenne.
contr. adolescente, ragazzo, imberbe, giovinetto, minorenne, giovincello, garzoncello.
adunànza, *sf.* accolta, adunata, raduno, riunione, radunanza, radunata, assembramento, raccolta, convegno, appuntamento, compagnia, consesso, assemblea, comizio, conciliabolo, concilio, assisa || dieta, parlamento, consiglio, consulta, capitolo, concistoro, ritrovo, circolo || combutta, consorteria, conventicola, congrega, cricca, combriccola, camarilla || collegio, brigata, congresso, conversazione, colloquio, *party*, folla.
nomencl. (*attinenti*) sessione, tornata, seduta, udienza, convocazione, sospensione, aggiornamento, proposta, discussione, interpellanza, interrogazione, ordinanza, risposta, verbale, aula, presidente, segretario, gettone di presenza, ostruzionismo || *agg.* scarsa, deserta, disertata, numerosa, imponente, affollata, solenne, comune, quotidiana, tranquilla, ordinata, vivace, agitata, tempestosa, turbolenta, disordinata, ingovernabile, ordinaria, straordinaria, ristretta, allargata || *verb.* convocare, dirigere, presiedere, chiudere, rimandare, riprendere, riaprire, togliere la seduta, sciogliere l'adunanza.
contr. scioglimento, sbandamento, allontanamento, disgregazione, dimissione, abbandono, rinunzia.
adunàre, *v.tr.* → UNIRE || *rifl.* → AFFOLLARE.
adunàta, *sf.* → ADUNANZA.
adúnco, *agg.* → TORTO.
adunghiàre, *v.tr.* adugnare → PRENDERE.
adúnque, *avv.* → DUNQUE.
adusàre, *v.tr.* → ABITUARE.
adustióne, *sf.* → BRUCIAMENTO, SICCITÀ.
adustívo, *agg.* → BRUCIANTE.
adústo, *agg.* → BRUCIATO.
aèdo, *sm.* → POETA.
aeràggio, *sm.* → AERAZIONE.
aeràre, *v.tr.* → ARIEGGIARE.
aeràto, *agg.* → ARIEGGIATO.
aerazióne, *sf.* aereazione, ventilazione, aeraggio, circolazione dell'aria.
contr. afa, affanno.
àere, *sm. poet.* → ARIA.
aereàre, *v.tr.* → ARIEGGIARE.
aereàto, *agg.* → ARIEGGIATO.
aereazióne, *sf.* → AERAZIONE.
aèreo, *agg.* → ALTO || *sm.* → AEROPLANO.
aereoplàno, *sm.* → AEROPLANO.
aerificazióne, *sf.* → EBOLLIZIONE, EVAPORAZIONE.

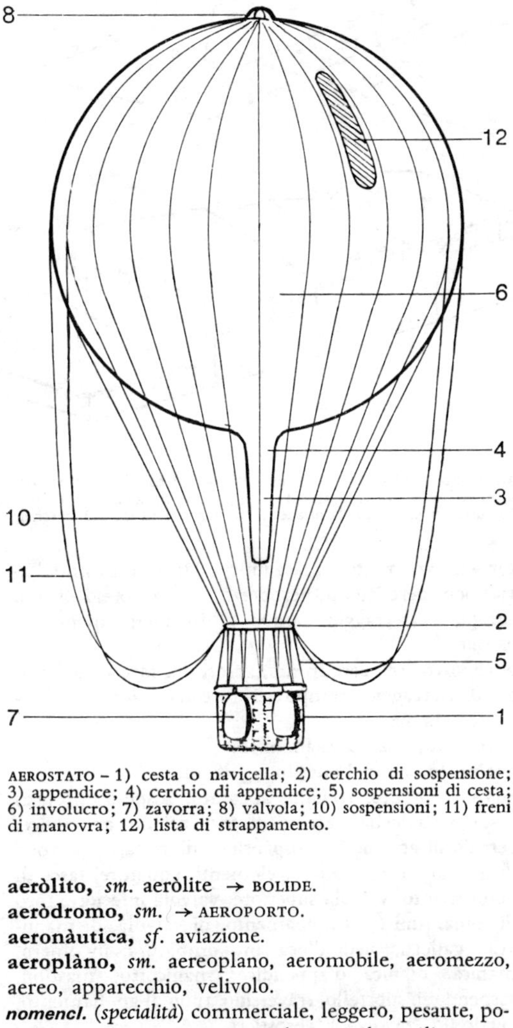

AEROSTATO – 1) cesta o navicella; 2) cerchio di sospensione; 3) appendice; 4) cerchio di appendice; 5) sospensioni di cesta; 6) involucro; 7) zavorra; 8) valvola; 10) sospensioni; 11) freni di manovra; 12) lista di strappamento.

aeròlito, *sm.* aeròlite → BOLIDE.
aeròdromo, *sm.* → AEROPORTO.
aeronàutica, *sf.* aviazione.
aeroplàno, *sm.* aereoplano, aeromobile, aeromezzo, aereo, apparecchio, velivolo.
nomencl. (*specialità*) commerciale, leggero, pesante, postale, privato, supersonico, veloce, civile, militare, sanitario || da turismo, da bombardamento, da caccia, da combattimento, da guerra, da crociera, da ricognizione, da soccorso, da trasporto, da scuola || ad elica, a energia atomica, a reazione, a turboreazione, a razzo || (*tipi*) idroplano, monoplano, biplano, triplano, multiplano, monomotore, bimotore, trimotore, quadrimotore, a reazione, aviogetto, quadrigetto, turboreattore, reattore, razzo, missile || (*parti*) ala, alettone, fusoliera, carlinga, cabina, timone di profondità, di direzione, deriva, piano, saettoni, pàttino di coda, radiatore, elica, tubi di scarico del motore, posto del pilota, montanti, crociere, diagonali, carrello, ruota, staffa per accedere ai posti || (*personale*) aviatore (civile, militare, navale), pilota, aeronauta, osservatore, meccanico, mo-

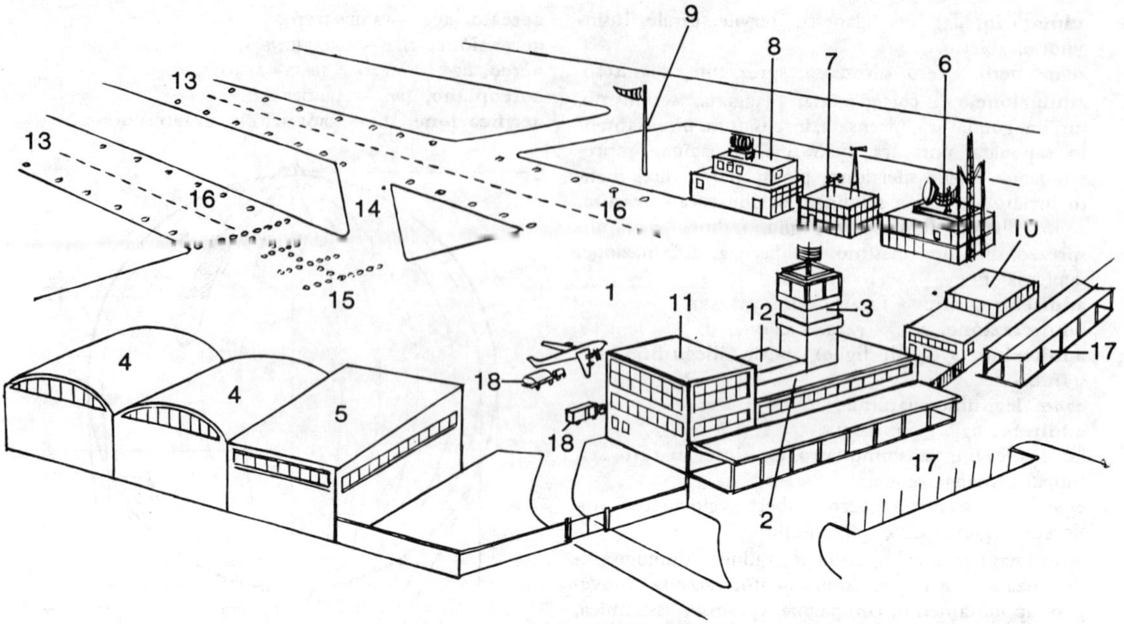

AEROPORTO – 1) piazzale; 2) aerostazione; 3) torre di controllo; 4) hangar; 5) officina; 6) impianto radio; 7) stazione meteorologica; 8) radiofaro; 9) manica a vento; 10) padiglione servizi; 11) ristorante bar; 12) terrazza panoramica; 13) piste; 14) bretelle di rullaggio; 15) testa di pista; 16) lampade di limitazione pista; 17) parcheggi auto; 18) pulmann trasporto passeggeri e autobotte rifornimento.

torista, marconista, paracadutista || (*luoghi*) campo d'aviazione, aerodromo, aeroporto, aeroscalo, idroscalo, campo d'atterraggio, campo di fortuna; capannone, *hangar*.

aeropòrto, *sm.* aerodromo, aeroscalo, idroscalo, campo d'atterraggio, campo di fortuna, campo d'aviazione, eliporto.

aeroscàlo, *sm.* → AEROPORTO.

aeròstato, *sm.* pallone, mongolfiera.

nomencl. libero, frenato, ancorato, sospeso || (*parti*) cesta o navicella, cerchio di sospensione, appendice, cerchio di appendice, sospensioni di cesta, copertone di gonfiamento, crociera, elementi, equatore, fasce di gonfiamento, valvola superiore, valvola inferiore, foro di spina, funi (di strappamento, di valvola, di manovra), galletti, piedi d'oca, impiombatura, involucro, manica, manica d'appendice, manicotto, mastioli, sospensioni, sportello, traversino, tubo di gonfiamento, verricello, zavorra || aerostiere.

àfa, *sf.* → CALORE || *fig.* → NOIA.

afasía, *sf.* logoclonía.

afèresi, *sf.* → APÒCOPE, SINCOPE.

affàbile, *agg.* familiare, socievole, compagnevole, comunicativo, espansivo, civile, bennato, urbano, domestico, accostevole, amabile, cortese, gentile, facile, accessibile, buono, amorevole, manieroso, entrante, piacevolaccio, umanissimo.

nomencl. *loc. avv.* alla buona, alla mano, di buon'aria, di piacevole compagnia.

contr. malcreato, screanzato, rozzo, rustico, burbero, sgarbato, villano, zotico, scortese, intrattabile.

affabilità, *sf.* urbanità, familiarità, dimestichezza, comunicabilità, trattabilità, bontà, cortesia, facilità, umanità, socievolezza, gentilezza, accessibilità, civiltà.

contr. scontrosità, selvatichezza, rustichezza, scortesia, villania, intrattabilità, malcreanza, rozzezza, zotichezza.

affaccendàre, *v.rifl.* → FARE, ADOPERARE.

affaccendàto, *pps.* di affaccendare || *agg.* indaffarato, faccendone, faccendiere.

contr. sfaccendato.

affacciàre, *v.tr.* presentare alla finestra || *fig.* presentare, prospettare, accampare dubbi, avanzare || *rifl.* mostrarsi, comparire, presentarsi, offrirsi, profferirsi, farsi vedere, accostarsi, guardare.

contr. ritirare || ritirarsi, ritrarsi, rientrare, nascondersi.

affagottàre, *v.tr.* e *rifl.* → INFAGOTTARE, AVVOLGERE, IMBALLARE.

affalsàre, *v.tr.* → FALSARE.

affamàre, *v.tr.* ridurre alla fame || *fig.* → ASSEDIARE.

contr. sfamare.

affamàto, *pps.* di affamare || *agg.* famèlico, allupato || *fig.* → DESIDEROSO.

contr. sfamato, sazio, satollo, disappetente, inappetente || pago, soddisfatto.

affannàre, *v.tr.* dare affanno, angustiare, tribolare, affliggere, accorare, → ADDOLORARE || *rifl.* scaldarsi, scalmanarsi, travagliare, tribolare, ansimare, accorarsi, adoprarsi, acciampinarsi, arrappinarsi, correre (ansiosamente), anfanare.

contr. calmare, consolare, lenire || calmarsi, quietarsi, stare o essere calmo.

affannàto, *pps.* di affannare || *agg.* affannoso, inquieto, ansante, ansimante, ansioso, anelante, scalmanato, faccendiere, agitato, travagliato, esagitato.

contr. calmo, tranquillo, placido, sereno, pacifico.

affànno, *sm.* asma, rantolo, bolsaggine, dispnea, apnea,

ànsima, ansamento, anelito || ansia, inquietudine, angoscia, ambascia, afflizione, travaglio, pena, angustia, fatica (penosa), → DOLORE.
contr. calma, pace, quiete, riposo, tranquillità.
affannóne, *sm.* → FACCENDONE, FACCENDIERE.
affannóso, *agg.* → ANSANTE || (di respiro) bolso, difficile, faticoso, asmatico, anelo, anelante, imbolsito, rantoloso, affannato || → DOLOROSO.
contr. calmo, facile, libero, tranquillo, pacificato.
affardellàre, *v.tr.* → IMBALLARE, INFAGOTTARE, AVVOLGERE.
affàre[1], *sm.* contratto, bisogna, negoziato, negozio, commercio || lavoro, impresa, interesse || patto, trattato, ufficio || azione, maneggio, incombenza, occorrenza, impegno, briga, cura, bazzecola, traffico, rigiro, armeggío, imbroglio, faccenda, questione.
nomencl. (*addetti*) affarista, agente, fattore, appaltatore, cedente, commesso, imprenditore, mallevadore, mandatario, mediatore, sensale, negoziatore, negoziante, ministro plenipotenziario, procuratore, rappresentante, rilevatario, uomo d'affari, imbroglione, *factotum*, truffatore || (*attinenti*) agenda, agenzia, amministrazione, appalto, associazione, azienda, società, bottega, botteghino, esercizio, compromesso, contratto, informatore, mediazione, noleggio, nolo, patto, prestito, procura, trattativa, ufficio || ressa, ristagno, concorrenza, speculazione, tracollo, fallimento, bancarotta, rovina, affarismo, avarizia, avidità, fame di soldi, di lucro || affari esteri, di Stato, privati, politici, di famiglia || *agg.* arenato, andato a monte, rientrato, strozzato, attecchito, avviato, conciliato, concluso, discusso; facile, facilitato, garantito, istruito, risolto, sicuro, stabilito, stipulato, stretto, trattato; balordo, brutto, cattivo, disonesto, losco, sospetto; disastroso, disperato, rovinoso, sballato, spallato, sgradevole, sconveniente; bello, buono, conveniente, eccellente, grosso, importante, lucroso, ottimo, proficuo, produttivo, rimunerativo, utile, vantaggioso, magro || *avv.* e *loc. avv.* poco pulito, coi fiocchi, a rotoli, a rovescio, di traverso, a gambe all'aria || *verb.* iniziare, avviare, istruire, studiare, intavolare, accomodare, sistemare, proporre, aprire, contrattare, trattare, negoziare, discutere, stipulare, portare a termine, condurre in porto, traccheggiare, temporeggiare, tirar in lungo, tener sospeso, stabilire, stringere, sbrigare, concludere, estendere, strozzare, sviluppare, allargare, guastare, compromettere, mandare a monte, sciupare, rovinare, accudire, gettarsi nelle speculazioni, ficcare o mettere le mani in pasta, giocare d'astuzia, impegnarsi, mettersi nel pelago, tirarsi indietro, sfangare, farsi i propri affari, non essere suo affare.
affàre[2], *v.rifl.* → ADATTARE.
affarísta, *sm.* → COMMERCIANTE.
affascinànte, *ppr.* di affascinare || *agg.* → BELLO.
affascinàre, *v.tr.* incantare, ammaliare, affatare, affatturare, stregare, sedurre, abbagliare, illudere, allettare, estasiare, sbalordire, rapire, attirare, innamorare.
contr. disincantare, disgustare, spoetizzare, disilludere, disistimare, disinnamorare, aprire gli occhi.
affascinàto, *pps.* di affascinare || *agg.* → ESTATICO.
affastellàre, *v.tr.* → AMMUCCHIARE, ABBORRACCIARE.
affatàre, *v.tr.* → AFFASCINARE.
affaticànte, *ppr.* di affaticare || *agg.* → FATICOSO.
affaticàre, *v.tr.* → STANCARE, FIACCARE, FATICARE || *rifl.* ADOPRARE, ANNASPARE.
affaticàto, *pps.* di affaticare || *agg.* → FIACCO.
contr. sfaticato, scansafatiche, sfaccendato, fannullone.
affàtto, *avv.* totalmente, del tutto, interamente, assolutamente, completamente, incondizionatamente, pienamente, appieno.
contr. niente affatto, non [...] affatto.
affatturàre, *v.tr.* → AMMALIARE, AFFASCINARE || FALSIFICARE.
affatturàto, *pps.* di affatturare || *agg.* → MAGICO.
affazzonàre, *v.tr.* → ORNARE.
affecondàre, *v.tr.* → BONIFICARE.
afferènte, *agg.* conduttore || → ADATTO.
affermàre, *v.tr.* confermare, sostenere, approvare, accreditare, autenticare, attestare, asserire, consolidare, dire, dichiarare, asseverare, certificare, giurare, accertare.
contr. negare, dir di no, ritrattare, disdire, rinnegare.
affermativaménte, *avv.* asseverativamente, assertivamente.
contr. negativamente.
affermatívo, *agg.* assertivo, asseverativo, accertativo, confermativo.
contr. negativo.
affermazióne, *sf.* conferma, approvazione, asserto, asserzione, assicurazione, assertiva, assunto, dichiarazione, proposizione, giuramento, attestazione, → CONFESSIONE, APPROVAZIONE.
nomencl. *agg.* vera, asserente, assicurante, attestante, dogmatica, giusta, sicura, ambigua, falsa, reticente, titubante, negativa, restrittiva, ingiusta, balorda, semplice, naturale || (*interiez.*) sì, certo, certamente, inteso, capito, di sicuro, sicuramente, effettivamente, in effetto, parola d'onore, sulla mia vita, sui miei figli, sui miei morti, Dio mi è testimonio, com'è vero che c'è il sole, che c'è Dio, che non veda piú il sole, senza dubbio, altro che!, sicuro!
contr. negazione, diniego, disapprovazione, negativa.
afferràre, *v.tr.* → PRENDERE || *rifl.* → ATTACCARE.
afferratóio, *sm.* → MANICO.
affertilíre, *v.tr.* → BONIFICARE.
affettàre[1], *v.tr.* → TAGLIARE.
affettàre[2], *v.tr.* far mostra, far lustra, ostentare, vantare, → MOSTRARE, ATTEGGIARE, FINGERE.
affettàto[1], *pps.* di affettare[1], a fette.
affettàto[2], *pps.* di affettare[2] || *agg.* ammanierato, manierato, manieroso, smanceroso, lezioso, cerimonioso, untuoso, leccato, sofisticato, sdolcinato, svenevole, sdilinquito, studiato, smorfioso, esagerato, caricato, stiracchiato, artificioso, ricercato, convenzionale, daddolino, daddolone, falso, ostentato, millantatore, spocchioso.
contr. rozzo, disinvolto, semplice, naturale, sciolto, spigliato, trascurato, negletto, sprezzante.
affettazióne, *sf.* ricercatezza, posa, caricatura, ostentazione, smanceria, lezio, leziosaggine, sussiego, smorfiosità, smorfia, mostra, spocchia, svenevolezza, ammanieramento, attuccio, manierismo, impostatura, leccume, squisitudine, vanagloria.

nomencl. *verb.* aver qualcosa di studiato, di ricercato; fare le cose in cadenza, fare troppe cerimonie, andare in caricatura, andare in convenevoli, star sul bello, fare lo sdolcinato.
contr. grazia, spontaneità, sprezzatura, rozzezza, disinvoltura, semplicità, naturalezza, scioltezza, spigliatezza, trascuratezza.
affètto¹, *agg.* → AMMALATO.
affètto², *sm.* affezione, affettuosità, benevolenza, benignità, fervore, tenerezza, amorevolezza, attaccamento, simpatia, cordialità, amicizia, devozione, predilezione, preferenza, idolatria, feticismo, passione, culto, deferenza, dilezione, adorazione, amore, impulso o movimento dell'animo, inclinazione, svisceratezza, dedizione, fuoco, grazia, favore, bontà.
nomencl. *agg.* caldo, ardente, fervente, fervido, fervoroso, tenero, sublime, sviscerato, cordiale, forte, gagliardo, grande, intenso, nutrito, intimo, immenso, materno, paterno, fraterno, imperioso, costante, continuo, fermo, inconcusso, sincero, debole, tiepido, soffocato, svigorito, affievolito, impuro, erotico, dubbio, equivoco, dannoso, pericoloso, sdrucciolevole || *verb.* accendere, eccitare, acuire, alimentare, muovere, dimostrare, esternare, portare, suscitare, destare, ispirare, sfogare, nascondere, soffocare, frenare, reprimere, fingere, sollecitare, offrire.
contr. disaffezione, disamore, indifferenza, repulsione, ripugnanza, avversione, antipatia, freddezza, apatia, insensibilità, durezza, inimicizia, ostilità.
affettuosità, *sf.* → AFFETTO.
affettuóso, *agg.* affezionato, amico, cordiale, amoroso, sviscerato, espansivo, tenero, premuroso, devoto, dedito, propenso, benigno, benevolo, amorevole, simpatico, amabile, amichevole, attaccato, inclinato, intrinseco, caldo, carezzevole, premuroso, → BUONO.
contr. freddo, apatico, indifferente, insensibile, duro, ostile, nemico, avverso, avversario, antipatico.
affezionàre, *v.rifl.* → AMARE, ATTACCARE.
affezionàto, *pps.* di affezionare || *agg.* → AFFETTUOSO.
affezióne, *sf.* → AFFETTO, AMORE.
nomencl. *agg.* amorevole, antica, recente, certa, cieca, cordiale, devota, dolce, esagerata, fanatica, grande, inconcussa, manifesta, salda, innocente, interessata, soave, speciale.
affiacchíre, *v.tr.* e *rifl.* → STANCARE.
affiancàre, *v.tr.* fiancheggiare, sostenere, sorreggere, aiutare, difendere.
contr. → ABBANDONARE.
affiataménto, *sm.* → ACCORDO, FUSIONE.
affiatàre, *v.rifl.* → ACCORDARE, FAMILIARIZZARE.
affibbiàre, *v.tr.* → CINGERE, LEGARE || *fig.* → ATTRIBUIRE || BEFFARE.
affidaménto, *sm.* → FIDUCIA.
affidàre, *v.tr.* → FIDARE, CONFIDARE || CONSEGNARE || DEPUTARE, INCARICARE || RACCOMANDARE.
affievolíre, *v.tr.* → INDEBOLIRE.
affievolíto, *pps.* di affievolire || *agg.* debole, indebolito, svigorito, attenuato, → GRACILE.
affíggere, *v.tr.* → ATTACCARE.
affilàre, *v.tr.* arrotare, assottigliare, digrossare, aguzzare, acuminare, appuntire.
contr. spuntare, smussare, attutire.
affilàto, *pps.* di affilare || *agg.* → TAGLIENTE, SOTTILE.
affiliàre, *v.tr.* → ASSOCIARE.
affiliàto, *pps.* di affiliare || *agg.* → SEGUACE.
affinaménto, *sm.* → PERFEZIONAMENTO.
affinàre, *v.tr.* → AGUZZARE || DEPURARE || *fig.* → EDUCARE, DIROZZARE, MIGLIORARE, PERFEZIONARE.
affinatóio, *sm.* → FORNO.
affinché, *cong.* acciocché, acciò che, affine di, a fine di, allo scopo di, per, perché.
affíne, *agg.* e *sm.* → PARENTE, SIMILE.
affinità, *sf.* → PARENTELA, SOMIGLIANZA.
affiochíre, *v.intr.* e *rifl.* → INDEBOLIRE. || (di voce) → ARROCHIRE.
affioràre, *v.intr.* → SPUNTARE.
affissàre, *v.tr.* → GUARDARE || ATTACCARE.
affisso, *pps.* di affiggere || *sm.* avviso, cartellone, manifesto; infisso, cartello.
affittaiòlo, *sm.* → FITTÀVOLO.
affittànza, *sf.* → AFFITTO.
affittàre, *v.tr.* appigionare, locare, allogare, riappigionare, subaffittare, sublocare, dare in affitto, o in fitto, a nolo, a pigione.
contr. sfrattare, disdire.
affittíre, *v.tr.* infittire → ADDENSARE.
affitto, *sm.* affittanza, fitto, pigione, appigionamento, nolo, noleggio, allogazione, conduzione, sublocazione, locazione, subaffitto.
nomencl. (*attinenti*) affitterello, cànone, conferma, contratto, disdetta, dozzina, pigione, locazione, mezzeria, mezzadria, colonía, mezzadro, enfiteusi, soccida, caparra, termine, sfratto || (*persone*) locatore, locatario, conduttore, pigionale, affittuario, fittavolo, fittabile, enfiteuta, inquilino, sublocatore, subaffittuario, casigliano, pigionante || *agg.* bloccato, caro, libero, pagato, pattuito, stipulato.
contr. sfratto, disdetta.
affittuàrio, *sm.* → FITTAVOLO.
afflàto, *sm.* → ALITO.
affliggènte, *ppr.* di affliggere || *agg.* → DOLOROSO.
afflíggere, *v.tr.* → ADDOLORARE.
afflittívo, *agg.* → DOLOROSO.
afflítto, *pps.* di affliggere || *agg.* → ADDOLORATO, TRISTE, INFELICE.
afflizióne, *sf.* → DOLORE, DOGLIA, TRISTEZZA, INFELICITÀ.
afflosciàre, *v.intr.* e *rifl.* affloscire, ammollire, ammosciare, ammencire, ammoscire, ammorbidire, ammorbidare, appassire, avvizzire, prostrare, → INDEBOLIRE.
contr. indurire, rafforzare, rassodare, rinfrescare.
affloscíre, *v.tr.* → AFFLOSCIARE.
affluènte, *ppr.* di affluire || *sm.* confluente, influente, immissario, tributario || di destra, di sinistra, principale, secondario.
contr. emissario.
affluènza, *sf.* confluenza, concorso, afflusso, flusso, convergenza, abbondanza, frequenza, calca || → FOLLA || → RICCHEZZA.
contr. defluenza, deflusso; radezza, diradamento, scarsità, divergenza.
affluíre, *v.intr.* confluire, accorrere, fluire, concorrere, convergere, concentrarsi || → ABBONDARE.

contr. defluire, spandersi, spargersi, sfuggire, divergere, sfollare, diradare.

afflússo, *sm.* → AFFLUENZA.

affocàre, *v.tr.* → BRUCIARE.

affogàre, *v.tr.* → ANNEGARE.

affollaménto, *sm.* → ASSEDIO, FOLLA.

affollàre, *v.tr.* far ressa, far calca, circondare, calcare, frequentare, assembrare, affoltare, pigiare, premere || *fig.* → MOLESTARE || *rifl.* accalcarsi, addensarsi, assieparsi, adunarsi, radunarsi, affollarsi, attruppare, assembrarsi, affoltarsi, concentrarsi.

contr. sfollare, disperdere, diradarsi, rarefarsi, allontanarsi, sfoltire.

affoltàre, *v.rifl.* → AFFOLLARE.

affondaménto, *sm.* sommersione, immersione, naufragio, sprofondamento.

contr. emersione, galleggiamento, affioramento.

affondàre, *v.tr.* e *intr.* sommergere, immergere, naufragare, sprofondare, subissare, colare a picco, andare a picco || *fig.* perdersi, fare fallimento, attuffarsi, tuffarsi, || → ANNEGARE.

contr. galleggiare, affiorare, emergere.

afforcàre, *v.tr.* → IMPICCARE.

afforzàre, *v.tr.* → FORTIFICARE, || *fig.* → CONFORTARE.

affoscàre, *v.tr.* → OSCURARE.

affossaménto, *sm.* → FOSSO.

affossàre, *v.tr.* → SCAVARE.

affralíre, *v.tr.* e *intr.* → INDEBOLIRE.

affralíto, *pps.* di affralire || *agg.* → DEBOLE.

affrancàre, *v.tr.* → LIBERARE, REDIMERE.

affrànto, *agg.* → BATTUTO, STANCO, TRISTE.

affratellàre, *v.tr.* e *rifl.* → UNIRE, FAMILIARIZZARE.

affrenàre, *v.tr.* → BLOCCARE.

affrescàre, *v.tr.* → DIPINGERE, PITTURARE.

affrescatóre, *sm.* affreschista → DECORATORE, PITTORE.

affreschísta, *sm.* affrescatore → DECORATORE, PITTORE.

affrésco, *sm.* fresco, → PITTURA.

affrettaménto, *sm.* → FRETTA.

affrettàre, *v.tr.* accelerare, sollecitare, stimolare, incalzare, incitare, indurre, pressare, premere, spingere, spronare, instare, urgere, sbrigare, impellere, studiare il passo || *rifl.* → CORRERE, CAMMINARE.

contr. rallentare, procrastinare, temporeggiare, differire || andar piano, indugiare || ostacolare.

affrettàto, *pps.* di affrettare || *agg.* → FRETTOLOSO.

affrittellàre, *v.tr.* → BOLLIRE.

affrontàre, *v.tr.* → ASSALIRE || *rifl.* → INCONTRARE.

affrónto, *sm.* → OFFESA || ATTACCO.

affusàre, *v.tr.* → AFFUSOLARE, AGUZZARE.

affusàto, *pps.* di affusare || *agg.* → AFFUSOLATO, FUSIFORME.

affusellàre, *v.tr.* → AFFUSOLARE, AGUZZARE.

affusolàre, *v.tr.* affusare, affusellare, rastremare, assottigliare alle estremità, → AGUZZARE.

contr. ingrossare alle estremità, rendere cilindrico, tozzo.

affusolàto, *pps.* di affusolare || *agg.* affusato, diritto, sottile, assottigliato, → FUSIFORME.

contr. cilindrico, tozzo, grosso.

afonía, *sf.* → MUTISMO.

àfono, *agg.* fioco, flebile, soffocato.

contr. forte.

aforísma, *sm.* → ADAGIO.

afóso, *agg.* pesante, soffocante, opprimente, torrido.

contr. tenue, leggero, aerato.

afrézza, *sf.* → ACERBITÀ.

àfro, *agg.* → ASPRO, ACIDO.

afrodisía, *sf.* → AMORE.

afróre, *sm.* → ODORE.

afróso, *agg.* → ODOROSO.

àgape, *sf.* → BANCHETTO.

àgata, *sf.* ònice, corniola, crisopazio, calcedonio, eliotropio, diaspro, sardonica, quarzo opaco, sardagata.

nomencl. (*varietà*) occhiuta, screziata, macchiata, figurata, muscosa, orientale, cristallina, punteggiata, lenticolare, arborizzata o di Mosca, di Islanda || lineata, ondata, pomellata, marezzata, reticolata, dentata, dragale, ad occhi.

agèmina, *sf.* ageminatura, intarsio, damaschinatura, damascatura.

ageminàre, *v.tr.* damaschinare.

ageminatúra, *sf.* → AGEMINA.

agènda, *sf.* → DIARIO.

agènte, *ppr.* di agire || *sm.* → INCARICATO, AMMINISTRATORE || SGHERRO, CARCERIERE || AMBASCIATORE || ELEMENTO.

nomencl. (*distinzioni*) agricolo, amministrativo, bancario, carcerario, commerciale, commissionario, consegnatario, consolare, diplomatico, industriale, privato, provocatore, pubblico, segreto, spedizioniere, statale, viaggiatore, d'affari, di campagna, del fallimento, del dazio, delle tasse, di pubblica sicurezza, di polizia, di cambio, di borsa || naturale, principale, secondario, univoco, analogo, equivoco, strumentale, volontario, universale || chimico || (*persone*) commesso, fattore, gerente, ministro, soprintendente, amministratore, sensale, mediatore, rappresentante, procuratore, intermediario, *factotum*.

agenzía, *sf.* → UFFICIO, AMMINISTRAZIONE.

nomencl. (*tipi*) di viaggi, di informazioni, di prestiti, di affitti, delle assicurazioni, bancaria, di trasporti, agricola, libraria, di pompe funebri, di investigazioni, di collocamento, doganale, enologica, turistica, teatrale.

agevolaménto, *sm.* → FACILITAZIONE.

agevolàre, *v.tr.* → FACILITARE.

agevolazióne, *sf.* → FACILITAZIONE.

agévole, *agg.* → FACILE.

agevolézza, *sf.* → FACILITÀ, FACILITAZIONE, COMODITÀ.

agevolménte, *avv.* → FACILMENTE, COMODAMENTE.

agganciàre, *v.tr.* → ATTACCARE, FERMARE.

aggangheràre, *v.tr.* → ATTACCARE.

aggattigliàre, *v.rifl.* → LITIGARE.

aggavignàre, *v.tr.* → PRENDERE.

aggeggiàre, *v.tr.* → ACCOMODARE.

aggéggio, *sm.* → OGGETTO, INEZIA.

aggelàre, *v.tr.* → GELARE, RABBRIVIDIRE.

aggentilíre, *v.tr.* → INGENTILIRE.

aggettàre, *v.intr.* → SPORGERE.

aggettivàre, *v.tr.* qualificare, epitetare.

aggettívo, *sm.* → ATTRIBUTO.

nomencl. (*vari tipi*) positivo, comparativo, superlativo, dimostrativo o indicativo, possessivo, numerale, cardinale, ordinale, distributivo, moltiplicativo, collettivo,

qualificativo, determinativo, indefinito, sostantivato.
agghiacciàre, *v.tr.* e *intr.* → GELARE, RABBRIVIDIRE.
agghiacciàto, *pps.* di agghiacciare || *agg.* → FREDDO.
agghindàre, *v.tr.* → BARDARE, ORNARE, VESTIRE.
àggio, *sm.* → INTERESSE.
aggiornaménto, *sm.* → PROROGA.
aggiornàre, *v.tr.* → PROROGARE || *intr.* → ALBEGGIARE, ILLUMINARE.
contr. annottare.
aggiraménto, *sm.* → GIRO, GIRAVOLTA || *fig.* → INGANNO, IMBROGLIO.
aggiràre, *v.tr.* → INGANNARE, IMBROGLIARE || *rifl.* → GIRARE, ANDARE.
aggiratóre, *sm.* → IMBROGLIONE.
aggiudicàre, *v.tr.* → DARE, ATTRIBUIRE.
aggiudicazióne, *sf.* → ATTRIBUZIONE, CONSEGNA.
nomencl. (*tipi*) libera, giudiziaria, privata, pubblica, a licitazione privata || (*persone*) venditore, aggiudicatore, banditore, giudice delegato, esperto, commissionario, acquirente, amatore, compratore, aggiudicatario, concessionario.
aggiúngere, *v.tr.* accrescere, aggregare, accompagnare, addizionare, associare, commettere, compire, comporre, comprendere, congiungere, conglobare, far aderire, incollare, incastrare, confluire, incorporare, inserire, intercalare, interpolare, legare, raggruppare, saturare, abborrare, allegare, apporre, rincappellare, soggiungere, sopraggiungere, → UNIRE, AUMENTARE || *rifl.* unirsi, collegarsi, mettersi insieme.
contr. decrescere, calare, levare, togliere, disgiungere, sottrarre || separarsi, dividersi, staccarsi, distinguersi || lasciare, segregare, appartare, abbandonare.
aggiungiménto, *sm.* → AGGIUNTA.
aggiúnta, *sf.* aggiungimento, aggiunzione, accessione, aumento, aggregamento, annessione, accrescimento, ingrandimento || addizione, adiezione, aggregazione || appendice, complemento, corollario, giunta, poscritto, postilla, soprassello, supplemento, coda, contentíno, soprappiú, strascico.
contr. sottrazione, diminuzione, defalco, diffalco, detrazione, decremento, calo, tara.
aggiuntàre, *v.tr.* → UNIRE, ATTACCARE.
aggiúnto, *pps.* di aggiungere || *agg.* → UNITO || SECONDARIO || *sm.* → ATTRIBUTO.
aggiunzióne, *sf.* → ADDIZIONE, AGGIUNTA.
aggiustaménto, *sm.* → ACCOMODAMENTO.
aggiustàre, *v.tr.* → ACCOMODARE, ADATTARE.
aggiustatúra, *sf.* → ACCOMODAMENTO.
agglobàre, *v.tr.* → UNIRE.
agglomeràre, *v.tr.* → UNIRE.
agglomeràto, *pps.* di agglomerare || *agg.* → UNITO || *sm.* → MUCCHIO.
agglutinaménto, *sm.* → COAGULAZIONE, UNIONE.
agglutinàre, *v.tr.* → COAGULARE, UNIRE.
aggomitolàre, *v.tr.* → AVVOLGERE, DIPANARE || *rifl.* → ACCOCCOLARE.
aggottàre, *v.tr.* → GOTTAZZA.
aggradàre, *v.intr.* → PIACERE.
aggradiménto, *sm.* → PIACERE.
aggradíre, *v.tr.* → GRADIRE, PIACERE.
aggraffàre, *v.tr.* → PRENDERE.
aggraffiàre, *v.tr.* → PRENDERE.
aggraffignàre, *v.tr.* → PRENDERE, RUBARE.
aggranchíre, *v.tr.* e *rifl.* → RABBRIVIDIRE, IRRIGIDIRE.
aggrandiménto, *sm.* → AUMENTO.
aggrandíre, *v.tr.* e *intr.* → AUMENTARE.
aggranfiàre, *v.tr.* → PRENDERE.
aggrappàre, *v.tr.* → PRENDERE || *rifl.* → ABBRACCIARE.
aggràppo, *sm.* → APPIGLIO.
aggraticciàre, *v.tr.* → AVVOLGERE.
aggravànte, *ppr.* di aggravare || *agg.* e *sf.*
contr. attenuante, dirimente, discriminante, scusante.
aggravàre, *v.tr.* gravare, caricare, premere, pesare, appesantire, appoggiarsi, posare, accollare, aumentare || → ESASPERARE || *rifl.* → PEGGIORARE.
contr. alleggerire, scaricare, sollevare, aiutare, erigere.
aggràvio, *sm.* → GRAVEZZA, DANNO, INGIUSTIZIA || → IMPOSTA.
aggraziàre, *v.tr.* → DIROZZARE, GRAZIARE.
aggraziàto, *pps.* di aggraziare || *agg.* → BELLO, GARBATO, FINE.
aggredíre, *v.tr.* → ASSALIRE.
aggregaménto, *sm.* → AGGIUNTA, UNIONE.
aggregàre, *v.tr.* → AGGIUNGERE, UNIRE.
aggregàto, *pps.* di aggregare || *agg.* → UNITO || *sm.* → UNIONE.
aggregazióne, *sf.* → UNIONE.
aggreggiàre, *v.tr.* → UNIRE.
aggressióne, *sf.* → ATTACCO.
aggressívo, *agg.* → VIOLENTO, CATTIVO.
aggricciàre, *v.tr.* e *rifl.* → RABBRIVIDIRE, IRRIGIDIRE.
aggrinzaménto, *sm.* grinza → INCRESPAMENTO.
aggrinzàre, *v.tr.* → AGGRINZIRE.
aggrinzàto, *pps.* di aggrinzare → AGGRINZITO.
aggrinzíre, *v. tr.* aggrinzare → INCRESPARE, PIEGARE.
aggrinzíto, *pps.* di aggrinzire || *agg.* → GRINZOSO.
aggrommàre, *v.intr.* e *rifl.* → AGGRUMARE.
aggrondàre, *v.tr.* accipigliare, aggrottare, corrugare, increspare || *rifl.* accipigliarsi, rabbuiarsi, rannuvolarsi, imbronciare, incupirsi, immusonirsi, adirarsi.
contr. distendere, spianare || rasserenarsi, calmarsi.
aggroppàre, *v.tr.* → AVVOLGERE.
aggrottàre, *v.tr.* → AGGRONDARE.
aggrovigliaménto, *sm.* → GROVIGLIO.
aggrovigliàre, *v.tr.* → AVVOLGERE.
aggrovigliolàre, *v.tr.* → AVVOLGERE.
aggrumàre, *v.intr.* e *rifl.* aggrommare, coagulare, rapprendere, raggrumare, incrostare, assodare, cagliare, ispessire.
contr. sciogliere, disciogliere, disgregare, diluire, liquefare, stemperare, struggere, fondere.
aggruppàre, *v.tr.* → UNIRE.
agguagliàre, *v.tr.* → UGUAGLIARE, EGUAGLIARE || ADATTARE, COMPENSARE || PARAGONARE.
agguàglio, *sm.* → PARAGONE, PAREGGIO.
agguantàre, *v.tr.* → PRENDERE.
agguàto, *sm.* → INSIDIA, IMBOSCATA.
agguerríre, *v.tr.* || *fig.* → ABITUARE.
agguerríto, *pps.* di agguerrire || *agg.* → ABILE.
agguindolaménto, *sm.* → INGANNO.
agguindolàre, *v.tr.* → INGANNARE.
aghétto, *sm.* → LACCIO.

aghifórme, *agg.* → AGUZZO.
agiataménte, *avv.* → COMODAMENTE.
agiatézza, *sf.* → COMODITÀ, RICCHEZZA.
nomencl. *verb.* adagiarsi, vivere agiatamente, star bene, star comodo, aver da vivere bene, passarsela bene, vivere senza lavorare, vivere di rendita, vivere del proprio, avere del ben di Dio, far buona vita, fare il signore, essere in tenuta, stare nel cotone, stare nella bambagia, godersi tutti gli agi, poter infischiarsi, non essere uso ai disagi.
agiàto, *agg.* → RICCO, COMODO.
àgile, *agg.* destro, disinvolto, lesto, leggiero, pronto, sciolto, snello, spigliato, spedito, vivace, vispo, alacre, flessibile, flessuoso, elastico, svelto, presto, brioso, ringalluzzito, arzillo.
nomencl. folletto, demonio, anguilla, silfo, acrobata, funambolo.
contr. goffo, pesante, lento, impacciato, tardo, tardigrado, flemmatico, pigro, ottuso.
agilità, *sf.* destrezza, disinvoltura, lestezza, leggerezza, levità, prontezza, scioltezza, snellezza, spigliatezza, speditezza, vivacità, alacrità, prestezza, flessuosità, vispezza, elasticità, sveltezza.
contr. pesantezza, lentezza, tardità, goffàggine, pigrizia, flemma, ottusità.
àgio, *sm.* → COMODITÀ, FACILITÀ.
agíre, *v.intr.* fare, adoperarsi, adoprarsi, far pratiche, accudire || procacciare, procacciarsi, procurare, procurarsi, darsi attorno, far ufficio || sollecitarsi, affannarsi, influire, comportare, funzionare, venire ai fatti, muoversi, esercitarsi, essere attivo, darsi da fare.
contr. stare inattivo, stare inerte, essere pigro, infingardo, disutile; oziare, ozieggiare, perder tempo, poltrire.
agitaménto, *sm.* → AGITAZIONE.
agitàre, *v.tr.* brandire, dibattere, dimenare, muovere, frullare, crollare, concitare, esagitare, far ondeggiare, menare, rimuovere, scotere, scuotere, sbatacchiare, sbattere, scrollare, scombussolare, rimestare, rimenare, mescolare, rimescolare, tramenare, trabalzare, squassare, sciaguattare, diguazzare, traballare, tramescolare, vibrare, sventolare, alterare || *fig.* perturbare, turbare, conturbare, impressionare, commuovere, confondere || sollevare (una questione), parlare con insistenza, con foga || suscitare (un affetto, una passione) || *rifl.* brulicare, formicolare, smaniare, dibattersi, contorcersi, dimenarsi, arronciglìarsi, diguazzare || *fig.* alterarsi, esagitarsi, turbarsi, conturbarsi, scombussolarsi, inquietarsi, bollire, arruffarsi, mettersi in agitazione, palpitare, tremare, pestare i piedi, sbatacchiarsi, scalciare, dare nelle smanie, avere il diavolo addosso, avere il diavolo in corpo, prorompere in lamenti, lasciarsi prendere dalle furie, stancarsi.
contr. fermare, fissare, immobilizzare, quietare, calmare, placare, pacificare, sedare, mitigare, attutire || quietarsi, calmarsi, tranquillizzarsi.
agitàto, *pps.* di agitare || *agg.* → MOSSO || *fig.* ansioso, commosso, inquieto, turbato, concitato, confuso, convulso, dinamico, eccitato, impaziente, travagliato, alterato, conturbato, esagitato, furioso.
contr. calmo, paziente, quieto, imparziale, freddo, indifferente, impassibile, tranquillo.

agitatóre, *sm. fig.* demagogo, arruffapopoli, cospiratore, sovversivo, sovvertitore, sommovitore, rivoluzionario, ribelle, congiuratore, congiurato, fazioso, attivista, perturbatore, sedizioso.
contr. conservatore, reazionario, retrivo, governativo, legittimista, uomo d'ordine || pacificatore, conciliatore.
agitazióne, *sf.* agitamento, dibattimento, dimenamento, dimenío, dirompimento, menamento, menata, rimenata, rimenío, rimestamento, ribattimento, sbattimento, sbattito, sbattuta, rovigliamento, sciacquattamento, scombussolamento, scombussolío, scossa, scossata, scossone, subbuglio, tempellamento, tentennamento, tentennata, tentennío, trambusto, turbolenza, tramenío, confusione, sovvertimento, disarmonia || *fig.* commovimento dell'animo, forte inquietudine, ansia, ansietà, ansiosità, bollore, commozione, concitazione, crisi, fermento, smania, scompiglio, turbamento, tumulto, riagitazione, rimescolío.
nomencl. *agg.* anarchica, concitata, esagitata, faziosa, infiammata, infocata, inquieta, insurrezionale, molesta, scompigliata, sediziosa, sovversiva, turbolenta, pianificata, preparata || *loc.* aggiungere fiamma al fuoco, avere il cuore o la mente in tempesta, avere o stare sulle spine, avere il veleno nel sangue, avere il diavolo in corpo, non trovare pace.
contr. calma, tranquillità, pace, serenità, immobilità, quiete, indifferenza, armonia, riposo, requie.
agliétto, *sm.* → INEZIA.
àglio, *sm.*
nomencl. (*varietà*) acquatico, bianco, orsino pippolino o delle vigne, romano o rocàmbola, selvatico o latte di gallina, di serpe, roseo, serpentino || fresco, giovane, maschio, spicchiuto || (*parti*) barbe, bulbo, capo o testa d'aglio, coda, mazzo d'aglio, resta o treccia; spicchio, velo d'aglio o spoglia d'aglio, ombrella, méstola o spata, puntale || agliata.
agnazióne, *sf.* → PARENTELA.
agnellàio, *sm.* → MACELLAIO.
agnèllo, *sm.* nato dalla pecora || *fig.* persona mansueta.
nomencl. (*varie specie*) cordesco, vernereccio, mannerino, giovane, pasquale || abbacchio, bozzone, castrato, castrone, agnellotto || (*parti*) testicciola, matta, collo, spalla, sella, costoletta, pancia o petto, coscetto o quarto o quartierino, peduccio || (*voci*) belare, vagire || *fig.* di Dio (Gesú Cristo).
agnellòtto, *sm.* → AGNELLO || agnolotto, raviolo, tortello, tortellino, cappelletto.
agnizióne, *sf.* → RICONOSCIMENTO.
agnolòtto, *sm.* → AGNELLOTTO.
àgo, *sm.* punzone, punteruolo, infilacappi, spillo, spilla, quadrello || → GUIDA.
nomencl. (*varie specie*) magnetico, da uncinetto, da maglia, da calze, da ricamo, da meridiana, da scriminatura, da chirurgo, da materasso, da saltaleone, da iniezione, da grammofono, da rocchetto || (*parti*) asta, punta, testa, cruna || agoraio, torsello, gomitolo, cartina d'aghi, porta aghi || (*fabbricazione*) filatoio: filo d'acciaio, calibratura, tranciatura, pulitura, appuntatura, stampaggio, cementazione, tempera, lisciatura, trapanatura, bronzatura, brunitura, impacchettatura || *agg.* grosso, mezzano, piccolo, fine, appuntito, bronzato,

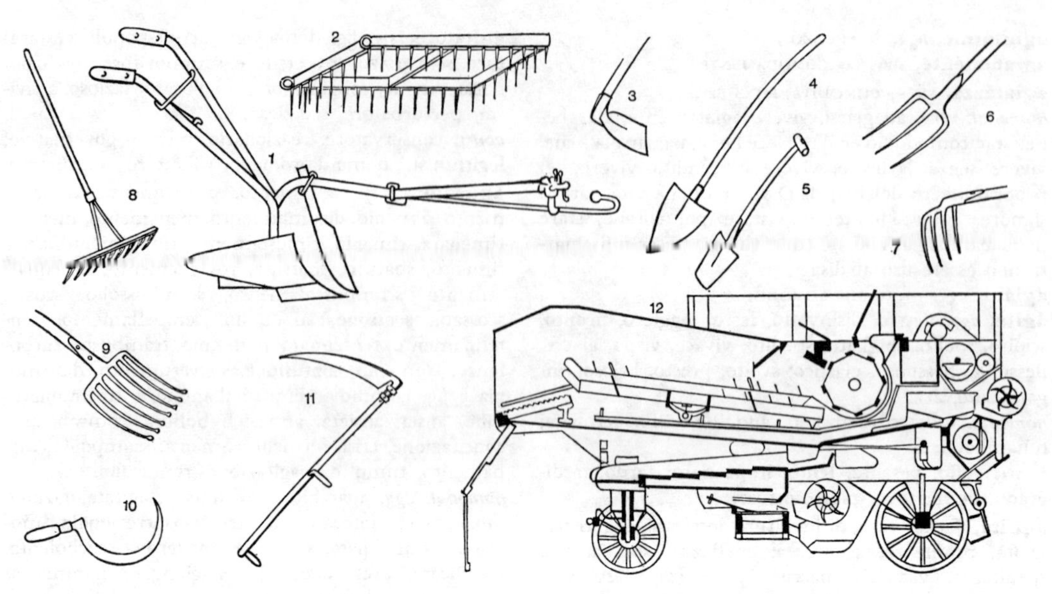

AGRICOLTURA (*macchine e attrezzi*) - 1) aratro; 2) erpice; 3) zappa; 4) badile; 5) vanga; 6) forcone; 7) forcone ricurvo per letame; 8) rastrello; 9) forcone per patate; 10) falce messòria; 11) falce da fieno o fienaia;; 12) trebbiatrice.

brunito, scrunato, spuntato, assortito || (*operazioni*) agucchiare, incrunare, ricamare, cucire, impuntire.

agognaménto, *sm.* → DESIDERIO.

agognànte, *ppr.* di agognare || *agg.* → DESIDEROSO.

agognàre, *v.tr.* → DESIDERARE.

agonàli, *sm.pl.* → GINNASTICA.

agóne, *sm.* → GARA.

agonía, *sf.* || *fig.* angoscia, angustia, indecisione, lotta; essere in angustia || *verb.* entrare, essere in agonia.

agonizzànte, *ppr.* di agonizzare || *sm.* → MORIBONDO.

agonizzàre, *v.intr.* essere moribondo, in agonia, agli estremi, in fin di vita, al lumicino, all'olio santo, sul punto di spirare, di tirare le cuoia, di andare all'aldilà, di rendere l'anima a Dio, di tornare al Creatore.
contr. riaversi, rianimarsi, scamparla, risuscitare.

àgora, *sf.* → PIAZZA.

agorafobía, *sf.*
contr. claustrofobia.

agoràio, *sm.* bocciolo, ghiandina.

agrària, *sf.* → AGRICOLTURA.

agràrio, *agg.* → CAMPAGNOLO || *sm. neol.* proprietario di terre.

agrèste, *agg.* → CAMPAGNOLO || ASPRO || ROZZO.

agrézza, *sf.* → ACIDITÀ.

agrícolo, *agg.* → CAMPAGNOLO.

agricoltóre, *sm.* contadino, campagnolo, colono, coltivatore, castaldo, camparo, bifolco, affittaiolo, fittavolo, massaro, mezzadro, mietitore, fattore, zappaterra, zappatore, vignaiolo, aratore, terrazzano, villico, villano.

agricoltúra, *sf.* agraria, agronomia, coltivazione, coltura.
nomencl. (*suddivisione*) estensiva, intensiva, moderna, motorizzata, meccanizzata, pastorale, primitiva || (*colture*) arboricoltura, floricoltura, frutticoltura, giardinaggio, giardiniera, orticoltura, pomicoltura, risicoltura, silvicoltura, viticoltura || fertilizzazione, enologia, zootecnía, ezoognosía || (*addetti*) agricoltore, agronomo, proprietario, affittuario, colono, conduttore, coltivatore diretto, fattore, agente, massaio, massaro, mezzadro, piantatore, padrone, poderaio, fittabile, latifondista, bifolco, mungitore, acquaiolo, trattorista || (*edifici e terreni*) fondo, affitto, casa padronale, casa colonica, colonía agricola, colonía parziale, disdetta, enfiteusi, sub-enfiteusi, masseria, mezzadria, onoranze, appendici, regalía, scorte vive e morte, servitú di passaggio, servitú prediale, livelli, terzadría, stime, stalla, silo, aia || agrumeto, albereto, chiuso, fondo, maggese, marcita, piantonaio, podere, cascina, fattoria, prato, semenzaio, spianata, spiazzo, tenuta, vivaio, zolla || (*macchine e attrezzi*) aratro, badile, erpice, falce (messoria e fienaia), falcetto, forca, forcone, rebbio, maglio, marra, mastello, mescino, mestola, pala, piccone, rastrello, ronca, roncola, rullo, ruspa, sarchio, scarificatore, seminatrice, sgorbia, sgorbietta, spianuccio, sgranatrice, trebbiatrice, trattore, motoaratrice, motosarchiatrice, motofalciatrice, mietitrice, mietitrebbiatrice, raccoglitrice di granoturco, treggia, carro, tribbio, tridente, trogolo, vaglio, ventilabro, zappa, zappone, voltafieno, spandiconcime, zappatrice, sarchiatrice.

agrimensóre, *sm.* geometra.

agrimensúra, *sf.* planimetria, stereometria, altimetria, livellazione.
nomencl. (*strumenti*) agrometro, alidada, archipenzolo, biffa, bussola, calandro o calandrino, canna, cannocchiale topografico, catena, diottra, goniometro, livelletta, mensola, pretoriana, nastro, nocella, nonio, paletti, palina, pantometro, piombino, planimetro, rapportatore, scopo o mira, squadro, tavoletta pretoriana || (*persone*) agrimensore, geometra.

àgro¹, *agg.* → ACIDO.

àgro², *sm.* → CAMPO, CAMPAGNA.

agronomía, *sf.* → AGRICOLTURA.

agróre, *sm.* → ACIDITÀ.

agrúme, *sm.* → ACIDITÀ.

agucchiàre, *v.intr.* → CUCIRE.

agúglia, *sf.* → GUGLIA.

agugliόne, *sm.* → PUNGIGLIONE.

aguzzàre, *v.tr.* acuire, acuminare, affilare, affinare, appuntare, appuntire, assottigliare, affusolare, arrotare, affusare, affusellare || *fig.* → ECCITARE.

contr. smussare, spuntare, ottundere, smozzicare, mozzare, scortire.

aguzzíno, *sm.* → SGHERRO, CARNEFICE, CARCERIERE.

agúzzo, *agg.* aculeato, acuminato, acuto, aghiforme, appuntato, appuntito, puntuto, pungente, penetrante, tagliente, sottile, affilato, acuito, assottigliato, rostrato, acicolare.

contr. spuntato, ottuso, smozzicato, mozzato, scorciato.

àio, *sm.* → EDUCATORE, INSEGNANTE.

aiòla, *sf,* → AIUOLA.

aíre, *sm.* abbrivo, rincorsa, spinta, indirizzo, piega.

airóne, *sm.* sgarza, tarabuso, airone bianco, airone cinerino.

aíta, *sf.poet.* → AIUTO.

aitànte, *agg.* → BELLO, FORTE, CORAGGIOSO.

aiuòla, *sf.* aiòla, compartimento, scomparto, porca, maneggia.

aiutànte, *ppr.* di aiutare || *sm.* adiutore, ausiliare, coadiutore, collaboratore, cooperatore, assistente, ausiliario || → SEGUACE.

aiutàre, *v.tr.* assistere, appoggiare, cooperare, collaborare, favorire, soccorrere, salvare, sollevare, rinforzare, giovare, coadiuvare, sovvenire, dar mano, dar man forte, sorreggere, sostenere, spalleggiare, favoreggiare, secondare, sussidiare, porgere; dare, prestare aiuto; correre in aiuto, fiancheggiare, difendere, rinfrancare, caldeggiare, contribuire, concorrere, conferire, cospirare, essere il braccio destro, facilitare, affiancare, beneficare, presidiare.

contr. avversare, combattere, contrariare, contrastare, danneggiare, ostacolare, opporsi, impedire, attraversare, far fronte; mettere i bastoni fra le ruote.

aiúto, *sm.* rincalzo, rinforzo, aita, ausilio, assistenza, appoggio, braccio, braccioforte, cooperazione, collaborazione, favore, mezzo, man forte, presidio, puntello, soccorso, sussidio, salvamento, sollievo, rinforzo, alleggerimento, alleviamento, corroborazione, contributo, contribuzione, forza, sostegno, sovvenzione, difesa || giovamento.

nomencl. *verb.* chiedere, prestare, dare, donare, invocare, supplicare, fare appello, chiamare soccorso, implorare misericordia, raccomandarsi, dare una mano, sollevare da miseria, trarre da imbarazzo, far del bene, procurare qualche risorsa, aiutare di sottomano, in segreto.

contr. danno, nocumento, detrimento, scapito, discapito, aggravio, ostacolo, impedimento.

aizzàre, *v.tr.* → ECCITARE, PROVOCARE, ACCALORARE.

aizzatóre, *sm.* → ISTIGATORE.

àla, *sf.*

nomencl. penne remiganti, èlitra || estremità || ala d'edificio, dell'esercito, del mulino, dell'elica, dell'aereo, di nave || *agg.* appuntita, drizzata, leggera, larga, raccolta, retratta, remigante, spuntata, spiegata, tarpata || *verb.* far cader le ali, battere le ali, mettere le ali, dare ala, tarpare le ali || stendere, alzare, ritrarre, abbassare, aprire, drizzare, spuntare, raccogliere, frullare, remeggiare, spiegare, tremolare; aliare, aleggiare || *loc.* con le ali ai piedi, sotto le ali, ali della fantasia, della fama, della parola, del vento, del pensiero.

alabàrda, *sf.* mezza picca, partigiana, lancia, zagaglia.

nomencl. (*parti*) asta, scure, lancia, punte.

alabastríno, *agg.* → BIANCO.

alabàstro, *sm.* → MARMO.

nomencl. bianco, cipollato, occhiuto, venato, colorato || alabastrite, saccaroide.

àlacre, *agg.* → AGILE, BRIOSO.

alacrità, *sf.* → BRIO, AGILITÀ.

alambiccàre, *v.tr.* lambiccare → DISTILLARE.

alambícco, *sm.* lambicco, matraccio, storta.

nomencl. (*parti*) cucúrbita o caldaia, duomo o capitello o elmo, condensatore.

alàno, *sm.* → CANE.

alàre, *sm.* capifuoco || → CAMINO.

alàto, *agg.* alígero, volante, volatile || *fig.* elevato, ispirato.

alàuda, *sf. poet.* → ALLODOLA.

àlba, *sf.* brúzzico, brúzzolo, albore, dilúcolo, primo albore, primo crepuscolo, avemaria mattutina, diana mattutina || *fig.* → INIZIO.

nomencl. *verb.* albeggiare, spuntare, apparire, sorgere, innalzarsi, imbiancare.

contr. tramonto, ultimo crepuscolo, sera, notte.

albagía, *sf.* → SUPERBIA.

albaióne, *sf.* → DUNA.

albarèllo, *sm.* → ALBERELLO.

albèdine, *sf.* → BIANCHEZZA.

albeggiàre, *v.intr.* aggiornare, far giorno, spuntare dell'alba, sorgere del sole || → BIANCHEGGIARE.

contr. far sera, annottare.

alberàre, *v.tr.* → PIANTARE.

alberèllo, *s.m* albarello, pioppo bianco, gàttice, albogatto.

alberéto, *sm.* albereta, → FORESTA.

albergàre, *v.intr.* → ABITARE, DIMORARE.

albergatóre, *sm.* → OSTE.

albèrgo, *sm.* alloggio, locanda, osteria, ostello, ricettacolo, taverna, trattoria, béttola, cantina, autostello, *hôtel*, *motel* || stanza, rifugio, ricovero.

nomencl. (*addetti*) albergatore, albergante, alloggiante, ostelliere, cameriere, tavoleggiante, scalco, custode, interprete, valletto, fattorino, facchino, lustrascarpe, direttore, segretario, maggiordomo, cantiniere, trattore, oste, bettoliere, caffettiere, liquorista, barista, vivandiere, portiere, cuoco, inserviente, telefonista, *lift* || (*vari tipi*) aristocratico, buono, cattivo, lussuoso, mal tenuto, pessimo, popolare, di 1ª, 2ª, 3ª, 4ª categoria; diurno, notturno.

àlbero, *sm.* pianta, arbusto, sterpo, sterpàgnolo, pollone, arboscello, frútice, àrbore (*poet.*) || asse, antenna, → BIELLA.

nomencl. (*varietà*) d'alto fusto, d'antenna, da cima, da mobili, da fuoco, da opera, da cimitero, da ornamento, da giardino, da orto, da ombra || albero di Natale, della libertà, della nave, della vita, della scienza del bene e del male, della cuccagna, di trasmissione, genealogico, maestro || (*parti*) radice, barba, fittone, sterpo, talea, ceppo, ceppaia, ceppa, piantone, pollone, rampollo, toppo, fusto o tronco, brocco, buccia, scorza, corteccia, forcella, pedale, impalcatura, occhio, ramo, tronco, vetta, vinciglio, vettone, zincone, antenna, bacca, coccola, capitozza, corona, fiore, foglia, galla, nodo || (*colture*) arboricoltura, giardinaggio, silvicoltura, agronomia, floricoltura || dendrologia, dendrografia || (*luoghi alberati*) foresta, selva, bosco, boschetto, macchia, andana, controspalliera, filare, labirinto, mazzo, formella, pergola, piantagione, campiccio, cespuglio, forteto, gratta, cerreto, querceto, lecceto, oliveto, agrumeto, frutteto, gelseto, vigneto, albereto, castagneto, pioppeto, cipresseto, acereto, salceto o saliceto, palmeto, parco, pineta, abetaia || (*malattie*) cancro, nocchio, bruciacchiatura, fenditura, intristimento, nodosità || *agg.* corteccioso, esotico, forestiero, indigeno, frondoso, fronzuto, capitozzato, nano, nocchieruto, pulito, sempreverde, sottile || (*operazioni*) alberare, piantare, innestare, incidere, tagliare, smozzare, potare, sfrondare, diradare, mondare, sradicare, levare, abbattere, dibrucare, dimozzare, sbarbare, scoronare, scalzare, scapezzare, scapitozzare, capitozzare, scorzare, sgemmare, sperticare, svecchiare, rimboscare, rimboschire.

albicànte, *ppr.* di albicare || *agg.* → BIANCASTRO.

albicàre, *v.intr.* → BIANCHEGGIARE.

albíccio, *agg.* → BIANCASTRO, BIANCO.

albíno, *agg.* → BIANCO.

àlbo, *agg.* → BIANCO || *sm.* album, registro, tavola per avvisi pubblici.

nomencl. accademico, cartolaro, calligrafico, commerciale, musicale, d'onore, professionale, pretorio, sociale, da disegno.

albogàtto, *sm.* → ALBERELLO.

àlbum, *sm. indecl.* → ALBO.

albúme, *sm.* bianco o chiara dell'uovo.

albúrno, *sm.* durame.

alcàlde, *sm.* àlcade, → GIUDICE.

àlcali, *sm.*

nomencl. fisso, volatile || soda, potassa, ammoniaca, barite, cenere, gomma ammoniaca, sale ammoniaco, gas ammoniaco, vapori ammoniacali, *halinatron*, *kali*, litina, natron, stronziana, amido, ammonio, bario, stronzio, calcio, acque al bicarbonato di soda o al carbonato di calcio || morfina, cocaina, nicotina, stricnina, caffeina, atropina || alcalimetria, reattivo.

alcalizzàre, *v.tr.* ridurre allo stato di àlcali.

alcalòide, *sm.*

nomencl. stricnina, tebaina, meconidina, senapina, cocaína, atropina, caffeina, morfina, reserpina, propilamina, ecc.

alcázar, *sm. spagn.* → FORTIFICAZIONE, BALUARDO.

alchèrmes, *sm.* → COCCINIGLIA.

alchímia, *sf.* archimagía, arcimagía, chimica ermetica.

nomencl. alchimista, adepto, soffiatore, Rosa-croce, teosofo || (*elementi*) *absemir* (principio, quintessenza), *acidum pingue* (acido grasso), *alcaest* (mestruo dissolvente universale), *alembrot* (sale composto di mercurio ed ammoniaca), arcano (mistero), archèo (principio vitale, movente universale), argirogonia o argirocopea (arte di fare l'argento), *brumazar* (spirito dei metalli), crisopea (arte di fabbricare l'oro), crogiuoli, *driff* (controveleno), elisir d'oro (pietra filosofale), *arca arcanorum* (pietra filosofale), elisir universale, *ens primum* (sostanza purissima), *gelbum* o *gelfum* (pietra filosofale), magistero (preparazione segreta), magnale (spirito dell'acqua), mercurio animato o dei filosofi, oro potabile, palingenesi (riproduzione di un fiore), panacea (rimedio universale), polvere argentifera, polvere di proiezione (che doveva operare la trasformazione), quintessenza (quella in aggiunta alle quattro componenti il mondo fisico), *regula* (metallo al crogiolo), simbolizzare, spagiria (analisi e ricomposizione dei metalli), *yélion* (bicchiere).

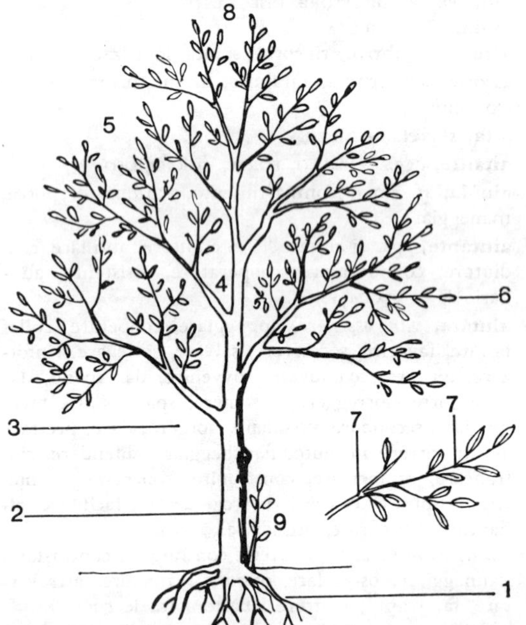

ALBERO – 1) radici; 2) fusto o tronco; 3) ramo; 4) forcella; 5) chioma; 6) foglia; 7) nodo; 8) vetta; 9) pollone.

alchimizzàre, *v.intr.* falsificare, trasmutare.

alcióne, *sm.* martin pescatore → GABBIANO.

àlcole, *sm.* alcool, spirito.

nomencl. (*tipi*) assoluto, denaturato, diacetonico, etilico, greggio, metilico, rettificato, solido, puro, di vino, di grano, di patata || alcolimetria.

alcolizzàre, *v.tr.* alcoolizzare, ridurre allo stato alcòlico, rendere alcòlico.

àlcool, *sm.* → ÀLCOLE.

alcòva, *sf.* → CAMERA.

àlea, *sf.* → RISCHIO, CASO.

aleatòrio, *agg.* → INCERTO, RISCHIOSO.

aleggiàre, *v.intr.* → GIRARE, VOLARE.

alemànno[1], *agg.* alamanno, tedesco, germanico.

alemànno², *sm.* → FLAUTO.
alfabetísmo, *sm.*
contr. analfabetísmo.
alfabèto, *sm.*
nomencl. (*suddivisione*) arabico, cuneiforme, ebraico, fenicio, greco, latino, italico, italiano, indiano, nagarico, sabellico, semitico, etrusco, osco, falisco, messàpico, cirillico o cirilliano, || fonetico || musicale, telegrafico, dei ciechi || (*elementi*) vocali, consonanti, lettere, caratteri, corpi, sillabe, parole; geroglífici, ideogrammi || sillabario, alfabetiere, abbecedario, abbicci.
alfàna, *sf.* → CAVALLO.
alfière, *sm.* banderaio, portabandiera, antesignano, gonfaloniere, portainsegna, portastendardo, signifero, vessillifero, aquilifero.
alfíne, *avv.* → FINALMENTE.
àlga, *sf.* àliga (*poet.*).
nomencl. (*tipi*) azzurra o cianoficea, bruna o feoficea, verde o cloroficea, rossa, floridea o rodoficea || (*varietà*) agar-agar, alaria, corallina, fico, nostocacea, oscillaria, protococco, sargasso, tricodesmo, ulva.
àlgebra, *sf.* → MATEMATICA.
nomencl. algebrista, matematico || (*termini*) abbreviazione, algoritmo, apotema, argomento, calcolo algebrico, calcolo infinitesimale, coefficiente, equazione algebrica, espressione razionale, espressione letterale, formula, monomio, binomio, trinomio, polinomio, frazione algebrica, forme algebriche, lettere algebriche, segni algebrici, somma algebrica, quantità algebrica, valore algebrico, valore numerico, equazione letterale.
algènte, *agg.* → FREDDO.
algesiògeno, *agg.* dolorifico.
contr. analgèsico.
àlgido, *agg.* → FREDDO.
algóre, *sm.* → FREDDO.
aliàre, *v.intr.* → VOLARE.
àlibi, *sm.* assenza.
alíce, *sf.* → ACCIUGA.
alidézza, *sf. poet.* → ARIDITÀ.
àlido, *agg.* → ARIDO.
alidóre, *sm.* → ARIDITÀ.
alienàbile, *agg.* → VENDIBILE.
alienàre, *v.tr.* → VENDERE || allontanare, distogliere || *rifl.* astrarsi, estraniarsi, straniarsi.
contr. acquistare, comprare.
alienàto, *pps.* di alienare || *agg.* → VENDUTO || PAZZO.
alienazióne, *sf.* trasferimento di proprietà, vendita || → PAZZIA.
alienígena, *sm.* → FORESTIERO.
alienísta, *sm.* → PSICHIATRA.
alièno, *agg.* → ESTRANEO, CONTRARIO.
alígero, *agg.* → ALATO.
aligústa, *sf.* → ARAGOSTA.
alimentàre¹, *agg.* commestibile, mangereccio, nutriente, nutritivo, nutritizio, edule.
contr. immangiabile, incommestibile.
alimentàre², *v.tr.* nutrire, nutricare, cibare, pascere, pascolare, sostenere, sostentare, sfamare, satollare, dare cibo, nutrimento, allattare, allevare, covare, disfamare || → INFONDERE || *rifl.* → MANGIARE.
contr. affamare, privar di cibo.
alimentazióne, *sf.* nutrizione, satollamento, saziamento, sfamatura || vitto, cibo, cibarie, vivande.
contr. fame, digiuno, denutrizione.
aliménto, *sm.* cibo, nutrimento, nutritura, pasto, pàbulo, vivanda, vettovaglia, vitto, annona, approvvigionamento, approvvisionamento, sostentazione.
nomencl. materiale, spirituale, soprannaturale, del corpo, dell'anima, della mente, dello spirito || (*varianti*) ambrosia, boccone, biancomangiare, bazzoffia, brodo, brodaglia, broda, bocconcino, cibaria, civanzo, chicca, commestibili, companatico, dape, grascia, fonfone, ghiottonería, ghiottornía, guazzabuglio, guastastomaco, lacchezzo, leccornía, intruglio, mangiarino, manicaretto, morso, ribotta, cibreo, provenda, provvigione, provvista, robaccia, veleno, rifreddo, scorta, stranguglione, viatico, voltastomaco || (*pasti*) colazione, pranzo, cena, merenda, pusigno, agape, banchetto, bisboccia, convito, gozzoviglia, mangiata, bagordo, camangiare, orgia, desinare, pappatoria, rancio, refezione, ritocchino, simposio, spuntino, scorpacciata, stravizio, pic-nic || antipasto, portata, intramezzo, tornagusto, minestre, carni, pesci, intingoli, condimenti, formaggi, salumi, uova, latte, latticini, verdura, insalate, frutta, dolci, vini, postpasto, servito, porzione, razione || (*preparazione*) allesso, arrosto, bollito, fritto, brodetto, guazzetto, caciucco, stufato, stracotto, salmí, umido, timballo, potacchio, fricassea, fricandò, ragú, intingolo, soffritto, crostino, ripieno, passata o purè, pasticcio, budino, polpetta, crocchetta, sformato || (*luoghi*) refettorio, sala da pranzo, tinello, cucina, rosticceria, ristorante, albergo, trattoria, bar, taverna, osteria, bettola, gargotta, latteria || (*persone*) beccaio, cuoco, droghiere erbivendolo, fruttivendolo, formaggiaio, fornaio, friggitore, lattaio, locandiere, barista, rosticciere, macellaio, ortolano, ostricaio, pescivendolo, pasticciere, pollivendolo, salumiere, scalco, vivandiere, vettovagliere, albergatore, cameriere, trattore, taverniere, oste, bettoliere || antropofago, cannibale, bagordone, brodolone, buongustaio, ciacco, anfitrione, commensale, convitato, crapulone, divoratore, epulone, carnívoro, erbívoro, frugívoro, gastronomo, ghiottone, golaccia, goloso, golosone, granivoro, ippofago, ingordo, ittofago, leccapiatti, leccatore, lupaccio, mangiatore, mangiatutto, mangione, onnivoro, pacchione, pappacchione, pappalardo, pappatore, parassita, parco, scroccone, sgranapagnotte, scannapagnotte, sobrio, vegetariano, vorace, ventraccio || *agg.* buono, eccellente, squisito, ghiotto, goloso, prelibato, accostante, appetitoso, aromatico, gustoso, delicato, corroborante, nutriente, nutritivo, appropriato, artefatto, naturale, sostanzioso, succulento, necessario, quotidiano, solido, vitale, vitaminico, dolce, giusto di sale, salato, insipido, acerbo, acido, afro, affricogno, aspro, coriaceo, tenero, duro, crudo, frollo, secco, cotto, arrostito, magro, grasso, misto, condito, scondito, grossolano, lazzo, leggero, pesante, indigesto, innocuo, cattivo, pessimo, caldo, freddo, tiepido, riscaldato, ribollito, raffreddato, congelato, stantio || luculliano, trimalcionesco, lauto, pantagruelico, sontuoso, parco, frugale || *loc. avv.* a crepapelle, a strippapelle, a crepapancia, da affamato, a quattro ganasce, a scoppia

corpo, a macca, a ufo || *verb.* addentare, assaggiare, assaporare, assimilare, assorbire, bagordare, banchettare, beccare, biascicare, brucare, cenare, cibarsi, consumare, crapulare, desinare, deglutire, digiunare, diluviare, disordinare, divorare, gozzovigliare, gustare, gonfiarsi, ribottare, inghiottire, imbuzzarsi, rimpinzarsi, infornare, ingerire, ingollare, ingozzare, ingurgitare, insaccare, inzepparsi, inghibbiare, ingorgare, leccare, lavorare di ganasce, macinare, maciullare, merendare, mordere, nutrirsi, pacchiare, pappare, pascersi, pascolare, pasteggiare, pranzare, pusignare, riempirsi, satollarsi, sfamarsi, saziarsi, rifocillarsi, ristorarsi, rodere, sgranocchiare, smaltire, ruminare, sbramarsi, scroccare, scuffiare, sdigiunarsi, sostentarsi, sparecchiare, straviziare, strippare, trangugiare, sbroccare, satollarsi, trinciare, ungere il grifo, buttarsi sul mangiare, caricar la canna, caricarsi lo stomaco, darci dentro, empirsi come una botte, dar sotto, dimenare le ganasce, fare crapula, fare guasto, fare spiano, fare piazza pulita, fare repulisti, foderarsi, lavorare di ganasce, mangiar con l'imbuto, mangiare senza ritegno, rastrellare la mensa, ripulire i piatti, scaricare la tavola, spolverare; sgranar pagnotte, toccar col dente.

alínea, *sf.* → PARAGRAFO, CAPOVERSO, COMMA.

alíquota, *sf.* quota, quotaparte, parte.
contr. tutto, totale, intero.

alisèo, *agg.* e *sm.* → VENTO.

alitàre, *v.tr.* → RESPIRARE.

àlito, *sm.* afflato, respiro, soffio, esalazione, espirazione, aura, anelito, fiato || *fig. poet.* ispirazione.
contr. aspirazione, inspirazione.

allacciàre, *v.tr.* → CINGERE, LEGARE, ABBRACCIARE.

allagaménto, *sm.* → INONDAZIONE.

allagàre, *v.tr.* → BAGNARE, INONDARE.

allagàto, *pps.* di allagare || *agg.* → BAGNATO.

allagazióne, *sf.* → INONDAZIONE.

allamàre, *v.intr.* → FRANARE.

allampanàre, *v.intr.* → DIMAGRIRE.

allampanàto, *pps.* di allampanare || *agg.* → MAGRO.

allappànte, ppr. di allappare || *agg.* agro, acerbo, aspro.
contr. dolce, maturo, sapido.

allappàre, *v.tr.* allegare (dei decreti), allappolare.

allargaménto, *sm.* → ESPANSIONE, ESTENSIONE, DIFFUSIONE.

allargàre, *v.tr.* ampliare, dilatare, distendere, estendere, aprire, rarefare, allentare, svolgere, sviluppare, spagliare, slargare, riboccare, rigurgitare, spandere, traboccare, straripare, diramare, disseminare, gonfiare, irradiare, prodigare, ramificare, sciorinare, scostare, spiegare, stendere, stirare.
contr. stringere, restringere, ridurre, limitare, circoscrivere, diminuire.

allargàto, *pps.* di allargare || *agg.* → DILATATO, APERTO, RAREFATTO.

allarmàre, *v.tr.* → IMPAURIRE, INQUIETARE || *rifl.* → INQUIETARE.

allàrme, *sm.* → PAURA, ATTESA.

allàto, *avv.* → VICINO.

allattaménto, *sm.*
nomencl. (*tipi*) artificiale, materno, mercenario, misto, naturale || balia, nutrice, baliatico, balio || poppaiola, poppatoio || allievo, lattante, poppante, figlio di latte, fratello di latte || *verb.* allattare; slattare, divezzare; poppare, pocciare, succhiare.

allattàre, *v.tr.* dare il latte → ALIMENTARE.
contr. slattare, divezzare.

alleànza, *sf.* accordo, condizione, convenzione, patto, contratto, lega, confederazione || → ASSOCIAZIONE, AMICIZIA.
nomencl. *agg.* cordiale, fedele, fraterna, comune, grande, permanente, perpetua, salda, stretta, segreta, difensiva, difensiva-offensiva, offensiva, conclusa, conchiusa, pattuita, firmata, rinnovata, ratificata, stipulata, rotta, tradita, rinnegata, stracciata.|| duplice, triplice, quadruplice, santa || *verb.* stringere, conchiudere, pattuire, firmare, rinnovare, ratificare, stipulare, mantenere, alimentare, rompere, rinnegare, stracciare, rifiutare; allearsi, associarsi, confederarsi.

alleàre, *v. rifl.* → ASSOCIARE.

alleàto, *agg.* ausiliario, federato, confederato, collegato, compagno, cobelligerante, socio, associato, amico.
contr. nemico, ostile, avversario, avverso, opposto, oppositore.

allegàre, *v.tr.* citare, addurre, produrre || → AGGIUNGERE, ACCLUDERE, ATTACCARE, UNIRE; ALLAPPARE || *intr.* → ATTECCHIRE.

allegàto, *pps.* di allegare || *agg.* → INCLUSO || *sm.* → DOCUMENTO.

allegazióne, *sf.* → GIUSTIFICAZIONE.

alleggeriménto, *sm.* diminuzione, alleviamento, sollievo, scarico, discarico, sgravio || *fig.* → AIUTO, CONFORTO.
contr. aggravio, aggraviamento, scapito, discapito, iattura.

alleggeríre, *v.tr.* alleviare, alleggiare, attenuare, diminuire, sgravare, sollevare || scemare, vaporizzare || *fig.* liberare, confortare, attenuare, lenire, ristorare; *iron.* → RUBARE || *rifl.* sgravarsi (di un peso).
contr. appesantire, accrescere, aggravare, caricare, oberare, pesare.

alleggeríto, *pps.* di alleggerire || *agg.* → DIMINUITO.

alleggiàre, *v.tr.* → ALLEGGERIRE.

alleghíre, *v.intr.* → ATTECCHIRE.

allegoría, *sf.* metafora, parabola, adombramento, comparazione, figura, emblema, paragone, simbolo, velame, immagine, prefigurazione, tropologia, geroglifico, enimma, favola, traslato, tropo, segno.

allegòrico, *agg.* emblematico, figurativo, polisenso, simbolico, enimmatico, tropologico, metaforico, oscuro.

allegorizzàre, *v.intr.* adombrare, figurare, metaforeggiare, metaforizzare, simboleggiare, fare allegorie, esprimersi per metafore, nascondere.
contr. chiarire, commentare, esplicare, precisare, spiegare, dir pane al pane.

allegraménte, *avv.* → BRIOSAMENTE.

allegràre, *v.tr.* → RALLEGRARE.

allegrézza, *sf.* → ALLEGRIA, GODIMENTO, BRIO.

allegría, *sf.* allegrezza, buonumore, contentezza, gaiezza, baldoria, brio, giocondità, ilarità, lietezza, esultanza, giulività, letizia, piacere, gaudio, gioia, giovialità, galloria, giubilo, facezia, lepidezza, sollazzo, tripudio, serenità, festa, gazzarra, buscherio, festeggia-

mento, bagordo, godimento, esultazione, dolcezza, eccitazione, gozzoviglia, scacciapensieri.
nomencl. *agg.* breve, improvvisa, artificiosa, forzata, simulata, eccessiva, naturale, tranquilla, raccolta, spontanea, sincera, grande, somma, chiassosa, esagerata, smodata, estrema, viva || *verb.* rallegrarsi, godere, godersela, darsi buon tempo, pigliar piacere, letiziarsi, rallegrarsi, spassarsi, sollazzarsi, svagarsi, far tripudio, tripudiare, essere in vena, esultare, consolarsi, avere un'allegrezza a cielo, brillare l'anima, parere un sol di maggio, gongolare, gongolacchiare, riboccare d'allegrezza, far gran galloria, parere un alleluia, andare in brodetto, giocondarsi, rimbaldire, ingalluzzire, ingarzullire, ringalluzzire, ringarzullire, essere di buon umore o senza luna.
contr. afflizione, lutto, malumore, malinconia, mestizia, tristezza, desolazione, ipocondria, umore cattivo, malcontento, scontento, musoneria, depressione.
allégro, *agg.* ílare, lieto, gaio, festevole, festante, festivo, felice, gioviale, gioioso, sereno, esultante, letiziante, raggiante, contento, ameno, sollazzevole, bellumore, brioso, buffo, burlone, faceto, gustoso, esilarante, vivace, scapato, lepido, motteggiatore, mattaccino, mattacchione, svagato, spensierato, capo ameno, giovialone, bontempone, capo scarico.
nomencl. *loc. avv.* di buonumore.
contr. triste, mesto, malinconico, afflitto, pensieroso, preoccupato, serio, accigliato, depresso, avvilito, pesante, desolato, dolente || guastafeste, mortorio.
allegróne, *sm.* → BURLONE.
allenaménto, *sm.* addestramento, preparazione, → ESERCIZIO.
allenàre, *v.tr.* → EDUCARE, ISTRUIRE || ABITUARE.
allenàto, *sm.* preparato, esercitato, addestrato.
contr. impreparato, fuori esercizio,
alleníre, *v.tr.* → LENIRE.
allentaménto, *sm.* → DISTENSIONE.
contr. tensione, eccitazione, sovreccitazione.
allentàre, *v.tr.* slentare, rilassare, svagarsi, distendersi, ricrearsi, → CALMARE, ABBANDONARE.
allergía, *sf.* → RIPUGNANZA.
allèrgico, *agg.* contrario, incompatibile, refrattario, renitente, alieno, avverso.
allessàre, *v.tr.* → LESSARE.
allésso, *sm.* → LESSO.
allestiménto, *sm.* → PREPARAZIONE.
allestíre, *v.tr.* → DISPORRE, PREPARARE, ARREDARE.
allestíto, *pps.* di allestire || *agg.* → DISPOSTO.
alletamàre, *v.tr.* → CONCIMARE.
allettaménto, *sm.* → ESCA, LUSINGA, ECCITAZIONE.
allettànte, *ppr.* di allettare || *agg.* → BELLO.
allettàre, *v.tr.* → ATTIRARE, BLANDIRE, AFFASCINARE, DIVERTIRE.
allettatíva, *sf.* → FASCINO.
allettatóre, *sm.* → BELLO.
allettévole, *sm.* → BELLO.
allevaménto, *sm.* → EDUCAZIONE.
allevàre, *v.tr.* → ALIMENTARE, EDUCARE, COLTIVARE.
alleviàre, *v.tr.* → ALLEGGERIRE, CONFORTARE.
alleviaménto, *sm.* → ALLEGGERIMENTO.
allibíre, *v.intr.* → IMPALLIDIRE || IMPAURIRE, MERAVIGLIARE.
allibraménto, *sm.* → ISCRIZIONE, REGISTRAZIONE.
allibràre, *v.tr.* → ISCRIVERE, REGISTRARE.
allietàre, *v.tr.* → RALLEGRARE.
allièvo, *sm.* → SCOLARO, APPRENDISTA, ALLATTAMENTO.
alligatóre, *sm.* → COCCODRILLO.
allignàre, *v.intr.* → ATTECCHIRE.
allindàre, *v.tr.* → VESTIRE, ORNARE.
allindatúra, *sf.* → ELEGANZA.
allineaménto, *sm.* schieramento, → FILA.
allineàre, *v.tr.* mettere, disporre in fila, in linea, schierare.
contr. scompigliare, rompere le righe.
allineàto, *pps.* di allineare || *agg.*
allitterazióne, *sf.* assillabazione, assonanza, consonanza, → BISTICCIO.
allividíre, *v.intr.* illividire, → IMPALLIDIRE.
allocchería, *sf.* → SCIOCCHEZZA.
allòcco, *sm.* → GUFO || *fig.* → SCIOCCO.
allocròico, *agg.* → CANGIANTE.
allocromasía, *sf.* → DALTONISMO.
allocuzióne, *sf.* → DISCORSO.
allodialità, *sf.* → IMMUNITÀ.
allòdola, *sf.* lòdola; alàuda (*poet.*).
nomencl. (*tipi*) crestata, a ciuffo, cappellaccia, allodolino, calandra, calandrella, calandrino, cantarella, mattolina, panterana, tottavilla.
allodossía, *sf.* → ERESIA.
allogagióne, *sf.* → AFFITTO, COLLOCAMENTO.
allogaménto, *sm.* allogazione → AFFITTO, COLLOCAMENTO.
allogàre, *v.tr.* → AFFITTARE || DISPORRE, COLLOCARE, METTERE.
allogazióne, *sf.* allogamento. → AFFITTO, COLLOCAMENTO.
allògeno, *agg.* e *sm.* → FORESTIERO.
alloggiaménto, *sm.* → ACCAMPAMENTO.
alloggiàre, *v.tr.* e *intr.* → ACCAMPARE, ABITARE, OSPITARE.
alloggiatóre, *sm.* → OSTE, OSPITE.
allòggio, *sm.* → DIMORA, CASA, ALBERGO.
alloglòtta, *agg.* e *sm.* → FORESTIERO.
allombàto, *agg.* robusto.
contr. slombato, fiacco.
allontanaménto, *sm.* partenza, lontananza, distacco, distanza, distanziamento, assenza || deposizione, destituzione, cacciata, licenziamento, congedo, dimissione, discacciamento, eliminazione, defenestrazione || digressione, divagazione, distrazione.
contr. avvicinamento, vicinanza, assunzione, accoglimento arrivo, accostamento, presenza.
allontanàre, *v.tr.* discostare, divergere, deviare, mandare lontano, cacciare, rimuovere, scostare, mandar via, licenziare, respingere, scacciare, congedare, defenestrare, destituire, deporre, silurare, detronizzare, diloggiare, dimettere, dirimere, disamorare, disaffezionare, disinnamorare, disdire, disloggiare, distaccare, eliminare, slontanare, distanziare, troncare, rompere, sciogliere || *rifl.* → ANDARE.
contr. avvicinare, accostare, unire, partecipare, collegarsi, star vicino, approssimarsi.
allopatía, *sf.*
contr. omeopatia.

allopàtico, *agg.*
contr. omeopatico.
alloppiàre, *v.tr.* e *rifl.* → DORMIRE.
allóra, *avv.* in quel tempo, in quel momento, in quell'ora, allora allora, d'allora, ora per allora, d'allora in poi, d'allora innanzi, fin d'allora || dunque.
contr. → ADESSO, ORA.
allorché, *cong.* → QUANDO.
allòro, *sm.* lauro, agrifoglio o alloro spinoso || *fig.* → GLORIA.
allorquàndo, *cong.* → QUANDO.
allòtropo, *sm.* → DOPPIONE.
allucchettàre, *v.tr.* → FERMARE.
alluciàre, *v.tr.* → GUARDARE.
allucignolàre, *v.tr.* → AVVOLGERE.
allucinàre, *v.tr.* → ABBACINARE || *fig.* → INGANNARE.
allucinazióne, *sf.* errore, bizzarria, fantasma, fantasia, illusione, immaginazione, impressione, abbaglio, abbagliamento, miraggio, travedimento, fantasima.
contr. visione giusta, precisa, esatta.
allúdere, *v.intr.* accennare, riferirsi, adombrare.
contr. definire con esattezza, precisare.
allumàre, *v.tr.* → ILLUMINARE, GUARDARE.
allúme, *sm.* allume di rocca, di potassio, di ferro e ammonio.
nomencl. artificiale, bruciato, calcinato, naturale, di feccia || carbonino, allumiera, soprallumiera, randa, zanfone, zanfoncino, zanfoniere.
allumína, *sf.* → ARGILLA.
alluminàre, *v.tr.* → ILLUMINARE; MINIARE.
allungaménto, *sm.* → DISTENSIONE, ESTENSIONE.
allungàre, *v.tr.* estendere, accrescere, aumentare, prolungare, protrarre, dilungare, slungare, stendere, stirare, tendere, protendere || ingrandire, amplificare, ingrossare, innalzare || differire, mandare in lungo, prorogare, procrastinare, indugiare, temporeggiare || diluire, annacquare || *rifl.* → ADAGIARE.
contr. accorciare, scorciare, dimezzare, abbreviare, decurtare, diminuire, tagliare, troncare || anticipare.
allupàto, *agg.* → AFFAMATO.
allusióne, *sf.* → ACCENNO || IMMAGINE.
alluvióne, *sf.* → INONDAZIONE || *fig.* → ACQUISTO.
àlma, *sf. poet.* → ANIMA.
almanaccàre, *v.intr.* → PENSARE, FANTASTICARE.
almanàcco, *sm.* effemeride, lunario, calendario.
almanaccóne, *sm.* → FACCENDIERE.
almèa, *sf.* → BALLERINA.
àlmo, *agg. poet.* che alimenta, che dà vita, fecondo, benefico, ricco, nutritore || divino, immortale, grande, nobile, magnifico, superbo.
contr. funesto, mortale, sterile.
alóne, *sm.* → CORONA.
alopecía, *sf.* → TIGNA, CALVIZIE.
alpàca o **alpàga,** *sm.* → CAMMELLO.
àlpe, *sf.* montagna, sistema montuoso || alpéggio, pascolo montano.
nomencl. (*inerenti*) bastone (*Alpenstock*), corda, cordata, ramponi, piccozza, campeggio, ascensione, guida, escursione, alpinista, alpigiano, alpino || cisalpino, subalpino, transalpino.
Alpenstock, *sm. ted.* → BASTONE.
alpèstre, *agg.* → MONTUOSO || *fig.* → ROZZO.
alpigiàno, *agg.* e *sm.* → MONTANARO.
alquànto, *agg.* un poco, un certo numero, una certa quantità, una parte || *plur.* alcuni, non so quanti, pochi.
contr. molto, tutto || molti, tutti.
alsèide, *sf.* → NINFA.
altaléna, *sf.* biciàncola, dóndolo || *fig.* → AVVICENDAMENTO.
altalenàre, *v.intr.* → OSCILLARE.
altaléno, *sm.* → ARCOLAIO.
altaménte, *avv.* → MOLTO.
altàna, *sf.* → TERRAZZO.
altàre, *sm.* ara, mensa sacra, mensa mistica; tempio, tempietto, cappella.
nomencl. (*parti, oggetti*) mensa, ciborio, tabernacolo, pietra consacrata, reconditorio, reliquie, dossale, gradini, corno dell'epistola e del Vangelo, pala, paliotto, predella, baldacchino, conopeo, candelieri, croce, cartagloria, corporale, màppula, tovaglie, ceri, torcia, torcetto, lampada, leggío, messale, sacrario, credenza, ostensorio, calice, písside, patèna, ampolline, reliquiari || (*tipi storici*) altare dei sacrifici, altare dei profumi, Arca dell'Alleanza (presso gli Ebrei); ara dei sacrifici, larario, fòculo, pàtera, *ara turicenna, ara sepulcri* (presso Romani e Greci) || *agg.* maggiore, laterale, privilegiato, acceso, spento, spoglio, dedicato, consacrato, benedetto, scoperto, basso, portàtile, pingue, profanato, aureo, ligneo, argenteo, marmoreo || (*operazioni*) dedicare, scoprire, spogliare, lavare, consacrare, benedire, collocare le reliquie, intronizzare la mensa, profanare.

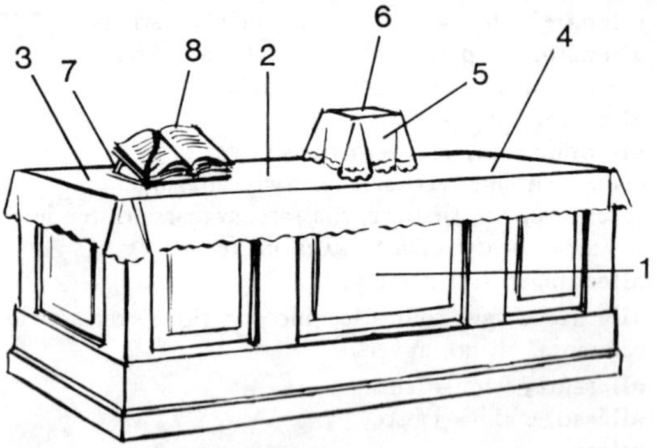

ALTARE - 1) paliotto; 2) mensa; 3) corno del Vangelo; 4) corno dell'Epistola; 5) velo; 6) borsa; 7) leggío; 8) messale.

altèa, *sf.* malvarosa, malvone.
nomencl. (*nomi volgari*) aleca rossa, bastone di Giacobbe, bastone di San Giacomo, malvone, malvarosa, passa rosa, rosa a bastone, rosa di Damasco, rosa di mare, rosa d'oltremare || (*varietà*) a fiamma, a pennacchio, marginata, orlata, unicolore, a petali, a frange, a petali increspati, gualciti, ondulati, piegati || canapina (comune, rosea).
alteràbile, *agg.* → CAMBIABILE, CORRUTTIBILE.
alterabilità, *sf.* → CORRUTTIBILITÀ.
alteraménte, *avv.* → SUPERBAMENTE.
alteràre, *v.tr.* → CAMBIARE, FALSIFICARE || GUASTARE || *rifl.* → ADIRARE.

alteràto, *pps.* di alterare || *avv.* → FALSO || IMPURO, DECOMPOSTO, GUASTO || IRATO.
alterazióne, *sf.* → FALSIFICAZIONE, || GUASTO.
altercàre, *v.intr.* → LITIGARE.
altèrco, *sm.* battibecco, contesa, contrasto, diverbio, disputa, controversia, diatriba, litigio, rissa, zuffa, contraddittorio, tenzone, lite, baruffa, bisticcio, questione.
contr. accordo, conciliazione, riconciliazione, pace, transazione, convenzione, consenso, adesione.
alterézza, *sf.* → SUPERBIA.
alterígia, *sf.* → SUPERBIA.
alternaménte, *avv.* → ALTERNATIVAMENTE.
alternàre, *v.tr.* → CAMBIARE.
alternatíva, *sf.* → AVVICENDAMENTO || SCELTA, DILEMMA.
alternativaménte, *avv.* alternamente, a vicenda, in modo alterno.
contr. continuativamente, continuamente, continuatamente.
alternàto, *pps.* di alternare || *agg.* → ALTERNO.
altèrno, *agg.* alternato, avvicendato, scambievole, vicendevole, mutuo, reciproco || angolo alterno (interno, esterno).
contr. continuo.
altèro, *agg.* → MAESTOSO, FIERO, SUPERBO.
altézza, *sf.* altitudine, elevazione, elevatezza, elevatura, eminenza, prominenza, rialto, sommità, altura || cima, vetta || → STATURA || *fig.* magnanimità, nobiltà, grandezza, dignità, supremazia, eccellenza, superiorità, generosità.
nomencl. *agg.* grande, sublime, vertiginosa, eccelsa || *verb.* adergere, salire, giganteggiare, dominare || alzare, elevare, innalzare, allungare, ascendere, montare.
contr. bassezza, bassura, piano || profondità || umiltà, modestia.
altezzosaménte, *avv.* → SUPERBAMENTE.
altezzóso, *agg.* → SUPERBO.
altíccio, *agg.* → UBRIACO.
altipiàno, *sm.* → ALTOPIANO.
altisonànte, *agg.* → SONORO.
altísono, *agg. ant.* → SONORO.
altíssimo, *agg.* → DIVINO, IMMENSO || *sm.* → DIO.
altitúdine, *sf.* → SOMMITÀ.
àlto, *agg.* elevato, eccelso, eminente, prominente, sommo, supremo, superno, aereo, alzato, rialzato, lungo, lontano || (*di voce*) forte, stentòreo || *fig.* nobile, grande, egregio, sublime, eccellente || *sm.* → FERMATA.
nomencl. vetta, culmine, apice, fastigio, apogeo, sommità, cima || celsitudine, sublimità, sovranità, supremazia || *verb.* alzare, innalzare, salire, portarsi in alto, elevare, erigere, sollevare, levare, esaltare.
contr. basso, piccolo || umile, modesto, vile, abietto, oscuro, deposto || ipogeo.
altocúmulo, *sm.* → NUVOLA.
altofórno, *sm.,* → FORNO.
altopiàno, *sm.* altipiàno, → PIANURA, SOMMITÀ.
altresí, *avv.* → ANCHE.
altriménti, *avv.* diversamente, in altro modo, nel caso contrario, se no.
contr. allo stesso modo, nello stesso caso, ugualmente.
altruísmo, *sm.* → FILANTROPIA.
altruísta, *agg.* e *sm.* → BENEFATTORE, FILANTROPO.
altúra, *sf.* → SOMMITÀ, COLLE, EMINENZA.
alúnno, *sm.* → SCOLARO, PUPILLO.
alveàre, *sm.* bugno, àrnia, apiario, bugnereccia, arniaio.
nomencl. cella o alveolo, favo, telaini, opercolo, → APE.
àlveo, *sm.* → AVVALLAMENTO, CANALE.
alvèolo, *sm.* → BUCO.
àlvo, *sm.* → VENTRE.
alzàia, *sf.* → FUNE, CORDA || ARGINE.
alzaménto, *sm.* → AUMENTO.
alzàna, *sf.* → CORDA.
alzàre, *v.tr.* adergere, addirizzare, drizzare, estollere, inalberare, innalzare, issare, rialzare, sollevare, elevare, ergere, ghindare, spingere in su, magnificare, sublimare, esaltare || erigere, edificare, costruire, fare || *rifl.* innalzarsi, levarsi, elevarsi, montare in alto, risorgere, arzillare, salire, andar su, assurgere, sollevarsi, sublimarsi, emergere, esaltarsi, scendere dal letto, sorgere, eccellere.
contr. abbassare, spingere in basso, umiliare, moderare, rimpicciolire, rinvilire, oscurare, deporre || scendere, abbassarsi, umiliarsi.
alzàta, *sf.* → ELEVAZIONE || ARGINE.
alzàto, *pps.* di alzare || *agg.* → ALTO.
amàbile, *agg.* → GENTILE, AFFETTUOSO, AMATO || DOLCE.
amabilità, *sf.* → GENTILEZZA, GRAZIA.
amàca, *sf.* → LETTO.
amadríade, *sf.* → NINFA.
amàlgama, *sm.* → LEGA; MISCUGLIO.
amalgamàre, *v.tr.* → UNIRE.
amànte, *ppr.* di amare || *agg.*, *sm.* e *sf.* adoratore, amatore, amoroso, cascamorto, cicisbeo, damerino, damo, innamorato, galante, ganimede, ganzo, patito, spasimante, vagheggino, zerbino, amàsio, infatuato, drudo, concubina, bertone, bello, moroso, sospirante, amico, diletto, prediletto, favorito o favorita, fiamma, → AMATORIO.
nomencl. *agg.* appassionato, ardente, brutale, costante, fedele, forsennato, generoso, gentile, geloso, lascivo, infido, nobile, onesto, tenero, perfido, sviscerato, spasimante, riamato, corrisposto, incorrisposto, platonico, disamorato, incostante, infedele, volubile, disuguale, spregevole.
contr. nemico, odiatore, ostile, spregiatore, indifferente, freddo, dissimile.
amanuènse, *sm.* → COPISTA.
amàraco, *sm.* → MAGGIORANA.
amàre, *v.tr.* voler bene, avere affetto, sentire amore, aver caro, tener caro, benvolere, diligere, adorare, ammirare, amoreggiare, idoleggiare, idolatrare, prediligere, avere a cuore, tenere a cuore, donare il cuore, vedere di buon occhio, aver cura, avere nelle maniche, venerare || preferire, desiderare || *rifl.* affezionarsi, innamorarsi, invaghirsi, appassionarsi, accendersi, esaltarsi, infatuarsi || amare con ardore, alla follía; amare con tutto il cuore, con tutta l'anima, piú dei propri occhi; essere infervorato, ardere d'amore, avere per un tesoro, mangiarsi una persona con gli occhi, andar matto; volere un bene dell'anima, il piú gran bene del mondo; amare cordialmente, calorosamente, perdutamente; || *recipr.* amarsi, essere pane e cacio, essere un'anima in due corpi, essere la stessa broda.

contr. odiare, detestare, disprezzare, disamare, disamorarsi.

amareggiàre, *v.tr.* → ADDOLORARE, AVVELENARE || *rifl.* DISGUSTARE.

contr. addolcire.

amarézza, *sf.* fiele, disgusto, amaritudine, → DOLORE.

contr. dolcezza.

amaricànte, *agg.* e *sm.* → AMARO.

amaríccio, *agg.* → AMARO.

amaritúdine, *sf. poet.* → AMAREZZA, DOLORE.

amàro, *agg.* amaricante, amariccio, amarognolo, amarulento, acre, aspro, disgustoso; saper d'amaro || *fig.* triste, funesto, spiacevole, crudele, crudo, doloroso, duro, cattivo, sdegnoso, mordace, vendicativo, rancoroso.

nomencl. come il fiele, l'aloe, il veleno, l'assenzio, il rabarbaro, il tossico || (*amari*) assenzio, cicoria, sugo dell'aloe, rabarbaro, genziana, genepí, aloe, stricnina, quassia, chinino || *verb.* essere, diventare, rendere, parere || amareggiare.

contr. dolce, soave, amabile || mite, bonario, buono, lieto, gioioso.

amarógnolo, *agg.* → AMARO.

amarulènto, *agg. rar.* → AMARO.

amarúme, *sm. fig.* → ODIO.

amàsio, *sm.* → AMANTE.

amàto, *pps.* di amare || *agg.* benamato, benvoluto, caro, amabile, desiderato, idolatrato, preferito, prediletto, diletto, venerato, accetto, beneviso, adorato, beniamino, amico.

contr. odiato, esecrato, disprezzato, detestato, disamato, sgradito.

amatóre, *sm.* → AMANTE || *fig.* → DILETTANTE.

contr. odiatore.

amatòrio, *agg.* amoroso, erotico, galante || afrodisiaco, sessuale.

amàzzone, *sf.* → CAVALLERIZZA.

ambàge, *sf.* tortuosità, circuizione, circonlocuzione, andirivieni, involuzione di parole || → LABIRINTO.

ambascería, *sf.* → AMBASCIATA.

ambàscia, *sf.* → AFFANNO || *fig.* travaglio, angoscia, fastidio, ansia, ansietà, accoramento, → DOLORE.

contr. *fig.* quiete, calma, tranquillità, placidità, serenità, pacatezza.

ambasciàta, *sf.* imbasciata, ambascería, annunzio, messaggio, nuova, novella, commissione || missione diplomatica, nunziatura, deputazione, rappresentanza, ambasciatoría, legazione.

ambasciatóre, *sm.* agente diplomatico, araldo, delegato, diplomatico, console, messaggero, ministro, legato, nunzio, inviato, prolegato, parlamentare, plenipotenziario, messo, banditore, corriere, deputato, destinato, oratore.

nomencl. (*tipi*) ordinario, straordinario, volante, residente, designato, accreditato || (*attinenti*) ambasciata, nunziatura, internunziatura, consolato, legazione, delegazione || ambasciatore, ambasciatrice, nunzio apostolico, internunzio, plenipotenziario, inviato, ministro, ministro residente, legato, legato a *latere*, console, console generale, dragomanno, segretario d'ambasciata || nota diplomatica, nota verbale, memorandum, ultimatum, messaggio, credenziale, trattato, libro (verde, bianco, rosso, azzurro), istruzione, convenzione, clausola, protesta || agente diplomatico, corriere diplomatico, passaporto diplomatico, addetto militare || *verb.* accreditare, rappresentare, presentare le credenziali.

ambedúe, *agg.* e *pron.* ambo, entrambi, tutti e due, l'uno e l'altro.

contr. nessuno dei due, né l'uno né l'altro.

ambússa, *sm.* → LEONE.

ambidèstro, *agg.* → FURBO, ASTUTO.

contr. mancino.

ambientàre, *v.tr.* e *rifl.* → ABITUARE.

ambiguità, *sf.* → DUBBIO, EQUIVOCO, ENIMMA, BUIO.

ambíguo, *agg.* → EQUIVOCO, DUBBIO, ENIMMATICO, COPERTO, BUIO.

ambíre, *v.tr.* → DESIDERARE.

àmbito, *sm.* → CERCHIA.

ambizióne, *sf.* ambiziosaggine, smania, cupidigia, mira, vanagloria, vanità, → DESIDERIO, SUPERBIA.

nomencl. *agg.* giusta, modesta, tranquilla, ragionevole, sensata, eccessiva, esorbitante, indemoniata, indiavolata, irrefrenabile, sfrenata, smodata, incontenibile, contenuta, dannosa, infantile || *loc. e verb.* avere il verme dell'ambizione, brogliare, arrabbiare d'ambizione, gloriarsi, vanagloriarsi.

contr. modestia, umiltà, semplicità, ritrosía, rustichezza.

ambiziosàggine, *sf.* ambizione || → SUPERBIA.

ambizióso, *agg.* → SUPERBO.

àmbo, *agg.* e *pron. nomin.* → AMBEDUE || *sm.* → COPPIA.

ambóne, *sm.* → PULPITO.

àmbra, *sf.*

nomencl. bianca, nera, grigia, bruciata, gialla, trasparente, rossastra || acido succinico; succino, carabe, elettro, lustrino.

ambràre, *v.tr.* colorare con l'ambra grigia.

ambrogétta, *sf.* → MATTONE.

ambròsia, *sf.* → BEVANDA.

ambrosiàno, *agg.* e *sm.* → MILANESE.

ambulàcro, *sm.* → CORRIDOIO.

ambulànte, *agg.* camminante, giròvago, vagabondo, vagante, giramondo.

contr. fermo, stabile, fisso || casalingo.

ambulànza, *sf.* → CARRO, AMBULATORIO.

ambulàre, *v.intr.* → CAMMINARE.

ambulatòrio, *sm.* ambulanza, consultorio, dispensario, pronto soccorso.

amenità, *sf.* → BRIO, BELLEZZA, UMORISMO.

amèno, *agg.* bello, piacevole, romantico, ridente, dilettoso, vago, giocondo, sollazzevole, delizioso, paradisiaco (*di luogo*) || (*di persona*) piacevole, piacevolone, buffone, gustoso, brioso, burlone, faceto, lieto, bizzarro, vivace, spiritoso, capo ameno, caposcarico.

contr. grave, serio, burbero, imbronciato, cupo, chiuso, ombroso.

amiànto, *sm.* asbesto.

amicàre, *v.rifl.* → CATTIVARSI.

amichévole, *agg.* confidenziale, amicale, (*fis.*) fraterno, → AFFETTUOSO.

contr. contrario, ostile, avverso.

amicízia, *sf.* amichevolezza, amistanza, conoscenza, amistà (*poet.*), dimestichezza, amichevole corrispondenza, affratellamento, fratellanza, familiarità, fraternità, simpatia, intrinsichezza, intimità, concordia, confidenza, cameratismo, pratica, benevolenza, affezione, amorevolezza, → AFFETTO || *pl.* aderenze, relazioni, appoggi, favori.
nomencl. *agg.* cordiale, stretta, fida, intima, imperitura, falsa, finta, fedele, costante, provata, fraterna, calda, ardente, devota, tenera, solida, fiacca, buona, debole, incerta, dubbia, ostentata, breve, lùnga, recente, improvvisa, apparente, superficiale, simulata || *loc. avv.* a tutta prova, di cappello || *verb.* stringere, coltivare, acquistare, conservare, rinsaldare, mantenere, aumentare, rendere stretta, forte, salda, affievolire, troncare, rompere, rappattumare, riprendere, riaccendere, riacquistare, riconquistare l'amicizia; amicare, amicarsi, spalancare il cuore, familiarizzarsi, legarsi, intrinsecarsi, prender dimestichezza, accomunarsi, accattivarsi, affratellarsi, nutrire simpatia, aver pratica o praticare, conciliarsi, propiziarsi, ingraziarsi, insinuarsi nell'animo, entrare nelle grazie, nella simpatia, nella manica, guastare l'amicizia, essere in rotta, ripudiarla, infrangerla.
contr. inimicizia, odio, ostilità, avversione, antipatia, ripugnanza, malevolenza, ruggine.
amíco, *sm.* compare, compagno, conoscente, familiare, fido, sodale, fautore, seguace, alleato, confidente.
nomencl. coppia di amici, branco, corona di amici || prova, testimonianza, tributo, manifestazione d'amicizia || *agg.* amichevole, favorevole, affezionato, caro, benevolo, diletto, propizio, buono, cordiale, affettuoso, sincero, fidato, intimo, fedele, costante, provato, fraterno, devoto, tenero, solidale, incomparabile, schietto, sviscerato, inseparabile, amoroso, amorevole, finto, falso, debole, traditore, incerto, dubbio, ostentato, recente, improvviso, apparente, simulatore, infingardo, infido || *loc. avv.* a tutta prova || *verb.* essere come pane e cacio, essere anima e cuore di qualcuno, contrarre amicizia; legarsi, stringersi in amicizia; accaparrarsi, meritarsi, aggraziarsi, ingraziarsi l animo; introdursi nell'animo, insinuarsi nelle grazie o nelle simpatie di qualcuno, avere stretti legami, coltivare l'amicizia, ricambiare, guastare l'amicizia.
contr. nemico, inimico, avversario || avverso, contrario, ostile.
àmido, *sm.* → APPRETTO.
nomencl. amidina, destrina, diàstasi, fecola, glutine || amilacei, amiloidi, salda || (*preparazione*) amidaio, procedimento chimico, procedimento meccanico, decantazione, procedimento Martin, lavaggio, essiccazione, formazione dei pani, della polvere.
amígdala, *sf.* tonsilla.
amistà, *sf. poet.* → AMICIZIA.
ammaccaménto, *sm.* ammaccatura, ecchimosi.
ammaccàre, *v.tr.* acciaccare, pestare, schiacciare, contundere, premere, piegare.
contr. uguagliare, stirare, spianare, rilevare.
ammaccatúra, *sf.* ammaccamento, acciaccatura, schiacciatura, depressione, piega; ecchimosi → LIVIDO.
contr. rilievo, bozza, bernoccolo.

ammaestraménto, *sm.* → INSEGNAMENTO, EDUCAZIONE, DIDASCALIA, DOTTRINA.
ammaestràre, *v.tr.* → ISTRUIRE, EDUCARE || DOMARE, ADDOMESTICARE.
ammaestràto, *pps.* di ammaestrare || *agg.* → DOTTO.
ammaestratóre, *sm.* maestro, insegnante, istruttore, allenatore || domatore, addomesticatore.
contr. ammaestrato, discepolo, allievo, alunno.
ammagliàre, *v.tr.* → LEGARE.
ammainàre, *v.tr.* raccogliere (la vela); calare, abbassare (la bandiera) || *fig.* tirarsi indietro, ritirarsi da un affare, rinunciare a qualcosa.
contr. alzare, sventolare, agitare; || *fig.* difendere.
ammalàre, *v.intr.* infermare.
ammalatíccio, *agg.* → AMMALATO.
ammalàto, *pps.* di ammalare || *agg.* affetto (da), ammalazzato, ammalazzito, ammalaticcio, indisposto, infermo, infermiccio, allettato, malato, malaticcio, balògio, cagionevole, cagionoso, degente, malsano || *sm.* infermo, malato, degente.
contr. sano, guarito, ristabilito, ristorato, risanato, forte, vegeto.
ammalazzàto o **ammalazzíto,** *agg.* → AMMALATO.
ammaliànte, *agg.* → BELLO.
ammaliàre, *v.tr.* affatturare, fatturare, affascinare, sedurre, innamorare, trascinare, illudere, incantare, rapire.
contr. disincantare, deludere, disinnamorare, lasciare freddo, aprire gli occhi, respingere.
ammalinconíre, *v.tr.* immalinconire → ADDOLORARE.
ammaliziàre, *v.tr.* ammalizzire, scaltrire; rendere scaltro, malizioso, furbo; infurbire.
contr. smaliziare.
ammalizzíre, *v.tr.* → AMMALIZIARE.
ammammolàre, *v.rifl.* dormire, addormentarsi.
contr. star sveglio, svegliarsi.
ammammolàto, *pps.* di ammammolare || *agg.* imbambolato, addormentato.
contr. sveglio, desto.
ammànco, *sm.* → DEFICIT.
ammanettàre, *v.tr.* → FERMARE.
ammanieraménto, *sm.* → AFFETTAZIONE.
ammanieràre, *v.tr.* → ACCONCIARE.
ammanieràto, *pps.* di ammanierare || *agg.* manierato, malizioso, affettato, smanceroso, caricato, lezioso.
contr. semplice, spontaneo, genuino, naturale; rude, zotico.
ammanigliàre, *v.tr.* → UNIRE.
ammannàre, *v.tr.* far manne, covoni; accovonare.
ammannellàre, *v.tr.* ammatassare.
ammanniménto, *sm.* → PREPARAZIONE.
ammanníre, *v.tr.* preparare, apparecchiare, allestire, mettere in ordine, approntare, apprestare, servire.
contr. spreparare, sparecchiare, sbrattare, smontare.
ammannitúra, *sf.* → PREPARAZIONE.
ammansàre, *v.tr.* ammansire, placare, calmare, rabbonire || addomesticare, mansuefare, domare, addolcire, rendere domestico || *rifl.* diventare mansueto, tranquillo, rabbonirsi, placarsi.
contr. irritare, aizzare, esasperare, eccitare, stuzzicare, provocare.

ammansíre, *v.tr.* → AMMANSARE.
ammantàre, *v.tr.* coprire, avvolgere, vestire (col manto) || *fig.* coprire, vestire, rivestire || *rifl.* vestirsi, rivestirsi, coprirsi, avvolgersi.
contr. scoprire, discoprire, svelare, manifestare, svestire, denudare.
ammantellàre, *v.tr.* e *rifl.* → INCAPPOTTARE, COPRIRE.
ammaràre, *v.intr.* → ATTERRARE.
ammassaménto, *sm.* → MUCCHIO || CONCENTRAMENTO
ammassàre, *v.tr.* raccogliere, unire, riunire, ammucchiare, accumulare, ammontare, coacervare, ammassicciare, conservare.
contr. disperdere, buttar via, dissipare, dilapidare, sciupare.
ammassellàre, *v.tr.* → AMMUCCHIARE.
ammàsso, *sm.* mucchio, ammucchiamento, ammassamento, massa, unione, cumulo, congerie, monte, acervo, coacervo.
ammatassàre, *v.tr.* avvolgere, aggrovigliare, imbrogliare, avvoltolare.
contr. svolgere, sgrovigliare, sbrogliare.
ammattiménto, *sm.* → NOIA.
ammattíre, *v.intr.* impazzire, impazzare, insanire, uscir di sé, uscir di senno || *fig.* stillarsi il cervello, rompersi il cervello.
contr. calmarsi, rinsavire, sanare, risanare, rinsanire.
ammattonàre, *v.tr.* acciottolare, selciare, lastricare, pavimentare || a spiga, a spina di pesce, per coltello.
ammattonàto, *pps.* di ammattonare || *agg.* selciato, pavimentato, acciottolato, lastricato || *sm.* pavimento.
ammazzaménto, *sm.* → ASSASSINIO.
ammazzàre, *v.tr.* → MACELLARE, UCCIDERE || *fig.* → FATICARE.
ammazzasètte, *sm.* millantatore, gradasso, spaccone, rodomonte, bravaccio, smargiasso, fanfarone, capitan Fracassa, vanaglorioso, *miles gloriosus*, guascone || falso eroe.
contr. agnello, agnellino, mite, modesto || eroe.
ammazzatóio, *sm.* → MACELLO.
ammazzolàre, *v.tr.* → UNIRE.
ammelmàre, *v.intr.* infangarsi, affondare nella melma, impantanarsi, riempirsi di melma.
ammencíre, *v.tr.* → AFFLOSCIARE, INDEBOLIRE.
ammènda, *sf.* multa, penale, pena || → EMENDAMENTO.
ammennicolàre, *v.intr.* amminicolare, farneticare, cavillare.
ammenníicolo, *sm.* amminicolo, cavillo, artifizio || gingillo, inezia, bazzecola, nonnulla.
ammennicolóne, *sm.* amminicolone, imbroglione, cavilloso, cavillatore, puntiglioso, sofista, sofisticone.
ammetàre, *v.tr.* → AMMUCCHIARE.
amméttere, *v.tr.* lasciar entrare, riammettere, accogliere, accettare, introdurre, ricevere, ricettare, intromettere || approvare, acconsentire, consentire, assentire, riconoscere, credere || supporre || → CONFESSARE.
contr. ricusare, rifiutare, escludere, cacciar fuori || respingere, mandar via || disapprovare, negare, dissentire.
ammezzaménto, *sm.* → DIVISIONE.
ammezzàre, *v.tr.* dividere a mezzo, fare a metà, smezzare, spartire, → TRONCARE.
ammezzíre, *v.tr.* immezzire → INFRADICIARE.
ammiccàre, *v.intr.* far segno, avvertire, strizzar l'occhio, far l'occhiolino, accennare, → CHIAMARE.
amminícolo e deriv., → AMMENNICOLO e deriv.
amministràre, *v.tr.* reggere, governare, guidare, dirigere || curare, aver cura, far andare || porgere, ministrare, somministrare, dispensare, impartire (medicine, sacramenti).
contr. guastare, dilapidare, dissipare, scialacquare, disordinare, disperdere, sperperare.
amministratóre, *sm.* gestore, agente, gastaldo, direttore, economo, fabbriciere, fattore, gerente, intendente, ministro, procuratore, provveditore, segretario.
contr. amministrato.
amministrazióne, *sf.* azienda, agenzia, cura, direzione, contabilità, gestione, governo, maneggio, gerenza.
nomencl. (*tipi*) aziendale, bancaria, comunale, ecclesiastica, finanziaria, privata, provinciale, pubblica, statale (postelegrafonica, dell'istruzione, della giustizia, del commercio, dei lavori pubblici, dell'interno, della difesa, ecc.) || (*attinenti*) contabilità, computisteria, ragioneria, bilancio (attivo, passivo, autonomo, deficitario), avanzo, disavanzo, abbuono, abbono, defalco, deduzione, falcidia || (*persone ed uffici*) addetto, cancelleria, cancelliere, cassiere, castaldo, controllo, direzione, direttore, economo, facitore, impiegato, ispettore, procuratore, ragioniere, ragioneria, segretario, segreteria, sindaco, ufficio || (*carte, libri*) appunto, brogliaccio, catalogo, circolare, copialettere, copiafatture, fattura, giornale, libro giornale, indice, inventario, libro di magazzino, libro di cassa, libro delle scadenze, libro a matrice, mastro, matrice, mandato, memorandum, nota, organico, passaggio, pezze giustificative, polizza, prospetto, protocollo, partita doppia, partita semplice, partitario, quietanza, registro, registro di cassa, di protocollo, d'inventario, reversale di cassa, rendiconto, repertorio, resoconto, rubrica, ruolo, scadenzario, scartafaccio, tabella, titolo, vacchetta, verbale di consegna, di verifica, di cassa || *agg.* allegra, attiva, buona, cattiva, coscienziosa, modello, passiva, corrotta, statale, privata, controllata.
ammiràbile, *agg.* mirabile, meraviglioso, mirifico, stupendo, da ammirare, ammirevole, ammirando, edificante, pregevole, prodigioso, portentoso, sorprendente, stupefacente.
contr. brutto, orribile, spregevole, disprezzabile, orrendo, spaventevole, deforme, laido.
ammiràndo, *agg.* → AMMIRABILE.
ammiràre, *v.tr.* guardare, osservare, lodare, venerare, stimare, amare, infatuarsi, estasiarsi, entusiasmarsi, meravigliarsi, sbalordirsi, rimanere sorpreso, attonito, fuori di sé || *rifl.* meravigliarsi di sé stesso || dare nell'occhio, mettersi in mostra, pavoneggiarsi, vagheggiarsi.
contr. disprezzare, biasimare, disdegnare, avere a vile.
ammirazióne, *sf.* stima, lode, meraviglia, venerazione, entusiasmo, commozione, fanatismo, edificazione, affetto, estasi, stupefazione, apprezzamento.
nomencl. *verb.* avere, provare, sentire, nutrire.
contr. dispregio, disprezzo, disistima, indifferenza, disdegno, noncuranza, odio.

ammirévole, *agg.* → EDIFICANTE, AMMIRABILE.
ammissíbile, *agg.* credibile, possibile, attendibile, accettabile, concepibile, immaginabile, dicibile.
contr. inammissibile, inaccettabile, inconcepibile, inimmaginabile, indicibile, incredibile, sconcertante.
ammissibilménte, *avv.* accettabilmente.
ammissióne, *sf.* accettazione, accoglimento, inclusione || approvazione, consenso.
contr. esclusione, espulsione, sfratto || disapprovazione, riprovazione.
ammobiliàre, *v.tr.* mobiliare, arredare, corredare, montare.
contr. smobiliare, disarredare, smontare.
ammodernàre, *v.tr.* rimodernare, rammodernare, rinnovare, riformare, ringiovanire, svecchiare.
contr. invecchiare, guastare, sciupare, deteriorare.
ammòdo, *avv.* con garbo, per bene, garbatamente, educatamente || *agg.* (*di persona*) perbene, savia, prudente, educata, garbata, gentile, di bei modi.
contr. sgarbatamente, villanamente || importuno, villano, sgarbato, maleducato, malcreato, burbanzoso.
ammogliàre, *v.tr.* dar moglie || *rifl.* prendere moglie, sposarsi, accasarsi, coniugarsi.
ammogliàto, *pps.* di ammogliare || *agg.* sposato, coniugato.
contr. scapolo, celibe.
ammoinàre, *v.tr.* → BLANDIRE.
ammollàre, *v.tr.* → BAGNARE || DIROMPERE || ATTRIBUIRE.
ammollàto, *agg.* → BAGNATO.
ammolliènte, *ppr.* di ammollire || *agg.* → EMOLLIENTE.
ammollíre, *v.tr.* rendere molle, slombato, fiacco, cascante; snervare, allentare || *fig.* intenerire, → EFFEMINARE, INDEBOLIRE.
contr. indurire, rinsaldare, irrobustire, incallire, irrigidire.
ammoniménto, *sm.* ammonizione, rimprovero, avviso, avvertimento, mònito, consiglio, esortazione, riprensione, biasimo.
contr. lode, plauso, elogio, esaltazione, encomio.
ammoníre, *v.tr.* riprendere, rimproverare, esortare, avvertire, consigliare, sgridare, dar consiglio, avvisare, biasimare.
contr. lodare, elogiare, plaudire, sconsigliare.
ammonizióne, *sf.* → AMMONIMENTO.
ammontaménto, *sm.* mucchio, cumulo, coacervo.
ammontàre, *v.tr.* accumulare, ammonticchiare, ammucchiare || *sm.* somma di un conto.
contr. disperdere.
ammonticchiàre, *v.tr.* ammontare, accumulare, ammucchiare, coacervare, ammassare, affastellare.
contr. disperdere, buttar via, dissipare, dilapidare.
ammonticellàre, *v.tr.* → AMMUCCHIARE.
ammorbaménto, *sm.* → INFEZIONE.
ammorbàre, *v.tr.* → INFETTARE, AVVELENARE.
contr. smorbare.
ammorbàto, *pps.* di ammorbare || *agg.* → INFETTO.
ammorbidàre, *v.tr.* → AMMORBIDIRE.
contr. indurire.
ammorbidiménto, *sm.* addolcimento, alleviamento, mitigazione, raddolcimento, temperamento || frollamento, frollatura, mollificamento, mollificazione, rammollimento.
contr. indurimento, induramento || *fig.* esacerbazione, esacerbamento, inasprimento, incrudimento.
ammorbidíre, *v.tr.* ammorbidare, afflosciare, affloscire, ammollare, ammollire, ammosciare, ammoscire, frollare, insollare, insollire, inviscidire, mollificare, rammorbidire, rammorvidire, rammollire, rendere soffice, spappolare || *fig.* addolcire, addolcare, alleviare, ingentilire, raggentilire, intenerire, lenire, mitigare, mólcere, molcire, palliare, raddolcire, soavizzare, temperare, unguentare.
contr. indurire, indurare, addurire, assodare, rassodare, impietrare, rincrudire, incrudelire, inasprire.
ammoríre, *v.intr.* abbronzare, diventar moro, annerire.
contr. imbianchire, sbiancare, scialbare.
ammoríto, *pps.* di ammorire || *agg.* abbrunito, moro, nero, fosco, abbronzato, adusto, arso.
contr. chiaro, bianco, pallido, esangue.
ammorsàre, *v.tr.* addentare, stringere.
contr. lasciare.
ammortaménto, *sm.* ammortizzamento, estinzione.
ammortíre, *v.tr.* → INDEBOLIRE.
ammortizzaménto, *sm. frs.* ammortamento, estinzione.
ammortizzàre, *v.tr.* → ANNULLARE.
ammorzàre, *v.tr.* smorzare, → SPEGNERE.
ammosciàre, *v.tr.* → AMMORBIDIRE, AFFLOSCIARE.
ammoscíre, *v.tr.* → AMMORBIDIRE, AFFLOSCIARE.
ammottaménto, *sm.* → FRANA.
ammucchiaménto, *sm.* → AMMASSO, MUCCHIO || CONCENTRAMENTO.
ammucchiàre, *v.tr.* accastellare, accatastare, accastellinare, accavallare, accavalciare, incavallare, incavalcare, abbarcare, accumulare, ammonticchiare, ammonticellare, ammontare, ammassare, ammassellare, ammetare, coacervare, conglomerare, conglobare, costipare, mucchiare, affastellare.
ammuffíre, *v.intr.* imporrare, imporrire, marcire.
ammulinàre, *v.intr.* → GIRARE.
ammutinaménto, *sm.* sedizione, rivolta, rivoluzione, ribellione, sollevazione, insurrezione, tumulto, cospirazione; pronunciamento.
ammutinàre, *v.tr.* e *rifl.* → INSORGERE.
ammutíre, *v.intr.* → AMMUTOLIRE, TACERE.
ammutolíre, *v.intr.* ammutire, diventar muto, tacere, non fiatare, perdere la parola.
contr. parlare, gridare.
amnesía, *sf.* → DIMENTICANZA.
amnistía, *sf.* condono, indulto, perdono, clemenza, remissione, assoluzione, grazia.
nomencl. *verb.* elargire, concedere, promulgare, accordare, applicare || fruire, beneficiare.
amnistiàre, *v.tr.* → GRAZIARE.
àmo, *sm.* || *fig.* lusinga, esca, inganno.
nomencl. semplice, doppio, a molla, elettrico || punta, braccio, gambo || canna, lenza, esca || *verb.* inamare, prendere con l'amo.
àmola, *sf.* → CATINO.
amoràle, *agg.* → IMMORALE.

amoralità, *sf.* → IMMORALITÀ.

amoràzzo, *sm.* capriccio amoroso, tresca, *flirt*, ripesco, ruzzo.

contr. amore vero, grande, sincero; passione.

amóre, *sm.* affetto, affettuosità, affezione, amorevolezza, ardore, attaccamento, amicizia, bene, benevolenza, calore, dilezione, predilezione, fervore, fiamma, fuoco, passione, tenerezza, intrinsichezza, sentimento || amorazzo, amoretto, amoreggiamento, attrazione, capriccio, capriccetto, cotta, desiderio, cupidigia, fascino, *flirt*, idillio, inclinazione, innamoramento, invaghimento, propensione, rapimento, romanzetto, trasporto, tresca || adorazione, culto, devozione, divozione, idolatria, omaggio, venerazione, grazia, pietà, carità || amor proprio.

nomencl. (*varianti*) avventura, catena, contrasto, croce d'amore, dannazione, dichiarazione, disperazione, dolcezza, ebbrezza, estate di San Martino, fuoco di paglia, filtro, fiamma, gara d'amore, impero, slancio, intrigo, mal d'amore, nodo amoroso, palestra d'amore, parossismo, *eros*, pegno, prova, ruzzo, scintilla, sete, telo, tenerume, tirannia, vaghezza, veleno, istinto sessuale, gelosia, madrigale || *agg.* ardente, bello, caldo, forte, veemente, appassionato, nobile, onesto, puro, santo, cieco, contrastato, ostacolato, corrisposto, condiviso, eterno, inestinguibile, frivolo, effimero, superficiale, passeggiero, intenso, gagliardo, sentito, profondo, tristo, primo, rovente, vivo, schietto, sincero, aperto, serotino, tardivo, spento, cessato, finito, stracco, languido, debole, sviscerato, tacito, occulto, segreto, nascosto, platonico, senile || paterno, materno, fraterno, filiale, coniugale, patrio, amatorio, amoroso, erotico, focoso || (*tipi*) cascamorto, spasimante, vagheggino, zerbino, cicisbeo, galante, ganimede, innamorato, amante, pretendente, rivale, rondone, ronzone, rubacuori, scaldaseggiole || non corrisposto, mal corrisposto, senza secondi fini || *verb.* cedere, abbandonarsi, accendere, accendersi, concedersi, avvampare, amare, ammaliare, affascinare, stregare, amoreggiare, andare a far l'amore, avere il cuore libero, avere il cuore nello zucchero, essere in luna di miele; chiedere, richiedere, invocare, pregare amore; dare, ricambiare l'amore; concepire, conquistare, corrispondere, disamare, disamorare, perdere l'amore, discorrere, parlare, esserci del buono, essere tutto amore, fare all'amore, far l'occhio pio, fare l'innamorato; ferire il cuore, l'anima, nel cuore; idolatrare, idoleggiare, imbertonire, ubriacarsi, impaniarsi, intrigarsi in una relazione amorosa, impazzare per una persona, incapricciarsi, invaghirsi, infatuare, infatuarsi, innamorare, inzuccarsi, languire, lasciare una ragazza, levar l'amore, madrigaleggiare, incitare, stimolare l'amore, perdere il lume degli occhi, perdersi dietro una persona, pigliar fuoco, prendere una passione o una cotta; rapire, rubare il cuore; ridestare, ridestarsi, riscaldarsi, struggersi d'amore; suggere il veleno, il tossico; sussurrare una parola d'amore; tradire, turbare l'amore; vivere d'amore, dare o pigliare le pene, entrare o rientrare in grazia di qualcuno, far l'occhio di triglia, mangiare uno con gli occhi, tirare nella pania, volersi un bene dell'anima, corteggiare.

contr. disamore, disaffezione, disamorevolezza, disinnamoramento, distacco, freddezza, antipatia, animosità, astio, detestazione, contrarietà, odiosità, livore, disinganno, stanchezza, nausea, egoismo.

amoreggiàre, *v.intr.* fare all'amore, filare, flirtare, ganzare, grugare, limonare, tortoreggiare, trescare, tubare, civettare, accivettare, cicisbeare, corteggiare, dameggiare, donneggiare, frascheggiare, galanteggiare, fiorellare, vagheggiare, far l'occhio pio o di triglia, fare il cascamorto, ronzare attorno.

contr. voltar le spalle, tenere il broncio; essere, diventare freddo.

amorétto, *sm.* → AMORE.

amorévole, *agg.* → AMOROSO, BUONO, AFFETTUOSO.

amorevolézza, *sf.* → DOLCEZZA, CURA, AMORE, AFFETTO.

amorevolménte, *avv.* → BENEVOLMENTE.

amòrfo, *agg.* senza forma, informe.

contr. formato, foggiato, plasmato.

amoróso, *agg.* affettuoso, affezionato, amorevole, appassionato, ardente, attaccato, carezzevole, caldo, caloroso, fervido, fervoroso, focoso, infiammato, tenero, devoto, divoto, sviscerato || *sm.* amante, innamorato, spasimante, cascamorto, fidanzato, corteggiatore, vagheggino, zerbino, patito, cicisbeo, ganimede, rubacuori.

contr. disamorato, disaffezionato, freddo, indifferente, scontroso, staccato, nauseato, sazio, stanco.

amovíbile, *agg.* movibile, rimovibile, trasferibile, trasportabile, spostabile.

contr. inamovibile.

amovibilità, *sf.* movibilità.

contr. inamovibilità.

ampiaménte, *avv.* → DIFFUSAMENTE.

ampiézza, *sf.* → ESTENSIONE.

àmpio, *agg.* amplo (*poet.*) || → APERTO, DISTESO, IMMENSO || DIFFUSO.

contr. piccolo, stretto, ristretto.

amplèsso, *sm.* abbraccio, abbracciamento || possesso, conoscenza, unione carnale, coito, accoppiamento.

amplèttere, *v.tr.* → ABBRACCIARE.

ampliaménto, *sm.* allargamento, ingrandimento || *fig.* accrescimento, aumento, estensione, amplificazione.

contr. stringimento, restringimento, diminuzione, limitazione, rimpiccolimento.

amplificàre, *v.tr.* → AMPLIARE || ESAGERARE.

amplificàto, *pps.* di amplificare || *agg.* → ESAGERATO.

amplificazióne, *sf.* esagerazione, iperbole, ampollosità.

contr. limitazione, diminuzione, attenuazione.

ampliàre, *v.tr.* allargare, ingrandire, aumentare, → DILATARE || *fig.* → DISTENDERE, ESTENDERE || ESAGERARE.

contr. stringere, restringere, diminuire, ridurre, limitare rimpiccolire.

amplitúdine, *sf.* GRANDEZZA.

àmplo, *agg. poet.* ampio.

ampólla, *sf.* boccetta, bottiglia, bottiglietta, caraffella, caraffetta, barattolo, fiala, alberello, boccia.

ampollosità, *sf.* turgidezza, declamazione, retorica, gonfiezza, tronfiezza, esagerazione, magniloquenza, stravaganza, enfasi, iperbole, amplificazione, boria, boriosità.

contr. semplicità, naturalezza, moderazione, limitazione, stringatezza, sobrietà.

ampollóso, *sm.* declamatorio, iperbolico, pomposo, reboante, rettorico, magniloquente, gonfio, tronfio, tumido, esagerato, stravagante, borioso, grandisonante, secentesco, enfatico, → BAROCCO.
contr. semplice, naturale, dimesso, moderato, sobrio.
amputàre, *v.tr.* tagliare, troncare, togliere, staccare, segare, recidere, mutilare, moncare, estirpare, sezionare.
contr. attaccare, unire, congiungere.
amputazióne, *sf.* taglio, troncatura, mutilazione, asportazione, troncamento, ablazione || moncone, moncherino, troncone, mozzicone.
contr. pròtesi, plastica, sostituzione.
amuléto, *sm.* portafortuna, talismano, feticcio.
nomencl. abracadabra (*parole magiche incise*), abrasaxa (*pietra*), bezoardo (*pietra*), filatterio (*amuleto ebraico*), *lapis alectorius* (*presso i Romani*), periapto, pietra basilidiana, gris-gris, lucerna d'Aladino; abitino, scapolare.
anàbasi, *sf.*
contr. catàbasi.
anabolísmo, *sm.* assimilazione || → METABOLISMO.
contr. catabolismo, disassimilazione.
anacàrdo, *sm.* → MOGANO.
ànace, *sm.* → ANICE.
anacorèta, *sm.* → EREMITA, ASCETA.
contr. cenobita.
anacronísmo, *sm.* → ERRORE.
anacronístico, *agg.* → INOPPORTUNO.
anaelèttrico, *agg.*
contr. idioelettrico.
anàglifo, *sm.* cammeo, intaglio || bassorilievo.
anagògico, *agg.* mistico || allegorico, tropologico || induttivo.
anàgrafe, *sf.* → CENSIMENTO.
analfabèta, *agg.* e *sm.* illetterato, ignorante.
contr. alfabeta.
analfabetísmo, *sm.* → IGNORANZA.
contr. alfabetismo.
analgesía, *sf.* → NARCOSI.
analgèsico, *agg.* → NARCOTICO.
contr. algesiògeno.
anàlisi, *sf.* anatomia, divisione, scomposizione, separazione, studio, scissione, sezione, psicanalisi, esame, osservazione, indagine, ricerca.
nomencl. (*vari tipi*) capillare, chimica, combinatoria, funzionale, grammaticale, indeterminata, infinitesimale, logica, matematica, microchimica, micrografica, spettrale, spettrofotometrica, superiore, termica, dei suoni, dei terreni, della deformazione, differenziale, di Diofanto || *verb.* analizzare, studiare, separare, anatomizzare, spartire.
contr. sintesi; composizione, ricostruzione, ricomposizione.
analítico, *agg.*
contr. sintetico.
analizzàre, *v.tr.* → ESAMINARE, ESPLORARE, SCOMPORRE.
contr. sintetizzare.
analogía, *sf.* affinità, conformità, propinquità, comunanza, correlatività, relazione, rapporto, somiglianza, nesso, similitudine.
contr. diversità, differenza, dissomiglianza, contrario, opposizione, antagonismo.
anàlogo, *agg.* affine, simile, conforme, correlativo, somigliante, rassomigliante.
contr. differente, contrario, dissimile, contrastante, diverso.
anaplastía, *sf.* → ANAPLASTICA.
anaplàstica, *sf.* anaplastia, plastica, chirurgia, protesi.
anarchía, *sf.* libertarismo, nichilismo, individualismo assoluto, sovversivismo || *fig.* disordine, confusione.
contr. assolutismo, stato socialista, centralizzato, società statale || ordine.
anàrchico, *agg.* e *sm.* nichilista, individualista, anarcoide, sovversivo, libertario || indisciplinato.
contr. assolutista, totalitario.
anasàrca, *sm.* → IDROPISIA.
anatèma, *sm.* scomunica, maledizione, imprecazione.
anatomía, *sf.* dissezione di un corpo || *fig.* analisi minuziosa.
nomencl. (*suddivisione*) antropologica, chirurgica, topografica, applicata, comparata, descrittiva, embriologica, fisiologica, generale, microscopica, patologica, pittorica, radiologica, vegetale, veterinaria, chirurgica || (*scienze sussidiarie*) osteologia, sindesmologia, angiolo-

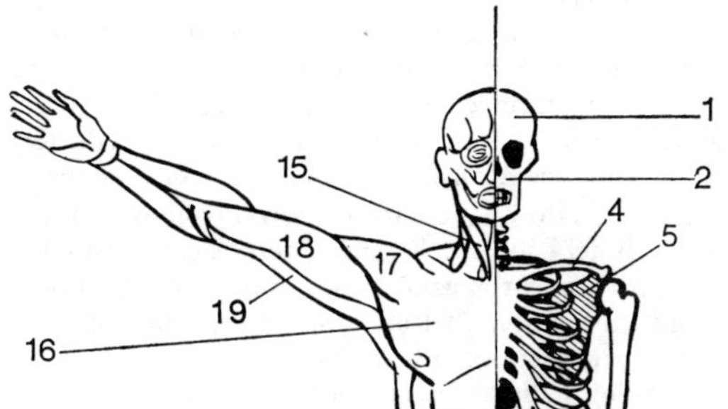

ANATOMIA – 1) ossa del cranio; 2) ossa della faccia; 3) colonna vertebrale; 4) clavicola; 5) scapola; 6) omero; 7) radio; 8) ulna; 9) femore; 10) ròtula; 11) perone; 12) tibia; 13) metacarpo; 14) tarso; 15) muscolo sterno cleido mastoideo; 16) gran pettorale; 17) deltoide; 18) bicipite; 19) tricipite; 20) tendine; 21) muscolo estensore tibiale anteriore; 22) gemelli; 23) muscoli intercostali.

gia, neurologia, estesiologia, splancnologia, condrologia, dermatologia, adenologia, istologia, miologia, antropochimica, antropotomia, artrologia, citologia, morfologia || (*attinenti*) anàtomo, anatomista, preparatore, settore, prosettore, scortichino || dissezione, autopsia, necroscopia, vivisezione || anfiteatro anatomico, gabinetto anatomico, preparazioni anatomiche, tavole anatomiche, museo anatomico || (*strumenti*) ago, angiotribo, bisturi, cefalotomo, coltello anatomico, encondrotomo, forbici, martello, pinze, pinzette, rachiotomo, scalpello, sega, sonda, spatola, specillo || (*corpo umano*) *sistema cutaneo:* epidermide, ghiandole sudorifere, sebacee, lacrimali, salivari, papille tattili, peli, unghie || *sistema osseo:* tessuto osseo, midollo, periostio, ossa (lunghe, piatte, corte), articolazioni, sinovia, sutura; ossa del cranio (frontale, parietali, temporali, occipitale, sfenoide, etmoide); ossa della faccia (lacrimali, nasali, mascellari superiori, mascellare inferiore o mandibola, palatini, zigomatici, vomere); ossa del tronco (gabbia toracica, colonna vertebrale o spina dorsale, vertebre, atlante, osso sacro, coccige, coste o costole, sterno, pube, ischio, ileo); ossa delle estremità superiori (scapola, clavicola, omero, radio, ulna, cubito, carpo, metacarpo, falange, falangina, falangetta); ossa delle estremità inferiori (femore, rotula, tibia, perone, tarso, metatarso, falange, falangina, falangetta) || *sistema muscolare:* fibra muscolare, tendini, muscoli abduttori, adduttori, costrittori, dilatatori, elevatori, estensori, flessori, rotatori, volontari o striati, involontari o lisci, muscoli del collo e del tronco (sternocleidomastoideo, gran pettorale, trapezio, muscoli intercostali), muscoli degli arti superiori (deltoide, bicipite, tricipite), muscoli degli arti inferiori (glutei, bicipite, tricipite, tendine d'Achille) || *sistema nervoso:* fibre nervose, glia o tessuto di sostegno, encefalo (meningi, cervello, corteccia cerebrale, emisferi centrali, circonvoluzioni cerebrali, lobi, corpo pineale o epifisi, corpo pituitario o ipofisi, cervelletto, bulbo, ponte di Varolio), midollo spinale, nervi encefalici o cranici (olfattivi, ottici, trigemini, uditivi); sistema del gran simpatico (gangli, plesso cardiaco, plesso solare) || *apparato digerente:* bocca, faringe, esofago, diaframma, stomaco (piloro, succo gastrico), intestino (circonvoluzioni intestinali, mucose, villi, succo enterico), intestino tenue (duodeno, digiuno, ileo), intestino crasso (cieco, colon, sigma, retto), fegato (lobi, cistifellea, coledoco), pancreas (succo pancreatico) || *apparato respiratorio:* naso, laringe, trachea, bronchi (albero bronchiale), polmoni (pleura, apici, lobi, alveoli) || *apparato escretore:* reni, uretere, vescica || *sistema circolatorio:* circolazione arteriosa, venosa, linfatica, sangue (plasma, globuli rossi o emazie, globuli bianchi o leucociti), cuore (sistole, diastole, pericardio, miocardio, endocardio, orecchiette o atri, ventricoli, valvole), arterie (aorta, coronarie, succlavia, carotide), vene (giugulare, succlavia, cava superiore, cava inferiore, coronaria, vena porta), circolazione linfatica (linfa, milza, gangli linfatici), ghiandole endocrine, tiroide, paratiroidi, timo, capsule surrenali, ipofisi || (*azioni*) anatomizzare, sezionare, dissezionare, vivisezionare.

anatomísta, *sm.* istòlogo, anàtomo, settore, prosettore, scortichino.

anatomizzàre, *v.tr.* sezionare, dissezionare, tagliare, dividere, fare anatomia || *fig.* → ESAMINARE.

ànca, *sf.* → FIANCO.

ancèlla, *sf.* serva, servente, schiava.

contr. padrona, signora, dòmina.

ànche, *avv.* ancora, pure, altresí, eziandio, anco.

ancheggiàre, *v.intr.* → ANDARE.

ancípite, *agg.* incerto, ambiguo, misterioso, → DUBBIOSO.

ànco, *cong. letter.* → ANCHE.

ancóna, *sf.* → NICCHIA || DITTICO.

ancóra, *cong.* e *avv.* → ANCHE, DACCAPO.

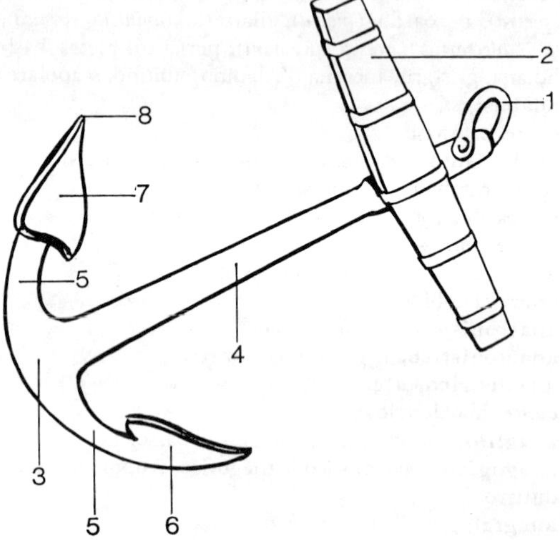

ÀNCORA – 1) cicala o maniglione; 2) ceppo; 3) diamante; 4) fusto o fuso o asta; 5) bracci; 6, 7) marre; 8) becco o unghia.

àncora, *sf.* ancorotto, ancoretta, andrivello, grappino, guardiano, pennello, rampicone, corpo morto.

nomencl. rostrata, tridentata || di aerostato, di nave, di rispetto, di speranza, di salvezza, di posta, di tonneggio, di servizio || a due, a tre, a quattro marre || (*parti*) cicala o maniglione, ceppo o fusto o fuso o asta, diamante, bracci o branche, marre, orecchie, becchi o unghie, catena || (*attinenti*) càlumo, cambelizza, cappelli dell'àncora, capone, cavo della speranza, cubía, gavitello, gómena, grippa, minotto, pescatore, piccaressa, serrabozze, spia, tornavira || *verb.* alzare, levare, buttare, gettare || arare, beccare, capponare l'ancora, dar fondo, pigliar fondo, mordere, ormeggiare, salpare, sferrare, sorgere, spedare.

ancorachè, *cong.* → ANCORCHÉ.

ancoràggio, *sm.* → PORTO.

ancoràre, *v.tr.* fermare la nave gettando l'àncora, gettare l'àncora, ormeggiare, attraccare || *fig.* legare, assicurare.

contr. salpare, levare l'àncora, disormeggiare.

ancorché, *cong.* sebbene, benché, quantunque, ancorachè.

ancorétta, *sf.* → ÀNCORA.

ancoròtto, *sm.* → ÀNCORA.

andabàta, *sm.* → GLADIATORE.

andaménto, *sm.* andata, andatura || piega, procedimento, modo di procedere, marcia, sviluppo, processo, svolgimento, andazzo || movimento.

andàna, *sf.* → FILA.

andànte, *ppr.* di andare || *agg.* → GROSSOLANO.

andantézza, *sf.* → BONTÀ, AFFABILITÀ.

andàre, *v.intr.* avanzare, avviarsi, gire, ire, muovere, partire, procedere, ripartire, uscire, camminare, ambulare, incamminarsi, portarsi, condursi, marciare, incedere, inoltrarsi, progredire, recarsi || garbare, piacere, andare a genio || accennare, accodarsi, accorrere, acquistare terreno, addivenire, aggirarsi, arare, aliare, alieggiare, allontanarsi, andar incontro, incontrare, rincontrare, affrontare, muovere alla volta, portarsi innanzi, anfanare, asolare, assentarsi, bazzicare, praticare, bighellonare, brancolare, ciondolare, circolare, convergere, correre, costeggiare, difilare, dipartire, dipartirsi, dirigersi, disertare, errare, essere in cammino, filare, frequentare, fumarsela, giostrare, girandolare, girellare, girottolare, gironzolare, girare, rigirare, girellonare, guizzare, indirizzarsi, intervenire, involarsi, istradarsi, levarsi, togliersi dinanzi, migrare, emigrare, trasmigrare, passare, passeggiare, pedinare, codiare, percorrere, peregrinare, pellegrinare, pigliar l'abbrivo, precedere, rallentare, ramingare, randeggiare, rotolare, vagolare, ravviarsi, retrocedere, riandare, rinculare, ritirarsi, rondare, ronzare, saltabeccare, sbiecare, sbrattare, scantonare, scappolare, scappare, scarrozzare, schiassolare, scorrere, sculettare, sdondolare, sdondolarsela, seguire, seguitare, sfrattare, sgombrare, sguisciare, spulezzare, strascicarsi, svignare, svincolare, trabalzare, strabalzare, tragittare, trapiantarsi, trapassare, trascorrere, trasferirsi, traslatarsi, vagare, vagabondare, visitare, volare || andare a gran velocità, voltare i passi, battere il calcagno, battersela, calcar la terra, cercar l'uscio, dare una corsa, dare o prendere l'aire, dar le spalle, darsela a gambe, far fagotto, far tela, fare un volo, mettersi sulla via giusta, mettersi la via fra le gambe, perdere la via, disorientarsi, pigliar il dirizzone, prendere commiato, prendere il bordone, prendére l'uscio, prendere il cappello, prendere la volta, strappare o levare le tende, tirare di lungo per la strada, tirar di striscio, tagliare la corda.

nomencl. *agg.* e *sm.* ambulante, brancolone, cempenna, ciampicone, errante, giròvago, giramondo, girandolone, impettito, nomade, migrante, emigrante, passavolante, pellegrino, ramingo, randagio, randellone, retrogrado, tardigrado, solivago, strascicone, vagabondo, viandante, viatore, zingaro, zingano || andirivieni, viavai || *avv.* e *loc. avv.* a braccetto, in compagnia, in processione, in fila indiana, a due a due, a piedi, a cavallo, in macchina, di galoppo, a ondate, alla ventura, a rimorchio, a spron battuto, a briglia sciolta, a tutto striscio, a zonzo, di buona gamba, di carriera, di conserva, di passo, in volta, a barcolloni, dondoloni, grondon grondoni, tentoni, passo passo, quatto quatto, con precauzione.

contr. stare, restare, fermarsi, arrestarsi, sostare, indugiare, indietreggiare, venire, tornare, ritornare.

andàta, *sf.* andare, andamento, portamento, → ANDATURA, GITA.

andàto, *pps.* di andare || *agg.* → PASSATO, GUASTO.

andatúra, *sf.* andata, andamento, moto, movimento, marcia, passo, incesso, camminata.

nomencl. (*inerenti*) andirivieni, carriera, dirittura, dirizzone, flusso e riflusso, girellio, girellare, girio, gita, migrazione, trasmigrazione, passaggio, passeggio, passo, peregrinazione, procedimento, portamento, atteggiamento, regresso, rigirio, scantonamento, sequenza, seguimento, serpeggio, trantran, trotto, trottata, viaggio || *agg.* affettata, altera, boriosa, composta, dimessa, disinvolta, disordinata, faticosa, goffa, grave, ieratica, leggera, lenta, libera, maestosa, ostentata, penosa, pesante, posata, sciolta, scomposta, seria, solenne, spigliata, trascurata || passo accelerato, raccoppiato, ordinario, ginnico, da corsa, da carica.

andàzzo, *sm.* usanza, andamento, modo di procedere, maniera abituale, consuetudine, sistema → ABITUDINE.

anditíno, *sm.* corsello, corsía, stradetta, sentiero, stretta.

andirivièni, *sm.* labirinto, meandro || andare e venire, viavai, giravolta, oscillazione, ambage, involuzione, tortuosità, groviglio.

àndito, *sm.* corridoio, ambulacro, corsia || androne, vestibolo, entrata, ingresso, → ATRIO.

andrivèllo, *sm.* → ÀNCORA.

androgíno, *agg.* e *sm.* ermafrodito, bisessuale, bisessuato.

andróne, *sm.* → ANDITO.

anèddoto, *sm.* → EPISODIO, FAVOLA, STORIA.

anelànte, *ppr.* di anelare || → AFFANNATO, AFFANNOSO, ANSANTE, ANSIOSO.

anelàre, *v. intr.* respirare affannosamente, ansare, ansimare, anfanare || *fig.* desiderare, bramare, aspirare, agognare, struggersi, sospirare.

contr. respirare liberamente, regolarmente, con calma || *fig.* respingere, rifiutare, ricusare, disprezzare, trascurare.

anèlito, *sm.* → RESPIRO, ALITO || *fig.* → DESIDERIO.

anèllo, *sm.* cerchietto, fede, vera, ànsola, → GIOIELLO.

nomencl. (*varietà*) abbaziale, benedetto, cardinalizio, dottorale, episcopale o vescovile, fatato, matrimoniale, di fidanzamento, pastorale, papale || atlantoideo, congiuntivale di Bier, di castità, di corda, di Didone, di Gige, d'ormeggio, di Pacinotti, di Policrate, di Salomone, di Saturno, emorroidale, femorale, galvanico, inguinale, nasale, oculare, orario, otturatore, dell'aratro, delle forbici, della chiave, dell'arpione, dei capelli, della porta, di innesto, di ricordo, del Pescatore || (*parti*) castone, fascia, fondo, (*analoghi*) collare da cane, foglia, gambo, pala, incastonatura, rosetta || alla cavalliera, a globetto, a serpe || *verb.* infilare, sfilare, mettere, portare, donare.

anèlo, *agg. poet.* → ANELANTE.

anematurgía, *sf.* → CHIRURGIA.

anemía, *sf.* clorosi, oligoemía.

anèmico, *agg.*

contr. sanguigno.

anemoscòpio, *sm.* → BANDERUOLA.

anepígrafo, *agg.* adèspoto, anònimo (di còdice e sim.).

aneritropsía, *sf.* discromatopsía, daltonismo.

anestesía, *sf.* estupefazione, stupefazione, clorofor-

mizzazione, eterizzazione, narcosi, analgesia, letargia, ipnosi.
anestesiòlogo, *sm.* anestesista.
anestesísta, *sm.* anestesiologo.
anestètico, *agg.* → NARCOTICO, CALMANTE || *sm.* analgesico, narcotico, soporifero, stupefattivo, stupefacente.
nomencl. etere, cloretone, anemorenina, acetol, bromoformio, cocaina, sonnoformio, cloruro di etile, tropacocaina, aconitina, anesina, alipina.
contr. eccitante, stimolante, irritante, provocante.
anestetizzàre, *v.tr.* cloroformizzare, eterizzare, addormentare, alloppiare, sopire, stupefare || *fig.* → MORTIFICARE, CALMARE.
contr. eccitare, stimolare, spingere, irritare, aizzare.
anfanàre, *v.intr.* fare, affannarsi, armeggiare, annaspare || *fig.* fantasticare, farneticare, vaneggiare || → GIRARE.
contr. ragionare, riflettere, pensare, essere obiettivo.
anfanatóre, *agg.* e *sm.* → CHIACCHIERONE.
anfaneggiàre, *v.intr.* → ANNASPARE || *fig.* → FANTASTICARE.
anfiartròsi, *sf.* artrodia, ginglismo, armonia, sinfisi.
anfíbio, *agg. fig.* ambiguo, anfibolo → DUBBIO || *sm.* → BATRACE.
anfíbolo, *agg.* → DUBBIO.
anfibología, *sf.* → EQUIVOCO, BISTICCIO, DUBBIO.
anfibològico, *agg.* → EQUIVOCO.
anfiteàtro, *sm.* agone, arena, arringo, campo, circo, lizza, palestra, politeama, stadio, sferisterio || aerodromo, ippodromo, velodromo.
nomencl. Colosseo, naumachía, parlascio, parlagio || agonarca, agonoteta, bestiari, catervari, gladiatori, mastigofori, mirmilloni || (*parti*) burella, carceri, càvea, còclea, arena, euripo, meta, podio, precinzione, gradinate, meniano, pulvinare, spina, spogliario, selva, velario, vomitorio, bàlteo, stalli.
anfitrióne, *sm.* → OSPITE.
ànfora, *sf.* → VASO.
anfràtto, *sm.* labirinto, luogo tortuoso, andirivieni, giravolta || burrone || → DIRUPO, FRANA.
anfrattuosità, *sf.* → GIRAVOLTA, LABIRINTO.
angariàre, *v.tr.* angarieggiare, fare angherie, trattare duramente, tiranneggiare, imporre balzelli, tormentare, opprimere, importunare, molestare, premere, pelare, scorticare, vessare, squattrinare, spogliare, spennare, sfruttare, requisire.
contr. largheggiare, trattar bene, facilitare, favorire, aiutare, beneficare.
angarieggiàre, *v.tr.* → ANGARIARE.
angelicàto, *agg.* angelico.
angèlico, *agg.* angelicato || *fig.* mite, buono, soave, puro, innocente, bello, dolce, virgineo, verginale.
contr. demoniaco, diabolico, satanico, indemoniato, ossesso || cattivo, impuro, perverso, perfido, ossessionato.

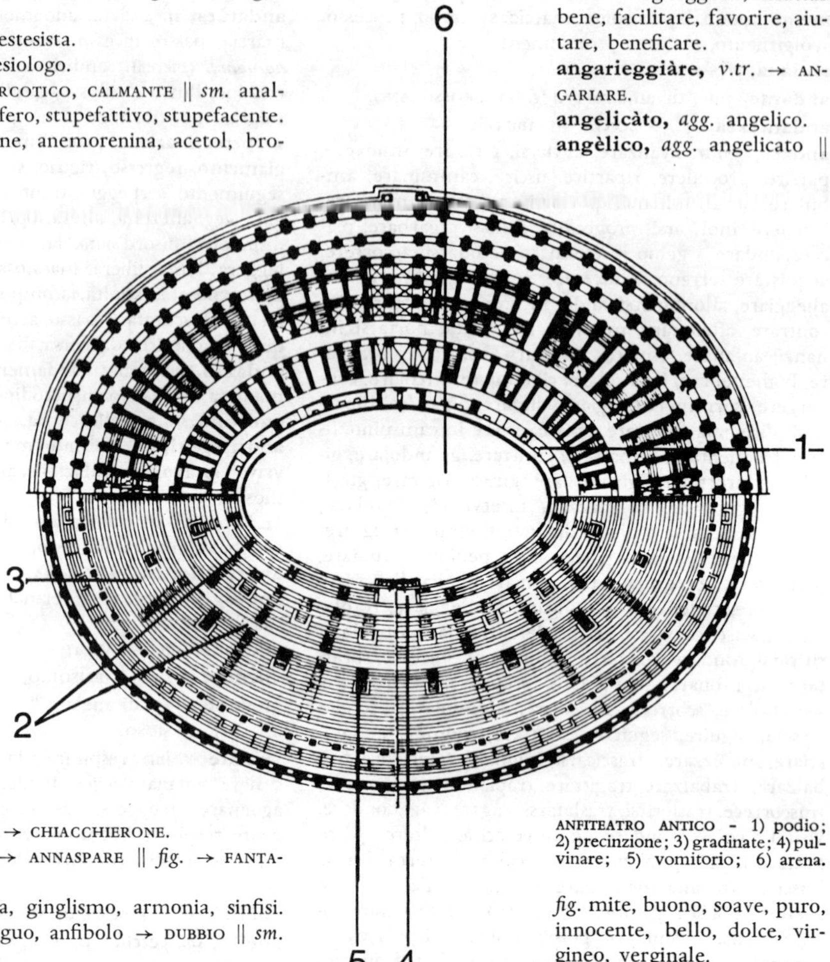

ANFITEATRO ANTICO - 1) podio; 2) precinzione; 3) gradinate; 4) pulvinare; 5) vomitorio; 6) arena.

àngelo, *sm.* angiolo, spirito mistico, creatura incorporea, spirito celeste, spirito tutelare, ministro del paradiso, messaggero celeste, creatura celeste; intelligenza, genio.
nomencl. (*gerarchia celeste*) Angeli, Arcangeli, Principati, Dominazioni, Virtú, Podestà, Troni, Cherubini, Serafini || angelologia, angelofania, angelogonia, angelolatria, dulia || *agg.* beato, buono, eletto, tutelare, custode, sterminatore, cattivo, maligno, ribelle || delle tenebre, del cielo, del paradiso.
contr. diavolo, demone, satana, tentatore.
angheria, *sf.* requisizione, costrizione, → INGIUSTIZIA, PREPOTENZA.
àngiolo, *sm.* → ANGELO.
angiospèrme, *sf. pl.*
contr. gimnosperme.
angipòrto, *sm.* → VICOLO.
angolàto, *agg.* angoloso, angolare.
contr. rettilineo.

àngolo, *sm.* → GOMITO || *fig.* canto, cantone, cantuccio, cantonata || luogo appartato.

nomencl. (*suddivisioni*) retto, acuto, ottuso, adiacente, alterno (interno, esterno), conseguente, complementare, coniugato, consecutivo, opposti al vertice, complementari, supplementari, al centro, di contingenza, diedro, di incidenza, di rifrazione, inscritto, mistilineo, piatto, rettilineo, rientrante, saliente, sferico, parallattico || *sm.* triangolo, rettangolo, quadrangolo, esagono, ottagono, pentagono, poligono || (*attinenti*) lati, amplitudine, bisettore, bisettrice, cateti, diagonale, seno, coseno, ipotenusa, gradi, trisezione, vertice || (*strumenti*) grafometro, goniometro, pantometro, rapportatore, squadra || goniometria, geometria.

angolóso, *agg.* angolato || *fig.* di carattere difficile, spigoloso, cavilloso.

angòscia, *sf.* → DOLORE, INQUIETUDINE, ATTESA.

angosciàre, *v.tr.* → ADDOLORARE, INQUIETARE || *rifl.* → SOFFRIRE.

angosciosaménte, *avv.* → DOLOROSAMENTE.

àngue, *sm. poet.* → SERPE.

anguílla, *sf.* capitone, ceca, ciriola, gavonchio, grongo, paglietana, murena.

nomencl. anguillaia, anguillara, mazzàcchera || rocchio || *verb.* guizzare, schizzar via, sfuggire, divincolarsi, contorcersi.

angúria, *sf. region.* cocómero.

angústia, *sf.* strettezza, ristrettezza, insufficienza || *fig.* grettezza, piccolezza || affanno, angoscia, dolore, afflizione, tribolazione, infelicità, inquietudine, ansia, difficoltà, travaglio || inòpia, povertà, penuria, indigenza, miseria.

contr. larghezza, sufficienza, abbondanza || gioia, letizia, serenità, distensione || benessere, agiatezza, abbondanza, copia.

angustiàre, *v.tr.* mettere gli altri in angustia, in pena; affliggere, angosciare, inquietare, addolorare, opprimere, affannare || *rifl.* affliggersi, inquietarsi.

contr. rallegrare, allegrare, dar sollievo || allietarsi, consolarsi || rinfrancare, rinfrancarsi.

angustiàto, *pps.* di angustiare || *agg.* → ADDOLORATO.

angústo, *agg.* breve, stretto, piccolo, ristretto || incomodo, disagevole, difficoltoso || gretto, ingeneroso, meschino.

contr. ampio, largo, spazioso, dilatato, aperto || comodo, agevole, facile || generoso, lauto, abbondante.

ànice, *sm.* ànace || acre, in camicia, stellato, della Cina || anisetta, mistrà, sambuca, fumetto || anicino.

ànima, *sf.* aura, fiato, alma, spirito, spirto, soffio vitale, psiche.

nomencl. (*varianti*) razionale, irrazionale, semplice, vegetativa, sensitiva, universale, ossessa, purgante, beata, dannata, espiante, perduta, morta, mortale, contemplante, materiale, immortale, immateriale, incorporea, incorruttibile, sensibile || (*affini*) cuore, mente, vita, intelligenza, coscienza, volontà, sentimento, principio razionale, intuizione, spiritualità, animo || anima del mondo, delle piante, degli animali; della scarpa, della statua, del nòcciolo, del violino, della scala, delle canne d'organo || gheriglio, sostanza, nucleo, centro || (*attinenti*) anagogia, empsicosi, entelechia, autimia, metafisica, psicologia, noologia || (*operazioni e stati*) contemplazione, dannazione, estasi, potenza, perdizione, salvazione, salute, resurrezione, sospiro, transanimazione, trasmigrazione, metempsicosi, suffragio, redenzione, beatificazione, peccato, mondo || *agg.* affettuosa, buona, bennata, delicata, felice, gemella, generosa, gentile, geniale, limpida, pura, pacifica, serena, tranquilla, umile, ardente, ascetica, benedetta, contemplativa, libera, mistica, spirituale, immacolata, viva, romantica, fredda, inquieta, trafitta, tormentata, cattiva, collerica, nera || *loc.avv.* in pena || *verb.* perdere, guadagnare, conquistare, difendere, salvare, suffragare, dannare, condannare, giudicare; andare all'anima; mangiarsi l'anima.

contr. corpo, corporale; materia, materiale, fisico.

animàle, *sm.* bestia, bruto, fiera || *fig.* uomo incivile, materialone, stupido, irragionevole, rozzo.

nomencl. (*qualificazioni*) acefalo, acquatico, aerobo, agriofago, androgino, antidiluviano, articolato, anuro, barbuto, bardotto, bastardo, bimane, bipede, bisulco, carnivoro, caudato, caudimano, cefalobranco, cetàceo, cheirottero, cornipede, da soma, da tiro, da traino, didattilo, didelfo, digitigrado, di sangue freddo, di sangue caldo, diurno, elettrico, erbivoro, felino, fissipede, fossile, gregario, ibernante, ibrido, immondo, inantopede, infusorio, insettivoro, invertebrato, ittiofago, lubrico, macrocefalo, marsupiale, masticatore, monocero, monogamo, monoico, monotremo, mustellino o vermiforme, nictalopo, notturno, nottivago, onnivoro, orittero, osteozoario, oviparo, ovoviviparo, pachidermico, palmato, parassita, pedimane, plantigrado, polmobronchiato, quadrisulco, quadrumane, quadrupede, radiato o raggiato, rizofago, rizopodo, roditore, rotifero, ruminante, schizomiceto, sdentato, setigero, solipede, solidungolo, spongiario, stallio o stallivo, tardigrado, testaceo, tetradattilo, tridattilo, pentadattilo, uniparo, vertebrato, volatile, zoocarpo, zoofito, da cortile || (*specie*) mammifero, uccello, rettile, pesce, mollusco, insetto, protozoo || (*riunioni e luoghi*) armento, branco, gregge, mandra, tribú, famiglia, specie, fauna; covile, covo, nido, tana, stalla, cuccia, gabbia, piccionaia, pollaio, alveare, ovile, caprile, caprareccia, porcile, serraglio, acquario, vivaio || (*parti*) animella, arnione, artiglio, becco, branchie, buccio, carne, carniccio, cellula, centopelle, omaso, libro, cingolo scapolare, ciuffo, coda, corno, corporatura, corata, gamba, glandola, groppone, grugno, guscio, muso, natatoia, nodo vitale, ovaia, paracore, pelle, pelo, increspatura, penna, piuma, piede forcuto, polpa, quadratura, rampa, rete, scheletro, spina, sugna, tarso, tentacoli, tronco, unghia, ventresca, trippa, zampa, zanna, zoonito, latte, sangue || (*scienze e termini attinenti*) chimica animale, fisiologia animale, geografia animale, ippiatria, meccanica animale, paleontologia, psicologia animale, tauratria, zooiatria, zoonomia, zootecnia, zootomia, naturalista, gabinetto di storia naturale, zooismo, zoofilo, zoofilia, zooglifito, zoolatria, zoolito, zoomorfo, zootrofico, zooepica, anamorfosi, istinto, letargo, mimetismo, metamorfosi, carogna || *agg.* mansueto, utile, restio, feroce, indomito, domato, domestico, docile, agevole, fallace, focoso, predatore, timido, affettuoso,

vorace, pacifico, tranquillo, socievole || *verb.* abbattere, allevare, abbeverare, acclimare, acclimatare, accodare, addomesticare, affrenare, ammaestrare, ammansare, addestrare, apparigliare, assoggettare, bardare, domare, ferrare, governare, impagliare, incrociare, ingrassare, mettere sotto o attaccare, mungere, stanare, tosare, castrare, uccidere || adombrare, arruffare il pelo, azzannare, rizzare il pelo, brucare, covare, mudare, accovacciarsi, accovacciolarsi, accularsi, appettare, fermarsi in quattro, impuntare, impuntarsi, impennarsi, inalberare, inalberarsi, inarcare, schiacciarsi, sculettare, sguisciare, trabucarsi || (*voci animali*) abbaiare, belare, barrire, bombire, bramire, bubulare, cantare, chiocciare, schiamazzare, cinguettare, chiurlare, ciangottare, crocidare, fischiare, fremere, frinire, gagnolare, gannire, garrire, gemere, gloglottare, gorgheggiare, gracchiare, gracidare, gridare, grugare, grugnire, guaire, gufare, gurgugliare, latrare, miagolare, gnaulare, muggire, mugghiare, mugolare, nitrire, annitrire, paupulare, pigolare, pipilare, ragliare, ringhiare, ronzare, ruggire, rugliare, sibilare, squittire, schiattire, stridere, strillare, trillare, tubare, ululare, urlare, zigare, zirlare, trutilare.
contr. spirito, spirituale || uomo, angelo || umano, angelico.

animalésco, *agg.* bestiale, brutale, ferino || sensuale, irragionevole, stupido, sciocco || materiale, materialone.
contr. umano, nobile, dignitoso, spirituale, angelico.

animalità, *sf.*
contr. spiritualità.

animàre, *v.tr.* dar l'anima, infondere la vita || *fig.* eccitare, incorare, ispirare coraggio o volontà, incitare || avvivare, ravvivare, dare espressione, vivezza, vivacità || *rifl.* prendere coraggio, diventar vivace, attivo.
contr. disanimare, scoraggiare, abbattere, avvilire, mortificare || smorzare, spegnere || avvilirsi.

animataménte, *avv.* → BRIOSAMENTE.

animàto, *pps.* di animare || *agg.* vivace, vivo, pronto, eccitato, brioso, espressivo.
contr. esanime, inanimato, smorto, morto || mortificato, esanimato, disanimato, avvilito, scoraggiato.

animatóre, *sm.* → ISTIGATORE.

animazióne, *sf.* eccitazione, spirito, vivacità, intensità, calore, brio, espressione, ardore (nello scritto, nel discorso).
contr. calma, pacatezza, placidità, depressione, demoralizzazione, abbattimento.

ànimo, *sm.* spirito, potenza vitale || coraggio, ardire, ardimento, audacia || disposizione, intenzione, proponimento, intendimento, inclinazione, attitudine, proposito || mente, senno, intelligenza, ragione, opinione, pensiero, parere, presentimento || carattere, tendenza, indole || energia, forza, attenzione.
nomencl. (*moti dell'animo*) abnegazione, accidia, fortezza, entusiasmo, facoltà, fermezza, costanza, generosità, liberalità, indulgenza, trepidazione, intimità, ispirazione, longanimità, magnanimità, moto, pudore, virilità, virtú, vocazione, voce interna, abbandono, accecamento, agitazione, animosità, aspirazione, avversione, ripugnanza, avvilimento, umiliazione, bollore, commozione, confusione, costernazione, cruccio, tormento, travaglio, demoralizzazione, depressione, fastidio, impressione, incentivo, infatuazione, irritazione, malcontento, malanimo, malavoglia, oligopsichia, orrore, pace, patema, preoccupazione, raccoglimento, ribellione, ribrezzo, risentimento, sconvolgimento, sospensione, turbamento, vergogna, egoismo || *agg.* buono, cattivo, forte, debole, fiacco, snervato, svigorito, saldo, gentile, delicato, rozzo, zotico, benevolo, crudele, umile, superbo, altero, altezzoso, nobile, vile, generoso, altruista, avaro, prudente, temerario, sincero, falso, bugiardo, volgare, triviale, indulgente, severo, sereno, tranquillo, calmo, agitato, commosso, turbato, eccitato, scosso, impietosito, intenerito, irritato, sdegnato, impressionato, meravigliato, impassibile, indifferente, insensibile, inalterabile, duro, squisito, stanco, spossato, fresco, riposato, turbolento, volubile, mutevole, costante, soddisfatto, contento, incline alla virtú, vizioso, allegro, crucciato, impressionabile || *verb.* animare, rianimare, destare, ridestare, inasprire, irritare, impermalirsi, inclinare, indirizzare, infastidire, ingalluzzire, interessare, invasare, ispirare, ricreare, rincorare, smarrirsi, educare.

animosità, *sf.* malanimo, avversione, ostilità, rancore, odio, antipatia, inimicizia, cruccio, astio, irruenza, prevenzione.
contr. amore, simpatia, benevolenza, benignità, cordialità.

animóso, *agg.* coraggioso, audace, ardito, ardimentoso, focoso, impetuoso.
contr. timido, timoroso, debole, disanimato, vile, vigliacco, freddo, fiacco.

anióne, *sm.* → IONE.

anisétta, *sf.* fumetto, anice, anace, mistrà, sambuca.

anisotropía, *sf.*
contr. isotropía.

ànitra, *sf.* anatra.

annacquaménto, *sm.* allungamento, stemperamento || *fig.* indebolimento, moderamento, moderazione, riduzione.

annacquàre, *v.tr.* innacquare, allungare, tagliare || *fig.* indebolire, mitigare, moderare, temperare, stemperare, ridurre.
contr. *fig.* accentuare, rafforzare, rinforzare, infiammare, rinvigorire, rimarcare.

annacquàta, *sf.* → PIOGGIA.

annacquàto, *pps.* di annacquare || *agg.* → BAGNATO || *fig.* → DEBOLE, FALSO.

annaffiàre, *v.tr.* innaffiare, adacquare, spruzzare, aspergere, bagnare, irrigare, irrorare.
contr. asciugare, prosciugare, seccare, disseccare, inaridire.

annaffiatóio, *sm.* annaffiatore, innaffiatoio.
nomencl. (*parti*) fascia, fondo, tettino, beccuccio o tubo, mela o cipolla, bocchetta o bocciòlo, manico.

annaffiatóre, *sm.* → ANNAFFIATOIO.

annàle, *sm.* → GIORNALE, STORIA.

annasàre, *v.tr.* → FIUTARE.

annaspàre, *v.tr.* → DIPANARE || *intr.* armeggiare, anfanare, confondersi, fare e affaticarsi inutilmente, smarrirsi || gestire confusamente, gesticolare.

annaspicàre, *v.intr.* → BALBETTARE.
annaspóne, *sm.* faccendone, arruffone, sconclusionato, confusionario, impacciato, pasticcione.
annàta, *sf.* → ANNO || raccolta di un anno, stipendio di un anno.
nomencl. *agg.* buona, favorevole, propizia, abbondante, magra, scarsa, sfavorevole, avversa, fredda, calda, torrida; asciutta, piovosa || integrale, parziale.
annebbiàre, *v.tr.* offuscare, appannare, adombrare, oscurare, velare || intorbidare, confondere.
contr. snebbiare, rischiarare || chiarire, ritornar limpido, sereno, terso.
annegàre, *v.tr.* affogare, sommergere, dar morte sommergendo || *rifl.* morire affogato, affondare, naufragare, colare a picco, andare a picco.
nomencl. salvataggio, salvagente.
anneghittíre, *v.intr.* impigrire, infingardire, impoltrirsi, oziare, lasciarsi andare.
contr. spigrirsi, spoltrirsi, darsi da fare, essere attivo, affaccendarsi.
anneràre, *v.tr.* → ANNERIRE.
annericàre, *v.intr.* → ANNERIRE.
anneríre, *v.tr.* annerare, oscurare, abbrunire, abbrunare, imbrunire, affumicare, tingere, insudiciare, sporcare di fumo || *intr.* diventar nero, nereggiare, annericare || abbuiarsi.
contr. imbiancare, schiarire, sbianchire.
annessióne, *sf.* aggiunta, aumento, unione, inclusione || conquista.
nomencl. *agg.* libera, spontanea, forzata, violenta, imposta.
contr. separazione, disgiunzione, distacco, esclusione.
annèsso, *pps.* di annettere || *agg.* inerente, appartenente, congiunto, attaccato, accozzato, accoppiato, incluso, accluso, unito, connesso, vincolato.
contr. staccato, separato, escluso, diviso, disgiunto, a parte.
annestàre, *v.tr.* → UNIRE, ATTACCARE.
annèttere, *v.tr.* unire, congiungere, attaccare, aggiungere, accoppiare, includere, accludere, connettere, allegare, allacciare, aggregare, vincolare.
contr. staccare, dividere, disgiungere, separare, escludere, estromettere.
annichilaménto, *sm.* annichilimento, annichilazione, annientamento, annullamento, distruzione || *fig.* umiliazione, avvilimento.
annichilàre, *v.tr.* annichilire, distruggere, schiantare, annientare, esinanire, ridurre a zero, al niente, annullare || *fig.* umiliare, abbassare, avvilire.
contr. esaltare || *fig.* valorizzare; avvalorare; insuperbire, ergersi, rialzarsi.
annichilazióne, *sf.* → ANNICHILAMENTO.
annichilíre, *v.tr.* → ANNICHILARE, DISTRUGGERE.
annidàre, *v. tr.* e *rifl. fig.* → NASCONDERE.
contr. scovare, snidare || esporre, mettere in luce.
annientaménto, *sm.* distruzione, annichilamento, disfacimento, atterramento, sterminio, strage, sfacelo, annullamento.
contr. costruzione, erezione, edificazione.
annientàre, *v.tr.* distruggere, atterrare, disperdere, annullare, annichilire, annichilare, esinanire, disfare, ridurre al nulla || *fig.* umiliare.
contr. costruire, edificare, salvaguardare || esaltare.
annientatóre, *agg.* e *sm.* → DISTRUTTORE.
anniversàrio, *sm.* ricorrenza, festa, commemorazione, annuale || compleanno, genetliaco.
ànno, *sm.* annata || età, stagione, tempo, epoca, èra.
nomencl. (*varianti*) bisestile, climaterico, santo, giubilare, civile, amministrativo, giudiziario, finanziario, anomalistico, astrale, lunare, dell'alleluia (il 1223), di grazia, del Signore, della salute, della riparata salute, della redenzione, dell'èra cristiana, giuliano, gregoriano, platonico, grande, sabbatico, scolastico, accademico, siderale, sidereo, tropico o solare || (*suddivisioni e derivati*) giorno, settimana, mese, bimestre, trimestre, quadrimestre, semestre, lustro, generazione; biennio, triennio, quadriennio, quinquennio, settennio, decennio, ventennio, trentennio, secolo, millennio, ciclo solare, ottaeride, trieterico, settimana mosaica, giubileo || annuale, annualità, settimanale, giornaliero, mensile || (*attinenti*) calendario, lunario, almanacco, annuario, anniversario, capo d'anno; compleanno; indizione, stile fiorentino, stile dell'Incarnazione, stile della Pasqua, stile della Natività; strenna || *agg.* andante, corrente, presente, stante, volgente, vertente, avanti, caduto, decorso, passato, scorso, cadente, comune, entrante, spirante, prossimo, vegnente, futuro, venturo, successivo, tondo, intero.
annobiliàre, *v.tr.* nobilitare.
annoccàre, *v.tr.* → PIEGARE.
annodaménto, *sm.* → NODO.
annodàre, *v.tr.* legare, congiungere, unire, appiccare, stringere, far nodo, allacciare, accappiare, accoppiare.
contr. snodare, dividere, slegare, disgiungere, sciogliere, staccare, separare.
annodatúra, *sf.* nodo, annodamento, giuntura, unione, legame.
contr. slegamento, snodatura, disarticolazione.
annoiaménto, *sm.* → NOIA.
annoiàre, *v.tr.* tediare, infastidire, seccare; dar fastidio, molestia, noia, disturbo; ristuccare, uggire, importunare, molestare, appesantire, stancare || *rifl.* sentire o provare noia, fastidio, uggia, disturbo, tedio.
contr. divertire, svagare, allietare, rallegrare, alleggerire || divertirsi, allietarsi, svagarsi, alleggerirsi.
annòna, *sf.* viveri, vitto, vettovaglia, grasce, munizioni da bocca, provviste, provvisioni, pubblica assistenza.
annóso, *agg.* vecchio, antico, anziano, antiquato || lungo, prolisso, interminabile, eterno.
contr. giovane, giovanile, novello, fresco || rapido.
annotàre, *v.tr.* prendere nota, tenere nota, chiosare, registrare, scrivere, notare, fare annotazioni, postillare, commentare, appuntare, prendere appunti, illustrare || *fig.* ricordare, tenere a mente.
annotatóre, *sm.* → CHIOSATORE.
annotazióne, *sf.* postilla, interpretazione, chiosa, glossa, osservazione, nota, appunto || ricordo → COMMENTO.
annottàre, *v. intr.* farsi notte, farsi buio, imbrunire, oscurare, oscurarsi, offuscare → ABBUIARE.
contr. aggiornare, albeggiare, schiarire.
annoveràre, *v.tr.* fare il novero, mettere nel novero,

nel numero, numerare; noverare, contare, tenere conto, computare, aggiungere, includere.

annuàle, *agg.* annuo, di ogni anno || *sm.* anniversario, commemorazione, ricorrenza, celebrazione, compleanno, genetliaco.

annuàrio, *sm.* calendario, almanacco; giornale, rivista.

annuènza, *sf.* → CONSENSO.

annuíre, *v.tr.* → CONSENTIRE, APPROVARE.

annullaménto, *sm.* abrogazione, revoca, abolizione, invalidazione, cassazione, soppressione, cancellatura || annientamento, disfacimento, distruzione, estinzione || → GRAZIA.

contr. convalidazione, instaurazione, ratifica, accettazione.

annullàre, *v.tr.* annientare, distruggere || estinguere, abrogare, disdire, revocare, disfare, abolire, infirmare, invalidare, cassare, sopprimere, togliere.

contr. dar vigore, vita, valore; rinvigorire, far rivivere, risuscitare.

annunciàre, *v.tr.* → ANNUNZIARE.

annunciatóre, *sm.* → ANNUNZIATORE.

annúncio, *sm.* → ANNUNZIO.

annunziàre, *v.tr.* annunciare; dare, portare, recare una notizia; far sapere, predire, profetare, profetizzare, presagire, preconizzare, rivelare, svelare, informare, pronosticare || avvertire, avvisare, comunicare, diffondere, diramare, dire, divulgare, vociferare, manifestare, notificare, palesare, partecipare, popolarizzare, predicare, proclamare, promulgare, propagare, propalare, propagandare, pubblicare, stamburare, ragguagliare, rapportare, ridire, spacciare, strombazzare, strombettare, trasmettere, volgarizzare.

contr. tacere, nascondere, celare, tener nascosto, occulto o segreto.

annunziatóre, *sm.* annunciatore, nunzio, nuncio, avvisatore, ambasciatore, apportatore, araldo, banditore, gridatore, corriere, cursore, diffonditore, divulgatore, foriero, inviato, latore, messaggero, messo, portatore, portavoce, precone, precorritore, precursore, proclamatore, propagandista, propagatore, relatore, resocontista, referendario, rapportatore, spacciatore, tabellario, locutore; *reporter, speaker.*

annúnzio, *sm.* annuncio, notizia, novità, messaggio, novella, avviso, notificazione, comunicazione, presagio, profezia, ragguaglio, indizio, cenno, augurio, ambasciata, proclamazione.

ànnuo, *agg.* annuale, di ogni anno.

annusàre, *v.tr.* odorare, fiutare, sentire || *fig.* intuire, esplorare, cercare, indovinare, intrasentire, sospettare, riconoscere.

annuvolàre, *v.tr.* rannuvolare, obnubilare, oscurare, offuscare || *rifl.* abbuzzire, accuparsi, annubilarsi, obnubilarsi, offuscarsi, incupirsi, rincupire, rinfoscarsi, rinfoschirsi; tenebrarsi, ottenebrarsi, rabbruscarsi, intorbidarsi, farsi, divenire, rimanere brutto.

contr. rischiarare, rasserenare || rasserenarsi, aprirsi, rimbeltemparsi, ritempire, rischiararsi, schiarirsi, stenebrarsi.

anodíno, *agg. med.* calmante, lenitivo, palliativo, antispasmodico, anestetico, narcotico || *fig.* senza energia, senza carattere, inattivo, inerte, privo di vigore, amorfo, incerto.

contr. energico, deciso, violento, risoluto, risolutivo.

ànodo, *sm.*

contr. càtodo.

anomalía, *sf.* irregolarità, eccezione, anormalità.

contr. regolarità, cosa consueta; norma, regola.

anòmalo, *agg.* anormale, irregolare, eccezionale, inabituale.

contr. regolare, normale, comunale, comune, abituale.

anònimo, *agg.* innominato, senza nome, incognito, ignoto, di ignoto || adèspoto, anepígrafo (di codice e sim.) || *fig.* senza carattere, senza volto, comune.

contr. noto, cògnito || differenziato.

anoressía, *sf.* → INAPPETENZA.

anormàle, *agg.* e *sm.* anòmalo, eccezionale, irregolare, tralignato || degenerato, degenere, pervertito, patologico, guasto, malato || insufficiente, deficiente, disarmonico.

nomencl. (*suddivisioni*) mentale, psichico, del carattere, caratteriale, afasico, frenastenico, schizofrenico, spasmodico, irresponsabile, epilettico, dei sensi, della loquela, dello sviluppo, allucinato, demente, immorale, isterico, delinquente, psicastenico, distimico, maniaco, nevrotico, psicotico, infantile, intossicato, cretino, mongoloide; disglandolare, delirante, microcefalo, nevropatico, idiota, paralitico, astenico, ciclotimico, catatonico, costituzionale, ossessionato, paranoico, angosciato, ansioso, cerebropatico, abulico || caratteri anormali.

contr. normale, consueto, solito, usuale, regolare || sufficiente, sano, armonico || supernormale.

anormalità, *sf.* anomalía, eccezione, irregolarità || degenerazione, pervertimento, tralignamento, disarmonia, insufficienza, deficienza. → BIZZARRIA.

contr. normalità, consuetudine, cosa usuale, solita || sanità, salute, armonia.

ànsa, *sf.* → MANICO || GOLFO || ASSOCIAZIONE.

ansaménto, *sm.* → AFFANNO, ANSIA.

ansànte, *ppr.* di ansare || *agg.* boccheggiante, ànsio, ansimante, affannoso, affannato, trafelato, anelante, anelo (*poet.*), → AFFANNOSO.

contr. calmo, tranquillo, placido.

ansàre, *v.intr.* → ANSIMARE, RESPIRARE.

ànsia, *sf.* → AFFANNO || *fig.* apprensione, ansima, ansietà, angustia, ambascia, agitazione, angoscia, oppressione, trepidazione, ansamento, commovimento, concitamento, concitazione, commozione, conturbazione, disforia, attesa, paura, sgomento || → DESIDERIO.

contr. calma, serenità, equilibrio, distensione, indifferenza, placidezza, tranquillità.

ansietà, *sf.* → ANSIA, DOLORE.

ànsima, *sf.* → AFFANNO, ANSIA.

ansimànte, *ppr.* di ansimare || *agg.* affannato, anelo, anelante, ansante, asmatico, bolso, imbolsito, rantoloso, trafelato, boccheggiante.

ansimàre, *v.intr.* ansare, respirare con affanno, boccheggiare, affannare, alenare, anelare, avere il fiato grosso, imbolsire, rantolare, trafelare.

contr. respirare liberamente, con calma.

ansióso, *agg.* impensierito, impaziente, desideroso,

preoccupato, angosciato, affannato → INQUIETO, AGITATO.
contr. tranquillo, calmo, sereno, paziente, pacifico.
ànsito, *sm.* respiro affannoso || → RANTOLO.
ànta, *sf. dial.* battente, sportello, imposta.
antagonísmo, *sm.* → DISCORDIA, GARA, CONTRASTO.
antagonísta, *agg.* → CONCORRENTE, GAREGGIATORE.
antàrtico, *agg.* → MERIDIONALE.
contr. artico.
ànte, *prep.* e *avv.* → AVANTI.
antecedènte, *ppr.* di antecèdere || *agg.* precedente, anteriore.
contr. seguente, susseguente, successivo, posteriore.
antecedenteménte, *avv.* → AVANTI.
antecedènza, *sf.* precedenza, anteriorità.
contr. posteriorità.
antecèdere, *v.tr.* e *intr.* precorrere, precedere, venir prima.
contr. seguire, susseguire, venir dopo.
antefàtto, *sm.* precedente (*sm.*).
antemuràle, *sm.* → FORTIFICAZIONE.
antenàto, *sm.* progenitore, avo, proavo, antecessore, arcavolo, àtavo, bisnonno, bisavolo, capostitipite, ceppo, precessore, predecessore, primogenitore, radice || *pl.* gli antichi, i maggiori, gli avi, gli antecessori, i vecchi, i prischi.
contr. discendenti, progenie || posteri, successori, epígoni.
anténna, *sf.* palo, pennone, traversa, falcone, ascialone, albero.
antepórre, *v.tr.* premettere, preporre, mettere o porre innanzi || anticipare || preferire, prescegliere || preeleggere, predestinare.
contr. posporre, posticipare, differire.
anterióre, *agg.* precedente, antecedente, preesistente, premesso, previo, prima, prisco, pristino || avanti, davanti, innanzi.
contr. posteriore, consecutivo, successivo, conseguente, epigono || dietro, dopo, postumo.
anteriorità, *sf.* precedenza, antecedenza, priorità, preminenza, precessione, preesistenza.
contr. posteriorità, successione, séguito.
anteriorménte, *avv.* → AVANTI.
antesignàno, *sm.* → ALFIERE, PRECURSORE.
antibiòtico, *sm.*
nomencl. (*tipi*) penicillina, streptomicina, cloromicetina, neomicina, terramicina, aureomicina, actinomicina, eritromicina.
anticàglia, *sf.* → ANTICHITÀ.
contr. novità.
anticaménte, *avv.* un tempo, una volta, molto tempo fa, nel tempo che fu, al tempo dei tempi, ai tempi andati, originariamente, primitivamente, in antico, in passato.
contr. attualmente, odiernamente, oggi, oggidì, oggigiorno.
anticàmera, *sf.* → ATRIO.
nomencl. reale, pontificia, apostolica, segreta || camarilla || (*oggetti*) cassapanca, cappelliera, cappellinaio, attaccapanni, portaombrelli, seggiole, pulisci-scarpe, passatoia o guida, sputacchiera, specchio.
anticàto, *agg.* → VECCHIO.
antichità, *sf.* vecchiezza, arcaicità, arcaismo, passato, vetustà, antica età, secoli remoti || vecchiume, anticaglia, antiquariume || *pl.* cose antiche.
nomencl. (*scienze*) antiquaria, archeologia, archeografia, cimeliarca, paleontologia, paleografia, paleontografia, paleozoologia, papirologia, epigrafia || (*attinenti*) scavi, museo, collezione, cimeli, avanzi, fossili, archivio, biblioteca, monumento || (*persone*) antiquario, paleografo, paleontologo, archeologo, amatore, maniaco, tradizione, conservazione, ruderomania, archeolatria || arcaismo.
contr. modernità, attualità, novità || futurismo, modernolatria, neologismo.
anticiclóne, *sm.* → CICLONE.
anticipàre, *v.tr.* precedere, prevenire, fare o dare prima, → PREVENIRE || ACCELERARE.
contr. posticipare, seguire, ritardare.
anticipazióne, *sf.* anticipo, precessione.
contr. posticipazione, ritardo.
antícipo, *sm.* → ANTICIPAZIONE.
antíco, *agg.* prisco, vetusto, preistorico, remoto, annoso, arcaico, pristino, trapassato, anziano, attempato, antiquato, patriarcale, avito, venerando, primordiale, vieto, superato, vecchio, adamitico, antidiluviano || tarlato, arrugginito, muffito, rancido, cariato.
contr. nuovo, recente, moderno, giovane, di fresca data, attuale, odierno, aggiornato.
anticonoscènza, *sf.* → PREVEGGENZA.
anticonóscere, *v.tr.* → PREVEDERE.
antidiluviàno, *agg. fig.* → VECCHIO, ANTICO.
antídoto, *sm.* contravveleno, rimedio || *fig.* → CONFORTO.
antifebbríle, *agg.* febbrifugo, antipiretico.
contr. pirògeno, piretògeno.
antífona, *sf.* → CANTO → RIMPROVERO.
antígrafo, *agg.* e *sm.* autografo, apografo → COPIA.
antilogía, *sf.* → ASSURDITÀ.
antílope, *sm.* gazzella, camoscio, saltarupe.
antimilitarísmo, *sm.* pacifismo.
contr. militarismo.
antimonàrchico, *agg.* repubblicano, antidinastico.
contr. monarchico.
antimònio, *sm.*
nomencl. nativo, *cosmet* (alchimia), stibina || antimoniale, regolo d'antimonio, valentinite.
antimoràle, *agg.* → IMMORALE.
antinomía, *sf.* → ASSURDITÀ, CONTRASTO.
antipatía, *sf.* avversione, malevolenza, contraggenio, ripugnanza, contrarietà, intolleranza, rifuggimento, schifiltà || aborrimento, ribrezzo, orrore, disgusto, odio.
nomencl. *verb.* avere, provare, sentire, eccitare, suscitare.
contr. simpatia, attrazione, cordialità, congenialità, affinità.
antipàtico, *agg.* spiacevole, ripugnante, inviso, fastidioso, odioso, agresto, uggioso, disdicevole, indisponente, insopportabile || cornacchia, figuro, tincone || *loc. verb.* non quadrare; non andare a genio, a fagiuolo; non persuadere; non dirsela, non intendersela; non avercela, non avere uno nel calendario.
contr. simpatico, piacevole, piacevolone, gradito.

antipirètico, *agg.* → ANTIFEBBRILE.
antipoètico, *agg.* prosaico, volgare, dozzinale.
contr. poetico, lirico || sentimentale.
antipútrido, *agg.* e *sm.* → DISINFETTANTE.
contr. putrido.
antiquària, *sf.* antiquariato, archeologia → ANTICHITÀ.
antiquariàto, *sm.* → ANTIQUARIA, ANTICHITÀ.
antiquàto, *agg.* → VECCHIO, ANTICO.
contr. moderno, attuale.
antisèpsi, *sf.* → DISINFEZIONE.
contr. sepsi.
antisèttico, *agg.* → DISINFETTANTE.
contr. sèttico.
antispasmòdico, *agg.* → CALMANTE.
antístite, *sm.* vescovo, episcopo.
antístrofe, *sf.* → CORO.
antítesi, *sf.* → CONTRASTO, TESI.
antitètico, *agg.* → CONTRARIO.
antivedére, *v.tr.* → PREVEDERE, INDOVINARE.
antiveggènza, *sf.* → PREVEGGENZA.
antiveníre, *v.tr.* → PREVENIRE.
antología, *sf.* centone, crestomazia, florilegio, zibaldone, raccolta, fiore, fioretti, miscellanea, scelta, spicilegio, *collectànea.*
antràce, *sm.* carbone, favo, tumore infiammatorio → TUMORE, PUSTOLA.
antracène, *sm.* → CARBONE.
antracíte, *sf.* → CARBONE.
àntro, *sm.* → GROTTA, CAVERNA, BUCO.
nomencl. (*esempi*) di Caco, di Polifemo, del cane, delle streghe || pilorico, mascellare, dell'orecchio || *agg.* buio, cavernoso, naturale, nascosto, profondo, preistorico, tenebroso, vulcanico, misterioso.
antropofagía, *sf.* cannibalismo.
antropòfago, *sm.* cannibale.
antropòide, *agg.* di aspetto umano || *sm.* scimmia, gorilla, orango, scimpanzè.
antropomorfísmo, *sm.*
contr. zoomorfismo.
anurèsi, *sf.* anúria.
anúro, *sm.* → BATRACE.
ànzi, *cong.* e *prep.* prima, prima di, innanzi || invece, piuttosto, all'opposto.
anziàno, *agg.* attempato, → VECCHIO.
aoliàto, *agg.* oliato.
aòrta, *sf.*
nomencl. ascendente, discendente, addominale || valvole aortiche, ectasía aortica, aortite, aortografia, aortigramma, aortometria.
apartítico, *agg. neol.* apolitico, qualunquista, qualunquistico, indifferente, agnostico.
contr. partitante, partigiano, settario, politicante.
apatía, *sf.* → INDIFFERENZA, PIGRIZIA.
apàtico, *agg.* apatista, impassibile, vuoto di affetti, tiepido, freddo, rilassato, pigro, indolente, abúlico, indifferente, insensibile, addormentato, sonnacchioso, inerte, incurante, noncurante, accidioso.
contr. sensibile, impressionabile, sveglio, sensitivo, operoso, attivo.
àpe, *sf.*
nomencl. apisina || fuco, larva, ninfa, pecchiolino, pecchione || (*suddivisione*) architettrice, asiatica, d'America, bombice, ceraia, egiziana, germanica, geometra, industriosa, italiana, maestra, melipone, mellifica, meridionale, mula, neutra, nutrice, operaia, principessa, regina, selvatica || (*parti*) capo cuneiforme, occhi reticolati, antenne, mandibole, mascella, petto, torace, segmenti, scudi, ali, zampe, spazzola, ventre o addome, squame, organi escretori, apparato digerente, apparato respiratorio apparato della circolazione, apparato velenifero, borsetta melaria, sacchi della cera, succhiatoi || (*apicoltura*) sciame (canoro, primo, secondario), nettare, polline, pròpoli || alveare, àrnia, bugno, alveolo, cella, favo, fiale, opercolo, apiario, apicultore, apistica, smelatura || (*arnesi*) affumicatore, cavalletto, coltello, gabbietta, penna d'ala, pigliasciame, raschiatoio, smelatore, tenaglia, torchio, tracciatoio, velo || *verb.* mellificare, sciamare, pinzare, appinzare, ronzare.
aperitívo, *agg.* e *sm.* → EUPEPTICO.
apertaménte, *avv.* → FRANCAMENTE.
apèrto, *pps.* di aprire || *agg.* allargato, dilatato, disteso, disserrato, spalancato, dischiuso, schiuso, ampio, amplio, effuso, largo, spazioso, spaziato, accessibile, arieggiato, arioso || *fig.* palese, chiaro, manifesto, → EVIDENTE || schietto, sincero, cordiale, → FRANCO.
contr. chiuso, serrato, stretto, ristretto, contratto, angusto, gretto || vietato || diffidente, subdolo || ermetico.
apertúra, *sf.* aprimento, àdito || fenditura, orifizio, taglio, spacco, spaccatura, bocca, pertugio, varco, passaggio, spiraglio, buco || → ESTENSIONE || apertura del palcoscenico, → BOCCADOPERA || inizio, inaugurazione (di scuola, esposizione, adunanza, parlamento, d'anno, ecc.) || *fig.* essere accessibile, intelligente, perspicace, larghezza mentale.
nomencl. (*equivalenti*) finestra, porta, botola, breccia, squarcio, callaia, via, crepa, ferrusa, feritoia, postierla o pusterla, foro, sdrucio, slabbratura, sfiatatoio, voragine, ventarola, sfogatoio, spia, spioncino, ventiera, forame, vuoto, foce, sportello, uscita, vano, vuoto.
contr. chiusura, opercolo, occlusione, barriera, ostacolo, impedimento || grettezza, ristrettezza.
apiària, *sf.* apicoltura, apistica.
apiàrio, *sm.* → ALVEARE.
àpice, *sm.* → CULMINE, SOMMITÀ.
apicoltóre, *sm.* apicultore.
apicoltúra, *sf.* apicultura, apiària, apística.
aplústre, *sm.* → ACROSTÒLIO.
apnèa, *sf.* → AFFANNO.
apocalisse, *sf.* Libro dell'Apocalisse → BIBBIA || rivelazione, escatologia, ultime cose, fine del tempo, fine del mondo, catàstrofe.
apòcope, *sf.* → AFERESI, SINCOPE.
apòcrifo, *agg.* → FALSO.
apodíttico, *agg.* → EVIDENTE.
apòdosi, *sf.*
contr. pròtasi.
apoftègma, *sm.* → ADAGIO.
apogèo, *agg.* e *sm.* → CULMINE, ESTREMITÀ, AUGE.
contr. ipogeo.
apògrafo, *agg.* e *sm.* antígrafo, autografo, → COPIA.

apolítico, *agg.* apartitico, qualunquista, indifferente, agnostico.
contr. politico, politicante, partitante, partigiano, settario.
apollíneo, *agg.* → BELLO.
contr. dionisiaco.
apología, *sf.* → ELOGIO, DIFESA, DISCORSO.
apòlogo, *sm.* → FAVOLA.
apoplessía, *sf.* paralisi, emiplegia, paraplegia, colpo apoplettico, insulto.
nomencl. (*tipi*) embolica, nervosa, sanguigna, sierosa, fulminante, meningea, polmonare.
apostasía, *sf.* → ABIURA, INFEDELTÀ.
apòstata, *agg.* e *sm.* → FEDIFRAGO, INFEDELE.
apostatàre, *v.intr.* → ABIURARE, CAMBIARE.
apostèma, *sm. rar.* → PUSTOLA.
a posteriòri, *loc. lat.* induttivo.
contr. *a priori.*
apostòlico, *agg.* → APOSTOLO, PAPALE.
apòstolo, *sm.* messo, ambasciatore, propagandista, divulgatore, missionario, promulgatore, catechista, seminatore, promotore, → PREDICATORE, SEGUACE.
nomencl. (*esempi*) delle genti (san Paolo), prediletto (san Giovanni), capo degli apostoli (san Pietro), traditore (Giuda), i principi degli apostoli (san Pietro e san Paolo), il collegio degli apostoli, i successori degli apostoli (i vescovi) || (*attinenti*) il simbolo apostolico (il Credo), gli Atti degli Apostoli, le Lettere degli Apostoli || il Cenacolo, le Pentecoste || i discepoli degli Apostoli || legato apostolico, Camera apostolica || apostolato || *verb.* predìcare, evangelizzare.
contr. oppositore, avversario, negatore, apostata.
apostrofàre, *v. tr.* → CHIAMARE, PARLARE.
apòstrofe, *sf.* → INVETTIVA, DISCORSO.
apotèca, *sf. rar.* → ARMADIO, BOTTEGA.
apoteòsi, *sf.* celebrazione, divinizzazione, deificazione, trionfo, esaltazione, glorificazione, gloria, applauso, → CERIMONIA.
nomencl. *verb.* porre sugli altari, osannare.
appaccàre, *v.tr.* → AVVOLGERE.
appacchettàre, *v. tr.* → AVVOLGERE.
appaciàre, *v.tr.* → PACIFICARE.
appacificàre, *v.tr.* → PACIFICARE.
appadiglionàre, *v.tr.* → ACCAMPARE.
appagàre, *v. tr.* → SODDISFARE.
appagàto, *pps.* di appagare || *agg.* → SODDISFATTO.
appaiaménto, *sm.* → UNIONE.
appaiàre, *v.tr.* abbinare, fare il paio, mettere alla pari, mettere nel mazzo, → ASSOCIARE, UNIRE.
appallàre, *v.tr.* → AVVOLGERE.
appallottàre, *v.tr.* → AVVOLGERE.
appallottolàre, *v.tr.* → AVVOLGERE.
appaltàre, *v.tr.* dare in appalto, riappaltare || prendere in appalto || *rifl.* abbonarsi, associarsi.
appaltatóre, *sm.* accollatario, concessionario, impresario, pubblicano, appaltone.
appàlto, *sm.* accollo, abbonamento, impresa, monopolio, privativa, regía, concessione → ASTA.
nomencl. (*attinenti*) capitolato, subappalto, impresa, concorso, cauzione.
appanciollàre, *v.rifl.* → ADAGIARE.
appannàggio, *sm.* → PATRIMONIO, ASSEGNAMENTO.
appannàre, *v.tr.* → OFFUSCARE.
apparàto, *sm.* → EQUIPAGGIO || ARREDAMENTO.
nomencl. (*tipi*) apparato digerente, escretore, respiratorio, → ANATOMIA || apparato motore, generatore, semaforico, critico, teatrale, sacro, scenico, di guerra.
apparecchiaménto, *sm.* → ARREDAMENTO.
apparecchiàre, *v.tr.* → FARE, PREPARARE.
contr. sparecchiare.
apparecchiatúra, *sf.* → APPRETTO.
apparécchio, *sm.* → ARREDAMENTO || MACCHINA, CONGEGNO, UTENSILE.
apparentàre, *v.rifl.* imparentarsi, familiarizzare, entrare in dimestichezza.
apparènte, *ppr.* di apparire || *agg.* vistoso, manifesto, parvente, → VISIBILE || estrinseco, superficiale, appariscente, immaginario, specioso, finto, falso, illusorio, inconsistente, parvente.
contr. invisibile || reale, esistente, tangibile, consistente.
apparenteménte, *avv.* → ESTERIORMENTE.
apparènza, *sf.* aria, aspetto, indizio, fenomeno, figura, forma, immagine, simulacro, paruta, parvenza, presenza, sembiante, sembianza, vista || appariscenza, compariscenza, compartita, corteccia, esteriorità, esterno, faccia, facciata, intonaco, maschera, lustra, mostra, parata, pelle, scorza, spicco, superficie, velo, vernice || artificio, belluria, finzione, fumo, infarinatura, speciosità, spolveratura, spolvero || allucinazione, fantasma, chimera, illusione, immaginazione, miraggio, pseudoestesia, simbolo, visione, cerimonia.
nomencl. *agg.* bella, bugiarda, buona, capziosa, distinta, esteriore, evidente, fallace, falsa, fantasiosa, farisaica, illusoria, ingannevole, lustra, ostentata, perfetta, speciosa, vana, vaga, vistosa || *verb.* adonestare aonestare, alzare i tacchi, risaltare, stare alle apparenze, spacciare, spacciarsi, travisare, aver l'aria, darsi aria, far apparire, mostrare, palesare, inorpellare.
contr. consistenza, sostanza, contenuto, corpo, cosa, essenza, fondo, massa, materia, midollo, nuce, sostrato, realtà.
apparigliàre, *v.tr.* → UNIRE.
appariménto, *sm.* → APPARIZIONE.
apparíre, *v.intr.* mostrarsi , aver sembiante, giungere in vista, comparire, presentarsi, sopravvenire, farsi vedere, venir fuori, scaturire, emergere, spuntare, sbucare, far capolino, affacciarsi, trapelare, trasparire, manifestarsi || assembrare, sembrare, parere, sembiare, farsi avanti, far mostra di sé, far pompa, far spicco, baluginare, grandeggiare, simulare.
contr. sparire, dileguarsi, scomparire || essere realmente.
appariscènte, *agg.* bell'aspetto, bell'apparenza, vistoso, pomposo, compariscente, imponente, maestoso, specioso, spettacoloso, apparente, sgargiante, evidente, → BELLO.
contr. di aspetto meschino, di brutto aspetto, sparuto, mencio, floscio, cascante.
appariscènza, *sf.* comparsa, imponenza, risalto, spicco, vistosità, comparita, compariscenza, maestosità, apparenza bella, grande, ecc., → BELLEZZA, ASPETTO.
contr. meschinità, sparutezza, squallore, riserbo, modestia.

apparizióne, *sf.* apparimento, comparsa, manifestazione, mostra, evocazione || immagine, fantasma, spettro.
contr. sparizione, scomparsa, dileguamento, uscita.
appartaménto, *sm.* quartiere, alloggio, abitazione, stanza, dimora, → CASA.
appartàre, *v.tr.* mettere da parte, separare, dividere, segregare, scostare, allontanare, isolare || *rifl.* ritirarsi, segregarsi, isolarsi, nascondersi.
contr. frequentare, andare in società, mescolarsi con la gente || mostrarsi, comparire, ostentarsi.
appartàto, *pps.* di appartare || *agg.* → DIVISO || SOLITARIO.
appartenènte, *ppr.* di appartenere || *agg.* adatto, annesso, attinente, attenente, competente, concernente, inerente, pertinente, di proprietà, relativo, riferibile, riguardante, rispettivo, spettante, esclusivo.
contr. impertinente, non pertinente, irrelativo, irriferibile, inadatto, improprio.
appartenènza, *sf.* proprietà, ragione, possedimento, possidenza, possessione, tenimento, diritto, potestà, privilegio, prerogativa, titolo || attinenza, attenenza, aspettanza, attributo, spettanza, pertinenza, ragione, relazione, giurisdizione, inerenza.
appartenére, *v.intr.* essere di proprietà, di diritto, di ragione, in potestà, in possesso || attenere, addirsi, concernere, dipendere, riguardare, competere, spettare, dovere, pertinere, essere, adattarsi.
appassionàre, *v.tr.* e *rifl.* → COMMUOVERE, INNAMORARE, ENTUSIASMARE, ACCALORARE.
contr. disappassionare, disinnamorare, deludere, raffreddare.
appassionataménte, *avv.* con passione, con ardore, con impeto, con frenesia, con trasporto d'amore, → ENTUSIASTICAMENTE.
contr. spassionatamente.
appassionàto, *pps.* di appassionare || *agg.* → ENTUSIASTA, COMMOVENTE, BOLLENTE || ADDOLORATO.
appassíre, *v.tr.* e *intr.* avvizzire, disseccare, abbiosciarsi, ingiallire, illanguidire, inaridire, sfiorire, seccare, scemare, inflaccidire, soppassire, sverdire, perdere il verde, perdere vigore, indebolire, declinare, invecchiare.
contr. fiorire, sbocciare, prosperare, rinverdire, ringiovanire, rinvigorire, rinverginare.
appassíto, *pps.* di appassire || *agg.* passiccio, passo, passetto, vizzo, seccato, secco, moscio, sommoscio, soppasso, alido, stopposo, inaridito, vieto, abbiosciato, soppassato, soppassito || pallente, ingiallito, sfiorito, smorto || avvizzito, mencio, flaccido, floscio, illanguidito, svigorito, cascante.
contr. fresco, fiorente, florido, rigoglioso, rinvigorito, eretto.
appasticciàre, *v.tr.* → IMBROGLIARE.
appellàbile, *agg.*
contr. inappellabile.
appellàre, *v.tr.* denominare || → DOMANDARE || CHIAMARE || *intr.* e *rifl.* rimettersi al giudizio, ricorrere, → APPELLO.
appellatívo, *sm.* → NOME.
appèllo, *sm.* richiamo, ricorso, gravame, domanda || chiama, chiamata || ordine di presentarsi, invito, → AVVISO.
nomencl. (*tipi*) Corte d'Appello, Corte d'Assise d'appello, motivi d'appello || nominale, al popolo, agli onesti, alla coscienza, alla legge || *verb.* ricorrere in appello, interporre, presentare appello, fare appello a.
appenàre, *v.tr. rar.* → ADDOLORARE || *rifl.* → SOFFRIRE.
appèndere, *v.tr.* → ATTACCARE.
appendíce, *sf.* → AGGIUNTA, ANATOMIA.
appendízie, *sf. pl.* regalie, → VANTAGGIO.
appensaménto, *sm.* → ACCOMODAMENTO.
appestàre, *v.tr.* → INFETTARE, AVVELENARE.
appestàto, *pps.* di appestare || *agg.* → INFETTO.
appetènte, *ppr.* di appetire || *agg.* → GUSTOSO, STUZZICANTE.
contr. inappetente.
appetènza, *sf.* → FAME, DESIDERIO.
contr. inappetenza.
appetíbile, *agg.* → PIACEVOLE, STUZZICANTE.
appetíre, *v.tr.* → DESIDERARE.
appetíto, *sm.* appetenza, bulimia, licoressia, lupa, golosità, gusto, → FAME || *fig.* brama, voglia, impulso, prurito, prurigine, concupiscenza, volontà, desio, cupidigia, appetizione, uzzolo, fregola, smania, ambizione, → DESIDERIO.
nomencl. *agg.* buono, cattivo, depravato, forte, affannoso, intenso, insaziabile, naturale, omerico, risvegliato, sazio, sensitivo, signorile, smodato, solennissimo, soddisfatto, spento, stuzzicato, inquieto, ingordo || *verb.* aguzzare i denti; stuzzicare, eccitare, stimolare, provocare l'appetito; sentirsi venire l'acquolina in bocca, aver lo stomaco lungo, avere una discreta dose d'appetito, chetare l'appetito, confortare l'appetito; essere di buon pasto, di buona fama, in filo; inuzzolire, servir bene, stuzzicare i denti, venire il mordente, mancar d'appetito, far afa, far nausea, ustolare, agognare; digiunare, stare a dieta.
contr. inappetenza, disappetenza, anoressia, nausea, disgusto, ripugnanza.
appetitóso, *agg.* ghiotto, di grato sapore, → GUSTOSO, STUZZICANTE || *fig.* allettante, solleticante, stimolante, piacevole, lusinghiero.
contr. ripugnante, disgustante, disgustoso, nauseante, vomitevole.
appettàre, *v.tr.* apporre, affibbiare, appiccicare, accollare.
appezzaménto, *sm.* → PEZZO.
appezzàre, *v.tr.* → UNIRE.
appianàre, *v.tr.* rappianare, livellare, rendere piano, → SPIANARE || *fig.* → FACILITARE || atterrare, diroccare.
appianatóio, *sm.* rullo compressore, spianatoio.
appiastràre, *v.tr.* → IMPIASTRICCIARE.
appiastricciàre, *v.tr.* → IMPIASTRICCIARE.
appiastriccicaménto, *sm.* → BALBETTAMENTO.
appiattàre, *v.tr.* e *rifl.* → NASCONDERE.
appiccàgnolo, *sm.* → GANCIO, ATTACCAPANNI || *fig.* → CAVILLO, PRETESTO.
appiccaménto, *sm.* → IMPICCAGIONE.
appiccàre, *v.tr.* attaccare, appendere, annodare, congiungere, accompagnare, sospendere, sostenere, aggrappare, legare, cominciare, appiccicare || (di malat-

tia) contagiare, comunicare || dare un colpo || *rifl.* aggrapparsi, attaccarsi, appiccarsi, stringersi, stare vicini || barbicare || impiccarsi, → IMPICCARE || appiccarla → BEFFARE.

contr. spiccare, staccare, svellere, slegare, dividere || staccarsi.

appiccatíccio, *agg.* → COLLOSO.

appiccatúra, *sf.* → IMPICCAGIONE.

appicciàre, *v.tr.* mettere insieme, unire, appaiare, incollare, attaccare || accendere, bruciare.

nomencl. piccia, coppia, paio.

contr. spicciare, scollare, staccare, dividere.

appiccicànte, *ppr.* di appiccicare || *agg.* → COLLOSO.

appiccicàre, *v.tr.* → ATTACCARE.

appiccicatíccio, *agg.* → COLLOSO.

appiccicóso, *agg.* → COLLOSO.

appicciníre, *v.tr.* → DIMINUIRE.

appicciolíre, *v.tr.* → DIMINUIRE.

appícco, *sm.fig.* → ATTACCO, APPIGLIO, PRETESTO, CAUSA.

appiccolíre, *v.tr.* impiccolire, impicciolire, → DIMINUIRE.

appièno, *avv.* → AFFATTO.

appigionaménto, *sm.* → AFFITTO.

appigionàre, *v.tr.* → AFFITTARE.

appigliàre, *v.rifl.* → ATTACCARE, ATTECCHIRE.

appíglio, *sm.* addentellato, afferratoio, aggrappo, appicco, attacco, appiccagnolo, cavillo, occasione, scappatoia, scusa, ripiego, trovata, diverticolo, → PRETESTO.

nomencl. *verb.* accampare, addurre, prendere, cercare, trovare, allegare, prendere a pretesto, cavillare.

appinzàre, *v.tr.* pungere, mordere, pinzare.

appinzatúra, *sf.* → PUNTURA.

appínzo, *sm.* → PUNTURA.

appioppàre, *v.tr.* → ATTRIBUIRE || *fig.* → INGANNARE.

appisolàre, *v. rifl.* → DORMIRE.

applacidíre, *v.tr.* → CALMARE.

applaudíre, *v.tr.* → ACCLAMARE.

applàuso, *sm.* plauso, battimano, acclamazione, conclamazione, evviva, osanna, urrà, ovazione, congratulazione, esaltazione, apoteosi || *claque* || bis!, bravo!, evviva!, viva!, euge!, hoc hoc!, *io triumphe!*, osanna!, urrà! || *fig.* → LODE.

nomencl. ciclone, furia, scoppio, scroscio, stroscio, subisso, tempesta, tumulto, uragano d'applausi || *agg.* clamoroso, contrastato, debole, generale, fragoroso, freddo, riscosso, scrosciante, stentato, trionfale, unanime, universale, vivo.

contr. disapprovazione, fischi, zittii || *escl.* abbasso!

applicàre, *v.tr.* adattare, affiggere, apporre, appropriare, attuare, effettuare, dare, eseguire, infliggere, irrogare, mettere in pratica, unire, accostare, attendere || *rifl.* DEDICARE, COLTIVARE.

contr. staccare, dividere, lasciar cadere in disuso, distrarre, alienare.

applicàto, *pps.* di applicare || *sm.* → IMPIEGATO.

applicazióne, *sf.* applicatezza, esercizio || *fig.* → ATTENZIONE || guarnizione (di merletto, fettuccia, cordoncino).

contr. distrazione, astrazione, alienazione, trascuratezza, negligenza.

appoderaménto, *sm.* → BONIFICA.

appoderàre, *v.tr.* → BONIFICARE, COLTIVARE.

appoderazióne, *sf.* → BONIFICA.

appoggiaménto, *sm.* → SOSTEGNO.

appoggiàre, *v.tr.* → SOSTENERE, POGGIARE, REGGERE || *fig.* → RACCOMANDARE, FAVORIRE || *rifl.* → REGGERE, POGGIARE.

appoggiatúra, *sf.* → SOSTEGNO.

appòggio, *sm.* → SOSTEGNO || *fig.* → AIUTO, FAVORE || *pl.* → AMICIZIA.

appollaiàre, *v.rifl.* → ACCOCCOLARE.

appórre, *v.tr.* → AGGIUNGERE, UNIRE || ATTRIBUIRE, ACCUSARE || *rifl.* → INDOVINARE.

apportàre, *v.tr.* → EFFETTUARE, PORTARE.

appositaménte, *avv.* → APPOSTA, ACCONCIAMENTE.

appositízio, *agg.* → FALSO.

appòsito, *agg.* → ADATTO.

appòsta, *avv.* a posta, a bella posta, appositamente, determinatamente, consapevolmente, espressamente, intenzionalmente, volontariamente, ragionatamente.

contr. involontariamente, malgrado, senza intenzione, senza volere, a caso, fortuitamente.

appostaménto, *sm.* → ATTESA, INSIDIA.

appostàre, *v.tr.* e *rifl.* → ATTENDERE.

apprèndere, *v.tr.* → IMPARARE, CONOSCERE, ASSORBIRE.

apprendissàggio, *sm. frs.* → APPRENDISTATO.

apprendísta, *sm.* allievo, bardotto, novizio, praticante, volontario, tirocinante, → GARZONE.

apprendistàto, *sm.* apprendissaggio (*frs.*), garzonato, noviziato, tirocinio, discepolato.

apprensióne, *sf.* → PAURA, ANSIA, INQUIETUDINE.

appréso, *pps.* di apprendere || *agg.* → CONOSCIUTO.

appressàre, *v.tr.* e *rifl.* → AVVICINARE.

apprèsso, *prep.* e *avv.* → PRESSO || → DOPO.

apprestaménto, *sm.* → ARREDAMENTO, PREPARAZIONE.

apprestàre, *v.tr.* → PREPARARE.

apprettatúra, *sf.* → APPRETTO.

apprètto, *sm.* apprettatura, apparecchiatura, saldo, salda, amido.

apprezzàbile, *agg.* → NOTEVOLE.

apprezzaménto, *sm.* → GIUDIZIO, STIMA.

apprezzàre, *v.tr.* → CURARE, STIMARE.

approdàre, *v.intr.* → ATTRACCARE, ARRIVARE || *fig.* prosperare, riuscire, trarre o trovare profitto o vantaggio; concludere.

contr. partire, salpare, levar l'àncora.

appròdo, *sm.* → PORTO.

approfittàre, *v.intr.* avvantaggiarsi, abusare, profittare; trar vantaggio, profitto, guadagno, avvalersi, tirar costrutto, valersi.

contr. non giovarsi, non servirsene; danneggiarsi.

approfondàre, *v.tr.* → ENTRARE || STUDIARE (a fondo).

approfondiménto, *sm.* → ATTENZIONE.

approfondíre, *v.tr.* → ESPLORARE, STUDIARE (a fondo).

approntaménto, *sm.* → PREPARAZIONE.

approntàre, *v.tr.* → PREPARARE.

appropriàre, *v.tr.* → ADATTARE || *rifl.* → ATTRIBUIRE, CONQUISTARE.

contr. espropriare, rubare.

appropriàto, *pps.* di appropriare || *agg.* → ADATTO, GIUSTO.

appropriazióne, *sf.* → CONQUISTA.

approssimàre, *v.tr.* e *rifl.* → AVVICINARE, ASSOMIGLIARE.

approssimativaménte, *avv.* circa, all'incirca, in circa, a un di presso, pressappoco, pressoché, quasi.
contr. esattamente, precisamente.
approvàre, *v.tr.* giudicare buono, giusto o vero || lodare, assentire, acconsentire, consentire ammettere, accettare, confermare, ratificare, omologare, collaudare, firmare, sanare || annuire, affermare, raffermare, riconfermare, acclamare, far eco, canonizzare, confortare, appoggiare, far plauso, menar buono, dare il benestare.
contr. disapprovare, negare, biasimare, riprovare, respingere, rigettare, detrarre.
approvazióne, *sf.* conferma, assenso, benestare, accettazione, ratifica, convalidazione, ratificazione, omologazione, sanatoria, firma, canonizzazione, plauso, eco, acclamazione, affermazione, lode || *imprimatur.*
nomencl. (*varietà*) ecclesiastica, ministeriale, sovrana || *agg.* accettabile, ammissibile, benevola, benigna, carpita, chiara, chiassosa, concessa, compiaciuta, inaccettabile, inammissibile, lodevole, piena, probante, probatoria, rassegnata, richiesta, stiracchiata, superiore, tacita, unanime, collegiale || *loc. avv.* di buon grado.
contr. disapprovazione, riprovazione, detrazione, negazione, rigetto, biasimo, riprensione.
approvvigionaménto, *sm.* provvisione → ALIMENTO.
approvvigionàre, *v.tr.* provvisionare, → PROVVEDERE.
appúlso, *sm.* → SPINTA.
appuntaménto, *sm.* incontro, convegno, ritrovo, posta, adunanza || colloquio, abboccamento.
appuntàre, *v.tr.* → CUCIRE, ATTACCARE || AGUZZARE || ANNOTARE.
appuntàto, *pps.* di appuntare || *agg.* → AGUZZO.
appuntellàre, *v.tr.* → SOSTENERE.
appuntíto, *agg.* → AGUZZO.
appúnto[1], *avv.* esattamente, precisamente, proprio.
contr. viceversa, invece, al contrario.
appúnto[2], *sm.* → ABBOZZO, NOTA || CRITICA.
appuràre, *v.tr.* → ACCERTARE.
apríco, *agg.* → SOLATIO.
a priòri, *loc. lat.* deduttivo.
contr. *a posteriori.*
apríre, *v.tr.* bucare, disserrare, dilatare, distendere, dividere, allargare, forare, schiavare, spalancare, stappare, sturare, spaccare, sparare, schiodare, squarciare, dissigillare, fendere, tagliare, rompere, schiudere, dischiudere, disgiungere, scassinare, slegare, slacciare, sbottonare, sbuzzare || manifestare, mostrare, scoprire, palesare, → COMINCIARE || *rifl.* sbocciare, scoppiare, schiudersi, sfasciarsi || aprirsi un passaggio, → ENTRARE.
contr. chiudere, serrare, tappare, sbarrare, coprire, nascondere, abbottonare, legare, serrare.
àpro, *sm. poet.* → CINGHIALE.
àquila, *sf.*
nomencl. (*varietà*) imperiale, reale, di Bonelli, albicilla, leucocefala, anatraia, di mare, minore, orientale, rapace, delle steppe || (*araldica*) bicipite, imbeccata, membrata, coronata, nascente, uscente, movente || (*chimica, alchimia*) bianca (protocloruro di mercurio), nera (spirito di cadmia velenosa), volante (mercurio sublimato).
aquilífero, *sm.* → ALFIERE.
aquilóne, *sm.* → VENTO.
àra, *sf.* → ALTARE || PAPPAGALLO.
arabésco, *sm.* fregio, grottesco, rabesco, geroglifico, ornamento || *agg.* arabico.
aràchide, *sf.* nocciolina americana.
aràcne, *sm.* → RAGNO.
aràcnide, *sm.* → RAGNO.
aragósta, *sf.* aligusta, arigusta.
aràldica, *sf.* blasone, stemmi gentilizi.
nomencl. (*armi*) armi di dominio, di dignità, di comunità, di concessione, di padronanza, gentilizie, di alleanza, di successione, di sostituzione, di assunzione, semplici, composte, simboliche, algamoniche o parlanti, cariche || (*altri elementi*) scudo, partizioni, colori, smalti, tratteggi, metalli, pelli, pellicce, vaiato, pezze onorevoli, positure, figure araldiche, naturali, artificiali, chimeriche; elmo, cimiero, svolazzi; corone, divise; padiglioni, manti, sostegni, tenenti, imprese, grido di guerra, bandiere, brisure || leggi araldiche, ordini di cavalleria; marche particolari di dignità ecclesiastiche, civili e militari; laccio d'amore per le donne, cordelliera per le vedove.
aràldo, *sm.* → AMBASCIATORE.
arància, *sf.* arancio, melarancia, pomarancio, portogallo, mandarino, mandarancio.
nomencl. (*varietà*) della Cina, di Malta, di Portogallo, di Sicilia || dolce, da mangiare, forte o amara, turca || (*parti*) corteccia, spicchi, polpa, sugo, granello || aranceto, aranciera, aranciata, essenza di portogallo, curaçao || *verb.* sbucciare, spremere.
aràncio, *sm.*
nomencl. lanfa, acqua nanfa, zàgara || aranceto.
arancióne, *agg.* e *sm.* arancio, → GIALLO.
aràra, *sm.* → PAPPAGALLO.
aràre, *v.tr.* solcare, far solchi, fendere, cavare, scavare, incavare, rigare, incidere, scalfire, → COLTIVARE, ARATRO.
aratóre, *sm.* → AGRICOLTORE.
aràtro, *sm.*
nomencl. (*alcuni tipi*) a bilancia, a vapore, Brabant, Howards, Bertone, Ferrari || scalzatori, rincalzatori, ripuntatori, ravagliatori || aratro ruspa, da seme, sementino || (*parti*) stégole, maniglia di sganciamento, bure o timone, regolatore di profondità, gancio di trazione, ruota di campo, ruota di solco, avanvomere, cóltro, vomere, suola, tallone, versoio || piegaia, porca, rompone, solco, solcata, solco maestro || *verb.* arare, costeggiare, inciliare, inquartare, intraversare, maggesare, recidere il terreno, rimettere i solchi, rinterzare, rinfrescare il maggese, rinquartare, ripianare, rompere, sfiorare, sporchettare l'aratro, terzare.
arazzière, *sm.* tappezziere.
aràzzo, *sm.* → TAPPEZZERIA.
arbitràre, *v.tr.* → GIUDICARE.
arbitràrio, *agg.* → INGIUSTO, IRREGOLARE.
contr. arbitrale, giusto, regolare.
arbitràto, *sm.* → GIUDIZIO.
arbítrio, *sm.* volontà, giudizio, autorità, balía, libertà, potestà, ragione, signoria || abuso, licenza, dispotismo, indiscrezione, capriccio || → LIBERTÀ.
contr. discrezione, obbedienza, sottomissione || legge, legalità, giustizia.
àrbitro, *sm.* → GIUDICE.
àrbore, *sm. poet.* → ALBERO.

arboróso, *agg. poet.* → BOSCHERECCIO.
arboscèllo, *sm.* → PIANTA, ALBERO.
arbústo, *sm.* → PIANTA, ALBERO.
àrca, *sf.* → CASSA.
àrcade, *sm.* scrittore dolciastro, accattato, retorico, sentimentale, svenevole, vuoto, lezioso, smanceroso, pastorale.
nomencl. arcadia, pastorellerie.
contr. scrittore caustico, incisivo, realista, robusto, violento.
arcaicità, sf. → ANTICHITÀ.
arcàico, *agg.* → VECCHIO, ANTICO.
arcaísmo, *sm.* parola morta || → ANTICHITÀ.
contr. neologismo.
arcàle, *sm.* → ARCO.
arcàngelo, *sm.* → ANGELO.
arcàno, *agg.* → ENIMMATICO, MISTERIOSO || *sm.* → MISTERO, ENIMMA.
arcàta, *sf.* → ARCO.
arcàvolo, *sm.* → AVO, ANTENATO.
àrce, *sf.* → SOMMITÀ, BALUARDO.
archeggiàre, *v.tr.* → CURVARE, PIEGARE (ad arco).
archeggiàto, *pps.* di archeggiare || *agg.* → PIEGATO
archeología, *sf.* antiquaria, → ANTICHITÀ.
nomencl. memorie antiche, arte arcaica, paletnologia, antropologia preistorica, epigrafia, papirologia, paleografia, ermeneutica || museo, scavo, ritrovamento || conservazione, archeolatria.
archeòlogo, *sm.* antiquario.
archètipo, *sm.* → IDEA, MODELLO.
archiacúto, *agg.* gotico, ogivale.
archibugiàta, *sf.* → FUCILATA.
archibúgio, *sm.* → FUCILE.
nomencl. (*tipi*) a corda, a fuoco, a doppio fuoco, a focile, a forcella, a miccia, a percussione, a ruota, da muto, da porta, rigato || (*parti*) calcio, cassa, canna, forcella, focone, polverino, acciarino.
archicémbalo, *sm.* → CEMBALO.
archimagía, *sf.* → ALCHIMIA.
archimandríta, *sm.* → PASTORE, CAPO || CATTOLICESIMO.
archipèndolo, *sm.* → PIOMBO.
archipènzolo, *sm.* → PIOMBO.
architettàre, *v.tr.* → ORDIRE.
architétto, *sm.* ingegnere; urbanista.
architettúra, *sf.* ingegneria; urbanistica.
nomencl. (*suddivisioni storiche*) americana, araba, archiacuta, artistica, asiatica, assira, d'avanguardia, babilonese, bizantina, barocca, bramantesca, ciclopica, cinese, civile, coloniale, druidica, ebraica, egiziana, etrusca, fenicia, funeraria, getica, gotico-toscana, gotica, giapponese, greca, idraulica, lombarda, lombardo-greco-moderna, marittima, militare, moderna, megalitica, monumentale, moresca, neo-greca, neo-latina, navale, persiana, religiosa, rinascimentale, semigotica, sotterranea, stile-impero, tecnica || (*ordini architettonici*) dorico, ionico, corinzio, etrusco o toscano, composito o romano, moderno || (*membri principali degli ordini architettonici*) colonna (base, capitello, fusto), piedestallo, basamento, cimasa, tronco, trabeazione, architrave, fregio, cornice, gocciolatoio, frontespizio, timpano, pilastro, colonna quadrata, cariatide, canefore, colonna e statua persiana, Atlante o telamòne || (*membri secondari*) lista o pianetto, fascia, plinto o zoccolo, modiglioni, mutili, astragalo, cordone, toro, bastone, cavetto o guscio, scozia, gola, falso attico, modanature rette o curve, smussi || (*ornati*) voluta, listello, occhio, foglie, arabeschi, caulicoli, viticci, glifo, diglifo, triglifo o corrente, gocciole o campanelle, ovolo, mezzovolo, fusaiuola, accartocciamento, armilla, arrotolamento, baccelletto, baccello, barchettine, becco di civetta, bisanti, bozze o bugne, bucranio, cane corrente, cartella, cassettoni, collana di perle, conchiglia, encarpo o festone, finale, fiorame, formella, greca, mandorla, medaglione, nastro, pendone, pennacchio, pentalobo o cinquefoglie, perlato, pigna, piva, quadrifoglio, resta ornamentale, rosa, rosone, scartoccio, sottogola, trilobo, zooforo || (*termini architettonici*) acroterio, aiuto, archivolto, ancona, apofige, arco, attico, attributi, balaustrata, baldacchino, basamento, bertesche, caditoia, cèntina, cupola, monocuspidale, facciata, freccia, imposta, inquadratura, intavolato, intercolunnio, isodomo, lanterna, menisci, mensola, mossa, nascimento, nervatura, nicchia, nodo, occhio, ogiva, opera, ossame, peribolo, pinnacolo, profilo, ralla, riquadri, frontone, sopraffilo, sopraornato, sottobase, stipite, stria, tamburo, terminale, tribuna, ugnatura, vani, zana.
architravàta, *sf.* architravatura.
architravatúra, *sf.* architravata.
architràve, *sm.* epistilio, sopraccolonnio, soprassoglio, cornicione.
archívio, *sm.* tabulario.
nomencl. (*suddivisioni*) amministrativo, comunale, corrente, centrale, di deposito, diplomatico, ecclesiastico, di famiglia, nobiliare, notarile, privato, pubblico, provinciale, pontificio, storico, segreto, del Regno, vaticano, civile, giudiziario || (*personale*) soprintendente, direttore, archivista, protocollista, economo, assistente, usciere, custode || (*attinenti*) archivistica pura, archiveconomia, categoria, classe, classificazione, cancelliere, catalogo, codice, corda, copia, diploma, diplomatica, deposito, documento, fascicolo, faldone, inventario descrittivo, inventario sommario, indice, manoscritto, miniatura, microriproduzione, notaio, protocollo, paleografo, paleografia, pergamena, restauro, registro, repertorio, regesto, rubrica, scaffalatura, scarto, sigillo, suppellettile, titolo, carta, cimelio || *verb.* archiviare, cartolare, copiare, estrarre copie o notizie.
archivísta, *sm.* attuario, protocollista.
archivística, *sf.* → DIPLOMATICA.
arcidiàcono, *sm.* → SACERDOTE.
arcidiàvolo, *sm.* → DIAVOLO.
arcifànfano, *sm.* millantatore, fanfarone, → FALSO.
arcifurbésco, *agg.* → INGANNEVOLE.
arcígno, *agg.* → ASPRO, BURBERO.
arcíle, *sm.* → MADIA, CASA.
arcimagía, *sf.* → ALCHIMIA.
arcióne, *sm.* → SELLA.
arciprète, *sm.* → SACERDOTE.
àrco[1], *sm.* balestra.
nomencl. freccia, saetta, dardo, strale, quadrello, giavellotto, verretta, verrettone, falàrica || cocca, penna, punta || faretra, turcasso || arciere, balestriere || *agg.*

ARCHITETTÚRA

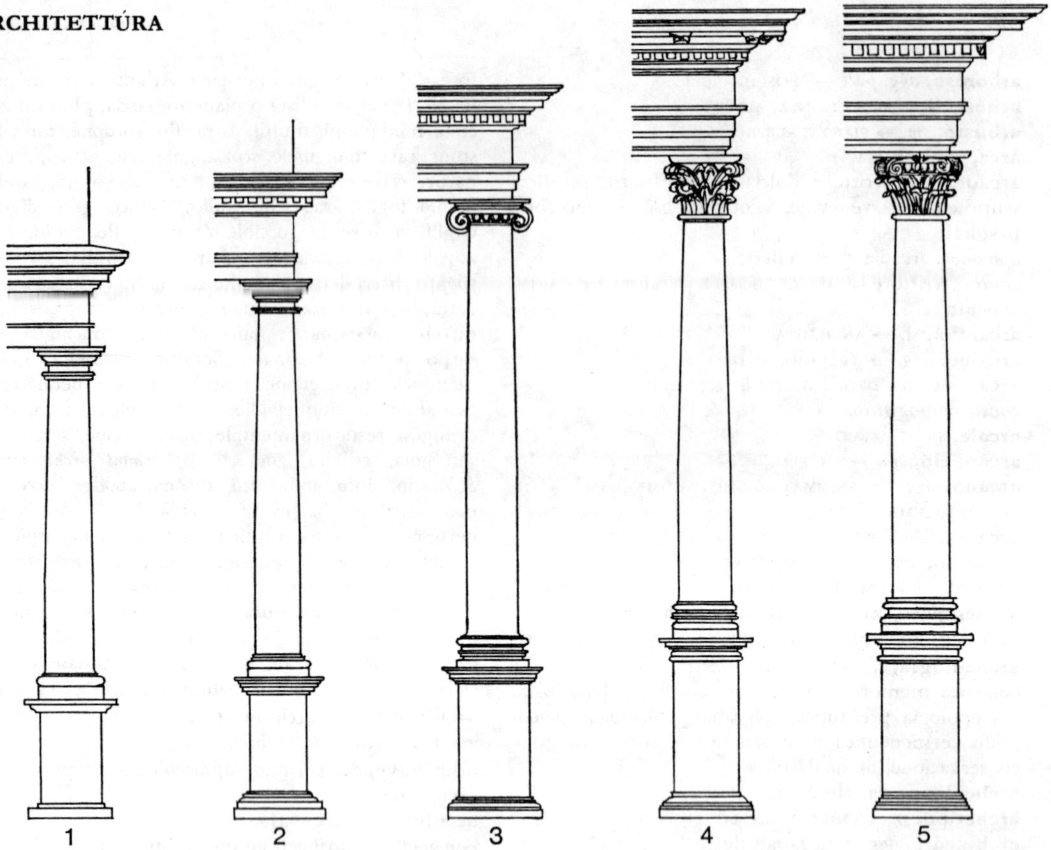

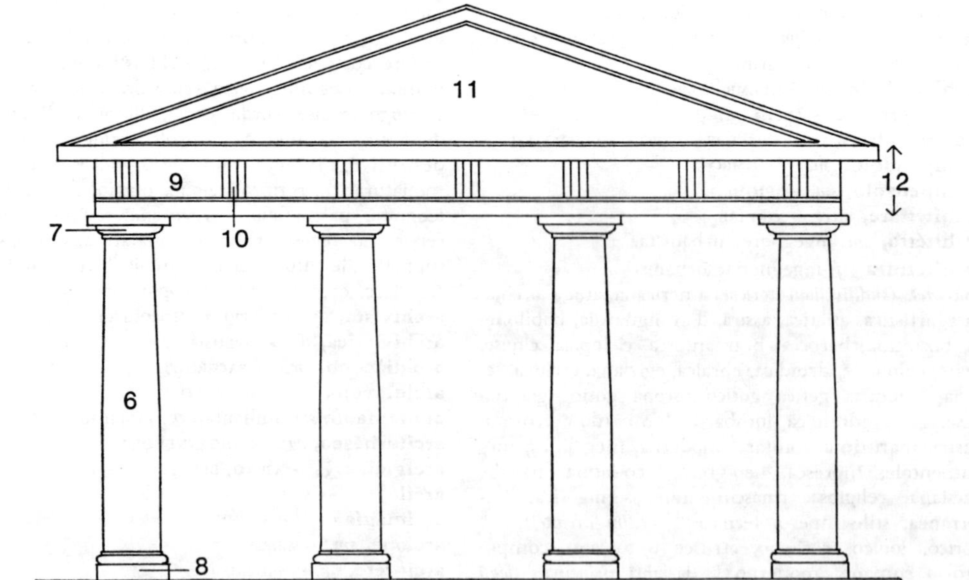

1) ordine toscano; 2) ordine dorico; 3) ordine ionico; 4) ordine corinzio; 5) ordine composito; 6) fusto della colonna; 7) capitello; 8) base; 9) mètopa; 10) tríglito; 11) frontone; 12) trabeazione.

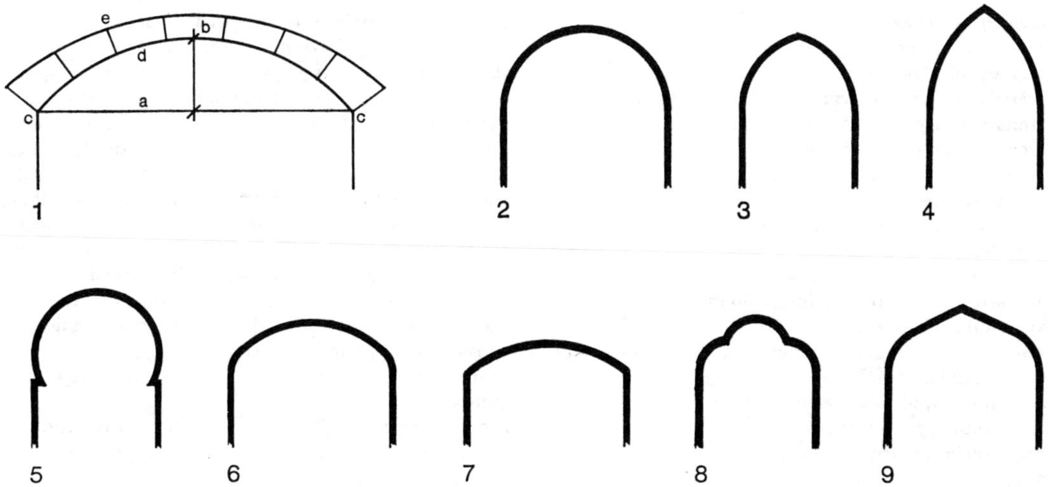

ARCO – 1: a) luce dell'arco; b) chiave; c) imposte; d) linea di intradosso; e) linea di estradosso; 2) arco a tutto sesto; 3-4) arco acuto o ogivale; 5) cedente o a ferro di cavallo; 6) arco ribassato; 7) arco scemo; 8) arco trilobato; 9) arco Tudor.

allentato, arcato, scarico, teso, steso || *verb.* accoccare, aprire, empiere, intasare, intendere, tendere, tirare, incoccare, incordare, scoccare.

àrco[2], *sm.* volta, arcata.

nomencl. (*parti*) imposta, stipite o spalla o piedritto, corda o luce o portata, chiave dell'arco, intradosso, estradosso || (*denominazioni*) a tutto sesto, a sesto acuto, ogivale o gotico, scemo o ribassato (remenato, rialzato), ellittico, moresco, rampante, a rottura, morto, di scarico, trionfale, ovale, iperbolico, policentrico, orientale, poligonale, lanceolato, a graffo, a gola, trilobato.

arcobaléno, *sm.* arco celeste, iride.

arcolaiàre, *v. intr.* → GIRARE.

arcolàio, *sm.* bindolo, guindolo, naspo, incannatoio, aspo, altaleno, dipanatoio.

nomencl. (*parti*) toppo o crociera o peduccio, albero o filo di ferro, girello o scodellino, stecche o costole o gretole || aspata, sbrocco, zig-zag.

arcuàre, *v.tr.* → CURVARE, PIEGARE.

arcuàto, *pps.* di arcuare || *agg.* → PIEGATO (ad arco).

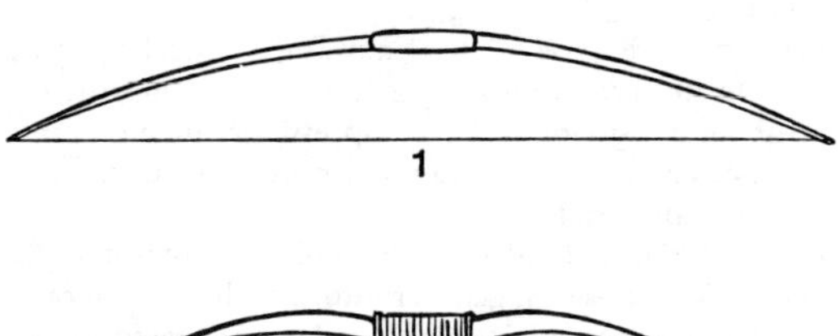

ARCO – 1) arco semplice; 2) arco a doppia curva.

ardènte, *ppr.* di ardere || *agg.* rovente, arroventato, infocato, acceso, bruciato, infiammato, ignito, focoso, affocato, → BRUCIANTE, CALDO, BOLLENTE || *fig.* DESIDEROSO.

ardènza, *sf.* → CALORE || DESIDERIO, PASSIONE.

àrdere, *v.tr.* abbruciare, accendere, arroventare, bruciare, incendiare || *intr.* essere in fiamme, bruciare, accendersi, avvampare, divampare, infiammarsi, fiammeggiare, infocare, spander calore, risplendere || *fig.* essere acceso, infiammato di passione, d'amore, di desiderio, di gloria.

contr. calmare, spegnere, smorzare || essere freddo, calmo, indifferente, ragionevole, apatico.

ardèsia, *sf.* lavagna.

ardiglióne, *sm.* puntale, fermaglio.

ardiménto, *sm.* ardire, ardimentosità, coraggio, intrepidezza, arditezza, baldanza, bravura, cuore, animo, franchezza, audacia, fidanza || temerarietà, sfacciataggine, presunzione, faccia tosta, facciata, procacia.

nomencl. *verb.* avere, dimostrare, possedere ardimento.

contr. viltà, vigliaccheria, paura, timore, pusillanimità, codardía || modestia, umiltà.

ardimentóso, *agg.* → CORAGGIOSO.

contr. pauroso, pavido, timoroso, vile, vigliacco, pusillanime, codardo.

ardíre, *sm.* → ARDIMENTO || *v.intr.* osare, arrischiarsi, rischiare, attentarsi, baldanzeggiare, rimbaldire, spericolare, aver animo, aver coraggio, aver del fegato, prendere il coraggio a due mani, animarsi.

contr. impaurirsi, abbrividire, allarmarsi, atterrirsi, sentirsi venir meno, peritare, esitare, temere, intimidirsi, tremare.

arditézza, *sf.* → CORAGGIO, ARDIMENTO, FACCIATA (*fig.*).

ardíto, *pps.* di ardire || *agg.* ardimentoso, → CORAGGIOSO, || *sm.* fiamme nere.

ardóre, *sm.* calore intenso, fuoco, accendimento, accensione || arsione, arsura || *fig.* affetto, amore || passione, desiderio, brama, cupidigia, veemenza, entusiasmo, fiamma, fiammata, estro, alacrità, zelo, intensità.

contr. freddezza, freddo, glacialità, tepidezza, calma, indifferenza, pigrizia, inerzia, apatia.

arduità, *sf.* → DIFFICOLTÀ.

contr. facilità.

àrduo, *agg.* → DIFFICILE.

contr. facile.

àrea, *sf.* → SUPERFICIE.
areàto, *agg.* aereato → ARIEGGIATO.
aréna[1], *sf.* → SABBIA.
arèna[2], *sf.* → ANFITEATRO.
arenàceo, *agg.* → SABBIOSO.
arenàre, *v.intr.* → ARRENARE.
arenàrio, *sm.* → GLADIATORE.
arengàrio, *sm.* → ARENGO.
aréngo, *sm.* arengario, arringo, → ARÈNA.
arenìle, *sm.* → SPIAGGIA.
arenóso, *agg.* → SABBIOSO.
areòstilo, *sm.* modulo, intercolonnio, intercolunnio.
arganèlla, *sf.* → RETE.
àrgano, *sm.* burbera, molinello, verricello, cabestano, cricco, binda, gru.
argentatúra, *sf.* → GALVANOPLASTICA.
argènteo, *agg.* → BIANCO.
argentería, *sf.* argenti (*sm. pl.*),
argentíno, *agg.* (di rumore) → CHIARO.
argènto, *sm.* || argento vivo, → MERCURIO || *pl.* argentería,
nomencl. amalgama, argentone, argentone, *christofle*, *pacfong*, calía, vasellami, posate, cannutiglia, granellette, paglietta o pagliuzza, tritoli, verga || (*suddivisioni*) colloidale, corneo, di coppella, falso, fulminante, in conchiglia, galvanizzato, ossidato, musivo, nativo, nero, solforato, fragile, rosso, amorfo, vecchio || (*denominazioni*) bromuro d'argento, cloruro d'argento, galena argentifera, doppiato d'argento, ioduro d'argento, petzite, pirovato d'argento, vermiglio.
argílla, *sf.* caolino, creta, galestro, marna, allumina.
nomencl. (*denominazioni*) abissale, bianca, figulina o plastica, comune, follonica, refrattaria || bolo, caolino, creta, galestro, *grès*, marna, mota, ocra, schisto, sinopia, terra di Vicenza, terra sigillata, tufarina, vierzonite || *agg.* argilloso, argillàceo.
arginàre, *v.tr. fig.* → BLOCCARE, FERMARE, OSTACOLARE.
àrgine, *sm.* ciglione, orlo, diga, caprata, cordonata, gettata, palizzata, palancolata, parata, molo, spalletta, terrapieno, pescaia, alzaia, alzata, chiusa, ripa, vallo, scarpata, → BANCHINA || *fig.* riparo, ostacolo, impedimento, → BALUARDO.
nomencl. (*attinenti*) accigliatura, banche, banchina, cimagene, contrargine, gozzi, grisola, mantellatura, palafitta, palàncola, partiacqua, rattenuta, selciata, scarpa, viminata, volpata || *agg.* continuo, discontinuo, maestro, ortogonale, parallelo, traverso || *loc. avv.* a scarpa.
argiropèa, *sf.* → ALCHIMIA.
argívo, *agg.* → GRECO.
argomentàre, *v.tr.* e *intr.* esporre, dedurre, desumere, dimostrare, ragionare, raziocinare, raccogliere, render ragione, dar la ragione, spiegare, sostenere, giudicare, concludere, sillogizzare, discutere, prendere o trarre argomento, arguire, congetturare, pensare, presumere, inferire, rilevare, attingere; ridurre in conseguenza, fare supposizione.
argomentazióne, *sf.* ragionamento, raziocinio, raziocinamento, raziocinazione, dimostrazione, esposizione, prova, logica, deduzione, dissertazione.
nomencl. (*attinenti*) ammennicolo, apalogismo, apogagia, assioma, dialettica, dilemma, dissertazione, diallelo, deduzione, illazione, induzione, luogo comune, *idola*, lemma || (*tipi*) logomachía, paralogismo, paradosso, petizione di principio, porismo, premessa, ritorsione, sillogismo, sofisma, circolo vizioso, sorite, supposizione, tema, tesi, topica, aporía, viziosità || *agg*, buona, chiara, concludente, avvincente, concettuale, dialettica, deduttiva, induttiva, evidente, invincibile, logica, obiettiva, probante, paradossale, ragionata, razionale, semplice, solida, valida, vera, verbale, dubbia, assurda, cattiva, capziosa, cavillosa, sottile, puntigliosa, confusa, contorta, cornuta, incompleta, sofistica, inconcludente, stiracchiata || *ab absurdo, a fortiori, ad hominem, a priori, a posteriori.*
contr. affermazione semplice, gratuita; negazione, ipotesi.
argoménto, *sm.* ragione, ragionamento, prova, motivo, fatto, fondamento, riscontro, indizio, segno, intreccio, oggetto, materia.
nomencl. (*attinenti*) assioma, assunto, cavallo di battaglia, cavillo, dilemma, *medium*, *argumentum fidei*, proposito || *agg.* acuto, ardito, arguto, adducibile, apodittico, attendibile, astringente, concludente, cornuto, decisivo, evidente, fecondo, forte, inconcusso, persuasivo, principe, probabile, solido, sillogistico, supremo, sussistente, barocco, cattivo, debole, falso, spallato, strano, spuntato, vano, interessante.
arguíre, *v.tr.* → DEDURRE, DIMOSTRARE, RAGIONARE, PENSARE.
argutaménte, *avv.* → BRIOSAMENTE.
argutézza, *sf.* → ARGUZIA.
argúto, *agg.* frizzante, faceto, lepido, sagace, sottile, spiritoso, acuto, fine, pronto, vivace, piacevole, epigrammatico, tagliente, umoristico, || aristofanesco, lucianeo || → BRIOSO.
contr. austero, rigido, aspro, barbogio, grave, pesante, lento, ottuso, tardo.
argúzia, *sf.* argutezza, acutezza, prontezza, vivacità, sottigliezza, spirito, brio || barzelletta, buffonata, facezia, epigramma, frizzo, adagio, lepidezza, sale attico, motteggio, piacevolezza, motto di spirito, spiritosaggine.
contr. lentezza, pesantezza, aridità, austerità, gravità (nel parlare) || freddura.
ària, *sf.* aere (*poet.*), aura, auretta, venticello, etere, etra, atmosfera, vento || *fig.* aspetto, atteggiamento, sembiante, fisionomia, cera, espressione, maniera, modo di essere || melodia, cantata, canto, canzone, motivo musicale, arietta.
nomencl. (*inerenti all'aria*) aerobio, aeropisoterapia, aerodinamica, aerofagia, aerofito, aerolito, aerografia, aerofobia, aeromanzia, aerometria, aeromoctonia, aerosi, aerosolterapia, aerotorace, atmosfera, pressione atmosferica o barometrica, aeromeccanica, aeronautica, aerostatica, aerostazione, aeroterapia || (*condizioni dell'aria*) afa, calma, pressione, clima, impressione, malaria, mefite, miasma, offuscamento, rarefazione, regione d'aria, sfiatatoio, stato igrometrico, temperatura || (*movimenti dell'aria*) aerazione, alito, atomo, boccata d'aria, bolla d'aria, brezza, brezzolina, ciclone, colpo, corrente, flabellazione, filo, folata, soffio, spiffero, spiro, sventolio, tromba, uragano, uzza, ventila-

zione, vento, || colpo d'aria, tromba d'aria, colonna d'aria || (*apparecchi*) anemometro, aerometro, aeroscopio, barometro, baroscopio, cianometro, condensatore, eudiometro, compressore, manometro, ozometro, psicometro, spirometro, paravento, ventilatore || *agg.* afosa, agitata, asciutta, atmosferica, buona, calda, calma, cattiva, colata, compressa, condizionata, crassa, cruda, diafana, dolce, elastica, fetida, fine, fosca, fredda, fresca, frizzante, fumicosa, grave, grigia, grossa, inquinata, insalubre, irrespirabile, ixata, libera, leggera, limpida, liquida, malsana, malefica, mefitica, molle, mossa, nativa, nitida, opaca, opprimente, perniciosa, pesante, plumbea, polverosa, pregna, pungente, pura, rarefatta, respirabile, rinserrata, salubre, sana, satura, serena, solidificata, sottile, tempestosa, tranquilla, trasparente, uggiosa, vitale, vivificatrice, viziata.

aridità, *sf.* alidore, alidezza, asciuttore, asciugaggine, arsione, arsura, siccità, secchezza, asciuttezza, asciutto, deserto, secco, seccura || *fig.* → POVERTÀ.

contr. umidità, umidezza, umore, fecondità, fertilità.

àrido, *agg.* secco, asciutto, assetato, riarso, riseccato, risecchito, alido, adusto || sterile, infecondo, nudo, spoglio, stecchito || *fig.* povero, scarso, meschino, anaffettivo, apatico.

contr. umido, umoroso, bagnato || fertile || ricco, generoso, affettivo, abbondante, dovizioso.

arieggiàre, *v.tr.* aerare, areare, ventilare, dar aria || *intr.* aver l'aria, aver l'aspetto, tendere a, → ASSOMIGLIARE.

contr. chiudere, privare d'aria, far mancare l'aria, renderla irrespirabile || essere diverso, dissimile, non somigliare.

arieggiàto, *pps.* di arieggiare || *agg.* aerato, areato, arioso, ventilato, aperto, aereato.

contr. privo d'aria, chiuso, ristretto.

arième, *sm.* montone || macchina idraulica.

ariétta, *sf.* → CANTO.

arigústa, *sf.* → ARAGOSTA.

arínga, *sf.* salacca || aringhe di latte, d'uova.

àrio, *agg.* e *sm.* ariano, indoeuropeo, caucasico, giapetico.

contr. semitico, ebraico, negro, camitico.

arióso, *agg.* aperto, → ARIEGGIATO.

arísta, *sf.* resta, → SPIGA.

aristàrco, *sm.* → CRITICO.

aristòcrate, *sm.* → NOBILE.

aristocràtico, *agg.* → NOBILE.

aristocrazía, *sf.* → NOBILTÀ.

aristofanésco, *agg.* → SATIRICO.

aritmètica, *sf.* abbaco, matematica, geometria, algebra.

nomencl. (*suddivisione*) binaria, commerciale, comune, inferiore, istrumentale, politica, pratica, sociale, superiore, tecnica, teorica, tetrattoria || (*attinenti*) aliquota, assioma, corollario, binomio, calcolo, calcolo decimale, cifra, conteggio, conto, cubo, eguaglianza, espressione aritmetica, formula, frazione, denominatore, interesse, inserzione, ipotesi, lemma, media proporzionale, numerazione || (*operazioni*) addizione, sottrazione, moltiplicazione, divisione, || (*termini*) potenza, frazione, parti, aliquote, polinomio, problema, prodotto, progressione, proporzione, permutazione dei medi e degli estremi, inversione dei termini, quadrato, quoziente, radicale aritmetico, radice, ragione, rapporto, regola, riprova, risoluzione, scomposizione || (*segni aritmetici*) + (piú), — (meno), × (per, moltiplicato per), : (diviso per), = (uguale), ≠ (diverso da), > (maggiore di), < (minore di) || teorema, termini d'operazione, tesi.

aritmètico, *agg.* e *sm.* → MATEMATICO.

arlecchinàta, *sf.* → BUFFONATA.

arlecchíno, *sm.* → BURATTINO.

arlòtto, *sm.* → GHIOTTONE, BIGHELLONE.

àrma, *sf.* → ARME || corpo di milizia → ESERCITO.

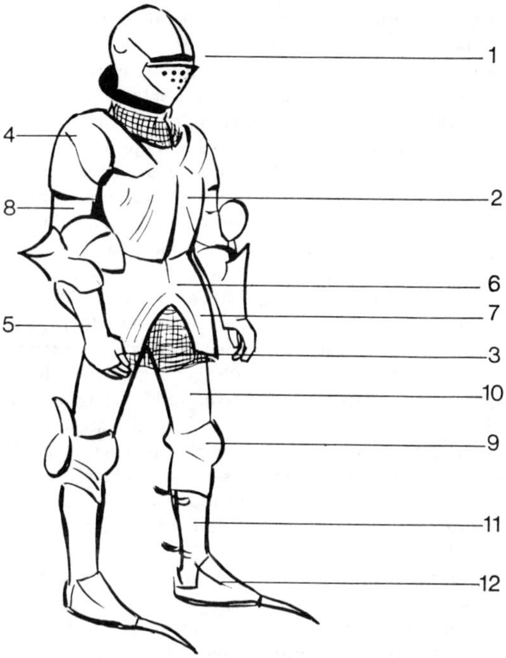

ARMATURA – 1) celata; 2) corazza; 3) cotta di maglia; 4) spallaccio; 5) guanto; 6) panziera; 7) fiancale; 8) bracciale; 9) ginocchietto; 10) cosciale; 11) gambale; 12) scarpa.

armacòllo (ad), *loc. avv.* a tracolla → BANDOLIERA.

nomencl. *verb.* tenere, avere, portare, mettersi ad armacollo.

armàdio, *sm.* bacheca, cassettone, casellario, cantoniera, credenza, cofano, guardaroba, scaffale, scansía, stipo, apoteca, vetrina, canterano, canterale, comò, dispensa, *buffet*, *secrétaire*, *trumeau*.

nomencl. (*tipi*) accostato, affisso, aperto, a muro, a specchio, farmaceutico, di legno, di ferro, scorniciato || (*parti*) affissi, bandella, chiusino, cassetta, ferro, fiancate, fondi, fungo, ganghero, gruccia, imposte, nottolino, palchetto, scompartimento, sportello battente.

armaiòlo, *sm.* spadaio, spadaro, coltellinaio, archibusiere, speronaro.

nomencl. (*strumenti*) accecatoio, chiodo, vite, bulino, bottoniera, cacciavite, doccetta, sbozzo, svitacanne, allargatoio || *verb.* damaschinare, brunire, niellare, bulinare, incastonare, bronzare, lubrificare, montare una lama, ringranare.

armaménto, *sm.* apparato, corredo, attrezzi, (navali), strumenti, allestimeno di una fortezza || equipaggio.
nomencl. tradizionale, convenzionale, atomico, nucleare.
contr. disarmo.
armàre, *v.tr.* riarmare, equipaggiare, fornire, guernire, arredare, corredare, attrezzare, allestire, fortificare.
contr. disarmare, smobilitare, sguarnire.
armàta, *sf.* → FLOTTA, ESERCITO.
armàto, *pps.* di armare || *agg.* armigero, attrezzato, munito (di armi), loricato, catafratto || *fig.* fornito, corredato, provveduto (di qualcosa per difesa) rafforzato || *sm.* → SOLDATO || *pl.* gente armata, soldati.
contr. disarmato, inerme || impreparato, sprovveduto.
armatóre, *sm.* → COSTRUTTORE.
armatúra, *sf.* barda, bardatura, arnese, guernimento.
nomencl. (*tipi*) all'antica, bianca, a botte, completa, da cavallo, da gioco, da guerra, difensiva del capo, da lance, milanese, spigolata, a tonello, da uomo d'armi || (*dell'uomo*) bacinetto, barbuta, boccoliere, borgognotta, bracciaiola, bracciale, brigantina, brocchiere, cappelletto, cappello di ferro, caschetto, catafratta, celata (a becco di passero, alla borgognona, alla viscontea, aperta, con goletta, con visiera a mantice, da incastro), cervelliera, cesto, clipeo, corazza, coretto, corsaletto, cosciale, cotta d'arme, cotta di maglia, egida, elmo, falda, fiancale, galea, gambale, ghiazarino, giaco, ginocchietto, goletta, gorgiera, guanti di ferro, guardareni, guarnaccia di ferro, lorica, maglia, maglia gazzarina, manica, manopola, mezzatesta, mignone, mittene, morione, panoplia, panziera, parma, pavese, pettabotta, rotella, scarpa, schiniere, scudo, spallaccio, targa, testiera usatto, usbergo, zuccotto || (*del cavallo*) arcioni, barbazzale, barda, borchie, branche, briglia, calcare, catafratto, collo, frontale, groppa, groppiera, gualdrappa, guardacoda, morso, museliera, pettiera, pettorale, redini, scudellotto, sguance, soggolo, sella, sperone, staffe, voltoio || *verb.* indossare, usare, portare, vestire, rivestire, svestire, abbandonare, levare; sellare, bardare.
àrme, *sf.* arma, strumento di difesa e offesa || *pl.* → ESERCITO || → STEMMA.
nomencl. (*suddivisioni*) antidiluviane, preistoriche, antiche, medievali, moderne, atomiche, nucleari, termonucleari, a percussione, a vapore, a vento, bianche lunghe, bianche corte, biologiche, chimiche, cappate, carabinate, contundenti, difensive, dirompenti, da asta, da corda, da fuoco lunghe, da fuoco corte, da piede, da punta, da taglio, da tiro, di precisione, d'onore, da parata, immanicate, da botta, inarcate, insidiose, lanciatoie, leggere, offensive, portatili, spuntate, subacquee, aeree || spirituali || (*armi bianche*) accetta, *acinaces*, arpa, barci, bipenne, *candjar*, *cerkess*, *cluden*, *clunaculum*, coltellaccio, coltello genovese, *copis*, costoliere, daga, daghetta, dagone, *dirck*, *ensis*, falcione, *falx*, flamberga, *flissach*, francesca, frantopino, fusetto, gladio, *goorka*, *ichli-kilice*, *johur de rajah*, *kama*, *kandjar*, *kantscher*, *kathar*, *kilicc*, *klevang*, *koukri-kora*, *kriss*, lingua di bue, *machaera*, mancina, mannaia, misericordia, paloscio, parazonio, quadrello, *schemscir*, sciabola, scimitarra, *scramasax*, scure, *semispatha*, sfondagiaco, sica, *siobookatana*, spada, spada nera, spada papale, spada schiavona, spadino, spadona, spadone, squarciana, stiletto, stocco, storta, trafiere, vallone, *veddong*, *yatagan* || (*armi da asta*) alabarda, asta, azza, brandistocco, *cestrosphendone*, chiaverina, corsesca, curio, falcione, forcone, *fràmea*, fuscina, gialda, giannetta, lancia, partigiana, piletto, ronca, roncolo, roncone, runa, sarissa, sergentina, sibina, spiedo, spranga, spuntone, verruto, vonge, zagaglia || (*armi da lancio*) arco, balestra, balestrina, *boomerang*, *bulcaones*, cateia, cerbottana, cianfrona, dardo, falarica, fionda, frómbola, freccia, funda, giavellotto, lanciotto, *materis*, moschete, sagitta, sanno, scorpione, *soliferrum*, stambecchina, strale, telo, tragula, *trifax*, verretta, veru || (*armi da botta*) clava, *flagrum*, godendardo, martello ferrato, mazza ferrata, mazzafrusto || (*armi da fuoco*) archibugio o archibuso, basilisco, cannone (a pezzo, corriere, da batteria, da corsia, petriere, anticarro, contraereo, da fortezza, da campagna, da montagna, da costa, ecc.), carabina, colubrina, ferlina, fucile, lazzarine, mazzagatto, mezzana, mortaio, moschetto, moschettone, pettrinale, pistola, pistoletta, pistolone, pistone, provetta, scavezzo, schioppetto, schioppo, scopeti, scopetta, spazzacampagna, spingarda, terzaruolo, terzetta, trifalco, trombone || (*macchine belliche*) altaleno, balista, arcubalista, ariete, *asser*, bolcione, briccole, carro falcato, catapulta, corvo, elepoli, falla, falce murale, lupo di ferro, manganella, mazzacavallo, montone, onagro, passavolante, petriliera, petriere, pluteo, ponte, sambuca, scorpione mobile, trabucco, tribolo, troia, vigna || (*armi moderne*) lancia da cavalleria, sciabola da cavalleria, da fanteria, sciabola-baionetta, fucile, moschetto, pistola, fucile-mitragliatore, parabellum, mitragliatrice, cannone, mortaio, bombarda, bomba a mano, mina, lanciafiamme, obice, mitra, granata, siluro, bomba atomica, bomba all'idrogeno, bomba al fosforo, míssile; aggressivi chimici, biologici; esplosivi || *deterrent*, armi deterrenti || (*attinenti*) botta, colpo, tiro, sparo, scoppio, scarica, bordata, fiancata, detonazione, deflagrazione, rombo, rimbombo, bersaglio, cilecca || polveriera, santabarbara || traiettoria, parabola, gittata, deviazione, direzione di tiro, rosa di tiro; tiro di combattimento, di fila, a palla, a pallini, a pallottola, diretto, indiretto, storto, basso, alto, corto, lungo, a volo, di corsa, da fermo, a mitraglia, a salve, di striscio, a raffiche, intermittente, continuo, di batteria, d'interdizione, di sbarramento, di preparazione, di repressione, preparatorio, di protezione || cannonata, fucilata, schioppettata, rivoltellata, revolverata, mitragliata, pistolettata || balistica, pirotecnica || *verb.* armare, cingere l'armi, armeggiare; brandire, prendere, puntare, appuntare, levare, caricare, ricaricare, spianare, cedere, abbandonare, abbassare, togliere, snudare, smontare, || combattere, assaltare, fucilare, dardeggiare, mitragliare, cannoneggiare, bombardare, battere, impallinare, schioppettare, spazzare, colpire, fare fuoco || concentrare, aggiustare, incrociare, preparare, dirigere il tiro o il fuoco || riarmare, disarmare, sfondare, saccheggiare, passare per le armi, lasciare le armi, l'onore delle armi, far trofeo delle armi.
armeggiàre, *v.tr.* maneggiare le armi, guerreggiare,

combattere, esercitarsi nelle armi || *fig.* annaspare, fare, aggirarsi, dimenarsi, affaccendarsi, arrabattarsi, darsi attorno, adoperarsi, trafficare.
contr. starsene inattivo, estraneo, inerte, quieto, non impegnarsi.
armeggióne, *sm.* → FACCENDONE, IMBROGLIONE.
armellíno, *sm.* → DONNOLA.
armentàrio, *sm.* → PASTORE.
arménto, *sm.* → GREGGE, BESTIAME.
armígero, *agg.* armato, uomo d'armi, bellicoso || *sm.* → GUERRIERO, SOLDATO.
armílla, *sf.* → BRACCIALETTO, COLLANA.
armistízio, *sm.* → PACE.
armonía, *sf.* musica, concerto, concento, consonanza, concertamento, concordanza, accordo, eufonia || *fig.* accordo, buon accordo, concordia, pace, bellezza, coerenza || simmetría, dispostezza, ordine, euritmia, proporzione, concinnità (di stile).
nomencl. (*tipi*) figurata, imitativa, musicale, poetica, ellenica, rinascimentale, artistica, pittorica, sociale, chimica, universale, prestabilita || *agg.* dolce, soave, angelica, celeste, gentile, molle, gioconda, flebile, fievole, strepitosa.
contr. disarmonia, discordanza, sproporzione, discordia, disaccordo, dissonanza, sconcerto.
armònico, *agg.* armonioso || euritmico, ben congegnato, proporzionato, concorde, ordinato, simmetrico.
contr. disarmonico, discorde, inarmonico, stonato, asimmetrico.
armònio, *sm.* armonium, → PIANOFORTE.
armonióso, *agg.* → BELLO, ARMONICO, MELODIOSO.
armonísta, *sm.* → MUSICISTA.
armonizzàre, *v.tr.* rendere armonico, proporzionato || mettere d'accordo, → ACCORDARE.
contr. discordare, stonare || contrastare, inimicare.
arnése, *sm.* apparecchio, attrezzo, congegno, ingegno, macchina, meccanismo, ordigno, oggetto, organo, strumento, stromento, utensile, arredo || → ARMATURA.
àrnia, *sf.* → ALVEARE.
arniàio, *sm.* → ALVEARE.
arnióne, *sm.* → RENE.
aròma, *sm.* balsamo, odore, timiama, fragranza, profumo || *pl.* droghe, spezie, olii essenziali, gomme.
nomencl. (*varietà*) naturale, artificiale, animale (muschio, zibetto, ambra grigia), vegetale (timo, lavanda, *caieput*, camomilla, ginepro, sandalo, canfora, assenzio, tanaceto), resinosi o cinnamici (belzuino, trementina, olibano, stirace), pirogentai (catrame, naftalina, creosoto).
aromatàrio, *sm.* → PROFUMIERE.
aromàtico, *agg.* → ODOROSO, BALSAMICO.
aromatizzàre, *v.tr.* → PROFUMARE.
àrpa, *sf.*
nomencl. (*tipi*) d'Eolo o eolia, Erard, arpanetta, semplice, a pedali, doppia || armonica meteorologica, *kin*, *Pectis*, trigonio || (*parti*) arco, corpo, colonna, bottoni, corde, pedali, piede.
arpagóne, *sm. fig.* → AVARO.
arpeggiàre, *v.intr.* sonare l'arpa, eseguire sull'arpa.
arpeggiatóre, *sm.* → ARPISTA.
arpéggio, *sm.* arpeggiamento.
arpía, *sf. fig.* → BRUTTO, AVARO.
arpicòrdo, *sm.* → CEMBALO.
arpióne, *sm.* ganghero, appiccatoio, appiccagnolo, attaccagnolo, caviglia, bandella, uncino, cardine.
nomencl. (*parti*) pernio o ago, anello della bandella, bandella, coda, femminella, ralla || *verb.* da conficcare, da impiombare, da ingessare.
arpísta, *sm.* e *f.* arpeggiatore, sonatore d'arpa.
àrra, *sf.* caparra, promessa, → MALLEVERIA, PEGNO.
arrabattàre, *v.rifl.* affaticarsi, affannarsi, ingegnarsi, adoprarsi, agitarsi, sforzarsi, armeggiare, dimenarsi, fare || angustiarsi.
contr. restare tranquillo, inerte, neghittoso, ozioso.
arrabbiàre, *v.intr.* essere preso dall'ira, da rabbia || *rifl.* andare in collera, stizzirsi, arrovellarsi, fremere, rodersi, arrangolare, sdegnarsi, irritarsi, infuriarsi, inviperirsi, adirarsi, mangiarsi l'anima, dare in escandescenze, diventare furente.
contr. calmarsi, quietarsi, placarsi, rabbonire, rabbonacciarsi, pacificarsi, rappacificarsi, raddolcirsi.
arrabbiàto, *pps.* di arrabbiare || *agg.* irato, rabbioso, rabido, adirato, infuriato, stizzito, incollerito, fremente, arrovellato, invelenito, disperato || *fig.* fatto in fretta e furia.
contr. calmo, tranquillo, pacifico, pacioso, placido, sereno, pacato.
arraffàre, *v.tr.* → PRENDERE.
arrampicàre, *v.intr.* e *rifl.* → SALIRE.
arrancàre, *v.intr.* → CAMMINARE (con fatica, in fretta), CORRERE.
arrandellàre, *v.tr.* → BASTONARE.
arranfiàre, *v.tr.* → PRENDERE.
arrangiàre, *tr.* e *rifl.* → ADATTARE.
arrangolàre, *v.rifl.* → ADIRARE, FATICARE, GRIDARE.
arrapinàre, *v.intr.* → FATICARE, ADIRARE, ADOPERARE.
arrappàre, *v.tr.* → PRENDERE.
arrecàre, *v.tr.* → PORTARE, CAUSARE.
arredaménto, *sm.* arredo, attrezzamento, addobbo, corredo, finimento, suppellettile, mobilia, fornimento, apparecchio, apparecchiamento, apparato, apprestamento, equipaggiamento, impianto, → ORNAMENTO.
arredàre, *v.tr.* attrezzare, ammobiliare, addobbare, mobiliare, corredare, guarnire, approntare, allestire, acconciare, mettere a punto, → ORNARE.
contr. smobiliare, sguarnire, spiantare.
arrèdo, *sm.* → ARREDAMENTO.
arrembàggio, *sm.* → ABBORDAGGIO.
arrembàre, *v.tr.* e *intr.* → ASSALIRE || CAMMINARE (a fatica).
arrembàto, *pps.* di arrembare || *agg.* → STANCO.
arrenàre, *v.rifl.* arenare, arenarsi, dare in secco, dare nelle secche, insabbiarsi, incagliarsi, impigliarsi, intricarsi || *fig.* rimanere a mezza strada, rimanere sospeso, fallire, fermarsi.
contr. andare oltre, proseguire, procedere, progredire, riuscire, avere successo.
arrèndere, *v.rifl.* cedere, concedersi, darsi vinto, chiedere la resa, innalzare bandiera bianca, ridursi alla mercè del nemico, abbassare le armi, piegarsi, abbandonare la lotta, capitolare, deflettere, arrendersi a

discrezione, ritirarsi; accondiscendere, acconsentire, prestarsi, accedere.
contr. resistere, assalire, combattere, lottare a oltranza, ostinarsi, non piegare.
arrendévole, *agg.* pieghevole, inchinevole, elastico, cedevole, duttile, flessibile, flessuoso, molle || *fig.* docile, facile, cedevole, condiscendente, trattabile, benigno, bonario, conciliante.
contr. rigido, tenace, pertinace, caparbio, ostinato, protervo, resistente, inflessibile, duro, intrattabile.
arrendevolézza, *sf.* pieghevolezza, elasticità, duttilità, flessione, arrendibilità, morbidezza || *fig.* facilità, docilità, accondiscendenza, condiscendimento, cedevolezza, trattabilità.
contr. resistenza, rigidezza, inflessibilità, durezza, protervia, caparbietà, ostinazione.
arrestàre, *v.tr.* far prigioniero, imprigionare, prendere, acchiappare, acciuffare, catturare, ammanettare, pigliare, fermare, sequestrare, mettere in arresto, ritenere, incatenare, rattenere, inceppare, vincolare, incarcerare, carcerare, tradurre in carcere, mettere al buio o in gabbia || trattenere, detenere, impedire || *rifl.* fermarsi, sostare, indugiare, interrompersi.
contr. lasciar libero, lasciar sfuggire, scarcerare, mollare, rilasciare, liberare || mettersi in moto, proseguire.
arrestàto, *pps.* di arrestare || *sm.* → PRIGIONIERO.
arrèsto, *sm.* cattura, carcerazione, incarcerazione, incarceramento, imprigionamento, fermo || sosta, mora, fermata, tardanza, respiro, indugio, ritardo.
contr. rilascio, scarcerazione, libertà || proseguimento.
arretràre, *v.intr.* → INDIETREGGIARE.
arricchiménto, *sm.* → AUMENTO, GUADAGNO.
arricchíre, *v.tr.* accrescere, aggiungere, aumentare, ornare, locupletare; rendere copioso, abbondante, ricco || *rifl.* diventar ricco, farsi ricco, ingrassare, fiorire; arraffare, prendere.
contr. impoverire, impoverirsi, immiserirsi.
arricciàre, *v.tr.* accotonare, cotonare, accrespare, arricciolare, inanellare, increspare, ondulare, rincrespare, piegare, avvolgere, torcere || *rifl.* farsi i ricci, rizzarsi dei capelli per paura.
contr. lisciare, rendere liscio.
arricciolàre, *v.tr.* → ARRICCIARE.
arrídere, *v.intr.* favorire, essere propizio, favorevole || andare a gonfie vele, aver fortuna, avere il vento in poppa.
contr. avversare, essere contro, contrastare, contrariare, indietreggiare.
arrínga, *sf.* → DISCORSO.
arringàre, *v.tr.* e *intr.* → PARLARE.
arríngo, *sm.* → ARENGO.
arripàre, *v.intr.* e *rifl.* → ATTRACCARE.
arrischiàre, *v.tr.* → OSARE, RISCHIARE.
arrischiàto, *pps.* di arrischiare || *agg.* temerario, → CORAGGIOSO.
arrisicàre, *v.tr.* → RISCHIARE.
arrivàre, *v.intr.* avvicinarsi, giungere, pertingere, pervenire, raggiungere, sopraggiungere, sopravvenire, comparire, venire, capitare, sorprendere, camminare, approdare, arripare, atterrare, attraccare, sbarcare, guadagnare || arrivare a una cosa, riuscire, capire una cosa.
contr. partire, andarsene, allontanarsi, prendere il largo, salpare, scostarsi.
arrívo, *sm.* avvento, venuta, comparsa, giungimento, sbarco, approdo, atterraggio, attracco.
contr. partenza, dipartita, andata, allontanamento.
arrocchiàre, *v.tr.* → ABBORRACCIARE.
arrochiménto, *sm.* → RAUCEDINE.
arrochíre, *v.intr.* affiochire, farsi roco, rauco, fioco, debole, aver la raucedine, essere arrochito.
contr. render la voce acuta, chiara, alta.
arrogànte, *ppr.* di arrogare || *agg.* burbero, prepotente, superbo, altero, presuntuoso, insolente, petulante, sfrontato, sfacciato, tracotante, impronto, impudente, protervo, aspro, inasprito, burbanzoso, indiscreto.
contr. umile, modesto, mite, arrendevole, cedevole, cortese, cordiale, condiscendente, benevolo, benigno, dolce, discreto.
arrogànza, *sf.* alterigia, superbia, altezzosità, presunzione, insolenza, iattanza, albagia, prepotenza, petulanza, sfrontatezza, sfacciataggine, tracotanza, improntitudine, impudenza, protervia, boria, indiscrezione.
contr. umiltà, mitezza, cordialità, modestia, arrendevolezza, benignità; benevolenza, dolcezza.
arrogàre, *v.rifl.* attribuire, aggiudicare, aggiungere, pretendere, usurpare, appropriarsi, prendersi.
contr. rinunziare, cedere, rifiutare, lasciare, respingere, piegarsi, arrendersi.
arrogazióne, *sf.* → ADOZIONE.
arrolaménto, *sm.* coscrizione, leva, reclutamento, ingaggio, assoldamento.
contr. congedo, riforma, licenziamento.
arrolàre, *v.tr.* assoldare, reclutare, ingaggiare.
contr. riformare, licenziare, congedare.
arronciglière, *v.tr.* roncigliare, aggranfiare, afferrare, prendere, uncinare, → GRAFFIARE || *rifl.* torcersi, avvolgersi, contorcersi, divincolarsi, agitarsi.
contr. distendersi, stirarsi, allungarsi, irrigidirsi.
arronzàre, *v. rifl.* → ADOPERARE.
arronzinàre, *v.rifl.* → ADOPERARE.
arrossàre, *v.tr. intr.* e *rifl.* → ARROSSIRE.
arrossíre, *v.intr.* arrossare, diventare rosso || *fig.* → VERGOGNARSI.
contr. impallidire. diventar smorto.
arrostíre, *v.tr.* tostare, rosolare, abbrustolire, bruciare, abbruciacchiare, inaridire, seccare, cuocere sullo spiedo o sulla brace, arrossellare, arrossellire || abbronzare, abbronzire, adustare, abbronzacchiare, allazzerire, crostare.
nomencl. (*strumenti*) ghiotta, leccarda, spiedo, pillotto, girarrosto (a peso, a molla, a orologio, portatile), schidione, gratella, ramaiolino || bruciaticcio, arrostitura, arrostimento || rosticceria, rosticciere, schidionata || *verb.* pillottare, schidionare, strinare, lardellare, lardare, steccare.
contr. lessare, bollire, inumidire, sanguinare, sobbollire, bruciare.
arrostíto, *pps.* di arrostire || *agg.* → BRUCIATO.
arròsto, *agg.* arrostito, → BRUCIATO || *sm.* arrosticino, arrostino, braciola, *roast beef.*
nomencl. (*denominazioni*), morto, girato, al forno, allo spiedo, in casseruola, alla gratella, bistecca, costoletta,

roast hare, rostbraten || di vitello, di maiale, di pollo, di cavallo, di capriolo, di pesce.
arrotacoltèlli, *sm.* → ARROTINO.
arrotafòrbici, *sm.* → ARROTINO.
arrotàre, *v.tr.* affilare, rinferrare, rinsegolare, aguzzare, acuminare, dare il filo o il taglio || levigare || → DIGRIGNARE || *fig.* dire male, sparlare || *rifl.* darsi da fare, agitarsi con inquietudine.
arrotatóre, *sm.* → ARROTINO.
arrotíno, *sm.* arrotatore, arrotacoltelli, arrotaforbici.
nomencl. (*arnesi*) carriola, botticello, ruota, acciaiolino, affilatoio, brunitoio, castello, frullone, giralletto, mola, pietra o cote, pietra a olio, striscia di pelle, ralla || affilata, affilatura, arrotatura.
arrotolàre, *v.tr.* → AVVOLGERE.
arrovellàre, *v.rifl.* → ADIRARSI.
arrovellàto, *pps.* di arrovellare || *agg.* → FURENTE.
arroventàre, *v.tr.* arroventire, infocare, rendere rovente, ardente, infiammare, → BRUCIARE.
contr. raffreddare, agghiacciare.
arroventàto, *pps.* di arroventare || *agg.* → BOLLENTE, ROVENTE.
arroventíre, *v.tr., intr.* e *rifl.* → ARROVENTARE.
arrovesciàre, *v.tr.* → ROVESCIARE, INVERTIRE, VOLTARE.
arrozzíre, *v.tr.* inzotichire, inselvatichire, render rozzo.
contr. ingentilire.
arruffamatàsse, *sm.* → IMBROGLIONE.
arruffaménto, *sm.* → DISORDINE.
arruffapòpoli, *sm.* → AGITATORE.
arruffàre, *v.tr.* → DISORDINARE || IMBROGLIARE.
arruffàto, *pps.* di arruffare || *agg.* disordinato, scomposto, scompigliato, scarruffato, scarduffato, spettinato || *fig.* turbato, → CONFUSO.
contr. ordinato, composto, regolato, pettinato.
arruffío, *sm.* → CONFUSIONE.
arruffóne, *sm.* → CONFUSIONARIO || IMBROGLIONE.
arrugginíre, *v.intr.* e *rifl.* prendere la ruggine, coprirsi di ruggine, irrugginire, rugginire, ossidare || *fig.* → ADDORMENTARE.
contr. dirugginire, dirugginare, disossidare.
arrugiadàre, *v.tr.* → BAGNARE.
arsenàle, *sm.* darsena, → CANTIERE || fabbrica, deposito di armi, di attrezzi.
nomencl. (*suddivisioni*) militare, marittimo, di terra, del genio, dell'artiglieria || (*personale*) arsenalotto, calafato, alberante || (*parti*) bacino di carenaggio, bacino galleggiante, bacino di raddobbo, pontone, chiuse del bacino, porte del bacino, corderia, stufa, stufa di corderia, pegoliera, squero, magazzini, biga, gru, grue.
arsènico, *sm.*
nomencl. (*suddivisioni*) arsenico bianco o acido arsenico, arsenico di potassio, arsenico di rame, arseniopirite, arseniuro, mispickel o mispikel, risigallo, sandracca.
arsicciàre, *v.tr.* → BRUCIARE.
arsíccio, *agg.* → BRUCIATO.
arsióne, *sf.* → BRUCIAMENTO, BRUCIORE, ARIDITÀ.
àrso, *pps.* di ardere || *agg.* → BRUCIATO.
arsúra, *sf.* → ARIDITÀ.
artataménte, *avv.* → INGANNEVOLMENTE.
artàto, *agg.* → FINTO.
àrte, *sf. fig.* → MESTIERE || METODO || ASTUZIA, INGANNO, LUSINGA || ASSOCIAZIONE || arte popolare, → FOLCLORE || arte venatoria, → CACCIA || arte del vasaio, → CERAMICA.
nomencl. (*varietà*) angelica, spiritistica, divinatoria, di sant'Anselmo, magica, negromantica, simbolica, ermetica, grande (alchimia), araldica, mnemonica, oratoria, bianca (fabbricazione del pane), culinaria, tintoria, del disegno, medica, veterinaria, militare, navale, della guerra || arti belle, decorative, dilettevoli, piacevoli, industriali, meccaniche, plastiche, foniche, liberali, illiberali, applicate || arti maggiori, mediane, minori, infime (corporazioni medievali) || (*dottrine dell'arte*) estetica, teoria dell'arte, callologia, metodo, maniera, politecnica, propedeutica, tecnica, tecnologia, terminologia, storia dell'arte || (*scuole*) arcaica, attica, egiziana, greca, romana, classica, bizantina, barbarica, romanica, gotica, rinascimentale, romantica, barocca, rococò, realistica, naturalistica, impressionistica, moderna, figurativa, cubista, astrattista, informale, *pop art* || (*tendenze*) avanguardismo, avvenirismo, conservatorismo, misoneismo, convenzionalismo, idealismo, misticismo, naturalismo, purismo, realismo, verismo, romanticismo, manierismo, cubismo || (*persone*) artista, artiere, artigiano, maestro, mastro, protomaestro, caposcuola, novatore, virtuoso, stella dell'arte, allievo, apprendista, esordiente, novizio, imitatore, profano, guastamestieri, scagnozzo, bazzotto, dilettante, collezionista, collettore, antiquario, mecenate, critico, esperto, intenditore, restauratore || (*raccolte artistiche*) museo, pinacoteca, galleria, gliptoteca o glittoteca, mostra, esposizione, *salon* || (*arti varie e attinenti*) architettura, pittura, scultura, letteratura, poesia, drammaturgia, arte drammatica, teatro, cinematografia, mimica, danza, canto, musica, arti grafiche || decorazione, graffito, restauro, ceroplastica, elettroplastica, ebanisteria, intaglio, intarsio, anagliptica o anaglittica, arte lapidaria, mosaico, stucco, toreutica, ornato, disegno ornamentale, oreficeria, gioielleria, incisione, cesello, smalto, galvanoplastica, niello, figulina, arte della ceramica, del vasaio, della porcellana, decorazione e lavorazione del vetro || decalcomania || ierografia || fotografia || elettrotipia, fototipia, litografia, cromolitografia.
artefàre, *v.tr.* → FALSIFICARE.
artefàtto, *pps.* di artefare || *agg.* → FALSO.
artéfice, *sm.* autore, artista, artigiano, artiere, maestro, operaio, manifattore, fabbro, meccanico || maestranza.
artèria, *sf.* vena || *fig.* via, strada.
nomencl. (*denominazioni*) temporale, labbiale inferiore e superiore, mascellare, carotide, tiroidea, omerale, radiale, cubitale, basilare, polmonare, ascellare, scapolare, cervicale, intercostale, vertebrale, celiaca, stomatica, epatica, splenica, mesenterica, renale, spermatica, utero-ovarica, aorta, anonima, di Vieussens, circonflessa, iliaca ed epigastrica, coronaria, sacrale, pudenda, femorale, crurale, poplitea, pedidia, plantare, tibiale, anteriore e posteriore || (*attinenti*) canale arterioso, ostioarterioso, polso arterioso, sistole arteriosa, rumore arterioso, sistema arterioso, tensione arteriosa, valvole arteriose, vena arteriosa || arteriogramma, arteriologia, arteriectasia, arteriectomia, arteriectopia, arteriografia || (*malattie*) aneurisma, artereurisma, arteriolito, arteriosclerosi, arteriostenosi, arterite, ateroma delle

arterie, ateromatosi, degenerazione, embolismo, trombosi.
àrtico, *agg.* → SETTENTRIONALE.
contr. antartico.
articolazióne, *sf.* nodo, connessione, → GIUNTURA.
nomencl. (*suddivisioni*) immobile o sinartrosi o sutura, poco mobile o anfiartrosi, mobile o diartrosi, a sella, condiloidea, bicondiloidea || (*parti*) artrodía, ginglimo, anastomosi, sinfisi o sinevrosi, snodatura || (*scienze*) artrologia o sindesmologia || (*malattie*) acampsia, anchilosi, anfiartrosi, artralgía, artremía, artrite, artropatía, gotta, idrartrosi, lussazione, reumatismo articolare, sinovite, storta, frattura, tumori.
articolísta, *sm.* → GIORNALISTA.
artícolo, *sm.*
nomencl. (*suddivisione*) determinativo, indeterminativo, partitivo; maschile, femminile, neutro; singolare, plurale.
artière, *sm.* → ARTEFICE.
artificiàle, *agg.* artefatto, artificioso, artificiato, fittizio, fattizio, finto, fatturato, → FALSO.
contr. naturale, schietto, genuino, ingenuo, spontaneo.
artifício, *sm.* → ARTIFIZIO.
artificiosaménte, *avv.* → INGANNEVOLMENTE.
artificióso, *agg.* → INGANNEVOLE, FINTO, FALSO, AFFETTATO.
artifízio, *sm.* artificio, congegno, accorgimento, astuzia, malizia, inganno, espediente, frode, cavillo, finzione, stratagemma, invenzione, trovata, || ricercatezza, preziosismo, ammanieramento, manierismo.
contr. naturalezza, genuinità, spontaneità, schiettezza, semplicità.
artigiàno, *sm.* → OPERAIO.
artigliàre, *v.tr.* → PRENDERE.
artiglière, *sm.* cannoniere, bombardiere, granatiere, lanciatore di bombe || capopezzo, puntatore, servente.
artiglieria, *sf.* bocche da fuoco.
nomencl. (*specialità*) a cavallo o ippotrainata, someggiata, autocarrata, semovente, da assedio, da fortezza, da campagna, leggera, pesante, pesante campale, da piazza, da costa, da montagna, da marina, da posizione, volante, contraerea, controcarro, d'assalto, da accompagnamento, da sbarramento || (*operazioni*) manovra, tiro, prendere posizione, mettere in batteria, angolo di tiro, portata, linea di tiro, parabola, traiettoria, scarica, bombardamento, cannonata, colpo di cannone, salva, bordata, mitragliata, colpo di partenza, battere in zona, battere in breccia, estendere il fuoco, controbattere, fare fuoco, fuoco radente, fuoco continuo, fuoco incrociato, tiro arcato, tiro a tempo; tiro di sbarramento, d'infilata, defilato, verticale, a pieno fuoco, di neutralizzazione, progressivo, di precisione, di ritorsione, di preparazione, di contropreparazione, di controbatteria || (*macchine belliche antiche*) ariete, balista, catapulta, scorpione, mangano || (*pezzi antichi*) bombarda, colubrina, smeriglio, falcone, falconetto, girifalco, aspide, basilisco, cardinale, carronata, mortaio, organo, petriero, ribaldocchino, serpentina, passovolante, trombone, cannone ad avancarica, saltamartino || (*pezzi moderni*) mortaio da 81, cannone 65/17, cannone da 47 mod. 35, bombarde, obice da 100/17, obice da 152, cannone da 155, mortaio da 210, cannoni da costa, cannoni contraerei, cannoncini anticarro, *bazooka* || (*attinenti*) munizioni, proiettili, bomba, carica, granata, palla, *shrapnel* || calibro, portata, gittata, breccia, esplosione, deflagrazione, rombo, spoletta, miccia, carica esplosiva, detonazione, traiettoria, manovra, tiro || casamatta, fortino, piattaforma, quadrante || direttore di tiro, capopezzo artigliere, || *verb.* bombardare, cannoneggiare, mitragliare, colpire, bersagliare, sparare, tirare, battere, infilare, incrociare, spianare, spazzare, rinculare, montare, smontare, preparare, puntare, dirigere il tiro, abbassare, allungare il tiro.
artíglio, *sm.* branca, tanaglia, forbici, graffa, granfia, rampa, sgrinfia, ugna, ugnolo, unghione, piede, zampa.
nomencl. *agg.* adunco, forte, robusto, minaccioso, nocivo, pungente || *verb.* artigliare, afferrare.
artísta, *sm.* artefice, autore, attore, virtuoso, maestro, esteta.
nomencl. (*specificazioni*) poeta, pittore, scultore, architetto, musicista, letterato, disegnatore, incisore, decoratore, ceramista, orafo, cesellatore, ballerino, cantante, comico, mestierante || vocazione, ispirazione, estro, estetica, maniera, manierismo, capolavoro || conservatorio, accademia, giro artistico || *agg.* valente, insigne, maestro, celebre, famoso, geniale, finito, delicato, fine, squisito.
àrto, *sm.* membro.
artríte, *sf.* chiragra, gotta, podagra.
nomencl. (*tipi*) acuta, deformante, cronica, secca, fungosa, infettiva, scarlattinosa, vaiolosa, traumatica, vertebrale, blenorragica.
arúspice, *sm.* → AUGURE, INDOVINO.
arzigogolàre, *v.intr.* → PENSARE, FANTASTICARE || CAVILLARE || IMBROGLIARE.
arzigògolo, *sm.* → FANTASTICHERIA || CAVILLO.
arzigogolóne, *sm.* → IMBROGLIONE.
arzíllo, *agg.* → AGILE, BRIOSO.
asbèsto, *sm.* amianto.
ascèlla, *sf.* gavigna.
ascendènte, *ppr.* di ascendere || *sm.* → AVO || INFLUENZA.
contr. discendente.
ascendènza, *sf.* → GENEALOGIA || INFLUENZA.
contr. discendenza.
ascéndere, *v.intr.* → SALIRE.
contr. discendere.
ascensióne, *sf.* → SALITA.
contr. discesa.
ascensóre, *sm.* montacarichi, *lift*.
nomencl. idraulico, elettrico, automatico.
ascésa, *sf.* → SALITA.
contr. discesa.
ascèsso, *sm.* → POSTEMA, TUMORE.
ascèta, *sm.* anacoreta, eremita, cenobita, devoto, stoico, astinente, spirituale || mistico.
contr. epicureo, sensuale, materialista, crapulone.
ascètico, *agg.* spirituale, mortificato, astinente.
ascetísmo, *sm.* distacco, mortificazione, purificazione, spiritualità, stoicismo.
àscia, *sf.* → MANNAIA, SCURE.
ascialóne, *sm.* mensola, beccatello, gattello.

asciòlvere, *v.intr.* far colazione || *sm.* pasto, → COLAZIONE.
ascíte, *sf.* → IDROPISIA.
asciugàggine, *sf.* → ARIDITÀ.
asciugamàno, *sm.* bandinella, asciugatóio, canovaccio, salvietta, strofinaccio, torcione.
asciugaménto, *sm.* → ESSICCAZIONE.
asciugàre, *v.tr.* seccare, asciuttare, sciuttare, astergere, detergere, tergere, rasciugare, rasciuttare, riforbire, suzzare, svaporare, essiccare, disseccare, forbire, disidratare, prosciugare.
contr. bagnare, annaffiare, irrigare, ammollare, intridere, inumidire, umettare.
asciugatóio, *sm.* → ASCIUGAMANO.
asciuttaménte, *avv.* → ASPRAMENTE.
asciuttàre, *v.tr.* → ASCIUGARE.
asciuttézza, *sf.* → ARIDITÀ.
asciútto, *agg.* arido, secco, sciutto, arso, adusto, bruciato, alido, asciugato, rasciutto, prosciugato || magro, scarno, stecchito, macilento, magrolino, scarnito || *fig.* brusco, secco, di poche parole, laconico, stringato.
contr. bagnato, umido, inumidito, umidiccio || grasso, adiposo, corpulento, abbondante, umoroso || loquace, ciarlone.
asciuttóre, *sm.* → SICCITÀ, ARIDITÀ.
ascoltàre, *v.tr.* dare, porgere, prestare orecchio; dare ascolto, dare udienza, accogliere o raccogliere le parole, por mente, intendere, stare attento, tendere gli orecchi, essere tutt'orecchi, fare attenzione, pender dal labbro, bere le parole, non perdere una sillaba, → UDIRE || origliare, orecchiare, spiare, usciolare || auscultare || dar retta, obbedire, esaudire, accontentare.
ascoltatóre, *sm.* → UDITORE || SPETTATORE.
ascoltazióne, *sf.* → AUDIZIONE || ATTENZIONE.
ascóndere, *v.tr.* e *rifl. rar.* nascondere, celare.
ascóso, *pps.* di ascondere || *agg. poet.* → NASCOSTO.
ascrívere, *v.tr.* → ATTRIBUIRE.
asèpsi, *sf.* → DISINFEZIONE.
contr. sepsi.
asèttico, *agg.* e *sm.* → DISINFETTATO, DISINFETTANTE.
contr. sèttico.
asfàlto, *sm.* → CATRAME.
asfissía, *sf.* soffocamento, soffocazione, oppressione, apnea, dispnea.
asfissiàre, *v.tr. intr.* e *rifl.* → SOFFOCARE.
asfodèlo, *sm.* → GIGLIO.
asílo, *sm.* ricovero, ricetto, rifugio, ricettacolo, casa, luogo, ritiro, ospizio, nascondiglio, franchigia, scampo || scuola materna, giardino d'infanzia.
nomencl. diritto d'asilo, asilo politico || *verb.* dare, offrire, chiedere, fruire del diritto d'asilo.
asimmetría, *sf.* → SPROPORZIONE.
contr simmetrìa.
asimmètrico, *agg.* → SPROPORZIONATO.
contr. simmetrico.
asinàggine, *sf.* → ASINERIA.
asinàta, *sf.* → ASINERIA.
asíndeto, *sm.*
contr. polisindeto.
asinería, *sf.* asinata, asinità, somarata, somaraggine, bestialità, sciocchezza, ignoranza, asinaggine, ciucaggine, buaggine, stolidità, caparbietà, → IGNORANZA.
contr. senno, saggezza, cervello, sagacia, sagacità, sapere, intelligenza.
asinità, *sf.* → ASINERIA.
àsino, *sm.* bricco, buricco, ciuco, somaro || giumento, onagro, onagra, ernione, *dziggitai*, teniopo, cuagga o guagga, zebra || *fig.* → IGNORANTE, SCIOCCO.
nomencl. (*attinenti*) basto, rampi, soma, riga di mulo, zigrino; cimurro, guidalesco (piaga prodotta dalla soma), latte sottile || (*voce*) raglio, ragliata || *verb.* ragliare, ragghiare.
àsma, *sm.* e *f.* → AFFANNO.
asmàtico, *agg.* → AFFANNOSO.
àsola, *sf.* occhiello.
asolàre, *v.intr.* → SPIRARE.
'àsolo, *sm.* → ALITO, VENTO.
aspàragio, *sm.* → ASPARAGO.
aspàrago, *sm.* asparagio, spàrago, spàragio.
nomencl. (*varietà*) bianco, violetto, domestico, selvatico || sparagiaia, asparagina || (*parti*) radice, scopa (gambo), spazzole (germogli).
aspèrgere, *v.tr.* → BAGNARE, SPARGERE.
aspèrgine, *sf.* → SPRUZZO.
asperità, *sf.* → ASPREZZA.
aspersióne, *sf.* → BAGNO.
aspèrso, *pps.* di aspergere || *agg.* → BAGNATO.
aspettànza, *sf.* → ATTESA, APPARTENENZA.
aspettàre, *v.tr.*, attendere, stare in attesa, fare attesa, indugiare, procrastinare, temporeggiare, differire, appostare, stare a bada || sperare, bramare, desiderare || aspettarsi qualcosa, prevedere, temere qualcosa.
contr. procedere, affrontare, operare, trattare, prevedere, prevenire, precorrere.
aspettatíva, *sf.* attesa, aspettazione, attendimento, ansia, speranza, assegnamento, curiosità, fiducia || previsione, opinione.
contr. conclusione, epilogo, compimento, fatto compiuto.
aspettàto, *pps.* di aspettare || *agg.* atteso.
contr. inatteso, imprevisto.
aspettazióne, *sf.* → FIDUCIA, ATTESA, ASPETTATIVA.
aspètto, *sm.* apparenza, appariscenza, mostra, atteggiamento, contegno, ceffo, cera, effigie, viso, volto, faccia, facciata, figura, fisico, fisionomia, connotato, fattezze, lineamenti, foggia, forma, cospetto, colore, immagine, grinta, grugno, grifo, muso, mostaccio, profilo, sembiante, presenza, specie, vista, veduta, tratto, complessione, costituzione, corporatura, caratteristica, carattere, aria, portamento || → ATTESA.
nomencl. *agg.* augusto, imponente, trionfante, autorevole, grave, maestoso, venerabile, austero, serio, severo, bello, fresco, piacevole, florido, di buona salute, brutto, sinistro, sospetto, tristo, sconcio, contraffatto, vizzo, triste, equivoco, ambiguo, vegeto, simpatico.
àspide, *sm.* → SERPE.
aspirànte, *ppr.* di aspirare || *sm.* → CONCORRENTE || *agg.* → DESIDEROSO.
aspiràre, *v.tr.* → RESPIRARE || *fig.* → DESIDERARE.
aspirazióne, *sf.* → ALITO || *fig.* DESIDERIO, IDEALE, FINE.
àspo, *sm.* → ARCOLAIO.
asportàre, *v.tr.* → ESTIRPARE, TOGLIERE.

asportazióne, *sf.* ablazione, estirpazione, amputazione, mutilazione, troncamento, detrazione, sottrazione.
contr. aggiunta, aggiungimento, aggiunzione, accrescimento, aumento, addizione.
aspraménte, *avv.* bruscamente, accanitamente, crudelmente, fieramente, fortemente, asciuttamente, acerbamente, acremente, rozzamente, ruvidamente.
contr. blandamente, dolcemente, soavemente, bonariamente, indulgentemente.
aspreggiàre, *v.tr.* → INASPRIRE || *fig.* → ESASPERARE.
asprézza, *sf.* fortore, fortezza, agrezza, acerbità, crudezza, intemperanza, acredine || ruvidezza, asperità, arduità, scabrosità || *fig.* rigidezza, durezza, rigore, rozzezza, crudeltà, acidità || → BARBARIE.
contr. dolcezza, soavità || liscezza, morbidezza, levigatezza || *fig.* tenerezza, indulgenza, bonarietà, garbatezza.
asprígno, *agg.* → ASPRO, ACIDO || *fig.* → DURO.
àspro, *agg.* brusco, acerbo || afro, africogno, agresto, lazzo, acido, pungente, asprigno, aspretto, agrimonico, agrimonioso, acrimonioso, agro || forte, fortigno, forticcio || mordente, raspante || assaettante, scorticante || ruvido, scabro, faticoso, malagevole, scosceso || *fig.* rigido, austero, sgarbato, scortese, ostico, mordace, burbero, barbaro, crudele, fièro, feroce, rigoroso, rozzo, intrattabile, crudo, duro, amarulento, esulcerato, inasprito || (di voce) rauco, grave.
contr. dolce, mielato, soave || piano, liscio, facile, smussato || *fig.* mite, buono, bonario, cortese, tenero, indulgente || vivo, sonoro.
asprúme, *sm.* → ACERBITÀ.
assaggiàre, *v.tr.* gustare, assaporare, pregustare, libare, bere, spilluzzicare, sbocconcellare || *fig.* tentare, → PROVARE.
assàggio, *sm.* prelibazione, degustazione, delibazione || *fig.* scampolo, mostra, prova, esperimento, campione, → SAGGIO.
assài, *avv.* → MOLTO, ABBASTANZA.
assalíre, *v.tr.* abbordare, aggredire, affrontare, avventare, attaccare, assaltare, avventarsi, prendere alle spalle, oppugnare, scagliarsi contro, dare addosso, andare addosso, stringersi addosso, saltare agli occhi, attaccare battaglia, far impeto, arrembare, investire, caricare.
contr. evitare, schivare, eludere, sgusciare, scappare, fuggire, sfuggire, arretrare, indietreggiare.
assalitóre, *sm.* aggressore, assaltatore, attaccante, invasore, investitore, invaditore, oppugnatore, provocatore.
assaltàre, *v.tr.* → ASSALIRE, COMBATTERE.
assaltatóre *sm.* → ASSALITORE.
assàlto, *sm.* affronto, impeto, assalimento, aggressione, attacco, carica, colpo di mano, calata, incursione, invasione, investimento, irruzione, occupazione, battaglia || gualdana, scorribanda, scorreria, razzia, scorrimento, abbordaggio, abbordo, arrembo, arrembaggio.
contr. contrassalto, controffensiva, contrattacco, ritorsione, difesa, ritirata, fuga.
assaporàre, *v.tr.* → GUSTARE, GODERE, BERE.
assaporíre, *v.tr.* → CONDIRE.
assassinaménto, *sm.* → ASSASSINIO.
assassinàre, *v.tr.* → UCCIDERE || *fig.* → ROVINARE.
assassínio, *sm.* omicidio, uccisione, assassinamento, ammazzamento, → DELITTO || *fig.* danneggiamento, soperchieria, sopruso, violenza.
assassíno, *sm.* omicida, uccisore, sicario, satellite, sgherro, scherano, masnadiero, grassatore, malandrino, brigante, bandito, uomo micidiale, sanguinario.
àsse^1, *sf.* tavola, tavolato, pancone, assito, palanca, palàncola.
àsse^2, *sm.*
nomencl. asse di rotazione, asse terrestre, asse di simmetria; asse della ruota o sala.
asse^3, *sm.* (moneta romana).
nomencl. asse ereditario, patrimoniale, demaniale, ecclesiastico, || → EREDITÀ.
assecondàre, *v.tr.* → ACCONSENTIRE.
assediàre, *v.tr.* bloccare, ricingere, asserragliare, circondare, affamare, cingere, stringere d'assedio, isolare, chiudere, sbarrare, accerchiare, importunare, circuire, sollecitare, investire.
contr. sbloccare, liberare, rompere, togliere l'assedio, difendere, respingere, fare sortite.
assèdio, *sm.* blocco, affollamento, stretta, cerchio, barriera, steccato, vallo, trincea, cinta di ferro || *fig.* importunità, assiduità, molestia, costanza, insistenza, investimento.
nomencl. formale, stretto, insostenibile, largo, prolungato, strenuo, minaccioso || *fig.* amoroso.
(*operazioni*) cingere d'assedio, allargare l'assedio, bloccare, dare la scalata, levar l'assedio, rompere l'assedio, sostenere l'assedio, arrendersi, arrendersi a discrezione, resa, capitolazione, arrendersi con l'onore delle armi.
assegnaménto, *sm.* assegno, entrata di denaro, provento, rendita, somma assegnata, appannaggio, provvisione, diaria, pagamento, conto, prodotto, reddito, capitale || *fig.* speranza, attesa, aspettativa, fondamento, fiducia, ripromissione,
assegnàre, *v.tr.* dare, conferire, attribuire, aggiudicare, stabilire, costituire, dotare, tributare, prescrivere, ascrivere, concedere, destinare a favore || → DEPUTARE.
contr. togliere, ritogliere, distogliere, rapire, privare, strappare, mancare.
assegnàto, *pps.* di assegnare || *agg.* → ADDETTO.
assegnazióne, *sf.* → DISTRIBUZIONE, CONSEGNA, ATTRIBUZIONE.
asségno, *sm.* mandato di pagamento || → ASSEGNAMENTO.
assemblèa, *sf.* → ADUNANZA.
nomencl. (*distinzioni*) ordinaria, straordinaria, generale, permanente, parlamentare, costituente, federale, nazionale, territoriale, popolare, dei notabili, dei vescovi, diocesana || (*affini*) *ecclesia*, *bulé*, pritaneo, areopago, comizio, consulta, consiglio provinciale, comunale, congresso, parlamento, convenzione, costituente, *Cortes*, Stati generali, Dieta, *Duma*, Senato, Camera dei deputati, *Reichstag*, Camera dei Comuni, *Reischvald*, *Scupcina*, *Storthing*, *Tabor* || (*topografia*) estrema destra, destra, centro-destra, centro, centro-sinistra, sinistra, estrema sinistra || *verb.* convocare, sciogliere, tenere, presiedere, moderare, dirigere una assemblea.

assembraménto, *sm.* → ADUNANZA, FOLLA, DIMOSTRAZIONE.
assembràre, *v.tr.* e *rifl.* riunire, riunirsi, → AFFOLLARE.
assennataménte, *avv.* → SAGGIAMENTE.
assennatézza, *sf.* → BUONSENSO.
assennàto, *agg.* → GIUDIZIOSO.
assènso, *sm.* → CONSENSO, APPROVAZIONE.
assentàre, *v.rifl.* → PARTIRE.
assènte, *agg.* → LONTANO, CONTUMACE.
assenteísmo, *sm.* assenza (continuata e sistematica), astensionismo, indifferenza, estraneità, qualunquismo, negativismo.
contr. presenza, partecipazione, interessamento, presa di posizione.
assentiménto, *sm.* consentimento, → CONSENSO.
assentíre, *v.intr.* consentire, → ACCONSENTIRE.
assènza, *sf.* lontananza, → CONTUMACIA || mancanza, difetto, carenza || (continuata e sistematica) assenteismo, indifferenza, estraneità.
contr. presenza, interessamento, partecipazione || abbondanza.
assenziènte, *ppr.* di assentire || *agg.* → CONSENZIENTE.
asseríre, *v.tr.* → AFFERMARE, CERTIFICARE, GIURARE || AVVALORARE.
asserpolàre, *v.tr.* → TORCERE.
asserragliaménto, *sm.* → BARRICATA.
asserragliàre, *v.tr.* e *rifl.* → BARRICARE.
assertíva, *sf.* → AFFERMAZIONE.
assertivaménte, *avv.* → AFFERMATIVAMENTE.
assertívo, *agg.* → AFFERMATIVO.
assèrto, *sm.* → AFFERMAZIONE.
asservíre, *v.tr.* rendere schiavo, infeudare, → SOTTOMETTERE.
asserzióne, *sf.* → AFFERMAZIONE.
assessóre, *sm.* → GIUDICE.
nomencl. consigliere comunale, giudiziario.
assestaménto, *sm.* → ACCOMODAMENTO, ORDINE.
assestàre, *v.tr.* → ACCOMODARE,. ADATTARE || COLPIRE.
assestatézza, *sf.* → ORDINE.
assetàto, *pps.* di assetare || *agg.* arido, arso, sitibondo || *fig.* smanioso, → DESIDEROSO.
contr. dissetato, abbeverato, umido, ristorato.
assettàre, *v.tr.* → ACCOMODARE.
assettàto, *pps.* di assettare || *agg.* → ORDINATO, ACCOMODATO, ELEGANTE.
assètto, *sm.* → DISPOSIZIONE, ORDINE, ACCOMODAMENTO.
asseveràre, *v.tr.* → CERTIFICARE, AVVALORARE.
asseverativaménte, *avv.* → AFFERMATIVAMENTE.
asseveratívo, *agg.* → AFFERMATIVO.
assicuràre, *v.tr.* accertare, confermare, acconsentire || dar sicurezza, far certo, asserire, asseverare, rassicurare, affermare, affidare, garantire || cautelare, salvare, mettere in salvo || rendere sicuro, stabile, fermo, solido; fermare, ancorare || *rifl.* essere, mettersi, stare al sicuro, garantirsi || pagare l'assicurazione.
contr. negare, ritrattare, disdire || esporre a rischio, a pericolo, minacciare. || non essere al sicuro.
assicurazióne, *sf.* → AFFERMAZIONE, CONFERMA || premio, polizza, indennità, vitalizio, malleveria, garanzia.
nomencl. (*personale*) assicuratore, consiglio d'assicurazione, agente d'assicurazione, attuario, esperto, esperto marittimo, perito || (*atti*) tasso, polizza, provvigione, portafoglio, articoli, premio di assicurazione, rischio, avaria, sinistro, calcolo delle probabilità, tabella di mortalità, indennità di risarcimento, garanzia, malleveria, riassicurazione, liquidazione del danno || (*forme*) vitalizia, terrestre, marittima, *in quovis*, mutua, sulla vita, sulla morte, mista, contro l'incendio, la grandine, gli infortuni, i furti, per danni a terzi, operaia, sociale, pubblica, privata.
assideraménto, *sm.* → GELO.
assideràre, *v.tr.* e *intr.* → GELARE, INFREDDOLIRE, RABBRIVIDIRE.
assiderazióne, *sf.* → GELO.
assídersi, *v.rifl.* → ADAGIARE, SEDERE.
assiduaménte, *avv.* → CONTINUAMENTE, DILIGENTEMENTE.
assiduità, *sf.* → COSTANZA, FREQUENZA || DILIGENZA, PAZIENZA.
assíduo, *ag.* → FREQUENTE, CONTINUO, COSTANTE || DILIGENTE, INSTANCABILE.
assième, *avv.* → INSIEME.
assiepàre, *v.tr.* → CIRCONDARE, CINGERE || *rifl.* → AFFOLLARE.
assillabazióne, *sf.* → ALLITTERAZIONE.
assillàre, *v.tr.* → INCITARE, TORMENTARE.
assíllo, *sm.* estro, tafano || puntura || *fig.* → INCITAMENTO, DESIDERIO, TORMENTO, GELOSIA.
assimilàbile, *agg.* → DIGERIBILE.
assimilàre, *v.tr.* rendere simile, rassomigliare, uguagliare, parificare, comparare || trasformare il cibo, digerire || contraffare, imitare, appropriarsi, prendere.
contr. differenziare, diversificare, opporre || non digerire.
assimilazióne, *sf.* digestione, chilificazione, elaborazione, concozione, anabolismo || *fig.* capacità di imparare, di apprendere.
contr. disassimilazione, catabolismo, indigestione.
assiòlo, *sm.* chiú, chiurlo, civetta || *fig.* ignorante.
nomencl. *verb.* chiurlare.
assiòma, *sm.* → DOGMA, VERITÀ, EVIDENZA, ADAGIO.
assiomàtico, *agg.* → EVIDENTE, CERTO.
assísa, *sf.* → DIVISA || ADUNANZA.
assistènte, *ppr.* di assistere || *sm.* → AIUTANTE, IMPIEGATO || ASTANTE.
assistènza, *sf.* → AIUTO, PRESENZA || assistenza pubblica, → BENEFICENZA.
assístere, *v.tr.* star vicino, essere presente, intervenire, ritrovarsi presente || *fig.* vigilare, custodire, soccorrere, prestare aiuto, assistenza, soccorso, coadiuvare, beneficare, favorire, dare l'elemosina, → AIUTARE.
nomencl. assistente, aiuto, collaboratore, coadiutore, partecipante.
contr. star lontano, essere assente, negligente, incurante, trascurare.
assíto, *sm.* steccato, tavolato, intavolato, telaio, tramezza, tramezzo, pancone, impalcatura, palco.
àsso, *sm.* → ATLETA.
associaménto, *sm.* → ASSOCIAZIONE.
associàre, *v.tr.* abbonare, affiliare, accompagnare, accoppiare, aggiungere, appaiare, collegare, accomunare, accostare, fondere, consociare, congregare, fede-

rare, confederare, mettere insieme, far lega, far comitiva, aggregare, ascrivere, annumerare, → UNIRE || *rifl.* appaltarsi, confederarsi, accoppiarsi, unirsi, consociarsi, fondersi, accostarsi.
contr. dissociare, isolarsi, separarsi, far da sé, staccarsi, sciogliere, scomporre, disunire, mettere discordia.
associàto, *pps.* di associare || *sm.* → SOCIO.
associazióne, *sf.* abbonamento, iscrizione, partecipazione, alleanza, società, compagnia, confederazione, federazione, unione, circolo, congrega, confraternita, congregazione, corporazione, sindacato, arte, falansterio, lega, sodalizio, consociazione, setta, associamento, collegio, comunità, consorteria, consorzio, camorra, mafia, ansa, partito, gruppo || ordine, capitolo, convento || cartello, *trust*, monopolio, oligopolio.
nomencl. (*suddivisioni*) libera, giurata, privata, volontaria, pubblica, obbligatoria, di fatto, giuridica, riconosciuta, politica, internazionale, nazionale, federale, confederale, religiosa, pia, studentesca, operaia, professionale, di categoria, di mutuo soccorso, finanziaria, anonima, cooperativa, commerciale, segreta, di criminali, a delinquere || (*persone*) associato, alleato, compagno, confederato, federato, camerata, confratello, consociato, membro, collaboratore, complice, compare, sodale, infeudato, partecipe, socio || (*associazione finanziaria*) azioni, capitale, utili, dividendo, partecipazione, statuto, sindaci, liquidatore, liquidazione, gerente || (*associazione politica*) programma, congresso, direzione, segreteria, *leader*, probiviri, propaganda, correnti, fronte, maggioranza, minoranza || *verb.* costituire, formare, erigere, aderire, associarsi, affiliarsi, cooptare, mettere in comune, parteggiare, fondere, fondersi, iscriversi, abbonarsi, federarsi, confederarsi.
assodaménto, *sm.* → INDURIMENTO, COAGULAZIONE.
assodàre, *v.tr.* → INDURIRE, AGGRUMARE || *fig.* → ACCERTARE.
assoggettaménto, *sm.* → SOTTOMISSIONE.
assoggettàre, *v.tr.* → SOTTOMETTERE.
assolàre, *v.tr.* → SOLEGGIARE.
assolatío, *agg.* → SOLATIO.
assolàto, *agg.* → SOLATIO.
assolcàre, *v.intr.* → COLTIVARE.
assoldàre, *v.tr.* → PAGARE, ARROLARE.
assòlto, *pps.* di assolvere || prosciolto, graziato, perdonato, amnistiato || *agg.* → GIUSTIFICATO.
contr. condannato.
assolutaménte, *avv.* → AFFATTO.
assolutísmo, *sm.* → DESPOTISMO, TIRANNIA.
assolúto, *agg.* sciolto, libero, senza condizione o restrizione, illimitato, incondizionato || complessivo, intero, completo, esclusivo, pieno, plenario, totale || universale, perfetto, indipendente, puro, immobile, infinito, ideale, unico, supremo, astratto, metafisico, generalissimo || → CERTO || (*di governo*) arbitrario, dispotico, tirannico, totalitario.
contr. condizionato, relativo, parziale, contingente, limitato, particolare, accidentale || costituzionale, parlamentare.
assoluzióne, *sf.* proscioglimento, assolutoria, perdono, remissione, grazia, amnistia, liberazione, giustificazione.
contr. condanna, punizione, castigo, pena, esecuzione.
assòlvere, *v.tr.* sciogliere, liberare, perdonare, rimettere, giustificare, redimere, prosciogliere, rilasciare, sgravare, riabilitare, disobbligare, dichiarare innocente, mandare assolto, rimandare libero || *fig.* pagare, compire, soddisfare.
contr. condannare, punire, castigare, infliggere una pena, eseguire.
assomàre, *v.tr.* → CARICARE.
assomigliàre, *v.tr.* → PARAGONARE || *v.intr.* e *rifl.* somigliare, rassomigliare, sembrare, arieggiare, imitare, accostarsi, approssimarsi, avvicinarsi, rammentare, ricordare, assimilare, essere simile, somigliante all'immagine, al ritratto.
contr. dissomigliare, degenerare, differenziarsi, essere incomparabile, impareggiabile, dissimile, diverso.
assommàre, *v.tr.* e *intr.* aggiungere, ammontare, → SOMMARE.
contr. sottrarre, diminuire, togliere, dedurre.
assonànza, *sf.* consonanza, → ALLITTERAZIONE.
contr. dissonanza.
assonnacchiàto, *agg.* → ADDORMENTATO.
assonnaménto, *sm.* → SONNO.
assonnàre, *v.tr.* e *rifl.* → ADDORMENTARE, DORMIRE.
assonnàto, *pps.* di assonnare || *agg.* → ADDORMENTATO.
assonníto, *agg.* → ADDORMENTATO.
assopiménto, *sm.* → SONNO.
assopíre, *v.tr.* e *rifl.* → ADDORMENTARE, DORMIRE || CALMARE.
assopíto, *pps.* di assopire || *agg.* → ADDORMENTATO.
assorbiménto, *sm. fig.* ESTASI.
assorbíre, *v.tr.* sorbire, riassorbire, succhiare, succiare, impregnarsi, imbeversi, ingoiare, inghiottire, → BERE || *fig.* apprendere, imparare, assimilare || attrarre. || accettare.
contr. rigettare, vomitare, respingere, rifiutare.
assorbíto, *pps.* di assorbire || *agg.* (con la mente) → ASSORTO.
assordaménto, *sm.* assordimento, → SORDITÀ.
assordàre, *v.tr.* assordire, intronare, rintronare, stordire.
assordíre, *v.tr.* → ASSORDARE.
assórgere, *v.intr.* → SORGERE.
assortiménto, *sm.* → SCELTA || RACCOLTA.
assortíre, *v.tr.* → SCEGLIERE, DIVIDERE.
assòrto, *pps.* di assorbire || *agg.* assorbito || immerso, compreso di una cosa, astratto, concentrato → PENSIEROSO.
contr. distratto, svagato, sbadato, alienato.
assottigliaménto, *sm.* dimagrimento, restringimento, → DIMINUZIONE.
contr. ingrossamento, dilatamento, allargamento.
assottigliàre, *v.tr.* riassottigliare, rassottigliare, rarefare, → AFFILARE, AGUZZARE, DIMINUIRE || assottigliare alle estremità, → AFFUSOLARE.
contr. ingrossare, ingrassare, dilatare.
assottigliàto, *pps.* di assottigliare || *agg.* → DIMINUITO.
assuefàre, *v.tr.* e *rifl.* → ABITUARE.
assuefazióne, *sf.* → ABITUDINE.
assúmere, *v.tr.* riassumere, prendere (a sé, sopra di sé) || → SOLLEVARE || PROCURARE, ELEGGERE, ATTIRARE ||

rifl. addossarsi un carico, impegnarsi, attribuirsi (un obbligo), → ACCOLLARE, PRENDERE.
contr. lasciare, abbandonare, rinunciare, deporre, declinare || licenziare, accomiatare, congedare.
assúnto, *pps.* di assumere || *agg.* sollevato, elevato, innalzato || *sm.* cura, impegno, incarico, carico, cómpito || tèsi, ragionamento, affermazione, proposizione, asserzione, discorso, dimostrazione, argomento.
contr. lasciato, abbassato, deposto || licenziato, congedato.
assuntóre, *sm.* → IMPRESARIO.
assunzióne, *sf.* → ELEZIONE, ELEVAZIONE, PROMOZIONE, ESALTAZIONE.
assurdità, *sf.* controsenso, incongruenza, paradosso, irragionevolezza, contraddizione, stravaganza, nonsenso, antilogia, sciocchezza, scempiaggine, errore, strafalcione, asineria, bestialità, balordaggine, sragionamento, falsità, incoerenza, illogicità, ragionamento confuso o sconclusionato.
contr. congruenza, logicità, coerenza, ragionevolezza, razionalità, buon senso.
assúrdo, *agg.* contraddittorio, falso, impossibile, incompatibile, paradossale, repugnante, stravagante, illogico, gratúito, incongruo, errato, incoerente, sconclusionato, sragionevole, balordo, stupido, irrazionale, inconsequente, sinistro, incongruente.
contr. esatto, logico, ragionevole, razionale, congruente, provvidenziale, giustificato.
assúrgere, *v.intr.* → SORGERE, ALZARE, SALIRE.
àsta, *sf.* incanto, licitazione, appalto, subappalto, concorso, subasta, subastazione || → LANCIA, CANDELIERE.
nomencl. pubblica, privata || (*attinenti*) banditore, incantatore, chiamatore, cartella d'incanto, lotto, oblazione, prezzo d'asta, diritti d'asta || *agg.* deserta, affollata || *verb.* mettere all'asta, adire all'asta, aggiudicare, offrire, incantare, reincantare, ricantare, pubblicare, dire.
àstaco, *sm.* → GAMBERO.
astànte, *agg.* assistente, presente || circostante.
contr. assente, lontano.
astèmio, *agg.* e *sm.* → TEMPERANTE.
contr. bevitore, beone, ubriacone.
astenére, *v.rifl.* contenersi, desistere, evitare, disinteressarsi, privarsi, ritenersi, cessare di prendere, rifiutare, guardarsi, rinunziare, moderarsi, privarsi, tacere.
contr. partecipare, impegnarsi, collaborare, assumersi l'incarico, l'obbligazione.
astenía, *sf.* → DEBOLEZZA.
astensióne, *sf.* rinuncia, abbandono, omissione || astinenza, digiuno, dieta, regime, privazione, continenza || moderazione, ritenutezza, discrezione, modestia.
nomencl. dall'uso delle carni, dai piaceri, dalle bevande alcoliche, dal lavoro, ecc.
contr. partecipazione, uso.
astensionísmo, *sm.* → ASSENTEISMO.
astèrgere, *v.tr.* → DETERGERE, ASCIUGARE, PULIRE.
astèria, *sf.* stella marina.
asterísco, *sm.* stelletta, stelloncino, → RICHIAMO.
astersióne, *sf.* → PULITURA.
astèrso, *pps.* di astergere || *agg.* → PULITO.
astinènte, *agg.* moderato, discreto, modesto, sobrio, frugale, → TEMPERANTE.
contr. immoderato, smodato, intemperante, epicureo.
astinènza, *sf.* → ASTENSIONE || TEMPERANZA.
àstio, *sm.* → ODIO, ACERBITÀ.
astiosità, *sf.* → ACERBITÀ, ODIO.
astióso, *agg.* → ACRE, CATTIVO, FEGATOSO, NEMICO.
astóre, *sm.* → FALCO.
astràle, *agg.* siderale, sidereo, celeste, stellare.
contr. terreno, terrestre.
astràrre, *v.tr.* e *intr.* → STACCARE || PRESCINDERE || PENSARE || *rifl.* → DISTRARRE.
astrattàggine, *sf.* → DISTRAZIONE.
astràtto, *pps.* di astrarre || *agg.* staccato, concentrato, assorto || incorporale, incorporeo, ideale, assoluto, indefinito, fantastico, generico, vago, campato in aria, senza contorni, senza figura || → DISTRATTO.
contr. concreto, definito, corporeo, figurato, materiale, tangibile.
astrazióne, *sf.* generalità, generalizzazione, concetto astratto, || concentrazione || eccezione || distrazione.
contr. concretezza, precisione, materialità, realtà.
astringènte, *ppr.* di astringere || *agg.* e *sm.*
nomencl. crema, lozione, preparato astringente || medicamento astringente.
contr. lassativo.
astríngere, *v.tr.* → STRINGERE, COSTRINGERE.
àstro, *sm.* → PIANETA.
nomencl. (*tipi*) asteroide, nebulosa, Galassia o Via Lattea, stella, pianeta, satellite, sole, luna, cometa, bolide, costellazione, globo, disco, lembo || (*movimenti*) apparizione, ascensione, congiunzione, equazione, configurazione, aberrazione, deviazione, nutazione, culminazione, eclisse, eliaco, emersione, moto diurno e notturno, occultazione, orbita, parallasse, retrogradazione, rivoluzione, rotazione, superazione, sizigia, traiettoria || (*scienze*) astrochimica, astrofisica, astrometria, astrofotografia, astrofotometria, astrologia, astromanzia, astrometeorologia, siderismo, astrodinamica, astrografia, astronomia || astrolatria.
astrografía, *sf.* → FOTOGRAFIA.
astrolàbio, *sm.* sfera armillare, sestante.
astrologàre, *v.tr.* e *intr.* strologare, → INDOVINARE, FANTASTICARE.
astrología, *sf.*
nomencl. (*suddivisione*) naturale, giudiziaria, teologica || (*termini*) domificazione (divisione del cielo in 12 parti), posizione dei pianeti, schema, promettitore, significatore, direzione || (*influenze*) astro ascendente, alfridaria (influenza di ciascun pianeta), anereto (pianeta che annunzia la morte), afeto (pianeta che dà la vita), segni malefici, freddi, caldi, grassi, magri, maschili, femminili, sterili, aspetti benigni, maligni, oroscopo.
astròlogo, *sm.* → AUGURE.
astronomía, *sf.* astrologia, cosmogonia, cosmologia, cosmografia, astrometria, astrochimica, meccanica celeste, astrodinamica, astrofisica, astrofotometria, radioastronomia.
nomencl. (*suddivisione*) fisica, d'osservazione, matematica, nautica, pratica, sferica, stellare, teorica || (*leggi e sistemi*) attrazione universale, gravitazione || sistema

copernicano, sistema tolemaico, sistema kepleriano, sistema egiziano || sistema solare, sistema del mondo, sistema planetario || (*termini astronomici*) aspide, afelio, amplitudine di un astro, analemma, angolo orario, anomalia, antecedenza, apogeo, arco, asse dei corpi celesti, asse dell'equatore, asse del mondo, *azimut*, ciclo, declinazione, diametro apparente degli astri, eccentricità, eclittica, eliocentrismo, geocentrismo, epiciclo, equinozio, escursione, immersione, latitudine longitudine, limiti, meridiana, meridiano, parallelo, opposizione, perielio, perigeo, periodo, perturbazioni, quadrante, punto culminante, passaggio al meridiano, schiacciamento ai poli, solstizio, stazione, equinozio || (*carte*) carta, effemeridi astronomiche, globo celeste, mappamondo celeste, planetario, planisfero, quadrante solare, sfera || (*strumenti*) *altazimut*, armilla, astrometro, astrolabio, teodolite, cosmolabio, sestante, radiometro, telescopio, radiotelescopio, collimatore, eliometro, reticolo, equatoriale, gnomone, micrometro, nonio, ottante, parallatica, parapegna, quadrante, raggio astronomico, megametro, anello astronomico, macchina planetaria, macchina geociclica.

astrusàggine, *sf.* → ENIGMA.

astrusería, *sf.* → ENIGMA.

astrusità, *sf.* → ENIGMA.

astrúso, *agg.* → ENIGMATICO, INESPLICABILE, DIFFICILE, BUIO.

astúccio, *sm.* → CUSTODIA.

astutézza, *sf.* → ASTUZIA.

astúto, *agg.* accorto, avveduto, abile, destro, fino, furbo, furbaccio, furbacchiotto, furbacchione, imbroglione, ingannatore, malizioso, perspicace, oculato, sagace, scaltro, sottile, trappolone, politicone, lesto, volpino, volpone, birichino, acuto, birbo, ambidestro, corbacchione, callido, diplomatico, industrioso, tatticone, calcolatore, uomo di risorse, di fine intuito, formicone, malizioso.

contr. ingenuo, candido, semplice, sincero, leale, uomo lineare, dabbenuomo, sempliciotto.

astúzia, *sf.* accorgimento, accortezza, abilità, destrezza, furberia, furbizia, perspicacia, sagacia, sagacità, stratagemma, scaltrimento, scaltrezza, sottigliezza, astutezza, avvedutezza, avvedimento, acume, acuità, oculatezza, lestezza, arte, callidità, cautela, cabala, imbroglio, inganno, malizia, ripiego, raggiro, trappoleria || artificio, dolo, macchinazione, machiavellismo, insidia, manovra, collusione, cavillo, malignità, malizia, falsità.

nomencl. *agg.* diplomatica, volpina, politica, sottile, satanica, fine, sopraffina, criminale || *verb.* acquistare astuzia, diventare scaltro, farsi furbo, infurbire, involpire, scaltrirsi, aprire gli occhi, saperla lunga, smaliziarsi.

contr. ingenuità, candore, innocenza, semplicità, sincerità, lealtà, dabbenaggine.

atarassía, *sf.* imperturbabilità, indifferenza, apatia, → SERENITÀ.

atavísmo, *sm.* → EREDITARIETÀ.

àtavo, *sm.* → AVO.

ateísmo, *sm.* negazione di Dio, empietà, irreligiosità, incredulità || miscredenza, irreligione.

contr. credenza in Dio, religiosità, pietà, fede || deismo, teismo.

ateísta, *sm.* → ATEO.

àteo, *agg.* e *sm.* ateista, empio, miscredente, negatore di Dio, irreligioso, incredulo, bestemmiatore, scettico.

contr. credente, pio, religioso, fedele || deista, teista.

atlèta, *sm.* ginnasta, campione, lottatore, difensore, palestrista, sportivo.

nomencl. (*tipi*) lotta, pugilato, pancrazio, salto, lancio del disco, corsa, nuoto, ginnastica, ecc. || *fig.* della fede, della libertà, del bene.

atlètico, *agg.* → FORTE.

atmosfèra, *sf.* → ARIA, GAS || *fig.* ambiente.

atòllo, *sm.* → ISOLA.

atòmico, *agg.* corpuscolare, molecolare.

nomencl. (*termini*) scienza atomica, esperto; peso, numero atomico; èra atomica, bombe, armi atomiche, cannoni atomici, navi atomiche, aerei atomici, sottomarini atomici, reazione atomica, pila atomica o nucleare, energia atomica, centrali atomiche, reattori atomici, ecc. || fissione, fusione.

àtomo, *sm.* bruscolo, corpuscolo, molecola || *fig.* → NONNULLA.

contr. un massimo, una gran parte || ciò che è divisibile.

atonía, *sf.* → DEBOLEZZA.

àtono, *agg.* privo d'accento || *fig.* apatico, → DEBOLE.

contr. tonico.

atrabile, *sf.* → TRISTEZZA.

atrabiliàre, *agg.* → IRATO.

atraménto, *sm.* → INCHIOSTRO.

atrichía, *sf.* alopecía, → TIGNA.

atricomía, *sf.* → TIGNA.

atriènse, *sm.* → PORTIERE.

àtrio, *sm.* andito, androne, vestibolo, anticamera, portico, ingresso, accesso || peristilio, prònao || orecchietta || → CORTILE.

àtro, *agg.* → NERO, BUIO.

atróce, *agg.* barbaro, crudele, spaventoso, orribile, terribile, efferato, feroce, fiero, immane, inumano, spietato.

contr. mite, dolce, delizioso, soave, blando, umano, benigno, benevolo.

atroceménte, *avv.* → CRUDELMENTE.

atrocità, *sf.* → BARBARIE.

atrofía, *sf.* → DEBOLEZZA.

contr. ipertrofia.

atròfico, *agg.* → MAGRO, DEBOLE.

contr. ipertrofico.

atrofizzàre, *v.tr.* e *rifl.* → CONSUMARE, DIMINUIRE.

atrofizzàto, *pps.* di atrofizzare || *agg.* → DIMINUITO.

atropína, *sf.* → BELLADONNA.

àtropo, *sm.* → BELLADONNA.

attaccabríghe, *sm.* accattabrighe, attaccalite, letichino, litichino, litigioso, rissoso, attacchino.

contr. conciliante, accomodante, pacifico, mite, pacioso.

attaccàgnolo, *sm.* attaccapanni, abbriccagnolo, appiccagnolo, afferratoio, aggrappo, attacco, gancio, beccatello || *fig.* pretesto, appiglio, → CAVILLO.

attaccalíte, *sm.* → ATTACCABRIGHE.

attaccaménto, *sm.* → AFFETTO || COSTANZA.

attaccapànni, *sm.* attaccagnolo, appiccagnolo, abbric-

cagnolo, beccatello, caviglia, chiodo, fungo, gruccia, piolo, uncino, cappellinaio, stampella.
attaccàre, *v.tr.* aggiuntare, fissare, affissare, appiccare, appiccicare, incollare, concatenare, saldare, impastare, rabberciare, conglutinare, connettere, congiungere, annestare, appuntare, fermare, agganciare, abbricciare, annettere, azzeccare, aggangherare, riattaccare, → UNIRE, LEGARE || affiggere, appendere, sospendere || allegare || abbarbicare, attecchire, allignare || incominciare, ricominciare, iniziare || → ASSALIRE || *rifl.* abbarbicarsi, abbarbarsi, abbrancarsi, abbricarsi, aderire, appigliarsi, appendersi, appiccicarsi, appillottarsi, arrapparsi, avvinghiarsi, avviticchiarsi, avvincigliarsi, radicarsi || affezionarsi.
nomencl. (*mezzi coesivi*) colla, adesivo, glutine, visco, gomma, ceralacca, destrina, guttaperca, gesso, mastice, pania, pasta, pegola, pece, stucco, calce, cemento, resina indiana, attaccatutto.
contr. staccare, distaccare, disgiungere, separare, dividere, spiccicare, sradicare, togliere || staccarsi, straniare, disamorarsi, disaffezionarsi.
attaccatíccio, *agg.* → COLLOSO.
attaccàto, *pps.* di attaccare || *agg.* → UNITO.
attaccatúra, *sf.* → ATTACCO.
attacchíno, *sm.* affissatore || *fig.* litichino.
attàcco, *sm.* attaccatura, appicco, connessione, affinità, relazione, legame, addentellato, collegamento, occasione, coesione, concatenamento, commessura, commettitura, concatenazione || aggressione, assalto, affronto, carica, colpo di mano, investimento, combattimento, zuffa, abbordo, abbordaggio, arrembaggio, offensiva, irruzione, provocazione, controffensiva, invasione, razzia, sortita, attentato, imboscata || attacco di malattia o passione, → ACCESSO.
nomencl. *agg.* saldo, duro, sicuro, stretto || brusco, impetuoso, imprevisto, aggressivo, offensivo, a mano armata, a tradimento, notturno, meditato, preparato, premeditato, respinto, falso, frontale || *verb.* prendere d'assalto, invadere, attaccare, sferrare l'attacco, irrompere, ingaggiare la lotta; aggredire, venire alle mani, assalire, lanciarsi all'assalto, abbordare, caricare, provocare, fare un colpo.
contr. contrattacco, ritorsione || difensiva, distacco, slegamento, ritirata, sganciamento.
attagliàre, *v.rifl.* → ADATTARE.
attaménte, *avv.* → ACCONCIAMENTE.
attanagliàre, *v.tr.* → STRINGERE.
attardàre, *v.rifl.* → ATTENDERE.
attastàre, *v.tr.* → TASTARE.
attecchíre, *v.intr.* allignare, barbicare, barbificare, radicare, abbarbicare, abbarbare, appigliarsi, allegare, alleghire, far presa, metter radici, → ATTACCARE || *fig.* accozzare, accordare || → PROSPERARE.
atteggiaménto, *sm.* atto, aria, abito, abitudine, contegno, gesto, movenza, piglio, posa, portamento, positura, posizione, attitudine, comportamento, condotta, diportamento, disinvoltura, andatura, modo, garbo || prestanza, fisionomia, contorsione, pantomima, → AZIONE, ASPETTO.
nomencl. *agg.* abbandonato, semplice, umile, modesto, supplicante, strisciante, melanconico, pensieroso, sognatore, meditabondo, stravagante, espansivo, aggomitolato, contratto, bocconi, carponi, supino, chino, curvo, cascante, sdraiato, dinoccolato, composto, sostenuto, signorile, ritto, impalato, tranquillo, mogio, quatto quatto, irato, di rivolta, di ribellione, prosternato, all'indietro, riverso, appoggiato, addossato, a cavalcioni, a cavallo, a braccia incrociate, a gambe accavallate, a gambe levate, a testa alta, a testa levata || *verb.* gestire, posare, tenersi, porsi, piantarsi, accamparsi, fare il bello, insaccarsi, alzarsi, abbassarsi, accoccolarsi, accomodarsi, accosciarsi, accovacciarsi, accucciarsi, accularsi; acquattarsi, adagiarsi, aggattarsi, aggiaccarsi, aggomitolarsi, allungarsi, appanciarsi, nascondersi, appollaiarsi, atterrarsi, aggrapparsi, carpare, chinarsi, coricarsi, cucciarsi, giacere, impancarsi, impennarsi, incepparsi, inchinarsi, inginocchiarsi, intanarsi, pavoneggiarsi, posare, rattrappire, risorgere, sdraiarsi, stare, sorgere, prosternarsi, piegarsi, incurvarsi, sprofondarsi, buttarsi, lasciarsi cadere, riversarsi all'indietro, appoggiarsi, addossarsi, prendere un atteggiamento, affettare, dimenarsi, gesticolare, ancheggiare, imitare, alzare le spalle.
atteggiàre, *v.tr.* e *rifl.* affettare, accomodarsi, adagiarsi, impostarsi, impancarsi, muoversi, pavoneggiarsi, posare, rassettare, stare, gestire, ostentare, mostrare, contraffare, mettersi, → FINGERE, GRANDEGGIARE.
attempàre, *v.intr.* invecchiare, avanzar negli anni.
contr. ringiovanire.
attempàto, *pps.* di attempare || *agg.* anziano, → VECCHIO.
attendaménto, *sm.* → BIVACCO, ACCAMPAMENTO.
attendàre, *v.tr.* e *rifl.* → ACCAMPARE.
attèndere, *v.tr.* e *intr.* aspettare, indugiare, procrastinare, sperare, dimorare, languire, stazionare, pazientare, tergiversare, temporeggiare, pausare, appostare, fare la posta, fare la sosta, stare in agguato, essere di piantone, montare la guardia, fare la sentinella, attendere a piè fermo, aspettare l'occasione, fare anticamera, stare sulle brage, attendere sotto l'acqua, restare sospesi, armarsi di pazienza, ingannare l'attesa || *rifl.* rassegnarsi, attardarsi, → DEDICARE, FARE, PREVEDERE.
contr. procedere, antecedere, prevenire, prevedere, precorrere, impazientirsi, andarsene.
attendíbile, *agg.* → AMMISSIBILE.
attenènte, *ppr.* di attenere || *agg.* attinente, → ADATTO.
attenènza, *sf.* → APPARTENENZA.
attenére, *v.intr.* → APPARTENERE || *rifl.* → ACCONSENTIRE.
attentàre, *v.intr.* → TENTARE || *rifl.* → RISCHIARE.
attentàto, *pps.* di attentare || *sm.* → ATTACCO, DELITTO.
attènto, *agg.* intento, diligente, raccolto, sollecito, vigile, vigilante, oculato, pensieroso, fisso, concentrato, applicato, solerte, preciso.
contr. disattento, distratto, svagato, negligente, sbadato, svogliato, astratto, alienato, disperso.
attenuaménto, *sm.* → ADDOLCIMENTO.
attenuànte, *ppr.* di attenuare || *agg.* e *sf.* dirimente, scusante, discriminante.
nomencl. (*motivi*) generica || eccesso di difesa, minore età, provocazione, ubriachezza, preterintenzionalità, vizio parziale di mente, forza maggiore, stato di necessità.
contr. aggravante.

attenuàre, *v.tr.* → CALMARE, DIMINUIRE, CONFORTARE, ESTENUARE, MITIGARE.

attenuazióne, *sf.* → ADDOLCIMENTO.

attenzióne, *sf.* applicazione, applicatezza, avvertenza, contemplazione, considerazione, cura, esattezza, curiosità, diligenza, oculatezza, osservazione, riflessione, solerzia, studio, vigilanza, animo, tensione, esame, ascoltazione, approfondimento, accuratezza, cortesia, gentilezza, puntualità, → AVVERTENZA.
nomencl. *agg.* viva, forte, seria, intensa, sostenuta, profonda, perseverante, diligente, solerte, vigile, puntuale, applicata, distratta, garbata, gentile, premurosa, riguardosa, affettuosa, debole || *verb.* applicarsi, accorgersi, badare, concentrarsi, interessarsi, studiarsi, sondare, approfondire, analizzare, passare in rivista, far caso, por mente, dar retta, stare attenti, porre ogni studio, stare all'erta, considerare, riguardare, fermare l'attenzione, mettersi sull'avviso, stare alle vedette, svegliare l'attenzione, prestare attenzione, stare in attenzione, stare sul chi vive.
contr. disattenzione, spensieratezza, distrazione, negligenza, sbadataggine, inavvertenza, svista, irriflessione, trascurataggine, incuria.

atterràre, *v.tr.* buttare giù, abbattere, smantellare, diroccare, appianare, demolire; gettare, stendere a terra; folgorare, far cadere, calare, volgere a terra, avvallare, abbassare || *fig.* rovinare, vincere, superare, reprimere, piegare, annientare, rintuzzare, battere || *intr.* ammarare.
contr. alzare, elevare, esaltare sollevare, rialzare, erigere, innalzare, emergere, rizzare, ristabilire.

atterríre, *v.tr.* → IMPAURIRE, SPAVENTARE.

attésa, *sf.* aspettazione, aspettativa, aspetto, dimora, mora, indugio, speranza, appostamento, procrastinazione, assegnamento, aspettanza, curiosità, quarantena, tergiversazione, sospensione, pausa, stazionamento || incertezza, ansia, inquietudine, apprensione, perplessità, allarme.
nomencl. *agg.* paziente, fiduciosa, tranquilla, lunga, temporanea, impaziente, ansiosa, allarmata, inquieta, angosciosa, perplessa, esasperante, imbarazzata || *loc. avv.* con desiderio, con ansia, con devozione, a bocca aperta || *verb.* stare sulle spine, stare sulla brace; → ATTENDERE.

attéso, *pps.* di attendere || *agg.* aspettato, desiderato, desiato, sperato, invocato, previsto.
contr. inatteso, inaspettato, imprevisto, importuno, insperato.

attestàre, *v.tr.* → AFFERMARE, CERTIFICARE, GIURARE.

attestàto, *pps.* di attestare || *sm.* certificato, dichiarazione, attestazione, diploma, documento, testimonianza, garanzia, prova, → BIGLIETTO.
nomencl. (*tipi*) scolastico, di buona condotta, di benservito, di gratitudine, di riconoscenza, ecc. || *verb.* attestare, certificare, dichiarare, cerziorare, documentare, || rilasciare, fare, concedere, dare.

attestazióne, *sf.* → ATTESTATO, CERTIFICATO || CONFERMA, TESTIMONIANZA, GIURAMENTO.

atticciàto, *agg.* → ROBUSTO, TARCHIATO, GRASSO.

atticísmo, *sm.* → ELEGANZA.

àttico¹, *agg.* → ELEGANTE.

àttico², *sm.* → FRONTONE || CASA.

attíguo, *agg.* → VICINO.

attillàre, → *rifl.* → ABBIGLIARE.

attillàto, *pps.* di attillare || *agg.* → STRETTO, ELEGANTE.

àttimo, *sm.* minuto, istante, baleno, batter d'occhio, → MOMENTO || in un attimo, → BREVEMENTE.
nomencl. attimo fuggente.

attinènte, *agg.* riguardante, concernente, → ADATTO.

attinènza, *sf.* riferimento, → APPARTENENZA.

attíngere, *v.tr.* → RAGGIUNGERE, TOCCARE || *fig.* prendere, raccogliere, procacciare, avere, tirar su || ricavare, levare, ritrarre, togliere.

attiràre, *v.tr.* attrarre, cattivare, ingolosire, invitare, convitare, ingaggiare, indurre, impegnare, assumere, reclutare, chiamare, chiamare ad alta voce, convocare, condurre, intrattenere, piacere, compiacere, allettare, lusingare, sedurre, guadagnare i favori, vezzeggiare, affascinare, adescare, invescare, invischiare || provocare le vertigini, indurre in errore, ingannare, captare, reclamare, trascinare, → BLANDIRE || *rifl.* → CATTIVARSI.
contr. respingere, rigettare, proibire, allontanare, inibire, boicottare, deludere, resistere, rimandare.
nomencl. attrattiva, attrazione (delle forze, molecolare, magnetica), affinità (delle molecole, elettiva), gravitazione universale.

attitúdine, *sf.* idoneità, capacità, attezza, bernoccolo, genio, chiamata, forza, disposizione, facoltà, inclinazione, tendenza, vocazione, propensione, pendenza, predisposizione, talento, dono, spirito, → ABILITÀ || ATTEGGIAMENTO.
contr. inettitudine, incapacità, inidoneità, insufficienza, inabilità, imperizia, disadattaggine.

attivísta, *sm.* e *f. neol.* propagandista || → AGITATORE.

attività, *sf.* → ENERGIA, OPEROSITÀ, AZIONE || BILANCIO.

attívo, *agg.* → OPEROSO, EFFICACE, ENERGICO || *sm.* → CREDITO.
contr. passivo, pigro, inoperoso, inerte, abulico, apatico.

attizzàre, *v.tr.* rattizzare, rinfocolare, rincorare, rianimare, accendere, riaccendere → RAVVIVARE || *fig.* aizzare, stimolare, istigare, provocare, spronare, stuzzicare, → ECCITARE.
contr. spegnere, estinguere, ammorzare, smorzare, disanimare || calmare, placare, sedare.

attizzatóre, *sm. fig.* → ISTIGATORE.

àtto¹, *sm.* → AZIONE, ATTEGGIAMENTO || DOCUMENTO || EFFETTO, PASSO.

àtto², *agg.* → BUONO, ABILE, ADATTO.
contr. inetto, malacconcio, inadatto, disadatto, incapace, inabile, inefficiente.

attonànte, *ppr.* di attonare || *agg.* corroborante, tonico, eupeptico.

attonàre, *v.tr.* rinvigorire, irrobustire, rinforzare, corroborare.
contr. indebolire, snervare, infiacchire.

attònito, *agg.* → MERAVIGLIATO.

attòrcere, *v.tr.* AVVOLGERE, TORCERE || *rifl.* DIVINCOLARE.

attorcigliàre, *v.tr.* → AVVOLGERE, TORCERE.

attóre, *sm.* commediante, artista, comico, interprete; attrice.
nomencl. (*vari tipi*) drammatico, tragico, comico ||

mimo, ballerino, ballerina, cantore, corista || primadonna, primattore, protagonista, stella, stellina, *star*, divo, divetto, diva, divetta, *soubrette*, ballerina di prima fila, di fila, *boy*, spalla, generico, comparsa, figura || esordiente, debuttante || attor giovane, amoroso, caratterista, ingenuo, confidente, padre, madre, madre nobile || filodrammatico || mattatore, gigione, istrione || menestrello, trovatore || arlecchino, pulcinella, colombina, *pierrot*, cassandra, scaramuccia, trivellino, cabotino, buffone, pagliaccio, *clown*, paladino, saltimbanco, giocoliere, prestigiatore, equilibrista, acrobata, funambolo, ciarlatano, marionetta || attore di cinema, di teatro, di rivista di varietà, dell'avanspettacolo, della radio, della televisione, di circo || (*funzioni e derivati*) impresario, direttore, capocomico, regista, aiutoregista, suggeritore || *troupe*, filodrammatica, compagnia stabile, di giro || prova, debutto (*frs.*), esòrdio, ripetizione, replica || espressione, dizione, ruolo (*frs.*), parte, personaggio, monologo, dialogo || costume, maschera, parrucca, trucco || cartellone, locandina || distribuzione delle parti || *claque*, *fan*, patito, tifoso || *verb.* debuttare (*frs.*), esordire, recitare, calcare le scene, replicare, rappresentare un dramma, andare in scena || applaudire, fischiare, disapprovare, chiamare alla ribalta, applaudire a scena aperta, chiedere il bis, concedere un bis.

attorniàre, *v.tr.* → ABBRACCIARE, CINGERE, FASCIARE.

attórno, *avv.* intorno, → VICINO.

attortigliàre, *v.tr.* e *rifl.* → AVVOLGERE, TORCERE.

attossicàre, *v.tr.* → ADDOLORARE || AVVELENARE, INFESTARE.

attrabaccàre, *v.intr.* e *rifl.* → ACCAMPARE.

attraccàre, *v.intr.* e *tr.* approdare, ormeggiare, arripare, arrivare, accostarsi, abbordare, dar fondo, fare scalo, gettar l'àncora, pigliar porto, raccogliere le vele, toccare terra.

contr. salpare, disormeggiare, partire.

attraènte, *ppr.* di attrarre || *agg.* → BELLO.

attrappatóre, *agg.* e *sm.* → INGANNATORE.

attràrre, *v.tr.* → ATTIRARE, CHIAMARE || ASSORBIRE || *fig.* → BLANDIRE.

attrattíva, *sf.* fascino, forza, malia, incanto, prestigio, seduzione, richiamo, allettamento, simpatia, interesse, piacevolezza, leggiadria.

nomencl. *agg.* allettante, amabile, affascinante, fascinante, incantevole, piacevole, simpatica, desiderabile, avvenevole, avvenente, seducente, avvincente, accattivante, lusinghiera, maliosa, trascinante, dubbia, incerta, tramontata, sensuale, spirituale.

contr. ripulsione, repellenza, avversione, antipatia, ripugnanza, malevolenza.

attraversàre, *v.tr.* guidare, guadare, superare, passare, passare attraverso, passare da parte a parte, percorrere, solcare, traghettare, valicare, traversare, transvolare, varcare, oltrepassare, fendere, rompere, traforare, perforare, penetrare, infiltrarsi, incrociare, sbarrare, intralciare, interrompere, crivellare, setacciare || *fig.* → IMPEDIRE, OSTACOLARE.

attravèrso, *avv.* obliquamente, di sbieco, di sghimbescio, di sghembo, di traverso, da banda a banda, in tralíce, trasversalmente, da parte a parte, da un canto all'altro, in senso trasversale || *fig.* → MALE.

contr. per diritto, bene, perbene, rettamente.

attrazióne, *sf.* affinità, → ATTRATTIVA, CONTRAZIONE.

nomencl. (*qualità*) magnetica, elettrica, universale, modale || fisica, interiore || attrazimometro.

attràzzo, *sm.* → UTENSILE.

attrezzaménto, *sm.* → ARREDAMENTO.

attrezzàre, *v.tr.* → ARREDARE, EQUIPAGGIARE.

attrezzatúra, *sf.* → EQUIPAGGIAMENTO.

attrezzísta, *sm.* arredatore, tappezziere, addobbatore; trovarobe.

attrézzo, *sm.* → UTENSILE.

attribuíre, *v.tr.* accoccare, accollare, addossare, assegnare, affibbiare, aggiudicare, accagionare, appioppare, apporre, imporre, concedere, dare, cedere, accordare, conferire, ammollare, costituire, delegare, riservare, consacrare, dedicare, devolvere, dare una qualifica, qualificare, imporre un nome, nominare, gratificare, ascrivere, reputare, rimproverare, tacciare, imputare, caricare, reputare, rapportare, giudicare, → ACCUSARE || *rifl.* arrogarsi, appropriarsi, accollarsi, pretendere, tendere.

contr. privare, rubare, togliere, ritogliere, rapire, spogliare, levare, mancare || privarsi, negarsi, liberarsi.

attribúto, *sm.* aggettivo || aggiunto, titolo, simbolo, epiteto, natura, proprietà, qualità, condizione, caratteristica, attribuzione, gratificazione, qualifica, nome, carica, grado, taccia, carattere, appartenenza.

attribuzióne, *sf.* → ATTRIBUTO || assegnazione, conferimento || facoltà, potere, compito, lavoro || imputazione, aggiudicazione, qualifica.

attristaménto, *sm.* → TRISTEZZA.

attristàre, *v.tr.* → ADDOLORARE.

attristíre, *v.tr.* → ADDOLORARE.

attríto, *sm.* confricazione, fregazione, logorio, sfregamento, strofinio, toccamento, urto || *fig.* contrasto, → DISCORDIA.

nomencl. (*qualità*) radente, volvente, immediato, mediato, di primo distacco || tribòmetro.

attrizióne, *sf.* → PENTIMENTO.

attruppaménto, *sm.* → FOLLA.

attruppàre, *v.rifl.* → AFFOLLARE.

attuàle, *agg.* → REALE, PRESENTE, FRESCO.

attualità, *sf.* → ATTIVITÀ, REALTÀ || *neol.* cosa del giorno, del momento.

nomencl. (*attinenti*) fatto o avvenimento attuale, flagranza, stile moderno, gusto del giorno, moda, novità, voga attuale; gusto, mania dell'attualità.

contr. cosa del passato, o del futuro; vecchiume.

attualménte, *avv.* presentemente, → ADESSO.

attuàre, *v.tr.* → EFFETTUARE, ESEGUIRE.

attuàrio, *sm.* archivista, cancelliere, segretario, scrivano, → NOTAIO || ASSICURAZIONE.

attuazióne, *sf.* → ESECUZIONE.

attúccio, *sm.* → GESTO, DADDOLI.

attuffàre, *v.tr.* e *rifl.* → IMMERGERE, AFFONDARE.

attutàre, *v.tr. ant.* → ATTUTIRE.

attutíre, *v.tr.* attutare, abbonire, acquetare, domare, mitigare, educare, → CALMARE, DIMINUIRE.

aucúpio, *sm.* → CACCIA.

audàce, *agg.* → CORAGGIOSO.

audàcia, *sf.* → CORAGGIO, INTRAPRENDENZA, IMPRUDENZA.

auditóre, *sm.* uditore.
audizióne, *sf.* ascoltazione, udizione || audizione musicale, → CONCERTO.
àuge, *sm.* apogeo || *fig.* → SOMMITÀ.
augèllo, *sm. poet.* → UCCELLO.
auggiàre, *v.tr. ant.* aduggiare, → ADDOLORARE.
augnàre, *v.tr.* aunghiare, → PRENDERE.
auguràre, *v.tr.* e *rifl.* auspicare, desiderare, sperare, far voti || congetturare, presagire, predire, indovinare || augurar bene, → BENEDIRE; augurar male, → MALEDIRE.
contr. deprecare, scongiurare.
àugure, *sm.* àuspice, arúspice, indovino, profeta, vaticinatore, astrologo, chiaroveggente, chiromante; sibilla.
augúrio, *sm.* annunzio, indizio, felicitazione, oroscopo, vaticinio, voto, auspicio, pronostico, presagio, predizione, presentimento speranza.
nomencl. (*attinenti*) oroscopo, àugure, arúspice, lituo, *oscines* || cornacchia, gufo, nottola, pipistrello || *agg.* buono, felice, fausto, cordiale, cattivo, infelice, infausto, malaugurato, nefasto, sinistro, maligno, maledetto, saturnino.
contr. malaugurio, malocchio, maledizione, iettatura.
augústo, *agg.* sacro, superbo, maestoso, venerando venerabile, divino, grande, imponente, magnanimo.
contr. spregevole, basso, vile, abietto, meschino, pusillànime, pusillo.
àula, *sf.* → SALA, REGGIA.
aulèdo o **aulèta,** *sm.* → FLAUTISTA.
aulènte, *ppr.* di aulire || *agg.* olezzante, → ODOROSO, BALSAMICO.
àulico, *agg.* → NOBILE, SOLENNE.
aulíre, *v.intr. poet.* olezzare, → ODORARE.
àulo, *sm.* → FLAUTO.
aumentàre, *v.tr.* e *intr.* crescere, accrescere, aggrandire, ingrandire, ingrossare, ingigantire, ampliare, amplificare, estendere, allungare, gonfiare, guadagnar terreno, annettere, elevare, soprelevare, prolungare, completare || duplicare, triplicare, quadruplicare, centuplicare, moltiplicare, addizionare, aggiungere, ingrossare, arricchire, incrementare, intensificare, maggiorare, accumulare, empire || fortificare, rinforzare, rafforzare, esaltare, avvantaggiare, progredire, sviluppare, germogliare, continuare, passare i limiti, oltrepassare i limiti; rincarare, accentuare, forzare.
contr. abbassare, diminuire, menomare, calare, decrescere, impicciolire, rimpicciolire, ridurre, calare, ribassare, scemare, avvilire, umiliare.
auménto, *sm.* accrescimento, aggrandimento, ingrandimento, ingrossamento, dilatazione, rafforzamento, intensificazione, ampliamento, rigonfiamento, incremento, crescendo, crescenza, crescimento, créscita, cresciuta || sviluppo, estensione, alzamento, rialzamento, stendimento, prolungamento, soprelevazione, somma, addizione, moltiplicazione, accumulo, maggiorazione, annessione, arricchimento, accentuazione, rincaro, vantaggio, → ACQUISTO, AGGIUNTA.
contr. abbassamento, diminuzione, calo, decremento, decrescimento, impicciolimento, riduzione, ribasso, sottrazione, menomazione, avvilimento.

aunghiàre, *v.tr.* augnare, → PRENDERE.
àura, *sf. lett.* → VENTO, EFFLUVIO, ARIA || *fig.* → ANIMA.
auràre, *v.tr.* → DORARE.
auràto, *agg.* → AUREO.
àureo, *agg.* aurino, d'oro, simile all'oro, prezioso come l'oro, risplendente come l'oro, aurato, dorato, indorato || → GIALLO, BIONDO || *fig.* → PREZIOSO, PERFETTO, FELICE.
contr. fosco, oscuro, opaco, ignobile, misero, vile, volgare.
aurèola, *sf.* → CORONA.
aurétta, *sf.* venticello, → VENTO.
contr. bufera, raffica.
auríga, *sm.* → COCCHIERE.
auríno, *agg.* → AUREO.
auròra, *sf.* → ALBA.
ausàre, *v.tr.* adusare, assuefare.
auscultàre, *v.tr.* e *intr.* → ASCOLTARE.
nomencl. stetoscopio, fonendoscopio.
ausiliàre, *sm.* → AIUTANTE, SECONDARIO.
ausiliàrio, *sm.* e *agg.* → AIUTANTE, SECONDARIO.
ausílio, *sm. lett.* → AIUTO.
ausònio, *agg.* → ITALIANO.
auspicàbile, *agg.* desiderabile, augurabile, → GRADITO.
auspicàre, *v.tr.* → AUGURARE.
auspicàto, *pps.* di auspicare || *agg.* → GRADITO, FELICE, FAUSTO.
àuspice, *sm.* → AUGURE || *fig.* → PROMOTORE.
auspício, *sm.* → AUGURIO.
austerità, *sf.* → SEVERITÀ.
austèro, *agg.* → BURBERO, SEVERO, ASPRO, GRAVE.
austràle, *agg.* → MERIDIONALE.
contr. boreale.
àustro, *sm.* → MEZZOGIORNO, VENTO.
contr. bòrea.
àut àut, *loc. lat.* e *sm.* → DILEMMA.
autarchía, *sf.* autonomia, padronanza di sé, → INDIPENDENZA.
nomencl. (*tipi*). economica, politica, finanziaria, amministrativa.
contr. dipendenza.
autenticàre, *v.tr.* AVVALORARE, AFFERMARE.
autenticità, *sf.* → VERITÀ, VALIDITÀ.
autèntico, *agg.* genuino, naturale, valido, valevole, incontestato, vero, autorevole.
contr. falso, fallace, finto, fasullo, contestabile.
autière, *sm.* → AUTISTA, SOLDATO.
autísta, *sm.* conducente, conduttore, camionista, pilota, *chauffeur* || autiere || automobilista, automobilastro || collaudatore, garagista, meccanico.
nomencl. *agg.* abile, sicuro, spericolato, prudente, accorto, provetto, principiante, incauto, tentennante || pirata della strada.
àuto, *sf.* → AUTOMOBILE.
autobiografía, *sf.* → BIOGRAFIA.
autoblínda, *sf.* → AUTOBLINDATA.
autoblindàta, *sf. tank*, autobruco, carro armato, mezzo corazzato, autoblinda.
autobrúco, *sm.* → AUTOBLINDATA.
àutobus, *sm.* omnibus.
autocàrpo, *sm.* → FRUTTO.
autocàrro, *sm.* autotreno, *camion.*

autoclàve, *sf.* caldaia.
autocorrièra, *sf.* → CORRIERA.
autòcrate, *sm.* → DESPOTA.
autocrazía, *sf.* governo assoluto → TIRANNIA.
autòctono, *agg.* e *sm.* → INDIGENO.
autofilía, *sf.* → EGOISMO.
autògrafo, *agg.* e *sm.* manoscritto, originale, firma, chirografo, olografo.
nomencl. di mio pugno, di suo pugno.
contr. apografo, apocrifo, antigrafo.
autòma, *sm.* → FANTOCCIO, ROBOT.
automedónte, *sm.* → COCCHIERE.
automèzzo, *sm.* autoveicolo, vettura, veicolo a motore, → AUTOMOBILE.
automòbile, *sf.* autovettura, autoveicolo, auto, macchina.
nomencl. (*tipi*) da corsa, da turismo, da gran turismo, da turismo veloce, da rappresentanza, di serie, fuori serie, di piccola o di grande cilindrata, utilitaria, berlina, convertibile o *cabriolet*, *coupé*, giardinetta, *limousine*, limosina, *spider*, *roulotte* || bolide || nuova, usata, di seconda mano, rinnovata, ripassata, riveduta, vecchia, sorpassata, fuori d'uso || telaio o *chassis*, longheroni, molle, balestre, ruote, cerchioni, pneumatici, copertone, camera d'aria, battistrada || motore a scoppio, a combustione, elettrico, Diesel, a vapore; cilindri, pistoni, bielle, albero a camme, volano, valvole, candele, spinterogeno, camera di scoppio, carburatore, serbatoio, pompa dell'acqua, pompa dell'olio, magnete, dinamo, accumulatore, motorino d'avviamento, radiatore, ventilatore || scatola del cambio, freno, frizione, acceleratore, giunto cardanico, cambio, differenziale, albero di trasmissione, volante o sterzo || cassa o scocca, soffietto, capotta o *capote*, tetto, mantice e molle relative, fiancate, cofano, parabrezza, portiere, pedana o predellino, riflettori, fari, fanali, fanalini posteriori o di coda, tromba, *clacson*, sirena, paraurti, parafango, sedili, spalliere, specchio retrovisivo, indicatore di velocità o tachimetro, contachilometri, indicatore del livello del carburante e dell'olio, indicatori di direzione o frecce o lampeggiatori, tergicristallo, portabagagli, targa || (*attinenti*) patente di guida, foglio rosa, permesso o licenza di circolazione, libretto di circolazione, trittico di passaggio in dogana o foglio verde, bollo, immatricolazione || collaudo, rodaggio || autorimessa, *garage*, stazione di servizio || autista, garagista, automobilista, meccanico, *chauffeur*; carrozziere, elettrauto || mercato dell'usato, cimitero delle automobili || *verb.* guidare, pilotare, correre, mettere in marcia, mettere in moto, avviare, innestare le marce, accelerare, decelerare, rallentare, derapare, cambiare velocità, battere in testa, fondere le bronzine, frenare, bloccare i freni, grippare, imballare il motore, mettere in folle, rimanere in *panne* o in panna, sbandare, svoltare, far marcia indietro, andare a scappamento libero, in presa diretta, slittare, entrare in collisione, scontrarsi, riparare, superare, sorpassare, chiedere strada, dar via libera, sterzare, tamponare, capotare o capovolgersi; parcheggiare o posteggiare.
automobilísta, *sm.* → AUTISTA.
autonomía, *sf.* → INDIPENDENZA, AUTARCHIA.
contr. dipendenza.
autopsía, *sf.* necroscopia, sezione di cadavere, → DISSEZIONE.
autóre, *sm.* artefice, artista, creatore, inventore, ideatore, maestro, promotore, scopritore, scrittore, poeta, saggista, drammaturgo, commediografo || padre.
nomencl. diritti d'autore, protezione || del creato, della vita, del bene, del male || *agg.* anonimo, sacro, profano, originale, imitatore, pedissequo, rinomato, famoso, celebre; moderno, antico, nazionale, straniero, greco, latino, classico, italiano || *loc. avv.* di chiara fama || *verb.* imitare, plagiare, saccheggiare, potare un autore.
contr. plagiario.
autorévole, *agg.* accreditato, importante, potente, stimato, influente, competente, considerevole, accreditato.
contr. esautorato, scaduto, secondario.
autorevolézza, *sf.* → COMPETENZA, INFLUENZA.
autoriméssa, *sf.* rimessa, deposito (di automobili), autosilo, *garage*.
autorità, *sf.* supremazia, preminenza, potenza, sovranità, dominazione, influenza, potere, signoria, comando, forza, ragione, diritto, arbitrio, tirannia, carica, giurisdizione, sindacato, dignità, prestigio, stima, estimazione, credito, facoltà, grado, gravità, impero, balia.
nomencl. (*distinzioni*) nazionale, internazionale, sopranazionale, universale, civile, pubblica, politica, amministrativa, militare, giudiziaria, finanziaria, scolastica, religiosa, ecclesiastica, divina || competente, costituita, morale, spirituale, assoluta, autocratica, reale, imperiale, consolare, presidenziale, papale, dittatoriale, prefettizia, ministeriale, rettorale, padronale, provvisionale, episcopale, signorile, patriarcale, aristocratica, democratica, parlamentare, tutoria || (*atti*) autorizzazione, decreto, dispensa, disposizione, editto, ordinanza, legge, ordine, precetto, prescrizione, proclama, decreto legge, placitazione || *verb.* fare la legge, dettare legge, imporre la legge, imporre la propria volontà, regnare, dominare, comandare, tiranneggiare, opprimere, esercitare l'autorità, presiedere, ordinare, disporre, dirigere, amministrare, sottomettere, primeggiare.
contr. soggezione, sottomissione, obbedienza, anarchia, rivolta, disobbedienza, dipendenza, assoggettamento, trasgressione.
autoritàrio, *agg.* → DESPOTA.
autorizzàre, *v.tr.* → PERMETTERE.
autorizzazióne, *sf.* → PERMESSO.
autoscàfo, *sm.* motoscafo.
autosílo, *sm. neol.* → AUTORIMESSA.
autotrèno, *sm.* → AUTOCARRO.
autoveícolo, *sm.* → AUTOMEZZO.
avallànte, *ppr.* di avallare || *sm.* fideiussore, garante, mallevadore, responsabile.
avallàre, *v.tr.* prestare l'avallo || *fig.* → GARANTIRE, ACCONSENTIRE.
avàllo, *sm.* fideiussione, firma di favore, garanzia, mallevadoria || corresponsabilità.
avampósto, *sm.* piccola guardia, posto avanzato, scolta, sentinella.
contr. retroguardia.

avance, *sf. fr.* approccio, assaggio, scandaglio, proposta, offerta, profferta.
avanguàrdia, *sf.*
contr. retroguardia.
avanía, *sf.* → IMPOSTA || *fig.* → PREPOTENZA.
avanscopèrta, *sf.* → ESPLORAZIONE.
avànti, *avv.* e *prep.* davanti, dinnanzi, innanzi, prima, anteriormente, ante, antecedentemente.
contr. dietro, indietro, dopo, di poi, posteriormente.
avantièri, *avv. frs.* ieri l'altro, l'altrieri, l'altro ieri.
contr. domani, dopodomani.
avanzaménto, *sm.* → PROGRESSO, PROMOZIONE.
contr. retrocessione.
avanzàre, *v.tr.* spingere avanti, passare oltre, oltrepassare || *fig.* affacciare, mettere avanti || presentare, porgere, offrire || promuovere || essere creditore, eccedere, || → RISPARMIARE || *intr.* → PROGREDIRE, ANDARE || AUMENTARE || BATTERE.
contr. ritirare, tirare indietro, essere debitore, sperperare, mancare, indietreggiare, retrocedere, stare, rimanere indietro, diminuire, arretrare.
avanzàta, *sf.* → PROGRESSO || VITTORIA.
contr. indietreggiamento, arretramento, regresso, retrocessione.
avanzatíccio, *sm.* → AVANZO.
avànzo, *sm.* eccedenza, reliquia, residuo, fondiglio, fondaccio, rimasuglio, rimanenza, risparmio, ritaglio, rosicchio, scampolo, scoria, sconocchiatura, vestigio, resto, avanzaticcio, avanzume, rifiuto, scarto, feccia, limatura, rottame, sedimento, tritume, cascame, mozzicone, cicca, detrito, → PEZZO || *pl.* rovine, ruderi, macerie.
contr. intero, totale; aggiunta, giunta, supplemento, sovrappiú, dippiú.
avanzúme, *sm.* → AVANZO.
avaría, *sf.* → GUASTO, DANNO.
avariàre, *v.tr.* → GUASTARE.
avariàto, *pps.* di avariare || *agg.* → GUASTO.
avarízia, *sf.* avidità, ingenerosità, cupidità, grettezza, pidocchieria, pitoccheria, sordidezza, spilorceria, taccagneria, tirchieria, lesineria, tenacità, piccineria.
contr. generosità, liberalità, larghezza, prodigalità, magnanimità, magnificenza, grandezza.
avàro, *agg.* e *sm.* arpia, avido, cacastecchi, gretto, esoso, pidocchio, pidocchioso, pitocco, pittima, sordido, stitico, spilorcio, stretto di mano, taccagno, tirchio, tirato, arpagone.
nomencl. *agg.* cupido, rapace, interessato, egoista, ladro, lesinatore, venale, meschino, duro, misero, ingordo, incosciente || *verb.* ammassare sotto sotto, tesaurizzare, ammucchiare, sotterrare il tesoro, riempire la cassetta, tosare un uovo, aver un granchio alla borsa, scorticare un pidocchio, lesinare, agire meschinamente, cupidamente, avidamente, duramente, parsimoniosamente, vilmente, venalmente.
contr. generoso, liberale, prodigo, largo, magnanimo, disinteressato.
avatàra, *sf.* → INCARNAZIONE, CAMBIAMENTO.
avellàna, *sf.* → NOCCIOLA.
avèllo, *sm.* → TOMBA.
avéna, *sf.* → BIADA.
nomencl. (*varietà*) comune, corta, sativa, nuda, bianca, rossa, nera, d'inverno, d'Ungheria || avenina, fiocco d'avena.
avére, *v.tr.* possedere, padroneggiare, impadronirsi, occupare, pigliare, portar via, impossessarsi, prender possesso, tenere, conservare, ottenere, conseguire, attingere, trovare, prendere, riavere, ricuperare, toccare, avere in sorte, godere.
contr. mancare, privare, essere sprovvisto, perdere, smarrire, esser defraudato, consumare.
avéri, *sm. pl.* beni, sostanze, ricchezze, patrimonio, robe, cose, → DANARO, PROPRIETÀ.
contr. mancanza, indigenza, miseria, povertà, bisogno.
avèrno, *sm.* → INFERNO.
aviàrio, *sm.* → GABBIA || *agg.* → UCCELLO.
aviazióne, *sf.* aeronautica.
avidaménte, *avv.* → CUPIDAMENTE.
avidità, *sf.* → FAME, GOLOSITÀ || AVARIZIA || *fig.* → DESIDERIO.
àvido, *agg.* → GOLOSO || AVARO || *fig.* → DESIDEROSO.
avíto, *sm.* ereditario, prisco, antico, vetusto.
àvo, *sm.* antenato (v.), bisavo, bisavolo, bisarcavolo, bisnonno, arcavolo, progenitore, àtavo, ascendente.
contr. discendente, nipote, figlio, pronipote, pòstero.
avocàre, *v.tr.* → CHIAMARE.
avornièllo, *sm.* → FRASSINO.
avúlso, *pps.* di avellere || *agg.* → STACCATO.
avvalére, *v.rifl.* → GIOVARE, APPROFITTARE.
avvallaménto, *sm.* buco, cavità, frana, incavamento, valle, alveo, cavo, bassura, depressione, cedimento, franamento, smottamento, incavo, → ABBASSAMENTO.
nomencl. *agg.* lieve, grande, dirupato, graduale, moderato, profondo, scosceso, precipitoso, repentino || *loc. avv.* pian piano.
contr. altura, altezza, prominenza, rialto, promontorio, rilievo, elevazione.
avvallàre, *v.tr.* e *rifl.* abbassare, incavarsi, cedere, atterrare, calare, infossarsi, scendere, smottare, scoscendere, → FRANARE.
contr. alzare, sollevare, elevare, sorgere, emergere; alzarsi, sollevarsi, elevarsi.
avvaloràre, *v.tr.* assicurare, appoggiare, asserire, confermare, convalidare, garantire, rafforzare, incorare, infervorare, rinfrancare, rinvigorire, autenticare, asseverare, confortare, corroborare, → DIMOSTRARE.
contr. indebolire, annullare, abrogare, infirmare, invalidare, ostacolare, disanimare.
avvampàre, *v.intr.* fiammeggiare, ardere, accendere, → BRUCIARE || ABBRONZARE.
avvantaggiàre, *v.tr.* → BENEFICARE, MIGLIORARE || *rifl.* → GUADAGNARE, APPROFITTARE.
avvedére, *v.rifl.* → AVVERTIRE.
avvediménto, *sm.* → AVVERTENZA || ASTUZIA.
avvedutézza, *sf.* → AVVERTENZA, ASTUZIA, FURBERIA.
avvedúto, *pps.,* di avvedere || *agg.* → FURBO, ABILE, ASTUTO, INTELLIGENTE.
avvelenaménto, *sm.* intossicazione, veneficio || *fig.* inasprimento, eccitamento, turbamento incentivo, fomite.
contr. antidoto, rimedio.
avvelenàre, *v.tr.* e *rifl.* avvelenire, attossicare, intossicare, ammorbare, appestare, invelenire, infettare ||

fig. inasprire, fomentare, eccitare, istigare, amareggiare, turbare, → ADDOLORARE.
contr. disintossicare || liberarsi, purificarsi, sanare, superare.
avvelenàto, *pps.* di avvelenare || *agg.* → INFETTO.
avvelenìre, *v.tr.* → AVVELENARE.
avvenènte, *agg.* → BELLO, ELEGANTE.
avvenènza, *sf.* → BELLEZZA, GRAZIA.
avvenevolézza, *sf.* → BELLEZZA.
avveniménto, *sm.* avventura, aneddoto, circostanza, congiuntura, coincidenza, contingenza, fatto, evento, episodio, esempio, emergenza, caso, effetto, successo, riuscita, esito, incidenza, incidente, novità, occasione, occorrenza, peripezia, sorpresa, vicenda, vicissitudine, evenimento, intervento, accadimento, accaduto, → ACCIDENTE.
nomencl. (*attinenti*) colpo di fortuna, corso degli avvenimenti, crisi, casualità, prodromo, causa ed effetto, sequela, concatenazione, conseguenza || *agg.* gradito, sgradito, ingrato, piacevole, spiacevole, fausto, infausto, normale, comune, straordinario, solito, insolito, atteso, inaspettato, improvviso, imprevedibile, fortunato, possibile, probabile, imminente, lontano || *verb.* abbattersi, accadere, incogliere, capitare, succedere, seguire, avvenire, sopravvenire, giungere, sopraggiungere, risultare, intervenire, alternare || far epoca, prendere la piega.
avvenìre^1, *v.intr.* accadere, seguire, succedere, avverarsi, compiersi, effettuarsi, prodursi, realizzarsi, coincidere, sopravvenire, capitare, giungere, sopraggiungere, intervenire, abbattersi, incogliere, intravvenire.
avvenìre^2, *sm.* → FUTURO.
avventàre, *v.tr.* e *rifl.* → GETTARE, ASSALIRE.
avventatézza, *sf.* → IMPREVIDENZA, IMPRUDENZA, SPENSIERATEZZA.
contr. prudenza, sagacia, avvertenza, attenzione.
avventàto, *pps.* di avventare || *agg.* → IMPRUDENTE, || FRETTOLOSO.
contr. prudente, attento, avvertito, sagace.
avventìzio, *agg.* incerto, instabile, → PROVVISORIO, ACCIDENTALE, TEMPORANEO.
avvènto, *sm.* → ARRIVO.
avventóre, *sm.* → CLIENTE.
avventúra, *sf.* caso, evento, vicenda, complicazione, imprevisto, successo, combinazione, coincidenza, esito, riuscita, effetto, → AVVENIMENTO, PERICOLO, EPISODIO.
avventuràre, *v.tr.* e *rifl.* → ARRISCHIARE, ESPORRE.
avventuràto, *pps.* di avventurare || *agg.* → FORTUNATO, FELICE.
avventurière o **avventurièro,** *sm.* bucaniere, filibustiere, giramondo, vagabondo, perdigiorno, girovago, errabondo, faccendiere || → IMBROGLIONE.
avventuróso, *agg.* → FORTUNATO, TEMPESTOSO.
avveràre, *v.tr.* verificare, rendere vero, effettivo; effettuare, adempiere, adempire, confermare || *rifl.* verificarsi, effettuarsi, adempiersi, diventar vero, effettivo; → AVVENIRE.
contr. lasciare inattuato || rimanere ineffettuato, inattuato || deludere, rimanere deluso.
avvèrbio, *sm.*
nomencl. (*suddivisione*) semplice, composto, affermativo, aggiuntivo, avversativo, di luogo, di modo o maniera, dimostrativo, di qualità, di tempo, dubitativo, interrogativo, negativo, ordinativo, relativo || modo avverbiale, locuzione avverbiale || particella avverbiale, enclitica, proclitica.
avverdìre, *v.intr.* → INVERDIRE.
avversàre, *v.tr.* → ODIARE, PERSEGUITARE, CONTRARIARE.
avversàrio, *sm.* → NEMICO, CONCORRENTE.
avversióne, *sf.* → ODIO, RIPUGNANZA, CONTRARIETÀ, DISGUSTO.
avversità, *sf.* → DISGRAZIA, INFELICITÀ.
avvèrso, *agg.* → NEMICO.
avvertènza, *sf.* accorgimento, cura, attenzione, cautela, circospezione, consideratezza, considerazione, avvedimento, osservazione, riflessione, diligenza, avvedutezza, precauzione, arte || avvertimento, → AVVISO.
contr. avventatezza, imprudenza, sconsideratezza, imprevidenza, mancanza di cautela, inavvedutezza.
avvertiménto, *sm.* ammonimento, consiglio, raccomandazione, esortazione, ammonizione, dettame, monitorio, suggerimento, accenno, avviso, → AVVERTENZA.
avvertìre, *v.tr.* e *intr.* avvisare, chiamare, suggerire, informare, dire, ammiccare, far sapere, far notare, comunicare, mettere al corrente, ricordare, istruire, segnalare, mettere in guardia, fare segnalazione, dare l'allarme, dare il segnale, preavvisare, preavvertire, accorgersi, addarsi, accennare, consigliare, osservare, predicare, prevenire, notare, badare, fare attenzione, cautelarsi, avvedersi, conoscere, considerare, dettare, ammonire, correggere, esortare, raccomandare, insinuare, richiamare, richiamare all'ordine, fare rimostranza.
nomencl. (*mezzi*) lettera, dispaccio, inserzione, telegramma, telefonata, radiogramma, telescritto, fonogramma, annuncio radiofonico o televisivo, avviso, manifesto, proclama || promemoria, prefazione, introduzione, avvertenza, nota appunto || segnalazione, segnale, semaforo, segnalazione stradale, soneria, campanello d'allarme tromba, fischio, sirena || consiglio, suggerimento, insinuazione, monito, ammonizione, correzione, esortazione.
avvezzàre, *v.tr.* → ABITUARE, EDUCARE.
avviaménto, *sm.* via, inizio || avvio, incamminamento, iniziazione, introduzione, tirocinio, propedeutica, propedeusi, → INIZIO, INTRODUZIONE || EDUCAZIONE || AUTOMOBILE.
nomencl. commerciale || avviamento agli studi, al lavoro, alla fortuna, alla vita || motorino d'avviamento.
contr. conclusione, epilogo, somma, fine, termine.
avviàre, *v.tr. fig.* incamminare, iniziare, introdurre, istradare, instradare, indirizzare, addestrare, accendere || → COMINCIARE, FARE || mettere in moto || *rifl.* → ANDARE, CAMMINARE.
contr. fermare, sostare, trattenere, finire, arrestare, sospendere, terminare, attraversare || bloccarsi, bloccare.
avvicendaménto, *sm.* rotazione, ruota, turno, vicenda, alternativa, scambio, altalena (*fig.*).
avvicendàre, *v.tr.* → CAMBIARE.
avvicendàto, *pps.* di avvicendare || *agg.* → ALTERNO.

avvicinaménto, *sm.* ravvicinamento, riavvicinamento, accostamento, appressamento, approssimazione, approccio.

contr. allontanamento, scostamento, rottura, alienazione.

avvicinàre, *v.tr.* ravvicinare, accostare, appressare, approssimare, mettere vicino, approcciare, appropinquare || *rifl.* accedere, abbordare, farsi vicino, accostarsi || → ASSOMIGLIARE.

nomencl. *agg.* vicino, prossimo, contiguo, adiacente, limitrofo, confinante.

contr. allontanare, scostare, rompere, estraniarsi || scostarsi, allontanarsi.

avvilènte, *ppr.* di avvilire || *agg.* → TRISTE.

avviliménto, *sm.* accasciamento, abbattimento, abbiezione, degradamento, depressione, prostrazione, scoramento, scoraggiamento, smarrimento, umiliazione, costernazione, decadenza, decadimento, demoralizzazione, disperazione || → BASSEZZA.

nomencl. *agg.* totale, improvviso, subitaneo, imprevisto, lieve, grave, profondo, senza conforto, senza rimedio, momentaneo.

contr. conforto, sollievo, ardimento, baldanza, coraggio, esaltazione || redenzione.

avvilíre, *v.tr.* e *rifl.* abbattere, abbassare, degradare, deprimere, demoralizzare, menomare, confondere, svilire, sgomentare, prosternare, costernare, demoralizzare, impaurire, falsare, disanimare, esaminare, disprezzare, → BIASIMARE || *rifl.* abbassarsi, abbiosciarsi, abbandonarsi, accasciarsi, prostrarsi, scoraggiarsi, smarrirsi, perdersi d'animo, disanimarsi, sconfortarsi, disperare.

contr. rianimare, confortare, incoraggiare, rinfrancare, sollevare || rianimarsi, rialzarsi, rinfrancarsi, riconfortarsi, farsi coraggio.

avvilíto, *pps.* di avvilire || *agg.* mogio, depresso, disanimato, → DIMESSO.

contr. incoraggiato, confortato, rianimato sollevato, coraggioso.

avviluppàre, *v.tr.* → IMBALLARE, CINGERE, AVVOLGERE || *fig.* → INGANNARE, IMBROGLIARE.

avvinàto, *pps.* di avvinare || *agg.* → UBRIACO.

avvinazzàto, *agg.* → UBRIACO.

avvíncere, *v.tr.* → AVVOLGERE, LEGARE, CINGERE, ABBRACCIARE.

avvincidíre, *v.intr.* e *rifl.* → RAMMOLLIRE.

avvincigliàre, *v.tr.* → LEGARE.

avvinghiàre, *v.tr.* → ABBRACCIARE || *rifl.* → ATTACCARE.

avvío, *sm.* → AVVIAMENTO, INIZIO.

avvisàglia, *sf.* → BATTAGLIA || *fig.* sintomo, cenno, prodromo.

avvisàre, *v.tr.* annunziare, annunciare, avvertire, denotare, partecipare; informare, enunciare, istruire, prevenire, riferire, riportare, ragguagliare, comunicare, significare, dire la sua, notificare, manifestare, ammonire, consigliare, mettere innanzi, metter davanti, diffidare || *intr.* → PENSARE, GIUDICARE.

avvíso, *sm.* annunzio, annuncio, avvertenza, avvertimento, accenno, cenno, comunicazione; nuova, notizia, novella, notificazione, partecipazione, informazione, appello, richiamo, ricordo, opinione, ammonimento, parere, consiglio, diffida, ammonizione, comunicato, ordine || → AFFISSO.

nomencl. (*esempi*) ufficiale, ufficioso, privato, pubblico, amministrativo, economico, commerciale, matrimoniale, scolastico, giudiziario, sportivo, sacro, radiofonico, televisivo, a stampa || (*attinenti*) bando, bollettino, cartellone, manifesto, preavviso, programma, segno, segnale, insegna, dispaccio, pubblicazione, cartello, editto, iscrizione, inserzione || *agg.* lieto, atteso, preveduto, sperato, monitore, premonitore, insinuato, diretto, segnalato, comunicato, pubblicato, affisso, indicato, annunciato, funesto, inaspettato, temuto, fausto.

avvistàre, *v.tr.* → GUARDARE, VEDERE.

avviticchiàre, *v.tr.* → AVVOLGERE || *rifl.* → ABBRACCIARE, ATTACCARE.

avviticciàre, *v.tr.* → AVVOLGERE.

avvivàre, *v.tr.* → ANIMARE, ECCITARE.

avvizzíre, *v.intr.* → APPASSIRE.

avvizzíto, *pps.* di avvizzire || *agg.* → APPASSITO.

avvocatésco, *agg.* forense, giuridico, curiale, curialesco || cavilloso, capzioso, meticoloso, sofistico, litigone.

avvocàto, *sm.* difensore, consulente, consultore, causidico, legale, patrono, patrocinatore, procuratore, dottore in legge || (*spreg.*) azzeccagarbugli, cavalocchio, leguleio, storcileggi, mozzorecchi, paglietta, rabula, ammennicolone.

nomencl. (*distinzioni*) concistoriale, erariale, fiscale, militare, penalista, civilista, di parte civile, di difesa, dello Stato, d'ufficio || dei poveri, del diavolo, di grido, principe || (*attinenti*) cliente, collegio degli avvocati, ordine degli avvocati, competenza, consultazione, laurea, parcella, onorario, patrocinio, quotalizio, studio, toga, tocco, arringa, collegio della difesa, difesa (efficace, brillante, calorosa, bella, eloquente, forte, slombata, spallata, netta, capziosa) || *verb.* patrocinare, sostenere, difendere, dissertare, convenire in giudizio, adire il magistrato, andare alla sbarra, perorare una causa, una lite, un processo.

avvòlgere, *v.tr.* incartare, abballottare, abballinare, abballare, involgere, abbozzolare, affardellare, affagottare, aggomitolare, aggroppare, aggrovigliare, avviluppare, aggraticciare, aggrovigliolare, avvoltare, avvoltolare, acchiocciolare, arrotolare, ammatassare, attorcigliare, attorcere, avvincere, avviticchiare, avvolticchiare, coinvolgere, ravvolgere, fasciare, ravviluppare, implicare, avvinghiare, ravvoltolare, avviticciare, stringere, attortigliare, arroncigliare, arricciare, arricciolare, impigliare, appallare, appallottare, appallottolare, appaccare, appacchettare, allucignolare, ammantare, ammantellare, contessere, imballare, infagottare, circondare, cingere, torcere, inviluppare, rinchiudersi || *fig.* → IMBROGLIARE || *rifl.* → ACCOCCOLARSI.

nomencl. (*attinenti*) batuffolo, avvolto, rotolo, spira, volume, bobina, rocchetto, avvolgibile, involucro, involto.

contr. svolgere, disinvolgere, disimpicciare, sciogliere, scartocciare, aprire, staccare, distaccare, storcere.

avvolgiménto, *sm. fig.* → IMBROGLIO.

avvoltàre, *v.tr.* → AVVOLGERE.

avvolticchiàre, *v.tr.* → AVVOLGERE.

avvoltolàre, *v.tr.* e *rifl.* → AVVOLGERE.

azièndа, *sf.* → AMMINISTRAZIONE, NEGOZIO, IMPRESA.

azionàccia, *sf.* → MALEFATTA, COLPA.

azióne, *sf.* atto, condotta, contegno, gesta, gesto, fatto, impresa, intrapresa, mossa, attività, passo, operazione, opera, operato, movimento, manovra, reazione, lavoro, affare, intrigo, colpo; colpo di mano, colpo di testa, fatto storico, azione di coraggio, gioco, cenno, iniziativa, maniera, pratica, dinamismo, titolo, quota || → ATTEGGIAMENTO.

nomencl. (*alcuni tipi*) giudiziaria, amministrativa, politica, apolitica, religiosa, diplomatica, ufficiale, ufficiosa, privata, pubblica, economica, statale, di grazia, filantropica, caritatevole, democratica, rivoluzionaria, demagogica, illegale, sindacale, sociale || fisica, fisiologica, chimica, terapeutica, meccanica, psichica, materiale, intellettuale, intima, interiore, esterna, divina, umana || bellica, terrestre, navale, aerea, dimostrativa || drammatica, tragica, comica, tragicomica, teatrale, poetica, artistica, cinematografica, melodrammatica || *agg.* buona, benefica, benevola, meritoria, valorosa, giusta, onesta, virtuosa, generosa, lodevole, morale || utile, positiva, negativa, convincente, prevista, lieta, attesa, sperata, iniziale, diretta, indiretta, virtuale, perfetta, determinante, formale || cattiva, gelosa, invidiosa, corruttrice, punibile, odiosa, irata, passionale, viziosa, delittuosa, dannosa, dolorosa, immorale, sensuale, falsa, errata, villana, funesta, sospetta, temuta, spregiudicata, calunniosa, ingiusta, ingiuriosa, offensiva || automatica, energica, violenta, calma, tranquilla, lungimirante, logica, lineare, grandiosa, giudiziosa, premurosa, volontaria, libera, spontanea, coatta, involontaria, imposta, inconsapevole, intenzionale, preterintenzionale, meditata, premeditata, voluta, responsabile, irresponsabile, inconscia, cosciente.

contr. inazione, inattività, inerzia, pigrizia, disoccupazione, scioperataggine, infingardia, infingardaggine, accidia, ozio.

azòto, *sm.*

nomencl. (*tipi*) libero o atmosferico, industriale, animale, attivo || (*composti*) biossido, cloruro, esossido, ioduro, ossido, ossidulo, pentossido, perossido, protossido di azoto || azotometria, azotometro, azoturia.

azzannàre, *v.tr.* → ADDENTARE.

azzardàre, *v.tr.* e *intr.* → OSARE, RISCHIARE, GIOCARE.

azzàrdo, *sm.* → RISCHIO, PERICOLO.

azzardóso, *agg.* → RISCHIOSO.

azzeccagarbúgli, *sm.* → AVVOCATO.

azzeccàre, *v.tr.* → ATTACCARE || *fig.* → INDOVINARE, COLPIRE.

azzeccàto, *pps.* di azzeccare || *agg.* → INDOVINATO.

azzimàre, *v.tr.* → ORNARE, VESTIRE, PROFUMARE.

azzimíta, *sm.* → EBREO.

àzzimo, *agg.* non fermentato, senza lievito.

contr. lievitato, fermentato.

azzittàre, *v.tr.* e *rifl.* → TACERE.

azzittíre, *v.tr.* e *rifl.* → TACERE.

azzollàto, *agg.* → DURO.

azzuffaménto, *sm.* → BATTAGLIA.

azzuffàre, *v.rifl.* → LITIGARE, COMBATTERE.

azzurràstro, *agg.* → BLUASTRO.

azzúrro, *agg.* e *sm.* → BLU, CILESTRINO, TURCHINO.

nomencl. (*varietà*) chiaro, scuro, cupo || celeste, glauco, turchino, celestino, cilestro, cilestrino, ceruleo, cerulo, azzurrino, azzurriccio, azzurrigno, azzurrognolo, oltremare, oltremarino || (*sostanze coloranti*) azofenina, azzurro azoico, azzurro Capri, Congo, di Alemagna, delfino, di acetina, di alizarina, di diammina, di anilina, di antracene, di Basilea, di Berlino, di campeggio, di Cassel, di chiolina o cianina, di cobalto, di cotone, di cromo, di difenilammina, di molibdeno, di montagna o di rame, di notte, di Parigi, di Prussia, diretto, di rocca, di smalto, gallamina, indammina, indantrene, metilene, minerale, neutro, nuovo, ossammina, parafenilene, reale, vittoria || *verb.* azzurreggiare.

azzurrógnolo, *agg.* → BLUASTRO.

B

babbalèo, *agg.* e *sm.* → SCIOCCO.
babbalòcco, *agg.* e *sm.* → SCIOCCO.
babbèo, *agg.* e *sm.* → SCIOCCO.
babbióne, *sm. rar.* → SCIOCCO.
bàbbo, *sm.* → PADRE.
babbuàggine, *sf.* → SCIOCCHEZZA.
babbuàsso, *agg.* e *sm.* → GOFFO, SCIOCCO.
babbúccia, *sf.* pantofola, pianella, ciabatta, scarpa da casa, → SCARPA.
babbuíno, *sm. fig.* → SCIOCCO, BRUTTO.
babèle, *sf. fig.* → CONFUSIONE.
babèlico, *agg.* → CONFUSO.
babilònia, *sf. fig.* → CONFUSIONE.
babórdo, *sm.* fianco sinistro della nave guardando verso prua; sinistra.
contr. tribordo (fianco destro); dritta.
bacàre, *v.intr.* → GUASTARE.
bacàto, *agg.* → GUASTO.
bàcca, *sf.* còccola, frutto.
baccalà, *sm. fig.* → SCIOCCO.
baccanàle, *sm.* → ORGIA, BALDORIA.
baccàno, *sm.* → RUMORE.
baccànte, *sf.* mènade, tíade, eviade, bassàride.
baccèllo, *sm.* involucro; siliqua, tega, guscio || *fig.* → SCIOCCO.
nomencl. (*parti*) valva, sutura, filo, occhio, dorsale, peduncolo || legume (fagiolo, pisello, cece, fava, lenticchia, ecc.).
baccellóne, *sm. fig.* → SCIOCCO.
bacchétta, *sf.* bacchetto, bastoncello, verga, verghetta, nerbo, mazzetta, mazzettina, scamato, asta, asticciola, asticina; tirso, vincastro, caduceo, scettro, → BASTONE || scudiscio.
nomencl. bacchetta magica, divinatoria, d'orchestra, del comando || *loc. verb.* comandare a bacchetta.
bacchettàre, *v.tr.* → BATTERE, BASTONARE.
bacchettóne, *sm.* → BIGOTTO.
bacchettonería, *sf.* → BIGOTTERIA.
bacchettonísmo, *sm.* → BIGOTTERIA.
bacchiàre, *v.tr.* → ABBACCHIARE.
bàcchico, *agg.* → DIONISIACO.
bàcchio, *sm.* → BASTONE, BATACCHIO.
bachèca, *sf.* vetrina, vetrinetta, teca, mostra, → ARMADIO.
bacheròzzo, *sm.* → BACO.
bacheròzzolo, *sm.* → BACO.
baciamàno, *sm.* inchino, riverenza, genuflessione, salamelecco, incensatura, adulazione, ossequio, cerimonia; → SALUTO.
baciapíle, *sm.* → BIGOTTO.
baciapólvere, *sm.* → BIGOTTO.
baciàre, *v.tr.* baciucchiare, sbaciucchiare; dar baci, affiggere o figgere baci, schioccar baci, mandar baci, tirar baci, seminar baci || *fig.* sfiorare, lambire, toccare appena || ribaciare.
bacíle, *sm.* → CATINO.
bacíllo, *sm.* → BATTERIO, MICROBIO.
bacinèlla, *sf.* → CATINO.
bacinétto, *sm.* → ELMO.
bacíno, *sm.* → CATINO || bacino di carenaggio, → CANTIERE || *anat.* pelvi, ileo, escavazione pelvica || → BACIO.
bàcio, *sm.* bacetto, bacettino, bacino, bacione, baciozzo, baciuzzo.
nomencl. d'amore, di pace, di riconciliazione, di riverenza, di accoglienza, di commiato; alla francese, colombino, con lo schiocco, di Giuda; del piede, della mano o baciamano, dell'anello || *agg.* primo, ultimo, amoroso, ardente, lungo, caldo, caloroso, sentito, affettuoso, sincero, tenero, gentile, sonoro, rumoroso, schioccante, devoto, riverente, rispettoso, festoso, furtivo, finto, traditore, forzato, svogliato, ingannevole, sommesso, rinnovato, piccolo, mezzo, grande, casto, sensuale || *verb.* baciare; affiggere, figgere, libare, mandare, schioccare, stampare, dare, imprimere, appiccicare, seminare, tirare, mandare baci; mangiare uno dai baci, scoppiettare di baci, brunire di baci; sbaciucchiare.
bacío, *agg.* e *sm.*, all'ombra.
contr. solatío.
baciucchiaménto, *sm.* → SBACIUCCHIAMENTO.
baciucchiàre, *v.tr.* → SBACIUCCHIARE.
bàco, *sm.* bacherozzo, bacherozzolo, verme, bruco, filugello, larva, bigatto; bombice || insetto.
nomencl. (*razze*) italiana, francese, cinese, giapponese, persiana, turca, annuale, bivoltina, trivoltina, terzina o terzaiola, pestellina, tigrata, zebrata, maggese o reale || (*metamorfosi*) seme, bruco, crisalide o ninfa o vermocchio, farfalla maschio o farfallino, farfalla femmina || bozzolo || (*descrizione del baco*) *a*) anelli; *b*) testa; *c*) cornetto; *d*) zampe articolate; *e*) zampe addominali; *f*) zampe anali || bava, fibroina, glutine, filiera, palpi, serbatoio, seritterio, sistema digerente, stimmate, acido bombico || (*malattie*) botrite, calcino, pebrina o idropisia, giallume, flacidezza, riccione, ruggine, gattina, codetta || (*fasi dell'allevamento*) schiudere, cenerina, mute, dormire della grossa, della quarta, scaricarsi, andare al bosco, abbozzolarsi, filare, imbozzolarsi, sbavare, sfarfallare || (*bachicoltura*) covatura del seme, ibernazione, incubatrice, posta (quantità allevata), selezione, canniccio, carta da bachi, cartoni, castello da bachi, graticcio, letto dei bachi, palchi, staggi, tavolato, bosco infrascato, frasca, fastelli, corbelloni; sbozzolare.
bàcolo, *sm.* → BASTONE.
bactèrio, *sm.* → BATTERIO.
bacúcco, *sm.* cappuccio, cocolla, buffa || *fig.* vecchio cascante, cucco, → VECCHIO.
nomencl. *verb.* imbacuccare.
badalóne, *sm.* → BIGHELLONE.
badalúcco, *sm.* → SCARAMUCCIA || *fig.* trastullo, passatempo, trattenimento; polemichetta.
badàre, *v.intr.* stare attento, vigilare, guardare, fare attenzione, stare all'erta, por mente, porre cura, os-

servare, vedere, curare, custodire, considerare, interessarsi, indugiare, trattenersi || → AVVERTIRE.
contr. non occuparsi, distrarsi, sviarsi, infischiarsi, disinteressarsi, trascurare, distogliersi, svagarsi.
badía, *sf.* abbadía, abbazía, → MONASTERO, CASA.
badiàle, *agg. fig.* madornale, goffo, → GRANDE.
badilànte, *sm.* → STERRATORE.

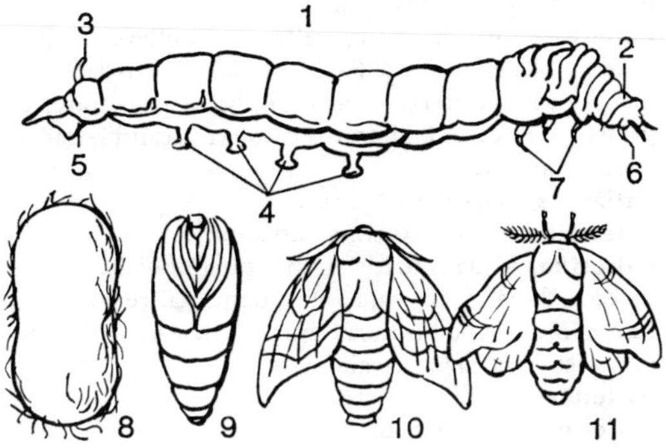

BACO - 1) baco; 2) testa; 3) cornetto; 4) zampe addominali; 5) zampe anali; 6) bava; 7) zampe articolate; 8) bozzolo; 9) crisalide o ninfa; 10) farfalla femmina; 11) farfalla maschio.

badíle, *sm.* → PALA.
nomencl. (*parti*) pala, manico || badilante || *verb.* badilare.
bàffi, *sm. pl.* baffoni, mustacchi, mostacchi, mostacci, fedine, basette, pizzo, barbigi, peli, moschetta, baffetti, scopettoni, favoriti || *fig.* fregacci, segnacci, macchie, sgorbi || *fig.* baffone, baffona.
nomencl. (*varietà*) corti, lunghi, radi, folti, arricciati, lisciati, intignati, insegati, morbidi, spioventi, a spazzola, duri, ispidi, attorcigliati; biondi, neri, bruni, castani, grigi, bianchi, brizzolati || di topo, di gatto || fatti col carbone, coll'inchiostro, con la matita || diavolotti || *verb.* mettere i baffi, far crescere i baffi, arricciarsi, attorcigliarsi, arroncigliarsi, lisciarsi, levarsi, strisciarsi, sollevarsi, insegarsi, leccarsi i baffi, tirare i baffi || ridere sotto i baffi.
baffúto, *agg.* → PELOSO.
bagàglie, *sf.* → IMPEDIMENTI.
bagàglio, *sm.* → FARDELLO, EQUIPAGGIO.
nomencl. di idee, di cognizioni, di cultura, di opere, di progetti, di intenzioni, di mancanze, di delitti, ecc. || bagagliaio, porta-bagagli || presso, al seguito || *agg.* piccolo, grande, normale, eccedente, eccessivo, ingombrante.
bagarinàggio, *sm.* → INCETTA.
bagaríno, *sm.* → INCETTATORE.
bagàscia, *sf.* → MERETRICE.
bagattèlla, *sf.* → INEZIA || *pl.* → CHINCAGLIERIA.
baggèo, *agg.* e *sm.* → SCIOCCO.
baggianàta, *sf.* → INEZIA, SCIOCCHEZZA.
baggiàno, *agg.* e *sm.* → SCIOCCO.
bagheríno, *sm.* → CARROZZA.
bàghero, *sm.* → CARROZZA.
baglióre, *sm.* splendore, barbaglio, baleno, folgore, lume, luce improvvisa, raggio, fulgore, fulgidezza, lampo, chiarore, fulgidità, luminosità, rilucentezza, irradiamento, luccicore, luccichío, chiarezza, sfolgorío, abbaglio, lampeggiamento, balenamento, lampeggío, corruscamento, irradiazione, fiamma, scintillío, balenío, sfolgoramento, saetta.
contr. oscurità, buio, tenebra, caligine, opacità, offuscamento || penombra, barlume, crepuscolo.
nomencl. *agg.* chiaro, sfolgorante, radiante, trasparente, vivo, vivido, diffuso, flebile, crepuscolare, pallido || *verb.* emettere, riflettere, brillare, irradiare, risplendere, scintillare, abbagliare, lampeggiare, balenare, barbagliare, raggiare, irradiare.
bagnàre, *v.tr.* e *rifl.* aspergere, innaffiare, inzuppare, adacquare, inumidire, imbevere, immollare, ammollare, umettare, irrorare, macerare, immergere, lavare, infradiciare, irrigare, intridere, lambire (di fiumi, mari e sim.), infondere, arrugiadare, irrugiadare, annacquare, annaffiare, allagare, spruzzare, dilavare, sbruffare.
contr. asciugare, strizzare, spremere, disseccare, prosciugare, essiccare, rasciugare, tergere, astergere.
bagnasciúga, *sm.* battigia, battima, → RISACCA.
bagnàto, *agg.* ammollato, mollo, umido, madido, intriso, zuppo, inzuppato, asperso, imbevuto, innaffiato, irrigato, annacquato, fradicio, infradiciato, intinto, irrorato, lambito (di coste), umidiccio, sudato, essudato, allagato, dilavato, rorido, rugiadoso.
contr. asciutto, secco, disseccato, rinsecchito, arido, prosciugato, rasciugato, arso, adusto, asterso.
bàgno, *sm.* abluzione, aspersione, immersione, lavacro, doccia, tuffo, maniluvio, pediluvio, semicupio, nuotata, lavata, bagnatura.
nomencl. (*varietà*) comune, freddo, caldo, tiepido, a doccia, semplice, aromatico, eccitante, emolliente, fortificante, corroborante, solido, di sabbia, di cenere, di amido, semiliquido, di fanghi, di fecce, di muffe, gassoso o aeriforme, a vapore naturale o artificiale, di luce, elettrico, elettrolitico, galvanoplastico, medicato, minerale || russo, indiano, turco || a sorpresa, mezzo bagno, pediluvio, maniluvio, semicupio, parziale, generale || (*edificio*) terme, ipocausto, esedra, apoditterio, battistero, frigidario, tepidario, calidario, laconio, ninfeo, untuario || spogliatoio, antibagno, stanza del bagno, del lavabo, della doccia || bagni pubblici, piscine || (*arnesi*) vasca da bagno, bagnarola, piscina, tinozza, semicupio, scaldabagno elettrico o a gas, stufa scaldabagno, rubinetti, miscelatori || scendibagno, accappatoio, costume da bagno, asciugatoio, mutandine, galleggiante, prendisole || vasca, soluzione, anodo, catodo, corrente elettrica || (*attinenti*) idroterapia, idrologia medica.
bagordàre, *v.intr.* → GOZZOVIGLIARE, FESTEGGIARE.
bagórdo, *sm.* → ORGIA, BALDORIA.
bàia, *sf.* → GOLFO || BEFFA, CHIACCHIERA || INEZIA.
baiadèra, *sf.* → BALLERINA.
bailàmme, *sm.* → RUMORE, CONFUSIONE.
baiòcco, *sm.* → DENARO.
baionétta, *sf.* arma bianca.
nomencl. (*parti*) cappuccio, molla, guancia, crociera, gancio, tallone, lama, dorso, taglio, falso taglio, punta, fodero || baionettata || baionetta in canna!, alla baionetta! || *verb.* inastare la baionetta, levare la baionetta, sbaionettare.

bàita, *sf.* capanna, casupola, casipola, rifugio, ricovero, baracca, → CASA.
bàiulo, *sm.* → balio, EDUCATORE.
balàscio, *sm.* rubino, → GEMMA.
balaustràta, *sf.* → POGGIUOLO.
nomencl. (*parti*) basamento, pilastrini o colonnine, cimasa, regge.
balaústro, *sm.* colonnetta, colonnina.
nomencl. (*parti*) corpo, pieduccio, collo, capitello.
balbettamento, *sm.* balbettio, tartagliamento, ciangottio, biascicamento, barbugliamento, cinguettamento, appiastricciamento, appiastriccicamento.
contr. pronunzia esatta, chiara.
balbettàre, *v.intr.* balbutire, balbetticare, barbugliare, tartagliare, biascicare, farfugliare, farfecchiare, ciancicare, ciancichiare, ciancischiare, ciangottare, cincischiare, cinguettare; ingoiarsi, mangiarsi, rappallottolarsi le parole in bocca, sbezzicar le parole, impiastricciar le parole, ammazzare mezzo le parole, borbottare, annaspicare, incespicare, scilinguare, balbussare (*ant.*)
contr. parlar chiaro, speditamente, con facilità; aver rotto lo scilinguagnolo.
balbetticàre, *v.intr.* → BALBETTARE.
balbettío, *sm.* → BALBETTAMENTO.
balbettóne, *agg.* e *sm. rar.* → BALBUZIENTE.
bàlbo, *agg.* → BALBUZIENTE.
balbutíre, *v.intr.* → BALBETTARE.
balbuziènte, *agg.* e *sm.* balbo, balbettone, bleso, scilinguato, ciangottone, bisciolo, ciancicone, farfecchione, tartaglione, barbuglione, biasciottone.
balcóne, *sm.* balconcino, poggiuolo, finestra, terrazzo, terrazzino, loggia, loggetta, ballatoio, verone.
balconcíno, *sm.* → BALCONE.
baldacchíno, *sm.* padiglione, ombrellino, sopracielo, residenza, cortinaggio, capocielo, drappellone.
baldànza, *sf.* → CORAGGIO, FORZA.
baldanzóso, *agg.* → CORAGGIOSO.
bàldo, *agg.* → CORAGGIOSO.
baldòria, *sf.* gozzoviglia, bagordo, baccanale, orgia, crapula, festa, festino, allegria, divertimento, stravizio, bisboccia, pappata, ribotta, carnasciale, carnevale, carnovale, gallòria.
baldràcca, *sf.* → MERETRICE.
balenaménto, *sm.* → BAGLIORE.
balenàre, *v.intr.* lampeggiare, scintillare, corruscare, splendere improvvisamente, guizzare come il baleno, folgorare, risplendere, sfolgorare, raggiare, baluginare, brillare, sfavillare, disfavillare, fiammeggiare || *fig.* intuire.
balenío, *sm.* → BAGLIORE.
baléno, *sm.* → BAGLIORE || *fig.* → ATTIMO, MOMENTO || in un baleno, → BREVEMENTE.
balèstra, *sf.* catapulta, mangano, scorpione, balista.
nomencl. (*parti*) fusto o teniere, staffa, arco, corda, noce, chiave o manetta, arganetto, cianfrona, leva, martinello, pesarola, strevo || balestriere, balestrata || *verb.* balestrare, saettare, avventare.
balestràre, *v.tr.* → SBALESTRARE, GETTARE.
bàlia, *sf.* nutrice, bambinaia, *nurse.*
nomencl. puericultura || allievo, lattante, figlio di latte, fratello di latte || baliatico, allevamento, allattamento || *verb.* mettere a balia, riprendere, riportare, tenere, avere a balia.
balía, *sf.* potere, potestà, autorità, signoria, dominazione, arbitrio, potenza, forza, beneplacito.
bàlio, *sm.* allevatore, precettore, educatore, bàiulo.
balióso, *agg.* → FORTE.
balipèdio, *sm.* poligono, campo di tiro, siluripedio.
balísta, *sf.* → BALESTRA.
bàlla, *sf.* → FARDELLO || BUGIA.
ballàre, *v.intr.* danzare, saltare, saltellare, ballonzolare, balzellare, oscillare, riddare, strisciare, far quattro salti, intrecciar carole o balli, piroettare, capriolare, trescare, ballettare, carolare scambiettare.
contr. star fermo.
ballàta, *sf.* → CANTO || BALLO.
ballatóio, *sm.* → BALCONE, CORRIDOIO.
ballerína, *sf.* danzatrice, mima, funambola, baiadera, maestra di ballo, almea, corifea, dama, cutrettola (*fig.*).
balleríno, *sm.* danzatore, mimo, maestro di ballo, mattaccino, corifeo, cavaliere.
ballettàre, *v.intr.* → BALLARE.
ballétto, *sm.* → BALLO.
bàllo, *sm.* danza, balletto, ridda, ballonzolo, pantomima, carola, ballata, fantasia || → FESTA.
nomencl. (*tipi*) antico, moderno, contemporaneo, sacro, dionisiaco, classico, coreografico, allegro, vivace, lento, a trattoni, veloce, atteggiato, di mezzo carattere, ritmico, effemminato, licenzioso, contadinesco, campagnolo, montanino, pubblico, privato, di società, di famiglia, mascherato, in tondo, benefico, sulla corda, in costume || (*varietà*) *allemande, bohémienne,* bolero, boston, ballo della notte, ballo tondo, *bastré,* berlina, *boogie-woogie, cha-cha-cha, calypso, cancan, carmagnole, chaconne, charleston,* ciaccona, corrente, cosacca, czarda, calata, carola, cocchina, contraddanza, *cakewalk,* contromarcia, danza ionica, danza serpentina, danza del ventre, danza macabra, duro-duro, fandango, farandola, foffa, furlana, *fox-trot,* gagliarda, gavotta, giga, ginnopedia, gitana, galoppo, giava, *hesitation, hornpipe, jota* aragonese, kalenda, lancieri, lucia, *loure,* marcia, marcetta, manfrina, marina, mazurca, monferrina, minuetto, moresca, munneira, *olé, one-step,* pavana, polca, polacca, polca-mazurca, punta e tacco, passagallo, passacaglia, passomezzo, passapiede, quadriglia, raspa, ronda, ridda, ridotta, rigadone, rigoletto, rose e viole, rumba, redowa, *rigaudon, rock and roll,* saltarello, spagnoletta, sarabanda, *scottish, seguidillas manchegàs,* siciliana, samba, surf, tarantella, tresca, trescone, tiaso, tirolese, tordiglione, *tyrolienne,* tamburino, tango, tip-tap, valzer, valzer russo, vita d'oro, vito, volta, zamacuca, zoppa, zarzuela || (*attinenti*) festa di ballo, festa danzante, festival, sala da ballo, pista da ballo, *balera,* scuola di ballo, accademia di ballo, corpo di ballo, veglione, trattenimento danzante, tè danzante || orchestra, *jazz-band* || coreografia, ballabile, ritmo, strofe, antistrofe, epodo || pantomima, figura, piroletta, maglia.
ballonzolàre, *v.intr.* → BALLARE, SALTARE.
ballónzolo, *sm.* → BALLO.
ballòtta, *sf.* → CASTAGNA.
ballottàggio, *sm.* seconda votazione, secondo scrutinio.

ballottàre, *v.tr.* → SBALLOTTARE.

baloccàre, *v.tr.* → DIVERTIRE || *rifl.* divertirsi, gingillarsi, trastullarsi, intrattenersi, perdere il tempo, darsi bel tempo, dilettarsi, giocare, spassarsi, sollazzarsi, ricrearsi, patullarsi.

contr. lavorare, occuparsi di cose serie, essere impegnato.

balòcco, *sm.* → GIOCATTOLO.

baloccóne, *agg.* e *sm.* → BIGHELLONE.

balògia, *sf.* → CASTAGNA.

balògio, *agg.* balordo, insulso, melenso, → SCIOCCO || FIACCO, SNERVATO, AMMALATO, DEBOLE.

balordàggine, *sf.* → SCIOCCHEZZA.

balórdo, *agg.* e *sm.* → SCIOCCO || ASSURDO.

balsàmico, *agg.* profumato, odoroso, aromatico, aulente, salubre, olente, olezzante, fragrante, sano.

contr. puzzolente, fetido, fetente, malsano, insalubre, mefitico, infetto, miasmatico.

bàlsamo, *sm.* resina, aroma, unguento, trementina, toccasana, rimedio, effluvio, benzoino, bengioino, belzuino || *fig.* → CONFORTO.

nomencl. (*varietà*) artificiale, farmaceutico, naturale, solido, liquido, del Perú, della Maddalena, del Tolú, di Giuda, del Canadà, di copaive, di Fioravanti, di Saturno, del comandante, storace, resina, gomma, trementina, benzoato, acido benzoico, succo, coppale, *opodeldoc*, laudano, latte verginale, tintura || imbalsamazione, unzione || *verb.* imbalsamare, ungere.

contr. irritante, urticante, urtante.

bàlta, *sf.* → RIBALTAMENTO.

bàlteo, *sm.* → FASCIA, BANDOLIERA.

baluàrdo, *sm.* fortificazione, fortilizio, bastione, bastia, forte, bastita, maniero, castello, stecconata, barricata, serraglio, barriera, acropoli, arce, cittadella, casamatta, propugnacolo, fortezza, *alcazar* || *fig.* difesa, riparo, argine, ostacolo, impedimento.

baluginàre, *v.intr.* → BALENARE, COMPARIRE.

bàlza, *sf.* → RUPE || orlo, frangia, guarnizione, falpalà.

balzàno, *agg.* → BIZZARRO.

balzàre, *v.intr.* → SALTARE.

balzellàre, *v.intr.* → SALTARE.

balzèllo, *sm.* → IMPOSTA.

bàlzo, *sm.* → SALTO, GUIZZO.

bambàgia, *sf.* → COTONE, OVATTA.

bambinàggine, *sf.* → BAMBINATA.

bambinàia, *sf.* → BALIA.

bambinàta, *sf.* bambinería, bambinaggine, puerilità, fanciullaggine, bambocciata, ragazzata, fanciullata || bravata, birichinata, monelleria, impertinenza, sconsideratezza.

contr. azione seria, grave, ponderata || maturità, senilità, virilità.

bambinèllo, *sm.* → BAMBINO.

bambinería, *sf.* → BAMBINATA.

bambinésco, *agg.* infantile, puerile, fanciullesco, ingenuo || leggero, volubile, sciocco, inconsiderato.

contr. da uomo saggio, assennato, ponderato, maturo.

bambíno, *sm.* bimbo, fanciullo, infante, bambolo, bamboletto, pargolo, pargoletto, putto, puttino, marmocchio, bambinello, piccolo, piccino, neonato, fantolino, mimmo, creatura, bamboccio, omino, demonietto, frugolino, frugoletto, lattante, mammolino, innocente, bamberottolo.

nomencl. (*qualità*) legittimo, naturale, bastardo, illegittimo, gemello, lattante, neonato, settimino, settimello, postumo, trovatello, esposto, baliatico || (*alimenti*) pappa, latte, farina lattea, semola, tapioca, pastina glutinata, farina di legumi, biscotti || (*oggetti*) poppatoio o *biberon*, culla, falde o dande, ciambella, campanella, carruccio, cestino, seggiolino, carrozzella, passeggino, cavallo a dondolo, calzine, scarpine, pupazzi, bambole, burattini || (*scienze*) puericultura, pediatria, psicologia, pedagogia, ortopedia || (*azioni del bambino*) vagire, belare, trillare, strillare, frignare, gnaulare, cianciare, ciangottare, cinguettare, biascicare, piangere, ridere, sbadigliare, singhiozzare, starnutire, scimmiottare, camminare, fare il broncio, le furie, il muso, i capricci, il viso scuro, i lucciconi, sgambettare, zampettare || incalorirsi, incuocersi, ricidersi || (*cura del bambino*) allattare, allevare, tirare su, fare, dare la pappa, dare il poppatoio o il *biberon*, cantare la ninna nanna, cullare, divezzare, fasciare, sfasciare, rifasciare, imboccare, imbracare, porre a letto, addormentare, portare in braccio, al collo, a tracolla, sulle braccia, trastullare, fare il bagno, vestire, svestire || battezzare, tenere a battesimo, fare da padrino o da madrina, imporre il nome, circoncidere || (*malattie*) strabismo, geloni, rachitismo, scleroma, stitichezza, asfissia, epistassi, eritema, idrocefalia, eclampsia, difterite, parotite o orecchioni, crup, morbillo, vaiolo, orticaria, bachi o vermi, scarlattina, varicella, rosolia, pertosse o tosse asinina, diarrea, foruncolosi, scrofolosi, lattime o croste da latte, poliomielite || *agg.* brutto, bello, caro, carino, grazioso, vezzoso, omino, donnina, assennato, dottorino, prodigio, intelligente, pronto, vivace, vispo, festante, allegro, chiassoso, frignone, birba, discoletto, demonietto, capriccioso, bizzoso, ritroso, stizzoso, molesto, malvezzo, maleducato, maldestro, scontroso, avventato, irrequieto, inquieto, daddoloso, grandicello, alto, piccolo, paffuto, paffutello, grassoccio, fresco, roseo, magro, gracile, malaticcio, stentato, pallido, storpiato, storto, viziato, beniamino, biascioncino, brodolino, trottolino, ciancerino, delicatino, frugaccino, frugolino, trampolino, sbardellato, piscione.

contr. vecchio, uomo anziano, maturo, attempato.

bàmbo, *agg.* → EBETE.

bambocciàta, *sf.* → BUFFONATA, BAMBINATA.

bambòccio, *sm.* → BAMBINO, FANTOCCIO.

bàmbola, *sf.* pupa, pupattola, bambolo, bambolotto, pupazzo, fantoccio; balocco.

nomencl. *verb.* baloccarsi, trastullarsi; fare, giocare alle bambole.

bàmbolo, *sm.* → BAMBOLA || BAMBINO.

bambolòtto, *sm.* → BAMBOLA.

banàle, *agg. frs.* comune, volgare, trito, triviale, ordinario, semplice, mediocre, insignificante, usuale, usato, inelegante, senza rilievo, piatto, senza qualità, senza originalità, senza personalità.

contr. originale, distinto, nobile, aristocratico, espressivo, bizzarro, stravagante, curioso, strano, elegante, caratteristico, particolare, straordinario, di qualità.

banalità, *sf. frs.* cosa banale, trivialità.

bànca, *sf.* istituto di credito, banco, istituto d'emissione, monte, cassa depositi e prestiti.

nomencl. (*tipi*) nazionale, internazionale, mondiale, europea, pubblica, statale, privata, popolare, cooperativa, commerciale, artigiana, rurale, di pegno, di emissione, di deposito e prestito, di risparmio, di credito fondiario, di credito artigiano, di credito agrario, della ricostruzione, degli investimenti, di sconto, di credito mobiliare o immobiliare || (*uffici*) sede centrale, direzione centrale, sede principale, filiale, succursale, agenzia, segreteria, ufficio borsa, ufficio cambi, ufficio cassa; dei conti correnti, contenzioso, della contabilità centrale, delle informazioni, di deposito, delle lettere di credito, legale, delle merci, di controllo, della pubblicità, di risconto, di spedizione, di sviluppo, dei titoli, del portafoglio, delle cassette di sicurezza || (*persone*) presidente, direttore generale, ispettore, direttore di sede, di succursale, d'agenzia, banchiere, cassiere, contabile, cambiavalute, agente di cambio, esattore, scontista, computista, ragioniere, segretario, commesso, consiglio di amministrazione, azionista, assemblea degli azionisti, sindaco, revisore dei conti || cedente, depositante, correntista, cessionario, cliente, corrispondente || (*termini bancari*) accumulazione, aggiotaggio, arbitraggio, arbitrato, attergato, a buon fine, bancogiro, abbuono, accettazione, accreditamento, addebitamento, ammortamento, *affidavit*, banconota, biglietto di banca, bilancio, buoni del Tesoro, cartelle di rendita, cambio, circolazione monetaria, castelletto, *chèque*, clausola-oro, compensazione, conto di ritorno, conversione, *clearing*, debito pubblico, decurtazione, *déficit*, distinta di negoziazione, distinta di versamento, distinta di pagamento, del credere, deposito, disaggio, disponibilità, dividendo, divisa estera, effetto, emissione (pubblica o privata), esigibilità, estratto di conto, frutto, fabbisogno, fido, fissato-bollato, fluttuazione, girata, firma, interesse, investimento, intervento, lettera di credito, levata, libretto di deposito, libretto di risparmio al portatore, libretto di deposito vincolato, libretto di conto corrente, lotto, libretto degli assegni, liquidazione, listino dei prezzi, listino delle quotazioni di Borsa, livellamento dei cambi, mediatore, moneta, mercuriale, mora, oscillazione dei cambi, operazione di banca, onore, obbligazioni nominative o al portatore, pagherò, prodotto, protesto, polizza, portafoglio, prelevamento, premio di emissione, profitti e perdite, realizzo, rialzamento, rivalsa, rimessa, risconto, rialzo, ribasso, rinnovo, riporto, saggio, sconto, specie, stanza di compensazione, scadenza, scadenziario, saldo, sindacato di Borsa, spezzati, tagliando, tasso di sconto, tratta, titolo (all'ordine, fiduciario, negoziabile, nominativo), vaglia cambiario, verifica di cassa, versamento, valuta, valori, *warrant* || *verb.* depositare, versare, ritirare, affidare, aprire un conto, vendere, comprare titoli, emettere vaglia, assegni, riscuotere assegni, vaglia, aprire o accendere, chiudere, saldare un conto, trarre sull'estero, giocare in Borsa.

bancarótta, *sf.* → FALLIMENTO.

bancarottière, *agg.* e *sm.* → FALLITO.

bancheggiàre, *v.intr.* → FESTEGGIARE,

banchettànte, *sm.* → COMMENSALE.

banchettàre, *v.intr.* → PRANZARE.

banchétto, *sm.* convito, convivio, agape, epula, bisboccia, simposio, pranzo, imbandigione, mensa, cenacolo, asciolvere, ribotta, cena, desinare || → ALIMENTO, BANCO.

nomencl. (*tipi*) conviviale, pubblico, privato, ufficiale, diplomatico, politico, principesco, amichevole, sportivo, sociale, familiare, funebre, nuziale, sacro, santo, eucaristico || (*attinenti*) archiconvivio, architriclino, simposiarca, convitato, banchettante, anfitrione, triclinio, tavola, mensa || *agg.* lauto, succulento, splendido, magnifico, luculliano, lieto, fragoroso, ricco, opulento, sontuoso, da buongustaio, da raffinato, da trimalcione || *verb.* banchettare, convitare, sbanchettare.

contr. digiuno, astinenza, stare a banchetto, fare ribotta.

banchíglia, *sf.* campo di ghiaccio, banchisa, *pack-ice*.

banchína, *sf.* molo, argine (v.), terrapieno, proda || rialzo, marciapiede rialzato, piano caricatore || sedile.

banchísa, *sf.* → BANCHIGLIA.

bànco, *sm.* → BANCA || panca, sedile, tavola, tavolone, tavolinetto, scanno, cassapanca, madia, desco, deschetto, scrivania, scrigno, banchetto || alzamento di arena, secca.

banconòta, *sf.* biglietto di banca, buono, danaro contante, moneta sonante, → DENARO.

bànda, *sf.* → PARTE || musica, corpo di musica, fanfara, *jazz-band* || accozzaglia di banditi, associazione a delinquere || torma, squadra, catena, compagnia di soldati || nastro, guarnizione || da banda a banda, → ATTRAVERSO || → BANDIERA.

nomencl. capobanda, maestro di musica, musicante, concerti, strumenti, spartito || guerra di bande, bande armate.

banderàio, *sm.* → ALFIERE || fabbricante di bandiere, tende, paramenti da chiesa.

banderuòla, *sf.* bandierina, ventaruola, anemoscopio, pennone, pennoncello || *fig.* → VOLUBILE.

bandièra, *sf.* stendardo, vessillo, impresa, insegna, gonfalone, drappo, drappella, fiamma, guida, guidoncino, guidone, labaro, pennone, pennello, orifiamma, gagliardetto, banda o bandinella.

nomencl. (*varietà*) nazionale, bianca o parlamentare, tricolore, da combattimento, da quarantena, da segnalazione, da pirata || aquila, draco o drago, *flammula*, pavese, manipolo, sangiacco, banderuola, banderuola di neutralità, coda di cavallo || (*parti*) bastone o asta, pomo, lancia, piede, drappo, cravatta, banda, guaina || (*portatori*) alfiere, aquilifero, porta-bandiera, vessillifero, *signifer*, *nakib*, gonfaloniere, portinsegna, pennoniere, antesignano || banderaio, banderese, sbandierata, sventolata || *agg.* spiegata, arrotolata, abbassata, abbrunata, inastata || *avv.* a trofeo, a mezz'asta || *verb.* issare, sventolare, sbandierare, agitare, imbandierare, garrire, abbassare, ammainare, calare, inastare, battere, ripiegare, rinfoderare.

bandierína, *sf.* → BANDERUOLA.

bandinèlla, *sf.* → ASCIUGAMANO.

bandíre, *v.tr.* pubblicare, divulgare, spacciare, annunziare, annunciare, intimare; palesare, informare, noti-

ficare || cacciare, scacciare, mettere al bando, sfrattare, → ESILIARE.
bandísta, *sm.* musicante, sonatore, strumentista, esecutore || capobanda.
bandíta, *sf.* → RISERVA.
bandíto, *pps.* di bandire || *agg.* → ESULE || *sm.* brigante, malfattore, malvivente, mariolo, masnadiero, assassino, grassatore, malandrino, ladro, rapinatore, briccone, birbone, mascalzone, scherano, barabba, fuorilegge, predone, furfante, bucaniere, filibustiere, cattivo soggetto, avanzo di forca, avanzo di galera, delinquente, *gangster*, canaglia, birbaccione, tagliaborse, borsaiolo, pirata, sicario, faccia patibolare, bravo, uomo da capestro, deportato, pregiudicato.
contr. uomo onesto, uomo dabbene, uomo d'ordine, galantuomo; guardia, poliziotto, custode.
banditóre, *sm.* → AMBASCIATORE || ASTA || *fig.* divulgatore.
bàndo, *sm.* editto, proclama, chiamata, ordine, grida, decreto, notificazione || avviso d'asta || → AVVISO.
nomencl. (*attinenti*) proscrizione, sfratto, esilio, deportazione, confino, espulsione, ostracismo, relegazione, domicilio coatto, emigrazione || (*tipi*) militare, pubblico, amministrativo, giudiziario, di concorso || *verb.* bandire, proscrivere, notificare, pubblicare, gridare dal banditore, mandare al confino.
bandolièra, *sf.* balteo, traversa, tracolla, budriere, armacollo, cintura.
bàndolo, *sm.* capo della matassa, annodatura.
nomencl. *verb.* trovare, trovare il bandolo.
bandóne, *sm.* → LASTRA.
bar, *sm. indecl.* caffetteria, mescita, liquoreria, caffè, osteria, → BOTTEGA.
nomencl. barista, *barman*, liquorista || mobile-bar.
bàra, *sf.* feretro, cataletto, cassa da morto, catafalco || barella, lettiga.
baràbba, *sm.* → BANDITO.
baràcca, *sf.* → BAITA, CASA, BOTTEGA, CASOTTO.
nomencl. *verb.* piantar baracca e burattini, aiutar la baracca || far baracca.
baraccaménto, *sm.* → ACCAMPAMENTO.
baraccóne, *sm.* → CASA || CIRCO, FIERA.
baràggia, *sf.* → BRUGHIERA.
baraónda, *sf.* → CONFUSIONE, RUMORE, COMPAGNIA.
baràre, *v.intr.* → RUBARE.
bàratro, *sm.* voragine, precipizio, abisso; profondità. botro, burrone, fossa, dirupo, borro, burrato, anfratto.
nomencl. *agg.* profondo, senza fondo, oscuro, infernale || *verb.* cadere nel baratro, capitombolare, rovinare.
barattàre, *v.tr.* → CAMBIARE || COMMERCIARE.
barattatóre, *sm.* → COMMERCIANTE.
baratterìa, *sf.* → FRODE.
barattière, *sm.* → TRUFFATORE.
baràtto, *sm.* → CAMBIO, PERMUTA || FRODE || COMMERCIO.
baràttolo, *sm.* → VASO.
bàrba, *sf.* barbetta, barbone, → BASETTE, BAFFI.
nomencl. (*tipi*) a lucignoli o allucignolata, alla cappuccina, quadrata o a spazzola o mezza barba, alla Napoleone, a punta, a collare o alla Cavour, a due punte, a capra, a ferro di cavallo, da profeta || baffi, basette, mustacchi, broccolo, favoriti, filo, pelo di barba, lanugine, piuma, mosca, pizzo, setola, fedine, barbigi, pappafico, grilloni, onor del mento, moschetta || (*parti*) bulbo, radice, stelo, papilla, setola, pelo || (*persone*) barbuto, caprone, mezza barba, imberbe, sbarbatello || *fig.* barbone || *agg.* liscia, crespa, ricciuta, attorta, diritta, lunga, folta, densa, rada, fiorita, maestra, nascente, corta, spiovente, piovuta, biforcuta, morbida, delicata, dura, incolta, trascurata, ispida, rabbuffata, spelacchiata, spelazzata, intignata, piena, bianca, brizzolata, grigia, bionda, bruna, castana, nera, rossa, rossiccia, pepe e sale, canuta || *verb.* nascere, spuntare, crescere, rispuntare, tagliare, radere, cadere, imbiancare, incanutire, lisciare, accarezzare, portare, coltivare, avere, tenere, strappare.
barbabiètola *sf.* → BIETOLA.
barbacàne, *sm.* → CONTRAFFORTE.
barbàgia, *sf.* → BORDELLO.
barbagiànni, *sm.* → GUFO || *fig.* → SCIOCCO.
barbàglio, *sm.* → RIVERBERO, BAGLIORE.
barbàia, *sf.* → NASSA.
barbarésco, *agg.* → BARBARO || *sm.* nebbiolo (vino).
barbàrico, *agg.* → BARBARO.
barbàrie, *sf. indecl.* barbarismo, crudeltà, crudezza, ferocia, vandalismo, spietatezza, rozzezza, nefandezza, nequizia, atrocità, disumanità, sevizia, inumanità, ferinità, inciviltà, selvatichezza, cannibalismo, ignoranza, brutalità || istinto, corruzione, decadenza, guasto.
contr. civiltà, cultura, umanità, finezza, raffinatezza, sanità || bontà, generosità, cortesia, gentilezza.
barbarísmo, *sm.* voce barbara, straniera, → BARBARIE
nomencl. francesismo o gallicismo, germanismo, inglesismo o anglicismo, americanismo, spagnolismo, ecc.
contr. purismo, proprietà linguistica.
bàrbaro, *agg.* crudele, disumano, brutale, selvaggio, pagano, incivile, feroce, rozzo, barbarico, barbaresco, aspro, nefando, atroce, vandalico, unno, selvatico.
contr. civile, colto, fine, buono, umano, raffinato, incivilito, cristiano, generoso, gentile, cortese.
bàrbaro, *sm.*
nomencl. (*popolazioni antiche*) Germani, Sciti, Parti, Arabi, Etiopi, Mauri, Cimbri, Teutoni, Goti, Visigoti, Ostrogoti, Sassoni, Angli, Svevi, Franchi, Alani, Vandali, Unni, Avari, Normanni, Mongoli, Tartari o Tatari, Turchi, Saraceni, Berberi, ecc. || (*ordinamento giuridico*) fara, sippe, gau, tribù, orda, clan || adalinghi, arimanni, aldi, schiavi || capitolari, mundio, faida, guidrigildo, giudizio di Dio, duello || *agg.* primitiva, primordiale, antica, moderna || *verb.* imbarbarire, decadere, ritornare alla barbarie || barbareggiare || umanizzare, ingentilire, incivilire, rincivilire.
barbassòro, *sm.* → SACCENTE.
barbàto, *agg.* → BARBUTO.
barbatèlla, *sf.* → TÀLEA.
barbazzàle, *sm.* → FRENO.
barbicàre, *v.intr.* → ATTECCHIRE.
barbière, *sm.* barbitonsóre, parrucchiere, figaro, tonsore, tosatore, conciateste, profumiere, *coiffeur* || garzone || *manicure, pedicure.*
nomencl. per uomo, per signora || (*arnesi e materiali*) accappatoio, asciugatoio, bacino, barbino, pennello da barba, poltrona girevole, tosatrice, spazzola, tazza per saponatura, pietra da rasoio, coietto o colamella, borlone, drizzatoio, pettine, cesoie, piumino, rasoio,

rasoio di sicurezza, rasoio elettrico, cardo, diavolino, depilatore, discriminale, ferro da ricci, forcine, fusellino o pettine a fusellino, *papillote*, scriminatoio, schiacce, spilli neri, pinze, testiera, acqua ossigenata, alcool, allume, brillantina, lozione per capelli, lozione pre- e dopo-barba, belletto, biacca, bricco, calamistro, ceretta, cerone, cipria, crema, pomata, *cold-cream*, casco, *shampoo*, magnesio, polverizzatore, spruzzatore, asciuga-capelli, profumi, sapone da barba, unguento || *agg.* abile, esperto, valente, lesto, svelto, coi fiocchi, maestro, finito, completo, impareggiabile, delicato, garbato, fine, raffinato, leggero, pulito, praticone, inetto, inesperto, rude, rozzo, brusco, materiale, sgarbato, sporco, villanesco || (*operazioni*) passare e ripassare col rasoio sul cuoio, insaponare, radere, rasare, sbarbare, sbarbificare, tagliare, dare il contropelo, disinfettare, spruzzare, lavare, asciugare, aggiustare, acconciare, accomodare, scorciare, tosare, rapare, arricciare, arruffare, dicioccare, districare, inanellare, increspare, intrecciare, intricare, incatricchiare, pareggiare, rassettare, ritondere, scarmigliare, scompigliare, spettinare, pettinare, spazzolare, strappare, strigare, tondere, impomatare, incipriare, infarinare, tingere.

barbificàre, *v.intr.* → ATTECCHIRE.

barbígi, *sm. pl.* → BASETTE.

barbitonsóre, *sm. scherz.* → BARBIERE.

barbògio, *agg.* e *sm.* → VECCHIO.

barbóne, *sm.* e *agg.* → BARBUTO || CANE || MENDICANTE.

barbugliaménto, *sm.* → BALBETTAMENTO.

barbugliàre, *v.intr.* → BALBETTARE.

barbuglióne, *sm.* → BALBUZIENTE.

barbúta, *sf.* → ELMO.

barbúto, *agg.* barbone, barbato, irsuto, peloso, lanuginoso.

contr. glabro, sbarbato, sbarbatello, imberbe.

bàrca, *sf.* navicella, imbarcazione, legno.

nomencl. (*varietà*) insommergibile, piatta, a chiglia, a remi, a motore, a vela, a vapore, da pesca o peschereccio, da diporto, da turismo, da sport, da regata, da corsa, di salvataggio || (*parti*) poppa, prora o prua, chiglia, banco, carena, cainella, felce, ingegno, pagliolo, pedagne, scalmiera, scalmo, timone, traversiere, || (*attinenti*) scia, alzaia, alighiero, remo, soprana, àncora, scalmo, scalmiera, stroppo, cavo da ancoraggio, cavo per alare, gottazzuolo o sessola, vogarola || (*specie di barche*) agguantatora, alleggio, bacassa, battello, barchetta, barchetto, barcone, beccaccia, bilancella, bissona, bragozzo, brazzera, brulotto, burchio, burchiello, caicco, canotto, canoa, chiatta, cimba, cisterna, feluca, fisolera, giunca o gionca, gondola, gozzo, guscio, jole, lancia, lancetta, legno, motoscafo, moscone o pacetino, palischermo, paranza, parro, passacavallo, peota, sambuco, pontone, sandalo, sandolino, schifo, scialuppa, tartana, gazzarra, vaporetto, zattera, pacchebotto, piroga, battana, paranzella, cabanella, canga, caporàis || (*persone*) barcaiolo, barchiero, battelliere, gondoliere, navicellaio, nocchiere, pilota, canottiere, poppiere, prodiere, vogatore, rematore, remipede, timoniere, traghettatore, passatore || (*manovre*) aggottare, approdare, sciogliere al largo, risalire la corrente, scendere la corrente, ormeggiare, ancorare, dare fondo, salpare, vogare, remare, arrancare, barcheggiare, assiare, passavogare, alare, rimorchiare, sbarcare, imbarcare, scendere a terra, tirare in secco, sciare, scorrere, scivolare, traghettare.

barcaiòlo, *sm.* nocchiero, nocchiere, battelliere, navicellaio, gondoliere, rematore, traghettatore, passatore, canottiere, poppiere, prodiere, navalestro.

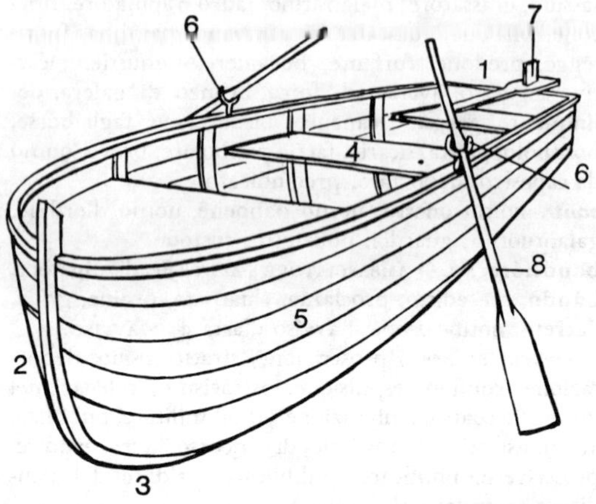

BARCA - 1) poppa; 2) prua; 3) chiglia; 4) banco; 5) carena; 6) scalmiera; 7) timone; 8) remo.

barcamenàrsi, *v.rifl.* barcheggiare || *fig.* → DESTREGGIARSI.

barcheggiàre, *v.intr.* → BARCAMENARSI.

barchéggio, *sm.* → OSCILLAZIONE.

barcollaménto, *sm.* → OSCILLAZIONE.

barcollàre, *v.intr.* → OSCILLARE, VACILLARE || CAMMINARE.

barcollío, *sm.* → OSCILLAZIONE.

bàrda, *sf.* → ARMATURA || FINIMENTO.

bardàre, *v.tr.* sellare, imbrigliare, mettere i finimenti, mettere la barda || agghindare, abbigliare, vestire solennemente, pesantemente.

contr. dissellare, levare la sella || disabbigliarsi, vestirsi modestamente.

bardàssa, *sm.* drudo, cinedo || → MONELLO.

bardatúra, *sf.* → FINIMENTO.

bardèlla, *sf.* → FINIMENTO.

bardellàio, *sm.* → BASTAIO.

bàrdo, *sm.* → POETA.

bardòtto, *sm.* → MULO, METICCIO || *fig.* → APPRENDISTA.

barèlla, *sf.* → BARA || lettiga, cataletto, basterna, portantina, lettuccio || carriola.

nomencl. barellata || barellare.

barellàre, *v.intr.* → VACILLARE.

bargèllo, *sm.* → SGHERRO.

barìglióne, *sm.* → IMBALLAGGIO || VASO.

barilàio, *sm.* bottaio.

baríle, *sm.* bariletto, barilotto, bariglione, barilozzo, botte, botticella, bottaccino, bidone, borraccia, vaso, stagna, bottaccio, fusto, botticina, botticino, caratello, mastello, bigoncia.

nomencl. (*parti*) bocca o cocchiume, capruggine, cerchi, corpaccioli, testagnoli, ventre, doga, fondi || barilaia || barilaio || soma || (*operazioni*) imbarilare, spillare, stappare, avvinare, caprugginare.

barilétto, *sm.* → BARILE.
barilòtto, *sm.* → BARILE.
barilòzzo, *sm.* → BARILE.
barlétta, *sf.* → BOTTE.
barlúme, *sm.* penombra, crepuscolo, luce debole, incerta, confusa || *fig.* idea confusa e debole || → CONOSCENZA || INDIZIO.
contr. ombra, bagliore, fulgore, luce chiara, forte || idea chiara.
bàro, *agg.* e *sm.* → INGANNATORE.
barocchísmo, *sm.* → MARINISMO.
barocciàio, *sm.* barrocciaio, → CARRETTIERE.
baròccio, *sm.* barroccio, biroccio, → CARRO.
nomencl. di pianura, di montagna, di collina, aperto, chiuso || (*parti*) cesta, burberino o verricello, corde, capra, stanghino, ruote, sala || barocciaio, birocciaio, birocciata || *agg.* rozzo, elegante, nuovo, ornato, usato || *avv.* a barocciate.
baròcco, *agg.* strano, bizzarro, grottesco, rococò, → AMPOLLOSO || magniloquente, vuoto, di cattivo gusto, manierato, fastoso, enfatico, lambiccato, contorto, spagnolesco, vistoso, abbagliante.
contr. classico, severo, regolare, composto, equilibrato, misurato, sobrio, dignitoso, semplice, austero.
baròmetro, *sm.*
nomencl. (*tipi*) metallico, a mercurio, aneroide, olosferico || (*attinenti*) altezza barometrica, colonna barometrica, pressione barometrica, gradiente barometrico, vuoto barometrico || isobare || barometria || *verb.* salire, discendere, segnare il tempo.

BAROMETRO - **Barometro metallico.**

baronàta, *sf.* prepotenza, bricconata, sopraffazione.
nomencl. *verb.* baronare (*ant.*), fare il briccone.
baróne, *sm.* → FEUDATARIO.
baronétto, *sm.* → FEUDATARIO.
bàrra, *sf.* → SBARRA || staccionata, steccato, ringhiera, pretorio.
nomencl. *verb.* barrare, sbarrare, abbarrare.
barricadiero, *agg. m. frs.* rivoluzionario.
barricàre, *v.tr.* abbarrare, sbarrare, asserragliare, chiudere il passo, imbarrare, steccare, rafforzare un'uscita, ostruire un passaggio, fortificare, chiudere con barricate || *rifl.* ripararsi, asserragliarsi.
contr. abbattere le fortificazioni, demolire le barricate, liberare, forzare, lasciar libero il passaggio.
barricàta, sf. asserragliamento, trincea, fortificazione, serraglio, steccato, abbattuta di alberi, tagliata, → RIPARO, BALUARDO.
nomencl. *verb.* barricare, asserragliare, sbarrare, steccare, fare le barricate, costruire barricate, barricarsi, chiudere, aprire, abbattere, erigere barricate, morire sulle barricate.
barrièra, *sf.* limite, confine || → CANCELLO || FORTIFICAZIONE, BALUARDO || *fig.* → DIFFICOLTÀ.
barríto, *sm.* → GRIDO.
barrocciàio, *sm.* → BAROCCIAIO.
barròccio, *sm.* → BAROCCIO.
barúffa, *sf.* → RISSA.
baruffàre, *v.intr.* e *rifl.* → LITIGARE.
barúllo, *sm.* (*ant.*) → BAGARINO, RIVENDUGLIOLO || SCIOCCO.
barzellétta, *sf.* storiella, arguzia, facezia, novelletta allegra, motto scherzoso, discorso burlesco, spiritosaggine, freddura.
basaménto, *sm.* → BASE.
basàre, *v.tr.* → FONDARE.
bàsco, *sm.* → BERRETTO.
bascúlla, *sf.* → BILANCIA.
bàse, *sf.* fondamento, costruzione, sostegno, supporto, punto d'appoggio, basamento, piedestallo, piedistallo, principio, estremità, incardinazione || *neol.* di un partito politico.
nomencl. (*basi diverse*) dottrinale, logica, metafisica, filosofica, teologica, razionale, architettonica, scientifica, matematica, chimica, geometrica, ecc.; militare, navale, aerea || (*attinenti*) zoccolo, area, piattaforma, pila, pilone, fondo, tavolato, impalcatura; piede, peduccio, mensola, dado, zoccolo, pilastro, colonna, colonnina, stilobate, spira, toro, astragalo, cariatide || principio razionale, verità prima, assioma, premessa, postulato, substrato, sostanza || origine, nascita, inizio, radice, ceppo, cardine, caposaldo || di partenza, di arrivo, di soccorso, di avvistamento || *agg.* principale, fondamentale, indiscutibile, cardinale, essenziale, precipua, irremovibile, inamovibile, granitica, salda, forte, inconcussa, labile, esile, fragile, frale, impotente, secondaria, accessoria || *verb.* basare, incardinare.
cotr. cima, vetta, vertice, fastigio, coronamento, colmo, sommità, apice, punta.
basétte, *sf. pl.* fedine, scopettoni, barbigi, favoriti.
basilàre, *agg.* → FONDAMENTALE.
basílica, *sf.* → CHIESA.
basíre, *v.intr.* → SVENIRE.
bàsolo, *sm.* → PIETRA.
bassaménte, *avv.* abiettamente, ignobilmente, nefandamente, vilmente, vigliaccamente, volgarmente, trivialmente, in modo plebeo || → SOTTOVOCE.
contr. fieramente, nobilmente, superbamente, dignitosamente, orgogliosamente, distintamente, in modo aristocratico.

bassàride, *sf.* → BACCANTE.
bassézza, *sf.* abbassamento, depressione, profondità, bassura || *fig.* abiettezza, viltà, abiezione, avvilimento, scadimento; azione bassa, ignobile, vile; fango || svilimento, ribasso.
contr. altezza || nobiltà, finezza d'animo; azione nobile, coraggiosa, generosa, virile, eroica; magnanimità, fierezza, orgoglio, dignità || rincaro, aumento.
bàsso, *agg.* piccolo, corto, nano, pigmeo, inferiore, infimo, lillipuziano || piegato, chino, abbassato, supino, prono || accline, declivo, degradato, degradante, declinante || *fig.* depresso, abbattuto, prostrato, mortificato || umile, vile, vigliacco, meschino, abietto, triviale, plebeo, ignobile, nefando, misero, miserevole.
nomencl. bassofondo, fondo, sedimento, strato, sottosuolo, nadir || *verb.* abbassare, portare o piegare in basso, abbattere, atterrare, far scendere, far cadere, deporre, umiliare, sporcare (*fig.*), piegare verso terra, adimare, scadere, appiattire, comprimere, degradare, avvilire, deprimere, prostrare, mortificare.
contr. alto, lungo, elevato, sommo, eccelso, superiore, gigante, ritto, diritto, innalzato || fiero, dignitoso, nobile, superbo, orgoglioso, coraggioso, generoso, virile, magnanimo.
bassopiàno, *sm.* → PIANURA.
contr. altopiano.
bassorilièvo, *sm.*
nomencl. anàglifo, cammeo.
contr. altorilievo, mezzorilievo.
bassòtto, *sm.* → CANE.
bassúra, *sf.* → AVVALLAMENTO.
contr. altura.
bastàio, *sm.* → SELLAIO.
bastànte, *agg.* → SUFFICIENTE.
bastanteménte, *avv.* → ABBASTANZA.
bastàrdo, *agg.* e *sm.* figlio naturale, illegittimo, adulterino; trovatello, esposto || *fig.* corrotto, alterato, degenerato, falso.
contr. figlio legittimo, legittimato, riconosciuto.
nomencl. bastardume || sbastardare.
bastèrna, *sf.* → BARELLA, CARRO.
bastevolménte, *avv.* → ABBASTANZA.
bastía, *sf.* → FORTIFICAZIONE || BALUARDO.
bastiménto, *sm.* → NAVE.
bastingàggio, *sm.* → IMPAVESATA.
bastióne, *sm.* → BALUARDO.
bastíta, *sf.* → BALUARDO.
bàsto, *sm.* → FINIMENTO.
nomencl. (*parti*) fusto, ossatura, falde, curve, straccale, pòsola, tortóre o randello.
bastonàre, *v.tr.* picchiare, picchiettare, picchierellare, percuotere, battere, legnare, manganellare, staffilare, malmenare, spianar le costole, batacchiare, caricar di botte, pestare, colpire, bacchettare, arrandellare, conciar per le feste, fustigare, accarezzar le spalle, macerare le spalle a suon di bastoni, rompere il groppone, far piover bastonate.
contr. accarezzare, blandire, vezzeggiare.
bastonàta, *sf.* percossa, legnata, randellata, botta, mazzata, bussa, batosta, colpo, manganellata, battitura, bottata, bastonatura.
nomencl. *avv.* da orbi, di santa ragione, da ciechi || *agg.* soda, fitta, dura, massiccia, serrata, debole, leggera, lieve || *verb.* bastonare, accarezzar le spalle, benedire con la scopa, macerare le spalle a suon di bastonate, rompere il groppone, suonare, piover bastonate.
bastonàto, *agg.* → BATTUTO.
bastonatúra, *sf.* → BASTONATA.
bastóne, *sm.* bàcolo, bacchio, bacchetta, bacchetto, bastoncello, bordone, bastoncino, canna, clava, caduceo, asta, palo, stanga, legno || *fig.* → SOSTEGNO.
nomencl. (*tipi*) appuntito, puntuto, ferrato, ghierato, piombato, liscio, nodoso, nocchiuto, animato || di comando, da maresciallo, da direttore d'orchestra, da montagna, da passeggio || (*fig.*) della vecchiaia || (*attinenti*) ferula, frusta, giannetta, leccio, legno, mazza, mazzella, mazza ferrata, nerbo, randello, staffile, verga, vincastro, gruccia, pastorale, scettro, zagaglia, mazzafrusto, stocco, tirso, manganello, lituo, pertica, staggio, batacchio, batocchio, battitoio, mazzapicchio, sfollagente, paletto, biffa, castigamatti, *stick*, *Alpenstock*, scudiscio || bastonata, bastonatore || (*parti*) manico, pomo, cordone, capocchia, puntale, ghiera o gorbia || (*verb.*) bastonare.
batacchiàre, *v.tr.* → BASTONARE, ABBACCHIARE.
batàcchio, *sm.* batocchio, bacchio, battaglio, → BASTONE || picchiotto, picchio, battente (per bussare alla porta), battitoio, mazzapicchio.
bàtolo o bàtulo, *sm.* → MANTELLO.
batòsta, *sf.* → BASTONATA || *fig.* → DISGRAZIA.
bàtrace, *sm.* anuro, anfibio, saltatore.
nomencl. rana, rospo, salamandra, cecilia, bufo, tritone, ululone || batracografia, batracomiomachia.
batracomiomachía, *sf.* battaglia delle rane e dei topi || *fig.* contesa futile, polemichetta, bega, → LITIGIO.
battàglia, *sf.* combattimento, zuffa, tenzone, certame, lotta, mischia, conflitto, fatto d'arme, azione di guerra, assalto, avvisaglia, manovra, scaramuccia, schermaglia, pugna, giornata, fazione, scontro, azzuffamento, attacco, corpo a corpo || naumachia, tauromachia, batracomiomachia, gigantomachia.
nomencl. (*vari tipi*) aerea, campale, navale, equestre, a corpo a corpo, all'arma bianca || elettorale, d'interessi, d'affetti, del grano || (*episodi*) allarme, falso allarme, ostilità, chiamata, marcia, mossa, offesa, attacco, offensiva, contrattacco, collisione, azione, caccia, carica, inseguimento, dirottamento, conversione (diagonale, ad angolo, a perno), evoluzione, difesa, riscossa, diserzione, defezione, ritirata, fuga, rotta, disfatta, imboscata, resa, strage, vittoria || (*posizioni*) fronte di battaglia, linea di battaglia, colonna di centro, di coda, di fianco, di testa, di munizioni, di salmerie, obbiettivo, piano di battaglia, posizione, quadrato, quartiere, preda, ossario, campo || *agg.* attestata, finta, micidiale, ostinata, sanguinosa, incruenta, cruenta, decisiva, definitiva, determinante, finale, epica, storica, strategica, tattica, vittoriosa, sfortunata, indecisa || (*azioni*) dare, attaccare, impegnare, ingaggiare, scendere, provocare, sostenere, portare battaglia, invitare, venire, concitare, chiamare a battaglia || assalire, essere alle prese, venire alle mani, caricare, azzuffarsi, cacciare, cacciare in rotta, combattere, disordinare, defilare, disperdere, fugare,

mettere in fuga, mettere in rotta, fronteggiare, osteggiare, neutralizzare, raccozzare, rompere, sfondare, sorprendere, sbandare, vincere, piegare, sottomettere, superare, cedere, perdere, capitolare, abbassare le armi, cedere le armi, darsi prigionieri, ritirarsi dalla battaglia, catturare || bombardare, mitragliare, cannoneggiare, spezzonare || oppugnare, pugnare, espugnare, impugnare || la battaglia arde, s'accende, si rinforza, indebolisce, langue, scema, cresce, ferve, riprende, si accanisce, termina, si spegne, si conclude.

battagliàre, *v.intr.* → COMBATTERE.

battaglièro, *agg.* → BELLICOSO.

battàglio, *sm.* → BATACCHIO.

battàna, *sf.* → BARCA.

battellière, *sm.* → BARCAIOLO.

battèllo, *sm.* → BARCA.

nomencl. (*vari tipi*) a vapore, a vela, elettrico || armato, sottomarino || da pesca, da trasporto, da carico, da rimorchio, di salvataggio, di soccorso || (*attinenti*) barca, burchiello, caicco, canotto, guscio, lancia, palischermo, paranza, sambuco, scialuppa, spola, zattera.

battènte, *sm.* battitoio || martello, mazzapicchio, batacchio, battaglio, picchio, picchiotto || imposta, stipite || → OROLOGIO.

bàttere, *v.tr.* bussare, pulsare, tempellare, urtare, tamburare, martellare, bacchettare, abbacchiare, scamatare, trebbiare || flagellare, pestare, bastonare || insistere (*fig.*) || vincere, sconfiggere, abbattere, dominare, superare, sopraffare, sbaragliare, sgominare, sterminare, debellare, soverchiare, disperdere, disanimare, rompere, porre in fuga, atterrare, disfare, avanzare, umiliare || *intr.* → PALPITARE || battere moneta, → CONIARE || *rifl.* → COMBATTERE.

contr. ricevere, accogliere, accettare || perdere, cedere, arrendersi, ritirarsi, darsi per vinto, rinunciare.

battería, *sf.* pezzi, artiglieria, attrezzi || batteria elettrica, → PILA.

nomencl. da costa, d'assedio, da montagna, da campagna, a barbetta, di fianco, d'infilata, di rimbalzo, incrociata, galleggiante || contro-batteria || da cucina, da tavola || (*sport.*) gara eliminatoria.

battèrio, *sm.* bacillo, micròbio, micrococco, germe, germe infettivo.

battésimo, *sm.* sacramento, iniziazione || *fig.* cerimonia, inaugurazione.

nomencl. (*denominazioni e modi*) di acqua, di desiderio, di sangue || per immersione, per aspersione, per infusione || (*attinenti*) effetti sacramentali, battezzando, catecumeno, neofita, ministro (straordinario, ordinario), padrino o compare, madrina o comare, parentela spirituale, figlioccio || (*cerimonia*) forma e materia, battistero, fonte battesimale, acqua lustrale o benedetta, sale, crisma, candela accesa, veste candida, esorcismi, promesse battesimali, professione di fede, imposizione del nome || (*eretici*) anabattisti, catabattisti, dicaptisti, emerobaptisti || (*azioni*) battezzare, ribattezzare, esorcizzare, tenere a battesimo, far da padrino, contrarre parentela spirituale || (*mil.*) battesimo di fuoco.

battezzàto, *pps.* di battezzare || *agg.* e *sm.* → CRISTIANO.

battezzatóre, *sm.* battista.

battibaléno, *sm.* → ISTANTE, BAGLIORE.

battibécco, *sm.* → ALTERCO.

batticóda, *sf.* → CUTRETTOLA.

batticuòre, *sm.* palpito, palpitazione, pulsazione, battimento di cuore, cardiopalmo, battisóffia (*ant.*) || *fig.* tremore, ansia, timore, inquietudine, apprensione, paura, agitazione, trepidazione, tremacuore.

battifuòco, *sm.* → ACCIARINO.

battígia, *sf.* → BAGNASCIUGA.

battilàno, *sm.* → MATERASSAIO.

bàttima, *sf.* → BAGNASCIUGA.

battimàno, *sm.* → APPLAUSO.

contr. disapprovazione, zittío, fischio.

battimàzza, *sm.* → FABBRO.

battisóffia, *sf.* → BATTICUORE, PAURA.

battísta, *sm.* battezzatore.

battistèro, *sm.* → FONTE.

battistràda, *sf.* → GUIDA, STAFFETTA, AUTO.

bàttito, *sm.* battimento, battitura, picchiamento, bussata, palpitazione, pulsazione, palpito, battuta || battito di cuore, → BATTICUORE.

nomencl. cardiaco, fetale; delle arterie, del polso.

battitóio, *sm.* → BATACCHIO.

battitóre, *sm.* → CACCIATORE.

battitúra, *sf.* → BASTONATA.

battúta, *sf.* ritmo, misura, → BATTITO || CACCIA || CADUTA || (*sport.*) slancio, lancio, immersione cadenzata.

battúto, *agg.* picchiato, percosso, malmenato, bastonato, randellato, manganellato, legnato, pestato, colpito || *fig.* vinto, sopraffatto, sconfitto, affranto, sbaragliato, disfatto, sgominato, umiliato, disperso, disanimato, rotto, debellato, sterminato, superato, soverchiato, dominato, abbacchiato, abbattuto || (di metallo) lavorato, (di moneta) coniata.

batúffolo, *sm.* batufolo, involto, invoglio, viluppo, involucro.

nomencl. *verb.* abbatuffolare.

batúfolo, *sm.* → BATUFFOLO.

baúle, *sm.* → CASSA, FARDELLO.

nomencl. (*parti*) fondo, fianchi, testata, coperchio, cantonate munite di orlatura, regolini, serratura con boncinello, feritoia, stanghetta, chiave e lucchetto, maniglie || *agg.* calcato, sgangherato, artistico, grande, piccolo || *verb.* imbaulare, aprire, chiudere, fare, disfare, riempire, zeppare il baule || viaggiare come i bauli.

baútta, *sf.* cappuccio, maschera, mantello.

bàva, *sf.* → ESPETTORAZIONE.

bavàglia, *sm.* → BAVAGLINO.

bavaglíno, *sm.* pettorina, tovagliolino, pezzuola, bavaglia.

bavàglio, *sm.* mordacchia, fazzoletto, pezzuola.

nomencl. *verb.* imbavagliare || *fig.* mettere il bavaglio, imporre il bavaglio.

baveríno, *sm.* → COLLETTO.

bàvero, *sm.* collaretto, pistagna, collare, → COLLETTO.

nomencl. grandiglia, gorgiera, pellegrina || *verb.* alzare, abbassare il bavero.

bazàr, *sm. indecl.* emporio, mercato, → BOTTEGA.

bàzza, *sf.* → FORTUNA, MENTO.

bazzècola, *sf.* → INEZIA.

bazzicàre, *v.intr.* → FREQUENTARE, FAMILIARIZZARE.

bazzòffia, *sf.* → BEVANDA.

beàre, *v.tr.* → DIVERTIRE || *rifl.* → ESTASIARSI.
beatificàre, *v.tr.* → SANTIFICARE.
beatificazióne, *sf.* → SANTIFICAZIONE.
beatitúdine, *sf.* → FELICITÀ.
beàto, *pps.* di beare || *agg.* → FELICE, SANTO.
bécca, *sf.* orecchia, → COCCA, PIEGA.
beccàio, *sm.* → MACELLAIO.
beccamòrti, *sm. indecl.* → SEPPELLITORE, BECCHINO.
beccàre, *v.tr.* beccucchiare, bezzicare, afferrare col becco, imbeccare, rimbeccare, mangiare, mangiucchiare || ferire col becco, colpire || *fig.* prendere, acchiappare, carpire, cogliere || *rifl.* bisticciarsi || → GUADAGNARE.
beccàta, *sf.* colpo di becco, bezzicata.
beccatèllo, *sm.* mensola, mensoletta, peduccio || → ATTACCAPANNI.
beccheggiàre, *v.intr.* (di nave).
contr. rollare.
becchéggio, *sm.* (di nave).
contr. rollío.
beccheria, *sf.* macello, macelleria.
becchíno, *sm.* beccamorti, necroforo, fossore, vespillone, sotterratore, scavamorti, seppellitore, scavatore di fosse.
bécco, *sm.* rostro || bocca || capro, caprone, irco || *fig.* marito tradito.
nomencl. adunco, rostrato, beccata || *verb.* beccare, bezzicare, beccuzzare, rimbeccare.
beccucchiàre, *v.tr.* → BECCARE.
bécero, *sm.* cinico, insolente, volgare, → PLEBEO.
becerúme, *sm.* → PLEBE, CANAGLIA, MARMAGLIA.
beduína, *sf.* → MANTELLO.
befàna, *sf.* → EPIFANIA.
bèffa, *sf.* baia, burla, celia, ironia, canzonatura, gabbo, gherminella, corbellatura, minchionatura, farsa, giuoco, facezia, berta, burletta, derisione, irrisione, dileggio, scherno, scherzo, turlupinatura, giarda, ludibrio, motto, motteggio, chiassata, tiro birbone.
nomencl. *agg.* giocosa, scherzosa, allegra, leggera, spiritosa, burlesca, comica, insipida, offensiva, villana, pungente, mordace, provocante, amara, crudele, atroce, acerba, cattiva, spiacevole, disumana, dura, feroce, spietata, truce, di cattivo gusto, intelligente || *verb.* burlare, beffare, canzonare, beffeggiare, deridere, scherzare, irridere, dileggiare, motteggiare, bertuellare, mettere in ridicolo, tenere in gioco o in beffe, pigliare a godere uno, riburlare, sbertare, trastullarsi d'uno, berteggiare, schernire, uccellare.
beffàrdo, *agg.* beffatore, schernitore, beffeggiatore, derisore, derisorio, ridanciano, dileggiatore, canzonatore, satirico, faceto, canzonatorio, ironico, gicocoso, lepido, dicace, mordace, → BURLONE.
contr. contegnoso, serio, musone, corrucciato, crucciato, grave, ingrognato, indispettito, indisponente.
beffàre, *v.tr.* beffeggiare, dileggiare, schernire, deridere, irridere, canzonare, corbellare, burlare, riburlare, celiare, uccellare, ironizzare, motteggiare, gabbare, scherzare, cuculiare, proverbiare, buscherare, prendere in giro, pel bavero, pel naso, prendersi gioco, sbertare, berteggiare, bertuellare, sbertucciare, minchionare, dare la baia, dare la berta, mettere in ridicolo, tenere in gioco o in beffe, pigliare a godere uno, trastullarsi d'uno; affibbiarla, accoccarla, appiccarla, farla a uno.
contr. lodare.
beffàto, *pps.* di beffare || *agg.* → DELUSO.
beffatóre, *agg.* → BEFFARDO.
beffeggiàre, *v.tr.* → BEFFARE.
beffeggiatóre, *agg.* → BEFFARDO.
bèga, *sf.* → LITIGIO.
beghíno, *sm.* → BIGOTTO.
belàre, *v.intr. fig.* lamentarsi, lagnarsi, gemere, piagnucolare, frignare, cicalare, chiacchierare, gracchiare, parlare, dire con voce tremula, flebilmente, → PARLARE.
belío, *sm.* → BELARE.
bèlla, *sf.* innamorata, fidanzata, amica, donna amata, → AMANTE || (*sport.*) partita decisiva.
belladònna, *sm.* atropo, atropina.
bellaménte, *avv.* in bel modo, accortamente, acconciamente, garbatamente, in modo diplomatico, → AMMODO.
contr. in malo modo, in modo urtante, sgarbatamente, villanamente, rozzamente.
bellavísta, *sf.* → BELVEDERE.
bellétta, *sf.* → FANGO.
bellétto, *sm.* cosmetico, trucco, impiastro, biuta, tintura, acquetta.
nomencl. (*materiali*) biacca, fardo, rossetto, minio, colore, vernice, acqua lavorata, latte vergine, liscio, pomata, crema, *cold-cream*, vermiglione, cipria, manteca, grassa, bianchetto, *maquillage*, profumo || *verb.* imbellettarsi, infardarsi, dipingersi, intonacarsi il viso, mettere il rossetto, incipriarsi, mantecare, imbellire, abbellire, biutare.
bellézza, *sf.* beltà, avvenenza, venustà, armonia, grazia, formosità, decoro, vaghezza, eleganza, freschezza, proporzione, euritmia, magnificenza, fascino, leggiadria, attrattiva, incanto, gentilezza, garbatezza, piacevolezza, meraviglia, splendore, splendidezza, squisitezza, avvenevolezza, amenità || belluria, appariscenza, vistosità.
nomencl. *agg.* piacevole, allettante, attraente, allietante, smagliante, splendente, seducente, affascinante, incantevole, eletta, prestigiosa, tirannica, delicata, angelica, divina, fresca, armoniosa, elegante, graziosa, formosa, florida, fiorente, procace, appassionata, leggiadra, magnifica, vaga, venusta, decorosa, proporzionata, ideale, naturale, nativa, schietta, maschia, austera, severa, artistica, soave, straordinaria, stupenda, sfiorita, patita, appassita, scemata, avvizzita, stinta, accagionata, sbiadita, artificiosa, fucata, deturpata, insipida, plastica, corporea, intima, spirituale, verginale, perturbante, conturbante, guasta, altera, pudica, sfacciata, corrotta, decaduta || *verb.* allietare, affascinare, attrarre, sedurre, incantare, fiorire, sfiorire, patire, appassire, avvizzire, stingere, sbiadire, deturpare, impallidire, crescere, imbellire, abbellire.
contr. bruttezza, bruttura, deturpamento, disarmonia, laidezza, sgraziataggine, deformità, orrore, goffaggine, sconcezza.
bèllico, *agg.* → GUERRESCO.
bellíco, *sm.* → OMBELICO.
bellicóne, *sm.* → BICCHIERE.
bellicóso, *agg.* battagliero, belligero, guerresco, guer-

riero, marziale, riottoso, ostile, combattivo, pugnace, rissoso, bellígero, soldatesco, agguerrito, guerrafondaio.
contr. imbelle, mite, pacifico, tranquillo, quieto, remissivo, arrendevole.
belligerànte, *agg.* combattente, combelligerante, guerreggiante, contendente.
contr. neutrale, pacifico, pacifista, anti-interventista || disertore, imboscato, inetto.
belligerànza, *sf* → GUERRA || combelligeranza.
contr. neutralità, non-belligeranza, non-intervento.
bellígero, *agg.* → BELLICOSO.
bellimbústo, *sm.* zerbinotto, ganimede, vagheggino, *dandy*, *snob*, elegantone, zerbino, zerbinotto, moscardino, manierato, galante, galantone, damerino, cascamorto, cacazibetto, cicisbeo, pappagallo, civettone, donnaiolo.
contr. uomo serio, a posto, morigerato, semplice, modesto || trasandato, negletto, inelegante, rozzo, straccione, pezzente, scapigliato.
bellíno, *agg.* → BELLO.
bèllo¹, *sm.* → AMANTE.
bèllo², *agg.* vago, avvenente, attraente, leggiadro, grazioso, seducente, aggraziato, venusto, formoso, appariscente, ben fatto, aitante, armonioso, gentile, pittoresco, vistoso, carino, garbato, piacevole, meraviglioso, magnifico, splendido, stupendo, belloccio, bellino, vezzoso, fascinoso, affascinante, euritmico, incantevole, adorabile, apollineo, angelico, allettante, allettatore, allettevole, ameno, ammaliante, delizioso, vago, squisito, armonioso, artistico.
nomencl. astro, divo, diva, stellina, stella, madonnina, bambola, stucchino || estetica, filosofia del bello || *verb.* abbellire, rabbellire, adornare, avvistare, imbellire, rimbellire, disabbellire, aggraziare, render bello, fare attraente, dar leggiadria, allindare, illeggiadrire, far occhio.
contr. → BRUTTO.
bellòccio, *agg.* → BELLO.
bellosguàrdo, *sm.* → BELVEDERE.
bellospírito, *sm.* → BURLONE.
belluinità, *sf.* → BRUTALITÀ.
belluíno, *agg.* ferino, bestiale, di belva, feroce, crudele, brutale, animalesco.
contr. umano, dolce, mansueto, benigno.
bellumóre, *sm.* → BURLONE.
bellúria, *sf.* → BELLEZZA || ORNAMENTO.
beltà, *sf.* → BELLEZZA.
bélva, *sf.* bestia, fiera, bruto; animale crudele, feroce || *fig.* persona crudele, efferata.
contr. agnellino, animale mansueto, mite innocuo.
belvedére, *sm.* bellavista, terrazzo, osservatorio, bellosguardo, specola, pinnacolo || panorama.
belzebú, *sm.* → DIAVOLO.
belzuíno, *sm.* → BALSAMO.
bemòlle, *sm.*
contr. diesis.
benaccètto, *agg.* → GRADITO.
contr. malaccetto.
benallevàto, *agg.* → EDUCATO.
benamàto, *agg.* → AMATO.
benauguràto, *agg.* → GRADITO.
contr. malaugurato.
benavvedúto, *agg.* → PRUDENTE.
benavventuràto, *agg.* → FELICE.
benché, *cong. avvers.* sebbene, quantunque, ancorché, ancoraché, contuttoché, malgrado, nonostante.
bènda, *sf.* fascia, ínfula, velo, fasciatura, garza.
nomencl. *verb.* bendare, fasciare, sbendare, sfasciare, velare.
bendàre, *v.tr.* e *rifl.* → FASCIARE, COPRIRE.
bène¹, *avv.* convenientemente, acconciamente, eccellentemente, rettamente, piacevolmente, efficacemente, felicemente, sicuramente, perfettamente, divinamente, ottimamente, meravigliosamente, adeguatamente || benino, benone, benissimo, arcibene, meglio || orbene, sebbene, dabbene, benché || per bene, → AMMODO.
contr. male, malamente, sconvenientemente, pessimamente, inadeguatamente, insufficientemente,
bène², *sm.* utile, vantaggio, utilità, giovamento, beneficio, possesso, ricchezza, benessere, salute, aiuto, giustizia, libertà, saggezza, merito, integrità, virtù, onestà, grazia divina, dovere, opera meritoria, tranquillità, benevolenza, quiete, pace, ordine, perfezione || *pl.* → AVERI || opere di misericordia, opere pie, → OPERA.
nomencl. dell'anima, del corpo || *agg.* assoluto, sommo, supremo, unico, ultimo, eterno, superiore, meraviglioso, sovrano, divino, ottimo, eccellente, perfetto, desiderabile, appetibile, impagabile, inapprezzabile, irraggiungibile, immateriale, morale, oggettivo, soggettivo, santo, meritorio, onesto, legittimo, corretto, lecito, plausibile, inestimabile, materiale, economico, caduco, passeggiero, reale, irreale, utile, relativo, apparente, conveniente, decente, pertinente, congruo, proprio, accettabile, ammissibile, estimabile, passabile, ragionevole, ricevibile, soddisfacente, sufficiente, tollerabile, sopportabile, comodo || individuale, personale, sociale, collettivo, generale || *verb.* apprezzare, ricambiare, essere riconoscente, essere ingrato, fare, ricevere, volere, acquistare, meritare, perdere, augurare, dire, dare bene || benedire, maledire, beneficare, beneficiare.
contr. → MALE.
benedétto, *sm.* santo, consacrato, santificato, salutare, fausto, desiderato, lodato, auspicato.
contr. maledetto, infausto, malaugurato, bestemmiato, disgraziato, esecrato.
benedíre, *v.tr.* dir bene, augurar bene, consacrare, consagrare, esaltare, santificare, glorificare, lodare, divinizzare, adorare, pregare Iddio, dar la benedizione.
contr. maledire, bestemmiare, esecrare, deprecare, scongiurare, rimproverare, condannare, dannare.
benedizióne, *sf.* grazia, beneficio, fortuna, favore, esaltazione, lode, augurio, → CONSACRAZIONE.
nomencl. apostolica, papale, trina, episcopale, sacerdotale, divina, speciale, materna, paterna, eucaristica, nuziale || *verb.* dare, mandare, impartire, domandare, impetrare, invocare, chiedere, accettare, sollecitare, accogliere, augurare, trinciare, ottenere, diffondere.
contr. maledizione, bestemmia, esecrazione, vituperio, detestazione, imprecazione, malaugurio.
beneducàto, *agg.* → EDUCATO.
contr. maleducato.
benefattóre, *agg.* e *sm.* filantropo, benefico, carita-

tevole, altruista, disinteressato, apostolo dell'umanità, della carità, benemerito, buon cuore,
contr. misantropo, egoista, avaro, cuore duro.
beneficàre, *v.tr.* giovare, aiutare, far del bene, far la carità, gratificare, favorire, avvantaggiare, assistere, curare, soccorrere, munificare.
contr. nuocere, ledere, danneggiare, rovinare, pregiudicare.
beneficènza, *sf.* beneficio, benefizio, filantropia, carità, elemosina, oblazione, obolo.
nomencl. (*tipi*) pubblica, privata, organizzata || (*istituzioni*) istituto di beneficenza, ricovero, brefotrofio, asilo-nido, orfanotrofio, monte di pietà, monte di pegni, ospedale, ospizio di mendicità, ospizio di vecchi, gerontocomio, istituto per invalidi e mutilati, congregazione di carità, ente comunale di assistenza, cucine economiche, asilo, luoghi e opere pie, legati pii || (*persone*) filantropo, zelatore, zelante, altruista.
beneficiàre, *v.tr.* e *intr.* dare vantaggio (*tr.*); trarre, ricavare beneficio, utilità, giovamento, vantaggio (*intr.*).
beneficiàrio, *agg.* e *sm.* commendatario, commendatore, prebendario.
beneficiàta, *sf.* serata d'onore.
benefício, *sm.* benefizio,, aiuto, soccorso, dono, obolo, elemosina, beneficenza, servigio, cortesia, piacere, grazia, favore || bene, benedizione, utilità, vantaggio, provvidenza, grazia, guadagno || liberalità || frutto o interesse (di un capitale) || sinecura, impiego, canonicato, prebenda || *fig.* manna, mano di Dio.
nomencl. (*suddivisione*) ecclesiastico, temporaneo, semplice, con cura d'anime, concistoriale, regolare, secolare, precario, vacante || (*titoli*) abbazia, cappellania, canonicato, commenda, prebenda, mensa vescovile, piatto cardinalizio, prestimonio, rendita intercalare, sinecura, residenziale || (*persone*) collettore, beneficiario o beneficiato, commendatore, prebendario || patrono, *placet, exequatur*, economo, subeconomo dei benefici vacanti || *verb.* investire, conferire, preconizzare, impetrare, secolarizzare, incamerare.
contr. maleficio, danno, detrimento, nocumento, aggravio, iattura, svantaggio, perdita, pregiudizio, scapito.
benèfico, *agg.* → FAVOREVOLE || BENEFATTORE.
benefízio, *sm.* → BENEFICIO.
benemerènte, *agg.* → BENEMERITO.
benemèrito, *agg.* benemerente; degno, meritevole di encomio, elogio, premio, uomo di merito.
contr. riprovevole, indegno, esecrando, immeritato.
beneolènte, *agg.* → ODOROSO.
beneplàcito, *sm.* benestare, → APPROVAZIONE, CONSENSO || volontà, capriccio, arbitrio, → BALIA.
benèssere, *sm.* → FELICITÀ, BENE || FLORIDEZZA.
nomencl. benessere pubblico, società del benessere, amore del benessere.
benestànte, *agg.* e *sm.* → RICCO, BORGHESE.
benestàre, *sm.* beneplacito, → APPROVAZIONE, CONSENSO.
benevíso, *agg.* ben visto, benveduto → GRADITO, AMATO.
contr. malvisto, malveduto.
benevolènza, *sf.* amicizia, stima, affetto, affezione, amorevolezza, inclinazione, simpatia, bene || bontà, dolcezza, cordialità, degnazione, bonarietà, grazia || favore, familiarità, indulgenza, protezione, appoggio.
contr. malevolenza, ruggine, noncuranza, rancore, animosità, astio, disdegno, dispetto, disprezzo, odio.
benevolménte, *avv.* amorevolmente, benignamente, cordialmente, affettuosamente, indulgentemente, amichevolmente, carezzevolmente.
contr. malevolmente, ostilmente, astiosamente, animosamente, rancorosamente.
benèvolo, *agg.* bendisposto, amorevole, affettuoso, affezionato, affabile, benigno || buono, dolce, familiare, amichevole || indulgente, favorevole || lusinghiero.
contr. malevolo, maldisposto, rancoroso, dispettoso, maligno, ostile, avverso, contrario.
bendispósto, *agg.* → FAVOREVOLE.
contr. maldisposto.
benfàre, *v.intr.* operare rettamente, onestamente.
contr. malfare.
benfàtto, *pps.* di benfare || *agg.* → BELLO, BUONO.
bengioíno, *sm.* → BALSAMO.
bengòdi, *sm.* cuccagna, eden, eldorado, paradiso, paradiso terrestre; scialo, abbondanza.
beniamíno, *sm.* preferito, favorito, cocco, cucco, prediletto.
contr. bestia nera, pulcino nero, cenerentola.
benignaménte, *avv.* → BENEVOLMENTE.
contr. malignamente.
benignità, *sf.* grazia, dolcezza, amabilità, affetto, cortesia, compassione, clemenza, bonarietà, amorevolezza, affettuosità, umanità, mitezza, → BONTÀ.
contr. malignità, acredine, acrimonia, malvolere, scortesia, odio, ostilità, sgarbatezza, rancore.
benígno, *agg.* buono, amorevole, dolce, affabile, affettuoso, benevolo, umano, indulgente, favorevole, compassionevole, cortese, domestico, mite, mansueto, benefico, clemente, lusinghiero.
contr. maligno, acre, maldisposto, ostile, crudo, avverso, severo, disumano, urtante, cattivo.
beníno, *avv.* → BENE.
bènna, *sf.* → CARRO.
bennàto, *agg.* di buona famiglia || → EDUCATO, GENTILE.
contr. malnato.
benóne, *avv.* → BENE.
benparlànte, *agg.* e *sm.*
contr. malparlante.
benpensànte, *sm.* sensato, → SAVIO || *iron.* conformista.
contr. malpensante.
benportànte, *sm.* → SANO.
bentornàto, *agg.* e *sm.* → SALUTO.
benvedúto, *agg.* → GRADITO, AMATO.
contr. malveduto, malvisto.
benvenúto, *agg.* e *sm.* → SALUTO.
contr. benandato.
benvolére, *v.tr.* e *intr.* → AMARE.
benvolúto, *agg.* → AMATO, GRADITO.
benzína, *sf.* → CARBURANTE.
benzoíno, *sm.* → BALSAMO.
beóne, *sm.* bevone, bevitore, sbornione, crapulone, trincatore, cioncatore, succiatore, bibace, bettolante, spugna, otre; sgocciaboccali, bisboccione, tracannatore, violento, → UBRIACO.
contr. astemio, astinente, temperante, sobrio.

beòta, *agg.* e *sm.* stupido, sciocco, tardo di mente, idiota, cretino.
contr. intelligente, sveglio, accorto, pronto (di mente, di cervello).
berciàre, *v.intr.* → GRIDARE.
bèrcio, *sm.* → GRIDO.
bére, *v.tr.* libare, sorbire, prendere || dissetarsi, rinfrescarsi, abbeverarsi || assaggiare, assaporare, degustare, sorseggiare, succiare, centellinare, zinzinare || brindare, propinare || cioncare, tracannare, assorbire, lappeggiare, sbevazzare, succhiare, ingozzarsi, imbottare, bombettare, ubriacarsi, inebriarsi, ricioncare, trincare, gavazzare, zizzolare, alzare il gomito, bere per dodici, sbevere, ribére, strabere || bevucchiare, bevicchiare, sbevicchiare || ingollare, ingoiare || bere a garganella, d'un fiato, al fiasco, a fior di labbra, a sciacquabudella, a sorsi || domandar da bere, dar da bere, porgere il bicchiere, offrire da bere, invitare a bere, mescere da bere, far da coppiere || asciugare il fiasco, rompere il collo, vedere il fondo del bicchiere o della bottiglia, toccare il bicchiere, bere come un lanzo.
berecínzio, *sm.* → PINO.
bèrgolo, *sm.* → CHIACCHIERONE.
beriòlo, *sm.* → ABBEVERATOIO.
berlícche, *sm.* → DIAVOLO.
berlína¹, *sf.* → CARROZZA, AUTOMOBILE.
berlína², *sf.* pubblico ludibrio, castigo pubblico, supplizio.
nomencl. *verb.* mettere alla berlina.
berlingatóre, *agg.* e *sm.* → CHIACCHIERONE.
berlinghière, *agg.* e *sm.* → CHIACCHIERONE.
berligòzzo, *sm.* → CIAMBELLA.
bernésco, *agg.* → SCHERZOSO.
nomencl. *verb.* berneggiare.
bernòccolo, *sm.* → PROTUBERANZA || *fig.* disposizione naturale, inclinazione → ATTITUDINE, INGEGNO.
berrétta, *sf.* → BERRETTO.
berrettàio, *sm.* berrettinaio, → CAPPELLAIO.
berrettinàio, *sm.* berrettaio, → CAPPELLAIO.
berrétto, *sm.* berretta, copricapo, berrettina, berrettone, → CAPPELLO.
nomencl. (*alcuni tipi*) a spicchi, da notte, degli studenti o goliardico, alla marinara, da viaggio, frigio || (*affini*) calotta, cuffia, papalina, reticella, pileo, nicchio, zucchetto, turbante, fez, cappuccio, colbacco o *colbac*, calpacco, morione, camauro, scuffiotto, tocco, galero, corno ducale, basco, casco, caschetto, morione, chepì, bustina || (*parti*) visiera, tesa, soggòlo || *verb.* sberrettare, levarsi il berretto, gallonare, imberrettare.
berrovière, *sm.* birro, → SGHERRO.
bersagliàre, *v.tr.* prendere di mira, → COLPIRE || *fig.* → TORMENTARE.
bersàglio, *sm.* scopo, falso scopo, mira, brocco, imbercio, regno, → OBIETTIVO.
nomencl. (*specie*) fisso, mobile, aereo, girevole, mascherato, scoperto || (*attinenti*) poligono, campo di tiro, balipedio, barilozzo, brocco, mosca, obiettivo, punto di mira, zero, *stand* || gara di tiro || (*azioni*) mirare, accertare; aggiustare il colpo, centrare, far centro, colpire, imbroccare, sbagliare il bersaglio.
bersò, *sm. frs.* pergolato, pèrgola, → CHIOSCO.
bèrta, *sf.* → BEFFA.
berteggiàre, *v.tr.* dar la berta, sberteggiare, sbertucciare, → BEFFARE.
bertóne, *sm.* → AMANTE.
bertovèllo, *sm.* → NASSA.
bertúccia, *sf.* scimmia || *fig.* donna brutta, → BRUTTO.
bertuccióne, *sm.* macaco, scimmione || *fig.* uomo brutto, → BRUTTO.
bestémmia, *sf.* blasfema, imprecazione, maledizione, vituperio, esecrazione, moccolo, sagrato, giuramento, eresia, maledizione, canchero, orrore, parolaccia, sproposito || (*iron.*) litania, giaculatoria.
nomencl. bestemmiatore, bocca d'inferno, bocca sacrilega, facchino || *agg.* ereticale, sacrilega, empia, abominevole, orrenda, da oscurare il sole || *verb.* bestemmiare; profferire, dire, buttare, mandare, tirare, smoccolare bestemmie; attaccar moccoli, vomitare, ruttare bestemmie || (*iron.*) dire paternostri, giaculatorie, sgranocchiar moccoli.
contr. preghiera, giaculatoria, invocazione, benedizione di Dio.
bestemmiàre, *v.intr.* imprecare, maledire, esecrare, sagrare, sagratare, blasfemare, smoccolare || profferire, dire, buttare, ruttare, vomitare, tirare, sgranocchiare bestemmie; attaccar moccoli, attaccare Dio e i santi || (*iron.*) recitar paternostri, dire giaculatorie || *fig.* dir spropositi.
contr. pregare, invocare, benedire Dio.
bestemmiatóre, *sm.* bestemmione, blasfemo, empio || bocca d'inferno, bocca sacrilega, eresiarca, facchino, facchinaccio, bestemmiatorello.
contr. uomo pio.
bestemmióne, *sm.* → BESTEMMIATORE.
béstia, *sf.* animale, fiera, belva, quadrupede, bipede, quadrumane, selvaggina || *fig.* uomo stupido, sciocco, violento, irragionevole, ignorante, bruto.
nomencl. (*usi*) da tiro, da soma, da trotto, da galoppo, da corsa, da custodia, da sella, di razza, da monta, da macello || (*attinenti*) carogna, razza, registro genealogico, *pedigree* || *agg.* domestica, addomesticata, ammaestrata, selvaggia, selvatica, bastarda, favolosa, indomata || *verb.* imbestialire, montare, andare in bestia, imbestiare, inasinire, ammaestrare, addestrare, addomesticare, someggiare, selezionare.
contr. uomo || uomo morale, spirituale, ragionevole.
bestiàle, *agg.* belluino, brutale, animalesco, irragionevole, disumano, ferino, crudo, feroce.
contr. ragionevole, umano, morale, intelligente, benigno, mite.
bestialità, *sf.* → BRUTALITÀ || ERRORE, ASSURDITÀ.
bestiàme, *sm.* bestie, animali.
nomencl. (*usi*) da frutto, da allevamento, da cortile, da stalla, da pascolo, da latte, da carne, da riproduzione, da lavoro, da lana || grosso, minuto, ovino, bovino, caprino, suino || (*attinenti*) armento, bergamina, brado, branco, torma, gregge, mandra, mandria, masseria, vitellame || addiaccio, stalla, mangiatoia, presepe, covile, stabulario || soccida || abigeato, marca, monta, stazione di monta, selezione artificiale, fecondazione artificiale, stabulazione, zootecnia, zooiatria || (*alimenti*) erba, beveraggio, beverone, avena, biada, crusca, fa-

rinacci, foraggio, mangime, lupino, fieno, paglia, melasse, fagiolini, granoturco, panello, pastone, tritello, vinacce, barbabietole, graminacee, leguminose || (*personale di custodia e cura*) agricoltore, bifolco, guardiano, mandriano, pastore, mungitore, maniscalco, veterinario || *verb.* abbeverare, abbiadare, addomesticare, ammaestrare, ammansare, apparigliare, bardare, domare, incrociare, mungere, ingrassare, tosare, ferrare, stabbiare, strigliare, governare, pascere, pasturare, allevare, aggiogare, guazzare, incapestrare, sottomettere, marchiare.

bestiàrio *sm.* → GLADIATORE.

bestióne, *sm.* → CRUDELE.

béttola, *sf.* → OSTERIA.

bettolànte, *sm.* → BEONE || OSTE.

bettolière, *sm.* → OSTE.

bettolína, *sf.* chiatta.

bettolíno, *sm.* → CAMBUSA.

béva, *sf.* → BEVANDA.

bevàce, *agg.* → ASSORBENTE.

bevànda, *sf.* bibita, beveraggio, beva, beverone, sbroscia, pozione, bazzoffia.

nomencl. (*qualità*) alcolica, analcolica, spiritosa, acidula, gasata, amabile, dolce, aperitiva, aromatica, aspra, corroborante, eccitante, effervescente, frizzante, fermentata, dissetante, leggera, medicinale, nutriente, pesante, rinfrescante, tonica, fredda, gelata, al ghiaccio, tiepida, calda, bollente || (*tipi*) broda, tisana, infuso, intruglio, liquore, nettare, ambrosia, emulsione, decotto, tintura, soluzione, liquido, biobba, bòbbia, sbòbbia, brodaccio, brodicchio, brodaglia, broscia, zozza || brodo, *consommé*, acqua naturale, latte, vino, aceto, acetosa, vermut, birra, sidro, idromele, acqua cedrata, orzata, camomilla, succo di frutta, succo di verdura, latte di mandorle, aranciata, limonata, siroppo, sciroppo, acqua di Seltz, bibita gassosa, caffè in ghiaccio, caffè caldo, tè, caffellatte, cappuccino, sciampagna, spuma, spumone, gramolata, granita, cioccolata, acquavite, grappa, assenzio, maraschino, anice, certosa gialla, certosa verde, certosa bianca, rosolio, rum, genepí, *ponce*, elisir, *cocktail*, coda di gallo || *verb.* assaporare, bere, centellinare, gustare, mescere, domandare da bere, dare da bere, invitare a bere, offrire da bere, prendere un aperitivo, abbeverare, dissetare, tracannare, trincare, sbevazzare, bevicchiare.

beveràggio, *sm.* → BEVANDA || *fig.* → MANCIA.

beveréccio, *agg.* → POTABILE.

beveríno, *sm.* → ABBEVERATOIO.

beveróne, *sm.* → BEVANDA.

bevíbile, *agg.* → POTABILE.

bevitóre, *sm.* → BEONE.

bevóne, *sm.* → BEONE.

bevucchiàre, *v.tr.* → BERE.

bevúta, *sf.* bicchierata, rinfresco, libazione, brindisi.

bezzicàre, *v.tr.* → BECCARE || *fig.* tormentare, incrudelire.

bezzicàta, *sf.* → BECCATA.

biàcca, *sf.* cerussa, bianchetto || → BELLETTO.

biàda, *sf.* foraggio.

nomencl. cereali, orzo, avena, segala, granaglie, civaie, veccia, fava, saggina, fieno, lupinella, trifoglio, moco, paglia || *verb.* abbiadare, biadare.

biadétto, *agg.* e *sm.* → BLU.

biàdo, *agg.* → BIAVO.

biancàstro, *agg.* bianchiccio, albicante, albiccio, → GRIGIO, BIANCO.

contr. nerastro, nerognolo, livido, grigiastro.

biancheggiàre, *v.intr.* bianchire, imbianchire, sbiancare, sbiancheggiare, biancicare, albeggiare, albicare, imbiancare, spumeggiare || scolorire, scolorare || *fig.* incanutire.

contr. nereggiare, annerire, annerare, scurire, bruneggiare.

biancheria, *sf.* lini, pannilini, lingería (*fis.*).

nomencl. (*usi*) personale, intima, da letto, da tavola, da cucina || (*attinenti*) toppa, bordura, nappina, nastro, passamaneria; modello || cassettone, armadio, guardaroba, stipo, cassapanca || (*capi*) camicia, camiciola, pigiama, maglia, mutande, fazzoletto, accappatoio, asciugamani, camicia da donna, corsetto, cappa, cappotta, tovaglia, tovaglioli, tovaglietta, grembiule, canovaccio o torcione o cencio, strofinaccio, lenzuolo o lenzuola, federa, coperta, pannolana, coltroncino || (*persone*) cucitrice, stiratrice, lavandaia, guardarobiera, ricamatrice, rammendatrice || *agg.* fradicia, sporca, sudicia, bagnata, umida, inumidita, inamidata, stirata, pulita, logora; operata, damascata, liscia, ricamata || *verb.* lavare, → BUCATO, rammendare, cucire, inamidare, stirare, aggiustare, sciorinare, stendere, strizzare, sgualcire, ordinare, apprettare, ricamare, cifrare, cambiare.

bianchétto, *sm.* → BIACCA.

bianchézza, *sf.* candore, candidezza, biancore, canizie, albore, pallore, pallidezza, albedine || brizzolatura, canizie || chiarezza.

contr. nerume, nerezza, oscurità, torbidume.

bianchíccio, *agg.* → BIANCASTRO.

bianchíre, *v.tr.* imbiancare, → BIANCHEGGIARE.

contr. annerire, annerare.

biancicàre, *v.intr.* → BIANCHEGGIARE.

biànco, *agg.* e *sm.* chiaro, luminoso || bianco dell'occhio, → ALBUGINE || bianco dell'uovo, → ALBUME || bianco dei capelli, → CANIZIE.

nomencl. (*gradazioni*) latte, latte accagliato, gelsomino, neve, perla, matto, avorio, osso, argento, sudicio, sporco, dorato, giallastro || (*tipi*) candido, niveo, nevato, latteo, lattescente, eburneo, alabastrino, marmoreo, albicante, biancastro, bianchiccio, argenteo, incandescente, albino, canuto, chiaro, albiccio, albo, cereo, bigio, pomellato, → PALLIDO || *verb.* albeggiare, biancheggiare, biancicare, bianchire, imbiancare, imbianchire, sbianchire, sbiancarsi, inalbare, divenir bianchiccio, scialbare.

contr. nero, nerastro, grigio, grigiastro, fosco, scuro.

biancóre, *sm.* → BIANCHEZZA.

biasciàre, *v.tr.* e *intr.* → BIASCICARE.

biascicaménto, *sm.* → BALBETTAMENTO.

biascicapaternòstri, *sm.* → BIGOTTO.

biascicàre, *v.tr.* e *intr.* biasciare, ruminare, masticare, digrumare, → MANGIARE || BALBETTARE.

biasciottóne, *sm.* → BALBUZIENTE.

biasimàbile, *agg.* → BIASIMEVOLE.

biasimàre, *v.tr.* criticare, disapprovare, rimproverare, dannare, condannare, riprovare, riprendere, ammonire, vituperare, flagellare, sindacare, stigmatizzare, staffilare, umiliare, fulminare, inveire, mormorare, detrarre, denigrare, impugnare, tacciare, incolpare, squalificare, screditare, avvilire, censurare, deplorare, ridire, dir male, giudicare severamente, imputare a difetto, ascrivere a biasimo, mettere in croce || → BESTEMMIARE || ODIARE.

contr. elogiare, lodare, esaltare, approvare, onorare, glorificare, decantare, conclamare, sublimare, magnificare, commendare, encomiare, collaudare, consentire, incensare, acclamare, innalzare.

biasimatóre, *sm.* → CRITICO.

biasimévole, *agg.* biasimabile, riprovevole, reprensibile, criticabile, censurabile, vituperabile, condannabile, disonorevole, indegno, inqualificabile, dannevole, deplorevole, deprecabile, denigrabile.

contr. irreprensibile, incensurabile, degno, encomiabile, lodevole, ammirabile, ammirevole, meritorio, emerito, celebrabile, commendabile, commendevole, premiabile.

biàsimo, *sm.* censura, rimprovero, improperio, riprovazione, rabbuffo, accusa, vituperio, rampogna, detrazione, staffilata, disapprovazione, reprensione, raffaccio, rimbrotto, condanna, deplorazione, appunto, mormorio, rinfacciamento, infamia.

nomencl. *agg.* acerbo, aspro, severo, disonorevole, umiliante, meritato, immeritato, riportato, acquisito, dato, ricevuto, giovevole, salutare || *verb.* dare, riportare, meritare, acquistare, ricevere biasimo; biasimare.

contr. lode, elogio, encomio, panegirico, applauso, plauso, esaltazione, complimento, incensazione, adulazione, lusinga, felicitazione.

biàvo, *agg.* (*poco us.*) colore sbiadito, smorto, → CILESTRINO.

contr. colore intenso, cupo.

bibàce, *agg.* → ASSORBENTE || *fig.* → BEONE.

bíbbia, *sf.* Vecchio Testamento, Nuovo Testamento, Sacra Scrittura, Libro santo, storia sacra.

nomencl. (*distinzioni ed edizioni*) santa, sacra, ispirata, canonica, apocrifa; cattolica, protestante, evangelica, luterana, poliglotta, tetrapla, volgata, vulgata, geronimina, dei Settanta, clementina, della Pontificia commissione biblica || (*suddivisioni*) ANTICO TESTAMENTO. *Libri storici*: Pentateuco o Legge (Genesi, Esodo, Levitico, Numeri, Deuteronomio), Giosuè, Giudici, Rut, quattro libri dei Re, due libri dei paralipomeni, Esdra, Neemia, Tobia, Giuditta, Ester, due libri dei Maccabei || *Libri didattici* o *sapienziali*: Giobbe, Salmi o Salterio, Proverbi, Ecclesiaste, Cantico dei Cantici, Sapienza, Ecclesiastico || *Libri profetici*: Isaia, Geremia, Lamentazioni di Geremia, Baruc, Ezechiele, Daniele; Osea, Gioele, Amos, Abdia, Giona, Michea, Naum, Abacuc, Sofonia, Aggeo, Zaccaria, Malachia || NUOVO TESTAMENTO. *Libri storici*: Vangelo di Matteo, di Marco, di Luca, di Giovanni, Atti degli Apostoli. *Libri didattici*: quattordici Lettere di S. Paolo (ai Romani, ai Corinzi, ai Galati, agli Efesini, ai Filippesi, ai Colossesi, ai Tessalonicesi, a Timoteo, a Tito, a Filemone, agli Ebrei); sette Lettere cattoliche (di S. Giacomo, di S. Pietro, di S. Giovanni, di S. Giuda). *Libri profetici*: Apocalisse || LIBRI APOCRIFI: (*Vecchio Testamento*) 3° e 4° libro di Esdra, la Preghiera di Manasse, 18 salmi di Salomone, 3° e 4° libro dei Maccabei, le Apocalissi di Mosè, di Elia, di Geremia, le Ascensioni di Mosè, di Isaia, di Enoc, ecc.; (*Nuovo Testamento*) Vangeli dell'Infanzia e degli ultimi giorni del Salvatore, atti di vari Apostoli, lettere apocrife di Apostoli e le Apocalissi di S. Pietro e di S. Paolo, Vangelo di Giovanni (arabo) || (*scienze bibliche*) canone, esegesi, libri canonici, deuterocanonici, anagogia, glossa, ermeneutica, agiografia || bibliolatria, bibliomanzia.

bíbita, *sf.* → BEVANDA.

bíblico, *agg.* della Bibbia || → SOLENNE, PROFETICO.

bibliología, *sf.* → BIBLIOTECA.

bibliotèca, *sf.* libreria, raccolta di libri.

nomencl. (*varietà*) classica, amena, romantica, storica, scientifica, umoristica, di viaggi, tecnica, universale, specializzata || nazionale, statale, pubblica, comunale, privata, ambulante, circolante, popolare, scolastica, universitaria, parrocchiale, ecclesiastica, conventuale || (*persone*) bibliotecario, prefetto, conservatore, direttore, soprintendente, distributore, sorvegliante, assistente, custode || (*attinenti*) libro, volume, serie, atlante, codice, codice membranaceo o pergamenaceo, codice miniato, incunabolo, cimelio, fascicolo, opuscolo, palinsesto, papiro, pergamena, rivista || catalogo, scheda, schedario, scaffale, scaffalatura, sala di consultazione, sala di lettura; sala di distribuzione, gabinetto di microfotoriproduzione, gabinetto di restauro, laboratorio di legatoria || prestito, mallevadoria || biblioteconomia, bibliologia, bibliofilia, bibliomania || (*operazioni*) aprire, fondare, istituire, ordinare, riordinare, raccogliere una biblioteca, dirigere, soprintendere || schedare, catalogare, ordinare, classificare, sistemare, conservare, distribuire, dare in prestito, ritirare, consegnare || consultare (un volume).

bíbulo, *agg.* → ASSORBENTE.

bíca, *sf.* → MUCCHIO.

bicchieràta, *sf.* → BEVUTA.

bicchière, *sm.* calice, coppa, nappo, cratere, vetro, vaso, tazza, ciotola, ciotolone, caraffa, gotto, pècchero, píside, boccale, càntaro, bellicone (*ant.*).

nomencl. (*forme, usi*) a cipolla, a bussolotto, a calice, a costole, arrotato, con o senza piede, liscio, martellato; da acqua, da birra, da vino, da liquore, da sciampagna || (*parti*) piede, pareti, fondo, orlo; sottocoppa || *verb.* tracannare, riempire, alzare, toccare, incrinare, sbicchierare, scolare, vuotare; sciacquare, risciacquare.

biccicòcca, *sf. rar.* → CASA.

bicèfalo, *agg.* → BIFORME.

biciàncola, *sf.* → ALTALENA.

biciclétta, *sf.*

nomencl. (*usi*) da uomo, da donna, da bambino; da corsa, sportiva, da turismo || ciclista, ciclismo || (*forme*) ciclo, biciclo, triciclo, velocipede, tandem, tripletta, furgoncino, ciclomotore, bicimotore || (*telaio*) tubi (anteriore o di sterzo, posteriore, superiore, inferiore), forcelle (anteriore, posteriore), pipe, raccordi, tiranti, manubrio (sbarra, asta, manopole, leve dei freni, campanello), sellino, reggisella, parafanghi (posteriore, anteriore), fermasterzo, fanale anteriore, fanalino posteriore, catarifrangente || (*pedaliera e ingranaggio*) pedali, pedivelle, fermapiedi, moltiplica, catena, paracatena, tendicatena, cambio di velocità, ruota libera (corona, pignone, nottolino) || (*ruote*) cerchio, raggi, mozzo, coni, sfere, calotte, pernio, oliatore pneumatico, copertone, camera d'aria, valvola || (*freni*) al cerchio, al mozzo, contropedale || tirante, staffa, pattini, cavetto con guaina || (*accessori*) borsetta, pompa, chiavi, lucchetto di sicurezza || *agg.* nuova, fiammante, usata, vecchia, fuori uso || (*azioni*) pedalare, frenare, andare a ruota libera, correre in bicicletta.

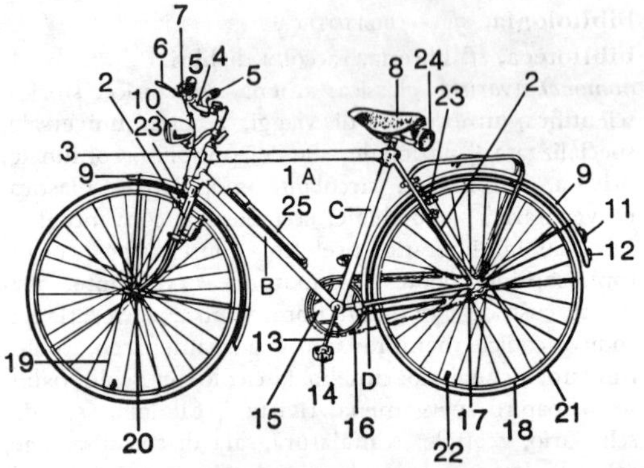

BICICLETTA - 1) telaio: A - tubo superiore, B - tubo anteriore, C - tubo posteriore, D - tubo inferiore; 2) forcella; 3) pipa; 4) manubrio; 5) manopole; 6) leva del freno; 7) campanello; 8) sellino; 9) parafango; 10) fanale anteriore; 11) fanalino posteriore; 12) catarifrangente; 13) pedali; 14) pedivelle; 15) moltiplica; 16) catena; 17) pignone; 18) cerchio; 19) raggi; 20) mozzo; 21) copertone; 22) valvola; 23) freni; 24) borsetta; 25) pompa.

bicípite, *agg.* bicefalo, dicefalo, dicipite, → BIFORME || *sm.* → FORZA.

bicòcca, *sf.* → CASA || FORTIFICAZIONE.

bicòrna, *sf.* → INCUDINE.

bicòrne, *agg.* → BIFORCUTO.

bicornúto, *agg.* → BIFORCUTO.

bicuspidàle, *agg.* → BIFORCUTO.

bicúspide, *agg.* → BIFORCUTO.

bidè, *sm. frs.* → CATINO.

bidèllo, *sm.* → CUSTODE.

bidènte, *sm.* → FORCA.

bidóne, *sm.* → BARILE.

bièco, *agg.* storto, torvo, arcigno, burbero, cupo, tetro, minaccioso, sinistro, brutto, irato, cattivo, malvagio, losco, stravolto, obliquo.

contr. ilare, lineare, mite, buono, sereno, disteso.

bièlla, *sf.* albero, braccio, tirante.

nomencl. testa, corpo, piede.

bietola, *sf.* bieda, barbabietola, barba.

nomencl. (*varietà*) bianca, gialla, rossa, moscadella, da foraggio, da zucchero, da zuppa, di Slesia || rapa, radice d'abbondanza, radice di carestia, cicla.

bietolóne, *agg.* e *sm.* → IMBECILLE, SCIOCCO.

biétta, *sf.* → CUNEO || *fig.* → MENTO.

bíffa, *sf.* → BASTONE.

biffàre, *v.tr.* → CANCELLARE.

bífido, *agg.* bicorne, bicipite, bidente, bicornuto, → BIFORCUTO.

bifólco, *sm.* → AGRICOLTORE.

bífora, *sf.* → FINESTRA.

biforcaménto, *sm.* bifocazione, → BIVIO.

biforcàre, *v.rifl.* → DIVIDERE, DIRAMARE.

biforcazióne, *sf.* biforcamento, diramazione, separazione, divisione, partizione, → BIVIO.

biforcúto, *agg.* bicorne, bifido, bidente, bicornuto, bicuspide, bicuspidale, bipartito, diviso.

contr. semplice, rettilineo, diritto, unito.

bifórme, *agg.* bicipite, bicefalo, a due teste, a due facce, bifronte, bimembre, di due forme, dicipite, dicefalo, dimorfo.

bifrónte, *agg.* → BIFORME || *fig.* uomo incostante, doppio, girella, incerto, ambiguo, opportunista, sleale.

contr. rettilineo, leale, coerente, costante, immutabile, fedele.

bíga, *sf.* → CARROZZA.

bigàtto, *sm.* → BACO.

bighellonàre, *v.intr.* → PASSEGGIARE, OZIARE, CURIOSARE.

bighellóne, *agg.* e *sm.* badalone, fannullone, ozioso, vagabondo, perdigiorno, sfaccendato, buontempone, bontempone, gingillone, baloccone, ninnolone, ciondolone, girellone, scioperato, girovago.

contr. persona ferma, operosa, fattiva, attiva, lavoratrice.

bígio, *agg.* e *sm.* → GRIGIO.

bigiógnolo, *agg.* → GRIGIO.

bíglia, *sf. frs.* → BILIA.

bigliàrdo, *sm. frs.* → BILIARDO.

bigliétto, *sm.* cartoncino, carta di visita, cartolina, → LETTERA || buono, tessera, polizza, polizzino, scheda, scontrino, cedola, tagliando, talloncino, cartella, cupone o *coupon*, bolletta, ricevuta || certificato, attestato || cartina, viglietto.

nomencl. (*tipi*) di credito, di banca, → BANCONOTA, di Stato, di viaggio, di presentazione, d'ingresso (al cinema, al teatro) || ferroviario, tranviario.

bignè, *sm. frs.* bombolone, frittella, *krapfen.*

bigodíno, *sm.* diavoletto.

bigóncia, *sf.* bigoncio, → MASTELLO || *scherz.* pulpito, cattedra.

bigóncio, *sm.* → BIGONCIA.

bigonciòlo, *sm.* → ABBEVERATOIO.

bigottería, *sf.* bigottismo, bacchettonismo, bacchettoneria, impostura, bizzocheria, pinzocheria, santocchieria, santimonia, untuosità || ipocrisia, tartufismo.

nomencl. *verb.* imbacchettonire, imbizzocchire, far l'untuoso.

contr. religiosità, pietà, devozione, sincerità || empietà, incredulità, irreligiosità, mangiapretismo, anticlericalismo, miscredenza || spregiudicatezza.

bigòtto, *agg.* e *sm.* bacchettone, baciapile, baciapolvere, beghino, beghina, collotorto, torcicollo, gabbadeo, gabbasanti, graffiasanti, leccasanti, biascicapaternostri, lustrapadelle, paolotto, beatino, pretaiolo, frataiolo, picchiapetto, bizzoco, bizzochero, pinzochero, schiodacristi, sputainferni, stropiccione, santocchio || tartufo.

nomencl. *agg.* scrupoloso, esagerato, falso, bugiardo ||

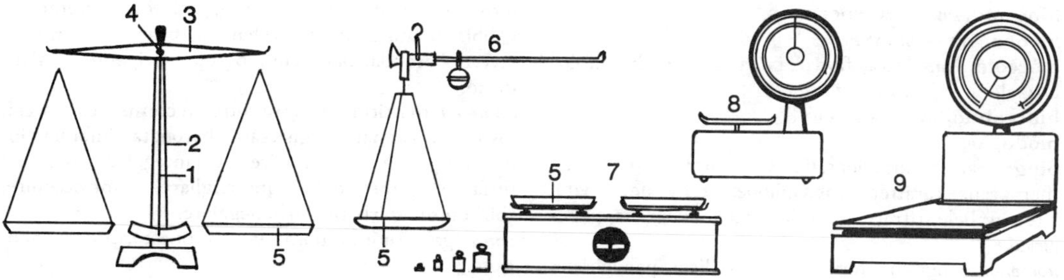

BILANCIA - 1) ago o indice; 2) colonna; 3) braccio; 4) giogo; 5) piatto; 6) stadera; 7) bilancia a sospensione inferiore; 8) bilancia automatica; 9) basculla.

ipocrita || *verb.* essere o fare il bigotto, aver l'aria compunta, fare lo spirituale, fare il collotorto, fare da ilarione, spaternostrare, spirar tutto sacristia, tener le mani giunte, fare la madonnina infilzata, fare la monachella.
contr. religioso, pio, devoto, sincero || empio, incredulo, miscredente, irreligioso, mangiapreti, anticlericale || spregiudicato.
bilancèlla, *sf.* → BARCA.
bilància, *sf.* stadera, basculla, libra.
nomencl. (*alcuni tipi*) a bilico, ad indice, a ponte, calcolatrice, di precisione, automatica, dell'orafo, a sospensione, idrostatica, aerotermica, elettrica, del farmacista, a molle o dinamometro, docimastica, stradale, di dogana || (*parti*) ago o indice o linguetta, asse di sospensione, bilico, braccio, colonna, staggio, giogo, perno, asta, romano o contrappeso, piatti, trutina || (*attinenti*) pesi, verificatore dei pesi, staderaio || *agg.* gelosa, sensibile, falsa, bugiarda, guasta, giusta, esatta, infallibile, pigra, pari || *verb.* pesare, adeguare, librare, bilicare, tracollare, contrappesare, equilibrare, verificare; dare il tratto o il tracollo alla bilancia.
bilanciàio, *sm.* staderaio.
bilanciàre, *v.tr.* equilibrare, librare, contrappesare; porre in bilico, in equilibrio; mantenere l'uguaglianza, adeguare, pareggiare, far corrispondere, uguagliare, bilicare, controbilanciare || *fig.* ponderare, saggiare, compensare, → CONSIDERARE.
contr. squilibrare, rompere l'equilibrio, sbilanciare, differenziare, dissestare, ondeggiare, oscillare.
bilancíno, *sm.* cavallo da tiro di rinforzo, trapelo, rinforzo, pertichino.
bilàncio, *sm.* rendiconto, conteggio, → CONTO.
nomencl. (*varietà*) familiare, privato, pubblico, statale, dei ministeri, degli enti pubblici || preventivo, consuntivo, effettivo, di assestamento, generale, suppletivo || (*voci*) attivo, attività, passivo, passività, entrate, uscite, *deficit*, pareggio, capitolo, categoria, entrata ordinaria, entrata straordinaria, movimento di capitali, partita dell'avere, partita del dare, partita di giro, residuo attivo, residuo passivo, spesa obbligatoria, spesa facoltativa, accertamento, voce, esercizio provvisorio || *verb.* accertare, assestare, compilare, discutere, approvare, rivedere il bilancio.
bíle, *sf.* fiele || *fig.* → IRA.
nomencl. cistea, epatica || (*attinenti*) acolia, atrabile, cacocolia, calcoli biliari, colepoiesi, ipocondria, oligocolia, travaso di bile, itterizia, angiocolite || colelogia.
bília, *sf.* bíglia, buca di biliardo.
biliàrdo, *sm.* bigliardo.
nomencl. (*parti*) colonnini, fascia o telaio, guancialetto, borsa, lati di battuta, testate, lati di fianco, battuta, panno, mosche o punti, prato, bilie, palle, pallino, birilli, filone, priore, stecca, cartella, caselle, gesso, gessini || (*giuochi*) battifondo, bazzica, carambola italiana, carolina, corda, geometra, parigina, *poule* || (*movimenti*) acchito, calcio, tirare di rimbalzo, di mattonella, di briccola, di storno, carambolo, raddoppio, rientro, rimpallo, rinterzo, rinquarto, rovescio, scazzata, striscio, taglio, traversino, blocco || (*attinenti*) sala da biliardo, locale da biliardo || avversario, pestello, vergine, partita, punti, guro, quartetto, biliardiere, biscazziere, pallaio || *verb.* acchitare, aggiustare, alzare, staccare, ammazzare, battere, carambolare, dare il giro, dichiarare il tiro, fare bilia, fare il ponte, fare la bella, fare stecca, fare il tiro, impallare, morire, prendere palla, raddoppiare, rimpallare, riquartare, rinterzare, saltare, sballare, stornare, tirare, tirare d'incastro, tirare di mattonella, vincere sulla stecca.
bilicàre, *v.tr.* → BILANCIARE.
bílico, *sm.* → PERNO, EQUILIBRIO.
nomencl. *verb.* essere, stare, tenere in bilico, nell'incertezza (*fig.*).
bilióne, *sm.* → MILIARDO.
bilióso, *agg.* → FEGATOSO.
bilústre, *agg.* decenne.
bímbo, *sm.* → BAMBINO.
bimèmbre, *agg.* → BIFORME.
bimensíle, *agg.*
nomencl. mensile, trimensile; quotidiano, giornaliero, settimanale, quindicinale.
bimestràle, *agg.*
nomèncl. trimestrale, semestrale.
binàre, *v.tr.* raddoppiare, riunire, accoppiare, → UNIRE || celebrare due messe in un giorno.
contr. dividere, sciogliere, separare, spartire.
binàrio, *agg.* → DOPPIO || *sm.* → ROTAIA.
binàto, *pps.* di binare || *agg.* → GEMELLO.
bínda, *sf.* → GRU.
bindolàre, *v.tr.* abbindolare, → INGANNARE.
bindolería, *sf.* → INGANNO.
bíndolo, *sm.* → ARCOLAIO || *fig.* → INGANNO.
bindolóne, *agg.* e *sm.* → INGANNATORE.
bíno, *agg.* → DOPPIO.

binòcolo, *sm.* → CANNOCCHIALE.
biòbba, *sf.* → BEVANDA.
biòccolo, *sm.* ciocca, fiocco, falda, grumo, batuffolo, bozzolo, → RICCIO || COLATICCIO.
bioccolúto, *agg.* → RICCIO.
biòdo, *sm.* → GIUNCO.
biografía, *sf.* autobiografia, vita, profilo, memoria, memoriale, carattere, medaglione, storia della vita, vite parallele, ritratto, ricordi di vita, agiografia, panegirico.
nomencl. biografo, storico, memorialista, panegirista, agiògrafo || *agg.* sincera, aneddotica, frammentaria, leggendaria, fantastica, veritiera, imparziale, parziale, romanzata, tendenziosa, storica, completa, incompleta.
biología, *sf.* morfologia, fisiologia, embriologia.
nomencl. (*suddivisione*) vegetale, animale, umana, delle razze, dell'età evolutiva, neurobiologia, neuropsichiatria || (*argomenti*) protoplasma, plastiduli, cellula, protisti, animale, pianta, organismo, apparato, simbiosi, evoluzione, darvinismo, ontogenesi, palingenesi, reversione, trasformismo.
biondeggiàre, *v.intr.* imbiondire, rimbiondire || maturare (delle biade).
bióndo, *agg.* flavo, fulvo, dorato, cupreo, rossiccio, slavato, cinereo, platinato, acceso, stopposo, platino, castaneo, castagno, cenere, aureo, aurato, indorato, aurino, chiaro, cupo, scuro, ossigenato.
nomencl. *verb.* biondeggiare, imbiondire, ossigenare, platinare.
biòscia, *sf.* → MINESTRA.
bipartíre, *v.tr.* → DIVIDERE || *rifl.* → DIRAMARE.
bipartíto, *pps.* di bipartire || *agg.* → BIFORCUTO.
bipartizióne, *sf.* → DIVISIONE.
contr. addoppiamento, raddoppiamento.
bipènne, *sf.* → SCURE.
bírba, *agg.* e *sf.* → MASCALZONE, MONELLO || FURBO || CARROZZA.
birbaccióne, *sm.* → MASCALZONE, BANDITO.
birbantàggine, *sf.* → MALEFATTA.
birbànte, *sm.* → MASCALZONE.
birbanteggiàre, *v.intr.* → FURFANTEGGIARE.
birbantèllo, *sm.* → MONELLO.
birbantería, *sf.* → MALEFATTA.
birbàta, *sf.* → MALEFATTA.
birbíno, *sm.* → CARROZZA.
bírbo, *sm.* → MASCALZONE, ASTUTO.
birbonàggine, *sf.* → MALEFATTA.
birbonàta, *sf.* → ENORMITÀ, MALEFATTA.
birbóne, *sm.* animaccia, anima nera, bell'arnese, arfasatto, birba, birbaccione, birbo, brutto arnese, briccone, canaglia, capaccio, capettaccio, cattivo soggetto, cosaccio, collo da capestro, degno di gogna, degno di patibolo, delinquente, bandito, ferraccio, figuraccia, figuro, fistolo, furbo, furfante, impiccatoio, lanaccia, malarnese, mal bigatto, mal cristiano, malerba, mancino, manigoldo, mariolo, mascalzone, ingannatore, mozzorecchi, omaccio, patibolare, pezzo di figuro, pezzo di galeotto, rifiuto d'inferno, rinnegataccio, sbarazzino, sbricco, scamiciato, scampaforche, scampagnone, scapestrato, schiuma di furfante, scellerato, sciagurato, soggettaccio, squassaforche, tizzone d'inferno, tocco di furfante, tomo, bel tomo, uomo da gabbia, uomo da forche, velenoso, rospo, vituperio del vivere, barabba, baronello, barone, brigante, malandrino.
nomencl. matricolato, di tre cotte, in cremisi, coi fiocchi, losco || birbonata, vigliaccata, baronata, infamia, inganno || *verb.* imbirbonire, furfanteggiare, darsi al furfante, imbricconire, incanagliare, rimbricconire, sbirbonire, sbirbare, birboneggiare.
contr. galantuomo, uomo giusto, onesto, probo, laborioso.
birbonería, *sf.* → MALEFATTA.
bírcio, *agg.* → MIOPE, GUERCIO.
birichinàta, *sf.* → MALEFATTA || BAMBINATA.
birichíno, *sm.* → MONELLO || ASTUTO.
biroccíno, *sm.* → CARRO.
biròccio, *sm.* baroccio, barroccio, → CARRO, CARRETTO.
bírra, *sf.* cervogia, cervisia, cervosa, zito, ala, birrone.
nomencl. (*qualità*) bionda, chiara, scura, amara, dolce, medicata, aperiente, antiscorbutica, cefalica, leggera, forte || (*attinenti*) orzo, luppolo, malto, amido, destrina, glucosio, mosto di birra, lievito, schiuma, pastorizzazione || (*malattie*) acetificazione; fermentazione lattica, putrida, viziosa || birraio, birreria.
birràglia, *sf.* sbirraglia, → POLIZIA.
bírro, *sm.* → GUARDIA, SGHERRO, POLIZIOTTO.
birróne, *sm.* → BIRRA.
bisàccia, *sf.* → FARDELLO || TASCA.
bisarcàvolo, *sm.* → AVO.
bisàvo, *sm.* → AVO.
bisàvolo, *sm.* → AVO.
bisbeticheria, *sf.* → BIZZARRIA.
bisbètico, *agg.* incontentabile, capriccioso, brontolone, puntiglioso, litigioso, stizzoso, bistorto, bizzarro.
contr. pacifico, tranquillo, bonario, placido, silenzioso, equilibrato.
bisbigliaménto, *sm.* → RUMORE, BISBIGLIO.
bisbigliàre, *v.intr.* susurrare, sussurrare, frusciare, pispigliare, sibilare, far pissi pissi, bofonchiare, → MORMORARE || bucinare.
contr. gridare, fiottare, strillare, urlare, declamare, tonare, strepitare, parlare forte, ad alta voce.
bisbigliatóre, *sm.* bisbiglione, mormoratore, sussurrone, sussurratore, pispiglione.
contr. urlatore, urlone, gridatore, fiottone.
bisbíglio, *sm.* bisbigliamento, mormorio, sussurro, pispiglio, sussurrio, bofonchiamento, brusio, fruscio, → RUMORE.
contr. grido, gridio, clamore, schiamazzo, strillo, strepito, urlo.
bisbiglióne, *sm.* → BISBIGLIATORE.
bisbòccia, *sf.* → FESTA, ORGIA, BALDORIA.
bisbocciàre, *v.intr.* → GOZZOVIGLIARE.
bisboccióne, *sm.* → BEONE.
bísca, *sf.* casino, ridotto.
biscànto, *sm.* → CANTONE || *fig.* luogo nascosto, appartato.
bíschero, *sm.* pirolo, còllabo, cavicchio.
bischétto, *sm.* deschetto.
bíscia, *sf.* → SERPE.
bísciolo, *agg.* → BALBUZIENTE.

biscottíno, *sm.* buffetto, → COLPO.
biscòtto, *sm.*
nomencl. (*qualità*) al latte, secco, croccante, frollo; ferruginoso, purgativo, vermifugo, inglese, buccellato, dimagrante || galletta, pane croccante || *verb.* biscottare.
bísculo, *agg.* → FISSIPEDE.
bisecànte, *agg.* e *sf.* bisettrice.
biségolo, *sm.* bussetto, lisciatoio, lisciapiante.
bisessuàle, *agg.* e *sm.* → ANDROGINO.
bisettríce, *sf.* bisecante.
bisgòbbo, *agg.* → GOBBO.
bislàcco, *agg.* → BIZZARRO.
bislúngo, *agg.* oblungo, lungo, rettangolare, piú lungo che largo || spilungone.
contr. largo, rotondo, quadrato.
bisnònno, *sm.* → AVO.
biśógna, *sf.* → AFFARE.
bisognàre, *v.intr.* → ABBISOGNARE || DOVERE.
bisognévole, *agg.* → NECESSARIO || BISOGNOSO.
bisógno, *sm.* disagio, mancanza, mancamento, privazione || necessità, uopo, occorrenza, urgenza, utilità || indigenza, inopia, povertà, miseria, fame, sete, strettezza, carestia, penuria, stento || esigenza, opportunità.
nomencl. *agg.* assoluto, estremo, inevitabile, prepotente, stringente, urgente, grave, impellente, artificiale, fittizio, morale, intellettuale, cerebrale, naturale, materiale, primitivo, religioso, fisico, corporeo, sensibile, voluttuoso, sessuale, vivo || *verb.* patire, soffrire, sopperire, provvedere, aver bisogno, bastare al bisogno, averne abbastanza, indigere, abbisognare, bisognare.
bisognóso, *agg.* e *sm.* bisognevole, →POVERO, DISAGIATO.
bisónte, *sm.* uro.
bissàre, *v.tr. neol.* → RIPETERE.
bísso, *sm.* tela da ricamo, → TELA.
bissóna, *sf.* → BARCA.
bistécca, *sf.* costata, costoletta, cotoletta, braciola, filetto, carbonata.
nomencl. (*varietà*) panata, alla cacciatora, alla fiorentina, alla milanese, piena, svizzera.
bisticciàre, *v.intr.* → LITIGARE.
bistíccio, *sm.* → LITIGIO || motto, freddura, allitterazione, gioco di parole, anfibologia, *calembour*, parlare polisenso.
bistóndo, *agg. rar.* → CURVO.
bistòrto, *agg.* → STORTO || *fig.* → BISBETICO.
bistrattàre, *v.tr.* → MALTRATTARE.
bísturi, *sm.* bístori, coltello, scalpello anatomico, scalpello operatorio, coltellino chirurgico.
nomencl. (*tipi*) lineare, retto, ottuso, convesso, curvo, falcato, panciuto, uncinato, bottonuto; da gesso, amputante || (*parti*) lama, manico, chiodetto || (*operazioni*) cefalotomo, cheratotomo, lima, condrotomo, erniotomo, periosteotomo || dissezione, vivisezione, autopsía, necroscopía || *verb.* dissecare, sezionare, tagliare.
bisúnto, *agg.* → UNTO.
bitórzolo, *sm.* → PROTUBERANZA.
bitúme, *sm.* → CATRAME.
nomencl. (*vari tipi*) glutinoso, elaterito, asfalto, catrame, giavazzo, nafta, pece greca, albertite, malta || *verb.* bitumare, bituminare.
biúta, *sf.* → BELLETTO.
bivàcco, *sm.* addiaccio, campo, accampamento, attendamento, campeggio, tendopoli, *camping*.
bívio, *sm.* crocicchio, biforcazione, diramazione, trivio, quadrivio, biforcamento || *fig.* indecisione, incertezza, ambivalenza, dubbio || momento decisivo, scelta.
nomencl. (*attinenti*) tronco stradale, imboccatura, capo di strada, foce, sbocco, intersecazione, confluenza, incrocio.
contr. via diretta, scorciatoia || risolutezza,
bizantinísmo, *sm.* → PEDANTERIA.
bizantíno, *agg.* → PEDANTE.
bízza, *sf.* → IRA, CATTIVERIA.
bizzarría, *sf.* capriccio, estro, estrosità, stranezza, stravaganza, strampaleria, estravaganza, immaginazione, fantasia, fantasticheria, fantasticaggine, ghiribizzo, sghiribizzo, velleità, originalità, eccentricità, esagerazione, trovata, curiosità, paradosso, mania, buffoneria, bisbeticheria, cervellaggine, grillo, fisima, bizza, lazzo, buffonata, singolarità, snobismo.
nomencl. (*verb.*) essere bizzarro, imbizzarrire, impennarsi, saltare il ghiribizzo, sbizzarrire.
contr. riflessione, posatezza, ponderatezza, serietà, normalità, equilibrio, compassatezza.
bizzàrro, *agg.* balzano, bisbetico, eccentrico, capriccioso, estroso, grottesco, fantasioso, strano, strambo, stravagante, originale, curioso, lunatico, pazzerello, ghiribizzoso, singolare, sventato, cervellotico, eteroclito, strampalato, bislacco, fantastico, ridicolo, esagerato, sperticato, volubile, incostante, irragionevole, illogico, bel tomo, capo ameno, capo matto, mattacchione, *sui generis*, → BAROCCO.
nomencl. (*verb.*) essere lunatico, bizzarro; avere i grilli, frullare il cervello, avere la luna.
contr. serio, posato, normale, comune, ordinario, compassato, equilibrato.
bizzochería, *sf.* → BIGOTTERIA.
bizzóchero, *agg.* e *sm.* → BIGOTTO.
bizzóso, *agg.* → IRATO.
blandaménte, *avv.* → DOLCEMENTE.
blandiménto, *sm.* → CAREZZA, LUSINGA.
blandíre, *v.tr.* carezzare, accarezzare, vezzeggiare, lusingare, lenire, secondare, accileccare, accivettare, adescare, adulare, attrarre, attirare, piaggiare, allenire, allettare, coccolare, lustrare, assecondare, ammansare.
contr. irritare, inasprire, rimproverare, maltrattare, rimbrottare, urtare, stuzzicare, provocare, contrariare.
blandízia, *sf.* blandimento, → LUSINGA.
blàndo, *agg.* → DOLCE, AFFABILE.
blasfèma, *sf.* → BESTEMMIA.
blasfèmo, *agg.* e *sm.* → BESTEMMIATORE.
blasonàto, *agg.* → NOBILE.
blasóne, *sm.* → STEMMA, NOBILTÀ.
blateràre, *v.intr.* → PARLARE.
blateróne, *agg.* e *sm.* → CHIACCHIERONE.
blàtta, *sf.* scarafaggio, piattola || → BACO.
blèso, *agg.* → BALBUZIENTE.
blindàre, *v.tr.* corazzare, coprire, proteggere, fortificare, rafforzare.
blindàto, *pps.* di blindare || *agg.* corazzato, fortificato, coperto, protetto, rafforzato.
bloccàre, *v.tr.* → ASSEDIARE || frenare, fermare, chiu-

dere, affrenare, arginare, impedire, proibire, inibire.
blòcco, *sm.* → ASSEDIO || MASSO || TACCUINO || UNIONE.
contr. dispersione, divisione, debolezza.
blónda, *sf.* biondo, trina di seta.
blu, *agg.* e *sm.* turchino, cobalto, azzurro, oltremare, indaco, cerulo, glauco, biadetto, celeste, ceruleo, cèsio, → CILESTRINO.
bluàstro, *agg.* turchiniccio, azzurrognolo, azzurrastro.
blúsa, *sf.* camicetta, camiciotto, tuta.
bòa, *sf.* galleggiante, gavitello.
nomencl. d'ormeggio, di segnalazione, luminosa, telefonica, ad asta.

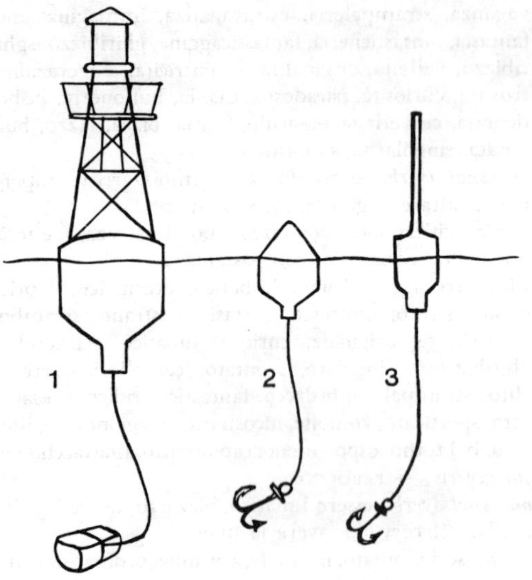

BOA - 1) luminosa; 2) galleggiante; 3) ad asta.

boàro, *sm.* bovaro, → PASTORE.
boàto, *sm.* → RUMORE.
bòbbia, *sf.* → BEVANDA.
bobína, *sf. fis.* rocchetto.
bócca, *sf.* apertura, becco, orifizio, labbra, fauci, palato || imboccatura || foce || bocca da fuoco, → CANNONE || bocca sacrilega, → BESTEMMIATORE.
nomencl. (*parti*) labbro, mascella, mandibola, orlo, palato, gengiva, dente, cassero della bocca, cingolo esofageo, faringe, glandole salivari, gola, istmo della gola, lingua, guancia, ugola, velo palatino || (*attinenti*) deglutizione, fiato, insalivazione, masticazione, saliva, sputo, gusto || (*malattie*) afta, amigdalite, faringite, fungaccio, gengivite, noma, palatite, ptialismo, scorbuto, stomatite, trisma, tulo, uvolite || *agg.* aguzza, grande, larga, piccola, piccoletta, bavosa, rossa, purpurea, di zucchero, di miele, di rosa, amorosa, angelica, sorridente, aperta, spalancata, amara, cattiva, pastosa, secca, rubinosa, sdentata || *verb.* abboccare, aprire, chiudere, socchiudere, imboccare, disboccare, serrare, spalancare, forbire, imbavagliare, mangiare, bere, deglutire, respirare, masticare, sorbire, mordere, sbranare, parlare, cantare, declamare, gridare, soffiare, fumare, sbadigliare, sputare, sospirare, ruttare, tossire, esclamare, brontolare, vomitare, boccheggiare, baciare, ridere, leccare.
boccaccésco, *agg.* → LICENZIOSO.
boccadòpera, *sf.* → BOCCASCENA.
boccàle, *sm.* → VASO, BICCHIERE, BOTTIGLIA.
boccapòrto, *sm.* → BOTOLA.
boccascèna, *sf.* boccadopera, apertura del palcoscenico.
boccàta, *sf.* → BOCCONE.
boccheggiànte, *ppr.* di boccheggiare || *agg.* → MORIBONDO || ANSANTE.
boccheggiàre, *v.intr.* → RESPIRARE.
bòccia, *sf.* → BOTTIGLIA || COROLLA.
nomencl. (*parti*) fondo, pancia, collo, bocca, orlo, tappo || boccino, grilletto, lecco, pallino || *verb.* bocciare, tirare a bocce, boccia lunga, boccia corta, sbocciare, entrare in giuoco, tirare a piè fermo, tirare il resto.
boccíno, *sm.* pallino, lecco, grillo || → COROLLA.
bòccio, *sm.* → GEMMA, COROLLA.
bocciòlo, *sm.* → COROLLA, GEMMA || AGORAIO.
boccióne, *sm.* → BOTTIGLIA.
bóccola, *sf.* búccola, → FIBBIA, ORECCHINO.
bocconàta, *sf.* → BOCCONE.
bocconcéllo, *sm.* → BOCCONE.
bocconcíno, *sm.* → BOCCONE.
bocconcióne, *sm.* → BOCCONE.
boccóne, *sm.* boccata, morso, bocconata, bocconcello, bocconcino, morsello, morsino, bocconcione || → PARTE.
nomencl. *verb.* sbocconcellare, sminuzzare, rompere, abbocconare.
boccóni, *avv.* disteso sul ventre, prono.
contr. supino, resupino.
bodíno, *sm.* → BUDINO.
bòffice, *agg.* → GRASSO, SOFFICE.
bofonchiàre, *v.intr.* → BORBOTTARE.
bofónchio, *sm.* → CALABRONE.
bofonchióne, *agg.* e *sm.* → BRONTOLONE.
bogàra, *sf.* → RETE.
bòia, *sm.* → CARNEFICE.
boiàta, *sf.* → MALEFATTA, PORCHERIA.
boicottàggio, *sm. frs.* → INTERDIZIONE.
boicottàre, *v.tr. frs.* → INTERDIRE.
bolcionàre, *v.tr. ant.* bolzonare, rompere muraglie, → SBRECCIARE.
nomencl. bolcione, bolzone.
bolèro, *sm.* → BALLO || giacchettino, giubbetto.
bolèto, *sm.* → FUNGO.
bolgétta, *sf.* → BORSA.
bòlgia, *sf.* tasca, borsa, valigia, bolgetta, → FARDELLO || *fig.* valle profonda, sacca, → FOSSA || cerchio, luogo infernale (Malebolge).
contr. paradiso, oasi di quiete.
bòlide, *sm.* aerolito, stella cadente o filante || *fig.* automobile velocissima.
bólla, *sf.* rigonfiamento → VESCICA || pustoletta || lettera pontificia, diploma imperiale, breve, motuproprio.
nomencl. bolla maggiore, bolla minore || (*parti*) intitolazione, destinatario, formula di saluto, esordio, riassunto della supplica, disposizione, sottoscrizione, rota, *benevalete*, datazione, apprecazione, sigillo pendente || bollario.

bollàre, *v.tr.* improntare, segnare, contrassegnare, lasciare il segno, timbrare, marcare, suggellare || infamare, → ACCUSARE || *fig.* tracciare.
contr. elogiare, lodare, lasciar correre, perdonare, essere indulgente, riabilitare.
bollènte, *ppr.* di bollire || *agg.* ebolliente, caldissimo, rovente, arroventato, ardente, brucente, fervente, scottante, bruciante, bollentissimo, infuocato || *fig.* impaziente, vivo, vivace, focoso, sangue caldo, ardente d'animo, passionale, appassionato, fervido, fervoroso, caldo.

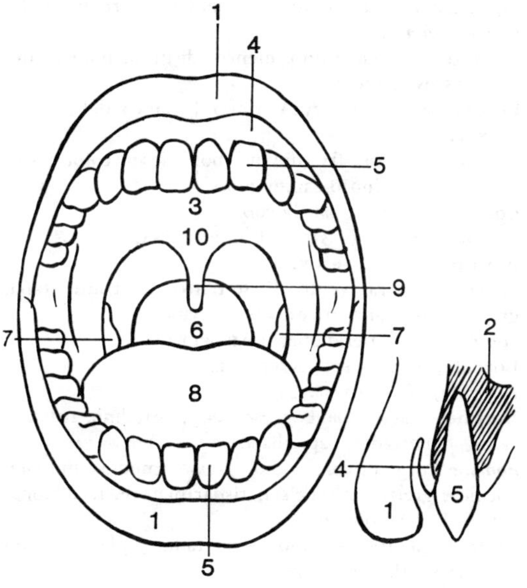

BOCCA - 1) labbro; 2) mascella; 3) palato; 4) gengiva; 5) denti; 6) faringe; 7) tonsille; 8) lingua; 9) ugola; 10) velo palatino.

contr. freddo, gelido, gelato, ghiaccio, diaccio || calmo, pacifico || sfocato, impassibile, sangue freddo, atono, apatico.
bollétta, *sf.* → BIGLIETTO || CHIODO || *fig. fam.* → MISERIA.
nomencl. del gas, della luce, del telefono, di consegna, del dazio, della dogana, d'accompagnamento.
bollettíno, *sm.* → AVVISO || GIORNALE.
bollichío, *sm.* → BOLLORE.
bolliménto, *sm.* → BOLLORE.
bollíre, *v.intr.* ebollire, ribollire, fermentare, bulicare, grillare, grillettare, friggere, gorgogliare, borbottare, borbogliare, affrittellare || *fig.* agitarsi, fervere, eccitarsi, riscaldarsi, ardere.
nomencl. *verb.* alzare il bollore, bollire a scroscio, bollire a sodo, bollire adagio, dare una bollita, essere a bollore, staccare il bollore, bollire a bagnomaria, straboccare, traboccare, schiumare || ribollire (d'ira).
contr. sbollire, raffreddarsi, calmarsi, mitigare, tranquillizzarsi, placare, sedare, reprimersi,
bollíto, *pps.* di bollire || *sm.* lesso || → PAPPA.
bollitúra, *sf.* fermentazione, ribollimento, effervescenza, → BOLLORE.
bollizióne, *sf.* → BOLLORE.
bóllo, *sm.* sigillo, impronta, segno, contrassegno, francobollo, suggello, stampiglia, timbro, marchio, marca da bollo, soprattassa, contromarca.
nomencl. (*tipi*) a fiamma continua, a fuoco, a secco, a umido, postale, stampigliato || (*attinenti*) datario, numeratore, paginatore, perforatore, timbro, placca, piombo, marca, punzone, tenaglia perforatrice, timbro controllo, carta da bollo || cuscinetto o guancialetto per timbri, inchiostro per timbri, portatimbri || *verb.* bollare, suggellare, sigillare, datare, numerare, punzonare, affrancare, annullare, controbollare, soprabollare.
bollóne, *sm.* → BULLONE.
bollóre, *sm.* ebollizione, bollizione, bollitura, bollimento, sobbollimento, ribollimento, bollichio, effervescenza, fermentazione, gorgoglio, rimescolamento, decozione, → CALORE || *fig.* agitazione, → BOLLENTE.
bòlo, *sm.* → PILLOLA.
bolsàggine, *sf.* → AFFANNO, DEBOLEZZA.
bolscevíco, *agg.* e *sm.*
contr. menscevico.
bolscevísmo, *sm.*
contr. capitalismo || menscevismo, democrazia liberale.
bólso, *agg.* → AFFANNOSO, DEBOLE.
bómba, *sf.* granata, petardo, palla, esplosivo, *shrapnel* || *fig.* → BUGIA, VANAGLORIA || BUDINO.
nomencl. (*tipi*) lacrimogena, esplosiva, incendiaria, asfissiante, dirompente, tracciante || al fosforo, atomica, nucleare, al plutonio, al napalm, all'idrogeno || d'aereo, da artiglieria, a mano || anticarro, antisommergibile o di profondità, da bombarda, da aeroplano, ad orologeria, telearmi || bombarda, cannone, artiglieria, aereo || *verb.* bombardare, sparare, lanciare, cannoneggiare.
bombàrda, *sf.* → CANNONE.
bombardaménto, *sm.* cannoneggiamento, sganciamento, lancio.
nomencl. aereo, terrestre, navale, diurno, notturno || a tappeto, atomico, nucleare || rombo, bomba.
bombardàre, *v.intr.* cannoneggiare.
bombardière, *sm.* artigliere, granatiere, cannoniere, bombista (*ant.*) || fortezza volante, cacciabombardiere.
bombé, *sm. frs.* → CARROZZA.
bombétta, *sf.* → CAPPELLO.
bombettàre, *v.intr.* → BERE.
bómbice, *sm.* → BACO.
bómbola, *sf.* → BOTTIGLIA.
bombolóne, *sm.* → BIGNÉ.
bombonièra, *sf.* confettiera.
bonàccia, *sf.* → CALMA || FORTUNA, FELICITÀ.
bonaccióne, *agg.* → BUONO.
bonagràzia, *sf.* → MANCIA.
bonamàno, *sf.* → MANCIA.
bonarietà, *sf.* → BONTÀ, INDULGENZA.
bonàrio, *agg.* → BUONO, INDULGENTE.
boncuòre, *sm.* buoncuore, → BONTÀ.
bongustàio, *sm.* buongustaio. → INTENDITORE.
bongústo, *sm.* buongusto, → ELEGANZA.
boníﬁca, *sf.* bonificamento, bonificazione, prosciugamento, risanamento di terreno, colmata, appoderamento, appoderazione.
nomencl. integrale, alpina, del latifondo, delle paludi,

delle aree depresse || canali collettori, colmatori || impianto idrovoro, idrovora || *verb.* bonificare, prosciugare, appoderare, spaludare, espurgare, colmare, fertilizzare.
bonificaménto, *sm.* → BONIFICA.
bonificàre, *v.tr.* prosciugare, risanare, sanare, spaludare, colmare, redimere un terreno, migliorare, affertilire, affecondare, render fertile, fecondare, appoderare, → COLTIVARE || abbonare, diminuire, ridurre un debito.
bonificàto, *pps.* di bonificare || *agg.* (di debito), → DIMINUITO.
bonificazióne, *sf.* → BONIFICA.
bonomía, *sf.* → BONTÀ.
bonòmo, *sm.* → BUONO.
bonsènso, *sm.* → BUONSENSO.
bontà, *sf.* benevolenza, benignità, bonomia, affabilità, cordialità, mitezza, mansuetudine, affettuosità, amorevolezza, semplicità, indulgenza, docilità, cortesia, umanità, clemenza, giovialità, filantropia, carità, onestà, irreprensibilità, saviezza, probità, moralità, onorevolezza, virtú, generosità, squisitezza, dolcezza, bonarietà, soavità, innocenza, affezione, simpatia, buoncuore, degnazione, cavalleria, condiscendenza, → BUONO || opportunità, idoneità, convenienza, vantaggio, utilità, efficacia, abilità, andantezza.
nomencl. *agg.* squisita, delicata, perfetta, amabile, distinta, eletta, fine, fiorita, raffinata, rara, ricercata, scelta, soave, preziosa, augusta, eminente, immensa, smisurata, somma, sovrabbondante, sterminata, infinita, falsa, ipocrita, artefatta, bugiarda, fittizia, finta, ingannevole, immaginaria, erronea, inventata, infondata, mendace, simulata, travestita, camuffata, illusoria, aperta, candida, cordiale, franca, genuina, leale, liberale, naturale, pura, schietta, spontanea, piccola, magra, misera, breve.
contr. cattiveria, disonestà, vizio, ingiustizia, malvagità, malignità, malizia, malefatto.
bontempóne, *sm.* → BURLONE, BIGHELLONE.
nomencl. *agg.* allegro, chiassoso, gioviale, gaudente, matto, spassoso, divertente, piacevole, sollazzevole, festoso.
bonumóre, *sm.* buonumore, → ALLEGRIA.
bonuscíta, *sf.* buonuscita, compenso.
bòra, *sf.* tramontana, → BOREA, VENTO.
borbogliaménto, *sm.* → RUMORE.
borbogliàre, *v.intr.* → BOLLIRE || BORBOTTARE.
borboglío, *sm.* → RUMORE.
borborígmo, *sm.* → RUMORE.
borbottaménto, *sm.* → RUMORE.
borbottàre, *v.intr.* bofonchiare, brontolare, borbogliare, mormorare, fiottare, bubbolare, mugolare, parlottare, → BALBETTARE || BOLLIRE.
borbottatóre, *sm.* → BRONTOLONE.
borbottío, *sm.* → RUMORE.
borbòtto, *sm.* → FIOTTO.
borbottóne, *sm.* → BRONTOLONE.
bòrchia, *sf.* fermaglio, scudetto, rosetta, dischetto, ghirlanda, medaglione, bulla, brocchetta, bulletta, raperella || bullone.
bordàglia, *sf.* → MARMAGLIA.
bordàre, *v.tr. frs.* → ORLARE.
bordatúra, *sf. frs.* → ORLO.
bordeggiàre, *v.intr.* navigare contro vento, stringere il vento, andare di bolina, volteggiare || *fig.* destreggiarsi.
contr. andare speditamente, filare, agire risolutamente.
bordèllo, *sm.* casa di tolleranza, casa di malaffare, casa chiusa, casa malfamata, casa di meretricio, lupanare, lupanaio, casino, postribolo, mal luogo, casa di cartello || *fig.* fracasso, → CONFUSIONE.
nomencl. meretricio, prostituzione, fornicazione, suburra, quartiere malfamato || bordelliere || *verb.* bordellare, sbordellare.
borderò, *sm. frs.* listino, elenco, distinta, nota di denaro riscosso, indice.
bórdo, *sm.* → ESTREMITÀ, ORLO || fianco della nave, → NAVE.
bordò, *agg.* e *sm. frs.* (di vino) bordolese || color rossobruno, rosso vino o sanguigno.
bordolése, *agg.* e *sm.* bordò.
bordóne, *sm.* → BASTONE || CORNAMUSA.
bordúra, *sf. frs.* → ORLO.
bòrea, *sf.* bora, vento di settentrione, tramontana, greco-tramontana, maestrale, → VENTO.
contr. austro, meridione, mezzogiorno.
boreàle, *agg.* → SETTENTRIONALE.
borgàta, *sf.* → PAESE.
borghése, *agg.* e *sm.* borgese (*ant.*), cittadino, urbano, civile, benestante, capitalista.
nomencl. *agg.* piccolo, ricco, grasso, medio, affarista, pacifico, gretto, misoneista, risparmiatore, tradizionalista || borgo, borgata.
contr. proletario, sanculotto, contadino, plebeo, nobile, ecclesiastico, militare.
borghesía, *sf.* ceto medio, terzo stato, classe media, ceto civile, ceto cittadino.
nomencl. bassa, piccola, media, alta, grassa, grossa, cittadina, rurale, artigiana, industriale, finanziaria, commerciale || *verb.* imborghesire, arricchire.
contr. proletariato, plebe, aristocrazia, nobiltà, clero.
borghigiàno, *sm.* → PAESANO.
bórgo, *sm.* → PAESE.
bòria, *sf.* → SUPERBIA.
borióso, *agg.* → SUPERBO || GONFIO, AMPOLLOSO.
bórra, *sf.* → FOSSO.
borràccia, *sf.* fiasca, fiaschetta, → BARILE.
borraccína, *sf.* borraggine, → MUSCO.
bórro, *sm.* → DIRUPO, BARATRO.
bórsa[1], *sf.* borsiglio, borsetta, borsotto, tasca, marsupio, scarsella, sacchetto, bolgetta, borsellino, portafoglio, portamonete, valigia || *fig.* danaro.
nomencl. della spesa, a sacco, a rete || (*parti*) cordone, cerniera, bottone, chiavetta || borsaio, borsaiolo, tagliaborse || *agg.* piccola, grande, capace, piena, vuota, rimpinzata || *verb.* imborsare, rimborsare, sborsare, custodire, mettere in borsa, insaccare.
bórsa[2], *sf.* → BANCA.
nomencl. borsa-valori, borsa-merci || (*addetti*) agente di cambio, agente di borsa, borsista, cambiavalute, aggiottatore, aumentista, rialzista, capitalista, ribassista, intermediario, pubblico mediatore, sindacato || (*ope-

razioni) acquisto al corso, aggio, ammortamento, apertura, arbitraggio, assegno, cambio, chiusura, compensazione, contratto a termine, a contanti, riporti, corso, fondo, frutto, giuoco di borsa, liquidazione, manovra, operazione, listino di borsa, premio, provvisione, rialzo, ribasso, rimborso, scadenza, speculazione, sottoscrizione, parificazione, quotazione, bollettino || *agg.* buona, debole, ferma, sostenuta, oscillante, fluttuante || *verb.* fluttuare, oscillare, vendere, trafficare, commerciare.

borsaiòlo, *sm.* → BANDITO.

borséggio, *sm.* → FURTO.

borsellíno, *sm.* → BORSA.

borsétta, *sf.* → BORSA.

borsíglio, *sm.* → BORSA.

borsísta, *sm.* speculatore o giocatore di borsa.

borzacchíno, *sm.* → STIVALE, GHETTA.

boscàglia, *sf.* → FORESTA.

boscaglióso, *agg.* → BOSCHERECCIO.

boscaiòlo, *sm.* tagliaboschi, taglialegna, guardiaboschi, spaccalegna, spezzalegne, spezzazocchi.

boscàto, *agg.* → BOSCHERECCIO.

boscheréccia, *sf.* → CINGUETTIO.

boscheréccio, *agg.* boschivo, boscoso, boscaglioso, boscato, boschigno, silvestre, silvano, silvoso, selvoso, selvato, selvatico, silvereccio, forestale, arborato, arboroso.

boschétto, *sm.* → GIARDINO || FORESTA.

boschígno, *agg.* → BOSCHERECCIO.

boschívo, *agg.* → BOSCHERECCIO.

bòsco, *sm.* → FORESTA.

boscóso, *agg.* → BOSCHERECCIO.

bòssolo, *am.* → CARTUCCIA || CILINDRO.

botànica, *sf.*

nomencl. (*suddivisioni*) generale, speciale, geografica, fossile, sistematica, applicata, economica, industriale, medica, agricola, orticola || (*scienze sussidiarie*) anatomia vegetale, biologia vegetale, biologia, fenologia, fisiologia vegetale, fitografia, glossologia, istogenesi, istotassia, morfologia vegetale, organogenia, organografia, patologia, nosologia, teratologia, tassinomia || (*persone*) biologo, botanico, erborizzatore, erborista, fisiologo, sistematico || (*attinenti*) classificazione, divisione, classe, famiglia, genere, specie.

bòtola, *sf.* boccaporto, trabocchetto, portello nel pavimento, caditoia.

bòtolo, *sm.* → CANE || *fig.* uomo stizzoso, collerico ma debole, impotente.

bòtro, *sm.* → BARATRO, DIRUPO.

bòtta, *sf.* → BASTONATA, CADUTA, COLPO || BATRACE, RANA || *fig.* → FRIZZO.

bottaccíno, *sm.* → BARILE.

bottàccio, *sm.* → BARILE.

bottàio, *sm.* barilaio, → FALEGNAME.

nomencl. cerchiaio, cerchiatore || (*arnesi*) ascia, bilancia, bucafondi, caprugginatoio, sponderuola, cavalletto, ceppo, cocchiumatoio, coltello a petto, imbastitoio, maglio, mazzapicchio, modano, pialletto, pioli, randa, raspa, spina || (*operazioni*) asciare, caprugginare, cerchiare, dar l'uzzo, dogare, ferrare, inzeppare, sdogare, slentare i cerchi, calafatare, ribattere i cerchi, inchiodare, stagnare, zipolare, zolfare, inzolfare, inzolforare, succhiellare, sgrommare, sgrumare, incignare.

bottàta, *sf.* botta, → BASTONATA || FRIZZO.

bótte, *sf.* barilozzo, bariletta, carata, cella, bigoncia, caratello, pipa, fusto, botticina, botticino, → BARILE.

nomencl. (*parti*) doghe, fondi, capruggine, cerchi, cocchiume, lulle o lunette, mezzúle, spina, cannella, uzzo o ventre || calastra, sedile, imbuto, spillo, tagliuolo, zeppe || bottaio || *agg.* aggrumata, avvinata, corpacciuta, manomessa, sdogata, sfondata, ricerchiata, muta, uzzata || *avv.* a mercanzia, a tenuta || *verb.* aggrumarsi, buttare, cantare, gemere, scannellare, succhiare, tenere || abboccare la botte, avviare, avvinare, bucare, cocchiumare, dare la stura, stagnare, imbottare, incannare, ristagnare, ruzzolare, scocchiumare, sdogare, sgrommare, succhiellare, zaffare, zipolare, zolfare.

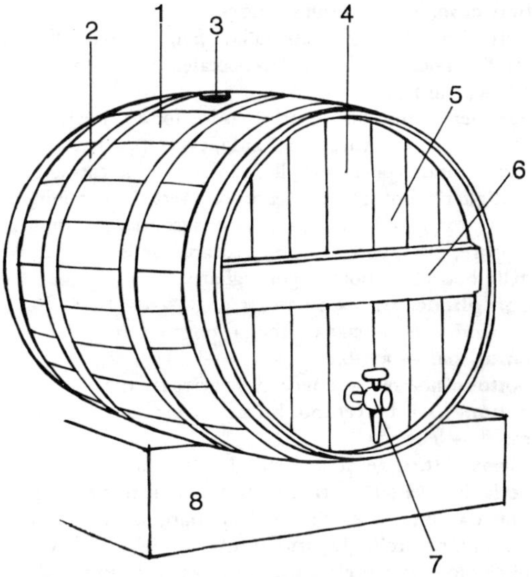

BOTTE - 1) doga; 2) cerchio; 3) cocchiume; 4) mezzule; 5) lulla o lunetta; 6) fondo; 7) spina; 8) sedile.

bottéga, *sf.* negozio, esercizio, rivendita, spaccio, emporio, magazzino, bazar, canova, fondaco, fondachetto || laboratorio, officina || baracca || studio di pittore.

nomencl. (*specificazione*) bar, bottiglieria, caffè, fiaschetteria, merceria, mercato, mescita, osteria, pasticceria, pizzicheria, pizzeria, rosticceria, posteria, salumeria, prestineria, spezieria, drogheria, farmacia o apoteca, rigattiere, supermercato || (*addetti*) bottegaio, commerciante, esercente, conduttore, gerente, principale, fattorino, garzone, commesso, commessa, avventore, cliente, compratore, acquirente || (*attinenti*) articolo, merce, genere, fondi di bottega, scampolo, mercanzia, assortimento, avviamento, concorrenza, fondo o stralcio, buona uscita || appalto, gerenza, entrata libera, insegna luminosa, cartello, imposte, vetrina, mostra, banco, cassa, bilancia, scaffali, bacheca, retrobottega, ripostiglio, succursale, *self-service* || *agg.* accreditata, screditata, frequentata, avviata, favorita, fornita, posticcia, fallimentare || *verb.* aprire bottega, avviare commercio, tenere bottega, chiudere bottega, impacchettare, vendere, servire, esitare, rilevare, lavorare, spacciare, vendere all'ingrosso, al dettaglio, al minuto, svendere, liquidare le merci.

bottegàio, *sm.* bottegante, commerciante, negoziante, rivenditore, rivendugliolo, merciaio, mercante, esercente, venditore, gerente.

nomencl. (*addetti*) principale, commesso, commessa, inserviente, banchiera, fattorino, facchino, garzone, cassiere || *verb.* essere, stare, saper stare a bottega, aprire, metter su, rizzar bottega, chiudere bottega, far andare avanti, mandare avanti la bottega, avviare la bottega, amministrare, reggere gli affari della bottega.

bottegànte, *sm.* → BOTTEGAIO.

bottèllo, *sm.* → ETICHETTA.

botticèlla, *sf.* → BARILE, BOTTE.

botticína, *sf.* → BARILE, BOTTE.

botticíno, *sm.* → BARILE, BOTTE.

bottíglia, *sf.* boccia, ampolla, fiala, fiasca, fiasco, caraffa, boccione, bombola, boccale, barattolo, bottiglione, damigiana.

nomencl. (*parti*) bocca, orlo, collo, fondo, etichetta || (*attinenti*) tappo, turacciolo, zillo, cavatappi, tiratappi || panca forata, portabottiglie, rinfrescatoio, catinetta || bottiglieria, bottigliere, mescitore || *verb.* imbottigliare, incatramare, abboccare, scemare, sgrondare, stappare, tappare, ristappare, turare, sturare, vedere il fondo della bottiglia, vuotare, gorgogliare.

bottiglióne, *sm.* → BOTTIGLIA.

bottíno, *sm.* → PREDA || fogna, pozzo nero.

bòtto, *sm.* → RUMORE.

bottoncíno, *sm.* → COROLLA || PROTUBERANZA.

bottóne, *sm.* boccettino, briccetta, brocchetta || gemma || → PUSTOLA.

nomencl. (*tipi*) gemelli, a cupola, di panno, di madreperla, inargentati, dorati, niellati || da camicia, da polsini, da collo, a rocchetto || alamari, animelle, bottoncino, raparella || (*parti*) anima, fondello, ghiandina, picciuolo, gangheretto, occhiello, asola || *verb.* abbottonare, attaccare, fermare, riattaccare, staccare, sbottonare.

bottonièra, *sf.* abbottonatura.

bovàro, *sm.* boaro, → PASTORE.

bòve, *sm.* bue.

bovíle, *sm. rar.* → STALLA.

bovíni, *sm. pl.* → BESTIAME.

box, *sost. ingl.* recinto, scompartimento, reparto || (dei cavalli) stallo || posteggio.

boxe, *sf. fr.* → PUGILATO.

boxer, *sost. ingl.* → CANE.

boy-scout, *sost. ingl.* giovane esploratore.

bòzza, *sf.* → PROTUBERANZA || prova di stampa, stampino, stampine, bozzone || abbozzo, minuta, mala copia.

nomencl. *verb.* tirare le bozze, correggere, rivedere, impaginare, incolonnare le bozze.

bozzacchiúto, *agg.* tozzo, malfatto, sproporzionato.

bozzàccia, *sf.* → ABBOZZO.

bozzàga o bozzàgo, *sf.* o *sm.* → POIANA.

bozzàgro, *sm.* → POIANA.

bozzèllo, *sm.* → CARRUCOLA.

bozzétto, *sm.* disegno, prova, abbozzo, schizzo, modello, studio || → RACCONTO.

bòzzima, *sf.* mescolanza, intruglio, pasticcio.

bòzzo, *sm.* → PROTUBERANZA || FOSSA.

bòzzolo, *sm.* bozzoletto, bozzolino || → GEMMA.

nomencl. (*varietà*) giallo, aranciato, paglierino, zolfino, bianco, verdognolo || pestellino, incorbato, sellato, doppio, macchiato, da seme, vano o falloppa, fallito || stufato, sfarfallato || *agg.* piccolo, mezzano, grande || bava, bavatura o bavella || *verb.* sbozzolare, sfrascare, abbozzolare, abbozzolarsi, imbozzolarsi.

bozzóne, *sm.* → AGNELLO || BOZZA.

braccàre, *v.tr.* → CERCARE, INSEGUIRE.

braccheggiàre, *v.tr.* → CERCARE.

bracchéggio, *sm.* → RICERCA.

bracciàle, *sm.* → BRACCIALETTO, DISTINTIVO.

braccialétto, *sm.* maniglia, armilla, smaniglio, bracciale, girello || fermaglio, fermezza, fermezzina.

bracciànte, *sm.* → LAVORATORE.

bràccio, *sm.* arto || → BIELLA || *fig.* → SOSTEGNO, FORZA, AIUTO || RAMO.

nomencl. (*parti*) avambraccio, polso, ascella, mano, carpo, metacarpo, clavicola, cubito o ulna, radio, gomito, nocella, omero, nodello, muscolo estensore, flessore, abduttore, adduttore, bicipite, tricipite, deltoide, lacerto || monco, moncherino, manica || *agg.* muscoloso, nerboruto, forte, tondeggiante, scarno, destro, sinistro, migliore, stanco || aperte, conserte, incrociate, erette, tese || *verb.* abbracciare, allungare, annaspare, aprire, avvinghiare, stringere, attaccarsi, battere, dare il braccio, infilare il braccio, frugare, incrociare le braccia, levare le braccia, portare a braccia, prendere in braccio, sbracciarsi, sgomitare, stirare le braccia, tendere le braccia, cascar le braccia, storcere, sballottare, slogare, flettere.

bracciofòrte, *sm.* || → AIUTO.

bràcco, *sm.* → CANE || *fig.* poliziotto.

bracconière, *sm.* cacciatore di contrabbando, cacciatore di frodo.

nomencl. bracconaggio, caccia di frodo.

bràce, *sf.* bragia, bracia, cinigia, tizzone, carbone vivo.

nomencl. braciere, paletta, molle || *verb.* sbraciare, stuzzicare le brace, accendere, riaccendere le brace.

bràche, *sf. pl.* → CALZONI, MUTANDE.

brachésse, *sf. pl.* → CALZONI.

brachicèfalo, *agg.* e *sm.*

contr. dolicocefalo.

brachigrafía, *sf.* stenografia.

brachilogía, *sf.* → BREVITÀ.

bràcia, *sf.* → BRACE, CARBONE || *pl.* → FUOCO.

bracière, *sm.* scaldino, caldano, caldanino, veggio || scaldaletto, trabiccolo.

braciòla, *sf.* → BISTECCA.

bradicardía, *sf.*

contr. tachicardia.

bràgia, *sf.* → BRACE, CARBONE.

bràgo, *sm.* → FANGO.

bragòzzo, *sm.* → BARCA.

bràma, *sf.* → FAME || DESIDERIO, AMORE.

bramàre, *v.tr.* → DESIDERARE.

bramíto, *sm.* → GRIDO.

bramosía, *sf.* → FAME || DESIDERIO.
bramóso, *agg.* → DESIDEROSO.
brànca, *sf.* parte, suddivisione, → RAMO || ZAMPA, ARTIGLIO || *fig.* mano (che ghermisce, afferra).
brancàta, *sf.* → COMPAGNIA.
brancicaménto, *sm.* → PALPAMENTO.
brancicàre, *v.tr.* → TOCCARE, GUALCIRE || *intr.* → GESTIRE.

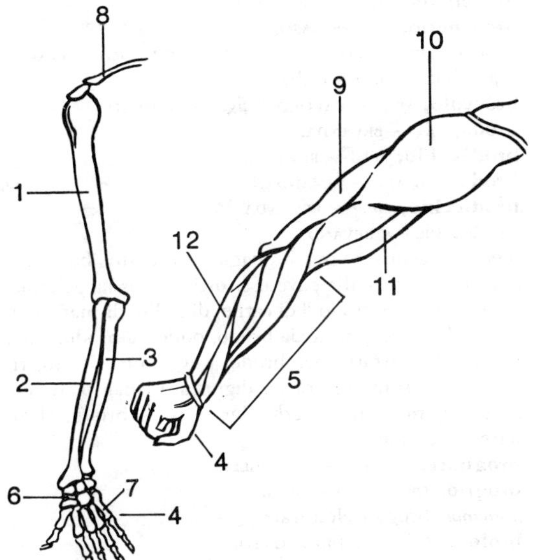

BRACCIO - 1) omero; 2) radio; 3) cubito; 4) mano; 5) avambraccio; 6) carpo; 7) metacarpo; 8) clavicola; 9) tricipite; 10) deltoide; 11) bicipite; 12) cubitale.

brancicatúra, *sf.* → PALPAMENTO.
brànco, *sm.* → GREGGE, BESTIAME || COMPAGNIA.
brancolàre, *v.intr.* → ANNASPARE || ANDARE, CAMMINARE.
brancolóni, *avv.* → TASTONI.
brànda, *sf.* → LETTO.
brandèllo, *sm.* → PEZZO.
brandíre, *v.tr.* → PRENDERE || AGITARE.
bràndo, *sm. poet.* → SPADA.
brandy, *sm. ingl.* arzente, *cognac,* → LIQUORE.
bràno, *sm.* → PEZZO || PASSO.
bravàccio, *sm.* → PREPOTENTE.
bravàre, *v.intr.* braveggiare, fare il bravo, il bravaccio, lo smargiasso || *tr.* minacciare, provocare; rimproverare, sgridare.
bravàta, *pps.* di bravare || *sf.* → BAMBINATA || millanteria, smargiassata, spacconata, provocazione, ostentazione, iattanza, braveria, → PREPOTENZA.
braveggiàre, *v.tr.* e *intr.* → BRAVARE.
bravería, *sf.* → BRAVATA.
bràvo, *agg.* → ABILE || BUONO, CORAGGIOSO || *sm.* giannizzero, → SGHERRO.
bravúra, *sf.* → ABILITÀ || CORAGGIO.
breack, *sm. ingl.* → CARROZZA.
bréccia, *sf.* → BUCO → GHIAIA.
brecciόso, *agg.* || SASSOSO.
brègma, *sm.* sincipite.
contr. occipite.
brèmo, *sm.* → FUNE.
brénna, *sf.* → CAVALLO.
brènta, *sf.* → MASTELLO.
bretèlle, *sf. pl.* straccali, spalline, cinghia, cintura.
nomencl. verb. usare, mettere, slacciare, allacciare.
brève[1]**,** *agg.* corto, piccolo, stretto, angusto || spiccio, spedito, effimero, fugace, fuggevole, rapido, lesto || abbreviato, accorciato, imbreviato, raccorciato, scorciato || stringato, conciso, compendioso, concettoso, succinto, tacitiano, laconico, telegrafico || abbreviazione, abbreviatura, imbreviatura, accorciamento, scorcio || compendio, estratto, sommario, epitome || *loc. avv.* alle corte, alle spicce, senz'altro, alla lesta, alla svelta, in un attimo, in quattro e quattr'otto || *verb.* abbreviare, breviare, accorciare, scorciare, raccorciare, scortare, scortire, tagliare, tagliar corto, contrarre, imbreviare, rabbreviare.
contr. lungo, diffuso, espanso, prolisso, durevole, prolungato, largo, lento, diuturno, duraturo, interminabile, interminato.
brève[2]**,** *sm.* → BOLLA.
breveménte, *avv.* abbreviatamente, rapidamente, istantaneamente, alla spiccia, alla svelta, alle corte, alla lesta, in un attimo, in un baleno, in quattro e quattr'otto, senz'altro || concisamente, stringatamente.
brevettàre, *v.tr.* aver la privativa, l'esclusiva (d'un ritrovato), patentare.
brevétto, *sm.* decreto, rescritto, privilegio, diploma, patente, licenza, privativa, esclusiva.
breviàrio, *sm.* → RIASSUNTO || ufficio, ufficio divino, salterio, ore canoniche.
brevilíneo, *agg.* tarchiato, grosso, tozzo.
contr. longilineo, allampanato.
breviloquènza, *sf.* → BREVITÀ.
brevilòquio, *sm. rar.* → BREVITÀ.
brevità, *sf.* cortezza, concisione, stringatezza, speditezza, brachilogia, laconicità, pochezza || breviloquenza, breviloquio, brachilogia, brachigrafia.
contr. lunghezza, lungaggine, diffusione, ampollosità, prolissità, magniloquenza || loquacità, logorrea.
brézza, *sf.* → VENTO.
contr. raffica, bufera.
briachézza, *sf.* → UBRIACHEZZA.
briàco, *agg.* e *sm.* → UBRIACO.
briacóne, *sm.* → UBRIACO.
bríccica, *sf.* → INEZIA.
bricco, *sm.* cuccuma, → VASO || ASINO.
nomencl. (*parti*) coperchio mastiettato, manico, corpo, bocca, beccuccio, fondo.
bricconàggine, *sf.* → MALEFATTA.
bricconàta, *sf.* → MALEFATTA.
bricconcèllo, *sm.* → MONELLO.
briccóne, *sm.* → MASCALZONE, BANDITO.
bricconería, *sf.* → MALEFATTA.
bríciola, *sf.,* minuzzolo → GRANELLO, PEZZO || INEZIA.
bríciolo, *sm.,* minuzzolo → PEZZO.
bricòlla, *sf. neol.* sacco, cesta, carico (di contrabbandieri).
bríga, *sf.* → LITIGIO || NOIA, CRUCCIO, IMPEGNO, IMBARAZZO.

brigànte, *sm.* → ASSASSINO, BANDITO.
brigantíno, *sm.* → NAVE.
brigàre, *v.intr.* → ADOPRARSI || IMBROGLIARE.
brigàta, *sf.* → COMPAGNIA.
brighèlla, *sm.* → BUFFONE.
brigidíno, *sm.* → CIAMBELLA.
bríglia, *sf.* → FINIMENTI || *fig.* disciplina, freno, guida, controllo.
nomencl. (*attinenti*) allentatura, strappata, tirata, a briglia sciolta || barbazzale, bubboliera, coccarda, filetto, freno, frontale, testiera, soggolo, guardia, guide, imboccatura, martingala, masticatoio, parocchi, paraocchi, portamorso, redine || *verb.* allentare, dare, tirare le briglie, imbrigliare, tenere in briglia, sbrigliare, abbandonare le redini.
brillantàre, *v.tr.* → CANDIRE || SFACCETTARE.
brillànte, *ppr.* di brillare || *agg.* → BRIOSO || *sm.* → DIAMANTE.
brillanteménte, *avv.* → BRIOSAMENTE.
brillantína, *sf.* pomata, cosmetico.
brillàre, *v.intr.* → SPLENDERE, BALENARE || *fig. neol.* farsi notare, spiccare, emergere, primeggiare || *v.tr.* (di mina) esplodere, far esplodere.
brillío, *sm.* scintillío, favillío, luccichío, abbaglío.
bríllo, *agg.* → UBRIACO.
brína, *sf.* → GELO.
brinàta, *sf.* → GELO.
brincèllo, *sm.* → PEZZO.
brindàre, *v.intr.* → BERE.
brindèllo, *sm.* → PEZZO.
bríndisi, *sm.* → BEVUTA || saluto, augurio.
nomencl. ufficiale, solenne, d'augurio, di felicità, di saluto || *verb.* brindare, invitare a bere, propinare, cozzare o toccare i bicchieri, libare, augurare, salutare, brindare in risposta, rispondere al brindisi.
brío, *sm.* allegrezza, gaiezza, vivacità, calore, spigliatezza, arguzia, facezia, piacevolezza, umorismo, spirito, movimento, agilità, alacrità, animazione, amenità, disinvoltura, stile, leggiadria, gaiezza, estro, facondia, entusiasmo, *verve.*
contr. gravità, compassatezza, monotonia, sostenutezza, tristezza, serietà, pedanteria, freddezza, aridità.
briosaménte, *avv.* allegramente, gaiamente, vivacemente, calorosamente, spigliatamente, argutamente, facetamente, piacevolmente, animatamente; spiritosamente, brillantemente, festosamente, giocondamente, con brio, leggiadramente.
contr. gravemente, pesantemente, tristemente, seriamente, compassatamente, pedantemente, freddamente, solennemente, lugubremente.
briòscia, *sf. frs.* → FOCACCIA.
brióso, *agg.* brillante, allegro, arguto, fantasioso, spigliato, piacevole, gaio, loquace, vivace, vivo, animato, arzillo, ameno, comunicativo, spiritoso, faceto, burlone, disinvolto, estroso.
contr. grave, pesante, triste, serio, compassato, pedante, freddo, misurato, arido.
brividío, *sm.* → BRIVIDO.
brívido, *sm.* tremito, tremore, palpito, battito, sussulto, brividío, tremolío, orripilazione, ribrezzo, raccapriccio, pelle d'oca.
nomencl. *verb.* rabbrividire, abbrividire, essere presi dai brividi, accapponare la pelle, venir la pelle d'oca, far rabbrividire, abbrezzare, ribrezzare, palpitare, orripilare.
brizzolàto, *agg.* → BIANCHEZZA, CANIZIE.
brizzolatúra, *sf.* principio di canizie, → BIANCHEZZA, CANIZIE.
bròcca, *sf.* → VASO || GERMOGLIO || BERSAGLIO.
brocchétta, *sf.* → BORCHIA.
brocchétto, *sm.* → VASO.
bròcco, *sm.* → SPINO || GERMOGLIO || CHIODO || CAVALLO || *fig. fam.* buono a nulla.
bròccolo, *sm.* → CAVOLO || *fig.* → SCIOCCO.
bròda, *sf.* → BEVANDA.
brodàcchio, *sm.* → BEVANDA.
brodàglia, *sf.* → BEVANDA.
brodícchio, *sm.* → BEVANDA.
bròdo, *sm.* → BEVANDA.
nomencl. acqua pazza, brodaglia, brodetto, buglione, *consommé*, zuppa alla pavese, broscia, sbroscia, gelatina, peverada, tè di brodo || di carne, di pollo, di manzo, di dado, alle erbe || carne da brodo, pollo da brodo, dado per brodo, estratto per brodo || *agg.* concentrato, ristretto, consumato, grasso, digrassato, magro, lungo, naturale, rassegato || *verb.* digrassare il brodo, sbrodare, rassegare.
brogliàre, *v.intr.* → IMBROGLIARE.
bròglio, *sm.* → IMBROGLIO.
nomencl. broglio elettorale.
bròlo, *sm.* → GIARDINO, ORTO.
bròmo, *sm.*
nomencl. bromati, acido bromico, acido bromidrico, bibromuri, bromidrine, bromobenzina, bromoformio, bromuri o bromidrati.
brónchi, *sm. pl.*
nomencl. (*attinenti*) arterie bronchiali, broncoesofago, ghiandole bronchiali, plesso bronchiale, trachea, vene bronchiali, respirazione bronchiale, soffio bronchiale || (*affezioni*) asma, bronchismo, bronchite, broncocele, broncopleurite, catarro bronchiale, rantolo bronchiale || *verb.* espettorare, sputare.
bróncio, *sm.* → CRUCCIO, MALUMORE.
brónco, *sm.* sterpo, tronco, → CESPUGLIO.
broncóne, *sm.* → PALO.
brontolaménto, *sm.* → RUMORE, RIMPROVERO.
brontolàre, *v.intr.* → BORBOTTARE || *fig.* → FIOTTARE.
brontolío, *sm.* → RUMORE || RIMPROVERO.
brontolóne, *sm.* borbottone, borbottatore, abbaione, fiottone, gracchiatore, corrucciosо, bofonchione, taroccone, miagolone, bisbetico, incontentabile, indiscreto, incontinente, imprudente, capriccioso, litigioso, bistorto, bizzarro.
contr. silenzioso, placido, taciturno, cauto, riservato, discreto, temperato, contegnoso, di facile, buona accontentatura.
bronzàre, *v.tr.* → ABBRONZARE.
bronzíno, *sf.* → SONAGLIO.
brónzo, *sm.* bronzino.
nomencl. (*qualità, usi*) fuso, fosforoso, silicioso, d'alluminio, malleabile, per macchine, da campane, da statue, da medaglie || sacro || bronzista; bronzatura, ab-

bronzatura || (*operazioni*) abbronzare, bronzare, fondere, gettare.
bròscia, *sf.* → BEVANDA.
brougham, *sm. ingl.* → CARROZZA.
brucàre, *v.tr.* → RODERE.
brucènte, *agg.* → BRUCIANTE, BOLLENTE.
bruciacchiàre, *v.tr.* → BRUCIARE.
bruciaménto, *sm.* arsione, adustione, ustione, bruciatura, infuocamento, combustione, deflagrazione, conflagrazione, scottatura, accensione, accendimento, avvampamento, incenerimento || → INCENDIO.
contr. spegnimento, smorzamento, estinzione.
bruciànte, *ppr.* di bruciare || *agg.* abbruciante, scottante, brucente, ardente, caustico, ustorio, adustivo, urente, comburente, combustivo, corrosivo, infiammato, rovente, arroventato, cocente, candente, ignifero, incandescente, → BOLLENTE || *fig.* irritante.
contr. freddo, gelido, gelato, agghiacciato, diaccio, refrattario, incombustibile, ininfiammabile.
bruciapélo (a), *loc. avv.* → IMPROVVISAMENTE.
bruciàre, *v.tr.* abbruciare, accendere, abbruciacchiare, abbrustiare, ardere, abbrustolire, tostare, rosolare, strinare, ustionare, cauterizzare, scottare, incendiare, avvampare, divampare, incenerire, andare in fiamme, arrostire, brustolare, affocare, infuocare, infocare, arroventare, infiammare, arsicciare, arroventire, appicciare, conflagrare, cremare, carbonizzare, incendersi, risecchire, tostare || dar fuoco, far fuoco, prender fuoco, attizzare, ribruciare, scottarsi, adustare || → ABBRONZARE.
nomencl. (*attinenti*) bruciabile, combustibile, incombustibile, apiro, combustivo || bruciamento, bruciatura, bruciato, bruciante, bruciore, catacausi, cremazione, torrefazione || fiamma, fiammata, infiammato.
contr. spegnere, estinguere, ammorzare, smorzare, raffreddare, raggelare, congelare.
bruciàta, *sf.* → CASTAGNA.
bruciatàio, *sm.* caldarrostaio, castagnaio, → BUZZURRO.
bruciatíccio, *sm.* → BRUCIATO.
bruciàto, *pps.* di bruciare || *agg.* abbruciato, arso, adusto, abbrustolito, abbronzato, arsiccio, caldo, abbruciacchiato, acceso, abbrustiato, arrostito, rosolato, strinato, ustionato, tosto, combusto, incenerito, scottato, incendiato, divampato, bruciaticcio, fritto, rifritto || *fig.* consumato, esausto, esaurito, deluso, devitalizzato, disilluso.
contr. spento, estinto, smorzato, raffreddato, raggelato || *fig.* fresco, illuso, vitale, resistente.
bruciatúra, *sf.* → BRUCIAMENTO.
brucío, *sm.* → BRUCIORE.
bruciòre, *sm.* brucío, cociore, arsione; dolore, irritazione, offesa || → INFIAMMAZIONE.
brúco, *sm.* → BACO.
brúcolo, *sm.* → PUSTOLA.
brughièra, *sf.* landa, steppa, scopeto, grillaia, groana, baraggia, calestro, gerbaio, petraia, marrucchetto, steppaia, terranello.
brugliòlo, *sm.* → PUSTOLA.
brulicàme, *sm.* → FOLLA, MOLTITUDINE.
brulicàre, *v.intr.* pullulare, formicolare, rimescolarsi, muoversi, agitarsi, sciamare; muoversi con leggero mormorio, → BRULICHIO.
brulichío, *sm.* brulicame, brusío, rumore di moltitudine → BRULICARE.
brúllo, *agg.* → NUDO, ARIDO.
brulòtto, *sm.* → BARCA.
brúma, *sf.* → NEBBIA || INVERNO.
brumàle, *agg.* → INVERNALE.
bruneggiàre, *v.intr.* oscurarsi, imbrunire; imbrunare, rimbrunire, rabbrunare.
contr. albicare, albeggiare, biancheggiare.
bruniménto, *sm.* → BRUNIRE.
bruníre, *v.tr.* → PULIRE, LUSTRARE.
brunitóre, *agg.* lustrante || *sm.* → FABBRO.
brúno, *agg.* e *sm.* marrone molto scuro, neretto, nericcio, nerognolo, nereggiante, nerastro, moro, morello, morellotto, moro rossiccio, testa di moro, fosco, tetro, adombrato, scuro, scuriccio, negretto, negraccio, fuligginoso || → LUTTO.
nomencl. (*varietà*) alquanto bruno, brunazzo, brunotto, brunettino, molto bruno, livido, nero; bronzino, rosso bruno || *verb.* abbronzare, abbronzire, imbrunire, imbrunare, rimbrunire, nereggiare, negreggiare, perdere il bianco.
contr. chiaro, biancastro, bianchiccio, pallido, pallente, opalescente.
brúsca, *sf.* → SPAZZOLA.
bruscaménte, *avv.* → ASPRAMENTE, IMPROVVISAMENTE.
brúsco, *agg.* agro, acre → ASPRO, ACIDO || (riferito a modi o persone) → BURBERO || (di tempo), imbronciato, nuvoloso, rannuvolato.
contr. dolce, dolciastro, abboccato || garbato, soave, piacevole || sereno.
brúscolo, *sm.* → GRANELLO, PEZZO, ATOMO.
brusío, *sm.* → BRULICHIO, RUMORE.
brustolàre, *v.tr.* → BRUCIARE.
brutàle, *agg.* bestiale, crudele, malvagio, spudorato, disumano, barbaro, feroce, belluino, turpe; violento, stupido, irragionevole, cattivo.
contr. garbato, gentile, cortese, mite, buono, temperato, umano, mansueto, assennato, moderato.
brutalità, *sf.* bestialità, crudeltà, malvagità, violenza, ferocia, belluinità, turpitudine, barbarie, eccesso, stupidità, disumanità, atrocità, sevizia.
contr. gentilezza, cortesia, garbatezza, mitezza, temperanza, saggezza, umanità.
brutalménte, *avv.* → CRUDELMENTE.
brúto, *agg.* → STUPIDO, VIOLENTO || *sm.* → BELVA, BESTIA.
nomencl. abbrutimento || *verb.* abbrutire, abbrutirsi, imbestialirsi, imbestiarsi, bestialeggiare, scatenarsi.
contr. uomo ragionevole, virtuoso, sensato, saggio, mite, onesto.
bruttàre, *v.tr.* → SPORCARE.
bruttàto, *pps.* di bruttare || *agg.* → IMMONDO.
bruttézza, *sf.* sconcezza, laidezza, sgraziataggine, goffaggine, deformazione, deformità, difetto, degenerazione, deturpazione, disarmonia, difformità, disavvenenza, orridità, orrore || sudiceria, sozzura.
nomencl. *agg.* chiara, manifesta, appariscente, palese, indubbia, parlante, palpabile, tangibile, visibile, se-

greta, recondita, larvata, latente, occulta, riposta, nascosta, celata, insopportabile, simpatica, dissimulata, incognita || *verb.* imbruttire, rimbruttire, sformare, deformare, disformare.
contr. bellezza, gentilezza, venustà, armonia, splendore, grazia.
brútto, *agg.* deforme, sgraziato, disgraziato, disadorno, disameno, disappariscente, spiacevole, sfigurato, contraffatto, ridicolo, difettoso, difforme, disavvenente, malfatto, sproporzionato, oscuro, mostruoso, grottesco, goffo, orrido, orrendo, orribile, imbrattato, sporco, lordo, laido, sconcio || disonesto, turpe.
nomencl. (*altre denominazioni*) babbuino, scimmione, scimmiotto, mostro, mummia, megera, strega, bertuccia, caricatura, spauracchio, arpia, bertuccione, angiolo da fogna, camorro, diavolessa, fauno, satiro, furia infernale, maschera da fogna, micco, orco, scorpione, bufalo, scrofa, medusa || brutta farina, brutto come la peste o come la fame || *verb.* deformare, deturpare, illaidire, imbruttire, riabbruttire, guastare, imbrattare.
contr. bello, grazioso, gradevole, armonico, piacevole, benfatto, proporzionato, avvenente.
bruttúra, *sf.* → IMMONDIZIA, SPORCIZIA || IMPURITÀ || MALEFATTA.
bruzzàglia, *sf.* → MARMAGLIA || CONFUSIONE.
brúzzico o **brúzzolo,** *sm.* → ALBA, MATTINA, BAGLIORE.
buàggine, *sf.* buassàggine, babbuàggine, melensàggine, → SCIOCCHEZZA.
buassàggine, *sf.* buàggine, → SCIOCCHEZZA.
búbbola, *sf.* → BUGIA.
bubbolàre, *v.intr.* → BORBOTTARE || *tr.* → INGANNARE.
bubbolièra, *sf.* sonagliera.
búbbolo, *sm.* → SONAGLIO.
bubbóne, *sm.* gavocciolo, → TUMORE.
búca, *sf.* → BUCO.
bucacchiàre, *v.tr.* → BUCARE.
bucanière, *sm.* → AVVENTURIERO.
bucàre, *v.tr.* bucacchiare, forare, sforacchiare, succhiellare, trapanare, traforare, perforare, crivellare, bucherellare, trapassare, pungere, pertugiare, trivellare, bucherare, → APRIRE.
contr. turare, ostruire, tappare, otturare, chiudere.
bucàto, *sm.* lavatura, pulitura, imbiancatura.
nomencl. (*attrezzatura*) sapone, lisciva, detersivo, cenere, candeggina, ranno || caldaia, conca, lavandaio, mastello, trogolo, catino || lavandaio, lavandaia, lista del bucato || mangano, lavatrice elettrica, automatica, a gettoni, centrifuga || lavanderia, tintoria, lavaggio a secco || *agg.* candido, profumato, pulito, bianco, bianchissimo, risciacquato, strizzato, asciugato || (*operazioni*) ammollare, bagnare, bollire il bucato, cenerare, dimoiare, stropicciare, insaponare, sciacquare, strizzare, imbiancare, liscivare, distendere, asciugare, riporre.
buccellàto, *sm.* → CIAMBELLA.
búccia, *sf.* → GUSCIO, PELLE.
buccinàre, *v.intr.* e *tr.* bucinare, → PARLARE.
búccola, *sf.* bóccola, → FIBBIA, ORECCHINO || → RICCIOLO.
búccolo, *sm.* búccola, riccio, → RICCIOLO.
bucèfalo, *sm.* → CAVALLO.
bucheràre, *v.tr.* → BUCARE || CERCARE.
bucherellàre, *v.tr.* → BUCARE.
bucinàre, *v.tr.* e *intr.* buccinare, → PARLARE.
búcine, *sm.* → RETE.
bucintòro, *sm.* → NAVE.
búco, *sm.* foro, forame, cavità, apertura, fessura, pertugio, squarcio, fenditura, spiraglio, vano, breccia, gattaiuola, spaccatura, rottura, crepa, crepaccio, crepatura, occhio, occhiello, buca, fossa, fosso, alveolo, cavo, nicchia, cocchiume || antro, covo, tana, nascondiglio || → BUGIGATTOLO || AVVALLAMENTO.
nomencl. (*strumenti*) allargatoio, foratoio, perforatrice, punteruolo, saetta, stampino, succhiello, trapano, trivella, troncatoio, verzina, foraterra || turacciolo, stoppa, tappo, zaffo || *agg.* incavato, profondo, aperto, chiuso, largo, stretto, allargato, trapanato, accecato, tappato, stoppato, turato, zaffato || *verb.* bucare, bucherare, crivellare, perforare, trapanare, succhiellare, trivellare, squarciare, fendere, crepare, pertugiare || accecare; otturare; chiudere, stoppare, tappare, turare, zaffare || imbucare.
bucòlico, *agg.* pastorale, arcàdico, idillíaco, idillico.
budèllo, *sm.* → INTESTINO, VENTRE.
budíno, *sm.* bodino, timballo, sformato. → PASTICCIO.
budrière, *sm.* → BANDOLIERA.
búe, *sm.* bove, manzo, giovenco, vitello || *fig.* → SCIOCCO.
nomencl. da lavoro, da carne, da macello, da allevamento, da latte || (*varietà*) toro, giovenca, vacca, mucca, bisonte, bufalo, uro, jak o jaco, *jumart*, zebú || (*attinenti*) dentini, bava, méta, mantello, quartatura, giogaia || mugghio, muggito || bifolco, armento, brado, bovile, buttero || mattarella, morse, museruola, nasiera, pungolo || *verb.* mugghiare, muggire.

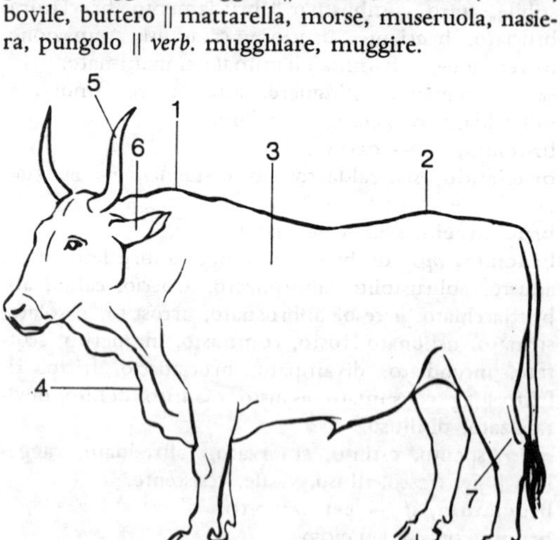

BUE - Bue di razza maremmana: - 1) garrese; 2) groppa; 3) mantello; 4) giogaia; 5) corna; 6) orecchio; 7) garretto; 8) unghioni.

bufàre, *v.intr.* → NEVICARE.
bufèra, *sf.* → URAGANO || *fig.* → DISASTRO.
buffaménte, *avv.* → BURLESCAMENTE.
buffàre, *v.intr.* sbuffare, soffiare.
buffétto, *sm.* biscotto (*fig.*) || → COLPO.
búffo[1]**,** *agg.* comico, ridicolo, burlesco, faceto, allegro,

burlevole, carnascialesco, carnevalesco, strano, grottesco, piacevole, farsesco || *sm.* → BUFFONE.
contr. serio, severo, austero, rigido, grave, burbero, accigliato, tetro.
búffo², *sm.* → VENTO.
contr. cosa seria; severità, gravità, rigore, tetraggine.
buffonàta, *sf.* buffoneria, buffonaggine, burattinata, ciarlataneria, ridicolaggine, pagliacciata, arlecchinata, bambocciata, carnevalata, lazzo, facezia, arguzia, farsa, parodia.
buffonàggine, *sf.* → BUFFONATA.
buffóne, *sm.* fantoccio, marionetta, pagliaccio, istrione, giullare, cantambanco, cantimbanco, ciurmatore, ciarlatano, mattaccino, menestrello, mimo, buffo, *clown,* → BURLONE.
nomencl. (*alcuni tipi*) arlecchino, brighella, *pierrot,* pulcinella, scapino, scaramuccia, turlupin, zanni, *jolly* || buffonata, lazzo, paradosso, parodia || *agg.* allegro, chiassoso, gioviale, giovialone, gaudente, mattacchione, matto, spassoso, divertente, piacevole, sollazzevole, festoso, pazzarellone, malinconico, triste, patetico, infelice, mesto, dolente.
contr. musone; serio, serioso; persona austera, burbera, severa, rigida, aspra, accigliata, acida.
buffonería, *sf.* → BUFFONATA.
búggera, *sf.* → IRA || BUGIA.
bugía¹, *sf.* menzogna, mendacio, balla, frottola, fandonia, fanfaluca, falsità, favola, fiaba, leggenda, panzana, ciancia, bomba, bubbola, buggera, fallacia, carota, cantafavola, artificio, artifizio, inganno, impostura, millanteria, invenzione, ipocrisia, simulazione, dissimulazione, contraffazione, falsificazione, adulterazione, sofisticazione, contraddizione, trappola, restrizione mentale.
nomencl. *agg.* giocosa, infantile, leggera, innocente, grave, dannosa, grossolana, evidente, madornale, spudorata, smaccata, sfacciata, turpe, vile, infame, sporca, vergognosa, vituperevole, solenne || *verb.* mentire, dire il falso, cianciare, ingannare, simulare, dissimulare, fingere, svisare i fatti, amplificare, ampliare, esagerare, caricare, fanfaronare, mistificare, ciarlatanare; forzare, alterare, falsare la verità; indurre in errore; schiantare, snocciolare, scodellare, spacciare bugie || smentire, cogliere in fallo, sbugiardare.
bugía², *sf.* → CANDELIERE.
bugiàrdo, *agg. sm.* mendace, sballone, mentitore, simulatore, impostore, ingannatore, ingannevole, falso, menzognero, bugïone, ciarlatano, impastato di bugie, fallace, finto, calunniatore, parabolano.
contr. verace, veritiero, vero, veridico, sincero, franco, schietto, leale, aperto.
bugigàttolo, *sm.* ripostiglio, stanzino, sgabuzzino, sottoscala, stambugio, buco.
contr. sala, salone, stanza, stanzone.
bugïóne, *sm.* → BUGIARDO.
bugliòlo, *sm.* vaso, secchio, secchia.
búgna, *sf.* → PROTUBERANZA || PIETRA.
bugneréccia, *sf.* → ALVEARE.
búgno, *sm.* → ALVEARE.
búgnolo, *sm.* → CESTA.
búio¹, *agg.* oscuro, tenebroso, nebbioso, notturno, fosco, infoscato, offuscato, ombroso, torbido, caliginoso, cupo, atro, nero, tetro, opaco, cieco, orrendo, lugubre, squallido, crepuscolare || *fig.* ambiguo, confuso, indistinto, astruso, incomprensibile, irresolubile, irresolvibile, intricato, chiuso.
contr. chiaro, luminoso, lucente, lucido, smagliante, sfavillante, terso, netto, limpido || evidente, aperto, semplice, distinto.
búio², *sm.* buiore, oscurità, tenebra, tenebrore, latebra, nebbia, notte, foschia, ombra, velo, torbidume, eclissi, caligine, abbuiamento, offuscamento, adombramento, limbo || *fig.* ambiguità, confusione, astruseria, disordine, incomprensibilità, irresolvibilità, intrico.
contr. luce, chiarore, limpidezza, lucore, luminosità, splendore, sfavillio.
buióre, *sm.* → BUIO.
búlbo, *sm.* cormo, radice, tubero || globo oculare.
bulicàme, *sm. rar.* → SORGENTE || (*ant.*) brulicame di gente.
bulicàre, *v.intr.* → BOLLIRE.
bulimía, *sf.* → FAME.
bulinàre, *v.tr.* → INCIDERE.
bulíno, *sm.* → CESELLO.
búlla, *sf.* → BORCHIA.
bulldog, *sost. ingl.* → CANE.
bullétta, *sf.* → BORCHIA || CHIODO.
bullóne, *sm.* → BORCHIA || chiavarda, bollone, chiodo, cavicchia.
bungalow, *sost. ingl.* → CASA.
Bunker, *sm. ted.* casamatta.
buonaccòrdo, *sm.* → CEMBALO.
buoncuòre, *sm.* boncuore, → BONTÀ.
buongustàio, *sm.* bongustaio, → INTENDITORE.
buongústo, *sm.* bongusto, → ELEGANZA.
buòno¹, *agg.* bravo, benevolo, benigno, bonaccione, pacioccone, quieto, calmo, affabile, cortese, gioviale, bonario, cordiale, semplice || indulgente, mite, misericordioso, clemente, mansueto, docile, affettuoso, amorevole || onesto, integro, leale, irreprensibile, onorato, probo, galantuomo, dabbene, bonomo, paterno, umano, pietoso, di cuore, generoso, caritatevole, filantropo || egregio, onorevole || opportuno, atto, adatto, idoneo, acconcio, conveniente, vantaggioso, utile, efficace, abile, destro, valente, valoroso || soave, dolce, squisito, ottimo, grato, gradito, gradevole, piacevole || giusto, savio, virtuoso, morale, innocente, incomparabile, ineffabile || fausto, propizio, favorevole || (di tempo) sereno.
nomencl. (*modi di dire*) migliore, ottimo, buonissimo || un angelo, un pezzo di pane, una pasta, buon diavolo, buona pasta, buon diavolaccio, pezzo di zucchero, pezzo di pane, pan di zucchero, coi fiocchi.
contr. cattivo, vizioso, disonesto, ingiusto, maligno, inefficace, inadatto, incapace, inidoneo.
buòno², *sm.* → BIGLIETTO.
buonsènso, *sm.* bonsenso, assennatezza, senno, saviezza, saggezza, criterio, giudizio, prudenza, discernimento, discrezione, lume della ragione.
contr. dissennatezza, scriteriataggine, imprudenza, imprevidenza, indiscrezione.
buontempóne, *sm.* bontempone, → BIGHELLONE, BURLONE.
buonumóre, *sm.* bonumore, → ALLEGRIA.

buonuscíta, *sf.* → BONUSCITA.
burattinàta, *sf.* → BUFFONATA.
burattíno, *sm.* marionetta, fantoccio, testa di legno, → BUFFONE || *fig.* uomo volubile, leggero, girella, influenzabile, senza volontà, smidollato.
nomencl. (*specificazione*) gioppino, meneghino, arlecchino, gianduia, pampalughino || burattinaio, teatro dei burattini || *agg.* allegro, buffo, chiassoso, gioviale, gaudente, mattacchione, spassoso, divertente, piacevole, sollazzevole, festoso, triste, malinconico, patetico, infelice, afflitto, desolato, dolente, mesto, taciturno.
buràtto, *sm.* vaglio, staccio, frullone; crivello, cribro.
nomencl. *verb.* burattare, abburattare, stacciare, separare.
burbànza, *sf.* → SUPERBIA.
burbanzóso, *agg.* → SUPERBO.
búrbera, *sf.* argano.
búrbero, *agg.* rigido, austero, accigliato, accipigliato, tetro, irritabile, imbronciato, musone, cupo, acido, arcigno, crucciato, duraccio, ingrugnato, fosco, arrogante, compassato, sgarbato, mangia-cristiani, brutto muso, brusco, → ASPRO.
nomencl. *verb.* fare il burbero, fare il crudele, fare il cagnaccio, stare in cagnesco, essere un rospo.
contr. sereno, gaio, aperto, disteso, mite, ridente, allegro.
burchièllo, *sm.* → BARCA.
burgràvio, *sm.* → FEUDATARIO.
buriàna, *sf. pop.* vento freddo, tempesta || *fig. fam.* chiassata, baldoria, confusione.
burícco, *sm.* → ASINO.
búrla, *sf.* gabbo, → BEFFA.
burlàre, *v.tr., intr.* e *rifl.* → BEFFARE, GIOCARE.
burlescaménte, *avv.* → BURLEVOLMENTE.
burlésco, *agg.* → BURLONE, BUFFO || *sm.* giocoso, comico, buffonesco, scherzoso.
burlétta, *sf.* → BEFFA.
burlévole, *agg.* → FARSESCO, BUFFO.
burlevolménte, *avv.* burlescamente, scherzosamente, facetamente, buffamente, giocosamente, piacevolmente.
contr. seriamente, solennemente, gravemente, acidamente, accigliatamente.
burlóne, *agg.* e *sm.* beffeggiatore, beffatore, baione, corbellatore, canzonatore, motteggiatore, mattacchione, mattaccino, uccellatore, allegrone, bontempone, buontempone, compagnone, giovialone, buffone, ridanciano, bellospirito, bellumore, spiritosone, piacevolone, gioviale, umorista, ameno, brioso, sollazzevole, burlesco, allegro, chiassone, faceto; capo ameno, capo scarico.
contr. barbogio, musone, serioso, parruccone, barbassoro, bacchettone.
buròcrate, *sm.* impiegato, pubblico ufficiale, funzionario, statale.
burocrazía, *sf.* amministrazione statale, civile, affari pubblici || *fig.* indolenza, pedanteria, lungaggine, grettezza.
nomencl. *agg.* diligente, laboriosa, attiva, onesta, negligente, neghittosa, disonesta, venale, arrogante, pedante, corrotta, pigra, tirchia, dilapidatrice, dispendiosa, disordinata, misoneista.

burràsca, *sf.* → TEMPESTA, URAGANO || *fig.* → DISGRAZIA, PERICOLO.
burrascóso, *agg.* → TEMPESTOSO.
burràto, *sm.* → BARATRO.
búrro, *sm.* butirro || *fig.* → LUSINGA.
nomencl. (*varietà*) di panna, di margarina, vegetale, alpino, tirolese, svizzero, danese, di affioramento, di centrifuga, di casone || panna, margarina, manteca, caseina, burlina || (*arnesi*) zàngola, stampino, bollo, pennacchio, cremometria || (*luoghi e addetti*) caseificio, casera, burrificio; burraio, casaro, cascinaio || *agg.* economico, naturale, fresco, rancido, stantio, casereccio, salato, dolce, cotto.
burróne, *sm.* → DIRUPO, BARATRO.
burróso, *agg.* butirroso.
busbaccàre, *v.tr.* → INGANNARE.
busbaccheria, *sf.* → INGANNO.
busbería, *sf.* → INGANNO.
buscalfàna, *sf. scherz.* → CAVALLO.
buscàre, *v.tr.* → CERCARE || prender botte, buscarne, buscarle || *rifl.* → GUADAGNARE.
buscheràre, *v.tr.* e *rifl.* → IMBROGLIARE, INGANNARE, BEFFARE.
buscheràta, *sf.* → ERRORE.
buscherío, *sm.* → RUMORE, CONFUSIONE || QUANTITÀ.
busíllis, *sm. fam.* → DIFFICOLTÀ.
bússa, *sf.* → BASTONATA, COLPO.
bussàre, *v.tr.* → PICCHIARE || *intr.* battere alla porta.
bussétto, *sm.* → BISEGOLO.
bússola, *sf.* calamita || portantina, cameretta → CARROZZA || *fig.* orientamento, guida.
nomencl. (*varietà*) azimutale, dei seni, di proporzione, delle tangenti, di declinazione, di inclinazione, giro-

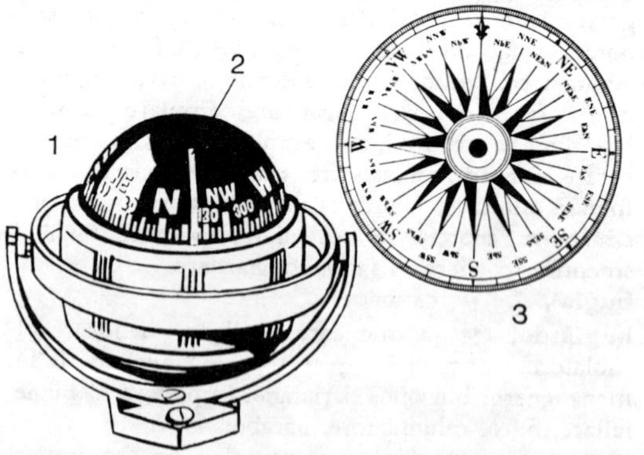

BUSSOLA - 1) bussola giroscopica; 2) ago; 3) rosa dei venti.

scopica, magnetica, reometrica, radiotelegrafica, telegrafica, topografica, marina, terrestre || (*parti*) ago, bilanciere, lancetta, quadrante, rosa dei venti, sospensione cardanica || (*attinenti*) deviazione, perturbazione, polarità, verticità, magnetismo || *verb.* perder la bussola (*fig.*).
bussolànte, *sm.* portantino.
bussolòtto, *sm.* → PRESTIGIATORE.
nomencl. giocatore di bussolotti (anche *fig.*), giocare ai bussolotti.

bústa, *sf.* → CUSTODIA.
bustàia, *sf.* fascettaia.
bustína, *sf.* → BUSTO || BERRETTO.
bústo, *sm.* tronco, torso, torace, petto, fusto, costato, corpo, corporatura || bustina o bustino, corsetto, fascetta, panciera, pettiera, corpetto, guaina, *guêpière* || → ERMA.
nomencl. (*connessi*) bacino, cintura, colonna vertebrale, diaframma, dorso, fianco, grembo, lombi, reni, seno, spalla, vita || (*attinenti*) aghetto, buchi, campanelline, chiavi della fascetta, molle, pettine, pettorina, spallacci, stecca, stringa; camicetta, copribusto, farsetto, sottovita || *agg.* stretto, largo, aderente, leggero, comodo, pesante.
butírro, *sm.* → BURRO.
butirróso, *agg.* burroso, grasso.
buttàre, *v.tr.* → GETTARE || *intr.* → GERMOGLIARE.
butteràto, *agg.* segnato dal vaiuolo || *fig.* sfigurato.
búttero, *sm.* → PASTORE, CAVALLARO || → VAIOLO.
búzzo, *sm.* → VENTRE.
buzzúrro, *sm.* castagnaio, bruciataio, caldarrostaio || *fig.* → ZOTICO.

C

cab, *sost. ingl.* → CARROZZA.
càbala, *sf.* → ASTUZIA, IMBROGLIO.
cabalàre, *v.intr.* → FANTASTICARE, IMBROGLIARE.
cabalétta, *sf.* → CANZONE.
cabalísta, *sm.* → INGANNATORE.
cabalóne, *sm.* → IMBROGLIONE.
cabanèlla, *sf.* → BARCA.
cabína, *sf.* → CASOTTO, CAMERA.
cabotàggio, *sm.* → NAVIGAZIONE.
cabràre, *v.intr. frs.* → IMPENNARSI.
contr. picchiare.
cacadúbbi, *sm.* e *f. indecl.* → DUBBIOSO.
cacaménto, *sm.* → DEFECAZIONE.
cacàre, *v.intr.* → DEFECARE.
cacarèlla o **cacherèlla,** *sf.* → DIARREA.
cacastécchi, *sm.* e *f. indecl.* → AVARO.
cacazibétto, *sm.* → BELLIMBUSTO.
càccia, *sf.* arte venatoria, cinegetica, uccellatura, venagione, uccellagione, cacciata, → CACCIAGIONE.
nomencl. (*modi*) alta, bassa, grossa, minuta, al rastello, a fermo, furtiva, regia, all'albergo, all'aspetto, a balzello, alla posta, in palude, col falco, col falcone, con la civetta, con lo specchietto, con la rete, col chiapparello, col laccio, col calappio, con trappole, con le panie, col vischio || (*persone*) cacciatore, capocaccia, guardacaccia, battitore, falconiere, uccellatore, zimbellatore, bracconiere || (*cani da caccia*) bracco (da acqua, da fermo, da leva, da sangue, da ripulita, da seguito), segugio, spinone, bassotto, levriero, *pointer*, *setter*, *spaniel* || muta, guinzaglio || (*operazioni*) braccare, fiutare, levare, puntare, ribattere, scagnare, sbucare, scovare, sentire, squittire, stanare || (*con le reti*) prodina, ragnaia, brescianella, capanno, casotto, boschetto, tondo, panno, paratelle, plaga, rete, sfalco, strascino, stendardo, tramaglio, tramaglietti, ragna; allettaiuolo, azzica, cieco, richiami, schiamazzo, zimbello || gabbia || (*con le panie*) aucupio, chiurla, fischiarello, querciola, fraschetta, piantone; bacchettone, fantoccio, geti, gruccia, palmone, gabbione, pallottiere, pallini, pania, panione, vergello, civetta || (*col fucile*) aspetto, battuta, capannello, nocetta, posta, specchietto || archibugio, moschetto, doppietta, trombone, spingarda, fucile (a una o due canne, ad avancarica, a ripetizione) || cartucce, gocciololoni, polvere, pallini, piombo, munizioni, cartucciera || (*col falcone*) altani, falco, falcone, cappuccio, logoro, maniero || falconeria, andare a falcone, falconare, gettare il falcone || falconiere, maestro, strozziere || (*con trappole*) archetti, buca cieca, calappio, chiapparello, cestoia, ferretti, laccio, laccio a tirante, palloncino, ritrosa, sbalzetto, schiaccia, solchetto, tagliola, trappola, transenna || (*accessori*) balestra, cantarella, cerbottana, chioccolo, fischietto, ossetto, pispola, quagliere, sordina, spiedo, borraccia, cacciatora, carniere, ghette, gambali, fiaschetta della polvere, misurino, ventriera || (*linguaggio venatorio*) apertura, chiusura, licenza, patente, riserva, bandita, brigata, carneficina, battuta, equipaggio, treno, pista, roccolo, uccellanda, ritrovo || *agg.* alta, bassa, grossa, minuta || (*operazioni*) alzar gli uccelli, far candela, fischiare, sgabbiare, stendere, tendere, uccellare, impallinare.
càccia, *sm.* cacciatorpediniere || → AEROPLANO.
cacciagióne, *sf.* caccia, selvaggina, preda.
cacciàre, *v.intr.* andare a caccia || *tr.* dar la caccia, inseguire, perseguitare || scacciare, ricacciare, allontanare, fugare, espellere, mandar via, licenziare, rimuovere, rimandare, respingere || bandire, esiliare, escludere || spingere, ficcare, introdurre a forza || spinger fuori, trarre, cavare || *rifl.* entrare, introdursi, ficcarsi.
contr. ricevere, ricettare, accogliere, accettare, far buona accoglienza, introdurre.
cacciàta, *sf.* → ALLONTANAMENTO.
cacciatóre, *sm.* battitore, capocaccia, uccellatore, zimbellatore, guardacaccia, → CACCIA || cacciatore di frodo, di contrabbando, bracconiere.
cachessía, *sf.*
nomencl. (*varie specie*) acquosa, cancerosa, mercuriale, palustre, saturnina, sifilitica || anticachettici (fosforo, arsenico, ferro).
càcio, *sm.* → FORMAGGIO.
caciòla, *sf.* → FORMAGGIO.
caciòtta, *sf.* → FORMAGGIO.
cacofonía, *sf.*
contr. eufonia.
cadàvere, *sm.* salma, spoglia, resti mortali, morto, corpo esanime, frale, ossa, ceneri, mummia || carogna, bestia morta, carcassa, carcame.
nomencl. (*attinenti*) autopsia, cremazione, inumazione, imbalsamazione, incinerazione, mummificazione, tassidermia, putrefazione, necroscopia, necrofilia, necrofobia, necrografia || camposanto, cimitero, ossario, carnaio, funerale, esumazione || affossatore, becchino || *verb.* inumare, seppellire, sotterrare, mummificare, imbalsamare, cremare, incinerare.
contr. uomo (o animale) vivo, risorto.
cadènte, *ppr.* di cadere || *agg.* cascante, caduco, cascaticcio, labile, precipite, traballante, vacillante, traboccante, stramazzante, strapiombante, decombente, precipitevole, abbiosciato || *fig.* → VECCHIO, DISFATTO.
contr. fermo, incrollabile, saldo, stabile, immobile.
cadènza, *sf.* accentazione, cantilena, inflessione || modulazione, ritmo || desinenza.
nomencl. *agg.* cattiva, falsa, languida, inopportuna, semplice, andante, composta, cantabile, arpeggiata, ritmica || dialettale, straniera, toscana, meridionale, settentrionale, veneta, ecc.
cadenzàre, *v.tr.* e *intr.* cantare, cantilenare, ritmare, scandire.
cadére, *v.intr.* cascare, andar giú, tombolare, capitombolare, crollare, sdrucciolare, piombare, precipitare, procombere, ricadere, ricascare, ribaltare, rotolare, rovesciarsi, ruzzolare, strapiombare, stramazzare, tra-

collare, calare, tonfare, andare a terra, andare a gambe levate, andare ruzzoloni || rovinare, mancare, venir meno, abbiosciare finire, || perire, morire || decadere, abbattere, atterrare, rovesciare, travolgere, dare lo sgambetto, inciampare, scivolare, urtare, svenire, pericolare, vacillare, traballare, tentennare, capriolare, pencolare, diroccarsi, dirupare, piovere, sprofondare, subissare.
nomencl. (*maniere*) riverso, all'indietro, a capofitto, a piombo, a perpendicolo, supino, stramazzone, bocconi, come un cencio, come una pera cotta, di sfascio, a rifascio, a catafascio, di fianco, di fronte, in piedi, lungo disteso, come corpo morto, rotoloni, ruzzoloni, a gambe all'aria, in malo modo, capitombolo || caduta, cascata, ricaduta, contusione, frattura, ecchimosi, livido, botta.
contr. alzarsi, levarsi, rialzarsi, ergersi, elevarsi, adergersi, innalzarsi, sollevarsi, rizzarsi, sublimarsi, sorgere, emergere, elevare, erigere, esaltare, sollevare.
cadí, *sm.* → GIUDICE.
cadiménto, *sm.* → CADUTA.
caditóia, *sf.* → BOTOLA.
caducèo, *sm.* → BASTONE.
caducità, *sf.* → CORRUTTIBILITÀ.
cadúco, *agg.* → CADENTE || EFFIMERO, CORRUTTIBILE.
cadúta, *sf.* cadimento, cascata, calata, tombolo, tombola, capitombolo, tombolata, crollo, botta, battuta, ricaduta, ruzzolone, stramazzata, tonfo, tuffo, tracollo, precipizio, precipitazione, ruzzolio, stramazzo, sganciamento, subisso, capriola, labilità, cedimento, incidenza || *fig.* → PECCATO, ROVINA.
nomencl. caduta dei gravi, gravità, paracadute || (*maniere*) → CADERE || *agg.* brutta, rovinosa, pericolosa, veloce, lenta, precipitosa, graduale, leggera, rimediabile || *verb.* cadere, piombare, crollare, grandinare, precipitare, ruzzolare, sdrucciolare, spanciare, stramazzare, tombolare, traboccare, tracollare, procombere.
contr. ascesa, ascensione, salita, rialzamento, elevazione, erezione, emersione, esaltazione, sollevazione.
caffè¹, *sm.*
nomencl. in grani, in polvere, macinato, crudo, tostato, all'araba, di cicoria, d'orzo, di ghiande, espresso, nero || caffellatte, cappuccino || (*tipo*) Martinica, Moka, Borbone, Portorico, Santo Domingo, Harar, ecc. || (*succedanei*) olandese, malto, cicoria, orzo || (*arnesi*) bricco, caffettiera, napoletana, filtro, cuccuma, tostino, vassoio, chicchera, servizio da caffè, macinino, fornello || *agg.* bollente, caldo, freddo, ghiacciato, dolce, amaro, zuccherato, corretto, leggero, carico, grave || (*operazioni*) tostare, abbrustiare, abbrustolire, torrefare, macinare, filtrare, prendere, sorbire, offrire.
caffè², *sm.* → BOTTEGA || BAR.
nomencl. *buffet*, caffè ristorante, caffè biliardo, caffè concerto || (*addetti*) cameriera, cameriere, caffettiere, barista, garzone, maneggione, tavoleggiante, piccolo || *agg.* frequentato, avviato, arredato, elegante, sportivo, rumoroso.
caffellàtte, *sm.* → COLAZIONE.
caffetterìa, *sf.* → BAR.
caffettièra, *sf.* → VASO.
cafóne, *sm.* → ZOTICO || *dial.* contadino, bracciante.
cagionàre, *v.tr.* → CAUSARE, DETERMINARE, FARE.
cagióne, *sf.* → CAUSA.
cagionévole, *agg.* → AMMALATO.
cagionevolézza, *sf.* → DEBOLEZZA.
cagionóso, *agg.* → AMMALATO.
cagliàre, *v.intr.* e *rifl.* → AGGRUMARE.
càglio, *sm.* → COAGULO, COAGULAZIONE.
cagnàccio, *sm.* → CRUDELE.
cagnàra, *sf. fig.* → RUMORE, LITIGIO, RISSA, CONFUSIONE.
cagnòtto, *sm.* → COMPLICE || SGHERRO.
caícco, *sm.* → BARCA.
caimàno, *sm.* → COCCODRILLO.
caíno, *sm. fig.* → TRADITORE.
càla, *sf.* → PORTO, GOLFO.
calabróne, *sm.* bofonchio, vespa.
nomencl. aculeo o pungiglione || *verb.* rombare, volare, ronzare, bofonchiare.
calafatàre, *v.tr.* impeciare, incatramare, rimpeciare, rincatramare, ristoppare, stoppare, impegolare, impiastrare, rimpiastrare, rimpalmare, spalmare, intonacare || carenare o dar la carena, rifiorire le connessure, ripassare la spalmatura.
calafàto, *sm.* → CALAFATARE.
calamàio, *sm.* → VASO.
nomencl. (*tipi*) artistico, comune, da scrivania, da tavolo, da banco, da tasca, || (*parti*) coperchio, fusellino, vassoio, stoppaccio.
calamíta, *sf.* magnete.
nomencl. (*qualità*) naturale, artificiale, elettromagnetica, temporanea, permanente || (*attinenti*) ago magnetico, elettrocalamita, elettromagnete, linea neutra, polo nord, polo sud, asse magnetico, portata, àncora, bussola || magnetite, retrattorio, sideroscopio || *verb.* calamitare, magnetizzare.
calamità, *sf.* → DISGRAZIA, ROVINA, DISASTRO || INFELICITÀ.
calamitàre, *v.tr.* magnetizzare, attirare.
contr. rimanere neutro, respingere.
calamitóso, *agg.* → DISGRAZIATO, INFELICE.
càlamo, *sm.* → CANNA, CANNUCCIA, PENNA.
calàndra, *sf.* → ALLODOLA.
calandróne, *sm.* → FLAUTO.
calànte, *ppr.* di calare || *agg.* declinante, decrescente, scemante || occiduo, ponente.
contr. crescente, oriente, levante.
calàppio, *sm.* → IMBROGLIO.
calàre, *v.tr.* abbassare, adimare, ammainare (la bandiera), chinare, tramontare, scendere, discendere, declinare, decrescere, decadere, digradare, scemare, scadere, calumarsi → AVVALLARE || ATTERRARE || DIMINUIRE || *intr.* → CADERE.
contr. sorgere, nascere, apparire, aumentare, crescere, levarsi, emergere, alzarsi, elevarsi, innalzarsi.
calàta, *sf.* → CADUTA, DISCESA || banchina (di carico e scarico).
càlca, *sf.* → COMPAGNIA, FOLLA.
calcagnàta, *sf.* → COLPO.
calcàgno, *sm.* tallone, garretto.
nomencl. (della scarpa) fiosso, rascia, cambriglione || *agg.* scalcagnato, scalcinato || *verb.* calcagnare, scalcagnare, calcitrare.

calcàre[1], *v.tr.* → PREMERE, PESTARE || AFFOLLARE || *fig.* → OPPRIMERE.

calcàre[2], *sm.* → MARMO.

nomencl. (*qualità*) marino, compatto, ordinario, concrezionale, grossolano, terroso || achirite, afrite, agarico minerale, brecce, lumachella, oolite, osteocolla, scaglia, scaranto, spato calcare, tirolite, tufo, marmo, dolomite, marna, alabastro, travertino, stalattiti, stalammiti o stalagmiti.

calcàto, *pps.* di calcare || *agg.* → PIENO, PREMUTO.

càlce, *sf.* calcestruzzo, calcina, malta, ossido di calcio.

nomencl. (*tipi*) idraulica, viva, spenta, dolce, forte, grassa, magra || (*attinenti*) calcestruzzo, calcina, alberese, andesina, apatite, calcite, cemento romano, dolomite, latte di calce, zoisite || calcinaccio, cola, gramola, marra, tramoggia, macero, calcinaio || *verb.* far presa, aderire, tenere, calcinare, scalcinare, spegnere la calce.

calcedònio, *sm.* → AGATA.

calcestrúzzo, *sm.* → CALCE.

calcétto, *sm.* → SCARPA.

calciàre, *v.intr.* calcitrare, ricalcitrare, scalciare, scalcheggiare; sparare, tirare, menare, springare, avventare, dare, assestare, sferrare, suonare calci.

contr. prender, buscar calci.

calcína, *sf.* → CALCE.

càlcio[1], *sm.* zampata, pedata, stivalata, percossa, → COLPO.

nomencl. dell'asino, del cavallo || (*azioni*) calciare, tirare, sferrare, sparare, assestare, menare, avventare, springare, ricevere, buscare calci.

càlcio[2], *sm.* gioco del pallone, *foot-ball.*

nomencl. (*gioco antico*) episciro, fennida, arpastro || (*moderno*) *foot-ball,* pallone || (*luoghi e oggetti*) campo, porte, linee della porta, linee laterali, linee di fondo, linea mediana, circolo d'attacco, area della porta, area di rigore, punto di rigore, area d'angolo; scarpe, bulloni, ginocchiere, paragomiti, parastinchi, maglia, divisa || (*persone*) squadre, portiere, terzini, mediani (centro sostegno, sostegni laterali), avanti (ala destra, mezz'ala destra, centro-attacco, mezz'ala sinistra, ala sinistra) || (*operazioni*) calcio d'inizio, di rinvio, di punizione, d'angolo, di rigore; salto, finta, traversone, palleggio, difesa, traiettoria, rete o *goal* o porta, colpo di testa, in alto, fuori gioco, passaggio, rimessa laterale, ripresa, scelta del campo, mischia, sgambetto, offesa.

calcitràre, *v.intr.* → CALCIARE.

càlco, *sm.* → IMPRONTA.

calcografía, *sf.* → INCISIONE, FOTOCALCOGRAFIA.

calcògrafo, *sm.* → INCISORE.

calcolàre, *v.tr.* → CONTARE || GIUDICARE.

calcolatóre, *agg.* e *sm.* chi calcola || *fig.* → ASTUTO, FURBO.

calcolitografía, *sf.* → INCISIONE.

càlcolo[1], *sm* → CONTO || *fig.* induzione, previsione, congettura.

nomencl. (*suddivisione*) numerico, algebrico, matematico, decimale, differenziale, infinitesimale, delle differenze finite e discrete, integrale, logaritmico, trigonometrico, delle probabilità, sublime || *verb.* calcolare.

càlcolo[2], *sm.* mal della pietra.

nomencl. (*tipi*) biliare o epatico, renale, salivale, pancreatico, intestinale, urinario, fosfatico, ossalico, urico || calcolosi || litotritore.

calcolòsi, *sf.* litiasi, mal della pietra.

calcotipía, *sf.* → INCISIONE.

caldàia, *sf.* caldaio, calderone, calderotto, pentolone, paiuolo || autoclave.

nomencl. a vapore || (*accessori*) macchina, suolo, tubo, digestore, calefatore, lambicco, trogolo, vagello, apertura, bollitore, valvola di sicurezza, serbatoio, presa del vapore, cilindro, forno, fornello, focolare, camino, gru, campana, vapore, vaporizzazione, superficie di riscaldamento, alimentazione, combustibile, pressione, economizzatore, colpo di fuoco, incrostazione, scottatura, cofano, atmosfera, livello ad acqua, indicatore di pressione, termomanometro, fischio d'allarme || locomotore, locomobile.

caldàio, *sm.* → CALDAIA.

caldalléssa, *sf.* → CASTAGNA.

caldàna, *sf.* → CALORE, CALDO.

caldàno, *sm.* → BRACIERE.

caldarròsta, *sf.* → CASTAGNA.

caldarrostàio, *sm.* → BUZZURRO.

caldeggiàre, *v.tr.* → FAVORIRE, AIUTARE || ABBRACCIARE.

calderàio, *sm.* stagnino, magnano, padellaio, ramaio, fabbro.

nomencl. (*strumenti*) accecatoio, cacciabotte, capra, cesoie, chiodaia, incudine, lima, mastellino, martello, morsa, mazzuolo, palo, pinze, stampo, stozzo, tagliuolo, tanaglia, trapano || (*operazioni*) stagnare, saldare, ristagnare, cianfrinare, rammarginare, ungere, alluminare.

calderóne, *sm. accr.* → CALDAIA.

calderòtto, *sm.* → CALDAIA.

caldézza, *sf.* → CALORE.

càldo[1], *agg.* accaldato, riscaldato, ardente, accalorato, arroventato, infiammato, torrido, canicolare, igneo, cocente, rovente, scottante, bruciato, fervido, → BOLLENTE || *fig.* focoso, caloroso, appassionato, impetuoso, infiammabile || recente, appena fatto, appena sfornato || dirotte (di lacrime) || esaltata (di testa) || → AFFETTUOSO.

contr. → FREDDO || apatico, indolente, insensibile, impassibile, dimesso.

càldo[2], *sm.* → CALORE || *fig.* → ESTATE.

nomencl. (*equivalenti*) afa, ardenza, arsura, canicola, riverbero, solleone, sferza del sole, vampa di calore, insolazione, incandescenza, scalmana, caldana, caldura, riscaldamento || termometro, termometria || *agg.* molesto, intenso, noioso, straordinario, dannato, bruciante, canicolare, da morire, torrido, bollente, focoso, d'inferno, terribile, tremendo, violento, da vulcano, accalorato, caloroso, ardente, cocente, rovente, scottante, intollerabile, insopportabile, opprimente, asfissiante, equatoriale, tropicale, tiepido, igneo, fervido || *fig.* veemente, forte, gagliardo, premuroso, affettuoso, innamorato, infiammato, vivace, vivido, accalorato, efficace, acceso || *verb.* accaldare, avvampare, boccheggiare, languire, conservare il caldo, crepare dal caldo, riardere, scaldarsi, struggersi, stemperarsi, estenuare, infiammarsi.

contr., freddo.

caldúra, *sf.* → CALORE.

calefaciènte, *agg.* → RISCALDANTE.

calefazióne, *sf.* → INFIAMMAZIONE.
calembour, *sm. fr.* → BISTICCIO.
calendàrio, *sm.* almanacco, annuario, lunario, effemeride.
nomencl. (*vari tipi*) calendario giuliano, gregoriano, greco-russo, israelitico, maomettano, francese, ecclesiastico; vecchio stile, nuovo stile; stile moderno o della Circoncisione, dell'Incarnazione o francese, di Pasqua, bizantino, della Natività || (*attinenti*) ciclo solare, ciclo lunare, numero aureo, epatta, indizione, lettera domenicale, lettera del martirologio.
calepíno, *sm.* → VOCABOLARIO.
calére, *v.intr.* → IMPORTARE.
calessàbile, *agg.* → CARREGGIABILE.
calèsse, *sm.* calessino, calessuccio, saltafossi, → CARRO.
nomencl. calessante, calessata.
calessíno, *sm.* → CARRO, CARROZZA, CALESSE.
calèstro, *sm.* galestro, calastrino, → BRUGHIERA.
calettàre, *v.tr.* e *intr.* → UNIRE.
calía, *sf. fig.* → INEZIA.
càlice, *sm.* → BICCHIERE || calice di fiore, → COROLLA.
nomencl. (*qualità*) d'oro, d'argento, d'ottone, dorato, argentato, di cristallo, cesellato, gemmato || (*parti*) piede, nodo, coppa || *verb.* alzare, porgere, bere, brindare; vuotare il calice dell'amarezza.
califfo, *sm.* → PRINCIPE, CAPO.
càliga, *sf.* → SCARPA.
calígine, *sf.* → NEBBIA, BUIO.
caliginóso, *agg.* → FOSCO, BUIO.
callàia, *sf.* → STRADA.
càlle, *sm. poet.* → STRADA || *sf.* via veneziana.
callidità, *sf.* → ASTUZIA.
càllido, *agg.* → ASTUTO.
calligrafía, *sf.* → SCRITTURA.
càllo, *sm.* lupino, occhio di pernice, occhio pollino, durone.
nomencl. (*denominazioni*) fisiologico, patologico, professionale, unghiale, periunghiale, sottounghiale, plantare || callista o pedicure, pedoiatria || (*strumenti*) fenditore, forbice curva, lima, tanaglia, scalfittore, cerotto, callifugo, paracallo, enucleazione || *agg.* cattivo, indiavolato, deforme, lussureggiante, voluminoso || *verb.* incallire, fare il callo.
callóso, *agg.* calluto || → DURO.
contr. morbido, liscio, tenero.
callúto, *agg.* → CALLOSO.
càlma, *sf.* bonaccia || *fig.* flemma, imperturbabilità, impassibilità, quiete, requie, riposo, pacatezza, placidezza, placidità, sangue freddo, serenità, pazienza, stasi, tranquillità, atarassia.
nomencl. *agg.* serena, imperturbabile, olimpica, serafica, tranquilla, rassegnata, apparente, placida, pacifica, insensibile, imposta, conquistata, stoica || *verb.* calmarsi, rabbonirsi, acquietarsi, compor l'animo, posare l'animo, frenarsi.
contr. agitazione, furia, furore, impeto, tempesta, foga, inquietudine, smania, irrequietudine, impetuosità.
calmànte, *ppr.* di calmare || *sm.* anodino, anestetico, antispasmodico, sedativo, tranquillante, soporifero, narcotico, lenitivo.
nomencl. (*medicinali*) canfora, genziana, lattuga, laudano, malva, matricaria, morfina, papavero, viola, belladonna, alcaloidi, etere, cocaina, atropina, ioscina, oppio, giusquiamina.
contr. eccitante, inquietante, irritante, stimolante, allarmante.
calmáre, *v.tr.* abbonacciare, abbonire, rabbonire, addolcire, attutire, attutare, attenuare, applacidire, allenire, lenire, allentare, ammansare, ammansire, chetare, abbonazzare, acquietare, quietare, placare, racchetare, sedare, assopire, tranquillare, mitigare, smorzare, spegnere, addormentare, sopire, mansuefare, anestetizzare, pacare, disarmare, confortare.
contr. irritare, eccitare, incitare, stimolare, stuzzicare, pungolare, istigare, fomentare, inciprignire, aizzare.
càlmo, *agg.* flemmatico, impassibile, imperturbabile, mite, pacato, pacifico, pacione, pacioso, placato, sereno, tranquillo, equanime, placido, quieto, fermo, stabile, inagitato.
nomencl. *verb.* rimaner calmo, stare calmo, frenarsi, essere presenti a se stessi, stare in cervello, dominarsi, esser *compos sui.*
contr. agitato, mosso, eccitato, eccitabile, irritato, irritabile, inquieto, furioso, furente, irascibile, irato, adirato, turbolento, irrequieto.
càlo, *sm.* → ABBASSAMENTO.
calóre, *sm.* ardore, ardenza, caldana, calura, caldura, cociore, canicola, fervore, incandescenza, bollore, vampa, afa || *fig.* animazione, vivacità, ardore, fervore, passione, entusiasmo, effervescenza, fuoco, → BRIO.
nomencl. (*attinenti alla fisica*) pireliometria, termodinamica, termografia, termologia, calorimetria, caloria, potere assorbente, potere d'emissione, corpo conduttore, conducibilità, corpo diatermico, corpo atermico, termometro, pirometro, temperatura ambiente, temperatura bassa o alta || dilatazione, effervescenza, bollore, incandescenza, combustione, fusione, irradiazione, riflessione, evaporazione, solidificazione, sublimazione, conduzione, convezione, riverbero, calefazione, cozione || (*meteorismo*) solleone, sferza del sole, scalmana, insolazione || (*riscaldamento*) calorifero, termosifone, stufa, fuoco, bragia, camino, scaldabagno, bocca di calore, riscaldamento centrale o autonomo, refrattari, calidario, termoforo, specchio ustorio || *agg.* animale, naturale, solare, specifico, latente, molesto, intenso, noioso, straordinario, dannato, bruciante, canicolare, da morire, torrido, bollente, focoso, d'inferno, terribile, tremendo, violento, da vulcano, ardente, cocente, rovente, scottante, intollerabile, insopportabile, soffocante, asfissiante, opprimente, equatoriale, tropicale, igneo, tiepido, primaverile, autunnale, fervido, umido, greve, secco, eccessivo, smanioso || *verb.* svampare, scoppiare, sudare, bruciare, smorzare, scaldare || *fig.* bruciare d'impazienza, infiammarsi, entusiasmarsi, bollire, accendersi.
contr. freddo, calma.
caloríferro, *sm.* termosifone.
nomencl. (*tipi*) ad acqua calda, ad aria calda, a sistema misto || radiatori, tubi, nervature (lisce o ondulate), alette, ecc.
calorosaménte, *avv.* → BRIOSAMENTE.
caloróso, *agg.* → CALDO.

calòscia, *sf.* galoscia, soprascarpa di gomma, controscarpa.
calòtta, *sf.*
nomencl. sferica, polare, cranica, del fucile, dell'orologio || → BERRETTO.
calpàcco, *sm.* colbacco, → BERRETTO.
calpestàre, *v.tr.* → PREMERE, PESTARE, || *fig.* maltrattare, strapazzare, vilipendere, umiliare, avvilire, disonorare, → OPPRIMERE.
calpestío, *sm.* → RUMORE.
calúgine o **calúggine,** *sm.* → PELURIA.
calumàre, *v.tr.* e *rifl.* → CALARE.
calúnnia, *sf.* diffamazione, denigrazione, discredito, scredito, mormorazione, impostura, falsità, insinuazione, maldicenza, → ACCUSA, CHIACCHIERA.
nomencl. *agg.* atroce, grave, balorda, diffusa, insinuata, vana, scoperta, evidente, chiara, gratuita, avventata; sventata, spuntata, ritorta || *verb.* sventare, respingere, spuntare, ritorcere, tutelarsi; insinuare, addossare, affibbiare, spargere, diffondere || → CALUNNIARE.
contr. discolpa, difesa, lode, elogio, adulazione, giustificazione, esaltazione.
calunniàre, *v. tr.* denigrare, diffamare, infamare, screditare, schizzare o gettar fango, infangare, → ACCUSARE.
contr. esaltare, lodare, onorare, vantare, giustificare, difendere, piaggiare.
calunniatóre, *agg.* e *sm.* diffamatore, detrattore, maldicente, denigratore, ingiuriatore, mendace, impostore, mormoratore, fabbro di calunnie, bugiardo, sicofante, maestro di calunnia, → CALUNNIOSO, ACCUSATORE, FALSO.
contr. elogiatore, lodatore, laudatore, adulatore, piaggiatore.
calunnióso, *agg.* → FALSO, MALIGNO, DIFFAMATORIO.
calúra, *sf.* → CALORE || *fig.* → ESTATE.
calvézza, *sf. rar.* → CALVIZIE.
calvízie, *sf.* alopecía, calvezza, pelata, rapata.
càlvo, *agg.* pelato, spelacchiato, schiomato, rapato || zucca pelata o rapata.
contr. capelluto, chiomato, zazzeruto, crinito, capellone.
càlza, *sf.* calzetta, calzino, calzettone, calzerotto, calzettino, pedalino, sopraccalza || calzatura.
nomencl. lunga, corta, intera, a mezza gamba, elasticizzata, rinforzata, traforata, ricamata, fatta a mano, coi ferri, a macchina || di cotone, di seta, di filo, di refe, di filaticcio, di lana, di fil di Scozia, di nailon, di filanca || a cacaiola, a bracaloni, a maglia elastica, principiata, smagliata, tessuta, ortopedica || (*parti*) calcagno, costura (semplice, ribattuta, ad orlo, inglese), costurino, cresciuto, diritto, gherone, giro, intrecciatura, maglia (piena, diritta, rovescia), fiore, mandorla (piena, vuota), piede o pedule, quaderletto, rimboccatura, rovescini, rovescio, soletta, scappino, staffa, stretto, toppo || (*arnesi*) bacchetta, ferro, ago, gambale, elastici, laccetti, gerrettiera o giarrettiera, legacci; macchina per calze (rettilinea, senza carro, tubolare), arresto, carro, chiavistello, coltello, contatore, elevatore, guidafilo, supporto || calzettaio, calzettaia || *agg.* grossolana, rozza, elegante, fine, liscia, piegata, stirata, grinzosa, usata, nuova, rattoppata, rifatta || (*operazioni*) accavallare, avviare, crescere, calare, disfare, mettere i pezzi, raccordare le calze coi ferri, rifare, rammendare, rimagliare, rimpedulare.
calzaménto, *sm.* → SCARPA.
calzànte, *ppr.* di calzare || *agg.* → ADATTO.
calzàre¹, *v.tr.*, *intr.* e *rifl.* coprire, portare, incalzare, rincalzare, puntellare, → VESTIRE || *fig.* essere adatto, essere a proposito, tornare bene, quadrare, convenire, → ADATTARE.
contr. scalzare || essere inadatto o disadatto, non convenire.
calzàre², *sm. letter.* → SCARPA.
calzatóia, *sf.* → CUNEO.
nomencl. bietta, calzuolo, zeppa.
calzatóio, *sm.* corno, stecca, tirastivali, calzatore.
contr. cavastivali.
calzatóre, *sm.* → CALZATOIO.
calzatúra, *sf.* calza, ciabatta, pantofola, caloscia, ghetta, stivale, zoccolo, coturno, → SCARPA.
nomencl. (*attinenti*) calzolaio, calzaturificio, cordovaniere || laccio, fibbia, correggioli, nastro, stringa, cera, spazzola, lucido || *verb.* affibbiare, calzare, scalzare, ciantellare, strascicare, riparare, lucidare, spazzolare, pulire.

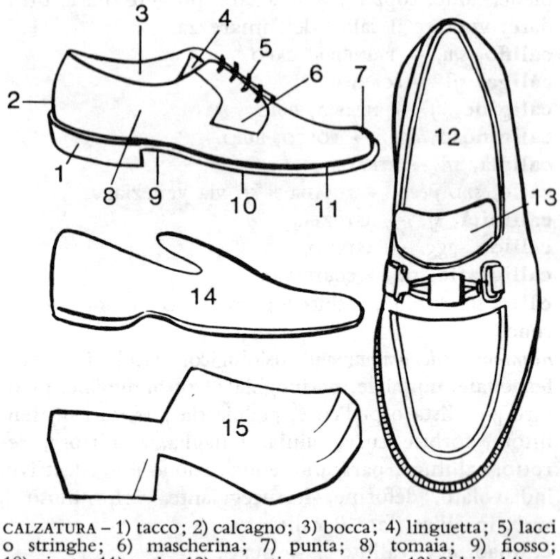

CALZATURA – 1) tacco; 2) calcagno; 3) bocca; 4) linguetta; 5) lacci o stringhe; 6) mascherina; 7) punta; 8) tomaia; 9) fiosso; 10) pianta; 11) suola; 12) scarpa tipo mocassino; 13) fibbia; 14) caloscia; 15) zoccolo.

calzeròtto, *sm.* → CALZA.
calzétta, *sf.* → CALZA.
calzettíno, *sm.* → CALZA.
calzettóne, *sm.* → CALZA.
calzíno, *sm.* → CALZA.
calzolàio, *sm.* ciabattino, formaio, pianellaio, pantofolaio, scarparo, zoccolaro || lustrascarpe.
nomencl. da uomo, per signora || (*strumenti ed arnesi*) deschetto, bischetto, panchetta, rastrello, catino, forma, peduccio, marmotto, misura, nodello, orbello, pedale, sasso da battere, vasetto da nero, grembiale, manale, manopola || acciaino, acciaiolo, allungo, bussetto, liscetto, fungo, biségolo, brunitoio, coltella, coltello da banco, cornettino, ferro a lingua, forbici, forma allungabile, girellini, gruccia, lesina,

lima, lisciapiante, lisciatoio, marcapunti, martello, penna, passanti, piede di ferro, punteruolo, punzone, raspa, rotella, sfondino, spina, stampa da cuoio, stampo, stampino, stecca, stella, tenaglie, gambale, tiraforme, tirasuole, toccacosture, toccafilare, trincetto || (*materiale*) cuoio, pelle di vitello, di capretto, di daino, di serpente, di camoscio, di cocco-

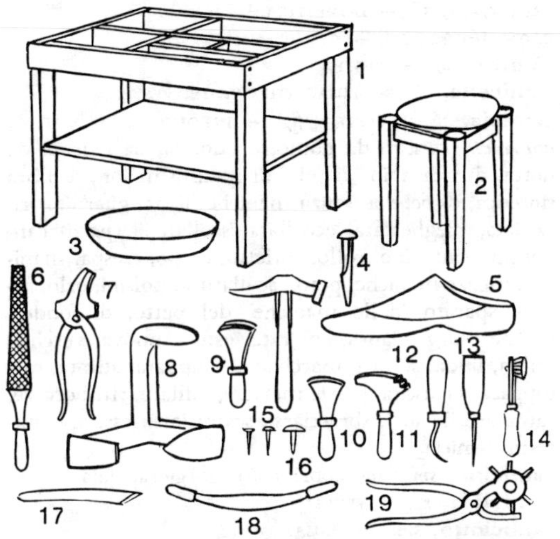

CALZOLAIO – 1) deschetto o bischetto; 2) panchetto; 3) catino; 4) punzone; 5) forma; 6) raspa; 7) tenaglie; 8) piede di ferro; 9) biségolo; 10) bussetto; 11) liscetto; 12) lesina; 13) punteruolo; 14) marcapunti; 15) bullette; 16) bullettone; 17) trincetto; 18) tirasuole; 19) pinze per occhielli.

drillo, di lucertola|| alluda, ambretta, bazzana, caracul, marocchino, vacchetta, zigrino, zebú || spago, bulletta, bullettone, cera da scarpe, corde, puntine, zeppe, pece, chiodi (di ferro, di legno), || (*operazioni*) abbozzare, acciabattare, aggiuntare, bullettare, contraffilare, dare il bussetto, dare il vetro, ferrare, imbroccare, imbullettare, impennare, impostare, impuntire, tacconare, informare, laminare, lustrare, montare la scarpa, pareggiare, raffilare, rappezzare, rassodare, rattoppare, ribattere, rimettere in forma, rimontare, risolare, risolettare, scarnire, sfossare, solettare, spomiciare, stampare || *agg.* provetto, abile, finito, esperto, valente, lesto, svelto, coi fiocchi, maestro, impareggiabile, praticone, apprendista, inetto, inesperto, rozzo.

calzóni, *sm. pl.* calzoncini, brache, brachesse, pantaloni.

nomencl. (*qualità*) lunghi, corti, a tubo, a campana, alla scudiera, alla zuava, con lo spacco, col risvolto, senza risvolto || di tela, di stoffa, di pelle || (*parti*) cinturino, coda del cinturino, culatta o didietro, davanti, fondo, gambale, linguette e fibbia, martingala, pedana, pistagne, serra, risvolto, sparato davanti, sparato dei ginocchi o di fianco, tasca posteriore, tasche laterali, taschino anteriore, trombe || (*accessori*) bretelle, cinghia o cigna || bracalone, sanculotto, sbracato || *verb.* infilare, calzare, mettere, levare, sfilare, rimboccare, arrovesciare, sbracare.

calzuòlo, *sm.* calzatoia || resta, → CUNEO, SCALPELLO || CUSTODIA.

camaleónte, *sm.* → LUCERTOLA || *fig.* banderuola, opportunista, girella, frégoli, saltimbanco || pròteo, proteiforme.

camarílla, *sf.* cricca, consorteria, camorra, combriccola, congrega, mafia, → ADUNANZA, COMPAGNIA.

camarlíngo, *sm.* camerlengo, → CIAMBELLANO.

camàuro, *sm.* → BERRETTO.

cambiàbile, *agg.* mutabile, mutevole, permutabile, cangiabile, convertibile, alterabile, commutabile, scambiabile, intercambiabile, trasformabile, innovabile, rinnovabile, correggibile, tramutabile, trasmutabile, travisabile, → CORRUTTIBILE, VOLUBILE.

contr. immutabile, immutevole, impermutabile, inalterabile, inconvertibile; costante, coerente.

cambiàle, *sf.* effetto cambiario, pagherò, tratta.

nomencl. (*varie specie*) a presentazione, a vista, bancabile, commutabile, con firma di favore o di comodo, girabile, girata in bianco, in bianco, in sofferenza || (*attinenti*) accettazione, avallo, azione cambiaria (diretta o di regresso), cessione, girata, intervenzione, presentazione, protesto, atto di protesto, rimborso, sconto, risconto, comitato di sconto || firma, lettera d'avviso, modulo cambiario, bollo, scadenzario, giorno di favore, giorno di rigore, onore, scadenza (fossa, a termine) || (*persone*) accettante, avallante, cedente, cessionario, datore di cambiale, domiciliatario, giratario, onorante, portatore, portatore per girata, prenditore, emittente, traente, presentante, scontante, trattario || (*operazioni*) maturare, avallare, accettare, avvisare una scadenza, fare fondi, girare, intervenire, negoziare alla pari, presentare, protestare, scontare, riscontare, stendere, trarre, tirare.

cambiaménto, *sm.* cangiamento, commutazione, baratto, cambio, permuta, scambio, modificazione, mutamento, novazione, ricambio, riforma, tramutamento, trasmutazione, trasformazione, alterazione, trasfigurazione, trasfiguramento, variazione, rinnovazione, rinascita; varietà, variante, correzione; deviazione, deviamento, → CRISI.

nomencl. (*esempi*) di rotta, di vita, di carattere, di tono, di sesso, di proprietà, di tempo, d'umore, di luogo, di idee || (*attinenti*) metempsicosi, metamorfosi, avatara, palingenesi, metanoia o conversione, allotropia, evoluzione, palinodia, ritrattazione, metaplasmo, voltafaccia, rivoluzione, involuzione, decadimento, decadenza, risorgimento, corruzione, rinascimento, mutazione della specie, degenerazione, stato critico; età climaterica, età dello sviluppo || camaleonte, proteiforme, saltimbanco, opportunista, girella, banderuola, frégoli || *agg.* improvviso, violento, rapido, fulmineo, subitaneo, lento, tardo, posato, graduale, lungo, totale, completo, pieno, perfetto, parziale, temporaneo, definitivo, deciso, risolutivo, conclusivo.

contr. uniformità, immutabilità, indefettibilità, invariabilità, invarianza.

cambiamonéte, *sm. indecl.* → CAMBIAVALUTE.

cambiàre, *v.tr.* scambiare, barattare, commutare, permutare, cangiare, convertire, ricambiare, contraccambiare, rimutare, trasmutare, tramutare, travisare. ret-

tificare, alternare, avvicendare, dare il cambio, variare, emendare, correggere, svariare, sostituire, sciogliere, snaturare, risolvere, ridurre, riformare, trasformare, spostare, voltare, alterare, modificare, adattare, accomodare, rinnovare, invertire, rinascere, travestire, trasfigurare, rivoluzionare, apostatare, rinunciare a, abbandonare, far *tabula rasa* || sterzare, girare, virare || cambiar faccia, mutar registro, rinnovarsi, invecchiare, ringiovanire.
nomencl. (*attinenti*) moda, mutabilità, passaggio, transizione, transustanziazione, variazione, volubilità, catastrofe, regresso, progresso || banderuola, camaleonte, girella, frégoli, opportunista, saltimbanco.
contr. lasciare immutato.
cambiatóre, *sm.* → CAMBIAVALUTE.
cambiavalúte, *sm.* cambiamonete, cambista, cambiatore.
càmbio, *sm.* scambio, baratto, → PERMUTA, CAMBIAMENTO.
nomencl. di velocità, di nome, di consonante o di vocale, della guardia, automatico, sincronizzato || agente, lettera, corso di cambio.
cambísta, *sm.* → CAMBIAVALUTE.
cambràia, *sf.* → CAMBRI.
cambrí, *sm. indecl. frs.* cambraia, cambricche, mussola, mussolina, percalle, → TELA.
cambúsa, *sf.* dispensa, bettolino di bastimento, bettola.
càmera, *sf.* stanza, cameretta, camerone, sala, salotto, salottino, salone, saletta.
nomencl. a ponente, a levante, a mezzogiorno, a settentrione; ammobiliata, arredata, tappezzata, cieca, matrimoniale, da studio, da sposi, da letto, da ospite, libera, vincolata, sfitta, affittata || oscura, di manovra, di scoppio, di combustione || dei deputati, di commercio, di consiglio, apostolica || (*affini*) anticamera, corridoio, camerata, corsia, cubicolo, àndito, tramezzo, tavolato, dormitorio, stambugio, stamberga, soffitta; alcova, tàlamo, covile, gabinetto, celliere, sgabuzzino, cella, cabina || (*arredamento*) letto, amaca, branda, canapè, ottomana, lampadario, lampada, culla, cuna, giaciglio, tavolaccio, armadio, sedie, poltrone, campanello elettrico, comodino, cassettone, inginocchiatoio, lavamano, lavabo, vaso da notte, bidé, bottiglia da notte, paravento, piletta dell'acqua santa, predellino, scena, cantero, sputacchiera, storta, sveglia, tappetino, tappeto, scendiletto, tenda, asciugamano, pettiniera, prete, scaldaletto, zanzariera || (*addetti*) cameriere, cameriera, camerotto, cellario, cubicolario, camerista || *agg.* adorna, allegra, accogliente, ridente, civettuola, raccolta, ordinata, angusta, piccola, stretta, meschina, modesta, semplice, nuda, disadorna, spoglia, rustica, arieggiata, ventilata, aereata, ariosa, soleggiata, solatia, esposta, sana, salubre, fresca, calda, afosa, soffocata, buia, oscura, tetra, triste, vuota, malsana, umida, luminosa, splendente, graziosa, sfarzosa, ricca, lussuosa, ospitale, inospitale || *verb.* fare, rifare, disfare, sbrattare, spazzare, assettare, preparare; ravviare, rimboccare, spianare, rincalzare, sprimacciare, scaldare; mettersi a letto, cacciarsi sotto le lenzuola, andare a letto, buttarsi sul letto, allungarsi sul letto, coccolarsi, crogiolarsi, voltarsi, rivoltarsi, girarsi, rigirarsi, sdraiarsi, giacere, coricarsi, alzarsi, levarsi, saltare, scendere dal letto || incamerare.
cameràta[1], *sf.* → CAMERA.
cameràta[2], *sm.* → COMPAGNO.
cameratísmo, *sm.* → AMICIZIA.
camerèlla, *sf.* → PULA.
camerière, *sm.* → DOMESTICO.
cameríno, *sm.* → GABINETTO.
camerísta, *sf.* → DOMESTICA.
camerléngo, *sm.* → CIAMBELLANO.
càmice, *sm.* → VESTE.
camicétta, *sf.* → BLUSA, SOTTOVESTE, VESTE.
camícia, *sf.* → VESTE || *fig.* → INVOLTO.
nomencl. (*varietà*) da uomo, da donna, da giorno, da notte, di ricambio, di tela, di seta, di nailon, di fibra sintetica, di *popelin*, senza maniche, liscia, guarnita, ricamata, pieghettata, accollata, scollata || (*parti*) cannoncini, cinturino, collo, colletto, corpo, crespa, maniche, mezze maniche, petto, scollatura, polsini, orlo, solino, sparato (delle maniche, del petto, di fondo), sprone || *agg.* bianca, colorata, estiva, nuova, vecchia, pulita, linda, sporca, macchiata, strappata, stirata, rattoppata, sdruscita || *verb.* mettere, infilare, rimboccare, cambiare, levarsi, sbracciarsi, scamiciarsi, essere o stare in camicia.
camicíno, *sm. dim.* copribusto, gorgiera, gala.
camicióla, *sf.* → VESTE.
camiciòtto, *sm.* → BLUSA.
camíno, *sm.* → FUMAIOLO, FOCOLARE.
nomencl. (*varietà*) semplice, decorato, artistico, comune, con cappa, senza cappa, di buon tirante, da sala, da camera, da stanza, da salotto, da cucina, alla fratina, franclino || (*parti*) piano superiore o architrave, asse, bocca, buca o fornello, capanna, cappa, cenerario, cintura, controcappa, focolare, fornello, frontale, frontone, fumaiolo, gola, quadrone, soglia, spiraglio, stipiti, strombatura, testa del camino, sfiatatoio, torretta o comignolo || (*accessori*) alare, caminiera, campana, canna o cannello, catena con anelli, asticciole e rampone, spranga, pala o molle, paracaminetto, paracenere, parafuoco, parafumo, pedana, posamolle, soffietto, treppiede, ventola || (*attinenti*) tiraggio, bracia, tizzone, fuliggine, fumacchio || spazzacamino, fumista || (*operazioni*) tirare, stuzzicare, ravvivare, attizzare, accendere, spegnere, far fuoco.
càmion, *sm. frs.* → AUTOCARRO, CARRO.
camionàbile, *agg.* → CARREGGIABILE.
camionàle, *agg.* e *sf.* → CARREGGIABILE.
camionísta, *sm.* → AUTISTA.
cammèllo, *sm.* cammella, dromedario, alpaca o alpaga, auchenia, mahara.
nomencl. gobba, scrigno, epitelio || carovana, carovaniere, carovaniera, cammelliere, scammellata.
cammèo, *sm.* → BASSORILIEVO.
nomencl. (*materiale*) onice, agata, calcedonia || anaglifo, glittica, intaglio || intagliatore o cammeista || *verb.* intagliare, scolpire.
camminànte, *pps.* di camminare || *agg.* e *sm.* → AMBULANTE.
camminàre, *v.intr.* ambulare, arrancare, rancare, ranchettare, rancheggiare, arrivare, avviarsi, dirigersi, in-

camminarsi, muoversi, girovagare, errare, girellare, ire, incedere, indietreggiare, passeggiare, procedere, retrocedere, marciare, percorrere, seguire, vagare, viaggiare, deambulare, arrampicarsi, correre, fuggire, scappare, partire, ramingare, raggiungere, salire, ciabattare, sgambettare, saltare, saltabeccare, vagabondare, zampettare, zoppicare, strascinarsi, → ANDARE, CORRERE.

nomencl. *locuz.* andare a spasso, a passi lunghi o corti, a passo di corsa, a rotta di collo; allungare il passo, affrettare il passo, aver l'ali ai piedi, raddoppiare i passi, sciogliere il passo, studiare il passo, tirar diritto, accorciare il passo, andare a passi di lumaca, andare a passi di formica, camminare con tutto comodo, camminare sulle uova, camminare sul ghiaccio, camminare grondoni o grondone, avere i piedi dolci, rallentare il passo, strascicare i piedi, andare strasciconi, strascinare le gambe; camminare a piè zoppo, a quattro mani, a carponi, a sghimbescio, a spinte, a forza di spinte, a testa bassa, brancolone, brancoloni, con il naso all'aria, curvo, gattoni o gattone, in punta di piedi, in tralice, tastone, a tastoni, barcollando, tentennoni, pian pianino, a braccetto, lemme lemme, a fatica, adagio || *verb.* arrembare, barcollare, brancolare, ciampicare, dimenarsi, ondeggiare, ancheggiare, pendere, sbiecare, scarpicciare, trottare, sdondolare, serpeggiare, staccheggiare, strafalciare, strascicare, strisciare, taccheggiare, zoccolare, zoppeggiare || affondare, mettere i piedi in fallo, inciampare, rinciampare, sdrucciolare, strafelarsi, fuorviare, rasentare, scantonare, segnare il passo, sfilare, tenersi nel mezzo, volgere, divertire, piegare il cammino, far tappa, chiudere la marcia, incontrare, scontrare, investire, sorpassare, avere la precedenza, dare la precedenza, chiedere strada; pattinare, sciare, galoppare || (*attinenti*) camminatore, ciabattone, ciampicone, pedone, pedestre, arrembato, collaterale, impalato, pencolone, ritroso || ambulatorio, ambulacro, passeggio, passeggiata, viaggio, cammino, camminata, tratto di strada, itinerario, tragitto, sosta, tappa || atassía locomotrice, basiofobia o basofobia, paratrimma || pedometro, podismo, podistica, corsa.

contr. star fermo, fermarsi, arrestarsi, sostare, indugiare, fare tappa, riposare.

camminàta, *sf.* → ANDATURA || cammino, passeggiata, tirata, scarpinata, → GITA, VIAGGIO, STRADA.

nomencl. *agg.* lunga, diuturna, faticosa, affaticante, gravosa, pesante, affrettata, frettolosa, sciolta, veloce, lesta, spedita, rapida, sollecita, lenta, allentata || *avv.* a rompicollo, a ritroso, a diporto, a passi di lumaca.

contr. sosta, fermata, indugio, riposo.

camminatóre, *sm.* → PEDONE.

camminatúra, *sf.* → ANDATURA.

cammíno, *sm.* → VIAGGIO, STRADA, PERCORSO.

camomílla, *sf.*

nomencl. volgare, romana, appiolina || antemide || decotto, infuso di camomilla.

camòrra, *sf.* mafia, cricca, malavita, → ASSOCIAZIONE, COMPAGNIA.

nomencl. giovinotto onorato o tammuzzo, picciotto di sgarro, camorrista o proprietario || mafioso, fazioso, barabba, teppista, *gangster.*

camorrísta, *agg.* mafioso, fazioso.

campàgna, *sf.* contado, agro, latifondo, paesaggio, campo, podere, fondo || *fig.* → GUERRA, PROPAGANDA.

nomencl. (*affini*) agro, bacino, brughiera, cavezzale, contado, deserto, greto, lama, latifondo, podere, pampa, pustza, steppa, tratturo, tundra || (*edifici*) cascina, casa colonica, stalla, aia, caseificio, pollaio, porcile, catapecchia, casino di campagna, isba, villa || (*attinenti*) botte, carraia, paracarro, sentiero, viottolo || (*persone*) campagnolo, contadino, fattore, terrazzano, villico, servo della gleba || scampagnata || *agg.* bella, amena, ridente, gaia, lieta, gioconda, aperta, distesa, schiusa, ampia, aprica, fertile, ubertosa, fruttifera, florida, fiorita, fresca, rigogliosa, vivace, vigorosa, verdeggiante, lussureggiante, virente, virescente, malinconica, tetra, silenziosa, mesta, triste, grigia, nera, sterile, arida, infeconda, squallida, sofferente, povera, desolata, brulla, nuda, spoglia, rasa.

contr. città.

campagnòlo, *agg.* campestre, agreste, agrario, agricolo, contadinesco, contadino, rustico, rurale, rusticale, villereccio, villico, terrazzano, forese, bucolico, georgico || *sm.* → AGRICOLTORE.

contr. cittadino, cittadinesco, civico, urbano, borghigiano.

campàio, *sm.* → GUARDIA.

campàna, *sf.* martinella, squilla, sacri bronzi.

nomencl. (*modi di sonare*) a distesa, a doppio, a festa, a gloria, a martello, a fuoco, a messa, a vespro, a stormo, a rintocchi || scampanio, avemaria, *carillon*, concerto || (*attinenti*) campanile, torre campanaria, cella campanaria; minareto || battesimo delle campane || fonderia, fusione, tonalità || campanaro || (*parti*) castello, cicogna, mozzo, corona, collarini, testa, fondo o culatta, spalla, gola, fascia, incàvo, battente, orlo, penna, bocca, ànsola, battaglio, occhio o maniglia, maniglione, pera, iscrizione, martello, ornamenti, rota || *agg.* squillante, argentina, penetrante, sonora, grave, intonata, fessa, grossa, piccola, mediana || *verb.* attaccare alle campane, toccheggiare, rintoccare, sbattagliare, scampanare, legare, sciogliere, tempellare.

campanàccio, *sm.* campano.

campanèlla, *sf.* → CAMPANULA.

campanèllo, *sm.* → SONAGLIO.

nomencl. (*tipi*) a percussione, elettrico, di strada, d'allarme || campano, *grelot*, strillozzo || (*parti*) pulsante o bottone, cordoncino, elettrocalamita, campana || (*operazioni*) scampanellare, dare una scampanellata, attaccarsi al campanello, suonare, scuotere, tirare il campanello.

campaníle, *sm.* → TORRE || *fig.* amor di campanile, campanilismo.

campàno, *sm.* campanaccio.

campànula, *sf.* campanella, convolvolo, raponzolo.

campàre, *v.tr.* → SALVARE || *intr.* → VIVERE.

campàro, *sm.* → AGRICOLTORE.

campeggiàre, *v.intr.* → RISALTARE || ACCAMPARE.

campéggio, *sm.* → BIVACCO, CAMPING.

campèstre, *agg.* → CAMPAGNOLO.

campicchiàre, *v.intr.* → VIVERE.

camping, *sost. ingl.* campeggio, → BIVACCO.

campionàto, *sm.* → GARA.

campióne, *sm.* → ATLETA || *fig.* → MODELLO, EROE.

càmpo[1], *sm.* agro, podere, campagna, → PIANURA, ACCAMPAMENTO, BIVACCO || campo di tiro, → BALIPEDIO || campo di ghiaccio, → BANCHIGLIA.

nomencl. (*agricolo*) di grano, di frumento, di riso, di avena, di lino || (*attinenti*) buccellaio, cavezzale, maggese, prato, salda, segalaio, stoppia || acquaio, acquaiata, aiuola, arginello, berga, borro, callaia, chiusa, fossa o fossato, canale, zolla o gleba, magolato, passata, piota, porca, proda, quadri, rattenuta, redola, sentiero, siepe, solco, testata, gronda || camparo, fattore || capanno || *agg.* campereccio; fertile, ubertoso, fruttifero, florido, fiorito, fresco, rigoglioso, verdeggiante, biondeggiante, lussureggiante, sterile, arido, infecondo, squallido, povero, desolato, brullo, nudo, spoglio, raso, aperto, disteso, ampio, schiuso, rinchiuso, silenzioso, grigio, alberato, solatio, esposto al sole, arato, lavorato, seminato, segato, scaglionato, intatto || *verb.* accigliionare, affossare, appoderare, imporcare, stabbiare, spigolare, irrigare, purgare.

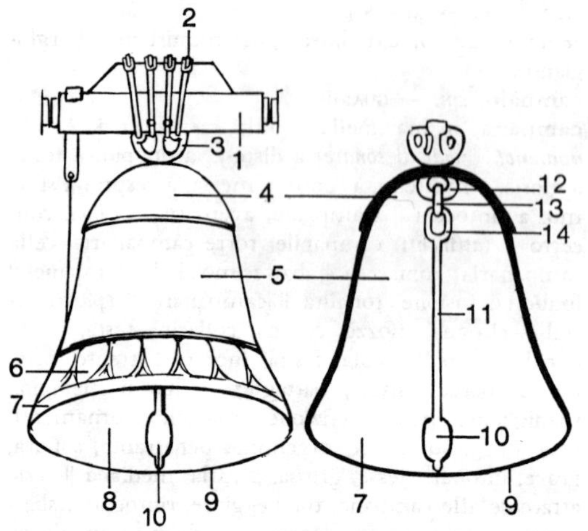

CAMPANA – 1) cicogna; 2) bílichi; 3) corona; 4) fondo o culatta; 5) gola; 6) fascia; 7) battente; 8) bocca; 9) penna; 10) pera; 11) battaglio; 12) cattivello; 13) ànsola; 14) occhio o maniglia.

càmpo[2], *sm.*

nomencl. (*fortificato*) aperto, di battaglia, d'operazioni, trincerato, minato || accampamento, attendamento, accantonamento || tenda, letto, infermeria, ospedale, divisa da campo || *verb.* accampare, porre, mettere, muovere, levare il campo, andare al campo, morire sul campo, promozione, decorazione sul campo.

camposànto, *sm.* → CIMITERO.

camuffàre, *v.tr.* → MASCHERARE.

camuffàto, *pps.* di camuffare || *agg.* → FINTO.

canàglia, *sf.* bordaglia, bruzzaglia, canagliume, becerume, ciurmaglia, feccia, fecciume, plebaglia, furfanteria, gentaccia, gentaglia, plebaccia, plebaglia, popolaccio, ribaldaglia, volgo || furfante, farabutto, → BANDITO, MASCALZONE, MARMAGLIA.

nomencl. canagliata, furfanteria, ribalderia; cianaio || *agg.* grande, terribile, vile, codarda, infame, abietta, ignobile, volgare, miserabile, spregevole || *verb.* incanagliarsi, ingaglioffarsi, scanagliare.

canagliàta, *sf.* → CATTIVERIA, MALEFATTA.

canagliúme, *sm.* → CANAGLIA, MARMAGLIA.

canàle, *sm.* naviglio, fossa, fosso, fiume, arteria, emissario, doccia, → CONDOTTO, FOGNA

nomencl. (*suddivisioni*) irriguo, industriale, navigabile, laterale, marittimo, di derivazione, di bonifica, di scolo, di prosciugamento, di disimpegno, collettore, maestro, pantanoso, secco, naturale, artificiale || (*affini*) acquedotto, arteria, cavamento, colatore, fogna, mezzaluna, roggia, scannafosso, scaricatoio, sifone, vena || portata, pendenza, canalizzazione, manutenzione || (*parti*) ampolla, bocca, cateratta, chiusa, conca, imboccatura, pescaia, tronco, svolta, soglia, sezione, banchina, argine, botte, smaltitoio, chiavica || (*operazioni*) incanalare, abboccare, ingorgare, interrare, spurgare, chiudere, aprire, escavare, intasare, accanalare.

canalizzàre, *v.tr.* → INCANALARE.

cànapa, *sf.*

nomencl. (*varietà*) coltivata, cruda, greggia, pettinata, grossolana || (*parti*) canapulo, fibra, lisca, capecchio, canapuccia, stoppa, tiglio || spago, corda, stoppa, iuta || (*strumenti*) cardo, gramola, capra, maciulla, pettine, scotola, strigone || (*attinenti*) canapificio, maceratoio, cardatore, maciullatore, canapaio || (*operazioni*) cardare, conciare, macerare, maciullare, pettinare, sbarbare, sfogliare, stigliare.

canapàia, *sf. fig.* → IMBROGLIO.

canapè, *sm. indecl.* → DIVANO.

canapíno, *sm.* → FUNAIO.

cànapo, *sm.* → FUNE, CORDA.

canaríno, *agg.* e *sm.* → GIALLO.

canàta, *sf.* → MALEFATTA || RIMPROVERO.

cancan, *sm. fr.* → BALLO || *fig.* → CONFUSIONE.

cancaneggiàre, *v.intr. fig.* far confusione, chiassate, scandali, pettegolezzi; dire spropositi.

contr. essere prudente, discreto, riservato, silenzioso.

cancellàbile, *agg.* scancellabile, abolibile, delebile, annullabile.

contr. incancellabile, indelebile, inestinguibile, ineliminabile.

cancellàre, *v.tr.* abràdere, abolire, biffare || radere, raschiare, scancellare, dar di frego, dar di penna, dar di spugna, sgommare, graffiare, distruggere || depennare, cassare, radiare, sopprimere, dipennare, espungere, obliterare || *fig.* dichiarare nullo, annullare, annientare || → ESPIARE.

nomencl. (*arnesi*) accecatoio, grattino, raschino, raschiatoio; cloro, scolorina, sandracca, gomma, decolorante.

contr. conservare, salvare, convalidare, mantenere, mettere in evidenza, far valere, dar vigore.

cancellàta, *sf.* → CANCELLO.

cancellàto, *pps.* di cancellare || *agg.* tolto via, soppresso, espunto, raschiato, cassato, biffato.

contr. scritto, riscritto, messo di nuovo.

cancellatúra, *sf.* scancellatura, scancellamento, cancellazione, cassatura, cassazione, casso, abrasione, espunzione, frego, tratto di penna, → ANNULLAMENTO || RADIAZIONE.

contr. scrittura, aggiunta.
cancellazióne, *sf.* → CANCELLATURA.
cancellière, *sm.* attuario, → SEGRETARIO.
nomencl. (*tipi*) di tribunale, di pretura, ecclesiastico, imperiale, pontificio, apostolico, regio || (*affini*) procancelliere, archicancelliere, vicecancelliere, notaio, archivista || cancelleria, cancellierato.
cancéllo, *sm.* barriera, clatro, cancellata, rastrello, saracinesca, inferriata.
nomencl. di ferro battuto, di ferro fuso, ad unica o doppia banda || (*parti*) telaio, regoli, cardini, spranghe, stecche, aste, braccio || *agg.* nuovo, vecchio, arrugginito, semplice, comune, artistico, aperto, chiuso, socchiuso.
cànchero, *sm.* → CANCRO, TUMORE || *fig.* → DISGRAZIA || BESTEMMIA.
cancrèna, *sf.* necrosi, sfacelo, ulcera depascente, gangrena, gangrenamento.
nomencl. (*varietà*) senile, marastica, anemica, diabetica, secca, umida, per decubito || *verb.* andare in cancrena, mandare in cancrena, incancrenire.
càncro, *sm.* carcinoma, canchero, neoplasma, neoplasía; ulcera, → TUMORE.
nomencl. cistico, duro, molle, gelatinoso, divoratore, fibroso, scirroso, epiteliale, volgare || cefaloma, epitelioma || canceroso.
candéggio, *sm.* imbianchimento.
candéla, *sf.* cero, torcia, moccolo, moccoletto.
nomencl. (*materia*) stearica, di sego, di cera, di paraffina, di cerògene || cero pasquale, *lumen Christi* o *lumenchristi* || (*componenti*) cera, stearina, sego, paraffina || camicia dei ceri, colatura, gocciolotti, lucignolo, stoppino, moccolotto || (*attinenti*) cerino, mozzicone, quadrone, scorcio, torcetto, torchio, fiaccola, candeliere, bugia, doppiere, candelabro, accenditoio, spegnitoio, moccolatoio || *verb.* ardere, struggersi, consumarsi, smoccolare, accendere, spegnere, morire.
candelàbro, *sm.* → CANDELIERE.
candelière, *sm.* candelabro, bugía, asta, doppiere, vite.
nomencl. di legno, di metallo, d'argento, di bronzo, di vetro || (*parti*) anima, fusto, piede, bocciuolo, piattellino, padellina || muta di candelieri, ventola, viticcio || *agg.* grande, mezzano, piccolo, comune, artistico, intagliato, lavorato, inargentato, dorato, accompagnato, scompagnato, liscio, tondo.
candelétta, *sf.* → CATETERE.
candelòtto, *sm.* → GHIACCIUOLO.
candènte, *agg. poet.* risplendente, rilucente || → BRUCIANTE.
candidaménte, *avv.* → INGENUAMENTE.
candidàto, *sm.* → CONCORRENTE, ESAMINANDO.
candidézza, *sf.* → BIANCHEZZA || *fig.* → PUREZZA, INNOCENZA || INGENUITÀ.
càndido, *agg.* → BIANCO || *fig.* → NATURALE, INNOCENTE, PURO || INGENUO.
candíre, *v.tr.* brillantare, cristallizzare || confettare, giulebbare, addolcire.
càne, *sm.* cagnolino, pòmero, canino, botolo || catello || *fig.* → CRUDELE.
nomencl. di razza, bastardo || (*razze*) mastino (danese, comune, molosso di Epiro), cane da pastore, cane di S. Bernardo, dingo o cane di Nuova Olanda, cane delle Indie Orientali, cane di Sumatra, spagnolo, cane lupo, cane della Cina, cane degli Eschimesi, cane di Siberia, cane da salotto, cane di Terranova, alano (del Tibet, *terrier*, *bull-terrier*, alano inglese), *boxer* || (*da caccia*) bassotto, bracco (da ferma, da punta, da presa, da seguito, da acqua, spinoso), levriere, dogo, *gordon setter*, limiere, *pointer*, segugio, *setter*, spagnolino, *terrier* || (*da guardia*) da pagliaio, da pecoraio, da pollaio, pastore tedesco || (*altre razze*) barbone, barboncino, caberu, antartico, di Caienna, giavanese, maltese, pechinese, restone, volpino, *bulldog*, pomerano, veltro || (*attinenti*) accalappiacani, bracchiere, allevatore, cinofilo, tosatore, addestratore || collare, guinzaglio, museruola || canile, cuccia, stabulario, casotto || *agg.* piccolo, nano, mezzano, grosso, giovane, vecchio, comune, selvatico, ringhioso, rabbioso, arrabbiato, sagace, braccatore, randagio, sperso, vagante, poliziotto, guida || (*voci*) abbaiare, ringhiare, mugolare, ululare, gagnolare, scagnare, squittire, ustolare, guaire, guaiolare, uggiolare || (*movimenti*) accovacciarsi, accucciarsi, accucciolarsi, accularsi, aggomitolarsi; mordere, annusare, annusarsi, arricciare il muso, digrignare i denti, divincolare o dimenare la coda, raspare, scodinzolare, zampettare || aizzare, sguinzagliare, tenere i cani.

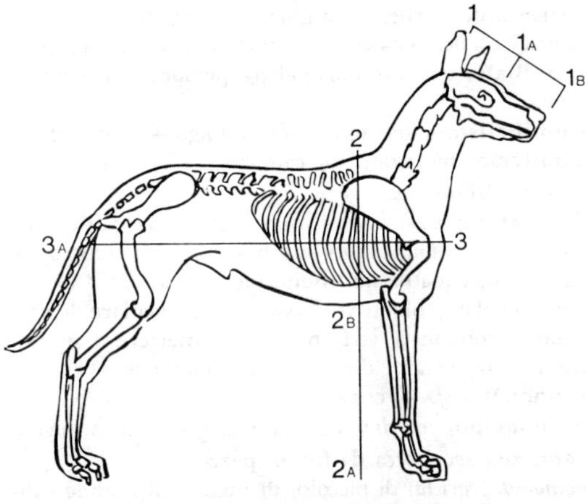

CANE – 1-1A) lunghezza del cranio; 1A-1B) lunghezza del muso; 1-1B) lunghezza totale della testa; 2-2A) altezza al garrese; 2-2B) altezza del torace; 3-3A) lunghezza del tronco.

canèa, *sf. fig.* → CONFUSIONE.
canèstra, *sf.* canestro, → CESTA.
nomencl. di vimini, di stecche || búgnola, cesta, cesto, cestello, càlato, canastro, canestro, cavagno, crino, corba, corbello, paniere, sporta, gerla, fiscella || canestraio, corbellaio, scatolaio || croce, stecche, halfa || *agg.* rotonda, ovale, capace, ampia, larga, acconcia, stretta, piccola.
canestràio, *sm.* panieraio.
canèstro, *sm.* canestra, → CESTA.
cànfora, *sf.* → RESINA.
nomencl. (*varietà*) comune, officinale, cinese, giapponese, del Borneo o borneola, di menta o mentolo, Ngai || acido canforico, benzuino, canfotimolo, cel-

luloide, cumarina, terpina, spirito canforato, cinnamomo, gomma.
cànga, *sf.* → BARCA.
cangiaménto, *sm.* → CAMBIAMENTO.
cangiànte, *ppr.* di cangiare || *agg.* allocròico, gatteggiante, → CAMBIABILE.
cangiàre, *v.tr.* → CAMBIARE.
canícola, *sf.* → CALORE, ESTATE.
canicolàre, *agg.* → CALDO
caníle, *sm.* → COVO.
caninaménte, *avv.* → CRUDELMENTE.
caníno, *agg.* di cane || *fig.* → CRUDELE || *sm.* → DENTE.
canízie, *sf. indecl.* canutezza, capigliatura bianca, → BIANCHEZZA || *fig.* VECCHIEZZA.
nomencl. brizzolato, brizzolatura || *verb.* imbiancare, biancheggiare, incanutire.
canízza, *sf. fig.* → CONFUSIONE.
cànna, *sf.* calamo, cannula, cannello, cannella, tubo, doccione, ugello || → PALO, BASTONE.
nomencl. (*varietà*) comune, indica o d'India, palustre, da pesca, da zucchero || (*parti*) boccio o bocciuolo, nodo, cannello, cannocchio, nodello || canneto, canniccio || *verb.* incannucciare.
cannàio, *sm.* → CANNICCIO.
cannàta, *sf.* → BASTONATA.
cannèlla, *sf.* cinnamomo || → CANNA.
nomencl. del fucile, della gola, dell'organo.
cannèllo, *sm.* → CANNA || (di ghiaccio), → GHIACCIUOLO.
canníbale, *sm.* antropofago || *fig.* persona feroce e crudele.
cannibalísmo, *sm.* antropofagia || *fig.* → BARBARIE.
canníccio, *sm.* graticcio, cannaio, → STUOIA.
cannocchiàle, *sm.*
nomencl. (*tipi*) astronomico, geodetico, da campagna, da teatro || (*affini*) binocolo o binoccolo, caleidoscopio, elioscopio, equatoriale, monocolo, telescopio || (*parti*) lenti (oculare, obiettivo), asse, anello oculare || *agg.* debole, potente || *verb.* puntare o mettere a punto, mirare, aggiustare, dirigere il cannocchiale.
cannonàta, *sf.* → COLPO || RUMORE.
cannoncíno, *sm. dim.* di cannone || → CIALDA, PIEGA.
cannóne, *sm.* bocca da fuoco, pezzo.
nomencl. (*varietà*) di piccolo, di medio, di grande calibro; a corta, media, lunga gittata; a deformazione, rinforzato, alleggerito, incamerato, incampanato, da campo, da assedio, da montagna, da fortezza, da posizione, da costa, antiaereo, anticarro, ad avancarica, a retrocarica, blindato, ippotrainato, sottomarino, autotrainato, semovente, a ripetizione, a tiro rapido, rigato, multiplo, con rinculo, senza rinculo, antisilurante, lanciasagole || (*cannoni diversi*) spingarda, falconetto, colubrina, carronata, Krupp, liocorno, mitragliatrice, mortaio, obice, petriere, rebuffo, saltamartino, aspide, bastardo, smeriglio, sagro, spazzacampagna o trombone, bombarda, lanciabombe, catapulta, conetto || (*parti*) bocca da fuoco (anima, righe elicoidali), congegno di otturazione (vitone, sportello, leva di maneggio), congegno di scatto e percussione (leva d'armamento, percussore, mollone e molla anteriore del percussore); congegni di sicurezza (appendice della leva di armamento, blocchetto a molla, piolo a molla); congegno di estrazione (estrattore a leva, urtatoio della leva di maneggio), affusto (freno, slitta, testata d'affusto, coda d'affusto, due ruote d'affusto), slitta (incastri, alette, sporgenze, occhi di sospensione), freno a culla, freno, congegno di puntamento, scudi per la protezione dei servienti e dei congegni, strumenti di puntamento (braccio d'alzo, alzo panoramico), munizioni || (*attinenti*) bombardamento, salva, scarica, sparo, tiro, tiro di preparazione, di contropreparazione, d'interdizione, di sbarramento, di protezione, di controbatteria || bomba, granata, proiettile, carica, spoletta, innesco, miccia || rinculo, detonazione, traiettoria, batteria, piattaforma, artiglieria || (*persone*) servente, cannoniere, bombardiere, puntatore, capo pezzo, direttore del tiro || *verb.* sparare, caricare, smontare, tirare, rinculare.

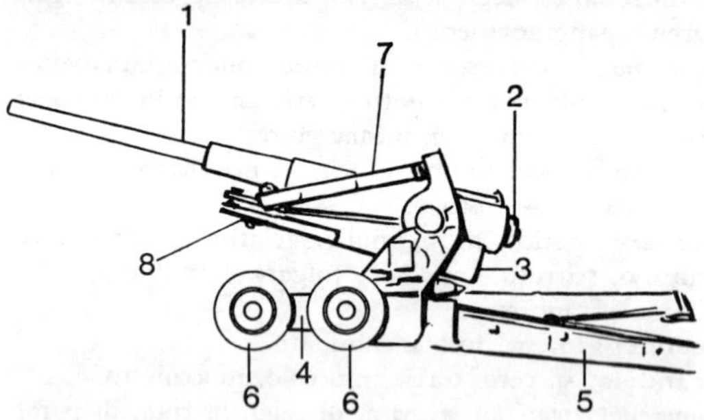

CANNONE – 1) bocca da fuoco; 2) congegno di otturazione; 3) slitta; 4) affusto; 5) coda d'affusto; 6) ruote gommate; 7) ammortizzatore; 8) supporto.

cannoneggiaménto, *sm.* → BOMBARDAMENTO.
cannoneggiàre, *v.tr.* colpire col cannone || *intr.* bombardare.
cannonière, *sm.* → BOMBARDIERE.
cànnula, *sf. dim.* → CANNA.
canòa, *sf.* → BARCA.
cànone, *sm.* → REGOLA || livello, prestazione, rendita, imposta.
nomencl. (*tipi*) poetico, matematico, musicale, morale, di diritto canonico, d'un concilio, di fede, della Messa || in natura, enfiteutico, livellario || *verb.* pagare, estinguere, affrancare.
canonicàto, *sm.* → BENEFICIO || *fig.* sinecura, impiego poco faticoso e lautamente retribuito.
canònico, *agg.* → ECCLESIASTICO || *sm.* → CLERO, SACERDOTE.
nomencl. (*suddivisione*) regolare, secolare, ordinario, onorario, decano, primicerio, arcidiacono, arciprete, teologo, penitenziere, puntatore || (*attinenti*) capitolo, canonicato, stallo, prebenda, patronato, collegiata || cappamagna, cappino, mozzetta, mantelletta, gufo, ferula || nomina, intronizzazione, investitura || *verb.* scanonicare.
canonizzàre, *v.tr.* → SANTIFICARE || *fig.* → ACCONSENTIRE, APPROVARE.
canonizzazióne, *sf.* → SANTIFICAZIONE || *fig.* → APPROVAZIONE.
canòro, *agg.* → MELODIOSO.
canottière, *sm.* → BARCAIOLO.

canòtto, *sm.* → BARCA.
cannúccia, *sf.* calamo.
cànova, *sf.* → BOTTEGA, CANTINA.
canovàccio, *sm.* → ASCIUGAMANO || RIASSUNTO, TRAMA, INTRECCIO.
canovàio, *sm.* → OSTE, VIVANDIERE.
cansàre, *v.tr.* → TENERE || EVITARE.
cantàbile, *agg.* e *sm.* → MELODIA, CANTO.
cantafàvola, *sf.* → FILASTROCCA || BUGIA.
cantafèra, *sf. rar.* → CINGUETTIO || FILASTROCCA.
cantambànco, *sm.* cantimbanco, → BUFFONE, CANTANTE.
cantànte, *sm.* e *f.* cantore, cantatore, canterino, canzonettista, divo, cantambanco, cantimbanco, cantastorie, corista, musico, virtuoso, gigione.
nomencl. (*voci*) baritono, basso, basso profondo, contralto, soprano, mezzosoprano, tenore || voce giusta, filo di voce, mezza voce, voce falsa, falsetto, voce di testa, voce di gola, voce bianca || timbro, tono, cadenza, gamma, intonazione, inflessione, impostatura, accento || (*modi*) a solo, duetto, minuetto, unisono, concerto, coro || debutto, audizione, scritturazione, protesta || (*persone*) arcicantore, maestro di cappella, comprimario, solista, primadonna || (*termini storici*) corifeo, aedo, bardo, menestrello, rapsodo, tirteo, trovatore, sirena || aria, parte, brano, pezzo, repertorio || *agg.* assoluto, celebre, valente, famoso, noto, rinomato, sfiatato, sgolato, bolso, popolare, aulico, orecchiante, stonato || *verb.* cantare, cantare a tono, intonato; fare stecche, stonare; stracantare, straziare un'opera, gorgheggiare, modulare, solfeggiare, stornellare, trillare, rifiorire, falsobordonare, attaccare, intonare, accennare, vocalizzare || scritturare.
cantàre, *v.tr.* e *intr.* accennare, decantare, gorgheggiare, cinguettare, cantilenare, canterellare, cantarellare, canticchiare, musicare, modulare, ricantare, spippolare, intonare, solfeggiare, salmodiare, stornellare, smartellare, vocalizzare, accompagnare col canto, osannare, picchiettare.
nomencl. fare una cantata, inflettere la voce, provare la voce, modulare la voce, sfoderare la voce, sostenere la voce, spianare la voce, cantare insieme, fiorettare, dare l'intonazione, dare il la || → CADENZARE || POETARE || RECITARE.
contr. tacere.
cantarellàre, *v.tr.* e *intr.* canterellare, → CANTARE.
càntaro, *sm.* càntero; orinale, → VASO, BICCHIERE.
cantastòrie, *sm. indecl.* → CANTANTE.
cantàta, *sf.* → CANTO.
cantatóre, *agg.* e *sm.* → CANTANTE.
canteràle, *sm.* → ARMADIO.
canteràno, *sm.* → ARMADIO.
canterellaménto, *sm.* → CANTO.
canterellàre, *v.tr.* e *intr.* → CANTARE.
canterellío, *sm.* → CANTO.
canteríno, *agg.* → MELODIOSO || *sm.* → CANTANTE.
càntero, *sm.* → càntaro.
càntica, *sf.* → CANTO.
canticchiàre, *v.tr.* e *intr.* → CANTARE.
càntico, *sm.* → INNO, POESIA.
cantière, *sm.* arsenale, bacino di carenaggio, darsena, deposito, fabbrica in corso, scalo, squero, officina.
nomencl. navale, edilizio, edíle, industriale, stradale, di rimboschimento, di riqualificazione.
cantilèna, *sf.* → CADENZA, FILASTROCCA.
cantilenàre, *v.tr.* e *intr.* → CANTARE, CADENZARE.
cantimbànco, *sm.* cantambanco, → BUFFONE, CANTANTE.
cantimplòra, *sf.* → VASO.
cantína, *sf.* tinaia, celliere, cànova, → OSTERIA.
nomencl. (*attinenti*) palchetti, scaleo, scala, botti, fiaschi, bottiglie, tini, damigiane, sifone, filtro, imbuto, orcio, saggio o saggiuolo || cantiniere, oste, taverniere || *agg.* asciutta, fresca, refrigerata, sana, calda, afosa, ventilata, aerata, umida, umidiccia, secca, sotterranea, buia, semibuia, piena, zeppa, completa, stipata, straboccante, vuota, fornita, ben fornita, provveduta || sociale, cooperativa.
cantinière, *sm.* → OSTE, VIVANDIERE.
cànto[1], *sm.* canzone, canzonetta, cantico, cantica, cantata, cantabile, cantarellamento, canterellio, recitativo, declamazione, aria, arietta; → MELODIA, CORO, POEMA.
nomencl. (*affini*) epinicio, epicedio, lai, monodia, nenia, rapsodia, scolio, serenata, tirolese, treno, trenodia, antifona, mottetto, inno, oratorio, pastorale, pastorella, responsorio, salmodia, sequenza, cavatina, capitolo, coro, duetto, falso bordone, notturno, opera, melodramma, *pot-pourri*, preludio, quintetto, sestetto, romanza, rondò, villotta, villanella, ballata, cabaletta, frottola || (*varietà*) melismatico, diatonico, solfeggiato, sillabico, polifonico, figurato, fermo; a cappella, a solo, a due, a coro; ambrosiano, gregoriano; di guerra, della montagna; marziale, funebre, carnascialesco, patriottico, popolare, religioso, sacro || del cigno || (*modi*) cadenza, cantilena, gargarismo, inflessione, modulazione, motivo, movimento, neuma, passaggio, portamento, fioritura, trillo, ritornello, solfeggio, tono, vocalizzo, unisono, appoggiatura, ombreggiamento della voce, gamma || (*pertinenti*) antifonario, cantorino, innario, corali, responsoriale, partitura || cantore, cantoria || fonografo, registratore a nastro, colonna sonora, disco, grammofono, stereofonia || *agg.* fratto, modulato, spianato, armonico, facile, scorrevole, fluente, stentato, sommesso, debole, fioco, fievole, flebile, roco, rauco, soffocato, alto, sonoro, forte, tonante, squillante, intonato, stonato, dolce, soave, melodioso, aspro, stridulo, stridente, chiaro, limpido, nitido.
cànto[2], *sm.* parte, lato, banda || angolo, fianco, cantone || cantonata, svolta, spigolo, cantuccio.
nomencl. *verb.* accantonare, sedersi, stare accanto, metter da canto.
cantonàta, *sf.* → CANTONE || *fig.* → ERRORE.
cantóne, *sm.* canto, biscanto, angolo, cantonata, cantuccio, spigolo, lato || → PARTE.
cantonièra, *sf.* → ARMADIO || CASA.
cantonière, *sm.* casellante, stradino.
cantóre, *sm.* → CANTANTE, ATTORE || POETA.
cantúccio, *sm. dim.* → CANTONE, NASCONDIGLIO.
canutézza, *sf.* → CANIZIE.
canúto, *agg.* → BIANCO || *fig.* → VECCHIO.
canzonàre, *v.tr.* → BEFFARE.
canzonatòrio, *agg.* → BEFFARDO, EPIGRAMMATICO.

canzonatúra, *sf.* → BEFFA.
canzóne¹, *sf.* → CANTO.
nomencl. (*varianti*) arietta, ballata, barcarola, brunetta, cabaletta, frottola, girometta, pastorella, salmo, siciliana, sirventese, villanella, villotta || canzonettista, cantante || *agg.* popolare, contadinesca, montanara, nazionale, militare, eroica, allegra, scherzosa, leggera, sacra, melodiosa, melanconica, triviale.
canzóne², *sf.* → POESIA.
nomencl. (*suddivisione*) libera o leopardiana, sciolta, anacreontica, pindarica, antica o petrarchesca, sestina lirica || (*parti*) strofa, stanza, verso, rima, antistrofa, ritornello, ritmo, tornata, fronte, sírima o sirma, piede, volta, chiave, commiato o licenza o congedo || canzoniere.
canzonétta, *sf. dim.* → CANTO.
canzonettísta, *sf.* → CANTANTE.
caolíno, *sm.* → ARGILLA.
càos, *sm.* → CONFUSIONE.
caòtico, *agg.* → CONFUSO.
capàccio, *sm. peggior. fig.* → STUPIDO.
capàce, *agg.* → ABILE, INTELLIGENTE || ampio, largo, disposto, appropriato, atto, acconcio, accogliente, → GRANDE.
nomencl. *verb.* essere in grado, bastare l'animo, sentirsi capace, essere da tanto, farsi capace, restare, rimanere capace.
contr. incapace, inetto, inabile, malacconcio, insufficiente, inadatto, disadatto, disutile, ignorante || stretto, piccolo.
capacità, *sf.* grandezza, ampiezza, capienza, contenenza, tenuta, larghezza, volume, attitudine a contenere || *fig.* attitudine, abilità, forza, facoltà, idoneità, astuzia, chiaroveggenza, competenza, destrezza, eccellenza, ingegnosità, sagacia, tatto, virtuosismo || → CONTENUTO.
nomencl. *verb.* abbracciare, comprendere, contenere, includere, racchiudere || osare, essere in grado, sapere, sentirsi in forza, essere al caso.
contr. *fig.* incapacità, insufficienza, inidoneità, inettitudine, inabilità, mancanza di abilità, mancanza di intelligenza, di sagacia.
capacitàre, *v.tr.* → PERSUADERE || *rifl.* → ACCERTARE.
capànna, *sf.* → BAITA, CASA, CASOTTO || PERGOLATO.
nomencl. (*affini*) baracca, capanno, casolare, casupola, casípola, tugurio, *cottage*, infrascato, pinetta, rapazzola, *tucul*, capannone.
capannèllo, *sm.* → COMPAGNIA, CIRCOLO.
capànno, *sn.* → CASOTTO.
caparbietà, *sf.* → OSTINAZIONE, DUREZZA.
capàrbio, *agg.* → OSTINATO, DURO.
capàrra, *sf.* → MALLEVERIA, PEGNO.
caparràre, *v.tr.* → INCETTARE, COMPERARE || *rifl.* → OTTENERE.
caparróne, *sm.* → IMBROGLIONE.
capàta, *sf.* → COLPO || GITA.
capatína, *sf. dim.* → GITA.
capécchio, *sm.* stoppa.
capellatúra, *sf.* → CAPIGLIATURA.
capellièra, *sf. rar.* → CAPIGLIATURA.
capéllo, *sm.* pelo, → CAPIGLIATURA.
nomencl. (*colore*), bianchi, brizzolati, grigi, canuti, brinati, imbiancati, biondi, castani, castani chiari, castani scuri, bruni, corvini, d'oro, fulvi, rossi, rossicci, rossigni, sale e pepe, tizianeschi, neri, d'ebano, morati || (*forma*) allucignolati, arruffati, crespi, distesi, duri, folti, forti, incolti, intignati, intonsi, intrigati, irsuti, ispidi, lanosi, ritrosi, ruvidi, scarmigliati, scomposti, trascurati, dimessi, docili, lisci, morbidi, radi, ritti, sciolti, spioventi, forforosi, inanellati, di capecchio, di seta, stopposi || a pina, a cupola, a spazzola o all'Umberto, alla Bruto, alla Mascagni, a corona, alla nazarena, a scala, a panierino, alla maschietta || (*termini equivalenti*) capigliatura, capellatura, capelliera, chioma, ciuffo, crine, cuticagna, ricciaia, cesarie, criniera, zazzera, anella, fili d'oro || boscaglia, cascate, cerfuglio, cernecchio, ciocca, bioccolo, crespa, riccio, ricciolo, ritrosa, sterpaccio, cirro, coda, divisa, fintino, frangetta, fratina, giretto, massa, parrucca, rocchio, ruffello, scriminatura, treccia, tuppè, *toupet* || (*parti*) bulbo, cuoio capelluto, follicolo, stelo, pigmento, roccia || (*malattie*) canizie, brina, calvizie, pelatura, zucca pelata, alopecía, aporrea, area Celsi, atrichía, cacotrichía, forfora, ofiasi, pitiriasi, porrigine, trichiasi, tigna, orripilazione || (*attinenti*) tonsura, forcina, diadema, spillone, calamistro, alcanna o *hennè*, cercine || parrucchiere, barbiere, barbitonsore, tosatore, figaro || (*operazioni*) spuntare, svilupparsi, cadere, cascare, rimettere, raffittire, arricciolarsi, avvilupparsi, rinchiomarsi, svolazzare, acconciare, pettinare, tagliare, radere, accorciare, aggiustare, piegare, inanellare, intrecciare, ondulare, accrespare, increspare, arricciare, assestare, dicioccare, depilare, spartire, impomatare, incipriare, lisciare, rabbuffare, raccogliere, rapare, ravviare, scapigliare, scarmigliare, scompigliare, spettinare, spuntare, strigare, strinare, tingere, tondere, pelare, zucconare.
capellúto, *agg.* → CHIOMATO.
capelvènere, *sm.* → MUSCO.
capèstro, *sm.* → CORDA || *per estens.* → PATIBOLO.
capezzàle, *sm.* → GUANCIALE.
capiènza, *sf.* → CONTENUTO.
capifuòco, *sm.* alare.
capigliatúra, *sf.* chioma, capelliera, criniera, zazzera, massa di capelli, crine, capellatura, cesarie, pelame, pelo, → CAPELLO.
nomencl. *agg.* lunga, folta, abbondante, ricca, rada; arruffata, scompigliata, scomposta, riccia, liscia, pettinata, acconciata, bianca, nera, bionda, rossa, grigia.
capillàre, *agg.* → SOTTILE.
capíre, *v.tr.* comprendere, intendere, percepire, conoscere, intuire, accorgersi, capacitarsi, persuadersi || cogliere il senso, entrare nel capo, immedesimarsi, intendere (a mezz'aria, a mezzo, fra le righe, il latino, per aria), intendicchiare, leggere in fronte, leggere fra le righe, mangiar la foglia, odorare, toccare nel fondo, rendersi conto, ritrarre, sentire, indovinare, trovare o ritrovare il bandolo d'una matassa, raccapezzarsi || capire al volo, subito, bene, male || contenere, abbracciare, includere; entrarci, arrivarci.
nomencl. (*attinenti*) intelligenza, intendimento, penetrazione, comprensione, intuizione, intelletto, intuito || facile, difficile, astruso, ambiguo.
contr. fraintendere, sbagliare, errare.

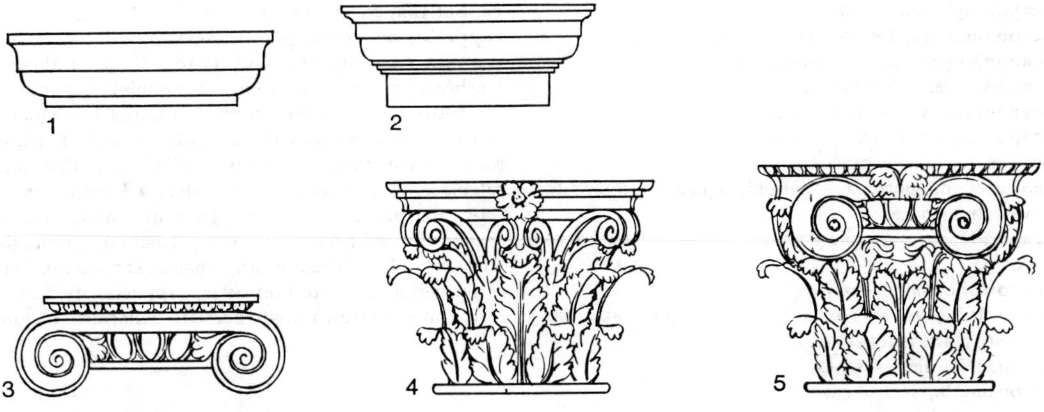

CAPITELLO - 1) ordine toscano; 2) ordine dorico; 3) ordine ionico; 4) ordine corinzio; 5) ordine composito.

capitàle[1], *agg.* del capo, a capo || → PRINCIPALE || (di peccato, di sentenza, di pena) → MORTALE || (di lettera) maiuscola || (di città) sede di Governo, metropoli || ***contr.*** secondario.
capitàle[2], *sm.* valore fruttifero, fondi, → DENARO.
nomencl. (*vari tipi*) azionario, circolante, fluttuante, oscillante, fisso, giacente, depositato, fruttifero, improduttivo, infruttifero, morto, inutile, liquido, investito, impiegato, impegnato, vincolato, ipotecato || (*attinenti*) capitalizzazione, entrata, interesse, rendita, frutto, saggio, tasso, usufrutto, profitto || *verb.* ammontare, capitalizzare, immobilizzare, investire, rintegrare, scorporare, impiegare, depositare.
capitalísmo, *sm.* → RICCHEZZA.
capitalísta, *sm.* → BORGHESE, RICCO.
capitanàre, *v.tr.* → GOVERNARE, GUIDARE.
capitaneggiàre, *v.tr.* → GOVERNARE.
capitàno, *sm.* → CAPO || GUERRIERO.
capitàre, *v.intr.* incappare || presentarsi, venire alla mano, giungere, arrivare, accadere, avvenire, succedere, avere una determinata sorte || arrivare per caso, arrivare a una cosa || intendere.
capitazióne, *sf.* → IMPOSTA.
capitèllo, *sm.*
nomencl. (*suddivisione*) campanellato, di modanatura, di scultura, rostrato, a calice || dorico, ionico, corinzio, composito, romanico, gotico, egizio, toscano || (*elementi*) àbaco, anello, anima, campana, canalicoli, cintura, collarino, collo, dado, echino, pulvino, viticcio, voluta.
capitolàre, *v.intr.* → ARRENDERSI || *agg.* → CAPITOLO, CLERO.
capitolàto, *sm.* → ACCORDO.
capitolazióne, *sf.* → RESA, ACCORDO.
capítolo, *sm.* → ADUNANZA || CANTO || PARAGRAFO || CLERO, ASSOCIAZIONE.
capitombolàre, *v.intr.* → CADERE.
capitómbolo, *sm.* → CADUTA.
capitóne, *sm.* → ANGUILLA.
càpo, *sm.* → TESTA || cima, inizio, estremità, lato, sorgente, → PRINCIPIO, FINE || sporgenza (*t. geogr.*) || oggetto, articolo, genere || nocciolo di una questione, di un ragionamento || condottiero, condottiere, duce, corifeo, superiore, governante, dirigente, dignitario, gerarca, maggiorente, magnate, notabile, comandante, guida.
nomencl. (*distinzioni*) amministrativo, civile, militare, religioso, scolastico, d'ufficio, di classe, di scuola, di tavola, di Stato, di stato maggiore, di popolo, di stazione, del governo, di assemblea || di imputazione || (*esemplificazioni*) capocaccia, capotamburo, capopartito, capotribú, capufficio, capoccia, capo ameno, capocomico, capo scarico, capoclasse, capotavola, capitano, caporale, capobanda, caposcuola, caporione, capobandito, capolega, decano, direttore, preside, presidente, proto, protonotario, protodiacono, protofisico, protomaestro, protomedico, maggiore, principale, soprintendente o sovrintendente, archiatro, archiatra, archiginnasio, archimandrita, architriclino, arcidiacono, arcidiocesi, arciprete, arcispedale, arcivescovo, governatore, gran maestro, podestà, sindaco, commissario, rettore, califfo, re, imperatore, sovrano, pascià, satrapo, voivoda, imano, monarca, ras, toparca, dinastia, capitale || *agg.* supremo, sommo, riconosciuto, eletto, nominato, creato, imposto || *verb.* rompere il capo, chinare il capo, alzare il capo, lavare il capo a uno, crollare il capo, dare il capo, grattarsi il capo, condannar del capo || correre da un capo all'altro, doppiare il capo || governare, dirigere, sovrintendere, comandare || venire a capo, mettersi, cacciarsi, ficcarsi in capo.
contr. subalterno, dipendente, sottoposto, sottomesso, vassallo, ligio, fedele, sommesso, ubbidiente, suddito, soggetto || acefalo, senza testa.
capobànda, *sm.* → CAPO.
capobandíto, *sm.* → CAPO.
capocàccia, *sm.* → CACCIATORE.
capòcchia, *sf.* → PUNTA.
capòccia, *sm.* → CAPO.
capocièlo, *sm.* → BALDACCHINO.
capoclàsse, *sm.* → CAPO.
capocòffa, *sm.* → CAPOGABBIERE.
capogabbière, *sm.* capocoffa, capomanovra.
capogàtto, *sm.* capostorno.
capogíro, *sm.* giracapo, vertigine.

capoluògo, *sm.* → CITTÀ.
capomanòvra, *sm.* → CAPOGABBIERE.
caponàggine, *sf.* → OSTINAZIONE.
capóne, *sm.* → OSTINATO.
caponería, *sf.* → OSTINAZIONE.
caporàis, *sm. indecl.* → BARCA.
caporàle, *sm.* → CAPO.
nomencl. di giornata || galloni, squadra, capoposto, caporalmaggiore.
caporalésco, *agg. spreg.* autoritario, sgarbato, rozzo, brusco.
caporióne, *sm.* → CAPO.
caposàldo, *sm.* → FONDAMENTO, PRINCIPIO, BASE, SOSTEGNO || FORTIFICAZIONE.
caposcàla, *sm.* → SCALA.
caposcuòla, *sm.* → CAPO.
capostípite, *sm.* → PATRIARCA.
capostórno, *sm.* capogatto.
capotàvola, *sm.* → CAPO.
capovèrso, *sm.* alinea, comma, daccapo; andare a capo.
capovòlgere, *v.tr.* → INVERTIRE, ROVESCIARE.
capovolgiménto, *sm.* → INVERSIONE.
càppa, *sf.* → CAPPOTTO, MANTELLO.
nomencl. cardinalizia, vescovile, canonicale, delle confraternite di penitenza.
cappamàgna, *sf.* → MANTELLO.
cappèlla, *sf.* oratorio, edicola, tempietto; battistero, → CHIESA.
nomencl. cappellano, cappellanía, benefizio, beneficio.
cappellàio, *sm.* cappellinaio, berrettaio, berrettinaio, cappellaia, crestaia, crestaina, modista.
nomencl. (*persone*) lustratore, modanatrice, cernitore, agguagliatore, follatore, trecciaiuolo, trecciaia || (*materie usate*) feltro, pelle, pelo (di lepre, di coniglio, di castoro, di vigogna, di cammello, di pecora), peluria, caluggine, seta, bavella, lana, felpa, velluto, cuoio, paglia (treccia), appretto, folla, secreto, tinta || (*strumenti*) arco, *avaloire*, babino, bracciolino di velluto, calcatoia, cardino, carri, conformatore, fenditrice, forma, gruccia, mazzuola o mazzetta, paletta, passacordone, rulletto, setolino, testiera || (*macchine*) allargatese, battiale, arsone meccanica, aspiratore, carda, follatrice, follone, imbastitrice, pressa, rasatrice, rifilatrice, sabbiosa, svarbatrice, sodatrice, soffiatrice, spuntatrice, tagliatrice, vellutatrice, sistole, torchio || (*operazioni*) carbonizzazione, cernita, decatiraggio, feltratura, follatura, imbastitura, lavatura, montatura, pomiciatura, pressatura, rimontatura, sbarbatura, secretatura, sodatura, soffiatura, spuntatura, lustratura o vellutazione, imbiancatura, sfilatura, soleggiatura || *agg.* abile, esperto, valente, lesto, svelto, onesto, maestro, finito, completo, impareggiabile, geniale, raffinato, moderno, ingegnoso, creatore, fantasioso, inventivo, estroso, praticone, inetto, inesperto || da uomo, per signora || *verb.* agguagliare, imbiancare, abbruscare, accappare, appinzare, approgriaggiare, feltrare, follare, imbastire, incrociare, informare, rinformare, scardinare, secretare, setolinare, spalettare, spelare, spianare, spuntare.
cappellàno, *sm.* → SACERDOTE.
cappellétto, *sm.* → CHIODO || agnellotto, tortellino || → BERRETTO.
cappellína, *sf.* → ELMO.
cappèllo, *sm.* copricapo, → BERRETTO.
nomencl. (*materia e forma*) di feltro , di paglia, di seta || a becco, a cupola, a gronda, a pioppino, a punta, a rocchetto, a staio, a pan di zucchero, alla bersagliera, alla tirolese, alla marinara, a molla, da società, a due punte, a tre punte, a cencio, a cilindro, a tuba, alla calabrese, a falda larga, alla lobbia, a lucerna, arricciato, alla bravo, a tagliere, a tre acque, a tre venti || (*equivalenti*) becchetto, morione, paiolino, pioppino, *sombrero*, tubino, tuba, *gibus*, panama, cappellino, berretto, cuffia, cilindro, bombetta, cappuccio, turbante, tocco, pileo, berretto frigio, berretto goliardico, magio-

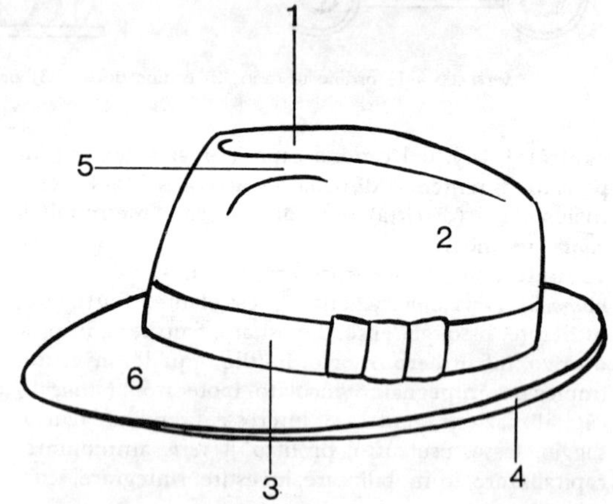

CAPPELLO – 1) cocuzzolo; 2) fascia; 3) nastro; 4) orlo; 5) piega; 6) tesa o falda.

strina, paglietta || (*parti*) cocuzzolo, frontone, fascia, fianchetto, fodera, giro del cappello, inceratino, orlo, piega, stampo, tagliere, tesa, velo, visiera, coccarda, cordone, nappina, pennacchio, soggolo || (*ecclesiastico*) tricorno, galero, papalina, zucchetto, mitra, tiara, camauro, cappuccio || (*militare*) *colback*, colbacco, feluca, *képí*, chepí, casco, elmo, lucerna, petaso, elmetto, bustina, basco || (*femminile*) cappotta, cappottina, canottiera, cuffia, monachina, nizzarda, pamela, cresta, *toque* || (*parti del cappello femminile*) cupola, carcassa, fondino, balza, blonda, bigherino, nastro, fiori, frontone, guarnizione, gala, ghirlandina, marabú, piume, veletta, *aigrette* || (*attinenti*) cappellaio, cappelliera, trabiccolino; scappellata, cappellata || *agg.* alto, basso, duro, molle, nuovo, usato, incincignato, gualcito, rotto, unto, bisunto, lercio, mencio, moscio, floscio, tondo, rostrato, malconcio, sbertucciato, sfondato || *verb.* acciaccare, comprimere, levare, mettere, scambiare, pulire, spazzolare, ripulire, sfondare, togliere, affogare nel cappello, calcarsi il cappello, ficcarsi il cappello in testa, misurare, provare il cappello, portare il cappello sulle ventitré, sventolare il cappello, stare a capo scoperto, abbrunire il cappello, → CAPPELLAIO.
cappellòtto, *sm.* → CHIODO.
càppio, *sm,* → CORDA.
capponàia, *sf.* → GABBIA || *fig.* → PRIGIONE.
capponàre, *v.tr.* → CASTRARE.

capponcèllo, *sm.* → GALLO.
cappóne, *sm.* → GALLO, CASTRATO.
cappòtto, *sm.* cappa, gabbano, pastrano, paltò, → MANTELLO.
nomencl. da scolta, comune, militare || (*equivalenti*) palandrana, ferraiolo, diftera, marinara, palamidone, pipistrello, schiavina, *spencer, ulster, raglan* || martingala || *agg.* lungo, corto, largo, stretto || *verb.* incappottare, impastranare, inferraiolare.
cappuccíno[1], *agg.* e *sm.* → FRANCESCANO.
cappuccíno[2], *sm.* caffellatte.
cappúccio, *sm.* → BAUTTA, BERRETTO.
nomencl. (*attinenti*) bacucco, caliptra, cappuccetto, camaglio, passamontagna, capule, cucullo, cocolla, scapolare, cercine || *verb.* imbacuccare, incappucciare, scappucciarsi, scappucciare.
càpra, *sf.*
nomencl. (*varietà*) del Cascemir, del Tibet, d'Angora || capro, caprone, irco, becco || caprume, pizzo, vello, càccola, cacherello || alluda, marocchino || capraio, pastore, belato, ovile, gregge || *verb.* belare, brucare.
capràio, *sm.* capraro, → PASTORE.
capraréccia, *sf.* → OVILE.
capràta, *sf.* → ARGINE.
capríccio, *sm.* desiderio, anfania, appetito, arbitrio, bizzarria, buzzo, capestreria, coccola, estro, fantasia, fantasticheria, fisima, fregola, frenesia, frullo, ghiribizzo, ripicco, griccio, gricciolo, grilletto, grillo, levata di testa, libito, luna, immaginazione, fanfaluca, furia, ira, cattiveria, mattana, pizzicore, puntiglio, prurito, ruzza, ruzzo, stranezza, scesa, ticchio, vanità, bizza, velleità, voglierella, voglietta, vogliucola, vogliuzza, stravaganza, → AMORE || anche *pl.* digressione, variazione, bizzarrie, estrosità, → DIVAGAZIONE, DISEGNO, MUSICA, LETTERATURA.
nomencl. *agg.* subitaneo, passeggiero, irragionevole, bizzarro, ostinato, ridicolo; da bambini, da donna || *verb.* avere, fare i capricci, incapriccire, incapricciarsi, soddisfare i capricci; perdere, togliere i capricci, scapricciare.
contr. atto ragionevole, saggio.
capricciòso, *agg.* balzano, bizzarro, bisbetico, estroso, fantasioso, ghiribizzoso, stravagante, strano, strambo, grottesco, squilibrato, nervoso, singolare, originale, irragionevole, illogico || passeggiero, subitaneo, incostante, volubile || capo bizzarro.
contr. ragionevole, ponderato, inalterabile, equilibrato, savio, saggio || costante, metodico.
caprifòglio, *sm.* → EDERA.
capríle, *sm.* → OVILE.
capriòla, *sf.* → CADUTA.
capriolàre, *v.intr.* → BALLARE, CADERE.
càpro, *sm.* irco, caprone, becco, → CAPRA || *fig.* capro espiatorio, → VITTIMA.
capróne, *sm.* → BECCO.
càpsula, *sf.* involucro || → CARTUCCIA.
nomencl. (*tipi*) manometrica, articolante, cristallina, sinoviale, cerebrale, surrenale || detonante, fulminante ordinaria, fulminante elettrica || *verb.* incapsulare.
captàre, *v.tr.* → PRENDERE, ATTIRARE, CATTIVARSI.
captazióne, *sf.* intercettazione || raggiro, → IMBROGLIO.

captívo, *agg.* e *sm.* cattivo (*ant.*), prigioniero, schiavo → CATTIVITÀ, PRIGIONIA.
capziosità, *sf.* → CAVILLO.
capzióso, *agg.* → AVVOCATESCO, INGANNEVOLE.
carabàttola, *sf.* → INEZIA.
carabína, *sf.* → FUCILE.
nomencl. (*tipi*) rigata, Albini, a ripetizione || (*parti*) canna, cassa, culatta mobile, acciarino, bacchetta, fornimenti, daga, baionetta, accessori.
carabinière, *sm.* gendarme, corazziere, arma benemerita.
nomencl. reale, pontificio, a cavallo, a piedi || (*gradi*) appuntato, brigadiere, vice-brigadiere, maresciallo di alloggio, ordinario, capo, maggiore || (*pertinenti*) stazione, tenenza, compagnia, legione || carabina, lucerna, tracolla.
càrabo, *sm.* → NAVE.
caràcca, *sf.* → NAVE.
caracollàre, *v.intr.* → CAVALCARE, CORRERE.
caràffa, *sf.* → VASO, BICCHIERE, BOTTIGLIA.
caramèlla, *sf.* confetto, → PASTIGLIA.
nomencl. (*varie specie*) di frutta, di menta, al liquore, di banana, di ananasso; dissetante, aperitiva, digestiva; per la gola, per la voce, per l'alito, *drop* || caramellaio, caramellaia || *verb.* caramellare.
caramellàio, *sm.* → PASTICCIERE.
caràta, *sf.* → BOTTE.
caratàre, *v.tr.* → PESARE.
caratèllo, *sm.* → BARILE.
caràto, *sm.* → PESO.
caràttere[1], *sm.* tipo, segno, lettere tipografiche || → SCRITTURA.
nomencl. tipografico, calligrafico, scrittorio, mobile || (*varietà*) aldino, bastardo, bodoniano, di fantasia, elzeviro, formatello, garamoncino, garamone, gotico antico, gotico moderno, gotico tedesco, grassetto, inglese, italico, normanno, romano || neretto, tondo, maiuscolo, minuscolo, maiuscoletto, corsivo || (*attinenti*) allineamento, incassamento, appianamento, altezza, assortimento, corpo, fusto, grazia, matrice, occhio, piede, punto, punzone, soprana, spalla, tacca, cassa || composizione || (*operazioni*) comporre, cilindrare, comporre a dilungo, leggere in piombo, marginare, refusare, scomporre, aggiustare le righe, andare a rovesci.
caràttere[2], *sm.* natura, naturale, disposizione, costituzione, maniera d'essere, complessione, fisionomia, indole, umore || fermezza, costanza, intrepidezza, imperturbabilità, tenacia || attributo, stile, tendenza, impronta, qualità, suggello || → ANIMO, TEMPERAMENTO, ASPETTO, BIOGRAFIA.
nomencl. sacro, sacerdotale, cristiano, sacramentale, indelebile || *agg.* allegro, gioviale, sereno, ameno, faceto, gustoso, brillante, vivace, lepido, ilare, svagato, spensierato, malinconico, triste, infelice, taciturno, bonario, mansueto, buono, benevolo, indulgente, urbano, affabile, garbato, gentile, grazioso, affettuoso, dolce, quieto, cordiale, onesto, cattivo, sgarbato, crudele, rozzo, brutale, bizzarro, volubile, balzano, bisbetico, capriccioso, curioso, estroso, lunatico, pazzerello, singolare, strambo, strano, stravagante, serio, severo, sin-

CARATTERI DA STAMPA – 1) altezza; 2) corpo; 3) spalla; 4) tacca; 5) piede; 6) fusto; 7) grazia; 8) righe tipografiche (1 riga = 12 punti) 9) corpi di carattere nell'ordine dal corpo 6 al corpo 60; 10) carattere Bodoni chiaro tondo corpo 30; 11) Bodoni corsivo chiaro corpo 30; 12) Bodoni neretto tondo corpo 30; 13) Bodoni nero tondo corpo 30; 14) Garamond tondo chiaro corpo 36; 15) Normandia tondo corpo 30; 16) Clarendon tondo neretto corpo 28; 17) Grottesco Helvetica tondo neretto corpo 36.

cero, forte, adamantino, inflessibile, inesorabile, irremovibile, saldo, indomabile, intransigente, ostinato, debole, femmineo, fiacco, leggero, molle, snervato, smidollato || *verb.* imprimere, formare, plasmare, drizzare, mancare di carattere, rafforzare.
contr. volubilità, mollezza, fiacchezza; uomo anodino, senza energia, senza carattere, incolore, insignificante.
caratterística, *sf.* → ASPETTO, ATTRIBUTO, DISTINZIONE.
caratterístico, *agg.* → TIPICO, PROPRIO, PARTICOLARE.
caratterizzàre, *v.tr.* → DISTINGUERE.
caravèlla, *sf.* → NAVE.
carbonàia, *sf.* → CARBONILE.
carbonàta, *sf.* → BISTECCA.
carbonàto, *sm.*
nomencl. di magnesio, di soda, di potassio, di calcio || bicarbonati, sali, alcalini.
carbònchio, *sm.* → RUBINO || GOLPE.
carbóne, *sm.* antracene, carbonella || → GOLPE.
nomencl. (*distinzioni*) bianco, animale, di castagno, di stipa, di Belloc, di spacco, di squarto, di torba, di legna, fossile || lignite, litantrace, torba, antracite, carbonite, *coke* || (*prodotti*) antracene, benzina, catrame, naftalina, chinolina, metano, *grisou* o grisú, paracreosolo, parvolina, picene, picolina, pireno, saccarina || (*attinenti*) carbonaio, carbonaia, braciere, carbonile || carboncello, bracia, bragia, brasca, tizzo, tizzone, cannello, fumacchio || *agg.* dolce, forte, naturale, artificiale, vivo, acceso || *verb.* carbonizzare, schizzare, sfarinare, spolverare, estrarre, distillare, bruciare.
carbonèlla, *sf.* → CARBONE.
carbonería, *sf.*
nomencl. (*gerarchia*) Ordine, Alta e potentissima Assemblea, Stati Carbonarici, province, dipartimenti, monti, vendite || (*amministrazione*) Alta Vendita, ufficiali (gran presidente, gran oratore) || (*gradi*) apprendisti, maestri, cavalieri di Tebe, discepoli, apostoli, evangelisti, patriarchi, arcipatriarchi, potentissimi arcipatriarchi || carbonaro || (*simboli*) acqua (purificazione), chiodi della crocifissione (abitudine al dolore), pertica e chiodi (dovere dell'abitudine al dolore), croce (dolore dei virtuosi per poter trionfare), legna affastellate (l'insieme dei carbonari), sale (virtù incorruttibile), scala (progresso graduale), sole (astro vivificatore), tronco d'albero (superficie terrestre e vita che guarda il cielo), radici (fermezza), fronde verdi (eterna giovinezza), berretto frigio, pugnale || (*distintivi*) *échantillon*: BB... CC... CC... (buoni cugini carbonari), pezzo di legno lavorato tagliato a becco di flauto, fregiato di nastri, fascia dai colori carbonarici, coccarda, gioiello, accetta, pala, zappa, pannolino bianco, pertica, vendita || (*motti*) Liberare la foresta dai lupi, Alla gloria del Gran Maestro dell'Universo.
contr. sanfedista, codino, parruccone, retrogrado, retrivo.
carboníccio, *agg.* → NERO.
carbonièra, *sf.* → CARBONILE.
carboníle, *sm.* carboniera, carbonaia.
carbònio, *sm.* carbone.
nomencl. nativo, puro (diamante), polimorfo || (*affini*) grafite, carbonite, diamante, carbon fossile, acido carbonico, carburo, ossidi di carbonio, idrati di carbonio, ossi-solfuro di carbonio.
carbonizzàre, *v. tr.* → BRUCIARE.
carbonizzazióne, *sf.* → DISTILLAZIONE.
carburànte, *sm.* combustibile liquido, essenza, benzina, nafta || succedaneo.
carcàme, *sm.* → CADAVERE, CARCASSA.
carcàssa, *sf.* carcame, ossame, ossatura, scheletro → CADAVERE.
carceràre, *v.tr.* incarcerare, mettere in prigione, imprigionare, mettere in carcere, rinchiudere in carcere.
contr. scarcerare, liberare, rilasciare || evadere.
carceràto, *pps.* di carcerare || *sm.* → PRIGIONIERO.
carcerazióne, *sf.* imprigionamento, reclusione, detenzione, segregazione, → ARRESTO.
contr. scarcerazione, liberazione || evasione.
carcinòma, *sm.* → CANCRO, TUMORE.
càrcere, *sm.* e *f.* → PRIGIONE.
nomencl. (*distinzioni*) giudiziario, mandamentale, preventivo, duro, di rigore, minorile, di espiazione || (*persone*) direttore, comandante, secondino, carceriere, agente di custodia, agente carcerario, cappellano, guardiano, custode || carcerato, arrestato, detenuto, recluso || (*pertinenti*) cella, sbarre, cancello, spioncino, tavolaccio || carcerazione, scarcerazione, evasione || *verb.* carcerare, scarcerare, imprigionare, segregare, rilasciare, liberare, mettere in libertà, evadere.
carcerière, *sm.* custode, agente di custodia, secondino, guardia carceraria, comandante, sentinella, piantone, aguzzino (*pegg.*).
carciòfo, *sm.* cardo, presame.
nomencl. (*varietà*) nostrani, forestieri, selvatici, primaticci, piccoli, grossi, con o senza spunzoni, verdi, paonazzi, rossi, bianchi, con la barba, madornali || gobbo, mazza ferrata, peretta || (*parti*) carduccio, girello, grumolo, spine o spuntoni || carciofaia, carciofaio || (*cucinati*) in salsa, sulla gratella, fritti, alla provenzale, in fricassea di pollo, alla *barigoule*, al sugo, ripieni, alla giudia, sott'olio || *verb.* mangiare il carciofo, saper pelare il carciofo.
càrco, *pps.* di carcare || *agg. poet.* → CARICATO || *sm. poet.* → FARDELLO, PESO.
cardaiòlo, *sm.* → CARDATORE.
cardàre, *v.tr.* cardeggiare, carminare, scapecchiare, scardassare, scarmigliare, scotolare, garzare, ricardare, pettinare.
cardatóre, *sm.* cardaiolo, cardinaio, ciompo, concialana, gazzatore, pettinatore, scardassatore, scardassiere, scardassino, materassaio.
nomencl. di lana, di canapa, di lino || (*attrezzi*) apritrice, cardatrice, cardo, gramola, pettinatrice, pettine, riunitore, tamburo || (*operazioni*) cardare, garzare, ricardare.
cardeggiàre, *v.tr.* → CARDARE.
cardíaco, *agg.* cardiopatico.
cardinàio, *sm.* → CARDATORE.
cardinalàto, *sm.* → BENEFICIO.
cardinàle, *sm.* porporato, principe della Chiesa, → SACERDOTE, CLERO.
nomencl. (*distinzioni*) cardinale-vescovo, cardinale-prete, cardinale-diacono; datario, decano, camerlengo, legato, legato *a latere*, penitenziere maggiore, segreta-

rio di Stato, vicario, *in pectore*, di curia || (*titoli*) titoli presbiterali, titoli diaconali regionali e palatini, titoli dei vescovi suburbicari || eminenza, eminentissimo principe || (*indumenti*) berretta, cappa magna, cappello rosso, galero, croccia, porpora, zucchetto rosso || (*azioni*) elevazione, riservare *in pectore*, preconizzare, dare il cappello, imporre la berretta, aprire e chiudere la bocca, adorazione || Sacro Collegio, Conclave, Concistoro, congregazione || nepotismo || *agg.* nipote, palatino, papabile, regionario, protettore, ponente, caudatario, conclavista.

cardinalésco, *agg.* cardinalizio.

cardinalízio, *agg.* cardinalesco.

càrdine, *sm.* arpione, ganghero, bandella, perno, ago || *fig.* → BASE, FONDAMENTO, PRINCIPIO.

nomencl. *agg.* cardinale || *verb.* girare sui cardini, scardinare, imperniare, incardinare, sgangherare, uscir dai gangheri.

cardiopàlmo, *sn.* → BATTICUORE.

cardiopàtico, *agg.* cardiaco.

cardioplegía, *sf.* . → PARALISI.

càrdo[1], *sm.* → CARCIOFO.

càrdo[2], *sm.* → SPAZZOLA.

carènza, *sf.* → ASSENZA, MANCANZA.

carestía, *sf.* → FAME, MANCANZA.

carézza, *sf.* accarezzamento, amorevolezza, moina, vezzo, daddoli (*pl.*); finezza, tenerezza, blandimento, → LUSINGA.

nomencl. *agg.* bambinesca, leziosa, molle, delicata, morbida, effeminata, voluttuosa, tenera, soave, amabile, lieve, blanda, gentile, piacevole, amorevole, languida, asinina, sgarbata, villana, rustica, rude, scortese, malgarbata, maleducata, facchinesca || *verb.* carezzare, accarezzare, far carezze, lisciare, lusingare, addolcire, molcere, vezzeggiare.

carezzàre, *v.tr.* accarezzare, far carezze, lisciare, vellicare, addolcire, temperare, toccare sotto il mento || lusingare, vezzeggiare, secondare, molcere, blandire, curare, coltivare.

contr. maltrattare, picchiare, battere || trascurare, urtare, respingere.

carezzévole, *agg.* → AFFETTUOSO.

carezzevolménte, *avv.* → BENEVOLMENTE.

cariàre, *v.tr.* → GUASTARE.

càrica[1], *sf.* incarico, ufficio pubblico, dignità, grado, attributo, impiego importante, impiego onorifico, → AUTORITÀ || ATTACCO.

nomencl. *agg.* importante, notevole, ragguardevole, rilevante, principale, di molto peso, onerosa, pesante, gravosa, impegnativa, ufficiale, onorifica, insignificante, irrilevante || *verb.* dare, avere, investire, conferire, accettare, disimpegnare, rivestire.

càrica[2], *sf.* esplosivo, munizione.

nomencl. esplosiva, dirompente, micidiale, innescata, disinnescata, di lancio, di scoppio || *verb.* innescare, disinnescare, preparare, caricare, intasare, piotare.

caricàre, *v.tr.* ricaricare, addossare, assomare (*ant.*), mettere addosso, ingropparsi, rendere onusto, oberare, sopraccaricare, sovraccaricare, imbarcare, empire, aggravare, accollare || premere, pesare, opprimere, aumentare, esagerare || → ATTRIBUIRE || caricare di botte, → BASTONARE.

contr. scaricare, sgravare, togliere, levare, alleggerire, alleviare.

caricàto, *pps.* di caricare || *agg.* onusto, carico, carco, gravato, ponderoso || *fig.* → AFFETTATO, ESAGERATO.

contr. scarico, libero || naturale, semplice, spontaneo.

caricatúra, *sf.* → ESAGERAZIONE || ritratto umoristico, contraffatto, → DISEGNO.

caricaturísta, *sm.* → PITTORE.

càrico, *agg.* aggravato, caricato, teso, preparato a scattare o a esplodere || → PIENO || *sm.* roba caricata, fardello, peso, gravame, onere, soma, pondo, gravezza || *fig.* obbligo, responsabilità, impegno, incarico, briga, cura, scapito, pregiudizio || accusa, imputazione || biasimo, vergogna, colpa || → IMPOSTA.

contr. scarico, sgravato, scaricato, alleggerito, senza brighe, libero.

caríno, *agg.* → BELLO.

carità, *sf.* amore, affetto || pietà, umanità, misericordia, bontà || elemosina, beneficenza, filantropia, liberalità, favore || cuore di carne.

nomencl. (*attinenti*) opere di carità, opere di misericordia, istituti di carità, spirito di carità || filantropo, filadelfo, viscere di pietà, caritatevole, umanitario, benefattore || *agg.* fraterna, generosa, larga, munifica, prodiga, fiorita, opportuna, provvidenziale, tempestiva, benigna, amorevole, cortese, disinteressata, pelosa, cristiana, evangelica.

contr. egoismo, avarizia, disumanità, crudeltà, malvagità, illiberalità, durezza di cuore, cuore di sasso.

caritatévole, *agg.* pietoso, umano, pio, soccorritore, soccorrevole, liberale, generoso, largo, filantropo, benefattore, benigno, → BUONO.

contr. egoista, avaro, duro, spietato, inumano.

caritatevolménte, *avv.* cristianamente, filantropicamente, generosamente, pietosamente, soccorrevolmente.

contr. egoisticamente, spietatamente, duramente.

carlóna (alla), *loc. avv.* → NEGLIGENTEMENTE.

càrme, *sm.* → POEMA, POESIA.

carminàre, *v.tr.* → CARDARE.

carminatívo, *agg.* e *sm.* → LASSATIVO.

carnacciúto, *agg.* muscoloso, carnuto, sovrabbondante, in carne → CARNOSO, GRASSO.

contr. esile, magro, gracile, estenuato, sparuto, ossuto.

carnagióne, *sf.* carne e carni (*pl.*), incarnato, colorito, tinta, cera, carnato, guancia.

nomencl. *agg.* bella, vezzosa, brutta, fresca, gentile, riposata, sana, avvizzita, vizza, floscia, appassita, rugosa, liscia, delicata, bianca, lattea, rosea, nativa, bruna, scura, bronzina, bronzata, abbronzata, nera.

carnàio, *sm.* sepoltura comune, cimitero; carname || *fig.* → STRAGE.

carnaiòlo, *sm.* → MACELLAIO.

carnàle, *agg.* corporeo, corporale || sensuale, vizioso, sessuale, lussurioso || consanguineo, → PARENTE.

contr. spirituale || ascetico, casto || estraneo.

carnalità, *sf.* desiderio (v.), brama o abitudine sensuale, lussuria, sensualità, concupiscenza, appetito carnale.

contr. pudicizia, purità, castità, castimonia, spiritualità.
carnalménte, *avv.* sensualmente, lussuriosamente, sessualmente, corporalmente.
contr. castamente, pudicamente, idealmente, spiritualmente.
carnàme, *sm.* → CARNAIO || CARNE.
carnascìàle, *sm.* carnevale → BALDORIA.
carnascialésco, *agg.* → CARNEVALESCO.
carnàto, *sm. rar.* → CARNAGIONE, COLORITO || *agg.* → CARNICINO.
càrne, *sf.* carniccio, carname, ciccia, muscolo, polpa, corpo || → CARNAGIONE.
nomencl. (*varietà*) comune, di lusso, da macello, ovina, suina, equina, caprina o ircina, vaccina o armentaria; cotta, cruda, tosta, bollita, affumicata, salata, trita, conservata, arrostita, cotta alla scappadora, verdemezza, insaccata || (*pertinenti*) muscolo, rafe, taglio, tendine, tiglio, brandello, grassello, tagliuolo, brincello, brano, lacerto, gelatina, peptone, sugo || antropofagia, carnivoro, creofagia, ippofagia, omofagia, zoofagia || *agg.* bianca, rossa, fresca, alida, disossata, bolsa, callosa, filosa, frolla, grassa, magra, mista, grossa, guasta, legnosa, mucida, passata, polposa, sanguinante, sfatta, soda, stantia, tenera, dura, tigliosa, tirante, battuta, pesta, secca || *verb.* affumicare, disossare, frollare, imbudellare, insaccare, salare, scarnare, cuocere, far bollire, arrostire, tritare, lardare, cucinare, preparare, rimpolpare, spolpare, scarnificare.
carnèade, *sm.* → IGNOTO.
carnéfice, *sm.* boia, giustiziere, manigoldo, tormentatore, impiccatore, esecutore di giustizia || *fig.* uomo crudele, inumano, aguzzino.
nomencl. (*strumenti*) tirapiedi, mannaia, forca, ruota, tormenti, patibolo, ghigliottina, alte opere, *monsieur de Paris* || *agg.* truce, crudele, feroce, bieco, sinistro, torvo, tristo, losco, abietto, vile, sordido, ignobile, infame, obbrobrioso, scellerato, malvagio.
carneficína, *sf.* → STRAGE.
carnevalàta, *sf.* → BUFFONATA.
carnevàle, *sm.* carnasciale, carnovale, → BALDORIA.
nomencl. (*varietà*) romano, ambrosiano, studentesco, dei bambini || (*attinenti*) carnevalata, berlingaccio, berlingaccino, corso mascherato, mezza quaresima, sabato grasso, giovedí grasso, veglia, veglione, coriandoli, maschere, stelle filanti, gettoni || *agg.* alto, basso, mascherato || *verb.* aprire il carnevale, scarnevalare, sberlingacciare, scarnascialare, sotterrare il carnevale.
carnevalésco, *agg.* carnascialesco, → BUFFO.
carníccio, *sm.* → CARNE.
carnicíno, *agg.* e *sm.* incarnato, carnato, color carne, incarnatino.
carnosità, *sf.* → GRASSEZZA.
carnóso, *agg.* carnuto, carnacciuto, sovrabbondante di carne, muscoloso, bene in carne, polputo, formoso, → GRASSO.
contr. esile, asciutto, sottile, tenue, magro, ossuto, pelle e ossa, striminzito.
carnovàle, *sm.* → CARNEVALE, BALDORIA.
carnúto, *agg.* → GRASSO, CARNOSO, CORPACCIUTO.
càro, *agg.* dolce, gentile, grato, grazioso, soave, amabile, simpatico, → AMATO || prezioso, pregiato, costoso, di molta stima, di molta spesa, di alto prezzo.
contr. disamato, odiato, ostico, discaro, stimato poco || economico, di poco costo, di poca spesa, di prezzo modico, a buon mercato.
carógna, *sf.* → CADAVERE || *fig.* → MASCALZONE.
caròla, *sf.* → BALLO.
carolàre, *v.intr.* → BALLARE.
carosèllo, *sm.* → GIOSTRA.
caròta, *sf. fig.* → BUGIA.
carotàio, *agg.* e *sm.* → FALSO.
caròtide, *sf.*
nomencl. interna o cerebrale, esterna o facciale, primitiva o comune.
carovàna, *sf.* brigata, comitiva, *safari,* → COMPAGNIA.
nomencl. oasi, deserto, cammelliere, caravanserraglio, pagasio, portatori.
càrpa, *sf.* carpione.
carpentière, *sm.* carraio, carradore || maestro d'ascia, → FALEGNAME.
carpionàre, *v.tr.* marinare (pesci).
carpióne, *sm.* carpa.
carpíre, *v.tr.* portar via, sottrarre, strappare, estorcere, ghermire, sgraffignare, abbrancare, artigliare, → PRENDERE, RUBARE, FRODARE.
contr. chiedere gentilmente, prendere con garbo, con belle maniere.
carradóre, *sm.* → CARPENTIERE, FALEGNAME.
carràia, *agg.* → CARREGGIABILE.
carràio, *sm.* → CARPENTIERE.
carraréccio, *agg.* → CARREGGIABILE.
carreggiàbile, *agg.* e *sf.* camionabile, camionale, carrozzabile, rotabile, carrareccio, carraia, carrettabile, calessabile.
nomencl. *agg.* larga, stretta, comoda, buona, diritta, agevole, piana, pianeggiante, ben tenuta, mal tenuta, scomoda, pericolosa, tortuosa, accidentata, serpeggiante, ripida, impraticabile, panoramica, litoranea, asfaltata, selciata, lastricata, affossata, fangosa, polverosa, interrotta, ripristinata || *avv.* a zig-zag, a schiena d'asino.
contr. viottolo, sentiero, cammino, pista, mulattiera, cavalcabile.
carreggiàta, *sf.* → ROTAIA, GUIDA.
carréggio, *sm.* → FARDELLO.
carrèllo, *sm.* → CARRO.
carrétta, *sf.* → CARRO.
nomencl. (*alcuni tipi*) militare, da battaglione, da muratore || carriola, slitta, furgoncino || carrettaio, carrettiere, conducente, carrettata.
carrettàbile, *agg.* → CARREGGIABILE.
carrettàio, *sm.* → CARRETTIERE.
carrettière, *sm.* barocciaio, birocciaio, vetturale, carrettaio, conducente.
carrétto, *sm.* → CARRO.
nomencl. a mano, da traino || (*affini*) barella, carriola, cassino, gabazza || (*parti*) sterzo, stanghe o braccia, ruote.
carrettóne, *sm.* → CARRO.
carriàggio, *sm.* → FARDELLO || CARRO.
carrièra, *sf.* → CORSA || curricolo, → PROFESSIONE.
nomencl. impiegatizia, militare, diplomatica, ecclesiastica || carrierista || *agg.* veloce, fortunata, invidiabile,

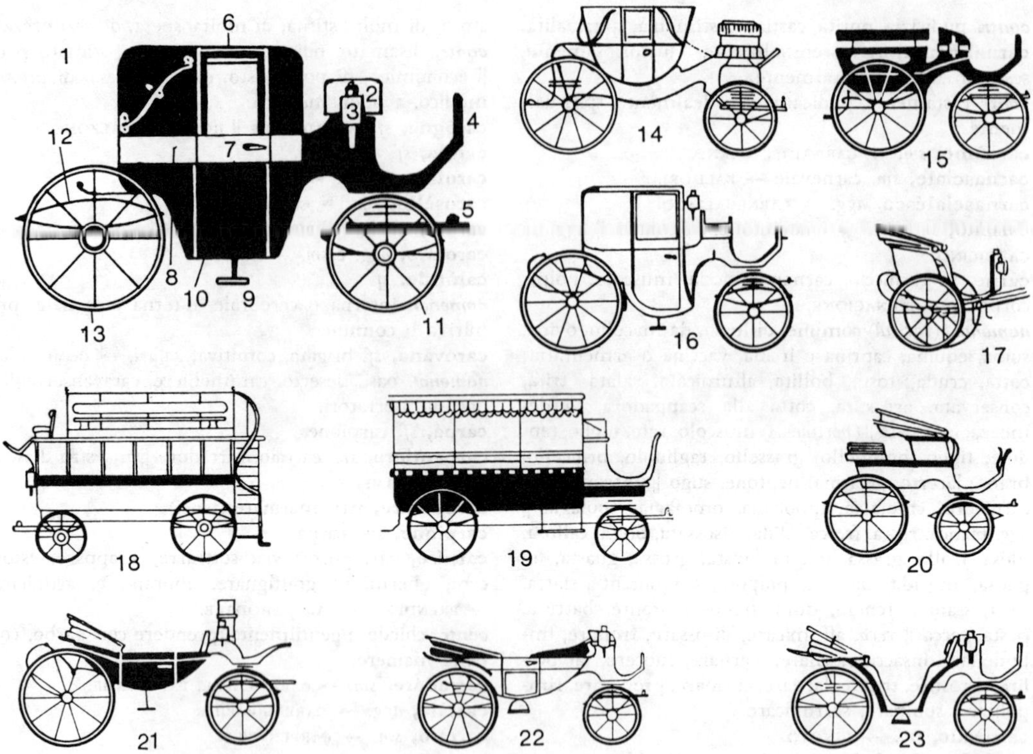

CARROZZA – 1) fiacre; 2) cassetta; 3) fanale; 4) parafango; 5) portastanghe; 6) imperiale; 7) maniglia; 8) fiancata; 9) predellino; 10) sportello; 11) ruota anteriore; 12) sospensione o molla; 13) ruota posteriore; 14) berlina; 15) breack; 16) coupé o cupè; 17) calessino; 18) omnibus; 19) char-à-bancs; 20) phaéton; 21) calesse; 22) landò; 23) vittoria.

magnifica, luminosa, gloriosa, lunga, breve, sfortunata, grigia, ingloriosa, oscura || *verb.* far carriera, iniziare la carriera, troncare la carriera.

carriòla, *sf.* → CARRO.

càrro, *sm.* ambulanza, legno, veicolo, vettura, carretta, carretto, carrello, carriuola o carriola, carroccio, carrettone, carrozzone, carriaggio, autocarro, camion, barroccio, biroccio, biroccino, basterna, benna, calesse, calessino, trabiccolo, traino, trespolo, furgone, vagone || → CARROZZA || carro armato, → AUTOBLINDATA.

nomencl. (*vari tipi*) ferroviario, ordinario, matto, trionfale, militare, armato, blindato, agricolo, da trasporto, falcato, funebre || carro-attrezzi, carroleva, cassino, quadriga, sbarello, sterzo, cassone, biga, esseda || (*parti*) letto, ruote, sterzo, timone, avantreno, scannello, cassa, cassetta, forca, girello, molle, sala, sponda || *verb.* attaccare, staccare, caricare, scaricare, trainare, condurre || arrotare o arrotarsi, cigolare.

carròccio, *sm.* → CARRO.

carròzza, *sf.* bàghero, bagherino, berlina, biga, birba, birbino, bombè, *breack*, *brougham*, bussola, *cab*, *cabriolet*, carrozzella, carrozzino, *char-à-bancs*, cesta, cocchio, cupè, *coupé*, diligenza, *fiacre*, fiàcchere, giardiniera, landò, lettiga, omnibus, *phaéton*, quadriga, *tilbury*, tiro a due, a quattro, a sei, slitta, *troika*, calessino, velocifero, vittoria, *vis-à-vis*, tranvai, tranvia, veicolo, vettura || → CARRO.

nomencl. (*varianti*) aperta, scoperta, chiusa, a molle, di corte, di gala, di lusso, di padronato, stemmata, d'affitto, di vettura, di rimessa, da viaggio, di piazza, pubblica, con tiro a due, a quattro, a sei || (*parti*, *accessori*) asse o sala, avantreno, balza, bilancia, bilancino, borsa, carro, cassa, bandelloni, cassetta, cielo, cignone, contromantice, *coupé*, cristallo, fiancata, maniglione, funghi, fuselli, gobba, guscio, imperiale, maniglia, manopola, mantice, molla, molla a balestra, montatoio, parafango, pedana, pedanine, portastanghe, predellino, rete, riposi, rocchetti, rotino, ruota, scannello, sedile, seggiolo, serpe, copertone, sopracielo, spalliere, sperino, sportello, frullino, staffa, stanghe, sterzo, subbiello, tendina, tettino, timone, traino, ventole, zoccolo, bronzina, bruscotto, candelotto, cerchione, cigna, contatore, fanale, forchetto, fornimento o finimento, guanciale, martinicca, scarpa || (*specie*) ambulanza, bagatello, basterna, botte, *brum*; drosca, equipaggio, fiacchere, tarantassa, timonella, trabiccolo, treggia, vagone, victoria, vittorina || (*attinenti*) scarrozzata, carrozzata, corso, corteggio, rimeno, arrotata, investimento, ribaltatura, trallalio, tramenio, pariglia, muta || (*addetti*) cocchiere, conduttore, *brumista*, vetturino, vetturale, fiaccheraio, postiglione, lacché, staffetta, stafﬁere, mozzo di stalla || carrozzaio, carrozziere, carradore, carraio, sellaio, maniscalco || (*azioni*) incarrozzarsi, scarrozzare, rimenare, arrotare, investire, ribaltare, traballare, attaccare, staccare, far vettura, vettureggiare, rovesciarsi.

carrozzàbile, *agg.* → CARREGGIABILE.
carrozzàio, *sm.* carrozziere.
carrozzèlla, *sf.* → CARROZZA.
carrozzière, *sm.* carrozzaio.
carrozzíno, *sm.* → CARROZZA.
carrozzóne, *sm.* → CARRO.
carrúcola, *sf.* bozzello, girella, paranco, puleggia, cazzascotta.
nomencl. (*attinenti*) a cassetta, pastecca, quarnale, troco, quinale || *verb.* incarrucolare, scarrucolare..
càrta, *sf.* cartaccia || → DOCUMENTO || CARTAPECORA || carta da o di visita, → BIGLIETTO.
nomencl. (*varietà*) bambagina, cartapaglia, a colla, senza colla, a filone, alla forma, a macchina, a mano || di alfa, di marmo, di legno, di paglia, di riso || dorata, argentata, bronzata, damascata, cilindrata, rigata, marezzata, ondata, marmorizzata, marocchinata, pergamenacea, sagrinata || inamidata, albuminata, impermeabile, incombustibile, elettrica, vegetale, velata, trasparente || (*speciale*) cartone, cartapecora o pergamena, cartapesta, carta vetrata, da parati o a fiorami, fioretto, asciugante, senapata, bollata, cartacarbone, cartamoneta, carta moschicida, papiro, da filtro, cianografica, per sigarette, per affissi || (*formati*) notarile, doppio notarile, protocollo, pellegrina, doppia pellegrina, leona, realino, reale, sott'imperiale, imperiale, elefante || quartina, quadrotta, quadrotta grande, rispetto, sestina, doppia olandese || (*da scrivere, da stampa*) carta rigata, autografica, da giornale, da rotocalco, da fotolito od *offset*, da litografia, collata, comune da scrivere, gelatinata, granita, pimentata, da biglietti, mezzofina, vergata, fine, tripla colla, a mano, a manomacchina, velina, filogranata, telata, indiana, patinata, da lettere (ottavina, sestina, quartina, mezzanella olandina), da lettera uso inglese, rasata, goffrata, liscia, calandrata, satinata, da disegno, da lutto, da registro, da lucidi, da minuta, cartoncino da cartoline, cartoncino opalino o Bristol, da protocollo, da ricalchi, da stampa, per copialettere || (*da impacco*) pergamenata, pergamena vegetale, mille righe, monolucida, biancastra, grisetta, camoscio, morella, fioretto, paraffinata, catramata, cartone (tipo cuoio, mezzo cuoio, bigio, ondulato, vegetale) || (*fabbricazione*) cartiera, cartaio || (*materie*) cellulosa, cenci, paste (chimiche, meccaniche), sparto, alfa, canapa, ginestra, lino, legno, ocra, paglia, riso, papiro, pelucco, colofonia, gelatina, resine sintetiche, solfato di allumina, caolino, talco, carbonato di calcio || (*vari usi*) foglio, foglietto, pagina, risma, bobina, rotolo, quaderno, quinterno, biglietto, giornale, busta, registro, scheda, cartolina, cartella, agenda, taccuino, sacchetto, brogliasso o brogliazzo, capitello, cartoccio, involto, scartafaccio, piego || (*attinenti*) fibra, filigrana, falena, incarto, infinestratura, mezzetto, piega, rigo, sbavatura, sesto, zazzera, picnometro, cartaceo, scarto, monachine || *agg.* bianca, colorata, lucida, fine, andante, grossolana, scelta, grossa, sottile, straccia, stracciata, bagnata, consumata, lacera, strappata, spiegazzata, ingiallita, polverosa, unta, lurida, sporca, sudicia, tagliata || (*operazioni*) accartocciarsi, avvolgere, accartocciare, aggrinzirsi, raggrinzirsi, spandere, spelare, assorbire || acquadernare, bollare, infinestrare, legare, mettere, raccogliere, piegare, raffilare, rincartare, rotolare, scartare, spiegazzare, strappare, rompere, svolgere, tagliuzzare, traforare.
cartacarbóne, *sf.* → CARTA.
cartàccia, *sf.* → CARTA.
cartapàglia, *sf.* → CARTA.
cartapècora, *sf.* pergamena, membrana, carta pecora, *vélin* || palinsesto, codice membranaceo o pergamenaceo.
nomencl. (*varietà*) italiana, spagnola, tedesca, francese || vitulina, caprina, pecorina || (*preparazione*) calce, creta, pomice || sutura || stile o stilo, calamo, circino, regolo, pennello, penna di volatile, coltello, piombo || (*operazione*) conciare, preparare, confezionare, lisciare, imbianchire, cucire, arrotolare, scrivere, rigare.
cartapésta, *sf.* → CARTA.
cartastràccia, *sf.* → CARTA.
cartàta, *sf.* → PACCO.
cartavetràta, *sf.* → CARTA.
càrte da giòco,
nomencl. carta del miracolo, di ripresa, quadra, nuda, vestita || (*figure*) asso, carico, cartiglia, figura, gioco, mazzo di carte, monte delle carte, seme delle carte italiane (coppe, bastoni, spade, denari), seme delle carte francesi (cuori, quadri, picche, fiori), figure di ogni seme (fante, cavallo, re) || (*giochi*) baccarà, bambara, bassetta, bazzica, bestia, *bridge*, briscola, briscolone, calabrache, canasta, casino, cappotto, calabresella, settimello, stramazzetto, terzilio, *écarté*, faraone, goffetto, lanzichenecco, minchiate o tarocchi, mistigri, naso e primiera, primiera, peppa tencia, macao, maniglia, *mariage*, piattello o pitocchetto, picchetto, pizzighino, *poker*, rubamonte, scopa, serraglio, solitario, scopone, sette e mezzo, trenta e quaranta, tressette, undici e mezzo, *whist*, zecchinetta || (*elementi*) accusa, bazza, buttata, cappotto, cista, cricca, data, faglio, sfaglio, fiscia, girata, monte, napoletana, passetto, primiera, scarto, taglia, cartaio, tagliatore || (*operazioni*) accennare, accusare, alzare il mazzo, ammazzare, ammiccare, andare, stare a primiera, assolare, barattare le carte, bussare, buttare in tavola, castrare le carte, chiamare il compagno, chiamare senza tre, dar colore, entrare (a terziglio), fallare, fare il mazzo, fare le carte, far mediatore, far monte, far primiera di colta, far scopa, far scorrere le carte, fare tutte le carte, giuocare a carte scoperte, invitare, mescere, pelare le carte, pescare, pigliare, reggere, rifiutare, rispondere, scappottare, scartare, schioccare la primiera, scoprire le carte, scozzare, sfagliare le carte, sfogliare, studiare, tagliare, tenere, tener su, volare.
carteggiàre, *v.intr.* corrispondere, tenere corrispondenza, → SCRIVERE.
cartéggio, *sm.* → CORRISPONDENZA.
cartèlla[1], *sf.* → ETICHETTA || BIGLIETTO || CUSTODIA.
cartèlla[2], *sf.* titolo, rendita.
nomèncl. (*specie*) al portatore, del debito pubblico, della lotteria, della tombola, agraria, fondiaria, di rendita.
cartellíno, *sm.* → ETICHETTA.
cartèllo, *sm.* → AVVISO, AFFISSO || ETICHETTA || ASSOCIAZIONE.

cartellóne, *sm.* → AFFISSO, AVVISO.
cartièra, *sf.*
nomencl. (*sezioni*) asciugatoio, bottega, spanditoio, stenditoio || (*addetti*) acquidernatore, ammanitore, battitore, botteghine, incollatore, bagnatore, levatore, ponitore, prenditore, scotitoia, spandenti, stracciatrici o straccine || (*macchinari*) apritore o battitore, bilanciere, buratto, calandra, caldaia, carrello, casciotto, cassa di miscela, cilindratoio, cilindro sgocciolatore, colatoio, colino, depuratore, dragonetto, forma, lavastracci, lisce, lisciviatore, marcitoio, mescolatore, molazze, pila, pressa, raccogli-pasta, platina, pompa, raffinatrice, rotolatrice, seccatori, sfilacciatrici, soppressa, tagliastracci, torchio, trituratore, umettatore || (*operazioni*) abbinatura, acquidernatura, albuminatura, apprettatura, azzurraggio, bagnatura, cernita, cilindratura, dosatura delle ceneri, imbrachettatura, marcitura, raffilatura, rigatura, screziatura, scrollatura, stracciatura dei cenci, tagliatura.
cartína, *sf.* → DOSE.
cartòccio, *sm.* → PACCO, IMBALLAGGIO.
cartoncíno, *sm.* → BIGLIETTO || CARTONE.
cartóne, *sm.* → CARTA.
nomencl. (*varietà*) Bristol, cartoncino, cartoncino a smalto, di cuoio, incatramato, mezzo cuoio, porcellana || cartolaio, cartoleria, cartiera.
cartúccia, *sf.* bossolo, capsula.
nomencl. (*suddivisione*) a salve, da esercitazione, armata, tracciante, esplosiva, dirompente, a pallottola, a mitraglia, innesco || (*parti*) bossolo, fondello, capsula, carica || cartucciera, giberna, caricatore.

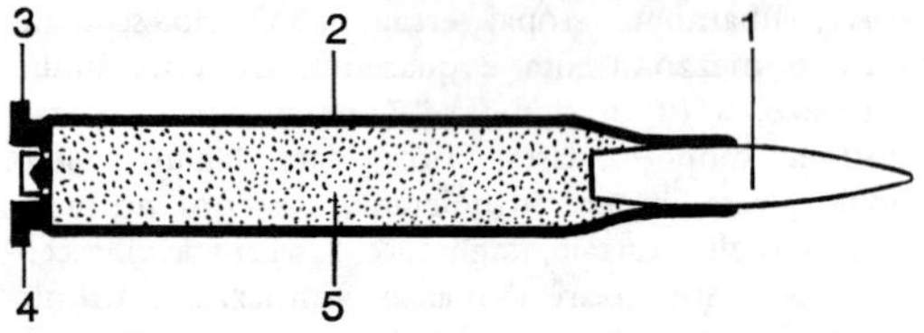

CARTUCCIA DA SPARO – 1) pallottola; 2) bossolo; 3) fondello; 4) capsula; 5) carica.

cartuccièra, *sf.* giberna.
carúncola, *sf.* → PROTUBERANZA.
càsa, *sf.* abitazione, abitacolo, magione, dimora, domicilio, focolare, fuoco, nido, soggiorno, stanza, residenza, ricetto, ricettacolo, ricovero, rifugio, santuario domestico, tetto, asilo, abituro, edificio || casa chiusa, di tolleranza, di malaffare, di meretricio, → BORDELLO || ditta, ragione commerciale, → DITTA || casato, casata, → STIRPE || NOME, FAMIGLIA.
nomencl. alloggio, appartamento, arca, albergo, badia, badia a spazzavento, baracca, biccicocca, bicocca, bàita, baraccone, cantoniera, capanna, casale, casaccia, casamento, caserma, casino, cascina, casetta, casuccia, casolare, casupola, casipola, castello, casone, catapecchia, caverna, *chalet*, *cottage*, contubernio, corte, collegio, convento, falansterio, grangia, grillaia, grotta, fattoria, iglú, isba, locanda, maniero, masseria, ostello, osteria, palagio, palazzo, palazzina, palazzotto, palazzetto, palazzone, quartiere, quartierino, ospizio, reggia, spelonca, stamberga, stazzo, romitaggio, torre, tugurio, villa, villino, villetta, topaia, tenda, chiosco, *bungalow*, padiglione || (*parti*) altana, abbaino, ammezzato, mezzanino, andito, androne, anticamera, angolo, antiporta, apertura, appartamento, atrio, attico, avancorpo, aula, bagno, balconata, balcone, ballatoio, belvedere, biblioteca, botola, bottino, bugigattolo, camera, cantina, carbonaia, campanello, cancello, canto o cantonata, colonnato, comignolo, cornicione, coronamento, cisterna, cella, corridoio, cortile, corte, covile, cucina, displuvio, dispensa, doccia, facciata, fianco, fondamenta, frontone, fogna, frantoio, frontespizio, impianto del riscaldamento, impianto del gas, impianto dell'acqua potabile, impianto telefonico, gabinetto, galleria, gineceo, guardaroba, impiantito, intercapedine, ingresso, interno, lanterna, letamaio, legnaia, loggia, merli, muri, nascondiglio, nicchia, parafulmine, parapetto, peristilio, persiane, piani (scantinato, piano terreno, piano rialzato, piano nobile, mezzanino o ammezzato), palco a tetto, palco morto o sottopalco, *patio*, pavimento, penetrale, pianerottolo, piattaforma, poggiolo, porta, portale, portico, portineria, portone, pozzo, quartiere, rasola, ridotto, rimessa, ringhiera, ripiano, ripostiglio, rustico, sala, saletta, stanza, salotto, salottino, salone, studio, scala, scuderia, soffitta, solaio, sotterraneo, sottoscala, stalla, stambugio, stanzino, stanzone, terrazzo, terrazzino, tetto, tetto morto, tettoia, timpano, tinello, toeletta, tombino, veranda, ventaruola, ventilatore, verone, vestibolo, vuoto || (*accessori*) arazzeria, arredi, attrezzi, biancheria, guida o passatoia, masserizie, mobili, mensole, parati, quadri, rialto, serratura, serramenti, saracinesche, stuoia, stuoino da piedi, suppellettili, sedie, tappeti, tende, trespolo || (*persone e addetti*) casalingo, casalinga, casigliano, massaia, inquilino, coinquilino, affittacamere, dozzinante, pigionante, pigionale, frontista, dirimpettaio, rimpettaio, vicino, vicinante || dispensiere, governante, guardaportone, maggiordomo, portinaio, portinaia, servo, cameriere, cuoco, autista, domestico, persona di servizio, svizzero || faccende domestiche, lavori di casa || (*attinenti*) fitto, pigione, nolo, dozzina, pensione, casatico, ipoteca, iscrizione ipotecaria, proprietà fondiaria, focatico, valore locativo, reddito dominicale || disdetta, sfratto, contratto, rinnovo di contratto, rescissione di contratto, compra-vendita, sgombero, trasloco || mànutenzione, restauro, riparazione, demolizione, ricostruzione, ruderi, progetto, mappa catastale, pianta, prospetto || *agg.* allegra, serena, ridente, civettuola, raccolta, ordinata, angusta, piccola, stretta, ristretta, meschina, modesta, semplice, nuda, spoglia, rustica, trasandata, arieggiata, ventilata, aerata, ariosa, soleggiata, solatia, esposta, sana, salubre, fresca, afosa, calda, buia, oscura, tetra, triste, vuota, malsana, umida, luminosa, splendente, lucente, sfavillante, risplendente, splendida, grandiosa, imponente, maestosa, spaziosa, colossale, monumentale, sfarzosa, lussuosa, massiccia, solida, ospitale, inospitale, accogliente, sontuosa || *avv.* a spazzavento, a ponente, a levante, a mezzogiorno || (*azioni*) abitare, accasare, alloggiare; stare, marcire, raffermarsi, trattenersi

rintanarsi, ritirarsi, stabilirsi, rinchiudersi, stare tappato o chiuso, tapparsi in casa; aprire, metter su, mutar casa; trasferirsi, traslocare, sgombrare, sfrattare; chiudere, smettere casa; metter fuori di casa, uscire di casa, frequentare una casa; gingillarsi, ninnolare per casa; entrare, rientrare, riuscire di casa; vedere la casa; salire, far le scale, scendere || ammobiliare o mobiliare, rassettare, ravviare, rifornire, smobiliare, spazzare, pulire, tutelare || appigionare, affittare, comprare, vendere, dar la disdetta, spigionare, subaffittare, vendere a porte chiuse, coabitare, avere in condominio una casa || accomodarsi in casa; guidare, tirar avanti, dirigere la casa; ricevere in casa, ridurre il piano di casa, tener le chiavi di casa, far servizio di casa, sbrigare le faccende domestiche, avere la casa in ordine o in disordine.

casàcca, *sf.* → GIACCA.

casàle, *sm.* → CASA || VILLAGGIO.

casalíngo, *agg.* di casa, casereccio, → DOMESTICO.
contr. pubblico, esterno.

casamàtta, *sf.* → BALUARDO, FORTIFICAZIONE.

casaménto, *sm.* → CASA.

casàta, *sf.* → CASA, FAMIGLIA, STIRPE.

casàto, *sm.* → CASA, NOME.

cascàggine, *sf.* → DEBOLEZZA.

cascàme, *sm.* → AVANZO.

cascamòrto, *sm.* → BELLIMBUSTO, AMANTE.

cascànte, *ppr.* di cascare || *agg.* → CADENTE || *fig.* → SVIGORITO, STANCO, VECCHIO, DEBOLE.

cascàre, *v.intr.* → CADERE.

cascàta, *sf.* cateratta, cataratta, salto, rapida, → CADUTA || cascata di perle, → COLLANA.
nomencl. cascatella, scogliera, spruzzo, polverio || *agg.* spumeggiante, scintillante, rumorosa, fragorosa, sonora, rombante || *verb.* diroccare, scorrere, avallare.
contr. stagno, palude, acqua ferma, acqua stagnante, acqua morta, pantano.

cascatíccio, *agg.* → CADENTE.

cascína, *sf.* latteria, vaccheria, → CASA.

càsco, *sm.* → ELMO.

caseggiàto, *sm.* abitato, casamento.
contr. campagna.

casèlla, *sf.* → SCOMPARTIMENTO.

casellànte, *sm.* → CANTONIERE.

casellàrio, *sm.* schedario || → ARMADIO.
nomencl. postale, giudiziario, penale.

casèrma, *sf.* quartiere || → CASA.
nomencl. (*luoghi e reparti*) camerata, camerone, sala convegno, refettorio, plancia, rastrelliera, sacco alpino, branda, bottino || fureria, comando, matricola, maggiorità, deposito || arresti, sala di disciplina semplice, sala di disciplina di rigore, cella, prigione semplice, prigione di rigore, tavolaccio || corpo di guardia, garitta o garetta || sala d'armi, palestra, campo sportivo, piazza d'armi, scalo || vivanderia, cantina, cucina, mensa ufficiali, mensa sottufficiali, rancio || libera uscita, ritirata, silenzio, sveglia || picchetto || (*addetti*) militari, furiere, piantone, sentinella, armaiuolo, maresciallo || *verb.* accasermare, casermare.

casigliàno, *sm.* coinquilino, vicino di casa.

casíno, *sm.* → BISCA || BORDELLO || CASA || CIRCOLO.

casípola, *sf.* → CASA.

càso, *sm.* fortuna, fato, destino, alea, probabilità, combinazione, concomitanza, congiuntura, evento, evenienza, opportunità, occasione, episodio, emergenza, esempio, circostanza, occorrenza, contrattempo, fatalità, incidente, sorte, ventura, incontro, → ACCIDENTE, AVVENIMENTO || caso di coscienza, → DOVERE.
nomencl. *agg.* buffo, strano, allegro, grottesco, curioso, fortunato, fortunoso, provvidenziale, singolare, accidentale, imprevisto, fortuito, improvviso, repentino, previsto, contemplato, semplice, pratico, complicato, imbrogliato, difficile, disgraziato, deplorevole, pietoso, forzato, traverso, particolare, eccezionale, straordinario, raro, nuovo, ordinario, di forza maggiore, fausto, felice, prospero || *verb.* capitare, arrivare, incontrare, imbattersi || (*grammatica*) nominativo, genitivo, dativo, accusativo, vocativo, ablativo, locativo.

casolàre, *sm.* → CASA.

casòtto, *sm.* capanno, capanna, baracca, ricovero || cabina, chiosco || garitta, guardaiuola o guardiola || cuccia, canile.

càssa, *sf.* arcile, arca, baule, cassetta, cassone, cassapanca, madia, cassamadia || forziere, scrigno, cassaforte || imballo || → ERARIO || cassa da morto, → BARA || cassa depositi e prestiti, → BANCA.
nomencl. (*tipi*) dello Stato, di pensioni, di risparmio, di ammortizzazione, mutua malattie, nazionale, rurale, artigiana || cassina, caminiera, cofanetto, soppediano, tamburo, tramoggia || (*parti*) fondo, pareti, coperchio, cerniere, serratura, chiave, maniglie, compartimenti, guarnizioni || (*attinenti*) capitale, fondo, resto di cassa, avanzo di cassa, registro, libro di cassa, pronta cassa, servizio di cassa, registratore di cassa || cassiere, tesoriere || facchino, imballaggio || (*azioni*) aprire, chiudere la cassa, far vuoto di cassa, incassare, riscuotere, riscontrare, fare il controllo di cassa, tenere, custodire la cassa || scassare, scassinare.

cassafòrte, *sf.* → CASSA.

cassapànca, *sf.* → BANCO, CASSA.

cassàre, *v.tr.* → ANNULLARE, CANCELLARE.

cassàta, *sf.* → GELATO.

cassatóio, *sm.* cassino, grattino, raschino.

cassatúra, *sf.* → CANCELLATURA.

cassazióne, *sf.* → ANNULLAMENTO, CANCELLATURA.

càssero, *sm.* → FORTIFICAZIONE || NAVE.

casseruòla, *sf.* cazzaruola, cazzeruola, tegame col manico.

cassétta, *sf.* dim. → CASSA, CUSTODIA.
nomencl. (*varietà*) delle elemosine, da fuoco o scaldino, da piedi, da gioie, da viaggio, da sputare, della spazzatura, di sicurezza, di risparmio, della carrozza || astuccio, teca, guardapiedi, borsa di pelo, reliquiario, scatola.

cassétto, *sm.*
nomencl. (*parti*) maniglia, tirante, fondo, serratura, chiave || *agg.* ampio, profondo, capace, piccolo, vuoto, ripieno || *verb.* riporre, chiudere, sistemare, tirare.

cassettóne, *sm.* canterano, cantarano, comò, → ARMADIO.
nomencl. (*parti*) fondo, contraffondo, fiancate, guide, maniglie, cassetti, marmo, piano, coperchio.

càsside, *sf.* → ELMO.

cassíno, *sm.* → CASSATOIO.
càsso, *agg.* e *sm.* → CANCELLATURA.
cassóne, *sm. accr.* → CASSA.
càsta, *sf.* → CETO.
castàgna, *sf.* marrone, mondina, succiola, ballotta, bruciata, caldallessa, caldarrosta.
nomencl. vinca, castrata, pelata, sdiricciata, sbucciata, sgusciata, domestica, selvatica, roggiolona, rossola, colatia o di sacco, fogliaiola, di ricciaia, vergata || guscione, grugnone, vincone || (*parti*) anima, bellico, buccia, camicia o sansa (o, meno bene, pecchia, roccia e peluia), cardino; culaccino o naso, nasello, fioricino; guscio, pio o piolo, riccio o cardo || (*preparazione*) ballotta, bruciata, castagne secche o bianche, castroni, marroni secchi o al forno, mondine, peloni, tigliata, vecchiette, vecchioni, castagnaccio, pattona, farina dolce, *marron glacé* || (*attinenti*) castagnatura, castagnaio, caldarrostaio, castagnacciaio, pattonaio, ricoglitore || *agg.* piccola, minuscola, grossa, fresca, verde, secca, vizza || (*colori*) tané, castagno, castaneo, castano, castagnuolo, marrone || (*operazioni*) abbacchiare, arrostire, castrare, diricciare, sdiricciare, mondare, pestare, raccogliere, raccattare, ravviare, sbruscolare, sbucciare, seccare, sgranare, ventolare, scarellare, allessare.
castagnàccio, *sm.* neccio, pattona.
castagnétte, *sf. pl.* nacchere.
castagníno, *agg.* → MARRONE.
castàgno[1], *sm.*
nomencl. (*varietà*) brandigiano, brandiglione, carpinese, romagnolo, d'Australia, d'India, selvatico, marrone, pastinese, porrina, rosso, rossolo || (*attinenti*) castagneto || legno volpino, matero, corteccia (da concia) || *agg.* assolaiato, alto, mastodontico, ombroso || (*azioni*) abbacchiare, far cadere le castagne.
castàgno[2], *agg.* e *sm.* → MARRONE.
castagnòla, *sf.* → PETARDO.
castàldo, *sm.* → CUSTODE || AGRICOLTORE, AMMINISTRATORE || FEUDATARIO.
castàneo, *agg.* → MARRONE, BIONDO.
castàno, *agg.* → MARRONE.
castellàno, *sm.* → FEUDATARIO.
castèllo, *sm.* maniero, fortezza, fortificazione, rocca, cittadella || → PAESE || castello in aria, → FANTASTICHERIA.
nomencl. antico, romano, medievale, feudale, arabo, normanno, barbarico || (*parti*) bertesca, cassero, cinta, feritoia, fossa o fossato, guardiolo, maschio o mastio, merlo, ponte levatoio, postierla o pusterla, pozzo, prigione, sala d'armi, saracinesca, caditoia, spalto, ballatoio, torre, torrione, trabocchetto, botola, ventiera || incastellamento || castellano, castellana, feudatario, conte, burgravio || *agg.* fortificato, vasto, massiccio, imponente, maestoso, imprendibile, diroccato, ricostruito, rifatto, fatato || in aria, di carta || *verb.* incastellare.
castigamàtti, *sm.* e *f. indecl.* → BASTONE.
castigàre, *v.tr.* gastigare, punire, suppliziare, condannare, dannare || → CORREGGERE || domare, reprimere || → BATTERE || far scontare, far giustizia.
nomencl. mettere in castigo, dare la paga, castigare blandamente, castigare esemplarmente, aggiustare uno, dare una buona lezione o una buona medicina, dare il resto, dare un ricordo, mettere a dovere, trebbiare, far ballare i burattini || *iron.* guiderdonare, pagare, medicare, trebbiare.
contr. lodare, elogiare, approvare, assolvere, perdonare, sciogliere, prosciogliere || fare parzialità, lasciar correre, essere pusillanime.
castigatézza, *sf.* irreprensibilità, correttezza, autodominio, → MODERAZIONE, MORALITÀ, TEMPERANZA.
contr. scorrettezza || licenziosità, sfrenatezza, immoralità.

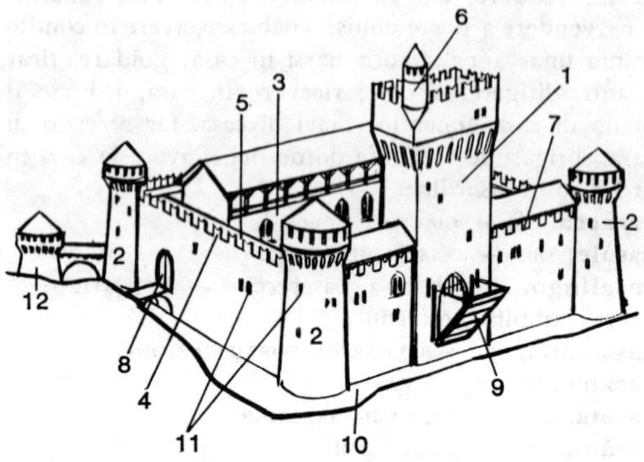

CASTELLO – 1) maschio; 2) torre d'angolo; 3) palazzo; 4) merli; 5) cammino di ronda; 6) vedetta; 7) bertesca; 8) postierla; 9) ponte levatoio; 10) fossato; 11) feritoie; 12) barbacane.

castigàto, *pps.* di castigare || *agg.* → CORRETTO, MODERATO, MORALE, TEMPERANTE.
contr. scorretto, intemperante, scostumato, spudorato, immorale, osceno.
castígo, *sm.* espiazione, esempio, correzione, punizione, riprensione, condanna, disciplina, giustizia, penitenza, vendetta, lezione, dannazione, → PENA.
nomencl. (*pertinenti*) prigione, ergastolo, penitenziario, compagnia di disciplina, istituto correzionale, colonia agricola, istituto di prevenzione e pena, berlina, gogna, orecchi d'asino || percosse, privazioni, multa, ammenda, penale, fio, supplizio || *agg.* giusto, ingiusto, utile, inutile, dolce, leggero, blando, lieve, buono, aspro, duro, severo, grave, rude, crudele, paterno, esemplare, salutare, efficace, energico, terribile, tremendo, spaventoso, feroce, medicinale, orrendo || *verb.* castigare, dare, assegnare un castigo, emendare, fare giustizia, far pagare il fio.
contr. premio, pietà, perdono, remissione, indulgenza, ricompensa.
castimònia, *sf.* → CASTITÀ, MORALITÀ, TEMPERANZA.
castità, *sf.* purezza, castimonia, continenza, purità, verginità, → MORALITÀ, TEMPERANZA.
nomencl. (*inerenti*) pudore, pudicizia, integrità, candore, onore, onestà, ritegno, verecondia, modestia, decenza, celibato || voto di castità, di verginità || *agg.* perfetta, coniugale, prematrimoniale || *verb.* conservare, osservare, serbare, mantenere la castità, corrompere, offendere, perdere.
contr. incontinenza, impurità, libidine, impudicizia, immodestia, lussuria.
càsto, *agg.* illibato, → PURO, TEMPERANTE.
castramentazióne, *sf.* → ACCAMPAMENTO.

castràre, *v.tr.* accapponare, capponare, evirare, mutilare || *fig.* purgare (uno scritto o un libro).
castràto, *pps.* di castrare || *agg.* e *sm.* accapponato, cappone, castrone, eunuco, evirato, mutilato, castroncello, bozzone, effeminato, bardassa, mannerino || → AGNELLO.
castríno, *sm.* → COLTELLO.
castronàggine, *sf.* → SCIOCCHEZZA.
castroncèllo, *sm.* → CASTRATO.
castróne, *sm.* → CASTRATO, AGNELLO || *agg. fig.* → SCIOCCO.
castronería, *sf.* → ERRORE, SCIOCCHEZZA.
casuàle, *agg.* incidentale, → CASO, ACCIDENTALE.
nomencl. diritti casuali (burocrazia).
casualità, *sf.* → ACCIDENTALITÀ.
càsula, *sf.* pianeta.
casúpola, *sf.* → BAITA, CASA.
catàbasi, *sf. indecl.* → DISCESA.
contr. anabasi.
catabolísmo, *sm.* metabolismo.
contr. anabolismo.
cataclísma, *sm.* → DISASTRO, ROVINA || INONDAZIONE.
catacómba, *sf.* → GROTTA.
catafàscio (a), *loc. avv.* alla rinfusa, disordinatamente, sossopra, sottosopra, confusamente.
catafràtta, *sf.* → ARMATURA.
catàgma, *sm.* → FRATTURA.
catalèssi, *sf.* ipnosi, crisi nervosa.
catalètto, *sm.* → BARA.
catalogàre, *v.tr.* → ELENCARE.
catàlogo, *sm.* distinta, schedario, enumerazione, indice, lista, quadro, ruolo, elenco, canone, tabella, tavola, → ELENCO.
nomencl. alfabetico, sistematico, per autore, per argomenti o per materia, ragionato, analitico || *verb.* catalogare, schedare, sistemare, enumerare, elencare, mettere a ruolo.
catapécchia, *sf.* → CASA.
cataplàsma, *sm.* → IMPIASTRO.
catapúlta, *sf.* → BALESTRA, CANNONE.
catapultàre, *v.tr.* → GETTARE.
cataràtta, *sf.* → CATERATTA.
catàrro, *sm.* muco, espettorazione.
nomencl. (*tipi*) mucoso, desquamativo, purulento, primitivo, secondario, nasale, bronchiale, polmonare, gastrico, intestinale || (*inerenti*) espettorazione, anacatarsi, catarsi, rantolo, catarreuma, blennopiria, scaracchio, sputo, anticatarrali, espettoranti, anacatartici || *verb.* espettorare, catarrare, incatarrarsi, spettorare, spurgare.
catàrsi, *sf.* liberazione, superamento, rasserenamento, distacco, → PURIFICAZIONE.
contr. torbidità, tumulto, sfogo, irrequietezza, passione, agitazione emotiva.
catasàrca, *sf.* → IDROPISIA.
catàsta, *sf.* → MUCCHIO.
catàsto, *sm.* → CENSIMENTO.
nomencl. dei terreni, dei fabbricati || (*attinenti*) censimento, allibramento, censo, estimo, mappa catastale, parcella, voltura || *verb.* accatastare, parcellare, censire, tassare.
catàstrofe, *sf.* → DISASTRO, ROVINA.
catechísmo, *sm.* dottrina, elementi di dottrina || indottrinamento.
catechizzàre, *v.tr.* → ISTRUIRE || AVVERTIRE.
catecúmeno, *agg.* e *sm.* → INIZIATO, NEOFITA.
categoría, *sf.* → CLASSE, FILOSOFIA.
categòrico, *agg.* → PRECISO.
catèia, *sf.* → FRECCIA.
catèllo, *sm.* → CANE.
caténa, *sf.* ceppi, ferri, guinzaglio || *fig.* vincolo, obbligo, impegno gravoso o penoso, → LEGAME || servitú, schiavitú, costrizione, soggezione || serie, séguito, successione || catena di perle, → COLLANA.
nomencl. (*esempi*) dell'orologio, del forzato, della felicità, d'amore, del tessuto, della bicicletta || maglia, gancio, uncino, rampo || *agg.* aurea, argentea, ferrea || *verb.* concatenare, incatenare, imporre, ribadire, scatenare, liberare, sciogliere, spezzare, rompere, scatenacciare.
contr. *fig.* libertà, liberazione, indipendenza, immunità, esenzione, autodominio.
catenàccio, *sm.* catorcio, chiavaccio, chiavistello.
nomencl. anello, imposta, paletto || decreto catenaccio.
catenària, *sf.* tesata.
catenèlla, *sf.* → GUINZAGLIO || *pl.* → MANETTE.
cateràtta[1], *sf.* cataratta, → CASCATA.
nomencl. chiavica, chiusura, saracinesca, chiudenda, chiusa, griglia.
cateràtta[2], *sf.*
nomencl. (*varietà*) traumatica, congenita, diabetica, glaucomatosa, capsulare, lenticolare, stazionaria, progressiva, lattea, molle, membranosa, sedimentosa, fusata, polare, puntata, senile, dura, falsa || cheratomo.
catèrva, *sf.* → MOLTITUDINE, COMPAGNIA.
contr. schiera ordinata, disciplinata.
catèta o **catète,** *sf.* → RETE.
catetère, *sm.* candeletta, sonda, mandrino.
catilinària, *sf.* → INVETTIVA.
catinàio, *sm.* → VASAIO.
catíno, *sm.* bacino, bacile, bacinella, lavabo, lavamano, conca, scafarda, concolina.
nomencl. di ferro, di ceramica, di terracotta || portacatino, armatura, giro, catinata, catinaio || *agg.* tondo, ovale, profondo.
catióne, *sm.* → IONE.
contr. anione.
càtodo, *sm.*
contr. ànodo.
catòrbia, *sf. scherz.* → PRIGIONE.
catòrcio, *sm.* → CATENACCIO.
catòrzolo, *sm.* → PROTUBERANZA.
catràme, *sm.* asfalto, bitume.
nomencl. di legno, di torba, di carbon fossile || (*attinenti*) antracene, antrasol, capnomoro, catramina, creosoto, naftalina, paraffina, pece, retene, anilina || *agg.* liquido, denso, solido || *verb.* catramare, incatramare, impeciare, impegolare, passare col catrame, rimpalmare, calafatare.
càttedra, *sf.* pulpito, pergamo, bigoncia (*scherz.*), seggio vescovile, bugnola, tribuna || *fig.* insegnamento.
nomencl. vescovile, d'insegnamento, universitaria || cattedra di San Pietro, ex-cathedra, cattedratico || *verb.*

montare in cattedra, salire sul pulpito, fare il predicatore.

cattedràle, *sf.* → CHIESA.

cattedràtico, *agg.* → PEDANTE.

cattivàre, *v.rifl.* addolcire, amicarsi, attrarre, attirarsi, ingraziarsi, propiziarsi, acquistare, guadagnare, conquistare; captare, imbonire; entrare nelle grazie, farsi accetto, legarsi l'animo, rendersi propizio, guadagnarsi il favore; conciliare.

contr. alienarsi, indisporre, irritare, inimicarsi, non legare, allontanarsi.

cattivèria, *sf.* cattivezza, perfidia, perversità, corruzione, diavoleria, fellonia, disonestà, indegnità, empietà, scelleratagine, scelleratezza, canagliata, ribalderia, malignità, malizia, slealtà, capriccio, crudeltà, bizza, tradimento, ostinazione, → MALEFATTA, MALVAGITÀ.

nomencl. *verb.* infuriare, imperversare, incattivare, irritare, pervertire, darsi al diavolo, imbirbonire, infellonire, perfidiare, rincattivare, malignare, danneggiare.

contr. bontà, benignità, dolcezza, mansuetudine, mitezza, bonarietà, benevolenza || buona azione.

cattivézza, *sf.* → CATTIVERIA.

cattività, *sf.* prigionia, schiavitú.

cattívo, *agg.* malo, rio, astioso, aggressivo, brutale, diabolico, perfido, feroce, crudele, violento, spietato, iniquo, mascalzone, birbone, briccone birbante, bieco, gaglioffo, irascibile, maldicente, incorreggibile, indocile, egoista, empio, ingiusto, malintenzionato, malvagio, manigoldo, reo, pravo, reprobo, scellerato, criminale, infido, perverso, ribelle, sinistro, sleale, traditore, tristo, vile, vigliacco || detestabile, laido, sozzo, abietto, corrotto, corruttore || nocivo, pregiudizievole, velenoso, caustico, mordace || inetto, meschino, misero, poltrone || acerbo, acre, amaro, indigesto, insipido, disgustoso || difettoso, disadatto, non adatto, scadente, dannoso.

nomencl. (*modi di dire*) anima dannata, arnese, erba proibita, àspide, arpia, avanzo di galera, bel mobile, gramigna, bestia nera, buonalana, canaglia, carogna, ciàcchero, cancero, demonio, satanasso, duro di cuore, energumeno, malfattore, faccia proibita, faccia scomunicata, fellone, gentaccia, gente da ergastolo, malandrino, scapestrato, mostro, megera, figuro, nefario, segnato da Dio, fuori legge, serpente, vipera, tizzone d'inferno, giudeo (*spreg.*) || peggiore, pessimo, mediocre || *verb.* incattivire, rincattivire, fellonare, pervertire, corrompere, indiavolare, indemoniare, perfidiare, incrudelire, avere un diavolo per capello, essere una pecora marcata, essere una pecora nera; essere una vera arpia, una strega.

contr. buono, mite, benigno, bravo, onesto, leale, fidato, galantuomo, probo, benevolo || gustoso, saporito.

cattolicésimo, *sm.* cattolicismo, cristianesimo, chiesa cattolica, chiesa romana, chiesa apostolica, chiesa universale.

nomencl. (*dogmi*) Dio, Trinità (*Padre, Figlio, Spirito Santo*), Incarnazione, passione, morte e resurrezione di Gesù Cristo, Seconda Persona, Processione dello Spirito Santo dal Padre e dal Figlio, Comunione dei Santi, peccato originale, remissione dei peccati, resurrezione della carne, vita eterna, Maria Madre di Dio, Immacolato concepimento della Madonna, sua assunzione al cielo in anima e corpo, infallibilità del Romano Pontefice nell'insegnamento ex-cathedra || (*sacramenti*) battesimo, cresima o confirmazione, ordine, eucarestia, penitenza o confessione, estrema unzione, matrimonio || (*dottrina*) vizi capitali (superbia, ira, invidia, avarizia, gola, lussuria, accidia), virtù teologali (fede, speranza, carità), virtù cardinali (prudenza, giustizia, fortezza, temperanza), novissimi (morte, giudizio, inferno, paradiso), articolo di fede, grazia (santificante, sacramentale, abituale, attuale), purgatorio, indulgenza, peccato (originale, mortale, veniale), libero arbitrio, attrizione, contrizione o dolore, carattere indelebile, sacramentali, transustanziazione, consustanzialità, ipostasi, fruizione, miracolo, mistero, ortodossia, eterodossia, predestinazione, predeterminazione, rivelazione, tradizione, scomunica (maggiore, minore, riservata), eresia, sacrilegio, profanazione, adorazione, latria, dulia, iperdulia, superstizione, beatitudini, comandamenti, precetti, angeli, demoni, santi, beati, reliquie || (*scienze ecclesiastiche*) teologia dogmatica, teologia morale, teologia pastorale, apologetica, ecclesiologia, angelologia, archeologia, storia ecclesiastica, ascetica, mistica, esegetica, biblica, liturgia, sacramentaria, diritto canonico, patristica, scolastica, casistica, escatologia || tomismo, scotismo, molinismo, rosminianesimo, ecc. || (*gerarchia d'ordine*) (*ordini maggiori*) vescovo, sacerdote, diacono, suddiacono; (*ordini minori*) accolito, esorcista, lettore, ostiario || (*gerarchia giuridica*) Papa, vescovo|| || (*giurisdizione delegata*) vescovo coadiutore, vescovo ausiliare, abate *nullius*, prelato *nullius*, amministratore apostolico, nunzio, vicario apostolico, vicario capitolare, vicario generale, parroco, cappellano militare, congregazioni e tribunali romani, uffici delle curie diocesane || (*con particolari competenze*) primate, patriarca, metropolita, archimandrita || (*titoli*) cardinale, arcivescovo, vescovo assistente al soglio, protonotario apostolico, abbate mitrato, prelato domestico, cameriere segreto, cappellano segreto, canonico, arciprete, prevosto, mansionario, primicerio, arcidiacono, cerimoniere, catechista, cantore, chierico, conclavista, datario, predicatore, quaresimalista, referendario, rettore, cappellano, assistente, coadiutore, sacrista, seminarista, teologo, confessore, curiale || (*fedeli*) cristiano, battezzato, cattolico, credente, professante, devoto, osservante, catecumeno, battezzando, neofita, cresimando, comunicando, penitente, pellegrino, romeo, parrocchiano, fabbriciere, correligionario, zelante, proselita || beghina, bigotto || (*acattolici*) anticattolico, eretico, ortodosso, eterodosso, protestante, riformato, anglicano, modernista, massone, scismatico, scomunicato, ateo, materialista, persecutore || (*riti*) romano, alessandrino, antiocheno, costantinopolitano o bizantino, siro-orientale o caldeo, armeno, gallicano, mozarabico, ambrosiano, domenicano, certosino || (*edifici*) basilica, cattedrale, chiesa, cappella, abbazia, certosa, chiostro, monastero, convento, episcopio o vescovado, arcivescovado, patriarcato, oratorio, ospizio, santuario, tabernacolo || (*liturgia*) Messa, ufficiatura canonica (mattutino, lodi, ore, vespro, compieta), aspersione, benedizione (eucaristica, apostolica, papale, estrema, trina) comunione, confessione, digiuno eucaristico, lavanda dei piedi, novena, offerta, ottava, parasceve, rogazioni, *Via Crucis*, Viatico, pontificale || (*festività*) Natale, Circoncisione, Epifania, domenica delle Palme, domenica di Pasqua, settimana santa, domenica in Albis, Ascensione di G. C., Pentecoste, SS. Trinità, Annunciazione, Maternità di M.V., Purificazione di M. V., Immacolata Concezione, Assunzione, S. Giuseppe, santi Pietro e Paolo, Ognissanti, commemorazione dei defunti, S. Croce || (*libri sacri*) Bibbia (Vecchio e Nuovo Testamento) breviario, messale, antifonario, graduale, salterio, pontificale, martirologio || catechismo, filotea, messalino, libro di preghiere || (*censure*) degradazione, sospensione *a divinis*, interdetto, scomunica (minore, maggiore, *latæ sententiæ*, riservata) || (*istituzioni*) monachesimo, eremitismo, cenobiti, ordini religiosi, congregazioni religiose, istituti religiosi, istituti secolari, Azione Cattolica, missioni, associazioni pie, sodalizi || (*termini vari*) regione ecclesiastica, provincia ecclesiastica, diocesi, parrocchia, concilio (ecumenico, regionale, nazionale, provinciale), sinodo, congregazioni foranee, bolla, breve, enciclica, pastorale, notificazione, costituzione apostolica, processo canonico, beatificazione, canonizzazione, decreto, beneficio ecclesiastico, piatto cardinalizio, mensa vescovile, prebenda, commenda, economato dei benefici vacanti, investitura, immissione in possesso, intronizzazione, nomina, elevazione, potere spirituale, potere temporale, consacrazione, benedizione, dedicazione, sagra o sacra, profanazione, riconciliazione, riconsacrazione, sconsacrazione, indice dei libri proibiti, seminari, università ecclesiastiche, *imprimatur*, *exequatur*, *placet*.

cattúra, *sf.* → ARRESTO.

catturàre, *v.tr.* arrestare, far prigioniero, sequestrare, → FERMARE, PRENDERE.
contr. liberare, lasciare o mandar libero.

catturàto, *pps.* di catturare || *agg.* → PRIGIONIERO.

caucciú, *sm.* → GOMMA.

càule, *sm.* → FUSTO.

càusa, *sf.* cagione, movente, motivo, occasione, perché, pretesto, appicco || fonte, origine, principio, radice, ragione, seme, semenzaio, sorgente, germe || concausa, coefficiente, generatore, coefficienza || → LITIGIO, PROCESSO || idealità; movimento umanitario, politico, → IDEALE.
nomencl. *agg.* prima, assoluta, non causata, determinante, esemplare, efficiente, causante, principale, unica, movente, specifica, accessoria, secondaria, occasionale, incidentale, contingente, concomitante, concausante, prossima, remota, diretta, indiretta, lecita, illecita, volontaria, involontaria, formale, finale, intrinseca, immanente, estrinseca, trascendente, fisica, morale, morbosa, strumentale || giusta, ingiusta, buona, cattiva, sicura, certa, incerta, dubbia, sospetta, semplice, chiara, imbrogliata, complessa, spallata, disperata, vinta, risolta, persa, perduta, spacciata, irrisolta || *verb.* causare, muovere, determinare, concausare, divenire || promuovere, muovere, iniziare, chiamare, assumere, conoscere, sostenere, discutere, provare, trattare, studiare, sollecitare, decidere, rovinare, tralasciare, riprendere, riassumere, difendere, portare avanti, definire, dibattere, dar causa, cedere || credere nella causa, nell'ideale.
contr. effetto, conseguenza, sequela, risultato, contraccolpo, esito.

causàre, *v.tr.* cagionare, provocare, determinare, accagionare, occasionare, dar occasione, arrecare || derivare, fruttare, generare, produrre || impostare, condurre, conseguire, portare ad effetto, recare o arrecare conseguenza, dare argomento, far sì che || concorrere.
contr. evitare, sottrarsi, scansare, impedire, inibire, contrastare.

causídico, *sm.* → AVVOCATO.

càustico, *agg.* → BRUCIANTE, CORROSIVO || *fig.* IRONICO.
nomencl. (*esempi*) cateratici, escarotici, pirotici, nitrato d'argento, acido solforico, cloruro di zinco (*attinenti*) cauterizzazione, causticazione || cauterio, termocauterio, galvano-cauterio termico || *verb.* cauterizzare.

cautèla, *sf.* avvertenza, circospezione, precauzione, prudenza, accorgimento, riguardo, astuzia, cura, discernimento, sagacia || → MALLEVERIA.
contr. sventatezza, avventatezza, insensatezza, storditaggine, imprudenza, imprevidenza, temerarietà.

cautelàrsi, *v.rifl.* → DIFENDERE || AVVERTIRE.
contr. arrischiarsi, affrontare il pericolo, esporsi al pericolo, essere imprevidente.

cautèrio, *sm.* marchio arroventato, ferro rovente || *fig.* persona uggiosa, noiosa o piena di malanni.
nomencl. cauterizzazione.

cauterizzàre, *v.tr.* → BRUCIARE.

cautézza, *sf.* → PRUDENZA.

càuto, *agg.* guardingo, circospetto, rattenuto, sagace, accorto, geloso, → PRUDENTE.
contr. incauto, imprudente, avventato, insensato, stordito.

cauzionàrio, *agg.* e *sm.* → MALLEVADORE.

cauzióne, *sf.* → MALLEVERIA, GARANZIA, PEGNO.

càva, *sf.* → GROTTA, CAVERNA, FOSSA || MINIERA.

cavadènti, *sm. indecl.* → DENTISTA.

cavafàngo, *sm.* → DRAGA.

cavàgno, *sm.* cavagna, → CESTA.

cavalcàbile, *agg.* → SENTIERO.
contr. → CARREGGIABILE.

cavalcànte, *sm.* → CAVALLARO.

cavalcàre, *v.tr.* e *intr.* andare o montare a cavallo, caracollare, trottare.
nomencl. (*modi*) a bardosso a bisdosso, a cavalcioni, all'inglese, all'italiana, largo, lungo, corto, andare a bastina, andare al galoppo o a spron battuto, al trotto || (*inerenti*) amazzone, cavaliere, cavalcante, cavallerizzo, cavallerizza, staffiere, scudiero, *strator* || (*azioni*) chiudersi in sella, entrare in arcione, inforcare il cavallo, montare a cavallo, rinsaccare, salire in arcione, saltare in sella, stare a cavallo, tenersi in arcione, tenersi in sella, balzare di sella, perdere gli arcioni, staffare, scavalcare, smontare, atteggiare, galoppare, dar di sprone, dar la carriera, dar volta, pungere, sbardellare, voltare la briglia, volteggiare || accavalciare, essere o stare a cavaliere.

cavalcatóre, *sm.* → CAVALIERE.

cavalcatríce, *sf.* → CAVALLERIZZA.

cavalcatúra, *sf.* → CAVALLO.

cavalière¹, *sm.* nobile, gentiluomo, signore, paladino, difensore.

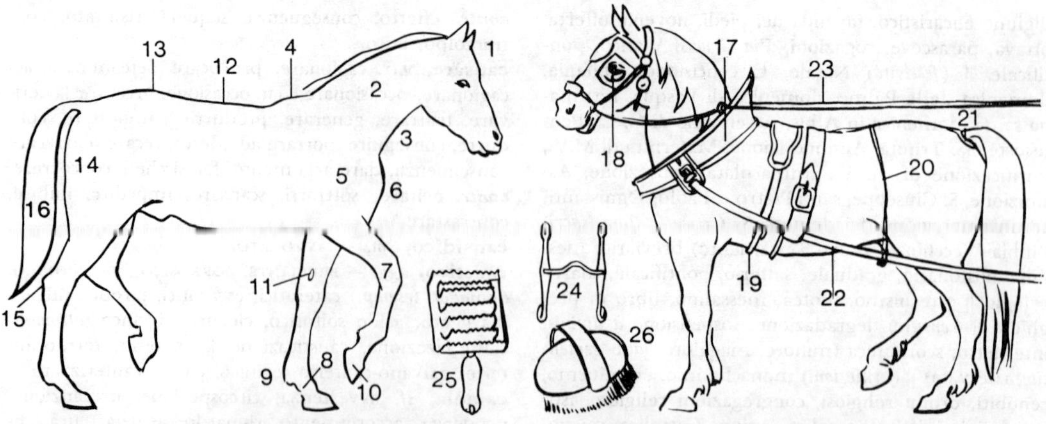

CAVALLO – 1) testa; 2) collo; 3) gola; 4) garrese; 5) spalla; 6) petto; 7) ginocchio; 8) barbetta; 9) pastorale; 10) zoccolo; 11) castagnola; 12) dorso; 13) groppa; 14) coscia; 15) garretto; 16) coda; 17) collare; 18) paraocchi; 19) sottopancia; 20) groppiera; 21) sottocoda; 22) tirella; 23) redini; 24) morso; 25) striglia; 26) brusca.

nomencl. errante, di giustizia, avventuroso, senza macchia e senza paura || (*insegne e vesti*) bastone, cappamagna, cimiero, cingolo, ciondolo, croce, socrotto, nastro, decorazione || (*cerimonie*) abbracciata, noviziato, passo d'arme, probazione, veglia d'arme, voto del pavone, vestizione, accollata || (*addetti*) paggio, scudiero, donzello, padrino || *verb.* armar cavaliere, ciurmar cavaliere, decorare, insignire, conferire.

cavalière², *sm.* cavalcatore, cavallerizzo, cavallerizza, cavalleggiere, uomo o soldato a cavallo, amazzone || ballerino, danzatore || corteggiatore, cicisbeo, servente, persona cortese, accompagnatore.

nomencl. (*attinenti*) staffiere, fantino, cavallerizzo maggiore, sbardellatore, scozzone, scudiero, *strator*, palafreniere || *agg.* perfetto, compito, elegante, esemplare, irreprensibile, galante || servente.

contr. villano, cialtrone, screanzato, plebeo, meccanico, paltoniere, rilevaticcio || pedone.

cavallàio, *sm.* → CAVALLARO.

cavallànte, *sm. region.* → CAVALLARO.

cavallàro, *sm.* cavallaio, cavalcante, cavallante (*region.*), bùttero, scozzone || → CORRIERE.

cavalleresco, *agg.* → GARBATO, GENEROSO, NOBILE.

nomencl. ordine, codice, romanzo, dottrina, tempo cavalleresco.

contr. scortese, villano, screanzato, plebeo.

cavalleggière, *sm.* → CAVALIERE².

cavallería, *sf.* milizia a cavallo || cortesia, → BONTÀ, GENEROSITÀ || protezione, difesa, dedizione.

nomencl. leggera, pesante, appiedata, blindata || (*raggruppamenti*) divisione, brigata, reggimento, schiera, squadrone, plotone || (*persone*) cavaliere, cavalleggiere, guida, dragone, lanciere, ulano, ussaro o ussero, cappelletto || (*armi e accessori*) lancia, moschetto, mitra, pistola, sperone, pennone, stendardo, colbacco, elmetto, fonda, pastrano || (*movimenti*) carica, caracollo, carriera, urto, passo || appiedare, cavalcare, smontare, scendere, squadronare, piattonare.

contr. fanteria || scortesia, malcreanza.

cavallerízza, *sf.* maneggio || amazzone, cavalcatrice || (*scherz.*) cavalleressa, cavallieressa.

cavallerízzo, *sm.* → CAVALIERE².

cavallétta, *sf.* locusta || *fig.* → INGANNO.

nomencl. (*varietà*) bucapero, mangiapero, berfola, grillotalpa, saltabecca, saltacavalla, zuccaiola.

cavallétto, *sm.* gruccia, trespolo, treppiedi, capretta.

nomencl. (*affini*) arcareccio, assero, puntone, asinello, bolzone, monaco, piede, tirante.

cavallíno, *agg.* equino, ippico.

cavàllo, *sm.*

nomencl. (*varianti e specie*) allievo, alfana, barbero, bidetto, bilancino, brenna, brocco, bucefalo, buscalfana, cavalcatura, chinea, castrone, corsiero o corsiere, centauro, *cob*, destriero o destriere, frigione, ginnetto, giumento, *hunter*, *hack*, ippocampo, *yearling*, palafreno, *poney*, puledro o poledro, purosangue, polano, pegaso, redo, ronzino, ronzinante, stacca, stallone, trapelo, tarpano || asino, bardotto, mulo || (*usi*) da sella, da corsa, da trotto, da galoppo, da tiro, da tiro di rinforzo, da maneggio, da battaglia, da parata, da branco, da comparsa, da vettura, di riguardo, di ricambio, di ritorno, di servizio || (*luoghi di provenienza*) anglo-normanno, andaluso, arabo, berbero, bretone, irlandese, maremmano, romano, russo, sardo, spagnolo, tartaro, ungherese || (*mantello*) balzana, falago, falbo, isabella, marchio, mosca, pelame, pezza, pezzatura, pomellato, porcellana, rosetta, segno, stella, zaino || arrotato, baio (dorato, chiaroscuro, bruciato, castagno, ciliegia, lavato, marrone, sopra sauro), balzano (alto calzato, a quattro, arzeglio, basso calzato, da uno, da due, da tre, da quattro, della briglia, della lancia, del montatore, della staffa, segnato, trastravato, travato, tutto balzano), bianco, bianco macchiato di nero, burello, calzato, castagno, bigio o leardo, bigio stornello, bigio chiaro, bigio di ferro, bigio sudicio, bigio lavagna, bigio tordino, macchiato, maltinto, mantellato, melato, morello, morettino, moro, pezzato, rabicano, roano o rovano (chiaro, vinoso, testa di moro), sagginato, sauro (chiaro, dorato, affocato, scuro, ceciato, bruciato, metallico), sfacciato, sorcino o topato, stellato, tigrato, tordino, trotino, ubero, zebrato || (*anatomia*) scheletro, muscoli, membra o arti, testa, barbetta, barbozza, bulesia, calcagno, calli, capocervo, coda, collo, corona, cornetta, coscia, cravatta esofagea, crini, denti (di latte, picozzi, mezzani, cantoni, incisivi, mascellari o molari, scaglioni o angolari, canini), dorso o schiena, falce, fianchi, fili morti, filo del collo, fittone, formelle, fossette o fontanelle, froge, ganglio, garetto, garrese, ginocchio, gola, groppa, impastura, nodello, pasturale, pelle, piede, petto, lombo, zoccolo, porro, punta, puntina, quadrato, ragadi, remolino, reni, riscontro, schinelle, setole, spalla, sprone, stinco, torace, ugnelle, unghia, ventre, zoccolo || (*difetti*) arcatura, arrembatura, beccheggio, incastellatura, tiro, ticchio || coronato, diritto sui garretti, incastellato, incavicchiato, ombroso, restio, saltatore, sboccato, scodato, sgroppato, sitoso, impuntato || (*voce*) ansare, nitrire, rignare, sbuffare, stronfiare || (*andatura*) ambio, andatura, ballottata o aria sollevata, battuta, capannone, capriola, caracollo, carriera, ciambella, coppia di calci, corvetta, falcata, galoppo, groppata, impennata, levata, parata, passata, passo, pettata, piroetta, portante, portamento, posata, querciola, raddoppio, rallegrata, rampino, salto, scalpitamento, scappata, sfaglio, spavento, testa incassata, traino, trapasso, trotto, volata, volta || (*movimenti del cavallo*) allungare il collo, abbattersi, accularsi, adombrare, arpeggiare, arrembare, battere le castagnette, battere i ferri, calcitrare, calciare, caracollare, chioccarsi, correre, corvettare, crocchiare, fremere, galoppare, prendere la mano, gustare il morso, imbalzare, imbizzarrire, imboccare il freno, imbrigliare, impennarsi, incappucciarsi, incapestrarsi, inginocchiarsi, intraversare, masticare la briglia, mordere, rodere il freno, prendere la mano, raddoppiare, radere il suolo, rancare, ranchettare, raspare, recalcitrare, rimpennare, rompere il trotto, sbalestrare le gambe, sbarrare, scalpitare, sferrare, tirare, snodare il passo, sonare, sparare calci, tagliarsi, trottare, trotterellare, volare, voltare, volteggiarsi, zampare || (*azioni sul cavallo*) acculare, addestrare, allentare, apparigliare, assicurare, attaccare, abbeverare, abbiadare, ammaestrare, andare a cavallo, cavalcare, balzare in sella, bardare, bruschinare, calcagnare, chiamare, domare, cinghiare, dare le briglie, far correre, ferrare, fiancheggiare, frenare, fermare, governare, guidare, imbracare, imbrigliare, incavalcare, incarezzare, lasciare le briglie, menare o condurre a mano, maneggiare un cavallo, montare, parare, passeggiare, pizzicottare, prendere al laccio, pascolare, parigliare, perdere le staffe, raccogliere il freno, rimanere staffato, reggere al contrasto, ridurre un cavallo, rimettere, sbardellare, scavalcare, sbrigliare, scavezzare, scodare, scozzonare, scrinare, sdriscire, sellare, spronare, sgroppare, sostenere un cavallo, sparigliare, staccare, strapazzare, stregghiare, strigliare, strofinare, stare a cavalcioni, trottare, tenere, tirare la briglia, toccare, tramezzare, volteggiare, far trottare || (*finimenti*) abbigliamento, armatura, bardatura, fornimento, guarnimento || barbazzale, braca, briglia, briglione, bardella, bardellone, basto, bubboliera, bubboli, campanelli, comarra, cappuccio, catena, chiavarda, cavezza, coperta, codone, collana, collare, efippo, falsaredine, fasciapiede, ferramento, freno o morso, frusta, falere, fasciacoda, fibbione, filetto, filetto masticatorio, frenello, frontino, gancio, ginocchiello, guida o redine, groppiera, gualdrappa, guainone, imbraca, martingala, museruola, pagnotta, pastoia, parocchio, passante, petto, peretta, posolino, predella, primaccino, rampino, reggipetto, reggibraca, reggitirella, seghetta, sella, sguancia, sellino, soggoli, sferra, sonagliera, sopraschiena, sottocoda, sottogola, sottopancia, sovatti, stivaletto, testiera, tirella, torcinaso || (*attrezzi*) brusca, bruschino, frusta, frustino, scudiscio, staffile || gabbia, mangiatoia, mordacchia, patena, pettine, raspa, sprone, striglia, strofinaccio || (*cibo e luoghi*) fieno, biada, erba, lettiera, letto, strame; stalla, stallino, scuderia, maneggio, pista, puledraia, *paddock*, ippodromo, circo equestre, *haras*, mangiatoia, abbeveratoio || (*persone*) affittacavalli, automedonte, cocchiere, barberesco, amazzone, bùttero, cavalcante, cavaliere, cavallaro, cavallante, cavallerizzo, domatore, fantino, *gaucho*, guidatore, maniscalco, palafreniere, cozzone, scozzone, staffiere, stregghiatore, *trainer*, veterinario, vetturino, vetturale || (*voci inerenti e scientifiche*) equino, equestre, ippico, incollatura, *pedigree*; ippantropia, ippiade, ippofagia, ippomanzia, ippometria, ippopatologia, ipposteologia, ippotomia, veterinaria || *agg.* alto, mezzano, basso, piccolo, grosso, magro, snello, smilzo, grasso, buono, cattivo, brioso, ardente, vivace, bizzarro, focoso, ombroso, restio, docile, mansueto, maneggiabile, tranquillo, affiatato, gagliardo, sbrigliato, carembato, sfiancato, sgroppato, allombato, fresco, riposato, stanco, spossato, nobile, signorile, purosangue, mezzo sangue, ammaestrato, domato, selvaggio, viziato, ramingo, duro di bocca, delicato di morso, crinito, vaiato.

cavallóne, *sm.* → ONDA.

cavallúccio, *sm.* ippocampo.

cavalòcchio, *sm.* mozzorecchi, azzeccagarbugli, paglietta, → AVVOCATO, IMBROGLIONE.

cavàre, *v.tr.* togliere, rimuovere, estrarre, emettere, tirar fuori, levare, trarre, scavare, vuotare, svellere, far buchi || sfoderare || ottenere, ricavare, derivare.

cavatàppi, *sm.* cavaturaccioli.

cavatína, *sf.* → MELODIA, CANTO.

cavaturàccioli, *sm.* cavatappi.

cavedàgna, *sf.* → SENTIERO.

cavèdio, *sm.* → CORTILE.

cavèrna, *sf.* antro, cava, grotta, speco, spelonca, cavità, cavo, tana, borro, botro || → CASA.

nomencl. vulcanica, ossifera, preistorica, di spezzatura || (*attinenti*) ipogeo, cavernicolo o cavernicola, troglodita, stalattiti, stalagmiti; speleologia, speleologo || *agg.* profonda, interna, buia, scura, umida, accessibile, chiusa.

cavernícolo, *sm.* e *agg.* speleo, troglodita.

cavernóso, *agg. fig.* → PROFONDO.

cavézza, *sf.* → FINIMENTI, FRENO.

nomencl. di forza, del diavolo || cavezzale, cavezzata || soatta o sovatta, venti || *verb.* incavezzare, incavezzarsi, scavezzare, scavezzarsi, trinciare.

càvia, *sf.* porcellino d'India || *estens.* topi, conigli, scimmie, ecc.

cavícchia, *sf.* → BULLONE.

cavícchio, *sm.* → BISCHERO, CHIODO.
nomencl. (*attinenti*) boncio, cavicchia, caviglia o cavigliuolo, piuolo, braccio, viticcio, uncino.
cavíglia, *sf.* collo del piede || → ATTACCAPANNI || UNCINO, CHIODO.
cavillàre, *v.intr.* arzigogolare, sofisticare, sottilizzare, usare cavilli, essere puntiglioso, ammennicolare.
contr. ragionare semplicemente, serenamente, francamente, in modo diritto.
cavíllo, *sm.* arzigogolo, paralogismo, abbriccagnolo, attaccagnolo, capziosità, pretesto, sofisma; sofisticheria, sottigliezza, accorgimento, artificio, artifizio, ammennicolo, chineseria, ragionamento capzioso, falsa ragione, falso argomento, puntiglio, vana disputa, → APPIGLIO.
nomencl. capzioso, sottile, sofistico, minuzioso, falso, fallace, tendenzioso || sofista, cavilloso || *verb.* cavillare, sofisticare, arzigogolare, disputare, sottilizzare.
contr. semplice verità, semplificazione, dirittura mentale.
cavillóso, *agg.* → AVVOCATESCO.
cavità, sf. incàvo, fossa, buco, avvallamento, concavità, zana, infossamento, cavo, pozzetta, pozza, scanalatura, sinuosità, vano, alveo, cavatura || caverna.
nomencl. (*esempi*) acetabolo (del femore), setto (nasale), cavetto, guscio, sfondo, tòcca, pozzanghera, alveolo, fossetta || *verb.* incavare, scanalare, scavare, infossare.
contr. prominenza, sporto, elevazione, protuberanza, rilievo.
càvo¹, *agg.* concavo, incavato, fondo, profondo, basso, scavato, vuoto, cavernoso, cupo || *sm.* → BUCO, AVVALLAMENTO || CAVERNA.
contr. prominente, protuberante, in rilievo, rilevato.
càvo², *sm.* gómena, cànapo, conduttore di elettricità, → FUNE, CORDA || CAVITÀ.
nomencl. telefonico, telegrafico, elettrico, sottomarino.
cavolàio, *sm.* → ORTOLANO.
cavolfióre, *sm.* → CAVOLO.
càvolo, *sm.* broccolo, cavolfiore, cavolo cappuccio, verzotto.
nomencl. (*varietà*) costoluto, bianco, a palla, rosso, paonazzo, romano, lasagnino, nero, maggese, primaticcio, crocino, tardivo, cavolo-rapa, cavolo riccio, bastardo, novellino, navone, verza || (*attinenti*) cavolaia, cavolaio, ortolano, cavolata || cavolo strascicato.
cazzaruòla, *sf.* → CASSERUOLA.
cazzascòtta, *sf.* → CARRUCOLA.
cazzeruòla, *sf.* → CASSERUOLA.
cazzottàre, *v.tr.* e *rifl.* → PERCUOTERE.
cazzòtto, *sm.* → PERCOSSA.
cèca, *sf.* → ANGUILLA.
cecàggine, *sf.* cecità, ottusità || *fig.* → IRRAGIONEVOLEZZA, IGNORANZA.
contr. perspicacia, sagacia, acume.
cecchíno, *sm.* tiratore scelto.
céce, *sm.*
nomencl. (*varietà*) bianco, rosso, pendolino || ceci maritati.
cécero, *sm.* → CIGNO.
cécino, *sm.* → CIGNO.
cecità, *sf.* cecaggine || *fig.* → IRRAGIONEVOLEZZA, IGNORANZA.
contr. perspicacia, ragionevolezza, acume.
cèdere, *v.intr.* indietreggiare, abbandonare, non resistere, sottomettersi, arrendersi, ritirarsi, ripiegare, lasciarsi vincere, piegarsi, subire, rinunziare, curvarsi, rassegnarsi, far posto, far largo || avvallare, franare || *tr.* concedere, consegnare, attribuire, accordare.
nomencl. cedevole, duttile, arrendevole, chinevole, inchinevole || cedente, cedimento, cessione, retrocessione, restituzione.
contr. resistere, avanzare || conservare, salvare, tenere, tener per sé.
cedróne, *sm.* gallo di montagna.
cedévole, *agg.* pieghevole, duttile, flessibile, molle, malleabile, agevole || arrendevole, chinevole, inchinevole, tenero (d'animo), → DOCILE.
contr. resistente, duro, ostinato, inflessibile, caparbio.
cedevolézza, *sf.* → PIEGHEVOLEZZA || *fig.* → DOCILE.
contr. inflessibilità, resistenza, caparbietà.
cediménto, *sm.* → AVVALLAMENTO, FRANA.
cèdola, *sf.* → BIGLIETTO.
cédro, *sm.* agrume.
nomencl. (*varietà*) coronato, del Libano, di Firenze, di Salò o del lago, giudaico o col picciuolo || (*prodotti*) cedrangolo, cedronella o cedrina limonaria || cedrena, citrico, citrato, cedrata, cedrino || cedraia || *verb.* cedrare.
cefalalgía, *sf.* → EMICRANIA.
cefalèa, *sf.* → EMICRANIA.
cèfalo, *sm.* muggine.
ceffàta, *sf.* → SCHIAFFO.
cèffo, *sm.* → FACCIA, ASPETTO, MUSO.
ceffóne, *sm.* → SCHIAFFO, COLPO.
celàre, *v.tr.* → NASCONDERE.
celàta, *sf.* → ELMO.
celataménte, *avv.* → NASCOSTAMENTE.
celàto, *pps.* di celare || *agg.* → NASCOSTO, CHIUSO.
celebràre, *v.tr.* esaltare, acclamare, glorificare, onorare, lodare, encomiare, plaudire, ricordare, evocare, solennizzare, magnificare || dire o celebrare la messa, compiere una cerimonia || rogare un contratto.
contr. infamare, denigrare, vituperare, biasimare, detrarre, abbassare || omettere, tralasciare.
celebràto, *pps.* di celebrare || *agg.* → FAMOSO.
celebrazióne, *sf.* → APOTEOSI, CERIMONIA, ANNUALE.
contr. denigrazione, detrazione, vituperio || omissione.
cèlebre, *agg.* → FAMOSO, ILLUSTRE, GLORIOSO.
celebrità, *sf.* → GLORIA, FAMA, CHIAREZZA.
cèlere, *agg.* → VELOCE.
celerità, *sf.* → VELOCITÀ.
celèste, *agg.* del cielo || e *sm.* → BLU, CILESTRINO || DIVINO.
contr. terreno, terrígeno, terrestre || umano.
celestiàle, *agg.* → DIVINO.
cèlia, *sf.* → BEFFA.
celiàre, *v.intr.* → BEFFARE, GIOCARE.
cèlibe, *agg.* e *sm.* scapolo.
nomencl. voto di castità || stato libero, celibato, celibato libertino, casto, prudente || *verb.* far lo zio, far la vita di giovinotto, vita scapola, inzitellonire.

contr. ammogliato, coniugato, sposato.
cèlla, *sf.* → CAMERA || PRIGIONE.
cellière, *sm.* → CANTINA, CAMERA, DISPENSA.
cèllula, *sf.* celletta.
nomencl. (*suddivisione*) animale, vegetale, migratoria, mieloide, parenchimatica, proparenchimatica, sclerenchimatica || (*produzione*) scissione diretta, scissione indiretta o cariocinesi, gemmazione, endogenia || (*inerenti*) protoplasma o citoplasma, membrana, nucleo, nucleoli, centrosomi, tessuti || anterozoo, fibra, gameti, oosfera, zigote, aleurone, amido, carioplasma, cromatina, cellulosa, clorofilla, dermatosomi, nucleina, otricello primordiale || *agg.* completa, incompleta, rotonda, ovale, piriforme, fusiforme, stellata, triangolare, cubica, cilindrica, esagonale, poliedrica, appiattita, areolata, punteggiata.
cellulàre, *agg.* celluloso || *sm.* → PRIGIONE.
cellulósa, *sf.* → COLLA.
cémbalo, *sm.* archicembalo, clavicembalo, buonaccordo, arpicordo, spinetta, clavicordo, gravicembalo, pianoforte || tamburello.
cementàre, *v.tr.* → UNIRE.
ceménto, *sm.* → CALCE.
nomencl. (*tipi*) armato, idraulico, romano || *béton, chatterton, portland, trass* || (*materiale*) albolite, glutine, malta, peperino, pozzolana, solfato di calcio || cementazione || *verb.* cementare.
cempénna, *sm.* e *f. indecl.* → FACCENDIERE, INETTO.
cempennàre, *v.intr.* → INCIAMPARE.
céna, *sf.* pasto, → BANCHETTO.
nomencl. cenetta, cenone, cenona, cenante, cenata || cenacolo, scotto, *Cena Domini* (dipinto) || *agg.* piccola, frugale, parca, grande, abbondante, lauta, ricca, sontuosa, luculliana, pantagruelica, buona, gustosa, intima, familiare, sociale, tranquilla, ultima || *verb.* cenare, ricenare, far da cena, imbandire la cena, mettersi a cena, porsi a cena, guastare la cena, saltare la cena.
cenàcolo, *sm.* → BANCHETTO || CIRCOLO.
cenàre, *v.intr.* → MANGIARE.
cenciaiòlo, *sm.* → STRACCIVENDOLO.
céncio, *sm.* → STRACCIO.
cénere[1]**,** *agg.* e *sm.* → GRIGIO, BIONDO.
cénere[2]**,** *sf.* cinigia, bragia, brace.
nomencl. calda, spenta, di legna, di carbone, di lava || ceneracciolo, ceneraio, cenerata; incinerazione, cinerazione, cremazione || posacenere, portacenere || *verb.* incenerire, incenerare.
ceneríccio, *agg.* → GRIGIO.
cenerino, *agg.* → GRIGIO.
ceneróngnolo, *agg.* → GRIGIO.
cèngia, *sf.* cornice (di roccia).
cennamèlla, *sf.* ciaramella, → CORNAMUSA, PIVA, ZAMPOGNA.
cénno, *sm.* segno, → GESTO, ATTO, ACCENNO || AVVISO, COMANDO.
nomencl. di saluto, di comando, d'addio, d'avviso || *verb.* additare, indicare, mostrare, dare d'occhio, stringere l'occhio, accennare, riaccennare, tossicchiare, ammiccare, strizzare l'occhio.
cenòbio, *sm.* → CONVENTO.
cenobíta, *sm.* → FRATE, EREMITA, ASCETA.
censiménto, *sm.* catasto, descrizione della popolazione o dei beni, novero degli abitanti e dei beni.
nomencl. della popolazione, del bestiame, delle case || nazionale, regionale, locale || (*attinenti*) anagrafe, ruolo della popolazione, registro anagrafico, campione, scheda, inventario dei beni || *verb.* censire, accampionare.
cènso, *sm.* → RICCHEZZA, PATRIMONIO.
nomencl. vitalizio, livellario || patrimonio, livello, rendita, entrata, imposta || censuario, livellario || *verb.* costituire, mettere a censo, accensire, vitaliziare, costituire un livello.
censóre, *sm.* → ESAMINATORE, CORRETTORE, CRITICO, EDUCATORE.
censúra, *sf.* controllo, revisione, → BIASIMO, CRITICA || censure ecclesiastiche → CATTOLICESIMO.
nomencl. della stampa, dei libri, del cinema, del teatro, ecc. || censore, censuratore || *verb.* censurare, sindacare, biasimare, criticare, rivedere, correggere, riprendere, accettare, sentire, ricevere.
contr. permesso, licenza, lode, elogio, approvazione.
censuràbile, *agg.* → BIASIMEVOLE.
censuràre, *v.tr.* riprendere, criticare, sindacare, controllare, correggere, → BIASIMARE, FRUSTARE (*fig.*).
contr. permettere, licenziare, lodare, esaltare, elogiare.
centellinàre, *v.tr.* → BERE.
centenàrio, *agg.* centennale, secolare || *sm.* → FESTA.
centennàle, *agg.* → CENTENARIO.
cèntina, *sf.* centinatura, sagoma, modanatura, armatura ad arco.
nomencl. gola diritta o rovescia, mezzovolo, modanatura curva o retta, sesto, arco a sesto acuto || *verb.* centinare.
centinatúra, *sf.* → CÈNTINA.
cènto, *agg. num.*
nomencl. centenario, centesimale, centesimo, centinaio, cèntuplo, centúplice, centuria, percentuale, ecatombe, secolo, secolare || ettolitro, quintale, ettaro, ettogrammo, ettometro || *verb.* centuplicare.
centogàmbe, *sm.* → MILLEPIEDI.
centóne, *sm.* → ANTOLOGIA.
centràle, *agg.*
contr. eccentrico || periferico.
centralizzàre, *v.tr.* accentrare, concentrare, incentrare.
contr. decentrare.
centralizzazióne, *af.* accentramento, concentramento, incentramento.
contr. decentramento.
centrífugo, *agg.*
contr. centrípeto.
centrípeto, *agg.* gravitante.
contr. centrífugo.
cèntro, *sm.* epicentro, mezzo, nucleo, punto centrale, punto di mezzo, parte centrale.
nomencl. (*varietà*) di rotazione, di gravità, di pressione, ottico, sismico, nervoso, politico, letterario, commerciale, industriale, di studi, scientifico, sportivo || centrale, focale, centrifugo, centripeto, concentrico, eccentrico, paracentrico || centralità, centralizzazione, decentramento || *verb.* accentrare, incentrare, centralizzare, concentrare, discentrare, riaccentrare, decentrare.

contr. periferia, circonferenza, perimetro, circúito, orbe, orbita, circondario.
centuplicàre, *v.tr. fig.* → AUMENTARE.
cèntuplo, *agg.* e *sm.* cento volte maggiore, cento volte tanto, cento volte di piú.
contr. cento volte di meno, una centesima parte.
céppo, *sm.* base, piede, pedale (dell'albero), ciocco || aggregato (di case) || → LEGAME || STIRPE, RAZZA || *pl.* catene, manette.
nomencl. natalizio || cepperello, ceppa, ceppaia.
contr. cima, vetta.
céra[1], *sf.*
nomencl. d'api, del Giappone, della Cina, di canna, di mirica, di Spagna, minerale, strutta || da lavoro, da mobili, da pavimenti || (*attinenti*) paraffina, stearina, garzola, sebina, sottano || candela, agnusdei, cero, torcia, cerume, lucignolo, moccolo, stoppino, torcia, torchio || ceraiolo, cereria, ceroplastica, cerofania || *agg.* arsa, arsiccia, gialla, bianca, vergine; cèreo || *verb.* bianchire la cera, colare la cera, decantare, imbianchire, snervare, incerare, stendere la cera || colare, struggersi, sciogliersi, consumarsi, sgocciolare, gocciolare, liquefarsi.
céra[2], *sf.* → ASPETTO, CARNAGIONE, EFFIGIE || ACCOGLIENZA.
ceralàcca, *sf.* cera di Spagna.
nomencl. bastoncino, cannello, bacchettina, colofònia, || *agg.* fina, finissima, ordinaria, odorosa, profumata, rossa, nera, rosa || *verb.* inceralaccare, ceralaccare, suggellare, sigillare, spalmare.
ceràmica, *sf.* figulina, arte del vasaio || oggetto di ceramica, → TERRACOTTA, VASO.
nomencl. (*materie*) argilla, bucchero, caolino, engobe, *grès*, maiolica, murra, feldspato, porcellana, smalto stannifero, terracotta, vernice || (*strumenti*) tornio, calibratrice, girella, lisciatoio, stecca, fornace, fornacino, muffola o mufola || giara, olla, gazzeta, graffiti, biscotto || figurinaio, vasellaio || *agg.* comune, artistica, fine || (*azioni*) formare, modellare, verniciare, invetriare, biscottare, cuocere.
ceràre, *v.tr.* incerare, spalmare cera o di cera.
ceràto, *pps.* di cerare || *agg.* incerato.
nomencl. tela cerata, impermeabile, tendone.
cèrbero, *sm. fig.* → CUSTODE.
cèrbia, *sf.* → CERVO.
cerbiàtto, *sm.* → CERVO.
cèrbio, *sm.* → CERVO.
cérca, *sf.* → ACCATTONAGGIO.
cercàre, *v.tr.* andare in cerca o alla cerca, dar la caccia || elemosinare || ricercare, fare incetta, domandare, chiedere, richiedere, andar tentoni, scovare, rintracciare, andare in traccia, braccare, braccheggiare, bucherare, frugnolare, sfrucolare, fruscolare, rifruscolare, esplorare, buscare, frugare, rovistare, ruspare, rufolare, tastare, pescare, adocchiare, scrutare, perscrutare, spiare, spingere le ricerche, procacciare, procurare, adoprarsi, compulsare, esaminare, scrutinare, squinternare, inquisire, indagare, investigare, perquisire, rinvergare, rivangare, tentare con le parole, informarsi, sondare, curiosare, spulciare, ribruscolare, rifrustare, frugacchiare.
nomencl. braccheggio, cercata, frugata, incetta, inchiesta, investigazione, indagine, inquisizione, perquisizione, quesito, ricerca, rifrusta, rovistio, esame, questua, informazione, sondaggio, questionario, riflessione || (*persone*) ricercatore, cercatore, indagatore, inquirente, inquisitore, giudice, esaminatore.
contr. trovare, rinvenire, incontrare, ritrovare, scoprire, raccapezzare, raccogliere.
cercatóre, *agg.* e *sm.* → RICERCATORE || MENDICANTE.
cérchia, *sf.* àmbito, cerchio, cinta, circolo, circúito, circonferenza, orbe, orbita, giro, recinto, chiostra, chiusura, chiudenda, corona, accerchiamento, contorno, estensione || *fig.* campo, sfera d'azione, di conoscenze o relazioni sociali.
cerchiàia, *sf.* → RETE.
cerchiàre, *v.tr.* → CINGERE || GIRARE.
cérchio, *sm.* capannello, corona, assembramento || circonferenza, circolo || disco, giro, anello, cinta, circúito, recinto, → CERCHIA || cerchione di ruota || → ASSEDIO || CORONA, GHIRLANDA || mezzo cerchio → ARCO.
nomencl. (*vari*) concentrico, omocentrico, di Giotto || aureola, sfera, ciclo, ruota, cerchiello, cerchietto, girello, cerchione, campanella, cércine, listello, botte || (*elementi geometrici*) circonferenza, centro, contorno, diametro, semidiametro o raggio, secante, cosecante, tangente, segmento, settore, quadrante, osculatore, quadratura, inscrizione, circoscrizione, eccentricità, epiciclo, cicloide, corona, orbita, corda, semicerchio, sestile, area || (*strumenti*) ciclografo, compasso, aerografo, rapportatore, quadrante, sestante || gradi, minuti || *verb.* cerchiare, incerchiare, accerchiare, ricerchiare.
contr. linea retta, rettilineo.
cerchióne, *sm.* (di ruota) → CERCHIO.
cereàle, *sm.* → GRANO, BIADA.
cerebràle, *agg.* || *fig.* intellettuale, logico, arido, freddo.
contr. intuitivo, passionale, caldo, d'impeto.
cèrebro, *sm.* → CERVELLO.
cèreo, *agg.* → BIANCO.
cerfúglio, *sm.* → RICCIO.
cerimònia, *sf.* complimento, etichetta, formalità, festa, funzione, pompa, rito, solennità, sagra, onore, ossequio, celebrazione, commemorazione, annuale, anniversario, apoteosi, convenevole, convenienze || smorfia, affettazione, smanceria, apparenza, recitazione.
nomencl. (*tipi*) religiosa, civile, patriottica, militare, funebre, massonica || baciamano, dedica, genuflessione, liturgia, novendiali, processione, salamelecchi, sguaiateria, spagnolismo, inchino, riverenza || (*attinenti*) cerimoniale, codice, formula, maestro delle cerimonie, prefetto delle cerimonie, cerimoniere, officiante, celebrante, ufficiatura, celebrazione || *agg.* semplice, complicata, breve, lunga, interminabile, noiosa, stucchevole, piacevole, attraente, toccante, intima, riservata, familiare, solenne, fastosa, grandiosa, imponente, commovente, seria, faceta, ridicola, allegra, mesta, triste || *verb.* accompagnare, celebrare, dedicare, far complimenti, inaugurare, profondersi in riverenze, in salamelecchi, inchinarsi, presentarsi, inginocchiarsi, solennizzare, partecipare, trascurare.
contr. familiarità, sciatteria, sgarberia, villania, semplicità, sincerità, modestia.
cerimonióso, *agg.* → AFFETTATO, GENTILE.

contr. semplice, dimesso, negletto, sincero.
ceríno, *sm.* → FIAMMIFERO.
cernécchio, *sn.* → RICCIO.
cèrnere, *v.tr.* → SCEGLIERE.
cèrnita, *sf.* → SCELTA.
cernitúra, *sf.* → SCELTA.
céro, *sm.* → CANDELA, TORCIA.
ceròtto, *sm.* diapalma, pecetta, adesivo, *rigollot*, → IMPIASTRO || *fig.* persona opprimente, molesta, noiosa, pesante.
cerréto, *sm.* → FORESTA.
cèrro, *sm.* → QUERCIA.
certàme, *sm.* → BATTAGLIA, GARA.
certézza, *sf.* convinzione, persuasione, sicurezza, fiducia, evidenza, notizia certa, verità, assicurazione, asseveranza.
nomencl. (*qualità*) matematica, morale, oggettiva, soggettiva, indubitata, fondata, assoluta, positiva, ferma, intima, formale, precisa || *verb.* essere certi, non aver dubbio, essere convinti, persuasi; accertare, rendere certi.
contr. incertezza, dubbio, ambiguità, oscillazione, esitazione, sospensione, equivoco, irresolutezza.
certificàre, *v.tr.* accertare, assicurare, documentare, affermare, asserire, attestare, asseverare, verificare, chiarire, garantire, testimoniare, cerziorare, confermare, rassicurare.
contr. negare, contestare, contrastare, smentire, mettere in dubbio, in forse, esitare, diffidare.
certificàto, *pps.* di certificare || *sm.* attestato, attestazione, dichiarazione, testimonianza, fede, documento, biglietto, diploma.
nomencl. (*vari tipi*) scolastico, amministrativo, di buona condotta, di moralità, di stato civile, di battesimo, di matrimonio, di nascita, vaccinazione, rivaccinazione, medico, penale, anagrafico || (*attinenti*) legalizzazione, vidimazione, autenticazione, rilascio || (*verb.*) certificare, attestare, asserire, documentare, testimoniare, legalizzare, vidimare, autenticare, rilasciare.
cèrto, *agg.* assoluto, assiomatico, accertato, chiaro, evidente, fermo, indubbio, indubitato, indubitabile, inconfutabile, incontestabile, incontrastato, innegabile, irrefutabile, assicurato, incontroverso, incontrovertibile, inoppugnabile, indiscusso, irrecusabile, irrefragabile, manifesto, sicuro, reale, vero, conclamato || costante || convinto, persuaso, confesso, fidato || dato, determinato.
contr. dubbio, dubbioso, dubitabile, opinabile, incerto, improbabile, negabile, falso, irreale, assurdo.
certósa, *sf.* → CHIESA || CIMITERO.
cerúleo, *agg.* → BLU, CILESTRINO.
cèrulo, *agg.* → BLU, CILESTRINO.
cerúsico, *sm.* → CHIRURGO.
cerússa, *sf.* → BIACCA.
cervellàggine, *sf.* → BIZZARRIA.
cervellétto, *sm.* encefalo.
nomencl. (*parti*) fossa cranica, lobi, emisferi, circonferenza, margini (anteriore, posteriore), faccia superiore, faccia inferiore, dura madre, fibre midollari, arterie cerebrali, vene cerebrali, lamelle cerebrali || (*malattie*) emorragia, rammollimento, tumore, ascesso, cerebellite.
cervellièra, *sf.* → ELMO.
cervèllo *sm.* cerebro, encefalo || *fig.* ingegno, massa grigia, pensiero, coscienza, conoscenza, → INTELLIGENZA, MEMORIA.
nomencl. (*anatomia*) scatola cranica, faccia (superiore, inferiore), polo o estremità (frontale o anteriore, occipitale o posteriore), dura madre, pia madre, circolazione arteriosa, arteria cerebrale, circolazione venosa, vena cerebrale profonda e superficiale, corteccia cerebrale, circonvoluzioni cerebrali, emisferi cerebrali, scissura media longitudinale, lobi cerebrali (anteriore o frontale, posteriore o occipitale, superiore o medio o parietale, inferiore o temporale), peduncoli, ventricoli cerebrali, ventricolari laterali (anteriore, superiore, medio, inferiore, comune, dei talami, di Wenzel, del setto lucido, di Silvio, di Verga o del Fornice), istmo, ponte, midollo allungato, cervelletto || (*malattie*) anemia, apoplessia, ascesso cerebrale, atrofia cerebrale, cerebrite, cerebrosclerosi, commozione cerebrale, compressione cerebrale, congestione cerebrale, cretinismo, demenza, edema cerebrale, embolismo cerebrale, emorragia cerebrale, encefalite, encefalopatia, epilessia, ernia cerebrale, frenesia, idiotismo, infiammazione cerebrale, meningite, pachimeningite, paralisi cerebrale, pazzia, rammollimento, sclerosi, sifilide, tumore cerebrale, tubercolosi || macrocefalia, microcefalia, dolicocefalia, brachicefalia || encefalotomia.

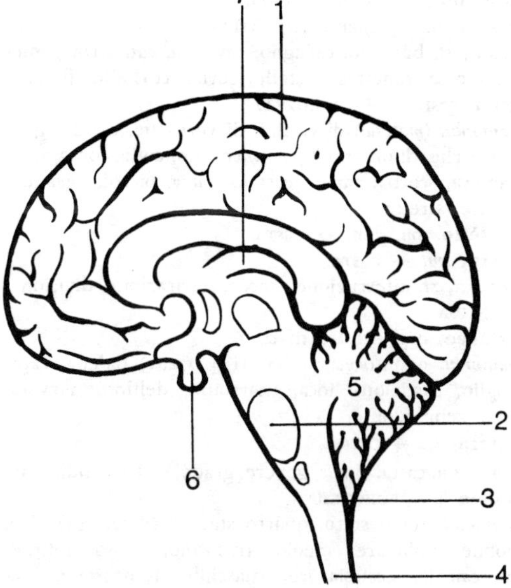

CERVELLO – 1) circonvoluzioni cerebrali; 2) ponte di Varòlio; 3) midollo allungato; 4) midollo spinale; 5) cervelletto; 6) ghiandola pituitaria (ipofisi); 7) corpo calloso.

cervellòtico, *agg.* → IMMAGINARIO, FANTASIOSO, BIZZARRO.
cervíce, *sf.* → NUCA, OCCIPITE, TESTA.
cèrvo, *sm.* cèrbio, cèrbia, cerbiatto.
nomencl. palcato, a tre palchi, selvatico, addomesticato || corna decidue, cornatura, impalcatura, mudazione || (*grido*) belato, bramito || (*specie*) cervidi, alce, blastocero, bubali, capriolo, daino, rusa || *agg.* veloce, timido, snello, grazioso || *verb.* mudare, belare, bramire.

cervògia, *sf.* → BIRRA.
cerzioràre, *v.tr.* → ACCERTARE, CERTIFICARE.
cesàreo, *agg.* → REGALE.
cesàrie, *sf. indecl. poet.* → CAPIGLIATURA.
cesellàre, *v.tr.* → INCIDERE.
cesellatóre, *sm.* → INCISORE.
cesèllo, *sm.*
nomencl. (*modi*) a sbalzo, a rilievo || (*attinenti*) pece, bulino, ciappola, granitoio, taglio || grano, minuteria || *verb.* cesellare, sbalzare, rifinire.
cèsio, *agg.* → BLU.
cesóia, *sf.* → FORBICI.
cèspite, *sm.* → CESPUGLIO.
céspo, *sm.* → CESPUGLIO.
cespúglio, *sm.* bronco, cèspite, cesto, cespo, groviglio, grúmolo, grumetto, roveto, rovo.
nomencl. cespuglioso, cespugliato, cesposo || *verb.* accestire, aggrovigliare.
cessaménto, *sm.* → FINE.
cessàre, *v.intr.* restare, desistere, dismettere, smettere, sospendere, lasciare, omettere, rimuovere, spedire, togliere, spegnere, fermare, terminare → FINIRE.
contr. continuare, cominciare, ricominciare, riprendere, progredire, avanzare, proseguire.
cessàto, *pps.* di cessare || *agg.* → FINITO.
cessazióne, *sf.* → FINE.
cessióne, *sf.* → ABBANDONO.
cèsso, *sm.* → GABINETTO, LATRINA.
césta, *sf.* búgnolo, cavagno, cavagna, canestro, paniere, sporta, canestra, cestello, corba, corbello, fiscella, gerla, cesto || → CARROZZA.
nomencl. (*materia*) di vimini, di vermene, di castagno, di stecche, di ontano || (*affini*) cestino, coffa, foraggiera, paniera, scorba, zana || cestaio || *agg.* piccola, grande, capace, stretta.
cestèllo, *sm. dim.* → CESTA.
césto, *sm.* → CESTA.
cesúra, *sf.* interruzione, stacco, separazione, divisione, → PAUSA.
catàceo, *agg.* mostro marino.
nomencl. odontoceti, soffiatori || (*specie*) balena, capidoglio, cascialoto, foca, marsuino, delfino, narvalo, orca, zenglodonte.
cétera, *sf.* → CETRA.
cèto, *sm.* casta, classe, genere, grado, stato, condizione, ordine || → BORGHESIA.
nomencl. terzo stato, quarto stato || (*differenze*) alto, nobile, nobiliare, medio, mezzano, basso, infimo, mercantile, ecclesiastico, maschile, femminile, elegante, intellettuale, mondano.
cétra, *sf.* cetera, lira, eptacordo, pentacordo, testuggine.
nomencl. citarista, citaredo, ceteratore || *verb.* ceterare, cetereggiare, ceterizzare.
châlet, *sm. fr.* → CASA.
chanteuse, *sf. fr.* → CANTANTE.
char-à-bancs, *sm. fr.* → CARROZZA.
chepí, *sm. invar.* cheppí, → BERRETTO.
chèrmes, *sm. indecl.* → COCCINIGLIA.
chèrmisi, *sm. indecl.* → ROSSO.
chermisíno, *agg.* → ROSSO.
cherubíno, *sm.* → ANGELO.
chetàre, *v.tr.* quietare, → CALMARE.
chetichèlla (alla), *loc. avv.* → NASCOSTAMENTE.
chéto, *agg.* quieto, tranquillo, placido, indifferente, pacato, pacifico || → SILENZIOSO.
contr. turbato, chiassoso, agitato, commosso, convulso, febbrile; loquace, parlatore.
chiàcchiera, *sf.* baia, baiata, ciancia, ciarla, ciarleria, ciarlío, ciarlata, cinguettamento, chiacchiericcio, chiacchierata, cicalata, cicaleccio, cicaleria, cicalío, discorso, diceria, favola, fiaba, frascheria, cinguettata, gracchiamento, intemerata, maldicenza, calunnia, voce, novella, pettegolezzo, sproloquio, cantafera, tantafera, tantaferata, pappolata, vaniloquio, accademia, filastrocca, berlinghino, biribissaio, chiasso, ciaccola, ciangola || loquacità, facilità di parola, parlantina || *fig.* → INEZIA.
nomencl. (*persone*) chiacchierino, chiacchierone, abbaiatore, brontolone, *blagueur*, cecco, chiassone, ciarlatano, cicerona, cornacchia, linguacciuto, parolaio, pettegolo, pettegola, raganella, riportanovelle, strillozzo, tattamella, vendi parole || *agg.* vana, oziosa, insulsa, noiosa, strana, falsa, sciocca, grossolana, frivola, allegra, chiassosa, rumorosa, intemperante, lunga, continuata, buona, cordiale, amichevole, calunniosa || *loc. avv.* al vento || *verb.* chiacchierare, battolare, begolare, bergolinare, berlingare, blaterare, camaldolare, ciambolare, cianciare, ciarlare, cicalare, confabulare, lingueggiare, gracchiare, sproloquiare, riciarlare, riferire, sbottare, sbordellare, scilinguare, stracicalare, sermonare, tattamellare.
contr. ragionamento, discorso serio, coscienzioso, profondo, responsabile.
chiacchieràre, *v.intr.* → PARLARE.
chiacchieràta, *sf.* → CHIACCHIERA.
chiacchieríno, *agg.* e *sm.* → CHIACCHIERONE.
chiacchieríccio, *sm.* → CINGUETTIO.
chiacchierío, *sm.* → CINGUETTIO.
chiacchieróne, *agg.* e *sm.* loquace, ciarlone, blaterone, anfanatore, bergolo, battolone, tabella, berlingatore, berlinghiere, chiacchierino, ciancone, ciarlatore, ciarliero, cianciarello, ciancioso, cicalante, cicalatore, cinguettiere, cicalone, chiassone, garrulo, gazzerotto, gracchiatore, linguacciuto, linguato, eloquente, imbroglione, millantatore, parabolano, parolaio, ciangottone, pettegolo, trombetta || comunicativo, discorsivo.
nomencl. (*modi di dire*) abbaiatore, abburattone, bargella, bergolo, cecca, ciarlatano, cicerone, cicerona, cornacchia, crocchione, gazza, linguetta, madre vicaria, mangiachiacchiere, mettibocca, raganella, strillozzo, taccolevole, tattamella, tromba del comune, vendiparole || *loc.* avere il mazzo delle carte in mano, avere la ciangola in balía, fare due o quattro chiacchiere, fare il berlingaio, fare un mercato, stare a chiacchierare, ubriacare a chiacchiere, trattenere uno con le chiacchiere.
contr. muto, silenzioso, tacito, taciturno, laconico, sentenzioso, preciso, conciso, succinto.
chiàma, *sf.* chiamata, → APPELLO.
chiamàre, *v.tr.* dire, appellare, nomare, nominare, denominare, soprannominare || accennare, ammiccare, apostrofare, avocare, richiamare, richiedere, convocare, riconvocare, invocare, invitare, conclamare, at-

tirare, attrarre, evocare, mandare, avvertire, far venire, citare, designare, eleggere, interpellare || mobilitare || far l'appello || suonare, fischiare, segnalare || chiamare a pranzo, in giudizio, chiamarsi in colpa, chiamarsi offeso, chiamare a render conto.
nomencl. chiama, chiamata, contrappello, appello, richiamo; mobilitazione, leva.
contr. cacciare, respingere, sospingere, mandar via, spedir via, licenziare, congedare || rispondere, consentire, dar retta.
chiamàta, *sf.* → APPELLO || attitudine, elezione, evocazione, richiamo, designazione, invocazione, ispirazione, vocazione || leva, mobilitazione, sfida, bando || → CITAZIONE.
nomencl. divina, telefonica, militare, in causa, a testimone, di una classe, in correo.
chiàna, *sf.* → PIANURA.
chiàppa, *sf.* → NATICA.
chiappaminchióni, *sm.* e *f. indecl.* → IMBROGLIONE.
chiappàre, *v.tr.* → PRENDERE.
chiapparèllo o **chiapperèllo,** *sm.* → INGANNO.
chiappíno, *sm.* → SGHERRO.
chiàppola, *sf.* → INEZIA.
chiappolería, *sf.* → CHINCAGLIERIA || INEZIA.
chiàra, *sf.* → ALBUME.
chiaraménte, *avv.* espressamente, esplicitamente, evidentemente, a chiare note, a lettere di scatola, francamente, limpidamente, lucidamente, luminosamente, manifestamente, palesemente, definitamente, distintamente, pienamente, segnalatamente, segnatamente, senza metafora, solennemente, speditamente.
contr. oscuramente, nascostamente, ambiguamente, involutamente, tortuosamente, in modo dubbio.
chiarézza, *sf.* bagliore, luce, chiaria, chiarità, limpidezza, splendore, trasparenza, lucidità, nitidezza, politezza, perspicuità, fama, celebrità, conoscenza, intelligibilità, evidenza, precisione di stile || → FACILITÀ.
contr. oscurità, incomprensibilità, ambiguità, ambage, tortuosità.
chiaría, *sf.* → CHIAREZZA.
chiarificàre, *v.tr.* schiarire, render chiaro, chiarire, depurare, distillare, purificare || interpretare, dimostrare, certificare, accertare, esplicare, appurare, illuminare, dilucidare, spianare, commentare.
contr. oscurare, obnubilare, scurire, intorbidare, confondere, adombrare.
chiarificatóre, *agg.* → PURIFICATORE || esplicativo, dichiarativo, interpretativo.
chiarificazióne, *sf.* → DISTILLAZIONE, PURIFICAZIONE || SPIEGAZIONE, INTERPRETAZIONE.
chiariménto, *sm.* → SPIEGAZIONE, INTERPRETAZIONE.
chiaríre, *v.tr.* → CHIARIFICARE || *fig.* ACCERTARE || SPIEGARE, INTERPRETARE || DISINGANNARE.
chiarità, *sf.* → CHIAREZZA.
chiàro, *agg.* bianco, limpido, luminoso, lucente, illuminato, sereno, splendente, argentino || scialbo, poco carico (di colore) || evidente, facile, intelligibile, perspicuo, esplicito, indubbio, naturale, espresso, aperto, palpabile, distinto, visibile, nitido, certo, fluido || esprimente, espressivo, ignudo, indubitato, senza pieghe, specchiato, spiegato, rivelato, svelato || lampante, lucido, patente, manifesto || trasparente (di stile) || famoso, illustre, glorioso, celebre, rinomato || *sm.* → LUME.
contr. oscuro, offuscato, buio || incomprensibile, inintelligibile, ermetico || ambiguo, chiuso, serrato, involuto, tortuoso, inespresso, inesprimibile.
chiaróre, *sm.* → BAGLIORE.
chiaroscúro, *sm.* → DISEGNO.
chiaroveggènte, *agg.* e *sm.* → INDOVINO, AUGURE.
chiaroveggènza, *sf.* → PREVEGGENZA.
chiassaiòla, *sf.* → FOSSA.
chiassàre, *v.intr.* → DIVERTIRE.
chiassàta, *sf.* → RUMORE.
chiassétto, *sm.* → VICOLO.
chiàsso, *sm.* → RUMORE || VICOLO.
chiassóne, *sm.* → CHIACCHIERONE || BURLONE.
chiassóso, *agg.* → RUMOROSO.
chiassuòlo, *sm.* → VICOLO.
chiàtta, *sf.* → BARCA.
chiàtto, *agg.* → PIATTO.
chiavàccio, *sm.* → CATENACCIO.
chiavàio, *sm.* → FABBRO.
chiavàrda, *sf.* → BULLONE.
chiàve, *sf.*
nomencl. (*varietà*) comune, doppia, falsa, inglese, maschia, a due ingegni, femmina || (*inerenti*) controchiave, ago della toppa, anello, bocchetta, calcio della molla, canna, coperchio della toppa, fernette, fusto, ingegni della chiave, mandata, olivella, pallino, scudetto, stanghetta, toppa || cleidomanzia || *verb.* chiavare, chiudere a chiave, girare la chiave, serrare, inchiavare, dare la mandata, doppia mandata.
chiavèllo, *sm.* → CHIODO.
chiàvica, *sf.* acquaio, chiodino, smaltitoio, saracinesca, chiusa, compluvio, fogna, tombino || → CATARATTA.
nomencl. ribalta, caterattaio, paratoia.
chiavistèllo, *sm.* → CATENACCIO.
nomencl. (*parti*) bastone, maniglia, anelli, boncinella o staffetta o nasello, bocchetta.
chiàzza, *sf.* → MACCHIA.
chiazzàre, *v.tr.* → MACCHIARE.
chícca, *sf.* → DOLCE.
chícchera, *sf.* → TAZZA.
chicchessía, *pron. pers.* → CHIUNQUE.
chícco, *sm.* → ACINO, GRANELLO || (di grandine) → GHIACCIUOLO.
chièdere, *v.tr.* DOMANDARE || CERCARE.
chiérica, *sf.* tonsura.
chiericàto, *sm.* → CLERO.
chiérico, *sm.* → SACERDOTE.
nomencl. abate, abatino, converso, seminarista || tonsurato, accolito, esorcista, lettore, ostiario, caudatario, ceroferario, chierico di camera || (*attinenti*) veste talare, cotta, collare, zimarra || tonsura || ordini minori, seminario, clero.
chièsa[1]**,** *sf.* tempio, sacro edificio, casa del Signore, casa di Dio.
nomencl. (*varie suddivisioni*) basilicale, bizantina, romana, romanica, gotica, quattrocentesca, rinascimentale, barocca, novecento, a croce latina, a croce greca, a una o piú navate || abaziale, primaziale, arcivescovile, metropolitana, vescovile, collegiata, patriarcale,

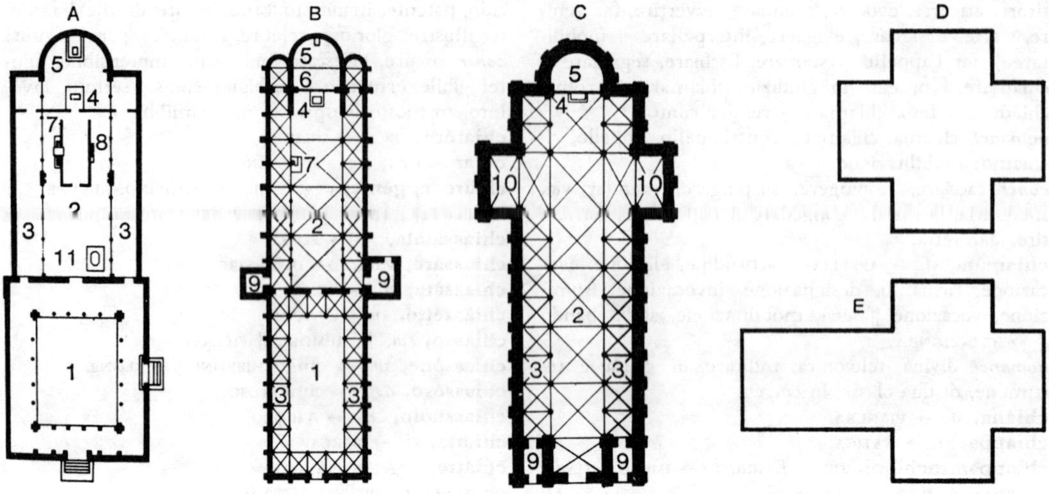

CHIESA – A) pianta del sec. XI e antecedenti; B) del sec. XII; C) del sec. XIII; D) a croce greca; E) a croce latina. – 1) atrio; 2) navata centrale; 3) navate laterali; 4) altare; 5) abside; 6) coro; 7) pulpito; 8) coretto; 9) torre; 10) transetto; 11) fonte battesimale.

parrocchiale, madre, matrice, priorale, ricettizia, rurale, suburbicaria, sussidiaria, suffraganea, titolare, apostolica || cappella, cappellina, chiesuola, chiesina, oratorio, basilica, cattedrale, duomo, certosa, badia, abbazia, cripta, catacomba, parrocchia, pievania, pieve, prioria, rettoria, sacello, santuario, battistero, sacrario, ossario, tabernacolo, edicola || moschea, pagoda, sinagoga || (*elementi e parti*) sagrato, scalinata o gradinata, facciata, pinnacoli, doccione, guglia, rosone, campanile o torre, nartece, pronao, atrio, portale, porta (centrale, laterale), nave o navata (principale o centrale, laterale), colonna, pilastro, lesena, arcata, pila o piletta dell'acqua santa o acquasantiera, fonte battesimale, transetto, bracci, iconostasi, balaustra, cancellata, cancello, presbiterio, cattedra o trono vescovile, sacrestia, altare (maggiore, laterale), coro, coretto, stallo, abside, catino, cupola, tiburio, cantoria, organo, matroneo, tribuna, pulpito o pergamo, ambone, cappella laterale, nicchia, statue, Via Crucis, quadri, ex-voto, cripta, scurolo, baldacchino, confessionale, soffitto (a volta, a botte, a cassettone, a capriate), sgabelli, sedie, panche, faldistorio, inginocchiatoio, cassetta delle elemosine, finestra, bifora, trifora, vetrata || (*arredi*) addobbi, accenditoio, ampolline, aspersorio o *asperges*, baldacchino, banda, bandinella, battola, borsa, calice, animetta, patena, campanello, candelabro, candeliere, canna, cartagloria, cero, cero pasquale, cielo, coltrone, conopeo, corporale, credenza, navicella e cucchiaino, dittico, trittico, polittico, gloria, guanciale, incensiere o turibolo, lampada, lampadario, leggio, mantellina, ombrellino, pace, padiglione, ostensorio, pala, paliotto, palla, pisside, purificatoio, raganella, reliquiario, saettile, secchiolina o secchiolino, spegnitoio, stendardo, sudario, tovaglia, velo, teca eucaristica, sedia gestatoria, acqua benedetta, acqua gregoriana, agnusdei, cenere, crisma, incenso, Olio santo, palma, olivo, fiori, particola, ostia (da consacrare), pietra santa || Eucaristia o Ostia Santa, reliquie e corpi di martiri e santi, corpi dei vescovi e dei benefattori defunti || (*persone*) clero, sacerdote o prete, pastore, rabbino, bonzo, bramino, pope, feghi, fedeli || accattino, accenditore, campanaro, caudatario, ceroferario, chierico, corista, collettore, crocifero, maestro di cappella, mazziere, paratore, patrono, sagrestano o sagrista, scaccino, spazzino, scagnozzo, turiferario, zelatore, zelatrice || (*attinenti*) donazione, legato, lascito, beneficio o benefizio, patronato, compatronato, economato, subeconomato, elemosina, fabbriceria, amministrazione della Fabbrica del Duomo, fabbriciere, obituario, vacchetta della celebrazione delle Messe, calendario ecclesiastico || *agg.* piccola, stretta, modesta, povera, vasta, grandiosa, maestosa, imponente, antica, moderna, artistica, ricca, adornata, affrescata, dipinta, decorata, stuccata, spoglia, nuda, officiata, pubblica, semipubblica, privata, consacrata, benedetta, sconsacrata, affollata, deserta, abbandonata || *verb.* erigere, fondare, dotare, benedire, consacrare, aprire, dedicare, parare, addobbare, profanare, sconsacrare, riconsacrare, riconciliare, ufficiare, officiare || celebrare, amministrare i sacramenti, confessare, comunicare, celebrare messa, celebrare matrimoni, assistere i moribondi, predicare.

chièsa², *sf.* cristianità, Corpo mistico, → CATTOLICESIMO || potere temporale (dei papi).

nomencl. (*note teologiche e storiche*) una, santa, cattolica, apostolica, romana, universale, madre, docente; militante, purgante, trionfante || (*inerenti*) protestante, riformata, luterana, calvinista, anglicana, scismatica, ortodossa, copta, orientale, russa, ambrosiana, armena, gallicana, greca, latina, maronita, gerarchia d'ordine, gerarchia di giurisdizione, sacerdozio, sacramenti, dottrina, dogmi, scienze ecclesiastiche, tradizione, libri ispirati o sacri, ordini religiosi, congregazioni religiose, istituti religiosi, fedeli, riti, liturgia, autorità spirituale, braccio, secolare, canone, cesaropapismo, persecuzioni, eresie, scismi, martirio, missioni, giuseppinismo, modernismo, conciliarismo, disciplina ecclesiastica, libertà religiosa, libertà ecclesiastica, patristica, scolastica, prammatica sanzione, comandamenti, precetti, principato ecclesiastico, martirologio, decime, *placet*, *exequatur*.

chiesàstico, *agg.* → ECCLESIASTICO.

chiesuòla, *sf.* → CIRCOLO.

chietinería, *sf. rar.* → BIGOTTERIA.

chilificazióne, *sf.* → ASSIMILAZIONE, DIGESTIONE.

chimèra, *sf.* → ILLUSIONE, FANTASTICHERIA, IDEALE || ERRORE.

chimèrico, *agg.* → IMMAGINARIO, FANTASTICO, FAVOLOSO, IDEALE || FALSO.

chímica, *sf.* || chimica ermetica, → ALCHIMIA.

nomencl. (*suddivisioni*) organica, inorganica, agraria, analitica, applicata, atomica, biologica, bromatologica, cosmica, docimastica, elementare, clinica, farmaceutica, fisiologica, industriale, generale, minerale, fisica, sperimentale, speciale, fitochimica, geochimica, elettrochimica, termochimica, gazochimica, stereochimica, zoochimica, patologica || alchimia, palingenesi || (*termini*) legge, formula, nomenclatura, peso atomico, caratteri, segni, simboli, metodo, analisi, sintesi, induzione, deduzione || (*stato dei corpi*) materia, corpo fluido, liquido, solido, gassoso, vapore, metallo, metalloide, acido, base, sale, alcaloide, fermento, residuo, precipitato, essenza, spirito, estratto || stato naturale, nascente, allotropo || corpo dimorfo, trimorfo, polimorfo, amorfo, isomorfo || semplice, composto, omogeneo, eterogeneo, idratato, allogeno, neutro, bivalente, trivalente, polivalente || atomo, molecola, ione, cellula, cristallo, faccetta || (*proprietà dei corpi*) affinità molecolare, aggregazione, acidità, basicità, solubilità, fusibilità, conduttibilità, coesione, idratazione, odore, sapore, isomeria, polimeria, densità, temperatura di fusione, di ebollizione, valenza, peso atomico, peso molecolare, riduzione, saturazione, friabilità || (*operazioni chimiche*) calcinazione, catalisi, cementazione, coagulazione, combinazione, combustione, composizione, concentrazione, cristallizzazione, decantazione, decozione, decrepitazione, defecazione; disgregazione, dialisi, digestione, disgregazione, disseccamento, dissoluzione, disossidazione, distillazione, dosamento, disidrogenazione, disitratazione, ebollizione, espressione, evaporazione, filtrazione, fusione, fluidazione, lavaggio, liquefazione, liscivazione, levigazione, lozione, macerazione, misurazione, mineralizzazione, ozonometria, precipitazione, riduzione, saturazione, sintesi, soluzione, solidificazione, spartimento, spostamento, spremitura, stratificazione, sublimazione, torrefazione, ustione, vaporizzazione, volatilizzazione || *verb.* combinare, disossidare, disidratare, estrarre, inquartare, ossigenare, precipitare, ridurre, solidificare, spartire, spremere, stratificare, sublimare, tartarizzare || (*laboratori*) analisi chimica, qualitativa, quantitativa, sintesi, manipolazione, preparazione, elettrolisi, agente chimico, azione, reazione || (*apparecchi*) alambicco, agitatore, alcalimetro, autoclave, azotometro, bagno, bilancia, buretta, cannello dardifiamma, colorimetro, coppella, densimetro, digestore, distillatore, essiccatoio, fornello, linguetta, matraccio, navicella, carta di tornasole, crogiuolo, dializzatore, filtro, morsette, pallone di vetro, oleometro, picnometro, pipetta, pirometro, polarimetro, provetta, serpentino, saccarimetro, sifone, spatola, storta, termometro, tubi, vaschetta || (*corpi semplici*) alluminio, antimonio o stibio, argento, argo, arsenio, azoto, bario, bismuto, boro, bromo, cadmio, cesio, calcio, carbone, cerio, cloro, cromo, cobalto, colombio, disprosio, erbio, etano, europio, ferro, fluoro, gadolinio, gallio, germanio, glucinio, elio, olmio, idrogeno, indio, iodio, iridio, cripto, lantanio, litio, lutezio, magnesio, manganese, mercurio o idrargirio, molibdeno, neodimio, neon, nichelio, nitton (emanazione del radio), oro, osmio, ossigeno, palladio, fosforo, platino, piombo, potassio, rubidio, rutenio, samario, scandio, selenio, silicio, sodio, zolfo, stronzio, tantalio, tallio, terbio, tellurio, torio, tullio, titanio, tungsteno o volframio, uranio, vanadio, xenio, itterbio, ittrio, zinco, cinconio || (*composti inorganici*) ossidi (protossidi, biossidi, perossidi, sesquiossidi), basi o alcali, ammoniaca, anidridi, acidi, sali (acidi neutri, ossiali, basici), bicarbonati, bicromati, borati, bromuri, carbonati, cianuri, clorati, cloruri, fluoruri, fosfati, fosfiti, ioduri, ipofosfiti, iposolfiti, nitrati, nitriti, permanganati, silicati, solfati, solfiti, solfuri || (*composti organici*) alifatici, aromatici, alcool, eteri, aldeidi, chetoni, esteri, amine, aminoacidi, proteine, glucidi, fenoli, chinoni, terpeni, alcaloidi || (*persone*) chimico, preparatore, manipolatore, ricercatore, sperimentatore, assistente.

chimosína, *sf.* → COAGULO.

chína¹, *sf.* → DISCESA.

contr. erta, salita.

chína², *sf.*

nomencl. polvere dei gesuiti, acido chinico, chinafenina, chinino, chinoidina, chinatina.

chinàre, *v.tr.* inchinare, reclinare, curvare, inclinare, declinare, abbassare, calare, → PIEGARE || *rifl. fig.* abbassarsi, umiliarsi, rassegnarsi, piegarsi, ossequiare, accettare, obbedire.

contr. rialzare, rizzare, raddrizzare, ergere, erigere || rialzarsi, raddrizzarsi, alzare la testa || inorgoglirsi, insuperbire, rivoltarsi.

chinàto, *pps.* di chinare || *agg.* → PIEGATO.

chincaglieria, *sf.* cianfrusaglia, bagattelle, chiappolerie, minuzie, minuteria, minutaglia, ninnolo.

chinèa, *sf.* → CAVALLO.

chinévole, *agg.* → CEDEVOLE.

chíno, *agg.* → BASSO, PIEGATO.

chiòccia, *sf.* → GALLINA.

chiòccio, *agg.* → RAUCO.

chiòcciola, *sf.* → CONCHIGLIA.

chioccolàre, *v.intr.* squittire, chiurlare, → FISCHIARE || (dell'acqua) → GORGOGLIARE.

chioccolío, *sm.* → RUMORE.

chiodaiòlo, *sm.* → FABBRO.

chiodàre, *v.tr.* imbullettare, inchiodare, conficcare || ribadire.

contr. schiodare, svellere, sconficcare.

chiodíno, *sm.* → CHIAVICA.

chiòdo, *sm.* chiovo, chiavello, bolletta, bulletta, brocco, caviglia, cavicchio, cappellotto || *fig. scherz.* → DEBITO.

nomencl. (*differenze*) acuto, appuntito, spuntato, storto, diritto, sottile, esile, grosso, tondo, quadrangolare, a vite, uncinato, piegato a squadra, a testa piatta, a diamante, a fungo, a capocchia larga, stretta || (*affini*) chiodone, anello, arpione, piuolo, borchia, bullone, cavicchia, chiavarda, maglietta, vite, rivetto || (*parti*) punta, fusto, capocchia || (*attinenti*) accecatoio, cacciachiodo, cannuccia, cassetta, cesoia a toppo, chiodaia, controchiodaia, guancialini, martello, morsa, tanaglia o tenaglia || *verb.* inchiodare, accecare, conficcare, dischiodare, ferrare, imbullettare, mettere, piantare, ficcare, conficcare, ribadire, ribattere, schiodare, chiovare, inchiavardare.

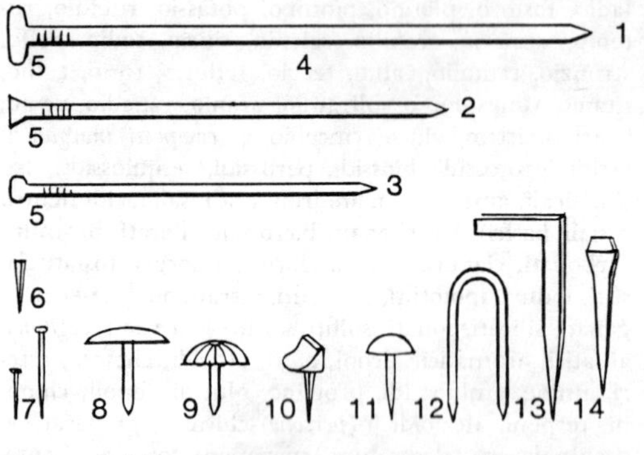

CHIODI – 1, 2, 3) punta; 4) fusto; 5) capocchia; 6) punta o puntina; 7) semenze; 8) bomberina piana; 9) bomberina bombata; 10) zappetta; 11) bulletta; 12) cambretta; 13) càncano; 14) chiodo da cavallo.

chiòma, *sf.* → CAPIGLIATURA || coda di cometa.

chiomàto, *agg.* chiomoso, chiomante (*ant.*), zazzeruto, cappelluto, crinito.

contr. calvo, pelato, rapato, schiomato.

chiomóso, *agg.* → CHIOMATO.

chiòsa, *sf.* → COMMENTO, SPIEGAZIONE.

chiosàre, *v.tr.* → SPIEGARE, ANNOTARE, COMMENTARE.

chiosatóre, *sm.* annotatore, commentatore, glossatore, interprete.

chiòsco, *sm.* edicola, padiglione, capanno di mescita, frutta o verdura, *berceau*, bersò, pergola, pergolato, → CASA, CASOTTO.

chiòstra, *sf.* → CERCHIA.

chiòstro, *sm.* → MONASTERO || CORTILE || *fig.* vita monastica.

nomencl. *verb.* darsi al chiostro, entrare nel chiostro, uscire dal chiostro.

chiòtto, *agg.* → SILENZIOSO.

chiràgra, *sf.* → ARTRITE.

chirògrafo, *sm.* → AUTOGRAFO || CONTRATTO.

chiromanzía, *sf.* → PREVEGGENZA.

chirurgía, *sf.* medicina operatoria.

nomencl. plastica, operatoria, estetica, d'urgenza || (*specialità chirurgiche e affini*) achiurgia, desmiurgia, anematurgia, clinica chirurgica, galvanochirurgia, patologia chirurgica, medicina, anestesia chirurgica, anestesiologia, ginecologia, neurochirurgia, oculistica, odontoiatria, ortopedia, ostetricia, otorinolaringoiatria, traumatologia, pronto soccorso || (*operazioni*) ablazione, abrasione, agopressura, agopuntura, elettropuntura, agoignipuntura, allacciatura, amputazione, anabrosi, anaplastia, anaplerosi, asportazione, anchilosi, anfiatrosi, autoplastica, blefaroplastia, broncoplastia, catarismo, cateresi, cauterizzazione, causticazione, cistotomia, cheratomia, compressione, contrapertura, dissezione, drenaggio, enucleazione, estirpazione, flebotomia, forcipressura, iniezione, iniezione endovenosa, isterotomia, intubazione, ipodermoclisi, laparatomia, litotomia, litotresia, litotripsia, nefroctomia, oncotomia, paracentesi, perieresi, protesi, prelievo bioptico, pneumotorace, puntura, radicatura, resezione, riduzione, raschiatura, riposizione, sbrigliamento, scarificazione, stomia, scleroctomia, sintesi, siringotomia, strappamento, sutura, parto cesareo, tarsorrafia, tenotomia, toracentesi, toractomia, toracoplastia, tracheotomia, trapanazione, trazione, vivisezione || *verb.* affaldellare, allacciare, amputare, bruciare, asportare, bendare, cauterizzare, circoncidere, cloroformizzare, disarticolare, estirpare, incannucciare, operare, ridurre, staccare, steccare, stuellare, sventrare, tamponare, tostare, vivisezionare, trapanare || (*strumenti*) abbassalingua, abrasoio, ago, alfonsino, aspiratore, aiuto-forcipe, anchilotomo, archetto, autolabio, becco, bisturi, blefarostato, bottone, braccialetto, candeletta, cannula, catetere, causticoforo, cauterio, cefalotribo, cistoscopio, cheratoscopio, cistotomo, compressore, contagocce, craniotomo, croce, dilatatore, divaricatore, elettrobisturi, esfogliatore, fasce elastiche, ferula, forbici, forcipe, inalatore, ipodermoclisma, lancetta, litotritore, laringoscopio, martelli, morsa, maschere per cloroformizzare, osteotomo, otturatore, padiglione, pietra infernale, pinza ossivora, pinze, rachiotomo, raschiatoio, scalpello, seritella, scarificatore, seghe, siringhe, sonda, spatola, specillo, tenaglie, tenotomo, termocauterio, tirapelle, trapano, trequarti || (*attinenti*) bendaggio, benda, binocolo, capestro, *catgut*, cintura, ciarpa, compressa, fila, ovatta, cotone idrofilo, ambulanza, stuello, ambulatorio, piumacciolo, setone, sindone, istrumentario || autopsia, autoclave, sterilizzazione, ospedale, sala operatoria, letto operatorio, tavolo operatorio || (*operatori*) chirurgo, operatore, flebotomo, oculista, dentista, odontoiatra, stomatologo, internista, radiologo, meccanico dentista, chiropodista o pedicure, massaggiatore.

chirúrgo, *sm.* cerusico, medico operatore.

nomencl. *agg.* abile, rinomato, specialista, esperto, valente, famoso, svelto, maestro, finito, impareggiabile, delicato, garbato, fine, paziente, leggero, praticone, inetto, inesperto, rude, rozzo, brusco, materiale, sgarbato.

chitàrra, *sf.*

nomencl. (*parti*) manico, capotasto, tasti, saltellone, ponticello, corde, cordiera, || (*persone*) chitarrista, citaredo, citarista, ceteratore || *verb.* sonare, chitarreggiare, citareggiare, schitarrare; pizzicare le corde.

chitarronàta, *sf. spreg.* → POEMA.

chiú, *sm.* → ASSIOLO.

chiudènda, *sf.* → CERCHIA || CATERATTA.

chiúdere, *v.tr.* racchiudere, inchiudere, richiudere, rinchiudere, serrare, ostruire, coprire, intercludere, internare, rinserrare, rinsaccare, socchiudere, tener chiuso, escludere, fermare, intasare, metter sotto chia-

ve || cingere, limitare, accerchiare, asserragliare, recingere, circondare, trincerare, abbarrare, assiepare, barrare, calettare, circoscrivere, imprunare, incannucciare, incassare, insaccare, inchiavardare, ingraticciare, ingraticolare, incatenare, murare, oppilare, steccare, stecconare, vallare, circonvallare || otturare, piombare, sbarrare, sprangare, sigillare, turare, tappare, zaffare, intoppare, rintoppare, riturare, ristoppare, stoppare || concludere, finire, terminare || *rifl.* chiudersi, rinchiudersi, ritirarsi, nascondersi || chiudere il passo → BARRICARE || chiudere dentro → ACCLUDERE || chiudere una ferita, → CICATRIZZARE.
nomencl. (*attinenti*) assito, barra, barricata, barriera, cancellata, cancello, chiusura, clausura, chiusa, chiusino, circonvallazione, ferriata, ferrata, inferriata, girone, graticolato, impalancata, imposta, invetrata, vetrata, vetriata, palancato, palizzata, passonata, recinto, rete, serra, serrata, serraglio, serrami, serratura, steccato, stecconato, trincea, internamento, concentramento, prigionia, carcere, incarceramento, tramezzo, uscio, sbarra, spranga, turacciolo, valvola, zaffo.
contr. aprire, disserrare, spalancare, schiudere, socchiudere, dischiudere, sconfinare, liberare, forzare, penetrare, abbattere, sfuggire.

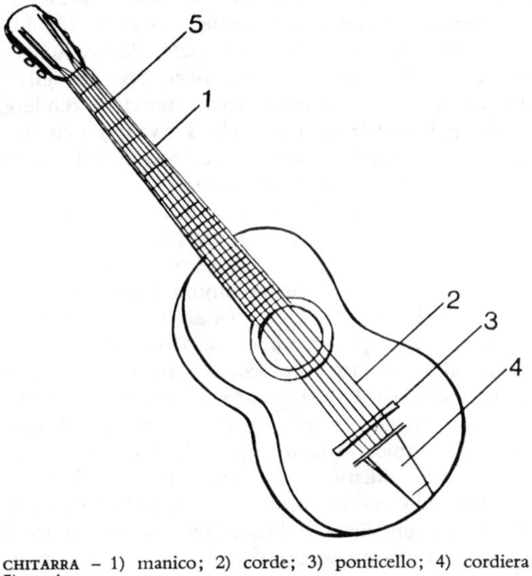

CHITARRA – 1) manico; 2) corde; 3) ponticello; 4) cordiera; 5) tasti.

chiúnque, *pron. pers. indecl.* chicchessia, qualsivoglia, qualunque, qualunque persona.
contr. una o quella determinata persona, nessuno.
chiurlàre, *v.intr.* → CHIOCCOLARE, FISCHIARE.
chiúrlo, *sm.* → ASSIOLO.
chiúsa, *sf.* → ARGINE, CATERATTA, RIPARO, CHIAVICA || FINE, CONCLUSIONE.
nomencl. diaframma, saracinesca, diga, barricata, tramezzo, assito, zaffo.
chiusíno, *sm.* → COPERCHIO.
chiúso, *pps.* di chiudere || *agg.* coperto, celato, riparato, ascoso, serrato, nascosto, ermetico, iniziatico, esoterico, interiore, introverso, impenetrabile, inaccessibile, esaurito || raccolto, ristretto, ritirato || (*di persona*) taciturno, riservato, → COPERTO (*fig.*) || *sm.* bandita, recinto, parco, → RIPARO.
contr. aperto, schiuso, scoperto, manifesto, chiaro, evidente, accessibile, essoterico, divulgato, estroverso, esteriore, effuso.
chiusúra, *sf.* → CERCHIA, CATERATTA || → FINE.
choc, *sm. fr.* urto, colpo, scossa, contraccolpo; → ATTACCO.
ciabàre, *v.intr.* → PARLARE.
ciabàtta, *sf.* babbuccia, pantofola, cianta, ciantella, calzatura || scarpa vecchia || *fig.* donna vecchia o sciupata || → INEZIA.
nomencl. *verb.* ciabattare, zoccolare, strascicare || acciabattare.
ciabattàre, *v.intr.* → CAMMINARE.
ciabattíno, *sm.* → CALZOLAIO || *fig.* → ABBORRACCIATORE.
ciabattóne, *sm.* → ABBORRACCIATORE.
ciàlda, *sf.* → CIAMBELLA.
cialtróne, *sm.* uomo di bassa estrazione, sciatto, sudicio, spregevole, → PEZZENTE, MASCALZONE.
contr. uomo perbene, fidato || elegante.
cialtronería, *sf.* → PEZZENTERIA || MASCALZONERIA.
contr. distinzione, fidatezza, eleganza.
ciambèlla, *sf.* tarallo, ciambellona, brigidino, cannoncino, berlingozzo, buccellato, cialda, cialdone.
nomencl. ciambellaia, ciambellaio, bozzolaro, cialdonaio || *agg.* grande, piccola, calda, fredda, fresca, dolce, buona, cattiva, leggera, pesante, cotta, malcotta, cruda.
ciambellàio, *sm.* → PASTICCIERE.
ciambellàno, *sm.* camerlengo, ciamberlano, camarlingo, gentiluomo di camera o di corte.
ciamberlàno, *sm.* → CIAMBELLANO.
ciampicàre, *v.intr.* → INCIAMPARE.
ciàna, *sf.* trivialona, zoticona, ciantella, trecca, treccona.
ciànca, *sf.* → GAMBA.
cianchettína, *sf.* → GAMBA.
ciància, *sf.* → CHIACCHIERA, BUGIA || INEZIA.
cianciafrúscola, *sf.* → INEZIA.
cianciàre, *v.intr.* → PARLARE.
cianciarèllo, *sm.* → CHIACCHIERONE.
ciancicàre, *v.intr.* → BALBETTARE.
ciancicchiàre, *v.intr.* → BALBETTARE.
ciancicóne, *sm.* → BALBUZIENTE.
ciancióne, *sm.* → CHIACCHIERONE.
cianciόso, *agg.* e *sm.* → CHIACCHIERONE.
cianfrugliόne, *sm.* → ABBORRACCIATORE.
cianfrusàglia, *sf.* → CHINCAGLIERIA || INEZIA.
ciangolàre, *v.intr.* → GRIDARE.
ciangottàre, *v.intr.* → BALBETTARE, PARLARE.
ciangottío, *sm.* → BALBETTAMENTO.
ciangottóne, *sm.* → CHIACCHIERONE || BALBUZIENTE.
ciànta, *sf.* → CIABATTA.
ciantèlla, *sf.* → CIABATTA || *fig.* → CIANA.
ciàppola, *sf.* → CESELLO.
ciaramèlla, *sf.* cennamella, → CORNAMUSA, PIVA, ZAMPOGNA.
ciàrla, *sf.* → CHIACCHIERA.
ciarlàre, *v.intr.* → PARLARE.
ciarlàta, *sf.* → CHIACCHIERA.

ciarlatanàta, *sf.* → BUFFONATA.
ciarlatanería, *sf.* → BUFFONATA.
ciarlatàno, *sm.* ciurmatore o ciurmadore, cerretano, biomante, saltimpanco o saltimbanco, dulcamara, cavadenti, gabbamondo, imbroglione, imbonitore, mistificatore, cavalocchio, → BUFFONE, IMPOSTORE.
nomencl. ciarlataneria, biomanzia, impostura, ciurmeria, imbonimento || *agg.* abile, svelto, agile, bravo, attraente, persuasivo, da strapazzo, tonto, buffonesco.
ciarlièro, *agg.* → CHIACCHIERONE.
ciarlóne, *sm.* → CHIACCHIERONE.
ciàrpa, *sf.* → INEZIA || STRACCIO.
ciarpàme, *sm.* → STRACCIO.
cibàre, *v.tr.* → ALIMENTARE || *rifl.* → MANGIARE.
contr. digiunare.
cibàrie, *sf. pl.* → ALIMENTAZIONE.
cíbo, *sm.* → ALIMENTO.
cibrèo, *sm.* → MANICARETTO || *fig.* pasticcio, guazzabuglio, → MISCUGLIO.
cíca, *sf.* → CICALA.
cicàla, *sf.* cicalino, cica, arcade dei campi.
nomencl. (*varietà*) cicadaria, cicadella, cicadelline, folgore lanternaria, palaia, plebeia || (*parti*) manna, ocelli, specchio, tamburo || (*voce*) frinire, stridere, strillare, cicalare.
cicalànte, *pps.* di cicalare || *agg.* e *sm.* → CHIACCHIERONE.
cicalàre, *v.intr.* → PARLARE, GRACCHIARE.
cicalàta, *sf.* → CHIACCHIERA.
cicalatóre, *agg.* e *sm.* → CHIACCHIERONE.
cicaléccio, *sm.* → CHIACCHIERA.
cicalóne, *sm.* → CHIACCHIERONE.
cicatríce, *sf.* margine, ecchimosi, saldatura, raffrigno, rinfrigno, sfregio, segno, tacca, stigma o stimma, frinzello, schianza o chiazza, impronta.
nomencl. (*varietà*) brutta, rimarginata, mal rimarginata, aperta, chiusa, saldata || cicatrizzante, essiccativo || *verb.* cicatrizzare, saldare, rimarginare, seccare, chiudere, riunirsi, congiungersi, risaldare.
cicatrizzàre, *v.tr.* e *rifl.* chiudere, consolidare, rimarginare, risarcire, sanare, saldare, guarire, || *fig.* calmare, sedare.
contr. riaprire, riattizzare, urticare, sfregare, ferire, piagare.
cícca, *sf.* mozzicone, → AVANZO.
cicchétto, *sm.* → BICCHIERE || *fig.* → RIMPROVERO.
cíccia, *sf.* → CARNE.
ciccióne, *sm.* → GRASSO.
ciccióso, *agg.* → GRASSO.
cicciúto, *agg.* → GRASSO.
ciceróne, *sm.* → GUIDA.
cicígna, *sf.* → LUCERTOLA.
cicisbèo, *sm.* cavalier servente, amoroso, corteggiatore, civettone, → AMANTE.
nomencl. cicisbeatura, cicisbato || *verb.* cicisbeare (*ant*).
ciclamíno, *sm.*
nomencl. (*varietà*) d'Europa, di Napoli, di Cilicia, di Persia, a fiori bianchi, ricurvo, gigante, invernale, pan porcino.
cíclico, *agg.* periodico.
contr. intermittente, discontinuo.
ciclísmo, *sm.*
nomencl. (*attinenti*) ciclo, bicicletta; sport; corsa, gara, volata, *sprint*, ultimo scatto, traguardo, corsa a cronometro, corsa di regolarità, punzonatura, partenza, giro d'onore, vincitore, campione || velodromo || (*azioni*) pedalare, volare, pigiare sui pedali, correre, arrancare, scalare, frenare.
cíclo¹, *sm.* bicicletta, biciclo.
cíclo², *sm.* → PERIODO || SERIE.
ciclóne, *sm.* tifone, vortice, turbine, tornado, tromba d'aria, uragano, bufera || anticiclone.
nomencl. occhio del ciclone.
ciclòpe, *sm.* → GIGANTE.
ciclòpico, *agg.* → ENORME, GRANDE, GIGANTESCO.
cicógna, *sf.*
nomencl. (*specie*) ibis, simbil || cicognino || (*voce*) gloterare, schiamazzare.
cicòria, *sf.* radicchio.
nomencl. pelosella, insalata, dente di leone || polvere di cicoria.
cicúta, *sf.*
nomencl. (*varietà*) acquatica, maggiore, aglina, rossa, piccola || conicina (estratto).
cièco, *agg.* accecato, orbo || → BUIO, NASCOSTO || *fig.* INCONSIDERATO.
nomencl. ciecolino, cieconato, monocolo, cecuziente || (*inerenti*) cateratta, traveggole, scotoma, enucleazione, oculista, oftalmia || tiflografo, tiflotrofio, istituto dei ciechi || *verb.* accecare, abbacinare, abbagliare divenir cieco, divenire quasi cieco, esser cieco, rendere, ridonare, ridare la vista ai ciechi, far vedere i ciechi || andare a tentoni, farsi strada col batocchio, scrivere col sistema Braille, usare il tiflografo,
cièlo, *sm.* firmamento, volta celeste || *fig.* paradiso, empireo || → ARIA || del cortinaggio o del padiglione.
nomencl. (*fenomeni celesti o atmosferici*) stella, pianeta, astro, asteroide, nube, cirro, cumulo, nuvola, aerolito, cometa, nebulosa, perseidi, sporadi, arcobaleno, bolide, fulmine, lampo, grandine, tempesta, pioggia, neve, tuono, alba, aurora, crepuscolo, tramonto || annuvolarsi, rannuvolarsi, rasserenarsi, imbrunire, schiarire, oscurarsi, albeggiare, punteggiarsi di stelle || (*meccanica celeste*) apice, circolo crepuscolare, circolo orario, equatore, meridiano, nadir, orizzonte, parallelo, regione, sinodo, tempo, zenit, zodiaco, zone || culminazione, congiunzione, elongazione, occultazione || (*scienze e strumenti*) astrochimica, astrofotografia, astronomia, meccanica celeste, uranografia, metereologia, atlante celeste, carta celeste, osservatorio, specola, telescopio || (*operazioni*) asservare, scrutare, mirare, rimirare, fotografare, studiare, misurare, analizzare || *agg.* puro, resto, sereno, libero, trasparente, scoperto, costellato, stellato, limpido, spazzato, tirato, buio, torbo, annuvolato, cinereo, plumbeo, oscuro, scuro, tempestoso, ammalato, fosco, ragnato, tetro, arridente, triste || *avv.* a pecorelle.
cifòsi, *sf.* → GOBBA.
cífra, *sf.* carattere, monogramma, nota, segno, formula, sigla.
nomencl. cifrario, cifrato, controcifera, ciferista || *verb.* cifrare, scrivere in cifra, decifrare.

cifràre, *v.tr.* → CRITTOGRAFIA, DECRITTARE.
contr. decifrare.
cígaro, *sm.* → SIGARO.
cíglia, *sf.* → PALPEBRA.
cíglio, *sm.* || → ORLO || *poet.* → OCCHIO, SGUARDO.
nomencl. accigliatura, arco delle ciglia, blefaridi, sopracciglia || blefaroplastia, blefarometro, ptilosi || *agg.* folto, spesso, rado, canuto, castano, nero || *verb.* accigliare, accigliarsi, aggrottare, corrugare, inarcare, sollevare, non battere ciglio.
cigliòne, *sm.* → ARGINE, ORLO.
cígna, *sf.* → CINGHIA.
cígno, *sm.* cécero, cécino.
nomencl. reale, selvatico, nero || (*voce*) dreusare, sibilare || sibilo || *duvet* (peluria).
cignóne, *sm.* → CINGHIA.
cigolàre, *v.intr.* gemere, scricchiolare, → STRIDERE.
cigolío, *sm.* → RUMORE.
cilécca, *sf.* promessa, allettamento || celia.
nomencl. far cilecca.
cilestríno, *agg.* biado, biavo, ceruleo, cerulo, cilestro, azzurro, celeste; → BLU.
cilèstro, *agg.* → CILESTRINO.
cilício o **cilízio,** *sm. fig.* → TORMENTO, DISCIPLINA.
nomencl. funicella, catenella, tonaca cilicia, panno cilicino, dura veste, canovaccio, sacco || *verb.* portare il cilicio.
ciliègia, *sf.* cerasa.
nomencl. (*varietà*) amarena, marasca, marchiana, palumbina, visciola, moscatella, duracina, graffione, acquaiola, corniola, lustrina, rosa precoce, nera, napoletana || (*parti*) buccia, polpa, picciuolo, nocciolo, osso || succo, sugo || (*attinenti*) ciliegiaio, ciliegeto || *cherry*, maraschino, marena, *cherry brandy*.
ciliègio, *sm.* ceraso.
nomencl. (*varietà*) amarasco, amareno, corniolo, lazzeruolo, visciolo.
cilíndro, *sm.* bossolo, curro, fusello, mulinello, rocchetto, rullo, subbio, tubo, zono || → CAPPELLO.
nomencl. (*operazioni*) cilindratura, manganatura, alesatura, levigatura || *verb.* alesare, cilindrare, levigare, tornire, gualcare, manganare, spianare, soppressare.
círna, *sf.* → SOMMITÀ, CAPO, DOSSO || ESTREMITÀ, FINE.
nomencl. (*varianti*) cacume, corno, altezza, apice, auge, cocuzzolo, colmo, comignolo, fastigio, pinnacolo, punta, testa, sommità, vertice, vetta, belvedere, crinale, cuspide, cresta || *agg.* alta, svettante, appuntita, scamozzata, nevosa; radiosa, esaltante, gaudiosa, faticosa || *verb.* cimare, svettare, scamozzare, scocuzzolare, spuntare.
cimàre, *v.tr.* → SPUNTARE.
címba, *sf.* → BARCA.
cimèlio, *sm.* → RELIQUIA.
cimeliotèca, *sf.* → MUSEO.
cimentàre, *v.tr.* → ABITUARE || *rifl.* RISCHIARE, COMBATTERE || ESPORRE.
ciménto, *sm.* → RISCHIO || PROVA, ESPERIMENTO.
címice, *sf.*
nomencl. (*varietà*) cimice mosca, idrometra, rossa del cavolo, terrestre, idrometra delle paludi || pentatome, reduvii, siromasti || (*attinenti*) cimiciaio, cimicioso, incimito || *verb.* incimiciare.
cimièro, *sm.* pennacchio, criniera dell'elmo.
nomencl. divisa, piume, bestie chimeriche, bestie mostruose.
ciminièra, *sf.* → FUMAIOLO.
cimitèro, *sm.* camposanto, terra dei defunti, città dei morti, necropoli, catacomba, ultima dimora || *fig.* luogo deserto e silenzioso.
nomencl. comune, monumentale, di famiglia || (*luoghi ed elementi*) sepoltura, sepolcreto, sepolcro, terra benedetta, famedio, ossario, loculo, cinerario, ustrina, crematorio, arca, loculo, camera di deposito, cappella, cella, carnaio, cenotafio, cippo, colonna spezzata, croce, colombario, cubicolo, fossa, urna, ipogeo, erma, giardinetto, mausoleo, sacello, monumento, mora, piramide, pietra tumulare, obitorio, camera mortuaria || (*attinenti*) becchino, necroforo, custode || inumazione, cremazione, esumazione, deposizione, sepoltura, mummificazione || epitaffio, epigrafe, epicedio || nenia, miriologia, benedizione || *agg.* fiorito, curato, abbandonato, violato, profanato || *verb.* visitare, pregare, curare, infiorare, abbandonare.
cimósa, *sf.* vivagno || → ESTREMITÀ.
cimúrro, *sm.* farcino, morva, corizza.
cinàbro, *sm.* minio, solfuro rosso di mercurio.
cincinnàre, *v.tr.* e *rifl.* → PETTINARSI.
cincínno, *sm.* → RICCIO.
cincischiàre, *v.tr.* → TAGLIARE || *intr. fig.* → BALBETTARE.
cinegètica, *sf.* → CACCIA.
cinegiornàle, *sm.* → GIORNALE.
cinematografía, *sf.* → FOTOGRAFIA.
cinematògrafo, *sm.*
nomencl. lanterna magica, cinetoscopio, stroboscopio, microcinematografo, cinemicrofonografo || macchina da presa, macchina da proiezione, film o pellicola, bobine o caricatori, treppiede, cavalletto, piattaforma, obiettivo, condensatore, otturatore, schermo, cabina di proiezione || (*persone*) cineasta, editore, cinematografaio (*spreg.*), regista, direttore, produttore, operatore, macchinista, attore, controfigura, comparsa, soggettista, sceneggiatore, scenarista, montatore, trovarobe, macchinista, carpentiere || (*produzione*) studio, teatro di posa, attrezzatura, costume, scenario, riflettore, piattaforma girevole, giraffa, camerino || presa, ripresa, inquadratura, sequenza, metraggio, *ciac*, provino, trattamento, sceneggiatura || trucco, dissolvenza, sovrimpressione, contromarcia, rallentamento, apparizione, rovesciamento della sequenza, oggetti animati || sonorizzazione, sincronizzazione, registrazione, missaggio, asincronismo, proiezione, doppiaggio, programmazione || (*inerenti*) cineromanzo, cinegiornale, cinedramma, cine varietà, cartoni animati, documentario, cortometraggio, lungometraggio || fotogenia, cinerama, cinema tridimensionale, *cinemascope*, *technicolor*, *eastmancolor*, *technirama*, sala cinematografica, cineteca, cinelandia, divismo, *Oscar*, prima visione || *verb.* girare, realizzare, sonorizzare, sincronizzare, registrare, doppiare, programmare, proiettare, distribuire, sceneggiare, provare, dare in prima visione, produrre.

cinèreo, *agg.* cenerognolo, cinerognolo, cinerino, cenericcio, → GRIGIO, BIONDO.
contr. nero.
cinerógnolo, *agg.* → GRIGIO.
cineserìa, *sf.* ninnolo cinese || *fig.* → CAVILLO.
cinesìa, *sf.* → GINNASTICA.

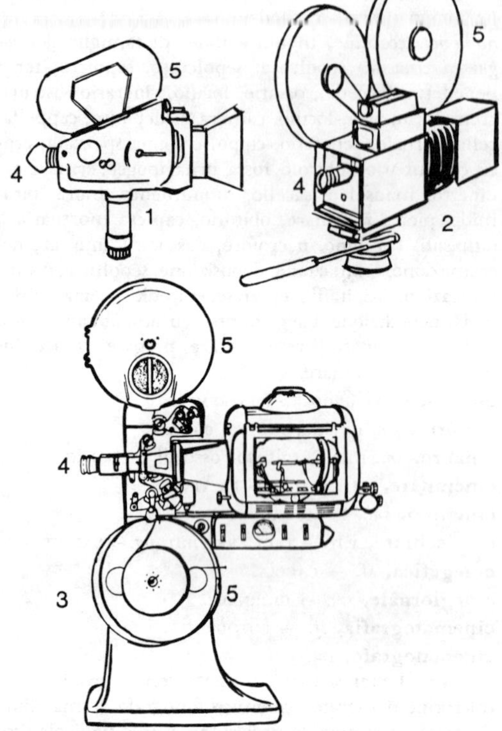

CINEMATOGRAFO – 1) macchina da presa leggera; 2) macchina da presa con registrazione simultanea del suono; 3) macchina da proiezione; 4) obiettivo; 5) portabobine.

cíngere, *v.tr.* accerchiare, cerchiare, chiudere, circondare, attorniare, circonvallare, contornare, circonscrivere, assiepare, avvincere, circonfondere, circuire || cinghiare, serrare, legare, allacciare, affibbiare || vestire, fasciare, precingere, indossare || avvolgere, avviluppare || inquadrare || coronare || → ABBRACCIARE || cingere d'assedio, → ASSEDIARE.
contr. discingere, sciogliere, togliere, liberare, strappare, dimettere || svestire, spogliare.
cínghia, *sf.* cingolo, cinta, cintura, cinturino, correggia, cigna, cignone || *pl.* → BRETELLE.
nomencl. di cuoio, di pelle, di tessuto, di canapa, di gomma || *(affini)* fibbia, riscontro, controcinghia, passante, balteo, cintura di salvataggio, cinto, cinturone, cordone, dande, laccio, sciarpa || *agg.* corta, lunga, larga, stretta, continua || *verb.* affibbiare, cinghiare, cingere, tirar la cinghia, ricingere, allentare la cinghia.
cinghiàle o **cignàle,** *sm.* porco selvatico || apro (*poet.*).
nomencl. (*parti*) grifo, setola, zanna, grugnito || *verb.* grufolare, rufolare, zazzolare col grifo, grugnire.
cinghiàre, *v.tr.* → CINGERE.
cinghiétta, *sf.* → LACCIO.
cíngolo, *sm.* cintolo, cordiglio, legacciо, cordone, fascia, cinghia, cintura.
cingóne, *sm.* → FOSSO.
cinguettaménto, *sm.* → CINGUETTIO || BALBETTAMENTO || *fig.* → CHIACCHIERA.
cinguettàre, *v.intr.* → CANTARE || *fig.* → PARLARE.
cinguettière, *agg.* e *sm.* → CHIACCHIERONE.
cinguettìo, *sm.* chiacchiericcio, chiacchierio, cantafera, boschereccia, concerto, garrito, passeraio, pigolio, trillo, cinguettamento, cicalare.
nomencl. *verb.* cinguettare, cianciare, ciaramellare, garrire, piare (*poet.*); pigolare, spincionare, trillare.
cínico, *agg.* insensibile, indifferente, impudente, beffardo, sfrontato, sprezzante, spregiudicato.
contr. sensibile, tenero, osservante, rispettoso, ossequiente.
cinígia, *sf.* → BRAGE.
cinísmo, *sm.* insensibilità, indifferenza, impudenza, spregiudicatezza, disprezzo, insolenza.
contr. sensibilità; simpatia, umanità, rispetto, riguardo, ossequio.
cinnamòmo, *sm.* cannella.
cínta, *sf.* → CERCHIA || CINGHIA || cinta di ferro, → ASSEDIO.
nomencl. contracinta; cinta esterna, interna.
cínto, *sm.* → CINGHIA || fasciatura, ventriera.
nomencl. cinto di Venere.
cíntola, *sf.* → FIANCO.
cíntolo, *sm.* → CINGOLO.
cintúra, *sf.* → FASCIA || CINGHIA, BANDOLIERA || CORNICE.
nomencl. cintura di castità.
cinturíno, *sm.* → CINGHIA.
nomencl. di pelle, di cuoio, di metallo, di stoffa || (*parti*) coda, codetta, fibbia, occhiello, fori.
ciòcca, *sf.* → BIOCCOLO, RICCIO.
ciòcco, *sm.* → CEPPO.
cioccolàta, *sf.* cioccolatte, cioccolato || cacao.
nomencl. (*modi*) alla vaniglia, alla cannella, all'amaretto, di cacao, di lichene, bavarese || bastone, cioccolatino, gianduja, barbagliata, tavoletta, panino di cioccolata || (*attinenti*) cioccolattiera, tazza, chicchera, frullino || cioccolataio || *verb.* preparare, appanettare, stemperare, torrefare, far bollire, servire.
cioccolàto, *sm.* → CIOCCOLATA.
cioccolàtte, *sm.* → CIOCCOLATA.
ciómpo, *sm.* plebeo, sanculotto, salariato, turbolento, → CARDATORE.
cioncàre, *v.tr.* e *intr.* → BERE.
cioncatóre, *sm.* → BEONE.
ciónco, *pps.* di cioncare || *agg.* → MOZZO.
ciondolaménto, *sm.* → OSCILLAZIONE.
ciondolàre, *v.intr.* → PENDERE, OSCILLARE, ANDARE || stare in ozio, oziare, non concludere nulla.
contr. stare immobile || affaccendarsi, darsi dattorno, essere attivo.
ciòndolo, *sm.* medaglione, pendaglio, pendente, penzolo, picchiapetto.
nomencl. d'oro, d'argento || *agg.* prezioso, raro, artistico, comune || di poco valore.
ciondolóne[1], *sm.* → GIRELLONE, BIGHELLONE.

ciondolóne[2] o **ciondolóni,** *avv.* penzoloni || *fig.* alla peggio, sbadatamente, con malagrazia.
ciòtola, *sf.* → VASO, BICCHIERE, TAZZA.
nomencl. (*affini*) guazziera, compostiera.
ciotolóne, *sm.* → VASO, BICCHIERE.
ciottolàre, *v.tr.* → SELCIARE.
ciottolàto, *sm.* → SELCIATO.
ciottolío, *sm.* → RUMORE.
ciòttolo, *sm.* → PIETRA, SASSO.
ciottolóso, *agg.* → SASSOSO.
cipíglio, *sm.* piglio, malpiglio, guardatura, → SGUARDO || MALUMORE.
nomencl. accigliato, accipigliato, accipigliatura, guardataccia || *agg.* duro, brusco, sdegnoso, dispettoso, corrucciato, irato, pensoso, fiero || *verb.* accigliarsi, accipigliarsi, aggrottare o increspare le ciglia, guardare in modo irato.
cipólla, *sf.* || *fig. scherz.* → OROLOGIO.
nomencl. (*varietà*) dolce, da estate, savonese, rossa, tonda, schiacciata, maligia, porraia, vernina || (*parti*) bulbo, tubero, foglie o corteccia, fiore, seme, spicchio, spoglia, velo, resta || mazzo, treccia || cipollaio, cipollaia || *agg.* cotta, cruda, arrosto, lunga || *avv.* sott'aceto || *verb.* sfogliare, tritare, friggere, soffriggere.
cíppo, *sm.* colonna, pilastro, erma.
nomencl. (*varietà*) stradale, commemorativo, funerario, sepolcrale || *verb.* erigere, porre, sistemare, dedicare.
cipressàia, *sf.* cipresseto, → CIPRESSO, FORESTA.
cipresséto, *sm.* cipressaia, → CIPRESSO, FORESTA.
ciprèsso, *sm.*
nomencl. (*varietà*) maschio, femmina, gaggia, di Filadelfia, di Portogallo || cipressa, filao, savina, tuia || || còccola, bacca || cipressaia, cipresseto.
cípria, *sf.* polvere di Cipro, polvere di riso, giaggiuolo.
nomencl. infarinata, incipriata || piumino, vellutina || *verb.* incipriare, incipriarsi, impolverare, impolverarsi, infarinarsi.
círca, *avv.* incirca, all'incirca, attorno, quasi, approssimativamente, a un dipresso, press'a poco.
círce, *sf. fig.* → SEDUTTRICE.
círco, *sm.* → ARENA.
nomencl. (*affini*) anfiteatro, ippodromo, teatro ippico o equestre, ludo, palestra, politeama, stadio, agone, naumachía || (*parti del circo romano*) stadio, porta trionfale, spina, meta, carceri, cavea, emiciclo, fossato o euripo, psita, precinzione, pulvinare, vomitori, gradinate, podio, bàlteo || (*persone del circo equestre*) acrobata, domatore, cavallerizzo, amazzone, saltatore, torero, mimo, funambulo, equilibrista, trapezista, *tony*, pagliaccio, *clown*.
circolàre[1], *agg.* circolatorio, orbicolare, rotondo.
contr. fermo, statico, rettilineo.
circolàre[2], *v.intr.* → ANDARE, GIRARE, CORRERE || passare (di moneta) || propagarsi (di notizie).
contr. star fermo o immobile, stagnare, immobilizzarsi.
circolatòrio, *agg.* → CIRCOLARE[1].
circolazióne, *sf.* giro, movimento, rotazione, moto, circuito, corso || circolazione dell'aria, → AERAZIONE.
nomencl. dei liquidi, della moneta, delle vetture, delle persone, delle idee || senso rotatorio.
contr. movimento rettilineo.
circolazióne[1], *sf.* (sanguigna)
nomencl. (*tipi*) semplice, doppia, completa, incompleta, piccola, grande, arteriosa, venosa, capillare, linfatica, collaterale, artificiale, cefalica, fetale || (*attinenti*) cuore, vena, arteria, aorta, linfa || pressione.

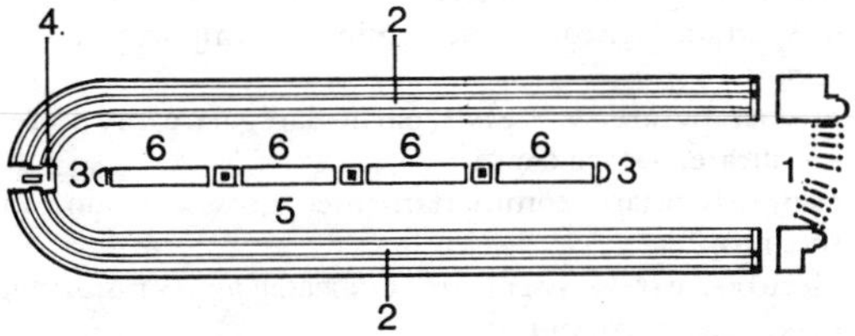

CIRCO ROMANO – 1) rimessa dei carri e dei cavalli (*càrceres*); 2) gradinate; 3) meta; 4) pulvinare; 5) pista o lizza; 6) spina.

circolazióne[2], *sf.* (stradale)
nomencl. (*elementi*) carreggiata, semaforo, vigile, polizia stradale, segnalazione, cartello indicatore, limiti di velocità, sosta, mano da tenere, precedenza, incroci, sorpasso, distanza di sicurezza, senso rotatorio, senso vietato || *agg.* ordinata, regolare, regolata, limitata, interrotta, vietata, temporanea, disordinata, caotica, convulsa, veloce, vorticosa, lenta, lentissima, spedita.
círcolo, *sm.* → CERCHIO || casino, cenacolo, chiesuola, luogo di ritrovo, *club* || → ASSOCIAZIONE, ADUNANZA || crocchio, capannello, conversazione || circoscrizione, distretto || CERCHIA.
nomencl. quadratura del circolo || (*tipi*) politico, ricreativo, militare, culturale, filologico, di lettura || polare, massimo || (*attinenti*) socio, iscritto, partecipante, presidente, quota, regolamento || *verb.* tener circolo.
circoncíso, *agg.* e *sm.* → EBREO.
circondàre, *v.tr.* precingere, fasciare, attorcere, legare, avvoltare, avvolgere, accerchiare, assiepare, affollare, circonfondere, cerchiare, circonvenire, circuire, recingere, steccare, siepare, stringere, fortificare, vallare, circonvallare, → CINGERE || ASSEDIARE || ABBRACCIARE.
circondàrio, *sm.* → DISTRETTO.
circonferènza, *sf.* circúito, giro, → CERCHIO.
nomencl. (*elementi geometrici*) corona, ottante, sestile, quadrante, diametro, raggio, segmento, tangente, poligono iscritto || isoperimetro, circuito, perimetro, periferia || rettificazione della circonferenza.
circonflèttere, *v.tr.* → PIEGARE.
circonfóndere, *v.tr.* → CINGERE.
circonlocuzióne, *sf.* → PERIFRASI, ESPRESSIONE.
circonvallàre, *v.tr.* → CINGERE.
circonveníre, *v.tr.* → INSIDIARE, IMBROGLIARE.
circonvenzióne, *sf.* → IMBROGLIO, INSIDIA.
circonvicíno, *agg.* → VICINO.
circonvoluzióne, *sf.* → PIEGA.
circoscrívere, *v.tr.* → DESCRIVERE, LIMITARE, CINGERE.
circoscrizióne, *sf.* → CIRCOLO || DISTRETTO || circoscrizione elettorale, → COLLEGIO.
circospètto, *agg.* → PRUDENTE.
circospezióne, *sf.* → AVVERTENZA, PRUDENZA.
circostànte, *agg.* circonvicino, → VICINO, ASTANTE.
contr. lontano, distante, staccato.

circostànza, *sf.* occasione, contingenza, occorrenza, emergenza, congiuntura, accidente, minuzia, particolare, particolarità, stato, → AVVENIMENTO, CASO.
nomencl. *agg.* favorevole, attesa, aspettata, facile, difficile, grave, aggravante, attenuante, casuale, occasionale, contingente, accidentale, particolare, specifica, richiesta, prevista, necessaria, sfavorevole, inattesa, inaspettata, pericolosa, determinante, importante, accessoria.
circostanziàre, *v.tr.* e *intr.* particolareggiare, precisare, specificare, → SPIEGARE.
contr. enunciare sommariamente, grosso modo, in succinto.
circuíre, *v.tr.* → ASSEDIARE || CINGERE || *fig.* → INSIDIARE, IMBROGLIARE, INGANNARE.
circúito, *sm.* cerchia, giro, estensione, confine, perimetro, recinto, circolazione, cinta, chiuso, limite.
nomencl. della città, automobilistico, motociclistico || *agg.* chiuso, aperto, elettrico, oscillante.
contr. spazio aperto libero || rettilineo.
circumnavigazióne, *sf.* → PERIPLO.
cirenèo, *sm. fig.* → VITTIMA.
ciriòla, *sf.* → ANGUILLA.
círro, *sm.* → NUVOLA.
nomencl. cirrostrato, cirrocumulo, nuvola, cielo a pecorelle.
cirrocúmulo, *sm.* → NUVOLA.
cisalpíno, *agg.* di qua delle Alpi.
contr. transalpino, di là delle Alpi.
ciscrànna, *sf.* → SEGGIOLA.
cispadàno, *agg.* di qua dal Po.
contr. traspadano, di là dal Po.
cistèrna, *sf.* → POZZO.
nomencl. dell'acqua, di petrolio, di olii minerali || filtri, ghiaia || (*affini*) piscina, serbatoio, ricetto, vasca.
císti, *sf.* → PROTUBERANZA, TUMORE.
nomencl. (*varietà*) semplice, multiloculare, da ritenzione, da rammollimento, idatica, sebacea || (*affini*) cistoma, natta, steatoma, piocele, piocisti, vomica.
cistíte, *sf.*
nomencl. (*suddivisione*) acuta, subacuta, cronica, purulenta, emorragica, reumatica, infettiva.
citàre, *v.tr.* → CHIAMARE || ACCUSARE || RIFERIRE.
nomencl. (*inerenti*) citante o attore, convenuto, citatoria, citazione, notifica || *verb.* convenire, addurre, allegare, intimare, chiamare, notificare, portare, inviare, mandare citazione.
citarèdo, *sm.* citarista, → POETA.
citazióne¹, *sf.* chiamata in giudizio, mandato di comparizione, precetto, intimazione.
nomencl. (*tipi*) giudiziaria, diretta, direttissima, personale || (*inerenti*) libello, lettera, biglietto, cedola, richiesta, postulazione, procedura, comparsa || messo, cursore, usciere, ufficiale giudiziario || *verb.* citare, chiamare in giudizio, intimare, notificare, allegare, addurre, far mandare; inviare.
citazióne², *sf.* (letteraria) → RIFERIMENTO, PASSO.
nomencl. *agg.* sbagliata, falsa, strana, monca, calzante, spallata, stiracchiata, maligna, pedantesca, esatta, giusta, attinente, pertinente, precisa, completa || *avv.* a senso, a sproposito || (*modi di dire*) *loco citato, ibidem, cfr.* (confronta), *idem, suo loco* || *verb.* citare, riferirsi, allegare, rimandare, vedere, confrontare.
citerióre, *agg.* al di qua.
contr. ulteriore, al di là.
citríno, *agg.* → GIALLO.
citrullàggine, *sf.* → SCIOCCHEZZA.
citrúllo, *agg.* e *sm.* → IMBECILLE, SCIOCCO.
citta, *sf. pop.* ragazza, fanciulla, tosa, → ADOLESCENTE.
città, *sf.* urbe, abitato, metropoli, capitale, capoluogo || cittadini, cittadinanza.
nomencl. (*altre denominazioni*) abitato, bicocca, borgo, casale, cittadina, cittadella, colonia, fortezza, terra, terricciola, || alta, bassa, continentale, insulare, lacuale, di pianura, di collina, marittima, alpestre, montana, marinara, commerciale, industriale, agricola, amministrativa, culturale, artistica, artigiana, cosmopolita, provinciale, imperiale, regia, vescovile, federata, anseatica, libera, franca, santa, santuario, aperta, fortificata, cintata, militare, di transito, capolinea, fuori mano, sorella, satellite, antica, medievale, moderna || terrena, celeste, dei morti || (*parti*) mura, bastioni, baluardi, torre, cerchia, vallo, pusterla o postierla, porta, ponte, forte, castello || acquedotto, cisterna, pozzo, tubatura, tombinatura, fogna, cloaca, chiavica, tombino, chiusino || fabbricati, case, palazzi, isolati, caserme, comune o municipio || centro, quartiere, sestiere, porta, zona, rione, periferia, contrada, zona residenziale, corpi santi || (*ospedali e opere pie*) ospedali psichiatrici o manicomi, posti di soccorso, condotte mediche, policlinici, dispensari (farmaceutici, celtici, antitubercolari, psichiatrici), guardie mediche, ambulatori, poliambulanze, cliniche, case di cura, gerontocomi, preventori, brefotrofi, cronicari, case di riposo, case di ricovero, orfanotrofi, asili notturni, dormitori, istituti di beneficenza, opere pie, monti di pietà || (*burocrazia*) prefettura, questura, tribunali, preture, corte d'assise, corte d'appello, commissariati di pubblica sicurezza, carceri mandamentali, carceri giudiziarie, giudice conciliatore || intendenza di finanza, ufficio delle imposte dirette, tesoreria provinciale, esattoria, ufficio distrettuale imposte, ufficio bollo, ufficio del registro, ufficio metrico, dogana, ufficio del Genio Civile, magazzini monopoli di Stato, ricevitorie del lotto, poste e telegrafi, radio e televisione, zecca, parco e giardini pubblici, giardino zoologico, giardino botanico || stazione ferroviaria principale, stazioni secondarie, ferrovie, tranvie, filovie, servizio autobus, porto, moli, arsenale, faro, aeroporto, elioporto, illuminazione elettrica, fari, lampioni, centrale elettrica || (*edifici sacri*) chiese , basiliche, cattedrale o duomo, parrocchie, chiese sussidiarie, palazzo arcivescovile o vescovile, canonica, monastero, chiostro, case religiose, santuari, cappelle, tempio (protestante, metodista, valdese, evangelico, israelitico, ortodosso), moschea, sinagoga || (*organizzazione commerciale*) camera di commercio, alberghi, ristoranti, bar, caffè, osterie, trattorie, bettole, locande, taverne, pensioni, ritrovi notturni o *night clubs, gargottes,* rosticcerie, panifici, latterie, botteghe, fondachi, edicole, librerie, chioschi, spacci, grandi magazzini, bazar, supermercati, negozi, farmacie, cartolerie, drogherie, macelle-

rie, pasticcerie, pizzerie, pizzicherie, mercerie, privative o spacci di sale e tabacchi, laboratori, officine, tipografie || (*sportivi e culturali*) teatri, cinematografi, politeama, stadi, arene, ippodromi, velodromi, campi sportivi, autodromo, idroscalo, piscine, campi di golf, campi di tennis, anfiteatro, circo, caffè concerto, piste di pattinaggio, scalo canottieri, bagni || banche, società editrici, stampa quotidiana, settimanale, illustrata, consolati, ambasciate || atenei, università, politecnici, accademie di belle arti, istituti superiori di lingue estere, scuole superiori per interpreti e traduttori, provveditorato agli studi, licei classici e scientifici, istituti tecnici, magistrali, professionali di Stato; scuole tecniche commerciali e industriali, medie, di avviamento professionale a tipo agrario, industriale, commerciale, alberghiero; scuole artigiane, professionali, serali, festive; conservatori ed enti musicali, biblioteche musicali, corpi musicali, archivio (di Stato, storico, comunale, fotografico, notarile, araldico, degli enti di assistenza e beneficenza), biblioteche, pinacoteche, gallerie, musei, seminari, asili d'infanzia o scuole materne || (*denominazioni stradali*) via, viale, corso, stradone, arteria, calle, *boulevard*, crocevia, crocicchio, incrocio, carrobbio, vico, quadrivio, bivio, passeggiata, via privata, strada (maestra, romana, principale, nazionale, provinciale, intercomunale, vicinale, comunale), viadotto, vicolo, viuzza, scorciatoia, sentiero, marciapiede, passerella, piazza, largo, piazzetta, piazzale, rondò, *square*, *quai*, lungofiume, argine, sottopassaggio, cavalcavia, salita, scalinata, banchina, isola, salvagente, galleria, portico, guide, scala mobile, arco, angolo, cantonata, svolta, curva, portico, tunnel, pietra miliare, paracarro, segnalazioni stradali, cartelli indicatori, toponomastica || (*mezzi di comunicazione*) rete filoviaria, tranviaria, autovetture, autoveicoli, autocarri, carri, carrozze, autotreni, autobus, filobus, auto pubbliche o tassí, posteggi, motociclette, biciclette, circolazione, fermate, vigili urbani, spazzini, tranvieri, messi comunali || (*voci pertinenti*) arme o stemma, gonfalone, pianta, piano regolatore, commissione edilizia, aree fabbricabili, esproprio, bassi fondi, edilizia, patrono, festa patronale, agro, dintorni, circondario, forese, sobborgo, suburbio || abitante, cittadino, elettore, accattone, campanilista, sciovinista, guappo, popolano, forestiero, popolazione stabile, popolazione fluttuante, immigrati, emigrati || fiere, mercati, mostre, esposizioni, panorama, monumenti, rovine, ruderi, scavi || (*amministrazione*) sindaco, vice-sindaco, assessore, delegato del sindaco, assessore anziano, consigliere, giunta, consiglio comunale, commissioni, ripartizioni (stato civile, anagrafe, lavori pubblici, piano regolatore, ragioneria, polizia urbana, imposte e tributi, ufficio tecnico, ufficio leva, statistica, annona, elettorale, economato, beneficenza, igiene e sanità, legale, trasporti, pubblica istruzione), delegazioni di zona, capi-ripartizione, impiegati, custodi, messi, personale subalterno || deliberazione di giunta, deliberazione del Consiglio, ordinanza, avviso, bando || *agg.* indipendente, universale, grande, media, piccola, popolosa, popolata, spopolata, deserta, silenziosa, tranquilla, allegra, animata, laboriosa, addormentata, industriosa, viva, vivace, movimentata, fragorosa, rumorosa, caotica, civile, ospitale, tentacolare, sotterrata, sepolta, dominante.
contr. campagna, contado, paese, villaggio.

cittadèlla, *sf.* → FORTIFICAZIONE, BALUARDO.

cittadíno, *agg.* e *sm.* → BORGHESE, CIVICO || indigeno, abitante.
nomencl. (*tipi*) naturalizzato, onorario, per nascita, di diritto, per naturalizzazione, per legge, privato, pubblico || (*altre denominazioni*) regnicolo, suddito, concittadino, cosmopolita, compatriota, primate, dignitario, magnate, maggiorente, aristocratico, borghese, popolano, plebeo, paria, proletario || commerciante, artigiano, operaio, industriale, militare, burocrate, professionista || (*attinenti*) cittadinanza, inurbamento, urbanità, casta, classe (dirigente, borghese, media, superiore, operaia, inferiore), società (alta, bassa), mondo (elegante, intellettuale, dorato), ordine, categoria; naturalizzazione, civismo, campanilismo, sciovinismo, regionalismo || *agg.* onesto, buono, laborioso, ossequioso, libero, primo, medio, civile, ossequiente || *avv.* civilmente, urbanamente || *verb.* incittadinarsi, incittadinare, inurbare, naturalizzare.
contr. campagnolo, contadino, villico, rurale, incivile.

cittadinànza, *sf.*
nomencl. onoraria || *verb.* conferire, accordare, acquistare, avere, assumere, usurpare, ottenere, perdere, abbandonare, conservare, riacquistare, riassumere, riottenere.

cítto, *sm. pop.* ragazzo, fanciullo, toso, → ADOLESCENTE.

ciucàggine, *sf.* asinaggine, asineria, somaraggine, → IGNORANZA.

ciúco, *sm.* → ASINO || *fig.* → IGNORANTE.

ciúffo, *sm.* → RICCIO.

ciurlàre, *v.intr.* → TENTENNARE.

ciúrma, *sf.* → EQUIPAGGIO || MARMAGLIA.

ciurmàglia, *sf.* → MARMAGLIA, CANAGLIA.

ciurmàre, *v.tr.* → INGANNARE, IMBROGLIARE.

ciurmatóre, *agg.* e *sm.* → INGANNATORE, IMBROGLIONE, BUFFONE.

ciurmería, *sf.* → IMBROGLIO.

civàie, *sf. pl.* → LEGUME, BIADA.

civétta[1], *sf.* → ASSIOLO.
nomencl. chiurlo || (*voce*) squittire, stridere || (*caccia*) chiurlare, civettare.

civétta[2], *sf. fig.*
nomencl. amoreggiatrice, cacciatrice, cicisbea, rubacuori, sirena, usurpatrice, vagheggiatrice, maliarda, allettatrice, smorfiosa, scaltrona, frasca, lusinghiera, civettuola, fraschetta || (*inerenti*) civetteria, *flirt* || civettismo, leziosaggine, moineria, smorfia || civettare → ACCIVETTARE.

civettàre, *v.intr. fig.* frascheggiare, accivettare, amoreggiare, flirtare, filare.

cívico, *agg.* cittadino, comunale, municipale, urbano || della città.
contr. foraneo, forese, rurale.

civíle, *agg.* evoluto, civilizzato, incivilito, cortese, sociale, cittadinesco, urbano, → EDUCATO, BORGHESE.
contr. barbaro, selvaggio, villano, criminale || militare, ecclesiastico.

civilizzàre, *v.tr.* e *intr.* rincivilire, → INCIVILIRE.

civilizzàto, *pps.* di civilizzare || *agg.* → CIVILE.
civilizzazióne, *sf.* incivilimento → CIVILTÀ.
civiltà, *sf.* cultura, incivilimento, progresso, civilizzazione, civilità, politezza, raffinamento, → EDUCAZIONE, CORTESIA, URBANITÀ.
nomencl. umanistica, meccanizzata, scientifica, illuminata, spirituale, materialistica || mediterranea, egizia, fenicia, cartaginese, ebraica, greca, romana, araba, cristiana, occidentale, orientale, medievale || *(attinenti)* gradi di civiltà, alba della civiltà, lotta per la civiltà, soglia della civltà, segni, tracce o indizi di civiltà, corruzione, tramonto, decadenza, crisi della civiltà; rinascimento, umanesimo, risorgimento, rinascita || || *agg.* civile, incivilito rincivilito || alta, elevata, eletta, nobile, progredita, avanzata, arretrata, retrograda, immatura, antica, recente, moderna || *verb.* civilizzare, incivilire, portare, divulgare, estendere, donare la civiltà, rendere civile, informare a civiltà, dirozzare, digrossare, ingentilire, rincivilire || impedire, ostacolare, arrestare, spegnere, distruggere, abbandonare la civiltà.
contr. inciviltà, barbarie.
clàkson, *sost. ingl.* sirena, → AVVISATORE ACUSTICO.
clàmide, *sf.* → MANTELLO.
clamóre, *sm.* → GRIDO, RUMORE.
clamoróso, *agg.* → RUMOROSO.
clandestíno, *agg.* → NASCOSTO.
clangóre, *sm.* → RUMORE.
clarinétto, *sm.* clarino.
nomencl. *(parti)* ancia, bariletto, bocchino, campana, chiave || *(simili)* clarone, corno bassetto, corno inglese, oboe, quartino || clarinettista.

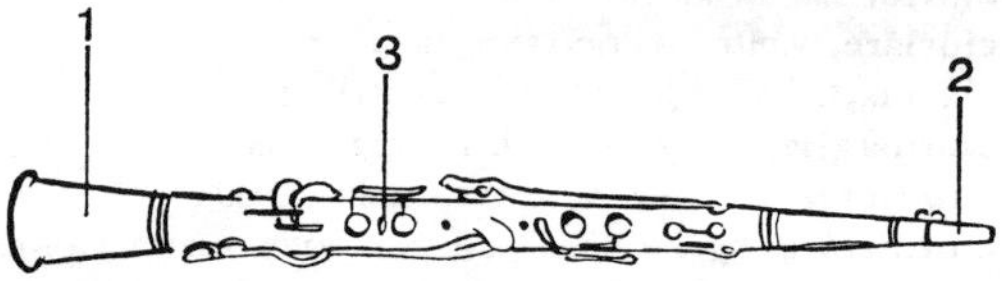

CLARINETTO – 1) campana; 2) bocchino; 3) chiave.

claríno, *sm.* → CLARINETTO, FLAUTO.
claríssa, *sf.* → FRANCESCANO.
clàsse, *sf.* categoria, divisione, grado, genere, tipo, specie, ordine, parte, qualità, condizione, gruppo, regno, corpo, famiglia, novero || → CETO || SERIE.
nomencl. sociale, servile, subalterna, dirigente, operaia, lotta di classe || militare, leva || scolastica, elementare, media, inferiore, superiore || *(attinenti)* sottoclasse, sottoregno, sottogruppo, sottotipo, sottospecie || *verb.* classificare, distribuire, dividere, catalogare.
classicísmo, *sm.*
contr. romanticismo, futurismo, novecentismo.
clàssico, *agg.* esemplare, armonico, classicista, elaborato, → PERFETTO || VECCHIO.
contr. romantico.
classífica, *sf.* classificazione, graduatoria, → DISTINZIONE.
classificazióne, *sf.* classifica, → DISTINZIONE.
clàtro, *sm.* → CANCELLO.
claudicàre, *v.intr.* → ZOPPICARE.
claudicazióne, *sf.* → ZOPPICAMENTO.
clàusola, *sf.*, chiusa, modificazione, aggiunta, allegato.
nomencl. *(tipi)* di provvisoria esecuzione, condizionale, retorica || *agg.* armoniosa, scadente, artificiosa, affettata, esemplare, adatta.
claustràle, *agg.* → MONACALE.
claustrofobía, *sf.*
contr. agorafobía.
clausúra, *sf.* serrata, chiusura, separazione, esclusione.
nomencl. claustrazione, claustrofobia || *agg.* monacale, conventuale || claustrale.
clàva, *sf.* → BASTONE.
clavicémbalo, *sm.* → CEMBALO, PIANOFORTE.
clavicòrdio, *sm.* → CEMBALO, PIANOFORTE.
clemènte, *agg.* → BUONO, INDULGENTE.
clemènza, *sf.* → BONTÀ, INDULGENZA.
clericàle, *agg.* e *sm.* pretino, pretesco, ecclesiastico, sanfedista, paolotto, oltramontano, temporalista, papista, conservatore.
nomencl. partito, setta, tendenza, società, intransigenza clericale.
contr. anticlericale, volterriano, libertino, mangiapreti.
clèro, *sm.* chiericato, sacerdozio, presbiterato, ecclesiastici.
nomencl. *(distinzioni)* regolare, secolare, congruato, basso, alto, cattolico, protestante, cristiano, ortodosso, anglicano || *(gerarchia d'ordine)* vescovo, sacerdote, diacono, suddiacono, accolito, esorcista, lettore, ostiario || *(gerarchia di giurisdizione)* Papa, primate, patriarca, arcivescovo, vescovo (coadiutore, ausiliare), abate, abate *nullius*, prelato *nullius*, vicario (apostolico, capitolare, generale), parroco, viceparroco, coadiutore, vicario adiutore, vicario cooperatore, cappellano, cappellano militare || generale, provinciale, priore, guardiano || *(dignità e titoli)* archimandrita, arcidiacono, arciprete, avvocato concistoriale, canonico, cantore, cappellano corale, cardinale, catechista, chierico, correttore, crocifero, curato, decano, economo spirituale, elemosiniere, esarca, gerarca, inquisitore, legato, legato *a latere*, mansionario, missionario, nunzio apostolico, penitenziere, pievano, prebendario, prelato, preposto o prevosto, primicerio, protonotario, protodiacono, referendario, rettore, sacrista, seminarista, turiferario, ceroferario, cameriere segreto, cameriere partecipante, prelato domestico, cameriere d'onore || *(uffici, cerimonie)* autorità ecclesiastica, tribunale ecclesiastico, censura ecclesiastica, benefizio o beneficio, investitura, concorso, immissione in possesso, intronizzazione, presa di possesso, cura d'anime, esercizi spirituali, ritiro spirituale, funzioni religiose, pontificale, sacro ministero, ufficio o uffizio, imposizione, noviziato, regola, ore canoniche, emissione dei voti, voto di obbedienza, povertà e castità, ordinazione, consacrazione, rito, rubrica || *(beni)* decime, rendite, possessioni, asse, patrimonio, emolumento, manomorta, mensa vescovile, prebenda parrocchiale, canonicale || patronato laicale, iuspatronato || *(titoli)* Santità, Santo Padre, Sommo Pontefice, Beatissimo Padre, eminenza, eminentissimo principe, eminenza reverendissima, eccellenza reverendissima, monsignore, reverendissimo, molto reverendo, reverendo, padre, don || *(pene)* degradazione, sospensione *a divinis*, interdetto, scomunica (semplice, *latæ sententiæ*, riservata) || *(indumenti, paramenti)* abito reli-

gioso, talare, abito piano, berretta, calotta o zucchetto o papalina, cappello, cocolla; collarino, nicchio, pazienza, *rabat*, sandali, scapolare, sottana, tonaca, tricorno, zimarra || almuzia, ammitto, bendone, càmice, cingolo, cotta, dalmatica, tunicella, ínfula, mitra, manipolo, mantellone, mozzetta, pallio, cappamagna, rocchetto, pelliccia, piviale, pianeta, plicata, soprammitto, stola, stolone, tiara, triregno, velo umerale, fanone, calzari, guanti, anello, croce pettorale, pastorale, fèrula || *verb.* promuovere, ordinare, consacrare, incardinare, immettere in possesso, eleggere, nominare, ricevere, prendere gli ordini, tonsurare, vestire l'abito, esaltare, elevare, proclamare, entrare in un ordine, professare i voti, entrare *in sacris*, indire, celebrare, presiedere un sinodo, un concilio.
contr. laicato.
clessídra, *sf.* → OROLOGIO.
cliènte, *sm.* acquirente, acquisitore, avventore, compratore || frequentatore || aderente, partigiano || (cliente d'avvocato), patrocinato.
nomencl. *agg.* affezionato, abituale, fedele, buono, ottimo, caro, occasionale, sgradito.
contr. venditore, bottegaio || patrocinatore.
clíma, *sf.* temperatura.
nomencl. (*inerenti*) acclimazione, influenza, temperatura, umidità, pressione atmosferica, aria, cielo, altimetria, isobare, linee isobariche, isochimene, isoterme, isotere || (*scienze*) climatologia, meteorologia || *agg.* buono, cattivo, clemente, mite, dolce, temperato, fresco, inclemente, aspro, freddo, rigido, crudo, caldo, soffocante, afoso, umido, secco, salubre, insalubre, benigno, infetto, maligno, torrido, confacente, non confacente, polare, temperato, tropicale, marittimo, montano, di pianura || *verb.* acclimarsi, influire.
climatèrico, *agg.* → CRITICO, PERICOLOSO.
clínica, *sf.* casa di cura, policlinico, → OSPEDALE.
nomencl. (*tipi*) medica, chirurgica, oculistica, ginecologica, del lavoro, ecc. || privata, propedeutica, stabile || (*attinenti*) quadro, lezione, medicina, forma, carattere, occhio clinico.
clípeo, *sm.* → SCUDO.
clisàgra, *sf.* → GOTTA.
clistère, *sm.* enteroclisi, serviziale, enteroclisma, lavativo.
nomencl. (*strumenti*) clisopompa, clissore, irrigatore, canna da serviziale, tubo || *verb.* fare, dare, amministrare un clistere.
clívo, *sm. poet.* → COLLE.
cloàca, *sf.* → FOGNA.
clòro, *sm.*
nomencl. cloruri, clorati, permanganati, bicloruri, tricloruri, cloroanidridi.
clorofòrmio, *sm.*
nomencl. cloroformizzazione || mascherino, apparecchi, garza idrofila || *verb.* cloroformizzare.
cloroformizzazióne, *sf.* → NARCOSI.
cloròsi, *sf. indecl* → ANEMIA.
clown, *sost. ingl.* pagliaccio, → BUFFONE.
club, *sost. ingl.* → CIRCOLO.
clúne, *sm.* e *f. lett.* → NATICA.
coabitàre, *v.intr.* convivere, → ABITARE.
nomencl. coabitazione, coabitante || falanstero.
contr. vivere da soli, abitare separatamente.
coacervàre, *v.tr.* → AMMUCCHIARE.
coadiutóre, *sm.* collega, aggiunto, aiuto, subalterno, cooperatore, supplente, socio, → AIUTANTE, IMPIEGATO.
nomencl. coadiutoria || *verb.* aiutare, cooperare, collaborare, associare.
coadiuvàre, *v.tr.* → ASSISTERE, AIUTARE.
coagulaménto, *sm.* → COAGULO, COAGULAZIONE.
coagulàre, *v.rifl.* → AGGRUMARE.
coagulazióne, *sf.* coagulamento, accagliamento, agglutinamento, assodamento, concrezione, congelamento, rappigliamento, caglio, ispessimento, addensamento, condensamento, conglomerazione, rasseghio, rassegamento.
nomencl. coagulo, grumo, grommo, grumetto, rociolo, bozzolo || *verb.* coagulare, apprendere, rappigliare, rapprendere, accagliare, condensare, rassodare, stringere, coagularsi, rassegare, aggrumare, cagliare, assevare.
contr. diluizione, liquefazione, squagliamento, scioglimento, fusione.
coàgulo, *sm.* caglio, coagulamento, grumo, presame, chimosina.
coalizióne, *sf.* fronte, lega, asse, alleanza, → UNIONE.
contr. separazione, divisione, rottura, scioglimento.
coalizzàre, *v.tr.* → UNIRE.
coartàre, *v.tr.* giugulare, iugulare, sforzare, violentare, obbligare, forzare, mettere alle strette, → COSTRINGERE.
contr. liberare, disobbligare, lasciar libero, francare, affrancare, dare libertà.
coartazióne, *sf.* → COSTRIZIONE.
coattívo, *agg.* → COSTRITTIVO.
coàtto, *agg.* → COSTRITTIVO.
coazióne, *sf.* → COSTRIZIONE.
cobàlto, *agg.* e *sm.* → BLU.
nomencl. cabrerite, cobaltamminici, cobaltina, eritina, smaltina || cobaltatura || bomba al cobalto.
cobòldo, *sm.* → FOLLETTO.
còcca, *sf.*
nomencl. cocaina, cocainidina || cocainismo, cocainomane, *coqueros*.
cocaína, *sf. hashisc*, hascisc.
còcca, *sf.* becca, tacca, angolo.
nomencl. *verb.* accoccare.
coccàrda, *sf.* → DISTINTIVO.
nomencl. (*affini*) contrassegno, rosetta, fregio || *agg.* tricolore, bicolore.
còcchia, *sf.* → RETE.
cocchière, *sm.* auriga, automedonte, guidatore, postiglione, vetturale, vetturino, fiaccheraio.
nomencl. pastranella || *verb.* fare il cocchiere, stare a cassetta, guidare, sferzare, aurigare.
còcchio, *sm.* → CARROZZA.
cocchiúme, *sm.* → BUCO, TAPPO. || BOTTE.
còccia, *sf.* → ELSA || GUSCIO, SCORZA || fornello della pipa || *scherz.* → TESTA.
cocciàio, *sm.* → VASAIO.
còccio, *sm.* → VASO, TERRACOTTA || ROTTAME, PARTE.
cocciutàggine, *sf.* → OSTINAZIONE.
cocciúto, *agg.* → OSTINATO.

nomencl. intestardirsi, incocciarsi, ostinarsi.
còcco¹, *sm.* (pianta).
nomencl. noce di palma, calumba, acido coccinico, coccinina, *coir*, latte di cocco, olio di cocco, vegetalina.
còcco², *sm.* batterio.
nomencl. diplococco, streptococco, stafilococco.
còcco³, *sm. fam.* beniamino, prediletto, cucco.
coccodrìllo, *sm.*
nomencl. (*affini*) alligatore, caimano, gaviale || stenosauro, teleosauro || *fig.* lagrime di coccodrillo.
còccola, *sf.* → BACCA.
coccolàre, *v.tr.* vezzegiare, → BLANDIRE || *rifl.* → GODERE, DIVERTIRE.
coccolóni, *avv.* → ACCOCCOLARE.
cocènte, *ppr.* di cuocere || *agg.* → BRUCIANTE || *fig.* intenso, struggente, acuto, pungente, violento, urtante, urticante.
contr. lene, blando, molle, carezzevole, soave.
coció̀re, *sm.* → BRUCIORE, CALORE.
cocómero, *sm.* anguria.
nomencl. (*varietà*) moscatello, vernino, di Pistoia, di Prato, napoletano, moscatello imperiale || (*parti*) polpa, buccia, seme, picciuolo || tassello, grumolo, granello || cocomeraia, cocomeraio || *verb.* fare il tassello, tassellare, gustare, comprare, vendere, tagliare, fare a fette.
cocúzzolo, *sm.* → SOMMITÀ.
códa, *sf.* → AGGIUNTA, ESTREMITÀ || FILA || coda d'abito, strascico || coda di cometa, chioma || coda di capelli, treccia.
nomencl. (*varie*) di rondine, di topo, equina || di paglia || caudatario, caudato, codato, scodato, caudale, accodato, codazzo || *agg.* lunga, corta, arricciata, prensile, liscia, spennacchiata, mozza || *avv.* a ventaglio.
codardía, *sf.* → BASSEZZA, VILTÀ.
codàrdo, *agg.* → VILE.
codàzzo, *sm.* → ACCOMPAGNAMENTO, COMPAGNIA.
codiàre, *v.tr.* → SEGUIRE.
còdice¹, *sm.* palinsesto, manoscritto antico || → CARTAPECORA.
nomencl. (*distinzioni*) membranaceo o pergamenaceo, cartaceo, purpureo, argenteo, aureo, miniato, alluminato, riscritto, liturgico, in capitale, in onciale, acefalo, rubricato, cassinese, vaticano, ambrosiano || (*inerenti*) biblioteca, glossa, lezione, variante, miniatura || pergamena, carta, inchiostro, minio, porpora || *verb.* scrivere, miniare, alluminare, rubricare, copiare, trascrivere, collazionare.
còdice², *sm.* legge, diritto.
nomencl. (*varietà*) penale, di procedura penale, civile, di procedura civile, commerciale, finanziario, tributario, doganale, stradale || napoleonico, giustinianeo, teodosiano || d'amore, cavalleresco, farmaceutico, rurale, della lingua || *verb.* codificare, promulgare, commentare, glossare.
còdice³, *sm.* cifrario.
nomencl. telegrafico, diplomatico.
codicíllo, *sm.* → AGGIUNTA.
codíno, *agg.* e *sm.* reazionario, ultra, conservatore, → RETROGRADO.
nomencl. clericale, aristocratico.

contr. mangiapreti, settario, rivoluzionario, progressista.
coditrèmola, *sf.* → CUTRETTOLA.
códolo, *sm.* → COLTELLO, SPADA.
coefficiènte, *sm.* → CAUSA, ELEMENTO.
coefficiènza, *sf.* → CAUSA.
coercíbile, *agg.* imbrigliabile, frenabile, raffrenabile, che può essere frenato o rattenuto.
contr. incoercibile, irrefrenabile, indomabile.
coercitívo, *agg.* → COSTRITTIVO.
coercizióne, *sf.* → COSTRIZIONE.
coerènte, *agg.* aderente, coesivo, → UNITO || *fig.* conforme, costante, logico, non in contraddizione, concorde, concordante, consono, corrispondente, fedele, conseguenziario, conseguente, uguale a sé stesso.
contr. incoerente, ineguale, diseguale, contraddittorio.
coerènza, *sf.* coesione, aderenza, → UNIONE || *fig.* armonia, connessione, conformità, costanza, concordia, concordanza, accordo, congruenza, correlazione, corrispondenza. inerenza, fedeltà, consequenzialità.
nomencl. di principi, di vita, di azioni, di condotta || *agg.* logica, costante, continua.
contr. disaccordo, incoerenza, disuguaglianza, contraddizione, infedeltà, discrepanza, discordanza.
coesióne, *sf.* adesione, accostamento, unione, aderenza || concordanza.
coesistènza, *sf.* → ESSERE.
nomencl. coesistenza pacifica, concorrenziale.
coetàneo, *agg.* coevo, contemporaneo, sincrono. || *sm.* medesima età, medesimi anni (di vita).
contr. piú giovane, piú vecchio.
coèvo, *agg.* → COETANEO.
còfano, *sm.* → ARMADIO, CASSA.
nomencl. (*affini*) cassapanca, scrigno, vaso, cassetta, cassaforte, forziere, stipo, scatola, corbello, astuccio.
còffa, *sf.* → GABBIA.
nomencl. della nave || militare || metallica, rotonda, circolare || gabbiere, cesto.
cogitabóndo, *agg.* → PENSIEROSO.
cogitàre, *v.intr.* → PENSARE.
còglìere, *v.tr.* → PRENDERE || COLPIRE || INVESTIRE || SORPRENDERE.
coglitúra, *sf.* → RACCOLTA.
cògnito, *agg.* → CONOSCIUTO.
contr. incognito.
cognizióne, *sf.* → CONOSCENZA, DOTTRINA || INTELLIGENZA || GIURISDIZIONE.
nomencl. (*alcuni tipi*) scolastica, scientifica, tecnica, letteraria, matematica, fisica, del vero, dei particolari, di una causa || (*affini*) nozione, paragone, comprensione, contezza, percezione, scienza, rivelazione, notizia || coscienza, riflessione, concetto, idea, pensiero || *agg.* umana, chiara, distinta, confusa, particolare, generale, universale, utile, inutile, necessaria, indispensabile || *verb.* apprendere, conoscere, sapere, investigare, ricordare.
cognóme, *sm.* → NOME.
cogolària, *sf.* → RETE.
cògolo, *sm.* → PIETRA, SASSO.
coiàio, *sm.* → PELLETTIERE.
coiffeur, *sm. fr.* → BARBIERE.

coimputàto, *sm.* correo, corresponsabile.
coincidènza, *sf.* → AVVENIMENTO || concorso, incontro, riscontro, collimazione, equivalenza.
nomencl. *agg.* fortuita, occasionale, casuale, intenzionale, voluta, cercata, prestabilita, felice, grata, infelice, ingrata, bella, brutta, buona, cattiva, calcolata, prevista, imprevista, inconcepibile || *verb.* coincidere, far coincidere; stabilire, calcolare, cercare, provocare coincidenze.
contr. contrasto, divergenza, urto, discordanza.
coincídere, *v.intr.* concorrere, convergere || quadrare, riscontrarsi, combaciarsi, collimare || incontrarsi, accadere contemporaneamente.
contr. divergere, contrastare, scontrarsi, urtarsi, stornare.
coinquilíno, *sm.* → CASIGLIANO.
cointeressàre, *v.tr.* → INTERESSARE.
cointeressènza, *sf. neol.* compartecipazione agli utili, percentuale.
coinvòlgere, *v.tr.* → AVVOLGERE || trascinare seco, insieme, comprendere, implicare, rendere complice, corresponsabile.
còito, *sm.* concúbito, unione carnale, còpula, amplesso, accoppiamento, congiungimento, atto della generazione, usa, uso (*ant.*).
nomencl. *verb.* consumare il matrimonio, usare del matrimonio, congiungersi, giacere.
cóla, *sf.* → COLATOIO.
colabròdo, *sm.* passabrodo, → COLATOIO.
colàre, *v.tr.* → FILTRARE || *intr.* → GOCCIOLARE, FLUIRE || colare a picco, → AFFONDARE.
nomencl. colamento, colatura, stillicidio, gemitio, colatoio || *verb.* far passare, versare, sgocciolare, stillare, gemere, struggersi, far scorrere giú.
colatíccio, *sm.* bioccolo, colatura, deposito, feccia, gocciolatura, rimasuglio, avanzo, scolamento, scolatura.
colatóio, *sm.* cola, calza, colabrodo, colino, crogiuolo, colo, schiumino, filtro o feltro.
colatúra, *sf.* → COLATICCIO.
colazióne, *sf.* asciolvere, spuntino, caffellatte, *lunch, pique-nique, breakfast.*
nomencl. *agg.* mattutina, prima, seconda || abbondante, buona, copiosa, leggera, gustosa, insufficiente, soddisfacente, misera, piccola || *verb.* far colazione, asciolvere, sdigiunare, rompere il digiuno.
colbàcco, *sm.* → BERRETTO.
cold-cream, *sost. ingl.* → BELLETTO.
coleòttero, *sm.*
nomencl. (*suddivisione*) pentameri, eteromeri, tetrameri, trimeri || (*esempi*) bupresto, calandra, carabo, cerambice, cervo volante, cicindela, coccinella, colaspidi, lucciola, maggiolino, scarafaggio, necrofori, silfa, tenerbione || (*parti*) capo, prototorace o corsaletto, mesatorace, masatorace, zampe, elitre, ali.
colèra, *sm.* coleramorbo, morbo asiatico.
nomencl. (*specie*) asiatico, indigeno, sporadico, infantile, fulminante, zingaro || (*attinenti*) bacillo virgola o di Koch, algido, colerina || anticolerico, colerico, coleroso.
coleramòrbo, *sm.* → COLERA.
colibrí, *sm.* uccello mosca.
còlica, *sf.* dolore, doglia, mal di fianco, mal di pancia, passione colica.
nomencl. (*varietà*) intestinale, renale, biliare, epatica, chiusa, del miserere, emorroidaria, flatulenta, nefritica, pancreatica, saturnina, secca, stercoracea.
colíno, *sm.* → COLATOIO.
colíte, *sf.* infiammazione dell'intestino colon, enterocolite.
còlla, *sf.*
nomencl. (*alcuni tipi*) al mastello, di pasta, di amido, di fecola, di gomma, di guttaperca, di pesce, navale || (*affini*) collodina, glutine, mastice, osteocolla, pegola, gomma, resina, cellulosa, salda || *agg.* fresca, umida, risentita, forte, liquida, solida, semplice || *verb.* incollare, agglutinare, impeciare, tenere, reggere, unire, far presa.
còllabo, *sm.* → BISCHERO.
collaboràre, *v.tr.* → AIUTARE.
collaboratóre, *sm.* → AIUTANTE, COMPAGNO.
collaborazióne, *sf.* → AIUTO.
nomencl. (*vari tipi*) letteraria, scientifica, artistica, editoriale, giornalistica, cinematografica, teatrale, politica, poliziesca, giudiziaria, amministrativa || collaboratore, cooperatore, coadiutore || collaborazionista || *agg.* utile, sincera, fattiva, specializzata, specifica, inutile, generica, operante, inoperante, efficiente, adeguata || *verb.* collaborare, cooperare, coadiuvare, aiutare.
collàna[1], *sf.* collare, cascata, catena, filza di perle, armilla, monile, vezzo.
nomencl. *agg.* preziosa, ricca, artistica, elegante, comune || di poco prezzo.
collàna[2], *sf.* raccolta, biblioteca, collezione, → SERIE.
nomencl. (*esempi*) letteraria, erotica, saggistica, scientifica, filosofica, di testi, storica, di letteratura amena, di fonti, di memorie, documentaria, politica, di economia, di classici || *agg.* completa, incompleta, tradotta.
collàre, *sm.* gorgiera, pistagna, baverina, soggolo, sottogola, → COLLANA, BAVERO.
nomencl. (*alcuni tipi*) degli ecclesiastici, degli ordini cavallereschi, dei cani || (*affini*) armilla, balteo, gorgeretto, grandiglia, monile, pazienza, *renard* || *verb.* mettere il collare, buttar via, levar via il collare.
collarétto, *sm.* → BAVERO.
collaríno, *sm.* → COLLETTO.
collàsso, *sm.* → DEBOLEZZA.
nomencl. improvviso, cardiaco, generale, mortale.
collaudàre, *v.tr.* → PROVARE, APPROVARE.
collaudatóre, *sm.* → AUTISTA.
collàudo, *sm.* → PROVA, LODO.
contr. rigetto, disapprovazione.
collazionàre, *v.tr.* mettere a confronto, → PARAGONARE.
collazióne, *sf.* confronto, riscontro, controllo, → PARAGONE || conferimento, concessione.
nomencl. collazionatore || *verb.* collazionare, controllare, riscontrare, paragonare, emendare, completare.
còlle, *sm.* clivo (*poet*).), piaggia, collina, montagnola, altura, poggio, poggetto, monticello, → VALICO, MONTE.
nomencl. (*attinenti*) rupe, acquapendente, balza, cima, costa, crinale, vetta, dosso, pendio, greppo, pendice,

erta || colligiano || *agg.* ameno, aprico, declive, tondo, liscio, aspro, dirupato, diruto, scosceso, ripido, erto, arduo, selvaggio, verdeggiante, fiorito, alberato, brullo, boscoso, arido, ricco o scarso di vegetazione || *verb.* scollinare, sgroppare.
contr. pianura, valle, vallata, vallone, sprofondamento.
collèga, *sm.* → COMPAGNO.
collegaménto, *sm.* → ATTACCO.
collegàre, *v.tr.* e *rifl.* incatenare, avere connessione, connettere, congiungere, → UNIRE.
contr. disgiungere, separare, slegare, dividere, sconnettere.
collegiàle, *agg.* di collegio || *sm. fig.* inesperto, timido, impacciato, novizio.
collegiàta, *sf.* → CHIESA.
nomencl. (*inerenti*) capitolo, canonici, primicerio, arciprete del capitolo, cappellani corali || coro, stallo || messa conventuale || *agg.* insigne, perinsigne, antica, veneranda.
collègio, *sm.* associazione, adunanza, commissione, congregazione, società, magistratura || circoscrizione elettorale || convitto, educatorio, educandato, ritiro, seminario, conservatorio.
nomencl. (*alcuni tipi*) maschile, femminile, ecclesiastico, laico, statale, privato, musicale, militare, pubblico || (*parti*) parlatorio, camerata, studio, aule, refettorio, corridoi, cappella, biblioteca, dormitorio, cortili, campo sportivo || (*alunni*) convittore, collegiale, educanda, interno, esterno || (*personale*) rettore, direttore, censore, amministratore, prefetto, assistente, direttore spirituale, direttrice, istitutore, istitutrice, cuoco, cuoca, cameriere, cameriera, portinaio, maestro, professore, ripetitore || *agg.* moderno, antiquato, vasto, attrezzato, frequentato, ricco, nobile, piccolo, povero, deserto.
còllera, *sf.* → IRA.
collèrico, *agg.* → IRATO.
collètta, *sf.* → ACCATTO.
collettàre, *v.tr.* → RACCOGLIERE.
collettívo, *agg.* → COMUNE, GENERALE.
collétto, *sm.* bavero, baverino, goletto, pistagna, golettone, solino, collarino.
nomencl. stirato, inamidato, in piedi, staccato, volante, finto, rivoltato, rimboccato, alla marinara, piegato, floscio || *agg.* gualcito, sudicio, pulito, lavato, stretto, largo, alto || *verb.* abbottonare, aprire, sbottonare, allargare, stirare, inamidare, lavare.
collettóre, *sm.* → ESATTORE || FOGNA.
collezióne, *sf.* raccolta, collana, biblioteca, → SERIE || MUSEO.
nomencl. (*esempi*) artistica, numismatica, libraria, filatelica || di quadri, di sculture, di riproduzioni, di stampe, di libri, di giornali, di riviste, di incunaboli, di codici, di palinsesti, di diplomi, di bolle, di atti notarili, di sigilli, di stemmi, di monete, di medaglie, di vasi, di stoffe, di francobolli, di marche da bollo, di armi, di armature, di oggetti preistorici, di reliquie, di soldatini di piombo, di figurine, di scatole di cerini || (*persone*) collezionista, collettore || (*luoghi e mezzi*) museo, pinacoteca, galleria, gipsoteca, biblioteca, album, raccoglitore || *agg.* iniziata, incompleta, completa, completata, antica, moderna, importante, pregevole, preziosa, ordinata, catalogata, inventariata, disordinata, confusa, raccogliticcia || *avv.* di valore, senz'ordine || *verb.* collezionare, fare collezione, radunare, raccogliere, riunire, accumulare, fare incetta.
collezionísta, *sm.* collettore, → RACCOGLITORE.
nomencl. filatelico, numismatico, bibliofilo || *agg.* maniaco, disinteressato, attento, appassionato, intelligente, infaticabile, costante, fortunato, conoscitore, competente || *avv.* di buon gusto, di buon fiuto || *verb.* raccogliere, collezionare, far collezione, riunire, fare incetta.
collídere, *v.tr.* e *rifl.* → URTARE.
colligiàno, *agg.* e *sm.* → MONTANARO.
collimàre, *v.intr.* → ACCORDARE, COINCIDERE.
collimazióne, *sf.* → COINCIDENZA.
collína, *sf.* → COLLE, MONTE, POGGIOLO.
collírio, *sm.* medicamento per gli occhi.
nomencl. solido, liquido, gassoso, secco || pomate oftalmiche.
collisióne, *sf.* → URTO, CONTRASTO.
còllo[1], *sm.* → GOLA, OCCIPITE.
nomencl. (*parti*) muscolo angolare, arterie cervicali, carotidi, cervice, collottola, colonna vertebrale, corde del collo, esofago, faringe, fontanella della gola, gangli o glandole cervicali, glotta, gozzo, gola, muscoli interspinali, laringe, legamenti cervicali, nervi cervicali, nodo del collo, nuca, pomo d'Adamo, scaleno anteriore e posteriore, splenio, trachea, vene e vertebre cervicali || (*movimenti*) collata, scollata, golino, sergozzone, sorgozzone || (*inerenti ornamentali*) collana, collare, catena, cravatta, colletto, gorgiera, fazzoletto da collo, pendente, soggolo, sottogola, vezzo || *agg.* lungo, corto, largo, stretto, fine, grosso, esile, robusto, bello, brutto, liscio, morbido, sodo, grasso, magro, secco, incordato, nudo, scollato, bianco, bruno, onduloso, pulito, sudicio || *loc. avv.* da efebo, d'avorio, di cicogna, di giraffa, d'oca, di cigno, ben fatto || *verb.* accollare, afferrare, prendere per il collo, decollare, decapitare, dinoccare, dislogare, portare al collo, rompersi l'osso del collo, scannare, scollacciarsi, strozzare, strangolare, torcicollare, sgozzare, ingozzare.
còllo[2], *sm.* pacco, balla, cassa, → FARDELLO, IMBALLAGGIO.
collocaménto, *sm.* allogagione, allogamento, allogazione, collocazione || → IMPIEGO || MATRIMONIO.
contr. sfratto, sbratto, sgombramento || licenziamento, dimissione || ripudio, rifiuto.
collocàre, *v.tr.* posare, impiantare, insediare, → DISPORRE, ACCOMODARE, METTERE || maritare (una ragazza) || investire o impiegare capitali.
contr. dislocare, deporre, spostare, sbrattare, sgomberare, togliere, rifiutare, disinvestire.
collocazióne, *sf.* → COLLOCAMENTO, DISPOSIZIONE || IMPIANTO.
nomencl. archivistica, bibliografica, artistica, legislativa || *agg.* giusta, esatta, approssimativa, armonica, errata, sbagliata || *loc. avv.* fuori posto, fuori sesto, senza senso.
collocutóre, *sm.* → INTERLOCUTORE.
colloidàle, *agg.* → COLLOSO.
colloidína, *sf.* → COLLA.

collòquio, *sm.* abboccamento, appuntamento || confabulazione, dialogo, ragionamento, conversazione, discorso, disputa, diverbio, discussione || idillio || intervista, dibattimento, dibattito, conferimento, conferenza, convegno, seduta, sessione, consiglio, congresso, incontro → ADUNANZA.
nomencl. *agg.* fraterno, amichevole, caldo, sereno, intimo, segreto, affettuoso, cordiale, freddo, burrascoso, agitato, tempestoso, calmo, politico, diplomatico, lungo, breve, interminabile, continuato || *loc. avv.* da solo a solo, a tu per tu, a quattro || *verb.* abboccarsi, abboccare; procurare, avere, chiedere, tenere un colloquio; chiamare qualcuno in segreto, in disparte, a parte.
contr. soliloquio, monologo || scontro, discordia, disarmonia.
collóso, *agg.* appiccicaticcio, appiccicoso, attaccaticcio, appiccicante, appiccaticcio, gelatinoso, glutinoso, viscoso, colloidale.
contr. fluido, limpido, scorrevole.
collotòrto, *agg.* e *sm.* → BIGOTTO.
collòttola, *sf.* → NUCA, OCCIPITE.
collusióne, *sf.* → ACCORDO.
collusívo, *agg.* → INGANNEVOLE.
collutòrio, *sm.* → GARGARISMO.
colluttàre, *v.intr.* → LITIGARE.
colluttazióne, *sf. neol.* → RISSA.
collúvie, *sf.* → FOGNA || ammasso, riunione (di cose), mescolanza.
colmàre, *v.tr.* → EMPIRE || ELEVARE.
colmàta, *sf.* → BONIFICA.
colmàto, *pps.* di colmare || *agg.* → PIENO.
colmatúra, *sf.* → ESTREMITÀ.
colmígno, *sm.* comígnolo, → FUMAIOLO.
cólmo, *agg.* convesso, rilevato, raso, → PIENO || *sm.* → SOMMITÀ || *fig.* eccesso, massimo grado, pienezza, turgore; appagamento; punto supremo, fastigio, vetta, fiore, apice, altezza, vertice || → DORSO.
contr. vuotato, svuotato, vuoto || parte inferiore, incavo || grado minimo, infimo, inferiore.
cólo, *sm.* → COLATOIO.
colofònia, *sf.* ragia, pece greca, resina secca.
colombàia, *sf.* → PICCIONAIA.
colómbo, *sm.* → PICCIONE.
còlon, *sm. indecl.* intestino crasso.
nomencl. (*parti*) ascendente, trasverso, discendente, ileo-pelvico; cieco, retto || (*malattie*) colica, colicodimia, colite, dilatazione del colon || colopessia, colorafia, colotomia, coloproctia.
colònia, *sf.*
nomencl. militare, agricola, commerciale, penale, di popolamento, di sfruttamento || (*attinenti*) colonialismo, politica coloniale, guerre coloniali, colonizzazione, espansionismo, truppe coloniali, corpi coloniali, sistema coloniale, generi coloniali || anticolonialismo, movimenti di liberazione || *agg.* ricca, forte, numerosa, fiorente, tenace || *verb.* fondare, creare, impiantare, difendere, incivilire, sfruttare, liberare, dare l'autonomia.
colonía, *sf.* mezzadria.
nomencl. colono, mezzadro, podere, riparto.
colonizzàre, *v.tr.* ridurre a colonia, conquistare || sfruttare una colonia || → POPOLARE.
colónna, *sf.* pilastro, cippo, stele, colonnina, mezza colonna, balaustro, cariatide, erma, → SOSTEGNO.
nomencl. (*tipi*) ad unico pezzo, a due pezzi, ermetica, lactarica, rostrata, trionfale, infame, affusolata, rastremata, scanalata, striata, a spirale, a tortiglione, a bozze, a chiocciola, zoofora, ofitica || stilometria || (*parti*) abaco, gola rovescia, gocciolatoio, cimazio, apofige, architrave, base (tondino, toro, plinto, listello, scozia, filetto, pianetto), benda, càlato, canale, cembra, collarino, dado, epistilio, fusto o tronco (imoscapo, sommoscapo), occhio, piedestallo (cimasa, zoccolo, plinto), ratta, rocchio, spira, toro, ventre || cateto, diametro, modulo || (*ornamenti*) armille, astragalo, caulicoli, cannello, fogliame d'olivo, foglie, fiore, fregio, paternostri, pianuzzi, scanalatura, scozia, stria, toro || (*riunione, edifici*) areostilo, balaustrata, colonnata, diastilo, eustilo, intercolunnio, méta, monotriglifo, anfiprostilo, decastilo, pentastilo, ottastilo, sistilo, picnostilo, polistilo || *agg.* alta, bassa, snella, svelta, sottile, slanciata, tozza, rigonfia, monumentale, maestra, gemina, doppia, torta, binata, quadrata, tonda || *verb.* accollare, accoppiare, affusolare, incolonnare, rastremare, scannellare, scanalare, tornire, stondare, innalzare.
colónna vertebràle, spina dorsale.
nomencl. (*parti*) vertebre, atlante, coccige, ileo, midollo spinale, ciliospinale, muscolo infraspinato, quadrigemini, osso sacro, scio || (*deformazioni*) cifosi, lordosi, gobba, gibbosità, rachiocifosi, scoliosi || *verb.* sfilare, direnare, rompere, spezzare.
colonnétta, *sf.* → BALAUSTRO.
colonnína, *sf.* → BALAUSTRO.
colòno, *sm.* lavoratore dei campi, coltivatore, colonizzatore, abitante delle colonie, → AGRICOLTORE, COLONIA.
coloraménto, *sm.* → COLORE.
colorànte, *ppr.* di colorare || *agg.* e *sm.* → COLORE.
nomencl. (*attinenti*) sostanze, reattivi, estratti, materie artificiali, inchiostri, materie tanniche, materie tintorie, scorie || decolorante, corrodente, solvente, scolorina || tintoria, tintore, coloritore || (*coloranti*) cocciniglia, chermes, laccamuffa, robbia, legno del Brasile, sandalo, amaranto, reseda, sorgo, fiori, zaffranone, oricello, indaco, malva nera, foglie verdi, cardo, corteccia di quercitrone, grano saraceno, bacche di sambuco, curcuma, galle, argilla, terra d'ombra, lacche, porpora, porporina, garanzina, carbone di robbiaberberina, carminio, catramina, catecú, cianol, cloruro di stagno ammoniacale, coca-coca, flavina, giallo cotone, giallo lana, indulina, kamala, malveina, nerceina, nitrati, oltremare, ossalati, terra d'Oriana, permanganati, prussiato rosso, safranina, smeraldina, solfati, solfuri, solfocianuri, biacca, cadmio, cinabro, colla al mastello, fiele, fuliggine, gomma gutta, grafite, minio, pastello, petrolio, titanio, tornasole, turchinetto, vinolina, zoozantina || *verb.* colorare, decolorare, dipingere, colorire, caricare, sfumare.
coloràre, *v.tr.* → PITTURARE, DIPINGERE.
colorazióne, *sf.* → COLORE.

colóre, *sm.* coloramento, colorazione, tono, tinta || colorante || *fig.* → ASPETTO, PRETESTO.
nomencl. (*specificazioni*) araldico, artificiale, complementare, d'applicazione, eptotico, primitivo, prismatico, semplice, diretto, indiretto || colori nazionali || colore politico || (*attinenti*) affinità, brio, allegrezza, armonia, asprezza, contrasto, digradazione, fondo, fusione, gamma, gradazione, iride, scala, simpatia || acromatismo, dicromismo, tricromia, policromia, litocromia, litografia, monocromia o onocromatica || (*colori diversi*) acquamarina, albino, amaranto, amarantino, ametistino, aranciato, arancione, argento, avana, azzurro, baio, bianco, bigio, blu, biondo, bruno, caffè, carnicino, canarino, castagno, ceciato, celeste, cenerino, cenerognolo, ceraso, ceruleo, cremisi, citrino, cupreo, ferrigno, fiammetta, fuliggine, fulvo, gialletto, giallo, grigio, grigiolato, glauco, incarnato, isabella, indaco, lacca, lattiginoso, lionato, livido, malva, marrone, morello, nero, nocciola, nuvolato, oliva, oltremare, ombra, opalino, oro, paglierino, paonazzo, pastello, pepe e sale, perla, perso, piombo, piombino, plumbeo, porpora, porporino, ranciato, roggio, rosa, rosso, ruggine, sanguigno, scarlatto, scuro, solfino, soriano, tabacco, *tané*, turchino, uliva, ulivastro, verde, verdazzurro, verdeterra, vermiglio, viola, violetto, zafferano || *agg.* abbagliante, splendido, acceso, carico, intenso, ricco, rutilante, pieno, profondo, caldo, vivace, denso, forte, gaio, piacevole, gentile, grazioso, vago, pesante, andante, armonizzante, chiaro, annacquato, debole, tenue, leggero, pallido, sfumato, sbiadito, scolorito, stinto, svanito, scialbo, smorto, morto, scuro, freddo, fosco, torbo, opaco, squallido, fuso, stemperato, trasparente, brizzolato, cangiante, opalizzante, incerto, intermedio, mezzo colore, mezzatinta, piazzato, chiazzato, screziato, stabile, cattivo, falso, fallace, sfacciato || *verb.* armonizzare, cangiare, colorirsi, morire, accompagnarsi, non accompagnarsi, sbiadire, scolorire, sfumare, smortare, smorzare, trascolorare, trascolorarsi || abbronzare, brizzolare, colorare, confondere i colori, dilavare, fissare, fermare il colore, impastare, indorare, intorbare, invermigliare, lumeggiare, macinare, marezzare, picchiettare, preparare, ravvivare, rammorbidire, screziare, ammortire, stingere, temperare, tingere, dipingere.

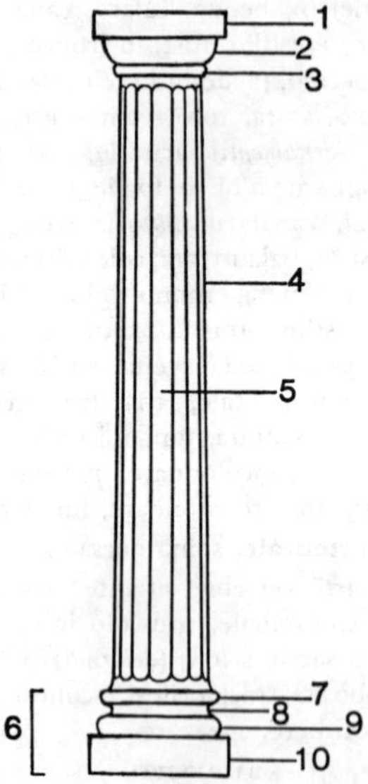

COLONNA – 1) àbaco; 2) òvolo o echino; 3) collarino; 4) fusto o scapo o tronco; 5) scanalature; 6) base; 7) tondino; 8) scozia; 9) toro; 10) plinto.

coloríre, *v.tr.* → PITTURARE, DIPINGERE || DESCRIVERE.
coloríto, *pps.* di colorire || *agg.* dipinto, carico di colore || *fig.* fantasioso, pittoresco || *sm.* tinta, carnato, → CARNAGIONE, ESPRESSIONE.
contr. pallido, scolorito, stinto, scialbo, scialbato.
colossàle, agg. → GRANDE, GRANDIOSO, GIGANTESCO.
colòsso, *sm.* titano, mole, statua grande, → GIGANTE.
cólpa, *sf.* difetto, errore, fallo, dolo, macchia, mancanza, mancamento, reato, reità, crimine, misfatto, azionaccia, scandalo, infrazione, contravvenzione, scelleraggine, scelleratezza, vizio, frode, sbaglio, demerito, incorrezione, menda, follia, tacca, scappata, scappatella, smarrimento, debolezza, fragilità, eccesso, deviazione, caduta, ricaduta, enormità, bricconeria, perversità, furfanteria, prevaricazione, disordine → MALEFATTA, PECCATO, DELITTO, COLPEVOLEZZA.
nomencl. (*equivalenti*) peccato di gioventú, azione cattiva, impresa biasimevole, passo falso, basso crimine, istinto malvagio, tendenza perversa, spirito di distruzione || (*alcuni esempi*) sacrilegio, simonia, malversazione, truffa, incesto, sadismo, strage, peculato, concussione, furto, scasso, rapina, collusione, ricatto, abuso di confidenza, adulazione, sequestro, tirchieria, avarizia, baratteria, contrabbando, falsità, falso nummario, attentato, tradimento, alto tradimento, lesa maestà, brigantaggio, associazione a delinquere, banditismo, assassinio, uccisione, omicidio, fratricidio, infanticidio, patricidio, matricidio, atrocità, mostruosità, infamia, violenza carnale, fornicazione, immoralità, violenza, adulterio || (*circostanze*) premeditazione, flagranza, complicità, connivenza, recidività, criminalità, circostanza attenuante o aggravante || (*attinenti*) accusa, ammenda, assoluzione, azione penale, responsabilità, discolpa, impunità, immunità, imputabilità, preterintenzionalità, pretesto, scusante, remissione, scappatoia, scusa, venia, perdono, delinquenza abituale, per tendenza, comune || castigo, espiazione, pena, catarsi, purificazione, penitenza || (*persona*) colpevole, peccatore, delinquente, reo (confesso, convinto, pervicace, ostinato, recidivo, impenitente, disperato, dannato) || *agg.* leggera, lieve, momentanea, occasionale, passeggera, transitoria, grave, gravissima, orribile, enorme, ripugnante, ostinata, persistente, reiterata, abituale, continuata, inescusabile, biasimevole, atroce, evidente, manifesta, confessata, palese, riconosciuta, dissimulata, coperta, nascosta, segreta, infame, infamante, turpe, vergognosa, emendabile, purgata, espiata || *verb.* avere la coscienza sporca, macchiata, sporcarsi le mani, commettere un delitto, deturparsi, essere in colpa, essere in peccato || incappare, inciampare, cadere, macchiarsi, perpetrare, consumare, perpetuare, recidivare, aggra-

vare, chiamare in colpa, confessare, dire in confessione, discolparsi, incolparsi, dissimulare, fingere, mentire, sconfessare, negare, espiare, far penitenza, scontare, pagare il fio, piangere, dolersi, deplorare || accagionare, incolpare, addebitare, ascrivere, far carico, far debito, gettare la colpa, aggravare uno, dargli colpa, buttar la colpa, convincere, far riconoscere, dare, rovesciare la colpa addosso ad uno, fare aggravio, incriminare || assolvere, perdonare, rimettere, attenuare, mitigare, alleviare, condonare, amnistiare, discolpare, scolpare, scaricare, discaricare, sgravare, togliere, scusare, eliminare, escludere, giustificare, redimere, sollevare, coinvolgere, sorprendere, scoprire, svergognare.
contr. innocenza, candore, purezza, incorruzione, irreprensibilità.

colpabilità, *sf.* → COLPEVOLEZZA.

colpévole, *agg.* e *sm.* responsabile, reo, lordo, macchiato, immondo, convinto, accusato, imputato, trasgressore, peccatore, delinquente, malfattore, delittuoso, criminale, scellerato, briccone.
nomencl. (*alcuni tipi*) confesso, convinto, recidivo, pervicace, riconosciuto, presunto, indiziato, imputato, accusato, incriminato, incriminabile, giudicabile, giudicato || (*esempi*) bandito, brigante, malandrino, canaglia, filibustiere, impostore, pirata, incendiario, sicario, assassino, omicida, parricida, matricida, fratricida, infanticida, prevaricatore, concussionario, barattiere, frodatore, truffatore, falsario, contravventore, simoniaco, sacrilego, avvelenatore, ricettatore || *verb.* confessare, dichiararsi, dichiarare, incriminare, accusare, giudicare, condannare.
contr. incolpevole, innocente, giusto, irresponsabile, innocuo.

colpevolézza, *sf.* colpa, dolo, colpabilità, imputabilità, reità, responsabilità.
contr. innocenza.

colpíre, *v.tr.* percuotere, dare colpi, ferire, prendere, colpeggiare, dar dentro, dare addosso, toccare, azzeccare, cogliere nel segno, imbroccare, trafiggere, → BASTONARE || *fig.* gravare, danneggiare, infliggere; far impressione, far colpo, far bella figura, attirare l'attenzione, mettere in discredito, coprire di vergogna.
nomencl. (*esemplificazione*) abbassare, allentare, allungare, accennare, menare, vibrare, appostare un colpo; bastonare, dare o vibrare una bastonata; beccare, cogliere, bersagliare, dardeggiare, accoccare, investire, attastare, prendere, acchiappare una persona; cozzare, menare, dare diritti e rovesci, ferire, frustare, infilzare, lasciar andare colpi, martellare, menare (colpi, bastonate, pedate, testate, calci, mazzate, schiaffi, traversoni, zampate, nerbate); nerbare, percuotere, piattonare, perforare, trafiggere, forare, ribattere, ricozzare, scagliare, lanciare, scaraventare, sferzare, schiaffeggiare, schioccare, sculacciare, esplodere, sparare, parare, ammollare, sviare, stordire || far centro, cogliere nel segno, cogliere in pieno, imbrecciare, infilare, sbalestrare, essere a tiro.
contr. fallire, mancare, sbagliare || risarcire, riparare.

colpíto, *pps.* di colpire || *agg.* impressionato, → BATTUTO || DANNEGGIATO ||

cólpo, *sm.* bussa, botta, battitura, pacca, percossa, buffetto, scossone || picchio, tocco, tonfo, tuffo || tiro contraccolpo, → BASTONATA, AZIONE || colpo di mano, → ATTACCO || PARALISI || *fig.* → DISGRAZIA.
nomencl. (*varietà*) d'arme, di pennello, d'astuzia, d'accidente, di grazia, d'occhio, di Stato, di vento, di fulmine, di timone, di sole, di scena, di mano, di mare, di fortuna, di spada, di bastone, di tempesta || (*esemplificazione*) bacchettata, badilata, bastonata, berrettata, biscottino, bottata, calcio, pedata, cannata, cappellata, carambolo, cazzotto, cazzottata, ceffata, ceffone, schiaffo, ciabattata, cinghiata, ciottolata, cosotto, coltellata, fendente, fiancata, frustata, ginocchiata, gomitata, grucciata, manata, manrovescio, mazzata, mestolata, mostaccione, musata, nerbata, nocchino, pacca, palettata, pancata, perticata, piattonata, pizzicotto, pugnalata, rigata, rovescione, scapaccione, scappellotto, scarpata, sciabolata, sculacciata, sfregio, sgabellata, sgrugnata, spallata, speronata, staffilata, stangata, stivalata, stoccata, strattone, tegolata, testata, torsolata, unghiata, urto, sparo, esplosione, ferita, lacerazione, zagagliata, zampata, zannata, zollata, zuccata, sassata, stilettata, cornata, picchiata || *agg.* forte, energico, efficace, valido, gagliardo, duro, poderoso, vigoroso, pesante, greve, ponderoso, debole, fiacco, leggero, tenue, lieve, moderato, violento, furioso, impetuoso, veemente, fatale, inevitabile, mortale, micidiale, letale, omicida, pericoloso, dannoso, diritto, falso, basso, alto, netto, maestro, pieno, spicciativo, tondo, traverso, proibito, riuscito, certo, accennato, sottomano || *loc. avv.* di primo colpo, a un colpo, di colpo || ben diretto, andato a vuoto || *verb.* fare un bel colpo, rendere colpo per colpo || esplodere, sparare, vibrare, battere, assestare, accoccare, azzeccare, infliggere, prendere, subire, acchiappare, parare, riparare, ripararsi, scaricare, sviare, cansare, cansarsi, schivare, allontanare, stordire, battere.

coltellàta, *sf.* → COLPO.

coltellinàio, *sm.* → FABBRO.

coltèllo, *sm.* ferro (*poet.*), temperino, castrino, coltella, coltellaccio, coltellino, squarcina.
nomencl. (*varietà*) lungo, corto, affilato, arrotato, tagliente, spuntato, intaccato, damaschinato, con o senza manico, a lama pieghevole o mobile, curvo, torto, di ferro, di acciaio inossidabile, d'argento, d'osso, di legno || da cucina, da tavola, da macellaio, da pane, per formaggio, da tasca, a serramanico || (*affini*) ablatore, bistori o bisturi, trincetto, cheratotomo, lancetta, microtomo, paloscio, pugnale, rasoio, roncola, scarnitoio, scorticatoio, scortichino, tagliapesce, trinciante, *yatagan*, *navaja* || (*parti*) manico, impugnatura, lama, taglio, falso taglio, filo vivo e morto, punta, costa, bottone, codolo, molla, tacca, svenatura || *verb.* arrotare, temperare, affilare, brunire, usare, tagliare, fendere, intaccare, accoltellare, ferire, recidere, stroncare, trinciare, smozzicare, mozzare, troncare, castrare, scoiare, scarnire.

coltivàre, *v.tr.* arare, assolcare, appoderare, bonificare, lavorare, fertilizzare, curare, vangare, far fruttificare, rendere fertile, far produrre || *fig.* educare, allevare, abituare, curare, esercitare || dedicarsi, applicarsi, studiare || carezzare, circondare, avere cura; colmare di gentilezze, di riguardi; essere cortese, pensare

a qualcuno; assediare, opprimere di gentilezze; soffocare di cordialità o di cortesie || fomentare, incitare, promuovere || frequentare.
contr. trascurare, negligere, essere ignavo o pigro, tralasciare incolto, abbandonare.
coltivatóre, *sm.* → AGRICOLTORE.
coltivazióne, *sf.* → AGRICOLTURA.
cólto, *agg.* coltivato || *fig.* istruito, → CULTURA, DOTTO.
contr. incolto, inculto, rozzo, deserto.
còlto, *pps.* di cogliere (*v.*) || *agg.* raccolto, → CULTO.
cóltre, *sf.* → COPERTA.
cóltrice, *sf.* → MATERASSO.
cóltro, *sm.* → ARATRO.
coltróne, *sm.* → COPERTA, TRAPUNTA.
coltúra[1], *sf.* coltivazione, allevamento, → AGRICOLTURA.
nomencl. (*tipi*) intensiva, estensiva || della terra, dei boschi, dei fiori, del bestiame, dei bacilli || *agg.* vasta, limitata, ristretta, trascurata.
coltúra[2], *sf.* → CULTURA,
colubrína, *sf.* → CANNONE.
colúbro, *sm. poet.* → SERPE.
còma, *sm.* → SONNO.
nomencl. (*gradazioni*) assopimento, sopore, catafora, coma sonnolento, caro || (*varietà*) diabetico, vigile o agripnode.
comandaménto, *sm.* → COMANDO, DECRETO || DECALOGO.
comandànte, *ppr.* di comandare || *sm.* → CAPO, GERARCA.
nomencl. (*tipi*) di bandiera, d'esercito, d'armata, di nave, di aereo || effettivo, interinale || (*equivalenti*) generale, colonnello, condottiero, capitano di milizie, generalissimo || capo, duce, dittatore, comarca, imperatore, sceicco, zar || *verb.* comandare.
comandàre, *v.tr.* imperare, intimare, ingiungere, pretendere, esigere, dire, decretare, volere, dirigere, dominare, disporre, imporre, signoreggiare, reggere, prescrivere, stabilire, statuire, sovraneggiare, regolare, moderare, temperare, commettere, condurre, guidare || dettare legge, diramare un ordine || infliggere, comminare, sanzionare, → ORDINARE, GOVERNARE.
contr. ubbidire, obbedire, sottomettersi, sottostare, dipendere, eseguire, derivare, rendere conto, dare esecuzione, osservare, adempiere, accettare, essere subordinato.
comàndo, *sm.* cenno, comandamento, ordinazione, disposizione, commissione, imposizione, impero, ingiunzione, intimazione, mandato, prescrizione, dettame, precetto, decreto, governo, direzione, dominio, signoria, statuizione, → ORDINE, AUTORITÀ.
nomencl. *agg.* assoluto, solenne, inviolabile, stretto, dittatoriale, perentorio, categorico, reciso, imperioso, supremo, morale, giusto, ingiusto, verbale, scritto || *verb.* comandare, assumere, ricevere, avere, prendere, accettare, esercitare, rifiutare, ricusare, rinunziare, abbandonare, lasciare, cedere, delegare.
contr. ubbidienza, obbedienza, sottomissione, accettazione, subordinazione, dipendenza, esecuzione, osservanza, adempimento.
comàre, *sf.* madrina, santola || levatrice || → COMPARE, PADRINO.
combaciàre, *v.intr.* e *rifl.* → COINCIDERE, INCONTRARE.
combattènte, *ppr.* di combattere || *agg.* e *sm.* lottatore, soldato, cobelligerante, combelligerante, → BELLIGERANTE || gladiatore, campione, atleta.
nomencl. eroico, magnifico, valoroso, forte, costretto, pauroso, vile, timido, traditore.
combàttere, *v.tr.* dar l'assalto, affrontare, assalire, cercare di vincere || *intr.* armeggiare, contendere, contrastare, lottare, venire alle mani, impegnare battaglia, pugnare, propugnare, oppugnare, concorrere, battersi, battagliare, guerreggiare, azzuffarsi, combattersi, scontrarsi, cimentarsi, abbaruffarsi, accapigliarsi, acciuffarsi || *fig.* affaccendarsi, dibattersi, travagliarsi, agitarsi (per uno scopo), contrariare || disputare, confutare, ribattere, obiettare, opporre delle ragioni.
nomencl. *loc. avv.* a corpo a corpo, a oltranza, in campo aperto, in campo chiuso, a viso aperto, a l'ultimo sangue, a piè fermo, ad armi pari, all'arma bianca, alla spicciolata || (*modi*) appiccare, dare, iniziare battaglia, essere, venire, scendere alle armi, mettersi in battaglia, misurarsi, rabbuffarsi, entrare in campo, tener campo, tenzonare, travagliare, venire all'assalto, alla prova; zuffare || fronteggiarsi, appiedare, disarcionare, tener testa, fugare, mettere in fuga, impugnare, incrociare, volteggiare, impegnare, attaccare, ingrossare, assaltare, piombare, rinforzare, rispondere, riversarsi, rovesciare, scaramucciare, sorprendere, spronare, urtare, venir all'arma bianca, abbassare le armi, arrendersi, darsi a patti, capitolare, chiedere la resa, disimpegnarsi, distaccarsi, ripiegare, retrocedere, far tregua, posare le armi, sospendere le ostilità, concludere armistizio, distendere, espugnare, piegare, prender posizione, riassestare, rompere, sbaragliare, scaglionare, schierare, sconfiggere, sgominare, vincere, disordinare, scompigliare.
contr. stare in pace, amare la pace, pacificare, pacificarsi, fare la pace, rifare la pace, essere d'accordo, andare d'accordo.
combattiménto, *sm.* avvisaglia, badalucco, baruffa, carosello, certame, collisione, conflitto, disfida, duello, espugnazione, fatto d'armi, fazione, giornata, giostra, lotta, *match*, mischia, monomachia, naumachia, oplomachia, oppugnazione, assedio, pugilato, pugna, riscossa, scaramuccia, scherma, schermaglia, scontro, soprassalto, soprattacco, abbordaggio, tenzone, titanomachia, gigantomachia, torneamento, urto, zuffa, → BATTAGLIA, ATTACCO || RISSA.
nomencl. *agg.* agonistico, sportivo, bellicoso, pugnace, battagliero, tumultuoso, feroce, furioso, duro, grave, gravoso, pesante, lungo, serrato, repentino, improvviso.
combattívo, *agg.* → BELLICOSO.
combelligerànte, *agg.* e *sm.* → COMBATTENTE.
combinàre, *v.tr.* mescolare, riunire, concertare, accozzare, congegnare, connettere, legare, fondere, comporre, mettere insieme, radunare, racconciare, → ACCORDARE, UNIRE || *rifl.* INCONTRARE.
combinazióne, *sf.* → ACCIDENTE, CASO || NEGOZIO.
combríccola, *sf.* camorra, camarilla, chiesuola, combutta, conciliabolo, congrega, consorteria, conventicola, cricca, confrediglia, mafia, setta, teppa, combutta, omertà, orda, partito, → ADUNANZA, COMPAGNIA.
comburènte, *ppr.* di comburere || *agg.* → BRUCIANTE.

combustíbile, *sm.* → CARBURANTE.
nomencl. (*varietà*) liquido, solido, minerale, vegetale, animale || (*esempi*) legna, fustelli, segatura, sarmenti, lignite, carbone, antracite, litantrace, torba, agglomerati, *coke*, olî minerali, nafta, benzina, petrolio, paraffina, olio, sego, cera, spermaceti, metano, gas di carbone, propano, etano, gas di benzina.
combustióne, *sf.* accendimento, accensione, conflagrazione, ignizione, → BRUCIAMENTO, INCENDIO.
nomencl. spontanea, umana, respiratoria.
combustívo, *agg.* → BRUCIANTE.
combústo, *pps.* di comburere || *agg.* → BRUCIATO.
combútta, *sf.* → ACCORDO, ADUNANZA, COMPAGNIA.
comèta, *sf.*
nomencl. (*varietà*) chiomata, crinita, codata, barbata, periodica, auricrinita, artificiale || (*parti*) capo, chioma, coda, nucleo || (*attinenti*) orbita, parallasse, zodiaco delle comete.
comfort, *sost. ingl.* conforto, benessere, agio, consolazione, → COMODITÀ.
comicità, *sf.* → UMORISMO.
còmico, *agg.* e *sm.* → BUFFO || ATTORE.
nomencl. (*comicità*) spassoso, brillante, ridicolo, ridevole, faceto, lepido, burlesco, giocoso || umorista, umorismo || tragicomico || (*teatro*) attore, istrione, maschera, mimo, virtuoso, filodrammatico, dilettante, professionista, figlio d'arte, compagnia, capocomico, buttafuori, impresario || farsa, commedia, battuta, trucco, lazzo, repertorio, *tournée* o giro artistico, agenzia teatrale, scritturazione || *verb.* recitare; fare, recitare una parte; impaperarsi, lazzare, truccarsi, scritturare.
contr. drammatico, tragico, lirico, epico.
comígnolo, *sm.* colmigno, → FUMAIOLO.
cominciaménto, *sm.* → PRINCIPIO.
cominciàre, *v.tr.* incominciare, principiare, imprendere, iniziare, aprire, istradare, introdurre, rifarsi, proemiare, prendere a dire, avviare, esordire, abbozzare, intavolare, ravviare, riprendere, gettar le basi, gettare le fondamenta, fondare, inaugurare, promuovere, farsi promotore || cominciare a passare, decorrere.
nomencl. (*attinenti*) cominciamento, esordio, debutto (*frs.*), introduzione, inaugurazione, inizio, prefazione, proemio, premessa, preludio, principio, protasi, preambolo, prologo, preliminare, avviamento, avvío, istradamento, apprendistato, fondazione, iniziativa, preparazione || (*persone*) principiante, tirocinante, novizio, incipiente, esordiente, novellino, alunno, entrante, apprendista, iniziato.
contr. finire, cessare, desistere, smettere, concludere, terminare, compiere, compire, completare, ultimare.
comitàto, *sm.* → COMMISSIONE.
nomencl. (*tipi*) di salute pubblica, di liberazione nazionale, ministeriale, interministeriale, elettorale, rivoluzionario, politico, militare, parlamentare || *agg.* ristretto, largo, pubblico, segreto, deliberativo, esecutivo.
comitíva, *sf.* corteggio, corteo, séguito, codazzo, turba, accompagnamento, → COMPAGNIA || CAROVANA.
comízio, *sm.* → ADUNANZA || associazione.
nomencl. (*esempi*) elettorale, agrario, di protesta, sindacale, politico, pubblico, ristretto || comiziante || (*comizi romani*) calati, curiati, tributi, centuriati || mal comiziale, morbo sacro, morbo maggiore || *verb.* tener comizio, indire, convocare, riunire, partecipare, essere presente.
còmma, *sm.* → CAPOVERSO.
commèdia, *sf.* || *fig.* → INGANNO.
nomencl. (*vari tipi*) in prosa, in versi || a tesi, aneddotica, a soggetto, estemporanea, dell'arte o a soggetto, di cappa e spada, di genere, d'intreccio, d'intrigo, di carattere, episodica, sociale, pastorale, storica, togata, palliata, di costume, politica, brillante, seria || tragicommedia, idillio, farsa, scherzo, piazzata, *pochade* || (*personaggi della commedia italiana*) Cassandro, Colombina o Isabella, Cecchino, Pagliaccio, Egidio, Leandro || (*persone*) attore, commediante, personaggio, protagonista, istrione, maschera, commediografo || *agg.* antica, moderna, attraente, noiosa, patetica, scipita.
commediànte, *sm.* → ATTORE || *fig.* → INGANNATORE.
commediògrafo, *sm.* → AUTORE.
commemoràre, *v.tr.* → RICORDARE.
commemorazióne, *sf.* → ANNUALE, CERIMONIA.
commènda, *sf.* → BENEFICIO.
commendàre, *v.tr.* → LODARE, APPROVARE || RACCOMANDARE.
commendatàrio, *sm.* → BENEFICIARIO.
commendatízia, *sf.* → RACCOMANDAZIONE.
commendatóre, *sm.* → BENEFICIARIO.
commendévole, *agg.* → LODEVOLE.
commensàle, *sm.* banchettante, conviva, convitato, invitato, → COMPAGNO.
commensuràbile, *agg.*
contr. incommensurabile, smisurato.
commensuràre, *v.tr.* → MISURARE, PARAGONARE.
commentàre, *v.tr.* chiosare, glossare, postillare, far chiose, interpretare, fare l'esegesi, chiarire, illustrare, → ANNOTARE, SPIEGARE.
commentàrio, *sm.* → COMMENTO.
commentatóre, *sm.* → CHIOSATORE.
comménto, *sm.* spiegazione, interpretazione, chiosa, glossa, scolio, esegesi, nota, annotazione, notazione, noterella, postilla, schiarimento, illustrazione, delucidazione, esposizione || commentario.
nomencl. (*esempi*) interpretativo, illustrativo, esegetico, filologico, linguistico, giuridico, storico, filosofico, morale, paleografico, diplomatistico, giornalistico, letterale, allegorico || (*inerenti*) ermeneutica, critica, scolastica, glossema || commentatore, esperto, esegeta, illustratore, glossatore, amanuense, glossografo, glossologo, scoliaste, interprete, espositore, esplicatore, scolastico || *agg.* erudito, lungo, breve, sagace, sottile, facile, popolare, profondo, minuto || *verb.* commentare, delucidare, glossare, annotare, postillare, chiosare, interpretare, illustrare, spiegare, parafrasare, chiarire.
commerciàbile, *agg.* → NEGOZIABILE.
commerciànte, *sm.* bottegaio, mercante, trafficante, mercatante, mercatore, merciaio, merciaiolo, negoziante, affarista, barattatore, venditore.
nomencl. (*varianti e affini*) cozzone, commerciante al minuto o all'ingrosso, grossista, agente, intermediario, mediatore, sensale, gerente, piazzista, principale, procuratore, rigattiere, rivendugliolo, incettatore, speculatore, borsanerista, bagarino, committente, deposita-

rio, imprenditore, monopolista, spacciatore, fornitore, spedizioniere, procacciante, faccendiere || *agg.* abile, avveduto, attivo, scaltro, disonesto, onorato, grande, piccolo, principiante, grosso, ricco, potente || *loc. avv.* da poco || *verb.* commerciare, vendere, barattare, comperare; iniziare, aprire, chiudere, sospendere, cessare il commercio; esitare, esportare, far concorrenza, far mercato, incettare, speculare.

commerciàre, *v.tr.* e *intr.* comprare, barattare, esportare, mercare, mercanteggiare, smerciare, speculare, trafficare, vendere, rivendere, importare, esportare, mettere in commercio, comperare, negoziare || fare mercato, fare bottega, armeggiare.

commèrcio, *sm.* mercanteria, mercatanzia, mercatura, mercimonio, negoziazione, negoziatura, scambio, vendita, compravendita, rivendita, baratto, traffico, speculazione, esportazione, importazione, →AFFARE || *fig.* relazione, rapporto, contatto || di lettere, → CORRISPONDENZA.

nomencl. (*tipi*) libero, statalizzato, interno, internazionale, estero, nazionale, coloniale, terrestre, marittimo, aereo, continentale, transcontinentale, al minuto, all'ingrosso, di transito || (*persone*) commerciante, accomandante, accomandatario, agente, intermediario, mediatore, sensale, affarista, appaltatore, avallante, avventore, azionista, bagarino, buzzurro, bottegaio, cambiatore, cambista, caratista, chincagliere, cliente, commesso, commesso-viaggiatore, commissionario, committente, complimentario, compratore, console, consulente, curatore, depositante, depositario, dettagliatore o dettagliante, faccendiere, ferravecchio, fornitore, gerente, girovago, giovane di bottega, grossista, imprenditore, incettatore, institore, liquidatore, mercante, merciaio, monopolista, minutante, negoziante, piazzista, principale, presidente, procuratore, promotore, protezionista, rappresentante, rigattiere, rilevatario, rivenditore, rivendugliolo o rivendagnolo, sindaco, spacciatore, speculatore, spedizioniere, trafficante, treccone, venditore, viaggiatore || (*istituti*) agenzia, azienda, casa di commercio, compagnia, ditta, impresa, lega, magona, società commerciale, società anonima o in accomandita || (*luoghi*) banca, borsa, bazar, bottega, casa, deposito, *dock*, dogana, emporio, esercizio, fiera, filiale, fondaco, magazzino, magazzini generali, mercato, piazza, negozio, porto, porto franco, rappresentanza, sede, succursale || (*merce*) articolo (comune, di lusso, corrente, d'occasione), assortimento, campionario, campione, carico, collo, chincaglieria, derrata, fondo di magazzino, fornimento, genere, materia prima, manufatto, mercanzia, paccottiglia, scarto, saldo, avanzo, scorta, specialità, *stock* || fardello, balla, partita, capo, cartoccio, cassa, dozzina, grossa, imballaggio, scafasso || (*atti*) abbandono, abbuono, accaparramento, acquisto, aggiotaggio, ammortizzazione, assicurazione, atti commerciali, arbitraggio, aggio, amministrazione, attivo, avaria, avviamento, bancarotta, bilancio, blocco, buonuscita, brevetto, carico, calmiere, cambio, caparra, capitale, caratura, circolazione, commissione, compera, consegna, corrispondenza, concorrenza, concordato, consumo, contabilità, conto, conto corrente, contratto, credito, crisi, *crac*, debito, denaro (liquido, giacente, depositato), domanda, dilazione, esazione, esercizio, esportazione, entrata, esposizione, fallimento, fornitura, funzioni commerciali, firma, fondi di commercio, fornitura, gestione, importazione, interesse, incetta, introduzione, incasso, inserzione, mora, moratoria, mostra, mandato commerciale, mediazione, mutuo, mercuriali, negozio, offerta, omologazione, pagamento, passivo, permuta, percentuale, prezzo corrente, prestito, prestazione, precetto, procura, promessa, profferta, provvigione, peso, pignoramento, pubblicità, referenze, regolamento dei conti, regresso, requisizione, ribasso, ricavo, richiesta, rimessa dei fondi, riscossione, ristagno, scadenza, scarico, sconto (mercantile, extra, pronta cassa), smercio, sequestro, spaccio, solidarietà, sovvenzione, spese, stralcio, sviluppo dei commerci, tara, tariffa, tasso, tenuta dei libri contabili, *trust*, tolta, transito, trasporto, uscita, utile, uso di piazza o plateatico, valuta, vendita || (*libri*) atti pubblici, azione, bolletta, buono, *bordereau* o borderò, brogliazzo, scartafaccio, cambiale, catalogo, circolare, copia-commissione, copiafatture, copialettere, distinta di pagamento, distinta di sconto, effetti di commercio, *pagherò*, fattura, inventario, lettera di credito o credenziale, fido, lettera d'avviso, lettera di porto, lettera di vettura, libri di commercio, libro di cassa, libro incassi, libro giornale, libro degli inventari, lista di negoziazione, lista di vendita, di pagamento, di sconto, listino dei prezzi, mandato commerciale o assegno o *chéque*, marca, marca o marchio di fabbrica, mastro, nota di pegno, fede di deposito, patente, posizione, ricapito, ricevuta, quietanza, polizza, scrittura privata, telegramma, vaglia telegrafico, vaglia bancario, *warrant* o malleveria o garanzia || (*termini vari*) codice di commercio, diritto commerciale, economia politica, giurisdizione commerciale, merceologia, proibitivismo, prescrizione, libero scambio, monopolio, autarchia, *dumping*, protezionismo, liberoscambista, liberismo, fisiocrazia, trattato commerciale, clausola della nazione piú favorita, cambio, corso di cambio, sistema monetario, di pesi e misure, cooperazione economica, comunità economiche soprannazionali, convertibilità delle monete, bilancia commerciale || contentino, giunta, vantaggino, vetrina, bilancia, banco, insegna luminosa, bacheca || *agg.* attivo, animato, fiorente, fermo, florido, vivace, vivo, franco, vincolato, ostacolato, arenato, stazionario, languente, fiacco, morto, redditizio || *verb.* fare, esercitare, dedicarsi, mettersi, stare al commercio, accudire ai propri affari, aprire un credito, assortire, scegliere articoli, assumere impegni, allacciare relazioni commerciali, trattare affari, avere credito, avere fido, assumere commissioni, avere partecipazione, avere il monopolio, aspirare al monopolio, barullare, cessare dal commercio, cambiare, mutare, chiudere bottega, commerciare, comprare, comperare, contrattare, acquistare al minuto, all'ingrosso, in blocco, dare esito, dare il benestare, denunciare, dettagliare, esercitare, esportare, far commercio, far concorrenza, far la piazza, far mercato, fare la fiera, fatturare, falsificare, gettare sul mercato, immettere sul mercato, importare, incettare, inviare, investire, lanciare, levare mercanzie, liquidare, mercare, mercatare, mercanteggiare, mandare carta bianca, monopolizzare, patteggiare, pattuire, pignorare, provvisionare, realizzare, riprendere, rilevare, riscuotere, sbloccare, sdoganare, smerciare, spedire, smaltire, spacciare, speculare, slanciarsi nel commercio, svincolare, trarre, trafficare, vendere, vendere allo scoperto, vender caro, vendere a credito, svendere.

comméssο, *pps.* di commettere || *agg.* → UNITO || *sm.* fattorino, viaggiatore di commercio, incaricato, bottegaio, impiegato, garzone || → MOSAICO.

commessúra, *sf.* → COMMETTITURA, GIUNTURA, ATTACCO.

commestíbile, *agg.* mangereccio, edule, esculento, alimentare, mangiabile, buono a mangiare || *sm.* cibo, alimento, vivanda.

nomencl. (*inerenti*) tassello, piccia, dozzina || sofisticazione, barullo, truccone, borsanerista || *verb.* guastarsi, diventar stantio, inacidire, infortire, andare a male, marcire, corrompersi.

contr. immangiabile, non commestibile, indigesto, guasto.

comméttere, *v.tr.* → FARE, ORDINARE || CONSEGNARE || UNIRE, AGGIUNGERE || MANDARE, INCARICARE, RACCOMANDARE.

commettitúra, *sf.* congiuntura, incastro, unione, commessura, combaciamento, articolazione, congiunzione, → GIUNTURA, ATTACCO.

commiàto, *sm.* → LICENZA.

nomencl. *agg.* doloroso, triste, amaro, duro, penoso, tormentoso, angoscioso, malinconico, lacrimoso, sconsolato, desolato, dolente, affettuoso, caloroso, tenero, sereno, spensierato, festoso, piacevole, chiassoso, brioso, patetico || *verb.* accomiatare, licenziare, congedare, spacciare, accomiatarsi, licenziarsi, dipartirsi, allontanarsi, lasciare, dar l'addio, prendere il volo.

commilitóne, *sm.* → COMPAGNO.

comminàre, *v.tr.* prescrivere, stabilire, imporre, destinare una pena, → MINACCIARE, SANCIRE.

comminatòria, *sf.* → INTIMAZIONE.

commiseraménto, *sm.* → COMPASSIONE.

commiseràre, *v.tr.* → COMPASSIONARE.

commiserazióne, *sf.* → COMPASSIONE.

commiserévole, *agg.* → COMPASSIONEVOLE.

commissàrio, *sm.* delegato, mandatario, membro di commissione, impiegato || ministro.

nomencl. (*distinzioni*) del popolo, di governo, prefettizio, degli alloggi, d'esame, di leva, di polizia, di sanità.

commissióne, *sf.* ambasciata, incarico, rappresentanza, delegazione, deputazione, comitato, giunta, collegio, giurí || mandato, ordinazione, → ORDINE.

nomencl. (*tipi*) esaminatrice, delle prede, di beneficenza, elettorale, parlamentare, sanitaria, di vigilanza, di disciplina, di leva, distrettuale, delle imposte.

commísto, *agg.* → MISTO.

commisuràre, *v.tr.* → MISURARE || PARAGONARE.

commòsso, *pps.* di commuovere || *agg.* → MOSSO || *fig.* → AGITATO, IMPIETOSITO, IRATO || impressionato, meravigliato, turbato, toccato, intenerito, emotivo, profondo, sensibile, appassionato, eccitato.

contr. impassibile, indifferente, insensibile, arido, duro, frigido, svagato, superficiale, leggero.

commovènte, *ppr.* di commuovere || *agg.* emozionante, appassionante, rattristante, toccante, lacrimevole, patetico, sentimentale, romantico, entusiasmante, infiammabile, → COMPASSIONEVOLE.

contr. rallegrante, esilarante, ridicolo, comico, freddo, indifferente, anodino, raggelante.

commoviménto, *sm.* → ANSIA, COMMOZIONE || CONFUSIONE.

commozióne, *sf.* pietà, meraviglia, ammirazione, intenerimento, ribollimento, agitazione, emozione, sconvolgimento, turbamento, perturbamento, batticuore, tremore, tremacuore, tremito, tenerezza, stupore melanconico, commovimento, concitamento, concitazione, riscaldo, accaloramento, entusiasmo, appassionamento, alterazione, generosità, → ANSIA, PASSIONE.

nomencl. (*inerenti*) emozioni, passioni, cuore, affetti || emotività, passionalità, affettività, sensibilità, impressionabilità || *agg.* tenera, affettuosa, calorosa, subitanea, improvvisa, triste, dolorosa, amara, penosa, tormentosa, angosciosa, lacrimosa, chiusa, espansiva.

contr. quiete, calma || indifferenza, frigidezza, insensibilità, durezza, calcolo, meschinità, grettezza, apatia.

commuòvere, *v.tr.* agitare, perturbare, eccitare, appassionare, commiserare, compassionare, compatire, impietosire, intenerire, turbare, travagliare, conturbare, concitare, alterare, elettrizzare, imbambolare, inquietare, sconvolgere, scaldare, smuovere, cercar la via del cuore, concitare l'animo, destare il cuore, suscitare impressione, muovere affetti, parlare al cuore, toccare l'animo, sollucherare || *rifl.* commuoversi, conturbarsi, intenerirsi, perturbarsi, ribollire, smuoversi, accalorarsi, palpitare, andare in solluchero, avere un tuffo, gioire, entusiasmarsi, impressionarsi.

contr. rimanere indifferente, insensibile, lasciare impassibile || restare quieto, calmo.

commutàbile, *agg.* → CAMBIABILE.

commutàre, *v.tr.* → CAMBIARE.

commutatóre, *sm.* convertitore, trasformatore.

commutazióne, *sf.* → CAMBIAMENTO.

comò, *sm.* → ARMADIO.

comodaménte, *avv.* agiatamente, agevolmente, opportunamente, convenientemente, a buon agio, accomodatamente, con tutti i comodi, con tutto agio, facilmente, tempestivamente.

contr. difficilmente, faticosamente, stentatamente, disagiatamente.

comodità, *sf.* agio, comodo, agiatezza, ricchezza, agevolezza, opportunità, convenienza, *comfort*, facilità, occasione, congiuntura.

nomencl. *verb.* dare comodità; dare comodo, dar agio, mettere uno a suo agio.

contr. incomodo, incomodità, disagio, scomodo, sconcerto, malessere.

còmodo, *agg.* opportuno, convenevole, utile, agevole, congeniale, confortevole, agiato, → ADATTO, FACILE || *sm.* → COMODITÀ.

nomencl. comodone, don Pacifico, donna Placida || luogo comodo || *verb.* accomodare, star comodo, far vita comoda, scomodare, prendersela comoda.

compaesàno, *agg.* e *sm.* paesano, compatriota, concittadino, conterraneo, corregionale, connazionale, comprovinciale, conterrazzano.

contr. forestiero, straniero || estraneo.

compaginàre, *v.tr.* → UNIRE.

compàgine, *sf.* → UNIONE.

compagnévole, *agg.* cortese, socievole, → AFFABILE, ACCESSIBILE.

contr. insocievole, forastico, selvatico, misantropo, orso.

compagnía, *sf.* adunanza, → ASSOCIAZIONE, FOLLA, MARMAGLIA.

nomencl. (*esempi*) di disciplina, della buona morte, di assicurazioni, commerciale, di navigazione, di trasporti, di navigazione aerea, drammatica, teatrale, comica, di ventura, di Gesú || (*equivalenti*) accozzaglia, adunanza, assemblea, banda, baraonda, brigata, brancata, camerata, carovana, caterva, chiappo, comitiva, coorte, corona, corteggio, corteo, drappello, falange, fiotto, frotta, gabbiata, gregge, gruppo, legione, manata, masnada, manipolo, mano, mazzo, mucchio, partita, pugno d'uomini, ridda, schiera, sembraglia, torma, turma, verzicola, combibbia, catasta, confusione, ciurma, moltitudine, popolo, partito, processione, radunata, ruga, riparto, scorta, squadra, turba, congregazione, confraternita, federazione, coro, concistoro, circolo, sodalizio, crocchio, società, lega, stormo, tregenda, stuolo, seguito, codazzo, congrega || *agg.* accetta, buona, benvisa, piacevole, allegra, gioiosa, festevole, festosa, gaia, vivace, mattacchiona, scioperata, cattiva, malvagia, perversa, trista, scellerata, ribalda, sgradita, gradita || *verb.* accompagnarsi, tenere compagnia, andare in compagnia, far compagnia, imbrancarsi, impancarsi, prender nel branco, bazzicare, praticare, frequentare, unirsi, accozzare, scompagnarsi, staccarsi || avere alle costole uno, levarsi d'attorno uno || radunare, raccogliere, adunare, congregare, riunire, accogliere, accozzare.

contr. isolamento, solitudine, ritiro.

compàgno, *sm.* collega, camerata, compare, collaboratore, commensale, commilitone, complice, connivente, condiscepolo, confratello, sodale, socio, consocio, fautore, seguace, gemello, → AMICO.

nomencl. (*equivalenti*) accolito, dama di compagnia, fratello d'armi, scudiero, sinefebi, coniuge, consorte, vicino || di fatiche, di lavoro, di studio, di scuola, d'ufficio, di ventura, di viaggio, di sventura, di banco, di strada || *agg.* fedele, fidato, leale, sincero, sicuro, devoto, cordiale, affettuoso, indispensabile, amorevole, tenero, gradito, infedele, sgradito || *verb.* accompagnare, associare, prendere per compagno, avere per compagno.

contr. avversario, nemico, estraneo || solitario, solivago.

compagnóne, *sm.* → BURLONE.

comparàbile, *agg.* → PARAGONABILE.

comparàre, *v.tr.* → PARAGONARE.

comparatívo, *agg.*

nomencl. (*specie*) di uguaglianza, di minoranza, di maggioranza, superlativo relativo, superlativo assoluto || metodo, posizione, sistema comparativo.

comparazióne, *sf.* → ALLEGORIA, PARAGONE.

compàre, *sm.* → AMICO, COMPAGNO, PADRINO.

comparíre, *v.intr.* ricomparire, apparire, affacciarsi, mostrarsi, manifestarsi, presentarsi, farsi vedere, mettersi in mostra || sembrare, trapelare, trasparire, baluginare, convenire, venire alla luce, → SPUNTARE || presentarsi in giudizio, → COSTITUIRE || far figura, far bella mostra, venire in ballo, venire a proposito.

nomencl. (*attinenti*) compariscente || aspetto, mostra, apparenza || comparizione, scomparsa.

contr. eclissarsi, disparire, dileguarsi, sparire, scomparire || sfigurare, trasfigurire.

compariscènte, *agg.* → APPARISCENTE.

compariscènza, *sf.* → APPARISCENZA.

comparíta, *sf.* → APPARISCENZA.

compàrsa, *sf.* → ARRIVO || APPARIZIONE || APPARISCENZA || ATTORE.

compartecipàre, *v.intr.* → PARTECIPARE.

compartecipazióne, *sf.* → PARTECIPAZIONE || compartecipazione agli utili, → COINTERESSENZA.

compartécipe, *agg.* → COMPLICE.

compartiménto, *sm.* → DIVISIONE.

nomencl. ferroviario, marittimo || stagno.

compartíre, *v.tr.* → DIVIDERE || DISPENSARE.

compartitúra, *sf.* → DIVISIONE.

compartizióne, *sf.* → DIVISIONE.

compassàto, *pps.* di compassare || misurato, rigido, duro, interito, affettato, costretto; preciso, pignolo, → ESATTO || *fig.* → BURBERO.

contr. disinvolto, agevole, franco, sciolto, agile || agitato || scorretto.

compassionàre, *v.tr.* commiserare, compiangere, compatire, aver compassione, aver misericordia, aver pietà, impietosirsi, sentir pietà, patire insieme, condolersi, avere il cuore tenero, deplorare, → COMMUOVERE, COMPATIRE.

contr. non aver pietà, essere indifferente, duro; avere, provare dell'astio; compiacersi del male altrui.

compassióne, *sf.* commiserazione, compianto, compatimento, indulgenza, rincrescimento, carità, misericordia, pietà, perdono, tolleranza, condoglianza, dolore, partecipazione, rimpianto, simpatia, cuore.

nomencl. *agg.* arida, gretta, meschina, fredda, finta, pelosa, interessata, egoistica, profonda, sincera, cordiale, forte, sentita, caritatevole, tranquilla, misurata, inutile || *verb.* avere, sentire compassione; fare compassione.

contr. indifferenza, estraneità, disprezzo, crudeltà, efferatezza || sarcasmo, scherno.

compassionévole, *agg.* compatibile, lagrimevole, lagrimabile, miserando, miserevole, pietoso, commovente, patetico, infelice, lamentabile, deplorevole || misericordioso, indulgente, pietoso, benigno, commiserevole, cordiale, sensibile, tenero, umano, emotivo.

contr. crudele, spietato, indifferente, duro, crudo, efferato.

compàsso, *sm.* sesta.

nomencl. (*tipi*) fisso, a fermo, ad occhio, a vite, a molla, graduato, a mutazioni, a punte semplici, azimutale, da elissi, da tre punte, di proporzione, di riduzione, geometrico, in asta, ricurvo || (*parti*) aste o gambe, nocella, punte, rotella, tagliacerchio || verb. compassare, usare il compasso.

compatíbile, *agg.* → COMPASSIONEVOLE || conciliabile, unibile.

contr. incompatibile, inconciliabile.

compatiménto, *sm.* indulgenza, tolleranza, perdono, pietà, misericordia, → COMPASSIONE.
nomencl. *agg.* arido, gretto, meschino, freddo, finto, peloso, interessato, egoistico, profondo, sincero, cordiale, forte, sentito, caritatevole, tranquillo, misurato, inutile.
contr. indifferenza, insensibilità, durezza, estraneità, disprezzo.
compatíre, *v.tr.* pazientare, sopportare, tollerare, perdonare, scusare, comprendere, → COMPASSIONARE.
contr. avversare, perseguitare, schernire, irritarsi, condannare, essere indifferente.
compatriòta, *sm.* e *f.* → COMPAESANO.
compattézza, *sf.* → DENSITÀ || *fig.* concordia, unione, solidarietà, unanimità.
compàtto, *agg.* → FITTO, DENSO, UNITO || *fig.* solidale, concorde, unanime.
contr. separato, scisso, disunito, chiuso.
compendiàre, *v.tr.* → ABBREVIARE.
compèndio, *sm.* → SUNTO, RIASSUNTO, RACCOLTA, ESTRATTO || ABBREVIATURA, CONCLUSIONE.
nomencl. (*equivalenti*) abbreviazione, imbreviatura, abbreviamento, riduzione, epitome, leggenda, manuale, monogramma, prontuario, prospetto, ricapitolazione, sommario, sinossi, sintesi, specchio, specchietto, spoglio, transunto, indice, succo, essenza, antologia, tavola sinottica || *agg.* breve, ristretto, ridotto, sufficiente, completo, succoso, inadeguato || *verb.* compendiare, estrarre, sunteggiare, abbreviare, imbreviare, riassumere, ricapitolare, sintetizzare, epitomare, riepilogare, restringere, ridurre, ridurre all'essenziale.
compendióso, *agg.* → BREVE, CORTO.
compenetràre, *v.intr.* → ENTRARE.
compenetrazióne, *sf.* → PENETRAZIONE.
compensàre, *v.tr.* contraccambiare, retribuire, agguagliare, pareggiare, render pari, rendere uguali, supplire, ricompensare, ricambiare, riparare, risarcire, aumentare, espiare, controbilanciare, rendere l'equivalente, rimeritare, rimunerare, guiderdonare, ristabilire, contrappesare, indennizzare, → PAGARE, UGUAGLIARE, BILANCIARE.
contr. scompensare, sbilanciare, rendere disuguale, squilibrare, essere insolvente.
compensazióne, *sf.* → EGUAGLIAMENTO.
compènso, *sm.* retribuzione, rimunerazione, pagamento, paga, salario, mercede, ricompensa, emolumento, indennità || corrispettivo, contrappeso, compensazione || gratificazione, gratifica || → EQUIVALENZA.
nomencl. (*affini*) frutto, merito, misura, premio, prezzo, risarcimento, competenza, rimborso || *agg.* lauto, grande, cospicuo, generoso, abbondante, splendido, misero, povero, meschino, piccolo, avaro, scarso, magro, inadeguato || *verb.* compensare, indennizzare, gratificare, retribuire, contraccambiare, ricambiare, pagare, ripagare, rendere, rimeritare, sdebitarsi.
contr. scompenso, insolvenza, credito || danno.
cómpera, *sf.* compra, acquisto, acquisizione, incetta.
nomencl. (*inerenti*) perdita, guadagno, spesa, provvista, lucro, bisogno, sconto || *agg.* buona, cattiva, vantaggiosa, svantaggiosa, quotidiana.
contr. vendita, donazione, dono, regalo.
comperàre, *v.tr.* comprare, ricomperare, ricomprare, acquistare, riscattare, accaparrare, caparrare, contrarre, contrattare, incettare, provvedere, spendere, far la spesa, far la compera, investire il danaro; → COMMERCIARE || *fig.* → CORROMPERE.
nomencl. (*modi*) a calo, a comodo, a respiro, a tempo, a contanti, a pronta cassa, a credenza, a debito, all'asta, a peso, a peso d'oro, coi piedi, di prima o di seconda mano, di sottomano, in blocco, al dettaglio o al minuto, in buona fede, in erba, sottobanco || (*inerenti*) offerente, cliente, compratore || redibizione, riscatto, prelazione, evizione, vizi occulti, lesione oltre la metà, vendita a riscatto, simonia || *verb.* prezzolare, stimare, stiracchiare il quattrino, mercanteggiare, scontare.
contr. vendere, donare, regalare.
competènte, *ppr.* di competere || *agg.* e *sm.* → ABILE, ADATTO, CONOSCITORE, AUTOREVOLE, GIUDICE.
contr. incompetente.
competènza, *sf.* cognizione, intelligenza, perizia, abilità, esperienza, pratica, autorità, capacità, autorevolezza, adeguatezza || giurisdizione, spettanza, pertinenza, → APPARTENENZA.
nomencl. (*tipi*) territoriale, per materia, per valore, per connessione o continenza di lite || *agg.* sicura, buona, riconosciuta, famosa, nota, profonda, notevole, consumata, vasta, superficiale, mediocre, scarsa, ristretta || opportuna, proporzionata, conveniente || *verb.* avere, possedere, trovare, acquisire, acquistare.
contr. incompetenza, incapacità, inabilità, imperizia, inadeguatezza, inesperienza.
compètere, *v.intr.* lottare, gareggiare, rivaleggiare, disputare, litigare, contendere, emulare, questionare, contrastare || concorrere || appartenere, spettare, dovere, convenire.
contr. ricevere || rinunciare, adattarsi || dar ragione, ammettere, accettare.
competitóre, *sm.* → CONCORRENTE, GAREGGIATORE.
competizióne, *sf.* → GARA, EMULAZIONE.
compiacènte, *ppr.* di compiacere || *agg.* → CORTESE, GENTILE || FAVOREVOLE.
compiacènza, *sf.* → PIACERE, CORTESIA, GENTILEZZA.
compiacére, *v.tr.* acconciarsi, permettere, secondare, condiscendere, acconsentire, venire, andare incontro, → DIVERTIRE, SODDISFARE, ATTIRARE || *fig.* → FAVORIRE || *rifl.* dilettarsi, bearsi, godersi, deliziarsi, crogiolarsi, rallegrarsi, esser contento, gloriarsi || degnarsi.
contr. scompiacere, contristare, rattristare, opporsi, scontentare, essere sgarbato.
compiaciménto, *sm.* → PIACERE || CONSENSO.
compiàngere, *v.tr.* → COMPASSIONARE.
compiànto, *sm.* pianto, lamento, rimpianto, lutto, compassione, cordoglio, afflizione, condoglianza, → DOLORE.
nomencl. *agg.* largo, profondo, commosso, spontaneo, sincero, mesto, fraterno, affettuoso, universale || *verb.* compiangere, rimpiangere, lamentare, compassionare, compatire, partecipare.
compiegàre, *v.tr.* → UNIRE.
cómpiere, *v.tr.* compire, effettuare, attuare, adempire, eseguire, assolvere, porre in opera, porre in effetto, mandare a effetto, dare esecuzione, mettere in esecu-

zione, ultimare, integrare, terminare, condurre a termine, a buon fine, commettere, perpetrare, → FARE, ESEGUIRE, FINIRE || *rifl.* → AVVENIRE.

compilàre, *v.tr.* scrivere, stendere, redigere, riassumere, accozzare, raccogliere, mettere insieme || copiare, trascrivere || schiccherare, → COMPORRE.

contr. fare opera originale e profonda.

compilatóre, *sm.* estensore, redattore, autore, → RACCOGLITORE, POLIGRAFO.

compilazióne, *sf.* lavoro, opera compilatoria, stesura, redazione, → COMPOSIZIONE.

compiménto, *sm.* completamento, perfezione, perfezionamento, conclusione, esaurimento, effettuazione, → ESECUZIONE, FINE.

contr. inizio, principio, abbozzo || incompletezza, incompiutezza || sterminatezza, interminabilità.

compíre, *v.tr.* → COMPIERE.

compitaménte, *avv.* cortesemente, gentilmente, decorosamente, onorevolmente.

compitàre, *v.tr.* sillabare.

compitézza, *sf.* → CORTESIA.

compíto, *pps.* di compire || *agg.* compiuto, terminato, finito, ultimato, → ESAURITO, COMPLETO || elaborato, perfetto || garbato, obbligante, decoroso, piacente, → CORTESE, EDUCATO.

contr. incompiuto, iniziato, incominciato, abbozzato || maleducato, scortese, forastico, rozzo, inurbano.

cómpito, *sm.* attribuzione, missione, ministero, ufficio, funzione, dovere, scopo, incarico, impresa || → LAVORO || elaborato.

nomencl. specifico, proprio, particolare, determinato, comune, individuale, ufficiale, ufficioso, scolastico || *verb.* assumersi, accettare, conferire, affidare, confidare, assegnare || eseguire.

compiutaménte, *avv.* completamente, integralmente, interamente, totalmente, del tutto.

compiúto, *pps.* di compiere || *agg.* ultimato → ESAURITO, COMPLETO.

compleànno, sm. genetliaco, → ANNUALE.

complementàre, *agg.* → SECONDARIO.

compleménto, *sm.* compimento, → AGGIUNTA.

nomencl. (*grammatica*) attributivo, appositivo, diretto, indiretto (di specificazione, di termine, di vocazione o vocativo, di agente, di causa efficiente, di luogo, di tempo, di modo o maniera, di causa, di mezzo o strumento, di compagnia o unione, comparativo o di paragone, di fine o scopo, di argomento, di limitazione, di origine, di provenienza, di allontanamento, di separazione, di estensione, di distanza o di spazio, di abbondanza, di privazione, di esclusione, di stima, di prezzo, di colpa e di pena) || (*esercito*) ufficiale di complemento, truppa di complemento, complementi.

complessióne, *sf.* → ASPETTO, STRUTTURA, CORPORATURA || CARATTERE.

nomencl. (*affini*) abito, abitudine, aria, presenza, cospetto, fisico, statura, temperamento || *agg.* fisica, sanguigna, forte, robusta, gagliarda, sana, resistente, buona, debole, gracile, malata, malaticcia, cattiva.

complessívo, *agg.* totale, → COMUNE.

contr. semplice || diviso, unico, separato.

complessità, *sf.* → MOLTEPLICITÀ, DIFFICOLTÀ.

complèsso, *agg.* intricato, complicato || contrastante || → DIFFICILE, MOLTEPLICE || *sm.* → UNIONE.

contr. semplice, monocorde, limitato, univoco.

completaménte, *avv.* → AFFATTO.

completaménto, *sm.* integrazione, compimento, perfezionamento, finitura.

contr. abbozzo, progetto, inizio, preliminari || interruzione, sospensione, incompiutezza.

completàre, *v.tr.* → FINIRE.

complèto, *agg.* compiuto, intero, integrale, integro, pieno, totale, finito, plenario.

nomencl. (*inerenti*) complemento || complementare, completorio, suppletorio, suppletivo, completivo || *verb.* completare, aggiungere, perfezionare, riempire, ricolmare, ritondare, ristorare, ultimare.

contr. progettato, abbozzato, iniziato || incompleto, incompiuto, parziale, interrotto.

complicàre, *v.tr.* intricare, imbrogliare, intorbidare, attraversare, contrastare, aggravare, ingombrare, intralciare, render difficile, creare intrigo, difficoltà, impaccio.

contr. facilitare, semplificare, appianare, sbrogliare.

complicàto, *pps.* di complicare || *agg.* macchinoso, intricato, impacciato, avviluppato, imbrogliato, intrecciato, contorto, → COMPLESSO, DIFFICILE.

contr. semplice, chiaro, piano, rettilineo, appianato.

complicazióne, *sf.* impaccio, intrico, impedimento, inconveniente, intralcio, ingombro, aggravamento, → DIFFICOLTÀ, IMBROGLIO, INTRECCIO.

nomencl. *agg.* inattesa, imprevista, prevista, insuperabile, fatale, fastidiosa, insignificante || *loc. avv.* di poco conto, || *verb.* insorgere, sopraggiungere.

còmplice, *sm.* connivente, correo, compare, manutengolo, socio, partecipe, compartecipe, corresponsabile, favoreggiatore, ricettatore, palo, uomo di paglia, sicario, cagnotto.

nomencl. *agg.* volontario, involontario, costretto, consapevole, inconsapevole, compiacente || *verb.* fare il palo, essere coinvolto, tenere il sacco, tener bordone, tener mano, partecipare, prestar mano, favorire, compiacere, prender parte, render complice.

contr. estraneo, innocente.

complicità, *sf.* correità, connivenza, favoreggiamento, partecipazione a reato, intelligenza.

complimentàre, *v.tr.* congratularsi, felicitare, rallegrarsi, far complimenti, far cerimonie; → SALUTARE.

contr. essere indifferente, sgarbato, sprezzante || insultare, ingiuriare, fare o dire villanie.

compliménto, *sm.* congratulazione, rallegramento, felicitazione, ossequio, cortesia || convenevoli, salamelecchi, smorfie, smanceria, → CERIMONIA, SALUTO.

nomencl. *agg.* sincero, grazioso, gentile, caloroso, cordiale, schietto, spontaneo, serio, ricercato, lezioso, affettato, melato, sdilinquito, sviscerato, freddo, rude, ironico, stentato, maligno, malizioso, falso, cinico, sarcastico, esagerato, agrodolce, interessato, ufficiale || *verb.* complimentare, far cerimonie, ossequiare, felicitare, carezzare, baciare, salutare, augurare, far moine, far smorfie.

contr. indifferenza, ostilità, invidia, disprezzo || sgarberia, insulto, villania.

complimentóso, *agg.* cerimonioso, ossequioso, smanceroso, affettato, → CORTESE, GENTILE.
complottàre, *v.intr.* cospirare, congiurare, intrigare, macchinare, tramare, → ORDIRE.
complòtto, *sm.* trama, macchinazione, cospirazione, congiura, → INTRIGO.
nomencl. (*inerenti*) associazione segreta, società segreta, affiliazione, affiliato, membro, cospiratore, complottante, congiurato, intrigante, sedizioso || (*affini*) sedizione, colpo di Stato, attentato, tentativo || conciliabolo, conferenza segreta, riunione segreta, piano segreto, progetto segreto || *agg.* segreto, oscuro, rivoluzionario, sovversivo || *verb.* complottare, cospirare, congiurare, attentare, tramare, ordire, tessere, concertare, coalizzarsi, riunirsi, macchinare, fare una crociata.
complúvio, *sm.* → CHIAVICA.
componénte, *ppr.* di comporre || *agg.* e *sm.* → PARTECIPANTE || ELEMENTO.
componiménto[1], *sm.* → ACCORDO, COMPOSIZIONE[1].
contr. dissidio, disaccordo.
componimento[2], *sm.* opera, lavoro, elaborazione, redazione, compilazione, produzione, scrittura, stesura, → COMPOSIZIONE[2].
nomencl. poetico, letterario, artistico, musicale, ecc. || scolastico || *verb.* redigere, comporre, concepire, produrre.
compórre, *v.tr.* mettere insieme, ricomporre, unire, riunire, accomodare, combinare, aggiungere, aggiustare, assestare, disporre, formare, intelaiare, mescolare, intrugliare, ordinare, ravviare || compilare, formare, scrivere, congegnare, costituire, creare, fare, produrre, dettare, scrivere musica o versi o prosa || pacificare, riconciliare, rappaciare, accordare, distendere || *rifl.* → COMPOSIZIONE[2], ESSERE.
contr. scomporre, disfare, mettere in disordine || mettere in disaccordo, in dissidio, inimicare.
comportaménto, *sm.* → ATTEGGIAMENTO, GALATEO.
composizióne[1], *sf.* pacificazione, transazione, aggiustamento, appianamento, concordato, rappaciamento, → ACCORDO || mescolanza, accozzamento, amalgama, preparazione, → MISCUGLIO || LAVORO || DISPOSIZIONE.
nomencl. (*esempi*) di forze, chimica, medicinale || di lite, amichevole, fraterna, da buoni amici || tipografica, a mano, a macchina; linotipo, monotipo, linotipista, monotipista || *verb.* comporre, aggiustare, ordinare, pacificare, riconciliare, accordare, rappaciare || mescolare, amalgamare, unire, combinare, preparare, intrugliare || comporre righe, pagine di stampa; scomporre, buttare all'aria.
contr. disaccordo, dissidio, scomposizione.
composizióne[2], *sf.* → COMPONIMENTO[2].
nomencl. (*esempi*) sinfonica, operistica, lirica, pittorica, poetica, artistica.
comportàre, *v.tr.* tollerare, sopportare, indulgere, patire, soffrire || → ADATTARE, ACCONSENTIRE || *rifl.* contenersi, temperare, agire, trattare, → PROCEDERE.
contr. impazientirsi, offendersi, dare in escandescenze, in eccessi, squilibrarsi.
compòsito, *agg.* → MOLTEPLICE.
compósta, *sf.* → CONSERVA.
compostézza, *sf.* contegnosità, decenza, raccoglimento, circospezione, correttezza, → GRAZIA, ORDINE, MODESTIA, GRAVITÀ.
contr. incompostezza, disordine, immodestia, sregolatezza, sfrontatezza; affettazione, sussiego.
compósto, *pps.* di comporre || *agg.* aggiustato, accomodato, sistemato, aggregato, ordinato, formato, impastato, molteplice, complesso || modesto, riservato, costumato, contegnoso, grave, raccolto, corretto.
contr. scomposto, disordinato, sregolato || semplice || incomposto, immodesto, indecente.
cómpra, *sf.* → COMPERA || compra vendita, → COMMERCIO, NEGOZIO.
compràre, *v.tr.* → COMPERARE, COMMERCIARE || *fig.* → SEDURRE, CORROMPERE.
compratóre, *sm.* → CLIENTE, CONTRAENTE.
contr. venditore, donatore.
compravéndita, *sf.* → COMMERCIO, NEGOZIO.
comprèndere, *v.tr.* afferrare, capire, intendere, compatire, intuire || → INCLUDERE, AGGIUNGERE, COINVOLGERE, ABBRACCIARE || intendere.
contr. eccettuare, escludere, esimere || non capire, non intendere.
comprendònio, *sm.* → INTELLIGENZA.
comprensíbile, *agg.* afferrabile, evidente, capibile, → INTELLIGIBILE, FACILE, ACCESSIBILE, EVIDENTE.
contr. inafferrabile, incomprensibile, inintelligibile, oscuro, sfuggente, enigmatico.
comprensibilità, *sf.* → INTELLIGIBILITÀ.
contr. incomprensibilità.
comprensióne, *sf.* intelligenza, penetrazione, apertura di mente, larghezza, cordialità, umanitá, → CONOSCENZA.
comprensíva, *sf.* → INTELLIGENZA.
comprensívo, *agg.* → INTELLIGENTE, TOLLERANTE.
contr. chiuso, ottuso, incomprensivo.
compréso, *pps.* di comprendere || *agg.* → INCLUSO || PENETRATO, INVESTITO.
comprèssa, *sf.* pastiglia, pillola, *cachet.*
compressióne, *sf.* pressione → AUTOMOBILE.
nomencl. pompa di compressione, elasticità di compressione, fase di compressione.
compressívo, *agg.* comprimente.
comprimènte, *ppr.* di comprimere || *agg.* compressivo.
comprímere, *v.tr.* → PREMERE.
comprèsso, *pps.* di comprimere || *agg.* soffocato, rientrato, represso, mortificato,*refoulé*, → PREMUTO.
compromésso, *pps.* di compromettere || *agg.* esposto a un rischio, sminuito, impegnato, vincolato, impegolato || *sm.* transazione, → ACCORDO.
comprométtere, *v.tr.* mettere a repentaglio, → ESPORRE, RISCHIARE, IMPEGNARE || *rifl.* esporsi, impegnarsi, arrischiarsi, impegolarsi, risicare.
comproprietà, *sf.* condominio, compartecipazione.
comproprietàrio, *sm.* condomino, compartecipe.
comprovàbile, *agg.* → PROVABILE.
comprovàre, *v.tr.* → PROVARE.
compulsàre, *v.tr.* → ESAMINARE, ESPLORARE, CERCARE, CONSULTARE.
compúngere, *v.tr. rar. fig.* → ADDOLORARE, PENTIRE.
compunzióne, *sf.* → DOLORE, PENTIMENTO || IPOCRISIA.

computàre, *v.tr.* numerare, calcolare, confrontare, prevedere, prestabilire, → CONTARE.

computísta, *sm.* e *f.* → RAGIONIERE.

computisteria, *sf.* → RAGIONERIA.

còmputo, *sm.* → CONTO.

comunàle, *agg.* comune, ordinario, triviale, mediocre || municipale, → CIVICO.

contr. eccentrico, diverso, distinto, originale, particolare || privato, proprio.

comunànza, *sf.* comunità, collettività, eguaglianza, interdipendenza || promiscuità, confusione || società.

contr. disuguaglianza, disparità, singolarità, distinzione, separazione.

comúne[1], *agg.* generale, universale, complessivo, collettivo, sociale, di tutti, del corpo civile, pubblico, consorziale || banale, grossolano, naturale, facile, ordinario, comunale, normale, usuale, usitato, solito, consueto, tipico, basso, triviale, volgare, mediocre.

contr. particolare, proprio, singolare, individuale, privato, straordinario || elevato, signorile, aristocratico, nobile, distinto, eccellente, eletto, originale.

comúne[2], *sm.* municipio.

nomencl. (*attinenti*) capoluogo, centro, frazioni, corpi santi, circoscrizione, confine, uffici comunali, esattoria, tesoreria, archivio, macello, mercato, aziende municipalizzate || sindaco, commissario prefettizio, giunta, consiglio comunale, segretario generale, messo, valletto, usciere, abitante, elettore, cittadino, amministrato || tasse, imposte, dazio || scuole, edifici, ospedali || municipalizzazione, campanilismo, usi civili || *agg.* libero, franco, piccolo, medio, grande, cittadino, urbano, rurale, montano, marittimo, capoluogo, chiuso, contermine, consorziato, murato || *verb.* erigere, accentrare, aggregare, disgregare, costituire, consorziare, decentrare, emancipare, tutelare.

comunèlla, *sf.* → COMPAGNIA, UNIONE.

nomencl. *verb.* far comunella.

comuneménte, *avv.* → ABITUALMENTE.

comunicàre, *v.tr.* avvisare, partecipare, divulgare, trasmettere, inculcare, infondere, instillare, informare, inoculare, || pubblicare, manifestare, significare, notificare, riferire || *intr.* corrispondere, conversare, parlare, conferire, dire || → SBOCCARE || *rifl.* fare la comunione eucaristica.

nomencl. (*mezzi di comunicazione*) telefono, telegrafo, posta, radio, televisione, colombo viaggiatore || strada, valico, ponte, viadotto, autostrada, ferrovia, idrovia, corridoio aereo || soma, cavalcatura, carro, carrozza, bicicletta, motociclo, automobile, autocarro, aeroplano, reattore, idroplano, elicottero, razzo, satellite artificiale, zattera, barca, battello, nave, transatlantico, cisterna, barcone, sommergibile || comunicato, avviso, notizia, corrispondenza, messaggio, partecipazione, lettera, relazione, manifesto.

comunicatíva, *sf.* → ELOQUENZA.

comunicatívo, *agg.* espansivo, conversevole, → AFFABILE, BRIOSO, CHIACCHIERONE.

comunicàto, *pps.* di comunicare || *sm.* → AVVISO.

comunicazióne, *sf.* partecipazione, trasmissione, corrispondenza, informazione, avviso || via, adito, passaggio, traffico, corridoio, sbocco, ponte, apertura, uscio || diffusione, irradiazione, estensione.

nomencl. (*del pensiero*) lettera, stampa, giornale, avviso, proclama, libro, posta, telegrafo, telefono, radio, televisione || (*terrestre*) strada, autostrada, valico, sentiero, mulattiera, ponte, viadotto, ferrovia, seggiovia, slittovia, teleferica || soma, cavalcatura, carro, biga, carrozza, bicicletta, motocicletta, automobile, autocarro, trattore, locomotiva, automotrice, elettrotreno || (*marittima*) zattera, zatterone, pontone, barca, barca a vela, barca a motore, barcone, battello, nave, transatlantico, sommergibile, cisterna, petroliera || (*aerea*) aerostato, dirigibile, aeroplano, elicottero, idroplano, reattore, missile, razzo, satellite artificiale.

contr. isolamento, distacco, solitudine, chiusura, limite.

comunióne, *sf.* comunanza, intimità, partecipazione, → UNIONE || EUCARISTIA.

comunità, *sf.* → ASSOCIAZIONE || municipio.

nomencl. (*tipi*) religiosa, politica, cittadina, familiare, amministrativa, culturale, sportiva, economica, nazionale, internazionale, soprannazionale, continentale || (*inerenti*) comune, convento, monastero, congregazione, confraternita, ordine religioso, ordine monastico, collegio, pensionato, consorteria, consorzio, associazione, circolo, *club*.

conàto, *sm.* tentativo, prova, → SFORZO.

cónca, *sf.* → VASO, CATINO || VALLE || CONCHIGLIA.

concàio, *sm.* → VASAIO.

concàmbio, *sm.* → PERMUTA.

concatenaménto, *sm.* commessura, concatenazione, intreccio, rapporto, unione, dipendenza, connessione, attaccatura, → ATTACCO.

concatenàre, *v.tr.* intrecciare, → ATTACCARE, UNIRE.

concatenazióne, *sf.* concatenamento, → ATTACCO.

concàusa, *sf.* → CAUSA.

concavità, *sf.* → CAVITÀ.

contr. convessità.

còncavo, *agg.* → CAVO.

contr. convesso.

concèdere, *v.tr.* accordare, dare, dispensare, cedere, acconsentire, esaudire, assentire, largire, prestare, soddisfare, indulgere, mostrare indulgenza, ammettere, menar buono, comportare || permettere, condiscendere, esaudire, compiacere || *rifl.* accordarsi, darsi, concedersi, cedere, → ARRENDERE.

nomencl. (*inerenti*) concedente, cedente, concessionario, appaltatore, appaltante.

contr. negare, rifiutare || tener duro, contrastare, opporsi, resistere.

concènto, *sm. lett.* → ARMONIA.

concentraménto, *sm.* ammucchiamento, concentrazione, ammassamento, affastellamento, coacervazione, riunione.

nomencl. (*varietà*) di tiro, di artiglieria, di truppa, di prigionieri, di profughi || zona, luogo di concentramento || campo di concentramento, *Lager*.

contr. decentramento, diradamento, dispersione, diffusione, sparpagliamento.

concentràre, *v.tr.* accentrare, riconcentrare, raccogliere, riunire, ammassare, ammucchiare, → UNIRE, CONDENSARE || *rifl.* → PENSARE.

contr. sparpagliare, diradare, diffondere || svagarsi, distrarsi, spassarsela, sollazzarsi.
concentràto, *pps.* di concentrare || *agg.* raccolto, ammassato, → DENSO || *fig.* meditabondo, → PENSIEROSO.
concentrazióne, *sf.* → CONCENTRAMENTO.
concepíbile, *agg.* pensabile, intelligibile, comprensibile, intuibile || tollerabile, → AMMISSIBILE.
contr. inconcepibile.
concepiménto, *sm.* concezione, fecondazione, generazione || concetto, → IDEA, PENSIERO.
concepíre, *v.tr.* produrre, → GENERARE || SENTIRE, INTENDERE, IMMAGINARE, PENSARE, DISEGNARE.
nomencl. (*inerenti*) germe, embrione, feto, fecondazione || concezione di un'idea, un pensiero, un fantasma, un progetto, un ordinamento, un disegno.
concèrnere, *v.tr.* riguardare, interessare, riferire, → APPARTENERE.
concertaménto, *sm.* → ARMONIA.
concertàre, *v.tr.* e *rifl.* → ACCORDARE || *fig.* → ORDIRE, COMBINARE.
concèrto, *sm.* audizione, esecuzione di musica, accademia o trattenimento musicale || *fig.* → CINGUETTIO.
nomencl. (*varietà*) sinfonico, strumentale, musicale, di campane, di voci || (*inerenti*) sonata, sinfonia, quartetto, quintetto, sestetto, terzetto, serenata || direttore d'orchestra, concertista, cantante, suonatore, strumentista || *verb.* dare, eseguire, offrire un concerto, concertare.
concessionàrio, *agg.* e *sm.* → APPALTATORE.
concessióne, *sf.* → PERMESSO || APPALTO, ASSEGNAZIONE || facilitazione, favore, dono, grazia.
nomencl. (*vari tipi*) gratuita, a pagamento, graziosa, precaria, temporanea, definitiva, statale, spontanea, stiracchiata, tacita, espressa, apparente || *verb.* accordare, concedere, permettere, assegnare, concordare.
contr. proibizione, divieto, restrizione.
concettàre, *v.intr. rar.* → PENSARE.
concètto, *pps. rar.* di concepire || *sm.* rappresentazione, astrazione, giudizio || immagine || stima, parere, opinione, reputazione, fama, significato, → IDEA, PENSIERO.
nomencl. astratto, universale, filosofico, matematico, immateriale || *agg.* buono, cattivo, mediocre, falso, veritiero, sentenzioso || *verb.* astrarre, formulare, farsi, formarsi, avere, esprimere un concetto, concepire.
contr. cosa, realtà, materia, oggetto.
concettóso, *agg.* denso di concetti || sintetico, conciso, laconico, tacitiano, → BREVE.
concezióne, *sf.* → CONCEPIMENTO || IDEA, IMMAGINAZIONE || sistema filosofico, concezione dell'essere, del mondo, ideologia, *Weltanschauung*, → PENSIERO.
conchíglia, *sf.* conca, chiocciola, nicchio.
nomencl. (*varietà*) marina, fossile, bivalve, trivalve, multivalve, equivalve, inequivalve, univalve, colorata, liscia, operculata, rigata, striata, ritorta, a spirale, iridescente || (*parti*) acetàbolo, bisso, cardine, columella, epifragma, opercolo, occhio, seno, spira, stria, sutura, valva, voluta, madreperla || (*specie*) aliotide, ammoniti, belemniti, arsella, buccino, folade, limbe, nicchio, spondili || calcare conchiglifero, lumachella.
conchiúdere, *v.tr.* concludere, dedurre una conclusione, → FINIRE.
cóncia, *sf.*
nomencl. (*tipi*) delle olive, del tabacco, delle pelli, del cuoio || a rammorto, a guado, dei sugatti, in morticcio, di crudo, alla flotta, in bianco, meccanica || (*ingredienti*) vegetali (essenze di quercia, di frassino, di larice, di faggio, di pioppo, di salice, di betulla, di ontano, di tiglio, di castagno, del sommaco, di eriche, di acacie, di mimose, di noce di galla, di mallo di noce, di catecú, di corteccia di cerro, della cicuta, della mortella, di foglie di tamarindo, di bacche di pino, della berberide), grassi, olii, resine, alcool comune, eteri, allume di cromo || (*operazioni*) dissanguamento, macerazione, scarnamento, pelatura, assaoritura, addobbo, allumatura, bagno, camosciatura, digrassamento, impiumatura, incollatura, pareggio, rasatura, rimondatura, rincollatura, riscaldamento, saldatura, scamosciatura, stia, tintura || (*luoghi*) calcinaio, addobbo, fossa, mortaio, troscia, truogolo || (*arnesi*) acciaiolino, acciaiuolo, bollero, cavalletto, coltello, ferro da pelare, liscia, macchina per assottigliare, macina, mulino da tanno, mastra, orbello, pennellessa, pillo, puntaruolo, scarnatoio, sdramba || (*inerenti*) borra, buccia, carne, costola, cuoio, filati, formelle, girelle, limbello, pancia, patina, pellame, pezzo, rasatura, tannino, vacchetta, zigrino, marocchino, pergamena || *verb.* conciare, abbancare, addobbare, allucidare, allumare, bollerare, calcare, digrassare, camosciare, scamosciare, purgare, dissanguare, egualizzare, impiumare, incatramare, marocchinare, patinare, pelare, rammagliare, rammontare, riconciare, rifessare, scarnare, sugherare.
conciaiòlo, *sm.* → CONCIATORE, PELLETTIERE.
concialàna, *sm.* → CARDATORE.
conciapèlli, *sm.* e *f. indecl.* → CONCIATORE.
conciàre, *v.tr.* → CONDIRE, PREPARARE, ACCOMODARE || *fig.* → BASTONARE, CASTIGARE || SPORCARE.
conciatèste, *sm* e *f. indecl.* → BARBIERE.
conciàto, *pps.* di conciare || *agg.* → DANNEGGIATO.
conciatóre, *sm.* conciapelli, conciaiuolo, pellettiere.
conciliàbile, *agg.* → COMPATIBILE.
contr. inconciliabile.
conciliàbolo, *sm.* conventicola, → ADUNANZA.
conciliànte, *ppr.* di conciliare || *agg.* docile, arrendevole, facile, cedevole, corrivo, compiacente, conciliativo, condiscendente, deferente, discreto, duttile, flessibile, pieghevole, malleabile, trattabile, pacificante.
contr. avverso, contrario, irriducibile, difficile, scorbutico, inaccostabile, incontentabile, urtante.
conciliàre, *v.tr.* pacificare, rappacificare, accomodare, aggiustare, appaciare, rabbonire, transigere, armonizzare, avvicinare, rappattumare, accordare, contemperare || *rifl.* cattivarsi, procacciarsi, acquistarsi.
nomencl. (*inerenti*) conciliazione, conciliante, giudice conciliatore, pacificatore, accordo, composizione, convenienza, ravvicinamento.
contr. discordare, scontrarsi, irritare, urtarsi, mettere in disaccordo, in dissidio || alienarsi, rendersi inviso.
conciliazióne, *sf.* accomodamento, composizione, ravvicinamento, aggiustamento, transazione, pacificazione, accordamento, → ACCORDO, PACE.
contr. opposizione, discordanza, dissensione, zizzania, disaccordo, discordia, avversione, lotta, guerra.
concílio, *sm.* assemblea, → ADUNANZA.

nomencl. ecumenico, particolare, plenario, nazionale, provinciale, diocesano || (*concili ecumenici*) Nicea I, Costantinopoli I, Efeso, Calcedonia, Costantinopoli II e III, Nicea II, Costantinopoli IV, Laterano I, II, III, IV, Lione I e II, Vienna (*Delfinato*), Costanza, Firenze - Ferrara - Firenze, Laterano V, Trento, Vaticano I e II || (*attinenti*) Sinodo, conciliabolo, Congregazione del Concilio, legato pontificio, promulgazione pontificia, padri del concilio, collezione dei concili, canoni conciliari, lettera capitolare, definizione dei dogmi, diritto canonico || *verb.* convocare, indire, celebrare, presiedere, trasferire, partecipare, chiudere, sospendere, imporre, sciogliere, approvare.

concimàia, *sf.* letamaio, stabbio, immondezzaio, mondezzaio.

concimàre, *v.tr.* alletamare, ingrassare, fertilizzare, stabbiare, sovesciare.

concimatúra, *sf.* → CONCIMAZIONE.

concimazióne, *sf.* concimatura, ingrassamento, sovescio, fertilizzazione || → CONCIME.

concíme, *sm.* concio, fertilizzante, ingrasso, letame, stabbio, grassime, sovescio, pattume, pacciume || → CONCIMAZIONE.

nomencl. (*varietà*) chimico, animale, composto, commerciale, minerale, azotato || (*specificazione*) bovina, vaccina, stallatico, colaticcio di letame, escrementi animali, ingrasso liquido, ingrasso fiammingo, marcime, cainite, cenerone, cessino, colombina, concio spento, farina di carne, farina o polvere d'ossa, feccia, sansa, residui di frutti, guano, guanino, guano di pesce, marga, margone, nitrato di sodio, cloruro di sodio o di potassio, perfosfati, minerali, polveraccio, spazzatura, terriccio, nitrofosfati || (*inerenti*) concimaia, letamaia, letamiere, barella, spandiconcime || *verb.* concimare, letamare, ingrassare, stabbiare || spargere, sotterrare, ammassare, trasportare, rivoltare, ricoprire.

concinnità, *sf.* eleganza, semplicità, → ARMONIA.

cóncio[1], *agg.* conciato || *sm.* → CONCIME.

cóncio[2], *sm.* → PIETRA.

concionàre, *v.intr.* → PARLARE.

concióne, *sf.* orazione, arringa solenne, → DISCORSO.

concisaménte, *avv.* → BREVEMENTE.

concisióne, *sf.* → BREVITÀ.

concíso, *agg.* succinto, efficace, concettoso, → BREVE, CORTO.

concistòro, *sm.* assemblea, consiglio, circoscrizione, → ADUNANZA.

nomencl. segreto, semipubblico, pubblico || (*attinenti*) allocuzione || congregazione, avvocato, referendario concistoriale || *verb.* indire, tenere, celebrare, concistoriare.

concitaménto, *sm.* → ANSIA || CONFUSIONE.

concitàre, *v.tr.* incitare, eccitare, commuovere, muovere, stimolare, turbare, rimescolare, muovere a sdegno, → AGITARE, PROVOCARE || *rifl.* agitarsi, sdegnarsi, commuoversi.

contr. placare, sedare, sopire, calmare, tranquillizzare.

concitàto, *pps.* di concitare || *agg.* commosso, emozionato, rimescolato, turbato, conturbato, esacerbato, esasperato, eccitato, sdegnato, → AGITATO.

contr. calmo, tranquillo, placato, placido, pacato, sedato.

concitazióne, *sf.* eccitamento, eccitazione, commozione, incitamento, emozione, turbamento, rimescolamento, esasperazione, agitazione, → ANSIA || CONFUSIONE.

contr. calma, pacatezza, tranquillità, autodominio, placazione, placidità, serenità.

concittadíno, *agg.* e *sm.* → COMPAESANO.

conclamàre, *v.tr.* → CHIAMARE, GRIDARE.

conclamàto, *pps.* di conclamare || *agg.* affermato, gridato, ripetuto || (di malattia) → CERTO.

conclamazióne, *sf.* → APPLAUSO.

conclàve, *sm.* adunanza, stanza, riunione.

nomencl. (*persone*) cardinale, papabile, non papabile, camerlengo, segretario, governatore, maresciallo, conclavista, scrutatore, cerimoniere, confessore, medico, farmacista || (*luoghi e modi*) cella, ruota, cappella, clausura, segregazione, costituzione apostolica, diritto di esclusiva o veto || votazione, elezione (per quasi ispirazione, per compromesso, per scrutinio), fumata (bianca, nera), vestizione, adorazione, anello piscatorio, benedizione, alla loggia esterna di S. Pietro || *agg.* breve, lungo, laborioso, illegale, scismatico || *verb.* adunare, presiedere, vigilare, sorvegliare, partecipare, votare, eleggere, designare.

concludènte, *ppr.* di concludere || *agg.* → EFFICACE.

contr. inconcludente.

conclúdere, *v.tr.* conchiudere; condurre a fine, ad effetto; finire, terminare, epilogare, riepilogare, decidere, devenire, chiudere, stringere || stabilire, argomentare, dedurre, inferire, dimostrare, provare || fare, accordarsi, concretare, tirare la somma, essere o venire alle strette, spicciarsi di una persona, venire alla conclusione, venire al *quia*.

nomencl. conclusione; uomo concludente, fattivo, efficiente, inconcludente, inutile, dappoco.

contr. esordire, incominciare || sconcludere, disdire, disfare, sconclusionare, troncare, mandare a monte || non concludere, tergiversare, restare in aria, tener sospeso, essere incerto, tirare in lungo.

conclusióne, *sf.* fine, chiusa, chiusura, finale, ultima parte, epilogo, decisione, esito, effetto, conseguenza, illazione, induzione, deduzione || compendio, riepilogo, somma.

nomencl. *agg.* logica, ragionevole, razionale, coerente, vera, illogica, irrazionale, irragionevole, falsa, incoerente, meditata, affrettata, ponderata, risolutiva, finale, definitiva, temporanea, consequenziale || *verb.* concludere, dedurre, argomentare, indurre, conseguire, seguire, ragionare.

contr. premessa, preludio, principio, inizio, esordio, avviamento, introduzione, prefazione, prolegomeni.

conclusivaménte, *avv.* → DECISAMENTE.

conclusívo, *agg.* → EFFICACE, DECISIVO, ULTIMO.

concolína, *sf.* → CATINO.

concomitànte, *agg.* simultaneo, inerente, coincidente, → CONTEMPORANEO.

concomitànza, *sf.* simultaneità, coincidenza, contemporaneità || → ACCIDENTE, CASO.

concordànza, *sf.* consonanza, riscontro, → ACCORDO, ARMONIA, RELAZIONE.

nomencl. (*tipi*) biblica, grammaticale, sintattica, dei modi, dei tempi, musicale || *agg.* piena, completa, relativa, limitata, condizionata || *verb.* concordare, accordare, conformare, corrispondere.
contr. discordanza, dissonanza, disarmonia, disaccordo || dissensione, discordia, dissentimento.
concordàre, *v.intr.* convenire, acconsentire, consentire, conformare, consonare, corrispondere, eguagliare, accedere, aderire, ragguagliare, riscontrare, → ACCORDARE.
contr. dissonare, contrastare, mettere in discordia, dissentire; discordare, essere in contraddizione.
concordàto, *pps.* di concordare || *sm.* → ACCORDO.
concòrde, *agg.* conforme, somigliante, congruente, armonico, unanime, uniforme, cònsono, → COERENTE, CONSENZIENTE.
contr. discorde, incoerente, dissidente, disarmonico, dissono, contrastante, contraddittorio.
concòrdia, *sf.* consenso, unanimità, consonanza, corrispondenza, → ACCORDO, COERENZA, AMICIZIA, PACE.
nomencl. (*varietà*) degli animi, degli spiriti, di giudizi, di caratteri, di gusti || *agg.* amorevole, spontanea, fraterna, armonica, instabile, durevole, salda, sincera, fittizia, falsa, labile, debole || *verb.* concordare, consentire, corrispondere.
contr. discordia, disaccordo, disunione, dissonanza, contrasto,
concorrènte, *ppr.* di concorrere || *agg.* e *sm.* avversario, competitore, imitatore, emulo, aspirante, candidato, contendente, rivale, antagonista, gareggiatore.
contr. compagno, alleato, camerata, compagnone, collega, sodale, fraterno.
concorrènza, *sf.* → GARA, EMULAZIONE.
concórrere, *v.intr.* accorrere insieme, correre, affluire, andare, confluire, adunarsi || *fig.* cooperare, aiutarsi, collaborare || competere, combattere, litigare, gareggiare, emulare, rivaleggiare || aspirare ad una carica, ad un ufficio, ad un premio || convergere, concomitare, accordarsi || concorrere in un reato, essere corresponsabile.
nomencl. concorrente, concorso, esame || correo, corresponsabile, complice.
contr. divergere, dividersi, ostacolarsi, contraddirsi, urtarsi, scontrarsi.
concórso, *pps.* di concorrere || *sm.* affluenza, frequenza, folla, calca, concorrenza || gara, esame || aiuto, appoggio, coincidenza || concorso in reato.
nomencl. (*tipi*) per titoli, per esami, per titoli ed esami, per merito, riservato, statale, pubblico, privato, nazionale, internazionale, ristretto || (*inerenti*) concorrente, commissione esaminatrice, commissari, prove scritte, prove orali, documenti, titoli, punteggio, graduatoria, vincitori, ammessi, esclusi, bocciati, idonei, abilitati, premiati || *agg.* grande, enorme, numeroso, affollato, continuato, limitato, ristretto, calmo, agitato, tumultuoso, turbolento || *verb.* bandire, aprire, pubblicare, esaminare, approvare, promuovere, bocciare, eliminare, proclamare, premiare, annullare, sospendere, rimandare || partecipare, presentare domanda, documenti, titoli, aspirare, presentarsi alle prove, sostenere le prove, superare le prove, vincere, essere ammessi, rimanere respinti, abbandonare, ritirarsi dalle prove, astenersi dalle prove, presentare ricorso, intrigare, brigare, farsi raccomandare.
contr. opposizione, esclusione.
concozióne, *sf.* → DIGESTIONE, ASSMILAZIONE.
concretàre, *v.tr.* precisare, esemplificare, → EFFETTUARE, REALIZZARE.
concretézza, *sf.* effettualità, determinatezza, → REALTÀ, MATERIALITÀ.
contr. astrattezza, imprecisione, indeterminatezza, astrazione.
concretizzàre, *v.tr.* → REALIZZARE.
concrèto, *agg.* → DENSO || *fig.* effettuale, → REALE, MATERIALE.
concrezióne, *sf.* consistenza, induramento, → CROSTA, INCROSTAZIONE, COAGULAZIONE.
nomencl. biliare, urinaria || stalattite, stalagmite, roccia, minerale, calcolo.
concubína, *sf.* convivente, druda, amata, amica, ganza, → AMANTE.
concubinàto, *sm.* concubinaggio, convivenza, unione, connubio illegittimo || fornicazione.
contr. matrimonio.
concúbito, *sm.* unione, conoscenza carnale, còpula, còito, accoppiamento.
conculcàre, *v.tr.* calpestare, oltraggiare, vilipendere, violare, premere, schiacciare, umiliare, disprezzare, opprimere, offendere.
contr. rispettare, stimare, lasciare libertà, onorare, riverire.
concuociménto, *sm.* → DIGESTIONE.
concupíre, *v.tr.* bramare, smaniare, agognare, struggersi, aver voglia, → DESIDERARE.
concupiscènza, *sf.* voglia, brama, cupidigia, cupidità, voluttà, smoderatezza, corruzione, sensualità, → DESIDERIO, CARNALITÀ, AMORE.
concussióne, *sf.* → FRODE.
condànna, *sf.* biasimo, rimprovero, disapprovazione || castigo, punizione, pena, sentenza, dannazione, giustizia.
nomencl. (*varietà*) giusta, legale, morale, ingiusta, illegale, materiale, fisica, leggera, pesante, grave, severa, rigorosa, esemplare, temporanea, definitiva, passata in giudicato, sospesa, a vita, eterna, espiata, soddisfatta || (*attinenti*) giustizia distributiva, codice penale, sanzione legale, giudice, giurí d'onore, difensore, giustiziere, interrogatorio, istruttoria, requisitoria, giudizio, processo verbale, sentenza, ricorso, domanda di grazia || condannato, carcerato, detenuto, ergastolano, recluso, galeotto, internato, reo || capro espiatorio || (*sanzioni*) pena pecuniaria, multa, ammenda, confisca, pena disciplinare, arresto, consegna, sala di punizione, penso, sospensione dalle funzioni, biasimo pubblico, censura, degradazione, rimozione dal grado, pena infamante, interdizione, anatema, scomunica, messa all'indice, ammonizione || (*pene corporali*) percosse, staffilata, schiaffo, tirata d'orecchi, flagellazione, bastonatura, colpo di corda, mutilazione, levar gli occhi, tortura, slogatura, bagno gelato || (*pene afflittive*) pena di morte, pena capitale, impiccagione, fucilazione, decapitazione, strangolamento, scorticatura, lacerazione, decimazione

|| lavori forzati, ergastolo, galera, relegazione, deportazione, campo di concentramento, campo di eliminazione o di sterminio, camera a gas, carcere, internamento, detenzione, reclusione, morte civile, ostracismo, proscrizione, messa al bando || *verb.* imporre, applicare, chiedere, aumentare, diminuire, erogare una condanna, fare giustizia, fare vendetta, dare un esempio || incorrere, meritare, riportare, patire, subire, espiare, essere passibile di una condanna, soddisfare la giustizia, riparare, fare ammenda, recidivare || aggravare, aumentare, amnistiare, rivedere, riabilitare, cassare || liberare, commutare, addolcire || eludere, sfuggire alla condanna.

contr. approvazione, assoluzione, indulgenza, scusante, proscioglimento, sospensione, riabilitazione, condono, amnistia, grazia.

condannàbile, *agg.* condannevole, → BIASIMEVOLE.

condannàre, *v.tr.* biasimare, rampognare, disapprovare, censurare, riprovare || giudicare, sentenziare || castigare, punire, infliggere una pena, fare giustizia, dare un esempio, dannare, mandare in prigione.

nomencl. (*pertinenti*) codice penale, codice di procedura penale, difesa, sentenza, sanzione, verdetto, processo verbale, giustizia distributiva, carcere, prigione, colonia agricola, esecuzione capitale.

contr. approvare || difendere, perdonare, indulgere, scusare, graziare, assolvere, amnistiare, riabilitare.

condannàto, *pps.* di condannare || *sm.* → REO, PRIGIONIERO.

condannévole, *agg.* condannabile, → BIASIMEVOLE.

condecènte, *agg. rar.* conveniente, opportuno, → ADATTO.

condégno, *agg. rar.* meritevole, meritorio, → ADATTO.

condensaménto, *sm.* → ADDENSAMENTO, COAGULAZIONE.

condensàre, *v.tr.* accagliare, concentrare, congelare, comprimere, ispessire, → ADDENSARE || *fig.* compendiare, ridurre, riassumere, schematizzare, riepilogare || *rifl.* diventar denso, accagliarsi, quagliare.

contr. sciogliere, diluire, stemperare, liquefare || sciogliersi, diluirsi || allungare, allargare.

condensàto, *pps.* di condensare || *agg.* → DENSO || *fig.* compendiato, riassunto, ristretto, sintetizzato, → RIASSUNTO.

condensatóre, *sm.*

nomencl. elettrico, elettrolitico, a secco || conduttore, coibente, carica.

condicévole, *agg.* conveniente, opportuno, condecente, → ADATTO.

contr. disdicevole.

condiménto, *sm.* insaporimento, salsa, sugo, accompagnamento, droga, spezie, condito, addolcimento.

nomencl. (*tipi*) grasso, magro, insipido, saporito, salato, aromatico, piccante, acido, inacidito, dolce || (*specificazione*) zucchero, miele, sale, aceto, dado, lardo, grasso, burro, olio, margarina, strutto, sugna, pepe, noce moscata, senape, cannella, vaniglia, garofano, zenzero, anice, cumino, sedano, basilico, prezzemolo, maggiorana, rosmarino, cipolla, aglio, aneto, finocchio, cappero, cardamono, isopo, mostarda, origano, salvia, santoreggia, timo, serpollino || battuto, pinzimonio, sapa o savore || *verb.* condire, acconciare, confezionare, dar condimento, dar sapore, rifare le vivande, insaporare.

condíre, *v.tr.* assaporire, insaporire, acconciare, insaporare, conciare, confezionare, dar condimento, dar sapore, drogare, cucinare || *fig.* condire di sale, di eleganze un discorso, → STILE.

contr. lasciare insipido, scondire.

condiscendènte, *ppr.* di condiscendere || *agg.* → INDULGENTE, CORTESE, DOCILE.

condiscendènza, *sf.* arrendevolezza, bonarietà, deferenza, riverenza, arrendibilità, cedevolezza, connivenza, docilità, trattabilità, morbidità, pieghevolezza, → CORTESIA, INDULGENZA.

nomencl. *agg.* facile, accomodante, compiacente, peccaminosa, molle, arrendevole, bonaria, pronta || *verb.* accondiscendere, deferire, concedere, cedere, compiacere, permettere, secondare.

condiscéndere, *v.intr.* accondiscendere, indulgere, arrendersi, concedere, → ACCONSENTIRE, CONFORMARE.

condiscépolo, *sm.* → COMPAGNO.

condíto, *pps.* di condire || *sm.* → CONDIMENTO.

contr. scondito, insipido, sciapo || *fig.* insipiente.

condivídere, *v.tr.* → DIVIDERE.

condizionàle, *agg.* e *sm.* → INCERTO || *sf.* sospensione della pena || modo condizionale, → VERBO.

nomencl. condanna condizionale, beneficiare della condizionale.

condizionàre, *v.tr.* → LIMITARE, PREPARARE.

condizióne, *sf.* stato, qualità, ordine, → CETO, ATTRIBUTO, GRADO, DIGNITÀ || limitazione, patto, convenzione, → ACCORDO.

nomencl. (*varietà*) alta, nobile, signorile, agiata, benestante, indipendente, ricca, privilegiata, fortunata, comune, mediocre, bassa, povera, umile, infima, decaduta, bisognosa, coatta, imposta, sociale, gerarchica, economica, politica, giuridica, matrimoniale, sacerdotale, razziale || (*inerenti*) altolocato, risalito, arrivato, rilevaticcio, di bassa lega, gente nuova, malnato, oscuro, nobile, scalzacane, spostato || stato economico, finanziario, patrimonio, rendite, mezzi larghi o ristretti || *agg.* particolare, splendida, meravigliosa, felice, rispettabile, ammirevole, ammirata, invidiata, compassionevole, infelice, pietosa, disperata, sospetta, falsa, disagevole, distinta, equivoca || *verb.* cavar dal nulla uno, essere giú, decadere, essere in buone o cattive acque, essere o tornare in fiore, in auge, assicurarsi una posizione, farsi, rifarsi, risalire, salire, reintegrare, ristorare, risorgere, stare in piedi, stare a malpartito, vedersi morto, discendere, precipitare, essere per le busche.

condogliànza, *sf.* partecipazione, → COMPASSIONE.

nomencl. *agg.* viva, sentita, cordiale, sincera, cristiana, falsa, formale, insincera, ipocrita || *verb.* presentare, inviare, fare, ricevere, accettare || compiangere, dispiacersi, partecipare.

condolére, *v.rifl.* → COMPASSIONARE.

condomínio, *sm.* comproprietà.

condòmino, *sm.* comproprietario.

condonàre, *v.tr.* indulgere, concedere, → PERDONARE, GRAZIARE, RIMETTERE.

condóno, *sm. neol.* → AMNISTIA, PERDONO, GRAZIA.

condótta, *sf.* morale, atteggiamento, comportamento,

azione, diportamento, modo di comportarsi, costume, contegno, tenore di vita || regola, metodo, programma || trasporto || modo di condurre || scorta, guida, direzione.
nomencl. (*affini e componenti*) abitudine, attitudine, disposizione naturale; linea d'azione, di vita, sistema di vita; portamento; programma di vita, regime di vita || (*modi vari*) affettazione, ambiguità, doppiezza, cinismo, costumatezza, austerità, avventatezza, discrezione, imprudenza, sfacciataggine, ostinazione, previdenza, prudenza, reazione, regolatezza, scapataggine, spensieratezza, stoicismo, austerità, trascuratezza, negligenza, esaltazione || asinità, bassezza, bislaccheria, bruttura, buffonata, buoni uffici, canata, capestreria, frivolezza, capriccio, cialtronata, colpo di mano, corbelleria, azioni da coltello, fanciullaggine, fantocciata, fantocceria, bambocceria, fattucchieria, stregoneria, freddezza, guasconata, ingerenza, maialata, malefatta, manovra, marionettata, mattana, mattia, mena, trama, maneggio, intrigo, misura, piazzata, picca, puntiglio, prodezza, ripiego, sbravazzata, scappata, scappatoia, scappavia, sciattezza, sciatteria, soperchieria, prepotenza, sproposito, stratagemma, tattica, vendetta, vie oblique, vie diritte, volgarità || (*figure*) affannone, aguzzino, anguilla, arpia, arruffapopoli, demagogo, tribuno, benpensante, birbante, birbone, briccone, birichino, buffone, ciarlatano, ciurmatore, burattino, marionetta, camorrista, capo ameno, capo strigliato, scapestrato, ciondolone, collotorto, bigotto, temporeggiatore, indugiatore, discolo, scapestratello, eroe, fanatico, fannullone, ozioso, ficcanaso, faccendiere, farabutto, ingannatore, galantuomo, gattamorta, gingillone, guappo, guastamestieri, imbroglione, ipocrita, lanzichenecco, lavativo, lazzarone, libertino, macchietta, mafioso, mandrillo, martire, mascalzone, mestone, millantatore, ninnolone, rompicollo, sbarazzino, sbravazzone, scapato, strafottente, tiranno, vagheggino, *viveur*, volpone || *agg.* buona, ottima, irreprensibile, impeccabile, virtuosa, leale, onesta, sincera, caritatevole, altruista, filantropica, lodevole, ammirevole, generosa, giudiziosa, assennata, logica, modesta, umile, morigerata, corretta, castigata, nobile, dignitosa, paziente, politica, proba, regolare, retta, schietta, aperta, serie, severa, specchiata, timida, paurosa, virile, gagliarda, forte, risoluta || cattiva, pessima, censurabile, biasimevole, malvagia, viziosa, sleale, disonesta, disprezzabile, falsa, ipocrita, egoistica, machiavellica, balorda, frivola, leggera, dissoluta, incoerente, indecisa, contraddittoria, inqualificabile, volubile, licenziosa, mefistofelica, diabolica, riprovevole, scandalosa, servile, sospetta, subdola, superba, orgogliosa, temeraria, turpe, abietta, abominevole, vergognosa, disonorevole, vituperevole, spregevole, vile || *verb.* comportarsi, contenersi, diportarsi, governarsi, regolarsi, destreggiarsi, far bene, far male, fare i propri passi, gingillare, girar largo, menare il can per l'aia, mettere le mani avanti, mettersi nei panni d'altri, immedesimarsi, non badare alle facciate, rendere la pariglia, temporeggiare, tener buona o cattiva condotta, tirar diritto, tirar avanti, titubare, tentennare, tralignare, traviare, pagare, ripagare ad usura, prevaricare, sbravazzare, scavalcare, straviare, tergiversare, trascorrere, zoppicare.

condottièro, *sm.* condottiere, duce, guida, capitano, → CAPO.

condótto, *pps.* di condurre || *sm.* conduttura, tubo, tubatura, passaggio, meato, canale.
nomencl. (*vari tipi*) sotterraneo, forzato, dell'acquaio, lacrimale, intestinale || acquedotto, fogna, fognatura, gronda, doccia, doccione, tegolino || *verb.* abboccare, introdurre, accecare, chiudere, riempire, intasare, otturare, sgorgare.

conducènte, *ppr.* di condurre || *sm.* → AUTISTA, CARRETTIERE, GUIDA.

condúrre, *v.tr.* menare, scortare, accompagnare, addurre, raddurre, ricondurre, trasportare, recare, far arrivare, tradurre, condurre attorno, girare, guidare, passeggiare, rimenare, strascicare, traghettare, trasbordare, far da guida, far da cicerone. → PORTARE, GUIDARE || DIRIGERE, GOVERNARE || eseguire || indurre, trascinare, obbligare, → ATTIRARE, CAUSARE || *rifl.* recarsi, portarsi, andare, procedere || comportarsi.
nomencl. conducente, vetturino, autista, manovratore, pilota, macchinista, guida, scorta || accompagnatore, conduttore,
contr. seguire, accompagnare, accodarsi || lasciarsi guidare, portare, trascinare, indurre.

conduttóre, *agg.* e *sm.* afferente || → FITTAVOLO || AUTISTA, GUIDA.
nomencl. (*tipi*) elettrico, di automezzo, di treno, di famiglia, di azienda || elettrodo, cavo, filo, piccolo o corto circúito, carica.
contr. coibente, seguace, fautore, accolito.

conduttúra, *sf.* → CONDOTTO.

conduzióne, *sf.* convezione || irraggiamento || → AFFITTO.

confabulàre, *v.intr.* discorrere, conversare, → PARLARE.

confabulazióne, *sf.* → COLLOQUIO.

confacènte, *ppr.* di confare || *agg.* conveniente, opportuno, congruente, → ADATTO, DECOROSO.

confacévole, *agg.* → ADATTO.

confàre, *v.rifl.* affarsi, convenire, → ADATTARE.
contr. sconvenire, non essere adatto o confacevole, non addirsi.

confederàre, *v.tr.* e *rifl.* → ASSOCIARE, UNIRE.

confederazióne, *sf.* → ASSOCIAZIONE, UNIONE.
nomencl. (*tipi*) politica, economica, padronale, industriale, coltivatori diretti, sindacale (*affini*) lega, patto, accordo, trattato, convenzione.
contr. separazione, isolamento.

conferènza, *sf.* → COLLOQUIO, DISCORSO || CONGRESSO.
nomencl. (*varietà*) diplomatica, ministeriale, interministeriale, della pace, del disarmo, economica, politica, culturale || (*inerenti*) conferenziere, delegati, ministri, partecipanti, diplomatici || protocollo, verbale, trattato, concordato, convenzione || *verb.* indire, presenziare, partecipare, presiedere, iniziare, aprire, chiudere, concludere, sospendere, abbandonare.

conferenzière, *sm.* → ORATORE.

conferiménto, *sm.* → COLLOQUIO, ATTRIBUZIONE.

conferíre, *v.tr.* trasmettere, assegnare, concorrere, operare, cooperare, far pro, giovare, aggiungere valore, dignità, onori, decoro, → DARE, ATTRIBUIRE, AIUTARE || *intr.* → PARLARE.

conférma, *sf.* riconferma, assicurazione, attestazione, accertamento, prova, rafferma, ratificazione, ripetizione, constatazione, → AFFERMAZIONE, APPROVAZIONE.
contr. ritrattazione, disdetta, contrordine, mutazione.
confermàre, *v.tr.* raffermare, riaffermare, riconfermare, affermare, avvalorare, approvare, ripetere, asserire, asseverare, assicurare, attestare, dimostrare, ribadire, ratificare, sanzionare, omologare || rinnovare il contratto, mantenere uno in carica || corroborare, confortare, rafforzare || cresimare.
nomencl. conferma, riaffermazione, riconferma, riassicurazione, ratifica || cresima, confermazione, carattere || sigillo, bolla, suggello, timbro, bollo.
contr. disdire, negare, correggere, modificare, contraddire, mutare, indebolire.
confermativo, *agg.* → AFFERMATIVO.
confermazióne, *sf.* cresima, crisma.
nomencl. ministro, cresimando, padrino, madrina, cognazione o parentela spirituale || formula, olio o crisma.
confessàre, *v.tr.* e *rifl.* ammettere, dichiarare, manifestare, palesare, convenire, riconoscere, testimoniare, dire, rivelare le proprie colpe || aprire l'animo, professare pubblicamente le proprie idee, la propria fede || recitare il *confiteor* || ascoltare la confessione.
nomencl. (*attinenti*) confessione || reo, confesso, confessore, direttore spirituale, penitente, assoluzione, penitenza || confessore della fede, martire.
contr. negare, denegare, rinnegare, sconfessare, ritrattare.
confessióne, *sf.* affermazione, manifestazione, accusa, accusazione, rivelazione, palesamento, riconoscimento, professione, dichiarazione, testimonianza || exomologesi, → PENITENZA.
nomencl. (*alcuni tipi*) generale, parziale, pubblica, pasquale, annuale || (*pertinenti*) penitenza, penitente, esame di coscienza, contrizione, attrizione, dolore perfetto, dolore imperfetto, rimorso, pentimento, proposito, fermo proposito, accusa, assoluzione, soddisfazione, espiazione, riparazione, riconciliazione con Dio || confessionale, sacramento della penitenza, tribunale della penitenza, caso di coscienza, peccato riservato, penitenzieria, salmi penitenziali, opere penitenziali, segreto sacramentale, segreto della confessione, biglietto della confessione, casistica, teologia morale || confessore, direttore spirituale, penitenziere || *agg.* buona, cattiva, sacrilega, falsa, affrettata, sincera, monca, incompleta || *verb.* confessare, rivelare, accusare, battersi il petto, recitare il *mea culpa*, recitare il *confiteor*, soddisfare Dio e il prossimo, espiare, riparare, riconciliarsi con Dio, essere assolto, ricevere l'assoluzione, avvicinarsi al confessionale, avvicinarsi al tribunale della penitenza.
contr. sconfessione, negazione, rinnegazione, ritrattazione.
confèsso, *agg.* dichiarato, → CERTO.
confessóre, *sm.* penitenziere, direttore spirituale, direttore di coscienza, padre spirituale, → SACERDOTE || confessore della fede, → MARTIRE.
nomencl. approvato, non approvato, ordinario, straordinario || (*inerenti*) caso di coscienza, peccato riservato, casistica, teologia morale, materia della confessione, formula di assoluzione || *agg.* severo, rigoroso, tiepido, illuminato || *loc. avv.* di manica larga || *verb.* confessare, ascoltare la confessione; assolvere, perdonare i peccati, rimettere i peccati, ritenere le colpe, assolvere con cautela, sotto condizione, *in extremis*; mantenere il segreto sacramentale, violare il sigillo sacramentale, tradire il segreto, rimanere in confessionale || dirigere, consigliare le anime.
confettàre, *v.tr.* giulebbare, sciroppare, brillantare, → CANDIRE.
nomencl. (*attinenti*) confettiere, pasticciere, confetturiere || confetto, confetteria, dolce, caramella, ciambella, frittella, torta.
confettièra, *sf.* bomboniera, portadolci.
confettière, *sm.* → PASTICCIERE.
confètto, *sm.* → DOLCE.
nomencl. (*specialità*) a sorpresa, da burla, in sciroppo, parlante, vermifugo, purgativo, da nozze, bianco, rosa, azzurro, d'oro, d'argento, con la mandorla, col pistacchio || confetture, dolciumi, treggea, anacini, fave romane, mentino, nocciole confettate, *praline*, *marron glacé* o marrone candito || bomboniera, vassoiata.
confettúra, *sf.* → CONSERVA.
confetturière, *sm.* → PASTICCIERE.
confezionàre, *v.tr. neol.* → FARE, LAVORARE, PRODURRE || IMBALLARE.
confezióne, *sf.* → COMPOSIZIONE || *neol.* → LAVORAZIONE.
conficcàre, *v.tr.* → FICCARE, PIANTARE.
conficcàto, *pps.* di conficcare || *agg.* → FITTO.
confidànza, *sf.* → FEDE, SPERANZA.
confidàre, *v.tr.* fidare, sperare || affidare || rivelare, informare, palesare, dire || *rifl.* sbottonarsi, aprirsi, aprire l'animo, spalancare il cuore, sfogarsi || fidarsi.
contr. sconfidare, non fidarsi || tacere, tener segreto || ritogliere.
confidènte, *ppr.* di confidare || *agg.* fido, fidato, → FIDUCIOSO || *sm.* segretario, partecipe (dei segreti), intimo, familiare, → AMICO || SPIA.
contr. diffidente, sospettoso, sconfidato || sospetto || estraneo.
confidènza, *sf.* fiducia, fiducia in sé, sicurezza di sé || comunicazione segreta, segreto confidato || → AMICIZIA, DIMESTICHEZZA, ESPANSIONE.
nomencl. (*inerenti*) confidente, amico fedele, segretario, intimo || fede, speranza, credulità, espansione comunicatività, effusione, buona fede, sufficienza, audacia, ardire, spirito d'intraprendenza, imperturbabilità, tranquillità || credito, procura, fedecommesso || *agg.* espansiva, comunicativa, effusa, intera, ferma, solida, incrollabile || *verb.* contare su di sé, riposare su, rimettersi a, commettere, commissionare, accreditare, far credito, stimare, credere alla propria stella, farsi torto, esperire il successo, sperimentare il successo, tentare l'avvenire, dare parola, giurare, aprire il cuore, espandersi, aprirsi, rivelare i propri segreti || tradire, ingannare, deludere, eludere.
contr. diffidenza, sfiducia, sospetto, dubbio || ostilità.
confidenziàle, *agg.* amichevole, intimo, di fiducia, in confidenza || → SEGRETO.
configgere, *v.tr.* → PIANTARE, FICCARE.
configuràre, *v.tr.* → FORMARE || DESCRIVERE || *fig.* simboleggiare.

configurazióne, *sf.* → FORMA, FIGURA.
confinànte, *ppr.* di confinare || *agg.* finitimo, attiguo, vicino, contiguo, circostante, circonvicino, limitrofo, adiacente.
contr. distante, lontano, slontanato, staccato || sconfinato.
confinàre, *v.tr.* deportare, relegare, rilegare, → ESILIARE || *intr.* essere limitrofo, vicino, contiguo, confinante || → ABITARE || *rifl.* ritirarsi, rinchiudersi, isolarsi, estraniarsi.
confinàto, *pps.* di confinare || *agg.* e *sm.* → CONFINO, ESILIATO.
confíne, *sm.* termine, → LIMITE, FRONTIERA, ESTREMITÀ, FINE.
nomencl. (*divisione*) naturale, artificiale, fittizio, di Stato, di regione, di provincia, di comune, marittimo || (*attinenti*) demarcazione, linea, marca, randa, spartiacque, pietra, cippo, rete, varco, passo, valico, zone grigie, *thalweg* o via della valle || confinante, confinario, guardia di frontiera || orismografia || confini del mondo, ultima Tule, colonne d'Ercole || *verb.* determinare, segnare, delimitare, tracciare, stabilire, accettare il confine; passare, varcare il confine, sconfinare, violare i confini, espatriare, emigrare.
confíno, *sm.* → BANDO, ESILIO.
nomencl. (*tipi*) politico, di pubblica sicurezza || confinato, bandito, relegato, condannato || (*pertinenti*) domicilio coatto, relegazione, esilio, bando || *verb.* confinare, relegare, bandire, condannare, inviare, mandare, obbligare al confino, sbandire.
confísca, *sf.* incameramento, intercettazione, → SEQUESTRO.
confiscàre, *v.tr.* incamerare, → SEQUESTRARE.
confítto, *pps.* di configgere || *agg.* → FITTO.
conflagràre, *v.intr.* → BRUCIARE, SCOPPIARE.
conflagrazióne, *sf.* → INCENDIO, SCOPPIO || *fig.* → GUERRA.
conflítto, *sm.* → BATTAGLIA, GUERRA || GARA.
confluènte, *ppr.* di confluire || *agg.* e *sm.* → AFFLUENTE.
contr. defluente.
confluènza, *sf.* → AFFLUENZA.
confluíre, *v.intr.* → FLUIRE, AFFLUIRE.
contr. defluire.
confóndere, *v.tr.* → MESCOLARE, UNIRE, DISORDINARE, IMBROGLIARE || non distinguere, prendere una cosa per un'altra || *fig.* avvilire, svergognare, sbalordire, stupire, abbagliare, umiliare || accozzare, rimescolare, intrugliare, rimestare, scambiare, fare imbrogli, disordinare; portare o mettere scompiglio, disordine; scompigliare, sconvolgere, sovvertire, perturbare, arruffare, scombussolare, complicare, ingarbugliare, impacciare, mettere negli impicci, sbaragliare, disorientare, sorprendere, turbare, → AGITARE.
nomencl. confusione, confuso, confusionario.
contr. distinguere, mettere ordine, mettere in ordine, chiarire || riaversi, rinvenire (dallo smarrimento).
conformàre, *v.tr.* rendere conforme, adattare, accomodare, concordare, formare, uniformare || *rifl.* condiscendere, accondiscendere, rassegnarsi, adattarsi, uniformarsi, aderire, imitare, → CONSENTIRE.
contr. diversificarsi, differenziarsi || dissentire, contrapporsi, opporsi, ribellarsi.
conformazióne, *sf.* → ADATTAMENTO || STRUTTURA, CORPORATURA, FIGURA.
confórme, *agg.* simile, uguale, cònsono, congruente, corrispondente, somigliante, uniforme || *avv.* secondo, giusta || *fig.* coerente, adatto, corrispondente, concorde, affine.
contr. differente, dissimile, difforme, còntrario, diverso || dissonante, stonato.
conformísmo, *sm.* snobismo, conformitá, imitazione, uniformità.
contr. difformità, originalità, indipendenza di idee, di giudizio, di comportamento.
conformísta, *agg.* e *sm.* snob, assimilabile, imitatore.
contr. originale, libero, indipendente, ribelle.
conformità, *sf.* somiglianza, uguaglianza, compiacenza, congruenza, imitazione, assimilazione || → UNIFORMITÀ || COERENZA.
confortàbile, *agg.* comodo, agevole, congeniale, conforme, adatto, → CONFORTEVOLE.
confortànte, *ppr.* di confortare || *agg.* → CONFORTEVOLE, EDIFICANTE.
confortàre, *v.tr.* riconfortare, consolare, riconsolare, racconsolare, rasserenare, disacerbare, incorare, corroborare, afforzare, convalidare, ristorare, sostenere, vigoreggiare, incoraggiare, giovare, confermare, stabilire, incitare, alleviare, alleggerire, sollevare, lenire, sedare, addolcire, attenuare, calmare, tranquillare, tranquillizzare || cicatrizzare, guarire || → FORTIFICARE.
nomencl. infondere forze, versare il balsamo, dare l'oblio, riportare la gioia, asciugare le lacrime, chiudere la piaga, riportare coraggio, ritemprare lo spirito, infondere fiducia o confidenza, riconciliare alla vita, inculcare la rassegnazione.
contr. avvilire, disanimare, sconfortare, scoraggiare, umiliare, gravare, rattristare, sconvolgere.
confortatívo, *agg.* → CONFORTEVOLE.
confortévole, *agg.* confortabile, confortativo, consolante, lenitivo, incoraggiante, confortante || → COMODO.
contr. affliggente, desolante, rattristante, scoraggiante || scomodo, disagiato, disagevole.
confòrto, *sm.* consolazione, sollievo, balsamo, antidoto, contravveleno, rimedio, medicina, lenitivo, lenimento, refrigerio, ristoro, rugiada, alleggerimento, corroborazione, sostegno, rifugio || distrazione, svago, divagamento || esortazione, speranza, consiglio, incoraggiamento, → AIUTO.
nomencl. (*varietà*) della fede, della speranza, della rassegnazione, del bene fatto, dei buoni || nei mali, nel dolore, nelle avversità, nelle disgrazie || confortatore, paraclito, sacerdote, medico, amico, fratello || confortatorio || *agg.* piccolo, grande, immenso, fraterno, caritatevole, durevole, labile, certo, instabile, duraturo, momentaneo, temporaneo || *verb.* confortare, addolcire, ridare forza, disattristare, rinvigorire, disasperare; riconfortare, sollevare, risollevare l'animo; togliere, alleggerire la pena, andare al cuore, fare o farsi coraggio, rialzare lo spirito, rincuorarsi, sollevare o sollevarsi dalle pene.

contr. abbattimento, prostrazione, scoraggiamento, sconforto, avvilimento, scoramento, disperazione.

confratèllo, *sm.* → COMPAGNO.

confratèrnita, *sf.* fratellanza, comunità, congregazione, arciconfraternita, → ASSOCIAZIONE.

nomencl. (*varietà*) religiosa, pia, della Misericordia, della morte, degli incappucciati || (*inerenti*) confratello, priore, capo di guardia, misericordaio o misericordiante, provveditore, fratello || statuto, regola, adunanza, riunione, officiatura, divisa, cappuccio || mastro, registro degli iscritti || cappella, oratorio, chiesa || *verb.* iscriversi, prender parte, far parte, adunarsi, osservare la regola.

confricàre, *v.tr.* → FREGARE, STROFINARE.

confricazióne, *sf.* → STROFINAMENTO, ATTRITO.

confrontàbile, *agg.* → PARAGONABILE.

confrontàre, *v.tr.* → PARAGONARE.

confrónto, *sm.* riscontro, comparazione, parallelo, ricognizione, collazione, → PARAGONE || contraddittorio, urto, gara, emulazione, competizione.

nomencl. *agg.* possibile, impossibile, odioso, lungo, momentaneo, inadeguato || incomparabile, paragonabile, inconfrontabile || *verb.* affrontare, agguagliare, collazionare, riscontrare, far contrapposto, fare un parallelo, mettere in contrasto, comparare.

confuggíre, *v.intr.* → FUGGIRE.

confusionàrio, *agg.* e *sm.* annaspone, acciabattone, arruffone, disordinato, agitato, pasticcione, ingarbugliato, imbrogliato, sconcertato, scombinato, sconclusionato, babèlico.

confusióne, *sf.* babele, torre di Babele, babilonia, bailamme, baraonda, bordello, bruzzaglia, agitazione, anarchia, commovimento, concitamento, concitazione, buscherio, congerie, diavolio, disordine, caos, pandemonio, parapiglia, putiferio, guazzabuglio, farragine, intrico, pasticcio, ramaccio, accozzaglia, garbuglio, buglione, rimescolamento, scombussolio, scompiglio, sconcerto, subbuglio, tramestío, tafferuglio, arruffio, sviluppo, imbroglio, mischia, congestione, folla, cagnara, cancan, canizza, canea, diavoleto, dedalo, buio || miscela, mescolanza, mistione, intruglio, guazzerone || zibaldone || → VERGOGNA || TURBAMENTO, EBBREZZA.

nomencl. *agg.* grande, enorme, continua, tumultuosa, turbolenta, disordinata, intricata, subitanea, vivace, improvvisa, oscura, simulata, sconcertante || *verb.* confondere, disordinare, scambiare, avvilire, umiliare, abbassare, imbrogliare, sbalordire, disorientare, scombinare, scombussolare, affastellare, armeggiare, complicare, impappinare, ingarbugliare, turbare, mettere a soqquadro, ravviluppare, riconfondere, sconfondere, confondersi, arruffarsi, intrecciarsi, vergognarsi, avvilirsi, impappinarsi, imbalordirsi, impigliarsi, perdere la bussola, perdere le staffe, rimaner confuso, restare imbrogliato, andare in frasca, stare a bocca aperta, restare senza voce, restar di stucco, di sale, di sasso || rimanere confuso, pallido, avvilito, umiliato, svergognato, sbalordito, agitato || bere, trangugiare, ingollare intrugli, ecc.

contr. ordine, tranquillità, pace, quiete, calma || impassibilità.

confúso, *pps.* di confondere || *agg.* disordinato, caotico, inviluppato, intricato, farraginoso, accozzato, arruffato, abbaruffato, scompigliato, sconcertato, babelico, mescolato, rimescolato, indistinto, informe, convulso, tumultuario || pallido, → BUIO || *fig.* mortificato, svergognato, umiliato, perplesso, sbalordito, → AGITATO.

nomencl. *verb.* rimanere di sale, di stucco, di sasso; avere la testa come un pallone.

contr. ordinato, chiaro || impassibile, padrone di sé, tranquillo, *compos sui.*

confutàbile, *agg.* oppugnabile, impugnabile, contestabile, rintuzzabile, → DISCUTIBILE.

contr. inconfutabile, inoppugnabile, indiscutibile, incontrastabile.

confutàre, *v.tr.* ribattere, ritorcere, obiettare, oppugnare, riprovare, redarguire, infirmare, dimostrare, argomentare contro, contraddire; sofisticare, cavillare, sottilizzare, → RESPINGERE.

contr. accettare, acconsentire, concordare, approvare, ammettere, confermare.

confutazióne, *sf.* contraddittorio, disputa, obiezione, ritorsione, antilogia, contestazione, reazione.

contr. ammissione, accettazione, approvazione, conferma, consenso, concordanza d'idee, argomentazioni od opinioni.

congedàre, *v.tr.* accomiatare, licenziare, espedire, mandare via, → ALLONTANARE || *rifl.* accomiatarsi, → DIMETTERE.

congèdo, *sm.* → LICENZA, ALLONTANAMENTO, PERMESSO.

nomencl. (*distinzioni*) illimitato, provvisorio, assoluto || militare, amministrativo || *verb.* congedarsi, accomiatarsi, levare il disturbo || lasciare l'esercito, le armi, tornare alla vita civile, smettere la divisa, abbandonare temporaneamente il servizio.

congegnàre, *v.tr.* mettere insieme, commettere, far combaciare, far entrare, → COMBINARE, COMPORRE, UNIRE || COSTRUIRE, PRODURRE.

congégno, *sm.* ordigno, meccanismo, apparecchio, arnese, dispositivo, organismo, artificio, struttura, fabbrica, utensile, → MACCHINA || GIUOCO.

nomencl. (*tipi*) meccanico, elettrico, elettronico, fisso, mobile, esplosivo, delle armi || (*esempi*) arpione, cerniera, fibbia, gancio, serratura || *agg.* semplice, complicato, perfetto, inadeguato, rudimentale, primitivo, imperfetto, funzionante, applicabile.

congelaménto, *sm.* → COAGULAZIONE, GELO.

congelàre, *v.tr.* → GELARE, CONDENSARE || *fig.* immobilizzare, fermare.

congelazióne, *sf.* → GELO.

congènere, *agg.* consimile, somigliante, congruente, confacente, concorde, congeniale, → SIMILE.

contr. degenere, tralignato, peggiorato, diverso.

congeniàle, *agg.* connaturale, congenere, simpatizzante, affine, concorde, cònsono, unanime, conforme.

contr. antagonista, contrario, contraddittorio, contrapposto.

congènito, *agg.* ingenito, innato, natio, nativo, connaturato, connaturale, ereditario, originario, originale, derivato, → INSITO || gemello.

contr. acquisito, ricevuto, ottenuto, abituale, imposto.

congèrie, *sf.* → QUANTITÀ, CONFUSIONE, EMPORIO.

congestióne, *sf.* afflusso (di sangue) || *fig.* affollamento, ammassamento (di folla, di veicoli), → CONFUSIONE.
nomencl. cerebrale || del traffico, stradale.
contr. scioglimento, diradamento, rarefazione.

congettúra, *sf.* ipotesi, presunzione, sospetto, opinione, → SUPPOSIZIONE, GIUDIZIO.
nomencl. *agg.* probabile, felice, audace, attendibile, fondata, fattibile, credibile, verosimile, ammissibile || improbabile, incredibile, inammissibile, inattendibile, infondata, strampalata, strana, inverosimile, stramba || *verb.* congetturare, formulare ipotesi, supporre, immaginare, ipotizzare, argomentare, presumere.

congetturàle, *agg.* ipotetico, presumibile, suppositivo || suppositizio.

congetturàre, *v.tr.* → CREDERE, IMMAGINARE, SUPPORRE, INDURRE || AUGURARE.

congiúngere, *v.tr.* → UNIRE, APPICCARE, AGGIUNGERE.

congiungiménto, *sm.* congiunzione, incontro, mescolanza, unificazione, còpula, → UNIONE.

congiúnto, *pps.* di congiungere || *agg.* → UNITO, ANNESSO || *sm.* → PARENTE.

congiuntúra, *sf.* riscontro, occasione, circostanza, occorrenza, contemporaneità, → AVVENIMENTO, CASO || COMODITÀ || INCONTRO.

congiunzióne, *sf.* → UNIONE, INNESTO.
nomencl. (*varietà*) grammaticale, semplice, propria, impropria, composta, locuzione congiuntiva, coordinante (copulativa, affermativa, negativa, disgiuntiva, aggiuntiva, avversativa, dichiarativa, conclusiva, illativa, correlativa), subordinante (temporale, causale, finale, condizionale, consecutiva, modale, comparativa, concessiva, interrogativa, dubitativa, limitativa, restrittiva, eccettuativa) || astrale (superiore, inferiore).
contr. disgiunzione, separazione, disunione, distacco, distinzione.

congiúra, *sf.* cospirazione, patto giurato, conciliabolo, camarilla, setta, lega, trama, trattato, maneggio, sinedrio (*scherz.*), → COMPLOTTO, INTRIGO.
nomencl. di palazzo, di corte, di generali, ecc. || (*affini*) piano segreto, progetto segreto, riunione segreta, parola d'ordine, giuramento, gerarchia, gradi || (*persone*) congiurato, affiliato, settario, complottante, sedizioso, attentatore, intrigante || *agg.* segreta, diabolica, sovversiva, sediziosa, militare, politica || *verb.* congiurare, ordire, tramare, architettare, preparare, macchinare, intessere || boicottare, scoprire, sventare, reprimere.

congiuràre, *v.intr.* tramare, tessere, architettare, macchinare, → ORDIRE, COMPLOTTARE.

congiuràto, *pps.* di congiurare || *sm.* cospiratore, settario, complottante, affiliato, → AGITATORE.

congiuratóre, *agg.* e *sm.* → AGITATORE.

conglobàre, *v.tr.* → AMMUCCHIARE, RACCOGLIERE.

conglomeràre, *v.tr.* agglomerare, ammassare, coagulare, aggrumare.

conglomeràto, *pps.* di conglomerare || *sm.* agglomerato, ammassamento, → MUCCHIO.

conglomerazióne, *sf.* → COAGULAZIONE.

conglutinàre, *v.tr.* → ATTACCARE, UNIRE.

congratulàre, *v.rifl.* rallegrarsi, compiacersi, felicitarsi, consolarsi, → COMPLIMENTARE.
contr. biasimare, condolersi, compiangere.

congratulazióne, *sf.* rallegramento, felicitazione, compiacimento, mirallegro, → PLAUSO, COMPLIMENTO.
contr. biasimo, commiserazione, condoglianza, compianto.

congrèga, *sf.* congregamento, combriccola, combutta, conventicola, camarilla, → ADUNANZA, ASSOCIAZIONE.

congregàre, *v.tr.* → ASSOCIARE.

congregazióne, *sf.* → ASSOCIAZIONE || dicastero ecclesiastico, → CONGREGAZIONI RELIGIOSE.
nomencl. (*esempi*) romana (per la Dottrina della fede, concistoriale, per la Chiesa Orientale, dei Sacramenti, del Concilio, dei religiosi, de Propaganda Fide, dei riti, cerimoniale, degli affari ecclesiastici straordinari, dei seminari e delle università, degli studi, della rev. fabbrica di S. Pietro), di carità, dei cardinali, foranea, religiosa.

congregazióni religióse.
nomencl. (*elenco*) filippini, dottrinari, lazzaristi, sulpiziani, passionisti, redentoristi, monfortiani, oblati, pallottini, maristi, marianisti, rosminiani, pavoniani, salesiani, missionari, eudisti, stimatini, assunzionisti, claretani, padri bianchi, saveriani, paolini || (*inerenti*) monastero, convento, casa madre, filiale, clausura, ritiro, cella, dormitorio, refettorio, foresteria, parlatorio, regola, costituzione, voto semplice, voto solenne, diritto pontificio, diritto diocesano, consigli evangelici || superiore, provinciale, generale, segretario, archivista, vicario generale || talare, saio, abito, tonaca, cocolla, cappuccio, cordiglio, cordone, cingolo, scapolare, sandali, corona || noviziato, vestizione, professione.

congrèsso, *sm.* assemblea, riunione, conferenza, consiglio, consulto, simposio, tavola rotonda, convegno, → ADUNANZA, COLLOQUIO || CONFERENZA.
nomencl. (*tipi*) diplomatico, legislativo, parlamentare, accademico, culturale, scientifico, medico, chirurgico, geografico, sindacale, operaio, democratico, repubblicano, di partito, nazionale, delle nazionalità, internazionale || (*attinenti*) seduta, sessione, tornata, segreteria, ordine del giorno || *verb.* adunare, riunire, inaugurare, aprire, presiedere, partecipare, presenziare, tenere, chiudere, sospendere.

còngrua, *sf.* prebenda, → BENEFICIO.

congruènte, *agg.* proporzionato, corrispondente, conveniente, confacente, debito, → ADATTO.

congruènza, *sf.* congruità, → RELAZIONE || COERENZA || CONVENIENZA.

congruità, *sf.* congruenza, → CONVENIENZA.

còngruo, *agg.* conforme, congruente, conveniente, opportuno, acconcio, → ADATTO, DECOROSO.
contr. incongruo, inopportuno, inconveniente, inadatto, disdicevole.

conguagliàre, *v.tr.* equiparare, pareggiare, → EGUAGLIARE.

conguàglio, *sm.* equiparazione, → PAREGGIO.

coniàre, *v.tr.* battere moneta || foggiare, improntare || *fig.* creare, inventare.
nomencl. conio, coniazione (con stampi, con punzoni).

conífero, *agg.*
nomencl. (*tipo*) abete, pino, cipresso, larice, ginepro, tasso, cedro || stròbilo, còccola, pigna, pina.

coníglio, *sm.*
nomencl. (*varietà*) selvatico, domestico, argentato, angora, russo, gigante, da pelliccia, olandese, di Fiandra, di Patagonia, nero, ordinario o comune || (*prodotti*) carne, pelle, pelo || (*pertinenti*) coniglicoltura, conigliera, letto dei piccoli, pelliccia, mantello || garenna, zigare.
cònio, *sm.* → CUNEO, PUNZONE.
coniugàle, *agg.* matrimoniale.
coniugàre, *v.tr.* dire con ordine, flettere i verbi nei modi, tempi, persone e numero || → UNIRE.
coniugazióne, *sf.* flessione (dei verbi).
còniuge, *sm.* consorte, compagno, compagna, marito, moglie, sposo, sposa || *pl.* marito e moglie, gli sposi.
coniúgio, *sm.* connubio, → MATRIMONIO || *fig.* → UNIONE.
connaturàle, *agg.* → NATURALE, INSITO, CONGENITO.
connaturàto, *agg.* → NATURALE, INSITO.
connazionàle, *agg.* compatriota, → COMPAESANO.
connessióne, *sf.* → ATTACCO, COERENZA || RELAZIONE.
connèttere, *v.tr.* → COMBINARE, ATTACCARE, UNIRE.
connivènte, *agg.* → COMPLICE.
connivènza, *sf.* → COMPLICITÀ.
connotàto, *sm.* → ASPETTO.
connúbio, *sm.* coniugio, → MATRIMONIO || → UNIONE || connubio illegittimo, convivenza, → CONCUBINATO.
connumeràre, *v.tr.* → CONTARE.
còno¹, *sm.*
nomencl. acutangolo, rettangolo, retto, scaleno, tronco || altezza, asse, base, direttrice, sezione, vertice || (*alcuni tipi*) d'attrito, di deiezione, di pulegge, d'ombra o penombra, d'utensile, luminoso.
còno², *sm.* → GELATO.
conòcchia, *sf.* rocca.
conopèo, *sm.* zanzariera, → VELO.
conoscènza, *sf.* conoscimento, cognizione, nozione, idea, sapere, contezza, sentore, notizia, intuizione, competenza, cervello, dottrina, esperienza, penetrazione, comprensione, consapevolezza, coscienza, discrezione, intendimento || rapporto, pratica, familiarità, vincolo, dimestichezza, aderenze, → AMICIZIA || carnale, → COITO.
nomencl. (*attinenti*) agnizione, anticonoscenza, anticognizione, preconoscenza, prescienza, sensazione, percezione, appercezione, concetto, precognizione, prenozione, ricognizione, riconoscimento, rivelazione, sinderesi || (*tipi*) sensibile, sensoriale, soprasensibile, intellettuale, concettuale, mistica, induttiva, deduttiva, *a priori*, *a posteriori*, sintetica, analitica || *agg.* comune, scientifica, profonda, superficiale, materiale, immateriale, negativa, riflessa, positiva, diretta, indiretta, attuale, suggestiva, virtuale || *verb.* avere conoscenza, sapere || aver molte conoscenze, fare conoscenza, frequentare qualcuno, stringere conoscenze.
contr. ignoranza, insipienza, incompetenza || dimenticanza.
conóscere, *v.tr.* sapere, aver nozione, aver notizia, essere a conoscenza, essere a cognizione, essere informato, essere edotto || ravvisare || intendere, percepire, comprendere, capire, discernere, appurare, avvertire, accettare || aver pratica, aver dimestichezza, familiarizzare, familiarizzarsi || apprendere, imparare, ricordare, riconoscere || raffigurarsi, affigurarsi, affigurare, annusare, avere buon naso, avere buon fiuto, avere competenza, avere un'idea, badare, afferrare con la mente, conoscere per filo e per segno, distinguere, esplorare, essere informato, farsi un'idea, formarsi un giudizio, acquisire cognizioni, intendersene, essere pratico, mostrarsi al corrente, essere al corrente, saperla lunga, scrutare, vederci chiaro, venire in chiaro || render noto, indicare, notificare, comunicare, tenere a giorno, render consapevole, render pubblico.
contr. ignorare, disconoscere, disimparare, dimenticare || non sapere.
conoscíbile, *agg.* apprendibile, comprensibile, percepibile, afferrabile, → INTELLIGIBILE.
conosciménto, *sm.* cognizione, → CONOSCENZA.
conoscitóre, *sm.* intenditore, specialista, specializzato, esperto, pratico, competente, tecnico || consapevole, edotto.
nomencl. *agg.* aggiornato, profondo, dilettante, superficiale, empirico, minuzioso, celebre, famoso, notorio, riconosciuto.
conosciúto, *pps.* di conoscere || *agg.* cognito, noto, notorio, manifesto, palese, consaputo, appreso, saputo, pubblico, famigerato, rinomato, insigne, popolare, → FAMOSO.
nomencl. fritto e rifritto, conosciuto più della bettonica, a prova, di nome, di fama, per fama, noto in Giudea, noto *lippis et tonsoribus*, troppo noto.
contr. sconosciuto, ignoto, incognito, ignorato, oscuro.
conquassàre, *v.tr.* sconquassare, fracassare, squassare, → ROVINARE, URTARE.
conquàsso, *sm.* sconquasso, → DISTRUZIONE, ROVINA || URTO.
nomencl. *verb.* andare in conquasso.
conquèsto, *sm.* → LAGNANZA.
conquíbus, *sm. indecl. scherz.* → DENARO.
conquídere, *v.tr. poet.* → CONQUISTARE || INNAMORARE.
conquísta, *sf.* conquisto (*poet.*), vittoria, guadagno, occupazione, appropriazione, invasione || → ACQUISTO || successo nell'amoreggiare.
nomencl. imperialismo, riconquista || conquistatore || *agg.* facile, difficile, sanguinosa, dura, breve, temporanea, duratura, lunga, definitiva, vittoriosa, incerta || *verb.* conquistare, invadere, soggiogare, occupare, impadronirsi, vincere, sgominare, riconquistare, ricuperare, riprendere || conquistare la fama, il cielo, un posto al sole.
contr. perdita, rinuncia, abbandono, sconfitta.
conquistàre, *v.tr.* acquistare, impadronirsi, appropriarsi, prendere, impossessarsi, ricuperare, conquidere, occupare, invadere, usurpare, soggiogare, sottomettere || battere, vincere || guadagnare, raggiungere, ottenere, riuscire, conseguire || → INNAMORARE || *rifl.* → CATTIVARE.
contr. lasciare, perdere, abbandonare || cacciare, respingere, sconfiggere.
conquistatóre, *sm.* invasore, soggiogatore, trionfatore, vincitore, usurpatore, tiranno || fortunato con le donne, in amore.
contr. soggiogato, perdente, respinto, sconfitto, vinto.
consacràre, *v.tr.* fare sacro, ordinare, → BENEDIRE || *fig.* → DEDICARE, ATTRIBUIRE || riconoscere ufficialmente || *rifl.* dedicarsi.

nomencl. (*inerenti*) vescovo, sacerdote, rituale, cerimonie, rito, culto, dedicazione, celebrazione, formula, materia della consacrazione || *verb.* celebrare, sacrificare.
consacràto, *pps.* di consacrare || *agg.* → BENEDETTO || dedito, dedicato.
consacraziόne, *sf.* dedicazione, sacramento, sagra, ordinazione, offerta, → BENEDIZIONE.
nomencl. (*tipi*) sacerdotale, episcopale, dell'Eucaristia, dell'Olio santo, di un'altare, di una chiesa || (*inerenti*) celebrante, consacrante, conconsacrante, sacerdote, vescovo || cerimoniale, pontificale romano, materia della consacrazione, formula della consacrazione, ministro || festa della consacrazione, della dedicazione.
consanguineità, *sf.* → PARENTELA.
consanguíneo, *agg.* e *sm.* → PARENTE.
consapévole, *agg.* conscio, sciente, cosciente, edotto, informato, persuaso, avvertito, avvisato, convinto.
nomencl. *verb.* essere, fare consapevole, avvertire, persuadere, rendere persuaso, convincere.
contr. inconsapevole, inconscio, ignaro, insciente, incosciente.
consapevolézza, *sf.* → CONOSCENZA, COSCIENZA.
consapevolménte, *avv.* scientemente, volutamente, → APPOSTA.
consapúto, *agg.* *rar.* → CONOSCIUTO.
cònscio, *agg.* → CONSAPEVOLE.
consecutívo, *agg.* → CONTINUO.
conségna, *sf.* rimessa, presentazione, offerta, devoluzione, assegnazione, aggiudicazione || deposito, recapito || → ORDINE || castigo, punizione.
nomencl. immediata, a domicilio, differita || parola d'ordine, sentinella, guardia, corpo di guardia, capoposto || sulla parola.
contr. esproprio || invio, spedizione.
consegnàre, *v.tr.* commettere, recapitare, rimettere, affidare, riconsegnare, rendere, accomandare, deporre, presentare, offrire, porgere, depositare, devolvere, cedere, → DARE || punire || *rifl.* → COSTITUIRE.
nomencl. (*inerenti*) consegnatario, depositario, recapito, deposito.
contr. prendere, ricevere, accettare, accogliere || rifiutare, respingere.
consegnatàrio, *sm.* depositario.
contr. depositante.
consegùente, *ppr.* di conseguire || *agg.* derivante, seguente, posteriore, proveniente, susseguente, successivo, consecutivo.
contr. antecedente, precedente, previo, causale.
consegùenza, *sf.* deduzione, illazione, esito, conclusione, sequela, risultato, risultamento, → EFFETTO || importanza, rilievo, entità.
nomencl. (*inerenti*) argomentazione, sillogismo, conseguenziario, conseguente, concatenazione, legame di causa ed effetto || *agg.* grande, piccola, modesta, grave, tremenda, logica, necessaria, immancabile, conforme.
contr. causa, premessa || irrilevanza.
conseguiménto, *sm.* effetto, risultato, raggiungimento, → ESITO.
contr. fallimento, smacco, mancamento, delusione, scacco.
conseguíre, *v.tr.* → OTTENERE, CAUSARE, AVERE || *intr.* → SEGUIRE.
contr. perdere, fallire, mancare, sbagliare, rimanere smaccato.
consènso, *sm.* accessione, accettazione, accoglienza, accoglimento, aggradimento, approvazione, beneplacito, benestare, acquiescenza, adesione, assenso, assentimento, annuenza, ammissione, compiacimento, consentimento, concordia, concessione, → ACCORDO.
nomencl. *agg.* paterno, materno, familiare, amichevole, tacito, volontario, espresso, formale, comune, universale, libero, carpito, implicito, esplicito, contrattuale || *verb.* consentire, acconsentire, accordare, permettere, concedere, cedere, accedere, condiscendere || rifiutare, ricusare, discordare.
contr. dissenso, disparere, discrepanza, disapprovazione, negazione, rifiuto, discordanza, opposizione.
consensuàle, *agg.* consenziente, assenziente, concordante.
consentàneo, *agg.* conforme, corrispondente, univoco || consenziente, → ADATTO.
consentiménto, *sm.* → ACCORDO, CONSENSO.
consentíre, *v. tr.* e *intr.* approvare, essere d'accordo, assentire, ammettere, obbedire, annuire, conformarsi, convenire, accedere, aderire, esaudire, → CONCORDARE, ACCONSENTIRE, ACCORDARE.
contr. dissentire, negare, ricusare, disapprovare, disobbedire, rifiutare, contraddire, essere d'altro parere.
consenziènte, *ppr.* di consentire || *agg.* assenziente, concorde, consentaneo, consensuale.
contr. dissenziente.
consertàre, *v.tr.* intrecciare, → UNIRE.
consèrva, *sf.* confettura, composta, salsa conservata.
nomencl. (*varietà*) alimentare, di carne, di frutta, di pomodoro, di legumi, di verdure || cotognata, marmellata, scatolame || (*procedimenti*) essiccazione, disidratazione, affumicamento, salagione || *verb.* conservare, giulebbare, mettere in conserva, in salamoia.
consèrva (di), *loc. avv.* insieme, d'accordo.
nomencl. procedere di conserva, di comune accordo.
conservàre, *v.tr.* mantenere, riparare, salvare, preservare, reggere, → TENERE, CUSTODIRE, DIFENDERE || *rifl.* mantenersi in forze, giovane, resistere, durare.
nomencl. affumicare, giulebbare, mettere in cantina, al fresco; mettere in salamoia, in frigorifero, in vivaio, in ghiacciaia, tenere sotto campana di vetro.
contr. perdere, smarrire, distruggere, rimuovere, gettar via, sciupare, guastare || declinare, invecchiare, decadere || innovare.
conservatóre, *agg.* e *sm.* tradizionalista, moderato, legittimista || *sm.* magistrato, archivista, bibliotecario.
nomencl. partito conservatore, destra politica || tradizionalismo, culto della tradizione, misoneismo || d'archivio, di museo, di biblioteca, delle ipoteche.
contr. innovatore, progressista, radicale, sovversivo, rivoluzionario || modernolatria.
conservatòrio, *sm.* liceo musicale, → COLLEGIO.
conservazióne, *sf.* conserva, difesa, mantenimento, custodia, manutenzione, → DURATA || restauro, rinnovamento.
nomencl. *agg.* buona, cattiva, lunga, temporanea, in-

definita, semplice, pratica, naturale, artificiale, intatta. || (*inerenti*) affumicazione, congelamento, cella frigorifera, frigorifero, salamoia, vivaio.
contr. rivoluzione, distruzione, rimozione, perdita, deterioramento, guasto, disperdimento, sfacimento, putrefazione.

consèsso, *sm.* → ADUNANZA.
nomencl. anfizionia, areopago, cenacolo, sinedrio.

considerabile, *agg.* → CONSIDEREVOLE.

consideràre, *v.tr.* notare, badare, guardare, osservare diligentemente, guardare con attenzione, riguardare, porre attenzione, meditare, bilanciare, vagliare, osservare || tener in conto || mettersi al livello dei tempi, → AVVERTIRE, ESAMINARE, CONTEMPLARE || STIMARE.
contr. trascurare, non curare, negligere, distrarsi, guardare superficialmente, tener per nulla.

considerataménte, *avv.* → PRUDENTEMENTE.

consideratézza, *sf.* → CONSIDERAZIONE, AVVERTENZA, PRUDENZA.

consideràto, *pps.* di considerare || *agg.* stimato, reputato, rinomato, → PRUDENTE || importante, accreditato, notabile, influente.

considerazióne, *sf.* osservazione, consideratezza, riflessione, ponderazione, sagacia, riflesso, → AVVERTENZA, ATTENZIONE, PRUDENZA || stima, rispetto, opinione, credito, importanza, rinomanza, reputazione, nomea, → FAMA.
nomencl. *agg.* alta, grande, buona, affettuosa, comprensiva, superiore, comune, popolare, scarsa, mediocre, nulla, limitata, dubbia, negativa || del volgo, del popolo.
contr. superficialità, frivolezza, sconsideratezza, cecità, approssimazione, disistima, discredito.

considerévole, *agg.* importante, considerabile, notabile, → NOTEVOLE.

consigliàre, *v.tr.* ammonire, esortare, indurre, impegnare, stimolare, suggerire, incitare, illuminare, spingere, eccitare → AVVISARE, AVVERTIRE || pungolare, sollecitare, infiammare, trascinare, strascinare, fanatizzare, elettrizzare, galvanizzare, incoraggiare, dar animo, infondere coraggio, persuadere, decidere, determinare, ispirare, influenzare || moralizzare, addestrare, avvezzare, dar lezione, catechizzare, predicare, considerare, soggiogare, addottrinare, ammaestrare || guidare, governare || rimproverare, riprendere, correggere, ridurre al dovere, sgridare, rampognare || sviare, allontanare, stornare, adescare, abbindolare, infinocchiare, sedurre, cattivarsi o guadagnarsi l'animo o qualcuno, circonvenire, istigare || domandare consiglio, consultare, domandare parere, rimettersi a, chiedere lumi, seguire i consigli, arrendersi ai consigli, assistere con i consigli; dare, ricevere, chiedere, accettare, rifiutare, ricusare consigli, riconsigliare, *rifl.* CONSULTARE.
contr. sconsigliare, lasciar fare, dissuadere, disapprovare, scoraggiare, distogliere, rimuovere.

consigliatóre, *agg.* e *sm.* → CONSIGLIERE.

consiglière, *sm.* consigliatore, esortatore, ispiratore, ammonitore, mentore, suggeritore, eccitatore, incitatore, istigatore || membro di un consiglio, consulente, consultatore || buono o cattivo genio, oracolo, direttore dello spirito, distributore di consigli, ninfa Egeria, eminenza grigia, donna Prassede, avvocaticchio.
nomencl. (*varietà*) di Stato, di Cassazione, provinciale, comunale, diplomatico, ecclesiastico, camerale, d'amministrazione, dell'ordine, di prefettura || segreto, accetto, delegato.

consíglio¹, *sm.* esortazione, parere, fervorino, ammonimento, ammonizione, stimolo, incitamento, eccitamento, spinta, pungolo, sollecitazione, adescamento, circonvenzione, monitorio || avvertenza, avvertimento, suggerimento, proposta, parere, ammaestramento, persuasione, ispirazione, influenza, lezione, guida, → AVVISO || consolazione, buona parola, alleviamento, → CONFORTO || sgridata, correzione, rampogna || consulto, colloquio, consulenza, richiesta di consiglio, → CONSULTAZIONE.
nomencl. *agg.* buono, opportuno, leale, sincero, discreto, savio, prudente, gentile, amichevole, amorevole, appassionato, utile, disinteressato, mite || interessato, rischioso, sleale, insincero, audace, imprudente, inopportuno, malizioso, insidioso, pazzo, disperato, cattivo, pessimo || *loc. avv.* a rovescio, di cattivo gusto.

consíglio², *sm.* adunanza, riunione, consesso, consulta.
nomencl. (*alcuni tipi*) comunale, provinciale, scolastico, bancario, d'amministrazione, forestale, della sanità, di Stato, dei ministri, della corona, aulico, di corte, dell'ordine, della difesa, di guerra, di famiglia, di leva, di prefettura, di tutela, federale, nazionale || (*esempi storici*) degli Anziani, Direttorio, Consiglio dei Cinquecento, dei Dieci, degli Stati, di credenza, Gran consiglio || (*inerenti*) presidente, consigliere, segretario, membro, governo, deputato, ministro || *agg.* generale, segreto, pubblico, grande, piccolo || *verb.* presiedere, riunire, indire, sospendere, partecipare, deliberare, approvare, discutere, rassegnare le dimissioni, entrare in consiglio, far parte del consiglio.

consímile, *agg.* congenere, somigliante, → SIMILE.
contr. dissimile.

consistènte, *ppr.* di consistere || *agg.* risultante, → DENSO, DURO.

consistènza, *sf.* → DENSITÀ, DUREZZA || STABILITÀ.

consístere, *v.intr.* esser composto, risultare, ridursi, → ESSERE.

consociàre, *v.tr.* → UNIRE, ASSOCIARE.

consociazióne, *sf.* → ASSOCIAZIONE, UNIONE.

consòcio, *sm.* → SOCIO.

consodàle, *sm.* → COMPAGNO.

consolànte, *ppr.* di consolare || *agg.* consolatorio, corroborante, confermante, edificante, rasserenante, → CONFORTEVOLE.

consolàre, *v.tr.* racconsolare, condolersi, addolcire, alleggerire, alleviare, assopire, attenuare, calmare, confortare, convalidare, disacerbare, disasprire, distrarre, esortare, incitare, guarire, incoraggiare, incorare, rincuorare, lenire, molcere, placare, rafforzare, rasserenare, rassicurare, ravvalorare, rianimare, riconfortare, ricreare, ristorare, risollevare, sollevare, sostenere, temperare, tranquillare, tranquillizzare || detergere le lacrime, il pianto; dare, infondere, portare, donare sollievo, pace, refrigerio, speranza; riconciliare con la vita, risuscitare le speranze || *rifl.* darsi pace, rasserenarsi, rassicurarsi, rassegnarsi, confortarsi, risollevarsi.

contr. sconfortare, disanimare, affliggere, addolorare, rattristare, appesantire, desolare, abbattere || disperarsi, affliggersi, incupirsi, essere desolato.

consolatóre, *agg.* e *sm.* confortatore, Paraclito o Paraclèto, medico delle anime, rasserenatore, consolatorio, lenitivo.

consolazióne, *sf.* alleviamento, lenimento, medicamento, refrigerio, ristoro, contento, ricreamento, sollievo, allegrezza, gioia, lenitivo, rimedio, → CONFORTO, GIOIA || rassegnazione, adattamento, pacificazione.

nomencl. *(attinenti)* balsamo, rugiada, linimento, unguento, olio, miele || *agg.* grande, piccola, dolce, confortante, divina, celeste, familiare, temporanea, momentanea, eterna, infinita || *verb.* consolare, addolcire, confortare, portare conforto, allegrezza, dar riposo, far coraggio, rassegnare, rasserenare, asciugare le lacrime || consolarsi, rasserenarsi, sollevarsi dalle pene, dalle angustie.

contr. afflizione, sconforto, irritazione, cupore, disorientamento, disperazione, tristezza, desolazione.

cònsole, *sm.* magistrato, → AMBASCIATORE.

nomencl. *(tipi)* primo, generale, del comune, di giustizia, dei placiti, dei mercanti || agente consolare, proconsole, vice-console || *(inerenti)* lettere credenziali, *exequatur*, incaricato d'affari, corpo consolare, decano del corpo consolare || medaglie consolari, insegne consolari, potere consolare, littori, fasci, monete, toga.

consolidàre, *v.tr.* confermare, rafforzare, irrobustire || condensare || → INDURIRE, CICATRIZZARE || *fig.* → AFFERMARE || *rifl.* crescere di potenza, affermarsi, assicurarsi, rinvigorirsi, espandersi.

consommé, *sm. fr.* consumato, → BEVANDA.

consonànte, *ppr.* di consonare || *agg.* consentaneo, unanime, congeniale, cònsono, → CORRISPONDENTE, ADATTO.

consonànti, *sf. pl.*

nomencl. labiali (p, b, m, f, v), dentali (t, d, n, s, z), gutturali (c, g, q), palatali (c, g, davanti ad i, e), linguali (l, r), mute (p, b, c, g, q, t, d), esplosive, liquide (l, m, n, r), nasali (m, n), spiranti (f, v, s, z, c davanti ad i, e).

consonànza, *sf.* assonanza, rispondenza, → ARMONIA, ALLITTERAZIONE, RELAZIONE.

contr. dissonanza, stridore, urto, contrasto.

consonàre, *v.intr.* → CONCORDARE.

cònsono, *agg.* conveniente, armonico, consonante, → CONCORDE, ADATTO, CORRISPONDENTE, COERENTE.

consòrte, *sm.* → CONIUGE.

consorterìa, *sf.* fazione, setta, partito, congrega, cricca, combriccola, camarilla, mafia, → ADUNANZA, ASSOCIAZIONE, COMPAGNIA.

nomencl. *(distinzioni)* nobiliare, gentilizia, urbana, medievale || *(termini storici)* consoli, rettori, capitani, magnati, potenti, militi, cittadini maggiori, nobiltà || iuspatronato.

consòrzio, *sm.* → ASSOCIAZIONE, COMPAGNIA.

nomencl. *(vari tipi)* agrario, comunale, intercomunale, provinciale, di irrigazione, di bonifica, delle acque, della pesca, montano, di consumo || *(pertinenti)* assemblea, soci, presidente, consiglio, statuto, bilancio, quote di partecipazione, azioni || *verb.* erigere, unire in consorzio, consorziare, coadunare; sciogliere.

constàre, *v.intr.* consistere, essere composto || *impers.* risultare, esser noto.

constatàre, *v.tr.* → COSTATARE, ACCERTARE.

constatazióne, *sf.* → COSTATAZIONE, CONFERMA.

consuèto, *agg.* usitato, abituale, → SOLITO, ORDINARIO.

consuetudinàrio, *agg.* e *sm.* → ABITUDINARIO.

consuetúdine, *sf.* costume, andazzo, voga, rito, moda, uso, usanza, regola, pratica, costumanza, assuetudine, assuefazione, → ABITUDINE || FAMILIARITÀ.

nomencl. *agg.* antica, remota, tradizionale, tramandata, ricevuta, avita, locale, inalterata, paesana, cittadina, nazionale, familiare, recente, nuova, radicata, inveterata, attecchita, allignata, tenace, salda, ostinata, sentita, non sentita, indifferente, trascurata, dimenticata, abbandonata || *loc avv.* appena introdotta, *ab immemorabili.*

consulènte, *agg.* e *sm.* specialista, competente, luminare, → AVVOCATO, CONSIGLIERE.

consúlta, *sf.* consiglio, assemblea, → ADUNANZA || organo di consulenza.

nomencl. *(esempi)* araldica, municipale; Consulta nazionale, Sacra Consulta.

consultàre, *v.tr.* compulsare, scartabellare, sfogliare, spulciare, studiare, disaminare, esaminare || consigliarsi, interpellare, domandar consiglio, informarsi, interrogare, chiedere parere, prendere in esame, prendere un consulto, tener consiglio con qualcuno.

nomencl. consultazione || giureconsulto, avvocato, consulto medico, consultore, esegeta, luminare del foro o della medicina; consultorio matrimoniale, pedagogico, ecc.

contr. consigliare, informare, ragguagliare, illuminare, rispondere, dare pareri.

consultazióne, *sf.* consulto, disamina, richiesta di parere, consiglio, colloquio, abboccamento.

consúlto, *sm.* → CONSULTAZIONE.

consultóre, *sm.* → CONSIGLIERE.

consultòrio, *sm.* → AMBULATORIO.

consumàre, *v.tr.* logorare, corrodere, intaccare, disperdere, esaurire, finire, distruggere, vuotare, sfruttare, dissipare, sperperare, sprecare, limare, delimare, usare, frustare, guastare, minare, rodere, sdrucire, straziare, strubbiare, strucinare, dar di balta al patrimonio, → ANNULLARE, SCIUPARE || *rifl.* consumarsi, deperire, distruggersi, indebolirsi, struggersi, macerarsi, macinarsi, logorarsi, crucciarsi, rodersi; mangiarsi il cuore, l'anima, il fegato || consumare il matrimonio; consumare i pasti.

contr. produrre, fabbricare, costruire, ricostruire, conservare, mantenere, rigenerare, ristorare, rammendare, rifare, rimettere in efficenza, ricuperare.

consumàto, *pps.* di consumare || *agg.* perfezionato, consunto, liso, distrutto, frusto, ultimato, condotto a termine || trito, → LOGORO, DISPERSO || → CONSOMMÉ.

contr. iniziato, imperfetto, incipiente || fresco, intatto, giovane, integro || non usato.

consumatóre, *agg.* e *sm.* utente, → DISTRUTTORE.

contr. produttore.

consumazióne, *sf.* conclusione, perfezione, limite ||

uso, consumo, logorio, distruzione, fine, annientamento, disfacimento, consunzione, esaurimento, abuso, esecuzione, corrosione, sperpero, rovina, dilapidazione.
nomencl. *agg.* completa, continuata, infruttuosa, progressiva, repentina, lenta, inesorabile, totale || *verb.* consumare, annientare, sperperare, dilapidare, disfare, logorare, rovinare, distruggere, corrodere.
contr. produzione, conservazione, rifacimento, rigenerazione, rinnovamento, ristorazione, ristoro, restaurazione.
consúmo, *sm.* uso, consumazione, dispersione, corrosione, logorio, disfacimento, esaurimento, sperpero, consunzione, deperimento || annullamento, distruzione, annientamento, fine.
contr. produzione, conservazione, ricostituzione, ristorazione, rifacimento, rinnovamento.
consúnto, *pps.* di consúmere || *agg.* logorato, dissipato, consumato, affranto, invecchiato, esaurito, esausto, corroso, smangiato, esinanito.
contr. fresco, intatto, sano, integro, rinnovato, reintegrato, rinfrescato.
consunzióne, *sf.* → CONSUMO, CONSUNTO || TUBERCOLOSI.
contàbile, *sm.* → RAGIONIERE.
contabilità, *sf.* → AMMINISTRAZIONE, RAGIONERIA.
nomencl. agraria, a ricalco, dello Stato || (*termini inerenti*) appunto, avere, entrata, attivo, attività, capo d'entrata, uscita, passività, dare, benestare, conto, diritto di rivalsa, capitale, interesse, partita (aperta, semplice, doppia, di storno), pareggio, perdite e profitti, regola (di compagnia, d'interesse, di sconto, di società), reliquato, saldo, scorporo, sbilancio, scarico, scrittura, spareggio, anno amministrativo, anno finanziario || (*operazioni*) accertamento, bilancio, chiusura dei libri, defalco, distrazione, impostazione, prelevamento, preventivo, quadratura, rendiconto, revisione, riporto, riscontro di cassa, scrittura doppia, stanziamento, tenuta dei libri, verifica di cassa, verifica dei fondi || accendere, aprire un conto, una partita, accreditare, addebitare, allibrare, appurare, ascrivere, assestare, carteggiare; compilare, allestire, presentare, approvare, respingere un bilancio, conteggiare, defalcare, diffalcare, fare lo spoglio dei creditori, dei debitori, impiantare, impostare una partita, mettere a disavanzo, a campione, a libro, in conto, in uscita, a pulito, preventivare, stanziare, regolare i conti, resecare, residuare, riscontrare, ritrovare, stornare, tenere i registri || (*carte, libri*) brogliazzo o brogliaccio, copiafatture, copialettere, giornale, protocollo, registro, scadenzario, cartella, estrattoconto, fattura, giornale-mastro, registro a partita doppia, nota, partitario, quietanza, ricevuta, saldaconti, stracciafoglio, prospetti || (*persone*) contabile, liquidatore, cassiere, relatore, revisore dei conti, sindaco, controllore || (*scienze*) ragioneria, computisteria, scienza delle finanze, regolamento della contabilità generale dello Stato.
contadinésco, *agg.* contadino (anche *spreg.*), → CAMPAGNOLO.
contadíno, *sm.* → AGRICOLTORE || *agg.* → CAMPAGNOLO.
nomencl. (*specificazioni*) bifolco, capoccia, colono, coltivatore, mezzaiolo, mezzadro, garzone, giornaliero, massaio, massaia, pigionale, poderante, salariato fisso, camparo, cavallante, trattorista, mungitore, buttero, ciociaro, forese, rustico, terrazzano, villano, villico, zappaterra, lavoratore dei campi o della terra || (*inerenti*) disdetta, licenziamento, assunzione, compartecipazione, giogatico, salario, masseria, mezzeria, mezzadria || *agg.* onesto, laborioso, lavoratore, sveglio, attivo, intelligente, robusto, rozzo, ignorante, meschino, piccolo, giovane, vecchio.
contàdo, *sm.* → CAMPAGNA.
contagiàre, *v.tr.* contaminare, infettare, guastare, inquinare || → APPICCARE, ESTENDERE.
contr. curare, disinfettare, purificare, disinfestare.
contàgio, *sf.* epidemia, pestilenza, contagione, contaminazione, infezione, infestazione || *fig.* corruttela, corruzione morale.
contagióso, *agg.* endemico, → EPIDEMICO.
contagíri, *sm.* → CONTATORE.
contaminàbile, *agg.* → CORRUTTIBILE.
contaminàre, *v.tr.* macchiare, insozzare, infettare, inquinare, sporcare, contagiare, imbrattare, insudiciare, bruttare, lordare || *fig.* disonorare, offendere, infamare, profanare || corrompere, guastare, viziare, deviare, violare, sconciare, scandalizzare, perdere (moralmente).
contr. mantenersi puro, illibato || ripulire, purificare || onorare, rispettare la fama || educare, formare al bene, edificare.
contaminàto, *pps.* di contaminare || *agg.* → IMPURO, INFETTO.
contr. incontaminato, puro, intatto, integro, sano, onorato.
contaminazióne, *sf.* → CONTAGIO, INFEZIONE.
contànte, *sm.* numerario, denaro effettivo, liquido.
contàre, *v.tr.* annoverare, computare, connumerare, calcolare, numerare, dinumerare, noverare, enumerare, conteggiare, valutare || considerare || reputare, stimare || narrare, raccontare, riferire || *intr.* fare assegnamento, giovarsi, aver fiducia || avere importanza, autorità, credito, valere, farsi valere.
contatóre, *sm.* contagiri, tassametro.
contàtto, *sm.* adesione, aderenza, contiguità, tatto, tocco, tasto, tastamento, palpamento, toccata, toccamento, → RELAZIONE, UNIONE, VICINANZA || *fig.* rapporto, amicizia.
nomencl. (*inerenti*) azione, forza, elettricità, metamorfosi di contatto || tangenza || *agg.* immediato, mediato, semplice, doppio, superficiale, stretto, forte, saldato, aderente, elettrico || *verb.* tastare, toccare, palpare, palpeggiare, brancicare, guastare, mantrugiare, trattare, maneggiare, tasteggiare, ritoccare.
cónte, *sm.* → FEUDATARIO, NOBILE.
nomencl. (*termini storici*) palatino, dei Goti, di palazzo, degli affari privati, del patrimonio, delle elargizioni, domestico, dello stabulo, in presenza || burgravio, zupano, visconte || contea, comitale || contessa, contino.
conteggiàre, *v.tr.* → CONTARE.
contéggio, *sm.* → CONTO.
contégno, *sm.* portamento, atteggiamento, aspetto, diportamento, comportamento, condotta, apparenza, sembianza, andamento, maniera, modo || dignità, gravità, alterigia, superbia, riserbo, atteggiamento digni-

toso o altero || compostezza, decenza, modestia, ritegno.

nomencl. (*modi*) abitudinario, dimesso, semplice, modesto, bonario, burbanzoso, autorevole, grave, nobile, signorile, dignitoso, gentile, garbato, democratico, ossequioso, affettato, ricercato, dolce, calmo, moderato, prudente, rispettoso, umile, familiare, discreto, brioso, allegro, disinvolto, superbo, spavaldo, tronfio, sprezzante, insolente, sfacciato, sgarbato, incomposto, brutale, villano, vile, freddo, ritroso, acre, aspro, subdolo, ambiguo, licenzioso, scandaloso, sconveniente, spregevole, asciutto, schietto, sincero, ridicolo, goffo, sgraziato, stravagante, volgare, rozzo, falso || (*caratteri*) acerbità, affettazione, ambiguità, agevolezza, azione, bifolcheria, bizantinismo, bonarietà, brio, broncio, buonumore, cavalleria, compitezza, compostezza, compunzione, convenienza, cinismo, cordialità, decoro, delicatezza, dimestichezza, distinzione, durezza, familiarità, finezza, forma, franchezza, freddezza, indifferenza, garbo, grazia, impertinenza, insolenza, incompostezza, indelicatezza, indiscrezione, indolenza, indulgenza, intrattabilità, leziosaggine, malcreanza, malagrazia, maltrattamento, malumore, moina, mossa noncuranza, originalità, ostentazione, pateticume, pedanteria, piglio, portamento, posa, proposopea, puntiglio, capriccio, ostinazione, reverenza, ricercatezza, rigidezza, riguardo, risentitezza, riservatezza, moderazione, modestia, rispetto, ritrosia, ritrosità, rustichezza, selvatichezza, sciatteria, scioltezza, scompostezza, scontrosaggine, sconvenienza, scorrettezza, scortesia, sdolcinatura, semplicità, serietà, severità, sguaiatezza, smoderatezza, smorfia, sommessione, squisitezza, sussiego, svenevolezza, tattica, astuzia, tenerezza, tono, tratto, urbanità, volgarità, zerbineria, zotichezza o zoticaggine || (*figure*) abbordone, altezzoso, adulatore, ammazzasette, guascone, smargiasso, angoloso, criticone, antipaticone, becero, buffone, burbero, cascante, cavallo matto, collotorto, bigotto, ipocrita, commediante, compassato, contegnoso, cortigiano, dinoccolato, donchisciotte, effeminato, faccia tosta, ficcanaso, frasca, gattamorta, giovialone, lezioso, manieroso, musone, pavone, permaloso, picchione, pettegolo, provocatore, rospo, sbadato, spensierato, smanierato, sornione, spinoso, stuzzichino, pazzariello, svenevolone, zoticone || (*azioni*) affettare, adulare, andare, stare composti, badare ai fatti propri, cacciarsi, ficcarsi, camminare, colombeggiare, comportarsi, contenersi, degnare, erigersi a censore, fare confidenze, fare il bello spirito, il musone, il prezioso, il sostenuto, farsi ardito, impennare, impennarsi, impiparsene, inselvatichire, maltrattare, montare in cattedra, mostrarsi bene, ostentare, padroneggiarsi, pavoneggiarsi, piegare il dorso, prender confidenza, prendere con le buone, col miele, per il verso, raccogliersi, rimangiare, rincantucciarsi, ruzzare, sbatacchiarsi, sbertucciare, sdilinquirsi, singolareggiare, sostenere a faccia tosta, stare in guardia, stringersi nelle spalle, strisciare, strofinarsi, studiarsi, trasmodare, trattare, vezzeggiare.

contegnóso, *agg.* burbero, grave, tronfio, sostenuto, superbo, scostante, altero, riservato, compassato, che sta sulle sue, che è in sussiego.

contr. modesto, semplice, affabile, umano, alla buona, dimesso, disinvolto.

contemperaménto, *sm.* accomodamento, equilibrio, adattamento, aggiustamento, armonia.

contemperàre, *v.tr.* → ADATTARE, ACCOMODARE, ADDOLCIRE.

contemplàre, *v.tr.* considerare, esaminare, meditare || scrutare, osservare, vagheggiare, ammirare, → GUARDARE || designare, prevedere, comprendere || considerare, guardare interiore, pacato, quieto.

contr. guardare di sfuggita, distrattamente superficialmente, essere distratto || agitarsi, essere irrequieto.

contemplatívo, *agg.* → MISTICO.

contemplazióne, *sf.* meditazione, considerazione, → ATTENZIONE, ESTASI.

nomencl. (*tipi*) estatica, della mente, dello spirito, dell'anima || del bello, della natura, del panorama || vita contemplativa, vita mistica.

contr. attività, agitazione, vita attiva.

contemporàneo, *agg.* → COETANEO || concomitante, sincrono, simultaneo, coevo.

nomencl. (*inerenti*) anacronismo; antenati, posteri; fuori tempo, fuori moda; al di là del tempo.

contr. anteriore o posteriore || anacronistico, atemporale.

contendènte, *ppr.* di contendere || *agg.* e *sm.* competitore, concorrente, gareggiatore, emulo, rivale, litigante, contraddittore, turbolento.

contr. pacifico, tranquillo, moderato, accondiscendente, accordevole || rinunciatario, represso.

contèndere, *v.tr.* disputare, litigare, competere, tenzonare, gareggiare, emulare, discutere, questionare, contestare, combattere, contraddire, urtarsi, altercare || negare, impedire, proibire, opporsi, → VIETARE.

contr. essere d'accordo, acconsentire, indulgere, accondiscendere, ammettere, rinunciare, non competere, non rivaleggiare.

contenènza, *sf.* → CONTENUTO || *fig.* → ATTEGGIAMENTO.

contenére, *v.tr.* racchiudere, includere, abbracciare, comprendere, cingere, capire, circondare || accogliere || *fig.* trattenere, reprimere, moderare, frenare || *rifl.* astenersi, rinunciare, contentarsi, governarsi || comportarsi, condursi, privarsi.

nomencl. (*inerenti*) contenuto, contenente, implicito, incluso || capacità, tenuta, tipi di capacità, recipiente, contenitore.

contenitóre, *sm.* recipiente, involucro.

contentàre, *v.tr.* → SODDISFARE.

contentézza, *sf.* godimento, contento, appagamento, contentatura, dolcezza, → ALLEGRIA, SODDISFAZIONE, GIOIA, FELICITÀ.

nomencl. uomo di facile o difficile contentatura || *agg.* grande, incontenibile, discreta, facile, modesta, sana, serena, esagerata, difficile, superficiale, profonda || *verb.* contentarsi, accontentarsi, godersela, allietarsi, soddisfare, sentirsi allargare il cuore, sentirsi rinascere.

contr. malcontento, scontento, insoddisfazione, malumore, tristezza.

contènto, *agg.* → SODDISFATTO, FELICE || *sm.* → DOLCEZZA.

contenúto, *pps.* di contenere || *agg.* → INCLUSO. ||

sm. contenenza, capacità, capienza || tema, soggetto, sostanza, argomento, concetto.
contr. forma, modo d'esprimersi, stile, espressione.
contenzióso, *sm.*
nomencl. (*suddivisione*) tributario, amministrativo, finanziario, diplomatico.
contería, *sf.* → LUSTRINO.
conterràneo, *agg.* e *sm.* → COMPAESANO.
conterràneo, *agg.* e *sm.* → COMPAESANO.
contésa, *sf.* controversia, disputa, contestazione, battaglia, guerra, lotta, duello, rissa, alterco, altercazione, discordia, litigio, contrasto, questione, zuffa, discussione, polemica, riotta, gara, dissidio || contesa futile e ridicola, → BATRACOMIOMACHIA.
nomencl. *agg.* aspra, violenta, furiosa, acerrima, veemente, interminabile, verbale, privata, cronica, atroce, furibonda || *verb.* battagliare, contendere, contestare, contraddire, litigare, discutere, polemizzare.
contr. transazione, pacificazione, pace, accordo, concordia, tranquillità, riconciliazione.
contèssere, *v.tr.* → INTRECCIARE || *fig.* → AVVOLGERE, UNIRE.
contestàbile, *agg.* controvertibile, impugnabile, disputabile, contrastabile, → DUBBIO, DISCUTIBILE.
contr. incontestabile, accertabile, certo, indubbio, accertato, sicuro.
contestàre, *v.tr.* impugnare, discutere, polemizzare. → INTIMARE || VIETARE, CONTRARIARE, CONTENDERE, LITIGARE || imputare, accusare, incriminare.
contestazióne, *sf.* impugnazione, dibattimento, contesa, disputa, polemica, diatriba, → INTIMAZIONE || CONTRASTO, DISCUSSIONE, LITIGIO || accusa, imputazione, incriminazione.
contèsto, *pps.* di contessere || *agg.* → INTESSUTO, UNITO || *sm.* insieme, senso compiuto, costrutto, tessitura, → TRAMA.
contézza, *sf. lett.* → NOTIZIA.
contiguità, *sf.* → CONTATTO, VICINANZA.
contíguo, *agg.* attiguo, adiacente, confinante, → VICINO.
continènte[1], *agg.* astinente, casto, morigerato, sobrio, → TEMPERANTE, MORALE.
contr. incontinente.
continènte[2], *sm.*
nomencl. (*suddivisione*) vecchio, nuovo, novissimo, europeo, asiatico, africano, americano, australiano, artico, antartico, eurasiatico, sottomarino || sommerso, emerso.
continènza, *sf.* → castità, purezza, pudicizia, costumatezza, morigeratezza, astinenza, sobrietà, moderazione, → TEMPERANZA, MORALITÀ, ASTENSIONE.
nomencl. (*tipi*) periodica, abituale, coniugale, perpetua, prematrimoniale, extramatrimoniale, religiosa, sacerdotale.
contr. incontinenza, intemperanza, dissolutezza, impudicizia, impurità.
contingènte[1], *agg.* e *sm.* → accadibile, possibile, futuribile, → ACCIDENTALE.
contr. necessario, assoluto, trascendente.
contingènte[2], *sm.* contribuzione, contributo, parte.
contingènza, *sf.* → ACCIDENTE, AVVENIMENTO, ACCIDENTALITÀ.
nomencl. occasionale, casuale, inaspettata, non pensata, accidentale, di forza maggiore.
contr. necessità, forza maggiore.
continuaménte, *avv.* continuatamente, assiduamente, incessantemente, instancabilmente, ininterrottamente, di continuo, sempre, senza posa, senza tregua, senza fine, di seguito, da mattina a sera, perpetuamente, permanentemente, costantemente, senza intermissione, indefessamente.
contr. interrottamente, raramente, di rado, ad intervallo, ogni tanto, con discontinuità, periodicamente.
continuàre, *v.tr.* durare, perpetuare, prolungare, permanere, proseguire, persistere, perseverare, seguitare, insistere, non interrompere || eternare, immortalare, consolidare, serbare, estendere, allargare, allungare, mantenere, diffondersi, garantire, sussistere, attardarsi, ostinarsi.
nomencl. continuamente, continuatamente, continuato, continuazione, continuo.
contr. cessare, smettere, sospendere, interrompere, alternare, troncare, omettere, dismettere.
continuatívo, *agg.* → DUREVOLE, CONTINUO.
continuazióne, *sf.* continuità, proseguimento, prosecuzione, prolungamento, seguito, successione, perseveranza, persistenza, perpetuità.
nomencl. *agg.* permanente, durevole, stabile, definitiva, perpetua, indefettibile, interminabile, immanente, fissa, ferma, inalterabile, indeterminata, indefinita, persistente, prolungata, sospesa, tralasciata, interrotta, ripresa, proseguita, incessante, inestinguibile, precaria, breve, fugace, labile || *loc. avv.* senza fine, senza discontinuità, senza posa, senza arresto || *verb.* persistere, continuare, proseguire, durare, insistere, perdurare, perpetuare, interrompere, sospendere, riprendere.
contr. cessazione, fine, interruzione, sospensione, intermittenza, troncamento, termine, periodicità, discontinuità, alternanza.
continuità, *sf.* → DUREVOLEZZA, CONTINUAZIONE.
contínuo, *agg.* consecutivo, assiduo, incessante, instancabile, costante, durevole, fisso, perenne, permanente, perpetuo, persistente, insistente, immutabile, immortale, immoto, stabile, continuativo, ininterrotto, prolungato || sempiterno, interminato, infinito, eterno.
contr. discontinuo, cessato, interrotto, tronco, intermittente, alterno, alternato, saltuario, periodico, alternativo, ogni tanto, a tratti, a sbalzi, a intervalli.
cónto, *sm.* calcolo, computo, conteggio, bilancio, fattura, lista, nota, elenco.
nomencl. (*vari tipi*) accertato, acceso, aperto, coperto, scoperto, a metà, a parte, arretrato, corrente, di precisione, di ragguaglio, di riporto, semplice, composto, fermo, generale, giuridico, individuale, in sospeso, pendente, liquidabile, pagato, pareggiato, saldato, preventivo, consuntivo, saporito, scalato, simulato, specifico, spento, statistico, singolo || aritmetico, algebrico, di cassa, bancario || (*attinenti*) contabile, ragioniere, computista, saldacontista || preventivo, consuntivo, resoconto, rendiconto, articolo, conguaglio, partita, ragguaglio, inventario, memoria, portafoglio, percentuale, riporto, sconto, revisione, storno, tratta, abbuono, benestare, falcidia, pareggio, saldo, sindacato, tara || (*ope-

razioni) aprire, accendere, aggiustare, arretrare, annullare, appurare, impostare, calcolare, chiudere, cancellare, chiamare, computare, conteggiare, defalcare, far cifra tonda, intestare, liquidare, raccogliere, ragguagliare, regolare, rendere, riscontrare, riscontare, ripassare, saldare, scontare, sindacare, sistemare, tirare, controllare, sbagliare.

contòrcere, *v.tr.* → TORCERE || *rifl.* → AGITARE, DIVINCOLARE.

contorciménto, *sm.* torcimento, storcimento, scontorcimento, stortura, contorsione, deformazione, → TORSIONE, SPASIMO.

nomencl. di stile, di atteggiamento, verbale, mentale, spirituale.

contornaménto, *sm.* → CONTORNO.

contornàre, *v.tr.* → CINGERE.

contórno, *sm.* contornamento, fregio || guarnizione || → CERCHIA, ESTREMITÀ.

nomencl. (*affini*) cerchio, circonferenza, cinta, cornice, corona, orlo, perimetro, bordura, lineamento, limite, rialzo, frangia, cimosa, litorale, costa, riva || *agg.* netto, limitato, sfumato, liscio, ornato, guarnito, lavorato, marginale, laterale, adiacente, vicino, prossimo, aggiunto, tangente, parallelo, concentrico || *verb.* contornare, fregiare, incorniciare, cingere, delineare, guarnire, inquadrare.

contorsióne, *sf.* → TORSIONE, LUSSAZIONE.

contorsionísta, *sm.* → ACROBATA.

contòrto, *pps.* di contorcere || *agg.* contraffatto, deforme, sbilenco, rattrappito, storpiato, rovesciato, → TORTO, DISTORTO.

contr. lineare, semplice, rettilineo, dritto, leale, coerente.

contrabbàndo, *sm.* frodo, sotterfugio.

nomencl. (*tipi*) terrestre, marittimo, aereo, di valuta, di merci, di materie prime, di oro, di guerra || (*attinenti*) contrabbandiere, spallone, portatore, carico, dogana, doganiere, finanziere, dazio || *agg.* pericoloso, tollerato, continuato, provocato.

contraccambiàre, *v.tr.* → COMPENSARE, EGUAGLIARE, CAMBIARE, RISPONDERE.

contraccàmbio, *sm.* → PERMUTA, CAMBIAMENTO.

contraccólpo, *sm.* ripercussione, conseguenza, choc, → COLPO, URTO || *fig.* → IMPRESSIONE.

contràda, *sf.* → PAESE, LUOGO, STRADA.

contraddànza, *sf.* → BALLO.

contraddíre, *v.tr.* contestare, disputare, questionare, contrastare, contrariare, contrapporre, ribattere, rimbeccare, oppugnare, altercare, litigare, smentire, disdire, impugnare, negare.

contr. confermare, corroborare, ratificare, approvare, ammettere, riconfermare, accettare, consentire.

contraddistínguere, *v.tr.* → DISTINGUERE.

contraddittòrio, *agg.* → IRRAGIONEVOLE, ASSURDO || *sm.* confutazione, polemica, confronto, contestazione, contrasto, opposizione || avverso, contrario, ostile.

contraddizióne, *sf.* ripugnanza, incoerenza, antinomia, → CONTRASTO, OPPOSIZIONE, NEGAZIONE || CONTRARIETÀ, DISCORDIA.

nomencl. principio di contraddizione || *agg.* aperta, chiara, evidente, velata, insanabile, grave, continua, continuata, apparente, incontestabile, radicale || *loc. avv.* in termini || *verb.* contraddire, combattere, discutere, oppugnare, smentire, contestare || contraddirsi, sconfessarsi, ammettere.

contraènte, *ppr.* di contrarre || *agg.* e *sm.* accettante, compratore, locatore, locatario, mandante, mandatario, venditore, stipulante, parte.

contraffàre, *v.tr.* fatturare, sofisticare, alterare, adulterare, → IMITARE, FALSIFICARE, FORMARE, DISSIMULARE.

contraffàtto, *pps.* di contraffare || *agg.* deforme, sproporzionato, storpiato, scontraffatto, alterato, contorto, sregolato, → BRUTTO, FALSO.

contraffattóre, *sm.* → IMITATORE.

contraffazióne, *sf.* → FALSIFICAZIONE, IMITAZIONE, COPIA.

nomencl. (*tipi*) monetaria o nummaria, di documenti, di voce, dell'espressione || perfetta, riuscita, ben riuscita, grossolana, dozzinale, goffa, alla carlona, andante || *verb.* contraffare, falsificare, imitare, copiare, deformare, alterare.

contraffòrte, *sm.* fortificazione, fortilizio, barbacane, sperone || diramazione di montagna, monte avanzato || spranga di ferro.

contraggènio, *sm.* controcuore, contrarietà, diversità, dissonanza, discordia, disunione, antipatia, idiosincrasia, allergia, → ODIO.

contr. unanimità, congenialità, somiglianza, consonanza.

contrappàsso, *sm.* proporzione, compensazione, pena del taglione, scotto.

contrappesàre, *v.tr.* → COMPENSARE, BILANCIARE, EGUAGLIARE.

contrappéso, *sm.* → EQUILIBRIO, EQUIVALENZA.

contrappórre, *v.tr.* → OPPORRE, CONTRARIARE, ECCEPIRE.

contrapposizióne, *sf.* → OPPOSIZIONE, CONTRASTO, CONTRARIETÀ.

contrappósto, *pps.* di contrapporre || *agg.* → CONTRARIO.

contrariàre, *v.tr.* avversare, attraversare, ostare, contrastare, ostacolare, intralciare, osteggiare, reagire, resistere, riluttare, denegare, contrapporre, disapprovare, differire, impugnare, obiettare || dare addosso, far difficoltà, muovere dubbio, mettere ostacolo, trovare pretesto, fare contraddizione, fare contrasto, stare contro || → COMBATTERE.

contr. approvare, accettare, concordare, uniformarsi, sanzionare, favorire, andar d'accordo.

contrarietà, *sf.* avversione, opposizione, ripugnanza, riluttanza, ritrosia, rifiuto, antagonismo, ostilità, disapprovazione, disappunto, contraddizione, incompatibilità, contrapposizione || → DISGRAZIA.

nomencl. (*esempi*) antilogia, antinomia, antiperistasi, antipode, antistrofe, antitesi, avversità, contraddizione, contraggenio, contraltare, contrapposizione, contravviso, obiezione, protesta, reazione, revoca, renitenza, riluttanza, ritrosia, rovescio || *verb.* contrariare, far difficoltà, muovere dubbio, porre ostacoli, trovare pretesto, fare contraddizione, congiurare, contrapporre, contrastare, disapprovare, fare a calci o a pugni, intralciare, ostacolare, obiettare, reagire, contestare, riluttare.

contr. favore, concordia, congenialità, unanimità, concordanza, armonia, accordo, accettazione.
contràrio, *agg.* alieno, restio, riluttante, ritroso, schivo, maldisposto, contrapposto, contrastante, opposto, ostile, repugnante, sfavorevole, infausto, sinistro, avverso, diverso, antitetico, inverso, rovescio, discrepante, incompatibile, allergico, disfavorevole, refrattario, indifferente, ribelle, schifiltoso, antagonista, oppugnatore, rivale, antipatico, antitetico, avversativo, avversario, renitente || → NEMICO.
contràrre, *v.tr.* → ACCORDARE, OTTENERE || COMPERARE || STRINGERE, DIMINUIRE.
contrassàlto, *sm.* → CONTRATTACCO || sussulto, trasalimento, moto di reazione.
contrassegnàre, *v.tr.* stabilire un segno, marcare, → BOLLARE, DISTINGUERE.
contrasségno, *sm.* segno convenuto, indizio, connotato, tratto, → BOLLO, DISTINTIVO.
contrastàbile, *agg.* → CONTESTABILE, DISCUTIBILE.
contrastànte, *ppr.* di contrastare || *agg.* → CONTRARIO.
contrastàre, *v.tr.* resistere, combattere, contrariare, impugnare, contendere, discutere, disputare, competere, contrapporre, avversare, fronteggiare, cozzare, opporsi, rimbeccare, stare a tu per tu, contestare, ostare, oppugnare, altercare, eccepire.
contr. approvare, accettare, concordare, sanzionare, favorire, pacificare, indulgere, convenire, accordarsi, intendersi, compatirsi, comprendersi.
contràsto, *sm.* battibecco, dissapore, disappunto, discussione, litigio, rissa, alterco, lite, battaglia, bisticcio, conflitto, discordia, baruffa, diverbio, controversia, disputa, vertenza || contraddizione, contrarietà, attrito, contrapposizione, diversità, differenza, antagonismo, gara, tenzone, dualismo, antinomia || difficoltà, divisione, ostacolo, impedimento || gelosia, animosità || guerra, resistenza, contestazione, oppugnazione || dubbio, antitesi, antilogia.
nomencl. *agg.* radicale, futile, superficiale, artefatto, aperto, palese, manifesto, schietto, evidente, chiaro, indubbio, tangibile, reale, apparente, specioso, finto, falso, irreale, incontrovertibile, inconvertibile, inoppugnabile, irrefutabile, innegabile, piccolo, meschino, grave, profondo || *verb.* contrastare, combattere, competere, contendere, contrariare, contrapporre, cozzare, far guerra, contestare, discutere, disputare, fare a cazzotti, a pugni, rimanere in contrasto, tagliar la strada, trovare una via d'uscita, o di mezzo || contrariarsi.
contr. accordo, buon accordo, pace, pacificazione, concordanza, congenialità, simmetria, armonia, intesa, incontro, comprensione, compromesso, concordato, transazione.
contrattàcco, *sm.* contrassalto, controffensiva, ritorsione, reazione.
contr. ritirata, rinuncia, arretramento.
contrattàre, *v.tr.* e *intr.* → ACCORDARE, COMPERARE, VENDERE.
contrattazióne, *sf.* → NEGOZIO.
contrattèmpo, *sm.* → INCONVENIENTE, NOIA, CASO.
contràttile, *agg.* retrattile || mobile, nervoso, sensibile.
contr. fisso, rigido, inerte, disteso.
contrattilità, *sf.* mobilità, retrattilità, sensibilità.
contràtto[1], *pps.* di contrarre || *sm.* accordo, patto, convenzione, trattato, concordato, negozio, compromesso, obbligazione || scrittura, documento, chirografo, strumento.
nomencl. (*tipi*) accessorio, aleatorio, a premio, articolato, a tempo, a titolo gratuito, a titolo oneroso, autentico, valido, legale, a vita, bilaterale, unilaterale, multilaterale, clandestino, comminativo, condizionato, incondizionato, consensuale, estimatorio, fermo, innominato, oneroso, perento, prorogabile, risolvibile, valido, invalido, irregolare, illegale, viziato || (*affini*) abbonamento, accessione, accollo, appalto, assicurazione, associazione, baratto, condizione risolutiva, enfiteusi, fitto, affitto, investitura, locazione, nesso, noleggio, pegno, permuta, scambio, quasicontratto, resiliazione, scritta, scrittura, soccida, società, vendita, vitalizio || (*inerenti*) agevolezza, aggio, alea, arra, caparra, azione redibitoria, caducità, cànone, celebrazione, errore di diritto, integrazione, laudemio, nullità, omologazione, regresso, sicurtà, malleveria, sottoscrizione o soscrizione, firma, stipulazione, strappo, transazione, validità, verifica, registrazione || (*parti*) articolo, capitolato, clausola (condizionale, risolutiva), data, effettivo, postilla, preliminare, requisiti (essenziali, secondari, accidentali), risoluzione, termine perentorio || (*contraenti*) accettante, stipulante, contraente, direttario, locatario, locatore, mediatore, sensale, notaio, prestanome, testimonio, utilista, enfiteuta, mallevadore || *verb.* accettare, annullare, fare, firmare, sottoscrivere, stendere un contratto, accordarsi, combinare, mettersi d'accordo, caparrare, contrarre, contrattare, patteggiare, comprare, vendere, negoziare || sciogliere, disdire, invalidare, mandare a monte un contratto.
contr. disdetta, scioglimento, annullamento, invalidamento.
contràtto[2], *pps.* di contrarre || *agg.* curvo, rattratto, rattrappito, ristretto, contorto, raccorciato, → DIMINUITO || *fig.* inibito, inasprito, ripiegato in sé, teso.
contr. allungato, allargato, disteso, diritto, allentato, spontaneo, lenito, rilassato.
contrattúra, *sf.* → CONTRAZIONE.
contravveléno, *sm.* antidoto, rimedio, medicamento || *fig.* → CONFORTO.
contravvveníre, *v.intr.* violare, prevaricare, → TRASGREDIRE, DISUBBIDIRE, DEROGARE.
contr. sottomettersi, ubbidire, osservare, conformarsi.
contravventóre, *agg.* e *sm.* → TRASGRESSORE.
contravvenzióne, *sf.* → TRASGRESSIONE, COLPA || → MULTA.
nomencl. (*tipi*) stradale, ferroviaria, ecc. || *agg.* piccola, grave, elevata, leggera, onerosa || *verb.* elevare, infliggere, subire, contestare, pagare.
contrazióne, *sf.* diminuzione, contrattura, raccorciamento, raggricchiamento, rattrappimento, riduzione, raggrinzamento, restrizione, attrazione, → CRAMPO, SPASMO.
nomencl. (*varietà*) grammaticale, nervosa, molecolare, paleografica o scrittoria, di consumi, di vendite || (*inerenti*) ipercinesi, rictus, riflessi tendinei, ruga, tic, ticchio, grinza, convulsione, crasi, sinalefe.

contr. allargamento o allungamento, distensione, rilassamento, allentamento.
contribuíre, *v.intr.* cooperare, collaborare, concorrere, → AIUTARE.
contribúto, *sm.* → AIUTO || TRIBUTO, IMPOSTA.
contribuzióne, *sf.* cooperazione, collaborazione, concorso, → AIUTO || gravezza, tassa, → TRIBUTO, IMPOSTA.
contristaménto, *sm.* → DOLORE.
contristàre, *v.tr.* rattristare, attristare, rendere triste, affliggere, accorare, tribolare, travagliare, addolorare, appesantire, turbare, perturbare, crùcciare || *rifl.* pentirsi, addolorarsi, rattristarsi, affliggersi.
contr. allietare, rallegrare, allegrare, alleggerire, sollevare, alleviare, lenire, confortare.
contríto, *agg.* → PENTITO.
contrizióne, *sf.* → PENTIMENTO, PENITENZA, DOLORE.
controbilanciàre, *v.tr.* → BILANCIARE, COMPENSARE, EGUAGLIARE.
controfagòtto, *sm.* → FAGOTTO.
controffensíva, *sf.* → ATTACCO, CONTRATTACCO.
controindicazióne, *sf.* incompatibilità, dannosità, → ALLERGIA.
controllàre, *v.tr.* → ESAMINARE, ISPEZIONARE, VERIFICARE.
contròllo, *sm.* → ESAME, ISPEZIONE.
nomencl. (*tipi*) amministrativo, contabile, finanziario, legale, daziario, meccanico || (*persone*) controllore, verificatore, esaminatore, ispettore, revisore, sindaco || inquisitore || *agg.* minuzioso, meticoloso, scrupoloso, formale, finto, sommario, sbrigativo || *verb.* controllare, verificare, ispezionare, revisionare, ripassare, riguardare, rivedere, esaminare, appurare.
controllóre, *sm.* → ISPETTORE.
contromàrca, *sf.* → BOLLO.
controproducènte, *agg. neol.* controindicato, dannoso, pericoloso, inadatto.
controscàrpa, *sf.* soprascarpa, → CALOSCIA.
controsènso, *sm.* → ERRORE, ASSURDITÀ.
controvèrsia, *sf.* contesa, disputa, dibattito, → LITIGIO, ALTERCO, DISCUSSIONE.
nomencl. (*inerenti*) controversista, polemista, dogma, opinione, eresia.
controvèrso, *agg.* incerto, discusso, oggetto di polemica, contestato, → DUBBIO.
controvèrtere, *v.tr.* → DISCUTERE.
controvertíbile, *agg.* contestabile, impugnabile, → DUBBIO, DISCUTIBILE.
controvertibilità, *sf.* → DUBBIO, DISCUTIBILITÀ.
contumàce, *agg.* disobbediente, indocile, ostinato, ribelle, refrattario, recalcitrante, renitente || assente, latitante, imboscato, disertore, → FUGGIASCO.
contr. presente || docile, obbediente, umile, ossequiente, mite || volontario.
contumàcia, *sf.* quarantena, isolamento || assenza dal giudizio, dalla chiamata alle armi, renitenza, latitanza, diserzione || *fig.* disobbedienza, indocilità, ostinazione, pervicacia.
nomencl. giudizio in contumacia, condanna di contumace.
contr. presenza || docilità, obbedienza, umiltà, mitezza.
contumèlia, *sf.* → INGIURIA.
contumelióso, *agg.* → INGIURIOSO.
contúndere, *v.tr.* → FERIRE, PESTARE.
conturbaménto, *sm.* conturbazione, alterazione, turbamento, agitazione, perturbazione, sconvolgimento.
conturbàre, *v.tr.* → AGITARE, DISTURBARE, TURBARE.
conturbazióne, *sf.* → CONTURBAMENTO.
contusióne, *sf.* percossa, lesione, ecchimosi, occhiata, lividore, lividura, fiaccatura, rottura, → LIVIDO, FERITA.
nomencl. contundente, contuso || *agg.* leggera, profonda, grave, superficiale || *verb.* contundere, ledere, battere, urtare, ammaccare.
contúso, *pps.* di contundere || *agg.* pesto, percosso, leso, → FERITO.
contuttoché, *cong.* → BENCHÉ.
convalidàre, *v.tr.* → AVVALORARE || CONFORTARE.
convalidazióne, *sf.* → APPROVAZIONE.
convàlle, *sf.* → VALLE.
convégno, *sm.* simposio, tavola rotonda, seminario, → ADUNANZA, APPUNTAMENTO, COLLOQUIO, INCONTRO.
nomencl. (*esempi*) culturale, scientifico, religioso, politico, diplomatico, di affari, nazionale, internazionale || puntuale, ritardatario, diligente || *agg.* segreto, pubblico, amichevole, interessante || *verb.* indire, andare, presenziare, presiedere, lasciare, mancare, trovarsi, convenire.
convenevolézza, *sf.* → CONVENIENZA.
convenevolménte, *avv.* → CONVENIENTEMENTE.
conveniènte, *ppr.* di convenire || *agg.* ragionevole, opportuno, ammissibile, congruo, favorevole, giusto, garbato, doveroso, adatto, comodo, acconcio, buono, ottimo, competente, corrispondente, dicevole, proporzionato, proprio, utile, conforme, decente, analogo || decoroso, discreto, vantaggioso.
contr. sconveniente, irragionevole, inopportuno, disdicevole, inammissibile, improprio, indecente, ingiusto, sfavorevole.
convenienteménte, *avv.* convenevolmente, opportunamente, agevolmente, appropriatamente, giustamente, acconciamente, vantaggiosamente, doverosamente, utilmente, → BENE, COMODAMENTE.
conveniènza, *sf.* civiltà, cortesia, convenevolezza, dicevolezza, ragionevolezza, opportunità, ammissibilità, congruenza, congruità, giustezza, garbatezza, dovere, bontà, competenza, corrispondenza, proporzione, proprietà, utilità, analogia, decoro, decenza, confacenza, discrezione, comodità, vantaggio, utile || *pl.* convenzioni sociali, → CERIMONIA.
nomencl. *agg.* grande, piccola, limitata, nessuna, certa, sicura, garantita, incerta, dubbia, pretestuosa || *verb.* convenire, essere opportuno, essere a proposito, fare al caso, fare al bisogno, stare a cappello, stare a misura, essere comodo, essere vantaggioso, quadrare, calzare.
contr. sconvenienza, sgarberia, incongruità, irragionevolezza, inopportunità, inutilità, indecenza, villania, sgarbatezza, indecorosità, sproporzione.
convenίre, *v.intr.* concordare, accordarsi, consentire, acconsentire, accedere || calzare, conferire, essere confacente, comodare, addirsi, incontrarsi, affarsi, attagliarsi, quadrare || confessare, ammettere || invitare insieme, riunire.
contr. discordare, negare, opporsi, urtarsi || disconvenire, sconvenire, non essere adatto, non riguardare.

conventícola, *sf.* conciliabolo, ritrovo, radunanza, → ADUNANZA, COMPAGNIA.

convènto, *sm.* → MONASTERO, ASSOCIAZIONE.

conventuàle, *agg.* e *sm.* || → FRANCESCANO.

convenzionàle, *agg.* comune, solito, trito, banale, triviale, impersonale, imitato, superficiale, stereotipato, → AFFETTATO.

contr. originale, spiccato, strano, genuino, profondo, individuale.

convenzióne, *sf.* → NEGOZIO, CONTRATTO, ACCORDO.

convergènte, *ppr.* di convergere || *agg.*

contr. divergente.

convergènza, *sf.* → AFFLUENZA.

contr. divergenza.

convèrgere, *v.intr.* → AFFLUIRE.

contr. divergere.

conversàre, *v.intr.* → PARLARE.

conversazióne, *sf.* confabulazione, chiacchiera, cicaleccio, chiacchierio, discorso, dialogo, → COLLOQUIO || intesa || circolo, crocchio, ritrovo, → ADUNANZA.

nomencl. (*locuzioni varie*) fuoco di fila, *causerie*, spirito, luoghi comuni, argomento o soggetto della conversazione, tono (brioso, svogliato, svagato, monotono) || *agg.* amichevole, allegra, amena, briosa, piacevole, gustosa, lepida, gaia, spiritosa, esilarante, gioviale, serena, contenuta, chiassosa, animata, tempestosa, uggiosa, noiosa, monotona, pedante, frivola, sentimentale, languida, fiorita, variata || consersevole, conversatore, conversevolmente || *verb.* conversare, tenere, fare conversazione, conferire, dialogare, tener circolo, confabulare, fare, tenere un discorso, stare a crocchio, scambiare parole, fare quattro chiacchiere, abbandonare o lasciar andare il discorso, parlare del piú e del meno, raccattare una parola, trattenere una conversazione, tagliare i panni al prossimo.

contr. monologo, soliloquio, mutismo.

conversióne, *sf.* rivolgimento, capovolgimento, trasformazione, metanoia, ritorno, ravvedimento, emendazione, → CAMBIAMENTO || contrizione, → PENTIMENTO, ABIURA || GIRO.

nomencl. (*esempi*) religiosa, politica, del cibo in chimo, della rendita || *agg.* falsa, formale, simulata, sincera, sentita, totale, parziale, convinta || *verb.* convertire, convertirsi, mutare, volgere, abbandonare, fare ammenda, fare l'abiura, emendare, detergere la coscienza, cambiar vita || apostatare.

contr. apostasia, perversione, ostinazione finale, pervicacia, disperazione.

convertíbile, *agg.* mutabile, → CAMBIABILE.

contr. inconvertibile.

convertibilità, *sf.* mutabilità, malleabilità, docilità, plasmabilità.

contr. inconvertibilità, immutabilità.

convertíre, *v.tr.* mutare, tramutare, trasmutare, permutare, trasformare, → CAMBIARE || volgere, rivolgere, voltare || emendare, illuminare, far ravvedere || *rifl.* ravvedersi, pentirsi, ritornare a Dio, mutar d'opinione, mutare di religione o di idee, abiurare.

convertitóre, *sm.* → COMMUTATORE.

convessità, *sf.* gibbosità, curvatura, incurvatura, rilievo, → GOBBA.

contr. concavità.

convèsso, *agg.* biconvesso, *bombé*, → CURVO, COLMO, GOBBO.

contr. còncavo.

convezióne, *sf.* → CONDUZIONE.

convíncere, *v.tr.* → PERSUADERE || *rifl.* → ACCERTARE.

convinciménto, *sm.* → CERTEZZA, PENSIERO, FEDE.

convínto, *pps.* di convincere || *agg.* → CERTO.

convinzióne, *sf.* opinione, principio, credo, persuasione, → CERTEZZA, PENSIERO, FEDE.

nomencl. *agg.* debole, tenue, tentennante, radicata, solida, sicura, meditata, ferma, ragionata, superficiale, motivata, immotivata.

convitàre, *v.tr.* invitare a pranzo, → ATTIRARE.

convitàto, *pps.* di convitare || *sm.* → COMMENSALE.

convíto, *sm.* convivio, pranzo, simposio, agape, → BANCHETTO.

convítto, *sm.* → COLLEGIO.

convívere, *v.intr.* coabitare, vivere in comune, insieme.

contr. vivere, abitare da soli, separatamente.

convívio, *sm.* pranzo, convito, → BANCHETTO.

convocàre, *v.tr.* → CHIAMARE || UNIRE, ATTIRARE.

convogliàre, *v.tr.* SEGUIRE || GUIDARE.

convòglio, *sm.* → ACCOMPAGNAMENTO.

convolàre, *v.intr.* → CORRERE.

convòlvo, *sm.* → CAMPANULA.

convulsióne, *sf.* scossa, contorcimento, sussulto, sobbalzo, contrazione, tensione, eclampsia, contrattura, → SPASMO, CRAMPO, EPILESSIA.

nomencl. (*fenomeni affini e concomitanti*) còrea, ballo di san Vito o ballismo o morbo gesticolatorio, tremolio, strappo, gesticolazione, smorfia, tosse, tosse asinina, pertosse, distendimento, carfologia, riso convulso, digrignare i denti, arrotamento dei denti, balbettamento || tetano, trisma o trismo, increspatura, raggrinzamento, torsione, gotta, contrazione della bocca, ticchio o tic, prosopalgia della faccia, pirosi dello stomaco, vellicazione, singulto, vomito, singhiozzo || attacco di nervi, crisi di nervi, mal caduco, mal comiziale, crisi epilettica, eretismo, nevralgia, isterismo, sincope || *agg.* persistente, irregolare, violenta, nervosa, clonica, tonica.

contr. immobilità, inerzia, rigidità || distensione.

convúlso, *agg. fig.* frenetico, tumultuario, instabile, → AGITATO, CONFUSO.

coonestàre, *v.tr.* → GIUSTIFICARE, SCUSARE.

cooperàre, *v.tr.* concorrere, collaborare, coadiuvare, sostenere, assistere, essere connivente, → AIUTARE.

cooperatíva, *sf.* società, impresa, → ASSOCIAZIONE.

nomencl. di consumo, edilizia, agricola, vinicola, artigiana, di lavoro || (*inerenti*) cooperatore, consiglio di amministrazione, presidente, sindaco, bilancio, registri contabili.

cooperatóre, *sm.* coadiutore, → AIUTANTE || SOCIO.

cooperazióne, *sf.* collaborazione, concorso, sostegno, → AIUTO.

nomencl. *agg.* fattiva, interessata, disinteressata, periodica, continuativa, continuata, saltuaria, momentanea, temporanea.

coordinaménto, *sm.* → ORDINE.

coordinàre, *v.tr.* → ADATTARE, COSTRUIRE, ORDINARE.

coordinazióne, *sf.* → ORDINE.
coòrte, *sm.* → COMPAGNIA.
copèrchio, *sm.* chiusino, coperta, copertoio, copertura, copritura, involucro, copertone, integumento.
nomencl. (*tipi*) circolare, piano, di metallo, di legno, teso, con o senza manico || (*parti*) bottone, presa, lamina, orlo, margine, battente || *verb.* coperchiare, levare il coperchio, mettere il coperchio, chiudere.
copernicàno, *agg.* eliocentrico.
contr. tolemaico, geocentrico, antropocentrico.
copèrta, *sf.* coltre, pannolano, copertoio, copertura, copertone, copertina, copritura || → COPERCHIO || TOLDA || *fig.* → SCUSA, MASCHERA.
nomencl. (*tipi*) a opera, a uncinetto, di lana di cambrí, di seta, di cotone || (*affini*) coltrone, coltroncino, sopracoperta, gualdrappa, mantellino, sargí, velo, velamento, velame || *verb.* rimboccare, allungare, alzare, stendere.
copertína, *sf. dim.* → COPERTA, FODERA.
copèrto, *pps.* di coprire || *agg.* → CHIUSO || blindato, corazzato, rivestito || difeso, riparato, velato, nascosto, occulto || *fig.* oscuro, ambiguo, nuvoloso, velato, simulato, ermetico; diffidente, sospettoso, infido || *sm.* posto a tavola, servizio di tavola, servito, posate.
contr. scoperto, nudo, indifeso, aperto, chiaro, sereno.
copertóio, *sm.* → COPERTA || COPERCHIO.
copertóne, *sm. accr.* → COPERTA || gomma.
nomencl. pneumatico, camera d'aria, battistrada.
copertúra, *sf.* copritura, fodera, involucro, → COPERTA || COPERCHIO, TETTO || *fig.* → MASCHERA.
nomencl. (*varie*) di difesa, monetaria, di garanzia, di protezione || (*affini*) baldacchino, calotta, cappello, cappuccio, mantello, manto, telone, schermo, bacucco, cupola, copertina, ombrello, opercolo, parafuoco, paralume, portico, tegumento, tenda, velo, conopeo, armatura || *agg.* impermeabile, trasparente, protettiva, completa, parziale, totale, temporanea, permanente || *verb.* coprire, affogare, soffocare, incannucciare, palliare, mascherare, riparare, rivestire, seppellire, verniciare, turare, coprirsi, ripararsi, imbacuccarsi, scoprirsi.
còpia[1], *sf.* apografo, antigrafo, minuta, edizione, esemplare; fac-simile, duplicato, doppione, copione, copiatura, trascrizione, riproduzione, calco; contraffazione, plagio || → IMITAZIONE || mala copia, prova, → BOZZA || ubertà, affluenza, opulenza, abbondanza, dovizia, → RICCHEZZA.
nomencl. (*varie*) fotografica, autografa, ciclostilata, dattiloscritta, a stampa || (*attinenti*) amanuense, tipografo, copista, copiatore, copisteria, tipografia || microfilm, ciclostile, poligrafo, pantografo, stampa || *agg.* autentica, simile, uguale, assomigliante, bella, brutta, abusiva, esemplata, legale || *verb.* collazionare, copiare, imitare, riprodurre, ripetere, ricavare, riportare, trascrivere, plagiare, ciclostilare, stampare, microfilmare (*neol.*).
contr. testo, originale, autografo.
còpia[2], *sf.* → ABBONDANZA.
copiàre, *v.tr.* ricopiare, scopiazzare, ritrarre, effigiare, ripetere, calcare, plagiare, ricavare, riprodurre, imitare, trascrivere, riportare, contraffare.
contr. creare, ideare, immaginare, inventare.
copiàto, *pps.* di copiare || *agg.* → FALSO.
copiatóre, *sm.* → COPISTA, IMITATORE.
copiatúra, *sf.* → COPIA, IMITAZIONE.
copióso, *agg.* → FECONDO, RICCO, ABBONDANTE.
copísta, *sm.* amanuense, copiatore, scrivano, scriba; dattilografo.
còppa, *sf.* → BICCHIERE, VASO || salume, → SALAME.
nomencl. sottocoppa, coppiere || *verb.* versare, bere, porgere.
còppia, *sf.* ambo, paio, paro, pariglia, díade, piccia, gemello.
nomencl. di fidanzati, di sposi, di ballerini, di piccioni, di calci, di pani || meccanica, tipografica || *agg.* indovinata, esemplare, fortunata, sfortunata || *verb.* abbinare, accoppiare, copulare, riaccoppiare, appicciare.
cóppo, *sm.* → ORCIO, VASO || doccio, → TEGOLA || RETE.
copribústo, *sm.* → CAMICINO.
copricàpo, *sm.* → BERRETTO, CAPPELLO.
copríre, *v.tr.* ammantare, velare, ricoprire, rivestire || riparare, difendere || nascondere, dissimulare, celare, occultare, mascherare, mimetizzare || ammantellare, imbacuccare, bendare || blindare, corazzare || soffocare, tappare, circondare, chiudere || verniciare, smaltare || calzare || *fig.* fingere, dissimulare, sopraffare (una voce, un rumore).
contr. scoprire, scoperchiare, discoprire, svelare, rivelare, denudare, manifestare, mettere in mostra.
copritúra, *sf.* copertura, → COPERCHIO, COPERTA.
còpula, *sf.* → UNIONE || accoppiamento, concubito, → COITO.
nomencl. (*grammatica*) particelle copulative, verbi copulativi.
copulàre, *v.tr.* accoppiare, appaiare, → UNIRE. || congiungersi.
coràggio, *sm.* audacia, ardimento, arditezza, animosità, animo, cuore, spirito, fermezza, baldanza, bravura, eroismo, forza, fegato, intrepidezza, intraprendenza, franchezza, grandezza d'animo, veemenza, impeto, prodezza, sangue freddo, costanza, sicurezza, valore || temerarietà, spavalderia, avventatezza, sfacciataggine, impudenza, avventataggine, spensieratezza, iattanza, millanteria, improntitudine.
nomencl. *agg.* grande, eroico, impetuoso, ardito, audace, animoso, civile, militare, valoroso, impavido, valente, virile, leonino, fermo, saldo, intrepido, brutale, fegatoso, furioso, inconsulto, avventato, spavaldo, eccessivo, pazzesco, cieco, imprudente || *verb.* aver coraggio, alzar la cresta, alzare il capo, alzare il viso, mettere le corna, andare franco, animarsi, armarsi di coraggio, farsi coraggio, infondere coraggio, arrischiarsi; avere animo, sangue freddo, sangue nelle vene, avere fegato, avere fronte sicura, avventurarsi, azzardare, azzardarsi, bastar l'animo, bravare, braveggiare, fare una bravata, essere d'animo saldo, sicuro, fermo; essere un leone, guardare in viso, farsi franco, imbaldanzire, farsi ardito, inanimirsi, inanimarsi, mettere le unghie, non aver paura, osare, rianimarsi, rimbaldanzire, ripigliar animo, sfidare, stare, di buon animo || infondere coraggio, far animo, rincuorare, animare, rianimare, confortare, avvivare, corroborare, dar lena, incoraggiare, rincoraggiare || scoraggiare, scoraggiarsi,

perdersi d'animo, accasciarsi, peritarsi, non aver animo, venir meno, perder fiducia, deprimersi.
contr. viltà, vigliaccheria, codardía, dappocaggine, timore, paura, timidezza, pusillanimità, fifa (*pop.*) || scoraggiamento, abbattimento, oppressione, depressione, avvilimento, accasciamento.
coraggióso, *agg.* audace, baldanzoso, baldo, bravo, eroe, animoso, valoroso, ardito, ardimentoso, eroico, intrepido, impavido, strenuo, temerario, fegatoso, arrischiato, spericolato, cuor di leone, gagliardo, valente, franco, fermo, prode, forte, stoico, fegataccio || virago, eroina || spavaldo, smargiasso, gradasso, avventato, spensierato, fanfarone.
contr. pavido, pusillo, pusillanime, pauroso, timido, timoroso, vile, vigliacco, codardo, dappoco || avvilito, abbattuto, disanimato, scoraggiato, abbiosciato, accasciato.
coràle[1]**,** *agg.* cordiale, sincero, → AFFETTUOSO || a piú voci || di coro, del coro || *fig.* unanime, collettivo.
coràle[2]**,** *sm.* libro, composizione, musica || *sf.* coro stabile.
coràllo, *sm.*
nomencl. (*varietà*) greggio, lavorato, artificiale, nobile, rosso, vermiglio || antipate, carbonetto, corallo arabo || (*inerenti*) atollo, banchi di corallo, isole coralline, madrepora, secche || ramo di corallo || corallina (barca); corallaio, coscioni (reti), scafandro.
coràme, *sm.* → CUOIO.
coratèlla, *sf.* → FEGATO.
coràzza, *sf.* → ARMATURA || *fig.* → DIFESA.
nomencl. (*distinzioni*) di cuoio, di ferro, da cavaliere, da corazziere, di maglia || cesellata, liscia || (*affini*) usbergo, corsaletto, lamiera, giaco, lorica, catafratta, corazzina, corazzone, coretto, panzerone, pettabotta, piastrone, schienale, colletto || (*parti*) corregge, corsaletto, pettorale, petto, resta, ganci || (*persone*) corazzaio || catafratto o corazzato, corazziere || *verb.* corazzare, corazzarsi, infilare la corazza, vestire, mettere, indossare la corazza.
corazzàre, *v.tr.* → BLINDARE || *fig.* difendere, premunire.
corazzàta, *sf.* → NAVE.
nomencl. (*parti*) albero, coffa, fumaioli, torrette di comando, ponte, magazzini, poppa, prua, compartimenti, timone, macchine, stiva, elica, deposito delle munizioni o santabarbara, sperone, doppio fondo, chiglia, piano di coperta, cannoni, mitraglie, mitragliere, radar || *agg.* moderna, antiquata, potente, piccola, tascabile, fantasma.
corazzàto, *pps.* di corazzare || *agg.* → COPERTO || *fig.* difeso, protetto.
corazzière, *sm.* → CARABINIERE.
còrba, *sf.* → CESTA.
corbacchióne, *sm. fig.* → ASTUTO.
corbellàre, *v.tr.* → BEFFARE.
corbellatúra, *sf.* → BEFFA.
corbellería, *sf.* → SCIOCCHEZZA, ERRORE.
corbèllo, *sm.* → CESTA.
còrda, *sf.* canapo, cavo, fune, gomena, spago, sartia || alzaia, capestro, cappio, cavetto || nodo.
nomencl. (*tipi*) del timpano, del collo, d'Ippocrate o magna || dell'arco, dell'orologio, da alpinismo, del cerchio, della forca || (*materia*) di lino, di canapa, di seta, di cotone, di metallo, di fibre sintetiche || *verb.* abbindolare, accavallare, arrotolare, accavigliare, alzare, allentare, ammollare, torcere, attorcere, rilassarsi, tendere, sfilacciarsi || tenere sulla corda, toccare una corda.
cordàio, *sm.* → FUNAIO.
cordiàle, *agg.* schietto, affabile, sincero, aperto, spontaneo, → GENTILE, AFFETTUOSO, BUONO, ACCESSIBILE || *sm.* corroborante, tonico.
cordialità, *sf.* affabilità, sincerità, schiettezza, → BONTÀ, AFFETTO.
cordíglio, *sm.* → CINGOLO.
cordòglio, *sm.* afflizione, dispiacere, pena, affanno, mestizia, → LUTTO, DOLORE.
cordonàta, *sf.* → ARGINE.
cordóne, *sm.* ciniglia, cordellina, cordoncino, dragona, tirante, → FUNE, CINGOLO || collare || sbarramento.
nomencl. (*tipi*) di seta, di canapa, di lino, di cotone, di fibre sintetiche || elettrico || sanitario || architettonico || militare || (*parti*) anima, rivestimento, isolante.
cordovàno, *sm.* → CUOIO.
coreggiòlo, *sm.* → GUIGGIA, LACCIO.
coreografía, *sf.* → BALLO.
coriàceo, *agg.* → DURO.
coricàre, *v.tr.* → PIEGARE, DISTENDERE || *rifl.* sdraiarsi, stendersi, mettersi a letto, → GIACERE, ADAGIARE || DORMIRE.
corifèa, *sf.* → BALLERINA.
corifèo, *sm.* → BALLERINO || *fig.* → CAPO.
corímbo, *sm.* → GRAPPOLO.
coríska, *sm.* e *f.* → ATTORE, CANTANTE.
còrizza, *sf.* → RAFFREDDORE, CIMURRO.
còrmo, *sm.* → FUSTO, BULBO.
nomencl. (*varietà*) vegetale, erbaceo, legnoso, rigido, elastico, cilindrico, angoloso, aculeato, glabro, peloso, spinoso, sotterraneo, aereo || (*attinenti*) stipite, scafo, rizoma, tubero, stelo.
cormoràno, *sm.* marangone, smergo.
còrna, *sf. pl.* → CORNO.
cornamúsa, *sf.* cennamella, ciaramella, bordone, piva.
còrnea, *sf.* → ALBUGINE, OCCHIO.
nomencl. (*parti*) corpuscoli corneali, epitelio corneale, tessuto corneale || (*malattie*) arco senile, celana, cheratite, cheratocentesi, cheratoma, leucoma.
cornètta, *sf.* → TROMBA.
cornìce, *sf.* telaio, cintura, frontespizio, contorno, estremità || cornice di roccia, cengia.
nomencl. (*tipi*) a bastoncino, alla Raffaello, alla Salvadora, a mestolo, a pampini, a sbalzo, all'inglese || a cassetta, architravata, arrampicante || *passe-partout* || (*architettura*) cornicione, modanatura, gronda (listello, gole, gocciolatoio, fasce, ovoli, tondino, regoletto, dentello, mensole, sottogole, fusaiuolo, capitelli, modiglioni), frontespizio (acuto, a cuspide, curvo), cariatide, cavetto, cimasa, dentello, doccia, epitide, soffitta, sopracornicione, sottogrondale, spiovente || *agg.* dorata, intagliata, liscia, scempia, moderna, antica || *verb.* incorniciare, scorniciare, mettere in cornice.
corniòla, *sf.*

CORONE - 1) d'alloro; 2) di quercia; 3) ferrea; 4) di provincia; 5) di città; 6) di comune; 7) di principe; 8) di duca; 9) di marchese: 10) di conte; 11) di barone; 12) di nobile; 13) di patrizio.

nomencl. (*varietà*) agata, calcedonio, sardonica, cornalina.

còrno, *sm.* sporgenza, cima || alternativa o membri (di un dilemma) || strumento musicale || → DIRAMAZIONE.
nomencl. (*specie*) degli animali, della luna, di un esercito, del dilemma || caduco, persistente, vuoto, pieno, ramificato || (*animali*) acuticorne, unicorne, bicorne, clavicorne, criptocero, longicorne, macrocero, monocero, ossicero, rinocero, tricocero || (*affini*) antenna, cornatura, corona, impalcatura o palco, ramosità, ramo, tentacolo || (*pertinenti*) cozzatura, cozzo, cornata, cozzata, urto || *verb.* cozzare, incornare, scornare, spuntare le corna, cornare.

còro¹, *sm.*
nomencl. (*specificazioni*) dell'opera, del dramma, della tragedia || dei cantanti, degli angeli, delle Muse, delle rane, delle cicale || reale || (*persone*) coriféo, corista, cantore, maestro di cappella, mesocoro, guida || (*parti*) antistrofe, antifona, corodia, episodio, epodo || (*attinenti*) libro corale, corale, cantorino, parte corale, canto corale, compagnia corale || (*modi*) unisono, a voci pari, a voci dispari, a due o piú voci.

còro², *sm.*
nomencl. della chiesa, ordinario, alla romana, senatorio || (*parti*) stallo, misericordia o pazienza, manganelle || (*persone*) canonico, cantore, corista, cappellano, beneficiato || distribuzioni corali.

corografía, *sf.* → GEOGRAFIA.

corollàrio, *sm.* conseguenza, deduzione risultanza, → EFFETTO || aggiunta, appendice, epilogo.

coróna, *sf.* serto, diadema, ghirlanda || alone, aureola.
nomencl. (*varietà*) aurea, argentea, gemmata, di fiori, di brillanti, di diamanti, d'alloro, di quercia, d'elce, di ferro o ferrea, etrusca, murale, nuziale, civica, natalizia, sacerdotale, conviviale, oleagina, ossidionale, ovante, radiata, rostrata o navale o classica, sacra, sepolcrale, sutile, trionfale, vallare, funebre, di guerra, del rosario, degli edifici, del proiettile, di stelle, di spine, di rose || (*araldica*) imperiale, reale, di principe del Sacro Romano Impero, di principe reale, di duca, di marchese, di conte, di barone, di nobile, di patrizio, di visconte, di provincia, di città, di comune || (*affini*) anadema, cerchio, laurea, corolla, benda, infula, mitra, tiara o triregno || incoronato, incoronazione || *verb.* coronare, incoronare, conferire, imporre, fregiare, scoronare.

coronàre, *v.tr.* incoronare, indiademare, inghirlandare, cingere di corona || circondare, aureolare || *fig.* premiare, elevare, onorare, glorificare, esaltare, osannare.
contr. scoronare, detronizzare, abbassare, umiliare.

corpacciúto, *agg.* panciuto, tarchiato, obeso, corpulento, atticciato, fatticcio, massiccio, pingue, ventrone, tozzo, pletorico, picnico.
contr. mingherlino, segaligno, smunto, secco, macilento, allampanato, esile, snello.

corpétto, *sm.* → PANCIOTTO.

còrpo, *sm.* materia, massa, cosa || persone, → CORPORATURA || spoglia, salma, cadavere || ordine, classe || compagnia, schiera.
nomencl. (*fisico*) aeriforme, gassoso, solido, liquido, fluido; inanimato, animato, organico, inorganico, vivente, morto, animale, bruto; naturale, artificiale; celeste, terrestre; semplice, composto; diamagnetico, calamitato, elettropositivo, elettronegativo; legnoso, minerale, vegetale; calloso, striato, pineale || (*morale*) accademico, collegiale, diplomatico, consolare, sanitario, amministrativo, morale, legislativo || di guardia, dei carabinieri, delle guardie di pubblica sicurezza, del genio, della fanteria, franco, di ballo || del reato || (*parti*) atomo, cellula, componente, elemento, membro, molecola, monade, ossatura, poro, protoplasma, tessuto || (*qualità*) peso, superficie, volume, profondità, altezza, larghezza, capacità, quadratura, spigolo, circonferenza, peso specifico, volume, forma, peso atomico, centro || (*proprietà*) affinitá, aggregazione molecolare, calore, causticità, coesione, compressibilità, consistenza, decomponibilità, decomposizione, densità, dilatabilità, divisibilità, ebollizione, elasticità, espansione, evaporazione, impermeabilità, liquefazione, permeabilità, porosità, potere assorbente, potere calorifico, solidità, solidificazione, solubilità, sopraffusione, tenacità || *agg.* amorfo, arido, grasso, diafano, trasparente, ialino, colorato, complesso, decomposto, decomponibile, scomponibile, duro, resistente, fragile, volatile, granelloso, imponderabile, vibratile, incoloro, indecomposto, inerte, iridescente, molle, neutro, opaco, organizzato, permeabile, sonoro, tenace, compatto, elastico, vitreo || (*azioni*) aderire, afflosciare, ammosciare, avvizzire, appassire, comporre, contorcere, contorcersi, dimezzarsi, scindersi, spezzarsi, dividersi, decomporsi, deformare, formare, frantumare, rompere, incorporarsi, scorporare, scorporarsi, scomporre, sciogliere, dileguare, scortecciare, screpolare, sezionare, spezzare, analizzare, fondere, pesare.
contr. anima, spirito, anima separata.

corporàle, *agg.* corporeo || carnale, materiale, fisico, fisiologico || *sm.* → MESSA.
nomencl. beni corporali, pene corporali || corporeità.
contr. spirituale, psichico, intellettuale, mistico.

corporatúra, *sf.* corpo, complessione, compagine, conformazione, figura, persona, fattezze, statura, taglia, busto, membratura, forma, forza.
nomencl. (*qualità*) comune, media, regolare, normale, mezzana, irregolare, anormale, grande, colossale, enorme, piccola, stentata, misera, mingherlina, alta, bassa, gracile, magra, grassa, obesa, grossa, tarchiata, atticciata, esile, sottile, ben fatta, ben conformata, elegante, agile, snella, svelta, aitante, delicata, diritta, curva, grossolana, gobba, monca, sciancata, storpia, goffa, tozza, sbilenca, boffice, contraffatta, pingue, deforme, sformata, sgangherata, striminzita || essere ben piantato, stecchito, rinsecchito, sfigurato, ingombrante.

corporazióne, *sf.* → ASSOCIAZIONE, COMPAGNIA.
nomencl. (*distinzioni*) medievale, moderna, d'arte e mestieri, religiosa, di Stato, padronale, artigiana.

corpòreo, *agg.* → CORPORALE, CARNALE.

corpóso, *agg.* denso, solido, rilevato, voluminoso, → SOSTANZIOSO.
contr. astratto, diafano, gracile, esile.

corpulènto, *agg.* materiale, grosso, pesante, ingombrante, atticciato, corpacciuto || → GRASSO.

corpulènza, *sf.* grossezza, solidità, materialità, → GRASSEZZA.

corpuscolàre, *agg.* → ATOMICO.

corpúscolo, *sm.* → ATOMO || CORPO.

corredàre, *v.tr.* arredare, ornare, fornire (*di*), provvedere (*di*), dotare, guarnire, munire, attrezzare, equipaggiare || *rifl.* provvedersi, ornarsi, fornirsi.
nomencl. *verb.* corredare un libro di tavole, documenti, appendice, note; uno scritto di prove, di citazioni.
contr. privare, cessare, sguarnire, togliere || privarsi, togliersi.

corrèdo, *sm.* → ARREDAMENTO, ORNAMENTO || dote, vestiario || occorrente, accompagnamento, finimenti, bagaglio, → EQUIPAGGIAMENTO.
nomencl. (*tipi*) nuziale, personale, militare, della casa || di cognizioni, di erudizione, di conoscenze, di sapere, di dati, di citazioni, di documenti, di prove || *verb.* corredare, guarnire, fornire, dotare, attrezzare, munire, provvedere, accompagnare.

corrèggere, *v.tr.* emendare, raggiustare, racconciare, rabberciare, restaurare, rifare, rivedere, ritoccare, purgare, limare, cancellare, rettificare || raddrizzare, riformare, rammendare, rassettare, rappezzare, ricucire, rinfrescare, rigenerare, pulire, → ACCOMODARE || ammendare, ammonire, dare una tiratina d'orecchi, domare, redarguire, riprendere, richiamare, biasimare, temprare, educare, → AVVERTIRE, CASTIGARE || *rifl.* ravvedersi, migliorare, emendarsi, riformarsi, riparare, raddrizzarsi, modificarsi.
nomencl. (*inerenti*) ammonimento, ammonizione, castigo, condanna || emenda, modificazione, pentimento, temperamento || vizio, difetto, abitudine, errore || correttore || censore, monitore, confessore.
contr. guastare, peggiorare, corrompere, subornare, viziare, alterare, deformare || tollerare, indulgere, condiscendere, essere connivente, complice.

corréggia, *sf.* → CINGHIA.

correggíbile, *agg.* emendabile, pieghevole, convertibile, rettificabile, aggiustabile, modificabile, cambiabile, rimediabile.
contr. incorreggibile, indisciplinato, protervo, pervicace, caparbio.

correggitóre, *sm.* → CORRETTORE.

corregionàle, *agg.* → COMPAESANO.

correità, *sf.* connivenza, corresponsabilità, collusione, → COMPLICITÀ.

correlatività, *sf.* → RELATIVITÀ.

correlativo, *agg.* → RELATIVO, CORRISPONDENTE.

correlazióne, *sf.* → RELAZIONE, SOMIGLIANZA, COERENZA.

corrènte[1], *ppr.* di correre || *agg.* fluente, spedito || diffuso, comune, accettato, corrivo, → FACILE || attuale, presente.

corrènte², *sf.* fiumana, flusso, corso d'acqua rapida, fiume || *fig.* moda, voga, opinione, andazzo || indirizzo, movimento letterario, artistico, politico.

nomencl. (*tipi*) d'acqua, d'aria, di fiume, marina, sotterranea || portata, velocità, direzione || *verb.* andare o scendere con la corrente, farsi portare dalla corrente, seguire la corrente, andare controcorrente.

corrènte elèttrica.

nomencl. (*suddivisione*) indotta, positiva, negativa, anoda, catoda, alternata, monofase, bifase, trifase, derivata, di polarizzazione, di ritorno, diretta, faradica, fotoelettrica, galvanica, intermittente, magnetica, magnetoelettrica, ondulatoria, tellurica, termo-elettrica, terrestre, voltiana || (*inerenti*) pila, dinamo, rocchetto di Ruhmkoff, elettrodo , catodo, ànodo, polo, senso, campo, magnetismo || (*leggi*) di Ampère, di Faraday, di Joule, di Lenz, di Matteucci, di Volta || (*misurazione*) ampère, ampère-ora, ampère-giri, farad, microfarad, henry, ohm, volta o volt, watt || (*strumenti di misurazione*) amperometro, elettrodinamometro, galvanometro, contatore, voltametro, voltmetro, wattmetro.

correntézza, *sf.* → FACILITÀ.

còrreo, *sm.* coimputato, → COMPLICE.

córrere, *v.intr.* accorrere, affrettarsi, convolare, concorrere, incorrere, irrompere, precipitarsi, precorrere, trapassare, rotare, → ANDARE, CAMMINARE, FUGGIRE || *fig.* passare, trapassare, trascorrere (detto di tempo) || propagarsi, circolare (delle notizie, della moneta); intercorrere (detto di distanze) || *tr.* percorrere, disputare, rincorrere || essere in pericolo || arrancare, galoppare, scavallare, caracollare, sgambettare, scorrazzare, trottare, volare; andare di carriera, a briglia sciolta, a spron battuto, a piú non posso, a precipizio, a rotta di collo, come il vento, come il lampo, come un'anima dannata, in fretta e furia, di volo; mettere le ali, alzare il tacco, darsela a gambe, pigliar la corsa, divorar la strada.

contr. stare fermo, non muoversi || andar piano, senza fretta, lentamente, rallentare.

correspettività, *sf.* corrispettività, → RELATIVITÀ.

correspettívo, *agg.*, corrispettivo, corrispondente, → RELATIVO || *sm.* → PAGAMENTO.

correttézza, *sf.* grazia, forma, galateo, ordine, modestia, castigatezza, onestà, irreprensibilità, costumatezza, puntualità, civiltà, proprietà.

contr. scorrettezza, disonestà, sconvenienza, sregolatezza, malcreanza, immodestia, scostumatezza.

corrètto, *pps.* di correggere || *agg.* castigato, costumato, irreprensibile, giusto, regolare, diritto, → DECOROSO, ONESTO.

contr. scorretto, irregolare, difforme, sconveniente.

correttóre, *sm.* correggitore, revisore, censore, limatore.

correzióne, *sf.* emenda, emendamento, mutazione, cambiamento, accomodamento, modificazione, modifica, rabberciamento, rabberciatura, miglioramento, rettificazione, rettifica, riforma, revisione || ammonizione, monito, castigo, avvertenza, precetto, raccomandazione, riprensione, punizione, pena.

contr. errore, sbaglio, guasto, vízio || lode, elogio, premio.

corrída, *sf.* tauromachia.

corridóio, *sm.* androne, àndito, ambulacro, ballatoio, ringhiera, corsía, galleria, passaggio interno, corsello.

corridóre, *sm.* corsiero, corriere, cursore.

corrièra, *sf.* autocorriera, diligenza, messaggeria.

corrière, *sm.* messo, messaggiero, → STAFFETTA, AMBASCIATORE || cavallaro, procaccia, postino || → GIORNALE.

corrispettività, *sf.* correspettività, → RELATIVITÀ.

corrispettívo, *agg.* correspettivo, → RELATIVO.

corrispondènte, *ppr.* di corrispondere || *agg.* consonante, consono, conforme, congruente, correlativo, relativo, coerente, simile, proporzionato, somigliante, adeguato, armonioso || *sm.* → GIORNALISTA.

contr. diverso, inadeguato, differente, dissimile, incongruente, dissono, difforme, stridente, disarmonico.

corrispondènza, *sf.* congruenza, proporzione, affinità, contraccambio, relazione, coerenza || consonanza, accordo || commercio di lettere, carteggio, posta, lettera || articolo, → GIORNALE.

nomencl. (*mezzi*) telegramma, fonogramma, radiogramma, marconigramma, telefono, telescritto, telefoto, cartolina, biglietto postale, lettera, espresso, raccomandata.

corrispóndere, *v.intr.* aver relazione, far riscontro, equivalere, concordare, confarsi, rispondere, ricambiare, incontrarsi, contraccambiare, accompagnare, adattarsi, convenire, andare a genio || comunicare, carteggiare, parlare, scambiare lettere, aver carteggio, riscontrare || accordare, esaudire.

contr. non corrispondere, non incontrare, non confarsi, andare, essere a contraggenio, non concordare, sconvenire || tacere.

corrivaménte, *avv.* → FACILMENTE.

corrività, *sf.* faciloneria, tolleranza, condiscendenza, indulgenza, leggerezza, irriflessività, avventatezza, → IMPRUDENZA, CREDULITÀ.

corrívo, *agg.* facile, facilone, tollerante, condiscendente, indulgente, credulo, credulone, leggero, volubile, irriflessivo, sconsiderato, avventato, sconsigliato, inconsiderato, frettoloso, precipitoso, subitaneo, imprudente.

contr. prudente, circospetto, guardingo, cauto, rattenuto, riservato, ponderato, riflessivo.

corroborànte, *ppr.* di corroborare || *agg.* → CONFORTEVOLE, FORTIFICANTE || *sm.* → CORDIALE.

corroboràre, *v.tr.* consolare, confermare, sollevare, → CONFORTARE, FORTIFICARE || AVVALORARE.

corroborazióne, *sf.* → CONFORTO, AIUTO || PROVA.

corródere, *v.tr.* → CONSUMARE, GUASTARE.

corrodiménto, *sm.* → CORROSIONE.

corrómpere, *v.tr.* guastare, fiaccare, contagiare, decomporre, contaminare, infettare, putrefare, inquinare, alterare, avvelenare, dissolvere, ammorbare, disfare || falsare, ingannare || sedurre, fuorviare, pervertire, depravare, istigare, eccitare, stravolgere, viziare || *fig.* comprare, subornare, ungere le mani o le ruote, dare il boccone || *rifl.* depravarsi, guastarsi, fuorviarsi || decomporsi.

contr. correggere, sanare, risanare, ripulire, purgare, purificare || elevare, nobilitare.

corrompiménto, *sm.* → FALSIFICAZIONE || CORRUZIONE.

corrompitóre, *sm.* → CORRUTTORE, SEDUTTORE.

corrosióne, *sf.* erosione, rodimento, guasto, corrodimento, → CONSUMO.

contr. integrità, consolidamento, risanamento.

corrosívo, *agg.* caustico, erosivo, → BRUCIANTE || distruttore, corrompente, acido, guastatore.

corróso, *pps.* di corrodere || *agg.* consumato, logorato, intaccato || *fig.* corrotto, guasto.

contr. intatto, integro, sano, nuovo.

corrótto, *pps.* di corrompere || *agg.* guasto, marcio, infetto, contaminato, impuro, bacato, falso, mézzo marcescente, fradicio, alterato, putrefatto || *fig.* subornato, comprato || viziato, immorale, cattivo, perverso, depravato, vizioso, pervertito, scostumato.

contr. incorrotto, integro, sano, puro, mondo, pretto, intatto, normale, incontaminato, immacolato, inviolato, illibato || morale, innocente.

corrucciàre, *v.rifl.* sdegnarsi, crucciarsi, disdegnarsi, cruciare, → ADIRARE, INFURIARE.

corrúccio, *sm.* disdegno, dispetto, cruccio, stizza, sdegno, rammarico, → CRUCCIO, MALUMORE, DOLORE.

corrucciόso, *agg.* → BRONTOLONE.

corrugaménto, *sm.* → INCRESPAMENTO.

corrugàre, *v.tr.* → AGGRONDARE, INCRESPARE.

corruscaménto, *sm.* lampeggio, → BAGLIORE.

corruscàre, *v.intr.* → BALENARE.

corrúsco, *agg.* rilucente, fiammeggiante, splendente, → FIAMMANTE.

corruttèla, *sf.* → CORRUZIONE, DEPRAVAZIONE.

corruttíbile, *agg.* alterabile, corrompíbile, caduco, inquinabile, contaminabile, putrescibile, corruttivo || → CAMBIABILE.

contr. incorruttibile, immarcescibile, imputrescibile, intangibile, inviolabile, inalterabile.

corruttibilità, *sf.* alterabilità, caducità, deteriorabilità, contaminabilità.

contr. incorruttibilità, inalterabilità, intangibilità, inviolabilità.

corruttívo, *agg.* → CORRUTTIBILE.

corruttóre, *agg.* e *sm.* pervertitore, depravatore, seduttore, ingannatore, tentatore, corrompitore.

contr. correttore, educatore, moralizzatore.

corruzióne, *sf.* corrompimento, decomposizione, infezione, guasto, fradiciume, putridume, putrefazione, marcio, corruttela || subornazione, seduzione || pervertimento, immoralità, vizio, → DEPRAVAZIONE || contagio, → INFEZIONE.

nomencl. (*distinzioni*) corruzione di costumi, di gusti, di idee || corruzione morale, politica, amministrativa || seduzione dell'ignoranza, della buona fede, della gioventú, del sesso debole || subornazione dei vili, dei deboli, dei testimoni, dei dipendenti || (*mezzi*) offa, imbeccata, mancia, boccone, promesse, adulazioni, minacce, doni.

contr. purezza, mondezza, illibatezza, onestà, moralità, rettitudine, giustizia.

córsa, *sf.* carriera, gara, inseguimento, scorrazzamento, scorreria, scorribanda, gita, galoppo || percorso, tragitto || scorsa, scorrimento || guerra di corsa, → GUERRA.

nomencl. (*tipi*) campestre, a piedi o podistica, ciclistica, motociclistica, automobilistica, dei cavalli o ippica || veloce, sfrenata, alla lunga, alla tonda, rallentata, libera, a ostacoli, piana, di galoppo, di trotto || (*sport*) ciclismo, corsa dei tori, lampadedromia, podismo, regata, palio || campionato, *match*, *record*, allenamento, *handicap*, abbuono, appiombo, abbrivo, falsa partenza, traguardo, ostacoli (siepe, barriera, muricciolo, rialzo, fosso), vincitore, piazzato, premio, misure || (*termini inerenti*) ippodromo, autodromo, velodromo, anfiteatro, stadio, pista, lizza || tribune, partenza, traguardo || scuderia, fantini, genealogia || scommesse, totalizzatore, sopraccarico.

contr. sosta, fermata, stasi, interruzione.

corsàro, *sm.* corsale.

nomencl. guerra di corsa, patenti o lettere di corsa, navi corsare || corseggiare.

contr. pirata, ladro di mare.

corsèllo, *sm.* → CORRIDOIO.

corsétto, *sm.* → BUSTO.

corsía, *sf.* → CORRIDOIO.

corsièro, *sm.* → CAVALLO.

córso, *sm.* via principale, passeggio || ordine, successione, durata, sviluppo, svolgimento || circolazione (monetaria), legalità || anno di studi.

nomencl. (*distinzioni*) forzoso, monetario || del cambio, dei fiumi, degli studi, del tempo, dei pianeti, della natura, della vita.

córte, *sf.* → REGGIA || CORTILE || corteggiamento.

nomencl. (*personale di corte*) camerazzo, cameriere segreto, partecipante, d'onore, cappellano; cavallerizzo del re, della regina, di sportello; cavallerizzo maggiore, ciambellano, coppiere, cortigiano, dama d'onore, elemosiniere, favorita, favorito, gentiluomo, giullare, buffone, gran cacciatore, gran coppiere, grande scudiere, intendente, introduttore, maestro delle cerimonie, prefetto delle cerimonie, maestro di palazzo, maggiordomo, ministro della real casa, paggio, palatino, scalco, scudiere, siniscalco, staffiere || (*inerenti*) livrea, lucerna, cerimonia, abito di cerimonia, gran gala, mezza gala || corte d'appello, corte d'assise, corte di cassazione, corte dei conti, corte costituzionale || *agg.* aulico, cortese || *verb.* andare a corte, frequentare la corte || far la corte, corteggiare

cortéccia, *sf.* scorza, crosta, buccia, guscio || intonaco, incrostatura || pelle, epidermide, tegumento || *fig.* facciata, apparenza, superficie.

nomencl. *verb.* scortecciare, scorticare, sbucciare, scrostare.

contr. interno, polpa, midolla, mollica || sostanza, realtà.

corteggiaménto, *sm.* corte, vagheggiamento, arte d'amore, *flirt*.

corteggiàre, *v.tr.* vagheggiare, vezzeggiare, fare il cascamorto, il damerino, fare la corte; ronzare attorno o andar dietro a una ragazza; donneare, dameggiare, frascheggiare, civettare, flirtare || blandire, lusingare, adulare, ossequiare, piaggiare.

contr. essere indifferente, ignorare, trascurare, disprezzare.

cortéggio, *sm.* corteo, codazzo, scorta, seguito, → ACCOMPAGNAMENTO, COMPAGNIA.

cortèo, *sm.* codazzo, processione, accompagnamento, compagnia, comitiva, corteggio || dimostrazione, manifestazione.

nomencl. (*tipi*) battesimale, nuziale, funebre || patriottico, di protesta.

cortése, *agg.* gentile, compiacente, condiscendente, compíto, creanzato, complimentoso, cerimonioso, grazioso, officioso, benigno, affabile, liberale, largo, urbano, amorevòle, garbato, squisito, costumato, deferente.

contr. scortese, sgarbato, inurbano, malcreato, screanzato, rustico, villano, sgraziato, rozzo.

cortesía, *sf.* officiosità, grazia, gentilezza, compiacenza, condiscendenza, compitezza, creanza, amorevolezza, distinzione, garbo, garbatezza, benignità, civiltà, favore, urbanità, affabilità, degnazione, finezza, galanteria, riguardo, deferenza, squisitezza, liberalità, larghezza, costumatezza.

nomencl. *agg.* fine, squisita, amabile, perfetta, eletta, fiorita, raffinata, gentile, obbligante, disobbligante, sprezzante, officiosa, cerimoniosa, finta, falsa, affettata, artificiosa, dissimulata, ipocrita, mascherata, menzognera, bugiarda, convenzionale, esteriore || *verb.* affettare, compiacere, corteseggiare, usare cortesia, vincere in cortesia, fare galanteria.

contr. scortesia, inurbanità, malcreanza, sgarbatezza, sconvenienza, villania, rozzezza || avarizia, sordidezza.

corteseménte, *avv.* → AMMODO.

cortézza, *sf.* → BREVITÀ.

cortigianería, *sf.* → ADULAZIONE.

cortigianésco, *agg.* → ADULATORIO.

cortigiàno, *sm.* gentiluomo di corte || *fig. spreg.* piaggiatore, piallone, lusingatore, animo di schiavo, → ADULATORE.

cortíle, *sm.* corte, cavèdio, atrio, chiostro, *patio*.

nomencl. (*attinenti*) portico, vestibolo, androne, cancello || *agg.* rustico, acciottolato, lastricato, fiorito, squallido, stretto, vasto, ampio, grazioso, largo || *loc. avv.* ben tenuto, mal tenuto.

cortína, *sf.* → TENDA.

nomencl. (*varietà*) di fumo o fumogena, di fuoco, di nebbia || sipario o cortina di ferro || muraglia trincerata.

cortinàggio, *sm.* → BALDACCHINO.

córto, *agg.* insufficiente, scarso, poco, manchevole, → BREVE, BASSO || laconico, succinto, stringato, compendioso, conciso, spiccio || alle corte, → BREVEMENTE.

nomencl. *verb.* scorciare, scortire, accorciare, restringere || abbreviare, sintetizzare, compendiare || tagliar corto, essere a corto di denaro, tenere corto uno.

contr. lungo, alto, bastante, prolisso, diffuso.

cortometràggio, *sm.*

contr. lungometraggio.

corvíno, *agg.* → NERO.

còrvo, *sm.*

nomencl. (*simili*) cornacchia (campereccia, ciarliera, mantellata), corbacchino, corbicino, calco, corbacchione, corbastrella, coraccia, gracchia, gracchio, corvetto, corvo dello scapolare, gazza, gazzero, pica, ghiandaia, taccola || (*voci*) crocidare, gracchiare, crocchiare, stridere.

còsa, *sf.* roba || → CORPO, ENTE, ESSERE, OGGETTO, AZIONE, AVVENIMENTO, AFFARE || parola, sentimento, giudizio, opera, → IDEA, PENSIERO || QUANTITÀ, INEZIA || materia, → MERCE || storia, fandonia, fenomeno || *pl.* → AVERI.

nomencl. (*distinzioni*) materiale, corporea, sensibile, meccanica, immateriale, spirituale, soprannaturale, intellettuale, incorporea, astratta, concettuale || (*equivalenti*) certe cose, checchessia, ciarpame, ciarpa, cosaccia, coserella, cosettina, scarto, accomodaticcio, frivolezza, bubbola, dramma || accozzaglia, assortimento, cibreo, congerie, fila, infilata, rete, scorta, serie, sfilata || cose che capitano, cose da pazzi, cose dell'altro mondo, cose da far ridere i polli, cose da bambini || *agg.* naturale, comune, ordinaria, regolare, ovvia, congenita, innata, connaturale, acquisita, palpabile, visibile, istintiva, grossolana, rozza, concreta, reale, effettiva, positiva, pratica, sostanziale, sperimentata, buona, bella, armonica, facile, abile, coraggiosa, prudente, assennata, fortunata, innaturale, posticcia, straordinaria, solita, fenomenale, bizzarra, anormale, irregolare, strana, falsa, cattiva, brutta, ributtante, sporca, oscena, sconcia, disgraziata, sfortunata, inabile, difficile, contrastata, discordante || *verb.* accatastare, accomodare, acconciare, assortire, aumentare, barattare, combinare, consumare, curare, custodire, distruggere, dividere, disprezzare, donare, finire, formare, manomettere, nascondere, ottenere, perdere, smarrire, prestare, pretendere, omettere, restituire, ricevere, rifiutare, accettare, rompere, rubare, togliere, trasformare, trasportare, vendere, desiderare, volere.

cosciènte, *agg.* conscio, edotto, persuaso, convinto, → CONSAPEVOLE.

contr. incosciente, ignaro, inconsapevole, amorale, irresponsabile.

cosciènza, *sf.* → ANIMA, CONOSCENZA || cervello, consapevolezza, sinderesi, sentimento del dovere, cuore, luce interiore, voce interiore, senso interiore, senso intimo, senso morale, sensibilità, discernimento, intimo, foro interno || scrupolo, probità, lealtà, responsabilità, fede, → ONESTÀ.

nomencl. (*attinenti*) autocoscienza, dettame della coscienza, caso di coscienza, esame di coscienza, fenomeno di coscienza, libertà di coscienza, rossore, pudore, scrupolo, farisaismo, gesuitismo, rimorso di coscienza, contrizione, pentimento, penitenza, peccato, difetto, vizio, abitudine, aggravio, carico, peso, tacca, macchia || coscienzioso, cosciente, consapevole, onesto, scrupoloso, meticoloso, incosciente, malvagio, cinico, irresponsabile || consciamente, inconsciamente || *agg.* assonnata, sonnacchiosa, istupidita, sorda, muta, indurita, callosa, torbida, delicata, sensibile, fine, onesta, candida, illibata, innocente, leale, morale, proba, pura, retta, timorata, monda, pulita, rigida, severa, incrollabile, inflessibile, salda, larga, elastica, mencia, floscia, debole, fiacca, incallita, disfatta, lassa, farisaica, ipocrita, falsa, bugiarda, dubbiosa, scrupolosa, gesuitica, agitata, inquieta, sconvolta, turbata, commossa, scossa, piagata, straziata, ulcerata || *verb.* avere coscienza, avere la coscienza pulita o sporca, fare l'esame di coscienza, nettare la propria coscienza, mettere la coscienza in

pace, tranquillizzare la coscienza, liberare la coscienza, mancare di coscienza, farsi coscienza o scrupolo, metter la mano alla coscienza, gravarsi la coscienza, pungere o rimordere la coscienza, rodere, scherzare con la coscienza, transigere con la coscienza, sentire la coscienza, agire secondo o contro coscienza.
coscienziosaménte, *avv.* → DILIGENTEMENTE.
coscienziosità, *sf.* rigorosità, austerità, onestà, scrupolosità, moralità, dirittura || → DILIGENZA.
contr. incoscienza.
coscienzióso, *agg.* retto, corretto, severo, austero, rigoroso, → ONESTO, DILIGENTE || scrupoloso, → ESATTO.
contr. incosciente.
coscrìtto, *sm.* → RECLUTA, SOLDATO.
coscrizióne, *sf.* → ARROLAMENTO.
coserèlla, *sf. dim.* → INEZIA.
cosiffàtto, *agg.* → SIMILE.
cosmètico, *sm.* → BELLETTO.
còsmico, *agg.* universale, pànico.
nomencl. armonia, ordine, grandezza, meraviglia cosmica, leggi cosmiche || sgomento cosmico || raggi cosmici.
còsmo, *sm.* armonia, ordine, ornamento dell'universo, del mondo fisico || → CREATO, UNIVERSO, MONDO || sistema solare || opere di Dio.
nomencl. microcosmo, macrocosmo || cosmopolita || cosmogonia, cosmologia, cosmografia || viaggi, spaziali, cosmonauti.
cosmogonía, *sf.* generazione, origine del cosmo, formazione dell'universo, dei mondi.
contr. teogonia.
cosmografía, *sf.* descrizione del mondo, → GEOGRAFIA.
cosmología, *sf.* → FILOSOFIA.
cosmopolíta, *agg.* e *sm.* cittadino del mondo.
contr. nostrano, paesano, provinciale, nazionalista, sciovinista.
cosmopolitísmo, *sm.*
contr. campanilismo, patriottismo, sciovinismo, nazionalismo, razzismo, colonialismo.
cospàrgere, *v.tr.* → SPARGERE.
cospàrso, *pps.* di cospargere || *agg.* cosperso, asperso, spruzzato, irrorato.
cospèrgere, *v.tr. poet.* → SPARGERE.
cospètto, *sm.* → ASPETTO, PRESENZA.
cospicuità, *sf.* → IMPORTANZA.
cospícuo, *agg.* → DISTINTO, EGREGIO, IMPORTANTE, NOTEVOLE, FAMOSO.
cospiràre, *v.intr.* → ORDIRE || concorrere insieme, consentire, cooperare, → AIUTARE.
cospiratóre, *sm.* → AGITATORE.
cospirazióne, *sf.* congiura, → COMPLOTTO, INTRIGO || consenso, cooperazione, concorso.
còsta, *sf.* → COSTOLA || RIVA, SPIAGGIA, LIDO.
costànte, *agg.* adamantino, saldo, indomito, inflessibile, forte, perseverante, pertinace, pervicace, ostinato, tenace, fedele || stabile, fisso, fermo, immobile, uniforme, invariabile, indeclinabile, invariato, inalterato, immutato, certo, coerente, continuo, durevole, assiduo.
contr. incostante, instabile, mutabile, alterabile, leggero, volubile, variabile, infedele, farfallino.
costanteménte, *avv.* → CONTINUAMENTE.
costànza, *sf.* assiduità, fedeltà, coerenza, fermezza, carattere, equilibrio, pazienza, inflessibilità, perseveranza, ostinazione, tenacia, forza d'animo, coraggio, attaccamento, inalterabilità, immutabilità, incorruttibilità, invariabilità, uniformità, persistenza, fissità, durevolezza || pervicacia, ostinazione, cocciutaggine, incorreggibilità, pertinacia.
nomencl. *verb.* essere fermo, essere o stare saldo, tener duro, tener fermo, resistere, reggere, persistere, perseverare, ostinarsi, essere come una torre che non crolla.
contr. incostanza, incoerenza, leggerezza, volubilità, mutevolezza, variabilità, infedeltà, instabilità.
costàre, *v.intr.* avere un prezzo, essere caro, valere || *fig.* → IMPORTARE || SOFFRIRE.
costàta, *sf.* → BISTECCA.
costatàre, *v.tr.* constatare, → ACCERTARE.
costatazióne, *sf.* constatazione, → ACCERTAMENTO, CONFERITA.
costàto, *sm.* → BUSTO, FIANCO.
costeggiàre, *v.tr.* → ANDARE.
costellàre, *v.tr.* riempire, lardellare || → ORNARE.
costellazióne, *sf.* asterismo, → ZODIACO.
nomencl. Acquario, Aquila, Ariete, Auriga, Balena, Boote, Calisto o Callisto, Camaleonte, Cane Maggiore celeste, Cane Minore, Canicola, Capricorno, Carro, Gran Carro o Carro di Boote o Orsa maggiore, Cassiopea, Castore e Polluce o Gemelli, Chioma di Berenice, Centauro, Cinosura, Cocchiere, Corona, Corvo, Cratere, Crociera, Delfino, Dorado, Drago, Dragone, Ercole, Eridano, Esculapio, Idra, Leone, Sette Gallinelle, Lira, Nave d'Argo, Oficuo, Orione, Orsa Minore, Ottante, Pavone, Pegaso, Pesci, Plaustro, Pleiadi, Sagittario, Scorpione, Serpentario, Toro, Triangolo Australe, Triangolo Boreale, Trioni, Unicorno, Vergine.
costernàre, *v.tr.* → AVVILIRE, ADDOLORARE, SPAVENTARE.
costernazióne, *sf.* → AVVILIMENTO, DOLORE, SPAVENTO, PAURA, DISPERAZIONE.
costipàre, *v.tr.* → AMMUCCHIARE, ADDENSARE.
costipazióne, *sf.* → RAFFREDDORE || STITICHEZZA.
costituènte, *ppr.* di costituire || *sm.* → ELEMENTO || assemblea politica, straordinaria, parlamento.
nomencl. Assemblea Costituente francese, Costituente italiana.
costituíre, *v.tr.* stabilire, statuire, decidere || → FARE, COMPORRE, FORMARE, FONDARE || ATTRIBUIRE || *rifl.* consegnarsi, presentarsi, comparire.
contr. non presentarsi, fuggire, darsi alla latitanza.
costituzióne, *sf.* regime, statuto, carta, codice, legge || leggi stabilite dalla Costituente || fondazione, aspetto, struttura, forma, essenza.
nomencl. (*varie*) apostolica, clementina, romana, estravagante || Magna Carta, Statuto, Novelle || Costituzione civile del clero || di rendita, in mora o a debito.
contr. complessione, temperamento.
còsto, *sm.* spesa, prezzo, mercede, → VALORE.
còstola, *sf.* costa || → DORSO.
nomencl. (*varie*) del coltello, del libro, della foglia || (*anatomia*) asternale, addominale, vertebrale, spuria o falsa, fluttuante o ondeggiante, vera || (*inerenti*) gabbia toracica, regione costale, costato, angolo costale, articolazione costo-sternale, articolazione costo-vertebrale, articolazione costo-trasversale, colonna verte-

brale, cartilagini costali, muscoli intercostali, nervi intercostali, pleura costale, pleuropofisi, spazi intercostali, sterno, vene intercostali || costale, costolato, costoluto, intercostale || costalgia, costotomo, costotomia || *verb.* scostolare.

costolétta, *sf.* → BISTECCA.

costóso, *agg.* spesoso, suntuoso, dispendioso, → CARO.

costríngere, *v.tr.* coartare, obbligare, necessitare, indurre, forzare, sforzare, impegnare, violentare, astringere, vincolare, frenare, reprimere, aggiogare, gravare, influenzare, iugulare, stringere fra l'uscio e il muro, mettere alle strette, tirare per i capelli, trascinare per le orecchie, prendere con le brusche || → STRINGERE, OPPRIMERE || DIMINUIRE.

nomencl. *agg.* astringente, coercitivo, costrittivo.

contr. lasciar libero, lasciar fare, lasciare la responsabilità, liberare, svincolare, allentare, sciogliere.

costringiménto, *sm.* → COSTRIZIONE.

costrittívo, *agg.* coatto, coattivo, coercitivo, obbligante, obbligatorio, necessitante, opprimente, costrittore.

contr. solutivo, libero, svincolato, sciolto.

costrizióne, *sf.* coazione, coartazione, coercizione, obbligo, violenza, costringimento, pressione, oppressione, forza, forzamento, tensione.

contr. liberazione, libertà, allentamento, scioglimento, rilassamento.

costruíre, *v.tr.* congegnare, coordinare, edificare, erigere, fabbricare, murare, formare, allargare, innalzare, elevare, alzare, creare, → FARE.

contr. distruggere, rovinare, demolire, abbattere, rovesciare, atterrare, diroccare, appianare, annullare, annientare.

costrútto, *sm.* frase, senso compiuto, complesso, contesto || utilità, profitto, vantaggio.

costruttóre, *sm.* edificatore, fabbricatore, coordinatore, fondatore.

nomencl. (*inerenti*) muratore, capomastro, armatore, assuntore, impresario, imprenditore, architetto, ingegnere, urbanista, pianificatore || *agg.* geniale, moderno, audace, coraggioso, sorpassato, superato, retrogrado || *loc. avv.* d'avanguardia.

contr. demolitore, distruttore, eversore, unno, vandalo, barbaro.

costruzióne, *sf.* edificazione, erezione, fabbricazione || edificio, opera, opificio, fabbricato, fabbrica || congegno, meccanismo, fattura, struttura, ordinamento || espressione.

nomencl. (*tipi*) navale, meccanica, edilizia, di un romanzo, di un'opera d'arte || *agg.* mirabile, ammirevole, stupenda, grandiosa, bella, bellissima, mastodontica, ciclopica, artistica, moderna, antica, razionale, latina, diretta, indiretta, intricata, lineare, inversa.

contr. distruzione, demolizione, rovina, abbattimento, livellamento, vandalismo.

costumànza, *sf.* consuetudine, usanza, vezzo, → ABITUDINE, USO.

costumàre, *v.intr.* accostumare, solere, essere soliti, → USARE, ABITUARE || *tr.* → ISTRUIRE.

costumatézza, *sf.* buoni costumi || pudore, pudicizia, riservatezza, dignità || MODESTIA || GRAZIA, ORDINE, CORRETTEZZA.

contr. scostumatezza, cattivi costumi, dissolutezza, sregolatezza, scorrettezza, disordine, rilassatezza.

costumàto, *pps.* di costumare || *agg.* pudico, modesto, pudorato || → CORRETTO, CORTESE, EDUCATO.

contr. scostumato.

costúme, *sm.* abito, consuetudine, → ABITUDINE, USO, FOLCLORE || MORALE || → VESTE.

nomencl. (*attinenti*) auterità, castigatezza, correttezza, decadimento, corruttela, costumatezza, illibatezza, lassismo, libertà di costume, licenziosità, morbidezza, raffinatezza, oscenità, scapestrataggine, scostumatezza, sregolatezza, scapigliatura, decadenza, incivilimento || angelo, catone, censore, ciompo, corrigendo, libertino, puritano, uomo sodo || *agg.* adamitici, antidiluviani, antichi, corretti, illibati, morali, puri, virtuosi, angelici, onesti, onestissimi, specchiati, irreprensibili, tradizionali, semplici, primitivi, patriarcali, rozzi, pazzeschi, effeminati, efferati, crudeli, scorretti, facili, leggeri, volubili, immorali, sensuali, lussuriosi, mondani, obbrobriosi, vergognosi, vituperevoli, impudichi, osceni, scandalosi || *verb.* accostumare, costumare, abituare, cambiare abitudine, deviare, imbastardire, inforastierire, ingentilire i costumi, variare, ammorbidire.

costúra, *sf.* → CUCITURA.

coténna, *sf.* cotica || *scherz.* pelle umana, parte posteriore del collo, pelle del capo, cuoio capelluto.

nomencl. scotennatoio || *verb.* scotennare, scuoiare.

cótica, *sf.* → COTENNA.

nomencl. del maiale, del prato || *agg.* dura, legnosa, erbosa.

cotidiàno, *agg.* → QUOTIDIANO.

cotolétta, *sf.* → BISTECCA.

cotóne, *sm.* bambagia, ovatta || cotonina, tela, filato, tessuto || refe.

nomencl. (*qualità*) a seta lunga o corta, da filare, erbaceo, arboreo, in falda, in fiocco, in pelo, da imbastire || assorbente, idrofilo o purificato, al sublimato corrosivo, emostatico, al percloruro di ferro, all'acido fenico, collodio, fulminante o nitrocellulosio, binitrico || (*varietà*) organza, filo di Scozia, *cretonne*, crivellotto, cascame, mollettone, mussolina, pannicino, percalle, stamigna, picché, *piqué*, *zephir*, anchina, cambrí, dobletto, fustagno, indiana, giaconetta, rigatino || (*pertinenti*) balla, matassa, gomitolo, nappa || titolo o numero, trama, ordito || (*lavorazione*) cotonificio, tintoria, stamperia || filatura, apritura, cardatura, battitura, pettinatura, provinatura, ritorcitura, scelta, sfilacciatura, stiramento, torsione, tessitura, candeggio, tintoria, stampaggio || filatoio, fuso, pettinatrice, pettine, ritorcitoio, spola, incannatoio || *verb.* mercerizzare, accotonare, cotonizzare, binare, riaccotonare, sbambagiare.

cotonína, *sf.* tela di cotone, rigatino, → COTONE.

cottage, *sost. ingl.* → CASA.

còtto, *pps.* di cuocere || *agg. fig.* innamorato, ubriaco, ubriaco fradicio || → DURO || *sm. rar.* → MATTONE.

cọ̀tta, *sf.* cottura, decozione || → ARMATURA || SOPRAVVESTE || *fig. scherz.* → UBRIACATURA, AMORE.

cottúra, *sf.* cotta, decozione.

coturníce, *sf.* → PERNICE.

cotúrno, *sm.* → CALZATURA.

coupé, *sm. fr.* cupè, → CARROZZA.

coupon, *sm. fr.* tagliando, → BIGLIETTO.
cóva, *sf.* incubazione, incubatura, covatura || → COVO.
covàcciolo, *sm.* → COVO.
covàre, *v.tr.* → ALIMENTARE, RISCALDARE || *fig.* proteggere, difendere, condiscendere troppo, essere connivente, → NASCONDERE.
nomencl. uova, nido, incubatrice.
covàta, *sf.* nidiata, → FAMIGLIA.
covatúra, *sf.* → COVA.
covíle, *sm.* → COVO || *fig.* → LETTO, CAMERA.
cóvo, *sm.* cova, covacciolo, covile, canile, cuccia, tana, nido, ricetto, buco, caverna, spelonca, giaciglio || *scherz.* → LETTO.
nomencl. *verb.* intanarsi, rintanarsi, cucciare, accucciarsi, accovacciarsi, accovacciolarsi, scavare, scavernare, stanare.
covóne, *sm.* fastello, mannello, manipolo, manatella.
cozióne, *sf.* → DIGESTIONE.
còzza, *sf.* mítilo, peocio, muscolo, arsella.
cozzàre, *sm.* → URTARE, COLPIRE, FERIRE.
còzzo, *sm.* → URTO.
cozzóne, *sm.* → COMMERCIANTE.
crac, *sm. indecl. fig.* → ROVINA, FALLIMENTO.
crack, *sost. ingl.* crac, → ROVINA, FALLIMENTO.
cràmpo, *sm.* contrazione, convulsione, granchio, → SPASMO.
nomencl. degli scrittori, degli amanuensi, dei musicisti, degli sportivi || di petto.
contr. distensione, allentamento, rilassamento.
crànio, *sm.* scatola, cassa, cavità, calotta, → TESTA.
nomencl. (*forme*) brachicefalo, dolicocefalo, scafocefalo, acrocefalo, macrocefalo, microcefalo || (*parti*) base, basio-occipitale, basio-sfenoideo, calotta cranica, cuffia del cranio, dacrion, doccia o fossa sagittale, endocranio, etmoide, fontanelle, fori condoloidei, fossa cranica, frontale, lamina vitrea, mastoide, occipitale, parietale, pericranio, sella turcica, seni, sfenoide, sincipite, sutura, tempie, temporali, volta, zigomo, accessorio, nervi encefalici, cuoio capelluto, nuca || (*inerenti*) indice cefalico, frenologia, craniologia, craniometria o cefalometria, craniognomica, cranioscopia, cefalgia, cloroma, compressione cerebrale, frattura, trapanazione, effrazione, encefalotomia.
craniología, *sf.* frenologia.
cràpula, *sf.* stravizzo, eccesso, bagordo, smoderatezza, → BALDORIA, ORGIA.
crapulóne, *agg.* vizioso, → GOLOSO, BEONE.
cràsso, *agg.* → GROSSO, GRASSO, DENSO.
nomencl. aria crassa, mente crassa, errore crasso, intestino crasso.
contr. sottile, acuto, asciutto, macro, gracile, tenue.
cratère, *sm.* → BICCHIERE.
cravàtta, *sf.* → FIOCCO.
creànza, *sf.* → CORTESIA, EDUCAZIONE.
creanzàto, *agg.* → CORTESE, EDUCATO.
contr. screanzato.
creàre, *v.tr.* far nascere, dar vita, generare, procreare || produrre dal nulla, fare, inventare, formare, costruire, comporre, ricreare, istituire, plasmare, rinnovare, foggiare, fondare || suscitare, eccitare || eleggere, nominare.
nomencl. (*attinenti*) creatore, protoplasma, demiurgo || creatura, creazione, creazione dal nulla, creazione libera, creazionismo; emanazione, concreazione, epigenesi, evoluzione, generazione spontanea.
contr. uccidere, distruggere, abolire, annientare, rovinare, guastare.

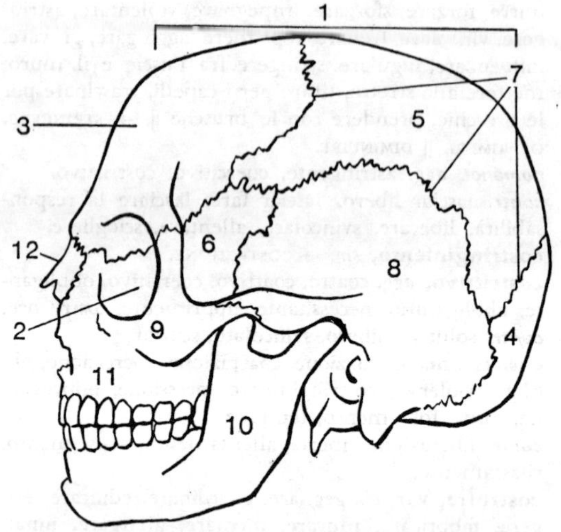

CRANIO – 1) calotta cranica; 2) etnòide; 3) osso frontale; 4) osso occipitale; 5) osso parietale; 6) sfenòide; 7) suture; 8) osso temporale; 9) zigomo; 10) osso mascellare inferiore o mandibola; 11) osso mascellare superiore; 12) osso nasale.

creàto, *pps.* di creare || *agg.* formato, plasmato, educato, forgiato || temporale, temporaneo, caduco, accidentale, condizionato || *sm.* → COSMO, UNIVERSO, MONDO.
contr. increato, eterno, assoluto, non fatto, ingenito.
creatóre, *sm.* → DIO || autore, artefice, fattore, facitore, inventore, ideatore, costruttore, fabbricatore, plasmatore, rinnovatore, produttore, demiurgo, fabbro, fondatore, genitore, generatore.
nomencl. *agg.* geniale, grande, onnipotente, sommo, principale, sublime, potente, artista, virtuoso, ispirato, estroso, manierato, strambo, capriccioso, bizzarro, affettato, lezioso, ricercato, rozzo, sciatto, senza grazia.
contr. creato, natura, opera, prodotto, figlio.
creatúra, *sf.* cosa creata, essere umano, essere || ciò che è caduco, fragile, accidentale || nato, figlio, bambino, neonato, figlioletto || opera, fattura.
contr. creatore, fattore, genitori.
creazióne, *sf.* → FORMAZIONE || generazione, produzione, fattura, invenzione, risultato, fondazione || nomina || → MONDO.
contr. distruzione, guasto, rovina, abolizione, annientamento || il nulla, il caos.
credènte, *pps.* di credere || *agg.* e *sm.* fedele, religioso || praticante.
nomencl. neofita, adepto, convertito, catecumeno, apostolo || *agg.* convinto, consapevole, fermo, sicuro, coerente, professante, entusiasta.
contr. incredulo, scettico, agnostico, materialista, miscredente, ateo, empio.

credènza[1], *sf.* buona fede, corrività, dabbenaggine, facilità a credere, semplicioneria, → FIDUCIA, CREDULITÀ, PENSIERO || articolo di fede, dogma, persuasione, → FEDE || credito, fido.
nomencl. religiosa, politica || comune, generale, universale, pubblica, ammessa, plausibile, tollerata, sopportata, sostenuta, accettata, abbracciata, professata, vissuta, difesa, combattuta, ostacolata, denigrata, diffamata, perseguitata, vittoriosa, debole, languida, fragile, fiacca, gracile, tenue, forte, gagliarda, robusta, coraggiosa, diamantina, salda, tenace, agguerrita, intransigente, incrollabile, inconcussa, dimenticata, abbandonata, trascurata, rinnegata, apostatata, tradita, ripudiata, rifiutata.
credènza[2], *sf.* dispensa, → ARMADIO.
credenzière, *sm.* dispensiere, → MAGGIORDOMO.
credenzóne, *sm.* credulone, → CREDULO.
crédere, *v.tr.* aver fede, prestar fede, dar fede, aderire, stimare, confidare, ammettere, professare || opinare, immaginare, presumere, congetturare, supporre, sospettare, indovinare, figurarsi, reputare, sperare, ritenere, essere dell'avviso o del parere, → PENSARE, GIUDICARE || tener per buono, accettare come oro colato, avere la convinzione, ammettere come articolo di fede, credere ad occhi chiusi, rimettersi, riposare su, fidarsi di, convincersi, abbracciare una fede, parteggiare, aggregarsi; darla da bere, da intendere, da credere; berla grossa, bersela, tenere per cosa certa, non aver alcun dubbio, abbacinare, dar polvere negli occhi, stentar a credere, ricredersi, rivedere la propria opinione.
nomencl. (*attinenti*) dogma, ragione, fede, persuasione, prove, argomenti di credibilità, miracoli, profezie || dubbi, incredulità, obiezioni, risposte || buona fede, credulità, ingenuità, fanatismo, infatuazione, superstizione, assurdità, incredibilità, scetticismo, ragioni morali || credulone, credulo, ingenuo, minchione, miscredente, scettico, agnostico.
contr. dubitare, negare, essere scettico o credulo.
credíbile, *agg.* verosimile, plausibile, attendibile, possibile, dimostrabile.
contr. incredibile, assurdo, inverosimile, indimostrabile, favoloso.
credibilità, *sf.* verosimiglianza, plausibilità, possibilità.
contr. incredibilità, assurdità, inverosimilità, inverosimiglianza.
crédito, *sm.* stima, reputazione, fama, influenza, considerazione, reputazione, favore, favore pubblico, fede, fiducia, → AUTORITÀ || attivo, entrate, spettanza.
nomencl. (*vari tipi*) acceso, chirografario, agrario, fondiario, esigibile, maturo, scaduto, fruttifero, illimitato, impegnato, ipotecato, ipotecario, liquido, privato, personale, collettivo, pubblico, privilegiato, straordinario || (*inerenti*) accettazione, assegnamento, benefizio di escussione, collocazione, danno positivo o emergente, danno negativo o lucro cessante, giudizio di espropriazione, graduazione del prezzo o dei creditori, ipoteca, obbligazione in solido, omologazione da parte del tribunale, operazioni di credito, partita di credito, pegno, prenotazione, prescrizione, privilegio, quota civile, resto, surroga, quietanza || istituti di credito, → BANCA || buona firma, cattiva firma || riserva metallica || *agg.* buono, grande, meritato, guadagnato, giusto, pieno, demeritato, scroccato, carpito, immeritato, ingiusto, scarso, relativo, minimo, negativo, dubbio, incerto, traballante || *verb.* conservare, mantenere, accrescere, perdere il credito, influenzare, influire, avere influenza, screditare || abbonare, acquetare, accreditare, avanzare, cedere, girare, dover avere; essere o stare o trovarsi in discorso; fare il trapasso, pagare, soddisfare, contentare, prendere a credito; riscuotere, richiedere, saldare un credito; spogliarsi di un credito, stancheggiare il creditore, trovarsi in credito, voltare.
contr. scredito, discredito, sfiducia, disistima, cattiva reputazione, infamia, vergogna || debito, passività, oneri.
creditóre, sm.
contr. debitore.
crèdo, *sm.* articolo di fede, dogma, ideale, idealità, → FEDE.
nomencl. (*varietà*) simbolo apostolico, niceno-costantinopolitano, atanasiano || confessione augustana (protestanti) || credo politico, religioso, artistico || *verb.* recitare il credo.
credulità, *sf.* corrività, credenza, dabbenaggine, ingenuità, → SCIOCCHEZZA.
contr. fede illuminata || incredulità, scetticismo.
crèdulo, *agg.* credenzone, credulone, corrivo, facile, ingenuo, fiducioso, sempliciotto, → SCIOCCO.
contr. credente || incredulo, scettico.
credulóne, *agg.* → CREDULO.
crèma, *sf.* panna, fior di latte, capo di latte.
nomencl. (*varie*) medicinale, sbattuta, dei liquoristi || zuppa inglese, rosolio, pomata, manteca, sorbetto alla crema, latte scremato || *verb.* montare, sbattere, frullare.
cremaglièra, *sf. frs.* dentiera.
cremàre, *v.tr.* → BRUCIARE.
cremazióne, *sf.* → BRUCIAMENTO, ROGO.
nomencl. forno crematorio, pira, rogo, urna o vasi cinerari || incinerazione || (*parti del forno*) focolare, camera di cremazione, camino, condotto del fumo, spie o spiragli di osservazione, apparecchio di ustione, ceneratoio, griglia, carrello || società della cremazione.
contr. inumazione, seppellimento.
crèmisi, *agg.* e *sm. indecl.* → ROSSO.
crèpa, *sf.* crepatura, fesso, screpolatura, fessura, → FENDITURA, SPACCATURA || BUCO.
nomencl. *verb.* crepare, fendersi, screpolare, spaccare, scoppiare.
crepàccio, *sm.* → BUCO, SPACCATURA.
crepacuòre, *sm.* → DOLORE.
crepàre, *v.intr.* aprirsi, fendersi, squarciare, spaccare, → ROMPERE, SCOPPIARE || *fig.* → MORIRE.
crepatúra, *sf.* → BUCO, SPACCATURA.
crepitàre, *v.intr.* stridere, strepitare leggermente, → SCOPPIARE.
crepitío, *sm.* → SCOPPIO, RUMORE.
crèpito, *sm.* → SCOPPIO, RUMORE.
crepuscolàre, *agg.* incerto, fioco, scolorito, → BUIO || (di poesia) dal tono dimesso, intimista, nostalgico.
contr. chiaro, luminoso, splendente, radioso, solare, meridiano.

crepúscolo, *sm.* → ALBA, VESPERO.
crescèndo, *sm.* → AUMENTO, GRADAZIONE.
crescènte, *ppr.* di crescere.
contr. calante.
crescènza, *sf.* accrescimento, → AUMENTO || → FORMAGGIO.
créscere, *v.intr.* aumentare, accrescere, aggrandire, allungarsi, ingrandire, svilupparsi, alzarsi, ampliarsi, estendersi, dilatarsi, ricrescere, gonfiarsi, ingigantire, salire || allignare, germogliare, pullulare, prosperare, guadagnare terreno, fiorire || *tr.* accrescere, aumentare, amplificare, allungare, allargare || *fig.* allevare, educare, istruire, formare.
nomencl. (*pertinenti*) accrescimento, crescita, crescimento, incremento, ricrescita, annessione, ingrandimento, sviluppo, dilatazione, aumento.
contr. decrescere, diminuire, calare, impicciolire, restringersi, imbozzacchire, incatorzolire, stentare, intristire.
crescimento, *sm.* crescita, crescenza, cresciuta, accrescimento, incremento, → AUMENTO.
créscita, *sf.* → AUMENTO.
cresciúta, *sf.* → AUMENTO.
crésima, *sf.* → CONFERMAZIONE.
créspa, *sf.* → GRINZA, PIEGA.
nomencl. increspato, increspare.
créspo, *agg.* RICCIO, GRINZOSO || *sm.* → VELO || *fig.* → LUTTO.
crespóso, *agg.* → GRINZOSO, RICCIO.
crespúto, *agg.* → GRINZOSO, RICCIO.
crésta, *sf. fig.* → TESTA || → SOMMITÀ || DORSALE, DORSO.
crestàia, *sf.* → MODISTA, CAPPELLAIA.
crestomazía, *sf.* → ANTOLOGIA.
créta, *sf.* → ARGILLA || *poet.* → VASO.
cretinería, *sf.* → SCIOCCHEZZA, STUPIDITÀ.
cretinísmo, *sm.* → STUPIDITÀ.
cretíno, *agg.* incretinito, smelensito, istupidito, ebete, imbecille, tardo, scimunito, → SCIOCCO, STUPIDO.
contr. intelligente, sveglio, pronto, avveduto, sagace, svelto, acuto.
crètto, *sm.* → SPACCATURA.
cribràre, *v.tr.* → VAGLIARE || *fig.* → ESAMINARE.
críbro, *sm.* crivello, → BURATTO.
crícca, *sf.* mafia, camorra, combriccola, camarilla, → COMPAGNIA, ADUNANZA || circoli dirigenti (*spreg.*).
cricchiàre, *v.intr.* → SCRICCHIOLARE.
crícco, *sm.* → ARGANO, MOLLA.
criminàle, *agg.* → CATTIVO, DELITTUOSO || *sm.* → REO.
criminalità, *sf.* → DELINQUENZA.
crímine, *sm.* → DELITTO, COLPA.
criminóso, *agg.* → DELITTUOSO, DOLOSO.
crinàle, *sm.* → SOMMITÀ, DORSALE, SPARTIACQUE.
críne, *sm.* → PELO || *poet.* criniera, → CAPIGLIATURA.
nomencl. vegetale, animale.
crinièra, *sf.* → CRINE, CAPIGLIATURA || crine dell'elmo, → CIMIERO.
criníto, *agg.* → CHIOMATO.
crípta, *sf.* → SOTTERRANEO.
crisàlide, *sf.* → NINFA, PUPA.
criselefantíno, *agg.* d'oro e d'avorio, aureo ed eburneo, → SCULTURA.
crísi, *sf.* cambiamento, peggioramento, periodo acuto, risolutivo (di malattia) || *fig.* accesso, turbamento, parossismo || (*economica*) → DISSESTO.
nomencl. (*tipi*) ministeriale, politica, economica, costituzionale, istituzionale, sindacale, parlamentare, sociale, militare, religiosa, spirituale, morale, nervosa, di pianto, di coscienza.
contr. lisi, acme || risoluzione, guarigione.
crísma, *sf.* → CONFERMAZIONE.
crisopàzio, *sm.* → AGATA.
crisopèa, *sf.* → ALCHIMIA.
cristallíno, *agg.* → LIMPIDO.
cristallizzàre, *v.tr.* → CANDIRE.
cristàllo, *sm.*
nomencl. (*qualità*) allocromatico, anisotropo, biassico, birifrangente, fluorescente, gatteggiante, idrocromatico, iridescente, isotropo, monofrangente, uniassico || emiedrico, oloedrico, tetraedrico || adiatermano, allappante, diatermano, magnetico, polimorfo, dimorfo, isomero, isomorfo || naturale, artificiale || (*elementi*) angolo, spigolo, angolo troncato, faccia, nucleo || (*gruppi e sistemi*) dimetrico, ellissoidale, esagonale, monoclino, monometrico, ortotipo, romboedrico, sferoidale, triclino, trimetrico || (*forme*) bipiramide rombica, bisfenoide, cubo, ottaedro, pinacoide, piritoedro, prisma esagonale, prisma tetragonale, rombododecaedro, scalenoedro, tetracontottaedro, tetraedro || (*caratteri*) elasticità, piroelettricità, polimorfismo, termoelettricità || (*nozioni*) asse di generazione, asse magnetico, asse ottico, asse cristallografico, asse di simmetria, indice di rifrazione, perametro, piano di simmetria, simbolo di una faccia || (*lavorazione*) levigare, sfaccettare, pulire, spulire, molare || (*strumenti*) conoscopio, dicroscopio, goniometro, lente dicroscopica, ortoscopio, picnometro, piezometro, polariscopio, sclerometro || *agg.* chiaro, limpido, terso, trasparente, opalescente, opaco, pellucido, fragile, tenace, duro, malleabile, sfaldabile, tenace, elastico.
cristianésimo, *sm.* cristianismo, religione o fede cristiana.
nomencl. (*chiese e sette*) cattolica, anglicana, armena, gallicana, greca, moscovita, ortodossa, copta, grecoscismatica, riformata, calvinista, protestante, luterana, episcopale, metodista, evangelica, valdese, avventista, quacquera, dei vecchi cattolici || nestoriani, donatisti, non-conformisti, non-intrusionisti, ritualisti, chiliasti, ebioniti, monofisiti, monoteliti, davidisti, filippini, giudaizzanti, gnostici, greci uniti, nazareni, presbiteriani, indipendenti || (*dottrina*) comandamenti, precetti, dogmi, misteri, credo o simbolo apostolico, teologia cristiana (Trinità e Unità di Dio, Incarnazione, passione e morte di Gesú), dogmatica, teologia morale, grazia, redenzione, sacramenti, croce, diritto canonico || eresia, apostasia || (*libri*) Vecchio e Nuovo Testamento o Bibbia, Vangelo, Atti degli Apostoli, Lettere degli Apostoli, Apocalisse, concordanza biblica, libri apologetici, catechismo, Atti dei martiri, codice di diritto canonico || (*riunioni*) agape, concilio, sinodo, adunanza, congrega, sinassi || catacombe, chiesa, basilica, tempio, cappella, duomo, cattedrale || Luoghi santi.
cristianità, *sf.* → CHIESA.

cristiàno, *agg.* e *sm.* battezzato, fedele, incirconciso.
nomencl. (*varietà*) cattolico, acattolico, copto, giacobita, gnostico, nazareno, protestante, luterano, calvinista, greco-ortodosso, valdese, evangelico, metodista, episcopale, giudaizzante || proselito, neofita, apostata, eretico || *agg.* ribelle, convinto, professante, praticante, fermo, sicuro, coerente, incoerente.

Crísto, *sm.* Gesú, Gesú Cristo, Agnello di Dio, Agnello pasquale, Figlio di Dio, Figlio dell'uomo, Figlio di David, Figlio di Maria, Emanuele, il Galileo, il Nazareno, il Giusto, il Signore, il Messia, Dio fatto uomo, il Redentore, il Salvatore del mondo, il Crocifisso, l'Unigenito di Dio, il Verbo di Dio, il divino Fondatore, il Santo.
nomencl. (*vita*) nascita, presentazione al tempio, la fuga in Egitto, la vita privata, la vita pubblica, i miracoli, i discorsi, la passione, la crocifissione, la morte, la resurrezione, l'ascensione al cielo, l'istituzione della Chiesa, dei sacramenti, la chiamata degli apostoli || eucarestia, ostia, transustanziazione, redenzione, ipostasi, corpo mistico || (*feste*) Natale, Circoncisione, Epifania, Trasfigurazione, settimana di Passione, Resurrezione, Ascensione, Pentecoste, Corpus Domini, Cristo-Re, Sacro Cuore || (*monogrammi*) IHS, XPS, INRI || (*simboli e strumenti*) veste inconsutile, presepe, croce, corona di spine, sindone, chiodi, flagelli, colonna della flagellazione, panno della Veronica, stigmate, piaghe, Golgota o Calvario || (*seguaci*) cristiani, apostoli, discepoli, martiri, confessori, precursore, vicario di Cristo (il papa) || cristologia, cristolatria || a. c. (avanti Cristo), d. c. (dopo Cristo), *ab incarnatione, a nativitate* || anticristo.

critèrio, *sm.* buonsenso, giudizio, discernimento, ragione, senno, sensatezza, ponderatezza, senso comune, logica || norma, regola, principio, legge.
nomencl. (*distinzioni*) filosofico, politico, letterario, religioso || *agg.* comune, universale, medio, giusto, ristretto, largo, generoso, ingiusto, parziale, imparziale || *verb.* farsi un criterio, agire con criteria.
contr. dissennatezza, stoltezza, stolidità, leggerezza.

crítica, *sf.* giudizio, disamina, recensione, rimarco, || rimprovero, appunto, biasimo, sindacato, censura, riprensione, accusa; crivello, frusta (*fig.*), diatriba, sofisticheria.
nomencl. (*inerenti*) controcritica, autocritica, ipercritica, criticismo; metodo storico, canoni morali, estetici || *agg.* acerba, amara, aspra, acre, dura, violenta, spiacevole, crudele, amabile, simpatica, piacevole, dolce, mite, sapiente, dotta, informata, intelligente, asinesca, dignitosa, seria, autorevole, ponderata, buffa, ridicola, amena, comica, strampalata, dispettosa, spiacevole, fastidiosa, serena, chiara, limpida, calma, ragionata, fondata, positiva, provata, balzana, cervellotica, giusta, equa, onesta, legittima, equanime, ingiusta, disonesta, illegittima, indebita, inesatta, perversa, indulgente, clemente, generosa, benevola, umana, spietata, feroce, inesorabile, velenosa, presuntuosa, villana, superba, modesta, umile, cortese, compiacente, liberale, larga, sciocca, stupida, cretina, pedante, sofistica, formalista, pignola, sensata, assennata, savia || *loc. avv.* a vanvera, a segno, di dovere, di ragione.
contr. lode, approvazione, encomio, premio || conformismo, adulazione.

criticàbile, *agg.* discutibile, → BIASIMEVOLE.

criticàre, *v.tr.* esaminare, recensire, giudicare, appuntare, affibbiare una critica tra capo e collo; rivedere il pelo nell'uovo, dare o fare o porre eccezioni, fare il contropelo, rivedere le bucce || biasimare, disapprovare, condannare, demolire, annientare, riprendere, vituperare, censurare, sindacare, spulciare, sofisticare, sputare veleno, flagellare, sferzare, staffilare, pungere, pettinare, stroncare, frustare, addentare, sofisticare.
contr. lodare, approvare, premiare, esaltare || adulare, piaggiare, essere creduloni, fare il cortigiano.

crítico[1]**,** *agg.* incerto, malcerto, dubbioso, arduo, pericoloso, → DIFFICILE || climaterico.
contr. facile, regolare, normale.

crítico[2]**,** *sm.* censore, recensore, esegeta, biasimatore, esaminatore, giudice || → GIORNALISTA.
nomencl. (*equivalenti*) censuratore, criticastro, zoilo, mevio, aristarco, momo, pennivendolo, ostrigillatore, tersite, criticone, dottor sottile, chiosatore, serrapuntino || *agg.* acerbo, aspro, acre, duro, violento, crudele, amabile, simpatico, piacevole, dolce, mite, sapiente, dotto, acuto, informato, intelligente, penetrante, asinesco, serio, dignitoso, autorevole, ponderato, buffo, ridicolo, ameno, comico, strampalato, esautorato, dispettoso, spiacevole, fastidioso, sereno, chiaro, fondato, balzano, cervellotico, giusto, equo, onesto, equanime, ingiusto, disonesto, illegittimo, inesatto, indulgente, clemente, benevolo, umano, spietato, feroce, inesorabile, presuntuoso, venduto, compiacente, liberale, largo, cortese, sciocco, stupido, pignolo, pedante, sofistico, formalista, sensato, assennato, savio, schizzinoso || *loc. avv.* in erba, in buona, in mala fede || *verb.* essere criticone, aristarcheggiare, fare il saccente, fare il patrasso.
contr. lodatore, adulatore, piaggiatore, cortigiano.

crittògama, *sf.* sporofita.
nomencl. alghe, felci, muschi, licheni, epatiche, funghi || spore || funghi parassiti.
contr. fanerogama.

crittografía, *sf.* criptografia, scrittura segreta, cifrario.

crivellàre, *v.tr.* cribrare → VAGLIARE || FORARE, BUCARE, ATTRAVERSARE || FERIRE.

crivèllo, *sm.* vaglio, staccio, → BURATTO.

cròcchia, *sf.* nodo, cignone, *chignon.*

crocchiàre, *v.intr.* → SCRICCHIOLARE.

cròcchio, *sm.* → CIRCOLO, COMPAGNIA.

cróce, *sf.* || *fig.* patimento, patibolo, pena, tormento, sofferenza, afflizione, dolore, vessazione, tribolazione, affanno, disgrazia || *crucifige!*
nomencl. (*vari tipi*) sarchiata o filettata, composta, troncata, scorciata o svizzera, greca, cordonata o mulinata, patente, pisana o di Tolosa, falcata, biforcata, ancorata, fiorente, trifogliata o di San Maurizio, pomellata, ricrociata, a tau o di Sant'Antonio o di Gerusalemme, teutonica, latina, di Sant'Andrea o traversa o decussata, di Malta, russa o di Lorena o a doppia traversa o patriarcale o arcivescovile, doppia semipotenziata, papale o a triplice traversa, aguzza, alzata o del Calvario, anguifera, bordonata, forcuta, gigliata, di 8 punte, dal piede aguzzo, pomata, ricerchiata, ritrinciata, scalinata, di Spirito Santo, stellata,

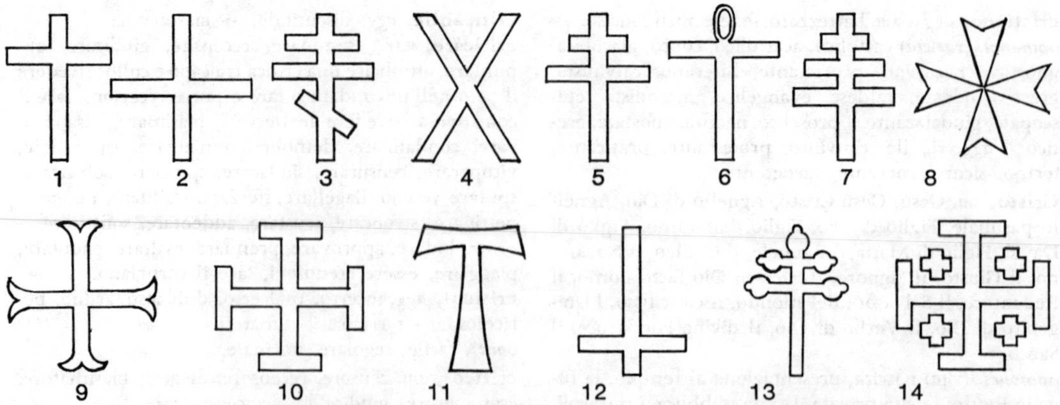

CROCE - 1) croce latina o immissa o capitata; 2) croce greca o quadrata; 3) russa; 4) di s. Andrea o decussata; 5) di Lorena; 6) egiziana; 7) papale; 8) di Malta; 9) ancorata; 10) di Gerusalemme; 11) a tau; 12) di s. Pietro; 13) cardinalizia; 14) quintupla.

gammata o uncinata o svastica, di avellana, egiziana o ansata || pastorale, astile, pettorale || del Sud || rossa, bianca, Verde, celeste || (*parti*) braccio, ceppo, tronco, cartelli || crocifisso, crocifissore, crocifissione || crucesignato || crocifero, crociato || *verb.* crocifiggere, inchiodare alla croce, pendere dalla croce, innalzare la croce, erigere la croce, deporre dalla croce, scendere dalla croce, sopportare la croce, prendere la propria croce, accettare la croce || crocesegnare.

contr. tripudio, gloria, gaudio, gioia, consolazione || *osanna!*

crocesegnàre, *v.tr.* → FIRMARE.

crocevía, *sf.* crocicchio, bivio, incrocio.

crociàta, *sf.* → GUERRA (anche *fig.*).

nomencl. degli Albigesi, di Terra Santa || crociato, cercante, predicatore || *verb.* partecipare a una crociata; indire, bandire una crociata.

crocícchio, *sm.* crocevia, trivio, quadrivio, → BIVIO, INTERSECAZIONE.

crocidàre, *v.intr.* → GRACCHIARE.

crocièra, *sf.* → ELSA || NAVIGAZIONE.

crogiolàre, *v.tr.* cuocere a fuoco lento, rosolare || *rifl. fig.* dilettarsi, compiacersi, lasciarsi andare, deliziarsi, → GODERE.

crogiòlo, *sm.* → COLATOIO.

crollàre, *v.intr.* schiantare, sfasciarsi, rovinare, ruinare, diroccarsi, sprofondare, precipitare, → CADERE || *fig.* piegarsi, arrendersi, cedere moralmente o fisicamente || *tr.* scuotere, agitare, squassare, conquassare, sconquassare, scrollare.

contr. sorgere, ergersi, erigersi, assurgere, estollersi || resistere, opporsi, lottare.

cròllo, *sm.* scossa, scrollo, scuotimento, squasso, sfasciamento, disfacimento, urto → CADUTA || *fig.* cedimento, resa, rovina, ruina, → ROVINA.

nomencl. *agg.* improvviso, inaspettato, pauroso, spaventoso, orrendo, parziale, limitato, totale, completo, ultimo, definitivo.

contr. erezione, sollevamento, calma, resistenza, opposizione, lotta.

cromàtico, *agg.*

nomencl. (*attinenti*) scala cromatica, colori, sensazioni cromatiche, sensibilità cromatica, cromatismo, colorista || diatonico.

cromatúra, *sf.* → GALVANOPLASTICA.

cromolitografía, *sf.* → INCISIONE.

crònaca, *sf.* cronistoria || avvenimenti contemporanei, quotidiani.

nomencl. (*attinenti*) cronaca nera, rosa, gialla || cronista, capocronaca, capocronista || diritti di cronaca, invadenza, immoralità della cronaca.

contr. storia.

crònico, *agg.* lungo, antico, incurabile, inguaribile, permanente, lento.

contr. acuto, improvviso, violento || curabile, guaribile; passeggero, transitorio, temporaneo.

croníśta, *sm.* → GIORNALISTA.

cronistòria, *sf.* → CRONACA.

cronografía, *sf.* cronologia.

nomencl. (*sistemi*) èra (bizantina, della fondazione di Roma, di Diocleziano, dei Martiri, di Spagna, cristiana), anni del consolato, indizione, stile (moderno o della Circoncisione, veneto, dell'Incarnazione o bizantino, dell'Incarnazione o pisano, della Pasqua o francese, della Natività), egira, calendario repubblicano francese.

cronología, *sf.* cronografia, → DATA, DIPLOMATICA.

cronòmetro, *sm.* → OROLOGIO.

cròsta, *sf.* corteccia, scorza, buccia, incrostazione, incrostatura, concrezione, gruma, indurimento, squama, tartaro, grofo, greppola, intonaco || *fig.* quadro antico senza merito || *fig.* apparenza, superficie, facciata.

nomencl. (*affini*) muffa, piastra, smalto, schianza || incrostato || *agg.* dura, consistente, soda, solida, callosa, indurita, secca, resistente, molle, tenera, debole, recente, fresca, antica, stantia || *verb.* incrostare, scrostare.

contr. polpa, midolla, mollica || interno, sostanza.

crostàta, *sf.* → FOCACCIA, TORTA.

cròtalo, *sm.* serpente a sonagli.

crucciàre, *v.tr.* irritare, tormentare, inquietare, accanirsi, esasperare, → ADDOLORARE || *rifl.* crucciarsi, rammaricarsi, conturbarsi, tormentarsi, travagliarsi, dolersi, agitarsi, risentirsi, macerarsi, sdegnarsi || ammattire, smaniare, prendere affanno, provare rammarico, pigliarsi cruccio o pena.

contr. allietare, rallegrare, consolare, confortare, sollevare, lenire || allietarsi, rallegrarsi, rasserenarsi, placarsi.

crucciàto, *pps.* di crucciare || *agg.* → INQUIETO, BURBERO.

crúccio, *sm.* preoccupazione, pena, ansia, dolore, afflizione, dispiacere, rammarico, tormento, grattacapo, fastidio, broncio, briga, seccatura, cura, inquietudine, noia, corruccio, malumore, cattivo umore, ipocondria, stizza, irritazione, imbroglio, ansietà.

nomencl. *agg.* grande, piccolo, continuo, momentaneo, passeggero, temporaneo, fastidioso, noioso, acerbo, doloroso, intollerabile, tormentoso || *verb.* crucciarsi, corrucciarsi, conturbarsi, agitarsi, ammattire, mangiarsi o rodersi il fegato.

contr. gaudio, serenità, tranquillità, gioia, consolazione, piacere, felicità.

crucciosaménte, *avv.* → DOLOROSAMENTE.

crudaménte, *avv.* → CRUDELMENTE.

crudèle, *agg.* → BARBARO, CATTIVO || belluino, fiero, atroce, terribile, immane, ferino, immite, duro, inumano, crudo, canino, snaturato, spietato, disumano, efferato, empio, feroce, inclemente, inesorabile, inferocito, sanguinario, sadico, selvaggio, snaturato, tirannico, truce, truculento, aspro, bruto, crudelaccio || doloroso, penoso, tormentoso || *sm.* aguzzino, antropofago, cannibale, belva, bestia, bestione, bruto, cane, cagnaccio, boia, carnefice, drago, fiera, iena, mostro, orco, satanasso, demonio, sciacallo, tigre, tiranno, vampiro.

nomencl. *verb.* incrudelire, inferocire, infierire, incrudire, imbarbarire, scatenarsi.

contr. buono, benigno, mite, dolce, tenero, generoso, pietoso, compassionevole, umano, misericordioso, clemente.

crudelménte, *avv.* ferinamente, caninamente, atrocemente, barbaramente, brutalmente, selvaggiamente, duramente, efferatamente, empiamente, ferocemente, iniquamente, in modo inumano, spietatamente, crudamente, → ASPRAMENTE.

contr. dolcemente, soavemente, teneramente, pietosamente, umanamente, benignamente.

crudeltà, *sf.* inumanità, barbarie, cattiveria, ferocia, atrocità, efferatezza, durezza, brutalità, acerbità, inumanità, disumanità, sadismo, empietà, inclemenza, inesorabilità, truculenza, asprezza, ferinità, spietatezza.

contr. bontà, umanità, tenerezza, clemenza, mitezza pietà, compassione, dolcezza, indulgenza, benignità.

crudézza, *sf.* asprezza, rigidezza, aridità, acidità, inumanità, durezza || *fig.* severità, rigore.

contr. dolcezza, mitezza, mansuetudine, benignità, benevolenza, misericordia, tenerezza.

crúdo, *agg.* non cotto, non fermentato, acerbo, naturale || *fig.* rigido, aspro, duro, crudele, inflessibile, inesorabile, inclemente , spietato, implacabile, inumano, rigoroso, apatico, arido, anafettivo, severo, acido, inasprito.

contr. cotto || buono, mite, clemente, pietoso, indulgente, liberale, generoso, mansueto, umano.

cruènto, *agg.* sanguinoso, macchiato di sangue, sanguigno.

contr. incruento.

crúsca, *sf.*

nomencl. (*attinenti*) semola, tritello, stacciatura, semolella, cruscone || cruscata || pan di semola || lentiggini.

cubitàle, *agg.* enorme, colossale, grandioso, madornale, piramidale.

cúbito, *sm.* gomito, ulna.

cúbo, *sm.* → DADO.

cuccàgna, *sf.* abbondanza, sperpero, fortuna, ricchezza, felicità materiale, edonismo, godimenti gratuiti.

contr. miseria, povertà, squallore, rinuncia, carestia.

cucchiàio, *sm.* → POSATA.

nomencl. (*affini*) mestolo, gottazza, ligula, ramaiolo, cucchiaia, cucchiara || cucchiaiata || *verb.* scucchiaiare.

cúccia, *sf.* → COVO.

nomencl. *verb.* cucciare, stare in cuccia.

cúcciolo, *sm.* cagnolino, cagnino.

cúcco, *sm.* cocco (*fam.*), → BENIAMINO.

cúccuma, *sf.* → VASO.

cucicchiàre, *v.tr.* → CUCIRE.

cucína, *sf.* cucinino (*neol.*) || modo di cucinare, culinaria, cucinaria.

nomencl. moderna, vecchia, antiquata, tradizionale, all'americana || locale, regionale (milanese, pugliese, toscana, romagnola, ligure, ecc.), francese, internazionale || (*parti*) acquaio, dispensa, tubature del gas e dell'acqua, colapranzi, cappa, camino, carbonaia || (*mobili*) armadio, armadietto, *buffet*, cassapanca, credenza, mensola, piattaia, rastrelliera, scaffale o scanceria o scansia, tavolo, sedia, sgabello, cassetta della spazzatura || (*apparecchi*) fornello a gas o a petrolio, cucina economica (a gas, a gas liquido, a legna, elettrica), forno (a gas, a legna, a raggi infrarossi), fornellino, ghiacciaia o frigorifero, frullatore e tritatutto elettrici, lavapiatti elettrica, ventola elettrica, macinacaffè e macchina per il caffè elettrici || (*utensili*) batteria da cucina, bilancia, stoviglia, bricco, brocca, cuccuma, ciotola, piatti, vasellame, vassoio, zuppiera, teiera, caffettiera, zuccheriera, barattolo, saliera, pepaiola, oliera, olla, padella, portapadella, paiolo, pentola, pignatta, tegame, teglia, casseruola, caldaia, calderotto, bollilatte, grattugia, filtro, colabrodo, passatoio, imbuto, forma, frullino, setaccio o staccio, mestoliera, ramaiolo o mestolo, schiumarola o mestola, gratella, mezzaluna, posate, cucchiaio, forchetta, coltello, forchettone, tagliere, mortaio, pestello, matterello, tagliapasta, tritacarne, batticarne, tritaverdura, treppiede, tritatartufi, trinciante, macinapepe, macinino, spremilimone, arricciaburro, cavatappi, schiaccianoci, schiacciapatate, pelapatate, canestra, mastello, secchia, polverizzatore, portapranzi, soffietto, girarrosto, spiedo, sorbettiera || (*oggetti vari*) biancheria da cucina, asciugamani, asciugastoviglie, bandinella, tovaglia, tovagliolo, grembiale, cencio, strofinaccio || liscivia, detersivi, sapone, cenere, cenerata, rannata, scopa, scopino, spazzolone || (*persone*) cuciniere, cuciniera, credenziere, cuoco, dispensiera, guattero o sguattero, lavapiatti, friggitore || culinaria, gastronomia || *agg.* grande, piccola, ariosa, soleggiata, scura || grassa, magra, pesante, leggera, saporita, insipida, gustosa, sciapa || *verb.* cucinare, lavare i piatti, governare la cucina, sciaquare, risciaquare, scopare.

cucinàre, *v.tr.* preparare, cuocere, apprestare, condire, far la cucina, far da cucina.

nomencl. (*inerenti*) bagna, intingolo, broda, brodetto, brodo, manicaretto, borbottino, odori, passato, piccato, salsa, soffritto, spezie, sugo, unto, burro, olio, grasso, strutto, margarina || *verb.* accarpionare, aggraziare, allessare, arrostire, rosolare, bruciare, assaporare, condire, contornare, crostare, cuocere, dare il colore, drogare, fagianare, fare il brodo, fare il sugo, fare il bollito, fare lo stracotto, far soffriggere, friggere, girare, voltare, rivoltare, giulebbare, glassare, guarnire, imbudellare, avvolgere, impanare, incialdare, indorare, infarinare, intridere, lardare, mantecare, marinare, mettere ai ferri, montare la panna o la crema o le uova, pillottare, steccare, rifriggere, bruciare, salare, scottare, struggere, stufare || ammannire, battere, tritare, colare, scolare, dimenare, frullare, grattare, grattugiare, infilare, mestare, mettere al fuoco, pelare, pestare, rimondare, riscaldare, scodellare, stacciare, strizzare, tirare, trinciare, affettare.

cucinària, *sf.* culinaria, → GASTRONOMIA.

cucinatóre, *sm.* → CUOCO.

cucinière, *sm.* → CUOCO.

cucíre, *v.intr.* agucchiare, appuntare, cucicchiare, ricucire, imbastire.

nomencl. (*modi*) a filo doppio, a filo semplice, a refe, di bianco, gugliata o agugliata, punto (a mano, a macchina, fitto, rado, ben fatto, ben messo, grosso, sottile, lungo, corto, a filza, indietro, d'orlo, di sopraggitto, girato, a spina, a scaglioni, a catenella, cordoncino, erba, russo, a cavallo, a giorno, a smerlo, in croce || appuntatina, costura (aperta, rivoltata, semplice, a traforo, a sopraggitto, rotonda), cucitura, cucito, filza, nodo, orlo, orlatura, rammendo, rattoppo, rappezzatura, soppunto, ricamo, toppa, trapunto || (*arnesi*) ago, ditale, spillo, forbici, macchina, per cucire, metro || cotone, refe, seta, spago, lana || (*persone*) cucitrice, sarto, sarta, maestra di cucito, orlatore, orlatrice, rammendatrice, ricamatrice, calzolaio, materassaio, bastaio || *verb.* impuntire, orlare, rammendare, rappezzare, rassettare, rattoppare, trapuntare, ricamare || infilar l'ago, formare il punto, spianare le costure, infilzare, lenteggiare, ribattere, ricrunare, andare in filo.

contr. scucire.

cucíto, *pps.* di cucire || *agg.* lavoro fatto o da fare || *fig.* chiuso || *sm.* mestiere del cucire.

contr. scucito, slegato, sconnesso (di discorso, scritto).

cucitríce, *sf.* → SARTA.

cucitúra, *sf.* costura, basta, imbastitura.

cuculiàre, *v.tr.* e *intr.* → BEFFARE.

cúffia, *sf.* → BERRETTO.

nomencl. da notte, increspata, con ale e pieghe || (*affini*) mitella, mitra o calantica, reticella || *verb.* mettere, accomodare, assestarsi la cuffia.

culinària, *sf.* cucinària, → GASTRONOMIA.

cúlla, *sf.* cuna, zana || *fig.* luogo d'origine.

nomencl. arcioni, arcuccio, pannolino || *verb.* cullare, ninnare, fare la ninnananna, dondolare.

cullàre, *v.tr.* conciliare il sonno, dondolare, dimenare, ninnare || addormentare || *rifl. fig.* abbandonarsi, lusingarsi, illudersi.

contr. destare, risvegliare, scuotere, squassare, rimanere deluso.

cúlmine, *sm.* vetta, sommità, vertice, cresta, cima, colmo, apogeo, apice || acme.

contr. fondo, imo, ipogeo, profondità.

cúlmo, *sm.* stelo, paglia, stoppia.

cúlto¹, *sm.* liturgia, religione, divozione, → ADORAZIONE || *fig.* → AFFETTO.

nomencl. (*qualità*) esterno, esteriore, interno, interiore, libero, permesso, tollerato, proibito, condannato, soppresso, privato, segreto, pubblico, solenne, semplice, speciale, comune, quotidiano || cristiano, cattolico, protestante, massonico, pagano, ateo, buddistico, ecc. || (*attinenti*) dulia, iperdulia, latria, feticismo, fatalismo, idolatria, parsismo, sabeismo, scintoismo || libertà di culto, ministro del culto, edifici del culto, elemosine per il culto, sacerdozio || mistero, mito, oracolo || canone, precetto, festa, domenica, indulgenza, sacramenti, sacramentali || (*atti*) adorazione, apoteosi, aruspicina, aspersione, beatificazione, canonizzazione, battesimo, benedizione, cerimonia, commemorazione, consacrazione, comunione, confessione o penitenza, confermazione o cresima, conforti della religione, dedicazione, digiuno, esercizi di culto o di pietà, esercizi spirituali o ritiro spirituale, esorcismo, espiazione, funzione sacra, lavanda o abluzione, lettisternio, libagione, lustrazione, missione, oblazione, offerta, olocausto, sacrificio, opere di misericordia (corporali, spirituali), opere vive o morte, opere servili, orazione, penitenza, pratiche religiose, preghiera, processione, propiziazione, purificazione, rito, rituale, sacramento, servizio divino, suffragio, supplica o supplicazione, uffizio, ufficiatura, unzione, viatico, voto, genuflessione, giaculatoria, litanie, rosario, novena, triduo, ottava, vigilia, anniversario, quaresima, avvento || *verb.* accostarsi ai sacramenti, adorare, andare in chiesa, benedire, canonizzare, beatificare, comunicare, comunicarsi, consacrare, consacrarsi, dare o ricevere i conforti religiosi, fare la novena, dispensare dal magro, frequentare i sacramenti, genuflettersi, idoleggiare, idolatrare, adorare, venerare, pregare, far voto, mortificarsi, farsi pellegrino, fare il pellegrinaggio, officiare, predicare, prender pasqua, propiziare, fare il segno di croce, fare il digiuno, far penitenza, suffragare.

cúlto², *agg. lett.* dotto, coltivato, → CÓLTO.

contr. inculto, rozzo.

cultúra, *sf.* coltura, coltivazione, educazione dell'animo, formazione mentale, conoscenza, assimilazione di cognizioni, interpretazione del mondo, capacità di giudizio, criterio, partecipazione storica, credenza, ideologia, spiritualità, concezione generale, → CIVILTÀ, DOTTRINA, SAPERE.

nomencl. (*distinzioni*) sacra, profana; generale, professionale, specializzata, extraprofessionale, tecnica; intellettuale, estetica, artistica, morale, religiosa, spirituale, teologica, filosofica, storica, scientifica, letteraria, economica, giuridica, politica, ecc. || europea, asiatica, africana, americana, italiana, francese, spagnola, tedesca, inglese; classica, umanistica, medievale, rinascimentale, illuministica, moderna, contemporanea, ecc. || *humanae litterae*.

cúmulo, *sm.* cumolo, mucchio, catasta, acervo (*rar.*), coacervo, ammasso.

cúna, *sf.* → CULLA.

cúneo, *sm.* bietta, conio, calzatoia, calzuolo.

nomencl. (*affini*) contrabbietta, biettina, otturatore, treppunte, ulivella, zeppa || *verb.* incuneare, abbiettare, imbiettare, sbiettare.

cunícolo, *sm.* tana, galleria sotterranea, via segreta.

cuòcere, *v.tr.* far da cucina, ricuocere, friggere, → CUCINARE.

cuòco, *sm.* cuciniere, cucinatore.

nomencl. (*inerenti*) capocuoco, sottocuoco, direttore di cucina, *chef*, sguattero, guattero, aiutante || ricette, ricettario, portate, gastronomia, culinaria || *agg.* abile, perfetto, completo, finito, accurato, trasandato, inabile, incapace || *loc. avv.* di buon gusto || *verb.* metter a tavola, portare, servire, porgere, preparare.

cuòio, *sm.* corame, coiame, cordovano, pelle.

nomencl. (*tipi*) intero, schiappa, fresco, lisciato, sbresciato, verniciato, artificiale, duro, morbido, scamosciato, zigrinato, al cromo, aluta, badana, bulgaro, cuoio d'Inghilterra, cuoio d'Ungheria, marocchino, meschereccio, soato o sovatto, sommacco, vacchetta || da suola, per cinghie, per tomaia e valigeria || (*pertinenti*) pezzo di cuoio, cinghia, stringa, striscia, correggia, limbello || *verb.* incoiare, scuoiare.

cuòre, *sm.* || *fig.* anima, animo, vita, affetto, compassione, → COSCIENZA, CORAGGIO.

nomencl. (*attinenti*) fondo, intimo, guazzabuglio, misteri, ripostigli, segreti, latebre, tenebre, viscere del cuore || crepacuore, cruccio, spina del cuore, controcuore, stringimento del cuore, struggicuore, ambascia || cuorcontento, incuorato, rincorato, scorato || *agg.* grande, generoso, immenso, smisurato, liberale, largo, compassionevole, misericordioso, indulgente, benigno, sensibile, umano, insensibile, duro, crudo, marmoreo, indurito, inesorabile, pietrificato, crudele, disumano, selvaggio, freddo, vuoto, snaturato, spietato || *loc. avv.* di bronzo, di ferro, di marmo, di pietra, di sasso || (*parti del cuore*) apice, orecchiette, ventricoli, valvole (mitrale, tricuspidale, sigmoidee), aorta, bozza precordiale, base, coronarie, endocardio, foro del Botallo; gorghi, larghi ventricolari; infundibolo del cuore, lacerti, miocardio, nervi motori, pericardio, pina del cuore, regione precordiale, setto auricolo-ventricolare || (*movimenti*) acinesi, battito, palpitazione, batticuore, compenso, scompenso, diastole, fremiti, grande e piccolo silenzio, polso cardiaco, ritmo cardiaco, rivoluzione cardiaca, palpito, perisistole, sistole, soffio, sussulto, toni cardiaci (deboli, accentuati, metallici, divisi o partiti, euritmici) || (*malattie*) alloritmia, aneurisma, angina pectoris, asistolia, cardialgia, cardieurisma, cardionevrosi, cardiopalmo, cardiopatia, cardiosclerosi, cardite, crampo del cuore, dilatazione, endiocardite, esocardite, ferite al cuore, insufficienza valvolare, ipertrofia, miocardite, oppressione del cuore, palpitazione, pericardite, sfregamento, sinfisi, tachicardia, tricocardia, vizi cardiaci, stenotiche || (*medicina*) ascoltazione, cardiografia, cardiogramma, elettrocardiogramma, cardioscopia, sutura del cuore, pericardiotomia || (*strumenti*) cardiografo, cardioscopio, emadografo, stetoscopio || *verb.* battere, pulseggiare, palpitare, sussultare || accorare, incuorare, rincuorare, andare o arrivare al cuore, pigliare o avere a cuore, stare nel cuore, aver nel cuore, aprire il cuore, animare, inanimare.

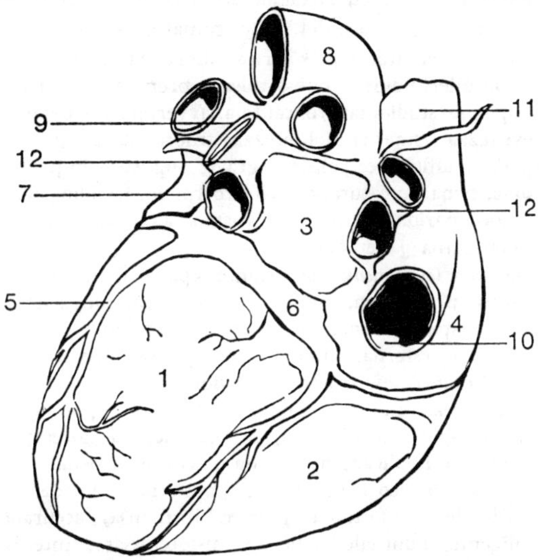

CUORE – 1) ventricolo sinistro; 2) ventricolo destro; 3) atrio sinistro; 4) atrio destro; 5) solco dei vasi coronari; 6) seno coronarico; 7) auricola sinistra; 8) aorta; 9) arteria polmonare; 10) vena cava inferiore; 11) vena cava superiore; 12) vene polmonari.

cupàggine, *sf.* cupezza, cupore, ombrosità.

nomencl. cupaggine dell'umore, dell'aspetto, del tempo, di un luogo; cupezza delle parole, dell'animo.

cupaménte, *avv.* mestamente, in modo cupo, in modo tetro.

cupè, *sm. frs.* → COUPÉ, CARROZZA.

cupézza, *sf.* → CUPAGGINE.

cupidaménte, *avv.* con cupidigia, avidamente, smodatamente, disordinatamente.

cupidígia, *sf.* CUPIDITÀ.

cupidità, *sf.* cupidigia, avidità, concupiscenza, smania, desiderio smodato, disordinato, brama violenta, ingordigia, libidine, → AMORE, AVARIZIA, FAME.

contr. retto amore, temperanza, astinenza, autodominio, continenza.

cúpido, *agg.* voglioso, avido, ingordo, smanioso, bramoso, → DESIDEROSO, GOLOSO.

cúpo, *agg.* cavo, profondo || ombroso, oscuro, fosco, fondo, scuro, tetro, buio || folto, denso, impenetrabile || (di persona) burbero, d'umor nero, taciturno, pensoso, sornione, chiuso || (di voce) profondo.

contr. chiaro, di buonumore, ridente, gaio, aperto, luminoso, giocondo.

cúpola, *sf.* → TETTO.

nomencl. (*esempi*) cupola antonelliana (Torino), bramantesca (Milano), michelangiolesca (Roma) || (*tipi*) doppia, sferica, ribassata, con archi acuti, con archi a pieno centro, con archi scemi, moresca, bizantina, scaglionata, piramidale, a frastagli, a guglia, a base circolare, a base ellittica o poligona || (*elementi*) mela, pennacchi, tamburo, pigna, pergamena della cupola o del cupolino, lanterna o capannuccia, spigoli, costoloni, volta, palla, fusi, tiburio || *agg.* piccola, grande, vasta, immensa, armoniosa, ariosa, spaziata.

cupóne, *sm.frs.* cedola, tagliando, → COUPON, BIGLIETTO.

cúpreo, *agg.* colore del rame, ramato, → BIONDO.

cúra, *sf.* accuratezza, solerzia, diligenza, attenzione, zelo, sollecitudine, interessamento, premura, riguardo, impegno, studio, lavoro, cautela, avvertenza, vigilanza, esattezza || finezza, delicatezza, amorevolezza, gelosia || (*lat.*) afflizione, pensiero grave, angustia, inquietudine, pena, seccatura, cruccio, corruccio, fastidio, noia, preoccupazione, assillo || → AMMINISTRAZIONE || CHIESA, PARROCCHIA || MEDICINA.

nomencl. (*cura medica*) aspettante o passiva, ciclica, palliativa, profilattica, radicale, sintomatica, lunga, sbrigativa, spiccia, confacente, penosa, fastidiosa, dubbia, rischiosa, esterna, interna, omeopatica, aeroterapia, cinesiterapia, elettroterapia, elioterapia, fototerapia, idroterapia, marconiterapia, massaggio, opoterapia, sieroterapia, inoculazione, arenazione, zomoterapia, medicina, medicamento || casa di salute, ospedale, sanatorio, medico curante || *agg.* materna, paterna, sacerdotale || affettuosa, grande, immensa, accurata, diligente, puntuale, sollecita, disinteressata, interessata, appuntino, piena, limitata, negligente || *loc. avv.* a proposito || *verb.* curare, usare la debita diligenza, badare, coltivare, darsi cura, avere a cuore, prender cura, porre studio, provvedere, tener conto, sorvegliare, vigilare || sorvolare, distogliere l'attenzione, trascurare.

contr. incuria, trascuratezza, noncuranza, apatia, indolenza, pigrizia, disinteresse || crassitudine, spensieratezza, superficialità, inavvertenza, stolidità.

curàbile, *agg.* → GUARIBILE.

contr. incurabile.

curàre, *v.tr.* carezzare, accarezzare, coltivare, badare, provvedere, procurare, apprezzare, vigilare, sorvegliare, accudire ad una cosa, stimare, avere a cuore, prender cura, porre studio, mettere attenzione, tenere ad una cosa || → GUARIRE || *rifl.* adoperarsi, occuparsi, impicciarsi, studiarsi, prendersi briga, prendersi noia, darsi cura.

contr. trascurare, negligere, essere sbadato, distrarsi, essere inconsiderato, prendersela comoda, non interessarsene, sorvolare, distogliere l'attenzione.

curàto, *pps.* di curare || *sm.* → PARROCO.

curatóre, *sm.* tutore, procuratore || editore.

curbàscio, *sm.* → FRUSTA.

cúria, *sf.* tribunale, foro, assemblea, magistratura || cancelleria vescovile, corte papale.

nomencl. (*inerenti*) curialismo, curiale, curialesco || anticuriale || cancelliere, segretario, uffici di curia.

curiàle, *agg.* aulico, solenne, cortigianesco, → AVVOCATESCO.

contr. alla buona, sciatto, volgare.

curialésco, *agg.* → AVVOCATESCO.

curiosàre, *v.intr.* spiare, scuriosirsi, interessarsi, osservare, essere indiscreto, essere avido, indagare, esplorare, scandagliare, bighellonare, cercare.

curiosità, *sf.* → ATTESA, ATTENZIONE, DESIDERIO, INDISCREZIONE || BIZZARRÍA.

nomencl. cimelio, novità, rarità || *agg.* viva, avida, spiccata, acuta, sana indiscreta, insaziata, morbosa, viziosa, sfrenata, irrefrenata, superficiale, frivola, molesta, pettegola, insana || *verb.* curiosare; stuzzicare, eccitare, spegnere la curiosità; fiutare i fatti altrui, scuriosire, stare sulle intese.

curióso, *agg.* → BIZZARRO || strano, ficcanaso, frugone, indiscreto.

contr. normale || discreto, riservato, rattenuto, restio, indifferente.

currícolo, *sm.* → PROFESSIONE, CARRIERA.

cúrro, *sm.* → CILINDRO.

cursóre, *sm.* corriere, usciere.

curtàna, *sf.* → SPADA.

cúrva, *sf.* curvatura, rotondità, flessione, incurvamento, piegatura, gomito, flessuosità, svolta, piega.

nomencl. (*varietá*) algebrica, geometrica, anaclastica, di gravità, catenaria, caustica, cicloide, cissoide, concoide, eccentrica, esponenziale, iperbolica, focale, isocrona, logaritmica, meccanica, magnetica, ortogonale, radiale, spirale || (*inerenti*) arco, ascissa, asintolo, asse, corda, grado di curvatura, ordinata, parametro, periferia, punto di contatto, punto generatore, raccordo, spira, tangente, vettore || (*strumenti*) currigrafo, penna geometrica, randa.

curvàre, *v.tr.* flettere, piegare, incurvare, inarcare, arcuare, archeggiare, torcere, svoltare || *rifl.* incurvarsi, piegarsi, chinarsi, far civetta, inarcarsi, inchinarsi || *fig.* → CEDERE.

contr. rizzare, raddrizzare || rizzarsi, ergersi, adergersi, irrigidirsi, ostinarsi.

curvatúra, *sf.* flessione, piega, torcimento, → CURVA.

cúrvo, *agg.* ricurvo, incurvato, arcuato, adunco, convesso, tondeggiante, rotondeggiante, torto, bistondo, gobbo, piegato, falcato, lunato, prono, sinuoso, flessuoso, chino, curvilineo.

contr. concavo, piano, piatto, quadro, a spigoli, diritto, rettilineo, eretto, rigido, retto, angoloso, sghembo.

cuscinétto, *sm.* ralla, boccola.

cuscíno, *sm.* → GUANCIALE.

custòde, *sm.* sorvegliante, bidello, guardia, guardiano || → CARCERIERE.

nomencl. (*esempi*) cassiere, depositario, consegnatario, curatore, guardaportone, guardacaccia, mandriano, massaio, pecoraio, pastore, vigile, portiere, portinaio, sentinella || argo, cerbero, vestale || *agg.* fidato, vigilante, sicuro, infido, infedele || *loc. avv.* a tutta prova.

custòdia, *sf.* sorveglianza, guardia, deposito, responsabilità, cura, vigilanza, → DIFESA, MANTENIMENTO.

nomencl. (*esempi*) busta, astuccio, cartella, cassetto, cassaforte, calzuolo, fodero, guaina, reliquiario, scrigno, teca, portafogli || *agg.* sicura, inviolabile, fidata, fortificata, insicura, debole.

custodíre, *v.tr.* aver cura, salvaguardare, sorvegliare, vigilare, invigilare, vegliare, guardare, governare, conservare, serbare, tutelare, preservare, badare, covare, curare, → DIFENDERE || affidare, avere, dare, ricevere, prendere in consegna o in cura o in custodia; guardare, fare la guardia, riserbare, tenere in serbo, tenere sotto custodia.
contr. trascurare, lasciare, negligere, abbandonare, tralasciare, essere infedele.

custodíto, *pps.* di custodire || *agg.* → DIFESO.
contr. incustodito.

cúte, *sf.* → PELLE, EPIDERMIDE.

cuticàgna, *sf.* → PELLE, NUCA || GIACCA.

cutrèttola, *sf.* coditremola, ballerina, batticoda.

D

dabbenàggine, *sf.* semplicità, inesperienza, ingenuità, → CREDULITÀ, SCIOCCHEZZA.
dabbène, *agg. indecl.* → GIUSTO, BUONO || INGENUO, SCIOCCO || *avv.* → BENE.
nomencl. uomo dabbene, onesto, d'onore.
daccànto, *avv.* → VICINO.
daccàpo[1]**,** *avv.* a capo, da capo, ancora, di nuovo, un'altra volta.
contr. di seguito, non piú.
daccàpo[2]**,** *sm.* alinea, sottoparagrafo, comma, accapo, → CAPOVERSO, PARAGRAFO.
dàddoli, *sm. pl.* smanceria, moina, smorfia, attuccio, lezio, leziosaggine, affettazione, → CAREZZA, LUSINGA.
nomencl. *verb.* affettare, carezzare, lusingare, lisciare, piaggiare, vezzeggiare.
contr. modi bruschi, arroganti, severi, aspri, asprigni, acri.
daddolíno o **daddolóne,** *sm.* → AFFETTATO.
dàdo, *sm.* cubo, cubetto, astragalion, aliosso, astragali, tali, tessera || piedistallo.
nomencl. (*gioco dei dadi*) asso, duetto, pariglia, quadrotti, terno, sena || astragalismo, barone, sbaraglio, tric-trac, zara || bussolotto, pisside || astragalomanzia, cleromanzia || *verb.* giocare a dadi, avere il dado, dadeggiare, gettare la sorte || (*architettura*) zoccolo, plinto, base.
dagherrotipía, *sf.* → FOTOGRAFIA.
dàina, *sf.* damma.
dàlia, *sf.* giorgina.
nomencl. (*varietà*) bianca, gialla, rossa, violacea; semplice, doppia, a collarino, a fiori porporini, olandese.
daltonísmo, *sm.* acromatopsia, allocromia, discromatopsia.
contr. vista sana.
dàma[1]**,** *sf.* signora, gentildonna, nobildonna, damigella, → DONNA || ballerina, danzatrice.
contr. donnetta, donnacola, donnaccia.
dàma[2]**,** *sf.* (gioco).
nomencl. (*inerenti*) scacchiere, rotelle, pedine, damone, pezzo, tavoliere || mossa, tocca, tratto || *verb.* soffiare o boffare, damare, far dama, andare a dama, sdamare, muovere.
damascatúra, *sf.* → AGEMINA.
damaschinàre, *v.tr.* ageminare, intarsiare.
damaschinatúra, *sf.* → AGEMINA.
damerino, *sm.* cicisbeo, zerbino, zerbinotto, cavalier servente, → BELLIMBUSTO, AMANTE.
damigèlla, *sf.* donzella, → DAMA, DONNA.
damigèllo, *sm.* donzello, → PAGGIO.
damigiàna, *sf.* → BOTTIGLIA.
damína, *sf.* madamigella, → DONNA.
dàmma, *sf.* dàina.
dàmo, *sm.* → AMANTE.
danàro, *sm.* → DENARO.
danaróso, *agg.* → DENAROSO.
dànda, *sf.* → CINGHIA.
dandy, *sost. ingl.* damerino, zerbinotto, → BELLIMBUSTO || originale, bel tipo.
danése, *agg.* e *sm.* alano tedesco, → CANE.
dannàre, *v.tr.* condannare, → CASTIGARE || BIASIMARE.
dannàto, *pps.* di dannare || *agg.* condannato all'inferno, maledetto, reprobo || → DISGRAZIATO.
contr. salvato, redento, benedetto, buono, fortunato.
dannazióne, *sf.* condanna eterna, perdizione, castigo, → INFERNO || *fig.* tormento, dolore, affanno || contrappasso.
contr. felicità, gloria, paradiso || sollievo, liberazione.
danneggiaménto, *sm.* → DANNO.
danneggiàre, *v.tr.* conciare qualcuno, recar danno, dannificare, essere dannoso, essere pernicioso, far male, recare pregiudizio, ferire, assassinare, fracassare, ledere, molestare, offendere, riuscire a danno, sconquassare, decimare, essere di peso, inciciare, magagnare, infestare, nuocere, perseguitare, rifinire, rincarare la dose, sconciare, sfottere, ridurre a male || andar di mezzo, rompersi il collo, incapparci, imparare a proprie spese, lasciarci le ossa, i denti, lasciarci il pelo, andarne con la peggio, avere la peggio, avere il male o il malanno all'uscio, risentire o soffrire danno, avere il danno e le beffe, uscire per il rotto della cuffia, discapitare, → COLPIRE, DETERIORARE, ROVINARE, GUASTARE || frodare, imbrogliare.
contr. aggiustare, accomodare, riparare, restaurare, beneficare, sollevare, aiutare, provvedere, lenire, salvare, risarcire, indennizzare.
danneggiàto, *pps.* di danneggiare || *agg.* avariato, conciato, leso, sconciato, deperito, piagato, deformato, scosso, trafitto, svantaggiato, sfavorito, guastato || rovinato, sinistrato.
contr. aggiustato, accomodato, rimediato, restaurato, ristorato, risarcito, indennizzato.
danneggiatóre, *agg.* e *sm.* guastatore, pregiudizievole, nocitore, apportatore o illatore di danni, dannoso || iettatore.
contr. aggiustatore, restauratore, ristoratore, redentore, reintegratore, benefattore.
dannévole, *agg.* → BIASIMEVOLE.
dànno, *sm.* aggravio, avaria, ingiuria, danneggiamento, guasto, lesione, disastro, iettatura, inconveniente, malanno, peccato, male, colpa, maledizione, malestro, nocumento, detrimento, pregiudizio, scapito, svantaggio, discapito, disfavore, discredito, acciacco, deperimento, piaga, fallimento, perdita, pericolo, privazione, rappresaglia, rischio, deterioramento, deteriorazione, deformazione, deturpazione; → ROVINA, DISGRAZIA, DISSERVIZIO.
nomencl. *agg.* emergente, positivo, negativo, grave, oneroso, molesto, spiacevole, serio, estremo, grandissimo, massimo, minimo, piccolo, irreparabile, esiziale, mortale, letale, rilevante, irrilevante, continuo, continuato, breve || *loc. avv.* da nulla || *verb.* danneggiare || riparare, risarcire, indennizzare, compensare,

assicurare, prevenire, preservare, evitare, rimediare.
contr. guadagno, vantaggio, riparazione, risarcimento, restauro, aggiustatura, assicurazione, compenso, indennizzo, reintegrazione, rifusione, emenda, rivalsa.

dannóso, *agg.* malefico, funesto, esiziale, infesto, nefasto, malestro, pernicioso, sfavorevole, svantaggioso, disutile, pregiudizievole, sinistro, rovinoso, letale, fatale, → PERICOLOSO, NOCIVO.
contr. innocuo, vantaggioso, giovevole, utile, profittevole, benevolo, benigno.

dànza, *sf.* → BALLO.

danzàre, *v.intr.* → BALLARE.

danzatóre, *sm.* → BALLERINO.

danzatríce, *sf.* → BALLERINA.

dappocàggine, *sf.* → DEBOLEZZA, INETTITUDINE.

dappòco, *agg. indecl.* di poco valore, inconcludente, inutile, irrilevante, da nulla, da niente, → DEBOLE, INETTO, SCIOCCO.
contr. d'assai, abile, capace, fattivo, energico, valente, efficiente.

dapprèsso, *avv.* da presso → VICINO.

dappríma, *avv.* al principio, sul primo, → PRIMA.

dapprincípio, *avv.* da principio, dall'inizio, → PRIMA.

dardeggiàre, *v.tr.* saettare || *fig.* raggiare || → COLPIRE.

dàrdo, *sm.* giavellotto, saetta, → FRECCIA || *fig.* → COLPO.

dàre, *v.tr.* accordare, affibbiare, affidare, aggiudicare, assegnare, appiccicare, attribuire, consentire, cambiare, cedere, commettere, compensare, concedere, condonare, conferire, consegnare, contribuire, delegare, devolvere, dispensare, distribuire, donare, erogare, esibire, favorire, favoreggiare, fornire, insignire, investire, largire, lesinare, mantenere, ministrare, pagare, porgere, prestare, prodigare, propinare, provvedere, rassegnare, regalare, restituire, riconsegnare, ridare, rifilare, scambiare, rimettere, somministrare, spartire, strozzare || battere, colpire || *intr.* → SBOCCARE || *rifl.* → DEDICARE || concedersi || sottomettersi || cominciare. || dare alla mano, dare *brevi manu*, dare gratis, dare per giunta, dare filo da torcere, darla da bere, darla vinta; dar retta, asilo, ricetto, risalto, soddisfazione, occasione; dare una botta, percuotere, dare una legnata, dare un castigo, un esempio, un taglio || darsi importanza, darsi al diavolo, ai cani, darsi pace.
contr. ricevere, accettare, accogliere, togliere, prendere, negare, ricusare, rifiutare, depredare, rapire, carpire, derubare.

dàrsena, *sf.* → CANTIERE.

darvinísmo, *sm.* evoluzionismo.
nomencl. lotta per la vita, selezione naturale delle specie.
contr. lamarckismo.

dasíte, *sf.* ipertricosi.

dassài, *agg.* d'assai, valente, → ABILE.
contr. dappoco.

dàta, *sf.* cronologia, èra, epoca, tempo, millesimo.
nomencl. (*qualità*) autentica, storica, memorabile, falsa, contraffatta || (*inerenti*) datazione, dataria, anacronismo, antidata, controdata, cronogramma, metacronismo, paracronismo, prolepsi, rubrica, sincronismo || linea della data (190° meridiano da Greenwich) || cronografia || *verb.* datare, apporre la data, accavalcare i tempi, anticipare, antidatare, retrodatare, posticipare, prorogare.

dàto, *agg.* → CERTO || *sm.* presupposto, elemento, particolare, cosa.

dattilògrafo, *sm.* → COPISTA.

dattórno, *avv.* e *prep.* da torno, → VICINO.

davànti, *avv.* e *prep.* → AVANTI.

davanzàle, *sm.* appoggio, parapetto.

davànzo, *avv.* → MOLTO.

davvéro, *avv.* → VERAMENTE.

dazière, *sm.* → DOGANIERE.

dàzio, *sm.* dogana, gabella, pedaggio, passaggio, → IMPOSTA.
nomencl. (*tipi*) di consumo, doganale, proibitivo, protettivo, differenziale, di combattimento, di favore, *ad valorem*, a peso || (*attinenti*) mangeria, sopraddazio || tariffa, diritto di dogana, franchigia, catenaccio || cinta daziaria, barriera doganale, visita daziaria || bolletta di entrata, di uscita, di accompagnamento, di transito || (*persone*) daziere, gabellotto, gabelliere, esattore, capoposto, appaltatore, doganiere || contrabbandiere, frodatore, spallone || (*luoghi*) zona, zona franca, comune chiuso o aperto || *verb.* daziare, imporre il dazio, riscuotere il dazio, aumentare o diminuire il dazio || contrabbandare, frodare, eludere il dazio || esentare dal dazio.

dèa, *sf.* diva, iddía, divinità femminile.

deambulàre, *v.intr.* → CAMMINARE.

debellàre, *v.tr.* vincere, soggiogare, → BATTERE, ANNULLARE.

debellàto, *pps.* di debellare || *agg.* → BATTUTO.

débile, *agg. lett.* → DEBOLE.

debilità, *sf. lett.* → DEBOLEZZA.

debilitaménto, *sm.* debilitazione, → DEBOLEZZA.

debilitànte, *ppr.* di debilitare || *agg.* e *sm.*
contr. corroborante, ricostituente, tonico, eccitante, sferzante.

debilitàre, *v.tr.* infiacchire, snervare, ammollire, → INDEBOLIRE.

debilitàto, *pps.* di debilitare || *agg.* cascante, fiacco, infiacchito, sfiaccolato, snervato, molliccio, smidollato, → DEBOLE.

debilitazióne, *sf.* debilitamento, → DEBOLEZZA.

debitaménte, *avv.* nel debito modo, adeguatamente, → ACCONCIAMENTE.

débito[1], *agg.* dovuto, conforme, congruo, congruente, → GIUSTO, ADATTO, NECESSARIO.

débito[2], *sm.* → DOVERE || obbligo, impegno, obbligazione, promessa || dissesto, passivo, passività || chiodo, pasticcio (*scherz.*).
nomencl. (*varietà*) personale, reale, legale, pubblico, perpetuo, consolidato, redimibile, immobiliare, mobiliare, chirografario, privilegiato, ipotecario, commerciale, d'onore, di gioco, coniugale || (*inerenti*) abbuono, accollo, acconto, ammortamento, arretrato, costituto, estinzione, insolvenza, imputazione dei debiti, mora, novazione, obbligazione, pagamento, partita, penale, pignoramento, sequestro, prestito, rendita, remissione del debito, rimessa, ribasso, saldo, sconto, solvibilità || (*documenti*) cartella, cedola, chirografo, nota, contronota, fondo d'estinzione, gran libro del debito pubblico,

obbligazioni dello Stato, pegno, quietanza o ricevuta || (*persone*) debitore, creditore, moroso, solvibile || *agg.* liquido, simulato, assicurato, acceso; arretrato, estinguibile, solvibile, estinto, soddisfatto, liquidato, insoluto, fluttuante, oscillante, stantio, vergognoso || *verb.* avere, contrarre, fare, cumulare, accumulare, accollarsi, addossarsi un debito; comprare, prendere a debito; affogare nei debiti, essere carico di debiti; impantanarsi, impegolarsi, ingolfarsi, tuffarsi nei debiti, ingrossare il debito, infognarsi || pagare, accomodare, saldare, acquetare il creditore; estinguere, spegnere, levarsi un debito; soddisfare, saldare il conto; ammortizzare, compensare, dimettere il debito, scontare || abbonare, accendere, addebitare, computare, debitare; condonare, consolidare, conteggiare, fare, pignorare, sequestrare, residuare, riscuotere, scomputare, voltare.
contr. credito.

debitóre, *sm.*
contr. creditore.

débole, *agg.* malfermo, malato, esangue, debile, abbattuto, accasciato, avvilito, affralito, cascante, debilitato, balogio, dilombato, disfatto, fiacco, floscio, femmineo, lasso, sfatto, sfiaccolato, sfibrato, slombato, esaurito, snervato, spossato, sfinito, smunto, stanco, effeminato, atrofico, dinoccolato, esile, estenuato, strutto, flaccido, fragile, frale, frollo, mingherlino, gracile, gramo, infermiccio, invalido, languido, logoro, molle, moscio, delicato, deperito, denutrito, bolso || dappoco, impotente, atono, fievole, fioco, labile, leggero, tenue, smorto, difettoso, annacquato, allungato, freddo, slavato, facile, friabile, cedevole || *verb.* essere debole, avere le gambe di stoppa, avere le ossa tenere, essere male in gamba, reggersi sulle stampelle, sentirsi cascare le braccia, venir meno, ciondolare da tutte le parti, essere di cera, essere di pasta frolla, sdilinquire, sbonzolare, non aver fiato, non reggersi ritto.
contr. forte, vegeto, energico, vigoroso, robusto, gagliardo, prosperoso, rubizzo, forzuto, muscoloso.

debolézza, *sf.* bolsaggine, atrofia, atonia, dappocaggine, indebolimento, debilitamento, debilitazione, accasciamento, effeminatezza, esaurimento, estenuazione, fragilità, fralezza, impotenza, infiacchimento, infermità, invalidità, languidezza, languore, mollezza, rammollimento, snervatezza, rilassatezza, spossatezza, prostrazione, acciacco, cascaggine, fiacca, fiacchezza, fiaccona, sfinimento, stanchezza, debilità, abbattimento, delicatezza, denutrizione, deperimento, difetto, friabilità, cedevolezza.
nomencl. *agg.* completa, totale, improvvisa, subitanea, imprevista, lieve, grave, profonda || *verb.* acciaccare, affievolire, afflosciare, affralire, allenire, ammollire, ammosciare, annientare, ammortire, debilitare, disnervare, disvigorire, estenuare, fiaccare, illanguidire, indebolire, debilitare, infiacchire, invalidare, prostrare, rammollire, sfibrare, snerbare, snervare, stentucchiare, stremare di forze, svigorire || abbattersi, abbandonarsi, accasciarsi, avvilirsi, buttarsi giú, fiaccarsi, infralire, intisichire, languire, perder le forze, smarrirsi, smidollarsi, svalorire, venir meno, appassire.
contr. forza, vigore, vigoria, gagliardia, robustezza, energia, risolutezza.

debolménte, *avv.* senza forza, senza vigore, languidamente, svogliatamente.
contr. energicamente, fortemente, vigorosamente, robustamente.

debòscia, *sf. frs.* → VIZIO.

debosciàto, *agg. frs.* → VIZIOSO.

debuttànte, *ppr.* di debuttare || *agg.* → ESORDIENTE.

debuttàre, *v.intr. frs.* → ESORDIRE.

debútto, *sm. frs.* → ESORDIO.

decadènte, *ppr.* di decadere || *agg.* ripiegato su di sé, raffinato, stanco, deluso, misoneista, esteta, solitario, individualista.
contr. uomo comune, volgare, gregario, di massa.

decadènza, *sf.* decadimento, degradamento, degradazione, corruzione, degenerazione, avvilimento, imbastardimento, deperimento, deterioramento, scadimento, declinazione, calo, dechinamento, umiliazione, discesa, tralignamento, declino, caduta, peggioramento, guasto || barbarie || → ROVINA.
contr. rifiorimento, fioritura, rinnovamento, miglioramento, rinvigorimento, restituzione, floridezza, salute || rinascimento, risorgimento || civiltà.

decadére, *v.intr.* andare in decadenza, venir meno, declinare, dechinare, calare, peggiorare, deperire, degenerare, digradare, scadere, rovinare, abbandonarsi, piegarsi, sfiorire, tralignare, degradare, discendere, deteriorarsi, decrescere, → CADERE, GUASTARE.
contr. migliorare, rinvigorire, rifiorire, rinascere, risorgere, rinnovarsi, ricuperare.

decadiménto, *sm.* → ROVINA, AVVILIMENTO, DEGENERAZIONE.

decadúto, *pps.* di decadere || *agg.* → IMPOVERITO.
nomencl. angeli decaduti, nobile decaduto, nazione decaduta.
contr. villan rifatto, *homo novus*, *parvenu*, rilevaticcio, plebeo annobilito, risalito, pescecane.

decàlogo, *sm.* comandamenti, legge di Dio, morale naturale, tavole della legge.
nomencl. Mosè, Monte Sinai.

decampàre, *v.intr. frs.* cedere, → FUGGIRE, RECEDERE.

decàno, *sm.* → CAPO, SACERDOTE || → VECCHIO.

decantàre, *v.tr.* → CANTARE, LODARE, GLORIFICARE || depurare, filtrare, far deporre la feccia, il fondiglio, ecc.

decantazióne, *sf.* → LODE || FILTRAZIONE.

decapitàre, *v.tr.* decollare, ghigliottinare, giustiziare, mozzare il capo, privare del capo, smoccolare il capo || *fig.* privare del suo capo un partito, un movimento, una scuola.

decapitazióne, *sf.* decollazione, esecuzione capitale, taglio della testa.
nomencl. ghigliottina, ceppo, mannaia, spada || boia.

decèdere, *v.intr.* → MORIRE.

decedúto, *pps.* di decedere || *agg.* e *sm.* → MORTO.

decènne, *agg.* bilustre, decennale.

decènnio, *sm.* → ETÀ.

decènte, *agg.* pulito, conveniente, → ADATTO, BUONO, TEMPERANTE, DECOROSO.
contr. indecente, trito, sconveniente, sudicio, immondo.

decentraménto, *sm. neol.*
nomencl. burocratico, amministrativo.
contr. accentramento, concentramento.

decentràre, *v.tr.* → DISCENTRARE.
contr. accentrare, concentrare.
decènza, *sf.* pulitezza, politezza, → CONVENIENZA, TEMPERANZA, DECORO.
decèsso, *sm.* → MORTE.
decezióne, *sf.* → DELUSIONE.
dechinàre, *v.intr.* declinare, scendere.
nomencl. dechinamento (di una superficie di terreno).
decídere, *v.tr.* risolvere, concludere, definire, giudicare, sentenziare, affermare o negare; troncare, terminare, ultimare, tagliar corto, dare un taglio, predeterminare, tagliar la testa al toro, venire alla decisione, → STABILIRE, DETERMINARE || indurre || *rifl.* risolversi, prendere una decisione.
contr. tergiversare, vacillare, tentennare, ondeggiare, titubare, esitare, essere incerto, dubbioso, tardare, oscillare, restare in forse.
decifràbile, *agg.* decrittabile || → INTELLIGIBILE.
contr. indecifrabile.
decifràre, *v.tr.* → INTENDERE, RISOLVERE.
contr. cifrare.
dècima, *sf.* → IMPOSTA.
nomencl. (*tipi*) feudale, dominicale, sacramentale, militare, saladina, scalata || *verb.* imporre, riscuotere, stabilire la decima.
decimàre, *v.tr.* → DIMINUIRE, DISTRUGGERE.
decimazióne, *sf.* → DIMINUZIONE, DISTRUZIONE.
decisióne, *sf.* risoluzione, deliberazione, scelta, elezione, conclusione, partito, soluzione, definizione, determinazione, sentenza, pronunziato, deliberato, passo, risolutezza.
nomencl. *agg.* definitiva, decisiva, irrevocabile, ragionevole, irragionevole, giusta, ingiusta, opportuna, inopportuna, giustificata, ingiustificata, sconsiderata, sragionevole, ponderata, meditata, motivata, argomentata, risoluta, dibattuta, improvvisa, avventata.
contr. indecisione, tentennamento, sospensione, incertezza, ambiguità, dubbio.
decisivaménte, *avv.* conclusivamente, definitivamente, risolutivamente, senza pentimenti, senza ritorni, decisamente.
contr. provvisoriamente, sospensivamente, ambiguamente, con incertezza, con ambagi.
decisívo, *agg.* conclusivo, definitivo, risolutivo.
contr. dubbio, incerto, provvisorio, in sospeso.
decíso, *pps.* di decidere || *agg.* → PRONTO, ENERGICO, RECISO, RISOLUTO.
declamàre, *v.tr.* → RECITARE.
declamatóre, *sm.* → ORATORE.
declamatòrio, *agg.* enfatico, gonfio, ampolloso, turgido, → RETORICO.
contr. asciutto, secco, essenziale, diretto.
declamazióne, *sf.* → CANTO, DISCORSO, RECITAZIONE.
declinànte, *ppr.* di declinare || *agg.* → CALANTE.
declinàre, *v.intr.* → PENDERE, PIEGARE || CALARE, PEGGIORARE, DETERIORARE || TRAMONTARE || *fig.* → DIMINUIRE, RECEDERE || *tr.* → RIFIUTARE.
declinazióne, *sf.* → DISCESA || ROVINA || GRAMMATICA.
declíno, *sm.* → DISCESA.
declíve, *agg.* in pendío → PENDENTE.
contr. acclive, erto, in salita.
declívio, *sm.* → DISCESA, PENDENZA.
contr. salita.
decollàre, *v.tr.* → DECAPITARE.
decollazióne, *sf.* → DECAPITAZIONE.
decoloràre, *v.tr.* → SCOLORIRE.
decolorazióne, *sf.* → SCOLORIMENTO.
decómbere, *v.intr.* → CADERE.
decomponíbile, *agg.* scomponibile.
contr. indecomponibile.
decomponibilità, *sf.* scomponibilità, dissolvibilità, divisibilità.
contr. indecomponibilità.
decompórre, *v.tr.* dividere, dissolvere, disgregare, alterare, corrompere, scomporre, disciogliere, sciogliere, disaggregare, analizzare || *rifl.* putrefarsi.
contr. comporre, riunire, ricomporre, unire, legare, attaccare, mescolare, formare, sintetizzare || conservare.
decomposizióne, *sf.* corruzione, alterazione, dissoluzione, dissolvimento, disgregazione, → DISTRUZIONE || PUTREFAZIONE || DIVISIONE.
contr. freschezza, integrità, incorruttibilità, illibatezza, sanità.
decompósto, *pps.* di decomporre || *agg.* dissolto, alterato, disgregato || corrotto, putrefatto || diviso.
contr. composto, intero || integro, ben conservato, inalterato.
decoràre, *v.tr.* → FREGIARE, ORNARE || INSIGNIRE.
decoratívo, *agg.* → ORNAMENTALE.
decoràto, *pps.* di decorare || *agg.* → ORNATO || titolato, → INSIGNITO.
decoratóre, *sm.* affrescatore, ornatista, imbianchino, scenografo, paratore, pittore.
decorazióne, *sf.* → ORNAMENTO || ONORIFICENZA.
decòro, *sm.* decenza, correttezza, congruità, dignità, discrezione, → BELLEZZA, CONVENIENZA, ONORE.
contr. trascuratezza, indecenza, indegnità, sconvenienza.
decoróso, *agg.* decente, degno, dignitoso, conveniente, onorato, onorevole, corretto, impeccabile, discreto, confacente, congruo, congruente, adatto, opportuno, → ONESTO.
contr. indecoroso, indecente, trascurato, sconveniente, indegno, scorretto, volgare, plebeo.
decorrènza, *sf.* spazio, lasso, svolgimento, termine, scadenza, processo, → SVILUPPO.
decórrere, *v.intr.* → PASSARE, COMINCIARE.
decórso, *pps.* di decorrere || svolgimento; *sm.* → SVILUPPO.
decòtto, *sm.* infusione, infuso, tisana, pozione, bollitura, bevanda, emulsione, scottatura (*rar.*).
decozióne, *sf.* → COTTURA, BOLLORE.
decreménto, *sm.* diminuzione, scemamento, calo.
decrepitàre, *v.intr.* → SCOPPIARE.
decrepitazióne, *sf.* → SCOPPIO.
decrepitézza, *sf.* → VECCHIEZZA.
decrèpito, *agg.* → VECCHIO.
decrescèndo, *sm.* diminuzione, calo, → GRADAZIONE.
decrescènte, *ppr.* di decrescere || *agg.* → CALANTE.
decrescènza, *sf.* → ABBASSAMENTO, DIMINUZIONE.
decréscere, *v.intr.* declinare, decadere, → CALARE, DIMINUIRE.
contr. accrescere.

decresciménto, *sm.* → DIMINUZIONE.
decretàre, *v.tr.* ordinare, statuire, stabilire, deliberare, comandare, precettare, sancire, destinare, provvedere, determinare, disporre, decidere || convalidare, far eseguire un decreto; revocare, promulgare un decreto, tener fermo un decreto, stanziare.
contr. obbedire, trasgredire, sfuggire, ribellarsi, frodare.
decréto, *sm.* comando, editto, canone, precetto, recesso, deliberazione, sentenza, rescritto, comandamento, → ORDINE || patente, → BREVETTO.
nomencl. (*tipi*) reale, presidenziale, ministeriale, prefettizio, del sindaco, dell'autorità giudiziaria, pretorile, di Dio || di citazione, di rinvio a giudizio, penale || (*equivalenti*) bando, decreto-legge, *exequatur*, firmano, moto proprio o *motuproprio*, ordinanza, plebiscito, prammatica, rescritto, senatoconsulto, decreto del senato, ucase o *ukase* (*scherz.*) || *agg.* convalidato, ratificato, legale, illegale, emanato, promulgato, eseguito, trasgredito, annullato, revocato || *verb.* bandire, decretare, promulgare, emanare, convalidare, ratificare, revocare, annullare.
contr. obbedienza, docilità, esecuzione.
decriptàre, *v.tr.* decrittare, decifrare, decrittografare, rimettere in chiaro, interpretare.
nomencl. decriptazione, decrittazione || criptografia, crittografia.
contr. cifrare, trascrivere con segni convenzionali.
decurtàre, *v.tr.* → ABBREVIARE, DIMINUIRE.
decurtàto, *pps.* di decurtare || *agg.* → DIMINUITO.
decurtazióne, *sf.* → DIMINUZIONE.
dèdalo, *sm.* → LABIRINTO || *fig.* → CONFUSIONE.
dèdica, *sf.* dedicazione, dedicatoria, iscrizione, → EPIGRAFE, OFFERTA.
dedicàre, *v.tr.* consacrare, fare, destinare, intitolare, → OFFRIRE, ATTRIBUIRE || *rifl.* addarsi, presentarsi, consacrarsi, applicarsi, accudire, darsi, attendere (a), infervorarsi, ingolfarsi, votarsi, buttarsi a capofitto, impegnarsi; mettere, porre tutto l'animo, → COLTIVARE.
contr. accettare, accogliere || disinteressarsi, rifiutarsi, sfuggire.
dedicatòria, *sf.* → DEDICA.
dedicazióne, *sf.* → CONSACRAZIONE, DEDICA.
dèdito, *agg.* inclinato, disposto, proclive, propenso, → INCLINE || AFFEZIONATO.
dedizióne, *sf.* → RESA || SACRIFICIO.
deducíbile, *agg.* → DESUMIBILE.
dedúrre, *v.tr.* ricavare, derivare, desumere, arguire, argomentare, sillogizzare, inferire, rilevare, attingere, raccogliere, epilogare, giudicare, → DIMOSTRARE, CONCLUDERE || detrarre, levare, sottrarre, → DIMINUIRE.
contr. indurre || aumentare, aggiungere.
deduzióne, *sf.* conseguenza, conclusione, illazione, giudizio, effetto || defalco, sottrazione, diminuzione.
nomencl. metodo deduttivo e induttivo || sillogismo || *agg.* logica, sillogistica, ragionevole, razionale, coerente, incoerente, stiracchiata, zoppicante, negativa, positiva.
contr. induzione || aggiunta, addizione, somma.
defalcàre, *v.tr.* diffalcare, detrarre, sottrarre, → DIMINUIRE.
defàlco, *sm.* → ABBUONO, DIMINUZIONE.
defatigàre, *v.tr.* infastidire, stremare, logorare, → FATICARE, STANCARE.
defecàre, *v.tr.* andar di corpo, cacare, scaricare il ventre, evacuare, fare un bisogno, scacazzare, squaccherare, stabbiare, stallare (di animali) || aver difficoltà di defecare, essere stitico, aver stimolo di corpo, sentire bisogno di corpo, cacarsi addosso, empirsi i pantaloni, farsela addosso.
defecazióne, *sf.* cacamento, beneficio o flusso di corpo, deiezione, evacuamento, evacuazione, servizio.
nomencl. (*attinenti*) feccia, sterco, meconio || gabinetto, latrina, seggetta || supposta, purga o purgante, lassativo || pondo.
defenestràre, *v.tr.* buttare dalla finestra || *fig.* → ALLONTANARE.
defenestrazióne, *sf. fig.* → ALLONTANAMENTO.
deferènte, *ppr.* di deferire || *agg.* rispettoso, ossequioso, → DOCILE, CORTESE, GRATO.
deferènza, *sf.* → DOCILITÀ, CORTESIA, AFFETTO, ONORE, OSSEQUIO.
deferíre, *v.intr.* condiscendere, compiacere, conformarsi, → ADATTARE, SOTTOPORRE || *tr.* → MANDARE, DEPUTARE.
defervescènza, *sf.*
contr. effervescenza.
defettíbile, *agg.* manchevole, fragile, caduco.
contr. indefettibile.
defezionàre, *v.intr.* disertare, mancare, → ABBANDONARE.
defezióne, *sf.* → RINUNZIA, FUGA, TRADIMENTO.
deficiènte, *agg.* → INSUFFICIENTE, MANCANTE || *sm.* → ANORMALE, STUPIDO.
deficiènza, *sf.* → INSUFFICIENZA, MANCANZA || STUPIDITÀ.
dèficit, *sm. indecl.* → DISAVANZO.
definíbile, *agg.*
contr. indefinibile.
definíre, *v.tr.* precisare, → SPIEGARE || DESCRIVERE || DETERMINARE, STABILIRE, DECIDERE || LIMITARE.
definitivaménte, *avv.* → CHIARAMENTE, DECISIVAMENTE.
definitívo, *agg.* → DECISIVO, ESAURIENTE.
contr. provvisorio.
definíto, pps. di definire || *agg.* determinato, stabilito, dichiarato, precisato, spiegato; → LIMITATO.
contr. indefinito, indeterminato, incerto, vago || poetico.
definizióne, *sf.* → DECISIONE || SPIEGAZIONE || FINE.
nomencl. *agg.* calzante, appropriata, logica, acconcia, efficace, inefficace, impropria, chiara, precisa, esatta, inesatta, imprecisa, vaga, grossolana, indeterminata, incerta, oscura.
deflagràre, *v.intr.* → SCOPPIARE.
deflagrazióne, *sf.* → BRUCIAMENTO, SCOPPIO, RUMORE.
deflammazióne, *sf.* → DISTILLAZIONE.
deflazióne, *sf.*
contr. inflazione.
deflèttere, *v.intr.* → PIEGARE || *fig.* → ARRENDERSI.
defloràre, *v.tr.* sverginare, stuprare, violentare, sforzare, spulcellare, spulzellare.
deflorazióne, *sf.* sverginamento || stupro, violenza.
defluíre, *v.intr.* → FLUIRE.
deflússo, *sm.* → FLUSSO.

deformàre, *v.tr.* disformare, sformare, deturpare, imbruttire, → GUASTARE || alterare, → FALSARE.

deformàto, *pps.* di deformare || *agg.* → GUASTO.

deformaziόne, *sf.* → FALSIFICAZIONE, BRUTTEZZA, DANNO.

defόrme, *agg.* deformato, sformato, malfatto, mostruoso, turpe, sconcio, mal foggiato, sfigurato, sproporzionato, informe, difforme, disforme, anormale || storpio, gobbo, sguercio, sciancato, → BRUTTO || guasto || contraffatto.

contr. normale, bello, ben formato, armonico, armonioso, proporzionato, ben fatto.

deformità, *sf.* difetto, malformazione, degenerazione, magagna, mostruosità, stortura, irregolarità, guasto, anomalia, storpiatura, → BRUTTEZZA.

contr. normalità, bellezza, proporzione, euritmia, armonia, regolarità, perfezione.

defraudaménto, *sm.* inganno → FRODE.

defraudàre, *v.tr.* sottrarre il dovuto, → FRODARE, RUBARE || INGANNARE.

defraudaziόne, *sf.* → FRODE.

defúnto, *agg.* e *sm.* → MORTO.

degàgna, *sf.* → RETE.

degeneràre, *v.intr.* dirazzare, imbastardire, bastardire, tralignare, incarognire, darsi all'ozio, corrompersi, guastarsi, alterare, decadere, peggiorare, pervertirsi, depravarsi, imbarbarire.

contr. migliorare, perfezionare, progredire, incivilire || risorgere, rifarsi.

degeneràto, *pps.* di degenerare || *agg.* e *sm.* pervertito, depravato, → ANORMALE, VIZIOSO.

degeneraziόne, *sf.* decadimento, decadenza, imbastardimento, corruzione, peggioramento, degradazione, alterazione, tralignamento → ROVINA, ANORMALITÀ, DEPRAVAZIONE, BRUTTEZZA.

contr. normalità, progresso, miglioramento,

degènere, *agg.* degenerato, degenerante, bastardo, tralignato, → ANORMALE, GUASTO.

contr. congenere, condegno.

degènte, *agg.* e *sm.* → AMMALATO.

degènza, *sf.* → MALATTIA.

deglutíre, *v.tr.* → INGHIOTTIRE.

deglutiziόne, *sf.* → INGHIOTTIMENTO.

degnaménte, *avv.* in modo degno, giusto, adeguato, meritatamente, adeguatamente, eccellentemente.

contr. indegnamente.

degnàre, *v.intr.* e *rifl.* → FAVORIRE.

contr. sdegnare, disdegnare.

degnaziόne, *sf.* affabilità, benignità, condiscendenza, grazia, → CORTESIA, ONORE.

contr. disdegno.

dégno, *agg.* adatto, adeguato, giusto, meritevole, benemerente, condegno, proporzionato, meritato || insigne, ragguardevole, eccellente, stimabile, buono, egregio, valente, decoroso.

contr. indegno, immeritevole, mancante, ingiusto || disprezzabile, spregevole, degenere.

degradaménto, *sm.* → DEGRADAZIONE.

degradàre, *v.tr.* far retrocedere, togliere o privare del grado, dell'ufficio, → DESTITUIRE, ALLONTANARE || *fig.* deprimere, → AVVILIRE || FALSARE || *rifl.* abbassarsi, umiliarsi, avvilirsi, venir meno, scadere, digradare.

contr. innalzare, promuovere, far progredire || elevarsi, rialzarsi, nobilitarsi, riabilitarsi.

degradaziόne, *sf.* degradamento || retrocessione, perdita del grado, → DESTITUZIONE || *fig.* → DISCESA, DEGENERAZIONE.

degustàre, *v.tr.* provare, assaggiare, → BERE, GUSTARE.

degustaziόne, *sf.* → ASSAGGIO.

dèi, *sm. pl.* divinità pagane, deità, numi, divi, semidei.

nomencl. Olimpo; Saturno, Crono, Titani, Urano, Giove, Giunone, Nettuno, Apollo, Venere, Marte, Vulcano, Bacco, Cupído, Cerere, Minerva, Mercurio, Vesta, Diana, Cibele, Plutone, Proserpina, Pane, Flora, Pomona, Esculapio, Fauno, Satiro, Silvano, Ninfa; Lari, Penati || ambrosia.

deieziόne, *sf.* → DEFECAZIONE || ESCREMENTO.

deificàre, *v.tr.* → SANTIFICARE, DIVINIZZARE.

deificaziόne, *sf.* → SANTIFICAZIONE || APOTEOSI.

deiscènte, *agg.*

contr. indeiscente.

delatόre, *sm.* spia, spione, denunziatore, informatore, sicofante, ingannatore || → ACCUSATORE.

delaziόne, *sf.* spiata, denuncia, soffiata || → ACCUSA.

delèbile, *agg.* → CANCELLABILE.

contr. indelebile.

delegàre, *v.tr.* → ATTRIBUIRE, MANDARE.

delegàto, *pps.* di delegare || *agg.* e *sm.* → AMBASCIATORE, COMMISSARIO, INCARICATO.

delegaziόne, *sf.* rappresentanza, → COMMISSIONE || circoscrizione, territorio.

nomencl. delegazione apostolica, dei creditori.

deletèrio, *agg.* → NOCIVO, PERICOLOSO, FUNESTO.

delfíno, *sm.* erede, successore.

delibàre, *v.tr.* assaggiare, → GUSTARE.

delibaziόne, *sf.* → ASSAGGIO.

deliberàre, *v.tr.* risolvere, decidere, → STABILIRE, DECRETARE, DETERMINARE || aggiudicare || *fig.* → DISEGNARE.

deliberataménte, *avv.* meditatamente, pensatamente, scientemente, risolutamente, professatamente, per partito preso, ostentatamente, con premeditazione, apposta.

contr. con esitazione, con titubanza, dubbiosamente, con incertezza.

deliberàto, *pps.* di deliberare || *agg.* pronto, stabilito, deciso, fermo, statuito, risoluto || *sm.* → DECISIONE.

contr. indeciso, dubbioso, incerto, titubante, irresoluto, ambiguo.

deliberaziόne, *sf.* proposito, giudizio, proponimento, partito, decisione, risoluzione, determinazione, provvedimento, ordine, decreto || consultazione, discussione || aggiudicazione.

contr. dubbio, incertezza, sospensione.

delicataménte, *avv.* garbatamente, → DOLCEMENTE || PRUDENTEMENTE.

delicatézza, *sf.* sensibilità, tenerezza, eleganza, gentilezza, → SQUISITEZZA, DOLCEZZA, MOLLEZZA || riguardo, tatto, riserbo, → PRUDENZA || gracilità, → DEBOLEZZA || morbidezza (di pelle) || finezza (di gusto).

contr. indelicatezza, sgarbatezza, rozzezza, ruvidezza, grossolanità, brutalità || imprudenza, insensibilità || vigore, robustezza, forza, gagliardía.

delicàto, *agg.* morbido, fragile, elegante, tenero, soave, gentile, fine, squisito, sensibile, garbato, gradevole,

→ DOLCE || gracile, → DEBOLE || modesto, altruista, premuroso, riguardoso, → PRUDENTE.
contr. indelicato, sgarbato, ruvido, rozzo, aspro, grossolano || gagliardo, vigoroso || imprudente.
delicatúra, *sf.* → SQUISITEZZA || gracilità, → MOLLEZZA.
delimàre, *v.tr.* → CONSUMARE.
delimitàre, *v.tr.* → LIMITARE.
delimitazióne, *sf.* → LIMITE.
delineaménto, *sm.* → DELINEAZIONE.
delineàre, *v.tr.* → DETERMINARE || schizzare, → ABBOZZARE, DISEGNARE.
delineazióne, *sf.* delineamento || *fig.* → PRECISAZIONE.
contr. sfumatura, rifinitura.
delinquènte, *ppr.* di delinquere || *agg.* e *sm.* e *f.* → REO, BANDITO, MALFATTORE, MASCALZONE.
nomencl. predisposto, abituale, incallito, per tendenza, professionale, recidivo.
delinquènza, *sf.* criminalità, reità, tendenza al delitto.
contr. onestà, galantomismo.
delíquio, *sm.* → SVENIMENTO.
deliraménto, *sm.* → VANEGGIAMENTO.
delirànte, *ppr.* di delirare || *agg.* folle, frenetico, forsennato, → PAZZO || ebbro, esaltato, rapito, invasato, smaniante, ispirato, → ENTUSIASTA.
deliranteménte, *avv.* → ENTUSIASTICAMENTE.
deliràre, *v.intr.* vaneggiare, farneticare, farnetizzare, freneticare, sragionare, straparlare, trasognare || dire spropositi, smaniare, non stare in sé, perdere la testa, infatuarsi, vagellare, esaltarsi, essere ebbro, rapito, invasato, ispirato.
contr. mantenere il sangue freddo, il controllo di sé, ragionare, parlare sensatamente, rimanere in sé.
delírio, *sm.* follia, furore, farnetico, demenza, furia, smania || entusiasmo, ebbrezza, rapimento, estasi, febbre, → VANEGGIAMENTO, ESALTAZIONE.
nomencl. (*varietà*) acuto, caotico, distruttivo, idiopatico, ipocondriaco, simpatico, terrorifico, tremulo || (*equivalenti*) demonomania, farneticamento, frenesia, pazzia, frenetide, megalomania, monomania, tifomania, *subdelirium*, lucido intervallo.
contr. ragionamento, autocontrollo, freddezza, calma.
delíro, *agg. poet.* → PAZZO.
delítto, *sm.* attentato, crimine, misfatto, reato, scelleratezza, scelleraggine, scelleratàggine, colpa, maleficio, peccato, → MALEFATTA.
nomencl. (*specificazioni*), aggressione, adulterio, aborto, apologia di delitto o di reato, appropriazione indebita, assassinio, attentato, baratteria, broglio, coartazione, complicità, concubinato, concussione, congiura, corruzione, delitto comune, delitto politico, delitto di sangue, diffamazione, calunnia, estorsione, falsificazione, frode, furto, rapina, incesto, infanticidio, lenocìnio, malversazione, favoreggiamento, offesa, omicidio, parricidio, matricidio, peculato, sodomia, pravaricazione, ricatto, ricettazione, sacrilegio, seduzione, spergiuro, spionaggio, stupro, subordinazione, tradimento, usura, usurpazione, veneficio || (*inerenti*) recidività, alibi, circostanze (attenuanti o aggravanti), corpo del delitto, estremo del reato, indizio, circostanza, premeditazione; codice penale, processo, istruttoria, requisitoria, ricognizione, sentenza, assoluzione, espiazione, condanna, pena, delinquenza, flagranza, denunzia, querela, amnistia, indulto, grazia, liberazione condizionale, risarcimento || (*persona*) autore, reo, criminale, delinquente, imputato, agente (principale, ausiliario) || assassino, birbone, malandrino, malfattore, ladro, rapinatore, brigante, manutengolo, parricida, fratricida, omicida, sanguinario, scellerato, lenone || *agg.* grave, grande, enorme, crudele, spietato, atroce, efferato, tremendo, disumano, empio, intollerabile, selvaggio, truce, orrido, orribile, spaventevole, infamante, innominabile, nefando, disonorevole, ignominioso, obbrobrioso, vergognoso, vituperevole, turpe, meditato, flagrante, evidente, manifesto, confessato, palese, continuato, reiterato, ripetuto, mancato, tentato, incompiuto, fallito, misterioso, oscuro, incomprensibile, inesplicabile, scontato, purgato, pagato, riscattato, perdonato, dimenticato || colposo.
delittuóso, *agg.* criminoso, criminale, colpevole, peccaminoso, scellerato, malvagio, → DOLOSO.
contr. innocente, onesto, retto, incolpevole.
delízia, *sf.* godimento, piacere, felicità, voluttà, diletto, dilettazione, agi, comodità, dolcezza, incanto, soddisfazione, squisitezza, mollezza, soavità.
nomencl. (*luoghi*) paradiso, eden, giardino delle Esperidi, isole Fortunate, eldorado, cuccagna.
contr. sofferenza, dolore, tribolazione, strazio, rinuncia, amarezza, disgusto.
deliziàre, *v.tr.* → DIVERTIRE || *rifl.* crogiolare || dilettarsi, compiacersi, bearsi, → GODERE.
deliziosaménte, *avv.* → DOLCEMENTE.
delizióso, *agg.* → BELLO, PIACEVOLE, PARADISIACO.
dèlta, *sf.* → FOCE.
contr. sorgente, scaturigine, origine, fonte.
delúbro, *sm. lett.* santuario, tempio.
delucidazióne, *sf.* → COMMENTO, SPIEGAZIONE.
delúdere, *v.tr.* → INGANNARE || mancare || render vano, mandare a vuoto, disingannare, disincantare, defraudare, frustrare || sfuggire, tradire, evitare, eludere.
contr. illudere, lusingare, blandire, sperare, confidare, promettere, offrire.
delusióne, *sf.* disinganno, disincanto, decezione, defraudamento, disillusione, insuccesso, frustrazione, insoddisfazione, → DISPERAZIONE, DOLORE.
contr. illusione, lusinga, allettamento, speranza, fiducia.
delúso, *pps.* di deludere || *agg.* disilluso, disincantato, disingannato, gabbato, beffato, frustrato, schernito, insoddisfatto, scontento.
contr. illuso || soddisfatto, pago, appagato.
delusòrio, *agg.* → INGANNEVOLE.
contr. illusorio.
demagogía, *sf.* populismo, arbitrio plebeo, oclocrazia || sobillazione, seduzione, corruzione del popolo.
demagògo, *sm.* arruffapopolo, → AGITATORE.
demandàre, *v.tr.* affidare, deferire, delegare, deputare, mandare, commettere.
contr. avocare, fare da sé.
demànio, *sm.* → FINANZA || beni immobili statali.
contr. cittadini || beni statali commerciabili.
demarcàre, *v.tr.* → LIMITARE.
demarcazióne, *sf.* → LIMITE.
demènte, *agg.* e *sm.* e *f.* → PAZZO.

demènza, *sf.* → PAZZIA.
demeritévole, *agg.* → INDEGNO.
contr. meritevole.
demèrito, *sm.* indegnità, → PECCATO, MALEFATTA, COLPA.
contr. mèrito.
demiúrgo, *sm.* artefice, produttore, creatore, → AUTORE.
democràtico, *agg.* popolare || *estens. fam.* alla buona.
contr. aristocratico || demagogico.
democrazía, *sf.* governo, sovranità popolare.
nomencl. (*vari tipi*) del lavoro, popolare, progressista, avanzata, radicale, liberale, socialista, conservatrice, moderata, cristiana, orientale, occidentale, sociale || *verb.* democratizzare.
contr. autocrazia, tirannia, oligarchia di partito, dittatura, governo presidenziale || demagogia.
demografía, *sf.*
nomencl. statistica || incremento demografico.
demolíre, *v.tr.* distruggere, abbattere, atterrare, rovesciare, diroccare, mandare o mettere a terra, sfondare, appianare, rasare, radere a terra, smurare, sventrare, smantellare, → ROVINARE || *fig.* screditare, annientare, togliere credito, stima, → DIFFAMARE.
contr. costruire, erigere || accreditare, onorare, ossequiare.
demolíto, *pps.* di demolire || *agg.* → DIROCCATO || *fig.* screditato, annientato.
demolitóre, *sm.* → DISTRUTTORE.
demolizióne, *sf.* abbattimento, rovesciamento, distruzione, atterramento, → ROVINA.
contr. costruzione, erezione, restauro.
demología, *sf.* → FOLCLORE.
dèmone, *sm.* → DIAVOLO, FOLLETTO || GENIO.
demoníaco, *agg.* diabolico, maligno, perverso, depravatore, tentatore, efferato, astuto, disperato || invasato, posseduto da una passione || anima persa, anima nera, anima dannata, senza scrupoli.
demònico, *agg.* → OSSESSO.
demoniétto, *sm.* → BAMBINO.
demònio, *sm.* → DIAVOLO || *fig.* astuto, maligno, tentatore, irrequieto, → CRUDELE.
nomencl. demonologia, demonomania.
contr. angelo.
demopsicología, *sf.* → FOLCLORE.
demoralizzànte, *ppr.* di demoralizzare || *agg.* avvilente, → TRISTE, DEPRIMENTE, DOLORANTE.
demoralizzàre, *v.tr.* scoraggiare, → ADDOLORARE, AVVILIRE || GUASTARE.
demoralizzazióne, *sf.* → AVVILIMENTO, DOLORE, TRISTEZZA, DISPERAZIONE, SCORAGGIAMENTO || DEPRAVAZIONE.
denàro, *sm.* danaro, moneta, quattrini, soldi, pecunia, ricchezza, valuta, conquibus (*scherz.*), capitale, rendita, finanza, peculio, spiccioli, spezzati, baiocchi, gruzzolo, sostanza, tesoro, → AVERI || BANCONOTA || denaro effettivo, → CONTANTE.
nomencl. (*nomi vari*) ducato, fiorino, franco, marengo, baiocco, lira, corona, dollaro, marco, scellino, sterlina, peseta, escudo, dinaro, rublo || (*pertinenti*) avanzo, gruzzolo, obolo, fabbisogno, scorta, sopravanzo || borsa, borsellino, portamonete, portafogli, cassa, cassetta, corbona, sacchetto, salvadanaio, ventriera || allogamento, compera, corruzione, distrazione, interesse, frutto, utile, lucro, guadagno, provento, profitto, perdita, disavanzo, posta, scommessa, realizzazione, risparmio, scialaquio, scialo, spesa, spreco || cambio, circolazione, *crack*, crac || (*persone*) addanaiato, danaroso, ricco, milionario, arricchito, miliardario, vitello d'oro o asino d'oro, povero, miserabile, rifinito, squattrinato, avaro, economo, spilorcio, taccagno, sprecone, sciupone, scialacquatore, spendaccione, mani bucate, prodigo, frecciatore, mignatta || *agg.* contato, riscontrato, controllato, esaurito, tangibile, riscosso, giustificato, grazioso, gratuito, impiegato, fruttifero, infruttifero, inerte, morto, malversato, pubblico, sufficiente, insufficiente, scarso, sudato, sonante, pronto, vivo, effettivo, trovato, insperato || (*operazioni*) anticipare, erogare, spendere, dare la mancia, fare oblazione, prestare, regalare, rimettere, riscattare, sborsare, buttare, cavare, metter fuori, restituire, snocciolare, accattare, esigere, incassare, riscuotere, mungere, percepire, beccare o guadagnare, capitalizzare, cumulare, far quattrini, raggranellare, raggruzzolare, tesoreggiare || asciugare le tasche, pelare, prelevare, rasciugare, ricuperare, riacquistare, tosare, estorcere, scroccare || acquistare, assoldare, buttar via, dissipare, scialacquare, sperperare, consumare, depositare, investire, impiegare, lesinare, maneggiare, rigirare, reimpiegare, reinvestire, ripulire, risparmiare, spalare il denaro, straziare il denaro, spicciolare || *verb.* avere, possedere denari o quattrini, averne tanti, essere ben foderato, essere ben guarnito; empire la borsa, rinfrescare le tasche, rinquattrinare, rimpannucciare; avere la borsa magra o asciutta, essere al lumicino, essere corto o basso di quattrini, star male a quattrini, essere all'ablativo assoluto, essere in bolletta, trovarsi al verde.
denaróso, *agg.* danaroso, → RICCO.
denaturàre, *v.tr.* → CAMBIARE, FALSIFICARE.
denegàre, *v.tr.* → NEGARE, VIETARE, CONTRARIARE.
denegatóre, *sm.* → SCETTICO.
denegazióne, *sf.* → NEGAZIONE.
denigràre, *v.tr.* oscurare, → ACCUSARE, DIFFAMARE.
denigratóre, *sm.* → ACCUSATORE, DIFFAMATORE.
denigratòrio, *agg.* → DIFFAMATORIO.
denigrazióne, *sf.* → CALUNNIA, DIFFAMAZIONE.
denominàre, *v.tr.* → CHIAMARE, NOMINARE.
denominazióne, *sf.* → NOME.
denotàre, *v.tr.* significare, accennare, → INDICARE.
densità, *sf.* compattezza, consistenza, spessore, spessezza, fittezza, foltezza, intensità, grossezza || peso specifico.
nomencl. (*tipi*) di popolazione, di automobili per abitante, della terra, di corrente, di elettricità || assoluta, relativa || (*strumenti di misura*) aerometro, condensatore, densimetro, oleometro, saccarimetro, volumometro, provino, picnometro, bilancia idrostatica.
contr. vuoto, inconsistenza, rarefazione.
dènso, *agg.* compatto, condensato, concentrato, concreto, consistente, crasso, duro, spesso, fitto, folto, fondo, serrato, stretto, unito, lutulento, → CUPO, PIENO.
nomencl. *verb.* condensare, accagliare, accondensare, addensare, ispessire, restringere, infittire, serrare || raddensarsi, restringersi.
contr. diradato, diluito, rado, rarefatto.

dentatúra, *sf.* complesso dei denti || → INGRANAGGIO || dentatura artificiale, → DENTIERA.

dènte, *sm.* fanone, zanna || *fig.* → SOMMITÀ, PUNTA.

nomencl. (*qualità*) canino, incisivo, molare, premolare, inferiore, superiore, di latte, bicuspidato, della sapienza o del giudizio, di fondo, mezzano, mascellare, opsigono, sporgente, ruginoso, cariato || di lupo, d'ebano, d'elefante, di cavallo, di topo || (*parti*) alveolo, animetta, barba, bulbo, corona, colletto, cemento, dentina, avorio, diastema, finestra, gengiva, ghiandola molare, polpa dentaria, seno mascellare, tartaro, smalto || (*attinenti*) dentizione (prima, seconda), dentificazione, eruzione, allegamento, brigna o stridore, odassismo, carie, corrodimento, alveolite, anodontia, dentagra, flussione, odontalgia, odontoma, odontorragia || dentifricio, spazzolino, stuzzicadenti, algontina, odontina, odontotrimma, oppiato, polvere corallina, sapone salicilico, sangue di drago || odontoiatria, odontografia, odontoiatra, dentista, cavadenti || *agg.* permanente, rimpiazzato, caduco, posticcio, finto, artificiale, superbo, smagliante, candido, forte, fitto, saldo, rado, sconnesso || *verb.* indentare, ballare, cadere, crollare, mossare, far spuntare, granire, muovere, spuntare, tentennare, arrotare, addentare, battere, digrignare || masticare, mordere, morsicare, rodere, rosicare, sgretolare, stringere i denti, stringere tra i denti, tenere coi denti, triturare, azzannare, acceffare || bianchire, cavare, levare, togliere, stuccare, mettere, rimettere, sciacquare, risciacquare, stroncare, rompere, stropicciarsi, stuzzicare.

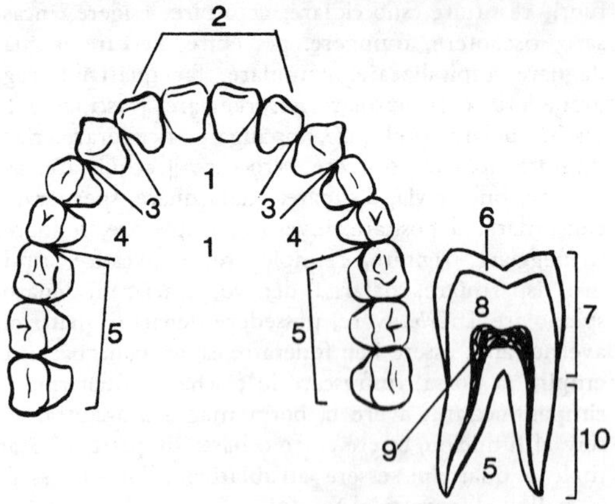

DENTE – 1) mascella superiore; 2) incisivi; 3) canini; 4) premolari; 5) molari; 6) smalto; 7) corona; 8) dentina; 9) polpa dentaria; 10) radice.

dentèllo, *sm.* risalto, tacca, punta || → MERLETTO.

contr. incastro, incavo.

dentièra, *sf.* dentatura artificiale || pròtesi || *fig.* cremagliera (*frs.*).

dentista, *sm.* odontoiatra, medico, cavadenti, meccanico.

nomencl. (*operazioni*) abrasione, anchilodonzia, aurificazione, otturazione, pròtesi dentaria || (*strumenti*) pinza, chiave, tanaglia, lima, estrattore, punta, schizzetto, sega, siringa, sonda, forbici, specchietto, scavatore, fresatore, ulcistotomo, spatoletta, odontoglifo, pellicano, scalzatoio, stereodonte, trapano elettrico || *verb.* cavare, levare, impiombare, incatenare, rimettere, scoronare, sfruconare, sganasciare.

déntro, *avv.* fra, in mezzo, infra, intra, in braccio, in corpo, nel seno, nell'intimo, qua dentro, addentro, internamente.

nomencl. verb. accludere, allegare, compiegare, inchiudere, includere, intromettere, racchiudere, avvolgere, conficcare, cacciar dentro, ficcare, infiggere, contenere, imbuscherare, imbudellare, immettere, insaccare, inserire, insinuare, internare, inzeppare, introdurre.

contr. fuori, dall'esterno, al di fuori, esternamente, esteriormente.

denudàre, *v.tr.* nudare, snudare, svestire, → SPOGLIARE || *fig.* → PRIVARE || smascherare, svelare, manifestare, → PALESARE.

contr. vestire, rivestire, coprire.

denudazióne, *sf.* spoliazione, spogliarello || *fig.* → PRIVAZIONE.

denúncia, *sf.* denunzia, notificazione, referto, rapporto, delazione, → ACCUSA.

nomencl. *verb.* denunciare o denunziare, rivelare, svelare, staccare, fare denuncia, spiattellare.

contr. discriminazione, favoritismo, connivenza, omertà.

denunciàre, *v.tr.* denunziare, → ACCUSARE.

denunciatóre, *agg.* e *sm.* denunziatore, delatore, sicofante, spia, informatore, → ACCUSATORE.

denúnzia, *sf.* denuncia, → ACCUSA.

denunziàre, *v.tr.* denunciare, → ACCUSARE.

denunziatóre, *sm.* denunciatore, delatore, → ACCUSATORE.

denutríto, *agg.* malnutrito, deperito, consumato, esinanito, → MAGRO, DEBOLE.

denutrizióne, *sf.* → INANIZIONE, DEBOLEZZA, MAGREZZA.

depauperàre, *v.tr.* → IMPOVERIRE.

depennàre, *v.tr.* espungere, togliere, obliterare, → CANCELLARE.

deperiménto, *sm.* → CONSUMO, ROVINA, DANNO, DEBOLEZZA.

deperíre, *v.intr.* patire, andare a male, decadere, guastarsi, scadere mancare, venir meno, perdere forza, indebolirsi, deteriorarsi, peggiorare, consumarsi, essere denutrito.

contr. rinvigorire, irrobustire, fiorire, rifiorire, rinforzarsi, migliorare.

deperíto, *pps.* di deperire, → DENUTRITO || *agg.* → DEBOLE.

depilàre, *v.tr.* → PELARE.

depilàto, *pps.* di depilare || *agg.* → LISCIO.

deploràre, *v.tr.* gemere, → LAMENTARE, COMPASSIONARE || BIASIMARE.

deplorazióne, *sf.* → BIASIMO || LAMENTAZIONE.

deplorévole, *agg.* lamentabile, → BIASIMEVOLE || COMPASSIONEVOLE.

depórre, *v.tr.* mettere, porre, posare, collocare, → ABBANDONARE, CONSEGNARE || DIMETTERE, RIMUOVERE, ALLONTANARE || TESTIMONIARE.

deportàre, *v.tr.* trasportare, costringere, concentrare in altro luogo, → ESILIARE.

deportàto, *pps.* di deportare || *agg.* e *sm.* → ESILIATO.

deportazióne, *sf.* → ESILIO, BANDO.
depòrto, *sm.*
contr. riporto.
depositàre, *v.tr.* collocare, deporre, affidare, → CONSEGNARE.
depositàrio, *sm.* consegnatario, fiduciario.
contr. depositante.
depòsito, *sm.* luogo di raccolta, → MAGAZZINO, RECAPITO, CANTIERE || COLATICCIO.
nomencl. (*varietà*) franco, ferroviario, militare, galvanico, *dock* || sepolcro || sedimento, feccia, fondo, posatura || (*persone*) depositario, custode, tesoriere, magazziniere || *verb.* depositare, affidare, confidare, consegnare, tenere in deposito.
deposizióne, *sf.* → TESTIMONIANZA || ALLONTANAMENTO.
nomencl. deposizione girata, scritta || Deposizione dalla Croce; Pietà.
depravàre, *v.tr.* pervertire, corrompere, subornare, forzare, sregolare, → SEDURRE, GUASTARE.
depravàto, *pps.* di depravare || *agg.* e *sm.* guasto, pervertito, sregolato, → VIZIOSO, CORROTTO.
contr. diritto, regolato, sano, incontaminato.
depravatóre, *agg.* e *sm.* → SEDUTTORE.
depravazióne, *sf.* corruttela, corruzione, demoralizzazione, dissolutezza, sregolatezza, pervertimento, devastazione, degenerazione, guasto profondo, → VIZIO.
contr. castigatezza, virtú, onestà, dirittura, regolatezza, misura, sanità.
deprecàbile, *agg.* scongiurabile, evitabile || → BIASIMEVOLE.
contr. indeprecabile.
deprecàre, *v.tr.* → PREGARE || scongiurare il male || disapprovare.
deprecazióne, *sm.* → PREGHIERA || disapprovazione.
depredaménto, *sm.* → FURTO.
depredàre, *v.tr.* involare, rapire, rapinare, predare, far preda, saccheggiare, devastare, mettere a sacco, requisire, portar via, abbandonarsi al saccheggio, pirateggiare, spogliare, fare bottino o preda bellica, affamare, → RUBARE.
contr. donare, elargire, distribuire, portare, affluire, rispettare.
depredatóre, *agg.* e *sm.* ladrone, pirata, predatore, grassatore, rapinatore, saccheggiatore, razziatore, requisitore, → LADRO.
contr. galantuomo, onesto, altruista.
depredazióne, *sf.* latrocinio, grassazione, preda, rapina, bottino, requisizione, saccheggio, razzia, → FURTO.
depressióne, *sf.* → AVVALLAMENTO, ABBASSAMENTO, BASSEZZA || *fig.* scoraggiamento, → AVVILIMENTO, TRISTEZZA || *neol.* arretratezza.
depressívo, *agg.* → DEPRIMENTE, TRISTE.
deprèsso, *pps.* di deprimere || *agg.* avvallato, compresso, → BASSO, PREMUTO || *fig.* avvilito, abbattuto, oppresso, scoraggito, disanimato, infelice, → TRISTE || (di polso) debole || *neol.* luogo economicamente arretrato.
contr. prominente, elevato, erto, alto || eccitato, ardito, sollevato, deciso, ardimentoso || ricco, progredito, avanzato.
deprezzaménto, *sm.* → RIBASSO.
deprezzàre, *v.tr.* → AVVILIRE || RIBASSARE.
depriménte, *ppr.* di deprimere || *agg.* depressivo, avvilente, demoralizzante, opprimente, oppressivo, umiliante, scoraggiante, triste, dolorante, doloroso || estenuante, che conculca, indebolisce, scema.
contr. sferzante, rincorante, incoraggiante || eccitante, corroborante.
deprímere, *v.tr.* umiliare, opprimere, conculcare, abbassare, addolorare, scoraggiare, abbattere, disanimare, avvilire || → FATICARE, INDEBOLIRE || *rifl.* lasciarsi andare, abbiosciarsi, accasciarsi, declinare.
contr. sollevare, rialzare, rilevare, rincuorare, eccitare, corroborare || inanimarsi, rincuorarsi, risollevarsi, imbaldanzire.
depuràre, *v.tr.* purgare, espurgare, affinare, chiarificare, → PURIFICARE, DISINFETTARE || sceverare, eliminare, liberare, correggere
contr. infettare, inquinare.
depuratívo, *agg.* e *sm.* → PURIFICATORE.
depurazióne, *sf.* → PURIFICAZIONE, DISINFEZIONE.
deputàre, *v.tr.* incaricare, deferire, commettere, delegare, destinare, assegnare, demandare, affidare, stabilire, riserbare, nominare, proporre, designare, eleggere, → MANDARE.
contr. richiamare, togliere il mandato, l'incarico.
deputàto, *pps.* di deputare || *sm.* parlamentare || incaricato, rappresentante, eletto, inviato, ambasciatore.
nomencl. (*varietà*) provinciale, regionale, di destra, di sinistra, del centro || della Montagna, giacobino, frondista, girondino || (*inerenti*) Camera, legislatura, propaganda, promesse elettorali, elezione, candidatura, dimissione, congedo, immunità, indennità, mandato, medaglia o medaglietta || interrogazione, interpellanza, intervento, mozione, votazione, dichiarazione di voto, presenza, firma di presenza, assenza || onorevole || partiti, partitocrazia; parlamentarismo, antiparlamentarismo; paese legale, paese reale.
deputazióne, *sf.* → AMBASCIATA, COMMISSIONE.
deragliaménto, *sm. frs.* svío, → DEVIAMENTO.
deragliàre, *v.tr. frs.* sviare, → DEVIARE.
derelítto, *agg.* e *sm.* → ABBANDONATO.
nomencl. (*esempi*) orfano, esposto, trovatello.
deretàno, *sm.* → NATICA, SEDERE.
derídere, *v.tr.* dileggiare, schernire, spregiare, → BEFFARE.
derisióne, *sf.* spregio, scherno, → BEFFA, IRONIA.
derisóre, *agg.* e *sm.* beffatore, beffardo.
derisòrio, *agg.* → BEFFARDO, FALSO.
deríva, *sf.* spostamento, deviazione, instabilità, abbandono.
nomencl. andare, lasciarsi andare alla deriva.
derivàbile, *agg.* deducibile, traibile, scaturibile, → DESUMIBILE.
derivànte, *ppr.* di derivare || *agg.* → CONSEGUENTE.
derivàre, *v.intr.* provenire, generare, essere, emanare, avere origine, nascere, scaturire, discendere, procedere, conseguire, → VENIRE, DIPENDERE, CAUSARE || *tr.* trarre, far discendere, cavare, ricavare, → DEDURRE.
contr. metter capo, terminare, giungere, arrivare, apparire.

derivazióne, *sf.* provenienza, radice, → ORIGINE, EFFETTO || etimologia.
dèrma, *sm.* → PELLE.
nomencl. (*malattie*) dermatite, dermatologia, dermatopatia, dermopatologia, dermosclerosi, dermatosi || dermatologo.
dermatòsi, *sf.* → ERPETE.
dèroga, *sf.* abolizione parziale, revoca, eccezione, detrazione, derogazione, rinunzia.
nomencl. *agg.* parziale, temporanea, limitata.
contr. abrogazione, abolizione totale, annullamento || conferma.
derogàbile, *agg.*
contr. inderogabile.
derogàre, *v.tr.* fare eccezione, abolire in parte, revocare, rinunziare ad un diritto, togliere valore, diminuire, detrarre, scemare || contravvenire, venir meno.
contr. abrogare || conservare, mantenere in forza, in vigore.
derogazióne, *sf.* → DEROGA.
derràta, *sf.* prodotto della terra || → MERCE.
derubàre, *v.tr.* → RUBARE.
derubàto, *pps.* di derubare || *sm.*
contr. ladro.
deschétto, *sm.* bischetto, → BANCO.
désco, *sm.* mensa, → TAVOLA.
descrívere, *v.tr.* → SPIEGARE || rappresentare, adombrare, colorire, figurare, disegnare, configurare, definire, esporre, narrare, esprimere, particolareggiare, raffigurare, ritrarre || circoscrivere, limitare.
descrizióne, *sf.* → SPIEGAZIONE || rappresentazione, quadro, immagine, raffigurazione, narrazione, dipintura || (*fig.*) limitazione, circoscrizione.
nomencl. (*modi*) astrografia, corografia, delineazione, diatiposi, fisiologia, geografia, idrografia, ipotiposi, monografia, novella, oratoria, orografia, poesia, romanzo, storia, topografia, uranografia, statistica || disegno, schizzo, abbozzo || *agg.* colorita, bella, efficace, vivace, drammatica, impressionante, toccante, commovente, comica, fiabesca, pittoresca, fedele, icastica, poetica, sbiadita, pallida, scialba, scolorita, fredda, particolareggiata, minuziosa, tendenziosa, incompleta, abbozzata.
desèrto[1], *agg.* inabitato, disabitato, desolato, inospitale, appartato, ermo, incolto, selvaggio, solitario, spopolato, spogliato, rovinato, diserto, → ABBANDONATO || *fig.* infelice, derelitto, solitario.
contr. popolato, popoloso, frequentato; coltivato, rigoglioso.
desèrto[2], *sm.* landa, steppa, tundra, sabbia cocente, volpaia || solitudine.
nomencl. (*specificazioni*) arene libiche, sahara, tebaida o tebaide, sabbie africane, giungla, *llano, pampa,* savana, makis || (*attinenti*) carovana, miraggio, fata morgana, duna, sif, oasi, palmeto, carovaniera, pista, *scrub, samiel, simun,* ghibli || cammello, dromedario || *verb.* inoltrarsi, entrare, attraversare il deserto, formare una carovana, sostare.
contr. abitato, città, società || oasi.
desiàre, *v.tr. poet.* disiare, → DESIDERARE.
desideràbile, *agg.* appetibile, concupibile, → PIACEVOLE.
contr. indesiderabile, spiacevole.
desideràre, *v.tr.* bramare, anelare, concupire, appetire, aspirare, ambire, desiare, disiare, sospirare, sognare, invogliarsi, invaghirsi, struggersi, vagheggiare, ardere, consumarsi dalla voglia, smaniare, ansimare, spasimare, inquietarsi, volere, aspettare, → AMARE, AUGURARE || optare, preferire; vagare col desiderio, sognare una cosa, inuzzolire, ferire la fantasia, invogliare || farsi desiderare, farsi attendere, non farsi vedere, fare il prezioso || *fig.* cercare, richiedere, domandare || ustolare, agognare.
contr. esser svogliato, ripugnare, disprezzare, non volere, rinunciare, astenersi.
desidèrio, *sm.* brama, bramosia, avidità, ardore, ardenza, anelito, agognamento, concupiscenza, cupidigia, cupidità, fregola, desio, disio, fame, febbre, appetito, appetenza, gola, golosità, ingordigia, sete, inquietudine, ansia, ansietà, smania, frenesia, struggimento, assillo, premura, sollecitudine, impazienza, capriccio, curiosità, uzzolo, talento, vaghezza, voglia, aspirazione, ambizione, volontà, → AMORE, DOMANDA || voto, augurio || desiderio sensuale, libidine → CARNALITÀ.
nomencl. (*esempi*) di fama, di bene, d'amore, d'affetto, di felicità, di gloria, di onore, di premio, di ricchezza, di sapere, di salute, di vendetta || *agg.* ardente, vivo, appassionato, fervente, fervido, veemente, violento, impaziente, febbrile, estremo, ultimo, grande, straordinario, chiaro, onesto, buono, giusto, puro, pudico, retto, disonesto, illecito, ingiusto, volgare, turpe, vergognoso, scomposto, strambo, bizzarro, strano, stravagante, grottesco, pazzo, molesto, forte, pungente, gagliardo, impulsivo, disordinato, inappagato, appagato, spento || *verb.* affollarsi, agognare, pungere, amare || acuire, eccitare, spronare, destare, appagare, accontentare, soddisfare, compiacere, acconsentire, sbramare, prevenire, cavarsi o levarsi la voglia, inuzzolire, aver l'acquolina in bocca.
contr. avversione, ripugnanza, inappetenza, svogliatezza || abitudine, sazietà, saturazione.
desideróso, *agg.* bramoso, cupido, assetato, acceso, ardente, ansioso, aspirante, invogliato, voglioso, smanioso, agognante, impaziente, avido, affamato, allupato, ingordo, famelico, vorace, desioso, disioso.
contr. indifferente, sazio, svogliato, inappetente.
designàre, *v.tr.* chiamare, indicare, deputare, contemplare, stabilire, proporre, destinare, profilare, fissare, additare, accennare, segnare, raffigurare, far notare, denotare, segnalare.
designazióne, *sf.* proposta, accenno, destinazione, segnalazione, → CHIAMATA, INDICAZIONE.
desinàre, *sm.* pasto, → BANCHETTO || *v.tr.* → MANGIARE.
desinènza, *sf.* → CADENZA, FLESSIONE.
desío, *sm. poet.* disio → DESIDERIO.
desióso, *agg. poet.* disioso, → DESIDEROSO.
desipiènte, *agg. ant.* → SCIOCCO.
desipiènza, *sf. ant.* → SCIOCCHEZZA.
desistènza, *sf.* cessazione, → FINE.
desístere, *v.intr.* → LASCIARE, CESSARE, ASTENERSI, FINIRE, ABBANDONARE.
desolàre, *v.tr.* → ADDOLORARE || DISTRUGGERE, DEVA-

STARE, ABBANDONARE || *rifl.* rattristarsi, affliggersi, sentirsi solo.

desolàto, *pps.* di desolare || *agg.* → ABBANDONATO || afflitto, → TRISTE || desideroso di compagnia || deserto, diserto, solitario, solingo.

contr. consolato, confortato, bastante a sé, raccolto in sé || coltivato, abitato.

desolazióne, *sf.* → DOLORE, TRISTEZZA || deserto, distruzione, → ROVINA, GUASTO.

dèspota, *sm.* autocrate, tiranno, padrone, feudatario, principe, monarca assoluto, imperatore, dittatore.

contr. oppresso, schiavo, servo, suddito, vassallo.

despotísmo, *sm.* dispotismo, tirannia, assolutismo, tirannide, dittatura, cesarismo, zarismo, classismo, demagogia, partitocrazia, neofeudalesimo.

nomencl. *agg.* assoluto, illuminato, teocratico, militare, burocratico, mascherato, di classe, di partito.

contr. regime democratico, liberale, rappresentativo.

destàre, *v.tr.* → SVEGLIARE || *fig.* → ECCITARE, INFONDERE.

destàto, *pps.* di destare || *agg.* svegliato (da altri, da causa estranea), → DESTO.

destinàre, *v.tr.* assegnare || → DECRETARE, ORDINARE || DESIGNARE, DEPUTARE || DEDICARE.

destinatàrio, *sm.*

contr. mittente.

destinàto, *pps.* di destinare || *agg.* → INEVITABILE || *sm.* → AMBASCIATORE.

destinazióne, *sf.* → SCOPO, META || residenza assegnata, recapito, destino.

contr. punto di origine, di partenza.

destíno, *sm.* sorte, fortuna, fato, stella, necessità, evento, vicenda, → CASO || META.

nomencl. pagano, cristiano, panteistico o spinoziano, stoico || *(equivalenti) esa, nassib,* Norne, Parche, Urd, Verdandi, Scud || *(pertinenti)* legge, decreto del destino || oracolo, oroscopo, vaticinatore, indovino || *agg.* assoluto, cieco, irragionevole, fatale, irrevocabile, tragico, crudele, atroce, amaro, duro, inesorabile, spietato, irreparabile || glorioso, radiante, lieto, felice, luminoso, sicuro, immortale || *verb.* destinare, essere nei fati, essere scritto nel libro del destino, predestinare, seguire la propria stella || leggere, vedere nel libro del destino; predire, indovinare, vaticinare.

destituíre, *v.tr.* deporre, silurare, liquidare, esonerare, dispensare, rimuovere, detronizzare, → ALLONTANARE, DEGRADARE.

destituíto, *pps.* di destituire || *agg.* rimosso, deposto, allontanato, silurato || privo, sfornito, sprovvisto.

destituzióne, *sf.* deposizione, dispensa dal servizio, rimozione dal grado e dall'impiego, → ALLONTANAMENTO.

désto, *pps.* contratto di destare || *agg.* svegliato (da sé), → DESTATO || *fig.* sveglio d'ingegno, di modi, ecc. → PRONTO, OPEROSO.

dèstra, *sf.* dritta.

nomencl. ambidestro, destrorso || partiti di destra, destra storica.

contr. sinistra.

destraménte, *avv.* agilmente, abilmente, scioltamente, sagacemente, agevolmente.

contr. maldestramente, goffamente, stentatamente, in modo compassato, impacciato.

destreggiàre, *v.rifl.* barcamenarsi, tergiversare, ingegnarsi, procedere accortamente, navigare tra due acque, essere diplomatico, saper manovrare.

contr. non sapersi trarre d'impaccio, annegare in un bicchier d'acqua, essere un pulcino nella stoppa.

destrézza, *sf.* industria, ingegnosità, attitudine, capacità, abilità, sagacia, avvedutezza, accortezza, accorgimento, ingegno, astuzia || agilità, lestezza, scioltezza, snellezza.

contr. inettitudine, inabilità, incapacità || lentezza, impaccio, compassatezza.

destrière, *sm. poet.* destriero, → CAVALLO.

destrísmo, *sm.*

nomencl. ambodestrismo.

contr. mancinismo.

dèstro[1]**,** *agg.*

contr. sinistro, manco.

dèstro[2]**,** *agg.* avveduto, sagace, accorto, scaltro, svelto, pronto, manovriero, → ABILE || AGILE || ASTUTO, FURBO || FAVOREVOLE || *sm.* opportunità, occasione.

contr. maldestro.

destròrso, *agg.*

contr. sinistrorso.

desuèto, *agg.* → DISSUETO.

contr. consueto.

desuetúdine, *sf.* → DISSUETUDINE.

contr. consuetudine.

desúmere, *v.tr.* argomentare, concludere, sospettare, → ARGUIRE, DEDURRE.

desumíbile, *agg.* argomentabile, deducibile, derivabile.

contr. inderivabile, indeducibile.

detenére, *v.tr.* conservare, possedere, occupare, → TENERE || tener prigioniero.

contr. lasciare, perdere, abbandonare, rinunciare || rilasciare || sfuggire, evadere.

detenúto, *pps.* di detenere || *agg.* e *sm.* carcerato, → PRIGIONIERO.

detenzióne, *sf.* → CARCERE.

detèrgere, *v.tr.* astergere, tergere, lavare, asciugare, purificare, mondare, → PULIRE.

deterioraménto, *sm.* deteriorazione, peggioramento, guasto, aggravamento, degenerazione, → ROVINA, DANNO.

deterioràre, *v.tr.* danneggiare, peggiorare, → ROVINARE, GUASTARE || *intr.* scadere, scemare, declinare, diventar peggiore, degenerare.

contr. accomodare, migliorare || progredire, avanzare, migliorarsi.

deteriorazióne, *sf.* deterioramento, → ROVINA, DANNO.

determinàre, *v.tr.* indurre, produrre, cagionare, → CAUSARE || fissare, limitare, definire, individuare, delineare, precisare, enunciare, specificare, → STABILIRE (i confini) || decretare, proporre, stabilire, statuire, deliberare, risolvere, decidere || impostare (un problema), → SPIEGARE || deliberare, → DISEGNARE.

contr. lasciare indeterminato, impreciso, non specificato, non delimitato, indeciso, irresoluto.

determinataménte, *avv.* risolutamente, deliberatamente, tassativamente, precisamente, → PARTICOLARMENTE, APPOSTA.

contr. indeterminatamente, indefinitamente.

determinatézza, *sf.* risolutezza, → PRECISIONE.

determinàto, *pps.* di determinare || *agg.* → CERTO, DEFINITO, PRECISO || LIMITATO.
determinazióne, *sf.* risolutezza, chiarezza, → DECISIONE, SPIEGAZIONE.
detersióne, *sf.* → PULITURA.
detèrso, *pps.* di detergere || *agg.* → PULITO.
detestàbile, *agg.* esecrabile, abominevole, odiabile, ripugnante, antipatico, scostante, → CATTIVO, ODIOSO.
contr. stimabile, amabile, grato, piacevole.
detestàre, *v.tr.* → ODIARE.
detestazióne, *sf. poet.* → ODIO.
detonànte, *ppr.* di detonare || *agg.* e *sm.* → ESPLOSIVO.
detonàre, *v.intr.* esplodere, → SCOPPIARE.
detonazióne, *sf.* esplosione, → SCOPPIO, RUMORE.
detràrre, *v.tr.* sottrarre, scemare, → DIMINUIRE || *fig.* → BIASIMARE, CALUNNIARE, DIFFAMARE.
detrattóre, *sm.* → CALUNNIATORE, DIFFAMATORE.
detrazióne, *sf.* sottrazione, → ABBUONO, DIMINUZIONE || *fig.* → BIASIMO, CALUNNIA, DIFFAMAZIONE.
detriménto, *sm.* → DANNO.
detríto, *sm.* → AVANZO, PEZZO.
detronizzàre, *v.tr.* → ALLONTANARE || *fig.* spodestare, destituire, deporre.
dettagliàre, *v.tr. frs* → SPIEGARE, PARTICOLAREGGIARE, DESCRIVERE || vendere al minuto,
contr. vendere all'ingrosso, → VENDERE.
dettàglio, *sm. frs.* → PARTICOLARE.
nomencl. *verb.* vendere al dettaglio, al minuto || dettagliante..
dettàme, *sm.* massima, prescrizione, regola, norma, dettato, detto || insegnamento, comando, → PRECETTO.
dettàre, *v.tr.* insegnare, istruire, avvertire, suggerire, imporre, esprimere || far scrivere || comporre, scrivere.
contr. ascoltare, imparare, ubbidire, seguire.
dettàto, *pps.* di dettare || *sm.* dettatura || stile, lingua, dicitura, composizione, elocuzione, stesura || motto, sentenza, adagio, proverbio, aforisma, massima, dettame, detto.
dettatúra, *sf.* → DETTATO || ispirazione, suggestione, → SUGGERIMENTO.
détto, *pps.* di dire || *sm.* → ADAGIO || DETTATO.
detumescènza, *sf.* sgonfiamento, → DIMINUZIONE.
contr. tumescenza, rigonfiamento.
deturpaménto, *sm.* → GUASTO.
deturpàre, *v.tr.* macchiare, sformare, deformare, insozzare, insudiciare, bruttare, contaminare, render disadorno, imbruttire, guastare.
contr. abbellire, ripulire, migliorare, restaurare, rinnovare.
deturpazióne, *sf.* → BRUTTEZZA, DANNO.
devastàre, *v.tr.* desolare, abbattere, rovesciare, demolire, saccheggiare, sterminare, infestare, guastare, sconquassare, sovvertire, saccomannare, malmenare, distruggere, → ROVINARE, DEPREDARE || fare il deserto, fare scorreria, portar rovina, mettere a ferro e fuoco, bombardare, bombardare a tappeto, mettere a soqquadro, far razzia, mettere in rovina, spianare le case, incendiare, spopolare un paese.
nomencl. (*inerenti*) guasto, rovina, incendio, alluvione, terremoto, uragano, grandine, invasione, guerra, bombardamento, razzia.
devastazióne, *sf.* → ROVINA.
deveníre, *v.intr.* addivenire, → CONCLUDERE.
deviaménto, *sm.* svío, deragliamento (*frs.*) || digressione, divagazione || deviazione, fuorviamento, → CAMBIAMENTO, ALLONTANAMENTO.
deviàre, *v.intr.* sviare, deragliare (*frs.*) || declinare, uscire, allontanarsi dalla via, digredire, divergere, sviare, divertire, divagare, distogliere, → ALLONTANARE || *fig.* traviare, fuorviare, → GUASTARE || corrompersi, pervertirsi, uscire dalla retta via o dal diritto cammino || abbreviare, alleviare, variare (il cammino).
contr. non distrarsi, rimanere, ritornare sulla retta via.
deviazióne, *sf.* → CAMBIAMENTO.
deviazionísmo, *sm.* (*neol.*) allontanamento dalla linea prescritta, imposta; eresia politica, sviamento dottrinale.
contr. conformismo, dogmatismo, dottrina ufficiale.
devoluzióne, *sf.* → PASSAGGIO || ritorno, → CONSEGNA.
devòlvere, *v.tr.* → ROVESCIARE, TRASPORTARE, FLUIRE || MANDARE, CONSEGNARE, ATTRIBUIRE.
devòto, *agg.* divoto, dedito, dedicato, affezionato, sommesso, sottomesso, ossequioso, rispettoso, fedele, amico, fidato, fanatico, affettuoso || bigotto, asceta, pio, votato, consacrato.
nomencl. devoto all'amicizia, alla patria, all'onore, al dovere; devoto d'un santo, della Vergine, a Cristo, a Dio.
contr. ribelle, freddo, cattivo, ostile, infedele, caparbio, sprezzante, avverso, contrario || empio.
devozióne, *sf.* divozione, fedeltà, ossequio, rispetto, → AFFETTO, AMORE, ONORE. || pratiche di culto, preghiera.
nomencl. *agg.* cieca, rispettosa, deferente, irrispettosa, assoluta, illimitata, incondizionata, intera, fanatica || *loc. avv.* a tutta prova || *verb.* sentire, dimostrare, provare devozione.
dí, *sm.* giorno.
nomencl. a dí, addí || il dí di Natale || lunedí, martedí, mercoledí, giovedí, venerdí.
diabète, *sm.* glicosuria.
diabòlico, *agg.* → DEMONIACO, CATTIVO, INFERNALE.
diacciàre, *v.tr. tosc.* ghiacciare, → GELARE.
diàccio, *agg. tosc.* ghiaccio, → FREDDO.
diacciòlo, *sm. tosc.* ghiacciolo.
diàcono, *sm.* → SACERDOTE.
nomencl. (*inerenti*) protodiacono, arcidiacono, suddiacono || dalmatica, tunicella o tonacella, stola a tracolla || ordinazione, predicazione.
díade, *sf.* → COPPIA.
diadèma, *sm.* aureola, fascia, → CORONA || GHIRLANDA.
diàdoco, *sm.* successore, colui che sottentra, → PRINCIPE.
diafaneità, *sf.* diafanità, → TRASPARENZA.
diàfano, *agg.* → TRASPARENTE.
diafonía, *sf.* dissonanza, → DISCORDANZA.
diafònico, *agg.* → DISCORDANTE.
diaforèsi, *sf.* sudorazione, → SUDORE.
diaforètico, *agg.* sudorifero, → SUDORE.
diafràmma, *sf.* separazione, tramezzo, → DIVISIONE.
diaglípto, *sm.* → INCISIONE.
diagonàle, *agg.* e *sf.* → OBLIQUO.
diagràmma, *sm.* → GRAFICO, DISEGNO || note musicali, scala musicale.

dialèttica, *sf.* → LOGICA, ELOQUENZA.
nomencl. discussione, conseguenza, illazione, deduzione, argomentazione, ragionamento, dilemma, luoghi comuni, paralogismo, porismo, ritorsione || agonistica, anatreptica, apodittica, tropica, eristica || arte maieutica.
dialèttico, *agg.* ragionatore, logico, → ABILE, RAGIONEVOLE || sottile, capzioso, cavilloso || *sm.* → FILOSOFO.
dialètto, *sm.* parlata, lingua vernàcola, vernàcolo.
nomencl. (*inerenti*) gergo, *argot*, *patois*, *slang*, parlare furbesco o furfantesco || accento, flessione, cadenza, pronunzia dialettale || poesia, letteratura dialettale || dialettologia, dialettologo || folclore.
contr. lingua nazionale, letteraria, ufficiale, colta.
dialipètalo, *agg.*
contr. gamopetalo.
diàllage, *sf.* riepilogo, conclusione.
diallèlo, *sm.* tautologia, circolo vizioso, paralogismo, petizione di principio.
dialogàre, *v.intr.* colloquiare, interloquire, → PARLARE || ridurre in dialogo.
contr. monologare.
diàlogo, *sm.* conferenza, conversazione, diverbio, disputa, polemica, parlare alterno, → COLLOQUIO.
nomencl. (*inerenti*) dialogo con la folla, canto amebeo, catechesi, trialogo, zarzuela || interlocutore, replica, battuta, risposta || dialogistica, dialogismo, dialogista || *verb.* dialogizzare, dialogare, ridurre in dialogo, introdurre o far parlare un personaggio.
contr. soliloquio, monologo.
diamagnètico, *agg.*
contr. paramagnetico.
diamànte, *sm.* gemma, brillante, rosetta, solitario.
nomencl. (*varietà*) duro, friabile || aggruppito o gruppito, rosa, lasco, nero, sfaccettato, di reggente, doppio o cogolo, semplice, legato a giorno, a faccette || (*affini*) brillantino, brillo, carbonite, diamante di Pistoia, giargone, zircone, fondo o culo di bicchiere || (*elementi*) culetto, padiglione, punta di diamante, tavola, verga, acqua || (*i più celebri*) Gran Mogol, Orloff, Fiorentino, Reggente, Stella del Sud, Montagna di luce (Koh-i-no-or) || (*azioni*) taglia, scalfisce, cristallizza, traspare, rifrange e riflette la luce || *verb.* acconciare, brillantare o affaccettare, diamantare.
diamantíno, *agg.* → ADAMANTINO, FORTE.
diàmetro, *sm.*
nomencl. raggio, diagonale, centro, circonferenza.
diàna, *sf.* → SVEGLIA || diana mattutina, → ALBA.
nomencl. *verb.* dare, sonar la diana.
diànto, *sm.* garofano.
diànzi, *avv.* poco fa, poc'anzi, pocanzi, or ora.
contr. molto tempo fa.
diarchía, *sf.* duplice autorità, doppio comando (politico, ecc.).
diària, *sf.* paga, indennità, soprassoldo, trasferta, → ASSEGNAMENTO.
diàrio, *sm.* agenda, effemeride, memorie, narrazione storica, → GIORNALE.
nomencl. (*tipi*) personale o intimo, di guerra, di navigazione, letterario, ecclesiastico, spirituale, politico || diarista, diaristica.
diarrèa, *sf.* sciolta, scorrenza, flusso di ventre, cacarella o cacherella || dissenteria.
nomencl. (*distinzioni*) albuminosa, alimentare, blementeria, biliosa, chiliosa o lattea, cronica, fecciosa, mucosa, sierosa, tubulare || (*attinenti*) benefizio di corpo, catarressi, colera infantile, dissenteria (epidemica, endemica, sporadica), polichezia || (*rimedi*) antidiarroici, astringenti.
contr. stitichezza, stipsi, costipazione intestinale.
diàspora, *sf.* dispersione (di un popolo), → MIGRAZIONE.
diàspro, *sm.* → AGATA.
nomencl. (*varietà*) di Sassonia, verde di Boemia, verde di Corsica, fiorito di Sicilia, rosso, giallo.
diàstole, *sf.*
contr. sistole.
diastrofía, *sf.* → LUSSAZIONE.
diatermàno, *agg.*
contr. atermano.
diatríba, *sf.* invettiva, rabbuffo, strapazzata, tirata, sfuriata, critica o discorso violento, accusa, → DISCORSO, ALTERCO.
diàulo, *sm.* → FLAUTO.
diavolería, *sf.* incantesimo, sortilegio, stregoneria, azione diabolica, sorpresa, improvvisata, risorsa, → INTRIGO, MALEFATTA, DIFFICOLTÀ, CATTIVERIA.
diavoléto, *sm.* → RUMORE, CONFUSIONE.
diavolétto, *sm.* bigodino || *fig.* bambino vivace.
diavolío, *sm.* → RUMORE, CONFUSIONE, DISORDINE.
diàvolo, *sm.* angelo decaduto, demone, demonio, fistolo, arcidiavolo, farfarello || *fig.* tentatore, accusatore, calunniatore.
nomencl. (*diversi nomi*) Belzebú, Berlicche, Lucifero, Asmodeo, Belial, Mefistofele, Mefisto, Pluto, Plutone, Satana, Satanasso, Belfagor; angelo ribelle, angelo delle tenebre, spirito delle tenebre, principe delle tenebre, spirito della menzogna, il maledetto, il nemico, il tentatore, l'avversario, il maligno, il malvagio, il serpente, il maligno spirito d'Averno, l'imperator del doloroso regno || divinità infernale, potenza infernale, pandemonio, genio malefico || corna del diavolo, piede forcuto, forca del diavolo, inferno || (*attinenti*) demonologia, demonografia, demonolatria, demonismo, demonomanzia, diavoleria, satanismo, manicheismo || luciferiani || ossesso, posseduto dal demonio, energumeno, patto col diavolo, esorcismo, esorcista, esorcizzare || demonia, diavola, diavolessa, diavolo incarnato, diavolo scatenato || povero diavolo; buon diavolo o buon diavolaccio, → BUONO || farina del diavolo || *verb.* fare il diavolo a quattro, mandare al diavolo, lavorare come un diavolo, tirare il diavolo per la coda, prendere il diavolo per le corna, avere una fame del diavolo, una fame diavola, stare a casa del diavolo || invasare, esorcizzare, scongiurare.
contr. angelo buono, angelo custode.
dibarbicàre, *v.tr.* → ESTIRPARE.
dibàttere, *v.tr.* e *rifl.* → AGITARE, INFURIARE || *fig.* → PARLARE, DISCUTERE.
dibattiménto, *sm.* agitazione, scossa || dibattito, discussione, discorso, colloquio, disputa, altercazione || processo, giudizio.
nomencl. dibattimento giudiziario, politico, di affari;

di opinioni, di principî || processo civile amministrativo o penale.
dibàttito, *sm.* → DISCUSSIONE, DISCORSO || GIUDIZIO.
dicàce, *agg. lett.* → CALUNNIATORE, BEFFARDO.
dicastèro, *sm.* → MINISTERO.
dicèfalo, *agg.* → BICIPITE.
decentràre, *v.tr.* dicentrare, → DISCENTRARE.
dicería, *sf.* → CHIACCHIERA, DISCORSO.
dicévole, *agg. rar.* → ADATTO.
contr. disdicevole.
dicevolézza, *sf. rar.* → CONVENIENZA.
dichiaràre, *v.tr.* palesare, rivelare, svelare, render noto, esprimere, manifestare, manifestare il cuor suo, aprire il cuore, → CONFESSARE, DIRE || ammettere, asserire, qualificare, → AFFERMARE || assicurare, attestare, certificare, chiarire, confermare; ragionare, delucidare, dimostrare, specificare, illustrare, esporre, interpretare, → SPIEGARE || leggere, insegnare || denunziare, motivare, → INTIMARE || giurare, protestare, proclamare, sostenere, testimoniare || dichiararsi, professarsi, protestarsi, riconoscersi, pronunciarsi; dichiararsi a disposizione, esser pronti, → DIMOSTRARE.
nomencl. dichiarazione, declaratorio, cartello, proclama.
dichiaratívo, *agg.* → CHIARIFICATORE.
dichiaràto, *pps.* di dichiarare || *agg.* espresso, aperto, → DEFINITO, ESPLICITO.
dichiarazióne, *sf.* dichiaramento, chiarimento, declaratoria, asserzione, motivazione, affermazione, commento, schiarimento, → SPIEGAZIONE || CONFESSIONE || denunzia, intimazione, promulgazione, pronunciamento o pronunziamento, protesta, *ultimatum*, bando, cartello, manifesto, programma || → CERTIFICATO || ricevuta, quietanza.
nomencl. dichiarazione di guerra, dei redditi, politica o intervista || *verb.* fare, pronunciare o pronunziare, rivelare, dichiarare il proprio nome, motivare, postillare, proclamare.
dicíbile, *agg.* → AMMISSIBILE.
contr. indicibile.
dicimàre, *v.tr.* svettare, tagliare, → SPUNTARE.
dicípite, *agg.* bicefalo, bicipite, → BIFORME.
contr. acefalo.
dicitóre, *sm.* → ORATORE.
dicitúra, *sf.* locuzione, dizione, espressione, dettato, didascalia, → COMPOSIZIONE, INDICAZIONE, NOTA.
didascalía, *sf.* spiegazione, esplicazione, ammaestramento, → INDICAZIONE, NOTA, DICITURA.
didascàlico, *agg.* → ISTRUTTIVO.
didàttica, *sf.* insegnamento, modo d'insegnare || metodo, arte, sistema, sussidio didattico, → PEDAGOGIA.
nomencl. *agg.* viva, attiva, moderna, aggiornata || d'avanguardia.
didàttico, *agg.* → ISTRUTTIVO.
dídimo, *agg.* → DOPPIO.
contr. dimidiato, dimezzato.
dielèttrico, *agg.* e *sm.* isolante.
dièsis, *sm.*
contr. bemolle.
dièta, *sf.* → ASTENSIONE, DIGIUNO || regime, regola di alimentazione || → ASSEMBLEA.
nomencl. (*tipi*) carnea, lattea, vegetariana, liquida || dietetica || *agg.* stretta, rigorosa, mezza o non rigorosa || *verb.* mettere, stare, mantenere, tenere, osservare, rompere la dieta.
dietreggiàre, *v.intr.* → INDIETREGGIARE.
diètro, *avv.* e *prep.* a tergo, alle spalle, di dietro, addietro, a ridosso, appresso, posteriormente, retro, → DOPO.
nomencl. *verb.* addoppare, attergare, dietreggiare, indietreggiare, postergare, stare alle spalle di uno o a uno.
contr. avanti, davanti.
difàtti, *cong.* → INFATTI.
difèndere, *v.tr.* proteggere, soccorrere, fiancheggiare, spalleggiare, custodire, conservare, → AIUTARE, RIPARARE, AFFIANCARE || fortificare, guarnire, munire, premunire, presidiare, salvaguardare, preservare, stare a difesa, fare scudo, fronteggiare, guardare, trincerare, sostenere, rintuzzare, parare, scampare, scortare || confutare, controbattere, patrocinare, tutelare, scagionare, scusare, discolpare, giustificare, pigliar la parte di uno, prendere le difese, spezzare la lancia || *rifl.* cautelarsi, salvaguardarsi, resistere, schermirsi, parare un colpo, far testa, stare sulla difensiva, mostrare i denti, mettersi in parata, mettersi al coperto o al riparo.
nomencl. a spada tratta, a tutt'uomo || difensore, patrocinatore, difesa || apologia, giustificazione, arringa.
contr. offendere, accusare, calunniare || arrendersi, confessare || attaccare, aggredire.
difensíva, *sf.* controffensiva, → DIFESA.
contr. offensiva.
difensóre, *sm.* patrono, patrocinatore, → AVVOCATO || tutore, protettore, propugnatore, sostenitore, campione, cavaliere, paladino.
contr. offensore, accusatore.
diféṣa, *sf.* protezione, sostegno, rifugio, riparo, scampo, schermo, salvaguardia, egida, guarentigia, scorta, resistenza, preservazione, prevenzione, custodia, propugnacolo, favore, rimedio, presidio, guarnigione, → AIUTO, BALUARDO || tutela, patrocinio, perorazione, apologia || autodifesa, giustificazione, scusa || profilassi.
nomencl. (*tipi*) legale, balistica, murale, ossidionale, nazionale, militare, civile, morale, antiaerea, antischeggia, antigrandine, antincendio, antifurto || (*mezzi militari*) argine, diga, fascia, trincea, fortificazione, fortino, antemurale, baluardo, bastione, steccato, rete, riccio, filo spinato, armatura, corazza, elmo, scudo, palladio, guardia, parata || *agg.* personale, legittima, giusta, adeguata, sproporzionata, illegittima, inadeguata, eccessiva, esteriore o esterna.
contr. offesa, accusa, insidia || attacco || detrimento, nocumento, danno, contrappasso.
diféṣo, *pps.* di difendere || *agg.* riparato, custodito, fiancheggiato, → COPERTO || sostenuto, patrocinato, tutelato || giustificato, protetto, scusato || fortificato, corazzato, munito, guarnito, presidiato.
nomencl. *agg.* difensore, battagliero, aggressivo, pronto, combattivo, sagace.
contr. indifeso, alla mercé, incustodito, inerme || inetto, inerte, cedevole.
difettàre, *v.intr.* → MANCARE.
difettívo, *agg.* → MANCANTE, INSUFFICIENTE.
difètto, *sm.* male, fallo, demerito, difettosità, pecca, manchevolezza, privazione, scarsità, pochezza, abuso,

svantaggio, inconvenienza, inconveniente, incommodità, deterioramento, menda, tacca, tara, inganno, cattiva qualità || tendenza, inclinazione, propensione, natura, abitudine || → COLPA, ERRORE, VIZIO, DEBOLEZZA || ASSENZA, MANCANZA, INSUFFICIENZA || IMPERFEZIONE, BRUTTEZZA.
nomencl. (*esemplificazione*) chiacchiera, curiosità, leggerezza, indiscrezione, ragazzata, bambinata, malizia, maldicenza, turbolenza, sgarbatezza, villania, scortesia, ostinazione, caparbietà, inciviltà, inurbanità, selvatichezza, pigrizia, accidia, infingardaggine, fiacchezza, effeminatezza, viltà, vigliaccheria, poltroneria, bassezza, apatia, sciocchezza, stupidaggine, avarizia, tirchieria, invidia, egoismo, ingratitudine, frode, truffa, furfanteria, adulazione, lusinga, blandizie, ipocrisia, menzogna, orgoglio, ambizione, presunzione, sfrontatezza, sfacciataggine, impudenza, beffa, scherno, dileggio, disdegno, disprezzo, sensualità, ingordigia, ubriachezza, deformità || *agg.* fisico, morale, leggero, lieve, grave, serio, pericoloso, molesto, fastidioso, radicato, inveterato, incallito, evidente, visibile, rilevabile, brutto, goffo, grottesco, mostruoso, ripugnante, rivoltante, disonesto, laido, spiacevole, orribile, orrendo || *verb.* cadere o cascare in un difetto; cercare, conoscere, correggere, emendare, tollerare, sopportare, vedere; supplire ai difetti, macchiarsi, zoppicare, indulgere.
contr. perfezione, virtuosità, sanità, pregio || quantità, abbondanza, sufficienza, eccesso.

difettóso, *agg.* incompleto, abbozzato, schizzato, lacunoso, incompiuto, imperfetto, manchevole, → MANCANTE, INSUFFICIENTE || falso, erroneo, scorretto, cattivo, mediocre, scadente, eccessivo, abusivo, macchiato, imbrattato, insudiciato, tarato, lercio, non conveniente, svantaggioso, non comodo, rudimentale, deteriorato, abortito, mal fatto, deforme, mal riuscito, rotto, spaccato, scheggiato, sbreccato, sfigurato, viziato, guasto, corrotto, marcio, zoppicante, zoppo → BRUTTO, DEBOLE, VIZIOSO.
conr. abbondante, sufficiente, completo || perfetto, compiuto, integro, sano, armonico.

diffalcàre, *v.tr.* defalcare, → DIMINUIRE.

diffàlco, *sm.* defalco, → ABBUONO, DIMINUZIONE.

diffamàre, *v.tr.* denigrare, screditare, detrarre, sparlare, vituperare, disonorare, discreditare, infamare; macchiare l'onore, la riputazione altrui; rodere la vita al prossimo, togliere il credito, procurare infamia, distruggere il buon nome, straziare la riputazione o l'onore, violare la fama o l'onore, mormorare, insinuare, malignare, oltraggiare, ingiuriare, → ACCUSARE, CALUNNIARE, DEMOLIRE.
contr. lodare, elogiare, dir bene, onorare, esaltare, acclamare || adulare, piaggiare.

diffamatóre, *agg.* e *sm.* diffamante, infamante, detrattore, denigratore, demolitore, calunniatore, sparlatore, mormoratore, susurrone, mordace, caustico, insinuatore, malignatore, ingiuriatore, maldicente, libellista, maligno, malédico, falso.
contr. lodatore, esaltatore, elogiatore, adulatore.

diffamatòrio, *agg.* calunniatore, ingiurioso, denigratorio, oltraggioso, infamante, maligno, maldicente.
contr. laudatorio, laudativo, esaltatore, incensatore, adulatorio.

diffamazióne, *sf.* maldicenza, denigrazione, detrazione, mormorazione, insinuazione, biasimo, ingiuria, mordacità, malignità, oltraggio, vituperio, → CALUNNIA.
nomencl. (*tipi*) scritta, orale; continuata, insinuante, grave, odiosa infamante, malvagia.
contr. elogio, lode, esaltazione, apologia, incensamento.

differènte, *ppr.* di differire || *agg.* → DIVERSO, INEGUALE.

differènza, *sf.* varietà, alterità, → DIVERSITÀ || CONTRASTO, DISCORDIA || residuo, resto, → DISTANZA.
nomencl. di lunghezza, di larghezza, di forma, di colore, di sostanza, d'uso || *agg.* piccola, poca, leggera, lieve, evidente, rilevabile, grande, enorme, infinitesima, intrinseca, estrinseca, formale, sostanziale, materiale.
contr. uguaglianza, somiglianza, similitudine, identità.

differenziàre, *v.tr.* disagguagliare, → DISTINGUERE, DISCERNERE.

differenziàto, *agg.* → DIVERSO.
contr. indifferenziato.

differenziazióne, *sf.* → DISTINZIONE.

differíbile, *agg.* → RINVIABILE.
contr. indifferibile.

differiménto, *sm.* → RINVIO.

differíre, *v.tr.* dilazionare, prorogare, protrarre, procrastinare, mandare in lungo, ritardare, tergiversare, sospendere, tardare, soprassedere, temporeggiare, indugiare, → RINVIARE || *intr.* dissomigliare, distaccarsi, distare, contraddire, discordare, discrepare, dissonare, divariare, svariare, variare, essere diverso, essere un altro paio di maniche, non esservi paragone, → DISTINGUERE, CONTRARIARE.
contr. agire prontamente, subito, tempestivamente, senza indugio || essere uguale, simile, somigliante.

diffícile, *agg.* astruso, ostico, complesso, complicato, intricato, imbrogliato, inesplicabile, laborioso, faticoso, arduo, difficoltoso, disagioso, malagevole, disagevole, incomodo, scomodo, travaglioso, critico, imbarazzante, scabroso, forte, pericoloso, spinoso, duro, fastidioso, indigesto, stentato, grave, problematico, indiavolato, dubbioso, enigmatico || impossibile, irrealizzabile || (di respiro) → AFFANNOSO || (di gusto) sottile, inquieto, estroso, incontentabile, complicato || (di persona) strana, intrattabile, litigiosa, schifiltosa, schizzinosa, uggiosa, scostante.
nomencl. *verb.* essere, rendere, trovare difficile, complicare.
contr. facile, fattibile, agevole, semplice, chiaro, aperto, possibile, realizzabile || (di persona) calmo, trattabile.

difficoltà, *sf.* imbarazzo, imbroglio, impedimento, incomodo, disavventura, inciampo, intralcio, intoppo, ostacolo, barriera, spuntone, scoglio, fatica, gravezza, guaio, scabrosità, spina, pungolo, pungitoio, disagio, travaglio, crisi, tribolazione, frangente, opposizione, persecuzione, complicazione, disagevolezza, complessità, arduità, durezza, angustia, diavoleria, busillis, aculeo, osso duro, nodo, remora, pruno, → ENIGMA, CONTRASTO, PERICOLO || incertezza, obiezione, → DUBBIO.
nomencl. (*equivalenti*) ponte dell'asino, asino di Buridano, punto critico, punto interrogativo, nodo gordiano, logogrifo, rebus, sciarada, labirinto, Scilla e Cariddi || *agg.* lieve, superabile, grave, insuperabile, invincibile, vera, reale, fantastica, immaginaria, apparente, chime-

rica, inesistente, inconsistente, naturale, comune, artificiosa, innaturale, posticcia, creata, inventata, immaginata, sognata || *loc. avv.* da poco, da nulla || *verb.* impegolarsi, mettersi, cacciarsi, affogare, entrare, essere, trovarsi, urtare in difficoltà; prendersi una gatta da pelare, dare nelle secche, avere rogne da grattare, impelagarsi, tribolare, trovar duro, trovarsi in circostanze critiche, essere intralciato, perdersi || spuntare, vincere, togliere, superare, rimuovere, allontanare le difficoltà; cavarne o levarne le gambe; essere a cavallo, girare l'ostacolo, saltare il fosso, misurare gli ostacoli, affogare in un bicchiere d'acqua, aggravare, complicare, dar del filo da torcere, non trovare via d'uscita.
contr. facilità, facilitazione, agevolezza, semplicità, comodità, opportunità, conformità.

difficoltóso, *agg.* → DIFFICILE.

diffida, *sf.* → AVVISO, INTIMAZIONE.

diffidàre, *v.intr.* essere circospetto, prudente, cauto || non abbandonarsi, stare in guardia, stare all'erta, → SOSPETTARE || *tr.* → AVVISARE, INTIMARE.
contr. confidare, fidarsi.

diffidènte, *ppr.* di diffidare || *agg.* dubbioso, ombroso, permaloso, sfiduciato, → SOSPETTOSO, SCETTICO.
contr. fiducioso.

diffidènza, *sf.* → SOSPETTO.
contr. fiducia.

diffóndere, *v.tr.* spandere, effondere, irraggiare, estendere, allargare, emettere, emanare, diramare, spargere, versare || *fig.* divulgare, propagare, propalare || *rifl.* dilatarsi, dilungarsi, perdersi nei particolari, spandersi, dilagare, distendersi || distrarsi.
contr. restringere, raccogliere, unificare || essere conciso, breve, laconico || concentrarsi, raccogliersi.

diffórme, *agg.* disforme, → DIVERSO, DEFORME, BRUTTO.

difformità, *sf.* → DIVERSITÀ, DEFORMITÀ.

diffusaménte, *avv.* largamente, ampiamente, prolissamente, lungamente, analiticamente, estesamente.
contr. brevemente, succintamente, concisamente, sinteticamente.

diffusióne, *sf.* estensione, espansione, propagazione, effusione, profusione, dissipazione, dilatazione, allargamento, abbondanza, spargimento || prolissità, divulgazione, propaganda, pubblicità, strombazzamento.
contr. ritenzione, ritegno, ritenimento, limitazione, concisione, sinteticità, laconicità, brevità.

diffúso, *pps.* di diffondere || *agg.* esteso, disteso, lungo, largo, ampio, effuso, sparso, dilatato, profuso, grande || prolisso || propagato, divulgato, generale || → EPIDEMICO.
contr. ristretto, ritenuto, circoscritto, limitato, coartato, conciso, laconico, sintetico, breve.

difilàre, *v.intr.* andare subito, sollecitamente, sveltamente, precipitarsi, → ANDARE.

difilàto, *pps.* di difilare || *agg.* → DIRITTO || *avv.* → SUBITO.

díga, *sf.* → ARGINE.
nomencl. (*elementi*) ala, barbacane, calla, chiusa, serra, graticciata, pescaia, pescaiolo; andana, fondamento, lungo, rosta.

digeríbile, *agg.* assimilabile || *fig.* → SOPPORTABILE.
contr. indigeribile, indigesto || insopportabile, intollerabile, non smaltibile.

digeriménto, *sm.* → DIGESTIONE.

digeríre, *v.tr.* smaltire, assimilare, elaborare, concuocere, fare il chilo, digestire, ricuocere; rimetterci, logorarsi, consumarsi lo stomaco; sbufare, turbare le funzioni digestive || avere buoni acidi, fare il chilo, avere uno stomaco di struzzo, digerire anche il ferro, i sassi, digerir bene, male || *fig.* sopportare, smaltire, ingozzare, mandar giú, tollerare || assimilare, imparare.
contr. rifiutare, respingere, rigettare || non accettare, ripugnare, non tollerare.

digestióne, *sf.* chilificazione, concozione, cozione, smaltimento, concuocimento, ingozzamento, chimificazione, digerimento, → ASSIMILAZIONE.
nomencl. (*tipi*) gastrica, enterica, intestinale || (*pertinenti*) || masticazione, insalivazione, deglutizione, nutrizione, assorbimento, ruminazione || apepsia, apodosi, bradipepsia, cacochilia, cacochimia, cacosplancnia, catapepsia, ematosi, eupepsia || acidità di stomaco, digruma, dispepsia, ipocondria, nausea, vomito, crudità || (*organi*) bocca, denti, faringe, esofago, apparato digerente, bolo alimentare, stomaco, fegato, condotto coledoco, bile, pancreas, succo pancreatico, pepsina, vescichetta del fiele, intestino (digiuno, duodeno, retto, ileo, crasso, cieco, colon), follicolo, villosità, valvole conniventi, vasi chiliferi, ventre, addome, materia fecale, ano || *agg.* facile, normale, leggera, difficile, laboriosa, faticosa, pesante, viziosa.
contr. indigestione, vomito.

digestívo, *agg.* e *sm.* → EUPEPTICO.

digiunàre, *v.intr.* far digiuno, far astinenza, osservare il digiuno, mortificare la gola, rimanere a denti asciutti, astenersi dal cibo, far dieta, patire la fame.
contr. mangiare, cibarsi, riempirsi, rimpinzarsi, saziarsi, satollarsi.

digiúno, *agg.* privo di cibo || *fig.* privo, mancante || *sm.* dieta, astinenza, asizia, inanizione, inedia, limanchia, limoctonia, → ASTENSIONE, TEMPERANZA || *fig.* quaresima, vigilia.
nomencl. quaresimale, naturale, religioso, ecclesiastico, eucaristico || (*inerenti*) giorni magri, quattro tempora, ramadan, quarantena || a digiuno, a stomaco vuoto || *agg.* rigido, stretto, severo, rigoroso || *verb.* osservare, rispettare, fare, rompere, mutare, guastare, passare il digiuno, sdigiunare, far quaresima, astenersi.
contr. pieno, sazio, rimpinzato, satollo || *sost.* ripienezza, sazietà || rottura, intemperanza.

dignità, *sf.* decoro, onore, nobiltà, merito, elevatezza, elevazione || grado, condizione, ufficio, carica, → AUTORITÀ || aspetto, contegno, portamento, fierezza, gravità, maestà, condotta signorile, orgoglio, amor proprio, punto d'onore.
nomencl. dignità dell'uomo, dell'anima, umana, della coscienza, di cristiano, di scrittore, d'un'azione, d'uno stato || dignitario, primate, parruccone || *agg.* alta, grande, eminente, eccelsa, sublime, somma, suprema, massima, rispettata, ossequiata, venerata, insignificante, trascurata || da poco, da nulla || *verb.* abbassarsi; alienare; perdere, mancare di dignità; avere, mantenere un contegno; scapitare, umiliarsi, degradarsi, pervertirsi, derogare; assumere, salire in dignità.
contr. indegnità, bassezza, abiezione, fellonia, indecenza, volgarità.

dignitàrio, *sm.* → CAPO.

dignitosaménte, *avv.* gravemente, signorilmente, con fierezza, nobilmente, con sussiego.

contr. umilmente, dimessamente, volgarmente, servilmente.

dignitóso, *agg.* → DECOROSO, FIERO.

digradaménto, *sm.* degradamento, degradazione, diminuzione.

digradànte, *ppr.* di digradare || *agg.* → SFUMATO.

digradàre, *v.intr.* scendere di grado in grado, scemare a grado a grado, a poco a poco, → CALARE, DIMINUIRE.

contr. salire, alzarsi adagio adagio, ergersi.

digrassàre, *v.tr.* → SGRASSARE.

digredíre, *v.intr.* → DEVIARE.

digressióne, *sf.* divagazione, variazione, interposizione, sconfinamento, episodio, → DEVIAMENTO, ALLONTANAMENTO || CAPRICCIO, DIVAGAZIONE.

nomencl. *agg.* opportuna, breve, dilettevole, indovinata, inopportuna, lunga, prolissa, inutile, stucchevole, forzata.

contr. stare all'assunto, rimanere nell'argomento, non allontanarsi dalla via principale.

digrignàre, *v.tr.* arrotare, dirugginare, dirugginire, mostrare i denti (per ira).

digrossàre, *v.tr.* sgrossare, sbozzare, → ABBOZZARE || AFFILARE, ACCOMODARE || *fig.* dirozzare, → ISTRUIRE, EDUCARE.

digrumàre, *v.tr.* → BIASCICARE, MANGIARE.

diguazzàre, *v.intr.* agitarsi nell'acqua || *v.tr.* sguazzare, sciaguattare, → AGITARE.

dilaceràre, *v.tr.* → LACERARE.

dilagàre, *v.intr.* e *rifl.* diffondersi (dei liquidi), distendersi, espandersi, effondere, dilatare, → INONDARE, SPARGERE || *fig.* allargarsi, conquistare, estendersi (senza ostacoli).

contr. raccogliersi, impaludare, stagnare || incontrare difficoltà.

dilaniàre, *v.tr.* sbranare, straziare, → LACERARE || *fig.* calunniare, attaccare con virulenza, spietatamente.

dilapidàre, *v.tr.* dissipare, disperdere, sciupare, → SPRECARE.

nomencl. (*inerenti*) dilapidazione, disperdimento, dispersione, scialacquamento, scialacquo, sciupio, profusione || prodigo, sciupone, dissipatore, spendaccione, sprecone, spendereccio.

contr. fare economia, economizzare, risparmiare, lesinare.

dilapidàto, *pps.* di dilapidare || *agg.* → DISPERSO.

dilapidatóre, *sm.* → SPENDACCIONE.

dilapidazióne, *sf.* → SPESA, SPRECO.

dilatàre, *v.tr.* allargare, ampliare, espandere, allungare, gonfiare, estendere, spargere, aprire, aumentare, accrescere, distendere, ingrandire || *fig.* divulgare, diffondere, propagare, propalare, spargere || *rifl.* crescere (in ampiezza), rarefarsi, estendersi, espandersi.

contr. limitare, restringere, circoscrivere, ridurre, contrarre || diminuire, impicciolire.

dilatàto, *pps.* di dilatare || *agg.* allargato, largo, slargato, gonfio, aperto, espanso, lato, esteso, disteso, ampliato || *fig.* diffuso, dilagato, divulgato, propagato.

contr. contratto, serrato, ristretto, circoscritto, diminuito.

dilatazióne, *sf.* rarefazione, scioglimento, perdita di densità || allargamento, aumento, espansione, estensione, gonfiamento, gonfiore, distendimento, ingrandimento, spargimento, diffusione.

contr. contrazione, restringimento, limitazione, diminuzione, restituzione.

dilavàre, *v.tr.* → LAVARE.

dilavàto, *pps.* di dilavare || *agg.* → PALLIDO.

dilazionàre, *v.tr. neol.* → RINVIARE, DIFFERIRE.

dilazióne, *sf. neol.* differimento, proroga, protrazione, → RINVIO || INDUGIO.

dileggiàre, *v.tr.* deridere, sbertucciare, schernire, → BEFFARE.

dileggiatóre, *agg.* e *sm.* → BEFFARDO.

diléggio, *sm.* → BEFFA, DISPREZZO.

dileguàre, *v.intr.* e *rifl.* sparire, scomparire, → FUGGIRE || DISSOLVERE.

contr. apparire, comparire, figurare.

dilèmma, *sm.* aut-aut, alternativa, scelta, argomento o argomentazione cornuta, lemma.

nomencl. corni del dilemma || *agg.* completo, fondato, non ritorcibile || stretto, calzante, appropriato, efficace, acconcio || corni del dilemma || *verb.* volere o volare, o bere o affogare, sottomettersi o dimettersi, prendere o lasciare || porre, risolvere il dilemma.

contr. argomento semplice, unilaterale, falso dilemma.

dilettànte, *ppr.* di dilettare || *sm.* amatore, filodrammatico, orecchiante, intenditore || superficiale, occasionale, con scarso interesse morale || compilatore, poligrafo.

contr. professionista, del mestiere, specialista || autore originale, profondo.

dilettantísmo, *sm.* faciloneria, impreparazione, superficialità, scarso impegno, estemporaneità.

contr. vera arte, vera scienza, professionismo || profondità, originalità, impegno.

dilettàre, *v.tr.* e *rifl.* compiacersi, intrattenersi in qualcosa senza impegno, piacevoleggiare, → DIVERTIRE, BALOCCARE.

dilettazióne, *sf.* diletto, → PIACERE.

dilettévole, *agg.* → PIACEVOLE, GUSTOSO.

dilètto[1], *agg.* e *sm.* → AMATO.

dilètto[2], *sm.* → GODIMENTO, PIACERE, GUSTO, DOLCEZZA.

dilettóso, *agg.* → PIACEVOLE.

dilezióne, *sf.* → AFFETTO.

diligènte, *agg.* accurato, attento, assiduo, coscienzioso, scrupoloso, esatto, preciso, zelante, premuroso, laborioso, studioso, fedele, geloso, puntuale, vigilante, sollecito, solerte.

contr. negligente, trascurato, pigro, inerte, disattento, distratto, astratto, alienato, scioperato, sbadato.

diligenteménte, *avv.* assiduamente, coscienziosamente, premurosamente, zelantemente, laboriosamente, scrupolosamente.

contr. negligentemente, trascuratamente, pigramente.

diligènza[1], *sf.* accuratezza, attenzione, assiduità, esattezza, precisione, zelo, premura, scrupolo, studio, studiosità, fedeltà, puntualità, vigilanza, solerzia, sollecitudine, impegno, pazienza, finezza, cura, elabora-

zione, ponderazione, coscienza, applicazione, rigore, rigorosità.
contr. negligenza, trascuratezza, pigrizia, inerzia, disattenzione, alienazione, astrattaggine, inavvertenza, sbadataggine, svista, spensierataggine, scioperataggine.
diligènza², *sf.* → CARROZZA, CORRIERA.
nomencl. posta, postiglione, serpa, imperiale.
diloggiàre, *v.tr.* e *intr.* → ALLONTANARE.
dilombàre, *v.rifl.* olombare, slombarsi, direnarsi, sfiancarsi, far fatica, affaticarsi, snervarsi, → STANCARE.
contr. riposarsi, poltrire || lavorare gagliardamente, instancabilmente.
dilombàto, *pps.* di dilombare || *agg.* direnato, fiacco, snervato, cascante, svigorito, slombato, sfiaccolato, → DEBOLE.
contr. nerboruto, gagliardo, vigoroso, robusto, resistente, instancabile.
dilucidàre, *v.tr.* lucidare, rendere lucido || *fig.* → ILLUSTRARE, SPIEGARE.
dilucidazióne, *sf. fig.* → SPIEGAZIONE.
dilúcolo, *sm.* → ALBA.
diluènte, *ppr.* di diluire || *agg.* e *sm.* → SOLVENTE.
diluíre, *v.tr.* → ALLUNGARE, SCIOGLIERE || ESTENDERE.
diluíto, *pps.* di diluire || *agg.* → SCIOLTO || *fig.* indebolito, annacquato, dissolto, allungato, sminuito, → DIMINUITO.
dilungàre, *v.tr.* → ALLUNGARE, DISTENDERE || *rifl.* allontanarsi, discostarsi, diffondersi, digredire, estendere, andar per le lunghe, deviare, perdersi || *rar.* dipartirsi, andar lontano.
diluviàre, *v.intr.* → PIOVERE || *fig.* → ABBONDARE.
dilúvio, *sm.* → PIOGGIA || *fig.* abbondanza, moltitudine, subisso, sperpero.
nomencl. universale, biblico, mitologico, di Ogige, di Deucalione e Pirra || diluviale o diluviano (periodo geolog.), antidiluviano, diluvianismo.
diluvióne, *sm.* → GOLOSO.
dimagraménto, *sm.* → ESTENUAZIONE.
dimagràre, *v.tr.* e *v.intr.* → SMAGRARE, EMACIARSI, DIMAGRIRE.
dimagríre, *v.intr.* allampanare, dimagrare, smagrire, smagrare, smagrirsi, digrassare, improsciuttire, ingracilire, emaciare, estenuare || *fig.* → DIMINUIRE.
contr. ingrassare, ingrossare, allargarsi, crescere || aumentare.
dimagríto, *pps.* di dimagrire || *agg.* → MAGRO.
dimandàre, *v.tr.* → DOMANDARE.
dimembràre, *v.tr.* → LACERARE.
dimenaménto, *sm.* dimenío, → AGITAZIONE.
dimenàre, *v.tr.* menare, scuotere, → AGITARE || *rifl.* → MUOVERE, DIVINCOLARE.
dimenío, *sm.* dimenamento, → AGITAZIONE.
dimensióne, *sf.* → MISURA, GRANDEZZA, FORMATO.
nomencl. (*inerenti*) profondità, larghezza, lunghezza, altezza, capacità, superficie, volume, perimetro, proporzione || spazio tridimensionale, pluridimensionale.
dimenticàggine, *sf.* → DIMENTICANZA.
dimenticànza, *sf.* amnesia, dimenticaggine, oblio, smemorataggine, disattenzione, disavvedutezza, dismnesia, → NEGLIGENZA, DISTRAZIONE || *fig.* perdono.
nomencl. *agg.* grave, spiacevole, pericolosa, leggera, lieve, voluta, volontaria, non voluta, subconscia, involontaria || *loc. avv.* di proposito || *verb.* andare, mettere, porre in dimenticanza, in oblio; mettere, lasciare nel dimenticatoio.
contr. ricordo, attenzione, concentrazione, rimembranza, reminiscenza, memoria, ricordanza.
dimenticàre, *v.tr.* obliare, scordarsi, scordare, sdimenticare, disapprendere, disimparare, dismembrare, perdere la memoria, perdere la testa, confondere le idee || omettere, far cadere nell'oblio, nella dimenticanza; non pensarci piú || *fig.* togliere l'affetto, disaffezionarsi || perdonare.
contr. ricordare, ricordarsi, rammentare, rammemorare, commemorare, non dimenticare.
diméntico, *agg.* immemore, smemorato, dimenticone, dimentichevole (*rar.*), noncurante, incurante, ingrato, irriconoscente, → DISTRATTO.
contr. memore, memorioso (*lett.*), attento, vigile.
dimenticóne, *sm.* → SMEMORATO.
dimessaménte, *avv.* modestamente, poveramente, umilmente, in modo disadorno, negletto.
contr. superbamente, orgogliosamente, solennemente, fastosamente, sfarzosamente, splendidamente, in modo ostentato.
diméssso, *pps.* di dimettere || *agg.* povero, sommesso, disadorno, inornato, → UMILE, MODESTO || sciatto, invilito, avvilito, scaduto.
contr. orgoglioso, spocchioso, immodesto, con buon gusto, accurato, fastoso.
dimestichézza, *sf.* → DOMESTICHEZZA.
dimèstico, *agg. ant.* → DOMESTICO.
diméttere, *v.tr.* deporre, → ABBANDONARE || licenziare, → ALLONTANARE || *rifl.* abdicare, ritirarsi, congedarsi, rinunziare || *fig.* perdonare, condonare.
contr. assumere, accettare, prendersi un impegno, brigare.
dimezzàre, *v.tr.* smezzare, ammezzare, → DIVIDERE.
dimidiàto, *agg.* dimezzato, diviso (per metà).
contr. unanime, indiviso, indivisibile || didimo, gemello, doppio.
diminuíre, *v.tr.* impicciolire, appiccinire, appicciolire, appiccolire, scemare, decurtare, accorciare, assottigliare, dedurre, defalcare, diffalcare, detrarre, attenuare, contrarre, ammorzare, calare, abbonare, abbuonare, discriminare, alleggerire, menomare, → ABBREVIARE, STRINGERE || decimare, diradare, costringere, indebolire, intiepidire, mitigare, diluire, stemperare, rattiepidire, restringere, rallentare, ridurre, scalare, smorzare, stremare || derogare || diminuire un debito, → BONIFICARE || *rifl.* decadere, decrescere, digradare, umiliarsi, assottigliarsi, menomarsi, perdersi, restringersi, atrofizzarsi, scemarsi, venir meno, declinare.
contr. aumentare, accrescere, allungare, allargare, ingrandire, espandere, sviluppare, dilatare || crescere.
diminuíto, *pps.* di diminuire || *agg.* impicciolito, accorciato, abbreviato, ridotto, scemato, calato, menomato, minorato, limitato, diradato, sfoltito, decurtato, assottigliato, contratto, alleggerito, indebolito, mitigato, diluito, rattiepidito, rallentato, smorzato, scalato, detratto, atrofizzato, emaciato, svigorito, attenuato, dimagrito, stemperato, bonificato (di debito).

contr. aumentato, allargato, infoltito, espanso, tumefatto, ingrandito, ingrossato, rafforzato.
diminutívo, *agg.* e *sm.* vezzeggiativo.
contr. accrescitivo.
diminuzióne, *sf.* decremento, scemamento, decrescimento, descrescenza, decurtazione, detrazione, defalco, diffalco, deduzione, impicciolimento, rimpicciolimento, calo, retrazione, assottigliamento, riduzione, menomazione, minorazione, decimazione, detumescenza, sgonfiamento, smorzamento, mitigazione, → ABBASSAMENTO, ALLEGGERIMENTO.
nomencl. *agg.* lieve, piccola, esigua, impercettibile, infinitesima, magra, microscopica, modica, scarsa, discreta, ragionevole, moderata, sufficiente, bastevole, bastante, grande, grandissima, enorme, ingente, straordinaria, superlativa, graduale, profonda, repentina.
contr. accrescimento, aumento, aggiunta, ingrandimento, ingrossamento, rigonfiamento, rafforzamento, tumescenza.
dimissióne, *sf.* abdicazione, rinunzia, abbandono, → ALLONTANAMENTO.
nomencl. *agg.* definitiva, spontanea, forzata, imposta, richiesta, presentata, ritirata, archiviata || *verb.* presentare, inoltrare, offrire, dare, chiedere, accettare, ritirare, respingere, pretendere, esigere, imporre.
dimoiàre, *v.tr.* e *intr.* → SCIOGLIERE.
dimòra, *sf.* domicilio, alloggio, soggiorno, stanza (*poet.*) permanenza, sede, → CASA || indugio, ritardo, → ATTESA || ultima dimora, → CIMITERO.
nomencl. *agg.* tranquilla, serena, piacevole, dilettevole, stabile, temporanea, permanente, incerta, passeggera || lunga, breve, penosa || *verb.* dimorare, soggiornare, confinare.
contr. passaggio, transito || sollecitudine, fretta.
dimorànte, *ppr.* di dimorare || *agg.* e *sm.* → ABITANTE.
dimoràre, *v.intr.* domiciliare, soggiornare, stare, fermarsi a lungo, risiedere, albergare, → ABITARE || indugiare, ritardare, trattenersi, → ATTENDERE.
contr. passare, transitare, non fermarsi, sbrigarsi.
dimòrfo, *agg.* → BIFORME.
dimostràbile, *agg.* → PROVABILE.
dimostràre, *v.tr.* avvalorare, persuadere, arguire, confermare, provare, chiarire, illuminare, schiarire, dichiarare, esplicare, spiegare, insegnare, indicare, esprimere, manifestare, palesare, argomentare, confutare, concludere, documentare, giustificare, descrivere, rappresentare || *fig.* far apparire, far sembrare, dar a divedere, || *rifl.* farsi credere, manifestarsi, farsi conoscere, mostrarsi || *neol.* fare uno spiegamento di forze, un assembramento; tumultuare, sfilare.
contr. occultare, nascondere, celarsi || affermare in modo gratuito, dogmatico.
dimostrazióne, *sf.* argomentazione, documentazione, giustificazione, attestazione, sillogismo, → PROVA, RAGIONAMENTO, DEDUZIONE || manifestazione di forza militare, riunione di popolo, sommossa, comizio, corteo, assemblea, assembramento.
nomencl. (*distinzioni*) induttiva, deduttiva, sillogistica, *a priori*, *a posteriori* || militare, politica, sindacale; di protesta, di amicizia, di cortesia, di plauso, di favore, di odio || controdimostrazione || (*inerenti e affini*) sofisma, petizione di principio || lustra, lusinga, pompa, sfoggio, parvenza, segnale, indizio, attestato || *agg.* chiara, facile, evidente, indubbia, convincente, oscura, dubbia, falsa, zoppicante, sofistica || pubblica, sovversiva, ostile, artificiosa, violenta, predisposta.
dimottàre, *v.intr.* → FRANARE.
dinàmico, *agg.* → AGITATO, MOSSO || *fig.* → OPEROSO.
dinamísmo, *sm.* → ELETTRICITÀ, FORZA || AZIONE || *fig.* → OPEROSITÀ || attività febbrile, agitata, esagerata, neurotica.
dinamíte, *sf.* fulmicotone, nitroglicerina, → ESPLOSIVO.
dinànzi, *avv.* e *prep.* dinnanzi, → AVANTI.
dinàsta, *sm.* → CAPO.
dinastía, *sf.* → STIRPE, FAMIGLIA.
díndo, *sm. dial.* → TACCHINO.
diniègo, *sm.* → NEGAZIONE, RIFIUTO.
dinnànzi, *avv.* e *prep.* dlnanzi, → AVANTI.
dinoccàre, *v.tr.* e *rifl.* → LUSSARE.
dinoccolàre, *v.tr.* e *rifl.* rompersi o slogarsi le articolazioni, le giunture, → LUSSARE.
dinoccolàto, *pps.* di dinoccolare || *agg.* tentennone, affettato, lento, contorto, svogliato, languido, pigro, rilassato, cascante, → DEBOLE.
contr. solerte, attivo, agile, dinamico, rigido, interito.
dinotàre, *v.tr.* → INDICARE.
dintórno, *avv.* e *prep.* circa, intorno, → VICINO || *sm. pl.* vicinanze, luoghi circostanti, adiacenze, sobborghi.
contr. lontano.
dinumeràre, *v.tr.* → ENUMERARE.
Dío, *sm.* Eterno, Creatore, Domineddio, Padre Eterno, Signore, Onnipotente, Onnisciente, Onnipresente, Ente Supremo, Divinità, Altissimo, Grande Essere, Padre celeste, Trinità, Uomo-Dio || deità, nume, dio, dea, divinità, dei falsi e bugiardi (pagani).
nomencl. (*equivalenti*) Autore della natura, Protoplaste, Dio di verità, Dio della bontà, Dio degli eserciti, Re del cielo e della terra, Demiurgo, Archetipo, Dio vivente, Causa prima, Causa delle cause, Colui che è, Increato, Infinito, Perfezione, Principio universale, Provvidenza, Bene supremo, Verità suprema, l'Uno, Bene, l'Unissimo, Datore di ogni bene, Divina Maestà, Eterno Amore, Amore increato, Amore eterno, Ottimo e Massimo, Uno e Trino, Motore immobile, Alfa ed Omega, Emmanuele, Jehova o Iahveh o Geova, Adonai || Giove, Nettuno, Marte, Apollo, Mercurio, Vulcano, Saturno, Plutone, Bacco, Giunone, Venere, Minerva, Diana, Cerere, Vesta, Cibele, Iride, Aurora, Teti, Proserpina, Flora, Fortuna, Pomona, Pallade, Eros, Cupído, Pan, Morfeo, Febo, Silene, Afrodite, Tritone, Urano, Priapo, Esculapio, Destino, Ercole, Grazie, Castore, Polluce || fauni, satiri, muse, lari, penati, mani, Osiris, Iris, Ra, Ormuzd, Azer, Brahma, Allah, Li, Taiki, Tao, Odino, Tien e Tiencin, Astarte, Baal, Moloch || (*attributi*) sommo, spirituale, grande, massimo, infinito, eterno, immortale, immateriale, trascendente, invisibile, buono, ottimo, beato, beatissimo, santo, sapiente, saggio, intelligente, onnipotente, onnisciente, onnipresente, onniveggente, provvidente, creatore, signore, padrone, dominatore, santificatore, salvatore, protettore, misericordioso, padre, potente, giusto, invincibile, ordinatore, rivelatore, increato || (*po-

sizioni di fronte a Dio) teismo, deismo, monoteismo, politeismo, dualismo, manicheismo, panteismo, ateismo, paganesimo, evemerismo, autoteismo, feticismo, totemismo, teosofismo, antropomorfismo, zoomorfismo; teologia dogmatica, teodicea o teologia naturale, teogonia, teosofia, mitologia, mitografia || argomento ontologico, argomento cosmologico; emanazione, incarnazione, teofania, Verbo di Dio || latria, adorazione, venerazione, culto, sacrificio, idolatria, zoolatria || ateo, deista, teista, deicida, deicola, teologo, teosofo, manicheo, idolatra, zoolatra, panteista, teofilantropo || *verb.* divinizzare, deificare || creare, santificare, provvedere, redimere, dominare, salvare, ordinare, rivelare, giudicare, premiare, punire.

diòcesi, *sf.* circoscrizione (romana ed ecclesiastica), provincia ecclesiastica.

nomencl. *(distinzioni)* vacante, suffraganea, suburbicaria, comprovinciale, immediatamente soggetta (alla S. Sede) || *(inerenti)* metropolita, arcivescovo, vescovo, vicario generale, abate.

díodo, *sm.*

nomencl. catodo, anodo || triodo, tetrodo, pentodo, exodo, eptodo, ottodo.

dionisíaco, *agg.* bacchico || *fig.* esaltato, ebbro, → LIETO.

contr. apollineo.

dipanàre, *v.tr.* sbrogliare, districare, annaspare, aggomitolare, → SCIOGLIERE.

nomencl. *(inerenti)* arcolaio, aspo, guindolo, matassa, bandolo, gomitolo.

contr. sdipanare, imbrogliare, ingarbugliare.

dipanatóio, *sm.* → ARCOLAIO.

dipartènza, *sf. ant.* → PARTENZA.

dipartiménto, *sm.* → DISTRETTO || *ant.* → PARTENZA.

dipartíre, *v.tr.* → DIVIDERE || *rifl.* → PARTIRE, ANDARE.

dipartíta, *sf. lett.* → PARTENZA || *fig.* → MORTE.

dipelàre, *v.tr.* → PELARE.

dipendènte, *ppr.* di dipendere || *agg.* → INFERIORE || *sm.* e *f.* impiegato, subalterno, subordinato, sottoposto.

dipendènza, *sf.* → INFERIORITÀ.

contr. indipendenza.

dipèndere, *v.intr.* derivare, procedere, provenire, originarsi, → APPARTENERE, VENIRE || essere soggetto, subire.

contr. prevenire || essere indipendente, libero.

dipennàre, *v.tr.* → DEPENNARE.

dipíngere, *v.tr.* pennellare, istoriare, pitturare, pingere, colorire, colorare, imbrattare, sgorbiare || pennelleggiare, tratteggiare, abbozzare, atteggiare, schizzare, contornare, ombreggiare, ritoccare, tinteggiare, acquarellare, affrescare, miniare, verniciare || *fig. rifl.* imbellettarsi, truccarsi, colorirsi, tingersi.

contr. cancellare, abradere || scolorire, scolorare.

dipínto, *pps.* di dipingere || *agg.* imbellettato, truccato || *sm.* → PITTURA.

dipintóre, *sm.* → PITTORE.

dipintúra, *sf.* → PITTURA || *fig.* descrizione, delineazione, rappresentazione, raffigurazione.

diplòma, *sm.* licenza, laurea, patente, → ATTESTATO, BREVETTO || bolla, documento cancelleresco.

nomencl. *(distinzioni)* imperiale, regio, pontificio, signorile, comunale, militare, privato, pubblico || su pergamena, su papiro, su metallo, su pietra || *(attinenti)* invocazione, intitolazione, protocollo, corpo, escatocollo, datazione, corroborazione, sottoscrizione, sigillo || museo, archivio, codice diplomatico, diplomatica || *agg.* autentico, originale, falso, falsificato, apocrifo.

diplomàtica, *sf.*

nomencl. *(scienze affini, ausiliarie)* archivistica, paleografia, papirologia, sfragistica, araldica, cronologia.

diplomàtico, *agg. fig.* → ABILE, PRUDENTE, ASTUTO || *sm.* → AMBASCIATORE.

diportaménto, *sm.* condotta, tenore di vita, contegno, comportamento, positura, attitudine, → ATTEGGIAMENTO.

diportàre, *v.rifl.* → COMPORTARE, PROCEDERE || DIVERTIRE.

dipòrto, *sm.* divertimento, ricreazione, tempo libero, passatempo, distensione, spasso, sollievo, sollazzo, svago, gita di piacere, spettacolo, sport, esercizio fisico, gioco, → PIACERE.

contr. occupazione, impegno, lavoro, obbligo, noia.

diprèsso, *avv.* e *prep.* → VICINO.

diradàre, *v.tr.* → RAREFARE || *intr. rifl.* rasserenarsi (di tempo).

diradàto, *pps.* di diradare || *agg.* → RAREFATTO, DIMINUITO.

diramàre, *v.tr.* tagliare i rami, spogliare dei rami || diffondere, estendere, spargere, mandare in varie parti || *rifl.* (anche *fig.*) estendersi, espandersi, ramificarsi, bipartirsi, disgiungersi, separarsi, biforcarsi, suddividersi, divaricare, → DIVIDERE.

contr. raccogliere, riunire, stare unito, accumulare.

diramazióne, *sf.* biforcamento, corno, divaricamento, ramificazione, rebbio, ramo, sbrancamento, branca, → BIVIO, DIVISIONE || via secondaria, linea ferroviaria secondaria || diramazione di montagna, → CONTRAFFORTE.

nomencl. *(esemplificazioni)* biforcazione, biforcatura, divaricazione, propaggine, quadrivio, trivio, crocevia, confluenza || rampino, dente, forca.

contr. via principale.

dirazzàre, *v.intr.* tralignare, imbastardire, degenerare, → GUASTARE.

díre, *v.tr.* esprimere, esternare, manifestare, pronunciare, enunciare, raccontare, narrare, favellare, nominare, chiamare, dichiarare, ordinare, comandare, palesare, riferire, ridire, discorrere, recitare, → PARLARE, CONFESSARE, SPIEGARE, AFFERMARE, DOMANDARE, || *rifl.* chiamarsi, dirsi, dichiararsi || dire bene, → BENEDIRE || dire male, → MALEDIRE || accennare, abbreviare, accusare, adombrare, asserire, apostrofare, argomentare, armeggiare, articolare, asseverare, assicurare, certificare, cerziorare, dare assicurazione, circostanziare, confermare, confidare, contraddire, contraddirsi, declinare, definire, denunziare, disdire, dettare, interloquire, dichiarare, disapprovare, disconfessare, esclamare, esporre, farneticare, imbeccare, impaperarsi, improvvisare, indovinare, informare, insinuare, interrogare, inveire, inventare, inzipillare, mentire, menzionare, mormorare, sparlare, motivare, motteggiare, negare, novellare, oppugnare, parafrasare, predire, predicare, prender la parola, premettere, precisare, prescindere, profferire, propalare, linguaggiare, proseguire, proporre, rapportare, replicare, ricapitolare, riepilogare, ripetere, rifischiare, rifriggere, rimbeccare, rimproverare, ritrattare, sballare, sbottonarsi, schiccherare, spiattellare, sconfessare, significare, sfatare, sfoderare, sfrottolare, smentire, snocciolare, sobillare, istigare, soggiungere, sottintendere, sparlare, spiegare, spifferare, susurrare, svelare, tergiversare, vanagloriare, vocalizzare, vociferare || aprir l'animo, aprire bocca, avere in cima alla lingua, avere nel petto, tenere nel petto, buttar fuori, cambiare le carte in tavola, dire pane al pane e vino al vino, cantarla ad uno, dar carta bianca, dar fuoco alla girandola, darsi la zappa sui piedi, dir bene, dir male; dire a tutte lettere, a mezza bocca, astrattamente, chiaro e tondo; dire barzellette, dire la lezione, dire la propria, dire corna di alcuno, dire di sí, di no; dire o esporre per sommi capi, dire o parlare *ex cathedra*, *ex professo*, forte, in *camera caritatis*, in faccia, nudo e crudo, per burla o per celia, sul serio, a mezz'aria; farla corta, far vedere la luna nel pozzo, gridare dai tetti, lasciare capire o intendere, lasciarsi scappar di bocca, levarsi dal capo, mettere in bocca, dare l'imbeccata, mettere i punti sugli i, mettere la mano sul fuoco, parlar chiaro, prendere la parola, ricacciarsi in gola, rincarare la dose, riportare le chiacchiere, saper dire, scappare di bocca, suggerire parole, soffiare parole negli orecchi, strombettare sui giornali, vuotare il sacco || (*modi di dire*) accusa, ammissione, argomentazione, chiacchiera, confessione, discorso, cicaleccio, colloquio, conclusione, conferenza, dichiarazione, dimostrazione, domanda, esclamazione, fandonia, favola, insinuazione, interiezione, interrogazione, mormorazione, pappolata, preambolo, predizione, prefazione, profezia, premessa, preterizione, protesta, racconto, narrazione, rapporto, relazione, replica, reticenza, rimostranza, risposta, ritrattazione, schiccherio, sconfessione, scusa, sequela, testimonianza || abbreviazione, affettazione, concisione, brio, enfasi, escandescenza, ironia, sarcasmo, prolissità, lungaggine, magniloquenza, manierismo, plebeismo, poeticismo, prosaismo, prosaicismo, ricercatezza, svenevolezza, sguaiataggine || (*persone*) parlatore, dicitore, oratore, predicatore, declamatore, interlocutore, dialogante, contraddittore, conferenziere.

contr. tacere, ascoltare.

direnàre, *v.tr.* e *rifl.* → STANCARE, DILOMBARE.

direnàto, *pps.* di direnare || *agg.* → DILOMBATO.

direttaménte, *avv.* in modo diretto || → SUBITO.

direttíva, *sf.* norma, istruzione, avviso, consiglio, → REGOLA.

dirètto[1]**,** *pps.* di dirigere || diritto, dritto, indirizzato, teso || immediato.

contr. indiretto.

dirètto[2]**,** *sm.* → TRENO.

direttóre, *sm.* dirigente, guida, presidente, reggente, rettore, preside, soprintendente, superiore, → AMMINISTRATORE, CAPO || direttore spirituale, → CONFESSORE.

nomencl. (*tipi*) generale, di macchina, di porto, di tiro, d'artiglieria, didattico, di coro, maestro di cappella, di banca.

contr. subalterno, subordinato, inferiore, dipendente.

direzióne, *sf.* guida, scorta, governo, consiglio, regola, comando, responsabilità, sorveglianza, → AMMINISTRAZIONE || indirizzo, linea, mira, condotta || senso, verso.

nomencl. soprintendenza, capitaneria, comando || *agg.* giusta, esatta, retta, equa, onesta, ragionevole, equanime, sicura, sbagliata, errata, ingannevole || *verb.* dirigere, guidare, governare, divergere, prospettare, riflettere, rifrangere.

contr. obbedienza, sottomissione, esecuzione, docilità, dipendenza.

dirigènte, *ppr.* di dirigere || *sm.* → CAPO, DIRETTORE.

dirígere, *v.tr.* incanalare, indirizzare, addirizzare, guidare, menare, condurre, regolare, comandare, imperare, reggere, soprintendere, sopravvedere, soprastare, sorvegliare, signoreggiare, amministrare, ispirare, consigliare, → GOVERNARE || *rifl.* → ANDARE, CAMMINARE.

contr. seguire, dipendere, obbedire, essere docile, sottomettersi, sottostare, eseguire.

dirigísmo, *sm.* pianificazione, programmazione dall'alto || economia statale.

contr. libertà d'iniziativa || economia privata.

diriménte, *ppr.* di dirimere || *agg.* che dirime, che impedisce o annulla || → ATTENUANTE.

dirímere, *v.tr.* → ALLONTANARE, DIVIDERE || impedire, → ANNULLARE.

dirimpettàio, *sm.* chi sta di fronte.

contr. retrostante.

dirimpètto, *avv. prep.* di contro, di faccia, di fronte.

contr. alle spalle, dietro.

dirítta, *sf.* (mano o parte) destra, → DESTRA.

dirítto[1]**,** *agg.* dritto, impettito, retto, eretto, interíto, ritto, rizzato, drizzato, perpendicolare, verticale, a picco, rettilineo, affusolato, difilato, in equilibrio, fissato, immobile, inflessibile, rigido || (*fig.*) leale, → ABILE, CORRETTO, ONESTO || *sm.* la parte diritta.

nomencl. *verb.* tirar diritto, indirizzare, dirigere.

contr. storto, torto, inclinato, curvo, rattrappito, cascante, dinoccolato || seduto, giacente || sleale, disonesto, ingiusto, scaltro || il rovescio.

dirítto[2]**,** *sm.* legge, studio delle leggi, giure, giurisprudenza, scienza del diritto, scienza giuridica || facoltà, prerogativa, privilegio, ragione, spettanza, titolo, legittimità, giustizia, norma, ordinamento, regola, capacità.

nomencl. (*suddivisioni*) soggettivo, oggettivo, privato, ecclesiastico, canonico, pubblico, costituzionale, amministrativo, internazionale, penale, processuale, privato, civile, commerciale, militare, consuetudinario, delle genti, dei neutri, familiare, individuale, marittimo, nazionale, politico, sociale || divino, naturale, scritto, positivo, primitivo, dell'uomo || (*diritti particolari*) al lavoro, cambiario, d'accessione, di anzianità, d'asilo, d'autore, alla vita, di accrescimento, di cittadinanza, elettorale, di conio, di emancipazione, di grazia, di nomina, di personalità, di petizione, di prelazione, di reciprocità, di sosta, ereditario, ipotecario, patrimoniale, reale, di obbligazione || (*termini relativi*) alternativa, autorità, equità, canone, erbatico, gabella, giurisdizione, giuspatronato, immunità, legnatico, prerogativa, privativa, privilegio, proprietà, redenzione, regalia, ritenzione, servitú (attiva, passiva), servitú personale, uso, usufrutto, usucapione || astensione, appartenenza, attenenza, azione confessoria, azione immobiliare, azione mobiliare, azione petitoria o possessoria, azione

reale, benefizio, caducità, canone, *capitis deminutio* (massima, media, minima), cessione, cedente, collisione, condizione, consuetudine, devoluzione, giurisdizione, interdizione, interstizio, investimento, investitura, morte civile, offerta, offesa, opposizione, ordinazione, postulazione, personalità, prescrizione, protesta, reintegrazione, restituzione in tempo, retrocessione, riabilitazione, rivendicazione, sospensione, stato, successione, termine perentorio, tradizione, trasmissione, usurpazione, violazione, vita civile || (*persone, enti*) avente causa, corpo morale, ente giuridico, utente, avvocato (di fiducia, d'ufficio, di difesa, di parte civile, dello Stato), causidico, civilista, consulente, commentatore, studioso, giurisperito, giurisprudente, giurista, glossatore, legale, legislatore, leguleio, patrono, patrocinante, patrocinatore, penalista, procuratore, romanista || storcileggi, azzeccagarbugli, cavalocchio, mozzorecchi || giudice conciliatore, probiviri, arbitri, pretore, presidente di tribunale, procuratore della Repubblica, sostituti, primo presidente di corte d'appello, procuratore generale della Repubblica, avvocato generale, magistrato delle acque, giudici popolari, consigliere di cassazione || pretura, tribunale, corte d'appello, corte d'Assise, corte di cassazione, corte costituzionale, tribunale dei minorenni, tribunale delle acque, magistratura del lavoro, tribunale militare, tribunale supremo militare || aula, laurea, toga, tocco, collegio di difesa, curia, foro || (*leggi*) massimario, codice, legge, decreto, decreto legge, legge delegata, ordinanza, patto di quotalitate, corpo del diritto, *Corpus juris canonici*, *Decretali*, fonti del diritto, glossa ordinaria, *Novelle*, *Pandette*, *Costituzioni*, *Digesto*, responsi || articolo, comma, paragrafo, alinea || *agg.* acquisito, assoluto, caduco, contingente, derivato, eccezionale, imprescrittibile, inalienabile, inconcusso, innato, inoppugnabile, intangibile, ipotetico, prescrittibile || avvocatesco, curiale, curialesco, forense, legale, illegale, legittimo || *verb.* adire, avere, acquistare, arrogarsi, assicurare, convalidare, conservare, difendere, integrare, riavere, rientrare, riprendere, rivendicare, sostenere, tutelare, avvalersi, esercitare, usare, privare, calpestare, conculcare, invadere, ledere, manomettere, offendere, vilipendere, violare, usurpare.
contr. torto || dovere, obbligo.

dirittúra, *sf.* rettitudine, lealtà, equità, probità, giustizia, → ONESTÀ.
contr. stortura, slealtà, ingiustizia, disonestà.

dirizzàre, *v.tr.* → RADDRIZZARE, FARE.

dirizzatúra, *sf.* → DIVISA.

dirizzóne, *sm.* atto sconsigliato, inopportuno, → ABITUDINE || cantonata, pregiudizio, → ERRORE.

diroccàre, *v.tr.* disfare, demolire, atterrare, appianare, abbattere, distruggere, → ROVINARE || *intr.* crollare, buttarsi giú, cadere violentemente, → CADERE.
contr. riedificare, innalzare, erigere, restaurare.

diroccàto, *pps.* di diroccare || *agg.* abbattuto, buttato giú, demolito, diruto, in rovina.
contr. eretto, intatto, conservato.

dirocciàre, *v.tr. lett.* → DIRUPARE.

dirómpere, *v.tr.* frangere, infrangere, spezzare, fracassare, → ROMPERE || ammollire, maciullare, schiacciare || *rifl.* sbattersi, rimescolarsi rumoreggiando || *fig.* sgranchire, → ABITUARE || fiaccare.

dirompiménto, *sm.* → AGITAZIONE.

dirottaménte, *avv.* a dirotto, copiosamente.

dirottàre, *v.tr.* deviare, cambiar rotta.

diròtto, *pps.* di dirompere || *agg.* → ROTTO || abbondante, violento || *fig.* → CALDO.

dirozzàre, *v.tr.* affinare, raffinare, aggraziare, lavorare raffinando, digrossare, sbozzare, disgrossare, scozzonare, incivilire, ingentilire || *fig.* → EDUCARE.
contr. diventare piú grossolano, inselvatichire, imbarbarirsi, degenerare.

diruggininíre, *v.tr. fig.* dirugginare, → DIGRIGNARE.

diruggìnio, *sm. fig.* stridore, → RUMORE.

dirupaménto, *sm.* → FRANA.

dirupàre, *v.intr.* e *rifl.* dirocciare, franare, scoscendersi, smottare, → CADERE || precipitare, cader giú da una rupe || *tr.* → GETTARE.
contr. alzarsi, elevarsi, arrampicarsi, spingere in su.

dirupàto, *pps.* di dirupare || *agg.* precipitoso per rupi, pendenti o rovinate, pericoloso, → SCOSCESO.

dirúpo, *sm.* altezza scoscesa, erta, abisso, anfratto, borro, botro, burrone, forra, greppo, rovina, rompicollo, scoscendimento, trabocco, voragine, precipizio, balza, frana, → RUPE, BARATRO || scrimolo.
contr. piano, pianoro, salita dolce e agevole.

díruto, *agg. lett.* → DIROCCATO.

disabbellíre, *v.tr.* e *rifl.* imbruttire, deformare, disadornare, → GUASTARE.
contr. abbellire.

disabbigliàre, *v.tr.* e *rifl. neol.* → SPOGLIARE.
contr. abbigliare.

disabitàto, *pps.* di disabitare || *agg.* non piú abitato, inabitato, deserto → ABBANDONATO.
contr. abitato.

disabituàre, *v.tr.* e *rifl.* disavvezzare, divezzare, disassuefare, disvezzare, svezzare.
contr. abituare, assuefare, accostumare, avvezzare.

disabituàto, *pps.* di disabituare || *agg.* disavvezzo, disassuefatto, divezzato, svezzato, non piú addestrato.
contr. abituato, avvezzo, assuefatto, accostumato.

disaccentàre, *v.tr.*
contr. accentare.

disaccètto, *agg.* → SGRADITO.
contr. accetto.

disaccóncio, *agg.* disadatto, inadatto, impreparato, → INETTO, INSUFFICIENTE.
contr. acconcio.

disaccòrdo, *sm.* → DISCORDIA.
contr. accordo.

disacerbàre, *v.tr.* → CONFORTARE.
contr. inacerbire, irritare, esulcerare, esacerbare, inasprire.

disadàtto, *agg.* disacconcio, → INETTO, INSUFFICIENTE.
contr. adatto.

disadornàre, *v.tr.* disornare, disabbellire, imbruttire, deturpare.
contr. ornare, abbellire, curare.

disadórno, *agg.* povero, nudo, rozzo || inornato, → BRUTTO.
contr. adorno.

disaffezionàre, *v.tr.* → DISAMORARE, ALLONTANARE || *rifl. fig.* raffreddarsi, → DIMENTICARE, DISTACCARE.
contr. affezionare, affezionarsi.
disaffezióne, *sf.* distacco, allontanamento affettivo, dimenticanza, apatia, → INDIFFERENZA.
contr. affezione.
disagévole, *agg.* malagevole, scomodo, faticoso, laborioso, → DIFFICILE.
contr. agevole, allettante.
disagevolézza, *sf.* → DIFFICOLTÀ.
disaggradíre, *v.tr.* e *intr.* dispiacere, → SGRADIRE.
disaggregàre, *v.tr.* → DECOMPORRE, DIVIDERE.
disagguagliàre, *v.tr.* → DISTINGUERE, DIFFERENZIARE.
disagiàre, *v.tr.* e *rifl.* → DISTURBARE.
disagiàto, *pps.* di disagiare || *agg.* scomodo, incomodo, inagevole, impacciato || bisognoso, indigente, povero, → DISGRAZIATO.
contr. comodo, distrigato || agiato, ricco.
disàgio, *sm.* incomodo, impedimento, fatica, pena, incomodità, fastidio, molestia, → DIFFICOLTÀ, || privazione, stento, sofferenza, bisogno || imbarazzo, impaccio.
contr. agio, comodità || agiatezza || disinvoltura.
disagióso, *agg.* → DIFFICILE, DISGRAZIATO.
disamèno, *agg.* inamabile, inameno, → SGRADITO, BRUTTO.
contr. ameno, piacevole.
disàmina, *sf.* critica, osservazione, recensione, cenno critico, giudizio, → ESAME || CONSULTAZIONE.
disaminàre, *v.tr.* → ESAMINARE, CONSULTARE.
disamoràre, *v.tr.* raffreddare, disaffezionare, disinnamorare, alienarsi (uno), → ALLONTANARE || *rifl.* disinnamorarsi, perder l'amore, l'attrattiva, l'interesse.
contr. innamorare,
disamoràto, *pps.* di disamorare || *agg.* disinnamorato, raffreddato, non piú attratto, alienato || inappetente.
contr. innamorato.
disamóre, *sm.* → ODIO, INDIFFERENZA.
contr. amore.
disancoràre, *v.tr.* togliere l'ancora, → SALPARE.
contr. ancorare, gettare l'ancora.
disanimàre, *v.tr.* e *rifl.* → ESANIMARE, AVVILIRE, SCORAGGIARE, BATTERE.
contr. inanimare.
disanimàto, *pps.* di disanimare || *agg.* scoraggiato, inanimato, abbattuto, angustiato → BATTUTO.
contr. infervorato.
disappassionàre, *v.tr.* e *rifl.* deludere, disinnamorare, raffreddare || perdere l'entusiasmo, il fervore, la passione || cominciare a ragionare, a riflettere, a dominarsi.
contr. appassionare.
disappetènza, *sf.* disgusto dei cibi, → INAPPETENZA.
contr. appetenza, appetito.
disapplicazióne, *sf.* → NEGLIGENZA, DISTRAZIONE.
contr. applicazione.
disapprèndere, *v.tr.* → DIMENTICARE.
contr. apprendere.
disapprovàre, *v.tr.* riprovare, censurare, riprendere, condannare, sconfessare, dissentire, discrepare || fischiare, → BIASIMARE, CONTRARIARE.
contr. approvare, accettare, acconsentire, lodare.
disapprovazióne, *sf.* riprovazione, condanna, sconfessione, censura, → BIASIMO, CONTRARIETÀ.
contr. approvazione, consenso, lode.
disappúnto, *sm.* → CONTRARIETÀ, NOIA, DISTURBO.
disarmàre, *v.tr.* spogliare delle armi || *fig.* rabbonire, rappacificare, → CALMARE.
contr. armare.
disarmàto, *pps.* di disarmare || *agg.* → INERME, INDIFESO.
contr. armato.
disarmonía, *sf.* → DISCORDANZA.
contr. armonia.
disarmònico, *agg.* inarmonico, urtante, sordo, dissonante, sgradevole, sproporzionato, discorde, stridulo, → DISCORDANTE.
contr. armonico, gradevole.
disarmonizzàto, *pps.* di disarmonizzare || *agg.* → DISCORDANTE.
contr. armonizzato, armonico.
disarticolàre, *v.tr.* e *rifl.* → LUSSARE.
contr. articolare,
disarticolazióne, *sf.* → LUSSAZIONE.
contr. articolazione.
disaspríre, *v.tr.* → ADDOLCIRE.
contr. inasprire.
disassociàre, *v.tr. rar.* dissociare, separare, → DIVIDERE.
contr. associare.
disassuefàre, *v.tr.* → DISABITUARE.
contr. assuefare.
disassuefàtto, *pps.* di disassuefare || *agg.* → DISABITUATO.
contr. assuefatto.
disàstro, *sm.* calamità, diluvio, sterminio, cataclisma, catastrofe, flagello, infortunio, sinistro, sciagura, avversità, subisso, maledizione, sconquasso, strage, crollo, rovescio, tracollo, incendio, emergenza, sconfitta, naufragio, → DANNO, ROVINA, DISGRAZIA.
nomencl. *agg.* colposo, criminoso, delittuoso, grave, serio, spiacevole, immane, generale, irrimediabile, irreparabile, terribile, spaventoso, tragico, calamitoso, repentino, inaspettato, inatteso, violento, furioso, subitaneo, fulmineo, rapido || rimediabile, riparabile, arginabile, inavvertito, incombente || *loc. avv.* da poco || *verb.* scatenare, incombere, procurare, provocare, causare.
contr. fortuna, ventura, beneficio, benedizione.
disastróso, *agg.* rovinoso, pessimo, dannoso, sciagurato, → DISGRAZIATO.
contr. fortunato, benefico.
disattènto, *agg.* → DISTRATTO, NEGLIGENTE.
contr. attento.
disattenzióne, *sf.* inattenzione, inavvedutezza, inavvertenza, balordaggine, sbadataggine, dimenticanza, noncuranza, incuranza, sconsideratezza, astrattaggine, spensierataggine, storditezza, spensieratezza, svista, → DISTRAZIONE, NEGLIGENZA.
contr. attenzione, diligenza, avvedutezza, cura, impegno, accortezza, considerazione.
disavànzo, *sm.* scapito, perdita, debito, dissesto, deficit, passività, ammanco, eccedenza passiva.
nomencl. *agg.* grave, forte, considerevole, enorme, trascurabile, lieve, piccolo, insignificante, colposo.
contr. avanzo, attività, eccedenza attiva.
disavvantàggio, *sm.* perdita, danno, → SVANTAGGIO.
contr. vantaggio.

disavvedutézza, *sf.* → DIMENTICANZA, DISTRAZIONE.
contr. avvedutezza.
disavvedúto, *agg.* malaccorto, sbadato, incauto, inconsiderato, → DISTRATTO, BALORDO.
contr. avveduto, accorto, attento, prudente, cauto.
disavvenènte, *agg.* → BRUTTO.
contr. avvenente.
disavvenènza, *sf.* → BRUTTEZZA.
contr. avvenenza.
disavventúra, *sf.* contrarietà, sfortuna, → DISGRAZIA.
contr. caso fortunato, fortuna.
disavventuràto, *agg.* malavventurato, malcapitato, sventurato, sfortunato, → DISGRAZIATO.
contr. avventurato, fortunato.
disavvertènza, *sf.* → DISTRAZIONE, NEGLIGENZA.
disavvertíto, *agg.* → DISTRATTO.
disavvezzàre, *v.tr.* e *rifl.* divezzare, → DISABITUARE.
contr. avvezzare.
disavvezzàto, *pps.* di disavvezzare || *agg.* → INSOLITO.
contr. avvezzato, avvvezzo.
disavvézzo, *agg.* disavvezzato, → INSOLITO, DISABITUATO.
disbramàre, *v.tr.* saziare una brama, → SODDISFARE.
disbrigàre, *v.tr.* spicciarsi, → SBRIGARE || SCIOGLIERE.
discacciaménto, *sm.* → ALLONTANAMENTO.
discacciàre, *v.tr.* scacciare, → ALLONTANARE.
discàpito, *sm.* scapito, → DANNO.
discàrico, *sm.* discolpa, giustificazione, sgravio, → SCUSA.
nomencl. a discarico, a scarico di coscienza; testimoni a discarico.
discàro, *agg.* → SGRADITO.
contr. caro.
discendènte, *ppr.* di discendere || *agg.* nato, disceso, originato, proveniente, conseguente || *sm.* figlio, successore, erede, postero.
nomencl. linea discendente || *agg.* prossimo, immediato, lontano, remoto.
contr. ascendente.
discendènza, *sf.* → FAMIGLIA, STIRPE, ORIGINE || EFFETTO.
contr. ascendenza.
discéndere, *v.intr.* → CALARE, VENIRE || provenire, avere origine, nascere, emanare, procedere, generare, derivare || *tr.* → SCENDERE.
contr. ascendere, salire, risalire.
discènte, *agg.* e *sm.* → SCOLARO.
contr. docente.
discentràre, *v.tr.* dicentrare, decentrare, allontanare, levare dal centro.
contr. accentrare, incentrare, concentrare.
discentràto, *pps.* di discentrare || *agg.* → LONTANO.
contr. accentrato, incentrato, concentrato.
discepolàto, *sm.* → APPRENDISTATO.
discépolo, *sm.* allievo, alunno → SCOLARO || seguace, uditore, imitatore.
discèrnere, *v.tr.* conoscere, riconoscere, ravvisare, raffigurare || differenziare, scegliere, scindere || scoprire || cernere (*ant.*) scernere, scorgere, → VEDERE, DISTINGUERE || giudicare.
contr. accomunare, confondere, mescolare || far d'ogni erba un fascio.
discerníbile, *agg.* distinguibile, → VISIBILE.
discerniménto, *sm.* criterio, oculatezza, discrezione, senno, perspicacia, giudizio, chiaroveggenza, → BUONSENSO, ONESTÀ, COSCIENZA.
discervellàre, *v.rifl.* → SCERVELLARE.
discervellàto, *pps.* di discervellare || *agg.* → EBETE.
discésa, *sf.* china, calata, declinazione, declino, declivio, scoscendimento, degradazione, scesa, abbassamento, pendio, decadenza, scadimento, tramonto, catabasi.
nomencl. *agg.* ripida, scoscesa, forte, aspra, dolce, leggera, continuata, uguale, irregolare, regolare || *loc. avv.* a strapiombo || *verb.* discendere, scivolare, calare, scendere || salire, montar, inerpicarsi, arrampicarsi.
contr. salita, ascesa, ascensione, assunzione, accrescimento, anabasi.
discéso, *pps.* di discendere || *agg.* → DISCENDENTE.
discettàre, *v.intr.* disputare, discutere, sillogizzare.
disceveràre, *v.tr.* → DIVIDERE, DISTINGUERE.
dischiúdere, *v.tr.* → APRIRE.
contr. chiudere.
discíngere, *v.tr.* → SCIOGLIERE, SPOGLIARE || *rifl.* svestirsi.
contr. cingere.
discínto, *pps.* di discingere || *agg.* vestito sommariamente, poco vestito, scollacciato, immodesto.
contr. cinto, attillato, agghindato.
disciògliere, *v.tr.* stemperare, dividere, ridurre, diluire, → SCIOGLIERE, DECOMPORRE, DISTRUGGERE.
disciplína, *sf.* → CASTIGO, EDUCAZIONE, REGOLA, OBBEDIENZA || pratica, arte dello studio, specialità o materia di studio, dottrina, scienza || mazzo di funicelle, cilicio, flagello per penitenza, penitenza.
nomencl. militare, scolastica, ecclesiastica || compagnia, consiglio, sala di disciplina || *agg.* ferrea, dura, ferma, rigorosa, severa, aspra, inesorabile, inflessibile, rude, indulgente, tollerante, mite, bonaria, umana, debole, molle, rilassata, fiacca || *verb.* imporre, mantenere, osservare, violare, rompere, sostenere, uniformarsi, assoggettarsi.
contr. indisciplina, indocilità, licenza, insofferenza, disordine.
disciplinàre¹, *v.tr.* dare, imporre una disciplina, una regola; coartare, allenare, educare; ordinare.
contr. lasciare libero, abbandonare a sé.
disciplinàre², *agg.*
nomencl. norma, disposizione, provvedimento disciplinare.
disciplinatézza, *sf.* → OBBEDIENZA, EDUCAZIONE.
disciplinàto, *pps.* di disciplinare || *agg.* facile a governare, rispettoso, ossequiente, docile, → OBBEDIENTE, EDUCATO || *sm. pl.* → FLAGELLANTE.
contr. indisciplinato, scapestrato, disordinato, disobbediente.
dísco, *sm.* sfera, ruota, ruzzola, scudo, patena, → CERCHIO.
nomencl. (*varietà*) ottico, coniugale, elettrico, girante, oftalmico, volante, fonografico || microsolco.
discòide, *agg.* rotondo || *sm. neol.* pastiglia, pasticca, cialdino, compressa medicinale.
díscolo, *agg.* e *sm.* difficile a governare, scapestrato, tristo, → MONELLO.
discoloràre, *v.tr.* → SCOLORIRE.

discólpa, *sf.* discarico, sgravio, → SCUSA, GIUSTIFICAZIONE.
contr. accusa, aggravante.
discolpàre, *v.tr.* giustificare, scagionare, scolpare, → DIFENDERE, SCUSARE.
contr. accusare, incolpare.
discomméttere, *v.tr.* → DIVIDERE.
contr. commettere.
discompórre, *v.tr.* → DIVIDERE.
contr. comporre, ricomporre.
disconciàre, *v.tr.* → GUASTARE, SCONCIARE.
contr. acconciare.
disconoscènte, *ppr.* di disconoscere || *agg.* → SCONOSCENTE, INGRATO.
contr. riconoscente, grato.
disconoscènza, *sf.* → SCONOSCENZA, INGRATITUDINE.
contr. riconoscenza, gratitudine.
disconóscere, *v.tr.* → SCONOSCERE || NEGARE.
contr. riconoscere.
disconsolàto, *agg.* → ADDOLORATO.
contr. consolato.
discontènto, *agg.* → ADDOLORATO.
contr. contento.
discontinuàre, *v.tr. lett.* interrompere, intervallare, sparpagliare, → FINIRE.
contr. continuare.
discontinuità, *sf.* → INTERVALLO.
contr. continuità.
disconvenévole, *agg.* sconvenevole, → SCONVENIENTE.
contr. convenevole, conveniente.
disconveniènte, *ppr.* di disconvenire || *agg.* → SCONVENIENTE.
contr. conveniente, convenevole.
disconveníre, *v.intr.* → SCONVENIRE.
contr. convenire.
discopríre, *v.tr. rar.* → SCOPRIRE, TROVARE.
discordànte, *ppr.* di discordare || *agg.* dissonante, discrepante, diafonico, disarmonico, disarmonizzato, stonato, discorde, → DIVERSO || dissenziente.
contr. concordante, accordato, accordevole, armonico.
discordànza, *sf.* diafonia, dissonanza, disarmonia, stonatura, sconcordanza || dissomiglianza, disparere, dissenso, discrepanza, scontro, divario, → DISCORDIA, DIVERSITÀ.
nomencl. *agg.* piccola, lieve, esigua, impercettibile, infinitesima, microscopica, modica, scarsa, molta, forte, grande, superabile, rilevante, considerevole, notevole, importante, visibile, rilevabile, stridente.
contr. concordanza, accordo, armonia, consonanza, uguaglianza, somiglianza, concordia, incontro.
discordàre, *v.intr.* → DISSENTIRE, STONARE, DIFFERIRE.
contr. concordare.
discòrde, *agg.* → INCOMPATIBILE, DISCORDANTE, DISSENZIENTE || DIVERSO || DIVISO.
contr. concorde.
discòrdia, *sf.* attrito, contrasto, discordanza, disaccordo, discrepanza, dissentimento, dissensione, dissidio, scisma, separazione, divorzio, malinteso, insociabilità, rissa, fermento, divisione, fazione, guerra, battaglia, guerra civile, lotta, lotta intestina, conflitto, opposizione, anarchia, disunione, antagonismo, urto, contesa, dissidenza, dissapore, dispetto, freddezza, inimicizia, lite, nuvola, rottura, ripudio, incompatibilità, zizzania, accusa, scissione, secessione, scissura, screzio || dissonanza, stonatura, cacofonia, asimmetria, sproporzione, disparere, dissenso, divergenza, contraddizione, scisma, disputa, discussione, differenza d'opinione o di giudizio, ragionamento discordante, irrazionalità, contrarietà, incoerenza, anormalità, inconseguenza, disordine, anomalia, disuguaglianza, diversità.
nomencl. *agg.* civile, religiosa, || interna, intestina, diffusa, estesa, ristretta, limitata, radicata, inveterata, incallita, passeggera, labile, lieve, momentanea, accomodabile, accomodata, risolta, sedata, stroncata, repressa, quietata, placata, rinvigorita, alimentata, aizzata, sostenuta || *verb.* guastare, turbare, inimicare; alimentare, portare, recare, accendere, determinare, fomentare, seminare, rinfocolare, suscitare, attenuare, sopire, spegnere discordie; istigare, metter male, aizzare, abbaruffare, aggiungere legna al fuoco, durare, cessare, attutire || alienarsi l'animo; cadere, entrare, venire in discordia; guastarsi, separarsi, essere in rotta, disgustarsi, rompere la buona armonia, essere come cani e gatti, essere come il diavolo e l'acquasanta.
contr. concordia, armonia, accordo, pace, unione, intesa, consonanza, unanimità.
discórrere, *v.intr.* → PARLARE, TRATTARE, DIRE || correre qua e là, trascorrere.
discórsa, *sf. spreg.* cicalata, lungagnata, sproloquio, chiacchierata, cantafera.
discorsívo, *agg.* → CHIACCHIERONE || (*fil.*) raziocinativo.
discórso, *sm.* arringa, concione, dissertazione, orazione, perorazione, predica, sermone, predicozzo, allocuzione, conferenza, declamazione, diatriba, dibattito, ragionamento, dibattimento, sproloquio, apologia, apostrofe, lezione, filippica, intemerata, necrologio, necrologia, omelia, panegirico, parabòla, paradosso, polemica, prolusione, lamentazione, replica, requisitoria, → COLLOQUIO || diceria, discorsa, ciancia, filastrocca, parlata, ciarla, pettegolezzo || ambiloquio, anfibologia, antifona, asinata, asineria, battologia, tautologia, borra, bubbolata, brodo lungo, bugiarderia, cantafavola, chiacchiera, chiacchierata, cicalata, cicaleccio, chiapparello, dialogismo, geremiade, giaculatoria, girigogolo, imbroglio, indovinello, insinuazione, introduzione, invettiva, ironia, isagoge, lerema, logomachia, logorrea, acribologia, lungagnata, obloquio, pappolata, pettegolata, preambolo, prelezione, preliminare, prolegomeno, prologo, rapporto, sciloma, sonata, tantafera, tirata, trattato, tropologia, turpiloquio, vaniloquio.
nomencl. (*elementi*) affisso, aggettivo, argomentazione, argomento, avverbio, chiusa, circonlocuzione, clausola, conclusione, confermazione, confutazione, conseguenza, costruzione, definizione, dicitura, digressione, elocuzione, enumerazione, epifonema, epilogo, esclamazione, esordio, fermata, figura, frase, frequentazione, iato, interiezione, narrazione, numerale, omissione, parentesi, particella, participio, perifrasi, periodo, postulato, preambolo, premessa; preposizione, pronome, proposizione, reticenza, riepilogo, ritornello, soggetto, spunto, verbo || abbreviatura, abbreviazione, allegoria, analisi, argomentazione, ammenicolo, anatogismo, apagogia, deduzione, illazione, paralogismo, porismo,

ritorsione, tema, tesi, sillogismo, sofisma, asindeto, assunto, arzigogolo || cadenza, cenno, concetto, contesto, costrutto, divisione, elisione, ellissi, enallage, frangia, flossema, iperbato, malinteso, paronomasia, pausa, intervallo, recitazione, risposta, senso, significato, sintesi, soggetto, sommario, sorite, svarione, sproposito || *agg.* breve, corto, lungo, diffuso, dilavato, prolisso, accademico, aereo, affettato, allegorico, ambiguo, equivoco, ampolloso, animato, arlecchinesco, scipito, asillogistico, astratto, concreto, brioso, cadenzato, monotono, complicato, astruso, compassato, preciso, misurato, conclusivo, confidenziale, confutatorio, conseguente, determinativo, elegiaco, noioso, barboso, uggioso, fastidioso, enfatico, epigrammatico, esauriente, espletivo, estemporaneo, fatuo, vuoto, vano, allegro, esilarante, grandisonante, grasso, lubrico, impolitico, inopportuno, impacciato, imbarazzato, stentato, stiracchiato, slegato, improvvisato, infuriato, veemente, involuto, ironico, laconico, conciso, laudativo, elogiativo, logico, licenzioso, maccheronico, grossolano, mancino; mellifluo, sdolcinato, metaforico, monotono, nudo, semplice, piano, pedestre, pedante, polemico, sconnesso, sofistico, spedito, facile, fluente, spiccio, tagliente, strambo, strano, stravagante, strampalato, vago, violento, zoppicante, zoppo, difettoso, manchevole, testuale || *loc. avv.* in aria, senza fondamento || *verb.* abbattere, abbordare, abbreviare, accomodare, aggirarsi, alludere, andare di palo in frasca, armeggiare, attaccare o appiccar discorso, cambiar discorso, citare, concatenare, concludere, confondersi, confutare, dedurre, deviare, digredire, discutere, esulare, fraseggiare, frastornare, intavolare un discorso, interpolare, interrompere, lasciare di mezzo, lasciar cascare o morire il discorso, perdere il filo del discorso, polemizzare, premettere, prenderla larga, ragionare, riassumere, riattaccare discorso, riprendere il filo del discorso, riprodurre un discorso, stare in argomento, stringere, stornare, svoltare il discorso, tagliare il discorso, uscire dal seminato || abborracciare, accentuare, arringare, belare, diffondersi, dilungarsi, dissertare, epitetare, improvvisare, filar bene, impappinarsi, incagliarsi, incanalare un discorso, perifrasare, periodare, sermonare, sottolineare, spingere il discorso oltre le intenzioni.

discoscéso, *agg.* → SCOSCESO.

discostàre, *v.tr.* → ALLONTANARE.

contr. accostare.

discòsto, *agg.* → LONTANO.

contr. accosto, vicino, prossimo.

discrédere, *v.tr.* → SCONOSCERE.

discreditàre, *v.tr.* → SCREDITARE.

discrédito, *sm.* → SCREDITO, DANNO.

contr. credito, fiducia, stima.

discrepànte, *ppr.* di discrepare || *agg.* → DIVERSO, DISCORDANTE, CONTRARIO, IRRAGIONEVOLE.

discrepànza, *sf.* → DIVERSITÀ, DISCORDIA, DISCORDANZA.

discrepàre, *v.intr.* → DISSENTIRE, DIFFERIRE.

discretaménte, *avv.* → ABBASTANZA.

discréto, *agg.* → BUONO, TEMPERANTE, EDUCATO, DECOROSO || SUFFICIENTE.

contr. indiscreto.

discrezióne, *sf.* moderazione, prudenza, delicatezza, continenza || → EDUCAZIONE, BUONSENSO, DISCERNIMENTO, TEMPERANZA, CONVENIENZA, DECORO, SUFFICIENZA.

contr. indiscrezione, indelicatezza, maleducazione, grossolanità, intemperanza, scriteriataggine.

discriminànte, *ppr.* di discriminare || *agg.* e *sf.* → ATTENUANTE || ciò che distingue, differenzia, separa.

discriminàre, *v.tr.* → DISTINGUERE, DIMINUIRE.

discriminatúra, *sf.* → DIVISA || divisione dei capelli, → DIRIZZATURA.

discromatopsía, *sf.* → DALTONISMO.

discussióne, *sf.* contesa, contestazione, controversia, dibattimento, dibattito, disputa, mischia, questione, tenzone, trattazione, dissertazione, disquisizione, altercazione, polemica, guerra (*fig.*), → COLLOQUIO.

nomencl. (*equivalenti*) antilogia, batracomiomachia (politica, parlamentare), bizantinismo, logomachia, aggiornamento, ammenicolo, apodosia, obiezione, pregiudiziale, proposizione, questionario, replica || *agg.* lunga, interminabile, generale, noiosa, stucchevole, fastidiosa, uggiosa, insopportabile, importuna, inutile, futile, inopportuna, oziosa, superflua, vana, inconcludente, infruttuosa, calma, tranquilla, quieta, serena, pacata, fredda, pacifica, acre, aspra, mordace, acrimoniosa, dura, violenta, fiera, crudele, furiosa, irruente, acerrima, indiavolata, accademica, brillante, spiritosa, briosa || di lana caprina || *verb.* discutere, azzuffarsi, confondere l'avversario, intavolare, fare, suscitare, interrompere, finire, chiudere la discussione.

contr. accordo, consenso, ammissione, intesa.

discútere, *v.tr.* contendere, altercare, contrastare, contestare, controvertere, agitare, dibattere, disputare, dissertare, questionare, ragionare, tenzonare, trattare, vagliare, ventilare, scandagliare, → PARLARE || azzuffarsi, confutare, oppugnare, contraddire, convincere, far discussione, giudicare, incalzare, infirmare, intavolare una questione, obiettare, polemizzare, riconfutare, ridisputare, rimbeccare, rispondere, ritorcere, stare sulle generali, vedere il pro e il contro, problematizzare.

contr. accordarsi, intendersi, convenire, ammettere, consentire.

discutíbile, *agg.* confutabile, contestabile, contrastabile, controvertibile, opinabile, problematico, incerto, → DUBBIO || trattabile.

contr. indiscutibile, irrefutabile, inconfutabile, incontestabile, incontrastabile, dogmatico, intoccabile.

discutibilità, *sf.* controvertibilità, problematicità, opinabilità, incertezza, dubbio.

contr. indiscutibilità, irrefutabilità, incontestabilità.

disdegnàre, *v.tr.* → DISPREZZARE.

contr. degnare.

disdégno, *sm.* → DISPREZZO.

contr. degnazione.

disdegnóso, *agg.* sprezzante, corrucciato, indispettito, → SUPERBO.

disdétta, *sf.* → DISGRAZIA, IMBARAZZO || rinuncia, rifiuto || scioglimento (di contratto), sfratto, escomio.

disdétto, *pps.* di disdire || *agg.* → SCIOLTO.

disdicènte, *agg.* → SCONVENIENTE.

disdicévole, *agg.* → SCONVENIENTE.

disdíre, *v.tr.* → ABBANDONARE, ALLONTANARE, ANNUL-

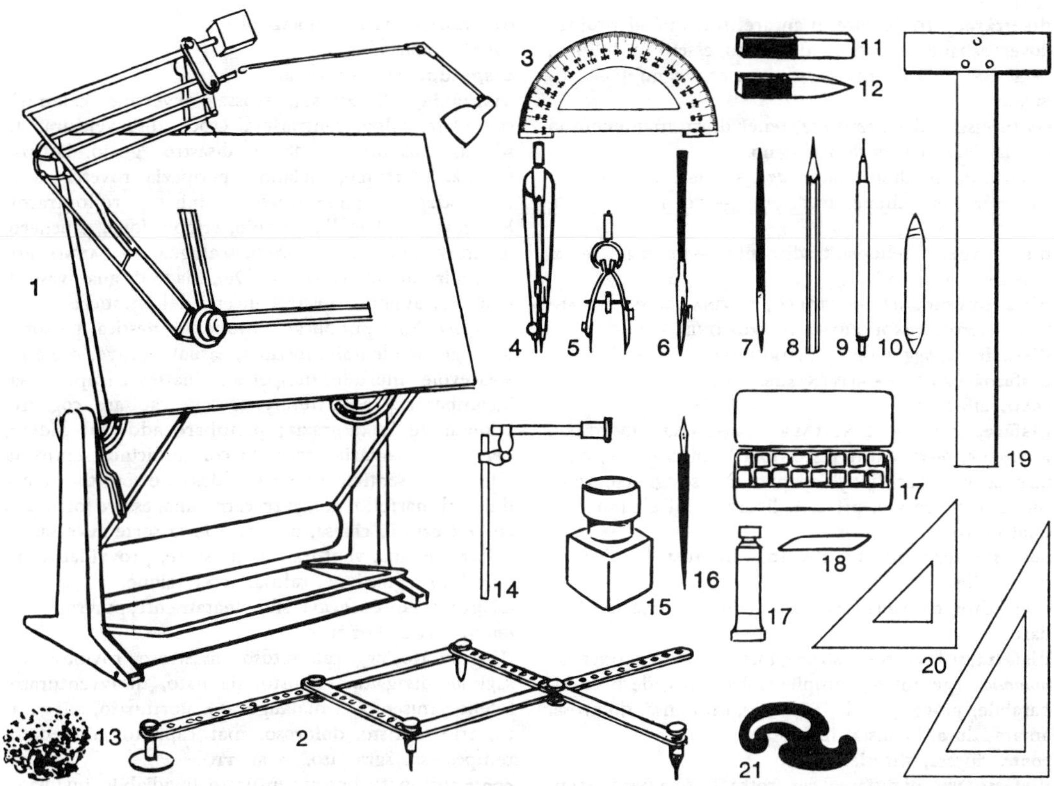

DISEGNO – 1) tecnigrafo; 2) pantografo; 3) goniometro; 4) compasso; 5) balaustrino; 6) tiralinee; 7) pennello; 8) matita; 9) portamine; 10) sfumino; 11-12) gessetti; 13) spugna; 14) fissatore; 15) inchiostro; 16) penna; 17) acquerelli; 18) gomma; 19) riga a T; 20) squadre; 21) curvilineo o curvigrafo.

LARE, REVOCARE || SCONVENIRE || *rifl.* contraddirsi, sconfessare, ritrattare, ritrattarsi, mutare opinione, parere.

disdòro, *sm.* → DISONORE, INFAMIA, IGNOMINIA.

disegnàre, *v.tr.* delineare, figurare, ritrarre, effigiare, schizzare, abbozzare, acquarellare, arabescare, calcare, comporre, copiare, frappeggiare, lucidare, ombrare, profilare, rapportare, ricalcare, sbozzare, sfumare, tratteggiare, pupazzettare, dipingere, segnare, affrescare, → PITTURARE || concepire, ideare, formulare una idea, determinare nell'animo, proporsi, progettare, stabilire, deliberare, far conto.

contr. cancellare, condurre a termine, eseguire.

disegnatóre, *sm.* → PITTORE.

diségno, *sm.* immagine, profilo, delineamento, contorno, rappresentazione, figurazione, illustrazione, arte del disegno || progetto, intenzione, proposito, proposta, idea, determinazione dell'animo, fine, scopo, mira.

nomencl. (*vari tipi*) parziale, di dettaglio, d'insieme, a contorno, a carboncino, a colori, ad acquarello, lineare, geometrico, ornamentale, tecnico, architettonico, di figura, dal vero, stereografico || (*equivalenti e attinenti*) abbozzo, arabesco, bozzetto, calco, capriccio, caricatura, cenno, chiaroscuro, cianografia, controcalco, cromolitografia, diagramma, fregaccio, girigogolo, graffito, incisione, mappa, paesaggio, pastello, prospettiva, pupazzetto, schema, schizzo, segno, *silhouette* spaccato, tatuaggio, tocco, veduta, vignetta, motivo, miniatura || campo, composizione, linea, ombra, mezz'ombra, ornato, parabola, piega, prospettiva, proiezione, scorcio, tono, tratteggiatura o tratteggio || studio, iconografia, icnografia, intaglio, intarsio, papirografia, stereografia, topografia || (*persone*) architetto, caricaturista, disegnatore, figurista, lucidatore, mappatore, topografo, ritrattista, paesaggista, incisore, decoratore, miniaturista || (*arnesi*) calcatoio, carboncino, compasso, curvigrafo, tecnigrafo, balaustrino, goniometro, iconografo, graticola, lucido, matita, odontografo, pantografo, parallelo, penna, pennello, piombino, randa, regolo, riga, setolone, sfumino, spolvero, squadra, squadretta, stampino, tavoletta, tiralinee, acquerello, bistro, carta tinta, carta lucida, carminio, gomma-lacca, blu di Prussia o azzurro di Berlino, fuliggine, fissatore, gesso, gessetto, grafite, inchiostro || *agg.* ardito, meschino, grandioso, riuscito, felice, indovinato, ottimo, perfetto, attuabile, fattibile, inattuabile, impossibile, assurdo, paradossale, geniale || *verb.* arabescare, comporre, copiare, cancellare, lucidare, rapportare, ricalcare, ricavare, sbozzare, schizzare, rilevare, riprodurre.

disenfiàre, *v.tr.* → SGONFIARE.

contr. enfiare, gonfiare.

diseredàto, *pps.* di diseredare || *agg.* e *sm.* → POVERO || sfortunato, disavventurato, disgraziato.

disertàre, *v.tr.* fuggire, mancare, sottrarsi al proprio dovere, sbandare, passare al nemico, essere un fellone, → ABBANDONARE || mancare ad un convegno || → ROVINARE.
contr. esser fedele, resistere, tener duro, mantenere la parola data, il proprio impegno.
disertàto, *pps.* di disertare || *agg.* → ABBANDONATO.
disertóre, *sm.* fellone, traditore, → CONTUMACE, FUGGIASCO.
diserzióne, *sf.* fellonia, tradimento, → RINUNZIA, FUGA, CONTUMACIA.
disfaciménto, *sm.* → CROLLO, ROVINA, CONSUMO, ANNULLAMENTO, DISSOLUZIONE, DISTRUZIONE.
disfacitóre, *agg.* e *sm.* → DISTRUTTORE.
disfamàre, *v.tr.* → ALIMENTARE.
contr. affamare.
disfàre, *v.tr.* → ANNULLARE, CONSUMARE, GUASTARE, ROVINARE, DISTRUGGERE || scomporre, disciogliere, disunire, scompigliare || *rifl.* spappolarsi, sciogliersi, venir meno, dissolversi || privarsi, liberarsi (di alcuno o di qualche cosa).
nomencl. disfacimento, disfatta, disfattista || disfatto, disfattibile.
contr. fare, costruire, innalzare, edificare, iniziare, fondare.
disfàtta, *sf.* fuga, rotta, sbaraglio, perdita, → SCONFITTA.
nomencl. *agg.* totale, completa, definitiva, decisiva, riparabile, grave, grande, immane, immensa, dolorosa, amara, dura, infausta, luttuosa.
contr. ripresa, vittoria.
disfàtto, *pps.* di disfare || *agg.* rotto, fatto a pezzi, sconvolto, sconquassato, scomposto, distrutto, rovinato, → GUASTO || *fig.* cadente, mal ridotto, sparuto, → BATTUTO, DEBOLE.
contr. fatto, intatto, rifatto || florido, fiorente.
disfavillàre, *v.intr.* → BALENARE.
disfavóre, *sm.* disgrazia, danno.
contr. favore.
disfavorévole, *agg.* → CONTRARIO.
contr. favorevole.
disfavoríre, *v.tr.* sfavorire, dare addosso, avere in uggia.
contr. favorire.
disfída, *sf.* sfida, → DUELLO.
disfioràre, *v.tr.* → GUASTARE || DISONORARE.
disforía, *sf.* → ANSIA.
disformàre, *v.tr.* alterare, consumare, → GUASTARE.
disgelàre, *v.tr.* → SCIOGLIERE.
contr. gelare.
disgiúngere, *v.tr.* distinguere, separare, spartire, → DIVIDERE, APRIRE || *rifl.* → DIRAMARE || separarsi, allontanarsi.
contr. congiungere.
disgiungiménto, *sm.* → DIVISIONE.
contr. congiungimento.
disgiunzióne, *v.tr.* → DIVISIONE.
contr. congiunzione.
disgradàre, *v.intr.* abbassar di grado, vincere || → SGRADIRE.
disgradévole, *agg.* → SGRADITO.
contr. gradevole.
disgradíre, *v.tr.* → SGRADIRE.
contr. gradire.
disgràdo, *sm.* → DOLORE.
disgràzia, *sf.* batosta, scossa, avversità, calamità, catastrofe, colpo, contrarietà, croce, disavventura, disdetta, disfavore, accidente, disastro, guaio, iattura, fatalità, infortunio, malanno, peripezia, rovescio, sciagura, sciagurataggine, sfortuna, sinistro, crollo, tracollo, traversia, flagello, tribolo, tribolazione, canchero, iettatura, burrasca, escomio, scalogna, → DANNO, ROVINA || ira di Dio, castigo di Dio, Iliade di guai, vaso di Pandora, augurio sinistro, incerti del mestiere.
nomencl. (*tipi*) pubblica, comune, domestica, personale || *agg.* accidentale, fortuita, casuale, grave, molesta, spiacevole, mortale, inaspettata, inattesa, improvvisa, incombente || *verb.* fiutare, cercare, capitare, cogliere, allontanare la disgrazia; piombare addosso; cadere, venire in disgrazia; cercarle col lumicino, sentirsela alle spalle, sentirsela venire addosso, essere tra l'incudine e il martello, non azzeccarne una, essere fortunato come i cani in chiesa, nascere con la sorte avversa.
contr. fortuna, ventura, buona sorte, provvidenza divina || rassegnazione, calma, accettazione.
disgraziataménte, *avv.* sfortunatamente, purtroppo.
contr. fortunatamente.
disgraziàto, *agg.* calamitoso, disastroso, rovinoso, disagioso, disagiato, infausto, dannato, disavventurato, infelice, miserabile, malaugurato, sfortunato, sciagurato, triste, tristo, doloroso, mal capitato, diseredato, tempestoso, sgraziato, → BRUTTO.
contr. fortunato, ben avventurato, invidiabile, invidiato.
disgregàre, *v.tr.* → DECOMPORRE, DIVIDERE.
contr. aggregare, congregare.
disgregàto, *pps.* di disgregare || *agg.* disunito, diviso, → DECOMPOSTO.
contr. aggregato, congregato.
disgregazióne, *sf.* → DECOMPOSIZIONE, DIVISIONE.
contr. aggregazione, composizione.
disgrossàre, *v.tr.* → ABBOZZARE, DIROZZARE.
disguído, *sm.* equivoco, impaccio, imprevisto, sorpresa, → ERRORE.
disgustàre, *v.tr.* → NAUSEARE, SGRADIRE, ANNOIARE || *rifl.* guastarsi (con qualcuno), amareggiarsi, stomacarsi, separarsi (da uno).
disgústo, *sm.* ripugnanza, noia, disappetenza, fastidio, molestia, avversione, svogliatezza, → NAUSEA || malumore, amarezza, dispiacere, antipatia, disinganno, → DOLORE.
contr. gusto, appetenza, piacere, avidità, voglia.
disgustóso, *agg.* → NAUSEANTE, SGRADITO, AMARO, RIPUGNANTE.
disidratàre, *v.tr.* → ASCIUGARE.
disillúdere, *v.tr.* → INGANNARE, DISINGANNARE.
contr. illudere.
disillusióne, *sf.* → DELUSIONE, DISINGANNO.
contr. illusione,
disillúso, *pps.* di disilludere || *agg.* → DELUSO.
contr. illuso.
disimpacciàre, *v.tr.* → SBRIGARE, SCIOGLIERE || *rifl.* → DISOBBLIGARE.
contr. impacciare.

disimpacciàto, *pps.* di disimpacciare || *agg.* → NATURALE.
contr. impacciato.
disimparàre, *v.tr.* → DIMENTICARE.
contr. imparare.
disimpegnàre, *v.tr.* → LIBERARE, SCIOGLIERE, SBRIGARE, DISOBBLIGARE.
contr. impegnare, obbligare, legare.
disincagliàre, *v.tr.* → LIBERARE.
contr. incagliare.
disincantàto, *agg.* disingannato, → DELUSO.
disincànto, *sm.* → DELUSIONE.
disinfestàre, *v.tr.* liberare, ripulire dagli insetti.
contr. infestare, invadere, danneggiare (degli insetti).
disinfestazióne, *sf.* liberazione dagli insetti.
contr. infestazione.
disinfettànte, *pps.* di disinfettare || *agg.* e *sm.* antisettico, asettico, sterilizzante, antiputrido.
nomencl. interno, esterno, generale, locale, cutaneo, polmonare, intestinale || (*esempi*) acido borico, acido salicilico, timolo, boral, bromol, fluoruro d'ammonio, naftolo, arseniato di soda, benzonaftolo, salolo, creosoto, ittiolo, fenolo, acido fenico, sublimato corrosivo, formalina, nitrato d'argento, tintura di iodio, acqua ossigenata, alcool, glicerina, permanganato di potassa, mercurio bliclorurо, acido picrico, cloruro di zinco, dermatolo, solfato di rame, acido cinammico, carta d'Armenia, coaltar || *agg.* potente, efficace, energico, miracoloso, attivo, inefficace, inefficiente, debole, diretto, indiretto || senza effetto.
contr. infettante, settico.
disinfettàre, *v.tr.* sterilizzare, purificare, depurare, dismorbare, risanare, suffumigare, profumare, distruggere i microbi.
contr. infettare, contagiare.
disinfettàto, *pps.* di disinfettare || *agg.* asettico, sterilizzato.
contr. infettato, infetto.
disinfezióne, *sf.* asepsi, sterilizzazione, antisepsi, purificazione, suffumigio, depurazione.
contr. sepsi, infezione.
disingannàre, *v.tr.* disilludere, chiarire, sincerare, sventare, rompere l'incanto || *rifl.* uscire dall'inganno, aprire gli occhi, disappassionare, raffreddare.
contr. illudere, accecare, abbagliare, impaniare, invischiare, legare || ingannare, frodare.
disingannàto, *pps.* di disingannare || *agg.* → DELUSO.
contr. ingannato, illuso.
disingànno, *sm.* → DELUSIONE, DISPERAZIONE.
contr. illusione.
disinnamoràre, *v.tr.* → DISAMORARE, ALLONTANARE.
contr. innamorare.
disinnestàre, *v.tr.*
contr. innestare.
disintegràre, *v.tr.* e *rifl.* spezzare, sminuzzare, disgregare, scindere || *fig.* → ANNULLARE, DIVIDERE.
contr. integrare.
disinteressàre, *v.rifl.* → ASTENERE.
contr. interessare.
disinteressàto, *pps.* di disinteressare || *agg.* imparziale, staccato, spassionato, spregiudicato, altruista, generoso || noncurante, cinico, freddo, → INDIFFERENTE.
contr. interessato, preoccupato, ansioso, partecipe, appassionato, fazioso, parziale, tendenzioso.
disinterèsse, *sm.* abnegazione, spassionatezza, altruismo, generosità || noncuranza, → INDIFFERENZA.
contr. interesse, cura, preoccupazione, appassionamento, ansia, partecipazione.
disintossicàre, *v.tr.* depurare, purgare, disavvelenare, purificare.
contr. intossicare, avvelenare, contaminare, contagiare.
disinvòlgere, *v.tr. rar.* → SVOLGERE.
contr. involgere, avvolgere.
disinvòlto, *pps.* di disinvolgere || *agg.* → NATURALE, SCIOLTO, SPIGLIATO, AGILE || FRANCO.
contr. timido, impacciato, impaniato, legato, compassato.
disinvoltúra, *sf.* spigliatezza, franchezza, agilità, brio, eleganza, naturalezza, scioltezza, vivezza, garbo, sfacciataggine, → ATTEGGIAMENTO.
contr. impaccio, ritegno, legamento, timidezza, goffaggine, invescamento, paura, pavidità.
disistíma, *sf.* → DISPREZZO.
contr. stima.
disistimàre, *v.tr.* → DISPREZZARE.
contr. stimare.
dislacciàre, *v.tr.* slacciare, togliersi.
contr. allacciare.
dislеàle, *agg.* sleale, infedele, traditore.
contr. leale.
dislegàre, *v.tr.* → SCIOGLIERE.
contr. legare.
dislocaménto, *sm.* → TRASPORTO || collocazione di truppe, trasferimento.
dislocàre, *v.tr.* → TRASPORTARE || DISTRUGGERE.
dislocazióne, *sf.* → TRASPORTO.
dislogaménto, *sm.* slogamento, → LUSSAZIONE.
dislogàre, *v.tr.* e *rifl.* slogare, → LUSSARE.
disloggiàre, *v.tr.* sloggiare, → ALLONTANARE.
dismantàre, *v.tr.* → SPOGLIARE.
dismembràre, *v.tr.* → SMEMBRARE || DIMENTICARE.
disméssо, *pps.* di dismettere || *agg.* smesso (per sempre), → VECCHIO.
disméttere, *v.tr.* → SMETTERE, FINIRE.
dismisúra, *sf.* → ECCESSO.
dismnesía, *sf.* amnesia, → DIMENTICANZA.
dismorbàre, *v.tr.* → DISINFETTARE.
contr. ammorbare, infettare.
disnaturàto, *pps.* di disnaturare || *agg.* snaturato, cinico, → CRUDELE.
disobbediènte, *agg.* → DISUBBIDIENTE.
disobbediènza, *sf.* → DISUBBIDIENZA.
disobbedíre, *v.tr.* → DISUBBIDIRE.
disobbligànte, *ppr.* di disobbligare || *agg. frs.* scortese, sgarbato, rozzo, → MALEDUCATO.
disobbligàre, *v.tr.* svincolare, sciogliere, disimpegnare, → ASSOLVERE, LIBERARE || *rifl.* sdebitarsi, disimpacciarsi, disimpegnarsi.
contr. obbligare, impegnarsi.
disoccupàto, *pps.* di disoccupare || *agg.* libero, inattivo, senza impegno, sfaccendato, fannullone, pigro,

ozioso, frivolo, scioperato || sgombro || *sm.* senza lavoro.
contr. occupato, impegnato, faccendone, ingombro, lavoratore.
disoccupazióne, *sf.* mancanza, privazione di lavoro.
contr. occupazione || piena occupazione.
disonestà, *sf.* inonestà, ingiustizia, improbità, frode, incoscienza, ladreria || immoralità, scostumatezza, dissolutezza, impudicizia, impurità.
contr. onestà, probità, moralità, rettitudine, costumatezza.
disonèsto, *agg.* inonesto, ingiusto, incosciente, ladro || impuro, impudico, immorale, scostumato, turpe, spudorato, infame, sconveniente, vergognoso, dissoluto.
contr. onesto, giusto, morale, temperante, costumato, puro, pudico.
disonoràre, *v.tr.* disfiorare, vituperare, infamare, diffamare, togliere l'onore, disistimare, svergognare, → CALPESTARE || *rifl.* perdere l'onore || *fig.* togliere, perdere la verginità.
contr. onorare, rispettare, stimare.
disonoràto, *pps.* di disonorare || *agg.* offeso, infamato, diffamato, vituperato, svergognato.
contr. onorato; illibato.
disonóre, *sm.* disdoro, infamia, infamità, vituperio, ignominia, vergogna, obbrobrio, scorno, smacco.
contr. onore, onoratezza, onorabilità, stima; illibatezza.
disonorévole, *agg.* → BIASIMEVOLE.
contr. onorevole.
disordinàre, *v.tr.* abbaruffare, arruffare, confondere, dissestare, mescolare, mischiare, ingarbugliare, mettere a soqquadro, scombussolare, scompaginare, scompigliare, scomporre, sconcertare, sconquassare, sconvolgere, sgominare, soqquadrare, squinternare, tramescolare, tramestare, volgere sottosopra, sovvertire, sparpagliare, rimestare, perturbare, turbare, scarmigliare || *intr.* eccedere, abboracciare, ammestare, annaspare, buttar all'aria, sbandare, sciamannare, tempestare, impiastricciare.
contr. ordinare, assestare, sistemare, organizzare, comporre.
disordinàto, *pps.* di disordinare || *agg.* inordinato, inorganico, disorganico, sconnesso, incomposto, dissestato, arruffato, avviluppato, scomposto, rabbuffato, scompigliato, scarduffato, sciatto, scompaginato, squinternato, sciamannato, caotico, → CONFUSO || *fig.* → DISTORTO.
contr. ordinato, assestato, organico, composto, sistemato, organizzato.
disórdine, *sm.* abbaruffio, agitazione, arruffamento, babele, babilonia, baruffa, baraonda, buscherio, burrasca, campo di battaglia, cataclisma, caos, diavolio, diavolo a quattro, disastro, disorganizzazione, disservizio, follia, imbroglio, intemperie, irregolarità, parapiglia, pazzia, perturbazione, rimescolio, rivoluzione, rissa, rivolta, sgominío, scompiglio, sconcerto, scombinazione, scombuglio, sconnessione, stravolgimento, scombussolio, sconquasso, sconvolgimento, sgangheramento, soqquadro, sedizione, sovversione, sovvertimento, sommossa, sregolatezza, scompostezza, stravizio, sciatteria, tempesta, trambusto, tramenio, tramestio, travaglio, turbamento, turbinio, tafferuglio, → ABUSO, CONFUSIONE, DISSESTO, DISSERVIZIO || *pl.* moti, dimostrazioni popolari, tumulti.
contr. ordine, regola, regolatezza, funzionalità, organizzazione.
disorgànico, *agg.* inorganico, disordinato, sconnesso.
contr. organico, ordinato.
disorganizzàre, *v.tr.* disgregare, disaggregare, confondere, sconvolgere || → DISTRUGGERE.
contr. organizzare.
disorganizzazióne, *sf.* → DISTRUZIONE.
contr. organizzazione.
disornàre, *v.tr.* → DISADORNARE.
contr. ornare, adornare.
disparàto, *agg.* irrelato, vario, dissimile, spaiato, sconnesso, → DIVERSO.
contr. pari, uguale, simile, somigliante, proporzionato, relativo.
disparére, *sm.* → DISCORDIA.
díspari, *agg. indecl.* impari.
contr. pari.
disparità, *sf.* dissomiglianza, → DIVERSITÀ.
contr. parità.
dispèndio, *sm.* perdita, sperpero, sciupío, spreco, scialacquo, spèndita.
dispendióso, *agg.* costoso, caro, sontuoso, prezioso.
dispènsa[1]**,** *sf.* celliere, credenza, armadio, guardaroba, guardavivande, nadiella, moscaiola, frigorifero, ghiacciaia || dispensa di bastimento, → CAMBUSA || puntata, periodico, fascicolo, giornale.
nomencl. *verb.* mettere, conservare, durare, tenere in fresco.
dispènsa[2]**,** *sf.* esenzione, eccezione, deroga, esonero, dispensazione, indulto, privilegio, remissione || → DISTRIBUZIONE.
nomencl. (*varietà*) ecclesiastica, matrimoniale, di culto, dal magro, dal digiuno, dal celibato || *verb.* chiedere, ottenere, accordare, concedere, fruire della dispensa.
contr. obbligo, dovere, osservanza.
dispensàre, *v.tr.* distribuire, compartire, spartire, elargire, concedere, → DIVIDERE || esimere, esonerare, giubilare, escludere, eccettuare, esentare, sciogliere (da un obbligo) || *rifl.* esimersi, liberarsi (da).
contr. trattenere, ritenere || obbligare, impegnare, costringere, osservare.
dispensàrio, *sm.* → AMBULATORIO.
dispensazióne, *sf.* → DISPENSA.
dispensière, *sm.* → MAGGIORDOMO.
dispèptico, *agg.* e *sm.*
contr. peptico.
disperànza, *sf. lett.* → DISPERAZIONE.
disperàre, *v.tr.* cessare di sperare, non aver speranza, non sperare piú || dar tormento || *rifl.* darsi alla disperazione, abbattersi, sconfortarsi, avvilirsi, disanimarsi, diffidare, struggersi, giudicarsi spacciato, accasciarsi, cader di speranza, cader di coraggio, darsi alla disperazione, mangiarsi l'animo, uscire di sentimento; darsi, mettersi al perso.
contr. sperare, confidare, confortarsi, consolarsi || tener duro, perseverare.
disperataménte, *avv.* alla disperata, a corpo perduto,

inconsolabilmente, angosciosamente, per disperato, senza via di uscita, senza scampo, senza speranza || *fig.* alacremente, freneticamente, accanitamente.
contr. con speranza, con perseveranza || tranquillamente, posatamente, placidamente.
disperàto, *pps.* di disperare || *agg.* senza speranza, senza conforto, sconfortato, sfiduciato, angosciato, inconsolabile, spacciato || (di cose) perso, sballato, irrimediabile, spallato || *sm.* spiantato, squattrinato, miserabile, disgraziato || forsennato, furioso, arrabbiato, furibondo, ridotto agli ultimi termini,.
contr. fiducioso, speranzoso, fidente || agiato, ricco || assennato, equilibrato, calmo.
disperazióne, *sf.* abbattimento, accasciamento, avvilimento, costernazione, disperanza, sconforto, sconsolazione, scoraggiamento, demoralizzazione, prostrazione, ansia, angoscia, mancamento (di forze) || dispiacere, contrattempo, disinganno, speranza svanita, delusione, disillusione, → DOLORE.
nomencl. *agg.* grande, grave, inconsolabile, sconsolata, struggente, nera || senza speranza, senza conforto || *verb.* disperare, abbattersi, accasciarsi, avvilirsi, darsi alla disperazione, perdere la speranza, uscire di speranza, darsi al diavolo, tenersi o credersi perduto o spacciato, rodersi l'animo, struggersi, strapparsi i capelli, uscir di sentimento, venire alla disperazione, dar del capo nel muro, mettersi le mani nei capelli, darsi per perso.
contr. conforto, consolazione, serenità, speranza, perseveranza, saldezza, fiducia, gaudio.
dispèrdere, *v.tr.* dissolvere, sparpagliare, dissipare, dilapidare, sciupare, prodigare, distruggere, sperperare, sperdere || sconfiggere, scacciare, mettere in rotta, sbaragliare, sparpagliare, fugare, annientare, sbandare, → BATTERE.
contr. economizzare, tenere da conto, accumulare, riunire, unificare, raccogliere, ammassare.
disperdiménto, *sm.* → DISPERSIONE.
dispersióne, *sf.* disperdimento, sbandamento, sparpagliamento, estensione, profusione, sciupio, dilapidazione, perdita, sperpero, scialacquo, prodigalità, → CONSUMO, DISTRUZIONE || MIGRAZIONE, DIASPORA.
nomencl. (*tipi*) elettrica, magnetica, della luce, di energia || *agg.* temporanea, continua, indefinita, totale, parziale.
contr. riunione, accumulo, ammassamento, ammucchiamento, ricupero.
dispèrso, *pps.* di disperdere || *agg.* → BATTUTO || smarrito, introvabile, perduto || consumato, dilapidato, dissipato, sperperato, sciupato || *sm.* sbandato, morto.
contr. ritrovato, rinvenuto || accumulato.
dispètto, *sm.* villania, molestia, ingiuria, ripicco, offesa, provocazione, spregio, onta, scorno, piccineria || noncuranza, fastidio, noia, avversione, risentimento, sdegno, disinganno, stizza.
nomencl. *agg.* grave, grande, cattivo, marcio, villano, sgarbato, insolente, zoticone, diabolico; fanciullesco, bambinesco, stupido, lieve, insignificante || *verb.* far gongola a uno, fare il grugno, fare le picche; torcere le labbra, il grifo, il muso; voltar le spalle, indispettire, picchеggiare || alla barba, in barba a qualcuno.
contr. cortesia, gentilezza, stima, rispetto, perdono, dignità.
dispettóso, *agg.* scortese, spiacente, villano, ingiurioso, piccato, fastidioso, piccino, maldisposto || stizzoso.
dispiacére[1], *sm.* → CRUCCIO, DISGUSTO, DISPERAZIONE, DOLORE, NOIA.
nomencl. (*equivalenti*) boccone amaro, crepacuore, aceto e fiele, puntura, zuzzacchera, spina al cuore, impiastro, affanno, bruciore, croce, angustia, sale.
contr. → PIACERE, GIOIA.
dispiacére[2], *v.intr.* non garbare, non andare a genio, non andare a sangue, venire a noia, riuscire sgradevole, saper di muffa, saper di sale, non incontrarsi → SGRADIRE, DISAGGRADIRE, ADDOLORARE.
contr. → PIACERE.
displúvio, *sm.* → DORSALE.
dispnèa, *sf.* → AFFANNO.
dispórre, *v.tr.* approntare, preparare, predisporre, allestire, ordinare, mettere a posto, acconciare, organizzare, collocare, allogare || → STABILIRE.
dispositívo, *sm.* → CONGEGNO.
disposizióne, *sf.* collocazione, ordine, ordinamento, simmetria, assetto, composizione, stratificazione || indole, attitudine, inclinazione, idoneità, capacità, propensione, facoltà, facilità, → ANIMO || COMANDO, ISTRUZIONE.
nomencl. dell'animo, della mente, del gusto || *agg.* naturale, buona, permanente, momentanea.
contr. disordine, sconnessione, inettitudine, avversione, prevenzione, indisposizione, pregiudizio, inidoneità.
dispósto, *pps.* di disporre || *agg.* allestito, preparato, ordinato, predisposto, pronto, approntato || propenso, abile, atto, → INCLINE || *sm.* → ORDINE.
contr. indisposto || avverso, prevenuto, inetto.
dispòtico, *agg.* tirannico, autocratico → ASSOLUTO (di governo) || prepotente, imperioso, autoritario, invadente.
contr. democratico || arrendevole, mite, conciliante, rispettoso, tollerante.
dispotísmo, *sm.* → DESPOTISMO.
disprezzàbile, *agg.* spregevole, dispregevole, spregiabile, sprezzabile, degno di vilipendio, di scherno.
contr. apprezzabile, pregevole. stimabile, onorabile, venerabile.
disprezzàre, *v.tr.* disdegnare, disistimare, abominare, vilipendere, spregiare, schernire, denigrare, svilire || infischiarsi, misconoscere, non guardare uno, postergare, preferire il diavolo, sputare su di una cosa, tenere sotto il calcagno, tenere a beffe; stimare un'acca, un nulla, men che niente, per uno strofinaccio, una patacca.
contr. stimare, apprezzare, pregiare, rispettare, onorare, venerare.
disprèzzo, *sm.* disdegno, disistima, noncuranza, dispregio, scherno, trascuratezza, alterigia, orgoglio, dileggio, spregiamento, spregio, sprezzo, svilimento, dispetto, misconoscenza, smusata, altezzosità, boria, || empietà, irreligione, ludibrio, vilipendio, → CINISMO.
nomencl. *agg.* sdegnoso, sdegnato, giusto, pubblico, interiore, palese, evidente, sentito, manifesto, espresso, dimostrato, cordiale, assoluto, ricambiato.
contr. pregio, stima, rispetto, considerazione, onore.

dísputa, *sf.* altercazione, lotta, contesa, rissa, contenzione, → ALTERCO, GUERRA || raffronto, controversia, dibattito, dibattimento, contestazione, disputazione, polemica, → DIALOGO, DISCUSSIONE.

disputàre, *v.tr.* → CONTENDERE, COMPETERE, CORRERE, COMBATTERE || *intr.* DISCUTERE.

disquisíre, *v.tr.* → DISSERTARE.

dissanguàre, *v.tr.* salassare, levare il sangue || *fig.* estorcere, impoverire, smungere, tassare, imporre balzelli, angariare || *rifl.* impoverirsi, restare asciutto.

contr. rinsanguare || arricchire || risparmiare, arricchirsi.

dissanguàto, *pps.* di dissanguare || *agg.* → ESANGUE.

contr. rinsanguato || arricchito.

dissapóre, *sm.* → DISCORDIA.

dissecàre, *v.tr.* sezionare, far delle vivisezioni, dissezionare, tagliare, resecare.

disseccaménto, *sm.* → ESSICCAZIONE.

disseccàre, *v.tr.* e *rifl.* inaridire, prosciugare, → ESSICCARE, ASCIUGARE, APPASSIRE.

contr. bagnare, inumidire.

disseccàto, *pps.* di disseccare || *agg.* → APPASSITO || *fig.* uomo inaridito, rinsecchito, vizzo, freddo.

contr. bagnato, umido || affettivo, cordiale, esuberante, caloroso, vivo.

disseminàre, *v.tr.* spargere, → ESTENDERE.

dissennàto, *agg.* e *sm.* stolto, stolido, fuori di sé, privo di senno, mentecatto, demente, frenetico, insano, → PAZZO.

contr. assennato, savio, equilibrato, giudizioso, prudente.

dissensióne, *sf.* → DISCORDIA.

dissènso, *sm.* → DISCORDIA.

contr. consenso, assenso.

dissentería, *sf.* → DIARREA.

dissentíre, *v.intr.* discordare, discrepare, → DISAPPROVARE.

contr. consentire, assentire.

dissenziènte, *ppr.* di dissentire || *agg.* discorde, dissidente, → DISCORDANTE.

contr. assenziente, consenziente, concorde, ortodosso.

disseppelliménto, *sm.* esumazione, dissotterramento.

contr. seppellimento, inumazione, interramento.

disseppellíre, *v.tr.* esumare, dissotterrare, scavare || *fig.* evocare, scoprire, ritrovare, rievocare, riesumare, portare alla luce, togliere dall'oblivione.

contr. seppellire, sotterrare, inumare, interrare || lasciare nell'ombra, nell'oblio, nel dimenticatoio, dimenticare.

disserràre, *v.tr.* schiudere, → APRIRE, DISSIGILLARE.

contr. serrare, rinserrare.

disserràto, *pps.* di disserrare || *agg.* → APERTO.

contr. serrato, rinserrato.

dissertàre, *v.intr.* trattare, ragionare, disquisire, discettare, analizzare, discorrere a lungo, → DISCUTERE || trattare sorvolando, da dilettante.

contr. riassumere, compendiare, sintetizzare, approfondire.

dissertazióne, *sf.* trattazione scritta || → DISCORSO.

disservízio, *sm.* cattivo servizio, inefficienza, scarsità di rendimento, danno || disordine, disorganizzazione.

contr. servizio, utilità, funzionalità, efficienza.

dissestàre, *v.tr.* metter fuori sesto, mettere in crisi, sbilanciare, squilibrare → DISORDINARE || *rifl.* sbilanciarsi, indebitarsi, fallire, oberare.

contr. assestare, riassettare, equilibrare || riassestarsi.

dissestàto, *pps.* di dissestare || *agg.* fallito, indebitato, oberato, rovinato || disordinato, squilibrato.

contr. riassestato || assestato.

dissèsto, *sm.* rovina, fallimento, crollo, sbilancio, crisi (economica), → DEBITO || disordine, squilibrio.

contr. assetto, assestamento || riequilibrio, riassestamento (economico), superamento della crisi.

dissetàre, *v.tr.* e *rifl.* cavarsi la sete, soddisfare la sete, saziare, appagare la sete, → BERE || *fig.* appagare, saziare, colmare un desiderio, sbramare.

contr. assetare, rimanere con la sete.

dissezióne, *sf.* sezione, taglio || sezione anatomica, necroscopia, autopsia, vivisezione.

nomencl. verb. dissecare, anatomizzare, vivisezionare, tagliare, resecare.

dissidènte, *agg.* e *sm.* discorde, discordante, → DISSENZIENTE || eretico, eterodosso.

contr. consenziente, assenziente, ortodosso, seguace, fedele.

dissidènza, *sf.* → DISCORDIA || ERESIA.

dissídio, *sm.* → DISCORDIA, GUERRA.

dissigillàre, *v.tr.* dissuggellare, disserrare, rompere, aprire.

contr. sigillare, chiudere, serrare.

dissimigliànza, *sf.* dissomiglianza → DIVERSITÀ.

contr. simiglianza, somiglianza.

dissímile, *agg.* → DISUGUALE, DIVERSO, INEGUALE.

contr. simile.

dissimulàre, *v.tr.* mimetizzare, mascherare, celare, palliare, velare, essere ermetico, nascondere, coprire, contraffare || *intr.* fingere, far vista, far l'indiano.

contr. mostrare, manifestare, svelare, scoprire, rivelare, essere franco, sincero.

dissimulàto, *pps.* di dissimulare || *agg.* → FINTO.

dissimulazióne, *sf.* simulazione, finzione, falsificazione, nascondimento, ermetismo, mascheramento, mimetismo.

contr. sincerità, franchezza, apertura, rivelazione, svelamento, scoprimento.

dissipaménto, *sm.* → DISSIPAZIONE.

dissipàre, *v.tr.* → DISPERDERE, SPENDERE, SPRECARE, DISSOLVERE, DISTRUGGERE.

dissipàto, *pps.* di dissipare || *agg.* scioperato, scapestrato, scapato, prodigo, distratto, svagato, scialacquatore, sciupone, licenzioso, → DISPERSO.

contr. economo, raccolto, laborioso, operoso, attento, circospetto, sollecito, parsimonioso.

dissipatóre, *agg.* e *sm.* → SPENDACCIONE.

dissipazióne, *sf.* dissipamento, → SPESA, SPRECO, DISTRUZIONE.

dissociàre, *v.tr.* → DIVIDERE, DISSOLVERE.

contr. associare.

dissociazióne, *sf.* → DIVISIONE.

contr. associazione.

dissodàre, *v.tr.* scassare, rompere la gleba || *fig.* dirozzare, iniziare.

contr. assodare, rassodare.

dissòlto, *pps.* di dissolvere || *agg.* → DECOMPOSTO.

nomencl. (*inerenti*) dissolvimento (dei corpi), discioglimento, scioglimento; dissolubile, indissolubile, insolubile, solubile, solvibile, dissolvente, solvente, soluzione, dissoluzione.
dissolutézza, *sf.* sregolatezza, depravazione, corruzione, smoderatezza, sfrenatezza, capestreria || libidine, lussuria → VIZIO.
contr. moderazione, misura, moderatezza, temperanza, freno, probità, onestà.
dissolúto, *pps.* di dissolvere || *agg.* disordinato, scapestrato, voluttuoso, licenzioso, libidinoso, sregolato, depravato, corrotto, → DISONESTO, VIZIOSO.
contr. moderato, misurato, temperato, ordinato, regolato, onesto, probo.
dissoluzióne, *sf.* → DECOMPOSIZIONE; DISTRUZIONE.
dissòlvere, *v.tr.* → DISTRUGGERE, separare, sciogliere, disciogliere, → DISFARE, DECOMPORRE || *rifl.* dileguarsi, scomparire, sparire.
contr. formare, unire, tenere insieme || esser presente, apparire, precisarsi.
dissolvibilità, *sf.* → DECOMPONIBILITÀ.
dissolviménto, *sm.* sfacimento, disfacimento, → DECOMPOSIZIONE, ESAURIMENTO.
dissomigliànte, *ppr.* di dissomigliare || *agg.* → DIVERSO, INEGUALE.
contr. somigliante.
dissomigliànza, *sf.* dissimiglianza, → DIVERSITÀ.
contr. somiglianza.
dissomigliàre, *v.intr.* → DIFFERIRE.
contr. somigliare.
dissonànte, *ppr.* di dissonare || *agg.* stridulo, disarmonico, stridente || → DISCORDANTE, DIVERSO.
contr. armonioso, consonante, concordante, simile.
dissonànza, *sf.* → DISCORDIA, DISCORDANZA, DIVERSITÀ.
contr. armonia, assonanza, consonanza.
dissonàre, *v.intr.* discordare, → DIFFERIRE.
contr. consonare.
dissonnàre, *v.intr. poet.* rompere il sonno, destarsi, svegliarsi.
contr. addormentare.
dissotterràre, *v.tr.* → DISSEPPELLIRE.
contr. sotterrare.
dissuadére, *v.tr.* rimuovere, sconsigliare, persuadere in contrario, distaccare, distogliere, frastornare, scuotere, tirare indietro, far astenere, indurre a desistere, flettere, stornare; far mutare, rimutare, trasmutare, cangiare decisione.
dissuasióne, *sf.* persuasione in contrario, distoglimento, rimozione, frastornamento.
dissuàso, *pps.* di dissuadere || *agg.* sconsigliato, distolto, rimosso, persuaso in contrario, del contrario.
dissuèto, *agg.* desueto, disavvezzo, disabituato, disusato, inusato || → INSOLITO.
contr. avvezzo, abituato, uso, usato || consueto, solito.
dissuetúdine, *sf.* desuetudine, disusanza, disuso, divezzamento, interruzione nell'uso.
contr. consuetudine, usanza, abitudine, continuità dell'uso.
dissuggellàre, *v.tr.* → DISSIGILLARE.
contr. suggellare, sigillare.
distaccaménto, *sm.* distacco, distaccatura, staccatura, separazione, → DIVISIONE || plotone, squadrone, gruppo staccato (di soldati, ecc.).
distaccàre, *v.tr.* → DISSUADERE || staccare, rimuovere, separare, dividere || allontanare, mandare lontano || *intr.* spiccare (per forza, velocità, bellezza) || *rifl.* staccarsi, → DIFFERIRE || *fig.* disaffezionarsi, disamorarsi, lasciarsi, abbandonare.
contr. attaccare, unire || *fig.* attaccarsi, farsi intrinseco, intimo, affezionarsi, innamorarsi, conglutinarsi.
distaccàto, *pps.* di distaccare || *agg.* essere, farsi lontano, disamorato, disaffezionato, separato || → DIVERSO.
distàcco, *sm.* separazione, allontanamento, → PARTENZA, DIVISIONE || rinuncia, → MORTIFICAZIONE.
contr. unione, contatto, vicinanza, il rimanere, il farsi piú intimo.
distànte, *agg.* → LONTANO || DIVERSO.
contr. vicino, prossimo, intrinseco, intimo.
distànza, *sf.* spazio, intervallo, interstizio, separazione, lontananza, tratto, tratta, distesa || *fig.* divario, differenza, diversità.
nomencl. (*inerenti*) pietra miliare, telemetro, distanziometro, odometro, olometro, pedometro, occhiali, cannocchiale, telescopio || *agg.* intera, mezza, serrata, breve, piccola, corta, infinitesima, impercettibile, molta, grande, enorme, colossale, ingente, smisurata, sovrabbondante, straordinaria, superlativa, vera, reale, evidente, apparente, fittizia, finta, falsa, legale, locale, temporale, esplosiva || *loc. avv.* a un dito; a tiro di cannone, di fucile, di sasso; ad una schioppettata, a un trar di mano, a un tratto || di tanto in tanto, là || *verb.* mantenere, tenere, serbare, prendere, serrare, cancellare, eliminare le distanze; essere, stare, collocare, mettere, tenersi a distanza; distare.
contr. vicinanza, contatto || intimità, intrinsichezza, prossimità, appartenenza.
distanziàre, *v.tr.* intervallare, allontanare, staccare, distaccare, distare, tener lontano, collocare a distanza, lasciare indietro, sbrancare, guadagnare || differire, rimandare.
contr. avvicinare, approssimare, appropinquare, entrare nell'intimità.
distàre, *v.intr.* essere vicino o lontano || *fig.* → DIFFERIRE.
distèndere, *v.tr.* e *rifl.* allargare, estendere, protendere. spiegare, stendere, stiracchiare, stirare, tendere, coricare, ampliare, sdraiarsi, → ADAGIARE, DILAGARE, ALLUNGARE || *fig.* riposarsi, rilassarsi, allentarsi, rilasciarsi, rilasciare i nervi, la tensione || *rifl.* diffondersi, prolissamente, noiosamente (in un discorso o in uno scritto), dilungarsi.
contr. contrarre, piegare, restringere, raccogliere || rizzarsi, mettersi in piedi || eccitarsi, essere teso (di nervi, ecc.).
distendiménto, *sm.* → DISTENSIONE.
distenebràre, *v.tr.* → ILLUMINARE.
contr. ottenebrare.
distensióne, *sf.* distendimento, stendimento, allargamento, allungamento || allentamento, pacatezza, rilassamento, svago, diporto, riposo.
contr. tensione, contrazione, sforzo.
distésa, *sf.* estensione, fila, mostra, stesa, serie, → DISTANZA.
distesaménte, *avv.* diffusamente, estesamente, per

disteso || pacatamente, quietamente, comodamente, con distensione (d'animo).
distéso, *pps.* di distendere || *agg.* spazioso, lungo, largo, diffuso, per disteso, ampio, vasto, esteso, dilatato, →APERTO || steso, sdraiato, coricato || rilassato, allentato.
contr. breve, ristretto || ritto || raccolto, contratto, teso.
dístico, *sm.* due versi, doppio verso, → VERSO.
distillaménto, *sm.* → DISTILLAZIONE.
distillàre, *v.tr.* chiarificare, alambiccare, estrarre, lambiccare, filtrare, sublimare, versare a stille o a gocce, infondere, trapelare, passare, ristillare || *fig.* spremere, stillarsi, lambiccarsi il cervello || ottenere, dare il meglio.
nomencl. distillare a rena, a bagnomaria, *per ascensum, per descensum, per latus.*
distillazióne, *sf.* distillamento, carbonizzazione, chiarificazione, sublimazione, lambiccamento, deflammazione, stillamento || *fig.* quintessenza, il meglio.
nomencl. (*modi*) frazionata, a vapore, a freddo, secca || (*apparecchi e parti*) apparecchio distillatore, alambicco o lambicco, allunga, cucurbita, bagnomaria, bagno

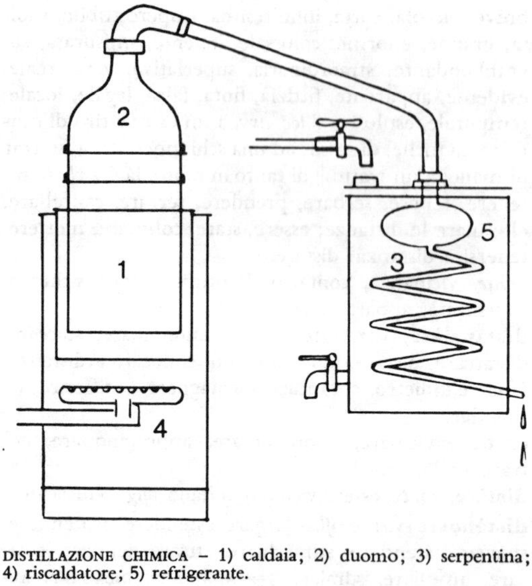

DISTILLAZIONE CHIMICA – 1) caldaia; 2) duomo; 3) serpentina; 4) riscaldatore; 5) refrigerante.

secco, bariletto, becco o beccuccio, campana, cappello, padella, castello della stufa, coobatore, colatoio, feltro, filtro, forno, linguetta, manica d'Ippocrate, matraccio, vaso, refrigerante, serpe, serpentina, storta, vescica, tamburlano, zana, provetta || (*prodotti*) essenze, oli essenziali, estratti, prodotti volatili, spiriti, alcoli, acquavite, *cognac.*
distínguere, *v.tr.* giudicare, discernere, riconoscere, individuare, ravvisare, notare, indicare, segnare, segnalare, contrassegnare, contraddistinguere, caratterizzare, differire, differenziare, diversificare, disagguagliare, discriminare, disceverare, scegliere, separare, scindere, singolarizzare, individualizzare, specificare, cernere, scernere, disgiungere, classificare, dividere, graduare, marcare, suddistinguere, → VEDERE || *rifl.* emergere, fare spicco, spiccare, segnalarsi, farsi un nome; rendersi noto, illustre, famoso, ragguardevole; farsi una fama, → ECCELLERE.
contr. confondere, mescolare || uniformarsi, conformarsi, confondersi (con gli altri), perdersi (in mezzo agli altri).
distinguíbile, *agg.* evidente, → VISIBILE || individuabile, segnalabile, inconfondibile.
contr. indistinguibile, indiscernibile, confuso, uniforme.
distínta, *sf.* nota, elenco, elencazione, catalogo, specifica, → BORDERÒ.
distintaménte, *avv.* → CHIARAMENTE || con distinzione, con stima.
contr. indistintamente.
distintívo, *agg.* atto a distinguere || *sm.* segno, nota, contrassegno, insegna, emblema, mostra, mostrina.
nomencl. (*varietà*) personale, militare, politico, religioso, ecclesiastico, patriottico, di partito, di fazione, di onore, di divisa, di società, associazione, ecc. || (*esemplificazione*) bracciale, coccarda, galloni, nastro, mostrina, guidoncino, placca, bollo, tessera, scontrino, decorazioni, patacche (*scherz.*).
contr. uniforme, uguale, conforme.
distínto, *pps.* di distinguere || *agg.* separato, differenziato, eccezionale, fuori del comune, straordinario, → DIVERSO || *fig.* eletto, cospicuo, egregio, esimio, insigne, notevole, ragguardevole, segnalato, eccellente || gentile, cortese, fino, raffinato.
nomencl. (*inerenti*) massa, gregge, tribú, numero, comunella, oclocrazia, democrazia, demagogia || aristocrazia, oligarchia, individualismo, *élite,* fior fiore; superuomo.
contr. indistinto, medesimo, ugualissimo, comunale, comune, ordinario, oscuro, mediocre, plebeo, grossolano, volgare.
distinzióne, *sf.* classifica, classificazione, giudizio, differenziazione, separazione, → DIVISIONE || caratteristica || garbo, garbatezza, eleganza, cortesia, raffinatezza || privilegio, onorificenza, segno d'onore.
nomencl. *agg.* alta, onorifica, cavalleresca, nobiliare, distinta, ragguardevole, squisita, singolare, meritevole, straordinaria || sociale, personale.
contr. mescolanza, rimescolamento, confusione, conformismo, uniformità || volgarità.
distògliere, *v.tr.* → DEVIARE, DISSUADERE, DISTRARRE, DISTURBARE.
distòlto, *pps.* di distogliere || *agg.* → DISSUASO.
distòrcere, *v.tr.* torcere, storcere || *rifl.* contorcersi, storcersi, alterarsi; non essere naturale, spontaneo, contraffarsi.
distornàre, *v.tr.* stornare, sviare, frastornare, distrarre, far interrompere, far deviare.
distorsióne, *sf.* storta, lussazione || *fig.* affettazione, tortuosità, stortura, contorsione, contorcimento (degli atti, dello stile, dei sentimenti, delle opinioni).
distòrto, *pps.* di distorcere || *agg.* aggirato, tortuoso, storto, contorto, disordinato.
contr. diritto, rettilineo, spontaneo, naturale, logico.
distràrre, *v.tr.* divagare, sviare, staccare, frastornare, stornare, distogliere, far divergere, svagare, divertire || usare per altro scopo || *rifl.* staccarsi, distogliersi,

astrarsi || fantasticare, ricrearsi, svagarsi, lavorare con la mente.
contr. attrarre || applicare, concentrarsi || annoiarsi, rattristarsi, preoccuparsi, abbandonarsi alla noia, alla tristezza, alle apprensioni, ecc.
distràtto, *pps.* di distrarre || *agg.* astratto, diméntico, disattento, disavveduto, disavvertito, sbadato, svagato, divagato, svagatello, inattento, inavveduto, alienato, incantato, stravolto, smemorato, stordito, trascurato, irriflessivo, soprappensiero, concentrato in altro, assente.
nomencl. *verb.* essere distratto, avere altro per il capo, avere la testa nelle nuvole, essere via con la mente.
contr. attratto, attento, sveglio, riflessivo, cauto, avvertito, concentrato.
distraziòne, *sf.* disattenzione, disavvedutezza, disavvertenza, sbadataggine, inconsideratezza, svista, → DIMENTICANZA, NEGLIGENZA || astrazione, astrattaggine || diversivo, svago, sollievo, sollazzo, divagamento, svagamento, ricreazione, divertimento, giuoco, diporto.
contr. attrazione, attenzione, applicazione, concentrazione, vigilanza, diligenza.
distrétta, *sf. lett.* necessità, angustia, difficoltà, strettoia, stretta.
distrétto, *sm.* circondario, circoscrizione, dipartimento.
nomencl. (*tipi*) postale, militare, giudiziario, amministrativo.
distribuíre, *v.tr.* compartire, assegnare, spartire, ripartire, → DARE, CONSEGNARE, DISPENSARE, DIVIDERE, DOSARE.
contr. raccogliere, concentrare, accentrare.
distributóre, *sm.* → PORTALETTERE.
distribuzióne, *sf.* assegnazione, spartizione, ripartizione, dispensa, riparto (uso commerciale), → DIVISIONE || erogazione, elargizione, concessione, donazione.
nomencl. *agg.* automatica, meccanica, continua, totale, completa, incompleta, parziale, temporanea, sospesa, interrotta.
contr. raccolta, concentrazione, accentramento.
districàre, *v.tr.* strigare, distrigare, → SCIOGLIERE, DIPANARE || *fig.* → SPIEGARE || *rifl.* → FARE.
contr. intricare.
distrúggere, *v.tr.* disperdere, sterminare, dissolvere, disciogliere, dissipare, sciupare, sperdere, guastare, annichilire, sconquassare, fracassare, polverizzare, incenerire, radere al suolo, estirpare, inabissare, inaridire, fare *tabula rasa*, fare scempio; mandare, ridurre, menare, portare in rovina, a perdizione, a catafascio, in cenere, nel nulla; schiantare, svellere, infrangere, frantumare, sprofondare, far rientrare nel nulla, cancellare, far saltare, fare a pezzi, mettere a sacco, mettere a ferro e fuoco, saccheggiare; far scomparire, eliminare, abolire, sopprimere; abbattere, far cadere, far sparire o scomparire, rovesciare, smantellare, smozzicare, atterrare, disfare, smontare, dislocare, disorganizzare, sovvertire, soffocare, sopprimere, spianare, paralizzare, massacrare, uccidere, fare strage, gasare, commettere un genocidio, immolare, sacrificare, decimare, consumare, divorare, vincere, sopraffare, sbaragliare, → DIROCCARE, ANNULLARE, ROVINARE, DEMOLIRE || infirmare (un documento, un decreto) || *rifl.* struggersi, consumarsi, andare in consunzione, sfiorire.
contr. costruire, edificare, erigere, ricostruire, fare, rifare, conservare, rispettare.
distrútto, *pps.* di distruggere || *agg.* liquefatto, disfatto, sradicato, schiantato, subissato, perduto, profondato, annientato; andato in cocci, in frantumi, in cenere, in polvere, alla malora.
contr. costruito, ricostruito, edificato, eretto, fondato, conservato, rispettato, fatto, rifatto.
distruttóre, *sm.* e *agg.* demolitore, sterminatore, estirpatore, annientatore, consumatore, disfacitore, sperperatore, edace, sovvertitore, saccheggiatore, eversore, unno, vandalo, flagello, rovina.
contr. costruttore, edificatore, fondatore, conservatore.
distruzióne, *sf.* conquasso, sconquasso, sfacelo, sfasciamento, disfacimento, decomposizione, disperdimento, dispersione, dissipamento, dissipazione, dissoluzione, scioglimento, sperperamento, sciupio, scempio, consumazione, frantumazione, polverizzazione, incenerimento, inaridimento, strage, sterminio, vandalismo, saccheggio, catafascio, uccisione, soppressione, soffocazione, immolazione, sacrificio, decimazione, eliminazione, sprofondamento, cancellazione, abolizione, abbattimento, smantellamento, diroccamento, inabissamento, sovvertimento, disorganizzazione, eversione, → ANNULLAMENTO, DEMOLIZIONE, ROVINA.
nomencl. totale, completa, dalle fondamenta, dalle radici, incompleta, parziale, limitata || materiale, morale.
contr. costruzione, edificazione, conservazione, rispetto.
disturbàre, *v.tr.* turbare, dar noia, molestare, frastornare, incomodare, imbarazzare, infastidire, annoiare, importunare, seccare, conturbare, disagiare, guastare, sconcertare, sbilanciare, scomodare, impacciare, impicciare, interrompere, essere in uggia, tediare, indispettire, distornare, distogliere || *rifl.* scomodarsi, incomodarsi, disagiarsi, prendersi disturbo.
contr. essere gradito, incontrare, far piacere, essere ben accolto, rallegrare, essere desiderato.
disturbatóre, *agg.* e *sm.* importuno, molesto, perturbatore, seccatore, frastornatore, guastafeste, guastacavoli, impacciatore, sconcertatore, noioso, uggioso, fastidioso, guastatore || maleducato, villano.
contr. tranquillizzatore, acquietatore, ospite gradito, uomo accetto o accettabile.
distúrbo, *sm.* disagio, impedimento, incomodità, incomodo, impaccio, imbarazzo, disappunto, fastidio, seccatura, frastornamento, frastornio, frastuono, molestia, pena, noia, importunità, turbamento; → DISORDINE.
contr. comodità, comodo, gradevolezza, gradimento, accettazione.
disubbidiènte, *ppr.* di disubbidire || *agg.* → MONELLO, TRASGRESSORE, CONTUMACE.
contr. ubbidiente.
disubbidiènza, *sf.* → TRASGRESSIONE, CONTUMACIA.
contr. ubbidienza.
disubbidíre, *v.intr.* ribellarsi, rivoltarsi, prevaricare, contravvenire, → TRASGREDIRE.
contr. ubbidire.
disuguagliànza, *sf.* inegualità, disparità, → DIVERSITÀ.
contr. uguaglianza.

disuguàle, *agg.* → DIVERSO, INEGUALE.
contr. uguale.
disumanàre, *v.tr.* e *rifl.* abbassare, ridurre come bestia, abbrutire, rendere crudele, imbestialire, imbestiare, incrudelire, infierire || corrompere, guastare.
contr. umanizzare, rendere piú umano, piú dignitoso.
disumàno, *agg.* crudo, perfido, perverso, inumano, degenerato, efferato, brutale, imbestiato, → CRUDELE, BESTIALE.
contr. umano.
disunióne, *sf.* || *fig.* → DISCORDIA, DIVISIONE.
contr. unione.
disuníre, *v.tr.* → DISSOLVERE, DIVIDERE.
contr. unire.
disusànza, *sf.* → DISSUETUDINE.
disusàto, *pps.* di disusare || *agg.* → INSOLITO || SMESSO.
disúso, *sm.* → DISSUETUDINE, ABBANDONO.
contr. uso.
disútile, *agg.* superfluo, inutile, → DANNOSO || *sm.* ozioso, vagabondo, inetto, incapace, inabile, fannullone, sfaticato, perditempo, lazzarone.
contr. utile, proficuo, efficiente, atto, profittevole, giovevole || *s.m.* abile, capace, destro, ingegnoso, versatile, esperto, industre.
disvezzàre, *v.tr.* svezzare, → DIVEZZARE.
disvigoríre, *v.tr.* svigorire, → INDEBOLIRE.
contr. invigorire, rinvigorire.
ditàle, *sm.* anello (da cucire).
nomencl. coperto, scoperto || butteri (i cavetti tondi sparsi sulla sua superficie) || *verb.* infilare, mettere il ditale.
díto, *sm.* pollice, àlluce (del piede), indice, medio, anulare, mignolo.
nomencl. (*parti*), falange, falangina, falangetta, estremità delle dita; nocca, nodello o giuntura; ossicini, polpastrello, unghia, procondilo, radice, muscolo flessore, muscolo lumbricale, pipita, pelle || (*operazioni*) buffetto, cenno, ditata, frullo, pizzico, pizzicotto, punzone, scocco, corna || (*attinenti*) chirologia, chirografo, chirurgia, dattilografia, dattilogia, dactilonomia, chiromanzia, prestidigitazione || (*anormalità*) aschistodattilia, ectrodattilia, polidattilia, sindattilia || anisodattilo, brachidattilo, polidattilo, sedigito || (*malattie*) chiragra, corologia, coronella, dattilite, patereccio, gelone, panereccio, girello, granchio a secco, pedartrocace, unghiella || *agg.* diritto, contratto, affusolato, elegante, lungo, ciccioso, grasso, diafano, sottile, fine, corto, storto, rattrappito || *verb.* additare, accennare, aggranchiarsi, aggranchirsi, rattrappirsi, alzare il dito, chioccare, schioccare, coccare, dinoccare, fare il pizzo, fare le corna, indicare, inguantare, mordersi le dita, mostrare il dito, pizzicottare, stropicciarsi, tendere il dito.
dítta, *sf.* casa di commercio, compagnia commerciale, società, azienda || nome commerciale, insegna.
nomencl. *agg.* solida, salda, seria, prospera, efficiente, stabile, instabile, fallita.
dittàfono, *sm.* → FONOGRAFO.
díttico, *sm.* ancona, tavola, pala (d'altare).
nomencl. trittico, polittico || consolare, ecclesiastico, antico, d'avorio, intagliato || valve, scomparti, stilo.
dittografía, *sf.* → ERRORE.
diutúrno, *agg.* → DUREVOLE.
divagaménto, *sm.* sviamento, distrazione, allontanamento || divertimento, sollazzo, svago.
divagàre, *v.intr.* svariare; vagare, svolazzare, vagabondare con la fantasia, fantasticare, sviare dal pensiero; sviare dal soggetto, allontanarsi dall'argomento, saltare di palo in frasca, → DISTRARRE, DEVIARE || *rifl.* svagarsi, distrarsi, → DIVERTIRE.
contr. stare concentrato, intento; rimanere in argomento, svolgerlo fino alla fine.
divagazióne, *sf.* → DEVIAMENTO, ALLONTANAMENTO || → CAPRICCIO, DIGRESSIONE.
divampàre, *v.intr.* → BRUCIARE, FIAMMEGGIARE.
divampàto, *pps.* di divampare || *agg.* → BRUCIATO.
divàno, *sm.* canapè, sofà, ottomana.
divariàre, *v.tr.* e *intr.* → DIFFERIRE.
divaricaménto, *sm.* → DIRAMAZIONE.
divaricàre, *v.tr.* allargare → APRIRE || *rifl.* → DIRAMARE.
divaricazióne, *sf.* → DIRAMAZIONE.
divàrio, *sm.* → DIVERSITÀ, DISCORDANZA, DISTANZA.
divèllere, *v.tr.* → SVELLERE.
divèlto, *pps.* di divellere || *agg.* sradicato, evulso, strappato, estirpato, staccato || dissodato (di terra).
diveníre[1], *v.intr.* ridivenire, essere, addivenire, addiventare, diventare, mutare, riuscire || rinnovarsi, trasformarsi, cambiare, farsi.
contr. essere fermo, immobile, immutabile; essere stato || essere perfetto.
diveníre[2], *sm.* cangiamento, mutazione, scorrimento, fluire, trasformazione.
diventàre, *v.intr.* ridiventare, → DIVENIRE.
divèrbio, *sm.* contesa, → ALTERCO.
divergènte, *ppr.* di divergere || *agg.* scostantesi, staccantesi || discorde.
contr. convergente, concordante, concorde.
divergènza, *sf.* → DISCORDIA, DIVERSITÀ.
contr. convergenza, concordia.
divèrgere, *v.intr.* → DEVIARE || *fig.* → ALLONTANARE.
contr. convergere.
diversaménte, *avv.* → ALTRIMENTI.
diversificàre, *v.tr.* differire, → DISTINGUERE.
diversificazióne, *sf.* → DIVERSITÀ.
diversità, *sf.* differenza, discordanza, discrepanza, difformità, dissimiglianza, dissomiglianza, divario, disparità, divergenza, contrasto, dissonanza, disuguaglianza, variazione, diversificazione, varietà.
contr. uniformità, conformità, somiglianza, uguaglianza, identità.
diversívo, *agg.* e *sm.* → DISTRAZIONE.
divèrso, *agg.* disuguale, ineguale, differente, differenziato, dissomigliante, dissimile, difforme, discordante, discrepante, discorde, disparato, dissonante, distinto, eterogeneo, lontano, novello, svariato, vario, → CONTRARIO || insolito, straordinario, opposto.
contr. uguale, simile, identico, uniforme, conforme, concorde.
divertènte, *ppr.* di divertire || *agg.* → PIACEVOLE.
contr. → NOIOSO.
divertícolo, *sm.* vicolo, viottolo (*ant.*), sotterfugio, digressione, → APPIGLIO.
divertiménto, *sm.* svago, passatempo, spasso, sol-

lazzo, trastullo, ricreazione → BALDORIA, DIPORTO, PIACERE, DISTRAZIONE.
nomencl. (*maniere*) carnevale, festa, ballo, gioco, sport, lettura, illustrazioni, spettacolo, teatro, cinema, caffè, giardino pubblico, accademia, stadio, circolo, banchetto, ridotto, ritrovo, balocco, cuccagna, giostra, torneo, *garden-party*, *soirée* || brigata, compagnia.

divertíre, *v.tr.* deviare, distrarre, stornare, distornare, frastornare, interrompere || trastullare, dilettare, rallegrare, allettare, beare, deliziare, compiacere, sollazzare, spassare, ricreare, svagare, intrattenere, trattenere, scarnascialare, scialare, far festa, ruzzare, chiassare, gavazzare || *rifl.* godere, provar gusto, diportarsi, prendersi divertimento, smammolarsi, baloccarsi, svagarsi, ricrearsi, giocare, spassarsi, trastullarsi, sbirbarsi, passarsela, spassarsela, stare allegri, tuffarsi nei piaceri, coccolarsi, patullarsi, crogiolarsi, compiacersi.
contr. attristare, rattristare, affliggere, rendere infelice, far soffrire, tormentare, annoiare, stancare, opprimere, pesare, vessare. || crucciarsi, macerarsi, preoccuparsi, affannarsi, affliggersi.

divezzaménto, *sm.* → DISSUETUDINE || SLATTAMENTO.
contr. avvezzare.

divezzàre, *v.tr.* e *rifl.* disvezzare, disavvezzare, → DISABITUARE, SVEZZARE.

divídere, *v.tr.* e *rifl.* biforcare, bipartire, compartire, disgiungere, disunire, separare, staccare, distaccare, disintegrare, disgregare, decomporre, disassociare, dissociare, discommettere, discomporre, scompartire, spartire, ripartire, assortire, disceverare, dimezzare, smezzare, ammezzare, appartare, condividere, dispensare, diramarsi, abbocconare, sbocconcellare, centellinare, sminuzzare, appezzare, appezzettare, cernere, distinguere, classificare, disaggregare, distribuire, isolare, lacerare, strappare, rompere, quadripartire, tripartire, suddividere, inquartare, sbranare, segregare, sezionare, smembrare, spaccare, spezzettare, squartare, tagliare, tramezzare, lasciare, abbandonare, scegliere, scindere, fendere, → APRIRE.
contr. unire, comporre, unificare, integrare, ricomporre, congiungere, copulare, saldare insieme, sommare, accozzare.

divièto, *sm.* proibizione, impedimento, interdizione, veto, interdetto, opposizione || riprovazione, disapprovazione inibizione.
nomencl. *agg.* assoluto, permanente, temporaneo, provvisorio, rigoroso, blando.
contr. autorizzazione, permesso, concessione, dispensa, deroga, consenso, assenso.

divinaménte, *avv.* → BENE.

divinàre, *v.tr.* → INDOVINARE. PREVEDERE.

divinatóre, *sm.* → PROFETA, INDOVINO.

divinazióne, *sf.* profezia || piromanzia, chiromanzia, cartomanzia, magia || presagio, presentimento, pronostico, intuizione.

divincolàre, *v.tr.* scuotere, agitare, torcere, piegare || *rifl.* torcersi, contorcersi, svincolarsi, dimenarsi, sciogliersi, liberarsi, attorcigliarsi, piegarsi, dibattersi || guizzare, scodinzolare.
contr. irrigidirsi, immobilizzarsi, abbandonarsi, cedere.

divinità, *sf.* → DIO || divinità pagane, → DEI || GENIO.

divinizzàre, *v.tr.* deificare, ascrivere al numero degli dèi, far l'apoteosi, avvicinare alla dignità divina, → SANTIFICARE.
contr. umanizzare, umiliare, precipitare, cadere, decadere.

divinizzazióne, *sf.* indiazione, → SANTIFICAZIONE.

divíno, *agg.* almo (*poet.*), divo, celeste, celestiale, eccellente, perfetto, sovrumano, sublime, soprannaturale, altissimo, singolare || procedente da Dio, appartenente a Dio.
contr. umano, terreno, terrestre, fragile, imperfetto.

divísa, *sf.* dirizzatura, discriminatura (dei capelli) || abito, vestimento, uniforme, tenuta, assisa, montura || stemma, insegna, motto (di stemma) || divisa estera, moneta, titoli o effetti cambiari sull'estero.
nomencl. (*tipi*) militare, di collegio, araldica.

divisaménto, *sm.* → PROPOSITO.

divisàre, *v.tr.* e *intr.* → PENSARE, PROPORRE.

divisióne, *sf.* dissociazione, separazione, disgiunzione, disgiungimento, disgregazione, compartimento, compartitura, compartizione, distribuzione, spartimento, ammezzamento, biforcazione, decomposizione, diramazione, distaccamento, distacco, distinzione || frazione, razione, fetta, frammento, frantumo, parte, brano, pezzo, scheggia, sezione, segmento, scintilla, suddivisione, partizione, quota, rata, porzione, reparto, segmento, bisezione, settore, setto, spartizione, → ANALISI, CLASSE, SERIE || contrasto, urto, disunione, discordia, ripudio, divorzio, scisma, scissione, scissura, deviazione, setta.
nomencl. (*alcuni tipi*) navale, aerea, alpina, corazzata, ministeriale || (*inerenti ed equivalenti*) divisore, dividendo, quoziente o quoto, resto o avanzo, multiplo || casellario, cellula, molecola, atomo, confine, limite, muro, parete, dieresi, segregazione || transenna, steccato, diaframma, soluzione di continuità.
contr. moltiplicazione, unificazione, unione, unità, congiunzione, integrità, ricomposizione, saldatura.

divíso, *pps.* di dividere || *agg.* → BIFORCUTO || isolato, staccato, separato, appartato, scisso || discorde, incoerente || indebolito, fragile.
contr. concorde, coerente || unito, aderente || forte.

dívo, *agg. lett.* → DIVINO || *sm.* → CANTANTE, ATTORE.

divoràre, *v.tr.* ingurgitare, → MANGIARE, DISTRUGGERE.

divoratóre, *agg.* e *sm.* → GOLOSO.

divorziàre, *v.intr.* e *rifl.* sciogliere, annullare il matrimonio, separarsi, ripudiare, → ABBANDONARE.

divòrzio, *sm.* separazione, annullamento, ripudio, → DIVISIONE.
contr. unione, riunione.

divòto, *agg.* → DEVOTO.

divozióne, *sf.* → DEVOZIONE, CULTO, ADORAZIONE.

divulgàre, *v.tr.* volgarizzare, popolarizzare, abbassare, propagandare, diffondere, dilatare, espandere, spargere, comunicare, pubblicare, spiegare, dichiarare, manifestare, emanare, proclamare, dire, spacciare, facilitare.
contr. tener nascosto, chiuso, non far sapere, non comunicare.

divulgàto, *pps.* di divulgare || *agg.* → DIFFUSO.

divulgazióne, *sf.* esposizione, → DIFFUSIONE.

nomencl. (*mezzi*) giornale, stampa periodica, radio, televisione; dispensa, manuale, riassunto, commento, compilazione, prontuario, enciclopedia, conferenza, lezione, libro.

dizionàrio, *sm.* → VOCABOLARIO, LESSICO.

nomencl. (*vari tipi*) linguistico, grammaticale, etimologico, analogico, sinonimico o dei sinonimi, nomenclatore, fraseologico, ideografico, biografico, mitologico, storico, geografico, filosofico, psicologico, pedagogico, tecnico, medico, scientifico, chimico, ecc.

dizióne, *sf.* locuzione, frase, espressione || modo di dire, pronunzia, pronuncia, → DICITURA || RECITAZIONE.

nomencl. *agg.* corretta, chiara, propria.

dóccia, *sf.* → BAGNO || doccione, canale, gronda.

nomencl. calda, tiepida, fredda, scozzese, alternativa, a getto mobile, a pioggia, in colonna, a campana, a innaffiatoio, a telefono || parziale, generale.

docciàre, *v.intr.* → GRONDARE.

docciòne, *sm.* → CANNA, DOCCIA.

docènte, *agg.* che insegna || *sm.* maestro, → INSEGNANTE.

contr. discente, scolaro.

dòcile, *agg.* acquiescente, arrendevole, cedevole, accondiscendente, accomodante, condiscendente, conciliante, deferente, trattabile, mansueto, domestico, obbediente, → BUONO || FACILE || (di animale) domestico, addomesticato, obbediente || (di materia) trattabile, lavorabile, duttile, pieghevole, plasmabile, plastico (anche *fig.*).

contr. indocile, intrattabile, restio, ribelle, disubbidiente, discolo, non addomesticabile, ostinato.

docilità, *sf.* acquiescenza, arrendevolezza, cedevolezza, accondiscendenza, condiscendenza, deferenza, trattabilità, mansuetudine, obbedienza, → BONTÀ || (di materia) trattabilità, duttilità, pieghevolezza, facilità, plasmabilità, plasticità (anche *fig.*).

contr. indocilità, indomabilità, ribellione, disubbidienza, durezza, intrattabilità, ostinazione.

documentàbile, *agg.* → PROVABILE.

documentàre, *v.tr.* → PROVARE, DIMOSTRARE, CERTIFICARE.

documentazióne, *sf.* incartamento, → DIMOSTRAZIONE.

documénto, *sm.* allegato, dimostrazione, scrittura, testimonianza scritta, prova, fonte, documentazione, carta, atto, → ATTESTATO, CERTIFICATO || *fig.* → ESEMPIO.

nomencl. (*distinzioni*) diplomatico, paleografico, epigrafico, scientifico, filosofico, tecnico || privato, pubblico, ecclesiastico, imperiale, regio, signorile, civile, comunale || (*equivalenti, affini*) atto del Governo, del Parlamento, della Corte dei Conti, di stato civile, pubblico, privato; bolla, diploma, cedola, contratto, chirografo, citazione, *dossier*, fede, foglio di via, istrumento, lasciapassare, salvacondotto, carta d'identità, passaporto, mandato, obbligazione, pezza giustificativa, quietanza, ricevuta, testamento, patente, tessera || (*elementi*) intestazione, formula, protocollo, escatocollo, datazione (topica e tropica), clausola, bollo, firma, autenticazione, note giuridiche || (*raccolte*) archivio, repertorio, regesto, inventario, registro, indice, formulario || (*persone*) attuario, notaio, archivista, paleografo, diplomatista || (*scienze attinenti*) paleografia, diplomatica, sfragistica, cronografia e cronologia, numismatica, papirologia, epigrafia, storia, euristica || (*agg.*) vero, autentico, autografo, genuino, verace, sincero, veridico, veritiero, falso, adulterato, apocrifo, artefatto, bugiardo, contraffatto, dubbio, falsato, falsificato, fittizio, inattendibile, inesatto, infedele, infondato, inventato, truccato, nullo, invalido, írrito, opistografo, riscritto, antico, antidiluviano, preistorico, moderno, recente, storico, edito, inedito, stampato, pubblicato || (*verb.* redigere, stendere, firmare, autenticare, vistare o munire del visto, registrare, vidimare, regestare, imprimere il sigillo o munire del sigillo o del bollo, raccogliere, copiare, trascrivere, collazionare, interpretare, commentare, archiviare, mettere agli atti, inserire, allegare, corredare, citare, presentare, richiedere, consegnare, ordinare, ricevere, sottrarre, illustrare, discutere, annullare, impugnare, infirmare, invalidare, falsificare.

dódici, *agg. num.* dozzina, serqua.

dogàia, *sf.* → FOSSO.

dogàna, *sf.* → IMPOSTA, DAZIO.

doganière, *sm.* gabelliere, daziere, gabellotto, guardia di dogana o di finanza.

dòge, *sm.*

nomencl. anello, corno || dogaressa, dogato.

dòglia, *sf.* dolore, → COLICA || *pl.* dolori del parto || *fig.* afflizione, pena, cordoglio, corruccio.

contr. sollievo, piacere, godimento, gaudio, gioia, diletto.

dogliànza, *sf.* → DOLORE.

dòglio, *sm.* → ORCIO.

dogliosaménte, *avv.* → DOLOROSAMENTE.

doglióso, *agg.* → ADDOLORATO, DOLOROSO.

dògma, *sf.* domma, verità rivelata, principio indiscutibile o fondamentale, articolo di fede, fede, assioma, legge.

nomencl. (*attributi*) cristiano, cattolico, di fede || (*pertinenti*) dogmatica, ortodossia, rivelazione, concilio ecumenico, definizione papale *ex cathedra* || dogmatismo.

contr. opinione; eresia, eterodossia || scetticismo, libero pensiero.

dogmàtico, *agg.* dommatico, precettivo, assoluto, assiomatico || cattedratico, intransigente.

contr. opinabile, non definito.

dògo, *sm. ingls.* → CANE.

dólce[1], *agg.* zuccherato, zuccherino, zuccheroso, dolcigno, dolciastro, melato, abboccato || *fig.* umano, gentile, soave, delicato, angelico, morbido, leggero, squisito, molle, mansueto, benigno, gradevole, delizioso, amabile, piacevole, grazioso, grato, blando, tenero, → BUONO, CARO || tiepido, mite, temperato (di clima) || malleabile, plastico, duttile (di materiale) || mellifluo, sdolcinato, melenso, smaccato.

nomencl. *verb.* addolcire, raddolcire, indolcire, mitigare.

contr. amaro, aspro || dolciastro, sdolcinatura, sdolcinato, sgradevole || crudele.

dólce[2], *sm.* chicca, confetto, pasticcio, dolciume, pasta dolce, torta, → BISCOTTO.

nomencl. (*esemplificazione*) bodino o budino, bericocolo, candito, caramella, cioccolata, ciambella, cotognata, crema, croccante, fondente, frutta giulebbata, mandorlato, melappo, meringa, mostarda, panettone, pastiglia, pasticcino, spumone, torrone, tortiglione, zabaione, zuccherino || zucchero, saccarosio, glucosio, mandorle, cacao, rosoli, spiriti, liquori || *verb.* dolcificare.

dolceménte, *avv.* blandamente, amabilmente, delicatamente, deliziosamente, benignamente, soavemente, pianamente, leggermente, gentilmente, mollemente, femminilmente, maternamente.

contr. amaramente, bruscamente, rozzamente, ruvidamente, aspramente.

dolcézza, *sf.* || *fig.* delicatezza, soavità, piacevolezza, amorevolezza, amabilità, tenerezza, benignità, benevolenza, bonarietà, mansuetudine, mitezza, indulgenza, squisitezza, morbidezza, → BONTÀ || tepore || delizia, diletto, contento, felicità.

contr. amarezza, acidità || asprezza, rudezza, ruvidezza, rozzezza, crudeltà, violenza.

dolciàstro, *agg.* stucchevole, ingrato, → DOLCE || scrittore dolciastro, → ARCADE.

dolcificàre, *v.tr.* → ADDOLCIRE.

dolcígno, *agg.* → DOLCE.

dolciúme, *sm.* → DOLCE.

contr. agrume, acidume.

dolènte, *ppr.* di dolere || *agg.* → ADDOLORATO || DOLORANTE.

dolenteménte, *avv.* → DOLOROSAMENTE.

dolére, *v.intr.* far male, cagionar dolore, essere in dolore, provare, sentire dolore || *fig.* rincrescere, sentire dispiacere || *rifl.* lamentarsi, rammaricarsi, sentir rammarico, gemere, pentirsi || querelarsi.

contr. provar piacere, gioire, rallegrarsi, godere.

dolicocèfalo, *agg.* e *sm.*

contr. brachicefalo.

dòlo, *sm.* intenzione criminosa || inganno, frode, artifizio, raggiro, astuzia.

contr. buona fede, retta intenzione, ignoranza, innocenza, semplicità, onestà.

dolorànte, *ppr.* di dolorare || *agg.* dolente, doloroso, indolenzito, sofferente, esulcerato, piagato, rattristante, pungente, trafiggente, tagliente, urente, bruciante, sconsolante, deprimente, demoralizzante, opprimente, scoraggiante.

contr. consolante, incoraggiante, lenitivo, letiziante, confortevole, calmante, sedativo.

dolóre, *sm.* accoramento, affanno, angustia, afflizione, lacerazione, amarezza, cruccio, amaritudine, ambascia, agonia, angoscia, ansietà, pena, tormento, demoralizzazione, costernazione, crepacuore, dispiacere, disappunto, disgrado, esulcerazione, ulcerazione, corruccio, croce, delusione, disperazione, disgusto, preoccupazione, inquietudine, rammarico, cura, rodimento, pressura, rimescolio, travaglio, tribolazione, turbamento, desolazione, mestizia, tristezza, lutto, malinconia, passione, patema, patimento, gravezza, pianto, spina, fitta, sofferenza, spasimo, schianto, strazio, struggimento, trambasciamento, supplizio, trafitta, piaga, taglio, squarcio, stilettata, oppressione, cordoglio, contristamento, dannazione, infelicità, duolo (*poet.*), rodio, tenebre, vessazione, persecuzione, intontimento, bruciore, cociore, doglia, indolimento, puntura, ferita, ipocondria, mortificazione, malumore, cattivo umore, indolenzimento || attrizione, contrizione, pentimento, compunzione, rimorso || algia, nevralgia, cardialgia, cardiospasmo, cefalea, cefalgia, colica, emicrania, strizzone.

nomencl. (*tipi*) fisico, fisiologico, corporeo, morale, metafisico, spirituale, mistico || (*rimedi*) pazienza, sopportazione, distrazione, fortezza, tolleranza, rassegnazione || compassione, premura, compianto, lenimento, condoglianza, consolazione, coraggio, sedativo, sollievo, abitudine || *agg.* debole, lieve, labile, leggero, sopportabile, forte, acerbo, grave, insopportabile, acuto, crudele, amaro, aspro, pungente, intenso, atroce, violento, profondo, spasmodico, straziante, lancinante, erratico, tensivo || vivo, sincero, vero, schietto, sentito, spontaneo, perfetto, falso, bugiardo, finto, ipocrita, simulato, esagerato || *verb.* addolorare || ansiare, corrispondere, dolere, bruciare, dar dolore, far male, frizzare, sentir bruciore, tormentare, far vedere le stelle, dolicchiare, indolenzire, indolire, sdolenzire, sdogliarsi || star sulle spine, avere il cuore gonfio, avere il cuore in gola, sentire un nodo alla gola, battere il capo nel muro, impazzire dal dolore, contorcersi, soffrire, sospirare, gemere, smaniare, urlare, vivere in lacrime, vivere di lacrime, campare di lacrime, far lamento, grondar sangue, morire di dolore, pianger lacrime di sangue || addolcire, attenuare, calmare, diminuire, addormentare, alleggerire, alleviare, mitigare, dar tregua, far cessare, medicare, rincorare, darsi pace, disacerbare, incoraggiare, dar o infonder coraggio, uscir di pena || esacerbare, aizzare, inasprire, irritare, aumentare, eccitare, provocare, accrescere; riaprire, rinnovare la ferita; accusare un dolore.

contr. piacere, godimento, gaudio, gioia, giubilo, letizia, esultanza, soddisfazione, giolito.

dolorífico, *agg.* → DOLOROSO.

dolorosaménte, *avv.* con dolore, ansiosamente, angosciosamente, crucciosamente, dogliosamente, dolentemente, faticosamente, incresciosamente, infaustamente, laboriosamente, luttuosamente, mestamente, miseramente, straziantemente, tormentosamente, travagliatamente, tribolatamente, tristamente, crudamente.

contr. lietamente, gioiosamente, piacevolmente, gaudiosamente, consolantemente.

doloróso, *agg.* penoso, dolente, accorabile, accorante, affannoso, affliggente, afflittivo, doglioso, dolorifico, duro, amaro, angustioso, grave, infausto, luttuoso, tormentoso, tribolato, rattristante, crudele, crucciante, disgraziato, drammatico || addolorato, pieno d'amarezza, dolorante (*lett.*).

contr. piacevole, lieto, gioioso, gaudioso, allietante, rallegrante, consolante.

dolóso, *agg.* ingannevole, fraudolento, criminoso, delittuoso, sciente.

contr. colposo || innocente, ignaro, retto, onesto.

domànda, *sf.* interrogazione || invito, richiesta, problema, quesito, questione || interpellanza, ricorso, istanza, petizione, postulazione, supplica || preghiera, implorazione, desiderio || inchiesta, indagine, investigazione.

nomencl. *agg.* breve, concisa, stringata, spiccia, facile, sbrigativa, chiara, semplice, utile, acconcia, conveniente, confacente, pertinente, proficua, vantaggiosa, giusta, equa, onesta, legittima, convenevole, santa, innocente, buona, dabbene, doverosa, esigente, indiscreta, ineducata, importuna, curiosa, insistente, petulante, noiosa, pertinace, fastidiosa, molesta, prolissa, stucchevole, intollerabile, insopportabile, seccante, fervorosa, calda, supplichevole, implorante, umile, sommessa, lunga, definitiva, decisiva, retorica, vuota, ampollosa|| principale, preparatoria, accessoria, nuova, pregiudiziale, sussidiaria, provvisoria || allettante, suggestiva || *verb.* accogliere, ascoltare, rifiutare, respingere, desistere, prendere in considerazione, fare, inoltrare, porgere, rivolgere, ripetere, sollecitare, tempestare, serrare con le domande.
contr. risposta || concessione.

domandàre, *v.tr.* dimandare, addomandare, chiedere, richiedere || elemosinare, limosinare, mendicare, pregare, ricercare, supplicare, invocare, postulare, implorare, sollecitare || chiamare, appellare, dire, ripetere || indagare, investigare, interrogare, invitare, interpellare, instare, requisire, esigere || ricorrere, presentare o fare istanza, intercedere || → CERCARE || *rifl.* chiedersi.
contr. rispondere, esaudire, concedere, accordare, riscuotere, ottenere.

domàni, *avv.* giorno seguente, giorno successivo, giorno dopo || *sm.* l'avvenire, il futuro.
contr. ieri, il passato, il giorno prima, oggi.

domàre, *v.tr.* mansuefare, ammansire, ammansare, raddolcire, ammaestrare, educare, addimesticare o addomesticare || dominare, soggiogare, sottomettere, rendere docile, vincere, castigare, scozzonare, frenare.
contr. eccitare, irritare, aizzare, inasprire || ribellarsi, inasprirsi.

domàto, *pps.* di domare || *agg.* → DOMESTICO.
contr. indomato, selvatico, non addomesticato, sfrenato, indomo (*ant.*).

domatóre, *sm.* → ADDOMESTICATORE.

doménica, *sf.* giorno del Signore, settimo giorno, giorno di festa, festa o giorno di riposo, riposo festivo.
nomencl. delle palme, di Pasqua, di Passione, in Albis, di Pentecoste, di quaresima, di sessagesima, di quinquagesima, di settuagesima, ecc. || (*inerenti*) pratiche domenicali, uffici della domenica, obblighi della domenica, santificazione della domenica || opere servili || orazione, lettera domenicale || *verb.* osservare, santificare, rispettare la domenica.
contr. giorno feriale.

domèstica, *sf.* fante (*ant.*), fantesca, serva, servente, donna di servizio, cameriera, governante, ancella, donzella.

domesticàre, *v.tr.* addomesticare, → DOMARE.

domestichézza, *sf.* dimestichezza, confidenza, fiducia, intimità, intrinsichezza, intrinsecità, → FAMILIARITÀ, AMICIZIA.
contr. estraneità, selvatichezza, inavvicinabilità.

domèstico, *agg.* dimestico, familiare, intrinseco, di casa, casalingo || docile, affabile, benigno, trattabile, semplice, addomesticato, domato || *sm.* cameriere, servitore, servo, servente, famiglio, ordinanza, fante (*ant.*), uomo (*ant.*).
nomencl. *agg.* buono, bravo, fidato, fedele, sicuro, devoto, rispettoso, ossequioso, cerimonioso, intrattabile, insincero, infido, prepotente, arrogante, insolente, strapotente || di fede provata.
contr. estraneo, forestiero || aspro, intrattabile, selvatico || padrone.

domiciliàto, *pps.* di domiciliare || *agg.* e *sm.* → ABITANTE.

domicílio, *sm.* residenza, abitazione, recapito, sede, stanza, → CASA, DIMORA || domicilio coatto, → ESILIO.
nomencl. (*tipi*) civile, reale, legale, elettivo, eletto, politico, elettorale, effettivo, di soccorso || (*inerenti*) elezione di domicilio, violazione di domicilio, abbandono di domicilio, assenza presunta || *verb.* fissare, portare, trasferire, mutare domicilio.

dominànte, *ppr.* di dominare || *agg.* prevalente, sovrastante, superiore, principale, regnante || elevato (di località).
contr. soggetto, sottostante, sottoposto, inferiore.

dominàre, *v.tr.* padroneggiare, signoreggiare, tener soggètto, reggere, governare, comandare, domare, soggiogare, vincere, → BATTERE || sovrastare || tener a freno, mortificare, frenare || *intr.* regnare, aver dominio, autorità, imperare || far da padrone, esercitare una supremazia, predominare, eccellere, esser superiore, prevalere, primeggiare, avere o tenere il primato || *rifl.* dominarsi, padroneggiarsi, vincersi, frenarsi.
contr. essere soggetto, stare soggetto, sottostare, essere subalterno, dipendente, obbedire, abbandonarsi || essere inferiore, sentirsi inferiore.

dominàto, *pps.* di dominare || *agg.* → BATTUTO.

dominatóre, *sm.* padrone, superiore, reggente.

dominazióne, *sf.* dominio, governo, signoria, potere, imperio, autorità, superiorità, egemonia, padronanza, potenza, predominio, preminenza, reggenza, sovranità, tirannia, balía, feudo || *pl.* uno dei cori angelici, → ANGELO.
nomencl. (*tipi*) assoluta, teocratica, aristocratica, popolare, borghese || *agg.* illuminata, illimitata, tirannica, dispotica, ferrea, rigorosa, benevola, paterna, indulgente, blanda, dolce || *verb.* esercitare, estendere || riconoscere, sottomettersi, accettare.
contr. soggezione, dipendenza, sottomissione.

Domineddío, *sm.* → DIO.

domínio, sm. possesso, possedimento, padronanza, giurisdizione || → DOMINAZIONE.
nomencl. (*tipi*) diretto, temporale, spirituale, pubblico, privato, personale, familiare || (*affini*) condominio, egemonia, pleonarchia, poliarchia, monarchia, predominio, tirannia, feudo, signoria || *agg.* inutile, utile, ferreo, dolce, paternalistico || *verb.* devolvere, infeudare, predominare, prescrivere, trasferire, cedere, rinunciare || essere di pubblico dominio.
contr. soggezione, dipendenza.

dòmino, *sm.* → MANTELLO || → GIOCO.

dòmma e derivati, → DOGMA e deriv.

donàre, *v.tr.* dare in dono, presentare, offrire, largire, elargire, gratificare, largheggiare, prodigare, dare, ri-

donare, favorire, → REGALARE, DOTARE || condonare || *intr.* dar bellezza, conferire grazia, attrattiva.
contr. accettare, gradire, aggradire, prendere, respingere.
donatívo, *sm.* → DONO.
donàto, *pps.* di donare || *agg.* regalato, elargito, gratificato, dato, ridonato, favorito, gratuito || condonato.
contr. ricevuto, accettato, respinto.
donatóre, *sm.* donante, benefattore, datore.
nomencl. donatore di sangue.
donazióne, *sf.* → REGALO.
dondolaménto, *sm.* → OSCILLAZIONE.
dondolàre, *v.tr.* → CULLARE || muovere in qua e in là, → OSCILLARE || *intr.* e *rifl.* pencolare, altalenare, ondeggiare, ciondolare || *fig.* gingillarsi, girandolare, → OZIARE.
nomencl. dondolone, ciondolone, penzoloni.
dondolío, *sm.* → OSCILLAZIONE.
dóndolo, *sm.* → ALTALENA.
dondolóne, *sm.* → GIRELLONE.
dondolóni, *avv.* penzoloni.
dònna, *sf.* femmina (dell'uomo) || figlia d'Eva, costola d'Adamo || moglie, consorte, sposa, fidanzata, compagna, amante, druda || padrona, signora, gentildonna, matrona, madama, dama, madonna (*ant.*) || serva, domestica, fantesca || (nei giochi) regina || bel sesso, gentil sesso, sesso debole, secondo sesso.
nomencl. (*secondo l'età e la condizione*) bambina, fanciulla, ragazza, ragazzina, nubile, maritata || figlia, madre, vedova, zia, cugina, nipote, sorella, suocera, nuora, madrina, cognata, nonna, bisnonna, ava || popolana, plebea, borghese, nobile, baronessa, contessa, marchesa, duchessa, principessa, regina, imperatrice, nobildonna, signorina, damigella, damina, donzella || cittadina, casalinga, benestante, operaia, lavoratrice || (*secondo la femminilità*) bella, innamorata, concubina, odalisca, favorita, fata, maga, maliarda, ninfa, sirena, galante, viriloide || *spreg.* zitella, zitellona, scimmia, arpia, ciana, strega, furia, befana, megera, donnaccia, femmina da conio, femminaccia, sgualdrina, prostituta, bagascia, baldracca, baccante, avventuriera, burattina, caporalaccio, colonnello, cenerentola, cecca, chiacchierona, comare, civetta, civettona, frasca, cortigiana, maddalena, mantenuta, suocera, pedina, versiera, sfasciume, viragine, marcantonia, tardona, donnicciola, donnaccola, donnetta || (*secondo le qualità fisiche*) allampanata, magra, disfatta, senza fianchi, senza petto, snella, appetitosa, bella, delicata, fatta, giovane, soda, bionda, bruna, fulva, mora, moretta, canuta, calva, pelata, pelosa, ricciuta, giunonica, brutta, granita, grassa, obesa, nana, pingue, tozza, prosperosa, formosa, stantia, vecchia, decrepita, sciupata, avvizzita, imbellettata, infarinata, incipriata, elegante, sciatta, trascurata || (*secondo le qualità morali e affettive*) allegra, buona, malinconica, triste, cattiva, stupida, intelligente, di garbo, screanzata, onesta, devota, pietosa, santa, delicata, valorosa, coraggiosa, dinamica, pigra, imbelle, vana, frivola, garrula, loquace, pettegola, silenziosa, superba, altera, prudente, imprudente, costante, incostante, ritrosa, equivoca, sfacciata, appassionata, timida, disdegnosa, sospettosa, calcolatrice, disinteressata, tenera, languida, sentimentale, romantica, pudica, impudica, galante, amorosa, sensuale, fredda, lussuriosa, disonesta, facile, leggera, arrendevole, licenziosa, di malaffare, di malavita, di mondo, di partito, equivoca, da trivio, triviale, volgare, sguaiata, ninfomane, frigida || donna di coppe, di quadri, ecc. || prima donna, primattrice, soprano, *vedette* || buona donna || donna di casa; lavori, abito, sarto da donna, cose da donne || (*inerenti*) femminismo, femminilità, *sex-appeal*, eterno femminino, donna eterna || antifemminismo, andrismo, emancipazione della donna || ginecologia, ostetricia || mestruazione, flusso periodico, menopausa, gravidanza, parto || frigidità, sterilità, ninfomania || (*abbigliamento*) reggipetto, reggicalze, busto, sottoveste, corpetto, corsetto, gonna, gonnella, sottana, camicetta, veste, *chemisier*, *tailleur*, manicotto, mantella, mantellina, scialle, velo, pelliccia, boa || anello, braccialetto, diadema, orecchini, spilla, spillone, collana, monile || merletto, trina, ricamo, pizzo, zendado || *agg.* muliebre, femmineo, femminile, donnesco, effeminato || *verb.* far la massaia, la donna di casa; esser tutta casa e chiesa, far la santarellina; emanciparsi; accivettare, civettare, incivettire, far la civetta, bamboleggiare; portare i calzoni.
contr. uomo, maschio.
donnaiòlo, *sm.* dongiovanni, vagheggino, femminiere.
donnésco, *agg.* femmineo, femminile, effeminato, muliebre.
contr. maschile, virile.
dònno, *sm. ant.* signore, padrone.
dònnola, *sf.*
nomencl. ermellino, faina, furetto, puzzola || (*voci*) squittire, grugare.
dóno, *sm.* donativo, presente, strenna, donazione, donagione (*ant.*), offerta, → REGALO || erogazione, largizione, elargizione, beneficenza, carità, elemosina || gratificazione, mancia, grazia, regalia, sottomano, paraguanto (*ant.*), onoranza, → CONCESSIONE || legato, eredità, lascito || cortesia, favore.
nomencl. (*esempi*) naturale, doti morali, temperamento, virtuosità, spirituale, soprannaturale, preternaturale, divino, dello Spirito Santo || (*attinenti*) liberalità, prodigalità, generosità || donatore, donatario, testatore, testamento || dote || *agg.* gradito, accetto, bene accetto, grato, benviso, sgradito, ingrato, bello, ottimo, grande, magnifico, raro, prezioso, pregevole, ricco, inestimabile, grazioso, povero, volgare, misero, modesto, meschino, significativo, simbolico, personale || *verb.* donare, beneficare, largheggiare, largire, elargire, ridonare, fare, accettare, gradire, respingere, rifiutare.
contr. compera, acquisto, spesa || rifiuto.
donzèlla, *sf.* → DONNA.
donzèllo, *sm.* → PAGGIO, GIOVANE.
dópo, *avv.* e *prep.* appresso, dietro, poi, poscia, oltre, in seguito || successivo, immediato, conseguente, susseguente, posteriore, posposto, posticipato, ulteriore, secondo, postumo, posteri.
nomencl. (*attinenti*) epilogo, seguito, poscritto, suffisso || dopoguerra, dopolavoro, doposcuola || dopodomani, dopopranzo.
contr. prima, avanti, innanzi.
dopoguèrra, *sm. indecl.*
nomencl. primo, secondo dopoguerra || *agg.* postbellico.

contr. anteguerra.
doppiàggio, *sm.* → DOPPIARE.
doppiaménte, *avv.* in modo duplice, il doppio || con doppiezza.
doppiàre, *v.tr.* raddoppiare, duplicare, geminare (*lat.*) || montare, scapolare, → NAVIGARE || tradurre in altra lingua, → CINEMATOGRAFO.
doppiàto, *pps.* di doppiare || *agg.* → DOPPIO.
doppière, *sm.* doppiero, → CANDELIERE.
doppiétta, *sf.* → FUCILE.
doppiézza, *sf.* duplicità || *fig.* → INGANNO, FINZIONE.
dóppio, *agg.* doppiato, arcidoppio, duplice, duplo, binario, bino, didimo, gemello, gemino, bifido, bifronte, bicipite, bisessuato, bipenne, bilingue, appaiato, accoppiato, duplicato || *sm.* due volte tanto || *fig.* ipòcrita, versipelle, → FINTO, FALSO.
nomencl. (*inerenti*) coppia, piccia, pariglia || partita doppia, doppio senso, doppia verità, doppie stelle, doppio giuoco, doppia pesata || *verb.* addoppiare, raddoppiare, doppiare, duplicare, ribadire, abbinare.
contr. sdoppiato, semplice, mezzo, scempio, dimezzato, dimidiato.
doppiogiòco, *sm.* doppio gioco, opportunismo, girellismo, funambolismo.
nomencl. doppiogiochista, versipelle, voltagabbana, girella, banderuola, eroe della sesta giornata.
doppióne, *sm.* allotropo, copia, plagio || coppie di parole di ugual significato || duplicato, duplice copia di una stessa cosa.
contr. sinonimo.
doràre, *v.tr.* indorare, inaurare, aurare || *fig.* abbellire.
nomencl. (*modi*) a fuoco, a tempera, a mordente, a bolo, a mecca, al mercurio || granitoio, brunitoio.
contr. sdorare || disabbellire.
doràto, *pps.* di dorare || *agg.* giallo, flavo, falbo, fulvo, lionato, → BIONDO, AUREO || *fig.* bello, abbellito.
contr. sdorato || brutto.
doratóre, *sm.* indoratore, mettiloro.
doratúra, *sf.* indoratura, → GALVANOPLASTICA.
nomencl. (*modi*) a fuoco, a mordente, a guazzo, a mecca, all'olio, a bolo, al mercurio, a smorto, a tempera, galvanica || su pergamena, dei libri || (*materie*) mecca, mordente, oro da libretto, oro potabile, osso di seppia, tinta dura || (*arnesi*) avvivatoio, billochetto, granitoio, grattapugie, pennellessa, pinocchino, libri d'oro || bagno elettrolitico, granitura, colorazione.
contr. sdoratura.
dormicchiàre, *v.intr.* → DORMIRE.
dormíre, *v.intr.* addormentarsi, addormirsi, accoccirsi, assonnarsi, assopirsi, sopirsi, appisolarsi, fare un pisolo, alloppiarsi, ammammolarsi, coricarsi, giacere, dormicchiare, riposare, sonnecchiare, prender sonno, schiacciare un sonnellino, fare la nanna, fare una dormita, essere in braccio o in grembo a Morfeo, prendere ristoro col sonno, tenere gli occhi chiusi, togliersi il sonno || far dormire, cullare, ninnare || dormire bene, ottimamente, male, sodo, leggermente, a strappi, profondamente, ad occhi aperti, come un ciocco, come un tasso, come una talpa, come un ghiro || aggranchiare, allungarsi, protendersi, distendersi, russare, ronfare, ronfiare, sognare.
nomencl. sonno, sonnellino, letargo, sopore, dormita, assopimento, sonnolenza, cascaggine, pisolo, pisolino, siesta || coma || sogno, incubo, fantasma, sonnabulismo, ipnotismo || ninnananna, sonnifero, soporifero, narcotico, tranquillante, tisana || veglia, dormiveglia, insonnia || sveglia || *agg.* sonnacchioso, sonnolento, dormiglione, alloppiato, appisolato || *avv.* a gomitello, bocconi, disteso, sul lato, sul cuore, sul fianco, supino o rovescio, raggruppato || a ciel sereno, all'aperto, all'addiaccio, sotto le stelle, sul tavolato, all'aria aperta, *sub Jove*, in terra nuda, sul duro.
contr. star sveglio, vegliare, dissonnare, destarsi, scuotersi || destare, svegliare, risvegliare.
dormíta, *sf.* sonno, riposo, sonnellino, pisolo, pisolino, dormiveglia, letargo.
nomencl. *agg.* buona, ottima, saporita, lunga, breve, tormentata, agitata, turbata, ristoratrice, tranquilla.
contr. veglia.
dormitòrio, *sm.* → CAMERA.
dorsàle, *sm.* crinale, spartiacque, cresta, displuvio.
dòrso, *sm.* schiena, dosso, groppa, groppone, spalla, tergo, costola || colmo, cresta (di monte).
contr. petto, sterno || sommità, scoscendimento.
dosàre, *v.tr.* dividere in dosi, proporzionare, pesare le dosi || *fig.* distribuire.
contr. dividere o distribuire all'ingrosso.
dòse, *sf.* quantità determinata, porzione, presa, preserella, presina, cartina || razione.
nomencl. (*inerenti*) dosaggio, dosimetria, dosimetro elettrolitico || *pro die, pro dose* || *agg.* singola, quotidiana, totale, massima, minima, venefica, mortale, medicinale, eguale, graduata.
contr. quantità indeterminata, *ad libitum*.
dòsso, *sm.* → DORSO || poggio, cima, prominenza, rialzo, rilievo, colle.
nomencl. addosso, indosso, a bisdosso || *verb.* indossare, addossare, adattare al dosso di uno.
contr. incàvo, cavità, sprofondamento.
dotàre, *v.tr.* dare in dote, assegnare in dote, costituire in dote, provvedere di beni o di rendita o di patrimonio || assegnare, fornire, corredare, provvedere, arricchire, donare.
dotàto, *pps.* di dotare || *agg.* fornito, munito, ornato, provvisto, provveduto || superdotato, supernormale.
contr. privo, mancante, sprovveduto, sprovvisto || deficiente, anormale.
dotazióne, *sf.* → DOTE.
dòte, *sf.* assegno dotale, beni dotali, dotazione, → CORREDO || virtú, pregio, qualità, abilità, dono, privilegio, facoltà, prerogativa.
nomencl. (*tipi*) maritale || dell'animo, dello spirito, della mente || (*pertinenti*) beni parafernali (dotali o estradotali), doterella, dotone, dotalizio, sopraddote, spillatico, paraferno, doario || *agg.* ricca, splendida, abbondante, sfarzosa, elegante, preziosa, scarsa, insufficiente || *verb.* dotare, dare o ricevere in dote, pescare una dote, portare in dote.
dòtto, *agg.* e *sm.* cólto, addottrinato, sapiente, erudito, scienziato, esperto, valente, versato, profondo, maestro, dottore, luminare || sapientone, biblioteca ambulante, arca di scienza, uomo enciclopedico, pozzo di

scienza || saputo, saputello, saccente, dottorone, barbassoro, sputasentenze, pedante.
nomencl. (*inerenti*) erudizione, infarinatura, verniciatura, nozione || placito || dottrina, autodidatta.
contr. indotto, ignorante, incolto || mezza scienza.
dótto, *sm.* condotto, canale, conduttura.
dottóre, *sm.* laureato, maestro, → DOTTO || dottore in legge, → GIURECONSULTO || MEDICO.
nomencl. Dottori della Chiesa: universale, mirabile, sottile, mellifluo, angelico, serafico || in legge, *in utroque*, in lettere, in filosofia, in agraria, in medicina, ecc. || (*inerenti*) laurea, *honoris causa*, anello e berretto dottorale, dottorato || *verb.* addottorare, laureare; prendere, conferire, dare, ricevere il dottorato, la laurea.
contr. ignorante, illetterato, empirico, praticone.
dottrína, *sf.* istruzione, scienza, sapere, sapienza, cultura, erudizione, cognizione, conoscenza, studio, scibile, → DISCIPLINA || ammaestramento, teoria, opinione || perizia, esperienza, magistero || catechismo.
nomencl. (*varietà*) materialistica, socialista, panteistica, idealistica, trascendente, trascendentale, spirituale, spiritualistica, razionale, irrazionale, rivelata, divina, cristiana || *agg.* vera, vasta, attendibile, sicura, certa, fondata, genuina, pura, schietta, veritiera, veridica, solida, profonda, indiscutibile, salda, rara, stabile, immutabile, debole, discutibile, inverosimile, incerta, assurda, screditata, morta, passata, superata, abbandonata, rinnegata, antiquata, superficiale || *verb.* addottrinare, rivelare, diffondere, professare, difendere, propagare, predicare, annunciare, propugnare, confutare, rinnegare, abiurare, abbattere, fondare.
contr. ignoranza.
dottrinàle, *sm.* complesso di una concezione, delle teorie relative || *agg.* → ISTRUTTIVO.
dovére[1], *v.intr.* bisognare, essere necessario, essere conveniente, toccare (a), spettare, incombere, appartenere, competere, giovare, volere || esser probabile || *tr.* dover dare, restituire, pagare.
contr. aver diritto || essere creditore, aver da ricevere.
dovére[2], *sm.* obbligo, obbligazione, responsabilità, convenienza, debito morale || → COMPITO, BENE, DEBITO.
nomencl. (*esempi*) di padre, di madre, di congiunto, d'ufficio, religioso, morale, politico, di coscienza; verso Dio, se stesso, la famiglia, la patria, la società || (*attinenti*) scrupolo, virtú, zelo, colpa, corruzione || voce del dovere, imperativo categorico, legge morale, voce della coscienza, caso di coscienza || *agg.* formale, chiaro, solenne, imperioso, urgente, ineluttabile, impellente, irresistibile, indeclinabile, preciso, rigoroso, sacro, sacrosanto, angusto, stretto, immediato, diretto || *verb.* il dovere comanda, vuole, impone, richiede || insegnare, adempiere, attendere, compiere, disimpegnare, osservare, assolvere, soddisfare, trasgredire, mancare, eludere, esimere, tradire, venir meno, prevaricare, mettere o rimettere a dovere, sentire il proprio dovere, far atto di dovere, stare a dovere.
contr. diritto.
doveróso, *agg.* dovuto, obbligatorio, imposto, necessario, debito || conveniente, adatto, giusto.
contr. facoltativo, non necessario, non dovuto, grazioso || inadatto, ingiusto.
dovízia, *sf.* abbondanza, copia, opulenza, ubertà, esuberanza || → RICCHEZZA.
contr. carestia, scarsità, ristrettezza, povertà, insufficienza. pochezza.
doviziosaménte, *avv.* → RICCAMENTE.
dovizióso, *agg.* → RICCO.
dovúto, *pps.* di dovere || *agg.* → DOVEROSO, ADATTO || *sm.* → DEBITO.
dozzína, *sf.* serqua, → DODICI || PENSIONE.
dozzinàle, *agg.* → GROSSOLANO.
contr. fine, pregiato, raro.
dozzinànte, *sm.* pensionante.
draconiàno, *agg.* → DURO.
dràga, *sf.* cavafango.
dràgo, *sm.* dragone, mostro || → CRUDELE.
dragomànno, *sm.* turcimanno, → INTERPRETE.
dràmma, *sf.* azione drammatica, azione scenica, mimo || avvenimento o fatto doloroso, triste, pietoso, lagrimevole, che nasce da un conflitto.
nomencl. (*specie*) lirico, storico, pastorale, tragico, mimico, tragicomico, satirico, musicale, a chiave, sacro || (*varietà*) melodramma, ballo, fantocciata, fiaba, leggenda drammatica, ludi scenici, figure, misteri, monologo, trilogia, tetralogia, tragicommedia, zarzuela, commedia, oratorio || (*inerenti*) drammaturgia, drammatico, drammaticità || drammaturgo, tragedo, poeta, librettista, attore, maschera, recita || (*elementi*) atto, scena, azione, coro, dialogo, parte, prologo, tesi, finale, protasi, epitasi, catastasi, catastrofe, scioglimento, intermezzo, didascalia, unità di luogo e di tempo.
drammaticità, *sf.* tensione, spasimo, interesse prodotto da un conflitto interno.
contr. comicità.
drammàtico, *agg.* conflittuale, contrastante, complicato || avventuroso, commovente, patetico, pietoso, doloroso, triste, lagrimevole.
contr. comico, farsesco.
drammatizzàre, *v.tr.* saper rendere ciò che è drammatico || esagerare la gravità di qualcosa, perdere il senso delle proporzioni.
contr. sdrammatizzare.
drammatúrgo, *sm.* → AUTORE.
drappèlla, *sm.* → BANDIERA.
drappèllo, *sm.* → COMPAGNIA, GUARDIA.
dràppo, *sm.* → BANDIERA || stoffa, panno, tessuto.
nomencl. (*equivalenti e affini*) arazzo, arricciato, broccatello, broccato, cordellone, damaschetto, damasco, felpa, fusciacco, lustrino, mantino, porpora, palio, prunello, rasetto, sargia, scialle, scotto, tappeto, tenda, tocca, velluto, zendalo || (*parti*) bandella, cimossa, drappello, orlo, piega, ritto o diritto, rovescio, rotolo || paratore, drappiere, drapperia || *agg.* prezioso, ricco, pregevole, antico, moderno, nuovissimo, ricamato, colorato, comune, ordinario || *verb.* drappeggiare, foderare, manganare, rammendare.
dríade, *sf.* → NINFA.
drítta, *sf.* → DESTRA.
contr. manca.
drítto, *agg.* → DIRITTO || ONESTO.
contr. rovescio.
drizzàre, *v.tr.* dirizzare, → RADDRIZZARE.

drizzàto, *pps.* di drizzare || *agg.* → DIRITTO.
drizzóne, *sm.* → DIRIZZONE.
dròga, *sf.* aroma, spezie, → CONDIMENTO || stupefacente, → NARCOTICO.
nomencl. (*esempi*) droghe vegetali: china, digitale, elleboro, gialappa, zenzero, rabarbaro, ecc.; animali: cantaridi, muschio, castoreo, ecc.
drogàre, *v.tr.* → CONDIRE || narcotizzare, somministrare uno stupefacente.
dromedàrio, *sm.* → CAMMELLO.
drúdo, *agg.* e *sm.* → AMANTE.
dualísmo, *sm.* duplicità, doppio principio || → CONTRASTO.
dubbiaménte, *avv.* → DUBBIOSAMENTE.
dúbbio¹, *sm.* indecisione, incertezza, anfibologia, ambiguità, bivio, controvertibilità, esitazione, esitanza, sospensione, titubanza, oscillazione, tentennamento, ondeggiamento, irresoluzione, irresolutezza, indeterminatezza, tergiversazione, equivoco, perplessità, scrupolo, oscitanza, opinione, ipotesi, supposizione, oscurità, dubitosità, peritanza, dubitazione, vacillamento, ombrosità, problema, problematicità, → CONTRASTO, DIFFICOLTÀ || diffidenza, → SOSPETTO.
nomencl. (*distinzioni*) metodico o antecedente, scettico o conseguente, sistematico, ipotetico, problematico, diretto, indiretto, positivo, negativo || *agg.* fondato, infondato, forte, tenace, grave, serio, molesto, leggero, lieve, piccolo, tormentoso, insoluto, oscuro, pieno, atroce || *verb.* il dubbio assale, sorprende, cresce, aumenta, scema, svanisce, ritorna, sparisce, tormenta, rode, divora, agita, corrode, turba, molesta, angoscia || tenere sulla corda, tenere a bada, essere in fra due, essere in forse, stare in forse, essere sospeso || accertare, chiarire, contestare, nutrire, ninnare, accumulare, manifestare, proporre, sollevare, insinuare, vincere, calmare, dissipare, quietare, risolvere, sopire, superare, uscire di, troncare.
contr. certezza, sicurezza, decisione, risoluzione, risolutezza, verità, dogma, univocità.
dúbbio², *agg.* discutibile, anfibolo, ambiguo, anfibio, controverso, controvertibile, incerto, indeterminato, ipotetico, equivoco, contestabile, impugnabile, infondato, problematico, opinabile, oscuro, improbabile, malsicuro, falso, titubante, scettico, indeciso, tentennante, irresoluto, perplesso, ondeggiante, oscillante || sospettoso.
contr. certo, dogmatico, sicuro, incontrastato, inoppugnabile, indiscutibile, risoluto.
dubbiosaménte, *avv.* dubbiamente, in modo dubitativo, incerto, ambiguo, equivoco.
contr. certamente, sicuramente, positivamente, fermamente.
dubbióso, *agg.* e *sm.* cacadubbi, irresoluto, perplesso, titubante, dubitante, indeciso, incerto, esitante, fluttuante, scrupoloso, ancipite, sospeso, malcerto, oscillante, scettico, equivoco, tentennante, tergiversante, inquieto, intricato, conteso || diffidente, → SOSPETTOSO, DIFFICILE.
contr. sicuro, risolto, risoluto, deciso || fiducioso.
dubitànte, *ppr.* di dubitare || *agg.* → DUBBIOSO.
dubitàre, *v.intr.* essere in dubbio, esitare, ondeggiare, essere in forse, essere tra due, essere indeciso, irresoluto, titubare, oscillare, pencolare, tergiversare || diffidare, → SOSPETTARE.
contr. essere sicuri, fidarsi, confidare || decidersi.
dúce, *sm.* → CAPO, GUIDA, GUERRIERO.
dúe, *agg. num.* e *sm.*
nomencl. (*inerenti*) bienne, biennale, doppio, duale, duplo, duplice || ambo, coppia, paio.
duellàre, *v.intr.* battersi in duello, far duello.
duèllo, *sm.* disfida, partita d'armi, partito o questione d'onore, schermaglia, scontro, singolar tenzone, soddisfazione d'armi, vertenza cavalleresca || *ant.* giudizio di Dio || *fig.* contesa, gara, contrasto.
nomencl. (*modi*) con la spada, la sciabola, la pistola, il pugnale || all'americana, al primo o all'ultimo sangue; letale, cruento, giudiziario || duello oratorio || (*attinenti*) duellante, spadaccino, primo, padrino, cartello di sfida, condizioni di sfida, codice cavalleresco, misura, paranza, presa, assalto, stoccata, tirata, verbale dei padrini || *verb.* duellare, battersi in duello, far duello, disarmare, tendere, infilare, infilarsi, infilzare, mettersi in ischerma, parare i colpi, scansare i colpi, schermire, essere a disposizione.
dúma, *sf. rus.* → ADUNANZA.
duméto, *sm.* sterpeto, spineto, roveto, prunaio.
dúmo, *sm.* pruno, cespo spinoso, spino, rovo.
dúna, *sf.* albaione, banco di sabbia, secca, sirte, tumulo, sorrenamento, rambla.
dúnque, *avv.* perciò, allora, adunque, ordunque.
contr. invece, al contrario, d'altronde.
duòlo, *sm. lett.* → DOLORE.
duòmo, *sm.* → CHIESA.
duplicàre, *v.tr.* addoppiare, raddoppiare, ripetere, rinnovare, geminare.
duplicàto, *pps.* di duplicare || *sm.* → DOPPIONE, COPIA.
contr. uno, unico, originale.
duplicazióne, *sf.* → RADDOPPIAMENTO.
dúplice, *agg.* duplo, → DOPPIO.
nomencl. semplice, triplice, quadruplice, quintuplice, sestuplice, settemplice, ottuplice, nonuplice, decuplice.
duplicità, *sf.* || *fig.* doppiezza, → FINZIONE.
dúplo, *agg.* → DOPPIO.
duràccio, *agg.* → BURBERO.
duràme, *sm.* alburno.
duraménte, *avv.* → CRUDELMENTE.
duràre, *v.intr.* reggere, essere costante, perseverare, permanere, perdurare, perpetuarsi, persistere, resistere, mantenersi, prolungarsi, andare a lungo, estendersi, conservarsi, → CONTINUARE || *tr.* sopportare.
contr. interrompere, cessare, smettere, finire.
duràta, *sf.* corso, permanenza; estensione, continuità di tempo; perseveranza, durevolezza, stabilità, conservazione.
nomencl. *agg.* breve, corta, cortissima, infinitesimale, media, lunga, lunghissima, interminabile, eterna.
contr. interruzione, fine, cessazione.
duratúro, *agg.* → DUREVOLE.
durévole, *agg.* duraturo, persistente, prolungato, stabile, costante, di lunga durata, immanente, immortale, perpetuo, permanente, perenne, diuturno, ininterrotto, continuativo, vitale, fermo, saldo, granitico, ferreo, → CONTINUO.

contr. effimero, caduco, fugace, provvisorio, passeggiero, transeunte, temporaneo, scorrente.

durevolézza, *sf.* continuità, resistenza, persistenza, stabilità, costanza, immanenza, immortalità, perpetuità, perennità, vitalità, saldezza, graniticità.

contr. caducità, fugacità, provvisorietà, temporaneità, labilità, scorrimento.

durézza, *sf.* consistenza, rigidezza, resistenza, sodezza, saldezza, solidezza, solidità || *fig.* asprezza, ruvidezza, crudezza, intrattabilità, crudeltà, insensibilità, legnosità, inflessibilità, indifferenza, caparbietà || → DIFFICOLTÀ.

nomencl. (*esempi*) crosta, callo, tensione, adamantina, granitica, ferrea, coriacea || *verb.* ammollare, diminuire, dirompere, maciullare, spetrare, consolidare, impietrire, incrudire, indurare, indurirsi, intostire, incoiare.

contr. morbidezza, tenerezza, delicatezza, dolcezza, duttilità || sensibilità, mitezza, misericordia, remissività.

durlindàna, *sf.* → SPADA.

dúro, *agg.* adamantino, consistente, coriaceo, solido, resistente, rigido, ferreo, ferrigno, granitico, petroso, pietroso, sodo, marmoreo, lapideo, legnoso, calloso, tiglioso, tosto, crudo, secco, durastro, durissimo, duretto, duriccio, durotto, indurito, azzollato, fermo, nerboruto || *fig.* ostinato, cocciuto, caparbio, testardo, inflessibile, incrollabile, forte, inquisitorio, fiscale, irremovibile, senza cuore, inesorabile, rigido, insensibile, rude, amaro, violento, aspro, asprigno, spiacevole, severo, draconiano, → DIFFICILE, DOLOROSO.

nomencl. (*esempi*) ferro, acciaio, diamante, pietra, marmo, diaspro, roccia, porfido, legno, callo.

contr. tenero, delicato, molle, morbido, duttile || mite, sensibile, cedevole, soffice || accomodante, remissivo, misericordioso, dolce, mite, commovente.

duróne, *sm.* → CALLO.

dúttile, *agg.* malleabile, flessibile, pieghevole, riducibile, plastico, → CEDEVOLE || *fig.* arrendevole, docile, elastico, trattabile, adattabile.

contr. duro, coriaceo, resistente, rigido, inflessibile.

duttilità, *sf.* elasticità, malleabilità, flessibilità, pieghevolezza, plasticità || *fig.* arrendevolezza, cedevolezza, docilità, adattabilità, comprensione.

contr. rigidezza, inflessibilità, resistenza, durezza.

E

ebanísta, *sm.* → FALEGNAME, STIPETTAIO.

ebbrézza, *sf.* ebrietà, ubriachezza, intemperanza || *fig.* voluttà, piacere, follia, esaltazione, gioia, rapimento, stordimento, tumulto interiore, offuscamento, confusione, → ENTUSIASMO.

nomencl. *verb.* inebriare, disebriare.

contr. sobrietà, l'esser astemio || temperanza || inerzia, apatia, freddezza.

èbbro, *agg.* ubriaco, imbriaco, ubriacato || *fig.* esaltato, fuori di sé, entusiasta, inebriato, cieco, rapito, folle, stordito, smanioso.

contr. sobrio, astemio, temperante || inerte, apatico, insensibile, freddo.

ebdomadàrio, *agg.* e *sm.* → SETTIMANALE.

èbete, *agg.* bambo, babbeo, babbaleo, discervellato, stupido, inebetito, imbecille, sciocco, scimunito, rimbambito, idiota, cretino, smemorato, rammollito, ottuso (di mente), tarullo.

contr. sveglio, intelligente, normale (di mente), aperto.

ebolliènte, *ppr.* di ebollire || *agg.* → BOLLENTE.

ebollíre, *v.intr. lett.* → BOLLIRE.

ebollizióne, *sf.* aerificazione, evaporazione, sublimazione, → BOLLORE.

nomencl. (*inerenti*) bollimento, ribollimento, bollitura, bollore.

contr. calma || freddezza.

ebràico, *agg.* → EBREO.

ebrèo, *agg.* ebraico, giudaico, israelitico, mosaico, semitico || *sm.* israelita, giudeo, azzimita, circonciso, semita, talmudista, figlio di Giacobbe, sionista.

nomencl. (*luogo*) Palestina, Giudea, terra promessa, terra santa, Israele, popolo di Dio, popolo eletto, tribú d'Israele || (*movimento storico*) semitismo, giudaismo, talmudismo, sionismo || (*suddivisioni*) galilei, samaritani, farisei, caraisti, casidei o chasidim, dositei, emerobattisti, erodiani, esseni, nazareni, sadducei, terapeuti || esodo, manna, diaspora, ebreo errante || (*religione*) tempio, sinagoga, sommo sacerdote, leviti, rabbino, sacrificatore, archiferecita, cabalisti, rabbinici, talmudisti, Cazan, Cohen || stola, pettorale, filattero, *cidaris* (tiara), *efod*, razionale, superumerale, *telefilim*, *zizith* || tavole della Legge, Santo dei Santi, Arca dell'Alleanza, Agnello pasquale, azzimella, *behemot* (bue), || Thora, Talmud, Bibbia || Sinedrio, concistoro degli ebrei, sabato, festa dei Tabernacoli, festa di Pasqua, festa degli azzimi, digiuno, *nisan*, *paresceve*, *tebeth* (dicembre-gennaio), *tizzi* (settembre e ottobre) || *verb.* circoncidere || antisemitismo, persecuzione antiebraica, progrom, stella gialla, ghetto, *Lager* || antisemita, razzista || genocidio.

ebrietà, *sf.* → EBBREZZA.

ebúrneo, *agg.* → AVORIO, BIANCO.

ecatómbe, *sf.* → STRAGE, ECCIDIO.

eccedènte, *ppr.* di eccedere || *agg.* → ECCESSIVO.

nomencl. (*inerenti*) troppo, oltremodo, pur troppo, fuor di modo, oltre misura, fuor di misura.

contr. mancante, scarso, deficiente, insufficiente.

eccedènza, *sf.* → AVANZO, ECCESSO.

contr. mancanza, scarsezza, deficienza, insufficienza.

eccèdere, *v.tr.* superare, andar oltre, oltrepassare, sorpassare, trapassare, sopravanzare, passare i limiti, trasmodare, esorbitare, trascendere, soverchiare, vincere, → ABUSARE, ESAGERARE, ABBONDARE || trasgredire, prevaricare.

contr. mancare, essere insufficiente, scarseggiare || rimanere, stare, contenersi nei limiti.

ecceità, *sf.* → ESSERE.

eccellènte, *ppr.* di eccellere || *agg.* eminente, egregio, perspicuo, esimio, illustre, ottimo, superiore, esemplare, fine, grande, scelto, singolare, squisito, impagabile, magistrale, meraviglioso, solenne, sovrano, pregevole, inapprezzabile, prelibato, primario, prestante, soverchiante, raro, sopraeccellente, preminente, → DIVINO, DISTINTO, ABILE.

contr. inferiore, mediocre, pessimo, grossolano, rozzo, spregevole, ordinario, comune, dozzinale.

eccellenteménte, *avv.* bene, in modo impagabile, in maniera eccellente, egregiamente, elettamente, meravigliosamente, eminentemente, esemplarmente, magistralmente, ottimamente, prestantemente, singolarmente, sovranamente.

contr. imperfettamente, malamente, scadentemente, mediocremente, in modo pessimo.

eccellènza, *sf.* eminenza, preminenza, superiorità, primato, maestria; squisitezza, finezza, prestanza, rarità, singolarità, sommità, → GRANDEZZA.

contr. inferiorità, mediocrità, insufficienza, bassezza.

eccèllere, *v.intr.* sovrastare, soverchiare, essere eccezionale, superare, sopravanzare, distinguersi, alzarsi, sollevarsi, emergere, acquistar fama, divenir celebre, essere il fiore, → DOMINARE, GRANDEGGIARE.

contr. restare al disotto, essere inferiore (ad altri), rimanere nella mediocrità, rimanere oscuro.

eccèlso, *pps.* di eccellere || *agg.* elevato, grandioso, sovrano, supremo, eminente, sommo, superiore a tutti, sublime, primario, soverchiante tutti, sopraeminente, ottimo, → ALTO, GRANDE.

contr. infimo, al di sotto di tutti, inferiore a tutti, sottostante, terra terra.

eccentricità, *sf.* lontananza dal centro || *fig.* anticonformismo, stranezza, singolarità vistosa, snobismo, → BIZZARRIA.

contr. normalità, conformità, uniformità, conformismo.

eccèntrico, *agg.* fuori o lontano dal centro || *fig.* strano, singolare, fuori del comune, anticonformista, individualista, → BIZZARRO.

contr. centrale || normale, comune, comunale, uguale, conforme, uniforme, conformista.

eccepíre, *v.tr.* sollevare eccezione, obiettare, opporre, osservare, addurre, rilevare, replicare, contrapporre, contestare, escludere, → ECCETTUARE.

contr. ammettere, approvare, accettare.

eccessivaménte, *avv.* troppo, esageratamente, soverchiamente, smoderatamente, a dismisura, smisuratamente, strabocchevolmente, sterminatamente, enormemente, oltremodo, oltremisura, fuori della misura, in modo eccezionale.

contr. poco normale, entro la normale, temperato.

eccessívo, *agg.* eccedente, esorbitante, soverchio, esagerato, sproporzionato, smisurato, anormale, immenso, sterminato, sovrabbondante, sopreccedente, strabocchevole, sbardellato, sfondato, traboccante, → ENORME || *fig.* immoderato, fuor di misura, senza misura, smoderato, sfrenato, licenzioso, libertino, intemperante, irrazionale, sconcio || estremo.

contr. manchevole, mancante, scarso, deficiente, insufficiente, moderato, temperante, misurato.

eccèsso, *sm.* dismisura, eccezione, eccedenza, esorbitanza, esuberanza, abbondanza, sovrabbondanza, mostruosità, esagerazione, sproporzione, sopreccedenza, superfluità, pletora, soverchio, grandezza, colmo, enormità || *fig.* immoderatezza, smoderatezza, intemperanza, abuso, misfatto || → ESCANDESCENZA || ESTREMITÀ.

nomencl. (*esempi*) di rigore, di sensualità, di passione, di scelleraggine, d'ira, di severità, di prudenza, di cortesia, di modestia, di freddo, di caldo, di cibo, di gioia, di fanatismo, di lusso, ecc. || iper, ultra (*prefissi*).

contr. difetto, mancanza, manchevolezza, esiguità, povertà || misura, moderazione, modestia, temperanza.

eccètto, *prep.* fuorché, → ECCETTUATO.

eccettuàre, *v.tr.* eccepire, escludere, fare eccezione, astrarre, fare astrazione, scartare || esimere, esentare, dispensare, derogare || limitare, riservare, obiettare.

contr. comprendere, accettare, implicare, coinvolgere, includere, rientrare (nel).

eccettuàto, *pps.* di eccettuare || *agg.* non compreso, → ESENTE || *avv.* eccetto, escluso, salvo, salvo che, fuorché.

eccettuazióne, *sf.* → ECCEZIONE, ESENZIONE.

eccezionàle, *agg.* singolare, straordinario, insolito, speciale, supernormale, eteroclito, → ANORMALE.

contr. normale, comune, usuale, solito, conforme.

eccezióne, *sf.* eccettuazione, astrazione, esclusione, esclusiva, limitazione, restrizione, riserbo, → DEROGA, ANORMALITÀ || privilegio, pregiudizio, esenzione, licenza, pregiudiziale.

nomencl. *verb.* fare, sollevare, muovere, chiedere.

contr. normalità, cosa normale, usuale, media.

ecchímosi, *sf.* livido, lividura, pesto, → FERITA.

eccídio, *sm.* macello, ecatombe, strage, carneficina, uccisione, sterminio, scempio, strazio.

eccitàbile, *agg.* commovibile, sensibile, impulsivo, impressionabile, emotivo, provocabile, accendibile, stimolabile, infiammabile, irritabile || facile, pronto, disposto (alle occasioni, alle passioni) || lubrico.

contr. calmo, freddo, insensibile, apatico, indifferente.

eccitaménto, incitamento, incentivo, provocazione, fomite, suggestione, stimolo || → ECCITAZIONE, IMPRESSIONE || IMPULSO.

eccitànte, *ppr.* di eccitare || *agg.* stimolante, eccitativo, acuitivo, fortificante || provocante lubrico, procace.

contr. calmante, lenitivo, sedativo.

eccitàre, *v.tr.* accendere, rinfocolare, aguzzare, stimolare, destare, suscitare, attizzare, aizzare, provocare, spronare, pungolare, spingere, indurre, invogliare, incitare, svegliare, istigare, fomentare, scuotere, concitare, esortare, pungere, infervorare, infiammare, elettrizzare, galvanizzare, infocare, promuovere, irritare, sfidare, animare, sfrenare, accalorare, produrre, rattivare, avvivare, prudere, titillare, inasprire, inacerbire, suggestionare, stuzzicare, sedurre || → CONSIGLIARE, COMMUOVERE.

contr. calmare, sedare, frenare, rattenere, smorzare, trattenere, raffreddare, spegnere, lenire, dissuadere.

eccitatívo, *agg.* → ECCITANTE.

eccitatóre, *sm.* → ISTIGATORE.

eccitazióne, *sf.* eccitamento, incitamento, stimolo, esortazione, spinta, pungolo, sprone, incentivo, istigazione, provocazione, aizzamento, stuzzicamento, rinfocolamento, fomite, rovello, animazione, agitazione, movimento, allettamento, lusinga, solletico, attizzamento, sovreccitazione, orgasmo, titillamento, impulso, turbamento, ebbrezza, impressione → NERVOSITÀ.

nomencl. dell'animo, della fantasia, delle passioni, del corpo, dei sensi || *agg.* interna, interiore, esterna, esteriore, pronta, eccessiva, grande, involontaria, volontaria, naturale, artificiale, generale || *verb.* istigare, dare alla testa, fanatizzare, mettere in combustione, versare olio sul fuoco, galvanizzare.

contr. freddezza, apatia, rilassamento, atonia, impassibilità, calma, autodominio, padronanza, temperanza.

ecclesiàstico, *agg.* chiesastico, religioso, canonico || *sm.* prete, sacerdote, chierico, frati, monaci, clero.

contr. laico, civile, secolare, militare.

echeggiàre, *v.intr.* → RIPETERE, RISONARE.

eclampsía, *sf.* spasmo, convulsione.

nomencl. gravidica, infantile o spasmo odontogeno, urèmica.

eclissàre, *v.tr.* oscurare, rendere oscuro, offuscare || *rifl.* oscurarsi || *fig.* scomparire, andarsene alla chetichella; far scomparire, eccellere.

contr. illuminare, rischiarare.

eclísse o **eclíssi,** *sf.* oscuramento del Sole o di altro astro, → BUIO || *fig.* oscuramento, scomparsa, sparizione.

nomencl. (*tipi*) lunare, solare, totale, parziale, centrale, anulare, apparente, vera || (*attinenti*) appulso, eclissamento, emersione o espurgazione, immersione, limbo, penombra, saros.

contr. illuminazione, apparizione, comparsa.

ècloga, *sf.* → EGLOGA.

èco, *sf.* echeggio, ripercossa, ripercussione dell'aria o del suono, ripetizione || → APPROVAZIONE.

nomencl. (*attinenti*) catacustica, anacamptico, riflessione || *agg.* profonda, intima, immediata, cupa, oscura, lontana, remota, sfumata, svanita, indebolita, debole, impercettibile || *verb.* echeggiare, rimbombare, risonare.

economía, *sf.* parsimonia, sparagno, → RISPARMIO || buon uso, buon governo.

nomencl. (*distinzioni*) domestica, familiare, di casa, aziendale, agraria, animale, politica, rurale, sociale, commerciale, produttivistica, liberistica, protezionistica, fisiocratica, pianificata, controllata || (*sistemi*) dirigismo, collettivismo, fisiocrazia, liberismo, protezionismo, corporativismo || libero scambio, rendita, pianificazione,

dazio protettivo, barriera doganale || *verb.* amministrare bene, fare economia, fare economia fino all'osso, lesinare.
contr. spese inutili, prodigalità, sperpero, spreco || grettezza, tirchieria, avarizia.
economizzàre, *v.intr.* fare economia, risparmiare, spendere con parsimonia, spendere il necessario, misurare, tener di conto, tesaurizzare || lesinare.
contr. prodigare, sperperare, sprecare.
ecònomo, *agg.* parsimonioso, risparmiatore, previdente || → AVARO || *sm.* → AMMINISTRATORE.
contr. sprecone, scialacquatore.
ecumènico, *agg.* → UNIVERSALE.
eczèma, *sm.* eruzione cutanea || pustola, crosta, ragade, erpete.
edàce, *agg. lett.* → DISTRUTTORE.
Edelweiss, *sost. ted.* stella alpina.
edèma, *sm.* tumefazione, gonfiore, enfiagione, gonfiezza, tumidezza, ingrossamento, turgore.
contr. sgonfiamento.
èden, *sm. indecl.* → PARADISO.
édera, *sf.* abbracciaboschi, caprifoglio, éllera, lonicera, madreselva, periclimeno, vincobosco, edra (*poet.*).
nomencl. coccola, corimbo || ampelopside, cirsite.
edícola, *sf.* → CHIOSCO || tempietto, cappella, tabernacolo, → CHIESA, NICCHIA.
edificànte, *ppr.* di edificare || *agg.* esemplare, consolante, confortante, ammirevole, lodevole, consolatorio || educativo, esortativo, stimolante all'imitazione.
contr. sconfortante, deprimente, affliggente, corruttore, depravante, demolitore.
edificàre, *v.tr.* riedificare, fabbricare, alzare, innalzare, erigere, elevare, tirar su, gettare (ponti), fare, murare, → COSTRUIRE || addentellare, aggottare, appoggiare, addossare, architettare, armare, assestare, centinare, disarmare, livellare, inchiavistellare, impalcare, impiantare, incorrentare, incrostare, intestare, intonacare, merlare, palafittare, pavimentare, restaurare, ricostruire, rinfrancare, rintegrare, scarpare, sopredificare, speronare, soffittare, sterrare, stoiare, imbiancare, dipingere, verniciare, stuccare || formare, stabilire, fondare || *fig.* dar buon esempio, ben disporre || *rifl.* prender buon esempio.
nomencl. (*opere*) assito, barulla, centina, capra, castello, impalcatura, palizzata, palco, intelaiatura, armatura, ponte, rampa, ritegno, tavolato, struttura, travata || (*strumenti, arnesi*) asta, arpese, benna, cavalletto, longarina, palanca, pendolo, piombino, squadra, stadia, livello, nonio, planimetro, putrella, tassello, tavoloni, trave, trespolo, zanca || mattone, pietra, sasso, calce, cemento, marmo, ferro, gesso, legno || (*persone*) muratore, garzone, architetto, ingegnere, capomastro.
contr. rovinare, distruggere, abbattere, demolire || dar cattivo esempio scandalizzare, corrompere.
edificatóre, *agg.* e *sm.* → COSTRUTTORE || FONDATORE.
edificazióne, *sf.* → COSTRUZIONE || FONDAZIONE || ammaestramento, esemplarità, incitamento.
edifício, *sm.* fabbrica, fabbricato, mole, muraglia, opera, edifizio, → COSTRUZIONE.
nomencl. (*tipi e strutture*) bozzato, artistico, architravato, bicuspidale, cuspidale, monocuspidale, ogivale, quadrifronte, tricuspidale, astilo, dittero, distilo, polistilo || (*esempi*) albergo, anfiteatro, arco, asilo, bagni, banca, betonata, borsa, cantoniera, capanna, carcere o prigione, casa, casino, casotto, casupola, cavalcavia, chiosco, cimitero, circo, cloaca, collegio, dogana, emiciclo, èsedra, falansterio, famedio, faro, fornace, forno, galleria, lazzaretto, loggia, magazzino, mausoleo, museo, molo, mulino, municipio, ninfeo, nurago, ospedale, ospizio, osservatorio, padiglione, palazzina, palazzo, palmento, pinacoteca, piramide, ponte, portico, posta, pritaneo, questura, reggia, rifugio, rotonda, durtico, scuola, stazione, teatro, torre, tribunale, terma, villa || bicocca, caserma, castello, fortezza, fortino, cittadella, polveriera, rocca, torre || abbazia, basilica, battistero, campanile, cappella, catacombe, certosa, chiesa, chiostro, convento, minareto, moschea, oratorio, pagoda, romitaggio, eremo, santuario, seminario, sinagoga, tabernacolo, tempio, vescovado, arcivescovado, patriarcato || (*parti*) abbaino, altana, ammezzato, andito, androne, anticamera, atrio, bagno, balconata, ballatoio, camera, cella, corridoio, corte, cortile, gabinetto, galleria, ingresso, scala, scuderia, soffitta, solaio, sotterraneo, stalla, stanza, tetto, cancello, facciata, fiancata, finestra, fastigio, fondamento, gradinata, merlatura, merlo, longarina, maschio o mastio, modanatura, ogiva, parafulmine, parapetto, pianerottolo, attico, zoccolo || (*inerenti*) costruzione, edificazione, fabbricazione, pianta, disegno, spaccato || prima pietra, inaugurazione, restauro, riparazione, manutenzione || commissione edilizia || *agg.* grande, grandioso, mastodontico, ciclopico, massiccio, colossale, enorme, gigantesco, monumentale, piramidale, smisurato, sperticato, sterminato, superlativo, titanico, bello, magnifico, stupendo, meraviglioso, sontuoso, ricco, armonioso, pittoresco, prestigioso, sfarzoso, ornato, maestoso, piccolo, meschino, semplice, modesto, umile, disadorno, cadente, rabberciato, trascurato.
contr. macerie, rovina, rudere, rottame, avanzo.
edíle, *agg.* edilizio.
edilízia, *sf.*
nomencl. (*inerenti*) commissione edilizia, piano regolatore, regolamento edilizio || edile, edilità.
èdito, *agg.* pubblicato, stampato.
contr. inedito.
editóre, *sm.* stampatore || curatore di edizione, di opera altrui.
nomencl. (*inerenti*) edito, inedito, editoria, editoriale, edizione, pubblicazione, stampa.
edítto, *sm.* → DECRETO, BANDO, AVVISO.
edizióne, *sf.* pubblicazione, impressione, stampa, ristampa, copia, esemplare || → GIORNALE.
nomencl. (*distinzioni*) riveduta, purgata, espurgata, aumentata, ampliata, stereotipa, contraffatta, *ad usum Delphini*, censurata, clandestina, spuria, principe, critica, nazionale, commemorativa, aprocrifa, fuori commercio, postuma, illustrata, commentata, annotata || aldina, bodoniana, cominiana, diamante, elzeviriana, ecc. || (*inerenti*) libro, dispensa, puntata, opuscolo, fascicolo, sedicesimo, doppione || formato atlantico, infolio, in quarto, ottavo, sedicesimo, ventiquattresimo, trentaduesimo, ecc. || fac-simile || incunabolo, cinque-

centino || biblioteca, bibliotecario, catalogo || (*di giornale*) edizione del mattino, della sera, straordinaria, speciale, nazionale, provinciale || *agg.* corretta, scorretta, nitida, splendida, accurata, rara, completa, esaurita, privata, lussuosa, economica, popolare, limitata, numerata.

edòtto, *agg.* istruito, informato, → CONSAPEVOLE.

èdra, *sf. poet* → EDERA.

educandàto, *sm.* → COLLEGIO.

educàre, *v.tr.* istruire, erudire, insegnare, allevare, coltivare, indirizzare, accostumare, dirozzare, digrossare, affinare, raffinare, avvezzare, ammaestrare, addomesticare, domare, formare il carattere, informare l'animo, moralizzare, allenare, esercitare, tenere a freno, nutrire, badare, pedagogizzare, addottrinare, illuminare, rieducare, sbozzolire, educare civilmente, tirar su, edificare.

contr. diseducare, corrompere, guastare, scandalizzare.

educataménte, *avv.* → AMMODO.

educatívo, *agg.* → EDIFICANTE.

educàto, *pps.* di educare || *agg.* benallevato, beneducato, bennato, ammodo, civile, urbano, costumato, creanzato, disciplinato, discreto, compíto, garbato, raffinato, obbligante.

contr. maleducato, diseducato, screanzato, rozzo, inurbano, malcreato, villano, sgarbato, grossolano.

educatóre, *sm.* precettore, istitutore, maestro, pedagogo, pedagogista, plasmatore, mentore, aio, baiulo, censore, moralizzatore.

nomencl. *agg.* buono, ottimo, adatto, abile, efficace, valente, bravo, affettuoso, discreto, cordiale, egregio, onesto, incomparabile, irreprensibile, morale, savio, probo, squisito, umano, bonario, cattivo, pessimo, dappoco, detestabile, inetto, pregiudizievole, corrotto, ingiusto, iniquo, perverso, poltrone, sconsigliato, sleale, spietato, violento.

contr. diseducatore, corruttore.

educatòrio, *sm.* → COLLEGIO.

educazióne, *sf.* allevamento, formazione, ammaestramento, avviamento, indirizzo || civiltà, gentilezza, costumatezza, creanza, disciplina, disciplinatezza, discrezione, buon costume, condotta, contegno, urbanità || educazione fisica, → GINNASTICA.

nomencl. (*vari aspetti*) fisica, intellettuale, morale, religiosa, estetica, civile, civica, militare, domestica, familiare, di famiglia, di collegio, privata, pubblica || (*inerenti*) psicologia, pedagogia, didattica, etica, morale, filosofia, religione || metodo, sistema || istituti di educazione || *agg.* libera, razionale, irrazionale, adatta, inadatta, pedantesca, formalistica, pignola, retta, giusta, onesta, conveniente, severa, austera, rigorosa, dura, ferrea, inflessibile, scrupolosa, alla buona, signorile, ricercata, debole, fiacca, molle, insufficiente, sufficiente, zoppa, forte, perfetta, completa, squisita, accurata, bislacca, balorda.

contr. maleducazione, malcreanza, grossolanità, inurbanità, rozzezza.

edulcoràre, *v.tr.* → ADDOLCIRE.

edúle, *agg.* → COMMESTIBILE, ALIMENTARE.

efèbo, *sm.* → GIOVINETTO.

nomencl. efebico, efebeo || Ebe.

effemèride, *sf.* lunario, almanacco, → DIARIO, CALENDARIO, GIORNALE.

effeminàre, *v.tr.* e *rifl.* ammollire, infiacchire, infemminare, snervare, far diventare effeminato.

contr. rinvigorire || virilizzare, mascolinizzare.

effeminatézza, *sf.* effeminamento, snervatezza, fiacchezza, mollezza, leziosaggine, morbidezza, tenerume, mollaggine, → DEBOLEZZA.

contr. virilità, robustezza, vigoria.

effeminàto, *pps.* di effeminare || *agg.* → DONNESCO || snervato, fiacco, cascante, molle, slombato, dilombato, → DEBOLE.

efferataménte, *avv.* → CRUDELMENTE.

contr. virile, vigoroso.

efferatézza, *sf.* crudeltà, ferocia, immanità, perversità, sadismo, → VIOLENZA.

contr. mitezza, dolcezza, umanità.

efferàto, *agg.* → FEROCE, CRUDELE.

effervescènte, *agg. fig.* agitato, fervido, eccitato, ardente, esaltato, in fermento.

effervescènza, *sf.* → BOLLORE, CALORE || *fig.* agitazione, fermento, eccitamento, ardore, esaltazione.

contr. defervescenza || moderazione, calma, ordine.

effettivaménte, *avv.* veramente, in effetto, realmente, di fatto.

effettívo, *agg.* efficace, → REALE.

effètto, *sm.* atto, estrinsecazione, impressione, derivazione, discendenza, provenienza, frutto, prodotto, efficacia, esecuzione, → AVVENIMENTO || fine, successo, riuscita, reazione, traccia || conseguenza, sequela, corollario, risultato, risultamento, esito, conclusione, esecuzione, deduzione || effetto cambiario, → CAMBIALE.

nomencl. *agg.* giuridico, retroattivo || utile, dannoso, inutile, contrario, buono, ottimo, positivo, negativo, immanente, trascendente, atteso, conseguente, proporzionato, sproporzionato, logico, necessario, transeunte, temporaneo, permanente || *verb.* attendere, mandare, mettere, portare ad effetto, dare effetto, porre in effetto || riuscire, derivare, discendere; provenire, procedere, indurre, dedurre, concludere.

contr. causa.

effettuàre, *v.tr.* e *rifl.* attuare, applicare, eseguire, fare, realizzare, concretare, compire, incarnare, preparare, apportare, mandare o condurre ad effetto, porre in effetto, mettere in pratica, adempire, compiere, → AVVERARE, AVVENIRE.

contr. ideare, stabilire, proporsi, immaginare, progettare, desiderare.

effettuazióne, *sf. neol.* realizzazione, esecuzione, compimento, attuazione, concretamento, conseguimento.

efficàce, *agg.* concludente, conclusivo, efficiente, attivo, fattivo, effettivo, valido, operativo, utile, energico, forte, gagliardo, valoroso, potente, virtuoso, miracoloso, esauriente, indicato, adeguato, → BUONO, ELOQUENTE.

contr. inefficace, scarso, inefficiente, senza mordente, inerte.

efficaceménte, *avv.* → BENE.

efficàcia, *sf.* efficienza, potenza, virtù, potere, utilità, validità, valore, vigore, forza, altezza, capacità, energia, influenza, → BONTÀ, EFFETTO.

nomencl. *agg.* meravigliosa, incredibile, inconcepibile,

indicibile, ineffabile, miracolosa, portentosa, strabiliante, straordinaria, stupefacente, prodigiosa, grande, immensa, rara, insolita, particolare, scarsa, singolare, unica.
contr. inefficacia, inettitudine, inutilità, inerzia, atonia.
efficiènte, *agg.* → EFFICACE.
efficiènza, *sf.* → EFFICACIA.
effigiàre, *v.tr.* rappresentare, riprodurre, copiare, figurare, modellare, scolpire, improntare, fare il ritratto, raffigurare, → DISEGNARE, FARE.
effìgie, *sf.* immagine, ritratto, simulacro, fattezze, lineamenti, figura, cera, faccia, imitazione, → ASPETTO.
nomencl. *agg.* somigliante, parlante, conforme, identica, uguale, irriconoscibile, diversa || *verb.* ravvisare, riconoscere in un'effigie.
effìmero, *agg.* della durata di un giorno || caduco, labile, passeggiero, momentaneo, fugace, fuggevole, transitorio, transeunte, perituro, precario, fragile, → BREVE.
contr. stabile, costante, durevole, duraturo, immanente, perpetuo, continuo || eterno, sublime.
efflorescènza, *sf.* fiorita, → FIORITURA.
efflùvio, *sm.* balsamo, aura, profumo, odore || esalazione, evaporazione, vapore, → EMANAZIONE.
effóndere, *v.tr.* e *rifl.* buttar fuori, sprigionare, spandere, spargere, diffondere, dilagare, → EMANARE, ESALARE, ESTENDERE.
contr. trattenere, tener per sé, racchiudere.
effrazióne, *sf.* → ROTTURA.
effumazióne, *sf.* → FUMO.
effusióne, spargimento, spandimento, versamento, flusso, → DIFFUSIONE || *fig.* espansione, ampiezza, abbondanza, dimostrazione d'affetto || estroversione.
contr. ritenzione, raccolta || indifferenza, freddezza || introversione.
effùso, *pps.* di effondere || *agg.* → DIFFUSO, SPARSO, APERTO.
egemonìa, *sf.* supremazia, predominio, → DOMINAZIONE.
ègida, *sf.* → SCUDO || *fig.* usbergo, → DIFESA, PROTEZIONE.
nomencl. egidarmato.
egìpane, *sm.* → FAUNO.
ègloga, *sf.* ecloga, poesia pastorale, poemetto pastorale o idilliaco.
egoàrca, *sm.* → EGOISTA.
egocèntrico, *agg.* e *sm.* → EGOISTA.
egoìsmo, *sm.* amor di sé, amor proprio, noncuranza degli altri || autofilia, individualismo, suipsismo, solipsismo || egotismo.
contr. altruismo, carità, generosità, disinteresse.
egoìsta, *agg.* e *sm.* egotista, egocentrico, egoarca.
contr. altruista, generoso, disinteressato.
egotìsmo, *sm.* → EGOISMO || importanza esagerata data a se stesso, introversione, autismo.
egotìsta, *sm.* → EGOISTA.
egregiaménte, *avv.* → ECCELLENTEMENTE.
egrègio, *agg.* distinto, non comune, segnalato, cospicuo, esimio, alto, valente, rispettabile, onorevole, degno, segnalato, singolare, → BUONO, ECCELLENTE.
contr. basso, spregevole, comune, mediocre, dozzinale.
egrèsso, *sm. rar.* → USCITA.
ègro, *agg. poet.* → MALATO.
eguàle e derivati, → UGUALE e derivati.
elaboràre, *v.tr.* lavorare con cura, con diligenza, con qualche fatica, elucubrare, → LAVORARE, FARE || digerire.
contr. raffazzonare, abboracciare, improvvisare, schiccherare.
elaboratézza, *sf.* → FINEZZA.
elaboràto, *pps.* di elaborare || *agg.* lavorato con cura, meditato, rifinito || *sm.* scritto, rapporto, relazione, → COMPITO.
elaborazióne, *sf.* → LAVORO, DILIGENZA.
elàno, *sm.* → FALCO.
elargìre, *v.tr.* → DONARE, DISPENSARE.
elargizióne, *sf.* → ELEMOSINA, DONO, DISTRIBUZIONE.
elasticità, *sf.* agilità, leggerezza, flessibilità, pieghevolezza, duttilità, malleabilità || *fig.* scioltezza, prontezza di mente, di spirito, arrendevolezza.
nomencl. elaterio || caucciú, gomma, molla || rimbalzo, scatto || elaterometro || *verb.* scattare, balzare, scoccare.
contr. rigidezza, durezza, inflessibilità, torpidità.
elàstico, *agg.* agile, flessuoso, flessibile, retrattile, pieghevole, molle, scorrevole, soffice, arrendevole (anche *fig.*) || *sm.* legaccio, giarrettiera.
nomencl. *verb.* allentare, sciupare, consumare, strappare, accorciare.
contr. rigido, duro, inflessibile, torpido.
élce, *sm.* e *f.* leccio, ìlice, → QUERCIA.
eldoràdo, *sm.* → PARADISO.
elefànte, *sm.*
nomencl. (*varietà*) africano, asiatico, primigenio o mammut || elefantessa || dinoterio, mastodonte || (*parti*) proboscide, tromba, zanne, avorio, piropina || cornac, elefantario, zoarca, conduttore, domatore || (*voci*) barrire, barrito.
elefantésco, *agg. fig.* → GROSSO, GOFFO.
elefantìasi, *sf. fig.* gigantismo, → MEGALOMANIA.
elegànte, *agg.* attillato, assestato, accurato, ornato, ben vestito, lindo, terso, fine, delicato, raffinato, grazioso, civettuolo, gentile, leggiadro, avvenente, vistoso, lussuoso, manierato, sgargiante || fiorito, attico, sottile, forbito, elaborato, puro, colto, proprio, venusto, bello (dello stile, della locuzione), ingegnoso || *sm.* → BELLIMBUSTO.
contr. inelegante, trasandato, sciatto, rozzo, infagottato, sciamannato.
elegantóne, *sm.* → BELLIMBUSTO.
elegànza, *sf.* finezza, gala, allindatura, grazia, garbo, buongusto, distinzione, raffinatezza, ricercatezza, ornatezza, squisitezza, leggiadria, gentilezza, delicatezza, disinvoltura, galanteria, sfarzo, lusso, accuratezza || flessuosità, proporzione, scelta, snellezza, venustà, urbanità, → BELLEZZA || (nel parlare, scrivere) atticismo, forbitezza.
nomencl. (*inerenti*) pompa, sfoggio, moda, voga || *agg.* buona, grande, squisita, singolare, particolare, naturale, artificiosa, ostentata, forzata, affettata, stonata, adatta, inadatta || *loc. avv.* di buon gusto || *verb.* sfoggiare, ostentare, vestire con eleganza.
contr. ineleganza, trasandatezza, trascuratezza, rozzezza, sciatteria.

elèggere, *v.tr.* scegliere, prescegliere, anteporre, preferire || preporre, nominare, assumere, deputare, sorteggiare, votare, destinare, incaricare, brigare, contestare, convalidare, sostenere, bocciare, respingere, una candidatura, investire, → CREARE, ACCLAMARE, FARE, CHIAMARE.

contr. destituire, rinunciare, annullare, respingere, rifiutare, astenersi.

elegía, *sf.* canto melanconico, triste, lamentoso || lamentazione.

contr. poesia gioiosa, conviviale, scherzo poetico.

elegíaco, *agg.* mesto, triste, malinconico, lamentoso, querulo, flebile || vespertino.

contr. giocoso, giocondo, allegro || solare.

elementàre, *agg.* primitivo, primario, fondamentale, principale, essenziale, iniziale, rudimentale, semplice, facile.

contr. elevato, astruso, complicato, difficile.

eleménto, *sm.* prima regola, principio, base, rudimento, fondamento || parte, unità, fattore, agente, coefficiente, componente, costituente, ingrediente, materia, sostanza indecomponibile, → ESSERE || ambiente, situazione, condizione.

nomencl. magnetico, chimico || (*attinenti*) atomo, molecola, coelemento, monade || sintesi, analisi || *agg.* primordiale, primo, primitivo, precipuo, primigenio, principale, cardinale, fondamentale, essenziale, dominante, sostanziale, accidentale, necessario, indispensabile, utile, inutile, ultimo.

contr. totalità, generalità.

elemòsina, *sf.* limosina, carità, soccorso, sovvenzione, obolo, offerta, sussidio, elargizione, aiuto.

nomencl. medicità, accattonaggio, questua, cerca; colletta || (*inerenti*) accattone, accattino, mendico, cercatore, questuante, pitocco, mendicante, paltoniere || elemosiniere, dispensatore || bossolotto o bussolotto, cassetta || *agg.* generosa, larga, munifica, prodiga, piccola, avara, tirchia, gretta, misera, spilorcia, taccagna, scarsa, segreta, riservata, occulta, clandestina, palese, farisaica, strombazzata || *verb.* dare, elargire, chiedere, mendicare, implorare, accattare l'elemosina; vivere d'elemosina.

elemosinàre, *v.tr.* e *intr.* limosinare, mendicare, accattare, questuare, chieder l'elemosina, tendere la mano, implorare la carità, → DOMANDARE, CERCARE.

contr. volere per forza, esigere, pretendere, carpire.

elencàre, *v.tr.* catalogare, registrare, notare, rubricare, incasellare, inventariare, enumerare.

elènco, *sm.* elencazione, enumerazione, catalogo, lista, nota, indice, rubrica, alfabetario, registro, inventario, ruolo, ruolino, → BORDERÒ.

elettaménte, *avv.* → ECCELLENTEMENTE.

elètto, *pps.* di eleggere || *agg.* scelto, preferito, pregiato, prescelto, superiore, elevato, nobile, ricercato, squisito, fiorito, → DISTINTO || *sm.* predestinato alla vita eterna, al Paradiso.

contr. trascurato, negletto, basso, ignobile, inferiore || dannato, rèprobo.

elettricità, *sf.* magnetismo, galvanismo, forza || *fig.* energia, grande attività, dinamismo, prontezza, irrequietezza, eccitabilità.

nomencl. (*varie specie*) vitrea, resinosa, animale, atmosferica, solare, di induzione, voltaica, positiva, negativa, statica, dinamica || per strofinamento, per calore, per compressione || (*fenomeni e applicazioni*) elettromagnetismo, elettrochimica, elettrofisiologia, elettroterapia, elettrobiologia, piroelettricità, piezoelettricità, galvanismo, faradizzazione, franklinizzazione, elettrolisi, elettrostatica, elettrodinamica, magnetostatica, magnetodinamica, galvanoplastica, elettrometallurgia, elettrotecnica, elettronica, elettrometria, elettrocinetica, elettrocromia, elettrografia, elettrologia, elettrotermia o galvanocaustica || (*leggi e termini*) corrente elettrica, anodo, catodo, campo magnetico, campo rotante, azione cataforica, leggi di Ampère, di Faraday, di Joule, di Lenz, di Matteucci, di Volta; isolante, dielettrico, elettrone, neutrone, protone, autoinduzione, circuito, direzione, endosmosi, forza elettromotrice, induttanza, induzione, ioni, intensità, potenziale, potere, punto d'inversione, resistenza, selfinduzione, alta pressione, alta tensione, calamitazione, calore voltaico, capacità, carica, condensazione, conducibilità, densità, depolarizzazione, dispersione, elettrizzazione, elettrolisi, polarità, polarizzazione, potere conduttore, riduzione, radiazioni elettromagnetiche, reazione elettrica, repulsione, tensione, trasmissione || anelettrico, idioelettrico, coibente, disteno, elettrolìto, idroelettrico, indotto, induttore, isolante, buon conduttore, cattivo conduttore, corpo neutro, conducibilità || (*in natura*) calamita, ambra, fluido elettrico, radioattività, radio, attinio, plutonio || anelli elettrici, aureola, aurora boreale, burrasca elettrica, effluvio elettrico, incandescenza, scarica elettrica, scintilla, scossa elettrica || (*altri fenomeni*) accoppiamento, comunicazione elettrica, concatenazione elettrica, conduttura, contatto, convezione, deviazione, derivazione, distribuzione, eccitazione, *shunt* || asse magnetico, diagramma, linea di forza, linea neutra, poli, portata || (*unità*) di misura, di differenza di potenziale, di intensità di corrente, di lavoro, di quantità di elettricità, di resistenza || ampère, farad, microfarad, henry, ohm, megaohm, microohm, volta o volt, voltaggio, watt, candela, cavallo elettrico, dina, erg, ergon, ettowatt, kilovatt, jacobi, joule, megavolt, volt-coulomb, weber, maxwell || (*macchine, apparecchi, strumenti*) accumulatore, alternatore, motore, anello di Pacinotti, accenditore elettrico, anemografo, anemoscopio, apparecchio registratore, arganetto, avvisatore, batteria elettrica, batteria galvanica, bilancia di Coulomb, bobina, bussola, candela elettrica, cercapoli, cerchio (di Barrow, di Delezenne, di Fox), *coherer* o coesore o rivelatore Calzecchi, collettore per pile, condensatore, contatore, elettrocalamita, elettrodo, elettroforo, elettromotore, elettroscopio, induttometro, interruttore, invertitore, isolatore, micrometro, moltiplicatore, morsetto, pila, pirometro, proiettore, propulsore, radiatore, radiofono, reostato, rocchetto, spinterometro, turbina, trasformatore, tubo di Geissler, galvanometro, amperometro, voltametro, wattmetro || (*applicazioni*) illuminazione, riscaldamento, forni, fornelli elettrici, orologio, campanello, telefono, telegrafo, radio, televisione, tranvia, filovia, ferrovia, proiettore cinematografico, galvanoplastica, elettrodomestici, tele-

fotografia, telefoto || (*trasporto*) centrale termo- o idro-elettrica, conduttura, linea, filo, cavo elettrico, derivazione, presa, rete, palo, traliccio, isolatore, coltello, spina, contatto, quadro di distribuzione, valvola, fusibile, interruttore, deviatore, commutatore, cordoncino, piattina || (*persone*) ingegnere, elettricista, elettrotecnico || elettrogeno, carbone bianco || *verb.* caricare, disperdere, isolare, elettrizzare, galvanizzare, trasportare, ridurre, trasformare.
contr. (*fig.*) calma, indolenza, apatia, insensibilità, lentezza, pigrizia, placidità.
elettrizzàre, *v.tr.* → GALVANIZZARE, SCUOTERE, ECCITARE, ENTUSIASMARE.
elettrodomèstico, *agg.* e *sm. neol.*
nomencl. ferro da stiro, frigorifero, aspirapolvere, lucidatrice, lavatrice, lavapiatti, lavastoviglie, macinino, frullino, tritacarne, caffettiera, tostapane, rasoio, asciugacapelli, fornello.
elettrografía, *sf.* → FOTOGRAFIA.
elettròlisi, *sf.* galvanolisi.
elettróne, *sm.*
nomencl. positrone, neutrone, protone, nucleo.
elettronegatívo, *agg.* e *sm.*
contr. elettropositivo.
elettuàrio, *sm.* → ELISIR.
elevàre, *v.tr.* colmare, coronare, estollere, inalberare, innalzare, rialzare, sollevare, erigere, soprelevare, sovrapporre, sovrastare, superare, sublimare, → ALZARE, COSTRUIRE, EDIFICARE || esaltare, nobilitare, conferire dignità, nobiltà || *rifl.* nobilitarsi, innalzarsi, ascendere, inerpicare, eccellere, alzarsi, emergere, salire, scalare, dominare.
contr. abbassare, approfondire, discendere, scoscendere, cadere, precipitare.
elevatézza, *sf.* dignità, primato, nobiltà, eccellenza, maestà, altezza, sublimità.
nomencl. (*distinzioni*) d'animo, di spirito, di idee, di mente, di stile, di modi || levatura d'ingegno.
contr. bassezza, volgarità, trivialità.
elevàto, *pps.* di elevare || *agg.* → DOMINANTE, ALTO || ELETTO.
elevazióne, *sf.* assunzione, innalzamento || altezza, alzata || esaltazione, dignità, onore, carica, primazia || *fig.* estasi, rapimento di spirito.
contr. abbassamento, caduta, retrocessione || umiliazione.
elezióne, *sf.* scelta, → CHIAMATA || nomina, assunzione || votazione.
nomencl. (*varietà*) generale, parziale, suppletoria o suppletiva, politica, sindacale, amministrativa, commerciale || (*modi*) diretta, indiretta o a doppio grado, a collegio uninominale, a collegio plurinominale, a collegio unico nazionale, a scrutinio di lista, a suffragio ristretto, a suffragio universale, con sistema proporzionale o maggioritario || (*pertinenti*) lista, seggio, collegio elettorale; scheda, candidato, capolista, eleggibile, elettore, eletto, rieleggibile, trombato (*neol. volg.*), scrutatore, presidente di seggio, rappresentante di lista, urna, verbale, contrassegno, cabina, ballottaggio, comizio elettorale, scrutinio, broglio, ambito, voto || astensione, manovra elettorale, opzione, *non expedit*; legge, propaganda, programma elettorale || *agg.* libera, obbligatoria, imposta, segreta, palese || *verb.* eleggere, sorteggiare, proclamare, votare, astenersi, contestare.
contr. scarto, rifiuto, ripudio, bocciatura, eliminazione.
èlfo, *sm.* → FOLLETTO.
eliànto, *sm.* → GIRASOLE.
eliàsta, *sm.* → GIUDICE.
elicòttero, *sm.* aeromobile || autogiro.
nomencl. eliporto || *agg.* eliportato || *verb.* eliportare.
elídere, *v.tr.* → TOGLIERE.
eliminàre, *v.tr.* mandar via, rimuovere, escludere, allontanare, cacciare, scacciare, scartare, liquidare, → TOGLIERE, DEPURARE, DISTRUGGERE.
contr. immettere, includere, aggiungere, accettare.
eliminazióne, *sf.* esclusione, rimozione, allontanamento, scarto, → DISTRUZIONE.
contr. inclusione, aggiunta, accettazione, immissione.
eliocentrísmo, *sm.*
contr. geocentrismo.
eliòdromo, *sm.* → GIRASOLE.
eliografía, *sf.* → FOTOGRAFIA, INCISIONE.
elioscòpio, *sm.* → CANNOCCHIALE.
eliotipía, *sf.* → FOTOGRAFIA.
eliotròpio, *sm.* → GIRASOLE || AGATA.
elísio, *sm.* → PARADISO.
elisír o **elisíre,** *sm.* quintessenza, elettuario, → ESTRATTO, ESSENZA || cordiale, tonico.
elíso, *sm.* → PARADISO.
ellènico, *agg.* → GRECO.
éllera, *sf.* → EDERA.
ellísse, *sf.* ellissi, ovale (*sm.*), ovòide (*sm.*).
ellíssi, *sf.* omissione (di parola o frase).
ellíttico, *agg.* → OVALE.
elmétto, *sm.* → ELMO.
élmo, *sm.* bacinetto, casco, casside, celata, barbuta, galea, cervelliera, cappellina, elmetto, morione.
nomencl. (*tipi*) tinare o pentolare (secoli XIII-XIV), chiuso, graticolato || imperiale, principesco, ducale, marchionale, di conte, di visconte, di barone, di patrizio, di nobile, di bastardo nobile, di cavaliere ereditario || (*parti*) barbozza o barbozzo, buffa, camaglio, cimiero, chiome equine, criniera, cresta, coppo, cuffia d'acciaio, falsata, ghirlanda, gorgiera, guanciale, nasale, segreta, goletta.
elocuzióne, *sf.* stile, dizione, dicitura, eloquio || arte oratoria, → DISCORSO, ELOQUENZA.
elogiàre, *v.tr.* encomiare, esaltare, innalzare, lusingare, incensare, glorificare, → LODARE.
contr. biasimare, abbassare, censurare, disapprovare, condannare, detrarre.
elògio, *sm.* plauso, adulazione, applauso, esaltazione, → LODE || orazione in lode, scritto laudativo, laudazione (*ant.*), necrologio, apologia, panegirico, encomio.
nomencl. *agg.* caldo, caloroso, affettuoso, vivo, sentito, freddo, formale, meritato, guadagnato, esagerato, demeritato, gratuito.
contr. biasimo, censura, condanna, disapprovazione, detrazione.
eloquènte, *agg.* facondo, ispirato, ornato, magniloquente, ben parlante || *fig.* espressivo, significativo, efficace || chiacchierone, parolaio.

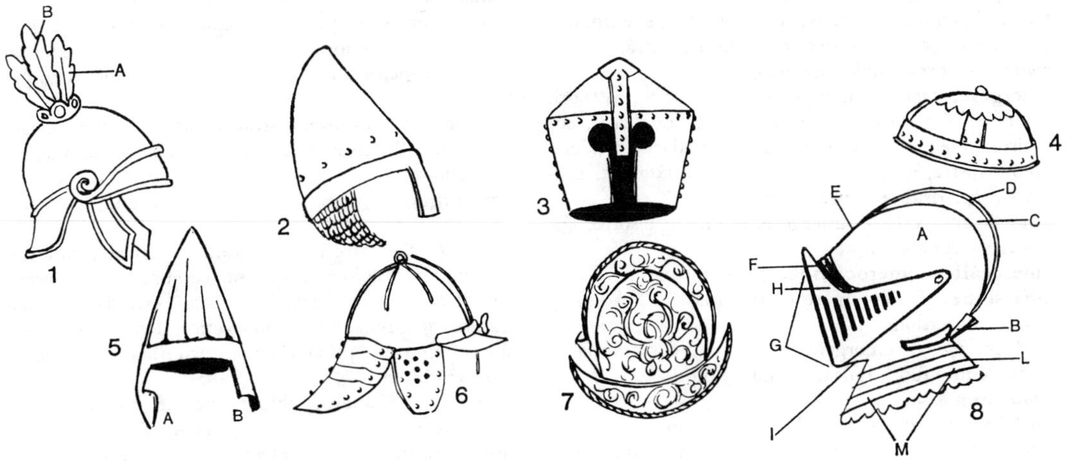

ELMO – 1) galea (elmo romano): A) cimiero, B) penna; 2) casco metà sec. XIV; 3) secolo XIV; 4) cervelliera 1300; 5) casco conico normanno con nasale A e coprinuca B; 6) cappelliera del sec. XVI; 7) morione 1580; 8) celata: A) coppo o calotta, B) pennacchiera, C) cresta, D) tortiglione o cordone, E) frontale, F) vista, G) visiera, H) ventaglia, I) bavera o baviera o barbozzo, L) gorgiera o goletta, M) padiglione.

contr. taciturno, laconico, stringato || inefficace, arido, disadorno.

eloquènza, *sf.* dialettica, arte del dire, comunicativa, elocuzione, declamazione, oratoria, magniloquenza, rettorica, facondia, parlar facondo.

nomencl. (*distinzioni*) religiosa, accademica, politica, forense || del bastone, del danaro, delle cifre || *agg.* persuasiva, convincente, efficace, incalzante, suasiva, penetrante, toccante, affascinante, seducente, ammaliante, entusiasmante, trascinante, blanda, dolce, melliflua, soave, demagogica, compassata, fredda, chiara, facile, precisa, animata, forte, appassionata, espressiva, piazzaiola, comiziesca, volgare, triviale, concisa, tulliana, tacitiana, ampollosa, gonfia, tronfia, frondosa, artificiosa, fiorita, ornata, naturale, sobria || *verb.* persuadere, convincere, suadere, penetrare, toccare, affascinare, sedurre, ammaliare, entusiasmare, trascinare, appassionare, travolgere, infiammare, riscaldare, animare.

contr. difficoltà di parola, taciturnità, aridità.

elòquio, *sm.* → LOQUELA.

élsa, *sf.* impugnatura, guardia, guardamano, coccia, crociera, pomo.

elucubràre, *v.tr.* → ELABORARE, PENSARE.

elucubrazióne, *sf.* → IDEA, PENSIERO.

elúdere, *v.tr.* scansare, schivare, sfuggire, evitare (con scaltrezza), esimersi, sottrarsi, ingannare, deludere, raggirare || trasgredire.

contr. affrontare, assalire, sfidare || ubbidire.

elusívo, *agg.* evasivo, sfuggente, ambiguo.

contr. aggressivo, impegnativo.

emaciàre, *v.rifl.* → DIMAGRARE.

emaciàto, *pps.* di emaciare || *agg.* macilento, sparuto, cadente, macerato, smunto, → MAGRO, ESTENUATO.

contr. grasso, rubizzo, rubicondo, robusto.

emaciazióne, *sf.* → ESTENUAZIONE.

emanàre, *v.intr.* derivare, provenire, uscire, diffondersi, emettere, dilagare, esalare, effondere, spargersi, sprigionarsi, svaporare, sgorgare, trapelare, → DISCENDERE || *tr.* mandar fuori, divulgare, pubblicare, diffondere, propagare, promulgare, ordinare, sancire.

contr. tenere in sé o per sé, assorbire || occultare, tener nascosto, segreto.

emanazióne, *sf.* emissione, esalazione, sprigionamento, espulsione, effluvio, flusso, fuga, perdita, sfuggita, profluvio || promulgazione, diffusione.

contr. assorbimento, ritenzione.

emancipàre, *v.tr.* e *rifl.* → LIBERARE.

emancipàto, *pps.* di emancipare || *agg.* maggiorenne, → LIBERO || *fig.* spregiudicato, cinico, libertino.

emancipazióne, *sf.* → LIBERAZIONE.

emàzia, *sf.* globulo rosso.

emblèma, *sm.* → ALLEGORIA, SIMBOLO.

nomencl. (*esempi*) il fumo lo è del fuoco, il giglio della verginità, la palma del martirio, la bandiera della patria, ecc.

emblemàtico, *agg.* → SIMBOLICO.

émbrice, *sm.* → TEGOLA, MATTONE.

embriología, *sf.* → BIOLOGIA.

embrióne, *sm.* primi lineamenti, → ABBOZZO || germe, germoglio, rudimento || feto || *fig.* cosa o idea in via di formazione.

nomencl. (*inerenti*) embriogenia, embriologia, embriologo.

emènda, *sf.* → EMENDAMENTO, ESPIAZIONE.

emendaménto, *sm.* correzione, modifica, modificazione, rettificazione, riforma, riparazione, variazione (di un progetto) || emenda, espiazione, ammenda.

emendàre, *v.tr.* correggere, modificare, cambiare, rettificare, raddrizzare, riformare, purgare, riparare, variare, rammendare, castigare, riprendere, richiamare, addrizzare, risanare, condurre, ridurre, riportare sulla buona strada; ridurre all'onestà, → CONVERTIRE || *rifl.* correggersi.

contr. sbagliare, errare, non voler correggersi, insistere, ostinarsi nell'errore.

emergènza, *sf. neol.* avvenimento, caso, circostanza fortuita, accidente impensato, eventualità, evento, imprevisto, disgrazia, disastro, pericolo, necessità.
contr. caso prevedibile, previsto, atteso.
emèrgere, *v.intr.* uscir fuori, sporgere in su, in fuori, venire a galla, sorgere, levarsi, alzarsi, innalzarsi, apparire, galleggiare, → SPUNTARE || segnalarsi, rendersi noto, illustre, spiccare, eccellere, → DISTINGUERE, ELEVARE || *fig.* risultare, essere chiaro.
contr. immergere, sommergere, restare al disotto, abbassarsi || restare ignoto.
emerocàlle o **emerocàllide,** *sf.* → GIGLIO.
emersióne, *sf.* l'emergere (dall'acqua).
contr. immersione.
emèrso, *pps.* di emergere || *agg.* venuto su, apparso fuori, venuto fuori, rialzato || noto, notorio.
contr. immerso.
emètico, *agg.* e *sm.* vomitivo, vomitorio.
eméttere, *v.tr.* buttare, cacciare, cavare, mandare, mettere fuori; estromettere, lanciare, vomitare, recere, spremere, effondere, diffondere, esalare, → EMANARE || *fig.* esprimere, affermare.
contr. immettere, trattenere, ritenere.
emicíclo, *sm.* → SEMICERCHIO.
emicrània, *sf.* cefalalgía, cefalèa, mal di testa.
emigràre, *v.intr.* espatriare, trasmigrare, esulare, sciamare, spatriare, trapiantarsi altrove, andare all'estero o in altro paese, → ANDARE, ABBANDONARE.
contr. immigrare, rimpatriare, ritornare.
emigràto, *pps.* di emigrare || *sm.* esule, espatriato, fuoruscito, bandito, sbandito.
contr. immigrato, rimpatriato.
emigrazióne, *sf.* migrazione, espatrio, espatriazione, esodo, passaggio, trasmigrazione, esilio, → BANDO || diaspora, → EBREO.
nomencl. *agg.* temporanea, periodica, permanente, definitiva, forzata, libera, contingentata, in massa o di massa, individuale, familiare.
contr. immigrazione, rimpatrio.
eminènte, *agg.* sovrastante, → ALTO || *fig.* → ECCELLENTE, ECCELSO, FAMOSO.
eminenteménte, *avv.* → ECCELLENTEMENTE.
eminènza, *sf.* altezza, altura, poggio, sporgenza, sporto, prominenza, gonfiezza, protuberanza, → ESTREMITÀ || *fig.* → ECCELLENZA.
nomencl. (*equivalenti*) bernoccolo, bitorzolo, colle, erta || eminenza grigia || cardinale.
contr. bassura, bassezza, scoscendimento, avvallamento.
emiplegía, *sf.* → PARALISI.
emisfèro, *sm.* mezza sfera.
nomencl. boreale, australe || cerebrale.
emissàrio, *sm.* scaricatore, sbocco || mandatario, spia.
contr. immissario || mandante.
emissióne, *sf.* → EMANAZIONE, ESTENSIONE.
contr. immissione.
emistíchio, *sm.* mezzo verso, → VERSO.
contr. verso intero.
emolliènte, *agg.* e *sm.* ammolliente, mollificante, lubrificante, umettante || lenitivo.
nomencl. (*esempi*) olio, gomma arabica, semi di lino, malva, orzo, miele, tapioca, lichene, bietola.
contr. rassodante, indurente, irritante, urticante.
emoluménto, *sm.* profitto, entrata, rendita, guadagno, lucro, profitto, onorario, paga, stipendio, mercede, salario, compenso, retribuzione, provvigione, competenza.
nomencl. *agg.* ordinario, straordinario, pingue, scarso, limitato, sufficiente, insufficiente, proporzionato, sproporzionato.
emorragía, *sf.* flusso, profluvio di sangue, emottisi, epistassi.
nomencl. (*tipi*) arteriosa, cavitaria o interna, cutanea, traumatica, fisiologica, venosa, cerebrale || (*attinenti*) emofilia, emorrea || (*cura*) emostasi, emostatico, anastaltico || adrenalina, acido acetico, ogarico da esca, anemorenina, aseptina, clavina, cornutina, stipticina.
emorròide, *sf.*
nomencl. (*tipi*) aperte, chiuse, interne, esterne, miste || disemorrea, emorrelcosi || (*cura*) dieta, lassativi, clisteri, pomate; emorroidectomìa || *agg.* emorroidale.
emotività, *sf.* impressionabilità, sensibilità, reattività, affettività, facilità a turbarsi, a perder l'equilibrio psichico, irritabilità.
contr. equilibrio psichico || impassibilità, insensibilità, freddezza.
emotívo, *agg.* impressionabile, nervoso, irritabile, sensibile, sensitivo, affettivo, reattivo, suscettibile.
contr. insensibile, apatico, indifferente, calmo, freddo.
emottísi, *sf.* pneumorragia, → EMORRAGIA.
emozionànte, *ppr.* di emozionare || *agg.* → COMMOVENTE.
emozióne, *sf.* → IMPRESSIONE.
nomencl. (*inerenti*) movimenti di espressione del corpo || emozioni fondamentali (gioia, tristezza, collera, paura), manifestazioni attive o steniche, passive o asteniche.
empetígine, *sf.* → ERPETE.
empiaménte, *avv.* → CRUDELMENTE, SACRILEGAMENTE.
empiàstro, *sm.* → IMPIASTRO.
empietà, *sf.* irreligione, incredulità, irriverenza, scelleraggine, → ATEISMO || → CATTIVERIA.
émpio, *agg.* irreligioso, incredulo, irriverente, bestemmiatore, sacrilego, → ATEO || senza pietà, → CRUDELE, CATTIVO.
empíre, *v.tr.* empiere, riempire, render pieno, colmare, abboccare, abbottare, imbottire, infarcire, rinfarcire, rimpinzare, intasare, pigiare, rabboccare, inzeppare, caricare, gonfiare, imbarazzare, rimpinguare, ingombrare, traboccare, ridondare, saturare, inondare, gremire, popolare, → AUMENTARE || *fig.* elargire || *rifl.* saziare, mangiare molto, a sazietà || riempirsi, diventar pieno.
nomencl. (*inerenti*) pletora, abbondanza, ridondanza, rimpinzamento, colma, moltitudine || empimento, empito, pieno, riempito, ripieno, riempitura, riempitivo.
contr. vuotare, svuotare, sgorgare, stasare, far fluire, far defluire, cavare, evacuare.
empíreo, *sm.* → CIELO.
empírico, *agg.* sperimentale || *sm.* praticone, sperimentatore || → ESPERTO.
contr. teorico, scientifico, speculativo, intellettuale.

empirísmo, *sm.* sperimentalismo, positivismo, materialismo, empiriocriticismo; pratica.
contr. idealismo, razionalismo, intellettualismo.
émpito, *sm.* foga, impeto degli affetti, delle passioni, → IMPETO.
empíto, *pps.* di empire || *agg.* → PIENO.
empòrio, *sm.* bazar, mercato → NEGOZIO, BOTTEGA, MAGAZZINO || *fig.* congerie, gran quantità di cose disparate.
emulàre, *v.tr.* competere, concorrere, gareggiare, rivaleggiare, contrastare, contendere, entrare in gara.
contr. accettare la superiorità, rinunciare alla gara.
emulazióne, *sf.* gara, paragone, contrasto, competizione, rivalità, concorrenza.
èmulo, *sm.* emulatore, imitatore, antagonista, rivale, avversario, → CONCORRENTE, GAREGGIATORE.
emulsióne, *sf.* → BEVANDA.
encàusto, *sm.* → INCHIOSTRO || PITTURA.
encèfalo, *sm.* massa cerebrale.
nomencl. (*inerenti*) cervello, cervelletto, midollo allungato, protuberanza || meningi, nodo dell'encefalo || (*malattia*) atelencefalia, apoplessia sanguigna, encefalite, encefalomalacia, encefalopatia, epilessia.
enchirídio, *sm.* manuale, raccolta, repertorio, selva, trattatello.
encíclica, *sf.* messaggio, lettera papale.
enciclopedía, *sf.* esposizione di tutto lo scibile umano; di tutta una scienza o arte.
contr. monografia, saggio, trattato specialistico.
enciclopèdico, *agg.* dotto, versatile, poligrafo.
contr. specialista, specializzato || ignorante.
ènclisi, *sf. indecl.* enclisía.
contr. proclisi.
encomiàre, *v.tr.* → ELOGIARE.
encòmio, *sm.* → LODE, ELOGIO.
endemía, *sf.* → EPIDEMIA.
endèmico, *agg. fig.* specifico, proprio, esclusivo.
endògeno, *agg.*
contr. esogeno.
endosmòsi, *sf.*
nomencl. (*inerenti*) osmosi, esosmosi, diosmosi.
endotèrmico, *agg.*
contr. esotèrmico.
energètico, *agg.* → FORTIFICANTE.
contr. debilitante.
energía, *sf.* vita, animo, spirito, vitalità, potenza, attività, forza, empito, vigore, volere, gagliardia, virilità, vivezza, virtú, fiato, facoltà, efficacia, risolutezza || *fig.* → ELETTRICITÀ || del dire, → ENFASI.
nomencl. (*varietà*) attuale, potenziale, meccanica, elettrica, termica, chimica, luminosa, radiante, fisica, magnetica, atomica, cinetica.
contr. debolezza, fralezza, pochezza, fiacchezza, neghittosità, viltà, avvilimento.
enèrgico, *agg.* forte, vigoroso, potente, attivo, volitivo, risoluto, reciso, deciso, spiccio, sbrigativo, sicuro, virile, gagliardo, fermo, ferrigno, ferreo, vibrato, vibrante, d'animo fermo; operativo, impetuoso, coraggioso, efficiente, → EFFICACE.
contr. debole, fiacco, neghittoso, pauroso, irresoluto, inefficiente, avvilito.
energúmeno, *sm.* indemoniato, indiavolato, alterato, spiritato, ossesso, invasato, infuriato, prepotente, rissoso, violento, facinoroso.
contr. pacifico, placido, mite, calmo, angelico.
ènfasi, *sf.* energia del dire, esagerazione, gonfiezza, amplificazione, veemenza, vibrazione, pompa, ampollosità, abbondanza, magniloquenza || → IPERBOLE.
contr. pacatezza, moderazione, misura, equilibrio, proporzione, armonia, stringatezza.
enfàtico, *agg.* esagerato, sproporzionato, gonfio, amplificato, veemente, vibrante, ampolloso, pomposo, → ACCENTUATO.
contr. calmo, pacato, moderato, proporzionato, misurato, stringato.
enfiagióne, *sf.* enfiamento, enfiatura, → GONFIORE, EDEMA.
enfiàre, *v.intr.* e *rifl.* → GONFIARE.
enfiàto, *pps.* di enfiare || *agg.* → GONFIO.
enfiatúra, *sf.* → GONFIORE || GOBBA.
enígma e derivati, → ENIMMA e deriv.
enímma, *sf.* enigma, astrusaggine, astruseria, astrusità, allegoria, arcano, mistero, ambiguità, simbolo, sfinge, → DIFFICOLTÀ || indovinello, grifo, logogrifo, rebus, rompicapo, sciarada || → MISTERO.
nomencl. (*inerenti*) enimmistica, parole incrociate, anagrammi, ecc.
contr. cosa chiara, facile, semplice, evidente.
enimmàtico, *agg.* enigmatico, astruso, oscuro, incomprensibile, ambiguo, sibillino, misterioso, arcano, insolubile, impenetrabile, sfingeo, → DIFFICILE.
contr. chiaro, semplice, facile, evidente, comprensibile, solubile.
enología, *sf.* → AGRICOLTURA.
enórme, *agg.* grandissimo, smoderato, smisurato, eccessivo, esorbitante, gigantesco, immenso, madornale, mastodontico, sproporzionato, stragrande, sesquipedale, imponente, colossale, badiale, immane, iperbolico, maiuscolo, piramidale, sperticato, sterminato, ciclopico, favoloso, fantastico, mostruoso, sbardellato, sfondato, straordinario, macchinoso, eccezionale, omerico, → GRANDE.
contr. piccolissimo, minimo, minuscolo.
enormeménte, *avv.* → ECCESSIVAMENTE.
enormità, *sf.* immanità, grandezza straordinaria, sproporzionata, || scelleratezza, azione nefanda, birbonata, nequizia, → ECCESSO.
contr. piccolezza, cosa da nulla.
èntasi, *sf.* → RASTREMAZIONE.
ènte, *sm.* cosa, creatura, essenza, essere, individuo, entità, natura, sussistenza || società, istituzione || Ente supremo, → DIO.
nomencl. (*filosofico*) assoluto, primo, increato, eterno, infinito, unico, finito, relativo, teologico, logico, dialettico, reale, ideale || (*costituzionale*) giuridico, morale, pubblico, statale, parastatale, di diritto pubblico, privato.
entèrico, *agg.* intestinale.
enteroclísi, *sf. indecl.* → CLISTERE.
enteroclísma, *sm.* → CLISTERE.
entimèma, *sm.* → SILLOGISMO.
entità, *sf.* → ENTE || QUANTITÀ || IMPORTANZA.

entràmbi, *pron. pl. m.* l'uno e l'altro, tutti e due, ambo, ambedue.

entrànte, *ppr.* di entrare || *agg. fig.* di uomo insinuante, franco, agevole o invadente, sfacciato, impronto.

nomencl. anno entrante, anno prossimo.

entràre, *v.intr.* accedere, introdursi, addentrarsi, immettersi, ficcarsi, cacciarsi, infiltrarsi, intrufolarsi, incorporarsi, ingolfarsi, spingersi dentro, penetrare, insinuarsi, inserirsi, mettersi dentro, internarsi, invadere, irrompere, fare irruzione, infestare, gettarsi dentro, aprirsi un passaggio o un accesso, precipitarsi, lanciarsi, infilarsi, intromettersi, ingerirsi, immischiarsi, impacciarsi, inframmettersi, incastrarsi, insaccarsi, insediarsi, sottentrare, passare, rientrare, venire, imbarcarsi, discendere o salire in, imboccare, scivolare dentro || compenetrare, sviscerare || far entrare, ammettere, introdurre, importare, inoculare, ficcare, immettere, inserire, infilare, istillare, versare dentro, ingerire, imbarcare || persuadere, quadrare, piacere.

contr. uscire, venir fuori.

entràta, *sf.* ingresso, adito, imbocco, → ACCESSO || profitto, guadagno, provento, reddito, rendita || *pl.* → CREDITO || entrata di denaro, → ASSEGNAMENTO.

nomencl. (*attinenti*) cortile, atrio, porta, anticamera, corridoio, passaggio, vestibolo || labirinto, sportello || *agg.* spaziosa, larga, signorile, modesta, artistica, stretta, minuscola, piccola || libera || ricca, grande, pingue, magra, povera, sufficiente, insufficiente, fissa.

contr. uscita, egresso.

entratúra, *sf.* ingresso, accesso, ammissione, entrata || *fig.* conoscenza, familiarità, confidenza con uno, in una casa, in un luogo || ingerenza.

entusiasmàre, *v.tr.* e *rifl.* commuovere, eccitare, elettrizzare, fanatizzare, furoreggiare, infervorare, appassionare, estasiare, esaltare, inebriare, → ACCALORARE.

contr. raffreddare, calmare, avvilire, prostrare, accasciare.

entusiàsmo, *sm.* ammirazione, esaltazione, ardore, fervore, meraviglia, delirio, impeto, fanatismo, estasi, infatuazione, immaginazione, commozione, esultanza, ispirazione, smania, estro, frenesia, euforia, → CALORE, EBBREZZA.

nomencl. *agg.* caldo, fervoroso, fanatico, infatuato, caloroso, sentito, irruente, impetuoso, frenetico, schietto, genuino, sincero, falso, artefatto, artificioso, falsato, fittizio, finto, ipocrita, sofisticato, comandato, forzato, non sentito, simulato, universale, generale || *verb.* suscitare, eccitare, provocare, destare, smorzare.

contr. calma, freddezza, accasciamento, prostrazione.

entusiàsta, *sm.* delirante, fuori di sé, ispirato, appassionato, esaltato, fanatico, pieno d'ardore, fervido, commosso.

contr. calmo, freddo, frigido, indifferente.

entusiasticaménte, *avv.* fervorosamente, fanaticamente, delirantemente, appassionatamente, fervidamente, con impeto.

contr. con calma, freddamente, pacatamente.

enumeràre, *v.tr.* numerare, contare, noverare, enunciare, esporre, narrare con ordine, dinumerare, elencare, catalogare, menzionare, passare in rassegna, distinguere.

contr. prendere in massa, considerare in massa, nell'insieme, indistintamente, globalmente.

enumerazióne, *sf.* → CATALOGO, ELENCO.

enunciàre, *v.tr.* esprimere, esporre, determinare, proporre, affermare, dire, dichiarare, manifestare, → AVVISARE, ENUMERARE.

contr. tacere, tener celato, sottintendere.

èpa, *sf.* → VENTRE.

èpica, *sf.* poesia eroica, epopea, epos, saga.

epicèdio, *sm. lett.* canto funebre, nenia, lamentazione, trenodia, → CANTO.

epicèntro, *sm.* → CENTRO.

epicherèma, *sm.* → SILLOGISMO.

èpico, *agg.* meraviglioso, glorioso, grandioso, → EROICO || degno di poesia || famoso.

epicurèo, *agg.* gaudente, voluttuoso, dedito ai piaceri, goloso, → SENSUALE.

contr. sobrio, parco, temperante, astinente.

epidemía, *sf.* pestilenza, moria, peste, beriberi, colera, infezione, morbo, mortalità, endemia, pandemia, epizoozia, → CONTAGIO.

nomencl. (*inerenti*) lazzaretto, quarantena, isolamento, cordone sanitario, vaccinazione, disinfezione, fumigagione, suffumigi || untore, monatto || *agg.* generale, diffusa, dilagante, circoscritta, limitata, vinta, debellata, scomparsa || *verb.* infestare, diffondersi, infierire, infuriare, scoppiare, erompere, manifestarsi, propagarsi || isolare, mettere in quarantena, vaccinare.

epidèmico, *agg.* contagioso, diffuso || infettivo, endemico, pandemico, morboso, pestilente, pestilenziale, pestifero, velenoso.

contr. sporadico, isolato.

epidèrmide, *sf.* → PELLE.

epifanía, *sf.* apparizione, manifestazione divina || festa dei re Magi, befana.

epigàstrio o **epigàstro,** *sm.* bocca dello stomaco, → STOMACO.

epígono, *sm.* discendente, successore, postero; seguace, imitatore || diadoco.

contr. antesignano, pioniere, anticipatore, antecessore, precursore.

epígrafe, *sf.* epitaffio, lapide, dedica, → ISCRIZIONE.

nomencl. (*inerenti*) epigrafia, epigrafista || collezione di epigrafi.

epigraficaménte, *avv.* lapidariamente, concisamente.

epigràmma, *sm.* mottetto, motto arguto, arguzia pungente, frizzo, frecciata || composizione satirica.

nomencl. *agg.* mordace, pungente, arguto, acre, caustico, corrosivo, saporito, velenoso, salato, amaro, atroce, pepato, faceto, piacevole, garbato, canzonatorio || senza sale.

epigrammàtico, *agg.* (detto di stile, tono e sim.) faceto, spiritoso, satirico, arguto, lepido, acre, canzonatorio, pepato.

contr. serio, grave, austero.

epilessía, *sf.* acatalessia, accesso epilettico, convulsione epilettica, malcaduco o mal caduco, morbo epilettico, morbo comiziale, morbo sacro, morbo maggiore.

nomencl. (*varietà*) procursiva, riflessa o simpatica, spuria o sintomatica, traumatica, vera o idiopatica || (*inerenti*) aura epilettica, automatismo ambulatorio, iste-

rismo || (*antiepilettici*) bromuri, radice di eraclea, stramonio, valeriana, tossina.
epilogàre, *v.tr.* concludere, riassumere, ricapitolare, → RIEPILOGARE.
epìlogo, *sm.* conclusione, ricapitolazione, → RIEPILOGO.
epinìcio, *sm.* canto di vittoria, → CANTO.
epinìttide, *sf.* → PUSTOLA.
episcopàle, *agg.* → VESCOVILE.
episcòpio, *sm.* curia, → VESCOVADO.
episòdio, *sm.* parte (di poema, tragedia, romanzo) → DIGRESSIONE || incidente, avvenimento, caso interessante, vicenda, avventura, aneddoto, fatto.
contr. azione principale, filo conduttore.
epistàssi, *sf.* → EMORRAGIA.
epistìlio, *sm.* → ARCHITRAVE.
epìstola, *sf.* → LETTERA || Epistole, → BIBBIA.
epitàffio, *sm.* → EPIGRAFE, ISCRIZIONE.
epìteto, *sm.* nomignolo, → ATTRIBUTO || INGIURIA.
epìtome, *sf.* ristretto, compendio, → SUNTO.
època, *sf.* era, età, evo, periodo, secolo, → DATA || tempo o spazio di tempo, memorabile, notevole, momento storico.
nomencl. (*inerenti*) epoche della Creazione || preadamitica, geologica, neolitica, paleolitica, preistorica, storica, antica, medievale, moderna, contemporanea, eroica, leggendaria, mitica, favolosa || sincronismo, segno dei tempi.
epòdo, *sm.* canto, poesia, → CORO.
èpos, *sm.* → EPICA.
eppúre, *cong.* tuttavia, pure, nondimeno, con tutto ciò.
eptacòrdo, *sm.* → CETRA.
èpula, *sf.* → BANCHETTO.
epulóne, *sm.* → MANGIONE, GOLOSO.
epuràre, *v.tr.* *frs.* purificare, ripulire, allontanare, escludere, depurare, purgare.
equàbile, *agg.* → REGOLARE, UNIFORME || GIUSTO.
equabilità, *sf.* → UNIFORMITÀ, REGOLARITÀ.
equaménte, *avv.* giustamente, onestamente, imparzialmente, proporzionatamente.
contr. ingiustamente, con parzialità.
equànime, *agg.* → GIUSTO, IMPARZIALE, SERENO.
equanimità, *sf.* → GIUSTIZIA.
equatóre, *sm.* circolo equatoriale, zona torridá.
nomencl. terrestre, celeste, geoidico, magnetico, termico.
equazióne, *sf.* uguaglianza.
nomencl. (*tipi*) letterale, numerale, differenziale, binomia, biquadratica, equivalente, esponenziale, simultanea; a una, due o tre incognite || (*pertinenti*) grado, incognita, termini, risoluzione, radice, metodo (di eliminazione, di riduzione, di confronto); sistema di equazioni || *verb.* impostare, porre in equazione un problema, risolvere.
equilibràre, *v.tr.* → BILANCIARE.
contr. squilibrare, sbilanciare.
equilìbrio, *sm.* bilico, statica, contrappeso, invariabilità, riposo, costanza, stabilità, saldezza, posizione || ponderazione, simmetria, → EQUIVALENZA.
contr. disquilibrio, squilibrio, sbilancio, instabilità.
equilibrísmo, *sm.* → ACROBATISMO || *fig.* trasformismo.
contr. coerenza.
equilibrísta, *sm.* → ACROBATA.
equíno, *agg.* → CAVALLINO || *sm. pl.* → BESTIAME.
equinòzio, *sm.*
nomencl. di primavera, d'autunno || (*attinenti*) ilarie, apocatastasi, luce zodiacale, precessione degli equinozi, circolo equinoziale, anno equinoziale, linea equinoziale.
equipaggiaménto, *sm.* corredo, bagaglio, fardello, fagotto, attrezzatura, arredamento, ciò che è necessario in viaggio, in guerra, ecc.
equipaggiàre, *v.tr.* corredare, attrezzare, fornire, armare, munire o accompagnare del necessario.
contr. spogliare, privare.
equipàggio, *sm.* marinai, ciurma || fornimento, treno, apparato, corredo, bagaglio || carrozza signorile.
equiparàbile, *agg.* → PARAGONABILE.
equiparàre, *v.tr.* → UGUAGLIARE || PARAGONARE.
equipollènte, *agg.* → EQUIVALENTE.
equità, *sf.* imparzialità, epicheia, → GIUSTIZIA.
contr. iniquità, ingiustizia, parzialità.
equivalènte, *ppr.* di equivalere || *agg.* e *sm.* equipollente, pari, sinonimo, → UGUALE.
contr. maggiore, minore.
equivalènza, *sf.* equilibrio, coincidenza, compenso, contrappeso, parallelismo, perequazione, parità, livellamento, corrispondenza, → UGUAGLIANZA || taglione, contrappasso.
contr. disuguaglianza, squilibrio, disparità.
equivalére, *v.tr.* valere lo stesso, altrettanto.
equívoco, *agg.* ambiguo, sospetto, dubbio, a doppio senso, losco, anfibologico, oscuro, → DUBBIOSO, DUBBIO, CREPUSCOLARE || *sm.* ambiguità, anfibologia, gioco di parole, malinteso, svista, sbaglio, abbaglio, confusione, errore, cagione di errore, qui pro quo.
nomencl. *agg.* grosso, madornale, imperdonabile, piccolo, risolto, solubile, superato || *verb.* cadere in equivoco, giocare sull'equivoco, uscire dall'equivoco.
contr. univoco || chiaro, lampante, certo; onesto, sincero || chiarezza, onestà, sincerità.
èquo, *agg.* → GIUSTO, IMPARZIALE.
contr. iniquo, ingiusto, parziale.
èra, *sf.* → DATA, EPOCA, ETÀ.
nomencl. (*inerenti*) cristiana o volgare, delle Olimpiadi, bizantina, della fondazione di Roma, di Diocleziano o dei Martiri, era di Spagna, maomettana, repubblicana, della Rivoluzione francese, del diluvio, di Abramo, di Troia, di Costantinopoli, giuliana || numero aureo, anno emergente.
eràrio, *sm.* tesoro dello Stato, patrimonio pubblico, fisco, cassa dello Stato, finanza.
nomencl. (*attinenti*) deficit, entrate, uscite, largizioni sacre || imposte erariali, spesa erariale, avvocato erariale.
contr. patrimonio e finanza privata.
èrba, *sf.* erbaggio, erbetta, ortaggio, verdura, verzura, foraggio, fieno, guaime, malerba, verde, pasciona, pianta || *pl.* semplici, erbaggi.
nomencl. (*specie*) acetosa, aglio, alchechengi o fisalide, angelica, arachide, asparago, barbabietola, barbaforte, basilico, carciofo, cardo, cavolo, cicoria, cipolla, cetriolo, finocchio, indivia, lattuga, melanzana, pastinaca, patata, peperone, pomidoro o pomodoro, porro, prezzemolo, rapa, raperonzolo, ravanello, rafano, sedano, spinacio, zucca, fagiolo, lente, pisello, cece, fava, vec-

cia || achillea, carota, cicerchia, erba medica, cavolo, trifoglio o ladino, ginestra, girasole, lupinella, lupino, pimpinella, ravizzone, senape, soia, spergola, tolla, frumento, avena, granoturco, miglio, orzo, panico, riso, saggina, segale, spelta o farro || erba antiscorbutica, erba brusca, erba buona o colombina, vulneraria, cannella, erba cedrata, erba crespa o matricale, erba febbrifuga, erba da latte, abortano, acanto, aconito, altea, anemone, amarillide, aquilegia, arnica, artemisia, asclepia, asperula, bardana, basilico, betonica, camomilla, croco o zafferano, digitale, edera, elleboro, eritmo, galega, genziana, globularia, iride, luppolo, lavanda, lichene, linaria, liquerizia, maggiorana, malva, mandragora, matricaria, menta, melissa, mercuriale, narciso, nasturzio, nigella, ortica, ossalide, peonia, papavero o rosolaccio, polmonaria, potentilla, primula, rabarbaro, ranuncolo, ruta, salvia, saponaria, spirea, stramonio, timo, valeriana, verbena, vischio, serpentina, gramigna, cicuta, anice, canapa, cotone, tabacco, zafferano || (*parti*) radice, barba, fusto, gambo, stelo, foglia, fiore, frutto, picciuolo, germoglio, gemma, turione, grumolo, cesto || capo, cespo, cespite, ciuffo, fascio, farragine, mannello, mazzo, festone, mescolanza || (*luoghi*) prato, prateria, verziere, pascolo, tappeto verde, pendio erboso, cespuglio || terreno erboso, verdeggiante, erbifero, a tappeto verde || raccolta, cólta, mietitura, taglio d'erba, fienagione || (*persone*) erbivendolo o verduraio, ortolano, erbaiuolo o erbaiolo || *agg.* aromatica, odorosa, profumata, novella, fresca, tenera, fine, morbida, gentile, minuta, selvatica, selvaggia, nostrana, comune, dura, legnosa, vecchia, folta, spessa, rada, mangereccia, salubre, medicamentosa, medicinale, velenosa, tossica, alta, bassa, gigante, nana || *verb.* abbarbicare, allignare, mettere o gettare le radici, accestire, aggrumolare, appassire, essiccare, erbire, germogliare, incartare, semenzire, spuntare, tallire, verzicare, erbeggiare || ammazzolare, erborizzare, falciare, mietere, segare, raccogliere, insilare, sbarbare, sbarbicare, svellere, sradicare, abbattere.

erbàggio, *sm.* erba commestibile, ortaggio, → ERBA.

erbívoro, *agg.* e *sm.*

contr. carnivoro, onnivoro.

erbolàto, *sm.* → IMPIASTRO.

erbóso, *agg.* coperto d'erba, con molta erba.

ercúleo, *agg.* → FORTE.

èrebo, *sm. lett.* → INFERNO.

erède, *sm.* discendente, figlio, successore || epigono.

nomencl. (*tipi*) legittimo, testamentario, fiduciario, presunto, universale, necessario, fidecommissario, in perpetuo, pupillare || (*inerenti*) collegatario, eredipeta, ereditiera, legatario, redentore, sostituto || *verb.* chiamare erede, nominare erede, diseredare, istituire erede, succedere.

eredità, *sf.* retaggio, successione, lascito, legato, appannaggio, asse ereditario.

nomencl. (*pertinenti*) maggiorasco, legato alimentario, atto fiduciario, beni erettizi, beni allodiali, porzione virile || adizione espressa o tacita, aspettativa, beneficio di inventario, collazione, devoluzione di eredità, diritto di accrescimento, diritto di albinaggio, diritto di caducità, diritto di manomorta, diritto di successione, disposizione testamentaria o testamento, divisione, rappresentazione, delazione, epilazione, sostituzione fidecommissaria, successione, trasmissione, servitú reali || *agg.* legittima, paterna, materna, disponibile, arruffata, giacente, pingue, grassa, ricca, povera, magra || *verb.* ereditare, accettare, adire, andare, cadere, pervenire, spettare, lasciare in eredità.

ereditàre, *v.tr.* e *intr.* succedere, ricevere in eredità, divenire erede, raccogliere il retaggio, conseguire a titolo di successione.

contr. lasciare || accettare, rifiutare.

ereditarietà, *sf.* atavismo, trasmissione dei caratteri individuali.

nomencl. (*inerenti*) genetica, leggi mendeliane o mendelismo, cromosomi, genî, genoma.

ereditàrio, *agg.* avito, ricevuto || → CONGENITO.

nomencl. principe ereditario, delfino, infante, diadoco.

eremíta, *sm.* solitario, anacoreta, cenobita, romita, → ASCETA.

eremitàggio, *sm.* romitaggio, → EREMO.

èremo, *sm.* luogo solitario, deserto e inculto || eremitaggio, romitaggio, romitorio.

nomencl. *agg.* ermo, solitario, solingo, alpestre, deserto, abbandonato.

contr. abitato, affollato, luogo popoloso || monastero, convento, chiostro, cenobio, collegio.

eresía, *sf.* allodosia, eterodossia, miscredenza, dissidenza, → BESTEMMIA || errore volontario, opinione erronea, grosso sproposito.

nomencl. *agg.* aperta, grossa, blasfema, pertinace, incredibile, antica, moderna, perfida, iniqua, ostinata, abominevole, sediziosa.

contr. ortodossia, dogma, verità.

ereticàle, *agg.* → ERETICO.

ereticaménte, *avv.* in modo eterodosso, → SACRILEGAMENTE.

erètico, *agg.* eterodosso, ereticale, infedele, acattolico, settario, marrano, → FALSO || *fam.* miscredente.

nomencl. (*specificazione*) albigesi, anabattisti, ariani, arnaldisti, catari o patarini, doceti, eutichiani, gnostici, macedoniani, molinisti, nestoriani, pelagiani, petrobusiani, sacramentari, valdesi, protestanti, calvinisti, zuingliani, sociniani, ussiti, modernisti || *verb.* miscredere, ereticare, cadere in eresia, diventare eretico.

contr. credente, fedele, cattolico, ortodosso.

erètto, *pps.* di erigere || *agg.* → DIRITTO || INNALZATO.

erezióne, *sf.* → COSTRUZIONE, FONDAZIONE.

ergastolàno, *sm.* → GALEOTTO.

ergàstolo, *sm.* → PRIGIONE.

èrgere, *v.tr.* → ALZARE.

erígere, *v.tr.* → COSTRUIRE, EDIFICARE, ALZARE, INNALZARE || *fig.* → FONDARE.

erínni, *sf.* → FURIA.

eritèma, *sm.* → GELONE.

èrma, *sf.* testa umana su pietra, busto, semibusto, statua, pilastrino, → CIPPO.

ermafrodíto, *agg.* e *sm.* → ANDROGINO.

ermenèuta, *sm.* → ESEGETA.

ermenèutica, *sf.* → INTERPRETAZIONE.

ermenèutico, *agg.* → INTERPRETATIVO.

ermètico, *agg.* → CHIUSO || OSCURO, IMPENETRABILE.

nomencl. ermetismo, letteratura ermetica, poesia ermetica, libri ermetici.
contr. chiaro, evidente, lampante.
érmo, *agg. poet.* → ABBANDONATO, SOLITARIO || *sm. ant.* → EREMO.
èrnia, *sf.*
nomencl. (*tipi*) ombelicale, scrotale, crurale, diaframmatica, epigastrica, riducibile, irriducibile, strozzata, complicata || (*inerenti*) arcocele, ematocele, enterocele, epatocele, cistocele || celocolica || ammentatura, incarceramento || cinto erniario || *verb.* allentare, crepare.
eródere, *v.tr.* rodere, corrodere, scavare dentro, sotto.
eròe, *sm.* prode, forte, → CORAGGIOSO || semidio, paladino, cavaliere, guerriero, grande uomo, campione, modello, esempio || personaggio, protagonista.
nomencl. (*tipi vari*) leggendario, mitico, favoloso, meraviglioso, avventuroso, ardito, giramondo, oscuro || da poltrona, da caminetto, da strapazzo, da fumetti, da romanzo.
contr. vile, meschino, pusillanime || uomo comune.
erogàre, *v.tr.* → DARE.
erogazióne, *sf.* → DISTRIBUZIONE || SPESA.
eròico, *agg.* generoso, magnanimo, intrepido, glorioso, nobilissimo, grande, inclito, singolare, incomparabile, degno, cavalleresco, → CORAGGIOSO || epico, omerico, leggendario.
contr. vile, pusillanime, meschino || normale.
eroicòmico, *agg.* (di poeta, di poema) semiserio, giocoso, burlesco, buffo, macaronico.
contr. epico.
eroísmo, *sm.* → CORAGGIO, GENEROSITÀ.
contr. viltà, vigliaccheria, pusillanimità.
erómpere, *v.intr.* prorompere, sboccare, uscire impetuosamente, spicciare, spillare, uscire fuori, scoppiare (anche *fig.*).
contr. irrompere, entrare, rientrare || rimanere nascosto, dentro.
èros, *sm. gr.* amore sensuale, brama o desiderio amoroso || Eros, Amore, Cupido.
erosióne, *sf.* → CORROSIONE.
erosívo, *agg.* → CORROSIVO.
eròtico, *agg.* sessuale, venereo, amoroso, afrodisiaco, licenzioso, → AMATORIO.
èrpete, *sm.* empetigine, impetigine, dermatosi || erpetismo.
nomencl. (*varietà*) cercinato, facciale, irideo, tonsurante, zoster, tricofitico.
érpice, *sm.* scardonatoio, strascino.
nomencl. di legno, di ferro, a graticcio || (*parti*) denti, stagge, timone, asciali || granchio, rillo || *verb.* erpicare.
errabóndo, *agg.* errante, pellegrino, peregrinante, girovago, vagabondo, vagante, ramingo, nomade, randagio, ambulante, erratico || avventuriero.
contr. fisso, sedentario, stabile, casalingo.
erránte, *ppr.* di errare || *agg.* → ERRABONDO || incerto, svagato, vagante, smarrito, erratico, vago || zingaro || *fig.* traviato.
contr. fisso, stabile, sedentario, casalingo.
erràre, *v.intr.* vagare, peregrinare, → ANDARE, CAMMINARE || ABERRARE, SBAGLIARE, PECCARE.
erràtico, *agg.* → ERRABONDO.
erràto, *pps.* di errare || *agg.* spropositato, sbagliato, → FALSO.
errònеo, *agg.* → FALSO.
erróre, *sm.* sbaglio, fallo, mancanza, trascorso, → PECCATO, COLPA || neo, difetto, imperfezione || sbadataggine, confusione, malinteso, disguido, *qui pro quo*, *gaffe*, abbaglio, cantonata, topica, granchio || papera, *lapsus linguae, calami*, dittografia, inesattezza, sgrammaticatura, solecismo, scorrezione, refuso, omissione, svista, strafalcione, svarione, farfallone, sfarfallone, scerpellone || → EQUIVOCO || castroneria, buscherata, dirizzone, atto sconsigliato, bestialità, sproposito, sgarramento, scarto, fuorviamento || aberrazione, inganno, illusione, chimera, miraggio, allucinazione, abbagliamento || prevenzione, pregiudizio, superstizione || anacronismo, paralogismo, sofisma, paradosso, nonsenso, controsenso, → ASSURDITÀ.
nomencl. (*distinzioni*) di mente, di pensiero, di critica, di ragionamento, di fede, di forma, di materia, di fatto, di tempo, di luogo, di diritto, di giudizio, di persona || (*pertinenti*) arruffio, cumulo, viluppo di errori; perseveranza nell'errore || ammenda, riparazione, rammarico, pentimento, dolore, ammonimento, resipiscenza, ravvedimento || *agg.* volontario, involontario, grande, madornale, badiale, maiuscolo, marchiano, mastodontico, piramidale, enorme, crasso, inescusabile, imperdonabile, inspiegabile, inimmaginabile, irreparabile, tragico, reale, apparente, vero, semplicissimo, emendabile, perdonabile || *verb.* errare, sbagliare, fallare, fallire, scambiare, cadere, indurre in errore, confutare, scontare, correggere, mitigare, rettificare, riconoscere, confessare, piangere, riparare, rimediare, dimenticare, continuare, assolvere.
contr. il vero, il giusto, l'esatto, il santo.
érta, *sf.* → SALITA.
érto, *agg.* acclive, ripido, scosceso, ritto || arduo, difficile, aspro.
contr. declive, piano, dolce, facile, agevole.
erubescènte, *agg.* → ROSSO.
erubescènza, *sf.* → ROSSORE.
erudíre, *v.tr.* addottrinare, istruire, imparare, rendere dotto, edotto || → EDUCARE.
erudíto, *pps.* di erudire || *agg.* e *sm.* → DOTTO.
erudizióne, *sf.* semplice cognizione, appropriazione di dottrina altrui, → DOTTRINA.
esacerbàre, *v.tr.* → ESASPERARE, INASPRIRE.
esageràre, *v.tr.* e *intr.* ampliare, amplificare, caricare (la dose o la mano), giganteggiare, gonfiare, ingrandire, iperboleggiare, magnificare, millantare, mettere frange, sopraddire, sparare paradossi, trascorrere, strafare, andare agli eccessi, cadere in esagerazione, distendersi in esagerazioni, forzare la nota, passare i limiti, → ECCEDERE, ESTENDERE, AUMENTARE.
contr. attenuare, impicciolire, moderare, stare nella giusta misura, diminuire.
esagerataménte, *avv.* → ECCESSIVAMENTE.
esageràto, *pps.* di esagerare || *agg.* iperbolico, caricato, smodato, amplificato, → ENFATICO, AMPOLLOSO, AFFETTATO, ECCESSIVO, BIZZARRO, FAVOLOSO.
contr. attenuato, temperato, impicciolito, piccolo, moderato, meschino.

esagerazióne, *sf.* caricatura, iperbole, gonfiatura, fanatismo, frangia, montatura, → AUMENTO, ECCESSO, AMPOLLOSITÀ, ENFASI, BIZZARRIA.
contr. attenuazione, moderazione, temperamento, diminuzione || giusto mezzo.
esagitàre, *v.tr.* e *rifl.* → AGITARE, TURBARE.
esagitàto, *pps.* di esagitare || *agg.* → INQUIETO.
esalàre, *v.tr.* mandar fuori, spandere, effondere, sprigionare, svaporare, spirare, sfumare, svanire, espirare, fiatare, emettere, → EMANARE, EVAPORARE, FUMARE || esalare l'ultimo respiro, → MORIRE.
contr. contenere, trattenere, inspirare.
esalazióne, *sf.* odore, profumo, puzza, fiato, respiro, miasma, → FUMO, EFFLUVIO, EMANAZIONE, ALITO.
esaltàre, *v.tr.* innalzare, alzare, sollevare, elevare || benedire, lodare, magnificare, sublimare, accalorare, entusiasmare, → ONORARE, GLORIFICARE, DIVINIZZARE || *rifl.* → ESTASIARE.
contr. deprimere, abbassare, avvilire, rinnegare, umiliare, censurare.
esaltàto, *pps.* di esaltare || *agg.* infatuato, ebbro, → ENTUSIASTA, FANATICO.
esaltazióne, *sf.* esaltamento, lode → GLORIA, APOTEOSI || esuberanza, euforia, contentezza, esagitazione, → ENTUSIASMO || turbamento, delirio, → PAZZIA || ELEVAZIONE, PROMOZIONE.
esàme, *sm.* controllo, verifica, disamina, analisi critica, analisi anatomica, indagine, inchiesta, ricerca, ricognizione, osservazione, scandaglio, sguardo, riflessione, vaglio, revisione → ATTENZIONE || prova, esperimento, sperimentazione, saggio, confronto || escussione, interrogatorio, scrutinio.
nomencl. (*tipi*) d'ammissione, di promozione, di riparazione, di maturità, di licenza, di abilitazione, di laurea || di coscienza || *agg.* profondo, attento, meticoloso, diligente, sollecito, scrupoloso, pedante, superficiale, esterno, formale.
contr. accoglimento a occhi chiusi, accettazione sulla parola.
esaminàndo, *agg.* e *sm.* candidato, allievo.
nomencl. (*equivalenti*) licenziando, abilitando, laureando, diplomando.
contr. esaminatore, inquirente, scrutatore.
esaminànte, *ppr.* di esaminare || *sm.* → ESAMINATORE.
esaminàre, *v.tr.* analizzare, anatomizzare, scomporre, visitare, controllare, ispezionare, fare la prospezione, considerare, studiare, disaminare, esplorare, investigare, cribrare, scandagliare, sondare, osservare, perscrutare, scrutare, guardare, squinternare, schiarire, crogiolare, vagliare, giudicare, pesare, ponderare, contemplare, sbirciare, rivedere, consultare, compulsare, spulciare, → CERCARE || interrogare, provare; sottoporre a prova, a esperimento, a indagine; scrutinare || escutere.
contr. prendere, accettare ciecamente, a occhi chiusi.
esaminatóre, *agg.* e *sm.* esaminante, interrogante, inquirente || censore, critico, revisore, giudice, ispettore.
nomencl. *agg.* pedante, esigente, pignolo, severo, giusto, equanime, formalista, meticoloso, minuzioso, generoso, discreto, affabile, buono || *loc. avv.* di larghe vedute, di manica larga.
contr. esaminando, candidato, allievo.
esàngue, *agg.* dissanguato, morente, morto || clorotico, languido, pallido, debole, smorto, spento.
contr. vivo || vivace, sanguigno, energico.
esanimàre, *v.tr.* → UCCIDERE || *fig.* accasciare, disalmare (*ant.*), disanimare, abbiosciare, far perdere il coraggio, avvilire, abbattere, indebolire.
contr. riprendere animo, incoraggiare, rincorare.
esànime, *agg.* senza fiato, senz'anima, inanimato, svenuto, moribondo, morto.
contr. animato, vivo, vivace, pieno di vita.
esasperàre, *v.tr.* e *rifl.* esulcerare, esacerbare, inacerbire, irritare, inasprire, aggravare, rincrudire, aspreggiare, amareggiare, inciprignire || *rifl.* → ADIRARSI, INFURIARE.
contr. sedare, calmare, raddolcire, rabbonire, placare, lenire || calmarsi.
esasperàto, *pps.* di esasperare || *agg.* furibondo, furente, fuori di sè, inasprito, esacerbato, → CONCITATO.
contr. calmo, placido, sereno, impassibile.
esasperazióne, *sf.* → IRRITAZIONE.
esattaménte, *avv.* precisamente, proprio, → APPUNTO.
esattézza, *sf.* accuratezza, cura, precisione, rigore, regolarità, solerzia, zelo, attenzione, vigilanza, sollecitudine, scrupolo, puntualità, assiduità, fedeltà, veridicità, → DILIGENZA.
contr. inesattezza, disattenzione, negligenza, sbadataggine, inconsideratezza, imprecisione, trascuratezza.
esàtto, *pps.* di esigere || *agg.* riscosso || fedele, formale, genuino, accurato, giusto, ineccepibile, coscienzioso, scrupoloso, rigoroso, solerte, puntuale, regolato, sollecito, veritiero, geloso, proporzionato, matematico, ben definito, compassato, zelantissimo, → PRECISO, DILIGENTE.
contr. versato || inesatto, impreciso, sbadato, inconsiderato, errato, confuso.
esattóre, *sm.* collettore, ricevitore, riscuotitore, percettore.
contr. pagatore, utente, contribuente.
esaudiménto, *sm.* → GRAZIA.
esaudíre, *v.tr.* ascoltare, accondiscendere, dare ascolto, consentire, acconsentire, compiacere, accontentare, contentare, accogliere, udire, accettare, concedere, corrispondere, soddisfare, porgere benigno orecchio.
contr. negare, rifiutare || pregare, chiedere, implorare.
esauríbile, *agg.*
contr. inesauribile.
esauriènte, *agg.* compiuto, approfondito, intero, perfetto, definitivo, soddisfacente, esaustivo, → EFFICACE.
contr. incompiuto, incompleto, sospensivo, incerto.
esauriménto, *sm.* spossatezza, inanizione, sfinimento, estrema debolezza, → STANCHEZZA || compimento, vuotamento, fine, finitezza, dissolvimento, → CONSUMO.
nomencl. nervoso, fisico.
contr. pienezza, vigore || inizio.
esauríre, *v.tr.* → CONSUMARE, FINIRE.
esauríto, *pps.* di esaurire || *agg.* terminato, finito, chiuso, compiuto, rifinito || esausto, smunto, sfinito, stremato, estenuato, spossato, indebolito, prostrato.
nomencl. *verb.* essere, ridursi al verde, al lumicino.
contr. incompiuto, incompleto || vigoroso, gagliardo.

esaustívo, *agg.* esauriente, esaudiente, saziativo, soddisfacente in modo pieno, esuberante, appagabile, appagante.
contr. insufficiente, deludente, inestinguibile, inappagabile, insaziabile.
esàusto, *pps.* di esaurire || *agg.* stanco, svuotato del piú e del meglio, → ESAURITO, FIACCO.
contr. inesausto, vigoroso, ristorato, sazio, pieno, gagliardo.
esazióne, *sf.* → RISCOSSIONE.
contr. pagamento.
ésca, *sf.* || *fig.* adescamento, aizzamento, incitamento, illecebra (*lat.*), incentivo, stimolo, allettamento, inganno, illusione, seduzione, lustra → LUSINGA || fomite.
nomencl. amo, lenza, canna || *agg.* adescante, invitante.
escandescènte, *agg. rar.* rabbioso.
escandescènza, *sf.* collera violenta, subitanea, rabbia furibonda, smania, furore, parossismo, eccesso, → IRA, FURIA.
nomencl. *verb.* dare, uscire in escandescenze.
contr. calma, freddezza, dominio di se stesso, pacatezza.
escavazióne, *sf.* scavo, spurgo, scavamento || *fig.* introspezione, scavo interiore, autoanalisi.
esclamàre, *v.intr.* → GRIDARE.
esclamazióne, *sf.* grido, interiezione, epifonema.
esclúdere, *v.tr.* chiudere o lasciare fuori, impedire, proscrivere, rigettare, respingere, cacciare, scacciare, ributtare, rifiutare, → ELIMINARE, ECCEPIRE, ECCETTUARE || esentare, dispensare, derogare, esimere, esonerare.
contr. includere, comprendere, ammettere, accettare, accogliere, costringere.
esclusióne, *sf.* → ECCEZIONE, ELIMINAZIONE.
contr. inclusione.
esclusíva, *sf.* → ECCEZIONE || MONOPOLIO.
esclusivísmo, *sm.* intolleranza, intransigenza, ristrettezza mentale, egoismo, grettezza, → FANATISMO.
contr. tolleranza, liberalità, generosità, apertura mentale.
esclusivísta, *agg.* e *sm. neol.* esclusivo, gretto, → FANATICO, INTRANSIGENTE.
esclusívo, *agg.* → ASSOLUTO, UNICO, INDIVIDUALE || *sm.* INTRANSIGENTE.
esclúso, *pps.* di escludere || *agg.* → ESENTE.
contr. incluso.
escogitàre, *v.tr.* → PENSARE, TROVARE.
escòmio, *sm. neol.* → DISDETTA (di locazione).
escoriàre, *v.tr.* → SCORTICARE.
escoriazióne, *sf.* → ABRASIONE.
escreàto, *sm.* → ESPETTORAZIONE.
escreménto, *sm.* sterco, feci, feccia, deiezioni, materie fecali, meconio.
nomencl. (*inerenti*) defecazione, stitichezza, coprostasi, coprofagia, coprologia, egestione, coprofilia.
escrezióne, *sf.* → SECREZIONE.
esculènto, *agg.* → COMMESTIBILE.
escursióne, *sf.* → GITA || SCORRERIA.
escussióne, *sf.* citazione in giudizio, interrogatorio, → ESAME.
escútere, *v.tr.* citare in giudizio, → ESAMINARE.
esecràre, *v.tr.* aborrire, abominare, detestare, → ODIARE || MALEDIRE.
esecrazióne, *sf.* → ODIO || MALEDIZIONE.
esecuzióne, *sf.* attuazione, compimento, adempimento, realizzazione, risultato, perpetrazione, consumazione, → EFFETTUAZIONE, EFFETTO || osservanza, pratica || esecuzione musicale, → CONCERTO || esecuzione capitale, → DECAPITAZIONE.
contr. disegno, comando, ordine.
esèdra, *sf.* → PIAZZA.
esegèsi, *sf.* → COMMENTO, INTERPRETAZIONE.
esegèta, *sm.* ermeneuta, commentatore, interprete, → CRITICO.
esegètico, *agg.* → INTERPRETATIVO.
eseguíbile, *agg.* possibile, conseguibile, → FACILE.
contr. ineseguibile.
eseguíre, *v.tr.* effettuare, porre in effetto, mandare ad effetto, dare esecuzione, compire o compiere, adempire, attuare, realizzare, osservare.
esèmpio, *sm.* esemplare, modello, tipo, prototipo, orma, specchio, tema, vestigio || caso, fatto, avvenimento, accidente || castigo, punizione || documento, prova, *specimen* || ammaestramento, incentivo, sprone.
nomencl. *agg.* buono, ottimo, cattivo, pessimo, bello, brutto, degno, lodevole, insigne, meritevole, ragguardevole, indegno, biasimevole, riprovevole, disonorevole, inqualificabile, pubblico, manifesto, palese, solenne, straordinario, magnifico, grave, grande, edificante, scandaloso || *verb.* prendere, tenere ad esempio, porre come esempio; seguire, calcare l'esempio || imitare, copiare, seguire.
esemplàre, *agg.* → EDIFICANTE || ECCELLENTE || *sm.* → MODELLO, COPIA, ESEMPIO, EDIZIONE.
esemplarménte, *avv.* → ECCELLENTEMENTE.
esentàre, *v.tr.* esimere, risparmiare, dispensare, rimandare, liberare, esonerare, → ECCETTUARE, ESCLUDERE.
contr. costringere, obbligare.
esentàto, *pps.* di esentare || *agg.* → ESENTE.
esènte, *agg.* immune, libero, franco, esentato, esonerato, dispensato, preservato || eccettuato, escluso.
contr. costretto, obbligato || incluso, compreso.
esenzióne, *sf.* esonero, franchigia, immunità, privilegio, deroga, prerogativa, liberazione, eccettuazione, → DISPENSA.
nomencl. *agg.* totale, completa, parziale, temporanea, limitata, condizionata, ingiusta, ragionevole.
contr. obbligo, inclusione, costrizione, dovere.
esèquie, *sf. pl.* funzione funebre, → FUNERALE.
esercènte, *agg.* e *sm.* → BOTTEGAIO.
esercitàre, *v.tr.* → COLTIVARE, ABITUARE, EDUCARE.
esercitazióne, *sf.* → ESERCIZIO.
esèrcito, *sm.* forze armate, armi, armata, milizia, forza, massa, truppa, soldataglia (*spreg.*) || *fig.* → FOLLA.
nomencl. (*voci storiche equivalenti*) soldatesca, legione, stormo, compagnia, brigata, gente, schiera, torma o turma, stuolo, coorte, battaglia, falange, masnada, orda, potenza o potenze, banda, milizie || (*distinzioni*) raccogliticcio, mercenario, regolare, irregolare, permanente, territoriale, stanziale, mobilitato, di prima linea, di seconda linea, di riserva, di occupazione, di invasione, di sbarco, sul piede di guerra, schierato a battaglia, scaglionato, accampato, accantonato, accasermato, in

movimento, in manovra, in trasferimento, in ritirata, in rotta || (*corpi, specialità*) alpini, artiglieria, bersaglieri, arditi, guastatori, cacciatori, carabinieri, cavalleria (appiedata, leggera, pesante, blindata), carristi, commissariato, corazzieri, Croce Rossa, fanteria, genio (zappatori, telegrafisti, ferrovieri, pontieri, trasmettitori, pionieri, minatori), Giustizia Militare, granatieri, guardia nazionale, guardia di finanza, milizia civica, paracadutisti, polizia (stradale, ferroviaria, postelegrafonica, portuaria, confinaria, forestale, giudiziaria), sanità, sussistenza, veterinaria || (*suddivisioni*) armata, corpo d'armata, divisione, brigata, reggimento, battaglione, compagnia, batteria, plotone, squadra; squadrone, gruppo, coorte, centuria, decuria, manipolo, legione, drappello || (*attinenti*) accademia militare, arma, banda, ali, avanguardia, colonna, categoria, centro, classe, comando supremo, compagnia di disciplina, complementi, contingenti, corpo, distaccamento, grande unità, grosso, guarnigione, nerbo, pattuglia, picchetto, presidio, reparto, retroguardia, ronda, scorta, ufficio di maggiorità, stato maggiore || logistica, tattica, carta topografica militare || leva, richiamo alle armi, leva in massa, bando, mobilitazione (parziale, generale), licenza, congedo (illimitato, provvisorio, assoluto) || pensione di guerra, polizza di assicurazione ex-combattenti || (*gradi*) soldato, soldato scelto, caporale, caporal maggiore; sottufficiali: sergente, sergente maggiore, maresciallo (ordinario, capo, maggiore); ufficiali: aspirante, sottotenente, tenente (primo tenente), capitano (primo capitano), maggiore, tenente colonnello, colonnello; generali: di brigata, di divisione, di corpo d'armata, designato d'armata, d'armata; maresciallo d'Italia || cappellano || ispettore, capo di stato maggiore || (*corredo*) divisa, uniforme, montura, assisa, abito militare (di fatica, di parata, di ginnastica, di guerra, ordinaria, di servizio, di cerimonia, estiva, invernale) || bandoliera, berretto o bustina, casco, fez, chepí, elmetto, cappello, colbacco, passamontagna, borraccia, gavetta, cucchiaio, forchetta, borsa di pulizia, borsa tattica, zaino, cappotto, cinturino, cinturone, coperta da campo, cravatta, giberna, giubba, giubbetto, giubbotto, guanti, impermeabile, scarpe, scarponi, scarpe da ginnastica, stivali, telo, tenda || spalline, stellette, galloni, gradi, alamaro, mostrina, fiamma, coccarda, cordone, distintivo, fregio, bracciale || (*luoghi*) accampamento, accantonamento, alloggiamento, caserma, casermetta, campo, tenda, bivacco, quartiere, deposito, distretto, garetta o garitta, maneggio, pista, piazza d'armi, posto di sosta, di guardia, di vedetta, d'imbarco, osservatorio, tappa, comando di tappa, stazione, distaccamento, trincea, fortino, fortilizio, quartier generale || (*comandi*) adunata, allarme, appello, contrappello, adunata generale, raccolta, ritirata, libera uscita, silenzio, sveglia, visita medica || alt, avanti marc, dietro front, fianco destr o sinistr, fronte a destra o a sinistra, attenti, presentat'arm, fianc'arm o pied'arm, riposo, fuoco, serrate le file, conversione a destra o a sinistra, rompete le file || (*esercizi, manovre*) addestramento, adunata, allineamento, ammassamento, armamento, attendamento, azione, assedio, assalto, battaglia, combattimento, calata, invasione, carica, dislocazione, diversione, escursione, esplorazione, fazione, fila indiana, evoluzione, finta battaglia, formazione, grandi manovre, manovre a fuoco, inversione, investimento, linea, marcia, manovra, mobilitazione, mostra, mossa, marcia forzata, operazione, ordine sparso, parata, passo di strada, quadrato, rapporto, rivista, schieramento, scorreria, servizio, sfilata, tiro a segno, tiro di sbarramento, di preparazione, di contropreparazione || (*disciplina*) richiamo, rimprovero semplice o solenne, consegna in caserma, camera di punizione semplice o di rigore, sala di punizione semplice o di rigore, arresti (semplici, di rigore, in fortezza), retrocessione dal grado, compagnia di correzione, dispensa dal servizio, sospensione dall'impiego || (*reati militari*) tradimento, spionaggio, rivelazione di segreti militari, abbandono di posto, violazione di consegna, ubriachezza in servizio, allontanamento illecito, disobbedienza, rivolta, ammutinamento, sedizione, insubordinazione, abuso di autorità, peculato, falso, percosse, lesioni, ingiurie, diffamazione, furto || resa, codardia, diserzione, mancanza alla chiamata, renitenza || atti illeciti di guerra: violazione dei doveri verso i feriti, i naufraghi, i morti o verso il personale sanitario || (*pene*) fucilazione al petto o alla schiena, degradazione, reclusione militare, rimozione dal grado || (*ricompense*) encomio semplice o solenne, croce di guerra, nastrino della campagna, medaglia al valor militare (di bronzo, d'argento, d'oro), decorazione dell'Ordine Militare d'Italia, promozione per merito di guerra, promozione per merito speciale|| *agg.* approntato, addestrato, agguerrito, allenato, temprato, forte, organizzato, disciplinato, invincibile, vittorioso, numeroso, disordinato, disorganizzato, indisciplinato, debole, piccolo, vinto, battuto, disperso || *verb.* irreggimentare, chiamare alle armi, richiamare alle armi, mobilitare, assegnare ai corpi || promuovere, nominare, dare i galloni || vestire la divisa, indossare l'uniforme; deporre, abbandonare, lasciare la divisa || accamparsi, accantonarsi, accasermarsi, alloggiare, porre il campo, rizzare la tenda, prendere stanza, formare un presidio; disporre, lasciare, mettere un presidio, fare la guardia, montare di sentinella || sonare, fare l'adunata; sonare, dare l'allarme, andare in libera uscita || marciare, comandare, capitanare; distendere, stendere l'esercito; ordinare le evoluzioni, manovrare, mobilitare, raccogliere truppe, occupare, requisire, sbandare, abbandonare le armi, vettovagliare.

esercízio, *sm.* esercitazione, allenamento, addestramento, movimento, moto || uso, esperienza, pratica, funzione, funzionamento, fatica, → ABITUDINE || compito, prova, esercitazione || → BOTTEGA, NEGOZIO.
nomencl. (*tipi*) fisico, mentale, ascetico, ginnico || provvisorio || di una professione, di un diritto || di greco, di latino, ecc. || tenersi in esercizio, esser fuori esercizio.
contr. inerzia, ozio, stasi.

esibíre, *v.tr.* mostrare, → OFFRIRE, PRESENTARE || *rifl.* offrirsi || mettersi in mostra, dare spettacolo di sé, pavoneggiarsi.

esibizióne, *sf.* → OFFERTA, MOSTRA.
nomencl. esibizionismo, esibizionista.

esigènte, *ppr.* di esigere || *agg.* e *sm.* richiedente, bisognoso (giustamente, di diritto) || → INDISCRETO, FISCALE.

esigènza, *sf.* richiesta, → BISOGNO || PRETESA, INDISCREZIONE.

esígere, *v.tr.* pretendere, → DOMANDARE, VOLERE || RISCUOTERE.

contr. rinunciare, fare a meno, abbandonare; pagare.

esíguo, *agg.* → PICCOLO.

esilaràre, *v.tr.* → RALLEGRARE.

èsile, *agg.* → GRACILE, MAGRO, DEBOLE || PICCOLO.

esiliàre, *v.tr.* bandire, confinare, mandare al confino, deportare, ostracizzare, proscrivere, relegare, sbandire, sfrattare, spatriare, espellere, cacciare in esilio, dare l'ostracismo, privare della patria, mandare ramingo || *rifl.* esulare.

contr. richiamare, riaccettare, riaccogliere in patria || rimpatriare.

esiliàto, *pps.* di esiliare || *agg.* confinato, deportato || *sm.* → ESULE.

esílio, *sm.* deportazione, confino, espulsione, relegazione, proscrizione, scacciata, ostracismo, espatrio, domicilio coatto, → BANDO, EMIGRAZIONE.

nomencl. (*tipi*) volontario, forzato, perpetuo, temporaneo, politico || esule.

contr. rimpatrio.

esímere, *v.tr.* esentare, → ECCETTUARE, ESCLUDERE, DISPENSARE || *rifl.* sottrarsi ad un obbligo, dispensarsene, → ELUDERE.

esímio, *agg.* → DISTINTO, ECCELLENTE, EGREGIO, FAMOSO.

esinaníre, *tr.* → ANNICHILARE, ANNIENTARE.

esistènza, *sf.* l'esistere, l'esserci, → ESSERE || vita.

esistenziàle, *agg.* ciò che appartiene all'esistere, all'esserci, alla esistenza.

nomencl. (*inerenti*) esistenzialismo, esistenzialista.

esístere, *v.intr.* sussistere, durare, essere al mondo, → ESSERE.

esitànte, *ppr.* di esitare || *agg.* irresoluto, indugiante, sospeso, indeciso, perplesso, → INCERTO.

contr. deciso, risoluto, pronto, volitivo, certo.

esitànza, *sf.* → INDECISIONE.

esitàre[1], *v.intr.* → DUBITARE, TITUBARE

esitàre[2], *tr.* → VENDERE.

esitazióne, *sf.* titubanza, → DUBBIO, INDECISIONE.

contr. risolutezza.

èsito, *sm.* uscita, sbocco, risultato, riuscita, compimento || conseguenza, conseguimento, fine, successo, insuccesso, evento, contraccolpo, scioglimento, raggiungimento, termine, → AVVENIMENTO, CONCLUSIONE || vendita.

nomencl. *agg.* buono, ottimo, adeguato, felice, fausto, infelice, cattivo, infausto, sfortunato, insperato, esiziale, funesto || *verb.* abortire, andare a male, fallire, riuscire, conseguire.

contr. prova, esperimento, tentativo || introito, inizio, principio, cominciamento.

esiziàle, *agg.* funesto, rovinoso, → DANNOSO.

èsodo, *sm.* uscita, partenza || → EMIGRAZIONE.

esòfago, *sm.* strozza, canne della gola, gorgozzule, fauci, → GOLA.

nomencl. (*inerenti*) esofagea del diaframma, tuniche, cingolo esofageo || esofagismo, esofagorrea, esofagoscopio, esofagotomia, esofagotomo.

esoneràre, *v.tr.* → DISPENSARE, ESCLUDERE.

esoneràto, *pps.* di esonerare || *agg.* → ESENTE.

esònero, *sm.* → DISPENSA, ESENZIONE.

esorbitànte, *ppr.* di esorbitare || *agg.* esagerato, fuori misura, eccedente, → ENORME, ECCESSIVO.

esorbitànza, *sf.* → GRANDEZZA, ECCESSO.

esorbitàre, *v.intr.* uscire dalla misura, dal conveniente, → ABBONDARE, ECCEDERE.

esorcísmo, *sm.* scongiuro, esorcizzazione, sacra maledizione.

nomencl. (*inerenti*) ordinario, straordinario || esorcista, esorcistato, esorcizzato || *verb.* esorcizzare.

esorcizzazióne, *sf.* → ESORCISMO.

esordiènte, *ppr.* di esordire || *agg.* e *sm.* debuttante (*frs.*), principiante, novellino, alle prime armi, novizio, tirocinante.

contr. maestro, esperto, veterano.

esòrdio, *sm.* principio, inizio, primordio, primi tempi || preambolo, introduzione, prefazione, proemio, prologo, proposizione, protasi, preliminare || cominciamento, tirocinio, inizio di carriera, debutto (*frs.*).

nomencl. *agg.* lieto, felice, indovinato, fausto, gaio, ridente, appropriato, riuscito, azzeccato, lungo, prolisso, breve, corto, laconico, infelice, infausto.

contr. conclusione, epilogo, fine, termine.

esordíre, *v.intr.* dar principio, → COMINCIARE || fare le prime prove, iniziare una carriera, debuttare (*frs.*).

contr. finire, terminare, concludere, condurre a termine.

esortàre, *v.tr.* → AVVERTIRE, CONSIGLIARE || ECCITARE, INCITARE || CONFORTARE.

esortazióne, *sf.* → AVVERTIMENTO, CONSIGLIO || ECCITAZIONE || CONFORTO.

esòso, *agg.* e *sm.* → ODIOSO || AVARO.

esotèrico, *agg.* acroamatico, iniziatico, dottrina riservata agli iniziati, → SEGRETO.

contr. essoterico, popolare, non segreto, aperto a tutti, divulgato, propalato.

esòtico, *agg.* estraneo, strano, → STRANIERO.

contr. indigeno, nostrano.

espàndere, *v.tr.* → SPANDERE || *rifl.* → DILAGARE.

espansióne, *sf.* dilatazione, allargamento, spargimento, diffusione || effusione, confidenza, sfogo, abbandono, tenerezza, sincerità, manifestazione d'affetto.

nomencl. dei gas e dei vapori || coloniale, economica, commerciale || *agg.* affettuosa, confidenziale, amichevole, cordiale, affettata, forzata, falsa.

contr. condensazione, concentrazione || ritegno, timidezza, introversione || politica del piede di casa.

espansívo, *agg.* → AFFETTUOSO, SINCERO.

espànso, *pps.* di espandere || *agg.* → DILATATO.

espatriàre, *v.intr.* → ANDARE, EMIGRARE, ABBANDONARE.

contr. rimpatriare.

espatriazióne, *sf.* espatrio, → EMIGRAZIONE, ESILIO.

espàtrio, *sm.* espatrazione, → EMIGRAZIONE, ESILIO.

contr. rimpatrio.

espediènte, *sm.* ripiego, mezzuccio, → RIMEDIO, MEZZO, PROVVEDIMENTO || FURBERIA.

espedíre, *v.tr. lat.* rendere spedito, togliere gli impedimenti, sbrigarsi, spicciarsi.

espèllere, *v.tr.* mettere alla porta, estromettere, cacciar fuori, buttar fuori, mandar fuori, proiettare, respingere, → ALLONTANARE.

contr. introdurre || rientrare, ripresentarsi.

esperiènza, *sf.* → DOTTRINA || prova, saggio, assaggio, esercizio, esercitazione, esperimento, cimento, tentativo, *test*, osservazione, esperimentazione, → ESERCIZIO || perizia, praticaccia, → ABILITÀ || dominio della natura, acquisizione della realtà esterna || somma di conoscenze in un dato campo.
nomencl. (*tipi*) storica, religiosa, sociale, vitale, sentimentale, estetica, scientifica, ecc. || esperto, sperimentato perito, pratico, abile || (*pertinenti*) empirismo, sperimentalismo, prassi || età dell'esperienza || *agg.* antica, infallibile, sicura, certa, provata, lunga, diuturna, recente, malsicura || *verb.* avere, acquistare esperienza; conoscere, sapere, intendere, parlare, imparare per esperienza; accumulare esperienza.
contr. inesperienza, imperizia, astrazione, teoria.
esperimentazióne, *sf.* → ESPERIENZA.
esperiménto, *sm.* sperimento, tentativo, prova, scandaglio, saggio, assaggio, cimento, osservazione, → ESAME || verifica.
nomencl. *agg.* riuscito, felice, indovinato, perfetto, eccellente, mancato, sbagliato, rientrato, fallito, facile, difficile.
esperíre, *v.tr.* mettere in opera, provare, → SPERIMENTARE, TENTARE.
espèrto, *agg.* e *sm.* istruito, perito, navigato, empirico, sperimentato, valente, provato, provetto, pratico, versato, intendente, accorto, saputo, scozzonato, veterano, uomo di mondo, vecchio lupo, → DOTTO, CONOSCITORE, ABILE || praticone, materialone.
nomencl. *verb.* saperla lunga, essere navigati, saper come vanno le cose, avere il pelo bianco, aver vissuto, essere vecchio del mondo, sapere come si pensa, intendersene.
contr. inesperto, imperito, inesercitato, principiante, tirocinante, novizio.
espettorànte, *ppr.* di espettorare || *sm.* medicamento che provoca l'espulsione del muco.
nomencl. (*esempi*) elemina, ossido bianco di antimonio, acido benzoico, cubebe, tartaro, finocchio, gomma ammoniaca, poligala, anice, apomorfina, balsamo tolú, lobella, ipecacuana.
espettoràre, *v.tr.* spurgare, sputare, scatarrare, scaracchiare, sputacchiare.
espettorazióne, *sf.* espurgazione, spurgo || catarro, scaracchio, saliva, sornacchio, catarro mucoso, bava, escreato, → SPUTO.
espiànto, *sm.*
contr. trapianto.
espiàre, *v.tr.* riparare, scontare una pena, purgare, purificarsi, pagare il fio, subire il contrappasso; soddisfare, placare, cancellare una colpa; patire, fare penitenza, → COMPENSARE.
contr. essere, rimanere impunito; farla franca.
espiazióne, *sf.* castigo, penitenza, pena, purgazione, purificazione, emenda, risarcimento, riscatto, propiziazione, placazione, fio, indennizzo, scotto, soddisfazione, contrappasso, → EMENDAMENTO.
nomencl. (*mezzi*) sacrifici cruenti e incruenti, preghiere, processioni, penitenze, cerimonie || *agg.* lunga, eterna, perpetua, dolorósa, amara, dura, penosa, tormentosa, angosciosa, breve, corta, temporanea, leggera, lieve.

espiràre, *v.intr.* → RESPIRARE.
contr. aspirare, inspirare.
espirazióne, *sf.* → RESPIRAZIONE.
contr. aspirazione, inspirazione.
espletàre, *v.tr.* compiere, terminare, assolvere, → FINIRE.
esplicàbile, *agg.* → SPIEGABILE.
contr. inesplicabile.
esplicàre, *v.tr.* → SPIEGARE, DIMOSTRARE.
esplicatívo, *agg.* → CHIARIFICATORE.
esplicazióne, *sf.* esplicamento, dimostrazione || SPIEGAZIONE.
esplicitaménte, *avv.* espressamente, apertamente, → CHIARAMENTE.
esplícito, *agg.* chiaro, aperto, espresso, non sottinteso, dichiarato, formale.
contr. implicito, oscuro, sottinteso, allusivo.
esplodènte, *ppr.* di esplodere || *sm.* → ESPLOSIVO.
esplòdere, *v.intr.* → SCOPPIARE, SPARARE || *tr.* scaricare, sparare.
esploràre, *v.tr.* cercare di conoscere, di scoprire, investigare, ricercare, indagare, analizzare, osservare, scrutare, approfondire, compulsare, scrutinare, frugare, rovistare, tastare il terreno, sondare, spiare, inquisire, perquisire, stare alle vedette o alle velette, origliare, cacciare il naso, annusare, fiutare, → ESAMINARE, CERCARE || (di luogo) perlustrare, percorrere, viaggiare, informarsi, ispezionare, studiare, fare ricognizioni.
esploratóre, *sm.* indagatore, informatore, spia, spione || viaggiatore, ricognitore, pioniere || nave da ricognizione.
esplorazióne, *sf.* ricognizione, investigazione, perlustrazione, avanscoperta, scoperta, osservazione, → VIAGGIO || indagine, ricerca, inchiesta.
nomencl. (*tipi*) militare, scientifica, etnografica || *agg.* meticolosa, scrupolosa, diligente, pignola, trascurata, negligente, grossolana.
esplosióne, *sf.* → SCOPPIO, SCARICA.
esplosívo, *agg.* esplodente || *sm.* detonante, miscela, miscuglio, bomba, polvere, → CARICA || *fig.* ciò che è interessante, impressionante, stupefacente, sconvolgente, scandalizzante.
nomencl. (*esempi*) acido ossidrico, acido picrico, balistite, cordite, dinamite, fulmicotone, gelatina, nitroglicerina, trinitroglicerina, solenite, panclasite, tritolo, cheddite.
esponènte, *ppr.* di esporre || *agg.* e *sm.* → INDICE || *sm.* petente, richiedente || lemma, voce || figura rappresentativa di un ambiente, di un luogo, notabile.
espórre, *v.tr.* spiegare, → NARRARE, DESCRIVERE, ENUMERARE, ENUNCIARE, ESPRIMERE || mettere in vista, in mostra || *rifl.* avventurarsi, cimentarsi, compromettersi, scoprirsi, non risparmiarsi.
contr. tacere, riporre, celare, nascondere || sfuggire, sottrarsi.
esportàre, *v.tr.* asportare, portar con sé, portar fuori, all'estero, → COMMERCIARE.
contr. importare.
esportazióne, *sf.* → COMMERCIO.
nomencl. (*inerenti*) sbocco, dogana, frontiera, dazio doganale || protezionismo, contingentamento, liberismo, unione doganale, zona di libero scambio, porto franco *dumping*.

contr. importazione.
esposizióne, *sf.* → MOSTRA, FIERA || enunciazione, → DIVULGAZIONE, NARRAZIONE || parafrasi, commento, e-splicazione.
nomencl. (*specie*) agricola, commerciale, artigiana, artistica, coloniale, industriale, grafica, automobilistica, di merci, di bestiame || internazionale, mondiale, universale, nazionale, regionale, provinciale, locale || permanente, annuale, biennale, triennale, ecc. || (*inerenti*) sala, padiglione, galleria, *stand*, salone || catalogo, guida, pianta || premiazione, concorso, diploma || vernice o *vernissage*, inaugurazione, chiusura || espositore, dimostratore, visitatore.
espósto, *pps.* di esporre || *sm.* → TROVATELLO || MEMORIALE.
espressaménte, *avv.* → APPOSTA.
espressióne, *sf.* locuzione, termine, vocabolo, parola, modo di dire, frase, figura retorica, traslato, circonlocuzione, idiotismo, costruzione || carattere, fisionomia, anima, sentimento, forza, capacità espressiva, tocco, stile, colorito, rilievo, mordente, genere, significato || estrinsecazione, linguaggio, intuizione manifestata, rappresentata, narrata, proiettata (con segni).
nomencl. (*tipi*) letterale, algebrica, musicale, poetica, pittorica, del viso, degli occhi || *agg.* felice, appropriata, adatta, confacente, conveniente, giusta, cattiva, inadeguata, impropria, inadatta, sbagliata, disadatta || debole, fiacca, inefficace, slavata, logora, viva, vivace, vivida, brillante, gaia, ardita, virile, magistrale, abile, eccellente, umana, sensibile, inumana, insensibile, banale, volgare, grossolana, rozza, ordinaria, plebea, ignobile, sciatta, triviale, bassa || solenne, maestosa, ieratica, divina || originale, strana, bizzarra, stravagante, curiosa, buffa, inusitata, insolita, inverosimile || *loc. avv.* a proposito, *ad hoc*.
espressívo, *agg.* → ELOQUENTE.
contr. inespressivo.
esprèsso, *pps.* di esprimere || *sm.* → CORRISPONDENZA || *agg.* detto, manifestato, estrinsecato, narrato, raccontato, descritto, rappresentato, esposto, raffigurato || chiaro, preciso, reciso, → ESPLICITO || spremuto, riuscito, compiuto, stillato, estratto.
nomencl. caffè espresso, espresso || spedire per espresso.
contr. inespresso, implicito, taciuto.
esprímere, *v.tr.* → SPREMERE || manifestare, estrinsecare, esternare, significare, spiegare, dimostrare, narrare, raccontare, rappresentare, esporre, dettare, specificare, proferire, buttar fuori, articolare, enunciare, palesare, comunicare, formulare, → EMETTERE, DIRE, DESCRIVERE, ENUNCIARE, PARLARE || *rifl.* farsi intendere, spiegarsi.
contr. tacere, tenere dentro di sé.
esprimíbile, *agg.*
contr. inesprimibile indicibile, inenarrabile.
espropriàre, *v.tr.* spossessare, spropriare, privare, sottrarre, impadronirsi.
nomencl. (*inerenti*) decreto di espropriazione, scorporo, socializzazione, indennità di esproprio.
contr. dare, ricevere in possesso.
espropriazióne, *sf.* scorporo, → ESPROPRIO.
espròprio, *sm.* scorporo, espropriazione, vendita forzata, vendita giudiziale, precetto.
nomencl. di terreni, di beni immobili || per motivi ideologici, per pubblica utilità, per esigenze militari || (*inerenti*) decreto, stima, liquidazione, indennizzo.
espugnàbile, *agg.*
contr. inespugnabile.
espugnàre, *v.tr.* prendere d'assalto combattendo, oppugnare, conquistare, → VINCERE.
espulsióne, *sf.* → RADIAZIONE, BANDO, ESILIO, SFRATTO || ESALAZIONE, SPINTA.
nomencl. *agg.* violenta, impetuosa, forzata, lenta, temporanea, definitiva.
espúlso, *pps.* di espellere || *agg.* proiettato || messo alla porta, cacciato fuori, scacciato, respinto.
contr. accolto, accettato, introdotto.
espúngere, *v.tr.* → TOGLIERE, CANCELLARE.
espúnto, *pps.* di espungere || *agg.* tolto, → CANCELLATO.
espunzióne, *sf.* → CANCELLATURA.
espurgàre, *v.tr.* → PURGARE.
espurgazióne, *sf.* → ESPETTORAZIONE.
essènza, *sf.* concetto, oggetto, realtà, natura, costituzione, quintessenza, → ENTE, ESSERE, SOSTANZA || spirito, estratto, profumo, olio etereo, elisire, → CARBURANTE.
nomencl. (*inerenti*) estrazione, distillazione, spremitura || alambicco, storta.
essenziàle, *agg.* sostanziale, indispensabile, principale, necessario, capitale, primario, importante || *sm.* parte necessaria, vitale, → SOSTANZA.
contr. accidentale, secondario || parte accessoria, superflua, secondaria.
èssere, *sm.* esistenza, essenza, quintessenza, soggetto, oggetto, materia, materialità, oggettività, soggettività, personalità, impersonalità, incorporalità, coesistenza, concetto, elemento, quiddità, ecceità, → ENTE || realtà, creatura, individuo, cosa, persona, organismo.
nomencl. monade, molecola, atomo, anima, corpo || ontologia, cosmologia, metafisica || (*attributi*) assoluto, necessario, primo, concettuale, logico, increato, creato, astratto, soggettivo, oggettivo, personale, impersonale, materiale, immateriale, corporeo, incorporeo, concreto, mortale, immortale, eterno, relativo, contingente, uno, vero, buono, semplice, composto, razionale, irrazionale, accidentale, supremo, sommo, univoco, analogico, ideale, immaginario, fantastico, immanente, trascendente, trascendentale, possibile, impossibile, preesistente, simultaneo, inconsistente.
èssere, *v.intr.* consistere, comporsi, constare, sottostare, inerire, esistere, sussistere, stare, appartenere, derivare, divenire, convenire || essere chiaro, → EMERGERE.
essiccànte, *agg.* e *sm.* essiccativo.
essiccàre, *v.tr.* → ASCIUGARE.
essiccazióne, *sf.* essiccamento, asciugamento, disseccamento, prosciugamento.
nomencl. (*inerenti*) essiccatoio o essiccatore, camera di essiccazione.
contr. irrigazione, adacquamento, inaffiamento.
essotèrico, *agg.*
contr. esoterico.
èstasi, *sf.* elevazione, contemplazione infusa, intuizione di Dio, rapimento, visione, alienazione, allontanamento, assenza, incantesimo, incanto, esaltazione ||

fig. entusiasmo, visibilio, ebbrezza, assorbimento || *fam.* fantasticheria, distrazione.
nomencl. *verb.* andare, essere, trovarsi in estasi, contemplare, essere rapiti, essere ispirati, estasiarsi; mandare in estasi o in visibilio, estasiare; uscire di senno, uscire di mente; smarrirsi in Dio, essere in paradiso, astrarsi dal mondo.
contr. orrore, paura, freddezza.

estasiàre, *v.tr.* mandare in estasi, affascinare, → ENTUSIASMARE || *rifl.* andare in estasi, essere fuori di sé, esaltarsi, bearsi, incantarsi, ammirare intensamente.
contr. inorridire, impaurirsi, atterrirsi.

estàte, *sf.* stagione estiva; canicola, solleone, calura, caldo.
nomencl. mezza estate, estate di San Martino, estate della vita || ore bruciate || *agg.* statereccio || bella, calda, fresca, buona, ardente, canicolare, lunga, breve, violenta.

estàtico, *agg.* fuori di sé, attonito, affascinato, attratto, stupito, rapito, meravigliato, → INCANTATO.
contr. inorridito, esterrefatto, impaurito.

estemporàneo, *agg.* → IMPROVVISO, IMPROVVISATO || ciò che è fuori tempo, inopportuno.

estèndere, *v.tr.* accrescere, aumentare, stendere, allungare, allargare, ampliare, abbracciare, diffondere, dilatare, diluire, diramare, disseminare, effondere, espandere, irradiare, prolungare, divulgare, propagare, propalare, ramificare, spiegare, ingrandire, esagerare, gonfiare, contagiare, trasmettere, → SPANDERE, DISTENDERE || *rifl.* estendersi, allungarsi, dilungarsi, diffondersi.
nomencl. (*inerenti*) espansione, estensione, spazio, aumento, dilatazione, propagazione, diffusione, rigonfiamento, elasticità, dimensione.
contr. restringere, rimpicciolire, scorciare, accerchiare, accorciare, abbreviare, limitare, concentrare, approfondire, rinchiudere.

estensióne, *sf.* spazio, superficie, circuito, cerchia, → DISTESA || dimensione, misura, lunghezza, larghezza, ampiezza, grandezza || espansione, stendimento, distendimento, ampliamento, dilatazione, allargamento, allungamento, apertura, spiegamento, dispersione, irradiazione, ramificazione, propagazione, diffusione, comunicazione, emissione, trasmissione, irraggiamento, → AUMENTO || gamma (di suoni) || generalizzazione, universalità.
nomencl. (*inerenti*) propaganda, *réclame*, pubblicità, stampa, comunicazioni, pubblicazione || (*modi*) a perdita d'occhio, senza limiti, infinita, limitata, stretta, piccola, ristretta || longitudinale, spaziosa, lunga, larga, estensiva, universale, generale, pubblica, privata, comune, epidemica, endemica, incomunicabile, comunicabile || per estensione, estensivamente.
contr. restringimento, limitazione, diminuzione, rimpicciolimento, accorciamento, approfondimento.

estenuànte, *ppr.* di estenuare || *agg.* deprimente, snervante, spossante, sfibrante, scoraggiante, fiaccante, inibente, affliggente, struggente.
contr. corroborante, tranquillante, eccitante, entusiasmante, incoraggiante, esaltante, cordiale, ristoratore.

estenuàre, *v.tr.* e *rifl.* snervare, spossare, attenuare, deprimere, sfibrare, → INDEBOLIRE, FATICARE.
contr. rinvigorire, fortificare, rafforzare ristorare.

estenuàto, *pps.* di estenuare || *agg.* emaciato, macilento, smunto, assottigliato, attenuato, stanchissimo, dimagrato, → DEBOLE, ESAURITO.
contr. rinvigorito, forte, vigoroso, riposato, ristorato.

estenuazióne, *sf.* emaciazione, dimagramento, struggimento, macilenza, assottigliamento, inanizione, → DEBOLEZZA, STANCHEZZA.
contr. vigore, robustezza, floridezza, ristorazione, ripresa.

esterióre, *agg.* estrinseco, apparente, → ESTERNO.
contr. interiore, interno, intrinseco.

esteriorità, *sf.* apparenza, facciata, superficialità, parvenza, lustra, mostra, apparato.
contr. interiorità, intrinsichezza, intimità, essenza intima, familiarità.

esteriorménte, *avv.* di fuori, superficialmente, apparentemente, in apparenza.
contr. interiormente.

esternàre, *v.tr.* → MANIFESTARE, ESPRIMERE, DIRE.

estèrno, *agg.* esteriore, estrinseco, parvente, apparente, appariscente, accidentale || foraneo, di fuori, forestiero, straniero, estero.
contr. interno, intrinseco, intimo, sostanziale, essenziale.

èstero, *agg.* → ESTERNO, FORESTIERO, STRANIERO || esotico, estraneo, alieno.
contr. patrio, nostrano, nazionale.

èstero, *sm.* ciò che è fuori dal proprio paese, estraneo, straniero.
nomencl. esterofilia, esteromania, inforestieramento || viaggi all'estero.

esterrefàtto, *agg.* spaventato, terrorizzato, atterrito, sbigottito, annichilito.

estéso, *pps.* di estendere || *agg.* → DILATATO, DIFFUSO.

estèta, *sm.* chi sente vivamente il bello, cercatore di bellezze e squisitezze, adoratore della bellezza || raffinato, buongustaio, squisito, fine.
contr. spirituale, asceta, umanitario.

estètica, *sf.* conoscenza sensibile, scienza della sensibilità, sensibilità || scienza del bello, filosofia dell'arte, → BELLEZZA.

estètico, *agg.* → BELLO.
contr. antiestetico, brutto, deforme.

estetismo, *sm.* ricerca, adorazione della pura bellezza.
contr. storicismo, spiritualismo, umanitarismo.

estimazióne, *sf.* → AUTORITÀ, STIMA, VALUTAZIONE || estimazione pubblica, → FAMA.

èstimo, *sm.* → PERIZIA.

estìnguere, *v.tr.* → SPEGNERE || *fig.* → ANNULLARE || *rifl.* → MORIRE, FINIRE.

estínto, *pps.* di estinguere || *agg.* e *sm.* → MORTO, FINITO.

estinzióne, *sf.* annullamento, → FINE.

estirpàre, *v.tr.* sradicare, asportare, strappare, sbarbicare, sbarbare, dibarbicare, cavar di terra, → SVELLERE || annientare, → DISTRUGGERE.
contr. radicare, conficcare, piantare, interrare, configgere || salvaguardare, rispettare, conservare.

estòllere, *v.tr.* e *rifl. poet.* → ALZARE, ELEVARE || *fig.* → LODARE.

estòrcere, *v.tr.* → CARPIRE, OPPRIMERE, RUBARE || *fig.* → DISSANGUARE.

estorsióne, *sf.* esazione, sottrazione || → FRODE.

estradòsso, *sm.* imbotte.
contr. intradosso.

estraméttere, *v.tr.* → EMETTERE.

estràneo, *agg.* e *sm.* → STRANIERO, FORESTIERO || alieno, non partecipe, non in relazione || che non c'entra, che non ha nulla a che fare, intruso.
contr. nostrano, intimo, proprio || parente, amico, conoscente || casalingo.

estràrre, *v.tr.* tirare, tirar fuori, ritrarre, ricavare, distillare, spremere, strizzare, → CAVARE || scegliere, tirare a sorte.
contr. introdurre, portar dentro, immettere, importare.

estràtto, *pps.* di estrarre || *agg.* → ESPRESSO || *sm.* elisir, quintessenza, profumo, → ESSENZA || compendio, sunto, riassunto, sommario, epitome, brano.
nomencl. (*specie*) di carne, di frutta, di verdura, di caffé, || acquoso, alcoolico, etereo, idroalcoolico, alcoolico-etereo, liquido, fluido, molle, denso, grasso.

estravagànte, *agg.* → STRAVAGANTE, BIZZARRO.

estravagànza, *sf.* → STRAVAGANZA, BIZZARRIA.

estremísmo, *sm.* radicalismo, sovversivismo, massimalismo, rivoluzionarismo || parossismo ideologico.
contr. moderatismo, centrismo.

estremísta, *sm.* → MASSIMALISTA.
nomencl. di destra, di sinistra.
contr. moderato, centrista.

estremità, *sf.* sommità, cima, eminenza, vertice, vetta, guglia, pinnacolo, punta, colmatura, testa, cresta, sorgente, principio, → CAPO || base, fondo, punto piú basso, coda, tallone, piede, zampa; limite, termine, confine, terminazione, fine, risultato, retroguardia || bordo, cornice, orlo, scrimolo, ciglio, contorno, cimosa, lembo, margine, imboccatura || parossismo, eccesso, estremo, apogeo.
contr. parte mediana, centrale, corpo.

estrèmo, *agg.* gravissimo, massimo, minimo, limite, massimo e minimo grado, finale, sommo, ultra, postremo, grande, → ECCESSIVO, ULTIMO || *sm.* → ESTREMITÀ, FINE.
contr. medio, centrale.

estrinsecaménto, *sm.* → ESTRINSECAZIONE.

estrinsecàre, *v.tr.* → MANIFESTARE, ESPRIMERE.

estrinsecazióne, *sf.* estrinsecamento, effettuazione, → ESPRESSIONE, MANIFESTAZIONE, EFFETTO.

estrínseco, *agg.* → ESTERNO, APPARENTE.
contr. intrinseco.

èstro, *sm.* ispirazione o vena poetica, slancio lirico, stimolo, ardore, genialità, émpito, → FANTASIA || capriccio, ghiribizzo, grillo, estrosità, umore, → BIZZARRIA || assillo, fregola, calore (nei mammiferi).

estrométtere, *v.tr.* → ESPELLERE.
contr. intromettere.

estróso, *agg.* geniale, ispirato, originale, → BIZZARRO.

estuàrio, *sm.* → FOCE.
contr. sorgente, scaturigine, origine, fonte.

esuberànte, *ppr.* di esuberare || *fig.* euforico, vivacissimo, ridondante, rigoglioso.

esuberànza, *sf.* → ABBONDANZA, ECCESSO || *fig.* euforia, vivacità di temperamento, ridondanza, rigoglio.

esuberàre, *v.intr.* → ABBONDARE.

esulàre, *v.intr.* → EMIGRARE, ABBANDONARE || ESILIARE.

esulceràre, *v.tr.* → ESASPERARE, PIAGARE.

esulceràto, *pps.* di esulcerare || *agg.* → DOLORANTE.

esulcerazióne, *sf.* → DOLORE, PIAGA.

èsule, *agg.* e *sm.* proscritto, esiliato, profugo, ramingo, pellegrino, espulso, scacciato, fuoruscito, confinato, deportato, bandito, → EMIGRATO FUGGIASCO.
contr. rimpatriato, rientrato, ritornato.

esultànte, *ppr.* di esultare || *agg.* → LIETO, FELICE.
contr. malcontento, scontento, deluso, insoddisfatto.

esultànza, *sf.* esultazione, commozione, → ALLEGRIA, ENTUSIASMO, GIOIA.
contr. delusione, tristezza.

esultàre, *v.intr.* brillar di gioia, essere allegrissimo, trionfare, essere ebbro di gioia, tripudiare, imbaldanzire, → GIOIRE, GIUBILARE.
contr. esser deluso, rattristarsi, soffrire, penare.

esumàre, *v.tr.* → DISSEPPELLIRE || *fig.* far ritornare, rimettere in voga, in luce, restituire alla luce.
contr. inumare, seppellire || nascondere, riporre.

esumazióne, *sf.* apertura di sepoltura, rimozione di cadavere, → DISSEPPELLIMENTO.

età, *sf.* era, evo, periodo, tempo, → EPOCA || giorno, mese, anno, secolo, lustro, decennio.
nomencl. (*in senso storico*) del ferro, del rame, della pietra, del bronzo, di mezzo, moderna, contemporanea, dell'oro || (*in senso umano*), della ragione, dei disinganni, della discrezione, scolastica, della pubertà, da marito, da lavoro || infanzia, adolescenza, puerizia, giovinezza, virilità, vecchiaia, decrepitezza || alba, primavera, aprile mattino, colmo, confine, età di mezzo, sera, autunno, inverno della vita || fiore, splendore, china degli anni || maggiore età, minore età, emancipazione, anzianità, dispensa dall'età, difetto d'età, primogenitura || (*termini inerenti*) prima, minore, maggiore, media, avanzata, barbogia, cadente, canuta, grave, decrepita, giovane, tenera, verde, giovanile, bella, critica, climaterica, tarda, rispettabile, sinodale, canonica || anziano, anzianotto, attempato, longevo, passatello, passatotto, giovanotto, giovane, coetaneo, coevo || primogenito, secondogenito, ultimogenito, cadetto, pubere, impubere, nubile, quadragenario, quinquagenario, septuagenario, octogenario, nonagenario, centenario || *verb.* avere la tale età, essere nel fiore degli anni, essere in età di o da, diventare maggiorenne, andare sui trenta o verso i trenta, avanzare in età, sfiorare la quarantina, avere quarant'anni sonati, essere sul declino, essere carico d'anni, contare molte primavere o molti carnevali || portare bene gli anni, ringiovanire, invecchiare.

etèra, *sf.* amica, druda || meretrice.

ètere, *sm.* etra (*poet.*), → ARIA || anestetico.

etèreo, *agg.* dell'etere || → IDEALE.

eterizzazióne, *sf.* → NARCOSI.

eternàre, *v.tr.* perpetuare, tramandare ai posteri, glorificare, santificare, → IMMORTALARE || *rifl.* immortalarsi, passare ai posteri.
contr. dimenticare, obliare, obliterare.

eternità, *sf.* perpetuità, continuità, perennità, immor-

talità, indistruttibilità, sempiternità, indefettibilità, immutabilità, imprescrittibilità, irremeabilità, incommutabilità, → DUREVOLEZZA.
nomencl. (*stati*) paradiso, inferno, vita beata, al di là || *agg.* beata, dannata, felice, infelice.
contr. precarietà, provvisorietà, caducità, temporalità, temporaneità.
etèrno, *agg.* inestinguibile, inesauribile, inesausto, indelebile, immutabile, immobile, incommutabile, indeficiente, durevole, continuo, infinito, perpetuo, immortale, imperituro, sempiterno, perenne, indefettibile, imprescrittibile, immarcescibile, irremeabile, incessabile, indistruttibile, inconsumabile, incessante, incorruttibile, interminabile, sconfinato, increato, inesausto.
contr. effimero, precario, provvisorio, caduco, mortale, mutevole, perituro, temporaneo, temporale, terreno, esauribile.
eteròclito, *agg.* irregolare, anormale, strano, stravagante || *fig.* → BIZZARRO, ECCEZIONALE.
eterodossía, *sf.* → ERESIA.
contr. ortodossia.
eterodòsso, *agg.* e *sm.* → ERETICO.
contr. ortodosso.
eterogèneo, *agg.* → DIVERSO.
contr. omogeneo.
ètica, *sf.* → MORALE.
etichétta, *sf.* → GALATEO, CERIMONIA || bottello, cartellino, cartello, cartella.
ètico, *agg.* e *sm.* morale, moralistico || tisico.
nomencl. Stato etico, eticità.
ètimo, *sm.* origine (della parola) → RADICE.
etimología, *sf.* → DERIVAZIONE.
etisía, *sf.* → TUBERCOLOSI.
ètnico, proprio di un popolo || *ebr.* ignaro del vero Dio, gentile, pagano.
nomencl. (*inerenti*) etnografia, etnologia || etnografo, etnologo || genti, umanità, gentilità, gentilesimo, paganesimo, messianismo.
etnografía, *sf.* → GEOGRAFIA, FOLCLORE.
ètra, *sf. poet.* ètere, → ARIA.
eucaristía, *sf.* eucarestia, comunione, Ostia consacrata, Santissimo, Venerabile, pane eucaristico, manna celeste, pane degli angeli, sacramento dell'altare, sacramento eucaristico, Corpo di Cristo.
nomencl. (*attinenti*) messa, consacrazione, transustanziazione, formula della consacrazione || ciborio, particola || *verb.* comunicarsi, accostarsi all'eucaristia, far Pasqua.
eufonía, *sf.* → ARMONIA, PRONUNZIA.
contr. cacofonia.
euforía, *sf.* entusiasmo, benessere, esaltazione, contentezza, esuberanza.
contr. disforia, abbattimento, depressione, cupore.
eufuísmo, *sm.* → GONGORISMO.
eumènidi, *sf. pl.* → FURIA.
eunúco, *sm.* evirato, → CASTRATO.
eupèptico, *agg.* → DIGESTIVO, APERITIVO, STOMATICO, TONICO.
nomencl. (*esempi*) acido cloridrico, acido lattico, anice verde, china, maltina, noce vomica, pancreatina, pepsina, peptone, rabarbaro, venadina.

euritmía, *sf.* armonia, accordo, simmetria, → BELLEZZA.
eurítmico, *agg.* → ARMONICO.
evacuàre, *v.tr.* e *intr.* vuotare, purgare, defecare, svuotare, ripulire.
contr. riempire.
evacuazióne, *sf.* evacuamento, → DEFECAZIONE.
evàdere, *v.intr.* fuggire, scampare, scappare, prendere il largo, → ANDARE || *fig.* distrarsi, dimenticare, riposarsi, cercare una compensazione.
evanescènte, *agg.* → SFUMATO, IDEALE.
evaporàre, *v.intr.* svaporare, vaporare, sciogliersi, ridursi in vapore, volatilizzare || svanire, scomparire, annullarsi, esalare.
evaporazióne, *sf.* aerificazione, sublimazione, svaporamento, → EFFLUVIO, EBOLLIZIONE.
evasióne, *sf.* → FUGA.
evasívo, *agg.* → ELUSIVO.
eveniènza, *sf. neol.* → ACCIDENTE, CASO, OCCASIONE.
evènto, *sm.* → ACCIDENTE, AVVENIMENTO, CASO, ESITO.
eventuàle, *agg.* fortuito, → POSSIBILE, ACCIDENTALE.
eventualità, *sf.* → EMERGENZA, AVVENIMENTO, POSSIBILITÀ.
eversióne, *sf. lett.* rivolgimento, abbattimento, capovolgimento, → DISTRUZIONE, ROVINA.
eversóre, *agg.* e *sm. lett.* → DISTRUTTORE.
evíade, *sf.* → BACCANTE.
evidènte, *agg.* certo, distinguibile, apodittico, chiaro, aperto, manifesto, visibile, tangibile, palpabile, palmare, parlante, lampante, appariscente, patente, palese, persuasivo, sicuro, positivo, concreto, reale, formale, autentico, irrefutabile, indiscusso, indiscutibile, intuitivo, assiomatico, indubbio, irrefragabile, innegabile, provato, icastico, inoppugnabile, incontestabile, inequivoco, perspicuo.
nomencl. (*loc.*) chiaro come il sole, piú chiaro del sole, che vedrebbe anche un cieco, chiaro e lampante.
contr. oscuro, incerto, dubbio, ambiguo, equivoco, discutibile, dubitabile, negabile, indistinto.
evidenteménte, *avv.* → CHIARAMENTE.
evidènza, *sf.* certezza, perspicacia, luminosità, spicco, risalto, assioma, perspicuità, apertura, limpidezza, irrefutabilità, indiscutibilità, → CHIAREZZA.
nomencl. *agg.* manifesta, visibile, chiara, lampante, matematica, sicura, certa, palpabile, patente, solare, scolpita, incerta.
contr. oscurità, incertezza, dubbiezza, ambiguità.
eviràre, *v.tr.* → CASTRARE || *fig.* → SVIGORIRE.
eviràto, *pps.* di evirare || *agg.* e *sm.* eunuco, → CASTRATO || *fig.* → FIACCO.
evitàbile, *agg.* scansabile, schivabile, eludibile || → DEPRECABILE.
contr. inevitabile.
evitàre, *v.tr.* cansare, scansare, schivare, sottrarsi (a) star lontano, scappare, svignarsela, sfuggire, scampare, cavarsela, liberarsi, sbrigarsi, → FUGGIRE, DELUDERE, ELUDERE, ASTENERE || prevenire, impedire, rimediare.
contr. incappare, incorrere, rimanerci || affrontare, assalire, accettare.
èvo, *sm.* → EPOCA, ETÀ.
evocàre, *v.tr.* → CHIAMARE || *fig.* → DISSEPPELLIRE || CELEBRARE.

evocazióne, *sf.* scongiuro, apparizione, magia, → CHIAMATA || richiamo, ritorno della memoria.
evolúto, *pps.* di evolvere || *agg.* → PROGREDITO, MODERNO, CIVILE.
contr. involuto; impacciato.
evoluzióne, *sf.* sviluppo, ascesa, innalzamento, progresso, svolgimento, trasformazione, mutazione, perfezionamento, → CAMBIAMENTO.
nomencl. (*inerenti*) evoluzione delle specie, evoluzionismo, lamarckismo, darvinismo, spencerismo, ologenesi.
contr. involuzione, regresso, degenerazione, decadenza.
evòlvere, *v.tr. rar.* e *rifl.* svolgersi, sviluppare, trasformarsi, migliorare, mutare, progredire, ascendere, divenire.
contr. involvere, regredire, degenerare, decadere.
evúlso, *pps.* di evellere || *agg.* → DIVELTO.
evvíva, *inter.* urrà, osanna, euge, eia || *sm. invar.* → APPLAUSO, SALUTO.
nomencl. *verb.* echeggiare, rimbombare, risuonare, gridare, ripetere.
contr. abbasso.
ex abrupto, *loc. lat.* all'improvviso.
ex æquo, *loc. lat.* alla pari, a pari merito, in parti uguali.
exequatur, *sm. lat.* concessione, permesso, *placet.*
nomencl. *verb.* concedere, togliere.
ex novo, *loc. lat.* di nuovo, da capo, completamente, di sana pianta.
eziandío, *avv.* → ANCHE.
ezoognosía, *sf.* → AGRICOLTURA.

F

fabbisógno, *sm.* → NECESSARIO.
fàbbrica, *sf.* struttura, → CONGEGNO || fabbricato, costruzione, → EDIFICIO || industria, officina, manifattura, opificio, stabilimento, laboratorio, bottega || fabbrica in corso, → CANTIERE || FABBRICERIA.
nomencl. (*esempi*) automobilistica, tessile, alimentare, ecc. || acciaieria, ferriera, fonderia, fucina, magona, raffineria, filatura, tessitura, mobilificio, cantiere navale, ecc. || (*persone*) proprietario, principale, amministratore, capofabbrica, capomastro, direttore, tecnici, impiegati, maestranze, operai || reparti, sezioni || *agg.* grande, ampia, immensa, sterminata, gigantesca, piccola, ingrandita || rinomata, famosa, celebre, reputata, nota, arcinota, sconosciuta || perfetta, completa, finita, modello, imperfetta, difettosa, incompiuta, manchevole, rozza || attrezzata, arredata || moderna, rinnovata, rimodernata, riformata, antiquata, vecchia || attiva, aperta, chiusa || *verb.* impiantare, dirigere, amministrare, chiudere || demolire, costruire.
fabbricànte, *ppr.* di fabbricare || *sm.* → INDUSTRIALE.
fabbricàre, *v.tr.* → FARE, COSTRUIRE, EDIFICARE || PRODURRE, FORMARE || *fig.* → ORDIRE, INVENTARE.
fabbricàto, *pps.* di fabbricare || *sm.* → EDIFICIO, COSTRUZIONE.
fabbricatóre, *sm.* → COSTRUTTORE (*spec. fig.*).
fabbricazióne, *sf.* edificazione, → COSTRUZIONE || origine, provenienza, → MARCA.
fabbricería, *sf.* fabbrica, opera.
nomencl. (*inerenti*) nomina, amministrazione, rinnovazione, scadenza || bilancio preventivo, conto consuntivo.
fabbricière, *sm.* → AMMINISTRATORE.
fàbbro, *sm.* fabbroferraio, magnano, armaiolo, calderaio, coltellinaio, maniscalco, ramaio, stagnaio, ottonaio, chiodaiolo, chiavaio, fucinatore, tiramantici, brunitore, battimazza.
nomencl. (*materie prime*) ferro, acciaio, ghisa, ottone, stagno, carbone || massello, lamiera, lastra, bandone, barra, lingotto, latta, piastra, spranga, bacchetta, bastardino || (*utensili e arnesi*) banco, morsa, fucina, mantice, incudine, laminatoio, forbice, lima, martello, morsetta o cesoia, scalpello, tanaglia, trafila, trapano, arzinga, mazza, mazzuolo, chiave inglese, cacciabotte, sgorbia, stampi, punzoni, pinza, allargatoio, sega, filiera, chiodaia, saldatore, compasso, squadra, calibro, livella, piano di rettifica || (*macchine*) tornio, sega meccanica, piallatrice, piegatrice, fresa, pressa, trancia, maglio, cesoia, trapano a colonna, bilanciere, saldatrice elettrica, saldatrice a punta, saldatrice di testa, mola || (*operazioni*) arroventare, bollire, brunire, fucinare, massellare, mazzicare, battere il ferro, mastellare, saldare, bucare, filettare, segare, incidere a scalpello, piegare, ripiegare, bollare, tornire, limare, piallare, trapanare, smerigliare, lucidare, nichelare, verniciare, torcere, accecare, inacciaiare, avvitare, raffreddare, scavezzare, temprare, stagnare, menar il mantice || (*lavori*) ferro battuto, ringhiere, cancelli, serrami, inferriate, gancio, crocco, gambero, maniglia, staffa, chiodo, ganghero, bulletta, bullone, chiavarda, farfalla, gruccia, caviglia, vite, mastio || scoria, rosticcio, limatura, ritaglio || incr/espatura, screpolatura, sfaldatura, spaccatura del ferro || *agg.* abile, bravo, accorto, esperto, industre, eccellente, ingegnoso, valente, capace, lesto, lento, inetto, inesperto, incapace, maldestro, artista, aggiornato, moderno, antiquato, praticone.
fabbroferràio, *sm.* fabbro ferraio, → FABBRO.
faccènda, *sf.* → AFFARE, LAVORO, OCCUPAZIONE.
nomencl. (*inerenti*) faccendone, faccendiere, intrigante, affaccendato, occupato || *verb.* sfaccendare, sfangare, affaccendarsi, affannarsi, darsi gran faccenda; sbrigare, accudire, spacciare; affogare nelle faccende, impicciarsi, brigare, prender impiccio, far faccende.
faccendière, *sm.* → COMMERCIANTE || affaccendato, affannone, almanaccone, cempenna, faccendone, *factotum*, intrigante, incespicone, pericolone, trafelone, maneggione, armeggione, annaspone, trafficone, trafichino, trafficante, trafficatore.
contr. fannullone, indolente, ozioso, sfaccendato, sfaticato, scansafatiche.
faccendóne, *sm.* → FACCENDIERE.
facchinàta, *sf.* sfacchinata.
facchíno, *sm.* portatore, portabagagli, scaricatore, uomo di fatica, zanaiolo || *fig.* trivialone, grossolano, materialone, zoticone, treccone.
nomencl. camalo, camallo (*dial.*), *coolie*, *culi*.
contr. raffinato, signorile, squisito.
fàccia, *sf.* viso, vólto, muso, grinta, grugno, grifo, ghigna, ceffo, mostaccio, mutria || fisionomia, sembiante, fattezze, lineamenti, tipo, profilo, sgorbio, effigie o effige, → ASPETTO || FACCIATA, FRONTESPIZIO, SUPERFICIE || faccetta (di diamante), parte anteriore || faccia tosta, → IMPUDENTE, IMPUDENZA.
nomencl. (*equivalenti*) espressione, aria, cera || rallegratura, broncio, cruccio, cipiglio, griccia, malpiglio, musata, musoneria, niffolo, piglio, smorfia || (*pertinenti*) naso, occhi, bocca, zigomi, pomelli, guance, orecchie, fronte, mento, orbite, ciglia, sopraccigli || angolo facciale, pozzetta, fossetta, buca, crespa, grinza, ruga, efelidi, neo, barba, baffi, pelo, lanugine, grilloni || carnagione, colorito, pallore, rossore || segno, solco, graffiatura, lividore, taglio, ferita, tatuaggio, cicatrice, sfregio, gora, gonfiore || ceffata, ceffone, schiaffo, ganascino, sgrugnone, sberleffo || carezza || cipria, belletto, trucco || (*mali*) apostema, bolla, cosso, falangosi, forfora, lupus, prosopoflogosi, prosopospasmo, rictus, santelasma, ticchio, voglia || agroscopia, paracrea, prognatismo || *agg.* abbronzata, bianca, rosea, rossa, nera, scura, mora, olivastra, pallida, rubiconda, verdastra, tonda, ovale, allungata, grassa, magra, liscia, rugosa, butterata, fresca, terrea, scavata, patita, paffuta, bruciata, affilata, angolosa, incartapecorita, ossuta, aperta, schietta, sincera, limpida, serena, tranquilla, garbata,

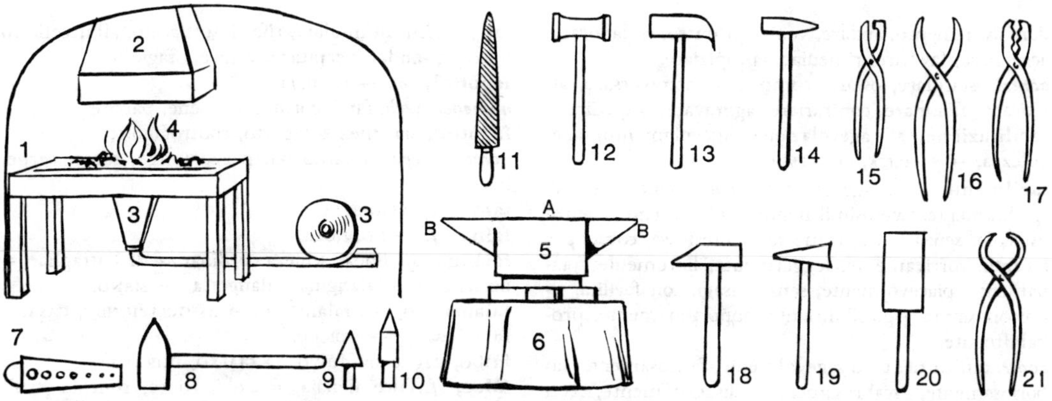

FABBRO – 1) fucina; 2) cappa; 3) mantice elettrico; 4) focolare; 5) incudine (A, tavola; B, corni); 6) ceppo; 7) trafila; 8) mazza a due mani; 9) tagliolo; 10) cuneo; 11) lima grossa; 12) martello da maniscalco; 13) martello per ferrare; 14) tagliolo a mano; 15-17) tenaglie da fucina; 18) martello; 19) martello a palla; 20) mazzuolo; 21) tenaglia da maniscalco.

gioconda, allegra, gioviale, giovanile, piacevole, graziosa, birichina, raggiante, accigliata, arcigna, minacciosa, torva, burbera, severa, brusca, cupa, lugubre, ombrosa, oscura, rannuvolata, imbronciata, crudele, insolente, impudente, losca, proibita, patibolare, stravolta, goffa, brutta, orrenda, schifosa, ripugnante, sporca, impassibile, espressiva || *loc.* che parla, da o di boia, da carnefice, da Cerbero, da Erode, da fariseo, da Longino, da Mefistofele, da Giuda || a faccia a faccia, di faccia, a faccia fresca, a muso duro, a grinta dura, bella cera, tinta di malinconia || *verb.* abbronciare, abbronciarsi, aggrinzirsi, annuvolarsi, arieggiare, arrossare o arrossire, cambiare, dimagrire, ingrassare, increspare, incupire, rincagnarsi, trasparire || affacciarsi, allungare il viso, imbronciare, ammiccare, avere o fare la grinta; far ceffo, far cipiglio, fare, tenere il broncio, immusonire, fare il muso, fare il viso dell'armi, gonfiare le gote, ingrognare, rannuvolarsi, rasserenarsi, rischiarare il viso, ricomporre il viso, rincagnare, rizzare il grugno, stare a muso duro, torcere il muso || abbassare il volto o il viso, digrignare, sberleffare, sfregiare, voltar la faccia, leggere in viso, ravvisare, studiare la fisionomia, alzare la faccia.

facciàta, *sf.* faccia, frontespizio, fronte, prospetto, parte anteriore || → PAGINA || *fig.* apparenza, superficie, esterno, → ASPETTO, ESTERIORITÀ || arditezza, sfacciataggine.

nomencl. (*equivalenti*) timpano, prospettiva || *agg.* bella, elegante, linda, gentile, artistica, brutta, inelegante, orribile.

contr. rovescio, parte posteriore || sostanza, interno.

facciatòsta, *agg.* faccia tosta, → IMPUDENTE || *sf.* → IMPUDENZA.

fàce, *sf. poet.* teda, → FIACCOLA.

facèlla, *sf. poet.* → FIACCOLA.

facèto, *agg.* piacevole, lepido, scherzoso, ameno, spiritoso, bernesco, burlesco, festevole, burlevole, giocoso, buffonesco, umoroso || burlone, capo ameno, → ARGUTO, BUFFO, BEFFARDO, EPIGRAMMATICO.

contr. burbero, grave, rigido, aspro, tetro, serio, imbronciato, cupo, disameno.

facèzia, *sf.* scherzo, arguzia, acutezza, argutezza, celia, piacevolezza, freddura, → ALLEGRIA, BARZELLETTA, BEFFA, BUFFONATA.

nomencl. *verb.* barzellettare, motteggiare, beffare, burlare, prendere a burla o a scherzo, fare, dire una celia.

fàcile, *agg.* fattibile, eseguibile, realizzabile, imitabile, possibile, probabile, agevole, senza sforzo || comodo, praticabile, sopportabile, maneggevole, usuale, corrente, lieve, leggero, sbrigativo, spedito, che va da solo || intelligibile, evidente, comprensibile, verosimile, chiaro, semplice, lucido, ovvio, piano, comune, ordinario, alla portata di tutti, → ELEMENTARE || di umor facile, trattabile, flessibile, corrivo, pieghevole, arrendevole, docile, socievole, servizievole, accondiscendente, accomodante, indulgente, affabile, abbordabile, accessibile, familiare, debole, conciliante, compiacente, propizio, accogliente, suscettibile, volubile, credulo || → FLUIDO.

nomencl. (*equivalenti*) un gioco, un gioco da bambini, un nulla, un passatempo || facilità di parola, facondia, abbondanza verbale || *verb.* essere, riuscire, rendere, trovare facile; appianare le difficoltà, preparare il cammino, spianare il cammino, sbrogliare, districare, decifrare, spiegare, facilitare, agevolare, aiutare, porgere aiuto, dare avviamento, fare il ponte, lastricare la via, dar via libera.

contr. difficile, malagevole, arduo, oscuro, difficoltoso, incomprensibile || incontentabile, intrattabile, inquieto.

facilità, *sf.* agio, maneggevolezza, speditezza, correntezza, → COMODITÀ || disposizione, naturalezza, leggerezza || possibilità, fattibilità, probabilità, → FACOLTÀ || compiacenza, arrendevolezza, flessibilità, docilità, accessibilità, suscettività, suscettibilità, familiarità, affabilità, semplicità || chiarezza, intelligibilità, verosimiglianza || dilazione, facilitazione, accoglimento, appianamento, agevolazione.

nomencl. *agg.* grande, enorme, evidente, lampante, sicura, incerta, dubbia || *verb.* facilitare, agevolare, appianare || accordare, chiedere, proporre facilitazione.

contr. difficoltà, scabrosità, impossibilità || ombrosità, inflessibilità || permalosità, incomprensibilità.

facilitàre, *v.tr.* agevolare, appianare, spianare, aiutare, render facile, rimuovere gli ostacoli, porgere aiuto,

dare avviamento, andare, venire incontro, collaborare, accogliere, favorire, rimediare, propiziare.
contr. ostacolare, ostare, complicare, attraversare, affaticare, affannare, contrariare, aggravare, impedire.
facilitazióne, *sf.* agevolazione, agevolamento, agevolezza, → FACILITÀ, CONCESSIONE.
facilménte, *avv.* agevolmente, con mano agevole, speditamente, verosimilmente, chiaramente, senza ostacolo, senza fatica, come se niente fosse, come per incanto, corrivamente, leggermente, lievemente, pianamente, piacevolmente, senza disagi, con facilità, → COMODAMENTE || possibilmente, opportunamente, probabilmente.
contr. difficilmente, disagevolmente, faticosamente, laboriosamente, scabrosamente, disagiatamente, con pericolo.
facilonería, *sf.* → DILETTANTISMO.
contr. → PEDANTERIA
facinoróso, *agg.* e *sm.* → MALFATTORE || energumeno, → VIOLENTO.
facoltà, *sf.* potere, volontà, decisione, arbitrio, diritto, autorizzazione, balía, plenipotenza, discretiva, mandato, → AUTORITÀ, FORZA || istinto, disposizione, facilità, capacità, dote, virtú, potenza, efficacia, energia, possanza, dono di natura, forza morale o intellettuale, → ATTITUDINE || potenzialità fisiologica, vitalità, energia || pensiero, intelletto, ingegno, intelligenza, genio, accorgimento, arbitrio, volontà, libertà, buonsenso, ragione, senno, percezione, reminiscenza, memoria, stimativa, loquela, penetrazione, locomozione, fantasia || liceità, licenza, permissione, permesso, possibilità || università, scuola superiore, istituto universitario || *pl.* mezzi, ricchezze, risorse, patrimonio, → BENE (nel *pl.*).
nomencl. (*distinzioni*) morale, intellettuale, fisica, della mente, dell'animo, dell'intelletto || *agg.* buona, mediocre, cattiva, pessima || *verb.* dirigere, usare, abusare || autorizzare, dar carta bianca, lasciare in balía.
contr. impotenza, incapacità, impossibilità, illiceità.
facoltatívo, *agg.* permissivo, libero.
contr. obbligatorio,
facoltóso, *agg.* → RICCO.
facóndia, *sf.* → ELOQUENZA, LOQUELA, LOQUACITÀ.
facóndo, *agg.* verboso, magniloquente, pronto, abbondante di parole, chiaro, diserto (*lat.*), → ELOQUENTE.
contr. infacondo, breviloquente, conciso, chiaro, sobrio, laconico.
factòtum, *sm. indecl.* → FACCENDIERE.
fagiàno, *sm.*
nomencl. (*specie*) comune, nero o alpestre, di monte, dorato o d'oro, argentato o d'argento, venerato, della Cina, dell'India || fagiana, fagianotto, tetraone, gallina di Guinea || fagianaia o fagianiera.
fagiòlo, *sm.*
nomencl. (*specie*) comune, romano, galletto, cappone, turco o turchesco, ghianderini, tondini, quarantini, cinquantini, montanini, pinocchi, premici, svizzeri, dell'aquila, dall'occhio, bianco, rosso, nero, giallo, verde, senza filo, a mazzi || (*parti*) buccia, guscio, corteccia, baccello o tega || fagiolata, *purée* o crema o passato || fagiola, fagiolino || (*qualità*) freschi, secchi, verdi || lessati, conditi, in insalata, rifatti, sott'aceto, all'uccelletto || *loc. fig.* andare, capitare, venire a fagiolo.
fagòtto[1], *sm.* → FARDELLO.
nomencl. *verb.* far fagotto, andarsene, partire.
fagòtto[2], *sm.* mezzo fagotto, controfagotto.
nomencl. (*parti*) campana, pezzo lungo, sacco, serpe, bocchetta.
fàida, *sf.* VENDETTA.
faína, *sf.* → DONNOLA.
falànge, *sf.* linea, schiera, ordinanza di battaglia, → COMPAGNIA || falangina, falangetta, → MANO.
falanstèrio, *sm.* falanstèro, → ASSOCIAZIONE || CASA.
falàrica, *sf.* → FRECCIA.
fàlbo, *agg.* e *sm.* fulvo, → GIALLO, DORATO.
fàlce, *sf.* falce fienaia, falciola, ronca, roncola frullana, pennato, roncolone, falcetto.
nomencl. (*tipi*) a denti, a gramola, a mano, a rastrello. da grano, messoria, fienaia || falciatura, falciata || *agg.* tagliente, affilata || *verb.* battere la falce, falciare, roncolare.
falcétto, *sm.* → FALCE.
falchétto, *sm.* → FALCO, POIANA.
falciàre, *v.tr.* mietere, recidere, tagliare, segare.
falciatúra, *sf.* mietitura, taglio, segatura.
falciòla, *sf.* → FALCE.
fàlco, *sm.* falchetto, falconetto, girifalco, astore, elano, sparviero, pandione, smeriglio, gheppio, poiana || *fig.* persona rapace, aggressiva.
nomencl. (*specie*) altano, laniero, terzuolo, peregrino, sagro, pescatore, comune, maniero, aquilino, da caccia || falconara, falconeria, falconiere || (*voce*) stridere || *verb.* falconare, sorare.
fàlcola, *sf. ant.* → FIACCOLA.
falconétto, *sm.* → FALCO || CANNONE.
fàlda, *sf.* strato, sfoglia, striscia, scaglia, lembo, orlo, falpalà, grossa fetta, → BIOCCOLO || tesa del cappello || giubba, coda di rondine, marsina, velada || lingua di fuoco || falda di neve, → FIOCCO.
nomencl. falda della montagna, del colle || *verb.* affaldellare, sfaldellare, sfaldare, sfaldarsi, lamellare.
falegnàme, *sm.* legnaiolo, ebanista, stipettaio, marangone, carpentiere, carradore, bottaio, tornitore, segatore, intagliatore, intarsiatore, impiallacciatore, lucidatore.
nomencl. (*istrumenti ed arnesi*) banco o pancone, morsa, morsetto, granchio, sergente, capretta o fattorino, squadra, falsa squadra, compasso, accetta, scure, allargatoio, archipenzolo, arpione, ascialone, berletto, barlotta, becco d'asino, boccola, cacciatoia, cacciavite, cane, chiodo, cordella, feritoia, pialla; gattuccio, graffietto, grattino, incorsatoio, lima, martello, mazzuolo, menarola, punteruolo, rabottino, raffilatoio, rasiera, raspa, saetta, sega, sbozzino, scalpello, scavina, scuffina, sgorbia, sponderola o sponderuola (a bastone, a canto, in tralice, a forcella, a intaccature, d'intavolato), succhiello, torchio, trivella, vite || asse, cuneo, biella, buca, pernio, piana, segatura, staffa, stecco, steccone, tacchie, telaio, truciolo, bruciolo, zeppa, zeppitta || colla, gesso di legno, mastice, colla di pesce, pietra pomice, vernice || (*macchine*) tornio, sega (circolare, a nastro) piallatrice, fresatrice, levigatrice, rabottatrice, pulitrice, cavatrice,

mola traforatrice, pressa || (*legni*) ebano, quercia, pruno, carpino, spino, ginepro, acero, ciliegio, olmo, frassino, faggio, noce, pero, melo, castano, bosso, mogano, palissandro, guaiaco, abete, betulla, nocciuolo, pino, larice, pioppo, salice, tiglio || trave, assi, assicelle, travicelle, tavole, tavoloni, ceppi, murali || (*lavori*) addentatura, calettatura (a coda di rondine, in terzo, in quinto), commettitura, impiallacciatura, intaccatura, intarsiatura, intaglio, piallatura, pomiciatura, segamento, squadratura, strataglio, trivellamento, succhiellamento, ugnatura, curvatura del legno, raspatura, raschiatura, scorniciatura, intelaiatura, incassatura, stuccatura, coloritura, lucidatura || *agg.* abile, bravo, accorto, esperto, industrioso, eccellente, ingegnoso, valente, capace, lesto, lento, inetto, inesperto, incapace, maldestro, artista, aggiornato, moderno, antiquato, praticone || buono a nulla || *verb.* addentare, calettare, addocciare, allicciare, carpuginare, commettere, ficcare, piallare, riquadrare, rompere, spezzare, tagliare, impiallacciare, incollare, scollare, intaccare, intarsiare, intagliare, intraversare, raspare, tirare la pialla, tornire, trapanare, inchiodare, schiodare, incorniciare, levigare, limare, lisciare, martellare, sgrossare, smussare, squadrare, subiare, stuccare, asciare.

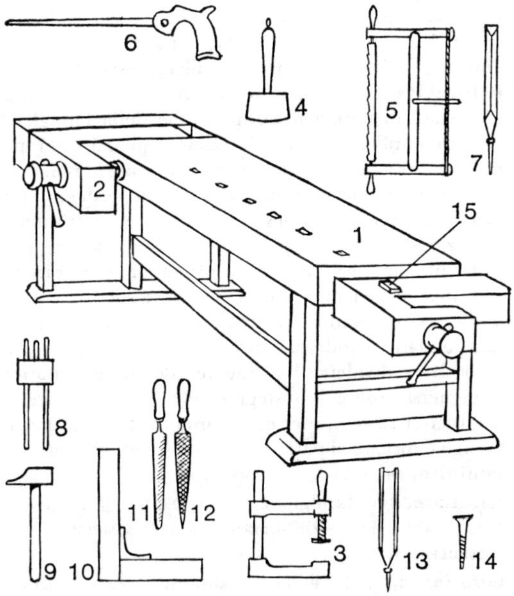

FALEGNAME – 1) banco; 2) morsa; 3) morsetto; 4) mazzuolo; 5) sega; 6) gattuccio; 7) scalpello a triangolo; 8) graffietto; 9) martello; 10) squadra; 11) lima; 12) raspa; 13) sgorbia; 14) vite da legno; 15) cane.

fàlla, *sf.* → ROTTURA, SQUARCIO, FENDITURA.

fallàce, *agg.* erroneo, → FALSO, INGANNEVOLE.

fallàcia, *sf.* inganno, → FALSITÀ, BUGIA.

fallàre, *v.tr.* e *intr.* → FALLIRE || *intr.* errare, sbagliare, → PECCARE.

falliménto, *sm.* bancarotta semplice o fraudolenta, *crack* o crac, → DISSESTO, DANNO || *fig.* → INSUCCESSO.
nomencl. (*tipi*) per insufficienza d'attivo, concordato, doloso, volontario, fraudolento, involontario || (*inerenti*) debito, *deficit*, scoperto, dilazione, proroga, insolvibilità, insolvenza, liquidazione giudiziaria, concordato, amministrazione del fallimento, concorso dei creditori, contratto d'unione, delegazione dei creditori, dividendo, domanda di iscrizione di credito, esercizio provvisorio, graduatoria, omologazione di un concordato, inventario, riparto dell'attivo, distribuzione del dividendo, chirografo, debito privilegiato, debito ipotecario || (*persone*) agente del fallimento, curatore, provvisori, sindaco del fallimento, liquidatore || riabilitazione || *verb.* sbancare, fallire || convocare i creditori, graduare.
contr. riuscita, vittoria, trionfo.

fallìre, *v.intr.* far fallimento, andare in malora o in rovina, chiuder bottega, → DISSESTARE || abortire, arenarsi, arrenarsi || sbagliare, fallare, mancare, subire uno scacco, venir meno || *tr.* non colpire, non riuscire, sbagliare la mira.
contr. riuscire, vincere, trionfare, superare.

fallìto, *pps.* di fallire || *agg.* e *sm.* bancarottiere, strafallito, rovinato, oberato, → DISSESTATO.

fàllo, *sm.* sbaglio, abbaglio, equivoco, mancamento, difetto, mancanza, peccato, misfatto, difetto, reato, scacco, → COLPA, ERRORE || FENDITURA || membro virile.

falò, *sm.* → FIAMMATA, FUOCO.

falpalà, *sf.* balza, → FALDA.

falsàre, *v.tr.* falsificare, artefare, affalsare, travisare || denaturare, alterare, fatturare, affatturare, adulterare, sofisticare, manipolare, annacquare, deformare, contraffare, snaturare || truccare, ritoccare || imbastardire, guastare, degradare, viziare, corrompere, avvilire || mentire, simulare, dissimulare, camuffare, → FINGERE.
contr. dire il vero, rispettare la natura, l'integrità naturale.

falsàrio, *agg.* e *sm.* falsificatore, falsatore, ingannatore, fraudolento, adulteratore. sofisticatore.

falsàto, *pps.* di falsare || *agg.* → FALSO.

falsificàre, *v.tr.* → FALSARE.

falsificàto, *pps.* di falsificare || *agg.* → FALSO.

falsificazióne, *sf.* travisamento || guasto, adulterazione, alterazione, sofisticazione, manipolazione, annacquamento || deformazione, contraffazione, snaturamento || ritocco, trucco || imbastardimento, corrompimento, guasto || menzogna, bugia, simulazione, dissimulazione, finzione, camuffamento, imitazione fraudolenta, falsità.
nomencl. *agg.* evidente, grossolana, chiara, lampante, dozzinale, rozza, perfetta, ingannevole || *loc. avv.* ben riuscita, alla carlona, alla grossa.

falsità, *sf.* mendacio, menzogna, insussistenza, irrealtà, infedeltà, falso, finzione, frode, falsificazione, bugia, favola, fandonia, inconsistenza, assurdità, fallacia, orpello, frangia, calunnia, ipocrisia, impostura || inganno, slealtà, adulazione || vanità || paradosso, paralogismo, propaganda, pubblicità, artificio, finzione, miraggio, illusione, maschera, sofisma, apparenza, pseudonimo || politica, travisamento, truccatura, contraffazione, simulazione, adulterazione, sofisticazione || lacrime di coccodrillo.

nomencl. *agg.* evidente, chiara, lampante, sicura, certa, inammissibile, senza fondamento, inventata, immaginaria, illusoria, chimerica, fantastica, insostenibile, incredibile, inimmaginabile, mostruosa, plagiata, sofisticata, truccata, ipocrita, pretesa, inverosimile.
contr. verità, vero, rispetto, riconoscimento, fedeltà, naturalezza.

fàlso, *agg.* fallace, ingannevole, ingannatore, calunnioso, diffamatorio || doppio, ipocrita, furbo (*iron.*), mendace, mentitore, impostore, menzognero, reclamista, commediante, istrione, sornione, bugiardo, bugione, carotaio, propagandista, arcifanfano, calunniatore, diffamatore, lezioso, svenevole || favoloso, mitico, chimerico, fantastico, inventato, immaginario, inimmaginabile, illusorio, incredibile, inattendibile, finto, artificiale, artificioso, contraffatto, artefatto, sofistico, sofisticato, simulato, affettato, ricercato, apparente, fittizio, appositizio, posticcio, travisato || alterato, annacquato, falsato, falsificato, truccato, plagiato, copiato, apocrifo, mentito, travestito || erroneo, inesatto, incorretto, scorretto, errato, eretico, dubbio, infedele, insussistente, senza fondamento, mal fondato || aberrante, irragionevole, mostruoso, folle, ridicolo, derisorio, strampalato, infondato, paradossale, preteso, specioso, surrettizio, putativo, → ASSURDO || *sm.* falsità || *avv.* falsamente || pseudo- (*prefisso*).
contr. vero, genuino, pretto, autentico || il vero.

fàma, *sf.* celebrità, gloria, riputazione, famosità (*ant.*), stima, onore, onoranza, immortalità, notorietà, nome, nomea, rinomea, nominanza, risonanza, rinomanza, considerazione, credito, memoria, → CHIAREZZA || estimazione pubblica, voce pubblica, opinione pubblica, popolarità, favore pubblico, → FEDE || grido, rumore, voga, pubblicità, propaganda.
nomencl. *agg.* buona, grande, chiara, ottima, solida, comune, universale, popolare, duratura, imperitura, eterna, cattiva, appiccicaticcia, postuma, usurpata, conquistata, meritata, scroccata, rubata, trista, scandalosa, delittuosa || *verb.* acquistare, aumentare, diminuire, perdere, dare, togliere fama; immortalare, immortalarsi, elevarsi, farsi onore, farsi un nome, acquistar gloria, acquistare splendore, levarsi in fama, ornarsi d'allori, rendersi insigne, andare alle stelle, essere tramandato ai posteri, essere sulla bocca di tutti, godere di buona o cattiva fama, godere buon nome, sopravvivere a se stesso, tenersi in alto, tenersi in reputazione || divinizzare, celebrare, esaltare, dar fama, sublimare, immortalare, render famoso || infamare, diffamare, togliere fama, calunniare.
contr. oscurità, discredito, infamia, disonore, obbrobrio.

fàme, *sf.* appetito, appetenza, voracità, bulimia, inanizione, inedia, languore || miseria, carestia || avidità, voglia intensa, brama, bramosia, cupidigia, smania, → DESIDERIO.
nomencl. (*inerenti*) denti lunghi, cinoressia, licoressia, malacia, pica, pseudoressia || limoctomia, anoressia || dieta, digiuno, astinenza, aperitivo || (*persone*) famelico, affamato, insaziabile, smilzo, stecchito || affamatore || *agg.* e *loc. avv.* morbosa, falsa, canina, da cani, da lupo, ladra, rabbiosa, santissima, spaventosa, da leoni, per quattro, per dieci, insaziabile, gagliarda, robusta || *verb.* affamare, far digiunare, tenere a bocca asciutta o a digiuno, porre in fame || calmare, saziare, soddisfare, far tacere la fame, cascar dalla fame, morire di fame.
contr. sazietà disgusto, disappetenza, inappetenza.

famèlico, *agg.* → AFFAMATO || *fig.* → DESIDEROSO.

famigeràto, *agg.* che gode di pessima fama, → FAMOSO.

famíglia, *sf.* casa, nido, focolare, fuoco domestico || parentela, parentado, discendenza, prole, progenie || nidiata, covata || casata, casato, lignaggio, stirpe, schiatta, prosapia, ceppo, ramo, dinastia, clan, gente, tribú, casta || → CLASSE, GENERE.
nomencl. (*tipi*) sacra || nobile, patrizia, patriarcale, plebea || (*gradi di parentela*) marito, moglie, trisavolo, bisavolo, nonno, figlio, fratello, sorella, nipote, pronipote, cugino, zio, parente prossimo, lontano parente || antenati, avi, maggiori, ascendenti, discendenti, posteri || primogenito, cadetto || adozione, filiazione || (*diritto familiare*) stato civile, registri di stato civile, capofamiglia, autorità paterna, diritto degli sposi, diritti e doveri dei figli, patrimonio, eredità; figlio legittimo, naturale, consanguineo, uterino, adottivo || generazione, collaterali, tutela, consiglio di famiglia, curatela, consiglio giudiziario || nome, cognome di famiglia, nome patronimico, genealogia, albero geneaologico, stemma, rango, linea || araldica || (*pertinenti*) azienda, amministrazione, economia familiare, festa o lutto familiare, tassa di famiglia o focatico, governo di famiglia, stato di famiglia, composizione della famiglia || dimora familiare, fuoco domestico, penati, vita patriarcale, tradizioni familiari, nascite, matrimoni, nozze d'argento, d'oro, di diamante, divisione della famiglia || dipendenti, domestici, servitori || matrimonio, divorzio, separazione legale, liti familiari, alleanze, patti di famiglia || *agg.* buona, facoltosa, educata, caduta, decaduta, degenerata, giusta, spersa, dispersa, estinta, unita || *verb.* affamiliarsi, costituire la famiglia, affiatarsi; andare, mandare, mettere fuori di casa; separarsi, divorziare, dividersi legalmente, decadere, rifiorire, estinguersi, essere il sostegno della famiglia, fare lo zio, metter su casa, metter su famiglia, tirare avanti la famiglia, tornare ai patri Lari, esser di famiglia, intimo.

famíglio, *sm.* servo, → DOMESTICO.

familiàre, *agg.* famigliare, → DOMESTICO || AMICO, INTIMO || abituale, → ORDINARIO, FACILE, SEMPLICE || ACCESSIBILE || NOTO.

familiarità, *sf.* famigliarità, dimestichezza, intimità, intrinsichezza, libertà, → AMICIZIA || affabilità, benevolenza || consuetudine || semplicità || abitudine, → FACILITÀ.
nomencl. *agg.* grande, eccessiva, esagerata, scarsa, limitata || *loc. avv.* oltre i limiti || *verb.* familiarizzare, affiatarsi, trovarsi a proprio agio, bazzicare con uno, essere il gatto di casa, familiarizzarsi troppo, dar braccio, pigliar braccio.
contr. alterigia, distacco, superbia || soggezione, ritegno, rispetto, deferenza, ossequio, ossequiosità.

familiarizzàre, *v. intr.* e *rifl.* famigliarizzare, prender familiarità, entrare nell'intimità, nell'amicizia, affiatarsi, affratellarsi, accostarsi, accomunarsi, accompa-

gnarsi, apparentarsi, bazzicare con qualcuno, → ADDOMESTICARE, ABITUARE || mancar di rispetto.
contr. distaccarsi, estraniarsi, non farsela con gli altri, isolarsi, aver soggezione, deferenza.
faminchióni, *sm.* e *f. indecl.* → IMBROGLIONE.
famóso, *agg.* celebre, chiaro, conosciuto, cospicuo, rinomato, illustre, insigne, celebrato, inclito, preclaro, eminente, esimio, reputato, importante, memorabile, memoratissimo, glorioso, immortale, in vista || noto, arcinoto, notorio, troppo noto || famigerato, noto come l'ortica.
contr. oscuro, ignoto, ignorato, incognito, sconosciuto.
fanàle, *sm.* → LANTERNA, LAMPADA, LUME, FARO, FIACCOLA.
nomencl. (*vari tipi*) anteriore, posteriore, laterale, cieco, elettrico, di coffa, di fortuna, di poppa, a luce rossa, a luce verde.
fanaticaménte, *avv.* → ENTUSIASTICAMENTE.
fanàtico, *agg.* esaltato, prevenuto, eccitato, irragionevole, invasato, → ENTUSIASTA || passionale, testa calda, zelante, devoto, superstizioso || intollerante, esclusivista, fazioso, settario, persecutore, estremista.
nomencl. (*equivalenti storici*) fariseo, zelota, zelatore, iconoclasta, illuminato, veggente, visionario, teosofo, gnostico, puritano, pietista, inquisitore, flagellante, convulsionario, fachiro.
contr. ponderato, freddo, ragionevole, liberale, tollerante.
fanatísmo, *sm.* esaltazione, ammirazione, idolatria, feticismo, superstizione, passione, zelo, → ENTUSIASMO, ESAGERAZIONE || intolleranza, esclusivismo, settarismo, faziosità, estremismo.
contr. ponderatezza, misura, freddezza, tolleranza, liberalità.
fanatizzàre, *v.tr.* e *intr.* → ENTUSIASMARE.
fanciúlla, *sf.* pulcella, → DONNA, FANCIULLO.
fanciullàggine, *sf.* → BAMBINATA.
fanciullésco, *agg.* → BAMBINESCO.
fanciúllo, *sm.* ragazzo, giovinetto, ragazzino, ragazzetto, maschietto, garzoncello, marmocchio, ragazzotto, sbarazzino, impubere, omino → BAMBINO, FIGLIO || fanciulla, donzella, mammola, ragazza, ragazzina, ragazzetta, pulzella, pulcella, zitella.
nomencl. (*equivalenti*) bamboccione, bamboccio, pargolo, putto, frugolino, citto, cittino, màmmolo || accidente, birba, birichino, cacasenno, chiacchierino, cicceroncino, ciuchino, diavolo, donnina, donnettina, fanciullone, folletto, girandolino, marmotta, monello, pupillo, pupillina, prezzemolino, sbarazzino, spuzzetta, toccatutto, zucchettone || *agg.* bello, carino, grazioso, vezzoso || prodigio, intelligente, pronto, vivace, vispo || festante, festoso, allegro, chiassoso, frignone, saputello, discolo, sfacciato, maleducato, demonio, capriccioso, maldestro, scontroso, avventato, irrequieto, inquieto, impertinente, sventato, scapato || docile, quieto, educato, tranquillo, obbediente, mansueto, studioso, attento, laborioso, industrioso, servizievole, rispettoso, coraggioso || *verb.* avere l'argento vivo addosso, fare l'omino o la donnina, frignare, friggere, indiavolare, donzellarsi.
contr. adulto.
fandònia, *sf.* panzana, falso, falsità, fanfaluca, → BUGIA.
contr. verità, il vero.
fanerògame, *sf. pl.* spermatofite.
contr. crittogame.
fanfàra, *sf.* → BANDA.
fanfaronàta, *sf.* → MILLANTERIA.
fanfaróne, *sm.* → MILLANTATORE.
fànghi, *sm. pl.* illutazione.
fanghíglia, *sf.* → FANGO.
fàngo, *sm.* fanghiglia, belletta, melletta, brago, mota, melma, limo, loto, lotume, motriglia, paltiglia, poltiglia, pattiniccio, pantano, piaccichiccio, guazzabuglio, terra limosa || *fig.* abiezione, bassezza, immoralità.
nomencl. (*inerenti*) fangaia, mollicchio || palude, stagno, pozzanghera || pillacchera, schizzo, zacchera || cavafango, draga, parafango, ferro per i piedi || cura termale, fanghi termali, fangoterapia, infangatura || *verb.* affangare, affangarsi, spolteggiare, ammelmare, ridurre in poltiglia, profondare nel fango, grufolare, infangare, infangarsi, schizzare fango, inzaccherare, impillaccherare, sfangare, impantanarsi.
fangóso, *agg.* infangato, limaccioso, limoso, lutulento, lotoso, melmoso, motoso, paludoso, impantanato, pantanoso, poltiglioso, terroso, zaccheroso, inzaccherato, impillaccherato, pultaceo, → ACQUITRINOSO || *fig.* immorale, sconcio, pornografico.
contr. secco, polveroso, pulito.
fannullóne, *agg.* → BIGHELLONE, OZIOSO, DISUTILE.
fanóne, *sm.* → DENTE.
nomencl. stecche di balena (denti di balena *err.*).
fantasía, *sf.* immaginativa, immaginazione, invenzione, inventiva, finzione, figura, figurazione || → AMORE || capriccio, bizzarria, bizza, stranezza, grillo, fisima, ghiribizzo, stravaganza, voglia || idea, genio, estro || → BALLO.
nomencl. (*attinenti*) miraggio, utopia, chimera, chimerico, eccitazione || *agg.* accesa, viva, ardente, fervida, eccitata, calda, balzana, matta, sbrigliata, sbalestrata, sovreccitata, ricca, forte, fresca, inesauribile, potente, gagliarda, grande, scarsa, poca, piccola, alterata || *verb.* immaginare, immaginarsi, fantasticare, figurare, figurarsi, supporre, fingere || eccitare, accendere, stimolare, stuzzicare, sbrigliare, dominare, frenare.
fantasióso, *agg.* immaginoso, estroso, fantastico, bizzarro, cervellotico, stravagante || (detto di stile) brioso, vivace, fiorito, colorito, poetico.
contr. ponderato, ragionato, ragionevole || fiacco, arido, pedestre.
fantàsma, *sm.* fantasima, apparizione, spettro, larva, ombra, spirito, lemure || immagine, figura, parvenza || simulacro || illusione, allucinazione.
nomencl. spirito folletto, Elfo, gnomo, genio || danza macabra || *agg.* brutto, pauroso, orribile, mostruoso, gradevole, bello.
contr. realtà, concetto, astrazione.
fantasticàggine, *sf.* → FANTASTICHERIA.
fantasticàre, *v.tr.* e *intr.* abbacare, almanaccare, astrologare, arzigogolare, anfanare, anfaneggiare, cabalare, chimerizzare, divagare, trasognare, immaginare, ghiribizzare, annaspicare, illudersi, rimuginare, rammulinare, mulinare col cervello, delirare, vagellare, andare nelle nuvole, dare il volo alla fantasia, vagare con la

fantasia o con l'immaginazione, vaneggiare, far castelli in aria, montare sull'Ippogrifo, sognare ad occhi aperti, montare o montarsi la testa, stillarsi il cervello, → DISTRARRE || render visibile.
contr. meditare, riflettere, calcolare, ponderare, tenere gli occhi aperti.
fantasticheria, *sf.* fantasticaggine, arzigogolo, girandola, grillo, capriccio, ghiribizzo, fisima, irrealtà, folleggiamento, → BIZZARRIA || immaginazione, mulinello, chimera, sogno, castello in aria, estasi, utopia, fisima, visione || volo della fantasia, volo lirico o poetico.
nomencl. *agg.* lieta, gioiosa, serena, bella, amorosa, sentimentale, ideale, intellettiva, reale, semplice.
contr. realismo, praticità || riflessione.
fantàstico, *agg.* stravagante, irreale, chimerico, → IMMAGINARIO, IDEALE, FANTASIOSO, ASTRATTO || FAVOLOSO, FALSO || ENORME.
fànte, *sm. ant.* → GARZONE, SERVO || SOLDATO (di fanteria).
fantésca, *sf.* → DOMESTICA.
fantocciàggine, *sf.* → FRIVOLEZZA.
fantocciàta, *sf.* → FRIVOLEZZA.
fantòccio, *sm.* bamboccio, pupazzo, bambolo, bambola, bambolotto, spaventapassari, pupo, pupattola, automa, manichino, → BURATTINO || *fig.* fantoccione, uomo sciocco, da poco, con poca consistenza, in balía altrui.
nomencl. di pezza, di gomma, di cartone, di legno, di plastica || *agg.* grazioso, bello, artistico, meccanico, brutto, vecchio.
fantolíno, *sm.* → BAMBINO.
farabolóne, *sm.* → IMBROGLIONE.
farabútto, *sm.* → CANAGLIA.
faraglióne, *sm.* scoglio.
farcíno, *sm.* → CIMURRO.
farcíre, *v.tr.* imbottire, riempire.
fardèllo, *sm.* fagotto, bagaglio, sacca, pacco, → INVOLTO || peso, carico, carco (*poet.*), soma || *fig.* peso morale, impegno.
nomencl. (*equivalenti*) borsa, bisaccia, bolgia (*ant.*) || balla, collo, baule, valigia || equipaggio, treno, salmeria, carreggio, carriaggio || *agg.* grosso, pesante, voluminoso, gonfio, enorme, grossolano, greve, ponderoso, piccolo, leggero || *verb.* affardellare, infagottare, affagottare.
fàrdo, *sm.* → BELLETTO.
fàre, *v.tr.* agire, commettere, adempiere, adempire, compiere, compire, operare, eseguire, ordire, mettere in atto, annaspare, armeggiare, anfanare, affaccendare, abborracciare, impiastricciare, contraffare, concludere, districare, intraprendere, procedere, tergiversare, impicciarsi, apparecchiare, stendere, redigere, abbozzare, drizzare, erigere, alzare, realizzare, preparare, predisporre, sbrigare, sfaccendare, spacciare, → EFFETTUARE, EDIFICARE, PRODURRE, COSTRUIRE || confezionare, formare, comporre, elaborare, fabbricare, finire, imitare, effigiare || praticare, attendere, dedicarsi, destreggiarsi, districarsi || dire, giudicare, stipulare, stimare || abituare, avvisare, applicare, mostrarsi, temporeggiare, fingere || costituire, promuovere || cagionare, causare, occasionare, generare, creare, allignare, crescere || eleggere || nominare || *intr.* esser utile, conveniente || importare || compiersi (di tempo) || spuntare || praticare, dedicarsi, coltivare || comportarsi || concedere, lasciare, permettere || provvedere, curarsi, interessarsi || *rifl.* → DIVENIRE || far del bene, la carità, → BENEFICARE || far irruzione, → ENTRARE || far giocare, → BALOCCARE || fare bene, con abilità, con senno, con attitudine, con calma, con esattezza, con onestà, per pratica, con precauzione, con precisione, con prudenza, con risolutezza, con sagacia, con sollecitudine, con garbo, con grazia, con delicatezza, con vigilanza, con brio, con vivacità, con coraggio, con lode, con onore || andar diritto, camminare sul sicuro, cominciar bene, fare del proprio meglio, fare senza risparmio, fare un colpo da maestro, non lasciar a desiderare, pigliarla o prendersela calda || andare a tutto vapore, andar per le corte, andar per le lunghe, battere il ferro quando è caldo, prendere la via piú dritta, tenere il giusto mezzo, tirar via || far male, a rovescio, a braccia, a ciabatta, alla peggio, alla cieca, alla meglio, a mezzo, a occhio e croce, a vanvera, coi piedi, a casaccio, colla testa nel sacco || perdere la bussola, pigliare le strade traverse, tirar sassi in colombaia, uscire dal solco o dal seminato.
nomencl. (*pertinenti*) affare, azione, attività, attitudine, capacità, abitudine, consuetudine, faccenda, funzione, impresa, industria, iniziativa, costruzione, lavoro, opera, operato, operazione, manovra, reazione, scopo || diligenza, assiduità, operosità, attuazione, campo, comodità, fervore, entusiasmo, svogliatezza, foga, desiderio, impotenza, manierismo, procedimento, processo || (*persone*) faccendiere, faccendone, factotum, agente, autore, impresario, compilatore, maneggione, cooperatore, mandatario, responsabile, auspice.
contr. disfare, contraffare, contrariare, guastare, rovinare, oziare, astenersi, rinunciare.
farètra, *sf.* → FRECCIA.
farfàlla, *sf.*
nomencl. (*specie*) crepuscolare, diurna, notturna || atropo o testa da morto, macroglossa, sesia, macaona, pieride, vanessa, ninfalide, bombicino, neustria, processionaria, saturnia pavonia o pavonia maggiore, eupreprie, eliconide, falena o farfalla della fortuna, manna, perdilegno, piralide, nottua || (*parti*) testa, torace, addome, ali, zampe, proboscide, antenne || larva, crisalide, ninfa, ciniglia, pupa, bozzolo, bruco || metamorfosi || tramaglietto || farfallone, sfarfallio || *verb.* sfarfallare, infarfallire.
farfallíno, *sm.* uomo (donna) leggero, instabile, volubile, variabile.
farfallóne, *sm.* bugia || → ERRORE || zerbinotto.
farfarèllo, *sm.* → DIAVOLO || *fig.* → RAGAZZO.
farfecchiàre, *v.intr.* → BALBETTARE.
farfecchióne, *sm.* → BALBUZIENTE.
farfugliàre, *v.intr.* → BALBETTARE.
farína, *sf.*
nomencl. (*distinzioni*) andante, di secondo velo, bianca, gialla, dolce, nera, abburattata || fossile, lattea || fior di farina, tritello, friscello, robetta, semola, spolvero, macinato || ervalenta o revalenta, fecola, tripolo || crusca, cruschello || (*arnesi*) burattello, frullone, staccio, tramoggia, vaglio elettrico, madia, farinaiola, taffe-

riera, tafferia || *verb.* abbozzolarsi, agglomerarsi, abburattare, impastare, intridere, sfarinare, sfarinacciare.

farinàta, *sf.* → POLENTA.

faringe, *sf.*

nomencl. (*parti*) fauci, gola, arco faringeo-palatino || (*malattie*) angina, abretolemia, blennistema, episinangina, faringismo, faringite, faringocele || (*medicina*) faringoscopio, faringotomo, faringografia, faringologia, faringotomia.

farisèo, *sm. fig.* → IMPOSTORE.

farmacèutico, *agg.* medicinale, curativo, officinale, terapeutico

farmacía, *sf.* spezieria, apoteca, dispensario farmaceutico || farmaceutica.

nomencl. (*scienze e specializzazioni*) chimica, galenica, farmacodinamica, farmacognosia, farmacografia, farmacopea, farmacoposologia, posologia, codice farmaceutico, codice medicamentario, formulario, ricettario, dose, oncia, dramma, analisi chimica, arte di formulare || (*persone*) farmacista, apotecario, chimico-farmacista, speziale, farmacopola, aiutofarmacista || (*locali*) bottega, magazzino, dispensario, laboratorio, officina farmaceutica, erbario, sotterraneo, fonderia || scaffali, armadi, armadietti || banco di lavoro, cassetti, bilancia, vasi || (*strumenti e materie*) aghi, siringhe, cerotti, cotone idrofilo, anelli di osso, poppatoi, borse di gomma, bende, candelette, coppette, fasce, insufflatori, inalatori, irrigatori, sterilizzatori, enteroclisma, sonda, maschere per cloroformio, pere, apparecchi d'assorbimento, per decomposizione, bacinelle, vaschette, boccette, bottiglie, bariletti, bacchette di vetro, burette, campane di vetro, capsule di argento, carta da filtro, carte reattive, contagocce, cucchiai, spatola, fialette, forbici, lenti di ingrandimento, microscopio, limetta, matraccio, provette, storte, pinzette, pipette, reagentario, setacci, supporti, termometri, termostati, pennelli per tintura, becco di Bunsen, *catgut*, dializzatore, mortaio, osteoclaste, pietra infernale, saponi medicinali || (*preparati farmaceutici*) esafarmaco, farmaco, medicamento, medicamentazione, formola, forme farmaceutiche, abstrati o estratti, aceti medicinali acidi, acqua (acidula, distillata, carbonata, ragia, concia, ossigenata, ozonizzata, solforata, tofana, distillata, aromatica, di cedro, di fiori d'arancio, di pino, di camomilla, di menta, di melissa, di rose, di lauro, oftalmica, minerale); adesivi, aloolati, apozemi, aromati, azimo, bacilli, balsamo, biacca; birre medicinali, biscotti medicinali, boli, brodi medicinali, *cachet*, capsula, carbone medicinale, carta (senapizzata, emplastica, fumigatoria, medicinale) cartina, cataplasma, ceneri, cerato, cerotto, cioccolatini purgativi o medicinali, clistere, compressa, confetto, cono, cotone, conserva, decotto, depilatorio, disco, elettuario, elisire, empiastro, emulsione, epitema, essenza, etiope, droga, purga, ossi, bagno, erba, fomento, gargarismo, gelatina, giulebbe, gliceriti, globuli, gocce, gommoresine, idrato, idroleo, idrogala, idrolato, impiastro, infuso, iniezione, lamelle, lapis o pietra medicinale, latte verginale, lattolina, latte in polvere, legni medicinali, limonata, linimento, liparotico, liparolite, liquore, lozione, maddaleoni, magistero; melissa, melliti, mercuriali, miscela, mistura, mosca, mucillaggine, oleati, orpimento, orzata, panellino, pasta medicinale, pastiglia, pecetta, pillola, polvere, pomata, pozione, preparazioni officinali, quintessenza, rigollot, senapismo, saccarosio, sciroppo, semifreddi, siero, sigarette o sigari medicinali, sostanze medicamentose, spirito, succo, supposta, tapsia, tavolette, tintura, tisana, unguento, vescicante, vino medicinale || (*termini farmaceutici*) adesivo, adinamico, adiuvante, agglutinante, antagonismo terapeutico, emostatico, essiccativo, afrodisiaco, allopatico, eroico, ipnotico, narcotico, piritogeno, stimolante, stomatico, tonico, vitaminico, alterante, analettico, analgesico, anestetico, anodino, antiacido, antinevralgico, antiemetico, antiflogistico, antimalarico, anticaustico, antipiretico, antireumatico, antisettico, antispasmodico, asettico, assorbente, astringente, attivo, dissolvente, deliquescente, calmante, balsamico, benefico, correttivo, corrigente, demulcente, deodorante, depurativo, detersivo, diaforetico, digestivo, disinfettante, disoppilativo, diuretico, lassativo, emetico, espettorante, pneumatico, eupeptico, febbrifugo, galatogeno, galenico, lenitivo, omeopatico, opoterapico, palliativo, profilattico, costituente, ricostituente, roborante, rinfrescante, solvente, risolvente, sedativo, sonnifero, suppurativo, topico, vescicatorio, batterioterapico, bechico, cardiocinetico, carminativo, caustico, comburente, chimico, colagogo, coleretico, diagnostico, controindicato, debilitante, corrosivo, drastico, eccipiente, irritante, umettante, locale, revulsivo, malefico, locale, generale, solido, liquido, specifico || base, delitescenza, dialisi, diastasi, effervescenza, elemento, estemporaneo, fosforescenza, idiosincrasia, idrotimetria, illutazione, indifferenza, inscrizione, intorbidamento, istruzione, lattescenza, levogiria o sinistrogiria, madre, marchio, meta, neutro, pizzico, presa, putrefazione, residuo, scrupolo (peso); sfioritura, sofisticazione, serviziale, stillazione, tariffa, tassata, tavole di Nobert, testa di morto, ad uso veterinario, uso esterno, uso interno, vescicazione, zimosi || (*operazioni*) meccaniche, fisiche, chimiche || acidimetria, alcoolimetria, analisi, calcinazione, carbonizzazione, chiarificazione, coloratura, concentrazione, condensazione, coobazione, cristallizzazione, decarburazione, decozione, deflegmazione, desquamazione, dialisi, digestione, disaggregazione, disseccazione, dissoluzione, dosamento, diluzione o diluizione, distillazione, ebollizione, elissazione, embrocazione, epistazione, estinzione, filtrazione, fumigazione, gelatinizzazione, granulazione, idratazione, inalazione, incenerimento, incorporazione, infusione, instillazione, lavaggio, liquefazione, lozione, levigazione, macerazione, madefazione, manipolazione, misurazione, ozonizzazione, pasteurizzazione, pennellatura, polverizzazione, precipitazione, purificazione, raffinamento, rettificazione, riduzione, rubefazione, saturazione, scarificazione, scottatura, sezione, sintesi, solidificazione, sofisticazione, soluzione, spostamento, sublimazione, sterilizzazione, torrefazione || *verb.* acciaiare, acidulare, calibeare, combinare, disidatrare, disossidare, estrarre, ossigenare, precipitare, ridurre, sublimare, tartarizzare, volatilizzare, dolcificare, impiastrare, impregnare, infondere, linguettare, liscivare, melassare, melare, preparare, rettificare, rimpiaccicottare, sciroppare, stemperare, stillare, tenere a mollo, tritare, triturare, unguentare.

farmacísta, *sm.* speziale, apotecario, chimico-farmacista, laureato in farmacia.

fàrmaco, *sm.* medicamento, rimedio, → MEDICINA, FARMACIA.

farmacopèa, *sf.* ricettario.

farneticàre, *v.intr.* → DELIRARE.

farnètico, *agg.* → PAZZO || *sm.* → DELIRIO, PAZZIA, CAPRICCIO.

farnetizzàre, *v.intr.* → DELIRARE.

fàrnia, *sf.* → QUERCIA.

fàro, *sm.* fanale, lanterna || → BUSSOLA.

nomencl. (*tipi*) a lenti convergenti, a fasci paralleli, a luce, a lampi, a luce girante, a luce intermittente, a luce alternata || elettrico || (*parti*) focolare, specchi, gabbia, lenti a scaglioni || (*persone*) fanalaio, guardiano.

farràgine, *sf.* → CONFUSIONE.

farraginóso, *agg.* → CONFUSO.

fàrro, *sm.* → ORZO.

fàrsa, *sf.* → COMMEDIA || BUFFONATA, BEFFA.

farsésco, *agg.* burlevole, ridevole, ridicolo, buffo, comico.

farsétto, *sm.* → GIACCA, PANCIOTTO.

fascétta, *sf.* → PANCIERA, BUSTO.

fascettàia, *sf.* bustaia.

fàscia, *sf.* striscia, lista, → BENDA || sciarpa o ciarpa, cintura, fusciacca, cingolo, nastro, balteo, mollettiera, strettoia || perizoma, velo, listello, modanatura || zona, striscia (di territorio).

nomencl. fasciatura || *agg.* larga, stretta, elastica, anulare || *verb.* stringere, avvolgere, circondare || fasciare, bendare.

fasciàre, *v.tr.* bendare, cingere, involgere, attorniare, circondare, rivestire, girare attorno, stringere, rifasciare, → AVVOLGERE.

contr. sfasciare, sbendare, svolgere, togliere.

fasciatúra, *sf.* bendaggio, → BENDA, CINTO || imballaggio.

contr. sfasciatura.

fascícolo, *sm.* dispensa, quinterno, quaderno || libercoletto || puntata.

fascína, *sf.* → FASCIO.

fàscino, *sm.* incanto, incantamento, incantesimo, sortilegio, magia, malía || prestigio, seduzione, adescamento, allettativa, lusinga, influsso, attrattiva, tentazione, richiamo, ammirazione, → BELLEZZA.

nomencl. (*inerenti*) malocchio, genio malefico, amuleto, basilisco, fattucchieria, maleficio || affascinante, ammaliante || *agg.* irresistibile, potente, invincibile, fatale, forte, attraente, seducente, incantevole, incantatore, ipnotizzatore || *verb.* ammaliare, affascinare, incantare, rapire, fatturare, affatturare, sedurre, tentare, soccombere, resistere, rimanere indifferente.

contr. repulsione, disgusto, disincanto, disinganno, indifferenza, sazietà, fastidio.

fàscio, *sm.* covone, fascina, fastello, mannello, manipolo, mazzo || *fig.* confusione, raccolta, accolta, gruppo, insieme, ammasso, → UNIONE || → FILZA.

nomencl. di erbe, di legna, di grano || *agg.* grande, enorme, pesante, leggero, piccolo, minuscolo || *verb.* affascinare, affastellare, andare o mandare in fascio, mettere tutti in un fascio, far di ogni erba un fascio.

fàse, *sf.* → PERIODO.

fastèllo, *sm.* → COVONE, FASCIO.

fàsti, *sm.* giorni fausti, favorevoli, leciti || annali, cronache, memorie, imprese gloriose.

contr. nefasti.

fastídio, *sm.* → DISTURBO, DISAGIO, NOIA, CRUCCIO, CURA || DISPETTO || NAUSEA, SVENIMENTO.

nomencl. *verb.* infastidire, fastidire, dare fastidio, prendersi fastidio.

fastidióso, *agg.* → IMPORTUNO, DIFFICILE, MOLESTO, DISPETTOSO || NAUSEANTE.

contr. grato, gradito, amabile, piacevole, accettabile, allettante, desiderato, benefico.

fastidíre, *v.tr.* → INFASTIDIRE.

fastígio, *sm.* → FRONTONE || *fig.* compimento, pienezza, → COLMO.

fàsto, *sm.* fastosità, opulenza, gala, pompa, sfarzo, grandiosità, sontuosità, magnificenza, → LUSSO || sfoggio, grandezzata, pompa, ostentazione, arroganza, provocazione.

nomencl. *agg.* regale, principesco, grande, eccessivo, sfacciato, sproporzionato, grandioso, limitato, relativo || *verb.* pompeggiare, pompeggiarsi, lussuriare, lussureggiare, sfoggiare, grandeggiare, ostentare.

contr. modestia, umiltà, povertà, miseria.

fastosità, *sf.* → FASTO.

fastóso, *agg.* sfarzoso, lussuoso, pomposo, grandioso, sontuoso, magnifico, opulento.

contr. misero, meschino, povero, modesto.

fàta, *sf.* maga, donna favolosa, genio || *fig.* → DONNA.

nomencl. Morgana || Circe, Armida, Alcina || *agg.* maligna, benefica, caritatevole, benigna, premurosa, sapiente, buona.

fatàle, *agg.* sinistro, dannato, tristo, → DANNOSO, FUNESTO || immutabile, necessario, destinato, → INEVITABILE.

fatalità, *sf.* → CASO || DISGRAZIA.

fatàto, *pps.* di fatare || *agg.* → MAGICO, INCANTATO || *lett.* fatale.

fatíca, *sf.* travaglio, aggravio, sfacchinata, → LAVORO || ESERCIZIO || STANCHEZZA || DIFFICOLTÀ || *fig.* → NOIA, TORMENTO.

nomencl. *agg.* buttata, sprecata, inutile, improba, eccessiva, straordinaria, lunga, continua, lieve, leggera, dolce, facile, sopportabile, dura, pesante, amara, nobile, gloriosa, ignobile, ingloriosa, ignominiosa, mal ricompensata, penosa || *verb.* alleggerire, alleviare, attenuare, evitare, scansare, sopportare, tollerare, resistere, allontanare, allenarsi, risparmiarsi.

contr. riposo, ozio, dolce far niente.

faticàre, *v.intr.* affaticare, spossare, infiacchire, defatigare, dilombare, slombare, stancheggiare, straccare, strapazzare, sfinire, estenuare, spezzare, far sudare, far scoppiare, far crepare, indebolire, deprimere, schiacciare, travagliare || penare, sudare, durar fatica, ammazzarsi, stentare, stancarsi, sudar quattro camicie, dileguarsi in sudore, morire o schiattar di fatica, crepar di fatica, sforzarsi, rompersi la schiena || muoversi, darsi

briga, darsi attorno, darsi da fare, agitarsi, arrangolare, arrapinarsi || *fig.* → ANNOIARE.
contr. riposare, oziare, amare il dolce far niente, prendersela comoda.
faticosaménte, *avv.* stentatamente, con difficoltà, con pena, stancamente, sforzatamente, → DOLOROSAMENTE.
contr. agevolmente, facilmente, piacevolmente, senza sforzo.
faticóso, *agg.* affaticante, noioso, gravoso, grave, stancante, laborioso, pesante, oneroso, improbo, malagevole, stanchevole || molesto || disagevole, penoso, → ASPRO, FORTE, DIFFICILE || di respiro, → AFFANNOSO.
contr. leggero, lieve, dilettevole, piacevole, soddisfacente, riposante, agevole, facile.
fàto, *sm.* forza cieca, necessità, → CASO, DESTINO, FORTUNA.
contr. Provvidenza.
fàtta, *sf.* qualità, foggia, guisa, maniera.
fattàccio, *sm.* → MALEFATTA.
fattézze, *sf. pl.* → EFFIGIE, FACCIA, CORPORATURA, FORMA.
fattíbile, *agg.* → POSSIBILE, FACILE.
fattibilità, *sf.* → POSSIBILITÀ, FACILITÀ.
fattíccio, *agg.* grassoccio, → ROBUSTO, TARCHIATO.
fattívo, *agg.* → EFFICACE, OPEROSO.
fattízio, *agg. rar.* fittizio, artificiale, finto.
fàtto[1], *pps.* di fare || *agg.* avvenuto, compiuto, finito, accaduto, realizzato || adulto, stagionato, mezzo, → MATURO, FORMATO || ben fatto, proporzionato, armonico, euritmico, → BELLO.
fàtto[2], *sm.* fattaccio, fatterello, fattuccio || opportunità, affare, aneddoto, antefatto, atto, gesta, impresa, avventura, avversità, contingenza, cataclisma, dramma, episodio, circostanza, evento, fattispecie, incontro, scena, svolgimento, incidente || → AVVENIMENTO, AZIONE, VICENDA, REALTÀ, FENOMENO, ACCIDENTE, ESEMPIO || fatto d'armi, → BATTAGLIA.
nomencl. (*tipi*) politico, amministrativo, sociale, religioso, personale, individuale, privato, pubblico || *agg.* casuale, contingente, accidentale, fortuito || lecito, legittimo, permesso, onesto, buono, illecito, illegittimo, disonesto, proibito, cattivo, pessimo, brutto || positivo, propizio, fausto, lieto, comico, consolante, miracoloso, imprevisto, non contemplato, unico, raro, straordinario, strano, curioso, comune, ordinario, particolare, generale, concreto, negativo, disgraziato, avverso, contrario, infausto, tragico, luttuoso || nuovo, recente, fresco || noto, notorio, palese, arcinoto, sconosciuto, dimenticato, oscuro, autentico, falso || *verb.* avvenire, accadere, capitare || addurre, chiarire, coincidere, incalzare, ripetersi, succedersi, seguire, capitare, raccontare, inventare, falsare.
fattóre, *sm.* facitore, creatore || → ELEMENTO || AGRICOLTORE, AMMINISTRATORE || INVENTORE.
fattoríno, *sm.* → COMMESSO, GARZONE, PORTALETTERE.
fattucchièra, *sf.* → STREGA.
fattucchiería, *sf.* → STREGHERIA.
fattúra, *sf.* → CREAZIONE, LAVORO || CONTO || STREGONERIA, MALIA, MAGIA.
fatturàre, *v.tr.* → AMMALIARE || alterare, contraffare, falsificare, → FALSARE || fare una fattura, un conto.
fatuèllo, *sm.* → FAUNO.
fatuità, *sf.* → SCIOCCHEZZA.
fàtuo, *agg.* vano, sventato, insipido, frivolo, inconsistente, melenso, privo di sostanza, influenzabile, → SCIOCCO, LEGGERO || *sm.* → FAUNO || fuoco fatuo.
fàuci, *sf. pl.* → ESOFAGO, BOCCA.
fàuna, *sf.* → ANIMALE.
nomencl. terrestre, marina, di superficie, sotterranea, subacquea || ambiente, regione.
fàuno, *sm.* fatuo, fatuello, satiro, silvano, egipane.
nomencl. Luperco, Pan, Fauna o Fatua o Lupercua (moglie di Fauno) || Lupercali (feste)
fàusto, *agg.* benedetto, felice, propizio, fortunato, prospero, favorevole, lieto, auspicato, bene augurato, bene auspicato, buono, giocondo, di buon augurio, roseo, sereno, secondo.
contr. infausto, nefasto.
fautóre, *sm.* → COMPAGNO, SEGUACE, SOSTENITORE, PROTETTORE || *agg.* → FAVOREVOLE.
fàva, *sf.* → BIADA.
nomencl. (*specie*) marzolina, napoletana, pistoiese, di Tunisi, della Cina, del Calabar, di Sant'Ignazio, dei morti, della Befana, muletta, mezzana, mezzolana, comune, da cavalli, piccola, nana, ortolana, da baccelli || (*parti*) baccello, scorza, guscio, unghia || *verb.* sgranare, sgusciare, seminare, raccogliere || favata, macco || fabina.
favèlla, *sf.* → LINGUA, LINGUAGGIO.
favellàre, *v.tr.* e *intr.* → PARLARE.
favílla, *sf.* → SCINTILLA, FUOCO.
nomencl. sfavillamento, sfavillio, sfavillante || *verb.* sfavillare.
fàvola, *sf.* fiaba, fola, leggenda, allegoria, apologo, mito, storia, storiella, parabola, aneddoto, cantafavola || morale || scherno, ludibrio, fandonia, → CHIACCHIERA, BUGIA, FALSITÀ || argomento (di poema, di dramma).
nomencl. (*distinzioni*) allegorica, parabolica, indiretta, erotica, boschereccia, pastorale, venatoria, peschereccia || (*esseri favolosi*) befana, fata, sirena, ciclope, chimera, fenice, strega, drago, orco, ippogrifo, mostro, genio, sfinge, pigmei, nani, gnomi, folletto, silfo, elfo || (*luoghi fatati*) eldorado, paese di Bengodi, paese di cuccagna, castelli || *agg.* bella, interessante, avvincente, entusiasmante, allegra, spiritosa, triste, malinconica, noiosa, stucchevole || *verb.* favoleggiare || raccontare, inventare, scrivere, ascoltare.
contr. verità, realtà.
favolàre, *v.tr.* → NARRARE.
favoleggiàre, *v.tr.* → NARRARE.
favolóso, *agg.* straordinario, suggestivo, incredibile, assurdo || grandissimo, esagerato, → ENORME || mitico, leggendario, fiabesco, fantastico, fantasioso, chimerico, immaginario, inesistente || → FALSO.
contr. comune, medio, mediocre, ordinario || vero.
favóre, *sm.* credito, appoggio, sostegno, incontro, influenza, soccorso, ufficio, servigio, carità, → AIUTO || protezione, parzialità, preferenza, privilegio, prelazione, piacere, consorteria, complicità, compiacenza, mangeria, → GRAZIA, BENEFICIO, CONCESSIONE || cortesia, garbatezza, benevolenza, immunità, simpatia, affetto, → BENEDIZIONE, INDULGENZA || FAMA || *pl.* → AMICIZIA.
nomencl. (*inerenti*) applauso, dimostrazione, complicità, lusinga || nepotismo, favoritismo || *agg.* grande, segnalato, cospicuo, considerevole, vantaggioso, pro-

pizio, caro, cortese, gradito, lecito, permesso, giusto, dovuto, illecito, proibito, ingiusto, parziale, piccolo || *verb.* avere, godere, favorire, secondare, fruire, accattivarsi, ingraziarsi, propiziarsi, accaparrare, perdere || cadere in disgrazia o disfavore, tramontare; essere nelle maniche di uno, essere in grazia di uno, essere in favore di alcuno.
contr. disfavore, svantaggio.
favoreggiaménto, *sm.* → COMPLICITÀ.
favoreggiàre, *v.tr.* → AIUTARE, FAVORIRE.
favoreggiatóre, *sm.* → SOSTENITORE, FAVOREVOLE || COMPLICE.
favorévole, *agg.* benigno, benevolo, benefico, bendisposto, compiacente, fautore, protettore, sostenitore, zelatore, propenso, favoreggiatore, mecenate, → AMICO || felice, prospero, buono, propizio, acconcio, piacevole, ridente, secondo, utile, destro, opportuno, conveniente, → FAUSTO.
contr. sfavorevole, disfavorevole, avverso, contrario, ostile || dannoso, inopportuno.
favorìre, *v.tr.* secondare, assecondare, appoggiare, sostenere, proteggere, incoraggiare, promuovere, assistere, caldeggiare, propiziare, → AIUTARE || giovare, favoreggiare, compiacere, → BENEFICIARE || donare, gratificare, accordare || preferire || degnare, degnarsi.
contr. avversare, attraversare, contrariare, osteggiare.
favorìti, *sm. pl.* → BASETTE.
favoritìsmo, *sm.* parzialità, partigianeria, particolarismo, màfia, mangería, camorra, → INGIUSTIZIA.
favorìto, *agg.* e *sm.* → BENIAMINO || *sm.* → AMANTE || favorito dalla sorte, → FELICE.
fazióne, *sf.* → SETTA, PARTITO || BATTAGLIA || SENTINELLA.
fazióso, *agg. e sm.* settario, ribelle, partigiano, parziale, partitante, fanatico, sovversivo, sovvertitore, agitatore, propagatore, turbolento, rissoso, estremista, teppista, mafioso, camorrista.
contr. docile, sottomesso, pacifico, sereno, obiettivo, schivo, scettico, benpensante, moderato, equilibrato.
fazzolétto, *sm.* moccichino, pezzuola.
nomencl. (*vari*) da naso, da collo, da testa, da sudore, da involto || di tela, di cotone, di lino, di seta o di carta || (*parti*) lembo, cocca, orlo, ricamo, cifra || *agg.* bianco, colorato, nero, rosso, verde, ecc. || orlato, cifrato, ricamato || pulito, sudicio, sporco, lordo || *verb.* agitare, sventolare.
fèbbre, *sf.* febbricola, febbraccia, febbrone, febbrona, febbriciattola || *fig.* → DESIDERIO, DELIRIO.
nomencl. (*distinzioni*) alta, acuta, forte, benigna, maligna, effimera, subacuta, violenta, intermittente, periodica, sintomatica, acastica || agripnoide, perniciosa, anfimerina, domestica, atipica, biliare, epatica, colerica, gastro-biliosa, catarrale, colliquativa, comatosa, da fieno, di crescenza, gastrica, infiammatoria, itterica, malarica, maremmana, miasmatica, miliarica, palustre, prolettica, puerperale, quartana, quintana, quotidiana, reumatica, splenica, subentrante, terzana, terzanella, tifoidea, traumatica, vaiolosa, virulenta || (*equivalenti*) astenopiria, blennopiria, colepiria, denga, elopiria, emite, epiala, febbre gialla, febbre petecchiale, settopiria, sinoca, stomatite || (*fenomeni accompagnatorii*) ablazione, accessione, acosmia, anadiposi, apiressia, ardore, arsione, brivido, crisi, declinazione, defervescenza, delirio, intermittenza, dialemma, orripilazione o pelle d'oca, paracope, parossismo, piressia, recrudescenza, recesso, remittenza, rigore, stadio, tralignamento, vampa || (*rimedi*) febbrifughi, antipiretici, alessipiretici, antifebbrili, antitermici || termometro || *verb.* ardere, bruciare, febbricitare, infebbrichire, rabbrividire; delirare; rimettere la febbre, staccare la febbre, vagellare, strapalare, sfebbrare || misurare.
febbricitànte, *agg.* e *sm.* febbricoso.
contr. sfebbrato, apiretico.
fèccia, *sf.* posatura, sedimento, fondaccio, torbidume, → COLATICCIO, FONDIGLIO || feci || *fig.* → CANAGLIA.
fecciόso, *agg.* pieno di feccia, feculento, torbido, sedimentoso, immondo, torbido, impuro, sporco, fangoso || *fig.* → SPREGEVOLE.
contr. puro, mondo, terso, limpido, pulito.
fecciúme, *sm.* → CANAGLIA.
fèci, *sf. pl.* → ESCREMENTO.
fecondàre, *v.tr.* rendere fecondo, produttivo, prolifico || render fertile, fertilizzare, infertilire, bonificare (anche *fig.*).
contr. isterilire, inaridire.
fecondazióne, *sf.* generazione, → CONCEPIMENTO.
fecondità, *sf.* feracità, fertilità, ubertà, ubertosità, produttività || prolificità.
contr. aridità, improduttività || impotenza, infecondità, sterilità.
fecóndo, *agg.* fertile, florido, prolifico, ferace, produttivo, fruttifero, frugifero, profittevole, ubertoso, úbere (*poet.*), grasso, pingue, abbondante, ricco, copioso, generoso, prodigo || inventivo || almo (*poet.*).
contr. infecondo, infruttifero, impotente, sterile, arido, vuoto, improduttivo.
feculènto, *agg.* → FECCIOSO.
féde, *sf.* credo, religione, credenza, vangelo, dogma, idea, ideale || opinione, convinzione, convincimento, coscienza retta || confidanza, malleveria, credito, fama, promessa, sicurezza || fedeltà, lealtà, giuramento, fermezza nella parola data, onestà || → FIDUCIA || → CERTIFICATO || anello matrimoniale, vera || buona fede, → LEALTÀ.
nomencl. politica, religiosa, scientifica || (*attinenti*) buona fede || fanatismo, dogmatismo || dottrina, divozione, catechismo, comunione, confessione, dichiarazione di fede, dogma, atto di fede, articolo di fede, esercito di santa fede, martire della fede, missionario della fede, apostolo della fede || fedifrago || *agg.* assoluta, cieca, inconcussa, solida, forte, robusta, salda, stabile, adamantina, pura, limpida, sincera, cristallina, viva, vacillante, debole, titubante, barcollante, malferma, operosa || punica, greca, falsa || *verb.* abbracciare, professare, abiurare, apostatare, confessare, osservare, custodire, convertire, sconfessare, perdere, tradire, violare, rinnegare, pervertire, catechizzare, ammaestrare, morire per la fede || dar fede, aver fede, prestar fede, credere || far fede, → PROVARE.
contr. miscredenza, sfiducia, defezione, tradimento, slealtà, disonestà.
fedéle, *agg.* e *sm.* → CRISTIANO, CREDENTE, DEVOTO, FIDATO || DILIGENTE, ESATTO || COSTANTE, VERITIERO.
contr. infedele, infido, traditore, fellone, fedifrago.

fedeltà, *sf.* → ESATTEZZA || COSTANZA || VERITÀ || DILIGENZA || FEDE.
contr. infedeltà, tradimento, fellonìa, negligenza, fuorviamento, erramento.
fèdera, *sf.* → FODERA.
federàre, *v.tr.* confederare, → ASSOCIARE.
federazióne, *sf.* confederazione, → ASSOCIAZIONE.
nomencl. (*inerenti*) Stato federale, federalismo, federalista, federato.
fedífrago, *agg.* mancatore di fede, infedele, sleale, apostata, fello, fellone, → TRADITORE.
contr. leale, fedele.
fedíne, *sf. pl.* → BASETTE.
fégato, *sm.* coratella || *fig.* → CORAGGIO.
nomencl. (*parti*) lobi, ala, cistifellea, coledoco, coleina, iecorina, fiele, bile || (*malattie*) tumore cistico, idropisia cistica, calcolocirrosi, cisti epatica, colecistite, colelitiasi, colica epatica, epatisia, epatite, itterizia, ostruzione, peripatite, tabe epatica || colecistectomia.
fegatóso, *agg.* || *fig.* animoso, → CORAGGIOSO || bilioso, astioso, irascibile, rognoso, rissoso, attaccabrighe.
contr. vile || benevolo, pacifico, buono, indulgente, amabile, mite.
félce, *sf.* adianto, capelvenere, alsofila, botrichio, ceratopteride, ciatea, cicadofelci, scolopendrio, muschio.
nomencl. (*varietà*) maschia, arborea || estratto etereo, acido filicico.
feldispàto, *sm.* feldspato.
nomencl. (*varietà*) gneiss, chesterlite, labradorite || feldspatico, feldspatoidi.
feldspàto, *sm.* feldispato.
felíce, *agg.* beato, allegro, deliziato, giulivo, giubilante, dilettoso, contento, soddisfatto, pago, appagato, soddisfatto, esultante, raggiante || fortunato, favorito dalla sorte, invidiabile, invidiato, benavventurato, avventurato, prospero || auspicato, → FAUSTO, FAVOREVOLE || aureo || → INDOVINATO.
contr. infelice, triste, cupo, tribolato, nefasto.
feliceménte, *avv.* → BENE.
contr. infelicemente.
felicità, *sf.* beatitudine, tripudio, esultanza, giubilo, contentezza, gioia, letizia, paradiso || benessere, bonaccia, delizia, dolcezza, prosperità, fortuna, → CUCCAGNA || *fig.* idillio.
nomencl. *agg.* buona, grande, immensa, intensa, materiale, spirituale, temporanea, eterna, limitata, infinita, assoluta, paradisiaca, passeggera, transeunte, caduca, perfetta.
contr. infelicità, tristezza, tribolazione.
felicitàre, *v.tr.* e *rifl.* congratularsi, partecipare, → COMPLIMENTARE || rallegrarsi, gioire.
felicitazióne, *sf.* → AUGURIO, COMPLIMENTO.
fellóne, *agg.* → FEDIFRAGO, TRADITORE, INFEDELE.
fellonía, *sf. lett.* → TRADIMENTO, INFEDELTÀ, CATTIVERIA.
felúca, *sf.* → BARCA || CAPPELLO.
félze, *sm.* félse → GONDOLA.
fémmina, *sf.* → DONNA || SERRATURA.
contr. maschio.
femminíle, *agg.* → DONNESCO.
contr. maschile, maschio.
femmíneo, *agg.* → DONNESCO || *fig.* → DEBOLE.
contr. maschio, maschile, virile.
femminilità, *sf.* muliebrità, sessualità femminile, dolcezza, tenerezza, delicatezza, amabilità, attrattiva, *sex-appeal* || effeminatezza, snervatezza, pusillanimità, languidezza, mollezza.
contr. maschilità, virilità, maschiezza, risolutezza, forza virile || mascolinità, andrismo, frigidità.
fèmore, *sm.*
nomencl. (*parti*) capo o testa, grande o piccolo trocantere, collo del femore, condilo, cavità condiloidea || coscia.
fendènte, *sm.* → COLPO.
fèndere, *v.tr.* → DIVIDERE, ROMPERE, TAGLIARE || ATTRAVERSARE || *rifl.* → SPACCARE.
fenditúra, *sf.* apertura, falla, incrinatura, screpolatura, fessura, intacco, rotto, schianto, scissura, sdruscitura, spacco, spaccatura, tacca, crepa, fesso, scoppio, screpolo, sfenditura, taglio, → ROTTURA, SQUARCIO.
fènico, *agg.* acido fenico, fenolo.
feníle, *sm.* → FIENILE.
fenòmeno, *sm.* fatto, accidente, cosa, segno, sintomo, indizio || *fil.* apparenza || *fam.* meraviglioso, stupefacente, sorprendente.
nomencl. (*tipi*) fisico, chimico, morale, psichico, sociale, biologico, storico, atmosferico || naturale, artificiale, riflesso, intermittente, costante, periodico.
contr. *fil.* noumeno, essenza || invisibile.
feràce, *agg.* → FECONDO.
feracità, *sf.* → FECONDITÀ.
feràle, *agg.* → FUNESTO, LUGUBRE.
fèretro, *sm.* cataletto, letto funebre || → BARA.
ferìale, *agg.* lavorativo.
contr. festivo.
fèrie, *sf. pl.* → VACANZA, FESTA.
feríno, *agg.* feroce, → BESTIALE, BELLUINO.
feríre, *v.tr.* percuotere, contundere, rompere, cozzare, pungere, forare, frangere, piccare, sbucciare, graffiare, scalfire, sfregiare, ledere, incarnare, incidere, piagare, sbolzonare, scotennare, scorticare, sbuzzare, sbudellare, sdrucire il ventre, far buchi, far squarci, squarciare, trafiggere, vulnerare, accoltellare, crivellare, lacerare, pugnalare, tagliuzzare, passare da parte a parte, immergere il ferro, pungere nel tenero, → COLPIRE || *fig.* fare impressione, colpire (la fantasia o l'immaginazione) || → OFFENDERE || ferire col becco, → BECCARE.
contr. sanare, medicare, curare, cicatrizzare.
feríta, *sf.* lesione, taglio, piaga, lacerazione, scalfittura, scórticatura, incisione, sfregio, trafittura, puntura, morsicatura, sbucciatura, strappo, sdrucio, pugnalata, frecciata, fucilata, squarcio, occhiello, trauma, contusione, ecchimosi, botta, percossa, escoriazione, graffiatura, → COLPO || *fig.* → DOLORE.
nomencl. (*attinenti*) caruncola, crosta, cicciolo, cicciotto, frinzello, margine, raffrigno, schianza || virulenza || (*rimedi*) emostatico, vulnerario, cauterio, sutura, cruentazione, fasciatura, tamponatura, tamponamento, medicazione || benda, fascia, compressa, fila, *catgut*, ovatta, pezza, cerotto, stuello, taffetà, zaffo || *agg.* aperta, chiusa, rimarginata, cicatrizzata, grave, letale, mortale, lacera, lacerocontusa, profonda, penetrante, suppurante, sanguigna, sanguino-

lenta, cancrenosa, inciprignita, insanabile, sanabile, leggera, superficiale, guarita || *verb.* ammarginare, rimarginare, cicatrizzare, chiudere, frizzare, guarire, saldare, stagnare, rinciprignire, risarcire, richiudere, cucire, fasciare, bendare, tamponare, medicare, sanare.
contr. cicatrice, segno, frinzello.
ferità, *sf.* ferinità, selvatichezza, ferocità, → BRUTALITÀ.
feríto, *pps.* di ferire || *agg.* lacero, pesto, piagato, colpito, percosso, contuso, offeso, fracassato, rotto, sfregiato, scorticato, trafitto, accoltellato.
contr. sano, sanato, cicatrizzato, rimarginato, rinsaldato.
feritóia, *sf.* apertura, varco, accesso, passaggio.
fermàglio, *sm.* → BORCHIA, FIBBIA.
fermàre, *v.tr.* arrestare, ammanettare, catturare, allucchettare, inchiodare, impiombare, arginare, ritenere, trattenere, soffermare, raffrenare, rattarpare, rattenere, frenare, far sostare, por freno, impedire || assicurare, opporsi, render stabile, fissare, saldare, stagnare, piantare, agganciare, → ATTACCARE || SOSPENDERE || *fig.* deliberare, stabilire, considerare attentamente || *intr.* e *rifl.* arenarsi, arrenarsi, arrestarsi, puntarsi, posare, piantarsi, requiare, sostare, restare, rimanere, riposare, ristare, ritenersi, soprassedere, stare immobile, stare fermo, soprastare, trattenersi, intrattenere il corso, sospendere il moto.
contr. muovere, avviare || muoversi, avviarsi, incamminarsi, fluire, correre, scorrere, andare || agitarsi, aver la fregola addosso, tremare, fluttuare, scuotersi, sgambettare.
fermàta, *sf.* arresto, sosta, tappa, pausa, stazione, posa, respiro, tregua, alt, interruzione, termine, riposo, intervallo, interruzione, intermezzo.
nomencl. *agg.* obbligatoria, facoltativa, lunga, breve, momentanea, soppressa, a richiesta, tollerata, permessa, proibita.
contr. proseguimento, continuazione, ripresa, scorrimento, andamento, avviamento.
fermentàre, *v.intr.* e *rifl.* → BOLLIRE || *fig.* essere in fermento, in agitazione, in subbuglio || *tr.* produrre fermentazione, far levitare.
fermentazióne, *sf.* → BOLLITURA || *fig.* turbamento, eccitamento di pensieri, riscaldamento di fantasia, desideri repressi; effervescenza, ardore, agitazione degli spiriti.
nomencl. (*tipi*) alcoolica, acetica, amigdalica, ammoniacale, butirrica, caseosa, eterea, lattica, putrida, vischiosa || azimici o antifermentativi || (*inerenti*) enzimologia, zimometro, zimoscopio, zimozimetro || zimotecnica.
ferménto, *sm.* || *fig.* → AGITAZIONE, SUBBUGLIO, TURBAMENTO.
nomencl. lievito, germi, enzimi || *verb.* lievitare, levitare.
fermézza, *sf.* → STABILITÀ, FISSITÀ || risolutezza, → COSTANZA, FORZA, CARATTERE || FEDE.
contr. mutevolezza, volubilità, incostanza, instabilità, incoerenza.
férmo, *pps.* di fermare || *agg.* immobile, immoto, stabile, statico, impalato, impettito, intirizzito, saldo, irremovibile, fisso, interito, stazionario, → DUREVOLE, DURO, COSTANTE || CERTO || CALMO, ENERGICO, FORTE, FRANCO || *sm.* → FORTE.
contr. mosso, mobile, in moto || mutevole, volubile, incostante, instabile, incoerente, debole, agitato, fluttuante, vacillante.
feróce, *agg.* disumano, inumano, spietato, senza pietà, senza cuore, senza viscere di pietà, efferato, sanguinario, violento, aspro, atroce, sadico, → FIERO, CRUDELE, BARBARO, BELLUINO, CATTIVO.
contr. umano, mite, pietoso, bonario, pacifico, misericordioso, generoso, tenero.
feroceménte, *avv.* → CRUDELMENTE.
feròcia, *sf.* ferità, ferinità, → EFFERATEZZA, VIOLENZA, BARBARIE, BRUTALITÀ.
ferràccio, *sm.* → GHISA.
ferraiòlo, *sm.* → GABBANO, CAPPOTTO, MANTELLO.
ferràto, *agg.* ferreo, di ferro || *fig.* fornito, provvisto, edotto (di doti, di argomenti, cognizioni).
fèrreo, *agg.* ferrigno, forte, robusto, tutto d'un pezzo, temprato, resistente, implacabile, → DURO, DUREVOLE, TENACE || *fig.* → ENERGICO, RIGOROSO.
ferrígno, *agg.* → GRIGIO || *fig.* → DURO, ENERGICO.
fèrro, *sm.* || *fig.* → SPADA, PUGNALE || ferro arroventato, → CAUTERIO || *pl.* → MANETTE.
nomencl. (*qualità*) forte, duro, acciaioso, tenero, mezzoforte, mercantile, battuto, laminato, spaccato, naturale, arroventato, brunito, damaschinato, dolce, crudo, rosso, rugginoso, galvanizzato, temprato, zincato, colato, fuso, meteorico, oligisto, micaceo, ossidato, bianco, pieno, duttile, lopposo, malleabile, incandescente, tagliente, vetrino || (*metallurgia o siderurgia*) acciaio, ghisa, ematite, aetite, magnesite, siderite, limonite, pirite, magalese, marcassite, oligisto, siderosio, borchite, grafite, calamita || agro, ballotto, cionconi, ferraccio, ferrareccia, lamiera, massello, piastra, quadretto, bolo, bandone, latta, piattina, reggia, reggetta, reggettone, verga, vergella, bordione, scoria, rosticcio, tondino || (*luoghi e procedimenti*) dadilaio, chioderia, distendino, filiera, fonderia, fucina, lamineria, laminatoio, trafileria, miniera, magona, magoncina, ferriera, rifenditoio, forno, fusorio, crogiolo, martinetto || tempra, cernita, fusione, ricottura, saldatura, spezzatura, torrefazione || ruggine, ossido di ferro, limatura || (*prodotti*) arpagone, aripione, ascia, cardine, catena, chiave, chiodo, incudine, lama, lesina, lima, martello, ruota, serratura, tanaglia, chiavarda, staffa, vite, esse, perno, fermo, reffamenti, ferri (a T, a squadra, a biella, a doppio T, da calza), fil di ferro, gancio, granchio, grappa, grata, linguetta, molinello, paletto, punteruolo, raffio, rampino, raspino, roncola, sbarra, spranga, serpentino, spillo, spina, staffa, succhiello, tasso, tassello, trapano, trappa, verrina, trivella || *verb.* abballottare, appallare, acciaiare, affinare, arroventare, battere, brunire, calamitare, colare, damaschinare, galvanizzare, inacciaiare, laminare, lavorare a freddo, massellare, scavezzare, trafilare, temprare.
ferrovía, *sf.* strada ferrata.
nomencl. (*distinzioni*) nazionale, internazionale, regionale, provinciale, interprovinciale, locale || statale, privata, in concessione, militare || industriale, suburbana, metropolitana, di circonvallazione, sotterranea, aerea, in trincea || a scartamento (normale, maggiore, ridotto), a ingranaggio, a cremagliera (*frs.*), *decauville*, portatile || funicolare, funivía, teleferica || principale, secondaria, di grande comunicazione || (*armamento della linea*) progetto, tracciato, studi, lavori preparatorî, piano

stradale, massicciata, letto di ghiaia o *ballast*, traverse, longarine, rotaie, segnali, scambi, binario (semplice, doppio, pari, dispari, legale, illegale, di raccordo, morto), agio, arpione, chiavarde, giunti, cuscinetti, guida, controrotaia, interbinario, biforcazione, deviatoi (semplici, tripli, apparato centrale, bandiera di segnalamen-

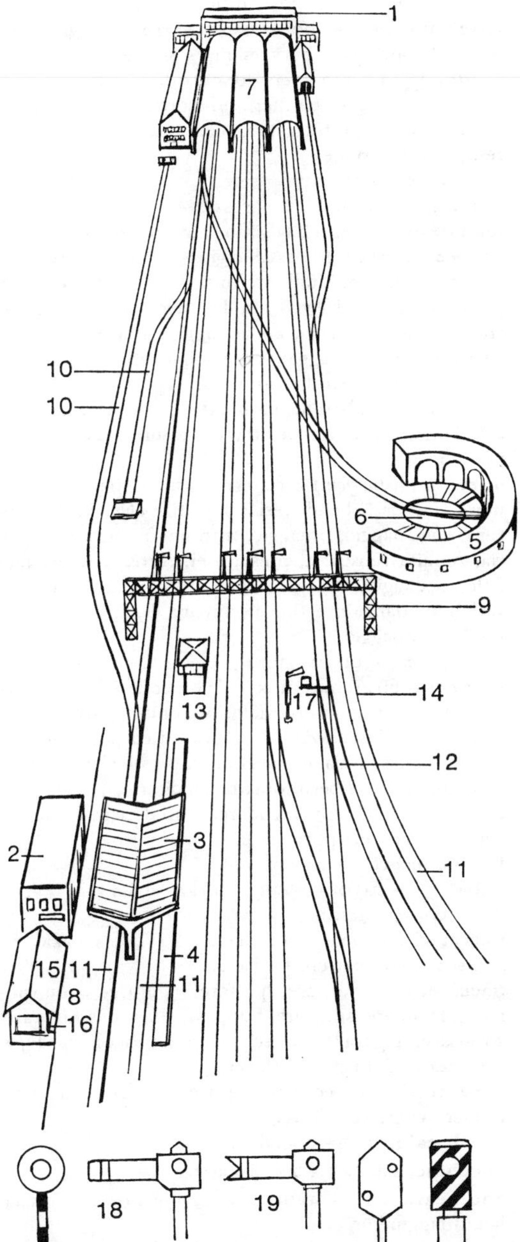

FERROVIA - 1) stazione di testa; 2) stazione di transito; 3) pensilina; 4) marciapiede; 5) deposito locomotive; 6) piattaforma girevole; 7) tettoie; 8) banchina; 9) ponte segnalazioni; 10) binario morto; 11) vie di corsa; 12) diramazione; 13) posto di blocco; 14) rotaia; 15) magazzino; 16) piano caricatore; 17) scambio a mano; 18) segnale di arresto; 19) segnale di avviso; 20) segnali di attesa.

to, petardi, piccone, badile, mazzetta), diramazione, curva, rampa, salita, discesa, passaggio a livello, sottopassaggio, cavalcavia, casello ferroviario, casa cantoniera, galleria o *tunnel* o traforo, viadotto, scarpata, argine, diga || tronco, rete ferroviaria, linea || (*stazione*) principale, secondaria, di testa, di regresso, di smistamento, di transito, di alimentazione, marittima || fabbricato, sala (d'aspetto, degli sportelli, degli apparecchi telefonici e telegrafici), deposito bagagli a mano, magazzino, piano caricatore, deposito delle locomotive, rimessa dei veicoli, sagoma di carico o sagomalimite, banchina, piattaforma girevole, tettoia, marciapiede, pensilina, rifornitori, ponte delle segnalazioni, posto di blocco || (*segnalazioni*) segnali diurni, notturni, ottici, acustici, a luce bianca, rossa o verde || bandiera, campana, disco elettrico, fischietto, dromopetardo, dromoscopio, elettrosemaforo, fanale, fotoscopio, modula bianca a caratteri neri o rossi, modula gialla a caratteri neri, richiamo, tremolo elettrico || via libera, via impedita || (*personale*) direzione generale, servizi centrali, uffici delle direzioni compartimentali, uffici distaccati e magazzini, sorveglianza lavori, depositi e stazioni, squadre, rialzo o ponti in ferro, stazioni, gestioni e treni || funzionari, impiegati (capo compartimento, direttore generale, ispettori, capiservizio, sottocapi servizio, capidivisione, cassieri, allievi ispettori, capimagazzino, capiufficio, applicati, tecnici, controllori, disegnatori, segretari, uscieri, gestori, sorveglianti), agenti (accenditori, cantonieri, deviatori, guardiani d'officina, fuochisti, verificatori, guardiani, manovali, macchinisti, verificatori), operai (aggiustatori, attrezzisti, calderai, cardatori, carradori, elettricisti, falegnami, fonditori, fucinatori, montatori, tappezzieri, tornitori, verniciatori, aiutanti-operai) || utenti, viaggiatori, abbonati, passeggeri, speditori o mittenti, destinatari || (*viaggio*) fermata, salita, corsa, accidente, incidente, attrito, deragliamento, disguido, inaugurazione, manovra, slittamento, scontro, transito, trasbordo, urto || abbonamento, biglietto, bigliettario, bollettino di consegna o di spedizione, foglio di corsa, gruppo, orario, richiesta, tariffa || agenzia di viaggio, bagaglio, baule, collo, campionario, cassa, cesto, sacca, spolverino, valigia, deposito || *verb.* viaggiare, depositare, inviare, spedire (a piccola o grande velocità), svincolare, ritirare la merce.

fèrtile, *agg.* → FECONDO.

fertilità, *sf.* → FECONDITÀ.

fertilizzànte, *ppr.* di fertilizzare || *agg.* e *sm.* → CONCIME.

nomencl. (*indispensabili*) calcio, potassio, fosforo, magnesio, ferro, zolfo || fertilità naturale, accresciuta, legge del minimo (necessario).

fertilizzàre, *v.tr.* → CONCIMARE, COLTIVARE, FECONDARE.

fertilizzazióne, *sf.* → CONCIME.

fèrula, *sf.* → BASTONE.

fervènte, *ppr.* di fervere || *agg.* → BOLLENTE || *fig.* fervido, → ZELANTE.

fèrvere, *v.intr.* → BOLLIRE || *fig.* essere in grande attività.

fèrvido, *agg.* → CALDO || *fig.* → ENTUSIASTA, ZELANTE.

fervóre, *sm.* → CALORE || *fig.* infervoramento, accaloramento, → AFFETTO, IMPEGNO, ZELO.

fervorìno, *sm.* → CONSIGLIO.
fervorosaménte, *avv.* → ENTUSIASTICAMENTE.
fervoróso, *agg.* → BOLLENTE || *fig.* → ZELANTE.
fésso, *pps.* di fendere || *agg.* → ROTTO || *volg.* sciocco, imbecille, stupido || *sm.* fessura, fenditura, crepatura, apertura, → BUCO.
fessúra, *sf.* fenditura, fesso, → BUCO.
fèsta, *sf.* gioia, letizia, tripudio, trionfo, allegria, giubilo || domenica, giorno festivo, festività, vacanza || solennità, anniversario, onomastico, genetliaco, centenario, giubileo || bisboccia, ribotta, sollazzo, divertimento, feria, *festival*, ballo, veglione, gozzoviglia, frenesia, scampagnata, carnevale, sagra, ottobrata, novendiale, baccanale, saturnale, gazzarra, fiera, → ORGIA, BALDORIA || gala, magnificenza, cerimonia, pellegrinaggio, incoronazione || *fig.* → CAREZZA.
nomencl. (*distinzioni*) nazionale, mondiale, religiosa, patriottica, militare, civile, di famiglia, commemorativa, giubilare, tradizionale, paesana, pubblica, privata, di precetto, soppressa, imposta, comandata, mobile, fissa, votiva, liturgica || (*feste particolari*) giorno di nascita, battesimo, prima Comunione, Cresima, matrimonio, nozze d'argento, d'oro, di diamante, anniversari, giorno del santo patrono, giubileo || capodanno, carnevale, ferragosto || (*feste cristiane*) Natale, Pasqua, Pentecoste, Epifania, *Corpus Domini*, ecc. || (*feste civili*) festa dei lavoratori (1° maggio), anniversario della liberazione (25 aprile), della repubblica (2 giugno), ecc. || (*feste giudaiche*) sabato, dei tabernacoli, Pasqua, *purim* || (*feste romane*) baccanali, saturnali, compitali, lupercali, lectisterne, terminalia, ludi, agonali, faunali, matronali, minervali, novendiali, soterie || (*feste greche*) panatenee, eleusine, tesmoforie, dionisiache, doriche, afrodisie, carisie, demetrie, efesie, egemonie, eree, misie || giochi olimpici, nemei, pizici, istimici || (*feste islamiche*) ramadan, bairam || (*pertinenti*) banchetto, luminarie, fontane luminose, fuochi d'artificio, musiche, orchestre, fanfare, concerti, salve, mortaretti, danze, balli, mercati, fiere, alberi della cuccagna, corone, festoni, bandiere, drappi, falò || pompa, gazzarra || *verb.* festeggiare, celebrare, solennizzare, santificare, guastare || ordinare, pavesare, stendere il programma || parare a festa || far le feste, accarezzare.
contr. giorno feriale o di lavoro, lutto.
festaiòlo, *agg.* → GAUDENTE.
festànte, *agg.* allegro, festevole, festoso, gaio, giocoso, piacevole, giubilante, → FESTIVO.
contr. mesto, cupo, chiuso, musone, triste, afflitto, funereo.
festeggiàre, *v.tr.* celebrare una festa, solennizzare (con festa) || banchettare, bagordare, giocondare, giubilare, tripudiare, fare baldoria, menar festa, menar gazzarra || accogliere festosamente, ricevere con onore.
festeréccio, *agg.* → FESTIVO.
festévole, *agg.* → GIOIOSO, FESTANTE, FESTIVO.
festíno, *sm.* gazzarra, imbandigione, bisboccia, → ORGIA, BALDORIA.
festivàl, *sm. indecl. frs.* → FESTA.
festività, *sf.* → FESTA || piacevolezza, allegria.
contr. feria, musoneria.
festívo, *agg.* di festa, festevole, allegro, lieto, giocondo, giulivo, festante, festereccio.
contr. funebre, lugubre, mesto || feriale.
festóne, *sm.* → GHIRLANDA.
festosaménte, *avv.* → BRIOSAMENTE.
festóso, *agg.* → FESTANTE, GIOIOSO.
festúca, *sf.* → FUSCELLO, PAGLIA.
fetènte, *agg.* → PUZZOLENTE, FETIDO.
fetíccio, *sm.* → AMULETO, IDOLO.
feticísmo, *sm.* → IDOLATRIA, FANATISMO || *fig.* → AFFETTO || morbosità, perversione sessuale.
fètido, *agg.* fetente, mefitico, putrido, nauseante, puzzolente, appestante, pestifero, ammorbante, miasmatico.
contr. profumato, fragrante, olezzante.
fèto, *sm.* embrione.
fetóre, *sm.* → PUZZO.
fétta, *sf.* → PARTE || fetta grossa, → FALDA.
feudalésimo, *sm.* feudalismo, regime feudale.
nomencl. (*inerenti*) vassallaggio, beneficio, nobiltà, onore, cavalleria, titoli, stemma || castello, dominio, giurisdizione || (*obblighi*) allodio, decima feudale, *corvée*, milizia, laudemio, appannaggio, alta e bassa giustizia, fedeltà e omaggio, fellonia || investitura, apprensione || maggiorasco || immunità.
feudatàrio, *sm.* barone, baronetto, burgravio, castaldo, castellano, conte, signorotto, valvassore, vassallo, valvassino.
nomencl. (*distinzioni*) laico, ecclesiastico, maggiore, minore || affidati, bandieresi || (*diritti e obblighi*) investitura, vassallaggio, omaggio, immunità, tributo, signoria, rendita censuaria, prestazioni, *corvée*, decima feudale, pedaggio, diritto di batter moneta, ripatico || *verb.* infeudare, investire, nominare || giurare fedeltà, rendere omaggio.
fèudo, *sm.* → DOMINAZIONE.
nomencl. (*tipi*) grande, piccolo, laico, ecclesiastico, camerale, imperiale, ministeriale, sovrano, castrense, di abitazione, di avocazia, di caneva, di corpo o ligio, di dignità, di gastaldia, di guerra o di prime armi, di velo o di conocchia, libero, oblato, ereditario, personale || diritto feudale || *verb.* infeudare, concedere in feudo, investire, togliere, apprendere, dividere.
fèz, *sm. indecl.* → BERRETTO.
fiàba, *sf.* → FAVOLA || CHIACCHIERA, BUGIA.
fiabésco, *agg.* irreale, → FAVOLOSO.
fiàcca, *sf.* fiaccona, → DEBOLEZZA || SVOGLIATEZZA.
nomencl. *verb.* battere la fiacca.
fiaccàre, *v.tr.* affaticare, spossare, logorare, → INDEBOLIRE || rompere, spezzare, frangere, slogare, schiantare, stroncare, logorare, accasciare, → ADDOLORARE || *fig.* rintuzzare, domare, → FRENARE.
contr. rinvigorire, eccitare, aizzare, dar forza, dar vita, rendere energico, alacre.
fiaccheràio, *sm.* → COCCHIERE.
fiàcchere, *sm.* → FIACRE, CARROZZA.
fiacchézza, *sf.* → DEBOLEZZA || svogliatezza, pigrizia, fannullaggine.
contr. lena, vigore, fiato, resistenza, forza, attività.
fiàcco, *agg.* stanco, stracco, spossato, affaticato, snervato, sfiaccolato, slogato, rotto, cascante, svogliato, sfinito, esausto, svigorito, smidollato, apatico, melenso, → DEBOLE || indolente, lento, pigro || fievole || *fig.* evirato.

contr. vigoroso, forte, energico, alacre, attivo, temprato.
fiàccola, *sf.* face, teda, torcia, facella, fiamma, fanale, falcola || elettrica || *fig.* luce, lume.
nomencl. *agg.* ardente, luminosa, accesa || fiaccolaio, tedòforo, torciere || *verb.* tener alta, portare, accendere, spegnere.
fiaccolàta, *sf.* → ILLUMINAZIONE.
fiaccóna, *sf.* fiacca, → DEBOLEZZA || → SVOGLIATEZZA.
fiacre, *sm. fr.* fiàcchere, → CARROZZA.
fiàla, *sf.* → BOTTIGLIA.
fiàmma, *sf.* lingua di fuoco, vampa, → FUOCO || FIACCOLA || *fig.* ardore, entusiasmo, vigore, fervore, passionalità, → AMORE, AMANTE || mostrina, → BANDIERA.
nomencl. (*inerenti*) baldoria, falò, fuoco, fiammella, fiammettina, brace, favilla, scintilla, fiammata || *agg.* alta, bassa || ardente, bruciante, splendente, accesa || *verb.* fiammare, fiammeggiare, infiammarsi, lambire, levar la fiamma, accendere, alimentare, smorzare, spegnere || dare una fiammata, fare una fiammata, pigliare una fiammata.
contr. *fig.* freddezza, frigidezza, apatia, fiacca, indifferenza.
fiammànte, *agg.* splendente, risplendente, scintillante, fiammeggiante, corrusco, sfavillante, lustro || giovane, giovanile, ardente, fervente, entusiasta, caldo, appassionato, amoroso, nuovo, vistoso.
contr. offuscato, opaco, fosco, spento, smorto || vecchio, invecchiato, avvizzito, stracco, rassegnato, calcolato.
fiammàta, *sf.* falò, vampa, vampata, → FUOCO || *fig.* entusiasmo, amore passeggero, capriccio.
nomencl. *verb.* dare, ricevere, fare una fiammata.
contr. fuoco lento, cenere.
fiammeggiànte, *ppr.* di fiammeggiare || *agg.* → FIAMMANTE.
fiammeggiàre, *v.intr.* divampare, risplendere, splendere, ardere, sfavillare, far fiamma, mandar vampe, → BALENARE.
contr. spegnersi, estinguersi || avvizzire, rinsecchire.
fiammífero, *sm.* cerino, fulminante, zolfanello, zolfino || *fig.* chi è accendibile, infiammabile, irascibile.
nomencl. (*suddivisioni*) di legno, di cera, antifosforico, ossigenato || da tasca, da camera, da cucina || con lo stianto o schianto o senza || svedese o di sicurezza || al fosforo bianco o rosso || (*parti*) stecchino, stoppino, pasta infiammabile (zolfo polverizato, fosforo, clorato di potassa, minio, acqua di gomma) || portafiammiferi, scatola di fiammiferi, fiammiferaio, rivendita di fiammiferi || *verb.* accendere, riaccendere, sfregare.
fiammínga, *sf.* → PIATTO.
fiancheggiàre, *v.tr.* sostenere, aiutare, collaborare, fare ala, → AFFIANCARE || FORTIFICARE || *fig.* → AIUTARE.
fiancheggiàto, *pps.* di fiancheggiare || *agg.* → DIFESO.
fiànco, *sm.* anca, costato, cintola, vita || canto, lato, banda || fianco della nave, bordo || *fig.* grembo materno.
nomencl. (*attinenti*) cintura, cingolo, zona, corda, cinghia || *verb.* sfiancare, fiancheggiare, far ala, far spalliera, sciancare, sfiancarsi || cingere i fianchi.
fiàsca, *sf.* → BORRACCIA.
fiaschétta, *sf.* → BORRACCIA, FIASCO.
fiàsco, *sm.* fiaschettino, fiaschetta, fiaschetto, fiascone, → BOTTIGLIA || *fig.* → INSUCCESSO.
nomencl. (*affini*) damigiana, saggiolo, mezzetta, ottavino, quartino, terzino, foglietta, bassetta || beverino, beriolo, poppatoio, succino || (*parti*) bocca, collo, pancia, cappietto, corda, radone, pannina, treccia, veste || portafiaschi, reggifiasco, tappo da sala, tromba da fiaschi, turo || fiaschetteria, fiascheria || *agg.* abboccato, rabboccato, sboccato, asciutto, sgocciolato, ignudo o spogliato o svestito, scemo, segnato, senza segno || *verb.* abboccare, rabboccare, sboccare, infiascare, sgrondare, sturare, trombare, rompere il collo, impagliare, fiascheggiare, scollare, stianciare.
fiatàre, *v.intr.* → ESALARE, RESPIRARE || PARLARE.
fiàto, *sm.* alito, respiro, soffio, sospiro, → ESALAZIONE || sbuffo, aura || → ANIMA || *fig.* forza, resistenza, energia, lena, vigore, gagliardia.
nomencl. (*affini*) fiatata, sfiato, tanfata, flato, flatulenza, spirito || strumenti a fiato || *agg.* buono, cattivo, puzzolente, grosso, pesante || sfiatato || *verb.* fiatare, alitare, spirare, inspirare, respirare, coalitare, esalare, ispirare, rialitare, sbuffare, soffiare, soffocare.
contr. soffocazione, mancanza di respiro || mancanza di forza.
fíbbia, *sf.* bóccola, fermaglio, fibula.
nomencl. delle scarpe, dei calzoni, da vestito, da fornimenti, di cavallo || (*parti*) anello, ardiglione, cartella, gangherini, gruccia, pernietto, staffa || *verb.* affibbiare, allentare, raffibbiare, sfibbiare.
fíbra, *sf.* filamento, filo, fibrilla, tiglio || *fig.* costituzione fisica, complessione || vigore, energia, forza muscolare, nervosa, resistenza, → INDOLE.
nomencl. (*distinzioni*) muscolare, nervosa || corticale, legnosa, tessile, sintetica, vulcanizzata || (*inerenti*) anelli, fascetto, tessuto cellulare, cellule, cartilagine, tessuto fibro-cartilagineo, cordone, nervatura || *verb.* sfibrare, infibrare.
contr. debolezza, fiacchezza, l'essere sfibrato, sfiatato.
fibrílla, *sf.* → FIBRA.
fibròma, *sm.* → TUMORE.
fibróso, *agg.* filamentoso, legnoso, tiglioso, duro.
contr. molle, tenero, morbido, debole.
fíbula, *sf.* fibbia || perone.
ficcanàso, *agg.* ficchino, invadente, curioso, indiscreto, → INTRIGANTE.
ficcàre, *v.tr.* e *rifl.* introdurre, spinger dentro, conficcare, incastrare, cacciar dentro, cacciare a forza, configgere, immergere, penetrare, introdurre, intromettere, piantare, fissare, imbiettare, figgere, insinuare, profondere, rificcare, inframmettere, incuneare, → ENTRARE.
contr. sconficcare, strappare, divellere, svellere, estirpare.
ficcàto, *pps.* di ficcare || *agg.* → FITTO.
fíco, *sm.*
nomencl. (*specie, varietà*) batignanese, bittontone, cadrolino, cotignolo, dragoncello, fontanello, garaoncino, rondinino, troiano, albo, asinaccio, badalene, brogiotto, calderugio, caprifico, castagnolo, corteccione, dottato, delle pagode, d'India, elastico, velenoso, fiorone, gentile, lardaiolo, ottato, paradisiaco, piattolo, portogallo, sampiero, settembrino, sicomoro, verdino, zuccaiolo || (*parti*) acino, gocciola, latte o lattifico, picciòlo, piccia, rocchio, sicònio || (*frutto*) maturo, appassito, alla

gocciolina, passo, spappolato, annebbiato, afato, risecchito, schiatericcio, vettaiolo || fichisecchi, caprificazione || *verb.* gemere, stillare latte.

fictène, *sm.* → PUSTOLA.

fidànza, *sf. lett.* → FIDUCIA.

fidanzàre, *v.tr.* e *rifl.* promettere, promettersi, impegnarsi in matrimonio.

fidàre, *v.tr.* affidare || *intr.* confidare, aver fiducia, dar credito, non sospettare, confidarsi, aprirsi.

contr. diffidare, non si fidare, temere.

fidatézza, *sf.* → FIDUCIA.

fidàto, *pps.* di fidare || *agg.* fido, sicuro, fedele, devoto, leale, di provata fedeltà, provato, accertato, certo, sperimentato.

contr. infido, infedele, sleale, perfido, fellone.

fideiussióne, *sf.* → MALLEVERIA, AVALLO.

fideiussóre, *sm.* → MALLEVADORE, AVALLANTE.

fidènte, *agg.* → FIDUCIOSO, SERENO.

contr. diffidente, malfidente, sfiduciato, sconfidato.

fído, *agg.* → FIDATO || *sm.* → CREDITO.

fidúcia, *sf.* fede, fidanza, fidatezza, affidamento, assegnamento || confidenza, dimestichezza, stima || credito, credenza || opinione sicura, sicurezza, certezza, serenità || speranza, aspettazione, abbandono.

nomencl. in se stessi, negli altri, in Dio || *agg.* assoluta, illimitata, cieca, completa, totale, incondizionata, infinita, immensa, sconfinata, piena, debole, malcerta, insicura, relativa, scossa, soverchia, esagerata, irragionevole, meritata, demeritata, tradita, mal riposta, ben riposta || *verb.* meritare, ispirare, tradire, demeritare, avere, mancare, diffidare, non si fidare, confidare.

contr. sfiducia, diffidenza, ansietà, discredito, incertezza.

fiduciàrio, *agg.* e *sm.* → DEPOSITARIO.

fiducióso, *agg.* fidente, sicuro, sereno, pieno di speranza, credulo, abbandonato, tranquillo.

contr. diffidente, malfidente, incredulo, sconfidato, sfiduciato.

fièle, *sm.* bile || *fig.* rancore, ruggine, → IRA, ODIO, AMAREZZA.

fieníle, *sm.* fenile, fienaia.

fièno, *sm.* → ERBA, BIADA, FORAGGIO.

nomencl. (*varietà*) maggengo o maggese, agostano, terzuolo, quartirolo || guaime, lupinella, pagliettone, paleo, trigonella || asperella, fiorume, rosume, ventolana || (*attinenti*) taglio, covone, mucchio, monte, posta, profenda, forcata || falce, fienaia, macchina voltafieno, carro, fienile, botola, forca || *agg.* asciutto, ribollito, stagionato || *verb.* affienare, abbarcare, fare fieno, mettere a fieno, falciare, spargere, far essiccare, raccogliere, caricare, riporre, ravviare, rastrellare, tagliare, imballare.

fièra¹, *sf.* → BELVA.

nomencl. (*inerenti*) covile, gabbia, tana, serraglio, parco || branca, usta || bestiario || domatore || *agg.* bestiale, crudele, immane, ferino, feroce || *verb.* fremere, fremire, bramire, ruggire, urlare || imbestialire, imbestiarsi, infierire, incrudelire.

fièra², *sf.* esposizione, mercato, → FESTA.

nomencl. (*tipi*) nazionale, internazionale, regionale, locale || specializzata, campionaria, di merci, di bestiame, di macchine, tessile, del ciclo, del motociclo, dell'automobile, della radio, ecc. || di divertimenti, di beneficenza.

fierézza, *sf.* → ORGOGLIO, DIGNITÀ, FORZA.

fièro, *agg.* non domato, indomito, non civile, non pieghevole || dignitoso, insofferente, altero, inflessibile, sdegnoso || valoroso, ardito, intrepido, gagliardo || aspro, feroce, violento, terribile, crudele, furioso, truce, spaventevole, efferato.

contr. mansueto, mite, umile || vile, pauroso, remissivo.

fièvole, *agg.* → DEBOLE, FLEBILE || FIACCO.

fífa, *sf. fam.* paura.

nomencl. fifone || *verb.* aver fifa.

fígaro, *sm.* BOLERO, GIACCA || *scherz.* → BARBIERE.

fíggere, *v.tr.* → FICCARE.

figliàre, *v.intr.* partorire (di animali).

nomencl. figliata, covata, nidiata.

fíglio, *sm.* prole, rampollo, nato, genito, figliastro, creatura, frutto, figliolo, fanciullo, ragazzo, giovane, → DISCENDENTE, EREDE || *fig.* figliolame, → PIANTA.

nomencl. (*distinzioni*) legittimo, naturale, uterino, adulterino, bastardo, spurio, consanguineo, consobrino || gemello, unigenito, primogenito, secondogenito, ultimogenito, cadetto, postumo, di primo, di secondo letto || settimino, di famiglia, di latte, adottivo, orfano, pupillo, trovatello, esposto, abbandonato || mulatto, meticcio || spirituale, di reggimento, di convento, d'arte || (*pertinenti*) atavismo, ereditarietà, paternità, maternità (naturale, legittima), patria potestà, adozione, arrogazione, tutela || *agg.* prodigo, snaturato, inumano, crudele, buono, servizievole, docile, educato, obbediente, viziato || *verb.* adottare, emancipare, educare, riconoscere, legittimare, esporre, abbandonare, tutelare, viziare || madreggiare, padreggiare.

figliòccio, *sm.*

nomencl. comare, compare, madrina, padrino || battesimo.

figliolàme, *sm. spreg.* figliolanza.

figliòlo, *sm.* → FIGLIO.

fígnolo, *sm.* → PUSTOLA, TUMORE.

figulína, *sf.* → CERAMICA.

fígulo, *sm.* → VASAIO.

figúra¹, *sf.* forma, sembianza, aspetto, immagine, configurazione, conformazione || fattezze, lineamenti, → VOLTO || ritratto, → EFFIGIE, ILLUSTRAZIONE || CORPORATURA || ALLEGORIA, ATTORE || APPARENZA.

nomencl. (*varie*) prismatica, quadrangolare, rettangolare, poliedrica, geometrica || delle carte da gioco || (*equivalenti*) prospettiva, contorno, linea, schema || figurona, figuraccia, figurone || adombrazione, anello, emblema, fantasia, rilievo, ritratto, fotografia, sghembo, *silhouette*, profilo, tipo || figurino, modello || *agg.* regolare, irregolare, bella, brutta, difettosa, deforme, grottesca, ridicola || in tondo, in quadrato, in lungo, in largo, a cerchio || *verb.* adombrare, figurare, raffigurare, delineare, contraffare, risaltare, spiccare, sfigurare, trasfigurare o transfigurare, rilevare, incarnare, imitare, far bella mostra, assomigliare || far una bella, brutta, pessima figura, ben figurare.

figúra², *sf.* tropo, traslato || → ESPRESSIONE, RETORICA || grammaticale, → GRAMMATICA.

figuràre, *v.tr.* raffigurare, rappresentare, sembrare, atteggiarsi, mostrarsi || → DISEGNARE, DIPINGERE. EFFIGIARE, DESCRIVERE || ALLEGORIZZARE || IMMAGINARE.

figuratívo, *agg.* → SIMBOLICO || ENIMMATICO.

figuràto, *pps.* di figurare || *agg.* illustrato || rappresentato con figure, immagini || creduto, sembrato.

contr. astratto.

figurazióne, *sf.* → DISEGNO, IMMAGINE.

figurísta, *sm.* → PITTORE.

fíla, *sf.* allineamento, linea, filiera, ordine, serie, riga, sfilata, trafila, teoria, filare, infilata, coda, filza, andana, fuga, rango, filastrocca, filatessa (*ant.*), → DISTESA.

nomencl. (*inerenti*) capofila, allineamento, allineato, serrafile || *agg.* lunga, interminabile, lenta, tarda, distesa, regolare, irregolare, ingrossata, rimpicciolita || *verb.* sfilare, mettere, tenere, andare, stare, serrare, schierare, ordinare, rigare || ingrossare.

filaménto, *sm.* → FIBRA.

filamentóso, *agg.* → FIBROSO.

filànda, *sf.* filatoio, setificio.

nomencl. (*materiale*) bozzoli, ammasso, aspata, fiocchi o barbe, bava, ragna, rigaglia, sinighelle, stracci || (*strumenti*) arpa, aspo, bacinella, caldaia dei bozzoli, cardatrice, filiera, fuso, gancetti, incannatoio, sbattitrice, strettoio, torcitoio, valico o arcolaio, stile || (*persone*) filandiere, filandaia, maestrina, trattore || (*azioni*) assaggio, incrociatura, rimondatura dei bozzoli, trattura, stufatura, sbattitura, scrudimento || *verb.* sbroccare, scrudire, stufare.

filantropía, *sf.* altruismo, umanitarismo, → AMORE, BONTÀ, BENEFICENZA.

contr. misantropía.

filantropicaménte, *avv.* umanitariamente, altruisticamente, → CARITATEVOLMENTE.

contr. misantropicamente.

filàntropo, *agg.* → BUONO, UMANO || *sm.* → BENEFATTORE.

contr. misantropo.

filàre[1], *v.tr.* far scorrere, unire, ridurre in filo || accoccare, annaspare, appennecchiare, prillare, riaccoccare, rifilare, ritorcere, scoccare, sconocchiare, torcere, dipanare, aggomitolare || filare grosso, sottile, pieno, vuoto || a prezzo, a sconto || *intr.* percorrere, procedere, velocemente, andarsene in fretta, → ANDARE, FUGGIRE || *fam.* rigar diritto || *neol. fam.* amoreggiare, frascheggiare.

nomencl. (*tessitura*) accia, agugliata, cascame, filaticcio, filato, filo, gnoli, lucignolo, refe, filaccia || torca, fuso, pennecchio, conocchia, arcolaio, aspo, penso, rocchetto, laccetto, pensiero, pergamena, struscia.

filàre[2], *sm.* → FILA.

filarmònico, *agg.* e *sm.* → MUSICOFILO.

filastròcca, *sf.* cantafavola, cantafera, tantafera, cantilena, chiacchierata, tiritera, tirata, filatessa, lungaggine, lungagnata, filastroccola || → FILA.

filatèlico, *agg.* e *sm.* filatelista.

nomencl. (*arnesi*) raccoglitore, album, pinza, francobollo, marca da bollo, catalogo || *agg.* appassionato, intenditore, provetto, dilettante || di professione.

filatéssa, *sf. ant.* fila, filastrocca.

filatelísta, *sm.* e *f.* → FILATELICO.

filàto, *pps.* di filare || *agg.* ordinato, senza intoppi || *sm.* lavoro del filare, fibra tessile filata.

nomencl. (*materia*) di lana, di lino, di canapa, di cotone.

filatóio, *sm.* → FILANDA.

filatúra, *sf.* atto di filare.

nomencl. (*modi e materia*) a mano, a macchina, in grosso, in fino, in bianco || bambagia, bavella, capecchio, cascami, filato, impasto, lucignolo, ordito, ritorto, trama, titolo || (*strumenti*) filatoi continui, discontinui || rocca o connocchia, fuso, arcolaio, aspo o naspo, arrotatrice, banco (a fusi, finitore), battitoio, graticci, navetta, pettinatrice, *ring*, rompiballe, stiratoio, carda, distenditore, eriometro, idroestrattore, incannatoio, lavatrice a caldo, lucidatrice, maciullatrice, orditoio, pulitoio, ritorcitoio, riunitore, scatolatrice, stiratoio, tavelle, rocchetto, verghe || (*operazioni*) addoppiamento, apparecchio, battitura, cardatura, gramolatura, invergatura, macerazione, ordimento, pettinatura, scotolatura, spelazzatura o mollettatura, stagionatura || *verb.* addoppiare, binare, cardare, dipanare, gramolare, incannare, scanellare, macerare, ordire, scotolare, stagionare, torcere, valicare.

filétto, *sm.* striscia, cordoncino, fregio, ornamento || → BISTECCA, LOMBATA || linea tipografica || tratto, trattino || frenulo, legamento della lingua || morso, imboccatura da cavalli || trio (*gioco*).

nomencl. filettatrice, filettatura || vite || *verb.* filettare.

filiàle, *agg.* del figlio, figliale || *sf.* succursale, dipendente (casa).

contr. casa madre, principale.

filibustière, *sm.* → PIRATA, BANDITO, AVVENTURIERO.

filièra, *sf.* trafila, fila.

filíppica, *sf.* invettiva, orazione violenta, → DISCORSO.

filistèo, *agg.* e *sm. spreg.* benpensante, grossolano, borghese, mediocre, tradizionalista, di cattivo gusto, conformista.

nomencl. filisteismo.

film, *sm. indecl.* pellicola || opera cinematografica.

fílo, *sm.* refe, → FIBRA || LINEA || TAGLIO (del coltello) || *fig.* elementi, serie di fatti, idee.

nomencl. (*vari*) addoppiato, doppio, ritorto, a due o tre o quattro capi, di refe, di ferro, di rame, d'oro, d'argento || conduttore || (*inerenti*) accia, batuffolo, bandolo, bazza di fil di ferro, bioccolo, faldella, fiocco, fuso, gomitolo, groppo, nodo, groviglio, gugliata, incannata, maglia, matassa, matassina || ordito, piumaccino, rete, rocchetto, viluppo || *agg.* aggrovigliato, arruffato, crudo, grosso, sottile, medio, invisibile, raggomitolato, catramato || *verb.* abbatuffolare, abbindolare, accannellare, addipanare, dipanare, addoppiare, affaldellare, aggomitolare, aggrovigliare, ammannellare, ammatassare, annaspare, arruffare, avvolgere, avvolticchiare, difilare, infilare, filare, imbrogliare, incannare, infilzare, intrecciare, intrigare, prillare, riaffilare, scrudire, sfilare, sfilacciare, sfioccare, torcere.

filodrammàtico, *agg.* e *sm.* → DILETTANTE.

filología, *sf.* → GLOTTOLOGIA.

filóne, *sm.* strato, vena, direzione, venatura.

filoneísmo, *sm.* neofilia, neoterismo.

contr. misoneismo.

filosofía, *sf.* scienza del vero, amore della sapienza,

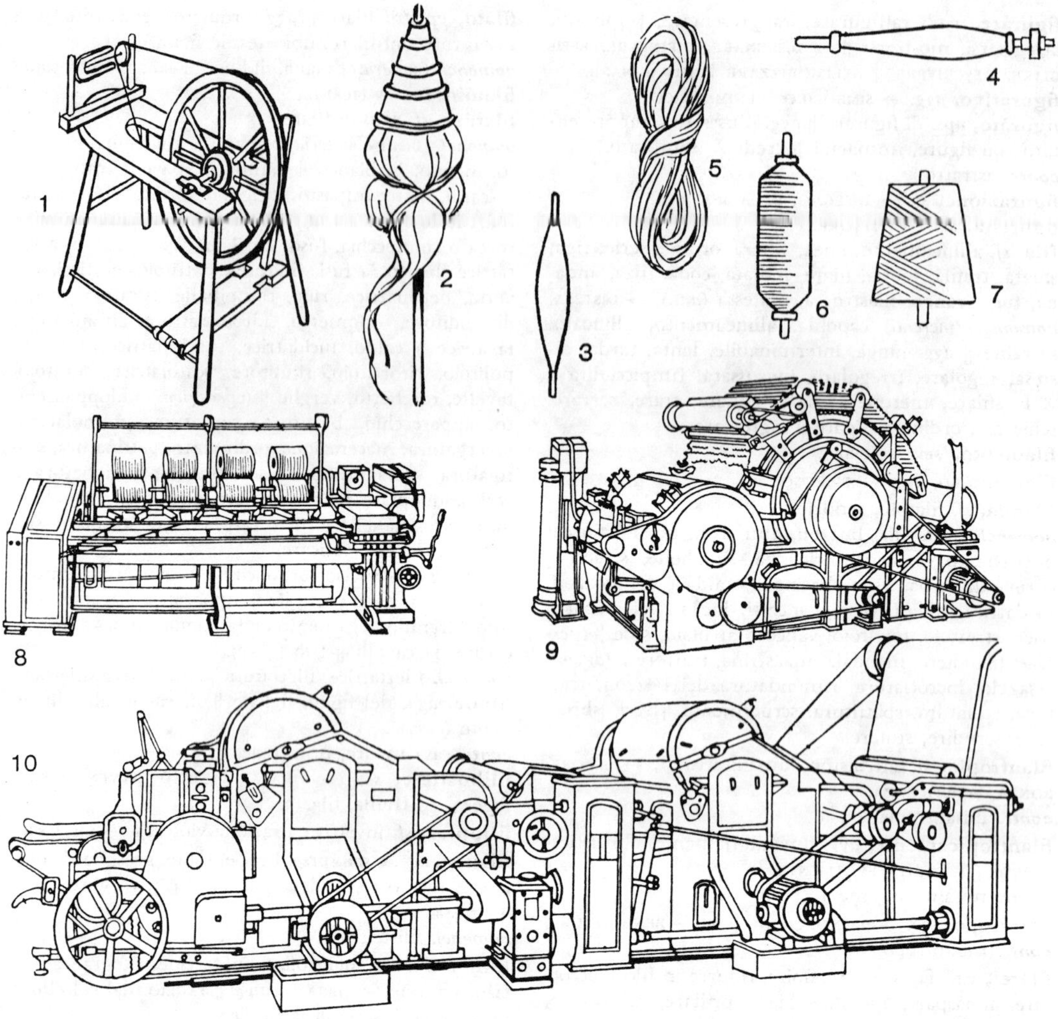

FILATURA A MANO E MECCANICA – 1) arcolaio; 2) rocca; 3) fuso; 4) fuso meccanico; 5) matassa; 6-7) rochetti; 8) pettinatrice; 9) carda; 10) battitoio doppio e faldatrice.

della scienza, speculazione || sistema, indirizzo filosofico || *fig.* serenità d'animo, virtú d'animo.

nomencl. (*parti*) metafisica, cosmologia, gnoseologia, dialettica, antropologia, psicologia, estetica, logica, morale o etica, sociologia, pedagogia, teologia naturale o teodicea, ontologia, metodologia, economia politica || (*dottrine*) spiritualismo, materialismo, razionalismo, panteismo, scetticismo, intellettualismo, dogmatismo, naturalismo, empirismo, sensismo, determinismo, fatalismo, atomismo, fenomenismo, dinamismo, probabilismo, relativismo, idealismo, criticismo, realismo, utilitarismo, edonismo, individualismo, teismo, ateismo, gnosticismo, agnosticismo, esistenzialismo, nichilismo, dualismo, ottimismo, pessimismo, enciclopedismo, averroismo, cartesianismo, casualismo, concettualismo, occasionalismo, eclettismo, emanatismo, epicureismo, stoicismo, formalismo, giudaismo alessandrino, hegelismo, marxismo, illuminismo, indeterminismo, kantismo, manicheismo, misticismo, monadismo, neoaristotelismo, neokantismo, neopitagorismo, neoplatonismo, neoscetticismo, neoscolastica, tomismo, neotomismo, nominalismo, occamismo, occasionalismo, sentimentalismo, sincretismo, sperimentalismo, teosofia, umanitarismo || (*scuole*) ionica, eleatica, cirenaica, megarica, socratica, sofistica, cinica, platonica, accademia, liceo, peripatetica o aristotelica, stoica, epicurea, italica, pitagorica, alessandrina, pirronica, manichea, scolastica, patristica, cartesiana, positivistica, evoluzionistica, kantiana, pragmatistica, intuizionistica, bergsoniana, spiritualistica, neoscolastica, rosminiana, idealistica, realistica, immanentistica, empiristica || (*terminologia*) accidentale, analisi, anima, pensiero, intelletto, spirito, apodittico, a-priori, a-posteriori, archetipo, assoluto, astrazione, atomo, attività, azione, categoria, causa, effetto, causalità, cognizione, concetto, concezione, concreto, cosa, demiurgo, dottrina, efficienza, elemento, ente, esperienza, essenza, evoluzione, facoltà, fenomeno, forma, idea, identità, idolo, inconoscibile, individualità, innato, in sé, per sé, intenzione, involuzione, ipotesi, tesi, antitesi, sintesi, io, non io, legge, metempirico, metempsicosi, libero arbitrio, metodo, mondo, nozione, noumeno, nous, oggetto, potenza, primo principio, psiche, quiddità, ragionamento, ragione, razionale, realtà, relativo, ricognizione, scuola, sistema, soggetto, sentimento, sinergia, trascendenza, universale, verità, vero || (*persone*) filosofo, discepolo, seguace, proselito, alunno, partigiano, commentatore || (*spreg.*) filosofume, filosofaggine, filosofaglia, filosofesco, filosofema || *verb.* filosofare, filosofeggiare.

filòsofo, *sm.* dialettico, sofo, pensatore.

nomencl. *spreg.* filosofante, filosofastro, filosofetto, filosofuzzo, filosofessa || filosofume || *agg.* profondo, acuto, penetrante, originale, pedissequo, sottile, superficiale.

filtràre, *v.tr.* → DISTILLARE || colorare.

filtrazióne, *sf.* decantazione.

fíltro, *sm.* → COLATOIO || MALIA.

filugèllo, *sm.* → BACO.

fílza, *sf.* → FILA || infilzata, fascio (di documenti) || filza di perle, → COLLANA.

nomencl. *verb.* infilzare, infilare, sfilare, sfilzare.

fímbria, *sf.* → FRANGIA.

finàle, *agg.* definitivo, decisivo, → ESTREMO, ULTIMO || *sm.* ultima parte di romanzo, commedia, ecc., → CONCLUSIONE.

finalità, *sf.* → FINE.

finalménte, *avv.* alfine, alla fine.

finànza, *sf.* demanio, fisco, erario || *pl.* → DENARO.

nomencl. (*distinzioni*) pubblica, statale, privata || (*persone*) agente, guardia di finanza o finanziere; gabellotto, intendente, perequatore || uffici finanziari || (*inerenti*) circolazione, costituzione di rendita, diritto finanziario, fisco, incameramento; operazione || *agg.* florida, stremata || *verb.* dissestare, rassettare, riassestare, restaurare, ristorare || essere, navigare, trovarsi in buone o cattive acque || fiscalizzare, dissanguare, sperperare.

finanzièra, *sf.* → MANTELLO.

fíne[1]**,** *agg.* fino, sottile, minuto, esile || acuto, aguzzo, appuntito || *fig.* sagace, → ASTUTO || squisito, sopraffino, perfetto, → ECCELLENTE || raffinato, signorile, aggraziato, gentile, delicato, garbato, → ELEGANTE || (di metallo) → PURO.

contr. grosso, spesso || grossolano, volgare, rozzo, plebeo, comune, dozzinale.

fíne[2]**,** *sm.* e *f.* cessamento, cessazione, conclusione, chiusa, chiusura, adempimento, compimento, coronamento, consumazione, estinzione, termine, fondo, cima, estremo, limite, confine, capo, punta, → ESTREMITÀ, ESAURIMENTO; MORTE || perfezione, riuscita, successo, risultato, conseguimento, → EFFETTO, ESITO || *sm.* obbiettivo, intenzione, intento, intendimento, proposito, aspirazione, mira, finalità, vista, progetto, meta, disegno, oggetto, → SCOPO.

nomencl. *agg.* ultimo, estremo, conclusivo, supremo, postremo, prossimo, immediato, mediato, lontano || particolare, generale, universale, assoluto, incondizionato, relativo, razionale, irrazionale, immanente, trascendente, terreno, materiale, spirituale, immateriale, perfetto, imperfetto, necessario, immaginario, deliberato, proporzionato, sproporzionato, interiore, intrinseco, estrinseco, esterno, nobile, generoso, grande, grandioso, buono, ottimo, massimo, sommo, cattivo, malvagio, sicuro, scontato, atteso, aspettato, predisposto.

contr. principio, cominciamento, avviamento, inizio || nascita.

finèstra, *sf.* apertura, → BALCONE || finestrino, finestrona, finestrone.

nomencl. (*varie forme*) bifora, trifora, quadrifora, pentafora, polífora || lunetta, mezzaluna, occhio, rosta, vetrata,a sesto acuto, a tutto sesto, quadrata, rettangolare, ovale, tonda, bassa, alta, larga, stretta, a botola, a croce, a tramoggia, a uscio, a terrazzino, imbutiforme, impannata, invetriata, inginocchiata, istoriata, reticolata, trigemina || (*parti*) brachettone, cornicione, davanzale, fianchi, piedritti, alette, imbotte, luce, parapetto, righinetta, soglia, sopraornato, spalletta, stipite, strombatura, terrazzo || affissi (agganciatoio, arpione, bandella, cardine, chiavistello, contrafforte, forchetti, nasello), balaustra, cassetta, cateratta, impannata, controimpannata, gelosia, graticola, grata, imposte, intelaiatura, inferriata, invetriata, lastra, mulinello, nottola, persiana, ringhiera, sgocciolatoio, sportello, telaio, tendina, tramoggia, traversa, trespolo, ventarola, ventola, vetrata, vetro || spiraglio, riscontro, scala || *verb.* abbattere, accecare, chiudere, socchiudere, accostare, aprire, spalancare, sciorinare || affacciarsi, sporgersi, guardare, spiare.

finézza, *sf.* → ECCELLENZA, NOBILTÀ || CORTESIA, GRAZIA || CAREZZA || ASTUZIA || (di gusto), → DELICATEZZA || elaboratezza, diligenza, cura, grazia, squisitezza, garbatezza, attenzione, accuratezza || → SOTTIGLIEZZA || (di metalli) → PUREZZA.

contr. grossolanità, negligenza, noncuranza, trascuratezza, villania, zotichezza.

fíngere, *v.tr.* ingannare, simulare, affettare, infingersi, → DISSIMULARE, ATTEGGIARE || simboleggiare, formare, rappresentare, → FARE || immaginare, figurarsi, supporre || far finta, far vista, mentire, falsare, celare, contraffare, recitare la commedia || *rifl.* voler sembrare, farsi credere || chiudere un occhio, contraffare la voce, far o portar bene una parte, far da minchione, far da matto, fingere di non capire, far l'indiano, fare lo gnorri, far le viste, far sembiante.

contr. essere franco, sincero, esser naturale, spontaneo.

fingiménto, *sm.* finzione, infingimento.

finiménto, *sm.* abbigliamento, guarnizione, bardatura, fornimento, groppiera, guarnimento, → ORNAMENTO, ARREDAMENTO || *iron.* → ONORIFICENZA.

nomencl. (*corredo del cavallo*) barda, bardella, basto, sellaccia, briglia, cavezza, bilancino, redini, cappuccio, cinghia, coda, collana, coreggione, fasciacoda, fibbia, filetto, imbraca, morso, musarola o museruola, paracalci, petto o pettorale, portastanghe, posolino, postilena, primaccino, reggibraca, reggipetto, soggolo, sonagliera, sopraschiena, sottopancia, straccale, tirella, tortoro, venti || *verb.* bardare, sellare, imbracare, incapestrare, incavezzare, soggolare.

finimóndo, *sm.* trambusto, sconquasso, gran confusio-

ne, gran fracasso, gran scompiglio, babilonia, → RUMORE, ROVINA, ROVINIO.
contr. quiete, tranquillità, pace, ordine.
finíre, *v.tr.* cessare, concludere, chiudere, adempire, compire, compiere, completare, conchiudere, espletare, condurre a termine, consumare, esaurire, perfezionare, spedire, sbrigare, terminare, ultimare, dar fine, dar fondo || spacciare, uccidere, ridurre in fine || *intr.* desistere, lasciare, omettere, smettere, discontinuare, dismettere, estinguere, mancare, porre termine, riuscire, aver esito || morire, perire || FARE.
contr. iniziare, cominciare, aver principio, nascere, fornire.
finítimo, *agg.* limítrofo, → CONFINANTE, VICINO.
finíto, *pps.* di finire || *agg.* estinto, perito, cessato, perfetto, compiuto || → ESAURITO, COMPITO, COMPLETO || (di uomo) svigorito, infrollito, non produttivo || limitato, relativo, caduco, accidentale.
contr. incompiuto, imperfetto || valido, fecondo, vigoroso || infinito.
fíno¹, *agg.* → FINE¹.
fíno², *prep.* sino, infino, fin || *cong.* persino, pure, altresí, anche.
finòcchio, *sm.*
nomencl. (*varietà*) comune, dolce, piperito, forte o selvatico || (*parti*) rappa, ombrello || (*simili*) aneto, busnaga, comino, seseli || ombrellifere.
fínta, *sf.* → FINZIONE || *sport*, mossa simulata.
fintíno, *sm.* → PARRUCCA.
fínto, *pps.* di fingere || *agg.* infinto, menzognero, bugiardo, doppio, ambiguo, dissimulato, simulato, storto, fittizio, posticcio, forzato, artato, artificioso, camuffato, immaginario, inventato, mascherato, → FALSO.
contr. veritiero, sincero, autentico, verace, diritto, rettilineo.
finzióne, *sf.* → FALSIFICAZIONE || doppiezza, duplicità, ipocrisia, → DISSIMULAZIONE || fingimento, finta, falsità, infingimento, menzogna, simulazione, commedia, impostura, frode || immaginazione, invenzione, artificio, apparenza, parvenza.
nomencl. (*tipi*) poetica, favolosa, fiabesca || (*analoghi*) arte di non parere, colore, connivenza, ironia, lacrime di coccodrillo, lustra, fintaggine, finteria, ostentazione, imbroglio, frottola, pastocchia || *agg.* ridicola, risibile, buffa, goffa, grottesca, meschina, maliziosa, maligna, astuta, scaltra, benevola, esagerata, eccessiva, iperbolica, caricata, smodata, modesta, capziosa, impudente, farisaica, mielata, machiavellica, tortuosa, abile, accorta, ingegnosa, inabile, maldestra || *verb.* fingere, infingere; coprirsi col mantello della carità, dell'amicizia, della lealtà, ecc.
contr. verità, realtà || sincerità, franchezza, lealtà.
fío, *sm.* → ESPIAZIONE, PENA.
nomencl. *verb.* pagare il fio, pagar la pena, portar la pena.
fioccàre, *v.intr.* → NEVICARE || *fig.* → ABBONDARE.
fioccàta, *sf.* → NEVICATA.
fiòcco, *sm.* bioccolo || nappa, nastro annodato, nodo, cravatta || falda (di neve).
nomencl. elettrico || *agg.* grande, piccolo, largo, vistoso, ricco.
fiòco, *agg.* flebile, fievole, debole || afono, rauco, roco, chioccio, arrochito, aspro.
fiónda, *sf.* frombola, fromba, romba, scaglia, sfendone.
nomencl. (*parti*) funicella, rete a rombo || sasso, palla di piombo, proiettile || fiondatore, frombolatore, frombatore, sfiondatore, fromboliere || *verb.* frombolare.
fiondatóre, *sm.* → FROMBOLIERE.
fioràio, *sm.* fiorista, → GIARDINIERE.
fiordalíso, *sm.* centaurea || → GIGLIO.
fiòrdo, *sm.* → GOLFO.
fióre, *sm.* → COROLLA || *fig.* → COLMO, PERFEZIONE, SCELTA, RARITÀ, ORNAMENTO.
nomencl. (*distinzioni*) alpestre, campestre, di montagna, di serra, finto o artificiale || abortivo, agamico, aginico, androgino, ermafrodito, anomalo, apetalo, ascellare, campaniforme, crociforme, dialipetalo, dialisepalo, diandro, diclamide, dipetalo, dodecagono, doppio, semplice, effimero, eleuterigino, epino, eterogamo, ettandro, fastigiato, gamopetalo, gamosepalo, isolato, monadelfo, monandro, monocarpico, monoclamide, meteorico, multipetalo, monoclamide, monopetalo, monoico, monandro, neutro, nudo, scempio, semidoppio, sessile, seghettato, sparso, staminario, staminato, terminale, tripetalo, umbellato, unipetalo, unisessuale, verticillato || (*parti*) calice, sepali, corolla, petali, stami, filamento, antera, pistillo, ovario, stilo, stimma || alveolo, bottone || gineceo (infero, pluriloculare, supero, uniloculare, ricettacolo), lanugine, nettare, pulviscolo, disco, verticillo || (*infiorescenza*) amento, antesi, cefalanto, desfioramento, effluvio o profumo o odore, estivazione, flosculi o fioretti, getto o tallo, infiorazione o infiorescenza o inflorescenza || capolino, racemo, scorpioide, spiga, nutazione, peloria, rifiorita, sboccio, spatilla || (*specie*) ACQUATICI: acoro, alisma, aglio, aro, gliceria, lisimachia, ninfea, spirea, primula, *trapa natans* o noce d'acqua, vallisneria, villarsia. – DI BOSCO: achillea, betonica, cerastio, ciclamino, citiso, coridalis, dafne, edisaro, elleboro, erica, euforbia, falena, ferula, genista, issopo, linaria, linocera, mandragora, mattiola, miosotide, nepera, robinia, sambuco, scrofularia, timo, tussillago, viburno, vinca. – DI CAMPO: actea, amaranto, ancusa, antemide, aquilegia, arenaria, barbarea, borragine, calendula, cardamina, centanica, clematide, crisantemo, doronico, fisalide, fiorarrancio, fragaria, globularia, iberide, isperico, ipomea, lisimachia, nigella, ononide, origano, ossalide, papavero, ranuncolo, ribes, santolina, solano, sperula, spirea, trifoglio, valeriana, viola, visco. – DI MONTE: aconito, adenofora, anemone, angelica, elianto, arnica, artemisia, asperula, ambrezia, campanula, capparide, cianella, datura, digitale, dittamo, drosera, *edelweiss* o stella alpina, elianto, erigeron, eringio, esperide, eupatorio, fritillaria, fermaria, gelsomino, genziana, giacinto, giglio, iride, lavandula, lillà, lupino, matricaria, mirto, narciso, nasturzio, orchidea, peonia, potentilla, primula, pulmonaria, rosa canina, saponaria, sassifraga, scilla, statice, trigonella, tulipano, veronica. – DI PRATO: adonide, altea, antennaria, antirrino, aristolochia, aubrezia, calta, celsia, colchico, elianto, elicriso, eliotropio, geranio, ibisco, lippia, margherita, nicoziana, reseda, salvia, senecio, verbena. – DI SIEPE:

biancospino, brionia, clematide, eglantica, ticnide, ligustro, sambuco, *vinca minor*. – DI GIARDINO: acacia, achillea, agapanto, agrostide, amaranto, amarillide, andromeda, anemone, antirrino o bocca di leone, aquilegia, arabis, asclepiade, balsamina, begli uomini, bella di notte o *jalappa mirabilis*, bellide, bignoria, browalia, calicanto, camelia, campanula, canna, caprifoglio, cassia, ceanoto, celosia, centaurea, *cerastium*, cineraria, ciclamino, clematide, cobea, colchico, convolvolo, dalia, delfinio, garofano, digitale, edisario, eliantemo, elicriso, eliotropio o girasole, elleboro, elianto, epacris, erica, eritrina, euforbia, eupatorio, felicia, ficaria, fritillaria, fucsia, fumaria, gaillardia, gardenia, gazania, gelsomino, genista, ginestra, giacinto, genziana, geranio, giglio, gladiolo, globularia, gunnera, iberide, ibisco, immortale, indigofera, ipomea, iride, lavanda, lilla, linaria, lobelia, lonicera, lupino, magnolia, malva, margherita, matri-

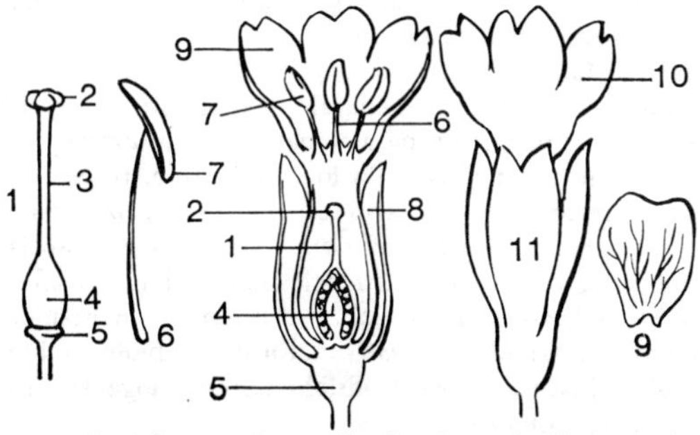

FIORE – 1) pistillo; 2) stimma; 3) stilo; 4) ovario; 5) ricettacolo; 6) stame; 7) antera; 8) sepali; 9) petalo; 10) corolla; 11) calice.

caria, menta, miosotide, mirto, mughetto, narciso, nemofila, nepente, nerio, nicoziana, nigella, ninfea, oleandro, orchidea, ortensia, ossalide, papavero, passiflora, peonia, palla di neve, petunia, pervinca, plumbago, plumeria, portulacea, potentilla, primula, pulmonaria, quassia, ranuncolo, resedra, rododendro, rosa, salvia, sanguinaria, santolina, saponaria, sassifraga, scabiosa, senecio, silene, solidago, tagete, tamarisco, timo, tropedo, tuberosa, tulipano, vaniglia, verbena, veronica, viburno, viola, zinnia || (*inerenti*) ciocca, finteria, mazzo, ghirlanda, corona, mazzolino, rappa, tralcio, ramo, subisso || cassetta, serra, trespolo, portafiori || antografia, antomania, linguaggio dei fiori || floricoltura, giardinaggio, floricoltore || *agg.* sbocciato, appassito, fresco, vizzo, cascaticcio, rigoglioso, rugiadoso, spampanato, votivo || in boccio || *verb.* abbiosciare, appassire, avvizzire, ammazzolare, cogliere, infiorare, giuncare, sbocciare, germogliare, schiudersi, sfarfallarsi, deflorare, sfiorare o disfiorare, sfiorire, spicciolare, innaffiare, coltivare || essere in fiore, tornare in fiore, fiorire, rifiorire.

fiorènte, *ppr.* di fiorire || *agg.* → FLORIDO.

contr. sfiorito, mencio, rattratto, brancicato, mantrugiato, grinzoso, floscio, vizzo, avvizzito.

fiorétti, *sm.* → FIORI.

fióri, *sm. pl.* eleganze, ornamenti, abbellimenti, ricercatezze, preziosità (di opere letterarie) || scelta di episodi, luoghi, pensieri, passi d'autore, florilegio, fioretti, antologia.

fioríre, *v.intr.* sbocciare, mignolare || *fig.* crescere, prosperare, produrre, essere florido, essere in fiore, vigoreggiare, riuscire || vivere || *tr.* spargere fiori, infiorare, ornare, abbellire, arricchire.

contr. sfiorire, languire, appassire, disfiorare, ammencire, avvizzire || deflorare.

fiorísta, *sm.* e *f.* fioraio, fioraia, → GIARDINIERE.

fioríto, *pps.* di fiorire || *agg.* eletto, scelto, → ELEGANTE, FANTASIOSO || abbellito, adorno, ornato.

contr. sfiorito || disadorno, inelegante, sciatto, modesto.

fioritúra, *sf.* efflorescenza || *fig.* abbellimento.

contr. sfioritura.

fiottàre, *v.intr.* → FLUTTUARE || gorgogliare d'acqua, rumoreggiare di flutti || *fig.* brontolare, borbottare, mormorare, mugolare, mugugnare, bofonchiare, piagnucolare, frignare.

contr. stagnare (d'acqua) || tacere, rassegnarsi.

fiòtto, *sm.* flutto, rumore di flutto, → ONDA || RUMORE || *fig.* borbottio, lamento, mormorio.

fiottóne, *sm.* → BRONTOLONE.

fírma, *sf.* segnatura, sottoscrizione, segno || → APPROVAZIONE || firma di favore, → AVALLO || AUTOGRAFO.

nomencl. (*equivalenti*) croce, paraffa, sgorbio, scarabocchio, biancosegno, monogramma || *agg.* buona, cattiva, autentica, falsa, contraffatta, chiara, leggibile, illeggibile, indecifrabile, imitata, autenticata, depositata || di comodo, di favore || *verb.* firmare, contraffare, falsificare, imitare, autenticare, ratificare, sottoscrivere, firmare in bianco.

firmaménto, *sm.* → CIELO.

firmàre, *v.tr.* sottoscrivere, sottoscriversi, soscrivere, crocesegnare, segnare, siglare, parafare || confermare, acconsentire, → APPROVARE.

fiscàle, *agg.* del fisco || *fig.* vessatorio, duro, rigoroso, inquisitorio, severo, esigente, ingiusto.

contr. indulgente, bonario, comprensivo, corrivo.

fiscalità, *sf.* || *fig.* vessazione, prepotenza, rigidezza, severità.

contr. indulgenza, bonarietà, compressione.

fiscèlla, *sf.* → CESTA.

fischiàre, *v.intr.* e *tr.* fischiettare, fischierellare, zufolare, chiurlare, chioccolare, sibilare, soffiare, gorgheggiare, rifischiare || → CHIAMARE, DISAPPROVARE.

fischierellàre, *v.intr.* e *tr.* → FISCHIARE.

fischiettàre, *v.intr.* e *tr.* → FISCHIARE.

fischiétto, *sm.* → FISCHIO.

físchio, *sm.* sibilo, fischiata, stridio, gorgheggio, fischiettio. fischío || zufolo, zufolotto, fischietto, sirena.

nomencl. (*strumenti di richiamo*) chioccolo, fischierella, pispola, fraschetto, fischioncino, logoro, quagliere || *agg.* lungo, breve, sonoro, assordante, fastidioso, prolungato || *verb.* fischiare, quagliare, squittire, chioccolare, pispolare.

físco, *sm.* → ERARIO, FINANZA.

nomencl. (*inerenti*) tassa, imposta; catasto, dazio, tributi, gabelle || camerale, avvocato fiscale, ricevitore.

física, *sf.*

nomencl. (*suddivisioni*) pura, sperimentale, teoretica, applicata, terrestre, celeste, gravitazionale, idraulica, aerostatica, aerodinamica, acustica, termodinamica, nucleare || (*corpi*) amorfo, atermano, diafano, diatermano, dielettrico, duttile, duro, ialino, incolore, iridescente, malleabile, molle, opaco, pastoso, pellucido, permeabile, semplice, trasparente, volatile || (*stati*) aeriforme, liquido, gassoso, fluido, solido || (*proprietà*) attrazione, coesione, capillarità compressibilità, conducibilità, duttilità, durezza, elasticità, estensione, fluidità, incompenetrabilità, impermeabilità, inerzia, massa, mobilità, peso o gravità, pastosità, porosità, permeabilità, volatilità, volume || (*fenomeni e termini fisici*) adesione, affinità, calefazione, calore, conducibilità termica, consistenza, contrazione, densità, dialisi, dilatazione, diffusione, ebollizione, elaterio, osmosi, endosmosi, esosmosi, espansione, evaporazione, fenomeni capillari, flessione, fusione, liquefazione, peso specifico, pressione, rarefazione, repulsione, solidificazione, solubilità, sublimazione, tensione, vaporizzazione, vuoto || (*meccanica*) analitica, animale, celeste, razionale || geostatica, idrostatica, ontostatica || moto (rettilineo, curvilineo, circolare, ellittico, parabolico, retrogrado, uniforme, vario, accelerato, ritardato, armonico, traslatorio, oscillatorio), traiettoria, velocità, inerzia, forza (acceleratrice, ritardatrice, alteratrice, continua, istantanea, concorrente, parallele, vettori, risultante, componenti, momento), coppie di forze, gravità, centro di gravità o baricentro, equilibrio (stabile, instabile, indifferente), peso specifico, attrito, principio d'inerzia, forza centrifuga, forza centripeta, lavoro, potenza, energia, trazione, torsione, flessione, taglio o recisione, scorrimento || (*acustica*) suono || onda sonora, vibrazione, ipertoni o armoniche, nodi, ventri, fonocamptica o riflessione dei suoni (rimbombo, eco), intensità, altezza o tono, timbro o metallo, tempera, estensione, sfumatura, accordo, intervallo, assonanza, consonanza, dissonanza, risonanza, scale musicali, diapason, battimenti, concamerazione, microfono, fonetica, fotofonia, catacustica, fonognomica, fonometria, ortofonia || (*termologia*) calore, caloria, temperatura, dilatazione, calore specifico, termodinamica, termochimica, fusione, solidificazione, leghe, vaporizzazione, ebollizione, distillazione, evaporazione, condensazione, temperatura critica, igroscopia, distillazione, liquefazione, conducibilità termica || (*ottica*) fotoni, luce, propagazione, ombra, penombra, intensità, riflessione (raggio incidente, angolo d'incidenza, raggio riflesso, angolo di riflessione), specchio (ad angolo, sferico, concavo, convesso), fuoco, rifrazione, miraggio, deviazione prismatica, spettroscopio, spettro solare, colori complementari (rosso, aranciato, giallo, verde, azzurro, indaco, violetto), raggi infrarossi o calorifici, raggi ultravioletti o attinici, trasparenza, diffusione, lenti (convergenti, divergenti, biconvesse, pianoconvesse, menisco convergente, biconcave, pianoconcave, menisco divergente), assi, fuochi, diottria, aberrazione, occhio, raggi, radiazioni, fosforescenza, fluorescenza, fotografia, interferenza, frequenza, diffrazione, doppia rifrazione, polarizzazione || (*elettrologia*) → ELETTRICITÀ || (*fisica nucleare*) atomo (elettroni, positroni, neutroni, protoni), nucleo (stabile, instabile o radioattivo), isotopia || radioattività, raggi alfa, raggi beta, raggi gamma, fissione, ione || pila atomica, bomba atomica, bomba H o all'idrogeno || ciclotrone, betatrone, sincrotrone || (*istrumenti*) àncora, anemometro, anemografo, apparecchi registratori, barometro, baroscopio, bilancia, cruometro, devioscopio, diavolino di Cartesio, emisferi di Magdeburgo, endomometro, eolipila, fontana di Erone, girometro, giroscopio, idrometro, igrometro, macchina elettrica, magnetometro, moltiplicatore, nonio, pirometro, prisma, psicrometro, quadro magico, sifone, specchio ustorio, termometro, vibrografo, leva, carrucola, tornio, piano inclinato, cuneo, vite, pompa (aspirante, premente), dinamometro, lanterna magica, macchina pneumatica, motore a scoppio, microscopio, telescopio, cannocchiale, pendolo, prisma, spettroscopio || osservazione, esperienza, leggi, ipotesi, materia, molecola, raggi cosmici, spettroscopia siderale, analisi || fisico, preparatore.

físico, *sm.* → ASPETTO.

físima, *sf.* falsa immaginazione, fantasia, fantasticheria, bizzarria, ubbia, ghiribizzo, capriccio, stravaganza, ticchio, idea fissa, fissazione.

fisiología, *sf.* → BIOLOGIA.

nomencl. (*suddivisioni*) generale, particolare, vegetale, animale, umana, comparata, patologica || (*azioni fisiologiche*) nutrizione, assimilazione, ricambio, respirazione, secrezione, umori, azione dei muscoli, azione dei nervi, acceleramento, afflusso, animazione, associazione dei movimenti, atti riflessi, egestione, ossificazione, selezione, tonicità, trasmissione, generazione, vascolarizzazione || (*inerenti*) anatomismo, biologia, biotassia, dinamismo, elettrofisiologia, embriogenia, embriofilia || fisiologo.

fisionomía, *sf.* fisonomia, aria, cera, → ASPETTO, FACCIA, ESPRESSIONE, CARATTERE.

nomencl. fisiognonomia o fisiognonomica || fisiognomo o fisionomista o fisonomista, fisiomante.

físo, *agg. poet.* fisso, attento; fissamente, → PENSIEROSO.

fissàre, *v.tr.* render fisso, → FERMARE, FICCARE || determinare, accordarsi, prefiggere, stabilire, prescrivere || guardare fissamente, attentamente || accaparrare || *rifl.* ostinarsi, impuntarsi, incaponirsi, intestarsi, ficcarsi in capo, avere una fissazione.

contr. spostare, mutare, deviare || distogliere lo sguardo || mutar pensiero, essere elastico, duttile, flessibile.

fissàto, *pps.* di fissare || stabilito, determinato, deciso, *agg.* → FISSO.

fissazióne, *sf.* → UBBIA || PAZZIA.

físsile, *agg.* fendibile, divisibile || *neol.* facile a fissionarsi.

nomencl. (*inerenti*) disintegrazione nucleare, fissione, elementi fissili || *verb.* fissionarsi.

fissípede, *agg.* bisculo, quadrisculo.

fissità, *sf.* stabilità, immutabilità, invariabilità, immobilità || costanza, fermezza, tenacia || avere un pensiero fisso, una fissazione.

contr. instabilità, mobilità, mutabilità || incostanza.

físso, *agg.* fissato, infisso, stabile, saldo, irremovibile, immobile, invariabile, persistente, immutabile, → FERMO || costante, tenace, attento || → CONTINUO || PENSIEROSO || *avv.* fissamente.

contr. mobile, adattabile, flessibile, arrendevole || incostante, molle, cedevole, duttile || provvisorio, transitorio, precario.

fístola, *sf.* fistula, → FLAUTO || PIAGA.
fístolo, *sm.* → DIAVOLO.
fítta, *sf.* → PUNTA, TRAFITTURA || DOLORE.
fittàbile, *sm. region.* → FITTAIOLO.
fittaiòlo, *sm.* fittavolo, fittabile, affittuario, affittaiolo, conduttore, locatario, → AGRICOLTORE.
contr. proprietario, padrone (di fondo).
fittézza, *sf.* → DENSITÀ.
fíttile, *agg.* di argilla, di terracotta.
fittízio, *agg.* → FINTO.
fítto¹, *pps.* di figgere || *agg.* ficcato, infitto, confitto, cacciato dentro, conficcato || a testa in giú || folto, compatto, gremito, riempito, spesso, → DENSO || molto frequente, lesto || *sm.* l'interno, la parte piú interna, segreta.
contr. strappato, divelto || rado, rarefatto.
fítto², *sm.* → AFFITTO.
fittóne, *sm.* radice primaria; barba maestra.
fiumàna, *sf.* fiumara, → FIUME, CORRENTE || *fig.* → FOLLA.
fiúme, *sm.* fiumana, fiumara, rivo, rio, corso d'acqua, riviera, corrente, torrente, canale || *fig.* copia, abbondanza.
nomencl. (*distinzioni*) affluente, subaffluente, emissario, immissario, tributario || (*parti e fenomeni*) sorgente, alveo, argine, corsia, corso, letto, ansa, bacino, banchina, banco, barra, braccio, delta, estuario, foce, ghiareto, golena, greto, insenatura, lanca, livello, presa d'acqua, proda, reniccio, ricolmo, restone, tonfano, ripa o riva, scanno, sdrucciolo, sedimento fluviale, soglia, spalletta, sponda, vallata || alluvione, arenamento, bifluenza, confluenza, colluvione, crescenza, deviazione, inondazione, interrimento, lunata, rotta di cavamento, storta || callone, guado, passaggio, ponte, traghetto, porto (girevole, scorrevole), caricatoio, chiusa o diga, pescaia, pennello, pignone, alzaia, regolatore, riparo || acque alte e basse, cascata, cateratta, colmo, controbattuta, crespa, filo dell'acqua, pelo dell'acqua, filone, magra, meandro, mulinello, vortice, piena, rapida, remolo, risucchio, risacca || portata || barca, barcone, bardotto, frontista, rivierasco, guardia del fiume o custode idraulico || *agg.* aurifero, ghiaioso, melmoso, grosso, gonfio, guadabile, inguadabile, impetuoso, veloce, violento, irruento, navigabile, profondo, sboccante, tortuoso, serpeggiante, sinuoso, vivo, morto, imperiale, reale, litorale, maestoso, solenne, tranquillo, placido, lento, artificiale || *verb.* nascere, finire, fluire, affluire, defluire, confluire, sboccare, bagnare, diramarsi, divallare, immettersi, sfociare, versarsi, ghiacciare, gonfiare, irrigare, perdersi, portare, ritirarsi, scaturire, sgorgare, serpeggiare, straripare, arginare, correggere, deviare, derivare, devolvere, disarginare, guadare, inalveare, incassare, interrare, livellare, prodeggiare, sfociare, tagliare la corrente, tentare, traghettare, valicare.
fiutàre, *v.tr.* annusare, annasare, aspirare col naso, sentire l'odore || → ESPLORARE || *fig.* accorgersi, venire a conoscere, subodorare, intuire, indovinare, ricercare curiosamente, indagare.
fiúto, *sm.* → ODORATO || *fig.* → INTUITO, INDIZIO.
flàccido, *agg.* floscio, molle, → DEBOLE || SVIGORITO.
flagellànte, *ppr.* di flagellare || *sm. pl.* disciplinati.
flagellàre, *v.tr.* e *rifl.* battere, percuotere, sferzare, staffilare, fustigare, frustare || *fig.* schernire, pungere, satireggiare, castigare, → BIASIMARE.
flagellazióne, *sf.* fustigazione; pena delle verghe, della frusta; frustata, staffilata, sferzata.
flagèllo, *sm.* sferza, staffile, disciplina, tormento || *fig.* dolore, noia, → DISASTRO, STRAGE || grandissima, quantità, sterminio, visibilio, subisso || *agg.* e *sm.* → DISTRUTTORE.
flàto, *sm.* flatulenza, → RUTTO.
flautíno, *sm.* → FLAUTO.
flautísta, *sm.* auledo, auleta, tibícine.
flàuto, *sm.* àulo, fistola, siringa, zufolo, piffero, clarino, tibia, calandrone, diaulo, zampogna, ottavino o flautino, plagiaulo, traversiere o alemanno.
nomencl. (*parti*) imboccatura, ancia, becco, chiave || aulodia, sinaulia || Euterpe || → FLAUTISTA.
flàvo, *agg.* e *sm. lett.* → GIALLO, DORATO.
flèbile, *agg.* fievole, fioco, roco, rauco || lamentevole, lacrimevole, lacrimoso, triste, uggioso, noioso || elegiaco.
nomencl. piagnone, piagnucolone, fiottone.
contr. forte, robusto, giocondo, giocoso, austero, riservato.
flebòtomo, *sm.* → SALASSATORE.
flèmma, *sf.* lentezza, placidezza, pacatezza, posatezza, moderazione, pazienza; → CALMA.
contr. foga, furia, fretta, ardore.
flemmàtico, *agg.* lento, placido, pacato; moderato, paziente; → CALMO || *fig.* → FREDDO.
contr. focoso, impetuoso, impaziente, frettoloso.
flèmmone, *sm.* → PUSTOLA.
flessíbile, *agg.* pieghevole, arrendevole, → FACILE, ELASTICO, DUTTILE, FLESSUOSO.
contr. inflessibile, rigido, fisso, fissato, ostinato, invariabile, immobile, duro, rompibile.
flessibilità, *sf.* → DUTTILITÀ, ELASTICITÀ, FACILITÀ, FLESSUOSITÀ.
contr. inflessibilità.
flèssile, *agg.* → FLESSUOSO.
flessióne, *sf.* piega, curvatura, piegamento, piegatura, → CURVA || coniugazione (dei verbi), desinenza || arrendevolezza, cedevolezza || diminuzione.
contr. irrigidimento, indurimento.
flessuosità, *sf.* flessibilità, pieghevolezza, sinuosità, → AGILITÀ || ELEGANZA.
contr. rigidezza, rigidità, durezza.
flessuóso, *agg.* flessibile, flessile, pieghevole, elastico, agile || snello || arrendevole, cedevole.
contr. rigido, irrigidito, impalato, impettito, interito, duro.
flèttere, *v.tr.* piegare, curvare, incurvare, insinuarsi, inclinare || → DISSUADERE || declinare, coniugare.
contr. star fermo, irrigidire, rizzare.
flèttile, *agg.* → PIEGHEVOLE.
flirt, *sost. angl.* amoretto, capriccetto, debole (*sm.*), passioncella, civetteria, amoreggiamento, corteggiamento, → AMORE.
flirtàre, *v.intr. angl.* amoreggiare, frascheggiare, corteggiare, vagheggiare, civettare, tubare, filare, dameg-

giare, fiorellare, limonare (*pop*), fare il cascamorto con, ronzare attorno a, far l'occhio di triglia a.
flogístico, *agg.* → INFIAMMATORIO.
contr. antiflogistico.
flogosàto, *agg.* → INFIAMMATO.
flogòsi, *sf.* → INFIAMMAZIONE.
flòra, *sf.* → FIORE, PIANTA.
nomencl. polare, mediterranea, delle steppe e dei deserti, tropicale, italica, ecc., subacquea, montana, terrestre.
floricoltóre, *sm.* → GIARDINIERE.
floridézza, *sf.* rigogliosità, prosperità, ricchezza, benessere || aspetto florido, fiorente, felice, ben nutrito.
contr. povertà || aspetto triste, squallido, malaticcio, denutrito.
flòrido, *agg.* fiorente, formoso, turgido, esuberante, prospero, rigoglioso, sano, rubizzo, fresco, vegeto, vivace, vivido, vigoroso.
contr. appassito, avvizzito, vizzo, mencio, ammencito, grinzoso, malaticcio, intristito, cadente, morente.
florilègio, *sm.* → ANTOLOGIA.
flòscio, *agg.* → DEBOLE, APPASSITO, SVIGORITO, FROLLO.
flòtta, *sf.* armata, marina, naviglio, convoglio.
nomencl. (*inerenti*) da guerra, mercantile, petroliera, aerea, da pesca, di un armatore || flottiglia, ammiraglio.
flúido, *agg.* liquido, fluente, flussibile, scorrente, scorrevole || invisibile, intangibile, sfuggevole, tenue || *fig.* facile, copioso, chiaro, transitorio, mobile || *sm.* corpo fluido, liquido, aeriforme.
nomencl. (*pertinenti*) reale, ideale, imponderabile, elettrico || semifluido || vapore, gas || (*fenomeni*) affluenza, afflusso, aspirazione, assorbimento, diffusione, dilatazione, effusione, flusso || colonna, idrodinamica, idrostatica, idrometria || *verb.* fluire, crescere, diffondersi, spandersi, smaltire, ingorgare.
contr. solido, fermo, immobile || corpo solido.
fluíre, *v.intr.* defluire, scorrere, sgorgare, colare, passare, trascorrere, devolvere, confluire, influire, → AFFLUIRE.
nomencl. (*inerenti*) flusso, deflusso, affluenza, affluente, confluenza, confluente, defluente || fluitazione.
contr. stagnare, impaludare, ristagnare.
flússo, *sm.* getto, passaggio, andare e venire, versamento, effusione, movimento della marea, deflusso, → CORRENTE || EMANAZIONE || flusso di ventre, → DIARREA || flusso di sangue, → EMORRAGIA.
flútto, *sm.* → ONDA.
fluttuànte, *ppr.* di fluttuare || *agg.* ondeggiante, galleggiante, agitato || *fig.* → DUBBIOSO, INCERTO.
contr. fermo, immobile, stabile || costante, determinato, deciso.
fluttuàre, *v.intr.* fiottare, ondeggiare, galleggiare, beccheggiare, rollare, agitarsi || *fig.* essere incerto, dubbioso.
contr. stagnare, impaludare, star fermo || essere risoluto, deciso.
fluttuazióne, *sf.* ondeggiamento, movimento alterno, incertezza, oscillazione.
fobía, *sf.* repulsione, → PAURA || *fam.* antipatia.
contr. filía.
fòca, *sf.*
nomencl. (*varietà*) foca monaca, del Caspio, elefantina, elefante marino, di Ross, di Weddel || (*simili*) bue marino, vacca marina, vitello marino, tricheco, calocefalo, lontra marina, otaria, stemmatopo.
focàccia, *sf.* crostata, offa, piccia, pizza schiacciata, stiacciata, sfogliata, tortetta, focaccina, *brioche*, → TORTA.
nomencl. (*simili*) ciaramella, farrata, ficato, rosticciana, schiacciata coi siccioli, *plum-cake*.
fóce, *sf.* bocca, imboccatura, apertura, sbocco, uscita, delta, estuario.
nomencl. *verb.* sfociare, scaricare, sboccare, versarsi.
contr. sorgente, scaturigine, origine, fonte.
focíle, *sm.* → ACCIARINO.
focolàio, *sm.* → FOCOLARE.
nomencl. focolaio d'infezione.
focolàre, *sm.* focolaio, foco, parte di sotto del camino, caminetto || *fig.* → CASA, FAMIGLIA.
nomencl. (*parti*) cappa, gola del camino, fusto della gola || focatico.
focóso, *agg.* → BOLLENTE, CALDO || *fig.* → IRATO, VEEMENTE, INFIAMMATO, IMPAZIENTE.
fòdera, *sf.* soppanno (di vestito) || copertina, sopraccoperta (di libro) || involucro, rivestimento, guscio, federa, federetta, rinfodera.
nomencl. *verb.* foderare, intelucciare, soppannare.
foderàre, *v.tr.* ricoprire, rivestire, soppannare, rifoderare, rinfoderare.
nomencl. (*inerenti*) foderato, ben soppannato, ben provvisto.
fòdero, *sm.* guaína, vagina, custodia || astuccio.
nomencl. *verb.* infoderare, sfoderare, inguainare, sguainare, snudare, rinfoderare.
fóga, *sf.* slancio, vivezza, émpito, ímpeto, furore, concitazione, → FRETTA, FURIA || LIBIDINE || *fig.* ardore, → FUOCO.
contr. flemma.
fòggia, *sf.* → ASPETTO, MANIERA, MODO, FORMA.
nomencl. *verb.* foggiare, sfoggiare.
foggiàre, *v.tr.* plasmare, → CREARE, FORMARE, CONIARE, PRODURRE || *rifl.* formarsi.
fòglia, *sf.* fronda.
nomencl. (*forme*) aculeata, acuta, alterna, ascidata, ascellare, bigeminata; bipennata; caulina, composta, connata, coriacea, cotonosa, cuneiforme, cordiforme, cuspidata, decidua, decorrente, dentata, digitata, distica, dolabriforme, embricata, fastigiata, geminata, involta, lanceolata, lobata, marginata, membranacea, opposta, ottusa, ovata, palmata, palminervia, parallelinervia, peltrinervia, penninervia, paripennata, imparipennata, peltata, pennata, picciolata, raddoppiata, radicale, spunta, sagittata, seghettata, obovata, sezionata, spartita, lineare, sessile, trifogliata, trilobata, tripennata, verticillata, viticciata || (*simili e derivati*) brattea, cirro, viticcio, pampino, pannicolo, petalo, baffo, abbracciafusto || cespite, cespo, cespuglio, fogliame, fogliazione, chioma, frasca, frascheto, vinciglio || ascidio, erinosi, gallozzola, nebbia, sfogliazione || (*parti*) amplettivi, camera d'aria, clorofilla, costola, disco, eritrofilla, gambo, guaina, lembo, lingua, lobo, nervatura, nervo, pagina, peduncolo, punta, squame, stipola, storno, tessuto a palizzata, tessuto spugnoso || *agg.* verde, fresca, novella, appassita, vizza, ingiallita, secca, inaridita, arida, cascante, gialla,

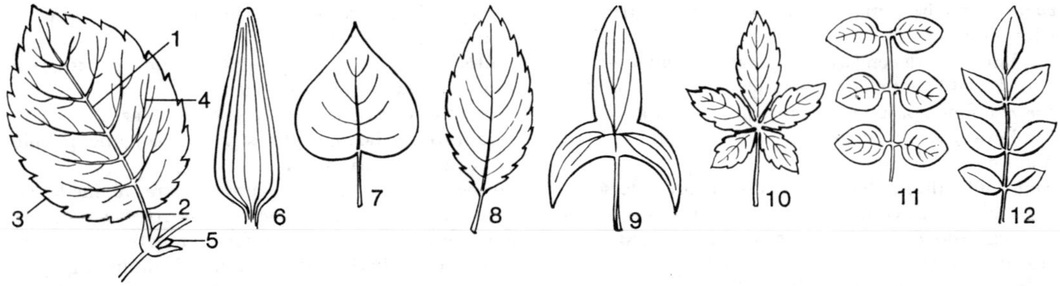

FOGLIA – 1) costa; 2) gambo; 3) lembo; 4) nervatura; 5) stipola; 6) lanceolata; 7) cordata; 8) ovata; 9) sagittata; 10) digitata o palmata; 11) paripennata; 12) imparipennata.

rugginosa, intera, persistente, caduca, spinosa, farinosa, costoluta, vellutata || *verb.* abbiosciare, arrugginire, cestire, frascheggiare, fogliare, frondeggiare; gettare, mettere, spuntare; sfogliarsi || affogliare, brucare, far le frasche, infrascare, sfogliare, disfogliare, sfrascare.

fogliettànte, *sm. ant.* → GIORNALISTA.

fòglio, *sm.* → CARTA, PAGINA || GIORNALE.

nomencl. di carta, di cartone; stampato, rigato, intero, mezzo, piegato, avvoltolato, accartocciato, fine, grosso, bianco, colorato || da scrivere, da lettera, da disegno, di carta bollata || foglio di via, foglio in bianco o biancosegno, foglio pubblico || (*derivati*) fogliaccio, foglietto, fascicolo, quinterno, quaderno, sesto, formato, stecca, risma || in-folio, in-quarto, in-ottavo, in sedicesimo || sguardia o foglio di risguardo.

fógna, *sf.* bottino, cloaca, collettore, pozzo nero, colluvie, smaltitoio, → CHIAVICA, CONDOTTO, FOSSA.

nomencl. (*parti*) botola, chiusino || fognatura || *verb.* intasare, stasare, ingorgare, disingorgare, fognare, sfognare.

fòia, *sf.* prurito, voglia amorosa, → LIBIDINE || frenesia, uzzolo, foga, fregola, smania.

nomencl. *verb.* infoiare, inuzzolire.

fòla, *sf.* → FAVOLA.

folàta, *sf.* → VENTATA.

folclóre, *sm. angl.* demopsicologia, arte e tradizioni popolari, costume, abitudini popolari, demologia, etnografia.

folgoràre, *v.intr.* → BALENARE, LAMPEGGIARE || *tr.* FULMINARE.

fólgore, *sf.* lampo, baleno, fulmine, colpo di fulmine, saetta, → BAGLIORE.

folgoreggiàre, *v.tr.* → FOLGORARE, SPLENDERE.

fólla, *sf.* moltitudine, brulicame, accozzaglia, affluenza, concorso, affollamento, attruppamento, assembramento, calca, fiumana, fiumara, confusione, massa di popolo, gente, piena, pigia, popolo, sciame, selva, turbine, volgo, branco, geldra, genia, orda, frotta, brusio, vespaio, brulichio, formicaio, caterva, ciurma, fitta, fungaia, lombricaio, monte, ruffa, siepe, stormo, stretta, truppa, turba, schiera, torma, pressa, serra, → COMPAGNIA, ESERCITO.

nomencl. (*movimenti*) andirivieni, flusso, rigirio, viavai, bulicame, formicolio, cavallone, circolazione, fermento, flusso, frequenza, parapiglia, ressa, pigia pigia, serra serra, vortice || *agg.* immensa, innumerevole, strabocchevole, sconfinata, agitata, inquieta, sconvolta, tempestosa, tumultuosa, turbolenta, indisciplinata, compatta, unita, densa, folta, serrata, stretta, silenziosa, tranquilla, muta, mesta, calma, ordinata, rivoltosa, osannante, acclamante, plaudente, delirante || *verb.* affollare, affollarsi, aggregarsi, agglomerarsi, aggrupparsi, ammassarsi, accalcare, serrare, attrupparsi, addossarsi, affuire, aprirsi un varco, brulicare, formicolare, bulicare, concorrere, diluviare, essere in soppressa, far largo, invadere, perdersi nella folla, sfilare, sfollare, sparpagliarsi , stormeggiare, uscire di tra la folla, sfollare, fluire, defluire.

follàre, *v.tr.* → GUALCARE.

follatóio, *sm.* → GUALCHIERA.

fòlle, *agg.* → PAZZO || EBBRO || FALSO.

folleggiaménto, *sm.* → FANTASTICHERIA.

folleggiàre, *v.intr.* → IMPAZZIRE || divertirsi, darsi alla pazza gioia, tripudiare.

follétto, *sm.* diavoletto, demonietto, dèmone, elfo, silfo, spiritello, silfide, coboldo.

follía, *sf.* → PAZZIA || EBBREZZA.

fóllo, *sm.* → GUALCHIERA.

foltézza, *sf.* → DENSITÀ.

contr. radezza.

fólto, *agg.* → DENSO, FITTO, PIENO || CUPO.

contr. rado.

fomentàre, *v.tr.* → ECCITARE, ISTIGARE.

fomentatóre, *sm.* → ECCITATORE, ISTIGATORE.

fòmite, *sm.* fomento, fomito, eccitamento, → ESCA, ECCITAZIONE.

fóndaco, *sm.* → NEGOZIO, BOTTEGA, MAGAZZINO.

fondaménta, *sf. pl.* di edificio, sostegni || *fig.* elemento-base, essenziale, elementare.

nomencl. *verb.* fondamentare (*ant.*).

fondamentàle, *agg.* → ELEMENTARE || basilare.

fondaménto, *sm.* sostruzione, sostegno, muramento, zoccolo, plinto, → BASE || caposaldo, cardine, perno, incardinazione || *fig.* → ELEMENTO, PRINCIPIO.

nomencl. *agg.* granitico, saldo, sicuro, stabile, resistente, solido, incrollabile, instabile, malsicuro, debole, sotterraneo || *verb.* gettare, porre, basare, fondamentare, imbasare || aver fondamento, consistere, essere.

contr. coronamento, sommità, vertice, cima, guglia, fastigio.

fondàre, *v.tr.* incardinare, basare, mettere i fondamenti, piantare, erigere, impiantare, costruire, → EDIFICARE || istituire, iniziare, stabilire, cominciare, → CREARE || *rifl.* fare assegnamento.

contr. demolire, smantellare, abbattere, distruggere, schiantare, scoscendere.
fondàto, *pps.* di fondare || *agg.* savio, ponderato, saggio; che ha base nella ragione, nel vero, giusto.
contr. infondato, ipotetico, assurdo, gratuito.
fondatóre, *sm.* iniziatore, creatore, istitutore || edificatore.
contr. abbattitore, demolitore, distruttore, eversore.
fondazióne, *sf.* costituzione, impianto, inizio, erezione, edificazione, → CREAZIONE || → BENEFICENZA, ISTITUZIONE, LEGATO.
contr. demolizione, distruzione, abbattimento, abolizione, eversione.
fóndere, *v.tr.* → LIQUEFARE || riunire, → ASSOCIARE, COMBINARE.
fondería, *sf.* fucina, ferriera, magona.
nomencl. (*modi*) fusione a cera perduta, acque o acquosa, ignea || (*inerenti*) colata, getto, liquefazione, materozza || anima, abbozzo, bava, bolla, camicia, fondenti, lega, lingotto, massello, migliaccio, paglia, regolo, scaglie, scoria, venti || forma, forno, fucina || *verb.* acciaiare, affinare, fondere, rastrellare, ricolare, rifondere, rinettare, saggiare, scarnire, sbavare, sfiatare, sgraffiare, stangonare.
fondíglio, *sm.* fondigliolo, fondaccio, feccia, fondime, posatura, residuo, avanzo, rimasuglio.
fondína, *sf.* → PIATTO || custodia, borsa per pistole.
fóndo¹, *sm.* imo, estremità, fine, base, profondità || sfondo generale || fondiglio || → CAMPAGNA, PODERE || *pl.* → CAPITALI.
nomencl. (*vari*) di cassa, di estinzione, di magazzino, di bottega, perduto || *verb.* affondare, profondare, sfondare, approfondare, sommergere.
contr. sommità, vertice, cima, fastigio, apertura.
fóndo², *agg.* → PROFONDO || TENEBROSO || DENSO.
contr. alto, piano, superficiale.
fonètica, *sf.* → GLOTTOLOGIA.
fonògrafo, *sm.* grammofono, radiogrammofono, giradischi || dittàfono.
nomencl. (*parti*) motore, cassetta, piatto giradischi, manovella di carica, diaframma, braccio acustico, amplificatore a valvole termoioniche, regolatore di velocità, fermo automatico, altoparlante, diffusore (a tromba, a ventaglio, ortofonico) || (*incisione*) diretta, indiretta, disco (di ebanite, vinilite, gomma, lacca), solco di incisione (rotondo, piano, ad angolo), microsolco, *pick-up* o fonorivelatore o fonògeno, àncora, punta di zaffiro || (*attinenti*) discoteca, album || magnetofono, bobina, registratore a nastro o su filo, spazzola puliscidischi, fruscío della punta, fonotipia || audizione, grammofono a gettone o *juke-box*, tastiera, pulsante || *verb.* incidere, registrare, ascoltare.
fontàle, *agg. lett.* di fonte, originale.
fontàna, *sf.* fonte, fontanella, sorgente, getto d'acqua, polla, vena, scaturigine, rampollo, zampillo.
nomencl. (*parti*) bocciolo, coppa, getto, mascherina, pila, spugna, stellone, strozza, tazza, cannella; colonnino, nappo || fontaniere || Naiadi || *agg.* fresca, tiepida, calda, dilettosa, continua, intermittente, viva, abbondante, perenne || luminosa, maestosa, monumentale || *verb.* frusciare, gorgogliare, mormorare, strosciare, rumoreggiare, scrosciare || schizzare, gettare, buttare, zampillare, sprizzare.
fónte, *sf.* → FONTANA || *fig.* → CAUSA || *sm. fig.* battistero.
foot-ball, *sost. ingl.* → CALCIO.
foracchiàre, *v.tr.* sforacchiare, → FORARE.
foràggio, *sm.* fieno, paglia, strame, mangime, pàbulo, profenda, → ERBA, BIADA.
nomencl. (*varietà*) erba medica, ginestra, lupinella, trifoglio (pratense, ladino, incarnato), erba vetturina, loiessa, veccia, segale, bietola, fave, granoturco, orzo selvatico, rapa, barbabietola, facelia, bromus, capogiro, carota, carrubo, miglio d'America, poa, sagginella, salvastrella, scialino || (*inerenti*) foraggiame, silo, trinciaforaggi, foraggiamento, foraggiera || *agg.* fresco, secco, conservato, insilato, misto, naturale, artificiale || *verb.* foraggiare.
foramàcchie, *sm. indecl.* → SCRICCIOLO.
foràme, *sm.* apertura, buco, foro, meato, fessura.
foràneo, *agg.* forese, → ESTERNO || vicario foraneo, → SACERDOTE.
foràre, *v.tr.* foracchiare, sforacchiare, bucherellare, succhiellare, pungere, crivellare, trivellare, pertugiare, perforare, trapanare, traforare, → BUCARE, APRIRE, FERIRE.
contr. chiudere, tappare, turare, otturare.
forasièpe, *sm. indecl.* → SCRICCIOLO.
foràstico, *agg.* ìspido, scorbútico, ruvido, → INURBANO.
fòrbici, *sf.pl.* cesoia, cesoie, force (*ant.*).
nomencl. (*tipi*) da panno, da potare, da cimare, da tosare, da calzolaio, da sarto, da giardiniere, da parrucchiere, da chirurgo || (*parti*) calcagno, lame, occhio o anello, costure, punta || forbiciate || *agg.* nuove, arrotate || *verb.* sforbiciare, tagliare, sbiascicare, tagliuzzare.
forbíre, *v.tr.* e *rifl.* → ASCIUGARE, TERGERE, LUCIDARE.
forbitézza, *sf.* → PULITEZZA || *fig.* → ELEGANZA, GARBO (nello scrivere o nel parlare).
forbíto, *pps.* di forbire || *agg.* → PULITO, TERSO || *fig.* (di stile) dolce, piano, uguale, armonico, puro, → ELEGANTE.
fórca, *sf.* forcone, bidente, tridente || → PATIBOLO.
nomencl. manico, rebbi || forcata, forconata.
forcaiòlo, *agg.* e *sm.* → CONSERVATORE.
forcèlla, *sf.* → FORCINA || PALO.
forcína, *sf.* forcinella, forcella.
nomencl. di ferro, di tartaruga || branche.
forcinèlla, *sf.* → FORCINA.
forcóne, *sm.* → FORCA.
forènse, *agg.* → AVVOCATESCO.
forése, *agg.* → CAMPAGNOLO.
forèsta, *sf.* albereto, bosco, boscaglia, selva, macchione.
nomencl. vergine, cedua, d'alto fusto || (*tipi*) abetaia, abetina, acereto, cipresseto, lecceto, pineta, palmeto, querceto, ecc. || (*pertinenti*) cespuglio, ciarpame, forteto, fratta, macchia, matricina, olivello, palina, parco, ragnaia, porrine, radura, ronco, roveto, stipa || boscaiolo, guardiaboschi, guardia forestale, forestaro, taglialegna || legnatico, macchiatico || silvicultore || silvicoltura, agraria || diboscamento o disboscamento, rimboschimento || *agg.* fitta, densa, folta, cupa, rigogliosa, ombrosa, ombreggiata, aspra, intricata, umida, smisurata, spoglia, nuda, misteriosa, impraticabile, impenetrabile, intatta, selvaggia, profonda, fosca, silenziosa, tranquilla, opaca, selvatica || *verb.* imboschire,

rimboschire, rimboscare, diboscare o disboscare, infoltire, sfoltire, ruspare, stipare, tagliare, spezzare || inselvarsi, imboscare, imboscarsi, immacchiarsi.

forestàle, *agg.* → BOSCHERECCIO.

forestièro, *agg.* e *sm.* allogeno, alloglotta, alienigena, estero, ospite, estraneo, stranio (*ant.*), straniero, peregrino, pellegrino, → ESTERNO.

nomencl. ospitalità || popolazione fluttuante || *verb.* inforestierare, ospitare, straniarsi.

contr. patrio, nostro, nostrano || intimo, parente, amico, conoscente.

fòrgia, *sf. frs.* → FUCINA.

forièro, *sm.* messo || *agg.* che annuncia, che precede, che apporta; apportatore, annunciatore, precursore.

fórma, *sf.* configurazione, disposizione, apparenza, fattezze, foggia, immagine, corporatura, costituzione, conformazione, contorno, taglia, fatta, linea, sagoma, stampo, tipo, statura, → ASPETTO, FIGURA, STRUTTURA || modo, maniera, guisa, misura, norma, modello, regola, formato || formalità, tatto, garbo, correttezza, buone maniere || espressione, stile, bellezza, leggiadria delle parole || rappresentazione, imitazione di gesto || modi peculiari, caratteristici, d'un dato genere || cavità della fusione, cavo || impaginatura tipografica || apparenza, esteriorità, esterno.

nomencl. (*esemplificazioni*) a coda di rondine, antropomorfa, appallottolata, a spira, a spina di pesce, auriforme, a ventaglio, biforme, bulbiforme, caudiforme, calviforme, curva, convessa, cilindrica, circolare, conica, cuneiforme, cuspidata, ellittica, filiforme, fusellata, fusiforme, geometrica, isomorfa, ogivale, orbicolare, pampiniforme, pseudomorfo, quadrata, quadriforme, polimorfo, rotonda, sagittata, sbertucciata, stellata, stiliforme, variforme || (*inerenti*) allomorfia, deformazione, difetto, dismorfia, eteromorfia, isomorfismo, metamorfosi, polimorfismo, proteismo, pseudomorfismo, sformatura, trasformazione || morfologia || *agg.* conforme, difforme, uniforme, deforme, allomorfo || bella, elegante, signorile, gentile, galante, goffa, sciatta, disadatta, grossolana, regolare, irregolare, normale, bizzarra, barocca, capricciosa, curiosa, eccentrica, estrosa, fantastica, originale, paradossale, ridicola, singolare, storta, stramba, strampalata, stravagante, strana, armonica, naturale, artificiale, artificiosa, ben conservata || *verb.* formare, conformare, trasformare, deformare, metamorfizzare, sformare.

contr. materia || sostanza, essenza, nocciolo, intrinseco, interno, interiorità.

formàggio, *sm.* cacio, caciotta, caciola.

nomencl. (*qualità*) amaro, bacato, dolce, bucherato, bucherellato, umido, colante, col pizzichino, forte, fresco, granelloso, da grattugiare, occhiuto, sapiente, secco, serrato, grasso, stragrasso, magro, semigrasso, tenero, filante, vecchio, stravecchio || (*varietà*) bacellone, borrello, caciocavallo, cacio fiore, cacio pecorino, cacio raggiolo, fontina, gorgonzola, gruera o groviera, grana (lodigiano, parmigiano, reggiano), lucardino, marmorino, marzolino, mascarpone, pizza, provolone, quartirolo, stracchino, ricotta, robiolina, robiola, sbrinze o sbrinzo, scamorza || (*attinenti*) cantuccino, crosta, occhi, rocca di cacio, scotta, taglio, tritolino || (*industria*) caglio, casaro, cascinaio, caciaiolo, caciaia, caseificio, cascina, casara || *verb.* grattugiare, caciare, incaciare.

formàio, *sm.* → CALZOLAIO.

formàle, *agg.* → EVIDENTE, ESPRESSO, ESATTO.

formalità, *sf.* → CERIMONIA || FORMA.

formàre, *v.tr.* costituire, creare, dare origine, esser cagione, foggiare, comporre, informare, plasmare, sagomare, abbozzare, modellare, dar la forma voluta, conveniente, configurare, fabbricare, ordinare, → EDIFICARE, COSTRUIRE, FARE, PRODURRE || adattare, conformare, educare, → ABITUARE || contraffare, stampare, → COMPORRE || FINGERE || acciambellare, acuire, addrizzare, affusare, agglobare, appallottare, appallottolare, arrotolare, arrotondare, configurare, adattare, copiare, digrossare, disfarsi, incrociare, piramidare, preformare, quadrare, tondare, trasformare, unificare.

contr. sformare, deformare, disfare, distruggere.

formàto, *pps.* di formare || *agg.* fatto, completo, compiuto, costruito, sviluppato, modellato || *sm.* sesto, dimensione, taglio, misura, → FORMA.

nomencl. *agg.* grande, medio, piccolo || quarto, ottavo, sedicesimo, ecc., diamante, ecc.

formazióne, *sf.* creazione, genesi, disposizione, costituzione, generazione, procedimento, processo, costruzione, costrutto || → EDUCAZIONE.

nomencl. (*tipi*) sedimentaria, granitica, eruttiva, metamorfica, terziaria, lacustre, fluviale, vulcanica || culturale, fisica, morale, scolastica, religiosa, civile, artistica || *agg.* completa, incompleta, difettosa.

formentóne, *sm. region.* frumentone, → GRANTURCO.

formíca, *sf.* formícola.

nomencl. maschio, femmina, operaia || cacchione || formicaio, formicolaio || formicaleone, formichiere, formicolone, tèrmite.

formicàre, *v.intr.* → FORMICOLARE.

formicolàre, *v.intr.* formicare, indolenzire || *fig.* brulicare, bulicare, affollare, spesseggiare || → AGITARE.

formicolío, *sm.* → INTIRIZZIMENTO, TORPORE.

formidàbile, *agg.* → SPAVENTOSO, FORTE.

formosità, *sf.* → BELLEZZA.

formóso, *agg.* → BELLO.

fòrmula, *sf.* ricetta, regola, norma, cifra, sigla, espressione.

nomencl. (*esempi*) farmaceutica, medica, matematica, algebrica, chimica, d'un atto pubblico, notarile, ecc. || formulario || serie di formule.

formulàre, *v.tr.* esprimere, → DISEGNARE, MANIFESTARE.

fornàce, *sf.*

nomencl. (*parti*) aia, bozzo, camicino, fittone, fossa, gola, mastio, matteo, occhio della fornace, pila, porta, focolare, raffreddatoio, scaricatoio, tambellone, tamburo, tetto, usciale || (*materiale*) argilla, colaticcio, mota, pastone, vernice, fornaciata || cotta, lavoro (ferrato, duro, biscotto, buono, crudo, bistugio, cotto) || (*arnesi*) banco, spianatoia, forma, macinella, mazzanghera, palo, pedana, sgorbia, attizzatoio, cola, forchetto, forchettone, mandriano, pappatoio, pettegolone, sapo, rattavello, rescio, riavolo || fornaciaio, fornaciaro || *verb.* infornaciare, lisciare, appicciuolare, rimboccare, sciabordare, biscottare, stagionare.

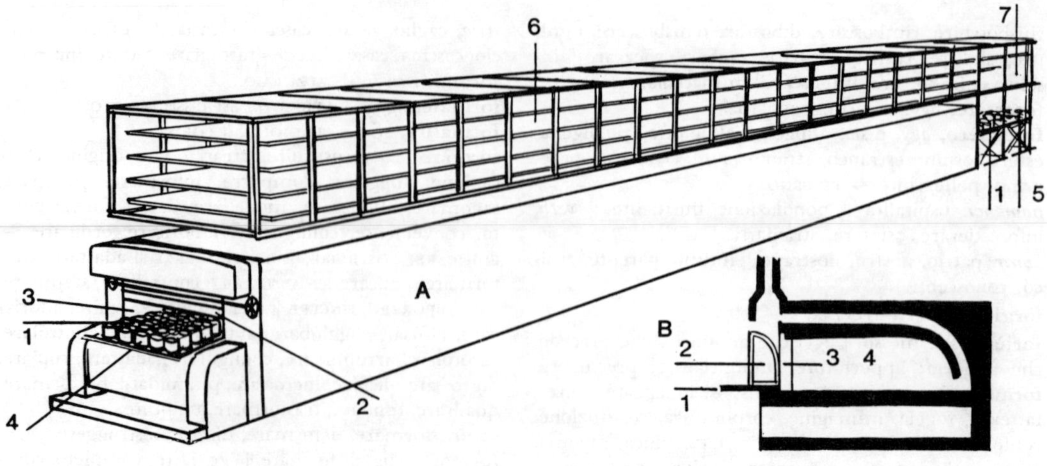

FORNO – A) forno per panettoni a raggi infrarossi, lunghezza m. 50: 1) nastro trasportatore; 2) chiusino; 3) bocca del forno; 4) panettoni crudi; 5) panettoni cotti; 6) graticci di raffreddamento; 7) montacarichi. B) forno da pane a legna: 1) piano; 2) chiusino; 3) bocca; 4) volta.

fornàio, *sm.* panettiere, prestinaio, fornarino, fornaia, fornarina, fornaretto, panivendolo, panicuòcolo.
nomencl. (*aiutanti*) abburattatore, cocitore, cruschino, impastatore, infornatore, garzone || arte bianca, panetteria, panificazione || (*forno*) a carbone, a legna, a metano, a gas, elettrico, a riscaldamento interno o esterno, da campagna, portatile, economico || bocca, bocchetta, alare, braciaio, bruciatore, resistenze elettriche, camera, camicia, camino, cappa, chiudenda o serranda, cielo o volta, focolare, piano o platea, sfogatoio, tambellone || stufa, caldana || (*strumenti e macchine*) asse, attizzatoio, buratto, fruciandolo, frullone, gramola, madia, matterello, pala, radimadia o rasiera, siringa, spazzaforno, spezzatoio, spianatoio, staccio, tirabrace, tramoggia, impastatrice || (*cereali e ingredienti*) briciola, crusca, cruschello, farina, fiore, fornata o infornata, friscello, spolvero o volanda, grano, granturco, miglio, lievito o fermento, lievito di birra, segale, semola, semolino, tritello, zuppa, pasta, pastone, → PANE || *verb.* abburattare, appanare, biscottare, cuocere, gramolare, impalare, impastare, infornare, intridere, lievitare, miscelare, panificare, scaldare, sfornare, spegnere la farina, spianare la pasta, stacciare.
fornarétto, *sm.* → FORNAIO.
fornaríno, *sm.* → FORNAIO.
fornèllo, *sm.* || (della pipa) coccia.
nomencl. (*tipi*) a spirito, a carbone, elettrico, a gas, domestico, da campagna, portatile, fumivoro, riverberatoio, ipocausto, industriale || (*parti*) buche, gratella, graticola, sportellino, vèntola || fornellata.
fòrnice, *sf.* volta, arco (di teatro) || *fig.* postribolo (*ant.*).
nomencl. (*inerenti*) fornicazione, prostituzione, prostituta, fornicario || *verb.* fornicare.
forniménto, *sm.* → EQUIPAGGIO, FINIMENTO, ARREDAMENTO || fine, compimento.
forníre, *v.tr.* → DARE || corredare, munire, provvedere, somministrare, armare, → DOTARE, EQUIPAGGIARE || finire.
contr. sfornire.
forníto, *pps.* di fornire || *agg.* provvisto, munito, → DOTATO, RICCO || armato.
contr. sfornito.
fornitóre, *sm.* → COMMERCIANTE, SOVVENTORE.
fórno, *sm.*
nomencl. (*tipi*) a legna, a carbone, a gas, elettrico, a riscaldamento interno o esterno, ad aria riscaldata, a riscaldamento misto, a riverbero, aerotermico, allegro o alto, a torre, economico, portatile, primitivo || affinatoio, bassi forni, alti forni, braciaio; forno da calce, a riverbero, fusorio, per bozzoli, ricuperatore, riverberatoio || (*parti*) bocca o abboccatoio, caldana, camera o stufa, camicia, camino, combustibile, chiudenda o serranda, chiusino o lastrone, cielo o volta, filone, scodella, fornacella, piano del forno, presura, quadrone, tambellone, fruciandolo, pozzetta, rescio, spazzaforno, spazzatoio, tirabrace || pirometro, tiraggio, tiragna || *verb.* andare in forno, cavare, levare di forno, infornare, far cuocere, scaldare, sfornare, spazzare, tostare.
fóro, *sm.* → BUCO, ORIFIZIO.
fòro, *sm.* → PIAZZA || TRIBUNALE || GIURISDIZIONE, CURIA, MERCATO.
fòrra, *sf.* scoscendimento, burrone, burrato, botro, → GOLA, DIRUPO.
forsennàto, *agg.* fuor di senno, delirante, vaneggiante, → DISPERATO, PAZZO, FURENTE.
fòrte[1], *agg.* forzuto, forzoso, balióso, aitante, atletico, erculeo, alto, vigoroso, robusto, possente, gagliardo, prosperoso, rigoglioso, muscoloso, vegeto || solido, saldo, resistente, consistente, fermo, costante, duro, tenace, tetragono || intrepido, coraggioso, generoso, diamantino, adamantino || grosso, grande, eccessivo, smisurato, poderoso, formidabile, spaventoso, intenso, titanico || efficace, potente, → ENERGICO || difficile, faticoso, malagevole || rude, sodo, violento || acuto, vibrato || dotto, ammaestrato, acre, agro, aspro, brusco, fortigno, inacetito, forticcio, infortito, → ACIDO.
contr. debole, flaccido, cascante, snervato, fiacco, fragile, inerte, inconsistente || facile.
fòrte[2], *sm.* fortezza, fortilizio, rocca, castello, cittadella, → BALUARDO, FORTIFICAZIONE.

fortézza, *sf.* → FORZA, FORTIFICAZIONE.
nomencl. (*inerenti*) fortitudine, virtú cardinale, dono dello Spirito Santo.
contr. debolezza.
fortíccio, *agg.* → FORTE.
fortificànte, *ppr.* di fortificare || *agg.* corroborante, ricostituente, fortificatore, riconfortante, ristoratore, tonico, stimolante, eccitante, energetico.
contr. debilitante, avvilente, accasciante.
fortificàre, *v.tr.* ingagliardire, rinforzare, corroborare, rinvigorire, tonificare, render forte, ristorare, confortare, ravvivare, ringagliardire, temprare, irrobustire || munire, guarnire, afforzare, trincerare, barricare, blindare, fiancheggiare, corazzare, attrezzare, → CIRCONDARE, DIFENDERE.
contr. debilitare, indebolire, affievolire accasciare, affralire || sguarnire, smantellare, disarmare, sfasciare.
fortificàto, *pps.* di fortificare || *agg.* → DIFESO.
fortificatóre, *agg.* e *sm.* → FORTIFICANTE.
fortificazióne, *sf.* fortezza, forte, fortino, fortilizio, fortificagione, fortificamento, piazzaforte, propugnacolo, quadrilatero, poligono, rocca, ridotto, casamatta, castello, cittadella, caposaldo, bicocca, catena di forti, acropoli, *alcazar*, bastia, bastiglia, cassero, piazza d'armi, barriera, contrafforte, mastio, campo trincerato, → BALUARDO, BARRICATA, DIFESA.
nomencl. (*distinzioni*) di primo, di secondo e di terz'ordine; importante, secondaria, principale, espugnabile, inespugnabile, imprendibile, inattaccabile, invincibile, imbattibile, inespugnata, espugnata, regolare, irregolare, permanente, temporanea, mobile, campale o da campo, scoperta, coperta, mimetizzata, interrata, elevata, soprelevata, blindata, corazzata, munita, di confine, distaccata, alta, bassa, esteriore, interna, murale, battuta, dominante || (*elementi*) *agger*, antemurale, baluardo, bastione, blinda, caldaia, fossetto, fosso, fosfone, merlone, muraglione, piattaforma, ripa, scannafosso, trincea, vallo, barbacane, battifredo, berretta, cinta, circumvallazione, coda di rondine, contraccoda, contrafforte, controguardia, coprifaccia, corona, cortina, dente, fogata, isola, lunetta, orecchione, parallela, paraschegge, paraspalla, piattaforma, reticolato, riparo, spalto, sperone, steccato o palizzata, tagliata, testa di ponte, abbattuta, alzata, balestriera, ballatoio, bertesca, buche da lupo, buzzone, cannoniera, caprata, cupola, diamante, falsabraca, fascinata, ferro di cavallo, gabbione, grotta, intravata, muraglione, palancata, parapetto, ricovero o rifugio, solco, tamburo, terrapieno, torrione, viminata, campo minato, cunicolo, galleria, garetta, incastellamento, ponte levatoio, pusterla, saracinesca, trabocchetto, triboli, circuito, dintorno, dominio, fronte di fortificazione, gola, linea (di difesa, di circonvallazione, di controvallazione o di investimento, ossidionale), perimetro, pomerio, schiena || (*difesa e offesa*) aerotectonica o aerotettonica, difesa ossidionale, diffilamento, eliminazione, piano di fortificazione, profilo, raggio di circonvallazione, ricognizioni topografiche, sistema di demolizione, resa (a discrezione, onorevole, vergognosa, a bandiere spiegate, con l'onore delle armi), assedio (largo, stretto, lungo, breve), blocco, breccia, sortita, parco d'assedio || (*persone*) comando di fortezza, conestabile, consiglio di difesa, corpo d'assedio, granguardia, guardarme, guardia di piazza, presidiario || (*operazioni*) fortificare, afforzare, munire, guarnire, incastellare, premunire, propugnare, spalleggiare, trincerare, rifortificare || accortinare, barricare, sbarrare, blindare, bastionare, chiudere, circonvallare, diffilare, fascinare, imbertescare, impalizzare, incamiciare, incastellare, mantellare, merlare, murare, palancare, rincalzare, rivestire, scarpare, spaldare, steccare, speronare, tanagliare, vallare || appianare, demolire, diroccare, battere le offese, imboccare, infilare, levare le difese, passare il fosso, scalare, scannare il fosso, scortinare, trivellare, abbattere, aprir breccia, assaltare, assediare, asserragliare, arrendersi, attaccare, bombardare, capitolare, disarmare, espugnare, penetrare, rompere l'assedio, sbloccare, sbrecciare, sguarnire, spazzare, spianare.
fortígno, *agg.* → ASPRO.
fortilízio, *sm.* → BALUARDO, FORTIFICAZIONE.
fortíno, *sm.* → FORTIFICAZIONE.
fortóre, *sm.* → ACIDITÀ.
fortúito, *agg.* casuale, → ACCIDENTALE, INATTESO.
contr. voluto, previsto, atteso.
fortúna, *sf.* caso, destino, provvidenza, sorte, ventura, fato, circostanza, combinazione, condizione, opportunità || successo, bazza, carnevale, → CUCCAGNA || benedizione, bonaccia, buon vento, → FELICITÀ || patrimonio, → GUADAGNO, RICCHEZZA || TEMPESTA, PERICOLO.
nomencl. (*modi di dire*) alti e bassi, auge, carezze della fortuna, favore della fortuna, colpo di fortuna, portafortuna, amuleto, rovescio, infortunio, ruota della fortuna, vicende, apogeo || avventuriere, avventurato, fortunoso, avventuroso, sventurato || *agg.* amica, propizia, favorevole, seconda, fausta, benevola, benigna, contraria, avversa, nemica, opposta, sfavorevole, ostile, accanita, buona, cieca, fallace, ingannevole || grossa, ingente, inaspettata, inattesa || *loc. avv.* a buon mercato || *verb.* arridere, avere il vento in poppa, essere sul colmo della ruota, esser nato vestito o con la camicia, trionfare, vincere un terno al lotto, capitare bene, cadere come il cacio sui maccheroni.
contr. sfortuna, disdetta, disgrazia, disavventura, iettatura, scalogna (*dial.*), iella (*dial.*).
fortunàccia, *sf.* → INFELICITÀ.
fortunàle, *sm.* fortuna di mare, burrasca, → TEMPESTA, MAREGGIATA.
fortunàto, *agg.* avventurato, avventuroso, prospero, → FAUSTO, FELICE.
contr. sfortunato, infausto, disgraziato, depresso, mal avventurato.
fortunóso, *agg.* (di tempo, vita e vicende) vario, ricco di vicende, → TEMPESTOSO.
forúncolo, *sm.* → PUSTOLA.
fòrza, *sf.* potere, potestà, → AUTORITÀ, BALIA || energia, vigore, vigoria, gagliardia, tempra, lena, possanza, nerbo, polso, braccio, muscolo, bicipite, → FIATO || potenza, efficacia, intensità, sforzo, aiuto, manforte || violenza, costrizione, veemenza, furia, impeto || robustezza, fermezza, fortezza, saldezza, stabilità || coraggio, valore,

intrepidezza, baldanza, fierezza || validità, resistenza || capacità, volontà, attitudine, dinamismo || linfa, umore, virilità, vitalità, rigoglio || potenziale, magnetismo, elettricità, attrazione || forza pubblica, pubblica sicurezza, → POLIZIA || *pl.* → ESERCITO || forza espressiva, → ESPRESSIONE || forza morale, intellettuale, → FACOLTÀ || GRAVITÀ.

nomencl. (*distinzioni*) elementare, primitiva, fondamentale, muscolare, fisica, bruta, bestiale, belluina, animalesca, violenta, materiale, meccanica, istintiva, rozza, spirituale, morale, d'animo, viva, vitale, vigorosa || di gravitazione, molecolare, elettrica, magnetica, di espansione, di adesione, centrifuga, centripeta, ascensiva, chimica, concorrente, d'inerzia, elettromotrice, esogena, endogena, irresistibile, repellente, risultante, sensifera || (*inerenti*) antagonismo, decomposizione delle forze, dinamismo, eterodinamica, eudinamica, euplastia, intensità, sviluppo || centro delle forze, dine, portata, trasmissione elettrica della forza || coercitivo, apatia, atonia, inanizione, estenuazione, esaurimento, abbandono, abbattimento, accasciamento, rilasciamento, rilassamento || *verb.* allenarsi, agguantarsi, crescer l'ali, fare i lombi, farsi forte, raccogliere le forze, rinforzarsi, prendere o riprender forza o vigore, o lena, rinvigorire, ricuperare le forze, vigoreggiare || accalorare, accalorire, affocare, fortificare, corroborare, assodare, avvalorare, confermare, eccitare, risvegliare, ravvivare, ingagliardire, riarmare, rianimare || forzare, costringere, sforzare, indurre, sospingere, sostenere || affievolire, esaurire, ammortire, disperdere, elidere, logorare, illanguidire, neutralizzare, sentirsi mancare le forze, svigorire; troncare, recidere, tagliare i nervi; venir meno.

contr. debolezza, snervamento, fiacchezza, languore, dispersione, logoramento, affievolimento, cascaggine.

forzàre, *v.tr.* → COSTRINGERE, OBBLIGARE || SCASSINARE || VIOLARE, VIOLENTARE.

forzàto, *pps.* di forzare || *agg.* stretto, astretto, costretto, obbligato, violentato, sforzato || → INEVITABILE, FINTO || *sm.* → GALEOTTO.

forzière, *sm.* → CASSA, SCRIGNO.

forzúto, *agg.* → FORTE.

foschía, *sf.* → BUIO.

fósco, *agg.* → SCURO, BRUNO || caliginoso, nebbioso, velato, → BUIO || cupo, tetro, tristo, triste, turbato, mesto || → BURBERO.

nomencl. *verb.* offuscare, infoscare, adombrare, imbrunire, imbrunare, abbrunare, oscurare.

contr. terso, nitido, chiaro, limpido, aperto, gaio, sereno.

fòsforo, *sm.* || *fig.* → INGEGNO.

fòssa, *sf.* fosso, fossato, fossetto, cava, cavità, incavo, incavatura, scavo, chiassaiola, pozza, pozzo, tana, bolgia, fogna, canale, berignolo, bozzo, dogaia, troscia, cisterna, risciacquo, roggia, zanella, → BUCO, BARATRO || tomba, sepoltura || fossetta, pozzetta.

nomencl. dei leoni || comune || (*inerenti*) ciglio, ciglione, gettata, greppo, sponda, scrimolo, sterro || chiusino, patancola, cicogna || affossatore, fossatore, fossore || *agg.* profonda, fonda, avvallata, bassa, cieca, interna, esterna || *loc. avv.* a fior di terra || *verb.* affossare, fossare, scavare la fossa, infossare, sfossare.

fossàto, *sm.* → FOSSA, FOSSO.

fossatóre, *sm.* → SEPPELLITORE.

fossétta, *sf.* → FOSSA || pozzetta.

fòssile, *agg.* e *sm.*

nomencl. (*tipi*) analogo, inorganico, lacustre; marino, palustre, pietrificato || (*fenomeni*) fossilizzazione, conservazione, carbonizzazione, disaggregazione, incrostazione, pietrificazione, piritizzazione, putrefazione || impronta, modello || (*specialità scientifiche*) orittologia, orittogenia, orittogeologia, orittognosia, orittografia, paleofittologia, paleontografia, paleontologia, paleozoologia || (*animali*) aliterio, ambittero, ammonite, anoploterio, belemnite, calamorfi, capitosauro, celaterio, clamidoterio, coprolito, dinocerati, dinocerario, dinosauro, dinoterio, elasmoterio, enaliosauri, gravigradi, ipparion, ippopotamo anfibio, iracterio, ittiosauro, macairodo, mastodonte, megalosauro, megaterio, mesosauro, mialina, nummulite, paleonisco, paleosauro, pentacrinite, plesiosauro, posidonomia alpina, protosfargidi, pterodattili, radiolaria, sauro, spirifero, stenosauro, teleosauro, stringocefalo, terebratola, teremorfo, trilobite || (*vegetali*) biblioliti, bilobite, bombiccite, calamodendri, calamite, calamofillia, culmo, culmiti, dendroliti, filliti, lepidodendro, sagittaria, stigmaria, ulmannia, walchia || *verb.* fossilizzare, fossilizzarsi || → GEOLOGIA.

fòsso, *sm.* acquaio, affossamento, borra, cingone, dogaia, fossato, rigagnolo, gora, rio, scolo, canale, roggia, scannafosso, gorello, → FOSSA.

nomencl. (*tipi*) maestro, primario, secondario, cieco, di cinta, di scolo || (*inerenti*) antifosso, basto, rovescio, borratello, capifosso, controfosso o contraffosso, pomerio, rifosso || alveo, canna, gola, luce, banchina, controscarpa, proda, riva, ripa, sponda, regolatore || bindolo, palancola, passatoio, ghighero || *agg.* limpido, chiaro, largo, ampio, profondo, melmoso, pantanoso, sudicio || *loc. avv.* a fior di terra || *verb.* cavare, scavare, colmare, raffossare, rimettere, condurre, spurgare, prosciugare.

fotocalcografía, *sf.* calcografia, rotocalcografia, fotoincisione, → FOTOGRAFIA.

fotoceràmica, *sf.* → FOTOGRAFIA.

fotocromolitografía, *sf.* → FOTOGRAFIA.

fotocromotipía, *sf.* → FOTOGRAFIA.

fotogalvanografía, *sf.* → FOTOGRAFIA.

fotografàre, *v.tr.* ritrarre, fotominiare, → DESCRIVERE.

fotografía, *sf.* cinematografia, elettrografia, eliografia, eliotipia, fotocalcografia, fotoceramica, fotocromotipia, fotocromolitografia, fotogalvanografia, dagherrotipia, astrografia, microfotografia, radiografia, telefotografia, platinotipia, zincografia, tricromia, rotocalcografia.

nomencl. (*vari tipi*) a colori, in bianco e nero, elettrica, microscopica, stellare, del cielo, astronomica, a luce di magnesio || su lastra, su pellicola || a soggetto || posa, mezzaposa, istantanea, interni, esterni, paesaggi, vedute, gruppi, ritratti, riproduzioni || (*apparecchio fotografico*) a lastre, a pellicole, a soffietto, a cassetta, a specchio riflettore (*reflex*), a obiettivi gemelli, stereoscopica, stereopanoramica || camera oscura, obiettivo (semplice, acromatico, doppio, aplanatico,

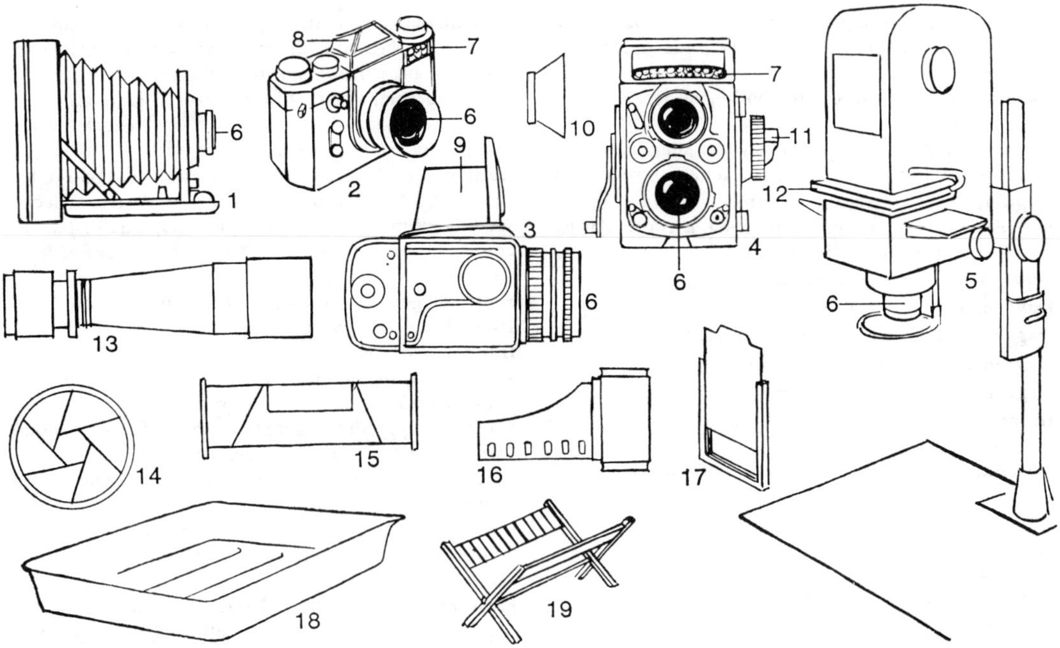

FOTOGRAFIA – 1) macchina a lastre, 2) a pellicola, 3) a specchio riflettore, 4) a obiettivi gemelli; 5) ingranditore verticale; 6) obiettivo; 7) cellula fotoelettrica; 8) pentaprisma; 9) mirino a specchio; 10) paraluce; 11) esposimetro; 12) portanegativi; 13) teleobiettivo; 14) diaframma; 15) bobina; 16) caricatore; 17) telaio; 18) bacinella; 19) sgocciolatoio.

multiplo, anastigmatico, apocromatico, azzurrato, grandangolare, intercambiabile || apertura, luminosità, lunghezza focale || diaframma (fisso, rotativo, a iride) || profondità di campo, otturatore (centrale, a freno d'orologeria, a freno d'aria, a tendina, con scatto a leva o a pulsante, autoscatto), dispositivo per la messa a fuoco (telemetro, scala metrica), mirino (a vetro smerigliato, a specchio, a cannocchiale, icometrico) || telaio, caricatore, bobina, paraluce, schermo (giallo, arancione, verde, rosso, polarizzato), esposimetro, attacco per il lampo (*flash*), lampeggiatore elettronico, lampo stroboscopico || cavalletto, treppiede || (*sviluppo e stampa*) sgocciolatoio, lanterna, bacinelle, torchietto da stampa, ingranditore verticale (condensatore, portanegativi, mascherina), proiettore epidiascopico, schermo per la proiezione || cartoncini, album || lastra, pellicola (piana, a pacco o *filmpack*, rullo) || pellicole, lente, rapide, extrarapide, ultrarapide, pancromatiche, ortocromatiche, antialoniche, a grana fine, per radiografia, per raggi infrarossi, per fotografia a colori || carta sensibile (da stampa, alla celloidina, al platino, ai sali di ferro, alla gelatina-bromuro, alla gomma bicromata, brillante o lucida, semimatta, matta, rugosa, telata, a stampa diretta, a stampa a contatto, al citrato d'argento, cianografica, autovirante, al carbone, a immagine latente) || sviluppo (idrochinone, metolo, glicina, acido pirogallico, solfito di soda, bromuro), fissaggio (iposolfito di soda, bisolfito di soda), indurimento (allume di cromo), lavaggio, rinforzo, indebolimento, essiccazione, inversione, ritocco || stampa (per contatto, per ingrandimento), viraggio, virofissaggio (cloruro d'oro), lavaggio, essiccazione, squadratura, smaltatura || negativo (sfocato, duro, morbido, contrastato, debole, fiacco, velato, sottesposto, sovresposto) || positivo (vigoroso, passato, bruciato, morbido, debole, fiacco, velato) || (*attinenti*) alone, attinicità, contorni sfumati, fondo, formato, astigmatismo, lampo al magnesio, microfilm, microriproduttore, provino || fotografo, fotocronista, operatore || fotogenico.

fotoincisióne, *sf.* → INCISIONE, FOTOCALCOGRAFIA.

fotolíto, *sf. indecl.* fotolitografía, → INCISIONE.

fotominiàre, *v.tr.* → FOTOGRAFARE.

fototipía, *sf.* → INCISIONE.

fra[1], *prep.* tra, infra, in mezzo, frammezzo.

fra[2], *sm.* → FRATE.

fracassàre, *v.tr.* → ROMPERE, DIROMPERE, DISSOLVERE.

fracassàto, *pps.* di fracassare || *agg.* rotto, scosso, scompaginato, ammaccato, malmenato, rovinato, conquassato, agitato, scrollato || → FERITO.

fracàsso, *sm.* → RUMORE.

fràda, *sf.* → FRAGOLA.

fràdicio, *agg.* fracido, guasto, corrotto, putrefatto, putrescente, marcio, mézzo, infetto, contagiato || inzuppato, grondante, infradiciato, → BAGNATO.

contr. sano, fresco, vegeto, integro, salubre, intero, saldo || asciutto.

fradiciúme, *sm.* fracidume, putridume, corruzione, marciume.

fraganèlla, *sf.* → FRAGOLA.

fràgile, *agg.* debole, frale, periclitante, delicato, → GRACILE, FRIABILE || EFFIMERO || frangibile, premice, rompibile.

contr. infrangibile, forte, robusto, saldo, gagliardo, duraturo, durevole.

fragilità, *sf.* fralezza, gracilità, friabilità, → DEBOLEZZA || *fig.* pochezza d'animo, mutabilità, cedevolezza morale, peccabilità.
nomencl. *verb.* affralire, indebolire, cadere, pericolitare, pericolare.
contr. infrangibilità, forza, robustezza, energia, vigore, saldezza, gagliardía, durezza, resistenza, durevolezza.
fràgola, *sf.* frada, fraganella, fràola.
nomencl. (*specie*) ananassa, briciolina o muraiola, capronica, di giardino, selvatica, di montagna, moscadella (bianca, rossa), d'ogni mese || fragolaia, fragoleto.
fragóre, *sm.* → RUMORE.
fragoróso, *agg.* → RUMOROSO, STREPITOSO.
fragrànte, *agg.* → ODOROSO, PROFUMATO.
fragrànza, *sf.* → ODORE, PROFUMO.
fraintèndere, *v.tr.* frantendere, intendere male, capire a rovescio, diversamente.
nomencl. (*inerenti*) frainteso, fraintendimento || equivoco.
fràle, *agg. poet.* → FRIABILE, DEBOLE || *sm. lett.* → CADAVERE.
fralézza, *sf. poet.* → FRAGILITÀ, DEBOLEZZA.
frammassóne, *sm.* → MASSONE.
framménto, *sm.* frantume, scheggia, sprazzo, rottame || passo, passaggio, brano, squarcio || → PEZZO, DIVISIONE.
nomencl. frammentato, frammentista, frammentario || *verb.* frammentare, frantumare, scheggiare.
frammescolàre, *v.tr.* → MESCOLARE.
framméttere, *v.tr.* → INTROMETTERE.
nomencl. (*inerenti*) inframmettenza, frammettente, inframmettente, impaccioso, frammesso, invadente.
frammezzàre, *v.tr.* → INTROMETTERE, INTRODURRE.
frammischiàre, *v.tr.* → MESCOLARE.
fràna, *sf.* franamento, cedimento, dirupamento, dirupo, anfratto, lavina, slavina, motta, profondamento di terra, rovina, scoscendimento, ammottamento, smottamento, sfaldamento, → AVVALLAMENTO.
nomencl. *agg.* colossale, enorme, madornale, rapida, improvvisa, fulminea, imprevista, repentina, rovinosa, disastrosa, funesta, fatale || *verb.* franare, smottare, scoscendere, crollare, precipitare, dirupare, avvallare.
franaménto, *sf.* → AVVALLAMENTO, FRANA.
franàre, *v.intr.* dimottare, smottare, sprofondare, precipitare (di terreno), cedere, rovinare, avvallare, scoscendere, smorchiare, allamare, slamare, lavinare, crollare, sfaldare, → DIRUPARE.
francaménte, *avv.* con franchezza, apertamente, schiettamente, in verità, invero.
francatúra, *sf.* → PORTO.
francescàno, *agg.* e *sm.* frate minore, minore osservante, conventuale, riformato || cappuccino || clarissa || terz'ordine o terziario.
nomencl. novizio, professo, laico || (*cariche*) ministro, procuratore, definitore, postulatore, segretario generale, segretario delle missioni, economo, assistente, commissario, guardiano, portinaio || missioni, Custodia di Terrasanta.
francesísmo, *sm.* gallicismo || barbarismo.
nomencl. (*inerenti*) francese, francioso, francesco (*ant.*) || gallofobia, misogallo, misogallismo, filofrancese.

franchézza, *sf.* schiettezza, sincerità, lealtà || sicurezza, coraggio, ardimento, disinvoltura, scioltezza, fidanza, baldanza, presenza di spirito || libertà.
contr. ipocrisia, slealtà || imbarazzo, insicurezza, incertezza, titubanza.
franchígia, *sf.* → ESENZIONE.
frànco, *agg.* libero, → ESENTE || ardito, coraggioso, fermo, intrepido, pronto || sciolto, svelto, destro, sollecito, spedito, disinvolto, sveglio, spiccio, spigliato, baldanzoso || aperto, entrante, schietto, sincero, verace, leale, naturale.
contr. soggetto || timido, pavido || impacciato || ipocrita, sleale, intrigante.
francobóllo, *sm.* → BOLLO.
francolíno, *sm.* → PERNICE.
francotiratóre, *sm.* → PARTIGIANO.
frangènte, *ppr.* di frangere || *sm.* onda || *fig.* → PERICOLO.
fràngere, *v.tr.* rifrangere, spezzare, macinare, dirompere, fracassare, frantumare, → ROMPERE, FERIRE || *rifl.* rompersi.
contr. aggiustare, accomodare, risanare.
fràngia, *sf.* balza, fimbria, → GUARNIZIONE || *fig.* → FALSITÀ, ESAGERAZIONE.
nomencl. (*simili*) grillotti, macramé, penero, fiocco, nappa, sfiocco, passamano, orpello || *agg.* lunga, ricca, vistosa, appariscente, smagliante, pomposa, corta, piccola, bassa, alta || *verb.* sfrangiare, accerrare.
frangíbile, *agg.* → FRIABILE.
contr. infrangibile.
frantóio, *sm.* → MULINO.
frantumàbile, *agg.* → FRIABILE.
frantumàre, *v.tr.* → DISTRUGGERE, ROMPERE, SPEZZARE.
frantumazióne, *sf.* → DISTRUZIONE.
frantúme, *sm.* → FRAMMENTO, PEZZO, PARTE || *pl.* → MACERIE.
fràola, *sf.* → FRAGOLA.
frappé, *agg.* e *sm. fr.* frullato, → GELATO.
frappórre, *v.tr.* frammettere, → INTROMETTERE.
frasàrio, *sm.* fraseologia, terminologia, gergo.
nomencl. (*tipi*) tecnico, scientifico, letterario, filosofico, amoroso, romanzesco, fumettistico, ecc. || *agg.* stereotipato || ricco, moderno, fiorito, scelto, ornato, elegante, fantasioso, disadorno, inelegante, sciatto, povero.
fràsca, *sf.* fronda, ramoscello, ramo || *fig.* donna leggera, civetta, volubile || *pl.* vanità, leggerezza.
nomencl. (*inerenti*) frascame, frascume, frascato, frascheggío, frascheria || *agg.* fiorita, fronzuta, verde, ingiallita || frascherie, frascheggiare, civettare, accivettare.
frascàto, *sm.* pergolato, ombracolo, → PERGOLA.
frascheggiàre, *v.intr.* → STORMIRE || *fig.* → CIVETTARE.
frascheria, *sf.* → CHIACCHIERA.
frasconàia, *sf.* infrascata.
fràse, *sf.* locuzione, dicitura, frasario, maniera di dire, modo di dire, → DIZIONE, ESPRESSIONE.
nomencl. *agg.* e *loc. avv.* accademica, compassata, gelida, comune, ordinaria, volgare, di moda, abusata, vuota, sonora, gonfia, retorica, enfatica, fatta, involuta, trita, ritrita, ridetta, incisiva, scultorea, espressiva, significativa, taciturna, indovinata, azzeccata, sbagliata, ben riuscita, mal riuscita, di spugna || *verb.* coniare, fraseg-

giare, rigirare, stemperare, temperare, moderare, tornire, inventare, studiare, ricercare.

fraseología, *sf.* → FRASARIO.

fràssino, *sm.* orno, orniello, ornello, avorniello.

nomencl. frassineto.

frastagliàre, *v.tr.* cincischiare, tagliuzzare, → TAGLIARE.

frastagliàto, *pps.* di frastagliare || *agg.* sinuoso.

frastàglio, *sm.* → INTAGLIO.

frastornaménto, *sm.* → DISTURBO.

frastornàre, *v.tr.* distornare, interrompere, → DISTURBARE, IMPEDIRE, DISSUADERE.

frastornatóre, *agg.* e *sm.* → DISTURBATORE.

frastuòno, *sm.* → DISTURBO, RUMORE.

fràte, *sm.* fra, religioso, monaco, padre, cenobita.

nomencl. fratino, fraticello, fratacchiotto, fratacchione, fratonzolo, fratoccio, fratucolo, fratone, frataccio, fratuzzo || frataglia || (*distinzioni*) novizio, converso, professo, terziario, laico || camarlingo, canovaio, cellerario, cercante, mendicante, torzone || (*esemplificazioni*) agostiniani, assunzionisti, celliti, antoniani, barnabiti, basiliani, benedettini (camaldolesi, confederati, olivetani, silvestrini, vallombrosani), calasantini, crocigeri o crociferi, concezionisti, cappuccini, caracciolini, certosini, scolopi, passionisti, cistercensi, claretani, gesuiti, paolini, lazzaristi, resurrezionisti, redentoristi o liguoristi, eudisti, minori conventuali, domenicani, dottrinari, eremitani, fatebenefratelli, pavoniani, maristi, missionari, frati bigi, francescani, oblati, giuseppini, salesiani, mechitaristi, mercedari, monfortiani, trinitari, teutonici, ospitalieri, padri bianchi, minimi, pallottini, saveriani, premostratensi, stimmatini, salvatoriani, scalabriniani, somaschi, teatini, trappisti, sulpiziani, zoccolanti || (*oggetti*) abito religioso, cappuccio, cocolla, cingolo, tonaca, scapolare || *verb.* farsi frate, sfratarsi, gettare la tonaca.

fratellànza, *sf.* → AMICIZIA || CONFRATERNITA.

fratellàstro, *sm.* → FRATELLO.

fratèllo, *sm.*

nomencl. (*distinzioni*) uterino, germano o carnale, adottivo, consanguineo, gemello, naturale, legittimo, maggiore, minore, primo, collaterale, coerede, fratellastro || siamese || (*inerenti*) fratellanza, fraternità, fratria, fratellame, fratricida, fratricidio || fraterno, fratellevole, fratellesco || maggiorasco, cadetto, consanguineità, primogenitura || incesto || affratellare, fraternizzare.

fraternità, *sf.* → AMICIZIA.

fratésco, *agg.* → MONACALE.

fràtta, *sf.* → MACCHIA, SIEPE.

frattagliàio, *sm.* → MACELLAIO.

frattúra, *sf.* catagma, apertura, stritolatura, spaccatura, squarcio, rottura, screpolatura, scheggiatura, spezzatura.

nomencl. (*tipi*) diretta, indiretta, semplice, complicata, longitudinale, obliqua, capillare, comminutiva, composta, completa, incuneata, incomposta, intra-articolare || (*inerenti*) callo (esterno, interno, osseo), cicatrice, coaptazione, diortosi, effrazione, fanone, riduzione, coattazione || *verb.* incamiciare, rincamiciare, steccare, ingessare, aggiustare, rimettere a posto || fratturare.

fràude, *sf. poet.* frauda, → FRODE.

fraudolènto, *agg.* frodolento, ingannevole, → DOLOSO.

fraudolènza, *sf.* frodolenza, → FRODE, INGANNO.

frazióne, *sf.* → DIVISIONE.

nomencl. (*suddivisione*) decimale, propria, impropria, apparente, riducibile, irriducibile, ordinaria, decimale finita, decimale periodica semplice o mista, generatrice di quoziente, pura o propria, spuria o impropria || (*attinenti*) numeri frazionari decimali, unità frazionaria decimale || numeratore, denominatore, minimo comune multiplo, massimo comun divisore || *verb.* ridurre, semplificare, trasformare || frazionare.

fréccia, *sf.* dardo, giavellotto, saetta, strale, tèlo, verretta, verrettone, falarica, cateia, ghiera, lancione || *fig.* →FRECCIATA || → INDICE.

nomencl. faretra, cocca, penna, punta, arco || (*tipi*) ferrata, avvelenata || arciere || frecciata || *agg.* appuntita, sottile, lunga, corta || *verb.* dardeggiare, saettare, tender l'arco, scoccare || frecciare, sfrecciare.

frecciàta, *sf.* → FERITA, STOCCATA || *fig.* freccia, motto pungente, battuta, → MOTTEGGIO, EPIGRAMMA, FRIZZO.

freddàre, *v.tr.* far diventar freddo, raffreddare || ammazzare, uccidere || *rifl.* diventare freddo.

contr. riscaldare.

freddézza, *sf.* → FREDDO || frigidezza, frigidità || indifferenza, svogliatezza, indolenza, apatia, atonia, lentezza, infingardaggine, pigrizia, mancanza d'affetto o di cordialità o di entusiasmo, mancanza d'efficacia, imperturbabilità, → DISCORDIA || glacialità.

contr. caldezza, caldo || calore, ardore, fervore, furore, bollore, entusiasmo, slancio, affetto.

fréddo¹, *agg.* gelido, gelato, ghiaccio, agghiacciato, algente, algido, diaccio, ghiacciato, glaciale, raffreddato, assiderato, intirizzito, congelato || fresco, refrigerante || *fig.* frigido, gelido, indolente, flemmatico, svogliato, indifferente, impassibile, insensibile, disappassionato, sfreddato.

contr. caldo, caloroso || *fig.* ardente, appassionato, entusiasta, fervente, fervido, bollente.

fréddo², *sm.* freddezza, frigidezza, gelo, algore, rigidità, rigore, ghiaccio, fresco, strizzone, ghiado, sizza || stagione fredda, inverno || freddura || sangue freddo, tranquillità.

nomencl. (*pertinenti*) riscaldamento, tiepido, brivido, ghiacciaia, frigorifero, termometro, raffreddore, infreddatura, refrigerante, fresco, coabatore, coibente, cruometro || *agg.* acuto, aspro, pungente, assaettato, birbone, crudo, dannato, glaciale, indiavolato, ladro, molesto, rigido, stridente, strinato, vivo, sensibile, gelido, gelato, tagliente, intenso, gagliardo, forte, polare, siberiano, penetrante, ibernale, insopportabile || cane || *verb.* gelare, assiderare, intirizzire, intorpidire, rattrappire, tremare, battere i denti, infreddolire, ingranchire, raggranchire, prender freddo, raffreddarsi, sopportare il freddo || freddare, gelare, infrigidire, aggelare, soffreddare || rincrudire, mordere, mortificare, bruciare.

contr. caldo, caldezza, caldura, caldana || sangue caldo.

freddúra, *sf.* → FREDDO || *fig.* → BISTICCIO, BARZELLETTA, FACEZIA, FRIZZO.

fregàccio, *sm.* → BAFFI.

fregagióne, *sf.* → MASSAGGIO, STROFINAMENTO || ATTRITO, RESISTENZA.

fregàre, *v.tr.* confricare, fricare, grattare, sfregare, soffregare, strofinare, stropicciare, strufonare, strigliare, strusciare || cassare, dar di frego, smerigliare, pomiciare || *rifl.* stropicciarsi a uno || fare moine, || *fam. volg.* ingannare, accoccargliela, imbrogliare, turlupinare, danneggiare.
nomencl. fregagione, sfregamento, fregata, fregatina.
fregiàre, *v.tr.* e *rifl.* metter fregi, abbellire, adornare, guarnire, decorare, raffazzonare, → ORNARE.
contr. deturpare, disabbellire, rovinare, imbruttire, deformare, guastare.
frégio, *sm.* → ORNAMENTO, ARABESCO, CONTORNO || DISTINTIVO || cicatrice, sfregio (*ant.*).
nomencl. (*esempi*) bucrano o bucranio, egicrane, glifo, metopa, rabesco, triglifo, solco.
frégo, *sm.* → CANCELLATURA, SGORBIO.
frégola, *sf.* assillo, foia, → DESIDERIO, LIBIDINE.
fremebóndo, *agg.* → FURENTE.
fremènte, *ppr.* di fremere || *agg.* → FURENTE.
frèmere, *v.intr.* fremire (*poet.*), strepitare, stormire, frascheggiare, sfrascare, rabbrividire, arrabbiarsi, → ADIRARSI || *fig.* impazientirsi, → FRIGGERE || fremere al vento, → GARRIRE.
frèmito, *sm.* → PALPITO, TURBAMENTO.
frenàbile, *agg.* → COERCIBILE.
contr. infrenabile.
frenàre, *v.tr.* raffrenare, mettere il freno, tenere in freno, trattenere, contenere, moderare, domare, vincere, conculcare, fiaccare, governare, imbrigliare, imporre freno, infrenare, ritenere, mortificare, reprimere, signoreggiare, smorzare, soffocare, soprastare, spegnere, temperare, tenere all'ordine, rintuzzare, → BLOCCARE, COSTRINGERE, DOMINARE, FERMARE || *rifl.* dominarsi, contenersi.
nomencl. (*inerenti*) frenesia, sfrenataggine, sfrenamento, disfrenamento, sfrenatezza, sfrenato.
contr. sfrenare, disfrenare, togliere il freno || sfrenarsi, scatenarsi, cavarsi ogni voglia, infuriare.
frenastenía, *sf.* imbecillità, idiotismo, idiozia, deficienza psichica, anormalità.
contr. normalità, sanità, intelligenza, sagacia.
frenesía, *sf.* → DESIDERIO, AMORE, PAZZIA, FURIA.
freneticaménte, *avv. fig.* → DISPERATAMENTE.
frenètico, *agg.* → PAZZO, FURENTE.
freniàtra, *sm.* → PSICHIATRA.
freniatría, *sf.* craniologia, → PSICHIATRIA.
fréno, *sm.* barbazzale, morso, cavezza, guinzaglio || martinicca || *fig.* moderazione, ritegno, governo, padronanza, dominio, mortificazione.
nomencl. (*meccanica*) ad attrito, automatico, a pedale, a mano, elettrico, a espansione, ad aria compressa, idraulico, a valvola, a pattini, *westinghouse*, a vite || nervo frenico || *loc. avv.* a freno sciolto, senza freno || *verb.* mettere il freno, rallentare il freno, scuotere il freno, tenere a freno, rodere il freno, rompere il freno.
contr. libertà, sfrenatezza, licenziosità, frenesia.
frenocòmio, *sm.* → MANICOMIO.
frenología, *sf.* cranioscopia.
nomencl. bernoccolo || protuberanze craniali, frontali, facciali.
frenologísta, *sm.* → PSICHIATRA.
frenòlogo, *sm.* → PSICHIATRA.
frequentàre, *v.tr.* bazzicare, coltivare, praticare, trattare, usare, intrattenersi, intendersela, → ANDARE, AFFOLLARE.
contr. allontanarsi, stare alla larga, ignorare, trascurare.
frequentatóre, *sm.* → CLIENTE.
frequènte, *agg.* assiduo, ripetuto spesso, sovente, continuo || → ABBONDANTE.
contr. infrequente, raro, discontinuo.
frequènza, *sf.* ripetizione, reiterazione, spessezza, assiduità || affollamento, → CONCORSO (di gente).
contr. infrequenza, lontananza, assenza, solitudine.
frescànte, *sm.* → PITTORE.
freschézza, *sf.* frescore (*ant.*), fresco, frescura, rezzo, refrigerio || *fig.* l'essere intatto, fresco di carne, floridezza, rigoglio, gioventú, → BELLEZZA.
nomencl. *verb.* ravvivare, rinfrescare, ridare freschezza, appassire, avvizzire, invietire, perdere la freschezza, diventar vieto.
contr. decadimento, avvizzimento, viziamento, vecchiezza.
frésco[1], *agg.* → FREDDO || attuale, recente, nuovo, colto da poco, fatto da poco || riposato, ristorato, vegeto, rigoglioso, sano, fiorente, → FLORIDO.
contr. molto freddo, caldo || vecchio, vizzo, stantio, passo, secco || affaticato.
frésco[2], *sm.* → FREDDO, FRESCHEZZA || AFFRESCO.
frescúra, *sf.* → FRESCHEZZA.
frétta, *sf.* affrettamento, acceleramento, foga, furia, precipitazione, premura, prestezza, pressa, velocità, sollecitudine, rapidità, urgenza, celerità, impazienza, agitazione.
nomencl. *agg.* grande, esagerata, nevrotica, eccessiva, smodata, precipitosa, fulminea, rapidissima, sbrigativa || affrettare, accelerare, pressare, sbrigare, folgorare, incalzare, precipitare, raffrettare, sollecitare, spicciare, studiare, avacciare, abborracciare, correre, agire in fretta, scombiccherare, tirar giú, andare a volo.
contr. calma, moderatezza, indugio, ritardo, flemma, lentezza, posatezza, tardità, rallentamento.
frettolóso, *agg.* celere, rapido, affrettato, avventato || precipitoso, convulso, furioso, impaziente, impetuoso.
contr. lento, ponderato, tardo, accurato, moderato, posato, calmo.
friàbile, *agg.* fragile, frangibile, frale, polverizzabile, rompibile, debole, frantumabile, sfaldabile.
contr. duro, sodo, solido, adamantino, resistente, infrangibile.
friabilità, *sf.* → FRAGILITÀ.
fricàre, *v.tr.* → FREGARE.
fríggere, *v.tr.* cuocere in padella, rosolare, rifriggere, soffriggere, grillare, grillettare, → BOLLIRE || stridere, sfrigolare (detto di ferro rovente immerso in un liquido) || *fig.* essere afflitto, tribolare, annoiarsi, fremere, struggersi, rodersi, brontolare, frignare.
nomencl. (*inerenti*) infarinare, fare il soffritto, doratura || esser fritto || cose fritte e rifritte.
frigidézza, *sf.* → FREDDEZZA || FREDDO.
frigidità, *sf.* → FREDDEZZA.
frígido, *agg.* || *fig.* → FREDDO.
frignàre, *v.intr.* → FIOTTARE, FRIGGERE, PIANGERE.

fringuèllo, *sm.*
nomencl. (*specie*) amadina, bengalino, cardellino, troncone, migliarino, montanello o peppola, spincione, verzellino, zipeo || *verb.* sfringuellare, spincionare.
frinìre, *v.intr.* → STRILLARE.
frinzèllo, *sm.* ricucitura, rammendo mal fatto || cicatrice || → GLANDOLA.
nomencl. (*inerenti*), rinfrinzellare, rimendare, ripigliare || cicatrizzare, chiudersi.
frittàta, *sf.*
nomencl. (*esempi*) in peduli, in zoccoli o con gli zoccoli, d'un foglio, ripiena, rognosa, trippata, avvolta o pesceduova, verde, al pomodoro || frittatina, *omelette*, tortino || *verb.* sbattere, cuocere, rivoltare, friggere.
frittèlla, *sf.* → BIGNÉ || *fig.* → MACCHIA.
frìtto, *pps.* di friggere || *agg.* → BRUCIATO || fritto e rifritto, → CONOSCIUTO.
frivolería, *sf.* → FRIVOLEZZA.
frivolézza, *sf.* frivoleria, frivolità, futilità, leggerezza, vacuità, meschinità, fantocciaggine, fantocciata, fatuità, melensaggine, puerilità, ragazzata, piccolezza, bagatella, minuzia, frascheria, inezia.
contr. serietà, gravità, ponderatezza, profondità, austerità || cosa seria.
frivolità, *sf.* → FRIVOLEZZA.
frívolo, *agg.* leggero, futile, vano, fanciullesco, vacuo, puerile, meschino, vuoto, sciocco, fatuo, melenso || minimo, minuto, di poca entità.
contr. grave, serio, importante, profondo, ponderato, austero, considerato.
frizióne, *sf.* → MASSAGGIO, STROFINAMENTO || INNESTO.
frizzànte, *ppr.* di frizzare || *agg.* razzente, pizzicante, piccante || ironico, sarcastico, spiritoso, pungente, brioso, → ARGUTO.
contr. dolciastro, manierato, levigato, inerte, anodino, melenso.
frizzàre, *v.intr.* pizzicare, pungere, eccitare, vellicare.
frìzzo, *sm.* motto spiritoso, arguzia, bottata, frecciata, freddura, → EPIGRAMMA.
frodàre, *v.tr.* defraudare, aggirare, ingannare, imbrogliare, carpire, trappolare, deludere, sottrarre, abbindolare, intrappolare, far contrabbando, ghermire, → DANNEGGIARE, FREGARE.
contr. dare, restituire, consegnare, agire onestamente, lealmente.
frodatóre, *sm.* ingannatore, truffatore, mariuolo, gabbamondo, mistificatore, imbroglione, marrano || manutengolo.
nomencl. *agg.* subdolo, fraudolento, capzioso, insidioso, mariolesco, perfido, sleale, fellone, deludente.
contr. galantuomo, onesto, leale.
fròde, *sf.* fraudolenza, fraude (*poet.*), fraudolenzia, defraudamento, defraudazione, baratteria, concussione, inganno, ingannagione, ingegno (*ant.*), baratto, artificio, artifizio, ruberia, truffa, falsità, slealtà, estorsione, imbroglio, intrigo, mariuoleria, marachella, frodo, laccio, insidia, surrezione, colposità, → FINZIONE, DOLO, DISONESTÀ,
contr. onestà, probità, lealtà, giustizia, sincerità.
fròdo, *sm.* contrabbando || sotterfugio.
nomencl. bracconiere, contrabbandiere || dogana.
frodolènto, *agg.* fraudolento, ingannevole, → DOLOSO.
frodolènza, *sf.* fraudolenza, → FRODE, INGANNO.
fròllo, *agg.* tenero, molle, morbido, floscio, fiacco, flaccido || *fig.* sfibrato, rifinito, mencio, → DEBOLE.
contr. duro, tenace, tiglioso || adusto, atticciato, robusto, energico, vigoroso.
frómba, *sf.* frombola, → FIONDA.
frombatóre, *sm.* → FROMBOLIERE.
frómbola, *sf.* fromba, → FIONDA.
frombolatóre, *sm.* → FROMBOLIERE.
frombolière, *sm.* fiondatore, frombolatore, frombatore, sfiondatore.
nomencl. *verb.* frombolare, sfrombolare.
frónda, *sf.* → FOGLIA, FRASCA || *fig.* critica, agitazione, contestazione, ostilità nascosta.
nomencl. (*inerenti*) frondeggiante, frondoso, frondifero, sfrondato, sfrondamento || spirito o vento di fronda || || *verb.* sfrondare, sfrondeare, rinfronzire, frondarsi, infrondarsi || fare della fronda.
frondóso, *agg.* fronzuto, frondeggiante, frondifero, ricco di fronde || ombroso.
contr. sfrondato, nudo.
frónte, *sf.* → FACCIA || FACCIATA || COALIZIONE || *fig.* → SFRONTATEZZA || *sm.* zona di combattimento, → GUERRA, LINEA.
nomencl. (*accessori*) coronale, bernoccolo, corno, cipiglio, corona, ruga, grinza, crespa || frontigiano, sfrontato, sfacciato || *agg.* alta, bassa, spaziosa, angusta, accigliata, preoccupata, meditabonda, severa, turbata, rabbruscata, increspata, minacciosa, bieca, truce, grinzosa, raggrinzata, rugosa, incartapecorita, vizza, aperta, ampia, spaziosa, distesa, serena, sgombra, tranquilla || senza veli || *verb.* corrugare, increspare, distendere || far fronte, tener fronte, fronteggiare, stare di fronte, stare a faccia || andare al fronte, tornare dal fronte.
contr. tergo, nuca, collo || retrovia.
fronteggiàre, *v.tr.* → COMBATTERE, DIFENDERE.
frontespízio, *sm.* cornice, frontone, tímpano, → FACCIATA || frontispizio, prima pagina di un volume, → LIBRO.
frontièra, *sf.* confine, linea di confine.
frontóne, *sm.* fastigio, attico, → FRONTESPIZIO.
frónzolo, *sm.* ornamento superfluo, ornamentuccio, nastro, fiocco, ecc.
fronzúto, *agg.* → FRONDOSO.
fròtta, *sf.* → FOLLA, TRUPPA.
fròttola, *sf.* celia, → BUGIA || villotta, villanella, strambotto, madrigale, → INNO.
nomencl. frottolare.
frugacchiàre, *v.tr.* → FRUGARE.
frugàle, *agg.* → PARCO, SOBRIO, TEMPERANTE.
frugalità, *sf.* → SOBRIETÀ, TEMPERANZA.
frugàre, *v.tr.* tastare, cercare, rovistare, frugacchiare, rufolare, trufolare, grufolare, stuzzicare, sfruconare, rimuginare, → CERCARE, ESPLORARE.
frugífero, *agg.* → FECONDO.
frugnolàre, *v.intr.* → CERCARE.
frugolétto, *sm.* → BAMBINO.
frugolíno, *sm.* → BAMBINO.
fruíre, *v.tr.* → GODERE, USARE || POSSEDERE.
frullàna, *sf.* → FALCE.

frullàre, *v.intr.* → AGITARE || *fig.* → GIRARE.
frullóne, *sm.* → BURATTO.
fruménto, *sm.* → GRANO.
frumentóne, *sm.* formentone, → GRANTURCO.
frusciàre, *v.intr.* → BISBIGLIARE, STORMIRE.
fruscío, *sm.* stropiccio, frascheggio, ronzio, → BISBIGLIO, RUMORE.
fruscolàre, *v.intr.* → CERCARE.
frúscolo, *sm.* → PARTE.
frústa, *sf.* frustino, sferza, verga, scudiscio, staffile, ferula, nerbo, curbascio, disciplina, gatto a nove code, *cravache* || *fig.* critica severa, pedantesca.
nomencl. (*parti*) bacchetto, manico, codetta, mozzone o sverzino o sferzino || schiocco || *verb.* schioccare o chioccare, scudisciare, sferzare, far ballare la frusta, frustare, toccare, picchiare, pizzicare, fustigare.
frustàre, *v.tr.* sferzare, vergare, nerbare, staffilare, picchiare, scudisciare, castigare, eccitare, spingere, incitare, → FLAGELLARE || *fig.* criticare, censurare || logorare.
contr. *fig.* blandire, accarezzare, risparmiare, perdonare, elogiare, adulare.
frustàta, *sf.* → COLPO, FLAGELLAZIONE.
frustíno, *sm.* → FRUSTA || *fig.* → BELLIMBUSTO.
frústo, *agg.* → LOGORO || *sm.* → PEZZO.
frustràre, *v.tr.* deludere, frodare, negare, ricusare, rifiutare, respingere, render vano, inutile, far andare a vuoto, annullare || incattivire, inasprire, irritare.
nomencl. (*inerenti*) frustraneo, frustrato, frustratorio.
contr. chiedere, domandare, promettere, eccitare, stimolare, attirare, aizzare.
frútice, *sm.* → ALBERO.
frútta, *sf. pl.* → FRUTTO.
fruttàre, *v.tr.* produrre, far frutto, dar frutto, fruttificare || *fig.* → CAUSARE || giovare, rendere o dare interessi, produrre utilità, rendere.
contr. essere sterile, infruttuoso, infruttifero || costare, danneggiare.
fruttéto, *sm.* fruttario, pomario.
frutticoltúra, *sf.* → AGRICOLTURA.
fruttífero, *agg.* → FECONDO || REDDITIZIO.
fruttificàre, *v.tr.* → FRUTTARE, GENERARE.
fruttivéndolo, *sm.* frutteria, fruttaiolo.
frútto, *sm.* bacca, autocarpo || *fig.* → FIGLIO || EFFETTO, PRODOTTO || GUADAGNO, PROFITTO, RENDITA, INTERESSE.
nomencl. (*sapori, qualità, forma*) acerbo, acerbetto, lazzetto, lazzo, allappante, acido, aspro, acre, asprigno, agro, dolce, zuccherino, saporito, saporoso, fragrante, scipito, sugoso, afato, primaticcio, maturo, cascaticcio, cascato, fatto, strafatto, fresco, immaturo, agostano, settembrino, ottobrino, estivo, autunnale, precoce, di stagione, fuor di stagione, meridionale, alido, passo, avvizzito, vizzo, ammosciato, moscio, ammaccato, macolato, màcolo, pesto, livido, fradicio, magagnato, bacato, marcio, mézzo, cotonato, duràcino, fibroso, stopposo, farinaceo, farinoso, duro, molle, tenero, vuoto, domestico, terragno, gentile, imbastardito, esotico, deiescente, dirompente, indeiescente, semplice, follicolare, uniloculare, aggregato, vettaiolo || (*parti*) autocarpo, bacca, baccello, coccola, cariosside, ciocca, cono, legume, pseudocarpo, sacello, schizocarpo || anima, acino, arillo, bellico, buccia, involucro, capsula, celletta, chicco, columella, corteccia, drupa, emicarpo, endocarpo, epicarpo, fiore, fusto, gambo, picciuolo, ipocarpo, lanugine, mallo, mosto, sugo, nocciolo, occhio, orbacca, pappo, polpa, ricettacolo, seme, siliqua, spicchio, torso, valve, velo || bitorzolo, bernoccolo, magagna || (*attinenti*) concime, fruttame, fruttata, giardinetto, primizie, seccumi || ciocca, grappolo, piccia, macedonia, marmellata, giulebbe, conserva, gelatina, composta || glucosio, amandina, essenza || frutteto, fruttario, pomario, orto, giardino, frutticoltura, botanica, pomologia || spalliera, filare, pergolato || *verb.* allappare i denti, la bocca, la lingua; allegare, ammaccare, appassire, annebbiare, avvizzire, intristire, incresparsi, infradiciare, marcire, bacare, disseminare, allignare, fiorire, allegare, fruttare, fruttificare, maturare, imbozzacchire, granire, impiolare, inalidire, incatorzolire, rifruttare, rinfratire, seccarsi, spaccarsi, sfarinarsi || abbacchiare, bacchiare, accastellare, accastellinare, acconciare, alidire, ammaccare, appicciare, assolare, cogliere, confettare, confezionare, dicioccare, giulebbare, innestare, mondare, mettere nella paglia, sbucciare, scattivare, schiacciare, scorzare, seccare, spicchiare, comprare, vendere.

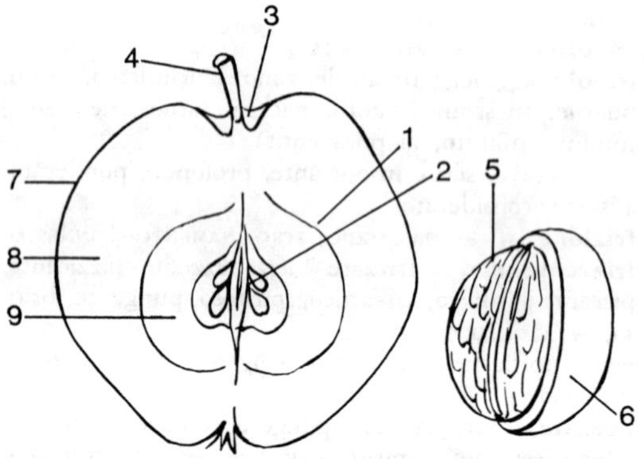

FRUTTO – 1) polpa; 2) semi; 3) buccia; 4) gambo; 5) guscio; 6) mallo; 7) epicarpo; 8) mesocarpo o emicarpo; 9) endocarpo.

fruttuóso, *agg.* redditizio, → UTILE, PROFITTEVOLE.
contr. infruttuoso, infruttifero, sterile.
fucàto, *agg. lett.* imbellettato || *fig.* finto, affettato, artefatto.
fucilàre, *v.tr.* giustiziare, uccidere a fucilate.
fucilàta, *sf.* archibugiata, schioppettata, moschettata, trombonata || → FERITA.
fucilazióne, *sf.*
nomencl. al petto, alla schiena || decimazione.
fucíle, *sm.* carabina, doppietta, archibugio, moschetto, schioppo, trombone, moschettone, spingarda, fucile mitragliatore || acciarino.
nomencl. (*suddivisioni*) a una canna, a due canne, da guerra, da caccia, di vecchio o di nuovo modello, liscio, rigato, damaschinato, scavezzo, a retrocarica, ad ago, a percussione, a pietra, a ripetizione, ad aria compressa o pneumatico, a tiro accelerato, di precisione || (*parti*) canna, cassa, meccanismo di caricamento e sparo, bacchetta, alzo, calcio, calciolo, otturatore, zoccolo, baionetta, bandoliera, cigna o cinghia, caricatore, pal-

lottole, cartucce, bossolo || calibro || castello delle armi, armeria, fascio d'armi, maneggio delle armi, tiro a segno, fuciliere || *agg.* carico, scarico, nuovo, arrugginito, pulito, lucido || *verb.* alzare il cane, appuntare, puntare, caricare, impugnare, innescare, sgrillettare, smontare, spianare, rimontare, imbracciare l'arma, mirare, inastare, incrociare le baionette, portare ad armacollo.

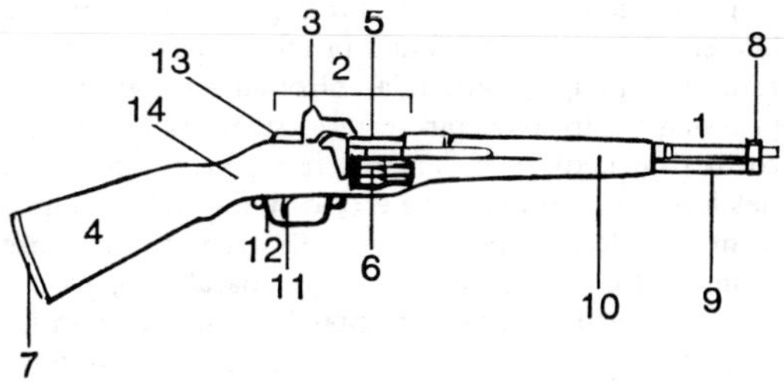

FUCILE – 1) canna; 2) meccanismo di caricamento e sparo; 3) alzo; 4) calcio; 5) otturatore; 6) caricatore; 7) calciolo; 8) mirino; 9) cilindro presa gas; 10) copricanna; 11) grilletto; 12) ponticello; 13) culatta; 14) impugnatura.

fucína, *sf.* bottega di fabbro, focolare, forgia (*frs.*) → FONDERIA || *fig.* luogo di macchinazione, elaborazione.
nomencl. (*parti*) cappa, camino, focolare, mantice, aia, boccolare || capo fucina, fucinatore || *verb.* fucinare, regolare il fuoco, attizzare il fuoco, arroventare, martellare, battere.
fucinatóre, *sm.* → FABBRO.
fúga, *sf.* fuggita, scappata, sbandamento, defezione, diserzione, evasione, rotta, disfatta, latitanza, contumacia || → FILA || fuga di gas, → EMANAZIONE || composizione musicale, → MUSICA.
nomencl. *agg.* veloce, repentina, ingegnosa || *loc. avv.* in fretta, di nascosto.
fugàce, *agg.* fuggitivo, → EFFIMERO, PASSEGGIERO, BREVE.
fugàre, *v.tr.* mettere in fuga, far fuggire, cacciare, sloggiare, snidare, sfrattare, evacuare, disperdere, sbaragliare, rompere in battaglia, sconfiggere, mettere in rotta, spazzar via, annientare.
contr. accogliere, ricevere, ricercare, attirare.
fuggévole, *agg.* → EFFIMERO, PASSEGGIERO, BREVE.
fuggiàsco, *agg.* e *sm.* fuggitivo, fuggente, profugo, ramingo, transfuga, latitante, disertore, contumace, esule, bandito, uccel di bosco.
nomencl. *loc. avv.* alla fuggiasca, di sfuggita, fuggevolmente, fuggitivamente.
fuggíre, *v.intr.* scappare, battersela, filare, disertare, darsela a gambe, svignarsela, prendere il largo, sgattaiolare, correr via, dileguarsi, galoppare, scampare, scantonare, sgambare, sgusciare, sparire, svincolarsi, svincolare, correre, confuggire, decampare, portarsi in salvo, → CAMMINARE, EVADERE || *tr.* cansare, scansare, guardarsi, evitare, eludere, schivare, sfuggire, trafugare (*rifl.*) || andar di galoppo, alzare il tacco, battere in ritirata, cacciarsi la strada tra le gambe, dar la volta, darsi alla fuga, dileguarsi, far fagotto, girar di bordo, girar largo, levar le tende, mettersi in fuga, pigliar il volo, guizzar via, volger la schiena, bruciare il pagliericcio.
contr. rimanere, restare, affrontare.
fuggíta, *sf.* → FUGA.
fuggitívo, *agg.* e *sm.* → FUGGIASCO || *fig.* fugace, breve.
fúlcro, *sm.* → PERNO.
fulgènte, *ppr.* di fulgere || *agg.* → SPLENDENTE.
fúlgere, *v.intr.* → SPLENDERE.
fulgidézza, *sf.* → BAGLIORE, SPLENDORE.
fulgidità, *sf.* → BAGLIORE, SPLENDORE.
fulgóre, *sm.* → BAGLIORE, SPLENDORE.
fulíggine, *sf.* filiggine, nerofumo.
fuligginóso, *agg.* sporco, affumicato, annerito, → BRUNO, SCURO.
fullóne, *sm.* → GUALCHIERA.
fulminànte, *ppr.* di fulminare || *sm.* → FIAMMIFERO || *fig.* di parole, violente, fulminee, folgoranti, saettanti.
fulminàre, *v.tr.* folgorare, saettare, colpire col fulmine, folgoreggiare || *fig.* colpire, scuotere violentemente, abbattere, atterrare || → BIASIMARE, SCOMUNICARE || *rifl.* (di resistenza elettrica) fondersi.
fúlmine, *sm.* scarica elettrica, saetta, → FOLGORE || *fig.* → SCOMUNICA.
nomencl. parafulmine, lampo, tuono, zig-zag || *verb.* scrosciare, scoppiare, piombare, serpeggiare, folgoreggiare, traversare il cielo.
fulmíneo, *agg.* → RAPIDO || *fig.* → SFOLGORANTE, MINACCIOSO.
fúlvo, *agg.* → DORATO, BIONDO.
fumaiòlo, *sm.* camino, rocca (del camino), ciminiera, colmigno, comignolo, torretta || fumacchio.
fumànte, *ppr.* di fumare || *agg.* → FUMOSO || BOLLENTE.
fumàre, *v.intr.* far fumo, mandar fumo, fumigare || fare una fumata || esalare.
nomencl. (*attinenti*) boccata, fumata, fumatina || sigaretta, sigaro, pipa, tabacco || bocchino, posacenere, portacenere.
fumétto, *sm.* → ANISETTA || album, racconto a fumetti.
fúmido, *agg.* fumoso, fumante, fumigante.
fumigàre, *v.intr.* fumicare, fumare, mandar fumo.
fumigazióne, *sf.* → SUFFUMIGIO.
fumísta, *sm.* stufaio.
fúmo, *sm.* effumazione, vapore, evaporazione, esalazione || *fig.* nullità, albagía, → VANITÀ. SUPERBIA || APPARENZA.
nomencl. (*attinenti*) globo, fumacchio, fumaiolo, fumosità, fumoso || fumismo, fumisteria || striscia, vortice, viluppo, sfogatoio || *verb.* affumicare, affumare, affumarsi, affumigarsi, appannare col fumo, tingere col fumo, suffumigare, fumigare, fumicare, sfumare, fumare.
fumóso, *agg.* fumante, fumido, fumigante, → OFFUSCATO, OSCURO.
funàio, *sm.* cordaio, funaiolo, canapino.
nomencl. ammollatore, fabbricante di cordami, filatore, giratore.
funaiòlo, *sm.* → FUNAIO.
funambolísmo, *sm.* → ACROBATISMO || *fig.* → OPPORTUNISMO, INCOSTANZA.
funàmbolo, *sm.* → ACROBATA || opportunista, girella, doppiogiochista, versipelle.
fúne, *sf.* canapo, cavo, gomena, alzaia, bremo, capestro, cordone, funicella, spago, lenza, laccio, ormeggio,

pastoia, rizza, sagola, sartia, setone, sferzino, stramba, terranina, tirante, torticcio, traglia, → CORDA.
nomencl. (*inerenti*) capo, anima, cappio, nodo, cocco, rotolo, stroppo, verina || corderia, torcitoio, trafila || *verb.* abbindolare, arrotolare, avvolgere, accavallare, accavigliare, adugliare, allentare, tirare, tendere, calare, far scorrere, incordare, infunare, sfunare, strappare, scattare, annodare, unire, legare, accalappiare.
fúnebre, *agg.* → FUNEREO.
funeràle, *sm.* esequie, funeraglie (*ant.*); accompagnamento, cerimonie, preghiere funebri; mortorio, onori o onoranze funebri || *agg.* → FUNEREO.
nomencl. (*tipi*) civile, religioso, *more nobilium*, solenne || (*elementi*) Messa di requiem, novendiali, anniversario, trigesimo, parentali || nenia, orazione funebre, assoluzione al tumulo, marcia funebre, elogio funebre, commemorazione || catafalco, bara, feretro, necroforo, carro funebre, tomba, sepoltura, inumazione, ceneri || lutto, gramaglie, necrologio || diritti di stola nera.
funeràrio, *agg.* → FUNEREO.
funèreo, *agg.* funebre, funerario, lugubre, macabro, triste, cupo, chiuso || luttuoso || funesto.
contr. lieto, gaio, gioioso, festoso, sereno, allegro, brioso.
funestàre, *v.tr.* essere pregiudizievole, portar danno, provocare impressione cattiva || → ADDOLORARE.
funèsto, *agg.* deleterio, portatore di danno, ferale, triste, di cattivo augurio, di morte, infausto, luttuoso, fatale, lugubre, → AMARO, DANNOSO.
contr. fausto, favorevole, bene augurante, lieto, rallegrante.
funghíre, *v.intr.* infunghire.
fungíbile, *agg.* consumabile || surrogabile, sostituibile.
contr. infungibile, inconsumabile || insostituibile.
fúngo, *sm.* boleto, muffa || *fig.* → ATTACCAPANNI.
nomencl. (*distinzioni*) mangereccio, velenoso, fresco, secco, in aceto, in salamoia, sott'olio, trippato, fritto || (*parti*) tallo, disco o cappello, ricettacolo, lamelle, gambo, tubilli, micelio, prolungamento, spora, filamenti o ifi || (*classi*) angiocarpi, ascomiceti, basidiomiceti, discomiceti, endofiti, entomiceti, gasteromiceti, licheni, mixomiceti, oomiceti, parassiti, peronospore, saccaromiceti, saprofiti, schizomiceti, trameti || fungaia, funghetto, micologia, micologo || (*mangerecci*) agarico (farinaccio, calzato, bacunoso, nebbioso, alto), fungo sanguigno, gallinaccio, spugnolo, chiodello, boleto porcino, ditola, prataiolo, ovolo, ceppatello o fungo porcino, prugnolo, spugnolo || (*velenosi*) rossola, lattaiuolo velenoso, fungo invernale, boleto malefico, bubbola bianca, agarico, sanguigno, cignosa dorata, agarico sulfureo, fungo peperone, colombina rossa, agarico dissenterico.
funicèlla, *sf.* → FUNE.
funzionaménto, *sm.* → ESERCIZIO.
funzionàre, *v.intr. frs.* → OPERARE.
funzionàrio, *sm. frs.* → BUROCRATE, IMPIEGATO, MAGISTRATO.
funzióne, *sf.* → OPERAZIONE, ESERCIZIO, UFFICIO, COMPITO || CERIMONIA, RITO.
nomencl. (*tipi*) pubblica, amministrativa, politica, religiosa, magistrale, giudiziaria, funebre || naturale, fisiologica, vitale, animale, vegetale || funzionale, utile.
fuòco, *sm.* fiammata, fiamma, favilla, scintilla, brace, vampa, falò, rogo, pira, incendio, bruciamento || *fig.* foga, calore, ardore, immaginazione, entusiasmo, affetto, passione, vigore, fervore, → AMORE || CASA, FAMIGLIA || ZELO || SPLENDORE.
nomencl. fatuo, meteorico, sacro || (*combustibili*) carbone, legna, carta, gas, metano, stipa, torba, agglomerati, fascina, pirite, solfanello o zolfanello, tizzo, tizzone, trucioli || (*composto*) pira, piroscafo, apiretico, ignifero, ignicolo, pirofano, piroforo, pirometro, pirautica, pirofagia, pirologia, piromanzia, pirometria, piromania, pirosofia, pirotecnica, sideromanzia || fuoco di paglia, fuoco e fiamme, fuoco artificiale, prova del fuoco || (*pertinenti*) cenere, carbone, falde, lingue, fumo, vortice, acciarino, bracere, accendifuoco, alare, canna, pal di ferro, paletta, molli, parafuoco, paracenere, soffietto, soffione, treppiede, ventola, mantice, spegnitoio || adusto, combustibile, vulcano, fuochista || *agg.* allegro, festoso, gaio, lieto, vivace, gagliardo, forte, vigoroso, violento, furioso, impetuoso, intenso, lento, pigro, semispento, stridente, temperato, scopiettante, ardente, cadente, crudo, divoratore, risplendente || *verb.* accendere, appiccare, mettere, ravvivare, avviare, attizzare, destare, ravviare, rinfocolare, stuzzicare, infiammare, sbraciare, sfoconare, soffiare nel fuoco, coprire, smorzare, spegnere || accendersi, affocarsi, arroventarsi; appigliare, apprendere, prendere, pigliar fuoco; bruciare, andare in cenere, cremare, cuocere, grillettare, strinare, abbrustolire, abbruciacchiare, carbonizzare, carbonizzarsi, incenerire, distruggere, divorare, vaporizzare, liquefare, riscaldare, scottare, cigolare, crepitare, ruggire, divampare, far fuoco, scintillare, sfavillare, sfiammare, svampare, vampeggiare, vacillare, infiammare, infuocare, lambire, risplendere.
contr. gelo, ghiaccio, freddo, freddezza.

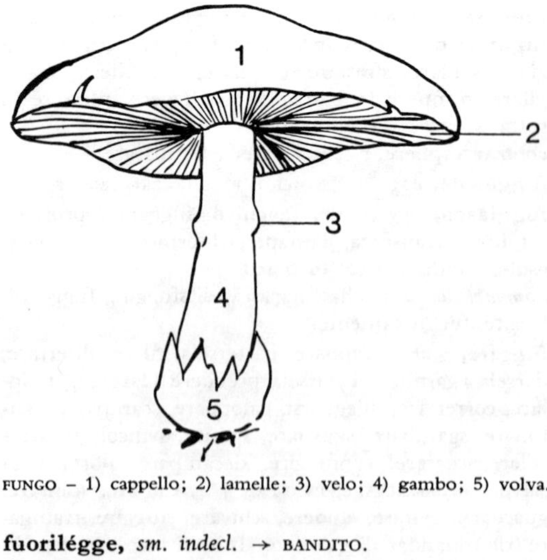

FUNGO – 1) cappello; 2) lamelle; 3) velo; 4) gambo; 5) volva.

fuorilégge, *sm. indecl.* → BANDITO.
fuoruscíta, *sf.* → USCITA.
fuoruscíto, *sm.* → EMIGRATO, ESULE.
fuorviaménto, *sm.* deviazione, sviamento, infedeltà, traviamento, evasione, erramento || → ERRORE.
contr. dirittura, fedeltà, costanza, perseveranza.

fuorviàre, *v.intr.* → DEVIARE, SVIARE || *tr.* guastare, → TRAVIARE, CORROMPERE.
furàce, *agg.* → RAPACE.
furbacchióne, *agg.* → ASTUTO.
furbacchiòtto, *agg.* → ASTUTO.
furbería, *sf.* furbizia, astuzia, avvedutezza, abilità, scaltrezza, destrezza, sottigliezza, malizia, tristizia, accorgimento, tattica || espediente, imbroglio, inganno || *fig. fam.* politica.
contr. lealtà, onestà, dirittura, candore, ingenuità.
furbésco, *agg.* → INGANNEVOLE.
furbízia, *sf.* → FURBERIA.
fúrbo, *agg.* scaltro, destro, avveduto, abile, sottile, malizioso, accorto, tatticone, volpe, volpone, volpe vecchia, ambidestro, politicone, falso, calcolatore, galeotto, → ASTUTO.
nomencl. *verb.* essere, divenire, fare il furbo; avere politica, filare sottile, menare a bere, rinfurbire, scaltrire, avere gli occhi aperti, saperla lunga.
contr. → INGENUO.
furchíno, *sm.* → FACCENDIERE.
furènte, *agg.* furioso, furibondo, forsennato, infuriato, fremebondo, fremente, frenetico, indiavolato, indemoniato, invasato, smanioso, impetuoso, implacabile, inconsiderato, inviperito, spiritato, sventato, veemente, arrovellato, impulsivo, iracondo, pieno di furia, pazzo di furore; cieco, ebbro di furore, scatenato, → ESASPERATO, DISPERATO.
contr. calmo, tranquillo, pacifico, placido, posato, mite, umile, misericordioso.
furétto, *sm.* → DONNOLA.
furfànte, *agg.* birbante, → MASCALZONE || *sm.* → BANDITO, CANAGLIA.
furfanteggiàre, *v.intr.* birbanteggiare, rinvigliacchire, incanagliare, imbricconire, sbirbare, furfantare, birboneggiare.
contr. redimersi, riscattarsi, essere onesto.
furfantería, *sf.* → MALEFATTA || MALVAGITÀ.
furgóne, *sm.* → CARRO.
fúria, *sf.* → FRETTA || furore, ira, rabbia || agitazione, smania, veemenza, accanimento, foga, impeto, frenesia, → FORZA || sfuriata, scandescenza, escandescenza, sfogo, tempesta, precipitazione, violenza, accesso || donna furiosa, malvagia || *pl.* Eumenidi, Erinni.
nomencl. (*inerenti*) furiosità, sfuriata, furibondo, infuriato, furente || *agg.* rabbiosa, indemoniata, veemente, distruggitrice, devastatrice, sterminatrice, violenta, bestiale, pazza, scatenata, impetuosa, implacabile, morbosa, irresistibile, irresponsabile || *verb.* infuriare, infuriarsi, sfuriare, agitare, assillare, uscire dai gangheri, montare in furia, avere il diavolo addosso, andare in bestia, schizzar fuoco, mangiarsi, rodersi, mordersi, smaniare, perder la testa, scattare, prorompere, fremere, infierire, incattivire, sfogarsi.
contr. lentezza, calma, tranquillità, mitezza, placidità, flemma.
furibóndo, *agg.* → FURENTE.
furióso, *agg.* → FURENTE, ESASPERATO, DISPERATO || FIERO || FRETTOLOSO.
furóre, *sm.* → IRRITAZIONE, FURIA, IRA, PAZZIA || furore poetico, ispirazione, concitazione.
furoreggiàre, *v.intr.* far furore, levar furore, trionfare, → ENTUSIASMARE.
furtívo, *agg.* di furto, rubato || *avv.* di nascosto.
contr. palese.
fúrto, *sm.* borseggio, depredamento, depredazione, ladroneccio o ladroneggio, latrocinio, ruberia, rubamento, ladreria, rapina, ratto, sottrazione || plagio, peculato.
nomencl. (*distinzioni*) semplice, aggravato, qualificato, con destrezza || sacrilegio || (*elementi*) cleptomania, refurtiva, preda, compendio furtivo.
fuscèllo, *sm.* festuca, stecco, paglia, pagliuzza || *fig.* → INEZIA || *pl.* → GAMBA.
fusciàcca, *sf.* → FASCIA.
fusèllo, *sm.* → CILINDRO.
fusifórme, *agg.* affusolato, affusato.
fusióne, *sf.* liquefazione || *fig.* unione, affiatamento, accordo, intesa, concordia.
contr. solidificazione || separazione, disaccordo, disunione.
fúso¹, *pps.* di fondere || *agg.* liquefatto, liquido, sciolto || *fig.* associato, combinato, unito.
contr. solidificato, rassodato || diffuso, separato, disunito.
fúso², *sm.* rocchella, rolletto, rocchetto.
nomencl. (*parti*) cocca, punte, ventre || (*pertinenti*) fusaiola, fusata, fusiera o fusaia || pennacchio, rócca, penso || *verb.* accoccare, affusare, affusellare, affusolare, fusellare, riaccoccare, trillare, prillare.
fustigàre, *v.tr.* → FLAGELLARE.
fustigazióne, *sf.* → FLAGELLAZIONE.
fústo, *sm.* cormo, caule, stipite, gambo, stelo, pedale, scafo, tronco || torso, petto, → BUSTO || BARILE.
fútile, *agg.* → FRIVOLO, INUTILE, VANO.
contr. importante, grave.
futilità, *sf.* → FRIVOLEZZA, INUTILITÀ, VANITÀ.
contr. importanza, gravità.
futulènte, *agg.* → ODOROSO.
futúro, *agg.* avvenire, nascituro, venturo, prossimo, di là da venire, *in pectore* || *sm.* avvenire, tempo avvenire.
nomencl. (*inerenti*) predestinazione, presagio, premonizione, predizione, profezia, pronostico, prescienza, presentimento, previsione || divinazione, destino, provvidenza || poteri, futuribili || *verb.* indovinare, predire, scrutare, prevedere, presagire, presentire, infuturare.
contr. passato, trascorso || tempo passato, passato (*sm.*), tempo che fu.

G

gabbadèo, *sm.* → BIGOTTO.
gabbaménto, *sm.* → INGANNO.
gabbaminchióni, *agg.* e *sm. indecl.* → INGANNATORE, IMBROGLIONE.
gabbamóndo, *agg.* e *sm.* → INGANNATORE, IMBROGLIONE, FRODATORE.
gabbàno, *sm.* pastrano, tabarro, giubbone, palandrana, zimarra, schiavina, mantello, ferraiolo o ferraiuolo, marinara, → CAPPOTTO.
gabbàre, *v.tr.* → BEFFARE, INGANNARE, IMBROGLIARE.
gabbasànti, *sm. indecl.* → BIGOTTO.
gabbàto, *pps.* di gabbare || *agg.* → DELUSO, ILLUSO.
gabbatóre, *agg.* e *sm.* → INGANNATORE.
gàbbia, *sf.* coffa, capponaia, stia, aviario, uccelliera, → INFERRIATA || *fig.* → PRIGIONE.
nomencl. (*affini*) bagnatoio, ballatoio, beccatoio, beverino, beriolo, covino, cupola, grétole, regoletti, fondo da scorrere, sportello, sportellino, nottolino, stanzini, saltatoi, posatoi, ossatura, cosce || gabbiata, gabbiaio || *verb.* ingabbiare, sgabbiare.
gabbiàno, *sm.* alcione, procellaria.
nomencl. (*specie*) gavina, zafferano o mezza mosca, cocàl, mugnaio, reale, comune, roseo, glauco, gabbiano terraiolo.
gàbbo, *sm.* → BEFFA, BURLA, INGANNO.
nomencl. *loc. verb.* prendere o pigliare a gabbo uno.
gabèlla, *sf.* → IMPOSTA, DAZIO.
gabellàre, *v.tr.* far credere, concedere, → GIUDICARE.
gabellière, *sm.* → DOGANIERE.
gabellòtto, *sm. spreg.* → DOGANIERE.
gabinétto, *sm.* camerino, stanzino, spogliatoio, abbigliatoio; cesso, → CAMERA || STUDIO || MINISTERO || ASSOCIAZIONE.
nomencl. (*esempi*) da bagno; di fisica, di storia naturale, di chimica, di lettura, ecc.
gàffa, *sf. frs.* tòpica, → ERRORE.
gagàte, *sm.* → GIAVAZZO.
gaggía, *sf.* acacia, mimosa, pseudoacacia.
gagliardétto, *sm.* → BANDIERA.
gagliardía, *sf.* → FORZA, ENERGIA, PRODEZZA.
gagliàrdo, *agg.* → FORTE, ENERGICO || FIERO, CORAGGIOSO || EFFICACE || GENEROSO.
contr. gentile, delicato, timido, leggiadro, fievole.
gagliòffo, *agg.* e *sm.* → SCIOCCO, CATTIVO.
gagnolàre, *v.intr.* → ABBAIARE.
gaiétto, *sm.* → GIAVAZZO.
gaiézza, *sf.* piacevolezza, festosità, → BRIO, ALLEGRIA.
contr. malumore, afflizione, tristezza, ipocondria, mestizia.
gàio, *agg.* → FESTANTE, BRIOSO, GIOIOSO.
contr. triste, mesto, afflitto.
gàla, *sf.* nastro, trina, ornamento, → GUARNIZIONE, CAMICINO || lusso, sfarzo, fasto, pompa, sfoggio, vistosità, eleganza || → FESTA.
nomencl. *loc. avv.* a cannoni, a crespe, a pieghe, a gruppetti di pieghe, in diritto, in tralice o di sbieco || *verb.* mettersi in gala, vestire in gala o in abito di gala.
contr. modestia, povertà, semplicità, trascuratezza nel vestire || lutto.
galànte, *agg.* complimentoso, garbato, → GENTILE || BELLIMBUSTO || amoroso, erotico, → AMANTE || ELEGANTE.
contr. sgraziato, rozzo, volgare.
galantería, *sf.* → GARBATEZZA, GENTILEZZA, CORTESIA || ELEGANZA, GRAZIA || CHINCAGLIERIA.

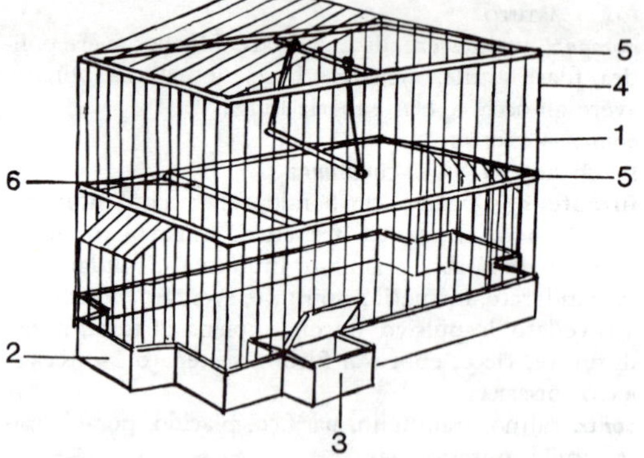

GABBIA – 1) ballatoio; 2) beccatoio; 3) beverino o beriolo; 4) grétole; 5) staggi; 6) posatoio.

galantuòmo, *agg.* e *sm.* onorato, fidato, || leale, retto, giusto, onesto, probo, dabbene, valentuomo, di parola, → BUONO.
contr. gaglioffo, disonesto, mascalzone, farabutto, birbante, infido.
galàssia, *sf.* via lattea || nebulosa.
galatèo, *sm.* buona educazione, buone creanze, etichetta, comportamento, correttezza, urbanità, convenienze sociali.
contr. cattiva educazione, inurbanità, scorrettezza, grossolanità, rozzezza.
galattòforo, *agg.* lattifero.
gàlea, *sf.* → ELMO.
galèa, *sf.* galera, galeazza, galeotta, galeone.
nomencl. (*tipi*) bireme, trireme, quadrireme, quinquireme, a pianella, bastarda, capitana, generalizia, padrona, reale, sensile || (*parti*) baccalari, baluari, pancaccia, bandini, cantanette, coniglia, corsia, garitte, gavone, mattone, mezzania, reggiole, rembate, remiggi, spalle || (*persone*) aguzzino, morlacchi, scapolo, ciurma.
galeàzza, *sf.* → GALEA.
galeóne, *sm.* → GALEA.
galeòtta, *sf.* → GALEA.
galeòtto, *sm.* forzato, ergastolano || morlacco || *fig.* furbo || tramite, mezzano (in amore).
galèra, *sf.* → GALEA || PRIGIONE.
galèro, *sm.* → BERRETTO.
galèstro, *sm.* → ARGILLA.

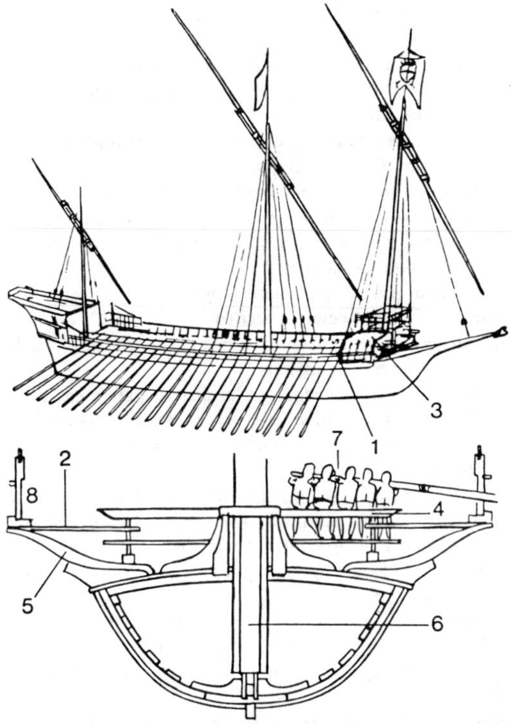

GALEA – 1) coniglia; 2) corsia; 3) rembate; 4) pancaccia; 5) baccalari; 6) mezzania; 7) remiggi; 8) baluari.

gàlla, *sf.* gallòzzola, → BACCA.
gallastróne, *sm.* → GALLO.
galleggiànte, *ppr.* di galleggiare || *agg.* → FLUTTUANTE || *sm.* → BOA.
galleggiàre, *v.intr.* stare a galla, stare a filo d'acqua, nuotare, emergere, → FLUTTUARE || *fig.* saper fare || cavarsela, essere opportunista.
contr. affondare, andare a fondo, immergersi, sommergersi, colare a picco, naufragare.
gallería, *sf.* → CORRIDOIO || MUSEO.
gallétta, *sf.* → BISCOTTO.
gallicísmo, *sm.* francesismo || barbarismo.
gallína, *sf.* chioccia, pollastra, pollo.
nomencl. (*specie*) faraona, agostana, padoana, livornese, nana, ricciuta, crespa || da carne, da uova || (*parti*) ala, carcassa, cipolla, coscia, petto, fegato, uovo, collo, testa || (*luoghi*) pollaio, stia, nido || incubatrice, chioccia artificiale || ciocciata o covata || (*cibo*) pastone, becchime, mangime || (*voce*) cantare, gracidare, chiocciare, schiamazzare, crocchiare, scoccodare, far coccodè || *verb.* appollaiarsi, acchiocciarsi, covare, porre o deporre le uova, raspare, razzolare, ruspare, accovacciarsi, sparnazzare, schiocciare || tastare, sgallinare.
gàllo¹, *sm.* gallastrone, cappone, capponcello || gallo di montagna, gallo cedrone, urogallo.
nomencl. (*specie*) cornuto, marzuolo, nano, di montagna || (*parti*) ala, carcassa, petto, coscia, testa, collo, bargigli, cresta o corona, sperone || *agg.* battagliero, superbo, pettoruto, tronfio || (*voce*) chicchirichí; cantare, chicchiriare, schicchiriare, rignare || *verb.* gallare, rizzare la cresta, sbattere le ali, tronfiare || ringalluzzire, accapponare, castrare, sgallare.
gàllo², *agg.* e *sm.* → GLADIATORE.
gallonàre, *v.tr.* → GUARNIRE.
gallóne, *sm.* → GUARNIZIONE.
gallòria, *sf.* → ALLEGRIA.
galloriàre, *v.intr.* → GIOIRE, GOZZOVIGLIARE.
gallòzza, *sf.* → BACCA.
gallòzzola, *sf.* → GALLA.
galoppàre, *v.intr.* andar di galoppo, cavalcare a briglia sciolta, → CORRERE, CAMMINARE || FUGGIRE.
nomencl. (*inerenti*) galoppo, galoppata, galoppatoio.
galoppíno, *sm. spreg.* → INSERVIENTE.
galòppo, *sm.* → CORSA.
nomencl. (*modi*) continuo, di caccia, disunito, duro, falso, gagliardo, giusto, interrotto, raccorciato, regolare, serrato, stretto, gran galoppo, a briglia sciolta.
contr. passo.
galòscia, *sf.* → CALOSCIA.
galvanísmo, *sm.* → ELETTRICITÀ || *fig.* → VITA (fittizia).
galvanizzàre, *v.tr.* || *fig.* eccitare, scuotere, elettrizzare; dar forza, entusiasmo, energia momentanea.
contr. intorpidire, moderare, frenare, fiaccare, accasciare.
galvanòlisi, *sf.* elettròlisi.
galvanoplàstica, *sf.* acciaiatura, argentatura, doratura, nichelatura, cromatura, ramatura, incisione.
nomencl. (*inerenti*) elettrotropia, elettroindoratura || bagno elettrolitico, catodo, anodo, sali, acidi, radicale.
gàmba, *sf.* cianca, cianchettina, fuscelli, fuscellini, seste, stecchi, zampa || trespolo, picciolo, → SOSTEGNO.
nomencl. (*parti*) anca, coscia, femore, tibia, fibula, perone, ginocchio, rotula, stinco, garetto, caviglia, malleolo, inguine, muscoli (tibiale anteriore, estensore del pollice, estensore delle dita; peroneo anteriore, laterale; gemello esterno e interno, soleo, poplite, fasciale o sartorio, bifemoro-calcaneo, quadrigemini), nervo grande o ischiatico || (*malattie*) ascelia, claudicazione, crampo, conagra, incotto, ortoscele, osfite, sciatica, scelalgia, sirenomelia, soprosso, varici || (*pregi e difetti*) ciampicone, ciancianella, corridore, camminatore, gambiglione, monomero o unigambo, ranco, sciancatello, sciancato, storpio, zoppo, sfiaccolato, strambo, strascicone, trampellino || *agg.* e *loc. avv.* corta, lunga, diritta, storta, arcuata, stramba, sbieca, ranca, ercolina, a sciabola, a roncola, rattrappita, debole, forte, piccola, grossa, solida, massiccia, soda, polputa, robusta, sottile, magra, secca, nervosa, stecchita, mostruosa, muscolosa, bella, affusolata, affusata, tornita, tonda, sana, malata, matta, enfiata, varicosa; lesta || *verb.* abbriccare, accavalciare, aggranchiare, aggranchire, accoccolarsi, sgranchire, sgranchirsi, andare, camminare, ballare, cavalcare, correre, galoppare, fuggire, passeggiare, saltare, trottare, venire, andare a gambe all'aria, annaspare, cadere, disgambare, gambettare, sgambettare, zampettare, reggersi bene o male sulle gambe, darsela a gambe, sgambarsi, spedarsi, stendere o stirare le gambe, stropicciare, sfregare, trascinare, troncare, amputare, tagliare, incespicare, zoppicare, barcollare.

gambàle, *sm.* || → CALZA.
gàmbero, *sm.* àstaco, granchio d'acqua dolce, aragosta, palinuro.
nomencl. (*parti*) chele o pinze o branche, zanca.
gambétto, *sm.* sgambetto.
gàmbo, *sm.* → FUSTO.
gamèlla, *sf.* gavetta.
gàmma, *sf.* successione, serie, scala, graduatoria, → GRADAZIONE.
nomencl. dei colori o cromatica, dei suoni o voci, musicale, di sintonia.
gamopètalo, *agg.*
contr. dialipètalo.
ganàscia, *sf.* → MASCELLA, GUANCIA.

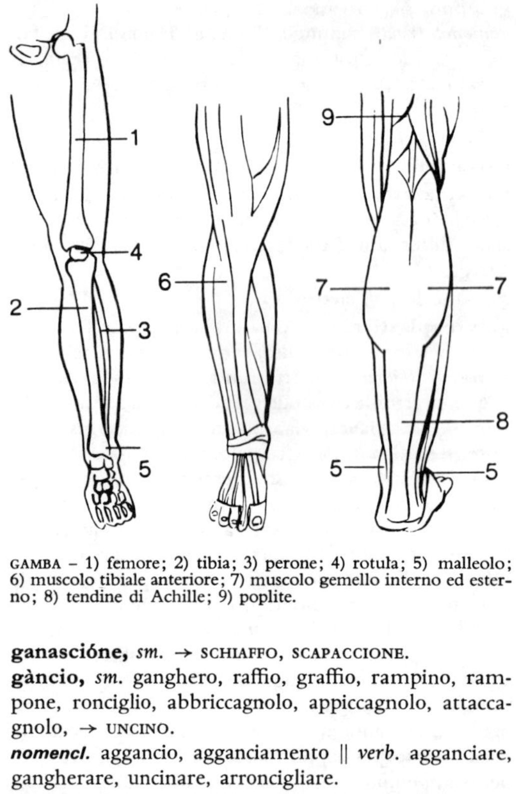

GAMBA – 1) femore; 2) tibia; 3) perone; 4) rotula; 5) malleolo; 6) muscolo tibiale anteriore; 7) muscolo gemello interno ed esterno; 8) tendine di Achille; 9) poplite.

ganasciòne, *sm.* → SCHIAFFO, SCAPACCIONE.
gàncio, *sm.* ganghero, raffio, graffio, rampino, rampone, ronciglio, abbriccagnolo, appiccagnolo, attaccagnolo, → UNCINO.
nomencl. aggancio, agganciamento || *verb.* agganciare, gangherare, uncinare, arroncigliare.
gànghero, *sm.* → CARDINE, GANCIO, ARPIONE.
nomencl. *verb.* gangherare, aggangherare, ingangherare, sgangherare || uscir dei gangheri, esser fuori dei gangheri || essere sgangherato.
gànglio, *sm.* plesso, nodo.
gàngola, *sf.* glandola, → GHIANDOLA.
gangrèna, *sf.* → CANCRENA.
gangrenaménto, *sm.* → CANCRENA.
gangster, *sost. ingl.* → BANDITO.
ganimède, *sm.* → BELLIMBUSTO, AMANTE.
gànzo, *sm.* → AMANTE.
gàra, *sf.* gareggiamento, competizione, concorrenza, antagonismo, corsa, giostra, lizza, lotta, palestra, paragone, picca, prova, rivalità, conflitto, contesa, contrasto, tenzone, certame, puntiglio, palio, campionato, agone, ruffa, *match*, confronto, gelosia, → EMULAZIONE, DUELLO || GIUOCO || concorso, appalto.
nomencl. (*partecipanti*) emulo, competitore, rivale, concorrente, campione, vincitore, soccombente, antagonista, contendente.
contr. cooperazione, accordo, intesa, rinuncia.
garage, *sm. fr.* autorimessa, rimessa.
garagísta, *sm. frs.* meccanico || → AUTISTA.
garànte, *agg.* e *sm.* → MALLEVADORE, AVALLANTE.
garantíre, *v.tr.* garentire, dar mallevadoria, avallare, → MALLEVARE, ASSICURARE.
garantíto, *pps.* di garantire || *agg.* sicuro, tranquillo.
contr. dubbio, incerto, insicuro.
garanzía, *sf.* garenzia, garentia, guarentigia, cauzione, → AVALLO, MALLEVERIA.
garbàre, *v.intr.* garbeggiare, andare a genio, essere accolto, incontrare, quadrare, essere gradito, → PIACERE.
garbataménte, *avv.* → BELLAMENTE, AMMODO.
contr. sgarbatamente.
garbatézza, *sf.* garbo, grazia, piacevolezza, leggiadria, gentilezza, urbanità, finezza, cortesia, galanteria, → BELLEZZA, FAVORE, DISTINZIONE.
contr. sgarbatezza, sguaiataggine, sgarberia, garbaccio, sberleffo, inurbanità.
garbàto, *pps.* di garbare || *agg.* gentile, manieroso, cavalleresco, amabile, urbano, fine, → CORTESE, EDUCATO || aggraziato, grazioso, fino, acconcio, conveniente, → BELLO.
contr. sgarbato, scortese, sguaiato, dispettoso, ostico.
gàrbo¹, *sm.* → FORMA, ATTEGGIAMENTO, DISINVOLTURA || GARBATEZZA || con garbo, → AMMODO.
contr. sgarbo.
gàrbo², *agg. ant.* agro, brusco, → LAZZO.
garbugliàre, *v.tr.* aggrovigliare, → IMBROGLIARE.
garbúglio, *sm.* → GROVIGLIO, CONFUSIONE || IMBROGLIO.
garbuglióne, *sm.* → IMBROGLIONE.
gareggiaménto, *sm.* → GARA.
gareggiàre, *v.intr.* rivaleggiare, concorrere, lottare, scendere in gara, in lizza; fare concorrenza, a gara, a picca, a prova; giostrare, giuocare, misurarsi, sostenere il paragone; venire in contesa, in contrasto, in gara, in tenzone; tenzonare, disputare, mettersi a confronto, essere in opposizione, → COMPETERE, CONTENDERE.
contr. collaborare, cooperare, allearsi, accordarsi, intendersi, rinunciare.
gareggiatóre, *sm.* contendente, concorrente, emulo, rivale, antagonista, competitore.
contr. cooperatore, collaboratore, alleato.
garétta, *sf.* → GARITTA.
garétto o **garrétto,** *sm.* → CALCAGNO.
gargarísmo, *sm.* sciacquo, collutorio || *fig. scherz.* gorgheggio.
nomencl. antiscorbutico, astringente, detersivo, odontalgico || *verb.* gargarizzare.
gargaròzzo, *sm. volg.* → GOLA.
garítta, *sf.* garetta, guardiolo, → CASOTTO.
garòfano, *sm.*
nomencl. (*specie*) barbato, bianco, giallo, rosso, rosa, rosso-fuoco, muschiato, screziato, doppio, semplice.
garríre, *v.intr.* ciarlare, cicalare || degli uccelli, → STRIDERE || SGRIDARE || FREMERE (delle bandiere).

garríto, *sm.* → CINGUETTIO.
gàrrulo, *agg.* stridulo, loquace, ciarlero, pettegolo, stucchevole, verboso, noioso, → CHIACCHIERONE.
contr. taciturno, silenzioso.
gàrza¹, *sf.* → BENDA.
nomencl. (*tipi*) idrofila, medicata, all'acido fenico.
gàrza², *sf.* sgarza, airone cenerino, airone rosso, airone bianco maggiore || garzetta.
garzàre, *v.tr.* → CARDARE.
garzonàto, *sm.* → APPRENDISTATO.
garzoncèllo, *sm.* garzolino (*ant.*), → FANCIULLO, GIOVANE, GARZONE.
garzóne, *sm.* dipendente, fattorino, commesso, fante, mozzo, apprendista, lavorante, giovane di bottega || *poet.* fanciullo, → GIOVANE.
contr. padrone, principale, maestro, artigiano.
gas, *sm. indecl.* corpo gassoso, vapore, atmosfera.
nomencl. (*vari tipi*) naturale, povero, volatile, insolubile, solubile, permanente, esilarante, mefitico, deleterio, rarefatto, olefico, fluente, illuminante, delle paludi, delle miniere, nobile, asfissiante, lacrimogeno, irritante, velenoso || (*esempi*) acetilene, ammoniaca, azoto, cianogeno, etilene, fluoro, cloro, idrogeno, ossigeno, grisú, metano, propano, etano, butano || salse, soffioni, fuga || (*fenomeni fisici*) osmosi, endosmosi, dilatazione, compressione, rarefazione, tensione, liquefazione, volatilizzazione, decomposizione, combinazione, miscuglio, sintesi, affinità, solubilità, combustione, asfissia, esalazione, distillazione, inalazione || (*inerenti*) gasometro, serbatoio, tubazione, presa, contatore, rubinetto, becco, reticella || gasista, letturista || aerostatica, pneumatica || igrometro, elatometro || ambiente || *verb.* insufflare, sprigionare, inalare, distillare, emanare, fluire, volatilizzare, solidificare, liquefare, rarefare, condensare, azotare.
gasteròpodi, *sm. pl.* → MOLLUSCHI.
gastigàre, *v.tr.* → CASTIGARE.
gàstrico, *agg.* dello stomaco.
nomencl. (*succhi*) acido cloridrico, pepsina, chimosina, lipasi.
gastronomía, *sf.* culinaria, cucinària, arte della cucina, del mangiar bene.
gastrònomo, *sm.* intenditore di cucina, buongustaio, ghiottone, → GOLOSO.
gattabúia, *sf. scherz.* sole a schacchi, prigione, carcere.
gattaiòla, *sf.* → BUCO.
gatteggiànte, *ppr.* di gatteggiare || *agg.* → CANGIANTE.
gatteggiàre, *v.intr.* scintillare, mutar luce e riflessi, cangiare di colore (come gli occhi del gatto).
gàttice, *sm.* pioppo bianco → ALBERELLO.
gattigliàre, *v.intr.* gattigliarsi, punzecchiare, → LITIGARE.
gàtto, *sm.* micio, micino, gattino || gatto a nove code, → FRUSTA.
nomencl. (*specie*) soriano, selvatico, d'Angora, tigrato, persiano, nano, cervino, domestico, viverrino, siamese, guantato || (*voce*) miagolio, gnaulio || unghielli, fuoco, gattaiola || *agg.* bianco, moraccio, rosso, grosso, grasso, striminzito, agile || *verb.* miagolare, soffiare, fare le fusa, ronfare, tornire, inarcare la schiena, arroncigliarsi, filare, metter fuori le unghie, passar l'orecchio || sgattaiolare.
gaudènte, *agg.* e *sm.* godente, godereccio, festaiolo, → EPICUREO.
gàudio, *sm.* → ALLEGRIA, GIOIA, GODIMENTO.
contr. dolore.
gaudióso, *agg.* → GIOIOSO, LIETO.
contr. doloroso.
gavazzàre, *v.intr.* sgavazzare, fare bisboccia, → DIVERTIRE, GOZZOVIGLIARE, GODERE.
gavétta, *sf.* gamella, gamellino || → MATASSA.
nomencl. *verb.* venir dalla gavetta, (*fig.*) partire da zero, farsi dal nulla.
gaviàle, *sm.* → COCCODRILLO.
gavígna, *sf.* → cavità, ascellare.
gavína¹, *sf.* → GLANDOLA.
gavína², *sf.* → GABBIANO.
gavitèllo, *sm.* → BOA.
gavòcciolo, *sm.* → BUBBONE.
gavòtta, *sf.* → BALLO.
gàzza, *sf.* gazzera, ghiandaia, pica, scapino, tàccola.
nomencl. (*varietà*) azzurra, marina || picacismo || (*voce*) gracchiare.
gazzàrra, *sf.* gazzeria, baldoria, → FESTA || RUMORE.
gazzatóre, *sm.* → CARDATORE.
gazzèlla, *sf.* → ANTILOPE.
gàzzera, *sf. rar.* → GAZZA.
gazzeràre, *v.tr.* → INGANNARE.
gazzeròtto, *agg.* e *sm.* → CHIACCHIERONE.
gazzétta, *sf.* → GIORNALE || *ant.* fiaba, ciarla.
gazzettière, *sm. spreg.* → GIORNALISTA || PETTEGOLO.
gazzettíno, *sm.* → GIORNALE.
gè, *sm. frs.* → GIAVAZZO.
geènna, *sf.* → INFERNO.
gelàre, *v.intr.* diventar gelo, ghiaccio, agghiacciarsi, rapprendersi || *fig.* soffrire gran freddo, infreddolirsi || *tr.* aggelare, agghiacciare, ghiacciare, congelare, diacciare, assiderare, refrigerare, raggelare || *fig.* provare spavento improvviso.
contr. sgelare || bollire, riscaldare.
gelàta, *sf.* → GELO.
gelatína, *sf.* brodo condensato, ristretto || esplosivo.
nomencl. (*varietà*) vegetale, animale, alimentare, medicinale || (*esplosivo*) nitroglicerina, nitrocellulosa, gelatina esplosiva.
gelatinóso, *agg.* → COLLOSO.
gelàto, *pps.* di gelare || *agg.* → FREDDO || *sm.* giardinetto, cassata, pezzo duro, spumone, cono, semifreddo, granita, gramolata, ghiacciolo, sorbetto || *frappé.*
nomencl. (*tipi*) al cioccolato, alla panna, alla fragola, di frutta, al limone, al pistacchio, misto, composto || (*attinenti*) gelatiera, gelataio, sorbettiere || *agg.* doppio, piccolo || mezzo gelato, semifreddo || cono, coppa.
gèlido, *agg.* → FREDDO.
contr. caldo, bollente, ardente.
gèlo, *sm.* assideramento, assiderazione, congelamento, congelazione, → FREDDO || gelata, brinata, brina, → GHIACCIO.
contr. caldo, bollore, ardore.
gelóne, *sm.* pedignone, eritema, pernione.
nomencl. (*gradi*) di primo, secondo, terzo grado || pagoplessia, ulcerazione, screpolatura || (*medicamenti*) unguento del Perú, balsamo opodeldok, massaggio.

gelosía, *sf.* sospetto, dubbio, apprensione, assillo, timore, cruccio || invidia, rivalità, contrasto, emulazione, puntiglio || zelo, → CURA || PERSIANA.
nomencl. *agg.* inquieta, furibonda, furiosa, cieca, assillante, tormentosa, sanguinaria || *verb.* rodere, tormentare, assillare, consumare, macerare, mordere, pungere, toccare || soffrire gelosia; macerarsi, consumarsi di gelosia; ingelosirsi, ingelosire, dar ombra.
contr. fiducia, serenità, abbandono, indifferenza.
gelóso, *agg.* ingelosito, sospettoso, timoroso, apprensivo, pauroso || invidioso || premuroso, zelante, sollecito, diligente, cauto, scrupoloso, tenero, molto curante, → ESATTO.
contr. fiducioso, sereno, fidente, indifferente.
gèlso, *sm.* moro, morogelso.
nomencl. (*specie*) bianco, nero, romano, spagnolo, delle Filippine, domestico, selvatico, arancino || (*parassiti, malattie*) *diaspis pentagona*, idropisia, lupa, marino, moria, ripienezza || sfogliatura || *verb.* brucare, sfogliare, far barbate, potare.
gelsomíno, *sm.*
nomencl. (*varietà*) doppio, semplice, comune, del Malabar, di Catalogna, della Madonna || (*specie*) mugherino, gelsemio, catalogno.
gemèllo, *agg.* e *sm.* gemino, congenito, binato || doppio, duplice || compagno, → SIMILE, UGUALE || *pl.* doppi bottoni || coppia.
nomencl. gemellipara, parto gemellare, bigèmino, trigèmino, quadrigèmino || fratelli gemelli, anime gemelle || *verb.* geminare.
contr. unico || dissimile, disuguale, diverso.
gèmere, *v.intr.* → GOCCIARE, STILLARE || LAMENTARE, DOLERE || CIGOLARE.
gemicàre, *v.intr. lett.* stillare leggermente, → GOCCIARE.
geminàre, *v.tr. lett.* incidere metalli || raddoppiare, doppiare, duplicare.
nomencl. geminatura, geminazione, gemino.
gèmino, *agg.* doppio, → GEMELLO.
gèmito, *sm.* → LAMENTO, PIANTO.
gèmma, *sf.* pietra preziosa, gioia, gioiello, → DIAMANTE || germoglio, boccio, bocciòlo, bozzolo, bottone, occhietto, occhio (della vite) || *fig.* cosa bella, rara, preziosa || persona cara.
nomencl. (*esemplificazione*) rubino, zaffiro, topazio, giacinto, lapislazzuli o lapislazzoli, opale, smeraldo, ametista, diamante, acquamarina, asteria, balascio, calcedonio, callainite o turchese, cammeo, crisolito, eliotropio, giargone, girasole, malachite, niccolo, occhio di gatto, agata, onice, piropo, tormalina || (*fenomeni fisici*) trasparenza o acqua, aspetto, faccette, fosforescenza, macchia, rifrazione || lampeggiare, gatteggiare || (*inerenti*) alveolo, cassetta, filo o filza, incavo || gioielliere, lapidario || dattilioglifica o dattiliografica, dattilioteca.
gemmàre, *v.intr.* (di pianta) mettere, ingrossare le gemme, germogliare || *rifl.* ingioiellarsi, ingemmarsi.
contr. intristire, disseccare, morire.
gèmmeo, *agg.* → RILUCENTE, SPLENDIDO.
gendàrme, *sm.* giandarme, → CARABINIERE || *fig. fam.* donnone, donna alta e grossa, energica, virago.
genealogía, *sf.* ascendenza, discendenza, → STIRPE.
nomencl. genealogico, genealogista.

generàle[1], *agg.* e *sm.* generico, collettivo, complessivo, universalmente usato, ritenuto o accettato, → UNIVERSALE, DIFFUSO, COMUNE.
contr. particolare, speciale, individuale, locale.
generàle[2], *sm.* condottiero, capo, comandante, → ESERCITO.
nomencl. (*gradi*) di brigata, di divisione, di corpo d'armata, designato d'armata, d'armata, maggior generale, brigadiere generale, tenente generale || generalessa, generalissimo, generalato || generale dei Gesuiti.
generalità, *sf.* principio generale, teoria generale, tutti insieme, in comune, → UNIVERSALITÀ, ASTRAZIONE || riguardante una moltitudine.
contr. particolarità, singolarità, specialità, individualità.
generalizzazióne, *sf.* → ESTENSIONE, ASTRAZIONE.
generàre, *v.tr.* procreare, dar vita, far nascere, dar origine, concepire, → CREARE || fruttificare, riprodurre, produrre, prolificare || *fig.* derivare, discendere, muovere, provenire, procedere || → FARE, CAUSARE, SUSCITARE || *rifl.* prodursi, nascere.
contr. uccidere, distruggere, annientare || impedire la vita.
generatóre, *agg.* e *sm.* → GENITORE, RIPRODUTTORE, CAUSA, CREATORE.
generazióne, *sf.* procreazione, nascita, genesi, origine, riproduzione, → CREAZIONE, COITO || produzione, → FORMAZIONE || seme, razza, stirpe, schiatta, casato, progenie, prosapia, genitura || lignaggio, discendenza, discendenti.
nomencl. (*tipi*) spontanea, accrementizia, alternante, endogena, ovipara, vivipara || (*attinenti*) abiogenesi, catagenesi, digenesi, epigenesi, omogenesi, poligenesi, antropogenesia, antropogenia, androgenesi, archigonia, autogenesi, eugenesi, monogenesi, palingenesi, pangenesi, paternogenesi, telegonia, teogonia, partenogenesi, trasformismo, darwinismo, filogenesi, zoogenia || embrione, figlio, ibrido, germe, incrocio, selezione || evoluzione, sterilità, frigidità, gemmiparità || generazione nuova, saliente, passata, futura || *verb.* generare, degenerare, dirazzare, tralignare, imbastardire.
contr. distribuzione || degenerazione.
gènere, *sf.* insieme di piú specie || classe, sorta, specie, sistema, qualità, ordine, natura, famiglia, ceto, tipo, varietà, maniera → ESPRESSIONE || CAPO || genere umano, → UMANITÀ || *pl.* merce, prodotto di consumo.
nomencl. maschile, femminile, neutro.
contr. generalità, totalità || specie, individuo.
genèrico, *agg.* ASTRATTO, GENERALE, VAGO || *sm.* → ATTORE.
contr. specifico, singolare; concreto.
generosaménte, *avv.* → CARITATEVOLMENTE.
generosità, *sf.* magnanimità; grandezza, nobiltà, elevatezza, altezza d'animo, di cuore; cavalleria, signorilità, regalità, → BONTÀ, CORTESIA || munificenza, prodigalità, larghezza, liberalità, magnificenza || disinteresse, abnegazione, eroismo, → BENE.
nomencl. *agg.* larga, ampia, eccessiva, benefica, soccorrevole, filantropica, caritatevole, benemerita, misericordiosa, immensa, sconfinata, copiosa, sterminata, somma.
contr. ingenerosità, avarizia, egoismo, grettezza, calcolo.
generóso, *agg.* buono, cortese, grande, eroico, carita-

tevole, benefico, umano, benigno, cavalleresco, magnanimo, indulgente, nobile, liberale, munifico, largo, splendido, prodigo, → FECONDO || forte, gagliardo, maschio, virile, di buona stirpe, schiatta, razza.
contr. ingeneroso, avaro, egoista, gretto, meschino || imbelle, debole, fiacco, pauroso.
gènesi, *sf. indecl.* nascita, principio, → FORMAZIONE, GENERAZIONE, ORIGINE.
genetlíaco, *agg.* natalizio, → ANNUALE || *sm.* compleanno, → FESTA.
genía, *sf. spreg.* razza, razzaccia, gentaglia, gentaccia, → MARMAGLIA.
gènio¹, *sm.* ingegno, talento, immaginazione, fantasia, || forza, facoltà, potenza creatrice, ispirazione, || estro, gusto, simpatia, piacere, inclinazione, spirito, → INDOLE, ATTITUDINE || demone e spirito buono o cattivo, divinità, angelo custode, ninfa egeria, fata.
nomencl. *agg.* inventivo, incompreso, grande, eccelso, universale, sottile, acuto, penetrante, creativo, alato || benefico, malefico, favoloso, malvagio, tenebroso || geniale || *verb.* andare a genio, aver genio, dare nel genio, essere di proprio genio, fare a proprio genio.
gènio², *sm.*
nomencl. (*suddivisioni*) artieri, artificieri, pontieri, lagunari, ferrovieri, telegrafisti, radiotelegrafisti, trasmettitori, zappatori, minatori, aerostieri, elettricisti, fotografi, idrici, pompieri, meccanici, colombofili, pionieri || genio navale || fortificazioni, ponti, ferrovie, collegamenti telefonici e radio, telescriventi || genio civile.
gènito, *agg. rar.* generato, nato, procreato, partorito.
nomencl. primogenito, secondogenito, ecc., ultimogenito, unigenito || genitore.
genitóre, *sm.* datore della vita, generatore, procreatore, padre, madre || *pl.* parenti.
nomencl. (*equivalenti*) progenitori, antenati, avo, capostipite, genearca, ceppo vecchio.
genitríce, *sf.* → MAMMA.
genitúra, *sf.* → GENERAZIONE, NASCITA.
genocídio, *sm. neol.* strage, sterminio, distruzione (di un popolo).
gentàglia, *sf.* gentaccia, gentame, feccia, fecciume, canagliume, canaglia, → MARMAGLIA.
gènte, *sf.* moltitudine di persone, nazione, stirpe, popolo, plebe, volgo, folla, genía, piazza, società, zizzania, pubblico, quantità, → ESERCITO, FAMIGLIA.
nomencl. (*equivalenti*) accolta, adunanza, affluenza, andirivieni, assembramento, dimostrazione, banda, branco, calca, folla, piena, capannello, crocchio, clamore, frastuono, strepito, codazzo, corteo, accozzaglia, bordaglia, ciurmaglia, drappello, frotta, mischia, parapiglia, orda, stuolo, tramenio || *agg.* minuta, bassa, umile, volgare, abietta, triviale, vile, elevata, nobile, distinta, eletta, signorile, elegante, amabile, cordiale, garbata, premurosa, fine, piacevole, umana, urbana, nuova, moderna, straniera, amica, nemica, avversa, ostile, raccogliticcia, collettizia.
contr. individuo, persona.
gentildònna, *sf.* → DONNA, DAMA, NOBILTÀ.
nomencl. gentiluomo.
gentíle, *agg.* affabile, accostevole, amabile, beneducato, cerimonioso, compiacente, complimentoso, cordiale, delicato, fine, manieroso, nobile, dolce, piacevole, premuroso, smanceroso, svenevole, tenero, umano, urbano, accogliente, fragile, morbido, bennato, → CARO, CORTESE, GARBATO || distinto, galante, leggiadro, raffinato, → BELLO, ELEGANTE || *sm.* idolatra, etnico, → PAGANO.
nomencl. *verb.* ingentilire, educare, civilizzare, nobilitare, ringentilire.
contr. scortese, sgarbato, grossolano, rozzo, plebeo, ruvido, aspro, burbero, villano || brutto, tiglioso.
gentilézza, *sf.* amabilità, compiacenza, finezza, galanteria, garbo, raffinatezza, squisitezza d'animo, dolcezza, leggiadria, urbanità, → GRAZIA, DELICATEZZA, CORTESIA, GARBATEZZA, EDUCAZIONE || BELLEZZA.
contr. sgarbo, asprezza, rozzezza, villania, ruvidezza, scortesía, sgarbatezza, grossolanità.
gentilità, *sf.* gentilesimo, paganesimo, paesi pagani.
contr. cristianità, cristianesimo, paesi cristiani.
gentiluòmo, *sm.* → CAVALIERE, NOBILUOMO, NOBILTÀ.
nomencl. gentildonna.
genuflessióne, *sf.* inginocchiamento.
nomencl. (*affini*) riverenza, inchino, venerazione, adorazione, onore || *fig.* umiliazione, adulazione.
genuflèttere, *v.rifl.* → ADORARE, INGINOCCHIARE, UMILIARE, ADULARE.
genuinità, *sf.* schiettezza, sincerità, autenticità, purezza, → NATURALEZZA.
contr. impurità, artificiosità.
genuíno, *agg.* schietto, sincero, autentico, puro, vero, semplice, → NATURALE.
contr. impuro, artificioso, adulterato, sofisticato.
genziàna, *sf.* genzianella, eritrea, trifoglione.
nomencl. (*estratti*) eritreina, genziopicrina, acido genzianico.
genzianèlla, *sf.* → GENZIANA.
geocentrísmo, *sm.* sistema tolemaico.
contr. eliocentrismo, sistema copernicano.
geodesía, *sf.*
nomencl. (*specialità*) geometrica e operativa, trigonometria, topografia, tacheometria, astronomia geodetica, gravimetria, isostasia, triangolazione || (*inerenti*) base, mappa geodetica, pianta || squadra geodetica || geoide || (*strumenti*) biffa, eclimetro, geodesimetro, lembo, livella, micrometro, mira, squadro, teodolite o teodolito, traguardo, quadrante.
geodinàmica, *sf.* → GEOGRAFIA, GEOLOGIA.
geofísica, *sf.* → GEOGRAFIA.
geognosía, *sf.* → GEOGRAFIA, GEOLOGIA.
geografía, *sf.* cosmografia, corografia, etnografia, geodinamica, geognosia, geologia, orografia, topografia, idrografia, geofisica, uranografia.
nomencl. (*divisioni*) animale o zoogeografia, antica, moderna, astronomica, commerciale, comparata, fisica, generale, militare, speciale, politica, botanica, marina, storica, descrittiva || (*carte*) atlante, mappamondo, carta geografica, carta corografica, carta topografica, mappa, carta orografica, planisferio || cartografo, cartografica || (*attinenti*) isobare, isoterme, globo terrestre, emisfero, meridiano, parallelo, periplo, orientamento.
geología, *sf.* geodinamica, geognosia, geogonia, geoscopia, geoplastica, geotettonica, idrologia, orografia,

litologia, stratigrafia, orittogeologia, petrogenia, paleontologia, paleontografia, → GEOGRAFIA.

nomencl. (*ere e periodi*) ARCAICA O AZOICA, periodo laurenziano, huroniano. PRIMARIA O PALEOZOICA, periodo permiano, carbonifero, devoniano, siluriano, precambriano, algonchiano. SECONDARIA O MESOZOICA, periodo cretaceo superiore, cretaceo inferiore, giurassico superiore, giurassico medio, giurassico inferiore o liassico, triassico. TERZIARIA O CENOZOICA, periodo eogene-oligocenico, eogene-eocenico, neogene-pliocenico, neogene-miocenico. QUATERNARIA O NEOZOICA, periodo pleistocenico o glaciale o diluviale, olocenico (alluvionale, attuale) || età: paleolitica, neolitica, eneolitica, del bronzo, del ferro || (*fenomeni*) affioramento, bradisismo, bressa, cataclisma, conglomerato, deposito, diaclasi, sedimento, strato, metamorfismo, oscillazione, petrogenesi, piega, stratificazione, erosione, frattura, fessura, grotta, mare, roccia, pietra, orogenia (anticlinale, isoclinale, monoclinale); movimenti sismici, vulcani, mareggiate, piogge, gelo, alluvioni, fenomeni carsici (doline), scoscendimenti, deltazione, cordoni litorali || (*fossili*) animali: ammoniti, anoploterio, belodonte, brontosauro, brontoterio, bue primigenio, dinosauro, dinoterio, elefante antico, ipparion, ittiosauro, labirintodonte, lingula, mastodonte, megaterio, mesopiteco, meosauro, nautilo, nummolito, orso delle spelonche o speleo, pitecantropo, pleiosauro, pterodattilo, rinoceronte etrusco, trilobite; vegetali: lepidodendro, sigillaria, stigmaria || conservazione, carbonizzazione, pietrificazione, piritizzazione, modellazione, sostituzione, incrostazione, putrefazione con la sola impronta || (*formazioni caratteristiche*) rocce, graniti, gneiss, basalto, porfido, dolomia, trachite, pomice, micascisto, farina fossile o tripolo, marmi, gessi, ardesia, calcare, calcare carbonifero, colite, fosforite, gipso, argilla, sabbia, tufo, alluvione, morena.

geòlogo, *sm.* litologo.

geometría, *sf.*

nomencl. (*suddivisioni*) euclidea, non euclidea, elementare, piana, di rilievo, superiore, analitica, infinitesimale, descrittiva, trascendentale, sublime, pratica, organica, proiettiva, solida || (*scienze affini*) trigonometria, stereometria, geodesia, planimetria, altimetria, topografia, ciclometria, longimetria || (*termini generali*) assioma, postulato, lemma, porisma, corollario, scoglio, teorema, problema, enunciato, dato, soluzione, descrizione || figura, proporzione, schema, base, corpo, sezione, intersezione, grafico || proporzione, parallelismo, simmetria, omologo, reciproco || grandezza, estensione, dimensione, prospettiva || (*linea*) retta, obliqua, perpendicolare, verticale, orizzontale || mediana, bisettrice, spezzata, curvilinea, curva, cerchio, ellisse, iperbole, ordinata || diametro, raggio, tangente, corda, arco, asse, ipotenusa, secante, seno, coseno, apotema || direttrice, divisoria, generatrice || raggio vettore || spirale, punto || (*forme*) angolo (acuto, ottuso, retto, alterno, corrispondente), triangolo (isoscele, rettangolo, scaleno, equilatero), quadrato, rettangolo, parallelogramma, rombo, trapezio, poligono, tetragono, pentagono, esagono || area, superficie, piano, circonferenza, perimetro, sezione, faccia, corona, settore, segmento, calotta, fuso, zona || (*volume*) solido, cubo, prisma, piramide, cono, sfera, cilindro, parallelepipedo, trapezoide, poliedro, triedro, tetraedro, decaedro, ecc. || (*strumenti*) compasso, cursore, rapportatore. cerchio, parallelografo, diplometro, altimetro, grafometro, quadrante, tacheometro, trisettore, micrometro, goniometro || *verb.* abbassare una perpendicolare, circoscrivere, proiettare || enunciare, dimostrare, risolvere, descrivere, tracciare, inscrivere, applicare, coincidere, sviluppare, misurare.

geoplàstica, *sf.* → GEOLOGIA.

geòrgico, *agg.* agreste, campestre, arcadico, agricolo, → CAMPAGNOLO.

geoscopía, *sf.* → GEOLOGIA.

geotettònica, *sf.* → GEOLOGIA.

gerànio, *sm.* pelargònio.

nomencl. (*varietà*) semplice, doppio, imperiale, rampicante || scarlatto, muschiato, rosa, ibrido.

geràrca, *sm.* capo, duce, comandante, primate, direttore, sovrano.

contr. subalterno, gregario, dipendente.

gerarchía, *sf.* ordine, graduatoria, dignità, potere.

nomencl. (*tipi*) statale, militare, civile, religiosa, sacra, politica, terrena, celeste || diarchia || *verb.* tenere, seguire la via gerarchica, subordinare.

gerbàio, *sm.* → BRUGHIERA.

geremía, *sm.* → PIAGNONE.

geremíade, *sf.* piagnisteo, → LAMENTO.

gerènte, *sm.* → AMMINISTRATORE, BOTTEGAIO.

gèrgo, *sm. argot, slang*, parlare furbesco o furfantesco, oscuro, arbitrario, convenzionale, → LINGUAGGIO.

gèrla, *sf.* paniera, cesta, gerna.

germanèllo, *sm.* → GERMANO.

germànico, *agg.* → TEDESCO.

germàno, *sm.* anatra selvatica, germanello || → FRATELLO.

nomencl. (*specie*) reale, marino, maggiore.

gèrme, *sm.* → EMBRIONE, SEME || CAUSA, PRINCIPIO || BATTERIO.

germinàre, *v.intr.* → GERMOGLIARE.

germogliàre, *v.intr.* germinare, gemmare, metter gemme, buttare, spuntare, rampollare, scaturire, pullulare, imbocciare, pollare, tallire, schiudere, verdeggiare, verzicare || *fig.* → NASCERE, CRESCERE.

contr. disseccarsi, inaridirsi, isterilirsi, morire.

germóglio, *sm.* brocca, brocco, sprocco, getto, pollone, messiticcio, rampollo, rimessa, rimessiticcio, tallo, vermena, virgulto, rametto, rintallo, sarchione, → GEMMA || *fig.* → GERME, EMBRIONE, PRINCIPIO.

geroglífico, *sm.* carattere ideografico || *fig.* → ARABESCO, GHIRIGORO || enigma, enigmatico.

nomencl. *agg.* decifrabile, indecifrabile.

gessatúra, *sf.* ingessatura.

gèsso, *sm.*

nomencl. (*tipi*) crudo, cotto, duro, marmoreo, da muratori, da doratori, fibroso || (*affini*) stucco, scagliola, selenite, tropolito || cava, fonderia, getto, calco || gipsoteca || gessaio, gessaiolo, figurinaio || *verb.* far presa || ingessare, prendere il calco, spegnere il gesso.

gèsta, *sf. pl.* geste, → AZIONE, IMPRESA.

gestànte, *agg.* e *sf.* → GRAVIDA.

gestazióne, *sf.* → GRAVIDANZA || *fig.* apparecchiamento, apprestamento, concezione, → PREPARAZIONE (di un'opera).
gesteggiàre, *v.intr.* → GESTIRE.
gesticolàre, *v.intr.* → GESTIRE, ANNASPARE.
gestióne, *sf.* → AMMINISTRAZIONE.
gestíre, *v.intr.* gesticolare, fare gesti, gesteggiare, atteggiare, porgere, smanacciare, trinciar gesti, brancicare, → ANNASPARE || fare spallucce, fare le corna, lazzeggiare, mimare, recitare, declamare, tendere il braccio || *tr. neol.* → AMMINISTRARE.
contr. stare immobile, fermo, non fare alcun gesto.
gèsto, *sm.* movimento, segno cenno, atto, attuccio, → AZIONE, ATTEGGIAMENTO.
nomencl. (*simili*) lazzo, moina, mossa, mimica || *agg.* bello, piacevole, gradevole, gradito, attraente, dilettevole, grazioso, amabile, allettante, gustoso, simpatico, festevole, garbato, gentile, cortese, fine, ammirevole, stupendo, elegante, raffinato, benedicente, eroico, coraggioso, magnanimo, nobile, intrepido, grande, glorioso, breve, fugace, rapido, lezioso, affettato, smanceroso, manierato, energico, vivace, forte, vigoroso, potente, risoluto, virile, brusco, espressivo, irato, adirato, rabbioso, indignato, calmo, placido, lento, pacato, nervoso, minaccioso, istrionico, strano, insolito, bizzarro, strambo, curioso, inverosimile, incredibile, singolare, stravagante, sconveniente, sconvenevole, disdicevole, disadatto, indegno, biasimevole, inopportuno, indecente, sconcio, vergognoso, sudicio, sporco, sgangherato, ingiurioso, scortese, dispettoso, disgustoso, vile, meschino, debole, fiacco, verecondo, declamatorio, studiato, parco, fastidioso, nauseante, annoiato, involontario, volontario, intenzionale, deliberato, voluto, imposto || *verb.* assentire, far spallucce, lazzeggiare.
gestóre, *sm.* → AMMINISTRATORE.
gèstro, *sm.* smorfia, ghiribizzo, lezio.
gesuíta, *sm.* sacerdote o fratello laico della Compagnia di Gesú || *fig.* → IPOCRITA || *agg.* loiolesco.
nomencl. novizio, professo || (*cariche*) preposto generale, assistente, segretario, procuratore, postulatore, economo, rettore.
gettàre, *v.tr.* buttare, avventare, lanciare, scagliare, scaraventare, tirare, tirar giú, sbalzare, mandar fuori, slanciare, sbattere, proiettare, catapultare, balestrare, sbalestrare, schiaffare || abbattere, arrandellare, buscherare, lapidare || respingere, ributtare, rimandare, abbandonare || spargere, versare, rigettare, vomitare, scaricare || *rifl.* piombare, precipitarsi, balzare, scagliarsi, slanciarsi, avventarsi, buttarsi, irrompere, prorompere, dirupare || gettare a terra, → ATTERRARE || gettare ponti, → EDIFICARE || gettare dentro, → ENTRARE.
contr. prendere, tirar su, tenere, raccogliere, accettare, trattenere || trattenersi.
gettàta, *sf.* gittata, colata, getto || → ARGINE, MOLO, FUSIONE || germoglio, messa, tallo || → PORTATA.
gètto, *sm.* → LANCIO, FLUSSO, FONTANA || GERMOGLIO || GIAVAZZO.
gettóne, *sm.* marca, marchetta, quarteruolo, puglia, medaglia, *fiche* || → INDENNITÀ || TALEA.
ghéppio, *sm.* → FALCO.
gheríglio, *sm.* anima, → NOCE.
nomencl. lobi o spicchi || (*pertinenti*) mallo, guscio, valve.
ghermínèlla, *sf.* → INGANNO, BEFFA || MALEFATTA.
ghermíre, *v.tr.* agguantare, stringer forte, abbrancare, artigliare, → PRENDERE || FRODARE.
ghétta, *sf.* uosa, usatto, borzacchino, → CALZATURA.
nomencl. (*parti*) staffa, bocchetta, fiosso.
ghiacciàio, *sm.*
nomencl. (*tipi*) naturale, artificiale, immenso, perenne || (*inerenti*) banchiglia, banco di ghiaccio, masso erratico, lastra, anfiteatro morenico, ghiaccio di deriva, marocche || serbatóio, ogive, bocca, crepacci, limite delle nevi perpetue, periodo glaciale || slitta || *agg.* duro, compatto, denso, aspro, trasparente, esteso, immenso, perenne || *verb.* sciogliersi, struggersi, consumarsi, liquefarsi || dimoiare, disgelare, rigelare, gelare.
ghiacciàre, *v.intr.* diventar ghiaccio, raffreddarsi || *tr.* → GELARE.
ghiacciàto, *pps.* di ghiacciare || *agg.* → FREDDO.
ghiàccio, *agg.* e *sm.* diaccio, → FREDDO.
nomencl. naturale, artificiale || (*attinenti*) banchiglia, calaverna, ghiacciaio, ghiacciuolo, *iceberg*, lastra, stelletta di ghiaccio, spera, velatura, velo || ghiacciaia, frigorifero || *agg.* marmato, duro, compatto, denso, aspro, sottile, trasparente, fragile || *verb.* diacciare, congelare, dighiacciare, gelare, rigelare, sciogliersi, liquefarsi, consumarsi, disgelare, dimoiare || pattinare, sdrucciolare, slittare.
ghiacciòlo, *sm.* candelotto, diacciolo, chicco di grandine, cannello di ghiaccio || → GELATO.
ghiàdo, *sm. ant.* forte freddo || coltello, gladio.
ghiàia, *sf.* ghiara, rena, breccia, sabbione, pinocchino, sasso, ciottoletti.
nomencl. (*attinenti*) ghiaiata, ghiareto, greto, massicciata || *agg.* sottile, minuta, piccola, grossa, tonda, prismatica || *verb.* agghiaiare, inghiaiare, massicciare.
ghiaióso, *agg.* → SASSOSO.
ghiandàia, *sf.* → GAZZA.
ghiandína, *sf.* → AGORAIO.
ghiàndola, *sf.* → GLANDOLA.
ghiàra, *sf.* → GHIAIA.
ghièra, *sf.* puntale, vera, raparella || dardo, → FRECCIA.
ghigliottinàre, *v.tr.* → DECAPITARE.
ghígna, *sf.* → FACCIA.
ghignàre, *v.intr.* sogghignare, → RIDERE.
ghígno, *sm.* sogghigno, ghignata, → RISO.
ghignóso, *agg.* → OMBROSO, PERMALOSO.
ghindàre, *v.tr.* → ALZARE.
ghiótta, *sf.* leccarda || → SPIEDO.
ghiottería, *sf.* ghiottornía, → GHIOTTONERIA.
ghiótto, *agg.* → GOLOSO || *fig.* avido, eccitabile, molto desideroso, bramoso || prelibato, eccitante, stimolante, → APPETITOSO.
ghiottóne, *sm.* → GOLOSO.
ghiottonería, *sf.* ghiottornía, ghiottería, → GOLOSITÀ || *fig.* → GOLA.
ghióva, *sf.* → ZOLLA.
ghiribizzàre, *v.intr.* → FANTASTICARE.
ghiribízzo, *sm.* → FANTASIA, FANTASTICHERIA, BIZZARRIA.
ghiribizzóso, *agg.* → BIZZARRO.

ghirigòro, *sm.* geroglifico, rabesco, girigogolo, sigla, svolazzo, segnaccio, frego, giravolta.
contr. linea retta, scrittura chiara.
ghirlànda, *sf.* diadema, serto, cerchio, → CORONA || festone || → BORCHIA.
nomencl. di alloro, fiori || lemnisco || ghirlandaio || *verb.* ghirlandare, inghirlandare, coronare, festonare.
ghísa, *sf.* ferro fuso, ferraccio, massello di ferro, rosticcio.
nomencl. (*tipi*) bianca, grigia, trotata, nera; di prima, di seconda fusione || loppa || affinamento || *verb.* colare, affinare, puddellare.
giàcca, *sf.* giacchetta o giacchetto, casacca, farsetto, figaro, giacchettone, cuticagna, giubba, giubbone, marsina, *smoking*.
nomencl. (*tipi*) sportiva, a uno o due petti o a doppio petto, da cacciatore || (*parti*) bavero, petto, dorso, maniche, mostra, risvolto, pistagna, tasche, bottoniera, asola, fodera || *agg.* comoda, larga, lunga, attillata || *verb.* infilare, indossare, mettere, deporre.
giacchétta, *sf.* → GIACCA.
giacchettíno, *sm.* → BOLERO.
giacchettóne, *sm.* → GIACCA.
giacchiàre, *v.intr.* → PESCARE.
giàcchio, *sm.* → RETE.
giacére, *v.intr.* coricarsi, adagiarsi, stendersi, sdraiarsi; star disteso, coricato, sdraiato → DORMIRE || giacere con, coire, → COITO || (*di luogo*) stare, posare, stagnare, essere situato, essere posto.
nomencl. (*modi*) supino, bocconi, sdraiato, rovescione, rovescioni.
contr. star ritto, in piedi.
giacíglio, *sm.* → LETTO || strame, paglia, saccone || covo, cuccia.
nomencl. *agg.* umile, dimesso, modesto, povero.
giacínto, *sm.*
nomencl. (*specie*) orientale, di Bretagna, d'Olanda, doppio, semplice.
giacitúra, *sf.* giacimento, posizione, collocazione, disposizione.
giàco, *sm.* → ARMATURA.
giacobíno, *sm.* → RIVOLUZIONARIO || *per estens.* estremista, radicale, demagogo.
giaculatòria, *sf.* → PREGHIERA || *scherz.* → BESTEMMIA.
giaggiòlo, *sm.* → GLADIOLO || CIPRIA.
giaiétto, *sm.* → GIAVAZZO.
giallétto, *agg.* e *sm.* → GIALLO.
giallíno, *agg.* e *sm.* → GIALLO.
giàllo, *agg.* e *sm.* aureo, biondo, dorato, arancio, arancione, gialletto, giallino, giallognolo, falbo, flavo, fulvo, pagliato, paglierino, canerino, citrino, ranciato, impagliatino, rancio, zolfino || giallastro.
nomencl. (*variazioni*) aldino, brillante, corallino, cromo, cuoio, zafferano, oro, oltremare, mandarino, limone, paglia, isabella, di Napoli, terra di Siena, di Colonia || *verb.* ingiallire, avvizzire.
giallógnolo, *agg.* e *sm.* → GIALLO.
giambóne, *sm. frs.* → PROSCIUTTO.
giannétta, *sf.* → BASTONE.
gianníżzero, *sm.* giannizzo, bravo, soldataccio, lanzo, sicario.
giàra, *sf.* giarro, orcio, ziro, olla, → VASO, BICCHIERE.
giàrda, *sf.* → BEFFA.
giardinàggio, *sm.* → AGRICOLTURA, GIARDINIERE, GIARDINO.
giardinàio, *sm.* → GIARDINIERE.
giardinétto, *sm. dim.* → GIARDINO || GELATO.
giardinièra, *sf.* → CARROZZA.

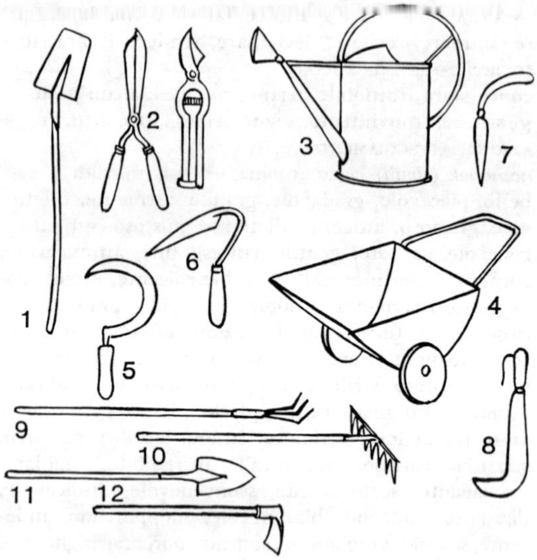

GIARDINIERE (ATTREZZI) – 1) badile; 2) forbici; 3) annaffiatoio; 4) carriola; 5) falce; 6) falcetto; 7) foraterra; 8) roncola; 9) sarchiello; 10) rastrello; 11) vanga; 12) zappa.

giardinière, *sm.* giardinaio, floricoltore, fiorista, orticoltore, fioraio.
nomencl. (*operazioni*) seminagione, ingrasso, trapianto, drenaggio, dibrucatura, innaffiamento, innesto, preparazione della terra || (*arnesi*) acquaiolo, badile, forbice, annaffiatoio, beccastrino, brocca, campana, carriuola o carriola, cassa, cazzuola, falcetto, falce, fenditoio, foraterra, forcella, graticcio, idropulta, mazzuolo, molinello, paravento, potatoio, ranfione, raschia, roncola, sarchiello, tracciatoio, raspatoio, rastrello, stuoia, vanga, zappa, vaso o testo || *verb.* arare, vangare, ingrassare, addossare le aiuole o le porche, aggiardinare, diradare, infrasconare, inghiaiare, ringhiaiare, innestare, margottare, letamare, piotare, potare, propagginare, sarchiare, seminare, trapiantare, staggiare.
giardíno, *sm.* giardinetto, parco, villa, verziere, brolo, boschetto.
nomencl. (*tipi*) all'italiana, all'inglese, alla francese || pubblico, privato, pensile, scolastico, d'inverno, paesista, classico, signorile || botanico, zoologico || d'infanzia || (*parti*) aiuola, capanna, filare, padiglione, palizzata, pergola, serra, allea, aviario, banchina, bersò o *berceau*, chiosco, edicola, cerchiata, citroniera, compartimento, cordonato, critta, esedra, formella, graticolato, letamiere, grotta, labirinto, *parterre*, pelaghetto, pergolato, peschiera, pisellaia, prati, pinocchino, quadro o quaderno, redola, rena, roccia, rosta, scalea, seccatoio, semenzaio, seminaio, spalliera, siepe, salciaia, scherzi

d'acqua o giochi d'acqua, sedile, terra da giardino, uccelliera, vasca, viale, sentiero, zampillo, ventagli || arbusti, erbe, finteria, fiorame, fiori, mazzo, pianta, ghirlanda, || *agg.* ameno, ridente, gaio, fiorito, verdeggiante, maestoso, ampio, vasto, largo, stretto, piccolo, mal tenuto, triste.

giarrettièra, *sf.* → ELASTICO.

giavàzzo, *sm.* gagate, gaietto, giaietto, galetto, ambra nera, getto, gè, *jais*, contería nera.

giavellòtto, *sm.* → FRECCIA.

gíbbo, *sm.* → PROTUBERANZA, GOBBA.

gibbosità, *sf.* → PROTUBERANZA, GOBBA.

gibbóso, *agg.* → GOBBO.

gibèrna, *sf.* cartucciera.

gibigiàna, *sf.* gibigianna, luminello, → RIVERBERO.

gíbus, *sm. indecl.* cilindro, → CAPPELLO.

gigànte, *sm.* colosso, titano, ciclope, omone, omaccione, cariatide, mole || corazziere, fantoccione, fantonaccio, fastellone, granatiere, grandone, gran fusto, torre, torrione, pilastrone.

nomencl. *agg.* smisurato, immenso, grandissimo, mastodontico, enorme, spropositato.

contr. nano, pigmeo, lillipuziano.

giganteggiàre, *v.tr.* → ESAGERARE, SUPERARE, INNALZARSI.

gigantésco, *agg.* giganteo, titanico, ciclopico, colossale, smisurato, possente, poderoso, membruto, corpacciuto, alto, mostruoso, → ENORME, GRANDE.

contr. nano, piccolissimo, minimo.

gigantísmo, *sm. fig.* → MEGALOMANIA.

contr. nanismo.

gíglio, *sm.* fiordaliso, asfodelo, ligustro, emerocallide, giglio fiorentino, → GLADIOLO || *fig.* purità, innocenza, verginità.

nomencl. (*specie*) bianco o di S. Antonio, bulbifero o rosso, di S. Brunone, di bosco, di prato, selvatico, dorato, tigrato, semplice, doppio || encriniti || *agg.* liliale || *verb.* ingigliare.

gilè, *sm. indecl. frs.* → PANCIOTTO.

gin, *sm. indecl.* → GINEPRO.

gincàna, *sf. gymkhana,* → GIUOCO.

ginecèo, *sm.* → CASA.

contr. androceo.

ginecòlogo, *sm.* ostetrico.

ginepràio, *sm.* → PRUNETO || *fig.* confusione, intrico, → IMBROGLIO.

gineprèlla, *sf.* → GINEPRO.

ginépro, *sm.* gineprella, *gin.*

nomencl. comune, drupaceo || (*estratto*) gineprina || granello, pseudocarpo || ginepraio.

ginèstra, *sf.* ginestrella, ginestrone o giunco marino.

nomencl. ginestreta, ginestreto || sparteina.

ginestrèlla, *sf.* → GINESTRA.

ginestróne, *sm.* → GINESTRA.

gingillàre, *v.rifl.* → BALOCCARE, OZIARE.

nomencl. gingillino, gingillone; ninnolo, ninnolino, ninnolone || arzigogolo, arzigogolone, arzigogolare.

gingíllo, *sm.* → NINNOLO || INEZIA || GIOCATTOLO.

gingillóne, *agg.* e *sm.* → BIGHELLONE, OZIOSO.

ginnàsio, *sm.* || palestra ginnastica || scuola.

nomencl. (*divisioni*) inferiore, superiore, scuola media || statale, privato parificato, legalmente riconosciuto, pareggiato || maschile, femminile, misto || (*inerenti*) preside, professore, consiglio dei professori, consiglio di classe || sezioni, classi, alunno o scolaro o ginnasiale || esame (di ammissione, di promozione, di idoneità, di licenza), licenza, diploma.

ginnàsta, *sm.* → ATLETA, ACROBATA || GLADIATORE.

ginnàstica, *sf.* educazione fisica, giuoco ginnico, ludi ginnici, cinesia, agonali, sport.

nomencl. (*distinzioni*) da camera, svedese, libera, militare, acrobatica, medica, educativa || (*esemplificazioni*) ciclismo, corsa, marcia, salto, pallone, lotta, scherma, nuoto, pugilato, pattinaggio, podismo || (*attrezzi*) antenna, altalena, anelli, cavalletto, clava, parallele, pertica, sbarra, trampoli, piano inclinato, trapezio, trampolino, disco, giavellotto, pesi, manubrio, trave || esercizi, passo, equilibrio, allenamento, sinesiterapia || (*luoghi*) palestra, stadio, agone, efebeo, ginnasio, anfiteatro, accademia || *agg.* ginnico.

ginnétto, *sm.* → CAVALLO.

ginòcchio, *sm.*

nomencl. (*parti*) poplite, rotula, tricipite, tendine, alari, verta, sinovia || (*malattie*) gonarga, gonarreuma, gonanco, goniacone, gonite, gonocele, zia, sinovite || ginocchiata, inginocchiato, ginocchioni || *verb.* inginocchiare, arrotare i ginocchi, genuflettere, piegare le ginocchia.

giocàre, *v.intr.* ricrearsi, spassarsi, trastullarsi, divertirsi, celiare, scherzare, burlare, ruzzare, giocherellare, gingillarsi, → BALOCCARE, GAREGGIARE || scommettere, puntare, speculare (in borsa), rischiare di perdere, perdere, azzardare || *fig.* rischiare, arrischiare, mettere in gioco, tentare, esporre a rischio, ingegnarsi || → INTERPRETARE || INGANNARE.

nomencl. (*modi*) di nulla, di danaro, forte, pulito, sulla parola, per passatempo, sul sicuro, sul velluto || *verb.* vincere, perdere, barare || farsi gioco, pigliare a gioco, prendersi a gioco.

giocàttolo, *sm.* giocherello, balocco, trastullo, gingillo, ninnolo.

nomencl. (*distinzioni*) di legno, di metallo, di pezza, di stoffa, meccanico, scientifico, automatico, di fantascienza || (*esempi*) armonica, bambola, burattino, cervo volante, dado, dama, decalcomania, scacchi, tombola, trottola, biliardo, cavallo, carretto, barca, trenino elettrico, cerchio, costruzioni con dadi, corda, diabolo, discobolo, frullino, girandola, girella, strumenti musicali, lanterna magica, mulinello, giroscopio, nacchere, nave, palla, pallone, ruzzola, spada, tennis da tavolo o *ping-pong*, calcio da tavolo, schioppo, fucile, carro armato, soldatini di piombo, di stagno o di plastica, tamburello, volano, meccano.

giocherellàre, *v.intr.* → GIOCARE.

giocherèllo, *sm.* → GIOCATTOLO.

giochétto, *sm. fig.* → SCHERZO, INGANNO.

giòco, *sm.* → GIUOCO.

giocolière, *sm.* giocolare, giullare, giollaro, buffone || → PRESTIGIATORE.

giocondàre, *v.tr.* e *rifl.* → FESTEGGIARE, RALLEGRARE.

giocondità, *sf.* → ALLEGRIA, GIOIA.

giocóndo, *agg.* → ALLEGRO, GIOIOSO, FESTIVO, FAUSTO.

giocóso, *agg.* → SCHERZOSO, BEFFARDO || GIOIOSO, FESTANTE || *lett.* → EROICOMICO.

giogàia, *sf.* collottola || pelle pendente dal collo, → BUE || gioghi montani.

giógo, *sm.* || cima di monte || *fig.* → SCHIAVITÚ, SERVITÚ, SOGGEZIONE, TIRANNIA.

nomencl. (*giogo bovino*) a collare, ferrato, bastardo, spezzato, aperto, lungo || anello, chiovolo, giuntoie || aggiogare, accodare, accollare || (*figurato*) *agg.* antico, remoto, annoso, recente, nuovo, novello, duro, aspro, crudele, insopportabile, intollerabile, grave, gravoso, pesante, molesto, indegno, biasimevole, vergognoso, ignominioso, vituperevole, dolce, mite, soave, leggero, piacevole, lieto || *verb.* imporre, sottomettere || sopportare, tollerare, accettare, sottomettersi, scuotere, ribellarsi.

giòia, *sf.* esultanza, appagamento, soddisfazione, gaudio, giocondità, letizia, contentezza, contento, giolito, giubilo, tripudio, consolazione, godimento, gongolamento, festa, → ALLEGRIA, FELICITÀ, PIACERE || GEMMA.

nomencl. (*simili*) dimostrazione, sfogo, colmo, espansione, esplosione, fiorir di gioia, raggio di gioia || *agg.* grande, immensa, piena, completa, intera, totale, indicibile, ineffabile, indescrivibile, inesprimibile, palese, evidente, raggiante, festosa, radiosa, felice, esultante, gaia, viva, luminosa, intensa, forte, ardente, impaziente, meravigliosa, serena, limpida, ridente, tranquilla, sorridente, soave, dolce, piacevole, temperata, moderata, mitigata, offuscata, discreta, breve, momentanea, effimera, fuggevole, instabile, mutevole, precaria, incostante.

contr. dolore, patema, sconforto, malcontento, malinconia, pianto, tristezza, apprensione, cruccio.

gioellière, *sm.* → OREFICE.

gioièllo, *sm.* anello, pietra preziosa, ornamento prezioso, gioia, gioie, → GEMMA || *fig.* persona cara, preziosa.

nomencl. (*esempi*) brillante, diamante, cammeo, catena, fermaglio, filigrana, perla, margherita, monile, collana, medaglione, pendente, picchiapetto, rosetta, vezzo || astuccio, scrigno, finimento || *verb.* gioiellare, ingioiellare.

gioióso, *agg.* gaudioso, giocondo, allegro, lieto, piacevole, giocoso, gaio, festoso, festevole, esultante, soddisfatto, gongolante, giulivo.

contr. triste, malinconico, sconfortato, addolorato.

gioíre, *v.intr.* esultare, allegrarsi, rallegrarsi, godere, esser contento, giubilare, tripudiare, letiziarsi, andare in solluchero, gongolare, imparadisiarsi, commuoversi, fremere di gioia, andare in visibilio o in brodo di giuggiole, darsi alla pazza gioia, sfavillare di gioia, galloriare, traboccare il cuore dalla gioia, ballare dalla contentezza.

contr. rattristarsi, affliggersi, soffrire, sconfortarsi, addolorarsi, penare, crucciarsi, corrucciarsi.

giorgína, *sf.* → DALIA.

giornàle, *sm.* effemeride, diario, bollettino, gazzetta, gazzettino, foglio (di notizie), corriere, monitore, organo, pubblicazione, rassegna, rivista, dispensa, fascicolo, libello, numero unico, annale, annuario, periodico, quotidiano || cinegiornale, radiogiornale, telegiornale || *agg. ant.* giornaliero, quotidiano, diurno.

nomencl. (*distinzioni*) politico, amministrativo, religioso, commerciale, finanziario, sportivo, tecnico, scientifico, letterario, artistico, umoristico, satirico, scandalistico, pornografico, d'informazione, democratico, reazionario, di partito, indipendente, repubblicano, monarchico, anarchico, moderato, clericale || illustrato, a rotocalco, a fumetti || quotidiano, bisettimanale, settimanale, quindicinale, mensile || clandestino, stampato alla macchia, di battaglia, fatto con le cesoie, ufficiale, ufficioso || del mattino, del pomeriggio, della sera, della notte, domenicale, del lunedí || murale, radiofonico, cinegetico, cinematografico, televisivo || di ricordi, di viaggio, di guerra, ecc. || (*contenuto ed elementi*) pagine (prima, seconda, terza, ecc.), articolo (di fondo, di spalla, di taglio; cappello, testo, chiusa), notizia (dall'interno o di interni, dall'estero o di esteri, di cronaca, di sport, di politica, di varia o di varietà), informazione, dispaccio, comunicato, velina, trafiletto, bollettino, notiziario, resoconto, pastone, attualità, recentissime, intervista, *reportage*, *fotoreportage*, servizio, fotoservizio, pezzo, corrispondenza, critica (letteraria, sportiva, teatrale, musicale, discografica, cinematografica, di mode, ecc.), recensione, cronaca (bianca, rosa, nera, mondana, parlamentare, giudiziaria, degli spettacoli), piccola cronaca, echi di cronaca || nota, corsivo, commento, polemica, lettera aperta, elzeviro, figurino, fervorino, spigolature || appendice, enigma, inserto || pubblicità, annunci o annunzi pubblicitari e a pagamento, avvisi o inserzioni, necrologi || testata, titolo, sottotitolo, occhiello, sommario, *manchette*, finestrina, quadro, asterisco, stelloncino, fregio, sgraffa, colonna || fonogramma, cablogramma, telefoto, lampo, *flash* || (*persone*) giornalista, pubblicista, redattore, cronista, collaboratore, compilatore, estensore, articolista, fondista, corsivista, polemista, critico, corrispondente, inviato, inviato speciale, intervistatore, *reporter*, *fotoreporter*, fotografo; illustratore, grafico, impaginatore; direttore, caporedattore, capocronista, direttore responsabile, gerente responsabile, segretario di redazione || archivista, correttore, stenografo || proto, tipografo || distributore, speditore || amministratore || giornalaio, edicolista, diffusore, strillone || redazione, direzione, amministrazione, tipografia, magazzino || (*vendita*) numero, edizione (prima, ultima, straordinaria, del mattino, della sera, della notte), supplemento, numero doppio, tiratura, distribuzione, spedizione, abbonamento, arretrato, resa, sottofascia, fascetta, campagna per gli abbonamenti || (*organizzazione*) agenzia giornalistica, annuario della stampa, archivio (fotografico, biografico) || associazione della stampa, sindacati giornalistici, ordine dei giornalisti e dei pubblicisti, tessera giornalistica || editto sulla stampa, libertà di stampa, sequestro, censura || stampa gialla, rosa, femminile, ritaglio, *canard*, colpo giornalistico, *scoop*, cavallo di ritorno, serpente di mare, esclusiva, primizia || (*tecnica*) menabò, bozza, bancone, *flan* o flano, macchina piana, rotativa, rotocalco, fototipia, zincografia, linotipia, stereotipia, tricromia, *cliché*, fotomontaggio || telescrivente || *agg.* accreditato, screditato, battagliero, bellicoso, aggressivo, violento, fegatoso, astioso, bilioso, fazioso, settario, partigiano, sovversivo, sovvertitore, tendenzioso, parziale, avventato, imprudente, ricattatore, venduto, serio, ponderato, sereno, imparziale, prudente, cauto, vigile, informato, ispirato || *verb.* passare, cestinare, titolare, correggere, impaginare, tagliare, stampare.

giornalièro, *agg.* di ogni giorno, diurno, quotidiano || *sm.* → OPERAIO.

giornalísta, *sm.* e *f.* corrispondente, pubblicista, articolista, redattore, cronista, inviato speciale, *reporter*, critico || *spreg.* pennivendolo, pennaiolo, gazzettiere || *ant.* fogliettante, novellista; → GIORNALE.

giornàta, *sf.* → GIORNO || BATTAGLIA || cammino di un giorno; lavoro d'un giorno, paga d'un giorno → GUADAGNO.

giórno, *sm.* giornata, dí, addí || l'altro giorno, → AVANTIERI || giorno festivo, → FESTA.

nomencl. (*parti*) alba, aurora, mattina, mezzogiorno, pomeriggio, sera, notte, mezzanotte || (*nomi*) lunedí, martedí, mercoledí, giovedí, venerdí, sabato, domenica || (*attribuzioni*) anniversario o commemorativo, festivo, feriale, genetliaco, onomastico, natalizio, solenne, straordinario, di lutto, nero, nundinale, fausto, infausto, auspicale, augurale, felice, aliturgico, dei santi, dei morti, del Signore, di grasso, di magro, di digiuno, utile, antecedente, antelucano, antelunare, astronomico, bisesto, complementare, critico, corrente, epagomeno, intercalare, medio, naturale, nuovo, planetario, prefisso, siderale, sidereo, solare, di lavoro, di riposo, civile, comiziale, lustrale, susseguente, profesto || (*pertinenti*) antivigilia, feria, ferragosto, festa, oggi, domani, posdomani, ricordanza, decade, idi, *nonae*, novena, settimana, ottava, quindicina, triduo, vigilia, equinozio, solstizio || (*modi di dire*) a giorni, sul far o al far del giorno, al primo canto del gallo, di giorno, fra il lusco e il brusco, d'oggi in domani, di giorno in giorno, l'altro giorno, tardi, a sera || *verb.* aggiornare, calare, declinare, accorciare, ricorrere, celebrare, ricordare, festeggiare.

giòstra, *sf.* girotondo || carosello, scaramuccia, torneo, torneamento, combattimento di cavalieri armati, quintana, → GARA || *fig.* → INGANNO.

nomencl. giostratore, giostrone || *verb.* giostrare, fare la giostra.

giostràre, *v.intr.* → GAREGGIARE, ANDARE.

giovaménto, *sm.* → BENE, AIUTO, VANTAGGIO.

contr. nocumento, danno, rovina.

gióvane, *agg.* giovine, giovanile, fresco d'anni || *sm.* ragazzo, fanciullo, garzone, garzoncello, giovanotto, donzello, donzella, → FIGLIO || giovane di studio, scrivano; giovane di bottega, → GARZONE.

nomencl. (*equivalenti*) fanciulla, giovanetta, ragazza, giovanona, giovanotta, zitella, signorina, damigella, maschiotta || giovinastro, mascalzone, scapestrato, barabba, teppista; lattonzolo, adone, collegiale, figurino, maggiorenne, minorenne, pivello, pollastrotto, puledro, saetta || *agg.* bello, grazioso, avvenente, formoso, vago, attraente, leggiadro, galante, elegante, garbato, distinto, manieroso, amabile, caro, simpatico, piacevole, delicato, gentile, sensibile, premuroso, prudente, scrupoloso, franco, sincero, schietto, leale, disinvolto, spigliato, ardito, baldanzoso, animoso, savio, saggio, assennato, sensato, avveduto, sapiente, esperto, emancipato, libero, indipendente, spregiudicato, robusto, nerboruto, forte, saldo, gagliardo, tarchiato, snello, debole, gracile, malaticcio, sano, sottile, slanciato, smilzo, sciolto (nei movimenti), modesto, umile, dimesso, discreto, riservato, semplice, mediocre, superbo, sfacciato, vanitoso, ambizioso, ricco, costumato, morigerato, disciplinato, scostumato, vizioso, mal costumato, screanzato, inesperto, ingenuo, ignaro, novizio, provetto, costante, fermo, perseverante, incostante, volubile, mutevole, variabile, leggero, impetuoso, violento, focoso, furioso, calmo, flemmatico, pacato, tranquillo, impaziente, insofferente, intollerante, inquieto, irrequieto, smanioso, paziente, tollerante, quieto, tranquillo, bizzarro, balzano, capriccioso, eccentrico, anormale, estroso, strambo, stravagante, sventato, originale, normale, posato, vergognoso, timido, verecondo, audace, svergognato, spudorato, lodevole, nobile, onorato, valoroso, valente, coraggioso, animoso, intrepido, strenuo, vile, vigliacco, pusillanime, imbelle || *verb.* fiorire, giovaneggiare, ringiovanire.

contr. vecchio, anziano, attempato.

giovaníle, *agg.* → GIOVANE.

contr. senile.

giovanòtto, *sm.* → GIOVANE.

giovàre, *v.intr.* far pro, essere utile, vantaggioso, piacere, valere, confare, conferire, → BENEFICARE, AIUTARE, FAVORIRE, FRUTTARE, SERVIRE || *rifl.* servirsi, valersi, avvalersi, profittare, trar profitto, → DOVERE.

contr. nuocere, rovinare, danneggiare, ostacolare.

giovènca, *sf.* → VACCA.

giovènco, *sm.* → BUE.

gioventú, *sf.* giovinezza, giovanezza, età giovanile, fiore della vita, primavera della vita, verde età, mattino della vita, nuova vita, → FRESCHEZZA || prima gioventú, → ADOLESCENZA.

nomencl. (*qualità*) ardire, bollore di gioventú, baldanza, ardore, sfrenatezza, entusiasmo, idealità, gagliardia, ebbrezza || *agg.* bella, graziosa, leggiadra, galante, garbata, maschia, forte, robusta, vigorosa, generosa, magnanima, nobile, splendida, egoista; imbelle, debole, ardita, baldanzosa, animosa, libera, indipendente, spregiudicata, sana, ambiziosa, vanitosa, disciplinata, morigerata, costumata, viziosa, ribelle, sovversiva, indomabile, ostinata, docile, obbediente, spensierata, sventata, avventata, riflessiva, posata, audace, coraggiosa, valorosa, intrepida, vile, pusillanime, bruciata.

contr. vecchiezza, vecchiaia, maturità, senilità.

giovévole, *agg.* valevole, valido, efficiente, vantaggioso, → UTILE.

contr. nocivo, svantaggioso, pernicioso, dannoso || inutile, invalido.

gioviàle, *agg.* → BUONO, BURLONE, PIACEVOLE, LIETO.

giovialità, *sf.* → BONTÀ, ALLEGRIA.

giovialóne, *agg.* e *sm.* → BURLONE.

giovinàstro, *sm.* giovane di cattivo genere, di cattivi costumi, scapestrato, scapato || teppista.

contr. bravo giovane, giovane per bene, ammodo.

giovincèllo, *sm.* → ADOLESCENTE.

giovinétto, *agg.* e *sm.* efebo, adolescente, giovincello, → FANCIULLO.

giovinézza, *sf.* → GIOVENTÚ.

gipsotèca, *sf.* → MUSEO.
giracàpo, *sm.* → CAPOGIRO.
giradíto, *sm.* → PATERECCIO.
giramóndo, *sm.* → VAGABONDO.
giràndola, *sf.* → PIROTECNICA || GIRO || *fig.* FANTASTICHERIA, INGANNO || VOLTACASACCA, VOLUBILE.
girandolàre, *v.intr.* → ANDARE, GIRELLARE.
girandolóne, *sm.* → GIRELLONE.
giràre, *v.tr.* muovere in giro, volgere intorno, voltare, voltare da un'altra parte, rivolgere, aggirare || *neol.* riprendere, riprodurre una scena, filmare || *intr.* circolare, aggirarsi, andare intorno, muoversi in giro, girellare, girandolare, passeggiare, ripassare, girarsi, prender la volta, volgersi intorno, accerchiare, cerchiare, intorniare, aleggiare, anfanare, arcolaiarsi, attorniare, circondare, essere torno torno, circuire, circonvenire, ronzare, rotare, rullare, roteare, rotolare, ruzzolare, riddare, volteggiare, voltare, ricircolare, scantonare, girottolare, prillare, → ANDARE.
contr. star fermo, non muoversi, andare, proseguire diritto.
girarròsto, *sm.*
nomencl. (*tipi*) a peso, a molla, a orologio || (*parti*) chiave, spiedo, schidione, leccarda o ghiotta || girare.
girasóle, *sm.* elianto, eliodromo, eliotropia, tornasole.
nomencl. (*estratti*) eliotropina, eritroleina || fototropismo.
giràta, *sf.* → GIRO || PASSEGGIATA || CAMBIALE.
giravòlta, *sf.* voltata in giro, movimento in giro, prillo, piroetta, volteggiamento, aggiramento, → GIRO || andirivieni, labirinto, meandro, anfrattuosità, ravvolgimento, girigogolo, ritortola, storta, svolta, sinuosità, tortuosità, spira, voluta, → GOMITO, GHIRIGORO.
contr. fermata, balzo in avanti o all'indietro || rettifilo.
gíre, *v.intr. poet.* ire, → ANDARE || gírsene, morire.
girèlla, *sf.* → CARRUCOLA || *sm. invar. fig.* voltafaccia politico, → VOLTACASACCA, VOLUBILE.
girellàre, *v.intr.* girandolare o girondolare, girellonare, gironzare, girottolare, gironzolare, bighellonare, girovagare, errare, errabondare, vagabondare; andare a spasso, a zonzo, girelloni; vagare, → CAMMINARE, GIRARE.
contr. fermarsi, star fermo; andare di fretta, di corsa, correre, affannarsi.
girèllo, *sm.* || *ant.* → BRACCIALETTO.
girellóne, *sm.* girandolone, gironaio, bighellone, ciondolone, dondolone, sfaccendato, girovago, → VAGABONDO.
contr. faccendone, affannone; uomo operoso, attivo, alacre, laborioso.
girifàlco, *sm.* → FALCO.
girigògolo, *sm.* → GHIRIGORO.
gíro, *sm.* circuito, percorso circolare, aggiramento, rotazione, roteamento, orbita, circonvoluzione, rivoluzione, versione, conversione, girata, giravolta, voltata, → CERCHIO, CIRCOLAZIONE || passeggiata, camminata, girata, gita, viaggio || turno || → CERCHIA.
nomencl. (*inerenti*) centro, perno, raggio, diametro, circonferenza.
contr. percorso in linea retta.
gironzàre, *v.intr.* → ANDARE, GIRELLARE.
gironzolàre, *v.intr.* → ANDARE, GIRELLARE.
giroscòpio, *sm.* giròstato.
giròstato, *sm.* giroscopio.
girotóndo, *sm.* → GIOSTRA.
girovagàre, *v.intr.* → ANDARE, CAMMINARE, GIRELLARE.
giròvago, *agg.* e *sm.* → AMBULANTE.
gíta, *sf.* escursione, passeggio, passeggiata, viaggetto, camminata, andata, corsa, scampagnata, salto, scappata, capatina, capata, trottata, ottobrata, → GIRO, VIAGGIO.
gittàta, *sf.* gettata, → PORTATA.
giúbba, *sf.* → FALDA, GIACCA.
giubbóne, *sm.* → GABBANO, GIACCA.
giubilànte, *ppr.* di giubilare || *agg.* → FELICE, FESTANTE.
giubilàre, *v.intr.* esultare, → FESTEGGIARE, GIOIRE, GONGOLARE || GLORIARE || *fig.* → DISPENSARE, PENSIONARE.
giubilàto, *pps.* di giubilare || *agg.* messo a riposo, pensionato, in quiescenza.
contr. dimesso, destituito, privato dell'ufficio.
giubilazióne, *sf.* quiescenza, → PENSIONE.
giubilèo, *sm.* → FESTA.
nomencl. (*inerenti*) anno giubilare (ebraico); anno santo, indulgenza, pellegrinaggio || *verb.* lucrare, prendere, pigliare, acquistare.
giúbilo, *sm.* → ALLEGRIA, FESTA, GIOIA.
giuccàta, *sf.* giuccaggine, giuccheria, → STUPIDAGGINE.
giúcco, *agg.* e *sm.* scemo, balordo, → SCIOCCO.
giudàico, *agg.* → EBREO.
giudèo, *sm.* → EBREO.
giudicàbile, *agg.* e *sm.* → IMPUTATO.
contr. ingiudicabile.
giudicàre, *v.tr.* sentenziare, proferire giudizio, dannare, condannare, assolvere, arbitrare || reputare, opinare, ritenere, stimare, valutare, pesare, vagliare, librare, ponderare, calcolare || dedurre, risolvere, disporre, destinare, distinguere, deliberare, intendere, pregiudicare, argomentare, → AVVISARE, FARE, DECIDERE, ESAMINARE, DISCERNERE || impancarsi, erigersi a giudice, avventare un giudizio, concorrere in un'opinione, lanciare un giudizio, trascinare in giudizio, deferire a giudizio, rimettersi al giudizio di uno, tirar giú con l'ascia, trinciare giudizi, azzardare giudizi, arrogarsi, darsi il compito di giudicare, essere giudice e parte, metter tutti in un mucchio.
nomencl. (*persone*) arbitro, censore, competente, compromissario, minosse, perito, prezzatore, estimatore, giurato || (*giudizio*) buon senso, raziocinio, apriorismo, criterio, deduzione, dichiarazione, gusto, preconcetto, logica, paralogismo, perizia, presunzione, prevenzione, pregiudizio, saggezza, senno, giustizia, legge, moralità, legalità, verità, coscienza, imparzialità || *avv.* e *loc. avv.* a casaccio, all'impazzata, a tastoni, a occhio e croce, all'ingrosso, alla carlona, a prima vista, con equità, sconsideratamente, onestamente; secondo giustizia, verità, coscienza.
contr. essere giudicato, stimato, reputato, valutato.
giúdice, *sm.* magistrato, arbitro, giusdicente, giurato, assessore, scabino, alcalde, areopagita, cadí, eliasta, prevosto, podestà || intenditore, competente, critico.
nomencl. (*vari tipi*) civile, penale, ecclesiastico, militare, naturale, di primo o di secondo grado, d'appello, di

tribunale, di corte d'assise, di pace, inquirente, istruttore, di vigilanza, sostituto || competente, incompetente, appellabile, inappellabile, effettivo, supplente, ordinario, straordinario || (*specificazione*) pretore, uditore, consigliere di Corte d'Appello, consigliere di Cassazione || giudicatura, camera, corte, competenza, foro, giurisdizione || (*atti*) accesso, aggiudicazione, annullamento, assoluzione, contumacia, costituto, declaratoria, sopralluogo, decreto, verdetto, mandato di comparizione, ordine di arresto o di cattura, ordinanza di non luogo a procedere, rogatoria, sentenza || banco, toga, tocco || *agg.* onesto, imparziale, giusto, equo, equanime, retto, probo, buono, iniquo, corrotto, incorruttibile, indulgente, clemente, tollerante, generoso, mite, severo, rigido, inesorabile, sagace, accorto, avveduto, astuto, perspicace, sottile, prudente, riflessivo, avventato, arrischiato || *verb.* adire in giudizio, citare in giudizio, rinviare a giudizio, far da giudice, vendere la giustizia.

giudízio, *sm.* dibattito giudiziario, dibattimento, procedura, processo, sentenza, arbitrato, lodo, verdetto, ordinanza, deliberazione, risoluzione, lite || opinione, idea, concetto, parere, valutazione, apprezzamento, critica, recensione, cenno critico, congettura, distinzione, deduzione, induzione, preconcetto, pregiudizio || prudenza, saggezza → CRITERIO, BUONSENSO, DISCERNIMENTO.

nomencl. (*giuridico*) arbitrale, criminale, di delibazione, di derivazione, esecutivo, incidentale, preteritorio, redibitorio, possessorio, interlocutorio, contumaciale, definitivo, decisivo, risolutivo, finale || (*attinenti*) citazione, denuncia, comparizione, comparsa, querela, azione, incidente, omologazione, precetto, perquisizione, sequestro, lite, errore giudiziario, clausola compromissoria, esercizio d'azione || (*filosofico*) analitico, sintetico, a priori, a posteriori || aberrazione, certezza, coerenza, consentimento, consenso, criterio, estimativa, coscienza, libero arbitrio || *agg.* soggettivo, oggettivo, appassionato, coscienzioso, onesto, retto, equo, giusto, moderato, equanime, iniquo, ingiusto, erroneo, sbagliato, errato, falso, fallace, esatto, vero, accurato, coscienzioso, scrupoloso, veritiero, imparziale, parziale, empirico, logico, ragionevole, razionale, ragionato, illogico, irrazionale, precipitoso, affrettato, ponderato, prudente, pesato, meditato, meritato, immeritato, sereno, pacato, severo, duro, inesorabile, reciso, assoluto, esclusivo, totale, relativo, indulgente, clemente, benigno, generoso, benevolo, spedito, sbrigativo, sommario, infausto, frettoloso || *verb.* appellare, appellarsi, convenire in giudizio, dedurre, argomentare, equiparare, mettere alla ragione, riferirsi, rimettersi o riportarsi ad uno; intentare, promuovere, citare, chiamare, ricorrere in giudizio; comparire in giudizio.

giudizióso, *agg.* prudente, ponderato, assennato, riflessivo, sperimentato, → SAGGIO.

contr. dissennato, avventato, sventato, malaccorto, scriteriato.

giúggiola, *sf.* → INEZIA.

giuggiolóne, *agg.* e *sm.* bietolone, → SCIOCCO.

giugulàre, *v.tr.* iugulare, → STROZZARE || *fig.* → COARTARE || *agg.* delle vene o arterie della gola.

giulebbàre, *v.tr.* → CANDIRE || *fig.* → ADDOLCIRE.

giulèbbe, *sm.* → SCIROPPO.

giulività, *sf.* → ALLEGRIA.

giulívo, *agg.* → ALLEGRO.

giullàre, *sm.* cantore o sonatore, sconcobrino (*ant.*), → BUFFONE.

nomencl. giullaresco, buffonesco, giullarità, giulleria, buffoneria.

giuménto, *sm.* → ASINO, CAVALLO.

giúnca, *sf.* → BARCA.

giunchíglia, *sf.* → NARCISO.

giúnco, *sm.* giunco marino, → GINESTRA.

nomencl. (*oggetti*) fionco, canapo, corda, stuoia, sporta, paniere, cesta, gabbia, sedia di giunco || giuncaia, giuncheto || *verb.* giuncare, giuncarsi.

giúngere, *v.intr.* → ARRIVARE, AVVENIRE, SOPRAGGIUNGERE || *tr.* → UNIRE.

giúngla, *sf.* → PIANURA.

giúnta, *sf.* → AGGIUNTA, ADDIZIONE || COMMISSIONE.

nomencl. municipale o comunale, provinciale, amministrativa, regionale.

giuntería, *sf.* → INGANNO.

giúnto, *pps.* di giungere || *agg.* → UNITO || *sm.* giunzione, giuntura, raccordo.

nomencl. (*tipi*) fisso, mobile, rigido, elastico, idraulico, cardanico, a manicotto, a dischi || innesto.

giuntúra, *sf.* articolazione, giunterella, congiuntura, giunzione, commettitura, unione, commessura, incastratura, snodatura, nodello, nocca, congiunzione.

nomencl. *agg.* salda, robusta, debole, artificiosa, ingegnosa.

giunzióne, *sf.* → GIUNTO, GIUNTURA.

giuocàre, *v. intr.* → GIOCARE.

giuòco, *sm.* gioco, passatempo, divertimento, spasso, sollazzo, distrazione, ludo, sport, diporto, ricreazione, svago, trastullo, trattenimento, intertenimento || partita, gara || → BEFFA || movimento, congegno, → AZIONE || giuoco di parole, → EQUIVOCO || giuoco ginnico, → GINNASTICA.

nomencl. (*distinzioni*) di azzardo, di pazienza, di sala o di società, da veglia, numerico, scientifico, da ragazzo, di enigmistica, di carte, giuochi atletici, ginnici, sportivi, ottici, scenici, solitari, pubblici || (*persone*) giocatore, avversario, compagno, socio, banchiere, baro, biscazziere, *bridgista*, briscolante, cartaio, *chuette*, *croupier*, scacchista, tagliatore, terzigliante, perdente, vincente, schiappa || sportivo, atleta, concorrente, equipaggio || (*giochi da ragazzo*) alle braccia, altalena, a pari e caffo, aquilone o cervo volante, argoglia, barriere, battimuro, birilli, bolle di sapone, buchette, ruschette, calcomania, cerchio, corsa, cruscherella, cappelletto, diabolo, girotondo, giostra; giuoco dei rulli, del gatto tagliato, della girella, della lippa, della marella o del mondo, della mattonella, della primiera, della querciola, della quintana, della sbarra, del nocciolino, del verde, di grazia; guancialino, lanterna magica, misirizzi, moscacieca, mulinello, paleo, palla avvelenata, palla a muro, piastrelle, quattro cantoni, rimbalzello, rimpiattino, ripiglino, ruzzola, saltamartino, ruffa, salincerbio o salincervo, scoccina, sbricchi, scaldamani, scaricalasino, scivolarella, soldati di piombo, stacciaburatta, tingolo, tabula, talú, tiro alla fune, toboga, toccaferro, trampoli, trottola, volano || (*di società*) dadi, dama, domino, oca, scacchi, tombola, anello, berlina, bisticcio, enimma, indovinello, galleria, degli omonimi, della pentola, del perché, del tribunale, del trucco, ombra, pesca, prestigio, rollina, tavola reale, tocco, della verità || (*di enimmistica*) enimma, indovinello, sciarada, anagramma, logogrifo, bisenso, polisenso, incastro, zeppa, scarto, decapitazione, amputazione, cambio, bifronte, crittogramma, rebus, monoverbo, quadrato magico, parole incrociate o *puzzle*, falso accrescitivo, falso diminutivo || (*di carte*) baccarà, bambara, bazzica, boston, briscola, briscolone, calabrache, calabresella, cappotto dichiarato, cartiglia, cartina, monte delle carte, stramazzetto, settimello, terzilio, canasta, scopa, scopone, sette e mezzo, solitario, tarocchi, trenta e quaranta, tressette, rubamonte, zecchinetta, bestia, *bridge*, *écarté*, faraone, goffetto, lanzichenecco, macao, maniglia, *mariage*, *poker* || asso, figura, donna, re, fante, punto, seme delle carte (coppe, bastoni, spade, denari; cuori, quadri, fiori, picche) || *verb. e loc.* accennare, accusare, alzare il mazzo, ammazzare, ammiccare, andare a primiera, assolare, avere bazzicotto, avere un bel giuoco, aver l'asse secco, aver la mano, barattar le carte, bussare, buttare in tavola, castrare, chiamare il compagno, chiamare senza tre, entrare, fare il mazzo, fare il passetto, far le carte, far mediatore, far monte, far primiera, fare scopa, giocare a carte scoperte, invitare a giocare, mescer le carte, non aver carte, pelare le carte, pescare le carte, pigliare, reggere, rifiutare, rispondere, scappottare, scartare, scoprire una carta, sfogliare le carte, tagliare le carte, tenere le carte, volare || accusa, bazza, buon gioco, cappotto, monte, primiera, passetto, scarto, taglia, stillo || signore, tagliatore || (*giochi vari*) tauromachia, corsa dei tori, corse ippiche, calcio; corse ciclistiche, motociclistiche, automobilistiche; gincana o *gymkhana*, *hockey*, *tennis*, micazione, mora, pattinaggio, *ping-pong*, polo, sci, slitta, tiro a segno, tiro al piattello, regata, tombola, trictrac, zara, biliardo || (*strumenti e oggetti*) bandiera, coppa, medaglia, premio, diploma, bussolotto, cerbottana, palèo, palio, racchetta, palla, stecca, tamburello, corda, guantoni, tavolo, carte, banco, tappeto verde, tavolino da giuoco, scacchiera, boccia, pedina || casino, bisca, raddotto, casa da giuoco, campo sportivo, velodromo, arena, palestra || (*termini*) perdita, cappotto, disfida, sfida, giocata, giro, guadagnata, *match*, partita, posta, pegno, penitenza, premio di consolazione, punto, quartetto, rifiuto, rivalsa, rivincita, scaramanzia, scommessa, successione, fila, turno, vantaggio, bel o brutto colpo || *agg.* divertente, piacevole, dilettevole, spassoso, ricreativo, noioso, triste, chiassoso, rumoroso, silenzioso, tranquillo, movimentato, animato, vivace, calmo, fortunato, felice, sfortunato, breve, lungo, interminabile || senza vita, senza mordente || *verb.* giocare, accennare, assolare, andare o mandare a monte, andare in fallo, ballare sul velluto, barare, biscazzare, bruciare, buttarsi al gioco, chiamare, chiamarsi fuori, contare, dare dei punti, dar partita, esser fuori, essere pace o pari e patta, fare a chi paga, fare o giocare la bella, fare a caraffina, far la pace, far partita o partitone, giocare l'osso del collo o la camicia, impattare, invitare, mangiare, passare, perdere la marcia, perdere la strada, puntare, sbancare, sballare, segnare i punti, spogliare, farsi spogliare, scapitare, squalificare, stare sul gioco, straperdere, stravincere, terminare di giocare, toccare una partita, vincere, valere, non valere, non contare.

giuraménto, *sm.* giuro, attestazione, affermazione solenne, promessa solenne, vóto, sacramento, fede, impegno || → BESTEMMIA.

nomencl. (*tipi*) assertorio, confermatorio, decisorio o deferito, d'uffizio, esecratorio, estimatorio, giudiziale o giudiziario, suppletivo || (*inerenti*) formula, cerimonia, delazione del giuramento, restrizione mentale, spergiuro, vincolo del giuramento || *agg.* espresso, manifesto, tacito, firmato, falso, inviolabile, solenne || *verb.* prestare, deferire, far giuramento, mancare al giuramento, prosciogliere, sciogliere dal giuramento, stringere, obbligare, legare con giuramento.

contr. spergiuro.

giuràre, *v.intr.* fare giuramento, vóto, sacramento; affermare, attestare, asserire, promettere solennemente, far fede || deferire il giuramento, mettere la mano sul Vangelo, prestare giuramento, giurare in mano di uno, *jurare in verbo magistri*, stringere o obbligare con giuramento, giuracchiare, rigiurare || prosciogliere.

contr. giurare il falso, spergiurare; mancar di parola, di fede.

giuràto, *pps.* di giurare || *sm.* → GIUDICE.

giureconsúlto, *sm.* dottore in legge, giusperito (*ant.*) o giurisperito, giurista, dotto in giurisprudenza || *spreg.* leguleio, mangiacarte, azzeccagarbugli.

giurí, *sm. indecl.* → COMMISSIONE.

giurídico, *agg.* → LEGALE.

giurisdizióne, *sf.* foro, appartenenza, cognizione, pertinenza, ragione, → COMPETENZA || sfera d'azione, → AUTORITÀ, DOMINIO, GOVERNO.

nomencl. (*tipi*) civile, militare, criminale, contenziosa, ecclesiastica, amministrativa, politica || ordinaria, delegata, subalterna, volontaria o graziosa || sede, temporalità || *verb.* declinare, non riconoscere, riconoscere, sottostare.

giurisperíto, *sm.* → GIURECONSULTO.

giurisprudènza, *sf.* → DIRITTO.

giurísta, *sm.* → GIURECONSULTO.

giusdicènte, *sm. lett.* → GIUDICE.

giusperíto, *sm. ant.* giurisperito, → GIURECONSULTO.

giustacuòre, *sm.* → PANCIOTTO.

giustaménte, *avv.* → EQUAMENTE.

contr. ingiustamente.

giustificàre, *v.tr.* mostrare giusto, adonestare, coonestare, scagionare, scusare, legittimare, difendere, → DISCOLPARE || purificare, assolvere, purgare, lavare, riabilitare, rendere giusto, dichiarare giusto || *rifl.* scolparsi, scagionarsi, scusarsi, riabilitarsi

contr. incolpare, condannare || accusarsi, riconoscersi, confessarsi colpevole.

giustificàto, *pps.* di giustificare || *agg.* → DIFESO || perdonato, assolto, reso giusto, riabilitato.

contr. ingiustificato, condannato.

giustificazióne, *sf.* discolpa, allegazione, difesa, sca-

GLADIATORI – 1) sannita; 2) reziario; 3) gallo; 4) trace.

rico, assoluzione, riabilitazione, → SCUSA || spiegazione, apologia, → DIMOSTRAZIONE.
contr. accusa, incolpazione, condanna, riconoscimento.
giustízia, *sf.* equità, equanimità, giustezza, moderazione, ragione, imparzialità, coscienziosità, rettitudine, onestà, → DIRITTURA || diritto || → CASTIGO || giustizia originale, stato d'innocenza.
nomencl. (*divisioni*) umana, divina, positiva, commutativa, distributiva, penale, civile, punitiva, sommaria, inappellabile, bassa, di merito, sociale, amministrativa, militare, ecclesiastica || barbara, selvaggia, feroce, crudele, mite, comprensiva, dispotica, tirannica, indulgente, discutibile, problematica, dubbia, indiscutibile, relativa || (*persone*) giudice, procuratore, avvocato, giurato, arbitro, pretore, pubblico ministero, cancelliere, segretario, usciere, ufficiale giudiziario, carabiniere, polizia, poliziotto, birro, giustiziere o boia o carnefice || pregiudicato, prevenuto, latitante, accusato || (*pertinenti*) diritto, Temi o Temide, teodicea, legge, fondamento, principio, santuario della Giustizia, le bilance della Giustizia || procedura, giudizio.
contr. ingiustizia, parzialità, iniquità, delitto, peccato.
giustiziàre, *v.tr.* → DECAPITARE, IMPICCARE, FUCILARE.
giustiziàto, *pps.* di giustiziare || *agg.* e *sm.* ucciso, decapitato, fucilato, impiccato.
giustizière, *sm.* → CARNEFICE.
giústo, *agg.* equo, equanime, imparziale, corretto, retto, onesto, buono, dabbene, pio, probo, → GALANTUOMO || santo, religioso, innocente || legittimo, fondato, motivato, ragionevole, convenevole, doveroso, equabile, conveniente, appropriato, debito, equo, legale, → CORRETTO || preciso, proprio, vero, uguale, → ESATTO.
contr. ingiusto, iniquo, peccatore, peccaminoso, illegittimo, scorretto, parziale, perverso, malvagio,
glàbro, *agg.* → LISCIO, IMBERBE.
contr. peloso, barbuto.
giaciàle, *agg.* → FREDDO.
glacialità, *sf.* → FREDDEZZA, INDIFFERENZA.
gladiatóre, *sm.* arenario, bestiario, reziario, sagittario, mirmillone, andabata, trace, gallo, sannita, ginnasta, cavaliere.
nomencl. (*inerenti*) armilla, armamentario, arena, ludi || lanista, spoliario || *pollice verso*, pugno chiuso || *agg.* gladiatorio.
gladíolo, *sm.* giaggiolo, ireos, iride, iris, giglio fiorentino, spaderella, spadacciola.
nomencl. (*varietà*) cardinale, fiorifero, azzurro, ramoso, delle paludi.
glàndola, *sf.* ghiandola, gangola, scrofola, frinzello, gavina, adenite, papilla, sacchetto.
nomencl. (*distinzioni*) lacrimaria, salivale, sudoripara, mammaria, gastrica, intestinale, sebacea, linfatica, endocrina o a secrezione interna, esocrina o a secrezione esterna, pineale, acinosa, coronaria, miliare, vescicolare || (*esempi*) animella, pancreas, parotide, tiroide, paratiroide, ipòfisi, epífisi, capsule surrenali, timo || condotto, aberranti, corpi di Wolf, parenchima, sebo || (*malattie*) adenite, adenoma, adenopatia, asteatorrea, asteatosi, gattone od orecchione, gonga, ingorgo, scirro || endocrinologia || *agg.* ghiandoloso, glandoloso, gangoloso, glandulare || *verb.* ingavinare.
glàuco, *agg. lett.* → BLU, VERDE.
glèba, *sf. lett.* → ZOLLA.
nomencl. servi della gleba.
glicerína, *sf.*
nomencl. (*composti*) acido glicerico, acetina, gliceridi, gliceriti, glicerofosfati, glicerolati, nitroglicerina, tripalmitina.
glicosúria, *sf.* glucosuria, diabete.
glífo, *sm.*
nomencl. díglifo, tríglifo || mètopa, glíttica.
glòbo, *sm.* → PALLA, SFERA, MAPPAMONDO || globo oculare, → BULBO.
globóso, *agg.* → SFERICO, ROTONDO.

glòbulo, *sm.* → SANGUE.
glomèrulo, *sm.* → PILLOLA.
nomencl. agglomerato, agglomeramento || *verb.* agglomerare.
glòmo, *sm.* → GOMITOLO.
glòria, *sf.* onore, esaltazione, celebrità, risonanza, lustro, alloro, nomea, vanteria, apoteosi, notorietà, voga, popolarità, immortalità, memoria, merito, → FAMA || [illegible].
nomencl. del cielo, dei santi, del paradiso; degli eroi || (*attinenti*) apogeo, esempi, memorie, monumenti, lapidi, tradizioni, celebrazioni, trofeo, parata, decorazione, trionfo, corona, applauso, acclamazione, ovazione, osanna, palma || titolo di gloria, fasti della storia, cielo degli eroi, pubblicità, fumi della gloria, larva di gloria, porta dell'eternità || vanagloria || *agg.* eterna, imperitura, immortale, sempiterna, intramontabile, perpetua, perenne, mondiale, sublime, eccelsa, altissima, somma, divina, celeste, soprannaturale, sovrumana, inclita, incomparabile, vana, caduca, meschina, infima, umana, transeunte, momentanea, mondana, falsa, effimera, breve, fugace, fuggevole || *verb.* cogliere allori, coprirsi di gloria, marciare verso la gloria, fare epoca, avere successo, portare alle stelle, portare in trionfo, acclamare, essere in voga, vantarsi.
contr. infamia, disonore, oscurità, ignominia, obbrobrio, vituperio.
gloriàre, *v.rifl.* vantarsi, pavoneggiarsi, millantarsi, lodarsi, esaltarsi, menar vanto, tripudiare, esultare, giubilare, compiacersi, tenersene, vanagloriarsi, glorificarsi.
contr. vergognarsi, umiliarsi, abbassarsi.
glorificàre, *v.tr.* tributare grandi onoranze, esaltare, celebrare, magnificare, decantare, illustrare, nobilitare, immortalare, eternare, mandare ai posteri, imparadisiare, → ONORARE, ELOGIARE, LODARE, BENEDIRE || dar la gloria eterna.
contr. infamare, vituperare, disprezzare, disonorare, detrarre, calunniare, misconoscere.
glorificàto, *pps.* di glorificare || *agg.* → GLORIOSO.
glorificazióne, *sf.* → APOTEOSI.
contr. infamia, vituperio, disprezzo, disonore.
glorióso, *agg.* celebre, illustre, inclito, rinomato, chiaro, preclaro, lodato, glorificato, immortale, → FAMOSO, EROICO.
contr. oscuro, misconosciuto, disprezzato, calunniato, abietto, infame.
glòssa, *sf.* glosa, → COMMENTO.
glossàgra, *sf.* → GOTTA.
glossàre, *v.tr.* → COMMENTARE.
glossàrio, *sm.* dizionario, vocabolario, lessico.
glossatóre, *sm.* → CHIOSATORE.
glossèma, *sm.* parola, modo oscuro; chiosa, glossa, chiarificazione; ripetizione; intrusione di parola.
glossología, *sf.* → GLOTTOLOGIA.
glòttide, *sf.*
nomencl. (*attinenti*) laringe, epiglottide, corde vocali, trachea.
glottología, *sf.* glossologia, linguistica, filologia.
glucòsio, *sm.* → ZUCCHERO.
nomencl. glucosidi, datiscina, esagonina, ramnina || (*malattie*) glucosuria, glicosuria, diabete.
glucosúria, *sf.* → GLICOSURIA.
glúma, *sf.*
nomencl. (*parti*) camerella, guscio, loppa, lolla, pula.
glútine, *sm.* → COLLA.
nomencl. glutinosità, glutinoso || *verb.* agglutinare, agglutinante, glutinare.
glutinóso, *agg.* → COLLOSO || VISCOSO.
gnaulàre, *v.intr.* → MIAGOLARE.
gnaulata, *sf.* → MIAGOLO.
gnaulío, *sm.* → MIAGOLO.
gnàulo, *sm.* → MIAGOLO.
gnòmero, *sm.* → GOMITOLO.
gnomicèllo, *sm.* → GOMITOLO.
gnòmico, *agg.* sentenzioso, aforistico, precettistico, esemplificativo, esortatorio.
gnòrri, *indecl. nella loc.* fare lo gnorri, → FINGERE.
nomencl. *verb.* fare il nesci, l'indiano.
gnòsi, *sf.* conoscenza razionale, gnosticismo.
gnosticísmo, *sm.* gnosi, conoscenza razionale.
gòbba, *sf.* gobbo, gibbo, gibbosità, protuberanza, cillosi, enfiatura, gonfiezza, rigonfiamento, sollevamento, rattrappimento, deformità, cifosi, lordosi, scoliosi || rilievo, convessità.
contr. incavo, concavità.
gòbbo, *agg.* gibboso, scrignuto, bisgobbo, grillo || curvo, storto, convesso, rilevato ad arco.
contr. diritto, eretto || impettito, impalato, interito.
góccia, *sf.* gocciola, stilla, lagrima.
nomencl. (*inerenti*) gocciolina, goccetta, stilluzza, gocciolona, gocciolone || gocciolame, gocciolatoio, gocciolatura, gocciamento, stillicidio || contagocce || *loc. avv.* a goccia a goccia || *verb.* gocciolare, sgocciolare, stillare, colare, gemere, distillare.
gocciàre, *v.intr.* gocciolare, sgocciolare, stillare, colare, trapelare, trasudare, gemere, gemicare, lagrimare, piangere.
contr. sgorgare a fiotti, fiottare, grondare, scrosciare, traboccare.
gócciola, *sf.* → GOCCIA.
gocciolàre, *v.intr.* → GOCCIARE.
gocciolatúra, *sf.* → COLATICCIO, MACCHIA.
gócciolo, *sm.* → SORSO.
godére, *v.intr.* deliziarsi, divertirsi, prender gusto, essere lieto, essere contento, rallegrarsi, fare festa, fare una buona vita, stare in allegrezza, → GIOIRE || crogiolarsi, compiacersi, consolarsi, coccolarsi || *tr.* fruire, usufruire, avere, possedere, usare, risentire utile, avvantaggiarsi, adoperare, ricavare || consumare, gustare, assaporare, gavazzare, spassarsela, tripudiare.
contr. patire, soffrire, pazientare, tribolare || aver danno, pregiudizio.
godiménto, *sm.* dolcezza, delizia, diletto, gaudio, giocondità, goduria, frenesia, orgasmo, allegrezza, → PIACERE, GIOIA || USO.
nomencl. (*tipi*) spirituale, mentale, intellettuale, passionale, materiale, fisico, sensuale, estetico || soddisfatto, pago, contento, gaudente, bontempone, godereccio, epicureo || *agg.* intenso, pieno, forte, deludente.
contr. dispiacere, contrarietà, tribolazione, dolore, patimento, sofferenza, amarezza.
goffàggine, *sf.* sguaiataggine, grossolanità, inettitu-

dine, sciatteria, ineleganza, scioccaggine, dappocaggine, ottusità, balordaggine, tempellamento || BRUTTEZZA.
contr. garbo, garbatezza, eleganza, disinvoltura, spigliatezza, prontezza, briosità, vivacità, leggerezza.
gòffo, *agg.* senza garbo, sgraziato, impacciato, inetto, disadatto, scimunito, sciocco, sguaiato, grossolano, balordo, mammalucco, babbuasso, tonto, attonito, pisellone, sciatto, elefantesco, tempellone, uomo fatto alla carlona, pattonaio, tarpano || → BRUTTO || *verb.* ingoffire.
contr. aggraziato, grazioso, elegante, disinvolto, spigliato, pronto, spiritoso, brioso.
góla, *sf.* esofago, strozza, gorgozzule, gargarozzo, collo || *fig.* → GOLOSITÀ || passo angusto (fra monti), stretta, forra, serra.
nomencl. (*parti*) amigdale, esofago, fauci, fontanella, glottide, ioide, istmo, canne della gola, trachea, pomo d'Adamo, velo palatino || (*pertinenti*) nodo alla gola, groppo, rantolo, tosse, acquolina in gola, arsura, sete || golino, sergozzone, soggolo || (*mali*) angina, bolo, bolla, *croup* o laringite difterica, difterite, frinzetti, disfagia, gavina, gonga, *grippe*, pirosi, raffreddore, raucedine, scaranzia, stranguglione || detrusorio, faringiscopio || *agg.* arida, secca, asciutta, arsa, larga, stretta, grande, piccola, enorme, spalancata, esagerata, turata, chiusa, ingrossata, arrossata, enfiata || *verb.* arsicciare, deglutire, inghiottire, ingoiare, trangugiare, ingollare, tracannare, gargarizzare, raschiare, schiarirsi, sgolare, tossire, sgozzare, strozzare, strangolare || golare, goleggiare, aver gola, tirar la gola.
golàccia, *sf.* → GOLOSO.
golería, *sf.* → GOLOSITÀ.
golétta, *sf.* goletto, solino, collo della camicia, collare dei preti || veliero, bastimento a vela, → NAVE.
golétto, *sm.* → COLLETTO.
gólfo, *sm.* seno di mare, rientranza, insenatura, baia, gomito, ansa, cala, rada, fiordo, porto.
nomencl. *agg.* ampio, vasto, angusto, stretto, limitato, ridente, ameno, gaio, gioioso, fiorito, frequentato, sicuro, pericoloso.
goliàrdo, *sm.* → STUDENTE.
golíno, *sm.* → COLPO.
golosàggine, *sf.* → GOLOSITÀ.
goloseria, *sf.* → GOLOSITÀ.
golosità, *sf.* gola, ghiottoneria, ghiottornía, ghiotteria, goleria, golosàggine, goloseria, peccato di gola, avidità, ingordigia, voracità, desiderio, appetito, brama.
nomencl. gastronomia || *verb.* agognare, appetire, ingolosirsi || leccarsi le dita, tirare o prendere uno per la gola (*fig.*), tirare al lecchetto.
contr. disgusto (dei cibi), inappetenza, astinenza, temperanza, sobrietà.
golóso, *agg.* e *sm.* ghiotto, ghiottone, mangione, diluvione, intemperante, avido, ingordo, crapulone, divoratore, epicureo, epulone, famelico, golaccia, insaziabile, leccatore, leccardo, leccapiatti, leccascodelle, leccone, pacchione, sibarita, strippone, vorace, cupido, gastronomo, lurco, patinaro, pappalardo, pappone, pappatore.
nomencl. (*equivalenti*) bocca delicata, bocca da forno, golosino, lecconcino, lucullo, pantagruel, lembrugio, trimalcione || (*inerenti*) ghiottezza, ghiotteria, leccornia, leccume, buona tavola, buoni bocconi, bocconi ghiotti || *verb.* assaporare, alleccorniare, sorseggiare, centellinare, divorare, bere a garganella, satollarsi, essere una buona forchetta.
contr. temperante, astinente, sobrio, parco, schifiltoso.
gólpe, *sf.* carbone, carbonchio, volpe.
gómena, *sf.* → FUNE, CAVO, CORDA.
gomitàta, *sf.* → COLPO.
gómito, *sm.* ulna, → CUBITO || curva stretta, angolo, svolta, voltata, giravolta, piega, piegatura || → GOLFO || gomito di mare, braccio.
nomencl. gomitata, gomitone || *verb.* fare gomito, stare a gomito.
contr. linea retta, rettilineo, rettifilo.
gomítolo, *sm.* glomo.
nomencl. (*attinenti*) bandolo o capo del gomitolo, fondello, fondellino, dipanino, struscia || trattura, arcolaio, matassa || *verb.* addoppiare, gomitolare, aggomitolare, avvolgere, dipanare, sgomitolare.
gómma, *sf.* caucciú, adragante, resina, destrina, mucillagine, guttaperca, pece, pegola, → COLLA.
nomencl. (*tipi*) arabica, ammoniaca, elastica, di lecce, d'ulivo || (*qualità*) resistente, sciolta, liquida, solida, in polvere, sintetica, artificiale, impermeabile || (*simili*) assa fetida, canfora, chino, amido, dragante, ebonite, incenso, mirra, opoponaco, para, sagapeno, sangue di drago, sarcocolla || vulcanizzazione || *verb.* ingommare, attaccare, appiccicare.
gonàgra, *sf.* → GOTTA.
góndola, *sf.* → BARCA.
nomencl. félze o félse, pettine; gondoliere.
gondolière, *sm.* → BARCAIOLO.
gonfalóne, *sm.* → BANDIERA.
gonfalonière, *sm.* → ALFIERE.
gonfiagióne, *sf.* → GONFIORE.
gonfianúvoli, *sm. indecl.* → MILLANTATORE.
gonfiàre, *v.tr.* rigonfiare, enfiare, inturgidire, sollevare, pompare, empire, dilatare, estendere, accrescere, aumentare || *intr.* e *rifl.* tumefarsi, intumidirsi || *fig.* insuperbirsi, vanagloriarsi, millantarsi, vantarsi, esagerare || *fig.* lisciare, adulare.
contr. sgonfiare, disenfiare.
gonfiàto, *pps.* di gonfiare || *agg.* → GONFIO.
gonfiatúra, *sf.* *fig.* → ESAGERAZIONE, MONTATURA.
gonfiézza, *sf.* → GONFIORE || GOBBA, EMINENZA || AMPOLLOSITÀ, ENFASI.
gónfio, *agg.* gonfiato, ingrossato, turgido, enfiato, dilatato, inturgidito, tumefatto, tumido, stragonfio, → PIENO, GRASSO || orgoglioso, vanitoso, tronfio, superbo, borioso, spocchioso, vanaglorioso, altero, altezzoso, millantatore || → AMPOLLOSO, ENFATICO || *sm.* → GONFIORE.
contr. sgonfio, sgonfiato, svuotato, detumefatto, secco, macro, rinsecchito || *fig.* umile.
gonfióre, *sm.* gonfiezza, gonfiaggine, intumescenza, enfiagione, enfiatura, gonfiagione, tumefazione, tumidezza, rigonfiamento, turgescenza → EDEMA || tumore, escrescenza, → PROTUBERANZA.
contr. secchezza, seccaggine, aridità, detumescenza.
gongolaménto, *sm.* gongolo, → GIOIA.
gongolàre, *v.intr.* giubilare, essere allegro, provare gioia, essere soddisfatto, sprizzare gioia, contentezza, → GIOIRE.

contr. essere afflitto, affliggersi, rattristarsi, piangere, lamentarsi, gemere.

gongorísmo, *sm.* → MARINISMO.

goniòmetro, *sm.*

nomencl. (*esempi*) teodolite, diottra o traguardi, squadro (graduato, a cannocchiale), sestante || tacheometro, radiogoniometro.

gónna, *sf.* → VESTE.

gonnèllo, *sf.* → VESTE.

gónzo, *agg.* e *sm.* credulone, minchione, grullo, balordo, scimunito, giucco, → SCIOCCO.

gòra, *sf.* → FOSSO, STAGNO, POZZANGHERA.

górbia, *sf.* sgorbia, → SCALPELLO.

gorèllo, *sm.* → FOSSO.

górga, *sf.* gorgia, strozza, gola.

nomencl. (*inerenti*) gorgera o gorgiera, gorgata, gorgoglio, gorgogliamento, gorgoglione, gorgheggiamento, gorgheggio, gorgozzule || *verb.* gorgheggiare.

gorgàta, *sf.* → SORSO.

gorgheggiàre, *v.intr.* → FISCHIARE, CANTARE.

gorghéggio, *sm.* → FISCHIO || *fig. scherz.* → GARGARISMO.

gorgièra, *sf.* gorgera, gorgerino, → COLLARE, CAMICINO.

górgo, *sm.* gurge, → VORTICE, MULINELLO.

gorgogliaménto, *sm.* → RUMORE.

gorgogliàre, *v.intr.* chioccolare, mormorare, strosciare, → BOLLIRE || d'acqua → FIOTTARE.

gorgoglío, *sm.* → BOLLORE, RUMORE.

gorgozzúle, *sm.* → ESOFAGO, GOLA.

gòta, *sf.* → GUANCIA.

gotàta, *sf.* → SCHIAFFO.

gòtico, *agg.* → ARCHIACUTO, OGIVALE.

gótta, *sf.* podagra, goccia, gonagra, clisagra, chiragra, glossagra, → ARTRITE.

nomencl. (*varietà*) atonica, tipica, atipica, cronica, astenica, acuta, subacuta || antigottosi.

gottàzza, *sf.* sàssola, sèssola || *verb.* aggottare.

gòtto, *sm.* → BICCHIERE.

governànte, *ppr.* di governare || *sm.* → CAPO || *sf.* → EDUCATORE, PRECETTORE || domestica, cameriera.

governàre, *v.tr.* comandare, condurre, capitanare, capitaneggiare, regnare, imperare, padroneggiare, presiedere, soprastare, dirigere, reggere, amministrare, guidare, → DOMINARE, FRENARE || aver cura, custodire, vigilare, regolare, provvedere || aver signoria, avere il mestolo, avere le redini in mano, tenere il governo || *rifl.* regolarsi, contenersi, moderarsi, condursi || *intr.* (di nave) mantenere la rotta.

contr. essere sottoposto, subalterno, ubbidire, sottomettersi, dipendere.

governatóre, *sm.* → CAPO || PRECETTORE.

nomencl. (*distinzioni*) civile, militare, generale || (*equivalenti*) amostante, bano, bey, catapano, nababbo, pascià, ras, satrapo, sceriffo, prefetto, viceré.

govèrno, *sm.* cura, reggimento, maneggio, comando, giurisdizione, potentato, potestà, principato, signoria, governagione, governamento, potere → AMMINISTRAZIONE, DIREZIONE, DOMINAZIONE || ministero, consiglio dei ministri || regola, regime, guida, disciplina, norma, imperio, dominio, → FRENO.

nomencl. (*distinzioni*) costituzionale, anticostituzionale, provvisorio, dispotico, presidenziale, assolutistico, democratico, aristocratico, liberale, monarchico, repubblicano, unitario, federale, nazionale, straniero, legale, illegale, autonomo, di fatto, di diritto, militare, laico, ecclesiastico, reazionario, retrogrado, demagogico, rivoluzionario, teocratico, amministrativo, politico, transitorio, pendolare, di minoranza, di maggioranza, popolare, costituito, in formazione, parlamentare, di partiti || (*forme di governo*) impero, regno, repubblica, signoria, oligarchia, aristocrazia, teocrazia, monarchia, assolutismo, dispotismo, partitocrazia, tirannide, dittatura, parlamentarismo, democrazia, oclocrazia, aristodemocrazia, autocrazia, cesarismo, repubblica presidenziale, comune, direttorio, divano, feudalismo, pentarchia, plutocrazia, poliarchia, reggenza, tetrarcato || (*inerenti*) diplomazia, gerarchia, maggioranza, opposizione, minoranza, regionalismo; sistema camerale, bicamerale, parlamentare, presidenziale, rappresentativo || accentramento, colpo di stato, concordato, crisi, fondi segreti, legge (ordinaria, marziale, straordinaria), monopolio, misure repressive, investitura, dimissioni, voto di fiducia, voto di sfiducia, censura, interrogazione, dibattito || *agg.* mite, violento, crudele, odiato, arbitrario, irregolare, illegittimo, legittimo, valido, giusto, equo, equanime, imparziale, retto, onesto, ingiusto, iniquo, malvagio, ladro, barbaro, civile, fiscale, esoso, corruttore, severo, duro, inquisitorio, esigente, indulgente, patriarcale, paternalistico || *verb.* accettare, assumere, formare, rovesciare, deporre, tenere, appoggiare, contrastare, combattere, abbattere.

contr. anarchia, sovversione, rivoluzione.

gozzàia, *sf.* → GOZZO.

gozzíle, *sm.* → GOZZO.

gózzo, *sm.* gozza, gozzaia, gozzile.

nomencl. gozzuto || *verb.* aggozzare, ingozzare, sgozzare.

gozzovíglia, *sf.* → FESTA, BALDORIA, ORGIA.

gozzovigliàre, *v.intr.* gavazzare, sgavazzare, bagordare, galloriare, bisbocciare, far baldoria, → STRAVIZIARE.

contr. essere parco, temperante, sobrio, astinente; digiunare.

gracchiaménto, *sm.* → CHIACCHIERA, MALDICENZA.

gracchiàre, *v.intr.* crocidare, gracidare || *fig.* ciarlare, cicalare, garrire, brontolare, sparlare, stridere, → GRIDARE.

gracchiatóre, *sm.* cicalone, gracchione, → BRONTOLONE, CHIACCHIERONE.

gracidàre, *v.intr.* → GRACCHIARE || *fig.* → MORMORARE.

gràcile, *agg.* sottile, smilzo, esile, fragile, delicato, mingherlino, asciutto, stentato, malandato, stenterello, patito, scarno, tenue, sparuto, sparutello, stentatino, macilento, magro, muffaticcio, affievolito, → DEBOLE.

contr. forte, solido, atticciato, robusto, massiccio, gagliardo, vigoroso.

gracilità, *sf.* → DELICATEZZA, FRAGILITÀ.

contr. robustezza, vigoria, forza.

gradassàta, *sf.* → MILLANTERIA, SMARGIASSATA.

gradàsso, *agg.* e *sm.* → MILLANTATORE, SMARGIASSO.

gradazióne, *sf.* sfumatura, gamma, scala, successione, diminuendo, crescendo, decrescendo, sequenza, serie crescente o decrescente, graduatoria, gradualità, graduazione, degradazione || quantità di àlcole.

contr. sbalzo, salto, saltuarietà.

gradévole, *agg.* → DOLCE, BUONO, PIACEVOLE, GUSTOSO.
contr. sgradevole.
gradiménto, *sm.* → SODDISFAZIONE, ACCOGLIENZA.
gradinàta, *sf.* → SCALA.
gradíno, *sm.* → SCALINO || *fig.* grado.
gradíre, *v.tr.* aggradire, accogliere, accettare, saper grado, compiacersi, aver piacere, godere, gustare, avere in pregio, far buon viso, prendere in buona parte || desiderare, ambire.
contr. sgradire, dispiacersi, spregiare, rifiutare, respingere.
gradíto, *pps.* di gradire || *agg.* benaccetto, benviso, accetto, benaugurato, benveduto, accettabile, accettevole, auspicato, auspicabile, pregiato → BUONO, PIACEVOLE.
contr. sgradito, spregiato, spiacevole, ingrato, rifiutato.
gràdo[1]**,** *sm.* stato, condizione, autorità, ufficio, importanza, → CARICA, DIGNITÀ, CLASSE || parte, suddivisione || relazione, parentela || gradino, stadio.
nomencl. (*esempi*) gerarchico, di parentela, di subordinazione, di dipendenza || militare, ecclesiastico, accademico, burocratico || (*inerenti*) capo, superiore; sottoposto, dipendente || attribuzione, brevetto, competenza, giurisdizione, gerarchia, scala, titolo, serie, posto || perdita, retrocessione, rimozione, promozione, elevazione || *agg.* basso, umile, inferiore, infimo, elevato, superiore, alto, eminente, eccellente, sommo, medio, superlativo, subordinato || *loc. avv.* in sottordine || *verb.* attribuire, conferire, assumere, prendere, conservare, destinare, promuovere, avanzare, rimuovere, decadere, destituire, perdere, retrocedere.
gràdo[2]**,** *sm.* gradaggio (*ant.*), piacere.
nomencl. di buon grado, a mal grado, malgrado; mio, tuo, suo mal grado || gradevole, gradimento || *verb.* gradire.
gradualità, *sf.* → GRADAZIONE.
graduàre, *v.tr.* dividere per gradi, distinguere in gradi, conferire un grado, ordinare o determinare per gradi.
graduatòria, *sf.* serie, scala, successione, classificazione, classifica, ordine, precedenza || elenco graduato.
graduazióne, *sf.* → GRADAZIONE.
gràffa, *sf.* → ARTIGLIO.
graffiadèo, *sm.* → BIGOTTO.
graffiàre, *v.tr.* togliere, cancellare, sgraffiare, scalfire, lacerare, ledere, intaccare, incidere, arroncigliare, → FERIRE.
graffiasànti, *sm. indecl.* → BIGOTTO.
graffiatúra, *sf.* → GRAFFIO.
gràffio, *sm.* graffiatura, sgraffiatura, scalfittura, lesione || → UNCINO.
graffíto, *sm.* → DISEGNO.
grafía, *sf.* → SCRITTURA.
gràfico, *agg.* || *sm.* diagramma, prospetto, tabella, rappresentazione grafica || disegno || disegnatore, illustratore, impaginatore, cartellonista.
nomencl. arti grafiche (stampa, oleografia, incisione, fototipia, litografia, zincografia, ecc.).
grafíte, *sf.* → PIOMBO, MATITA.
grafòlogo, *sm.* studioso di grafologia || → INDOVINO.
gragnòla, *sf.* → GRANDINE || *fig.* gran quantità, colluvie, profluvio, subisso.
gramàglia, *sf.* → LUTTO.
graminàcea, *sf.*
nomencl. (*alcune specie*) cannuccia, carrubo, dattilide, dura, eleusina, elimo, eragrostide, falaride, festuca, loglio, sparto, riso, avena, grano, granturco, saggina, paníco, bambú.
grammàtica, *sf.* ortografia, ortoepía, morfologia, sintassi.
nomencl. (*parti*) normativa, descrittiva o sincrònica, storica o diacrònica, comparata, generale || (*elementi*) alfabeto, lettera consonante, vocale; maiuscole, minuscole || accento (acuto, grave, circonflesso) || parola tronca, piana, sdrucciola, bisdrucciola, trisdrucciola, quadrisdrucciola || sillaba, dittongo, trittongo, dittongo mobile, iato || segni d'interpunzione (virgola, punto, punto e virgola, due punti, punto interrogativo, punto esclamativo, punti sospensivi, lineetta, virgolette, asterisco, parentesi tonde, parentesi quadre, trattino) || parti del discorso variabili: articolo (determinativo, indeterminativo); nome o sostantivo; aggettivo (qualificativo, determinativo; positivo, comparativo, superlativo relativo o assoluto); pronome (personale, possessivo, dimostrativo, relativo, interrogativo, esclamativo, indefinito); numerale (cardinale, ordinale, moltiplicativo, frazionario, collettivo); verbo (regolare, irregolare; ausiliare, servile; transitivo, attivo, passivo, riflessivo; intransitivo, intransitivo pronominale, impersonale); parti del discorso invariabili: avverbio, preposizione, congiunzione, esclamazione o interiezione || flessione, declinazione, coniugazione; tèma, radice; desinenza; genere (maschile, femminile, neutro); numero (singolare, plurale); persona, tempo, modo del verbo || proposizione, periodo; soggetto, predicato (nominale, verbale); complemento; attributo, apposizione || concordanza, coordinazione, subordinazione || prefisso, suffisso || figure grammaticali: allitterazione, paranomàsia, onomatopea, ellissi, pleonasmo, asíndeto, polisíndeto, ipèrbato, enàllage, ipàllage, anacoluto, sillessi, zèugma, anàstrofe, chiasmo || figure retoriche: ipotiposi, prosopopea, antítesi, antífrasi, perífrasi, eufemismo, apòstrofe, interrogazione, ripetizione, reticenza, preterizione, epifonema, litote, gradazione || figure metriche: afèresi, apòcope, síncope, pròstesi o pròtesi, epèntesi, paragoge, sinalefe, dialefe || (*inerenti*) grammatico, grammaticastro; grammaticheria, grammaticume; grammuffa (*ant.*).
gràmmo, *sm.*
nomencl. (*composti*) decagrammo, ettogrammo, chilogrammo, miriagrammo, decigrammo, centigrammo, milligrammo, quintale, tonnellata.
grammòfono, *sm.* → FONOGRAFO.
gràmo, *agg.* → MISERO, DEBOLE, ADDOLORATO.
gramolàta, *sf.* → GELATO.
gràna, *sf.* costituzione o struttura interna, rugosità, scabrosità o intaccature della superficie, rilievo, qualità apparente || *fig. pop.* noia, fastidio, seccatura, pasticcio, imbroglio, scandalo, cavillo.
granàglie, *sf. pl.* → BIADA, GRANO.
granàre, *v.intr.* → GRANIRE.

granàta[1], *sf.* → SCOPA.
granàta[2], *sf.* bomba, proiettile di artiglieria, *shrapnel*.
nomencl. (*tipi*) incendiaria, dirompente, perforante, semiperforante, a frattura prestabilita, torpedine, mina, bomba || (*parti*) involucro, corona, spoletta.
granatière, *sm.* → BOMBARDIERE.
grancàssa, *sf.* → TAMBURO || *fig.* → PUBBLICITÀ.
grànchio, *sm.* → GAMBERO || CRAMPO || *fig.* → ERRORE.
grància, *sf.* **gràngia,** [illegible]
grànde, *agg.* ampio, amplio, capace, alto, largo, lungo, grosso, abbondante, magno, ingente, enorme, immenso, smisurato, maiuscolo, madornale, piramidale, colossale, monumentale, mastodontico, badiale, adulto, ciclopico, gigantesco, sterminato, sbracato, sfoggiato, macchinoso, marchiano, vasto, diffuso, intenso, estremo || titanico, terribile, ciclopico, → FORTE || importante, singolare, augusto, eccelso, eminente, nobile, valoroso, famoso, generoso, meraviglioso, onnipotente, elevato, sublime, superlativo, → EROICO, ECCELLENTE || favoloso, pomposo, stupendo, grandioso, sommo, straordinario, principale, imponente.
nomencl. (*gradi*) maggiore, minore, minimo, massimo || (*pertinenti*) megalomania, millanteria, grandigia, grandezze, grandezzate, grandiloquenza || *verb.* ingrandire, magnificare, aumentare, accrescere, allungare, amplificare, allargare, estendere, moltiplicare, centuplicare, ingrossare, grandeggiare, ampliare, vantarsi, sfoggiare, gloriarsi.
contr. piccolo, comune, meschino, esiguo, insignificante.
grandeggiàre, *v.intr.* essere grande, eccellere, signoreggiare, dominare || apparire grande, atteggiarsi a grande, darsi importanza; ostentare lusso, grandezza, ricchezza, autorità; dar nell'occhio, darsi aria, scialare, sfoggiare, torreggiare, spacciarsi per signore, usar magnificenza, ingrandire, stare sul grande, fare il grande, farsi grande, darsi delle arie.
contr. essere piccolo, umile, modesto, stare al proprio posto.
grandézza, *sf.* larghezza, ampiezza, amplitudine, vastità, estensione, superficie, capacità, esorbitanza, eccesso || eccellenza, nobiltà, magnanimità, sublimità, magnificenza, liberalità, → GENEROSITÀ || grandigia, lusso, fasto, fastosità, grandiosità, vanteria, grandiositade || misura, dimensione || grandezza straordinaria, → ENORMITÀ.
contr. piccolezza, meschinità, esiguità || modestia, umiltà.
grandezzàta, *sf.* → FASTO.
grandígia, *sf.* → GRANDEZZA.
grandiloquènza, *sf.* → MAGNILOQUENZA.
gràndine, *sf.* gragnola, tempesta || *fig.* il cadere fittamente e violentemente di checchessia.
nomencl. (*inerenti*) chicco, granello, nocciolo || scroscio || grandinífugo, artiglieria antigrandine, proiettile antigrandine || *agg.* fitta, folta, frequente, densa, violenta, impetuosa, furiosa, veemente, secca || mista a pioggia || *verb.* grandinare; battere, devastare, distruggere, percuotere, spogliare, tribbiare, sperperare.
grandiosità, *sf.* → FASTO, GRANDEZZA.
contr. modestia || piccolezza, esiguità, meschinità.
grandióso, *agg.* → FASTOSO || imponente, maestoso, monumentale, colossale.
contr. modesto || piccolo, esiguo, meschino.
grandisonànte, *agg.* altisonante, → AMPOLLOSO.
granducàto, *sm.* → MONARCHIA.
granèllo, *sm.* seme, grano, chicco, pippolo, granella, → ACINO || *fig.* minuzzolo, briciola, bruscolo, particella, pezzetto, parte piccola.
nomencl. sgranellamento, sgranellatura || *verb.* sgranare, sgranellare, raggranellare.
contr. tozzo, grosso pezzo, gran parte.
granellóso, *agg.* → GRANULOSO.
grànfia, *sf.* → ARTIGLIO.
gràngia, *sf.* grancia, → CASA.
graníre, *v.intr.* svilupparsi (delle piante), granare, fare il seme, i granelli || ridurre in grani, granulare.
contr. sgranire, sgranare.
graníta, *sf.* → GELATO.
graniticità, *sf.* → DUREVOLEZZA, DUREZZA.
granítico, *agg.* → DUREVOLE, DURO.
graníto, *pps.* di granire || *agg.* di persona, grassoccia, soda, formosa, rilevata || *sm.* roccia.
granitóio, *sm.* → CESELLO.
gràno, *sm.* frumento, messe, cereali, biada, granaglia, → GRANELLO || PARTICELLA.
nomencl. (*varietà*) afato, aristato, annebbiato, da paglia, mischio, fienoso, golpato, loglioso, restone, segalato, semenzito, sfarfallato, turgido, vecciato, speronato, marzuolo, precoce, rosello o gentile, tenero, duro || (*specie*) calbigia, calvello, civitello, mazzocchio, ruscia, spelta || (*parti*) barba, buccia, camerella, chicco, granello, lolla o loppa o pula, paglia, pulaccio, reccia, resta, spiga, vanume, crusca, semola; episperma, fiore, foglia, fusto o gambo, vigliuolo || semolino, farina, friscello, spolvero, volanda || (*malattie*) golpe, ruggine, punteruolo, farfallino, tignola, pellagra, uredine, brusone o carbone o carbonchio, carie, nebbia, necrosi del grano, epifizie, locusta migratrice, zabro del frumento || (*prodotti*) amido, fecola, glutine, pasta, pane || (*luoghi e macchine*) mulino, vaglio, silo, granaio, covone, manipolo, bica o barca, aia, buca, fossa, sacco, trebbiatrice, mietitrice, mietitrebbia, imballatrice || *verb.* seminare, accestire, cestire, arrabbiare, tallire, diradare, maturare, granire, fiorire, ondeggiare, mietere, pulire, segare, tagliare, trebbiare, insaccare, crivellare, battere, dilollare, spulare, sgrassare, macinare, impastare.
granóne, *sm.* → GRANTURCO.
grantúrco, *sm.* frumentone, formentone, granone, mais, grano siciliano, mèlica.
nomencl. (*varietà*) quarantino, ibrido, precoce, da foraggio || (*parti*) gambo, stelo o stocco, pannocchia, tutolo o torsolo, cartoccio, chicco, fiore o pennacchio, sanali || polenda o polenta || *verb.* seminare, sarchiare, zappare, scartocciare, sgranare, trebbiare, essiccare, crivellare, macinare.
granulàre, *v.intr.* → GRANIRE || *agg.* → GRANULOSO.
grànulo, *sm.* → PILLOLA.
granulóso, *agg.* granelloso, granulare, → RUVIDO.
gràppa[1], *sf.* → ACQUAVITE.
gràppa[2], *sf.* → SPRANGA.
gràppo, *sm.* → GRAPPOLO.
gràppolo, *sm.* raspo, raspolo, grappo, graspo, gra-

spellino, racemo. corimbo, grappoletto, pannocchia, pènzolo, pigna.
nomencl. (*parti*) gracimolo o racimolo, acino, chicco || *agg.* racemifero, racemoso, spargolo, tondo, grosso, piccolo, granito || *verb.* schiccolare, sdacinare, sgracimolare; piluccare, spiluccare, spilluzzicare.
grascéta, *sf. region.* buona pastura, pasciona, abbondanza, cuccagna.
gràscia, *sf.* → GRASSO || utile, guadagno || *fig.* → VIVERI.
graspellíno, *sm.* → GRAPPOLO.
gràssa, *sf.* → BELLETTO || *ant.* abbondanza.
grassatóre, *sm.* → DEPREDATORE, BANDITO, ASSASSINO.
grassazióne, *sf.* → DEPREDAZIONE, ASSASSINIO, RAPINA.
grassèllo, *sm.* sícciolo, cícciolo.
grassétto, *agg.* e *sm.* neretto.
grassézza, *sf.* adiposità, adipe, corpulenza, pinguedine, impinguamento, carnosità, obesità, paffutezza, polisarchia || *fig.* fertilità, feracità || abbondanza.
contr. magrezza, secchezza, emaciazione || aridità, carestia.
grassíme, *sm.* → CONCIME.
gràsso[1], *agg.* adiposo, carnoso, carnuto, carnacciuto, ciccioso, cicciuto, corpacciuto, incarnato, corpulento, pingue, obeso, atticciato, gonfio, boffice, butirroso, grassoccio, granito, massiccio, paffuto, pasciuto, ben nutrito, polposo, polpacciuto, sugnoso, tondo, rimpinzo || untuoso, oleoso, unto || *fig.* fertile, → FECONDO || RICCO, OPULENTO.
nomencl. (*modi di dire*) balena, maiale, pancione, ciccione, pallone, pacioccone, trippone, bombolone, bambagione, pentolone, tangoccio, tomboletto, tombolotto, batuffolo, pan di burro, balletta di bambagia, palla di grasso, palla di sego, rotolo di ciccia || *verb.* ingrassare, impinguare, arrotondarsi, impolparsi, mettersi in carne, metter pancia, rifar la pancia, rimettersi in carne.
contr. magro, secco, stento, rinsecchito, segaligno, adusto, affilato, asciutto || sterile || misero, mingherlino, gramo.
gràsso[2], *sm.* grascia, sugna, sego, lardo, lardone, saime, strutto || adipe, pannicolo adiposo, untume, grassume, unto || lubrificante.
nomencl. (*esempi*) antropina, chirolo, colestrino, glicerina, manteca, margarina, oleina, olio, palmitina, sebacina, stearina, tripalmitina, tristearina, || *verb.* digrassare, sburrare, lubrificare, sgrassare, saponificare, rassegarsi, rappigliarsi.
grassúme, *sm.* → GRASSO.
gràta, *sf.* → INFERRIATA.
gratèlla, *sf.* graticola, griglia (*frs.*) || → INFERRIATA.
nomencl. (*tipi*) a rete, a spranghette || (*parti*) telaietto, spranghette, manico, piedini || *verb.* arrostire.
gratellína, *sf.*
nomencl. retino, grata, griglia (*frs.*).
gratíccio, *sm.* grate, graticciata, → CANNICCIO.
gratícola, *sf.* gratella, graticolato, griglia (*frs.*) || → INFERRIATA.
gratificàre, *v.tr.* → DONARE, FAVORIRE, BENEFICARE || ATTRIBUIRE || *rifl.* ingraziarsi, propiziarsi.
gratificazióne, *sf.* → DONO, COMPENSO || ATTRIBUTO.
gràtis, *avv.* gratuitamente, graziosamente (*ant*), → GRATUITO.
contr. a pagamento, pagando.
gratitúdine, *sf.* riconoscenza, riconoscimento, rimunerazione.
nomencl. (*equivalenti*) debito, obbligo, tributo, espressione, vincolo di gratitudine || redditivo || *verb.* avere, sentire, serbare, professare, mostrare gratitudine; essere, dimostrarsi, sentirsi grato; tenersi obbligato, sentirsi legato.
contr. ingratitudine, ingratezza, sconoscenza.
gràto, *agg.* riconoscente, deferente, tenuto, obbligato, ricordevole, memore, meritevole || caro, accetto, → GRADITO, DOLCE, BUONO, GUSTOSO.
contr. ingrato, sconoscente, sgradito, spiacevole.
grattacàpo, *sm.* → NOIA, CRUCCIO.
grattàre, *v.tr.* → FREGARE, RASCHIARE, RASPARE, RAZZOLARE || GRATTUGIARE.
grattíno, *sm.* → CASSATOIO, RASCHIETTO.
grattúgia, *sf.*
nomencl. semplice, a tugetta || (*parti*) riccio, occhi || *verb.* grattugiare.
grattugiàre, *v.tr.* grattare, sbriciolare, sminuzzare, polverizzare.
gratúito, *agg.* gratis, senza compenso, a ufo, a sbafo, regalato, donato, gratisdato, di grazia || *fig.* infondato, senza fondamento, senza ragione, senza scopo, senza merito, non provato, non dimostrato, senza argomenti.
contr. pagato, costoso, oneroso, retribuito, ricompensato || fondato, ben fondato, provato, accertato, dimostrato.
gravàme, *sm.* peso, carico, aggravio, gravezza || → IMPOSTA || angheria, *corvée*, imposizione.
gravàre, *v.intr.* AGGRAVARE, PEGGIORARE || *tr.* caricare, → COLPIRE, OPPRIMERE, PESARE || farla pagare.
contr. sgravare, alleviare, alleggerire, liberare, sollevare.
gravàto, *pps.* di gravare || *agg.* onerato, angariato, → CARICATO, OPPRESSO.
contr. sgravato, liberato, alleggerito, sollevato.
gràve, *agg.* gravissimo, estremo, greve, pesante, ponderoso, oneroso, aspro, → FATICOSO, DIFFICILE || importante, molto serio || solenne, austero, sostenuto, contegnoso, compassato, dignitoso, borioso, opprimente || spiacevole, molesto, → DOLOROSO || pigro, lento, tardo, torpido || cupo, profondo, basso (di suono) || *sm. pl.* i corpi soggetti alla legge di gravità.
contr. leggero, disinvolto, lieve, amabile, modesto || spensierato, allegro || piacevole, agevole, dilettevole || imponderabile.
graveolènte, *agg.* → PUZZOLENTE.
gravézza, *sf.* pesantezza, durezza, gravità || aggravio, gravame, imposizione, tassa, imposta || peso, noia, molestia || importanza, austerità, → SERIETÀ.
nomencl. *agg.* insopportabile, sopportabile, ingiusto, esorbitante, intollerabile.
contr. leggerezza, levità, disinvoltura, spigliatezza || sgravio, liberazione.
gravicémbalo, *sm.* → CEMBALO, PIANOFORTE.
gràvida, *agg.* ingravidata, gestante, incinta, impregnata, grossa, pregnante || *fig.* → PIENO.
contr. sgravata, puerpera.
gravidànza, *sf.* gestazione, stato interessante, gravidamento, gravidezza (*ant.*), grossezza.

nomencl. (*inerenti*) concepimento, parto || *verb.* gravidare, ingravidare.
contr. puerperio.
gravità, *sf.* forza d'attrazione || compostezza, correttezza, costumatezza || autorità, sussiego, dignità, imponenza, importanza, sostenutezza, compassatezza, serietà || → GRAVEZZA.
nomencl. (*inerenti*) baricentro, gravimetro, proiezione, gravitazione universale, linea verticale.
contr. leggerezza, levità, disinvoltura, spigliatezza.
gravitànte, *ppr.* di gravitare || *agg.* → CENTRIPETO.
gravóso, *agg.* opprimente, → FATICOSO, MOLESTO, PESANTE.
gràzia, *sf.* graziosità, avvenenza, attrazione, leggiadria, amabilità, cortesia, gentilezza, spontaneità, eleganza (di modi), finezza, vaghezza, incanto, piacevolezza, soavità, urbanità, venustà, galanteria, compostezza, correttezza, costumatezza, → BELLEZZA, GARBATEZZA || dono, piacere, favore, simpatia, beneficio, benevolenza, benignità, amore, affetto, stima, → BENEDIZIONE || condiscendenza, esaudimento, → CONCESSIONE || misericordia, aiuto divino, merito || annullamento, sgravio di pena, amnistia, assoluzione, remissione, indulto, perdono, condono.
nomencl. (*distinzioni*) generale, particolare, temporanea, sovrana, presidenziale || attuale, abituale, santificante, efficiente, sufficiente, congrua, sacramentale || (*attinenti*) le Càriti, le Grazie || domanda, petizione, ricorso in grazia, concessione || stato di grazia, luteranesimo, calvinismo, giansenismo, molinismo, pelagianesimo, tomismo || *agg.* segnalata, grande, notevole, considerevole, cospicua, trascurabile, minima || *verb.* domandare, pregare, impetrare, intercedere, elargire, concedere, fare grazia || essere in stato di grazia, cooperare alla grazia, confermare la grazia, donare la grazia, aumentare la grazia || aggraziarsi, ingraziarsi; cattivarsi il favore, l'animo; ringraziare.
contr. goffaggine, gofferia, bruttezza, deformità, sgraziataggine, sgarbatezza, malevolenza || disgrazia, demerito, colpa.
graziàre, *v.tr.* aggraziare, condonare, amnistiare, perdonare; concedere, condiscendere, compartire, elargire grazia.
contr. condannare, punire, castigare, negare la grazia, confermare la pena.
graziosità, *sf.* → GRAZIA.
grazióso, *agg.* → BELLO, ELEGANTE || CARO, CORTESE, GARBATO, DOLCE.
contr. sgraziato.
grèco, *agg.* argivo, elleno, ellenico || grèculo.
nomencl. (*inerenti*) neogreco, filelleno, giapetico || grecista, grecismo, grecità, ellenismo, miracolo greco || *verb.* grecizzare, grecheggiare.
contr. barbaro.
gregàrio, *sm.* → SOLDATO || SUBALTERNO || *fig.* → SEGUACE.
grégge, *sm.* greggia, mandra, armento, branco, torma, → BESTIAME || *fig.* popolo cristiano || *spreg.* di persone, serve, pecorili, schiave, conformiste, filistee; massa, accozzaglia, plebe.
nomencl. (*pertinenti*) pastore, custode, mercenario || campano, presepe, ovile, addiaccio o agghiaccio, chiuso, stalla, presepe o presepio, stabbiatura || *agg.* gregale || timido, mansueto, mite, docile, placido, calmo, umile, indocile, ribelle || pingue, grasso, magro, scarno || numeroso, copioso, abbondante, scarso, raro, limitato || smarrito, vagante, sperduto, sconvolto, timoroso, unito, compatto, baldanzoso || *verb.* aggregare, stabbiare.
contr. persona, personalità, spirito libero, spregiudicato, superiore, indipendente, originale.
gréggio, *agg.* grezzo, non lavorato || *fig.* ineducato, non istruito, → ROZZO, GROSSOLANO.
nomencl. *verb.* sbozzare, digrossare, sgrossare, dirozzare, ripulire, raffinare.
contr. raffinato, lavorato.
grembiàle, *sm.* grembiule, zendado, zinale, paragrembo, sparalembo || perizoma.
nomencl. cocca, pettino || grembialata o grembiulata.
grembiúle, *sm.* → GREMBIALE.
grèmbo, *sm.* grembio, ventre, → SENO || *poet.* utero.
gremíre, *v.tr.* stipare, → EMPIRE || *rifl.* riempirsi.
gremíto, *pps.* di gremire || *agg.* folto, fitto, spesso, frequente, affollato, stipato, → PIENO.
gréppia, *sf.* → MANGIATOIA || *fig.* → TAVOLA.
gréppo, *sm.* → DIRUPO.
gréppola, *sf.* *ant.* → CROSTA.
grétola, *sf.* vimine, legnetto o filo di ferro, → GABBIA || *fig.* cavillo, pretesto, scappatoia || scheggia.
grettézza, *sf.* minuzia, angustia (d'idee), filisteismo, conformismo, meschinità, ristrettezza || → AVARIZIA.
contr. larghezza, apertura, generosità, liberalità, condiscendenza.
grétto, *agg.* meschino, misero, gramo, angusto, filisteo, ristretto, calcolatore || → AVARO.
contr. generoso.
grève, *agg.* pesante, → GRAVE.
contr. lieve, leggero.
grézzo, *agg.* → GREGGIO.
grída, *sf.* → BANDO.
gridàre, *v.intr.* berciare, conclamare, vociare, urlare, schiamazzare, strillare, abbaiare, arrangolare, gracchiare, latrare, stridere, esclamare, strepitare, tonare, ciangolare, sbraitare, squittire, spolmonarsi, sgolarsi; gettar grida, strida || *tr.* acclamare, proclamare, declamare.
nomencl. (*avv.* e *loc. avv.*) a squarciagola, a perdifiato, a gran voce, a pieni polmoni, come un'anima dannata, come un ossesso, come un'anima in pena, come un indemoniato, disperatamente, affannosamente, a voce alta || *verb.* gridare addosso a uno, gridare la voce addosso.
contr. mormorare, borbottare, sussurrare, pispigliare, bisbigliare.
gridàto, *pps.* di gridare || *agg.* urlato, conclamato, strillato, espresso ad alta voce || → ILLUSTRE.
gridío, *sm.* brusío, stridío, clamore, → RUMORE.
grído, *sm.* bercio, strillo, strido, urlo, urlata, clamore, ululato, stridore, baccano, schiamazzo, bramito, barrito, muggito, mugolio, ruggito, guaito, latrato || *fig.* rinomanza, rumore, reputazione, → FAMA.
nomencl. (*equivalenti*) baiata, schiamazzatore, vocione, strillone, urlatore, urlone, abbaione || *agg.* acuto, alto, forte, penetrante, risonante, tonante, assordante, stre-

pitoso, stridulo, sgradevole, stonato, confuso, sgangherato, strozzato, libero, armonioso, debole, fioco, basso, soffocato, minaccioso, violento, inarticolato, lamentoso, querulo || *verb.* gridare, assordare, strozzare, emettere, soffocare, imbavagliare.
contr. bisbiglio, sussurro, mormorio.
grifàgno, *agg.* → RAPACE.
grífo, *sm.* → FACCIA || ENIMMA.
grígio, *agg.* bigio, bianchiccio, albicante, biancastro, bigiognolo, grigiolato, ferrigno, cenerino, cenere, ceneriiccio, cenerognolo o cinerognolo, cinereo, plumbeo, perlaceo, livido, soriano, sale e pepe || brizzolato || *fig.* monotono, indistinto, uniforme, confuso || → TRISTE.
contr. brillante, gaio, rilevato, notevole, eminente.
gríglia, *sf. frs.* graticola || → INFERRIATA.
grillàia, *sf. fig.* → CASA || BRUGHIERA.
grillàre, *v.tr.* voce del grillo || → FRIGGERE, BOLLIRE.
grillettàre, *v.tr.* → FRIGGERE, BOLLIRE.
gríllo, *sm.* || *fig.* capriccio, ghiribizzo, → BIZZARRIA, FANTASTICHERIA || *agg.* → GOBBO.
nomencl. (*varietà*) canterino o campestre, domestico o casalingo || (*grillidi*) saltamartino, grillotalpa, locusta || *verb.* grillare, stridere, cantare || ghiribizzare.
grínta, *sf.* → FACCIA.
grínza, *sf.* increspatura, crespa, piega, ruga.
nomencl. *verb.* aggrinzire, raggrinzire, corrugare, incincignare, avvizzire, appassire, sgualcire.
grinzàto, *agg.* → GRINZOSO.
grínzo, *agg.* → GRINZOSO.
grinzóso, *agg.* crespo, cresputo, cresposo, grinzo, raggrinzito, vizzo, secco, rilassato, aggrinzito, grinzuto, grinzato, incartapecorito, rugoso, appassito, floscio, avvizzito, mencio, grimo (*ant.*).
contr. liscio, teso, morbido, umoroso, fresco, giovanile, tenero.
grinzúto, *agg.* → GRINZOSO.
grippe, *sf. fr.* → INFLUENZA.
gríppia, *sf.* grippiale.
nomencl. gavitello, bracci o marre, diamante, àncora || *verb.* appennellare.
grisú, *sm.* gas delle miniere, → METANO.
groàna, *sf.* → BRUGHIERA.
gròfo, *sm. rar.* → CROSTA.
grómma, *sf.* tartaro, gruma, → INCROSTAZIONE.
nomencl. grommoso, grommato || *verb.* grommare, grommarsi.
grónda, *sf.* → DOCCIA.
grondàre, *v.intr.* docciare, sgocciolare, stillare, bagnare, → PIOVERE || *tr.* lasciar cadere, versare.
grondatúra, *sf.* sgrondatura.
gròppa, *sf.* groppone, → DORSO || *fig.* schiena, gobba.
groppièra, *sf.* → FINIMENTO.
gròppo, *sm.* → NODO.
groppóne, *sm.* groppa, → DORSO.
grossézza, *sf.* → VOLUME, MASSA, SPESSORE, PROPORZIONE || *fig.* crassitudine, → MATERIALITÀ, OTTUSITÀ, STUPIDITÀ || GRAVIDANZA.
grossísta, *sm.* e *f.* → COMMERCIANTE.
contr. venditore al minuto.
gròsso, *agg.* voluminoso, profondo, largo, elefantesco, atticciato, crasso, massiccio, corpulento, tozzo, → GRANDE, FORTE, ROBUSTO, TARCHIATO || *fig.* ordinario, grossolano, ottuso, → ROZZO || di donna, gravida || di mare, agitato, gonfio.
contr. sottile, piccolo, snello, esile, tenue || fine, acuto, geniale.
grossolanità, *sf.* zotichezza, rozzezza, ruvidezza, sgarberia, sgarbatezza, grossezza, grossura, ottusità.
contr. finezza, delicatezza, gentilezza, amabilità, distinzione, garbo, garbatezza, signorilità, raffinatezza.
grossolàno, *agg.* comune, ordinario, dozzinale, di poco pregio, andante, greggio, ruvido, materiale || volgare, villano, rozzo, zotico, alla carlona, senza garbo né grazia, → GOFFO, FACCHINO.
contr. fine, delicato, amabile, gentile, raffinato, garbato, distinto, signorile.
gròtta, *sf.* catacomba, chiostro, spelonca, speco, antro, cava, miniera, luogo scosceso.
nomencl. naturale, artificiale || stalammite, stalattite || *agg.* ampia, stretta, scura, profonda.
grottésco, *agg.* bizzarro, capriccioso, strano, stravagante, strambo, → BUFFO, BRUTTO || *sm.* → ARABESCO || tipo di commedia, → TEATRO.
contr. serio, regolare, normale, compassato.
groviglio, *sm.* aggrovigliamento, garbuglio, grovigliolo, grovigliola, viluppo, inviluppo, intreccio, intrico, → NODO, CESPUGLIO.
nomencl. *agg.* stretto, intricato, complicato, arruffato, inestricabile || *verb.* aggrovigliare, sgrovigliare.
grovígliolo, *sm.* → GROVIGLIO.
gru, *sf. indecl.* binda, àrgano.
grúccia, *sf.* → STAMPELLA, ATTACCAPANNI, CAVALLETTO.
grufolàre, *v.intr.* grufare, → FRUGARE || *fig.* mangiare indecentemente, avidamente, sconciamente, → MANGIARE.
grúgno, *sm.* → FACCIA.
grugnóne, *sm.* musone, faccione, ceffo, grifo.
grullería, *sf.* grullaggine, sciocchezza, semplicioneria, balordaggine, giuccheria.
grúllo, *agg.* → BALORDO, SCIOCCO.
grúma, *sf.* gromma, → CROSTA, TARTARO, INCROSTAZIONE.
nomencl. *verb.* ingrommare, grommare, incrostare.
grúmo, *sm.* → COAGULO, COAGULAZIONE, BIOCCOLO.
nomencl. grumoso, grumetto || *verb.* aggrumare, raggrumare.
grúmolo, *sm.* → CESPUGLIO.
grúppo, *sm.* → FASCIO, NODO, ASSOCIAZIONE, COMPAGNIA, CLASSE.
nomencl. *verb.* aggruppare, riunire, unire.
grúzzolo, *sm.* → DENARO, TESORO.
guadagnàre, *v.tr.* lucrare, trar profitto, avvantaggiarsi, profittare, speculare, impinguare, aver frutto, fare affari; ricavare, ritrarre guadagno, profitto; agguantare, beccare, beccarsi || ottenere, meritare || acquistare, conseguire, raggiungere, ottenere, conquistare, buscarsi, procurarsi || approdare, arrivare con fatica || distanziare || amicarsi, cattivarsi l'animo, vincere.
contr. spendere, perdere, svantaggiare, rimetterci, scapitare.

guadàgno, *sm.* frutto, fortuna, lucro, profitto, utile, utilità, vantaggio, margine, compenso, conquista, interesse, provento, prodotto, ricavo, tornaconto, giornata, usura, salario, arricchimento, percentuale, → ACQUISTO, BENEFICIO, EMOLUMENTO.
nomencl. affarista, speculatore, intraprendente || *agg.* lecito, onesto, consentito, permesso, legittimo, giusto, legale, disonesto, illegittimo, grande, straordinario, ingente, favoloso, lauto, abbondante, misero, meschino, limitato, leggero, tenue, magro, insufficiente, povero, avventizio, saltuario, costante, certo, sicuro, assicurato, incerto, malsicuro || *verb.* trarre, procacciare, ricevere, dividere, suddividere, ricavare, lucrare, compensare.
contr. spesa, perdita, svantaggio, scapito, danno, pregiudizio, detrimento.
guadàre, *v.tr.* guazzare, sguazzare, passare a guado; vincere la corrente, il guado, il passo, → ATTRAVERSARE.
guàdo, *sm.* acqua bassa, guazzo, passaggio (nell'acqua), fondo praticabile (di corso d'acqua), passo, ripasso, trapasso || varco.
contr. acqua profonda, corrente, correntia, corso impetuoso.
guaìme, *sm.* → ERBA.
guaìna, *sf.* → FODERO.
nomencl. sguainato || *verb.* sguainare, sfoderare.
guàio, *sm.* → DIFFICOLTÀ, INCONVENIENTE || DISGRAZIA, INFELICITÀ.
guaiolàre, *v.intr.* → ABBAIARE.
guaìre, *v.intr.* → ABBAIARE || *fig.* → LAMENTARE.
guaìto, *sm.* → GRIDO.
guàlca, *sf.* → GUALCHIERA.
gualcàre, *v.tr.* sodare, follare, soppressare, → PRESSARE.
gualchièra, *sf.* follatoio, follo, mangano, fullone, maglio, gualca.
nomencl. (*tipi*) a cilindro, ad urto, a pressione || mazzo, purgo || gualcamento, stridore di gualchiere || gualchieraio.
gualcìre, *v.tr.* sgualcire, spiegazzare, aggrinzare, accignare, brancicare, mantrugiare, sciupare, sciupazzare, → MALMENARE, PIEGARE, ROVINARE.
contr. stirare, lisciare, tenere, trattare con cura.
gualdàna, *sf.* → SCORRERIA, RAZZIA.
gualdràppa, *sf.* → COPERTA.
gualèrcio, *agg. ant.* → GUERCIO.
guància, *sf.* gota, ganascia, mascella, cera, carnagione.
nomencl. (*inerenti*) lanugine, zigomi, pomelli, fossette o pozzette o scodellini o foretti || ganascino, belletto, schiaffo, ceffata, sgrugnone, guanciata, guanciale, grilloni, mustacchi || genoplastica || spasmo cinico, plastica facciale || *agg.* fresca, vegeta, vizza, affaticata, paffuta, grassa, magra, emaciata, rosea, rossa, rosata, bianca, pallida, giallognola, colorita, scolorita, rugiadosa, scarna, infossata, soda, dura, giovanile, cascante, piena.
guancìale, *sm.* capezzale, cuscino, origliere, piumaccio.
nomencl. (*parti*) guscio, federa, piuma, lana || *verb.* infederare, sfederare.
guanciàta, *sf.* guancione, → COLPO, SCHIAFFO.
guantàio, *sm.* → PELLETTIERE.
guantièra, *sf.* → PIATTO, VASSOIO.
guànto, *sm.*
nomencl. (*tipi, qualità*) di pelle, di camoscio, di lana, di filo, di cotone, di nailon, di filanca, di refe, di gomma || col pelo, scamosciati, foderati, imbottiti, da uomo, da donna, da lavoro, a cerniera, a bottoni, corti, lunghi, traforati, spaiati, da scherma, da pugilato || di sfida || (*parti*) manopola, ditale o dito, dorso, palma, linguella, quadrello || *verb.* calzare, cavare, levare, levarsi, infilare, sfilare, inguantarsi, sguantare || gettare, raccogliere il guanto.

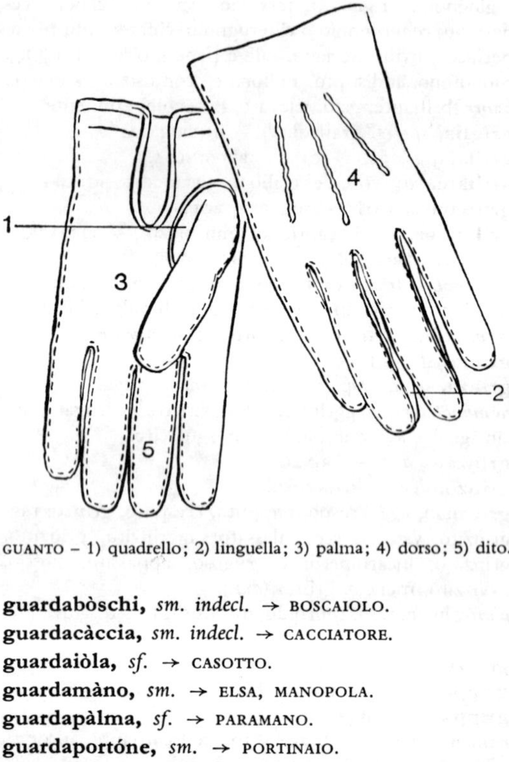

GUANTO – 1) quadrello; 2) linguella; 3) palma; 4) dorso; 5) dito.

guardabòschi, *sm. indecl.* → BOSCAIOLO.
guardacàccia, *sm. indecl.* → CACCIATORE.
guardaiòla, *sf.* → CASOTTO.
guardamàno, *sm.* → ELSA, MANOPOLA.
guardapàlma, *sf.* → PARAMANO.
guardaportóne, *sm.* → PORTINAIO.
guardàre, *v.tr.* e *intr.* riguardare, adocchiare, aocchiare, affissare, percepire, alluciare, allumare, ammirare, contemplare, guatare, specchiare, mirare, avvistare, osservare, sbirciare, squadrare, sbiluciare, occhieggiare, occhiare, scrutare, sogguardare, vedere, spiare, esaminare || badare, abbadare, procurare, fare attenzione || sorvegliare, vigilare, custodire, difendere || avere in guardia || *fig.* essere rivolto, indirizzare, rivolgere || guardare fissamente, attentamente, → FISSARE || *rifl.* scansare, evitare, → ASTENERE || fissare lo sguardo; rivolgere lo sguardo, gli occhi, il viso; sgranare gli occhi addosso, ficcare il viso, cercare con gli occhi, lasciar gli occhi su una cosa, cercare con l'occhio, prendere di mira, lanciare occhiate, dare uno sguardo, far capolino, fulminare occhiate, non levar gli occhi addosso, scambiarsi occhiate, spalancare gli occhi, spingere o sospingere lo sguardo, torcere gli occhi.
nomencl. *avv.* e *loc. avv.* biecamente, di sbieco, con la coda dell'occhio, di straforo, alla sfuggita, dall'alto in basso, di traverso, in tralice, di soppiatto, storto, in cagnesco, a squarciasacco, con occhi stravolti || (*inerenti*) vedetta, guardo, guardata, sguardo, guardatura, occhia-

ta, batter d'occhi, cipiglio || veduta, visione, visuale, spettacolo, miraggio, esame, prospettiva || occhiali, cannocchiale, binocolo, telescopio, microscopio.
guardaròba, *sf.* → DISPENSA, ARMADIO.
guardàta, *sf.* → SGUARDO, OCCHIATA.
guardatóre, *sm.* → GUARDIANO.
guardatúra, *sf.* → SGUARDO, CIPIGLIO.
guardavivànde, *sf. indecl.* → DISPENSA.
guàrdia, *sf.* custodia, vigilanza, difesa, || sentinella, piantone, custode, guardiano, vigile, scolta, vedetta, poliziotto, carceriere, sorvegliante, ronda, birro, campaio || picchetto, scorta, fazione, drappello || granguardia, piccola guardia, → AVAMPOSTO || ELSA.
nomencl. (*vari tipi*) campestre, civica, diurna, notturna, carceraria, forestale, sanitaria, doganale, daziaria, di finanza || d'onore, reale, presidenziale, imperiale, repubblicana || (*attinenti*) consegna, cambio, garetta o garitta o casotto, posto di guardia, ridotto, parola d'ordine, controparola, chi-va-là || Cerbero, Argo || *verb.* montare la guardia, essere di guardia, smontare di guardia, essere di fazione, osservare la consegna, mancare alla consegna, dare il chi-va-là, vigilare || mettersi in guardia, stare in guardia.
guardiàno, *sm.* guardatore, custode, sentinella, vedetta, → GUARDIA, PASTORE || capo del convento, → FRANCESCANO.
guardinfànte, *sm.* → SOTTANA.
guardíngo, *agg.* → CAUTO, PRUDENTE, RIFLESSIVO.
guardiòlo, *sm.* → GARITTA.
guarentígia, *sf.* garanzia, → DIFESA, MALLEVERIA.
guaríbile, *agg.* sanabile, curabile, medicabile, ricuperabile.
contr. inguaribile, insanabile, spacciato, disperato, irrimediabile, incurabile, cronico, irrecuperabile.
guarigióne, *sf.* risanamento, sanicamento, cura, rifiorimento, ristabilimento, guarimento.
guaríre, *v.intr.* risanare, sanicare, sanificare, riacquistare la salute, rinsanire, risanarsi, riaversi, rimettersi in salute, tornare, ritornare in salute, ristabilirsi, rivivere, rifiorire, sollevarsi dal male, scampare alla morte || *tr.* curare, risanare (altri), ridare la salute, condurre a guarigione, → CONFORTARE || *rifl.* liberarsi (da un male, da un vizio e simili).
nomencl. cura, guarigione, convalescenza, eutolmia.
contr. ammalare, ammalarsi; aggravarsi.
guarnàcca, *sf.* zimarra, veste lunga, → MANTELLO.
guarnigióne, *sf.* → PRESIDIO.
guarniménto, *sm.* guarnizione, → FINIMENTO || DIFESA.
guarníre, *v.tr.* provvedere dell'occorrente, fornire, gallonare, → ORNARE, ARREDARE || FORTIFICARE, DIFENDERE.
contr. sguarnire.
guarníto, *pps.* di guarnire || *agg.* → DIFESO.
guarnizióne, *sf.* guarnimento, gallone, gala, frangia, fregio, ricamo, → FINIMENTO || CONTORNO.
nomencl. (*esempi*) bigherino, bighero, ciniglia, cordoncino, doppia, falpalà, falsatura, filettatura, gala, gorgiera, gallone, merletto, nappa, passamano, sbieco, spighetta, tramezzo, trina.
guascóne, *agg.* e *sm. fig.* → MILLANTATORE.
guastacàvoli, *sm.* e *f. indecl.* → DISTURBATORE.
guastafèste, *sm.* e *f. indecl.* → DISTURBATORE.
guastalàrte, *sf. indecl.* guastamestieri, pasticcione, arruffone, concorrente sleale.
guastàre, *v.tr.* sciupare, corrompere, avariare, bacare, deformare, cariare, deturpare, sgualcire, biancicare, danneggiare, deteriorare, disfare, disfiorare, disformare, rovinare, alterare, sformare, gualcire, insudiciare, manomettere, scomporre, distruggere, adulterare, corrodere, devastare, maltrattare, malmenare, mandare a male, sciattare, spiegazzare, strappare, straziare, tartassare, strapazzare, viziare, demoralizzare, depravare, disabbellire, disconciare, → FALSARE, DISGUSTARE, DISTURBARE || *rifl.* → INIMICARE || degenerare, decadere, deviare, dirazzare, → ROVINARE.
contr. accomodare, aggiustare, riparare, risarcire, restaurare, ristorare, ristabilire || riconciliarsi.
guastàto, *pps.* di guastare || *agg.* → GUASTO[2].
guastatóre, *agg.* e *sm.* → DISTURBATORE || DANNEGGIATORE.
nomencl. fante, geniere, zappatore-artiere.
guàsto[1], *pps.* di guastare || *agg.* guastato, avariato, bacato, marcio, tarato, inverminito, corrotto, disfatto, alterato, rancido, andato a male || deformato, deforme, logoro, malconcio, corroso, sciupato, sdrucito, sfatto, degenere, avvizzito || infetto || disturbato, interrotto || *fig.* perverso, depravato, vizioso, sedotto, degenerato, ammaliato, affatturato.
contr. sano, intatto, intero, compiuto, perfetto.
guàsto[2], *sm.* rottura, alterazione, avaria, manomissione, corruzione, putrefazione, marciume, deturpamento, rovina, sgretolamento, saccheggio, sterminio, desolazione, difetto, magagna, guastime, danneggiamento, corrosione, malefatta, malestro, → DANNO || *fig.* guasto morale, perversione, imbastardimento, vizio, degenerazione, corrompimento.
guatàre, *v.tr.* → GUARDARE.
guattíre, *v.intr.* → ABBAIARE.
guàzza, *sf.* brina, rugiada.
guazzabúglio, *sm.* guazzerone, → FANGO || CIBREO, CONFUSIONE.
guazzàre, *v.tr.* → GUADARE || *intr.* sguazzare.
guazzatóio, *sm.* → ABBEVERATOIO.
guazzétto, *sm.* → INTINGOLO.
guàzzo, *sm.* → GUADO || PANTANO, POZZANGHERA || PITTURA.
guèrcio, *agg.* bircio, gualercio, strabico, orbo, losco, lusco || *sm.* bercilocchio.
nomencl. strabismo (convergente, divergente) || *verb.* sbiecarsi, guardar di traverso.
guèrra, *sf.* lotta (di popoli), inimicizia, ostilità, conflitto, contesa, zuffa, conflagrazione (di nazioni), rissa, spedizione militare, guerricciola, guerriglia, campagna, → BATTAGLIA || *fig.* dissidio, contrasto, discussione, disputa, polemica, scisma, → DISCORDIA.
nomencl. (*distinzioni*) giusta, ingiusta, preventiva, difensiva, offensiva, fredda, calda, europea, continentale, mondiale, totale || terrestre, di posizione, aerea, marittima, navale, sottomarina, atomica, batteriologica, chimica || di liberazione, d'indipendenza, di successione, di religione, di conquista || civile, intestina || sociale, diplomatica, economica, amministrativa, doga-

nale || lampo, di logoramento, di posizione, di nervi, di note (diplomatiche) || di corsa, → CORSARO || (*pertinenti*) blocco, controblocco, alleanza, operazione, linea difensiva, neutralità, belligeranza, combelligeranza, convenzioni di guerra, prigionieri di guerra, piano di guerra, assedio, attacco, caccia, carica, bombardamento, collisione, offensiva, difensiva, riscossa, avvisaglia, azione, colpo, devastazione, entrata, esplorazione, evoluzione, fortificazione, imboscata, insidia, invasione, mischia, marcia, occupazione, spionaggio, posizione, rappresaglia, razzia, retrovia, ricognizione, rinforzo, ripiegamento, scaglione, scoperta, scorreria, secessione, spedizione, sortita, stratagemma || fronte, zona, legge di guerra || *agg.* cruenta, devastatrice, mortale, piccola, ristretta, limitata, estesa, locale, assurda, inutile, guerreggiata, dichiarata, minacciata, denunziata || *verb.* dichiarare, scendere in guerra, combattere, abbandonare la guerra, ritirarsi, far la pace, chiedere l'armistizio, firmare la resa, portare la guerra.
contr. pace, concordia, buon accordo, pacifica convivenza, coesistenza.

guerrafondàio, *sm. spreg.* guerraiolo, militarista, bellicista, bellicoso || interventista || belligero.
contr. pacifista, pacifondaio, panciafichista.

guerreggiànte, *ppr.* di guerreggiare || *agg.* → BELLIGERANTE.
contr. non-belligerante, neutrale, neutralista.

guerreggiàre, *v.intr.* far guerra, battagliare, lottare, azzuffarsi, → COMBATTERE || *tr.* osteggiare.
contr. stare in pace, voler la pace.

guerrésco, *agg.* → BÈLLICO, BELLICOSO, MARZIALE.

guerrièro, *sm.* uomo di guerra, uomo d'arme, belligero, armigero, maestro d'armi, milite, militare, capitano, duce, soldato || rodomonte || *agg.* → BELLICOSO, MARZIALE.
contr. pacifico || imbelle, obiettore di coscienza, disertore.

guerríglia, *sf.* scaramuccia, imboscata, → GUERRA.
nomencl. partigiano, francotiratore, banda || controguerriglia, truppe speciali.

gúfo, *sm.* barbagianni, strige, allocco || *fig.* → MISANTROPO.

gúglia, *sf.* aguglia, punta, pinnacolo, obelisco, piramide, → ESTREMITÀ.

guída, *sf.* conducente, conduttore, duce, guidatore, pilota, timoniere, scorta, accompagnatore || maestro, pedagogo, mentore, → DIRETTORE || battistrada || cicerone || ago, bussola, insegna, faro, lume, stella, timone || rotaia, carreggiata, orma, traccia, → DIREZIONE || REGOLA, NORMA.
nomencl. (*equivalenti*) stella polare, tramontana, filo d'Arianna, *Leitmotiv*, battistrada, maestro spirituale, padre spirituale, capopopolo, padre della patria || *agg.* sicura, infallibile, fidata, esperta, dubbia, malsicura, infida, malfida, fedele, coscienziosa, devota, esatta, capace, incapace, pratica, accorta, sagace, avveduta, astuta, pronta, maliziosa, malaccorta, ingenua, sventata.

guidàre, *v.tr.* accompagnare, scortare, menare, condurre, capitanare, convogliare, reggere, regolare, pilotare || istradare, indirizzare, incamminare, → ATTRAVERSARE, DIRIGERE, GOVERNARE || *rifl.* regolarsi || mettere sulla strada, sulla via; mostrare il cammino, fare da guida, far la scorta, essere compagno o scorta, dare indirizzo, condur per mano.
contr. abbandonare, disertare, disinteressarsi || farsi rimorchiare.

guidatóre, *sm.* → GUIDA, COCCHIERE.

guiderdonàre, *v.tr.* → RICOMPENSARE.

guiderdóne, *sm.* → RICOMPENSA.

guíggia, *sf.* correggiolo, → LACCIO.
nomencl. *verb.* inguiggiare.

guíndolo, *sm.* → ARCOLAIO.

guinzagliare, *v.tr.*
contr. sguinzagliare.

guinzàglio, *sm.* laccio, catenella, catena || *fig.* → FRENO.

guisa, *sf.* → MODO, USANZA.

guítto, *agg.* → SPORCO || pitocco, → MESCHINO, VILE || *sm.* attore da strapazzo, attorúcolo.

guizzàre, *v.intr.* schizzare, muoversi a scatti, → DIVINCOLARE || ANDARE || BALENARE.

guízzo, *sm.* balzo, sussulto, scatto, scossa improvvisa, trasalimento || oscillazione, vibrazione.

gúrgite, *sm.* gurge (*poet.*), gorgo, → VORTICE.

gúscio, *sm.* coccia, involucro, membrana, pellicino, invoglio, scorza, integumento, corteccia, baccello, buccia, loppa, → FODERA || barchettina, → BARCA.
nomencl. gusciaglia || *verb.* sgusciare, digusciare, sbucciare, sgranare, sgranellare, sbaccellare, spellare, escoriare, aprire, rompere.

gustàre, *v.tr.* sentire il sapore, trovar saporito, saggiare, provare, assaggiare, assaporare, degustare, sperimentare, mangiare || *fig.* saper gustare, essere un raffinato, → GODERE, GRADIRE.
contr. provar disgusto, amarezza, essere amareggiato || provare nausea, avversione, disgustare.

gustévole, *agg.* → GUSTOSO.
contr. disgustevole.

gústo, *sm.* sapore, appetito || piacere, compiacenza, diletto, soddisfazione || inclinazione, modo di sentire, di regolarsi, propensione, voglia || genere, qualità, moda, maniera, → GENIO || conoscimento, intendimento del bello, senso estetico, raffinatezza.
nomencl. (*persone*) buongustaio, ghiotto, intenditore, dilettante, schifiltoso || papille gustative || *agg.* buono, ottimo, fine, delicato, squisito, raffinato, eletto, comune, normale, grossolano, volgare, dozzinale, rozzo, primitivo, selvatico, bizzarro, capriccioso, estroso, barocco, strambo, stravagante, bislacco, originale, curioso, singolare, schizzinoso, depravato, matto, pessimo || *verb.* assodare il gusto, provare, pregustare, raffinare, fare la bocca, disgustarsi, schifare.
contr. disgusto || rozzezza, grossolanità, ottusità.

gustóso, *agg.* appetitoso, appetente, saporoso, saporito, grato (al palato), gustevole, gradevole, dilettevole, soave || piacevole, ameno, attraente, eccitante || affine, simpatico.
contr. disgustoso, disgustevole, inappetente, ripugnante, scostante.

guttapèrca, *sf.* → GOMMA.

gymkhana, *sost. ingl.* gincana, → GIUOCO.

H

habitué, *sm. fr.* assiduo, frequentatore, abitudinario, cliente.
haché, *pp. fr.* tritato, trito.
hall, *sost. ingl,* atrio, vestibolo; sala, salone; ridotto (di teatro).
handicap, *sost. ingl.* impedimento, ostacolo, svantaggio || → ABBUONO.
hangar, *sm. fr.* aviorimessa, capannone.
harèm, *sm. indecl.* gineceo.
hascísc, *sm. indecl.* oppio, cocaina, → STUPEFACENTE.
haute-couture, *sf. fr.* alta moda.
hidalgo, *sm. spagn.* idalgo, cavaliere, → NOBILE.
Hinterland, *sost. ted.* retroterra, entroterra, provincia.
hobby, *sost. ingl.* passatempo, passione, manía, capriccio, ghiribizzo, pallino.
horae subsecívae, *loc. lat.* ore susecive (*ant.*), ore rubate, tempo avanzato, ritagli di tempo, tempo libero, a tempo perso.
hors-d'oeuvre, *sm, fr.* antipasto.
hostess, *sost. ingl.* assistente di volo.
hôtel, *sm. fr.* → ALBERGO.
humour, *sost. ingl.* → UMORE, UMORISMO
húmus, *sm. lat.* → UMO.
hurrà, *sm. indecl.* → URRÀ.

I

ialíno, *agg.* diafano, → TRASPARENTE.
ialurgía, *sf.* → VETRO.
iattànza, *sf.* → MILLANTERIA, PRESUNZIONE.
iattúra, *sf.* → DANNO, DISGRAZIA.
ibèrico, *agg.* → ISPANICO.
ibernànte, *agg.* → INVERNALE.
ibernazióne, *sf.* → LETARGO.
íbrido, *agg.* → METICCIO, INCROCIO || *fig.* eterogeneo, artificioso, confuso, mescolato, incrociato, bastardo.
contr. connaturale, affine, armonioso, omogeneo.
icàstico, *agg.* → EVIDENTE, REALE.
contr. fantastico, ideale, smussato.
icòna, *sf.* → IMMAGINE.
iconoclàsta, *sm.* spezzatore d'immagini, iconomaco (*ant.*), distruttore, vàndalo.
nomencl. icona, icone, iconodulia, iconografia || iconoclastia, iconoclasmo, iconoclastico.
contr. iconopeo || conservatore, osservante, rispettoso.
iconopèo, *sm.* facitore d'immagini (sacre).
idàlgo, *sm.* cavaliere, → NOBILE.
idèa, *sf.* concetto, concepimento, concezione, nozione, immagine, rappresentazione, pensiero, intenzione, riflessione, elucubrazione, adombramento, analogia, percezione, → CONOSCENZA || modello, ispirazione, iniziativa, archetipo, trovata, progetto, embrione || fantasia, capriccio, sentimento, opinione, fisima, prevenzione, preconcetto, pregiudizio, superstizione, ubbia, irrealtà, utopia, → IMMAGINAZIONE || riassunto, saggio, → GIUDIZIO || fede, principio, teoria, opinione, causa, → IDEALE || idea fissa, → OSSESSIONE.
nomencl. (*attinenti*) associazione, concatenazione, enunciazione, contrasto, espressione, analisi, sintesi, svolgimento || teoria, paranoia, suggestione, idrogenia, ideografia, ideologia, ideoplastica, noogenia || *agg.* bella, buona, eccellente, ottima, attraente, magnifica, meravigliosa, splendida, stupenda, utile, opportuna, efficace, vantaggiosa, onesta, brutta, malvagia, cattiva, grande, importante, grandiosa, geniale, ingegnosa, feconda, fertile, sterile, improduttiva, arida, ardita, coraggiosa, audace, temeraria, meschina, infelice, lieta, elevata, nobile, eletta, insigne, generosa, volgare, plebea, ignobile, bassa, sana, perfetta, imperfetta, retta, giusta, storta, retriva, reazionaria, balorda, strana, stravagante, bizzarra, stramba, strampalata, inverosimile, straordinaria, balzana, fantastica, ridicola, buffa, comica, grottesca, chiara, confusa, ristretta, sconnessa, erronea, retrograda, avanzata, incerta, indeterminata, innata, immutabile, eterna, ostinata, originale, analitica, composta, concreta, fissa, fittizia, platonica, sottintesa, astratta || *verb.* dire, mostrare, esprimere, esporre, far conoscere, suggerire, difendere, combattere, proclamare, significare, tradurre in fatti, vagliare, ventilare, comporre le idee, innovare, propagare, sintetizzare, stampare nel cervello.
contr. fatto, cosa, fenomeno, realtà, realizzazione, azione, attuazione.
ideàle¹, *agg.* dell'idea, noumenico, spirituale, interiore, astratto, immateriale, immaginario, platonico, fantastico || evanescente, chimerico, utopistico, etereo || → ASSOLUTO, PERFETTO.
contr. reale, fenomenico, materiale, positivo, tangibile.
ideàle², *sm.* sogno, aspirazione || chimera, illusione, utopia || fede, perfezione || principio ideale, movimento politico, umanitario, → CAUSA.
contr. realtà.
idealísmo, *sm.* sistema filosofico || idealità, fede, entusiasmo, disinteresse, perfezionismo, ottimismo.
nomencl. (*esempi*) metafisico, trascendentale, etico, kantiano, estetico, attuale, conoscitivo || neoidealismo.
contr. positivismo, realismo, materialismo || cinismo, pessimismo.
idealísta, *sm.* poeta, idealizzante, → SOGNATORE.
contr. positivista, materialista, uomo positivo.
idealità, *sf.* → POESIA.
ideàre, *v.tr.* concepire, immaginare, inventare, pensare, venire in mente, architettare, → DISEGNARE.
ideatóre, *sm.* → INVENTORE.
idèntico, *agg.* → UGUALE.
identificàre, *v.rifl.* → IMMEDESIMARE.
identità, *sf.* → UGUAGLIANZA.
ideología, *sf.* scienza filosofica delle idee || concezione di vita, sistema umanitario, politico.
idillíaco, *agg.* idillico, elegiaco, ingenuo, sentimentale, romantico.
contr. urbano, realistico, tragico, razionalistico.
idíllico, *agg.* → IDILLÍACO.
idíllio, *sm.* egloga || *fig.* → FELICITÀ, AMORE.
idiòma, *sf.* → LINGUA, LINGUAGGIO.
idiosincrasía, *sf.* → RIPUGNANZA.
idiòta, *agg.* e *sm.* → EBETE || *fig.* → IGNORANTE.
idiotísmo, *sm.* → ESPRESSIONE || FRENASTENIA.
idiozía, *sf.* → STUPIDAGGINE || FRENASTENIA.
idolatràre, *v.tr.* ADORARE || *fig.* → AMARE.
idolatràto, *pps.* di idolatrare || *fig.* → AMATO.
idolatría, *sf.* → FANATISMO || *fig.* → AMORE, AFFETTO.
idoleggiàre, *v.tr.* → ADORARE.
ídolo, *sm.* feticcio, simulacro, dio, nume, oggetto di culto, → IMMAGINE || *fig.* cosa, persona troppo amata, venerata.
idoneità, *sf.* → ATTITUDINE, DISPOSIZIONE, SUFFICIENZA.
contr. inidoneità.
idòneo, *agg.* → ABILE, OPPORTUNO, SUFFICIENTE, VALIDO.
contr. inidoneo, inadatto, inabile, incapace.
idrargírio, *sm.* → MERCURIO.
idràto, *agg.* e *sm.*
contr. anidro.
idràulica, *sf.* idrotecnica, idrodinamica, idrostatica, idrometria, idroscopia, igroscopia.
nomencl. (*inerenti*) acquedotto, bonifica, canale, cateratta, irrigazione, tromba, darzagna, bindolo, bottaccio, colla, catapulta, chiusa, serbatoio, argine, bacino (di alimentazione, di colmata, di carenaggio, di rad-

dobbo), bergolo, bocca, cantone, cassa, difesa, diga, emissario, gabbionata, gora, incile, palata, paratoia, piarda, pontone, sfioratore, sostegno || condotta d'acqua, diversione, livellazione, prosciugamento, efflusso, froldo, golena, portata, presa idraulica, scarpa, velocitazione || *verb.* allacciare, arrombare, bonificare, convogliare, condurre, derivare, essiccare, prosciugare, irrigare, imbrigliare, livellare un'acqua, spagliare.

ídria, *sf.* → ORCIO.

idrocèfalo, *sm.* → IDROPISIA.

idrofobía, *sf.* rabbia, lissa.

nomencl. lissofobia, fengofobia || (*rimedi*) antilisso, siero antirabbico || *verb.* arrabbiare.

idrografía, *sf.* oceanografia, → GEOGRAFIA.

idrología, *sf.* → GEOLOGIA.

idromànte, *sm.* → INDOVINO.

idrometría, *sf.* → IDRAULICA.

idromotóre, *sm.* → TURBINA.

idropisía, *sf.* idrocefalo, idrotorace, ascite, catasarca, iposarca, anasarca.

nomencl. (*varietà*) secca, ventosa || (*rimedi*) antidropici, antidropina || paracentèsi || *verb.* idropicarsi.

idroplàno, *sm.* idrovolante, idrosiluranti, aerosiluranti.

idropòrto, *sm.* → IDROSCALO.

idroscàlo, *sm.* idroporto, → AEROPORTO.

idroscopía, *sf.* → IDRAULICA.

idrostàtica, *sf.* → IDRAULICA.

idrotècnica, *sf.* → IDRAULICA.

idroterapía, *sf.* cura d'acque, idrologia medica, crenoterapia, pegiatria.

nomencl. (*acque minerali*) oligominerali, mediominerali, poliminerali, radioattive || affusione, abluzione, fanghi, impacco, spugnatura || reazione, sudorazione || piscina, grotte || *agg.* idroterapico.

idrotoràce, *sm.* → IDROPISIA.

idrovolànte, *sm.* idroplano.

nomencl. idroscalo || *verb.* ammarare.

iemàle, *agg. lett.* → INVERNALE.

ièna, *sf.* || *fig.* vile, ingeneroso, → CRUDELE.

nomencl. (*varietà*) macchiata, rigata.

ieràtico, *agg.* → SACERDOTALE || sacro, venerabile.

contr. profano, mondano.

iettatúra, *sf.* → MALOCCHIO, SVENTURA, MALAUGURIO.

igiène, *sf.* → SANITÀ, SALUTE.

nomencl. (*distinzioni*) profilattica, pubblica, industriale, professionale, scolastica, morale, mentale, rurale, personale, sociale || (*inerenti*) cinesia, sinesiologia, cenisiterapia, dietetica, dieta || precauzioni, suffumigi, disinfettante, quarantena, profilassi, ginnastica || assistenza sanitaria, bonifica, cordone sanitario, corpo sanitario, istituti scientifico-pratici delle facoltà mediche, poliambulanza, policlinico, ambulatorio, igienista, ufficiale sanitario.

igiènico, *agg.* conforme alle norme o regole d'igiene, → SALUBRE, SALUTARE.

contr. antigienico, patologico.

ignàro, *agg.* → IGNORANTE, INCONSAPEVOLE, INESPERTO.

ignàvia, *sf.* → NEGLIGENZA, INDOLENZA || VILTÀ.

ignàvo, *agg.* → INDOLENTE, PIGRO || VILE.

ígneo, *agg. lett.* di fuoco, → CALDO.

ignífero, *agg.* → BRUCIANTE.

igníto, *agg. lett.* infocato, → INFIAMMATO.

ignòbile, *agg.* basso, volgare, servile, popolaresco, plebeo, abietto, indecoroso, spregevole, obbrobrioso, disonorevole, infame, ingeneroso → TURPE, VILE.

contr. nobile, eletto, elevato, liberale, raffinato, distinto, generoso, decoroso.

ignomínia, *s.* vergogna, obbrobrio, vituperio, disdoro, scorno, → DISONORE, INFAMIA.

contr. decoro, onore, onorabilità, rispettabilità, azione onorevole o nobile.

ignominióso, *agg.* → INFAME, VERGOGNOSO.

contr. decoroso, onorevole, rispettabile.

ignorànte, *ppr.* di ignorare || *agg.* analfabeta, indotto, insciente, illetterato, incolto, profano, inerudito, digiuno di scienza, inesperto, insipiente, incapace, inetto, ignaro, imperito, zotico, incompetente || e *sm. fig.* asino, ciuco, somaro, bestia, pezzo d'asino, beota, idiota, bordaiolo, zucca, zuccone; testa di legno, di rapa, di stoppa, ottusa, tonda || → ASSIOLO.

contr. consapevole, conscio, perito, dotto, cólto, sapiente, istruito, letterato.

ignorànza, *sf.* imperizia, inesperienza, incompetenza, incoltezza, indottrina, inerudizione, insipienza, inscienza, nescienza, asinaggine, asineria, asinità, analfabetismo, ignorantaggine, cecità, cecaggine, ciucaggine, inconsapevolezza, zoticaggine, pecoraggine, rozzezza, scempiaggine; incapacità.

nomencl. (*equivalenti*) apedeusia, idiotaggine, oscurantismo, barbarie; oscurità, tenebre, velo, nebbia, notte della mente || *agg.* beata, santa, crassa, cotta, grossolana, voluta, profonda, immensa, infinita, superficiale, vergognosa, disonorevole, stupida, stolta, supina, bestiale, asinesca, colpevole, incolpevole, nota, evidente, patente, forbita || *verb.* illuminare, istruire, combattere l'ignoranza.

contr. dottrina, sapere, cultura, scienza, erudizione, educazione, perizia, consapevolezza.

ignoràre, *v.tr.* non sapere, non conoscere.

contr. sapere, conoscere.

ignoràto, *pps.* di ignorare || *agg.* → IGNOTO.

contr. noto, conosciuto, saputo

ignòto, *agg.* incognito, sconosciuto, ignorato, oscuro, inconoscibile || *sm.* noumeno, al di là || carneade.

contr. noto, ben noto, conosciuto, cognito, saputo.

ignudàre, *v.tr.* → SPOGLIARE.

ignúdo, *agg.* → NUDO, SPOGLIATO.

igroscopía, *sf.* → IDRAULICA.

íla, *sf.* → RANA.

ílare, *agg.* → ALLEGRO.

ilarità, *sf.* → ALLEGRIA.

ílice, *sm. lett.* → ELCE.

illanguidiménto, *sm.* → LANGUORE.

illanguidíre, *v.intr.* → LANGUIRE, APPASSIRE, INDEBOLIRE.

illanguidíto, *pps.* di illanguidire || *agg.* → LANGUIDO, APPASSITO.

illàto, *agg.* addotto, recato, portato, argomentato.

illazióne, *sf.* inferenza, conseguenza, → DEDUZIONE, CONCLUSIONE.

contr. induzione.

illécito, *agg.* illegale, → VIETATO || disonesto, immorale, → INGIUSTO, SCONVENIENTE.

contr. lecito, onesto, permesso, concesso.

illegàle, *agg.*

contr. legale.

illegalità, *sf.* → ABUSO, INGIUSTIZIA.

contr. legalità.

illeggiadríre, *v.tr.* → ABBELLIRE, ORNARE.

illeggíbile, *agg.* indecifrabile, incomprensibile.

contr. leggibile.

illegittimità, *sf.*

contr. legittimità.

illegíttimo, *agg.* (di figlio) → ADULTERINO || vietato, illegale.

contr. legittimo, permesso, legale.

illéso, *agg.* → INCOLUME, SALVO || ESENTE, IMMUNE.

contr. leso.

illetteràto, *agg.* → IGNORANTE.

contr. letterato, istruito.

illibatézza, *sf.* → PUREZZA, CANDORE, INCORRUTTIBILITÀ, INNOCENZA.

illibàto, *agg.* → PURO, INTEGRO, CASTO, ONESTO.

contr. impuro.

illiberàle, *agg.*

contr. liberale.

illimitàto, *agg.* → ASSOLUTO, IMMENSO, INFINITO.

contr. limitato,

illogicità, *sf.* → ASSURDITÀ.

contr. logicità.

illògico, *agg.* → ASSURDO, IRRAGIONEVOLE.

contr. logico, ragionevole.

illúdere, *v.tr.* → INGANNARE, LUSINGARE, AFFASCINARE || *rifl.* → FANTASTICARE.

contr. disilludere, deludere, disingannare.

illuminàre, *v.tr.* alluminare, portar lumi, lumeggiare, allumare, dar o far luce, rischiarare, schiarire, chiarificare, chiarire, distenebrare, aggiornare || *fig.* istruire, illustrare, spiegare, chiarire, esortare, → INSEGNARE, CONSIGLIARE, CONVERTIRE || *rifl.* istruirsi, acquistar cognizioni.

contr. oscurare, ottenebrare, intenebrare, abbuiare, offuscare.

illuminàto, *pps.* di illuminare || *agg.* → CHIARO || *fig.* → INTELLIGENTE, SAPIENTE.

illuminazióne, *sf.* luminaria, fiaccolata, falò, segnale || illustrazione, spiegazione, chiarimento.

nomencl. (*tipi*) diretta, riflessa, a riverbero, colorata, elettrica, fosforescente, al neon, a petrolio, ad olio, ad alcool, a gas || (*mezzi*) alcool, benzina, cera, candela, gas, elettricità, olio, petrolio, sego || lampada, fanale, fiaccola, lampadario, lampioncino, lanterna, lume, tubo fluorescente || arco voltaico, bicchierini, padella, palloncini, pannello, proiettore elettrico, riverbero, streghino, viticcio || lampionaio, lampista, luminaio || *agg.* sfolgorante, splendida, sfarzosa, viva, vivida, vivace, accecante, abbagliante, scarsa, multicolore, bianca, rossa, azzurra, verde || *verb.* illuminare a giorno, dar luce.

illuminèllo, *sm.* → RIVERBERO.

illúne, *agg.* (di notte) senza luna, tenebrosa, buia.

contr. lunare, plenilunare, chiaro, splendido.

illusióne, *sf.* allucinazione, inganno dei sensi, miraggio, sogno, chimera, apparenza, utopia, abbagliamento, fata morgana, → FANTASMA, ERRORE || ESCA || IDEALE.

nomencl. (*varie*) ottica, delle passioni, della ragione || età dei dolci inganni, età dei disinganni || *idola* (di Bacone), miti, slogans, mistificazioni || *agg.* impossibile, inattuabile, assurda, facile, allettante, invitante, piacevole, crudele, triste, dolorosa || *verb.* perdere le illusioni, essere o rimaner deluso, rimanere con le mani piene di mosche, restare con le pive nel sacco.

contr. delusione, disinganno, disillusione.

illusionísta, *sm.* → PRESTIGIATORE.

illúso, *pps.* di illudere || *agg.* e *sm.* ammaliato, lusingato, affascinato, accecato || ingannato, gabbato, scorbacchiato, beffato || mistificato || ingenuo.

contr. disilluso, deluso, scornato, disingannato, deriso, amareggiato.

illusòrio, *agg.* → FALSO, SPECIOSO, IMMAGINARIO.

contr. delusorio.

illustràre, *v.tr.* dar luce, far chiaro, dare fama, → GLORIFICARE || spiegare, chiarire, dilucidare, lumeggiare, rendere evidente, commentare, → ANNOTARE || ornare di disegni, di figure, istoriare, miniare || *rifl.* rendersi illustre, procurarsi fama.

contr. lasciare all'oscuro, oscurare, ottenebrare || infamarsi.

illustrazióne, *sf.* spiegazione, commento, chiarimento, nota || figura, vignetta, schizzo, incisione, miniatura, quadro, → DISEGNO.

illústre, *agg.* chiaro, noto, celebre, immortale, insigne, eminente, preclaro, inclito, eccellente, nobile, ragguardevole, → GLORIOSO, FAMOSO || gridato, segnalato, rinomato, reputato, considerato.

contr. oscuro, ignoto, ignorato, sconosciuto || malfamato, diffamato, famigerato.

illutazióne, *sf.* → FANGHI.

illúvie, *sf.* → SUDICIUME.

ilòta, *sm.* → SCHIAVO.

imbacuccàre, *v.tr.* → COPRIRE, INCAPPOTTARE, INCAPPUCCIARE, INFAGOTTARE.

imbacuccàto, *pps.* di imbacuccare || *agg.* → INCAPPUCCIATO.

imbaldanzíre, *v.tr.* dar baldanza, dare ardire || *intr.* e *rifl.* esaltarsi, farsi ardito, → ESULTARE, INSUPERBIRE.

contr. scoraggiarsi, avvilirsi, perdersi d'animo.

imballàggio, *sm.* involucro, balla, bariglione, cartoccio, cassa, collo, involto, pacco, plico, piego, rotolo, sacco, sacchetto.

nomencl. (*mezzi*) carta, cartone, cartone ondulato, tela, spago, fune, suggello, ceralacca, fascia, piumacciuolo, cuscinetto, piombo || spedizione, spedizioniere || *agg.* fragile, posapiano, alto, basso.

imballàre, *v.tr.* abballare, affagottare, impaccare, affardellare, avvolgere, avviluppare, raffardellare, raggomitolare, rivoltare, insaccare, involtare.

contr. sballare, aprire, svolgere.

imbalordíre, *v.tr.* → SBALORDIRE, STORDIRE || IMBECILLIRE.

imbalsamàre, *v.tr.* impagliare, mummificare, pietrificare.

nomencl. mummificazione spontanea, imbalsamazione artificiale || balsamo o sostanze aromatiche, miscele antisettiche e conservatrici.

imbambolàre, *v.tr.* → COMMUOVERE.

imbambolàto, *pps.* di imbambolare || *agg.* abbambolato, → LANGUIDO, LACRIMOSO.
imbambolíre, *v.intr.* → IMBECILLIRE.
imbandieràre, *v.tr.* → ORNARE.
imbandigióne, *sf.* → BANCHETTO.
imbandíre, *v.tr.* ammannire, → PREPARARE.
imbarazzànte, *ppr.* di imbarazzare || *agg.* → DIFFICILE.
imbarazzàre, *v.tr.* creare imbarazzo, mettere in imbarazzo; frapporre difficoltà, ostacoli; dar briga, disturbare || impacciare, impastoiare, impelagare, impicciare, impigliare, incagliare, inceppare, infognare, ingombrare, intralciare, imbrogliare, → IMPEDIRE, PARALIZZARE || EMPIRE.
contr. sbarazzare, spacciare, spicciare, districare, sgombrare, cavarsela || disinteressarsi.
imbaràzzo, *sm.* impaccio, imbroglio, intrico, intrigo, impaccio, impiccio, incaglio, inceppamento, viluppo, incomodo, impedimento, → DIFFICOLTÀ, INGOMBRO, OSTACOLO || remora, ritegno, legame, → VINCOLO || seccatura, molestia, turbamento, disturbo, disdetta, briga, imprevisto, → NOIA.
nomencl. *agg.* grave, serio, spiacevole, molesto, seccante, noioso, lieve, piccolo, trascurabile || *verb.* liberarsi, togliersi da un imbarazzo, levare d'imbarazzo, sbrogliarsi, sbarazzarsi, spacciare, spicciare, districare, strigare, districare || impacciare, ingombrare, cabalare, imbrogliare, implicare, avviluppare.
contr. disinvoltura, noncuranza, arditezza, sfacciataggine, agevolezza.
imbarbaríre, *v.tr.* e *rifl.* decadere, corrompersi, regredire, guastarsi, imbastardire, dirazzare, imbestialire, falsarsi.
contr. avanzare, progredire, incivilire, evolvere.
imbarbogíre, *v.intr.* rimbambire, → INVECCHIARE.
imbarcadèro, *sm. sps.* → IMBARCATOIO.
imbarcàre, *v.tr.* mettere, caricare (sulla barca), prendere a bordo || *rifl.* mettersi in un'impresa, in un affare, → ENTRARE || IMPEGNARSI.
contr. sbarcare || disimpegnarsi, liberarsi, uscire.
imbarcatóio, *sm.* pontile, ponte, molo; imbarcadero (*sps.*).
imbarcazióne, *sf.* → BARCA, NAUTICA.
imbarràre, *v.tr.* → BARRICARE.
imbasaménto, *sm.* → BASE.
imbastardiménto, *sm.* → FALSIFICAZIONE, DEGENERAZIONE.
imbastardíre, *v.tr.* → FALSARE || *intr.* e *rifl.* → DEGENERARE, TRALIGNARE.
imbastíre, *v.tr.* → CUCIRE || *fig.* → ABBOZZARE.
imbastitúra, *sf.* → CUCITURA || *fig.* → ABBOZZO, SCHEMA.
imbàttere, *v.rifl.* → INCONTRARE.
imbattíbile, *agg.* → INVINCIBILE, INSUPERABILE.
contr. battibile.
imbeccàre, *v.tr.* impippiare, → BECCARE, IMBOCCARE || *fig.* imbecherare, → SUGGERIRE, ISPIRARE.
imbeccàta, *sf. fig.* → SUGGERIMENTO, ISPIRAZIONE.
imbecheràre, *v.tr.* indettare, subornare, imboccare, imbeccare, ispirare.
imbecillàggine, *sf.* → IMBECILLITÀ.
imbecílle, *agg.* e *sm.* idiota, balordo, bietolone, citrullo, grullo, mentecatto, ottuso, povero di spirito, scemo, scimunito, semplice, stolido, cretino, irresponsabile, → EBETE, SCIOCCO, STUPIDO.
contr. intelligente, sveglio, accorto, furbo, scaltro.
imbecillíre, *v.intr.* imbambolire, intontire, imbalordire, instupidire, rimbambire, incretinire, incitrullire, rimbecillire || *tr.* incitrullire, intontire, ottundere l'intelletto, deprimere il carattere.
contr. rendere sveglio, accorto, furbo, stimolare l'intelligenza.
imbecillità, *sf.* → FRENASTENIA || stoltezza, stupidità, scempiaggine, sciocchezza, insulsaggine, insensatezza, fatuità, cretineria, imbecillaggine.
contr. intelligenza, genialità, spirito, arguzia, accortezza, presenza di spirito.
imbèlle, *agg.* → TIMIDO, VILE.
contr. guerriero, bellicoso, bellígero.
imbellettàre, *v.tr.* e *rifl.* imbellettire, darsi il belletto, → DIPINGERE.
imbellettàto, *pps.* di imbellettare || *agg.* fucato, truccato, impiastricciato, imbiaccato.
imbellíre, *v.tr.* → ABBELLIRE || *intr.* e *rifl.* diventar bello, → INGENTILIRE, MIGLIORARE.
contr. imbruttire.
imbèrbe, *agg.* sbarbato, glabro, privo di barba, col viso liscio || *sm.* sbarbatello, inesperto, impertinente, immaturo, → ADOLESCENTE.
contr. barbuto, barbone || adulto, uomo maturo, uomo esperto.
imberciàre, *v.tr.* colpire nel segno, nel bersaglio, → IMBROCCARE || *fig.* → INDOVINARE.
imbèrcio, *sm.* → BERSAGLIO, MIRA.
imbertescàre, *v.tr.* fortificare con bertesche || *fig.* → INGANNARE.
imbestialíre, *v.intr.* e *rifl.* andare in bestia, infuriarsi, → ADIRARSI || OSTINARSI.
contr. calmarsi, rabbonirsi, ammansarsi, ammansirsi, mansuefarsi || cedere, arrendersi, essere ragionevole.
imbestiàre, *v.tr.* e *rifl.* abbrutire, degradarsi, essere un sadico, → DISUMANARE.
imbévere, *v.tr.* impregnare, inzuppare, intridere → BAGNARE || *rifl.* → ASSORBIRE, PENETRARE (anche *fig.*) || inzupparsi.
contr. spremere, sgocciolare.
imbevúto, *pps.* di imbevere || *agg.* → BAGNATO.
imbiancàre, *v.tr.* intonacare, → BIANCHIRE.
imbiancatóre, *sm.* → IMBIANCHINO.
imbiancatúra, *sf.* → BUCATO.
imbianchiménto, *sm.* candeggio.
imbianchíno, *sm.* imbiancatore, → DECORATORE.
nomencl. (*inerenti*) imbiancatura, imbianchimento, riquadratura, schizzettatura, stampinatura, zoccolo, marmorizzato || stampino, pennello, colore, filo, spiaccicaragni || *verb.* imbiancare, dare il bianco, riquadrare, spruzzare di macchie il muro, strollare, intonacare, lavare il viso, battere la corda, dare una o due mani di bianco, rimbiancare.
imbianchíre, *v.intr.* diventar bianchi, → BIANCHEGGIARE, INCANUTIRE.
imbiettàre, *v.tr.* → FICCARE.
imbiondíre, *v.intr.* → BIONDEGGIARE.
imbizzíre, *v.intr.* imbizzarrire, → ADIRARSI.

imboccàre, *v.tr.* imbeccare || metter capo, terminare, sboccare || → ENTRARE || SUGGERIRE.
imboccatúra, *sf.* → BOCCA, FOCE, ESTREMITÀ.
imbocciàre, *v.intr.* → GERMOGLIARE.
imbolsíto, *agg.* → AFFANNOSO.
imboníre, *v.tr.* → CATTIVARE, SEDURRE || RABBONIRE.
imboscàre, *v.intr.* e *rifl.* andar nel bosco, entrare nel folto, inselvarsi, imboschire, immacchiarsi || *neol.* evitare la linea del fuoco, il fronte, rimanere nelle retrovie.
contr. uscire all'aperto, mostrarsi, mettersi in vista.
imboscàta, *sf.* stratagemma, agguato, → INSIDIA.
imboscàto, *pps.* di imboscare || *agg.* e *sm.* → CONTUMACE.
imbottàre, *v.tr.* mettere il vino in botte || → BERE.
imbottatóio, *sm.* → IMBUTO.
imbottavíno, *sm.* → IMBUTO.
imbótte, *sf.* intradosso.
contr. estradosso.
imbottíre, *v.tr.* → EMPIRE, OVATTARE || *fig.* → RIMPINZARE.
imbottíta, *sf.* → TRAPUNTA.
imbottíto, *pps.* di imbottire || *agg.* → PIENO.
imbozzacchíre, *v.intr.* → INTRISTIRE || *fig.* non fiorire, → INCATORZOLIRE.
imbrancàre, *v.rifl.* intrupparsi, fare mucchio (con), associarsi, fare alleanza.
contr. sbrancarsi, isolarsi, fare da sé, stare da solo, far parte a sé.
imbrandíre, *v.tr.* → PRENDERE.
imbrattacàrte, *sm. indecl. spreg.* imbrattafogli, scrittorello, → SCRITTORE.
imbrattaménto, *sm.* → MACCHIA.
imbrattamúri, *sm. indecl. spreg.* pittorucolo, pittorello, imbrattatele, → PITTORE.
imbrattàre, *v.tr.* → SPORCARE, DIPINGERE, IMPIASTRICCIARE, MACCHIARE.
imbrattatéle, *sm. indecl. spreg.* → IMBRATTAMURI, PITTORE.
imbrattàto, *pps.* di imbrattare || *agg.* → BRUTTO, MACCHIATO.
imbràtto, *sm.* → PITTURA || *fig.* sudiciume, sporcizia, sporco, lordura, macchia, → SGORBIO.
contr. purezza, pulitezza, nettezza.
imbreviàre, *v.tr.* → ABBREVIARE.
imbreviàto, *pps.* di imbreviare || *agg.* → BREVE.
imbreviatúra, *sf.* → ABBREVIATURA.
imbriàco, *agg.* ubriaco, → EBBRO.
imbricconíre, *v.intr.* → FURFANTEGGIARE.
imbrigliàre, *v.tr.* tenere in briglia || *fig.* → FRENARE.
contr. sbrigliare.
imbroccàre, *v.tr.* imberciare, colpire nel segno → COLPIRE || *fig.* → INDOVINARE.
contr. sbagliare la mira, fallire il colpo.
imbrodàre, *v.tr.* e *rifl.* → IMBRODOLARE.
imbrodolàre, *v.tr.* e *rifl.* imbrodare, sbrodolare, → SPORCARE.
imbrodolàto, *pps.* di imbrodolare || *agg.* → MACCHIATO.
imbrodolatúra, *sf.* → MACCHIA.
imbrogliàre, *v.tr.* avviluppare, intricare, arruffare, ammatassare, appasticciare, arzigogolare, avvolgere, impiastricciare, garbugliare, impastoiare, impappinare, ingarbugliare, intralciare, intorbidare, intrigare, impigliare, inviluppare, mettere disordine, ravviluppare, rimescolare, → COMPLICARE, TURBARE || *fig.* brigare, brogliare, raggirare, aggirare, truffare, cabalare, circonvenire, circuire, ciurmare, confondere, gabbare, abbindolare, turlupinare, buscherare, → INGANNARE, DANNEGGIARE, FRODARE || *rifl.* confondersi, → IMPACCIARE.
contr. sbrogliare, districare, cavarsela, liberarsi || trattare onestamente.
imbrogliàto, *pps.* di imbrogliare || *agg.* → DIFFICILE.
imbrogliatóre, *sm.* → IMBROGLIONE.
imbròglio, *sm.* garbuglio, canapaia, ginepraio, viluppo, intrigo, complicazione, questione intricata, calappio, pasticcio, → CONFUSIONE, DIFFICOLTÀ, DISORDINE, IMBARAZZO, CRUCCIO || broglio, raggiro, truffa, aggiramento, avvolgimento, cabala, circonvenzione, ciurmeria, captazione, tresca, → ASTUZIA, FRODE, INGANNO, FURBERIA || *fig. scherz.* impiastro.
nomencl. (*equivalenti*) labirinto, intruglio, inviluppo, zenzoverata, arrosto, arzigogolo, pastetta, pastrocchio, sotterfugio, politica sporca, rapaio || *agg.* brutto, sporco, lurido, disonesto, bello, intricato, complicato, ingarbugliato || *verb.* cadere, entrare, essere, uscire, liberarsi, togliersi, cavarsela, levarsi d'imbroglio.
contr. cosa chiara, onesta, pulita, giusta.
imbroglióne, *sm.* farabolone, parabolano, gabbamondo, chiacchierone, avventuriere, avventuriero, armeggione, cabalone, ciurmatore, aggiratore, ammenicolone, arruffamatasse, arruffone, arzigogolone, caparrone, cavalocchio, chiappaminchioni, faminchione, gabbaminchioni, garbuglione, imbrogliatore, intrigante, intruglione, lestofante, mestatore, pelagatti, pelamatti, vendifumo, vendifrottole, politicastro, astore, fanfano, fante della cappellina, paglietta, rabula, truffaldino, → ASTUTO, TRUFFATORE, IMPOSTORE, INGANNATORE.
contr. galantuomo; persona onesta, proba, leale, fidata.
imbronciàre, *v.intr.* mettere il broncio, corrucciarsi, fare l'offeso, → INGRUGNARE.
contr. rasserenarsi, distendersi, diventare cordiale.
imbronciàto, *pps.* di imbronciare || *agg.* → BURBERO || (di tempo) → NUVOLOSO.
imbrunàre, *v.intr.* → BRUNEGGIARE.
imbruníre, *v.trans.*, *intr.* e *rifl.* fare, rendere bruno, diventar bruno, fosco, scuro, infoscare, → BRUNEGGIARE || *impers.* farsi sera, annottare || *sm.* sera.
contr. schiarire || albeggiare.
imbruschíre, *v.intr.* → INACETIRE.
imbruttíre, *v.tr.* abbruttire, → DISADORNARE || *intr.* e *rifl.* diventar brutto, rimbruttire.
contr. imbellire, abbellire, adornare.
imbubbolàre, *v.tr.* → INGANNARE.
imbullettàre, *v.tr.* → CHIODARE.
imbúto, *sm.* imbottavino, imbottatoio, pévera, infonditoio, sifone, petriolo, infundíbolo.
nomencl. (*parti*) bocca, becco, collo.
imbuzzàre, *v.tr.* → RIEMPIRE.
imenèo, *sm.* → MATRIMONIO.
nomencl. imene || Imene o Imeneo (dio delle nozze); imeneo (canto nuziale).
imitàbile, *agg.* possibile, riproducibile, eseguibile, ripetibile, → FACILE.
contr. inimitabile.

imitàre, *v.tr.* copiare, riprodurre, ricopiare, ritrarre, contraffare, scimmiottare, scimmieggiare, plagiare, mimare, parodiare, spappagallare, simulare, ormeggiare, seguire, secondare, tener bordone, andar sulle pedate, prendere o seguire le orme o l'esempio, ripetere, → FARE.
nomencl. *avv.* e *loc. avv.* alla perfezione, alla carlona, in qualche modo, alla lettera, senza criterio, pedissequamente, spudoratamente, goffamente, in modo ridicolo.
contr. creare, inventare, trovare, ideare, innovare.
imitatóre, *sm.* copiatore, emulo, plagiario, pappagallo, scimmia, scimmiottatore, contraffattore, pedissequo, prosecutore, → SEGUACE.
nomencl. *agg.* ridicolo, perfetto, esatto, preciso, eccellente, ideale, imperfetto, impreciso, grossolano, senza difetti.
contr. creatore, ideatore, inventore, innovatore.
imitazióne, *sf.* contagio, contraffazione, plagio, scimmiottata, riproduzione, copiatura, simulacro, effigie, ombra, mimica, mimesi, mimetismo, parodia, scimmiottatura, → COPIA || imitazione fraudolenta, → FALSIFICAZIONE.
nomencl. (*equivalenti*) armonia imitativa, caricatura, travestimento, scuola, fac-simile, modello, duplicato, calco, ripetizione, echeggiamento, eco, cosa artificiale o falsa, falso || *agg.* perfetta, esatta, precisa, eccellente, senza difetti, ideale, imperfetta, grossolana, fraudolenta.
contr. creazione, opera originale, innovazione, invenzione.
immacolàto, *agg.* senza macchia, → PURO.
contr. maculato, macchiato, impuro.
immaginàbile, *agg.* credibile, → AMMISSIBILE.
contr. inimmaginabile, incredibile, assurdo.
immaginàre, *v.tr.* concepire, figurare, prefigurare, opinare, congetturare, presumere, rappresentare alla fantasia, concepire con la mente o con la fantasia, figurare nella mente, vedere con la mente, mettersi in capo, escogitare, intuire, → CREDERE, IDEARE, FANTASTICARE, SUPPORRE, PENSARE, FINGERE.
contr. vedere, udire, percepire, verificare.
immaginàrio, *agg.* apparente, irreale, fantastico, cervellotico, fittizio, presunto, inesistente, inconsistente, insussistente, illusorio, chimerico, → FALSO, FINTO, IDEALE.
contr. reale, vero, materiale, tangibile, sensibile.
immaginatíva, *sf.* → FANTASIA, IMMAGINAZIONE.
immaginatóre, *sm.* → INVENTORE, IDEATORE.
immaginazióne, *sf.* concezione, mente, idea, ispirazione, esaltazione, entusiasmo, estasi, genio, talento, soffio creativo, fuoco sacro, immaginativa, invenzione, vena, intuizione, genialità, → FANTASIA, VISIONE, PENSIERO || ubbia, pensiero vano, fisima, allucinazione, bizzarria, capriccio, ghiribizzo, utopia, → FANTASTICHERIA, FINZIONE.
nomencl. (*affini*) progetto, piano, poesia, utopia, sistema, teoria, ipotesi, fantasmagoria, folgore, scarto d'immaginazione, castelli in aria, chimera, illusione, visione, presentimento, delirio, fantasma, divagazione, allucinazione, miraggio, prestigio || (*persone*) poeta, immaginativo, creatore, inventore, contemplatore, idealista, utopista, teorico, esaltato, allucinato, visionario, ispirato, estatico, profeta || *agg.* fertile, feconda, arida, infeconda, povera, ricca, ardente, focosa, impetuosa, errante, errabonda, creatrice, realizzatrice, ombratile, sfrenata.
contr. realtà, verità, cosa concreta || delusione.
immàgine, *sf.* figurazione, icona, schizzo, simulacro, idolo, emblema, ritratto, fotografia, disegno, → FIGURA, EFFIGIE || apparenza, impronta, → ASPETTO, FORMA || simbolo, rappresentazione, somiglianza, identità, rassomiglianza, allusione || → IDEA, DESCRIZIONE || apparizione, visione, fantasma, spettro || concetto, similitudine, paragone, metafora, parabola, traslato, → ALLEGORIA.
nomencl. (*pertinenti*) riproduzione, illustrazione, stampa, litografia, pittura, tavola, affresco, medaglione, fotogramma || iconografia, iconoclastia, riflessione || iconoclasta, iconolatria, iconomania || *agg.* colorita, vivace, scolorita, stinta, pallida, viva, parlante, vivida, sfumata, evanescente, chiara, nitida, splendente, rilucente, oscura, offuscata.
contr. vita, natura, realtà, originale || il vero.
immaginóso, *agg.* → FANTASIOSO.
immalinconíre, *v.tr.* → ADDOLORARE.
immàne, *agg.* crudele, irragionevole, disumano || → ENORME.
immaneggiàbile, *agg.* → INDOCILE.
contr. maneggiabile.
immanènte, *agg.* → DUREVOLE, PERMANENTE.
contr. fugace || trascendente.
immanènza, *sf.* → ETERNITÀ, DUREVOLEZZA, PERMANENZA.
contr. fugacità || trascendenza.
immanità, *sf.* crudeltà || → ENORMITÀ.
immantinènte, *avv.* → SUBITO.
immarcescíbile, *agg. lett.* incorruttibile, inalterabile, indefettibile, → ETERNO.
contr. marcescibile, decomponibile, caduco, corruttibile.
immateriàle, *agg.* → IDEALE, SPIRITUALE.
contr. materiale, corporeo, somatico, tangibile.
immatricolàre, *v.tr.* → REGISTRARE.
immatricolazióne, *sf.* → ISCRIZIONE.
immaturità, *sf.* acerbezza, → PRECOCITÀ.
contr. maturità.
immatúro, *agg.* acerbo, prematuro, intempestivo, → PRECOCE, IMPERFETTO.
contr. maturo, fatto, stagionato, pieno, tempestivo.
immedesimàre, *v.tr.* unirsi, → UNIFICARE || *rifl.* identificare, investirsi, uniformarsi.
contr. diversificare, distinguere, individualizzare || diversificarsi, distinguersi.
immediàto, *agg.* → DIRETTO.
contr. mediato.
immedicàbile, *agg.* → INCURABILE.
contr. medicabile, curabile.
immeditàto, *agg.* estemporaneo, impulsivo, → IMPENSATO, IMPROVVISATO.
contr. meditato, preparato, progettato, elaborato.
immelmàre, *v.tr.* e *rifl.* → INFANGARE.
immemoràbile, *agg.* → REMOTO.
contr. memorabile.

immèmore, *agg.* smemorato, irricordevole, di corta memoria, → DIMENTICO || *fig.* → INGRATO.
contr. memore, memorioso, ricordevole, grato, riconoscente.
immensità, *sf.* → ESTENSIONE.
immènso, *agg.* immensurabile, incommensurabile, incalcolabile, → GRANDE || ampio, esteso, illimitato, sconfinato, smisurato, sterminato, eccessivo, smoderato, → ENORME, VASTO, INFINITO || altissimo, sommo.
contr. piccolissimo, minimo, esíguo, limitato, meschino, ridotto, misurabile.
immensuràbile, *agg.* incommensurabile, immisurabile, smisurato, immenso, incalcolabile.
contr. misurabile, commensurabile, ridotto, misurato, limitato, esiguo, ristretto.
immèrgere, *v.tr.* tuffare, attuffare, infiggere, intingere, mergere, introdurre, profondare, sommergere, cacciar dentro, → FICCARE, AFFONDARE, BAGNARE || *fig. rifl.* inabissarsi, immergersi, buttarsi a capofitto.
nomencl. (*inerenti*) tuffo, tuffamento, immersione, immergimento, bagno, bagnatura.
contr. emergere, uscire, estrarre, cavar fuori, rimaner fuori.
immeritàto, *agg.* → INGIUSTO.
contr. meritato.
immèrito, *agg.* → INDEGNO.
immersióne, *sf.* → BAGNO, AFFONDAMENTO.
contr. emersione.
immèrso, *pps.* di immergere || *agg.* → ASSORTO.
imméttere, *v.tr.* e *rifl.* → INTRODURRE, ENTRARE || INIETTARE.
contr. emettere, estromettere, allontanare.
immigràre, *v.intr.*
contr. emigrare.
immigrazióne, *sf.*
contr. emigrazione.
imminènte, *agg.* soprastante o sovrastante, pendente || vicino ad accadere, prossimo futuro.
contr. sottostante || lontano nel futuro, remoto.
immischiàre, *v.tr.* → MESCOLARE || *rifl.* → INTROMETTERE.
immiseríre, *v.tr.* e *intr.* → IMPOVERIRE.
immissàrio, *sm.* → AFFLUENTE.
contr. emissario.
immissióne, *sf.* → INTRODUZIONE.
contr. emissione, estromissione, allontanamento.
immistióne, *sf.* → MESCOLAMENTO.
immisuràbile, *agg.* → IMMENSURABILE.
contr. misurabile.
immíte, *agg. lett.* → CRUDELE, SPIETATO, SEVERO.
contr. mite.
immòbile, *agg.* non movibile, → FISSO, FERMO, COSTANTE, ASSOLUTO.
contr. mobile, dinamico, mosso, instabile, squilibrato, vacillante, lubrico.
immobilità, *sf.* → FISSITÀ, STABILITÀ, INERZIA.
contr. mobilità.
immoderatézza, *sf.* immoderanza, → ECCESSO, SMODERATEZZA.
contr. moderatezza.
immoderàto, *agg.* → ECCESSIVO, SMODERATO.
contr. moderato.
immodèstia, *sf.* procacia, impudenza, sfacciataggine, sfrontatezza, smoderatezza, millanteria, iattanza, vanità, inverecondia, impudicizia.
contr. modestia, umiltà, moderazione.
immodèsto, *agg.* procace, sfacciato, sfrontato, spudorato, millantatore, vanitoso, inverecondo, impudico, licenzioso, → SMODERATO.
contr. modesto, ritenuto.
immolàre, *v.tr.* → DISTRUGGERE, SACRIFICARE.
immolazióne, *sf.* → DISTRUZIONE, SACRIFICIO.
immollàre, *v.tr.* → BAGNARE.
immondézza, *sf.* → IMMONDIZIA, PATTUME.
immondezzàio, *sm.* → CONCIMAIA, PATTUMIERA.
immondízia, *sf.* immondezza, sudiciume, sporcizia, bruttura, sozzura, lordura, lerciume, → SPORCO || pattume, spazzatura || rifiuti.
contr. nettezza, pulizia, purezza, limpidezza.
immóndo, *agg.* lordo, bruttato, → SPORCO, IMPURO || *fig.* corrotto, → COLPEVOLE.
contr. mondo.
immoràle, *agg.* antimorale, amorale, corrotto, guasto, scostumato, licenzioso, osceno, impudico, turpe, cinico, → IMPURO, DISONESTO.
contr. morale, onesto, puro, morigerato, corretto.
immoralità, *sf.* amoralità, disonestà, corruzione, scostumatezza, licenziosità, oscenità, turpitudine, impudicizia, cinismo, → IMPURITÀ, FANGO, DISONESTÀ.
contr. moralità, onestà, dirittura, correttezza, purezza, morigeratezza.
immortalàre, *v.tr.* eternare, immortalizzare, perpetuare, infuturare, rendere immortale || → GLORIFICARE, ONORARE || *rifl.* rendersi celebre, acquistarsi fama imperitura, passare alla posterità.
immortàle, *agg.* → ETERNO, DUREVOLE || ILLUSTRE, ALMO.
contr. mortale.
immortalità, *sf.* → ETERNITÀ, DUREVOLEZZA || FAMA.
contr. mortalità.
immòto, *agg.* immobile, non mosso, → FERMO, CONTINUO.
contr. mosso, mobile.
immúne, *agg.* illeso, incolume, libero, scampato || non perseguibile, → ESENTE, PRIVILEGIATO.
immunità, *sf.* allodialità, franchigia, → ESENZIONE, FAVORE.
immutàbile, *agg.* → FISSO, CONTINUO, IMPASSIBILE, ETERNO.
contr. mutabile.
immutabilità, *sf.* → ETERNITÀ, FISSITÀ, COSTANZA.
contr. mutabilità
immutàto, *agg.* → COSTANTE.
contr. mutato.
ímo, *agg. lett.* → BASSO || *sm.* la parte, la condizione piú bassa, → FONDO.
contr. sommo, supremo, superno.
impacciàre, *v.tr.* dar impaccio, togliere tempo o spazio, intrigare, implicare, impelagare, → DISTURBARE, IMBARAZZARE, INTRALCIARE, IMPEDIRE || *rifl.* imbrogliare, immischiarsi, ficcarsi, introdursi, ingerirsi, intromettersi.
contr. disimpacciare, spicciare, liberare || disinteressarsi.

impacciàto, *pps.* di impacciare || *agg.* → GOFFO.
impacciatóre, *sm.* → DISTURBATORE.
impàccio, *sm.* → DISTURBO, IMBARAZZO || OSTACOLO.
impaccióso, *agg.* invadente, impiccione, → NOIOSO, INTRIGANTE.
impadroníre, *v.rifl.* → CONQUISTARE.
impagàbile, *agg.* impareggiabile, → ECCELLENTE, PREZIOSO.
impagliàre, *v.tr.* → IMBALSAMARE.
impagliatíno, *agg.* e *sm.* → GIALLO.
impalancàto, *sm.* → ASSITO.
impalàto, *pps.* di impalare || *agg. ant.* infilzato, sostenuto con pali, palizzate || suppliziato, giustiziato, ucciso || *fig.* impettito, interito, compassato, → RITTO.
contr. moscio, cascante, ciondolone, abbiosciato || scattante, pronto.
impalcatúra, *sf.* ponte, armatura, palco.
impallidíre, *v.intr.* allividire, sbiancare, allibire, venir meno, scolorire, scolorarsi || offuscarsi, oscurarsi.
contr. arrossire, colorirsi, rianimarsi || illuminarsi, accendersi.
impallidíto, *pps.* di impallidire || *agg.* → PALLIDO.
impalmàre, *v.tr.* → SPOSARE.
impalpàbile, *agg.* → SOTTILE, INTANGIBILE.
contr. palpabile.
impalpabilità, *sf.* → SOTTIGLIEZZA.
contr. palpabilità.
impaludàre, *v.tr.* impadulare, impaludire, impantanare, stagnare, ristagnare, → PALUDE.
contr. prosciugare, bonificare, risanare.
impancàre, *v.rifl.* presumere, trinciar giudizi, → ATTEGGIARE.
impaniàre, *v.tr.* e *rifl.* impantanarsi, farsi accalappiare, restare alla pania, lasciarsi invescare, impegolarsi, impeciarsi, → INVISCHIARE, IMPASTOIARE || *fig.* → INGANNARE.
impantanàre, *v.tr.* e *rifl.* ricoprir di pantano, affondare nel pantano, conciarsi, infangarsi || *fig.* impaniarsi, → INVISCHIARE || → INGANNARE.
impappinàre, *v.rifl.* → IMBROGLIARE.
impappolàre, *v.tr.* → INGANNARE.
imparadisiàre, *v.tr.* → GLORIFICARE || *rifl.* → GIOIRE.
imparagonàbile, *agg.* → IMPAREGGIABILE.
contr. paragonabile.
imparàre, *v.tr.* apprendere, conoscere, acquistare cognizioni, studiare, addottrinarsi, istruirsi, impratichirsi, mandare a memoria, ritenere, imprimersi nella memoria, prendere ammaestramento, fare esperienza, iniziarsi, intendere, approfittare, mettersi in capo, beccare, studacchiare, consegnare alla memoria, imparucchiare, masticare mnemonicamente, pigliar lezione, rimparare, → ASSORBIRE.
nomencl. (*inerenti*) lezione, esercizio, ripetizione, scuola || discepolo, seguace, alunno, scolaro, principiante || maestro, insegnante, dottore || autodidatta, dilettante || imparaticcio.
contr. disimparare, dimenticare, non ritenere, non capire.
impareggiàbile, *agg.* ineguagliabile, inarrivabile, imparagonabile, incomparabile, inimitabile, inuguagliabile, impagabile, singolare, senza paragone, senza pari, senza uguali, raro, bello, → UNICO.
contr. paragonabile, uguagliabile, confrontabile, impari, comune, diffuso, ordinario.
imparentàre, *v. rifl.* apparentarsi.
ímpari, *agg.* dispari || ineguale, disuguale, insufficiente, incapace, inferiore (di forze, di meriti).
contr. pari, uguale, capace, all'altezza, simile.
imparziàle, *agg.* equanime, equabile, spassionato, equo, sereno, neutrale, indifferente, spregiudicato, → GIUSTO, DISINTERESSATO.
nomencl. *verb.* andare a pié pari, non guardare in faccia a nessuno, tener pari la bilancia, non perdonarla a nessuno, star di mezzo, spassionarsi, agire con animo sereno.
contr. parziale, ingiusto, partigiano, partitante, fazioso, discordante, passionale.
imparzialità, *sf.* neutralità, disinteresse, superiorità, → EQUITÀ, GIUSTIZIA.
contr. parzialità.
imparzialménte, *avv.* → EQUAMENTE.
contr. parzialmente.
impassíbile, *agg.* calmo, imperturbabile, indifferente, inalterabile, immutabile, tranquillo, imperterrito, stoico, impavido, tetragono, equanime, spassionato, insensibile, saldo, resistente, sereno, inaridito, → FREDDO.
contr. sensibile, sensitivo, agitato, commosso, appassionato, partitante, partecipe.
impassibilità, *sf.* imperturbabilità, indifferenza, freddezza, impassionabilità, insensibilità, calma, tranquillità, spassionatezza, stoicismo, atarassia, inalterabilità.
nomencl. *agg.* olimpica, tetragona, stoica, eroica, serena, salda.
contr. turbamento, partecipazione, commozione, passionalità, emotività.
impastàre, *v.tr.* → ATTACCARE.
impastàto, *pps.* di impastare || *agg.* → INCOLLATO || *fig.* → COMPOSTO.
impàsto, *sm.* composto, mescolanza, mistione, mistura, combinazione, amalgama.
impastocchiàre, *v.tr.* → INGANNARE.
impastoiàre, *v.tr.* legare, metter le pastoie, accalappiare, impaniare || *fig.* → IMBARAZZARE, IMBROGLIARE, IMPEDIRE || *rifl.* intrigarsi.
impataccàre, *v.tr.* → MACCHIARE.
impattàre, *v.tr.* far pari e patta, non spuntarla, non vincerla.
impauríre, *v.tr.* allarmare, metter paura, far paura, spaventare, atterrire, spaurire, disanimare, intimidire, intimorìre, sbigottire, avvilire, → INQUIETARE || *rifl.* sentir paura, sbigottirsi, allibire.
contr. rassicurare, tranquillare, calmare, incoraggiare, rendere risoluto || rassicurarsi || essere impavido, impassibile.
impavesàta, *sf.* bastingaggio, pavese, pavesata.
impàvido, *agg.* → CORAGGIOSO, IMPASSIBILE.
contr. pavido.
impazientàre, *v.intr.* e *rifl.* → IMPAZIENTIRE.
contr. pazientare.
impaziènte, *agg.* insofferente, intollerante, inquieto, irrequieto, smanioso, focoso, impulsivo, ardente, irruente, incontinente, nervoso, precipitoso, infrenabile, → DESIDEROSO.

contr. paziente, tollerante, quieto, mite, calcolato, padrone di sé, flemmatico, apatico, indifferente.

impazientíre, *v.intr.* e *rifl.* impazientare, spazientire, inquietare, perdere la pazienza, affliggersi, tapinarsi, impazzare, smaniare, → ADIRARSI, INFURIARE.

contr. pazientare, sopportare, mantenersi padrone di sé, star calmo, contenersi.

impaziènza, *sf.* intolleranza, nevrastenia, inquietudine, smania, insofferenza, ansia, apprensione, fretta, passione, → DESIDERIO, IRA.

contr. pazienza, condiscendenza, tranquillità, calma, flemma, impassibilità, imperturbabilità.

impazzàre, *v.intr.* → IMPAZZIRE.

impazzíre, *v.intr.* impazzare, ammattire, insanire, folleggiare, pazzeggiare, perder la ragione, uscir di senno, alterarsi gravemente, diventar matto, delirare, farneticare, vaneggiare, vagellare.

contr. rinsavire, star calmo.

impeccàbile, *agg.* → ONESTO, PERFETTO || DECOROSO.

impeccabilità, *sf.* → ONESTÀ, PERFEZIONE.

impeciàre, *v.tr.* spalmare di pece, insudiciare, → CALAFATARE || *fig.* impegolare, → INVISCHIARE.

impediménto, *sm.* → OSTACOLO, INGOMBRO, DIFFICOLTÀ || DISTURBO || opposizione, inibizione, → DIVIETO || *fig.* → ARGINE.

nomencl. impedimenti di matrimonio (impedienti, dirimenti) || bagagli, impedimenti militari.

impedíre, *v.tr.* contrariare, contrastare, impacciare, imbarazzare, inceppare, incagliare, intercludere, precludere, attraversare, intralciare, ostruire; sbarrare o barrare il passo, fare opposizione, impigliare, impicciare, ostare, opporsi, vincolare, arrestare, frastornare, impastoiare, mettersi contro, mozzare, reprimere, proibire, inibire, interdire, disanimare, sconcertare, sventare, vietare, intercettare, neutralizzare, tenere, trattenere, tener lontano, intrattenere, dar noia, troncare, tagliar le gambe, tarpare le ali, → OSTACOLARE, FERMARE, EVITARE, ESCLUDERE.

contr. facilitare, agevolare, dare libero passaggio, dar libero corso, permettere, liberare, aiutare, accondiscendere.

impegnàre, *v.tr.* dare in pegno, pignorare || ingaggiare, promettere, obbligarsi, compromettere, costringere, forzare, astringere, vincolare, accaparrare, → ATTIRARE, CONSIGLIARE || impegnar battaglia, → COMBATTERE || *rifl.* imbarcarsi, addossarsi, incaricarsi, accollarsi, impegolarsi, obbligarsi, vincolarsi, assumersi (degli oneri).

contr. disimpegnare, affrancare, abbandonare || liberarsi, affrancarsi.

impégno, *sm.* assunto, briga, vincolo, promessa, → OBBLIGO || zelo, fervore, diligenza, sollecitudine, premura, partecipazione, → CURA || debito.

nomencl. *agg.* contratto, stipulato, assunto, obbligato, comune, ordinario, solenne, fastidioso, noioso || *verb.* liberarsi, assumersi, accollarsi, assolvere un impegno || riuscire, spuntarla in un impegno.

contr. disimpegno, disinteresse, svogliatezza, negligenza, noncuranza, indifferenza, neutralità || libertà.

impegolàre, *v.tr.* incatramare, impeciare, → CALAFATARE || *fig.* invischiare, impaniare, attaccarsi, mettersi o impegnarsi in un'impresa rischiosa.

contr. liberare, disimpeciare || liberarsi, affrancarsi, spicciarsi, spedire, sbrigarsi, distrigarsi.

impelagàre, *v.rifl.* cacciarsi nei guai, ingolfarsi, impicciarsi, → IMBARAZZARE.

contr. spelagare (*ant.*), cavarsela, uscire da un imbarazzo, da un imbroglio, disimpegnarsi.

impellènte, *ppr.* di impellere || *agg.* → IMPERIOSO || URGENTE.

impèllere, *v.tr. lat.* spingere, forzare, premere, urgere, impulsare, obbligare.

nomencl. impulso, impulsione || impellente, impulsivo.

impèndere, *v.tr. lett. rar.* → IMPICCARE.

impenetràbile, *agg.* chiuso, inaccessibile, inesplorabile || *fig.* incomprensibile, inesplicabile, inscrutabile, imperscrutabile, oscuro, cupo, enimmatico, ermetico, indecifrabile, incomprensibile, inconoscibile, inesplicabile, misterioso.

contr. penetrabile, accessibile, aperto, permeabile || comprensibile, chiaro, perspicuo, manifesto, leggibile, evidente.

impenetrabilità, *sf.*

contr. penetrabilità, accessibilità.

impenitènte, *agg.* disperato, incallito, contumace, pervicace, → OSTINATO.

contr. penitente, contrito, fidente.

impennàre, *v.tr.* sparger di penne, mettere le penne || *rifl.* (di aerei) cabrare || *fig.* risentirsi, inalberarsi, impermalirsi, → STIZZIRE.

impensàbile, *agg.* → IMPREVISTO, INCONCEPIBILE.

contr. pensabile.

impensàto, *agg.* immeditato, → IMPREVISTO.

impensierire, *v.tr.* procurare fastidi, dar pensiero, mettere in pensiero, → INQUIETARE, CRUCCIARE, PREOCCUPARE || *rifl.* darsi pensiero, preoccuparsi, inquietarsi.

contr. non curarsi, non prendersela, lasciar correre, disinteressarsi, rimanere indifferente.

impensierito, *pps.* di impensierire || *agg.* → ANSIOSO, PERPLESSO, INQUIETO.

imperàre, *v.intr.* reggere, comandare, → DOMINARE, REGNARE, DIRIGERE.

imperatóre, *sm.* imperadore (*poet.*), cesare, despota, zar, Kaiser, mikado, scià, sultano, gran kan, negus, califfo.

nomencl. (*milizie*) ducenari, domestici, pretoriani, giannizzeri, dorifori || (*atti*) rescritto, diploma, lettere laureate.

impercettíbile, *agg.* inafferrabile, sfuggente, invisibile, → PICCOLO, MICROSCOPICO, LIEVE.

contr. percettibile.

imperdonàbile, *agg.* inescusabile, irresolvibile, irremissibile, indegno, irrecuperabile.

contr. perdonabile, scusabile, solvibile.

imperfètto, *agg.* incompiuto, incompleto, manchevole, mancante, scompletato, insufficiente, difettoso, immaturo, non finito, abbozzato, sbozzato, frammentario, cominciato, iniziato, grezzo.

contr. perfetto, pieno, ultimato, intero, compiuto, completo, maturo, maturato.

imperfezióne, *sf.* difetto, menda, manchevolezza,

mancanza, deficienza, insufficienza, fallo, pecca, viziatura, magagna, tara, decadimento, diminuzione, inferiorità, scapito, lacuna, detrimento, → ERRORE, VIZIO.
nomencl. *agg.* fisica, morale, leggera, lieve, grave, molesta, imperdonabile, mostruosa, ripugnante, brutta, impercettibile.
contr. perfezione, compiutezza, compimento.
imperiàle, *agg.* → REGALE.
impèrio, *sm.* comando, ordine, dominio, → DOMINAZIONE, SIGNORIA.
imperióso, *agg.* minaccioso, burbanzoso, → DISPOTICO, SUPERBO || *fig.* impellente, → URGENTE.
contr. sottomesso, dipendente, umile, ubbidiente || sopportabile, procrastinabile.
imperíto, *agg.* → INESPERTO, INABILE.
contr. perito, esperto, sperimentato, pratico, versato, esercitato, versatile.
imperitúro, *agg.* immarcescibile, intramontabile, continuo || → ETERNO.
contr. perituro.
imperízia, *sf.* → IGNORANZA, INESPERIENZA, INETTITUDINE.
contr. perizia.
imperlàre, *v.tr.* ornare di perle, ingemmare || *fig.* → ABBELLIRE, ORNARE.
impermalíre, *v.intr.* e *rifl.* → ADIRARSI, OFFENDERE.
impermeàbile, *agg.* || *sm.* → CAPPOTTO.
contr. permeabile.
impermeabilità, *sf.*
contr. permeabilità.
impermutàbile, *agg.*
contr. permutabile.
imperscrutàbile, *agg.* → IMPENETRABILE.
contr. perscrutabile.
impersonalità, *sf.* monotonia, confusione, senza carattere, inconsistenza, → ESSERE.
contr. personalità.
impertèrrito, *agg.* → IMPASSIBILE.
impertinènte, *agg.* → INSOLENTE.
imperturbàbile, *agg.* → IMPASSIBILE, CALMO.
contr. perturbabile.
imperturbabilità, *sf.* → IMPASSIBILITÀ, CALMA, CARATTERE.
contr. perturbabilità, emotività, agitazione, commozione, passionalità.
imperversàre, *v.intr.* infuriare, infierire, incrudelire, inferocire, tempestare, imbestialirsi, dare in escandescenze, sfrenarsi, scagliarsi, disfrenarsi.
contr. contenersi, dominarsi, moderarsi, stare nei limiti, stare calmo.
impèrvio, *agg.* malagevole, difficilmente raggiungibile || impraticabile, inaccessibile, irraggiungibile, inarrivabile.
contr. pèrvio, accessibile, accostabile, praticabile, raggiungibile.
impetígine, *sf.* → ERPETE.
ìmpeto, *sm.* assalto, aggressività, impetuosità, émpito, fiotto, foga, slancio, fuga, furore, irruenza, onda, pressa, ressa, serra, spinta, tempesta, fiumana, torrente, voga, violenza, veemenza, raffica, marea, impulso, passione, moto, → FURIA, FORZA || fare impeto, → ASSALIRE.
nomencl. *agg.* violento, irresistibile, irrefrenabile, travolgente, veemente, irruente, sfrenato, furioso, potentissimo, rabbioso, tempestoso, indiavolato, indiascolato || *verb.* investire, scagliarsi, sferrarsi, sfrenarsi, prorompere, precipitarsi, avventurarsi, irrompere, infuriare, cozzare, urtare, diminuire, spegnersi, smorzarsi || trattenere, resistere, reprimere, frenare, placare.
contr. calma, flemma, freddezza, mitezza, placidità, tranquillità, pacatezza, flaccidezza.
impetràre, *v.tr.* ottenere pregando, conseguire, meritare, acquistare (grazie, ecc.).
impettíto, *agg.* → IMPALATO, DIRITTO, TRONFIO.
impetuóso, *agg.* precipitoso, irruente, focoso, rabbioso, tempestoso, violento, aggressivo, impulsivo, veemente, appassionato, → FURENTE, FRETTOLOSO.
contr. calmo, pacato, flemmatico, tranquillo, mite.
impiagàre, *v.tr.* → PIAGARE.
impiallacciatóre, *sm.* → FALEGNAME.
impiallacciatúra, *sf.* → INTARSIO.
impiantàre, *v.tr.* fondare, avviare, mettere in piedi, collocare, porre, → INIZIARE || *rifl.* collocarsi.
contr. spiantare.
impiantíto, *sm.* → PAVIMENTO.
impiànto, *sm.* installazione, fondazione, collocazione, arredamento, ordinamento || struttura, costruzione, modo del costruire.
impiastràre, *v.tr.* → CALAFATARE, SPORCARE, IMPIASTRICCIARE.
impiastricciàre, *v.tr.* appiastrare, appiastricciare, impiastrare, imbrattare, pasticciare, → FARE, IMBROGLIARE, ACCOMODARE.
contr. tergere, detergere, pulire, nettàre.
impiàstro, *sm.* cataplasma, cerotto, empiastro, erbolato, pecetta, poltiglia, polentina, vescicante, → RIMEDIO, MEDICAMENTO || *fig. scherz.* → PASTICCIO, IMBROGLIO || BELLETTO || *fig.* persona molesta, indiscreta, maldestra.
nomencl. (*esempi*) cerone, colle, gelatine, mussoline, diapalma, diachilon, *manus Dei*, unguento || *agg.* bruciato, resinoso, caldo, fondente.
impiccagióne, *sf.* appiccamento, appiccatura, impiccatura, capestro.
impiccàre, *v.tr.* appiccare, inforcare, afforcare, impendere, mandare alla forca, strangolare, giustiziare, ap piccare per la gola, appendere, sospendere, spenzolar || *rifl.* uccidersi.
nomencl. (*pertinenti*) forca, capestro, fune, canapello, nodo scorsoio, cappio, laccio || impiccatore, boia, giustiziere || forcaiolo.
impiccatúra, *sf.* → IMPICCAGIONE.
impicciàre, *v.tr.* dare impiccio, → IMPEDIRE || *rifl.* → IMBARAZZARE, FARE.
impicciníre, *v.tr.* → IMPICCIOLIRE.
impíccio, *sm.* impaccio, imbroglio, noia, fastidio, difficoltà, impedimento, → IMBARAZZO || guaio.
impicciolimento, *sm.* impiccolimento, → DIMINUZIONE.
contr. ingrandimento, ingrossamento.
impicciolíre, *v.tr.* impiccinire, rimpicciolire, impiccolire, restringere, → SMINUIRE, DIMINUIRE || *intr.* farsi piccino.
contr. ingrandire, ingrossare, aumentare, dilatare.

impicciolíto, *pps.* di impicciolire || *agg.* → DIMINUITO.
impiccoliménto, *sm.* impicciolimento, → DIMINUZIONE.
impiccolíre, *v.tr.* → IMPICCIOLIRE, DIMINUIRE.
impiegàre, *v.tr.* dare un impiego, un'occupazione || utilizzare, fruire, godere, → USARE || *rifl.* trovar impiego.
impiegàto, *pps.* di impiegare || *sm.* funzionario, pubblico ufficiale, stipendiato, coadiutore, copista, scrivano, applicato, assistente, commesso, sorvegliante, commissario, → BUROCRATE.
nomencl. (*distinzioni*) amovibile, inamovibile, anziano, decano, di ruolo, effettivo, supplente, provvisorio, incaricato, interinale, straordinario, ordinario, in aspettativa, in disponibilità, a disposizione, di ordine, di concetto, emerito, disoccupato, subalterno, rimosso, licenziato, in congedo, pensionato, giubilato || (*qualifiche*) aggiunto, collega, superiore, inferiore, pari grado, apprendista, tirocinante, volontario, aspirante, concorrente || (*inerenti*) alloggio, attribuzioni, benservito, congedo, aspettativa, carriera, concorso, diaria, destinazione o sede, dimissione, rinuncia, licenziamento, revoca, rimozione, esclusione, destituzione, orario, turno, servizio, stipendio, paga, indennità, gettone di presenza, indennità (di trasferta, di carica, di studio, ecc.), ruolo, organico, pensione, gratifica, trasferimento, licenza, vacanza || (*reati*) malversazione, concussione, baratteria, peculato, prevaricazione, abuso d'autorità, falso in atto pubblico || *agg.* buono, cattivo, diligente, zelante, attento, preciso, assiduo, sollecito, scrupoloso, laborioso, negligente, incapace, trascurato, disattento, pigro, neghittoso || *verb.* far carriera, concorrere, coprire un impiego, dimettersi, disimpiegare, rimuovere, trasferire, subentrare, trapiantare, vincere un concorso, entrare in ruolo.
impiègo, *sm.* carica, ufficio, dignità, incarico, occupazione, posto, mansione, funzione, lavoro, benefizio, canonicato, sinecura || (di danaro) → INVESTIMENTO.
nomencl. *agg.* buono, vantaggioso, conveniente, misero, magro, inadeguato, vacante, elevato, alto, basso, infimo || bene o mal retribuito.
impietosíre, *v.tr.* → COMMUOVERE.
impietosíto, *pps.* di impietosire || *agg.* → COMMOSSO.
impietràre, *v.tr.* impietrire, → PIETRIFICARE.
contr. spetrare.
impietríre, *v.tr.* impietrare, → PIETRIFICARE || *intr.* e *rifl.* divenire insensibile, duro, crudo.
contr. diventare o conservarsi tenero, sensibile; impietosirsi, rabbonirsi; spetrare.
impigliàre, *v.tr.* → AVVOLGERE, IMBARAZZARE, IMPEDIRE || *rifl.* → ARENARSI.
impigríre, *v.intr.* e *rifl.* diventar pigro, lento, accidioso; intorpidirsi, impoltronirsi, incarognirsi, infiacchirsi, infingardire, anneghittire.
contr. spigrire, spigrirsi, spoltrire, spoltrirsi, rendersi attivo, energico.
impillaccheràre, *v.tr.* e *rifl.* → INFANGARE, MACCHIARE.
impillaccheràto, *pps.* di impillaccherare || *agg.* → MACCHIATO.
impinguaménto, *sm.* → GRASSEZZA.
impinguàre, *v.tr.* impinguire → INGRASSARE || *fig.* arricchire || *rifl.* diventar pingue || arricchirsi.
impinzàre, *v.tr.* → RIMPINZARE.
impiombàre, *v.tr.* riempire di piombo || sigillare, chiudere, → FERMARE.
contr. spiombare.
impipàre, *v.rifl.* → INFISCHIARE.
implacàbile, *agg.* inflessibile, duro, crudele, → OSTINATO, INESORABILE.
contr. mite, ragionevole, misericordioso, amorevole, generoso, pietoso.
implicàre, *v.tr.* → COINVOLGERE, AVVOLGERE || *rifl.* mescolarsi, ficcarsi.
implícito, *agg.* → SOTTINTESO.
contr. esplicito.
imploràre, *v.tr.* → DOMANDARE, PREGARE, ADORARE.
implorazióne, *sf.* → DOMANDA, PREGHIERA.
implúme, *agg.*
contr. piumato, pennuto.
impolítico, *agg.* contrario alla buona politica, non diplomatico, incauto, → IMPRUDENTE, INOPPORTUNO.
contr. polítíco; prudente, opportuno.
impolpàre, *v.tr.*, *intr.* e *rifl.* → INGRASSARE, RIMPOLPARE.
contr. spolpare.
impoltroníre, *v.tr.* e *intr.* → POLTRIRE, IMPIGRIRE.
contr. spoltronire.
impolveràre, *v.tr.* coprir di polvere, sporcare, imbrattare.
contr. spolverare.
imponènte, *ppr.* di imporre || *agg.* → ENORME, GRANDE.
imponènza, *sf.* *neol.* → GRAVITÀ || ostentazione, prosopopea.
impopolàre, *agg.* sgradito (al popolo), antipopolare.
contr. popolare, demagogico.
imporràre o **imporríre,** *v.intr.* → AMMUFFIRE, MARCIRE.
impórre, *v.tr.* porre sopra || ingiungere, intimare, dettare, comandare, → ATTRIBUIRE, COMMINARE, OBBLIGARE, TASSARE || prevalere, sovrastare, → INFLUIRE.
importànte, *ppr.* di importare || *agg.* rilevante, interessante, considerevole, influente, notevole, cospicuo, di molto peso, di molto valore o prezzo, di grande interesse, significante, notabile, essenziale, principale, insigne, accreditato, → AUTOREVOLE, FAMOSO, GRANDE, GRAVE.
contr. irrilevante, scarso, modesto, trascurabile, insignificante.
importànza, *sf.* cospicuità, interesse, rilievo, entità, peso, valore, momento, effetto, efficacia, autorità, credito, influsso, stima, → GRAVITÀ, GRADO, CONSIDERAZIONE, CONSEGUENZA || imponenza, ostentazione, prosopopea, boria.
nomencl. pallone gonfiato, barbassoro, saccente; presuntuoso, tronfio || falsa grandezza, arrivismo || *agg.* capitale, fondamentale, grande, somma, straordinaria, immensa, trascurabile, piccola, minima, ridicola, goffa || *loc. avv.* da poco || *verb.* acquistare, crescere, perdere, scemare, diminuire, ostentare, darsi delle arie, sapersi fare della propaganda, far cascar dall'alto, pesare, contare, importare.
contr. irrilevanza, insignificanza, trascurabilità, modestia.
importàre, *v.intr.* aver peso, valore, interesse, importanza; premere, calere, stare a cuore || costare, valere,

ammontare || → OCCORRERE || *tr.* → CAGIONARE || → COMMERCIARE, ENTRARE.
contr. esportare.
importatóre, *agg.* e *sm.*
contr. esportatore.
importazióne, *sf.* → COMMERCIO, INTRODUZIONE.
contr. esportazione.
impòrto, *sm. neol.* → PREZZO.
importunàre, *v.tr.* molestare, uggire, assillare → DISTURBARE, INFASTIDIRE, ANNOIARE, ASSEDIARE.
importunità, *sf.* inopportunità, noia, molestia, seccatura, intempestività, insistenza, assedio, assillo, fastidio, impaccio, → INDISCREZIONE.
contr. opportunità, discrezione, diplomazia, discernimento, moderazione.
importúno, *agg.* fastidioso, seccante, noioso, impiastro, cataplasma, stucchevole, pesante, tedioso, molesto, → DISTURBATORE, INDISCRETO, INOPPORTUNO.
contr. accolto, bene accetto, gradito, desiderato, ambito, agevole.
importuóso, *agg.*
contr. portuoso.
imposizióne, *sf.* →COMANDO || GRAVEZZA, TASSA, IMPOSTA.
impossessàre, *v.rifl.* prendere possesso, acquistare possesso, impadronirsi, → CONQUISTARE, AVERE.
impossíbile, *agg.* inattuabile, irrealizzabile, ineseguibile, inapplicabile, impraticabile, difficile, utopistico, inammissibile, irreale, illogico, → ASSURDO.
contr. possibile, facile, realizzabile, attuabile, fattibile, conseguibile, ammissibile.
impossibilità, *sf.* inattuabilità, irrealizzabilità.
contr. possibilità, fattibilità, attuabilità, realizzabilità.
impòsta¹, *sf.* sportello, battente, persiana, scuro, scuretto, gelosia, impostame.
nomencl. (*varietà*) di legno, di ferro, lavorata, dorata, a bande ripiegate, a libriccino, a due bande, formellata, liscia, traforata, a ventola || (*parti, accessori*) abboccatura, anima, cardine, contrafforte, spranghe, arpione, bandella, saliscendi, paletto, stipite, nottolino, telaio, chiavistello, serratura || spiraglio || *verb.* accostare, chiudere, socchiudere, ribattere, rabbattere, ingangherare, aprire, sbandellare, spalancare, sbatacchiare.
impòsta², *sf.* imposizione, contributo, contribuzione, tributo, carico, dazio, dogana, tassa, canone.
nomencl. (*termini storici*) gravame, gravezza, aggravio, sopraccarico, taglia, taglione, prestanza, prestazione, gravamine, avania, angaria, angheria, balzello, accatto, decima, vicesima, gabella, capitazione, casatico, catasto, decimo di guerra, donativo o prestito forzoso, oro lustrale, oro alla patria, prediali, requisizione, testatico, fuocatico o focatico o imposta di famiglia || (*distinzioni*) personale, reale, diretta, indiretta, ordinaria, straordinaria, comunale, provinciale, governativa o erariale, consorziale, proporzionale, progressiva, sugli affari, di ricchezza mobile, di famiglia, sovrimposta, addizionale, cedolare || (*attinenti*) accertamento, denuncia dei redditi, balzo, esazione, estimo, gettito, ratizzo, remissione, sgravio, unificazione, agenzia delle imposte, esattoria; commissione comunale, provinciale, mandamentale delle imposte; fisco, erario, finanza, intendenza || agente delle imposte, esattore, gabellotto, perequatore || *agg.* onerosa, pesante, arbitraria, esagerata, ingiusta || *verb.* imporre, mettere, gravare, sottoporre a tassa, angariare, opprimere, spillare, spolpare, torchiare, tosare, mungere, scorticare, dissanguare; alleggerire, diminuire, condonare, rimborsare.
impostàre¹, *v.tr.* → CAUSARE, DETERMINARE || indirizzare, orientare, preparare, → INIZIARE || *rifl.* → ATTEGGIARE.
impostàre², *v.tr.* imbucare, spedire.
impostatúra, *sf.* impostazione || *spreg.* attitudine boriosa, superba || della voce, → CANTANTE, VOCE.
impostíme, *sm.* sedimentazione, fanghiglia, deposito terroso, posatura.
impósto, *pps.* di imporre || *agg.* comandato, imperato, → DOVEROSO.
impostóre, *sm.* fariseo, ipocrita, ciarlatano, imbroglione, ingannatore, tartufo, → FALSO, CALUNNIATORE.
contr. uomo probo, sincero, veritiero, leale, onesto.
impostúra, *sf.* → BUGIA, FINZIONE.
contr. probità, sincerità, verità, lealtà, onestà.
imposturàre, *v.tr.* → INGANNARE.
impotènte, *agg.* → DEBOLE || STERILE || INEFFICACE, INETTO.
contr. potente, fecondo, fertile, fruttifero, capace, valido, produttivo, virile.
impotènza, *sf.* → DEBOLEZZA || STERILITÀ || INEFFICACIA.
contr. potenza, virilità, fecondità, fertilità, validità.
impoveríre, *v.tr.* rendere povero, depauperare, immiserire, → DISSANGUARE, ROVINARE || *rifl.* diventar povero.
contr. arricchire, locupletare, diventare o fare ricco.
impoveríto, *pps.* di impoverire || *agg.* decaduto, → POVERO.
contr. arricchito.
impraticàbile, *agg.* → IMPERVIO || *fig.* uomo difficile, permaloso, iracondo inaccostabile.
contr. praticabile.
impratichíre, *v.tr.* e *rifl.* rendere o diventare pratico, capace, esperto, abile, → IMPARARE.
imprecàre, *v.intr.* → BESTEMMIARE, AUGURARE (male), MALEDIRE.
imprecazióne, *sf.* → BESTEMMIA, MALEDIZIONE.
imprecisióne, *sf.* indeterminatezza, inesattezza, approssimazione.
contr. precisione, esattezza, fedeltà.
imprecíso, *agg.* non accurato, → INFEDELE.
contr. preciso, esatto, fedele, appropriato.
impregiudicàto, *agg.* incensurato, non censurato || irrisolto, non deciso, non stabilito.
contr. pregiudicato || deciso, risolto, stabilito.
impregnàre, *v.tr.* → IMBEVERE, ASSORBIRE, RIEMPIRE || ingravidare.
impregnàto, *pps.* di impregnare || *agg.* → PIENO.
imprèndere, *v.tr.* intraprendere, avviare, → COMINCIARE.
imprendíbile, *agg.* → INESPUGNABILE.
contr. prendibile.
imprenditóre, *sm.* → COSTRUTTORE, IMPRESARIO.
impreparazióne, *sf.* abborracciamento, improvvisazione, faciloneria, → DILETTANTISMO.
contr. preparazione.
imprésa, *sf.* intrapresa, opera, attività, lavoro, iniziativa, → AZIONE, COMPITO || gesta, atto, azione militare,

fatto di guerra, spedizione || insegna, motto d'un'insegna, bandiera || azienda, → APPALTO, COOPERATIVA.
nomencl. *agg.* audace, coraggiosa, intrepida, ardita, temeraria, arrischiata, trepida, vigliacca, timida, difficile, ardua, spinosa, complicata, facile, semplice, agevole, possibile, disgraziata, sfortunata, infelice, fortunata, felice, erculea, eroica, eroicomica, ignobile, leggendaria, mitica, favolosa, meravigliosa, matta, pazza, dissennata, insensata, stravagante, stramba, bizzarra, pericolosa, rischiosa, scellerata, empia, infame, iniqua, nefanda, esecranda, straordinaria, eccezionale, insolita, prodigiosa, incredibile, singolare, normale, semplice, naturale, rocambolesca, furfantesca || *verb.* accingersi, preparare, allestire, cessare, sospendere, acquistare terreno, prendere vantaggio, andare avanti, partecipare, favorire, intraprendere, appaltare.

impresàrio, *sm.* imprenditore, assuntore (di lavori), intraprenditore, responsabile, accollatario, → APPALTATORE, COSTRUZIONE.

imprescrittíbile, *agg.*
contr. prescrittibile.

imprescrittibilità, *sf.* → ETERNITÀ.
contr. prescrittibilità.

impressionàbile, *agg.* → EMOTIVO.

impressionabilità, *sf.* → EMOTIVITÀ.

impressionàre, *v.tr.* fare impressione, eccitare il sentimento, eccitare l'emotività, toccare l'animo, concitare, colpire, turbare, commuovere, sbigottire, scuotere, agitare, dare nell'occhio, far breccia, far colpo, far senso, toccare nel vivo, toccare il cuore, sconcertare, urtare i nervi || *rifl.* provare impressione, turbarsi || → IMPRIMERE.
contr. lasciare insensibile, indifferente, apatico.

impressionàto, *pps.* di impressionare || *agg.* → COMMOSSO.

impressióne, *sf.* impronta, segno, influsso || stampa, ristampa, edizione || *fig.* viva sensazione, turbamento, sbigottimento, emozione, suggestione, stupore, raccapriccio, agitazione, allucinazione, contraccolpo, costernazione, scoramento, eccitamento, eccitazione, concitazione, influsso || → EFFETTO || OPINIONE.
nomencl. *agg.* viva, vivida, forte, gagliarda, energica, piacevole, gradevole, gradita, divertente, simpatica, spassosa, spiacevole, sgradita, disgustosa, noiosa, dolorosa, penosa, triste, amara, rattristante, lieta, allietante, debole, tenue, potente, favorevole, sfavorevole, buona, ottima, mediocre, brutta, cattiva, pessima, eccellente, profonda.
contr. indifferenza, apatía, insensibilità, ottusità.

imprèstito, *sm.* → PRESTITO.

imprevedíbile, *agg.* inavvertibile, improvviso, inimmaginabile, inopinabile, → IMPREVISTO.
contr. prevedibile.

imprevidènte, *agg.* improvvido, inavveduto, incauto, inconsiderato, leggero, avventato, → IMPRUDENTE.
contr. previdente, cauto, prudente.

imprevidènza, *sf.* improvvidenza, imprudenza, avventatezza, stolidità, inconsideratezza, inavvedutezza.
contr. previdenza, prudenza, saggezza, cautela.

imprevísto, *agg.* impensabile, impensato, imprevedibile, inimmaginabile, inatteso, inaspettato, improvviso, subitaneo, inavvertito.
contr. previsto, atteso, temuto || prevedibile, immaginabile,

imprigionaménto, *sm.* → CARCERAZIONE.
contr. sprigionamento || scarcerazione.

imprigionàre, *v.tr.* → CARCERARE || rinchiudere, ingabbiare, rinserrare, trattenere, tener stretto.
contr. sprigionare, lasciar andare, lasciar libero || scarcerare.

imprímere, *v.tr.* e *rifl.* improntare, marcare, segnare, suggellare, → STAMPARE, PREMERE || INFONDERE.
contr. non lasciar traccia || spianare, lisciare, cancellare.

improbàbile, *agg.* → DUBBIO, INVEROSIMILE, INCERTO.
contr. probabile, attendibile, credibile, verosimile.

improbabilità, *sf.*
contr. probabilità.

improbità, *sf.* → DISONESTÀ, MALVAGITÀ.
contr. probità.

ímprobo, *agg.* → MALVAGIO || FATICOSO.
contr. probo.

improduttívo, *agg.* sterile, infruttifero.
contr. produttivo, fertile, fecondo.

imprónta, *sf.* calco, orma, segno, marca, marchio, stampo, sigillo, stigma, stimmate, intaglio, risega, → IMPRESSIONE, IMMAGINE, CARATTERE, BOLLO.
nomencl. *agg.* delebile, indelebile, incancellabile; perpetua, eterna, labile, sacra, divina, umana, animale.

improntàre, *v.tr.* → EFFIGIARE, CONIARE, IMPRIMERE, BOLLARE.

improntitúdine, *sf.* → INDISCREZIONE, SFACCIATAGGINE.
contr. discrezione, pudore, peritanza, verecondia, prudenza.

imprónto, *agg.* importuno, → INDISCRETO, SFACCIATO.

impropèrio, *sm.* → INGIURIA, VILLANIA.
nomencl. *verb.* ingiuriare, improperare, rimproverare.

impropriaménte, *avv.* → ABUSIVAMENTE.
contr. propriamente.

improrogàbile, *agg.* indilazionabile, indifferibile.
contr. prorogabile, differibile, rimandabile.

improsciuttíre, *v.intr.* impresciuttire, diventar magro, asciutto, → DIMAGRIRE.

improvvidènza, *sf. lett.* → IMPREVIDENZA.

impròvvido, *agg.* incauto, irriflessivo, → IMPREVIDENTE.
contr. provvido.

improvvisaménte, *avv.* a bruciapelo, bruscamente, subitamente, di repente, precipitosamente, all'istante, al momento, sull'atto, ad un tratto, lí per lí, inaspettatamente, all'improvviso, alla sprovveduta, di puntimbianco, di sbalzo, sui due piedi, detto fatto, *ex abrupto*, → SUBITO.
contr. gradatamente, a poco a poco, lentamente, adagio adagio, meditatamente, calcolatamente, tempestivamente.

improvvisàre, *v.tr.* dire, fare, allestire o combinare qualcosa all'improvviso, senza preparazione; dire *ex-tempore*, poetare a braccia, cantare all'improvviso, gettar giú uno scritto.
contr. impostare, preparare, pensarci su, meditare.

improvvisàta, *sf.* → SORPRESA.

improvvisàto, *pps.* di improvvisare || *agg.* istantaneo,

impreparato, immeditato, impulsivo, estemporaneo, tumultuario, → IMPROVVISO.
contr. meditato, preparato, pensato.
improvvisazióne, *sf.* abborracciamento, ìmpreparazione, faciloneria.
improvvíso, *agg.* improvvisato, istantaneo, fulmineo, estemporaneo, insospettato, insperato, pronto, repente, repentino, sfolgorante, rapido, inavvertito, impreveduto, inaspettato, subitaneo, precipitoso, inopinato, inatteso, → IMPREVISTO.
nomencl. fulmine a ciel sereno, colpo.
contr. lento, graduale, previsto, preveduto, calcolato, atteso, meditato.
imprudènte, *agg.* avventato, inconsiderato, incauto, sconsigliato, irriflessivo, inopportuno, improvvido, inconsulto, impolitico, imprevidente, malaccorto, malcauto, malconsigliato, precipitoso, sconsiderato, corrivo, temerario, audace, folle, cieco, pazzo, arrischiato, azzardato, indiscreto, intempestivo, frivolo, → PERICOLOSO.
contr. prudente, cauto, riflessivo, giudizioso, circospetto, previdente, accorto, calcolato, guardingo, discreto.
imprudènza, *sf.* avventatezza, avventataggine, corrività, inconsideratezza, irriflessione, inopportunità, intempestività, temerarietà, rischio, precipitazione, audacia, follia, → IMPREVIDENZA || faccia tosta.
contr. prudenza, ponderazione, calma, saviezza, circospezione, riflessione, cautela, calcolo, tempestività, previdenza, accortezza.
impúbere, *agg.* e *sm.* → FANCIULLO.
contr. púbere.
impudènte, *agg.* sfacciato, sfrontato, spudorato, svergognato, inverecondo, facciatosta, faccia di bronzo, petulante, impronto, insolente, impertinente, procace, → CINICO.
contr. riguardoso, discreto, contegnoso, delicato, prudente, pudico, pudibondo.
impudènza, *sf.* sfacciataggine, sfrontatezza, spudoratezza, improntitudine, facciatosta, petulanza, presunzione, arroganza, insolenza, → CINISMO, IMMODESTIA.
contr. pudicizia, riguardo, discrezione, contegno, delicatezza, prudenza, peritanza.
impudicízia, *sf.* mancanza di pudore, lascivia, licenziosità, inverecondia, incontinenza, indecenza, disonestà, procacia, → IMMORALITÀ, OSCENITÀ.
contr. pudicizia, continenza, pudore, temperanza, verecondia, decenza.
impudíco, *agg.* spudorato, indecente, lascivo, inverecondo, immodesto, procace, svergognato, sfacciato, sfrontato, sboccato, disonesto, sudicio, → IMMORALE, OSCENO, IMPURO.
contr. pudico, decente, morale, continente, verecondo, vergognoso.
impugnàbile, *agg.* oppugnabile, contestabile, negabile, discutibile, → DUBBIO.
contr. inoppugnabile, incontestabile, indubbio, indiscutibile, assecondabile.
impugnàre, *v.tr.* afferrare, stringere in pugno || *fig.* contrastare, contraddire, contrariare, oppugnare, contestare, → OPPORRE, BIASIMARE.
contr. accettare, approvare, essere d'accordo, convenire.
impugnatúra, *sf.* → MANICO, ELSA.
impugnazióne, *sf.* → OPPOSIZIONE.
impulsióne, *sf.* → IMPULSO, SPINTA.
impulsívo, *agg.* irriflessivo, focoso, emotivo, iroso, scattante, impressionabile, → FURENTE, ISTINTIVO.
contr. moderato, ragionevole, mite, calmo, tranquillo, pacato, sereno, contenuto.
impúlso, *sm.* impulsione, spinta, urto || *fig.* eccitamento, movente, incitamento, mozione, → IMPETO, STIMOLO, ISTINTO.
contr. ritegno, freno, autodominio, peritanza, timidezza.
impúne, *agg.* → IMPUNITO.
contr. punito.
impuneménte, *avv.* senza pena, senza danno, senza pericolo, senza punizione, senza rischio.
contr. pericolosamente, rischiosamente.
impunità, *sf.* immunità, irresponsabilità, esenzione da pena, da castigo.
contr. imputabilità, condannabilità, pena.
impuníto, agg. impune, non punito, libero o immune da pena, invendicato, inulto.
contr. punito, vendicato.
impuntàre, *v.intr.* dar di punta, → INCIAMPARE || *rifl.* → FISSARE, FERMARE || *fig.* → OSTINARE.
impuntatúra, *sf.* ostinazione, cocciutaggine, presa di posizione, affermazione.
impuntigliàre, *v.rifl.* → OSTINARE.
impurità, *sf.* immoralità, libidine, lascivia, lordura, bruttura, sozzura, sconcezza, guasto, sporcizia, infezione.
contr. purità, purezza, castigatezza, sanità, pulizia.
impúro, *agg.* immondo, immorale, intemperante, incontinente, osceno, disonesto, scostumato, sozzo, sporco, impudico || alterato, lordato, contaminato, torbido, infetto, → FECCIOSO.
contr. puro, limpido, pulito, incontaminato, onesto, illibato, castigato.
imputàbile, *agg.* incriminabile, incolpabile, accusabile, responsabile, perseguibile, colpevole.
contr. discriminabile, incolpevole, immune, irresponsabile.
imputabilità, *sf.* responsabilità, → COLPEVOLEZZA.
contr. incolpevolezza.
imputàre, *v.tr.* → ACCUSARE, ATTRIBUIRE, INCRIMINARE.
imputàto, *pps.* di imputare || *agg.* e *sm.* giudicabile, prevenuto, incriminato, reo, incolpato, → ACCUSATO.
contr. accusatore, giudice.
imputazióne, *sf.* → ACCUSA.
imputrescíbile, *agg.* imputrefattibile, → INCORRUTTIBILE.
contr. putrescíbile, putrefattibile, corruttibile.
imputridíre, *v.intr.* diventar putrido, guastarsi, → PUTREFARE, MARCIRE.
imputridíto, *pps.* di imputridire || *agg.* → INFETTO.
inàbile, *agg.* inetto, inadatto, incapace, imperito, inesperto, malaccorto, maldestro, insufficiente, mal pratico, → IMPRUDENTE.
contr. abile, atto, perito, capace, esperto, destro, accorto, sufficiente.
inabilità, *sf.* incapacità, → INESPERIENZA, INETTITUDINE.

contr. abilità.

inabilitàre, *v.tr.* → INTERDIRE.

contr. abilitare.

inabilitazióne, *sf.* → INTERDIZIONE.

contr. abilitazione.

inabissaménto, *sm.* sprofondamento || → DISTRUZIONE.

inabissàre, *v.tr.* mettere, buttare, gettar nell'abisso, → SOMMERGERE, DISTRUGGERE || *rifl.* affondare, lasciarsi andare, sprofondare, scoscendere, immergersi, perdersi.

inabitàbile, *agg.*

contr. abitabile.

inabitàto, *agg.* → ABBANDONATO, DESERTO.

contr. abitato.

inabolíbile, *agg.* insopprimibile, non annullabile, non levabile.

contr. abolibile.

inaccessíbile, *agg.* inavvicinabile, → IMPERVIO || chiuso, IMPENETRABILE.

contr. accessibile, aperto, apribile.

inaccessibilità, *sf.*

contr. accessibilità.

inaccettàbile, *agg.* non accettabile, da respingersi, intollerabile || → INVEROSIMILE.

contr. accettabile, tollerabile, sopportabile || credibile.

inacerbíre, *v.tr.* rendere acerbo, lazzo || *fig.* esacerbare, incattivire, inacidire, inasprire; incattivirsi, inacidirsi, inasprirsi.

contr. disacerbare, addolcire.

inacetíre, *v.tr.* render acido, acidificare || *intr.* diventare aceto (del vino), inacidire, diventar acido, infortire, imbruschire || *fig.* → INASPRIRE.

contr. addolcire || addolcirsi.

inacetíto, *pps.* di inacetire || *agg.* → ACIDO, FORTE.

inacidíre, *v.intr.* → INACETIRE.

inacidíto, *pps.* di inacidire || *agg.* → ACIDO || *fig.* aspreggiato, inasprito, inacerbito, inciprignito, amareggiato, esacerbato, esulcerato, esasperato, deluso.

contr. migliorato, raddolcito, maturato, sereno, equanime, placato, mitigato, soddisfatto.

inacutíre, *v.tr.* e *intr.* → ACUIRE.

inadattàbile, *agg.* → INCOMPATIBILE.

contr. adattabile, compatibile.

inadeguatézza, *sf.* → INSUFFICIENZA, SPROPORZIONE.

contr. adeguatezza.

inadeguàto, *agg.* → SCARSO, INSUFFICIENTE.

contr. adeguato.

inadempiènza, *sf.* → INOSSERVANZA.

contr. adempienza.

inadempiménto, *sm.* inosservanza.

contr. adempimento, osservanza.

inadopràbile, *agg.* → INSERVIBILE.

contr. adoprabile, adoperabile.

inagitàto, *agg.* non agitato, → CALMO.

contr. agitato.

inagrestíre, *v.intr.* → INASPRIRE.

inagríre, *v.intr.* → INASPRIRE.

inalatóre, *sm.* polverizzatore, spruzzatore, nebulizzatore.

inalazióne, *sf.* assorbimento, aerosol.

inalberàre, *v.tr.* → ALZARE, ELEVARE || *rifl.* impennarsi, → ADIRARSI.

inalidíre, *v.tr.* alidire, rendere alido, arido, → DISSECCARE, INARIDIRE.

inalienàbile, *agg.* invendibile, non cedibile, irrinunciabile.

contr. alienabile, vendibile, commerciabile, rinunciabile.

inalteràbile, *agg.* immutabile, freddo, apatico, → IMPASSIBILE || INCORRUTTIBILE || perseverante.

contr. alterabile, mutabile, irritabile, emotivo.

inalterabilità, *sf.* → IMPASSIBILITÀ, COSTANZA || INCORRUTTIBILITÀ.

contr. alterabilità, mutabilità, fragilità, impressionabilità.

inalteràto, *agg.* → COSTANTE.

contr. alterato.

inalveàre, *v.tr.* incanalare.

contr. disalveare, esalveare.

inamàbile, *agg.*

contr. amabile.

inamabilità, *sf.*

contr. amabilità.

inamidàre, *v.tr.* insaldare, stirare.

inamidàto, *pps.* di inamidare || *agg.* rigido, tirato, polito, solenne, pomposo (di persona, di stile).

inammendàbile, *sgg.* inemendabile, → INCORREGGIBILE.

contr. emendabile, correggibile.

inammissíbile, *agg.* non ammissibile, → INVEROSIMILE.

contr. ammissibile.

inamovíbile, *agg.* → STABILE.

contr. amovibile.

inamovibilità, *sf.*

contr. amovibilità.

inàne, *agg.* vuoto, vacuo, vano, → INUTILE.

inanellàre, *v.tr.* arricciolare, → INCRESPARE.

inanimàre, *v.tr.* inanimire, animare, → INCORAGGIARE.

contr. disanimare, accasciare.

inanimàto, *pps.* di inanimare || *agg.* privo d'anima, → ESANIME.

contr. disanimato.

inanimíre, *v.tr.* animare, → INCORAGGIARE.

contr. disanimare, accasciare.

inanità, *sf.* → INUTILITÀ.

inanizióne, *sf.* denutrizione, mancanza di nutrimento, estenuazione, languore, sfinimento, inedia, esaurimento, sfinitezza, → FAME.

contr. satollamento, sazietà, saturità, ripienezza.

inappagàbile, *agg.* insaziabile, insaturabile, insoddisfabile.

contr. appagabile, saziabile, esuberante, saziativo, soddisfacente, esaustivo, esauriente.

inappellàbile, *agg.*

contr. appellabile.

inappetènte, *agg.* disamorato, svogliato, nauseato, disgustato; mancante di appetito, di voglia.

contr. appetente; divoratore, mangione, epulone.

inappetènza, *sf.* anoressia, disappetenza, nausea, svogliatezza, disgusto, malavoglia.

contr. appetenza; avidità, appetito, bulimia.

inapplicàbile, *agg.*

contr. applicabile.

inapprezzàbile, *agg.* non prezzabile, impagabile || → ECCELLENTE.
contr. apprezzabile.
inappuntàbile, *agg.* → IRREPRENSIBILE.
contr. reprensibile, manchevole, censurabile, criticabile, difettoso.
inappuràbile, *agg.* non appurabile, non verificabile.
contr. appurabile, verificabile, riscontrabile.
inarcàre, *v.tr.* arcuare, → CURVARE, PIEGARE (ad arco).
contr. raddrizzare.
inarcaménto, *sm.* inarcatura, piegamento, curvatura.
contr. raddrizzatura, raddrizzamento, allineamento.
inarcàto, *pps.* di inarcare || *agg.* curvato, curvo, arcuato, → PIEGATO (ad arco).
inariàre, *v.rifl.* → ALZARE.
inaridiménto, *sm.* → DISTRUZIONE.
inaridíre, *v.tr.* e *intr.* inaridare, inalidire, prosciugare, → SECCARE, APPASSIRE || DISTRUGGERE || ABBRONZARE || *fig.* diventare arido (di cuore), atono, insensibile, apatico, → DISSECCATO.
inaridíto, *pps.* di inaridire || *agg.* → APPASSITO || *fig.* → DISSECCATO.
inarmònico, *agg.* disarmonico.
contr. armonico.
inarrendévole, *agg.* ostinato, caparbio, → INDOCILE.
contr. arrendevole, docile, sottomesso, ubbidiente, pronto.
inarrestàbile, *agg.* non fermabile, continuo, perenne, interminabile, irrefrenabile.
contr. arrestabile, discontinuo, intermittente, frenabile, trattenibile.
inarrivàbile, *agg.* inimitabile, → IMPAREGGIABILE || IMPERVIO.
inarticolàto, *agg.* → INDISTINTO.
contr. articolato.
inaspettataménte, *avv.* → IMPROVVISAMENTE.
inaspettàto, *agg.* inatteso, improvviso, insperato, inopinato, fortuito, → IMPREVISTO.
contr. aspettato, atteso, previsto, desiderato, temuto.
inaspríre, *v.tr.* esacerbare, rincrudire, incanire, acuire, irritare, inviperire, incrudelire, esasperare, esulcerare, render cattivo, → ESACERBARE, AVVELENARE || aspreggiare, infortire, inacetire, inagrire, inagrestire, rinciprignire.
contr. calmare, placare, mitigare, lenire, migliorare, maturare, rasserenare || raddolcire.
inattaccàbile, *agg.* → IRREPRENSIBILE || INESPUGNABILE.
contr. attaccabile.
inattendíbile, *agg.* non considerabile, incredibile, → FALSO, INVEROSIMILE || TRASCURABILE.
contr. attendibile, verosimile, logico, stimabile, considerabile, credibile.
inattènto, *agg.* disattento, → DISTRATTO.
contr. attento.
inattenzióne, *sf.* disattenzione, → DISTRAZIONE.
contr. attenzione.
inattéso, *agg.* fortuito, → IMPREVISIO.
contr. atteso, previsto, desiderato, temuto.
inattínico, *agg.*
contr. attinico.
inattività, *sf.* inazione, → INERZIA, OZIO.
contr. attività, azione, energia, operosità, fervore.
inattívo, *agg.* → OZIOSO, NEUTRO.
contr. attivo.
inattuàbile, *agg.* → IMPOSSIBILE.
contr. attuabile, possibile, fattibile, eseguibile, agibile.
inattuabilità, *sf.* → IMPOSSIBILITÀ.
contr. attuabilità.
inaudíto, *agg.* → INVEROSIMILE, NUOVO, STRANO.
inauguràre, *v.tr.* → COMINCIARE, SCOPRIRE.
inauràre, *v.tr.* → DORARE.
inauspicàto, *agg.* → MALAUGURATO.
contr. auspicato.
inavvedutézza, *sf.* → DISATTENZIONE, SBADATAGGINE, IMPREVIDENZA.
contr. avvedutezza.
inavvedúto, *agg.* → DISTRATTO, SBADATO, IMPREVIDENTE.
contr. avveduto.
inavvertènza, *sf.* → DISATTENZIONE, SBADATAGGINE.
contr. avvertenza, accorgimento, cautela, circospezione, cura, avvedutezza, prudenza.
inavvertíto, *agg.* → IMPROVVISO, IMPREVISTO.
contr. avvertito.
inazióne, *sf.* inattività, immobilità, → INERZIA, OZIO.
contr. azione, attività.
incagliàre, *v.tr.* impigliarsi, → IMBARAZZARE, IMPEDIRE || *rifl.* → ARENARE.
contr. disincagliare.
incàglio, *sm.* intoppo, inciampo, → OSTACOLO || *fig.* → IMBARAZZO.
incalcinàre, *v.tr.* → INTONACARE.
contr. scalcinare.
incalcolàbile, *agg.* non calcolabile, innumerabile, non valutabile, incomputabile, inestimabile, → IMMENSO, INFINITO.
contr. calcolabile, computabile, numerabile, valutabile.
incalescènza, *sf.* → CALORE.
incalliménto, *sm.* → INDURIMENTO || ABITUDINE.
incallíre, *v.intr.* e *rifl.* fare il callo || *fig.* → ABITUARE, INDURIRE.
incallíto, *pps.* di incallire || *agg.* → OSTINATO, INCORREGGIBILE, INVETERATO.
contr. ricuperabile, redimibile, rieducabile, migliorabile, correggibile, emendabile, docile.
incaloríre, *v.tr.* dar calore, → RISCALDARE || *rifl.* → INFIAMMARE.
contr. raffreddare,
incalzaménto, *sm.* → RINFORZO || SPINTA.
incalzàre, *v.tr.* → CALZARE || ACCELERARE, SPINGERE, SOLLECITARE, PRESSARE, TALLONARE.
incàlzo, *sm.* rincalzo, → RINFORZO.
incameraménto, *sm.* → CONFISCA.
incameràre, *v.tr.* → CONFISCARE.
incamminaménto, *sm.* → AVVIAMENTO, INIZIO.
incamminàre, *v.tr.* → GUIDARE, INIZIARE || *rifl.* → ANDARE, CAMMINARE.
incanagliàre, *v.rifl.* incanaglire, ingaglioffarsi, → FURFANTEGGIARE.
incanalàre, *v.tr.* canalizzare, inalveare || *fig.* avviare, regolare, condurre, → DIRIGERE, INIZIARE.
contr. far straripare, far deviare || fuorviare, mettere fuori sesto, sbilanciare, squilibrare.

incanalatúra, *sf.* scanalatura, → INCAVO.
incancellàbile, *agg.* → INDELEBILE.
contr. cancellabile, delebile.
incancreníre, *v.intr.* far diventar cancrena, infistolire, incancherire || *fig.* peggiorare, inasprire, rendere cronico, irrimediabile (un male).
incandescènte, *agg.* fiammeggiante, → BIANCO, ROVENTE.
incanìre, *v.intr.* e *rifl.* → INASPRIRE, INFURIARE.
incannatóio, *sm.* → ARCOLAIO.
nomencl. (*tipi*) a pedale, a mano, a forza motrice, unilaterale, doppio || (*pertinenti*) porta-fusi, dischi d'impulso, rulli da paraffinare, rulli regolatori, ritegni-nodi, stacchi indipendenti, guarda-ruote, rocchetti.
incantàre, *v.tr.* stregare, ammaliare, → AFFASCINARE || attirare, stupire, rapire, estasiare, legare, avvincere, incatenare, far perdere la testa, sedurre, destare diletto, meraviglia, ammirazione, → INNAMORARE || lusingare, illudere, ingannare || *rifl.* rimaner estatico, stupito, ammirato || (di meccanismo) arrestarsi || mettere all'incanto (*ant.*).
contr. disincantare, deludere, disilludere, smagare.
incantàto, *pps.* di incantare || *agg.* fatato, màgico || estatico, fuori di sé, affascinato, ebbro, stupito, trasognato, entusiasta.
contr. disincantato, disinnamorato, deluso, smagato, disilluso || indifferente, abituato, stanco, assuefatto.
incantatóre, *agg.* e *sm.* → MAGO, STREGONE.
incantatríce, *sf.* → STREGA.
incantazióne, *sf.* → MAGIA.
incantésimo, *sm.* → DIAVOLERIA, MAGIA.
incànto, *sm.* incantagione, incantazione, incantesimo, malia, seduzione, → FASCINO, GRAZIA || MAGIA, STREGHERIA || concorso pubblico, → ASTA.
incanutiménto, *sm.* invecchiamento, il diventar canuto.
incanutíre, *v.intr.* diventar canuto, bianco, imbianchire, → BIANCHEGGIARE, INVECCHIARE || *tr.* imbiancare, render canuto.
incapàce, *agg.* → IGNORANTE, INABILE.
contr. capace.
incapacità, *sf.* → IGNORANZA, INETTITUDINE.
contr. capacità.
incaparbíre, *v.intr.* e *rifl.* → OSTINARE, FISSARE.
incapàre, *v.intr.* → OSTINARE, FISSARE.
incaponíre, *v.rifl.* → OSTINARE, FISSARE.
incappàre, *v.tr.* e *rifl.* mettere la cappa || *v.intr.* → INCORRERE, INCONTRARE || *fig.* → CAPITARE.
incappellàre, *v.tr.* mettere il cappello, coprire col cappello || *v.intr. fig.* prendere cappello, prendere una cappellata, impermalirsi, offendersi, arrabbiarsi.
contr. scappellare.
incappottàre, *v.tr.* e *rifl.* intabarrare, imbacuccare, ingabbanare, ammantellarsi, inferraiolarsi, ammantare, mantellare.
contr. scappottare.
incappucciàre, *v.tr.* accappucciare, imbacuccare.
contr. scappucciare.
incappucciàto, *pps.* di incappucciare || *agg.* accappucciato, imbacuccato.
contr. scappucciato.
incarceraménto, *sm.* incarcerazione, → ARRESTO.
contr. scarceramento.
incarceràre, *v.tr.* → CARCERARE.
contr. scarcerare.
incardinàre, *v.tr.* → BASARE, FONDARE, INIZIARE.
contr. scardinare.
incardinazióne, *sf.* → BASE, FONDAMENTO.
contr. scardinazione.
incaricàre, *v.tr.* dare un incarico, una incombenza, una mansione, accollare, addossare, affidare, commettere, delegare, → DEPUTARE || *rifl.* assumersi, addossarsi, accollarsi un incarico, impegnarsi, sobbarcarsi, obbligarsi, ingaggiarsi, promettere.
contr. scaricare, esonerare, liberare, disimpegnare.
incaricàto, *pps.* di incaricare || *agg.* e *sm.* mandatario, inviato, rappresentante, agente, messo, delegato, deputato, accollatario, mansionario, → COMMESSO || insegnante non di ruolo.
contr. mandante || titolare, dirigente, effettivo.
incàrico, *sm.* → CARICO, PESO || assunto, carica, incombenza, mandato, missione, commissione, ufficio pesante, ordine, → COMPITO || molestia, affanno, onere, fatica, impegno, responsabilità.
nomencl. *agg.* speciale, particolare, delicato, gravoso, molesto, pesante, spiacevole, piacevole, gradito, divertente, indeclinabile, declinabile, rappresentativo, ufficiale, ampio, amplissimo, ristretto, limitato, temporaneo, parziale || di fiducia, di procura || *verb.* accettare, assumere, prendere, rifiutare, ricusare, rinunziare, confidare, affidare, dare, commissionare, incaricare, deputare, adempiere, compiere, condurre a termine, eseguire, esplicare, espletare.
contr. esonero, dimissione, rinuncia || espletamento.
incarnàre, *v.tr.* → FERIRE || EFFETTUARE || dar corpo e figura, rappresentare al vivo || *rifl.* acquistare un dato corpo, assumere l'aspetto e l'animo di un personaggio, personificare, rappresentare, rendere al vivo un concetto, un personaggio, un simbolo.
contr. disincarnare, disincarnarsi, separarsi.
incarnatíno, *agg.* → CARNICINO.
incarnàto, *pps.* di incarnare || *agg.* → CARNICINO || *sm.* incarnagione (*ant.*), → CARNAGIONE.
incarnazióne, *sf.* umanizzazione, trasformazione, metamorfosi, avatara, metempsicosi.
nomencl. unione ipostatica, ipostasi || mistero dell'Incarnazione.
contr. disincarnazione, separazione.
incarníto, *pps.* di incarnire || *agg.* penetrato nella carne, → PENETRATO.
incarogníre, *v.rifl.* diventare un buono a nulla, invigliacchire, → IMPIGRIRE.
incartaménto, *sm.* → INSERTO.
incartapecoríre, *v.intr.* ingiallire, aggrinzare, raggrinzire, incatorzolire, mummificare, → INVECCHIARE.
incartapecoríto, *pps.* di incartapecorire || *agg.* → GRINZOSO.
incartàre, *v.tr.* → AVVOLGERE.
contr. scartare, scartocciare.
incartocciàre, *v.tr.* avvolgere, incartare, mettere in cartoccio.
contr. scartocciare, scartare, svolgere, aprire.
incartonàre, *v.tr.*

contr. scartonare.
incassàre, *v.tr.* chiudere, mettere in cassa || *fig.* → RISCUOTERE, RICEVERE.
incàsso, *sm.* → RISCOSSIONE.
incastonàre, *v.tr.* incastrare, → MONTARE, LEGARE.
incastràre, *v.tr.* incastonare, → AGGIUNGERE, INNESTARE || *rifl.* FICCARE || ENTRARE.
contr. disincastrare.
incastratúra, *sf.* incastro, → GIUNTURA.
incàstro, *sm.* → INNESTO.
incatenàre, *v.tr.* mettere le catene || → LEGARE || *fig.* ammaliare, sedurre, → VINCOLARE || COLLEGARE.
incatorzolíre, *v.intr.* imbozzacchire, indurire, → RAGGRINZIRE || invecchiare.
contr. maturare bene, prosperare || ringiovanire.
incatramàre, *v.tr.* → CALAFATARE.
incatricchiàre, *v.rifl.* → INTRIGARE || *tr.* → INTRECCIARE.
incàuto, *agg.* → DISAVVEDUTO, IMPRUDENTE.
contr. cauto, prudente, circospetto, previdente, calcolato.
incavalcàre, *v.tr.* → ACCAVALCARE.
incavallàre, *v.tr.* sovrapporre, → ACCAVALCARE.
incavaménto, *sm.* → AVVALLAMENTO.
incavàre, *v.tr.* → SCAVARE || *rifl.* → AVVALLARE.
incavàto, *pps.* di incavare || *agg.* → CAVO || INFOSSATO.
incavatúra, *sf.* → INCAVO, FOSSA.
incàvo, *sm.* incavatura, cava, cavità, infossamento, cavo, incanalatura, solco, stria, vano, fossa, scoscendimento, → AVVALLAMENTO || INTAGLIO.
contr. colmatura, colmo, riempimento || rilievo, convessità.
incèdere, *v.intr.* → ANDARE, CAMMINARE.
incendiàre, *v.tr.* mettere fuoco, dar fuoco, distruggere col fuoco, dare alle fiamme, incendere (*ant.*), → BRUCIARE.
contr. spegnere, smorzare, estinguere.
incendiàrio, *agg.* → INFIAMMATO || *sm.* appiccafuoco, incendiatore, piròmane.
incendiàto, *pps.* di incendiare || *agg.* → BRUCIATO.
incèndio, *sm.* accendimento, abbruciamento, bruciamento, combustione, → FUOCO || *fig.* scoppio, accensione, conflagrazione, rovina, disastro, ribellione, sommossa, rivoluzione.
nomencl. doloso, colposo, volontario, fortuito || (*inerenti*) incendiario, appiccafuoco, bruciatore, incendiatore || pompiere o vigile del fuoco, pompa, autopompa, idrante || *agg.* grande, immane, furioso, violento, veemente, distruttore, devastatore, demolitore, annientatore || *verb.* scoppiare, ardere, sviluppare, levarsi, divampare, sfavillare, fiammeggiare, avvampare, scintillare, distruggere, investire || appiccare, accendere, incendiare, alimentare, destare, ravvivare, suscitare, estinguere, spegnere, domare, isolare.
contr. spegnimento, estinzione.
incenditóre, *agg.* → BRUCIANTE.
inceneràre, *v.tr.* spargere, coprire di cenere.
inceneriménto, *sm.* → DISTRUZIONE, BRUCIAMENTO.
inceneríre, *v.tr.* ridurre in cenere, → BRUCIARE || *rifl.* incenerirsi, divenire cenere, ridursi in cenere || *fig.* → DISTRUGGERE.
incenerito, *pps.* di incenerire || *agg.* → BRUCIATO.
incensamènto, *sm. fig.* → ADULAZIONE.
incensàre, *v.tr.* dar l'incenso || *fig.* → ADULARE.
incensatóre, *sm. fig.* → ADULATORE.
incensière, *sm.* turibolo.
incènso, *sm.* olibano, timiama || *fig.* → LODE.
nomencl. (*tipi*) africano, arabo o arabico, indiano || (*pertinenti*) vapore, nuvola, profumo (d'incenso) || incensata, incensamento || chicco, grano, turibolo, navicella, turiferario.
incensuràbile, *agg.* → IRREPRENSIBILE.
contr. censurabile.
incensuràto, *agg.* non censurato || impregiudicabile.
contr. censurato, pregiudicato.
incentívo, *sm.* → ECCITAZIONE, SPINTA, STIMOLO.
inceppaménto, *sm.* → OSTACOLO, IMBARAZZO.
inceppàre, *v.tr.* → IMBARAZZARE, IMPEDIRE, OSTACOLARE || *rifl.* smettere di funzionare.
inceràto, *agg.* e *sm.* → CERATO.
incertézza, *sf.* → INDECISIONE, DUBBIO.
contr. certezza.
incèrto, *agg.* aleatorio, esitante, sospeso, condizionale, ipotetico, improbabile, problematico, discutibile, contestabile, malfermo, variabile, perplesso, fluttuante, ambiguo, sospetto, irresoluto, indeciso, precario, indeterminato, → VAGO, DUBBIO, DUBBIOSO, CREPUSCOLARE, ERRANTE || *sm.* → MANCIA, REGALO.
nomencl. *verb.* nicchiare, vacillare, ondeggiare, tentennare, titubare, essere indecisi, essere tra il sí e il no, pencolare, pendolare, non sapere che pesci pigliare, tener sulla corda, tenere a bada, essere in forse.
contr. certo, sicuro, indubitabile, fermo, immancabile, risoluto.
incespicàre, *v.intr.* mettere il piede in fallo, → INCIAMPARE || *fig.* → BALBETTARE.
incessànte, *agg.* che non cessa, assiduo → CONTINUO || ETERNO.
contr. interrotto, intermesso.
incessanteménte, *avv.* → CONTINUAMENTE.
incèsso, *sm. poet.* → ANDATURA.
incètta, *sf.* accaparramento, monopolio, bagarinaggio, raccolta, → COMPRA, REQUISIZIONE.
contr. offerta, distribuzione, spaccio, vendita.
incettàre, *v.tr.* accaparrare, caparrare, raccogliere, → COMPERARE, REQUISIRE.
contr. offrire, distribuire, dispensare, ripartire.
incettatóre, *sm.* accaparratore, bagarino, barullo (*poco us.*) → TRAFFICANTE, TRAFFICONE.
contr. commerciante.
inchiavardàre, *v.tr.* → CHIUDERE.
inchièsta, *sf.* indagine, informazione, inquisizione, investigazione, interrogatorio, ricerca, *referendum*, questionario, intervista, → ESPLORAZIONE, ESAME.
nomencl. (*tipi*) legale, amministrativa, giudiziaria, commerciale, scolastica, parlamentare, giornalistica || *agg.* approfondita, estesa, ampia, larga, ristretta, limitata.
inchinàre, *v.tr.* → CHINARE || *rifl.* → PIEGARE || *fig.* → RIVERIRE, UMILIARE, ADORARE.
inchinévole, *agg.* → PIEGHEVOLE || CEDEVOLE, RISPETTOSO, SERVILE.
inchíno, *sm.* → RIVERENZA.

inchiodàre, *v.tr.* → CHIODARE, AGGIUNGERE || *fig.* → FERMARE.
contr. schiodare.

inchiòstro, *sm.* atramento, encausto, tintura atramentaria.
nomencl. (*qualità*) delebile, indelebile, copiativo, asfaltico, denso, oleoso, in pasta, in polvere, sciolto, stilografico, autografico, calcografico, litografico, poligrafico, tipografico, zincografico, rosso, verde, azzurro, viola, nero, simpatico, di Cina, fotografico, da cartevalori, da timbro, per tinta, luminoso, volubile || acido ossalico, acido tartarico, cloro, acido fluorico, acido gallico, costo, fiele di bue, noce di galla || (*inerenti*) gomma, scolorina, raschino || macchia, macco, morchia, impennata, sgorbio, scarabocchio || calamaio, calamo, penna d'oca, pennino, stilografica || *verb.* inchiostrare.

inchiúdere, *v.tr.* → INCLUDERE, ACCLUDERE.

inciampàre, *v.intr.* cempennare, impuntare, inciampicare, incespicare, ciampicare, intoppare, urtare col piede || *fig.* trovare ostacolo, intoppo, inciampo, difficoltà.
contr. camminare speditamente, correre, disincagliarsi.

inciampàta, *sf.* inciampare, inciampicare.

inciampicóne, *sm.* inciampone, inciampata.

inciàmpo, *sm.* → DIFFICOLTÀ, INGOMBRO, OSTACOLO || *fig.* contrattempo.

inciampóne, *sm.* inciampicone, inciampata.

incidentàle, *agg.* → SECONDARIO, CASUALE.

incidènte, *sm.* → ACCIDENTE, AVVENIMENTO, CASO, EPISODIO.

incidènza, *sf.* → ACCIDENTALITÀ, AVVENIMENTO || CADUTA || inciso, digressione.

incídere, *v.tr.* graffire, scalfire, intagliare, scolpire, bulinare || → FERIRE, GRAFFIARE || TAGLIARE || imprimere.

incignàre, *v.tr.* incominciare, avviare, mettere mano.

incincignàre, *v.tr.* → SGUALCIRE.

incínta, *agg.* → GRAVIDA.

inciprigníre, *v.intr.* → ESASPERARE, IRRITARE.

incírca, *avv.* → CIRCA.

incirconcíso, *agg.* e *sm.* → CRISTIANO.
contr. circonciso.

incircoscrítto, *agg.* → INFINITO.
contr. circoscritto.

incisíone, *sf.* → FERITA, TAGLIO || intaglio || acquaforte, acquatinta, disegno, calcografia, calcotipia, calcolitografia, cromolitografia, diaglipto, eliografia, fotoincisione, fotolitografia o fotolito, fototipia, galvanoplastica, → ILLUSTRAZIONE, STAMPA || cammeo.
nomencl. (*tipi*) moderna, antica, in rame, in legno, in acciaio, su gemme || (*procedimenti*) silografia o xilografia, acciaiatura elettrica o galvanica, calibografia, chimiglifia, elettrotipia, elioplastica, fotoxilografia, galvanografia, glifografia, glittica, ialografia, ialotipia, idrografia, ignisculture, pirografia, omeografia, palingrafia, zincografia, zincotipia || bicromia, tricromia, quadricromia, rame, zinco || (*persone*) bulinista, calcografo, incisore, fotografo, intagliatore, litografo, montatore, ritoccatore, silografo o xilografo, torcoliere, zincografo, zincotipista, niellatore, acquafortista, illustratore, dattidioglifo, graffatore || (*strumenti e materie*) bulino, coltello, martello, cesello, onnigrafo, punta, punzone, stampo, tiralinee, aerografo, cacciabotte, cilindri per rotocalco, granitoio, spatola, stiletto, torchio || bitume giudaico, carta autografica, colofonia, matita litografica, pietra litografica, reagente chimico o mordente, vernice || (*operazioni*) copia, *cliché* (contornato, scontornato), colori fondamentali (giallo, rosso, blu), colori complementari, controtaglio, dimensioni (base, altezza), esemplare, *fumé* o prova, galvano, grana, grané o retino, incavo, morsura, prova cianografica, punteggio, rilievo, riproduzione, ritocco, scalfittura, scomposizione dei colori, smusso, supporti, tocco, tonalità, trasporto, tratteggio, zoccolo || *agg.* fine, delicata, raffinata, volgare, comune, dozzinale, grossolana, stereotipata || *verb.* bulinare, acciaiare, argentare, calcare, graffiare, camosciare, cesellare, contornare, dorare, granire, inchiostrare, incidere, intaccare, ramare, riprodurre, ritoccare, scalfire, scontornare, trasportare, scolpire.
contr. rilievo, altorilievo, lavoro a sbalzo.

incisívo, *agg.* → TAGLIENTE || *fig.* tagliente, efficace, netto, preciso, icastico, mordente, → RECISO (*fig.*) || *sm.* → DENTE.

incisóre, *sm.* cesellatore, intagliatore, minutiere, calcografo, sincografo, niellatore, acquafortista, xilografo, pianatore.
nomencl. (*strumenti*) cesello, bulino, granitoio, madiella, mazzetta, pianatoio, profilatoio, raspino, mollettina || (*procedimenti*) cesellatura a sbalzo, grana, minuteria, rilievo || glittica, toreutica || *agg.* abile, esperto, valente, coi fiocchi, maestro, finito, completo, impareggiabile, fine, delicato, raffinato, inesperto || *verb.* cesellare, camosciare, granire, mettere in pece, svenare.

incitaménto, *sm.* assillo, eccitamento, provocazione, → ECCITAZIONE, IMPULSO, STIMOLO.

incitàre, *v.tr.* esortare, indurre, istigare, confortare, persuadere, inculcare, assillare, spingere, stimolare, infervorare, aizzare, irritare, provocare, stuzzicare, sfidare, sospingere, attizzare, promuovere, pungolare, spronare, incoraggiare, → ECCITARE, ANIMARE, ACCALORARE.
contr. trattenere, dissuadere, frenare, calmare, lenire.

incitatóre, *sm.* → CONSIGLIERE.

incitrullíre, *v.intr.* → IMBECILLIRE.

incittadinàrsi, *v.intr.* inurbarsi, farsi cittadino, abituarsi alla città || incivilire, rincivilire.
contr. inromitarsi (*ant.*), ritirarsi in campagna.

incivíle, *agg.* selvaggio, → BARBARO || grossolano, inofficioso, → ROZZO, MALEDUCATO, VILLANO.
contr. civile, raffinato || officioso, urbano, beneducato, corretto.

incivilimento, *sm.* → CIVILTÀ.

incivilíre, *v.tr.* e *rifl.* civilizzare, → DIROZZARE, INGENTILIRE || incittadinarsi, inurbarsi.
contr. imbarbarire, guastarsi, regredire.

incivilíto, *pps.* di incivilire || *agg.* → CIVILE.
contr. imbarbarito.

inciviltà, *sf.* → BARBARIE || ROZZEZZA, SCORTESIA, INURBANITÀ.
contr. civiltà.

inclemènte, *agg.* → CRUDELE, INESORABILE, SFAVOREVOLE || (di clima) → RIGIDO.
contr. clemente || mite.

inclinàre, *v.tr.* → FLETTERE, PIEGARE || *intr.* → PENDERE || *fig.* avere inclinazione, sentirsi portato, essere disposto, avere un debole, essere proclive, → PROPENDERE.
contr. raddrizzare.
inclinàto, *pps.* di inclinare || *agg.* pendente, → ACCLINE || proclive, favorevole, disposto, tendenziale, → PORTATO, PROPENSO.
contr. dritto.
inclinazióne, *sf.* → PENDENZA || *fig.* → ANIMO, ABITUDINE, GUSTO, ATTITUDINE, DISPOSIZIONE, PROPENSIONE, VOCAZIONE, ISTINTO.
inclíne, *agg.* dedito, disposto, → PROPENSO, PORTATO.
contr. avverso, contrario, maldisposto.
ínclito, *agg.* → FAMOSO, ILLUSTRE, EROICO, GLORIOSO.
inclúdere, *v.tr.* inchiudere, comprendere, contenere, capire, chiudere dentro, compiegare, → ACCLUDERE.
contr. escludere, mettere fuori, lasciar fuori, estromettere, rifiutare, respingere.
inclusióne, *sf.* inclusiva, accettazione.
contr. esclusione, rifiuto, estromissione.
inclusíva, *sf.* inclusione.
contr. esclusiva.
inclúso, *pps.* di includere || *agg.* compreso, contenuto, allegato, attinente.
contr. escluso, respinto, rifiutato, estromesso.
incoàre, *v.tr. rar.* → INIZIARE.
nomencl. incoazione, incoativo || verbi incoativi.
incoazióne, *sf. rar.* → INIZIO.
incoccàre, *v.tr.*
contr. scoccare.
incocciàre, *v.intr.* e *rifl.* → OSTINARE.
incocciatúra, *sf.* → OSTINAZIONE.
incoercíbile, *agg.* non reprimibile. → IRRIDUCIBILE.
contr. coercibile, costringibile, comprimibile,
incoerènte, *agg.* non conforme, infedele, incongruente, discordante, → ASSURDO, IRRAGIONEVOLE.
contr. coerente.
incoerènza, *sf.* infedeltà, inconseguenza, incongruenza, contraddizione, ineguaglianza, discordanza, discrepanza.
contr. coerenza, fedeltà, accordo, connessione, conformità, corrispondenza, armonia.
incògliere, *v.intr.* succedere, accadere, capitare, → AVVENIRE.
incògnito, *agg.* → IGNOTO.
contr. cògnito.
incollàre, *v.tr.* dar la colla, → ATTACCARE, AGGIUNGERE.
contr. scollare.
incollàto, *pps.* di incollare || *agg.* impastato || attaccato, aggiunto, connesso.
contr. scollato.
incolleríre, *v.intr.* e *rifl.* → ADIRARSI, INFURIARE.
incolpàbile, *agg.* → IMPUTABILE.
contr. discolpabile, innocente.
incolpàre, *v.tr.* → ACCUSARE, BIASIMARE.
contr. discolpare.
incolpàto, *pps.* di incolpare || *agg.* → IMPUTATO.
nomencl. incolpata tutela (legittima difesa).
incolpazióne, *sf.* → ACCUSA.
contr. discolpa.
incoltézza, *sf.* → IGNORANZA.
incólto, *agg.* non coltivato || *fig.* sciatto, rozzo, → IGNORANTE, TRASCURATO || ABBANDONATO.
contr. cólto.
incòlume, *agg.* illeso, indenne, inoffeso, sano e salvo, → IMMUNE.
contr. offeso, ferito, mutilato.
incolumità, *sf.* → SALVEZZA.
incombènza, *sf.* → INCARICO.
incómbere, *v.intr.* → SOVRASTARE || DOVERE, ATTRIBUIRE.
incombustíbile, *agg.*
contr. combustibile.
incombústo, *agg.*
contr. combusto.
incominciaménto, *sm.* → PRINCIPIO.
contr. fine.
incominciàre, *v.tr.* dar principio, → COMINCIARE.
contr. finire.
incommensuràbile, *agg.* → IMMENSURABILE, IMMENSO, INFINITO.
contr. commensurabile.
incommutàbile, *agg.* incommutevole, immodificabile, → ETERNO.
contr. commutabile, mutabile, mutevole, modificabile.
incomodàre, *v.tr.* e *rifl.* → DISTURBARE.
incomodità, *sf.* → DISTURBO, DISAGIO.
contr. comodità.
incòmodo, *agg.* → DISAGIATO, SCOMODO, MOLESTO || *sm.* → DISAGIO, DISTURBO, IMBARAZZO, DIFFICOLTÀ || MALORE.
contr. comodo.
incomparàbile, *agg.* → IMPAREGGIABILE, EROICO.
contr. comparabile.
incompartíbile, *agg.* → INDIVISIBILE.
contr. compartibile.
incompatíbile, *agg.* inadattabile, inconciliabile, irreconciliabile, ripugnante, sconveniente, intollerabile, insopportabile, contrario, discorde, incompossibile (ant.), insostenibile, → ASSURDO.
contr. compatibile, conciliabile, computabile, tollerabile, sopportabile.
incompatibilità, *sf.* contrarietà, contraddizione, contrasto, inconciliabilità, inconvenienza, → DISCORDIA, RIPUGNANZA, SCONVENIENZA.
contr. compatibilità, tollerabilità, accordo, concordia, armonia, incontro, coincidenza.
incompetènte, *agg.* incapace, non addestrato, impreparato, non incaricato || → IGNORANTE.
contr. competente.
incompiúto, *agg.* incompleto, → IMPERFETTO.
contr. compiuto, completo.
incomplèto, *agg.* incompiuto. → IMPERFETTO.
contr. completo, compiuto, ultimato, terminato, finito, rifinito, maturo, sviluppato, pieno, perfetto, intero.
incomportàbile, *agg.* → INSOPPORTABILE.
contr. comportabile.
incompostézza, *sf.* indecenza, disordine, scorrettezza, incuria, immodestia, → SCOMPOSTEZZA.
contr. compostezza, decenza, avvenenza, ordine, convenienza, correttezza, gravità, cura.
incompósto, *agg.* → SCOMPOSTO, DISORDINATO.
contr. composto.

incomprensíbile, *agg.* → ENIMMATICO, IMPENETRABILE, OSCURO, BUIO.
contr. comprensibile, intelligibile, concepibile, chiaro, aperto, evidente. patente, lampante.
incomputàbile, *agg.* incalcolabile, non computabile, innumerabile.
contr. computabile.
incomunicàbile, *agg.* impartecipabile, indivulgabile, intrasmettibile, chiuso, incomprensibile, oscuro || egoistico.
contr. comunicabile, conversevole, manifestabile, intelligibile || altruistico.
inconcepíbile, *agg.* impensabile, incogitabile, incredibile, inescogitabile, inopinabile, inopinato, non ideabile, inimmaginabile, assurdo, illogico, strano, → INVEROSIMILE.
contr. concepibile, pensabile, immaginabile, logico, credibile, intelligibile.
inconciliàbile, *agg.* irreconciliabile, → INCOMPATIBILE.
contr. conciliabile.
inconcludènte, *agg.* dubbio, inconcluso, inetto, incapace, irresoluto, inutile, dappoco, sconclusionato, inconseguente, illogico, assurdo.
contr. concludente, capace, attivo, risoluto, coerente, conclusivo, positivo, dimostrativo.
inconcússo, *agg. lett.* non scosso, non abbattuto, non fiaccato, non indebolito, fermo, risoluto, intatto, → SALDO.
contr. concusso, scosso, fiaccato, corroso, guastato, inconsistente, svigorito.
incòndito, *agg. lett.* disarmonico, disordinato, confuso, rozzo, sregolato, scomposto, sgraziato.
incondizionàto, *agg.* → ASSOLUTO.
contr. condizionato.
inconfessàbile, *agg.* → TURPE, VERGOGNOSO.
contr. confessabile.
inconfutàbile, *agg.* → CERTO.
contr. confutabile.
incongruènte, *agg.* → ASSURDO, IRRAGIONEVOLE.
contr. congruente.
incongruènza, *sf.* → ASSURDITÀ.
contr. congruenza.
incòngruo, *agg.* non conveniente, non proporzionato, → ASSURDO, SPROPORZIONATO.
contr. congruo.
inconoscíbile, *agg.* misterioso, enimmatico, → TRASCENDENTE, IMPENETRABILE.
contr. conoscibile, intelligibile, documentabile, dimostrabile, razionale.
inconquistàbile, *agg.* → INESPUGNABILE.
contr. conquistabile.
inconsapévole, *agg.* ignaro, insciente, ignorante, incosciente, inconscio, irresponsabile, → INNOCENTE.
contr. consapevole, conscio, responsabile.
inconsapevolézza, *sf.* → IGNORANZA.
contr. consapevolezza.
incònscio, *agg.* → INCONSAPEVOLE.
nomencl. inconscio (*sm.*), subconscio, subcosciente, subcoscienza.
contr. conscio, cosciente, consapevole, avvertito || coscienza, avvertenza, consapevolezza.

inconseguènte, *agg.* incoerente, → ASSURDO, IRRAGIONEVOLE.
contr. conseguente.
inconseguènza, *sf.* incoerenza, → ASSURDITÀ, CONTRADDIZIONE.
inconsideràbile, *agg.* → TRASCURABILE.
contr. considerabile.
inconsideratézza, *sf.* → SCONSIDERATEZZA, IMPRUDENZA, IMPREVIDENZA || DISTRAZIONE.
contr. consideratezza.
inconsideràto, *agg.* sconsiderato, cieco, accecato, spensierato, distratto, precipitoso, → BAMBINESCO, IMPRUDENTE, IMPREVIDENTE, DISAVVEDUTO || FURENTE.
contr. avveduto, prudente, previdente, cauto, calmo, ponderato, riflessivo.
inconsiderazióne, *sf.* → SCONSIDERATEZZA.
inconsistènte, *agg.* senza carattere, senza nerbo, smidollato, fiacco, → MOLLE || *fig.* → IMMAGINARIO.
contr. consistente.
inconsistènza, *sf.* irrealtà, debolezza, fragilità, tenuità, → FALSITÀ.
contr. consistenza.
inconsolàbile, *agg.* → SCONSOLATO, DISPERATO.
contr. consolabile.
inconsolabilménte, *avv.* → DISPERATAMENTE.
inconsolàto, *agg.* → SCONSOLATO, ADDOLORATO.
contr. consolato.
inconsuèto, *agg.* non consueto, sorprendente, → INSOLITO, STRANO, STRAORDINARIO.
contr. consueto, abituale, usuale, ordinario, quotidiano, comune, familiare.
inconsúlto, *agg.* inopportuno, precipitoso, sorprendente, improvviso, inaspettato, impulsivo, → IMPRUDENTE, TEMERARIO.
inconsumàbile, *agg.* infungibile, incorruttibile || → ETERNO.
contr. consumabile, fungibile || temporaneo.
inconsúnto, *agg.* → VIVO, INTATTO.
contr. consunto.
incontaminàbile, *agg.* → INCORRUTTIBILE.
contr. contaminabile.
incontaminatézza, *sf.* → PUREZZA.
contr. contaminazione.
incontaminàto, *agg.* → PURO.
contr. contaminato.
incontanènte, *avv.* → SUBITO.
incontentàbile, *agg.* difficile a contentare, a convivere, a convenire con altri, inquieto, sottile, cavilloso, pretenzioso, → SCONTENTO, BISBETICO || avido, → INSAZIABILE.
contr. contentabile.
incontestàbile, *agg.* → CERTO, EVIDENTE.
contr. contestabile.
incontinènte, *agg.* intemperante, dissoluto, licenzioso, sfrenato, → IMPURO, SMODERATO.
contr. continente.
incontinènza, *sf.* → LICENZA, LUSSURIA, SMODERATEZZA.
contr. continenza.
incontràre, *v.tr.* e *rifl.* trovare, abbattersi, imbattersi, incrociare, incontrarsi, rincontrarsi, incappare, scontrarsi, abboccarsi, intoppare, rintoppare, abbordare,

affrontarsi, combaciarsi, combinarsi, incorrere, raccozzarsi, raffrontarsi, venire incontro, trovarsi tra i piedi, → COINCIDERE || *fig.* ottenere successo, gradire, armonizzarsi, concordare, → PIACERE.
contr. evitare, deviare, allontanarsi, sfuggire l'incontro, lasciarsi, abbandonare || dispiacere, urtarsi, non convenire.
incontrastàbile, *agg.* non impedibile, indomabile, inoppugnabile, irreducibile.
contr. contrastabile.
incontrastàto, *agg.* → CERTO, SICURO.
contr. contrastato.
incóntro, *sm.* convegno, appuntamento, intervista, ritrovo || scontro, scaramuccia, urto, riscontro, paragone, intoppamento, rincontro || occasione, congiuntura, caso, combinazione, → COINCIDENZA || favore, accoglienza, concordanza, gradimento, armonia || *avv.* verso, in direzione di.
nomencl. *agg.* occasionale, fortuito, imprevisto, impensato, casuale, accidentale, voluto, prestabilito, convenuto, fissato, prefissato, felice, lieto, gradevole, piacevole, gioioso, triste, tristo, sgradito, commovente, emozionante, pietoso, lacrimevole, freddo, gelido, caloroso, caldo, affettuoso, tenero, cordiale, amoroso.
incontrovèrso, *agg.* → CERTO.
contr. controverso.
incontrovertíbile, *agg.* indiscutibile, → CERTO.
contr. controvertibile.
inconveniènte, *agg.* → SCONVENIENTE || *sm.* guaio, disturbo, contrattempo, svantaggio, circostanza avversa, contrarietà, inopportunità, disordine, sorpresa, → DANNO, OSTACOLO.
contr. conveniente, opportuno, favorevole || vantaggio, favore.
inconveniènza, *sf.* → INCOMPATIBILITÀ, SCONVENIENZA.
contr. convenienza.
inconvertíbile, *agg.* irrecuperabile, non convincibile, ostinato, cocciuto, incallito.
contr. convertibile, persuadibile.
incoraggiaménto, *sm.* → CONFORTO, STIMOLO.
contr. scoraggiamento.
incoraggiànte, *ppr.* di incoraggiare || *agg.* → CONFORTEVOLE, LUSINGHIERO.
contr. scoraggiante.
incoraggiàre, *v.tr.* dar coraggio, infondere lena, inanimire, incorare, → ANIMARE, CONFORTARE, FAVORIRE.
contr. scoraggiare, disanimare, impaurire, dissuadere, avvilire.
incoràre, *v.tr.* → CONFORTARE, INCORAGGIARE.
contr. scorare.
incoronàre, *v.tr.* conferire, cingere la corona || coronare, indiademare, inghirlandare, innalzare || *fig.* → PREMIARE.
contr. scoronare, detronizzare, abbassare.
incoronazióne, *sf.* coronazione, apoteosi.
incorporàbile, *agg.* annettibile, includibile, assimilabile.
incorporàle, *agg.* → SPIRITUALE, ASTRATTO.
incorporalità, *sf.* → ESSERE.
incorporàre, *v.tr.* annettere, includere, → AGGIUNGERE, UNIRE || *rifl.* assimilare, → ENTRARE.
contr. scorporare.
incorpòreo, *agg.* → SPIRITUALE, ASTRATTO.
contr. corporeo.
incorreggíbile, *agg.* inammendabile, inemendabile, irriducibile, indocile, incallito, irrecuperabile, → OSTINATO.
contr. correggibile, emendabile, docile, recuperabile, redimibile, rieducabile, migliorabile.
incórrere, *v.intr.* incappare, → INCONTRARE || *fig.* subire un danno, cascare dentro.
contr. sfuggire, farla franca, evitare, liberarsi, destreggiarsi.
incorrètto, *agg.* → FALSO, SCORRETTO.
contr. corretto.
incorrótto, *agg.* → PURO, ONESTO, INTATTO.
contr. corrotto.
incorruttíbile, *agg.* imputrescibile, immarcescibile, indecomponibile, inalterabile, → ETERNO.
contr. corruttibile, caduco, decomponibile.
incorruttibilità, *sf.* inalterabilità, incontaminabilità, illibatezza, immacolatezza, inattaccabilità, → ONESTÀ, COSTANZA.
contr. corruttibilità, disonestà, immoralità, guasto.
incosciènte, *agg.* → INCONSAPEVOLE.
contr. cosciente, consapevole.
incostànte, *agg.* → VOLUBILE, LEGGERO, INEGUALE.
contr. costante.
incostanteménte, *avv.* sporadicamente, saltuariamente, mutabilmente, di quando in quando.
contr. costantemente.
incostànza, *sf.* instabilità, variabilità, mutabilità, acrobatismo, funambolismo, discontinuità, → VOLUBILITÀ, MUTEVOLEZZA, LEGGEREZZA.
contr. costanza, fermezza, perseveranza, pertinacia, assiduità, fedeltà, carattere.
increàto, *agg.* → DIO, ETERNO.
incredíbile, *agg.* → FAVOLOSO, INVEROSIMILE, INCONCEPIBILE, FALSO.
contr. credibile.
incredibilménte, *avv.* inverosimilmente.
contr. credibilmente, verosimilmente.
incredulità, *sf.* irreligiosità, empietà, → ATEISMO || SCETTICISMO.
contr. credulità.
incrèdulo, *agg.* irreligioso, miscredente, non credente || empio, → ATEO || SCETTICO, SOSPETTOSO.
contr. crèdulo, credente, religioso, fedele, convinto, fiducioso || credulone, credenzone.
incrementàre, *v.tr.* → AUMENTARE.
increménto, *sm.* → ACQUISTO, AUMENTO.
incréscere, *v.intr.* → RINCRESCERE.
incresciosaménte, *avv.* → DOLOROSAMENTE.
increscióso, *agg.* → SPIACEVOLE, MOLESTO.
increspaménto, *sm.* raggrinzamento, aggrinzamento, corrugamento, increspatura.
nomencl. (*inerenti*) crespa, grinza, ruga || *agg.* crespo, increspato, grinzoso, aggrinzato, raggrinzato, rugoso.
contr. distensione, allentamento, stiramento, lisciatura || serenità.
increspàre, *v.tr.* accrespare, aggrinzare, corrugare, ondulare, inanellare, raggrinzare, contrarre, → AGGRONDARE, PIEGARE.

contr. stirare, lisciare || distendersi, rasserenarsi, abbandonarsi.
increspatúra, *sf.* → INCRESPAMENTO.
incretiníre, *v.intr.* → IMBECILLIRE.
incriminàbile, *agg.* → IMPUTABILE.
incriminàre, *v.tr.* imputare, → ACCUSARE.
incriminàto, *pps.* di incriminare || *agg.* → IMPUTATO.
incriminazióne, *sf.* → ACCUSA.
incrinàre, *v.tr.* fendere, → ROMPERE, SCREPOLARE.
incrinàto, *pps.* di incrinare || *agg.* fesso, screpolato, intaccato, → ROTTO.
incrinatúra, *sf.* screpolatura, fenditura, spaccatura, rottura.
incrociàre, *v.tr.* e *rifl.* intersecare, mettere obliquamente, incrocicchiare, tagliare nel mezzo, tagliare attraverso, → ATTRAVERSARE || INCONTRARE || accoppiare, congiungere (di animali).
nomencl. (*inerenti*) crocicchio, crocevia, crociera, incrocio || braccia conserte || *verb.* incrociare le braccia; scioperare.
contr. disincrociare || sviare, evitare.
incrocicchiàre, *v.tr.* e *rifl.* → INCROCIARE.
incrócio, *sm.* incontro, → INTERSECAZIONE || crocicchio, crocevia, bivio || accoppiamento, mescolanza di animali, di razze, ibridismo, ibridazione.
incrollàbile, *agg.* → DURO, SALDO.
incrostàre, *v.tr.* → AGGRUMARE || SMALTARE.
incrostatúra, *sf.* → INCROSTAZIONE, CROSTA || INTONACO.
incrostazióne, *sf.* incrostatura, gruma, gromma, concrezione, deposito, pietrificazione, → CROSTA || INTONACO.
contr. scrostatura.
incrudelíre, *v.intr.* infierire, incrudire, inasprire, infuriare, inferocire, torturare, seviziare, infellonire, scatenarsi, → DISUMANARE || IMPERVERSARE.
nomencl. (*pertinenti*) sadismo, crudeltà, ferocia, barbarie, atrocità, brutalità, sevizia.
contr. ammansire, rabbonire, raddolcire || civilizzare, incivilire, umanizzare.
incruènto, *agg.*
contr. cruento, sanguinante.
incubazióne, *sf.* → COVA || *fig.* attesa, → PREPARAZIONE.
nomencl. incubatrice || germi patogeni, malattie.
contr. insorgenza, sviluppo, esplosione.
íncubo, *sm.* → SPIRITO || *fig.* → OPPRESSIONE || pensiero angoscioso || persona fastidiosa, opprimente.
contr. succubo || persona debole, vittima.
incúdine, *sf.* incude, ancudine (*poet.*), bicorna, tassello, tasso, spina || → ORECCHIO.
nomencl. (*parti*) ceppo, coda (a fittone, a nespola, a granchio), corni, cornettini, piano || (*inerenti*) fucina; martello, maglio, tenaglia, battimazza, quadrello; fabbroferraio, fucinatore.
inculcàre, *v.tr.* → INFONDERE, INSEGNARE || PERSUADERE, INCITARE.
incúlto, *agg.* non coltivato, deserto, selvaggio || rozzo, ignorante, incolto, incondito.
contr. coltivato, culto, colto,
incuneàre, *v.tr.* → FICCARE || *rifl.* → PENETRARE.
incupíre, *v.intr.* diventar ombroso, scuro, cupo, adombrarsi || → RANNUVOLARE.
incuràbile, *agg.* immedicabile, insanabile, spacciato, irrimediabile, → CRONICO.
contr. curabile, sanabile, medicabile, recuperabile.
incurànte, *agg.* noncurante, trascurato, spregiatore, → DIMENTICO, NEGLIGENTE.
contr. curante, premuroso, pensoso, attento.
incurànza, *sf.* noncuranza, trascuratezza, disprezzo, → NEGLIGENZA.
contr. cura, premura, attenzione.
incúria, *sf.* noncuranza, trascuratezza, disprezzo, → NEGLIGENZA.
contr. cura, premura, attenzione.
incursióne, *sf.* irruzione, → SCORRERIA.
incurvàbile, *agg.* curvabile, flessibile, → RIGIDO.
incurvàre, *v.tr.* → CURVARE, FLETTERE, ARCUARE || *rifl.* diventar curvo.
incurvatúra, *sf.* curvatura, → CURVA.
incustodíto, *agg.* → INDIFESO, ABBANDONATO.
contr. custodito, vigilato, guardato.
incútere, *v.tr.* → ISPIRARE, SUSCITARE, INFONDERE.
índaco, *agg.* e *sm.* → BLU.
indaffaràto, *agg.* → AFFACCENDATO.
contr. sfaccendato, ozioso.
indagàre, *v.tr.* investigare, ricercare, → ESPLORARE, CURIOSARE, FIUTARE, DOMANDARE, INQUISIRE.
indàgine, *sf.* indagazione, indagamento, ricerca, investigazione, perquisizione, inquisizione, domanda, intervista, → ESAME, INCHIESTA, ESPLORAZIONE.
indàrno, *avv. poet.* → INVANO.
indebitaménte, *avv.* illecitamente, → ABUSIVAMENTE.
contr. debitamente,
indebitàre, *v.tr.* e *rifl.* → DISSESTARE.
indebitàto, *pps.* di indebitare || *agg.* → DISSESTATO.
indébito, *agg.* non dovuto, illegittimo, illecito, → INGIUSTO, SCONVENIENTE, ABUSIVO.
contr. débito, giusto, doveroso, legittimo, conveniente, opportuno, necessario.
indeboliménto, *sm.* → DEBOLEZZA.
contr. rafforzamento, rinvigorimento.
indebolíre, *v.tr.* affievolire, infievolire, affiochire, infiochire, afflosciare, affloscire, ammosciare, affralire, infrollire, ammencire, ammortire, ammollire, accasciare, debilitare, spossare, stancare, svigorire, disvigorire, estenuare, deprimere, abbiosciare, fiaccare, illanguidire, esanimare, infiacchire, infralire, prostrare, prostérnare, rammollire, sfibrare, sdilinquire, slombare, snervare, spolpare, stremare, smidollare, abbattere, effeminare || annacquare || *intr.* appassire, → FATICARE || *rifl.* deperire, consumarsi, languire.
contr. rafforzare, rinforzare, rinvigorire, irrobustire, render piú maschio,
indebolíto, *pps.* di indebolire || *agg.* → DIMINUITO.
indecènte, *agg.* indecoroso, → SCONVENIENTE || lascivo, immodesto, osceno, lubrico, → IMPUDICO.
contr. decente, decoroso, conveniente, pudorato, dignitoso, puritano, modesto.
indecènza, *sf.* → SCONVENIENZA, IMPUDICIZIA.
contr. decenza.
indecifràbile, *agg.* illeggibile, indecrittabile, oscuro, enimmatico, criptografico, → IMPENETRABILE.
contr. decifrabile, decrittabile, chiaro, leggibile.

indecisióne, *sf.* esitazione, esitanza, irresolutezza, oscitanza, perplessità, titubanza, trepidanza, oscillazione, ambiguità, alternativa, timidezza, incertezza, → DUBBIO || *fig.* → AGONIA.
contr. decisione, risolutezza, energia, fermezza, prontezza, intrepidezza.
indecíso, *agg.* esitante, titubante, perplesso, trepidante, timido, oscillante, ambiguo, vacillante, → DUBBIOSO, INCERTO.
contr. deciso, risoluto, energico, fermo, intrepido, pronto.
indeclinàbile, *agg.* → COSTANTE || INEVITABILE || GRAMMATICA.
contr. declinabile.
indecomponíbile, *agg.* → INCORRUTTIBILE.
contr. decomponibile.
indecoróso, *agg.* contrario al decoro, indegno, → INDECENTE, IGNOBILE, SCONVENIENTE.
contr. decoroso.
indefaticàbile, *agg.* infaticabile, resistente, saldo, indefesso, → INSTANCABILE.
contr. stancabile, debole, fragile, spossato, fiacco, cedevole.
indefèsso, *agg.* → INSTANCABILE, PERSEVERANTE.
indefettíbile, *agg.* indefettivo, indeficiente, continuo, → ETERNO.
contr. defettibile.
indefettibilità, *sf.* → ETERNITÀ.
contr. defettibilità.
indeficiènte, *agg.* → CONTINUO, ETERNO, PERENNE, SALDO.
indeficiènza, *sf.* → ETERNITÀ, PERENNITÀ.
indefiníbile, *agg.* indicibile, inesprimibile, ineffabile, inspiegabile, indeterminabile, indescrivibile, inenarrabile, irrazionale, sfuggente, indeterminato, → VAGO.
contr. definibile, spiegabile, determinato, razionale, determinabile, logico, chiaro.
indefiníto, *agg.* → ASTRATTO, VAGO.
contr. definito, determinato, preciso.
indegnità, *sf.* → CATTIVERIA, TURPITUDINE.
contr. dignità,
indégno, *agg.* demeritevole, immeritato, immerito, mal degno, degradato, spregevole, vergognoso, vituperevole, abominevole, infame, senza dignità, basso, disonorevole, indecoroso, → CATTIVO, BIASIMEVOLE, TURPE.
contr. degno, meritevole, lodevole, onorevole, onorabile, dignitoso, benemerito.
indeiscènte, *agg.*
contr. deiscente.
indelèbile, *agg.* incancellabile, indistruttibile || *fig.* inobliabile, → ETERNO, INDIMENTICABILE.
contr. delebile, cancellabile, obliabile || labile, caduco, fragile.
indelicatézza, *sf.* → SCONVENIENZA, INDISCREZIONE.
contr. delicatezza,
indelicàto, *agg.* → SCONVENIENTE, INDISCRETO.
contr. delicato, elegante, squisito, fine,
indemoniàre, *v.intr.* essere preso dal demonio, essere invasato || infuriarsi.
nomencl. demonio || esorcismo, esorcista || *verb.* esorcizzare.
indemoniàto, *pps.* di indemoniare || *agg.* e *sm.* insatanassato, indiavolato, → ENERGUMENO, FURENTE, OSSESSO.
indènne, *agg.* senza danni, → INCOLUME.
contr. danneggiato.
indennità, *sf.* compensazione, compenso, risarcimento, rimborso, restituzione, rifazione, reintegrazione, restaurazione, rifusione, soddisfazione, soddisfacimento, indennizzo, riparazione, → DIARIA, ASSICURAZIONE || gettone.
nomencl. (*motivazioni*) per danni, per spese || di trasferta, di viaggio, di carica, di studio, di toga || particolare, speciale, ordinaria.
contr. danno, perdita.
indennizzàre, *v.tr.* compensare, mendare (*ant.*), reintegrare, rifare, rifondere, rimborsare, soddisfare, ristorare, tenere indenne, riparare, → RISARCIRE.
contr. danneggiare, togliere, perdere.
indennízzo, *sm.* → ESPIAZIONE || INDENNITÀ.
indeprecàbile, *agg.* → INEVITABILE.
contr. deprecabile, evitabile, risolubile, riparabile, rimediabile, vincibile, non necessario.
inderogàbile, *agg.* inevitabile, necessario.
contr. derogabile.
indescrivíbile, *agg.* → INDEFINIBILE.
contr. descrivibile.
indeterminàbile, *agg.* → INDEFINIBILE.
contr. determinabile.
indeterminatézza, *sf.* → DUBBIO, IMPRECISIONE.
contr. determinatezza,
indeterminàto, *agg.* → DUBBIO, INDEFINIBILE, INCERTO, VAGO || sconfinato, → INFINITO.
contr. determinato.
indettàre, *v.tr.* → SUGGERIRE || INFLUIRE.
indevòto, *agg.* irreligioso, non praticante, ipocrita, miscredente, empio, irrispettoso.
contr. devoto, pio, religioso, praticante, credente, raccolto, rispettoso.
índi, *avv.* donde, di là, da quel luogo || poi, dappoi, di poi, quindi, appresso.
indiademàre, *v.tr.* → INCORONARE.
indiàno, *agg.* índico.
indiàre, *v.tr.* imparadisiare, bearsi in Dio, entrare nella vita eterna, partecipare delle grazie divine, → DIVINIZZARE.
indiavolàre, *v.intr.* indiascolare, fare un gran diavoleto, un gran baccano || metter sottosopra.
indiavolàto, *agg.* → FURENTE, DIFFICILE, OSSESSO.
indiazióne, *sf.* → DIVINIZZAZIONE.
indicàre, *v.tr.* accennare, ammiccare, far l'occhiolino, designare, additare, gestire, gesticolare, mostrare, far vedere, segnare, → DISTINGUERE || denotare, dinotare, dimostrare || insegnare, intimare, → PRESCRIVERE, SUGGERIRE || controindicare.
contr. nascondere, celare, tener nascosto, tener segreto.
indicàto, *pps.* di indicare || *agg.* → ADATTO, EFFICACE.
indicazióne, *sf.* designazione, segno, mostra, notizia, dicitura, didascalia, indizio, specificazione, informazione, → ACCENNO || PRESCRIZIONE, SUGGERIMENTO.
nomencl. (*inerenti*) cartello indicatore, indicatore di direzione, freccia, indice || *agg.* giusta, esatta, errata, erro-

nea, sbagliata, falsa, breve, laconica, scarsa, insufficiente, inadatta.
índice, *sm.* → CATALOGO, ELENCO || freccia || esponente.
nomencl. indice dei libri proibiti || *verb.* mettere all'indice; segnare, indicare con l'indice.
indicíbile, *agg.* → INDEFINIBILE || ineffabile, indescrivibile, inenarrabile.
contr. dicibile.
índigo, *agg.* indiano.
indietreggiàre, *v.intr.* arretrare, retrocedere, retrogradare, regredire, andare indietro, andare a ritroso, camminare all'indietro, ritirarsi, ripiegare, rinculare, cedere il terreno, battere in ritirata, dietreggiare, recedere, trarsi indietro, → CAMMINARE.
contr. avanzare, proseguire, progredire, andare avanti, affrontare.
indiètro, *avv.* addietro || dietro, di dietro.
contr. avanti.
indiféso, *agg.* disarmato, sprovveduto, incustodito, scoperto, malguardato, inerme, incapace (di difendersi), inerte || indifendibile.
contr. difeso, armato, riparato, fortificato, protetto, provveduto || difendibile, difensibile.
indifferènte, *agg.* insensibile, indolente, → FREDDO, CINICO, IMPASSIBILE || neutrale, → IMPARZIALE, DISINTERESSATO.
contr. sensibile, partecipe, interessato, premuroso.
indifferènza, *sf.* disaffezione, disamore, disinteresse, apatia, indolenza, insensibilità, noncuranza, ignoranza, grettezza, meschinità, ottusità, durezza, glacialità, torpore, flemma, neutralità, → FREDDEZZA, IMPASSIBILITÀ, CINISMO.
contr. sensibilità, passionalità, idealità, idealismo, fervore, interesse, interessamento, partecipazione, premura, cura; indignazione || partigianeria, fanatismo, settarismo, parzialità.
indifferíbile, *agg.* → IMPROROGABILE.
contr. differibile.
indígeno, *agg.* e *sm.* aborigeno, autoctono, nativo.
contr. forestiero, straniero, esotico, allogeno, alienigena.
indigènte, *agg.* → POVERO.
indigènza, *sf.* → POVERTÀ, BISOGNO.
indigeríbile, *agg.* non digeribile, indigesto || *fig.* ostico, antipatico, → INSOPPORTABILE.
contr. digeribile.
indigestióne, *sf.* imbarazzo di stomaco, pesantezza, ripienezza gastrica || *fig.* → SAZIETÀ, NAUSEA.
nomencl. nausea, vomito, sonnolenza, crampi, colica.
contr. buona digestione || avidità, insaziabilità.
indigèsto, *agg.* non digerito, indigeribile || *fig.* → MOLESTO, PESANTE, DIFFICILE.
contr. digerito, digeribile.
indignàre, *v.tr.* irritare, esacerbare, adirare, → SDEGNARE || *rifl.* scandalizzarsi, risentirsi, adirarsi, sdegnarsi, irritarsi, infuriarsi.
contr. compiacere, essere complice, indifferente, neutro || rabbonirsi, calmarsi, placarsi.
indignazióne, *sf.* passionalità, sensibilità, interesse, → IRA, SDEGNO.
contr. freddezza, apatia, indifferenza, insensibilità.
indilazionàbile, *agg.* → IMPROROGABILE.
contr. dilazionabile.
indimenticàbile, *agg.* inobliabile, memorabile, incancellabile, indelebile.
contr. dimenticabile, obliabile.
indipendènte, *agg.* → LIBERO, ASSOLUTO.
contr. dipendente, schiavo, servo || soggetto, subordinato.
indipendènza, *sf.* autonomia, libertà, immunità, esenzione, → AUTARCHIA, LIBERAZIONE.
contr. dipendenza, servitú, soggezione, schiavitú, servaggio.
indíre, *v.tr.* bandire, annunziare, convocare, stabilire pubblicamente, imporre, → INTIMARE, ORDINARE.
contr. disdire, revocare.
indirètto, *agg.* mediato, sinuoso, storto, allusivo, traverso, tortuoso, → OBLIQUO.
nomencl. discorso, complemento indiretto || imposta.
contr. diretto, diritto, immediato, leale, aperto.
indirizzàre, *v.tr.* mettere sulla via diritta, indicare la via, ammonire, avviare, consigliare, istradare, incamminare, dirigere, suggerrire, influire, → GUIDARE, EDUCARE || *rifl.* → ANDARE, GUARDARE.
contr. sviare, far deviare, far uscir di strada, distogliere.
indirizzàto, *pps.* di indirizzare || *agg.* diretto, guidato, avviato, consigliato, instradato, incamminato, aiutato.
indirízzo, *sm.* orientamento, instradamento, avvio, avviamento, → DIREZIONE, EDUCAZIONE || soprascritta, recapito, domicilio, indicazione per il recapito.
indisciplína, *sf.* indisciplinatezza, indocilità, insubordinazione, insubordinatezza, disobbedienza, pervicacia, ribellione, ritrosità, renitenza, riottosità, indomabilità, prevaricazione.
contr. disciplina, disciplinatezza, ubbidienza, subordinazione, docilità, dipendenza, sottomissione, fedeltà.
indisciplinatézza, *sf.* → INDISCIPLINA.
contr. disciplinatezza, disciplina.
indisciplinàto, *agg.* indocile, insubordinato, disobbediente, ritroso, ribelle, renitente, recalcitrante, pervicace, restio, indomabile, riottoso, indomo || *sm.* → MONELLO.
contr. disciplinato, docile, subordinato, obbediente, dipendente, sottomesso.
indiscretézza, *sf.* → INDISCREZIONE.
contr. discretezza, discrezione.
indiscréto, *agg.* ficcanaso, impronto, importuno, ineducato, indelicato, curioso, esigente, immoderato, scriteriato, pretenzioso, arrogante, petulante, grossolano, pieno di pretese, → IMPRUDENTE.
contr. discreto, educato, riguardoso, delicato, prudente, riguardato, rattenuto, riservato.
indiscrezióne, *sf.* indiscretezza, curiosità, improntitudine, indelicatezza, ineducazione, importunità, arroganza, petulanza, grossolanità, esigenza || rivelazione.
contr. discrezione, riguardo, moderazione, delicatezza.
indiscússo, *agg.* → CERTO, EVIDENTE.
contr. discusso.
indiscutíbile, *agg.* dogmatico, → EVIDENTE, CERTO.
contr. discutibile.
indiscutibilità, *sf.* → EVIDENZA.
contr. discutibilità.

indispensàbile, *agg.* e *sm.* inevitabile, → NECESSARIO.
contr. superfluo.
indispettíre, *v.tr.* far dispetto, contraddire, stuzzicare, irritare, → INDISPORRE, STIZZIRE.
indispórre, *v.tr.* indispettire, disaffezionare, disgustare, turbare, far stizzire, alienare.
contr. rabbonire, andar d'accordo, armonizzare, rasserenare.
indisposizióne, *sf.* → MALORE.
indispósto, *pps.* di indisporre || *agg.* → AMMALATO.
indissolúbile, *agg.* insolubile, inscindibile, → TENACE.
contr. solubile, staccabile.
indistínto, *agg.* inarticolato, → CONFUSO, VAGO.
contr. distinto.
indistruttíbile, *agg.* → ETERNO.
contr. distruttibile.
indistruttibilità, *sf.* → ETERNITÀ.
contr. distruttibilità.
individuàle, *agg.* esclusivo, personale, proprio, speciale, particolare, differenziato, distinto, privato, specialissimo, inconfondibile, ineguale, → SINGOLARE.
contr. generale, collettivo, collettivistico, comune, universale, uniforme, conforme, tipicizzato, indistinto, stereotipato, totalitario.
individualísmo, *sm.* anarchismo, liberalismo, personalismo.
contr. comunismo, socialismo, collettivismo, totalitarismo || ecumenismo, universalismo || massa, folla, gregge.
individualizzàre, *v.tr.* separare, → DISTINGUERE, SPECIFICARE.
individuàre, *v.tr.* → DISTINGUERE, DETERMINARE || SCOPRIRE.
individuo, *sm.* persona singola, essere a sé, → ENTE || *fam.* tizio.
indivisíbile, *agg.* inseparabile, incompartibile, inscindibile, imprescindibile, indissolubile.
contr. divisibile, separabile, scindibile, confondibile.
indivíso, *agg.* → UNITO.
contr. diviso, separato, scisso, disgiunto.
indízio, *sm.* segno, segnale, contrassegno, sintomo, traccia, apparenza, prova, vestigio, sentore, sospetto, vista, → INDICAZIONE, ACCENNO, FENOMENO, AUGURIO || *fig.* barlume, fiuto, odore, trama, intuizione.
nomencl. *agg.* sicuro, certo, indubbio, infallibile, labile, leggero, fugace, tenue, sottile, fallace, falso, ingannevole, positivo, negativo, equivoco || *verb.* sembrare, indicare, mostrare, rivelare, scoprire, svelare, dinotare, palesare, subodorare, fiutare, intuire || cogliere, colpire nel segno.
contr. certezza.
indòcile, *agg.* intrattabile, inarrendevole, ineducabile, indomabile, indomito, recalcitrante, riottoso, renitente, immaneggiabile, ostico, rigido, → INCORREGGIBILE, INDISCIPLINATO || e *sm.* → MONELLO.
contr. docile, arrendevole, domabile, obbediente, sottomesso, educabile, trattabile, plastico.
indocilità, *sf.* → CONTUMACIA, INDISCIPLINA, RESISTENZA.
contr. docilità.
índole, *sf.* disposizione, predisposizione, inclinazione dell'animo; natura, istinto, tempra, temperamento, umore, tendenza, stile naturale, fisionomia, genio, intimo, → ANIMO, CARATTERE || *fig.* fibra, stoffa.
nomencl. (*attinenti*) educazione, condotta, caratteristica, compatibilità, incompatibilità || (*analoghi*) congenito, connaturale, predisposto, fisiologico || *agg.* buona, cattiva, bisbetica, spiacevole, graziosa, gentile, docile, raffinata, naturale.
indolènte, *agg.* pigro, molle, neghittoso, ignavo, apatico, poltrone, torpido, noncurante, svogliato, indifferente, negligente, lento, fiacco, apatico, trascurato, insensibile, → FREDDO.
contr. attivo, operoso, alacre, sensibile, caldo, entusiasta, energico, risoluto, passionale.
indolènza, *sf.* ignavia, pigrizia, infingardaggine, neghittosità; lentezza, fiacchezza nell'agire, noncuranza, apatia, torpore, → INERZIA, FREDDEZZA.
contr. solerzia, operosità, attività, alacrità, sensibilità, calore, entusiasmo, energia, risolutezza, passione.
indolenziménto, *sm.* → INTORMENTIMENTO.
indolenzíre, *v.tr.* e *rifl.* indolire, intormentire, intorpidire, informicolire, formicolare, ingranchire, aggranchire.
indolenzíto, *pps.* di indolenzire || *agg.* intormentito, intirizzito, → DOLORANTE.
indolíre, *v.tr.* → INDOLENZIRE.
indomàbile, *agg.* → INDOCILE, INDISCIPLINATO.
contr. domabile.
indòmito, *agg.* indomato, indómo, → INDOCILE || ardente, fiero, prepotente, passionale, audace, impetuoso, focoso, impulsivo || → COSTANTE.
contr. domato, dómo.
indómo, *agg.* → INDOMITO, INDOCILE, INDISCIPLINATO.
indoràre, *v.tr.* e *rifl.* → DORARE.
indoràto, *pps.* di indorare || *agg.* dorato, → AUREO.
indoratóre, *sm.* → DORATORE.
indoratúra, *sf.* → DORATURA.
indossàre, *v.tr.* → CINGERE, VESTIRE.
indòtto, *agg.* → IGNORANTE.
contr. dòtto.
indótto, *pps.* di indurre || persuaso, spinto, invogliato, piegato, tentato, incitato, ispirato || *sm.* parte di un corpo sottoposto ad induzione.
indottrinàre, *v.tr.* → ADDOTTRINARE.
indottrinàto, *pps.* di indottrinare || *agg.* → IGNORANTE.
indovinàre, *v.tr.* azzeccare, apporsi, astrologare, imberciare, intravvedere, imbroccare, presagire, presentire, divinare, predire, vaticinare, pronosticare, colpir nel segno, intuire, antisapere, antivedere, cogliere giusto, leggere nel futuro, profetare o profetizzare, → PREVEDERE, FIUTARE, RIUSCIRE.
nomencl. (*pertinenti*) indovinamento, divinazione, pronostico, presagio, presentimento, profezia, previsione, vaticinio, congettura, previdenza, antiveggenza, prescienza, cabala, magia, induzione || (*persone*) augure, indovino, profeta, oracolo, astrologo, negromante || (*arti*) fisiognomica, grafologia, chiromanzia, cartomanzia, negromanzia, astrologia || indovinaglia.
contr. sbagliare.
indovinàto, *pps.* di indovinare || *agg.* felice, azzeccato, ben riuscito, ben trovato, imbroccato, strologato, colpito nel segno.

contr. mal riuscito, sbagliato.
indovinèllo, *sm.* → ENIMMA.
indovíno, *agg.* e *sm.* idromante, divinatore, mago, negromante, oracolista, oracolo, profetastro, pronosticatore, sortiere, strologo, vate, vaticinatore, presago, stregone, aruspice, chiaroveggente, pitonessa, sibilla, strega, grafologo, sonnambula, → AUGURE, PROFETA.
nomencl. arte divinatoria || divinare.
indrizzàre, *v.tr.* render dritto, diritto, dirizzare, drizzare, rizzare.
indúbbio, *agg.* → EVIDENTE, CERTO.
contr. dubbio.
indubitàbile, *agg.* → CERTO.
contr. dubitabile.
indubitàto, *agg.* → CERTO.
indugiàre, *v.intr.* procrastinare, tergiversare, sospendere, → RITARDARE, DIFFERIRE, ATTENDERE, DIMORARE, TEMPOREGGIARE.
contr. affrettarsi, accelerare.
indúgio, *sm.* arresto, ritardo, sosta, mora, dimora (*lat.*), remora, lentezza, rallentamento, ristagno, dilazione, proroga, differimento, temporeggiamento, procrastinazione, sospensione, tardanza, bada, respiro, → ATTESA.
nomencl. *verb.* porre, frapporre, interporre.
contr. affrettamento, sollecito, sollecitazione, premura, fretta, urgenza, furia, accelerazione.
indulgènte, *agg.* clemente, condiscendente, benigno, corrivo, generoso, misericordioso, pietoso, placabile, tollerante, mite, benevolo, tenero, bonario, umano, comprensivo, → BUONO, COMPASSIONEVOLE, FACILE, PAZIENTE.
contr. severo, rigido, rigoroso, intollerante, implacabile, inesorabile, insofferente, impaziente, crudo, immisericorde, irriducibile.
indulgènza, *sf.* clemenza, condiscendenza, benevolenza, benignità, generosità, partecipazione, mitezza, misericordia, sopportazione, tolleranza, perdono, umanità, favore, comprensione, → BONTÀ, COMPASSIONE, DOLCEZZA, COMPATIMENTO.
nomencl. (*tipi*) plenaria, parziale, *toties quoties* || (*inerenti*) giubileo, tesoro delle indulgenze, anno giubilare, anno d'indulgenza, perdono d'Assisi || sacramentali, chiesa stazionale, penitenziere || *agg.* troppa, eccessiva, connivente, smisurata, dannosa, pericolosa, giusta, misurata, ragionevole, bastevole, colpevole || *verb.* indulgere, perdonare, accordare indulgenze, elargire indulgenze; usare, lucrare, chiedere, sperare, implorare, invocare, impetrare, acquistare, prendere indulgenze.
contr. severità, rigidezza, inesorabilità, rigore, intolleranza, durezza, insofferenza.
indúlgere, *v.tr.* perdonare, assolvere, condonare, rimettere, scusare, giustificare, graziare, compassionare, essere misericorde, compatire; accordare, concedere, elargire indulgenze || essere molle, corrivo, compiacente, connivente, lasciar correre.
indúlto, *sm.* → GRAZIA, AMNISTIA.
induménto, *sm.* → VESTE.
induràre, *v.tr.* e *intr.* → INDURIRE.
induriménto, *sm.* induramento, concrezione, assodamento, rassodamento, incallimento, → CROSTA || *fig.* ostinazione, cocciutaggine, pervicacia, cattiva abitudine, vizio.
contr. ammollimento, rammollimento, ammorbidimento, intenerimento, rilassamento.
induríre, *v.tr.* render duro, assodare, condensare, consolidare || *intr.* e *rifl.* assodare, consolidare, incallire, fare il callo, indurare, rassodare, diventar duro, → INCATORZOLIRE.
contr. ammorbidire, ammollire, intenerire, compiacere.
induríto, *pps.* di indurire || *agg.* chiuso, inasprito, inciprignito, aspreggiato, incallito, irrigidito, incattivito, fatto indifferente, insensibile, → OSTINATO.
indúrre, *v.tr.* argomentare, istigare, persuadere, invogliare, piegare, smuovere, trascinare, tentare, suggerire, convincere, capacitare, insinuare, imboccare, imbeccare, indettare, suggestionare, → INCITARE, ECCITARE, DETERMINARE, CAUSARE, DECIDERE, CONSIGLIARE, AVVERTIRE || congetturare, inferire, → DEDURRE || *rifl.* persuadersi, risolversi (a), decidere (di).
contr. lasciar fare, abbandonare a sé, dissuadere, distogliere.
indústre, *agg.* ingegnoso, attivo, pieno d'iniziativa, svelto, → INDUSTRIOSO, ABILE.
contr. pigro, neghittoso, ottuso, lento, incapace, senza niziativa.
indústria, *sf.* produzione || manifattura, azienda, artigianato, → COMMERCIO || *fig.* arte ingegnosa, capacità, abilità, ingegnosità, intraprendenza, callidità, → DESTREZZA || FABBRICA.
nomencl. (*varietà*) estrattiva, mineraria, agricola, manifatturiera, dei trasporti, alimentare, meccanica, elettrotecnica, chimica, metallurgica, siderurgica, tessile, forestale, della pesca, del legno, armatoriale, aeronautica, automobilistica, edile, della carta, poligrafica, editoriale, del cuoio e delle calzature, del vestiario, dell'abbigliamento, dell'arredamento || (*inerenti*) fabbrica, opificio, officina, stabilimento, laboratorio || materie prime, personale, tecnici, ingegneri, periti, manodopera, operai, manovali || macchine, alti forni, miniere || forza motrice, forza idraulica, elettricità, motori, trasporto di energia || circolazione, ferrovia, autocarro, battello || brevetto, etichetta, marca, tariffa, imballaggio || libero scambio, dogana, unione doganale, tariffa doganale || economia politica, scambi, protezionismo, pianificazione, dirigismo, liberismo, industrializzazione || invenzione, esposizione, mostra || leggi sociali, assistenza e previdenza sociale, assistenza infortunistica, sindacati, sindacalismo, commissioni interne, contratti di lavoro, sciopero, serrata || consiglio di amministrazione, bilancio, operazioni finanziarie || *verb.* fiorire, prosperare, progredire, decadere, languire, aprire, avviare, chiudere, ostacolare, fiscalizzare.
industriàle, *agg.* e *sm.* fabbricante, imprenditore, capitalista, manifatturiere, → COMMERCIANTE.
industriàrsi, *v.rifl.* ADOPRARSI, INGEGNARSI.
industriosità, *sf.* → ABILITÀ, INTRAPRENDENZA.
industrióso, *agg.* industre, intraprendente, ingegnoso, attivo, operoso, accorto, svelto, tenace, → ASTUTO.
contr. inattivo, indolente, incapace, inetto.
induzióne, *sf.* → DEDUZIONE, CONCLUSIONE, GIUDIZIO.
inebetíto, *agg.* → EBETE.

inebriàre, *v.tr.* e *rifl.* dare, provocare ebbrezza, → BERE, UBRIACARE || *fig.* provar piacere, godimento intenso, estasiarsi || scaldare, accendere, eccitare, → ENTUSIASMARE.
ineccepíbile, *agg.* → ESATTO, IRREPRENSIBILE.
contr. eccepibile.
inèdia, *sf.* → FAME, INANIZIONE.
inèdito, *agg.* non pubblicato || *fig.* unico, irripetibile, esclusivo, → NUOVO.
contr. èdito.
ineducàbile, *agg.* → INDOCILE.
contr. educabile.
ineducàto, *agg.* → INDISCRETO, MALEDUCATO, INURBANO.
contr. educato
ineducazióne, *sf.* maleducazione, → INURBANITÀ.
contr. educazione.
ineffàbile, *agg.* indicibile, inesprimibile, inenarrabile, indescrivibile, → INDEFINIBILE, INESPLICABILE.
contr. dicibile, definibile, esprimibile, descrivibile.
inefficàce, *agg.* impotente, impari, inane, sterile, incapace, inefficiente, vano, infecondo, inerte, → INUTILE.
contr. efficace, efficiente, capace, fecondo, effettivo, utile, operante, attivo.
inefficàcia, *sf.* impotenza, → INUTILITÀ.
contr. efficacia, fecondità, utilità, effettualità, potenza, efficienza.
ineguagliàbile, *agg.* inuguagliabile, → IMPAREGGIABILE.
contr. eguagliabile, uguagliabile.
inegu̇àle, *agg.* inuguale, diseguale, disuguale, differente, diverso, dissimile, dissomigliante, variabile, non uniforme, incostante, dispari, disparato, discontinuo, inequivalente || individuale, inconfondibile.
contr. eguale, uguale, simile, pari, somigliante, continuo, costante, equivalente, conforme.
inelegànte, *agg.* → ROZZO.
contr. elegante.
inelegànza, *sf.* → ROZZEZZA, VOLGARITÀ.
contr. eleganza.
ineleggíbile, *agg.* improponibile, inaccettabile.
contr. eleggibile, proponibile, preferibile.
ineluttàbile, *agg.* → INEVITABILE.
contr. evitabile.
inemendàbile, *agg.* → INCORREGGIBILE.
contr. emendabile.
inenarràbile, *agg.* irriferibile, indescrivibile || indicibile, inesprimibile, → INDEFINIBILE, STRAORDINARIO.
contr. narrabile.
inerènte, *agg.* aderente, coerente, appartenente, riferibile, connesso, → ANNESSO, UNITO.
inerènza, *sf.* aderenza, → RELAZIONE, UNIONE, COERENZA.
inèrme, *agg.* senz'armi, disarmato, inoffensivo, → INDIFESO || TIMIDO.
contr. armato. difeso.
inerpicàre, *v.intr.* e *rifl.* → SALIRE.
inerràbile, *agg.* *ant.* infallibile || → SICURO.
contr. fallibile, incerto.
inerrànza, *sf.* immunità da errori, infallibilità.
contr. fallibilità, erroneità, fallacia.
inèrte, *agg.* inutile, inetto, incapace inefficace || → ABULICO, ACCIDIOSO || scioperato, → OZIOSO.
contr. attivo, solerte, operoso, zelante, infaticabile.
inerudíto, *agg.* → IGNORANTE.
contr. erudito.
inerudizióne, *sf.* → IGNORANZA.
contr. erudizione.
inèrzia, *sf.* torpidità, inattività, accidia, inoperosità, inazione, indolenza, pigrizia, trascuraggine, infingardaggine, ignavia, noncuranza, apatia, indifferenza, → OZIOSITÀ || immobilità.
contr. attività, solerzia, zelo, operosità, mobilità, infaticabilità, partecipazione.
inesattézza, *sf.* → ERRORE, IMPRECISIONE, INFEDELTÀ.
contr. esattezza.
inesàtto, *agg.* → FALSO, SBAGLIATO, INFEDELE || non riscosso.
contr. esatto.
inesauríbile, *agg.* → INFINITO, ETERNO.
contr. esauribile.
inesàusto, *agg.* insaziabile, instancabile, inesauribile || → INFINITO, ETERNO.
contr. esàusto.
inescogitàbile, *agg.* → INCONCEPIBILE.
contr. escogitabile.
inescusàbile, *agg.* inscusabile, imperdonabile, irremissibile, ingiustificabile.
contr. scusabile, remissibile, perdonabile, giustificabile.
ineseguíbile, *agg.* → IMPOSSIBILE.
contr. eseguibile.
inesercitàto, *agg.* imperito, inesperto, senza pratica.
contr. esercitato, pratico, sperimentato, perito.
inesistènte, → INSUSSISTENTE.
inesistènza, *sf.* → INSUSSISTENZA.
inesoràbile, *agg.* implacabile, inclemente, irremovibile, inflessibile, irreducibile, incrollabile, spietato, rigoroso, austero, crudo, severo, serio, sordo (alle preghiere), → CRUDELE || INEVITABILE.
contr. clemente, condiscendente, pietoso, generoso, mite, misericordioso, comprensivo, dolce.
inesperiènza, *sf.* mancanza di esperienza, di pratica, imperizia, inabilità, → IGNORANZA || candore, innocenza, → INGENUITÀ, SEMPLICITÀ.
contr. esperienza, pratica, perizia || prova, cimento || malizia, accortezza, scaltrezza.
inespèrto, *agg.* novizio, tirocinante, imperito, novellino, principiante, → IGNORANTE, INABILE || immune, incontaminato || ingenuo, semplice, sempliciotto, ignaro, collegiale.
nomencl. (*equivalenti fig.*) pollo, colombo da pelare, cucciolo, avannotto, lattonzolo, pollastrello, pollastraccio, pollastrotto, sbarbatello.
contr. esperto, sperimentato, abilissimo, pratico, provetto, avveduto, navigato || edotto, smaliziato, scaltrito, furbo, provato, toccato (dalla vita, ecc.), vecchia volpe.
inesplicàbile, *agg.* inspiegabile, intricato, imbrogliato, ineffabile, astruso, misterioso, illogico, irrazionale, → IMPENETRABILE, OSCURO, DIFFICILE.
contr. spiegabile, chiaro, evidente, lampante, comprensibile, intelligibile, razionale.
inesploràbile, *agg.* → IMPENETRABILE.
contr. esplorabile.
inesprimíbile, *agg.* → INDEFINIBILE.

contr. esprimibile.
inespugnàbile, *agg.* inattaccabile, invincibile, inconquistabile, imprendibile, inafferrabile, indomabile.
contr. espugnabile, prendibile, conquistabile, vincibile, domabile, afferrabile, fragile.
inestimàbile, *agg.* di gran valore, di gran pregio, senza prezzo, preziosissimo || non valutabile, incomparabile, → INCALCOLABILE.
contr. senza valore, comperabile, acquistabile, trascurabile, cedibile || inezia.
inestinguíbile, *agg.* sempre vivo, intramontabile, → PERENNE, PERPETUO, ETERNO.
contr. estinguibile, temporaneo, caduco, relativo, tramontabile.
inestirpàbile, *agg.*
contr. estirpabile, sradicabile.
inestricàbile, *agg. fig.* imbrogliatissimo, intricatissimo, imbarazzatissimo, irresolubile, assai ingombrante, → INSOLUBILE.
contr. districabile, semplice, chiaro, evidente, facile, scioglibile, solubile.
inettézza, *sf.* → INETTITUDINE.
inettitúdine, *sf.* dappocaggine, incapacità, inettezza, inabilità, imperizia, insufficienza, inadattabilità.
contr. attitudine, capacità, pratica, perizia, abilità, disposizione, idoneità, esperienza.
inètto, *agg.* dappoco, disadatto, incapace, disacconcio, disconveniente, disconvenevole, impotente, insufficiente, sciocco, imperito, inadatto, maldestro, mucido, testone, zuccone, zugo, → INABILE, IGNORANTE, GOFFO, CATTIVO || *sm.* e *f.* cempenna, baloccone, bracone, carciofo, guastamestieri, nullità, zavorra.
contr. atto, abile, valente, conveniente, attivo, idoneo, disposto, destro, adatto, capace, esperto, perito.
inevitàbile, *agg.* fatale, funesto, destinato, predestinato, indeclinabile, indeprecabile, inesorabile, ineluttabile, irreparabile, irrimediabile, forzato, prestabilito, invincibile, → NECESSARIO.
contr. evitabile, non necessario.
inèzia, *sf.* bagattella, bazzecola, baggianata, futilità, nonnulla, piccolezza, quisquilia, sciocchezzuola, sciocchezza, frivolezza, coserella; cosa di nessun pregio o valore o prezzo, di poco conto, vana, frivola, insignificante; baia, ciancia, bruscolo, briciola, fuscello, briccica, aggeggio, pagliuzza, accidente, gingillo, aglietto, ammennicolo, cianfrusaglia, ciarpa, ciabatta, cosa, calia, carabattola, chiappola, chiappoleria, minutaglia, minuzzaglia, minuzzolo, scarabattola, chiacchiera, giuggiola, miseria, taccola, zaccherella, zizzola, irrilevanza || un ette, un'acca, un ficosecco, una cica, una miseria, un minimo.
contr. cosa rilevante, di rilievo, di grande entità, importante, notevole, essenziale.
infacóndo, *agg.*
contr. facondo.
infagottàre, *v.tr.* e *rifl.* affagottare, involtare, affardellare, imbacuccare, vestirsi male, → AVVOLGERE.
contr. sfagottare, disinvolgere, svolgere, liberare.
infallíbile, *agg.* che non può sbagliare, errare, fallare, → SICURO.
contr. fallibile, fallace, incerto.
infallibilità, *sf.* → SICUREZZA.
contr. fallibilità.
infamànte, *ppr.* di infamare || *agg.* diffamante, diffamatorio, infamatorio, vituperevole, vergognoso, turpe.
contr. onorifico, onorevole, rispettabile, dignitoso, ragguardevole, venerabile.
infamàre, *v.tr.* → DIFFAMARE, CALUNNIARE, ACCUSARE.
contr. onorare, lodare, elogiare, esaltare, venerare, riverire, stimare, usare riguardo.
infamàto, *pps.* di infamare || *agg.* infangato, diffamato, insozzato, calunniato, → INFAME.
infamatòrio, *agg.* → INFAMANTE.
infàme, *agg.* infando, innominabile, ignominioso, nefando, nefario, infamato, scandaloso, senza nome, tacibile, vituperato, vituperevole, obbrobrioso, abominevole, odioso, scellerato, tristo, perverso, malvagio, orrendo, pessimo, disonorato, → IGNOBILE, TURPE.
contr. lodevole, onorevole, buono, ottimo, probo, integro, onesto.
infàmia, *sf.* ignominia, disonore, obbrobrio, abominio, vergogna, vituperio, scandalo, disdoro, scorno, biasimo, onta, discredito, vilipendio, sfregio || infamità, scelleratezza, iniquità, nefandità, nefandezza, turpitudine, sozzezza, → MALEFATTA.
nomencl. *verb.* infamare, disonorare, detrarre, infangare, insozzare, togliere la fama, ledere l'onore.
contr. buona fama, onore, buon nome || virtú, onestà, giustizia, bontà.
infamità, *sf.* → INFAMIA.
infanatichíre, *v.tr.* e *rifl.* diventare o far diventare fanatico, intollerante, esclusivista; infatuare, illudere.
contr. essere o conservarsi ragionevole, temperato, misurato, equilibrato.
infàndo, *agg. ant.* nefando, → INFAME.
infangàre, *v.tr.* e *rifl.* inzaccherare, impillaccherare, immelmare, imbellettare, infardare, inzafardare || *fig.* impantanarsi, insozzarsi, trascinare nel fango, disonorare, infamare, insozzare.
contr. sfangare, spazzolare, pulire || riabilitarsi, redimersi || onorare, lodare, elogiare, esaltare.
infangàto, *pps.* di infangare || *agg.* → FANGOSO.
infànte, *agg.* infanta (*fem.*), → EREDITARIO || *sm.* che parla male, o non ancora lattante, poppante, → BAMBINO.
infantíle, *agg.* → BAMBINESCO, PUERILE.
infànzia, *sf.* età infantile, età novella, infantilità, innocenza, pargolezza, → PUERIZIA.
nomencl. prima infanzia || giardino, asilo, scuola materna || infanticidio, infanticida || infantile || *agg.* serena, tribolata, gioiosa.
contr. adolescenza, giovinezza, maturità, vecchiaia, vecchiezza, senilità.
infarcíre, *v.tr.* farcire, → EMPIRE || lardellare, costellare.
infardàre, *v.tr.* e *rifl.* → SPORCARE, INFANGARE.
infarinàre, *v.tr.* spargere di farina, rinvoltare nella farina || *fig.* imbiancare || *rifl.* spargersi di farina, imbellettarsi troppo.
nomencl. infarinato, infarinatura (di cognizioni superficiali).
infastidíre, *v.tr.* fastidire, tediare, stufare, importunare, seccare, molestare, dar noia, incomodare, →

ANNOIARE, DISTURBARE || essere sazio, ristucco, irritato.
contr. allettare, dar piacere, dilettare, essere gradito, recare diletto, garbare, soddisfare, compiacere.
infaticàbile, *agg.* infaticato, → INSTANCABILE.
infàtti, *cong.* difatti, difatto, in realtà, invero, in effetto.
infatuàre, *v.tr.* rendere fatuo, esaltare, entusiasmare, invasare, infanatichire || *rifl.* perdere la testa, → AMARE.
infatuàto, *pps.* di infatuare || *agg.* → AMANTE || ESALTATO.
infatuazióne, *sf.* → ENTUSIASMO, ESALTAZIONE.
infaustaménte, *avv.* disgraziatamente, → DOLOROSAMENTE.
contr. faustamente,
infàusto, *agg.* → FUNESTO, DOLOROSO, PERICOLOSO, CONTRARIO.
contr. fausto, favorevole, fortunato, felice.
infecondità, *sf.* → STERILITÀ.
contr. fecondità.
infecóndo, *agg.* → STERILE, ARIDO || inerte, → INEFFICACE.
contr. fecondo.
infedéle, *agg.* infido, malfido, sleale, disleale, traditore, fedifrago, fellone, adultero, perfido, marrano, spergiuro, rinnegato || apostata, transfuga, miscredente, pagano, → ERETICO || inesatto, impreciso, sproporzionato, → FALSO,
contr. fedele, fidato, fido, leale || esatto, preciso, conforme, giusto.
infedeltà, *sf.* slealtà, perfidia, tradimento, fellonia, defezione, adulterio, apostasia, eresia || inesattezza, imprecisione, falsità.
contr. fedeltà, lealtà || conformità, precisione, esattezza.
infelíce, *agg.* sventurato, sfortunato, disperato, tribolato, afflitto, misero, miserabile, miserando, povero, dolente, gramo, tapino, malandato, meschino, sciagurato, depresso, sconsolato, penante, deserto, calamitoso, → COMPASSIONEVOLE, DISGRAZIATO || scarso, sterile, mal riuscito, abortito, contrario.
contr. felice, prospero, fausto, beato, fortunato, lieto.
infelicità, *sf.* disgrazia, sventura, miseria, dolore, afflizione, accidente, avversità, disdetta, sfortuna, traversia, infortunio, malanno, angustia, guaio, tribolazione, pena, inferno, fortunaccia, catastrofe, disventura, calamità.
contr. felicità, fortuna, letizia, grazia, gioia, contentezza, paradiso.
infellonìre, *v.intr.* *lett.* diventare fello, cattivo, → INCRUDELIRE.
infemminìre, *v.tr.* → EFFEMINARE.
contr. mascolinizzare.
inferióre, *agg.* → BASSO || minore, sottostante, secondario, infero, al disotto, di minor pregio, qualità, grado, merito || insufficiente, non adatto, non proporzionato, incapace, impari || e *sm.* dipendente, subordinato, subalterno, soggetto, sottoposto, in sottordine.
nomencl. verb. essere, trovarsi, sentirsi, restare, rimanere, riuscire, dichiararsi inferiore; ammettere, accettare la superiorità, dichiararsi vinto, farsi bagnare il naso, non stare a confronto, non poter paragonare.
contr. superiore, sommo, massimo, maggiore, soprastare || al disopra.
inferiorità, *sf.* dipendenza, → SOGGEZIONE || svantaggio, discapito, aggravio || complesso d'inferiorità.
contr. superiorità || vantaggio || complesso di superiorità.
inferíre, *v.tr.* concludere, → DEDURRE, INDURRE || arrecare, procurare.
infermàre, *v.tr.* e *rifl.* → AMMALARE.
contr. guarire.
infermíccio, *agg.* → AMMALATO, DEBOLE.
infermità, *sf.* → DEBOLEZZA, MALORE, MALATTIA.
contr. salute, sanità.
infèrmo, *agg.* → AMMALATO.
nomencl. (*attinenti*) infermazione, infermità, infermeria, infermiere, infermiccio || sacramento degli infermi.
contr. sano.
infernàle, *agg.* acheronteo, diabolico, infero, tartareo || *pl.* le divinità sotterranee (per i romani) || *fig.* tristo, malvagio, maligno || terribile, tremendo, pessimo, infame, furioso, atroce.
contr. celeste, paradisiaco || dolce, mite, soave.
infèrno, *sm.* oltretomba, regione degli inferi, erebo, tartaro, regno dei morti, averno, geenna, abisso || *fig.* dannazione, casa del diavolo || → RUMORE || INFELICITÀ.
nomencl. (*inerenti*) fuoco eterno, dolore eterno, pena del danno, pena del senso; demoni, dannati || Acheronte, Stige, Antenora, Caina, Giudecca, Tolomea, Cocito, Malebolge, Lete, bolgia, girone || *verb.* mandare, andare, cadere || soffrire le pene dell'inferno.
contr. eliso, campi elisi, paradiso || felicità || tranquillità, quiete.
ìnfero, *agg.* → INFERIORE || INFERNALE.
contr. sùpero.
inferocíre, *v.intr.* → IMPERVERSARE, INCRUDELIRE.
inferocíto, *pps.* di inferocire || *agg.* → CRUDELE.
inferraiolàre, *v.tr.* e *rifl.* → INCAPPOTTARE.
inferriàta, *sf.* grata, gabbia, gratella, griglia (*frs.*), graticola, sbarra, → CANCELLO.
infèrto, *pps.* di inferire || *agg,* illato, procurato, arrecato.
infervoraménto, *sm.* → FERVORE.
infervoràre, *v.tr.* e *rifl.* eccitare, pigliar fervore, → ENTUSIASMARE, INFIAMMARE, ECCITARE, ACCALORARE, AVVALORARE.
infestàre, *v.tr.* danneggiare, recar danno, → VESSARE, DEVASTARE, ENTRARE || INFETTARE.
contr. disinfestare, ripulire.
infestàto, *pps.* di infestare || *agg.* → INFETTO.
infèsto, *agg.* → DANNOSO, MOLESTO.
infettaménto, *sm.* infettazione, → INFEZIONE.
infettàre, *v.tr.* portare infezione, ammorbare, appestare, attossicare, infestare, infracidare, inquinare, → AVVELENARE, CONTAGIARE || *fig.* corrompere, depravare, contaminare, → VIZIARE.
nomencl. putrescenza, putrefazione, corruzione, infezione, contagione (*ant,*), contagio, depravazione || *agg.* marcio, corrotto, fradicio, infetto, mèzzo, putrido, putrefatto, rancido, stantio.
contr. disinfettare, rendere immune, immunizzare, purificare, risanare, preservare.
infettazióne, *sf.* infettamento, → INFEZIONE.

infettívo, *agg.* → EPIDEMICO.

infètto, *agg.* settico, guasto, inquinato, imputridito, appestato, avvelenato, infestato, ammorbato, putrido, putrefatto, marcio, fradicio, ammalato, contagiato, attossicato, avvelenato, → IMPURO || *fig.* corrotto, depravato, vizioso, tarato, contaminato.

contr. asettico, sano, preservato, incorrotto, immune, puro, immacolato, incontaminato.

infeudàre, *v.tr.* e *rifl.* → ASSERVIRE, OBBLIGARE.

infezióne, *sf.* ammorbamento, inquinamento, contagio, contagione, contaminazione, infettamento, guasto, infettazione, corruzione, putrefazione, sepsi.

nomencl. (*tipi*) epidemica, acuta, contagiosa, diffusa, locale, generale || tetanica, setticemia.

contr. disinfezione, disinfettazione, immunizzazione, risanamento, asepsi, sterilizzazione.

infiacchiménto, *sm.* indebolimento, → DEBOLEZZA.

infiacchíre, *v.tr.* estenuare, infrollire, → EFFEMINARE, INDEBOLIRE || *intr.* → FATICARE, ADDOLORARE.

infiammàbile, *agg.* accendibile, accensibile.

infiammàre, *v.tr.* → BRUCIARE || *fig.* accendere, arroventare, entusiasmare, → ECCITARE || *intr.* incalorire, avvampare, infuocare, affocare, ardere, infervorare || *rifl.* → ADIRARSI.

contr. raffreddare, calmare, smorzare, spegnere.

infiammàto, *pps.* di infiammare || *agg.* focoso, rovente, arroventato, ignito, acceso, affocato, infocato, → BRUCIANTE || *fig.* arrossato || ardente, incendiario || *med.* flogisticato, flogosato.

contr. spento || calmo, raffreddato, freddo, frigido.

infiammatòrio, *agg.* flogistico.

contr. antiflogistico.

infiammazíone, *sf.* flogosi, bruciore, calefazione, ardore, arsione, riscaldamento, riscaldo.

nomencl. (*tipi*) acuta, cronica, purulenta, tossica, traumatica, adesiva, astenica, caseosa, congestiva, degenerativa, desquamativa, essudativa, iperstenica, ipostatica, metastatica, mucosa, parenchimatosa, reumatica, specifica, stenica, ulcerativa, tubercolosa || (*malattie*) bronchite, cardite, enterite, condrite, emite, empresma, epatite, euflogia, epiflogosi, flemmasia, gastrite, nefrite, metrite, peritonite, pneumonia, pneumonite, polmonite, tonsillite, iperemia congestiva || antiflogistico, calefacente, erubescente || *verb.* infiammare, disinfiammare.

infído, *agg.* → INFEDELE, CATTIVO.

contr. fido.

infieríre, *v.intr.* → INCRUDELIRE || infuriare, incollerire, → IMPERVERSARE.

infievolíre, *v.tr.* e *rifl.* → INDEBOLIRE, SVIGORIRE.

infìggere, *v.tr.* e *rifl.* ficcar dentro, → IMMERGERE, PIANTARE.

infilàre, *v.tr.* far passare, introdurre, → ENTRARE || infilzare, trafiggere, passare da parte a parte || → VESTIRE.

contr. sfilare, togliere, svestire.

infilàta, *sf.* → FILA.

infiltràre, *v.rifl.* penetrare, impregnare, inzuppare, imbibire, → ENTRARE, ATTRAVERSARE.

infiltrazióne, *sf.* → PENETRAZIONE.

infilzàre, *v.tr.* e *rifl.* fare una filza, delle filze || → COLPIRE, INFILARE.

contr. sfilzare.

infilzàta, *sf.* → FILZA.

ínfimo, *agg.* ultimo, imo, → BASSO.

contr. sommo, supremo.

infíne, *avv.* in fine, finalmente, alla fine, da ultimo, in conclusione.

infingardàggine, *sf.* renitenza, neghittosita, → NEGLIGENZA, INDOLENZA, INERZIA.

infingardíre, *v.tr.* rendere infingardo || *intr.* e *rifl.* → IMPIGRIRE.

infingàrdo, *agg.* e *sm.* → PIGRO, SVOGLIATO.

infíngersi, *rifl.* fingere, simulare, ingannare.

infingiménto, *sm.* → FINZIONE.

contr. franchezza, sincerità.

infinità, *sf.* infinitezza, infinitudine, → MOLTITUDINE, ABBONDANZA.

infiníto, *agg.* illimitato, inesauribile, inesausto, copiosissimo, continuo, immenso, incircoscritto, incommensurabile, immensurabile, interminabile, sconfinato, interminato, sterminato, smisurato, indeterminato, innumerabile, innumerevole, inimmaginabile, eterno, → ENORME, ASSOLUTO.

contr. finito, numeroso, numerabile, terminato, limitato, circoscritto, piccolo, esiguo, stretto.

infinocchiàmento, *sm.* → INGANNO.

infinocchiàre, *v.tr.* → INGANNARE.

infiochíre, *v.tr.* e *intr. rifl.* affiochire, → INDEBOLIRE.

infioràre, *v.tr.* sparger di fiori, → ORNARE.

infirmàre, *v.tr.* indebolire, compromettere, → ANNULLARE, CONFUTARE, RESPINGERE, DISTRUGGERE.

infischiàre, *v.rifl.* non curarsi, ridersi, impiparsi, ostentare noncuranza, → DISPREZZARE.

contr. preoccuparsi, interessarsi, temere, tener da conto, tenere in onore.

infisso, *sm.* affisso.

infittiménto, *sm.* → ADDENSAMENTO.

contr. diradamento, rarefazione, sfoltimento.

infittíre, *v.tr.* e *intr.* → ADDENSARE.

contr. diradare, rarefare, sfoltire.

infitto, *pps.* di infiggere || *agg.* → FITTO.

inflaccidíre, *v.intr.* infrollire, infiacchire, → APPASSIRE.

inflazióne, *sf.*

contr. deflazione.

inflessíbile, *agg.* → INESORABILE || implacabile, → DURO, FIERO || COSTANTE.

contr. flessibile, piegabile, pieghevole, placabile, misericordioso, dolce, accomodante, benigno.

inflessibilità, *sf.* → DUREZZA, COSTANZA.

contr. flessibilità.

inflessióne, *sf.* piegatura, modulazione, → CADENZA.

inflèttere, *v.tr.* e *rifl.* flettere, → PIEGARE.

infliggere, *v.tr.* far subire, applicare (péne), punizioni, percosse, danni, perdite, ecc.), → COLPIRE.

contr. esimere (da), sottrarre, liberare, perdonare.

influènte, *ppr.* d'influire || *agg.* importante, notabile, → AUTOREVOLE || affluente (di fiume).

contr. non importante, senza prestigio || defluente, inefficace, screditato.

influènza, *sf.* influsso, autorevolezza, credito, preponderanza, prevalenza, signoria, sopravvento, ascendenza, ascendente, favore, persuasiva, peso, efficacia, potenza,

importanza, → AUTORITÀ, PRESTIGIO || *grippe*, → EPIDEMIA.
nomencl. (*varietà*) morale, economica, politica, militare, religiosa, astrale, ieattatoria, personale || magnetica || *agg.* grande, immensa, decisiva, potente || *verb.* influenzare, aver voce in capitolo, contare assai, pesare; avere, esercitare, acquistare, prendere, perdere influenza.
contr. scredito, discredito, sfavore, inefficacia, inerzia, sottomissione, inferiorità.
influenzàbile, *agg.* debole, fatuo, fiacco, dominabile, suggestionabile, → INERTE.
contr. forte, indipendente, attivo, indomito, energico.
influenzàre, *v.tr. neol.* → INFLUIRE.
influíre, *v.tr.* agire, operare (su), padroneggiare, dominare, suggestionare, imporre, indettare, avere efficacia, valere, servire (a), influenzare || → FLUIRE.
inflússo, *sm.* → FASCINO, IMPRESSIONE, INFLUENZA, POTENZA.
infocàre, *v.tr.* → BRUCIARE, RISCALDARE || ECCITARE || *rifl.* → ADIRARE.
infocàto, *pps.* di infocare, → BOLLENTE, ROVENTE, INFIAMMATO.
infoderàre, *v.tr.* rinfoderare, far rientrare, inguainare, ringuainare.
contr. sfoderare, sguainare.
infognàre, *v.tr.* → IMBARAZZARE || *rifl.* impelagarsi, tuffarsi in cose brutte, moleste, nei vizi, incanagliarsi, ingaglioffarsi.
infoltíre, *v.intr.* → ADDENSARE.
contr. sfoltire, diradare, rarefare.
infondàto, *agg.* → FALSO, DUBBIO, INGIUSTO.
contr. fondato.
infóndere, *v.tr.* mettere dentro, → BAGNARE, DISTILLARE || *fig.* inculcare, incutere, alimentare, far nascere, destare, imprimere, insinuare, inspirare, ispirare, instillare, istillare, insufflare, trasfondere, imbibire, seminare, eccitare, suscitare.
nomencl. infundibolo, infondimento, infonditoio, infusione, infuso.
contr. effondere, asciugare.
infonditóio, *sm.* → IMBUTO.
inforcàre, *v.tr.* impiccare alla forca, afferrare, infilare con la forca || *fig.* montare (su), mettersi.
nomencl. inforcata, inforcatura.
inforestieràre, *v.tr.* guastare, imbarbarire, imbastardire la lingua || diventar forestiero (di modi, ecc.), estraniarsi dal proprio paese || infranciosare o infrancesare o gallicizzare, intedescare, anglicizzare, americanizzare, russificare, ecc.
nomencl. anglomania, gallomania, ispanomanía, tedescomanía, russomanía, ecc.
informàre, *v.tr.* dare un indirizzo, un avviamento, → FORMARE || far sapere, palesare, annunciare, annunziare, ragguagliare, istruire, confidare, bandire, → RIVELARE, AVVISARE, AVVERTIRE || *rifl.* assumere notizie, argomenti, informazioni, → CERCARE, CONSULTARE.
contr. sformare, far deviare, errare, distorcere, ignorare.
informàto, *pps.* di informare || *agg.* aggiornato, avvertito, → CONSAPEVOLE.
informatóre, *sm.* → ESPLORATORE, DELATORE, SPIA.
informazióne, *sf.* → AVVISO, INDICAZIONE, NOTIZIA.
nomencl. agenzía, opera, stampa d'informazione.
infórme, *agg.* deforme, sformato, amorfo, confuso, senza forma, → IRREGOLARE.
contr. ben formato, conformato, delineato, decente, regolare, armonioso.
informicolíre, *v.intr.* informicolare, → INDOLENZIRE.
infornàta, *sf.* operazione dell'infornare || *fig.* nomina, promozione, assunzione, avanzamento di molti (insieme).
contr. sfornata.
infortíre, *v.intr.* → INASPRIRE (del vino).
infortúnio, *sm.* → DISASTRO, DISGRAZIA, SINISTRO || INFELICITÀ.
infoscàre, *v.intr.* → IMBRUNIRE, OFFUSCARE.
infoscàto, *pps.* di infoscare || *agg.* → BUIO.
infossaménto, *sm.* → CAVITÀ, INCAVO.
infossàre, *v.tr.* mettere nella fossa, imbucare || *rifl.* → AVVALLARE.
contr. sfossare, cavar dalla buca.
infossàto, *pps.* di infossare || *agg.* incavato, incavernato, scavato, affossato, cavo, avvallato.
contr. innalzato, sollevato, prominente, convesso, colmo, colmato, in rilievo,
infracidàre o **infracidíre,** *v.tr.* e *intr.* → INFRADICIARE.
infradiciàre, *v.tr.* infracidare, infracidire, → BAGNARE, INFETTARE, PUTREFARE.
infralíre, *v.tr.* diventar frale, estenuarsi, → INDEBOLIRE.
inframmettènza, *sf.* → INTROMISSIONE, INTERVENTO.
inframméttere, *v.tr.* e *rifl.* → FICCARE, INTROMETTERE.
infràngere, *v.tr.* → DIROMPERE, ROMPERE, DISTRUGGERE || *fig.* trasgredire, → VIOLARE.
infrangíbile, *agg.* che non si rompe, resistente, duro || *fig.* → INVIOLABILE.
contr. frangibile, fragile, rompibile, delicato, prèmice.
infrascàta, *sf.* frasconaia.
infrazióne, *sf.* → TRASGRESSIONE, COLPA.
infreddatúra, *sf.* → RAFFREDDORE.
infreddolíre, *v.intr.* e *rifl.* abbrividire, intirizzire, infrigidire, assiderarsi, gelare, congelare, sentir freddo, → RAFFREDDARE.
contr. accaldarsi, incalorirsi, scaldarsi, riscaldarsi.
infrenàbile, *agg.* irrefrenabile, indomabile, indisciplinabile, ribelle, incoercibile. recalcitrante,
contr. frenabile, domabile, educabile, flessibile.
infrenàre, *v.tr.* → FRENARE.
contr. sfrenare.
infrequènte, *agg.* → RARO.
contr. frequente.
infrigidíre, *v.intr.* e *rifl.* → INFREDDOLIRE.
infrittellàre, *v.tr.* → MACCHIARE.
infrollíre, *v.tr.* render frollo, frollare || *intr.* e *rifl.* infiacchire, → INDEBOLIRE, SVIGORIRE || INVECCHIARE.
contr. rafforzare, rinvigorire.
infronzolàre, *v.tr.* e *rifl.* → ORNARE.
infruttífero, *agg.* → STERILE || *fig.* → INUTILE.
contr. fruttifero, fruttifico, fecondo, fertile, ubertoso.
infruttuosità, *sf.* → STERILITÀ || *fig.* → INUTILITÀ.
infruttuóso, *agg.* → INUTILE.
contr. fruttuoso.
ínfula, *sf.* → BENDA, MITRA, CORONA.

infundíbolo, *sm.* → IMBUTO.
infunghíre, *v.intr.* funghire, ammuffire.
infuriàre, *v.intr.* e *rifl.* incanire, accanirsi, adirarsi, incollerire, andare su tutte le furie, diventar furibondo, andare in collera, perdere le staffe, corrucciarsi, arrovellarsi, dibattersi, esasperarsi, imbestialirsi, impazientirsi, infocarsi, → INCRUDELIRE || *intr.* infierire, → IMPERVERSARE.
contr. calmarsi, placarsi, rabbonire, rasserenarsi, perdonare.
infuriàto, *pps.* di infuriare || *agg.* → FURENTE, ENERGUMENO.
contr. calmo, tranquillo, sereno, pacifico, rabbonito.
infusíbile, *agg.*
contr. fusibile.
infusióne, *sf.* → MACERAZIONE || DECOTTO.
infúso, *pps.* di infondere || *agg.* ispirato, avuto, ricevuto da natura || *sm.* → BEVANDA, DECOTTO.
nomencl. scienza infusa, virtú infuse.
infusòrio, *agg.* e *sm.*
nomencl. (*inerenti*) ciliati, flagellati, suttori, vibroni, vibratili, vorticelle || cigli.
infuturàre, *v.tr.* e *rifl.* → IMMORTALARE.
ingabbiàre, *v.tr.* → IMPRIGIONARE.
ingaggiàre, *v.tr.* assoldare, arrolare, assumere, → ATTIRARE, IMPIEGARE || ingaggiar battaglia, → COMBATTERE || *rifl.* arrolarsi, entrare nella milizia.
ingàggio, *sm.* arrolamento, assunzione.
ingagliardíre, *v.tr.* rendere gagliardo || *intr.* e *rifl.* dar gagliardia, → RAFFORZARE, FORTIFICARE.
contr. indebolire, infiacchire.
ingaglioffàre, *v.tr.* e *rifl.* incanagliare, infognarsi.
ingalluzzíre, *v.intr.* → RINGALLUZZIRE.
ingannàre, *v.tr.* abbindolare, accalappiare, acchiappare, adescare, aggirare, abbacinare, agguindolare, allucinare, avviluppare, bindolare, bubbolare, busbaccare, buscherare, circuire, ciurmare, deludere, disilludere, defraudare, illudere, impaniare, imbubbolare, infinocchiare, gabbare, gazzerare, giocare, imbertescare, imbrogliare, impappinare, impappolare, impastocchiare, imposturare, irretire, menar per il naso, minchionare, mistificare, pigliar nella rete, pigliare nel tranello, prestigiare, raggirare, rivoltare, subornare, tender la rete o la trappola, tesser cabale, tramare, trappolare, truccare, truffare, vender fumo, → FRODARE, ELUDERE || *rifl.* → SBAGLIARE.
contr. agire da galantuomo, onestamente, lealmente, dire la verità, esser sincero || vedere giusto, essere nel vero.
ingannàto, *pps.* di ingannare || *agg.* → ILLUSO.
ingannatóre, *agg.* e *sm.* abbindolatore, attrappatore, bindolone, birbone, cabalista, commediante, ciarlatano, ciurmadore, ciurmatore, gabbaminchioni, gabbamondo, gabbatore, giocatore di bussolotti, inviluppatore, maestro di inganni, macchinatore, orditore, mariolo, mariuolo, mistificatore, impostore, raggiratore, raggirone, rigiratore, rigirone, politicone, traforello, trafurello, trappolatore, trappoliere, trappolone, uccellatore, viluppatore, baro, cavaliere d'industria, → ASTUTO, FRODATORE, FALSO, IMBROGLIONE.
contr. onesto, galantuomo, probo; veritiero, sincero, aperto, leale, retto.
ingannévole, *agg.* arcifurbesco, artificioso, tendenzioso, bugiardo, capzioso, collusivo, deludente, delusorio, fallace, fraudolento, frodolento, furbesco, immascherato, insidioso, traditore, malsicuro, mascherato, subdolo, tortuoso, → FALSO, DOLOSO.
contr. vero, leale, onesto, giusto, sincero, verace.
ingannevolménte, *avv.* artatamente, artificiosamente, in modo fraudolento, dolosamente.
ingànno, *sm.* abbindolamento, abbindolatura, acchiappatello, acchiapparello, aggiramento, agguindolamento, agguato, artificio, artifizio, accalappiamento, arte, bindoleria, bindolo, broglio, busbaccheria, busberia, cavalletta, chiapparello, chiapperello, doppiezza, fallacia, farsa, gabbamento, gabbo, ghermінella, giochetto, giostra, girandola, giunteria, imbroglio, infinocchiamento, ingegno, insidia, marachella, marioleria, mena, mistificazione, politica, raggiro, rigiro, ritortola, sopravvento, sotterfugio, stratagemma, tiro, tiro birbone, tranello, trama, trappoleria, truffa, truffetta, versuzie, zana, → ASTUZIA, FALSITÀ, ERRORE, BUGIA, FRODE, DOLO, FURBERIA, MALEFATTA || ESCA || inganno dei sensi, → ILLUSIONE.
nomencl. (*analoghi*) cabala, sofisma, cavillo, collusione, diverticolo, malizia, restrizione mentale, *escamotage* || *agg.* diabolico, tristo, malvagio, maligno, perfido, grossolano, volgare, villano, pessimo, pietoso, miserevole, dolce, piacevole, bonario, scherzoso, birbone.
contr. onestà, franchezza, sincerità, lealtà, probità, azione onesta.
ingarbugliàre, *v.tr.* ingarabullare (*ant.*), → DISORDINARE, IMBROGLIARE.
ingegnàre, *v.rifl.* industriarsi, sforzarsi, studiarsi, stillarsi; trovare, cercare espedienti o ripieghi, darsi d'attorno, mettercela tutta, arrabattarsi, → ADOPRARSI, DESTREGGIARSI.
contr. non curare, impigrire, poltrire, anneghittire, rinunciare.
ingegnère, *sm.* → COSTRUTTORE.
nomencl. (*specializzazioni*) civile, militare, edíle, stradale, industriale, meccanico, navale, aeronautico, elettrotecnico, ferroviario, idraulico || architetto || agrimensura, idraulica, meccanica, geodesia, topografia || lodo, perizia.
ingégno, *sm.* acume, bernoccolo, fosforo, intelligenza, intelletto, mente, spirito, testa, → CERVELLO, GENIO, FACOLTÀ || inclinazione, → ABILITÀ || artifizio, astuzia, → INGANNO.
nomencl. (*affini*) bernoccolo, estro, indole, talento, acume, alzata d'ingegno, lampo d'ingegno o di genio, sottigliezza d'ingegno, disposizione, capacità || *agg.* agile, pronto, vivace, aperto, acuto, fulminante, penetrante, sottile, perspicace, arguto, fine, spiritoso, brioso, brillante, addestrato, accorto, allenato, cercatore, inventore, investigatore, chiuso, ristretto, colto, dotto, erudito, educato, incolto, ignorante, desto, sveglio, eccellente, superiore, eccezionale, facile, chiaro, equilibrato, faceto, forte, poderoso, vigoroso, gagliardo, tenace, resistente, profondo, intenso, immaginoso, libero, limitato, mediocre, modesto, discreto, comune,

normale, precoce, immaturo, maturo, tardivo, rigoglioso, sagace, avveduto, accorto, astuto, scaltro, svegliato, sodo, sfolgorante, splendido, straordinario, stravolto, speculativo, versatile, vano, vacuo, sofistico || *verb.* acuire, affinare, affilare, aguzzare, educare, fiaccare, irrobustire, sciupare, esercitare, sviluppare, spandere, avere cervello, produrre.
contr. imbecillaggine, idiozia, mediocrità.
ingegnosità, *sf.* → DESTREZZA || INTRAPRENDENZA.
ingegnóso, *agg.* → ABILE, INDUSTRIOSO || ELEGANTE.
ingelosíre, *v.tr.* render geloso || *intr.* e *rifl.* diventar geloso.
ingelosíto, *pps.* di ingelosire || *agg.* → GELOSO.
ingemmàre, *v.tr.* → GEMMARE, IMPERLARE || INNESTARE.
ingenerosità, *sf.* grettezza, → MESCHINITÀ || AVARIZIA.
contr. generosità.
ingeneróso, *agg.* gretto, meschino, avaro, vile, → IGNOBILE.
contr. generoso.
ingènito, *agg.* nativo, connaturato, innato, → NATURALE.
contr. acquisito, acquistato, appreso, addestrato, mutuato.
ingènte, *agg.* → GRANDE.
contr. piccolo, meschino.
ingentilíre, *v.tr.* aggentilire, raggentilire, imbellire, incivilire, educare, illeggiadrire, dirozzare, affinare, rendere garbato, coltivato.
contr. ingrossare, render grossolano, rozzo, appesantire, involgarire, imbruttire, diseducare.
ingenuità, *sf.* candore, candidezza, semplicità, naturalezza, schiettezza, sincerità, spontaneità, onestà, inesperienza, → CREDULITÀ.
nomencl. *agg.* grande, estrema, naturale, schietta, piacevole, fittizia, artificiosa, finta, apparente.
contr. astuzia, furberia, furbizia, marioleria, scaltrezza, malizia, disinganno, accorgimento, avvedutezza.
ingènuo, *agg.* candido, schietto, sincero, dabbene, onesto, puro, spontaneo, naturale, semplicione, → CREDULO, IGNORANTE, INESPERTO, BAMBINESCO || *sm.* → ATTORE.
contr. scaltro, scaltrito, navigato, deluso, astuto, accorto, avveduto, furbo, furbacchione, malizioso.
ingerènza, *sf.* entratura, partecipazione, associazione, → INTROMISSIONE, INTERVENTO.
ingeríre, *v.tr.* → INGHIOTTIRE || *rifl.* intromettersi, inframmettersi, intrufolarsi, immischiarsi, associarsi, → ENTRARE, IMPACCIARE.
ingessatúra, *sf.* gessatura.
inghiaiàre, *v.tr.* massicciare.
inghiottiménto, *sm.* deglutizione.
inghiottíre, *v.tr.* mandar giú, deglutire, ingerire, ingollare, ingurgitare, trangugiare, tracannare, ingorgare, inghebbiare, ingolare, rimpinzarsi, ingozzare, insaccare, intrippare, tranghiottire, ingoiare, → ASSORBIRE || *fig.* → SOPPORTARE.
contr. non tenere, rigettare, rècere, vomitare, sputar fuori || risparmiare.
inghiottoníre, *v.tr.* e *intr.* diventar ghiotto, ingolosire.
contr. disgustarsi, nausearsi.
inghirlandàre, *v.tr.* → CORONARE || *fig.* → ORNARE.
ingiallíre, *v.intr.* → APPASSIRE.
ingigantíre, *v.tr.* e *intr.* esagerare, ingrandire, → AUMENTARE.
inginocchiaménto, *sm.* genuflessione.
inginocchiàre, *v.rifl.* genuflettersi, prostrarsi, piegare il ginocchio, far riverenza, → ADORARE || *fig.* → SOTTOMETTERE, UMILIARE.
contr. insuperbire, insorgere, ribellarsi.
inginocchiatúra, *sf.* → PIEGA.
ingioiellàre, *v.tr.* e *rifl.* → GEMMARE, ORNARE.
ingiúngere, *v.tr.* → COMANDARE, ORDINARE.
ingiunzióne, *sf.* → COMANDO, ORDINE.
ingiúria, *sf.* contumelia, improperio, epiteto, insulto, oltraggio, scherno, impertinenza, onta, offesa, insolenza, affronto, sopruso, soperchieria, dispetto, inconvenienza, mancanza di rispetto, invettiva, raca, soprannome, terminaccio, villania, parolaccia || → VIOLENZA, TORTO, INGIUSTIZIA || guasto, → DANNO.
nomencl. di parole, di fatti || con disprezzo || palleggio di ingiurie, quantità di villanie, un carro o un sacco di villanie, vie di fatto || *agg.* atroce, grave, crudele, feroce, sanguinosa, gravissima, grossolana, villana, velenosa, velenata, sconcia, volgare, rozza, semplice, lieve, tenue, proverbiale || *verb.* proferire, vomitare, barattare, dirsi, fare, ricoprire, comportare, patire, sopportare, ingoiare, rimangiare, ricevere, dimenticare, perdonare, ritirare, ricacciare in gola.
contr. lode, complimento, esaltazione, adulazione || beneficio, rispetto, stima, creanza, educazione.
ingiuriàre, *v.tr.* fare ingiuria, villania, vituperio; inveire, oltraggiare, insultare, insolentire, svillaneggiare, vituperare, vilipendere, altercare, diffamare || recare ingiuria, dire o scrivere ingiurie; caricare d'ingiurie, d'improperi, di villanie; dir corna, dir male, dirne tante, dirne un sacco, scaricare ingiurie; soperchiare, sopraffare di parole; vomitare ingiurie o villanie; abbaiar alle calcagna, barattare ingiurie, fare e dirsele, misurare i termini, ricacciare in gola, rispondere maledetto, rosolare uno, strigliare o pettinare uno.
contr. lodare, complimentare, ossequiare, riverire, adulare, rispettare, onorare, venerare, avere riguardo, deferenza.
ingiuriatóre, *sm.* insultatore, oltraggiatore, svillaneggiatore, vituperatore, diffamatore, calunniatore, offensore, villano, detrattore, impertinente, insolente, arrogante, prepotente, ingiusto.
contr. elogiatore, laudatore, adulatore, ossequiatore, deferente, rispettoso, complimentoso.
ingiurióso, *agg.* contumelioso, offensivo, insultante, oltraggioso, calunnioso, insolente, obbrobrioso, vituperevole, villano, → DIFFAMATORIO, INGIUSTO.
contr. laudativo, elogiativo, complimentoso, adulatorio, rispettoso.
ingiustificàbile, *agg.* condannabile, → INESCUSABILE.
contr. giustificabile.
ingiustificàto, *agg.* → INGIUSTO.
contr. giustificato.
ingiustízia, *sf.* iniquità, parzialità, prepotenza, angheria, illegalità, ingiuria, torto, sopruso, aggravio, offesa, villania, favoritismo, connivenza, torto.
nomencl. *agg.* grave, grande, enorme, manifesta, pale-

se, evidente, coperta, mascherata, velata, piccola, amara, crudele, atroce, disumana || *verb.* fare, commettere, usare, tollerare, sopportare, subire, sostenere, riparare, denunciare.
contr. giustizia, equità, equanimità, dirittura, imparzialità.
ingiústo, *agg.* indebito, illegittimo, illecito, immeritato, irragionevole, arbitrario, infondato, iniquo, parziale, ingiustificato, ingiurioso, → DISTORTO.
contr. giusto, equo, equanime, imparziale, onesto.
ingloriόso, *agg.* privo di gloria || ignominioso, obbrobrioso, biasimevole, vergognoso, umiliante.
contr. glorioso, ammirevole, lodevole.
inglúvie, *sf.* gozzo.
ingoiàre, *v.tr.* ingollare, trangugiare, succiare, sorbire, tracannare, ingozzare, mandar giú, → ASSORBIRE, BERE, INGHIOTTIRE || *fig.* → SOPPORTARE.
ingolfàre, *v.rifl.* tuffarsi, cacciarsi, impelagarsi in pericoli, guai, danni, impegolarsi, → ENTRARE.
ingollàre, *v.tr.* → BERE, INGHIOTTIRE || *fig.* SOPPORTARE.
ingolosíre, *v.tr.* e *rifl.* inghiottonire; diventar goloso, bramoso, ghiotto || *fig.* attirare, attizzare, allettare.
contr. disgustarsi, nausearsi, distaccarsi.
ingombrànte, *ppr.* di ingombrare || *agg.* → VOLUMINOSO.
ingombràre, *v.tr.* occupare, bloccare, → EMPIRE, IMBARAZZARE, OSTACOLARE.
contr. sgombrare, togliersi di mezzo, liberare, disimpacciare, sbarazzare, districare, spicciare, sbloccare.
ingómbro, *agg.* ingombrato, → PIENO || *sm.* imbarazzo, impedimento, intoppo, intralcio, impaccio, impiccio, intrigo, briga, imbroglio, → OSTACOLO.
contr. sgombro, libero, sbrigato, spicciato, disimpegnato.
ingordígia, *sf.* intemperanza, → GOLOSITÀ, VORACITÀ || *fig.* avidità, brama, cupidigia, → DESIDERIO.
contr. sobrietà.
ingórdo, *agg.* insaziabile, intemperante, → GOLOSO, VORACE || *fig.* avido, cupido, bramoso, → DESIDEROSO.
contr. parco, sobrio.
ingorgàre, *v.rifl.* accumularsi, far gorgo, ostruirsi, intasarsi, otturarsi.
contr. disingorgare, sbloccare, sbarazzare, liberare, stasare, sturare.
ingórgo, *sm.* ingorgamento, impedimento, → INTASAMENTO, OSTRUZIONE.
ingozzàre, *v.tr.* → INGHIOTTIRE || *fig.* SOPPORTARE || *rifl.* → RIMPINZARE, BERE.
ingracilíre, *v.tr.* render gracile, debole, sottile, delicato || *v.intr.* e *rifl.* diventare gracile, magro, delicato.
contr. irrobustire, ingrossare, rafforzare.
ingranàggio, *sm.* dentatura, indentatura, cremagliera.
nomencl. cilindrico, conico, iperbolico || (*inerenti*) incastro, denti, ruote dentate.
ingranàre, *v.tr.* indentare || *intr.* e *rifl.* incastrarsi || *fig.* inserire, entrare, riuscire.
ingranchíre, *v.rifl.* → INDOLENZIRE.
contr. sgranchire.
ingrandiménto, *sm.* → AUMENTO.
nomencl. fotografico || lente d'ingrandimento.
contr. rimpiccolimento, diminuzione, riduzione.
ingrandíre, *v.tr.* accrescere, → AUMENTARE, ESTENDERE, ALLUNGARE || *fig.* → ESAGERARE, MAGNIFICARE || *rifl.* avanzare, espandersi, migliorare, farsi ricco, piú noto, piú grande, innalzarsi, imporsi, → AUMENTARE.
contr. rimpiccolire, diminuire, ridurre || attenuare, menomare, decadere, regredire, scadere.
ingrassaménto, *sm.* → CONCIMAZIONE.
ingrassàre, *v.tr.* lubrificare, ungere || → CONCIMARE || impinguare, impolpare, irrobustire, allargarsi || *intr.* e *rifl.* impinguarsi, diventar grasso || *fig.* → ARRICCHIRE.
contr. sgrassare || inaridire, rinsecchire || dimagrire, allampanarsi || impoverire, decadere, regredire.
ingrassatúra, *sf.* lubrificazione, unzione.
contr. sgrassatura.
ingràsso, *sm.* ingrassamento, allevamento || → CONCIME.
ingratitúdine, *sf.* disconoscenza, sconoscenza, sconoscimento, oblio.
nomencl. *agg.* nera, vergognosa, crudele || *verb.* pagare d'ingratitudine, trovare, usare, dimostrare ingratitudine, corrispondere con ingratitudine.
contr. gratitudine, riconoscimento, riconoscenza.
ingràto, *agg.* disconoscente, sconoscente, immemore, disobbligante, crudo, duro || → SGRADITO, SPIACEVOLE.
contr. grato, memore, riconoscente, obbligato || gradito, piacevole, gradevole.
ingraziàre, *v.rifl.* → CATTIVARE.
ingrediènte, *sm.* → ELEMENTO.
ingrèsso, *sm.* porta, entrata, → ACCESSO || ATRIO.
contr. egresso, uscita.
ingrossaménto, *sm.* → AUMENTO || EDEMA.
contr. dimagrimento, diminuzione, rimpiccolimento.
ingrossàre, *v.tr.* → AUMENTARE, ALLUNGARE || *intr.* e *rifl.* diventar grosso, accrescersi, → CRESCERE.
contr. dimagrire, ingracilire, allampanare.
ingrossàto, *pps.* di ingrossare || *agg.* → GONFIO.
ingrugnàre, *v.intr.* e *rifl.* ingrugnire, imbronciarsi, impermalirsi, offendersi, → RABBUIARE.
contr. rasserenarsi, raddolcirsi.
ingrugnàto, *pps.* di ingrugnare || *agg.* → BURBERO.
contr. sereno.
inguainàre, *v.tr.* → INFODERARE.
contr. sguainare, sfoderare, mostrare.
inguarίbile, *agg.* → CRONICO.
contr. guaribile.
ínguine, *sm.* inguinaia, anguinaia, inguinaglia.
ingurgitàre, *v.tr.* → INGHIOTTIRE.
contr. rigurgitare.
inibíre, *v.tr.* → PROIBIRE.
contr. permettere, concedere, consentire.
inibíto, *pps.* di inibire || *agg.* impedito, impacciato, costretto, contratto, ripiegato, impastoiato, legato, ostacolato || proibito, vietato.
contr. sfrenato, licenzioso, libertino || permesso, concesso, consentito.
inibizióne, *sf.* → PROIBIZIONE.
iniettàre, *v.tr.* immettere, inoculare, introdurre, trasfondere un liquido, → INNESTARE.
contr. estrarre, levare, togliere, far uscire.
iniezióne, *sf.* puntura, inoculazione.
nomencl. (*tipi*) endovenosa, intramuscolare, ipodermica, sottocutanea, parenchimale || calmante, astrin-

gente, ricostituente || (*attinenti*) siringa, ago, cannula, fialetta || ipodermoclisi, fleboclisi.
inimicàre, *v.rifl.* guastarsi, rompere con uno, mettersi in discordia, rendersi nemico, avversario, ostile (qualcuno).
contr. amicarsi, propiziarsi, ingraziarsi, cattivarsi.
inimicízia, *sf.* → DISCORDIA, OSTILITÀ, ODIO, GUERRA.
contr. amicizia.
inimitàbile, *agg.* → IMPAREGGIABILE.
contr. imitabile; esemplare.
inimmaginàbile, *agg.* → FALSO, IMPREVISTO, INCONCEPIBILE.
contr. immaginabile, concepibile.
inintelligíbile, *agg.* → OSCURO.
contr. intelligibile.
inintelligibilità, *sf.* → OSCURITÀ.
contr. intelligibilità.
ininterrottaménte, *avv.* → CONTINUAMENTE.
contr. saltuariamente, a tratti.
ininterrótto, *agg.* → CONTINUO.
contr. interrotto, discontinuo, tronco, intermittente, saltuario.
iniquaménte, *avv.* ingiustamente → CRUDELMENTE.
contr. equamente.
iniquità, *sf.* → INGIUSTIZIA || INFAMIA, MALEFATTA.
contr. equità, giustizia.
iníquo, *agg.* → CATTIVO, INGIUSTO.
contr. equo, giusto.
iniziàre, *v.tr.* abbozzare, impostare, impiantare, incamminare, incanalare, incardinare, incoare, instradare, istradare, intavolare, intraprendere, avviare, addestrare, impratichire, gettare le fondamenta, mettere in corso, dare l'intonazione, prendere l'iniziativa, svelare, introdurre, → COMINCIARE, FONDARE || *rifl.* → IMPARARE.
contr. perfezionare, terminare, finire, concludere, ultimare.
iniziativa, *sf.* → IDEA, AZIONE, SPINTA, IMPRESA || INTRAPRENDENZA.
iniziàto, *pps.* di iniziare || *agg.* e *sm.* adepto, neofita, catecumeno, proselite, esoterico.
contr. profano, estraneo, essoterico.
iniziatóre, *agg.* e *sm.* → FONDATORE, PROMOTORE.
iniziazióne, *sf.* impratichimento, avviamento, addestramento, istradamento, impostazione, svelamento, apertura, tirocinio, noviziato || → INSEGNAMENTO.
inízio, *sm.* alba, avviamento, avvio, incamminamento, istradamento, incoazione, → ESORDIO, PRINCIPIO, FONDAZIONE.
nomencl. *agg.* felice, lieto, augurale, promettente, lusinghiero, triste || pieno di speranze, senza speranze.
contr. perfezionamento, complimento, espletamento, conclusione, fine, termine.
innaffiaménto, *sm.* → IRRIGAZIONE.
innaffiàre, *v.tr.* annaffiare, → BAGNARE, IRRIGARE.
innaffiàto, *pps.* di innaffiare || *agg.* → BAGNATO.
innalzaménto, *sm.* → ELEVAZIONE.
contr. abbassamento.
innalzàre, *v.tr.* → ALZARE, ELEVARE, COSTRUIRE, EDIFICARE || *fig.* → PROMUOVERE, ESALTARE || *rifl.* lodarsi troppo, esaltarsi, giganteggiare, → ALZARE, SORGERE.
contr. abbassare, buttar giú, deprimere, umiliare, decadere.
innalzàto, *pps.* di innalzare || *agg.* eretto, sollevato.
innamoràre, *v.tr.* ispirare amore, accendere d'amore, affascinare, confondere d'amore, conquidere, conquistare, far breccia; ferire, rubare, trafiggere il cuore; rapire, incantare; invogliare, incapricciare, invaghire, ammaliare, appassionare || *rifl.* esser preso d'amore, invaghirsi, → AMARE.
contr. disamorare, disinnamorare, disaffezionare || cessare d'amare, saziarsi, stancarsi, deludersi.
innamoràto, *pps.* di innamorare || *agg.* e *sm.* invischiato, impaniato, irretito, sedotto, → AMANTE.
contr. disamorato, disinnamorato, disaffezionato.
innànzi, *avv.* e *prep.* → AVANTI, PRIMA.
contr. dietro; dopo.
innatísmo, *sm.* nativismo.
innàto, *agg.* ingenito, connaturato, nativo, → CONGENITO, NATURALE.
contr. acquisito, acquistato, contratto.
innaturàle, *agg.* → STRANO, INSOLITO || SOPRANNATURALE.
contr. naturale.
innegàbile, *agg.* → EVIDENTE, CERTO.
contr. negabile.
inneggiàre, *v.tr.* cantare inni || celebrare, lodare, encomiare, parteggiare, entusiasmarsi (per uno).
innestàre, *v.tr.* incastrare, inserire, rinnestare, soprinnestare || inoculare, iniettare, vaccinare || margottare, far attecchire, far allignare, ingemmare.
contr. disinnestare, togliere, levare.
innèsto, *sm.* pollone, calmo, marza, marzetta, puca, sorcolo, tallo || incastro, congiunzione, frizione (in meccanica) || inoculazione, vaccinazione || presa di corrente.
nomencl. (*vari tipi*) corneale, epidermico || a buccia, a bucciolo, a capogatto, a corona, a zufolo, a croce, ad astuccio, ad occhio aperto o chiuso, a forca, a gemma o a scudo, a marza o spacco, a scalfitto o a calteritura, a zeppa || (*pertinenti*) bocciuolo, magliolo, mestura, propaggine, scudetto, occhio || soggetto.
ínno, *sm.* cantico, peana, canto di lode o di vittoria, innodia, lauda, lode, sequenza, responsorio, salmo, epinicio.
nomencl. (*distinzioni*) sacro, angelico, orfico, nazionale, di guerra, di vittoria, reale, patriottico || (*esempi*) *Te Deum*, Marsigliese, Marcia reale, inno di Mameli, inno di Garibaldi, inno dei lavoratori || innario, innografo || *verb.* intonare, innalzare, elevare, recitare, sciogliere.
innocènte, *agg.* candido, illibato, innocuo, inappuntabile, incolpevole, incontaminato, intemerato, integro, ineccepibile, irreprensibile, inconsapevole, mondo, puro, ingenuo, immune, indifeso, inesperto, inoffensivo, vergine, → GIUSTO, BUONO || *sm.* → BAMBINO.
contr. reo, colpevole; malvagio, nocivo, nocevole, impuro, scaltro, malizioso, esperto (del male).
innocènza, *sf.* candidezza, candore, verginità, incontaminatezza, irreprensibilità, incolpevolezza, illibatezza, ingenuità, semplicità, innocuità, → PUREZZA, BONTÀ || età dell'innocenza, → INFANZIA.
contr. peccato, colpevolezza, reità, colpa, cattiveria,

impurità, consapevolezza, esperienza (del male).
innocuità, *sf.* → INNOCENZA.
contr. nocività, pericolosità.
innòcuo, *agg.* → INNOCENTE, INOFFENSIVO.
contr. nocivo, nocevole, pericoloso, pernicioso.
innominàbile, *agg.* nefando, vergognoso, turpe, → INFAME.
innominàto, *agg.* senza nome, anonimo, incognito.
innovàbile, *agg.* rinnovabile, → CAMBIABILE.
innovàre, *v.tr.* mettere a nuovo, rimettere in uso, → RINNOVARE, RIFORMARE, SVECCHIARE || *rifl.* diventar come nuovo, convertirsi, mutare in meglio.
innovatóre, *agg.* e *sm.* → PROMOTORE, RINNOVATORE, RIFORMATORE, INVENTORE.
contr. conservatore, conservativo, tradizionalista.
innovazióne, *sf.* → RIFORMA, RINNOVAZIONE, NOVITÀ.
innumerévole, *agg.* innumerabile, → INFINITO.
inobliàbile, *agg.* indimenticabile, memorabile.
contr. obliabile, dimenticabile.
inoculàre, *v.tr.* → INIETTARE || INNESTARE.
inoculazióne, *sf.* → INIEZIONE || INNESTO.
inoffensívo, *agg.* innocuo, innocivo, incapace di nuocere, disarmato, inerme.
contr. offensivo, dannoso, nocivo, nocevole, pernicioso.
inofféso, *agg.* → INCOLUME, SALVO.
inoltràre, *v.rifl.* procedere, proseguire, andar oltre, → PROGREDIRE.
inóltre, *avv.* oltre a ciò, oltre a questo, per di piú, poi.
inondàre, *v.tr.* allagare, dilagare, affluire, straripare, traboccare, bagnare abbondantemente, infangare, → EMPIRE, IRRIGARE || *fig.* → INVADERE.
contr. prosciugare, asciugare, inalveare, proteggere.
inondazióne, *sf.* cataclisma, allagamento, allagazione, alluvione, straripamento, piena || *fig.* → INVASIONE, ESTENSIONE.
contr. ritrazione, ritiro delle acque, prosciugamento, inalveamento, difesa, protezione.
inonestà, *sf.* → DISONESTÀ.
contr. onestà.
inonèsto, *agg.* → DISONESTO.
contr. onesto.
ínope, *agg. lett.* → POVERO.
contr. ricco.
inoperosità, *sf.* → INERZIA, OZIO.
contr. operosità.
inoperóso, *agg.* → OZIOSO.
contr. operoso.
inòpia, *sf.* → POVERTÀ.
contr. ricchezza.
inopinàbile, *agg.* incredibile, inattendibile, insospettato, → INCONCEPIBILE.
contr. opinabile.
inopinàto, *agg.* inatteso, inaspettato, incredibile, → IMPROVVISO, INCONCEPIBILE.
inopportunità, *sf.* → IMPRUDENZA.
contr. opportunità.
inopportúno, *agg.* intempestivo, importuno, impolitico, fuor di luogo, fuor di proposito, anacronistico, sconveniente, → IMPRUDENTE.
contr. opportuno, conveniente, adatto, prudente, tempestivo.
inoppugnàbile, *agg.* → EVIDENTE, CERTO.
contr. oppugnabile.
inordinàto, *agg.* trasandato, → DISORDINATO.
contr. ordinato.
inorgànico, *agg.* disorganico, disordinato, sgangherato, sconnesso, disarmonico, mal organizzato.
contr. organico, armonico, ordinato, congegnato, organizzato.
inorgoglíre, *v.intr.* e *rifl.* → INSUPERBIRE.
inorpellàre, *v.tr.* → ORNARE, MASCHERARE.
inorridíre, *v.tr.* e *intr.* sentire orrore, raccapricciare, → SPAVENTARE.
inospitàle, *agg.* inospite, rozzo, incivile, ineducato || disagevole, → SELVAGGIO, SCOMODO.
contr. ospitale, accogliente, comodo, acconcio, ameno.
inosservànza, *sf.* inadempimento, inadempienza, trascuratezza, neghittosità, noncuranza, omissione, → TRASGRESSIONE.
contr. osservanza, adempimento, scrupolosità, diligenza.
inosservàto, *agg.* non visto, inavvertito || non rispettato, inadempiuto.
contr. osservato, visto, notato || adempiuto, rispettato, obbedito.
inquadràre, *v.tr.* limitare, → CINGERE || disporre, ordinare, inserire, includere, organizzare.
nomencl. disposizione, taglio, inquadratura, inserimento.
inqualificàbile, *agg.* → BIASIMEVOLE.
contr. qualificabile.
inquietàre, *v.tr.* allarmare, impensierire; tenere in allarme, in apprensione, in orgasmo, in angoscia, in angustia; alterare, turbare, perturbare, conturbare, preoccupare, travagliare, angustiare, molestare, irritare, impaurire, → CRUCCIARE, AGITARE || *rifl.* spazientirsi, adirarsi, allarmarsi, turbarsi, irritarsi, → IMPAZIENTIRE.
contr. quietare, chetare, acquietare, racquetare, racchetare, raddolcire, lenire, tranquillare, rassicurare, placare, mitigare, sedare, rasserenare, garantire, dare certezza || calmarsi, rasserenarsi.
inquièto, *agg.* ansioso, impensierito, apprensivo, soprappensiero, esagitato, smanioso, travagliato, trepidante, trepido, turbato, perturbato, conturbato, affannato, preoccupato, crucciato, alterato, dubbioso, → AGITATO, IMPAZIENTE || molesto, brontolone, irrequieto, instabile, importuno.
contr. quieto, cheto, calmo, tranquillo, sereno, placato, sedato, lenito, posato.
inquietúdine, *sf.* ansia, affanno, afflizione, agitazione, angustia, apprensione, cruccio, irrequietezza, irrequietudine, pena, preoccupazione, smania, sollecitudine, sospensione d'animo, trambusto, tormento, travaglio, tremacuore, tremore, trepidanza, trepidazione, turbamento, malumore, angoscia, → ATTESA, PAURA, DOLORE.
contr. quiete, calma, tranquillità, serenità, sicurezza, placazione, mitigazione, raddolcimento.
inquilíno, *sm.* → PIGIONANTE, FITTAVOLO.
inquinaménto, *sm.* contaminazione, infezione, contagio, putrefazione, corrompimento, guasto.
inquinàre, *v.tr.* → CONTAMINARE, INFETTARE.

inquinàto, *pps.* di inquinare || *agg.* → INFETTO.
inquirènte, *agg.* inquisitore, istruttore, giudice.
contr. inquisito, accusato, processato.
inquisíre, *v.tr.* investigare, indagare, istruire (un processo), spiare, frugare, ricercare, → CERCARE.
inquisitóre, *agg.* e *sm.* inquirente, istruttore, giudice, esaminatore.
contr. inquisito, processato.
inquisitòrio, *agg.* → FISCALE.
inquisizióne, *sf.* ricerca, indagine, perquisizione, → INCHIESTA, INVESTIGAZIONE.
nomencl. Inquisizione (reale, religiosa), Congregazione del Santo Uffizio, consultore del Santo Uffizio, familiare del Santo Uffizio, inquisitore, qualificatore || Torquemada, autodafé, o auto da fé, *carocha*, samara, San Benito.
insaccàre, *v.tr.* mettere in sacchi || *fig.* incassare, stipare || infagottare || mangiare avidamente, → INGHIOTTIRE || *intr.* e *rifl.* → ENTRARE.
nomencl. insaccati o salumi (salsicce, mortadelle, salami, ecc.).
insalàta, *sf. fig.* mescolanza confusa, cibreo, centone, pasticcio, congerie, intruglio.
nomencl. *(qualità)* di campo, composta, cotta, cruda, tenerina, verde, ricciolina || *(esemplificazione)* cicoria, indivia, lattuga, radicchio, raperonzolo, cappuccina, cicerbita, ricciolina, pimpinella o salvastrella, ruchetta || barbabietola, barbatella, broccolo, cavolo, cetriolo, cipolla, cipollina, fagiuolo, nasturzio, pastinaca, patata, peperone, pomidoro, porro, ramolaccio, ruca, scorzonera, sedano, valerianella, zucca || cesto || *verb.* cogliere; condire, pulire, mondare, nettàre, rivoltare.
insaldàre, *v.tr.* saldare, inamidare, → STIRARE.
insalúbre, *agg.* nocivo, infetto, guasto, dannoso, deleterio, → MALSANO.
contr. salubre, sano, salutifero.
insanàbile, *agg.* → INCURABILE.
contr. sanabile, curabile.
insanguinàre, *v.tr.* → MACCHIARE.
insània, *sf.* → PAZZIA.
contr. saggezza.
insaníre, *v.intr.* → IMPAZZIRE.
contr. rinsavire.
insàno, *agg.* → PAZZO.
contr. sano, saggio.
insapiènza, *sf.* insipienza, → IGNORANZA.
contr. sapienza, saggezza.
insaporàre, *v.tr.* insaporire, → CONDIRE.
insaporiménto, *sm.* → CONDIMENTO.
contr. insipidimento.
insaporíre, *v.tr.* → CONDIRE.
contr. insipidire.
insapóro, *agg.* insipido, scipito, sciapo, sciapido, non gustoso, non salso || *fig.* sciocco, melenso, insipiente, insensato, insulso.
contr. saporito, sàpido, gustoso.
insatanassàto, *agg.* → INDEMONIATO.
insatollàbile, *agg.* → INSAZIABILE.
insaziàbile, *agg.* insatollabile, incontentabile, inappagabile, inesplebile (*lat.*), insaturabile, ingordo, avido, vorace, → GOLOSO.
contr. saziabile, satollabile, contentabile, appagabile; sobrio, sazio, saturo, satollo, saturato, pago, soddisfatto.
insciènte, *agg.* → IGNORANTE, INCONSAPEVOLE.
contr. sciente, conscio, consapevole.
insciènza, *sf.* ignoranza, nescienza, inscizia.
contr. scienza, sapere, erudizione, conoscenza, consapevolezza.
inscindíbile, *agg.* → INDIVISIBILE, INSEPARABILE.
contr. scindibile.
inscrívere, *v.tr.* aggregare, associare, → ISCRIVERE, REGISTRARE || *v.intr.* rientrare, inquadrarsi, collocarsi, inserirsi.
inscrutàbile, *agg.* imperscrutabile, impenetrabile, inconoscibile, sfuggente, ermetico, chiuso, misterioso, criptico || impercettibile, insensibile, invisibile.
contr. scrutabile, entrante, penetrante, aperto, conoscibile || visibile, sensibile, percettibile.
inscusàbile, *agg.* inescusabile.
contr. scusabile.
insecchíre, *v.intr.* diventar secco, magro, assecchire, dimagrire, smagrire, emaciarsi, affilarsi, scarnirsi, allampanarsi, assottigliarsi, prosciugarsi, consumarsi, improsciuttire, intisichire, rasciugarsi, scheletrirsi, spolparsi, struggersi || *tr.* render secco, seccare.
contr. ingrassare, allargarsi, impinguarsi, impolpare, irrobustirsi.
insediàre, *v.rifl.* prendere possesso, assumere un ufficio o una carica, → ENTRARE || *tr.* installare, collocare.
inségna, *sf.* → BANDIERA, DIVISA, DISTINTIVO || BUSSOLA, INDICAZIONE || arma di famiglia, → STEMMA.
insegnaménto, *sm.* ammaestramento, istituzione, iniziazione, dettame, istruzione, divulgazione, dimostrazione, dissertazione, erudizione, esposizione, lezione, speculazione, volgarizzamento, educazione, magistero, dottrina, cultura, studi, teoria, lumi, ricerche, elementi || precetto, consiglio, indicazione, propedeutica, ripetizione, pedagogia, tirocinio.
nomencl. *(tipi e specialità)* libero, statale, governativo, pubblico, privato, paterno, familiare, scolastico, primario, secondario, superiore, universitario, letterario, scientifico, tecnico, artistico, religioso, filosofico, storico, morale, civico || *(attinenti)* scuola (elementare, media, superiore, universitaria), accademia, istituto, laboratorio, circolo culturale, convegno || cattedra, corso, branche, esame, lezione, metodo, programma || *(persone)* educatore, maestro, insegnante, pedagogo, professore, istitutore, ripetitore, pedante || discepolo, studente, scolaro, allievo || *agg.* rudimentale, primitivo, propedeutico, razionale, pratico, esoterico, pedante, attraente, chiaro, sicuro, oscuro, nebuloso, complicato || *verb.* impartire, inculcare, ripetere, darsi all'insegnamento, far da maestro, predicare con l'esempio.
insegnànte, *ppr.* di insegnare || *sm.* docente, ammaestratore, aio, maestro, istitutore, pedagogo, precettore, ripetitore, istruttore, professore, libero docente.
nomencl. *(tipi)* privato, pubblico, statale, elementare, medio, superiore, universitario || *agg.* onesto, colto, attivo, volonteroso, esigente, rigoroso, paterno, comprensivo, chiaro, oscuro.
contr. discepolo, discente, seguace, allievo, alunno, scolaro.

insegnàre, *v.tr.* addestrare, addottrinare, ammaestrare, illuminare, inculcare, allevare, correggere, dettare, digrossare, dimostrare, erudire, esporre, formare, indettare, imbeccare, imboccare, informare, indirizzare, iniziare, predicare, rivelare, scaltrire, instradare, sperimentare, ripetere, → EDUCARE, ISTRUIRE || indicare, mostrare.
contr. apprendere, imparare, acquistare cognizioni.
inseguiménto, *sm.* → CORSA.
inseguíre, *v.tr.* correr dietro, tallonare, cacciare, → RINCORRERE, SEGUIRE.
inseguitóre, *sm.* insecutore.
inselvàre, *v.rifl.* imboscarsi, immacchiarsi || *fig.* appiattarsi, → NASCONDERE.
inselvatichíre, *v.intr.* insalvatichire, inromitarsi, diventar rustico, farsi insociale.
contr. ingentilirsi, incivilirsi, dirozzare.
insenatúra, *sf.* → GOLFO.
insensatàggine, *sf.* insensatezza, → STOLTEZZA.
insensatézza, *sf.* insensataggine, → STOLTEZZA.
contr. sensatezza, assennatezza, senno, buon senso.
insensàto, *agg.* senza senso comune, stordito, scriteriato, sventato, melenso, → STOLTO || PAZZO.
contr. sensato, assennato.
insensíbile, *agg.* indifferente, apatico, grossolano, cinico, staccato, atono, disamorato, → FREDDO, IMPASSIBILE, INDOLENTE, DURO || impercettibile, invisibile, inscrutabile.
contr. sensibile, delicato, nervoso, sensitivo, vibrante, gentile || percettibile, visibile, misurabile.
insensibilità, *sf.* → IMPASSIBILITÀ, INDIFFERENZA.
contr. sensibilità.
inseparàbile, *agg.* indivisibile, incompartibile, inscindibile, inerente, indisgiungibile, → UNITO.
contr. separabile, divisibile, lontano.
insepólto, *agg.*
contr. sepolto.
inseriménto, *sm.* inserzione, collocazione, inquadramento || → INTRODUZIONE.
contr. estrazione.
inseríre, *v.tr.* e *rifl.* insertare, collocare, introdurre, inquadrare, → ENTRARE, INNESTARE.
contr. estrarre.
insèrto, *sm.* documento, incartamento, fascicolo, filza, cartella || aggiunta, completamento.
inservíbile, *agg.* inadoprabile, fuori uso, inutilizzabile, inetto, → INUTILE.
contr. servibile, utile, comodo, acconcio.
inserviènte, *sm.* galoppino, portiere, commesso, usciere, bidello, donzello, famiglio, fattorino, servitore, messo, → SERVO.
contr. padrone, dirigente, direttore.
inserzióne, *sf.* inserimento || avviso, annuncio o annunzio pubblicitario.
insètto, *sm.*
nomencl. (*distinzioni*) aculeato, carnivoro, dendrofago, diurno, notturno, effimero, entomolito, frugivoro, neutro, parassita, scavatore, utile, nocivo || afanitteri, atteri, coleotteri, ditteri, fisapodi, imenotteri, lepidotteri, neurotteri, ortotteri, rincoti, strepsitteri, anopluri, psillidi, fisostici, tisanotteri, efemerotteri, tricotteri || (*esempi*) anofele, ape, formica, fillossera, filugello, cimice, pulce, cocciniglia, dorifora, dermeste, idrofilo, maggiolino, punteruolo, rosalia, culicidi, mosca, tafano, zanzara, zecca, donzella, pidocchio dell'ulivo, calabrone, vespa, farfalla, tignola, formicaleone, rafidia, grillo, lucciola, scarafaggio o blatta, calandra, pentatome || (*parti*) articolazione, aculeo, ali, addome, ago, anello, antenne, bocca, palpi, mandibole, metaframma, pungiglione, proboscide, succiatoio, tentacoli, trocantere, testa || (*metamorfosi*) bruco, larva, uovo, ninfa, crisalide || insetticida || entomologia, insettologia, entomologo, insettologo || *verb.* appinzare, pinzare, mordere, brulicare, ronzare.

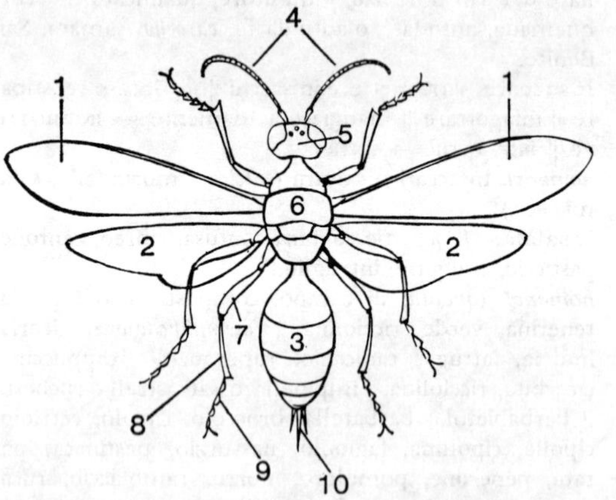

INSETTO – 1) ali superiori; 2) ali inferiori; 3) addome; 4) antenne; 5) testa; 6) torace; 7) femore; 8) tibia; 9) tarso; 10) cerci.

insídia, *sf.* agguato, appostamento, imboscata, circonvenzione, frode, trappola, bindoleria, abbindolamento, laccio, lacciolo, rete, macchinamento, macchinazione, trama, trabocchetto, → INGANNO || pericolo, malia, suggestione, allettamento.
nomencl. *verb.* tendere, tramare, macchinare, ordire, sventare.
insidiàre, *v.tr.* e *intr.* circonvenire, circuire, accalappiare, appostare, macchinare, minare, trappolare, montar trappole, ordire inganni, tendere insidie, tramare, gabbare, abbindolare, bindolare, infinocchiare, frodare, defraudare, → TENTARE.
contr. manifestarsi, mostrarsi, combattere apertamente, a viso aperto.
insidióso, *agg.* → INGANNEVOLE.
contr. aperto, schietto, leale, alla luce del sole.
insième, *avv.* assieme, a un tempo, con, unitamente, congiuntamente, simultaneamente, complessivamente, contemporaneamente, in compagnia, in combutta, in corpo, in un mazzo, di brigata, di concerto, di pari passo, in accolta, in un mucchio, stretti stretti, unitamente, in uno || *sm.* complesso, totalità, abbondanza, aggregato, ammasso, assemblea, catasta, congiunzione, compagnia, congerie, crocchio, cumulo, fastello, filastrocca, fascio, filza, folla, gruppo, mazzo, miscuglio, moltitudine, somma, mucchio, stuolo, il tutto || unità, armonia, corrispondenza, concordanza, accordo, alleanza.

contr. separatamente, partitamente, successivamente, uno dopo l'altro, a poco a poco || parte, porzione, frazione, fazione.
insígne, *agg.* singolare, notevole, capace, ragguardevole, → DISTINTO || ILLUSTRE, FAMOSO.
insignificànte, *agg.* inespressivo, amorfo, inerte, melenso, anodino, insipiente, → BANALE, TRASCURABILE.
contr. significativo, importante.
insignificànza, *sf.* irrilevanza, trascurabilità, modestia.
contr. importanza.
insigníre, *v.tr.* decorare, fregiare, titolare, innalzare, → ORNARE.
contr. destituire, degradare, abbassare
insigníto, *pps.* di insignire || *agg.* decorato, fregiato, titolato.
insignoríre, *v.rifl.* impadronirsi, impossessarsi, usurpare, appropriarsi, portar via, occupare || arricchire, diventar ricco.
contr. impoverire.
insincerità, *sf.* ipocrisia, menzogna, doppiezza, falsità, finzione.
contr. sincerità, veracità, schiettezza, verità.
insincèro, *agg.* falso, finto, doppio, bugiardo, versipelle, astuto, → IPOCRITA, MENZOGNERO.
contr. sincero, veritiero, leale, schietto.
insindacàbile, *agg.* indiscutibile, non criticabile, non giudicabile, definitivo, inappellabile, inappuntabile.
contr. sindacabile.
insinuàre, *v.tr.* suggerire, persuadere, convincere, insufflare, ispirare || introdurre, → FICCARE, INFONDERE || DIFFAMARE, AVVERTIRE || *rifl.* → ENTRARE.
insinuatóre, *sm.* → DIFFAMATORE.
insinuazióne, *sf.* → INTRODUZIONE || DIFFAMAZIONE, CALUNNIA, ACCUSA.
insipidézza, *sf.* mancanza di sapore, insipidità, scipitezza || *fig.* insulsaggine, scioccheria, scipitaggine, insipienza, → MELENSAGGINE.
contr. sapidità, sapore || spirito, argutezza, arguzia.
insípido, *agg.* insulso, scipito, sciapo, insipiente, arido, → SCIOCCO, MELENSO, CATTIVO.
contr. saporito, sàpido || spiritoso, salace, arguto, faceto.
insipiènte, *agg.* insipido, → IGNORANTE.
insipiènza, *sf.* insipidezza, → IGNORANZA.
insistènte, *ppr.* d'insistere || *agg.* indiscreto, importuno, petulante, arrogante, pretenzioso, maleducato, impudente, invadente, inopportuno, → NOIOSO, OSTINATO || CONTINUO.
contr. condiscendente, discreto, riservato, delicato || passeggero, intermittente, discontinuo.
insístere, *v.intr.* persistere, perseverare, durare, instare, ripetere, impuntarsi, incalzare, → CONTINUARE, OSTINARE.
contr. desistere, smettere, essere discreto, delicato, riservato.
ínsito, *agg.* ingenito, congenito, connaturale, connaturato, innato, inerente, infuso, nativo, natio.
contr. acquisito, acquistato, mutuato, appreso, contratto.
insociàbile, *agg.* insocievole, misantropo, lunatico, stravagante, forastico, orso, ritroso, selvatico, scontroso.
contr. socievole, gentile, affabile, conversevole.
insociévole, *agg.* → INSOCIABILE.
insoddisfàtto, *agg.* scontento, querulo, indiscreto, bisbetico, incontentabile, insaziabile, schizzinoso, petulante, inappagato, insaturabile, teso, nevrastenico, instabile, irrequieto, difficile, → DELUSO, MALCONTENTO.
contr. soddisfatto, contento, appagato, sazio, pieno, disteso, armonico.
insofferènte, *agg.* → IMPAZIENTE, SCONTENTO.
contr. tollerante, paziente.
insofferènza, *sf.* → IMPAZIENZA, SCONTENTEZZA.
contr. tolleranza, pazienza.
insoffríbile, *agg.* → INSOPPORTABILE.
contr. soffribile, tollerabile.
insolènte, *agg.* impertinente, arrogante, irrispettoso, irriguardoso, irriverente, petulante, protervo, presuntuoso, tracotante, impudente, prepotente, intemperante, soverchiatore, screanzato, → INGIURIOSO, MONELLO, INURBANO.
contr. cortese, garbato, riguardoso, discreto, modesto, umile, affabile.
insolentíre, *v.tr.* → INGIURIARE.
insolènza, *sf.* arroganza, impertinenza, impudenza, petulanza, prepotenza, tracotanza, protervia, irriverenza, cinismo, sfrontatezza, procacia, → INURBANITÀ || insulto, villania, → INGIURIA.
contr. cortesia, gentilezza, garbatezza, riguardo, condiscendenza, bonarietà, amabilità, modestia, umiltà.
insòlito, *agg.* raro, rado, inconsueto, insueto, dissueto, desueto, disavvezzo, disavvezzato, disusato, inusitato, inusato, disabituato, innaturale, nuovo, curioso, → DIVERSO, ECCEZIONALE, ECCESSIVO.
contr. solito, consueto, avvezzo, abituato, assuefatto, addestrato, accostumato, assueto.
insolúbile, *agg.* inestricabile, inspiegabile, inesplicabile, irresolvibile, insolvibile, cronico, inguaribile, indissolubile, → ENIMMATICO.
contr. solubile, risolvibile, risolubile, medicabile, componibile.
insolvènte, *agg.*
contr. solvente.
insolvènza, *sf.* → INSOLVIBILITÀ.
insolvibilità, *sf.* insolvenza, impossibilità di pagare || decozione.
contr. solvibilità.
insómma, *avv.* finalmente, in conclusione, alle corte, in breve, in fin dei conti.
insònne, *agg.* senza sonno || *fig.* attivo, instancabile, → SVEGLIO, VIGILE.
contr. sonnolento, assonnato, addormentato, dormiglione, dormiente, stanchevole.
insònnia, *sf.* agripnia, sonno ribelle, sonnolenza.
nomencl. sonnifero o narcotico, sedativo, ipnotico.
contr. sonno.
insopportàbile, *agg.* insopportevole, incomportabile, intollerabile, indigeribile, insoffribile, uggioso, insostenibile, gravissimo, oneroso, pesante, → INCOMPATIBILE.
contr. sopportabile, tollerabile, comportabile, leggero.
insórgere, *v.intr.* ammutinarsi, ribellarsi, rivoltarsi, sollevarsi, tumultuare, levarsi contro, sovvertire || ribollire, protestare, indignarsi, infuriarsi.
nomencl. (*inerenti*) insurrezione, rivoluzione, ribellione,

rivolgimento, sollevazione, sommossa, sommovimento, tumulto.
contr. soggiacere, subire, sopportare, sottostare, portar pazienza || sedare, domare, frenare.
insormontàbile, *agg.* invincibile, insuperabile, imbattibile, non sorpassabile, non oltrepassabile.
contr. sormontabile, vincibile, sorpassabile, superabile, costringibile, battibile.
insospettíre, *v.tr.* mettere in sospetto, destar sospetti, mettere sul chi va là, adombrare, diffidare || *rifl.* entrare in sospetto, prender sospetto.
insosteníbile, *agg.* → INSOPPORTABILE || indifendibile, espugnabile.
contr. sostenibile.
insozzàre, *v.tr.* → MACCHIARE, SPORCARE.
insperàbile, *agg.* quasi impossibile, improbabile, inattendibile, incredibile, inopinabile, → INVEROSIMILE.
contr. sperabile, possibile, verosimile, attendibile, opinabile.
insperàto, *agg.* inatteso, impreveduto, → IMPROVVISO.
inspessíre, *v.tr.* e *rifl.* → ADDENSARE, CONDENSARE.
contr. assottigliare; rarefare, diradare.
inspiegàbile, *agg.* → INDEFINIBILE, INESPLICABILE.
contr. spiegabile.
inspiràre, *v.tr.* aspirare, → RESPIRARE || ISPIRARE.
contr. espirare.
inspirazióne, *sf.* → RESPIRAZIONE.
contr. espirazione.
instàbile, *agg.* → MALFERMO, PRECARIO, PROVVISORIO || *fig.* incostante, incoerente, → VOLUBILE.
contr. stabile.
instabilità, *sf.* → MUTABILITÀ, PRECARIETÀ || *fig.* → VOLUBILITÀ.
contr. stabilità, sodezza, saldezza, fermezza, continuità, costanza, perseveranza.
installàre, *v.tr.* → INSEDIARE, INTRONIZZARE.
installazióne, *sf.* → IMPIANTO.
instancàbile, *agg.* infaticabile, indefesso, indefaticabile, inesauribile, assiduo, perseverante, resistente, gagliardo, tenace, puntiglioso, → CONTINUO.
contr. stancabile, spossato, faticato, affaticato, stremato, lasso, stracco, fiacco, snervato, sfibrato.
instancabilménte, *avv.* → CONTINUAMENTE.
instànte, *ppr.* di instare || *agg.* incombente, sovrastante || insistente, pressante, stimolante, postulante, richiedente, petente.
instàre, *v.intr.* istare, → INSISTERE, DOMANDARE || incombere, SOVRASTARE.
instauràre, *v.tr.* iniziare, stabilire felicemente, innovare, → RESTAURARE, RIFORMARE.
insterilíre, *v.tr.* → ISTERILIRE
instillàre, *v.tr.* → ISTILLARE, INFONDERE.
instradàre, *v.tr.* → ISTRADARE || AVVIARE, INZIARE, INSEGNARE.
instruíre, *v.tr.* → ESAMINARE.
insubordinàto, *agg.* e *sm.* irrispettoso, ribelle, → INDISCIPLINATO.
contr. subordinato, ligio, rispettoso, fedele, devoto.
insubordinazióne, *sf.* → INDISCIPLINA.
contr. subordinazione.
insuccèsso, *sm.* cattivo successo, fallimento, delusione, crollo (dei sogni), naufragio, scacco, sconfitta, disastro, disfatta, rotta, caduta, ruzzolone, fiasco, → ESITO.
contr. successo, buon esito, raggiungimento, conseguimento, vittoria, trionfo, riuscita.
insudiciàre, *v.tr.* e *rifl.* → GUASTARE, MACCHIARE, SPORCARE.
contr. pulire.
insuèto, *agg. lett.* dissueto, → INSOLITO.
contr. consueto, solito.
insufficiènte, *agg.* deficiente, inefficiente, difettoso, difettante, difettivo, disacconcio, disadatto, sconveniente, disconvenevole, inadeguato, irrisorio, manchevole, → SCARSO, CORTO || IMPERFETTO, INFERIORE || incapace, → INETTO, INABILE.
contr. sufficiente, bastevole, bastante || esperto, abile, idoneo, pronto, acconcio.
insufficiènza, *sf.* deficienza, difetto, inadeguatezza, sconvenienza, sproporzione, incapacità, inettitudine, mancanza, → SCARSEZZA || IMPERFEZIONE.
contr. sufficienza, pienezza, abbondanza || idoneità, abilità.
insufflàre, *v.tr.* → SOFFIARE || *fig.* ispirare, insinuare, → INFONDERE, SUGGERIRE.
insulàre, *agg.* isolano.
contr. continentale.
insulsàggine, *sf.* → IMBECILLITÀ, SCIOCCHEZZA.
insúlso, *agg.* insipiente, senza senso, insipido, sciapo, → SCIOCCO, MELENSO || non salso, dolce di sale, insipido, scipito, insapore.
contr. saggio, arguto, spiritoso, sensato, assennato, faceto.
insultànte, *ppr.* di insultare || *agg.* → INGIURIOSO, OFFENSIVO.
insultàre, *v.tr.* → INGIURIARE, OFFENDERE.
insultatóre, *sm.* → INGIURIATORE.
insúlto, *sm.* → INGIURIA, INSOLENZA, OFFESA || *fig.* accesso, attacco, parossismo (di una malattia).
insuperàbile, *agg.* imbattibile, insormontabile, invincibile, invitto.
contr. superabile, sormontabile, vincibile, superato, vinto.
insuperbíre, *v.tr.* rendere superbo || *intr.* e *rifl.* farsi superbo, altero, orgoglioso, esaltarsi, imbaldanzire, ringalluzzire, inorgoglire, prendere o acquistare baldanza, gonfiarsi, grandeggiare, darsi delle arie, montare, salire in superbia, fumar d'orgoglio, guardare dall'alto in basso, alzare o rialzare la cresta.
contr. umiliare || umiliarsi, abbassarsi, avvilirsi, degradarsi.
insurrezionàle, *agg.* rivoltoso, sedizioso, turbolento, → RIVOLUZIONARIO.
insurrezióne, *sf.* sommossa, sedizione, rivolta, tumulto, turbolenza, sommovimento, → RIVOLUZIONE.
insussistènte, inesistente, utopistico, irreale, nullo, falso, favoloso, immaginario || inconsistente.
contr. sussistente, esistente, reale, fondato.
insussistènza, *sf.* inesistenza, irrealtà, finzione, illusione, inconsistenza, → FALSITÀ, NULLA.
contr. esistenza, realtà, autenticità, fondatezza, consistenza.
intabarràre, *v.tr.* e *rifl.* → INCAPPOTTARE.
intaccàre, *v.tr.* → GRAFFIARE || *fig.* manomettere, ado-

perare, usare, → CONSUMARE || pregiudicare, ledere, offendere, guastare, corrodere || *intr.* tartagliare.
intàcco, *sm.* → FENDITURA || PREGIUDIZIO.
intagliàre, *v.tr.* → INCIDERE, SCOLPIRE.
intagliatóre, *agg.* e *sm.* → FALEGNAME, INCISORE.
intàglio, *sm.* scultura, incavo, frastaglio, arte dell'intagliare, opera intagliata, niello, rilievo, cammeo, → INCISIONE.
nomencl. (*modi*) di cavo o in cavo, a pulimento, di marmo, dolce, in osso, liscio || (*inerenti*) arabesco, frappa, frastagli, gola alla rustica, perla, sguscio || (*strumenti*) bulino, fusaruola, scalpello || *verb.* graffiare, incidere, intagliare, punteggiare, rintagliare, ritagliare, ritoccare col bulino, scolpire.
contr. sbalzo, rilievo.
intanàre, *v.rifl.* → RINTANARE.
contr. stanare.
intangíbile, *agg.* intoccabile, impalpabile, → FLUIDO || *fig.* inoffendibile, impeccabile, incensurabile, inattaccabile, incontaminato, immune, → INVIOLABILE.
contr. tangibile, fragile, caduco, vulnerabile, violabile, toccabile.
intarlàre, *v.intr.* → TARLARE.
intarsiatóre, *sm.* → FALEGNAME.
intàrsio, *sm.* tarsía, intarsiatura, lavoro di intarsiatura, impiallicciatura, incrostatura, mosaico, niello, → AGEMINA.
intasaménto, *sm.* intaso, intasatura, ingorgo; riempimento, → OSTRUZIONE.
contr. stasamento, stasatura.
intasàre, *v.tr. e rifl.* → EMPIRE, OSTRUIRE.
contr. stasare, disingorgare, sbloccare, liberare.
intàso, *sm.* intasatura, intasamento, → OSTRUZIONE.
intàtto, *agg.* non toccato, non offeso, non sciupato, non manomesso, inconsunto, integro, intero, incorrotto, incòlume, illeso, immacolato, illibato, incontaminato, immune, intonso, vergine, onesto, inviolato, integerrimo.
contr. usato, manomesso, offeso, sciupato, guasto, corrotto, corroso, intaccato, contaminato, bruttato, toccato, tócco.
intavolàre, *v.tr.* introdurre, → COMINCIARE, INIZIARE.
intavolàto, *sm.* → ASSITO, PALCHETTO.
integèrrimo, *agg.* → INTEGRO, ONESTO.
integràle, *agg.* → COMPLETO, INTERO.
integralménte, *avv.* → INTERAMENTE.
integràre, *v.tr.* → COMPIRE, PERFEZIONARE.
integrazióne, *sf.* → COMPLETAMENTO.
integrità, *sf.* interezza, totalità, compiutezza, perfezione, purità || *fig.* immunità, sanità (morale), → ONESTÀ.
contr. frammentarietà, disintegrazione, atomizzazione, polverizzazione, dissoluzione, dissolvimento, imperfezione || onestà, probità, disonestà.
íntegro, *agg.* indenne, inviolato, impregiudicato || integrale, → COMPLETO, INTATTO, INTERO || *fig.* illibato, intatto, integerrimo, sano (moralmente), intemerato, → ONESTO.
contr. difettoso, frammentario, squadernato, mutilo || disonesto, guasto, corrotto, intaccato, tirato.
integuménto, *sm.* tegumento, involucro, epidermide, membrana, pellicina, tunica, buccia.
intellètto, *sm.* → INGEGNO, FACOLTÀ, MENTE, RAGIONE.
nomencl. (*distinzioni*) attivo, passivo, separato, unico || (*attività*) concezione, giudizio, immaginazione, scoprimento, cogitativa, mentalità, pęnetrativa, riflessione, perspicacia, spirito, intuizione || *agg.* ottuso, grossolano, torpido, sottile, fine, sveglio, perspicace, pronto, sagace, sano, retto, rozzo || *verb.* aprire, svegliare, ottenebrare, offuscare, perdere, smarrire.
intellettuàle, *agg.* e *sm.* studioso, colto, teorico, ideologo, testa d'uovo (*neol.*) || cerebrale, arido.
nomencl. intellettualità, intellettualismo.
intelligènte, *agg.* sagace, perspicace, capace, acuto, ingegnoso, sveglio, accorto, pronto, avveduto, intendente, penetrante, lucido, comprensivo, illuminato.
contr. idiota, stupido, tardo, ottuso, corto.
intelligènza, *sf.* cervello, comprendonio, comprensiva, perspicacia, sagacia, intuizione, intendimento, cognizione, accorgimento, intuito, percezione, senso, levatura, penetrazione, → ANIMA, FACOLTÀ, INGEGNO, MENTE, RAGIONE || interpretazione, comprensione || classe intellettuale, classe colta || → COMPLICITÀ.
nomencl. *agg.* pronta, sveglia, sottile, fine, sagace, sana, retta, penetrante, ottusa, grossolana, tarda, torpida || *verb.* affinare, elevare, raffinare, evolvere svegliare, sviluppare, ottundere, offuscare, ottenebrare.
contr. idiozia, ottusità, stupidità, incoltura, rozzezza, ignoranza.
intelligíbile, *agg.* conoscibile, decifrabile, comprensibile, afferrabile, percettibile, evidente, aperto, essoterico, → CHIARO, FACILE.
contr. inintelligibile, incomprensibile, oscuro, sfuggente, esoterico, involuto, chiuso.
intelligibilità, *sf.* comprensibilità, → CHIAREZZA, FACILITÀ.
intemeràta, *sf.* → RIMPROVERO || CHIACCHIERA, DISCORSO.
intemeràto, *agg.* → PURO.
intemperànte, *agg.* → GOLOSO, SMODERATO || IMPURO.
contr. temperante.
intemperànza, *sf.* → ECCESSO, SMODERATEZZA || LUSSURIA.
contr. temperanza.
intempèrie, *sf. indecl.* cattiva stagione, inclemenza, ingiuria del tempo, tempo nocivo, incomodo; tempaccio, tempo da lupi, tempo indiavolato, tempesta, vento, pioggia, grandine, uragano.
intempestività, *sf.* inopportunità, → IMPRUDENZA.
contr. tempestività.
intempestívo, *agg.* avventato, inconsiderato, impulsivo, → IMMATURO, INOPPORTUNO, IMPRUDENTE.
contr. tempestivo, opportuno, conveniente, tempista, ponderato, prudente.
intendènte, *ppr.* di intendere || *agg.* → ESPERTO || *sm. neol.* → IMPIEGATO, AMMINISTRATORE.
intèndere, *v.tr.* comprendere, capire, concepire, interpretare, decifrare, percepire, leggere, intuire, penetrare, ravvisare, rilevare, ritrarre, → GIUDICARE || sapere, conoscere, → IMPARARE || ascoltare, → UDIRE, SENTIRE || TENDERE || *rifl.* → ACCORDARE.
contr. fraintendere, travisare, non capire, intendere a rovescio, stravolgere.
intendiménto, *sm.* → INTELLIGENZA || INTENZIONE, SCOPO.

intenditóre, *sm.* buongustaio, bongustaio, raffinato, dilettante, → GIUDICE, CONOSCITORE.
contr. incompetente, ottuso, rozzo, facilone, ignorante.
intenebràre, *v.intr.* intenebrire, → OSCURARE || *fig.* offuscarsi dell'intelletto.
contr. stenebrare.
intenebríre, *v.intr.* intenebrare, → OSCURARE.
inteneriménto, *sm.* tenerezza, compassione, pietà, turbamento, partecipazione, → COMMOZIONE.
contr. indurimento.
intenerìre, *v.tr.* e *rifl.* render tenero, ammollire || *fig.* → COMMUOVERE.
contr. indurire.
intensificàre, *v.tr.* aumentare, raddoppiare, moltiplicare, → RAFFORZARE.
intensità, *sf.* → DENSITÀ || FORZA.
intènso, *agg.* acuto, veemente, efficace, molteplice, → ENORME, FORTE.
intentàre, *v.tr.* tentare, provare || → PROMUOVERE.
nomencl. intentato, non tentato || intento.
intènto, *agg.* → ATTENTO || *sm.* riguardo, intendimento, scopo, → FINE, INTENZIONE.
contr. disattento, distratto.
intenzionàle, *agg.* fatto con intenzione, di proposito, voluto, inteso, → PREMEDITATO, VOLONTARIO.
contr. fuori d'intenzione, non voluto, involontario, preterintenzionale.
intenzionalménte, *avv.* → APPOSTA.
contr. involontariamente.
intenzióne, *sf.* intendimento, intento, proponimento, tendenza, progetto, mira, desiderio, ispirazione, meta, progetto, riguardo, bersaglio, vista, → DISEGNO, IDEA, FINE, ANIMO, SCOPO.
nomencl. *agg.* retta, giusta, onesta, cattiva, disonesta, obliqua, decisa, ferma, radicata, evidente, diretta, espressiva, leggera, prossima, lontana, pia, pura, mala || *verb.* intendere, tendere, sottintendere.
intepidíre, *v.tr.* intiepidire, render tiepido, mitigare, attenuare, rattiepidire, → RAFFREDDARE || *intr.* e *rifl.* scemare di fervore.
contr. accendere, riscaldare, infervorare, infiammare, esaltare, entusiasmare.
interaménte, *avv.* compiutamente, completamente, perfettamente, totalmente, integralmente, assolutamente, del tutto, ben bene, per intero, → AFFATTO.
contr. in parte, non del tutto, parzialmente.
intercalàre, *v.tr.* ripetere, alternare, → AGGIUNGERE.
intercapèdine, *sf.* intervallo, interstizio, separazione, spazio vuoto, → SPAZIO.
intercèdere, *v.intr.* → DOMANDARE, PREGARE, PROPIZIARE || interporsi, intervenire, intromettersi, frammettersi, intermediare, star di mezzo, → SEPARARE || *tr.* ottenere.
intercessióne, *sf.* → INTERVENTO, MEDIAZIONE, PREGHIERA.
intercessóre, *agg.* e *sm.* → MEDIATORE, PROPIZIATORE.
intercettàre, *v.tr.* ostacolare, → IMPEDIRE, SEQUESTRARE.
intercezióne, *sf.* captazione, intercettamento, → SEQUESTRO.
intercídere, *v.tr. lat.* dividere, tagliare in mezzo, dividere in due, interrompere, impedire.
interclúdere, *v.tr.* → IMPEDIRE.
intercolónnio o **intercolúnnio,** *sm.* → AREOSTILO.
intercórrere, *v.intr.* esser frapposto, frammettersi, trovarsi in mezzo, separare, → CORRERE.
interdétto, *pps.* di interdire || *agg.* impedito, inibito, vietato, proibito || *sm.* proibizione, → DIVIETO, INTERDIZIONE || censura ecclesiastica, sospensione *a divinis.*
nomencl. (*tipi*) locale, generale, particolare, personale || *verb.* lanciare, fulminare, promulgare.
contr. permesso, concesso, consentito.
interdíre, *v.tr.* impedire, inibire, boicottare, bandire, inabilitare, scomunicare, → VIETARE, PROIBIRE.
contr. permettere, concedere, favorire, consentire || assolvere.
interdizióne, *sf.* boicottaggio, interdetto, bando, inabilitazione, scomunica, proibizione, → DIVIETO.
nomencl. (*tipi*) totale, parziale, perpetua, temporanea || dai pubblici uffici.
interessaménto, *sm.* → CURA, SOLLECITUDINE, INTERESSE, ZELO.
contr. disinteressamento, indifferenza, neutralità, ostilità, opposizione.
interessànte, *ppr.* di interessare || *agg.* degno d'attenzione, pieno d'interesse, notabile, attraente, divertente, dilettevole, piacevole, conturbante, amabile, cattivante, avvincente, commovente, impressionante || utile, importante || in stato interessante, incinta, → GRAVIDA.
contr. indifferente, atono, inerte, neutro, scostante, noioso, uggioso.
interessàre, *v.tr.* cointeressare, far partecipe || concernere, riguardare || *intr.* importare, premere, calere, piacere, dilettare, commuovere, attirare, trattenere, divertire, appassionare || *rifl.* occuparsi, impacciarsi, adoprarsi, darsi cura.
contr. annoiare || disinteressarsi.
interessàto, *pps.* di interessare || *agg.* partecipe, associato, partecipante || avido di guadagno, egoista; calcolatore, mestierante, quattrinaio, pagnottista, carrierista, venale, interessoso (*rar.*), avaro, tirato, → RAPACE || *sm.* persona in causa.
contr. disinteressato, altruista, generoso.
interèsse, *sm.* frutto, rendita, cambio, compenso, utile, profitto, interessenza, merito, rimunerazione, ricompensa, usufrutto, dividendo, tasso, saggio, aggio, → GUADAGNO || tornaconto, lucro, utilità, vantaggio, convenienza || attrattiva, attrazione, fascino, diletto, importanza, piacere || impegno, interessamento, premura, sollecitudine.
nomencl. (*tipi*) semplice, composto, legale, pregiudicato, sospeso, naturale, maturato, scalare || interesse dell'interesse o anatocismo o rifrutto, usura, percentuale, rata, ragione || dissesto || *agg.* grande, piccolo, effettivo, evidente || *verb.* assestare, curare, aumentare, decorrere, maturare, investire, capitalizzare, tutelare || provare, sentire, ispirare.
contr. disinteresse, perdita, danno, gratuità.
interessènza, *sf. neol.* → INTERESSE.
interessóso, *agg. rar.* → INTERESSATO.
interézza, *sf.* totalità || *fig.* → INTEGRITÀ.
interferènza, *sf.* → INTERSECAZIONE || intrusione, intromissione, invadenza, impedimento, ostacolo.

interieziòne, *sf.* esclamazione || → GRAMMATICA.
ínterim, *sm. indecl.* → INTERINATO.
interinàto, *sm. interim*; incarico provvisorio, temporaneo, supplenza, sostituzione.
nomencl. ministro *ad interim* || interinazione || *agg.* interino, interinale || *avv.* interinalmente.
contr. incarico stabile, definitivo.
interióra, *sf. pl.* interiori, visceri, viscere, budella, frattaglie, → INTESTINO.
interióre, *agg.* intimo, intrinseco, recondito, midolluto (*ant.*), → INTERNO, PROFONDO.
contr. esteriore, esterno.
interióri, *sm. pl.* → INTERIORA.
interíto, *agg.* → IMPALATO, INTIRIZZITO.
interlínea, *sf.* laminetta, punti.
nomencl. spazio bianco || interlineato || interlineare.
interlineàre[1]**,** *agg.* tra riga e riga, tra linea e linea.
nomencl. traduzione interlineare || interlineato.
interlineàre[2]**,** *v.tr.* scrivere nell'interlinea || separare con interlinee.
contr. sterlineare.
interloquíre, *v.intr.* metter bocca, prendere la parola; partecipare, prender parte, introdursi, intromettersi, intervenire in un dialogo; → PARLARE.
nomencl. interlocutore, interlocuzione.
contr. tacere, stare in disparte.
interlúdio, *sm.* intermezzo.
nomencl. preludio, postludio.
intermediàrio, *agg.* → MEDIO || *sm.* → MEDIATORE.
intermèdio, *agg.* mediano, in mezzo, → MEDIO.
interméssо, *pps.* di intermettere || *agg.* interrotto, smesso, dismesso || omesso.
contr. ininterrotto, continuo, continuato, compiuto, finito, assiduo, costante.
interméttere, *v.tr.* → TRALASCIARE || *rifl.* → INTROMETTERE.
intermèzzo, *sm.* intervallo, pausa, sospensione, intermedio, interruzione || interludio.
interminàbile, *agg.* → LUNGO || ETERNO, INFINITO.
contr. terminàbile.
interminàto, *agg.* → STERMINATO, INFINITO.
intermissióne, *sf.* → INTERRUZIONE, SOSPENSIONE.
intermittènte, *ppr.* di intermettere || *agg.* interrotto, intermesso, sospeso, a intervalli, discontinuo, → SALTUARIO.
contr. continuo, ininterrotto, continuativo.
intermittènza, *sf.* discontinuità, sospensione, intervallo, → INTERRUZIONE, SALTUARIETÀ.
contr. continuità, persistenza, senza interruzione.
internàre, *v.rifl.* addentrare, penetrare, profondarsi, intrinsecarsi, compenetrarsi, inviscerarsi, → ENTRARE || *tr.* → RINCHIUDERE, RICOVERARE.
contr. estrinsecarsi, uscire, espandersi, trarsi fuori, stare sul limitare || far uscire, liberare.
intèrno, *agg.* interiore, intimo, profondo, intrinseco, riposto, intestino, di dentro || *sm.* parte interna, l'intimo, l'animo, nocciolo, gheriglio, latebra, penetrale, recesso, viscere.
contr. esterno, esteriore, superficiale, diffuso (*fuori*).
intéro, *agg.* intiero, integro, integrale, completo, totale, tutto, tutto quanto, unito, pieno, sano, perfetto, illeso, intatto, → COMPIUTO, ASSOLUTO || *sm.* il tutto, totalità.
contr. parziale, incompleto, incompiuto, frammentario || parte, frammento, sezione, frazione, particella; atomo, molecola.
interpellànza, *sf.* richiesta, → DOMANDA.
interpellàre, *v.tr.* → DOMANDARE, CHIAMARE.
interpolàre, *v.tr.* inserire, frammettere, introdurre, intermettere, frapporre || → AGGIUNGERE.
nomencl. interpolazione, interpolatore, interpolato.
interpórre, *v.tr.* frapporre, frammettere, → INTROMETTERE || RICORRERE || *rifl.* mettersi di mezzo, far da mediatore, ostacolare, impedire.
nomencl. interposizione, interponimento, interposto, interposito.
interpretàre, *v.tr.* capire, intendere, esporre, parafrasare, commentare, rendere, chiosare, chiarire, dichiarare, scoprire, manifestare, volgarizzare, tradurre, → SPIEGARE || esprimere (per mezzo di un'arte), rappresentare, investirsi, mimare, → RECITARE.
nomencl. interprete || ermeneutica, esegesi, commento, commentario.
interpretatívo, *agg.* ermeneutico, esegetico.
interpretazióne, *sf.* ermeneutica, esegesi, spiegazione, chiarimento, schiarimento, glossa, chiave, chiosa, esposizione, parafrasi, dichiarazione, → COMMENTO || RECITAZIONE.
nomencl. *agg.* letterale, estensiva, restrittiva, analogica, anagogica, allegorica, tropologica || logica, tassativa, arbitraria, bizzarra, cervellotica, fantasiosa, strampalata, persuasiva, avvincente, convincente, efficace, forzata, generosa, benigna, benevola, malevola, ingenerosa, ingegnosa, esatta, dubbia, retta, falsa, mendace, erronea.
intèrprete, *sm.* commentatore, chiosatore, esegeta, espositore || traduttore, dragomanno, turcimanno, torcimanno, definitore || attore, artista, cantante.
interpunzióne, *sf.* punteggiatura.
nomencl. (*esempi*) punto, virgola, due punti, punto e virgola, punto esclamativo, punto interrogativo, punti sospensivi, virgolette, lineetta, parentesi tonde o quadre.
interraménto, *sm.* → SEPOLTURA.
contr. dissoterramento.
interràre, *v.tr.* → SEPPELLIRE.
contr. dissotterrare.
interré, *sm. indecl.* interrege, → REGGENTE.
nomencl. interregno, interinato.
interrogànte, *ppr.* di interrogare || *sm.* e *f.* → ESAMINATORE.
interrogàre, *v.tr.* chiedere, richiedere, cercare, ricercare, esplorare, indagare, investigare, scandagliare, scrutare, sondare, tentare, intervistare, interpellare, fare un'inchiesta, documentarsi, → DOMANDARE, ESAMINARE, CONSULTARE.
contr. rispondere || essere evasivo, tacere.
interrogatòrio, *agg.* interrogativo || *sm.* → ESAME, INCHIESTA.
interrogazióne, *sf.* esame, quesito, petizione, richiesta, inchiesta, intervista, questionario, consulto, → DOMANDA || interpellanza.
nomencl. parlamentare || orale, scritta || erotema ||

erotematica || *agg.* suggestiva, difficile, complicata, facile, diretta, indiretta, equivoca.
contr. risposta.
interrómpere, *v.tr.* far cessare, tagliare, troncare, mozzare, sospendere, rompere, stroncare, strozzare, discontinuare, attraversare, intercettare, interporsi || frastornare, → DISTURBARE || *rifl.* arrestarsi, fermarsi, cessare, smettere.
contr. continuare, proseguire || lasciar continuare.
interrótto, *pps.* di interrompere || *agg.* → ROTTO, SALTUARIO, TRONCATO || intercettato.
contr. non interrotto, ininterrotto.
interruzióne, *sf.* intermezzo, intervallo, pausa, intermissione, intermittenza, troncamento, sospensione, discontinuità, → FERMATA.
contr. continuazione, continuità.
intersecaménto, → INTERSEZIONE.
intersecàre, *v.tr.* tagliare nel mezzo, attraversare, interferire, incontrare, tagliare attraverso, intraversare, → INCROCIARE, INTRECCIARE.
intesecazióne, → INTERSEZIONE.
intersezióne, *sf.* intersecazione, intersecamento, incrocio, incontro, attraversamento, confluenza, coincidenza, crocicchio, → INTRECCIO, TAGLIO.
interstízio, *sm.* → DISTANZA, INTERVALLO, SPAZIO.
intervallàre, *v.tr.* → DISTANZIARE.
contr. restringere, costipare, infittire.
intervàllo, *sm.* intermezzo, interludio, pausa, discontinuità, interruzione, indugio, mora, intermittenza || intercapedine, interstizio, spazio vuoto, → DISTANZA, SPAZIO.
contr. continuità, ripresa, durevolezza, continuazione, costanza.
interveníre, *v.intr.* → AVVENIRE, SOPRAVVENIRE, SUCCEDERE || PARTECIPARE, INTROMETTERE.
intervènto, *sm.* presenza, intromissione, → PARTECIPAZIONE || intercessione, mediazione, cooperazione, aiuto || inframmettenza, ingerenza || → AVVENIMENTO || operazione, chirurgica.
contr. assenza, astensione, lontananza, distanza, neutralità, indifferenza.
intervísta, *sf.* inchiesta, indagine, informazione, → COLLOQUIO, INCONTRO.
interzàre, *v.tr.* rinterzare, → RIPETERE, TRIPLICARE.
intésa, *sf.* patto, intelligenza, → ACCORDO || INTRIGO.
intèssere, *v.tr.* tessere insieme, contessere, → INTRECCIARE || *fig.* comporre, macchinare.
intessitúra, *sf.* → INTRECCIO.
intessúto, *pps.* di intessere || *agg.* contesto, ordito, tessuto, → INTRECCIATO.
intestàre, *v.tr.* attribuire, devolvere, → INTITOLARE || *rifl.* incaponirsi, incaparsi, → FISSARE, OSTINARE.
intestazióne, *sf.* intitolazione, titolo, principio, intestatura.
intestinàle, *agg.* entèrico.
intestíno, *sm.* visceri, budella, busecchie, interiora, rigaglie, frattaglie, minuzie, trippa, ventre || *agg.* → INTERNO.
nomencl. (*divisioni*) tenue, crasso, duodeno, retto, digiuno || (*pertinenti*) anse intestinali, cecale, colon (ascendente, trasverso, discendente), diverticolo, enteradene, epitelio pavimentoso, membrana mucosa, mesenterio, mesocolo, omento, ombelico intestinale, parenchima, peritoneo, piloro, rete, strigolo, uraco, vasi chiliferi, valvola ileocecale, villosità, appendice, addome || succo intestinale || (*malattie*) accrezione, anatrofia, appendicite, arcocele, arcoptosi, ascaridiasi, ascite, baco o verme; calcoli salivali, intestinali, urinari; cirrosi, colica, diarrea, colite, costipamento, distomatosi, duodenite, edrocele, encelite, endopericardite, enteralgia, enterangiemfrasia, enterectasia, enterite, enterocele, enterocolite, enteroemia, enteropatia, flusso, emorroidi, peritonite, strizzone, volvolo, zucchino, stitichezza, ostruzione || (*rimedi*) purgante, clistere, vermifugo, enteroclisma, paracentesi, enterotomia || (*fenomeni*) borborigmo, borbottamento, borbogliamento, vento, escrementi, premito, secesso, movimento peristaltico o vermicolare.

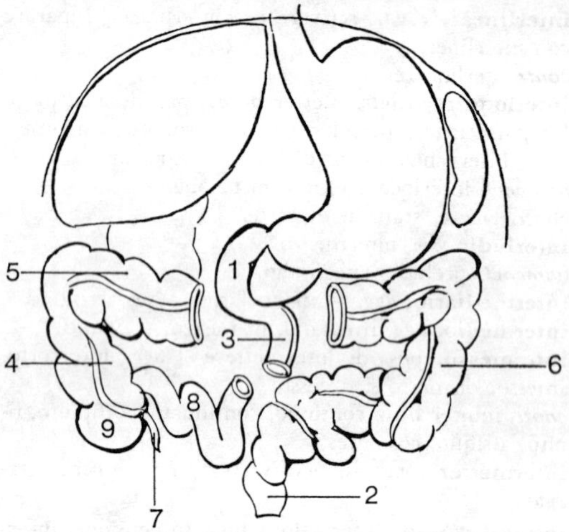

INTESTINO – 1) duodeno; 2) retto; 3) digiuno; 4) colon ascendente; 5) colon trasverso; 6) colon discendente; 7) appendice; 8) ileo; 9) cieco.

intèsto, *agg. poet.* intessuto, → INTRECCIATO.
intiepidíre, *v.tr.* e *intr.* → INTEPIDIRE.
intièro, *agg.* → INTERO.
intignàre, *v.intr.* essere roso, danneggiato dalle tignole, → TARLARE.
intimàre, *v.tr.* ingiungere, imporre, precettare, citare, notificare, → COMANDARE, ORDINARE || bandire, annunciare, diffidare, notificare || indire, dichiarare (guerra).
contr. pregare, invitare, persuadere || ubbidire, sottoporsi, sottomettersi, accettare, accogliere, subire.
intimazióne, *sf.* bando, annuncio, → COMANDO, ORDINE || diffida, comminatoria, contestazione, dichiarazione, indizione, notificazione, sollecitazione, ingiunzione, minaccia, → CITAZIONE.
contr. preghiera, invito, persuasione || ubbidienza, sottomissione.
intimidazióne, *sf.* abuso, slealtà, costrizione, ricatto, → MINACCIA, PREPOTENZA.
contr. persuasione, dolcezza, amabilità, rispetto.
intimidíre, *v.tr.* intimorire, incutere timore, far paura, far minaccia, → IMPAURIRE, MINACCIARE, SPA-

VENTARE || *rifl.* prendere timore, impaurirsi, confondersi, → SMARRIRE.
intimità, *sf.* intrinsichezza, confidenza, donazione, reciproca appartenenza, → FAMILIARITÀ, DOMESTICHEZZA, AMICIZIA || la parte più riposta, segreta, gelosa di ciascuno.
íntimo, *agg.* familiare, intrinseco, molto amico || → INTERNO || *sm.* la parte più interna, → COSCIENZA || amico strettissimo, sviscerato, preferito, prediletto.
contr. estraneo, esterno, superficiale, indifferente || ostile, nemico.
intimoríre, *v.tr.* → INTIMIDIRE.
intíngere, *v.tr.* → IMMERGERE, TUFFARE.
intíngolo, *sm.* sugo, umido, salsa, guazzetto, manicaretto, cibreo, pietanza con molta salsa o sugo.
intínto, *pps.* di intingere || *agg.* → BAGNATO.
intirizziménto, *sm.* intorpidimento, irrigidimento, immobilità, insensibilità, raggricciamento, intormentimento, rigidità, formicolio, → TORPORE.
contr. calore || scioltezza, elasticità, speditezza, mobilità.
intirizzíre, *v.tr.* e *rifl.* irrigidire, intormentire, intorpidire, rattrappire, aggricciare, aggranchire, → INFREDDOLIRE, RABBRIVIDIRE.
contr. scaldare, sciogliersi, muoversi.
intirizzíto, *pps.* di intirizzire || *agg.* interito, impalato, fermo, impettito, incatorzolito, intormentito.
contr. snodato, sciolto, elastico, spedito, agile.
intisichíre, *v.intr.* diventar tisico || *fig.* far disperare, → INTRISTIRE, INSECCHIRE.
intitolàre, *v.tr.* dare un titolo, intestare, nominare, denominare, → DEDICARE.
intitolazióne, *sf.* intestazione, titolo, principio, testata, denominazione.
intoccàbile, *agg.* → INVIOLABILE.
contr. toccabile, violabile.
intolleràbile, *agg.* incomportabile, → INCOMPATIBILE, INSOPPORTABILE.
contr. tollerabile, compatibile, sopportabile.
intolleránte, *agg.* e *sm.* settario, gretto, partigiano, fazioso, → FANATICO, INTRANSIGENTE || INSOFFERENTE, IMPAZIENTE.
contr. tollerante, paziente, generoso, liberale.
intolleránza, *sf.* insofferenza, → IMPAZIENZA || settarismo, faziosità, → INTRANSIGENZA, FANATISMO.
contr. tolleranza, pazienza, comprensione, sopportazione.
intonacaménto, *sm.* → INTONACO.
intonacàre, *v.tr.* incalcinare, rinzaffare, scialbare, arricciare, → CALAFATARE || *fig.* imbellettarsi.
contr. scalcinare, scrostare, scortecciare.
intonacatúra, *sf.* → INTONACO.
intònaco, *sm.* copertura, strato, rinzaffo, scialbo, scialbatura, incorniciatura, incrostatura, intonacamento, intonacatura, → INCROSTAZIONE, CROSTA.
nomencl. pialletto || crepa, screpolatura, crepaccio, crepatura || *verb.* scalcinare, scrostare, scortecciare.
contr. scalcinatura, scrostatura.
intonàre, *v.tr.* principiare un canto, mettersi a cantare || mettere in tono (uno strumento), impostare, educare la voce, → CANTARE || *fig.* armonizzare, comporre (forme, colori).
contr. stonare.
intonàto, *pps.* di intonare || *agg.* armonizzato, in accordo.
contr. stonato.
intonazióne, *sf.* → TONO.
intònso, *agg.* non tosato || *fig.* non tagliato, non raffilato, non rifilato, non usato, → INTATTO.
intontiménto, *sm.* → STORDIMENTO.
intontíre, *v.tr.* e *intr.* *rifl.* → STORDIRE, IMBECILLIRE.
intoppaménto, *sm.* → INCONTRO.
intoppàre, *v.tr.* e *intr.* INCONTRARE, INCIAMPARE.
intòppo, *sm.* → INGOMBRO, OSTACOLO.
intorbidàre, *v.tr.* intorbare, render torbido, torbo, scuro || *fig.* confondere, annebbiare, appannare, offuscare, turbare, agitare, sovvertire, → COMPLICARE, IMBROGLIARE.
contr. illimpidire, rasserenare, chiarire, schiarire.
intormentiménto, *sm.* indolenzimento, intorpidimento, formicolío, → TORPORE, INTIRIZZIMENTO.
intormentíre, *v.tr.* e *intr.* *rifl.* → INDOLENZIRE, INTIRIZZIRE.
intorniàre, *v.tr.* *rar.* → ATTORNIARE, GIRARE.
intórno, *avv.* e *prep.* attorno, d'attorno, d'intorno, all'intorno, in giro, in cerchio, circa, da ogni parte, torno torno, tutt'in giro, d'ogni intorno. || *sm.* dintorno, luogo circostante.
intorpidiménto, *sm.* → INTORMENTIMENTO, TORPORE, INTIRIZZIMENTO.
intorpidíre, *v.rifl.* render torpido, intormentito, → IMPIGRIRE, INTIRIZZIRE || *intr.* → INDOLENZIRE.
intossicàre, *v.tr.* e *rifl.* attossicare, → AVVELENARE.
contr. disintossicare.
intossicazióne, *sf.* avvelenamento.
contr. disintossicazione.
íntra, *prep.* *lett.* infra, tra, fra.
contr. *extra*, estra.
intradòsso, *sm.* imbotte.
contr. estradosso.
intraducíbile, *agg.*
contr. traducibile.
intralciàre, *v.tr.* intromettersi, ingerirsi, → IMPACCIARE, IMBROGLIARE, IMPEDIRE, OSTACOLARE.
contr. rimanere estraneo, lasciar fare, starsene fuori || aiutare, favorire, prestarsi.
intràlcio, *sm.* → OSTACOLO, INGOMBRO.
intramezzàre, *v.tr.* intramettere, → TRAMEZZARE.
intransigènte, *agg.* e *sm.* *neol.* esclusivo, esclusivista, intollerante, fanatico, settario, estremista, parziale, impaziente, inflessibile, irremovibile, intrattabile.
contr. transigente, tollerante, remissivo, moderato, equanime, liberale || indifferente, apatico, scettico.
intransigènza, *sf.* *neol.* intolleranza, rigidezza, fanatismo, settarismo, estremismo, partigianeria, inflessibilità, irremovibilità.
contr. transigenza, tolleranza, moderazione, liberalità, remissività, equanimità || neutralità, indifferenza, scetticismo.
intrappolàre, *v.tr.* → TRAPPOLARE.
intraprendènte, *ppr.* di intraprendere || *agg.* audace, risoluto, solerte, coraggioso, abile, destro, ingegnoso, operoso, attivo, avventuroso, procacciante, sveglio, sve-

gliato, svelto, volonteroso, rabattino, speculatore, pieno di slancio, → INDUSTRIOSO || abbriccato, abbricchino, bruṣcante, frugolo, procaccino, stillino.
contr. indolente, accidioso, torpido, inerte, noncurante, inetto, neghittoso.
intraprendènza, *sf.* audacia, risolutezza, coraggio, solerzia, iniziativa, attività, industria, industriosità, svegliatezza, operosità, ingegnosità, abilità, volontà, prestezza.
nomencl. *verb.* intraprendere, aguzzare, assottigliar l'ingegno, brigarsi, dimenarsi, farsi in quattro, darsi da fare, menar le mani, agitarsi, aguzzare i ferri, arrabattarsi, speculare.
contr. indolenza, accidia, noncuranza, inerzia, neghittosità, torpidità, inettitudine.
intraprèndere, *v.tr.* metter mano, por mano, accingersi, imprendere, impegnarsi applicarsi, addossarsi, dare opera, → FARE, INIZIARE || *fig.* abbracciare una carriera, avviarsi ad una carriera, entrare in una faccenda.
contr. indugiare, trattenersi || non perseverare, desistere, afflosciarsi, stancarsi, abbandonare, tralasciare.
intraprenditóre, *sm.* → IMPRESARIO, PROMOTORE.
intraprésa, *sf.* → IMPRESA.
intrasgredíbile, *agg.* → INVIOLABILE.
contr. trasgredibile.
intrattàbile, *agg.* scontroso, impaziente, irascibile, aspro, duro, rozzo, riottoso, spinoso, forastico, ispido, → INDOCILE, IRACONDO || esoso, intransigente, rigido.
contr. trattabile, cortese, paziente, socievole, mite, docile, equanime, remissivo.
intrattabilità, *sf.* → DUREZZA, SCONTROSITÀ.
contr. trattabilità.
intrattenére, *v.tr.* → TRATTENERE, ATTIRARE, DIVERTIRE, BALOCCARE || *rifl.* trattenersi, indugiare, attendere, non decidersi.
intravedére, *v.tr.* vedere di sfuggita, travedere, scorgere, vedere press'a poco, vedere e non vedere || *fig.* → INDOVINARE.
intraversàre, *v.tr.* attraversare, → INTERSECARE.
intravveníre, *v.intr. rar.* intervenire, accadere, → AVVENIRE.
intrecciàre, *v.tr.* e *rifl.* intrigarsi, ravvilupparsi, incatricchiare || *fig.* contessere, intessere, intersecare, avviluppare, collegare, arruffare, intralciare, sconvolgere, confondere || intrecciare balli, → BALLARE.
contr. sciogliere, districare, liberare, ordinare.
intrecciàto, *pps.* di intrecciare || *agg.* intessuto, ordito, connesso, contesto, intercalato, inviluppato, tessuto, intesto.
intrecciatúra, *sf.* → INTRECCIO.
intréccio, *sm.* intrecciatura, intrecciamento, intersecamento, nodo, intessitura, treccia, tela, orditura || *fig.* argomento, invenzione, fatto, ordito, connessione, sviluppo, distribuzione, trama, soggetto, canovaccio || intrigo, intrico, complicazione, viluppo, inviluppo.
contr. scioglimento, districamento, conclusione.
intrepidézza, *sf.* forza, fermezza, baldanza, ardire, valore, → CORAGGIO, CARATTERE.
contr. pavidità, paura, trepidazione.
intrèpido, *agg.* → VALOROSO, CORAGGIOSO, EROICO, FRANCO, FIERO.
contr. pàvido, pauroso, trepidante.
intricàre, *v.tr.* → COMPLICARE, IMBROGLIARE.
contr. districare.
intricàto, *pps.* di intricare || *agg.* imbrogliato, impacciato, imbarazzato, complesso, molteplice, contraddittorio, intersecato, inviluppato, avviluppato, contorto, → COMPLICATO, DIFFICILE, CONFUSO, INESPLICABILE, BUIO.
contr. districato, semplice, chiaro, aperto, evidente, lineare, elementare, naturale.
intríco, *sm.* complicazione, ginepraio, cosa complicata, cosa confusa, nodo, meandro, pelago, complesso, arruffio, complessità, molteplicità, contraddizione, → CONFUSIONE, INTRECCIO, INVILUPPO.
intrídere, *v.tr.* → BAGNARE, IMBEVERE, STEMPERARE.
intrigànte, *ppr.* di intrigare || *agg.* maneggione, ficcanaso, intruso, invadente, intromettente, brigatore, inframettente, raggiratore, impaccioso, ficchino, fiutino, entrante, → FACCENDIERE, IMBROGLIONE.
contr. noncurante || leale, franco, aperto, veritiero, semplice, diritto.
intrigàre, *v.tr.* impigliare, incalappiare, incatricchiare, arruffare || *fig.* complicare, mettere confusione, confondere || *intr.* brigare, imbrogliare, brogliare, tramare, cospirare, congiurare, complottare, macchinare, trescare, maneggiare, → ORDIRE || *rifl.* ficcare il naso, intromettersi, ingerirsi, impacciarsi.
intrígo, *sm.* avviluppamento, avvolgimento confuso, complicazione, confusione, intrico, nodo, garbuglio, viluppo, intoppo, → INTRECCIO || complotto, cospirazione, congiura, diavoleria, raggiro, briga, intesa, maneggio, mena, trama, retroscena, ripesco, → IMBROGLIO, FRODE.
nomencl. *agg.* arcano, diabolico, indiavolato, complicato, confuso, artificioso, inestricabile, insolubile, segreto, amoroso || *verb.* ordire, sventare, svelare, smontare, scoprire.
contr. semplificazione, scioglimento || azione onesta, chiara, lineare, aperta.
intrinsecàrsi, *v.rifl.* internarsi, entrare in amicizia, in familiarità, nell'intrinsichezza.
contr. estrinsecarsi, estraniarsi, alienarsi, allontanarsi, diventare ostile.
intrínseco, *agg.* INTERNO || intimo, → DOMESTICO || *sm.* → AMICO.
contr. estrinseco, esterno, apparente, superficiale, estraneo, ostile.
intrinsichézza, *sf.* intimità, dimestichezza, → AMICIZIA, FAMILIARITÀ.
contr. estrinsichezza,
intrippàre, *v.tr.* e *rifl. volg.* rimpinzarsi, ingurgitare, → INGHIOTTIRE.
intríso, *pps.* di intridere || *agg.* immerso, avvolto, imbevuto, → BAGNATO || *sm.* intruglio, miscuglio.
contr. → ASCIUTTO.
intristíre, *v.intr.* diventar tristo, perverso, maligno, rancoroso, odioso, depravarsi || (detto di pianta) andare a male, imbozzacchire, intisichire, deperire, dissecarsi, isterilire.

contr. diventar buono, migliorare || rigogliare, fiorire.

introdúrre, *v.tr.* immettere, intromettere, frammettere, condur dentro, insinuare, inserire, incastrare, → IMMERGERE, FICCARE, INFILARE || narrare, far parlare, accennare, esporre || far ricevere, far entrare, presentare || *fig.* avviare, iniziare, incamminare || *rifl.* penetrare, ficcarsi, irrompere, → ENTRARE || *tr.* → COMINCIARE.

contr. estrarre, cavar fuori || uscire.

introduzióne, *sf.* immissione, inserimento, insinuazione, intromissione || avviamento, prodromo, proemio, prefazione, prolusione, presentazione, prolegomeni, preludio, preambolo, prologo, → ESORDIO || preparazione || importazione.

contr. estrazione, cacciata || conclusione, conseguenza, epilogo || esportazione.

introitàre, *v.tr. neol.* incassare, → RISCUOTERE.

contr. sborsare, spendere.

intròito, *sm.* ingresso, adito || incasso, → RISCOSSIONE || principio della Messa.

contr. spesa, sborso, esborso.

intromettènte, *ppr.* di intromettere || *agg.* entrante, → INTRIGANTE.

introméttere, *v.tr.* frammettere, interporre, frapporre, frammezzare, mettere in mezzo, mescolare, immischiare, mischiare, → FICCARE, INTRODURRE || *rifl.* intervenire, interporsi, immischiarsi, intermettersi, inframmettersi, intrudersi, intrufolarsi, cacciarsi, insinuarsi, ficcarsi, ingerirsi, → IMPACCIARE, ENTRARE.

contr. estromettere, mettere, cacciar fuori, estrarre || rimanere estraneo, disinteressarsi.

intromissióne, *sf.* ingerenza, inframmettenza, intrusione, → INTERVENTO, INTRODUZIONE.

contr. estromissione, cacciata.

intronàre, *v.tr.* → STORDIRE, RUMOREGGIARE.

intronàto, *pps.* di intronare || *agg.* stordito, intontito, → BALORDO.

intronizzàre, *v.tr.* mettere in trono, conferire la sovranità, installare, prendere possesso.

contr. detronizzare, destituire.

introspezióne, *sf.* ispezione, analisi interna || *fig.* esame interiore, psichico, spirituale, meditazione, riflessione, introversione, concentrazione (del pensiero).

nomencl. (*mezzi*) esame di coscienza, diario, psicanalisi.

contr. attivismo, realizzazione o estrinsecazione (del pensiero) || estroversione, distrazione, disattenzione.

introvàbile, *agg.* → DISPERSO, IRREPERIBILE.

contr. trovabile.

introversióne, *sf.* rivolgimento al di dentro, → INTROSPEZIONE.

nomencl. tipo introvertito, tipo estrovertito.

contr. estroversione.

intrúdere, *v.tr.* → FICCARE || *rifl.* → INTROMETTERE.

intrufolàre, *v.rifl.* → ENTRARE, INTROMETTERE.

intrugliàre, *v.tr.* mescolare malamente insieme piú cose, → MESCOLARE || *fig.* combinare affari disonesti, cose non chiare, impacciarsi in faccende non limpide, sgradevoli, → SPORCARE.

intrúglio, *sm.* miscuglio di liquidi, → MESCOLANZA, BEVANDA || *fig.* affare non chiaro o sospetto, faccenda losca, combinazione disonesta.

intruglióne, *sm.* → IMBROGLIONE.

intruppàre, *v.rifl. spreg.* imbrancarsi, → RIUNIRE.

intrusióne, *sf.* interferenza, intrusione, impedimento, invadenza, → INTROMISSIONE.

intrúso, *pps.* di intrudere || *sm.* → ESTRANEO, INTRIGANTE.

intuíre, *v.tr.* → INTENDERE || PREVEDERE, FIUTARE.

intuitívo, *agg.* pronto, penetrante, sagace, acuto, fulmineo, → SPONTANEO, ISTINTIVO || OVVIO, → EVIDENTE.

contr. ottuso, grosso, materiale, corto di mente.

intuíto, *pps.* di intuire || *agg.* compreso (con prontezza) || indovinato, capito a volo, intrasentito, intravisto.

intúito, *sm.* intuizione, percezione, sagacia, perspicacia, prontezza, fiuto, sesto senso, → INTELLIGENZA, ISTINTO, CONOSCENZA.

contr. riflessione, meditazione, logica.

intuizióne, *sf.* →INTUITO.

nomencl. intuizionismo, intuizionista || visione beatifica.

intumescènza, *sf.* → GONFIORE.

intumidíre, *v.intr.* → GONFIARE.

inturgidíre, *v.intr.* e *rifl.* → GONFIARE.

inturgidíto, *pps.* di inturgidire || *agg.* turgido, prosperoso, → GONFIO.

inuguàle e derivati, → INEGUALE e derivati.

inúlto, *agg. lett.* invendicato, impune, → IMPUNITO.

contr. vendicato, punito.

inumanità, *sf.* → VIOLENZA, CRUDELTÀ.

contr. umanità.

inumàno, *agg.* disumano, → CRUDELE, FEROCE.

contr. umano.

inumàre, *v.tr.* → SEPPELLIRE.

contr. esumare, disseppellire, dissotterrare.

inumazióne, *sf.* → SEPOLTURA.

contr. esumazione.

inumidíre, *v.tr.* → BAGNARE, UMETTARE.

inurbanità, *sf.* scortesia, inciviltà, increanza, malcreanza, ineducazione, insolenza, arroganza, stravaganza, → VILLANIA, SCORTESIA || SGARBO.

contr. urbanità, creanza, cortesia, gentilezza, buona creanza.

inurbàno, *agg.* incivile, insolente, mal allevato, ineducato, maleducato, malcostumato, screanzato, sgarbato, rozzo, malcreato, forastico, scorbutico, stravagante, → VILLANO, SCORTESE.

contr. urbano, beneducato, educato, gentile, cortese.

inurbàre, *v.rifl.* farsi cittadino, stabilirsi in città (dalla campagna).

nomencl. inurbamento, emigrazione interna || urbanesimo, urbanistica, urbanista.

inusàto, *agg.* disusato, → INSOLITO.

contr. usato.

inusitàto, *agg.* → INSOLITO, NUOVO, STRAORDINARIO.

contr. usitato, abituale, usuale.

inústo, *agg. lett.* bruciato, bruciacchiato, combusto.

inútile, *agg.* disutile, futile, inane, vano, vacuo, caduco, ozioso, superfluo, insignificante, inefficace, frustraneo, inopportuno, inconcludente, inservibile, privo d'utilità, privo d'effetto, buono a nulla, non necessario, senza profitto, infruttuoso, infruttifero, improduttivo, sterile, antieconomico.

contr. utile.

inutilità, *sf.* futilità, inanità, vanità, vacuità, inefficacia, infruttuosità, disutilità, inefficienza, inefficacia, improduttività, superfluità, oziosità, antieconomicità.
contr. utilità.
inuzzolíre, *v.tr.* e *rifl.* → INVOGLIARE.
inuzzolíto, *pps.* di inuzzolire || *agg.* invaghito, → INVOGLIATO.
invadènte, *ppr.* di invadere || *agg.* e *sm.* → INTRIGANTE.
invàdere, *v.tr.* inondare, irrompere, invasare, devastare, prendere, occupare, impadronirsi, usurpare, spadroneggiare, → ENTRARE, CONQUISTARE || usurpare.
contr. evacuare, ritirarsi, lasciare, abbandonare.
invaghíre, *v.tr.* stimolare, suscitare, accendere il desiderio || *rifl.* incapricciarsi, → INNAMORARE, DESIDERARE.
invalidàre, *v.tr.* infirmare, togliere validità, rendere irrito, → ANNULLARE.
contr. convalidare, avvalorare, confermare, sanzionare.
invalidazióne, *sf.* invalidamento, → ANNULLAMENTO.
contr. convalidazione, conferma, riconoscimento, sanzione.
invalidità, *sf.* l'esser invalido, impotenza, incapacità || → DEBOLEZZA || nullità.
contr. validità
invàlido, *agg.* inabile, inefficace, inetto, impotente, menomato, → DEBOLE || nullo || *sm.* mutilato.
contr. valido, idoneo, efficace, efficiente, valevole, atto, abile.
invaníre, *v.tr.* render vanitoso, borioso, per cose futili, infatuarsi || *intr. rifl.* diventare vanitoso.
invàno, *avv.* indarno, inutilmente, vanamente, senza pro, a vuoto, senza effetto.
contr. utilmente, efficacemente.
invariàbile, *agg.* → COSTANTE, FISSO.
nomencl. (*grammatica*) avverbio, congiunzione, preposizione, interiezione.
contr. variabile, mutevole, alterabile.
invariabilità, *sf.* → EQUILIBRIO, COSTANZA, FISSITÀ.
contr. variabilità.
invariàto, *agg.* → COSTANTE.
contr. variato.
invasàre, *v.tr.* invadere, → INONDARE || occupare, scombussolare, incupire, riempire l'animo, → OSSESSIONARE || indemoniare.
invasàto, *pps.* di invasare || *agg.* → OSSESSO || infatuato, stordito, confuso, ossessionato, → FURENTE, FANATICO.
invasióne, *sf.* inondazione, alluvione || irruzione, occupazione, incursione, scorreria, → CONQUISTA, ATTACCO.
contr. liberazione, evacuazione, ritirata.
invasóre, *agg.* e *sm.* → CONQUISTATORE.
invecchiàre, *v.intr.* diventare vecchio, avanzare in età, incanutire, attempare, imbarbogire, rimbambire, incartapecorire || logorarsi, decadere, sfiorire, intristire, declinare || cadere in disuso || *tr.* far maturare, infrollire, render vecchio.
contr. ingiovanire, ringiovanire || svecchiare.
invecchiàto, *pps.* di invecchiare || *agg.* → INCALLITO, INVETERATO.
contr. ingiovanito, ringiovanito || svecchiato.
invéce, *avv.* in cambio, in luogo, al contrario, all'opposto.
inveíre, *v.intr.* rivolgere, scagliare, vomitare ingiurie contro qualcuno; apostrofare, fulminare vituperi, gridare addosso, → BIASIMARE, INGIURIARE, OLTRAGGIARE.
contr. essere conciliante, persuasivo, ragionevole.
invelenire, *v.tr.* render velenoso, → AVVELENARE || *fig.* irritare, inasprire, incrudelire, rendere o diventar crudele || *intr.* e *rifl.* irritarsi, inasprirsi, intristirsi, inselvatichirsi, sdegnarsi, arrabbiarsi, accanirsi.
contr. svelenire, raddolcire, rabbonire || rabbonirsi, raddolcirsi, placarsi, ammansirsi.
invendíbile, *agg.* non comprabile, inalienabile.
contr. vendibile, alienabile, commerciabile.
invendicàto, *agg.* inulto, impunito, impune.
contr. vendicato, punito.
invènia, *sf.* moina, → LEZIO.
inventàre, *v.tr.* fabbricare, escogitare, scoprire, scovare, rinvenire, innovare, trovare, raccapezzare, ritrovare, intuire, → IDEARE || sognare, immaginare, creare con la fantasia, comporre, mettere insieme, combinare, → CREARE || BREVETTARE || *fig.* → MENTIRE.
contr. imitare, copiare, riprodurre, plagiare.
inventariàre, *v.tr.* compilare un inventario, registrare, inserire, annotare (in un inventario).
inventàrio, *sm.* lista, nota, catalogo, repertorio, registrazione, → ELENCO.
nomencl. (*tipi*) sommario, descrittivo, analitico, giudiziario, di bordo, di acquisti e consegne || beneficio d'inventario.
inventàto, *pps.* di inventare || *agg.* menzognero, → FALSO, FINTO || fantastico, immaginario.
inventíva, *sf.* → FANTASIA.
inventívo, *agg.* immaginoso, → FECONDO.
inventóre, *agg.* e *sm.* ideatore, ritrovatore, creatore, scopritore, innovatore, fondatore, fabbro, fattore, artefice, trovatore, → AUTORE.
invenzióne, *sf.* ritrovato, ritrovamento, trovata, cosa inventata, ideazione, innovazione → CREAZIONE || IMMAGINAZIONE, FANTASIA || *fig.* → BUGIA.
nomencl. (*inerenti*) brevetto, privativa, privilegio, stato di perfezionamento || *agg.* grande, piccola, strana, bizzarra, astuta, sbalorditiva, moderna, rivoluzionaria.
contr. copia, imitazione, plagio || scoperta.
inverdíre, *v.intr.* avverdire, diventar verde.
contr. (di foglie, piante e sim.) ingiallire.
inverecóndia, *sf.* → IMMODESTIA, IMPUDICIZIA || protervia, SFACCIATAGGINE.
contr. verecondia.
inverecóndo, *agg.* → IMMODESTO, IMPUDICO || SFACCIATO.
contr. verecondo,
inverminàre o **inverminíre,** *v.intr.* e *rifl.* fare i vermi, marcire, imputridire.
invernàle, *agg.* ịemale, brumale, vernino, ibernante || freddo, gelido.
contr. estivo || caldo.
invernàta, *sf.* → INVERNO.
inverniciàre, *v.tr.* → VERNICIARE || *rifl.* imbellettarsi.
inverniciatúra, *sf.* → VERNICIATURA.
invèrno, *sm.* verno, invernata, → FREDDO.
nomencl. letargo, ibernante, invernale || *agg.* freddo, rigido, aspro, crudo, cattivo, nebbioso, nevoso, piovoso,

brumoso, umido, secco, asciutto, mite, bello, dolce, buono || *verb.* invernare, svernare, vernare.
contr. estate; caldo.
inverosímile, *agg.* inattendibile, improbabile, incredibile, inaccettabile, inammissibile, inaudito, inconcepibile, insperabile, illogico, strano, assurdo.
contr. verosimile, attendibile, probabile, accettabile, credibile, logico.
inverosimilménte, *avv.* incredibilmente.
contr. verosimilmente.
inversióne, *sf.* rovesciamento, invertimento, capovolgimento, stravolgimento, contorsione, anormalità, perversione || trasposizione, metatesi, anagramma.
invèrso, *agg.* opposto, → CONTRARIO, ROVESCIO.
invertebràto, *agg.*
contr. vertebrato.
invèrtere, *v.tr.* → INVERTIRE.
invertiménto, *sm.* → INVERSIONE.
invertíre, *v.tr.* cambiare, capovolgere, rovesciare, voltare, invèrtere, permutare, stravolgere, travolgere, rivoltare, pervertire, rinvertire, arrovesciare.
contr. rimettere a posto, tornare al punto di prima, ristabilire, normalizzare.
invescàre, *v.tr.* → INVISCHIARE || *fig.* adescare, → LUSINGARE, SEDURRE.
investigàre, *v.tr.* analizzare, annusare, approfondire, cercare, esplorare, domandare, chiedere, fiutare, frugare, inchiedere, indagare, inquisire, interrogare, inquirire, perquisire, visitare, perscrutare, esaminare, rintracciare, razzolare, ricercare, rifrustare, rivangare, rinvergare, ripescare, rispiare, ritrovare, rovigliare, rovistare, saggiare, scandagliare, scavizzolare, scovare, scrutare, vedere, scrutinare, spillare, stuzzicare, rimuginare, sviscerare, toccare il fondo, ficcar lo sguardo, ficcare il naso in tutti i buchi.
contr. scoprire, discoprire, trovare, rinvenire, palesare, rivelare, svelare, manifestare, divulgare, raccapezzare, raccogliere.
investigatóre, *agg.* e *sm.* inquisitore, esaminatore, scrutatore, scrutinatore, saggiatore.
investigazióne, *sf.* indagine, indagamento, inquisizione, perquisizione, ricerca, rimozione, rintracciamento, scrutinio, sintesi, analisi, cimento, saggio, scandaglio, prova, scrutamento, esame, → DOMANDA, ESPLORAZIONE, INCHIESTA.
contr. ritrovamento, rinvenimento, scoperta, divulgamento,
investiménto, *sm.* urto, collisione || abbordaggio, assalto, → ATTACCO || (di danaro) impiego, collocamento.
investíre, *v.tr.* assalire, assaltare, dare addosso, affrontare, abbordare, assediare, colpire || centrare, urtare, cozzare || mettere in possesso, → ELEGGERE || investire capitali, → COLLOCARE || *rifl.* interpretare, comprendere, → IMMEDESIMARE.
investitúra, *sf.* insediamento, installamento, investizione, infeudamento, → NOMINA.
nomencl. (*tipi*) ecclesiastica, feudale || temporanea, perpetua, solenne.
inveteràto, *agg.* invecchiato, antiquato, incallito, radicato, abbarbicato, accanito, anticato, naturato, connaturato, cresciuto, concresciuto, dirotto, imbevuto, incarognito, indurato, infeltrito, infracidato, infracidito, invincibile.
contr. recente, fresco, ingenuo, candido, nuovo iniziato.
invetriàta, *sf.* → VETRATA.
invettíva, *sf.* apostrofe, catilinaria, filippica, rampogna, imprecazione, intemerata, sfuriata, tirata, fulmine, → DIATRIBA || ingiuria.
nomencl. *agg.* violenta, impetuosa, furiosa, sanguinosa, veemente, virulenta, irruenta || *verb.* apostrofare, mandare a quel paese, inveire.
contr. discorso blando, adulazione, elogio, piaggeria.
inviàre, *v.tr.* indirizzare, inoltrare, sbalestrare, sospingere, spacciare, spingere, strabalzare, trasmettere, → MANDARE, SPEDIRE.
contr. ricevere, accogliere, accettare.
inviàto, *pps.* di inviare || *sm.* → AMBASCIATORE, INCARICATO || inviato speciale, → GIORNALISTA.
invídia, *sf.* livore, odio, astio, rivalità, acrimonia, → GELOSIA.
nomencl. *verb.* far invidia, far ombra, destare, suscitare invidia, ingelosire, invidiare, essere invidioso.
contr. compiacimento, disinteresse, partecipazione, altruismo.
invidiàbile, *agg.* degno d'invidia, fortunato, fausto, desiderabile, prospero, eccellente, → FELICE.
contr. indesiderabile, detestabile, funesto, infelice, miserando, meschino.
invidiàre, *v.tr.* emulare, gareggiare, macerarsi d'invidia, provare invidia, avere del livore, dell'astio, odiare || negare, contrastare.
invidiàto, *pps.* di invidiare || *agg.* → FELICE.
invidióso, *agg.* invido, astioso, rivale, emulo, antagonista; ardente, acceso, riarso d'invidia; morso, lacerato dall'invidia, → GELOSO.
ínvido, *agg. lett.* → INVIDIOSO.
invigilàre, *v.tr.* → VIGILARE, OSSERVARE.
invigliacchíre, *v.intr.* e *rifl.* diventar vile, incarognire || abbattersi, avvilirsi, esinanire, scoraggiarsi, accasciarsi.
contr. imbaldanzire, esaltarsi, insuperbire.
invigoríre, *v.tr.* dar vigore, → IRROBUSTIRE, RINFORZARE || *fig.* inanimire, incoraggiare, animare || *intr.* e *rifl.* prendere, acquistar vigore.
contr. svigorire || scoraggiare, disanimarsi.
invilíre, *v.tr.* render vile || (di prezzo) ribassare, calare, rinvilire, svilire, diminuire || *intr.* e *rifl.* disanimarsi, avvilirsi || perdere pregio.
contr. dar coraggio, forza, invigorire || rincarare, aumentare, crescere di prezzo o di pregio.
invilíto, *pps.* di invilire || *agg.* spregiato, → DIMESSO || ribassato.
inviluppàre, *v.tr.* avvolgere, avviluppare, rinvoltare, ravvolgere, involgere, irretire, impedire, impacciare, fare su, → IMBROGLIARE || *rifl.* intricarsi, impelagarsi, impicciarsi.
contr. sviluppare, svolgere, sciogliere, scartocciare, disinvolgere, spicciarsi, liberarsi.
inviluppatóre, *agg.* e *sm.* → INGANNATORE.
invilúppo, *sm.* involucro || involto, nodo, viluppo || intrico, intreccio, complicazione, imbroglio.
invincíbile, *agg.* imbattibile, indomabile, invitto,

indomito, irresistibile, insormontabile, ineluttabile, → INESPUGNABILE, INSUPERABILE.
contr. vincibile, arrendevole, superabile || vinto, sconfitto, battuto, domo, sopraffatto.
inviolàbile, *agg.* intangibile, intrasgredibile, infrangibile, intoccabile, inoffendibile, impeccabile, incensurabile, imprescindibile, invulnerabile || → SACRO.
contr. violabile, vulnerabile, fragile, caduco.
inviolabilità, *sf.* invulnerabilità, intoccabilità, impeccabilità.
contr. violabilità.
inviolàto, *agg.* incorrotto, illibato, immacolato, → INTATTO, PURO.
contr. violato.
inviperíre, *v.tr.* arrabbiarsi, infuriarsi, → INASPRIRE || *intr.* e *rifl.* → ADIRARE.
inviperíto, *pps.* d'inviperire || *agg.* → FURENTE.
invisceràre, *v.tr.* far entrare nelle viscere || *rifl.* addentrarsi, sviscerare, trattare a fondo (un argomento), leggere, studiare a fondo, conoscere bene (un autore) || intrinsecarsi, rendersi intimo, conglutinarsi, internarsi, compenetrarsi, innamorarsi.
contr. sviscerare, levar le viscere || disamorarsi, inimicarsi.
invischiàre, *v.tr.* e *rifl.* invescare, impaniare, impeciare, impegolare, spalmare di vischio, impelagarsi, impantanarsi || *tr. fig.* adescare, → LUSINGARE, SEDURRE || *rifl.* agglutinarsi, conglutinarsi, innamorarsi.
contr. liberare || sfuggire, liberarsi, disinnamorarsi.
invisíbile, *agg.* impercettibile, microscopico, indistinguibile, inavvertibile, insensibile, incospicuo, inosservato, latente, sfuggente, → FLUIDO.
contr. visibile, appariscente, vistoso, sensibile, evidente.
invíso, *agg.* → MALVISTO, ODIATO.
contr. ben visto, ben veduto.
invitàre, *v.tr.* → CHIAMARE, DOMANDARE, COMANDARE || indurre, allettare, incitare, → ATTIRARE, STIMOLARE || stringere con vite, avvitare.
invitàto, *pps.* di invitare || *agg.* chiamato, convocato || e *sm.* ospite, convitato, → COMMENSALE.
invíto, *sm.* convocazione, sollecitazione, chiamata || esortazione richiamo, comando, proposta, preghiera, desiderio, stimolo || → DOMANDA.
nomencl. agg. cortese, gradito, atteso, sgradito, caldo || *loc. avv.* di riguardo, a mezza bocca || *verb.* fare, accettare, aderire, accedere, disdire, respingere, rifiutare, mandare, spedire || invitarsi da sé.
contr. ripulsa, rifiuto,
invítto, *agg.* → INSUPERABILE, INVINCIBILE.
contr. vinto,
invocàre, *v.tr.* → CHIAMARE, DOMANDARE, PREGARE.
invocazióne, *sf.* implorazione, richiesta supplichevole, domanda, istanza, deprecazione, giaculatoria, → CHIAMATA, PREGHIERA.
nomencl. simbolica, verbale || *agg.* ardente, calda, supplichevole, umile, dolorosa, sollecita.
contr. imposizione, ingiunzione, comando || ripulsa, rifiuto.
invogliàre, *v.tr.* inuzzolire, eccitare, invoglire, allettare, invitare, stimolare, incitare, → INDURRE, INNAMORARE || *rifl.* bramare, concupire, appetire, agognare, → DESIDERARE.
contr. svogliare, disamorare, disingannare, disgustare, saziare, stancare || disgustarsi, disamorarsi.
invogliàto, *pps.* di invogliare || *agg.* allettato, inuzzolito, smanioso, eccitato, voglioso, → DESIDEROSO.
contr. svogliato, nauseato, disingannato, disamorato, saziato, disgustato, stancato.
invòglio, *sm.* → GUSCIO || BATUFFOLO, PACCO, INVOLTO.
involàre, *v.tr.* rapire, sottrarre, → RUBARE || *rifl.* → ANDARE, SPARIRE || *neol.* decollare.
invòlgere, *v.tr.* involtare, → FASCIARE, AVVOLGERE || *fig.* coinvolgere, trascinare in un guaio, contenere.
contr. svolgere, disinvolgere, aprire, sottrarsi.
involontàrio, *agg.* non volontario, non voluto, casuale, forzato, sedotto, costretto, colposo.
contr. volontario, libero, voluto.
involtàre, *v.tr.* → INVOLGERE.
invòlto, *pps.* di involgere || *agg.* → STORTO || *sm.* fagotto, fastello, fardello || involucro, camicia, inviluppo, invoglia, invoglio, rinvolto, viluppo, involtino, cartoccio → PACCO || scafasso, balla, collo, piego, rotolo, → IMBALLAGGIO.
nomencl. agg. ingombrante, voluminoso, piccolo, minuscolo, pesante, leggero, fragile || troppo grande || *verb.* involtare, fare o disfare un involto, affagottare, imballare.
invòlucro, *sm.* → CAPSULA, COPERCHIO, GUSCIO, FODERA, INVOLTO || involucro calcareo, → CONCHIGLIA.
involúto, *agg.* (di stile, di carattere) contorto, tortuoso, intricato, rigirato, complicato, spigoloso, complesso, bistorto, → OSCURO.
contr. semplice, lineare, chiaro, piano, spontaneo.
involuzióne, *sf.* decadenza, degenerazione, retrocessione, declino, regressione, → REGRESSO.
contr. evoluzione, sviluppo, avanzamento, progresso.
invulneràbile, *agg.* → INVIOLABILE.
contr. vulnerabile.
invulnerabilità, *sf.* inviolabilità.
contr. vulnerabilità.
inzaccheràre, *v.tr.* e *rifl.* → INFANGARE.
inzafardàre, *v.tr.* e *rifl.* → INFANGARE.
inzeppàre, *v.tr.* → EMPIRE, RIMPINZARE.
inzolfatóio, *sm.* irroratrice.
inzuccheràre, *v.tr.* → ADDOLCIRE || *fig.* trattare dolcemente, adulare, vezzeggiare, piaggiare, blandire.
inzuppàre, *v.tr.* → BAGNARE, IMBEVERE.
io, *pron. pers.*
nomencl. egoismo, egocentrismo, egotismo.
iòle, *sf.* → BARCA.
ióne, *sm.* anione, catione.
nomencl. anodo, catodo; teoria ionica || ionizzazione.
iòsa, solo nella locuz. avv. *a iosa,* → ABBASTANZA, ABBONDANZA.
iotacísmo, *sm.* → ITACISMO.
iperacusía, *sf.* → UDITO.
contr. ipoacusia.
ipèrbato, *sm.* anàstrofe, diàlisi.
ipèrbole, *sf.* enfasi, eccesso, → ESAGERAZIONE, AMPOLLOSITÀ.

iperboleggiàre, *v.intr.* → ESAGERARE.
iperbòlico, *agg.* → ESAGERATO, AMPOLLOSO, ENORME.
contr. misurato, semplice, appropriato, proporzionato, schivo.
ipercloridría, *sf.* → ACIDITÀ.
contr. ipocloridría.
iperemía, *sf.* sedimento, ipostàsi, eritema, roseola.
nomencl. (*specie*) cutanea, traumatica o meccanica, dinamica, chimica, neuroparalitica, tifosa, balsamica.
iperestesía, *sf.* ipersensibilità.
contr. ipoestesia, ipoalgesia, anestesia.
ipergeusía, *sf.*
contr. ipogeusia, ageusia.
iperglicemía, *sf.*
contr. ipoglicemía.
iperglobulía, sf.
contr. ipoglobulia.
ipermetropía, *sf.* emmetropia, presbiopia.
nomencl. ipermetrope, presbite.
contr. ipometropia.
ipermnesía, *sf.*
contr. amnesia.
iperplasía, *sf.* ipertrofia.
contr. ipoplasía.
ipersecrezióne, *sf.*
contr. iposecrezione.
ipersònico, *agg. neol.* → SUPERSONICO.
contr. iposonico.
ipertensióne, *sf.*
nomencl. sfigmomanometro.
contr. ipotensione.
ipertermía, *sf.*
contr. ipotermia.
ipertonía, *sf.*
contr. ipotonia.
ipertricòsi, *sf. indecl.* dasite.
contr. ipotricosi.
ipertrofía, *sf.* iperplasia.
contr. ipotrofia.
ipnòsi, *sf. indecl.* catalessi, → IPNOTISMO.
ipnòtico, *agg.* e *sm.* → SONNIFERO, NARCOTICO || *agg.* catalettico.
ipnotísmo, *sm.* letargo, catalessi, sonnambulismo, magnetismo, mesmerismo, fascino, suggestione, ipnosi.
nomencl. (*inerenti*) ipnotizzatore, ipnotizzato, fluido magnetico, ideoplastica || *verb.* ipnotizzare.
ipnotizzàre, *v.tr.* magnetizzare, addormentare (magneticamente), mesmerizzare, suggestionare, fascinare.
contr. svegliare, destare, scuotersi.
ipoacusía, *sf.*
contr. iperacusía.
ipocloridría, *sf.*
contr. ipercloridría.
ipocondría, *sf.* nevrosi, → MALINCONIA.
ipocrisía, *sf.* insincerità, chietineria, disposizione farisaica, farisaismo, doppiezza, fintaggine, gesuitismo, impostura, infingimento, bigotteria, compunzione, bacchettoneria, affettazione, simulazione (di bontà, bonarietà, dabbenaggine), tartuferìa, → FINZIONE, FALSITÀ.
contr. franchezza, lealtà, dirittura, veracità, sincerità, semplicità.

ipòcrita, *agg.* e *sm.* ipocrito, bacheco, chietino, collo torto, fariseo, fingitore, gabbadeo, gabbaminchioni, gabbasanti, gesuita, impostore, infingitore, quietone, sanfedista, rugiadoso, strisciante, spigolistro, bacchettone, bigotto, insincero, menzognero, affettato, finto, fintone, bugiardo, pinzochero, gingillino, loiola, tartufo, don Pirlone, madonnina infilzata, lima sorda, sepolcro imbiancato, versipelle || simulatore, dissimulatore || lagrime di coccodrillo, → FALSO.
contr. franco, sincero, leale, schietto, diritto.
ipodermoclísi, *sf.* fleboclisi.
ipoestesía, *sf.*
contr. iperestesía.
ipogeusía, *sf.*
contr. ipergeusía.
ipoglicemía, *sf.*
contr. iperglicemia.
ipoglobulía, *sf.*
contr. iperglobulia.
ipometropía, *sf.* miopia, emmetropia.
contr. ipermetropia.
ipoplasía, *sf.*
contr. iperplasía.
iposàrca, *sf.* → IDROPISIA.
iposecrezióne, *sf.*
contr. ipersecrezione.
iposònico, *agg. neol.*
contr. ipersonico.
ipòstasi[1], *sf.* sostanza, persona.
nomencl. unione ipostatica.
contr. natura.
ipòstasi[2], *sf.* → IPEREMIA.
ipostenía, *sf.* astenia.
ipotèca, *sf.*
nomencl. (*tipi*) legale, giudiziale o convenzionale, prima, seconda, ecc. || (*pertinenti*) iscrizione, cancellazione, prenotazione, grado || certificato di ipoteca, titoli ipotecari || ufficio delle ipoteche, registri ipotecari, conservatore delle ipoteche || *verb.* ipotecare, iscrivere, cancellare.
ipotensióne, *sf.*
nomencl. sfigmomanometro.
contr. ipertensione.
ipotermía, *sf.*
contr. ipertermía.
ipòtesi, *sf. indecl.* congettura, computo, presupposto, presunzione, → SUPPOSIZIONE, DUBBIO || caso, eventualità, utopia, possibilità
contr. certezza, tesi || dogma.
ipotètico, *agg.* → DUBBIO, INCERTO.
contr. certo, sicuro.
ipotonía, *sf.*
contr. ipertonia.
ipotricòsi, *sf.*
contr. ipertricosi.
ipotrofía, *sf.*
contr. ipertrofía.
íppico, *agg.* → CAVALLINO.
ippocàmpo, *sm.* cavalluccio marino.
ippocastàno, *sm.* castagno equino, escolo, castagno d'India.

íra, *sf.* sdegno, collera, indignazione, iracondia, furore, bile, fiele, bizza, capriccio, accanimento, adiramento, corruccio, cruccio, disdegno, sdegno, dispetto, stizza, irritazione, malanimo, smania, broncio, fremito, escandescenza, caldana, mattana, parossismo, risentimento, esacerbazione, rovello, rancore, → RABBIA, FURIA, IMPAZIENZA.
nomencl. *agg.* furente, accesa, furiosa, infiammata, impotente; subitanea, improvvisa, fulminea, irragionevole, sdegnata, esacerbata || *verb.* adirarsi, irritarsi, accanirsi, accendersi, infiammarsi, inalberarsi, inviperirsi, risentirsi, stizzirsi, delirare, eccedere, esalare, incocciare, sfogare, ammorzare, cavarsi la bizza, contenersi, metter acqua sul fuoco, mordere il freno; prorompere, accendere, fumar d'ira, lasciarsi trasportare o vincere dall'ira, essere presi dall'ira, sfogare, tenere, serbare, covare, domare, trattenere, placare, smorzare, raddolcire, frenare, svanire || pestare i piedi, mordersi le dita, montare in bestia, guastarsi il sangue, montare i fumi alla testa, perdere il lume degli occhi o della ragione, montare su tutte le furie, uscire dai gangheri, sfogarsi a sangue caldo, pigliar fuoco, fare il viso nero, fare gli occhiacci, lampeggiar d'ira, accendersi come uno zolfanello, essere un fiammifero.
contr. calma, placidezza, tranquillità || animo mite, tranquillo, pacifico.
iracóndia, *sf.* irascibilità.
contr. calma, placidità, mitezza.
iracóndo, *agg.* iroso, adiroso, ardente, astioso, bilioso, bizzoso, borbottone, burrascoso, collerico, corrucciato, corruccevole, corruccioso, crucciato, cruciato, imbestialito, furibondo, dispettoso, indispettito, fegatoso, fiero, focoso, furente, furioso, intrattabile, irascibile, irritabile, piccato, precipitoso, rabbioso, ringhioso, risentito, sdegnato, sdegnoso, stizzoso, stizzito, turbolento, velenoso, violento, (facilmente) alterabile, → IRATO.
contr. calmo, tranquillo, pacifico, placido, mite.
irascíbile, *agg.* → FEGATOSO, INTRATTABILE, IRACONDO.
contr. calmo, placido.
irascibilità, *sf.* iracondia.
contr. calma, placidità, mitezza.
iràto, *agg.* adirato, arrovellato, bizzoso, stizzoso, focoso, ringhioso, eccitabile, irritabile, collerico, atrabiliare, arrabbiato, alterato, commosso, rabido; ardente, caldo, gonfio, infiammato, nero, pieno d'ira, → IRACONDO.
nomencl. *verb.* affogare nella bile, avere un diavolo per capello, avere il diavolo in corpo, mangiarsi le mani, rodersi di stizza, guardare in cagnesco || accigliarsi, allividire; arricciare il muso, le labbra, il naso; digrignare i denti; fare gli occhiacci, gli occhi di fiamma; fare il viso nero, scuro; pestare i piedi, rabbuiarsi, rannuvolarsi, sbuffare, soffiare come un istrice, serrare i pugni, smaniare.
contr. calmo, placido, tranquillo, mite.
írco, *sm.* becco, → CAPRA.
íre, *v.intr. poet.* gire, → ANDARE, CAMMINARE.
ireos, *sm.* iris, → GLADIOLO.
iridàto, *pps.* di iridare || *agg.* iridescente, cangiante, gatteggiante.
íride, *sf.* → GLADIOLO || ARCOBALENO || PUPILLA.
iridescènte, *agg.* iridato, cangiante.
íris, *sm.* íreos, → GLADIOLO.
ironía, *sf.* sarcasmo, beffa amara, derisione.
nomencl. (*affini*) arguzia, antifrasi, cachinno, riso sardonico, finzione, dissimulazione || *agg.* socratica, delicata, fine, elegante, lieve, sottile, faceta, ingegnosa, scherzosa, urbana, amara, mordace, pungente, sarcastica, sardonica, sanguinosa.
irònico, *agg.* sarcastico, sardonico, mefistofelico, mordace, beffardo, caustico, agrodolce, amarodolce, amarognolo, velenoso, frizzante.
nomencl. violento, virulento, demolitore, distruttore, agressivo, iroso, furibondo || mielato o melato, ipocrita, adulatore, vezzeggiatore.
iróso, *agg.* → IRACONDO, IRATO.
irradiaménto, *sm.* irradiazione, → RADIAZIONE, BAGLIORE.
irradiàre, *v.tr.* → ESTENDERE, RAGGIARE, RISPLENDERE.
irradiazióne, *sf.* → ESTENSIONE, RADIAZIONE.
irraggiaménto, *sm.* → CONDUZIONE.
irragionévole, *agg.* senza ragione, illogico, incoerente, contraddittorio, discrepante, inconseguente, incongruente, incongruo, non conforme, sconnesso, irrazionale, infondato, ingiustificato, inopportuno, ingiusto, → FALSO || pazzo, delirante, matto, assurdo, esagerato, eccessivo, furioso, sragionevole, sconsiderato, alterato, intrattabile, bestiale.
contr. ragionevole, razionale, logico, coerente.
irragionevolézza, *sf.* cecità, cecaggine, irrazionalità, incongruenza, infondatezza, inopportunità, sragionevolezza, fanatismo, settarietà, infatuazione.
contr. ragionevolezza; razionalità, logicità, coerenza, conseguenzialità.
irraggiungíbile, *agg.* → IMPERVIO.
contr. raggiungibile.
irrancidíre, *v.intr.* rancidire, ammuffire, pigliare, sapere di tanfo, riscaldarsi, invecchiare.
irrazionàle, *agg.* non ragionevole, contrario alla ragione, fuori della ragione, soprarazionale, → IRRAGIONEVOLE, ASSURDO, ECCESSIVO.
nomencl. irrazionalismo, irrazionalisti.
contr. razionale.
irrazionalità, *sf.* → IRRAGIONEVOLEZZA.
contr. razionalità.
irreàle, *agg.* fantomatico, assurdo, chimerico, utopistico, → IMMAGINARIO.
contr. reale.
irrealizzàbile, *agg.* inattuabile, → IMPOSSIBILE.
contr. realizzabile, attuabile, fattibile.
irrealizzabilità, *sf.* → IMPOSSIBILITÀ.
contr. realizzabilità.
irrealtà, *sf.* utopia, → FALSITÀ.
contr. realtà.
irreconciliàbile, *agg.* irriconciliabile, → INCOMPATIBILE.
contr. riconciliabile.
irrecuperàbile, *agg.* perduto, irraggiungibile, irredimibile, non risarcibile, inconseguibile.
contr. recuperabile, riscattabile, ricomprabile, imprescrittibile, riversibile, salvabile.
irrecusàbile, *agg.* innegabile, inconfutabile, indiscutibile, irrefragabile, irrepugnabile, → CERTO.

contr. ricusabile, inaccettabile, incerto, discutibile, irrepugnabile, dubbio, opinabile.
irrefragàbile, *agg.* → IRRECUSABILE, CERTO, EVIDENTE.
irrefrenàbile, *agg.* indomabile, incoercibile, irreprimibile, invincibile, non imbrigliabile, inevadibile, necessario,
contr. frenabile, fiaccabile, contenibile, superabile.
irrefutàbile, *agg.* inoppugnabile, inconfutabile, indiscutibile, → EVIDENTE, CERTO.
contr. impugnabile, confutabile, discutibile, oppugnabile, contrastabile, opinabile.
irrefutabilità, *sf.* → EVIDENZA.
contr. impugnabilità, confutabilità, discutibilità, oppugnabilità, opinabilità.
irregolàre, *agg.* informe, deforme || anomalo, anormale, eteroclito || accidentale, insolito, eccezionale, straordinario || capriccioso, bizzarro, sregolato, incongruente, incostante || disuguale, ineguale, fluttuante, saltuario, intermittente, a sbalzi.
contr. regolare, normale, uguale, uniforme, monotono, costante.
irregolarità, *sf.* → DISORDINE, ANORMALITÀ.
contr. regolarità.
irregolarménte, *avv.* → ABUSIVAMENTE.
contr. regolarmente.
irreligióne, *sf.* → EMPIETÀ, ATEISMO.
contr. religione.
irreligiosaménte, *avv.* → EMPIAMENTE.
contr. religiosamente.
irreligiosità, *sf.* → ATEISMO.
contr. religiosità.
irreligióso, *agg.* incredulo, noncurante, nonpraticante, → ATEO, EMPIO.
contr. religioso.
irremissíbile, *agg.* inescusabile, imperdonabile, non condonabile.
contr. remissibile, perdonabile, scusabile.
irremovíbile, *agg.* → FISSO, SALDO, FERMO || *fig.* → FERREO, INESORABILE, INTRANSIGENTE.
irremovibilità, *sf.* fermezza, → INTRANSIGENZA, OSTINAZIONE.
irreparàbile, *agg.* irrimediabile, ineluttabile, non restaurabile, irrecuperabile, → INEVITABILE.
contr. riparabile, rimediabile, evitabile, scontabile, risarcibile, riscattabile.
irreparabilità, *sf.* irrimediabilità, perduto.
contr. riparabilità.
irreperíbile, *agg.* scomparso, introvabile, irrecuperabile, inacquistabile, dato per perso.
contr. reperibile, trovabile, rintracciabile.
irreprensíbile, *agg.* inappuntabile, incensurabile, inattaccabile, ineccepibile, → BUONO, CORRETTO.
contr. reprensibile, biasimevole, cattivo, scorretto, censurabile.
irreprensibilità, *sf.* correttezza, innapuntabilità, → BONTÀ, INNOCENZA, CASTIGATEZZA.
contr. reprensibilità.
irreprimíbile, *agg.* → IRRIDUCIBILE.
contr. reprimibile.
irrequietézza, *sf.* irrequietudine, → INQUIETUDINE.
contr. quiete, calma, distensione, tranquillità, posatezza.
irrequièto, *agg.* agitato, disagiato, molesto, noioso, instabile, → IMPAZIENTE, INQUIETO.
contr. quieto, calmo, disteso, posato, tranquillo.
irrequietúdine, *sf.* irrequietezza, → INQUIETUDINE.
irresistíbile, *agg.* → INVINCIBILE.
contr. resistíbile.
irresolutézza, *sf.* irresoluzione → INDECISIONE, DUBBIO.
contr. risolutezza, risoluzione, decisione.
irresolúto, *agg.* esitante, indeciso, pauroso, perplesso, timido, titubante, tentennante, tentennone, pencolante, oscillante, sospeso, equivoco, pusillanime, ambiguo, → DUBBIOSO, INCERTO || insoluto (non risolto).
contr. risoluto, deciso, coraggioso || risolto.
irresoluzióne, *sf.* → IRRESOLUTEZZA.
irresponsàbile, *agg.* e *sm.* → INCONSAPEVOLE || IMBÈCILLE.
contr. responsabile.
irresponsabilità, *sf.*
contr. responsabilità.
irretíre, *v.tr.* prendere, tenere nella rete, circumvenire, suggestionare, accalappiare, || *fig.* → INVILUPPARE, INGANNARE || SEDURRE.
irreversíbile, *agg.*
contr. reversibile.
irrevocàbile, *agg.* → INEVITABILE.
contr. revocabile.
irricordévole, *agg.* immemore.
contr. ricordevole, memore.
irrídere, *v.tr.* e *intr.* deridere, → SCHERNIRE.
irriducíbile, *agg.* incoercibile, irreprimibile, irreduttibile, irrefrenabile, indomabile || irremovibile, ostinato, → INCORREGGIBILE, INESORABILE.
contr. riducibile, coercibile, reprimibile, frenabile, conculcabile.
irriflessióne, *sf.* leggerezza, spensieratezza, sconsideratezza, superficialità, sbadataggine, → IMPRUDENZA.
contr. riflessione, considerazione, prudenza.
irriflessívo, *agg.* spensierato, sconsiderato, sventato, leggero, sbadato, svagato, → IMPRUDENTE.
contr. riflessivo, prudente.
irrigaménto, *sm.* → IRRIGAZIONE.
contr. prosciugamento, disseccamento.
irrigàre, *v.tr.* adacquare, allagare, inondare, rigare, irrorare, innaffiare, annaffiare, abbeverare i campi, → BAGNARE.
contr. asciugare, prosciugare, disseccare.
irrigàto, *pps.* di irrigare || *agg.* → BAGNATO.
irrigazióne, *sf.* adacquamento, inacquamento, irrigamento, innaffiamento.
nomencl. (*modi*) a pioggia, a scorrimento, per sommersione, per infiltrazione, per umettazione artificiale, naturale || (*inerenti*) diversione, dispensa delle acque, orario d'irrigazione || bassata, caditoia, calla, canale, fosso, fossatello, chiavica, bocca o modulo, partitori, presa, derivazione, incile, gora || bindolo idraulico, irrigatore.
contr. drenaggio, prosciugamento, disseccamento.
irrigidiménto, *sm.* → INTIRIZZIMENTO.
contr. distensione, rilassamento || riscaldamento.
irrigidíre, *v.tr.* render rigido || *intr.* e *rifl.* diventare,

farsi rigido || aggranchirsi, aggricciarsi, → INTIRIZZIRE || *fig.* ostinarsi.
contr. distendere, flettere, rilassarsi, || riscaldare, riscaldarsi || cedere, allentare.
irriguardóso, *agg.* → INSOLENTE.
contr. riguardoso.
irrilevànte, *agg.* → DAPPOCO.
contr. rilevante.
irrilevànza, *sf.* → INEZIA.
contr. rilevanza.
irrimediàbile, *agg.* irreparabile, → INEVITABILE.
contr. rimediabile, riparabile, evitabile.
irrimediabilità, *sf.* irreparabilità, irrecuperabilità.
contr. rimediabilità, riparabilità.
irrisióne, *sf.* → BEFFA, SCHERNO.
irrisòrio, *agg.* → RIDICOLO || inconsistente, irrilevante, → INSUFFICIENTE.
contr. rilevante, consistente.
irrispettóso, *agg.* → INSOLENTE.
contr. rispettoso.
irritàbile, *agg.* → IRATO, IRACONDO.
irritaménto, *sm.* → IRRITAZIONE.
irritàre, *v.tr.* mordere, pungere, stuzzicare, vellicare, stimolare, dare noia, rendere di malumore, aizzare, provocare, istigare, attizzare, accendere, incattivire, sdegnare, sfidare, incitare, inciprignire, → CRUCCIARE, INQUIETARE, INASPRIRE, ESASPERARE, ECCITARE || *rifl.* incollerirsi, → ADIRARE.
contr. placare, rabbonire, calmare, raddolcire, lenire, ammorbidire.
irritazióne, *sf.* irritamento, stuzzicamento, vellicazione, vellicamento || rodimento, esasperazione, furore, sdegno, ira, incitamento, provocazione, eccitazione, → CRUCCIO || *med.* infiammazione.
contr. pacatezza, dolcezza, mitezza, calma, bonarietà || rabbonimento, lenimento.
írrito, *agg.* vano, non valido, inutile, → NULLO.
nomencl. *verb.* rendere írrito, nullo, invalidare.
irriuscíbile, *agg.* → DISPERATO.
contr. riuscibile.
irriverènte, *agg.* → INSOLENTE.
contr. riverente, reverente.
irrobustíre, *v.tr.* invigorire, ingagliardire, consolidare, corroborare, ristorare, vigoreggiare, → FORTIFICARE, RINFORZARE || *rifl.* → INGRASSARE.
contr. indebolire, infiacchire, affralire, afflosciare, fiaccare || smagrire, dimagrire.
irrogàre, *v.tr.* → INFLIGGERE, DARE.
irrómpere, *v.intr.* → ENTRARE, INONDARE, INVADERE, CORRERE, GETTARE.
contr. erompere.
irroràre, *v.tr.* → BAGNARE, IRRIGARE.
irroràto, *pps.* di irrorare || *agg.* → BAGNATO.
irroratríce, *sf.* inzolfatoio.
irruènte, *agg.* violento, → IMPETUOSO.
irruènza, *sf.* violenza, → IMPETO.
irrugiadàre, *v.tr.* → BAGNARE.
irruzióne, *sf.* incursione, → ATTACCO, INVASIONE.
irsúto, *agg.* folto di peli, → BARBUTO, ISPIDO, PELOSO.
contr. liscio, glabro, pelato, spelato.
írto, *agg.* ispido, spinoso, pungente, doloroso || aguzzo, ruvido.
contr. liscio, lisciato, levigato, morbido.
ísba, *sf.* → CASA.
iscrívere, *v.tr.* inscrivere, registrare, elencare, catalogare, includere, aggregare || allibrare.
contr. cancellare, togliere, radiare, espungere.
iscrizióne, *sf.* epigrafe, epitaffio, lapide || cartello, leggenda, scritta, soprascritta, cartella || matricola, immatricolazione, registrazione, annotazione || allibramento || → AVVISO.
nomencl. (*specie*) sepolcrale, funebre, mortuaria, votiva, commemorativa || anaglifo, geroglifo, esergo || epigrafia, glittica, paleografia, epigrafaio, epigrafista, lapicida || *agg.* breve, lunga, complicata, antica, arcaica, lapidaria || *verb.* comporre, dettare, incidere, inaugurare, murare, scoprire, decifrare, tradurre, leggere, smurare.
contr. cancellazione, radiazione, espunzione.
islàmico, *agg.* islamitico, maomettano, musulmano.
islamísmo, *sm.* → MAOMETTISMO.
ísola, *sf.* isolotto, scoglio, atollo.
nomencl. (*tipi*) lacustre, lacuale, fluviale, marina, mediterranea, vulcanica, corallina, madreporica, sottomarina || arcipelago, penisola, banco || *agg.* minuscola, piccola, vasta, scogliosa, deserta, abitata || banco.
isolaménto, *sm.* segregazione, separazione, distacco, ritiro, solitudine || quarantena, contumacia.
contr. compagnia, intruppamento, affollamento.
isolàno, *agg.* insulare.
contr. continentale.
isolànte, *ppr.* di isolare || *agg.* e *sm.* dielettrico.
nomencl. (*esemplificazioni*) mastice, guttaperca, resina, ebanite, caucciú, gommalacca, calce, vetro, olio, mica, creta.
contr. conduttore (di corrente).
isolàre, *v.tr.* || *fig.* → SEPARARE, STACCARE || ASSEDIARE || *rifl.* appartarsi, far parte a sé, segregarsi.
contr. imbrancare, intruppare, associare, riunire.
isolàto, *pps.* di isolare || *agg.* appartato, → DIVISO || *sm.* → CASA.
isolòtto, *sm.* → ISOLA.
ispànico, *agg.* ispano, ispaniense, spagnolo, iberico.
ispessiménto, *sm.* ingrossamento, → COAGULAZIONE.
contr. diradamento, assottigliamento.
ispessíre, *v.tr.*, *intr.* e *rifl.* → AGGRUMARE.
contr. diradare, assottigliare, sfoltire, rarefare.
ispettóre, *sm.* controllore, revisore, sovrintendente, → ESAMINATORE.
nomencl. (*specificazioni*) scolastico, ministeriale, di finanza, della posta, bancario, militare.
ispezionàre, *v.tr.* controllare, sovrintendere, sorvegliare, → ESAMINARE, ESPLORARE.
ispezióne, *sf.* esame, visita, revisione, sorveglianza, supervisione, controllo || ispezione interna, → INTROSPEZIONE.
íspido, *agg.* → IRSUTO, IRTO, PELOSO || *fig.* scontroso, ombroso, scostante, intrattabile.
contr. glabro, liscio || *fig.* accostevole, trattabile, cortese, alla mano.
ispiràre, *v.tr.* indurre, far nascere, incutere, suscitare,

→ INFONDERE || eccitare la fantasia, destare l'immaginazione || imbeccare, indettare, consigliare, → SUGGERIRE || *rifl.* ricevere, trarre ispirazione.
ispiràto, *pps.* di ispirare || profetico, poetico. elevato, commosso || *agg.* → ELOQUENTE.
ispiratóre, *agg.* e *sm.* → CONSIGLIERE, SUGGERITORE.
ispirazióne, *sf.* → ALITO || mossa, eccitamento, indottrinamento, imbeccata, dettatura, suggerimento, → IDEA || INTENZIONE, IMMAGINAZIONE || CHIAMATA.
israelíta, *sm.* → EBREO.
israelítico, *agg.* ebraico, → EBREO.
issàre, *v.tr.* → ALZARE.
istallazióne, *sf.* installazione, → IMPIANTO.
istantaneaménte, *avv.* subito, → BREVEMENTE.
istantàneo, *agg.* → IMPROVVISO.
istànte[1], *ppr.* di istare, → INSTANTE.
istànte[2], *sm.* battibaleno, attimo, → LAMPO, MOMENTO.
istànza, *sf.* → DOMANDA, RICORSO || insistenza, perseveranza nel chiedere || *neol.* esigenza, richiesta, necessità, impegno.
isterilíre, *v.tr.* e *rifl.* → STERILIRE, ROVINARE.
istigàre, *v.tr.* indurre, eccitare, stimolare, provocare, suscitare, accendere, aizzare, animare, attizzare, stuzzicare, fomentare, ispirare, indettare, punzecchiare, sobillare, subornare, insufflare, irritare, muovere, scaldare, sovvertire, spingere, dare la spinta, far sollecito, → INCITARE.
contr. trattenere, mitigare, frenare, placare, sedare, rabbonire, calmare, distogliere (da).
istigatóre, *sm.* aizzatore, provocatore, fomentatore, animatore, eccitatore, sobillatore, suscitatore, attizzatore, stimolatore, sollecitatore, sovvertitore, subornatore, pungolatore, → CONSIGLIERE.
contr. mitigatore, placatore, paciere. sedatore.
istigazióne, *sf.* incitamento, spinta, stimolo, subornazione, istigamento, fomite, sobillamento, sobillazione, sommovimento, incentivo, eccitazione, pungolo, conforto.
contr. freno, ritegno, mitigazione, calma, decenza, placazione.
istillàre, *v.tr.* instillare, → INFONDERE, ENTRARE.
istintívo, *agg.* impulsivo, intuitivo, spontaneo, macchinale, innato, inconscio, ereditario, naturale.
contr. volontario, voluto, ponderato, ragionato.
istínto, *sm.* impulso, natura, propensione, disposizione naturale, inclinazione, tendenza, attitudine, proclività, intuito, → INDOLE, FACOLTÀ || BARBARIE.
nomencl. (*distinzioni*) naturale, vitale, sessuale, sensuale, di conservazione, materno, paterno, umano, bestiale, brutale, barbarico, felino, animalesco || *verb.* nascere, crescere, rivelarsi, domare, comandare, educare.
contr. volontà, ideale, educazione, formazione, ragione.
istituíre, *v.tr.* costituire, erigere, impiantare, ordinare, statuire, intraprendere, stabilire, iniziare, dar fondamento, → CREARE, FONDARE || *ant.* educare, istruire.
contr. abolire, rovinare, ultimare, finire, cessare.
istitúto, *sm.* congregazione, opera pia, corpo morale, ente morale, → COLLEGIO, MONASTERO || istituzione, disciplina, ordinamento, organismo.
nomencl. (*specificazioni*) pubblico, privato, secolare, laico, religioso, pio, ecclesiastico, culturale, accademico, artistico, letterario, scientifico, tecnico, commerciale, bancario, spedaliero o ospitaliero, medico, giuridico, nautico, politico, agricolo, enologico || di credito, di emissione, → BANCA || universitario, → FACOLTÀ || di beneficenza, di assistenza, di mendicità, d'istruzione || del matrimonio, della tutela, ecc. || Congregazione di carità, ente comunale di assistenza, monte di pietà, monte su pegno, brefotrofio, orfanotrofio, ospizio, ricovero, gerontocomio, di inabili al lavoro || (*persone*) fondatore, presidente, consigliere, segretario, economo, membro, socio || amministrazione, giunta di vigilanza || (*istituti religiosi*) fratelli delle scuole cristiane, maristi, concezionisti, salesiani, fratelli della Misericordia, calasanziani || (*istituti secolari religiosi*) paolini, *Opus Dei* || (*edifici e norme*) convento, casa madre, filiale, eremitaggio, ritiro, cella, dormitorio, refettorio, foresteria, parlatorio || regola, costituzione, voto semplice, voto solenne, diritto pontificio, diritto diocesano, consigli evangelici || (*membri e oggetti*) superiore generale, superiore provinciale, superiore o rettore della casa, economo, segretario, vicario generale, archivista || talare, saio, abito, tonaca, cingolo, cordone, scapolare, sandali, corona || noviziato, vestizione, professione || *verb.* fondare, iniziare, amministrare, dotare, aiutare, soccorrere, dirigere, tutelare.
istitutóre, *sm.* → EDUCATORE, INSEGNANTE || FONDATORE.
istituzióne, *sf.* istituto, ordine, regola, fondazione, ente, organismo, corporazione, società || disciplina, fondamento, ordinamento, regola || *pl.* insegnamento, avviamento, elementi di una scienza.
istòlogo, *sm.* anatomista.
istoriàre, *v.tr.* ornare, → ILLUSTRARE, DIPINGERE.
istradaménto, *sm.* → INIZIO.
istradàre, *v.tr.* indicare, iniziare, cominciare, → GUIDARE || *rifl.* → ANDARE.
ístrice, *sm.* porcospino.
istrióne, *sm.* commediante, mimo, attore da strapazzo, recitante, → BUFFONE || FALSO.
istruíre, *v.tr.* insegnare, illuminare, addestrare, addottorare, addottrinare, catechizzare, ammaestrare, dare cognizioni, dettare, dirozzare, costumare, ragguagliare, → EDUCARE || suggerire, consigliare, → AVVERTIRE, AVVISARE, INFORMARE || un processo → INQUISIRE || *rifl.* → IMPARARE.
istruíto, *pps.* di istruire || *agg.* → ESPERTO, SAPIENTE, EDUCATO.
istrumentàre, *v.tr.* → STRUMENTARE.
istrumentatúra, *sf.* partitura, spartito.
istruménto, *sm.* arnese, ordigno, utensile, attrezzo, congegno, → STRUMENTO || atto notarile.
nomencl. (*tipi*) autentico, originale, falso || (*operazioni*) rogito, registrazione, trascrizione, copiatura, autenticazione || *verb.* stendere, dettare, firmare.
istruttívo, *agg.* didascalico, metodologico, dottrinale, didattico, informativo, pedagogico, isagogico.
istruttóre, *agg.* inquirente, inquisitore, esaminatore || *sm.* → INSEGNANTE.
contr. inquisito || allievo.
istruzióne, *sf.* → INSEGNAMENTO || cultura, erudizione,

cognizione, sapere, sapienza, dottrina || norma, regola, informazione, avvertimento, consiglio, avviso, notizia, disposizione, ordine.
nomencl. (*tipi*) superiore, inferiore, elementare || letteraria, scientifica, tecnica, militare, religiosa, classica, popolare, elementare, obbligatoria, libera, privata, pubblica, statale || (*istituti*) scuola, università, consiglio di facoltà, Consiglio superiore e ministero della Pubblica Istruzione || didattica, catechesi, pedagogia || *agg.* sufficiente, mediocre, insufficiente, scarsa, manchevole, limitata, vuota, superficiale, modesta, ridicola, irregolare, regolare, ampia, larga, vasta, profonda, copiosa, solida, salda, buona, sana, seria.
contr. ignoranza.

istupidíre, *v.intr.* → IMBECILLIRE || STORDIRE || *fig.* → STUPIRE.

itacísmo, *sm.* iotacismo.
contr. etacismo, erasmiano.

Itàlia, *sf.* Enotria, Esperia, Ausonia.
nomencl. (*distinzioni geografiche*) meridionale, centrale, settentrionale, inferiore, superiore, continentale, insulare || regioni, province, circondari, distretti, comuni || legale, reale || Magna Grecia || Giovine Italia, Italia irredenta, terza Italia, nuova Italia || rinascimento, risorgimento.

italiàno, *agg.* ausonio, italo, italico, italiota, esperio, enotrio.
nomencl. italianità, italianista, italianismo, italicismo || *verb.* italianeggiare, italianizzare, italianare (*ant.*).

iteraménto, *sm.* → ITERAZIONE.

iteràre, *v.tr.* → RIPETERE.

iterazióne, *sf.* iteramento → RIPETIZIONE.

itineràrio, *sm.* itinere, viaggio, *iter*, → PERCORSO.

iugulàre, *agg.* giugulare, della gola || *v.tr.* scannare || *fig.* togliere il fiato, → COARTARE, STRANGOLARE.

iúnior, *agg.*
contr. senior.

ízza, *sf.* → STIZZA.

J

jabot, *sm. fr.* gala, pettorina, davantino, lattuga.

jais, *sm. fr.* → GIAVAZZO.

jazzband, *sost. ingl.* → BANDA.

jeep, *sost. ingl,* camionetta.

jet, *sost. ingl.* aviogetto, getto, → AEROPLANO.

jolly, *sost. ingl.* matta.

judo, *sost. giapp.* lotta giapponese, jiu-jitsu.

juke-box, *sost. ingl.* grammofono a gettone, → FONOGRAFO.

junior, *agg.* → IUNIOR.

K

Kaiser, *sm. ted.* → IMPERATORE.

képi, *sm. fr.* chepí, cheppi.

kermesse, *sf. fr.* chermesse, festa, festival, sagra.

kimono, *sost. giapp.* chimono.

klaxon, *sost. ingl.* tromba, sirena, clacson.

knickerbockers, *sost. pl. ingl.* → CALZONI.

Krapfen, *sm. ted.* → BIGNÈ.

L

là, *avv.* lí, colí, colà, colaggiú, colassú, lassú, laggiú, là dove, laddove.
contr. qua, qui, costà, costí.
làbaro, *sm.* → BANDIERA.
làbbro, *sm.* → BOCCA || orlo, bordo || margine (di ferita).
nomencl. (*divisioni*) superiore, inferiore, di sopra, di sotto || (*inerenti*) angolo delle labbra, elevatori, orbicolari, filtro, ghiandole labiali || bacio, labbrata, bocchino, sorriso, riso, smorfia, pianto || labbrone, labbrona || achilia, cheiloplastia || *agg.* rosate, coralline, vermiglie, rosse, rosa, pallide, esangui, livide, bianche, paonazze, grosse, carnose, gonfie, tumide, sottili, flosce, sporgenti, cascanti, screpolate, vellutate || chiuse, aperte, socchiuse, spalancate, sorridenti || leporine || *verb.* accostare, avvicinare, aprire, chiudere, socchiudere, stringere, serrare, bagnare, inumidire, baciare, leccare, crettare, screpolare, atteggiare, fare greppo, increspare, labbreggiare, libare, mordere, straziare, slabbrare, suggere, succhiare.
labiàle, *agg.* e *sf.*
nomencl. consonanti labiali; bilabiali (*b*, *p*, *m*), labiodentali (*f*, *v*).
làbile, *agg.* frale; fugace, → CADENTE, EFFIMERO, DEBOLE.
contr. saldo, duraturo.
labilità, *sf.* fugacità, caducità, incostanza, debolezza, fralezza, fragilità, → CADUTA.
contr. saldezza, durevolezza.
labirínto, *sm.* anfratto, anfrattuosità, ambage, andirivieni, inviluppo, gran confusione, dedalo, → GIRAVOLTA || *fig.* intrigo, imbroglio, intrico, meandro, pelago, caos.
laboratòrio, *sm.* gabinetto (da lavoro o studio) || officina, → FABBRICA, BOTTEGA.
laboriosaménte, *avv.* faticosamente, con difficoltà, → DOLOROSAMENTE || DILIGENTEMENTE.
laboriosità, *sf.* → DILIGENZA, OPEROSITÀ || DIFFICOLTÀ.
laborióso, *agg.* → DILIGENTE, OPEROSO || DIFFICILE, FATICOSO.
laburísmo, *sm.* socialismo, socialdemocrazia, sindacalismo.
làcca, *sf.* vernice, pasta || *rar.* anca, → NATICA.
nomencl. ceralacca, gommalacca || laccatura.
lacchè, *sm. indecl.* → SERVO || *fig.* persona servile, baciapiedi, adulatore.
lacchézzo, *sm.* → MANICARETTO || *fig.* → LUSINGA.
làccio, *sm.* guiggia, cinghietta, coreggiuolo, stringa, aghetto, cappio, legame a nodo scorsoio, → GUINZAGLIO, CINGHIA, FUNE || *fig.* legame, vincolo, rete, frode, agguato, → INSIDIA.
nomencl. allacciamento, allacciatura || *verb.* allacciare.

lacciòlo, *sm. fig.* inganno, imbroglio, raggiro.
laceraménto, *sm.* → LACERAZIONE.
laceràre, *v.tr.* e *rifl.* dilacerare, dilaniare, tagliare, dimembrare, squarciare, stracciare, strappare, ridurre a brandelli, sbrindellare, sbranare, dismembrare, discerpere, → FERIRE, ROMPERE || *fig.* mordere, straziare.
nomencl. (*inerenti*) brandello, sbrindolo, sbrindello, strappo, squarcio.
contr. rimarginare, cicatrizzare, ristaurare, rifare.
lacerazióne, *sf.* laceramento, dilaceramento, dilacerazione, dilaniamento, squarciatura, stracciamento, stracciatura, strappamento, strappata, strappo, sbranamento, squarcio, → FERITA || *fig.* strazio, angoscia, afflizione.
contr. rimarginatura, cicatrizzazione, rifacimento, restauro.
lacèrna, *sf.* → MANTELLO.
làcero, *agg.* lacerato, strappato, stracciato, cencioso, frusto, trito, logoro, malandato, malcondotto, malcoperto, malvestito, spennacchiato, sbranato, straccione, struscio, sbrendolone, sbrindellone, sbrindolo, tristo, consumato, consunto || → FERITO.
contr. intatto, integro, nuovo, sano || rifatto, rammendato, riparato.
laconicità, *sf.* concisione, stringatezza, → BREVITÀ.
lacònico, *agg.* conciso, stringato, → BREVE, CORTO.
nomencl. laconismo, laconicismo, laconicità || *verb.* laconeggiare, laconizzare.
contr. prolisso, verboso.
làcrima, *sf.* lagrima, goccia di pianto, luccicone, gocciolone, → PIANTO || goccia, stilla.
nomencl. dacriolina, glandola lacrimale || (*qualità*) amara, rovente, di sangue, di coccodrillo, falsa, finta, pia, di compassione, di pietà, calda || *verb.* versare, spremere, mungere, spargere, frenare, prorompere o sbottare in lacrime, struggersi o sciogliersi in lacrime; asciugare, ingoiare le lacrime.
lacrimàbile, *agg.* → LACRIMEVOLE.
lacrimàre, *v.intr.* lagrimare, → PIANGERE || stillare, → GOCCIARE.
lacrimàto, *pps.* di lacrimare || *agg.* compianto, rimpianto || bramato, desiderato.
contr. illacrimato.
lacrimévole, *agg.* lacrimabile, lamentabile, patetico → DRAMMATICO, COMPASSIONEVOLE.
lacrimóso, *agg.* lagrimoso || commovente, doloroso, patetico, flebile, dolente.
contr. lieto, allegro, comico, sereno || rallegrante.
lacuàle, *agg.* lacustre, di lago.
lacúna, *sf.* mancanza, omissione, difetto, manchevolezza, insufficienza, interruzione, → VUOTO.
contr. interpolazione, inserimento, aggiunta, completamento.
lacunóso, *agg.* manchevole, interrotto, discontinuo, insufficiente, vuoto, mancante.
contr. pieno, zeppo, pletorico, ininterrotto.
lacústre, *agg.* lacuale, di lago.
ladíno, *agg.* e *sm.* lingua ladina, romancio.
ladrería, *sf.* → FURTO, DISONESTÀ.
làdro, *agg.* e *sm.* depredatore, rapinatore, predatore, predone, borsaiuolo, tagliaborse, grassatore, gallinaio,

malandrino, malfattore, filibustiere, mariuolo, rapace, cleptomane, pirata, corsaro, lesto di mano, uccello di rapina, camuffo, involatore, ladrone, rapitore, → BANDITO, DISONESTO.
nomencl. (*attinenti*) chiavi false, grimaldello, leve, palo, ricettatore, bottino, refurtiva, malloppo || bolgia dei ladri, spelonca dei ladri, razzia || cleptomania || *agg.* matricolato, incallito, famoso, consumato, maestro, di strada, domestico, travestito, impenitente || per la pelle, in guanti gialli || *verb.* rubare, avere le mani lunghe, borseggiare, tenere il sacco, fare da palo, vivere alla busca, essere o divenire ladro || l'occasione fa l'uomo ladro, tanto è ladro chi ruba quanto chi tiene il sacco, chi è bugiardo è ladro, non ride sempre la moglie del ladro, chi ha preso resta preso, in casa di ladri non si ruba.

ladronéccio, *sm.* → FURTO.

lagèna, *sf.* → ORCIO.

Lager, *sm. ted.* campo di concentramento, di annientamento, di sterminio.

laggiú, *avv.* colaggiú, là in fondo, là in basso, di sotto.
contr. lassú. colassú.

lagnànza, *sf.* → LAMENTO.

lagnàre, *v.rifl.* → LAMENTARE.

làgno, *sm.* → LAMENTO.

làgo, *sm.* laco, gora, laguna, pelaghetto, maremma, palude, padule, piscina, stagno, lama, vivaio; pozza.
nomencl. (*tipi*) naturale, artificiale, temporaneo, permanente, intermittente, chiuso, di sbarramento, freatico, glaciale, montano, intermorenico, relitto, navigabile || (*pertinenti*) emissario, immissario, bacino, specchio, riva, incile, letto, pelo dell'acqua, foce, proda, ripatica || pontile, imbarcatoio, palafitte || alluvione, piena, risacca, risucchio || *agg.* lacuale, lacustre || *verb.* dilagare, straripare, allagare, far fondo.

làgrima e derivati, → LACRIMA e derivati.

lagúna, *sf.* → ESTUARIO, LAGO.

lài, *sm. pl. poet.* → LAMENTO || canti popolari.

laicísmo, *sm.*
contr. ecclesiasticismo, integralismo, clericalismo.

laicísta, *sm.*
nomencl. laicismo, liberalismo, anticlericalismo || partiti laici, Stato laico, scuola laica, stampa laica, ecc.

làico, *agg.* e *sm.* laicale, credente || secolare, secolaresco, profano || *ant.* non letterato.
nomencl. laicato, laicume || laicizzazione, || *verb.* laicizzare, secolarizzare.
contr. ecclesiastico, sacerdote, sacerdotale, religioso, chierico.

laidézza, *sf.* laidume, turpitudine, disonestà, → BRUTTEZZA, OSCENITÀ.
contr. bellezza, purezza, pulitezza, onestà, decoro.

làido, *agg.* schifoso, osceno, ignobile, sozzo, basso, odioso, → BRUTTO, CATTIVO, TURPE.
contr. bello, puro.

lallazióne, *sf.* lambdacismo.

làma¹, *sf.* filo, taglio || lametta.
nomencl. (*parti*) costola o dorso, piatto, punta || (*forma*) triangolare, serpentina, lunga, corta, affilata, arrotata, tagliente || di coltello, di spada, di utensile, ecc.

làma², *sf. lett.* → PIANURA.

làma³, *sm.* monaco, sacerdote buddista.
nomencl. buddismo || Gran Lama, Dalai Lama.

lambdacismo, *sm.* lallazione.

lambiccaménto, *sm.* → DISTILLAZIONE.

lambiccàre, *v.tr.* → DISTILLARE || *fig. rifl.* aguzzare, stillare, beccarsi il cervello, strologare o astrologare, scervellarsi, discervellarsi, ghiribizzare; martellarsi, rompersi, vuotarsi il capo, torturarsi, sottilizzare, almanaccare.

lambícco, *sm.* → ALAMBICCO.

lambíre, *v.tr.* toccare leggermente, → LECCARE || rasentare, sfiorare, → BAGNARE (di fiume, laghi e sim.).

lambíto, *pps.* di lambire || *agg.* toccato, sfiorato, → BAGNATO (di coste).

lamèlla, *sf.* lamina, lametta, → LAMIERA.

lamentàbile, *agg.* lacrimevole, lacrimabile, → COMPASSIONEVOLE.

lamentàre, *v.tr.* deplorare, compiangere || *rifl.* gemere, lagnarsi, querelarsi, abbaiare, bofonchiare, borbottare, brontolare, crucciarsi, far rimostranze, empire di querimonie, frignare, gagnolare, gracchiare, mormorare, mugolare, piagnucolare, lacrimare, piangere, pigolare, protestare, risentirsi, rammaricarsi, rimpiangere, reclamare, tapinarsi, sospirare, spasimare, nicchiare, guaire, friggere, schiantarsi, cantare (*iron.*), → DOLERE.
contr. gioire, rallegrarsi, godere, consolarsi, confortarsi, allegrarsi, essere soddisfatto.

lamentazióne, *sf.* deplorazione, gemito, querela, → LAMENTO, ELEGIA, DISCORSO.

lamentévole, *agg.* lagnevole, lagnoso, lacrimoso, lacrimevole, piagnucoloso, lamentoso, elegiaco, lamentabile, querulo, supplichevole, gemebondo, → FLEBILE.
contr. giocondo, gaio, allegro, sereno, soddisfatto.

laménto, *sm.* gemito, piagnisteo, lagno, querimonia, lagnanza, lamentazione, geremiade, brontolio, cordoglio, elegia, lai, mugolamento, mugolio, nenia, querela, rammaricamento, rammarico, rammarichio, reclamo, sospiro, sconforto, → RUMORE || *fig.* → FIOTTO.
nomencl. (*inerenti*) urlo, grido di dolore, elegia, lamentazione, trenodia, nenia, geremiade || *verb.* uscire in lamenti, lamentarsi, lagnarsi.
contr. gioia, grido di gioia, di giubilo, esultanza, esultazione, trionfo.

lamentóso, *agg.* → ELEGIACO, LAMENTEVOLE.
contr. gioioso, esultante, giubilante.

lamétta, *sf.* → LAMA¹, LAMIERA.

làmia, *sf.* → STREGA.

lamièra, *sf.* lamina, latta, bandone, lastra, lamella, piastra, placca || *ant.* corazza.
nomencl. d'argento, di ferro, d'acciaio, d'ottone, ecc. || laminatoio, laminatura, laminare || *agg.* debole, forte, media, strozzata.

làmina, *sf.* lamella, → LAMIERA.

làmpa, *sf. poet.* → LAMPADA.

làmpada, *sf.* lampa, làmpana, lume, lumiera, lanterna, fanale, lampadario, lampione, lampioncino, lucerna, lucernetta, lampara || → LAMPADINA.
nomencl. (*tipi*) a gas, a olio, a petrolio, a spirito, elettrica, ad arco, idrostatica, pneumatica, a vapori di mercurio, a filamento o a incandescenza, fluorescente, al neon

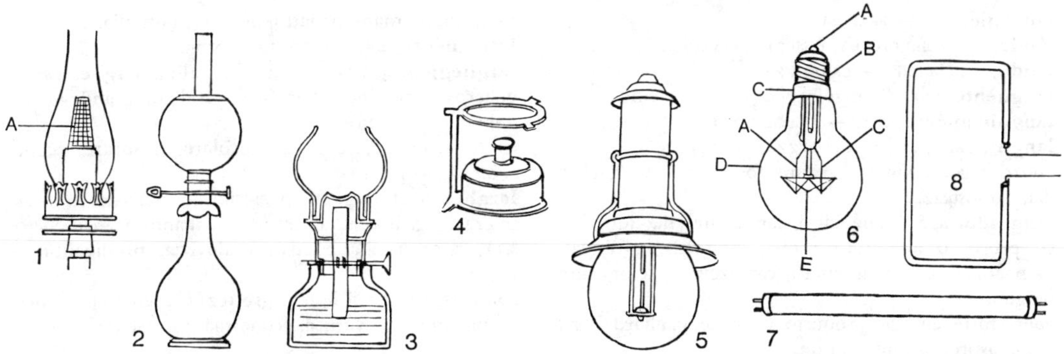

LAMPADA – 1) a gas, A) reticella; 2) a olio; 3) a petrolio (spaccato); 4) a spirito; 5) elettrica ad arco; 6) a filamento, A) polo positivo, B) attacco, C) polo negativo, D) bulbo, E) filamento; 7) fluorescente; 8) al neon.

|| di sicurezza, portatile, tascabile, fissa, pensile, a sospensione || (*parti*) becco, beccuccio, braccio, campanella, catenella, contrappeso, cappelletto, culatta, diffusore, luminello, padellina, riverbero || paralume, *abat-jour*, accenditore automatico, accenditore elettrico, esca, fiammifero || posalume, sottolume o sottolampada || (*persone*) lampadaio, lampanaio, lampionaio, elettricista || *verb.* accendere, spegnere, rifondere, calare, alzare.

lampadàrio, *sm.* → LAMPADA.

lampadína, *sf.*

nomencl. (*parti*) bulbo, filamento, polo positivo, polo negativo, attacco.

làmpana, *sf. ant.* → LAMPADA.

lampànte, *agg.* luminoso, fiammante || *fig.* → EVIDENTE.

lampàra, *sf.* → LAMPADA || PESCA.

lampeggiaménto, *sm.* → LAMPO, BAGLIORE.

lampeggiàre, *v.intr.* mandar lampi, folgorare, sfolgorare, risplendere, corruscare, raggiare, radiare, fiammeggiare || apparir lampi, → BALENARE.

nomencl. lampo, baleno, lampeggío, folgore, tuono || *neol.* lampeggiante, lampeggiatore.

lampionàio, *sm.* → ACCENDITORE.

lampióne, *sm.* fanale, → LAMPADA, LUME.

lampíride, *sf.* → LUCCIOLA.

lampísta, *sm.* → ACCENDITORE.

làmpo, *sm.* baleno, lampeggiamento; luce improvvisa. abbagliante, balenamento, sfolgoramento, folgore, corruscamento, fulminío, → BAGLIORE || *fig.* tempo brevissimo, attimo, istante, batter d'occhio, momento.

nomencl. *agg.* improvviso, accecante, fulmineo || arborescente, globulare, lineare, superficiale, di calore || (*modi di dire*) lampo di genio, di poesia, d'arguzia, di virtú, guerra-lampo || *loc.* e *verb.* correre come un lampo, balenare, guizzare, lampeggiare.

làna, *sf.* vello, stame.

nomencl. (*specie*) maggese, settembrina, vegetale, artificiale, sintetica || lama, *cachemir*, *cheviot*, cammello, angora, alpaca, *capoc*, *merinos*, vigogna || (*arte della lana*) concia, filatoio, cimeria, gualchiera, tintoria, tiratoio, orditoio, pettine, cardatrice, cavigliola, ceppi, ceppo, cesoie, chiavarda, forbici, forca, lavatoio, mulinello, palmello, rastrello, setolone, scamato, stampa, stampo, strettoio, tavola, tino, torno, verricello, vagello || bioccoletto, boldrone, borra, bordighini, fiocco, lanaggio, matassa, falda, pennecchio, rappa, zeccola || fibre tessili, galattite, garzo, solfuro di sodio, terra per gualcare || tignuola o tignola, tarma || eriometro, calimala || (*lana artificiale*) lanital, lana di vetro, lana filosofica, lana meccanica o rigenerata, lana vegetale || *agg.* bella, morbida, corta, lunga, bianca, mora, intricata, grassa, pastosa, bozzolosa, boffice, bioccolata, bioccoluta, ondulata, arricciata, greggia, cardata, liscia, fine, granulosa, lavata, pulita, rappresa, sudicia, bagnata || *verb.* accotonare, aggomitolare, appuntare, calmuccare, cardare, scardassare, cimare, ciompare, dislustrare, disungere, divettare, feltrare, filare, garzare, imbianchire, impannare, incartonare, incorsare, lustrare, mettere in pieghe, pianare, purgare, ragguagliare a caviglia, ricimare, rigarzare, rivedere, saltare la lana, scamatare, slentare, sodare, svettare, solforare, spelazzare, tirare, torcere, tosare, ungere, accintolare, alluminare, stingere, tingere, lavorare.

lanaiòlo, *sm.* lanino, ciompo.

Iànca, *sf.* barena.

lancétta, *sf.* bisturi, → COLTELLO || freccia, sfera dell'orologio, della bussola.

lància[1], *sf.* asta, alabarda, picca, partigiana, zagaglia, spuntone, ronca, roncone, corsesca, falcione || sarissa, *pilum* || tubo.

nomencl. (*parti*) astiera, banderuola, calcio, calzuolo, gorbia, paramano, pennone, resta, tronco, troncone || lanciere, alabardiere || (*derivati*) lanciabombe, lanciasiluri, lanciafiamme, lanciatorpedine || *verb.* lanciare, scagliare, alzare, abbassare, correre con la lancia in resta, ferire, impugnare, palleggiare.

lància[2], *sf.* scialuppa, → BARCA.

lanciabómbe, *sm. indecl.* → CANNONE.

lanciàre, *v.tr.* scagliare, buttare, proiettare, scaraventare, tempestare, fulminare, avventare, saettare, grandinare, guizzare, → GETTARE, EMETTERE || *neol.* proporre, diffondere, inculcare || *rifl.* gettarsi, → ENTRARE || *fig.* slanciarsi, avventarsi, scagliarsi, buttarsi contro.

lancinànte, *agg.* → ACUTO (detto di dolore).

làncio, *sm.* getto || salto.

nomencl. del disco, del martello || *fig.* di un film, di

lancióne, *sm.* → FRECCIA.
lànda, *sf.* → BRUGHIERA, DESERTO, PIANURA.
landò, *sm. indecl.* → CARROZZA.
languènte, *ppr.* di languire || *agg.* → LANGUIDO.
languidaménte, *avv.* → DEBOLMENTE.
languidézza, *sf.* → DEBOLEZZA, LANGUORE.
contr. vigore, vigoría, ardore, forza, energia, gagliardía, robustezza.
lànguido, *agg.* illanguidito, languente, flaccido, fiacco, prostrato, abbattuto, molle, sfinito, imbambolato → DEBOLE, ESANGUE || tenero, carezzevole, struggente, languoroso.
contr. forte, energico, robusto, vigoroso, gagliardo || ruvido, aspro, urtante, arido.
languíre, *v.intr.* illanguidire, cascare, svenire, venir meno, sentirsi mancare, sfinire, afflosciarsi, snervarsi, sfibrarsi, svigorirsi, impigrire, → INDEBOLIRE || *fig.* vivere in miseria, in abbandono, in carcere, in servitú || → ATTENDERE.
contr. essere forte, energico, vigoreggiare || fiorire in libertà.
languóre, *sm.* inedia, languidezza, languimento, rifinitezza, sfinitezza, sfinimento, → INANIZIONE, FAME, DEBOLEZZA || tenerezza, abbandono, affettuosità, dolcezza, struggimento.
contr. vigore, vigoría, ardore, energia, forza, robustezza, gagliardia || secchezza, aridume, ruvidezza.
lanígero, *agg.* lanoso, lanuto, velloso, → PELOSO.
contr. glabro, tosato.
laníno, *sm.* lanaiolo.
lanóso, *agg.* → LANIGERO, PELOSO.
lantèrna, *sf.* fanale, globo, lampioncino, → LAMPADA, LUME || FARO.
nomencl. (*tipi*) a candela, a olio, a gas, alla veneziana, di sicurezza, da tasca, elettrica || magica || (*parti*) anima, bocciuolo, cupolina, lumino, maniglia, sportello.
lanúgine, *sf.* primo pelo, peluria.
lanuginóso, *agg.* → PELOSO.
lanúto, *agg.* velloso, → LANIGERO, PELOSO.
lanzichenécco, *sm.* lanzo, lanzighinetto (*ant.*) || soldataccio, giannizzero, mercenario, bravaccio, scherano.
lànzo, *sm.* lanzichenecco.
lapalissiàno, *agg.* ovvio, evidente, || → TRUISMO.
lapicída, *sm.* → MARMISTA.
lapidàre, *v.tr.* uccidere a sassate || *fig.* perseguitare, demolire o linciare moralmente.
lapidariaménte, *avv.* → EPIGRAFICAMENTE.
làpide, *sf.* → PIETRA || EPIGRAFE, ISCRIZIONE.
lapídeo, *agg. lett.* → DURO.
lapíllo, *sm.* → PIETRA || lava.
nomencl. eruzione, vulcano.
làpis, *sm. indecl.* → MATITA.
lappàre, *v.intr.* → BERE.
lappeggiàre, *v.intr.* → BERE.
làpsus, *sm. indecl.* → ERRORE.
nomencl. *lapsus càlami*, *lapsus linguae*.
làrdo, *sm.* → GRASSO || *fig.* àdipe.
nomencl. (*inerenti*) cotenna, palla di lardo, palla di sego, olio di lardo, pestata di lardo, strutto, sugna, ciccioli || *agg.* fresco, rancido, grasso, alto, bianco, rosato, venato, vergine || lardellato || *verb.* lardellare.

làri, *sm. pl.* mani, penati || *fig.* casa, famiglia.
largaménte, *avv.* → DIFFUSAMENTE.
largheggiàre, *v.intr.* usare liberalità, largire, essere generoso, munifico, benefico, prodigo, grandeggiare, abbondare, → DONARE.
contr. stringere, lesinare, calcolare, misurare, economizzare, risparmiare.
larghézza, *sf.* largura, spaziosità, → ESTENSIONE, GRANDEZZA || *fig.* liberalità, grandezza d'animo, → GENEROSITÀ, CORTESIA || abbondanza, dovizia, prodigalità, → LUSSO.
contr. strettezza || lésina, grettezza, meschinità, calcolo, parsimonia, avarizia, economia || scarsezza, penuria.

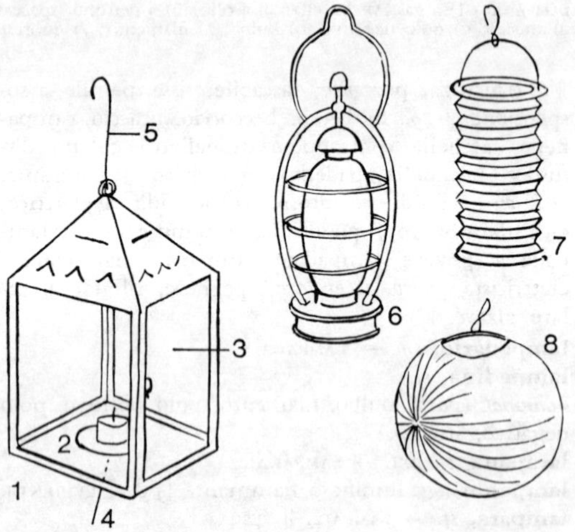

LANTERNA – 1) lanterna; 2) lumino; 3) sportellino; 4) bocciolo; 5) manico; 6) lanterna di sicurezza; 7, 8) lanterne alla veneziana.

largíre, *v.tr.* largheggiare, → DONARE.
largizióne, *sf.* elargizione, → DONO.
làrgo¹, *agg.* capace, lato, ampio, aperto, esteso, spazioso, spaziato, vasto, comodo, sgombro, lungo, → DISTESO, DILATATO, DIFFUSO, APERTO || copioso, abbondante || *fig.* liberale, generoso, munifico, magnanimo, prodigo, benefico, grandioso, → GRANDE, CARITATEVOLE, CORTESE.
nomencl. *verb.* allargare, slargare, dilatare, ampliare, ingrandire, estendere, espandere, sviluppare.
contr. stretto, ristretto || scarso || avaro, economo, calcolato, parsimonioso.
làrgo², *sm.* spazio, slargo, larghezza || piazzale, spiazzo, → PIAZZA || alto mare.
nomencl. *loc. avv.* in lungo e in largo, per lungo e per largo || *verb.* tirare in largo, fare e farsi largo, stare alla larga, prendere il largo.
laringe, *sf.*
nomencl. (*parti*) pomo d'Adamo, tiroide, cricoide, epiglotta o epiglottide, glottide, ioide, aritenoidi || (*malattie*) broncocele, *croup*, laringite, laringismo, laringonecrosi, laringotifo, laringotracheite || (*cure*) laringochirurgia, laringoscopia, laringotomia, laringotracheotomia, laringografia, otorinolaringoiatra, laringoiatra, laringoscopio.

làrva, *sf.* spettro, → FANTASMA || crisalide, pupa, ninfa, bruco, → BACO || *fig.* apparenza, senza valore, senza influenza || persona sparuta, magrissima || *ant.* maschera
nomencl. metamorfosi.
larvàre, *v.tr. lett.* larveggiare, immaginare, → MASCHERARE.
larvàto, *pps.* di larvare || *agg.* occulto, non manifesto, apparente, → MASCHERATO, NASCOSTO.
lasàgna, *sf.* fettuccina, fettuccia, nastrino, pappardella, striscia, tagliatella.
lasagnòlo, *sm.* → MATTERELLO.
lasciapassàre, *sm. indecl.* salvacondotto, permesso di passo.
lasciàre, *v.tr.* tralasciare, omettere, non impicciarsi, trascurare, ripudiare, trasandare, non prendere, cedere, posare, mollare, desistere, smettere, rinunciare, lasciar correre, lasciar perdere, lasciarsi andare, lasciare a desiderare, permettere, → ABBANDONARE || separarsi, partire, fuggire, rimuoversi, allontanarsi, levarsi, dimettersi, disciogliere, spogliarsi, deporre, non reggere, abdicare || affidare, dare in consegna, legare per testamento, trasmettere || lasciare fuori, → ESCLUDERE.
contr. prendere, tenere, conservare, curare || rimanere, essere o restare fedele.
lasciàto, *pps.* di lasciare || *agg.* → ABBANDONATO.
làscito, *sm.* → EREDITÀ.
lascívia, *sf.* licenziosità, lubricità, concupiscenza, sensualità, lussuria, → OSCENITÀ, IMPUDICIZIA, AMORE.
nomencl. *verb.* inlascivire, lasciviare, lascivire (*ant.*).
contr. pudicizia.
lascívo, *agg.* sensuale, lussurioso, → IMPUDICO.
contr. pudico.
lassàre, *v.tr. lat.* lasciare, stancare, lasciarsi andare.
nomencl. lassativo, lassezza, rilassatezza, rilassamento, lassitudine || lassismo, lassista.
lassatívo, *agg.* e *sm.* carminativo, lenitivo, purgativo, → PURGANTE.
contr. astringente.
lassézza, *sf.* → STANCHEZZA.
lassitúdine, *sf.* → STANCHEZZA.
làsso, *agg.* affranto, → DEBOLE, STANCO || infelice.
lassú, *avv.* di sopra, là in alto, colassú, là in cima || in cielo || *ant.* lassuso.
contr. laggiú, colaggiú.
làstra, *sf.* pietra, bandone, lamiera, lamina, placca, targhetta || vetro, cristallo, vetrata.
nomencl. *verb.* lastricare.
lastricàre, *v.tr.* fare il lastrico, metter le lastre, selciare, ammattonare, pavimentare.
contr. disselciare.
lastricàto, *pps.* di lastricare || *sm.* lastrico, selciato, lastricamento, → PAVIMENTO.
làstrico, *sm.* → LASTRICATO || *fig.* → MISERIA.
lastróne, *sm.* → MATTONE.
latèbra, *sf.* → INTERNO, BUIO || NASCONDIGLIO.
nomencl. latebroso.
latènte, *agg.* → NASCOSTO, INVISIBILE.
contr. palese.
lateràle, *agg.* di lato, sul lato, di fianco.
contr. centrale.
laterízio, *sm.* → MATTONE.
latíbolo, *sm.* → NASCONDIGLIO.
latifóndo, *sm.* → CAMPAGNA.
latíno, *agg.* antico romano, neolatino || *ant.* chiaro, intelligibile || *sm.* lingua latina || latinaggine (*ant. scherz.*).
nomencl. (*tipi*) classico, popolare, volgare, antico, arcaico, ciceroniano, umanistico, barbarico, medievale, ecclesiastico, giuridico, maccheronico o maccheroneo || *spreg.* latinuccio, *latinorum* || latinista, latinismo, latinità, latinizzamento || lingue neolatine || *verb.* latineggiare, slatinare, latinizzare.
latitànte, *ppr.* di latitare || *agg.* e *sm.* nascosto, → FUGGIASCO, CONTUMACE.
latitànza, *sf.* → FUGA, CONTUMACIA.
latitàre, *v.intr. ant.* appiattarsi, nascondersi.
latitúdine, *sf.*
nomencl. (*distinzioni*) geocentrica, geoidica, elissoidica || parallelo, equatore || latitudinari, Chiesa larga.
contr. longitudine.
làto, *agg.* → DILATATO, LARGO || *sm.* banda, canto, faccia, luogo, parte, zona, costa, cantone, → FIANCO, CAPO || *fig.* punto di vista.
nomencl. (*distinzioni*) destro, sinistro, anteriore, posteriore, corrispondente, omologo, opposto || equilatero, quadrilatero, unilaterale, bilaterale, trilaterale || parallelogramma, poligono, poliedro || *loc. avv.* a lato o allato, accanto, a fianco, a latere, alla fiancata, da canto, da lato o dallato, di fila, da destra, da sinistra, da manca, dal ritto, da ogni lato, da tutte le parti, d'ogni intorno.
latràre, *v.intr.* → ABBAIARE, GRIDARE.
latràto, *sm.* abbàio, abbaiamento, → GRIDO.
contr. guaito.
latría, *sf.* culto divino, adorazione.
contr. dulía, iperdulía, venerazione.
latrína, *sf.* cesso, ritirata, camerino, luogo comodo, gabinetto, orinatoio, *licet*, *water-closet.*
nomencl. all'inglese, pubblica (vespasiano), privata, riservata.
latrocínio, *sm.* → FURTO, DEPREDAZIONE.
làtta, *sf.* bandone, banda stagnata, → LAMIERA.
nomencl. marezzata, stagnata || lattoniere, stagnaio, trombaio, ottonaio || (*arnesi*) martello da coppare, peciaiolo, penna, piombo a banco, sbrocco, stampo, tagliolo, tassettino a orli, traccia.
lattàio, *sm.* lattivendolo.
lattànte, *sm.* poppante, fantolino, fanticino, infante, lattonzolo (di animale), → BAMBINO.
nomencl. bàlia || allattamento, lattazione || *verb.* allattare, dare il latte.
contr. divezzato, slattato, svezzato.
làtte, *sm.* siero, crema, caseina || lattice.
nomencl. (*tipi*) annacquato, grasso, magro, semigrasso, intero, quagliato, cagliato, rappigliato, rappreso, sburrato, spannato, concentrato, condensato, sterilizzato, omogeneizzato, umanizzato, pastorizzato, scremato, appena munto || di cocco, di pesce, di tonno, vegetale, artificiale, materno || (*prodotti*) panna, crema, caseina, galattosio, lattosio, scotta, zoolite || burro, formaggio, cacio, ricotta, stracchino o crescenza, mascarpone, bavarese, spumone || caffè e latte, farina lattea, latte in

polvere e condensato || (*attinenti*) colostro, galattoforo, allattamento, fermentazione lattea || mungitore, lattaio, lattivendolo, latteria || *agg.* fresco, cattivo o grosso, forte, infortito, acido, sapido, salato, sciolto, imbottigliato, butirroso || *verb.* mungere, cagliare, coagulare, congelare, scremare, pastorizzare || aggrumarsi, appannarsi.
lattemièle, *sm. region.* panna montata || *fig.* sdolcinatezza.
làtteo, *agg.* → BIANCO.
lattería, *sf.* → CASCINA || BOTTEGA.
lattescènte, *agg.* → BIANCO.
làttice, *sm.* sugo, latte.
lattífero, *agg.* galattoforo.
lattíme, *sm.* crosta lattea.
lattivéndolo, *sm.* lattaio.
lattónzolo, *sm.* (di animale) lattonzo, → LATTANTE || *fig.* giovane inesperto, alle prime armi, di primo pelo.
lattòsio, *sm.* galattosio.
lattúga, *sf.*
nomencl. (*tipi*) insalata; crespa, arancina, cappuccia, da inverno, nera, domestica, selvatica, gialla, romana, sanguigna, tonda.
làuda, *sf.* laude, laudazione, lode || → INNO.
laudatòrio, *agg.* lodatorio, elogiativo, → LODATIVO
contr. denigratorio.
làurea, *sf.* addottoramento, dottorato, grado dottorale, conventazione, laureazione (*ant.*), → DIPLOMA.
nomencl. (*attinenti*) laureando, laureato, dottore, baccalaureato, baccellierato, aggregazione || laurea *honoris causa*, libera docenza || *verb.* laureare, addottorare; conferire, dare, ottenere, conseguire (la laurea).
laureàre, *v.tr.* e *rifl.* addottorare, addottorarsi.
laureàto, *pps.* di laureare || *agg.* e *sm.* addottorato, dottore, baccalaureato, baccelliere.
làuro, *sm.* alloro.
nomencl. (*varietà*) bianco, canfora, ceraso, cannella, fetido, velenoso || orbacco, beberu, dicipellio, lauro ceraso, orolegio, sassafrasso || olio di lauro || laureto || *verb.* laureare, incoronare.
lautézza, *sf.* abbondanza, larghezza, sontuosità, copia, pompa, pompositià, splendidezza, generosità, prodigalità || → LUSSO.
contr. scarsità, calcolo, parsimonia, penuria, miseria.
làuto, *agg.* abbondante, sovrabbondante, magnifico, splendido, sfarzoso, sontuoso, sardanapalesco, luculliano, trimalcionesco, epulonesco || cospicuo, largo.
contr. misero, meschino, scarso, insufficiente || umile, basso, limitato.
làva, *sf.* sostanza ignea, fiume incandescente, torrente di fuoco.
nomencl. pomice, lapilli, cenere, rocce eruttive.
lavàbo, *sm.* acquaio, → CATINO || parte della Messa.
lavàcro, *sm.* → BAGNO, LAVANDA.
lavàggio, *sm.* lavatura, → LAVANDA.
lavàgna, *sf.* ardesia, schisto.
nomencl. gesso, gessetto || cimosa, cassino.
lavamàni, *sm. indecl.* → CATINO.
lavànda[1]**,** *sf.* abluzione, bagno, lavacro; lavata, lavamento, lavatura, purificazione.
lavànda[2]**,** *sf.* nardo, spigonardo, spigo.
nomencl. acqua di Colonia, profumo, lozione.
lavandàio, *sm.* lavandaia, imbiancatore, imbiancatora, bugandaio, lavandiere, lavatore, tintore.
nomencl. (*materiale e arnesi*) ranno, acqua, sapone, detersivo, lisciva, cenerata, appuntatura, caldaia, cazza, colatoio, conca, mastello, truogolo, forche, bruschino || lavatoio, lavanderia, tintoria, lavatrice || bucato || *verb.* lavare, ammollare, insaponare, lisciviare, risciacquare, sciabordare, stendere, strizzare, torcere, asciugare.
lavandière, *sm.* → LAVANDAIO.
lavandíno, *sm.* → LAVELLO.
lavapiàtti, *sm.* e *f. indecl.* sguattero.
lavàre, *v.tr.* e *rifl.* dilavare, imbucatare, bagnare, detergere, astergere, imbiancare, nettare, pulire, stergere, tergere, sgrumare, sciacquare, risciacquare, smacchiare, rigovernare || *fig.* purgare, purificare, mondare, aspergere, → GIUSTIFICARE.
contr. sporcare, insudiciare, contaminare, lordare.
lavàta, *sf.* → LAVANDA[1], BAGNO.
lavatívo, *sm. volg.* serviziale, → CLISTERE || *fig.* uggioso, pignolo, seccatore || scansafatiche, scioperato, insolente.
lavàto, *pps.* di lavare || *agg.* slavato.
lavatóio, *sm.* → LAVELLO.
lavatúra, *sf.* → LAVANDA[1], BUCATO.
lavéggio, *sm.* → PENTOLA.
lavèllo, *sm.* conca, lavatoio, acquaio, lavandino.
lavína, *sf.* → FRANA.
lavinàre, *v.intr.* → FRANARE.
lavoràbile, *agg.* → DOCILE.
lavorànte, *ppr.* di lavorare || *sm.* → LAVORATORE.
lavoràre, *v.tr.* elaborare, coltivare, operare, cesellare, digrossare, applicare, edificare, fare, fabbricare, manipolare, miniare, polire, perfezionare, tramare, studiare, architettare, costruire, confezionare, trasformare, domare, vincere || *intr.* affaticarsi, affannarsi, accudire, applicarsi, briccicare, collaborare, cooperare, occuparsi, sfaccendare, sfacchinare, strafelarsi, strafare, sgobbare, sudare, vegliare || dividersi in due, ammazzarsi di fatica, piegare il gobbone o la schiena, tirar la carretta, tirar via col lavoro, strapazzare il mestiere, avvantaggiare, arrapinare, arrangolare, arrotarsi, cincischiare, consacrarsi, consumarsi, dare l'ultima mano, fare il mestiere con uno, mettere mano, cominciare un lavoro || accollare, subaccollare, addossare, durar fatica, far lavorare, far filare, mettere alla carretta, occupare, posare il lavoro || lavorare raffinando, → DIROZZARE || lavorare la campagna, → COLTIVARE.
nomencl. *avv. e loc. avv.* a mano, a macchina, a tempo perso, a giornata, a ore, a cottimo, a *forfait*, a pezzi e bocconi, alla stracca, in fretta, come un cane, alacremente, faticosamente, troppo, molto, per nulla, gratis, a ufo, per la gloria, per due, per quattro, con intelligenza, con criterio, meccanicamente.
contr. oziare, poltrire, riposare, contemplare, stare o essere inerte, scioperato, infingardo.
lavoràto, *pps.* di lavorare || *agg.* elaborato, fatturato.
contr. greggio.
lavoratóre, *agg.* operoso, alacre, fervido, attivo || *sm.* mercenario, manifattore, mestierante, salariato, pre-

statore d'opera, stipendiato || garzone, bracciante, contadino; artiere, artefice, artigiano; operaio, tecnico, impiegato, funzionario; professionista; commerciante, negoziante, esercente, autore, maestro, artista.
nomencl. (*specificazioni*) garzone, bardotto, tirocinante, apprendista || manovale, muratore; operaio comune, qualificato, specializzato; impiegato d'ordine, di concetto || giornaliero, giornante, lavorante || maestranze || principale, soprastante || guastamestieri || (*pertinenti*) libretto di lavoro, qualifica, titolo di studio, *curriculum vitae*, referenze; contratto di lavoro, assunzione, licenziamento, disoccupazione; paga, stipendio, salario, mercede, compenso || sindacato, lega, sciopero || *verb.* lavorare, andare a lavoro, essere a giornata, a padrone, sotto padrone, a opra; esser senza lavoro, disoccupato; cercare, offrire lavoro.
contr. pigro, neghittoso || padronato, datore di lavoro || padrone, padrone di bottega, industriale, capitalista || serrata.

lavorazióne, *sf.* manifattura, confezione, → LAVORO.

lavorío, *sm.* → LAVORO.

lavóro, *sm.* occupazione, professione, ufficio, mansione, arte, posto di lavoro, → IMPIEGO || azione, attività, opera, operazione, esercizio, esecuzione, elaborazione, fattura, composizione, confezione, lavorazione, manifattura, prodotto, → IMPRESA || cura, faccenda, briga, compito, bisogna, dovere || penso, raspaticcio, bozza, abbozzo, abborracciatura || sgobbo, sgobbata, sfacchinata, facchinata, strapazzo, fatica, tramenio, travaglio, lavorio || guaio, imbroglio, pasticcio, rompicapo, maneggio, armeggío.
nomencl. (*equivalenti*) capolavoro, gioiello, miniatura, minuteria || digrossatura, rifinitura, ritocco || aborto, stentume, ammazzatoio, pottiniccio, lavoro mal fatto, guazzabuglio, intruglio, imbratto, birbonata, capriccio, diavoleria, ladreria || (*inerenti*) manodopera, lavoratore, padrone, datore di lavoro || contratto, assunzione, licenziamento, sciopero, sindacato, paga, remunerazione, retribuzione, salario, rendimento, produttività, cottimo, competenza, virtuosità || idea, modello, condotta, metodo, pratica, allogamento, appalto, materia prima || bottega, officina, industria, stabilimento, cantiere, opificio, fabbrica, manifattura, laboratorio, || *agg.* e *loc. avv.* informe, abbozzaticcio, acciarpato, andante, a occhio e croce, arretrato, a tempo perso, continuo, da bestia, da poco, di furia, di prima, di seconda o di terza mano, di schiena, di cervello, diurno, notturno, festivo, doppio, alla lesta, in fretta, veloce, a pennello, di precisione, a pezzi e bocconi, fine, delicato, difficile, complicato, intricato, indiavolato, indefesso, assiduo, senza riposo, fresco, garbato, grazioso, perfetto, greggio, imparaticcio, grossolano, intrattabile, rustico, scabroso, leggero, libero, mediocre, buono, bello, cattivo, brutto, servile, manuale, materiale, stabile, provvisorio, temporaneo, straordinario, normale, consueto, tenue, tignoso, utile, proficuo, rimunerativo, penoso, pesante, inutile, svantaggioso, vano || *verb.* abborracciare, acciarpare, abbozzare, avviare, accudire, attendere a, assumere, accomodare, compire, cominciare, consacrarsi a, copiare, compilare, comporre, eseguire, finire, impiantare, impostare, imbastire, iniziare, inaugurare, intraprendere, raffazzonare, sospendere, riparare, sgrossare, tracciare || chiedere, domandare, cercare, trovare, ottenere, abbandonare, smettere, lasciare, disertare, vivere del proprio lavoro, scioperare, astenersi dal lavoro.
contr. inattività, inazione, inerzia, ozio, riposo, pigrizia, neghittosità, incapacità || disoccupazione.

lazzarétto, *sm.* lazzeretto, → OSPEDALE.

làzzo, *agg.* garbo, agro, brusco, → ASPRO || *sm.* → BUFFONATA.

leader, *sost. ingl.* → CAPO.

leàle, *agg.* fedele, fido, retto, onesto, probo, schietto, giusto, onorato, integro, → FRANCO, FIDATO, GALANTUOMO, SINCERO.
contr. sleale, disonesto, infido, falso, traditore, fellone.

lealtà, *sf.* buona fede, fidatezza, galantomismo, galantomeria, fedeltà, rettitudine, onoratezza, onestà, probità, franchezza, dirittura, → FEDE, COSCIENZA, SINCERITÀ.
contr. slealtà, falsità, disonestà, fellonía, tradimento.

lèbbra, *sf.* elefantiasi, leontiasi.
nomencl. lebbroso, lebbrosario.

leccaménto, *sm.* → LECCATURA.

leccàrda, *sf.* ghiotta.

leccàrdo, *agg. lett.* ghiottone, → GOLOSO.

leccàre, *v.tr.* lambire, lappare, sorbire, libare, succiare, succhiare, lappeggiare, leccucchiare || *fig.* accarezzare, lisciare, lusingare, → ADULARE || *rifl.* lisciarsi.
contr. mordere, azzannare, addentare.

leccasànti, *sm.* e *f. indecl.* → BIGOTTO.

leccàta, *sf.* → LECCATURA.

leccàto, *pps.* di leccare || *agg. fig.* troppo curato, lezioso, → AFFETTATO.

leccatóre, *agg.* e *sm.* lecchino, leccapiatti, leccascodelle, → ADULATORE.

leccatúra, *sf.* leccata, leccamento, → ADULAZIONE.

lecchíno, *sm.* vanesio, leccatore || *fig.* → ADULATORE.

léccio, *sm.* ílice, → ELCE.

leccóne, *agg.* e *sm.* → GOLOSO.

leccornía, *sf.* lecconeria, goleria, leccume, boccone ghiotto, golosità, ghiottoneria, ghiottornía, lecchetto.

lécito, *agg.* consentito, concesso, legittimo, legale, permesso || convenevole, onesto.
contr. illecito, illegittimo || sconveniente, disonesto.

lèdere, *v.tr.* → FERIRE, OFFENDERE, NUOCERE || *rifl.* farsi male.
nomencl. lesione || offesa, danno.

léga¹, *sf.* alleanza, coalizione, unione, patto, società, federazione, confederazione, sindacato, partito, → ASSOCIAZIONE || combriccola, combutta, conventicola.
nomencl. (*tipi*) difensiva, offensiva, politica, militare, sociale, sindacale, di mutuo soccorso || *verb.* stringere, formare, costituire, firmare, partecipare, iscriversi, aderire, sciogliere, abbandonare.

léga², *sf.* amalgama, miscela, mescolanza, alligazione.
nomencl. (*esempi*) alpacca, *doublé*, magnalio, metallo bianco, oreide, oricalco, oro falso, oro verde, *pakfong* o *christofle*, peltro, platinoide, porpezite, similoro, tutania || assaggio, inquartazione, titolo || *agg.* buona, cat-

tiva, solida, bassa, inferiore, giusta, nobile || *verb.* coniare, fissare il titolo.

legàccio, *sm.* → ELASTICO || CINGOLO.

legàle, *agg.* giuridico, giudiziario, statutario, costituzionale, regolamentare, conforme alla legge, legittimo, tollerato, formale, lecito, concesso, consentito, permesso || *sm.* avvocato, giureconsulto, procuratore.
contr. illegale, illecito, illegittimo.

legalità, *sf.* legittimità, formalità, costituzionalità.
contr. illegalità, illegittimità.

legàme, *sm.* vincolo, laccio, legaccio, legatura, legamento, legacciolo, catena, ceppi, congiunzione, nodo, connessione, intreccio, nesso, attaccatura, → ATTACCO || *fig.* → IMBARAZZO.
nomencl. (*tipi*) fisico, materiale, morale, ideale, immateriale, soprannaturale, umano, d'amore, d'idee, matrimoniale || (*equivalenti*) benda, cappio, cinghia, correggia, corregiuolo, fettuccia, filo, fune, corda, canapo, cavo, spago, vinciglio, guinzaglio || *agg.* lieve, leggero, pesante, opprimente, noioso, insopportabile || *verb.* legare, accappiare, allacciare, annodare, cingere, incatenare, ribadire, slacciare, slegare, stringere, allentare.

legaménto, *sm.* → LEGAME.
contr. slegamento, slegatura.

legàre, *v.tr.* annodare, stringere, serrare, affunare, avvincigliare, avvincere, allacciare, accappiettare, avvinghiare, incatenare, affibbiare, attaccare, aggiungere, congiungere, collegare, connettere, sommettere, vincolare, assicurare, ancorare, cingere, incavezzare, incapestrare, impastoiare, incastonare, incastrare, ammanettare, || rilegare, || *fig.* associare, concatenare, || → AMMALIARE, OBBLIGARE.
nomencl. *avv. e loc. avv.* a filo doppio, stretto, come un salame, bene, indissolubilmente.
contr. slegare, sciogliere, liberare, prosciogliere, strappare, staccare, disgiungere.

legàto, *pps.* di legare || *agg.* vincolato, obbligato || interíto, impastoiato, impacciato, legnoso || *sm.* → AMBASCIATORE || fondazione, lascito, → EREDITÀ.
contr. slegato, sciolto, snodato, disinvolto, agile, scattante.

legatóre, *sm.* chi lega, rilegatore.
nomencl. (*distinzioni*) legatura alla bodoniana, alla rustica, a mezza pelle, a mezza tela, in pelle, in tela, in pergamena, in *brochure*, in tela e oro, col taglio dorato || artistica, di lusso, rustica, antica, moderna || (*attinenti*) anima, barba, buco portanastri, busta, capitello, cartelli, catenella, coperta (di pelle, di velluto, ecc.), controcoperta, culatta, fermaglio, guardia, intaccature, labbra o labbro, laccetti, mezzetti, nottolini, punzoni, ribalta, riccio, ripari o controguardie, spigoli; fregi, baffo, capopagina, contorno, filarino, filettatura, finale, fiorone, fuso, politipo, rosone || (*materie*) carta, cartapecora o pergamena, cartone, celluloide, refe, garza, pelle, tela, albumina, colla, bazzana, infinestratura, striscio, trucioli, zigrino || (*strumenti*) brunitoio, cavalletto, chiocciola, colonnino, correggiuole, cucitoio, ferri, martello, pennello, piano, plancia, pressa, rotarotella, stecca, squadra per copertine, strettoio, strofinatoio, torcoletto, traversa, coltelli, compassi, compositoi, cuscinetti, fermadorsi, forbici, scaldaferri, palette, spazzole, raschietti, rulli, seghe; macchina cucitrice, occhiellatrice, punzonatrice, piegatrice; tagliarina, tagliacartoni, fustellatrice, presse a leva o a pedale o a motore || (*operazioni*) acculattamento, battitura, doratura, piegatura, raffilatura, riunione dei fogli, screziatura, ugnatura || accapitellare, accapitolare, battere, grecare, imbracare o imbrachettare, incartonare, infinestrare, interfogliare o interfoliare, legare, rilegare, sfronzare.

legatúra, *sf.* legame, allacciatura, legamento, impedimento, incatenatura, rilegatura || → LEGATORE.
contr. slegatura, slegamento.

legazióne, *sf.* → AMBASCIATA.

legènda, *sf.* → LEGGENDA.

légge, *sf.* diritto, giurisprudenza, giustizia || norma, regola, obbligo, imposizione, disposizione, editto, bando, decreto, regolamento, statuto, costituzione, canone, grida, precetto, patto, breviario, glossa, codice, progetto di legge, decreto-legge || → NATURA.
nomencl. (*distinzioni*) divina, umana, naturale, ecclesiastica, positiva, scritta, tradizionale, governativa, parlamentare, politica, procedurale, sociale, amministrativa, canonica, militare, civile, penale, suntuaria, fiscale, finanziaria, di polizia, frumentaria, municipale, successoria || del taglione, d'assedio || (*terminologia*) alinea, paragrafo, comma, articolo, formula || abrogazione, revoca, soppressione, antinomia, atto declaratorio, codificazione, collisione, conculcazione, violazione, tradizione, consuetudine, derogazione, progetto o disegno di legge, dispensa, disposizione transitoria, dissuetudine, emanazione, emendamento, esegesi, commento, spiegazione, eteronomia, autonomia, esecutoria, interpretazione delle leggi (dichiarativa, estensiva, restrittiva, legislativa, autentica, pubblica), nomocrazia, omologazione, osservanza, prescrizione, procedura, proposizione o iniziativa, rappresentazione, ratifica, obiezione, retroattività, revisione, sanatoria, sanzione, sovranità, spirito, tempo legale, tutela, veto || (*testi*) raccolta delle leggi, bollettino delle leggi, *Gazzetta Ufficiale*, pandette, digesto, decretali, diritto feudale, fonti del diritto, glossa ordinaria, *Corpus iuris*, tavole della legge, testo || (*persone*) magistrato, giudice, autorità, causidico, avvocato, leguleio, giureconsulto, legislatore, esegeta, legale, penalista, civilista, dottore della legge; *spreg.* azzeccagarbugli, mossorecchi, paglietta || giustizia || in nome della legge || *agg.* buona, ottima, cattiva, giusta, ingiusta, liberale, reazionaria, mite, severa, inflessibile, dispotica, tirannica, draconiana, costituzionale, legittima, incostituzionale, illegittima, fondamentale, statutaria, imperativa, preventiva, retroattiva, restrittiva, organica, inorganica, larga, larghissima, morta, viva, vigente, partigiana, riformativa, ristretta || *verb.* affiggere, applicare, aver forza di legge, cadere in pena, comminare; costituire, decretare, deliberare, statuire, stabilire per legge; eludere, esser fuori della legge, modificare, riformare, rivedere, promulgare, derogare, abrogare, abolire, legiferare, sanzionare, sancire, comandare, imporre, interpretare, violare, osservare, rispettare.

leggènda, *sf.* racconto, narrazione, mito, tradizione, saga, ciclo, → FAVOLA || storiella, fandonia, cosa non vera || *legenda*, motto, iscrizione (di medaglia, moneta, sigillo, ecc.), spiegazione, didascalía.

contr. verità, storia, documento storico, realtà.
leggendàrio, *agg.* mitico, meraviglioso, tradizionale, del passato, eroico, fantasioso, utopistico, → FAVOLOSO.
contr. storico, documentato, reale, attuale.
lèggere, *v.tr.* decifrare, recitare, declamare, compitare, cantilenare, accentuare, dichiarare, scorrere, leggicchiare, leggiucchiare, rileggere, rilevare || chiudere, lasciare, gettare un libro; dare una scorsa a un libro, dare lettura di una cosa, fare lettura tutti i giorni, sprofondarsi nella lettura || predicare, insegnare, interpretare.
nomencl. (*inerenti*) lettura, letta, lezione, scorsa, pausa || alfabeto, sillabario, abbecedario || biblioteca, leggio, gabinetto o sala di lettura || lettore, dicitore, anagoste, analfabeta, alfabeta, uomo di molte letture, biblioteca ambulante, biblioteca vivente || *avv.* e *loc. avv.* ad alta o bassa voce, a senso, a distesa, correntemente, di volo, a corsa d'occhi, tutto d'un fiato, brevemente, pagina per pagina, speditamente.
leggerézza, *sf.* levità, → AGILITÀ, ELASTICITÀ || FACILITÀ || inconsistenza, volubilità, sconsideratezza, sbadataggine, irriflessione, mancanza di serietà, inconsiderazione, vacuità, → FRIVOLEZZA || cosa di poca importanza.
contr. peso, pesantezza || serietà, ponderazione, gravità || cosa d'importanza.
leggerménte, *avv.* superficialmente, placidamente, lievemente, inconsideratamente, → FACILMENTE, DOLCEMENTE.
contr. pesantemente || ponderatamente, seriamente.
leggèro, *agg.* lieve, tenue, sottile, delicato, moderato, → AGILE, DEBOLE || agevole, → DOLCE, FACILE || fatuo, incostante, inconsiderato, superficiale, volubile, farfallino, irriflessivo, sconsiderato, sventato, sbadato, vuoto, → FRIVOLO, BAMBINESCO || futile.
nomencl. *verb.* alleggerire, allenire, alleviare, attenuare, diminuire, sgravare, sollevare.
contr. pesante, greve || grave, ponderato, serio, costante, penetrante, profondo.
leggiadría, *sf.* bellezza graziosa, gentile; grazia, gentilezza, avvenenza, garbo, venustà, galanteria, leggerezza, → DELICATEZZA, BELLEZZA.
contr. bruttezza, grossezza, sgraziataggine, goffaggine, grossolanità.
leggiàdro, *agg.* gentile, garbato, grazioso, leggero, delicato, venusto, avvenente, → BELLO, ELEGANTE.
contr. → BRUTTO.
leggíbile, *agg.* facile, comprensibile, aperto, dilettevole, piacevole.
contr. illeggibile.
leggitóre, *agg.* e *sm.* → LETTORE.
legióne, *sf.* → ESERCITO, COMPAGNIA || *fig.* moltitudine || milizia irregolare.
nomencl. (*tipi*) straniera, d'onore, tebana, romana, dei carabinieri, della guardia di finanza || (*pertinenti*) legionario, aquilifero, antesignano, decumani || tribuno, legato.
legislazióne, *sf.* leggi, corpo delle leggi, formazione delle leggi.
nomencl. (*tipi*) italiana, romana, ecc. civile, penale, tributaria, scolastica || legislatore, legislativo, legista, potere legislativo, assemblea legislativa, legislatura.
legittimàre, *v.tr.* difendere, fare l'apologia, rendere legale, → GIUSTIFICARE.
legittimazióne, *sf.* giustificazione, apologia, difesa, ratifica, convalida.
contr. accusa, invalidazione, imputazione.
legittimità, *sf.* legalità, liceità, formalità, costituzionalità.
contr. illegittimità.
legíttimo, *agg.* formale, → LECITO, LEGALE, GIUSTO.
contr. illegittimo.
légna, *sf.* fascina, ceppo, → LEGNO.
nomencl. (*usi*) da opera, da ardere, da catasta, da spacco || (*attinenti*) canapuli, ceppo, ceppaia, tizzone, ciocco, frasca, frascame, fumacchio, fuscello, fusto, mozzicone, querciolo, sagginale, scheggia, schiappa, scopa, sterzatura, stipa, toppo, torsolo, tutolo || catasta, fascio, fascina, fastello, pira, legnaia, fascinaia, cassa delle legne, paniera delle legne, bosco || brace, tizzone, fumo || legnatico, legnaiuolo, taglialegna, boscaiuolo || *agg.* dolce, forte, grossa, minuta, morta, secca, seccareccia, verde, pedagnuola, spezzata, tonda, asciutta, umida, bagnata || *verb.* cigolare, scoppiettare, ardere, bruciare || accatastare, catastare, raccogliere, far legna, stipare.
legnàceo, *agg.* → LEGNOSO.
legnaiòlo, *sm.* → FALEGNAME.
legnàre, *v.tr.* → BASTONARE.
legnàta, *sf.* → BASTONATA.
legnàto, *pps.* di legnare || *agg.* → BATTUTO.
légno, *sm.* legname, legna || *fig.* nave, → BARCA, NAVE || carrozza, → CARRO || BASTONE.
nomencl. (*inerenti*) bernoccolo, corteccia, scorza, catorzolo, cipollatura, fibra, clostri, crepa, crepaccio, screpolatura, spaccatura, filo naturale, nocchio, nodo, nodosità, tarlatura, tarlo, testa, trave, vena, venatura || (*forme, usi*) listello, regolo, asse, asserella, asta, trave, massello, palanca, palo, palizzata, piastra, scheggia, tavola, stanga, stecca, tessera, toppo, truciolo, segatura || assito, pavimento, palco, riparo, mandorlato, perlinato, intavolato, tavolato, intelaiatura, graticolato || (*persone*) falegname, ebanista, intarsiatore, incisore, scultore, stipettaio || silologia, silografia, lignite, alcool metilico || *agg.* chiaro, scuro, giallo, bruno, rosa, nero || naturale, artificiale, cipollato, da catasta, duro, tenero, fibroso, greggio, lavorato, verniciato, odoroso, profumato, squadrato, venato, resinoso, tinto, vincido, stagionato, curvato, affumicato, aspro, compatto, nocchioso, nocchiuto || *verb.* dirozzare, lavorare, addocciare, affumicare, arrocchiare, augnare, calettare, impiallacciare, incavare, indentare, panconcellare, ricubare, sbattentare, scanalare, sfasciare, sfibrare, spulire, tagliare, tirare a pulimento, traforare || cingolare, imbarcare, imbarcarsi, rimbarcare, imporrare, intarlare, scheggiare, scoppiettare, stagionare.
legnóso, *agg.* legnaceo, ligneo, tiglioso, → DURO, FIBROSO || *fig.* compassato, interito, rigido, arido.
contr. tenero, molle, soffice || snodato, slegato, sciolto.
legulèio, *sm.* → GIURISPERITO, AVVOCATO, LEGGE.
legúmi, *sm. pl.* civaie, cibaie.
nomencl. (*esemplificazione*) cece, fagiolo, fava, lente, lupino, pisello, veccia, cicerchia, carrubo, citiso, acacia, arachide, brasiletto, cassia, coromilla, corindo, curbal,

ervo, liquirizia, robinia, sena, siliquastro, sofora, soia, trifoglio, vicia || (*parti*) baccello, buccia, guscio, filo, occhio, siliqua, sutura || brasilina, fecola, legumina || *purée*, purea o lattata o passata, *pot-pourri* || *agg.* cottoi, farinacei || *verb.* incrudire, intonchiare, tonchiare, mondare, passare, sbaccellare, sbucciare, sgranare, sgranellare, sgusciare.

lémbo, *sm.* orlo, bordo, → ESTREMITÀ, FALDA || striscia.

lèmma, *sm.* proposizione, argomento, [illegible]

lèmme lèmme, *loc. avv.* pian piano, con flemma, pacatamente, → LENTAMENTE.

lèmure, *sm.* spirito dei morti, spettro, fantasma, larva.
nomencl. lemurie, lemurali || lemuridi, proscimmie.

léna, *sf.* spirito, vigore, ardore, → FORZA || *lett.* fiato, → RESPIRO.

lène, *agg.* dolce, soave, mansueto, → LIEVE.
contr. grave.

leniménto, *sm.* alleviamento, mitigazione, temperamento, attenuazione, → ADDOLCIMENTO, CONFORTO.
contr. inasprimento, aggravamento, irritazione, esulcerazione.

leníre, *v.tr.* attenuare, raddolcire, sedare, placare, → MITIGARE, ADDOLCIRE, CALMARE, BLANDIRE, CONFORTARE.
contr. inasprire, aggravare, inciprignire, esaltare, irritare, eccitare.

lenitívo, *agg.* e *sm.* sedativo, → CONFORTO, CALMANTE.
contr. eccitante, irritante.

lenocínio, *sm.* ruffianesimo || *fig.* allettamento, adescamento, artifizio o artificio, falso ornamento, lusinga.
nomencl. prostituzione, lenone, mezzano.

lenóne, *sm.* ruffiano, mezzano, mantenuto || seduttore.

lentaménte, *avv.* adagio, piano, pian piano, bel bello, lemme lemme; a rilento, a bell'agio, alla lunga, a tutt'agio, a poco a poco, flemmaticamente, pigramente, passo passo, gradatamente, dolce dolce, con lentezza, riposatamente, posatamente, soavemente, gravemente, stentatamente.
contr. velocemente, rapidamente, affrettatamente, urgentemente, sveltamente, frettolosamente, di corsa, in fretta.

lènte, *sf.* cristallo, cristallo oculare, luce, specchio, vetro oculare || *pl.* occhiali || lenticchia.
nomencl. (*tipi*) acromatica, convessa, concava, biconvessa, biconcava, convesso-concava, convergente, convergente cromatica, divergente, piano-concava, da banco, di ingrandimento, oculare, obbiettiva, periscopica, semplice, doppia, semidoppia || (*applicazioni*) occhiali, microscopio, cannocchiale, caramella || (*parti*) asse, asse principale, centro, fuoco, distanza focale, fuochi coniugati || aberrazione di sfericità, acromatismo, aplanetismo.

lentézza, *sf.* tardità, pigrizia, flemma, calma, lungaggine, tardanza, pausa, torpore, torpidità, mora, → INDOLENZA, INDUGIO.
contr. rapidità, velocità, celerità, sveltezza, alacrità, lestezza, solerzia, vivacità, prontezza, speditezza, sollecitudine, dinamicità, agilità.

lentícchia, *sf.* lente.

lènto, *agg.* flemmatico, pigro, torpido, tardo, tardigrado, indugevole, indugioso, infingardo, inespedito, lungo, moroso, posato, rilassato, agiato, → FIACCO, INDOLENTE || dilungato, lontano, lungo, serotino, → CRONICO || GRAVE, DINOCCOLATO || allentato, flessibile, pieghevole || (di fuoco) poco gagliardo.
nomencl. (*equivalenti*) lumaca, ciampicone, trottapiano, lernia, midollone, piallone, polentone || *verb.* rallentare, lenteggiare, non spicciarsi, indugiare, spirar flemma, fare tre passi su un mattone || allentare, rilassare, mollare, allascare.
contr. lesto, pronto, rapido, veloce, celere, svelto, spedito, sollecito, alacre, dinamico, agile || teso, rigido || vivace, gagliardo.

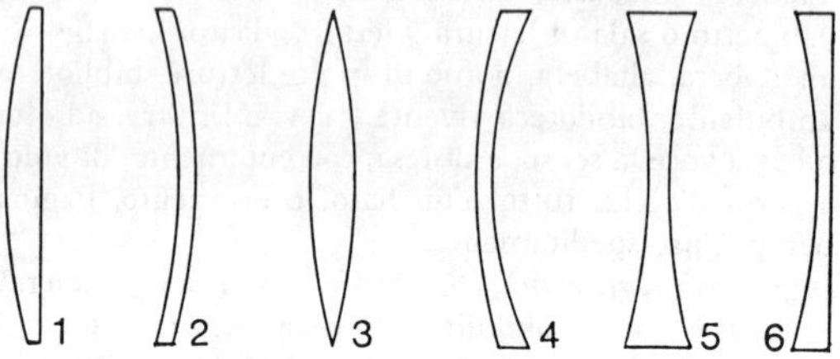

LENTE – 1) convessa; 2) concava; 3) biconvessa; 4) concavo-convessa; 5) biconcava; 6) piano-concava.

lènza, *sf.* → FUNE.
nomencl. filo (di seta o nylon), amo, esca.

lenzuòlo, *sm.*
nomencl. da uno o da due posti || di lino, di cotone, di nàilon || (*parti*) lembi, rimboccatura, rimbocco, teli, piegatura, spiegatura || letto || sudario, síndone || *agg.* bianco, di bucato, pulito, fine, grossolano, ruvido, ricamato, rimboccato, raddoppiato || *verb.* mutare, rincalzare, rimboccare, scrudire, stendere, piegare, ripiegare, spiegare || cacciarsi o ficcarsi sotto.

leóne, *sm.* animale giubbato, re degli animali || leonessa, leoncino, lioncello.
nomencl. (*parti*) criniera, giubba, ciuffo, unghie || ruggito || di San Marco, nemèo, marzocco || fossa dei leoni, bocca di leone || ruggire o rugghiare; ruggito, rúgghio.

leopàrdo, *sm.* pantera, pardo, giaguaro, lonza.

lepidézza, *sf.* piacevolezza, arguzia, spirito || facezia, lepore, motto arguto, scherzo, frizzo, → ALLEGRIA.
contr. serietà, gravità || massima, sentenza, aforisma.

lèpido, *agg.* piacevole, spiritoso, festevole, brioso, burlone, scherzoso, ingegnoso, epigrammatico, → FACETO, ARGUTO, BEFFARDO.
contr. serio, grave, ponderato, sentenzioso.

lepóre, *sm.* arguzia, finezza, eleganza, grazia, → LEPIDEZZA.

lèpre, *sf.* lèpore, levre || leprotto, lepracchiotto, lepretta, lepricciola, leprone, leproncello, leproncino, lepratto.
nomencl. doratura, peduccio, zampetto, covo, lepraio o leporaio || segugio, levriere || salmí || giovane, grossa, veloce, lenta || *verb.* acchiappare, accularsi, andare alla lepre, balzellare, battere, canizzare, pigliare, stare alla posta, scagnare, puntare, scovare.

lèrcio, *agg.* schifoso, stomachevole, sudicio, → SPORCO.

lerciúme, *sm.* → SUDICIUME.

lesèna, *sf.* pilastro incassato, a risalto, parasta.

lésina, *sf.* || *fig.* grettezza, meschinità, spilorceria, taccagneria, tirchieria, sordidezza, → AVARIZIA.
nomencl. compagnia della lesina, politica della lesina, lesinaio (*ant.*) || calzolaio.
contr. *fig.* larghezza, prodigalità, generosità, abbondanza.
lesinàre, *v.tr.* e *intr.* → ECONOMIZZARE, RISPARMIARE.
contr. largheggiare, abbondare.
lesióne, *sf.* taglio, scalfittura, ammaccatura, puntura, contusione, sfregio, ecchimosi, → FERITA || fenditura, incrinatura, crepa, screpolatura || torto, offesa, pregiudizio, → DANNO.
lesívo, *agg.* offensivo, dannoso, pregiudizievole, nocivo.
contr. giovevole, propizio, vantaggioso.
lessàre, *v.tr.* allessare, cuocere in acqua bollente.
lèssico, *sm.* dizionario, → VOCABOLARIO.
nomencl. lessicografia, lessigrafia, lessicografo, lessicografico.
lésso, *agg.* allesso, lessato || *sm.* bollito.
lestézza, *sf.* destrezza, prontezza, celerità, rapidità, velocità, scioltezza, prestezza, sollecitudine, accortezza, alacrità, → AGILITÀ || ASTUZIA.
nomencl. *verb.* pressare, incalzare, affrettare, sollecitare, spicciare, sbrigare, studiare, accelerare, avacciare, far presto, disbrigare.
contr. lentezza, pigrizia, torpidità, gravità.
lèsto, *agg.* svelto, celere, rapido, spedito, pronto, sbrigativo, fulmineo, ratto, sollecito, spiccio, veloce, → AGILE, ABILE || corto, semplice, → BREVE || destro, → ASTUTO || alla lesta, → BREVEMENTE.
contr. lento, tardo, pigro, torpido, neghittoso, complicato, macchinoso.
lestofànte, *sm.* → IMBROGLIONE.
letàle, *agg.* funesto, fatale, → DANNOSO, MORTALE.
letamàio, *sm.* → CONCIMAIA.
letàme, *sm.* fimo, sterquilinio, concio, strame, stabbio, → CONCIME || *fig.* immondizia, sudiciume.
letàna, *sf.* *ant.* litania.
letargía, *sf.* → LETARGO.
letàrgo, *sm.* letargia; sonnolenza, sonno profondo, ibernazione.
letízia, *sf.* → GIOIA, FELICITÀ, ALLEGRIA || FESTA.
letiziàre, *v.tr.* letificare, rallegrare, dar letizia || *intr. rifl.* → GIOIRE.
lètta, *sf.* → LETTURA.
lèttera, *sf.* carattere, segno dell'alfabeto || monogramma, sigla, cifra || missiva, epistola, biglietto, cartolina, circolare, breve, bolla, diploma, enciclica, dispaccio, patente, pastorale, rapporto, telegramma, pistolotto, memoriale || senso letterale, preciso, *ad literam* || *pl.* → CORRISPONDENZA || letteratura.
nomencl. (*grammatica*) consonante, vocale, aspirata, dentale, labiale, gutturale, liquida, muta, nasale, palatale, eufonica, iniziale, maiuscola, minuscola, corsiva, capitale, cubitale || (*corrispondenza e di altri tipi*) ferma in posta, raccomandata, per espresso, assicurata, affrancata, tassata || controlettera, credenziale, lettera d'avviso, lettera di cambio o cambiale, lettera di credito, lettera di porto, lettera di investitura, rogatoria, lettera apostolica, di richiamo || (*elementi*) intestazione, indirizzo, data, chiusa, poscritto, postilla, soprascritta, firma, busta || (*inerenti*) sigillo, ceralacca, copialettere, pesalettere, stecca || carteggio, epistolario, plico, piego || corriere, latore, mittente, destinatario, portalettere, procaccia || *agg.* autografa, anonima, confidenziale, convenzionale, commendatizia, dedicatoria, familiare, amichevole, gratulatoria, informativa, riservata, personale, ufficiale, ufficiosa, minacciosa, minatoria, responsiva, scusatoria || di favore || *verb.* accludere, includere, compiegare, datare, dirigere, dispacciare, impostare, spedire, piegare, recapitare, portare, consegnare, ricevere, respingere, rimandare al mittente, rispondere, scorrere, stendere, trascrivere, leggere, rileggere, vergare.
letteràle, *agg.* formale, materiale, preciso, testuale.
contr. spirituale, anagogico, simbolico, allegorico || approssimativo, a senso.
letteralménte, *avv.* alla lettera, testualmente, formalmente.
contr. approssimativamente, allegoricamente, riassuntivamente, a senso.
letteràto, *sm.* istruito, perito, erudito (in materie letterarie), scrittore, autore, uomo di lettere, compilatore, poligrafo, pubblicista, dotto.
nomencl. (*specificazioni*) poeta, novelliere, romanziere, prosatore, saggista, giornalista, apologista, modernista, tradizionalista, classicista, umanista, dantofilo, dantista, ellenista, latinista, glossatore, rapsodista, trecentista || virtuoso, dilettante, appassionato.
contr. illetterato, ignorante.
letteratúra, *sf.* lettere, studi umanistici, umanità || produzione letteraria || bibliografia (intorno a un argomento) || *spreg. ant.* letteraggine.
lettièra, *sf.* strame, giaciglio || → LETTO.
lettíga, *sf.* portantina, bussola, basterna, seggiola, sedia gestatoria, → CARROZZA || BARELLA, BARA.
lètto, *sm.* giaciglio, covo, covile, culla, talamo, cuccia, branda, amaca, tavolaccio || *fig.* matrimonio || fondo, alveo (dei corsi d'acqua).
nomencl. (*tipi*) matrimoniale, nuziale, funebre || a uno o due posti, ribaltabile, a ruote, bastardo, cortinato, di compenso, di ferro, di legno, parato, da campo, da tenda, operatorio, ortopedico, terapeutico || di rose, di spine || (*parti*) lettiera, armatura, asserelle, canali, capo di letto, cassa, cavalletti, cigne del letto, colonne, dadi, fusto, gambe, guide, molle, panchette, piano del letto, piede, ruote, spalletta, sponda, testata, traverse, viti || balza, tornaletto, capezzale, carello o piumaccio o pulvinare, guanciale, catalogna, celone, coperta o coltre, coltrice, coltroncino, copripiedi, cuscino, elastico, federa, feltro, lenzuolo, materassa, pagliericcio, saccone, piuma, sopraccoperta, stramazzo, trapunta || baldacchino, bordura, capoletto, carpita, cielo del letto, cortinaggio, cortine, drappellone, finale, frangia, gala, incerato, palmizio, padiglione, paracielo, parato, pendaglio, pomo, tenda da letto, tornaletto, zanzariera || (*attinenti*) archetto, arcuccio, buca, cartoccio, comodino da notte, crine, lana, piuma, candela, piletta, predellino, scaldaletto, seggetta, sfrucandolo, tavolino da notte, vaso da notte, trabiccolo, traliccio || alcova, camera da letto, corsello, soppalco o palchetto, stretta, decubito, corsia, buca || *agg.* lettereccio ||

duro, morbido, soffice, molle, pronto, fatto, rifatto, sfatto, spianato, geniale, infossato, usato || *verb.* abballinare, battere, sprimacciare le materasse, cambiare le lenzuola, mettere fuoco a letto, fare o disfare, riscaldare, preparare, ravviare, rincalzare, rivoltare, rizzare, scrudire, spianare il letto || smuovere il saccone, spiumacciare || acchiocciolarsi nel letto, allettare, andare a letto, buttarsi a letto o sul letto, buttarsi giú, cacciarsi sotto le lenzuola, coccolarsi, consumare le lenzuola, dare rivoltoni o volte nel letto, discendere o scendere dal letto, distendere o stendere le cuoia, giacere, rannicchiarsi, rotolarsi, stare a letto, rintuzzarsi, sdraiarsi, allungarsi nel letto.

lettóre, *sm.* leggitore, anagnoste; divoratore di libri.

lettúccio, *sm.* → BARELLA.

lettúra, *sf.* guardata, letta, scorsa || interpretazione, commento || lezione, conferenza.

leucemía, *sf.* leucocitosi.

lèva[1], *sf.* coscrizione, mobilitazione → CHIAMATA, ARROLAMENTO.

nomencl. (*persone*) coscritto, recluta, renitente, abile, riformato, rivedibile, rimandato || obiettore di coscienza || (*inerenti*) classe, categoria || lista, ferma, commissario, consiglio || *verb.* visitare, reclutare, arrolare, rimandare, riformare, congedare.

lèva[2], *sf.* manovella, martinetto, controleva, agucchia, cricco, palo, vetta || *fig.* stimolo.

nomencl. (*distinzioni*) di primo, di secondo, di terzo genere || chirurgica, ostetrica || (*parti*) braccio, fulcro, potenza, resistenza, punto di appoggio, manubrio, menatoio.

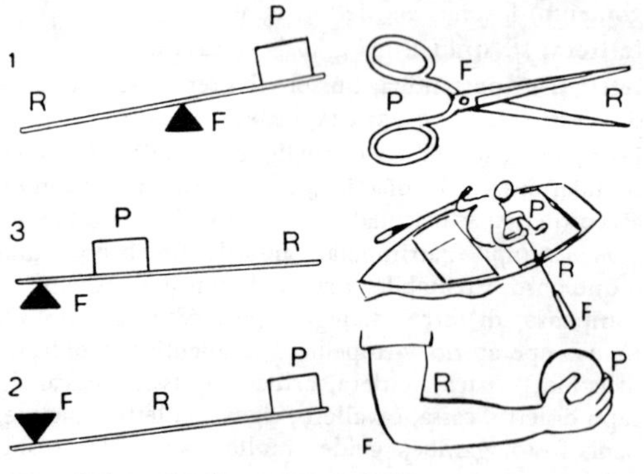

LEVA – 1) leva di primo genere; 2) di secondo genere; 3) di terzo genere; P) potenza; F) fulcro; R) resistenza.

levànte, *sm.* oriente, est.

contr. ponente, occidente, ovest.

levantíno, *agg.* e *sm.* orientale.

contr. occidentale.

levàre, *v.tr.* sollevare, mandar su, èrgere, innalzare, elevare, erigere, adergere, rilevare, esaltare, → ALZARE || tirare via, portare via, portare altrove, rimuovere, cavare, sottrarre, abolire, privare, → ABBANDONARE, TOGLIERE || *rifl.* sollevarsi, alzarsi, → EMERGERE || allontanarsi, → ANDARE.

contr. abbassare || mettere, porre, introdurre.

levatríce, *sf.* → COMARE, OSTETRICA.

levatúra, *sf.* ingegno, → INTELLIGENZA.

levigaménto, *sm.* → LISCIAMENTO.

levigàre, *v.tr.* rasare, limare, pulire, → LISCIARE.

contr. irruvidire.

levigatézza, *sf.* liscezza, morbidità, politezza.

contr. ruvidezza, ruvidità, asprezza, scabrosità.

levigàto, *pps.* di levigare || *agg.* limato, polito, morbido, → LISCIO.

contr. ruvido, scabro, aspro.

levità, *sf.* → LEGGEREZZA, TENUITÀ.

levrière, *sm.* → CANE.

levulòsio, *sm.*

contr. destrosio.

lèzio, *sm.* moina, invenia, smanceria, leziosaggine, leziosità, vezzo, smorfia, svenevolezza, daddolo, ostentazione, → AFFETTAZIONE.

contr. sgarberia, sgarbo, villania, brutalità, violenza || naturalezza, spontaneità, maturità.

lezióne, *sf.* prolusione, conferenza, → INSEGNAMENTO, DISCORSO || iniziazione, avviamento, istradamento || variante, dicitura (d'un testo) || *fam.* rimprovero, sgridata, lavata di capo, paternale, castigo, esempio.

leziosàggine, *sf.* → LEZIO.

leziosità, *sf.* → LEZIO.

lezióso, *agg.* smanceroso, svenevole, smorfioso, cascante, manierato, daddolone, schifiltoso, molliccio, arzigogolato, ostentato, → AFFETTATO, FALSO || scrittore lezioso, → ARCADE.

contr. sgarbato, energico, brusco, brutale || naturale, spontaneo.

lézzo, *sm.* → PUZZO.

lí, *avv.* → LÀ.

libagióne, *sf.* → LIBAZIONE.

libàme, *sm.* → LIBAZIONE.

libàre, *v.tr.* delibare, gustare, pregustare, assaggiare || → BERE.

libazióne, *sf.* libagione, libame, → BEVUTA.

libèllo, *sm. lett.* piccolo libro, libretto || pubblicazione diffamante, *pamphlet* (*fr.*) → GIORNALE.

libèllula, *sf.* cavalocchio.

liberàle, *agg.* schietto, sincero, libero, → GENEROSO, CARITATEVOLE, LARGO, CORTESE || fautore di libertà, democratico, borghese, progressista || fautore del liberalismo || *ant.* licenzioso.

nomencl. partito, tradizione, atteggiamento || arti liberali.

contr. avaro, tirchio, parsimonioso || illiberale, autoritario, reazionario, conservatore, codino || arti meccaniche.

liberalità, *sf.* → GENEROSITÀ, GRANDEZZA, CORTESIA || regalo, dono, → BENEFICIO.

liberàre, *v.tr.* emancipare, francare, affrancare, sciogliere, svincolare, disimpegnare, disincagliare, divincolare, districare, scatenare, scarcerare, sprigionare, snodare, slacciare, sbrogliare, prosciogliere, esentare, esimere, disobbligare, assolvere, salvare, redimere, riscattare, solvere, sottrarre, depurare, → ALLEGGERIRE || togliere o togliersi da imbarazzo o da intrigo, levarsi d'attorno, liberarsi da una seccatura, sottrarsi a un pericolo, togliersi dalle grinfie o dalle unghie, cavarsi un vizio o un difetto d'addosso || *rifl.* → EVITARE.

nomencl. indipendenza, autonomia, affrancazione, libertà.

contr. legare, avvincere, incatenare, imprigionare, arrestare, asservire, attanagliare, annodare, impastoiare, irretire.

liberatóre, *agg.* e *sm.* redentore, affrancatore, salvatore, riscattatore.

contr. oppressore, tiranno, soffocatore, despota.

liberazióne, *sf.* emancipazione, indipendenza, affrancazione, disimpegno, disincaglio, scarcerazione, sprigionamento, proscioglimento, esenzione, assoluzione, soluzione, redenzione, salvezza, scioglimento, affrancamento.

nomencl. guerriglia, guerra di indipendenza; moto, esercito di liberazione.

contr. asservimento, schiavitú, assoggettamento, incatenamento, legame, legatura.

liberísmo, *sm.* libero scambio.

contr. protezionismo, dirigismo.

líbero, *agg.* emancipato, indipendente, affrancato, disimpegnato, non soggetto, senza soggezione, autonomo, padrone di sé, → IMMUNE, ESENTE, FRANCO, ASSOLUTO || DISOCCUPATO || celibe o nubile || *estens.* ardito, licenzioso, libertino || non letterale (di traduzione).

contr. servo, schiavo, legato, impedito, asservito || occupato || coniugato.

libertà, *sf.* indipendenza, emancipazione, franchigia || arbitrio, facoltà || licenza, → FAMILIARITÀ, FRANCHEZZA || permesso, concessione.

nomencl. (*esempi*) individuale, collettiva, personale, morale, fisica, naturale, religiosa, politica, civile, commerciale, giuridica, sociale, artistica, di pensiero, di coscienza, di culto, di stampa, di associazione e riunione, d'insegnamento, di opinione, di sciopero, di parola, di espressione, di fede || provvisoria, vigilata || (*inerenti*) licenza, sequestro, obbligazione, dovere, coscienza, libero arbitrio, reazione || liberticida || *agg.* assoluta, completa, totale, piena, relativa.

contr. schiavitú, tirannia, dittatura, soggezione, dipendenza, servitú, obbligo.

libertàrio, *sm.* anarchico, antistatale, individualista, ribelle, egualitario.

contr. reazionario, conservatore, codino || autoritario, totalitario, statolatra, dittatoriale.

libertinàggio, *sm.* → SCOSTUMATEZZA, LUSSURIA.

libertíno, *agg.* e *sm.* dissoluto, vizioso, donnaiolo, lussurioso, lubrico, → SCOSTUMATO || *ant.* figlio di liberto; fautore di tolleranza, libertà religiosa, democrazia.

contr. costumato, morigerato, casto, puro.

libídine, *sf.* voglia smodata, appetito disordinato, brama sessuale, foia, fregola, concupiscenza, sensualità, lussuria, lascivia, → AMORE.

contr. frigidezza, temperanza, moderazione, castità, morigeratezza.

libidinóso, *agg.* lussurioso, sensuale, lascivo, dissoluto, impudico.

contr. casto, frigido, temperato, morigerato.

líbito, *sm. poet.* capriccio, → VOGLIA, PIACERE.

líbra, *sf.* → BILANCIA.

nomencl. zodiaco.

libràre, *v.tr.* pesare, equilibrare, soppesare, → GIUDICARE, BILANCIARE || *rifl.* stare in aria, equilibrarsi.

contr. piombar giú, cadere a terra.

librería, *sf.* biblioteca || scansia, scaffale, palco, palchetto || negozio, → BOTTEGA || serie di pubblicazioni.

líbro, *sm.* volume, tomo, fascicolo, opuscolo, dispensa, incunabolo, manoscritto.

nomencl. acefalo, anonimo, adespoto, alla macchia, autentico, fuori commercio, postumo, proibito, all'indice, *ad usum Delphini* || a una colonna, a due colonne, miniato, illustrato, interfogliato, leggibile, illeggibile, intonso, raffilato, tagliato, legato, rilegato, slegato, cucito, scucito, completo, scompleto, sfasciato, strappato, sciolto, nuovo, usato, corretto, scorretto, controstampato, rubricato, (*per contenuto*) scientifico, teologico, tecnico, letterario, filosofico, scolastico, di testo, di lettura, commerciale, mercantile || (*equivalenti*) abaco o abbaco, abbecedario, sillabario, dizionario, calepino, vocabolario, enciclopedia, atlante, antologia, tesoro, tesoretto, miscellanea, zibaldone || manuale, opera, memoriale, epitome, codice, concordanza, glossario, rimario, innario, erbario, sempliciario, martirologio, necrologio, notiziario || almanacco, annuario, lunario, calendario, effemeride || agenda, diario, albo o album, prontuario, protocollo, quaderno, repertorio, rubrica, taccuino, *vademecum* || registro, libro dei conti, libro paga, libro cassa, vacchetta, brogliaccio o brogliazzo || libello, libretto, libercolo, bigino, dantino, libro dei perché, libro nero, libro d'ore, gran libro, libri sacri || (*libri di chiesa*) registri dei morti, dei battesimi, dei matrimoni || breviario, antifonario, apocalisse, bibbia, catechismo, corale, esamerone, evangeliario, filotea, libro dei defunti, canone, pontificale, passionario, quaresimale, sacramentario, salterio, uffizio || veda || (*elementi*) antiporta, pagina, capitolo, capoverso, carta, foglio, colonna, corpo, costola, figura, filarino, frontespizio, guardia, indice (alfabetico, generale, parziale, degli argomenti, degli autori, dei nomi), linea, margine, occhiello, paginatura, paragrafo, principio, punte, retto o recto, verso, tavole, testatina, testa, veste, *incipit*, *explicit*, argomento, asterisco, avvertenza, nota, cataletti, richiamo, commento, compendio, dedica, *errata-corrige*, finale, frammento, giunta, appendice, infrascritto, iniziale, intestatura, intitolazione, introduzione, isagòge, numerazione, passo, richiamo, rimando, riepilogo, riassunto, segnatura, soscrizione, testata, testo, *colophon* || *ex-libris*, fodera, nastrino, segnalibro, stecca, tagliacarte, fermalibro || acciughe, tarma, rifioritura, tignola dei libri || (*persone*) antiquario, bibliofilo, collezionista, bibliomane, bibliografo, bibliotecario, bibliologo, autore, commentatore, glossatore, ermeneuta, illustratore, sillabarista, miniaturista, legatore, libraio, editore, tipografo, revisore, correttore || biblioteca, biblioteconomia, libreria, casa editrice, collezione, raccolta, serie, commercio librario || bibliofilia, bibliomania || *agg.* buono, cattivo, utile, inutile, dannoso, bello, raro, famoso, glorioso, artistico, dotto, falso, veritiero, ameno, allegro, manchevole, difettoso, sentenzievole, serio, brioso, spiritoso, umoristico, facile, pesante, dilettevole || *verb.* aprire, imbrachettare, impaginare, marginare, interfogliare, lardellare, raffilare, registrare, schedare, scompletare, gualcire, squinternare, steccare, strappare, lacerare, strapazzare || scrivere, compilare, chiosare, correggere, esaminare, espungere, spuntare, espurgare, interpolare, dedicare, intitolare, paragrafare, studiare, annotare, riepilogare, scartabellare, dare un'occhiata || smidollare, spogliare, svaligiare, svolgere, levar la polvere || contraffare, plagiare, incriminare, sequestrare || acquistare, vendere, commerciare, prestare, smarrire, perdere.

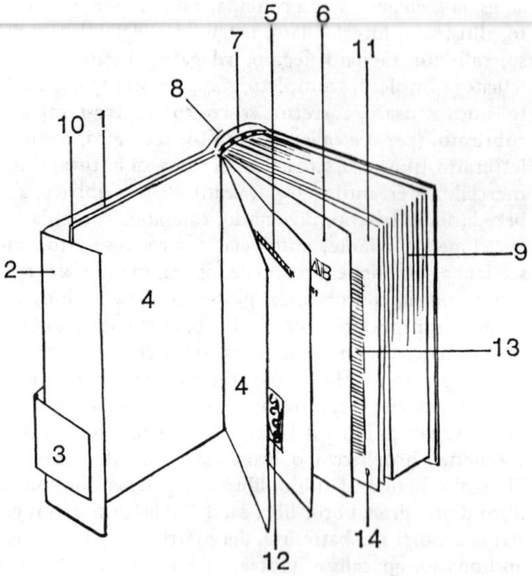

LIBRO – 1) coperta; 2) sopraccoperta; 3) fascetta; 4) risguardi; 5) occhiello; 6) frontespizio; 7) capitello; 8) dorso; 9) corpo; 10) punta; 11) pagina; 12) ex-libris; 13) testo; 14) numerazione.

libúrna, *sf.* → NAVE.
licantropía, *sf.* → PAZZIA.
licàntropo, *sm.* lupo mannaro.
licènza, *sf.* permesso, permissione, autorizzazione, consenso, concessione, → FACOLTÀ || commiato, congedo || → ECCEZIONE || incontinenza, abuso di libertà, libertà di costumi, sfrenatezza, licenziosità, sregolatezza, scostumatezza, immoralità, impudicizia, → DISSOLUTEZZA || BREVETTO, DIPLOMA.
nomencl. (*esempi*) di caccia, di pesca, di porto d'armi, di esercizio || ginnasiale, liceale, media, elementare || poetica || *verb.* dare, concedere, permettere, chiedere, prendere, andare (in), avere.
contr. divieto, freno || presentazione || abuso di potere, tirannia, statalismo, fiscalismo || morigeratezza, castigatezza, continenza, austerità, temperanza, castità, purezza.
licenziaménto, *sm.* → ALLONTANAMENTO.
licenziàre, *v.tr.* e *rifl.* accomiatare, dar licenza, dar commiato, congedare || mandar via, rimandare, scacciare, dare il benservito, dare gli otto giorni, destituire, escomiare, dispensare, bandire, mandare a spasso, sfrattare, disfarsi di uno, gettare sul lastrico, mettere alla porta, → ALLONTANARE || conferire o conseguire la licenza.
contr. assumere, accettare, accogliere, tenere, ricettare, ricoverare.
licenziosità, *sf.* → LICENZA.
licenzióso, *agg.* boccaccesco, scostumato, libertino, dissoluto, osceno, sfrenato, → IMMORALE.
contr. austero, morale, morigerato, temperante, casto, puro.
licèo, *sm.* scuola secondaria, scuola superiore.
nomencl. (*tipi*) classico, scientifico, magistrale, artistico, musicale || conservatorio.
lichène, *sm.* → MUSCO.
licitàre, *v.tr.* mettere all'incanto, all'asta, vendere al migliore offerente, offrire un miglior prezzo.
licitazióne, *sf.* → ASTA.
lído, *sm.* costa, piaggia, proda, spiaggia, riva, ripa, litorale, sponda, lito.
letézza, *sf.* → ALLEGRIA.
lièto, *agg.* allegro, esultante, gaudioso, gaio, giocondo, ameno, giulivo, prospero, felice, contento, gioviale, giocoso, ilare, ridente, di buon umore, →GIOIOSO, FESTIVO, FAUSTO, SODDISFATTO.
contr. mesto, malcontento, insoddisfatto, malinconico, inquieto, turbato, infelice, triste, sconsolato || tetro, accigliato, immusito, immusonito.
liève, *agg.* impercettibile, lene, tenue, → DAPPOCO, SFUMATO, FACILE, LEGGERO.
lieveménte, *avv.* leggermente, → FACILMENTE.
lievitàre o **levitàre,** *v.intr.* rigonfiare, fermentare, alzarsi, gonfiare, sollevarsi || *neol.* aumentare (dei prezzi, dei costi).
lièvito, *sm.* fermento || *fig.* germe, agitazione.
nomencl. naturale, artificiale, di birra.
lift, *sost. ingl.* → ASCENSORE.
lígio, *agg.* vassallo || soggetto, affezionato, dedito, devoto, fedele, legato, obbligato || lecchino, servo, schiavo.
contr. ribelle, contrario, ostile, nemico, avversario, avverso, indipendente, altero.
lignàggio, *sm.* discendenza, → FAMIGLIA, STIRPE.
lígneo, *agg.* → LEGNOSO.
ligníte, *sf.* → CARBONE.
ligústro, *sm.* → GIGLIO.
lílla, *sm. indecl.* serenella || gridellino.
lillipuziàno, *agg.* e *sm.* → BASSO, PICCOLO, NANO.
líma, *sf.* raspa, bastarda, scuffina, ingordina || *fig.* → PERFEZIONAMENTO.
nomencl. (*tipi*) a duro, a sghembo, a mandorla, tonda, mezzatonda, triangolare, piatta, quadrangolare, trapezia, gentile; da ferro, da legno, da taglio, sorda, da orefice.
limàccia, *sf. rar.* → LUMACA.
limàccio, *sm.* → LIMO.
limaccióso, *agg.* → FANGOSO.
limàre, *v.tr.* corrodere, levigare, lisciare, pulire, assottigliare, consumare, rodere, radere, raspare, scuffinare, tosare || *fig.* perfezionare, polire, mondare, correggere, migliorare.
limatóre, *sm. fig.* → CORRETTORE.
limière, *sm. rar.* → CANE.
límine, *sm. lett.* → SOGLIA.
limitàre¹, *sm.* → PORTA, SOGLIA || *fig.* entrata, → PRINCIPIO.
limitàre², *v.tr.* chiudere, circoscrivere, restringere, condizionare, definire, localizzare, delimitare, demarcare, rattenere, ridurre, diminuire, → DETERMINARE, DESCRI-

VERE, ECCETTUARE || *rifl.* non eccedere, contenersi, frenarsi.
contr. allargare, ampliare, dar sfogo, lasciar fare, permettere || abbandonarsi, largheggiare.
limitàto, *pps.* di limitare || *agg.* definito, precisato, determinato, ristretto, circoscritto, angusto, scarso, piccolo, → FINITO, DIMINUITO.
contr. illimitato, largo, ampio, spazioso, incircoscritto.
limitazióne, *sf.* angustia, restrinzione, ristrettezza || → DESCRIZIONE, ECCEZIONE.
límite, *sm.* confine, demarcazione, delimitazione, termine, → ESTREMITÀ, FINE || barriera, soglia, linea estrema, ultimo grado || divieto, proibizione, limitazione, costrizione.
nomencl. sbarra, steccato, muro, colonne d'Ercole, ultima Thule || *agg.* ultimo, estremo, invalicabile, insormontabile, minimo, massimo, accettato, imposto || *verb.* porre, assegnare, imporre, mettere, fissare, erigere, restringere, allargare, circoscrivere, eccedere, trasgredire, trascendere, passare, violare, trasmodare, varcare, sorpassare, derogare.
limítrofo, *agg.* finitimo, contiguo, accostato, confinante, vicino.
contr. staccato, lontano, distante.
límo, *sm.* limaccio, → FANGO.
limòsina, *sf.* → ELEMOSINA.
limosinàre, *v.intr.* → ELEMOSINARE, DOMANDARE.
limóso, *agg.* → FANGOSO.
limpidaménte, *avv.* → CHIARAMENTE.
contr. torbidamente, oscuramente, in modo garbugliato, confusamente.
limpidézza, *sf.* nitidezza, nitore, purezza, trasparenza, lucentezza, diafanità, → CHIAREZZA || serenità, linearità, sincerità, schiettezza.
contr. torbidezza, opacità, oscurità || ambiguità, tortuosità.
límpido, *agg.* nitido, puro, trasparente, cristallino, terso, diafano, candido, pulito, lucente, chiaro come l'ambra, netto, splendido, forbito, → CHIARO || *fig.* sereno, evidente || lineare, rettilineo semplice, schietto,
contr. torbido, oscuro, offuscato, fosco, opaco, sudicio || complicato, contorto, storto.
línce, *sf.* cerviere, cerviero, lupo cerviero, lonza.
lindézza, *sf.* lindura, mondezza, nitidezza, nettezza, politezza, → PULIZIA || eleganza, delicatezza, delicatura, attillatura.
contr. sporcizia, sudiceria, grossolanità, sciatteria, trasandatezza, trascuratezza.
líndo, *agg.* netto, nitido, → PULITO || attillato, azzimato, lustro, delicato, forbito, → ELEGANTE.
contr. sporco, sudicio, grossolano, trasandato, sciatto.
lindúra, *sf.* → LINDEZZA.
línea, *sf.* tratto, verso, riga, frego, filo || → DIREZIONE || foggia, contorno, sagoma, → FORMA || fila, filiera, fronte, termine, livello || lignaggio || → FRONTE (di combattimento).
nomencl. (*tipi*) ferroviaria, aerea, marittima, elettrica, ad alta tensione, telefonica, telegrafica || di battaglia, di confine, del fuoco, di tiro, di forza || (*specificazioni*) a piombo, gobba, a zig-zag, tortuosa, retta, curva, obliqua, perpendicolare, orizzontale, trasversale, diagonale, bisettrice, circolare, discendente, ascendente, regolare, irregolare, meridiana, mista, normale, punteggiata, tratteggiata, spezzata, subordinata, algebrica, parallela, antiparallela, artificiale, asintetica, concorrente, convergente, divergente, eccentrica, trascendente, universale || (*attinenti*) asse, bitangente, tangente, segmento, circonferenza, rettifilo, perimetro, diametro, direzione, proiezione, diagramma, freccia, parametro, raggio vettore, rientramento, secante, traiettoria, parabola || acclività, apotome, cuspide, divergenza, incidenza, inclinazione, intersecazione, obliquità, profilo, proiezione omolografica, spigolo || *verb.* tracciare, tirare, segnare, descrivere, rigare; convergere, coincidere, intersecare, modinare, obliquare, trovare l'appiombo || allineare, sottolineare, interlineare, sterlineare, delineare, tratteggiare || essere, mettersi in linea; mantenere, perdere la linea.

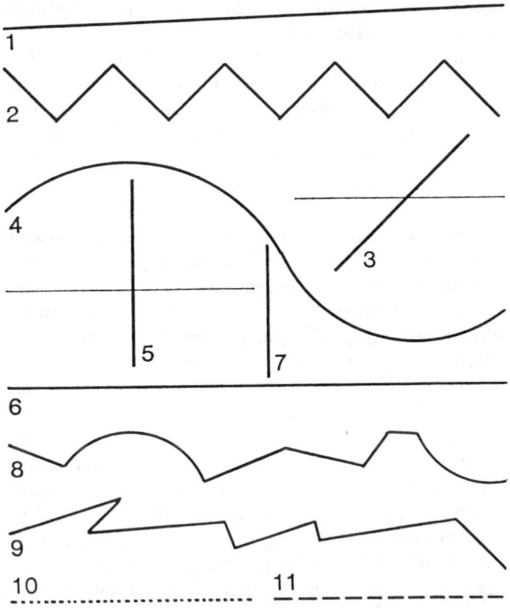

LINEA – 1) retta; 2) a zigzag; 3) obliqua; 4) curva; 5) perpendicolare: 6) orizzontale; 7) verticale; 8) mista; 9) spezzata; 10) punteggiata; 11) tratteggiata.

lineaménti, *sm. pl.* fattezze, fisionomia, sembianze, aspetto, linee del viso, → EFFIGIE.
nomencl. *agg.* delicati, graziosi, fini, gentili, rozzi, grossolani, marcati.
lineàre[1], *agg.* → PIANO, NATURALE.
lineàre[2], *v.tr.* disegnare, descrivere, delineare, sottolineare.
línfa, *sf.* umore, acqua || → FORZA.
linfagíte, *sf.* linfoadenite.
linfàtico, *agg.* anemico, debole, fiacco, fragile, senza energia.
nomencl. linfaticismo, temperamento linfatico, vasi linfatici, sistema linfatico.
contr. sanguigno, robusto, gagliardo, possente, forte.
linfatísmo, *sm.* anemia.
lingería, *sf. frs.* → BIANCHERIA.
língua, *sf.* || idioma, favella, loquela, parlata, pronun-

cia, dizione, → LINGUAGGIO || lingua di fuoco, → FALDA.
nomencl. (*parti*) dorso o dosso, base, filetto o frenulo o scilinguagnolo, ioide, apice, papille || (*fenomeni e malattie*) aglossia, allappamento, anchiloglosso, bariglossia, glossalgia, glossite, glossoplegia, paraglossia, patina, ranula, stomatite, tricoglossia || gusto, deglutizione || affumicata, salmistrata || *agg.* asciutta, secca, riarsa, umida, bagnata, patinosa, sporca, bianca, biancastra, grossa, incolorita, ingrossata, gonfiata, rossa, affilata, biforcuta, bifida, trisulca, sottile, sciolta, svelta, tagliente || *verb.* allogare, lambire, sciogliere, leccare, schioccare, trarre, metter fuori la lingua.

linguacciúto, *agg.* pettegolo, maldicente, arrogante, lingua mordace, maledico, ciarlone, linguetta, linguettaccia, linguaccia, → CHIACCHIERONE, PAROLAIO.
contr. taciturno, silenzioso, misurato, prudente.

linguàggio, *sm.* favella, lingua, gergo, parlata, idioma, modo di esprimersi, locuzione, loquela, sermone, vernacolo, dialetto, verbo.
nomencl. (*esempi*) ariano, gaelico, occitanico, etrusco, sanscrito, greco, latino, ladino, finnico, romanzo, esperanto, volapük || (*elementi*) fiore, grazia, gemma, ribobolo || arcaismo, atticismo, anglicismo, barbarismo, gallicismo, grecismo, idiotismo, itacismo, latinismo, neologismo, solecismo || correttezza, corruzione, impurità, proprietà, purità, ricchezza, unità, vecchiume || (*sussidi*) testo di lingua, calepino, glossario, lessico, vocabolario, dizionario, fraseologia, glossema || filologia, glottologia, etnografia, glossografia, grammatica, prosodia, ortografia, sintassi, ideologia, lessicografia, linguistica, morfologia, neologia, poliantèa, ortoepia || (*inerenti*) accento, analogia, aumento, latinità, cruscata, monosillabilità, pareggiamento, uso, pronuncia o pronunzia || (*persone*) benparlante, cruscante, linguaio, diglotto, dragomanno, grecista, latinista, itacista, etacista, lessicografo, linguista, morfologista, orientalista, poliglotto o poliglotta, purista, sinologo, torcimanno o turcimanno, bilingue, trilingue, multilingue, plurilingue, variolingue || Accademia della Crusca, Circolo filologico || *agg.* antiquato, aulico, bambinesco, bastardo o corrotto, bello, armonioso, bislacco, brutto, comune, corrente, dotto, esotico, familiare, figurato, filosofico, furbesco, fonetico, incerto, indocile, pieghevole, poetico, maccheronico, povero, ricco, rustico, sonante, solenne, stridente, classico, scolastico, curialesco, mercantile o commerciale, letterario, tecnico, nazionale, universale || *verb.* balbettare, parlare, possedere, scrivere, bestemmiare, borbottare, cinguettare, imbastardire, impoverire, masticare, slatinare, tradurre, francesizzare, infrancesare, latinizzare, raffinare, toscaneggiare o toscanizzare.

linguàto, *agg.* e *sm.* → CHIACCHIERONE.

lingueggiàre, → DIRE.

linguísta, *sm.* glottologo, filologo, linguaio (*spreg.*).

linguística, *sf.* → GLOTTOLOGIA.

líni, *sm. pl.* → BIANCHERIA.

liniménto, *sm.* fregagione, strofinamento, unzione.

líno, *sm.* bisso, bordatino, cambrí, vergatino, tela, linone.
nomencl. (*varietà*) comune, d'autunno, ravagno o rumbo, marzuolo, estivo, marino, greggio, gelsolino, nano, pratense, stellato, catartico, incombustibile || (*pertinenti*) accia, carpello, conocchia, gambi, lisca, semi, olio di lino, stoppa || corda, filo, garza, *linoleum*, linosa || *verb.* battere, conciare, canapulare, dirompere, dicanapulare, gramolare, macerare, maciullare, pettinare, sbarbare, strigliare, scapecchiare, scotolare, sgranare, svellere, scavezzare, strigliare.

linotipía, *sf.*
contr. monotipía.

linotípo, *sf. indecl. linotype.*
contr. monotipo.

linotype, *sost. ingl.* → LINOTIPO.

lionàto, *agg.* → DORATO.

lipemanía, *sf.* malinconia, oppressione, follia malinconica.

liquefàre, *v.tr.* e *rifl.* ridurre allo stato liquido || fondere, sciogliere, struggere, squagliare, stemperare, ammollire, disfare, dighiacciare.
contr. solidificare, coagulare, rapprendere.

liquefàtto, *pps.* di liquefare || *agg.* sciolto, stemperato, fuso, → DISTRUTTO.
contr. solidificato.

liquefazióne, *sf.* → FUSIONE.
contr. solidificazione.

liquidàre, *v.tr.* calcolare, assegnare, pagare || vendere a basso prezzo, svendere, cessare, ritirarsi dal commercio, consumare, terminare || *fig. neol.* liberarsi (di uno), eliminare, uccidere.

líquido, *agg.* fuso, sciolto, disciolto, liquefatto, → FLUIDO || *fig.* scorrevole, chiaro, limpido, tenero || *sm.* (di denaro) contante || liquore, umore, licore, succo, brodaglia, → BEVANDA.
nomencl. (*fenomeni e proprietà*) boba o bobbia, bolla, coagulo, deposito, fecciume, fondaccio, gelatina, goccia, panno, spuma, stilla, vapore || assorbimento, calefazione, capillarità, coagulazione, colliquescenza, deliquescenza, deplezione, effervescenza, osmosi, endosmosi, esosmosi, evaporazione, fluttuazione, imbibizione, imponderabilità, infiltrazione, ondulazione, precipitazione, profluvio, riassorbimento, saturazione, sincrisi, solidificazione, trasudazione || chiarificazione, colatura, depurazione, filtrazione, infusione, sterilizzazione, trasfusione || spruzzo, stillicidio, stroscia, zampillo, spuma || (*strumenti*) areometro, arganetto idraulico, assaggiatore idraulico, buretta, chiaritoio, colino, contagocce, densimetro, diavolo idrostatico, elatemometro, endosometro, idrometro, imbuto, mestatoio, nebulizzatore, piezometro, pipetta, provino, schizzetto, siringa, sifone, tubo, volùmetro || (*scienze*) ebulliometria, idrostatica, idraulica, idrometria || punto critico, punto di affioramento || *agg.* chiaro, scuro, torbido, coagulato, denso, lungo, annacquato, rappigliato, rappreso, rassodato, torbo, albiccio, assorbente, astersivo, deliquescente, diluente, effervescente, fioccoso, stillatizio, acquoso, gommoso, oleoso, lattiginoso, resinoso || *verb.* aggrumare, alliquidire, bagnare, coagulare, colare, depositare, didiacciare, emanare, illiquidire, inalbare, increspare, infiltrare, rischiararsi, riversarsi, sboccare, schizzare, scrosciare, trapelare, venir giú || allungare, assorbire, succhiare, assottigliare, bere, liquefare, mescere, mescolare, sbruffare, sciogliere, spargere, stemperare, travasare, versare, circonfondere, decantare,

depurare, diguazzare, dilagare, diluire, filtrare, fondere, stillare || trasudare, zampillare, affondare, galleggiare, immollarsi, infondere, inzupparsi.
contr. solido, solidificato, coagulato, rappreso, raggrumato.
liquóre, *sm.* → BEVANDA, LIQUIDO.
nomencl. (*esempi*) acquavite, acquarzente, alchermes, maraschino o amaraschino, anisetta, anice, assenzio, benedettino, rosolio, *bitter*, certosa, *cognac*, cordiale, crema, *curaçao* o curassò, elisir, estratto, *fernet*, ferro-china, gin o gineprino, grappa, *Kirsch*, *Kümmel*, limoncello, marsala, menta, melissa, mistrà, rum o *rhum*, *sherry*, *cherry brandy*, sidro, taffià, verdolino, *vodka* o vodca, vermut, *whisky* || (*inerenti*) alcolicità, sapore, aroma, estratto, essenza, fondata o feccia, gelatina, melasso, opalescenza || distillazione, lambicco, provino || alcolismo, liquorista, acquavitaio, distilleria || *agg.* forte, acre, raffinato, dolce, gradevole.
líra, *sf.* → CETRA || POESIA || costellazione.
lírica, *sf.* poesia, componimento lirico || melodramma.
nomencl. melica, trobadorica, dolce stil nuovo || (*generi*) ode, canzone, carme, sonetto, idillio, epigramma, ballata, elegia, satira, brindisi, capitolo, ditirambo || prosa lirica.
contr. prosa || musica da concerto o strumentale.
lirísmo, *sm.* sentimento poetico, empito, liricità.
lísca, *sf.* spina dorsale (dei pesci) || resta, vertebra, osso, spina.
liscézza, *sf.* levigatezza, morbidità.
contr. ruvidezza, ruvidità, grossolanità, scabrosità.
lisciaménto, *sm.* lisciatura, lisciata, levigamento, pulitura || *fig.* adulazione, piaggeria, piaggiamento, piacenteria, → LUSINGA.
lisciapiànte, *sm. indecl.* lisciatoio, → BISEGOLO.
lisciàre, *v.tr.* levigare, polire, rasare, piallare, spianare, pettinare, limare, strusciare || *fig.* adulare, blandire, piaggiare, lusingare, → CAREZZARE.
contr. irruvidire, rendere scabro || maltrattare.
lisciàta, *sf.* → LISCIAMENTO || LUSINGA.
lisciatína, *sf.* → LISCIAMENTO || LUSINGA.
lisciàto, *pps.* di lisciare || *agg.* → LISCIO.
lisciatóio, *sm.* lisciapiante, → BISEGOLO.
lisciatúra, *sf.* → LISCIAMENTO.
líscio, *agg.* glabro, rasato, depilato, lisciato, spianato, levigato, piallato, piano, lustrato, morbido || *fig.* leccato, impomiciato, lustro || schietto, semplice, puro || senza ostacoli → FACILE.
contr. ruvido, scabro, irto, arruffato, cresputo, duro, complicato.
liscíva o **liscívia,** *sf.* ranno.
lísi, *sf. indecl.*
contr. crisi.
líso, *agg.* frusto, → LOGORO || *fig.* consumato, consunto.
lissofobía, *sf.* patofobia.
lísta, *sf.* striscia, → FASCIA || CONTO || nota, tabella, → ELENCO, CATALOGO, RUOLO, INVENTARIO.
listèllo, *sm.* → FASCIA.
listíno, *sm.* elenco, bollettino (di prezzi, del cambio, di quotazioni), → NOTA, BORDERÒ.
litanía, *sf.* letana, invocazione || *fig.* filastrocca, filatessa, tiritera, cantafera, sequela.
litantràce, *sm.* → CARBONE.
líte, *sf.* controversia giudiziaria, causa legale, → GIUDIZIO || briga, contesa, discussione, alterco, impegno, piato, taccola, vertenza, → LITIGIO, DISCORDIA, BATTAGLIA.
nomencl. (*distinzioni*) amministrativa, civile, commerciale, penale, religiosa, politica || specifica, incidentale, principale, petitoria, possessoria, pregiudiziale, contumaciale, d'intervento, di prima istanza, finita, giudicata, formale, sommaria, impregiudicata, irresolvibile, passata in giudicato, agitata || (*elementi*) allegazione, ampliazione, argomentazione, articolo di ragione, azione, citazione, clausola, collusione, comparsa, compromesso, contestazione, conclusioni, declaratoria, delazione di giuramento, denunzia della lite, domanda, duplica, eccezione, esperimento delle vie legali, estremo dell'azione, evizione, istanza, istruzione, *legis actio*, motivo, merito della causa, posizioni, pregiudiziale, recesso, redibizione, requisitoria, riconvenzione, ricusazione, rinvio, spedizione, subingresso, suspicione || accomodamento, arbitrato, atto, capitolo, competenza, decisione, diritto giudiziario, giudizio arbitrale, patrocinio, transazione || (*persone*) avversario, cognitore, collitigante, compromissario, litigante, testimonio, parte, patrocinatore, avvocato, procuratore legale || *agg.* buona, certa, disperata, imbrogliata, intricata, incerta, dubbia, insostenibile, persa, sballata, spallata, ben condotta || *verb.* agitare, vertere, perdere, vincere || addirizzare, agire, leticare, litigare, aggiornare, appellare, attitare, avere una causa con uno, avocare, chiamare la causa, citare, far citare, comparire in giudizio, compulsare, controvertere, dar causa vinta, deferire, perdere una lite, riconvenire; spedire una questione, una causa; promuovere, questionare, intentare, patrocinare.
contr. pacificazione, accordo, accomodamento, pace.
litíasi, *sf. indecl.* → CALCOLOSI.
litichíno, *sm.* letichino, litighino, attaccalite, attaccabrighe, accattabrighe, liticone, litigone, litigante, litigioso, petulante, rissoso, impegnoso, attizzino.
contr. pacifico, mite, arrendevole, uomo pacifico, pacioso, pacioccone.
liticóne, *sm.* → LITICHINO.
litigànte, *ppr.* di litigare || *agg.* e *sm.* attore, convenuto, avversari, parti, → CONTENDENTE || LITICHINO.
litigàre, *v.intr.* leticare, lottare, gattigliare, abbaruffare, accapigliarsi, accatricchiarsi, altercare, bisticciare, competere, colluttare, concorrere, contraddire, tenzonare, dibattere, contestare, disputare, gareggiare, piccarsi, proverbiarsi, provocarsi, questionare, rimbeccarsi, rosicchiarsi, riottare, taccolare, rissare, trovar lite, venire alle mani, prendersi a tu per tu, rampognarsi, svillaneggiarsi, venire a contesa, piatire, venire alle rotte; venire ai ferri corti, alle brutte; prendersi per i capelli, cavarsi gli occhi, → CONTENDERE.
contr. essere d'accordo, andare d'accordo, accordarsi, mettersi d'accordo, far pace, rappacificarsi, metter pace, rimettere nel fodero la spada.
litighíno, *sm.* letichino, → LITICHINO.
litígio, *sm.* lite, lotta, alterco, accapigliatura, accapigliamento, bisticcio, batracomiomachia, bega, briga,

cagnara, battibecco, baruffa, contesa, chiassata, contendimento, contraddittorio, contrasto, causa, contestazione, controversia, dibattimento, dibattito, disputa, dissenzione, diverbio, gara, gazzarra, imbizzarrimento, impegno, pettegolezzo, piazzata, querela, questione, scalpore, scandalo, scena, scenataccia, scenata, taccola, tenzone, rissa, tafferuglio, vertenza, zuffa.
nomencl. *verb.* attizzare, suscitare, accendere, seminare, assopire, sopire, calmare, quietare, entrare in mezzo, stabilire la pace, menar pace.
contr. accordo, pace, pacificamento, accomodamento, pacificazione.
litigióso, *agg.* → LITICHINO, ATTACCABRIGHE, BISBETICO.
líto, *sm. lett.* → LIDO.
litografía, *sf.* autografia, cromolitografia, fotocromolitografia, incisione, fotolitografia.
nomencl. *(pertinenti)* pietra litografica || torcoliere, litografo || torchio, colori, lastra || *verb.* autografare, litografare.
litología, *sf.* → GEOLOGIA.
litòlogo, *sm.* geologo, mineralogista, mineralista.
litoràle, *sm.* → LIDO.
lítro, *sm.*
nomencl. un decimetro cubo || decilitro, centilitro, decalitro, ettolitro, chilolitro.
lítuo, *sm.* verga, → BASTONE.
liturgía, *sf.* rituale, rito, cerimoniale, ufficiatura, culto.
nomencl. *(distinzioni)* anglicana, gallicana, benedettina, romana, ambrosiana, greco-ortodossa, armena, orientale, mozarabica, lionese || *(elementi)* colore, lingua, pittura, scultura, canto, libri, ordinario, vesti, celebrante, aiutante.
litúrgico, *agg.* → SACRO.
livèlla, *sf.* livello, traguardo.
nomencl. *(tipi)* a bolla d'aria, ad acqua, a cannocchiale.
livellaménto, *sm.* appiattimento, uguaglianza, uniformità, → EQUIVALENZA.
livellàre, *v.tr.* appianare, spianare, pareggiare, aggguagliare, aggiustare, uguagliare || *intr.* e *rifl.* mettersi allo stesso livello.
contr. ammonticchiare, infossare, differenziare, spiccare, distanziare, alzare, ergere, spareggiare, distinguere, elevare.
livèllo, *sm.* livella, traguardo || grado, altezza, profilo, superficie || → CANONE.
nomencl. *(inerenti)* enfiteusi, livellario, direttario.
lívido, *agg.* → GRIGIO || *sm.* lividura, ammaccatura, lividore, macchia, → ECCHIMOSI.
nomencl. *(equivalenti)* calamaio, occhiaia, ciprigna, incapestratura o risegatura, vibice || contusione, percossa.
lividóre, *sm.* → LIVIDO, ECCHIMOSI.
lividúra, *sf.* → LIVIDO, ECCHIMOSI.
livóre, *sm.* astio, rancore, risentimento, → ODIO, INVIDIA.
livrèa, *sf.* assisa, uniforme || *fig.* abito servile, condizione servile.
nomencl. *(attinenti)* galloni, passamani || *loc.* in polpe.
lízza, *sf.* recinto, steccato, campo || → GARA.
locàle, *agg.* del luogo, di un luogo, proprio di un dato paese, tòpico || limitato, circoscritto || *sm.* stanza, vano, camera || → LUOGO.
contr. esterno, di altri luoghi, di altro paese, forestiero || generale, universale, ecumenico.
località, *sf.* → LUOGO.
localizzàre, *v.tr.* → SITUARE || circoscrivere, limitare, ridurre, isolare, restringere, determinare.
contr. estendere, allargare, dilagare, ampliare, generalizzare.
locànda, *sf.* → ALBERGO.
locandière, *sm.* → OSTE.
locandina, *sf.* manifesto, affisso (teatrale o cinematografico).
locàre, *v.tr.* → AFFITTARE || collocare, allogare, mettere.
locatàrio, *sm.* → FITTAVOLO, CONTRAENTE.
contr. locatore.
locatóre, *agg.* e *sm.* → CONTRAENTE.
contr. locatario.
locazióne, *sf.* impiego d'opera, opera contratto, → AFFITTO.
locomotíva, *sf.* vaporiera, macchina (ferroviaria), motrice, automotrice, locomotrice, locomotore.
nomencl. *(tipi)* a vapore, elettrica, accoppiata || *(persone)* macchinista, aiuto-macchinista, fochista, scaldatore || *tender*, carro scorta || treno, convoglio || → FERROVIA.
locomotóre, *sm.* → LOCOMOTIVA.
locomotríce, *sf.* → LOCOMOTIVA.
lòculo, *sm.* → NICCHIA.
locústa, *sf.* cavalletta || *fig.* persona dannosa, noiosa, rapace.
locuzióne, *sf.* → FRASE, DICITURA, ESPRESSIONE.
lodàbile, *agg.* → LODEVOLE.
lodàre, *v.tr.* elogiare, celebrare, commendare, decantare, glorificare, conclamare, encomiare, esaltare, incensare, lusingare, osannare, onorare, magnificare, piaggiare, adulare, piacentare, sublimare, → GLORIARE, ACCLAMARE, BENEDIRE, ESTOLLERE || approvare, consentire, condividere.
contr. disapprovare, biasimare, criticare, censurare, condannare, flagellare, detrarre || avere del livore (con uno).
lodatívo, *agg. rar.* lodatorio, laudatorio, elogiativo, encomiastico, gratulatorio.
contr. spregiativo, diffamatorio.
lodàto, *pps.* di lodare || *agg.* benedetto, → GLORIOSO.
nomencl. sullodato.
lodatòrio, *agg.* laudatorio, → LODATIVO.
lòde, *sf.* applauso, elogio, laudazione, encomio, consenso, celebrazione, incensamento, panegirico, apoteosi, adulazione, ammirazione, commendazione, consenso, omaggio, fama, gloria, onore, plauso, preconio, reputazione, inno, vanto, tributo, incensata, incenso, esaltazione, acclamazione. || *pl.* parte dell'ufficio divino.
nomencl. *agg.* clamorosa, iperbolica, esagerata, eccessiva, immeritata, ampia, amplissima, piena, alta, sublime, imperitura, eterna, immortale, fuggevole, breve, vana, umana, meschina, misera, immeritata, scroccata, falsa, servile, lusinghiera, schietta, sentita, genuina, cordiale, delicata || *verb.* celebrare, glorificare, lodare, esaltare, tributare, dare, tessere, attribuire, rendere, prodigare, cantare, innalzare, intonare, recitare || alzare al cielo, portare alle stelle, innalzare al

settimo cielo, portare ai sette cieli o in palmo di mano, strombazzare.
contr. biasimo, disapprovazione, censura, condanna, livore, detrazione, disprezzo, diffamazione.
lodévole, *agg.* lodabile, commendevole, degno di lode, encomiabile, meritorio, meritevole, mirabile, ammirabile, ammirevole, glorioso, onorevole, premiabile, → EDIFICANTE.
contr. biasimevole, spregevole, riprovevole, criticabile, censurabile, condannabile, condannevole, disprezzabile.
lòdo, *sm.* → GIUDIZIO.
lòdola, *sf.* → ALLODOLA.
logarítmo, *sm.*
nomencl. (*attinenti*) base, caratteristica, mantissa, modulo, sistema, interpolazione || tavola, teoria.
loggétta, *sf.* → LOGGIA, BALCONE.
lòggia, *sf.* loggiato, ballatoio, ringhiera, galleria, loggione, portico, porticato, peristilio, palchetto, loggetta, terrazza, veranda, → BALCONE.
nomencl. *verb.* alloggiare, sloggiare, diloggiare,
loggiàto, *sm.* → LOGGIA.
loggióne, *sm.* ultima galleria, lubbione, piccionaia.
lògica, *sf.* giustezza di ragionamento, raziocinio, criterio, argomentazione || dialettica.
nomencl. (*suddivisione*) teoretica, pratica || ermeneutica, sofistica || (*inerenti*) argomentazione, affermazione, assioma, categoria, credibilità, estremi, fonte, lemma, modo ponente, modo tollente, opposizione, paralogismo, posteriorità, postulato, precogniti, predicazione, presunzione, princípi logici del ragionamento (di contraddizione, di identità, del terzo escluso), proposizione, relazione, rispetto, riduzione all'assurdo, sillogismo, sofisma.
lògico, *agg.* → COERENTE || razionale, → RAGIONEVOLE || *sm.* ragionatore, loico (*ant.*).
contr. illogico, contraddittorio.
logismografía, *sf.* → RAGIONERIA.
logismògrafo, *sm.* → RAGIONIERE.
lòglio, *sm.* zizzania, erbaccia, erba parassita.
logoclonía, *sf.* afasia, logorrea, abburattamento.
logogrífo, *sm.* → ENIMMA.
logomachía, *sf.* polemica, disputa, discussione, questione vana, sofisma, → ASSURDITÀ.
logoraménto, *sm.* → LOGORIO.
logoràre, *v.tr.* guastare, sfare, sciupare, strucinare, → CONSUMARE || FIACCARE || *rifl.* → INVECCHIARE.
contr. restaurare, ristorare, ricostruire || rinvigorire.
logoràto, *pps.* di logorare || *agg.* → LOGORO.
logorío, *sm.* logoramento, sciupio, invecchiamento → ATTRITO, CONSUMO.
lógoro, *agg.* logorato, frusto, consumato, consunto, liso, mal ridotto, disfatto, ragnato, roso, spelato, spelacchiato, tarlato, trito, mangiato, smangiato, sbertucciato, sforacchiato, sgangherato, squinternato, → GUASTO || *fig.* sciupato, stanco, invecchiato, vizzo, affaticato, smunto, → DEBOLE.
contr. nuovo, intatto, compatto || ristorato, ringiovanito.
logorrèa, *sf.* abburattamento, logoclonia, afasia || loquacità, verbosità, parlantina.
lòia, *sf. rar.* → SUDICIUME.
lòico, *agg.* → RAGIONEVOLE || *sm.* ragionatore, → LOGICO.
loiolésco, *agg.* gesuitico, → GESUITA || *fig.* → FALSO.
lòlla, *sf.* loppa, pula, gluma, buccia, → GUSCIO.
lombàta, *sf.* lombo, lonza, filetto, àrista.
lómbo, *sm.* fianco, rene || → LOMBATA.
nomencl. destro, sinistro || slombato, lombaggine || *verb.* dilombare, slombare.
lombríco, *sm.* verme di terra.
longànime, *agg.* generoso, → PAZIENTE, TOLLERANTE.
longanimità, *sf.* generosità, → PAZIENZA, TOLLERANZA.
longarína o **longherína,** *sf.* → TRAVE.
nomencl. incastellatura, volta.
longaróne o **longheróne,** *sm.* → TRAVE.
longèvo, *agg.* → VECCHIO.
longínquo, *agg. lett.* remoto, distante, → LONTANO.
contr. propinquo, vicino, prossimo || parente.
longitúdine, *sf.*
nomencl. est o orientale, ovest o occidentale || coordinate geografiche, meridiano.
contr. latitudine.
lontanànza, *sf.* → DISTANZA || ASSENZA.
contr. vicinanza, prossimità, contiguità, || presenza.
lontàno, *agg.* distante, assente, esule, alto, discosto, discentrato, differente, diverso, disgiunto, separato, remoto, ermo, romito || *fig.* alieno || *avv.* lungi, distante.
nomencl. (*modi di dire*) a casa del diavolo, alla larga, a perdita d'occhio, fuori di mano, fuor di strada, molto lontano, in capo al mondo, agli antipodi || *verb.* distare, distanziare, allontanare, slontanare, staccare, dilungare, scostare, separare, evitare, schivare, partire.
contr. vicino, prossimo, confinante, contiguo || presente.
lónza, *sf.* → LINCE || LOMBATA.
lòppa, *sf.* lolla, pula, gluma, buccia, → GUSCIO.
loquàce, *agg.* verboso, ciarliero, discorsivo, → GARRULO, CHIACCHIERONE, BRIOSO, PAROLAIO.
contr. taciturno, laconico.
loquacità, *sf.* parlantina, verbosità, magniloquenza, facilità di parola, garrulità, logorrea || → CHIACCHIERA.
contr. breviloquenza, laconicità.
loquèla, *sf.* eloquio, facondia, modo di parlare, parlata, favella, → LINGUAGGIO.
lordàre, *v.tr.* → SPORCARE, MACCHIARE.
lórdo, *agg.* sudicio, insudiciato, schifoso, → IMMONDO, BRUTTO, SPORCO || *fig.* → COLPEVOLE || non tarato, non defalcato, non netto (di peso, di conto).
nomencl. lordume, lordura, lordato || peso, paga, stipendio lordi.
contr. pulito, mondo, netto.
lordòsi, *sf. indecl.* → GOBBA.
nomencl. cifosi, cifoscoliosi.
lordúra, *sf.* → IMMONDIZIA, MACCHIA, SPORCIZIA || IMPURITÀ.
loríca, *sf.* → ARMATURA.
losànga, *sf.* rombo.
lósco, *agg. ant.* cieco da un occhio || strabico, → GUERCIO || torvo, → BIECO || *fig.* → EQUIVOCO, DISONESTO.
lòto, *sm. lett.* palude fangosa, → FANGO || *ant.* sudiciume.
lotolènto, *agg.* lutulento, → FANGOSO.
lotóso, *agg.* → FANGOSO.
lòtta, *sf.* confronto, emulazione, → GARA || combattimento, conflitto, → BATTAGLIA, (di popoli) GUERRA || dissidio, disaccordo, → LITIGIO.

nomencl. (*esempi*) libera, greco-romana, giapponese || politica, economica, di classe || contro la tubercolosi, il fumo, il cancro, la poliomielite; per l'esistenza, per la vita || dei sessi, di sentimenti, di passioni.

lottàre, *v.intr.* fare o sostenere una lotta, abbracciarsi, ghermirsi, lotteggiare, affrontare, aggredire, assalire, → COMBATTERE || emulare, gareggiare, rivaleggiare, confrontarsi, → COMPETERE || LITIGARE.

contr. stare in pace, in amicizia, fare la pace, essere d'accordo.

lottatóre, *sm.* → ATLETA || COMBATTENTE.

lotteria, *sf.* → LOTTO, PESCA, GIOCO.

lòtto¹, *sm.* lotteria, gioco d'azzardo.

nomencl. (*attinenti*) ambo, terno, quaterna, cinquina || giocata, posta, polizza, cabala, ruota, estrazione, numero estratto, terno secco, bancolotto o banco del lotto, botteghino || pubblica amministrazione (del lotto e delle lotterie).

lòtto², *sm.* parte (di un tutto da dividere, di un gruppo) || *neol.* appezzamento di terreno, unità edilizia.

nomencl. (*neol.*) lottizzare, lottizzazione.

lubbióne, *sm.* → LOGGIONE.

lubricità, *sf. fig.* → OSCENITÀ, SCURRILITÀ.

lúbrico, *agg.* → SDRUCCIOLEVOLE || *fig.* inchinevole, facile, proclive (a oscenità), → LIBERTINO, OSCENO, SCURRILE.

lubrificante, *ppr.* di lubrificare || *agg.* → EMOLLIENTE || *sm.* materia che lubrifica.

nomencl. (*esempi*) olio minerale, talco, grafite, grassi, olio di ricino, vaselina || liquido, fluido, solido, semisolido.

lubrificàre, *v.tr.* lubricare, ungere, ingrassare, rendere scorrevole.

contr. irruvidire, rendere scabro, aspro.

lubrificazióne, *sf.* unzione, ingrasso, ingrassatura.

lucarino, *sm.* lucherino.

lucchétto, *sm.* lucchettone.

nomencl. (*tipi*) a chiave, a colpo, a colpo e mandata, a cifra, a combinazione, a segreto, senza chiave || (*parti*) cassa, gambo, occhio, dente.

luccicaménto, *sm.* → LUCE.

luccicànte, *ppr.* di luccicare || *agg.* → LUCENTE.

luccicàre, *v.intr.* → SPLENDERE || far lacrime, i lucciconi.

luccichío, *sm.* → BAGLIORE, SPLENDORE, LUCE.

luccicóne, *sm.* lucciolone, → LACRIMA.

luccicóre, *sm.* → BAGLIORE, SPLENDORE, LUCE.

lúcciola, *sf.* lampíride, noctiluca, nottiluca.

nomencl. fosforescenza, luminosità || lucciolaio.

lucciolàre, *v.intr. rar.* → PIANGERE.

lúcco, *sm.* → MANTELLO.

lúce, *sf.* abbarbagliamento, balenamento, balenio, bagliore, barbaglio, barlume, brillio, corruscamento, chiarore, luccicore, luccicamento, luccichio, lucore, luminello, lume, raggio, spera, sfolgorio, sfavillio, scintillio, fulgore || luminosità, lucentezza, tersezza || lustro || → FIACCOLA || vano, apertura, anta.

nomencl. (*tipi*) riflessa, artificiale, naturale || astrale, solare, lunare, crepuscolare || diffusa, diretta, indiretta, riflessa, d'opposizione, incandescente || filosofica, omocentrica, zodiacale || controluce, centro di emissione || (*fenomeni fisici*) aberrazione, alone, aplanetismo, arcobaleno, baleno, rifrazione, birifrazione, diffrazione, diffusione, dispersione, eclissi, fascio, getto, guizzo, sprazzo, raggio, fosforescenza, gibigiana, giochi o effetti di luce, gradazione, intensità, interferenza, luminescenza, mezzombra, miraggio, iridescenza, opalescenza, penombra, polarizzazione, policromismo, potere dispersivo, potere illuminante, riflessione, riverbero, sbattimento, scintillazione, sorgente, translucidità, trasparenza, velocità, vibrazione, oscillazione || allucinazione, fotofobia, fototerapia, piroforo, uggia, affogato, cieco, illuminante, illuminato, lucente, lucifero, lucifugo, opaco, oscuro, pellucido, trasparente, riflettente, rifrangente || (*studio della luce*) analisi, attinometria, ottica, fotometria, catadiottrica, catottrica, fototecnica, periottrica, prisma, occhio, spettro solare || *agg.* blanda, tenue, temperata, cinerea, pallida, dolce, moderata, incerta, dubbia, fioca, debole, smorzata, fosca, incerta, folgorante, sfolgorante, vivida, fulgente, fulgida, abbagliante, intermittente, istantanea, improvvisa, saltellante, rutilante, meridiana, scialba, temperata, sfacciata, splendida, smagliante, tremola || *verb.* abbacinare, abbagliare, abbarbagliare, brillare, folgorare, folgoreggiare, luccicare, rifulgere, rilucere, risplendere, sfolgorare, colorarsi, eclissare, emanare, illuminare, rischiarare, offuscare, investire, proiettare, ribattere, rifrangere, riflettere, ripercuotere, trasparire, riverberare, sbaluginare, scintillare, irradiare, sperare, tralucere, trasparire.

contr. buio, tenebre, tenebrore, oscurità, foschia, infoschimento, ombra, opacità, tenebrosità, notte.

lucènte, *ppr.* di lucere || *agg.* brillante, chiaro, corrusco, fiammante, fiammeggiante, fulgente, rifulgente, fulgido, gemmeo, incandescente, luccicante, lucido, luminoso, lustro, radiante, radioso, raggiante, rilucente, risplendente, rutilante, scintillante, smagliante, sfavillante, sfolgorante, splendido, splendente, vivido, vivo, terso, → LIMPIDO.

contr. opaco, annebbiato, cupo, scuro, fosco, fuligginoso, intenebrato, buio, fumoso, offuscato, smorto.

lucentézza, *sf.* → LUCE, LIMPIDEZZA, SPLENDORE || || *fig.* → CHIAREZZA.

lúcere, *v.intr. poet.* mandar luce, → RISPLENDERE, RILUCERE.

lucèrna, *sf.* lume, lume ad olio, lampada, lanterna, *veilleuse, bilychnis* || cappello dei carabinieri, di ufficiali superiori.

nomencl. (*vari tipi*) a beccucci, asciutta, secca, idrostatica, meccanica, a tromba, pensile, da notte, da camera || (*parti*) anello, asta o fusto, becchi o beccucci, catenelle, coperchio, smoccolatoio o spegnitoio, coppa, fungo, lucignolo, fusellina, luminello o luminetto, molletta, stoppino, nodo, pomo || *verb.* accendere, spegnere, alzare, far moccolaia, servire da lucerniere || crepitare, scoppiettare, guizzare || *fig.* puzzare, sapere di lucerna.

lucernàrio, *sm.* → ABBAINO.

lucèrtola, *sf.* ramarro, salamandra, geco o tarantola dei muri, tarantolino, camaleonte, cicigna, iguana, istiura, *moloch*, varano.

lucherino, *sm.* lucarino.

lucianésco, *agg.* lucianeo || *fig.* satirico, mordace, corrosivo, → ARISTOFANESCO.

lucidaménte, *avv.* → CHIARAMENTE.
contr. oscuramente.
lucidàre, *v.tr.* forbire, lustrare, render lucido || ricalcare, copiare (un disegno).
contr. offuscare, annebbiare, appannare, render opaco.
lucidatóre, *sm.* → FALEGNAME.
lucidézza, *sf.* lucentezza, lustro, nitidezza, nitore, limpidezza, lucidità, brillio, forbitezza, tersezza, → SPLENDORE.
contr. opacità, offuscamento, nebbiosità, appannamento.
lucidità, *sf.* → LUCIDEZZA, SPLENDORE || *fig.* acutezza, perspicuità, perspicacia, presenza di spirito, → CHIAREZZA, INTELLIGENZA.
lúcido, *agg.* brunito, chiaro, forbito, brillante, lampante, liscio, luminoso, lucente, lustro, nitido, rilucente, terso, netto || *fig.* perspicuo, limpido, evidente, → FACILE || penetrante, → INTELLIGENTE.
contr. opaco || fosco, torbo, torbido, oscuro, ottuso.
lucífero, *sm.* portatore di luce || pianeta Venere || molto superbo, → DIAVOLO.
lucífugo, *agg. lett.* notturno.
lucígnolo, *sm.* stoppino, calza || *fig.* persona lunga e magrissima, spilungone.
nomencl. (*tipi*) a calza, a treccia, a nastro, tondo, doppio, piatto || bambagia, fungo, papeo || lucignolo ladro || *agg.* abbruciato, arso || *verb.* far moccolaia, lucignolare || smoccolare, stoppinare.
lucilína, *sf.* → PETROLIO.
lucóre, *sm. lett.* → LUCE.
lucràre, *v.tr.* → GUADAGNARE, PROFITTARE.
lúcro, *sm.* speculazione, profitto, → GUADAGNO, INTERESSE.
nomencl. lucro cessante (e danno emergente), lucro dotale.
lucróso, *agg.* lucrativo, che dà guadagno, profitto, profittevole, speculativo.
luculliàno, *agg.* trimalcionesco, → SONTUOSO.
ludíbrio, *sm.* derisione, spregio pubblico, → BEFFA, SCHERNO.
lúdo, *sm. lett.* → GIOCO || *pl.* spettacoli pubblici || ludi ginnici, → GINNASTICA.
lúe, *sf.* → SIFILIDE, MORBO, PESTE || *fig.* veleno di false dottrine, di oppressioni, ecc.
luètico, *agg.* e *sm.* sifilitico.
lúgubre, *agg.* ferale, funebre, luttuoso, morto, → FUNEREO || tetro, tristo, → FUNESTO || malinconico, cupo, concentrato (in sé), → TRISTE.
contr. lieto, gaio, gioioso, festoso, allegro, aperto, risibile.
lumàca, *sf.* limaccia, chiocciola.
nomencl. (*varietà*) mangereccia, friggicula, galletta, martinaccio || (*pertinenti*) striscia argentea di bava, allumacatura, slumacatura || chiocciolaio, lumachista || *verb.* allumacare.
lumàio, *sm.* → ACCENDITORE.
lúme, *sm.* chiaro, candela, moccolo, lanterna, candelabro, doppiere, fiaccola, torcia, bugia, face, lampione, fanale, lumiera, → LAMPADA || chiarore, → LUCE, BAGLIORE || *fig.* → GUIDA.
nomencl. (*tipi*) ad olio, ad alcool, a gas, a petrolio, a luce elettrica, a cera, a riverbero || da notte, da tavolo, portatile || (*parti, elementi*) bocciolo, piattello, padellina, campana, globo, paralume, diffusore, reggilume, scartoccio, spaccafiamma, ventola, contrappeso, castello del lume, cipolla, gocciole, luminello, lustrino, palloncino, parafumo, stoppiniera, filatoio || calza, lucignolo, stoppino, smoccolatoio, spegnitoio || lumaio || *verb.* accendere, alzare, ardere, affiocare o affiochire, guizzare, scoccare, stenebrare, moderare la fiamma, rifondere olio, smorzare, spegnere, smoccolare.
contr. oscurità, tenebre, tenebra, buio, caligine.
lumeggiàre, *v.tr.* distribuire i colori, le luci || dar rilievo, risalto, → ILLUSTRARE.
lúmi, *sm.pl.* cognizioni, idee, progresso, → INSEGNAMENTO.
nomencl. illuminismo, illuminista, illuministico.
lumièra, *sf.* lampadario || *ant.* fiaccola, → LUME.
luminàre, *sm.* e *f.* → DOTTO.
luminària, *sf.* → ILLUMINAZIONE.
luminèllo, *sm.* → LUCE, GIBIGIANA.
luminosaménte, *avv.* → CHIARAMENTE.
luminosità, *sf.* → SPLENDORE, BAGLIORE, LUCE || *fig.* chiarezza, → EVIDENZA.
luminóso, *agg.* brillante, lucido, fiammante, → LUCENTE, SPLENDENTE || *fig.* lampante, → CHIARO.
contr. scuro, fosco, tetro, annebbiato, caliginoso.
lúna, *sf.* selene, pianeta, satellite della Terra, Diana || *fig.* → MALUMORE.
nomencl. (*fasi e aspetti*) nuova, piena, calante, crescente, falcata, in opposizione, scema, d'agosto, di marzo || corni, falce, alone, eclisse, novilunio, plenilunio, quarti di luna (primo, ultimo), chiaro di luna || globo lunare, monti, mari, macchie lunari, scemamento || (*fenomeni*) apogeo, perigeo, congiunzione, opposizione, appulso, sizigia, rivoluzione, rotazione, periodo siderale, orbita, nodi (ascendenti, discendenti), ciclo lunare o epatta, età della luna, evezione, lunistizio, mese draconico, variazione, lunazione, paraselene || (*studio*) astronomia, selenografia, selenografico, astronautica, astronauta, razzo, míssile || fantascienza || selenita, lunare, sublunare || lunedí, lunario, lunatico || *verb.* crescere, calare, dar di volta, fare la luna || aver la luna || vivere nel mondo della luna || allunare, allunaggio || fotografare, raggiungere, toccare.
lunàre, *agg.* selenitico, selenico.
lunàrio, *sm.* → CALENDARIO.
nomencl. lunarista || *loc. verb.* sbarcare il lunario.
lunàtico, *agg.* mutevole, → BIZZARRO, VOLUBILE.
lunàto, *agg.* lunante, curvo, falcato, arcuato, inarcato.
contr. diritto, rettilineo.
lunazióne, *sf.* mese lunare, serie delle fasi lunari.
lunch, *sost. ingl.* → COLAZIONE.
lunétta, *sf.* → FINESTRA, ARCO.
lungàggine, *sf.* lungagnata, lungheria, → FILASTROCCA, PROLISSITÀ, LENTEZZA, TIRITERA.
lungagnàta, *sf.* → TIRITERA.
lungaménte, *avv.* a lungo, alla lunga, a lungo andare, estesamente, distesamente, prolissamente, → DIFFUSAMENTE.
lúnge, *avv. poet.* → LUNGI.
lunghézza, *sf.* altezza, statura, tratta || durata, diuturnità, misura, dimensione, → ESTENSIONE || PROLISSITÀ.
contr. cortezza, brevità, piccolezza, concisione.

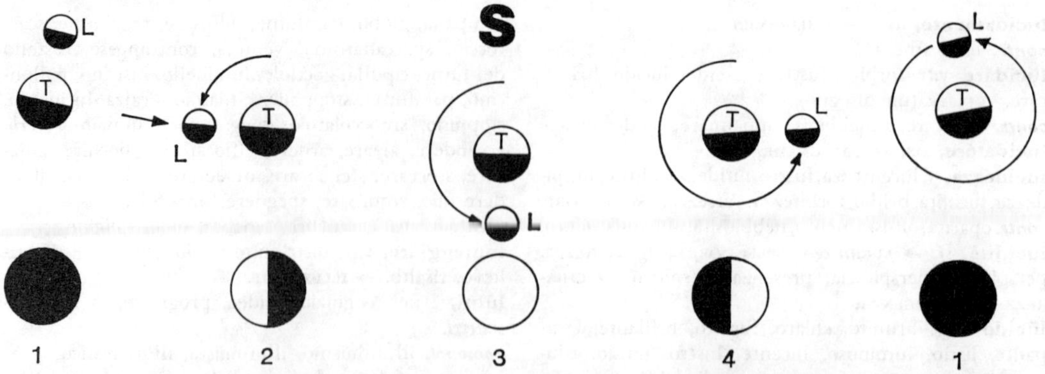

LUNA (fasi e aspetti) – S): Sole; T): Terra; L): Luna. – 1) novilunio; 2) primo quarto; 3) plenilunio; 4) ultimo quarto.

lúngi, *avv. lett.* lunge, longinquo, lontano, discosto.
contr. vicino, accanto, propinquo, da presso.
lungimirànte, *agg.* → PREVIDENTE.
lúngo, *agg.* → ALTO, GRANDE, LARGO || PROLISSO, DIFFUSO || BISLUNGO, DISTESO, PROLUNGATO || interminabile, duraturo, durevole, → CRONICO || diluito || *sm.* la parte lunga, lunghezza || *prep.* lunghesso, rasente, accosto || durante.
nomencl. lungolago, lungofiume, lungomare || *loc. avv.* a lungo, in lungo e in largo, per lungo e per largo, alla piú lunga, di lungo, per le lunghe, alla lunga, di gran lunga.
contr. corto, piccolo || breve, succinto, conciso.
lungometràggio, *sm.* film, pellicola cinematografica.
contr. cortometraggio.
luògo, *sm.* località, sito, positura, posto || punto, canto, fianco, banda, lato || terra, contrada, regione, paese || sede, stanza, casa, dimora, locale, domicilio, studio, bottega, edificio, angolo, cantone, passaggio, spazio || paraggi, dintorni || passo (di uno scritto) || *fig.* modo, agio, opportunità.
nomencl. (*particolare*) fortificato o fortificazione, Luoghi Santi; di salvazione, di salute o paradiso, di dannazione o inferno, di pena o purgatorio; di pena, punizione o stabilimento penitenziario; pio, citato; luoghi topici o retorici, luoghi comuni || (*varianti*) accesso, affogatoio, anfratto, angolo, bolgia, botro, bricco, bugno, catino, chiusa, destinazione, orrido, passeggio, pendice, pendio, punto, recesso, rialto, ricettacolo, ridosso, ridotto, rifugio, scesa, sgabuzzino, toma, trabiccolo || ambiente, barbaglia, bordello, circolo, giaciglio, località, lombricaio, asilo, osservatorio, recàpito, recinto, ritiro, romitorio, stazione climatica o balneare o di soggiorno, trivio || cinta, riparo, confine, intervallo, latitudine, veduta, clima, esposizione || alibi, anatopismo, campanilismo, topografia, toponomastica, ubiquità || *agg.* abbandonato, disabitato, deserto, accessibile, adiacente, alto, basso, angusto, stretto, piccolo, erboso, selvatico, sterile, sterrato, aperto, grande, ampio, spazioso, vasto, chiuso, appartato, romito, solitario, frequentato, aprico, arioso, soleggiato, solatio, impervio, scosceso, dirupato, citeriore, ulteriore, comodo, erto, ripido, incanalato, bello, delizioso, felice, infelice, poetico, romantico, lungo, largo, praticabile, impraticabile, profondo, prospiciente, rinchiuso, ameno, orrido, fangoso, tufato, storico, salubre, insalubre || *loc. avv.* a monte, a valle || *verb.* abbandonare, devastare, distruggere, rovinare, frequentare, infestare, invadere, occupare, sgombrare, traslocare, stare, dominare, trasportare, orientarsi.
lupanàio, *sm. lett.* lupanare, → BORDELLO.
lupanàre, *sm. lett.* lupanaio, → BORDELLO.
lupàra, *sf. dial.* fucile da caccia (a canne mozzate).
nomencl. (*inerenti*) pallettoni || mafia, mafioso || *verb.* sparare, uccidere a lupara.
lupinèlla, *sf.* sulla, → BIADA.
lupíno, *sm.* fave di lupo || → CALLO.
nomencl. (*varietà*) arboreo, comune, seviziato, bianco, giallo, azzurro || (*parti*) buccia, coffina || *agg.* dolce, acconcio, indolcito || *verb.* battere, sgranare.
lúpo, *sm.* lupacchiotto, lupetto, → CANE || *fig.* mangione; uomo bestiale, malvagio, → CRUDELE.
nomencl. (*voci*) latrato, mugolio, ululato, ululo, urlo.
lúrco, *agg. lett.* avido, → GOLOSO.
luridézza, *sf.* → SPORCIZIA.
lúrido, *agg.* sudicio, → SPORCO.
luridúme, *sm.* → SPORCIZIA.
lúsco, *agg.* losco, → GUERCIO.
nomencl. *loc.* tra il lusco e il brusco.
lusínga, *sf.* esca, blandimento, attrattiva, blandizia, adescamento, adulazione, burro, miele, arte, allettamento, illecebra, lezio, smanceria, carezza, daddoli (*pl.*), attrattiva, lustra, malia, lisciamento, lisciatina, laccio, lacciuoli, moina, piaggeria, lusingheria, seduzione, vezzo, finzione || affettazione, piacenteria, trastullo, chiacchiera, pillola lenitiva, scorza, specchietto per le allodole, sussurro, zimbellatura; parole melate, dorate, vezzose, morbide; paroluzze, lecco, lecchetto, lenocinio, → FASCINO || falsa speranza, promessa infondata, illusione.
contr. ingiuria, vituperio, ostilità, ripulsa, crudezza, ripugnanza, disgusto, ribrezzo.
lusingàre, *v.tr.* illudere, allettare, blandire, lisciare, ammoinare, attrarre, attirare, accarezzare, lenire, piaggiare, carezzare, compiacere, conciliare, fingere, orpellare, palliare, richiamare, secondare, vez zeggiare, zimbellare, drusciare, strusciare, alloppiare, accalappiare, invescare, irretire, accileccare, accivettare, riallettare, tener uno a bocca dolce, tener sospeso, tirar su, lustrare, dar l'erba trastulla, menar per il naso, pascer di

vento, tenere a ciance, prendere al boccone, pascere di cenni, vender parole || → LODARE || *rifl.* illudersi, sperare.
contr. deludere, disingannare, disilludere || ingiuriare, vituperare, urtare, irritare, tener lontano, disprezzare, essere scostante.
lusingatóre, *agg.* → LUSINGHIERO || *sm.* → ADULATORE.
lusinghièro, *agg.* allettante, piacevole, promettente, benevolo, incoraggiante, dilettoso, attraente, seducente, carezzevole, vezzoso, adescatore, cattivante, adulatore, piaggiatore, lusingatore, scaltro, piallone, mozzina, astuto || di donna, civetta, frasca.
contr. malevolo, disingannevole, inurbano, scostante, scoraggiante, repugnante.
lussàre, *v.tr.* dinoccare, dinoccolare, disarticolare, dislogare, slogare, storcere || *rifl.* disarticolarsi, dislogarsi, slogarsi, smuoversi, scosciarsi, sgangherarsi, spallarsi, storpiarsi, sconciarsi.
lussazióne, *sf.* contorsione, disarticolazione, slogatura, dislogamento, storta, storpiamento, distrofia, distorsione, stortigliata, sublussazione.
nomencl. *agg.* completa, accidentale, incompleta, spòntanea.
lússo, *sm.* fasto, fastosità, magnificenza, sfoggio (di ricchezza), sontuosità, pompa, gala, sfarzo, grandezza, grandigia || larghezza, abbondanza, superfluità, prodigalità, scialaquo, scialo, lautezza || eleganza.
nomencl. sardanapalo || leggi suntuarie || *agg.* sardanapalesco, trimalcionesco, lucullian0, sibaritico, asiatico, eccessivo, fastoso, ostentato, sfrenato, smisurato, rovinoso, pacchiano, smodato || *verb.* pompeggiare, pompeggiarsi, lussuriare, lussureggiare.
contr. squallore || povertà, miseria, modestia, austerità, sobrietà, semplicità, frugalità, economia.
lussuóso, *agg.* sfarzoso, sontuoso, ricco, grandioso, imponente, elegante, maestoso, magnifico; magnificente, spagnolesco, orientale, sardanapalesco, pomposo, principesco, regale, sgargiante, spettacoloso, splendido, vistoso, fastoso.
contr. dimesso, frugale, sobrio, incolore, misero, modesto, economico, austero, povero, semplice, parco, squallido.
lussureggiànte, *ppr.* di lussureggiare || *agg.* → RIGOGLIOSO, PROSPERO.
lussúria, *sf.* libidine, lascivia, lecceria (*ant.*), sensualità, foia, fregola, foga, incontinenza, libertinaggio, carnalità, sadismo, priapismo, ginecomania, satiríasi, ninfomania, voluttà, → AMORE.
contr. continenza, temperanza, castigatezza, castità, sobrietà, purezza.
lussurióso, *agg.* libidinoso, lubrico, sensuale, lascivo, incontinente, carnale, guasto, corrotto, depravato, libertino, licenzioso, donnaiolo, impudico, satiro.
contr. castigato, casto, puro, temperante, continente, costumato, sobrio.
lústra, *sf.* finzione, simulazione, → ESCA, LUSINGA || apparenza, → ESTERIORITÀ.
lustràle, *agg.* purificatore, purificante, espiatorio.
lustrapadèlle, *sm.* e *f. indecl.* → BIGOTTO.
lustràre, *v.tr.* lucidare, forbire, patinare, brunire, rendere brillante, far luccicare, pulire || *fig.* adulare, blandire.
contr. offuscare, appannare.
lustrascàrpe, *sm.* lustrastivali, *sciuscià*, → CALZOLAIO || *fig.* striscione, → ADULATORE.
lustràto, *pps.* di lustrare || *agg.* → LISCIO.
lustrazióne, *sf.* purificazione, espiazione.
lustríno, *sm.* perlina, conteria.
lústro[1], *agg.* terso, nitido, netto, → LISCIO, LUCENTE, FIAMMANTE || *sm.* lucentezza || *fig.* onore, decoro, → GLORIA, SPLENDORE.
lústro[2], *sm.* quinquennio, → ETÀ.
nomencl. lustrale, feste lustrali.
lútto, *sm.* cordoglio || gramaglia, nero, bruno, crespo || tristezza, mestizia, pianto, → DOLORE.
nomencl. (*distinzioni*) di famiglia, generale, nazionale, cittadino || intero, mezzo || (*inerenti*) mezza gala, bandiera a mezz'asta, sopraggirello o plorosa || *verb.* portare, vestire, prendere, abbandonare, lasciare, togliere || abbrunare, abbrunire || parare a lutto || partecipare, prender parte.
contr. gioia, letizia, allegria, festa, festosità.
luttuosaménte, *avv.* → DOLOROSAMENTE.
luttuóso, *agg.* → FUNEREO || triste, → FUNESTO, DOLOROSO.
lutulènto, *agg.* lotolento, lutolento, motoso, → FANGOSO, DENSO || *fig.* impuro, sozzo, immondo.

M

màcabro, *agg.* → FUNEREO, ORRENDO.

macàco, *sm.* bertuccione, scimmione || *fig.* uomo brutto o stupido.

macarònico, *agg.* maccheronico, → EROICOMICO.

nomencl. maccheronea; latino maccheronico.

màcca, *sf.* abbondanza (*ant.*) || a macca, a ufo.

nomencl. *verb.* immaccariarsi (*ant.*).

maccherône, *sm.* cannelloni, cannoncini, bucatini, vermicelli, spaghetti, candelotti, cannoncelli, capellini, fettucce, fettuccine, lasagne, pappardelle, tagliatelle, tagliolini, nastrini, ziti, mezzi ziti, ricciarelle, rigatoni, penne, bombolotti, fiocchetti, lumachelle, fusilli, conchiglioni, orecchiette.

nomencl. (*modi*) col sugo, col ragú, in bianco, al burro, col pomodoro, alla napoletana, al forno, all'amatriciana || pastasciutta || maccheronata.

màcchia[1], *sf.* baffo, chiazza, segno, frego, scorbio o sgorbio, imbratto, imbrattamento, macula, nota, pillacchera, patacca, gocciolatura, frittella, imbrodolatura, lordura, scarabocchio, schizzo, screziatura, tacca, venatura || *fig.* vergogna, difetto, menda, neo, → COLPA || schizzo.

nomencl. macchiaioli || cavamacchie, smacchiatore || *agg.* persistente, durevole, evidente, grande, grave, tenace, labile, piccola || *verb.* cancellare, lavare, levare, smacchiare, pulire, eliminare, contaminare, macchiare, conciarsi.

contr. candore, purezza, integrità, bellezza.

màcchia[2], *sf.* fratta, roveto, cespuglio, spineto, sterpeto, siepe, selva, boscaglia || macchieto, macchione.

nomencl. *verb.* immacchiarsi, darsi alla macchia.

macchiàre, *v.tr.* e *rifl.* chiazzare, contaminare, insudiciare, sporcare, lordare, imbrattare, deturpare, insozzare, tingere, impataccare, infrittellare, macolare, maculare, sgorbiare, sprazzare, spruzzare, impillaccherare, indanaiare, ungere, insanguinare, macchiettare, screziare, annerire, offuscare, oscurare.

contr. smacchiare, pulire, nettare, mondare, purificare, lavare, astergere.

macchiàto, *pps.* di macchiare || *agg.* sporco, contaminato, insudiciato, lordato, imbrattato, imbrodolato, impillaccherato, sfrittellato || maculato, maculoso, allumacato, brizzolato, macchiettato, chiazzato, gaietto, grigiolato, gocciolato, indanaiato, moscato, pezzato, picchiato, pilottato, rifiorito, spruzzolato, svario, taccato, tempestato, ticchiolato, tigrato, vaietto, vaio, variato, variegato, variolato, moschettato, marezzato, pomellato, screziato, variopinto || *fig.* → COLPEVOLE.

contr. smacchiato || mondato, mondo, purificato, ripulito, asperso || unicolore.

macchiétta, *sf.* schizzo, figurina; caricatura || tipo bizzarro, originale, estroso, strano, comico, piacevole; sàgoma.

macchiettàre, *v.tr.* → MACCHIARE.

macchiettàto, *pps.* di macchiettare || *agg.* → MACCHIATO.

màcchina, *sf.* apparecchio, congegno, meccanismo, ordigno, mezzo, arnese, attrezzo, strumento, automa, artifizio meccanico, edifizio, ingegno meccanico, organo, dispositivo || → AUTOMOBILE || (ferroviaria) → LOCOMOTIVA.

nomencl. (*vari tipi*) a mano, con i piedi, con i cavalli, ad acqua, elettrica, ad aria, ad aria compressa, a vapore, a energia nucleare, a olio pesante, a gas, a espansione || in attività, inoperosa, automatica, semiautomatica, a reazione, a scappamento || da lavoro, da o per cucire, da o per scrivere, agricola, industriale, fotografica, da presa, da stampa, rotativa, tipografica, tecnica, utensile, motrice || infernale, da guerra o bellica || (*semplici*) leva, argano, corda, puleggia, piano inclinato, vite, cuneo || (*macchine varie*) arganetto, bargano, automa, berta, binda, bindolo, bozzello, fala, falcone, fresa, orditoio, passavolante, perforatrice, talpa marina, torcitoio, troclea, vera, pressa, pompa, tornio, segatrice, piallatrice, ventilatore, idrovora, gru, trancia, trebbiatrice, trattore, ecc. || (*macchina a vapore*) locomotiva; generatore di vapore, superficie di riscaldamento, cavallo-vapore, diagramma di Watt || (*macchina elettrica*) dinamo, autoeccitatrice, duplicatore elettrico, eccitatrice, elettromotore, macchina elettrodinamica, macchina elettrostatica, magnete || campo magnetico, collettore cavallo-ora, frequenza, voltaggio, indotto, avvolgimento || (*parti*) ala, albero, àncora, animella, bàlteo, battarella, beccuccio, biella, bigotta, bilanciere, bollitore, bossolo, braccio, bronzina, caldaia, cassetto di distribuzione, castelletto, catena, cinghia, condensatore, contralbero, cuscinetto, disco, eccentrico, fusto, imbroccatura, ingranaggio, intermedio, lamiera, madre, madre vite, mastiello, mastio, menatoio, nonio, organo, ossatura, pattino, pettine, pigna, pignone, piumacciolo, ralla, registro, regolatore, rotella, robinetto, servo-motore, spandente, tacca, tamburo, volante || aguglia, contatore, dinamometro, manometro, misuratore, numeratore, tachimetro, batteria elettrica || attrito, compressione, economia, sfregamento, pressione di vapore, rendimento, rotazione, scappamento, avviamento, accelerazione, manovra, lubrificazione, aggiustatura, intelaiatura || grasso, lubrificante, carburante || (*persone*) macchinista, fuochista, fochista; manovratore, pedalista || *agg.* semplice, composta, complessa, celere, veloce, lenta || *verb.* agire, sfiatare, alimentare, ingrassare, intelaiare, mordere, caricare, congegnare, lubrificare, fare il pieno, montare, scomporre, svitare, alesare, mettere in opera, provare, collaudare.

macchinàle, *agg.* meccanico, automatico, abituale || istintivo.

contr. consapevole, cosciente, attento, vigile.

macchinaménto, *sm.* → INSIDIA.

macchinàre, *v.tr.* tramare, intentare, → INSIDIARE, ORDIRE, MEDITARE.

macchinatóre, *agg.* e *sm.* → INGANNATORE.

macchinazióne, *sf.* trama, inganno, imbroglio, tranello, montatura, intrico, → INSIDIA.

macchinísta, *sm.* meccanico, manovratore, fochista, autista, motorista.
macchinóso, *agg.* artificioso, sproporzionato, complesso, difficile, → COMPLICATO, GRANDE, ENORME.
contr. appropriato, alla mano, semplice, diritto, leale, aperto, naturale.
macchióne, *sm.* → MACCHIA², FORESTA.
macellàio, *sm.* macellaro, beccaio, macellatore, cicciaio, scannatore, carnaiolo, norcino, scortichino, pizzicagnolo, salumaio, salsamentario, salsicciaio, trippaiolo, agnellaio, frattagliaio, strascino.
nomencl. (*arnesi*) acciaiolo, accoratoio, àncora, avello, ceppo, desco, mannaia, coltelli, marrancio, mazzapicchio, scorticatoio, sbarra, scortichino, squartatoio || (*luoghi*) macello, ammazzatoio, mattatoio, scannatoio, scorticatoio, beccheria, carnaio || macelleria, pizzicheria, salumeria, spaccio di carni || (*carni*) carnaggio, carniccio, carne da muscolo, coperta, malacarne || bue, mucca, manzo, vitello, montone, maiale, pecora, capretto || animella, arnione, braciola, buzzame, campanello, cannella, carrè, cícciolo, coscetto, costola, costato, costoletta, culaccio, falda, fesa, filetto, forcella, frattaglie, frittura, ginocchiello, girello, giretto, grasso, groppa, guancia, interiora, laccetto, lampredotto, lombata, lombatello, lombo, lonza, lucertolo, marghetta, matta, midollo, minuzzame, muscolo, nervo, nervetto, ninfolo, palanfra, pannello, paracuore, polmone, peduccio, polpacciolo, rognone, scamerita, scamone, scannello, schienale, sella, soppelo, spicchio di petto, stomachino, strigolo, sugna, testa, testicciola, tondello, trippa, ventre, zampa, zampetto || quarto (anteriore, posteriore), brandello, fetta, fettina, strisciolina || cotechino, salame, prosciutto, salsiccia, sanguinaccio, zampone || (*qualità di carne*) carne affumicata, salata, insaccata; di lusso, economica, di prima, seconda, terza, infima qualità || bianca, rossa; disossata, grassa, magra, semigrassa, mista; battuta, passata, pesta, trita; fresca, polposa, sanguinante, frolla, fermata, sostanziosa, dura, tenace, filacciosa, stopposa, tigliosa, stantía, stracca || caprina, equina, ovina, suina, ircina, vaccina, di selvaggina, di pollo || bestia da macello || giunta, peso vivo, peso morto, pelle, scarto || (*operazioni*) macellare, macellazione, abbattere, attaccare, digrassare, scorticare, scoiare, squartare, salare, insaccare, tagliare, tritare, affettare || vendere, comprare.
macellaménto, *sm.* → MACELLAZIONE.
macellàre, *v.tr.* ammazzare, mattare, abbattere || *fig.* fare strage.
macellàro, *sm.* → MACELLAIO.
macellatóre, *sm.* → MACELLAIO.
macellazióne, *sf.* mattazione, macellamento.
macellería, *sf.* beccheria || → MACELLO.
nomencl. (*varietà*) equina, bovina, ovina, caprina, spaccio di carni congelate || (*inerenti*) frigorifero, cella frigorifera, desco, banco, ceppo, mannaia, coltelli, coltellacci, scortichino, ganci.
macèllo, *sm.* mattatoio, ammazzatoio, scannatoio, scorticatoio || → MACELLERIA || *fig.* strage di uomini, carneficina, scempio, eccidio, sterminio, massacro, → STRAGE, UCCISIONE.
maceraménto, *sm.* → MACERAZIONE.
maceràre, *v.tr.* ammollare, ammorbidire, pestare, → BAGNARE || *rifl.* rodersi, consumarsi, estenuarsi, → ADDOLORARE, TORMENTARE.
maceràto, *pps.* di macerare || *agg.* macero, magro, macilento, smagrito, scarno, scavato || *fig.* → TORMENTATO.
maceratóio, *sm.* → MACERO.
macerazióne, *sf.* infusione, ammollamento || *fig.* maceramento, corrosione, consumazione, rodio, estenuazione, → MORTIFICAZIONE, PENITENZA.
maceréto, *sm. rar.* → MACERIE.
macèrie, *sf. pl.* avanzi, rovine, rottami, frantumi, schegge, macía, sfasciume, muriccia, macereto, vestigia, ruderi.
màcero, *sm.* maceratoio, marcitoio || *agg.* macerato, → MAGRO.
machiavèllico, *agg.* || *fig.* → SCALTRO, SUBDOLO.
machiavellísmo, *sm.* || *fig.* → SCALTREZZA.
macía, *sf.* macèa, → MACERIE.
màcie, *sf. lett.* → MACILENZA.
macígno, *sm.* → MASSO, PIETRA.
macilènto, *agg.* →EMACIATO, ESTENUATO, MAGRO, TISICO.
macilènza, *sf.* emaciazione, estenuazione, spossatezza, macie, magrezza, macerazione.
contr. grassezza, robustezza, floridezza, vigoria, rigogliosità.
màcina, *sf.* mola, palmento || *fig.* cosa pesantissima, peso opprimente.
nomencl. (*tipi*) da mulino, verticale, orizzontale, rigata, liscia || (*parti*) albero, dado, rullo, macinello, ralla, manico, tramoggia, frantoio, ruota a pale.
macinàle, *sm.* → FARINA.
macinapépe, *sm. indecl.* pepaiola, macinino.
macinàre, *v.tr.* molare, tritare, triturare, stritolare, frangere, polverizzare, maciullare, dirompere, spezzettare || *fig.* mangiare avidamente || consumare, spendere, finire, assimilare, dissipare.
macinàto, *pps.* di macinare || *sm.* → FARINA.
macinatóio, *sm.* → MULINO.
macinatóre, *sm.* molitore, → MUGNAIO.
macinatúra, *sf.* molitura, → FARINA.
macinino, *sm.* macinapepe, macinacaffè (e simili) || *scherz.* vecchia automobile.
nomencl. (*parti*) tramoggia, campana, pigna, manovella, cassetta || *verb.* macinare, tritare, triturare.
maciullàre, *v.tr.* gramolare, → DIROMPERE, MACINARE || *fig.* MANGIARE.
macolàre, *v.tr.* → MACCHIARE, MAGAGNARE.
macramè, *sm.* frangia a nodi, merletto, trina.
macrocefalía, *sf.*
contr. microcefalia.
macrocèfalo, *agg.*
contr. microcefalo.
macrocòsmo, *sm.* l'universo.
contr. microcosmo, l'uomo.
macropsía, *sf.* megalopsía.
contr. micropsía.
macroscópico, *agg.*
contr. microscopico.
màcula, *sf. lett.* infamia, disonore, vergogna, magagna, → MACCHIA.

maculàre, *v.tr.* pestare, ammaccare || corrompere, violare, → MACCHIARE.
maculàto, *pps.* di maculare || *agg.* lett. chiazzato, screziato, → MACCHIATO, VARIEGATO.
macullóso, *agg.* → MACCHIATO.
madàma, *sf.* matrona, → MADONNA, SIGNORA.
madamigèlla, *sf.* damina, → SIGNORINA.
madapolàm, *sm. indecl.* → MUSSOLA.
màdia, *sf.* arcile, mastra, credenza.
nomencl. madiata || cucina.
màdido, *agg.* rorido, umido, → BAGNATO.
madònna, *sf.* mia donna, mia signora, monna, madama, → SIGNORA || Maria Vergine, Maria Santissima, Madre di Dio || *estens.* donna bella e pudica.
nomencl. (*attinenti*) Addolorata, Assunta, Immacolata, Deipara, Regina degli Angeli, Regina dei Santi, Regina del cielo, tuttasanta, tuttabella, consolatrice degli afflitti || Avemaria, concezione, purificazione, natività, annunciazione, presentazione al tempio, assunzione, mese mariano || dogma dell'immacolato concepimento, dell'assunzione al cielo, della maternità di Dio || iperdulia, mariologia || ufficio della Madonna.
madóre, *sm. lett.* → SUDORE.
madornàle, *agg.* spropositato, sperticato, sbardellato, massiccio, badiale, → GRANDE, ENORME.
màdre, *sf.* mamma, genitrice, progenitrice || → MONACA || *fig.* generatrice, → ORIGINE || protettrice || matrice.
nomencl. naturale, spirituale || (*pertinenti*) madre di famiglia, matrigna || maternità, matricidio, matriarcato, patria potestà || regina madre, madre badessa || lingua madre, idea madre, madre natura, madrepatria || *agg.* buona, santa, nobile, affettuosa, sollecita, amorevole, benevola; snaturata, perfida || *verb.* madreggiare, matrizzare.
madrepàtria, *sf.* → PATRIA.
madresélva, *sf.* caprifoglio, → EDERA.
madrevíte, *sf.* → VITE.
madrigàle, *sm.* → FROTTOLA || poesia svenevole, sdolcinata, leziosa.
nomencl. madrigalesco || *verb.* madrigaleggiare.
madrína, *sf.* madre spirituale, → COMARE.
nomencl. battesimo, cresima || madrina della bandiera, di una nave, ecc.
maestà, *sf.* grandezza, grandiosità, maestosità, solennità, dignità, grande nobiltà, gravità, imponenza, sfarzo, → ELEVATEZZA || immagine pittorica di Dio || tabernacoli delle vie.
nomencl. delitto, legge di lesa maestà, crimenlese.
contr. umiltà, nascondimento, modestia, semplicità, meschinità.
maestosità, *sf.* aspetto maestoso, grandioso, imponente, → MAESTÀ.
contr. meschinità, nascondimento, umiltà, semplicità, modestia.
maestóso, *agg.* solenne, sfolgorante, → GRANDIOSO, AUGUSTO || LUSSUOSO, APPARISCENTE.
contr. meschino.
maestràle, *sm.* vento di maestro, di nord-ovest, maestro.
contr. vento di sud-est, scirocco.
maestrànza, *sf.* complesso di operai, operai, lavoratori.
maestrévole, *agg.* → MAGISTRALE.
maestría, *sf.* capacità da maestro, → ABILITÀ, ECCELLENZA.
maèstro¹, *sm.* insegnante, aio, istitutore, mèntore, guida, precettore, caposcuola, educatore, professore, mastro, → DOTTO, AUTORE || padrone di bottega, artefice, maestro d'ascia, carpentiere || maestro d'armi, → GUERRIERO || maestro di ballo, → BALLERINO || gran maestro, → CAPO.
nomencl. (*vari*) privato, pubblico, di casa, di cerimonie, di palazzo, di camera, di cappella, di musica || titolare, supplente, incaricato || (*inerenti*) scuola, istituto magistrale, magistero, scuola normale; esame, abilitazione, concorso, sede || dotto, sapiente, colto, erudito, paziente, longanime, diligente, calmo, tollerante, mite, generoso, buono; severo, rigido, rigoroso, inflessibile, arcigno, duro || *verb.* ammaestrare, insegnare, dar lezione, fare scuola.
contr. discepolo, scolaro, alunno, allievo, dipendente, apprendista.
maèstro², *agg.* abile, esperto, navigato || → MAGGIORE, PRINCIPALE.
nomencl. strada, vela maestra; albero, muro, colpo maestro || maestria, maestrevole, maestrevolmente.
contr. mediocre, inetto || secondario, inferiore.
maèstro³, *sm.* → MAESTRALE.
màfia, *sf.* camorra, cricca, malavita, unione, associazione a delinquere || *fig.* → PREPOTENZA.
nomencl. giovani d'onore, onorata società, cosca || omertà; lupara.
mafióso, *agg.* e *sm.* camorrista, brigante, delinquente, → MALANDRINO || settario, → FAZIOSO || *fig.* → PREPOTENTE.
màga, *sf.* → STREGA, FATA.
magàgna, *sf.* difetto, taccola, tara, marachella, → IMPERFEZIONE, GUASTO || *fig.* vizio segreto, azione non bella, vergogna, macchia || afflizione, tribolazione.
magagnàre, *v.tr. rar.* ammaccare, guastare, acciaccare, corrompere, pestare, infestare, ledere, macolare.
contr. rinfrescare, migliorare, sanare, aggiustare.
magàre, *v.tr. rar.* → STREGARE.
contr. smagare, disincantare.
magàri, *inter.* volesse Iddio, Dio volesse || *cong.* quand'anche, anche se || *avv.* fors'anche, persino,
contr. cosí non fosse, Dio non voglia.
magazzíno, *sm.* emporio, deposito, fondaco, *dock,* → BOTTEGA || gran quantità.
nomencl. generali, di deposito || fondo di magazzino, fede di magazzino, magazzinaggio || porto franco || *verb.* magazzinare, immagazzinare.
maggéngo, *agg.* e *sm.* → FIENO.
maggése, *agg.* e *sm.* maggiatico, maggengo, novale.
maggiàtico, *agg.* → MAGGESE.
màggio, *sm.* mese mariano, mese delle rose.
nomencl. maggiolata, maggiaiolo || calendimaggio || *verb.* cantar maggio, piantar maggio.
maggioràna, *sf.* origano, erba persa, persa, amàraco.
maggiorànza, *sf.* la maggior parte, i piú, i molti, il maggior numero, prevalenza.
nomencl. (*varietà*) assoluta, relativa, fittizia, qualificata, || parlamentare, della Camera, del Senato || *verb.* es-

sere, rappresentare, raggiungere, ottenere, avere, verificare.
contr. minoranza || unanimità.
maggioràsco, *sm.*
nomencl. maggiorascato, maiorascato, fidecommesso, eredità, legge salica, cadetto.
contr. minorasco.
maggiorazióne, *sf.* → AUMENTO.
contr. minorazione.
maggiordòmo, *sm.* maestro di casa, di camera: capo o sovrintendente della servitú, scalco, siniscalco, credenziere, dispensiere.
maggióre, *agg.* piú grande, superiore, preponderante, prevalente, migliore || piú anziano || superiore in grado, piú importante, piú ragguardevole, poziore || *sm.* → CAPO || *pl.* gli antenati, i piú vecchi.
nomencl. ordini sacri maggiori, arti maggiori, stato maggiore, corpo di stato maggiore || *verb.* crescere, prevalere, maggiorare.
contr. minore, inferiore || uguale.
maggiorènne, *agg.* e *sm.* e *f.*
contr. minorenne.
maggiorènte, *sm.* ottimate, primate, magnate, maggioringo, → CAPO.
maggiorità, *sf.* ufficio dei registri di servizio, → ESERCITO.
maggioritàrio, *agg.* e *sm.* della maggioranza.
contr. minoritario.
magía, *sf.* incantesimo, incantazione, fascinazione, sortilegio, stregoneria, fattura, fattucchieria, affatturazione, malia, negromanzia, necromanzia, occultismo, scienza occulta, rabdomanzia, prestigio, diavoleria, evocazione, teurgia, sorteria || *fig.* incanto, fascino.
nomencl. (*divisione*) bianca o naturale, nera o cerimoniale || (*pertinenti*) cabala, malefizio o maleficio, malocchio, evocazione dei morti o degli spiriti, ricerca o scoperta dei tesori nascosti, profezia, guarigioni, preservazione da malattie, miracoli || arte sacerdotale o arte sacra, talismano, sabba, tregenda, oracolo, abracadabra, verga magica, cerchio magico, specchio magico, pentacolo, tripode, pietra filosofale, parole magiche || mago, maga, strega, indovino, demoni, geni || fatato, lamia || *verb.* incantare, affatturare, affattucchiare, ammaliare, affascinare, evocare, stregare || disincantare, spezzare o rompere l'incanto.
màgico, *agg.* affatturato, affascinato, fatato, stregato, talismànico || *fig.* affascinante, incantevole, meraviglioso, stupendo, prodigioso, → INCANTATO.
magióne, *sf. lett.* abitazione, → CASA.
magiostrína, *sf.* paglietta, → CAPPELLO.
magistèro, *sm.* → INSEGNAMENTO, DOTTRINA.
magistràle, *agg.* maestrevole, ingegnoso, eccellente, perfetto, abile, consumato || di maestro || *iron.* sentenzioso, sputasentenze.
magistralménte, *avv.* → ECCELLENTEMENTE.
magistràto, *sm.* funzionario, → GIUDICE, CONSOLE || magistratura.
nomencl. (*distinzioni*) emerito, elettivo, amovibile, inamovibile || di prima, di seconda, di ultima istanza || (*esemplificazioni*) *alcalde*, *Aldermann*, amostante, assessore, auditore, arconte, balí, bargello, borgomastro, burgravio, bano, *bey*, *cadí*, catapano, censore, console, conte palatino, eforo, eliaste, dittatore, gonfaloniere, giurato, giurí, gran giudice, governatore, lucumone, mandarino, nababbo, pascià, prefetto, procuratore, probiviro, prodittatore, proposto, podestà, preside, priore, patriarca, referendario, scabino, sceriffo, sindaco, savio, questore, starosta, tribuno, ulema, voivoda || (*attinenti*) basilica, mazza, sedia curule, toga, tocco || *agg.* giusto, equo, equanime, imparziale, retto, onesto, probo, buono, clemente, indulgente, pietoso, generoso, mite, benigno; ingiusto, iniquo, parziale, spietato, inclemente, severo, rigido, implacabile, corruttibile, venale; incorruttibile, integerrimo, dotto, sapiente, acuto, perspicace.
magistratúra, *sf.* ufficio, ceto, carriera del magistrato || → COLLEGIO.
màglia, *sf.* intrecciatura di fili || anello di catena || corpetto a maglia || armatura || *dim.* maglietta || *accr.* maglione, giaco, corazza (di maglie metalliche).
nomencl. (*modi*) a diritto, a rovescio, avvolta, sfilata, staffata, unita, disunita, fitta, rada, rasata, traforata, semplice, doppia, aumentata, diminuita, a mazzolini, a catenelle, accavallata, passata o non fatta || (*inerenti*) giro, rovescino, spinetta, smagliatura, cresciuto, stretto, avviatura, orlo (diritto o semplice, a dente di gatto, aperto o piegato) || (*arnesi*) ago, uncinetto o crocè, ferri da calza, fattorino || *verb.* avviare una maglia, fare, lavorare, raccattare, rinfilare, ripigliare, riprendere, ribattere, smagliare, sperare o ragnare, rammendare.
màglio, *sm.* mazza, mazzapicchio, → GUALCHIERA, MARTELLO.
magliòlo, *sm.* → TALEA, NODO.
màgma, *sm.* impasto, roccia, miscuglio (di materie vulcaniche).
nomencl. (*distinzioni*) granitico, sienitico, deoritico, gabbrico, peridotitico, roccia effusiva, intrusiva.
magnanimità, *sf.* → GENEROSITÀ, GRANDEZZA.
contr. pusillanimità, grettezza, meschinità, piccineria, sordidezza, spilorceria.
magnànimo, *agg.* → GENEROSO, EROICO, MAGNIFICO.
magnàno, *sm.* → FABBRO, CALDERAIO.
magnàte, *sm.* maggiorente, → CAPO, NOBILE || potente, ricchissimo, personaggio notevole, autorevole.
magnèsio, *sm.* magnesite.
nomencl. (*varietà*) afrodite, brucite, citrato, cloruro, cordicrite, magnesite, solfato o sale amaro.
magnète, *sm.* calamita.
nomencl. (*tipi*) temporaneo, permanente, naturale, artificiale || (*pertinenti*) poli, ago, asse magnetico, elettromagnete, linea assiale, spettro o fantasma magnetico || magnetismo, elettromagnetico || *verb.* armare.
magnetísmo, *sm.* ipnotismo, ipnosi, sonnambulismo, mesmerismo, fascino, suggestione || → FORZA, ELETTRICITÀ.
nomencl. (*fenomeni*) diamagnetismo || ammorzamento, attrazione, coibenza magnetica, dispersione magnetica, eccitazione, inclinazione, induzione, magnetizzazione, ripulsione, variazione || burrasca, linea magnetica, campo, fluido, equatore, meridiano, potenziale magnetico || ago astatico, ago magnetico, bussola, contatto, induttore, magnetometro, magnetoscopio.

magnetizzàre, *v.tr.* calamitare || → IPNOTIZZARE.
magnificàre, *v.tr.* ingrandire, portare al cielo, sublimare, celebrare, esaltare, amplificare, decantare, vantare, → GLORIFICARE, ESAGERARE.
contr. disprezzare, spregiare, deprezzare, deprimere, disdegnare, rimpicciolire.
magnificènte, *agg. lett.* magnifico, → LUSSUOSO.
magnificènza, *sf.* splendore, grandiosità, sfoggio, pompa, [illegible]
magnífico, *agg.* grande, grandioso, sontuoso, meraviglioso, maraviglioso, sfarzoso, pomposo, eccellente, cospicuo, mirifico, lauto, → BELLO, LUSSUOSO, SPLENDIDO || magnanimo, liberale.
contr. misero, meschino, taccagno, gretto, umile, modesto, dimesso.
magniloquènte, *agg.* → ELOQUENTE, FACONDO || AMPOLLOSO, RETTORICO.
magniloquènza, *sf.* grandiloquenza, → ELOQUENZA, LOQUACITÀ, AMPOLLOSITÀ, RETTORICA.
màgno, *agg. rar.* → GRANDE || piú spesso *iron.*
contr. parvo.
màgo, *sm.* incantatore, arcimago, affatturatore, fattucchiere, maliardo, negromante, sortiere, sortilego, stregone, → INDOVINO.
magògano, *sm.* → MOGANO.
magóna, *sf. rar.* ferriera, magazzino di ferro, → FONDERIA.
màgra, *sf.* scarsezza d'acqua (di un fiume), basso livello, secca.
contr. piena, inondazione, alluvione.
magrézza, *sf.* gracilità, emaciazione, secchezza, estenuazione, denutrizione || (di terreno) sterilità.
contr. grassezza, adiposità, pinguedine, abbondanza.
màgro, *agg.* macro, segaligno, gracile, scarno, sparuto, mingherlino, spolpato, emaciato, affilato, secco, macilento, lanternuto, macero, mencio, munto, smunto || atrofico, denutrito, dimagrito, assottigliato, dimagrato, ristecchito, rinsecchito, scarnito, scheletrito, stecchito, steccolito, steccuto, stremato, estenuato, svenuto, trasparente, spersonito, stentino, striminzito, tisico || sottile, esile, smilzo, allampanato, spilungone || alido, appassito, arido, arrovellato, arso, riarso, asciugato, prosciugato, asciutto, assaettato, assecchito, adusto, bruciato, poco fertile || *fig.* insufficiente, poco abbondante.
nomencl. (*modi di dire*) come un'aringa, come il cavallo dell'Apocalisse, come la fame, come la quaresima, come uno stecco, come uno zolfanello; secco come una lanterna, come un chiodo, come un uscio; secco strinato || *verb.* essere magro, tutt'ossi, pelle ed ossa, sottile; essere una larva, un morto in piedi, un morto che cammina, tener l'anima coi denti, parere uno spettro, uno stoccafisso, un sigaro || dimagrire, affilarsi, smagrire, allampanarsi, assottigliarsi, consumarsi, allungar il muso, emaciarsi, estenuarsi, intisichire, scheletrirsi, spolparsi, stecchire, struggersi, trasparire, macerarsi, improsciuttire || ingrassare, impinguare.
contr. grasso, ingrassato, abbondante, sovrabbondante, pingue, adiposo, robusto, ipertrofico, pletorico.
mài, *avv.* giammai, mai piú, alle calende greche.
contr. sempre.
maiàle, *sm.* suino, porco, porcello, verro, scrofa, troia || *fig.* → SUDICIONE, SPORCACCIONE.
nomencl. (*suini*) babirussa, facocero, pècari, cinghiale, porco rosso del Cosentino || (*parti*) cotenna, capaccia, cotennone, fognagniolo, grasso, grifo o grugno, pesce, scamerita, setole, strigolo, sugna, zanna || (*prodotti*) àrista, biroldo, bondiola, buristo, capocollo, carbonata, cervellata, cícciolo, costereccio, cotechino, fegato, fegatello, ginocchiello, lardo, lardone, mezzana, nicchio, pancetta, peducci, prosciutto, risticciana, salame, spalla, strutto, ventresca, zampetti, zampone, rocchio o salsiccia, mortadella || (*luogo*) porcile, arla, stabbiolo, trogolo o truogolo, brago || (*persone*) porcaio, norcino, macellaio, pizzicagnolo || salumi, porchetta, trichina || *agg.* grasso, magro, ingrassato, magrone, castrone, panicato, quartato, suzzone, nero, pezzato, selvatico || *verb.* grugnire, grufolare, stridere, russare, strogolare || allevare, castrare, uccidere, scotennare, tritare, insaccare, salare.
maidísmo, *sm.* → PELLAGRA.
maiòlica, *sf.* terracotta verniciata, porcellana, ceramica, terraglia, faenza, faentina || stoviglie di maiolica.
màis, *sm.* → GRANTURCO.
maiúscolo, *agg.* → GRANDE, ENORME.
contr. minuscolo.
malaccòrto, *agg.* sprovveduto, → IMPRUDENTE, INABILE.
contr. accorto, sagace, avveduto, destro.
malacreànza, *sf.* increanza, malagrazia, → INURBANITÀ.
contr. creanza, buonacreanza.
malaféde, *sf.* → SLEALTÀ.
contr. buonafede.
malagévole, *agg.* → FATICOSO, DIFFICILE, ASPRO, SCOMODO.
contr. agevole, facile, fattibile.
malagevolézza, *sf.* → SCOMODITÀ.
contr. agevolezza.
malagràzia, *sf.* cattiva grazia, malacreanza, sgarbatezza, rusticità, inurbanità, rozzezza, grossolanità.
contr. grazia, buonagrazia, garbo, finezza, creanza, buonacreanza, garbatezza, urbanità.
malalíngua, *sf.* linguaccia, → MALDICENTE.
malaménte, *avv.* in malo modo, in brutto modo, disagevolmente, malagevolmente, con malagrazia, difficilmente, con difficoltà.
contr. bene, agevolmente, con garbo, facilmente, con facilità.
malandàto, *pps.* di malandare || *agg.* malridotto, malazzato, malaticcio, balogio, cagionevole, malsano, arrembato, rovinato, in cattivo stato, infermiccio → GRACILE; INFELICE.
contr. sano, vegeto, vigoroso, robusto, arzillo.
malandrinàggio, *sm.* → MALAVITA.
malandríno, *sm.* assassino, malfattore, ladro, bandito, furfante, grassatore, criminale, masnadiero, scherano, mascalzone, cattivo soggetto, tristo, ladrone, sicario, sgherro, aggressore, rapinatore, teppista || mafioso, camorrista || briccone, barbone || *agg.* disonesto || *scherz.* birichino.
contr. galantuomo, persona onesta, proba, leale.
malànimo, *sm.* animosità, rancore, permalosità, malignità, malafede, risentimento, → MALEVOLENZA, ODIO.

contr. buon animo, benevolenza, affetto, affezione, amorevolezza, dilezione.

malànno, *sm.* → MALATTIA || DISGRAZIA, DANNO || INFELICITÀ || MALE.

malària, *sf.* mefite.

nomencl. (*varietà*) perniciosa, cronica, terzana, quartana, quotidiana || (*inerenti*) anofele, esanofele, chinino.

malatíccio, *agg.* → AMMALATO, MALANDATO || *sm.* camorro.

malàto, *agg.* e *sm.* egro (*poet.*), infermo, patito, indisposto, malsano, debole, allettato, → AMMALATO.

contr. sano, vegeto, rubesto, guarito.

malattía, *sf.* malanno, infermità, alterazione, degenza, acciacco, morbo, epidemia, infezione, cagionevolezza, accidente, affezione, batosta, condizione patologica, consunzione, contagio, disturbo, gravezza, incomodo, indisposizione, infiammazione, lesione, malessere, malore, malsanía, marasma, sconcerto morboso, tabe; vizio organico, → MALE.

nomencl. (*distinzioni*) acquisita, costituzionale, congenita, ereditaria || interna, esterna, locale o topica, intestinale, ginecologica, mentale, nervosa || ambulante, anabatica, specifica, sporadica, erratica, eruttiva, esantematica, indigena, esotica, tipica, atipica, intercorrente, subentrante, bacillare, da virus; infettiva, contagiosa, attaccaticcia, endemica, epidemica, pandemica || (*fenomeni connessi*) abito morboso, accesso, acme, adinamia, afasia, agonia, allergia, anafilassi, andamento, astenia, atassia, attacco, atonia; atrofia, ciclo, collasso, coma, convalescenza, consumazione, corso, crisi, declinazione, decorso, delirio, diarrea, dispnea, efflusso, elementi morbosi, ereditarietà, eruttazione, esacerbazione, esito, fase o stadio, febbre, fenomeno, focolaio, guarigione, immunità, incubazione, indizio, insulto, intorpidimento, iperestesia, ipertonia, ipotonia, lisi, localizzazione, marasma, miglioramento, morte, morte apparente, parossismo, predisposizione, prodromo, profilassi, prolasso, pus, reazione, recrudescenza, revulsione, ricaduta, recidiva, ricettività, risoluzione, segni anamnestici, sindrome, sintomo, suppurazione, tosse, vampa, vertigine, virulenza, vomito, vizio, viziatura || (*malattie*) acromegalia, actinomicosi, adenoidismo, amebiasi, albuminuria, anemia (cerebrale, perniciosa), aneurisma, angina, *angina pectoris*, angiocolite, anoressia, appendicite, arteriosclerosi, artrite, artrosi, asfissia, asma, atonia gastroenterica, avvelenamento, brachicardia, bronchite, calcoli (renali, vescicali), cancro, carbonchio, carcinoma, cardiopalmo, carie dentaria, carie vertebrale, cataratta, cefalea, cirrosi epatica, cistite, clorosi, colera, colica, colite, colecistite, congiuntivite, còrea, corizza, demenza senile, diabete, diarrea, difterite, disfunzione glandolare, dispepsia, eclampsia, eczema, embolia, emofilia, emorragia, emorroidi, endocardite, enterite, epilessia, epistassi, eritema, erpete, faringite, febbre gialla, flebite, flemmone, glicoma, gotta, idrofobia, ileotifo, imbarazzo gastrico, infarto, influenza, ipercloridria, ipocloridria, isterismo, itterizia, laringite, lebbra, leucemia, linfatismo, lipemania, *lupus*, lussazione, malaria, meningite, mielite, miocardite, mixedema, morbillo, nefrite, nevralgia, nevrastenia, obesità, occlusione intestinale, orecchioni o parotite, orticaria, osteomielite, otite, paralisi, paralisi infantile o poliomielite, paranoia, pazzia morale, pellagra, periostite, peritonite, peste bubbonica, pletora, pleurite, polipo, poliposi, porpora, polmonite, rachitismo, raffreddore, reumatismo, risipola, rosolia, sarcoma, scabbia, scarlattina, sciatica, scorbuto, scrofola, setticemia, sifilide, sincope, sinusite, spasmofilia, stitichezza, stomatite, tabe dorsale, tachicardia, tetano, tifo, tifo petecchiale, tigna, tisi o tubercolosi, tubercolosi ossea, tracoma, trauma, trombosi, tumore, ulcera, uremia, vaiolo, varice, varicella || (*pertinenti*) empirismo, allopatia, omeopatia, elettroterapia, galenismo, idroterapia, psichiatria, biometria, etiologia o eziologia, nosogeografia, nosologia, patogenesi, semeiotica, terapeutica, → MEDICINA || (*cura*) chiamata, visita, consulto, anamnesi, auscultazione, percussione, diagnosi, prognosi, profilassi, terapia, referto, certificato medico, ricetta || dieta, convalescenza || periodo di malattia, di incubazione, quarantena || corpo sanitario, ufficiale sanitario, medico curante, medico condotto, specialista, veterinario, → MEDICO || gabbanella o camice, guanti, sterilizzazione, asepsi || pronto soccorso, autoambulanza, barella || (*medicamenti*) balsamo, farmaco, medela, medicinale, iniezione, rimedio, specifico, → MEDICAMENTO || *agg.* leggera, benigna, curabile, sanabile, guaribile; dubbia, contumace, recidiva; seria, ostinata, violenta, acuta, maligna, grave; gravissima, cronica, incurabile, inguaribile, insanabile, indomabile, letale, mortale; improvvisa, fulminante || immaginaria, vergognosa, segreta || *verb.* abortire, accasciare, aggravarsi, ammorbare, appiccare, assalire, attaccare, complicarsi, covare, dare la balta, declinare, incarognire, incrudire, inasprire, peggiorare, rientrare, rincappellare, scoppiare, sorprendere, contrarre, ricadere, risolversi, guarire.

contr. salute, buona salute, sanità.

malauguràto, *agg.* inauspicato, maledetto, nefasto, di cattivo augurio, fatale, infausto, sfortunato, → DISGRAZIATO.

contr. benaugurato, fortunato, desiderato, avventurato.

malaugúrio, *sm.* iettatura, malocchio, auguraccio, mal segnale, sfortuna, maledizione, mala ventura, cattiva ventura.

contr. buon augurio, buon segno, fortuna, buona ventura.

malavíta, *sf.* malandrinaggio, brigantaggio, teppa, teppaglio, teppismo, mafia, camorra, malvivenza, delinquenza abituale || i delinquenti.

nomencl. (*luoghi e persone*) banda, covo, covile || scherano, barabba, bandito, teppista, manigoldo, malandrino, lenone.

malavòglia, *sf.* cattiva volontà, svogliatezza, pigrizia, infingardaggine, torpore, neghittosità, fiaccona, → MALUMORE.

contr. buonavoglia, buona volontà, solerzia, alacrità, diligenza, sollecitudine.

malazzàto, *agg.* → MALANDATO.

malcadúco, *sm.* → EPILESSIA.

malcapitàto, *agg.* → SFORTUNATO.

malcàuto, *agg.* → IMPRUDENTE.

contr. cauto.
malcèrto, *agg.* → DUBBIOSO.
contr. certo.
malcóncio, *agg.* malcapitato, malavventurato, sfortunato, → GUASTO.
malconsigliàto, *agg.* incauto, malaccorto, → IMPRUDENTE.
malcontènto, *agg.* insoddisfatto, scontento, inquieto, turbato, disgustato, lagnoso, addolorato || *sm.* malumore, insoddisfazione, disapprovazione, dispiacere, disappunto, → MALINCONIA.
contr. contento, soddisfatto, pago, appagato, disteso, lieto || soddisfazione, piacere.
malcostumàto, *agg.* → INURBANO.
contr. costumato.
malcostúme, *sm.* disonestà, corruzione, disordine, scorrettezza, noncuranza, scandalo, trascuratezza || → SCOSTUMATEZZA || cattiva abitudine.
contr. buoncostume.
malcreàto, *agg.* → MALEDUCATO.
maldèstro, *agg.* → INABILE.
contr. destro.
maldicènte, *agg.* e *sm.* e *f.* malalingua, malèdico, detrattore, denigratore, sparlatore, abbaiatore, borbottatore, ingiuriatore, cerbero, criticone, crocchiante, gracidatore, latratore, linguaccia, maligno, mettimale, mettiscandali, mordace, mormoratore, morditore, sussurratore, sussurrone, pettegolo; lingua sacrilega, marcia, malvagia, sfrenata, senza pietà, corrosiva, caustica, velenosa, villana, tagliente, terribile, dissoluta, di demonio, di vipera, di serpente; → CALUNNIATORE.
nomencl. *verb.* calunniare, addentare, sparlare, gracchiare, infamare, gridar la croce addosso, mettere scandalo, mormorare, sciogliere il sacco; avere la lingua lunga, cattiva, dirotta; dir peste, ciarlare, tagliare i panni addosso, mormorare, lasciare il bollo, lavare i panni di tutti, menar la lingua, dir male, metter zizzania.
contr. lodatore, adulatore.
maldicènza, *sf.* mordacità, ciarleria, mormorio, mormorazione, pettegolezzo, susurrazione, susurro, biasimo, detrazione, ingiuria, → DIFFAMAZIONE, CALUNNIA.
contr. lode, adulazione.
maldispósto, *agg.* → CONTRARIO, MALEVOLO.
contr. bendisposto.
màle[1]**,** *sm.* danno, inconveniente, calamità, disgrazia, disastro, guaio, pericolo, avversità, sventura, infortunio, miseria, accidente, fatalità || dolore morale, pena, tormento, prova, travaglio, tribolazione || malanno, piaga, infermità, morbo, incomodo, acciacco, dolore fisico, → MALATTIA || misfatto, scelleratezza, ingiustizia, disonestà, malefatta, ribalderia, peccato, malizia, colpa, vizio || afflizione, desolazione, decadenza, declino, ingiuria della sorte, ingiuria o invidia del tempo, colpo della sorte o della fortuna, contrarietà, traversia, vicissitudine, peripezia, disavventura, delusione, disinganno, contrattempo, pregiudizio, guasto, perdita, detrimento, insuccesso, scacco, caduta, cataclisma, catastrofe, rovina, tempi duri, giorno nefasto, giorno o data maledetta, fortuna o sorte contraria, abbandono, eclissi, difficoltà || incentivo, tentazione, istigazione, predisposizione, inclinazione, corruzione || biasimo, castigo, rimedio, rappresaglia, panacea, palliativo.
nomencl. (*distinzioni*) fisico, corporeo, metafisico, mentale, morale, spirituale || pessimismo || *agg.* irreparabile, inevitabile, ineluttabile, fatale, intollerabile, insopportabile, insostenibile, grave, noioso, fastidioso, seccante, pesante, molesto, latente, nascosto, riposto, segreto, interno, pericoloso, virulento, funesto, letale, nefasto, pernicioso, malefico, disastroso, rovinoso, crudele, terribile, tragico, amaro, triste, desolante, affliggente, deplorevole, pietoso, compassionevole || *verb.* lenire, mitigare, prevenire, provocare, contraccambiare, soffrire, tollerare, redimere || istigare, tentare, aizzare, provocare, predisporre, inclinare, predestinare.
contr. bene || salute || redenzione, giustizia, bontà.
màle[2]**,** *avv.* a traverso, a rovescio, dannosamente, pericolosamente, inutilmente, sconciamente, peggio, imperfettamente, infelicemente, scorrettamente, di male in peggio, pessimamente, sinistramente.
contr. bene.
maledétto, *agg.* malaugurato, nefasto, funesto, inauspicato, sfortunato, infesto, esecrato, esecrabile, tristo, abominevole, scomunicato, rinnegato || *fam.* eccessivo, imprevisto, fastidioso, noioso, molesto.
contr. benedetto || lodato, acclamato, festeggiato, bene accolto.
malèdico, *agg.* → MALDICENTE, MALIGNO.
maledíre, *v.tr.* esecrare, vituperare, anatemizzare, abominare, imprecare, rinnegare, scomunicare, dir male, augurare male, → BESTEMMIARE, BIASIMARE, ODIARE || lanciare o dar maledizioni, augurare danno, cacciare alle forche, dare il malanno; mandare al diavolo, alla malora, all'inferno, stramaledire, rimaledire.
contr. benedire, dire bene, lodare, beneaugurare.
maledizióne, *sf.* esecrazione, imprecazione, anatema, scomunica, dannazione, vituperio, malaugurio, → BESTEMMIA || disdetta, accidente, catastrofe, disgrazia, sciagura, → DANNO.
contr. benedizione, lode, augurio.
maleducàto, *agg.* incivile, malcreato, malcostumato, ineducato, disobbligante, screanzato, zotico, scortese, sgarbato, villano, grossolano, volgare, sguaiato, indisponente, ingrato, ostico, → INURBANO.
contr. educato, beneducato, cortese, garbato, delicato, gentile, grato, raffinato.
maleducazióne, *sf.* ineducazione, inciviltà, malacreanza, ineducazione, ingratitudine, scortesia, sgarbatezza, inurbanità, villania, sguaiatezza, grossolanità, volgarità.
contr. educazione, urbanità, buona educazione, delicatezza, riconoscenza, buon gusto, raffinatezza.
malefàtta, *sf.* birbonata, birbata, birbantaggine, birbanteria, birbonaggine, birboneria, bricconaggine, bricconeria, bricconata || canagliata, errore, furfanteria, iniquità, scelleratàggine, scelleratezza, infamia, inganno, tristizia, turpitudine, marioleria, malvagità, cattiveria, nequizia, perfidia, sciaguratàggine, disonestà, fattaccio, enormità, ribaldaggine, ribalderia, boiata, bruttura, azionaccia, canata, diavoleria, → PECCATO, MALE, GUASTO, DELITTO || colpa, demerito || birichinata, monelleria, gherminella.
contr. azione onesta, buona azione, azione meritoria.

malefício, *sm.* azione malefica, azione malvagia, delitto || malia, fattucchieria, → STREGONERIA.
contr. beneficio.
malèfico, *agg.* maligno, dannoso, cattivo, infausto, pregiudizievole, velenoso, nocivo || maliardo, frutto di malia, di maleficio.
contr. benefico.
maleolènte, *agg.* di cattivo odore, → PUZZOLENTE.
contr. profumato, odoroso.
malèrba, *sf.* → ERBA.
malèscio, *agg.* noce mal riuscita, di cattiva qualità || *fig.* malaticcio, → AMMALATO || di cervello duro.
malèssere, *sm.* indisposizione, → MALORE, MALATTIA, STANCHEZZA || inquietudine, ansia, turbamento spirituale.
contr. benessere.
malèstro, *sm.* sbadataggine, → GUASTO, DANNO.
malevolènza, *sf.* malanimo, animosità, ostilità, avversione, malvolere, inimicizia, mala disposizione, antipatia, malignità, disamore, malavoglia, malafede, → ODIO, RANCORE.
contr. benevolenza, simpatia, affetto, amicizia.
malèvolo, *agg.* e *sm.* animoso, avverso, maldisposto, malintenzionato, maligno, rancoroso, → OSTILE, NEMICO.
contr. benevolo || amico.
malfàtto, *agg.* mal formato, deturpato, sconnesso, bozzacchiuto, disarmonico, → BRUTTO || anormale, → DEFORME.
contr. benfatto, armonico, ben formato, ben costruito, ben congegnato.
malfattóre, *sm.* facinoroso, delinquente, anima dannata, birba, birbone, birbante, briccone, criminale, farabutto, furfante, malandrino, malvivente, manigoldo, mariolo, ribaldo, scherano, bandito, ladro, assassino, grassatore, canaglia, teppista, borsaiòlo, brigante, mafioso, camorrista, combriccolone.
nomencl. banda, manica, combriccola, associazione a delinquere, lega, ganga, brigantaggio, canagliume, camorra, guapperia, mafia || *agg.* incallito, impenitente, prezzolato, da strada, di tre cotte.
contr. uomo onesto, galantuomo, persona retta.
malférmo, *agg.* instabile, incostante, malaticcio, cagionevole, fragile, senza carattere, sgangherato, → INCERTO, DEBOLE.
contr. fermo, stabile, forte, costante, saldo.
malfído, *agg.* malsicuro, infido, incerto, → INFEDELE, SOSPETTO.
contr. fido, fidato, sicuro, fedele, leale.
màlga, *sf.* bàita || alpe, pascolo alpino.
malgàrbo, *sm.* → SGARBATEZZA, SGARBO.
contr. garbo, buon garbo.
malgovèrno, *sm.* cattivo governo, cattiva amministrazione, malcostume, incoscienza, corruzione pubblica || mancanza di cura, negligenza, trascuratezza, → MALTRATTAMENTO.
contr. buon governo, onestà, capacità, correttezza, coscienza, || accuratezza.
malgradíto, *agg.* → SGRADITO.
contr. gradito.
malguardàto, *agg.* → INDIFESO.

malía, *sf.* filtro, beveraggio magico, malocchio, fattura, incantesimo, prestigio, fattucchieria, → MAGIA, STREGONERIA || *fig.* incanto, rapimento, → FASCINO || LUSINGA.
nomencl. *verb.* ammaliare, affatturare, rapire, incantare, affascinare, stregare.
maliàrda, *sf.* incantatrice, seduttrice, → STREGA.
maliàrdo, *agg.* incantatore, seduttore, seducente, affascinante || *sm. rar.* → MAGO.
màlico, *agg.* malonico.
malignàre, *v.intr.* pensare, vedere, parlare, interpretare male, sinistramente; dire malignità, → DIFFAMARE.
contr. dire, pensare, interpretare, parlare bene; lodare.
malignatóre, *sm.* → DIFFAMATORE.
malignità, *sf.* parole maligne, detto maligno || malevolenza, pravità, velenosità, perversità, maltalento, malizia, perfidia, malgusto, malvagità, → CATTIVERIA, DIFFAMAZIONE || insinuazione, insidia, orgoglio, presunzione, sufficienza, alterigia,
nomencl. *agg.* livida, raffinata, occulta, insidiosa, insolente, malvagia, velenosa, perversa, calunniosa, diffamatoria, infernale || *verb.* malignare, insinuare.
contr. benignità, buon volere, bontà, mitezza, umiltà.
malígno, *agg.* e *sm.* calunnioso, maldicente, diffamatorio, iniquo, malizioso, malevolo, malvagio, infernale, perverso, rio, sinistro, tristo, malefico, malèdico, velenoso, mefistofelico, piè zoppo, subdolo, perfido, orgoglioso, presuntuoso, → CATTIVO || (di malattia) insidiosa, gravissima, → RIBELLE || *sm.* il diavolo, il demonio.
contr. benigno, buono, umile, mite, benefico.
malinconía, *sf.* melanconia, melancolia, tristezza, mestizia, *spleen*, umor nero, misantropia, afflizione, tetraggine, affanno, noia, scoramento, scoraggiamento, abbattimento, tedio, malessere, turbamento, desolazione, cura, inquietudine, ansia, malumore, malcontento, amarezza, → DOLORE || ipocondria, lipemania, acedia, ora grigia, paturnia, apantropia, atrabile.
nomencl. *agg.* dolce, mesta, grave, cupa, fiera, nera, terribile || *verb.* avere, prendere, far venire, rimuovere, cacciare, bandire, smaltire, passare, dileguare, disgombrare la malinconia || essere d'umor nero, immalinconire, attristarsi, contristarsi.
contr. buon umore, serenità, gaiezza, giocondità, letizia, allegria || nepente.
malincònico, *agg.* melanconico, malinconioso, immalinconito, triste, mesto, afflitto, tetro, infelice, desolato, dolente, doloroso, patetico, scoraggiato, misantropo, malcontento, sconsolato, sospiroso, turbato, travagliato, taciturno, annoiato, pessimista || grave, egro, ansioso, lacrimonioso || lipemaniaco, ipocondriaco, atrabiliare || anima inquieta.
contr. allegro, lieto, gaio, giocondo, giulivo, contento, ottimista, sereno.
malinconióso, *agg.* → MALINCONICO.
malincòrpo (a), *loc. avv,* → MALINCUORE (A).
malincuòre (a), *loc. avv.* di controvoglia, di malavoglia, con dolore, con rammarico, a malincorpo, mal volentieri, a contraggenio.
malintenzionàto, *agg.* → MALEVOLO.

contr. benintenzionato.
malintéso, *agg.* male interpretato || *sm.* → EQUIVOCO, ERRORE.
malízia, *sf.* astuzia, furberia, scaltrezza, sospettosità, inganno, imbroglio, sottigliezza, trappola, sotterfugio, tranello || maliziosità, malvagità, malignità, viziosità, → MALE.
nomencl. (*inerenti*) gretola, baratro || fantino, formicone, gargo, matricolato || *agg.* topesca, fine, volpina, ingannevole, famminile, diabolica, raffinata || *verb.* ammaliziare, ammalizire, addottrinare, maliziare.
contr. franchezza, lealtà, dirittura, sincerità, schiettezza, benignità, ingenuità, innocenza.
malizióso, *agg.* furbo, scaltro, astuto, ingannevole, volpino, diffidente, sospettoso, tristo, tortuoso, matricolato || viziatello, maligno, malevolo, malignetto, cattivello.
contr. franco, diritto, fidato, limpido, sincero, schietto, benevolo, benigno, leale, ingenuo, innocente.
malleàbile, *agg.* → DUTTILE, CEDEVOLE || *fig.* docile.
malleabilità, *sf.* → DUTTILITÀ, ELASTICITÀ || *fig.* docilità.
mallèolo, *sm.* noce del piede, nocella, caviglia.
mallevadóre, *sm.* garante, fideiussore, solidale, obbligato in solido, cauzionario, assicuratore, comallevadore, cogarante, responsabile, corresponsabile.
mallevadoría, *sf.* → MALLEVERIA.
mallevàre, *v.tr.* garantire, entrare mallevadore, assicurare, impegnarsi, obbligarsi.
malleveria, *sf.* mallevadoria, guarentigia, garanzia, assicurazione, cautela, cauzione, fideiussione, sicurtà, responsabilità, promessa, arra, caparra, pegno, fede, impegno.
nomencl. *agg.* debole, solida, sufficiente, forte, grossa, inefficace || *verb.* cautelarsi, dare la parola d'onore, essere o fare il mallevadore, dare cauzione, fare guarentigia, rimanere garante, garantire, cautelare, assicurare, impegnarsi, obbligarsi in solido, rispondere per una persona.
màllo, *sm.* corteccia, scorza, guscio.
nomencl. noce, mandorla.
malmenàre, *v.tr.* sbertucciare, irridere, maltrattare, bistrattare, strapazzare, affliggere, tartassare, conciare, stazzonare, ridurre male, rovinare, spellicciare, bastonare, → GUASTARE.
contr. trattare bene, curare, accarezzare, rispettare, onorare, riverire.
malmésso, *agg.* mal vestito, → TRASANDATO, SCIATTO || male ammobiliato, male accomodato.
contr. ben messo.
malnàto, *agg.* malcreato, rozzo, → SCREANZATO || disgraziato, malavventurato, malcapitato || dannoso, deplorevole, → SCIAGURATO.
contr. bennato.
màlo, *agg. rar.* → CATTIVO.
contr. bono, buono.
malòcchio, *sm.* iettatura, malaugurio, porta disgrazia, → MALIA.
contr. buon occhio.
malònico, *agg.* màlico.
malóra, *sf.* perdizione, → ROVINA.
malóre, *sm.* indisposizione, acciacco, incomodo, infermità, svenimento, breve malattia, malessere, turbamento, male, → MALATTIA.
contr. benessere, salute.
malparlànte, *agg.* e *sm.*
contr. benparlante.
malpensànte, *agg.*
contr. benpensante.
malpíglio, *sm.* cipiglio, ira, dispetto.
contr. buon piglio.
malprocèdere, *sm.* mal procedere, → MALTRATTAMENTO.
malridótto, *agg.* → MALANDATO.
malsanía, *sf.* → MALATTIA.
malsàno, *agg.* insalubre, insano, malazzato, malaticcio, malito, nocivo, dannoso, cagionevole, morboso, → AMMALATO.
contr. sano, normale, salubre, salutare, salutifero.
malsicúro, *agg.* inquieto, incerto, ansioso, → DUBBIOSO || INGANNEVOLE || PERICOLOSO.
contr. sicuro.
màlta, *sf.* → CALCE.
maltalènto, *sm.* malanimo, cattiva disposizione, avversione, malafede, → MALIGNITÀ.
contr. benevolenza, bontà, buona disposizione, mitezza.
maltèmpo, *sm.* tempo cattivo, cattiva stagione.
contr. bel tempo.
maltése, *agg.* e *sm.* → CANE.
màlto, *sm.* → ORZO.
maltòlto, *sm.* appropriazione indebita, iniqua, → REFURTIVA.
maltrattaménto, *sm.* cattivo trattamento, mala grazia, sgarbo, malgoverno, stramberia, strapazzo, strazio, malprocedere, danno, ingiuria, sevizia, violenza, prepotenza, offesa, oltraggio, tormento, provocazione, sadismo.
contr. buon trattamento, rispetto, garbo, cortesia, gentilezza.
maltrattàre, *v.tr.* malmenare, tartassare, bistrattare, angariare, calpestare, conciare, manomettere, strapazzare, straziare, tempestare, tormentare, tribolare, urtare, villaneggiare, seviziare, travagliare, offendere, ingiuriare, inferocire, imbestialire || conciar male o per le feste, condire, cucinare, dir villania, far male, mettere a strapazzo, pettinare, rosolare, scempiare, trascinar male.
contr. trattare bene, blandire, accarezzare, viziare, rispettare, onorare, venerare.
malumóre, *sm.* luna, malcontento, capriccio, insoddisfazione, rabbia, disappunto, disapprovazione, dispiacere, broncio, accigliatura, cruccio, corruccio, cipiglio, malavoglia, mattana, uggia, umor nero, cattivo umore, stizza, irrequietezza, irritabilità, inquietudine, disgusto, ipocondria, → MALINCONIA.
nomencl. *verb.* aver la luna storta, a rovescio, di traverso; aver le ugge, girare l'anima, stare di malumore, avere la mattana, tenere il broncio, rabbuiarsi, imbronciarsi, infastidirsi, allungare il muso || brontolare, mugugnare.
contr. buonumore, gaiezza, giocondità, serenità, allegria.
malvàgio, *agg.* e *sm.* improbo, cattivo, bieco, empio,

tristo, infame, crudele, iniquo, pravo, scellerato, perfido, perverso, birbone, disonesto, maligno, disperato, disprezzabile, esecrabile, figuro, sciagurato, incosciente, malaugurato, maldisposto, malefico, odioso, pestifero, protervo, reo, scapestrato, scherano, sleale, traditore, velenoso, viperino, violento, sinistro, assurdo, maligno, marrano, malevolo, feroce, spietato, ferino || cattivo soggetto, genio maligno, un poco di buono.
contr. buono, mite, onesto, probo, innocente, misericorde, dabbene, mansueto, umano, benigno.
malvagità, *sf.* improbità, furfanteria, cattiveria, nequizia, crudeltà, depravazione, brutalità, pravità, velenosità, perversità, maltalento, malizia, malignità, ribalderia, scelleratezza, protervia, iniquità, tristizia, ferocia, assurdità, → MALEFATTA.
contr. bontà, mitezza, probità, onestà, misericordia, benignità.
malvaròsa, *sf.* → ALTEA.
malvasía, *sf.* grechetto.
malvedúto, *agg.* malvisto, disamato, insopportabile, → ODIATO.
contr. benveduto, benvisto.
malversatóre, *sm.* → PREVARICATORE.
malversazióne, *sf.* prevaricazione, → PECULATO.
malvissúto, *agg.* malvagio, cattivo, inasprito, inciprignito, degenerato, riottoso, dispettoso.
malvísto, *agg.* inviso, malveduto, → ODIATO.
contr. benvisto, amato.
malvivènte, *sm.* delinquente abituale, → MALFATTORE.
malvivènza, *sf.* → MALAVITÀ.
malvolentièri, *avv.* contro voglia, di malavoglia.
contr. volentieri.
malvolére, *sm.* → MALEVOLENZA || *v.tr. dif.* provare, dimostrare malevolenza, odiare, detestare, essere maldisposto, essere maligno.
contr. benvolere.
malvóne, *sm.* → ALTEA.
màmma, *sf.* → MADRE.
mammalúcco, *agg.* → MAOMETTANO || *fig.* GOFFO, SCIOCCO.
mammèlla, *sf.* petto, poppa, seno, tetta, cioccia, poccia, zinna, zizza, pomi (*pl.*), *ant.* mamma, mammilla, úbero.
nomencl. areola, capezzolo, papilla || succhiare, attaccarsi (alla mammella); allattare, slattare, divezzare || mastite, ginecomastia, tumore || reggiseno, reggipetto.
mammífero, *agg.* e *sm.*
nomencl. (*ordini*) bímani, carnivori, cetacei, chirotteri, insettivori, iracoidei, lemuridi, maldentati, marsupiali, monotremi, pachidermi, perissodattili, pinnipedi, primati, proboscidati, roditori, ruminanti, sireni, proscimmie.
màmmola, *sf.* → VIOLA.
mammolíno, *sm.* → BAMBINO.
màmmolo, *agg.* e *sm.* bambino, → FANCIULLO.
mammóna, *sm.* ricchezza || demonio.
manàta, *sf.* manciata, pugno, pugnello, giumella, mannello, manipolo || gruppo, → COMPAGNIA || colpo.
manatèlla, *sf.* → MANATA, COVONE.
mancaménto, *sm.* imperfezione, mancanza, difetto || fallo, → COLPA || mancanza di forze, → SVENIMENTO.
mancànte, *ppr.* di mancare || *agg.* manchevole, deficiente, incompiuto, incompleto, difettoso, difettante, difettivo, insufficiente, monco, tronco, guercio, scarso, lacunoso, immaturo, privo, privato, manco, orbato, menomato, imperfetto, orbo || assente.
contr. compiuto, completo, pieno, intero, integro, totale, perfetto, sufficiente || presente.
mancànza, *sf.* carenza, mancamento, carestia, difetto, deficienza, scarsità, privazione, lacuna, diminuzione, esigenza, necessità, → BISOGNO, INSUFFICIENZA || fallo, → COLPA, ERRORE || IMPERFEZIONE || ASSENZA.
contr. compiutezza, sufficienza, integrità, pienezza, perfezione, abbondanza || merito || presenza.
mancàre, *v.intr.* difettare, scarseggiare, far difetto, non bastare, venir meno, svenire, deperire, scemare, diminuire || non adempiere, trasgredire, tradire, tralignare, sbagliare || estinguere, → MORIRE || FINIRE || tralasciare, omettere, trascurare || marinare, disertare, non frequentare, non intervenire, essere assente, lontano || → PECCARE || *tr.* → FALLIRE || DELUDERE.
contr. abbondare, crescere, affluire || essere presente, partecipare || riuscire.
manchévole, *agg.* → MANCANTE, IMPERFETTO || CORTO.
manchevolézza, *sf.* → IMPERFEZIONE.
mància, *sf.* incerto, bonamano, donativo, regalo, offa, spòrtula, regalía, strenna, bonagrazia, beveraggio, paraguanto, gratificazione, bustarella, → DONO.
nomencl. *agg.* natalizia, di capodanno, abbondante, cospicua, ricca, scarsa, limitata, manchevole, segreta || *verb.* dare, ricevere, aumentare, rifiutare, chiedere.
manciàta, *sf.* manata, pugno, pugnello, mannello, giumella.
mancinísmo, *sm.*
contr. destrismo.
mancíno, *agg.* e *sm.* sinistro, manco || *agg. fig.* sleale, scorretto, infido, furfante, tristo || irregolare.
contr. destro, dritto || leale, onesto, fidato.
mancípio, *sm.* → SCHIAVO.
mànco[1], *agg.* sinistro, → MANCINO || manchevole, scarso.
nomencl. a dritta e a manca.
contr. destro, dritto.
mànco[2], *avv. lett.* meno || *fam.* nemmeno, neanche.
mandaménto, *sm.* circoscrizione giudiziaria, amministrativa.
nomencl. pretura, pretore || vigili urbani.
mandànte, *ppr.* di mandare || *sm.* e *f.* → CONTRAENTE.
nomencl. di un reato, di un delitto || mandato.
contr. mandatario.
mandàre, *v.tr.* inviare, spedire, far muovere, trasmettere, destinare, indirizzare, far recapitare, far giungere, far pervenire, diramare, inoltrare || commettere, delegare, deputare, deferire, demandare, devolvere || emanare, emettere, esalare, secernere || rimandare, respingere, ritornare, rinviare, ripercuotere, riversare, sparpagliare || → CHIAMARE || licenziare, accomiatare, congedare, mandar via o lontano, → ALLONTANARE.
nomencl. (*inerenti*) recapito, indirizzo, posta, corrispondenza, missiva, mittente, destinatario || inviato, comandato || incarico.
contr. ricevere, accogliere, accettare, respingere || assorbire, riassorbire.

mandatàrio, *sm.* → INCARICATO, EMISSARIO, COMMISSARIO || CONTRAENTE.
contr. mandante.
mandàto, *pps.* di mandare || *sm.* ordine, commissione, → INCARICO, COMANDO || procura, facoltà, autorità conferita, → CITAZIONE.
nomencl. (*vari*) di pagamento, di anticipazione, di rimborso; mandato finanziario || di arresto, di cattura, di comparizione || diplomatico, internazionale || *agg.* ampio, largo, autentico, imperativo, vincolante, esecutivo || *verb.* emettere, dare, ricevere, accettare, assumere, eseguire, adempiere, deporre || riscuotere.
mandíbola, *sf.* → MASCELLA.
màndorla, *sf.* amandorla, màndola.
nomencl. (*varietà*) amara, dolce, dura, di S. Caterina o catera, spaccarella o prèmice o schiacciamano, di terra, a guscio fragile || (*attinenti*) zaccarella || mallo, latte, emulsina, drupa || torrone, mandorlato, croccante, tostata, pralina.
mandorlàto, *agg.* a forma di mandorla || *sm.* torrone, croccante, pinocchiata.
màndra o **màndria,** *sf.* branco, → GREGGE, BESTIAME || *spreg.* → MOLTITUDINE.
mandriàno, *sm.* → PASTORE.
mandríno, *sm.* → CATETERE.
mandrítta o **manrítta,** *sf.* mano destra, destra.
contr. mano sinistra, mano manca.
mandrítto, *sm.*
contr. manrovescio.
màne, *sf.* mattina.
nomencl. dimane, stamane, da mane a sera.
contr. sera.
manécchia, *sf.* stegola, → MANICO.
maneggévole, *agg.* maneggiabile, manevole, → FACILE || *fig.* alla mano, trattabile, arrendevole, docile, pieghevole.
contr. *fig.* immaneggevole || mancino, imprevedibile, scontroso, permaloso, irritabile, indocile, intrattabile, duro.
maneggevolézza, *sf.* → FACILITÀ.
maneggiàbile, *agg* → MANEGGEVOLE.
maneggiàre, *v.tr.* tastare, palpare, toccare, palpeggiare, palleggiare || brancicare, mantrugiare, brandeggiare, brandire, trattare, adoperare facilmente, usare abilmente || *rifl.* destreggiarsi, condursi, portarsi, contenersi.
manéggio, *sm.* il maneggiare, l'adoprare, operosità, destrezza, abilità || *fig.* raggiro, traffico, → INTRIGO || negoziato, → GOVERNO, AMMINISTRAZIONE || CAVALLERIZZO, EQUITAZIONE.
maneggióne, *sm.* faccendone, arruffone, *factotum* || → INTRIGANTE.
manésco, *agg.* facile a menar le mani, lesto di mani, picchiatore.
manétta, *sf.* → MANICO.
manétte, *sf. pl.* ferri, catenelle manichini, ceppi.
nomencl. *verb.* ammanettare; mettere, stringere, serrare, allentare le manette.
manévole, *agg.* maneggevole, maneggiabile, alla mano.
manfòrte, *sf.* aiuto, → FORZA.
nomencl. *verb.* chiedere, dare, prestare, accettare.
manganellàre, *v.tr.* → BASTONARE.
manganellàta, *sf.* → BASTONATA.
manganellàto, *pps.* di manganellare || *agg.* → BASTONATO.
manganèllo, *sm.* randello, nerbo, → BASTONE.
màngano, *sm.* → GUALCHIERA || BALESTRA.
nomencl. (*parti*) carro, cassa, rotone, subbi, stilo, strettoio || manganatore, manganatura || *verb.* manganare, manganeggiare.
mangeréccio, *agg.* edule, → COMMESTIBILE, ALIMENTARE.
contr. incommestibile, immangiabile.
mangería, *sf.* guadagno illecito, profitto abusivo, abuso, corruzione (in uffici pubblici), sottogoverno (*neol.*), → PECULATO, SCROCCO.
mangiabambíni, *sm.* e *f. indecl.* → ORCO.
mangiacàrte, *sm.* e *f. indecl. spreg.* leguleio, litigioso, → GIURECONSULTO.
mangiacristiàni, *sm.* e *f. indecl.*, → BURBERO.
mangiapàne, *sm.* e *f. indecl.* disutile, → OZIOSO.
mangiapolènta, *sm.* e *f. indecl.* → OZIOSO.
mangiapòpoli, *sm.* e *f. indecl.* → TIRANNO.
mangiaprèti, *sm.* e *f. indecl.* anticlericale.
contr. clericale, baciapile.
mangiàre, *v.tr.* masticare, biascicare, biasciare, rodere, rosicare, rosicchiare, ragumare, ruminare, cenare, desinare, digrumare, divorare, beccare, granocchiare, gustare, imbudellare, ingollare, ingozzare, macinare, maciullare, manicare, mordere, morfire, pacchiare, pigliar cibo, prender cibo, refezionare, ruffolare, scuffiare, piluccare, sgranocchiare, grufolare, smaltire, trangugiare, vivandare, gozzovigliare, banchettare, strippare, rifocillarsi, ristorarsi, nutrirsi, cibarsi, saziarsi || arrotare i denti, accostare il cibo alla bocca, aguzzare i denti, cavarsi la fame, dare di morso, dare di bocca, empire il ventre, far ballare o suonare i denti, far ballare il mento, mandar giú, pigliar pasto, prendere un boccone, rifarsi la bocca, sbattere il dente, stuzzicare il dente, toccare del mangiare, torre un boccone, trarre pasto || *fig.* → SCROCCARE, RUBARE || SPERPERARE || mangiarsi le parole, → BALBETTARE || consumare, corrodere, logorare.
contr. digiunare, stare a dieta || risparmiare, lesinare || recere, vomitare.
mangiàta, *sf.* bisboccia, bisbocciata, gozzoviglia, lauto pasto, spanciata, scorpacciata, strippata, convito, merenda, pappatoia, repulisti, rifocillamento, rifocillazione, ristoro, spianata, refezione, rancio, satolla, sfamatura, spuntino.
nomencl. (*inerenti*) imbeccata, morso, boccone, sbocconcellatura, scapponata, sciacquadenti, spilluzzicamento, vitto || appetito, appetenza, crapulosità, digruma, divoramento, epulonismo, ingluvia, ingluvie, insaziabilità, male della lupa, voracità, ripienezza || anoressia, asitia, asizia, astinenza, frugalità.
contr. digiuno.
mangiàto, *pps.* di mangiare || *agg.* → LOGORO.
mangiatóia, *sf.* greppia, rastrelliera, truogolo, beccatoio || *scherz.* tavola.
nomencl. presepe, stalla.
mangiatútto, *sm.* e *f. indecl.* → MANGIONE, SCIUPONE.

mangiaúfo, *sm.* e *f. indecl.* → PARASSITA.
mangíme, *sm.* → FORAGGIO.
mangióne, *sm.* epulone, trimalcione, mangiatore, abboccato, agnatone, bagordone, brodaiolo, budellone, buzzone, diluvione, divoratore, edace, golaccia, goloso, gonfiaventre, inghiottitore, ingluviatore, ingurgitatore, insaziabile, leccapiatti, lupaccio, lurco, mangiatutto, pacchiatore, pancione, pappalardo, pappatore, pappone, scuffione, trippone, vorace, voratore, ghiottone, leccone, ingordo, parassita.
contr. sobrio, parco, temperante, digiunatore.
mangiucchiàre, *v.intr.* mangiar poco o svogliatamente, beccuzzare, bezzicare, → BECCARE.
màni, *sm.pl.* ombre dei morti, lari, larve.
manía, *sf.* → PAZZIA, BIZZARRIA || *fig. fam.* smania, fissazione, dirizzone, ostinazione, voglia eccessiva, → ABITUDINE.
maníaco, *agg.* e *sm.* → PAZZO.
mànica, *sf.*
nomencl. (*tipi*) a gomito, a sparato, con le manopole, con le rovesce, di tulle, mostreggiata, tonda || (*parti*) spallina, incavo o giro, paramano, polsino, sparato, manopola, imboccatura || manichino || *agg.* larga, stretta, chiusa, aperta, rimboccata || *verb.* rimboccare, arrovesciare, immanicare, sbracciarsi, infilare.
manicàre, *v.tr.* → MANGIARE.
manicarétto, *sm.* lacchezzo, cibreo, ghiottoneria, guazzetto, intingolo, tocchetto, mangiarino, camangiare, pietanzino, piattino; vivanda appetitosa, gustosa, squisita, ghiotta.
contr. intruglio, brodaglia, sbobbia; cifeca, ciofeca (*region.*).
manichétta, *sf.* manica, mezza manica, soprammanica || tubo.
manichíno, *sm.* rovesce, manichetto, polsino || indossatrice, modello || → FANTOCCIO || *pl.* → MANETTE.
mànico, *sm.* afferratoio, ansa, capitello, impugnatura, maniglia, manubrio, presa, tenitoio, tratta, manecchia, manetta.
nomencl. *agg.* manicato, smanicato || *verb.* immanicare, smanicare, imboccare, impugnare || girare nel manico, uscir del manico.
manicòmio, *sm.* ospedale psichiatrico, casa di cura, ospizio (per alienati), frenocomio, ospedale de' pazzi || *fig.* gran confusione, disordine, babilonia.
manièra, *sf.* modo, foggia, specie, stile, aria, → FORMA, METODO || gesto, tratto, sorte, fatta, contegno, condotta, creanza, → AZIONE || GUSTO || GENERE || ASTUZIA || modo di dire, → FRASE.
nomencl. *agg.* affettuosa, benevola, cortese, delicata, educata, gentile, dolce, graziosa, soave, urbana, familiare, garbata, sincera, umile, naturale; brutale, bestiale, cattiva, mancina, sinistra, brusca, rude, grossolana, offensiva, ingiuriosa, rozza, scortese, sgarbata, triviale, superba, altera, forzata, zotica, volgare.
manieràto, *agg.* e *sm.* manieroso, ricercato, artificiato, convenzionale, fatuo, sdolcinato, → AFFETTATO || ELEGANTE, BELLIMBUSTO.
contr. spontaneo, naturale, semplice, schietto.
manière, *sm. ant.* → MANIERO.
manierísmo, *sm.* affettazione, artifizio, convenzionalismo, leziosaggine, ricercatezza, smanceria, freddezza, vacuità, fatuità, fare convenzionale, stile manierato.
nomencl. maniera, manierista.
contr. spontaneità, naturalezza, semplicità, schiettezza.
manièro, *sm.* maniere, castello, roccaforte, abitazione signorile, → CASA, BALUARDO.
manieróso, *agg.* manierato, → AFFETTATO.
manifattúra, *sf.* → FABBRICA, INDUSTRIA.
manifatturièro, *agg.* e *sm.* manifattore, → INDUSTRIALE.
manifestaménte, *avv.* → CHIARAMENTE.
contr. nascostamente, celatamente, riservatamente.
manifestàre, *v.tr.* esternare, aprire, palesare, mostrare, dimostrare, comunicare, estrinsecare, dire, esprimere, enunciare, confessare, render noto, divulgare, pubblicare, spacciare, svelare, disvelare, rivelare, scoprire, discoprire, chiarire, schiarire, significare, dichiarare, formulare, trapelare, dar a intendere, dar indizio, propalare || fare una dimostrazione pubblica, scendere in piazza || *rifl.* farsi conoscere, rivelarsi, → COMPARIRE.
contr. nascondere, celare, occultare, tener dentro, conservare, serbare per sé, tener nascosto, tacere, mettere a silenzio.
manifestazióne, *sf.* dimostrazione, espressione || rivelazione, confessione, palesamento || apparizione || dimostrazione pubblica || spettacolo pubblico.
nomencl. (*varie*) di gioia, di tenerezza, di pietà, di dolore, di entusiasmo, di cordoglio, d'affetto, di protesta || politica, sportiva, artistica || sciopero, comizio, sfilata, corteo || celebrazione, anniversario.
contr. occultamento, segretezza, dissimulazione.
manifèsto[1], *agg.* palese, aperto, chiaro, pubblico, notorio, → EVIDENTE, CERTO, CONOSCIUTO || *avv.* manifestamente, espressamente, chiaramente, palesemente.
contr. nascosto, celato, misterioso, riservato, occulto.
manifèsto[2], *sm.* cartellone, locandina, → AVVISO, AFFISSO || appello, proclama || progetto, dichiarazione, programma.
nomencl. (*tipi*) elettorale, pubblicitario, politico || di emissione, di partenza, di carico || giornale murale.
maníglia, *sf.* ansa, coccia, guardia, guardamano, paramano, sporgenza, → MANICO || BRACCIALETTO.
manigóldo, *sm.* boia, carnefice || gaglioffo, furfante, birbante, → MALFATTORE.
manilúvio, *sm.* → BAGNO.
nomencl. pediluvio.
maniòca, *sf.* tapioca.
manipolàre, *v.tr.* trattare con le mani, maneggiare, acconciare, conciare, condire, confezionare, impiastrare, intrugliare, rimestare, misturare, tagliare, impastare, mantrugiare, → MESCOLARE || fatturare, adulterare, → FALSARE.
manipolazióne, *sf.* → MISCUGLIO || FALSIFICAZIONE || *fig.* intrigo, imbroglio.
manípolo, *sm.* manna, mannello, manciata, → COVONE || drappello, squadra, piccola schiera || *ant.* → FASCIO, COMPAGNIA.
maniscàlco, *sm.* manescalco, marescalco, ferratore, → FABBRO.
nomencl. mascalcia || (*modi*) ferratura (a caldo, a freddo, a ghiaccio) || (*arnesi*) bugnola, cacciatoia, coltello, caval-

letto, curasnetta, ferriera, incastro, foratoio, mazzolo o martello, mordacchia, podometro, punteruolo, raspa, rognapiedi, rosetta o rosola, segaccino, seghetta, torcinaso, travaglio, rampino || ferro a catena, a ciambella, a lunetta, a mezzaluna || (*parti del ferro*) branche, cresta, barbetta, faccia o coperta, lembi, mammelle, punta, ramponi, stampi o stampature, vôlta, chiodi || *verb.* ferrare, sferrare, abbattere, inchiodare, strinare, incastrare.

mànna, *sf.* cibo miracoloso || manna celeste, → EUCARESTIA || *fig.* ben di Dio, provvidenza, cosa opportuna, profittevole || → MANNELLA.

mannàia, *sf.* → SCURE || taglio della ghigliottina.

mannèlla, *sf.* manna, fascetto di spighe || → MATASSA.

mannèllo, *sm.* manciata, manata, pugno, → FASCIO, COVONE.

mannerino, *sm.* → CASTRATO.

màno, *sf.* || *fig.* lato, parte, banda || senso, direzione di marcia || potere, autorità, forza, potestà, arbitrio, balía || aiuto, soccorso || attitudine || scrittura || strato di colore || piccola quantità || man forte, → AIUTO || dar man forte, → AIUTARE || alla mano, manevole, → ACCESSIBILE.

nomencl. (*parti*) carpo, collo, dorso, metacarpo, polso, nocca, palma, unghia, linee o righe, muscoli (adduttori, opponenti, flessori, estensori, pronatori, palmari, dorsali), dita, falangi || (*inerenti*) spanna, palmo || pugno, pugnello, giumella, manata, brancata || carezza, pizzicotto, biscottino, manata, ceffata, schiaffo, scappellotto, manrovescio, palmata || tasto, tatto, palpamento, brancicamento, palpeggiamento, tasteggiamento, stretta di mano, baciamano, manipolazione || guanto, anello, manicotto, scaldamani, manopola, paramano || manette, ferri, polsini || bimano, quadrumane || ambidestro, mancino || manca, diritta || monco || manuale || destrezza, digitazione, prestidigitazione, prestigiatore || chirografo, chirografario, chirurgia, chirurgo, chiromante, chiromanzia, chirologia, chironomia, chirotesia || (*mali*) chiragra, gotta, pipita, porro, verruca, ragade, gelone, spina, ventosa, lussazione, frattura || *agg.* larga, stretta, affusolata, sottile, aggraziata, delicata, tornita, morbida, callosa, rugosa, bianca, nivea, scura, nera, magra, scarna, grossa, grassoccia, setolosa, pelosa || penzoloni, ciondoloni, contratta, rattrappita, attrappita, aggranchiata, intirizzita; ferma, abile, esperta, industre, calma, tranquilla, tremante, indocile, nervosa || parca, avara, generosa, larga || *verb.* toccare, tastare, palpare, palpeggiare, brancicare, brandire, afferrare, annaspare, maneggiare, manipolare, mantrugiare, vellicare || offrire, porgere, protendere, presentare, parare, tendere, allungare; stringere, pigliare, scuotere, agitare, strizzare, stropicciare, respingere, ritirare || manomettere, malmenare, pestare, mozzare, misurare, medicare, mungere, nascondere, perquisire, impalmare || *loc.* giunger le mani, venire alle mani, menar le mani, mordersi, torcersi le mani, star con le mani in mano, uscire o scappare o scivolare di mano; tenere la mano, andare fuori mano o contro mano; far toccare con mano, passar la mano, essere di mano, lavarsene le mani; aver le mani in pasta, le mani lunghe, le mani bucate, le mani libere o legate; mettere le mani avanti; avere una cosa alla mano, a mano, sotto mano, per le mani, tra mano, a portata di mano; essere alla mano; chiedere o domandare la mano; prendere a piene mani, rubare a man salva, far man bassa; sonare a due, a quattro mani; avere il cuore in mano, mettersi una mano sulla coscienza o sul cuore; mettersi le mani nei capelli, dare una mano.

manòmetro, *sm.*

nomencl. (*tipi*) ad aria libera, ad aria compressa || diagramma.

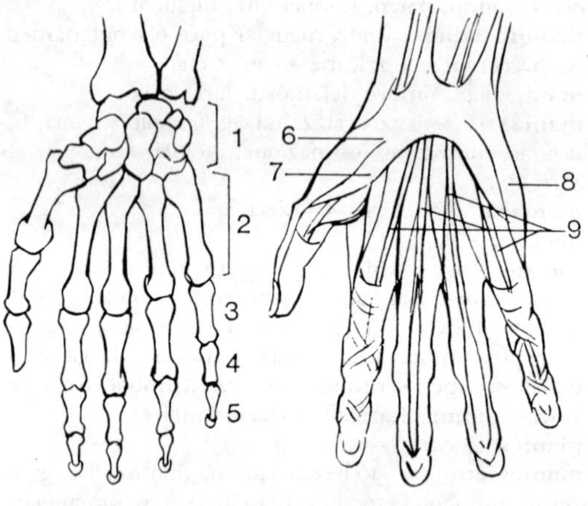

MANO – 1) carpo; 2) metacarpo; 3) falangi; 4) falangine; 5) falangette; 6) muscolo adduttore del pollice; 7) corto flessore del pollice; 8) muscolo opponente del mignolo; 9) tendini.

manométtere, *v.tr.* manimettere, cominciare a usare, metterci le mani || → GUASTARE, MALTRATTARE, VIOLARE.

manomissióne, *sf.* → GUASTO, VIOLAZIONE.

manòpola, *sf.* guardamano, guantone, paramano, rovescia (di manica), braccialetto.

manoscrítto, *sm.* libro scritto a mano, → CODICE || AUTOGRAFO || *agg.* autografo, apografo, olografo, originale.

nomencl. (*equivalenti*) papiro, palinsesto, pergamena, scartafaccio; tavoletta cerata || chirografo.

contr. stampato, dattiloscritto || ricopiato.

manovàle, *sm.* sterratore, badilante, garzone || (operaio) senza qualifica.

manovèlla, *sf.* → LEVA, MENATOIO.

manòvra, *sf.* falsa battaglia, finta operazione, esercizio, esercitazione militare, evoluzione, tattica, → BATTAGLIA || movimento ferroviario (nelle stazioni) || messa in opera o in movimento o in azione (di dispositivi, macchinari, mezzi di trasporto) || stratagemma, furberia, tranello, intrigo.

nomencl. (*tipi*) militare || automobilistica, navale, ferroviaria, aerea, tranviaria.

manovràre, *v.tr.* eseguire manovre, evoluzioni || mettere in movimento, → MUOVERE || intrigare, lavorare sott'acqua (*fig.*), agire furbescamente, con scaltrezza.

manovratóre, *sm.* → MACCHINISTA.

manrovèscio, *sm.* ceffone, schiaffo, → COLPO.

contr. mandritto.

mansàrda, *sf.* → ABBAINO.

mansióne, *sf.* → IMPIEGO.
nomencl. mansionario, mansionariato.
mànso, *agg. rar.* mansuefatto, domato, domestico, addomesticato, → MANSUETO.
mansuefàre, *v.tr.* rendere mansueto, → DOMARE, CALMARE.
nomencl. mansuefatto, mansuetamente.
mansuèto, *agg.* manso, mansuefatto, mite, paziente, placido, trattabile, umile, benigno, bonario, calmo, domestico, piacevole, quieto, pacifico, → BUONO, DOLCE, DOCILE, MODESTO.
contr. indocile, ribelle, arrogante, prepotente, protervo, selvatico, mancino, rabbioso, feroce.
mansuetúdine, *sf.* mitezza, benignità, → DOLCEZZA, BONTÀ, DOCILITÀ.
mantèca, *sf.* impasto, composizione, mestica, → BELLETTO, POMATA.
mantecàre, *v.tr.* menare e dimenare, sbattere, mesticare.
mantellàre, *v.tr.* palliare, ricoprire, → NASCONDERE.
mantellétta, *sf.* batolo, mozzetta || mantellina, → MANTELLO.
mantellíno, *sm.* → MANTELLO.
mantèllo, *sm.* pastrano, cappotto, *paletot*, paltò, impermeabile, soprabito, spolverino; batolo o batulo, bavera, beduina, cappa, cappamagna, casacca, clamide, domino, ferraiuolo, finanziera, gabbano, gabbana, guarnacca, lacerna, lucco, manto, mantelletta, mantellino, mantiglia, marinara, mozzetta, palamidone, palandra, palandrana, paludamento, pellegrina, pipistrello, pitocco, piviale o pluviale, pallio, peplo, prefettizia, poncio o *poncho* o puncio, rocchetto o roccetto, schiavina, sciamma, sopravveste, spolverina, *stiffelius*, tabarro o mantarra, toga, transegna, umerale, zimarra, sanrocchino, *dolman*, *montgomery*, *pardessus*, *raglan*, *redingote*, → BAUTTA || PELAME.
nomencl. (*parti*) bavero, collare, cappuccio, fibule, maniche || portamantello, attaccapanni || *verb.* ammantellarsi, ammantarsi, inferraiuolarsi, intabarrarsi, incappucciarsi, scappucciarsi, sferraiolare, smantellarsi.
mantenére, *v.tr.* reggere, tener saldo, sostenere, salvare, conservare, far durare, custodire || alimentare, dar da vivere, nutrire, provvedere al sostentamento, sfamare, sovvenire, sostentare, sussidiare, spesare, fornire il necessario || confermare || *rifl.* → DURARE.
contr. lasciar mancare, far mancare, lasciare, piantare in asso, abbandonare.
manteniménto, *sm.* occorrente per vivere, sostentamento, vitto, alimenti, pane, sostegno || manutenzione || conservazione, custodia.
contr. abbandono, mancamento, bisogno, necessità.
màntice, *sm.* soffietto || copertura delle carrozze.
nomencl. (*specie*) perenne, a otri || (*parti*) animella o chiusino, bracciuolo, canna, condotto, menatoio, fondo, mozzo o portacanne, palchi, pelle, perni, spiraglio, stecche, tiranti, compassi || tiramantici || *verb.* menare, tirare || soffiare, sbuffare, ansimare.
mantíglia, *sf.* → MANTELLO.
mànto, *sm.* → MANTELLO || *fig.* cosa che copre, apparenza, finzione || → PROTEZIONE || (di animale) → PELAME.
nomencl. coda o strascico || *verb.* ammantare, vestire, deporre.
mantrugiàre, *v.tr.* brancicare, guastare, → MANIPOLARE, MESCOLARE, PALPARE, STRAPAZZARE.
manuàle¹, *agg.* a mano, fatto con le mani, della mano || servile.
nomencl. lavoro, opera || arti manuali, servili.
contr. a macchina, meccanico || arti intellettuali, arti liberali.
manuàle², *sm.* trattatello, compendio, *enchiridion*, prontuario, volgarizzazione.
manúbrio, *sm.* → MANICO || volante, impugnatura.
manutèngolo, *sm.* ricettatore, → COMPLICE, FRODATORE.
manutenzióne, *sf.* amministrazione, gestione, governo, conservazione, buon uso, → MANTENIMENTO.
mànzo, *sm.* → BUE.
maomettàno, *agg.* e *sm.* musulmano, islamico, islamita, islamitico, ottomano, saraceno, turco, mammalucco, moro, marrano.
nomencl. (*attinenti*) Maometto, bei, cadí, califfo, emano, fachiro, ferras, gran muftí, imano, mahdi, marabut, mullah, muezzin, santone, sciita, coreiscita, ulema || Corano, cutbè, chemsin, fatia, Mecca, Caaba, moschea, minareto, sunna, harem, egira || mezzaluna.
maomettísmo, *sm.* islamismo.
maóna, *sf.* chiatta, peota.
màppa, *sf.* pianta geografica, topografica, → DISEGNO || tovagliolo.
nomencl. (*specie*) catastale, geologica, corografica, mineralogica, petrolifera || (*equivalenti*) cabreo, pianta, atlante || catasto.
mappamóndo, *sm.* globo, planisfero || *scherz.* deretano.
marachèlla, *sf.* gherminella, birbonata, marioleria, → FRODE, INGANNO.
maramàldo, *sm. fig.* → VILE, TRADITORE.
maràna, *sf. ant.* → PALUDE.
marangóne, *sm.* → FALEGNAME || CORMORANO.
maràsca, *sf.* amarasca, ciliegia, amarena, visciola.
maràsma, *sf.* deperimento, decadenza fisica, mancamento, vecchiaia, → MALATTIA || *fig.* decadenza, confusione, incertezza, disordine (politico, sociale).
maravíglia e derivati, → MERAVIGLIA e derivati.
maràzzo, *sf.* → PALUDE.
màrca, *sf.* marchio, segno, impronta, contrassegno, cifra, iniziale, scontrino, bollo, contromarca, → GETTONE || marca da bollo, → BOLLO || marca di fabbrica, origine, sigla, → FABBRICAZIONE || confine, paese di confine, contrada.
nomencl. *verb.* marcare; (*ant.*) confinare.
marcàre, *v.tr.* → IMPRIMERE, SEGNARE, BOLLARE.
marcescènte, *agg. lett.* → MARCIO.
marchesàle, *agg.* marchionale.
marchése, *sm.* margravio, burgravio, langravio.
nomencl. marchesato || marchesa, marchesana, marchigiana || marchionale, marchesale.
marchétta, *sf.* → GETTONE.
marchiàno, *agg.* grosso, eccessivo, spropositato, enorme, sesquipedale, vistoso, → GRANDE.
marchiàre, *v.tr.* marcare, contrassegnare, segnalare, bollare, → SEGNARE.

màrchio, *sm.* → MARCA, IMPRONTA, BOLLO || *fig.* cattiva fama, infamia.
nomencl. marchio di fabbrica, brevetto.
marchionàle, *agg.* marchesale.
màrcia[1], *sf.* cammino, camminata, marciata, corsa, → ANDATURA || suono di banda, genere musicale.
nomencl. (*varie*) difilata, diagonale, di concentramento, di fronte, forzata, in avanti, in ritirata, in colonna, in ordine sparso, in obliquo, in ordinanza|| contromarcia, marcia-manovra || (*inerenti*) alt, alto, tappa, riposo, sosta, posata, bivacco, ripresa || ordine di marcia || (*sport*) marciatore, maratoneta; gara di marcia, di corsa, maratona.
màrcia[2], *sf.* pus, marcio, marciume, purulenza, sànie, putrefazione, materia, sepsi, suppurazione, tabe, lue, putridume, putredine, putrescenza, corruzione.
marciàia, *sf. rar.* (malattia) estro.
marciapiède, *sm.* salvagente, banchina.
marciàre, *v.intr.* → CAMMINARE, SFILARE || dirigersi.
marciàta, *sf.* → MARCIA.
màrcio, *agg.* marcescente, purulento, putrefatto, marcito, marcioso, putrido, fracido, marcido, infetto, contagiato, fradicio, tabescente, consunto, mezzo, rancido, stantio, canceroso || vizioso, corrotto, guasto || *sm.* → marciume, MARCIA[2].
contr. fresco, intatto, integro, sano, puro, immacolato.
marcióso, *agg.* → MARCIO.
marcíre, *v.intr.* imputridire, imporrare, putrefarsi, corrompersi, suppurare, decomporsi, infracidire, ammuffire, bacarsi || *fig.* guastarsi, consumarsi, macerare, languire; inquietare, ammattire, affliggere.
marcíto, *pps.* di marcire || *agg.* → MARCIO.
marcitóio, *sm.* → MACERO.
marciúme, *sm.* marcio, → GUASTO, MARCIA.
marconigràmma, *sm.* radiogramma, radiotelegramma, → TELEGRAMMA.
marconísta, *sm.* radiotelegrafista.
marconiterapía, *sf.* radioterapia.
màre, *sm.* marina, ponto, pelago, oceano || *fig.* → MOLTITUDINE.
nomencl. (*varietà*) chiuso, marginale, mediterraneo, aperto, navigabile, territoriale, polare || alto mare, abisso || (*pertinenti*) baia, bosforo, braccio, calanca, conca, estuario, gola, golfo, insenatura, laguna, paraggio, passo, rada, recesso, stretto, specchio d'acqua || orizzonte marino, livello del mare, letto, sirte, spuma, albaione, sabbia, alluvione, berga, capo, promontorio, cordone littorale, piaggia, spiaggia, diga, duna, gettata, grava, lido, marina, costa, riva, battigia, bagnasciuga, riviera, proda, sponda, orlo, ridosso, scoglio, sedimenti marini, tombolo || (*fenomeni*) bonaccia, crespa, fosforescenza, fuoco di Sant'Elmo, miraggio, onda, risacca, salsedine, burrasca, tempesta, fiotto, greculata, libecciata, lupa, mareggiata o mareggio, maremoto, maretta, ribollio, marea (flusso e riflusso, bassa e alta), correnti (del Golfo, di deriva, localizzate, permanenti, superficiali, profonde, equatoriale, nera, polare) || (*fauna* e *flora*) mammiferi (balena), pinnipedi (foca, tricheco), sirenidi (dugongo, lamantino), cetacei, uccelli, palmipedi (alca maggiore, diomedea, edredone, gabbiano, pinguino, uccello delle tempeste), pesci (capone imperiale, cavalluccio marino, maccarello, macruro, melanocete, merluzzo, pesce arcere, pescecane, pescelupo, pescemartello, pesce-pilota, pesce-rondine, pesce-sega, pesce-spada, salmone, aringa, sardella, sogliola, torpedine, triglia, orata, tonno), rettili, testuggini, invertebrati, tunicati, cordonati, pirosomi, molluschi (calamaro, litodorno, tritone, vermete, folade, seppia, ostrica), insetti, coleotteri, emitteri, crostacei (gambero, granchio, granchione, paguro, aragosta, tellina, frutto di mare), afroditi, chimenie, nereidi, silfidi, echinodermi, celenterati, poriferi (spugne, holtenie, semperelle, spongille), protozoi, cigliati, flagellati, sporozoi, zigopodi || agavi, fuchi, nereocisti, vareco, lattuga di mare, acetabule, alarici, alghe, ceramie, laminarie, zostere marine, uva di mare o sargasso || (*edifici e luoghi*) arsenale, caricatoio, darsena, faro, porto, scalo, semaforo, stazione balneare, tonnara || (*persone*) corsaro, pirata, gente di mare, lupo di mare, marinaio, palombaro, sommozzatore || crociera, oceanografia, regata, carta marina, diritto marittimo, sposalizio del mare || (*mitologia*) Anfitrite, Centauro, Nereidi, Nettuno, Ninfe, Sirene, Tetide, Venere, Venilia, Oceanine || *agg.* agitato, cattivo, furioso, sconvolto, burrascoso, tempestoso, altisonante, grosso, mosso, fresco, traverso, tranquillo, liscio, pacato, calmo, quieto, smaccatissimo || *verb.* gonfiarsi, ingorgarsi, mareggiare, inghiottire, ingoiare, brontolare, mugghiare, rugliare, mugliare, bubbolare, mormorare, frangersi, spumeggiare, abbonacciare, palpitare, ansare, travagliare || battere la marina, impelagare, mazzerare, navigare, traversare, scandagliare, essere in mare, solcare il mare, percorrere il mare.
marèa, *sf.* flusso e riflusso, agitazione, risucchio, mare crescente, mare decrescente, rema || *fig.* sollevamento, impeto, ondata || → MOLTITUDINE.
nomencl. alta, bassa || contromarea, calemma || mareografo.
mareggiàre, *v.intr.* ondeggiare, fluttuare, andare e venire.
contr. stagnare.
mareggiàta, *sf.* burrasca, tempesta, travaglio del mare, furia del mare, procella, fortunale, maretta.
contr. bonaccia, mare tranquillo, stagnazione.
maréggio, *sm.* maricino.
marémma, *sf.* → PALUDE.
nomencl. maremmano.
marèngo, *sm.* napoleone, fiorino.
marescià llo, *sm.*
nomencl. (*gradi*) ordinario, capo, maggiore, d'Italia || feldmaresciallo || bastone di maresciallo || maresciallato.
marése, *sf. ant.* → PALUDE.
marétta, *sf.* → MAREGGIATA.
marezzàto, *agg.* variegato, venato, striato, screziato, serpeggiato a onde, gatteggiante, → MACCHIATO.
nomencl. marezzo, marezzatura || *loc. avv.* a marezzo || *verb.* marezzare.
marézzo, *sm.* → ONDEGGIAMENTO (di colore), OMBREGGIATURA.
màrga, *sf.* → MARNA.
margheríta, *sf.* || *ant.* margarita, → PERLA || *fig.* persona cara, preziosa, teneramente amata.

nomencl. (*fiore*) bianca, gialla, azzurra || pasta, punto margherita.
marginàle, *agg.* posto sul margine d'uno scritto || *fig.* secondario, inessenziale || eccentrico.
contr. centrale || essenziale, fondamentale.
màrgine, *sm.* → ORLO, ESTREMITÀ || CICATRICE || spazio bianco di pagina.
margóne, *sm.* → MARNA.
margottàre, *v.tr.* → INNESTARE.
margòtto, *sm.* talea, capogatto, propaggine (di pianta).
margràvio, *sm.* langravio, burgravio, marchese.
marína, *sf.* costa, litorale, → MARE || quadro, dipinto di mare || → FLOTTA.
nomencl. marina militare, mercantile || marinaresca.
marinàio, *sm.* marinaro, barcaiolo, marittimo, navigatore, navigante, nocchiero, nauta, lupo di mare || *pl.* → EQUIPAGGIO.
marinàra, *sf.* abito, colletto, blusa, alla marinara, → GABBANO, MANTELLO || zuppa.
marinàre, *v.tr.* carpionare || salare (la scuola), → MANCARE.
marinarésco, *agg.* → MARITTIMO.
marinàro, *agg.* → MARITTIMO || *sm.* → MARINAIO.
marinería, *sf.* → NAUTICA.
marinísmo, *sm.* gongorismo, barocchismo, secentismo, eufuismo, preziosismo, ampollosità; stile tronfio, ampolloso, barocco.
contr. stile castigato, asciutto, semplice, piano.
maríno, *agg.* → MARITTIMO.
mariolería, *sf.* → MALEFATTA, INGANNO, FRODE.
mariòlo, *agg.* e *sm.* → INGANNATORE, MALFATTORE, FRODATORE, LADRO, BANDITO || furbo, scaltro.
nomencl. *verb.* mariolare (*ant.*).
marionétta, *sf.* → BURATTINO.
maritàggio, *sm.* → MATRIMONIO.
maritàle, *agg.* del marito, coniugale.
maritàre, *v.tr.* e *rifl.* dare, prendere marito, → SPOSARE || COLLOCARE.
maritàta, *pps.* di maritare || *agg.* e *sf.* → MOGLIE.
maríto, *sm.* coniuge, consorte, sposo, uomo.
nomencl. (*inerenti*) divorzio, matrimonio, ripudio, separazione (legale, di fatto, consensuale) || *agg.* despota, dispotico, diviso, fedele, posticcio, concubino, bigamo, affettuoso, geloso, legittimo, illegittimo || vedovo, padre || *verb.* prendere, cercare, trovare, abbandonare il marito || maritare, maritarsi, rimaritarsi.
contr. moglie.
maríttimo, *agg.* marino, marinaro, marinaresco, marinaio, navale.
contr. terrestre, aereo.
marmàglia, *sf. spreg.* genía, gentaglia, gentaccia, gentame, becerume, bordaglia, bruzzaglia, ciurma, ciurmaglia, canaglia, canagliume, plebe, plebaglia || ragazzaglia.
contr. gente ammodo, per bene, benpensante, borghese.
marmellàta, *sf.* → CONSERVA.
marmétta, *sf.* → MATTONE.
marmíno, *sm.* → MARMISTA.
marmísta, *sm.* marmorario, tagliapietre, marmino, scalpellino, scalpellatore, lapicida || statuario, → SCULTORE.
marmítta, *sf.* → PENTOLA.
màrmo, *sm.* → PIETRA.
nomencl. (*qualità*) abbacinato, artificiale, cipollato, greggio, lavorato, levigato, liscio, lucido, statuario, saligno, serizzo, cristallino, monocromo, policromo, frigio, luculiano, nero, paesino o muriforme, pario, persichino, piperino, campanino, flessibile || (*varietà*) alabanda, alabastro, granito, porfido, atracio, basalto, bevolo, gneis, botazzo, brantonico, broccatello, campanino, lumachella, piropo, portorio, torso, traccagnina o arlecchina, travertino, visciola, marmo di Campiglia, di Carrara, di Paro, breccia bianca, breccia rossa, bardiglio, giallo di Siena, rosso di Serravezza, serpentina, verde di Polcevera || (*attinenti*) blocco, scheggia, lastra, venatura, fenditura, tavola, lapide, gradina, gradinatura, pelo, incrostatura, grana || scalpello, scalpellino || scultore, marmorario || marmoreo || *verb.* marmorizzare.
marmòcchio, *sm. scherz.* → FANCIULLO, BAMBINO.
marmoràrio, *sm.* → MARMISTA.
marmòreo, *agg.* di marmo, → DURO || BIANCO.
marmòtta, *sf.* || *fig.* persona torpida, pigra, dormigliona, sorniona.
contr. persona attiva, alacre, svelta, sveglia, di modi franchi.
màrna, *sf.* marga, calcinello, terra di purgo, margone, terra da pipe, → ARGILLA.
maróso, *sm.* cavallone, flutto, ondata, → ONDA.
màrra, *sf.* → ZAPPA.
marràno, *sm.* → MAOMETTANO, INFEDELE || *fig. agg.* e *sm.* zotico, rozzone, villano, → FRODATORE, MALVAGIO.
marron glacé, *loc. fr.* marrone candito, → CASTAGNA.
marróne[1], *sm.* → CASTAGNO, CASTAGNA || *fig. fam.* errore, granchio, → SBAGLIO.
marróne[2], *agg.* e *sm.* castagno, castano, castaneo, castagnino, color cioccolata, color caffè.
marrúca, *sf.* → PRUNO.
marruchéto, *sm.* marrucaio, → PRUNETO.
marsína, *sf.* coda di rondine, *frac*, → GIACCA.
marsupiàle, *sm.* canguro, sariga, cheropo, dasiuro, fuscolario o orso d'Australia, opossum, talpa.
nomencl. borsa ventrale o marsupio.
marsúpio, *sm.* → BORSA.
martellàre, *v.tr.* ammartellare, battere, massellare, mazzapicchiare, picchiare, picchiolare, picchierellare, bussare, suonare a martello || *fig.* del sangue che picchia, pulsare forte (del cuore) || infierire, tormentare, insistere, continuare.
martellàta, *sf.* mazzata, → COLPO.
martelliàno, *agg.* e *sm.* (verso) alessandrino, settenario doppio.
martellína, *sf.* → MARTELLO.
martèllo, *sm.* maglio, battente, battipalo, mazza, mazzuola, mazzuolo, mazzapicchio, martinella, martellina, picchierello, picchiotto, piccozza, piccone, corbola || *fig.* → TORMENTO.
nomencl. (*tipi*) a costolone, a terzo, da battere a mazzetta, da battere a fondo, da appianare, da spianare, da coppare, piano || (*parti*) bocca, drappettine, ferro, graffio, granchio, manico, occhio, penna, taglio, testa || martellamento || *verb.* martellare, mazzapicchiare.
martinèlla, *sf.* → MARTELLO || CAMPANA.

martinétto, *sm.* argano, → LEVA.
martinícca, *sf.* → FRENO.
màrtire, *sm.* e *f.* testimone, eroe, confessore della fede, vittima || *agg.* → TRIBOLATO.
nomencl. protomartire || palma, corona || *verb.* martirizzare.
martírio, *sm.* sofferenza, patimento, supplizio, giustizia, tormento, sacrificio, pena, sevizie, tortura, battesimo di sangue, morte del martire, passione, martoro, martirizzamento || *fig.* → DOLORE.
nomencl. (*attinenti*) palma, corona || èra dei martiri, cubicolo, processi, confessioni, atti, martirologio || *verb.* subire, sostenere, patire, andare incontro || martirizzare.
contr. gaudio, gloria, trionfo.
martirizzaménto, *sm.* → MARTIRIO.
martirizzàre, *v.tr.* dare il martirio, far soffrire, tormentare, torturare, infierire, martoriare, seviziare giustiziare, suppliziare, || *rifl.* tormentarsi.
martoriàre, *v.tr.* → MARTIRIZZARE.
marzaiòlo, *agg.* marzuolo, marzolino.
marziàle, *agg.* militare, militaresco || guerresco, guerriero, agguerrito, armato, battagliero, pugnace, soldatesco, bellicoso || *fig.* fiero, energico.
nomencl. giochi marziali || corte marziale, legge marziale.
contr. pacifico, borghese, mite, inerme, imbelle.
marzolíno, *agg.* marzuolo, marzaiolo.
marzuòlo, *agg.* marzolino, marzaiolo.
mascalcía, *sf.* arte del maniscalco, → VETERINARIA.
mascalzonàta, *sf.* birbonata, bricconata, cattiva azione; troiata, troieria (*volg.*).
mascalzóne, *sm.* birba, birbone, birbante, briccone, birbaccione, birbo, canaglia, delinquente, carogna, cattivo, cialtrone, malandrino, bandito, farabutto, lazzarone, marrano, avanzo di galera, scioperato, screanzato, vagabondo, paltoniere, pitocco, facchino, teppista.
contr. gentiluomo, galantuomo, uomo d'onore.
mascalzonería, *sf.* cialtroneria.
mascèlla, *sf.* ganascia, mandibola.
nomencl. inferiore, superiore || (*parti*) alveolo, anfibranchie, fossa canina, gengiva, mento, seno mascellare, solco miloioideo, tuberosità mascellare || (*muscoli*) diastrico, massetere, miloioideo, plerigoideo esterno e interno, temporale || (*nervi*) mascellare inferiore e superiore || (*ossa*) mascellari superiori, zigomatici o molari, nasali, lacrimali, turbinati, palatini, vomere || (*vasi*) arteria mascellare, mascellare interna || (*anomalie*) agnatia o agnazia, epulide, gattone, gnatalgia, natta, rulide, sclerosarcoma, stomatite, trisma, ulite || masticazione || *verb.* battere, smascellare, sganghe-rare, dimenare, sganasciare, slogare.
màschera, *sf.* bautta, domino, moretta || apparenza, travestimento || *fig.* finzione, impostura || → NARCOSI.
nomencl. (*tipi*) comica, tragica, tragicomica, carnevalesca, di gesso, di cera || da scherma, subacquea, da anestesia, antigas || (*maschere italiane*) Arlecchino, Balanzone, Bartoccio, Brighella, Capitan Fracassa, Sciosciammocca, Coviello, il Capitano, Fracanapa, Giacometta, Gianduia, Girolamo, Gioppino, Manente, Managgia La Rocca, Meneghino, Meo Patacca, Pagliaccio, Paisanetto, Pantalone, Pasquariello, Peppe Nappa, Pierrotto, Pulcinella, Rugantino, Sandrone, Scapino, Scaramuccia, Sgorghignelo, Stenterello, Tartaglia, Torcolotto, Truffaldino, Zacometo, Zanni || veglione, carnevalata || *verb.* mascherare, camuffarsi || mettere, gettare, togliere, strappare la maschera.
mascheraménto, *sm.* mimetismo.
contr. smascheramento.
mascheràre, *v.tr.* larvare, camuffare, contraffare, trasfigurare, truccare, travestire, inorpellare || *fig.* fingere, dissimulare, palliare, velare, → COPRIRE || *rifl.* travestirsi, mettersi la maschera, travisarsi.
contr. smascherare, scoprire, svelare, rendere evidente.
mascheràto, *pps.* di mascherare || *agg.* travestito || *fig.* celato, dissimulato, travisato, larvato, coperto, → FINTO, INGANNEVOLE.
contr. smascherato, scoperto, evidente.
maschiaménte, *avv.* arditamente, → VIRILMENTE.
contr. femminilmente, dolcemente, soavemente.
maschiétto, *sm. vezz.* maschiotto, → FANCIULLO.
contr. maschietta, maschiotta.
maschiézza, *sf.* mascolinità, → VIRILITÀ.
contr. femminilità.
maschíle, *agg.* mascolino, maschio, → VIRILE.
contr. femminile, femmineo, femminino, donnesco, muliebre || viriloide, mascolina (donna).
màschio¹, *agg.* maschile, mascolino, → VIRILE || *fig.* → ROBUSTO, GENEROSO || *sm.* uomo.
contr. femminile, femmineo, effeminato || femmina, donna || evirato, castrato || *fig.* sdolcinato, cascante, lezioso.
màschio², *sm.*
contr. femmina.
màschio³, *sm.* mastio, mastietto, fortezza, torrione, castello, baluardo.
mascolinità, *sf.* maschiezza, → VIRILITÀ.
contr. femminilità.
mascolíno, *agg.* → MASCHILE, VIRILE.
contr. femminino.
masnàda, *sf. spreg.* accozzaglia, ciurma, → COMPAGNIA.
masnadièro, *sm.* masnadiere, → MALANDRINO, BANDITO.
màssa, *sf.* quantità, complesso, cumulo, mole, insieme, mucchio, ammasso, agglomerazione, volume, accozzaglia, congerie, → UNIONE || *plur. spreg.* succubi di manovre demagogiche, elettorali, ecc. || massa cerebrale, → ENCEFALO.
nomencl. ammassato || *verb.* ammassare.
contr. parte, elemento, suddivisione || individuo.
massacràre, *v.tr.* → TRUCIDARE || picchiare con violenza || *fig.* affaticare, spossare, → DISTRUGGERE.
massàcro, *sm.* → STRAGE.
massaggiàre, *v.tr.* frizionare, fregare, strofinare, manipolare, stropicciare.
massàggio, *sm.* fregagione, frizione, stiramento, stropicciamento, strofinamento, manipolazione, pressione.
nomencl. (*tipi*) manuale, elettrico || automassaggio, arpeggiamento dei nervi.
massàio o **massàro,** *sm.* → AGRICOLTORE.
massellàre, *v.tr.* → MARTELLARE.
massèllo, *sm.* → GHISA.

massería, *sf.* → CASA, PODERE.
masserízie, *sf. pl.* arredi, attrezzi, → MOBILIO, SUPPELLETTILI.
massicciàre, *v.tr.* ammassicciare, inghiaiare.
nomencl. massicciata.
massíccio, *agg.* saldo, sodo, → SOLIDO || *fig.* → TARCHIATO, GRASSO, ROBUSTO || *sm.* monte, montagna.
màssima, *sf.* principio, regola, norma || motto, → ADAGIO, SENTENZA.
contr. fatto, azione, prassi.
massimalísmo, *sm.* estremismo, rivoluzionarismo, bolscevismo, comunismo, socialismo.
contr. minimalismo, riformismo, gradualismo || reazione.
massimalísta, *sm.* estremista, comunista, bolscevico, socialista.
contr. minimalista, riformista, gradualista || reazionario, conservatore.
màssimo, *agg.* estremo, sommo, colmo, culmine, vertice, principalissimo, grandissimo, apice || *avv.* massimamente, soprattutto.
contr. minimo.
màsso, *sm.* macigno, scoglio, rupe, blocco, mole, roccia, pietrone, → PIETRA.
massóne, *sm.* frammassone, franco muratore.
nomencl. (*distinzione*) attivo, dormiente || (*gradi*) apprendista, compagno o compagnone, maestro, rosacroce o cavaliere rosa-croce, kadosch o cavaliere kadosch, grancofta, lupacchiotto, venerabile, gran maestro, trentatré.
massonería, *sf.* framassoneria, frammassoneria, famiglia massonica, liberi muratori, franchi muratori || *per estens.* ogni società segreta.
nomencl. (*specie*) rito scozzese antico e accettato, rito simbolico, rito di Menfi || azzurra, rossa, nera || Gran Loggia, Grande Oriente, Gran maestro, Supremo Consiglio dei Trentatré, Loggia || (*simboli*) cazzuola, compasso e squadra, delta raggiante o gloria, livello, pietra greggia, pietra levigata, squadra, filo a piombo || (*termini*) affiliazione, agape, apertura dei lavori, aumento di salario, bossolo delle offerte, colonne, labaro, parola d'ordine, solstizi, testamento, viaggi, tenuta funebre.
mastèllo, *sm.* bigoncia, brenta, → VASO, SECCHIO.
masticàre, *v.tr.* tritare, triturare (coi denti), → MANGIARE, MACINARE || borbottare, → BIASCICARE.
nomencl. (*inerenti*) bolo alimentare, saliva, mascelle, denti || masticatorio, masticatore; masticatura, rimasticatura, masticazione || *verb.* masticare le parole, una lingua, una scusa; masticar veleno, masticare male (una cosa).
màstice, *sm.* → COLLA.
nomencl. (*tipi*) di guttaperca, isolante, per denti, per legname.
mastíno, *sm.* → CANE.
màstio, *sm.* → MASCHIO[2], FORTIFICAZIONE.
mastodòntico, *agg. fig.* gigantesco, → GRANDE, ENORME.
màstra, *sf.* → MADIA.
màstro, *sm.* → MAESTRO || *neol.* libromastro, → REGISTRO.
matàssa, *sf.* mannella, gavetta, trafusola, ruffello || *fig.* arruffio, viluppo, imbroglio, frode, confusione, intrico, garbuglio.
nomencl. (*pertinenti*) arcolaio, bandolo, laccetto, garbuglio, struscia, aspa o aspo o naspo, trattura, gomitolo || *agg.* arruffata, ingarbugliata, scompigliata, intricata, ispida || *verb.* addipanare, dipanare, ammatassare, avvolgere, abbindolare, ammanellare, annaspicare, innaspare, arruffarsi, intricarsi, ingarbugliare, scarmigliarsi, disordinare, ravviare, scompigliare, trovare o non trovare il bandolo.
match, *sost. ingl.* → GARA.
matemàtica, *sf.* aritmetica, algebra, geometria.
nomencl. (*distinzioni*) pura (aritmetica, geometria, algebra, calcolo differenziale e integrale), applicata (meccanica, fisica, geodesia, trigonometria, astronomia) || sublime.
matemàtico, *agg. fig.* evidente, sicuro, preciso, → ESATTO || *sm.* abbachista, aritmetico.
materassàio, *sm.* battilano, cardatore, scamatino.
nomencl. (*arnesi*) ago, coreggiato, gombina, graticcio, scamato, scardasso || *verb.* battere, impuntire, imbottire, ribattere, rifare, scamatare, scardassare, divettare.
materàsso, *sm.* materassa (*sf.*), coltrice, strapunto.
nomencl. (*tipi*) di lana, di crine, di gommapiuma, di piume, a molle || (*inerenti*) budello, capezzale, guanciale, traliccio, paglioriccio, saccone || *agg.* soffice, duro, impuntito, elastico || *verb.* alzare, abballinare, sprimacciare o spiumacciare, rivoltare, disfare, ribattere.
matèria, *sf.* ile, sostanza, corpo, cosa, sostrato, elemento, principio, materialità, ciò che cade sotto i sensi || argomento, discorso, materiale, soggetto, oggetto, tema, testo, proposta, fondo, capitolo, articolo, punto, chiave, questione || disciplina scolastica, oggetto di studio o d'insegnamento || occasione, motivo, modo, causa || materia grigia, cerebrale, → CERVELLO || pus, → MARCIA[2].
nomencl. (*stati, natura*) organica, inorganica, liquida, solida, fluida, gassosa || tessile, plastica, minerale, legnosa, ecc. || (*attinenti*) atomo, cellula, corpo, elemento, molecola, elettrone, protoplasma || scoria, magma, lapillo, monade || materia prima, materia semplice || (*proprietà*) affinità chimica, allotropia, attività, attrazione, coesione, combinazione, conservazione, corruzione, discontinuità, disgregazione, divisibilità, energia, fenomeno, figurazione, impenetrabilità, elasticità, forma, estensione, compressibilità, vitalità, decrescenza, inerzia, metamorfosi, mobilità, passività, pesantezza, potere assorbente, resistenza, scambio, senso, sensazione, trasformazione, temperatura, odore, sapore, volume, energia, moto, inerzia || *agg.* sensibile, tangibile, resistente, impenetrabile, imponderabile, misurabile, divisibile, estesa, corporea, fisica, concreta, oggettiva || bruta, inerte, inanimata, acquosa, colorante, densa, docile, grezza, malfatturata, lavorata, malleabile, duttile, molle, sciolta, sottile || *verb.* costituire, creare, lavorare, materializzare, transustanziare.
contr. spirito, forma (in senso aristotelico).
materiàle, *agg.* concreto, corporeo, palpabile, sensibile, sensuale, visibile, tangibile, corrompibile, fisico, reale, effettivo || letterale || ottuso, materialone, → GROSSOLANO, ROZZO || *sm.* materia.
contr. spirituale, intellettuale, morale.
materialísmo, *sm.*

nomencl. materialismo crasso o volgare, filosofico, storico o dialettico || determinismo economico.
contr. idealismo, spiritualismo, ascetismo.
materialità, *sf.* grossezza, concretezza, → MATERIA.
contr. spiritualità.
matíta, *sf.* grafite, lapis, piombaggine, amatita (*ant.*).
nomencl. temperino, temperamatite || *verb.* temperare.
matràccio, *sm.* → ALAMBICCO.
matríce, *sf.* ganga || utero || *fig.* stimolo, occasione, origine, provenienza, causa || madre, punzone.
matrícola, *sf.* → ISCRIZIONE || REGISTRO, RUOLO || studente universitario, → MATRICOLINO.
nomencl. *verb.* immatricolare, immatricolarsi, matricolare.
matricolàto, *pps.* di matricolare || *fig.* *agg.* solenne, eminente, notorio, famigerato, incallito.
matricolíno, *sm.* matricola, studente del primo anno di università, novellino, novizio, coscritto.
contr. anziano, laureando.
matrígna, *sf.* seconda madre || *fig.* contraria, nemica, → OSTILE.
nomencl. (*attinenti*) padrigno, figliastro, fratellastro || figli di primo, di secondo letto.
matrimoniàle, *agg.* coniugale, nuziale.
matrimònio, *sm.* imeneo, nozze, accasamento, connubio, coniugio, unione, sposalizio, accoppiamento, ammogliamento, contratto nuziale, maritaggio, mogliazzo (*ant.*), partito, sponsali.
nomencl. (*tipi, qualità*) d'amore, di convenienza, politico, civile, religioso, morganatico, *in extremis*, legittimo, illegittimo, segreto, di coscienza, rato, consumato, non consumato, valido, invalido || (*precedenti e cerimonia*) pretendente, sposo, promesso sposo, fidanzato || pubblicazioni, celebrazione, partecipazione, atto o avviso, contratto nuziale, dichiarazione di matrimonio, domanda di matrimonio, fidanzamento, anello nuziale o fede, impedimenti canonici (dirimenti, impedienti), luna di miele, epitalamio, dispensa matrimoniale (ecclesiastica o civile), benedizione nuziale, messa degli sposi, regime dotale || poligamia, monogamia, poliandria || vedovanza, trinuzia || adulterio || *agg.* felice, infelice, disuguale, assortito || *verb.* cercar moglie, fidanzarsi, sposarsi, impalmare, unirsi, maritarsi, prender moglie, rinunziare al celibato, regolarizzare una situazione, condurre all'altare, contrarre matrimonio, convolare a giuste nozze, accasarsi, legarsi in matrimonio, coniugarsi, inanellare || divorziare, ripudiare, separarsi, rimaritarsi, accordare o concedere la mano, accogliere la domanda.
contr. celibato, nubilato || ripudio, divorzio, separazione || unione libera, concubinato.
matròna, *sf.* → DONNA || *fig.* donna alta, imponente, formosa, grave, attempata, autorevole.
nomencl. matronale, matroneo.
matronímico, *agg.* e *sm.*
contr. patronimico.
mattacchióne, *sm.* pazzerellone, bizzarro, → BURLONE, MATTOIDE.
mattaccíno, *sm.* mattacchione, → BURLONE, BUFFONE || *ant.* giocoliere, giullare, → BALLERINO || PAZZOIDE.
nomencl. mattaccinata || *verb.* mattaccinare (*ant.*).
mattàna, *sf.* irascibilità, capricciosità, bizzarria, → MALUMORE.
mattàre, *v.tr.* → MACELLARE.
mattarèllo, *sm.* → MATTERELLO.
mattatóio, *sm.* → MACELLO.
mattazióne, *sf.* → MACELLAZIONE.
matterèllo, *sm.* mattarello, lasagnolo, spianatoio, stenderello, mazzapicchio, → BASTONE, MENATOIO.
mattería, *sf.* → PAZZIA.
mattézza, *sf.* → PAZZIA.
mattía, *sf.* → PAZZIA.
mattína, *sf.* mattino, mattinata, mattutino, bruzzico, crepuscolo, ore antimeridiane.
nomencl. stamattina, stamane || mattiniero || *loc.* di prima mattina, la mattina presto, di buon mattino, per il fresco, per tempo, di buon'ora, a buon'ora, all'alba, a giorno alto, all'aurora || *verb.* mattinare.
contr. sera, serata.
mattinàle, *agg.* mattutino, mattiniero, presto, sollecito.
contr. vespertino, seròtino, tardo, tardivo.
mattinare, *v.tr.* fare mattinata, recitare il mattutino.
mattinàta, *sf.* → MATTINO.
contr. serata.
mattinièro, *agg.* → MATTINALE || *fig.* → SOLLECITO.
mattíno, *sm.* → MATTINA.
màtto, *agg.* e *sm.* demente → PAZZO, IRRAGIONEVOLE || stravagante, strano, difficile, bizzarro || mattacchione.
contr. savio.
mattòide, *sm.* pazzoide, paranoico, strambo || cervello balzano, scriteriato, mattaccino, cervellaccio, mattacchione || ingegnaccio, ingegno estroso, genialoide.
mattonàto, *sm.* ammattonato, lastrico, pavimento.
nomencl. a spinapesce o a lisca di pesce.
mattóne, *sm.* laterizio, ambrogetta, cotto, mattonella, mezzana, quadrello, pianella, lastrone, campigiana, embrice, tegola, tambellone, marmetta, marmettone, sestino, → PIETRA.
nomencl. (*inerenti*) fornace, mattonaio, fornaciaio, picciuolo, morsa || *agg.* arrotato, cotto, crudo, galleggiante, grande, grosso, leggero, lustro, mezzano, malcotto, ordinario, piccolo, refrattario, infusibile, verniciato, sottile, pesante || ben lavorato || *verb.* ammattonare, smattonare, pavimentare, murare, addentellare, accoltellare, arrotare, far mattoni, mettere a spina-pesce.
mattonèlla, *sf.* piastrella, → MATTONE.
mattutíno, *sm.* → MATTINA || parte dell'ufficio divino || *agg.* → MATTINALE.
maturàre, *v.tr.* portare a maturazione || *fig.* portare a compimento, → PERFEZIONARE || valutare, considerare attentamente, pensarci su || *intr.* riflettere, diventar maturo, raggiungere la maturità, disacerbarsi, stagionare.
contr. inacerbire, inacidire, inasprire, infracidare, corrompersi, guastarsi || restare acerbo, immaturo.
maturàto, *pps.* di maturare || *agg.* → MATURO.
contr. acerbo, immaturo.
maturazióne, *sf.* MATURITÀ || *fig.* → PREPARAZIONE, PERFEZIONAMENTO, SCADENZA.
maturità, *sf.* maturazione || virilità, completezza, pienezza, pieno vigore, precocità || serietà, gravità, severità || esame di maturità, licenza liceale.

contr. immaturità, acerbità.
matúro, *agg.* maturato, stagionato, granito, fatto || *fig.* → PREPARATO, MEDITATO || equilibrato, pieno, compiuto, → PERFETTO || IDONEO || di età, provetto, attempato, anziano, esperto.
contr. immaturo, acerbo, incompiuto, imperfetto, inesperto.
mausolèo, *sm.* sepolcro, monumento.
màzza, *sf.* → BASTONE || MARTELLO.
mazzacavàllo, *sm.* → MAZZAPICCHIO.
mazzafrústo, *sm.* → BASTONE.
mazzapicchiàre, *v.tr.* → MARTELLARE.
mazzapícchio, *sm.* pillo, mazzeranga, pigiatoio, mazzacavallo, pestone, battipalo || → MARTELLO, BATACCHIO.
mazzàta, *sf.* martellata, → BASTONATA || *fig.* dolore improvviso, danno imprevisto.
mazzerànga, *sf.* → MAZZAPICCHIO.
màzzo, *sm.* → FASCIO, COMPAGNIA.
mazzuòla, *sf.* → MARTELLO.
mazzuòlo, *sm.* → MARTELLO.
meàndro, *sm.* labirinto, intreccio, giravolta, serpeggiamento, tortuosità, aggiramento, avvolgimento, giro, andirivieni, sinuosità, zig zag.
contr. via, sentiero, tratto di fiume (e *sim.*) diritto, rettilineo; rettifilo.
meàre, *v.intr. ant.* trapelare, trapassare || (*ant.*) derivare, procedere, aver cagione.
nomencl. meato.
meàto, *sm.* uscita, apertura, passaggio, orifizio, condotto, canaletto.
nomencl. uditorio, urinario, cistico, escretore, ecc.
meccànica, *sf.*
nomencl. fisica || (*suddivisioni*) statica, dinamica, cinematica; idrostatica, aerostatica, idrodinamica, aerodinamica || celeste, ondulatoria || razionale, analitica, applicata || (*termini*) attrito, resistenza, azione, reazione, energia, forza, intensità, direzione, movimento, sistema, trazione, sforzo, urto, traiettoria, velocità, accelerazione, equilibrio, inerzia || (*strumenti*) macchina, motore, dinamometro, macchina semplice, leva, bilancia, stadera, carrucola, staffa, puleggia mobile, pendolo || (*concetti e argomenti*) punto d'appoggio, d'applicazione, fulcro, componente, risultante, parallelogramma o parallelepipedo delle forze, composizione e decomposizione delle forze, forze concorrenti e parallele, forza (angolare, viva, motrice, costante), centro di gravità, asse (di simmetria, fisso); piano inclinato, oscillazione, isocronismo; moto (assoluto, relativo, rettilineo, curvilineo, uniforme, variato, accelerato, ritardato, periodico), origine dei tempi, periodo, movimento di rotazione; massa dei corpi, lavoro delle forze, lavoro meccanico, trasmissione, resistenza utile e passiva, rendimento, elasticità, forza centrifuga e centripeta, freno, automatismo || teorema (di Guldin, di Carnot, ecc.), parallelogramma di Watt, equazione di equilibrio.
meccànico, *agg.* macchinale || *sm.* → AUTISTA, MACCHINISTA.
meccanísmo, *sm.* → CONGEGNO, MACCHINA.
meccanizzàre, *v.tr.* rendere meccanico, usare, applicare, servirsi delle macchine || motorizzare.
mecenàte, *sm.* → PROTETTORE.
mecenatísmo, *sm.* → PROTEZIONE.
mecònio, *sm.* → ESCREMENTO.
medàglia, *sf.* medaglione, moneta, placca, → GETTONE || ONORIFICENZA.
nomencl. (*varie specie*) anepigrafa, consolare, contornata, laureata, quadrigata, dendrofora, inanimata, vittoriata || al valor militare, al valor civile, d'onore, al merito, commemorativa || d'oro, d'argento, di bronzo || (*parti*) area, corpo, campo, diritto, ectipo, effigie, esergo, fascetta, gambo, leggenda, modulo, nimbo, patina, parergo, rovescio, tassello, testa, tipo, nastro, granitura || conio, punzone, impronta || numismatica, numismatico, medagliere || *verb.* coniare, punzonare, incidere, tassellare.
medaglière, *sm.* raccolta di medaglie.
medaglióne, *sm.* → MEDAGLIA || BORCHIA, CIONDOLO || bozzetto, profilo, → BIOGRAFIA.
medesimaménte, *avv.* ugualmente, parimente, similmente.
contr. diversamente, differentemente.
medesimézza, *sf.* → UGUAGLIANZA, PRECISIONE.
medésimo, *agg.* stesso, identico, → UGUALE, PRECISO.
nomencl. *verb.* medesimarsi, immedesimarsi.
contr. diverso, differente.
mèdia, *sf.*
nomencl. (*applicazioni*) demografica, scolastica, barometrica, geometrica, di produzione, ecc. || annua, mensile, giornaliera || *verb.* oscillare || dare, fare, prendere, calcolare la media.
contr. massimo, minimo.
mediàno, *agg.* → MEDIO.
mediànte, *prep.* per mezzo di, con, con l'aiuto di.
mediàre, *v.intr.* interporsi, far da intermediario.
mediàto, *agg.* indiretto, interposto, → OBLIQUO.
contr. immediato, diretto.
mediatóre, *sm.* intermediario, intercessore, negoziatore, paciere, → SENSALE || MEZZANO || ficcanaso.
nomencl. *verb.* interporsi, intromettersi, frammettersi, far da paciere, intercedere.
contr. contendente, litigante, disputante, alterante.
mediazióne, *sf.* intercessione, intervento, intromissione, inframmettenza, opera di conciliazione, di pace || → SENSERIA.
medicàbile, *agg.* → GUARIBILE.
contr. immedicabile.
medicaménto, *sm.* medicina, farmaco, medicinale, rimedio, specifico, siero, vaccino, linimento, impiastro, intruglio, panacea, ingrediente medicamentoso || → MEDICAZIONE.
nomencl. (*tipi*) abluente, acre, adecto, adesivo, adinamico, adiuvante, coadiuvante, correttivo, intermedio, agglutinante, allopatico, omeopatico, aloetico, alterante, amaricante, amilaceo, anaplerotico, anodino, antagonista, attivo, attonante, calefaciente, debilitante, depletivo, deprimente, depurativo, detersivo, diffusibile, diluente, drastico, emolitivo, eroico, esplosivo, essiccativo, febbrifugo, inebriante, infallibile, ingrassante, irritante, magistrale, migliorativo, mercuriale, movente, officinale, ossidante, palliativo, pettorale, pirogeno, perotico, preservativo, profilattico, preventivo, protet-

tivo, positivo, rinfrescante, radicale, rarefacente, risolvente, specifico, succedaneo, ulotico, vulnerario o incarnativo || afrodisiaco, anticoncezionale, eccitante, anestetico, analgesico, antiartritico, antiasmatico, antidifterico, antitermico, antipiretico, antisettico, antispasmodico, aperitivo, assorbente, astringente, balsamico, cardiodinamico, corroborante, corrosivo, digestivo o stomatico, diuretico, emetico, emostatico, espettorante, ipnotico o narcotico o sonnifero, lassativo, lenitivo, odontalgico, revulsivo, ricostituente, rubefaciente, suppurativo, torpente, tossico || interno, esterno; semplice, composto; chimico, galenico; indicato, controindicato || ricetta, ordinazione, terapia || (*specificazioni*) capsula, *cachet*, pillola, pasticca o pastiglia, compressa, confetto, polvere, pomata, unguento, supposta, iniezione, lozione, mistura, miscela, sciroppo, decotto, tisana, purga o purgante, clistere, salasso, suffumigi, gargarismi.

medicamentóso, *agg.* medicinale, curativo, efficace.

medicàre, *v.tr.* curare, bendare, fasciare || *fig.* consolare, lenire, confortare, correggere, togliere un difetto, → MIGLIORARE, RESTAURARE.

contr. trascurare, inacerbire, inasprire, urtare, irritare, aggravare, far peggiorare.

medicatúra, *sf.* → MEDICAZIONE.

medicazióne, *sf.* cura, medicatura, medicamento, bendatura, fasciatura, metodo curativo, applicazione di rimedi.

nomencl. (*mezzi*) alcool, acqua ossigenata, tintura di iodio, garza, fascia, benda, cerotto, cotone idrofilo || punti.

medicína, *sf.* arte galenica, scienza medica, scienza ippocratica, arte di Esculapio, igea || farmaco, rimedio, sostanza medicinale, → MEDICAMENTO, FARMACIA || MALATTIA || *fig.* consolazione, lenimento, → CONFORTO.

nomencl. (*suddivisione, tipi*) allopatica, attiva, dogmatica o ippocratica, domestica, eclettica, empirica, legale o forense, meccanica, militare, navale, operatoria, pratica, pubblica, razionale, sintomatica, umana o antropoiatria, veterinaria o zooiatria, omeopatica, profilattica, teorica || (*specialità e sussidi*) anatomia, batteriologia, biologia, cardiologia, chirurgia, dermatologia, diabetelogia, diagnostica, ematologia, endocrinologia, eugenetica, faringoiatria, farmacologia, fisiologia, fisioterapia, gerontologia, ginecologia, laringoiatria, neuropatologia, nipiologia, odontoiatria, oftalmoiatria, oncologia, ortopedia, otoiatria, otorinolaringoiatria, patologia, pediatria, posologia, psichiatria, puericoltura, radiologia, rinoiatria, semiotica, stomatologia, tisiologia, urologia, veterinaria, somatologia, spasmologia, nosologia, etiologia, epoterapia, docimastica, idroterapia, sieroterapia, allopatia, omeopatia, empirismo, elettroterapia, terapeutica, igiene || chimiatria, metalloterapia || (*luoghi*) ospedale, arcispedale, ricovero, clinica, casa di cura, istituti clinici, istituti ospedalieri, policlinico || astanteria, dispensario, ambulatorio, guardia medica, posto di pronto soccorso, infermeria, poliambulanza, anfiteatro anatomico, sala operatoria, laboratorio || convalescenziario, inalatorio, manicomio, nosocomio, frenocomio, lazzaretto, lebbrosario, sanatorio, solario, tubercolosario, maternità o ostetricia, clinica pediatrica || (*persone*) medico, dottore, professore, archiatra, ufficiale sanitario, primario, aiuto, assistente clinico || alienista, dentista, ginecologo, ostetrico, oculista, ortopedico, otorinolaringoiatra, pediatra, psichiatra, radiologo, batteriologo, urologo, anestesista, veterinario, chirurgo || astante o di guardia, di servizio, interno, supplente, sostituto || guardamalati, infermiere, nottante, pappino, spedaliere, suora di carità || medico privato, della mutua, curante, di fiducia, consulente, specialista || condotto, comunale, consorziale, provinciale, fiscale || (*strumenti*) abbassalingua, ago, algesimetro, anestesimetro, capillaroscopio, cardiometro, catetere, cistoscopio, coppetta, elettrocardiografo, emadinamometro, endometro, estensiometro, fonendoscopio, inalatore, laccio, lampada di quarzo, lancetta, laringoscopio, martelletto, matita dermografica, metabolimetro, microscopio, oftalmoscopio, oscillometro, otometro, otoscopio, pantostato, pipetta, provetta, plessigrafo, raggi **x**, raggi ultravioletti, sfigmomanometro, siringa di Pravaz, sonda, specolo, specillo, stetoscopio, termometro, trequarti || (*procedimenti*) auscultazione o ascoltazione, esplorazione, palpazione, percussione; prelievo, salasso, drenaggio, fleboclisi, ipodermoclisi, enteroclisi, trasfusione del sangue; iniezione, anestesia, massaggio, frizione, flessione forzata; paracentesi, pneumotorace, toracentesi, radioscopia, stetoscopia, intervento operatorio o operazione chirurgica, narcosi, autopsia, vaccinazione || visita, consulto, anamnesi, diagnosi, prognosi, terapia, cura, profilassi, ricetta, referto, prescrizione, convalescenza, guarigione, ricaduta, salute, → MALATTIA.

medicinàle, *agg.* medicamentoso, curativo || *sm.* → MEDICAMENTO.

mèdico, *sm.* dottore, sanitario, clinico.

nomencl. (*distinzioni*) internista, specialista || fisico, empirico || generico, curante, della mutua, privato, di fiducia, di famiglia, consulente, legale, fiscale || condotto, comunale, provinciale, consorziale, ufficiale sanitario, medico scolastico || primario, archiatra o archiatro, professore, perito settore, aiuto, assistente, allievo medico || (*specialisti*) poliatra, cerusico, operatore o chirurgo, alienista, neurologo, psichiatra, dentista, otorinolaringoiatra, oculista, internista, tisiologo, pediatra, ostetrico, ginecologo, gerontologo, urologo, dermatologo, batteriologo, radiologo, cancerologo, ortopedico, veterinario || (*spreg.*) medicastro, medicastronzolo, medicone, medichessa, mediconzolo || (*attinenti*) agenda medica, certificato medico, referto, ricetta, prescrizione; chiamata, visita, consulto; propina, onorario, notula, parcella || assicurazioni sociali, mutua || *agg.* eccellente, di poca o grande perizia, paziente, dotto || *verb.* ascoltare, auscultare, astergere, curare, esplorare, fare o tenere consulto, medicare, ordinare, prescrivere, visitare, diagnosticare, prognosticare.

mèdio, *agg.* intermedio, interposto, mediano, centrale, mezzano || → MEDIOCRE.

contr. inferiore o superiore, laterale, estremo, piccolo o grande.

mediòcre, *agg.* andante, comune, comunale, discreto, passabile, piccolo, dozzinale, ordinario, deteriore, banale, medio, mediano, mezzano, cosí cosí, né buono né cattivo, né bello né brutto, → MODESTO.

nomencl. *verb.* mediocreggiare (*ant.*).
contr. eccellente, straordinario, ottimo, superiore, eccezionale.
mediocrità, *sf.* medietà, mezzanezza (*ant.*).
contr. eccellenza, eccezione, sommità || estremi.
medioèvo, *sm.* medio evo, evo medio, età di mezzo.
nomencl. medioevalismo, medievalismo || *agg.* medioevale, medievale.
meditabóndo, *agg.* cogitabondo, concentrato, assorto, → PENSIEROSO.
meditàre, *v.tr.* e *intr.* considerare, fare meditazione, contemplare, osservare, sviscerare, approfondire, calcolare, lambiccarsi, elucubrare, essere assorto, riandare col pensiero, cogitare, riflettere, rimuginare, ripensare, tragumare, ruminare, disgrumare, → PENSARE || macchinare, ordire, tramare, premeditare, preparare col pensiero, progettare.
contr. non riflettere, non pensare, non approfondire, improvvisare, agire d'impulso.
meditataménte, *avv.* → DELIBERATAMENTE.
meditàto, *pps.* di meditare || *agg.* ponderato, approfondito, sviscerato, maturato, pensato.
contr. impulsivo, irriflessivo.
meditazióne, *sf.* considerazione, riflessione, raccoglimento, approfondimento, contemplazione, ponderazione, cogitazione, → INTROSPEZIONE || preparazione mentale (di una azione).
contr. spensieratezza, leggerezza, irriflessione, impulsività, superficialità.
medusàceo, *agg.* meduseo || *fig.* orrendo, spaventoso, terrificante.
mefistofèlico, *agg.* satanico, diabolico, sottile, tortuoso, ribelle, presuntuoso, beffardo, → IRONICO, MALIGNO.
contr. angelico, umile, semplice, fedele, sottomesso, diritto.
mefíte, *sf.* → MALARIA, MIASMA.
mefítico, *agg.* irrespirabile, malsano, insopportabile, → FETIDO.
megàfono, *sm.* portavoce, tromba acustica.
megalocefalía, *sf.*
contr. microcefalia.
megalomanía, *sf.* mania di grandezza, gigantismo, delirio di grandezza, presunzione, egocentrismo.
megalopsía, *sf.* macropsia.
contr. micropsia.
megalopsichía, *sf.*
contr. micropsichia.
megèra, *sf.* donna maligna, invidiosa, litigiosa, brutta, ripugnante, arpia, virago, → VECCHIA, BRUTTA.
mèglio, *avv.* in modo migliore, → BENE || *agg. invar.* piú buono, migliore, preferibile || *sm.* la cosa, la parte migliore, piú vantaggiosa.
contr. peggio || peggiore.
méla, *sf.* frutto del melo, pomo.
nomencl. (*varietà*) cotogna, lazzeruola, rosa, appiola, francesca, calvilla, ranetta, limoncella, ruggine, paradisa, cambia, carla, carpendola grigia o verde, cavilla rossa d'autunno, diacciola, gentile, giugnola, mora, panaia, popona, delizia, renetta di Spagna, sodina, stateccia, vernina, zuccherina || autunnale, estiva, invernale || (*parti*) buccia, semi, torsolo, gambo, polpa, acido malico || (*usi*) sidro, cotognata, marmellata, conserva, melappo || *agg.* tonda, appuntita, piatta, oblunga || *verb.* cogliere, sbucciare, affettare, mondare, melare.
melagràna, *sf.* mela granata, granata, mela punica.
nomencl. (*parti*) buccia, corteccia, chicco, cica || granatina || melograno.
melanconía e derivati, → MALINCONIA e derivati.
melanzàna, *sf.* petonciano.
melarància, *sf.* → ARANCIA.
melàto, *agg.* → DOLCE || *fig.* dolciastro, mellifluo, ipocrita, insincero.
melensàggine, *sf.* insipidezza, → STUPIDAGGINE.
melènso, *agg.* insipido, insulso, scipito, fatuo, stolido, insensato, insipiente, fiacco, ottuso, minchione, stolto, babbeo, stordito, → SCIOCCO.
mèlica, *sf.* meliga, → GRANTURCO || *lett.* poesia melica, → MUSICA.
mèlico, *agg.* lirico, melodioso, → MUSICALE.
mèliga, *sf.* melica, → GRANTURCO.
mellétta, *sf.* belletta, melma, → FANGO.
mellífluo, *agg.* *fig.* melato, ipocritamente lusinghiero, dolciastro, insinuante, lusingatore, insincero, → DOLCE.
contr. aspro, acre, rude, schietto, sincero.
mélma, *sf.* → FANGO || *fig.* turpitudine, disonestà, corruzione.
melmóso, *agg.* → FANGOSO, ACQUITRINOSO.
melodía, *sf.* aria, arietta, cavatina, cabaletta, cantabile, motivo, frase, spunto melodico || modulazione, musicalità, → CANTO, MUSICA.
nomencl. melopea, runa.
contr. cacofonia, dodecafonia.
melòdico, *agg.* → MUSICALE.
melodióso, *agg.* armonico, armonioso, intonato, dolce, soave, canoro, canterino, → MUSICALE.
contr. disarmonico, stonato.
melodràmma, *sm.* opera in musica, dramma musicale, dramma per la musica, opera buffa, → CANTO.
melodrammàtico, *agg.* → TEATRALE || *fig.* esagerato, ostentato, retorico, ampolloso, ridicolo.
melóne, *sm.* popone, mellone.
melopèa, *sf.* complesso di melodie || contrappunto.
membràna, *sf.* tessuto, buccia, pannicolo, pellicina, pellicola, corteccia, tonaca, integumento, falda || pergamena, → CARTAPECORA.
nomencl. (*tipi*) cellulare, sierosa, fibrosa, mucosa, interdigitale, serotina, sinoviale || (*pertinenti*) meninge, corion, cremastere, fascia, zona pellucida || (*patologia*) abrasione, blemnosi, catarro, cuffia || imenografia, membranologia.
membranàceo, *agg.* membranoso, pergamenaceo.
contr. cartaceo.
membratúra, *sf.* → CORPORATURA.
mèmbro, *sm.* parte del corpo, arto, organo, appendice || membro virile, pene, mentula, fallo || elemento architettonico || *fig.* individuo, → SOCIO.
nomencl. *verb.* attrappire, storpiare, rattrappire, articolare, lussare, tagliare, squartare, amputare, smembrare, dimembrare, separare || essere, diventare membro, associarsi, iscriversi.
membrúto, *agg.* grosso, forte, tozzo, atticciato, → GIGANTESCO.

memoràbile, *agg.* indimenticabile, inobliabile, memorando, famoso, celebre, ricordabile, ricordativo, rinomato, rinomabile, degno di ricordo.
contr. immemorabile, dimenticabile, obliabile, degno d'oblio, caduco.
memoràndo, *agg. lett.* → MEMORABILE.
memoràndum, *sm. invar.* memorando, → MEMORIALE || taccuino, agenda, appunto.
memoràre, *v.tr.* → RICORDARE.
memoratíssimo, *agg.* → FAMOSO.
mèmore, *agg. lett.* ricordevole, non dimentico, di buona memoria, memorioso, riconoscente, grato, legato.
contr. immemore, smemorato, ingrato, dimentico, superficiale.
memòria, *sf.* ricordo, ricordanza, rimembranza, reminiscenza, rammemorazione, commemorazione, evocazione || mente, associazione di idee, facoltà ritentiva, pensiero || fama, → GLORIA || monumento, documento, scrittura, annotazione, menzione, tradizione, → BIOGRAFIA || *pl.* autobiografia, annali, confessioni, fasti, ricordi, promemoria, memoriale, → DIARIO.
nomencl. (*tipi*) topografica, locale, uditiva, visuale o visiva || (*attinenti*) afasia amnemonica, apomatesia, asimbolia, dismomnesia, paramnesia, smemorataggine, sordità verbale, disattenzione, leggerezza, negligenza, oblio, storditaggine || promemoria, memorandum, *memento*, reliquie || *agg.* aurea, benedetta, felice, santa, gloriosa; esecrata, profanata, maledetta, || duratura, perenne, imperitura, buona, fedele, ferrea, forte, fresca, salda, tenace; debole, effimera, labile, passeggera, breve, corta, fragile, infelice, lubrica || *verb.* avere memoria, ravvivare, ricordare, rinfrescare, sapere a menadito || dire, imparare, mandare, ripetere, sapere, studiare a memoria || ricuperare, rischiarare, rinfrescare, illuminare, annebbiare, offuscare, oscurare, esercitare, aiutare, facilitare, caricare, stancare, riposare, ravviare, rinvigorire, rafforzare, perdere, interrogare la memoria || imprimersi, ficcarsi, stamparsi nella memoria, disseppellire, evocare, esumare, rivangare, rammentare, rammemorare || profanare, benedire, calunniare, confortare, perpetuare, tramandare, eternare.
contr. dimenticanza, oblio, lacuna, amnesia.
memoriàle, *sm.* libro di memorie || memoria, libro di documenti, memorandum, promemoria, agenda, taccuino, nota, appunto, prontuario || esposto, petizione, supplica, domanda.
memorióso, *agg. rar.* di molta memoria, ricco di memorie.
ména, *sf.* maneggio, → INGANNO, INTRIGO.
menabò, *sm. indecl.* maestra, guida, schema, facsimile.
nomencl. (*inerenti*) giornale, libro, rivista || impaginazione, impaginatore.
mènade, *sf.* → BACCANTE.
menàre, *v.tr.* condurre, dirigere, indirizzare, ricondurre || agitare, assestare, infliggere, vibrare, dimenare, mestare, rimestare.
nomencl. *verb.* menar vanto, menar per le lunghe, per il naso, menar buono; menar le mani, un colpo, un ceffone.
menaròla, *sf.* → SUCCHIELLO.
menàta, *sf.* colpo, tratto || *pop.* lamentela, rimprovero, richiesta spesso ripetuta.
menatóio, *sm.* manovella, mestolo, mestola, mestone, matterello, mestatoio, pestello.
méncio, *agg.* floscio, cascante, molle, molliccio, → MAGRO, VIZZO.
nomencl. ammencito || *verb.* ammencire.
contr. fresco, intatto, consistente, teso, vigoroso, rigido.
mènda, *sf.* difetto, errore, → IMPERFEZIONE, PECCA.
mendàce, *agg.* menzognero, ingannevole, → FALSO, BUGIARDO.
mendàcio, *sm.* inganno, → BUGIA, FALSITÀ.
mendàre, *v.tr.* emendare, risarcire, → INDENNIZZARE.
mendicànte, *ppr.* di mendicare || *agg.* e *sm.* accattone, accattapane, accattatozzi, cercatore, mendico, questuante, pezzente, pitocco, indigente, necessitoso, miserabile, tapino, → POVERO.
nomencl. pauperismo, ospizio, ricovero, beneficenza, elemosina || ordini mendicanti.
contr. benestante, agiato, ricco.
mendicàre, *v.tr.* e *intr.* accattare, accattonare, andare alla cerca, parare o stendere la mano, pitoccare, chiedere umilmente, questuare, → DOMANDARE, ELEMOSINARE || chiedere con insistenza, invocare, implorare.
contr. dare, concedere, fare l'elemosina, beneficare, largire.
mendicità, *sf.* pitoccume, pitoccheria, indigenza, miseria, necessità, → POVERTÀ || ACCATTONAGGIO.
contr. beneficenza, elemosina || opulenza, benessere, agiatezza.
mendíco, *agg.* e *sm.* → POVERO, MENDICANTE.
meneghíno, *agg.* e *sm. scherz.* ambrosiano, milanese.
menestrèllo, *sm.* giullare, → BUFFONE.
menínge, *sf.*
nomencl. aracnoide, pia madre, dura madre || meningite.
méno, *avv.* inferiore, piú piccolo, piú debole, piú scarso || sottratto, diminuito, sminuito || *agg.* e *sm.* minore, in quantità minore, la minor parte, la minoranza.
contr. piú.
menomàre, *v.tr.* attenuare, sminuire, detrarre, ridurre, → DIMINUIRE || *fig.* → AVVILIRE.
menomazióne, *sf.* → DIMINUZIONE.
mènomo, *agg.* minimo.
contr. massimo.
menopàusa, *sf.* età critica, climaterio.
mènsa, *sf.* tavola, desco, imbandigione|| banchetto, pasto, pranzo, desinare || mensa sacra o mistica, → ALTARE || mensa vescovile, → BENEFICIO.
nomencl. (*occorrente*) apparecchio, servizio, batteria, finimento, stoviglia, vasellame, cristalleria, tovaglia, tovagliolo, piatti, posate, bicchiere, ampollina, oliera, saliera, compostiera, salsiera, fruttiera, insalatiera, orciuolo, panierina, pepaiola, portabottiglie, portadolci, portastecchi, portavivande, schiaccianoci, sottobicchiere, sottocoppa, teiera, tondino, trinciante, vassoio, zuccheriera, zuppiera || (*persone*) capotavola, commensale, invitato, anfitrione, cameriere, coppiere, scalco || brindisi, convito, minuta, conto, coperto || *agg.* grassa, lauta, abbondante, splendida, sontuosa, magra, parca, frugale, povera, misera, meschina, imbandita, pronta,

distinta, comune, solita, prima, seconda || ben fornita, ben messa || *verb.* ammannire, apparecchiare, sparecchiare, preparare, imbandire, mettere in tavola, mettersi a tavola, sedersi a tavola, levarsi da mensa, ministrare, mescere, servire, servirsi, tirar giú, trinciare, trattenersi e trattenere a mensa, invitare, ammettere a mensa.

menscevíco, *agg.* e *sm.* minimalista.
contr. bolscevico, massimalista.

mensíle, *agg.* mesata, mensuale, mestruo (*ant.*), di ogni mese || *sm.* stipendio, salario, paga mensile.
nomencl. bimestrale, trimestrale, semestrale.

mènsola, *sf.* capitello, leoncello, modiglione, mutulo, peduccio, piumacciuolo, sgabellone, beccatello, cariatide, sostegno || mensoletta, *consolle* (mobile), tavoletta.

mensolétta, *sf.* → MENSOLA, BECCATELLO.

mensuàle, *agg.* → MENSILE.

ménta, *sf.*
nomencl. (*varietà*) acquatica, crespa, piperita, selvatica, verde, romana, glaciale || (*estratti*) mentina || mentolo, canfora di menta, olio essenziale.

ménte, *sf.* intelligenza, intelletto, intendimento, animo, ingegno, immaginazione, conoscenza, sentimento, pensiero, cervello, ragione, criterio, senno, raziocinio, attenzione, genio, fantasia || intenzione, opinione, proposito || → MEMORIA.
nomencl. (*qualità*) acume, alienazione, allucinazione, assorbimento, automatismo, cogitativa, confessione, confusione, consideratezza, dubbio, delirio, estasi, forza, disordine, smarrimento, spensieratezza, vigore || (*attività*) argomentazione, arzigogolo, cavillo, associazione di idee, astrazione, idea, concetto, concezione, estro, giudizio, induzione, deduzione, meditazione, percettività, premeditazione, processo, relazione, restrizione mentale, riflessione, speculazione, studio, supposizione || apparizione, fantasmagoria, fisima, immagine, impressione, ispirazione, stramberia, paradosso, visione || *agg.* agile, sciolta, pronta, vivace, spigliata, aperta, intelligente, elevata, geniale, nobile, eletta, superiore, feconda, fervida, potente, somma, sublime, speculativa, sottile, acuta, penetrante, gagliarda, sagace, savia, illuminata, ispirata, inventiva, inesauribile, fantastica, lucida, meditativa, operosa, riflessiva, formata, matura, libera, sgombra, fresca, precoce, soda, sana, seria, severa, serena, arguta, allegra, assorta, attenta; angusta, chiusa, cieca, dura, debole, fiacca, distratta, disattenta, stanca, ottusa, limitata, ristretta, gretta, rozza, grossolana, misera, meschina, volgare, arida, sterile, volubile, incostante, leggera, ingenua, ignara, balzana, bizzarra, stramba, stravagante, stravolta || *verb.* accalorare, eccitare, affinare, acuire, coltivare, educare, illuminare, purificare, allargare, aprire, concentrare, applicare, alterare, distillare, lambiccare, frullare, girare, infondere, offuscare, porre, perdere, raddrizzare, tornare o richiamare alla mente, evocare, balenare alla mente || apprendere, capire, conoscere, considerare, deliberare, dedurre, discernere, distinguere, giudicare, indagare, imparare, indovinare, investigare, intendere, osservare, pensare, percepire, concepire, prevedere, ragionare, sapere, scrutare, raccapezzare, almanaccare, elucubrare, turbare.

mentecàtto, *agg.* e *sm.* → PAZZO, IMBECILLE.

mentíre, *v.intr.* dire il falso, dir bugie, inventare, fingere, svisare, alterare la verità, → FALSARE.
contr. dire il vero, essere veritiero.

mentíto, *pps.* di mentire || *agg.* → FALSO, SIMULATO.

mentitóre, *agg.* e *sm.* mendace, menzognero, bugiardo, impostore, impastato di bugie, vantatore, → FALSO.
contr. veritiero, veridico, sincero.

ménto, *sm.* bazza, bietta, pappagorgia.
nomencl. (*inerenti*) bazzina, bazzino, fossetta, pizzo, barba || aguzzo, bucato, sporgente, tondo || all'indietro, infuori, innanzi.

mèntore, *sm.* consigliere, precettore, maestro, → GUIDA, EDUCATORE.

mentovàre, *v.tr. rar.* rammentare, nominare, → MENZIONARE.

méntre, *avv.* e *cong.* intanto, durante, finché, frattanto, intanto che, in quel che, nello stesso tempo, per il tempo che || *sm.* momento.

menzionàre, *v.tr.* far menzione, mentovare, nominare, citare, rammentare, evocare, segnalare, accennare, enumerare, discorrere sorvolando, far cenno, far motto, motivare, raccontare, → RICORDARE.
contr. trascurare, tacere, sottacere, omettere, dimenticare.

menzióne, *sf.* cenno, citazione, ricordo, ricordanza, segnalazione, → MEMORIA.

menzógna, *sf.* → BUGIA, FALSIFICAZIONE, FINZIONE.
contr. verità.

menzognèro, *agg.* insincero, mendace, → MENTITORE, FALSO, FINTO.
contr. veritiero, vero.

meravíglia, *sf.* maraviglia, ammirazione, stupore, entusiasmo, sbalordimento, attonimento, commozione, emozione, sorpresa, stupefazione, sbigottimento, sgomento, estasi, rapimento, → BELLEZZA || cosa mirabile, sorprendente, stupenda, inaspettata, prodigio, miracolo, portento, mostro.
nomencl. *le sette meraviglie del mondo*: i giardini pensili di Babilonia, le piramidi d'Egitto, la statua di Giove in Olimpia, il colosso di Rodi, il tempio di Diana in Efeso, il mausoleo eretto in Alicarnasso da Artemisia al marito, il faro di Alessandria || *verb.* destare, produrre, suscitare, dare, muovere, avere, provare meraviglia || commuovere, impressionare, colpire, incantare, mandare in visibilio, sbalordire, sorprendere, stupefare, istupidire, scuotere, sorprendere d'ammirazione, far restare a bocca aperta, trasecolare, stralunare, tenere la bocca aperta, sgranare tanto d'occhi.
contr. orrore, cosa orribile, orrenda.

meravigliàre, *v.intr.* maravigliare, stupire, far meraviglia, incantare || *rifl.* ammirare, allibire, stupirsi, strabiliare, trasecolare, stupefarsi, rimanere a bocca aperta; restare di sale, di stucco, estatico, trasecolato, stupito; cascar dalle nuvole, andare in estasi o in visibilio, rimanere attonito, rimanere come istupidito; rimanere di cartapesta, di gelo, di sasso; uscir di sé per la meraviglia.
contr. fare, destare orrore || provare orrore.

meravigliàto, *pps.* di meravigliare || *agg.* attonito, ammirato, commosso, confuso, maravigliato, sorpreso, stordito, strabiliato, trasecolato, strasecolato, stupefatto, stupito, incantato, sbalordito, estatico, rapito, ***contr.*** inorridito, esterrefatto, stomacato, nauseato.

meravigliosaménte, *avv.* → ECCELLENTEMENTE, BENE.

meraviglióso, *agg.* maraviglioso, ammirabile, ammirando, mirando, mirifico, magnifico, grandioso, sontuoso, sfarzoso, pomposo, lussuoso, splendido, spettacoloso, incantevole, eccellente, cospicuo, inaudito, inconcepibile, incredibile, indescrivibile, indicibile, inenarrabile, ineffabile, mirabile, mirabolante, miracoloso, mostruoso, portentoso, sbalorditivo, stupendo, sublime, prodigioso, sovrumano, sorprendente, strabiliante, stupefacente, raro, eccezionale, nuovo, → GRANDE || MAGICO. ***contr.*** brutto, deforme, orrido, orrendo, orribile, stomachevole, nauseante, orripilante, comune, ordinario, volgare, solito, diffuso.

mercàbile, *agg.* mercantabile, venale.

mercànte, *sm.* negoziante, trafficante, trafficone, bottegaio, venditore, rivenditore, rivendugliolo, merciaio, merciaiuolo, rigattiere, mercadante, → COMMERCIANTE. ***contr.*** cliente, avventore, acquirente || fornitore, fabbricante, manifatturiero.

mercanteggiaménto, *sm.* → NEGOZIO.

mercanteggiàre, *v.intr.* mercare, mercantare, contrattare, patteggiare, questionare sul prezzo, tirare sul prezzo, commerciare, speculare, trafficare, negoziare. ***contr.*** comprare, acquistare; pagare senza lesinare, senza patteggiare; donare, elargire.

mercantería, *sf.* → COMMERCIO.

mercantésco, *agg.* → MERCANTILE.

mercantíle, *agg.* mercantesco, commerciale || *sm.* nave, bastimento da trasporto.

mercanzía, *sf.* → MERCE.

mercàre, *v.intr.* mercantare, → COMMERCIARE, MERCANTEGGIARE.

mercatanzía, *sf. ant.* → COMMERCIO || merce.

mercàto, *sm.* piazza di commercio, emporio, foro, foro boario, fiera, agora, magazzino, fondaco, pescheria, polleria, verziere, bazar || compravendita, contrattazione || traffico illecito, mercimonio || *fig.* affollamento, gran confusione, gran chiasso, vociare, cicaleccio. ***nomencl.*** (*tipi*) all'ingrosso, al minuto, a buon mercato, a buon prezzo, sotto banco || mercato nero || (*pertinenti*) banco, baracca, bottega, bancherello || calmiere, mercuriale, listino dei prezzi || sensale, commerciante, trecca, bagarino, bagarinaggio || *agg.* affollato, frequentato, numeroso, scarso, povero, movimentato, confuso, rumoroso || *verb.* andare, stare al mercato, tornare dal mercato, far mercato, mercanteggiare.

mercatóre, *sm. lett.* → COMMERCIANTE.

mercatúra, *sf. lett.* → COMMERCIO.

mèrce, *sf.* cosa, derrata, mercanzia, mercatanzia, generi, roba, prodotto in vendita, fondo di magazzino, oggetto, scorta, merceria, grasce, vettovaglie. ***nomencl.*** (*qualità*) andante, a buon mercato, fine, sopraffine, raffinata, eletta, ottima, preziosa, cara, costosa, di alto prezzo, economica, antieconomica, di lusso || nazionale, estera, sospetta, di incerta o sospetta provenienza, frodata, contrabbandata o di contrabbando || (*inerenti*) magazzino, fondaco, collo, deposito, magazzinaggio, merce di transito; articolo, assortimento, balla, campionario, capo; chincaglieria, ingrosso, giunta, miscuglio, oggetti di finanza, partita, rinvoltura, marame, scarto, svincolo, carico, scarico, vendita || gabella, dazio, portofranco, calo, circolazione, condotta, consegna, consegnatario, consegnante, importazione, esportazione, monopolio, libero scambio, méta, catalogo, elenco, listino prezzi, imballaggio, negozio || *verb.* assortire, barattare, cambiare, caricare, scaricare, comprare, vendere, rilevare, smaltire, smerciare, svincolare, spedire, mercanteggiare.

mercé, *sf. indecl.* aiuto, grazia, misericordia, pietà || *poet.* mercede, ricompensa. ***nomencl.*** *verb.* implorare, ottenere mercé, essere alla mercé.

mercéde, *sf.* prezzo, salario, → EMOLUMENTO, PAGA || ricompensa, → PREMIO.

mercenàrio, *agg.* e *sm.* pagato, prezzolato, salariato, stipendiato, assoldato, venale, vendereccio || operaio, soldato, → LANZICHENECCO. ***contr.*** gratuito, disinteressato || padrone, militare di leva, volontario.

mercería, *sf.* mercanzia minuta, → MERCE || bottega di merciaio || chincaglieria. ***nomencl.*** (*piccola merceria*) refe, cotone, aghi, fettucce, guarnizioni, bottoni, nastri, passamani, ecc.

merciàio, *sm.* merciaiolo, → BOTTEGAIO, COMMERCIANTE, MERCANTE.

merciaiòlo, *sm.* merciaio, → MERCANTE.

mercimònio, *sm.* traffico indegno, commercio illecito, → MERCATO. ***nomencl.*** *verb.* fare mercato, fare bottega.

mercúrio, *sm.* idrargirio, argento vivo. ***nomencl.*** (*attinenti*) cinabro, calomelano, sali di mercurio, amalgama (di stagno, di bismuto, di rame) || mercurografia, mercurificazione, mercurialismo || *agg.* mercuriale.

mèrda, *sf. volg.* escremento, → STERCO. ***nomencl.*** parola di Cambronne.

merdòcco, *sm.* depilatorio, epilatorio.

merènda, *sf.* spuntino, refezione, → MANGIATA.

meretrice, *sf.* → PROSTITUTA.

mèrgere, *v.tr. ant.* tuffare, → IMMERGERE.

meridiàna, *sf.* orologio a sole, solare. ***nomencl.*** (*parti*) gnomone, linea oraria, anello orario, stilo, ago o indice.

meridiàno, *agg.* di mezzogiorno, del meriggio || *fig.* chiarissimo, evidente || *sm.* grado di latitudine. ***nomencl.*** (*attinenti*) zenit, nadir, longitudine || grado meridiano.

meridionàle, *agg.* e *sm.* del mezzogiorno, del sud, meridiano (*ant.*), australe, antartico. ***contr.*** settentrionale, del nord, nordico, boreale, artico.

meridióne, *sm.* austro, sud, → MEZZOGIORNO. ***contr.*** settentrione, nord, borea.

meriggiàre, *v.intr.* dormire di mezzogiorno, riposare, stare all'ombra durante il mezzogiorno, frescheggiare. ***nomencl.*** meriggio, meriggia, meriggiano, meriggevole.

meríggio, *sm.* mezzogiorno, mezzodí, meridie, ora del mezzogiorno, ora meridiana || ombra (del sole meridiano).

meritàre, *v.tr.* essere degno, essere meritevole, aver merito || far ottenere, procurare, → GUADAGNARE || acquistare benemerenza.
contr. demeritare, essere in colpa, scroccare.
meritévole, *agg.* degno, benemerente, → BENEMERITO, ONOREVOLE.
contr. immeritevole, indegno, colpevole.
mèrito, *sm.* merto (*poet.*), azione degna di lode, di premio; benemerenza || onore, lode, → GLORIA, PREMIO || ricompensa, → INTERESSE || qualità positiva, dignità, intima essenza || nòcciolo, punto importante (di un argomento, di una controversia).
contr. demerito, colpa, torto.
meritòrio, *agg.* degno, meritevole di premio, di lode, di ricompensa, benemerente, benemerito.
contr. immeritevole, indegno.
merlettàre, *v.tr.* → ORNARE.
merlétto, *sm.* macramè, pizzo, dentello, trina, gala, blonda.
mèrlo¹, *sm.* merla, merlotto || *fig.* → SCIOCCO.
nomencl. (*specie*) acquaiolo, dorato || chioccolo || (*voci*) cantare, fischiare, zufolare, schioccolare, squittire, zirlare.
mèrlo², *sm.* ornamento, muretto, rialto, rialzo, coronamento.
nomencl. (*tipi*) ghibellino, guelfo, a coda di rondine, rettangolare || merlatura, merlato.
merlòtto, *agg.* → SCIOCCO || *sm.* → MERLO¹.
merlùzzo, *sm.* nasello, baccalà, stoccafisso.
mèro, *agg.* pretto, semplice, schietto, → PURO, NATURALE.
contr. composto, doppio.
mesàta, *sf.* paga, → MENSILE.
méscere, *v.tr.* → VERSARE, MESCOLARE.
meschinería, *sf.* → MESCHINITÀ.
meschinità, *sf.* meschineria, penuria, miseria, povertà, angustia, ristrettezza, grettezza, avarizia, pidocchieria, pitoccheria, spilorceria, tirchieria, piccineria, futilità, ingenerosità.
contr. magnificenza, larghezza, ricchezza, generosità, abbondanza, superfluità, prodigalità.
meschíno, *agg.* e *sm.* misero, povero, miserando, miserabile, debole, tapino, fatto a miseria, → INFELICE || *agg.* angusto, limitato, ristretto, povero di spirito, futile || gretto, avaro, → CATTIVO || PICCOLO.
contr. ricco, splendido, magnifico, largo, generoso, prodigo || felice, buono, grande.
meschíta, *sf.* minareto, → TORRE.
méscita, *sf.* bottiglieria, osteria, bar, bettola, cantina.
mescolaménto, *sm.* mischiamento, immistione, → MISCUGLIO.
mescolànza, *sf.* intruglio, mistione, amalgama, combinazione, composizione, eclettismo, raccolta, miscellanea, guazzabuglio, guazzerone, buglione, mescolame, mescolio, mescolo, imbroglio, dissonanza, sconcordanza, promiscuità, rimescolamento, disordine, miscela, mestica, unione, → MISCUGLIO || CONFUSIONE.
contr. cernita, cerna, scelta, distinzione, divisione, specificazione, separazione.
mescolàre, *v.tr.* mestare, manipolare, mantrugiare, misturare, rimestare, intrugliare, mescidare, frammescolare, frammischiare, alternare, accozzare, confondere, combinare, unire, amalgamare, comporre, incorporare, mescere, mischiare, mescugliare, rimescolare, rimpiastricciare, impastare insieme, riunire alla rinfusa, tagliare, temperare, tramestare || → AGITARE || *rifl.* unirsi, congiungersi carnalmente, fondersi, confondersi || *fig.* impicciarsi, → INTROMETTERE.
contr. dividere, separare, cernere, scegliere, sceverare, staccare, distinguere.
mescolàto, *pps.* di mescolare || *agg.* → CONFUSO, MISTO.
mése, *sm.* mesata || luna.
nomencl. (*tipi*) anomalistico, draconico, sidereo, lunare, solare, tropico || (*calendario romano*) gennaio, febbraio, marzo, aprile, maggio, giugno, luglio, agosto, settembre, ottobre, novembre, dicembre || (*calendario repubblicano francese*) vendemmiaio, brumaio, frimaio, nevoso, piovoso, ventoso, germile, fiorile, pratile, messidoro, termidoro, fruttidoro || (*inerenti*) bisestile, bissesto, calende, idi, none, giorni complementari, settimana, decade, semestre, trimestre, quindicina || mensile, bimestrale, trimestrale, semestrale || *agg.* andante, corrente, spirante, scorso, vegnente, futuro, passato.
mesmerísmo, *sm.* → IPNOTISMO.
mesmerizzàre, *v.tr.* → IPNOTIZZARE.
mesocàrpo, *sm.*
nomencl. endocarpo, esocarpo, pericarpo, metacarpo.
mesònfalo, *sm.* → OMBELICO.
méssa, *sf.* divin sacrificio, sacrificio della messa, santo sacrificio, sacrificio dell'altare.
nomencl. (*varie*) privata, bassa, solenne, pontificale, in canto, quotidiana, conventuale, papale, castrense, propria, gregoriana, votiva || di mezzanotte, di mezzogiorno, vespertina || da morto, degli sposi, dei moribondi, domenicale, dell'ottava, dei presantificati, dei catecumeni, dei fedeli || nera || (*parti*) *confiteor*, introito, *Kyrie*, *Gloria*, lezione (del Vecchio Testamento), epistola, graduale, Vangelo, Credo, offertorio, prefazio, Canone, consacrazione, elevazione, commemorazione dei defunti, *Pater noster*, comunione, postcomunione, benedizione, ultimo Vangelo, *Agnus Dei*, *lavabo*, *oremus*, ringraziamento || (*paramenti*) amitto, camice, cingolo, manipolo, stola, pianeta, dalmatica, tunicella, velo omerale, corporale, palla || calice, patena, ampolline, vino, acqua, purificatoio, ostia, borsa, altare, tovaglie, pietra sacra, messale, canone, cartagloria, leggio, bugia || (*pertinenti*) abluzione, comunione spirituale, elemosina, offerta, purificazione, rubriche || *agg.* breve, lunga, sbrigativa, fervorosa, concelebrata || *verb.* celebrare, cantare, servire, sentire, partecipare, ascoltare, perdere || dir messa, udir messa.
messaggería, *sf.* → CORRIERA || negozio, ambasceria.
messaggèro, *sm.* messaggiero, messaggere, araldo, corriere, messo, nunzio, portatore, latore, foriero, parlamentario, parlamentare, → AMBASCIATORE.
messàggio, *sm.* → AMBASCIATA.
mèsse, *sf.* → GRANO, RACCOLTO.
messère, *sm.* → SIGNORE.
messitíccio, *sm.* → GERMOGLIO.
mésso, *pps.* di mettere || *sm.* famiglio, corriere, uscie-

re, cursore, galoppino, procaccia, staffetta, foriero, araldo || inviato, mandato, legato, messaggiero, parlamentario, → AMBASCIATORE.

mestaménte, *avv.* → DOLOROSAMENTE, TRISTEMENTE.
contr. lietamente, allegramente, gaiamente.

mestàre, *v.tr.* dimenare (col cucchiaio, col mestolo, ecc.), → MESCOLARE.

mestatóio, *sm.* → MENATOIO.

mestatóre, *sm.* → IMBROGLIONE.

mèstica, *sf.* miscela, mescolanza (di varie terre, colori, olî, ecc.).
nomencl. mesticatore, mesticheria, mestichino || *verb.* mesticare.

mestierànte, *sm. spreg.* → INTERESSATO.

mestière, *sm.* arte, artigianato, lavoro, professione, industria, manifattura, bottega || giuoco.
nomencl. (*generalità*) artiere, maestro, apprendista, tirocinante, novizio, mestierante || contadino, agricoltore, proprietario terriero; operaio (siderurgico, metallurgico, meccanico, tessile, ecc.; specializzato, qualificato), manovale (comune, specializzato), impiegato, tecnico, dirigente, imprenditore, industriale; artigiano, negoziante; libero professionista || (*agricoltura*) fattore, coltivatore, coltivatore diretto, contadino, colono, mezzadro, bracciante; giardiniere, cascinaro, floricoltore, frutticoltore, mondariso || boscaiolo, legnaiolo || allevatore, bachicoltore, mandriano, pastore || (*industria e artigianato*) cavatore, minatore, solfataio || fabbro ferraio, alesatore, fonditore, fresatore, saldatore, tornitore, verniciatore di metalli, smaltatore, meccanico (generico, collaudatore, di precisione), montatore di apparecchi || argentiere, cesellatore, incisore, armaiolo, orefice, orologiaio || capomastro, muratore, marmista, scalpellino; ceramista, fornaciaio, mosaicista; manovale edile, sterratore, stradino; vetraio, soffiatore del vetro, stuccatore, decoratore, tappezziere in carta, imbianchino, fumista; gasista, idraulico, stagnino || elettricista, elettromeccanico, elettrotecnico, radiotecnico || cartaio, legatore di libri, tipografo, compositore, linotipista, monotipista, impaginatore, proto, correttore di bozze, redattore, redattore capo, fotografo, *fotoreporter* || cardatore, filatore, tessitore, tintore, candeggiatore || falegname, mobiliere, ebanista, tornitore in legno, intagliatore, intarsiatore, verniciatore, lucidatore, doratore; bottaio, sediaio, cestaio || birraio, casaro, gelataio o gelatiere, mugnaio, fornaio, panettiere, pastaio, pasticciere || sarto, bustaia, camiciaia, cucitrice in bianco, lavandaia, magliaia, pantalonaia, pellicciaio, rammendatrice, ricamatrice, stiratrice, modista, cappellaio, pellettiere, guantaio, calzolaio, conciatore, ombrellaio, materassaio, tappezziere su stoffa || (*commercio*) commerciante, venditore ambulante, grossista, mediatore, mercante, piazzista, rappresentante, viaggiatore di commercio || agente (di cambio, di pubblicità, di vendita) || cassiere, commesso, fattorino, garzone; magazziniere, spedizioniere || droghiere, erbivendolo, fruttivendolo, lattaio, macellaio, oste, pescivendolo, pizzicagnolo, pollaiolo, rosticciere, salumaio o salumiere, tabaccaio, vinaio, gioielliere, profumiere, ottico, merciaio, giornalaio, libraio, cartolaio || (*mezzi di trasporto*) autista, camionista, carrozziere, elettrauto, garagista, posteggiatore, vulcanizzatore || ferroviere, deviatore, fochista, frenatore, macchinista, manovratore, controllore, capotreno, capostazione, casellante || motorista, conduttore (di filobus, di locomotori, di tram), tranviere || pilota (di nave, di aereo), ufficiale di macchina o di coperta, *hostess*, marittimo di coperta, marinaio, mozzo, nostromo || facchino, portabagagli, scaricatore || corriere, fattorino postale, portalettere || barcaiolo, carrettiere, vetturino, tassista || (*servizi vari*) barista, cuoco, cameriere, guardarobiere, ascensorista, sguattero, portiere d'albergo || parrucchiere, barbiere, callista, manicure, pedicure, estetista, massaggiatore, truccatore || fognaiolo, lustrascarpe, spazzino, spazzacamino || domestico, donna di servizio, balia, bambinaia, governante, maggiordomo || guardia notturna, metronotte, vigile comunale, vigile del fuoco || custode o portiere, usciere, inserviente, bidello, sagrestano || guardaboschi, guardia forestale, guardacaccia, guardapesca || (*professioni amministrative e tecniche*) industriale, amministratore delegato, consigliere delegato, direttore (generale, amministrativo); impresario teatrale, produttore cinematografico; albergatore, armatore, banchiere, editore, costruttore edile || ingegnere, architetto, chimico, agronomo, geologo, veterinario, perito (agrario, edile, industriale), commercialista, contabile, ragioniere, geometra, disegnatore, cartografo || annunciatore, *speacker*, radiocronista, telecronista || telegrafista, marconista, radiotecnico, operatore cinematografico, *cameramen* || telefonista, dattilografo, stenodattilografo || capo tecnico, capo officina || allenatore, arbitro, istruttore sportivo || insegnante, maestro, professore, direttore didattico, preside, rettore, ispettore, assistente universitario, bibliotecario || medico, chirurgo, ostetrica, infermiere, farmacista || magistrato, avvocato, procuratore legale, notaio, giudice, pretore, cancelliere || artista, pittore, scultore, compositore, scrittore, romanziere, novelliere, drammaturgo, poeta; critico (letterario, musicale, teatrale, cinematografico), traduttore, musicista, pianista, cantante, direttore d'orchestra, attore, regista, capocomico, ballerino, coreografo, sceneggiatore, scenografo, soggettista; giornalista, pubblicista; arredatore, cartellonista, grafico || attrezzi, utensili, strumenti || corporazione, scuola, sindacato, categoria, arte || tirocinio, apprendistato, qualificazione, specializzazione || *agg.* facile, comodo, tranquillo, grasso, duro, pesante, faticoso, vile, magro, povero, difficile, complicato || *verb.* apprendere, imparare, cominciare, praticare, esercitare, abbandonare, lasciare, insegnare, rubare || addestrare, ammaestrare, avviare, istradare, aver pratica, essere del mestiere, metter bottega.

mestízia, *sf.* → DOLORE, MALINCONIA.

mèsto, *agg.* → MALINCONICO, ADDOLORATO, FOSCO || ELEGIACO.
contr. ilare, lieto, sereno, allegro, gioioso.

méstola, *sf.* → MESTOLO.

méstolo, *sm.* mestola, mestone, cucchiaione, ramaiuolo, spatola, menatoio, → PALA || cazzuola.

mestóne, *sm.* → MESTOLO.

mestruazióne, *sf.* mestruo, perdite, flusso periodico.
nomencl. (*disturbi*) dismenorrea, amenorrea || puber-

tà, età critica, climaterio, menopausa || mestruale || *verb.* mestruare.
metà, *sf.* dimezzato, dimidiato, semi, → MEZZO.
contr. doppio, raddoppiato || compiuto, intero, il tutto.
mèta, *sf.* destinazione, destino, porto, punto d'arrivo, traguardo || *fig.* → FINE, SCOPO.
nomencl. *agg.* vicina, lontana, prossima, fissata, alta, gloriosa, irraggiungibile || *verb.* proporre, raggiungere, fissare, stabilire, prefiggere, oltrepassare, volgere.
contr. punto di partenza, inizio, avvio, principio.
metabolísmo, *sm.*
nomencl. basale || anabolismo, catabolismo.
metadèlla, *sf.* mezzetta, → ORCIO.
metafísica, *sf.* filosofia prima, primi principî || *fig.* sottigliezza, astruseria.
nomencl. (*parti*) ontologia, psicologia, cosmologia, teologia razionale || (*pertinenti*) ente, causa, analogia, attributo, categorie, categoremi, soprasensibile, origine delle idee.
contr. fisica, realtà fisica, empiria.
metafísico, *agg.* → ASSOLUTO.
metàfora, *sf.* paragone, traslato, tropo, → ALLEGORIA || IMMAGINE.
metaforeggiàre, *v.intr.* metaforizzare, → ALLEGORIZZARE.
metàllo, *sm.*
nomencl. (*elenco*) acciaio, ghisa, alluminio, antimonio, argento, bario, bismuto, cadmio, cobalto, cromo, ferro, indio, litio, manganese, mercurio, nichelio, oro, palladio, partinio, piombo, platino, radio, rame, rutenio, silicio, sodio, stagno, stronzio, tallio, titanio, torio, tungsteno, uranio, vanadio, zinco, zirconio, ottone || (*attinenti*) lega, alligazione, amalgama, bandone, barra, bolla, filo, gettone, lamina, lastra, piastra, mistura, ossidazione, pepita, piaga, placca, ruggine, titolo o saggio, combinazione || asprezza, purezza, densità, affioramento || *agg.* alcalino, battuto, coniato, cristallizzato, duro, duttile, elastico, friabile, fusibile, grasso, ignobile, nobile, prezioso, incandescente, luminoso, leggero, malleabile, nichelato, cromato, placcato, pesante, refrattario, terroso, tenero.
metallòide, *sm.*
nomencl. antimonio, arsenico, azoto, bario, bromo, carbonio, cloro, fosforo, idrogeno, iodio, ossigeno, selenio, silicio, tellurio, zolfo, argon, neon, xenon.
metallurgía, *sf.* elettrometallurgia, termometallurgia, fotoceramica, galvanoplastica, galvanocromia, galvanostegia, metallografia, metallocromia, siderurgia.
nomencl. (*luoghi*) affinatoio, altiforni, forni di riverbero, basso fuoco, chioderia, carbonile, fonderia, granulatoio, saggiatoia, ferrareccia, ferriera, filiera, forno (alla catalana, a riverbero, fusorio, aerotermico, delle magone), magona || (*macchine e utensili*) amalgamatore, avvitatoio, arrotatrice, attizzatoio, batilo, bilanciere, brunitoio, cannello ferruminatorio, cesello, casse-sepolcri, cribro idraulico, ciappola, coppella, crogiuolo, decarburatore, duttilimetro, ferruminatore, frantoio, frassinella, grano, granulatoio, grattapugia, gavaia, gavozza, gazza, imbracatoia, laminatoio, lima, maglio, martello, madre, mandriano o mandrino, manica, mortaio, padellotto, punzone, raffinatoio, raschiatoio, riavolo, ribuzzo, schizzatoio, stozzo, strozza, trafila, trapano, vagello, vergella, saggiatore, soffieria, ugnetto || (*persone*) affinatore, assaggiatore, battiloro, battimazza, braschino, brunitore, fabbroferraio, fonditore, fusore, gittatore, magoniere, metallurgo, metallurgico, siderurgico || (*operazioni*) acciaiatura, addolcimento, affinamento, allegamento, appiastramento, appiastratura, argentatura, arroventatura, assaggiatura, saggio, bianchimento, bronzatura, brunitura, calcinazione, cementazione, cernita, coppellazione, defosforazione, dissaldatura, doratura, elutriazione, fondita, fusione, galvanizzazione, gemina, agemina, getto, liquefazione, granulazione, inramatura, lavaggio, laminatura, metallizzazione, nichelatura, cobaltatura, ottonatura, platinatura, pudellatura o pudellaggio, purgatura, raffinazione, ricottura, riduzione, saldatura, scanalatura, scoriazione, smaltatura, spezzatura, spulitura, stagnatura, tempera, torrefazione, trafila, triturazione, zincatura || (*inerenti*) affioramento, anima, bava, bolla, combinazione, densità, docimastica, ferrigno, ferruginoso, filone, fondenti, forma, giacimento, metallizzazione, miniera, refrattari, sfaldatura, sfiatatoio, tripolo, anello, arso, brasca, fallo, paglia, scaglie || *verb.* abballottare, acciaiare, affinare, ageminare, arroventare, battere, bianchire, brunire, calcinare, colare, coppellare, cotticciare, damaschinare, far la calda, fondere, galvanizzare, gettare, grattapugiare, immorsare, inacciaiare, laminare, lavorare a freddo, massellare, mettere a bollore, puddellare, purgare, rastrellare, saggiare, sbavare, sfiatare, sgraffiare, smaltare, stragonare, stozzare, temprare, trafilare, tirare, lustrare, placare, ricalcare, svivare.
metamòrfosi, *sf.* trasformazione, mutazione (zoologica, botanica) → CAMBIAMENTO, INCARNAZIONE.

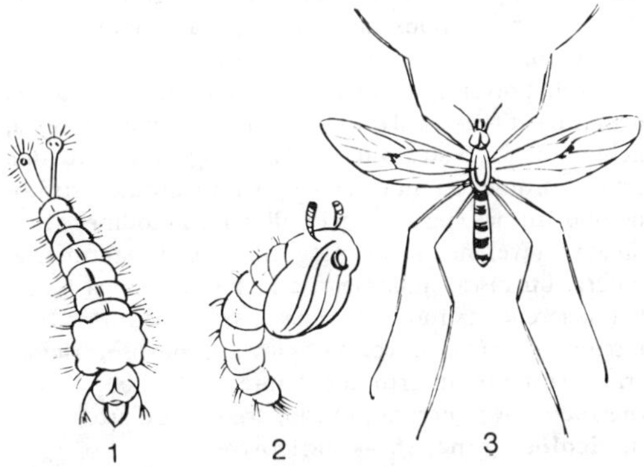

METAMORFOSI (*Zanzara anellosa*) – 1) ninfa; 2) larva; 3) insetto adulto (femmina).

metàno, *sm.* grisú, gas delle miniere, gas delle paludi.
nomencl. metanodotto, soffioni, pozzi metaniferi.
metapsíchica, *sf.* psicologia (del profondo).
nomencl. (*fenomeni*) telepatia, chiaroveggenza, divinazione, medianità.
metàstasi, *sf. indecl.* || trasposizione di lettere, metatesi.
metatàrso, *sm.* collo, pianta o dorso del piede.
metàtesi, *sf. indecl.* metastasi, → INVERSIONE.
metazòi, *sm.pl.* pluricellulari.
contr. protozoi, monocellulari.

metempírico, *agg.* → TRASCENDENTALE.
metempsicòsi, *sf.* trasmigrazione, reincarnazione, avatar, → INCARNAZIONE.
metèora, *sf.* fenomeno dell'atmosfera.
nomencl. aerolito, arcobaleno, aurora boreale, lampo, fulmine, ciclone, grandine, neve, pioggia, bolide, fuoco di Sant'Elmo || meteorico, meteorografia, meteorografo.
meteorísmo, *sm.* timpanismo.
meteoríte, *sf.* stella cadente, uranolito, aerolito, bolide.
meteorología, *sf.* scienza dei fenomeni atmosferici.
nomencl. (*specialità, suddivisioni*) climatologia, igrometria, aerologia, anemologia, attinometria, barometria, biometrologia, circolazione aerea, climatologia medica, fisica dell'aria o aerofisica, meteorologia aeronautica, meteoropatia o ciclonosi, microclimatologia, previsione del tempo, termometria || (*strumenti*) anemografo, anemometro, anemoscopio, attinografo, attinometro, barografo, barometro, bussola, eliofanografo, igrografo, igrometro, igroscopio, meteorografo, nefoscopio, nivometro, pluviometro, pluviografo, psicometro, radar, sonda, radiosonda, radiovento, solarigrafo, solarimetro, teodolite, termoigrografo, termografo, termometro || grado, gradiente, isobate, isoieta, isoterma || (*sussidi*) carte meteorologiche e sinottiche, fronti, linee isobariche e isotermiche, rosa dei venti, sondaggi termodinamici, tavole meteorologiche, topografie assolute e relative || (*fenomeni*) atmosfera, clima (continentale, insulare, marittimo, mediterraneo), nebulosità o nuvolosità, piovosità, siccità, umidità assoluta e relativa, pressione (atmosferica, barometrica), ondata (di caldo, di freddo) || alba, arcobaleno, aurora, crepuscolo, eclisse, tramonto || baleno, fulmine, saetta, lampo, temporale; vento (bora, brezza, grecale, libeccio, maestrale, monsone, scirocco, tramontana, ecc.), mulinello, turbine, ciclone, uragano, tempesta di sabbia o di polvere, tormenta, tornado, tromba d'aria o marina, tifone; pulviscolo, bruma, caligine, foschia, nebbia, banco o strato di nebbia, *smog*; nube, nuvola, cirro, cumulo, nembo, strato, stratocumulo, stratonembo; brina, rugiada, gelo, disgelo, grandine, grandinata, neve, nevischio, pioggia, rovescio, tempesta, bufera, burrasca, nubifragio, alluvione, valanga || *agg.* bello, sereno, calmo, rasserenato, secco, asciutto; burrascoso, coperto, nuvoloso, piovoso, nevoso, rigido, arido; costante, incerto, incostante, variabile.
metíccio, *agg.* incrocio, ibrido, creolo, mulatto.
meticolosàggine, *sf.* → METICOLOSITÀ.
meticolosità, *sf.* meticolosaggine, scrupolo, scrupolosità, sofisticheria, sofisticaggine, minuziosità, pedanteria.
contr. disinvoltura, trascuratezza, faciloneria, semplicità, sprezzatura.
meticolóso, *agg.* scrupoloso, sottile, sofistico, minuzioso, pedante, cavilloso, capzioso, avvocatesco, metodico, professorale.
contr. disinvolto, corrivo, facilone, disordinato, geniale.
metòdica, *sf.* metodologia.
metòdico, *agg.* ordinato, regolare, sistematico, meticoloso, preciso, perseverante, → ABITUDINARIO.
contr. irregolare, disordinato, saltuario.
mètodo, *sm.* regola, norma, criterio, procedimento, modo di eseguire, sistema, maniera, usanza, arte, consuetudine abitudine, ordine || testo, manuale, iniziazione, introduzione.
nomencl. (*elenco*) socratico, pirroniano, aristotelico, cartesiano, storico, analitico, comparativo, critico, dialettico, deduttivo o *a priori*, induttivo o *a posteriori*, sintetico, sperimentale, empirico, dubitativo, obiettivo, naturale, risolutivo, sillogistico, soggettivo, metafisico, zetico.
metodología, *sf.* metodica.
metonímia, *sf.* sineddoche, traslato.
metràta, *sf.* → ORCIO.
metratúra, *sf.* misura a metri, metraggio.
mètrica, *sf.* prosodia, ritmica, metrologia, metro.
mètro, *sm.* → MISURA || *fig.* termine, misura, criterio di giudizio.
nomencl. millimetro, centimetro, decimetro, decametro, ettometro, chilometro, miriametro || ara, ettaro, centiara || (*metrica*) metro saffico, elegiaco, alcaico, settenario, ecc.
metrología, *sf.* metrica, prosodia, ritmica.
metròpoli, *sf. indecl.* capitale, città principale, importante, → CITTÀ || madrepatria (rispetto alle colonie).
nomencl. metropolita, metropolitano || metropolitana.
méttere, *v.tr.* collocare, allogare, porre, posare, poggiare, riporre, impiegare, accomodare, sperdere, adagiare, preporre, anteporre, posporre, apporre, deporre, depositare, disporre, distendere, ficcare, premettere, schiaffare, sottomettere, rimettere, ammettere, commettere, estromettere || buttare, germogliare, gettare || indossare, vestire || impiegare (di tempo) || mettersi a fare, incominciare, applicarsi || mettere avanti, → AVANZARE || mettere fuori, → EMETTERE || mettere in mostra, → ESPORRE || mettere frange, → ESAGERARE.
contr. togliere, levare, tirar giú, prendere, cavare, svestire.
mettibòcca, *sm.* e *f. indecl.* ficcanaso.
mettilòro, *sm.* e *f. indecl.* → DORATORE.
mettimàle, *sm. indecl.* mettiscandali, → MALDICENTE.
mettiscàndali, *sm.* e *f. indecl.* mettimale, → MALDICENTE.
mezzadría, *sf.* colonía.
nomencl. mezzadro, colono, proprietario terriero || podere, riparto.
mezzàdro, *sm.* → AGRICOLTORE.
mezzalúna, *sf.* → FINESTRA || COLTELLO || → ISLAMISMO.
mezzàna, *sf.* → MATTONE || mediatrice, intermediaria || favoreggiatrice, ruffiana.
mezzàno, *agg.* mediocre, → MEDIO || *sm.* lenone, ruffiano, paraninfo, → GALEOTTO || MEDIATORE.
mezzanòtte, *sf. fig.* settentrione, borea, tramontana, nord.
contr. mezzogiorno, sud, ostro, austro.
mezzaruòla, *sf.* → ORCIO.
mezzatàcca, *sf.* né carne né pesce, mediocre, di media condizione.
mezzétta, *sf.* mezzolitro, un quarto di fiasco, → ORCIO.
mezzína, *sf.* boccale, brocca, → ORCIO.
mézzo, *agg.* troppo maturo || floscio, fradicio, bagnato.
mèzzo, *agg.* dimezzato || *sm.* metà || centro, cuore, nucleo, nòcciolo, interno, parte centrale, parte me-

diana || aiuto, mediazione, espediente, ripiego, ritrovato, risorsa, mezzuccio, modo, strumento, procedimento, maniera, via, virtú, chiave, canale, filo, condotta, organo, ministero, argomento, → AIUTO || *pl.* denaro, beni, → FACOLTÀ, PATRIMONIO || veicolo, mezzo di trasporto || *avv.* per metà, quasi.
nomencl. *agg.* lecito, illecito, buono, cattivo, facile, difficile || a buon mercato || *verb.* ammezzare, dimezzare, dividere, inframmettere, inframmezzare, tramezzare, frapporre.
mezzodí, *sm.* → MEZZOGIORNO.
mezzogiórno, *sm.* meriggio, mezzodí, meridie, ora del mezzogiorno, ora meridiana || sud, meridione, austro, ostro.
contr. mezzanotte || settentrione, nord.
mezzorilièvo, *sm.* → BASSORILIEVO.
mezzúccio, *sm.* ripiego, → MEZZO.
miagolaménto, *sm.* → MIAGOLO.
miagolàre, *v.intr.* gnaulare, gnaolare, miaulare || *fig.* cantar male, con voce nasale.
miagolàta, *sf.* → MIAGOLO.
miagolío, *sm.* → MIAGOLO.
miàgolo, *sm.* miagolamento, miagolio, miagolata, miao, gnaulo, gnaulata, gnaulio, sgnaulio.
miagolóne, *sm.* → BRONTOLONE.
miào, *indecl.* → MIAGOLO.
miàsma, *sm.* mefite; esalazione fetida, nociva; malaria.
contr. aria pura, balsamica.
miasmàtico, *agg.* → PUZZOLENTE.
míca, *sf.* briciola, granellino, → PEZZO, MINUZIA || *avv.* punto, niente.
micàdo, *sm.* mikado, → IMPERATORE.
miccíno, *sm.* → POCO, MINUZIA.
micetología, *sf.* micologia.
michelàccio, *sm.* → OZIOSO.
michelangiolésco, *agg.* || *fig.* maestoso, grandioso, solenne, → VIGOROSO.
micidiàle, *agg.* → MORTALE, ASSASSINO || *fig.* nocivo, letale, insopportabile.
mício, *sf. fam.* → GATTO.
micolína, *sf.* briciolina, → MINUZIA.
micología, *sf.* micetologia.
micròbio, *sm.* bacillo, bacterio, microrganismo, vibrione, germe, infusorio, → BATTERIO.
microcefalía, *sf.*
contr. megalocefalia, macrocefalia.
microcèfalo, *agg.* || *fig.* sciocco, inintelligente, corto, angusto (di mente).
contr. megalocefalo, macrocefalo.
micrococco, *sm.* → BATTERIO.
microcòsmo, *sm.*
contr. macrocosmo.
microfotografía, *sf.* → FOTOGRAFIA.
micropsichía, *sf.* → MODESTIA.
contr. megalopsichia.
microrganísmo, *sm.* → MICROBIO.
microscòpico, *agg.* impercettibile, infinitamente piccolo, → INVISIBILE, PICCOLO.
contr. macroscopico, infinitamente grande.
microscòpio, *sm.*
nomencl. (*tipi*) diottrico, semplice, composto, solare, chimico, elettronico, catadriottico, di proiezione || binoculare, da dissezione, da polarizzazione, spettrale, trinoculare || (*parti*) diaframma, obiettivo, colonnetta, lente di immersione, piede, oculare, specchio, vite micrometrica, tubo, vetrini o portaoggetti.

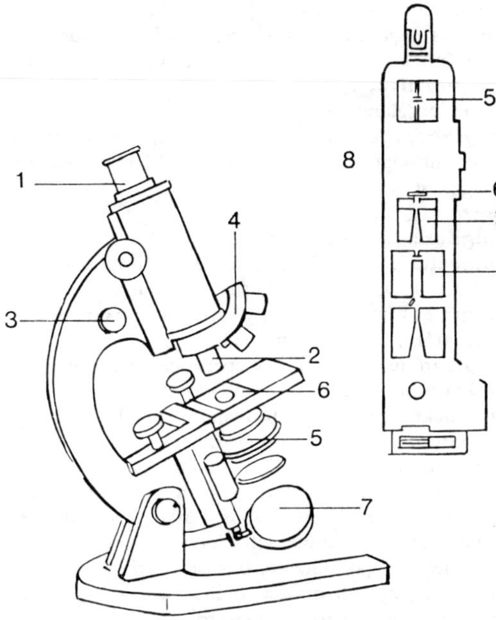

MICROSCOPIO – 1) oculare; 2) obiettivo; 3) vite micrometrica; 4) supporto a revolver per 4 obiettivi; 5) condensatore; 6) vetrini o portaoggetti; 7) specchio orientabile; 8) microscopio elettronico magnetico.

midólla, *sf.* mollíca || midollo.
midóllo, *sm.* midolla, sostanza molle interna delle ossa || *fig.* sostanza intima, parte essenziale, parte migliore. di qualunque cosa materiale o morale.
nomencl. *verb.* smidollare.
contr. parte esterna, estrinseca, accidentale.
midríasi, *sf.*
contr. miòsi.
mièle, *sf.* mèle.
nomencl. (*tipi*) bianco o vergine, depurato, schiumato, d'estate, di primavera, giallo, ibleo, indiano o di canna, rosato, violato || idromele, ceromele || talassomele || *agg.* melato, dolce, dolcissimo || *verb.* melare, smelare.
contr. fiele.
mietere, *v.tr.* segare, tagliare, → FALCIARE || *fig.* → RECIDERE || RACCOGLIERE.
mietitóre, *sm.* messore, → AGRICOLTORE.
mietitúra, *sf.* falciatura, taglio, segatura || raccolto, mèsse || stagione.
contr. semina.
migliàccio, *sm.* sanguinaccio.
miglioraménto, *sm.* accrescimento, avanzamento, avvantaggiamento, incremento, rifiorimento, rinnovamento, risorgimento, perfezione, sollievo, → PROGRESSO, PROMOZIONE || miglioria, bonifica.
contr. peggioramento, decadimento, scadimento.

miglioràre, *v.tr.* megliorare, affinare, rendere migliore, limare, polire, restaurare, rettificare, ristorare || *intr.* diventar migliore, imbellire, rimettersi, riaversi, ristabilirsi, risorgere, rifarsi, rifiorire, prosperare, guadagnare, profittare, ripigliar forze, cambiare in meglio, progredire, avvantaggiare, → EVOLVERE || migliorare un terreno, → BONIFICARE || *fig.* medicare.
contr. peggiorare, retrocedere, decadere, scadere, cadere in basso, svantaggiare, imbruttire, star fermo.
migliorativo, *agg.*
contr. peggiorativo.
miglióre, *agg.* piú buono, eccellente, ottimo, preferibile, piú opportuno, scelto, impareggiabile, primario, maggiore.
contr. peggiore.
miglioría, *sf.* → MIGLIORAMENTO.
mignàtta, *sf.* sanguisuga || *fig.* uomo importuno, pesante, noioso, insistente || usuraio, spilorcio.
migràre, *v.intr.* emigrare, partire, → ANDARE.
migratóre, *agg.* e *sm.* nomade.
migrazióne, *sf.* diaspora, dispersione, → EMIGRAZIONE.
mikado, *sm.* micado, → IMPERATORE.
milanése, *agg.* e *sm.* ambrosiano; meneghino (*scherz.*).
miliàrdo, *sm.* bilione, mille milioni.
milióne, *sm.* mille migliaia, milioncino.
militànte, *ppr.* di militare || *agg.* appartenente, iscritto, attivo, combattente, esposto alla prova, alle tentazioni, alle alternative della lotta.
nomencl. Chiesa militante, purgante, trionfante.
militàre[1], *agg.* di milizia, militaresco, → MARZIALE || *sm.* milite, guerriero, → SOLDATO.
contr. civile, borghese.
militàre[2], *v.intr.* fare il soldato, impugnare le armi, essere soldato, guerreggiare, combattere || *fig.* appartenere o essere iscritto ad un partito o simili || (di argomenti) valere, servire, favorire, esser di sostegno.
militarésco, *agg.* → MARZIALE.
mílite, *sm.* → SOLDATO.
milízia, *sf.* → ESERCITO.
nomencl. (*distinzioni*) civica, territoriale, nazionale, presidiaria, regolare, irregolare, volontaria, mercenaria, di riserva, mobile, da sbarco, ausiliare || (*attinenti*) aiuti o ausiliari, armi leggere || contingente, effettivo, complementi, grosso, ferma, servizio, disciplina, cordone militare, pattuglia, ronda, picchetto, plotone, compagnia, battaglione, reggimento || *agg.* disponibile, scaglionata, schierata.
millantàre, *v.tr.* vantare con esagerazione, lodare esageratamente, vanteggiare, ostentare, affettare, amplificare, smargiassare, iperboleggiare, spacciar frottole, sbombardare, gonfiare, sbravazzare, → ESAGERARE || *rifl.* vanagloriarsi, glorificarsi, darsi importanza, sbracciarsi, piantar carote, → GLORIARE.
contr. attenuare i meriti, le qualità || essere veridico, modesto, umiliarsi, nascondersi.
millantatóre, *agg.* e *sm.* gonfianuvoli, gradasso, fanfarone, spaccone, smargiasso, chiacchierone, arcifanfano, bravaccio, guascone, parabolano, sbracione, spaccamontagne, spavaldo, ostentatore, borioso, rodomonte, tracotante, sballone, appaltone, commediante, → VANAGLORIOSO, IMMODESTO.
contr. modesto, umile, nascosto, silenzioso, riservato.
millantería, *sf.* mostra, fanfaronata, spacconata, smargiassata, gradassata, iattanza, spampanata, sparata, spavalderia, ostentazione, boria, grandigia, mania di grandezza, istrionismo, → BRAVATA, VANAGLORIA, BUGIA, IMMODESTIA.
contr. modestia, umiltà, schiettezza, riserbo, silenzio.
millenàrio, *agg.* millenne.
nomencl. millennio || millenarismo.
millepièdi, *sm. indecl.* miriapodo, centogambe, scolopendra.
millèsimo, *sm.* → DATA.
mílza, *sf.* splene.
nomencl. (*patologia*) cancro splenico, megalosplenia, milza amiloide, perisplenite, splenite, splenorragia, splenotomia.
mimàre, *v.tr.* esprimere con gesti, → IMITARE.
nomencl. pantomima, mimo.
mimèsi, *sf.* → IMITAZIONE.
mimètico, *agg.* omocromo, imitativo || mascherato, confuso.
mimetísmo, *sm.* omocromia || *fig.* → IMITAZIONE || mimetizzazione, mascheramento.
mímica, *sf.* → IMITAZIONE.
mímmo, *sm.* → BAMBINO.
mímo, *sm.* pantomima, ballo, balletto || istrione, → ATTORE, BALLERINO, BUFFONE.
mimósa, *sf.* → GAGGIA.
mína, *sf.* mina subacquea → TORPEDINE || misura, moneta greca.
nomencl. (*tipi*) di difesa, di offesa, contromina, fogata, marittima, magnetica || (*parti e attinenti*) fornello, fumacchio, globo di compressione, galleria, pozzo, cunicolo, torpedine, circuito elettrico, carica, cassetta, innescatura, deflagratore, esca o miccia, incastro, dinamite, esplosivo || *verb.* brillare, far brillare, chiudere, minare, controminare, dar fuoco alla mina, distasare, intasare, sfiatare, sventare una mina.
minàccia, *sf.* intimidazione, bravata, comminatoria, sfida, annuncio o promessa di male.
contr. seduzione, lusinga, carezza, allettamento, soddisfazione.
minacciàre, *v.tr.* intimidire, impaurire, promettere, bravare, mostrare i denti, corrugar la fronte, far temere, → COMMINARE, AVVERTIRE.
contr. lusingare, allettare, blandire, far sperare, vezzeggiare.
minaccévole, *agg.* → MINACCIOSO.
minacciatóre, *agg.* → MINACCIOSO.
minaccióso, *agg.* minatorio, bravatorio, bieco, torvo, minaccevole, pauroso, spaventevole, minacciatore, minace; foriero di male, di danno || *fig.* fulmineo.
contr. lusinghiero, promettente, allettante, benevolo, carezzevole, adulatore.
minàce, *agg. lett.* → MINACCIOSO.
minàre, *v.tr.* scavar mine, far scoppiare mine || *fig.* rovinare, scalzare, → INSIDIARE.
minaréto, *sm.* campanile, meschita, → TORRE.
minatòrio, *agg.* → MINACCIOSO.
minchionàggine, *sf.* → SCIOCCHEZZA.
minchionàre, *v.tr.* → INGANNARE, SCHERNIRE.

minchionatòrio, *agg.* canzonatorio, burlevole, beffardo, derisorio, schernevole sollazzevole.
contr. ammirativo, laudativo, adulatorio, esaltatorio.
minchionatúra, *sf.* → BEFFA, SCHERNO.
minchióne, *sm.* babbeo, baggeo, babbaleo, babbano, babbione, gonzo, balordo, sciocco, semplicione, ingenuo, grullo, strullo, credenzone, sempliciotto.
contr. furbo, furbacchione, scaltro, tristo, malizioso.
minchionería, *sf.* → SCIOCCHEZZA.
mineràle, *sm.* → MINERALOGIA.
mineralogía, *sf.* scienza che studia i minerali.
nomencl. (*branche*) cristallografia, geognosia, geologia, chimica, litiologia, mineralognosia, minerogenia o minerogenesi || (*minerali*) allume, amianto, azzurrite, calcare, calce, calomelano, caolino, carbonato, carbone, cinabro, cristallo di rocca, creta, cuprite, dolerite, dolomite, feldspato, galena, gemma, grafite, litantrace, lignite, limonite, litargirio, magnesite, magnetite, marcassite, marna, mica, minio, molibdenite, malachite, marmo, nitro, ocra, oltremare, opale, orpimento, ortose, ossidiana, peperino, peridoto, petrolio, pirite, pirosseno, quarzo, realgar, salgemma, rutilo, schisto, silice, smeriglio, serpentino, siderite, spato, steatite, talco, torba, tormalina, uranite, zolfo, zeolite, zirconio || (*stati*) amorfo, cristallino, deliquescente, dicroico, duro, duttile, elastico, flessibile, fluorescente, fosforescente, friabile, greggio, ialino, lamillare, levigato, lucido, pellucido, plastico, sfaldato || (*pietre*) blocco, breccia, ciottolo, cogolo, ghiaia, lapide, lapillo, lastra, macigno, marmo, pietrisco, rocchio, sabbia, sasso, scheggia, scoglio || alabastro, ardesia, argilla, arenaria, bardiglio, basaltino, basalto, broccatello, brocatellone, lapillo, calcedonio, cote, diaspro, etite, giada, granito, gres, labradorite, lava, porfido, pozzolana, saponaria, sarda, scagliola, spugnone, travertino, tufo || concrezione, conglomerato, dendrite, deposito, epigenesi, filone, giacimento, miniera, grana, nocchio, mofeta, esplorazione, estrazione, pseudomorfosi, assaggio o saggio, analisi, docimastica, mappa mineralogica || (*cristalli*) angolo, asse, asterismo, dicroismo, drusa, faccia, geode, piano di simmetria, picnometro, polarimetro, polariscopio, rifrazione spigolo || (*proprietà*) aciculare, allocromatico, anisotopo, atermano, birifrangente, cubico, dendritico, diatermano, dimetrico, duro, elastico, elissoidale, emiedrico, faccettato, fragile, geminato, iridescente; isomero, isotropo, mimetico, monorifrangente, opaco, opalescente, pellucido, polimorfo, sfaldabile, sferoidale, trasparente || (*sistemi*) monometrico (cubo, ottaedro, triacisottaedro, tetracisesaedro, rombodecaedro, esacisottaedro), esagonale (bipiramide, trapezoedro), trigonale (scalenoedro, romboedro, prisma), tetragonale (trapezoedro, scalenoedro), rombico (bipiramide rombica), monoclino, triclino || cristallogenesi, regno minerale || (*persone*) mineralista, mineralogo, minatore, cavatore, picconiere, sceglitore.
minèstra, *sf.* brodo, brodame, minestrella, pappa, zuppa, minestrone.
nomencl. (*varietà*) asciutta, in brodo, di grasso, di magro || (*ingredienti*) agnellotti, cannoncetti, cannoncini, riso, cappelletti, ravioli, gnocchi, giardiniera, maccheroni, panata, pancotto, frullata || (*stoviglie*) marmitta, zuppiera, scodella, piatto || *agg.* cotta, stracotta, insipida, salata || *verb.* buttar giú nella pentola, minestrare, scodellare, servire, soffiare sulla minestra.
minestràre, *v.intr.* servire a tavola, scodellare.
minestróne, *sm.* → MINESTRA.
nomencl. alla milanese, alla genovese.
míngere, *v.intr.* → ORINARE.
mingherlíno, *agg.* → GRACILE, MAGRO.
miniàre, *v.tr.* far miniature, alluminare || *fig.* → DESCRIVERE.
miniatóre, *sm.* miniaturista, alluminatore.
miniatúra, *sf.* minio (*ant.*), arte del miniare || pittura in piccole dimensioni || cosa minuta e leggiadra.
contr. pittura || quadro, affresco || cosa estesa, cosa grossolana.
miniaturísta, *sm.* → MINIATORE.
minièra, *sf.* cava, cavarella, pozzo || → GROTTA.
nomencl. (*elementi*) campo, cunicolo, druse, filone, galleria, pozzo, ravaneto, rognoni, ravi, terreno morto || affioramento, campo di manovra, cernita, gabbia, scandaglio, sondaggio, spezzatura, strato, vena || (*macchine e arnesi*) estrattrice, frantoio, lampada di sicurezza, perforatrice, pompa, trivella, ventilatore || (*metodo di lavoro*) induzione geologica, coltivazione, trasporto del materiale, piano di lavorazione, estrazione || grisú || (*persone*) minatore, scavatore, sceglitore, caruso || *verb.* aprire, scavare, sfruttare, chiudere.
minimalísta, *sm.* gradualista, menscevico, socialista riformista.
contr. massimalista, estremista, bolscevico, comunista.
mínimo, *agg.* piccolissimo, infimo, menomo || → FRIVOLO.
contr. massimo.
mínio, *sm.* → CINABRO, BELLETTO.
ministèro, *sm.* gabinetto, dicastero; consiglio dei Ministri, → GOVERNO || servizio, → CÓMPITO || UFFICIO.
minístro, *sm.* segretario di Stato, cancelliere, visir, guardasigilli || ministro plenipotenziario, → AMBASCIATORE || AMMINISTRATORE.
nomencl. (*inerenti*) primo ministro, ministro senza portafoglio, *ad interim*, vice-ministro, sottosegretario || portafoglio, gabinetto, ministero, nomina, dimissioni.
minorànza, *sf.* parte minore, i meno, i pochi || opposizione.
nomencl. (*distinzioni*) religiosa, nazionale, etnica, linguistica || parlamentare, governativa, politica.
contr. maggioranza || governo.
minoràsco, *sm.*
contr. maggiorasco.
minoràto, *pps.* di minorare || *agg.* → DIMINUITO || tarato, subnormale, deficiente, → ANORMALE || MUTILATO.
contr. maggiorato || superdotato, supernormale
minorazióne, *sf.* → DIMINUZIONE || MUTILAZIONE.
contr. maggiorazione.
minóre, *agg.* piú piccolo, → INFERIORE || piú giovane || meno importante || *sm.* minorenne, pupillo.
nomencl. ordini sacri minori, arti minori.
contr. maggiore || maggiorenne.
minorènne, *agg.* e *sm.* minore, → ADOLESCENTE.
contr. maggiorenne.

minóre osservànte, *agg.* e *sm.* → FRANCESCANO.
minúscolo, *agg.* il piú piccolo, piccolissimo → PICCOLO || meschino, di scarso valore.
contr. maiuscolo, grande.
minúta, *sf.* brutta copia, mala copia, prima stesura, → BOZZA, ABBOZZO.
nomencl. minutante || *verb.* minutare.
contr. bella copia, copia definitiva, lavoro ultimato.
minutàglia, *sf. spreg.* oggetti minuti, minuteria, minuzzaglia, → INEZIA || pedanterie || plebaglia.
minutería, *sf.* contería, bigiotteria (*frs.*), → CHINCAGLIERIA || plebe minuta.
contr. grosserie.
minutézza, *sf.* minuzia, particolari minuti.
minutière, *sm.* → INCISORE, OREFICE.
minúto[1], *agg.* → PICCOLO || tenue, sottile, gracile, esile, → FINE || di poco conto, → FRIVOLO || minuzioso, curato nei particolari, preciso || *sm.* piccolezza, minuzia || al minuto, al dettaglio, minutamente.
contr. grande, grave, importante, grosso.
minúto[2], *sm.* → ATTIMO, MOMENTO.
nomencl. primo, secondo.
minúzia, *sf.* minutezza, particolare piccolissimo, un acca, aggeggio, bagatella, bazzecola, briccica, bricia, briciola, briciolo, brincello, calía, chiappola, ciammengola, cianfrusaglia, cianciafruscola, cibaccola, cica, frascheria, fronzolo, futilità, giammengola, gingillo, giuggiola, inezia, mica, miccino, micolina, minuzzolo, mollichina, morsello, morsetto, cantuccio, ninnolo, nonnulla, patacca, oncia, pizzico, pezzettino, piccolezza, pinzellacchera, quisquiglia o quisquilia, sciocchezza, taccola, zaccola, tantino, un ette, zinzino, zinzolino, sorsino, scomuzzolo, trítolo, zagarella, molecola || minuzzolame.
nomencl. *verb.* sminuziare, sminuzzare, minuzzare, minuzzolare, frantumare, spezzare, frammentare, sbriciolare.
minuziosità, *sf.* → METICOLOSITÀ.
minuzióso, *agg.* → METICOLOSO.
minuzzàglia, *sf.* → INEZIA.
minúzzolo, *sm.* → GRANELLO, MINUZIA, PEZZO || uomo minuto, bruscolo d'uomo.
minzióne, *sf.* → ORINATA.
míope, *agg.* bircio, sbircio, barlocchio, cirusco, losco, lusco || *fig.* cervello corto, microcefalo.
contr. presbite.
miopía, *sf.*
contr. presbiopia.
miòsi, *sf. indecl.*
contr. midriasi.
míra, *sf.* imbercio, bersaglio, → DIREZIONE || INTENZIONE, FINE.
miràbile, *agg.* → MERAVIGLIOSO.
mirabília, *sf. pl. lat.* cose mirabili, inaudite, stupefacenti, meraviglie → MERAVIGLIOSO.
mirabolàno, *sm.* → SPACCONE.
mirabolànte, *agg.* stupefacente, → MERAVIGLIOSO.
miràcolo, *sm.* soprannaturale || meraviglia, prodigio, portento; cosa mirabile, sorprendente, portentosa, stupefacente, incredibile, rara, inaspettata || grazia, segno.
nomencl. divino, umano, della tecnica || santo, taumaturgo, talismano || *agg.* grande, strepitoso, portentoso, singolare, inaudito, grandioso || *verb.* operare, fare || chiedere, impetrare, ottenere.
miracolóso, *agg.* divino, soprannaturale || portentoso, prodigioso, straordinario, incredibile, mirabile, sorprendente, stupefacente, meraviglioso, leggendario || efficace.
contr. comune, naturale, umano, ordinario.
miràggio, *sm.* fata morgana || *fig.* speranza effimera, → ERRORE, ILLUSIONE.
mirallégro, *sm. indecl.* congratulazione, complimento.
miràndo, *agg.* → MERAVIGLIOSO.
miràre, *v.intr.* prendere la mira, puntare, appuntare || *fig.* tendere, aspirare ad uno scopo || *tr.* contemplare, osservare, fissare, → GUARDARE.
contr. rinunciare, trascurare, disinteressare.
miratóre, *sm.* puntatore.
miríade, *sf.* numero grandissimo, quantità enorme.
nomencl. miria (*prefisso*).
miriàpodi, *sm.pl.* → MILLEPIEDI.
mirífico, *agg.* meraviglioso, → MAGNIFICO.
mirmillóne, *sm.* → GLADIATORE.
misàntropo, *sm.* androfobo, solitario, frustrato, deluso (degli uomini), → INSOCIEVOLE || *fig.* gufo.
contr. filantropo, socievole.
miscèla, *sf.* → MISCUGLIO || ESPLOSIVO || CONFUSIONE.
miscellànea, *sf.* raccolta, antologia, zibaldone || → MISCUGLIO.
míschia, *sf.* → BATTAGLIA || scontro, tafferuglio, zuffa, → RISSA || CONFUSIONE.
nomencl. *verb.* cacciarsi, entrare, affrontare, gettarsi || fervere, spegnere, sedare.
mischiàre, *v.tr.* → MESCOLARE || *rifl.* intrigarsi, entrare, ingerirsi, → INTROMETTERE.
mischiàto, *pps.* di mischiare || *agg.* mescolato, mesticato || → CONFUSO.
misconóscere, *v.tr.* non voler conoscere, → NEGARE.
contr. riconoscere, credere.
miscredènte, *agg.* e *sm.* e *f.* → ERETICO, ATEO.
contr. credente.
miscredènza, *sf.* → ERESIA, ATEISMO.
contr. credenza.
miscúglio, *sm.* accozzaglia, manipolazione, impasto, mescolanza, mistione, miscela, miscellanea, mistura, intruglio, guazzabuglio, combinazione, composizione, amalgama, mescolamento, unione, misto, pacciame, salsa, zibaldone, → MAGMA || ESPLOSIVO.
contr. distinzione, separazione, scelta, cernita, divisione.
miseràbile, *agg.* → POVERO, DISPERATO || miserando, degno di pietà, di commiserazione || spregevole || *fig.* scarso, inetto, meschino.
miserabilità, *sf.* → POVERTÀ.
miseraménte, *avv.* poveramente || → DOLOROSAMENTE.
miseràndo, *agg.* → COMPASSIONEVOLE.
miserévole, *agg.* → COMPASSIONEVOLE.
misèria, *sf.* lastrico, bolletta, → POVERTÀ, BISOGNO, FAME || MALE || INFELICITÀ, MESCHINITÀ || INEZIA.
contr. ricchezza.
misericòrdia, *sf.* → INDULGENZA || COMPASSIONE, COMPATIMENTO, PIETÀ.

misericordióso, *agg.* pietoso, → INDULGENTE || COMPASSIONEVOLE.

mísero, *agg.* miserabile, → POVERO || miserando, → INFELICE || gramo, magro, meschino, inadeguato, insufficiente, scarso, tenue || → CATTIVO || spilorcio, gretto, sordido, → AVARO.

contr. ricco, abbondante, felice, generoso, buono, largo || sufficiente, importante.

misfàtto, *sm.* → MALE, COLPA, ECCESSO.

misoginía, *sf.* ginefobía.

contr. dongiovannismo, gallismo, ginecomania.

misoneísmo, *sm.* avversione a ciò che è nuovo, tradizionalismo, archeolatria, passatismo, conservatorismo.

contr. filoneismo, neofilia, avvenirismo, progressismo, modernolatria, eversione, vandalismo, futurismo, mania del nuovo.

misoneísta, *agg.* e *sm.* e *f.* tradizionalista, conservatore || retrogrado, retrivo, parruccone, codino.

contr. filoneista, amante del nuovo, avvenirista, futurista, progressista.

míssile, *sm.* razzo, proiettile a razzo, proietto || *ant.* dardo, giavellotto, saetta.

nomencl. (*inerenti*) missilistica || razzo vettore, primo, secondo e terzo stadio, combustibile, carburante, propellente, elio, serbatoio, sistema di guida.

missionàrio, *sm.* apostolo, predicatore, catechista, propagandista, divulgatore, propalatore, seminatore, evangelizzatore || mandatario.

missióne, *sf.* apostolato, mandato apostolico, evangelizzazione, predicazione, crociata || dovere, ufficio, compito, incarico || (diplomatica) → AMBASCIATA.

missíva, *sf.* → LETTERA.

misteriosità, *sf.* → NASCONDIMENTO.

misterióso, *agg.* buio, enimmatico, incomprensibile, oscuro, arcano, torbido, inesplicabile, segreto, esoterico, mistico, simbolico, allegorico, nascosto, inconoscibile, incognito, strano, ingannevole, sospetto, iniziatico, clandestino, occulto, astruso, recondito.

contr. chiaro, evidente, palese, lampante, diffuso, aperto, comprensibile, conoscibile, noto, logico.

mistèro, *sm.* arcano; cosa soprannaturale, inesplicabile, incomprensibile, inspiegabile, oscura; enimma, segreto, indovinello.

nomencl. (*distinzioni*) culti misterici o misteriosofici (eleusini, orfici, cabiri, di Sabazio, di Cibele, ecc.); verità rivelate cattoliche; rappresentazioni sceniche medioevali || (*pertinenti*) adepto, iniziato, profano || dogma; mito, oracolo, simbolo || mateologia, mistagogia, mistagogo || *verb.* rivelare, spiegare, divulgare, svelare, sciogliere, nascondere, interpretare, alzare il velo.

misticísmo, *sm.* divozione, ascetismo, contemplazione, spiritualismo, virtú contemplativa.

nomencl. teologia mistica, scrittori di mistica, autori mistici, esperienza mistica || virtú infuse, contemplazione, estasi || mistica naturale.

contr. scetticismo, edonismo, razionalismo, naturalismo, miscredenza.

místico, *agg.* devoto, religioso, estatico, ineffabile, contemplativo, puro, spirituale, → ASCETICO || allegorico, misterioso, simbolico.

contr. scettico, edonista, razionalista, naturale, incredulo.

mistificàre, *v.tr.* imbrogliare, ciurmare, → INGANNARE.

mistificàto, *pps.* di mistificare || imbrogliato, ingannato, deluso, frustrato, disingannato || *agg.* → ILLUSO.

mistificatóre, *agg.* e *sm.* → INGANNATORE, FRODATORE.

mistificazióne, *sf.* adulterazione, falsificazione, frode || ciurmeria, → INGANNO.

mistióne, *sf.* → MISCUGLIO.

místo, *agg.* commisto, mescolato, intermisto, mistilineo, confuso, mesticato promiscuo, unito || *sm.* mistura, → MISCUGLIO.

contr. diviso, separato, distinto || scelta.

mistrà, *sm.* liquore d'anice, → ANISETTA.

mistràl, *sm. indecl.* maestrale.

mistúra, *sf.* → MISCUGLIO.

misturàre, *v.tr.* → MANIPOLARE, MESCOLARE.

misúra, *sf.* dimensione, durata, dose, peso, prezzo, valore, proporzione, scala, giustezza, calibro, volume, superficie, forma, lunghezza, grandezza, estensione || metro, modello, regola, norma, legge, provvedimento, espediente, fine, termine, limite, tono, moderazione, stregua, valore, criterio || misurazione || → BATTUTA.

nomencl. (*tipi*) lineare, di capacità, di superficie, topografica, agraria, di volume, monetaria || (*termini*) diametro, perimetro, circonferenza, latitudine, longitudine || (*varie misure*) metro, litro, grammo, ara, stadio, parasanga, piede, pollice, palmo, pertica, miglio, iugero, braccio, canna, lega, oncia, anfora, tomolo, staio, stero, rubbio, bigoncina, gallone, mina, pinta, tavola, trabucco || (*scienze*) geodesia, geometria, antropometria, planimetria || (*sistemi*) sistema metrico decimale, sistema C.G.S. (centimetro, grammo, secondo) || multipli, sottomultipli, compasso || *agg.* esatta, perfetta, giusta, stretta, scarsa, rasa, colma, piena, buona, abbondante, sovrabbondante, strabocchevole, falsa, abusiva, avvantaggiata || *verb.* misurare, colmare, calibrare, crescere, traboccare, difettare, mancare, celare.

contr. dismisura, sproporzione, disarmonia.

misuràre, *v.tr.* commensurare, commisurare, calcolare, calibrare, caratare, compassare, cronometrare, pesare, soppesare, bilanciare, librare, considerare, saggiare, estimare, stimare, apprezzare, prezzare, attribuire, giudicare, valutare, periziare, peritare, ponderare, quotare, squadrare, riquadrare, scandagliare, stazzare, proporzionare, regolare; (di indumenti) provare, indossare || *intr.* avere una data misura || *rifl.* → COMBATTERE, GAREGGIARE.

misuràto, *pps.* di misurare || *agg.* parco, moderato, equilibrato, regolato, limitato, discreto, calcolato, mitigato, sobrio, temperato, prudente, compassato.

contr. smoderato, sregolato, sfrenato, eccessivo, libertino || inconsiderato || sproporzionato, grottesco, disarmonico || smisurato, illimitato, gigantesco.

misurazióne, *sf.* misuramento, metratura, metraggio, calcolo, → MISURA.

míte, *agg.* clemente, bonario, benigno, → INDULGENTE, BUONO, MANSUETO || CALMO || (di clima) temperato, mitigato, → DOLCE.

contr. immite, iroso, iracondo, intemperante, smode-

rato, immisericorde, maligno, corrosivo, vendicativo, aspro, spietato, crudele.
mitézza, *sf.* → DOLCEZZA, BONTÀ, INDULGENZA.
mítico, *agg.* lontano, immaginoso, poetico, sentimentale, fantasioso, eroico, → LEGGENDARIO, FAVOLOSO || FALSO.
contr. storico, documentato, vicino, razionale, prosaico, arido.
mitigàre, *v.tr.* e *rifl.* lenire, attenuare, addolcire, alleviare, calmare, moderare, sedare, palliare, sopire, placare, addormentare, ammansire, scemare, ammorzare, attutire, attutare, rabbonire, dolcificare, disacerbare, mansuefare, molcere, quietare, raffrenare, soffocare, temperare, intiepidire.
contr. accrescere, aumentare, esacerbare, inasprire, esasperare, attizzare, inciprignire, stimolare, irritare.
mitigatívo, *agg.* calmante, lenitivo, sedativo, alleviante, temperante, consolante.
mitigazióne, *sf.* attenuazione, diminuzione, lenimento, temperamento, addolcimento, consolazione, conforto, mansuefazione.
contr. accrescimento, inasprimento, esasperazione, esacerbazione, irritazione, adescamento, provocazione.
mítilo, *sm.* cozza, arsella, peocio, muscolo.
míto, *sm.* → FAVOLA, LEGGENDA.
nomencl. (*tipi*) antico, pagano, naturalistico, etiologico moderno || (*inerenti*) mitologia, mitografia, mitologico, mitografico, mitologista, mitologo, mitografo, mitologicamente || *verb.* mitologizzare.
mítra[1], *sf.* mitria, ínfula, copricapo.
nomencl. gemmata, preziosa, bianca || pastorale, piviale || *verb.* mitrare, mitriare.
mitra[2], *sm. indecl.* → MITRAGLIATRICE.
mitragliàre, *v.tr.* sparare, tirare a mitraglia || *fig.* colpire, lanciare fittamente.
mitragliatóre, *sm.* → MITRAGLIATRICE.
mitragliatríce, *sf.* mitragliera, mitragliatore, fucile mitragliatore, mitra || → CANNONE.
nomencl. (*parti*) mirino, coprifiamma, canna, castello, mensola, alzo, manopola, arco graduato, treppiede, recuperatore a gas.
mittènte, *sm.* e *f.* mandante, speditore.
contr. destinatario, ricevitore.
mòbile[1], *agg.* movibile, amovibile, cedevole, facile a muoversi, asportabile, trasportabile, girevole || *fig.* volubile, irrequieto, instabile, incostante, leggero, mutevole, inquieto.
contr. immobile, inamovibile || fermo, costante, stabile, inflessibile.
mòbile[2], *sm.* suppellettile, masserizia, arredo, ammobiliamento, mobilia, corredo, finimento, attrezzi, carabattole.
nomencl. (*tipi*) artistico, comune, bastardo, imbottito, impiallacciato, intagliato, intarsiato, sverzato, accoppato o coppato, rustico, antico, moderno, restaurato, costoso, a buon prezzo, di serie || (*stili*) rococò, barocco, novecento, quattrocento, seicento, maggiolini, impero, svedese, cinese, giapponese, lombardo, ligure, ecc. || (*elenco*) armadio, attaccapanni, cassettone, comodino, credenza, letto, poltrona, scaffale, sedia, sgabello, tavolino, tavolo, canapè, cantoniera, cassone, cassapanca, mensola, panca, ottomana, posapiedi, paracamino, portaombrelli, portaspazzole, predellina, scancello, scansia, scrivania, trespolo, stipo, vetrina || bozza, calzatoia, contorno, copertella, copertina, figurine, fogliame, ghiande, lustrino, macchie, soprammobile, zeppa, tappeto, tappezzeria || inventario || (*persone*) tappezziere, arredatore, architetto, mobiliere, falegname, lucidatore || *agg.* sgangherato, sconquassato, zoppo, scheggiato, tarlato, soffice, morbido, duro, comodo, scomodo, razionale, irrazionale || *verb.* ammobiliare, mobiliare, coprire, ricoprire, imbottire, lucidare, fare riscontro, corrispondere, accompagnarsi, rispondere.
mobília, *sf.* roba, masserizie, arredo, arredamento, → MOBILE.
mobiliàre[1], *v.tr.* ammobiliare, fornire, riempire, (di mobili), collocare, → ARREDARE || ORNARE.
mobiliàre[2], *agg.* di beni mobili.
contr. immobiliare.
mobilità, *sf.* facilità di muoversi, agilità, vivacità, irrequietezza, movibilità, dinamicità || *fig.* incostanza, → VOLUBILITÀ.
nomencl. dromomania, estroversione, instabilità.
contr. immobilità, sedentarietà || saldezza, costanza, fermezza, perseveranza.
mobilitàre, *v.tr.* → CHIAMARE (alle armi).
mobilitazióne, *sf.* → CHIAMATA.
moccichíno, *sm.* → FAZZOLETTO.
móccio, *sm.* muco, mucco, catarro nasale.
nomencl. moccicaglia, moccione, moccicoso || *verb.* moccicare.
mòccolo, *sm.* mozzicone di candela, → LUME || *scherz.* moccio || *fig.* → BESTEMMIA.
mòda, *sf.* usanza corrente, voga, foggia nuova, andazzo, gusto del momento, novità, attualità, vezzo, modernità || figurino, abbigliamento, mutabilità del modo di vestirsi || → ABITUDINE || conformismo.
nomencl. *agg.* gentile, ridicola, buffa, capricciosa, comica, goffa, strana, bizzarra, stravagante, curiosa, vana, scaduta, sorpassata, superata, costosa, dispendiosa || *verb.* essere, passare, tornare di moda.
contr. disuso, anticonformismo.
modàle, *agg.* formale.
modanatúra, *sf.* modinatura, modine, modano, aggetto, altezza, profilo, sagoma, fascia, → CENTINA.
nomencl. (*inerenti*) cavetto o guscio, dentelli, listello, gola dritta o lesbia, gola rovescia o dorica, becco di civetta, ovolo o echino, regolo o pianetto, scorzia, tondino o bastoncino, toro o astragalo, trochilo.
mòdano, *sm.* modulo, misura, modello, retino, → MODANATURA.
modellàre, *v.tr.* regolare, conformare, esemplare, → ABBOZZARE, FORMARE, EFFIGIARE.
modèllo, *sm.* archetipo, prototipo, originale, esemplare, campione, abbozzo, bozzetto, calco, stampo, conio, modulo, tipo, → ESEMPIO || FORMA, IDEA || MISURA || MANICHINO || persona che posa.
contr. copia, riproduzione, imitazione.
moderàre, *v.tr.* temperare, trattenere, impedire, → MITIGARE, FRENARE || dirigere, regolare, → GOVERNARE || *rifl.* → ASTENERE.

moderatézza, *sf.* → MODERAZIONE.
contr. smoderatezza.
moderàto, *pps.* di moderare || *agg.* frenato, morigerato, castigato, regolato, temperato, equilibrato, equanime, discreto, giusto, → PARCO, MISURATO, MODESTO || CONSERVATORE.
contr. smoderato, immoderato, intemperante, eccessivo, esagerato, sregolato || estremista, massimalista, radicale.

MODANATURE – 1) cavetto dritto; 2) cavetto capovolto; 3) listello; 4) gola dritta; 5) toro; 6) gola rovescia; 7) ovolo dritto; 8) ovolo rovescio; 9) tondino; 10) tròchilo.

moderazióne, *sf.* moderatezza, modestia, discretezza, discrezione, prudenza, ponderatezza, regola, misura, temperanza, giustizia, freno, equanimità, equilibrio, modo || compostezza, castigatezza, sobrietà || flemma || → ASTENSIONE.
contr. smoderatezza, sregolatezza, esagerazione, indiscrezione, eccesso, intemperanza.
modernità, *sf.* novità, freschezza, attualità, → MODA.
contr. antichità, vecchiume, vetustà, vecchiezza || conservazione, tradizione.
modèrno, *agg.* nuovo, novello, fresco, giovane, recente, attuale, corrente, odierno, del tempo presente || evoluto, progressista.
contr. antico, vecchio, disusato, d'altri tempi, dei tempi passati, superato, arcaico, passatista.
modestaménte, *avv.* → DIMESSAMENTE.
contr. immodestamente.
modèstia, *sf.* compostezza, correttezza, costumatezza, umiltà, semplicità, mansuetudine, decenza, pudore, verecondia, onestà, moderatezza, moderazione, ponderazione, misura, riserbo, discrezione, riserbatezza, riservatezza, nascondimento, ossequio, rispetto, peritanza, micropsichia || → ASTENSIONE.
contr. immodestia, sfrenatezza, superbia, orgoglio, sfrontatezza, sfacciataggine, protervia, intemperanza, sicumera, grandigia, arrivismo.
modèsto, *agg.* dimesso, discreto, mansueto, mite, moderato, ossequiente, riservato, rispettoso, ritroso, semplice, schivo, temperato, peritoso, timorato, umile, verecondo, pudorato, vergognoso, onesto, costumato, savio, composto, misurato || limitato, mediocre, scarso, modico, piccolo, esiguo, tenue.
contr. immodesto, superbo, svergognato, pretenzioso, presuntuoso, sfacciato, vanitoso, sfarzoso, fastoso, ricco, sontuoso, ambizioso, arrivista || abbondante, pregevole.
mòdico, *agg.* tenue, temperato, moderato, → MODESTO.
contr. eccessivo, smoderato, caro.
modífica, *sf.* → MODIFICAZIONE.
modificàre, *v.tr.* → CAMBIARE, EMENDARE, TRASFORMARE.
modificazióne, *sf.* modifica, → CAMBIAMENTO, EMENDAMENTO, TRASFORMAZIONE.
modiglióne, *sm.* → MENSOLA.
modinatúra, *sf.* → MODANATURA.
mòdine, *sm.* → MODANATURA.
modísta, *sf.* crestaia, → CAPPELLAIO.
mòdo, *sm.* foggia, guisa, maniera, via, metodo, sistema, regola, possibilità, espediente, occasione, → MEZZO, FORMA, LUOGO || tratto, contegno, aspetto, tono, abitudine, condotta, costumanza, usanza, apparenza, → ATTEGGIAMENTO || FRASE || giudizio, criterio, regola, legge, tenore, procedura.
modulàre, *v.tr.* → CANTARE, REGOLARE.
modulazióne, *sf.* → MELODIA, CADENZA.
mòdulo, *sm.* → AEROSTILO || STAMPATO || modello, norma, maniera.
moèrro, *sm.* amoerro, amoerre, moerre, *moire* (*fr.*).
mògano, *sm.* acagiú, anacardo, magògano.
mògio, *agg.* avvilito, dormiglioso, quieto, dimesso, abbattuto, senza spirito, impacciato, balordo.
contr. arzillo, baldanzoso, tracotante, sveglio, vivace, spiritoso, franco, spigliato.
mogliàzzo, *sm.* → MATRIMONIO.
móglie, *sf.* sposa, consorte, coniuge, compagna, donna, madonna, signora, maritata, mogliera (*ant.*) || *scherz.* metà.
nomencl. legittima, illegittima || (*pertinenti*) marito; poligamia, poliandria, bigamia, vedovanza, ripudio, emancipazione, beni parafernali o stradotali, spillatico, dote, separazione (legale, di fatto), divorzio || *agg.* amorosa, dolce, affettuosa, amorevole, tenera, cara, diletta, beneamata, fedele, infedele, savia, saggia, prudente, sapiente, imprudente, importuna, noiosa, molesta, seccante, indiscreta, vanitosa, fatua || *verb.* prendere, pigliare, trovare, dare moglie, ammogliare, maritare, sposare, impalmare, ripudiare, separarsi; portare i calzoni.
moína, *sf.* affettazione, sdolcinatura, vezzo, lezio, → LUSINGA, CAREZZA.
mòla, *sf.* → MACINA.
molàre[1], *v.tr.* affilare, levigare || → MACINARE.
molàre[2], *sm.* → DENTE.
molàzza, *sf.* → MULINO.
mólcere, *v.tr. lett.* addolcire, intenerire, mollificare, → MITIGARE, CAREZZARE.
mòle, *sf.* → GIGANTE, COLOSSO || EDIFICIO || volume, grossezza, grandezza || *fig.* quantità, importanza.
molècola, *sf.* → ATOMO || MINUZIA.
nomencl. (*tipi*) monoatomica, poliatomica || (*inerenti*) nucleo, massa, dimensione, aggregazione, coesione; peso, volume, calore molecolare.
molecolàre, *agg.* → ATOMICO.
molestàre, *v.tr.* affollare, importunare, perseguitare,

maltrattare, punzecchiare, pungere, seccare, vessare, incomodare, infestare, gravare, turbare, travagliare, uggire, annoiare, → DISTURBARE, INFASTIDIRE, INQUIETARE.
contr. aiutare, sollevare, assistere, rispettare, sovvenire.
molèstia, *sf.* assedio, noia, fastidio, tedio, gravezza, imbarazzo, insofferenza, gravame, dispetto, disagio, disturbo, disgusto, importunità, seccatura, cruccio, grattacapo, incomodo, tormento, vessazione, persecuzione, briga, intrigo, punzecchiatura.
nomencl. verb. sopportare, tollerare, subire, accettare, resistere, vincere, superare; molestare.
contr. cosa gradita, piacevole, desiderabile; rispetto, aiuto, comprensione, delicatezza.
molèsto, *agg.* gravoso, increscioso, indigesto, infesto, incomodo, importuno, fastidioso, noioso, spiacevole, vessatorio, grave, faticoso, sgradito, imbarazzante, pesante, seccatore, sofistico, cavilloso || *sm.* → DISTURBATORE.
contr. gradito, piacevole, desiderabile, bramato.
molinèllo, *sm.* → ARGANO.
molíno, *sm.* → MULINO.
molitóre, *sm.* macinatore, → MUGNAIO.
molitúra, *sf.* macinatura, → FARINA.
mòlla, *sf.* cricco, pinzetta, susta || *fig.* → STIMOLO.
nomencl. (*tipi*) a balestre, ad arco, elastica, spirale || (*attinenti*) balestre, scappamento, molleggiamento, sospensione || *verb.* acchiocciolare, avvolgere, scattare, scappare.
mollàre, *v.tr.* lasciar andare, → LASCIARE || *fig.* cedere, allentare, rilassare.
mòlle, *agg.* bagnato, intriso, umido, fradicio, zuppo, mollo, immollato, inzuppato || morbido, soffice, tenero, elastico, flessibile, floscio, pastoso, pieghevole, trattabile, inconsistente || cedevole, debole, fiacco, frollo, snervato, delicato, moscio, flaccido, languido, rilassato, effeminato, dolce || sensuale, lascivo, libidinoso.
contr. asciutto, secco || osseo, fibroso, muscoloso, duro, resistente, sodo, consistente, teso, rigido || forte, rigoroso, severo, volitivo, energico.
molleggiàre, *v.intr.* cedere mollemente, muoversi con elasticità, con leggerezza, ancheggiare.
mollettièra, *sf.* → FASCIA.
mollézza, *sf.* flessibilità, delicatezza, delicatura || *fig.* delizia, morbidezza, rilassatezza, comodità, piacevolezza, snervatezza, → DEBOLEZZA, EFFEMINATEZZA.
contr. sodezza, durezza, tensione || rigore, severità, energia, ruvidezza, austerità.
mollíca, *sf.* midolla.
mollíccio, *agg.* umidetto, umidiccio, mollicchio, → MOLLE.
contr. asciutto, sodo.
mollichína, *sf.* briciola, mollicola, → MINUZIA.
mollificànte, *ppr.* di mollificare || *agg.* → EMOLLIENTE.
mollificàre, *v.tr.* render molle, ammorbidire || *fig.* addolcire, raddolcire, mitigare, molcere.
contr. indurire, rendere teso || inasprire, inacidire.
mòllo, *agg.* → MOLLE, BAGNATO.
mollúsco, *sm.* gasteropodi, cefalopodi, lamellibranchi o acefali || *fig.* smidollato, snervato, floscio, inconsistente.
nomencl. (*parti*) branchie o granfie, concolina, lamella, mantello, nacchere, nicchio, conchiglia, piede, tentacoli, testa || (*specie*) calamai, mitili, nautili, polipi, seppie, lumache, ostriche, arselle, cozze, piovre, datteri di mare, cannelli, vongole.
mòlo, *sm.* gettata, diga, muraglione, → ARGINE, BANCHINA, IMBARCATOIO.
molòsso, *sm.* → CANE.
moltéplice, *agg.* complesso, composito, complicato, multiforme, milleforme (*ant.*), multanime, vario, numeroso, copioso, assortito, svariato, di molte specie.
contr. semplice, unico, dimidiato, dimezzato || monotono, uniforme, monocorde.
molteplicità, *sf.* complessità, copiosità, varietà, multiformità, numerosità, abbondanza.
contr. semplicità, unicità, monotonia, uniformità.
moltiloquènza, *sf.* → MULTILOQUENZA.
moltiplicàre, *v.tr.* rendere numeroso, accrescere, ingrandire, crescere, riprodurre, → AUMENTARE || duplicare, triplicare, decuplicare, centuplicare, ecc.
contr. diminuire, dividere, sottrarre.
moltiplicazióne, *sf.* accrescimento, propagazione, aumento, riproduzione || duplicazione, triplicazione, quadruplicazione, centuplicazione, ecc.
nomencl. (*termini*) fattori, moltiplicando, moltiplicatore, prodotto, multiplo, sottomultiplo, potenza, tavola pitagorica, prova del nove.
contr. diminuzione, divisione, sottrazione, unificazione.
moltitúdine, *sf.* gran numero, gran quantità, infinità || folla, calca, pressa, ressa, muta, torma, turba, caterva, brulicame, bulicame, marea, sciame, ciurma, colluvie, legione, stuolo, copia, frotta, diluvio, esercito, falange, nembo, popolo, reggimento, schiera, stormo, stuolo, tratta, volgo, accozzaglia, concorso, brusio, affluenza, frequenza, formicolio, ammasso, monte, mare, mondo, fascio, manipolo, processione, crocchio, serra serra, pigia pigia, → GENTE || armento, gregge, branco, mandria, mandra || treno.
nomencl. agg. grande, immensa, strabocchevole, ordinata, silenziosa, raccolta, tranquilla, agitata, tumultuante, armata, pacifica.
mólto, *avv.* assai, grandemente, altamente, davanzo, d'avanzo || *agg.* abbondante, grande, forte, intenso, buono, numeroso.
contr. poco, niente, nulla, zero.
momentàneo, *agg.* → EFFIMERO, PROVVISORIO, TEMPORANEO.
moménto, *sm.* istante, attimo, baleno, battibaleno, batter d'occhio, lampo, secondo, respiro, minuto, punto, breve spazio di tempo || importanza, peso, valore, pregio || occasione, intervallo.
nomencl. agg. buono, bello, opportuno, psicologico, supremo, adatto, atteso, gran, imbarazzante, intempestivo, inopportuno, sbagliato, cattivo, difficile, funesto, stringente, terribile, triste || *loc. avv.* sul piú bello, sul punto, in procinto, ad un tratto, al momento, a tempo, di momento in momento, nell'atto, ogni tanto.
contr. gran spazio di tempo, lungo tempo, eternità.
mònaca, *sf.* suora, sorella, madre, sposa del Signore; vestale.
nomencl. (*distinzioni*) novizia, conversa, professa, terziaria, oblata, monacanda, superiora, abbadessa, badessa, camerlinga || (*elenco*) cappuccine, clarisse, domenicane, murate, francescane, trappiste, benedettine ||

(*pertinenti*) ordine religioso, monastero, chiostro, convento, cella, capitolo, voto, vestizione, velo, soggolo; clausura || *verb.* monacarsi, prendere il velo, pronunziare i voti, chiudersi in convento, smonacarsi.

monacàle, *agg.* monastico, claustrale, religioso, fratesco.

contr. laico, secolare, mondano.

monacàre, *v.tr.* e *rifl.* farsi monaca, prendere il velo, pronunciare i voti, consacrarsi, darsi, votarsi a Dio.

contr. uscir di convento, smonacarsi.

monachésimo, *sm.* → ORDINI RELIGIOSI.

nomencl. (*distinzioni*) indiano, islamico, cristiano (orientale, occidentale, anacoretico, cenobitico) || (*attinenti*) monastero, chiostro, eremitaggio, cella, romitorio, deserto, eremo, voto, consigli evangelici, preghiera, lavoro.

monachétto, *sm.* nasello.

mònaco, *sm.* → ASCETA, MONACHESIMO.

nomencl. (*elenco*) benedettino, camaldolese, vallombrosano, silvestrino, olivetano, benedettino, armeno o mechitarista, cisterciense, certosino, antoniano, paolino || (*inerenti*) solitudine, eremo, eremitaggio, cenobitismo, anacoretismo.

monàrca, *sm.* re, sire, sovrano, imperatore, *Kaiser*, zar, gran can, gran mogol, negus neghesti.

nomencl. assoluto, costituzionale || (*attinenti*) monarchia, principe, principe ereditario, infante, famiglia reale, dinastia, corona, scettro, trono, prerogative sovrane, lista civile || maestà || discorso della corona || *agg.* illuminato, liberale, democratico, tirannico, spodestato, esiliato || *verb.* regnare.

contr. suddito.

monarchía, *sf.* monarcato, regno, impero, principato, granducato.

nomencl. (*distinzioni*) assoluta, costituzionale; elettiva, ereditaria, aristocratica, democratica, oligarchica, universale, paternalistica, teocratica || (*attinenti*) legge salica, trono e altare, legittimismo, statuto || pretendente || monarchico, monarcale.

contr. repubblica.

monastèro, *sm.* abbadia, abazia o abbazia, archimonastero, certosa, commenda, trappa, badia, convento, cenobio, chiostro.

nomencl. (*parti*) cella, canova, chiostro, clausura, dormitorio, refettorio, parlatorio, portineria, foresteria, infermeria, sala del capitolo || ruota, grata, tramoggia || (*gradi e persone*) abate, abbadessa, superiore, provinciale, priore, generale, vicario generale, segretario, archimandrita, decano, correttore, definitore, assistente, guardiano, priora, madre generale, superiora, suora, monaco, monaca, novizio, novizia, postulante, converso, conversa, cenobita, trappista, lettore, cercatore, cellerario, operaio, professo, zelatore || *agg.* grande, vasto, piccolo, minuscolo, celebre, famoso, artistico, abitato, abbandonato.

monàstico, *agg.* → MONACALE.

moncheríno, *sm.* braccio cionco, moncone, monchino || mozzicone.

monchíno, *sm.* → MONCHERINO.

mónco, *agg.* e *sm.* storpio, mutilato, cionco, minorato || *fig.* mozzo, mozzato, privo, incompleto, → MANCANTE.

contr. intero, sano, integro.

moncóne, *sm.* → MONCHERINO.

mondaménto, *sm.* → PULITA.

mondanità, *sf.* vita e svaghi di società, della società elegante, socialità, attualità, moda, novità, modernità, spirito mondano, frivolezza, fatuità, divertimento, piacere, distrazione, leggerezza, dissipazione, vanità, → MONDO.

mondàno, *agg.* del mondo, terreno, terrestre || profano, caduco, frivolo, gaudente, carnale, dissipato, superficiale, vano, transeunte, secolare.

contr. divino, sacro, spirituale, profondo, serio.

mondàre, *v.tr.* → PELARE || astergere, lavare, purgare, → PULIRE || *fig.* → PURIFICARE.

mondaríso, *sm.* e *f.* *indecl.* mondina, risaiola.

mondatúra, *sf.* mondiglia, → PULITA.

mondézza, *sf.* → PULIZIA || PUREZZA.

mondezzàio, *sm.* → CONCIMAIA.

mondiàle, *agg.* universale, ecumenico, cattolico, cosmopolita.

contr. locale.

mondína, *sf.* → CASTAGNA || MONDARISO.

móndo¹, *agg.* mondato, pulito, terso, puro, netto || pretto, innocente.

contr. immondo, sporco, contaminato, fangoso, || colpevole, peccatore.

mondo², *sm.* cosmo, creato, creazione, universo, fabbrica mondana, globo terrestre o celeste, orbe terracqueo, valle di lacrime, terra || *fig.* consorzio umano, genere umano, gli uomini, universalità, società presente || mondanità, secolarità, peccato, passione, socialità || realtà della vita || vita terrena, tra i vivi, sulla terra || → MOLTITUDINE.

nomencl. (*pertinenti*) microcosmo, macrocosmo, caos, cosmogonia, cosmologia, cosmografia, demiurgo, escatologia, filogenesi, palingenesi, finimondo, intermundio, sistema del mondo, anima del mondo, cosmorama.

contr. il nulla, l'altra vita, l'aldilà, eternità.

monellería, *sf.* → BAMBINATA, MALEFATTA.

monèllo, *agg.* e *sm.* bardasso, birichino, bricconcello, birba, ragazzaccio, birbantello, discolo; ragazzo di strada, indisciplinato, indocile, insolente, disobbediente, ribelle; sbarazzino, scapestrato, sbarbatello, scugnizzo || ragazzino vispo, vivace.

contr. bravo figliolo, ragazzo per bene, bravo bimbo, docile, obbediente.

monéta, *sf.* valuta, pecunia, oro, numerario, pezzo, spezzati, spiccioli, biglietti di banca, quattrini, → DENARO, DIVISA.

nomencl. (*qualità*) antica, abusiva, legale, falsa, calante, buona, corrente, fuori corso, fiduciaria, gobbina, scarsa, contraffatta, nuova di zecca, lampante, d'oro, d'argento, di rame, di nichelio, di acmonital, bianca, battuta di fresco, ideale, da conto, di cambio, di molto valore, nominale, ossidionale, reale, effettiva, spicciola, storta || (*parti*) area, cordone, contorno, diritto, effigie, esergo, impronta, leggenda, rovescio, granitura, marca, motto, piede || (*elenco: monete antiche*) obolo, darico, talento, mina, asse, sesterzio, denaro, bigato, quadrigato, libbra, agostaro, baiocco, barbone, bargellino, bezzo, carlino, crazia, danaro, doppia, ducato, ducatone, duetto, ferlino, franceschino, francescone, genovino, gigliato, giulio, grano, grosso, guelfo, luigi, maravedi, marcello, marengo, martino, norini, osella, paolo, papetto, parpagliola, patacchina, pezza, picciolo, pistola, pittavino, quartino, ruspo, ruspone, scudo, sedicino, sesino, soldo, stellino, tarí, terzaruolo, testone, trentottino, zecchino, ber o tallero di Maria Teresa, assegnati || (*monete moderne*) bolivar, corona, cruzeiro, dinaro, dollaro, dramma, franco (francese, svizzero, belga), fiorino, leu, lira, piastra, rublo, rupia, sterlina, *pence*, yen, sin, peseta, scellino, reis, centesimo || (*attinenti*) zecca, stampi, conio, verghe, lamine, bulino, monetazione, alligazione, taglio, aggiustamento, contorno, cordone, imbianchimento, coniazione, lega, bilanciere || bimetallismo, monometallismo, riserva aurea, aggio, cambio, corso forzoso, deprezzamento, inflazione, deflazione, calo, titolo, falsario || numismatica || *verb.* monetare, spezzare, tosare, cambiare, falsare, emettere, battere moneta, coniare.

moníle, *sm.* → COLLANA.

mònito, *sm.* monitorio, ammonimento, ammonizione, → RIMPROVERO.

monitóre, *sm.* → GIORNALE || NAVE.

mònna, *sf. poet.* → MADONNA, SIGNORA.

monòcolo, *agg.* cieco di un occhio, guercio, losco, gualercio, monocchio (*ant.*) || *sm.* lente (per un solo occhio), occhialetto, caramella.

monodía, *sf.* → CANTO.

monogamía, *sf.*
contr. bigamia, poligamia, poliginia.

monografía, *sf.* → SAGGIO.
contr. trattato o trattazione generale.

monogràmma, *sf.* → CIFRA.

monòlito, *sm.* → PIETRA.

monòlogo, *sm.* soliloquio.
contr. dialogo, colloquio.

monòmane, *sm.* monomaniaco.

monomanía, *sf.* fissazione, mania, paranoia, → PAZZIA.

monomaníaco, *sm.* monòmane.

monopòlio, *sm.* esclusiva, privativa, → APPALTO, COMMERCIO || *fig.* privilegio.
contr. oligopolio || libertà, concorrenza.

monoteísmo, *sm.*
contr. politeismo.

monotipía, *sf.*
contr. linotipia.

monotonía, *sf.* → COSTANZA, UNIFORMITÀ.
contr. varietà, pluralità, molteplicità, assortimento, complessità.

monòtono, *agg.* → UNIFORME, NOIOSO.
contr. vario, molteplice.

mónta, *sf.* accoppiamento (di animali) || luogo (degli stalloni).

montacàrico, *sm.* → ASCENSORE.

montàgna, *sf.* → MONTE.

montagnòla, *sf.* → COLLE, MONTE.

montagnòlo, *sm.* → MONTANARO.

montagnóso, *agg.* → MONTUOSO.

montanàro, *agg.* e *sm.* alpigiano, colligiano, montagnolo, montanino.
contr. pianigiano, valligiano.

montaníno, *agg.* e *sm.* → MONTANARO.

montàno, *agg.* → MONTUOSO.

montàre, *v.tr.* incastonare || mettere insieme || congiungersi (di animali) || cavalcare, andare a cavallo || crescere, salire, gonfiare, far aumentare di volume || *fig.* esagerare || insuperbire, esaltare || *intr.* ascendere, progredire, → SALIRE || *rifl.* scaldarsi la testa, illudersi, infuriarsi, eccitarsi || ammontare.
contr. scendere, smontare, disingannarsi, smontarsi, diminuire.

montàta, *sf.* → SALITA.

montatóio, *sm.* staffa, predellino, rialto.

montatúra, *sf.* struttura, telaio || gonfiatura, → ESAGERAZIONE || macchinazione.
contr. sgonfiatura.

mónte, *sm.* montagna, montagnola, altura, alpe, altopiano, *sierra*, amba, colle, collina, catena, picco, promontorio, dosso || → BANCA || *fig.* → MUCCHIO.
nomencl. argentifero, aurifero, metallifero, diamantifero || (*equivalenti*) contrafforte, corno, giogo, giogaia, catena di monti, diramazione, mammellone, tomboleto, tombolo, vulcano || (*parti*) acrocoro, ghiaieto, antro, grotta, caverna, balza, base o piede, radice, burrone, dirupo, cava, chiusa, cima, circo, conca, costa, declivo, gronda, pendice, pendio, cordonate, cresta, dorso, displuvio, falda, foce, forca, forra, greppo, morena, lacca, nodo montano, pala, piaggia, pianoro, roccia, rupe, scaglione, sella, serra, sperone, spartiacque, stretta, talus, terrazzo, trovante, valico, valle, versante, viscere || (*attinenti*) alpinismo, escursione, gita, ascensione, funicolare, equipaggiamento da montagna, rifugio alpino, guida alpina, bastone da montagna || orografia, oroidrografia, altimetro, altimetria, tormenta, valanga, male di montagna, tempesta || sentiero, pista, via, teleferica || *agg.* alpestre, alto, aspro, boscoso, basso, brullo, ameno, selvaggio, dirupato, frastagliato, impervio, inaccessibile, erto, ripido, scosceso, dolce, sassoso, scabro, nevoso, orrido, verde || *verb.* valicare, salire, ascendere, scendere, calare, costeggiare, imboccare.
contr. pianura, piana, piano, valle || strato.

monticèllo, *sm.* → COLLE.

montóne, *sm.* ariete.

montuóso, *agg.* alpestre, alpino, montano, montagnoso.
contr. pianeggiante, piano.

montúra, *sf.* → DIVISA.

monumentàle, *agg.* || *fig.* → GRANDE, GRANDIOSO.

monuménto, *sm.* opera importante, ammirabile, memorabile, durevole; mausoleo, tomba, sepolcro, statua, arco trionfale, colonna, obelisco, busto, erma, avello, cenotafio, nuraghe, *dolmen*, piramide || tempio, chiesa, palazzo, anfiteatro, teatro, fontana || documento, testimone, ricordo, → MEMORIA.
nomencl. (*tipi*) sepolcrale, commemorativo, trionfale, storico, artistico, religioso, druidico, megalitico, egiziano, romano, etrusco, celtico, ecc. || anepigrafo, di bronzo, di marmo, di pietra, figurato, nazionale || (*parti*) base, piedistallo, fiamma, gradino, epigrafe, patina || (*scienze*) antiquaria, archeologia, epigrafia, ermeneutica, iconografia || cicerone || *agg.* autentico,

ciclopico, grande, splendido, maestoso, magnifico, degno, eterno, imperituro, immortale || *verb.* erigere, innalzare, costruire, dedicare, edificare, illustrare, consacrare, restaurare, mandare in rovina.
mòra, *sf.* ritardo, intervallo, → INDUGIO || termine, dilazione.
nomencl. dilazione morosa || *verb.* essere, cadere in mora.
moràle¹, *agg.* buono, castigato, continente, virtuoso, onesto, giusto, intemerato, probo; conforme al bene, all'onestà, al buon costume, alla virtú || astratto, spirituale, platonico, sentimentale.
contr. immorale, amorale.
moràle², *sf.* dottrina etica, filosofia morale || condotta, costume, contegno, educazione, principio, precetto, moralità || senso allegorico, insegnamento morale (di una favola, di una storia) || *sm.* spirito, umore.
nomencl. *agg.* soda, sana, robusta, severa, austera, inflessibile, rigida, rigorosa, retta, giusta, perfetta, completa, intera, irreprensibile, corretta, buona, ottima || superiore ad ogni elogio.
contr. immoralità, amoralità, cinismo || fisico, letterale, materiale, legale, formale.
moralísta, *sm.* insegnante di morale, praticante, professante la morale || sfoggiante sentenze morali || chi stima, coglie, giudica il lato morale.
nomencl. moralismo || *verb.* moraleggiare, moralizzare.
contr. determinista, immorale, amorale, scettico, cinico.
moralità, *sf.* castigatezza, continenza, castità, castimonia, onestà, rettitudine, dirittura, → BONTÀ, MORALE || rappresentazione teatrale || prosa morale, umorosa, divagatoria.
nomencl. equivoca, dubbia, oscura, pessima, buona, ottima, perfetta, intemerata, illibata, integra || pubblica, privata.
contr. immoralità, amoralità, disonestà, corruzione, depravazione.
moralizzàre, *v.tr.* → EDUCARE.
moralizzatóre, *sm.* → EDUCATORE.
moratòria, *sf.* dilazione, mora.
contr. intimazione di pagamento.
morbidézza, *sf.* morbidità, liscezza, levigatezza, pastosità, sofficità, trattabilità || *fig.* tenerezza, delicatezza, effeminatezza, dolcezza, delizie, mollezza, raffinatezza || indulgenza eccessiva, rilassatezza.
contr. ruvidità, durezza, scabrosità, grossolanità, rozzezza.
morbidità, *sf.* → MORBIDEZZA.
mòrbido, *agg.* molle, frollo, floscio, soffice, pastoso, cedevole, tenero, adattabile, blando, boffice, boffio, duttile, delicato, fine, delizioso, liscio, manoso, morbidiccio, soave, vellutato || *fig.* arrendevole, rilassato, indulgente.
nomencl. *verb.* ammorbidire.
contr. duro, ruvido, aspro, scabro, crudo.
morbíllo, *sm.* rosolia, eruzione.
mòrbo, *sm.* lue, → MALATTIA, EPIDEMIA || morbo comiziale o epilettico, → EPILESSIA.
morbóso, *agg.* → EPIDEMICO, PATOLOGICO || *fig.* anormale, malsano, corrotto, esagerato, eccessivo, sproporzionato.
contr. sano || normale, equilibrato.
mordàcchia, *sf.* morsa, → MUSERUOLA, BAVAGLIO.
mordàce, *agg.* pronto a mordere || *fig.* linguacciuto, mordente, tagliente, acre, aspro, satirico, ironico, arguto, pungente, caustico, corrosivo, salato, velenoso, saporito, malèdico, maldicente, maligno, aggressivo, sferzante.
contr. mite, benigno, benevolo, indulgente, buono, ingenuo.
mordacità, *sf.* causticità, acrimonia, lepidezza, veleno, malizia, cattiveria, ironia, maldicenza.
contr. benignità, mitezza, indulgenza, bontà, ingenuità.
mordènte, *ppr.* di mordere || *sm.* impasto di colori, sostanza fissante, ornamento musicale || *fig.* mordacità, spirito, spiritosità, briosità, presa, attrazione, vivacità, slancio.
mòrdere, *v.tr.* → ADDENTARE, MORSICARE || MANGIARE || *fig.* → RIMPROVERARE || colpire, offendere.
mordicchiàre, *v.tr.* → MORSICARE.
morditóre, *agg.* e *sm. fig.* → MALDICENTE.
morèllo, *agg.* → BRUNO || *sm.* → CAVALLO.
morellòtto, *agg.* → BRUNO.
morèna, *sf.*
nomencl. terminale, frontale, laterale.
morènte, *ppr.* di morire || *agg.* e *sm.* → MORIBONDO.
morétta, *sf.* → MASCHERA.
morettína, *agg.* e *sf.* brunetta.
morfíre, *v.tr. ant.* → MANGIARE.
morfología, *sf.* → GRAMMATICA || BIOLOGIA.
moría, *sf.* mortalità, epidemia, pestilenza.
moribóndo, *agg.* boccheggiante, agonizzante, morente, morituro, in fin di vita, (essere) al viatico, all'olio santo, al lumicino || *fig.* vicino a finire, a cessare.
contr. nascente, neonato || incipiente.
morigeràto, *agg.* → MODERATO, SOBRIO || PURO.
morióne, *sm.* → ELMO, BERRETTO.
moríre, *v.intr.* crepare, decedere, spegnersi, estinguersi, mancare, finire, soccombere, spirare, consumarsi, dipartirsi, dileguarsi, perire, trapassare, addormentarsi, rimanersi, sbasire, schiattare, schiantare || tramontare, venir meno, cessare a poco a poco || esalare, trarre o dare l'ultimo respiro, cessare di vivere, chiudere gli occhi per sempre, andare all'altro mondo, passare a miglior vita, abbandonare il mondo, andare al Creatore, andare alla fossa o al sepolcro, andare in paradiso, andare nel numero dei piú, andare avanti al tribunale di Dio, andare nel mondo di là, andarsene, compiere la giornata, esalare l'anima, rendere l'anima a Dio, mancare ai vivi, mancare all'affetto dei propri cari, andare in Cielo, andare a ricevere il premio eterno, andare nella pace eterna o nel riposo eterno, andare nella luce eterna, andare a ingrassare i cavoli, dare gli ultimi tratti, stendere le gambe; far l'ultimo viaggio, finire l'ultimo atto della vita, arrivare all'estremo traguardo, dare l'ultimo addio al mondo, rendere lo spirito al Creatore, chiudere gli occhi per sempre, dare addio alla terra o alla vita, dormire nel Signore, riposare nel Signore, riposare sotto terra, entrare nel regno dei cieli, essere accolto nel regno della morte, essere chiamato all'eternità, essere chiamato al giudizio di Dio; essere tolto dalla vita, mietuto dalla morte, colpito dalla morte, privato della vita, privato della luce del sole;

cadere morto, cedere al fato, cantare il canto del cigno, intraprendere l'ultimo viaggio, finire di penare, giacere esanime, lasciare l'anima, lasciare la pelle, mutar vita, pagare il tributo alla morte, partire da questo mondo, partire per l'ignoto o per l'altro mondo, passare ad altra vita, passare lo Stige, restare morto, rimanere cadavere, ripiegare o tirare o stendere le cuoia, ritornare alla celeste patria, ritornare a Dio, sloggiare da questo mondo, trapassare da questa all'altra vita, uscire dal corpo, volare al cielo, volare in braccio a Dio, restar sul colpo, andare nei regni bui, far fagotto, uscir di casa con i piedi innanzi, venire un tiro secco, venire il dí della morte, rendersi defunto || (*vari modi*) essere ammazzato, decapitato, impiccato, fucilato, strozzato, avvelenato, ecc. || affogare, andare al macello, andare al patibolo o alla forca, fare la morte del topo, morire come un cane, morire con la coscienza tranquilla, morire con tutti i sacramenti, prepararsi alla morte, mettersi in pace con Dio, raccomandarsi l'anima a Dio, raccomandare l'anima, ricevere i conforti religiosi, fare testamento, ridursi al lumicino, rompersi l'osso del collo, scavarsi da sé la fossa, spegnersi come un lume, uccidersi, suicidarsi, premorire.

nomencl. (*inerenti*) morente, moribondo || agonia, coma, morte, camera ardente, esequie, funerali, sepoltura, tomba, testamento, eredi, suffragi.

contr. nascere, cominciare la vita, vivere.

moritúro, *agg.* e *sm.* destinato alla morte, perituro, caduco, mortale, effimero || → MORIBONDO.

contr. nascituro.

morlàcco, *sm.* → GALEOTTO.

mormoraménto, *sm.* → MORMORAZIONE || RUMORE.

mormoràre, *v.intr.* parlare sommessamente, bisbigliare, sussurrare, taroccare, borbottare, brontolare, bofonchiare, parlottare, mormoreggiare, fiottare, parlar dietro le spalle || stormire, gorgogliare, gracidare, frascheggiare, frusciare, sfrusciare || *fig.* → BIASIMARE, DIFFAMARE.

contr. parlare ad alta voce, parlare in faccia, gridare, urlare, far baccano.

mormoratóre, *agg.* e *sm.* → DIFFAMATORE, CALUNNIATORE, MALDICENTE.

mormorazióne, *sf.* mormoramento || → DIFFAMAZIONE, CALUNNIA, MALDICENZA.

mormoreggiàre, *v.intr.* → MORMORARE.

mormorío, *sm.* múrmure, sussurro, sussurrio, bisbiglio, brusio, brontolio, borbottio, frascheggio, rombo, stormio, fremito, rumore || *fig.* → MALDICENZA || FIOTTO.

contr. urlio, gridio, baccano, frastuono.

mòro, *agg.* → BRUNO, NEGRO || *e sm.* → MAOMETTANO || *sm.* → GELSO.

morogèlso, *sm.* → GELSO.

moróso, *agg.* debitore || *sm. pop.* innamorato, fidanzato, → AMANTE.

mòrsa, *sf.* morsetta, morsetto.

nomencl. (*tipi*) da banco, limatrice, per segare, sergente || (*parti*) addentellato, ganascia, piatto, vite || *verb.* ammorsare, stringere, chiudere.

morsecchiàre, *v.tr.* → ADDENTARE.

morsèllo, *sm.* → BOCCONE, MINUZIA.

morsétta, *sf.* → MORSA.

morsétto, *sm. dim.* di morso, → BOCCONE || MINUZIA || MORSA.

morsicàre, *v.tr.* mordere, addentare, masticare, mordicchiare, morsicchiare, dar di morso, darci dentro con i denti, rodere, pinzare, rimordere || *fig.* corrodere, intaccare, lasciar il segno || → RIMPROVERARE.

contr. baciare, accarezzare, lambire, lisciare.

morsicatúra, *sf.* → FERITA, MORSO.

morsicchiàre, *v.tr.* → MORSICARE.

morsíno, *sm.* → BOCCONE.

mòrso, *sm.* morsicatura, pinzo || → BOCCONE || segno, traccia di morsicatura || *fig.* offesa, strazio, attacco, difficoltà || → FRENO.

contr. carezza, blandizie, bacio || antidoto.

mortàio, *sm.* pestello, menatoio || → CANNONE.

mortàle, *agg.* mortifero, micidiale, letale, estremo, capitale, omicida, ferale, fatale, funesto, dannoso, pericoloso || morituro, perituro, effimero, caduco, corruttibile || (di odio) feroce, crudele || (di noia) insopportabile, intollerabile, angoscioso || *sm.* essere umano, uomo.

contr. salutifero, benefico, salutare, riparatore, ristoratore, vitale || immortale.

mortalità, *sf.* moria, → EPIDEMIA, PESTILENZA.

mòrte, *sf.* decesso, dipartita, scomparsa, distruzione, fine, trapasso, sonno eterno, transito, estinzione, perdita || pena capitale, → SUPPLIZIO || Parca.

nomencl. (*distinzioni*) apparente, reale, presunta; temporale, eterna, naturale, violenta || (*equivalenti*) chiamata di Dio, distacco, esilio eterno, dipartita, estremo respiro, viaggio estremo, eternità, gran passo, momento estremo, momento fatale, partenza senza ritorno, separazione dell'anima dal corpo, sonno della morte, sonno eterno, tomba, ultima ora, viaggio senza ritorno || (*pertinenti*) distanasia, eutanasia, limoctomia, moria, necrosi, premorienza || agonia, coma, sudore, livido, freddo, terrore, miglioramento della morte, rantolo, segnale, segno, avanzi o resti mortali, morticcio, cadavere, funebre, moribondo, morto, macabro, postumo || escatologia, falce, fato, destino, negromanzia, necroscopia, necroforo, necrologio, funerale, esequie, tomba, cimitero, monumento || *agg.* buona, santa, confortata, dura, penosa, crudele, ignominiosa, infame, infamante, vergognosa, immatura, precoce, prematura, improvvisa, repentina, subitanea, tragica, inesorabile, inevitabile, misteriosa, misera, sospetta, onesta, pietosa, serena, onorata, bella, meritata, immeritata, degna, attesa, temuta, sospirata || *verb.* colpire, falciare, mietere, stroncare, rapire || affrontare, sfidare, scampare, vincere, prepararsi, avvicinarsi, andare incontro, risorgere.

contr. vita, nascita || resurrezione, immortalità, vita eterna.

mortífero, *agg.* → MORTALE.

mortificàre, *v.tr.* rendere insensibile, come morto, affievolire, anestetizzare, mitridatizzare || *fig.* rimproverare, inasprire, umiliare, ferire, avvilire, abbassare, offendere, affliggere, rintuzzare, reprimere, castigare, frenare, svilire, confondere, macerare || *rifl.* fare penitenza.

contr. vivificare, ravvivare, risvegliare, eccitare, entusiasmare, incoraggiare.

mortificazióne, *sf.* perdita di sensibilità, anestesia, mortificamento || macerazione, flagellazione, disciplina, penitenza, distacco, repressione || umiliazione, rimprovero, avvilimento, biasimo, riprensione, pentimento, dolore.

contr. ravvivamento, incoraggiamento || vanto, entusiasmo, baldanza, orgoglio.

mòrto, *pps.* di morire || *agg.* defunto, scomparso, crepato, deceduto, estinto, trapassato, stecchito, esanime, esangue, cadavere || perito, distrutto, finito, cessato || *sm.* cadavere, spoglia, corpo esanime || *fig.* rovinato, distrutto moralmente || senza effetto, ineseguito, inerte, sterile.

nomencl. (*attinenti*) funerale, cimitero, inumazione, cremazione, sepoltura, tomba, catafalco, bara, mummia, cenere, scheletro, camera ardente, mortorio, inferie, trigesimo, epitaffio, necrologia, suffragi, commemorazione, giorno dei morti, ricordo.

contr. vivo, vivente || persona viva.

mortòrio, *sm.* → FUNERALE.

mortuàrio, *agg.* funebre, funereo, funesto.

mòrva, *sf.* → CIMURRO.

mosàico, *sm.* commesso, intarsio, tarsia, arte musiva.

nomencl. (*inerenti*) tessera, tassello, disegno, cartone || pietre dure, smalto, vetro, mantice, stucco, cemento || mosaicista.

mósca, *sf.* || → BARBA, NEO.

nomencl. dittero || (*specie*) canina, cavallina, dei bruchi, dorata, stercoraria, domestica, tafano || moscaio, cencioni, sciame || moscaiola, carta moschicida, pigliamosche, chiappamosche, scacciamosche, dionea, liquido moschicida || *verb.* ronzare, arrotare, pungere || disinfestare, sterminare.

moscardíno, *sm.* → BELLIMBUSTO.

moscàto, *agg.* → MACCHIATO || *sm.* → VINO.

moschèa, *sf.* meschita, moscheta, chiesa musulmana.

nomencl. (*attinenti*) minareto, muezzin.

moschettàta, *sf.* → FUCILATA.

moschettàto, *agg.* → MACCHIATO.

moschétto, *sm.* → FUCILE.

moschettóne, *sm.* → FUCILE.

móscio, *agg.* floscio, vizzo, mencio, → APPASSITO, MOLLE || *fig.* → DEBOLE.

mòssa, *sf.* atto, gesto, impresa, moto, → AZIONE, MOVIMENTO, PASSO || *fig.* → SPINTA.

mòsso, *pps.* di muovere || *agg.* agitato, commosso, patetico, dinamico, vivace, vivo, veloce, scattante.

contr. fermo, immobile, immoto, stentato.

mostacciàta, *sf.* → SCHIAFFO.

mostàccio, *sm. spreg.* muso, → FACCIA, ASPETTO || BAFFI.

mostaccióne, *sm.* → COLPO.

mostacciúto, *agg.* → PELOSO.

mósto, *sm.* → VINO.

nomencl. *verb.* ammostare.

móstra, *sf.* rassegna, esposizione, fiera, vetrina, bacheca || esibizione, apparenza, finzione, ostentazione, parvenza, simulazione, finta, lustra, sfoggio, affettazione, comparsa, sfarzo || → INDICAZIONE || DISTESA.

mostràre, *v.tr.* porgere, accennare, far vedere, esporre, indicare, additare, rivelare, aprire, palesare, dimostrare, far conoscere, provare, insegnare, manifestare, significare, squadernare, spiattellare, dichiarare, presentare || ostentare, fingere, far finta, simulare, esibire, affettare || *rifl.* presentarsi, far capolino, farsi vedere, farsi credere, dimostrarsi, sembrare, → COMPARIRE, FARE.

contr. nascondere, celare, dissimulare, tener nascosto || nascondersi, celarsi.

mostrína, *sf.* distintivo, fiamma.

mostríno, *sm.* quadrante.

móstro, *sm.* essere strano, favoloso, straordinario, deforme, bruttissimo, singolare, portentoso, prodigioso; portento, prodigio, brutto, grottesco, meraviglia, orrore || → CRUDELE.

nomencl. (*esempi*) chimera, grifone, ippogrifo, tritone, vampiro, orco, babau, arpia, minotauro, gigante, liocorno.

contr. essere comune, reale, normale.

mostruosità, *sf.* deformità, anormalità || atto mostruoso, enorme, sproporzionato, incredibile, portentoso, orrendo, malvagio.

contr. normalità.

mostruóso, *agg.* orrendo, deforme, anormale, singolare, straordinario, teratologico, → BRUTTO, ENORME, GIGANTESCO || FALSO || MERAVIGLIOSO.

contr. normale, comune, equilibrato || bello, attraente.

mòta, *sf.* → FANGO.

motèl, *sm. indecl.* autostello, → ALBERGO.

motivàre, *v.tr.* dar motivo, causare || dichiarare, esprimere, esporre le ragioni, → MENZIONARE.

motivàto, *pps.* di motivare || *agg.* causato, provocato || giustificato, spiegato, elaborato, → GIUSTO.

motivazióne, *sf.* motivo; esposizione, enumerazione, spiegazione dei motivi.

motívo, *sm.* causa, movente, impulso, ragione || MATERIA || aria, → MELODIA.

nomencl. *agg.* impellente, grave, fondato, giusto, legittimo, illegittimo, sufficiente, ridicolo, abietto.

mòto, *sm.* movimento, slancio, spostamento, impulso, mossa, scossa, passaggio, dinamismo, urto, → ESERCIZIO, ANDATURA || sommossa, tumulto, eversione, sedizione || agitazione, emozione, commozione || atto, gesto, palpito.

nomencl. (*tipi*) volontario, involontario, libero, naturale, meccanico || alternativo, alternato, angolare, armonico, assoluto, relativo, centrale, centrifugo, centripeto, composto, curvilineo, elicoidale, ondulatorio, rettilineo, rotatorio, di rotazione, di proiezione, di rivoluzione, equabile, impresso, locale, sussultorio, orbitale, perpetuo, spontaneo, uniforme, uniformemente accelerato, ritardato, vario, vibratorio, parabolico, traslatorio || (*termini di fisica*) spazio, tempo, direzione, velocità, accelerazione, attrazione, centro di moto, isocronismo, onda, ondulazione, retrogradazione, rivoluzione, rotazione, sintonismo, vibrazione, agitazione, attrito, decomposizione delle forze, equilibrio delle forze, forza (centrifuga, centripeta, d'inerzia, motrice o viva), gravità, impeto, momento, ostacolo, potenza, pressione, radiazione, resistenza, urto, traiettoria || dinamica, cinematica, idrodinamica, motore, dinamometro.

contr. quiete, immobilità, staticità || torpore, riposo, meditazione, contemplazione.
motóre, *sm.* apparato motore, macchina motrice, meccanismo propulsore, propulsore, locomobile, dinamo, alternatore, turbina, servomotore, carrozza motrice.
nomencl. (*tipi*) termico, idraulico, a combustione interna o esterna, a vapore, elettrico, a iniezione, Diesel, a scoppio, a turbina, a reazione || (*attinenti*) anello di Pacinotti, collettore, commutatore, induttore, avviamento, nucleo, indotto, reostato || *verb.* avviare, accendere, arrestare, spegnere.

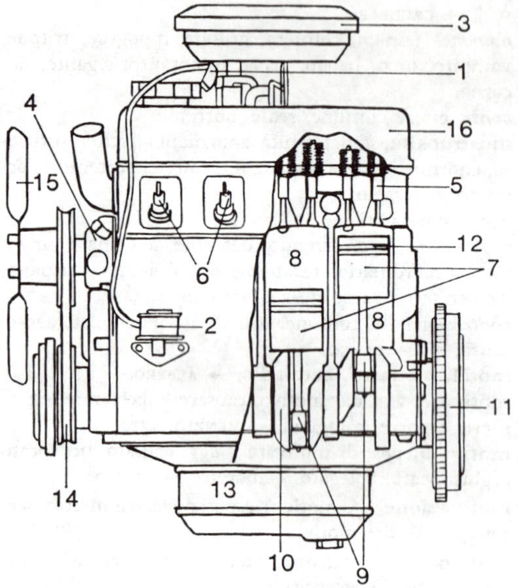

MOTORE A SCOPPIO – 1) carburatore; 2) pompa della benzina; 3) filtro dell'aria; 4) pompa dell'acqua; 5) valvole; 6) candele; 7) pistoni; 8) cilindri; 9) bielle; 10) albero a gomito; 11) volano; 12) segmenti elastici; 13) coppa dell'olio; 14) puleggia; 15) ventilatore; 16) testata.

motorísta, *sm.* → MACCHINISTA.
motorizzàre, *v.tr.* meccanizzare.
motoscàfo, *sm.* autoscafo.
motóso, *agg.* → FANGOSO.
motríce, *sf.* → LOCOMOTIVA.
motríglia, *sf.* → FANGO.
mòtta, *sf.* → FRANA.
mottaménto, *sm.* → FRANA.
motteggiàre, *v.tr.* → BEFFARE, SCHERZARE, SCHERNIRE.
motteggiatóre, *sm.* → BURLONE, SCHERNITORE.
mottéggio, *sm.* frecciata, facezia, burla, frizzo, baia, celia, beffa, punzecchiatura, sferzata, staffilata, buffonata, lazzo, parola mordente, → SCHERZO, SCHERNO, MOTTO.
contr. lode, adulazione, complimento.
mottétto, *sm.* → EPIGRAMMA || CANTO.
mòtto, *sm.* motteggio, detto arguto, arguzia, facezia, frase spiritosa, frizzo, beffa, bisticcio, epigramma, barzelletta, mottetto, motto di spirito, paroletta accorta, tratto di spirito, freddura, tratto sottile, vivezza, botta, arguzia di rimando, bottone, lazzo, buffonata, ribobolo || massima, aforisma, proverbio, dettame, PRINCIPIO, enigma, enimma, proposizione, → ADAGIO, SENTENZA || impresa, → DIVISA.
nomencl. agg. arguto, ironico, lascivo, disonesto, piacevole, pungente, frizzante, improvviso, acuto, caustico, azzeccato.
movènte, *ppr.* di muovere || *sm.* motivo, → IMPULSO, CAUSA.
movènza, *sf.* mossa, modo di muoversi, → ATTEGGIAMENTO, PASSO.
movíbile, *agg.* → MOBILE.
contr. inamovibile, fisso.
movibilità, *sf.* → MOBILITÀ.
contr. inamovibilità.
moviménto, *sm.* mossa, movenza, gesto, moto, spostamento, passaggio, avviamento, impeto, balzo, guizzo, urto, sussulto, → AZIONE, BRIO || ANDATURA || ESERCIZIO || agitazione, evoluzione, commozione, → ECCITAZIONE || traffico, circolazione || → GIUOCO || FLUSSO || tendenza, corrente culturale, religiosa, spirituale, artistica, letteraria, politica.
nomencl. (*distinzioni*) automatico, elementare, naturale, spontaneo, volontario, riflesso, alternativo, contrattile, orbitale, coordinato, principale, secondario, derivato || (*specificazioni*) abduzione, adduzione, trabalzo, barcollamento, tentennamento, traballamento, vacillamento, contorcimento, contorsione, scontorcimento, conversione, corsa, dimenio, divincolamento, dondolamento, evoluzione, formicolio, giravolta, librazione, nutazione, ondeggiamento, ondulazione, pandiculazione, partenza, piroetta, progresso, rinculo, rombolo, rotazione, sbalzellone, sbalzo, scambietto, scatto, scotimento, sommovimento, supinazione, travasamento, turbine, urto || (*qualità*) agilità, destrezza, atassia locomotrice, atetosi, attrappimento, rattrappimento, forza, impulso, spinta, locomozione, mozione, ostacolo, impaccio, paraminia, rigidezza, semovenza, spostamento || cinesia, cinesiologia, cinesiterapia, ginnastica || *agg.* celere, rapido, svelto, veloce, spedito, lento, tardo, tardigrado, pigro, torpido, lieve, dolce, vivace, brusco, sgarbato, gentile, garbato, cortese || *verb.* accelerare, ritardare, convertire, secondare, eseguire, fare, eccitare, imprimere, provocare.
contr. stasi, immobilità, riposo, quiete, arresto.
mozióne, *sf.* movimento (*ant.*) || proposta, interpellanza || *fig.* degli affetti, espediente oratorio.
mozzaménto, *sm.* → MUTILAZIONE.
mozzàre, *v.tr.* tagliare, recidere, resecare, → TRONCARE || INTERROMPERE.
nomencl. mozzamento, smozzatura, smozzicato, mozzato, mozzo, mozzicone || monco, moncherino, monchino || mutilato || *verb.* smozzare, smozzicare.
mozzarèlla, *sf.* provola, scamorza.
mozzétta, *sf.* → MANTELLETTA, MANTELLO.
mozzicóne, *sm.* cicca || → AVANZO.
mozzíno, *agg.* → LUSINGHIERO.
mózzo¹, *agg.* mozzato, cionco, rotto, dinoccolato, tronco, troncato, reciso, tagliato violentemente.
mózzo², *sm.* → GARZONE.
mòzzo, *sm.* centro della ruota.

mozzóne, *sm.* → FRUSTA.
mozzorécchi, *sm.* e *f. indecl.* → AVVOCATO || animale con orecchi mozzi.
múcchio, *sm.* bica, acervo, ammucchiamento, ammassamento, ammasso, catasta, conglomerato, agglomerato, cumulo, riunione, ammontamento, colmo, congerie, gruzzo, gruzzolo, pignone, pilata, tassone, monte, raduno, raccolta, fascio, collezione, viluppo, mora, → MASSA, UNIONE.
nomencl. *verb.* ammucchiare, ammontare, affastellare, rammontare, accumulare, ammassare, ammonticchiare, accatastare, adunare, coacervare.
mucciàre, *v.tr.* → NASCONDERE.
múcido, *agg.* sciocco, → INETTO || stantio, vieto, → PUTREFATTO.
nomencl. mucidume, mucidaglia.
mucillàggine, *sf.* → GOMMA.
múco, *sm.* moccio, catarro o secrezione nasale.
mucróne, *sm. rar.* → PUNTA.
múffa, *sf.* → FUNGO || *fig.* boria.
nomencl. *verb.* ammuffire, muffire, muffare.
muffàre, *v.intr.* prender muffa, fare muffa, ammuffire.
muffatíccio, *agg.* → GRACILE.
mugghiaménto, *sm.* → MUGGITO.
mugghiàre, *v.intr.* → MUGGIRE.
múgghio, *sm.* → MUGGITO.
múggine, *sm.* cefalo.
muggíre, *v.intr.* mugghiare, mugliare, ruggire, rugghiare ||*fig.* soffiare, rumoreggiare (dei venti, del tuono).
muggíto, *sm.* mugghio, ruggito, urlo, boato, mugghiamento, muglio, → GRIDO.
mugliàre, *v.intr.* → MUGGIRE.
múglio, *sm.* → MUGGITO.
mugnàio, *sm.* mulinaio, molinaro, mulinaro, tramoggiaio, pistrinaio, macinatore, molitore.
nomencl. (*strumenti*) macina, frantoio, asciolo, bozzolo, frullone, martello || macinamento, molenda || *verb.* macinare.
mugolàre, *v.intr.* → ABBAIARE ||*fig.* gemere, lamentarsi || → BORBOTTARE || FIOTTARE.
mugolío, *sm.* → GRIDO || *fig.* gemito, lamento.
mulàtto, *agg.* e *sm.* → METICCIO.
mulíebre, *agg.* → DONNESCO.
mulinàio, *sm.* → MUGNAIO.
mulinàre, *v.intr.* abbacare, immaginare, → FANTASTICARE.
mulinàro, *sm.* → MUGNAIO.
mulinèllo, *sm.* gorgo, vortice, rigiro, turbine, roteamento, ruota || girella, argano, → CILINDRO || FANTASTICHERIA || MULINO.
mulíno, *sm.* molino, frantoio, macinatoio, pistrino, molazza, mulinello.
nomencl. (*tipi*) a braccia, a cavalli, ad asini, ad acqua, elettrico, a macchina, a mano, a vapore, a vento, a cilindri, americano, a ritrecine, a secco, idrostatico, natante o galleggiante || (*parti*) bottaccio, cateratta (spallette, verricello o tornio), doccia, colta, gora, margone, palmento, pescaia, presa || albero del mulino, stilo, ale o pale o vele, balzuolo, battitoio, battola, bossolo, bozzolo, bronzina, capitagna, contatore meccanico, frullone, fuso, lubecchio o rubecchio, macina (ingorda, piana, cassa, coperchio, fondo, ralla, temperatoia, martello, batteria), pale, palo (nottola del palo, incastro), ponte, ritrecine, rocchetto (fusi, fusoli, fuselli), ruota (a cassette, a pale, a palette piane), tentenella, spallicciuole, stegolo, stile o stilo (caviglie, balzuoli), tramoggia (bocca, bocchetta, calza, palco, cassetta, ferri) || (*prodotti e operazioni*) molenda, farinacei, infarinato, macinazione, macinatura, macinato, macinamento, buratto || *verb.* macinare, girar la macina, tritare.

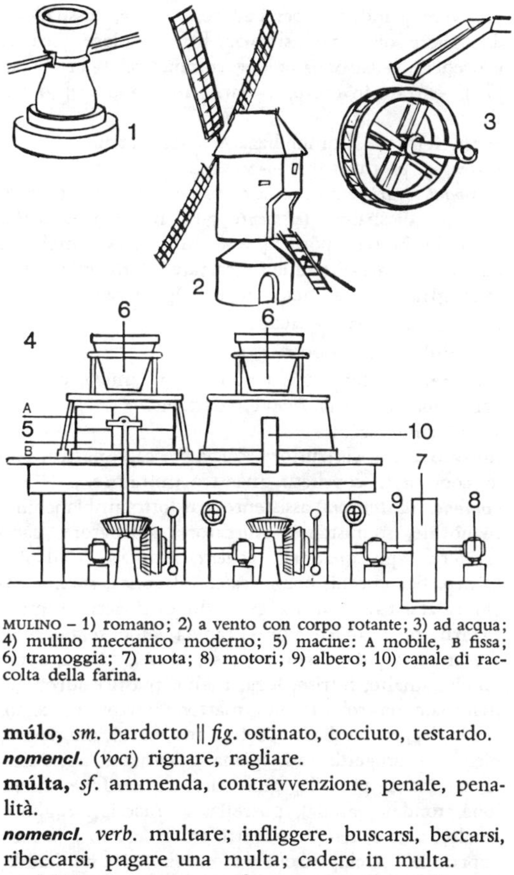

MULINO – 1) romano; 2) a vento con corpo rotante; 3) ad acqua; 4) mulino meccanico moderno; 5) macine: A mobile, B fissa; 6) tramoggia; 7) ruota; 8) motori; 9) albero; 10) canale di raccolta della farina.

múlo, *sm.* bardotto ||*fig.* ostinato, cocciuto, testardo.
nomencl. (*voci*) rignare, ragliare.
múlta, *sf.* ammenda, contravvenzione, penale, penalità.
nomencl. *verb.* multare; infliggere, buscarsi, beccarsi, ribeccarsi, pagare una multa; cadere in multa.
multifórme, *agg.* proteiforme, versatile, vario, versipelle, milleforme (*ant.*), → MOLTEPLICE.
contr. uniforme.
multiformità, *sf.* → MOLTEPLICITÀ.
contr. uniformità.
multiloquènza, *sf.* moltiloquenza, multiloquacità, multiloquio, parlantina, verbosità, → ELOQUENZA.
múmmia, *sf.* → CADAVERE || *fig.* taciturno, impacciato, imbronciato, → BRUTTO.
mummificàre, *v.tr.* → IMBALSAMARE.
múngere, *v.tr.* sprèmere ||*fig.* → SFRUTTARE, SUCCHIARE.
municipàle, *agg.* comunale, → CIVICO.
município, *sm.* comunità, → COMUNE.
munificènza, *sf.* → GENEROSITÀ.
munífico, *agg.* → GENEROSO.
muníre, *v.tr.* → FORTIFICARE, DIFENDERE || fornire, provvedere, corredare, datare || EQUIPAGGIARE.

munìto, *pps.* di munire || *agg.* fortificato, → DIFESO, DOTATO.
munizióne, *sf.* → CARICA.
múnto, *pps.* di mungere || *agg.* smunto, → MAGRO.
muòvere, *v.tr.* porre, mettere in moto, in azione, smuovere, rimuovere, manovrare, spostare, levare, spingere, sospingere, trascinare, trarre, avvolgere, volgere, calare, girare || agitare, scrollare, scuotere, dimenare, dondolare, oscillare || scagliare, lanciare, avventare; ritirare, scansare, evitare, schivare || *fig.* eccitare, commuovere || indurre, persuadere, istigare, dissuadere, distogliere, distornare, stornare || *intr.* andare, partire, procedere, → CAMMINARE || *fig.* cominciare, → GENERARE || *rifl.* entrare in moto, avviarsi, allontanarsi || → FATICARE.
contr. fermare, immobilizzare || star fermo.
múra, *sf. pl.* muraglia, → MURO.
nomencl. (*varie*) antiche, ciclopiche, merlate, turrite, coronate di spalti || (*elementi*) giro, merli, merlature, pomerio, breccia, porta || *verb.* murare, smantellare, dare la scalata, salire sulle mura, fare il giro delle mura.
muràglia, *sf.* → EDIFICIO, MURO || *fig.* → OSTACOLO.
muraglióne, *sm.* → MURO.
muraiòla, *sf.* → RAMPICANTE.
muràre, *v.tr.* far muri, chiudere con muro, consolidare, riparare, → EDIFICARE, COSTRUIRE.
contr. smurare.
muratóre, *sm.* costruttore, calcinaio, capomastro, edile, conciatetti, copritetti, maestro muratore.
nomencl. (*distinzioni*) assistente, bardotto, imbianchino, manovale, soprastante, stuccatore, spianatore, capo cantiere, capo squadra || (*materie*) intonaco o albario, bianco, bocconcelli, bozza, calce (idraulica, spenta, viva), calcestruzzo, calcina, grassello, calcinaccio, cemento (armato, idraulico, a presa rapida), albolite, pozzolana, creta, argilla, fartura, gesso, ghiaia, pietra, rena, sabbia, smalto, intriso, lega, malta, mastice idrofugo, materiale da costruzione, mattone (arrotato, cotto, crudo, leggero, ordinario, refrattario, verniciato, vuoto, pieno; ambrogetta, campigiana, marmetta, mattonella, mezzana, pianella, quadrello, tambellone, tavellone, tondino, arella), putrella, rovinaccio, scagliola, smalto, stucco, tegole, travetti, travi, sestino || (*arnesi*) appianatoio, archipenzolo o piombino, argano, badile, battipalo, benna, bertesca, binda, biffa, furbera, caposaldo, carrucola, cola, curro, filo a piombo, giornello, grembiale, castello, cazzuola, corbello, cucchiaia o cucchiara, forma; grattugia, grillo, imbraca, lega, martellina, mestola, martinello, marra, mazzeranga, pillo, nettatoia, pala, paniere, pennello, pielletto, ponte, palo o antenna (stilo, stile, traverse, piane, covili, trespolo, venti, alberello, ascialone), quadrante, randa, regolo, rullo, scalpello, secchia, squadra, serraglio, sprone, subbia, taglia, truogolo, tacheometro, tramoggia, sparviere, vassoio, vaglio, zappa || (*lavori vari*) barbacane, bozzato, cantone, capezzata, cappa, centina, cantrosperone o controsperone, fianco, fodera, guglia, impiantito, lanterna, pancone, pavimento, risega, solaio, sostruzione, sottomuratura, tavolato, vôlta || biffa, caposaldo, centinatura, corda, freccia, aggetto, architettura, arco (centina, corda, rigoglio, saetta, serraglio, sesto, sfogo, intradosso, estradosso), arrocciamento, cantiere, catena, colmo, comignolo, copertura, dente, fabbrica, fabbricato, fondamenta, livellazione, morsa, scarico, scialbatura, imbiancatura, tetto (a capanna, a cupola, a vôlta, a due acque, a tre acque, a botte, a padiglione, a punta, a terrazza, a spiovente; armatura, grondaia, sgrondo, doccione), travatura (arcali, arcarecci, asticciuola, tirante o corda, cavalletto, correnti, puntoni) || (*operazioni*) murare, accapezzare, addentellare, affilettare, aggettare, aggottare, ammattonare, ammorsare, armare, arricciare, calcinare, cementare, centinare, corniciare, costruire, demolire, disarmare, edificare, erigere, fabbricare, fondare, gettare le fondamenta, imbiancare, impalcare, impostare, incalcinare, incamiciare, incatenare, incorrentare, incrostare, ingessare, intonacare, marmorizzare, merlare, muracchiare, palafittare, pavimentare, puntellare, rabboccare, restaurare, rimpellare, inzaffare, rinzaffare, riparare, rivestire, scalcinare, scialbare, scortecciare, scrostare, soffittare, sopraedificare; spegnere la calce, sterrare, strombare, stuccare, tappare, tirar su, turare, zaffare.

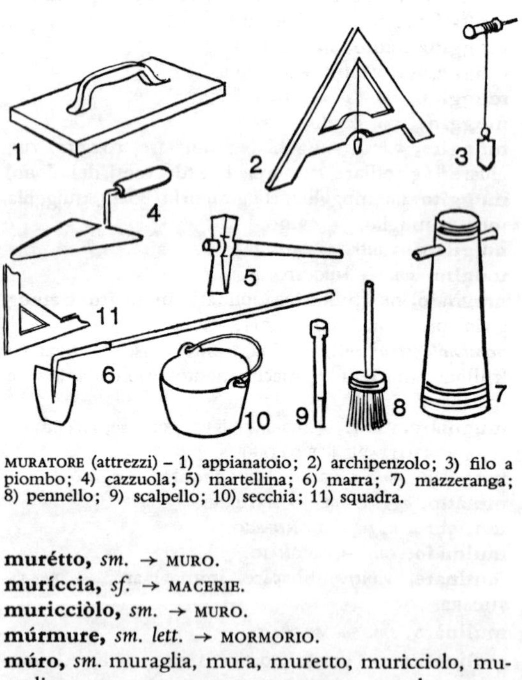

MURATORE (attrezzi) – 1) appianatoio; 2) archipenzolo; 3) filo a piombo; 4) cazzuola; 5) martellina; 6) marra; 7) mazzeranga; 8) pennello; 9) scalpello; 10) secchia; 11) squadra.

murétto, *sm.* → MURO.
muríccia, *sf.* → MACERIE.
muricciòlo, *sm.* → MURO.
múrmure, *sm. lett.* → MORMORIO.
múro, *sm.* muraglia, mura, muretto, muricciolo, muraglione, parapetto, parete, tramezzo, tavolato, scarpa, rimpello, terrapieno, accoltellato || *fig.* barriera, ostacolo, divisione.
nomencl. (*tipi*) a barbacane, a bozze, a calcina, a cassetta, a cortina, a scarpa, a tenuta, a ventola, ciclopico, cieco, compatto, di appoggio, di chiusura, di cinta, di terra, divisorio, esterno, fatiscente, incamiciato, inclinato, maestro, pieno, rustico, soprammattone, a piombo, verticale, a secco, arricciato, a vela, di fondazione, di pietra concia || (*elementi e attinenti*) aggetto o sporto, ammandorlato, mandorlato, antimuro o antemurale, arco, barbacane, bozzato, confesso, contrafforte, contrammuro, graticolato, lesèna o parasta, pilastro, ma-

ceria, macia, opera, peribolo, piattabanda, ripieno, sodo, sprone, sperone, vela, volta || addentellato, ale, aletta, borni, buca, canto, catena, covili, crepa, screpolatura, fessura, cresta, efflorescenza, intercapedine, lega, nicchia, pelo, spigolo, risega, scrimolo, sfogatoio, strapiombo, svano, vivo, assetto (a cassa, a coda, a cuneo, alla francese, a mosaico, a rombi, a spiga, a testa, diagonale, indentato, irregolare, misto, poligonale, quadrato), graffito, affresco || *agg.* affumicato, bianco, intonacato, screpolato, incrollabile, nero, sporco, sudicio, pulito, saldo, scalcinato, sodo, sinuoso, tappezzato, trivellato, vecchio || *verb.* ammuffire, assestarsi, cedere, crettare, screpolare, crollare, cadere, fare corpo, fare pancia, incrinare, filtrare, sbonzolare, sbullettare, scanicare || diroccare, abbattere, demolire, atterrare, radere al suolo.

músa, *sf.* dea || *fig.* ispirazione poetica, genio poetico, → POESIA.

nomencl. (*nove muse*) Mnemòsine o Memoria (loro madre); Clio (storia), Euterpe (lirica), Talía (commedia), Melpòmene (tragedia), Tersícore (danza), Erato (poesia amorosa), Polínnia (musica), Callíope (epica), Urania (astronomia) || (*appellativi*) Aonidi, Camene, Castalie, Pegasèe o Pegasie, vergini, || Aganippidi, Castalidi, Eliconiadi, Meonidi, Pieridi o Pierie, Parnassidi, Pimpleidi, Tespiadi || (*pertinenti*) cavallo delle muse, doni delle muse, lauro, palma, museo || *verb.* museggiare, corteggiare le muse (darsi alla poesia).

musaràgno, *sm.* toporagno.

músco, *sm.* borracina, lichene, felce, capelvenere.

múscolo¹, *sm.* → CARNE || *fig.* → FORZA.

nomencl. (*tipi*) abduttori, abbassatori, deduttori, antagonisti, ausiliari, bicipiti, tricipiti, larghi, brevi, lunghi, rotondi, carnosi, flaccidi, complessi, congeneri, contrattili, dilatatori, distrattili, elevatori, erettori, estensori, flessori, gemelli, inspiratori, interossei, volontari, obliqui, pronunziati, raccorciati, riflessi, rotatori, semitendinosi, sospensori, tensori, digastrici, trigastrici, tumefatti, dorsali, facciali, spinali || (*elementi, parti*) anello, aponeurosi, attaccatura, borse sierose, fasci, fascetti muscolari, fibre, lacerto, meningosi, miogastro, muscolina, perimisio, tèndine, tessuto muscolare, tiglio || allocinesi, connessione, digitazione, irritabilità muscolare, tonicità || (*patologia*) amiostenia, catatonia, coxalgia, crampo, diastrofia, incrodatura, ipotrofia, languore, lombaggine, miastenia, miite, miocardite, miocele, miodiastasi, mioressia, reuma, risoluzione delle forze, spasmo, ticchio || massaggio.

múscolo², *sm. region.* mítilo, arsella, cozza, peocio.

muscolóso, *agg.* → CARNOSO, CARNACCIUTO, FORTE.

musèo, *sm.* tempio delle muse, studio del letterato, dell'erudito || collezione, raccolta, galleria, pinacoteca, gipsoteca, discoteca, cimelioteca.

nomencl. (*specie*) commerciale, industriale, artistico, epigrafico, lapidario, preistorico, diplomatico, storico, del Risorgimento, di storia naturale, geologico, archeologico, ecc. || conservatore, direttore, custode || museografia, museologia.

museruòla, *sf.* musoliera, mordacchia || *fig.* bavaglio, censura, poibizione di manifestare le proprie idee.

contr. *fig.* libertà di espressione.

música, *sf.* arte dei suoni, melica, melodia, armonia || orchestra, concerto, esecuzione musicale, corpo musicale, banda || *fig.* dolcezza, armonia di suono, di pronunzia, di tono, d'accento.

nomencl. (*distinzioni*) bizantina, classica, gregoriana, liturgica, polifonica, monodica, modale, dodecafonica, tonale, atonale, rinascimentale, romantica || cameristica o da camera, operistica, sinfonica, strumentale, vocale || pianistica, a quattro mani, a quattro voci, descrittiva, drammatica, giocosa, lirica, melodrammatica, sacra, religiosa, profana, da ballo || (*persone*) accordatore, arpista, bandista, batterista, cantante, cantore, citaredo, clarinettista, compositore, concertista, contrabbassista, contrappuntista, cornista, corista, dilettante, direttore del coro, direttore d'orchestra, esecutore, fagottista, filarmonico, flautista, maestro di cappella, maestro dei cori, melomane, musicante, musicista, musico, musicologo, musicomane, oboista, orecchiante, organista, pianista, professore d'orchestra, sassofonista, solista, sonatore, suonatore di tromba, strumentista, strimpellatore, timpanista, tiramantici, violinista, violoncellista || (*composizioni*) adagio, allegro, alemanna, aria, arioso, assolo o a solo, ballabile, ballata, barcaiola o barcarola, cabaletta, bolero, burletta, canzone, canzonetta, cadenza, cantata, cantilena, capriccio, cavatina, ciaccona, concerto, corale, coro, corrente, divertimento, duetto, epicedio, epinicio, fantasia, finale, fuga, fugato, gavotta, gagliarda, giga, inno, ninnananna, notturno, offertorio, opera, operetta, oratorio, ottetto, *ouverture*, passacaglia, pastorale, poema sinfonico, pastorella, polacca, polca, preludio, prologo, quartetto, quintetto, rapsodia, recitativo, *requiem*, ricreazione, rigodone, sestetto, siciliana, sinfonia, sonata, sonatina, stretta, studio, *suite*, tarantella, terzetto, tirolese, toccata, trenodia, trio, valzer, variazione, *vaudeville*, vespro, villanella, villotta, zarzuela || (*strumenti*) a chiave, a corda, ad ancia, ad arco, a penna, a pistone, a percussione, a vento, automatici, a fiato (legni, ottoni), a tastiera, da pizzico, da plettro, da teatro || arciliuto, ariston, armonica, armonium, arpa, bassotuba, bombardino, bombardone, búccina, *carillon*, catuba, celestina, cembalo, cennamella, cetra, chiarina, chitarra, cimbalo, clarinetto, clarone, clavicembalo, colascione, contrabbasso o violone, controfagotto, cornamusa, corno, crotalo, dolciana, duda, fagotto, fisarmonica, fistola, flauto, flicorno, ghironda, gong, grancassa, gravicembalo, lira, liuto, mandola, mandolino, musetta, nacchere, oboe, ocarina, oficleide, organo, organetto, ottacordo, ottavino, pentacordo, pianoforte, piatti, piffero, piva, ribeca, salterio, sassofono, silofono, sistro, spinetta, sveglia, tambua, tamburello, tamburo, tamtam, tetracordo, timpano, tiorba, triangolo, tromba, trombone, tuba, viola, violino, violoncello, zampogna, zimbalon, zufolo || (*loro elementi*) ancia, linguetta, anima, arco, archetto, bischero, bocchino, bordone, canne, cantino, capotasto, corda, imboccatura, mezzana, pedaliera, penna, plettro, pistone, ponticello, registro, salterello, sordina, tasti, tastiera, tremolo, ventilabro || (*scrittura*) note (do, re, mi, fa, sol, la, si, ut), accidenti (bemolle, bequadro, diesis), aspetto, battuta, chiamata, chiave (di do, di fa, di sol o di violino), contrattempo, corona, forcella,

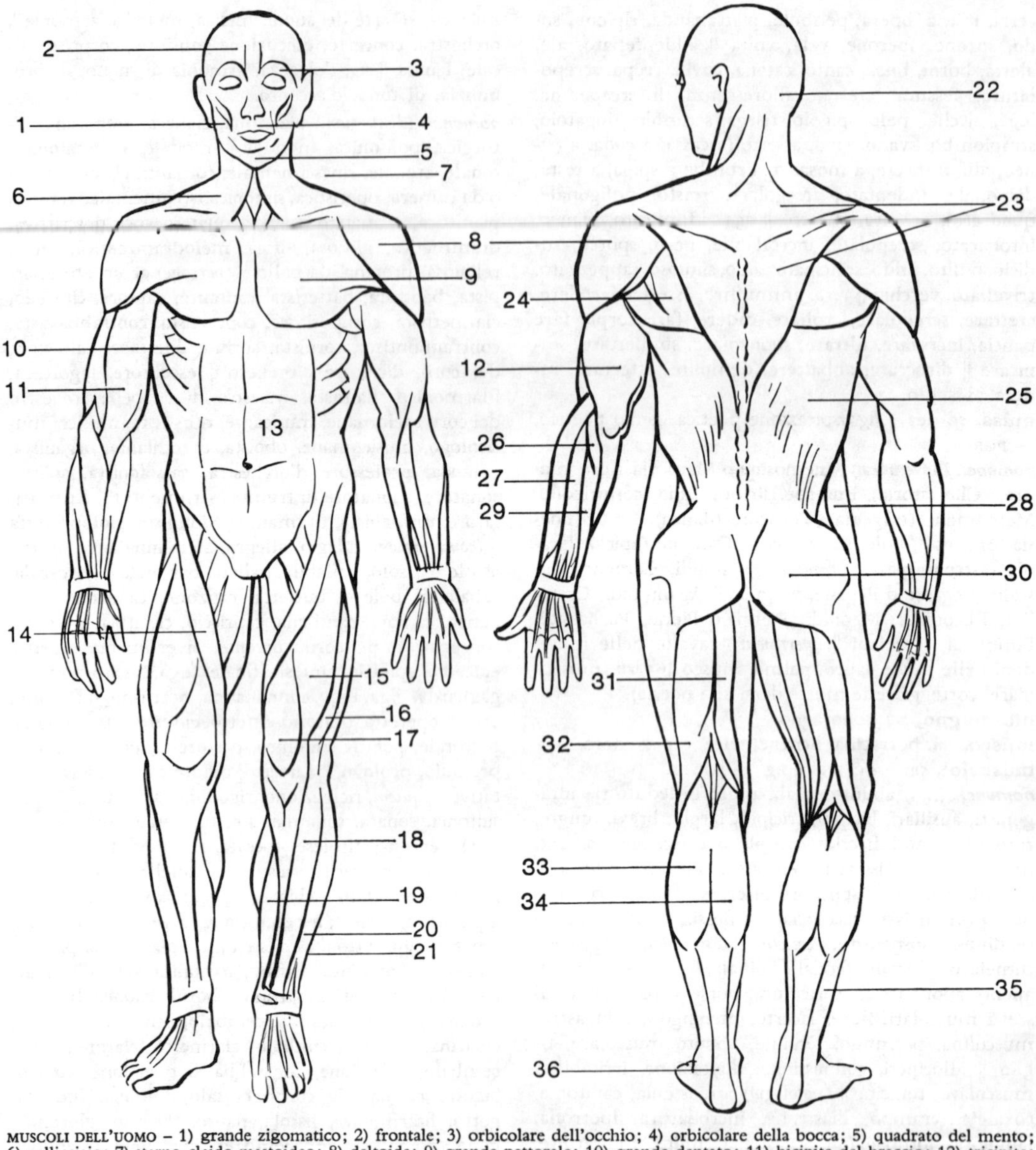

MUSCOLI DELL'UOMO – 1) grande zigomatico; 2) frontale; 3) orbicolare dell'occhio; 4) orbicolare della bocca; 5) quadrato del mento; 6) pellicciaio; 7) sterno-cleido-mastoideo; 8) deltoide; 9) grande pettorale; 10) grande dentato; 11) bicipite del braccio; 12) tricipite; 13) retto dell'addome; 14) sartorio; 15) retto della coscia; 16) vasto laterale; 17) vasto mediale; 18) tibiale anteriore; 19) soleo; 20) lungo peroniero; 21) estensore lungo; 22) occipitale; 23) trapezio; 24) infraspinato; 25) grande dorsale; 26) anconeo; 27) estensore comune delle dita; 28) grande obliquo; 29) estensore ulnare del carpo; 30) grande gluteo; 31) semitendinoso; 32) bicipite femorale; 33) gastroctemio laterale; 34) gastroctemio mediale; 35) soleo; 36) tendine di Achille.

grappa, punto, rigo, ripresa, ritornello, sbarre, scala o gamma, solfeggio, tempo (ordinario, binario, ternario, a movimenti pari, a movimenti dispari), minima, semiminima, breve, semibreve, croma, semicroma, biscroma, semibiscroma || acuta, bassa, di passaggio, discendente, di petto, di gola, di testa, dominante, falsa, fondamentale, forzata, legata, obbligata, puntata, scivolata, sincopata, tonica || modale, soprammodale, media, soprammedia, dominante, sottodominante, sopraddominante, sensibile || diapason o corista, figura, gruppo, notina, ottava, sestina, sincope || (*abbellimenti*) acciaccatura, appoggiatura, arpeggio, cadenza, gruppetto, mordente, sestina, terzina, trillo || (*movimenti*) adagio, affettuoso, agitato, allegretto, allegro, amabile, amoroso, andante, andantino, grave, largo, lento, maestoso, moderato, mosso, patetico, presto, prestissimo, scherzando, vivace || a capriccio, accelerando, a due, affrettando, all'ottava, a piacere, appassionato, bis, calando, con brio, con espressione, con moto, crescendo, diminuendo, forte, fortissimo, piano, smorzando, stringendo || *agg.* appassionata, capricciosa, carezzevole, briosa, vivace, gaia, allegra, piacevole, chias-

sosa, complicata, rumorosa, discorde, dolce, elevata, leggera, maestosa, grandiosa, scelta, scorrevole, seria, severa, sforzata, soave, gentile, grata, solenne, stridula, uggiosa, noiosa, monotona, tediosa, pesante, sgradita || *verb.* accelerare, accennare, accentare, accompagnare, accordare, affiatare, allargare i tempi, andar a tempo, arpeggiare, baritoneggiare, battere il tempo, belare, berciare, cantare, canterellare, canticchiare, comporre, dar fiato, fiorettare, fischiare, gorgheggiare, granire le note, grattare uno strumento, intonare, leggere uno spartito, mettere in musica, modulare, musicare, pestare, pizzicare, preludiare, rallentare, registrare, salmodiare, scarabillare, sfiatarsi, sgolarsi, solfeggiare, smusicare, squillare, stonare, stornellare, strimpellare, stringere i tempi, strombettare, trillare, uscir di chiave, vocalizzare.
contr. cacofonia, rumore, frastuono, dissonanza, urlo, stridore.
musicàle, *agg.* armonioso, melodioso, armonico, melodico, melico, bene intonato.
contr. cacofonico, stonato, urlato.
musicalità, *sf.* → MELODIA.
musicànte, *sm.* bandista, musicista, musico, sonatore, artista, virtuoso, filarmonico, musicofilo, dilettante, amatore, cantante.
musicàre, *v.tr.* mettere in musica || *intr. rar.* → CANTARE.
musicísta, *sm.* compositore || sonatore, esecutore, → MUSICANTE.
músico, *sm.* dilettante, amatore, → CANTANTE, MUSICANTE.
musicòfilo, *agg.* e *sm.* filarmonico, musicomane, amico della musica, dilettante di musica, amante della musica.
contr. musicofobo.
musicòmane, *agg.* e *sm.* → MUSICOFILO.
múso, *sm.* ceffo, cera, grifo, grinta, grugno, mútria, niffo, mostaccio, mostacchio, ringhio, rostro, → FACCIA || ASPETTO.
contr. viso aperto, ridente, disteso.
musolièra, *sf.* → MUSERUOLA.
musóne, *sm.* grugnone, mutrione.
contr. giovialone, allegrone.
mússola, *sf.* mussolo, mussolina, pelle d'uovo, madapolàm, → CAMBRI.
mussolína, *sf.* → CAMBRI, MUSSOLA.
mustàcchi, *sm. pl.* → BAFFI.
musulmàno, *agg.* e *sm.* mussulmano, maomettano, islamico, islamita, islamitico.
múta, *sf.* vicenda, mutazione; cambiamento di posto, cambio della guardia, quanto serve a mutare || numero di cavalli, di cani, ecc. || fare del baco || folla, moltitudine.
mutàbile, *agg.* variabile, → VOLUBILE, CAMBIABILE.
contr. immutabile.
mutabilità, *sf.* variabilità, leggerezza, instabilità, incostanza, → VOLUBILITÀ.
contr. immutabilità.
mutabilménte, *avv.* → INCOSTANTEMENTE.
mutaménto, *sm.* mutazione, catastrofe, scioglimento, cangiamento; baratto, cambio, permuta, permutazione, → CAMBIAMENTO, TRASFORMAZIONE.
mutàre, *v.tr.* correggere, commutare, permutare, trasmutare, scambiare, barattare, → CAMBIARE, TRASFORMARE || *intr.* → EVOLVERE, DIVENIRE.
contr. rimanere invariato, uguale, identico; nel medesimo stato, condizione, stato d'animo o pensiero.
mutazióne, *sf.* → TRASFORMAZIONE.
mutévole, *agg.* incostante, → CAMBIABILE, VOLUBILE.
contr. costante.
mutevolézza, *sf.* incostanza, → VOLUBILITÀ.
contr. costanza.
mutilàre, *v.tr.* → TAGLIARE, TRONCARE || CASTRARE || *fig.* sopprimere, togliere, sconciare, guastare, offendere gravemente.
mutilàto, *pps.* di mutilare || *agg.* e *sm.* minorato, monco, storpio, mutilo, → INVALIDO, CASTRATO || *fig.* incompleto, sminuito, gravemente deluso, frustrato, contraddetto; rivoltato.
contr. illeso, integro, valido || intero, soddisfatto, saziato.
mutilazióne, *sf.* minorazione, autolesione, mozzamento, troncamento, amputazione, storpiatura, → ASPORTAZIONE.
mútilo, *agg.* mozzo, mutilato, tronco, troncato, incompleto, mancante di qualche parte.
contr. intero, completo, intatto, integro.
mutísmo, *sm.* afonia.
contr. loquacità.
múto, *agg.* e *sm.* ammutolito, mutolo, sordomuto || *fig.* tacito, silenzioso, taciturno, quieto, concentrato.
nomencl. dattilologia, dattilofasia.
contr. loquace, ciarliero, rumoroso.
mútolo, *agg.* e *sm.* → MUTO.
mútria, *sf.* contegnosità, muso, musoneria, → FACCIA.
mutualísmo, *sm.* simbiosi, mutualistica.
mutuazióne, *sf.* → SCAMBIO.
mútulo, *sm.* → MENSOLA.
mútuo, *agg.* scambievole, vicendevole, reciproco, alterno || *sm.* → PRESTITO.
contr. unilaterale, proprio, esclusivo.

N

nabàbbo, *sm.* → RICCO.
nàcchere, *sf. pl.* castagnette, castagnole, cròtalo, gnacchere.
nadièlla, *sf.* → DISPENSA.
nadír, *sm.*
contr. zenit.
nàfta, *sf.* → CARBURANTE.
nàia, *sf.* → SERPENTE.
nomencl. cobra, vipera dagli occhiali, aspide di Cleopatra, *naia tripudians.*
nàiade, *sf.* ninfa, nereide, oceanina.
naneròttolo, *sm.* → NANO.
nàno, *agg.* lillipuziano, → BASSO || *sm.* omiciattolo, pigmeo, nanerottolo.
nomencl. microsomia, nanismo, rachitismo.
contr. gigantesco || gigante || macrosomia, gigantismo.
nàppa, *sf.* → FIOCCO.
nàppo, *sm. lett.* → BICCHIERE.
narcíso, *sm.* giunchiglia, tazzetta || *fig.* bellimbusto.
nomencl. (*specie*) campestre, romano || Narciso, narcisismo.
narcòsi, *sf.* anestesia, cloroformizzazione, sopore, torpore, analgesi, eterizzazione, stupefazione.
contr. eccitazione, sovreccitazione, orgasmo, tensione.
narcòtico, *agg.* e *sm.* ipnotico, soporifero, sonnifero, anestetico, analgesico, oppiaceo, stupefacente, droga, → CALMANTE.
nomencl. (*tipi*) anodini, sedativi, calmanti, ipnotici || (*esempi*) cloroformio, morfina, etere, oppio, bromuro, cloralio, veronal, belladonna, stricnina, cloruro di etile, cloruro di etilene, ipnone, stramonio.
contr. eccitante, eccitatore, inebriante.
nàrdo, *sm.* spigonardo, lavanda.
nàri, *sf. pl.* → NARICE, NASO.
naríce, *sf.* nari, froge, coane, → NASO.
narràre, *v.tr.* raccontare, accontare (*ant.*), contare, favolare, favoleggiare, novellare || esporre, dire, riferire, ragguagliare, menzionare, ragionare, rendere conto, ridire, → ENUMERARE || *intr.* parlare di.
contr. moraleggiare, filosofare, scrivere saggi.
narratíva, *agg.* e *sf.* narrazione || parte di un'opera dove si svolge il racconto; stile, modo di narrare || genere letterario (romanzo, novella, ecc.).
narratóre, *sm.* raccontatore, romanziere, novelliere, novellatore, novellista, autore, favoleggiatore, → SCRITTORE || descrittore, espositore, referendario, referente, riferitore.
narrazióne, *sf.* esposizione, descrizione, racconto, narragione (*ant.*) || cronaca, storia, annali, biografia, autobiografia, memorie, diario, poesia, romanzo, novella, favola, fiaba, leggenda || relazione, rapporto, rassegna, rendiconto, resoconto, verbale.
nomencl. *agg.* vivace, viva, vigorosa, brillante, efficace, utile, drammatica, tragica, commovente, pietosa, dolorosa, triste, lagrimevole, comica, farsesca, prolissa, lunga, barbosa, noiosa, amena, confusa, esatta, precisa, minuziosa, monca, lucida, insulsa, colorita, scolorita, scialba, sbiadita, incolore, ordinata.
nartèce, *sm.* → PORTICO.
nàscere, *v.intr.* venire alla luce, al mondo, alla vita, aprire gli occhi alla luce, essere partorito || germogliare, sorgere, spuntare || scaturire, rampollare, sgorgare || *fig.* cominciare, apparire, manifestarsi, esser causa, procedere, provenire, dipendere, originarsi, venire, accadere, avvenire, → DERIVARE, DISCENDERE.
contr. morire, cessare, interrompere, decadere, annullare, finire.
nasciménto, *sm.* → NASCITA.
nàscita, *sf.* nascimento, natività, natale, natalizio, genitura, nascenza (*ant.*), → GENERAZIONE || ORIGINE, PRINCIPIO || STIRPE || schiatta, condizione.
nomencl. (*inerenti*) anniversario, genetliaco, compleanno || creazione, palingenesi.
contr. morte, cessazione, interruzione, fine.
nascitúro, *agg.* → FUTURO.
contr. morituro.
nascóndere, *v.tr.* celare, appiattare, annidare, covare, coprire, acquattare, adombrare, adonestare, contrabbandare, agguattare, ascondere, coonestare, eclissare, immacchiare, insiepare, inselvare, insabbiare, larvare, mantellare, mascherare, mucciare, nicchiare, occultare, omettere, rimbucare, travestire, rimpiattare, rincantucciare, riporre, sbiettare, seppellire || dissimulare, eludere, evitare, infingere, fingere, ingannare, sottacere, sottintendere, velare, palliare, tacere, sfuggire, sgattaiolare, sgusciare, sottrarre, svincolare || *rifl.* inselvarsi, annidarsi, rifugiarsi, rannicchiarsi, rimpiattarsi, rintanarsi, appostarsi, accosciarsi, accoccolarsi, rincantucciarsi || fare il nesci, fare lo gnorri, far la gatta di Masino, fare l'indiano, far mistero, fare orecchio da mercante, mettere a dormire o agli archivi, mettere a tacere, passar sotto silenzio.
nomencl. (*attinenti*) sotterfugio, nascondiglio || latitante, irreperibile, furtivo, clandestino, implicito, quatto, acquattato, accoccolato, nascosto, dissimulato, finto, celato, mascherato.
contr. mostrare, affrontare, aggiornare, appalesare, palesare, confidarsi, dichiarare, scoprire, manifestare, aprire, mettersi in luce, portare alla luce.
nascondíglio, *sm.* cantuccio, buco, latebra, latibolo, recesso, ricettacolo, rifugio, ripostiglio, tana, nido.
nascondiménto, *sm.* occultazione, dissimulazione, elusione, misteriosità, occultamento, omissione, retroscena, segreto, riserva mentale, contrabbando, clandestinità.
contr. chiarezza, confessione, esibizione, manifestazione, palesamento, rivelazione, mostra, confidenza, apertura, dichiarazione, scoperta, denuncia, inquisizione.
nasconditóre, *sm.* occultatore, favoreggiatore, impostore, ipocrita, dissimulatore, simulatore, sornione.

contr. denunciatore, palesatore, propalatore, svelatore, rivelatore.

nascóso, *agg. lett.* ascoso, → NASCOSTO.

nascostaménte, *avv.* alla chetichella, celatamente, occultamente, segretamente, clandestinamente, di soppiatto, di furto, di contrabbando, dissimulatamente, in modo ermetico, esotericamente, quatto quatto.

contr. apertamente, chiaramente, esplicitamente, essotericamente, palesemente, potentemente, scopertamente.

nascósto, *pps.* di nascondere || *agg.* larvato, latente, ascoso, celato, cieco, clandestino, furtivo, chiuso, coperto, acquattato, quatto, appiattato, dissimulato, ermetico, esoterico, imperscrutabile, inosservato, in sordina, latitante, misterioso, nascoso, occultato, occulto, omesso, oscuro, profondo, recondito, riparato, riposto, secreto o segreto, sepolto, sotterraneo, sottinteso, tacito, taciuto, tenebroso, velato, represso, soppresso, mascherato, finto, palliato, larvato.

contr. rivelato, aperto, chiaro, esplicito, espresso, essoterico, svelato, riconosciuto, evidente, palese, patente, scoperto.

nasèllo, *sm.* monachetto, → MERLUZZO.

nàso, *sm.*

nomencl. (*forme, qualità*) a ballotta, a becco o beccuccio, a becco d'anitra, affilato, adunco, arcuato, profilato, appuntato, a peperone, a petronciano, petonciano, appallottato, aquilino, arcionato, arricciato, bitorzoluto, camuso, intasato, lungo, paonazzo, rosso, rigonfio, rubicondo, rincagnato, spugnoso, a uncino, strappato || (*parti*) ale o alette o pinne, alveolo nasale, canna o canale del naso, cavità, coane, colonna, cornetti, dorso etnoide, arterie o vene etnoidali, froge, gobbo del naso, lobo, membrana pituitaria, mucose, narici o nari, ossa nasali, pinna pituitaria, punta, quartieri, radice, turbinati, vomere; muscoli elevatori, compressori, depressori || (*pertinenti*) muco, moccio, goccia, gocciola, moccione, moccioso, nasone, nasica, nasuto || (*patologia*) anosmia, apomittosi, aporinosi, cimurro, caonorragia, copparosa, etnoidite, gravedine, corizza o infreddatura o raffreddore; intasamento, ozena, parosmia, pippolo, polipo, rinite, rinorragia, rinoscleroma, rinotite || (*medicina*) nasologia, otorinolaringoiatria, rinoplastica, rinoscopia || (*animali*) rostro, becco, proboscide, froge || *verb.* arricciare, aggricciare, grattare, pulire, tappare, battere, soffiare, soffiarsi; fiutare, sternutire o starnutire, annusare, tappare, tirar su, gocciolare, sgocciolare, smocciare.

nàspo, *sm.* → ARCOLAIO.

nàssa, *sf.* barbaia, bertovello, ritrosa.

nastríno, *sm.* → LASAGNA.

nàstro, *sm.* fettuccia, passamano, canutiglia, ciniglia, gallone, nastriera, → FASCIA, GALA, FIOCCO.

nomencl. (*vari*) d'argento, di seta, di cotone, di velluto, per guarnire || metallico, magnetico, isolante, trasportatore, per macchina da scrivere, ecc. || (*attinenti*) aghetti, bigherino, chiacchierino, cintola; galano, gallone, greca, spighetta, guarnizione, stringa, reggetta, spinetta, cappio, ciuffo, cordellina, cordoncino, frangia, nappo || matassa, pezza, nastrame.

natàle, *agg.* nativo || *sm.* giorno natalizio, → NASCITA.

nomencl. (*inerenti*) avvento, vigilia, presepio, albero, ceppo, pastorale, doni di Natale.

natalità, *sf.* complesso delle nascite.

nomencl. demografia, demografico.

contr. mortalità, denatalità.

natalízio, *agg.* del Natale || natale, nativo || *sm.* compleanno, genetliaco, → NASCITA.

natànte, *agg.* galleggiante || *sm.* imbarcazione, → NAVE.

natàre, *v.intr. rar.* → NUOTARE.

nàtica, *sf.* chiappa, clune, sedere, lacca, deretano.

nomencl. (*muscoli*) grande, medio e piccolo gluteo.

nativísmo, *sm.* innatismo.

natività, *sf.* → NASCITA || NATALE.

nativo, *agg.* natio (*poet.*), → CONGENITO || NATURALE, SPONTANEO || ORIGINARIO, INDIGENO || *sm.* abitante, aborigeno, autoctono, indigeno.

contr. acquisito || forestiero, straniero, estraneo.

nàto, *pps.* di nascere || *agg.* → DISCENDENTE || *sm.* → FIGLIO.

nomencl. neonato, antenato, bennato, malnato, postumo, congenito, innato.

contr. morto, defunto.

nàtta, *sf.* → TUMORE.

natúra, *sf.* universo, creato, il tutto, → ENTE || GENERE, ESSENZA || qualità, tendenza, complessione, indole, costituzione, inclinazione, temperamento, → ISTINTO, CARATTERE, ABITUDINE || necessità || corso, legge, ordine, regno, forma || parti pudende.

nomencl. (*distinzioni*) naturante, naturata, generante, minore || animale, vegetale, minerale, razionale, umana, divina, angelica, esteriore, corporea, fisica, inanimata, inorganica, organica, vivente || naturale, snaturato, contro natura, contrario a natura; soprannaturale, extranaturale, connaturale, preternaturale || (*scienze e sistemi*) geologia, fisica, dinamica, chimica, biologia || filosofia naturale, diritto naturale, panteismo, fisiocrazia, positivismo, verismo, naturalismo, naturismo, selezione naturale || *agg.* anormale, connaturale, omogenea, temibile, selvatica, || medicatrice, pietosa, gentile, serena || *verb.* connaturare, degenerare, forzare, naturare, pervertire, snaturare, trasumanare, umanizzare.

contr. uomo, macchina, arte, convenzione.

naturàle, *agg.* ingenito, connaturale, connaturato, innato, insito, nativo, istintivo || autentico, genuino, candido, chiaro, crudo, franco, ingenuo, leale, limpido, lineare, mero, netto, nudo, pretto, puro, schietto, semplice, sincero, spontaneo, verace, veridico, veritiero, vero || comune, normale, ordinario, ovvio, regolare || disimpacciato, disinvolto, spigliato, spontaneo, alla buona || *sm.* temperamento, → INDOLE.

contr. acquisito; innaturale, anormale, abnorme, subnormale, eccezionale, supernormale, strano || alterato, artificiale, artificioso || manierato, viziato, insincero || convenzionale, melodrammatico.

naturalézza, *sf.* normalità, regolarità || autenticità, candidezza, candore, chiarezza, franchezza, genuinità, ingenuità, lealtà, limpidezza, purezza, schiettezza, semplicità, sincerità, veracità, veridicità, verità || disimpaccio, disinvoltura, facilità, scioltezza, spigliatezza, spontaneità.

contr. artificio, affettazione, ostentazione, innaturalezza, anormalità, eccezionalità, esagerazione.
naturalísmo, *sm.* culto della natura, imitazione della natura, verismo, realismo, naturismo, scientifismo, neorealismo.
contr. spiritualismo, ascetismo, razionalismo.
naturísmo, *sm.* nudismo.
contr. urbanesimo, civiltà meccanica.
naturísta, *sm.* e *f.* nudista.
naufragàre, *v.intr.* far naufragio, colare a picco, essere inghiottito dalle acque, scendere nell'abisso, → AFFONDARE, SOMMERGERE || *fig.* fallire, essere sconfitto, non riuscire, andare in rovina.
contr. salvarsi, affermare il lido, giungere a riva, vincere, riuscire, affermarsi, aver successo.
naufràgio, *sm.* → AFFONDAMENTO, SOMMERSIONE || *fig.* → INSUCCESSO.
naumachía, *sf.* battaglia navale, → BATTAGLIA.
nàusea, *sf.* indigestione, ripienezza, turbamento di stomaco; repulsione, avversione al mangiare, stomacaggine; agitazione, commozione, sconvolgimento di stomaco, schifo, → INAPPETENZA || *fig.* fastidio, uggia, disgusto, noia, stanchezza, ripugnanza, avversione, ribrezzo.
contr. appetenza, appetito, desiderio, voglia, avidità, cupidigia, ingordigia, concupiscenza || simpatia, gradimento.
nauseabóndo, *agg.* disgustoso, nauseante, ripugnante, ributtante, stomachevole, schifoso, sazievole, stucchevole, → FETIDO || *fig.* fastidioso, noioso, scostante.
contr. appetitoso, gradevole, appetibile || desiderabile, eccitante, concupiscibile, provocante, stimolante, stuzzichevole, stuzzicante.
nauseànte, *ppr.* di nauseare || *agg.* → NAUSEABONDO.
nauseàre, *v.tr.* e *intr.* disgustare, stomacare, sdegnarsi dello stomaco, fare stomaco, rivoltare lo stomaco, ripugnare, aver schifo, avversione, stuccare, ristuccare, stancare, dare fastidio, infastidire, ributtare; dare, destare, provocare, prendere, provare nausea.
contr. essere gustoso, gradito, appetitoso, desiderato; appetire.
nauseàto, *pps.* di nauseare || *agg.* disappetente, disgustato, stomacato, ristucco, fastidito, schifato, sdegnato infastidito, inappetente, schifiltoso, schizzinoso, svogliato, impaziente, → SAZIO.
contr. appetente, desideroso, voglioso, voglioloso, smanioso, avido, cupido, ingordo.
nàuta, *sm.* nocchiero, pilota, → MARINAIO.
nomencl. acquanauta, motonauta, cosmonauta.
nàutica, *sf.* scienza della navigazione, arte marinaresca, marineria, marina, pilotaggio, → NAVIGAZIONE.
navàia, *sf.* → COLTELLO.
navàle, *agg.* → MARITTIMO.
nàve, *sf.* natante, imbarcazione, naviglio, piroscafo, vascello, bastimento, motonave, transatlantico, legno.
nomencl. (*tipi*) armata, disarmata, a vapore, a vela, baleniera, bananiera, corriera, corsara, costiera, da guerra, d'alto bordo, di basso bordo, di cabotaggio, di lungo corso, galluta, guardacoste, insommergibile, sottile, stagna, in zavorra, mercantile, negriera, oneraria, ospitaliera, peschereccia o pescatoria, poppiera, prodiera, quartierata, sommergibile, stazionaria, abbancata, addormentata, affollata, avariata, impoppata, orziera, poggiera || (*specificazioni*) accone, alleggio, barbotta, barca, barchetta, barcone, bastarda, battana, battello, bilancella, bissona, bombarda, bragozzo, *brick*, brigantino, bucintoro, burchiello, burchio, caicco, canoa, canotto, caracca, caravella, *cargoboat*, checchia, chiatta, cimba, cisterna, cocca, corsale, *cutter*, draga o cavafondo, feluca, *ferry-boat*, flibotto, fuoribordo, fusta, galea, galeazza, galeone, galeotta, galera, giunca, goletta, gondola, guscio, lancia, maona, margherotta, motonave, motoscafo, navalestro, navicella, navicello, orca, pachebotto, palischermo, paranza, peota, piffero, piroga, pontone, rimorchiatore, saettia, saica, sandolino, scafarda, schifo, *schooner*, sciabecco, scialuppa, *sculler*, *steamer*, tartana, trabaccolo, trealberi, vaporetto, velacciere, *yacht* o panfilo, zattera || (*parti ed elementi*) chiglia (controchiglia, sottochiglia, sopracchiglia), ruota (di prua, di poppa), calcagnolo, controdritto di poppa, quadro di poppa, coste, paramezzale, scassa, madieri, fasciame (interno, esterno), tagliamare, gasco, polena, bagli, puntali, murate, scalmo, scalmiere, castello (di poppa, di prua), cassero, ombrinali, trincarino, boccaporto, cubie, bitte, landre, tuga, pedagno || sinistra, bagnasciuga, ballatoio, banda, barcarizzo, bocca, bordo, cabina, cambusa, carcassa, carena o opera viva, coperta, corridoio, corsia, discolato, gavoni, linea d'acqua, metacentro, portellino od oblò, opera morta, paratie, piano di galleggiamento, ponte di comando, plancia, ponti, poppa, prua, scafo, sentina, stiva, timone o governo (agugliotti, anime, bandelle, barra, spalla o rovescio), tolda, dritta || (*alberi*) maestro (fuso maggiore, albero di gabbia, alberetto di gran velaccio, alberetto di controvelaccio), di mezzana (fuso maggiore, albero di contromezzana, alberetto di belvedere, alberetto di controbelvedere), di trinchetto (fuso maggiore, albero di parrocchetto, alberetto di velaccino, di controvelaccino), di bompresso (asta di fiocco, di controfiocco) || (*pennoni*) di trinchetto, di basso parrocchetto, di parrocchetto, volante, di velaccino, di controvelaccino, di maestra, di bassa gabbia, di gabbia volante, di gran velaccio, di controvelaccio, di mezzana, di bassa contromezzana, di contromezzana volante, di belvedere, di controbelvedere || (*manovre*) dormienti o sartiame: straglio o strallo (di maestro, di gabbia, di gran velaccio, di controvelaccio, di mezzana, di contromezzana, di trinchetto, di parrocchetto), stragliетto (di velaccino, di controvelaccino, di controbelvedere, di belvedere), sartie (di maestra, di mezzana, di trinchetto, di gabbia, di parrocchetto, di contromezzana), sartiette (di velaccio, di controvelaccio, di belvedere), paterazzetto (di velaccino, di controvelaccino, di gran velaccio, di controvelaccio, di belvedere, di controbelvedere), martingala, briglie (del bompresso, delle aste di fiocco), controsartie, draglierigge, trinche, trozze, venti || volanti: ala, alzana, amarra, bobina, bozza, braccio, canapo, carica, cavi piani, cavi torticci, cima, commando, drizza, gherlino, ghindazzo, gomena, gratile, grippia, imbrogli, issa, matafione, merlino, mura, ormeggio, orza, ralinga, sago-

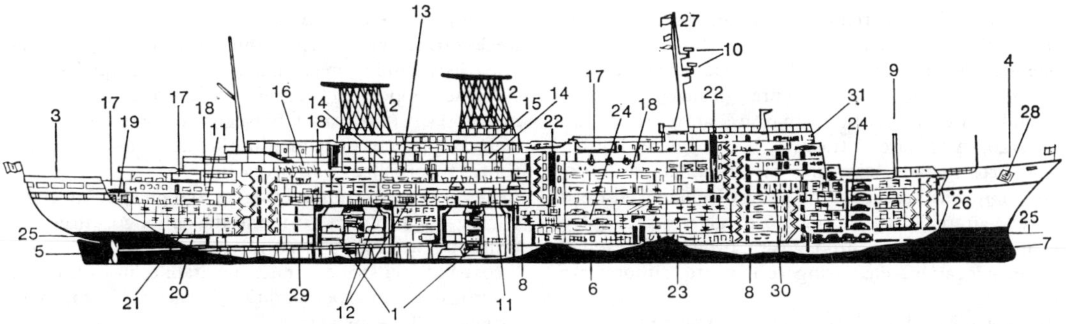

NAVE (*spaccato*) - 1) sala macchine; 2) fumaiolo; 3) cassero di poppa; 4) castello di prua; 5) timone; 6) chiglia; 7) tagliamare; 8) serbatoi nafta; 9) picco di scarico; 10) radar; 11) cucine; 12) centrale elettrica; 13) salone; 14) cabine 1ª classe; 15) canile; 16) cinematografo; 17) piscina; 18) salone delle feste; 19) deposito autocarri; 20) deposito acqua; 21) alloggi; 22) ascensori; 23) cambusa; 24) garage; 25) linea d'acqua; 26) oblò; 27) albero maestro; 28) ancora; 29) albero dell'elica; 30) chiesa; 31) ponte di comando.

la, scotta, tonneggio, traglia || (*vele*) velame, velatura, superficie velica, velaccia, velaccina || auriche, di straglio, di taglio, latine, maestra, mezzana, murata, quadra- gheronata || di trinchetto, di basso parrocchetto, di parrocchetto, di velaccino, di controvelaccino, di maestra, di bassa gabbia, di gabbia volante, di gran velaccio, di controvelaccio, di mezzana, di bassa contromezzana, di contromezzana, volante, di belvedere, di controbelvedere, gagliardetto, randa, controranda || artimone, bastardo, borda, brigantina, carbonera, civada, cocchina, coltellaccio, controfiocco, contropappafico, falso, gabbia, gabbiaiola, granfiocco, mezzanella, parrocchetto, scopamare, trevi, trinchettina || allungamento, antennale, batticoffa, bordame, distesa, ferzo, grembo, guida, guaina, invergatura, midolla, terzaruolo || (*attrezzatura*) àncora (a due, a quattro marre, di rispetto, di speranza, di tonneggio); afforco, ancorotto, andrivello, grappina, guardiano, rampone; amo, unghia, asta, ranche, catena, ceppo, cicala, diamante, fuso, fusto, marre, occhio, orecchie, raffi), bigotta, bozzello, canestro, capone, carrucola, catena, cazzascotta, fasciatura, galloccia, impiombatura, legatura, nodo (d'anguilla, d'àncora, di filaccia, di gomena, di grippa, doppio, mezzocollo, parlato, piano, dritto), paranco, puleggia, trilingaggio || (*cavi*) piani bianchi, piani catramati, prodani, torticci, ralinghe, sagole, staffa, gomena, alzana, anchini, baderna, bozza, canapa, doppino, epigeo, gratile, ormeggio, orza, palmiera, palomba, patte, serrabozza, tiratore, traglia, trapelo, trappe, viradore || calumo, cima, lumache, manicotto, pigna, vetta, zampa d'oca || (*macchine*) a bilanciere, a cilindri oscillatori, a triplice espansione, a turbina, a benzina || albero, biella, bilanciere, braccio, bronzina, caldaia, camma, cassetto di distribuzione, castello, cinghia, condensatore, cuscinetto, dinamometro, distributore, eccentrico, elica, freno, ingranaggio, leva, manometro, ossatura, pàttino, pignone, propulsore, registro, regolatore, stantuffo, valvola, volano || affondatoio, arrestatoio, caliorna, campana, capra, carrucola, cavallino, drops, lentia, mancina, martinetto, pallone, propulsore, tura, ventilatore || branda alighiero o gaffa, alzaia, argano, battimare, boa, chiavarda, fanale, frettazza, fumaiolo, gavitello, gottazza, grue, guardalati, o parabordo, guardamani, maniche a vento, pagaia, passarella, remo, rispetti, scala, scalandrone, sessola, stazza || (*nave da guerra*) avviso, brulotto, cacciatorpediniere, cannoniera, corazzata, corriera, corsale, corvetta, fregata, incrociatore, mas, monitore, nave scuola, nave ammiraglia, nave sussidiaria, sambuco, sottomarino o sommergibile, torpediniera || ammiraglia, blindata, capitana, di scorta, di vedetta, parlamentaria, rostrata, stazionaria, turrita, da sbarco || armata, divisione, flotta, flottiglia, squadra || bandiera, barbetta, bastingaggio, blinda, corvo, feritoia, fiamma, gagliardetto, impavesata, insegne, quadrato, rostro, santabarbara, siluro, torpedine, torre girevole || (*arsenale*) cantiere navale, darsena; bacino di carenaggio, di raddobbo, galleggiante; corderia, parco, pegoliera, squero, scalo, veliere || sparati, portavasi, vasi, longherine, traverse, tiranti, castagne, tacchi, apparecchio di spinta o varatoio, puntello, platea, catrame, cordami, tela || apparecchio di abbattuta, apparecchio di raddrizzo, becco corvino, biga, fraschiere, maglietto, mano di ferro, padella, patarasso, stringibordo, tura || (*persone*) aguzzino, alberante, ammiragliato, ammiraglio (ammiraglio di divisione o di squadra), armatore, arsenalotto, baleniere, barcaiolo, bracciere, cabottiere, calafato, cannoniere, canottiere, capitano (di lungo corso, di gran cabotaggio, di piccolo cabotaggio, di porto, di corvetta, di fregata, di vascello), caricatore, carpentiere, ciurma, commissario, commodoro, corsaro, costiere, equipaggio, fochista, galeotto, gente di mare, gondoliere, guardia, guardiamarina, guardiano del faro, lupo di mare, macchinista, maestranze, maestro di stiva, marangone, marinaio, maestro d'ascia, medicodi bordo, mozzo, nauta, navarca, navigante, navigatore, nocchiero, noleggiatore, nostromo, padrone, palombaro, passeggiero, gabbiere, pilota, pirata, quartiermastro, squerarolo, stivatore, tenente di vascello, timoniere, torpediniere, ufficiale, vedetta, vogatore.

navicèlla, *sf.* → BARCA, NAVE.

navicellàio, *sm.* navichiere (*ant.*), → BARCAIOLO.

navigànte, *ppr.* di navigare || *sm.* marittimo, → MARINAIO.

navigàre, *v.intr.* andar per mare, circumnavigare, trasportare, veleggiare, trasportar sul mare; viaggiare sull'acqua, per mare; far rotta, far vela, solcare i mari,

prendere il largo, prendere il mare, spiegar le vele, tenere il mare, vogare.
nomencl. (*modi*) a remi, a vela, a vapore, col vento in poppa, a seconda, contro corrente || (*manovre*) abbordare, abbrivare, accostarsi, ammarrare, ancorare, andare al largo, approdare, attraccare, beccheggiare, bordeggiare, costeggiare, doppiare, far rotta, far scalo, far vela, fare una traversata, filare, galleggiare, girare di bordo, virare, levar l'àncora, ormeggiare, orzare, pigliar fondo, poggiare, prodeggiare, prueggiare, randeggiare, spiegar le vele, stringere il vento, rimorchiare, arrancare.
navigàto, *pps.* di navigare || *agg.* → ESPERTO.
navigatóre, *sm.* → MARINAIO.
navigazióne, *sf.* nautica, marina, pilotaggio, cabotaggio, circumnavigazione, periplo, traversata, viaggio marittimo, crociera.
nomencl. (*tipi*) di cabotaggio, costiera, di lungo corso, fluviale, lacuale, subacquea, aerea, marittima, spaziale || *agg.* tranquilla, serena, piacevole, tempestosa, difficile, facile.
navíglio, *sm.* → FLOTTA, NAVE || CANALE.
navóne, *sm.* rapaccione, ravizzone, radice (commestibile) del ravizzone.
nazionàle, *agg.* cittadino, interno, nostrano, paesano, regnicolo, statale, terrazzano.
nomencl. *agg.* connazionale, internazionale, soprannazionale, antinazionale.
contr. estero, straniero, forestiero || mondiale, universale, ecumenico.
nazionalísmo, *sm.* sciovinismo, imperialismo.
contr. internazionalismo.
nazionalizzàre, *v.tr.* statalizzare, render statale, espropriare || municipalizzare.
contr. internazionalizzare.
nazionalsocialísmo, *sm.* nazismo, razzismo, nazifascismo.
nazióne, *sf.* famiglia etnica, stirpe, → GENTE, RAZZA, POPOLO || PATRIA, STATO || nascita (*ant.*).
nomencl. nazionalità || *agg.* autonoma, libera, indipendente, armata, potente, oppressa, dispersa, schiava, sottoposta || commerciale, industriale, democratica, imperialista.
nazísmo, *sm.* nazionalsocialismo.
neànche, *avv.* e *cong.* nemmeno, neppure.
nébbia, *sf.* bruma, caligine, foschia, nebbione, velo, vapori, *smog* || *fig.* offuscamento, → BUIO.
nomencl. *agg.* densa, sottile, fitta, cieca, scura, fosca, cupa, tetra, grave, folta || *verb.* addensarsi, alzarsi, espandersi, annebbiare, annebbiarsi, snebbiare, disnebbiare, spezzare, sgombrare, sciogliersi.
contr. aria limpida, pulita, tersa.
nebbióso, *agg.* nebuloso, brumoso, caliginoso, fosco || *fig.* offuscato, confuso, cupo, tetro, → BUIO.
contr. chiaro, limpido, nitido, pulito, terso.
nebulizzàre, *v.tr.* polverizzare, spruzzare.
nebulizzatóre, *sm.* → INALATORE.
nebulósa, *sf.* galàssia, via lattea.
nebulóso, *agg.* → NEBBIOSO || *fig.* incerto, vago, → CONFUSO.
contr. chiaro, terso, limpido.
néccio, *sm.* → CASTAGNACCIO.
necessàrio, *agg.* indispensabile, bisognevole, inevitabile, inevadibile, ineliminabile, insopprimibile, occorrente, opportuno, urgente, doveroso, debito, → ESSENZIALE, UTILE || *sm.* fabbisogno, occorrente.
contr. superfluo, evitabile, inutile, accidentale, contingente, pleonastico || voluttuario.
necessità, *sf.* estremo bisogno, bisogno, occorrenza, esigenza, giocoforza, imperiosità, obbligo, urgenza, utilità || natura || penuria, miseria, povertà, indigenza || cosa indispensabile, fatale, inevitabile, insostituibile, inderogabile, indispensabilità || violenza, forza, forza maggiore || → EMERGENZA.
nomencl. (*distinzioni*) metafisica, morale, fisica, fisiologica, logica, naturale, materiale, corporale, apparente, giuridica || *agg.* assoluta, dura, estrema, impellente, inevitabile, ineluttabile, prepotente, stretta, strettissima, indeclinabile, stringente || *verb.* abbisognare, necessitare, violentare, costringere, obbligare || aver bisogno, esser costretto.
contr. inanità, inutilità, pleonasmo, residuo, eccedenza, sovrappiú, superfluo || contingenza.
necessitàre, *v.tr.* mettere in necessità, sforzare, forzare, fare forza, costringere, violentare, urgere, stringere, astringere, obbligare, impegnare || *intr.* aver bisogno, → ABBISOGNARE.
contr. lasciar fare, permettere, liberare, concedere, salvare, affrancare, disimpegnare.
necròforo, *sm.* becchino.
necrològio, *sm.* obituario || necrologia, ricordo o elogio funebre, → ELOGIO, DISCORSO || annunzio funebre.
necromanzía, *sf.* negromanzia, → MAGIA.
necròpoli, *sf.* città dei morti, città morta, → CIMITERO.
necroscopía, *sf.* → DISSEZIONE, AUTOPSIA.
necròsi, *sf.* cancrena.
nefandaménte, *avv.* → BASSAMENTE.
nefandézza, *sf.* nefandità → TURPITUDINE || BARBARIE.
nefandità, *sf.* → NEFANDEZZA.
nefàndo, *agg.* scellerato, atroce, orrendo, indicibile, vergognoso, → INFAME, CATTIVO, BARBARO || TURPE.
nefàrio, *agg. lett.* → INFAME || TURPE.
nefàsto, *agg.* infausto, nefando, → MALAUGURATO, MALEDETTO, DANNOSO.
contr. fausto.
negàbile, *agg.* opinabile, dubitabile, impugnabile.
contr. innegabile, evidente.
negàre, *v.tr.* dir di no, ricusare, rigettare, ritrattare, disdire, disconoscere, non ammettere, contraddire, smentire, rinnegare, contestare, contrastare, denegare. impugnare, misconoscere, sconfessare || non concedere, rifiutare, vietare, frustrare || *rifl.* privarsi, mortificarsi, non concedersi.
contr. affermare, ammettere, riconoscere, asserire || dare, concedere || godere, fruire, usare.
negatíva, *sf.* → NEGAZIONE.
negatívo, *agg.* negante, proibente, inibente, contrario, contraddicente, escludente, opposto.
contr. affermativo, positivo, affermante, consensuale, consenziente.
negatóre, *agg.* e *sm.* (di Dio), rinnegatore, → ATEISMO.
contr. affermatore.

negazióne, *sf.* diniego, denegazione, smentita, negativa, contestazione, contraddizione, sconfessione, ritrattazione, rifiuto, impugnazione, annullamento, rinunzia, contrordine, rinnegamento || negazione di Dio, → ATEISMO.
contr. affermazione, asserzione, consenso, accordo.
neghittosità, *sf.* oziosità, accidia, inerzia, disinteresse, aridità, tiepidezza, infingardaggine, ignavia, apatia, → INDOLENZA, PIGRIZIA.
contr. partecipazione, attività, interesse, simpatia, alacrità, sveltezza, fervore.
neghittóso, *agg.* infingardo, ignavo, poltrone, svogliato, disinteressato, renitente, incurante, negletto, apatico, → INDOLENTE, PIGRO.
contr. attivo, alacre.
neglètto, *agg.* disprezzato, escluso, abbandonato da tutti || trasandato, trascurato, sciatto, inerte, non accurato, negligente, incurante, ignavo.
negligènte, *ppr.* di negligere || *agg.* incurante, trasandato, trascurato, svogliato, sbadato, infingardo, disattento, indolente, pigro, scioperato, accidioso, neghittoso, spensierato, rilassato, sonnolento, sonnacchioso, inerte.
contr. diligente, sveglio, solerte, volonteroso, accurato.
negligenteménte, *avv.* alla carlona.
contr. diligentemente.
negligènza, *sf.* incuria, disapplicazione, distrazione, disattenzione, disavvertenza, noncuranza, incuranza, svogliatezza, sbadataggine, trascuratezza, infingardaggine, indolenza, ignavia, pigrizia, rilassatezza, scioperataggine, accidia, tiepidezza, dimenticanza.
contr. diligenza, attenzione, fervore, buona voglia.
negoziàbile, *agg.* trattabile, commerciabile, contrattabile, mercanteggiabile, esitabile, cedibile, trafficabile, vendibile, comprabile, alienabile.
contr. innegoziabile, inalienabile, inesitabile, non cedibile, non trattabile, invendibile.
negoziànte, *ppr.* di negoziare || *sm.* bottegaio, commerciante, venditore, fornitore, mercante, mercatante, mercadante, merciaio, merciaiuolo, negoziatore, speculatore, trafficante, trafficone, trafficatore, trattore.
contr. compratore, cliente.
negoziàre, *v.tr.* trattare, condurre trattative || *intr.* esercitare il commercio, mercanteggiare, commerciare, trafficare, maneggiare, contrattare, mercare || barattare, scambiare, combinare, pattuire, restar d'accordo, speculare, stiracchiare, tirare.
negoziàto, *agg.* trattato || *sm.* trattativa, negoziazione, maneggio, patteggiamento, scambio, → NEGOZIO.
negoziatóre, *sm.* → MEDIATORE || NEGOZIANTE.
negoziazióne, *sf.* trattativa || compravendita, → NEGOZIO.
negòzio, *sm.* barattamento, baratto, combinazione, commercio, compravendita, contrattazione, contratto, convenzione, faccenda, traffico, rigiro, maneggio, mediazione, mercanteggiamento, mercatura, mercimonio, patteggiamento, scambio, smercio, speculazione, → AFFARE || negoziato, negoziazione, trattativa, trattato || azienda, deposito, emporio, esercizio, fondaco, laboratorio, magazzino, vendita, rivendita, spaccio → BOTTEGA.
negrétto, *agg.* → BRUNO.
negrière, *sm.* → NEGRIERO.
negrièro, *sm.* negriere, trafficante, mercante di negri, schiavista || *fig.* padrone crudele, esoso, sfruttatore.
contr. *fig.* padrone generoso, onesto.
négro, *agg.* e *sm.* moro, negrillo, di razza negra, → NERO || funesto, sfavorevole.
negromànte, *sm.* → INDOVINO, MAGO.
negromanzía, *sf.* → MAGIA.
nègus, *sm. indecl.* negus neghesti, → IMPERATORE, MONARCA.
némbo, *sm.* nimbo (*poet.*), nube oscura, temporale, tempesta, → NUVOLA || MOLTITUDINE.
nomencl. cumulinembi, nembostrati || nembifero.
nèmesi, *sf.* giustizia storica, → VENDETTA.
nemíco, *agg.* e *sm.* avversario, antagonista, avverso, inimico, astioso, malevolo, ostile, persecutore, oppositore, infesto, contrario.
nomencl. *agg.* fiero, acerbo, acerrimo, capitale, mortale, implacabile, inesorabile, giurato, crudele, spietato, atroce, efferato, eterno, perpetuo, palese, aperto, manifesto, occulto, nascosto, segreto, infesto, feroce, irreconciliabile || *verb.* inimicare, inimicarsi, aspreggiare, osteggiare, combattere.
contr. amico, alleato, socio.
nènia, *sf.* cantilena, cantafera, lamento, → CANTO || *fig.* conversazione, discorso lungo e noioso.
nenúfaro, *sm.* ninfea.
nèo, *sm.* mosca, voglia, tacca, segno || *fig.* → ERRORE || DIFETTO.
nomencl. (*tipi*) naturale, artificiale, ipertrofico, materno, pigmentario, vascolare.
neofilía, *sf.* neoterismo, filoneismo.
contr. misoneismo.
neòfito, *sm.* catecumeno, convertito, proselite, iniziato, → NOVIZIO.
neologísmo, *sm.* parola nuova, modo nuovo.
nomencl. neologia, neolalismo, neologico || analogia.
contr. arcaismo, parola antica, antiquata, fuori d'uso.
neonàto, *sm.* → BAMBINO.
neoplasía, *sf.* tumore, → CANCRO.
neoplàsma, *sm.* tumore, → CANCRO.
neoterísmo, *sm.* → NEOFILIA.
contr. misoneismo.
nepènte, *agg.* e *sm.* calmante, mitigante, antidolorifico.
contr. eccitante, irritante.
neppúre, *avv.* nemmeno, neanche, nemmanco, né.
nequitóso, *agg. ant.* malvagio, ingiusto, nemico, ostile.
contr. buono, probo, giusto, amico.
nequízia, *sf.* → BARBARIE || MALEFATTA, ENORMITÀ.
contr. bontà, onestà, giustizia.
neracciòlo, *agg.* neracchiolo, → NERO.
neràstro, *agg.* → BRUNO.
nerbàta, *sf.* staffilata, frustata, bastonata, manganellata, → COLPO.
nèrbo, *sm.* → FRUSTA, BASTONE || energia, fermezza, risolutezza, mordente, → FORZA.
nerborúto, *agg.* muscoloso, → DURO, ROBUSTO.
nereggiànte, *ppr.* di nereggiare || *agg.* → BRUNO.
nereggiàre, *v.intr.* → BRUNEGGIARE.
nerèide, *sf.* naiade, oceanina.

nerétto, *sm.* grassetto || *agg.* → BRUNO.
neríccio, *agg.* → NERO, BRUNO.
néro, *agg.* corvino, carboniccio, negro, atro, bruno, moro, morello, fosco, ghezzo, neracciolo, neracchiolo, nericcio, cafro, scuro, oscuro, buio || luttuoso, sepolcrale, melanconico, triste, doloroso || sporco || *sm.* nerume, atramento || i negri.
nomencl. (*qualità*) nero animale, nero d'avorio o d'osso, nero di composizione, bitume giudaico o asfalto, nerofumo, nero di Spagna, nero piceo, nero di platino, nero di seppia, nero di vite || come fuliggine, come il carbone, bruciato, lucido, vivace, rilucente, vaio || animale, vegetale || *verb.* annerire, nereggiare, imbrunire, annerare, rannerire, nericare (*ant.*), oscurare, infoscare.
contr. bianco, chiaro, albo || felice, lieto || pulito.
neróġnolo, *agg.* → BRUNO.
nerúme, *sm.* → NERO.
nervatúra, *sf.* innervatura, trama, ordito, diramazione, intreccio, legamenti.
nèrvo, *sm.* tendine || *fig.* tensione, scatto, energia, → FORZA, VIGORE.
nomencl. (*varie specie*) centripeti, centrifughi, intercentrali, dei sensi o specifici, motori, regolatori, acceleratori, rallentatori, secretori, trofici, vaso-motori, encefalici, olfattivi, oculomotori, facciali, glosso-faringei, pneumogastrici, accessori, ipoglossi, spinali, rachidiani, cervicali, dorsali, lombari, sacrali, cranici, intercostali, bianchi, bigi, molli, simpatici || (*inerenti*) asse cerebrospinale, gran simpatico, patetico, trigemino, ottico, acustico, glossofaringeo, vago o pneumo-gastrico, ipoglosso o motore linguale, olfattivo, trocleare || dicotomia, decussazione, chiasma, filetti, ganglio, innervazione, nervatura, nervosità, nervrilema, nevrologia, nevrotomia, papille, sugo o fluido nerveo || scossa, energia, distensione || (*patologia*) analgesia, anestesia, crampo, iperestesia, paralisi, spasmo, arresto, atonia, diplegia, siderazione, tensione, crisi di nervi o nervosa, nevrastenia, nevralgia, isterismo, nevrosi || (*medicina*) antinevrotici, antispasmodici, iposolfiti, glicerofosfati, bioplastina, lecitina || *verb.* accavallarsi, irradiare, rattrappire, contrarsi, ritirarsi, stirarsi, stendersi, allentarsi, irritare, innervare, snervare.
nervosísmo, *sm.* → NERVOSITÀ.
nervosità, *sf.* nervosismo, eccitazione, suscettibilità, irritabilità, squilibrio, reattività, tensione || (di stile) efficacia, forza, gagliardia.
contr. placidezza, calma, tranquillità, equilibrio, distensione, allentamento.
nervóso, *agg.* tendineo || *fig.* irritabile, capriccioso, suscettibile, sospettoso, agitato || isterico, nevrastenico || muscoloso, energico, scattante || *sm.* → NERVOSITÀ.
contr. calmo, disteso, tranquillo, indolente, placido, pacifico.
nèsso, *sm.* plesso, connessione, legame, rapporto, → LEGAME, RELAZIONE.
nessúno, *pron.* e *agg.* niuno, non uno, neppur uno, neanche uno, alcuno, veruno, nullo.
contr. tutti, qualcuno, qualcheduno.
nettaménto, *sm. ant.* → PULITA.
nèttare, *sm.* → BEVANDA.
nettàre, *v.tr.* detergere, → PURGARE, PULIRE.
contr. sporcare, insudiciare.
nettatóia, *sf.* sparviere.
nettatúra, *sf.* → PULITA.
nettézza, *sf.* → PULIZIA, PULITEZZA.
contr. sporcizia, sudiciume.
nétto, *agg.* nitido, → PULITO, LUCIDO || *fig.* onesto, pretto, → PURO || pronto, spedito, schietto, chiaro, secco, deciso, → NATURALE, PRECISO || detratta la tara, i gravami.
contr. sporco, sudicio || confuso, esitante, ambiguo, lento || lordo.

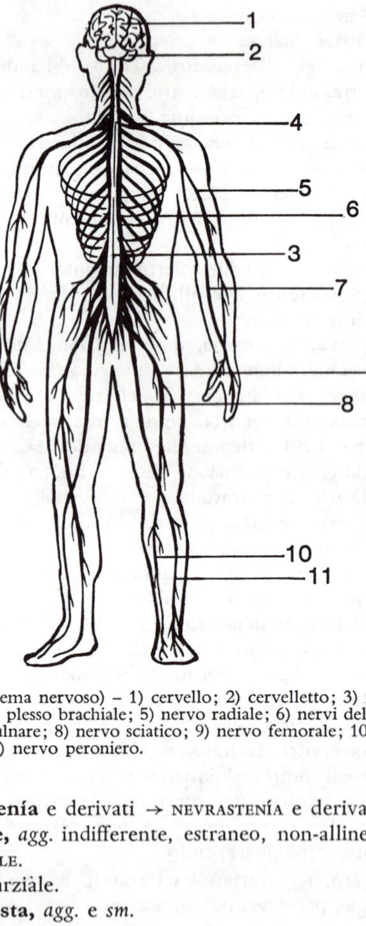

NERVI (sistema nervoso) – 1) cervello; 2) cervelletto; 3) midollo spinale; 4) plesso brachiale; 5) nervo radiale; 6) nervi del torace; 7) nervo ulnare; 8) nervo sciatico; 9) nervo femorale; 10) nervo tibiale; 11) nervo peroniero.

neurastenía e derivati → NEVRASTENÍA e derivati.
neutràle, *agg.* indifferente, estraneo, non-allineato → IMPARZIALE.
contr. parziale.
neutralista, *agg.* e *sm.*
contr. interventista.
neutralità, *sf.* → IMPARZIALITÀ || inerzia, atonia, apatia, disinteresse, → INDIFFERENZA.
nomencl. *agg.* sincera, leale, finta, mascherata, parziale, cinica, indifferente, ambigua, immorale.
contr. partecipazione, simpatia, partigianeria, parzialità, presa di posizione, intervento || interventismo.
neutralizzàre, *v.tr.* render neutrale || *fig.* render vano, inefficace, inattivo, inefficiente, → IMPEDIRE.
nèutro, *agg.* né l'uno né l'altro, né dell'uno né dell'altro, né maschile né femminile, non ben definito || neutrale || inattivo, inerte, atono, apatico.

contr. parteggiante, partecipe, partigiano, allineato || maschile o femminile || attivo.

nevàta, *sf.* → NEVICATA.

néve, *sf.* nevischio, gelo, ghiaccio, sinibbio.

nomencl. (*attinenti*) ago, bioccolo, falda, fiocco, stellina || lenzuolo, manto, mucchio, monte, palla, valanga, polvere, chiazza || bufera, tempesta, tormenta, nevata, spruzzata, fiorita || bioscia, nevaio, spartineve, spazzaneve || sci, sport invernali || *agg.* níveo || alta, densa, fitta, diaccia, gelata, ghiacciata, dura, motosa, sciolta, sudicia, soffice, leggera, farinosa, minuta, lubrica, crostosa; eterna, perpetua, perenne || *verb.* cadere, nevicare, mulinare, imbiancare, accumularsi, sciogliersi, squagliarsi, dimoiare, spalare, spazzare, togliere.

nevicàre, *v.intr.* fioccare, bufare, venir giú la neve, cadere neve, infarinare le campagne, la città.

nomencl. (*modi*) forte, fitto fitto, a fiocchi, a larghe falde, lento, minuto, a fiocchi serrati.

nevicàta, *sf.* nevata, caduta della neve, fioccata.

nevíschio, *sm.* → NEVE.

nevrastenía, *sf.* neurastenia, debolezza irritabile, debolezza di nervi || irritabilità, eccitabilità.

contr. calma, placidità, paciosità, resistenza, costanza.

nevrastènico, *agg.* neurastenico, → NERVOSO || *fig.* irritabile, suscettibile, eccitabile, incostante, debole, isterico.

níbbio, *sm.* poiana, astore.

nícchia, *sf.* vuoto, incavatura, incavo || edicola, nicchio, ancona, loculo.

nomencl. nicchiamento || *verb.* nicchiare, annicchiarsi, rannicchiarsi.

nicchiàre, *v.tr.* → NASCONDERE || *intr.* mostrarsi incerto, indeciso, scontento, → TITUBARE, TERGIVERSARE.

nícchio, *sm.* → NICCHIA, CONCHIGLIA || BERRETTO.

nichelatúra, *sf.* → GALVANOPLASTICA.

nichilísmo, *sm.* nihilismo, individualismo assoluto, libertà assoluta, negazione totale, distruzione o eversione radicale, || nullismo.

contr. verità, bene, autorità, ordine || assolutismo statale, autocrazia.

nichilísta, *sm.* e *f.* individualista, negatore, distruttore, eversore.

nictalopía, *sf.* nittalopia, emeralopia.

nidiàta, *sf.* covata || → FAMIGLIA.

nidificàre, *v.tr.* annidare, fare il nido.

contr. snidare, scacciare dal nido.

nído, *sm.* → COVO || *fig.* → FAMIGLIA.

nomencl. nidificato, nidace || *verb.* annidare, nidificare, snidare.

niellatóre, *sm.* → INCISORE.

nièllo, *sm.* → INTAGLIO, INTARSIO.

nièente, *pron.* nessuna cosa, → NULLA, ZERO || qualche cosa || *agg. invar.* nessuno || *sm.* il nulla || *avv.* punto.

contr. tutto || il tutto.

níffo, *sm.* niffolo, ninfolo, muso, → FACCIA.

nínfa, *sf.* alseide, amadriade, driade, naiade, oceanina, nereide, oreade, potameide || ninfa Egeria, → CONSIGLIERE, GENIO || crisalide || *pl.* piccole labbra, → SESSO.

nomencl. (*mitologia*) Amarillide, Adrastea, Ida, Albumea, Amaltea, Anassarete, Calipso, Castalia, Cimodece, Cimotoe, Commozie, Egeria, Aretusa, Egle, Eriteide, Feronia, Galatea, Iadi, Ino, Vilia.

ninfèa, *sf.* nenufaro.

ninfétta, *sf.* *neol.* lolita.

ninfomanía, *sf.* furore uterino, → LUSSURIA.

ninnàre, *v.tr.* cantare, → CULLARE.

ninnolàre, *v.rifl.* baloccarsi, giocherellare, gingillarsi, trastullarsi, divertirsi || perdere tempo.

contr. agire, lavorare, operare, concludere (qualcosa).

nínnolo, *sm.* gingillo, carabattola, balocco, → GIOCATTOLO || MINUZIA || CHINCAGLIERIA || ninnolo cinese, chineseria.

ninnolóne, *agg.* e *sm.* → BIGHELLONE.

nipóte, *agg.* e *sm.*, nievo (*ant.*).

nomencl. (*pertinenti*) bisnipote, pronipote, postero || zio, zia, nonno, nonna, abiatico || nepotismo.

nirvàna, *sf.* *fig.* stato di felicità, di perfetta quiete, → QUIETE.

nitidézza, *sf.* → CHIAREZZA || LUCIDEZZA || PULIZIA.

nítido, *agg.* netto, chiaro, terso, polito, → LIMPIDO, LUCIDO, LINDO, PULITO.

contr. opaco, confuso, sporco, sudicio.

nitríre, *v.intr.* annitrire.

nitroglicerína, *sf.* fulmicotone, dinamite.

nittalopía, *sf.* → NICTALOPIA.

níveo, *agg.* → BIANCO.

nobildònna, *sf.* gentildonna → DAMA, NOBILTÀ.

nòbile, *agg.* aristocratico, blasonato || chiaro, degno, distinto, eletto, elevato, alto, gentile, preclaro, ragguardevole, signorile, stimabile, meritevole di stima, illustre, aulico, cavalleresco || generoso, magnanimo, dignitoso, coraggioso, disinteressato || *sm.* magnate, maggiorente, ottimate, aristocratico, aristocrate, patrizio, gentiluomo, gentildonna, titolato, cavaliere, *hidalgo*.

nomencl. (*distinzioni*) di fresca data, di mezza tacca, risalito, decaduto, di prima pezza, quartato, di quattro quarti, spiantato || nobiltà nera || stirpe, lignaggio || nobilume, nobilea; nobilastro, nobilesco || araldica.

contr. popolare, popolano, borghese || ignobile, plebeo, volgare, basso.

nobilésco, *agg.* → NOBILIARE.

nobiliàre, *agg.* gentilizio, aristocratico, nobilesco.

contr. popolare, borghese, plebeo, grossolano.

nobilitàre, *v.tr.* annobilire, annobilitare, ingentilire, rannobilire, rendere nobile, → ELEVARE, GLORIFICARE.

contr. abbassare, avvilire, rendere volgare, plebeo, involgarire.

nobiltà, *sf.* finezza, distinzione, elevatezza, grandezza, signorilità, cavalleria, altezza, finezza || blasone, aristocrazia, patriziato, ceto o casta nobiliare o gentilizia, nobilume.

nomencl. (*distinzioni*) di spada, di sangue, di conquista, d'animo, di spirito, di concetto, di pensiero, di sentimento || recente, antica, antichissima, di recente o fresca data, di mezza tacca || (*specificazioni*) nobiluomo, gentiluomo, nobildonna, gentildonna, cavaliere, visconte, barone, conte, marchese, duca, principe || *bey*, boiardo o boiaro, cadetto, escudero, grande di Spagna, *hidalgo*, *jonkeer*, *Junker*, *kan*, *lady*, *lord*, pascià, pari, magnate, margravio || don, donna, *sir*, *van*, *von* || blasone, stemma, quarti, maggiorasco, motto, di-

visa, libro d'oro, albero genealogico, diploma, investitura || boria, albagia, fumo, prosopopea, grandigia, altezzosità.
contr. bassezza, volgarità || plebe, feccia, volgo || popolo, classe media, borghesia.
nobilúme, *sm.* → NOBILTÀ.
nobiluòmo, *sm.* gentiluomo, → NOBILTÀ.
nòcca, *sf.* congiuntura, giuntura (delle dita) || nodello.
nocchièro, *sm.* timoniere, → PILOTA || NOSTROMO.
nocchierúto, *agg.* → NODOSO.
nòcchio, *sm.* → NODO || nodosità, sporgenza.
nocchióso, *agg.* → NODOSO.
nocchiúto, *agg.* → NODOSO.
nocciòla, *sf.* avellana, nocella.
nòcciolo, *sm.* osso (del frutto), anima, mandorla, nodo, nucleo || *fig.* intima essenza, intimo significato, parte principale, sostanza, midollo, verità, realtà.
nomencl. *verb.* snocciolare, dinocciolare, schiacciare.
contr. scorza, guscio, buccia, corteccia; esterno, apparenza, superficie.
noccolúto, *agg.* → NODOSO.
nóce, *sm.* albero di noce || *sf.* frutto e seme del noce.
nomencl. (*avellana*), gentile o premice o schiacciamano o schiaccerella, malescia, ferrigna, martellina, stretta, reale o madornale o campana || (*altre*) noce d'acqua, noce dei gesuiti, di cocco, di galla, di terra, moscata, vomica || (*parti*) anima, buccia, gheriglio, canti, cica o pellicina, spicchi o cosce, spicchio o lobo, mallo, valve || cardolo, tannino, olio di noce || *agg.* vana, vuota || *verb.* abbacchiare, bacchiare, acciaccare, schiacciare, rompere, sgusciare, smallare.
nocèlla, *sf.* → NOCCIOLA || MALLEOLO.
nocévole, *agg.* → NOCIVO.
nocívo, *agg.* dannoso, deleterio, nocente, nocevole, malefico, pernicioso, infesto, maligno, offensivo, ostile, → CATTIVO.
contr. innocuo, benefico, vantaggioso, benigno, utile.
noctilúca, *sf.* nottiluca, → LUCCIOLA.
nocuménto, *sm.* → DANNO.
contr. beneficio, utilità, vantaggio.
nodèllo, *sm.* → NODO.
noderóso, *agg.* → NODOSO.
contr. liscio, uniforme.
nòdo, *sm.* → LEGAME, VINCOLO || groppo, groviglio, gruppo, accappiatura, annodamento, annodatura, giuntura, congiuntura, commessura, cappio, magliuolo, → INTRECCIO || FIOCCO || nocchio, nodello, nodosità, brocco || punto d'incrocio, punto d'unione || *fig.* → DIFFICOLTÀ || emozione.
nomencl. *verb.* annodare, accappiare, aggroppare, snodare, disgroppare, slegare || sciogliere, fare.
nodosità, *sf.* → NODO.
nodóso, *agg.* nocchioso, nocchieruto, nocchiuto, noccoluto, noderoso, bernoccoluto, grupposo.
contr. liscio, uniforme.
nòia, *sf.* tedio, uggia, annoiamento, malinconia, monotonia, malumore, accidia, infastidimento, zuppa || fastidio, molestia, seccatura || seccaggine, afflizione, grattacapo, imbarazzo, briga, ammattimento, importunità. contrattempo, dispiacere, disappunto, fatica, cruccio, dispetto, gravezza, incomodo, disgusto, dolore, depressione || stanchezza, nausea, insofferenza, sazietà, saziamento, svogliatezza.
nomencl. *verb.* annoiare, noiare, tediare, seccare, infastidire, affliggere, importunare, molestare, nauseare, stufare, stancare, uggiare.
contr. interesse, interessamento || spasso, svago, piacere, delizia, letizia, divertimento.
noióso, *agg.* tedioso, uggioso, uggevole, monotono, soporifero, stucchevole, stuccante, ristucchevole || fastidioso, molesto, affliggente, grave, gravoso, impaccioso, importuno, indesiderato, increscioso, insistente, nauseabondo, rincrescioso, seccante, inopportuno, sgradito, insopportabile, intollerabile || *sm.* disturbatore, impiastro, pittima, seccatore, incubo, disperazione, rompiscatole.
contr. piacevole, divertente, dilettevole, gradito, interessante, desiderato, ambito.
noléggio, *sm.* nolo || → AFFITTO.
nomencl. aereo, navale o marittimo, automobilistico || *verb.* noleggiare, dare, prendere a nolo.
nolènte, *agg.* → RESTIO.
contr. volente.
nòlo, *sm.* noleggio || → AFFITTO.
nòmade, *agg.* e *sm.* migratore, ramingo, randagio, vagabondo, vagante, errante, errabondo, instabile, zingaresco.
nomencl. nomadismo.
contr. stabile, fermo, stazionario, casalingo.
nóme, *sm.* casato, lignaggio, stirpe, vocabolo, denominazione, appellativo, attributo, sostantivo, apposizione, titolo, eponimo || riputazione, nomea, rinomea, nomanza, rinomanza, nominanza, grido, fama, celebrità.
nomencl. (*vari*) di battesimo, di battaglia || patronimico, diminutivo, vezzeggiativo, spregiativo || (*attinenti*) cognome, soprannome, nomignolo, pseudonimo, prenome, pronome || anagramma, appellazione, cifra, firma, generalità, monogramma, sigla || anonimo, criptonimo, fu, *quondam*, *alias*, omologo, omonimo, prestanome, sinonimo, innominato || (*grammatica*) caso, declinazione, predicato || *agg.* illustre, famoso, comune, proprio, strano, stravagante, comico, falso, vero || *verb.* imporre, apporre, appiccicare, affibbiare, battezzare, cambiare, mutare, chiamare, nominare, denominare, iscrivere, menzionare, nomare, intitolare, prenominare, rispondere, sbattezzare, soprannominare.
nomèa, *sf.* nomanza, nominanza, rinomanza, → FAMA, NOME || GLORIA.
nomenclatúra, *sf.* sistema, serie, ordine di nomi, di termini tecnici, ecc.
nomígnolo, *sm.* soprannome.
nòmina, *sf.* investitura, incarico, → CREAZIONE, ELEZIONE.
nominàle, *agg.*
nomencl. nominalismo, nominalista || realismo, realista.
contr. reale.
nominàre, *v.tr.* chiamare, denominare, battezzare, intitolare || menzionare, dire, rammentare, farne il nome, dirne il nome, ricordare || deputare, creare, incaricare, eleggere; investire di una qualità, di un grado.
contr. tacere il nome || sbattezzare || licenziare.
nominatívo, *agg.* intestato || soggetto || *sm.* nome.

nòna, *sf.* encefalite letargica.
nonagenàrio, *agg.* novantenne.
nonagèsimo, *agg.* novantesimo.
nonché, *cong.* tanto piú, tanto meno || e, e anche, e inoltre, per di più, non solo.
noncurànte, *agg.* incurante, indifferente, disinteressato || trascurato, negletto, neghittoso, apatico, negligente, dimentico, indolente, ingrato, sconoscente.
contr. zelante, diligente, premuroso, sollecito, partecipe, alacre, attivo, appassionato, fervente, grato.
noncurànza, *sf.* indifferenza, disinteresse, negligenza, neghittosità, apatia, inerzia ignavia, indolenza, trascuratezza, incuria, inosservanza || disprezzo, sprezzo, disistima, dispetto.
nomencl. *verb.* disinteressarsi, non curarsi, astenersi, infischiarsi, non importare, non dar retta, non badare, tenere o porre in non cale, trascurare, mettere da parte, non fare né caldo né freddo, passare sopra, prendere di sotto gamba, non tenere in considerazione.
contr. zelo, diligenza, interesse, passione, alacrità, premura, sollecitudine.
nondiméno, *cong.* nulladimeno, nondimanco, pure, tuttavia.
nònio, *sm.* verniero.
nònno, *sm.* avo, ava, proavo, bisnonno, avolo || *fig.* vecchio || *pl.* antenati.
contr. nipote, abiatico.
nonnúlla, *sm. indecl.* → MINUZIA, ATOMO.
nonostànte, *prep.* non ostante, malgrado, senza curarsi di || *cong.* benché.
nonsènso, *sm.* sciocchezza, insensataggine, insulsaggine || assurdità, paradosso.
norcíno, *sm.* → MACELLAIO.
nòrd, *sm.* → SETTENTRIONE.
contr. sud.
nòrdico, *agg.* e *sm.* → SETTENTRIONALE.
contr. meridionale.
nòrma, *sf.* guida, criterio, governo, regola, regolamento, legge, massima, falsariga, consuetudine, precetto, istruzione, ordine, canone, direttiva, metodo, forma, misura, formula, indicazione.
nomencl. *verb.* dettare, imporre, dare, tenere, servire.
normàle, *agg.* conforme alla regola, alla norma, alla legge, alla consuetudine, regolare, ordinario, usuale, solito, → COMUNE, NATURALE.
contr. anormale, eccezionale, subnormale, abnorme, irregolare, insolito, inconsueto, supernormale, superdotato.
normalità, *sf.* → NATURALEZZA || REGOLARITÀ.
contr. anormalità,
nosocòmio, *sm.* → OSPEDALE.
nosología, *sf.* patologia.
nostalgía, *sf.* desiderio del ritorno, dolore o male della lontananza.
nostràno, *agg.* nostrale, paesano, → NAZIONALE.
contr. straniero, forestiero.
nostròmo, *sm.* nocchiero, celeuste, comito, pausario || sottufficiale.
nòta, *sf.* annotazione, appunto, notazione, ricordo, promemoria, memoria, memoriale || segno, contrassegno, distintivo || postilla, didascalia, dicitura, commento, cenno, spiegazione, chiosa, interpretazione, riflessione, considerazione, osservazione, rimarco, notabene || carattere, qualità, caratteristica, indole || distinta, elenco, lista, listino, conto, catalogo, indice, parcella, tabella, registro || lettera, circolare || suono, accento, parola || → CIFRA || MACCHIA.
nomencl. *verb.* annotare, segnare, prendere atto, rilevare, spuntare, sottonotare, denotare.
notabène, *sm. indecl.* → NOTA.
notàbile, *agg.* importante, degno di nota, considerabile, → NOTEVOLE || *sm.* persona ragguardevole, importante, autorevole, maggiorente, magnate.
contr. trascurabile || persona qualunque, mediocre, comune, modesta.
notabilità, *sf.* importanza, rilevanza, ragguardevolezza, cospicuità, autorità.
contr. trascurabilità, mediocrità, modestia.
notàio, *sm.* notaro, attuario, tabellione.
nomencl. (*pertinenti*) tabellionato, sigillo, autenticazione, rogito, pubblico strumento, paraffa, protocollo, repertorio, archivio notarile || *verb.* attitare, rogare, tabellionare.
notàre, *v.tr.* registrare, prendere appunto, prendere nota, → ANNOTARE, ELENCARE || accorgersi, riflettere, considerare, tener conto, volgere l'attenzione, osservare, insegnare, → DISTINGUERE, AVVERTIRE || sottolineare, connotare, rilevare, denotare, accennare, designare, indicare, mettere in evidenza || *ant.* galleggiare, → NUOTARE.
notàro, *sm.* → NOTAIO.
notazióne, *sf.* connotazione, rilievo, accenno, appunto, → NOTA, COMMENTO || segno di suono, intavolatura.
noterèlla, *sf.* → NOTA, COMMENTO.
notévole, *agg.* notabile, apprezzabile, considerevole, considerabile, cospicuo, ragguardevole, illustre, stimato, stimabile, segnalato, rilevato, rilevante, memorando, distinto, insigne, pregevole, originale.
contr. comune, modesto, ordinario, trascurabile, privo d'importanza, trito, ripetuto, solito.
notífica, *sf.* → NOTIFICAZIONE.
notificàre, *v.tr.* significare, comunicare, indicare, propalare, → INTIMARE, BANDIRE, AVVISARE.
notificazióne, *sf.* notifica, intimazione, invito, manifesto, chiamata, ingiunzione, propalazione, → AVVISO, BANDO, DENUNCIA.
notízia, *sf.* ambasciata, annunzio, avvertenza, avvertimento, avviso, bando, bollettino, cenno, cognizione, nozione, comunicato, comunicazione, contezza, diceria, dichiarazione, diffusione, divulgazione, divulgamento, editto, informazione, inserzione, manifesto, notifica, nuova, novella, novità, partecipazione, primizia, pubblicazione, indicazione, istruzione, ragguaglio, relazione, richiamo, rivelazione, strombazzamento, voce, vociferazione, braca, caccola, notiziario, grancassa, grida, messaggio, proclama, promulgamento, promulgazione, propalazione, pubblicità, *réclame*, relazione.
nomencl. (*persone*) informatore, cronista, novista (*ant.*), fonte, allarmista, corriere, spigolatore, sballone, apportatore di buone novelle, uccello di malo augurio || *agg.* certa, sicura, precisa, esatta, fondata, vera, incerta, dubbia, falsa, buona, cattiva, grave, terribile, piacevole,

spiacevole, fresca, recente, stantia, vecchia, confortante, consolante, confusa, fritta, rifritta, impressionante, infausta, fausta, contraddittoria, importante, meravigliosa, magnifica, sbalorditiva, stupefacente, ufficiale, ufficiosa || *verb.* annunziare, apprendere, aspettare, ricevere, assumere, attendere, attingere, chiedere, circolare, correre, comunicare, confermare, congetturare, divulgare, diffondere, domandare, giungere, informare, partecipare, pervenire, pescare, propalare, raccogliere, preannunciare, riferire, spargere, trapelare, trasmettere, sballare, riportare.

nòto, *agg.* familiare, chiaro, evidente, manifesto, notorio, palese, risaputo, trito e ritrito, cognito, patente, patano, → CONOSCIUTO || rinomato, chiaro, insigne, pubblico, famigerato, celebre, → ILLUSTRE, FAMOSO.
contr. ignoto, ignorato, sconosciuto.

notorietà, *sf.* → FAMA, GLORIA.

notòrio, *agg.* → NOTO, CONOSCIUTO.
contr. ignoto, ignorato, sconosciuto.

nottàmbulo, *sm.* nottivago, sonnambulo.

nottàta, *sf.* → NOTTE.

nòtte, *sf.* nottata, nottolata (*ant.*) || *fig.* → BUIO.
nomencl. (*inerenti*) nottetempo, stanotte, sul far della notte, nel cuor della notte, di notte, a notte, a notte alta, mezzanotte || equinozio, crepuscolo, sera || notturno, nottambulo, nottivago || *agg.* chiara, limpida, serena, dolce, cupa, fitta, nera, tetra, tenebrosa, umida, fredda, calda, inoltrata, avanzata, stellata, illune, bianca, tempestosa, da ladri || *verb.* nottare, annottare, abbuiarsi; calare, scendere || declinare del giorno, imbrunire, scurire || pernottare, dare la buona notte, far di notte giorno, notteggiare, perdere la notte, vegliare.
contr. giorno, giornata || chiaro, piena luce.

nottilúca, *sf.* noctiluca, → LUCCIOLA.

nottívago, *agg.* → NOTTAMBULO.

nòttola, *sf.* → PIPISTRELLO.

nottolíno, *sm.* → SALISCENDI.

nottúrno, *agg.* lucifugo, → BUIO || *sm.* → CANTO.
contr. diurno.

novàle, *agg.* → MAGGESE.

novantènne, *agg.* nonagenario.

novantèsimo, *agg.* e *sm.* nonagesimo.

novatóre, *sm.* → RIFORMATORE.

novazióne, *sf.* → CAMBIAMENTO, RIFORMA.

novèlla, *sf. lett.* → NOTIZIA, AVVISO, AMBASCIATA || NARRAZIONE, RACCONTO.

novellàre, *v.intr.* → NARRARE || *ant.* chiacchierare.

novellatóre, *sm.* novelliere, novellista, → NARRATORE.

novellière, *sm.* novellista, novellatore, → NARRATORE || raccolta di novelle || spacciatore di novelle, notizie.

novellíno, *agg.* primaticcio || esordiente, tirocinante, inesperto || *sm.* → NOVIZIO.

novellísta, *sm.* e *f.* novelliere, novellatore, → GIORNALISTA, NARRATORE.

novèllo, *agg.* nuovo, recente || fresco, tenero, primaticcio || pianta novella, rimessiticcio, → MODERNO, DIVERSO.
contr. vecchio, antico.

novendiàle, *sm.* → FESTA.

noveràre, *v.tr.* contare, → ENUMERARE.

nòvero, *sm.* annoveramento, → NUMERO || CLASSE || (degli abitanti e dei beni), → CENSIMENTO.

novíssimo, *agg.* estremo, → ULTIMO.
nomencl. novissimi: morte, giudizio, inferno, paradiso.

novità, *sf.* innovazione, novazione, mutamento, riforma, modernità, originalità || attualità, moda || → fatterello, aneddoto, nuova, novella, → NOTIZIA, AVVENIMENTO || cosa insolita, eccezionale.
contr. cosa vecchia, risaputa, vecchiume || tradizione.

noviziàto, *sm.* noviziatico (*ant.*), → PROVA || tirocinio, → APPRENDISTATO.

novízio, *sm.* neofita, catecumeno || matricolino, inesperto, novellino, apprendista, praticante, sciolo, principiante, tirone, tirocinante, esordiente || ingenuo.
contr. esperto, provetto, navigato, veterano || malizioso.

nozióne, *sf.* idea, cognizione, conoscenza, conoscimento, concetto, principio, notizia, apprendimento, esperienza.
nomencl. *verb.* avere, prendere, imparare, insegnare, impartire.
contr. ignoranza, nescienza, inesperienza.

nòzze, *sf. pl.* matrimonio, connubio, coniugio, imeneo, maritaggio, sposalizio, sponsali, festa nuziale.
nomencl. d'argento, d'oro || seconde, terze || (*attinenti*) corredo, anello o fede o vera, abito nuziale, paraninfo, pronuba, pronubo, epitalamio, fiori d'arancio, fidanzamento || *agg.* solenni, alla buona, modeste, semplici, aristocratiche, boriose, grandi, magnifiche, pompose, sfarzose, splendide, ricche, sontuose, cospicue, illustri, magre, sollecite, giuste || *verb.* apparecchiare, allestire, celebrare, affrettare le nozze, andare a nozze, sposarsi.
contr. divorzio, separazione, ripudio.

núbe, *sf.* → NUVOLA || *fig.* → OFFUSCAMENTO.

nubifràgio, *sm.* diluvio, → PIOGGIA, TEMPORALE.

núbile, *agg.* e *sf.* da marito, ragazza, fanciulla, vergine, zitella, pulzella.
contr. maritata, sposata || celibe.

núca, *sf.* cervice, collottola, cuticagna, coppa, occipite.

nucleàre, *agg.* atomico.
nomencl. (*inerenti*) fisica nucleare, scienza atomica || ingegnere nucleare.

núcleo, *sm.* → NOCCIOLO, CENTRO.
nomencl. (*fisica*) protoni, neutroni, atomo.

nudàre, *v.tr.* → SPOGLIARE || *fig.* → PRIVARE.

nudísmo, *sm.* naturismo.

nudísta, *sm.* e *f.* naturista.

núdo, *agg.* ignudo, spoglio, spogliato, poco vestito, svestito, senza veli, senza panneggiamenti, scoperto, adamitico, denudato || *fig.* brullo, disadorno, squallido, senza fregi, armature, arredi, ecc. || schietto, semplice, spontaneo, naturale, senza eufemismi.
nomencl. scalzo, seminudo, semivestito || *verb.* nudare, spogliare, denudare, scoprire, svestire.
contr. vestito, coperto || adorno, ornato || mistificato.

núlla, *pron. indecl.* niente, nessuna cosa, zero || *sm.* insussistenza, inesistenza, invalidità || *fig.* caos, ombra, polvere, vacuità, vuoto, deserto, silenzio, tenebre.
nomencl. (*modi di dire*) un'acca, una fava, un ette, un fico secco, uno zero, un pelo, un'inezia || (*derivati*) nichilismo, nullaggine, nullità, annientamento, anni-

chilamento, annullamento || fannullone || *verb.* annullare, cancellare, annientare, distruggere, estinguere, rescindere, cessare, morire, dirimere, sparire, svanire.
contr. tutto.
nullàggine, *sf.* → NULLITÀ.
nullatenènte, *agg.* e *sm.* → POVERO.
nullísmo, *sm.* nichilismo.
nullità, *sf.* invalidità, rescissione || nullaggine, inettitudine, incapacità || persona o cosa di nessun valore, → SCIOCCO.
contr. validità || efficienza, capacità, valore || uomo di vaglia.
núllo, *agg.* privo di valore, di validità, di importanza; non valido, írrito, inefficiente, incapace, invalido || *rar.* nessuno, veruno.
contr. di valore, valido, importante, capace, efficiente.
núme, *sm.* deità, divinità, numine, → DIO, FETICCIO.
numeràre, *v.tr.* annoverare, tirar la somma, conteggiare, mettere il numero, noverare, dinumerare, calcolare, computare, annumerare, elencare, → ENUMERARE, CONTARE || *fig.* tener conto.
numeràrio, *sm.* → MONETA, CONTANTE.
número, *sm.* quantità, moltitudine, folla, calca, frequenza, maggioranza || novero, annoveramento || sigla, cifra || numero unico, → GIORNALE || un certo numero, → ALQUANTO || esibizione, spettacolo, *sketch.*
nomencl. (*distinzioni*) pari, dispari, singolare, plurale, cardinale, ordinale, semplice, composto, intero, decimale, alto, basso, assoluto, primo, molteplice, doppio, triplo, divisibile, indivisibile, perfetto, positivo, negativo, razionale, frazionario, collettivo, complesso, concreto, incommensurabile || romano, arabico || (*inerenti*) decina, centinaio, migliaio, dozzina || aliquota, addendo, calcolo, esponente, denominatore, numeratore, base, fattore, prodotto, quantità, quoziente, residuo, somma, multiplo, sottomultiplo, radice numerica || combinazione, complemento aritmetico, congruenza, divisibilità || aritmetica, algebra, abbaco, numerazione || *verb.* enumerare, annoverare, numerare, ascrivere, contare, computare, calcolare, connumerare, quadrare, riscontrare, risolvere, spuntare.
numeróso, *agg.* → MOLTEPLICE, ABBONDANTE || armonioso (*ant.*).
nunziatúra, *sf.* → AMBASCIATA.
núnzio, *sm.* → AMBASCIATORE, MESSAGGERO.
nuòcere, *v.tr.* ledere, danneggiare, recar danno, recar pregiudizio, fare del male, pregiudicare, offendere, sciupare, deteriorare, compromettere, rovinare, guastare.
contr. giovare, far del bene, essere utile, recar vantaggio, avvantaggiare, aiutare.
nuòra, *sf.*
nomencl. suocero, suocera, genero.
nuotàre, *v.intr.* e *tr.* guizzare, galleggiare, natare, notare.
nomencl. (*modi*) a rana, a mulinello, come il cane, di punta, di passeggio, fra due acque, sul fianco, → NUOTO.
nuotàta, *sf.* → NUOTO, BAGNO.
nuòto, *sm.* nuotata.
nomencl. (*maniere*) stile libero, a rana, a farfalla, a mulinello, delfino, *crawl*, all'australiana; nuoto sul fianco, sul petto, sul dorso, di punta, fra due acque; tuffo ad angelo, a capofitto, a piombo, a vittima || (*pertinenti*) piscina, natatorio || bracciata, allargata, capovolta, guizzo, immersione, slancio, propulsione, ritmo, tempo (d'arresto, di respirazione) || gara, staffetta, caccia e pesca subacquea || galleggiante, cintura di salvataggio, salvagente, pinne, costume da bagno || crampo, annegamento || *verb.* nuotare, annaspare, galleggiare, stare a galla, fare il morto, guizzare, toccare il fondo, tuffarsi, nuotar fra due acque, battere il *crawl* || annegare.
nuòva, *sf.* → NOTIZIA, AVVISO.
nomencl. *agg.* bella, buona, brutta, cattiva.
nuòvo, *agg.* novello, fresco, fiammante, appena fatto, non usato, non consumato || recente, moderno, inedito || insolito, singolare, originale, inusitato, inconsueto, inaudito, straordinario, strano, strambo, meraviglioso, mai visto || mutato, rinnovato || *sm.* novità, modernità.
nomencl. *verb.* rinnovare, innovare, rintegrare, rinnovellare.
contr. vecchio, usato || antico || solito, consueto, abitudinario, abituale.
nutàre, *v.intr. ant.* agitarsi || *fig.* → VACILLARE, OSCILLARE.
nomencl. nutazione.
nutricàre, *v.tr. ant.* → ALIMENTARE.
nutríce, *sf.* → BALIA.
nutriènte, *ppr.* di nutrire || *agg.* nutritivo, nutritizio, corroborante, fortificante, → ALIMENTARE.
nutriménto, *sm.* → ALIMENTO.
nutríre, *v.tr.* nutricare, pascere, pascolare, allattare, → ALIMENTARE || *fig.* sostentare, allevare, → MANTENERE, EDUCARE || *rifl.* → MANGIARE.
nutritívo, *agg.* nutriente, corroborante, fortificante, → ALIMENTARE.
nutritízio, *agg.* nutriente, nutritivo, → ALIMENTARE.
nutríto, *pps.* di nutrire || forte, pasciuto, alimentato, satollo || *fig.* intenso, diffuso, ricco, abbondante.
nutrizióne, *sf.* → ALIMENTAZIONE.
núvola, *sf.* nuvolo, nube, nugolo, nuvolaglia, vapore, velo, nembo || *fig.* → DISCORDIA || gran quantità.
nomencl. (*tipi*) cirri, cirrocumuli, cirrostrati, cumuli, altocumuli, altostrati, stratocumoli, nembi, nembostrati, strati, cumulinembi || cappello di monte, pecorelle, pecorine, ragnateli, ragne, rossore || *agg.* alta, bassa, bianca, bigia, bruna, cenerognola, densa, dorata, grigia, grossa, infocata, leggera, minacciosa, nera, piccola, procellosa, ravvolta, rossastra, sparsa, tetra, vagabonda || *verb.* addensarsi, annuvolarsi, rabbruscarsi, intorbidarsi, rabbuffarsi, rabbuiarsi, farsi brutto, rompere, rasserenarsi, sgombrarsi, squarciare, aprirsi, disperdere, dissipare, schiarirsi, veleggiare.
nuvolàglia, *sf.* → NUVOLA.
núvolo, *sm.* → NUVOLA || STORMO || *agg.* → NUVOLOSO.
nuvolóso, *agg.* nuvolato, annuvolato, rannuvolato, imbronciato, brusco, balogio, coperto, fosco, minaccioso, nubilo, nubiloso, nebuloso, nuvolo, piovorno, scuro, oscuro, torbido, torbo, nero || nebbioso.
contr. sereno, chiaro, terso, limpido, aperto.
nuziàle, *agg.* matrimoniale, coniugale.

O

òasi, *sf.* || *fig.* rifugio, ricovero, → SOLLIEVO.
obbediènte, *agg.* ubbidiente, disciplinato, docile, obbligato, ossequiente, osservante, soggetto, sottomesso, sottoposto, rispettoso, fidato, suddito, ligio, fedele, sottoposto.
contr. disobbediente, inobbediente, ribelle, sfrenato, renitente, recalcitrante, indipendente, infido, indocile, inadempiente.
obbediènza, *sf.* ubbidienza, disciplina, disciplinatezza, sottomissione, sommissione, subordinatezza, subordinazione, soggezione, ossequio, rispetto, osservanza || regola, istruzione, ordine.
nomencl. *agg.* cieca, pronta, assoluta, intera, passiva, rispettosa, deferente || *verb.* obbedire.
contr. disobbedienza, inobbedienza, ribellione, renitenza, indipendenza, trasgressione, prevaricazione, contravvenzione, violazione.
obbedíre, *v.tr.* ubbidire, ottemperare, adempiere, sottomettersi, acconsentire, consentire, ascoltare, conformarsi, dar retta, dare ascolto, osservare, sottostare, sottoporsi, prestare obbedienza, stare ai comandi, seguire gli ordini, assoggettarsi, soggiacere || → RASSEGNARSI.
contr. disobbedire, ribellarsi, recalcitrare, trasgredire, contravvenire, violare, prevaricare.
obbiettàre, *v.intr.* → OBIETTARE.
obbiettívo, *sm.* → OBIETTIVO.
obbiezióne, *sf.* → OBIEZIONE.
obbligànte, *ppr.* di obbligare || *agg.* garbato, ufficioso, servizievole, piacevole, benefico, sollecito, zelante, cerimonioso, amabile, compiacente.
contr. inofficioso, incivile, rude, rozzo, ingrato, inamabile.
obbligàre, *v.tr.* imporre un vincolo, stringere, costringere, forzare, sforzare, indurre, imporre, vincolare, gravare, premere, impegnare, legare, ingaggiare, infeudare, necessitare, promettere, fare obbligo, stringere con obbligo, astringere, accaparrare, accollare un obbligo, mettere per obbligo, coobbligare, violentare || *rifl.* impegnarsi, vincolarsi, assumere obbligo, obbligarsi, legarsi, addossarsi, accollarsi, incaricarsi.
contr. disobbligare, svincolare, lasciar libero || svincolarsi, disobbligarsi, disimpegnarsi.
obbligàto, *pps.* di obbligare || *agg.* tenuto, vincolato, costretto || → GRATO || OBBEDIENTE.
obbligatòrio, *agg.* dovuto, doveroso, coattivo, costrittivo, indispensabile, inevitabile, imprescindibile, forzoso, impreteribile, indeclinabile || necessario, necessitante.
contr. facoltativo, libero, indipendente, disobbligante.
obbligazióne, *sf.* debito, vincolo, impegno, dovere, obbligo || gratitudine, riconoscimento, riconoscenza || cartella, titolo di credito, buono, certificato, azione, cedola.
òbbligo, *sm.* obbligazione, debito, dovere, carico, canone, incarico, impegno, onere, peso, servitú, vincolo, imposizione, condizione imposta, costrizione, catena, legame, necessità.
nomencl. (*pertinenti*) cauzione, disdetta, discarico, esenzione, dispensa, giustificazione, indulto, mora, prescrizione, responsabilità, termine perentorio || refrattario, resistente, evasore || *agg.* assoluto, stretto, impegnativo, coattivo, imposto, forzato, esplicito, espresso, tacito, spontaneo, libero, volontario, gratuito, sinallagmatico || *verb.* assumere, contrarre, adempiere, assolvere, trasgredire, eludere, sfuggire, sottrarsi.
contr. facoltà, libertà, scelta, arbitrio.
obbròbrio, *sm.* → INFAMIA, DISONORE || *pl.* vituperi.
obbrobrióso, *agg.* → INFAME, INGLORIOSO, VERGOGNOSO || brutto, di cattivo gusto, sgraziato.
obelísco, *sm.* aguglia, guglia, monolito, cippo.
oberàre, *v.tr.* → DISSESTARE || *fig.* sovraccaricare, → CARICARE.
oberàto, *pps.* di oberare || *agg.* dissestato, carico di debiti, → FALLITO || *fig.* sovraccarico, oppresso, gravato.
obesità, *sf.* polisarcia, → GRASSEZZA.
contr. magrezza.
obèso, *agg.* → GRASSO.
contr. magro.
òbice, *sm.* → CANNONE.
obiettàre, *v.intr.* obbiettare, fare obiezione, fare osservare, far notare, far rilevare, contestare, → ECCEPIRE, CONTRARIARE, OPPORRE.
contr. assentire, consentire, accordare, approvare.
obiettivísmo, *sm.* obiettività.
contr. soggettivismo, parzialità.
obiettività, *sf.* → OBIETTIVISMO.
obiettívo, *agg.* obbiettivo, oggettivo, spassionato || *sm.* punto di mira, bersaglio, brocca, brocco || *fig.* → FINE.
contr. soggettivo, fanatico, parziale, settario, passionale.
obiezióne, *sf.* obbiezione, opposizione, argomento contrario, contestazione, eccezione, osservazione, recriminazione, dubbio, rilievo.
contr. approvazione, accettazione, consenso, accordo.
obitòrio, *sm.* camera mortuaria, *morgue* (*fr.*).
oblatóre, *sm.* → OFFERENTE.
oblazióne, *sf.* → BENEFICENZA, OFFERTA.
obliàre, *v.tr.* scordare, → DIMENTICARE.
oblío, *sm.* → DIMENTICANZA, INGRATITUDINE.
obliquaménte, *avv.* stortamente, → ATTRAVERSO.
contr. parallelamente, rettamente, verticalmente.
obliquàre, *v.tr.* deviare, piegare, sviare, volgere, torcere.
oblíquo, *agg.* diagonale, clinato, chino, inclinato, divergente, sbieco, sbilenco, scancio, schiancio, schimbescio, sghembo, sghimbescio, squincio, storto, torto, trasversale, traversale, traverso || indiretto, sinuoso, tortuoso, mediato || *fig.* sleale, non retto, disonesto, ambiguo, sinistro, machiavellico.
contr. retto, diritto, verticale, perpendicolare || diretto, franco, leale.
obliteràre, *v.tr.* → CANCELLARE || dimenticare.
obliterazióne, *sf.* cancellazione.

oblúngo, *agg.* → BISLUNGO.

obnubilazióne, *sf.* annebbiamento, → OFFUSCAMENTO.

òbolo, *sm.* → ELEMOSINA, OFFERTA || moneta greca.

obsolèto, *agg. lett.* antico, disusato, scaduto, inconsueto, disueto, insolito, vieto.

contr. usato, in uso, comune, solito, attuale, vigoreggiante.

òca, *sf.* papera, papero || *fig.* sciocco, stupido, impacciato.

nomencl. (*specie*) domestica, nana o piccola, reale, selvatica, granaiola, egiziana || (*voci*) gracidare, gridare, gloglottare, schiamazzare, starnazzare.

ocàggine, *sf.* → STUPIDITÀ.

occasionàle, *agg.* casuale, fortuito, accidentale, eventuale, opportuno, incidentale, imprevisto.

contr. causale, provocato, voluto, convenuto, prestabilito, previsto, atteso.

occasionàre, *v.tr.* dare occasione, modo, provocare, → CAUSARE, FARE.

occasióne, *sf.* caso, congiuntura, evenienza, circostanza, particolarità, occorrenza, appicco, appiglio, bazza, attacco, contingenza, destro, fortuna, incontro, modo, momento, combinazione, opportunità, avvenimento, ora || motivo, pretesto || forza maggiore.

nomencl. *agg.* e *loc. avv.* propizia, adatta, coi baffi, coi fiocchi, numero uno, straordinaria, solenne, decisiva, buona, cattiva, opportuna, inopportuna, adatta, favorevole, felice, buona, ottima || momento buono, opportuno, adatto, favorevole, felice; buon punto || *verb.* cogliere, attendere, aspettare, approfittare, avere, cercare, dare, perdere, trovare; prendere o cogliere la palla al balzo, battere il ferro fin che è caldo, prendere la fortuna per il ciuffo, aspettare la palla al balzo, cogliere la rosa a tempo.

occàso, *sm.* → TRAMONTO || ponente, → OCCIDENTE.

contr. oriente.

occhiàia, *sf.* orbita (dell'occhio) || *pl.* livido, calamaio.

occhialàio, *sm.* → OTTICO.

occhialétto, *sm.* caramella, occhialino, monocolo, *lorgnon, lorgnette, pince-nez.*

occhiàli, *sm. pl.* lenti || *ant.* cannocchiale.

nomencl. (*tipi*) a stanghetta, a molla, da miope, da presbite, prismatici, da sole, affumicati, di difesa, colorati, turchini, di prima o di seconda vista || (*attinenti*) caramella, occhialetto, occhialino, monocolo, *lorgnon, lorgnette, pince-nez* || (*parti*) armatura, montatura, aste o tempiali o stanghette, cavalletto, custodia o astuccio, lenti || *verb.* usare, portare, mettere, inforcare, levarsi, togliersi, deporre, rimettere nell'astuccio.

occhiàre, *v.tr.* tener d'occhio, → GUARDARE.

occhiàta, *sf.* guardata, guardare rapido, sguardo, adocchiamento, strizzatina d'occhio, colpo d'occhio, strizzata, scandagliata || piglio, cipiglio.

nomencl. *agg.* benevola, dolorosa, amorosa, ardente, rapida, fugace, lunga, supplichevole, languida, disperata, turbata, sconvolta, benigna, tenera, commossa || *loc. avv.* di sotto, di traverso, di straforo, di sfuggita, dall'alto, intorno || *verb.* dare, lanciare, gettare, saettare, barattare, scambiarsi.

occhiazzúrro, *agg.* glaucòpide, occhicerúleo.

occhieggiàre, *v.intr.* → GUARDARE.

occhièllo, *sm.* àsola, taglio, foro, → BUCO, ORIFIZIO || FERITA.

nomencl. occhiellatura, occhiellaia.

occhiétto, *sm.* → GEMMA.

òcchio, *sm.* organo oculare, pupilla, ciglio (*poet.*), vista, modo di vedere || → BUCO, FINESTRA || occhio della vita, → GEMMA || occhio di pernice o pollino, → CALLO.

nomencl. (*tipi*) cieco, guercio, strabico, miope, presbite, monocolo, losco || (*parti*) bulbo, ciglia, congiuntiva, caruncola, lacrimale, cristallino, iride, macchia lutea, nervo ottico, orbita, globo oculare, palpebre, pupilla, sopracciglia, tuniche (cornea o sclerotica, coroide, retina), umore vitreo || arteria oftalmica, apparato di accomodamento, centrale della retina, ciliari (lunghe posteriori, anteriori) || angolo interiore o interno dell'occhio, camera, capsula cristallina, cheratocono, codetta, corona ciliare, corpo ciliare, muscolo ciliare, foro ottico, lacrimatoio, membrana nictitante, occhiaia, pelle descemetica, porpora retinica, punti lacrimali, talamo || (*anomalie, malattie*) afachia, albinismo, anoftalmia, ciclopia, coloboma, criptoftalmo, distichiasi, imeralopia, fenomeni entottici, esoftalmia, iperausesi, macroftalmia, nictitazione, nistagmo, ritidosi, tricorrisi || blefarite, congiuntivite, cataratta, glioma, albugine, anoftalmoemia, arco senile, aurigine, blenoftalmia, caligine, capsulite, celoma, chemosi, cheratocele, cheratofiti, cheratoirite, cheratomalacia, cisposità, darielcosi, ampiesi, epicantite, epicauma, facomalacia, facosi, fistola, flussione, glaucoma, ialitide, ipoftalmia, leucoma, maglia, mosche volanti, nebbie, nuvoletta, orzaiolo o orzaiuolo, pannicolo, panno, peribrosi, perla, pterigio, scesa, sclerocoroidite, scotoma, stafiloma, trichiasi || presbiopia, miopia, strabismo, macroftalmo, microftalmo, emeralopia, oftalmia || oculista, vista, collirio, benda, enucleazione, paracentesi || occhiale, binocolo, monocolo || occhiuto, occhialuto || *agg.* azzurro, acceso, ardente, acuto, atono, asciutto, attonito, assassino, avido, assonnato, abbacinato, a mandorla, amoroso, brillante, bello, bieco, castano, cesio, chiaro, cupo, cisposo, diritto, dolce, espressivo, fisso, fulgido, furbo, fiero, feroce, grigio, grifagno, imbambolato, innocente, limpido, linceo, ladro, languido, lipposo, lagrimoso, lustro, lucido, livido, infossato, malinconico, materno, mansueto, mite, nero, obliquo, paterno, puro, penetrante, pesto, pietoso, porcino, rilucente, supplice, sereno, spaurito, spento, storto, stralunato, sbarrato, sgusciato, sgranato, scrutatore, sfavillante, sfolgorante, sitibondo, smarrito, spiritato, sanguigno, scerpellato, triste, tenero, traditore, torvo, truce, verde, vivo, vivido, vivace, vispo, vigile, voluttuoso, vigilante, vetrino || *verb.* guardare, vedere, accennare, spiare, ammiccare, osservare, sbirciare || alzare, abbassare, chiudere, serrare, girare, tendere, aprire, balestrare, coprire, far solecchio, far tanto d'occhi, luccicare, lustrare, strizzare, stropicciare, tappare || abbagliare, accecare, abbarbagliare, stralunare, aggrottare le ciglia.

occidènte, *sm.* occaso, ovest, ponente, tramonto.

contr. oriente, orto, levante.

occíduo, *agg. poet.* tramontante, che tramonta, calante.

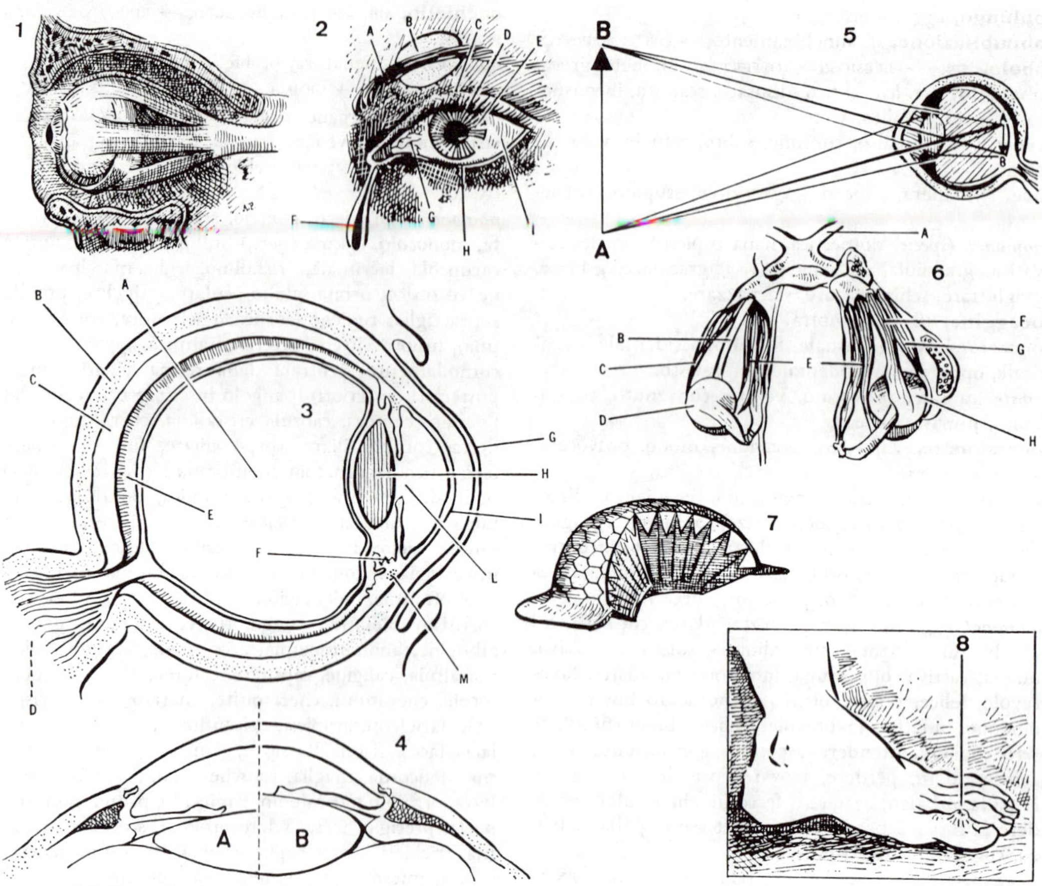

OCCHIO – 1) Bulbo oculare in sezione; 2) Occhio di prospetto: A) sopracciglio, B) glangola lacrimale, C) ciglia, D) pupilla, E) iride, F) canale lacrimale, G) nervo, H) ciglia e congiuntiva inferiore, I) còrnea; 3) Schema del bulbo oculare: A) corpo vitreo, B) sclerotica, C) coroidea, D) nervo ottico, E) rètina, F) corpo ciliare, G) congiuntiva, H) cristallino, I) còrnea, L) pupilla, M) muscoli; 4) Schema dell'accomodamento della vista: A) visione da vicino, B) visione da lontano; 5) Formazione delle immagini nell'occhio: B-A) oggetto a-b sua immagine rovesciata; 6) Muscoli dell'occhio: A) nervo ottico, B) nervo ottico, C) retto esterno, D) occhio, E) retto interno, F) retto superiore, G) retto esterno, H) occhio; 7) Schema d'occhio d'insetto; 8) Occhio di pernice o pollino (callo).

contr. nascente.

occípite, *sm.* nuca, collottola, cervice, collo.
contr. faccia, viso, volto || sincipite, bregma.

occlúdere, *v.tr.* → OTTURARE, OSTRUIRE.
contr. aprire.

occlusióne, *sf.* accecamento, chiusura, intasamento, → OTTURAMENTO, OSTRUZIONE.
contr. apertura, rottura, liberazione, sfogo, espansione.

occorrènte, *ppr.* di occorrere || *agg.* e *sm.* → NECESSARIO.

occorrènza, *sf.* circostanza, congiuntura, faccenda, evenienza, opportunità, necessità, → BISOGNO, AVVENIMENTO.

occórrere, *v.intr.* importare, aver necessità, essere necessario, → ABBISOGNARE.

occultaménto, *sm.* → NASCONDIMENTO.

occultàre, *v.tr.* → NASCONDERE.

occultàto, *pps.* di occultare || *agg.* → NASCOSTO.

occultatóre, *sm.* → NASCONDITORE.

occultazióne, *sf.* → NASCONDIMENTO.

occultísmo, *sm.* → MAGIA.

occúlto, *agg.* → NASCOSTO, COPERTO || SEGRETO.
contr. manifesto, palese, esposto, chiaro. conosciuto.

occupàre, *v.tr.* ingombrare, impedire; riempire, estendere, empire uno spazio, tenere un posto, mettersi in un luogo || prendere, pigliare, tenere, invadere, usurpare, conquistare, avere, impossessarsi, impadronirsi, sottentrare, espropriare || coprire una carica, passare il tempo, mettere, portare, tenere in faccende, impiegare, incogliere || *rifl.* dedicarsi, interessarsi, attendere, accudire, curarsi (di), adoprarsi, impiegarsi.
contr. sgombrare, lasciare, andarsene, abbandonare, disertare, vuotare, evacuare || non curarsi, trascurare.

occupàto, *pps.* di occupare || *agg.* non libero, ingombro, impacciato, ingombrato, impedito || invaso, perduto || affaccendato, indaffarato, preso, impegnato, obbligato.
contr. disoccupato, libero, evacuato, sgombro, sgombrato, vacante, disponibile, inoccupato, lasciato.

occupazióne, *sf.* possesso, conquista, presa, invasione, detenzione, usurpazione || faccenda, affare, briga, ufficio, impiego, carica, cura, lavoro, impegno, mansione, opera.

contr. abbandono, evacuazione || disoccupazione, scioperataggine, ozio.

oceanína, *sf.* nereide, naiade.

ocèano, *sm.* vasto mare, pèlago|| *fig.* immensità, gran quantità.

oceanografía, *sf.* idrografia, talassografia, talassobiologia.

òcra, *sf.* limonite, ematite.

oculatézza, *sf.* avvedutezza, → ATTENZIONE, ASTUZIA, DISCERNIMENTO, VIGILANZA.

oculàto, *agg.* → ATTENTO, ASTUTO, VIGILE, SAGACE.

oculísta, *sm.* oftalmologo.

oculística, *sf.* oftalmologia, oftalmoiatria.

òde, *sf.* ditirambo, inno, peana, epodo.

nomencl. (*tipi*) alcaica, anacreontica, bacchica, saffica, pindarica, asclepiadea, oraziana || barbara || tetrastrofe, *couplet, enedecha.*

odepòrico, *sm. ant.* descrizione di un viaggio, libro o diario di viaggio.

odiàbile, *agg.* odibile, degno d'odio, → ODIOSO.

contr. amabile, adorabile, venerabile.

odiàre, *v.tr.* aborrire, abominare, volere male, avversare, detestare, esecrare, maledire, biasimare, riprovare, disdegnare, sdegnare, rifuggire, repugnare || portare, serbare rancore, avere, sentire odio; essere nemico, avercela con uno, avere in odio, bollir d'odio, non poter sopportare o soffrire uno, portare o avere sullo stomaco, ardere d'odio, avere cattivo sangue, avere del livore, vedere di malocchio.

contr. amare, voler bene, adorare, prediligere, venerare.

odiàto, *pps.* di odiare || *agg.* malvisto, malveduto, inviso, esecrabile, detestabile, aborrito, abominato.

contr. amato, prediletto, adorato, venerato.

odièrno, *agg.* del giorno d'oggi, attuale, → MODERNO.

contr. antico, arcaico, passato, d'altri tempi.

òdio, *sm.* inimicizia, astio, malanimo, rancore, livore, acrimonia, malevolenza, esecrazione, abominazione, abominio, accanimento, avversione, astiosità, antipatia, animosità, amarume, detestazione, disaffezione, disamore, disdegno, sdegno, corruccio, disprezzo, ripugnanza, ribrezzo, ruggine, cisma, stizza, fiele, uggia, veleno, velenosità, rabbia, risentimento || intolleranza.

nomencl. (*attinenti*) androfobia, misantropia, misoginia, contraggenio, fobia, ira, vendetta || *agg.* accanito, atroce, inveterato, cieco, compresso, coperto, estremo, felino, feroce, fanatico, tremendo, immenso, implacabile, impotente, istintivo, mortale, pestifero, profondo, rabbioso, rozzo, sommesso, sordo, sterminato, truce, violento, intestino || *verb.* accendere, avvampare, aizzare, istigare, covare, nutrire, sentire, fomentare, seminare, suscitare, palesare, ammorzare, pascersi, rodersi, venire in odio.

contr. amore, affetto, affezione, simpatia, predilezione, venerazione, adorazione || filantropia.

odióso, *agg.* odiabile, detestabile, esecrabile, ributtante, ripugnante, abominevole, antipatico, sgradito, uggioso, esoso, insopportabile, spiacevole, inviso, malvisto, malviso, malvoluto, malaccetto, disamato, malvagio, infesto, nemico.

contr. amato, venerato, amabile, adorabile, simpatico, gradito, prediletto.

odissèa, *sf.* peripezie, vicende tempestose, vicissitudini.

odontoiàtra, *sm.* e *f.* → DENTISTA.

odoracchiàre, *v.intr.* → ODORARE.

odorànte, *ppr.* di odorare || *agg.* → ODOROSO.

odoràre, *v.tr.* fiutare, sentire l'odore, annasare, annusare, fiutare, aspirare l'odore, braccheggiare || *intr.* allezzare, aromatizzare, apputire, appuzzire, appestare, ammorbare, aulire, fragrare, impuzzare, intanfanare, intanfire, lezzare, odoracchiare, olezzare, olfare, olire, profumare, putire, puzzare, redolire; sitare, ulmire, ulire || *fig.* dimostrare una qualità; capire, fiutare, accorgersi.

contr. deodorare || puzzare.

odoràto, *sm.* fiuto, olfatto, → ODORE.

odóre, *sm.* afrore, aroma, balsamo, effluvio, esalazione, fragranza, fetore, graveolenza, leppo, lezzo, lezzume, mefite, miasma, olezzo, olore, profumo, puzza, puzzo, puzzolenza, puzzore, tanfo, ulimento, sentore, tanfata, zaffata, sito, usta || *fig.* sentore, → INDIZIO || *pl.* erbe, aromi.

nomencl. (*pertinenti*) aroma, cacofresia, droga, essenza, timiama, spezie, olio essenziale, morbo || odorato, olfatto || deodorante, correttivo || *agg.* acuto, aggradevole, gradevole, grato, aromatico, buono, brusco, cattivo, crudo, dolce, delicato, delizioso, elettrico, fetido, fragrante, grave, fastidioso, forte, forticcio, gentile, inebriante, mucido, nauseabondo, penetrante, ripugnante, schifoso, soave, squisito, tristo, pessimo || *verb.* avvertire, sentire, mandare, esalare, effondere, emanare, sviluppare, annusare, impregnarsi.

odorífero, *agg.* → ODOROSO.

odorífico, *agg.* → ODOROSO.

odorísta, *sm.* amante d'odori (*ant.*) || → PROFUMIERE.

odoróso, *agg.* fragrante, afroso, aromatico, aulente, balsamico, beneolente, fetente, fetido, graveolente, impuzzito, maleolente, mefitico, miasmatico, nauseabondo, odorante, odorifero, odorifico, ogliente, olente, putido, puzzolente, puteolente, putrido, redolente, ridolente, ulimoso.

contr. inodoro, inodore || deodorante.

òffa, *sf.* stiacciata, → FOCACCIA || *fig.* dono, → MANCIA.

offèndere, *v.tr.* adontare, bistrattare, calpestare, colpire, conculcare, contumeliare, danneggiare, ferire, ingiuriare, insultare, insolentire, intaccare, ledere, malmenare, maltrattare, mordere, nuocere, oltraggiare, ontare, profanare, provocare, pungere, schernire, schiaffeggiare, screditare, sferzare, sfregiare, strapazzare, svillaneggiare, tartassare, urtare, vilipendere, violare, violentare, vituperare, vulnerare; arrecare disonore, vergogna || recar molestia, ferire, produrre una lesione || *rifl.* impermalirsi, risentirsi, sdegnarsi, arrabbiarsi.

contr. rispettare, difendere, aiutare, coprire, patrocinare, spalleggiare, ribattere, tutelare, far schermo, perorare la causa.

offensíva, *sf.* → ATTACCO.

offensívo, *agg.* insultante, contumelioso, ingiurioso, insolente, irrispettoso, invadente, irritante, irriverente, lesivo, nocivo, oltraggioso, provocante, provocatorio, villano, vituperoso, infamante, umiliante || bruciante, urticante, corrosivo, mordace, sferzante, velenoso.

contr. controffensivo, difensivo || rispettoso, inoffensivo, indifeso, inerme, innocuo, inerte, incapace.
offensóre, *sm.* → INGIURIATORE.
contr. difensore.
offerènte, *ppr.* di offrire || *agg.* e *sm.* e *f.* oblatore, donatore, benefattore.
contr. accettante, ricevente.
offèrta, *sf.* oblazione, contribuzione, omaggio, obolo, beneficenza, erogazione, contributo, elemosina, dono, regalo || profferta, esibizione, proposizione, impegno, proposta || dedica.
nomencl. *agg.* generosa, abbondante, larga, sovrabbondante, grande, splendida, abbagliante, piccola, misera, spilorcia, modesta, meschina, povera, avara, libera, spontanea, volontaria, forzata, imposta, grata, ingrata, sgradita, accetta, bene accetta, accettabile || di Caino || *verb.* accogliere, accettare, ricevere, raccogliere, domandare, chiedere, fare, porgere, presentare, dedicare, respingere, rifiutare, sdegnare, ritornare, sacrificare.
contr. rifiuto, accettazione, accoglimento, gradimento, ripulsa || controfferta.
offésa, *sf.* affronto, contumelia, danno, dispetto, disprezzo, improperio, ingiuria, ingiustizia, insolenza, insulto, irriverenza, lesione, maltrattamento, morso, oltraggio, onta, profanazione, provocazione, sfregio, smacco, sopruso, svillaneggiamento, torto, vilipendio, villanata, villania, vituperio, ostilità, schiaffo morale, puntura, punzecchiamento, punzecchiatura, calcio d'asino, impertinenza, inconvenienza, invettiva, percossa, soperchieria, arroganza, schiaffo || azione di attacco.
nomencl. (*inerenti*) ammenda, perdono, giudizio di Dio, riparazione, reintegrazione || vendetta, faida, legge del taglione || *agg.* lieve, tenue, grave, seria, acerba, mortale, dura, insopportabile, iniqua, pungente, sopportabile, volontaria, involontaria, continua, ripetuta, continuata || *verb.* recare, provocare, cancellare, dimenticare, perdonare, fare, prendere, ricambiare, restituire, sopportare, rintuzzare, scontare, soddisfare || legarsela al dito, prendersela, render pan per focaccia, chiedere o dare soddisfazione, non torcere un capello.
contr. protezione, lode, adulazione, tutela, difesa.
offéso, *pps.* di offendere || *agg.* e *sm.* conculcato, danneggiato, disonorato, ingiuriato, insultato, intaccato, maltrattato, leso, molestato, oltraggiato, schiaffeggiato, vilipeso, svillaneggiato, disprezzato, spregiato, insolentito, deriso, provocato || → FERITO.
contr. offensore, ingiuriatore || difeso, protetto, rispettato, lodato.
officiàle, *agg.* → UFFICIALE.
officiàre, *v.tr.* ufficiare, celebrare.
officína, *sf.* fucina, → BOTTEGA, FONDERIA, FABBRICA.
officinàle, *agg.* farmaceutico, terapeutico.
nomencl. (*piante, erbe medicinali*) belladonna, valeriana, digitale, camomilla, acetosa, aconito, aglio, zafferano, senape, saponaria, piantaggine, elleboro, giusquiamo, cascara, crescione, limone, menta piperita.
offício, *sm.* → UFFICIO.
officiosità, *sf.* → CORTESIA, URBANITÀ.
officióso, *agg.* → CORTESE.
offríre, *v.tr.* esibire, cedere, dare, donare, regalare, profferire, proporre, porgere, presentare, rassegnare, consegnare, fare offerta, far dono || dedicare, consacrare || farsi avanti, mettersi a disposizione || *rifl.* offrirsi, darsi, donarsi, proporsi, esibirsi.
contr. accettare, ricevere, tenere, rifiutare, respingere, rendere, restituire || ritirarsi, rifiutarsi.
offuscaménto, *sm.* obnubilazione, ottenebrazione, annebbiamento, oscuramento, infoscamento, adombramento, rannuvolamento, nuvola || → EBBREZZA.
contr. rischiaramento, illuminazione, rasserenamento, illimpidimento.
offuscàre, *v.tr.* intorbidare, appannare, annebbiare, annuvolare, velare, oscurare, ottenebrare, adombrare, render fosco, annerire, infoscare, → ECLISSARE || *fig.* → ABBACINARE, MACCHIARE || *intr.* → IMPALLIDIRE.
contr. rendere lucente, chiaro, limpido, luminoso, trasparente || rischiarare, illuminare, rasserenare, illimpidire.
offuscàto, *pps.* di offuscare || *agg.* fumoso, appannato, annebbiato, velato, oscurato, ottenebrato, infoscato.
contr. chiaro, luminoso, trasparente, limpido, sereno.
ofídio, *sm.* → SERPENTE.
oftalmía, *sf.* malattia degli occhi.
nomencl. (*distinzioni*) artritica, egiziana, periodica, simpatica || blennoftalmia, emoftalmia, entoftalmia, oftalgia, oftalmoressia, scleroftalmia, oftalmoblenorrea, oftalmoplegia.
oftalmoiatría, *sf.* oculistica.
oftalmòlogo, *sm.* oculista.
oggettivaménte, *avv.* obiettivamente, spassionatamente, imparzialmente, serenamente.
contr. soggettivamente, con parzialità, passionalmente.
oggettività, *sf.* → ESSERE.
contr. soggettività.
oggettívo, *agg.* imparziale, spassionato, reale, → OBIETTIVO.
contr. soggettivo, parziale, appassionato.
oggètto, *sm.* aggeggio, arnese, cosa, roba, → MERCE, CAPO || argomento, tema, → MATERIA || ENTE || scopo, mezzo, termine, → FINE.
contr. soggetto, artefice, idea, rappresentazione.
òggi, *avv.* oggidí, quest'oggi, oggigiorno, al dí d'oggi, in oggi, presentemente, attualmente, ora, adesso.
contr. ieri, ier l'altro, domani, una volta, un tempo.
oggidí, *avv.* → OGGI.
oggigiórno, *avv.* → OGGI.
ogíva, *sf.* arco acuto || punta (di razzo, di míssile).
ogivàle, *agg.* gotico, archiacuto.
oglіènte, *agg. poet.* → ODOROSO.
ógni, *agg. indef. m.* e *f.* qualunque, qualsivoglia, tutti, tutte le cose, ogniqualvolta, ciascuno, ognuno.
contr. questo o quello, l'uno o l'altro, nessuno.
ognóra, *avv. poet.* sempre.
ognúno, *pron.* ciascuno, tutti.
contr. nessuno.
oleàceo, *agg.* → OLEOSO.
oleaginóso, *agg.* → OLEOSO.
olènte, *agg.* → BALSAMICO.
oleóso, *agg.* oleaginoso, olioso, oleaceo || untuoso, unto, → GRASSO.
contr. secco, asciutto, magro.

olezzàre, *v.intr.* → ODORARE.
olézzo, *sm.* → ODORE.
olfàre, *v.intr.* → ODORARE.
olfàtto, *sm.* odorato, naso, senso dell'odore.
nomencl. (*attinenti*) narici, regione olfattiva, nervi olfattivi, semi, pituitaria, epitelio, muco || odore.
oliàre, *v.tr.* ungere, lubrificare || condire.
olíbano, *sm.* → INCENSO.
olièra, *sf.* → PORTAMPOLLE.
oligarchía, *sf.* tirannia, dittatura, despotismo.
nomencl. oligarca.
contr. poliarchia.
oligoemía, *sf.* → ANEMIA.
contr. poliemia, iperglobulia, plètora.
olímpico, *agg.* divino, celeste, supremo || *fig.* sereno, impassibile, imperturbabile.
contr. umano, terreno || passionale, emotivo, agitato.
òlio, *sm.* || → PITTURA.
nomencl. (*tipi*) di oliva, di lino, di cotone, di canapa, di mandorla, di sesamo, di giusquiamo, di ricino, di fegato di merluzzo || grasso, semigrasso, magro, raffinato, vergine, purgato, medicato, medicinale, canforato, minerale, vegetale, animale || olio santo, crisma || (*pertinenti*) balsamo, margarina, morchia, fondigliolo || trappeto, frantoio, torchio || (*usi*) da condimento, lubrificante, combustibile || *agg.* fresco, rancido, saporito, insipido || *verb.* ungere, friggere, condire, oliare || → OLIVA.
olióso, *agg.* → OLEOSO.
olíre, *v.intr. poet.* → ODORARE.
olíva, *sf.* frutto dell'olivo, uliva.
nomencl. nera, verde, salata, inoliata, vaia || (*parti*) buccia, nocciolo, polpa, seme, picciolini, bacca, coccola || (*industria*) frantoio, olio, sansa, sansino, morchia, panello, sapone || *agg.* matura, dolce, secca, sana, bacata, indolcita, gentile, conservata || *verb.* frangere, macinare, brucare, ravviare, invaiolare.
olívo, *sm.* ulivo.
nomencl. (*specie*) cimignolo, correggiolo, corgnolo, gramignolo, infrantoio, comune, morchiaio, moraiolo, passerino, rossellino, topino || (*attinenti*) frasca, libbia, mígnola, piantone, gomma dell'ulivo || oliveto.
olocàusto, *sm.* → SACRIFICIO.
ològrafo, *agg.* scritto interamente di proprio pugno.
contr. scritto in parte, verbale.
olóre, *sm. poet.* → ODORE.
oltraggiàre, *v.tr.* inveire, fare oltraggio, insultare, insolentire, svillaneggiare, conculcare, fare un torto, → INGIURIARE, OFFENDERE || VIOLARE.
contr. lodare, adulare, complimentare, rispettare, venerare, difendere || far schermo, tutelare.
oltraggiatóre, *agg.* e *sm.* → INGIURIATORE.
oltràggio, *sm.* → INGIURIA, OFFESA, DIFFAMAZIONE, MALTRATTAMENTO.
contr. omaggio, onore, rispetto, cortesia, ossequio, lode.
oltraggióso, *agg.* → INGIURIOSO, OFFENSIVO.
oltramontàno, *agg.* ultramontano, → STRANIERO.
oltranaturàle, *agg.* ultranaturale, → SOPRANNATURALE.
óltre, *avv.* piú là, piú qua, piú avanti || ancora || *prop.* al di là, di là da || piú che || in piú.
oltremàre, *agg.* azzurro intenso, oltremarino, → BLU || *avv.* di là dal mare || *sm.* lapislazzuli o lapislazzoli.
oltremòdo, *avv.* oltremisura, fuor di modo, fuor di misura, → ECCESSIVAMENTE.
oltrepassàre, *v.tr.* passare oltre, piú oltre, sorpassare, → PASSARE, SUPERARE || ECCEDERE, TRASGREDIRE.
oltretómba, *sm.* l'aldilà, l'al di là.
omacciòne, *sm.* omone, → GIGANTE.
contr. omiciattolo, ometto, omettino, omuncolo.
omàggio, *sm.* onoranza, ossequio, onore, manifestazione di rispetto, ossequio, venerazione || offerta, dono || cortesia, galanteria.
nomencl. *verb.* ricevere, accogliere, gradire, tributare, rendere, prestare, porgere.
contr. scortesia, sgarbo, villania, offesa, oltraggio, insulto.
omài, *avv. poet.* → ORMAI.
ombelíco, *sm.* bellico, bellícolo, ònfalo, mesònfalo, umbilico, umbelico, ombellico.
nomencl. (*inerenti*) allacciatura ombelicale, funicolo o cordone ombelicale, vena ombelicale || onfalite, onfalocele, onfalorragia, onfalotomia || *verb.* sbellicarsi.
ómbra, *sf.* adombramento, aduggiamento, meriggio, ombria, ombrosità, orezzo, rezzo, uggia, penombra, mezzombra, scuro, → BUIO || ombratura, ombreggiatura, ombreggiamento || → IMITAZIONE || *fig.* spettro, → FANTASMA || quantità minima, → NULLA || velo, pretesto, → SOSPETTO || riparo, difesa.
nomencl. tramontana, a bacío, all'ombra || *agg.* fitta, scura, folta, opaca, caliginosa, grave, fresca, lieta, soave, ristoratrice, segreta || *verb.* proiettare, aduggiare, gettare, fare, nascondere, adombrare, offuscare, ombreggiare, ombrare.
contr. luce, luce solare, piena luce || oggetto consistente.
ombràcolo, *sm.* frascato, pergola, pergolato || *fig.* difesa, → PROTEZIONE.
ombràre, *v.tr.* → ADOMBRARE, OSCURARE || fare le ombre, i chiaroscuri.
ombràtile, *agg.* umbratile, ombroso.
ombratúra, *sf.* → OMBRA.
ombreggiaménto, *sm.* → OMBRA.
ombreggiàre, *v.tr.* far ombra, aduggiare, adombrare || tratteggiare, toccare leggermente; ombrare, dare il chiaroscuro.
contr. soleggiare.
ombreggiàto, *agg.* → OMBROSO.
contr. soleggiato.
ombreggiatúra, *sf.* marezzo, → OMBRA.
ombrèlla, *sf.* fioritura, ciocca, corimbo.
ombrellíno, *sm.* → PADIGLIONE.
ombrèllo, *sm.* parasole, parapioggia, paracqua || paracadute || pergola.
nomencl. (*parti*) asta o canna (fusto, puntale, nodo o girellino), cannello, ghiera, spoglia o coperta, spicchi, cinturino, laccetto, manico, molle, stecche, fodero o guaina || portaombrelli || ombrellaio || setagloria, nailon || *verb.* appuntare, montare, rivestire, portare, usare.
ombría, *sf.* → OMBRA.
ombrosità, *sf.* → OMBRA || *fig.* → DUBBIO.
ombróso, *agg.* ombratile, ombreggiato, opaco, fosco,

scuro, → OSCURO || (di albero) frondoso, fronzuto || (di cavallo) facile a spaventarsi || (di persona) ghignoso, sospettoso, diffidente, permaloso.
contr. soleggiato, solatio.
omelette, *sf. fr.* frittata.
omelía, *sf.* → DISCORSO, PREDICA || *fig.* predicozzo.
omeopatía, *sf.*
contr. allopatia.
omeopàtico, *agg.* e *sm.*
contr. allopatico.
omèrico, *agg.* || *fig.* grandioso, altisonante, → EROICO.
òmero, *sm.*
nomencl. (*attinenti*) capo, collo, epicondilo, epitroclea, corpo.
omésso, *pps.* di omettere || *agg.* → NASCOSTO || RECISO.
contr. messo.
ométtere, *v.tr.* dimenticare, abbandonare, astenersi, dimettere, disconsiderare, eccettuare, negligere, elidere, eliminare, escludere, intralasciare, intermettere, lasciare, marinare o salare, prescindere, preterire, pretermettere, saltare, sorvolare, sottacere, nascondere, sottintendere, tacere, tralasciare, trasandare, trascurare, mancare, smettere, dismettere.
contr. mettere, fare, adempiere, includere, dichiarare, ricordare, continuare, comprendere.
ométto, *sm.* → OMICIATTOLO || *fig.* gruccia.
omiciàttolo, *sm.* ometto, omino, omuncolo, omarino, omicciolo, nano.
contr. omaccio, omaccione.
omicída, *sm.* e *f.* → ASSASSINO, UCCISORE.
nomencl. (*pertinenti*) parricida, matricida, fratricida, uxoricida, regicida, infanticida || omicidio volontario, colposo, preterintenzionale.
omicídio, *sm.* → ASSASSINIO, UCCISIONE.
omíno, *sm.* → OMICIATTOLO || → FANCIULLO, BAMBINO.
omissióne, *sf.* astensione, dimenticanza, eccettuazione, eliminazione, esclusione, lacuna, mancanza, errore, paralessi, preterizione, salto, tralasciamento, vuoto, nascondimento, trasgressione.
contr. inclusione, adempimento, cosa compresa, inclusa.
òmnibus, *sm. indecl.* → CARROZZA, TRANVAI.
omnisciènza, *sf.* → ONNISCIENZA.
omnívoro, *agg.* → ONNIVORO.
omocromía, *sf.* mimetismo, uguaglianza di colore || uniformità.
contr. diversità di colore, differenziazione, policromia.
omòcromo, *agg.* mimetico, imitativo.
omòfago, *sm.* → CRUDELE.
omofonía, *sf.* uguaglianza di suoni, unisono.
contr. polifonia, varietà o differenza di suoni.
omogeneità, *sf.* affinità, analogia, conformità, somiglianza, uguaglianza, uniformità.
contr. eterogeneità, differenza, diversità, contrasto.
omogèneo, *agg.* della stessa natura o specie o razza, affine, simile, analogo, conforme, consimile, organico || uniforme, indistinto.
contr. eterogeneo, differente, diverso, difforme.
omologàre, *v.tr.* → APPROVARE, RATIFICARE.
omologazióne, *sf.* → APPROVAZIONE, RATIFICA.
omòlogo, *agg.* corrispondente, analogo, consentaneo, somigliante, affine.
contr. diverso, differente, contrastante.
omóne, *sm.* omaccione, → GIGANTE.
onàgro o **ònagro,** *sm.* → ASINO.
óncia, *sf.* || *fig.* → MINUZIA.
ónda, *sf.* ondata, cavallone, flutto, fiotto, maroso, crespa, frangente, rompente || *fig.* vibrazione, propagazione di energia, → IMPETO.
nomencl. (*tipo*) elettromagnetiche, sismiche, luminose, sonore || radioonde, corte, medie, lunghe || teoria ondulatoria || (*inerenti*) flusso, riflusso, marea, ondeggiamento, spuma, schiuma, risacca, gorgo, tromba, ciclone, bollimento, ribollimento, marezzare, mare lungo, colpo di mare || *agg.* affrettata, frequente, apparente, candida, allegra, sprizzante, spumeggiante, composta, rapida, riflessa, sferica, vecchia, atra, rapida, veloce, minacciosa, quieta, incostante, tranquilla, placida, lenta, tempestosa, burrascosa, alta, ciclopica; decumana, prodiera || *verb.* accavallarsi, frangersi, bollire, increspare, lambire, battere, bagnare, lavare, percuotere, colpire, infrangersi, spumeggiare, inondare, ondeggiare, fluttuare, tremolare, gorgogliare, mormorare, susurrare, mugghiare || andare, mettere in onda, trasmettere.
ondàre, *v.intr.* → ONDEGGIARE.
ondàta, *sf.* colpo d'onda, marea, → ONDA || *fig.* afflusso.
ónde, *avv.* di dove, donde || *pron.* di che, di cui, del quale, per il quale, con che || *cong.* affinché, perché, a fine di, per.
ondeggiaménto, *sm.* ondulazione, marezzo, → OSCILLAZIONE || *fig.* vacillamento, incertezza, ambiguità, esitazione, → DUBBIO.
ondeggiànte, *ppr.* di ondeggiare || *agg.* → FLUTTUANTE || *fig.* esitante, dubbioso.
ondeggiàre, *v.intr.* mareggiare, fiottare, fluttuare, ondare, ondoleggiare, ondulare, oscillare, vacillare, vagellare, rimareggiare, barcollare, tremolare || *fig.* tentennare, titubare, → DUBITARE.
contr. esser fermo, stabile || essere certo, risoluto, inequivoco.
ondoleggiàre, *v.intr.* → ONDEGGIARE.
ondulàre, *v.intr.* oscillare, → ONDEGGIARE || *tr.* → INCRESPARE.
ondulazióne, *sf.* → OSCILLAZIONE || messa in piega, permanente, increspatura, arricciamento.
oneràre, *v.tr.* aggravare, incaricare.
contr. esonerare.
ònere, *sm.* aggravio, carico, peso, soma, fardello, responsabilità, → OBBLIGO.
oneróso, *agg.* → FATICOSO, GRAVE.
onestà, sf. castità, castigatezza, integrità, costumatezza, decenza, illibatezza, incontaminatezza, innocenza, modestia, purezza, purità || moralità, coscienza, correttezza, dirittura, dignità, galantomismo, giustizia, imparzialità, incorruttibilità, impeccabilità, irreprensibilità, lealtà, onorabilità, probità, rettitudine, scrupolosità, virtù, virtuosità, bontà, bene, fede.
nomencl. *agg.* inconcussa, indiscussa, indubbia, intemerata, illibata, perfetta, completa, ottima, totale, intera, specchiata, rara, discutibile, dubbia, problematica, incerta, contestabile, equivoca || *verb.* coonestare, onestare, prevaricare, corrompere, degenerare.

contr. disonestà, amoralità, immoralità, bassezza, deviamento, improbità, scorrettezza, rilassatezza, licenziosità.
onèsto, *agg.* casto, costumato, illibato, incorrotto, integerrimo, integro, intemerato, irreprensibile, morale, puro, virtuoso || corretto, coscienzioso, dabbene, degno, fedele, fidato, fido, galantuomo, giusto, imparziale, impeccabile, inappuntabile, inattaccabile, incensurabile, incensurato, incontaminabile, incriticabile, ineccepibile, insindacabile, irreprensibile, leale, ligio, probo, onorato, retto, specchiato, tutto d'un pezzo, modesto, dritto, buono || → LECITO || DECOROSO.
contr. inonesto, disonesto, amorale, immorale, corrotto, criticabile, sleale, depravato, licenzioso, libertino.
ònfalo, *sm.* → OMBELICO.
ònice, *sm.* → AGATA.
onirología, *sf.* onirocritica, psicanalisi, interpretazione (dei sogni).
onnipotènte, *agg.* onnipossente, → GRANDE || *sm.* → DIO.
onnipresènza, *sf.* ubiquità.
contr. assenza || localizzazione.
onnisciènza, *sf.* omniscienza.
contr. ignoranza, nescienza.
onnívoro, *agg.* omnivoro.
onomàstico, *sm.* → FESTA.
onoràbile, *agg.* onorando, onorevole, reverendo, degno, meritevole, ragguardevole, venerando, convenevole.
contr. disonorevole, indegno, spregevole, disprezzabile.
onoràndo, *agg.* → ONORABILE.
onorànza, *sf.* → ADORAZIONE, OMAGGIO, ONORE || REGALIA || *pl.* → FUNERALE.
contr. vilipendio, disprezzo, disonore, indegnità, bassezza, turpitudine.
onoràre, *v.tr.* adorare, esaltare, glorificare, celebrare, sublimare, riverire, ossequiare, venerare, beatificare, apologizzare, commendare, coronare, decantare, decorare, elevare, encomiare, estollere, eternare, eternizzare, gloriare, immortalare, incielare, incensare, inneggiare, lodare, magnificare, nobilitare, osannare, rinomare, perpetuare, rispettare, rendere, fare onore, solennizzare, stimare, vantare || *rifl.* tenere ad onore, riputarsi.
contr. disonorare, disprezzare, biasimare, bollare, calunniare, oltraggiare, infamare, offendere.
onoràrio, *sm.* → EMOLUMENTO, STIPENDIO, PAGA.
onoratézza, *sf.* → ONORE.
onoràto, *pps.* di onorare || *agg.* degno, probo, pregiato, pregevole, glorioso, nobile, celebre, famoso, venerato, ossequiato, → DECOROSO.
contr. indegno, disonorevole, inonorato, disonorato, oltraggiato, infamato, biasimevole.
onóre, *sm.* decoro, dignità, onoratezza, onorevolezza, credito, fierezza, fama, gloria, lustro, merito, pregio, ragguardevolezza, riputazione, rispettabilità, spettabilità, stima, stimabilità || devozione, deferenza, lode, omaggio, gloria, ammirazione, celebrazione, considerazione, elogio, elevazione, encomio, esaltazione, incensata, incenso, inno, onoranza, ossequio, osservanza, plauso, panegirico, riguardo, rispetto, riverenza, venerazione || carica importante, ufficio onorifico, sinecura || onor del mento, → BARBA || ONORIFICENZA.
nomencl. (*pertinenti*) ambizione, apoteosi, onoranza, preminenza, saluto, trionfo, riparazione, riabilitazione || delitto d'onore || *agg.* alto sommo, perenne, eccelso, imperituro, altissimo, intatto, intemerato, degno, tenue, piccolo, modico, mondano, terreno, caduco, effimero, labile, perituro, fugace || *verb.* attaccare, ferire, intaccare, lacerare, ledere, macchiare, offendere, imbrattare, straziare, oscurare, insidiare, denigrare, insudiciare, salvare, vendicare || celebrare, glorificare, lodare, esaltare, elogiare, applaudire.
contr. disonore, abiezione, indegnità, demerito, disdoro, ignobiltà, infamia, ignominia || disprezzo, spregio, disistima, maldicenza, menomazione, oltraggio.
onorévole, *agg.* onorabile, ammirevole, ammirabile, augusto, benemerito, celebrabile, commendevole, egregio, decoroso, decente, degno, dignitoso, elogiabile, encomiabile, glorificabile, laudabile, lodabile, meritevole, meritorio, onorando, onorifico, pregiabile, pregevole, presentabile, ragguardevole, riguardevole, riputato, rispettabile, spettabile, stimabile, stimato, venerabile, venerando || *sm.* deputato.
contr. disonorevole, disonorante, abietto, biasimevole, disdicevole, disonorato, infame, ignobile, indegno.
onorevolézza, *sf.* → ONORE, BONTÀ.
onorificènza, *sf.* decorazione, insegna, medaglia, onore, onoranza, distinzione, glorificazione, guiderdone, premio || *iron.* finimento, patacca.
nomencl. (*tipi*) militare, civile, ecclesiastica || (*attinenti*) cavalierato, commenda, corona, medaglia, stella, croce, palma, palio, distintivo, titolo nobiliare || *agg.* alta, insigne, ambita, gradita || *verb.* insignire, concedere, dare, ricevere, brigare.
onorífico, *agg.* → ONOREVOLE.
ónta, *sf.* → INGIURIA, OFFESA, DISPETTO.
ontàre, *v.tr. ant.* fare onta, → OFFENDERE.
ontología, *sf.* filosofia prima, → METAFISICA.
nomencl. ontologismo, ontologista.
onústo, *agg. lett.* carico, greve, → CARICATO.
opàco, *agg.* → BUIO, OSCURO || *fig.* spento, ottuso, arido, chiuso, insensibile.
contr. diafano || appassionato, vivo, mosso, sensibile, aperto.
opalescènte, *agg.* iridescente, semitrasparente.
contr. opaco, torbido.
opalescènza, *sf.* iridescenza, semitrasparenza.
contr. opacità, torbidezza.
òpera, *sf.* opra, travaglio, fatica, → AZIONE, LAVORO, OCCUPAZIONE, IMPRESA || COSTRUZIONE, EDIFICIO || VOLUME, TRATTATO || CANTO || FABBRICERIA || opera pia o assistenziale, istituto di carità, → BENEFICENZA || opera meritoria, opera di misericordia, → BENE.
nomencl. (*distinzioni*) manuale, intellettuale, ascetica, prima, postuma || viva, morta, servile || classica, romantica, moderna, antica, medievale || melodrammatica, tragica, comica, buffa || (*attributi*) aborto, capo d'opera, capolavoro, còmpito, delitto, miracolo, monumento, pasticcio, polpettone, porcheria || (*stadi*) abbozzo, appendice, commento, parte, pezzo, prospetto, esordio, corpo, fine, epilogo || *agg.* e *loc. avv.* bella,

graziosa, ben fatta, attraente, venusta, aggraziata, brutta, eccellente, eroica, titanica, grandiosa, gigantesca, monumentale, completa, incompleta, nobile, ignobile, magistrale, originale, tardiva, scadente, difettosa, imperfetta, mediocre, di poco pregio, di getto, di prima mano, di polso, vana || *verb.* accudire, comporre, produrre, scrivere, collaudare, compilare, compiere, collaborare.

operàio, *sm.* giornaliero, artigiano, artiere, artefice, lavorante, lavoratore, bracciante, manovale, apprendista, garzone, salariato, mercenario || *pl.* maestranze.
nomencl. (*qualifiche*) comune, qualificato, specializzato || addetto, apprendista, artigianello, giornaliere, cottimista, mesaiolo, pioniere, stacanovista, taccaiolo || disoccupato, licenziato, sospeso, leghista || (*inerenti*) lega, sindacato, commissione interna, sciopero || tuta, blusa || salario, paga, stipendio || classe operaia, proletariato || *agg.* abile, esperto, capace, indefesso, infaticabile, laborioso, valente, fannullone, neghittoso, inoperoso, scansafatiche, scioperato, sciatto.
contr. datore di lavoro, padrone.

operànte, *ppr.* di operare || *agg.* operativo, operoso, agente, attivo, efficace, efficiente, energico.
contr. inoperante, inefficace, inattivo, inerte.

operàre, *v.tr.* agire, fare, compiere, eseguire, lavorare, cooperare, esercitare, faticare, usare, produrre un effetto, influire || amputare || *intr.* funzionare, procedere, trattare || operare bene, → BENFARE.
contr. essere o rimanere inoperoso, inattivo, poltrire, oziare, scioperare.

operatívo, *agg.* esecutivo || → ENERGICO, EFFICACE.

operàto, *pps.* di operare || *agg.* tessuto a disegni, lavorato || *sm.* condotta, → AZIONE.

operazióne, *sf.* funzione, opera, → AZIONE, LAVORO || atto chirurgico, piano militare, complesso di azioni guerresche || calcolo aritmetico.

operétta, *sf.* opericciola || opera buffa, balletto, rivista, *vaudeville.*

operosità, *sf.* laboriosità, attività, dinamismo, intraprendenza, alacrità, sollecitudine, destrezza, solerzia, zelo.
contr. pigrizia, indolenza, inerzia, neghittosità, accidia, torpore, abulía, scioperataggine.

operóso, *agg.* attivo, fattivo, dinamico, desto, industrioso, intraprendente, laborioso, solerte, zelante, alacre, sollecito, svelto, sveglio, faccendiere, instancabile.
contr. inoperoso, inattivo, indolente, pigro, neghittoso, torpido, accidioso, scioperato, inerte, abúlico.

opifício, *sm.* → FABBRICA || COSTRUZIONE.

opímo, *agg. lett.* → GRASSO, RICCO.

opinàbile, *agg.* → PENSABILE.

opinàre, *v.tr.* credere, immaginare, argomentare, arguire, congetturare, divisare, estimare, stimare, figurarsi, giudicare, intendere, parere, parteggiare, persuadersi, pensare, presumere, presupporre, reputare, riputare, ritenere, sembrare, supporre.
contr. ricredersi, ritrattare, rinnegare, negare.

opinióne, *sf.* parere, avviso, animo, asserto, concetto, congettura, convincimento, convinzione, considerazione, credenza, criterio, discretiva, dottrina, fede, fiducia, giudizio, idea, impressione, ipotesi, mente, pensiero, placito, pregiudizio, responso, sentenza, sentimento, sistema, sofisma, snpposizione, teoria, ubbia, veduta, fissazione, paradosso || stima, reputazione, voce, → FAMA || opinione erronea, → ERESIA.
nomencl. personale, privata, pubblica || (*inerenti*) errore, superstizione, ostinazione, accordo, consenso, costanza, fermezza, conversione, influenza, tolleranza, palinodia, ritrattazione, propaganda, imbonimento || (*persone*) benpensante, camaleonte, girella, banderuola, preopinante, tentennante, puritano, spirito forte || *agg.* assodata, decisa, ferma, fondata, salda, radicata, arbitraria, infondata, assurda, ingiusta, buona, cattiva, pessima, concreta, positiva, corrente, comune, odierna, antica, invalsa, dominante, discorde, eterodossa, discordante, dissonante, dissenziente, inconciliabile, esclusiva, esatta, giusta, fedele, precisa, fanatica, ponderata, fredda, ragionevole, falsa, fallace, mendace, fittizia, erronea, favorevole, propizia, benevola, seconda, compiacente, incoraggiante, sfavorevole, avversa, ostile, contraria, inveterata, ostinata, unanime, accettata, volgare || *verb.* aderire, abbandonarsi, accedere, accostarsi, ammettere, consentire, condannare, cedere, cambiare, ricredersi, confutare, combattere, convalidare, decampare, disputare, divulgare, dominare, diffondere, prevalere, ribadire, secondare, seguire, sottoscrivere, sposare, sostenere, suffragare, abbracciare, professare, traviare, voltar la giubba o il gabbano.
contr. dogma, primi principî || settarismo, fanatismo, dogmatismo, intransigenza, intolleranza.

oppilàre, *v.tr.* → OSTRUIRE.

oppilazióne, *sf.* → OSTRUZIONE.

òppio, *sm.* *hascisc,* alloppio.
nomencl. (*funzioni*) ipnotico, narcotico, sonnifero, antispastico, analgesico, anestetico, voluttuario || (*alcaloidi*) acido meonico, codeina, morfina, narcotina, oppianina, papaverina || laudano, meconismo, oppiofago, fumatore d'oppio oppiofagia, oppiomania || *verb.* alloppiare, oppiare.

opponènte, *ppr.* di opporre || *agg.* e *sm.* oppositore, contraddittore.

oppórre, *v.tr.* addurre contro, contrapporre, impugnare, avversare, contrariare, contraddire, contestare, contrastare, confutare, oppugnare, obiettare, eccepire, impedire, ostare, ostacolare, protestare, discutere, disputare, rimbeccare, respingere, ribattere, ribellarsi, rintuzzare, parare, reagire, recalcitrare, rivoltarsi, osteggiare, replicare.
contr. approvare, consentire, acconsentire, ammettere, concordare, accedere.

opportunaménte, *avv.* → ACCONCIAMENTE, COMODAMENTE.
contr. inopportunamente.

opportunísmo, *sm. fig.* funambolismo, girellismo, camaleontismo, furberia, doppio giuoco.
contr. coerenza, fedeltà, martirio || dogmatismo, fanatismo.

opportunità, *sf.* circostanza favorevole, convenienza, destro, tempestività, momento propizio, pretesto, agio, fortuna, luogo, caso, congiuntura, → COMODITÀ, OCCASIONE.
nomencl. *agg.* buona, propizia, tempestiva, favorevole,

attesa, mancata || *verb.* cogliere, aspettare, attendere, capitare, prendere, perdere, lasciare, sfuggire, passare, togliere.
contr. inopportunità, intempestività, contrattempo.
opportúno, *agg.* adatto, acconcio, idoneo, conveniente, convenevole, competente, conforme, congruo, comodo, buono, favorevole, propizio, tempestivo, provvidenziale, calzante, pertinente, inerente, benefico, venuto a proposito, commisurato, efficace, appropriato, decoroso.
contr. inopportuno, intempestivo, inefficace, inadatto, fuori misura, fuori tempo, improprio, sconveniente.
oppositóre, *agg.* e *sm.* opponente, contraddittore, oppugnatore, antagonista, refrattario, avversario, → NEMICO.
contr. consenziente, fautore, favorevole, sostenitore, amico, seguace.
opposizióne, *sf.* antagonismo, contestazione, contraddizione, contrapposizione, contrarietà, contrasto, conflitto, lotta, cattiva volontà, discordanza, disaccordo, incompatibilità, obiezione, impugnazione, oppugnazione, ostacolo, resistenza, intoppo, incaglio, protesta, ribellione, eversione, reazione, rivolta, rovescio, difficoltà, barriera, rifiuto, proibizione, veto, *embargo*, interdizione, interdetto, contropartita || antipodi, antifrasi, antinomia, antitesi.
nomencl. politica, di destra, di sinistra || partito d'opposizione || viceversa, antipode, antitetico, dirimpetto, diametralmente opposto || *agg.* accanita, forte, energica, vigorosa, gagliarda, tenace, virile, fiera, violenta, furiosa, intrepida, dignitosa, inflessibile, aspra, insuperabile, ostinata, sterile, caparbia, cocciuta, pervicace, settaria, tenace, costante, irremovibile, sorda, profonda, viva, vivace, animata, attiva || *verb.* essere, passare, rimanere all'opposizione.
contr. approvazione, consenso, accordo, favore, sottomissione, accettazione, adattamento, analogia, convenienza, conformità.
oppósto, *pps.* di opporre || *agg.* → CONTRARIO, DIVERSO.
oppressióne, *sf.* schiavitú, angheria, servitú, vessazione, soggezione, coercizione, costrizione, soperchieria, tirannia, tirannide, conculcamento, giogo || incubo, angoscia, ansia, ambascia, affanno, peso, depressione, abbattimento, preoccupazione, aggravio, noia, dolore.
contr. sollevazione, rivolta, libertà, liberazione, indipendenza || tranquillità, pace, serenità, sollievo, alleviamento, alleggerimento.
oppressívo, *agg.* → DEPRIMENTE.
opprésso, *pps.* di opprimere || *agg.* e *sm.* gravato, soggiogato, schiavo, conculcato, vessato, premuto, servo.
contr. libero, indipendente, liberato, sollevato, sereno.
oppressóre, *agg.* e *sm.* tiranno, dittatore, oligarca, conculcatore, dominatore, prepotente, despota, soverchiatore.
contr. liberatore, protettore, difensore.
opprimènte, *ppr.* di opprimere || *agg.* → DEPRIMENTE, PESANTE || DOLORANTE || AFOSO.
opprímere, *v.tr.* gravare, angariare, angarieggiare, caricare, calcare, calpestare, conculcare, costringere, aggravare, asservire, deprimere, premere, schiacciare, soverchiare, soffocare, tiranneggiare, tenere in schiavitú o in servitú, tener soggetto, estorcere || *fig.* → ADDOLORARE.
contr. sgravare, liberare, lasciar libero, mettere in libertà || sollevare.
oppugnàbile, *agg.* → IMPUGNABILE.
contr. inoppugnabile.
oppugnàre, *v.tr.* → OPPORRE, CONFUTARE || COMBATTERE, ASSALIRE.
oppugnatóre, *agg.* e *sm.* → OPPOSITORE.
oppugnazióne, *sf.* → OPPOSIZIONE.
òpra, *sf.* *lett.* → OPERA.
optàre, *v.tr.* → SCEGLIERE.
opulènto, *agg.* pingue, grasso || *fig.* molto ricco, ricchissimo, dovizioso, abbondante, → RICCO.
contr. povero, indigente, bisognoso, misero.
opulènza, *sf.* grande ricchezza, abbondanza, dovizia, → RICCHEZZA.
contr. indigenza, povertà, scarsità, bisogno, privazione.
opúscolo, *sm.* libretto, fascicolo, operetta, quaderno, estratto, dispensa.
opzióne, *sf.* → SCELTA.
óra¹, *avv.* → ADESSO.
óra², *sf.* → OCCASIONE || ora canonica, → BREVIARIO.
nomencl. (*distinzioni*) intera, frazionata || mattutina, antimeridiana, meridiana, pomeridiana, vespertina, serotina, serale, notturna, piccola, diurna, siderale, solare, legale, locale, tarda, media, mondiale || avemaria, vespro, crepuscolo, mezzo tocco, tocco, mezz'ora, minuto (primo, secondo), quarto d'ora || (*attinenti*) orologio, orario, angolo orario, fuso orario, sciografia || *agg.* bruciata, critica, indiscreta, inopportuna, eccedente, suonata, scoccata, fuggente, veloce, giusta, opportuna, fissata, stabilita, convenuta, imminente, prossima, onesta, precisa, esatta, prefissa, prestabilita, scarsa, solenne, importante, spostata, insolita, suprema || lieta, serena, tranquilla, felice, terribile, nera, eterna || *verb.* scoccare, battere, suonare, passare, contare.
oracolàre, *v.intr.* oracoleggiare, pronunziare oracoli, parlare come un oracolo.
oracolísta, *sm.* → INDOVINO.
oràcolo, *sm.* pitonessa, pizia, sibilla, → INDOVINO || RESPONSO.
nomencl. (*inerenti*) tripode, predizione, responso, profezia, vaticinio || *verb.* sedersi sul tripode, vaticinare, dare il responso.
òrafo, *sm.* → OREFICE.
oramài, *avv.* ormai.
oràre, *v.tr.* → PREGARE || SCONGIURARE.
oratóre, *sm.* parlatore, conferenziere, rétore, tribuno, declamatore, dicitore, comiziante, agoreta, arringatore, concionatore, panegirista, predicatore, quaresimalista || → AMBASCIATORE.
nomencl. *agg.* facondo, eloquente, brillante, loquace, brioso, ampolloso, potente, valente, caldo, arguto, efficace, persuasivo, enfatico, estemporaneo, improvvisatore, fecondo, ricco di idee, irresistibile, verboso, sgrammaticato, stringato, breve, conciso, laconico, umoristico, parolaio, latratore, maligno, perorante, untuoso, sciatto || *verb.* declamare, perorare, concionare, commuovere, ripetere, esordire, sviscerare, confutare, concludere.

oratòria, *sf.* arte dell'oratore, dialettica, rettorica, facondia, → ELOQUENZA.

nomencl. (*divisioni*) sacra, profana, forense, parlamentare, demagogica, tribunizia || (*pertinenti*) azione, accento, cadenza, colloquio, eloquio, ipotiposi, perorazione, tropi, linguaggio curiale, proprietà di linguaggio || *verb.* declamare, persuadere, commuovere, muovere gli affetti, sviscerare, mettere in sacco.

oratòrio, *agg.* retorico, artificioso, fluente, facondo || *sm.* → CHIESA || CANTO.

orazióne, *sf.* → PREGHIERA || DISCORSO.

orbàre, *v.intr.* e *tr.* → ACCECARE || *fig.* → PRIVARE.

òrbe, *sm.* orbita, circonferenza, circolo, sfera || orbe terrestre, → MONDO.

orbicolàre, *agg.* → ROTONDO, CIRCOLARE.

òrbita, *sf.* orbe, eclittica || cavità dell'occhio || *fig.* limite.

òrbo, *agg.* → MANCANTE || GUERCIO.

orchèstra, *sf.* massa orchestrale; complesso dei suonatori, degli strumenti musicali, → MUSICA || spazio (nei teatri) riservato ai suonatori.

nomencl. (*distinzioni*) grande, piccola, sinfonica || (*pertinenti*) concerto, partitura, cantoria, cappella, tribuna, golfo mistico, corista, violino di spalla, suonatori, direttore, maestro concertatore, bacchetta, battisolfa || *verb.* concertare, dirigere, battere il tempo.

orchestràre, *v.tr.* scrivere la partitura || *fig.* organizzare, coordinare, → ORDINARE.

órcio, *sm.* vaso, anfora, beccuccio, boccale, coppo, doglio, giara, idria, lagena, metadella, metrata, mezzaruola, mezzetta, mezzina, trulla, urna da acqua, utello, vettina, ziro.

òrco, *sm.* mangiabambini, lupo mannaro, mostro, crudele.

òrda, *sf.* accozzaglia, → FOLLA, ESERCITO.

ordígno, *sm.* strumento, utensile, → CONGEGNO, MACCHINA || *scherz.* arnese strano, complicato.

ordinaménto, *sm.* ordine, → ISTITUZIONE.

nomencl. (*tipi*) giudiziario, scolastico, comunale, provinciale, ecc.

ordinànza, *sf.* disposizione, → ORDINE || GIUDIZIO || PRESCRIZIONE || attendente, → DOMESTICO.

ordinàre, *v.tr.* accomodare, acconciare, aggiustare, allestire, allineare, ammannire, imbandire, apparecchiare, apprestare, approntare, assestare, assettare, classificare, collocare, comporre, condizionare, congegnare, coordinare, assegnare, dislocare, numerare, numerizzare, orchestrare, organizzare, predisporre, preordinare, preparare, provvedere, racconciare, rassettare, ravviare, riassestare, ricollocare, ricompaginare, riparare, riordinare, stabilire, riorganizzare, sbarazzare, sbrattare, sgomberare, sgombrare, sparecchiare, sistemare, regolare || conferire gli ordini sacri || formare || ingiungere, imporre, intimare, indire, comandare, decretare, destinare, commettere, dire, disporre, istituire, prescrivere, dare ordine, dare commissione.

contr. disordinare, scompigliare, buttare all'aria, mettere sossopra, arruffare, disfare, disorganizzare, guastare || disdire, revocare, disobbedire.

ordinariaménte, *avv.* → ABITUALMENTE.

ordinàrio, *agg.* familiare, usuale, solito, consueto, abituale || naturale, comune, normale, banale, mediocre, volgare, triviale, rozzo, grossolano || facile.

contr. straordinario, insolito, inconsueto, fuori del comune || fino, scelto, eletto, pregiato, distinto, signorile.

ordinàto, *pps.* di ordinare || *agg.* assestato, acconcio, accurato, allineato, attento, composto, conforme, diligente, disciplinato, elaborato, metodico, normale, organico, organizzato, preciso, pronto, puntuale, rassettato, regolare, regolato, sistematico, sistemato || comandato, prescritto, imposto, ingiunto.

contr. disordinato, caotico, scompigliato, disorganizzato, farraginoso, pasticcione, sciatto, ingarbugliato, impreciso, sregolato, irregolare, malcomposto.

ordinazióne, *sf.* → ORDINE, COMMISSIONE.

órdine, *sm.* disposto, decreto, ordinazione, ordinanza, disposizione, istruzione, ingiunzione, intimazione, legge, comando, commissione, deliberazione, bando, norma, avviso, editto || assestamento, assestatezza, assetto, coordinazione, coordinamento, disciplina, regola, ordinamento, disposizione regolare, armonia, sistemazione, collocazione, rassettamento, riassettamento, riordinamento, riorganizzazione, regolarizzazione, sesto || compostezza, correttezza, costumatezza, corso, dispostezza, metodo, natura, equilibrio || fila, graduatoria, gamma, serie, piano || genere, ceto, classe, condizione, corpo, istituzione, associazione.

nomencl. (*tipi*) alfabetico, logico, numerico || pubblico, sociale, costituito || architettonico, professionale, sacerdotale, religioso, degli avvocati, dei giornalisti, dei magistrati, ecc. || (*inerenti*) assortimento, raccolta, simmetria, struttura, posto || sottordine, subordinato, impiegato d'ordine || ordine del giorno || (*sacramento dell'ordine*) ordini minori (ostiariato, lettorato, esorcistato, accolitato), ordini maggiori (suddiaconato, diaconato, presbiterato o sacerdozio || *agg.* elegante, chiaro, preciso, netto, assoluto, perentorio, imprescindibile, stretto, strettissimo, inadempibile, impossibile, elastico, impreciso, oscuro || *verb.* ordinare, disordinare.

contr. contrordine, disordine, rivolta, eversione, abbaruffamento, bolgia, casaccio, imbroglio, ingarbugliamento, putiferio || sciatteria, sciattezza, sguaiataggine, trasandatezza, trascuratezza.

órdini religiósi, *sm. pl.*

nomencl. (*elenco*) canonici regolari lateranensi, premostratensi, crocigeri, benedettini, camaldolesi, vallombrosani, silvestrini, olivetani, mechitaristi, cisterciensi, certosini, antoniani, basiliani, domenicani o frati predicatori, francescani (minori, minori conventuali, cappuccini), agostiniani, carmelitani, trinitari, mercedari, servi di Maria o serviti, minimi, ospedalieri o fatebenefratelli, teutonici, teatini, gesuiti, barnabiti, somaschi, ministri degli infermi o camilliani, caracciolini, scolopi, redentoristi || (*inerenti*) abbazia, badia, monastero, archimonastero, cenobio, convento, chiostro, eremitaggio, clausura, ritiro, romitorio, cella, dormitorio, refettorio, foresteria, parlatorio, ruota, regola, voto (solenne, semplice), diritto (pontificio, diocesano), consigli evangelici, costituzione || abate, priore, custode, guardiano, provinciale, generale, portinaio, segretario, archivista || saio, abito, cocolla, tonaca, cappuccio, cordiglio, cordone, cingolo, scapolare, sandali, corona || postulandato, noviziato, vestizione, professione.

ordíre, *v.tr.* tendere i fili, preparare l'ordito || *fig.* abbozzare, fabbricare, architettare, macchinare, fare, congiurare, tramare, tessere, cospirare, intrigare, concertarsi || preparare, predisporre.

ordíto, *pps.* di ordire || *sm.* orditura, intreccio, tessuto, tessitura, disegno || preparazione di un lavoro.

contr. trama.

orditóre, *agg.* e *sm.* → INGANNATORE.

orditúra, *sf.* → INTRECCIO, ORDITO.

orécchia, *sf.* → ORECCHIO || BECCA (piega all'orlo di una pagina).

orecchiànte, *ppr.* di orecchiare || *sm.* → DILETTANTE.

orecchiàre, *v.intr.* → ASCOLTARE.

orecchiétta, *sf.* → ATRIO.

orecchíno, *sm.* buccole, ciondoli, pendenti, anellini, campanelle, cerchioni, gocciole, rosette, vezzi.

orécchio, *sm.* orecchia || udito || *fig.* piega, becca.

nomencl. (*pertinenti*) padiglione, condotto uditivo, membrana timpanica, osso temporale, glandole, cerume, celle mastoidee, apofisi mastoide, cassa del timpano, martello, incudine, osso lenticolare, staffa, finestra ovale, finestra rotonda, tromba di Eustachio, labirinto, chiocciola, nervo acustico, organo del Corti || acquedotto di Cotugno, acquedotto di Falloppio, antilobo, auricolo temporale, cavità innominata, ceppo dell'orecchio, coclea, conca o antro, elice, eliocotrema, linfa, lobo o lobolo, macchia cibrosa, padiglione della tromba, scala a elice, tamburo, trago, tubercolo di Darwin || (*anomalie, mali*) anacusia, apostema, ascesso, blenotorrea, borsa gutturale, condrite, gattoni, orecchioni, labirintite, mastoidite, miringite, morbo di Menière, otalgia, otematoma, otincadinosi, otocefalia, otorragia, paracusia, salpingite, sordità, sordomutismo || (*persone e strumenti*) otorino, otoiatra, otoiatria, otografia, otologia, audiometro, cornetto acustico, otoscopio, auricolare || *agg.* delicato, fine, duro, ottuso, grande, piccolo, brutto, sudicio || *verb.* abbassare, alzare, drizzare, rizzare, tendere, bucare, far campana, turare, tappare, chiudere, aprire || ascoltare, origliare, orecchiare, sentire.

orecchióni, *sm. pl.* parotite.

oréfice, *sm.* orafo, gioielliere, minutiere, argentiere, battiloro, cesellatore, doratore.

nomencl. (*specificazioni*) affinatore, battiloro, brunitore, cesellatore, corallaio, damaschinatore, diamantaio, doratore, granitore, grossiere, intagliatore, lapidario, legatore di gioie, incassatore, saggiatore, smaltatore, smaltista || oreficeria, gemmologia || (*strumenti ed arnesi*) amalgamatore, attizzatoio, avvivatoio, banco o tavolello, battipiastra, bicornia, bilancia, billochetto, braciere, brunitoio, bulino, cacciabotte, calamita, calibri, canale, cannello ferruminatoio, castelletto, cesello, compasso (a occhio, a vite, fisso), favetta, cesoie, coppella, corbola, crogiuolo, duttilimetro, filiera, forbici, forma da verghe, fornello a riverbero, fresa, forbitoio, granitoio, imbracciatoio, incudine, laminatoio, lima, macina, madrevite, martello, mantice, modello, morsa, mortaio, piastra, pinzetta, punzone, giramaschi, mazzetta, micrometri, muffola, padellotto, palettiere, spianatoio, pietra di paragone, pomice, profilatoio, quadrante, raspino, ruota, saggiatore, sagoma, saldatoio, scalpello, segretta, sega, sergente, sguscio, stagnatoio, stampo, squadra, stozzo, tasso, tenaglia, svenatoio, tassello, tiratoio, trapano, ugnella, uliva, tocca, torcitoio, tornio, trancia, tronchesino || anima, bagno, ballette d'oro, battiture, bava, bottone, carati, cassetta, ceneri, dorfia, fitta, grano, limaglia d'oro, paglia, scaglia, scoria, specchietto, titolo || (*metalli*) alpacca, argento, argentone, platino, oro || (*pietre*) acquamarina, agata, ametista, balascio, berillio, calcedonio, carbonchio, corindone, crisolito, diamante, elitropio, giacinto, granato, lapislazzuli, malachite, occhio di gatto, onice, opale, piropo, rubino, smeraldo, spinello, sardonica, topazio, turchina o turchese, zaffiro || (*proprietà*) acqua, vivacità, nitidezza, taglio, pulimento, scintillio, fosforescenza, rifrazione || tavola, padiglione, faccette || *verb.* accennare, caratare, damaschinare, disargentare, argentare, granagliare, inargentare, massellare, rimbottare, svirare, tirare, affaccettare, camosciare, cementare, colorire, gioiellare, incassare, incastonare, inzaffirare, slegare, brunire, saldare, dissaldare, fondere, formare, granare, granire, immorsare, impomiciare, laminare, legare, ringranare, sboracciare, scantonare, sgraffiare, spannare, spolverizzare.

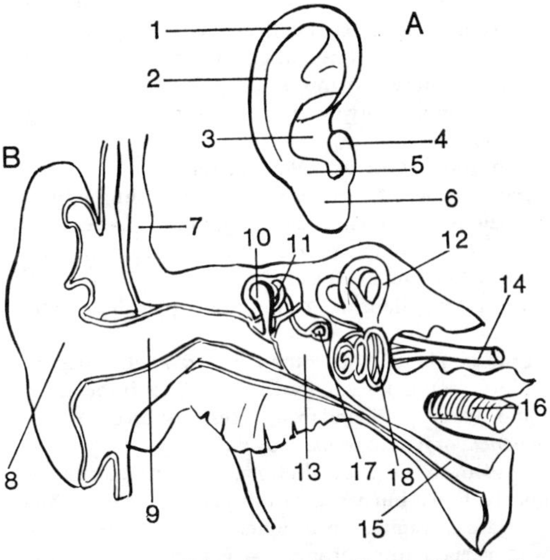

ORECCHIO – A) orecchio esterno: 1) elice; 2) solco dell'elice; 3) cavità della conca; 4) trago; 5) antitrago; 6) lobulo. – B) orecchio interno: 7) osso temporale; 8) conca del padiglione; 9) condotto uditivo; 10) testa del martello; 11) incudine; 12) canali semicircolari; 13) cassa del timpano; 14) nervo acustico; 15) condotto tubarico; 16) arteria carotide interna; 17) staffa; 18) coclea o chiocciola.

orézzo, *sm.* → OMBRA || VENTO.

òrfano, *agg.* e *sm.* → ABBANDONATO.

organaménto, *sm.* → ORGANIZZAZIONE.

organétto, *sm.* → ORGANO[2].

orgànico, *agg.* → ORDINATO, OMOGENEO || *sm.* complesso del personale, dei dipendenti, dei militari (costituenti le grandi unità).

contr. inorganico, disorganico.

organíno, *sm.* → ORGANO[2].

organísmo, *sm.* congegno, meccanismo || sistema, strut-

tura, complesso, complessione, costituzione || → ENTE.
nomencl. (*attinenti*) involucro, parti, organi, tessuti || analogia, forza plastica, idiosincrasia || (*scienze relative*) botanica, zoologia, anatomia, biologia, fisiologia, patologia, chimica; sociologia, diritto.
organizzàre, *v.tr.* predisporre, connettere, → DISPORRE, ORDINARE.
contr. disorganizzare, sconnettere, disordinare, disunire, dissestare, scoordinare, scombinare, buttare all'aria.
organizzàto, *pps.* di organizzare || *agg.* → ORDINATO.
organizzatóre, *sm.* preparatore, ordinatore || capopopolo, menatore.
contr. disorganizzatore.
organizzazióne, *sf.* organamento, formazione, costituzione, ordinamento, preparazione || organismo, associazione, ente, società.
contr. disorganizzazione.
òrgano[1], *sm.* parte funzionante, → MEMBRO || MACCHINA, MEZZO || *fig.* organo della stampa, quotidiano → GIORNALE.
òrgano[2], *sm.* organetto, organino, organetto di Barberia.
nomencl. (*parti*) anima, canne, cassa, mostra, manuale, tastiera, pedaliera, ventilabro, tremulo, registri (voce angelica, voce umana, viola, bordone, oficleide, ripieno, tromba, *unda maris*, tiratutto, vigesimanona) || (*inerenti*) cantoria, tiramantici, motore elettrico, corale || accordatore, organista.
organología, *sf.* organografia, organoscopia, fisiologia, morfologia.
organzíno, *sm.* orsoio, filato di seta.
orgàsmo, *sm.* agitazione, turbamento, inquietudine, eccitazione, sovreccitazione, congestione, alterazione, commozione, irrequietezza, preoccupazione, ansia || frenesia, godimento, piacere.
contr. calma, flemma, tranquillità, placidità, indifferenza.
òrgia, *sf. pl.* feste, baccanali || gozzoviglia, bagordo, baldoria, crapula, festa, festino, stravizio, bisboccia, tripudio, tresca || abbondanza, eccesso, spreco.
nomencl. orgiasta, orgiastico.
orgóglio, *sm.* fierezza, alterigia, arroganza, ambizione, albagia, boria, burbanza, iattanza, insolenza, sicumera, tracotanza, vanità, ambizione, vanteria, millanteria, → SUPERBIA || amor proprio, → PRESUNZIONE.
nomencl. (*pertinenti*) vanto, gloria, vanagloria, amor proprio || *verb.* inorgoglirsi, insuperbire, salire in orgoglio, montare in superbia, gonfiarsi, menar vanto, boriarsi, vanagloriarsi, arrogarsi, ostentare, vantare || fiaccare, rintuzzare, mortificare, abbassare, abbattere.
contr. umiltà, modestia, semplicità.
orgoglióso, *agg.* altero, baldanzoso, arrogante, tronfio, vano, vanesio, borioso, presuntuoso, tracotante, gonfio, pettoruto, sprezzante, tumido, insolente, burbanzoso, → SUPERBO || soddisfatto.
contr. umile, modesto, dimesso, semplice.
orientàle, *agg.* e *sm.* levantino, eòo.
contr. occidentale, occiduo, esperio.
orientaménto, *sm.* → BUSSOLA.
orientàre, *v.tr.* e *rifl.* disporre verso oriente || *rifl.* orizzontare, polarizzare, raccapezzare, ritrovare, rinvenire, istradare, guidare, trovare il nord.
contr. disorientare, confondere, frastornare, smarrirsi, perdere la bussola.
orïènte, *sm.* levante, est.
contr. ponente, occidente, ovest.
orifiàmma, *sf.* → BANDIERA.
orifízio, *sm.* foro, apertura, buco, occhiello, bocca, meato, pertugio.
orígano, *sm.* → MAGGIORANA.
originàle, *sm.* → MODELLO, AUTOGRAFO || *agg.* originario, autentico || nuovo, singolare, inedito, straordinario || fuori del comune, estroso, strano, stravagante, → BIZZARRO.
contr. copia, apografo || comune, ordinario, normale, consueto, trito, abusato.
originalità, *sf.* novità, trovata, alzata d'ingegno, bizzarria, stranezza, stravaganza.
contr. normalità, cosa comune, ordinaria.
originàre, *v.tr.* e *intr.* creare, produrre, emanare, cagionare, dare origine || derivare, scaturire, venire, procedere, nascere, dipendere, provenire.
contr. mettere fine, terminare, concludere, compiere.
originariaménte, *avv.* → ANTICAMENTE.
originàrio, *agg.* nativo, natio, naturale, oriundo, primordiale, iniziale, primigenio; derivato, proceduto.
originàto, *pps.* di originare || *agg.* → DISCENDENTE.
orígine, *sf.* nascita, genesi, principio, punto di partenza, capo, derivazione, discendenza, stirpe, generazione, madre, fonte, radice, provenienza, scaturigine, sorgente, cominciamento, ceppo, causa, fondamento, nucleo, porta || seme || etimologia.
nomencl. *agg.* prima, lontana, remota, comune, recente, ultima.
contr. termine, fine, conclusione, maturazione, progresso.
origliàre, *v.tr.* spiare, → ESPLORARE, ASCOLTARE.
origlière, *sm.* → GUANCIALE.
orína, *sf.* urina, piscia, piscio, pipí.
nomencl. (*contenuti*) acido damalurico, acido ippurico, rosacico, urico, allantoina, creatinina, epistasi, filamento, nubecola, renella, sabbia, urea, urobilina, urolito, zucchero || (*patologia*) acetonuria, albuminuria, bacilluria, chiluria, disuria, metoturia, enuresi, fosfuria, incontinenza, ritenzione, infiltrazione, iscuria, paruria, piuria, uremia, urocele, urocistite, urolitiasi || (*medicina*) litotomia, litirizia, uroscopia, urometro, diuretici.
orinàle, *sm.* càntero, càntaro, vaso da notte, pitale, pappagallo, padella, pala, storta, seggetta.
orinàre, *v.intr.* urinare, mingere, pisciare, spander acqua || scompisciare.
orinàta, *sf.* urinata, pisciata, minzione.
orinatóio, *sm.* pisciatoio, vespasiano, → LATRINA.
oriolàio, *sm.* → OROLOGIAIO.
oriòlo, *sm. rar.* → OROLOGIO.
orittogeología, *sf.* → GEOLOGIA.
oriúndo, *agg.* → ORIGINARIO.
orizzontàle, *agg.* → DIRITTO.
contr. verticale.
orizzontàre, *v.tr.* e *rifl.* → ORIENTARE.

orizzónte, *sm.*
nomencl. (*distinzioni*) astronomico, razionale, vero, tangente, sensibile || (*inerenti*) zenit, nadir, punti cardinali, punto occidentale, abbassamento o inclinazione dell'orizzonte sensibile, depressione dell'orizzonte, inclinazione magnetica.
orlàre, *v.tr.* contornare, filettare, listare, fare l'orlo.
contr. sfilacciare, sfrangiare.
orlíccio, *sm.* → ORLO.
órlo, *sm.* margine, ciglio, limite, labbro, confine, lembo, ciglione, estremità || (*frs.*) bordo, bordatura, bordura; balza, contorno, orliccio, scrimolo, cornice, vivagno.
nomencl. (*tipi*) semplice, doppio, tondo, piano, filato, a traforo, a punto a giorno, a traforo doppio, a impuntatura, a sopraggitto, alla veneziana, a punto strega || *agg.* finto, smangiato, logoro.
órma, *sf.* pesta, traccia, segno, calpestamento, pedata, → IMPRONTA || *fig.* indizio, → GUIDA, ESEMPIO || resto, vestigio.
nomencl. *verb.* ormare, aormare, ormaggiare (*ant.*), pesticciare.
ormài, *avv.* oramai, ora, a questo punto, infine, adesso, finalmente; omai (*poet.*).
ormeggiàre, *v.intr.* dar fondo, → ATTRACCARE, ANCORARE.
orméggio, *sm.* ancoraggio, ancoramento || → FUNE.
ornamentàle, *agg.* decorativo, esornativo.
ornamentàre, *v.tr.* → ORNARE.
ornamentazióne, *sf.* → ORNAMENTO.
ornaménto, *sm.* abbellimento, abbigliamento, addobbo, corredo, finimento, fornimento, adornamento, agghindamento, allindamento, apparato, arredamento, arredo, belluria, corredamento, decorazione, drappeggiamento, drappeggio, guarnizione, guarnimento, imbellimento, gala, indoratura, lusso, orpello, ornamentazione, panneggiamento, paramento, parato, rabbellimento, rabescame, rabescatura, rabesco o arabesco, suppellettile, fregio, sfarzo, lusso || ornamento prezioso, → GIOIELLO.
nomencl. (*specificazioni, esempi*) disegno, drappellone, festone, fiorettatura, fioritura, frasche, fronzolo, ghirlanda, gingillo, greca, grottesco, monile, veste, ninnolo, polena, profilatura, soprammobile, tappezzeria, vezzo, viticcio, volazzo o svolazzo, voluta, modanatura, lillo, listello, pizzo, borchia, lunetta, lustrino, merletto, medaglione, pennacchio, piuma, rosone, scartoccio, sciarpa, trina, treccia, trofeo, fermaglio, orecchino, perla, spallino, spilla || barocco, rococò.
contr. semplicità, deturpazione, imbruttimento, disadornamento, disabbellimento, sguarnimento, deformazione, spogliamento, nudità.
ornàre, *v.tr.* abbellire, abbigliare, addobbare, adornare, acconciare, affazzonare, agghindare, azzimare, arredare, allindare, aggentilire, appulcrare, arabescare, rabescare, aurare, corredare, costellare, condire, coronare, decorare, dorare, drappeggiare, drappellonare, fiocchettare, fiorettare, frangiare, fregiare, gallonare, fiorire, guarnire, guernire, illeggiadrire, imbellettare, inorpellare, inghirlandare, infiorare, insignire, infronzolare, imperlare, imbandierare, imbrillantare, impennacchiare, orlare, impreziosire, inaurare, indiamantare, indorare, infioccare, ingentilire, istoriare, storiare, lillare, merlettare, merlare, miniare, mobiliare, ammobiliare, ornamentare, orpellare, panneggiare, parare, pavesare, rabbellire, rinfiorare, rinfronzolare, tappetare, tappezzare, trinare, tirare a lucido, mettere in ghingheri.
contr. disodornare, abbruttire, imbruttire, disabbellire, disabbigliare, disaddobbare, sguarnire, smobiliare, guastare, deturpare, deformare, smontare.
ornatísta, *sm.* → DECORATORE, ORNATORE.
ornàto, *pps.* di ornare || *agg.* decorato, adorno, parato, addobbato, fiorito, arabescato, cesellato, sfarzoso, elegante || → INSIGNITO, DOTATO || ELOQUENTE || (dello stile) leggiadro, forbito, terso, venusto || *sm.* disegno ornamentale.
nomencl. (*elementi*) cartoccio, formella, greca, grottesca, pina, rabesco, fiori, foglie, intrecci, labirinti, cassettoni, increspatura, ovolo || commissione d'ornato.
contr. disadorno, nudo, spoglio, sguarnito, disaddobbato, semplice.
ornatóre, *sm.* adornatore, addobbatore, apparatore, arredatore, ornatista, paratore, affrescatore, affreschista, decoratore, pittore, stuccatore, tappezziere.
ornèllo, *sm.* → FRASSINO.
ornièllo, *sm.* → FRASSINO.
órno, *sm.* → FRASSINO.
òro, *sm.* || *fig.* → MONETA.
nomencl. (*tipi e qualità*) basso, battuto, coniato, debole, di coppella, di massello, di zecchino, falso, fiammante, greggio, in foglietti, in libretto, laminato, lavorato, massiccio, matto, nativo, orbizzo, opaco, rosso, smorto, sodo, vecchio, bianco || (*pertinenti*) calia, canutiglia, crespello, ganga, granaglia, massello, gavetta, mondiglia, pagliuzze, pepita, titolo, vena, verga || oro bianco, verde, verde acqua, turchino, canarino, filosofico, da pittori, in conchiglia, musivo, similoro, orpello, *doublé* || età dell'oro, secolo d'oro.
orografía, *sf.* → GEOGRAFIA, GEOLOGIA.
orologiàio, *sm.* orologiaro, orologiere, oriolaio.
nomencl. (*specificazioni*) aggiustatore, limatore, montatore, pulitore, ripassatore, tornitore || (*arnesi*) accecatoio, albero, allargatoio, alzamolle, calibratoio, calibro, chiodaia, compassi o calibri (a fungo, a molla, a otto di cifra, a punta di circolo, a pernio, da ingranaggi, di riduzione, a rocchetto, a verga, a micrometro, ricurvo), fungo, lima (bastarda, per allargare, dolce, dura, semidolce, a cerniera, a coda di topo, a coltello, piana, quadratella, a fogli di salvia, a pernio, a spalliera, a timpano, a sbarretta, a uncino), livellatoio, martello, mela o mezzamela, morsa, pinzetta, piattaforma, raperella, sega, serbatoio, stampo, torchio, tornio (albero, coppaia; a vite, a madrevite, a girello, a cera, a braca) || (*operazioni*) calibrare, fare, montare, disfare, eguagliare, limare, polire, tornire, registrare, rimettere, rimontare, ritoccare, rotondare, smontare.
orologiàro, *sm. rar.* → OROLOGIAIO.
orologière, *sm. rar.* → OROLOGIAIO.
orològio, *sm.* oriolo, cronometro, pendola, sveglia, svegliarino, (*scherz.*) cipolla, cipollone.
nomencl. (*tipi, forme*) idrorologio, meridiana (ago, gnomone, linee orarie, stilo), clessidra (ad acqua, a

polvere; ampolline, colonnelli, base), *remontoir*, quadrante solare, saponetta o savonetta, cilindro || a braccialetto, a campana, a cariglione, a castello, cucú o cuculo, a dondolo, a molla, a occhio di bove, a peso, a ripetizione, a ruote, astronomico, a torre, da polso, da taschino, da tavolo, da sala, d'argento, d'oro, di metallo bianco, di acciaio inossidabile, di metallo brunito, elettrico, pensile, antimagnetico, antiurto, impermeabile || (*parti esterne*) calotta, cassa (semplice, doppia, coperchio, fondo), mostra o sfera o quadrante, lancette (aghi, indici, saette, frecce, raggi, sfere), cristallo o vetro, filetto, gambo, lunetta, maglia, uncinetto, catena, cordoncino, perno, pulsantino, testa || || (*parti interne*) albero (riprese, scalini), ali o denti, alietta, àncora, andone, batteria, bilancia, bilanciere, calza, cartella, castello, catena, chiavistello, ciambella, cilindro, *colisse*, colonnino, compensatore, corona, crociera, dente della serratura, fiancata, forcella del registro, fusto, gancio, guardacorda, incassatura, ingranaggio, leva, mobili (primi, secondi), molla (occhio di dentro, occhio di fuori), nasetto, nottolino, paletta, pedini, piramide (albero, bietta, cuore, rotino della catena), potenza, racchetta, rastrello, registro, regolatore, remontorio, rocchetto, rotismo, ruote (cannona, di centro, serpentina), scappamento (ad ago, ad àncora, a caviglia, a cilindro, a palette, a retrocedimento, a riposi), spirale, tamburo, tempo, virgola || contrappeso, cariglione, corda, forchetta, frate, lente, martello, partitura, pirone, scatto, vega, zoccolo || (*inerenti*) carica, gnomonica, isocromia, ora legale, ora locale, fuso orario, orologeria, orario, oscillazioni, porta-orologio, ricorsa, rintocco, scocco, tempo medio, tempo vero, tocco || *agg.* antico, prezioso, artistico, preciso, regolare, irregolare || *verb.* andare, andar avanti o indietro, accelerare, andare bene, azzeccare, battere le ore, ribattere, camminare, caricare, correre, essere preciso, essere un cronometro, fallare, galoppare, pulsare, regolare, ritardare, sbagliare, scoccare, sgarrare, spaccare il minuto, toccare il tempo.

oròscopo, *sm.* domificazione, schema, significazione, pronostico, previsione, → AUGURIO.

nomencl. astrologia.

orpellàre, *v.tr.* inorpellare || *fig.* → ORNARE || mascherare, → LUSINGARE.

nomencl. orpellamento, orpellatura.

orpèllo, *sm.* oro falso, di princisbecco, similoro || *fig.* apparenza, → FALSITÀ.

orrèndo, *agg.* atro, atroce, orrido, orribile, raccapricciante, spaventoso, tremendo, spaventevole, tetro, mostruoso, terrificante, terribile, orripilante, macabro, spettrale, brutto, selvaggio, pauroso || indecente, indegno, infame, lercio, sporco.

contr. grazioso, gentile, avvenente, tenero, ammirabile, ammirevole, stupendo, affascinante, bellissimo.

orríbile, *agg.* → BRUTTO, ORRENDO.

orridézza, *sf.* → BRUTTEZZA, ORRORE.

orridità, *sf.* → BRUTTEZZA, ORRORE.

òrrido, *agg.* → BRUTTO, ORRENDO.

orripilànte, *agg.* → RACCAPRICCIANTE.

orripilazióne, *sf.* raccapriccio, → BRIVIDO.

orróre, *sm.* raccapriccio, paura, spavento, terrore, ribrezzo, tremito || abominazione, abominio, orridità, orridezza, infamia, cosa orrenda || *fig.* → BESTEMMIA, COLPA.

nomencl. *verb.* incutere, ispirare, avere, sentire, provare orrore; raggricciare per l'orrore; inorridire, sentirsi arricciare o rizzare i capelli.

contr. ammirazione, suggestione, fascino || cosa bellissima, ammirevole, meravigliosa.

órsa, *sf.* la femmina dell'orso.

nomencl. maggiore, minore || carro, stella polare.

órso, *sm.* || *fig.* scontroso, poco socievole, ruvido, → INSOCIABILE.

nomencl. (*specie*) bianco o polare, bruno, dal collare, malese, ornato, nero, d'America || baribal, cacamizzi, elarto, panda || orso delle caverne o spelèo || (*voci*) fremere, urlare, ringhiare, rugliare, mugghiare.

orsóio, *sm.* organzino.

ortàggio, *sm.* → ERBAGGIO.

ortàglia, *sf.* → ORTO.

orticoltóre, *sm.* → GIARDINIERE.

orticoltúra, *sf.* → AGRICOLTURA.

òrto, *sm.* orticello, giardino, brolo, frutteto, pometo, pomaio, pomiere, verziere, viridario, vivaio, ortaglia.

nomencl. (*tipi*) botanico, pensile || (*pertinenti*) aiuola, acquaio, androne, chiusa, capanno, cordonato, costa, fila, filare, occhietto, pergola, piana, tavola, spalliera, truogolo o trogolo || carciofaia, cocomeraia, ficaia, pereto, pisellaia, pometo, rapuglio || serra || erbaggi, ortaggi, frutta, verdura || ortolano, giardiniere || *agg.* vasto, ampio, piccolo, stretto, coltivato, ben tenuto, verde, bruciato, secco.

ortodossía, *sf.* credenza retta (secondo i dogmi); fede, dogma, rivelazione || *fig.* conformità (alle dottrine e ai principî stabiliti).

contr. eterodossia, eresia.

ortodòsso, *agg.* e *sm.* credente, osservante, ossequiente || *sm.* greco-scismatico.

contr. eterodosso, eretico.

ortoepía, *sf.* ortologia, → GRAMMATICA.

ortografía, *sf.* → GRAMMATICA, SCRITTURA.

nomencl. (*elementi*) accento (acuto, grave, circonflesso), apice, apostrofo, aspirazione, asta, asterisco, cediglia, dieresi, interpunzione, paragrafo, parentesi, punto, due punti, punteggiatura, punto esclamativo, punto interrogativo, punto fermo, punto e virgola, puntini, tratteggio (semplice, doppio), tratto d'unione, lineetta o stanghetta, virgola, virgolette, segni diacritici, tilde, dittongo, elisione, iato, parentesi, abbreviazione.

ortolàno, *sm.* cavolaio, erbaiolo, erbivendolo, fruttarolo, fruttivendolo, insalataio, patataio.

ortopedía, *sf.* raddrizzamento forzato, osteoclasia, osteotomia, plastica || traumatologia.

nomencl. (*arnesi*) osteoclaste, scalpello, tenaglia, tenotomo, ferula, tombolo, occicora, grucce, minerva || massaggio, ginnastica || *verb.* steccare, gessare, ingessare, incannucciare, fare una plastica.

orzaiòlo, *sm.* ascesso, calasso o calazo, → PUSTOLA.

òrzo, *sm.* farro, malto, → BIADA.

orzòla, *sf.* → ORZUOLA.

orzuòla, *sf.* orzola, scandella.

osànna, *sm. indecl.* → APPLAUSO.

contr. crucifige.
osannàre, *v.intr.* cantare osanna, gridare evviva, → LODARE, ONORARE.
osàre, *v.tr.* e *intr.* ardire, azzardare, arrischiare; avere il coraggio, l'ardire, l'audacia, la temerità; essere ardito, azzardato, capace; imbaldanzire; avere il fegato, la faccia tosta.
contr. titubare, esitare, essere incerto, temere.
oscenità, *sf.* bruttura, immoralità, impudicizia, impurità, indecenza, inverecondia, laidezza, laidità, laidume, lascivia, licenziosità, lubricità, porcheria, pornografia, salacità, sboccataggine, scandalo, schifosaggine, schifosità, sconcezza, scurrilità, vergogna, spudoratezza, svergognatezza, turpitudine, turpiloquio || atto osceno, indecente, impudico, laido.
contr. castigatezza, purezza, decenza, decoro, moralità, pudore, purità, virtú.
oscèno, *agg.* boccaccesco, aretinesco, dissoluto, immondo, immorale, impudico, impuro, indecente, inverecondo, laido, lascivo, licenzioso, lubrico, pornografico, salace, sboccato, scandaloso, schifoso, scollacciato, sconcio, scostumato, scurrile, sozzo, sporco, spudòrato, sudicio, svergognato, turpe, volgare, scomposto.
contr. castigato, costumato, decoroso, decente, mondo, morale, pudico, puro, pudibondo, virtuoso.
oscillànte, *ppr.* di oscillare || *agg. fig.* incerto, vacillante, tentennante, traballante, ondeggiante, → DUBBIOSO.
contr. stàtico, immobile, fermo, saldo, stabile, sicuro.
oscillàre, *v.intr.* altalenare, alternare, barcollare, barellare, beccheggiare, ciondolare, dondolare, dringolare, nutare, ondeggiare, pencolare, pendere, spenzolare, tempellare, traballare, tremolare, tretticare, trimpellare, vacillare, vibrare, ballare, muovere || *fig.* essere incerto, dubbioso, tentennare, fluttuare.
contr. stare immobile, fermo, saldo, stabile, sicuro.
oscillazióne, *sf.* andirivieni, beccheggio, barcheggio, rullio o rollio, barcollamento, barcollio, ciondolamento, dondolio, dondolamento, dondolazione, ondeggiamento, ondulazione, traballamento, tremolio, vacillamento, vacillazione, tentennamento, vibramento, vibrazione || *fig.* variazione, corso e ricorso.
contr. immobilità, fermezza, stabilità, staticità, saldezza.
oscillòmetro, *sm.* sfigmomanometro.
oscitànza, *sf.* oscillazione, incertezza, → DUBBIO, INDECISIONE.
oscuraménto, *sm.* accecamento, adombramento, offuscamento, obnubilazione, ottenebramento, annebbiamento, appannamento, intenebramento, annerimento, scurimento, → ECLISSE.
nomencl. incursione aerea, difesa contraerea, allarme, cessato allarme.
contr. rischiaramento, illuminazione.
oscuràre, *v.tr.* accecare, abbuiare, adombrare, affoscare, annebbiare, appannare, eclissare, intorbidare, velare, annerire, macchiare, ottenebrare, offuscare, rabbuiare, annuvolare, render fosco, scurire, affumicare, coprire, ombrare || *intr.* annottare, infoscare, intenebrare, intenebrire || *rifl.* → IMPALLIDIRE, RABBUIARE || *fig.* denigrare, diffamare.
contr. rischiarare, illuminare, aprire, schiarire || rasserenarsi, schiarirsi, illuminarsi.
oscurézza, *sf.* → OSCURITÀ.
oscurità, *sf.* buio, buiore, caligine, fuliggine, latebra, nebbia, foschia, sera, notte, eclisse, ombra, oscurezza, velo, torbidezza, ottenebramento, tenebre, tenebrore, tenebrosità, orrore || *fig.* ambiguità, accecamento, caligine, confusione di idee, inevidenza, inintelligibilità, astruseria, incomprensibilità, ermetismo || ignoranza || mancanza di fama, di onore.
contr. barlume, bagliore, chiarore; luce, illuminazione || chiarezza, comprensibilità, perspicacia, perspicuità, evidenza, semplicità.
oscúro, *agg.* atro, nero, buio, caligionoso, nuvoloso, bruno, fumoso, cieco, cupo, fosco, infoscato, nebbioso, ombroso, opaco, scuro, squallido, tenebroso, tetro, torbido, brutto || coperto, nascosto || *fig.* misterioso, ermetico, enimmatico, ambiguo, astruso, confuso, complicato, incomprensibile, inintelligibile, inesplicabile, impenetrabile, dubbio || (di stile) involuto || *fig.* privo di notorietà, non conosciuto, non noto, ignorato, → IGNOTO || di nascita, non nobile, modesta, umile, ignota.
contr. chiaro, luminoso, illuminato, lucente, lucido, splendente, splendido || chiaro, comprensibile, evidente, lampante, perspicuo, manifesto || illustre, celebre, nobile.
osmòsi, *sf.*
nomencl. (*pertinenti*) endosmosi, esosmosi, diosmosi.
ospedàle, *sm.* ospitale, spedale, clinica, casa di cura, casa di salute, nosocomio, frenocomio, manicomio, policlinico, astanteria, sanatorio.
nomencl. (*tipi*) civile, militare, navale, contumaciale, da campo, mobile, di circolo || (*equivalenti*) ambulanza, ambulatorio, convalescenziario, crocerossa, dispensario, lazzaretto, lebbrosario, infermeria, asilo, ospizio, ricovero, maternità, medicheria, pronto soccorso, sifilocomio, istituti ospedalieri || (*reparti*) anfiteatro anatomico, armamentario, padiglione, corsia, corridoio, baracca, camera, sala operatoria, sala di medicazioni, gabinetto radiologico, camera incisoria, camera mortuaria o di deposito, cappella, farmacia, lavanderia || (*inerenti*) letto, letto di contenzione, camicia di forza, barella, lettiga, portantina, tavolo anatomico || (*persone*) medico (primario, di reparto, di guardia, astante, assistente), cappellano, suora, infermiere, inserviente, pappino.
ospitàle, *agg.* accogliente, confortevole || *sm.* → OSPEDALE.
contr. inospitale.
ospitalità, *sf.* → ACCOGLIENZA.
nomencl. *agg.* cordiale, generosa, larga, cortese, gentile, prodiga, meschina, gretta, avara, gelida || *verb.* dare, offrire, concedere, godere, accettare, ricevere, esercitare.
ospitàre, *v.tr.* alloggiare, accogliere, ricevere, ricettare.
òspite, *sm.* e *f.* anfitrione, alloggiatore, albergatore, oste, ostiere, ricettatore || ospitato, forestiero.
ospízio, *sm.* ricovero, asilo, albergo dei poveri, rifugio, pia casa di ricovero, brefotrofio, gerotrofio, gerontocomio, gerocomio, casa pia, mendicomio.

nomencl. (*tipi*) climatico, al monte, al mare, di cura || gratuito, a pagamento.
ossàme, *sm.* → CARCASSA || pilastri, colonne di sostegno.
ossatúra, *sf.* → CARCASSA.
ossecrazióne, *sf. ant.* → PREGHIERA.
òsseo, *agg.* → MAGRO.
ossequènte, *agg.* ossequioso, reverente, → OBBEDIENTE.
ossequiàre, *v.tr.* riverire, → ONORARE.
ossèquio, *sm.* profondo rispetto, deferenza, riverenza, osservanza, → ADORAZIONE, ONORE, OMAGGIO, OBBEDIENZA.
ossequióso, *agg.* ossequente, deferente, ufficioso, cerimonioso, → RISPETTOSO, DEVOTO, OBBEDIENTE.
osservànte, *agg.* → OBBEDIENTE.
contr. inosservante, inadempiente.
osservànza, *sf.* adempimento, diligenza, → ESECUZIONE, OBBEDIENZA || ossequio, → ONORE || *pl.* riti religiosi, usanze.
contr. inosservanza, inadempienza.
osservàre, *v.tr.* guardare attentamente, diligentemente, con cura, con curiosità, mirare, esaminare, curiosare, esplorare, investigare, sbirciare, scandagliare, scrutare, spiare, sorvegliare, considerare, riflettere, avvertire, avvistare, badare, notare, ponderare, riconoscere, rilevare, riscontrare, squadrare, procurare, invigilare || far notare, far rilevare, eccepire, contestare, obiettare || adempiere, effettuare, rispettare, mantenere una pratica, non trasgredire, → ESEGUIRE, OBBEDIRE.
contr. guardare distrattamente, di sfuggita, non accorgersi, essere superficiale, negligere, trascurare || non praticare, trasgredire, violare.
osservatòrio, *sm.* specola || → BELVEDERE.
nomencl. astronomico, politico, ecc.
osservazióne, *sf.* considerazione, indagine, riflessione, contemplazione, esame, disamina, esplorazione, ispezione, investigazione, ricerca, rilievo, rilevazione, riscontro, studio, annotazione, nota, avvertenza, attenzione, esperienza, esperimento || giudizio, critica, riprensione, → RIMPROVERO, OBIEZIONE.
nomencl. (*tipi*) scientifica, naturalistica, astronomica, degli uomini, ecc. || *agg.* attenta, scrupolosa, minuziosa, acconcia, diligente, accurata, laboriosa, tempestiva, del caso, trascurata, negligente, disattenta, superficiale.
ossessionàre, *v.tr.* e *intr.* invasare, indiavolare, spiritare, spiritarsi, indemoniare || opprimere, perseguitare, inquietare, rendere ansioso, essere incombente, molestare.
ossessióne, *sf.* invasamento, possessione, spiritamento || *fig.* idea fissa, fissazione, incubo, ansia, angustia, paranoia, isterismo, epilessia, demenza || psicosi, psiconevrosi.
ossèsso, *agg.* e *sm.* indemoniato, invasato, indiavolato, spiritato, demonico, demoniaco, posseduto, insatanassato, inspirato || *fig.* energumeno, furioso, infuriato, furibondo || ossessionato.
contr. calmo, tranquillo, disteso, placido, flemmatico || normale, equilibrato.
ossidàre, *v.rifl.* arrugginire.
contr. disossidare.
òssido, *sm.* → RUGGINE || (di calcio) → CALCE.
ossífraga, *sf.* procellaria.
ossígeno, *sm.* aria pura, aria vitale.
nomencl. (*pertinenti*) ossidi, anidridi || ossigenazione, desossigenazione || *verb.* ossigenare.
òsso, *sm.* → SCHELETRO || lisca || *fig.* → DIFFICOLTÀ.
nomencl. (*varietà*) corto, lungo, piatto, tondo || (*termini e parti*) midollo, cartilagini, periostio, diafisi, epifisi, apofisi, endostio, fosfato di calcio || acetabolo, alveoli, cavità, canali, condotti, cellule, fessure, fori, fossette, fosse, seni, solchi, docce, meati, incurvature, scanalature, glene, glenoide, glutine, membrana midollare, ovolo, protuberanze, scissura, sincondrosi, sinfisi, sutura, tendine, tessuto compatto || (*patologia*) accavallamento, anostosi, atrofia, bernoccolo, callo (esterno, interno, osseo), frattura (traumatica, composta, doppia, comminutiva), carie, endosteite, flogostosi, agmatologia, anaplasi, ipertrofia, lordosi, lussazione, necrosi, osteatoma, osteoma, osteomielite, periostite, rachitismo, soprosso, tubercolosi, spongiosi || osteologia || *agg.* compatto, rotto, fratturato, spolpato, spongioso, stiliforo || *verb.* articolare, cariare, cigolare, crocchiare, scricchiolare, disarticolare, disossare, fratturare, inossire, lussare, slogarsi, dinoccolare, stracollare, ossificare, stritolare, stritolarsi.
ossúto, *agg.* → MAGRO.
ostacolàre, *v.tr.* ostare, impedire, inceppare, intralciare, imbarazzare, intercettare, interdire, intoppare, intricare, sbarrare, ostruire, precludere, arginare, attraversare, contrastare, contrariare, far fronte, tener fronte, legare, impastoiare, fare difficoltà, arrestare, fermare, proibire, vietare, → OPPORRE.
contr. lasciar libero, dare agio, aiutare, facilitare, agevolare, sovvenire, andare incontro.
ostàcolo, *sm.* incaglio, inciampo, ingombro, intoppo, intralcio, impedimento, inceppamento, imbarazzo, intrico, ostruzione, inconveniente, contrasto, pastoia, remora, legame, nodo, freno, ritegno, → DIFFICOLTÀ || *fig.* argine, barra, catena, muro, muraglia, parete, scoglio, sbarra, trincea, → BALUARDO.
nomencl. *agg.* forte, potente, imprevisto, improvviso, impreveduto, insuperabile, insormontabile, invincibile, appianato, spianato, superabile || *verb.* abbattere, attraversare, levare, rimuovere, sbrattare, sgombrare, sopprimere, spianare, superare, vincere, rovesciare, levar di mezzo, sormontare, scansare || inciampare, imbattersi, frammettere, frapporre, incontrare, porre, seminare, urtare, mettere o ficcare bastoni fra le ruote.
contr. aiuto, facilitazione, agio; facilità libertà di agire.
ostàggio, *sm.* prigioniero.
nomencl. *verb.* dare, prendere, tenere, essere in ostaggio.
ostàre, *v.intr.* → IMPEDIRE, OPPORRE, OSTACOLARE.
òste[1]**,** *sm.* ostiere, locandiere, albergatore, bettolante, bettoliere, alloggiatore, cantiniere, canovaio, bottigliere, tavernaio, taverniere, trattore, vinaio, vinattiere.
òste[2]**,** *sm.* e *f. lett.* esercito, campo con l'esercito, armata navale || nemico.
osteggiàre, *v.tr.* contrastare, impedire, avversare, → PERSEGUITARE, CONTRARIARE, OPPORRE.
ostèllo, *sm.* ospizio, rifugio, → CASA, ALBERGO, MOTEL.
nomencl. *ant.* ostellaggio, ostellano, ostelliere.
ostèndere, *v.tr. ant.* → MOSTRARE.

ostensióne, *sf. ant.* esposizione, → PRESENTAZIONE.
ostensòrio, *sm.*
nomencl. (*parti*) raggiera, piedestallo, sfera, lunetta.
ostentàre, *v.tr.* mettere in mostra, far vedere, darsi aria, darsi importanza, vantare, vanteggiare, menar vanto, far mostra (con boria, affettazione), pompeggiare, → MOSTRARE, GRANDEGGIARE.
contr. essere, mostrarsi modesto, timido, umile, semplice, dimesso.
ostentatóre, *agg.* e *sm.* borioso, vanaglorioso, sfacciato, affettato, millantatore, fanfarone, megalomane, rodomonte, arcifanfano, tronfio, bravazzone.
contr. modesto, umile, riservato, semplice, dimesso.
ostentazióne, *sf.* provocazione, → AFFETTAZIONE, MOSTRA, FASTO.
contr. modestia, semplicità, riservatezza.
osteoclasía, *sf.* → ORTOPEDIA.
osteocòlla, *sf.* → COLLA.
osteotomía, *sf.* → ORTOPEDIA.
ostería, *sf.* bettola, cantina, canova, bottiglieria, fiaschetteria, gargotta, locanda, mescita, taverna, trattoria, ostello, → ALBERGO.
nomencl. (*attinenti*) insegna, frasca || oste, scotto, conto, trattamento.
ostètrica, *sf.* levatrice, comare, mammana, raccoglitrice, guardadonna (*ant.*).
ostètrico, *agg.* ginecologico || *sm.* ginecologo.
òstia, *sf.* capsula, cialda, stiacciatina, *cachet* || particola, specie, viatico, → EUCARESTIA || vittima sacrificale, sacrificio.
nomencl. ciborio, pisside, ostensorio, patena, corporale || sacramento dell'altare, comunione.
ostiàrio, *sm.* portiere, portinaio, custode, guardiano || chi ha ricevuto l'ostiariato, → ORDINE.
òstico, *agg.* ostile, spiacente, avverso, → ASPRO, SGRADEVOLE || *fig.* duro, → DIFFICILE.
contr. piacevole, amichevole, sopportabile, gradevole, affine, grato, facile, agevole.
ostíle, *agg.* malevolo, maldisposto, bellicoso, acre, avverso, → NEMICO, CONTRARIO, NOCIVO.
contr. amico, amichevole, favorevole, benevolo, accostante, pacifico.
ostilità, *sf.* persecuzione, inimicizia, malanimo, animosità, rancore, → CONTRARIETÀ, OFFESA || *pl.* azioni di guerra, → GUERRA.
coetr. amicizia, favore, benevolenza.
ostinàre, *v.rifl* accanirsi, fissarsi, impuntarsi, impuntigliarsi, incaparbire, incaparsi, incaponirsi, incocciarsi, intestarsi, insistere, imbestialire, piccarsi, persistere, impennarsi, indurire, inzuccarsi, resistere; mettersi, cacciarsi o figgersi in testa o in capo, cozzar col muro, fare il sordo, puntare i piedi, tener duro.
contr. arrendersi, cedere, concedere, lasciare, deflettere, indulgere, piegarsi, scaponirsi, lasciarsi indurre, mutar pensiero.
ostinatézza, *sf.* → OSTINAZIONE.
ostinàto, *pps.* di ostinare || *agg.* impenitente, incallito, indurito, pervicace, incorreggibile, caparbio, cocciuto, capone, fissato, implacabile, incapato, infatuato, invasato, insistente, persistente, puntiglioso, fermo, irremovibile, irriducibile, restio, incrollabile, pertinace, refrattario, tenace, testardo, testone, testereccio, duro, protervo, zuccone, → COSTANTE, CONTUMACE.
contr. arrendevole, cedevole, condiscendente, remissivo, docile, indulgente, persuadibile, mutevole.
ostinazióne, *sf.* ostinatezza, caparbietà, cocciutaggine, caponaggine, caponeria, incocciatura, accanimento, costanza, fermezza, insistenza, immutabilità, inflessibilità, irremovibilità, pervicacia, protervia, persistenza, rigidezza, ritrosia, tenacità, zucconaggine, testardaggine, impenitenza, cattiveria, contumacia, pertinacia, tenacia, perseveranza, puntiglio.
nomencl. asino, mulo, ciuco.
contr. arrendevolezza, remissività, docilità, condiscendenza, mutevolezza, incostanza, oscillazione, mutabilità, persuadibilità.
ostracísmo, *sm.* → ESILIO, BANDO.
ostracizzàre, *v.tr.* dar l'ostracismo, dare voto contrario, → ESILIARE.
nomencl. *óstrakon.*
òstrica, *sf.* croccia.
nomencl. nativa, comune, perlifera || (*parti*) conchiglia, valve || ostricoltura; ostricaio, ostricoltore.
òstro, *sm. lett.* → PORPORA || austro; sud, mezzogiorno.
ostrogòto, *agg.* e *sm.* goto, visigoto || *fig.* ignorante, ottuso.
ostruíre, *v.tr.* ingorgare, oppilare, intasare, chiudere, precludere, sbarrare, arginare, rintasare, turare, occludere, otturare, tappare, serrare, imbarazzare, → IMPEDIRE.
contr. deostruire, schiudere, aprire, disoppilare, stasare || far circolare, disincagliare.
ostruzióne, *sf.* ingorgo, intaso, intasamento, chiusura, occlusione, oppilazione, intoppo, otturamento, otturazione, imbarazzo, costipazione, impedimento, incagliamento, ristagno, arresto, → OSTACOLO.
contr. deostruzione, disoppilazione, stasamento, liberazione, apertura, eufrassia || circolazione, passaggio.
ostruzionísmo, *sm.* sciopero legale, resistenza passiva.
contr. collaborazione, accordo.
otalgía, *sf.* → OTITE.
otíte, *sf.* otalgia, male o infiammazione d'orecchi.
ótre, *sf.* ghirba || *fig.* → BEONE.
ottantènne, *agg.* e *sm.* e *f.* ottuagenario.
ottavíno, *sm.* → FLAUTO.
ottemperàre, *v.tr.* → conformarsi, OBBEDIRE.
ottenebraménto, *sm.* → OSCURITÀ.
ottenebràre, *v.tr.* → OFFUSCARE, OSCURARE.
ottenebrazióne, *sf.* → OFFUSCAMENTO.
ottenére, *v.tr.* accaparrarsi, procurarsi, procacciarsi, caparrarsi, conseguire, arraffare, accattare, acquistare, arrivare, avere, attingere, spillare, cavare, guadagnare, impetrare, prendere, trovare, procurare, riuscire, raggiungere || ricavare, riportare, riscuotere, trarre, ritrarre, estorcere.
contr. perdere, esser danneggiato, smarrire, scapitare, fallire, non riuscire.
otteníbile, *agg.* conseguibile, raggiungibile, impetrabile, possibile, facile, acquistabile, attingibile, lucrabile, fruibile.
contr. perdibile, inconseguibile, irraggiungibile, impossibile, remoto, difficoltoso.

otteniménto, *sm.* conseguimento, esaudimento, raggiungimento, acquisto, guadagno, ricavo.
contr. perdita, scapito, danno, scacco, insuccesso, fallimento.
òttica, *sf.* scienza della vista.
nomencl. (*suddivisioni*) anaclastica, catadiottrica, atottrica, diottrica, elettro-ottica, fototecnica, micrografia, stereoscopia || (*strumenti*) aletoscopio, attinografo, attinometro, caleidoscopio, camera oscura, cannocchiale, faro, lente, microscopio, prisma, specchio, telescopio, catotroscopio, cinetoscopio, comparatore ottico, criptoscopio, diastimetro, diffusiometro, diottra, dipleidoscopio, dischi ottici, elioscopio, fantoscopio, fotometro, lanterna magica, megametro, orizzonte artificiale, pelagoscopio, polarimetro, poliottro, poliscopio, portaluce, prassinoscopio, reticolo, riflessore, stereoscopio, spettrometro || (*termini*) aberrazione, acromatismo, aplanatismo, interferenza, miraggio, polarizzazione, policromismo, potere di dispersione, potere illuminante, amplificazione; angolo di torsione, di rifrazione; limite ottico, visuale, asteorama, diffusione, diottria, effetto ottico, fascio luminoso, illusione ottica, inflessione, ingrandimento, spettro, riflessione, rifrazione, trasparenza, vibrazione, immagine (reale, virtuale).
òttico, *sm.* occhialaio.
ottimaménte, *avv.* nel migliore dei modi, → ECCELLENTEMENTE, BENE.
contr. pessimamente.
ottimàte, *sm.* magnate, → MAGGIORENTE.
contr. popolano.
ottimísmo, *sm.*
contr. pessimismo.
ottimísta, *sm.* e *f.*
contr. pessimista.
òttimo, *agg.* → BUONO, ECCELLENTE, ECCELSO.
contr. pessimo.
ottobràta, *sf.* scampagnata, → FESTA, GITA.
ottomàna, *sf.* canapè, sofà, divano.
ottomàno, *agg.* e *sm.* → MAOMETTANO, TURCO.
ottonàio, *sm.* → FABBRO.
ottuagenàrio, *agg.* e *sm.* e *f.* ottantenne.
ottúndere, *v.tr.* → SMUSSARE || *fig.* istupidire, rendere ottuso, grossolano.
otturaménto, *sm.* occlusione, impedimento, accecamento, intasamento, ingorgo, → OSTRUZIONE.
contr. stasamento, sturamento, apertura.
otturàre, *v.tr.* occludere, chiudere, impedire, → OSTRUIRE, TURARE.
contr. sturare.
otturazióne, *sf.* otturamento, → OSTRUZIONE || (dei denti) impiombatura.
ottusità, *sf.* mancanza di acume, di perspicacia, idiozia || cortezza, grossezza, grossolanità, materialità, apatia, torpore, torpidità, torpidezza || opacità.
contr. acume, acutezza, penetrazione, perspicacia, sottigliezza || luminosità.
ottúso, *pps.* di ottundere || *agg.* smussato, senza punta, spuntato, non tagliente || senza luce (di luogo) || *fig.* apatico, corto di mente, insensibile, tòrpido, → EBETE, IMBECILLE.
contr. acuto, appuntito, puntuto, aguzzo, sottile || intelligente, penetrante, sottile, perspicace, sveglio, vibrante.
ovàle, *agg.* ellittico, oviforme, ovato, ovoidale.
ovàtta, *sf.* bambagia, cotone idrofilo, → COTONE.
ovattàre, *v.tr.* imbottire || *fig.* attenuare, ammorbidire, attutire.
ovazióne, *sf.* trionfo || → APPLAUSO.
nomencl. *agg.* prolungata, interminabile, entusiastica, calorosa.
óve, *avv.* dove, in qual luogo || *cong.* se, qualora, quando.
òvest, *sm.* → OCCIDENTE.
contr. est, oriente.
ovíle, *sm.* caprareccia, caprile, → STALLA.
ovíni, *sm. pl.* pecore, capre, → BESTIAME.
ovíparo, *agg.* ovoviviparo.
contr. viviparo.
òvolo, *sm.* uòvolo, òvulo, cellula germinale.
ovovivíparo, *agg.* oviparo.
contr. viviparo.
òvulo, *sm.* òvolo, uòvolo.
ovviàre, *v.intr.* impedire qualcosa, opporsi, evitare || rimediare, riparare.
contr. permettere, favorire, lasciar fare, rimanere estraneo.
òvvio, *agg.* evidente, intuitivo, frequente, comune, → FACILE, NATURALE.
contr. peregrino, raro, ricercato, prezioso, incomprensibile.
oziàre, *v.intr.* abbadare, bighellonare, ciondolare, dondolare, gingillarsi, impigrire, incarognire, ozieggiare, poltroneggiare, poltrire || acculattar le panche, andare bighellonando, stare in ozio, stare in panciolle, stare con le mani in mano, batter la fiacca, darsi all'ozio, darsi bel tempo; fare il bighellone, il paggio, il poltrone, il signore, il Michelaccio; far la bella vita, mangiare il pane a tradimento, non toccare lavoro, perdere il tempo, stare dondoloni, starsene con le mani in mano o alla cintola, lazzaronare, fare il lazzarone, fare la dolce vita.
contr. lavorare, operare, affannarsi, arrabattarsi, darsi da fare.
ozieggiàre, *v.intr.* → OZIARE.
òzio, *sm.* inattività, inoperosità, inazione, inerzia, oziosità, oziosaggine, fiacchezza, cascaggine, poltroneria, poltronaggine, scioperataggine, scioperatezza, neghittosità, infingardaggine, pigrizia, accidia || riposo, ricreazione.
contr. attività, lavoro, operosità, laboriosità, alacrità.
oziosàggine, *sf.* → OZIO.
oziosità, *sf.* → INUTILITÀ, OZIO.
ozióso, *agg.* e *sm.* bighellone, balloccone, bontempone, ciondolone, disutilaccio, dondolone, gingillone, fannullone, lazzarone, mangiapane, michelaccio, meriggione, ninnolone, perdigiorno, pelandrone, poltrone, scaldapanche, scaldaseggiole, spazzacontrade, sfaccendato, scansafatiche, giostrone, vagabondo, neghittoso, scioperato, inattivo, inoperoso, inerte, infingardo, pigro, accidioso, zuzzerellone, zuzzurellone || inutile, disutile, vano.
contr. laborioso, operoso, alacre, attivo, solerte || utile, necessario, indispensabile.

P

pàbulo, *sm.* → ALIMENTO || FORAGGIO || *ant.* pascolo.

pacàre, *v.tr.* placare, → CALMARE.

pacatézza, *sf.* flemma, placidezza, dolcezza, tranquillità, distensione, → CALMA, PACE || PAZIENZA.

contr. tensione, furia, furore, ira, irascibilità, foga, frenesia.

pacàto, *pps.* di pacare || *agg.* disteso, tranquillo, → CALMO, PACIFICO.

pàcca, *sf.* → COLPO, PERCOSSA.

pacchebòtto, *sm. frs.* → BARCA.

pacchiàre, *v.tr.* → MANGIARE.

nomencl. pacchia.

pacchiatóre, *sm.* → MANGIONE, GOLOSO.

pacchióne, *agg.* → MANGIONE, GOLOSO.

pacciàme, *sm.* → MISCUGLIO, SPAZZATURA.

pacciúme, *sm.* → CONCIME, SPAZZATURA.

pàcco, *sm.* involto, invoglio, cartata, cartoccio, plico, collo, → FARDELLO, IMBALLAGGIO.

nomencl. (*tipi*) postale, sigillato, piombato, legato, slegato, pesante, leggero || sottofascia || (*accessori*) spago, sigillo, ceralacca, carta, tela, colla, carta adesiva || *verb.* impacchettare, involtare, incartocciare, incartare, spacchettare, scartocciare, piombare, sigillare.

paccottíglia, *sf.* merce scadente, dozzinale, di poco prezzo; raccattaticcio, robaccia, scarto, pattume, sceltume, scegliticcio.

contr. roba di pregio, eccellente, scelta, di gran prezzo.

pàce, *sf.* pacificazione, rappacificazione, armonia, concordia, conciliazione, intesa, accordo, accomodamento, tregua, armistizio, riconciliazione || calma, quiete, requie, pacatezza, placidezza, tranquillità, riposo, quieto vivere, vivere tranquillo, placamento, abbonacciamento, silenzio.

nomencl. (*pertinenti*) stato di pace, neutralità, sospensione delle ostilità, capitolazione, deposizione delle armi, preliminari di pace, proposizioni, trattato, convenzione, protocollo, articoli, firma, conferenza, congresso, assise, giudice di pace, arbitro, mediatore, piede di pace, via della pace || araldo, caduceo, ulivo, feciali || *agg.* armata, beata, dolce, breve, duratura, onorevole, disonorevole, feconda, felice, fortunata, fausta, gloriosa, celebre, operosa, profonda, stabile, sicura, fiduciosa, tranquilla, garantita, certa, assicurata, simulata, falsa, finta, ingannevole, separata, universale || *verb.* essere in pace, mantenere, portare, cercare, chiedere, domandare, offrire, ottenere, rifiutare, ristabilire, sollecitare, rompere, turbare, violare, assicurare, godere, perdere, fare, regnare, ratificare, concludere, trattare.

contr. discordia, contrasto, urto, conflitto, turbolenza, guerra || inquietudine, irrequietezza, scompiglio, disordine, chiasso.

pacière, *sm.* pacificatore, conciliatore, componitore, negoziatore di pace, intermediario, portatore di pace, → MEDIATORE.

contr. sobillatore, agitatore, aizzatore, provocatore, istigatore, mettimale.

pacificàre, *v.tr.* rimpaciare, impaciare, impattare, appaciare, appacificare, aggiustare, transigere, patteggiare, amicare, comporre, conciliare, riconciliare, placare, quietare, calmare, sedare, abbonacciare, abbonire, addolcire, disarmare, imbonire, mansuefare, rabbonire, raddolcire, rappaciare || mettere o portare pace, tranquillità, serenità; separare i contendenti, disarmare, deporre le armi, accordare, concertare, accomodare, combinare la pace || *rifl.* far pace, riconciliarsi, rabbonacciarsi, rappattumarsi, rappacificarsi.

contr. eccitare, irritare, aizzare, istigare, metter discordia, sobillare, sconvolgere.

pacificatóre, *agg.* e *sm.* → PACIERE.

pacificazióne, *sf.* → PACE.

pacífico, *agg.* quieto, tranquillo, placido, mite, remissivo, pacato, sereno, arrendevole, mansueto, pacioso, pacione, calmo, imbelle, incruento, pantofolaio || fuori discussione, evidente, ovvio.

contr. guerrafondaio, bellicoso, guerriero, eccitabile, irrequieto, inquieto, litigioso.

pacifísta, *sm.* e *f.* pacifondaio, panciafichista (*spreg.*).

contr. guerrafondaio, bellicista, bellicoso, guerraiolo, militarista, belligero, interventista.

pacioccóne, *sm.* bonaccione, → BUONO.

pacióne, *agg.* → CALMO, PACIFICO.

pacióso, *agg.* → CALMO, PACIFICO.

padèlla, *sf.* padelletta, padellotto || → ORINALE || *dial.* macchia.

nomencl. (*parti*) manico, fondo, occhio || *verb.* grillare, friggere, soffriggere.

padellàio, *sm.* → CALDERAIO.

padiglióne, *sm.* cortinaggio, letto a padiglione, → BALDACCHINO || edificio, → CASA || CHIOSCO, PERGOLA.

pàdre, *sm.* babbo, papà || genitore, generatore, procreatore, capostipite, capofamiglia, *pater familias*, genarca, genearca, → AUTORE || Padre Eterno, → DIO || Santo Padre, → PAPA || Padri della Chiesa, Santi Padri, → CATTOLICESIMO || FRATE.

nomencl. (*distinzioni*) carnale, naturale, adottivo, putativo, spirituale || (*inerenti*) patrigno, patria potestà, paternità, paternale, parricidio || patristica || *agg.* paterno || affettuoso, amorevole, amoroso, tenero, severo, rigido, rigoroso, duro, aspro, arcigno, inflessibile, intollerabile, inclemente, tiranno, snaturato, inumano, crudele || *verb.* patrizzare, padreggiare.

contr. figlio || discendente, epigone, generato, genito, rampollo.

padríno, *sm.* compare, testimone.

padróna, *sf.* → DONNA, PADRONE.

padronànza, *sf.* diritto di padrone, → DOMINAZIONE || FRENO || padronanza di sé, autodominio, → AUTARCHIA || piena conoscenza, maniera da padrone.

padróne, *sm.* signore, dominatore, sovrano, despota || principale, proprietario, possessore, datore di lavoro.

nomencl. (*pertinenti*) padronanza, influsso, predomi-

nio, scettro, signoria, soggezione, schiavitú, padronato, patronato, dominazione, possesso, autorità, prevalenza || *agg.* affettuoso, amorevole, tenero, severo, rigido, duro, aspro, arcigno, inflessibile, intollerabile, tiranno, sfruttatore, inumano, crudele, brontolone, bisbetico, borbottone, seccatore, dispotico || *verb.* far da padrone, padroneggiare, dominare, spadroneggiare, impadronirsi, impossessarsi, comandare, disporre, tiranneggiare, imporsi, soggiogare.
contr. servitore, servo || dipendente, subalterno, garzone, impiegato, operaio.
padroneggiàre, *v.tr.* comandare, disporre, domare, dominare, avere, influire, governare, possedere, predominare, soggiogare, soprastare, sovrastare, sovraneggiare, spadroneggiare, tiranneggiare, avere il predominio, farla da padrone, far da padrone, fare alto e basso, menar per il naso, tenere il piede sul collo, tenere uno schiavo || *rifl.* contenersi, controllarsi, dominarsi, frenarsi, moderarsi, sorvegliarsi, temperarsi, aver coraggio, aver sangue freddo.
contr. obbedire, servire, essere subalterno, subire il dominio, sottostare || scattare, perdere la tramontana, perdere le staffe.
padúle, *sf.* → PALUDE.
paesàggio, *sm.* → CAMPAGNA, PANORAMA.
nomencl. paesista, paesante (*ant.*), paesaggista.
paesàno, *agg.* del paese, del luogo, borghigiano, terrazzano, conterraneo, nostrano, → NAZIONALE || *sm.* contadino, villico || *dial.* compaesano.
contr. straniero, forestiero || cittadino.
paése, *sm.* villaggio, villa, borgo, borgata, castello, paesello || contrada, abitato, landa, luogo, lito, giurisdizione, plaga, posto, sito, regione, suolo, terra, estensione, località, territorio, zona || luogo nativo || nazione, patria, stato || paesaggio.
nomencl. (*posizione*) alto, basso, a monte, a valle, inferiore, piano, pianeggiante, alpestre, alpino, montano, montagnoso, montuoso, marittimo, marinaro, rivierasco, lacuale, peninsulare, insulare, continentale, ulteriore, citeriore, occidentale, orientale, meridionale, nordico || d'esilio, d'altro mondo || (*inerenti*) *Hinterland*, retrovia, interno || catasto, censimento, corografia, mappa, topografia, campanilismo, emigrazione, immigrazione, nostalgia, esoticomania || *agg.* ameno, grazioso, salubre, sano, malsano, malarico, fertile, florido, ricco, pingue, povero, arido, sterile, misero, allegro, gentile, bello, ridente, triste, malinconico || afoso, caldo, soleggiato, freddo, temperato, arieggiato, bene o mal esposto || ospitale, accogliente, comodo, abitabile, inospitale, selvaggio, inabitabile, scomodo, inesplorato, ignoto, irredento, sconosciuto, lontano, vicino, popoloso, affollato, spopolato, deserto || *verb.* abitare, stare, dimorare, uscire, allontanarsi, lasciare, abbandonare, dimenticare, ricordare, provare nostalgia, ritornare, rivedere.
contr. città, cittadina || deserto.
paffutézza, *sf.* → GRASSEZZA.
paffúto, *agg.* → GRASSO.
nomencl. paffa (*ant.*).
pàga, *sf.* mercede, salario, stipendio, compenso, retribuzione, onorario, rimunerazione, corresponsione, emolumento, ricompensa, diaria, soldo, premio, prezzo, giornata, guiderdone, propina, soprassoldo, prebenda, mesata, settimana, quindicina, → PAGAMENTO.
nomencl. *verb.* decorrere, rattenere, trattenere, riscuotere, tirare, ricevere, negare, defraudare, pretendere, raddoppiare, esigere.
pagàia, *sf.* → REMO.
pagaménto, *sm.* disborso, esborso, sborso, saldo, sborsamento, erogazione, versamento || assegnamento, compenso, corresponsione, corrispettivo, diaria, emolumento, equivalente, indennità, indennizzo, interessenza, mediazione, mercede, onorario, paga, parcella, percentuale, propina, provvigione, provvisione, responsione, restituzione, ricompensa, rifusione, rimborsamento, rimborso, rimerito, rimessa, rimuneramento, rimunerazione, risarcimento, rivalsa, salario, senseria, stipendio, trasferta.
nomencl. (*modi*) anticipato, in contanti o per contanti, alla consegna, a spizzico, alla stracca, a quote, a rate, a vista, di propria borsa, fino all'ultimo quattrino, puntualmente, sul tamburo, sul tappeto || (*pertinenti*) acconto, annualità, giornata, settimana, quindicina, mesata, mese, mensualità, pane, pagnotta, anticipo, arra, caparra, cauzione, canone, rata, retta || guiderdone, oblazione, offerta, contestazione, premio, sportula, liquidazione, quota, assegno, cessazione, condizioni, delegazione di pagamento, distinta, polizza, mora, morosità, ribasso, sconto, proroga || *verb.* effettuare, proporre, accettare, riscuotere esigere, pretendere, imporre, ritardare, rimandare, prorogare, sospendere.
contr. riscossione, incasso; quietanza, ricevuta || condono.
pagàno, *agg.* e *sm.* gentile, etnico (*ant.*), idolatra, politeista || → BARBARO, INFEDELE.
nomencl. *pagus*, paganesimo, pagania, gentilità || *verb.* paganeggiare, paganizzare.
contr. monoteista || ebreo, cristiano, cattolico.
pagàre, *v.tr.* dare, erogare, esborsare, sborsare, snocciolare, versare, compensare, corrispondere, soddisfare, remunerare, rimunerare, retribuire, ricompensare, rifondere, ripagare, rimborsare, risarcire, rimeritare, salariare, stipendiare, liquidare, saldare, tacitare || cauzionare, indennizzare, provvisionare, rendere, guiderdonare, premiare, paghicchiare, mettere mano alla borsa, saldare o liquidare i conti, far onore alla firma, stiracchiare il prezzo, pagare poco, pagare caro, salato, un occhio del capo, uno sproposito, molto, troppo, largamente, lautamente, profumatamente, generosamente, a contanti, alla consegna, a pronti, alla stracca, a peso, a respiro, a spilluzzico, a vista, sul tamburo, strapagare || *fig.* → ASSOLVERE || contraccambiare || scontare, pagare la pena, subir le conseguenze, pagare il fio, → ESPIARE.
contr. riscuotere, incassare, ricevere, intascare || condonare.
pagàto, *pps.* di pagare || *agg.* → MERCENARIO.
pagatóre, *sm.* sborsatore, solidale, solidario, pagatorello.
nomencl. (*pertinenti*) bindolo, mallevadore, monco, tributario, procaccia, contribuente || *agg.* puntuale, pronto, esatto, moroso, insolvibile, buono, cattivo, generoso.

contr. riscotitore, esattore, collettore, percettore.
pàggio, *sm.* damigello, donzello.
pagherò, *sm. indecl.* biglietto all'ordine, → CAMBIALE.
pàgina, *sf.* carta, facciata, faccia, foglio || scritto, brano, passo, citazione (di un libro).
nomencl. prima, terza, quarta || (*elementi e distinzioni*) antiporta, canale, colonna, colonnetta, finca, capoverso, impaginatura, paginatura, intestatura, margine, numerazione, capopagina, contorno, riccio, fregio, smangio, orlo || retto, verso || *agg.* bianca, intonsa, sacra, stampata || *verb.* impaginare, scompaginare.
pàglia, *sf.* pagliuzza, festuca, seccia, sala, stipa, stoppia, culmo || → FORAGGIO, GIACIGLIO.
nomencl. (*inerenti*) treccia, nastro, fuscello, filo, fruscolo, pedale, pagliaio, paglieto || paglione, pagliaccio, pagliericcio, paglierino || *verb.* impagliare, rimpagliare, sfuscellare, spagliare, spagliucolare.
pagliacciàta, *sf.* → BUFFONATA.
pagliàccio, *sm.* maschera, → BUFFONE || PAGLIERICCIO.
pagliàto, *agg.* e *sm.* → GIALLO.
paglieríccio, *sm.* pagliaccio, paglione, saccone, stramazzo.
nomencl. *agg.* trapunto, impuntito, duro, elastico.
paglieríno, *agg.* e *sm.* → GIALLO.
pagliétta, *sf.* magiostrina, → CAPPELLO.
paglióne, *sm.* → PAGLIERICCIO.
pagliúzza, *sf.* pagliuca, pagliucola, fuscello, festuca, → PAGLIA.
pagnòtta, *sf.* → PANE.
pagnottína, *sf.* → PANE.
pagnottísta, *agg.* → INTERESSATO.
pàgo, *agg.* appagato, contento, sazio, soddisfatto, disteso, → FELICE.
contr. inappagato, scontento, malcontento, smanioso, anelante.
pàio, *sm.* coppia, par (paro), pariglia || doppio.
nomencl. *verb.* appaiare, abbinare, accoppiare, apparigliare, sparigliare, spaiare || raddoppiare.
paiòlo, *sm.* → CALDAIA.
pàla, *sf.* badile, mestola, gottazza, remo || pala d'altare, ancona, paliotto || → ORINALE.
nomencl. palata, palaia || *verb.* spalare.
paladíno, *sm.* → CAVALIERE || EROE, DIFENSORE || PARTIGIANO.
palafítta, *sf.* riparo, → ARGINE, PALIZZATA.
nomencl. (*inerenti*) berta, terramara, palafittato || palafitticoli || *verb.* palafittare, palare.
palafittícolo, *sm.* terramaricolo.
palafrenière, *sm.* staffiere, scudiero.
palafréno, *sm.* → CAVALLO.
palàgio, *sm. poet.* → CASA.
palamidóne, *sm. scherz.* → MANTELLO, CAPPOTTO.
palànca, *sf.* assiccella, riparo, → PALO || *ant.* moneta, soldo, denaro.
palanchíno, *sm.* → PORTANTINA.
palàncola, *sf.* → PONTE.
palàndra, *sf.* → MANTELLO.
palandràna, *sf.* → GABBANO, MANTELLO.
palàta, *sf.* → COLPO.
palàto, *sm.* → BOCCA || *fig.* gusto.
nomencl. palatale (consonante).
palazzína, *sf.* → CASA.
palàzzo, *sm.* palagio → CASA || corte principesca.
nomencl. maestro del palazzo, conte del sacro palazzo, conte palatino, maggiordomo, || *agg.* palatino, palatinato || *verb.* andare a palazzo.
palchétto, *sm.* asse, assicella, scaffale || intavolato; *parquet,* → PAVIMENTO || PIANO || (di teatro), → LOGGIA, PALCO.
nomencl. palchettista || ordini.
pàlco, *sm.* assito, tavolato, piano di tavole, impalcatura, soffitto, soppalco, palchetto di teatro, tribuna, ponte, podio, ribalta, → PAVIMENTO || scaffale, → LIBRERIA || ordine dei rami, dei fiori, delle corna d'animali.
nomencl. (*inerenti*) cantoria, pergamo, catafalco, palancato, pulvinare, lacunare, quinta, scenario, sipario, telone, velario, praticabile.
palèo, *sm.* trottola.
paleografía, *sf.* diplomatica, sfragistica, epigrafia.
nomencl. (*attinenti*) tavolette cerate, papiro, pergamena, carta || rotoli, quaderni, libro || (*scrittura*) maiuscola, minuscola, capitale, onciale, semionciale, corsiva, cassinese, longobarda, merovingica o franco-gallica, anglosassone, irlandese, visigotica, gotica, umanistica, cancelleresca (pontificia, imperiale, comunale, regia, signorile) || abbreviature, note tironiane, *notæ juris* || atti pubblici, privati, notarili; codici.
paleontografía, *sf.* → GEOLOGIA.
paleontología, *sf.* → GEOLOGIA.
palesaménto, *sm.* → CONFESSIONE.
palesàre, *v.tr.* svelare, disvelare, rivelare, scoprire, denudare, dire, confessare, informare, mostrare, dimostrare, manifestare, propalare, pubblicare, estrinsecare, far noto, render noto, esprimere, appalesare, aprire, profferire.
contr. nascondere, celare, velare, occultare, tener nascosto, tacere.
palése, *agg.* chiaro, manifesto, indubbio, patente, → NOTO, EVIDENTE.
contr. nascosto, celato, occulto, misterioso.
paleseménte, *avv.* → CHIARAMENTE.
palèstra, *sf.* ginnasio || → GARA.
nomencl. (*attrezzi*) spalliera, pertica, cavallo, maniglia, trapezio, parallele, sbarra, quadro svedese, asse d'equilibrio, anelli, sostegni per il salto in alto, pedana, clava, disco, manubrio, appoggi, peso || palestrita, palestrica (*ant.*).
paletot, *sm. fr.* → PALTÒ.
palettàre, *v.tr.* ficcar paletti, picchettare.
palétto, *sm.* picchetto, piuolo, cavicchio, → BASTONE || chiavistello.
palingènesi, *sf.* rinascita || → RINNOVAMENTO.
contr. apocalisse, distruzione, fine del mondo.
palinodía, *sf.* rinnegamento, modificazione → RITRATTAZIONE.
palinsèsto, *sm.* → CARTAPECORA, CODICE.
palinúro, *sm.* → GAMBERO.
pàlio, *sm.* → GARA, CORSA || *fig.* → PREMIO.
paliòtto, *sm.* → PALA.
palischérmo, *sm.* → BARCA.

palizzàta, *sf.* palafitta || steccato, stecconata, palancata, → ARGINE.
pàlla, *sf.* sfera, boccia, volano, → PALLONE || globo, mappamondo || pallottola, proiettile, proietto.
nomencl. (*sport*) calcio, pallavolo, pallacanestro, pallamaglio, pallacorda, pallabase o *baseball*, palla ovale o *rugby*, pallanuoto, *pelota*, *golf*, *tennis*, *cricket* || tamburello, bracciale, racchetta || balzo, salto, volata, tiro || sferisterio || *verb.* appallare, appallottare, palleggiare || battere, cogliere, rimandare, rimettere, dare, tirare, fallire, fare a palla, incerchiare, perdere la corda, prendere, riprendere, ridare, rimbalzare.
pallàdio, *sm.* protezione, usbergo, → DIFESA.
pallàto, *agg. rar.* → POMELLATO.
palleggiàre, *v.tr.* e *intr.* giocare alla palla || *fig.* scambiare, sballottare, → MANEGGIARE.
pallescènza, *sf.* → PALLORE.
palliàre, *v.tr.* dissimulare, velare, mascherare, ammantare, coprire, → MITIGARE.
palliatívo, *sm.* lenimento, rimedio, attenuante, apparente; mezzo per attenuare || *agg.* anodino.
contr. cura energica, efficace.
pallidézza, *sf.* → PALLORE.
pallidità, *sf.* → PALLORE.
pàllido¹, *agg.* impallidito, bianco, biancastro, dilavato, slavato, sbiadito, scolorito, sbiancato, esangue, smorto, smorticcio, mortigno, livido, illividito, giallo, terreo cereo, pallente, sbiancido, scialbo, smunto, squallido || tenue || *fig.* fioco, debole, sparuto, languido, vago, confuso.
nomencl. *loc.* bianco come un panno lavato, come la neve, ombrato di morte, senza sangue, cadaverico, rorido di morte.
contr. colorito, rosso, acceso, rubicondo, rubicante, carico di colore || intenso, forte, vivo, rubesto.
pàllido², *sm.* → MANTELLO.
pallóne, *sm.* → PALLA.
nomencl. (*pertinenti*) calcio, gioco del calcio, *football* || (*persone*) giocatori, squadra, portiere, terzini, mediani, centromediano, ali, mezze ali, centrattacco || (*mosse*) lancio, battuta, rimessa, passaggio, fallo, *corner*, *dribbling*, colpo di testa, calcio di rigore, calcio d'angolo, rete, *goal* || (*luoghi*) porta, area di rigore, area di porta, centro campo || *verb.* battere, lanciare, colpire, calciare, parare || gonfiare, sgonfiare, bucare.
pallóre, *sm.* pallidezza, pallidità, pallescenza, smortezza, lividore, lividezza, bianchezza, squaliore, scolorimento.
contr. colorito intenso, acceso; rossore, calore, fiamme al viso.
pallòttola, *sf.* proiettile, proietto, colpo, → PALLA.
pàlma, *sf.* palmo (parte di sotto della mano) || foglia o ramo di palma || ramo d'ulivo || *fig.* segno di vittoria.
nomencl. benedetta, del martirio || *verb.* riportare, conseguire, ottenere.
palmàre, *agg.* palpabile, notabile, lampante, → EVIDENTE.
palménto, *sm.* → MACINA || *fig.* mangiare molto.
palmière, *agg.* e *sm.* → PELLEGRINO.
palmízio, *sm.* palma da datteri.
pàlmo, *sm.* spanna, palma.
nomencl. (*loc. avv.*) a palmo a palmo, palmo per palmo, a un palmo, a spanne.
pàlmola, *sf.* camma, eccentrico.
pàlo, *sm.* antenna, pertica, palanca, puntello, sostegno, stollo, canna, forcella, troncone, stanga, trave, longuria, leva || *fig.* → COMPLICE.
nomencl. ferrato, di spacco, pedagnolo || (*pertinenti*) ramo, piede di porco, piloto, traversa, capra, palafitta, palizzata, steccato, fortificazione || battipalo, mazzapicchio, berta, castello, maglio, martello, mazzeranga || palaiolo || *agg.* lungo, corto || *verb.* impalare, palare, palettare.
palombàro, *sm.* sommozzatore, tuffatore, marangone.
nomencl. scafandro, braca, campana.
palpàbile, *agg.* maneggevole, toccabile → MATERIALE || *fig.* innegabile, tangibile, → EVIDENTE.
contr. impalpabile, tenue, aereo, intoccabile, intangibile, sfuggente.
palpaménto, *sm.* brancicamento, brancicatura, maneggiamento, palpeggiamento, palpazione, palpata, tastamento, toccamento, ritoccamento, toccata, tocco.
palpàre, *v.tr.* mantrugiare, brancicare, palpeggiare, tastare, stazzonare, ripalpare, ritoccare, trattare, carezzare, → TOCCARE, MANEGGIARE || *ant.* adulare, lusingare.
palpàta, *sf.* → PALPAMENTO.
palpazióne, *sf.* → PALPAMENTO.
pàlpebra, *sf.* ciglia.
nomencl. (*parti*) congiuntiva, lappole, nepitello, nepitella, paropia, saccaie, tarso, orlo || (*patologia*) ablefaria, aganoblefaro, atretoblefaria, ciliosi, coloboma, microblefaria, blefarite, blefaro-congiuntivite, blefarospasmo, blefaroptosi, blefaroplegiacalasi, cispa, congiuntivite, falangosi, grandibe, orzaiolo o orzaiuolo, lagoftalmo, litiasia, tracoma, trichiasi || *verb.* ammiccare, battere, lappollare, lappoleggiare, sciarpellare.
palpeggiaménto, *sm.* → PALPAMENTO.
palpeggiàre, *v.tr.* → MANEGGIARE, TOCCARE.
palpitaménto, *sm.* → PALPITAZIONE.
palpitàre, *v.intr.* battere, pulsare, martellare, sussultare, guizzare || *fig.* commuoversi, emozionarsi, provare agitazione (per amore, ansietà, timore).
contr. essere inerte || essere insensibile, indifferente, freddo, apatico.
palpitazióne, *sf.* palpitamento, palpito, pulsazione, battimento di cuore, batticuore, cardiopalmo, tachicardia, agitazione.
pàlpito, *sm.* battito, pulsazione, palpitamento, batticuore, cardiopalmo, tachicardia, sussulto, fremito, moto || *fig.* tremito, tremore, viva agitazione (per amore, timore, inquietudine, ansietà).
paltò, *sm. paletot*, cappotto, pastrano, → MANTELLO.
paltonière, *sm.* → RIBALDO.
paludaménto, *sm.* → MANTELLO.
palúde, *sf.* padule, acquitrino, acquastrino, laguna, maremma, marese, marana, marazzo, pantano, stagno, chiano, fango, lazza.
nomencl. (*attinenti*) palude salata, braco o brago, gora, cavo, cratere, pollino, paglieto || elopira, malaria || *verb.* impaludare, impantanare, stagnare, ristagnare || prosciugare, risanare, bonificare.
paludóso, *agg.* acquitrinoso, fangoso, palustre, panta-

noso, stagnante, morticcio, malarico, malsano, guazzoso.
contr. secco, riarso, asciutto, sano, salubre.
palústre, *agg.* → PALUDOSO.
palvése, *sm.* → SCUDO.
pàmpa, *sf.* → PIANURA.
pàmpano, *sm.* pampino, foglia, → VITE.
nomencl. pampinario, pampinoso || *verb.* spampinare, spampanare.
pàmpino, *sm.* → PAMPANO.
panacèa, *sf.* rimedio, toccasana, → MEDICAMENTO.
pànama, *sf. sm. indecl.* → CAPPELLO.
pànca, *sf.* scanno, sedile, → BANCO.
pancàccio, *sm.* tavolaccio.
pancétta, *sf.* lardo || ventresca.
pància, *sf.* → VENTRE.
pancièra, *sf.* ventriera, busto, fascetta, reggipancia, panzerone.
pancióne, *sm.* → MANGIONE.
panciòtto, *sm.* corpetto, farsetto, gilè, giustacuore, sottoveste.
panciúto, *agg.* corpacciuto, obeso, pancione.
contr. magro, smilzo, allampanato, stecchito.
pancóne, *sm.* → ASSITO.
pancòtto, *sm.* → PAPPA.
pàncreas, *sm. indecl.*
nomencl. (*pertinenti*) succo pancreatico, condotto pancreatico, pancreatina || pancreatite || duodeno.
pancromàtico, *agg.*
contr. ortocromatico.
pandemía, *sf.* → EPIDEMIA.
pandèmico, *agg.* → EPIDEMICO.
pandemònio, *sm.* tregenda, diavoleto, diavolio, babilonia, → CONFUSIONE, RUMORE.
pandétte, *sf.pl.* digesto || testo di legge, codice.
nomencl. *corpus iuris civilis*, codice giustinianeo.
pandióne, *sm.* → FALCO.
pàne, *sm.* || *fig.* cibo, alimento, vitto || pane eucaristico, degli angeli, → EUCARESTIA.
nomencl. (*vari tipi*) comune, di lusso, azzimo, casalingo, di frumento, di mistura, all'olio, al burro, di miglio, di segale, di mais, integrale, orzato, semolato, francese, biscottato, bocellato, agliato || (*parti*) corteccia, crosta, midolla o mollíca || (*forme*) biascicotto, boccone, morsello, tocco, tozzo, frusto, bricia, briciola, minuzzolo, cantuccio, fetta, orliccio, rosicchio, seccarello o seccherello, pallina, zolla || bastoncino, bastone, cornetto, filone, filoncino, pagnotta, pagnottella, mica, michetta, sfilatino, panino || (*affini*) biscotto, ciambella, cacchiatella, confortino, focaccia, galletta, grissino, pan buffetto, pan di Spagna, panforte, pansanto, piada, piccia, schiacciata, tartina, veneziana, pancotto, pangrattato, pantostato, panino imbottito, *sandwich, semel, chifel, brioche* || (*arnesi, strumenti*) asse, baco, braciaio, cassamadia, cernitoio, infornapane, madia, mastra, pala, pannello, pozzetta, radimadia, rasiera, raspa, siringa, spazzaforno, spazzatoio, spazzolo, spianatoio, tirabrace, tramoggia || *agg.* buono, cattivo, ben o mal cotto, fresco, raffermo, duro, secco, stantio, caldo, freddo, tenero, afflitto, ammuffito, bianco, nero, bucato, bucherellato, buffetto, grossolano, inferigno, infortito, avvincidito, mazzero, mollicone, midolloso, mencio, miscelato, mucido, pastoso, rammollito, rancido, rigonfio, rinvenuto, salcigno, sciocco, scortecciato, insecchito, serrato, schietto, scilivato, scuro, sfornato, soffice, tenero, tondo, tostato, vincido || (*operazioni*) abburattare, appanare, biscottare, comandare, cuocere, gramolare, impalare, impastare, infornare, intridere, lievitare, miscelare, panificare, scaldare, sfornare, stacciare, spegnere la farina, spianare la pasta.
panegírico, *sm.* → ELOGIO, PREDICA || ONORE.
panegirísta, *sm.* → ORATORE, ADULATORE.
paneréccio, *sm.* → PATERECCIO.
panetteria, *sf.* forno, panificio, bottega del fornaio.
panettière, *sm.* → FORNAIO.
panfílio, *sm.* pànfilo, *yacht.*
pània, *sf.* vischio, visco, pece, pégola || *fig.* inganno, lusinga, adescamento.
nomencl. *verb.* impaniare, invischiare, impegolare, impeciare.
pànico, *sm.* → TIMORE, SPAVENTO, PAURA.
paníco, *sm.*
nomencl. miglio || appanicare, appanicarsi.
panícola, *sf.* → SPIGA.
panicuòcolo, *sm.* → FORNAIO.
panieràio, *sm.* canestraio.
panière, *sm.* paniera, bugnola, bugnolo, canestra, canestro, cesta, cesto, cestino, cista, corba, corbello, crinella, fiscella, sporta, zana.
nomencl. coperto, da caminetto, traforato || vétrici, vinchi, vimini.
panificazióne, *sf.* arte bianca.
panino, *sm.* pagnottina, michetta, → PANE || tartina, tramezzino, crostino, crostone, *sandwich*, tosto, tostino, *toast.*
nomencl. imbottito, ripieno, farcito.
panivéndolo, *sm.* → FORNAIO.
pànna, *sf.* crema, capo di latte, lattemiele, fior di latte.
nomencl. *verb.* dibattere, frullare, frustare, sbattere, montare, pannare, spannare.
panneggiaménto, *sm.* → ORNAMENTO.
panneggiàre, *v.tr.* → ORNARE, PIEGARE.
pannícolo, *sm.* → MEMBRANA.
pànno, *sm.* stoffa, drappo, tessuto, pannolano || pezzo di stoffa || *pl.* vesti, abiti, vestiti, coltre, coperta.
nomencl. (*tipi*) greggio, fine, lavorato, impermeabile, lanoso, liscoso, allumacato, faccioso, accordellato, accordellinato, a stuoia, damascato, incrociato, mischiato, operato, rasato, rinfranto, sgheronato, spigato, trapunto || (*termini*) albagio, aleppino, baietta, orbace, baracane, boccasino, cammucca, cambrí, camo, camoiardo, canavaccio, carpita, celone, durante, felpa, feltro, gamurrino, ghinea, ginestrino, grossagrana, guarnello, mezzalana, pannicino, pannolino, pannina, perpignana o perpignano, pezzuola, rascia, rascetta, romagnuolo, sargia || bacucco, coltrino, coperta, fodera, soppanno || ammarezzatura, biracchio, brandello, brano, pezzo, cintolo, faldella, filaccia, lana, pannicello, piccia, cimosa, corda, rientro, piega, grinza, ritaglio, rivolta, sboffo, sciavero, strappo, strambello, striscia, lista, scampolo, vivagno, rattoppo || *agg.* grosso, grossolano, ordinario, rozzo, grave, pesante, invernale, mor-

bido, ruvido, logoro, trito, grinzoso, gualcito, lacero, rotto, consumato, rado, stinto, scolorito, stracciato, usato || *verb.* affettarsi, allucignolare, arrendersi, arricciarsi, incoiare, incresparsi, intignare, prendere il grinzo, ragnare, recidersi, sfilacciarsi || affagottare, arrotare, battere, bachettare, sbachettare, scamatare, digrassare, disungere, foderare, soppannare, increspare, racconciare, cucire, rabberciare, rammendare, rattoppare, ripiegare, ritagliare, tagliare, sciorinare, stendere, scompagnare, scuotere, smacchiare, lavare, strofinare, spazzolare, stropicciare, fregare, tendere || accotonare, addomestichire, avvampare, calmuccare, curare, cimare, rattinare, garzare, feltrare, gualcare, interrare, marezzare, sodare.

pannòcchia, *sf.* spiga, → GRAPPOLO.

nomencl. (*parti*) cartoccio, chicchi, tutolo o torsolo, barba || *verb.* granire, sgranellare, sgranare, scartocciare, spannocchiare.

pannolàno, *sm.* → COPERTA, PANNO.

pannolíno, *sm.* → PEZZA.

pàno, *sm.* → PUSTOLA.

panòplia, *sf.* trofeo d'armi (appeso al muro), armatura (intera di un guerriero).

panoràma, *sm.* paesaggio, vista, veduta, scena, spettacolo, scenario, aspetto di un paese || *fig.* rassegna, esposizione, sommario, sguardo a volo d'uccello.

nomencl. (*equivalenti*) bella occhiata, colpo d'occhio, bello sfondo, prospettiva, prospetto, visuale, diorama, georama, neorama, poliorama, uranorama || *agg.* incantevole, bello, meraviglioso, stupendo, triste, malinconico || *verb.* godere, vedere, gustare.

pantalóni, *sm. pl.* → CALZONI, BRACHE.

pantàno, *sm.* guazzo, mollaia, motaccio, pantanaccio, luogo malsano, → FANGO, PALUDE || *fig.* intrigo, impiccio, ginepraio, immoralità.

nomencl. *verb.* impantanarsi, ammelmare, impaludare, impollinarsi, infangarsi, sfangare.

contr. luogo secco, asciutto, aerato, pulito, sano.

pantanóso, *agg.* → FANGOSO, ACQUITRINOSO.

pantèra, *sf.* leopardo, pardo, giaguaro, lonza, gattopardo.

pantòfola, *sf.* scarpa da casa, pianella, → BABBUCCIA, CIABATTA.

pantofolàio, *sm.* → CALZOLAIO || *fig.* → PACIFICO.

pantomíma, *sf.* mimo || → BALLO || *fig.* burletta, commedia, lungaggine.

panzàna, *sf.* fandonia, frottola, bugia, fanfaluca, favola, esagerazione, millanteria, vantería, balla, sciocchezza, bugía.

contr. verità, semplicità.

paolòtto, *sm.* → BIGOTTO, CLERICALE.

papà, *sm.* → PADRE.

pàpa, *sm.* pontefice, sommo pontefice, pontefice romano, sommo o supremo pastore, supremo gerarca, Sua Santità, Vicario di Cristo, dolce Cristo in terra, Santo Padre, *servus servorum Dei.*

nomencl. (*oggetti pertinenti*) anello piscatorio, camàuro, falda, fanone, mozzette, fascia, formale, manto, mitra, tiara, pallio, papalina, zucchetto, succintorio, manipolo, cattedra, baldacchino, sedia gestatoria, flabello, chiavi pontificie || (*atti e cerimonie*) allocuzione, bolla (maggiore, minore), breve, canone, cedolone, decretale, enciclica, lettera monitoria o monitorio, *motu proprio,* rescritto; canonizzazione, beatificazione, preconizzazione, beneplacito apostolico, giubileo, concilio, concistoro, conclave, promulgazione dei dogmi, scomunica, infallibilità || accesso, adorazione, elevazione al pontificato, incoronazione pontificale, potere spirituale, papismo, obolo di S. Pietro.

contr. antipapa.

papàle, *agg.* pontificio, pontificale, apostolico, papalino, papesco.

papalína, *sf.* → BERRETTO.

papalíno, *agg.* → PAPALE.

papàto, *sm.* pontificato, sede apostolica || curia romana.

nomencl. (*congregazioni*) per la Dottrina della Fede, Concistoriale, per la Chiesa orientale, della disciplina, dei Sacramenti, del Concilio, dei Religiosi, *de Propaganda Fide,* dei riti, del cerimoniale, degli affari ecclesiastici straordinari, commissione pontificia per la Russia, dei seminari e delle università, della fabbrica di S. Pietro || (*uffici*) sacra penitenzieria apostolica, della segnatura apostolica, sacra romana rota; cancelleria apostolica, dataria apostolica, camera apostolica, segreteria di Stato, segreteria dei brevi ai príncipi, segreteria delle lettere latine, rappresentanze diplomatiche || corte pontificia, famiglia e cappella pontificia || (*diplomazia e personale*) legato, nunzio, internunzio, camerlengo, protonotario, referendario, sagrista, gonfaloniere, cameriere segreto, prelato domestico, assistente al soglio, maresciallo perpetuo, cameriere di cappa e spada, predicatore apostolico, caudatario || (*ordini equestri pontifici*) Ordine Supremo del Cristo, dello Speron d'Oro, Ordine Piano, di San Gregorio Magno, di San Silvestro Papa || concordato, *exequatur, placet,* legge delle guarentigie, *non expedit,* sillabo, guelfi, neo-guelfi, nepotismo, papocesarismo, papismo, persecuzioni.

papàvero, *sm.* rosolaccio, coridalio.

nomencl. capo di papavero, diacodio, oppio.

pàpera, *sf.* → OCA || *fig.* → ERRORE.

nomencl. *verb.* impaperarsi.

papílla, *sf.* → GLANDOLA.

papirología, *sf.* → DIPLOMATICA.

pàppa, *sf.* bollito, pancotto, pappolata || empiastro.

nomencl. pappone, pappalardo, pappata, pappatoria || *verb.* pappare, spappare, spappolare.

pappagàllo, *sm.* ara, arara, parrocchetto, loreto, lorita, lorito || → ORINALE || *fig.* → IMITATORE.

nomencl. (*specie*) cacatoa o cacatua, carmosina, cocorita o cocorrita, corelia, maitacca, microglosso, nasiterna, nestore, rosella, tricoglosso, inseparabili || psitaccosi || trespolo, gruccia || (*voci*) cinguettare, parlottare, quittire.

pappagòrgia, *sf.* → MENTO.

pappalàrdo, *agg.* → GOLOSO || *sm.* → MANGIONE.

pappalóne, *sm.* → MANGIONE.

pappardèlla, *sf.* → LASAGNA.

pappatóre, *sm.* → MANGIONE.

pappatòria, *sf. fam.* → MANGIATA.

pappíno, *sm. spreg.* infermiere, servo d'ospedale.

pappolàta, *sf.* broscia, sbroscia, panicolaio, pasticcio, pastocchia, piastriccio, pippionata, polpettone, porrata, rapaio, rimpiastrata, taccolata, tantaferata, trescata, sbrodolata, zanzaverata, zuppa, pappa || *fig.* discorso lungo e sconclusionato, tiritera, cantafera, tantafera, cicalata, chiacchierata, baiata.

pappóne, *sm.* → MANGIONE.

pàpula, *sf.* → PUSTOLA.

paràbola, *sf.* figura, traslato, → ALLEGORIA, FAVOLA, IMMAGINE || *ant.* invenzione.

parabolàno o **parabolóne,** *agg.* fanfarone, → CHIACCHIERONE, IMBROGLIONE.

parabrézza, *sf.* tagliavento.

parabulía, *sf.* abulia.

paracadúte, *sm.*

nomencl. calotta, sbocciamento, apertura, lancio || paracadutista.

paracamíno, *sm.* parafuoco, vèntola.

paracàrro, *sm.* scansaruote.

paràcqua, *sm.* → OMBRELLO.

paradígma, *sm.* prospetto, quadro sinottico, tabella, specchio, specchietto, diagramma, sinopsi, modello, esempio, esemplare.

paradisíaco, *agg.* celestiale, sovraceleste, sovrumano || *fig.* dolcissimo, delizioso, dilettevole, incantevole, beatificante.

contr. infernale, terrestre, terreno.

paradíso, *sm.* cielo, eden, giardino di delizie; elíso, elísio, empireo || olimpo || luogo delizioso, bengodi, eldorado, cuccagna || beatitudine, delizia, benessere, → FELICITÀ.

nomencl. (*equivalenti*) beatifica visione o godimento di Dio, regno dei cieli, città suprema, corte celeste, eterna felicità, eterna beatitudine, gloria eterna, vita eterna, eterno tabernacolo, gloria celeste, mondo felice || santi, eletti, angeli, beati.

contr. inferno, abisso, ade, averno, erebo, geenna, tartaro || terra.

paradossàle, *agg.* esagerato, eccentrico, estroso, incredibile, → FALSO, ASSURDO.

paradòsso, *sm.* assurdità, errore, falsità, esagerazione, eccentricità, stranezza, bizzarria → DISCORSO, OPINIONE || verità apparente o esagerata.

contr. asserzione credibile, vera, sensata, ragionevole || assioma.

parafàre, *v.tr.* siglare, firmare.

parafasía, *sf.* parapalia, afasia, parafrasia.

parafernàle, *agg.* estradotale, stradotale.

parafrasàre, *v.tr.* spiegare, ripetere (con altre parole), chiarire, → INTERPRETARE.

paràfrasi, *sf.* ripetizione, → INTERPRETAZIONE.

parafrasía, *sf.* → PARAFASIA.

parafuòco, *sm.* paracamino, vèntola.

paràggio, *sm.* prossimità, → LUOGO, VICINANZE.

paragonàbile, *agg.* equiparabile, comparabile, confrontabile, pareggiabile, parificabile, ragguagliabile, uguagliabile, simile, somigliante.

contr. impari, inadattabile, inconfrontabile, incomparabile, impareggiabile.

paragonàre, *v.tr.* agguagliare, eguagliare, confrontare, comparare, ragguagliare, commisurare, commensurare, raffrontare, contrapporre, accostare, adeguare, misurare, assomigliare, assimilare, rassomigliare, equiparare, riscontrare, mettere a confronto, fare un confronto, mettere a paragone, porre alla pari, pareggiare, equivalere, mettere sulla bilancia, disgradare || collazionare.

paragóne, *sm.* agguaglio, confronto, conguaglio, comparazione, parallelo, ragguaglio, raffrontamento, raffronto, riscontro, bilancio, proporzione, misura, similitudine || prova, esperimento, → GARA || ALLEGORIA, IMMAGINE.

paràgrafo, *sm.* alinea, daccapo, capitolo, parte, comma || divisione, suddivisione || segno di divisione in paragrafi.

nomencl. *verb.* paragrafare.

paragrémbo, *sm.* → GREMBIALE.

paralèssi, *sf.* → OMISSIONE.

paralipòmeni, *sm.* aggiunte, supplementi (di libri) || parerga.

paràlisi, *sf.* apoplessia, emiplegia, eclampsia, colpo, accidente, cordioplegia, paresi, acinesia, aneuria, anevria, paraplegia, anestesia.

nomencl. (*tipi*) cerebrale, facciale, generale, locale, parziale, tremula, agitante, essenziale, progressiva, saturnina o litargirica, secondaria, simpatica.

paralítico, *agg.* e *sm.* accidentato, impotente, impedito.

paralizzàre, *v.tr.* atrofizzare, intorpidire, impedire, inceppare, imbarazzare, intercludere, intisichire, intormentire || neutralizzare, soffocare, tarpare, fermare, irretire, distruggere.

contr. eccitare, galvanizzare, suscitare, promuovere, facilitare, agevolare, favorire, coadiuvare.

parallelísmo, *sm.* → EQUIVALENZA.

parallèlo, *agg.* equidistante, corrispondente, equivalente, analogo || *sm.* comparazione, confronto, pareggiamento, contrapposizione, opposizione, → PARAGONE || MERIDIANO.

contr. divergente, convergente || incomparabile.

parallelogràmma, *sm.* → QUADRILATERO.

paralogísmo, *sm.* → ERRORE, FALSITÀ, SOFISMA.

paralúme, *sm.* schermo, vèntola, *abat-jour*.

paramagnètico, *agg.*

contr. diamagnetico.

paramàno, *sf.* guardamano, risvolto, polsino, → MANOPOLA.

paraménto, *sm.* → ORNAMENTO.

paramósche, *sm. indecl.* moscaiola, scacciamosche.

parànco, *sm.* → CARRUCOLA, PULEGGIA.

paranínfo, *sm.* → MEDIATORE, PRONUBO.

paranòia, *sf.* → PAZZIA, OSSESSIONE.

paranòico, *agg.* e *sm.* mattoide, pazzoide, monomane, monomaniaco, → PAZZO.

parànza, *sf.* → BARCA.

paranzèlla, *sf.* → BARCA.

paraòcchi o **paròcchi,** *sm.* finimento, → CAVALLO || *fig.* pregiudizio, difficoltà, impedimento, tendenziosità.

contr. spregiudicatezza.

parapalía, *sf.* parafasia, parafrasia, afasia,

parapètto, *sm.* antimuro, balaustrata, davanzale, propugnacolo, ringhiera, spalletta, sponda, → MURO.

nomencl. (*tipi*) a balaustrata, sporgente || (*parti*) cresto,

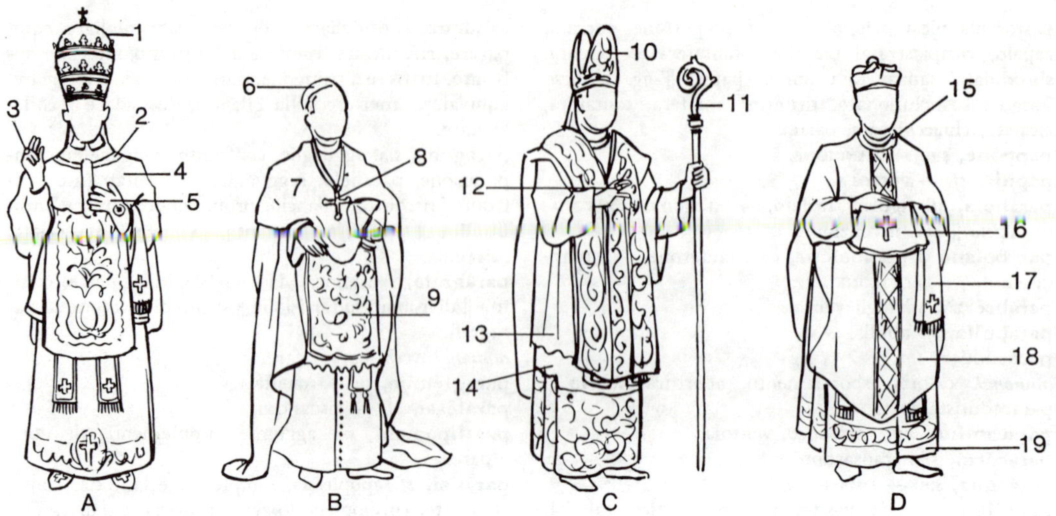

PARAMENTI SACRI – A) Papa con paramenti pontificali: 1) triregno; 2) pallio; 3) anello piscatorio; 4) fanone; 5) guanto con la croce. B) Cardinale con paramenti da cerimonia: 6) zucchetto; 7) cappa magna; 8) croce pettorale; 9) rocchetto (cotta). C) Vescovo: 10) mitra o ínfula; 11) pastorale; 12) anello episcopale; 13) dalmatica; 14) camice. D) Sacerdote con paramenti per la Messa: 15) amitto; 16) velo; 17) manipolo; 18) pianeta; 19) camice.

angolo morto, pendio del parapetto, piombatoio || *verb.* parapettare.

parapíglia, *sm. indecl.* → CONFUSIONE, TAFFERUGLIO.

parapiòggia, *sm. indecl.* → OMBRELLO.

paràre, *v.tr.* riparare, difendere, proteggere, schermire, custodire, scansare, schivare, trattenere || porgere, offrire, presentare || decorare, → ORNARE.

contr. esporre, rischiare, mettere a repentaglio, assalire, scoprirsi || disadornare, deturpare, deformare, guastare.

paraselène, *sm.* parelio.

parasóle, *sm.* → OMBRELLO.

parassíta, *sm.* mangiaufo, scroccone, sanguisuga, succhione, cortigiano, leccapiatti, mangiaminestra, vampiro.

paràta, *sf.* → RIPARO, ARGINE || sfilata, → SFARZO.

paràto, *sm.* paramento, drappo, cortinaggio, → ORNAMENTO.

paratóre, *sm.* → ORNATORE, DECORATORE.

paravènto, *sm.* || *fig.* → RIPARO.

pàrca, *sf.* || *fig.* → MORTE.

parcàre, *v.intr.* parcheggiare, posteggiare, → ACCAMPARE.

parcèlla, *sf.* → NOTA, PAGAMENTO.

parcheggiàre, *v.intr.* posteggiare, parcare, → ACCAMPARE.

pàrco, *agg.* frugale, sobrio, parsimonioso, moderato, economo, morigerato, astinente, temperante, temperato, misurato, modico || *sm.* bosco, → GIARDINO || recinto, posteggio.

contr. intemperante, ghiotto, goloso, avido, dissoluto.

pàrdo, *sm.* → LEOPARDO.

pareggiaménto, *sm.* → PAREGGIO, UGUAGLIAMENTO.

pareggiàre, *v.tr.* livellare, rasare || diventar pari, bilanciare, agguagliare, uguagliare, equiparare, perequare, conguagliare, impattare, adeguare, compensare, parificare, assomigliare, corrispondere || rendere la pariglia, fare rappresaglia, essere pari e patta || raggiungere.

contr. spareggiare, differenziare, restare indietro.

paréggio, *sm.* agguaglio, conguaglio, pareggiamento, parificazione, perequazione, equilibrio, uguagliamento, parità, stato d'uguaglianza || patta.

contr. spareggio, differenza, disuguaglianza, scompenso.

parèlio, *sm.* paraselene.

parenèsi, *sf.* esortazione.

parentàdo, *sm.* casata, → FAMIGLIA, PARENTELA.

parènte, *sm.* e *f.* congiunto, consanguineo, carnale, affine, agnato, propinquo || *pl.* genitori.

nomencl. (*distinzioni*) ascendenti, discendenti, collaterali, germani, uterini, prossimi, stretti, lontani, affini || (*termini*) grado, linea, albero genealogico || *verb.* imparentare, apparentare.

contr. estraneo.

parentèla, *sf.* parentado, consanguineità, lignaggio, stirpe, sangue, genitura, → FAMIGLIA || affinità, prossimità, comunanza, relazione, rapporto, somiglianza.

nomencl. (*tipi*) ascendente, discendente, collaterale, prossima, in linea retta, in linea obliqua (collaterale, trasversale), paterna o maschile, materna o femminile, legale || (*ascendenti*) padre, madre, avo, nonno, nonna, arcavola, arcavolo, bisavola, bisavolo, bisnonno, bisnonna || (*discendenti*) figlio, nipote, abbiatici o abiatici || (*linea obliqua*) fratello, sorella, cugino, nipote (dello zio) || (*termini*) cognata, cognato, genero, suocera, suocero, prosuocero, fratellastro, sorellastra, figliastro, patrigno, matrigna, collaterale, antenati, posteri || agnazione, atavismo, ereditarietà, degenerazione, albero genealogico || *verb.* apparentarsi, imparentarsi.

parére[1], *v.intr.* aver l'apparenza, apparire, sembrare, figurare, mostrare || giudicare, stimare, opinare, reputare.

contr. essere.

parére², *sm.* → AVVISO, ANIMO, GIUDIZIO, OPINIONE || richiesta di parere, relazione, consiglio, ordine, → CONSULTAZIONE.

parèrgo, *sm.* (*pl.* parerga) accessorio, appendice, digressione, aggiunta (di un'opera) || paralipomeni.

parèsi, *sf.* → PARALISI.

paretàio, *sm.* uccellanda, ròccolo, uccellaia, frasconaia.

paréte, *sf.* superficie, → MURO || (di montagna) versante || *fig.* → OSTACOLO.

pargoleggiàre, *v.intr.* fare atti da bambino, comportarsi da bambino, avere o mostrare la grazia dei bambini; bamboleggiare.

pargolétto, *agg.* → PICCOLO || *sm.* → BAMBINO.

pargolézza, *sf.* → INFANZIA, PUERIZIA.

pàrgolo, *sm.* → BAMBINO.

pàri, *agg.* uguale, equivalente, simile, medesimo, stesso, identico, della stessa condizione || atto, idoneo, adeguato, sufficiente.

nomencl. parimenti || *loc. avv.* alla pari, del pari, in pari, pari pari || *verb.* parificare, pareggiare, appareggiare.

contr. superiore, inferiore, diverso || dispari, disparato || impari, inidoneo, insufficiente, inadeguato.

pària, *sm. indecl. fig.* sottoproletario, miserabile, ilota, di condizione infima, uomo conculcato, reietto, → POVERO, PLEBEO.

contr. privilegiato, riccone, aristocratico, nobile.

parificaménto, *sm.* → PAREGGIO.

parificàre, *v.tr.* → PAREGGIARE.

parificazióne, *sf.* → PAREGGIO.

paríglia, *sf.* → PAIO, COPPIA || contraccambio || → RICAMBIO.

nomencl. verb. render la pariglia.

pariménte o **pariménti,** *avv.* egualmente, similmente, allo stesso modo, nello stesso tempo, medesimamente.

paripennàto, *agg.*

contr. imparipennato.

parisíllabo, *sm.*

contr. imparisillabo.

parità, *sf.* → UGUAGLIANZA, EQUIVALENZA || PAREGGIO.

contr. disparità || spareggio.

parlamentàre¹, *agg.* camerale || *sm.* → DEPUTATO || AMBASCIATORE.

parlamentàre², *v.tr.* venire a parlamento, parlare, discutere, perorare in parlamento; discutere, trattare col nemico.

parlamentàrio, *sm.* → AMBASCIATORE.

parlaménto, *sm.* assemblea legislativa, Camera, Senato, corpo legislativo, rappresentanza nazionale, potere legislativo, luogo di riunione (dei parlamentari) || → ADUNANZA.

nomencl. (*equivalenti*) consiglio, congresso, dieta, *cortes, Bundesrat, Landstag, Reichstag, duma, scupcina, sobranie, storthing* || areopago, stati generali || parlamentarismo || (*disposizione*) aula, banco, emiciclo, seggio, seggio della presidenza, settore (di estrema destra, di destra, di centro destra, di centro, di centro sinistra, di sinistra, di estrema sinistra), tribuna (dei diplomatici, dei giornalisti o della stampa, del pubblico), corridoio dei passi perduti || (*persone*) presidente, deputato, senatore, commissione, maggioranza, minoranza o opposizione, ufficio di presidenza, questori, commessi || (*attività*) appello, atti parlamentari, convocazione, discussione, interpellanza, interrogazione, mozione, votazione (per appello nominale, a scrutinio segreto, per alzata di mano), disegno di legge, proposta di legge, emendamento, ordine del giorno, pregiudiziale, numero legale, verifica del numero legale, ostruzionismo, assenza, sessione, convocazione, scioglimento, chiusura, sospensione, vacanza.

parlànte, *ppr.* di parlare || *agg.* → EVIDENTE.

parlantína, *sf.* → LOQUACITÀ.

parlàre, *v.intr.* dire, pronunziare, pronunciare, favellare, chiacchierare, confabulare, discutere, conversare, discorrere, comunicare, corrispondere, proferire, esprimere, recitare, trattare, parlamentare, ragionare, sentenziare, far discorso || anfanare, bucinare, appaltare, abburattare, battolare, begolare, berlingare, cianciare, belare, crocchiare, berciare, blaterare, ciabattare, ciambolare, ciangolare, ciangottare, gorgogliare, ciarlare, ciabare, cicalare, cinguettare, gorgheggiare || apostrofare, esclamare, sclamare, fiatare, sbraitare, strepitare, strillare, schiamazzare, sottolineare, inveire || asserire, argomentare, periodare, conferire, dialogare, dibattere, disquisire, disputare, dissertare, interloquire, soggiungere || agitare, articolare, arringare, concionare, declamare, predicare, sermocinare, sermonare, sermoneggiare || barbugliare, balbettare, sillabare, biascicare, bisbigliare, mormorare, mugugnare, parlottare, sussurrare, trattamellare, tartagliare || confessare, confidare, divulgare, disvelare, svelare, propalare, ridire, riferire, riportare, sfringuellare, snocciolare, spiattellare, spifferare, spippolare, squacquerare, strombettare, svesciare, svertare, vociferare || straparlare, delirare, vaneggiare || riparlare, sparlare, spettegolare, pettegoleggiare || lingueggiare, linguettare, scilinguare || dar la stura, lasciarsi scappar di bocca, metter dentro alle segrete cose, parlare a casaccio, parlare a vanvera, tagliare i panni addosso, vuotare il sacco || *sm.* LINGUAGGIO.

nomencl. (*inerenti*) abboccamento, colloquio, concione, conferenza, lezione, discorso, capannello, crocchio || parlata || *avv.* e *loc. avv.* adagio, aperto, serrato, stretto, tra i denti, ad alta o bassa voce, a gran voce, a tutta voce, a stento, a vuoto, fervorosamente, freddamente, tiepidamente, trivialmente, forte, di continuo, in fretta, a precipizio, precipitosamente, molto, sottovoce, con chiarezza, breve, sommessamente, concisamente, laconicamente, diffusamente, in lungo e largo, enfaticamente, alla buona, amichevolmente, confidenzialmente, a fior di labbra, a mezza bocca, a cuore aperto, in punta di forchetta, sul serio, per ridere, con arte, pro e contro || *agg.* facile, leccato, lezioso, ordinato, disordinato, confuso, preciso, chiaro, vago, indeterminato, umano, prezioso, netto, calmo, concitato, serrato, diffuso.

contr. tacere, ammutire, ammutolire, sottacere, sottintendere, zittire, far silenzio, tacitare.

parlàta, *sf.* discorso, lungo discorso, sproloquio, sermoncino, orazione, predicozzo, cicalata, cicaleccio, cicalio, chiacchiera, tiritera, cantafavola, tantafera, tantaferata, fandonia, fervorino, freddura || lingua, idioma, pronunzia, favella, cantilena, gorgia, intercalare, → DIALETTO, LINGUAGGIO.

parlatóre, *sm.* dicitore, → ORATORE.

parlottàre, *v.intr.* mormorare, parlare o discorrere sottovoce, parlare fitto fitto, confabulare, chiacchierare.
contr. parlare ad alta voce, urlare, gridare.

parmigiàno, *agg.* di Parma, parmense || *sm.* formaggio grana, reggiano, lodigiano,

Parnàso o **Parnàsso,** *sm.* (monte della Grecia) || soggiorno delle Muse || *fig.* poesia, estro poetico, ispirazione.
nomencl. parnàssico || parnassianesimo, parnassiano.

pàro, *sm.* → PAIO.

parodía, *sf.* → IMITAZIONE, BUFFONATA.

parodiàre, *v.tr.* → IMITARE.

paròla, *sf.* accento, detto, dire, lettera, motto, nome, nota, parlata, termine, verbo, vocabolo || favella, discorso, espressione, ragionamento || promessa, impegno, assicurazione || precetto, sentenza, apoftegma, massima || facoltà di parlare, eloquenza.
nomencl. (*distinzioni*) nuova, omonima, sinonima, contraria, onomatopeica, omofona, eteroclita, testuale, tronca, usata, variabile, viva || abburattata, antiquata, arcaica, didattica, scientifica, figurata, metaforica, impura, pura, propria, impropria, letteraria, rimata, miniata || piana, sdrucciola, bisdrucciola, tronca || (*tipi*) || sinonimo, omonimo, contrario, neologismo, barbarismo, arcaismo, idiotismo || vocale, consonante, articolo, aggettivo, avverbio, nome, participio, verbo, dittongo, trittongo, interiezione, particella, preposizione, desinenza, numero, genere || cavillo, bisticcio, frase, perifrasi, intercalare, pleonasmo || (*fenomeni*) aferesi, anastrofe, antistrofe, assillabazione, cacofonia, disfonia, enclisi, flessione, onomatopea || abbreviatura, accezione, allitterazione, anadiplosi, anafora, anagramma, articolazione, atassofonia, cacosindeto, iperbasi, iperbato, metagramma, metatesi, metaplasmo, paragramma, paronomasia, tautologia || grammatica, sintassi, glottologia, etimologia, lessicografia, terminologia, glossografo || *agg.* acre, aspra, dura, forte, brusca, crudele, amara, brutale, ingiuriosa, oltraggiosa, diffamatoria, sinistra, cattiva, equivoca, disonesta, impudente, sdegnosa, crucciata, irata, sfacciata, dolce, affettuosa, benevola, calda, calorosa, carezzevole, piacevole, dilettevole, amorosa, melata, melliflua, sdolcinata, leziosa, candida, confortante, conciliante, laudativa, lusinghiera, ampollosa, dubbia, dubbiosa, elastica, magica, memoranda, sacramentale, essenziale, solenne, vibrata, sesquipedale, esagerata, sonante, altisonante, vuota, vana || assoluta, comprensiva, conforme ai pensieri, connotativa, eccettuativa, esplicativa, finale, traversa, formale || a doppio senso, che riempie la bocca, che sdrucciola di bocca, che suona sinistramente || *verb.* dire, pronunciare, scambiare, barattare, gridare, sussurrare, mormorare, indettare, suggerire, esprimere, sillabare, biascicare, mangiare, mendicare, mozzare, tagliare, troncare, afferrare, disporre, misurare, pesare, largheggiare, spendere.
contr. mutismo, silenzio.

parolàccia, *sf.* → BESTEMMIA.

parolàio, *agg.* e *sm.* loquace, chiacchierone, ciarliero, ciarlone, blateratore, garrulo, verboso, linguacciuto || facondo, eloquente.
contr. taciturno, silenzioso, laconico.

paronomàsia, *sf.* gioco di parole, bisticcio.

parossísmo, *sm.* acme (di malattia) → INSULTO || *fig.* stato di irritazione, fase acuta, → CRISI, ESCANDESCENZA.

parquet, *sm. fr.* palchetto, → PAVIMENTO.

parrocchétto, *sm.* → PAPPAGALLO.

parròcchia, *sf.* cura, pieve, prepositura, prioria || chiesa || i parrocchiani.
nomencl. (*persone*) vicario foraneo, arciprete, coadiutore, vicario adiutore, vicario cooperatore, cappellano || (*cura d'anime*) amministrazione dei sacramenti, predicazione, direzione spirituale, oratorio, opere parrocchiali, associazioni di azione cattolica, congregazioni, confraternite || bollettino parrocchiale || archivio parrocchiale, stato d'anime, registri (di battesimo, cresime, matrimoni, morti).

pàrroco, *sm.* curato, pievano, prevosto, arciprete, priore, preposto, rettore.
nomencl. vicario foraneo || parrocchiale, canonica, congrua, prebenda || concorso, *placet*.

parrúcca, *sf.* fintino, posticcio || *fig. scherz.* capigliatura, chioma, zazzera.
nomencl. (*modi*) a riccioli, a riccioloni, incipriata || (*inerenti*) capinascente, ciambella, finta, giretto, *chignon*, ciuffetto, ciuffo, parrucchino, toppino, *toupet* || parruccone || *verb.* imparruccarsi.

parrucchière, *sm.* → BARBIERE.

parruccóne, *sm.* || *fig.* codino, vecchio barbogio, retrivo, retrogrado.
contr. giovane audace, giacobino, progressista, amante o maniaco del nuovo.

parsimònia, *sf.* moderazione, → ECONOMIA.

parsimonióso, *agg.* → ECONOMO, PARCO.

parsísmo, *sm.* zoroastrismo, mazdeismo.

partàccia, *sf.* scenata, → RIMPROVERO.

pàrte, *sf.* brano, bruscolo, catollo, coccio, dose, fetta, frammento, frantume, fruscolo, lembo, membro, pezzo, punto, ritaglio, rottame, scheggia, sverza, spicchio, tocco, tozzo, boccone || aliquota, quota, percentuale, tangente, componente, elemento, frazione, ingrediente, porzione, partita, razione, rata, segmento, accessorio, sezione, settore || compartimento, scompartimento, divisione, lotto, reparto o riparto || apporto, contributo, contribuzione, tributo || capitolo, dettaglio, episodio, particolare, momento, filo, paragrafo || lato, faccia, angolo, versante, banda || luogo, cantone, quartiere, regione, zona || ufficio, dovere, incombenza, partecipazione || categoria, corporazione, classe, grado, ramo || partito, setta, fazione || contraente, litigante (in giudizio) || una parte, → ALQUANTO || parte centrale, → CENTRO || PATRIMONIO.
nomencl. (*qualità*) grande, piccola, grossa, migliore, peggiore, doppia, tripla, proporzionale, del mezzo, laterale, di fondo, infima, minima, integra, integrante, legittima || *verb.* dividere, rompere, sezionare, lottizzare,
contr. tutto, totalità.

partecipàbile, *agg.* comunicabile, divisibile, distribuibile, partibile.
partecipànte, *ppr.* di partecipare || *agg.* e *sm.* e *f.* componente, → INTERESSATO, PARTECIPE.
contr. estraneo, assente, opposto, contrario, escluso, estromesso, apatico, indifferente.
partecipàre, *v.intr.* intervenire, compartecipare, aderire, intromettersi, ingerirsi, essere partecipe, avere, prender parte || *tr.* dar parte, comunicare, dividere, distribuire || render noto, annunciare, → AVVISARE || tenere della natura, ereditare.
contr. essere o rimanere estraneo, assente, indifferente, ostile.
partecipazióne, *sf.* intervento, compartecipazione, adesione || → AVVISO || PARTE || (ad un reato) → COMPLICITÀ.
contr. opposizione || estraneità.
partécipe, *agg.* partecipante, compartecipe, compartecipante, socio, compagno, interessato, comunicante, simpatizzante, presente.
contr. estraneo, assente, indifferente.
parteggiànte, *ppr.* di parteggiare || *agg.* e *sm.* → PARTIGIANO.
parteggiàre, *v.intr.* tenere per un partito, per un'idea, per una persona, ecc.; favorire, sostenere, aderire, difendere, → OPINARE.
contr. avversare, lottare contro, essere contrario, opporsi.
parteggiatóre, *agg.* e *sm.* → PARTIGIANO.
partenopèo, *agg.* e *sm.* di Napoli, napoletano, napolitano.
partènza, *sf.* dipartita, distacco, dipartenza, allontanamento, separazione, commiato, dipartimento (*ant.*) || avvio, avviamento, punto d'inizio, scatto.
contr. arrivo.
particèlla, *sf.* grano, → GRANELLO || cellula, molecola, atomo.
nomencl. (*grammatica*) avverbiali, pronominali; mi, ti, si, ci, vi; lo, la, li, le, gli.
partícola, *sf.* → OSTIA.
particolàre, *agg.* speciale, peculiare, specifico, caratteristico, esclusivo, personale, individuale, singolo, privato, proprio, distinto || non comune, insolito, eccezionale, singolare, originale, strano || *sm.* dettaglio, (*ps*), particolarità, peculiarità, circostanza, minuzia, accidente, singola parte, singola notizia, → PARTE.
contr. generale, comune, universale, complessivo || complesso, insieme, totalità, generalità, universalità.
particolareggiàre, *v.intr.* particolarizzare, dettagliare, entrare, addentrarsi nei particolari, scendere alle minuzie, → DESCRIVERE, CIRCOSTANZIARE.
contr. riassumere, abbozzare, generalizzare.
particolareggiàto, *pps.* di particolareggiare || *agg.* minuto, circostanziato, minuzioso, ricco di particolari, rifinito, perfezionato, ultimato nei particolari.
contr. riassuntivo, sommario, globale, digrossato, abbozzato.
particolarità, *sf.* circostanza, accidente, minuzia, accessorio, → PARTICOLARE. || pecularità, tipicità, tratto caratteristico, caratteristica, singolarità, specialità.
contr. idea generale, sostanza, integrità, totalità, complesso, natura intima.
particolarménte, *avv.* in particolare, assegnatamente, determinatamente.
contr. genericamente, generalmente. in generale.
partigiàna, *sf.* → LANCIA.
partigiàno, *agg.* fazioso, parziale, settario, fanatico, parteggiatore, parteggiante, partitante, favoreggiatore, zelante, ligio || sostenitore, fautore || patriottico, di liberazione || *sm.* guerrigliero, patriota, ribelle, francotiratore || paladino, seguace, corifeo, proselito || zelatore, settatore.
nomencl. (*pertinenti*) guerra partigiana, guerra di liberazione nazionale, lotta armata, guerriglia, bande partigiane, resistenza.
contr. imparziale, neutrale, disinteressato, apatico, indifferente, spassionato || avversario, oppositore || antipartigiano, antipatriottico.
partíre[1], *v.intr.* dipartirsi, andarsene, assentarsi, allontanarsi, mettersi in cammino, sloggiare, ritirarsi, salpare, scomparire, sgombrare, snidarsi, sparire, trasmigrare, svignarsela, far fagotto, levar le tende, mettersi in viaggio, spiccare il volo, togliersi dinanzi, → CAMMINARE || avviarsi, muovere, iniziare, prender le mosse.
contr. arrivare, giungere, ritornare || terminare, finire, concludere.
partíre[2], *v.tr.* dividere, spartire, distribuire, → TAGLIARE.
partíta, *sf.* incontro, gara, competizione, → GIUOCO || merce, quantità di merce || nota del dare e dell'avere, partitario, → REGISTRO || PARTE.
partitaménte, *avv.* distintamente, singolarmente, a parte a parte, a uno a uno.
contr. globalmente, tutt' insieme, congiuntamente.
partitàrio, *sm.* → REGISTRO.
partíto[1], *sm.* partito politico, associazione politica, fazione, setta, compagnia, lega, camarilla, cricca, combriccola, consorteria || accordo, giudizio, decisione, alternativa, determinazione, deliberazione, proposito, risoluzione, consiglio, passo || mezzo, espediente, risorsa, → PARTE, MATRIMONIO.
nomencl. (*specificazioni*) democratico, operaio, popolare, proletario, sindacalista, radicale, qualunquista, estremista, massimalista, settario, anarchico, rosso, cattolico, cristiano, bianco, aristocratico, conservatore, reazionario, illiberale, nazionalista, sciovinista, separatista, di unità nazionale, regionalista, costituzionale, anticostituzionale, irredentista || governativo, antigovernativo, di maggioranza, di minoranza, di opposizione || retrogrado, avanzato, compatto, unito, diviso, intransigente, opportunista || socialista, comunista, bolscevico, socialdemocratico, democraticocristiano, laburista, liberale, repubblicano, monarchico, falangista, fascista, nazista o nazionalsocialista || (*persone*) affiliato, gregario, iscritto, aderente, proselite o proselito, neofito, partigiano, attivista, indipendente; dirigente, capogruppo, capoparte, *leader*; direzione, base, funzionari di partito || (*atti*) iscrizione, accessione, adesione, consenso; allontanamento, espulsione, defezione, voltafaccia, mutamento || propaganda, organizzazione, organi direttivi, congresso, tesseramento, campagna di proselitismo, tessera di partito, sottoscrizione || (*abusi*)

partitocrazia, dittatura || faziosità, settarismo || *verb.* aderire, iscriversi, prender parte, uscire, dimettersi; fondare, costituire, scindere, spezzare, organizzare, dirigere || trarre partito.
contr. patria, comunità nazionale, paese.
partíto[2], *pps.* di partire || *agg.* diviso, spartito, separato, staccato, tagliato in due || *sm.* → ARALDICA.
contr. totale, intero, indiviso, unito.
partitúra, *sf.* istrumentatura, spartito.
partizióne, *sf.* → DIVISIONE, SPARTIZIONE.
pàrto, *sm.* nascita || creatura partorita || *fig.* → PRODUZIONE, PRODOTTO.
partoríre, *v.tr.* e *intr.* dare alla luce, mettere al mondo (un figlio), sgravarsi, generare || *fig.* → PRODURRE.
contr. abortire, sconciarsi, disperdere.
parvènza, *sf.* → FINZIONE, ESTERIORITÀ, MOSTRA.
parvità, *sf.* → PICCOLEZZA.
pàrvo, *agg. poet.* → PICCOLO.
parziàle, *agg.* → INGIUSTO, PARTIGIANO, FAZIOSO || diviso, frazionato.
contr. imparziale, spassionato, equo || totale, intero.
parzialità, *sf.* partigianeria, favoritismo, → INGIUSTIZIA || FAVORE.
nomencl. *verb.* parzialeggiare (*ant.*).
contr. imparzialità, spassionatezza, giustizia, uguaglianza.
pàscere, *v.tr.* e *rifl.* → ALIMENTARE, PASCOLARE.
pascià, *sm. indecl.* → CAPO.
pascióna, *sf.* → ERBA || *fig.* abbondanza di cibo, prosperità, cuccagna.
contr. *fig.* carestia.
pascióne, *sm.* grasceta.
pasciúto, *agg.* sazio, satollo || *fig.* → GRASSO.
contr. affamato.
pascolàre, *v.intr.* pascere, brucare, mangiar erbe, cibarsi || *tr.* pasturare, soddisfare, → ALIMENTARE.
nomencl. (*attinenti*) brado, addiaccio, prateria, pabulo, buttero.
pàscolo, *sm.* prato, prateria, pabulo, pastura, pastime, foraggio, grasceta || *fig.* pasto, alimento, accontentamento (in senso morale, spirituale).
nomencl. permanente, temporaneo || (*attinenti*) addiaccio, aggina, bandita, fida, mangina, maggese, tratturo || *agg.* arborato, cespugliato, magro, grasso, pingue, abbondante, ubertoso.
contr. terreno brullo, arido, sassoso, brughiera, deserto.
pàsqua, *sf.* || *fig.* festa, allegrezza.
nomencl. (*pertinenti*) resurrezione || settimana santa, *passio*, cero pasquale, alleluia || ciclo pasquale, lettere pasquali, uova pasquali.
pasquinàta, *sf.* → SATIRA.
passàbile, *agg.* → MEDIOCRE.
passàggio, *sm.* passo, passata, transito, attraversamento, trasferimento, trapasso, trasmigrazione, emigrazione, moto, devoluzione, trasbordo, travalicamento, traversata, traghetto || adito, valico, varco, guado, meato, apertura, calla, callaia, gola, stretta, porta, stretto, vado, via, uscio, condotto, corridoio, cammino, traforo, passerella, ponte, viadotto, cavalcavia, traghetto || passo d'autore, brano, citazione.
nomencl. (*inerenti*) dazio, pedaggio, servitù di passaggio (attiva, passiva) || *verb.* aprire, formare, costruire, chiudere, ostruire, concedere, dare, offrire, chiedere, impedire, contendere, difendere.
contr. arresto, sosta, impedimento, ostruzione, chiusa.
passamàno, *sm.* cordoncino, fiocco, frangia, → NASTRO.
nomencl. passamaneria || passamanteria.
passànte, *ppr.* di passare || *sm.* e *f.* viandante, passeggiero, pedone.
passapòrto, *sm.* salvacondotto.
nomencl. (*tipi*) temporaneo, permanente, diplomatico, scaduto, rinnovato || (*affini*) visto, licenza.
passàre, *v.tr.* e *intr.* andare, attraversare, traversare, guadare, oltrepassare, passar oltre, scavalcare, scollinare, sormontare, sorpassare, traghettare, transitare, tragittare, traiettare, traripare, trasbordare, travalicare, valicare, varcare, montare, superare, penetrare, entrare, permeare, trascendere, venire || decorrere, scorrere, trascorrere, trapassare || avanzare, precedere, seguire, percorrere, procedere, sfilare, scivolare, sgusciare, sopravvanzare, ascendere, discendere, scendere || essere promosso, progredire || tramandare, trasmettere, comunicare || trafiggere, ferire || essere creduto || passare al nemico, → DISERTARE || eccellere.
contr. fermarsi, indugiare, sostare, restare, rimanere, aspettare, tornare indietro, retrocedere.
passàta, *sf.* mano, → PENNELLATA.
passatèmpo, *sm.* divertimento, trastullo, sollazzo, → GIOCO, SVAGO, PIACERE.
passàto, *pps.* di passare || *agg.* prossimo, remoto || andato, trapassato, trascorso, scorso, preterito || retrospettivo, precedente, antecedente || guasto, andato a male, appassito || *sm.* il tempo andato, il tempo che fu, i giorni trascorsi.
contr. presente, futuro || il tempo futuro, l'avvenire.
passatóre, *sm.* navalestro, traghettatore, passeggiero (*ant.*).
passeggiàre, *v.intr.* andare a spasso, a passeggio, a sollazzo, a diporto, in giro; bighellonare, girellare, ciondolare, deambulare, vagabondare, vagare, andare, camminare, girare, gironzolare, girottolare, percorrere.
contr. andare in fretta, affrettarsi, correre, precipitarsi.
passeggiàta, *sf.* girata, giro, camminata, giratina, moto, trottata, scarpignata, → GITA || viale, corso, passeggio, strada.
contr. corsa, fretta.
passeggièro, *agg.* effimero, caduco, fugace, transitorio, temporaneo, breve, di passaggio || *sm.* viandante, passante, viaggiatore, forestiero.
contr. stabile, costante, durevole, duraturo, lungo, permanente, perpetuo, tenace.
passéggio, *sm.* corso, viale, passeggiata, giardino pubblico, galleria, strada, viottolo, bastione, fuori porta || il passeggiare.
passeràio, *sm.* cicaleccio, → CINGUETTIO.
passerèlla, *sf.* → PONTE, PASSAGGIO || pedana, corsia.
pàssero, *sm.*
nomencl. (*specie*) reale, solitario || (*altri uccelli*) fringuello, canarino, cardellino, pigolo, corvo, gazza, storno, rigogolo, cingallegra, ballerina, cutrettola, rondine, tor-

do, allodola, zigolo || cinguettío, pigolío, passeraio || (*voci*) cinguettare, pigolare, garrire.

passionàle, *agg.* appassionato, patetico, fanatico, passionato, emotivo, eccitabile, affettivo.

contr. imperturbabile, passivo, insensibile, indifferente, apatico, inerte, staccato, gelido, freddo.

passióne, *sf.* patimento, affanno, patema, sofferenza, pena, tormento, → DOLORE, MARTIRIO || vivo desiderio, ardente inclinazione, grande interesse, grande attaccamento, appetito sensibile, ardore, ardenza, brama, bramosia, cupidità, delirio, desiderio, perturbamento, eccitazione, esaltazione, fanatismo, febbre, fiamma, follia, frenesia, strazio, furore, inclinazione, istinto, mania, martello, monomania, accesso, crisi, scatto, impeto, scoppio, fervore, forza, vigore, tempesta, violenza, fomite, stimolo, recrudescenza, sete || ebbrezza, patos o pathos, palpito, affetto, affezione, amore, predilezione, trasporto, rapimento, slancio, commozione, calore, parossismo || erotismo, sensualità, avidità, concupiscenza, vizio, abitudine, voluttà.

nomencl. *agg.* ardente, brutale, cieca, crudele, forte, tirannica, impetuosa, infame, invincibile, dominante, rea, connaturale, innata, fugace, segreta, aspra, insana, imperiosa, irrefrenabile, schietta, sconsigliata, sfrenata, smaniosa, veemente, sregolata, violenta, drammatica, triste || *verb.* consumare, distruggere, divorare, rodere || accendere, attizzare, eccitare, fomentare, inacerbire, inasprire, infiammare, irritare, istigare, solleticare, stuzzicare, covare, addolcire, mitigare, attutire, moderare, sedare, temperare, blandire, frenare, contrastare, domare, vincere, traboccare, sbollire, irretire, prorompere, reprimere, appassionarsi, scaldarsi la testa, dibattersi, struggersi, invescarsi.

contr. indifferenza, imperturbabilità, avversione, distacco, freddezza, apatia.

passività, *sf.* indifferenza, insensibilità, mancanza di reazione || *neol.* perdita, scapito, scompenso, → DEBITO.

contr. reattività, reazione, combattività || attività, attivo, crediti, guadagno, eccedenza.

passívo, *agg.* inerte, insensibile, apatico, indifferente; privo di attività, di slancio, di volontà || *sm.* → DEBITO.

contr. attivo, solerte, alacre, appassionato, emotivo || attivo, attività, guadagni, crediti.

pàsso¹, *sm.* andatura, andata, marcia, mossa, movenza || *fig.* risoluzione, decisione, partito || atto, azione, pratica (per ottenere qualcosa), provvedimento || transito, varco, → GUADO, PASSAGGIO || passaggio angusto, stretto, → GOLA || brano, squarcio, tratto, citazione di libro, di scritto.

nomencl. (*pertinenti*) orma, rumore, strepito, fruscio || salto, galoppo, trotto, ambio, pedata || *agg.* difficile, forzato, franco, impacciato, incerto, malfermo, vacillante, infuriato, legato, quieto, sicuro, sospettoso, felpato, spedito, superbo, accelerato, cadenzato, falso, ginnastico, semplice, doppio, militare, saltellante, frettoloso, lesto, veloce, ordinario, normale, da gambero, di carica, di giraffa, di lumaca, di tartaruga, di scuola, dell'oca, di strada || *verb.* accelerare, affrettare, raddoppiare, allungare, allentare, fermare, cedere, regolare, misurare, stendere, volgere, guidare, sbagliare || passeggiare, soffermarsi, fermarsi.

pàsso², *agg.* → APPASSITO.

pàsta, *sf.* || *fig.* natura, indole.

nomencl. (*tipi*) alimentare || di carta, di legno || (*alimentare*) anellini, agnellotti, cappelletti, cannellotti, cannoncini, capelli d'angelo, fettuccine, gnocchi, lasagne, maccheroni, maltagliati, penne, semi, stelline, spaghetti, tagliatelle, tortellini, vermicelli || ordinaria, fine, fresca, stantia, casalinga, all'uovo, di semola || corta, lunga, tagliata, tonda, piatta, piena, asciutta, in brodo, lievitata, azzima || (*paste dolci*) amaretto, africano, cannoncino, cannolo, sgonfiotto, cialda, ciambella, biscotto, cavalluccio, pasticcino, confortino, mostacciuolo, panforte, pinocchiata, ricciarello, savoiardo, zuccherino, sportellina, *Strudel*, *bigné*, *brioche*, *Krapfen*, *fondant*, sfogliata || (*arnesi*) staccio, frullone, gramola, madia, mattarello o mazzuolo, spianatoio, sprone, stampa o stampo, strettoio, torchio, tavola da spianare || *verb.* gramolare, impastare, intridere, dimenare, maneggiare, spianare, appanare, condire, lievitare, scrosciare, sgricciolare, sgrigiolare, far cuocere.

pastèllo, *sm.* → PITTURA.

pastétta, *sf.* pastella || *fig.* pasticcio, → IMBROGLIO.

pastícca, *sf.* pastiglia, dischetto, compressa, caramella.

pasticcière, *sm.* confettiere, caramellaio, ciambellaio, confetturiere.

nomencl. *verb.* brillantare, candire, frollare, giulebbare.

pastíccio, *sm.* timballo, bodino, cibreo, → DOLCE || *fig.* confusione, garbuglio; lavoro abborracciato, confuso; faccenda imbrogliata, impiastro, → IMBROGLIO.

pastíglia, *sf.* compressa, caramella, pasticca, dischetto, cialdino.

pàsto, *sm.* pascolo, cibo, nutrimento, → ALIMENTO || refezione, mangiata, mensa.

nomencl. (*pertinenti*) antipasto, pospasto || colazione, desinare, pranzo, cena, merenda, spuntino, pusigno || banchetto, convito, simposio, rancio, rifreddo, mangiaretto, mangiarino, sciacquadenti, boccone || *agg.* frugale, parco, semplice, lauto, splendido, magnifico, sovrabbondante, abbondante, succulento, luculliano, trimalcionesco, pantagruelico, sontuoso, ricco, gustoso, sostanzioso, breve, veloce, unico || *verb.* mangiare, pasteggiare || ammannire, mangiare a pasto, fare pasto, stare ai pasti, saltare il pasto.

contr. digiuno, astinenza.

pastóia, *sf.* → FUNE || *fig.* → OSTACOLO, VINCOLO.

pastoràle, *agg.* pastoreccio, pastorizio, idilliaco, bucolico, georgico, arcade || sacerdotale, vescovile (di cura d'anime) || *sm.* → BASTONE || dramma, canto || *sf.* lettera vescovile.

pastóre, *sm.* armentario, boaro, bovaro, búttaro, búttero, capomandria, capraio, capraro, cavallaio, cavallaro, ciucaio, giumentaro, giumentiere, guardacapre, guardamandria, guardaporci, guardarmenti, guardiano, guidarmenti, mandriano, pecoraio, porcaio, porcaro, vaccaro, vergaio, vergaro, capoccia, *gaucho* || pastora || → CANE || *fig.* guida spirituale, sacerdote, vescovo, curato, prete protestante, archimandrita.

nomencl. (*attinenti*) bastone, zampogna, piva, cane da pastore, tratturo, stazzo, addiaccio || presepio || *verb.* essere, fare il pastore, guidare, condurre, pasturare il gregge.

pastoréccio, *agg.* → PASTORALE.
pastorízio, *agg.* → PASTORALE.
pastorizzàre, *v.tr.* sterilizzare.
pastosità, *sf.* → MORBIDEZZA.
pastóso, *agg.* → MOLLE, SOFFICE || (di vino) dolce, abboccato, amabile || *fig.* morbido, tenero, gradevole.
contr. crudo, ruvido, duro, aspro || secco, asciutto.
pastràno, *sm.* → MANTELLO, CAPPOTTO, GABBANO.
pastúra, *sf.* → PASCOLO || STERCO (di selvaggina).
patàcca, *sf.* nullità, → MINUZIA || *spreg.* medaglia, decorazione || → MACCHIA.
patàta, *sf.* pomo di terra.
nomencl. tardiva, serotina, gigante, primaticcia || americana o dolce, batata || (*estratti*) fecola, amido, solanina, buccia, alcool amilico || tubero || (*modi di cucinare*) lessata, condita, fritta, in umido, passata allo staccio, in insalata.
patatàio, *sm.* → ORTOLANO.
patèma, *sm.* turbamento, ansietà, afflizione, → DOLORE, PASSIONE.
patèna, *sf.* → PIATTO, DISCO.
patènte[1], *agg.* chiaro, manifesto, notorio, → EVIDENTE.
patènte[2], *sm.* licenza, → DIPLOMA, BREVETTO, DECRETO.
pàtera, *sf.* vaso, → PIATTO.
pateréccio, *sm.* panereccio, giradito.
paternàle, *sf.* lavata di capo, ramanzina, predicozzo, → RIMPROVERO.
paternità, *sf.* generazione || derivazione, produzione.
nomencl. *agg.* legittima, illegittima, presunta, ignota.
patèrno, *agg.* || *fig.* benevolo, amorevole, benigno, generoso, affettuoso, condiscendente, disinteressato, facile al perdono, tenero, comprensivo, → BUONO, PATRIARCALE.
contr. ostile, severo, aspro, egoista.
patètico, *agg.* commovente, mesto, afflitto, affettuoso, appassionato, passionale, emotivo, lamentoso, sentimentale, → MALINCONICO || *sm.* persona svenevole.
contr. lieto, gaio, giocondo, spensierato, superficiale, noncurante, apatico, cinico.
patibolàre, *agg.* sinistro, feroce, torvo, bieco, da delinquente.
contr. onesto, buono, simpatico, sereno.
patíbolo, *sm.* forca, capestro, ghigliottina, croce, estremo supplizio, ceppo fatale, giustizia.
nomencl. impiccagione || *verb.* condurre, condannare, mandare, andare al patibolo, salire sul patibolo.
patiménto, *sm.* → DOLORE, MARTIRIO, PASSIONE.
pàtina, *sf.* → VELO, VERNICE || LUCENTEZZA.
patinàre, *v.tr.* → LUSTRARE.
patinàro, *agg.* → GOLOSO.
patinatúra, *sf.* → VELO, VERNICE, VERNICIATURA.
pàtio, *sm. spagn.* → CORTILE.
patíre, *v.intr.* mancare, penare, → SOFFRIRE || SOPPORTARE, TOLLERARE || PERMETTERE || ESPIARE || DEPERIRE.
patíto, *pps.* di patire || *agg.* → MALATO, GRACILE || e *sm.* → AMANTE.
patogènesi, *sf.* patologia.
patología, *sf.* nosologia, patogenesi.
pàtria, *sf.* madrepatria, nazione, paese natio, → PAESE || padre della patria || patria d'affetto, di elezione.
nomencl. (*pertinenti*) emigrazione, immigrazione, esilio, rimpatrio, nostalgia || patriotta o patriota, compatriota, connazionale, straniero, cosmopolita, indigeno, aborigeno, auctoctono || metropoli || patriottismo, civismo, internazionalismo, cosmopolitismo; campanilismo, nazionalismo, sciovinismo, revanscismo || naturalizzazione, denaturalizzazione, opzione, albinaggio || *verb.* espatriare, rimpatriare, spatriare, naturalizzare, denaturalizzare || rinnegare, tradire, odiare, combattere.
contr. esilio, terra straniera.
patriàrca, *sm.* capostipite, primo padre || *fig.* capo venerabile, vecchio saggio || vescovo principale || fondatore di un ordine religioso.
patriarcàle, *agg.* paterno, condiscendente, casalingo, semplice, affabile, venerando, ospitale, alla buona, all'antica.
contr. ostile, mondano, cerimonioso, ufficioso, solenne, sontuoso.
patrimònio, *sm.* beni paterni, beni ereditati, beni posseduti, proprietà, sostanza, ricchezza, averi, fortuna, mezzi, censo, facoltà, parte, possesso, ragione, retaggio, soldo, stato, asse patrimoniale, appannaggio || patrimonio pubblico, → ERARIO || *fig.* beni spirituali, culturali, tradizionali, nazionali.
nomencl. (*pertinenti*) beni allodiali, beni avventizi, beni fungibili, dote, asse ecclesiastico, || imposta, rendita, conto patrimoniale || *agg.* comune, liquido, oberato, ricco, pingue, cospicuo, ingente, principesco, avito, pubblico || *verb.* accomunare, accumulare, accrescere. spendere, scialacquare, sciupare, sperperare, dilapidare, partecipare, dividere, impinguare, conservare.
patriòta o **patriòtta,** *sm.* amante della patria || compatriota, connazionale, concittadino, compaesano.
contr. cosmopolita, straniero, forestiero, internazionalista, inforestierato, collaborazionista (dello straniero).
patriòttico, *agg.*
contr. antipatriottico.
patriottísmo, *sm.* amor di patria, amor del luogo natio, civismo.
nomencl. nazionalismo, sciovinismo || partitismo, partitocrazia, faziosità, settarismo.
patrística, *sf.* patrologia, studio dei Santi Padri (della Chiesa).
patriziàto, *sm.* → NOBILTÀ.
patrízio, *agg.* e *sm.* → NOBILE.
patrocinàre, *v.tr.* → DIFENDERE, PROTEGGERE.
patrocinàto, *pps.* di patrocinare || *agg.* → DIFESO || *sm.* → CLIENTE.
patrocinatóre, *sm.* → AVVOCATO || PROTETTORE.
patrocínio, *sm.* → DIFESA, PROTEZIONE.
patrología, *sf.* → PATRISTICA.
patronàto, *sm.* giuspatronato, → BENEFICIO.
patronímico, *agg.* e *sm.*
contr. matronimico.
patròno, *sm.* → AVVOCATO || PROTETTORE (santo) || fondatore di beneficio.
pàtta[1], *sf.* pareggio, parità, pace.
nomencl. *verb.* fare, essere pari e patta.
contr. perdita, vincita, spareggio.
patta[2], *sf.* risvolto, pattina.
pattàre, *v.intr.* pareggiare, impattare (nel gioco), finire alla pari.

contr. vincere o perdere.

patteggiaménto, *sm.* negoziato, trattativa, transazione, mercanteggiamento, maneggio, negozio, → PATTO.

patteggiàre, *v.tr.* e *intr.* far patto, venire a patti, accordarsi, pattuire, trattare, contrattare, transigere, mercanteggiare, stipulare, stabilire, accondiscendere, conciliare, accomodare, comporre, impattare, convenire, accedere.

contr. essere intransigente, inimicarsi, urtarsi, non transigere, decidere, concludere.

pattinàre, *v.intr.* correre o scivolare sul ghiaccio, sciare, → CAMMINARE.

nomencl. pattini (da ghiaccio, a rotelle).

pàtto, *sm.* negoziato, trattato, trattativa, negozio, convenzione, contratto, accordo, intesa, concordato, confederazione, alleanza || legge || condizione, imposizione, rinuncia, clausola.

nomencl. (*tipi*) di alleanza, di pace, di guerra, di amicizia, di mutua assistenza, di non aggressione, di riscatto || *agg.* inviolabile, duraturo, sacro, segreto, solenne, nobile, vantaggioso, disastroso, svantaggioso, sinallagmatico, condizionato, superato, violato || *verb.* concludere, contrarre, negoziare, stringere, accettare, confermare, osservare, mantenere, tener fede, derogare, rompere, sciogliere, scindere, rescindere, annullare, trasgredire, violare, dettare, imporre || stare ai patti.

pattóna, *sf.* → CASTAGNACCIO.

pattonàio, *agg.* → GOFFO.

pattúglia, *sf.* drappello, guardia, ronda.

nomencl. pattuglione || *verb.* esser di pattuglia, andare in pattuglia, pattugliare.

pattuíre, *v.tr.* → ACCORDARE, PATTEGGIARE.

pattúme, *sm.* → IMMONDIZIA, CONCIME.

patullàre, *v.rifl.* → DIVERTIRE.

pauperísmo, *sm.* condizione di necessità, di povertà, di miseria.

contr. benessere, abbondanza, sufficienza.

paúra, *sf.* apprensione, preoccupazione, batticuore, palpito, palpitazione, cardiopalmo, battisoffia, ansia, timore, inquietudine, allarme, costernazione, trepidazione, trepidezza, trepidanza, tremore, tremarella || sbigottimento, sgomento, spavento, panico, terrore, orrore, fobia, ribrezzo || pusillanimità, vigliaccheria || sospetto.

nomencl. *agg.* cieca, inconsiderata, grande, invincibile, insuperabile, pazza, tremenda, terribile, improvvisa, subitanea, misteriosa, oscura, segreta || del diavolo || *verb.* incutere, fare, infondere, ispirare || spaventare, spaurire, intimidire, sbigottire, scorare, intimorire, terrificare, atterrire, pietrificare, allarmare || prendere, sentire, provare, mettersi in paura, stare in apprensione, avere la tremarella, tremare, battere i denti, impaurirsi, paventare, trepidare, allibire, allividire, cascare, rabbrividire, accapponarsi la pelle, stralunare gli occhi, aver la pelle d'oca, palpitare, sbigottirsi, perdersi d'animo, turbarsi, peritarsi || non temere, non aver paura, vincere la paura, tener la testa alta, guardare in faccia al pericolo.

contr. coraggio, ardire, ardimento, intrepidezza, cuore, animo, animosità, sangue freddo, bravura, valore, fermezza, baldanza, audacia.

pauróso, *agg.* timido, timoroso, irresoluto || pusillanime, sbigottito, trepidante, scoraggiato, avvilito, abbattuto, vigliacco, pavido, codardo, peritoso || impaurito, spaurito, spaventato, sgomento, sgomentato || terribile, spaventoso, spaventevole, terrificante, → ORRENDO.

contr. coraggioso, animoso, impavido, intrepido, audace, ardito, temerario, ardimentoso, baldanzoso || seducente, allettante, attraente.

pàusa, *sf.* intervallo, interludio, intermezzo, interruzione, cesura, sosta, posa, fermata, attesa.

contr. continuazione, continuità, proseguimento, ripresa.

pausàre, *v.intr.* intervallare, → ATTENDERE.

paventàre, *v.intr.* aver paura || *tr.* → TEMERE.

pavesàre, *v.tr.* parare a festa, → ORNARE.

pavesàta, *sf.* → IMPAVESATA.

pavése, *sm.* palvese, scudo || gala di bandiere, piccolo pavese, gran pavese.

pàvido, *agg.* → TIMIDO, PAUROSO.

contr. impavido, coraggioso.

paviménto, *sm.* impiantito, intavolato, tavolato, piancito, assito, palco, ammattonato, *parquet* || suolo, selciato, lastricato, *macadam*, acciottolato, ciottolato, imbrecciata || pavimentazione.

nomencl. (*vari*) a mosaico, a spina, a lisca di pesce, alla veneziana, a smalto, battuto, arrotato, accoltellato, a stucco, intarsiato, scaccato, avvallato || (*materiale*) ambrogetta, campigiana, mattone, formella, granolite, marmetta, quadrello o quadretto || scompartimento, compartimento, vespaio, vernice, cera, paglia di ferro, lucidatrice || *agg.* terso, lucido, lucidato a cera, a piombo. || *verb.* pavimentare, selciare, macadamizzare.

pavóne, *sm.* paone, pavona, paona || *fig.* persona fatua, vanitosa, tronfia, gonfia.

nomencl. occhi o gemme || *verb.* far la ruota, stridere, tronfiare, chiocciare, paupulare.

pavoneggiàre, *v.rifl.* vantarsi, → GLORIARE, ATTEGGIARE, POMPEGGIARE.

pazientàre, *v.intr.* aver pazienza, soffrire, permettere, → TOLLERARE, SOPPORTARE || ATTENDERE.

pazïènte, *agg.* longanime, indulgente, clemente, generoso, tollerante, condiscendente, rassegnato, calmo, mansueto || diligente, flemmatico || *sm.* ammalato, sofferente.

contr. agente || impaziente, insofferente, smanioso, frenetico, intollerante || sano.

pazientíre, *v.intr.* → ATTENDERE.

pazïènza, *sf.* sopportazione, rassegnazione, longanimità, pacatezza, sofferenza, tolleranza || assiduità, flemma, calma, costanza, diligenza, perseveranza || fortezza, forza, impassibilità, sangue freddo.

nomencl. (*affini*) eupatia, filosofia, stoicismo, temporeggiamento || (*modi di dire*) da Giobbe, da benedettino, da santo || *agg.* serena, continua, mirabile, mirevole, grande || *verb.* avere, usare, esercitare, adoprare, portare.

contr. impazienza, insofferenza, intolleranza, smania.

pazzeggiàre, *v.intr.* → IMPAZZIRE.

pazzerèllo, *agg.* → BIZZARRO.

pazzerellóne, *sm.* mattacchione, mattaccino, burlone, mattoide.
contr. persona seria, austera, posata; musone.
pazzía, *sf.* follia, demenza, alienazione, insania, mania, smania, monomania, paranoia, matteria, mattezza, mattia, dissennatezza, stravaganza, fissazione, aberrazione, forsennatezza, frenesia, furore, esaltazione, farnetico, mattana || *fig.* stoltezza, sventatezza, temerità.
nomencl. (*specificazioni*) afronesi, amenomania, buantropia, cinantropia, galeantropia, ippantropia, licantropia, erotomania, anteomania, frenosi, lipemania, megalomania, parafrenesia, pazzia morale, pazzia suicida, psicopatia, psicosi, zoantropia, schizofrenia, ebefrenia || ospedale psichiatrico, manicomio || freniatria, psichiatria; neurologo, alienista, psichiatra || camicia di forza.
contr. sanità di mente, salute || saviezza, assennatezza, senno, buon senso, ragionevolezza, saggezza, equilibrio.
pàzzo, *agg.* e *sm.* folle, matto, pazzoide, maniaco, demente, alienato, mentecatto, insano, dissennato, delirante, deliro, frenetico, forsennato, privo di senno, farnetico, amente, mattoide, schizofrenico, psicopatico, paranoico || *fig.* sciocco, stolto, insensato, sconsiderato, irragionevole, scriteriato, sgangherato, svanito.
nomencl. (*inerenti*) azione da pazzo, logorrea, pazzerellata, lucido intervallo || camicia di forza || *agg.* agitato, tranquillo, lucido, furioso, malvagio, finto, incurabile, pericoloso || *verb.* impazzire, ammattire, dar di volta il cervello, dare nelle girelle, infatuarsi, perdere il lume della ragione, folleggiare, grillare il cervello, rendere folle || rinsavire, guarire.
contr. sano di mente || normale, savio, assennato, ragionevole, posato, tranquillo.
pazzòide, *sm.* mattoide, → PAZZO.
peàna, *sm.* → ODE.
peàta, *sf.* → PEOTA.
pècca, *sf.* menda, difetto, magagna, vizio, fallo, mancanza, mancamento, → IMPERFEZIONE.
peccaminóso, *agg.* colpevole, malizioso, proibito, scellerato, → DELITTUOSO.
peccàre, *v.intr.* commettere peccati, delinquere, mancare, errare, sbagliare, eccedere, fallare, trasgredire, prevaricare, traviare, macchiarsi la coscienza, offendere Dio || avere qualche pecca.
contr. mantenersi innocenti, liberare la coscienza, cancellare i peccati.
peccàto, *sm.* pecca, caduta, colpa, demerito, errore, fallo, mancanza, malefatta, delitto, prevaricamento, traviamento, pervertimento, vizio, offesa a Dio, → MALE.
nomencl originale, personale, mortale, veniale || di pensiero, di desiderio, di opera, di omissione, filosofico || (*inerenti*), coscienza, confessione o penitenza, remissione, perdono, assoluzione, cancellazione, dolore (perfetto o contrizione, imperfetto o attrizione), proposito di non ricadere, espiazione, penitenza, indulgenza, giubileo || grazia, sacramenti, sacramentali || *agg.* comune, grave, abominevole, grosso, enorme, imperdonabile, irremissibile, orrendo, scusabile, lieve || *verb.* cadere, commettere, incorrere, fare, evitare, fuggire, cancellare, purgare, espiare, scacciare, piangere, confessare, negare, ammettere, riconoscere, liberarsi, lavarsi, mondarsi, scontare, redimere, imputare, far penitenza.
contr. virtú, innocenza, candore.
peccatóre, *agg.* e *sm.* colpevole, trasgressore, prevaricatore, traviato, vizioso, malfattore, reo.
nomencl. *agg.* impenitente, incallito, indurito, penitente, convertito, ravveduto.
contr. giusto, santo, innocente.
pècchero, *sm.* → BICCHIERE.
péce, *sf.* → CATRAME, RESINA, GOMMA || pece greca, → COLOFONIA.
pecétta, *sf.* → IMPIASTRO.
pechinése, *agg.* e *sm.* → CANE.
pècora, *sf.* pecoro, ovino || *fig.* uomo debole, rassegnato, vile || uomo sottomesso, pedissequo.
nomencl. bianca, nera (anche *fig.*), italiana o nostrana, scopina, imperiale || fellata, matricino || agnello, ariete, montone, bidente, muflone, merino || (*attinenti*) lana, alluda, boldrone, *catgut*, vello, tosone, gregge, agnellatura, pascolo, addiaccio, chiuso, ovile, stalla, stabbiatura, tosatura, campano, campanaccio || (*patologia*) cachessia, vaiuolo, marciaia, mentigine, cimurro, vertigine || caccola, cacherello || pecorino, lanolina, stearina, cartapecora || *verb.* belare, brucare, rincartare, statare.
contr. *fig.* leone.
pecoràggine, *sf.* → IGNORANZA || stolidità, viltà, paura, melensaggine, → SOTTOMISSIONE.
pecoràio, *sm.* → PASTORE.
pècoro, *sm.* → PECORA.
pecoróne, *sm.* *fig.* uomo rozzo, sciocco, minchione || uomo sottomesso, servile, imbelle, senza virilità, senza energia, pauroso.
contr. insofferente, ardito, indipendente, ribelle.
peculàto, *sm.* mangeria, ruberia, scrocco, malversazione, prevaricazione, sottrazione di denaro pubblico, → FURTO.
peculiàre, *agg.* → PARTICOLARE, SPECIALE.
peculiarità, *sf.* → PARTICOLARE, PARTICOLARITÀ.
pecúlio, *sm.* → DENARO || proprietà di beni.
pecúnia, *sf.* → MONETA.
nomencl. pecuniario, pecunioso.
pedagogía, *sf.* norme di educazione, didattica, psicopedagogia.
pedagogísta, *sm.* → EDUCATORE.
pedagògo, *sm.* → EDUCATORE, INSEGNANTE, GUIDA.
pedàle, *sm.* → FUSTO.
nomencl. *verb.* pedalare, pedaleggiare.
pedalíno, *sm.* → CALZA.
pedànte, *agg.* e *sm.* e *f.* pedantesco, bizantino, cattedratico, formalista, pignolo, sofistico, sottilizzatore, capzioso, cavillatore, cavilloso, cruscante, cruscheggiante, dogmatico, grammaticastro, meticoloso, metodico, gretto, minuzioso, professorale, rigorista, saccente, saputello, scrupoloso, sentenzioso, sputapepe, sputasentenze.
contr. persona disinvolta, spiccia, sciolta, sbrigativa, larga di idee.
pedantería, *sf.* bizantinismo, sofisticaggine, meticolosità, eccessiva sottigliezza, capziosità, cavillo, cavil-

losità, dottoraggine, formalismo, grammaticaggine, grammaticheria, gramuffo, minuziosaggine, noiosaggine, noiosità, pignoleria, rigorismo, saccenteria, sentenziosità, scrupolosità, sofisma, sofisticheria, grettezza, tediosità.
contr. disinvoltura, leggerezza, scioltezza, risolutezza, larghezza di idee.
pedantésco, *agg.* noioso, → PEDANTE.
pedàta, *sf.* → ORMA || CALCIO, PERCOSSA.
pedèstre, *agg.* pedone, camminatore || *fig.* umile, basso, comune, ordinario, non geniale, pedissequo, → VOLGARE, TRIVIALE.
contr. geniale, originale, profondo, estroso, elevato.
pedicèllo, → *sm.* PEDUNCOLO.
pedignóne, *sm.* → GELONE.
pedilúvio, *sm.* → BAGNO.
nomencl. maniluvio.
pedína, *sf.* dama.
pedinàre, *v.tr.* braccare, seguire, spiare, codiare, seguitare, posteggiare, fare la posta, → ANDARE.
contr. seguire visibilmente, palesemente, accompagnare, precedere, andare insieme, andare davanti.
pedíssequo, *agg.* e *sm.* → IMITATORE, PEDESTRE, SEGUACE.
contr. emulo, antagonista, rivale, originale, geniale, individualista.
pedòmetro, *sm.* contapassi.
pedóne, *sm.* camminatore || pedina.
pedúccio, *sm.* sostegno, → MENSOLA || zampetto (di maiale o di vitello).
pedúncolo, *sm.* pedicello, gambo, stelo, picciolo.
pèggio, *agg.* → MALE.
contr. meglio.
peggioraménto, *sm.* aggravamento, inasprimento, recrudescenza, rincrudimento || deterioramento, deperimento, tralignamento, decadenza, regresso, declino.
contr. miglioramento, abbellimento, avanzamento, progresso.
peggioràre, *v.tr.* → DETERIORARE || *intr.* gravare, aggravare, inasprire, declinare, decadere, deteriorarsi, deperire, rincrudire || tralignare, degenerare.
contr. migliorare, avanzare, progredire.
peggióre, *agg.* peggio, piú cattivo, pessimo, inferiore.
contr. migliore, superiore.
pegiatría, *sf.* → IDROTERAPIA.
pégno, *sm.* acconto, caparra, arra, cauzione, malleveria, mallevadoria || segno di obbligo, di sicurezza, riprova, testimonio, attestato, prova.
nomencl. (*inerenti*) suppegno, confessionario, procaccina, ipotecario || monte di pietà || polizza || *verb.* impegnare, pignorare, disimpegnare, spegnare, prendere o dare in pegno.
contr. riscatto.
pegnoràre, *v.tr.* pignorare, → IMPEGNARE.
pégola, *sf.* → COLLA, GOMMA || VISCHIO.
nomencl. impegolato || *verb.* impegolare.
pelagàtti, *sm. e f. indecl.* pelamatti, pelanibbi, → IMBROGLIONE.
pelaghétto, *sm.* → LAGO.
pèlago, *sm.* alto mare, abisso, oceano || *fig.* acqua profonda || moltitudine di cose, groviglio, ginepraio, confusione, ingombro, → DIFFICOLTÀ.
nomencl. *agg.* pelàgico || *verb.* impelagarsi.
pelamàtti, *sm.* e *f. indecl.* → PELAGATTI.
pelàme, *sm.* manto, mantello, vello || → PELO.
pelandróne, *agg.* e *sm.* → OZIOSO.
pelàre, *v.tr.* depilare, dipelare spelare, spelacchiare, spennare, spennacchiare, dischiomare, spelazzare, rasare, radere, rapare, sbarbare, spellicciare, tondere, tosare, zucconare || *fig.* sbucciare, mondare || carpire, sottrarre danaro, defraudare, imbrogliare.
pelargònio, *sm.* → GERANIO.
pelàto, *pps.* di pelare || *agg.* → CALVO.
pellàgra, *sf.* maidismo, mal rosso, mal del sole, scorbuto alpino.
nomencl. pellagroso || pellagrosario.
pellàio, *sm.* conciaiolo, conciapelli, conciatore, coiaio, vaiaio.
pellàme, *sm.* pelle fresca, greggia, conciata.
pèlle, *sf.* epidermide, derma, cute, cuticagna, ipoderma || cotenna, cotica || cuoio || pellicola, tegumento, integumento, membrana, tunica, corteccia, buccia || pelle d'oca, → BRIVIDO || *fig. scherz.* vita, salute || carnagione.
nomencl. (*attinenti*) connettivo, strato epiteliare o cuticola, glandole (sebacee, sudoripare), pigmento, fibre, pori, peli, scaglia, penna, squama, calugine, peluria, area, buccio, pannicolo adiposo || (*fenomeni superficiali*) abrasione, aggrinzatura, chiazza, crosta, crepatura, efflorescenza, escrescenza, eruzione, ecchimosi, escoriazione, fignolo, graffio, livido, lentiggine, macchia, porro, pustola, rossore, risegatura, scalfittura, screpolatura, scorticatura, ustione, verruca || piega, solco, ruga, callo, forfora, papilla, grinza, neo || tatuaggio, desquamazione, albinismo, nigrizia || (*patologia*) agria, callosità, carcinoma, sarcoma, scirro, erpete, condiloma, dermatolisia, dermatopatia, diatrimma, dracontiasi, echinoderma, ectima, eczema, edema, fistola, fuoco sacro, foruncolo, lebbra, morbillo, fungo selvatico, lichene, scabbia, vaiuolo, ulcera, orticaria, pellagra, rogna, tigna, prurigine, pruzza, ragade, rosolia, risipola, scabbia, petecchie, scarlattina, varicella || *agg.* sana, delicata, morbida, fine, ruvida, scabrosa, rugosa, callosa, rozza, grinzosa, squamosa, dura, resistente, molle, tenera, floscia, flaccida, cascante, vizza, salda, consistente, sottile, trasparente, vellutata || *verb.* spellare, sbucciare.
pellegrína, *sf.* → MANTELLO.
pellegrinàggio, *sm.* peregrinazione, romeaggio, viaggio (a luoghi santi e simili), → FESTA.
pellegrinante, *ppr.* di pellegrinare || *agg.* → PELLEGRINO.
pellegrinàre, *v.intr.* andare in pellegrinaggio || andare ramingo, randagio; vagabondare, errare, peregrinare, → VIAGGIARE.
contr. stare, sostare, rimanere, indugiare.
pellegríno, *agg.* e *sm.* peregrino || pellegrinante, palmiere, romeo, ramingo, viandante, viaggiatore, vagante, errabondo.
nomencl. (*inerenti*) mantello, bordone, sanrocchino, schiavina.
contr. sedentario, stazionario.
pelliccìàio, *sm.* pellicciere.

nomencl. (*pelli varie*) agnellino di Persia, *astracan*, camoscio, capra, *caracul*, castoro, coniglio, daino, dante, ermellino, faina, foca, *grison*, *hamster*, leone, leopardo, lepre, lince, lontra, marmotta, martora, *ocelót*, orso, pantera, pecora, grigietto o *petit-gris*, sagrí, scoiattolo, talpa, tasso, tigre, topo muschiato, vacchetta, vaio, visone, visonetto, volpe, zibellino, zigrino || (*operazioni*) addobbo, allumatura, assaoritura, assottigliamento, bagno, camosciatura, conciatura, digrassamento, impiumatura, incollatura, macerazione, rasatura, scarnamento, tintura || (*pertinenti*) buccio, carne, affondatura, carniccio, bandina, lambello, patina, pellame, stia, tanno || addobbo, bollero, calcinaio, cavalletto, coltello, ferro (da pelare, da purgare, da scarnare), fossa, liscia, lunetta, macina, mortaio, orbello, pettine, pinze, scarnatoio, spazzola, troscia, truogolo || *verb.* abbancare, allucidare, allumare, asciugare, bollerare, calcare, camosciare, cilindrare, depilare, digrassare, grucciare, impiumare, marocchinare, patinare, pelare, purgare, rammagliare, scamosciare, scarnare, scarnicciare, sugherare.

pellícola, *sf.* → MEMBRANA, PELLE || FILM.

pélo, *sm.* capello, ciglio, baffo, crine, chioma, capigliatura, capellatura, barba, pelame, peluria, lanugine || manto, mantello, vello, pelliccia || *fig.* misura, dimensione minima, cosa minima || incrinatura, filamento, sottile venatura || (dell'acqua) livello, superficie.

nomencl. (*parti*) punta, stelo, radice, bulbo, papilla || (*patologia*) orripilazione, alopecia, atrichia, atrofia, ipertrofia, madarosi, muda, piattola, plica polonica o tricoma, tricofiti, triconodosi, tricopilosi, tigna || *agg.* corto, lungo, arruffato, disordinato, duro, ruvido, ispido, rozzo, setoloso, grossolano, liscio, morbido, soffice, delicato, fitto, folto, spesso, compatto, sottile, fino, esile, minuto, tenue, intonso || *verb.* arricciare, arruffare, incatricchiare, intrecciare, scarmigliare, aggrovigliare || epilare, depilare, pelare, spelacchiare, strappare, radere, levare.

pelóso, *agg.* ispido, irsuto, irto, baffuto, barbuto, lanigero, lanoso, lanuginoso, lanuto, peluto, rasposo, setoloso, spinoso, velloso, villoso, villuto, intonso.

contr. pelato, spelacchiato, glabro, sbarbato, imberbe.

pelúria, *sf.* primo pelo, piuma, lanugine, calugine, pelo vano, → PELO.

contr. pelo duro e folto.

pelúto, *agg.* → PELOSO.

péna, *sf.* fio, castigo, punizione (di colpa), espiazione, contrappasso, martirio || dolore, passione, afflizione, doglia, angoscia, affanno, stento, grave molestia, fatica || infelicità, inquietudine || → MALE, PENITENZA.

nomencl. (*distinzioni*) eterna, temporanea, morale, corporale, disciplinare, ecclesiastica, canonica, capitale, pecuniaria, restrittiva della libertà, privativa, afflittiva || (*specificazioni*) ergastolo, reclusione, detenzione, arresto, confino, multa, ammenda, linciaggio, fucilazione (al petto, alla schiena), bando, esilio, deportazione, relegazione, degradazione, ostracismo || carcere, galera, ergastolo, bagno penale, penitenziario, lavori forzati, casa di pena, di correzione, di lavoro, riformatorio || (*inerenti*) bavaglio, mordacchia, catena, ferri di pena, collare, corona d'infamia, colonna d'infamia, berlina || capro espiatorio || (*persone*) corrigendo, esule, forzato, galeotto, detenuto, internato || (*termini*) accusa, condanna, amnistia, indulto, grazia, liberazione condizionale, perdono, assoluzione, commutazione, prescrizione, riabilitazione, scomputo, raddolcimento, alleviamento, azione penale || *agg.* transitoria, grave, severa, pesante, dura, rigorosa, intollerabile, mite, leggera, lieve, tenue, giusta, equa, adeguata, conveniente, legittima, ragionevole, ingiusta, iniqua, illegittima, arbitraria, immeritata, meritata, esemplare, infamante, irremissibile, illativa, inespiabile, irrevocabile, convenzionale || *verb.* dare, infliggere, comminare, applicare, minacciare, abbreviare, diminuire, addolcire, raddolcire, temperare, mitigare, alleggerire, condonare, amnistiare, cancellare, annullare, rimettere, assolvere, prolungare, allungare, aggravare, inasprire, accrescere, esacerbare || meritare, patire, sfuggire, soffrire, scontare, espiare.

contr. ricompensa, premio || gioia, piacere, godimento, sollievo.

penànte, *ppr.* di penare || *agg.* → INFELICE.

penàre, *v.intr.* → FATICARE, SOFFRIRE.

pencolànte, *ppr.* di pencolare || *agg.* → IRRESOLUTO, PENDULO.

pencolàre, *v.intr.* → PENDERE, CADERE, OSCILLARE || *fig.* → DUBITARE.

pendàglio, *sm.* → CIONDOLO || da forca, delinquente.

pendènte, *ppr.* di pendere || *agg.* pensile, declive, accline, in pendio, inclinato, pendulo || *fig.* sospeso, dubbio || in corso, in via di soluzione, sotto giudizio, durante || *sm.* → CIONDOLO || PÈNERO.

contr. ritto, diritto, rigido || risolto, concluso, finito, deciso.

pendènza, *sf.* inclinazione, pendio, declivo, costa, salita, discesa, superficie inclinata || *fig.* lite o controversia non risolta, conto non liquidato, partita non pareggiata, questione in corso, in discussione.

contr. superficie orizzontale o verticale, salita, erta || questione risolta, definita, conclusa.

pèndere, *v.intr.* declinare, star sospeso, ciondolare, pencolare, inclinare, piegare, strapiombare, dondolare, penzolare, spenzolare || *fig.* incombere, essere imminente || tendere, andare verso, propendere || (di questione) durare, non essere risolta || → OSCILLARE.

contr. star ritto, salire, ergersi || esser risolto, terminato, concluso.

pendíce, *sf.* → COLLE, PENDIO.

pendío, *sm.* pendice, pendenza, inclinazione, colle, discesa, declivio, china, costa, calata, scoscendimento, scesa, sdrucciolo, versante, scarpata, spiaggia, gronda.

nomencl. *agg.* forte, erto, scosceso, ripido, dolce, leggero, uguale, continuato, regolare, irregolare, aspro.

contr. piana, pianura, spianata; salita.

pèndola, *sf.* → OROLOGIO.

pendóne, *sm.* → PENERO.

pèndulo, *agg.* ciondolante, appeso, pendente, pencolante, penzolante, spenzolante, sospeso, pesolo, pendoloni, penzoloni, spenzoloni, ricascante.

pène, *sm.* mèntula, membro (virile), verga, asta.

pènero, *sm.* pendente, pendone, pendaglio, → CIONDOLO || lembo dell'ordito, frangia.

penetràbile, *agg.* pervio, accessibile, attraversabile, permeabile, compenetrabile, perforabile.
contr. impenetrabile, impermeabile, inattraversabile, impervio, inaccessibile.
penetrabilità, *sf.* permeabilità.
contr. impenetrabilità, impermeabilità, impervietà, inaccessibilità.
penetràle, *sm.* → INTERNO.
penetrànte, *ppr.* di penetrare || *agg. fig.* trafiggente, straziante, lancinante || penetrativo, acuto, sagace, appuntito, affilato, perforante, → AGUZZO, INTELLIGENTE.
penetràre, *v.intr.* attraversare, passare, varcare, invadere, irrompere, insinuarsi, infiltrarsi, incunearsi, internarsi, ficcarsi, addentrarsi, introdursi, infilarsi, sfondare, invadere, incarnirsi, compenetrare, → ENTRARE || *tr.* passare attraverso, permeare, pervadere || *fig.* capire, decifrare, intuire, → INTENDERE.
contr. uscire, sortire, essere scacciato, rimanere fuori, scaturire, allontanarsi.
penetratíva, *sf.* → INTELLIGENZA.
penetràto, *pps.* di penetrare || *agg.* addentrato, internato, incarnito, compreso, compenetrato.
penetrazióne, *sf.* compenetrazione, addentramento, infiltrazione, internamento, irruzione || → SCORRERIA || *fig.* intendimento, intuito, intuizione, acutezza, sottigliezza d'intelletto.
contr. uscita, fuoruscita || *fig.* opacità, ottusità.
penitènte, *agg.* pentito, contrito, ravveduto, umiliato, compunto, mortificato, convertito.
nomencl. (*antica classificazione ecclesiastica*) uditori, prosternati, assistenti.
contr. impenitente, ostinato, pervicace, cocciuto, indurito, ribelle.
penitènza, *sf.* macerazione, maceramento, mortificazione, digiuno, disciplina, astinenza || ammenda, espiazione, contrizione, → PENTIMENTO || castigo, pena, fio, punizione || confessione, attrizione, contrizione.
nomencl. (*mezzi di penitenza*) cilicio, disciplina, digiuno, opere di misericordia, macerazione della carne || tribunale di penitenza, assoluzione || *verb.* fare, portare, adempiere, imporre la penitenza.
contr. impenitenza, ostinazione, pervicacia, ribellione, protervia.
penitenziàle, *agg.* penitenziario.
nomencl. sette salmi penitenziali.
penitenziàrio, *agg.* penitenziale || *sm.* luogo di pena, → PRIGIONE.
penitenzière, *sm.* → CONFESSORE, SACERDOTE.
pénna[1], *sf.* piuma, ciuffo, pennacchio || caluggine, peluria || *pl.* ali.
nomencl. (*varie*) maestra, remigante, timoniera o rettrice || (*inerenti*) muda, barbe o barboline, cannoncello o cannello, cacchioni o cencioni, fusto, costola, vessillo || pennato, pennuto || *verb.* impennare, spennare, spennacchiare.
pénna[2], *sf.* càlamo, pennino, asticciola.
nomencl. (*tipi*) d'oca, metallica, d'oro, stilografica, biro || (*parti*) asta, asticciola, becco, cannello, pennino, punta || nettapenne, portapenne, reggipenne || pennaiolo o pennaiuolo, pennivendolo || *agg.* grossa, sottile, fine, dura, morbida || *verb.* intingere, temperare, ritoccare, spuntare.
pennàcchio, *sm.* piumino, spennacchio, piumetto (dei bersaglieri), → PENNA, CIMIERO.
pennaiòlo, *sm. spreg.* pennivendolo, → GIORNALISTA.
pennàto, *sm.* → POTATOIO, FALCE.
pennécchio, *sm.* pensiere, penso.
pennèlla, *sf.* → PENNELLO.
pennellàre, *v.intr.* lavorare di pennello, pennelleggiare, dipingere, colorire || *fig.* descrivere coloritamente, con bravura.
pennellàta, *sf.* tratto di pennello, tocco di pennello, passata, ritoccata, ritocco, spennellata, spennellatura || *fig.* tocco, tratto di descrizione, di narrazione.
pennelleggiàre, *v.intr.* → PENNELLARE.
pennelléssa, *sf.* → PENNELLO.
pennèllo, *sm.* pennella, pennellessa || → BANDIERA.
nomencl. (*parti*) asta, asticciola, manico, setole.
pennichèlla, *sf.* (*roman.*) → PISOLO.
pennino, *sm.* → PENNA.
pennivéndolo, *sm. spreg.* pennaiolo, → GIORNALISTA.
pennoncèllo, *sm.* → BANDERUOLA.
pennóne, *sm.* → BANDIERA.
pennúto, *agg.* piumato, piumoso || *sm.* → VOLATILE.
penómbra, *sf.* sfumatura, → OMBRA.
penóso, *agg.* doloroso, tormentoso, molesto, greve, grave, faticoso, increscioso, fastidioso, affliggente, affannoso, ingrato, crudele, acerbo.
contr. lieto, grato, gradevole, allettante, piacevole, dilettevole, rallegrante.
pensàbile, *agg.* opinabile, immaginabile, concepibile, possibile, congetturabile, credibile, supponibile, raffigurabile.
contr. impensabile, inconcepibile, inimmaginabile, incredibile, illogico.
pensaménto, *sm.* → PENSIERO.
pensàre, *v.tr.* e *intr.* appensare, approfondire, cogitare, concepire, astrarre, arguire, concettare, concentrarsi, almanaccare, arzigogolare, fantasticare, considerare, contemplare, inventare, esaminare, escogitare, elucubrare, digrumare, rammulinare, rimuginare, ruminare, ripensare, filosofare, filosofeggiare, ideare, illazionare, immaginare, discervellarsi, scervellarsi, indurre, meditare, osservare, ponderare, propensare, premeditare, sofisticare, ragionare, sillogizzare, sottilizzare, speculare, opinare, riflettere, vagheggiare, raccogliersi || congetturare, supporre, giudicare, stimare, credere, divisare, figurarsi || proporsi, provvedere, attendere (a), occuparsi (di) || deliberare, prevedere, determinare, decidere || lambiccarsi il cervello, stillarsi la mente, rivolgere la mente, passar per la mente o per la testa, andare per la mente, avere in mente o in testa, frullare per il capo, agitare nella mente, guardare con l'occhio della mente.
contr. fare, agire, procedere, operare, praticare, realizzare.
pensàta, *sf.* trovata, → PENSIERO.
pensataménte, *avv.* consideratamente, → DELIBERATAMENTE.
contr. impensatamente.
pensatóre, *sm.* → FILOSOFO.
pensière, *sm.* pennecchio, penso.

pensièro, *sm.* concetto, concezione, concepimento, idea credenza, convincimento, convinzione, immaginazione, astrazione, cogitazione, concentrazione, congettura, considerazione, deduzione, elucubrazione, escogitazione, fantasia, giudizio, immagine, ideazione, induzione, introspezione, meditazione, memoria, mente, cervello, facoltà, pensata, pensamento, ponderazione, ponderatezza, proposito, raccoglimento, riflessione, speculazione || sogno, pregiudizio, prevenzione || assillo, angustia, cura, preoccupazione, cruccio, fastidio, inquetudine, noia, incubo, sollecitudine, ubbia, timore || modo di pensare, opinione, nozione, cognizione || (*al pl.*) detto, sentenza, massima, aforisma, apoftegma, frammento.

nomencl. (*pertinenti*) lampo, guizzo, embrione, fissazione, aridità, cogitativa, distrazione, espressione, estasi, favella, genio, ingegno, logicità, argomentazione, suggestione, scacciapensieri; tempesta, ribollimento, sollevazione di pensieri; telepatia, noesi, associazione di idee || *agg.* acerbo, arguto, acuto, pronto, vivace, sagace, faceto, spiritoso, lepido, alto, elevato, nobile, grande, eccellente, generoso, astratto, vago, generico, indefinito, allegro, gioioso, festevole, avviluppato, intricato, aggrovigliato, confuso, informe, oscuro, buono, utile, conveniente, idoneo, efficace, opportuno, vantaggioso, affettuoso, cordiale, umano, amorevole, ispirato, savio, saggio, sublime, casto, puro, concreto, chiaro, lucido, dominante, grave, importante, serio, ponderoso, maturo, profondo, segreto, incerto, informe, primitivo, inquieto, insistente, incalzante, noioso, ostinato, irrequieto, serio, sinistro, strano, stravagante, tormentoso, tenace, tetro, triste, volubile, leggero, lieve, meschino, titubante, tortuoso, libero || *verb.* affollarsi, brulicare, formicolare, ronzare, correre, volare, covare, sgombrare, scacciare, deviare, riordinare, allontanare, richiamare, ritornare, balenare, esporre, nascondere, celare, frenare, distrarre, divagare, suscitare, fermare, nascere.

contr. azione, pratica, realizzazione, realtà, effettualità, cosa, mondo, universo.

pensieróso, *agg.* meditabondo, cogitabondo, assorto, attento, concentrato, fisso, fiso, intento, interessato, meditativo, pensoso, preso, raccolto, riflessivo, speculativo, vigile, taciturno, preoccupato, astratto, ponderato.

nomencl. aggrondatura || *verb.* essere pensieroso, avere la fronte carica di pensieri, essere compreso.

contr. spensierato, distratto, svagato, disattento, sbadato, irriflessivo.

pènsile, *agg.* pendente, appeso.

pensionàre, *v.tr.* assegnare una pensione; giubbilare o giubilare; mettere o mandare in pensione, in quiescenza, a riposo.

pensióne, *sf.* giubilazione, quiescenza, riposo || vitalizio || retta, dozzina || → PAGA.

pènso, *sm.* pensiere, pennecchio.

pensóso, *agg.* → PENSIEROSO.

pentàcolo, *sm.* → TALISMANO.

pentacòrdo, *sm.* → CETRA.

pentiménto, *sm.* ammenda, attrizione, contrizione, compunzione, conversione, rinsavimento, espiazione, mortificazione, penitenza, rammarico, ravvedimento, resipiscenza, rimorso, rimpianto, rincrescimento, cordoglio, dolore || *fig.* correzione.

nomencl. (*modi di dire*) lagrime di coccodrillo, tarlo, carico di coscienza, morso dell'anima, verme roditore || via di Damasco, figliuol prodigo.

contr. persistenza, ostinazione nell'errore, nel peccato, nella colpa, impenitenza.

pentíre, *v.rifl.* compungere, contristarsi, correggersi, dolersi, emendarsi, rammaricarsi, raumiliarsi, ravvedersi, riconvertirsi, espiare, ricredersi, rimpiangere || mutar pensiero o proposito, mutar vita, convertirsi || battersi il petto, recitare il *mea culpa*, ritornare in sé, andare a Canossa, fare ammenda, avere la coscienza inquieta o sporca, piangere lagrime di sangue, sentirsi pungere, sentir dolore, voler la pace con Dio, far la confessione.

contr. ostinarsi, persistere nell'errore, nel peccato, nella colpa || ricadere.

pentíto, *pps.* di pentire || *agg.* penitente, attrito, contrito, ravveduto, umiliato, compunto, mortificato, convertito, raumiliato, dispiaciuto, dolente, afflitto, ricreduto.

contr. ostinato, impenitente, indifferente, cocciuto || recidivo.

péntola, *sf.* marmitta, pignatta, laveggio, ramino, olla.

nomencl. (*tipi*) di rame, di terracotta, di alluminio, di acciaio inossidabile || a pressione || (*parti*) manico, ventre o pancia, orecchie, coperchio, bocca || (*affini*) bastardella, bigutta, pentolo, lebete || *agg.* capace, larga, stretta, sana, fessa || *verb.* rugliare, bollire, borbottare, schiumare || mettere in pentola.

pentolàio, *sm.* pentolaro, pignattaro, pignattaio, vasaio.

pentolóne, *sm. accr.* → CALDAIA.

penúria, *sf.* → SCARSITÀ.

nomencl. *verb.* penuriare (*ant.*).

contr. abbondanza, sufficienza.

penzolànte, *ppr.* di penzolare || *agg.* → PENDULO

penzolàre, *v.intr.* star ciondoloni, spenzolare, ricadere, pencolare, → PENDERE || ATTACCARE.

pènzolo, *sm.* → GRAPPOLO.

penzolóni, *avv.* ciondoloni, pendoloni, dondoloni.

peòcio, *sm. region.* mítilo, arsella, cozza.

peòta, *sf.* maona, chiatta, peata, → BARCA.

pepaiòla, *sf.* macinapepe.

pepàto, *agg.* saporito, piccante || *fig.* mordace, salace, frizzante, → PUNGENTE, EPIGRAMMATICO || STUZZICANTE.

pépe, *sm.*

nomencl. (*varietà*) nero, in chicchi, macinato, di Caienna, cubeba o cubele, di Malagnet, selvatico o dei monaci || (*inerenti*) paprica, acapati, betel, capsico || essenza di pepe, piperina, piperidina || pepaiuola, macinapepe, pestapepe || droghiere || *verb.* impeperare, pepare.

pèplo, *sm.* palla, → MANTELLO.

péra, *sf.*

nomencl. (*specie*) bergamotta, spadona, coscia, moscatella, spina, bugiarda, vernina, statereccia, bastarda, rubina, angelica, buré, burrona, diacciola, garofana, ruggine || (*parti*) buccia, picciolo, caselle, semi, nocchi, spicchio, torso.

perbène, *agg. invar.* onesto, costumato, ammodo || *avv.* con cura, in modo esatto.
contr. disonesto || malamente.
percàlle, *sf.* → CAMBRÍ.
percentuàle, *sf.* percento, → GUADAGNO, PAGAMENTO.
percepíbile, *agg.* percettibile.
contr. impercepibile, impercettibile.
percepíre, *v.tr.* e *intr.* apprendere, → CONOSCERE || SENTIRE.
percettíbile, *agg.* percepibile.
contr. impercettibile, impercepibile.
percettóre, *sm.* → ESATTORE.
percezióne, *sf.* → CONOSCENZA, INTUITO, INTELLIGENZA || IDEA.
perché, *cong.* poiché, affinché || come mai || *sm. invar.* cagione, motivo, ragione, → CAUSA.
perciò, *avv.* → DUNQUE.
percorrènza, *sf.* → PERCORSO.
percórrere, *v.tr.* trascorrere, passare, attraversare, andare, camminare, correre, girare, girellare, passeggiare, pellegrinare, scorrere, spaziare, prendere, riandare, viaggiare, vagare || perlustrare, esplorare frugare, rifrustare, scopare || galoppare, trottare, cavalcare, carreggiare, scarrozzare, aggirare, cerchiare, rigirare, voltare.
percórso, *sm.* itinerario, cammino, tragitto, viaggio, percorrenza, passeggiata, attraversamento, → GIRO.
nomencl. *agg.* lungo, breve, accidentato, tranquillo.
percòssa, *sf.* batosta, bastonata, bastonatura, battitura, botta, botto, bussa, calcio, cazzotto, ceffata, ceffone, colpo, fendente, frustata, fustigata, fustigazione, gotata, guanciata, legnata, manganellata, martellata, mazzata, manata, manrovescio, pacca, pedata, pestata, picchiata, picchiatura, pugno, randellata, schiaffo, scoppola, stangata, sventola, traversone, urto || ferita, livido, sbatacchiamento || buffetto, buffettone, chiocca, cinghiata, curbasciata, flagellamento, flagellazione, ganascione, garantolo, gallino, lattone, legnatura, mostaccione, mostacciata, nerbata, nerbatura, palmata, piattonata, picchiatura, picchio, rifrusto, rovescione, sbarbazzata, scapaccione, scapezzone, scappellotto, schiaffeggiata, sciacquadenti, sculacciata, sergozzone, sorgozzone, sgrugnata, sgrugno, stincata, scudisciata || capriccio, fiacco o fracco, fiocca, tempesta, scarica || bernoccolo, corno, ecchimosi, contusione, livido, pesca, sigillo, zombolatura, zombatura.
nomencl. *agg.* e *loc. avv.* grave, da orbo, da cani, forte, mortale, pesante, traboccante, santa, sacrosanta, soda, solenne, sorda, meritata, bella, bene appoggiata, ben ricevuta, sonora, leggera || *verb.* grandinare, ricevere, evitare, parare, schivare, scuotere, subire.
contr. carezza, lusinga, smorfia, moina.
percòsso, *pps.* di percuotere || *agg.* picchiato, schiaffeggiato, urtato, malmenato, → BATTUTO, FERITO.
percuòtere, *v.tr.* abbacchiare, abbastonare, battere, bastonare, bacchettare, bacchiare, batacchiare, bussare, cazzottare, ceffonare, chioccare, colpire, contundere, crocchiare, darle, flagellare, forbottare, frustare, fustigare, gragnolare, legnare, malmenare, manganellare, martellare, mazzicare, nerbare, pestare, picconare, picchiare, randellare, rebbiare, ripicchiare, scapaccionare, scappellottare, scazzottare, schiaffeggiare, sculacciare, scudisciare, sferzare, sgrugnare, sguanciare, smascellare, smostacciare, staffilare, suonarle, tamburare, tamburellare, tamburinare, tanfanare, tartassare, tempellare, verberare, vergheggiare, urtare, sorbottare, sbattere, sbatacchiare, ferire || dare un pugno, dare un ceffone, fracassare, perticare, pettorare, stordire, azzuffarsi, darsele, accapigliarsi, spianare le costole, far polpetta d'uno, fracassare le ossa, rompere il grugno, cambiare i connotati, conciar per le feste, darle di santa ragione, menar le mani || *fig.* → COMMUOVERE.
contr. carezzare, accarezzare, lusingare, sedurre, vezzeggiare, ammoinare.
perdènte, *ppr.* di perdere || *agg.* e *sm.* perditore.
contr. vincente, vincitore.
pèrdere, *v.tr.* smarrire, sperdere, spergere, restare privo, non raggiungere, non ottenere || sprecare, buttar via || screditare, rovinare || scapitare, rimettere || *intr.* rimanere vinto, sconfitto, essere superato, soffrire diminuzione || *rifl.* smarrirsi, confondersi || rovinarsi, perire || svanire || perdere il tempo, → BALOCCARE || perdersi d'animo, → AVVILIRE.
contr. trovare, ritrovare, ricuperare, riguadagnare, acquistare, rinvenire, rintracciare || conseguire, ottenere, raggiungere || vincere, guadagnare || ritrovarsi.
perdigiórno, *agg.* e *sm.* → OZIOSO, BIGHELLONE.
perdiménto, *sm.* → PERDITA.
pèrdita, *sf.* perdimento, discapito, scapito, danno, rovina, nocumento, dispersione, abbandono, smarrimento, pregiudizio, aggravio, iattura, detrimento, sperdimento || emanazione, fuoruscita || disavanzo, calo, rimessa || → MORTE || DISFATTA, SCONFITTA || SVANTAGGIO || *pl.* mestruazioni.
contr. guadagno, vincita || conseguimento, raggiungimento, vantaggio || riacquisto, ricupero, ritrovamento, rifusione.
perditóre, *sm.* perdente.
perdizióne, *sf.* → ROVINA || DANNAZIONE.
contr. salvezza, perdono, ricupero, conversione, ritorno.
perdonàbile, *agg.* degno di perdono, di grazia, scusabile, remissibile, assolvibile, giustificabile, ricuperabile, meritevole.
contr. imperdonabile, inescusabile, ingiustificabile, irrecuperabile, immeritevole.
perdonàre, *v.tr.* assolvere, condonare, amnistiare, rimettere, dimettere, prosciogliere, indulgere, graziare, risparmiare || obliare, dimenticare, comprendere, compatire, lasciar correre, scusare || *intr.* concedere il perdono.
contr. condannare, serbare rancore, infierire, essere intollerante, corrucciarsi, sdegnarsi.
perdonàto, *pps.* di perdonare || *agg.* assolto, → GIUSTIFICATO.
perdóno, *sm.* assoluzione, condono, remissione (di colpa, di offesa), indulgenza, grazia, indulto, amnistia || perdonanza, venia, scusa, giustificazione || comprensione, compatimento, compassione, dimenticanza.
nomencl. *verb.* concedere, dare, negare, chiedere, implorare.
contr. punizione, condanna, vendetta, rancore, risentimento || inesorabilità, implacabilità.

perduràre, *v.intr.* → DURARE, RESISTERE || perseverare.

perdutaménte, *avv.* abbandonatamente, sfrenatamente, appassionatamente, fiduciosamente, senza prudenza.

contr. calcolatamente, misuratamente, con prudenza.

perdúto, *pps.* di perdere || *agg.* perso, smarrito, disperso, scomparso, sparito, mancato || distrutto, annientato, rovinato || disperato, avvilito, sbigottito, spossato || inutile, vano.

contr. trovato, ritrovato, rinvenuto, riacquistato, ritornato, riavuto, ricuperato || utilizzato.

peregrinànte, *ppr.* di peregrinare || *agg.* → ERRABONDO.

peregrinàre, *v.intr.* → PELLEGRINARE, ANDARE.

peregrinazióne, *sf.* → PELLEGRINAGGIO.

peregríno, *agg.* e *sm. ant.* → PELLEGRINO || *agg.* (spec. *iron.*) raro, prezioso, squisito, ricercato || → FORESTIERO.

perènne, *agg.* indeficiente, inestinguibile, ininterrotto, inesausto, → CONTINUO, DUREVOLE || perpetuo, sempiterno, → ETERNO.

contr. temporaneo, provvisorio, effimero, precario, transitorio, discontinuo, interrotto.

perennità, *sf.* continuità, perpetuità || indeficienza, → DUREVOLEZZA.

contr. temporaneità, precarietà, transitorietà.

perènto, *agg.* non piú valido, annullato, inattuale, cessato, estinto, → SCADUTO.

contr. valido, valevole, attuale.

perentòrio, *agg.* decisivo, tassativo. improrogabile, indilazionabile, urgente, minaccioso, pressante.

contr. prorogabile, dilazionabile, rimandabile.

perenzióne, *sf.* estinzione, annullamento.

contr. prosecuzione, continuazione.

perequàre, *v.tr.* agguagliare, eguagliare, → PAREGGIARE.

contr. sperequare, spareggiare.

perequazióne, *sf.* → EQUIVALENZA, PAREGGIO.

contr. sperequazione.

perfettaménte, *avv.* → INTERAMENTE, BENE.

contr. imperfettamente.

perfètto, *agg.* condotto a termine, a compimento; compiuto, compíto, completo, intero, ultimato, finito, terminato, consumato || eccellente, ottimo, senza difetti, esemplare, inappuntabile, irreprensibile, inimitabile, incomparabile, ineccepibile, irriprovevole, magistrale, ideale, aureo, divino, classico, assoluto, esaustivo, squisito, modello, maturo, esauriente || *sm.* passato remoto, passato prossimo.

contr. imperfetto, incompiuto, incompleto, scompleto, immaturo, incipiente, difettoso, manchevole, mancante.

perfezionaménto, *sm.* maturazione, evoluzione, compimento, rifinimento, raffinamento, miglioramento, affinamento, affinatura, assottigliamento, coronamento, finimento, pulimento, ripulimento, ripulitura, sopraffinamento, ultima mano, ultimazione, lima.

contr. peggioramento, deterioramento, guasto, incompletezza, sbozzatura, interruzione, digrossamento, iniziazione, introduzione, apertura.

perfezionàre, *v.tr.* e *rifl.* condurre a termine, a compimento, a perfezione; maturare, finire, correggere, migliorare, raffinare, ultimare, limare, affinare, integrare, compire, polire, purificare, rifinire, dar lustro.

contr. peggiorare, deteriorare, guastare, lasciare incompiuto o imperfetto.

perfezióne, *sf.* compiutezza, compimento, finitezza || correttezza, eccellenza, integrità, interezza, maturità, quintessenza, raffinatezza, ultimo apice, vertice, impeccabilità, classicità, ultimo termine, ideale, fine || || *fig.* fiore.

contr. imperfezione, difetto, difettosità, abbozzo, inizio.

perfídia, *sf.* infedeltà, slealtà, tradimento, fellonia, dislealtà, malignità, cattiveria, malvagità, ostinazione, malefatta, pervicacia, defezione.

contr. lealtà, fedeltà, bontà, benignità, benevolenza.

pèrfido, *agg.* infido, infedele, sleale, disleale, traditore, fellone, maligno, malvagio, cattivo, scellerato, pervicace.

contr. fido, fidato, fedele, leale, benigno, buono, galantuomo.

perfíno, *avv.* persino, infino, fino.

perforàre, *v.tr.* → FORARE, BUCARE, ATTRAVERSARE.

pergamèna, *sf.* → CARTAPECORA || CODICE.

pergamenàceo, *agg.* membranaceo || manoscritto.

contr. cartaceo || stampato.

pèrgamo, *sm.* → PULPITO.

pèrgola, *sf.* frascato, pergolato, ombracolo, ombrello, padiglione, capanna, cupola, pergoleto, teggiolo, tribuna, bersò (*frs.*).

pergolàto, *sm.* → PERGOLA.

pergoléto, *sm.* → PERGOLA.

periànzio, *sm.* perigonio.

periclimèno, *sm.* → EDERA.

periclitàre, *v.intr. ant.* → PERICOLARE.

pericolàre, *v.intr.* essere in pericolo, correre pericolo, periclitare || traballare, tentennare, pencolare, oscillare, pendere, rovinare, essere appeso a un capello o a un filo.

nomencl. spada di Damocle.

contr. essere al sicuro, al coperto, al riparo || reggersi, star ben diritto.

perícolo, *sm.* periglio, risico, minaccia, danno, difficoltà, frangente, rischio, cimento, azzardo, emergenza, avventura, briga, fortuna, inciampo, mala parata, mal partito, trambusto, vespaio, male, abisso, burrasca, procella, repentaglio, sbaraglio, tempesta || possibilità, probabilità.

nomencl. *agg.* certo, evidente, vero, sicuro, manifesto, vicino, prossimo, imminente, immediato, sovrastante, improvviso, immeditato, subitaneo, repentino, lontano, remoto, fatale, letale, mortale, serio, grave, spaventevole, incerto, possibile, immaginario, apparente, fantastico, irreale, cervellotico, presunto, inesistente, inconsistente, reale, tangibile, indeterminato, oscuro, incomprensibile || *verb.* affrontare, allontanare, avvertire, correre, sfuggire, fuggire, superare, vincere, sfidare, esporsi, mettersi in pericolo, attraversare, passare, scansare, evitare, salvarsi, strappare o trarre dal pericolo, scongiurare, barcamenarsi, destreggiarsi, cavarsela.

contr. salvezza, sicurezza, riparo, rifugio, incolumità.

pericolóne, *sm.* → FACCENDIERE.

pericolóso, *agg.* periglioso, malsicuro, critico, rischio-

so, imprudente, difficile, dubbioso, pernicioso, scoglioso, sdrucciolevole, climaterico, infausto, nocevole, nocivo, dannoso, deleterio, minaccioso, rovinoso, letale, fatale, mortale.
contr. sicuro, salutifero, riparato, immune, difeso, franco, incolume.
perièlio, *sm.*
contr. afelio.
perifería, *sf.* → PERIMETRO || quartieri esterni, *Hinterland,* circonvallazione, sobborghi.
contr. centro, interno.
perífrasi, *sf.* circonlocuzione, giro di parole.
perigèo, *sm.*
contr. apogeo.
períglio, *sm. poet.* → PERICOLO.
periglióso, *agg. poet.* → PERICOLOSO.
perigònio, *sm.* periànzio.
perímetro, *sm.* periferia, circuito, giro, ambito, circonferenza, orlo, estremità, bordura, margine, lembo, → CONTORNO || recinto (di una cosa).
contr. interno, centro.
periòdico, *sm.* → GIORNALE.
contr. saltuario.
período, *sm.* tempo, intervallo, durata, spazio di tempo, fase, momento, ciclo, giro, serie, volta, fiata, ripresa, lasso, corso, stadio || èra, evo, età, epoca, secolo, stagione || proposizione o insieme di proposizioni.
nomencl. (*attinenti*) costrutto, membro, capoverso, inciso, frase || periodico,periodicamente || *verb.* periodare, periodeggiare.
peripezía, *sf.* odissea, vicenda, caso fortunoso, sfortunato o fortunato, accidente, accadimento, guaio, incidente, evento infausto, avventura → AVVENIMENTO.
pèriplo, *sm.* circumnavigazione, viaggio marittimo intorno al mondo, a un continente, → NAVIGAZIONE.
períptero, *agg.* perìttero, → PORTICO.
períre, *v. intr.* perdersi, rovinarsi, finire male, soccombere, andar distrutto || estinguersi, finire, → MORIRE || mancare, venir meno, deperire, languire.
contr. vivere, prosperare, aver fortuna, progredire || continuare ad esistere, durare.
peristílio, *sm.* → PORTICO, ATRIO.
peritànza, *sf. lett.* esitazione, incertezza, timidezza, vergogna, paura → TIMORE, PERPLESSITÀ.
contr. risoluzione, slancio, sfrontatezza, procacia, sfacciataggine, decisione, sicurezza.
peritàre, *v. tr.* → MISURARE || *rifl.* esitare, non osare, esser timido, → VERGOGNARE.
perito¹, *pps.* di perire || *agg.* finito, → MORTO.
perito², *agg.* e *sm.* consulente, estimatore, specialista, pratico, → ESPERTO.
nomencl. (*tipi*) industriale, tecnico, elettrotecnico, agrario, commerciale || calligrafico, psichiatrico, settore, ecc. || perizia.
contr. imperito, inesperto, inesercitato.
peritonèo, *sm.*
nomencl. (*pertinenti*) apiploo, apiploon, gangame, omento, rete, zirco || ascite, perimetrite, peritonite.
peritóso, *agg.* timido, incerto, esitante, vergognoso, → PAUROSO.
contr. audace, sicuro, sfacciato, svergognato, sfrontato.

períttero, *agg.* períptero, → PORTICO.
peritúro, *agg.* morituro, → EFFIMERO.
contr. imperituro.
perízia, *sf.* esperienza, bravura, pratica, maestria, capacità, → ABILITÀ, DOTTRINA || èstimo, valutazione, stima || relazione di merito, referto, reperto, rapporto.
contr. imperizia, incapacità, inettitudine.
periziàre, *v.tr.* stimare, peritare, valutare, → MISURARE.
perizòma, *sm.* → FASCIA.
pèrla, *sf.* margherita.
nomencl. (*tipi*) artificiale, naturale, coltivata || (*inerenti*) vezzo, fila di perle, perlagione, oriente, pesca delle perle, perlaio, madreperla, collana, acciaini, canutiglia, lustrini || *agg.* falsa, cotta, ternetta, legata, morta, grossa, piccola, scaramazza || *verb.* imperlare.
perlàceo, *agg.* → GRIGIO.
perlína, *sf.* → LUSTRINO.
perlopiú, *avv.* per lo piú, di solito, solitamente, spesso spesso.
perlustràre, *v.tr.* → ESPLORARE, PERCORRERE, VISITARE.
perlustrazióne, *sf.* → ESPLORAZIONE, VISITA.
permalosità, *sf.* piccosità, ombrosità, piccosaggine, risentitezza, suscettibilità, suscettività, diffidenza, sospettosità, puntigliosità, musoneria, scontrosità.
permalóso, *agg.* ombroso, piccoso, ghignoso, suscettibile, suscettivo, musorno, scontroso, sdegnoso, diffidente, sospettoso, facile a impermalirsi.
nomencl. *verb.* infastidirsi, impermalirsi, adontarsi, offendersi, impennarsi, risentirsi, prendere cappello, prendere in mala parte.
contr. tollerante.
permanènte, *agg.* immanente, stabile, fisso, durevole, perpetuo, duraturo, continuo, cronico || *sf.* ondulazione artificiale, messa in piega.
contr. passeggero, provvisorio, discontinuo, transeunte, fugace, transitorio, effimero, instabile.
permanenteménte, *avv.* → CONTINUAMENTE.
permanènza, *sf.* immanenza, stabilità, continuità, → DURATA || DIMORA.
permanére, *v.intr.* perdurare, rimanere, → DURARE, CONTINUARE || ABITARE.
permeàbile, *agg.* assorbente → PENETRABILE.
contr. impermeabile.
permeàre, *v.tr.* attraversare, passare, assorbire → PENETRARE.
permésso, *pps.* di permettere || *agg.* concesso, lecito, consentito, autorizzato, tollerato || *sm.* permissione, concessione, autorizzazione, consenso, licenza, facoltà concessa, grazia, possibilità, tolleranza, larghezza || congedo, licenza.
contr. proibito, vietato, inibito, illecito || proibizione, impedimento, divieto, inibizione.
perméttere, *v.tr.* dar facoltà, licenza, libertà; acconsentire, autorizzare, accordare, concedere, ammettere, assentire, condiscendere, secondare, lasciare, patire, esimere, soffrire, sopportare, tollerare, lasciar fare, lasciar correre || *rifl.* arbitrarsi, farsi lecito, pigliarsi la confidenza, prendersi la libertà, prendersi l'arbitrio.
contr. proibire, vietare, inibire, ostacolare.
permissíbile, *agg.* ammissibile, lecito, → TOLLERABILE.

contr. inammissibile, intollerabile, illecito, condannabile.
permissióne, *sf.* → PERMESSO.
pèrmuta, *sf.* concambio, contraccambio, cambio, scambio, permutazione, baratto, tramutamento, cambiamento, interscambio.
permutàbile, *agg.* → CAMBIABILE.
permutàre, *v.tr.* cambiare, contraccambiare, scambiare, barattare, tramutare, commutare, cangiare, trasportare, mutare luogo, invertire, trasformare.
contr. conservare, tenere, immutare.
permutazióne, *sf.* → PERMUTA.
perníce, *sf.* starna, coturnice, francolino, quaglia.
nomencl. (*specie*) rossa, sarda, di montagna, di mare || (*inerenti*) cantarella, rete, tramaglio.
perniciόso, *agg.* → NOCIVO, DANNOSO || PERICOLOSO.
pèrnio, *sm.* → PERNO.
pernióne, *sm.* → GELONE.
pèrno, *sm.* pèrnio, asse di rotazione, bilico, fulcro, cardine, stelo, asse, centro || *fig.* sostegno, fondamento, appoggio, base, equilibrio.
nomencl. (*attinenti*) cacciaperno, chiavetta, chiavarda || imperniatura || *verb.* imperniare, impernare.
pernottàre, *v.intr.* passare, trascorrere la notte, rimanere per tutta la notte.
péro, *sm.* → PERA.
però, *avv.* ma, tuttavia, nondimeno.
peróne, *sm.* fibula.
peroràre, *v.intr.* conchiudere un discorso, fare la perorazione || arringare, concionare || *tr.* difendere (una causa).
perorazióne, *sf.* epilogo, ultima parte; conclusione dell'orazione, del discorso, dell'arringa, pistolotto, esortazione, mozione degli affetti.
contr. esordio.
perpendicolàre, *agg.* normale, ortogonale, → DIRITTO.
perpendícolo, *sm.* filo a piombo, archipenzolo, piombino.
nomencl. *verb.* cadere, essere a perpendicolo, a piombo.
perpetràre, *v.tr.* eseguire, commettere, compiere, mandare a termine, ad effetto.
perpetrazióne, *sf.* → ESECUZIONE.
perpetuaménte, *avv.* → CONTINUAMENTE.
perpetuàre, *v.tr.* → ETERNARE, IMMORTALARE || ONORARE || *rifl.* continuare → DURARE.
perpetuità, *sf.* → ETERNITÀ, DUREVOLEZZA.
perpètuo, *agg.* inestinguibile, continuo, senza fine, perenne, sempiterno, immortale, ininterrotto, durevole, duraturo, → ETERNO.
contr. temporaneo, passeggero, provvisorio, transitorio, precario, fugace, effimero.
perplessità, *sf.* incertezza, dubbiosità, attesa, irresolutezza, imbarazzo, esitanza, titubanza, peritanza, ansia, ambage → DUBBIO, INDECISIONE.
contr. decisione, risolutezza, ardire, slancio, audacia, certezza, sicurezza.
perplèsso, *agg.* incerto, indeciso, esitante, imbarazzato, impensierito, titubante, ambiguo, confuso, peritoso, → DUBBIOSO, IRRESOLUTO.
contr. risoluto, ardito, deciso, certo, audace.
perquisíre, *v.tr.* → CERCARE, INVESTIGARE.
perquisitóre, *sm.* investigatore, indagatore, *detective.*
perquisizióne, *sf.* → INVESTIGAZIONE.
pèrsa, *sf.* → MAGGIORANA.
perscrutàre, *v.tr.* → ESAMINARE, INVESTIGARE.
persecutóre, *agg.* e *sm.* → NEMICO.
persecuzióne, *sf.* avversione, tribolazione, sopruso, tormento, → MOLESTIA, OSTILITÀ, VESSAZIONE.
nomencl. mania di persecuzione.
perseguire, *v.tr.* ottenere uno scopo, inseguire, cercar di raggiungere, insistere, ripromettersi, → SEGUITARE || PERSEGUITARE.
contr. smettere, intermettere, stancarsi, tralasciare.
perseguitàre, *v.tr.* perseguire, avversare, molestare, dar la caccia, vessare, tormentare, osteggiare, nuocere, braccare, tribolare, prendere di mira, incalzare insistentemente.
contr. favorire, aiutare, sovvenire, venire incontro, beneficare, soccorrere.
perseverànte, *ppr.* di perseverare || *agg.* indefesso, duraturo, assiduo, instancabile, continuo, paziente, → COSTANTE, TENACE.
contr. incostante, mutevole, volubile, instabile, stanchevole, effimero, || pertinace, ostinato, protervo, pervicace.
perseverànza, *sf.* tenacia, pertinacia, assiduità, persistenza → ACCANIMENTO, COSTANZA, DURATA, PAZIENZA.
contr. incostanza, mutevolezza, instabilità.
perseveràre, *v.intr.* insistere, persistere, seguitare, proseguire, mantenere, → DURARE, CONTINUARE, ACCANIRSI.
contr. desistere, lasciare.
persiàna, *sf.* gelosia, scuro, → IMPOSTA.
persistènte, *ppr.* di persistere || *agg.* costante, continuo, diuturno, incessante, assiduo, durevole || ostinato, fisso, insistente, perseverante, tenace, caparbio, pervicace, pertinace, fermo, incocciato.
contr. incostante, mutevole, instabile, effimero, di breve durata.
persistènza, *sf.* costanza, continuazione, durevolezza, ostinazione, insistenza, caparbietà, pertinacia, perseveranza, tenacia, pervicacia, fermezza, assiduità.
contr. incostanza, mutabilità, instabilità, volubilità, breve durata.
persístere, *v.intr.* continuare, durare, perseverare, ostinarsi, insistere, perdurare, incaponirsi, star saldo, indurare, consolidarsi || durare a lungo.
contr. desistere, cedere, tralasciare, rinunciare, stancarsi, darsi per vinto.
pèrso, *pps.* di perdere || *agg.* → PERDUTO.
persóna, *sf.* uomo o donna, individuo, capo, bocca || qualcuno, alcuno, ciascuno, ognuno, un tale, una tale || corpo, corporatura, statura, complessione, figura (umana), atteggiamento, apparenza (maschera), aspetto, indole, carattere, natura || vita || → ESSERE.
nomencl. (*divisione*) fisica, umana, morale || (*grammatica*) prima, seconda, terza, singolare, plurale || (*pertinenti*) atto, attributo, calibro, casato, connotati, costume, facoltà, fisionomia, fotografia, ritratto, cipiglio, tratti || accolta, adunanza, assemblea, associazione, branco, brigata, capannello, circolo, combriccola, comitiva, compagnia, codazzo, congregazione, corteo, crocchio, drappello, fila, folla, gruppo, moltitudine, schiera, séguito,

società, sodalizio || ceto, classe, nazione, ordine, popolazione, popolo, gente, individuo || *agg.* affettata, allegra, ammodo, manierata, angolosa, permalosa, fine, coraggiosa, astuta, atrabiliare, briosa, coerente, incoerente, casta, crucciosa, cupa, triste, melanconica, decisa, ferma, risoluta, incerta, titubante, distinta, eccellente, dignitosa, plebea, di bassa condizione, volgare, difficile, disinvolta, dolce, mite, fegatosa, sospettosa, focosa, impetuosa, furba, maliziosa, garbata, graziosa, piacevole, ideale, impulsiva, iraconda, rabbiosa, leziosa, libidinosa, lunatica, capricciosa, nervosa, nevrotica, nobile, pacifica, paziente, impaziente, proclive, prudente, imprudente, rozza, schifiltosa, scrupolosa, sciocca, seria, scherzosa, smorfiosa, stramba, superiore, spensierata, virtuosa, viziosa, vanitosa, putativa || *verb.* accerchiare, accompagnare, accoppiare, avvicinare, abbandonare, cacciare, licenziare, scacciare, disturbare, incomodare, noiare, turbare, frequentare, presentarsi, guadagnare, cattivarsi, tener compagnia || impersonare, spersonalizzare.

contr. nessuno, nulla || sostanza, realtà || natura, specie, genere, società.

personàggio, *sm.* notabile, dignitario, persona ragguardevole, autorità, primate || protagonista, attore, → EROE.

personàle, *agg.* proprio, esclusivo, → INDIVIDUALE, PARTICOLARE || *sm.* fattezze, statura, complessione, corporatura, connotati || figura, → PERSONA || dipendenti, maestranze, impiegati.

contr. impersonale, generale, generico, comune a tutti.

personalità, *sf.* individualità, carattere, modo di essere, temperamento, → ESSERE || (*err.* ma nell'uso) personaggio, persona ragguardevole.

nomencl. personalità giuridica, soggetto di diritto, complesso dei diritti civili || personalismo.

contr. impersonalità, generalità || nullità.

personificàre, *v.tr.* incarnare, impersonare, simboleggiare, rappresentare, individuare || identificarsi, immedesimarsi, investirsi, personeggiare, antropomorfizzare.

personificazióne, *sf.* rappresentazione, figurazione || prosopopea.

contr. astrazione, generalità, genericità.

perspicàce, *agg.* sagace, acuto, penetrante, accorto, avveduto, → INTELLIGENTE, ASTUTO.

contr. ottuso, grossolano, rozzo, semplice.

perspicàcia, *sf.* sagacia, → INTELLIGENZA, ASTUZIA, EVIDENZA.

contr. ottusità.

perspicuità, *sf.* evidenza, → CHIAREZZA.

perspícuo, *agg.* trasparente, → EVIDENTE, CHIARO.

persuadére, *v.tr.* inculcare, capacitare, consigliare, convertire, convincere, dimostrare, provare, sincerare, muovere, incitare, suggerire, insinuare, istigare, imbeccare, indettare, → INDURRE, PIEGARE || *rifl.* convincersi, riconoscere.

contr. dissuadere, distogliere, contraddire, flettere, scuotere.

persuadévole, *agg.* → PERSUASIVO.

persuadíbile, *agg.* persuasibile, convincibile, piegabile, docile.

contr. indocile, ostinato, pervicace, caparbio.

persuasióne, *sf.* convincimento, convinzione, credenza, opinione ferma, idea, certezza, fissazione, sicurezza, risoluzione, suasione || esortazione, ammonimento, suggestione, insinuazione.

contr. dubbio, titubanza, incertezza || dissuasione, frastornamento.

persuasíva, *sf.* → INFLUENZA.

persuasívo, *agg.* allettante, adescante, lusinghiero, persuadevole, convincente, evidente, chiaro, certo, suadente, suasivo, suggestivo, efficace, incalzante, trascinante, stimolante, pertinente.

contr. non convincente, inerte, inane, inefficace, dissuasivo, assurdo.

persuàso, *pps.* di persuadere || *agg.* certo, convinto, sicuro, fissato, capacitato, rassegnato, indotto a credere, consapevole.

contr. dubbioso, incerto, perplesso, dissuaso, contraddetto.

persuasóre, *sm.* persuaditore.

nomencl. persuasori occulti, tecnici della pubblicità.

pertànto, *cong.* perciò, intanto, dunque || non pertanto, tuttavia, nondimeno.

pèrtica, *sf.* bastone, palo, stanga, stollo, bácchio, brocco, bacchio, stecca || misura agraria || *fig. scherz.* persona molto alta e magra.

pertichíno, *sm.* → BILANCINO.

pertinàce, *agg.* protervo, pervicace, cocciuto, → OSTINATO, COSTANTE.

pertinàcia, *sf.* → COSTANZA, OSTINAZIONE.

pertinènte, *agg.* attinente, appartenente, spettante, relativo, riguardante, adatto, inerente, persuasivo.

contr. estraneo, esteriore, estrinseco, non convincente.

pertinènza, *sf.* attinenza, appartenenza, spettanza, → COMPETENZA, GIURISDIZIONE.

pertrattàre, *v.tr.* trattare a fondo, largamente, in modo esauriente.

pertugiàre, *v.tr.* → FORARE, BUCARE.

pertúgio, *sm.* fessura, meato, → BUCO, ORIFIZIO.

perturbaménto, *sm.* perturbazione, commovimento, agitazione, → TURBAMENTO.

perturbàre, *v.tr.* → TURBARE, AGITARE.

perturbatóre, *agg.* e *sm.* → DISTURBATORE, SOBILLATORE.

perturbazióne, *sf.* → TURBAMENTO.

pervàdere, *v.tr.* → PENETRARE.

perveníre, *v.intr.* → ARRIVARE, TOCCARE.

perversióne, *sf.* → PERVERTIMENTO.

perversità, *sf.* → MALVAGITÀ, CATTIVERIA, MALIGNITÀ.

pervèrso, *agg.* corrotto, depravato, vizioso, degenerato, → MALVAGIO, MALIGNO, CATTIVO.

pervertiménto, *sm.* corrompimento, corruzione, corruttela, degenerazione, depravazione, perversione, inversione, guasto, disordine, sregolatezza, peccato, vizio || → CATTIVERIA.

contr. normalità, sanità, integrità morale, purità, normalizzazione.

pervertíre, *v.tr.* corrompere, depravare, guastare, stravolgere || *rifl.* degenerare, corrompersi, depravarsi, imbirbonirsi.

contr. moralizzare, normalizzare, migliorare, educare || moralizzarsi, normalizzarsi.

pervertíto, *pps.* di pervertire || degenerato, guasto, *agg.* e *sm.* → ANORMALE, VIZIOSO.
pervertitóre, *agg.* e *sm.* corruttore, depravatore, sovvertitore, seduttore.
contr. educatore, moralizzatore.
pervicàce, *agg.* protervo, caparbio, → OSTINATO, PERSISTENTE.
pervicàcia, *sf.* protervia, caparbietà, → OSTINAZIONE, COSTANZA, PERSISTENZA.
pèrvio, *agg.* penetrabile, accessibile, attraversabile.
contr. impervio, impenetrabile, inaccessibile.
pesàbile, *agg.* ponderabile, misurabile.
contr. imponderabile, non valutabile.
pesànte, *agg.* grave, greve, gravoso, oneroso, ponderoso, → FATICOSO || noioso, molesto, seccante, seccatore, affliggente, importuno, insopportabile, opprimente || afoso, plumbeo || indigesto, indigeribile, inassimilabile.
contr. lieve, leggero || piacevole, ameno, divertente, leggiadro || arieggiato, sereno, || facilmente digeribile.
pesantézza, *sf.* peso, gravezza, gravosità, ponderosità || noia, molestia, insopportabilità || afosità.
contr. leggerezza, lievità, levità, tollerabilità.
pesàre, *v.tr.* misurare (il peso), contrappesare, librare, caratare || ponderare, esaminare, soppesare, giudicare, calcolare, considerare, valutare, sindacare || *intr.* aver peso || *fig.* avere importanza, valore || gravare, opprimere, affliggere, annoiare, aggravare, essere molesto, importuno, seccante; provare dolore, contrarietà.
nomencl. (*inerenti*) bilancia, stadera || peso, pesa, pesatura, caratura, pesa pubblica.
contr. sgravare, alleggerire, scaricare.
pèsca, *sf.* pèrsica, → PESCO || *fig.* occhiaia livida, molto rilevata, livido, lividura.
pésca¹, *sf.* pescheria || pescagione, pescata, retata di pesci, tartana.
nomencl. (*modi*) marittima, fluviale, lacuale, lacustre, rivierasca, d'alto mare, subacquea, con barche (a motore, a vela) || al lancio, di fondo, a sciabica, a strascico || || (*arnesi, materie*) amo (bracci, punta, gambo; semplice, doppio, a paletta, storto, diritto), canna (a tre, quattro, cinque pezzi; di tonchino, di bambú, di vetro, di plastica; da fondo, da lancio), costa, cestino, lenza, setale, piombi, galleggiante, mulinello o molinello (bobina, manovella; mulinello da fondo); esche (animali, vegetali, vive; pesciolino morto, impasti), esche artificiali e metalliche (mosca, cucchiaio rotante o ondulante, pesciolino finto) || bertovello, barbaia, bilancia, calappio o galappio, giacchio, ritrecine, correntina, dirlindana, delfiniera, fiocina o pettinella, dinamite, frugatoio, frugolo, gradella, graticcio, lanterna, mazzacchera, nassa, palamite, palamide (a vela, a fondo), paradello, rampone, sibiello o guadello, serraglio, spaderno, torpedine, trabucco || (*pesca subacquea*) maschera, respiratore, autorespiratore, bombola, boccaglio, torcia subacquea, pinne, muta, fucile, fiocina || (*imbarcazioni*) baleniera, aliotico, garbozzo, bilancella, gnocchetto, barca, battello, gozzo, chiozzotta, corallina, paranza, paranzella, tartana, motopeschereccio, semaceo || (*persone*) pescatore, corallaio, fiociniere, lanciatore, granchiaio, pescaiuolo, pescivendolo, tonnarotto || avannotto, bandita, retata, tonnara (grande, pedale, bordonaro, camera della morte, rais, caporais), vivaio || licenza di pesca || *agg.* grande, fruttuosa, profittevole, utile, abbondante, ricca, piccola, scarsa, magra, insufficiente, miracolosa.
pésca², *sf.* lotteria, pesca reale, riffa, tombola, lotto.
nomencl. numero, estrazione, giocata.
pescagióne, *sf.* → PESCA.
pescàia, *sf.* chiusa di sassi || → ARGINE.
pescàre, *v.tr.* prender pesci, giacchiare, fiocinare || *fig.* prender su a caso || trovare, venire a sapere, → CERCARE || *v.intr.* (di nave) essere immersa.
pescàta, *sf.* → PESCA.
pescatòrio, *agg.* piscatorio.
pésce, *sm.*
nomencl. (*tipi*) d'acqua dolce, di mare, di lago, di fiume || carpionato, marinato, fresco, secco, conservato, affumicato, salato, in salamoia, congelato || (*pertinenti*) branchie, pinne o natatoie (dorsali, anale, caudali, ventrali, pettorali), vescica natatoria, lisca, spina, resta, squama o scaglia, cirro o barbetta, lobo elettrico || (*esempi*) acciuga, alíce, agone, aguglia, anfiosso, anguilla, aringa, barbio, branzino, carpa, carpione, cavedano, cefalo, chiozzo o ghiozzo, cheppia, dentice, gattuccio, lampreda, laschetta, luccio, merluzzo, murena, nasello, ombrina, orata, palombo, persico, pescecane, pesce-martello, raia o razza, rombo, salmarino, salmone, sarda, scardola, scorfano, scorpena, scombro o sgombro, sogliola, spigola, spinarello, squalo, storione, tinca, tonno, torpedine, triglia, trota; baccalà, stoccafisso || avannotto, uova, caviale, bottarga || maionese, || caciucco o brodetto o zuppa di pesce o *bouillabaisse* (*fr.*) || pescicoltura, ittiologia || *verb.* pescare, catturare, fiocinare, accarpionare, lavare, pulire, friggere, desquamare o squamare, sbuzzare || guizzare, nuotare, galleggiare, venire a galla. boccheggiare.
pesceduòva, *sm. indecl.* → FRITTATA.
peschería, *sf.* → PESCA || MERCATO.
peschièra, *sf.* vivaio || vasca, bacino.
pèsco, *sm.* pèrsico.
nomencl. pèsca || (*specie*) burrona, duracina, moscardella, spicagina, spiccarola, spaccarella, cotogna || (*parti*) picciolo, buccia, polpa, nocciolo, mandorla || persichino.
pescóso, *agg.* peschereccio, abbondante, ricco, pieno di pesci.
péso, *sm.* pesantezza, pondo, gravità, carco (*poet.*), carato || *fig.* onere, gravame, gravezza, oppressione || incarico, aggravio, obbligo, responsabilità || carico, soma, fardello, zavorra || molestia, angustia, noia, affanno, fastidio, tedio, tormento || → INFLUENZA, IMPORTANZA || MOMENTO || MISURA || peso specifico, densità.
nomencl. (*distinzioni*) netto, lordo, assoluto, reale, apparente, specifico, vivo, morto || molecolare, atomico || (*strumenti*) aerometro, stadera, bilancia, provino, barculla o basculla, idrostratore, pesa-lettere, picnometro, staderone || antenna, argano, binda, burbera, carrucola, gru, leba, martinello, paranco, verricello, bilico o arconcello || (*unità di misura*) milligrammo, centigrammo, decigrammo, grammo, decagrammo, ettogrammo, chilogrammo, miriagrammo, quintale, tonnellata ||

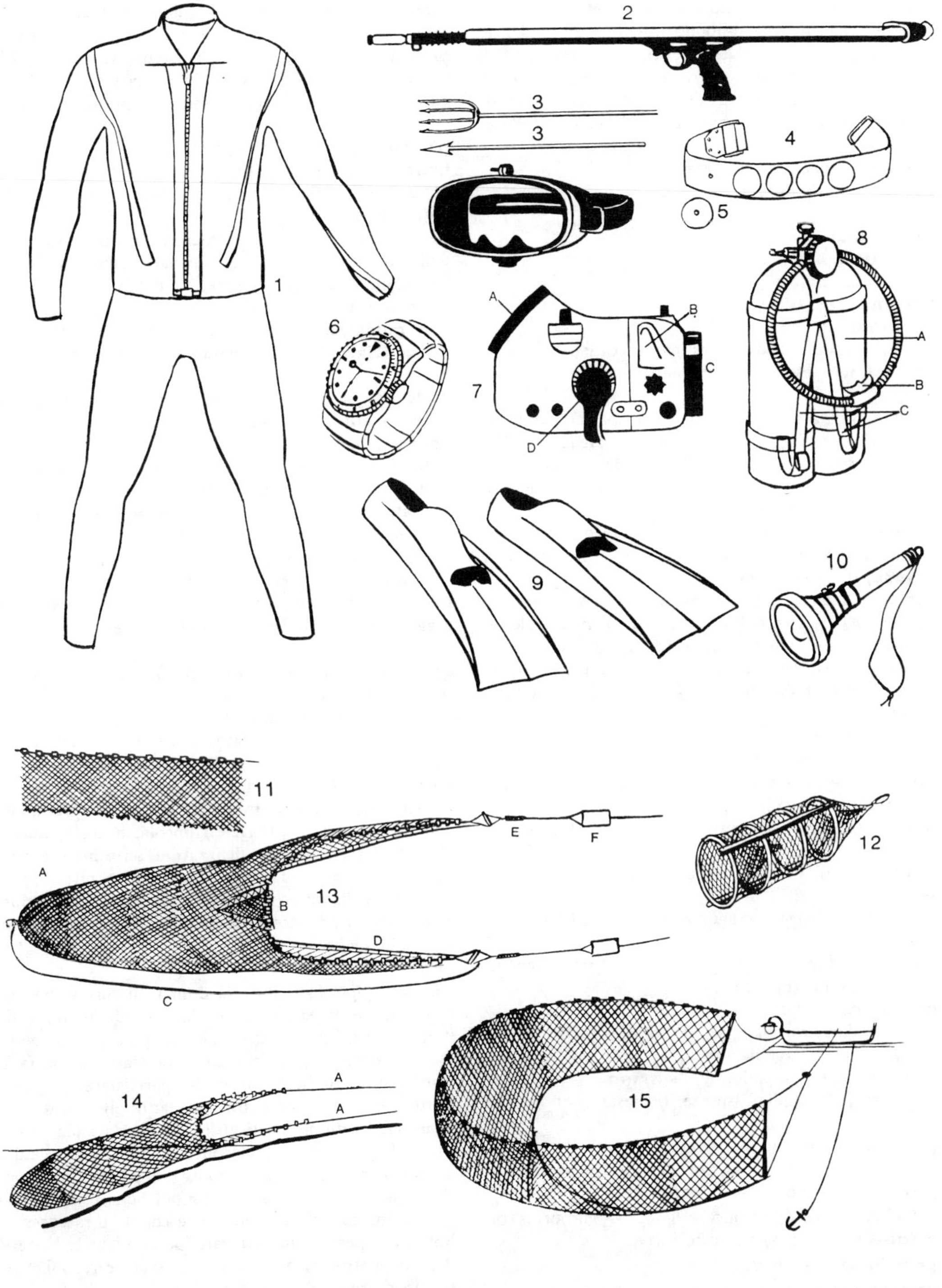

PESCA SUBACQUEA – 1) tuta; 2) fucile; 3) arpioni; 4) cintura con piombi di zavorra; 5) piombo di zavorra; 6) orologio; 7) macchina fotografica: A) mirino prismatico, B) impugnatura, C) obiettivo, D) manovella di caricamento; 8) autorespiratore: A) bombola, B) boccaglio, C) spallacci; 9) pinne; 10) lampada a pila. — PESCA RETI – 11) menaide; 12) nassa; 13) paranza a tavoloni: A) sacco, B) bocca, C) ciuccio, D) braccia, E) mazzetta, F) stazza; 14) sciabica: A) libani; 15) lampara.

carato, grano, libbra, oncia, dramma || *agg.* giusto, equo, conveniente, esatto, buono, scarso, deficiente, manchevole, scarseggiante, abbondante, largo, eccedente, avvantaggiato, sbardellato, verificato, controllato || *verb.* pesare, adeguare, aggravare, gravare, onerare, sopraccaricare, alleggerire, alleviare, bilanciare, compensare, sostenere, portare, riguardare, controllare, verificare.
contr. leggerezza, levità, lievità.
pésolo, *agg.* → PENDULO.
pessimísmo, *sm.*
contr. ottimismo.
pessimísta, *agg.* e *sm.*
contr. ottimista.
pèssimo, *agg.* → CATTIVO.
contr. ottimo.
pésta, *sf.* traccia, pedata, vestigio, → ORMA.
nomencl. *verb.* essere, lasciare nelle peste, essere sulle peste.
pestàre, *v.tr.* acciaccare, ammaccare, battere, contundere, calcare, percuotere, calpestare, magagnare, bastonare, conculcare, premere, scalciare, scalpitare, schiacciare, pigiare || frantumare, sminuzzare, ridurre in polvere, spiaccicare.
nomencl. (*inerenti*) pesta, calpestio, calcio || pestello, mortaio, pestone, maglio, martello, mazzapicchio.
pestàta, *sf.* → PERCOSSA.
pèste, *sf.* lue, epidemia, contagio, infezione, morbo, pestilenza || → PUZZO || *fig.* persona cattiva, molesta, insolente, opprimente, insopportabile || genia orrenda.
nomencl. (*pertinenti*) lazzaretto o lazzeretto, quarantena, untore, bubbone, monatti || *verb.* appestare, covare, infuriare, imperversare, scoppiare, spargere, dilagare, diminuire, scomparire.
pestèllo, *sm.* mortaio, → MENATOIO.
pestífero, *agg.* → EPIDEMICO || *fig.* dannoso, maligno, ingombrante → MALVAGIO.
pestilènte, *agg.* → EPIDEMICO || *fig.* scellerato, → MALVAGIO.
pestilènza, *sf.* mortalità, moria, epidemia, contagio, → PESTE.
pestilenziàle, *agg.* → EPIDEMICO || PUZZOLENTE, PUTRIDO.
pésto, *pps.* di pestare || *agg.* → FERITO || *sm.* → ECCHIMOSI || condimento, trito.
pètalo, *sm.*
nomencl. fiore, corolla, || sèpalo, tèpalo, càlice.
petàrdo, *sm.* castagnola.
petènte, *sm.* e *f.* supplicante, → ISTANTE.
petizióne, *sf.* supplica, istanza, richiesta, → DOMANDA || MEMORIALE.
petonciàno, *sm. tosc.* melanzana.
petràia, *sf.* terreno sassoso, cava di pietra, → BRUGHIERA.
petrificàre, *v.tr.* e *rifl.* → PIETRIFICARE.
petrificàto, *pps.* di petrificare || *agg.* → PIETRIFICATO.
petrificazióne, *sf.* → PIETRIFICAZIONE.
petriòlo, *sm.* → IMBUTO.
petrogenía, *sf.* → GEOLOGIA.
petrolièra, *sf.* nave cisterna; bettolino.
petrolière, *agg.* e *sm.* incendiario, anarchico, rivoluzionario, → RIVOLTOSO.
petròlio, *sm.* olio minerale, lucilina.
nomencl. greggio, raffinato || (*derivati*) benzolo, benzene, benzina, belmontina, nafta || naftolo, pentano, propano, paraffina, neolina, rigoleno, vaselina, || (*attinenti*) giacimento, trivellazione, pozzo, oleodotto, autocisterna, petroliera, raffineria, depurazione, distillazione,
petrosèllo, *sm.* petrosino, prezzemolo.
petróso, *agg.* pietroso, sassoso || *fig.* arido → DURO.
contr. molle, molliccio, cedevole, melmoso, umido, acquitrinoso.
pettegolàre, *v.intr.* chiacchierare, mormorare, fare della maldicenza, ciarlare, cianciare, far pettegolezzi, spettegolare, pettegoleggiare, → PARLARE.
contr. tacere, parlar bene, lodare, onorare.
pettegoleggiàre, *v.intr.* → PETTEGOLARE.
pettegolézzo, *sm.* → CHIACCHIERA, MALDICENZA || LITIGIO.
pettégolo, *agg.* linguacciuto, gazzettiere, maligno, curioso, → CHIACCHIERONE, MALDICENTE.
pettièra, *sf.* → BUSTO.
pettinàre, *v.tr.* (di capelli) ravviare, acconciare, districare, lisciare, annodare i capelli, comporre, dare una ravviata, scrinare, inanellare, raccogliere le trecce, rabbellirsi, tirarsi su i capelli, fare o farsi la permanente, la messa in piega || (di lana, canapa, lino e sim.) cardare, cardeggiare, carminare, scarticchiare, rattinare, scardare, scardassare, scapecchiare || *fig.* correggere, rimproverare aspramente, severamente || *rifl.* cincinnarsi.
contr. spettinare, arruffare, scarmigliare, scarruffare, scapigliare, schiomare, dischiomare.
pettinatóre, *sm.* barbiere, parrucchiere || → CARDATORE.
pettinatúra, *sf.* acconciatura, assettatura del capo, ravvolgitura dei capelli, ripiegatura dei capelli.
nomencl. (*modi*) a panierina, a cupola, a pina, in trecce, da ballo, da società, di moda, all'antica, alla greca, alla romana, moderna || (*inerenti*) bucola, buccolo, buccolotto, divisa, spartizione, dirizzatura, scriminatura, scrinatura || codino, coda finta, *toupet*, corno, giretto, rocchi, crinale, diadema, calamistro, diavolini, forcina, forcella, rete, ricci, ricciolini, ondulazione permanente, messa in piega.
pèttine, *sm.*
nomencl. (*tipi*) da uomo, da donna, di corno, di osso, di tartaruga || (*parti*) costola, lamina, denti, mascella || *agg.* corto, lungo, fitto, rado, risegato || *verb.* pettinare, accomodare, acconciare, ravviare, aggiustare, districare, raccogliere, rassettare, pareggiare.
pètto, *sm.* seno, costato, torace, mammelle, busto.
nomencl. (*pertinenti*) anticardio, cassa, clavicola, costa, muscoli pettorali, mediastino, diaframma, pleura, sterno, gabbia toracica || (*patologia*) polmonite, bronchite, pleurite, tisi o tubercolosi polmonare, sternalgia || espettorato, stetoscopio, pneoscopio, toracentesi || impettito, pettoruto, pettorale, pettata || *verb.* battersi il petto, pettoreggiare, rantolare, spettorare, sollevarsi, sussultare.
pettorína, *sf.* → BUSTO, BAVAGLIO.
pettorúto, *agg.* impettito, interito || *fig.* altero, tronfio, altezzoso, → SUPERBO.

contr. curvo, cascante || timido, dimesso, umile.
petulànte, *agg.* → INSISTENTE || molesto, sfrontato, protervo, impronto, arrogante, → INSOLENTE, IMPUDENTE.
petulànza, *sf.* → INSOLENZA, IMPUDENZA.
pévera, *sf.* → IMBUTO.
pèzza, *sf.* pezzo di stoffa, straccio, cencio, striscia, pannolino || rotolo di panno || quantità di tempo (*ant.*).
pezzàto, *agg.* → MACCHIATO.
pezzènte, *agg.* e *sm.* accattone, straccione, pitocco, miserabile, → MENDICANTE, POVERO.
pezzettino, *sm.* → MINUZIA, PEZZO.
pezzétto, *sm.* → PEZZO.
pèzzo, *sm.* pezzettino, pezzetto, avanzo, brandello, brano, brincello, brindello, bruscolo, briciolo, briciola, minuzzolo, mica, frammento, frantume, detrito, frusto, boccone, campione, coccio, fetta, lambello, lacerto, morsello, mozzicone, ritaglio, rocchio, scampolo, scaglia, scheggia, squarcio, strambello, tocco, tozzo, → PARTE, DIVISIONE || (di terra) appezzamento || CANNONE || PANNO.
nomencl. *verb.* dividere, fare, mandare, ridurre in briciole o a pezzi; lacerare, mozzicare, tagliare, rompere, sbrandellare, sbranare, sbriciolare, sbocconcellare, sfaldellare, spezzare, spezzettare, frangere, frantumare, fracassare, tritare, triturare || appezzare, rappezzare, racconciare, rattoppare.
contr. unità, totale, cosa intera.
pezzuòla, *sf.* pannolino, → FAZZOLETTO, BAVAGLIO.
phaeton, *sm. fr.* → CARROZZA.
piaccichíccio, *sm.* → FANGO.
piaccicóso, *agg.* → VISCHIOSO.
piacènte, *ppr.* di piacere || *agg.* belloccio, → PIACEVOLE.
piacènza, *sf. ant.* piacevolezza, → PIACERE.
piacére[1], *v.intr.* aggradare, aggradire, allettare, apprezzare, arridere, assaporare, attalentare, attirare, attrarre, beare, dilettare, deliziare, garbare, gongolare, gradire, gratificare, gustare, incantare, incontrare, interessare, piacenzare (*ant.*), quadrare, simpatizzare, soddisfare o sodisfare, solluccherare, spassare, talentare || andare a talento, a genio, andare a fagiolo, andare a sangue, andare pazzo, riescire bene, incatenare, parer dolce, entrare nel cuore, essere innamorato, far venir l'acquolina in bocca, andare in estasi o in visibilio, tripudiare, imparadisarsi, inebriarsi, crogiolarsi.
contr. dispiacere, disgustare, spiacere, annoiare, attediare, tediare, infastidire, sgradire, repugnare, ripugnare, stomacare, allontanare, scostare.
piacére[2], *sm.* aggradimento, appagamento, beatitudine, benessere, compiacimento, consolazione, contentezza, contento, delizia, dilettazione, diletto, diporto, ebbrezza o ebrietà, inebriamento, esultanza, esultazione, euforia, felicità, festosità, festevolezza, festività, gaudio, genio, gioia, giolito, giubilo, godimento, gongolamento, gradimento, gusto, incanto, letizia, lusinga, orgasmo, piacenza, piacevolezza, rallegramento, seduzione, sbaldore (*ant.*), scianto (*ant.*), serenità, soddisfazione, sodisfazione, sollievo, spensieratezza, tripudiamento, tripudio, voluttà || fortuna, successo || allegranza, allegrezza, allegria, amenità, buonumore, gaiezza, giocondità, giovialità, ilarità || bazza, bagordo, baldoria, carnasciale, carnevale, chiasso, cuccagna, diporto, disdotto e disdutto (*ant.*), distrazione, divagazione, diversivo, divertimento, festa, gavazza, gioco, passatempo, ricreamento, ricreazione, ruzzo, sollazzo, spasso, svago, svagamento, trastullo, zurlo, zurro (*ant.*) || favore, beneficio, servizio, servigio || volontà, libito, gusto, arbitrio.
nomencl. (*distinzioni*) fisico, sensuale, spirituale, intellettuale, morale, dell'immaginazione, sessuale || lussuria, gola, ambizione, accidia, avarizia || vizio, bagordo, eccesso, orgia, sfrenatezza, dolce vita || epicureo, buontempone || *agg.* leggero, lieve, piccolo, magro, esiguo, scarso, grande, enorme, grosso, immenso, sconfinato, delicato, soave, fine, squisito, gradevole, garbato, dolce, intimo, profondo, intrinseco, retto, onesto, giusto, leale, decente, disonesto, immorale, turpe, spudorato, rozzo, grossolano, insulso, veemente, vile, vano, raro, insolito, infrequente, peregrino, singolare, curioso, ordinario, comune, effimero, passeggero, momentaneo, fuggevole, transitorio, durevole, duraturo, continuo || *verb.* darsi ai piaceri, tuffarsi nei piaceri, correr dietro ai piaceri, godere, sollazzarsi.
contr. dispiacere, dolore, ansia, affanno, afflizione, accidente, angoscia, croce, grattacapo, fastidio || impiccio, incomodo, inconveniente || sfortuna, piaga, sciagura || scontentezza, disgusto.
piacévole, *agg.* accettabile, accettevole, accetto, affabile, affascinante, aggradevole, allettante, allettativo, amabile, ameno, appetevole, appetibile, appetitoso, attirante, attraente, attrattivo, beatifico, bello, benaccetto, bramabile, brillante, brioso, comodo, confortevole, concupiscibile, delizioso, desiderabile, dilettevole, dilettoso, divertente, divertevole, dolce, eccitante, faceto, lepido, spassoso, esilarante, favorevole, fausto, festoso, festevole, garbato, gaudioso, gioioso, giocondo, giocoso, giovereccio, gioviale, godereccio, gradevole, gentile, gradito, grato, grazioso, gustoso, incantevole, interessante, invidiabile, letiziante, lusinghiero, piacente, rallegrante, rallegrativo, ricercato, richiesto, ricreativo, saporito, seducente, simpatico, soave, solleticante, sollazzante, sollazzevole, stuzzicante, trastullevole, voluttuoso, umano.
contr. spiacevole, abominevole, antipatico, disgustoso, sgradito, noioso, ritroso, ingrato, doloroso, funesto, infausto, impopolare; lacrimevole, insopportabile, pesante, opprimente.
piacevoleggiàre, *v.intr.* → SCHERZARE.
piacevolézza, *sf.* brio, amenità, dolcezza, amabilità, festevolezza, grazia, bellezza, affabilità, giovialità || → FACEZIA, LEPIDEZZA.
contr. scontrosità, musoneria, pesantezza, gravità, oppressione.
piacevolménte, *avv.* → FACILMENTE, BRIOSAMENTE, BENE.
contr. spiacevolmente, sgradevolmente.
piacevolóne, *sm.* → BURLONE.
piàga, *sf.* esulcerazione, lacerazione, ulcerazione, ulcera, fistola, flittene, lesione, ferita, taglio, guidalesco, stigmate, schianza || *fig.* → DOLORE, MALE || DANNO.
nomencl. (*attinenti*) margine, lembo, suppurazione, escara, cicatrice, granulazione || medicazione, balsamo, cauterio, disseccativi, benda || *agg.* dolorosa, aperta, rimar-

ginata, chiusa, guarita, cicatrizzata, cancerosa, purulenta, incurabile, verminosa, serpiginosa, antica, recente, profonda, superficiale, cavernosa || *verb.* impiagare, irritarsi, suppurare, inasprirsi, rincarnirsi, risarcire, ristagnare, buttare, gocciolare, essiccare, inciprignire, infistolire, infistolirsi, saldarsi, rimarginarsi, chiudersi, cicatrizzarsi || bruciare, esplorare, detergere, medicare, sanare, bendare, ricucire.
contr. cicatrice, rimarginatura, chiusura || conforto, lenimento.
piagàre, *v.tr.* esulcerare (anche *fig.*), ulcerare, impiagare, lacerare, → FERIRE.
contr. guarire, cicatrizzare, rimarginare, chiudere, risarcire.
piagàto, *pps.* di piagare || *agg.* → FERITO.
piaggería, *sf.* → ADULAZIONE, LUSINGA.
piàggia, *sf. poet.* → SPIAGGIA, PIANURA.
piaggiàre, *v.tr.* piaggellare, lusingare, → ADULARE.
piaggiatóre, *agg.* e *sm.* → ADULATORE.
piagnistèo, *sm.* → LAMENTO, PIANTO.
piagnolóso, *agg.* flebile, lacrimevole, pesante, lacrimoso, lamentoso, querulo, piagnucoloso, piagnevole, fiottone.
contr. gaio, lieto, gioviale, piacevole, allegro, leggero.
piagnóna, *sf.* prèfica.
piagnóne, *sm.* piagnucolone; uomo gemebondo, lamentoso, querulo, facile al pianto, irritante, deprimente, geremia.
contr. allegrone, giovialone, piacevolone, persona allegra, serena, gioviale, gioconda.
piagnucolàre, *v.intr.* → PIANGERE || FIOTTARE.
piagnucolío, *sm.* → PIANTO.
piagnucolóne, *sm.* → PIAGNONE.
piagnucolóso, *agg.* gemebondo, piagnoloso, lamentoso, lamentevole, querulo.
contr. ridanciano, ridente, scherzoso, piacevolone.
piàlla, *sf.* pialletta, barlotta, sponderola.
nomencl. (*parti*) ceppo, feritoia, bietta, ferro (a denti, andante, a registro).
piallàre, *v.tr.* lisciare, appiallare, asciare, assottigliare, pianeggiare, pareggiare, piallettare, pulire, spianare, truciolare || *fig.* piaggiare, adulare.
piallàto, *pps.* di piallare || *agg.* → LISCIO, PIANO.
piallatúra, *sf.* truciolo, sciavero.
piallettàre, *v.tr.* → PIALLARE.
piàna, *sf.* → PIANURA, SPIANATA || PIETRA.
pianaménte, *avv.* → FACILMENTE, DOLCEMENTE.
contr. aspramente, convulsamente, in modo agro, urtante, irritante.
pianatóre, *sm.* → INCISORE.
piancíto, *sm.* impiantito, → PAVIMENTO.
pianeggiànte, *ppr.* di pianeggiare || *agg.* che tende al piano, → PIANO.
contr. ondulato, montuoso, erto, scosceso.
pianeggiàre, *v.tr.* → PIALLARE.
pianèlla, *sf.* → BABBUCCIA || MATTONE.
pianellàio, *sm.* → CALZOLAIO.
pianeròttolo, *sm.* ripiano, piattaforma.
pianéta[1]**,** *sm.* astro, asteroide, terra, cometa, nebulosa.
nomencl. (*distinzioni*) diretto, dominante, secondario o satellite, superiore, visibile, telescopico, tellurico (Mercurio, Venere, Marte) || artificiale || sistema planetario || (*inerenti*) alone, apparenza, aspetto, orbe, oscurazione, sestile, spettro, abbassamento, appulso, digressione, eliaco, occultazione, elongazione, inclinazione, orto, restituzione, retrogradazione, ricorso, sizigie, traslazione || afelio, perielio, apogeo, apside, arco di progressione, circolo diurno, moto diurno, epiciclo, limite, orbita, stazione, zodiaco || (*strumenti, scienza*) eliometro, planetario, principio o teorema delle aree, astronomia.
pianéta[2]**,** *sf.* casula, plicata.
pianézza, *sf.* → PIANURA || *ant.* dolcezza.
piangènte, *ppr.* di piangere || *agg.* gemebondo, plorante, piagnucoloso, lagrimoso, piagnone, querulo, flebile, lagrimante, singhiozzante, lamentoso, elegiaco.
contr. ridente, gaio, allegro, giocondo, ilare, contento.
piàngere, *v.intr.* piagnere (*poet.*), piagnucolare, lagrimare, belare, frignare, gnaulare, guaiolare, guaire, mocciare, plorare, fiottare, lucciolare, singhiozzare, assinghiozzare, lamentarsi, singultire, stillare, ululare, vagire || *tr.* gemere, rammaricarsi, soffrire, rimpiangere, compiangere, compatire || *fig.* → GOCCIARE || aver gli occhi molli di pianto, bagnar le gote, bagnar la terra di pianto, colare le lagrime, dar via al pianto, dar in pianto, dar in uno scroscio, dar in singhiozzi, far pianto, far cordoglio, fluire il pianto dagli occhi, gettar lagrime, piovere lagrime, sciogliere gli occhi al pianto, sfogare il dolore, sgorgare il pianto, spander lagrime, sparger pianto, spremere lagrime, versar pianto, abbondar di lagrime, confondersi in pianto, diluviar lagrime, disfarsi in pianto, far ciglia rosse, grondar lagrime, versare un mare di lagrime, far cipiglio, far greppo, avere un nodo alla gola, ingoiare lagrime, gettar lagrimucce, nicchiare, cominciare a piangere, levare il pianto, sbottare in pianto, star per piangere, trattenersi dal piangere, frenare, reprimere le lagrime, ricacciare le lagrime in gola, soffocare il pianto.
nomencl. (*attinenti*) lagrima, lacrima, pianto, lucciconi, lagrimoni || occhi rossi, umidi, turgidi, gonfi, inumiditi || (*avv. e loc. avv.*) disperatamente, dirottamente, fortemente, amaramente, a calde lagrime, a dirotto, a caldi occhi, a spron battuto, alla disperata.
contr. ridere, rallegrarsi, gioire, stare sereni, stare allegri, non prendersela, sghignazzare, sogghignare.
pianificazióne, *sf.* dirigismo, programmazione, socialismo, statalismo.
contr. libero mercato, concorrenza, libera iniziativa, liberismo.
piàno[1]**,** *agg.* piatto, pianeggiante, spianato, livellato, piallato, dritto, lineare, liscio || sommesso, moderato || *fig.* facile, ovvio, agevole, semplice, piacevole.
contr. montuoso, rotondo, ineguale, erto, disuguale, scosceso, ruvido, scabroso, granuloso || difficile, inagevole.
piàno[2]**,** *sm.* pianura, piana, pianoro, platea, spianata, piattaforma || ripiano, palchetto || → PALCO || strato, → ORDINE || piano caricatore, → BANCHINA || *fig.* progetto, programma, previsione, → PROPOSITO || planimetria.
nomencl. (*distinzioni*) inclinato, tangente, ortografico, orizzontale, verticale, bisettore || regolatore || quinquennale, ecc. || (*pertinenti*) acrocoro, altipiano, basso-

piano, livello, spiazzo || elevazione, iconografia || *verb.* appianare, adeguare, agguagliare, spianare, pareggiare, livellare, piallare, rasare || pianificare.
contr. monte, luogo montuoso, montano, alpestre, montagna || realizzazione, esecuzione.

piàno[3], *sm.* → PIANOFORTE.

pianofòrte, *sm.* piano, cembalo, clavicembalo, gravicembalo, clavicordio, pianola, spinetta, armonio, *armonium.*
nomencl. (*tipi*) verticale, a coda, accordato, di sette o sei ottave, elettronico || (*parti*) tastiera, leggio, pedale, pirone, scappamento, smorzatoio, tasto || pianista, accordatore, accompagnamento, a quattro mani || *agg.* armonico, basso, alto || *verb.* sonare, tempestare, strimpellare, zappare, tasteggiare, pestare, accompagnare, accordare.

pianòla, *sf.* → PIANOFORTE.

pianòro, *sm.* → PIANO, PIANURA.

piànta, *sf.* pianticella, albero, arboscello, arbusto, erba, frutice, suffrutice || *fig.* figlio || → MAPPA || PROGETTO.
nomencl. (*qualità, distinzioni*) acquatica o acquaiola, muraiola, rampicante, ruderale, terrestre, tropicale, aerea, palustre, alibile o alimentare, edule, esculenta, medicinale, malefica, oleacea, oleosa, velenosa, viva, morta, annua, bienne, perenne, diurna, nativa, primaticcia, salvatica o selvatica, tenera, arborea, arborescente, bastarda, bifera, bulbosa, cellulare, cieca, domestica, erbacea, esotica, eteroclita, filamentosa, frondosa, fronzuta, fossile, graminacea, grassa, igrometrica, ibrida, imbrancata, industriale, legnosa, leguminosa, meteorica, parassita, resinifera, sarmentosa, sempreverde, seccaia, siliquosa, spelacchiata, spigosa, strisciante, tintoria, unisessuale, vorace, arida, aromatica, balsamica, carnivora, insettivora, commerciale, da carta, da cima, da gomma, ornamentale, rara, gregaria, lanceolata || acotiledone o crittogama, anemofila, angiosperma, corimbifera, crocifera, endogena o monocotiledone, esogena o dicotiledone, latifoglia, monoica, ombrellifera, ornitofila, papilonacea, proterandra, poligama, proterogina, saprofita, sassatile, vascolare, verticillata || (*parti*) radice, fusto, stelo o gambo, pedale, tronco, ramo, foglia, fiore, frutto, seme, tessuto cellulare, tessuto vascolare, cellule, vasi (anulari o anulati, spirali, punteggiati, scalariformi, cibrosi), fibra, linfa, corteccia, aculeo, ala o margine, alburno, anima, anteridio, apparato (riproduttore, vegetativo), pelo, pungiglione, lanugine, bacca, baccello, barba, bulbo, radichetta, rizoma, spongiola, tubero, barbatella, propaggine, brocco, bronco, broncone, sterpo, buccia o tunica, scorza, germoglio, capreolo, ceppo, cimolo, colletto, corimbo, cotiledone, culmo, cuoricino, cuticola, figliolame, follicolo, gineceo, ovario, perianzio, pericarpo, primina, gemma, girello, grappolo, lamina, libro, margotta, matero, mazza, midolla o midollo, nocchio, nodello, nucleo, occhio, ombrella, pappo, parafiti, parenchima, virgulto, piumetta, poro, spiga, spora, stame, stipite, stipola, stolone, viticci, resina || (*funzioni*) assorbimento degli alimenti, elaborazione dei succhi, circolazione della linfa, respirazione, evaporazione, assimilazione, escrezione o esostosi, germogliamento, fioritura, fruttificazione || abiogenesi, adattamento, anamorfosi, buttata, messa, rimessa, poppaione, direzione delle piante, eterocarpio, fotauxismo; geauxismo, geotropismo, *humus* o terriccio, idrotropismo, metamorfosi, potere elettivo, propagazione, rigoglio, selenotropismo, sonno, ubertà, vegetazione || (*ambiente*) vigneto, frutteto, cespo, sterpo, bosco, selva, podere, piantagione, vivaio, cesto, erbario || arboricoltura, botanica, orticoltura, giardinaggio || *agg.* adulta, novella, perfetta, bassa, alta, grossa, gagliarda, nana, rigogliosa, stentata, infeconda, ispida, ramosa || *verb.* abbiosciare, appassire, abortire, addormentarsi, aduggiare, bruciare, concuocere, fermare, gelare, imbozzacchiare, intisichire, intristire, inaridire, sverdire, ingiallire, abbarbicare, allignare, attecchire, accestire, avvinghiare, acclimatarsi, crescere, fiorire, frondeggiare, fruttificare, germogliare, granire, ingemmare, inverdire, lussureggiare, maturare, prosperare, sbocciare, spuntare || abbacchiare, bacchiare, acclimare, acclimatare, addomesticare, affilare, allevare, educare, riprodurre, coltivare, annoccare, arrampicare, salire, atterrare, abbattere, butturare, cogliere, dicioccare, diradare, infrascare, margottare, potare, propagginare, diramare, scalvare, scamozzare, stralciare, divettare, erborizzare, falciare, estirpare, incannucciare, incoronare, macerare, innestare, mondare, piantonare, rincalzare, sarchiare, sbronconare, sovesciare, piantare, ripiantare, rischiarare, ripulire, roncolare, sbroccare, scortecciare, scorzare, scapezzare, scapitozzare, sfittonare, staggiare, svellere, trapiantare, zucconare, smargottare.

piantàre, *v.tr.* collocare, infiggere, conficcare, configgere, ficcare, interrare, alberare, propagginare, seminare, coltivare || *fig.* impiantare, fondare, edificare, fissare, fermare, stabilire || → ABBANDONARE, TRONCARE || *rifl.* → FERMARE || piantarla, → SMETTERE.
contr. spiantare, sradicare, smuovere, svellere, strappare, distruggere, rovinare || rimuoversi || continuare, insistere.

piantàto, *pps.* di piantare || *agg.* → ABBANDONATO.

piantatóre, *sm.* coltivatore, padrone di piantagioni.

piànto, *pps.* di piangere || *sm.* lagrima o lacrima || singhiozzo, singulto, piagnisteo, piagnucolio, frignolio, pigolio, sfogo, vagito, lagno, gemito, lamento || *fig.* lutto, dolore, compianto, geremiade, cordoglio, condoglianza, deplorazione.
nomencl. *agg.* dirotto, abbondante, copioso, violento, forte, moderato, disperato, inconsolabile, sconfortato, sommesso, silenzioso || *verb.* scoppiare, sbottare, prorompere, sgorgare, sciogliersi, disfarsi in pianto, muovere il pianto, rompere in pianto, fare i lacrimoni, piangere.
contr. riso, allegria, gioia, allegrezza, esultanza, sorriso.

piantóne,[1] *sm.* → GUARDIA.

piantone,[2] *sm.* → TÀLEA.

pianúra, *sf.* piano, piana, pianoro, pianezza, spianata, piaggia, spiazzo, chiana, tavoliere, acrocoro, bassopiano, altipiano, landa, steppa, savana, pampa, giungla, lama, campo.
nomencl. *verb.* pianeggiare, appianare, spianare.
contr. monte, montagna, collina, picco, declivio, luogo montuoso, erto, scosceso.

piàre, *v.intr. poet.* pipiare, pigolare, pipiliare.
piàstra, *sf.* → LAMIERA || *ant.* armatura || moneta.
piatíre, *v.intr.* → LITIGARE.
piàto, *sm. lett. rar.* → LITE.
piattafórma, *sf.* ripiano, pianerottolo, base, → PIANO.
piattàio, *sm.* stovigliaio, → VASAIO.
piattèllo, *sm.* piastrella || pitocchetto.
piàtto[1]**,** *agg.* chiatto, livellato, schiacciato, → PIANO || *fig.* senza rilievo, inelegante, monotono, prosaico, volgare, conformista.
contr. tondo, rilevato, puntuto, tondeggiante, spinoso || adorno, immaginoso, poetico, lirico, alato.
piàtto[2]**,** *sm.* stoviglia, tondo, tondino, scodella, fiamminga, patera, fondina, patena, zuppiera, sottocoppa, guantiera, tagliere, vassoio, fruttiera, legumiera, antipastiera || → PIETANZA.
nomencl. (*tipi*) pieno, a cupola, di terracotta, di ceramica, di porcellana, di peltro, di vetro, di plastica, d'argento, d'oro || (*inerenti*) colonna, acquaio, colatoio, ranno, rastrelliera, cenerone, lavapiatti, lavascodelle, copripiatti, moscaiola, sguattero || *agg.* sbreccato, liscio, sbocconcellato, orlato, lavorato, || *verb.* acciottolare, risciacquare, lavare, asciugare, rigovernare, portare.
piàttola, *sf.* blatta, scarafaggio, pidocchio.
piattonàta, *sf.* → COLPO.
piàzza, *sf.* agora, campo, esedra, platea, foro, largo, piazzale, rondò, || luogo, posto || mercato, città commerciale || *fig.* → GENTE, PLEBE || piazza d'armi, piazzaforte, fortezza, luogo fortificato.
nomencl. (*pertinenti*) selciato, panchina, fontana, monumento, portico, giardino || *agg.* ampia, spaziosa, stretta, piccola, esigua, monumentale || *verb.* far largo, far piazza, far piazza pulita.
piazzafòrte, *sf.* → FORTIFICAZIONE, PIAZZA.
piazzaiolàta, *sf.* → PIAZZATA.
piazzaiòlo, *sm.* uomo di piazza, plateale, plebeo, volgare, triviale, sbracato, becero, paltoniere, piazzese (*ant.*).
contr. uomo beneducato, distinto, fine, dignitoso, gentiluomo.
piazzàle, *sm.* → PIAZZA.
piazzàta, *sf.* piazzaiolata, chiassata; azione clamorosa, bassa, volgare, da piazza; scenata, scenataccia (in pubblico), → LITIGIO.
piazzísta, *sm.* agente di commercio, commesso viaggiatore, rappresentante commerciale, → COMMERCIANTE.
píca, *sf.* → GAZZA.
pícca, *sf.* lancia, partigiana, alabarda || → GARA || ripicco, puntiglio, rancore, ritorsione, vendetta, → RISENTIMENTO.
piccànte, *ppr.* di piccare || *agg.* pepato, saporito, → FRIZZANTE, PUNGENTE.
piccàre, *v.tr.* → FERIRE || *intr.* e *rifl.* impuntarsi, aver puntiglio, vantarsi, ostentare, → LITIGARE, OSTINARE.
piccàto, *pps.* di piccare || *agg.* rancoroso, puntiglioso, vendicativo, → IRACONDO, RISENTITO.
contr. mansueto, placido, mite, calmo, facile, pronto al perdono.
picchettàre, *v.tr.* punteggiare (una striscia), palettare (una strada).
picchétto, *sm.* piolo, paletto, cavicchio || guardia di soldati || gruppo di scioperanti.
nomencl. (*attinenti*) sciopero, piazzata, crumiraggio || picchetto d'ordine, d'onore, ufficiale di picchetto.
picchiapètto, *sm.* → CIONDOLO || BIGOTTO.
picchiàre, *v.intr.* bussare, battere, zombare, martellare, azzeccare || pestare, cozzare, urtare || *tr.* legnare, picchierellare, picchiettare, pigliare a calci o a schiaffi, → BASTONARE, PERCUOTERE.
contr. accarezzare, lisciare, vezzeggiare, lusingare.
picchiàta, *sf.* → PERCOSSA || (di aereo) discesa a picco.
picchiàto, *pps.* di picchiare || *agg.* → MACCHIATO || BATTUTO.
picchiatúra, *sf.* → PERCOSSA.
picchierellàre, *v.tr.* → MARTELLARE, PICCHIARE.
picchierèllo, *sm.* → MARTELLO.
picchiettàre, *v.tr.* → PICCHIARE || → CADENZARE || punteggiare.
pícchio, *sm.* busso, bussata || → BATACCHIO || colpo, → PERCOSSA.
picchiolàre, *v.tr.* picchiottare, → MARTELLARE.
picchiòtto, *sm.* picchio, battente, battaglio, batocchio, → MARTELLO.
píccia, *sf.* → FOCACCIA.
piccinería, *sf.* → MESCHINITÀ.
piccinino, *agg.* → PICCOLO.
piccíno, *agg.* → PICCOLO.
picciòlo, *sm.* → GAMBO, PEDUNCOLO.
piccionàia, *sf.* colombaia || *fig.* → LOGGIONE.
piccióne, *sm.* colombo.
nomencl. (*specie*) basso, capitombolante, decorato, frizzato, magnano, sassaiolo, scavezzato, smagliato, triganato, zarzanello || domestico, semidomestico, torraiolo, boschereccio, messaggero o viaggiatore, battitore, cantore, tenuirostro, fortirostro, curvirostro, coronato, di lusso, selvatico, bagadotto, domenicano, gentile, corvattino, bastardo, turchetto || (*parti*) ala, penne (comuni, remiganti), coda, gozzo, spalla, venti della coda, verghe || (*voce*) gemito, tubare, mormoramento, mormorare || (*inerenti*) orientamento, nido, accoppiamento, imbeccata, covata, muta, comino, colombaia, gabbia, piccionaia, anello, trenaggio, dispaccio, posta dei colombi || tiro al piccione || (*malattie*) apoplessia, diarrea, difterite, epilessia, falsa muta, follicolite, micosi delle vie aeree, torcicollo, ingluvie || *verb.* acciuffarsi, beccarsi, imbeccare, tronfiare, covare, volare, orientarsi, appaiarsi, mutare, nidificare, volteggiare.
pícco, *sm.* → MONTE, VETTA.
piccolétto, *agg.* e *sm.* → PICCOLO.
piccolézza, *sf.* parvità || *fig.* → MINUZIA || FRIVOLEZZA.
píccolo, *agg.* arcipiccolo, piccino, piccolotto, piccinino, piccoletto, parvo, nano, nanerottolo, ninnolo, lillipuziano, pigmeo, cosettino, cosino, omino, omarino, pargoletto, tombolotto || microscopico, impercettibile, invisibile, minuscolo, infinitesimo || minimo, minuto, minutino, modico, pochino, poco, scarso, magro, modesto, tantino, tenue, stringato, → BREVE, BASSO || mediocre, limitato d'ingegno o d'intelligenza || gretto, misero, meschino, pusillanime || *sm.* → BAMBINO.
nomencl. (*pertinenti*) atomo, chicco, briciolo, goccia, grano, inezia, bagattella, mica, minuzzolo, parvità,

quisquilia, nonnulla || *verb.* impicciolire, rimpicciolire, minimizzare, appiccolire, diminuire, sminuire, assottigliarsi, menomarsi, venir meno.
contr. grande, grande e grosso, lungo e largo, maestoso, imponente, alto, atticciato || maiuscolo || superiore, generoso, largo || disinvolto.
piccolòtto, *agg.* e *sm.* → PICCOLO.
picconàre, *v.tr.* → PERCUOTERE.
piccóne, *sm.* gravina, → MARTELLO.
piccosàggine, *sf.* → PERMALOSITÀ.
piccosità, *sf.* → PERMALOSITÀ.
piccóso, *agg.* → PERMALOSO.
piccòzza, *sf.* piccone, → MARTELLO.
pidocchiería, *sf.* spilorceria, grettezza, → AVARIZIA, MESCHINITÀ.
pidòcchio, *sm.* acari, afidi.
nomencl. (*inerenti*) ftiriasi, pediculosi, pedicolare.
pidocchióso, *agg.* pieno di pidocchi, → SORDIDO || *fig.* → AVARO.
piède, *sm.* zampa, artiglio, zoccolo, → ESTREMITÀ || parte inferiore, base, falda, sostegno, → PIEDISTALLO || fusto d'albero, di pianta, pedale || parte di verso || condizione, stato (di pace o di guerra).
nomencl. umano, bovino, equino || (*parti*) àlluce, aponeurosi plantare, arterie plantari, articolazione coronale, calcagno, collo del piede, garetto o garretto, corda del garetto, dorso o dosso, fiosso, legamenti plantari, tarso, metatarso, falangi, muscoli, nervi plantari, noce del piede, nocella, pianta, rotula, tallone, tendine d'Achille, unghia || (*patologia*) callo, cipolla, distorsione, storta, stravolgimento, gingipodio, gonfiezza, gotta, podagra, ipostasi, lupino, lupinello, moletta o molletta o schienella, occhi di pernice, occhi pollini, patata, pedignone, gelone, pedionalgia, podartritide, pedorreuma, sbucciatura, solla, spedatura, spina ventosa, sproccatura, stracollatura, stracollo, lussazione || apodia, incastellatura, macropodia, micropodia, monopodia, piede storto, atassia locomotrice || (*attinenti*) alipede, bipede, quadrupede, solipede, pedestre, pedone, pedule, plantare, sesquipedale, storpio, zoppo, apodo, fissipede || impronta, orma, pedata, pesta, calcio, trapestio || pediluvio, pedicure, pedana, scaldapiedi, soppedaneo, calza, calzatura || *agg.* ciocco, nudo, piatto, scalzo, tornito, tenero, delicato || *verb.* camminare, calpestare, calciare, conculcare, pestare, incespicare, inciampare, mettere il piede in fallo, ormare, passeggiare, scalciare, scalpicciare, scalpitare, scivolare, scambiettare, sdrucciolare, springare, strascicare, trascinare, strisciare, zampeggiare, zampettare, puntare, impuntare, sollevare.
piedestàllo, *sm.* → PIEDISTALLO.
piedistàllo, *sm.* acroterio, dado, imbasamento, piede, stilobate, stereobate, zoccolo, sostegno, piedritto, spalla, cippo, colonna, → BASE.
nomencl. (*elementi*) listello, tondino, gola diretta, pianetto, plinto, toro, zoccolo, cimasa, ovolo, gocciolatoio, gola rovescia, filetto, fregio.
piedrítto, *sm.* sostegno, → PIEDISTALLO.
pièga, *sf.* piegatura, crespa, gomito, inginocchiatura, raddoppiatura, ripiegatura, circonvoluzione, ritreppio, ginocchiello, basta, sboffo, cannoncino, grinza, ruga || flessione, andamento, curvatura || → BECCA || *fig.* → INCLINAZIONE.
nomencl. *agg.* bella, brutta, viziosa, leggera, buona, cattiva || *verb.* increspare, piegare, pieghettare, panneggiare.
piegàbile, *agg.* → PIEGHEVOLE.
piegaménto, *sm.* → FLESSIONE.
piegàre, *v.tr.* far pieghe, pieghettare, accartocciare, accincignare, aggrinzare, annoccare, arricciare, increspare, piegheggiare, panneggiare, raddoppiare, ravvolgere, rimboccare, soppiegare, spiegazzare, gualcire, sovrapporre, storcere, volgere, divincolare, rintuzzare, ripiegare, reclinare, declinare, chinare, curvare, inarcare, archeggiare, arcuare, obliquare, flettere, circonflettere, deflettere, inflettere, inclinare, abbassare, atterrare || *rifl.* inchinarsi, cedere, pendere, arrendersi, divincolarsi || *fig.* indurre, domare, vincere, persuadere, rendere arrendevole || *intr.* cambiar direzione, deviare.
contr. irrigidirsi, raddrizzarsi || resistere, respingere, raddrizzare || andare diritto.

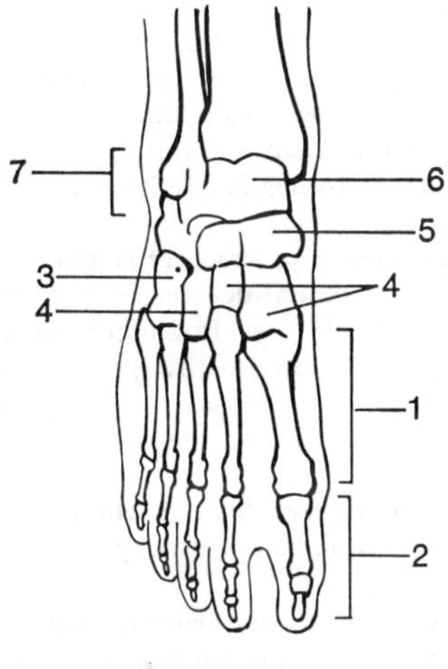

PIEDE – 1) metatarso; 2) falangi; 3) cuboidi; 4) cuneiformi; 5) scafoide; 6) astragalo; 7) tarso.

piegàto, *pps.* di piegare || *agg.* chino, chinato, curvo, flesso, curvato, declive, incline, archeggiato, arcuato, inarcato, → BASSO.
contr. diritto, dirizzato, raddrizzato, drizzato, rigido, irrigidito.
piegatúra, *sf.* → PIEGA, CURVA || FLESSIONE.
pieghettàre, *v.tr.* → PIEGARE.
pieghévole, *agg.* piegabile, flessibile, flessile, flessuoso, → ELASTICO, MOLLE, DUTTILE || *fig.* arrendevole, cedevole, inchinevole, proclive, propenso, docile, trattabile, → FACILE.
contr. rigido, inflessibile, intrattabile || duro, protervo, indocile.
pieghevolézza, *sf.* flessibilità, flessuosità, → DUTTILITÀ, ELASTICITÀ || *fig.* arrendevolezza, cedevolezza, propensione, docilità, trattabilità, mitezza, morbidezza.
contr. rigidezza, inflessibilità, intrattabilità, durezza, indocilità.

piègo, *sm.* plico, involto, pacchetto, → IMBALLAGGIO.
contr. foglio, foglietto, carta.
pièna, *sf.* alluvione → INONDAZIONE || *fig.* → SOVRABBONDANZA || FOLLA.
pienaménte, *avv.* copiosamente, interamente, del tutto, totalmente, esaurientemente, → CHIARAMENTE.
pienézza, *sf.* maturità, colmo, interezza, compimento, densità, totalità, esaustività, abbondanza, ripienezza.
pièno, *agg.* colmo, calcato, carico, colmato, empito, gonfio, gremito, imbottito, impregnato, ingombro, inzeppato, occupato, pigiato, pinzo, raso, repleto, ripieno, riempito, ricolmo, rigonfio, rigurgitante, rigorgante, spesso, folto, denso, fitto, stipato, stivato, strapieno, strabocchevole, straboccante, straripante, traboccante, zeppato, zeppo || sazio, satollo, rimpinzato, rimpinzito, rimpinzo, risazio || ristucco, stucco, stufo || intero, totale, completo, copioso, ricco || *sm.* colmo || carico completo.
nomencl. *verb.* empire, riempire, colmare, pigiare, impinzare, inzeppare, rabboccare, saturare, saziare, stivare, zeppare, ricolmare || fare il pieno.
contr. vuoto || manco, manchevole, deficiente, insufficiente, scarso, povero, mancante.
pietà, *sf.* compassione, commozione, commiserazione, misericordia, tenerezza, compatimento, benevolenza, benignità, sensibilità, amore, carità, indulgenza, miserazione, umanità, cordoglio || religione, devozione, culto, venerazione.
nomencl. *agg.* fervida, sincera, eccelsa, grande, profonda, calorosa, vera, affettata, debole, finta, sdolcinata, falsa, tiepida || *verb.* chiedere, implorare, domandare, invocare, negare, rifiutare, sentire, provare, dimostrare, essere toccato da, impietosire, commuovere, intenerire, compassionare, compiangere, commiserare, compatire.
contr. crudeltà, durezza di cuore, efferatezza, sadismo, indifferenza, insensibilità, cinismo, protervia || empietà, irreligiosità.
pietànza, *sf.* vivanda, cibo, companatico, piatto, portata, contorno, polmento, ritocco, porzione, leccornia, ghiottoneria.
nomencl. comune, di lusso, di magro, di grasso || *agg.* delicata, gradita, gustosa, insipida, piccante, rozza, saporita, squisita, casalinga, abbondante, scarsa || *verb.* servire, portare in tavola.
pietísmo, *sm.* fideismo, → PROTESTANTE || *spreg.* devozione falsa, esagerata, formalistica.
pietosaménte, *avv.* → CARITATEVOLMENTE.
pietóso, *agg.* → COMPASSIONEVOLE, CARITATEVOLE, INDULGENTE || commovente, patetico, toccante, → DRAMMATICO.
contr. impietoso, spietato.
piètra, *sf.* sasso, masso, roccia, blocco, macigno, marmo, basolo, bugna, ciotto, ciottolo, cogolo, concio, lapide, cippo, lapillo, mattone, monolito, piana, quadrone, rocchio, scoglio, selce || calcolo || preziosa, → GEMMA, GIOIELLO || *fig.* peso o persona molesta, noiosa, importuna.
nomencl. (*specificazioni*) idrofano, alabastro, ardesia, arenaria, basalto, broccatellone, calcedonio, cote, cristallo di rocca, diaspro, giada, gemma, granito, labradorite, lavagna, mica, pomice, porfido, quarzo, schisto, tufo, travertino, turnerite || ceraunite, cuprolite, smeriglio, ghiaia, breccia, meteorite, pietrisco || pietra sepolcrale, miliare, focaia, prima pietra || (*inerenti*) grana, diacciatura, falda, pelo, venatura || cava, cavapietra, ravaneto, filare, spaccapietra, tagliapietra, scalpellino, lapicida || litologia, litologo, litografia, litogenia, glittica || *agg.* diafana, trasparente, dolce, dura, faldata, friabile, greggia, incisa, levigata, liscia, lucida, picchiettata, rozza, ruvida, vaiolata, venata, viva, fine || *verb.* impietrire, pietrificare, lapidificare, lapidare.
pietràia, *sf.* petraia, ghiaieto, ghiareto, greto, petriera, sassaia, sasseto, cava di pietra.
pietrificàre, *v.tr.* e *rifl.* impietrare, impietrire, indurire come pietra (anche *fig.*), cristallizzare, fossilizzare, immarmorare (*ant.*), lapidificare, insassare (*ant.*), sassificare, petrificare, imbalsamare.
contr. ammollire, intenerire, impietosire || liquefare, liquefarsi, volatilizzare.
pietrificàto, *pps.* di pietrificare || *agg.* petrificato, fossilizzato || *fig.* stupefatto, sbalordito, preso da orrore, indurito.
contr. liquefatto, liquido, volatilizzato.
pietrificazióne, *sf.* petrificazione, fossilizzazione, cristallizzazione.
contr. liquefazione, volatilizzazione.
pietróso, *agg.* petroso, breccioso, ciottoloso, ghiaioso, lapideo, sassoso || *fig.* indurito, insensibile, resistente, → DURO.
contr. molle, cedevole, melmoso, acquitrinoso || pietoso, sensibile, emotivo, intenerito, arrendevole.
piève, *sf.* → PARROCCHIA || CHIESA.
píffero, *sm.* → FLAUTO, PIVA.
pigiaménto, *sm.* pigiatura, pigiata, → TORCHIATURA.
pígia pígia, *sm. indecl.* → FOLLA.
pigiàre, *v.tr.* → PESTARE, PREMERE || EMPIRE || spingere || *intr.* affollarsi, calcarsi, gremire, stivare.
pigiàta, *sf.* pigiamento, pigiatura.
pigiàto, *pps.* di pigiare || *agg.* → PIENO || spinto, stretto, premuto, calcato.
pigiatóio, *sm.* → MAZZAPICCHIO.
pigiatúra, *sf.* pigiamento, pigiata, → TORCHIATURA, PRESSIONE.
pigionàle, *sm.* e *f.* → PIGIONANTE.
pigionànte, *sm.* e *f.* inquilino, pigionale, locatario, affittuario, pensionante.
contr. locatore, padrone di casa, proprietario.
pigióne, *sf.* → AFFITTO.
pigliàre, *v.tr.* → PRENDERE.
píglio, *sm.* cipiglio, occhiata, guardatura || → ATTEGGIAMENTO.
nomencl. *verb.* dar di piglio.
pigmèo, *agg.* → BASSO, PICCOLO || *sm.* nano.
contr. gigante, grande, alto.
pígna, *sf.* pina || → GRAPPOLO.
pignàtta, *sf.* → PENTOLA.
pignattàio o **pignattàro,** *sm.* → PENTOLAIO.
pignolería, *sf.* → PEDANTERIA.
pignòlo, *sm.* pinolo, pinocchio || *fig. agg.* e *m.* minuzioso, meticoloso, pedante, formalista, esigente, meschino.
pignóne, *sm.* pennello, pigna, → MUCCHIO.

pignoraménto, *sm.* → SEQUESTRO.
pignoràre, *v.tr.* → SEQUESTRARE || dare in pegno, impegnare.
contr. spignorare, disimpegnare, riscattare.
pigolàre, *v.intr.* piare, pipillare, pipiare || *fig.* chiedere insistentemente, con importunità, lamentosamente.
pigolío, *sm.* → CINGUETTIO.
pigrézza, *sf.* → PIGRIZIA.
pigrízia, *sf.* pigrezza, accidia, acedia, apatia, ignavia, neghittosità, indolenza, malavoglia, inerzia, lentezza, fiacca, fiaccona, infingardaggine, poltronaggine, poltroneria, scioperataggine, torpore, trascuraggine, trascuranza, trascuratezza, negligenza, svogliatezza.
nomencl. *verb.* impigrire, impoltronire, infingardirsi, battere la fiacca, gingillarsi, anneghittire, attardarsi, incarognire.
contr. operosità, solerzia, alacrità, sveltezza, attività, fervore.
pígro, *agg.* accidioso, addormentato, apatico, infingardo, neghittoso, ignavo, indolente, lento, fiacco, fiaccone, poltrone, scioperato, trascurato, negligente, sonnacchioso, scansafatiche, sfaccendato, sfaticato, svogliato, tardigrado, tardivo, tardo, tiepido, torpido, vile, dinoccolato || *sm.* marmotta, dormiglione, sornione, persona torpida, merendone, midollone, smidollato, posapiano, piattolone, polentone, sbucciafatiche, tartaruga.
contr. attivo, operoso, alacre, svelto, laborioso, solerte, fervoroso.
píla, *sf.* muro (sostegno degli archi di ponte), vaso di pietra, colonna (di oggetti uno sull'altro) || → ABBEVERATOIO || batteria elettrica || pilatura.
nomencl. (*tipi*) a circuito chiuso o aperto, invertibile, a secco, umida, in serie, in tensione, in opposizione, normale, polarizzata || (*elementi*) coppia, elemento, circuito, anodo, catodo, elettrodo, collegatore, calamita, corrente, reofori o poli, diaframma, morsetto, voltmetro, amperometro || (*fenomeni*) polarizzazione, galvanismo, punti di differenza, teoria osmotica della pila.
pilastríno, *sm.* → ERMA.
pilàstro, *sm.* → COLONNA, CIPPO.
pilàta, *sf.* → MUCCHIO.
pilatúra, *sf.* pila.
píleo, *sm.* → BERRETTO.
pillàcchera, *sf.* → MACCHIA.
nomencl. pillaccheroso, impillaccherato || *verb.* impillaccherare, spillaccherare.
píllo, *sm.* → MAZZAPICCHIO.
píllola, *sf.* bolo, glomerulo, compressa, granulo, grano, *cachet*, bocconcino.
nomencl. *verb.* inghiottire, ingollare, prendere.
pílo, *sm.* → PISTONE.
pilòta, *sm.* piloto, nocchiero, costiero, timoniere, guidatore, → AUTISTA || *fig.* → GUIDA.
pilotàggio, *sm.* → NAVIGAZIONE.
pilotàre, *v.tr.* → GUIDARE.
pilottàto, *agg.* → MACCHIATO.
piluccàre, *v.tr.* spilluzzicare, → MANGIARE.
pína, *sf.* pigna.
pinacotèca, *sf.* quadreria, galleria, → MUSEO.
pinàstro, *sm.* → PINO.
píngere, *v.tr. lett.* → DIPINGERE.
ping-pòng, *sost. ingl.* tennis da tavolo.
píngue, *agg.* adiposo, corpulento, panciuto, → GRASSO || fertile, → FECONDO || riboccante, pieno, abbondante.
pinguèdine, *sf.* pinguezza, → GRASSEZZA.
pinnàcolo, *sm.* punta, vertice, → GUGLIA || BELVEDERE.
pinníno, *sm.* → PENNACCHIO.
píno, *sm.* berecinzio, pinastro.
nomencl. (*specie*) comune, domestico, americano, della California, prenice, da giardino, da pinoli, di Corsica, marittimo, mediterraneo, italico, selvatico, laricio || (*inerenti*) pina, pinarolo, pinocchio, pinolo, pinello || pinocchiata o pinocchiato || pineta, pineto || (*prodotti*) acqua ragia, trementina, pinite, pinolina, resina || farfalla processionaria del pino, pinaiolo.
pinocchiàta, *sf.* mandorlato.
pinocchíno, *sm.* → GHIAIA.
pinòcchio, *sm.* → PIGNOLO.
pinòlo, *sm.* → PIGNOLO.
pintúra, *sf. ant.* → PITTURA.
pínza, *sf.* tenaglia || chela || → PUNGIGLIONE, PUNTA.
pinzàre, *v.tr.* → MORSICARE, PUNGERE.
pinzatúra, *sf.* → PUNTURA.
pinzillàcchera, *sf.* → MINUZIA.
pinzétta, *sf.* pinza, → MOLLA.
pinzimónio, *sm.* cacimperio, → CONDIMENTO.
pínzo, *agg.* pieno, colmo, zeppo, rigurgitante || *sm.* → MORSO, PUNTURA.
nomencl. rimpinzato || *verb.* impinzare, rimpinzare.
pinzochería, *sf.* → BIGOTTERIA.
pinzòchero, *sm.* → BIGOTTO.
pío, *agg.* devoto, misericordioso, → GIUSTO, CARITATEVOLE, RELIGIOSO.
nomencl. luoghi pii, opere pie || pia madre.
contr. empio.
piocèle, *sm.* → TUMORE.
piòggia, *sf.* piova, pluvia (*poet.*), pioggerella, acquata, annacquata, acquagione, acquetta, acquolina, annaffiatina, passatina, spruzzata d'acqua, acquazzone, acquerugiola, diluvio, scroscio, rovescio, piovasco, nembo, nubifragio, stroscio, scataroscio, spruzzolata || *fig.* quantità, moltitudine, gran copia (di cose che cadono dall'alto), → CADUTA.
nomencl. (*equivalenti e inerenti*) rinfrescata, scarico di pioggia, nembo, tempesta, turbine, acquarone || ampolle o gallozzole, sonagli, arcobaleno, nuvoloni, nuvole, tuono, lampo, cielo a pecorelle || ombrello, impermeabile, soprabito || pluviometro || *agg. e loc. avv.* abbondante, forte, a bigonce, a cateratte, a catinelle, a dirotto, a gronda, a orci, a rovescio, a secchie, a torrenti, gagliarda, continuata, dirotta, profusa, subitanea, improvvisa, violenta, impetuosa, veemente, turbinosa, insistente, devastatrice, rovinosa, torrenziale, fina, minuta, leggera, fitta, greve, lenta, ristoratrice || *verb.* piovere, minacciare acqua, rabbruscarsi, cominciare a piovere, dilavare, cessar di piovere.
contr. bel tempo, tempo asciutto, sereno, siccità.
piòlo, *sm.* paletto, picchetto, cavicchio, → CHIODO || ATTACCAPANNI.
piombàggine, *sf.* → PIOMBO || MATITA.
piombàre, *v.intr.* precipitare, strapiombare, → GET-

TARE, CADERE || *fig.* sopraggiungere, capitare inatteso || *tr.* chiudere, sigillare con piombo, impiombare.
contr. scendere adagio || preavvisare || spiombare.
piombatóio, *sm.* caditoia.
piombino, *sm.* perpendicolo, filo a piombo, archipenzolo || scandaglio.
nomencl. a piombo || *verb.* cadere a piombo, a perpendicolo.
piómbo, *sm.* grafite, piombaggine || archipendolo, archipenzolo || palline o palle del fucile.
nomencl. (*stati*) nativo, depurato, liquefatto, fuso || (*minerali*) altaite, anglesite, biacca, cerussite, litargirio, minio, fosgenite, piromorfite, sartorite, scheelitina, zinchenite || lega, saturnismo, saturnino || *verb.* impiombare, piombare, saldare, spiombare.
pionière, *sm.* → ESPLORATORE || PRECURSORE || zappatore, guastatore.
piòppo, *sm.* alberello, albarello, albàro, popolo.
nomencl. (*specie*) bianco, del Canadà, comune, tremulo || (*pertinenti*) pioppaia, pioppeto, populina, amento, pappo || *verb.* appioppare.
piòta, *sf.* pianta (del piede) || zolla erbosa.
nomencl. piotatura || *verb.* piotare.
piòva, *sf.* → PIOGGIA.
piovàsco, *sm.* → PIOGGIA.
piòvere, *v.intr.* piovigginare, gocciolare, grondare, stillare, pioviscolare, diluviare, strapiovere, scrosciare, strosciare || trapelare (attraverso muri, ecc.) || → CADERE || *fig.* → ABBONDARE.
nomencl. *avv.* e *loc. avv.* a catinelle, a secchi, a rovesci, dirottamente, adagio, lentamente, come Dio la manda, fitto fitto, → PIOGGIA.
contr. spiovere.
piovigginàre, *v.intr.* → PIOVERE.
piovigginóso, *agg.* piovoso, piovorno (*lett.*), nuvoloso.
contr. sereno, asciutto.
piovórno, *agg. lett.* → PIOVIGGINOSO.
piovóso, *agg.* → PIOVIGGINOSO.
piòvra, *sf.* → POLIPO.
pípa, *sf.* pipetta, pipina, pipettina, pipona, pipettuccia.
nomencl. (*tipi*) di radica, di barba o di barba di scopa, di ciliegio, di spuma o schiuma di mare, di terra, di argilla || tirolese, turca || (*parti*) bruciatoio, camino, bocciolo, gessino, cannello, bocchino || narghilè || (*attinenti*) cicca, gruma, mòrchia, scolo || fumo || boccata, buffata, pipata, tirata, tiratina || tabacco, trinciato || (*qualità*) ordinaria, sudicia, non buona, aggrumata, annerita, bruciata, screpolata, intasata, rocciosa, guasta, ben fatta, graziosa, elegante, piccola, meschina, accesa, spenta, che sfiata, che tira || *verb.* pipare, caricare la pipa, sfruconare || impiparsi.
pipàre, *v.intr.* fumare la pipa || impiparsi.
pipiàre, *v.intr.* pipiliare, → PIGOLARE.
pipiliàre, *v.intr.* piare, pigolare.
pipistrèllo, *sm.* nottola, nottolo, topo volatore, vespertilio, vipistrello, vampiro || → MANTELLO.
nomencl. chirotteri, galeopitechi, nicteri || (*parti*) orecchioni, ferri di cavallo, rossette, barbastello.
píppolo, *sm.* → GRANELLO.
pira, *sf.* → FUOCO, ROGO.
piramidàle, *agg.* → GRANDE, ENORME.
piràmide, *sf.* → GUGLIA.
piràta, *sm.* filibustiere, avventuriero, corsaro, corsale (*ant.*), bucaniere, corseggiatore, predatore, ladrone del mare, bandito, ladro.
pirateggiàre, *v.intr.* → PREDARE, RUBARE.
piressía, *sf.*
contr. apiressia.
pirètico, *agg.*
contr. antipiretico.
pirocorvètta, *sf.* pirofregata.
piroétta, *sf.* piroletta, prillo, girotondo, capriuola, → GIRAVOLTA.
piroettàre, *v.intr.* fare piroette, girare su se stesso, prillare, volteggiare, → BALLARE.
pirofregàta, *sf.* pirocorvetta.
piròga, *sf.* → BARCA.
pirografía, *sf.*
nomencl. bulino, incisione, disegno.
pirolétta, *sf.* → PIROETTA.
piròlo, *sm.* → BISCHERO.
piromanzía, *sf.* → DIVINAZIONE.
piròscafo, *sm.* → NAVE.
piròsi, *sf.* → ACIDITÀ.
pirotècnica, *sf.* pirotecnia, fuochi d'artifizio, festa pirica, scherzi di fuoco, girandola, macchina.
nomencl. (*elementi*) bengala, bomba, cascate, candela romana, castagnuola, colombina, falò, fontana, finale, fuga, girandola, girella, granata, luminaria, mortaletto o mortaretto, palloncini, petardi, pioggia di fuoco, pioggia d'oro, razzo, razzo matto, saltarello, serpentino, scappata, soli giranti, spirali, stella a scoppio, trasparente || (*ingredienti*) carica, colori, scoppi, fragore, impasto, mistura, miccia, clorato di potassio, canfora, limatura di ferro, risigallo, salnitro || (*persone*) bombardiere, fochista, razzaio, pirobalista || pirotecnico.
piscatòrio *agg.* pescatorio.
píscia, *sf.* → ORINA.
pisciàre, *v.intr.* e *tr.* → ORINARE.
pisciàta, *sf.* → ORINATA.
pisciatína, *sf.* → ORINATA.
pisciatóio, *sm.* → ORINATOIO.
piscína, *sf.* vasca, lago || vivaio di pesci, peschiera.
pisèllo, *sm.*
nomencl. (*specie*) nano, gigante, bianco, grigio, comune, quarantino, reale, selvatico, odoroso || (*attinenti*) rubiglione, schiacciola, taccola || pisellaio, pisellata || baccello || *verb.* sgusciare.
pisellóne, *agg.* → GOFFO.
pisolàre, *v.intr.* appisolarsi, dormire leggermente, → SONNECCHIARE.
písolo, *sm.* pisolino, dormita, dormitina, sonnellino, pennicchella (*roman.*), → SONNO.
pispigliàre, *v.intr.* → BISBIGLIARE.
pispíglio, *sm.* → BISBIGLIO, SUSSURRO.
písside, *sf.* → BICCHIERE, VASO.
písta, *sf.* circúito, carriera, cammino, pesta.
pistàgna, *sf.* → COLLARETTO.
pistòla, *sf.* rivoltella, pistoletta, pistolone, scacciacane, terzetta, *revolver.*
nomencl. (*parti*) cane, cartella, coccia, caricatore, percussore, tamburo, sicurezza, fondina || pistolettata.

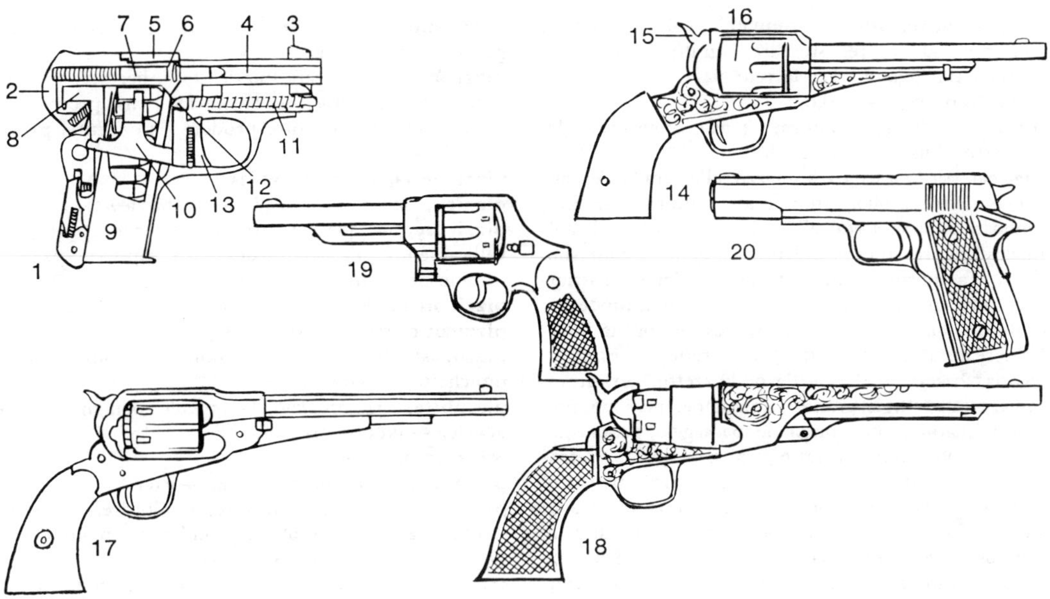

PISTOLA – 1) pistola automatica calibro 6,35; 2) involucro a slitta; 3) mirino; 4) canna; 5) estrattore; 6) otturatore; 7) percussore; 8) leva di scatto; 9) caricatore; 10) leva del grilletto; 11) molla ricuperatrice; 12) albero della leva di sicurezza; 13) grilletto; 14) Pistola a rotazione (rivoltella) Remington 1875; 15) cane; 16) tamburo; 17) Remington da cavalleria cal. 50; 18) Colt 1860; 19) Smith e Wesson 38; 20) Colt Super Automatica.

pistolétta, *sf.* → PISTOLA.
pistolòtto, *sm. scherz. spreg.* fervorino, esortazione, → PERORAZIONE.
pistóne, *sm.* pestone, pilo, grosso pestello || stantuffo || archibugio.
contr. mortaio || cilindro.
pistrinàio, *sm.* → MUGNAIO.
pistríno, *sm.* → MULINO || *fig.* travaglio.
pitàle, *sm.* → ORINALE.
pítico, *agg.* pizio.
pitoccàre, *v.tr.* e *intr.* → MENDICARE || essere avaro, tirchio, spilorcio.
pitoccheria, *sf.* → POVERTÀ, ACCATTONAGGIO || AVARIZIA, MESCHINITÀ.
pitòcco, *sm.* accattone, miserabile, → POVERO || AVARO || sopravveste, → MANTELLO.
pitoccúme, *sm.* → POVERTÀ.
pitonéssa, *sf.* → INDOVINO.
píttima, *sf.* persona noiosa, pedante || *fig.* impiastro, cataplasma || spilorcio, → AVARO.
pittóre, *sm.* dipintore, dipingitore, pintore, pinturicchio, disegnatore, frescante, ornatore, imbrattatele, imbrattamuri, imbianchino || → PITTURA.
nomencl. (*distinzioni*) antico, bizantino, classico, di maniera, manierato, futurista, idealista, realista, astrattista, preraffaellita || ornatista, naturalista || animaliere, caposcuola, maestro, scolaro, caricaturista, colorista, figurista, ritrattista, fiorista, illustratore, lucidatore, macchiaiuolo, miniatore, miniaturista, paesista, paesaggista, pastellista, affreschista, acquarellista, restauratore, ritoccatore, scenografo, prospettivista || (*tipi di pittura*) acquarello, affresco, encausto, bozzetto, caricatura, copia, crosta, dipinto, dipintura, effigie, fresco, graffito, guazzo, illustrazione, immagine, incisione, marina, miniatura, nudo, originale, paesaggio, natura morta, panorama, pastello, policromia, ritratto, schizzo, sgorbio, tempera, vetrocromia, vignetta || (*arnesi, strumenti*) agugiella, appoggiamano, battispolvero, calcatoio, carboncino, carta lucida, cavalletto, cestro, ciotola, scodellino dei colori, compasso, curvografo, diafanografo, fissativo, gomma da cancellare, graffio, graticola o reticolato, iconografo, inchiostro di China, macina da colori, manichino, fantoccio, matita, matitatoio, mollica di pane, pantografo, parallele, penna, pennellessa, pennellino, pennello (asticciuola, setole), pennellone, rapportatore, regolo, riga, sfumino, spatola o mestichino, squadra, squadretta, stampino, tavolozza, tavoletta, telaio, tela, tiralinee, verucolo || *agg.* buono, eccellente, affermato, pessimo, cattivo, discreto || *verb.* impannare, ingessare, inossare, macinare i colori, mescolare i colori, stemperare, dipingere, acquarellare, affrescare, frescare, ridipingere, ritrarre || abbagliare il colore, abbozzare alla macchia, accennare, accordare i colori, affocalistiare, aggrottescare, aggruppare, ammaccare, arieggiare, armonizzare, azzuffare, picchiettare, screziare, atteggiare, campare, campeggiare, campire, caricare di colore, colorire al vivo, confondere i colori, contornare, dar di bianco, dare movenza, dare una sfumatura, digradare, estinguere, addolcire i colori, fare un paesaggio, frappare, impastare, impiastrare, imporre, incollare, indurare; insudiciare, imbrattare le tele; latteggiare, istoriare, lumeggiare, modellare, mortificare, ombrare, panneggiare, drappeggiare, piegheggiare, raffaelleggiare, raffazzonare, rendere fedelmente, rialzare, ricacciare, ricalcare, rifiorire, rifriggere, riscal-

dare, ritagliare, ritoccare, rompere i colori, scaricare, schizzare, sdipingere, sfumare, sgraffire, smorzare le tinte, tinteggiare, tirar la rete, velare.
pittorésco, *agg.* → BELLO.
pittúra, *sf.* disegno, pintura, dipinto, dipintura, tela, imbratto, illustrazione, descrizione.
nomencl. (*modi*) a fresco, a guazzo, alla cera, all'encausto, a matita, a olio, a tempera o tempra, a smalto, monocroma || (*soggetti*) allegorica, decorativa, di animali, di figura, di fiori, di frutta, di genere, d'interno, di natura morta, intima, liturgica, religiosa, patriottica, storica || (*stile*) antica, bizantina, classica, moderna, contemporanea, futurista, cubista, espressionista, idealista, realista, astratta || (*tipi*) acquarello, affresco, allegoria, baccanale, bassorilievo, bozzetto, caricatura, copia, crosta, effigie, graffito, immagine, incisione, marina, miniatura, nudo, originale, paesaggio, panorama, pastello, policromia, ritratto, schizzo, sgorbio, vetrocromia, vignetta || ancona, cartone, dittico, polittico, trittico, medaglione, pannello, pala, quadro, scena, scenografia, modello || (*pertinenti*) soggetto, caricata, composizione, accordo, accessori, campo, cielo, colore locale, compartimento, concordanza, contrasto, convenienza, decoro, distribuzione, dolce o dolcezza, equilibrio, fermezza, finezza, fondo, piani, prospettiva, ombre, riposo, sfondo, colorito, tono, finezza, morbidezza || leggenda, filatterio, apparecchio, patina, maniera, stile pittoresco, daltonismo, incolore, bicolore, esposizione, mostra, vernice o *vernissage*, collezione, quadreria, galleria, pinacoteca, museo, studio, modella, posa, seduta, scuola || (*colore*) agro, aspro, duro, caldo, carnoso, morbido, pastoso, fosco, fresco, monotono, vivace, uniforme, languido, debole, smagliante, splendente, sudicio, tetro, oscuro, unito || *agg.* buona, eccellente, affettata, male o ben fatta, omogenea, espressiva, originale, sporca.
pitturàre, *v.tr.* affrescare, colorare, colorire, disegnare, tinteggiare, verniciare, → DIPINGERE || descrivere || *rifl.* imbellettarsi.
piúma, *sf.* penna, peluria, calugine o caluggine, piumino || piumaggio || penna, pennacchio.
nomencl. (*piumati*) airone, casuario, marabú, mandú, struzzo, fagiano, cicogna, pavone || arte piumaria || *agg.* arricciata, crespa, morbida, leggera, rada, folta, fine, corta, lunga, colorata, bianca || *verb.* impiumarsi, spiumare, spiumacciare, impennacchiarsi.
piumàccio, *sm.* → GUANCIALE.
piumacciòlo, *sm.* → MENSOLA.
piumàggio, *sm.* → PIUMA.
piumàto, *agg.* → PENNUTO.
contr. spiumato, implume.
piumétto, *sm.* → PENNACCHIO.
piumíno, *sm.* → PENNACCHIO.
piumóso, *agg.* → PENNUTO.
píva, *sf.* cornamusa, zampogna, cennamella, sordellina, piffero.
nomencl. (*parti*) canna, otre.
piviàle, *sm.* → MANTELLO.
pízio, *agg.* pitico.
pízza, *sf.* → FOCACCIA.
pizzicàgnolo, *sm.* → MACELLAIO, SALUMIERE.
pizzicànte, *ppr.* di pizzicare || *agg.* pungente, pruriginoso, → FRIZZANTE.
pizzicàre, *v.tr.* pinzare, pizzicottare, beccare, → PUNGERE || PRENDERE || *fig.* SORPRENDERE || *intr.* produrre o sentire pizzicore, prurito, prudere || pungente, pruriginoso, → FRIZZARE.
pizzichería, *sf.* → SALUMERIA.
pízzico, *sm.* → PRESA || pizzicore, pizzicotto.
pizzicóre, *sm.* pizzico, prudore, prurito, prurigine, vellicamento || *fig.* voglia, desiderio, capriccio, uzzolo, stimolo pungente.
pizzicottàre, *v.tr.* → PIZZICARE.
pizzicòtto, *sm.* pizzico.
pízzo, *sm.* merletto, trina || punta, estremità || ciuffo, moschetta, → BARBA.
placàbile, *agg.* propizio, favorevole, benigno, arrendevole, → INDULGENTE.
contr. implacabile.
placaménto, *sm.* soddisfazione, → PACE.
placàre, *v.tr.* sedare, quietare, raddolcire, mitigare, attutire, abbonire, molcere, soddisfare, mansuefare, → CALMARE, MITIGARE, PACIFICARE.
contr. irritare, urtare, aggredire, aizzare, eccitare, incitare, inasprire, sfidare, provocare.
placatívo, *agg.* → SEDATIVO.
placàto, *pps.* di placare || *agg.* soddisfatto, disteso, saziato, benevolo, sedato, → CALMO.
contr. irritato, teso, insoddisfatto, ripiegato, contratto, irrequieto.
plàcca, *sf.* → LAMIERA || TARGA.
placidaménte, *avv.* dolcemente, tranquillamente, serenamente, pacificamente, pacatamente.
placidézza, *sf.* placidità, → CALMA, PACE, TRANQUILLITÀ || POSATEZZA.
contr. irrequietezza, irritabilità, eccitabilità, agitazione, irritazione, ira.
placidità, *sf.* → PLACIDEZZA.
plàcido, *agg.* pacifico, pacato, pacioso, flemmatico, quieto, calmo, mite, mansueto, imbelle, sereno, sedato, placato, disteso, imperturbabile, → TRANQUILLO.
contr. inquieto, irrequieto, irritabile, eccitabile, agitato, nevrastenico, teso, irritato, adirato.
plàcito, *sm.* beneplacito, *placet*, autorizzazione, approvazione, sentenza, giudizio, → OPINIONE.
contr. disapprovazione, disputa, disparere.
plàga, *sf.* giacitura (di luogo), → PAESE, ZONA.
plagiàre, *v.tr.* → IMITARE.
plagiàrio, *sm.* → IMITATORE.
plagiàto, *pps.* di plagiare || *agg.* copiato, imitato, → FALSO.
plagiàulo, *sm.* → FLAUTO.
plàgio, *sm.* → IMITAZIONE, COPIA || FURTO.
contr. proprietà intellettuale, originalità.
planetàrio, *agg.* e *sm.* → PIANETA.
planimetría, *sf.* → PIANO.
planisfèro, *sm.* mappamondo, globo.
plasmàre, *v.tr.* → CREARE, FORMARE, MODELLARE || *fig.* educare.
plasmatóre, *agg.* e *sm.* → EDUCATORE.
plàstica, *sf.* → ORTOPEDIA || SCULTURA.
plasticità, *sf.* flessibilità, → DUTTILITÀ || docilità, educabilità, rispondenza.

contr. durezza, indocilità, rigidezza, resistenza.
plàstico, *agg.* → DUTTILE || nitido, evidente, rilevato, in rilievo, scultoreo || *sm.* modello, rappresentazione in rilievo || *agg.* e *sm.* → ESPLOSIVO.
platèa, *sf.* piazza, piano, fondamenta, parte piú bassa, → TEATRO || *fig.* → PUBBLICO.
contr. cima, colmo, parte piú elevata || loggione.
plateàle, *agg.* piazzaiuolo, → TRIVIALE.
platinàre, *v.tr.* rivestire di platino.
platinàto, *pps.* di platinare || *agg.* → BIONDO.
platinotipía, *sf.* → FOTOGRAFIA.
platònico, *agg.* elevato, nobile, spirituale, puro, → IDEALE, MORALE.
contr. sensuale, carnale, passionale || volgare.
plaudíre, *v.tr.* applaudire, approvare, accettare, acconsentire, partecipare, → ACCLAMARE.
contr. disapprovare, rifiutare, fischiare, zittire.
plausíbile, *agg.* degno di plauso, di lode, accettabile, credibile, logico, tollerabile, approvabile, ammissibile, spiegabile || probabile, possibile.
contr. inaccettabile, da rifiutarsi, inspiegabile, incredibile, oscuro, intollerabile || improbabile, impossibile, assurdo.
plausibilità, *sf.* accettabilità, credibilità, tollerabilità, ammissibilità || probabilità, possibilità.
contr. inaccettabilità, intollerabilità || improbabilità, impossibilità, assurdità.
plàuso, *sm.* → LODE, APPLAUSO || APPROVAZIONE, ONORE.
plebàglia, *sf.* popolaccio, feccia, → MARMAGLIA, CANAGLIA, PLEBE.
plèbe, *sf.* massa popolare, proletariato || basso popolo, popolino, popolo minuto, volgo, classi inferiori || piazza, gente, moltitudine, turba || minuzzaglia, minutaglia, ciurmaglia, plebaglia, becerume, fango, feccia, gentaglia, teppa, teppaglia, lazzaroni, ciompi, sanculotti.
contr. nobiltà, patriziato, borghesia, classe eletta, gente eletta, classi superiori, dirigenti.
plebèo, *agg.* volgare, triviale, plateale, piazzaiuolo, ignobile || popolano, popolaresco || *sm.* becero, lazzarone, barabba, teppista, sanculotto, paria || uomo di bassa estrazione o condizione, di piccola o umile condizione, popolano, proletario.
contr. nobile, eletto, raffinato, distinto || signore, gentiluomo || borghese, aristocratico.
plebiscíto, *sm.* votazione, voto popolare || *fig.* consenso, approvazione, voto unanime.
plenàrio, *agg.* pieno, totale, unanime, → COMPLETO.
plenilúnio, *sm.* luna piena.
contr. novilunio.
plenipotenziàrio, *sm.* → AMBASCIATORE.
pleonàsmo, *sm.* sovrabbondanza, ridondanza (di parole), sovrappiú, superfluità, riempitivo, ripieno, riempitura, zeppa.
contr. laconismo, concisione || lacuna.
pleonàstico, *agg.* superfluo, inutile, in piú.
contr. laconico || utile, necessario, indispensabile.
plèsso, *sm.* ganglio, intreccio, complesso.
plètora, *sf.* sovrabbondanza, quantità eccessiva di sangue o umori || *fig.* → ECCESSO.
contr. scarsità, scarsezza, insufficienza, deficienza, povertà.
pletòrico, *agg.* || *fig.* sovrabbondante, eccessivo, troppo pieno, pieno zeppo.
contr. scarso, deficiente, insufficiente, povero.
plèttro, *sm.* archetto o penna (per strumento a corda) || *fig.* facoltà poetica, poesia, lira, canto.
plèura, *sf.*
nomencl. (*inerenti*) siero, cavità, punta di petto, pleuresia, scalmana, pleurite, pleuropolmonite || pleurocentesi, pleurotomia, pleurico.
pleuresía, *sf.* pleurisia, pleuritide, pleurite.
pleuríte, *sf.* pleuresia.
plicàta, *sf.* → PIANETA.
plíco, *sm.* lettera, piego, busta || involto, → PACCO.
plínto, *sm.* → FONDAMENTO.
ploràre, *v.intr.* → PIANGERE.
plotóne, *sm.* drappello, manipolo, piccola schiera, squadra.
nomencl. di formazione, d'esecuzione.
plúmbeo, *agg.* di piombo || color di piombo, → GRIGIO || pesante come il piombo || *fig.* pesante, tardo, noioso, greve, lento, ottuso.
contr. chiaro, limpido, sereno || leggero, lieve, svelto, alacre.
pluràle, *agg.* e *sm.* duale.
contr. singolare.
pluralità, *sf.* molteplicità, complessità, maggior numero, maggior parte.
contr. singolarità, unità, unicità.
pluralizzàre, *v.tr.* rendere plurale || moltiplicare.
contr. singolarizzare, ridurre al singolare.
pluricellulàre, *agg.*
contr. unicellulare.
plúrimo, *agg.*
contr. unico.
plutòcrate, *sm.* → RICCO || uomo potente per ricchezza.
plutocrazía, *sf.* → RICCHEZZA.
plutònico, *agg.* vulcanico.
plúvia, *sf. lett.* → PIOGGIA.
pluviàle, *sm.* → MANTELLO.
pneumàtico, *sm.* camera d'aria.
pneumonía, *sf.* → POLMONITE.
poàna, *sf.* → POIANA.
póccia, *sf.* → MAMMELLA.
pocciàre, *v.tr.* → POPPARE.
pochézza, *sf.* → POVERTÀ, SCARSEZZA || BREVITÀ.
pochíno, *agg.* → PICCOLO, POCO.
pòco, *agg.* miccino, modico, scarso, esiguo, minimo, insufficiente, → PICCOLO || un poco, → ALQUANTO || *avv.* scarsamente || per poco tempo || a buon prezzo, a basso costo || *sm.* poche cose, pochino.
contr. tanto, molto, abbondante, eccessivo.
podàgra, *sf.* → GOTTA || ARTRITE.
podére, *sm.* fondo, masseria, possessione, possedimento, campagna, campo, tenuta, tenimento, terra, predio, proprietà, possesso.
nomencl. (*tipi*) a conduzione diretta, a colonía parziale, a mezzadria || (*pertinenti*) latifondo, mezzadria, colonía, feudo, affitto, enfiteusi, estimo, censo || (*persone*) poderante, colono, affittuario, conduttore, coltivatore || servitú (attiva, passiva, di transito, d'acqua) || *agg.* fertile, pingue, ubertoso, fecondo, fruttifero, infecon-

do, sterile, improduttivo, accasato, raccolto, disperso, ben tenuto, trasandato, trascurato, ritondato, accresciuto, largo, vasto, piccolo, da poco, modello, sperimentale, allodiale, dominante, inalienabile, libero, ipotecato || *verb.* appoderare, condurre, coltivare.

poderóso, *agg.* possente, potente, gagliardo, → ROBUSTO, FORTE || GIGANTESCO.

podestà, *sm.* potestà, → CAPO, GIUDICE || autorità, giurisdizione.

pòdice, *sm.* deretano, sedere, culo, ano.

pòdio, *sm.* → PALCO.

poèma, *sm.* grande composizione poetica o musicale, canto, carme, chitarronata, fasti, idillio, poemessa, poemetto, rondò, → POESIA.

nomencl. (*suddivisione*) drammatico, didascalico, allegorico, epico, cavalleresco, eroico, narrativo, epopeico, eroicomico, orfico, romanzesco, sacro, satirico || (*elementi*) eroe, protagonista, episodio, protasi, invocazione, cantica.

poemèssa, *sf.* → POEMA.

poemétto, *sm.* → POEMA, PROSA.

poesía, *sf.* versificazione, versi, lirica, canto, cantico, poema, plettro, arte della lira, arte metrica, metrica, poetica || *fig.* idealità, bellezza spirituale, ispirazione, estro, lirismo, illusione, disinteresse, immaginazione.

nomencl. (*tipi*) goliardica, bucolica, cavalleresca, epica, drammatica, eroica, elegiaca, eroicomica, giocosa, erotica, amorosa, maccheronica, omerica, pindarica, saffica, zingaresca || (*forme*) acrostico, alba, ballata, canzone a ballo, cantata, canzone, canzonetta, cantica, capitolo, carme, cobbola, colascionata, coro, ditirambo, egloga, elegia, epicedio, epigramma, epillio, epitalamio, epodo, fabliò, frottola, idillio, inno, intermezzo, lai, laude, madrigale, maggiolata, mottetto, ode, palinodia, peana, polimetro, rapsodia, rispetto, romanza, saga, satira, sermone, sirventese, sonetto (caudato, rinterzato), stornello, strambotto, sestina, tecnopegnia, tenzone, visione || (*elementi*) accento, armonia, assonanza, chiusa, dialogismo, duplicazione, antistrofe, congedo, licenza, invio, consonanza, emistichio, epodo, piede, prosodia, rima, ripresa, ritmo, ritornello, sirima, stanza, strofe, lassa, volta, verso || cetra, lira, musa, Parnaso, Pegaso || antologia, scelta, canzoniere, zibaldone || *agg.* alata, bella, smagliante, splendida, sublime, pedestre, brutta, sbiadita, scolorita, sciatta, di vena, festevole, morta, estemporanea, facile, ritmica, ingenua, libera, piana, popolare, primitiva, rimata, sdolcinata, scucita, rozza, svenevole || *verb.* scrivere, museggiare, ispirarsi alle muse, poemizzare, poeteggiare, poetizzare, rimare, rimeggiare, sciogliere un canto, scrivere poeticamente, strimpellar canzoni, mettere in rima, danteggiare, petrarcheggiare, pindareggiare, ditirambeggiare, madrigaleggiare, colascionare, esercitarsi nella poesia.

contr. prosa || realtà, materialità, volgarità, trivialità.

poèta, *sm.* verseggiatore, versificatore, cantore, rimatore, poetante, poetaggine (*ant.*), vate, aedo, bardo, tirteo, rapsodo, arcade, pastor arcade, citaredo, menestrello, trovatore, troviere, scaldo, cigno, improvvisatore, dicitore in rima || *fig.* idealista, illuso, sognatore.

nomencl. (*tipi*) ciclico, comico, drammatico, tragico, tragicomico, decadente, di teatro o librettista, ditirambico, epigrammista, futurista, gnomico, lirico, naturalista, satirico, vernacolo, dialettale, simbolista || (*inerenti*) fuoco apollineo, furore poetico, fuoco sacro, musa ispiratrice, genio, estro, fantasia, passione, finzione poetica, licenza poetica, lauro, certame poetico || *agg.* buono, eccellente, estroso, fantasioso, geniale, cesareo, cortigiano, servile, estemporaneo, improvvisatore, laureato, coronato.

contr. prosatore || uomo positivo, calcolatore, interessato, materialista.

poetànte, *ppr.* di poetare || *sm.* → POETA.

poetàre, *v.intr.* verseggiare, versificare, rimare, rimeggiare, poeteggiare, ispirarsi alle muse, madrigaleggiare, cantare, comporre o scrivere poesie, scrivere in versi o in rima || museggiare, sciogliere un canto, scrivere poeticamente, strimpellar canzoni, danteggiare, petrarcheggiare, pindareggiare, ditirambeggiare, improvvisare, esercitarsi nella poesia.

contr. scrivere in prosa.

poeteggiàre, *v.intr.* → POETARE.

poètico, *agg.* lirico, ispirato, estroso, ideale || *fig.* → FANTASIOSO.

poetizzàre, *v.tr.* rendere poetico, idealizzare || mettere in poesìa.

contr. materializzare, rendere volgare, comune, triviale.

poggiàre, *v.tr.* e *intr.* appoggiare, appoggiarsi || fondare, basare, fondarsi, imbasare, gravare, gravitare.

pòggio, *sm.* altura → COLLE, EMINENZA.

poggiòlo, *sm.* balcone, terrazzino, balaustrata, spalletta, ringhiera, terrazza || collina.

poiàna, *sf.* poana, abuzzago, bozzaga o bozzago, bozzagro, falchetto, milano, nibbio.

poiché, *avv.* dopo che, perché, giacché, dappoiché, perocché, essendo che, atteso che, dato che, dal momento che, perciocché, indi, successivamente, ulteriormente.

pointer, *sost. ingl.* → CANE.

polarizzàre, *v.tr.* e *rifl.* attirare, concentrare, → ORIENTARE.

polèmica, *sf.* contesa, discussione, critica, controversia, diatriba, disputa, combattimento, dialogo, questione, contraddittorio, confronto, logomachia, → DISCORSO.

nomencl. polemista || *agg.* vivace, aspra, dura, accesa, fiera, feroce, cortese, calma, garbata, tranquilla, disgustosa, rissosa || *verb.* polemizzare || aprire, iniziare, chiudere, concludere, sospendere, abbandonare.

polemichétta, *sf.* → BATRACOMIOMACHIA.

polemísta, *sm.* scrittore polemico, di polemiche, controversista || *fig.* litigioso, attaccabrighe.

polemizzàre, *v.intr.* far polemiche, discutere, disputare, contendere.

polèna, *sf.* acrostolio, figura di prua, immagine scolpita (all'estremità del tagliamare).

polènta, *sf.* farinata, poltiglia, pattona.

nomencl. (*pertinenti*) paiuolo, farina, mestone, tafferia || polentaio || *agg.* morbida, dura, dolce, insipida, salata, tenera, pasticciata || ben cotta o mal cotta, ben fatta o mal fatta || *verb.* far cuocere, rimestare, dimenare, scodellare, affettare.

polentína, *sf.* → IMPIASTRO.
poliandría, *sf.* convivenza di una donna con piú uomini.
nomencl. bigamia, poligamia, poligenia, prostituzione; matriarcato.
contr. monoandria.
poliarchía, *sf.* governo di molti, diarchia.
contr. oligarchia, monarchia.
policlínico, *sm.* → OSPEDALE.
policromàtico, *agg.* → POLICROMO.
policromía, *sf.* varietà, pluralità, molteplicità di colori; decorazione a piú colori, screziatura.
contr. monocromia, monotonia, uniformità di colori.
polícromo, *agg.* policromatico, variopinto, multicolore, variegato, macchiettato, variato, cangiante, screziato, versicolore.
contr. monocromatico, unicolore, monotono, unitonale.
polièdrico, *agg.* || *fig.* multiforme, geniale, versatile, di molteplici attività, sentimenti, aspetti, qualità, capacità.
contr. monocorde, uniforme, monotono || specialista, specializzato.
polièdro, *sm.*
nomencl. tetraedro, pentaedro, esaedro, ottaedro, dodecaedro, icosaedro, ecc.; regolare, irregolare, stellato || poliedrico.
poliemía, *sf.*
contr. oligoemia.
polifàse, *agg.*
nomencl. bifase, trifase.
contr. monofase.
polifonía, *sf.* contrappunto, → MUSICA.
poligamía, *sf.* poliginía, convivenza di un uomo con piú donne.
nomencl. poliandria, bigamia; patriarcato.
contr. monogamia.
polígamo, *agg.* e *sm.*
nomencl. *agg.* bigamo, poliandrico.
contr. monògamo.
poligènesi, *sf.*
nomencl. poligenismo, monogenismo || evoluzionismo, ologenesi.
contr. monogenesi.
poliglòtto, *agg.* e *sm.* poliglotta, conoscitore di piú lingue || edizione plurilingue.
polígono, *sm.* → FORTIFICAZIONE, BALIPEDIO.
nomencl. integratore, delle forze || (*attinenti*) angolo, lato, diagonale, perimetro || triangolo, quadrato, pentagono, esagono, ottagono, decagono, ecc. || *agg.* regolare, irregolare, rettilineo, curvilineo, mistilineo, sferico, equilatero.
polígrafo, *sm.* compilatore || dilettante, → LETTERATO, ENCICLOPEDICO || ciclostile.
nomencl. *verb.* riprodurre, poligrafare, ciclostilare.
contr. specialista, specializzato (in un campo dello scibile).
poliménto, *sm.* → PULIMENTO.
poliorcètica, *sf.* → STRATEGIA.
pòlipo, *sm.* polpo, piovra || tumore benigno || *fig.* → PARASSITA.
nomencl. (*inerenti*) madrepora, corallo, idromedusa || polipaio, reteopora, ocellaria.
políre, *v.tr.* → PULIRE || render liscio, terso, lucido; lisciare, levigare, spianare, dirozzare, lustrare, affilare, digrossare, pulimentare, brunire. rifinire, → PERFEZIONARE.
contr. insudiciare, sporcare, lordare, bruttare, macchiare || irruvidire, rendere scabro || lasciare in abbozzo.
polisarcía, *sf.* → OBESITÀ, GRASSEZZA.
polisíllabo, *agg.* e *sm.* di piú sillabe.
nomencl. bisillabo, trisillabo, quadrisillabo.
contr. monosillabo.
polisíndeto, *agg.*
contr. asindeto.
polispàsto, *sm.* → PULEGGIA.
politeàma, *sm.* → TEATRO.
politeísmo, *sm.*
contr. monoteismo || ateismo.
politeísta, *agg.* e *sm.*
contr. monoteista || ateo.
politézza, *sf.* mondezza, → PULITEZZA || tersezza, → CHIAREZZA || costumatezza, finitezza, civiltà.
política, *sf.* scienza ed arte di governare, esercizio di governo, ragion di Stato, affari pubblici, arte del possibile || *fig.* modo di comportarsi, accortezza, avvedutezza, scaltrezza, furberia, astuzia, falsità, modo di destreggiarsi.
nomencl. (*tipi*) interna, estera, economica, finanziaria, tributaria, scolastica, sindacale || da caffè, delle mani nette, del piede di casa, di interessi, d'avventura, di annessione, di conquista, di guerra, di espansione, coloniale, guerrafondaia, militarista, pacifista || destrorsa, di destra, centrista, di centro, sinistrorsa, di sinistra, rivoluzionaria, moderata || (*pertinenti*) elezioni, maggioranza, minoranza, governo, opposizione, crisi, fiducia, rimpasto, coalizione governativa || elezioni, referendum, programma, comizio, propaganda || paese legale, paese reale || anarchia, rivoluzione, fanatismo, nazionalismo, federalismo, europeismo, opportunismo, trasformismo, immobilismo, assenteismo, radicalismo, colonialismo, imperialismo, pacifismo || progresso, ricorso storico, solidarietà || dogmatismo, ortodossia, deviazionismo || consorteria, setta, camarilla, compromesso, destreggiamenti, mene, moti, raggiri, accordi di corridoio, broglio, sottogoverno, clientela, favoritismo || (*persone*) uomo politico, statista, *leader*, funzionario di partito, dirigente politico || girella, camaleonte, banderuola, politicone, → POLITICANTE || *agg.* abile, accorta, avveduta, energica, saggia, onesta, sagace, buona, idonea, efficace, utile, opportuna, vantaggiosa, liberale, democratica, realista, realistica, chiara, lucida, coerente, indipendente; scaltra, maliziosa, furba, fumistica, furbesca; cattiva, debole, confusa, disonesta, inefficace, inopportuna, svantaggiosa, inidonea, anacronistica, reazionaria, passatista, conservatrice, illiberale, opportunistica, partigiana, settaria, antidemocratica, incoerente, intransigente, transigente, machiavellica, sporca, astratta, parolaia, cinguettiera, ciarliera.
politicànte, *sm.* e *f.* *spreg.* politico per ambizione o per profitto, impreparato, intrigante, maniaco di poli-

tica, avido di potere, agente, agitatore, propagandista, arrivista, arruffapopoli, camaleonte, girella, opportunista, funambolo, farabolano, trasformista, ciarlatano, politicone, politicastro, dottrinario, demagogo, possibilista, utopista, fanatico, testa calda, fazioso, settario, sovversivo, partigiano || → POLITICO.

político, *agg.* governativo, statale civico, pubblico || *fig.* → ASTUTO, FURBO || *sm.* uomo politico, governante, ministro, diplomatico, parlamentare, deputato, senatore, statista, capopartito, *leader*, funzionario di partito || demagogo, arrivista, politicone, → POLITICANTE.
nomencl. (*inerenti*) partito, voto, elezione, mandato parlamentare, carriera politica || proselite, seguace, fautore, oppositore, avversario, nemico politico || dissidente, frondista, legalitario, riformista, democratico || → POLITICA, GOVERNO.

politicóne, *agg.* e *sm.* → POLITICANTE || *fig.* → ASTUTO, FURBO.

polito, *pps.* di polire || *agg.* lisciato, lustrato, brunito || *fig.* forbito, accurato, fine.
contr. rozzo, ruvido, grossolano.

políttico, *sm.* quadro diviso in piú parti.
nomencl. dittico, trittico.

politúra, *sf.* → PULITURA.

polivalènte, *agg.* bivalente, trivalente.
contr. monovalente.

polivalènza, *sf.* valenza, bivalenza, trivalenza.
contr. monovalenza.

polizía, *sf.* pubblica sicurezza, questura || *spreg.* birraglia, sbirraglia, sbirreria, bargello.
nomencl. amministrativa, giudiziaria; di sicurezza, dei costumi, delle acque, annonaria, tributaria, militare, ferroviaria, portuale, postale, stradale, forestale, edilizia, urbana, rurale, sanitaria, segreta || ordine pubblico || (*persone*) questore, commissario, agente, poliziotto, vigile, guardia giurata, metropolitano, ispettore, *detective* || agente provocatore, angelo custode, birro, sbirro, satellite, bargello, giannizzero, agente segreto, confidente, cagnotto, conestabile, questurino || OVRA, FBI, GHEPEU, CEKA || (*pertinenti*) ammonizione, vigilanza speciale, libertà vigilata, domicilio coatto, estradizione, precetto, pedinamento, foglio di via, libro nero, guardina, guardiola, manette || pattuglione, squadra (mobile, volante, omicidi, buon costume, politica) || *verb.* ammanettare, catturare, arrestare, fermare, perlustrare, sorvegliare, fare una retata, ammonire, sbirreggiare.

poliziòtto, *sm.* agente di pubblica sicurezza, guardia, vigile, metronotte || questurino, birro, sbirro.

pòlizza, *sf.* → BIGLIETTO || ASSICURAZIONE.

polizzíno, *sm.* → BIGLIETTO.

pólla, *sf.* sorgente, acqua sorgiva, acqua viva, → FONTANA.

pollàio, *sm.* stia, gallinaio.

pollaiòlo, *sm.* → POLLIVENDOLO.

pollàre, *v.intr.* → GERMOGLIARE.

pollàstra, *sf.* → GALLINA.

pollàstro, *sm.* pollo giovane, galletto, → POLLO || *fig.* sempliciotto, ingenuo, merlotto, merlo.

pollería, *sf.* → MERCATO.

pòllice, *sm.* → DITO.
nomencl. prensile, verso || alluce, polpaccio.

pòlline, *sm.* seme, polvere seminale, polviscolo.
nomencl. (*organi maschili*) stame, antera, androceo.

pollivéndolo, *sm.* pollaiolo, gallinaio, pollastriere.

póllo, *sm.* pollastro, gallo, galletto, cappone, gallina.
nomencl. (*vari*) da mercato, di allevamento, agostano, calzato, cappelluto, marzuolo, nano, padovano, livornese, ricciuto, vagante, in muta, di stia, inghebbiato, nostrano, importato || (*pollame*) anitra, oca, piccione, chioccia, pollanca, pulcino, tacchino, uovo, covata || (*parti*) anca, bargigli, bargiglioni, ala, becco, budella, buzzo, codrione, collo, coscia, cresta, forcella, fegato, gozzo, ovidotto, pelo, peluria, calugine, penne, piume, petto, sprone, ventriglio || (*inerenti*) stia, capponaia, pollaio, pastoio, covata, becchime, mangime, pastone, pollame, polleria, pollina || pollicoltura || (*patologia*) calcinaccio, colera, corizza, pipita, difterite, epilessia, flogosi, goccia, gotta, groppone, pidocchio dei polli, scabbia, rachitite, tifo || (*modi di cottura*) pollo arrostito, alla cacciatora, in gelatina, lessato, in teglia, in gratella, crocchette || *verb.* appollaiarsi, bezzicare, chicchiricchiare, covare, raspare, ruspare, razzolare, schiamazzare, sparnazzare, sparnicciare, spollinarsi, starnazzare || accapponare, disossare, imbeccare, lardellare, sbuzzare, scalcare, scosciare, spennare, sventrare, tirare il collo.

pollóne, *sm.* → ALBERO, GERMOGLIO, INNESTO.

pollúto, *agg. lett.* macchiato, imbrattato, insozzato, corrotto, lordato, contaminato.
nomencl. polluzione.
contr. incontaminato, puro, pulito, casto.

polmóne, *sm.*
nomencl. (*elementi*) alveoli, apice, arterie, ala, bronchi, caverne, lobi, cellule polmonari, mediastino, petto, pleura, trachea, vene, vie aeree || (*patologia*) catarro, bolsaggine, tosse, broncopolmonite, ascesso polmonare, caseosi polmonare, cancrena, emotossi, emottisi, emorragia, enfisema, consunzione, etisia, flussione, pleurite, pneumocele, pneumonite, pneumotifo, polmonite, tabe polmonare, tisi, tubercolosi || pneumococchi || (*attinenti*) ossigeno, acido carbonico, respirazione, ematosi, docimasia polmonare, pneumoscopio, pneumotorace, pneumotonia || *verb.* aspirare, inspirare, respirare, espirare, espettorare, spolmonare.

polmoníte, *sf.* pneumonia, polmonia.

pòlo, *sm.* bilico, cardine, || ganghero.
nomencl. (*vari*) antartico, artico, sud, nord, celeste || elettrico, magnetico, negativo, positivo, omologo, matematico || (*pertinenti*) abbassamento, altezza || circolo polare, banchina o banchiglia, ghiacciaio || unipolare, bipolare.

pólpa, *sf.* polpaccio, → CARNE || parte molle di un frutto || *fig.* nucleo, parte sostanziale, sostanza (di un discorso, di una dottrina).
nomencl. *verb.* impolpare, spolpare, rimpolpare.
contr. osso, scheletro; nòcciolo, buccia, torso.

polpàccio, *sm.* → POLPA.
nomencl. gamba, ginocchio.

polpacciúto, *agg.* → GRASSO.

polpétta, *sf.* crocchetta, polpaccia.

polpettóne, *sm.* pappolata || *fig.* opera voluminosa, indigesta, confusa, pesante; pasticcio, cibreo.

pólpo, *sm.* → POLIPO.
polpóso, *agg.* polputo, → GRASSO.
polsíno, *sm.* paramano, guardamano, risvolto, manopola, → MANICHINO.
pólso, *sm.* parte del braccio || arteria e suo battito || *fig.* energia, nervo, redine, → FORZA, VIGORE.
nomencl. (*attinenti*) battito, battuta, pulsazione || febbre, polsista, alloritmia, anacrotismo, anomalia, elevazione del polso, eteroritmo || sfigmia, sfigmometro || *agg.* agitato, placido, debole, quieto, forte, irregolare, regolare, malfermo, minuto, piano, pieno, ravvivato, riposato, sottile, tenue, veloce, vibrato, vigoroso, vivace, accelerato, frequente, lento, apiretico, araneo, aritmico, arterioso, atlipto, caprizzante, discreto, filiforme, formicolante, intercorrente, intermittente, sistematico, vario, parletico || *verb.* tastare, cercare, sentire, toccare.
poltíglia, *sf.* imbratto, → IMPIASTRO || POLENTA || FANGO.
poltiglióso, *agg.* plutaceo, → FANGOSO.
poltríre, *v.intr.* stare a letto per pigrizia, impoltronire, poltroneggiare, covare il letto, oziare.
contr. spoltronire, spoltrire, spigrire || agire, operare, lavorare, affaccendarsi.
poltróna, *sf.* seggio, seggiolone, seggiolona, → SEDIA.
nomencl. (*tipi*) a sdraio, con le rotelle, di cuoio, a dondolo, con elastici, di paglia, di vimini, di canna d'India, alla Savonarola, alla Raffaello || (*elementi*) bracciuolo, molle, imbottitura, copertella, fusto, capiera.
poltronàggine, *sf.* poltroneria, poltronia, → PIGRIZIA.
poltróne, *sm.* mangiapolenta, neghittoso, infingardo, inerte, scioperato, → INDOLENTE, OZIOSO || VILE.
contr. laborioso, attivo, àlacre, solerte, operoso || coraggioso.
poltroneggiàre, *v.intr.* → OZIARE.
poltronería, *sf.* → OZIO, PIGRIZIA.
poltronière, *sm.* paltoniere, → RIBALDO.
pólvere, *sf.* cipria, farina, limo, polve, polverio, polverone, polverino, rena, spolverino, tritume, renella, cenere || pulviscolo, polviscolo || *fig.* → NULLA || polvere seminale, → POLLINE || ESPLOSIVO.
nomencl. nuvolo, strato, globo, bioccolo || carica, polverificio, polveriera || polverizzatore || *verb.* impolverare, polverizzare, spolverizzare, spolverare, macinare, pestare, sfarinare, spappolare || gettare, buttar polvere, morder la polvere.
polveríno, *sm.* → POLVERE.
polverío, *sm.* → POLVERE.
polverizzàbile, *agg.* → FRIABILE.
polverizzàre, *v.tr.* nebulizzare, spruzzare, macinare, grattugiare, stritolare, tritare, sminuzzare, sfarinare, dissolvere || *fig.* annientare, → DISTRUGGERE.
polverizzatóre, *sm.* nebulizzatore, → INALATORE.
polverizzazióne, *sf.* → DISTRUZIONE.
polveróne, *sm.* → POLVERE.
polvíscolo, *sm.* pulviscolo, polline, → POLVERE.
pomàio, *sm.* pomario, pomiere, → ORTO, POMETO.
pomarànçio, *sm. ant.* melarancio, → ARANCIO.
pomàrio, *sm.* pomaio, pomiere, frutteto, → POMETO.
pomàta, *sf.* manteca, unguento, vaselina, ceretta, → MEDICAMENTO || cosmetico, brillantina, → BELLETTO.
nomencl. *verb.* impomatarsi, lardellarsi, ungersi.

pomàto, *agg.* → POMELLATO.
pomellàto, *agg.* leardo, pomato, pallato, → MACCHIATO.
pomeràno, *agg.* e *sm.* → CANE.
pomeridiàno, *agg.* vespertino, meridiano.
contr. antimeridiano, mattutino.
pomeríggio, *sm.* vespro, meriggio.
contr. mattino.
pòmero, *sm.* → CANE.
pométo, *sm.* pomaio, pomario, pomiere, frutteto, → ORTO.
pomiciàre, *v.tr.* impomiciare || *fig. volg.* adulare, lusingare, blandire; amoreggiare.
pomiciàto, *pps.* di pomiciare || *agg.* impomiciato.
pomiciatúra, *sf.* impomiciatura.
pomicoltúra, *sf.* pomologia, frutticoltura.
pomidòro, *sm.* → POMODORO.
pomière, *sm.* → POMETO.
pómo, *sm.* → PALLA, ELSA || albero da frutto, frutta || (di terra) → PATATA.
pomodòro, *sm.* pomidoro.
nomencl. giallo, rosso, primaticcio, a pera || (*prodotti*) sugo, salsa, conserva, concentrato.
pomología, *sf.* pomicoltura, frutticoltura.
pómpa¹, *sf.* ostentazione, sfoggio, sfarzo, spagnolismo, megalomania, → FASTO, LUSSO, GALA || CERIMONIA || vanto, vanteria, ampollosità, → ENFASI.
pómpa², *sf.* → TROMBA.
pompàre, *v.tr.* trombare, tirare acqua || *fig.* gonfiare.
pompeggiàre, *v.intr.* far pompa, ostentare, sfoggiare, grandeggiare || *rifl.* pavoneggiarsi, gonfiarsi, vantarsi.
pompière, *sm.* vigile del fuoco.
nomencl. (*pertinenti*) caserma, posto di guardia, chiamata, avvisatori, bocche d'acqua || pompe a mano, a braccia, a vapore, locomobili; estintori, idranti, scale, ramponi, maschere, asce, picconi, scuri, martelli, lenzuolo di salvataggio, amianto, barella, elmo, cintura di sicurezza, divisa.
pompóso, *agg.* grandioso, grande, fastoso, lussuoso, magnifico, appariscente, maestoso, sfarzoso, spettacoloso, splendido, solenne, principesco, regale, spagnolesco, teatrale, coreografico || *fig.* → ENFATICO, AMPOLLOSO.
contr. semplice, dimesso, modesto, misurato, temperato.
pòncio, *sm.* puncio, *poncho* (*sp.*), → MANTELLO.
ponderàbile, *agg.* pesabile, misurabile, tangibile.
contr. imponderabile, indeterminabile.
ponderàre, *v.tr.* → BILANCIARE, PESARE, MISURARE || OSSERVARE, ESAMINARE, GIUDICARE, PENSARE.
ponderatézza, *sf.* riflessione, considerazione, precauzione, prudenza, equilibrio, → MODERAZIONE, PENSIERO.
contr. precipitazione, impulsività, imprudenza, irriflessione, sbadataggine.
ponderàto, *pps.* di ponderare || *agg.* → FONDATO.
ponderazióne, *sf.* → MEDITAZIONE, PENSIERO || MODESTIA || POSATEZZA.
ponderóso, *agg.* faticoso, impegnativo, → GRAVE || *lett.* pesante, oneroso, → CARICATO.
contr. leggero, lieve.
pòndio, *sm.* → PRESSIONE.
pòndo, *sm. lett.* → PESO.

ponènte, *sm.* ovest, → OCCIDENTE.
contr. est, levante.
poney, *sost. ingl.* → CAVALLO.
pontàre, *v.intr.* → PUNTARE.
pónte, *sm.* cavalcavia, palanca, palancola, passerella, passatoio, valicatoio, pontile, passaggio, imbarcatoio, sbarcatoio, viadotto || → IMPALCATURA, PALCO.
nomencl. (*tipi*) a castello, a travate, coperto, in legno, in ferro, in cemento armato, in muratura, di barche, su cavalletti, di chiatte, di corda, girevole, militare, pensile, levatoio, portatile, semovente, sospeso || (*elementi*) ala, campata, arcata, testa, banchina, bocca, cassone, fiancata, luce, intradosso, imbotte, marciapiede, parapetto, pilone, spalletta, sprone || pontiere, pontonaio || *verb.* fare, gettare, erigere, costruire, fondare, fabbricare, disegnare, ideare, levare, distruggere, tagliare, rovinare, cadere, far saltare, minare.
pontéfice, *sm.* → PAPA.
pontière, *sm.* pontoniere.
pontificàle, *agg.* → PAPALE || *sm.* cerimonia (con abiti pontificali), libro contenente preghiere e cerimonie (episcopali).
pontificàre, *v.tr.* celebrare funzioni religiose pontificalmente || *fig.* aver sussiego, darsi importanza, darsi arie; parlare con sussiego, con aria di superiorità, trinciare giudizi, fare il saccente.
pontificàto, *sm.* → PAPATO.
pontifício, *agg.* → PAPALE.
pontíle, *sm.* → IMBARCATOIO, PONTE.
pònto, *sm. lett. poet.* → MARE.
pontonàio, *sm.* pontaio, pontoniere.
pontonière, *sm.* pontiere, pontaio, pontonaio.
ponzàre, *v.intr.* fare uno sforzo, spingere, pontare || *fig.* lavorare faticosamente, con sforzo.
contr. improvvisare, abborracciare, tirar via, lavorare agevolmente.
pòpe, *sm.* prete ortodosso.
popolàccio, *sm.* → CANAGLIA.
popolàno, *agg.* popolare || *sm.* → PLEBEO.
popolàre[1]**,** *v.tr.* empire di gente, rendere abitato, empire di popolo, far popoloso, colonizzare, ripopolare, → EMPIRE.
contr. spopolare, diminuire o scarseggiare di popolazione.
popolàre[2]**,** *agg.* di popolo, popolaresco, demagogico, plebeo, → DEMOCRATICO || conosciutissimo, noto a tutti, famoso, in voga, in auge, caro al popolo, beniamino del popolo.
contr. patrizio, nobile, aristocratico || signorile, distinto || impopolare, sconosciuto, ignoto.
popolarésco, *agg.* → POPOLARE, VOLGARE.
popolarità, *sf.* grande notorietà, celebrità, voga, favore del popolo, aura popolare, → FAMA, GLORIA.
contr. impopolarità.
popolarizzàre, *v.tr.* rendere popolare, diffondere, spacciare, divulgare, abbassare, volgarizzare, rendere facile, involgarire.
contr. aristocratizzare, elevare, nobilitare.
popolàto, *pps.* di popolare || *agg.* abitato, popoloso, molto frequentato.
contr. spopolato, deserto, disabitato.
popolazióne, *sf.* gente, nazione, razza, abitanti, cittadini, cittadinanza, → POPOLO.
nomencl. (*caratteri*) stabile, permanente, avventizia, fluttuante, emigrante, mista, agglomerata, sparsa, nomade, fissa, agricola, urbana, cittadina, civile, militare, rurale, religiosa, mista; assoluta, relativa, maschile, femminile || (*specificazioni*) borghigiani, cittadini, contadini, isolani, indigeni, montanini, nativi, paesani, valligiani, terrazzani || (*inerenti*) anagrafe, censimento, statistica, stato d'anime, migrazione, emigrazione, immigrazione || demografia.
popolíno, *sm.* → PLEBE, VOLGO.
pòpolo, *sm.* popolazione, cittadinanza, nazione, territorio, comunità politica, Stato || plebe, volgo, quarto stato, proletariato || gente, stirpe || pubblico, folla, → MOLTITUDINE, COMPAGNIA.
nomencl. (*attinenti*) cittadini, democrazia, generazione, piazza, plebaglia || opinione pubblica, assemblea, assembramento, riunione, comizio, tumulto, agitazione, ordine pubblico, voto, elezioni, referendum, plebiscito, ribellione, rivolta, rivoluzione, risorgimento, progresso, folclore o popolaresca || (*persone*) capopopolo, arruffapopoli, demagogo, despota, dimostrante, tribuno || endemico, pandemico, etnico || (*scienze*) demologia, etnografia, demografia, demoscopia, piscologia delle folle || populismo || *agg.* basso, grasso, predestinato, eletto || aborigeno, primitivo, agricoltore, antropofago, bellicoso, belligero, militaresco, cacciatore, pescatore, favoloso, leggendario, mitologico, geofago, idolatra, credente, pagano, lotofago, nomade, stabile, errante, migrante, ramingo, zingaro, pigmeo, troglodita, civile, progredito, indipendente, schiavo, sottomesso, oppresso, selvaggio, barbaro, incivilito, invasore, vincitore, oppressore, dominatore, prosperoso, ricco, audace.
contr. nobiltà, aristocrazia, borghesia, signori, maggiorenti, magnati.
popolóso, *agg.* → POPOLATO, ABITATO.
popóne, *sm.* melone.
nomencl. (*parti*) scorza, polpa, semi || *agg.* damaschino, moscatello, zuccherino, acerbo, maturo, vernino.
póppa, *sf.* parte posteriore della nave || → MAMMELLA.
contr. prua, prora.
poppaióne, *sm.* succhione.
poppànte, *ppr.* di poppare || *sm.* e *f.* → LATTANTE.
poppàre, *v.tr.* succhiare (il latte), pocciare, suggere, zinnare, assorbire || *fig.* bere assaporando.
poppavía, *sf.* verso poppa.
contr. proravía.
poppière, *sm.* → BARCAIOLO, REMATORE.
pòrca, *sf.* → SCROFA || rialzo di terra tra due solchi.
porcàio o porcàro, *sm.* → PASTORE || *fig.* luogo sudicio, affare sudicio o disonesto, → SUDICERIA, PORCHERIA.
porcellàna, *sf.* maiolica, ceramica, terracotta, biscotto || oggetto di porcellana.
nomencl. (*tipi*) faentina, greggia, del Giappone, tedesca, orientale, cinese, dura, rossa, tenera o francese, mezza porcellana || (*procedimento*) muffola, vernice, vetrificazione, cottura, forno, figula, caolino.
porcellíno, *sm.* → MAIALE || porcellino d'India, → CAVIA.
porcèllo, *sm.* → MAIALE.

porchería, *sf.* sudiciume, sudiceria, cosa sporca o spregevole o disgustosa, cosa malriuscita, malfatta, porcaio || *fig.* bricconata, porcata, birbonata, boiata, azionaccia || → OSCENITÀ.

porcíle, *sm.* stabbiolo, truogolo, → STALLA || *fig.* luogo sudicio.

pòrco, *sm.* → MAIALE || *fig.* → SUDICIONE.

porcospíno, *sm.* istrice, riccio || *fig.* persona scontrosa, intrattabile, irascibile.

contr. *fig.* agnellino.

pòrgere, *v.tr.* parare, offrire, presentare, dare, regalare, prodigare, conferire, concedere, accordare || dire, parlare, pronunziare, recitare, declamare, gestire.

contr. portar via, ritirare, togliere, riprendere, negare (qualcosa).

pornografía, *sf.* → OSCENITÀ.

pornogràfico, *agg.* → OSCENO.

porosità, *sf.* spugnosità.

contr. compattezza, densità.

poróso, *agg.* spugnoso, cavernoso.

contr. compatto, denso.

pórpora, *sf.* ostro, vermiglio || stoffa tinta di porpora, veste regale, veste cardinalizia || *fig.* dignità cardinalizia, autorità regia.

nomencl. porporaio, porfirogenito || purpureo, porporino || porporato || *verb.* imporporare, porporeggiare.

porporàto, *agg.* vestito di porpora || *sm.* cardinale.

porporíno, *agg.* rosso vivo, purpureo, rubicondo, rubizzo, vermiglio.

pórre, *v.tr.* → METTERE, POSARE || rivolgere, presentare || esporre, asserire, → SUPPORRE || *rifl.* mettersi, collocarsi || accingersi.

nomencl. (*composti*) anteporre, apporre, comporre, contrapporre, deporre, disporre, esporre, frapporre, imporre, interporre, opporre, posporre, preporre, riporre, scomporre, sovrapporre, trasporre.

contr. levare, togliere || levarsi, smettere.

pòrro, *sm.* → PROTUBERANZA, VERRUCA.

pòrta, *sf.* apertura, àdito, accesso, bussola, entrata, ingresso, egresso o uscita, portone, uscio, portello, posterla, postierla, pusterla, limitare, passaggio, soglia, sortita, usciale, varco || *fig.* → ORIGINE.

nomencl. (*distinzioni*) di casa, della città || di soccorso, di prua || attica, dorica, ionica, gotica, romanica, barocca || arcata, bifora, trigeminata, bugnata, principale, padronale, di servizio, ferrata, finta, laterale, maestra, quadrata, santa || (*elementi*) antiporta, atrio, battiporta, cancello, controporta, portale, prodromo, vestibolo, vetrata || alette, fianchi, piedritti, ancona, arcale, arco, architrave, arpioni, bande, bandella, battente, bracciuolo, cardine, catena, catenaccio, chiavistello, cornice, cornicione, gangheri, gattaiuola, imposta, intelaiatura, luce, maniglia, martello, nasello, paletto, picchio, picchiotto, paracarro, saliscendi, serratura, soglia, soprapporto, sportello, stipite, strombatura, strombo, vano, spranga, sprangatura, puntello || guardaportone, portineria, portinaio, portiere, soppedaneo || *agg.* grande, sbarrata, chiusa, spalancata, socchiusa, rustica, civile, segreta, aperta || *verb.* abbattere, accompagnare, accostare, aprire, battere, bussare, chiudere, socchiudere, forzare, picchiare, puntellare, sbarrare, serrare, scardinare, scassinare, sfondare, sprangare, spalancare, grattare, raspare, sbatacchiare || cigolare, girare sui cardini, chiudersi, aprirsi, uscire, entrare.

portabagàgli, *sm. indecl.* → FACCHINO.

portabandièra, *sm. indecl.* alfiere, bandieraio, gonfaloniere, portainsegna, portastendardo, signifero, stendardiere, vessillifero, vessillario.

portacénere, *sm. indecl.* posacenere, ceneriera.

portafiàsco, *sm.* reggifiasco, salvafiasco.

portafióri, *sm. indecl.* portavasi.

portafògli o **portafòglio,** *sm. indecl.* → BORSA.

portafortúna, *sm. indecl.* → AMULETO.

portainségna, *sm. indecl.* → PORTABANDIERA.

portalèttere, *sm.* e *f. indecl.* postino, procaccia, distributore, fattorino, cursore.

portaménto, *sm.* abito, aria, fisionomia, modo di stare, di camminare, incesso, movenza, positura, → ASPETTO, ATTEGGIAMENTO. ANDATURA || *fig.* condotta abituale, comportamento, contegno.

nomencl. *agg.* grave, austero, severo, superbo, marziale, dimesso, umile, modesto, ossequioso.

portamonéte, *sm. indecl.* borsellino, → BORSA.

portampólle, *sm. indecl.* oliera, acetiera, ampolliera.

portamúsica, *sm. indecl.* leggio.

portantína, *sf.* palanchino, bussola, sedia portatile, sedia gestatoria, sedia volante || lettiga, barella.

portantíno, *sm.* bussolante.

portànza, *sf.* → PORTATA.

portapénne, *sm. indecl.* asticciuola, cannello, penna.

portaprànzi, *sm. indecl.* portavivande.

portàre, *v.tr.* addurre, recare, arrecare, apportare, trasportare, tradurre, guidare, menare, condurre, allegare, asportare, immettere, trascinare, trasferire, baiulare, rimettere, differire, protrarre, ingroppare, prendere, rapire, rimuovere, riportare, sballottare, sollevare, someggiare, tenere, togliere, torre || sostenere, reggere, sopportare || avere indosso, indossare, → CALZARE || produrre, generare || comportare, permettere, consentire || proteggere, caldeggiare || portare fuori o all'estero, → ESPORTARE || *rifl.* → ANDARE.

nomencl. (*modi*) a braccia, ad armacollo, a barella, a cavalluccio, a schiena d'asino, a spalla, a tracolla, di peso, di pianta, in collo, in spalla, sul dorso, sulla schiena, sulla groppa, in macchina || (*persone*) portatore, messaggero, portavoce, facchino, portabagagli, latore, apportatore, esibitore, fattorino, porgitore, portantino || portamento, portata, trasporto.

contr. mandare, inviare, licenziare, spedire.

portastendàrdo, *sm.* → PORTABANDIERA.

portàta, *sf.* portanza, porto, portatura, forza, capacità, possibilità, potenza || (di arme da fuoco) gittata, tiro, distanza || (di veicolo, di nave) carico possibile || vivanda in tavola, → PIETANZA.

portàtile, *agg.* portabile, trasportabile, trasferibile, conducibile, adducibile || comportevole, sopportabile.

contr. intrasportabile.

portàto, *pps.* di portare || *agg.* predisposto, inclinato, incline || *sm.* conseguenza, apporto.

portatóre, *sm.* → MESSAGGERO || FACCHINO.

portatúra, *sf.* → PORTO.

portavàsi, *sm. indecl.* portafiori, trespolo.

portavivànde, *sm. indecl.* portapranzi.
portavóce, *sm. indecl.* megafono, telefono, altoparlante || rappresentante autorizzato, messaggero.
portèllo, *sm.* → PORTA || BOTOLA.
portènto, *sm.* prodigio, → MIRACOLO, MERAVIGLIA.
portentóso, *agg.* → MIRACOLOSO, MERAVIGLIOSO.
porter, *sost. ingl.* → BIRRA.
portería, *sf.* portineria, guardiola.
porticàle, *sm.* → PORTICO.
porticàto, *sm.* → PORTICO.
pòrtico, *sm.* porticale, porticato claustro, chiostro, colonnato, cortile, esedra, galleria, loggia, loggiato, periptero, peristilio, pronao, propileo, prostilo, stoa, veranda, nartece || ambulacro, passeggio.
nomencl. (*tipi*) architravato, dorico, ionico, corinzio, gotico, romanico, decastilo, ottastilo, pentastilo.
portièra, *sf.* → TENDA || sportello.
portière, *sm.* → PORTINAIO.
portinàio, *sm.* portinaro, portiere, ostiario, atriense, custode, usciere, guardaportone, svizzero, cerbero.
portinería, *sf.* porteria.
pòrto[1], *sm.* cala, ancoraggio, ansa, baia, calanca, canale, conca, fiordo, golfo, insenatura || *fig.* mèta, rifugio, luogo di arrivo e di riposo, luogo sicuro.
nomencl. (*distinzioni*) naturale, artificiale, di facile accesso, fortificato, di guerra o militare, franco, commerciale, fluviale, lacustre, marittimo || (*elementi, parti*) antiporto, avanporto, barcarizzo, portabacino || barra, chiusura, colmata, empifondo, interrimento || antemurale, bacino (di carenaggio, di raddobbo), banchina o calata, barricata volante, berma, bocca, imboccatura, catena, dicco, *dock*, pontile, goletta, longherina, molo, punti franchi, rada, arsenale, cantiere, squero, lazzaretto, pegoliera || emporio, magazzino, capitaneria di porto, dogana || (*persone*) portuale, calafato, facchino, capitano di porto, fanalaio, guardiano del faro, squeraruolo, pilota, portolano || (*macchine e naviglio*) argano, biga, cavafondo, draga, maona, chiatta, pontone, zattera || *agg.* sicuro, tranquillo, malfido, difeso, fondo, profondo, ostruito, libero || *verb.* approdare, attraccare, ormeggiare, avere libera pratica, lasciare il porto, salpare.
pòrto[2], *sm.* trasporto, portatura, spedizione, assegno || prezzo del trasporto, francatura.
portogàllo, *sm.* → ARANCIA.
portolàno, *sm.* libro di descrizioni geografiche (per uso dei naviganti), libro descrittivo dei porti con carte marine || portulano, pilota, nocchiero.
portombrèlli, *sm. indecl.* posaombrelli.
portóne, *sm.* → PORTA.
portuàle, *agg.* portuario || *sm.* facchino, portatore, camalo o camallo (*dial.*).
portuàrio, *agg.* portuale.
portuóso, *agg.* (paese, lido) ricco di porti.
contr. importuoso.
porzióne, *sf.* pezzo, → DOSE, PARTE || razione, → PIETANZA.
pòsa, *sf.* pausa, → FERMATA, SOSTA || artificio, → AFFETTAZIONE || ATTEGGIAMENTO || POSATURA.
posacénere, *sm. indecl.* portacenere, ceneriera.
posaménto, *sm.* → SOSTEGNO || RIPOSO.
posaombrèlli, *sm. indecl.* portombrelli.
posapiàno, *sm.* e *f. indecl.* persona lenta, flemmatica, distesa, comoda, placida.
contr. persona impulsiva, affannata, irrequieta, frenetica, violenta.
posàre, *v.tr.* adagiare, porre, deporre, riporre, mettere, metter giù, collocare, smettere, appoggiare || *intr.* → FERMARE, GIACERE || ATTEGGIARE || far sedimento, depositare, precipitare (di materia solida contenuta in un liquido) || *lett.* stare in pace, fermarsi, aver tregua, sostare, → RIPOSARE.
nomencl. (*inerenti*) fanghiglia, feccia, fondiglia, fondo, sedimento, precipitato, posatura || deposizione, deposito, collocazione, posizione, posto.
contr. muoversi, agitarsi, agire || rimettersi in moto, in cammino || riprendere.
posàta, *sf.* cucchiaio, forchetta, coltello, posto apparecchiato a mensa, coperto.
nomencl. (*tipi*) d'oro, d'argento, di acciaio inossidabile, di ottone, di bosso o bossolo || coltelliera, forchettiera, custodia, forzierino, reggiposata.
posatézza, *sf.* ponderazione, riflessione, calma, tranquillità, quietezza, placidezza, prudenza, flemma.
contr. sventataggine, irrequietezza, avventatezza, impulsività, imprudenza, temerità.
posàto, *pps.* di posare || *agg. fig.* quieto, tranquillo, riflessivo, prudente, grave.
contr. irrequieto, irriflessivo, agitato, imprudente, avventato, sventato, scattante.
posatúra, *sf.* deposito, sedimento, posa, feccia, fondiglio, precipitato, fondaccio, mondiglia, morchia, residuato, impostime.
contr. effervescenza.
poscrítto, *sm.* → AGGIUNTA.
positíva, *sf.*
contr. negativa.
positivísmo, *sm.* razionalismo, sperimentalismo, empirismo, realismo, filosofia sperimentale.
contr. idealismo, idealità.
positívo, *agg.* reale, certo, sicuro, evidente, vero, effettivo, pratico, concreto, sperimentale, accertato, interessato, preciso, utilitario, serio || affermativo.
contr. incerto, irreale, disinteressato, astratto, metafisico, poetico, aereo, ideale || negativo.
positúra, *sf.* postura, → ATTEGGIAMENTO || collocazione, giacitura, → POSIZIONE || LUOGO.
posizióne, *sf.* positura, postura, atteggiamento, attitudine, portamento, posa || situazione, equilibrio, sito, posto, luogo, giacitura, collocazione, punto, ubicazione || collocazione || (*err.*, ma nell'uso) condizione, stato, grado; condizione di agiatezza, di prosperità.
poslúdio o **postlúdio,** *sm.*
contr. preludio.
pospórre, *v.tr.* → METTERE || sommettere, posticipare, differire, rimandare, lasciar da parte, trascurare, postergare || sacrificare.
contr. anteporre, preporre || anticipare, affrettare, preferire.
pospositívo, *agg.* postergato.
pospósto, *pps.* di posporre || *agg.* messo dopo, valutato meno, trascurato.

contr. anteposto, anticipato, premesso, preferito.

pòssa, *sf. lett.* vigore, potere, possanza, → POTENZA.

possànza, *sf. lett.* → FORZA, POTENZA.

possedére, *v.tr.* entrare in possesso, prendere possesso, avere in possesso, tenere in possesso, occupare, dominare, impadronirsi, impossessarsi, usurpare, ricuperare, riacquistare, riavere, disporre, fruire, avere, padroneggiare, godere || conoscere a fondo (una scienza, una tecnica, un argomento) || *assol.* essere ricco, proprietario, possidente.

contr. essere privo, povero, sprovvisto, mancare, non usufruire.

possediménto, *sm.* → DOMINIO || PODERE.

posseditóre, *sm.* → POSSESSORE.

possedúto, *pps.* di possedere || *sm.* → OSSESSO.

possènte, *agg. lett.* → FORTE, POTENTE || GIGANTESCO.

possessióne, *sf.* → PODERE || POSSESSO.

possèsso, *sm.* dominio, possessione, possedimento, possidenza, signoria, proprietà, detenzione, padronanza, occupazione, acquisto, patrimonio, bene || fruizione, uso, godimento || → PODERE || cognizione completa, padronanza d'una scienza, d'una tecnica, d'una lingua.

nomencl. (*vari*) naturale, civile, privato, comunale, provinciale, demaniale, camerale, corporale, alienabile, inalienabile || (*pertinenti*) allodio, beni (ademprivili, allodiali, camerali, demaniali, comunali, provinciali, consorziali, corporali, fungibili, immobili, mobili, stabili, inalienabili, alienabili, incorporati, non fungibili, principali, accessori), averi, beneficio, compossesso, feudo, fondo, immobili, manomorta, ricchezza, stabili, rendita, titoli || (*atti del possesso*) evizione, azioni possessorie, procedimento possessorio, manutenzione, denuncia di nuova opera, usucapione, permuta, acquisto, vendita, cessione, attivo, passivo, diritto, livelli (attivi o passivi) || *agg.* giusto, ingiusto, di buona o mala fede, originario, derivato, reale, fittizio, legale, illegale, onesto, completo, totale, parziale, legittimo, illegittimo || *verb.* acquistare, appropriarsi, impossessarsi, prendere, incamerare, occupare, ricuperare, rivendicare, concedere, conferire, confiscare, espropriare, immettere, insediare, investire, molestare, perdere, reintegrare, sequestrare, spodestare, spogliare, spossessare, staggire, trasmettere, turbare, lasciare in eredità.

possessóre, *sm.* posseditore, possidente, proprietario, padrone, signore, detentore, tenitore, compossessore, comproprietario, condomino, abbiente.

contr. nullatenente, senza beni, proletario, inope, miserabile, mancante, diseredato.

possíbile, *agg.* facile, fattibile, modificabile, avverabile, realizzabile, ottenibile, adempibile, eseguibile, attuabile, effettuabile, tentabile || accettabile, ammissibile, credibile, approvabile, attendibile, fededegno, plausibile, pensabile, concepibile, immaginabile, opinabile, supponibile, probabile, ipotizzabile, presumibile, prevedibile, previsibile, presagibile, pronosticabile, verisimile, verosimile, verificabile, visibile || eventuale, virtuale, potenziale.

contr. impossibile, inattuabile, immodificabile, improbabile, ineffettuabile, difficile, inaccettabile, inammissibile, inopinabile, imprevedibile || inverosimile, assurdo, irragionevole, utopistico incredibile.

possibilità, *sf.* attuabilità, effettuabilità, fattibilità, facilità, ammissibilità, attendibilità, credibilità, plausibilità, verisimiglianza o verosimiglianza, verificabilità, prevedibilità, probabilità || causalità, eventualità, evenienza, opportunità, occasione, caso, contingenza, destro, mezzo, modo, potere, potestà, facoltà, forza, portata, potenza, potenzialità, virtualità, sufficienza, valore, vigore, virtú.

contr. impossibilità, inattuabilità, ineffettuabilità, inammissibilità, inconcepibilità, inverisimiglianza || assurdità, paradosso, utopia, incredibilità, impotenza.

possibilménte, *avv.* all'occasione, a misura del possibile, potendo, alla meglio possibile, per quanto possibile, a piú non posso, a tutta possa, a tutto andare, a tutto spiano, quanto piú si può, a tutto potere, per quanto è in noi, → FACILMENTE.

possidènte, *sm.* → POSSESSORE.

contr. nullatenente.

possidènza, *sf.* dominio, signoria, tenuta, proprietà, possessione, → POSSESSO.

contr. nullatenenza.

pòsta, *sf.* servizio postale, ufficio postale, palazzo delle poste || → CORRISPONDENZA || orma, traccia || luogo di appostamento, di ritrovo, di attesa, al varco, → APPUNTAMENTO.

nomencl. corriere, valigia diplomatica, corrispondenza postale || (*oggetti*) lettera (semplice, raccomandata, assicurata, tassata, affrancata), biglietto postale, cartolina postale, cartolina illustrata, stampe, manoscritti aperti, campione senza valore, pacco postale, espresso, vaglia postale, vaglia telegrafico, cartolina-vaglia || (*persone*) direttore (generale, provinciale), ispettore, impiegato, portalettere o postino, maestro delle poste, postiere, postiglione, procaccia || mittente, destinatario || (*luoghi, azioni*) Unione postale, posta (centrale, succursale) collettoria, ufficio postale || corriera postale, ambulante, pacchebotto, il postale (nave postale) || casella postale, casellario || francobollo, bollo, segnatasse, tassata, bollettino di spedizione, ricevuta di ritorno, affrancazione, raccomandazione, assicurazione, franchigia postale, fermo posta, segreto postale, valore dichiarato, controassegno, porto assegnato, conto corrente postale, buca delle lettere, impostazione, giacenza, busta, indirizzo, timbratura, annullamento, levata, furgone postale, sacco, fuorisacco, disguido, sconosciuto al portalettere, a volta di corriere, respinto al mittente || *verb.* impostare, imbucare, spedire, recapitare, distribuire, consegnare || raccomandare, assicurare || appostare, stare alla posta, fare la posta.

posteggiàre, *v.tr.* fare la posta, → PEDINARE || e *intr.* parcare, parcheggiare, depositare l'automobile, lasciare in sosta.

postèma, *sf.* apostema, ascesso, pustola, → TUMORE.

nomencl. *verb.* postemare (*ant.*).

postergàre, *v.tr.* disprezzare, tenere addietro, → POSPORRE || scrivere dietro (un foglio, una lettera, un documento) || rimandare, rinviare || gettare dietro le spalle.

postergàto, *pps.* di postergare || *agg.* pospositivo.

pòsteri, *sm. pl.* discendenti, nipoti, pronipoti, quelli che verranno dopo, posterità, discendenza || successori, eredi, diadochi.

contr. avi, antenati || i vecchi.
posteriòre, *agg.* dopo, dietro, successivo, che viene dopo, a tergo, sul dorso, conseguente, susseguente || *sm.* pretèrito, deretano.
contr. anteriore, antecedente, precedente.
posterità, *sf.* la discendenza, → POSTERI.
contr. ascendenza, antenati, vecchi.
postèrla, *sf.* postierla, pusterla, → PORTA.
postíccio, *agg.* artificiale, fittizio, non naturale, acquisito, → FINTO || PROVVISORIO.
contr. naturale, duraturo, innato, sostanziale, intrinseco, connaturato.
posticipàre, *v.tr.* differire, → POSPORRE, RIMANDARE, PROROGARE.
contr. anticipare.
posticipazióne, *sf.* → RINVIO.
contr. anticipazione.
postiglióne, *sm.* → COCCHIERE.
postílla, *sf.* → AGGIUNTA || COMMENTO.
postillàre, *v.tr.* → COMMENTARE, ANNOTARE.
postillatóre, *sm.* chiosatore, commentatore, annotatore, glossatore.
postíno, *sm.* → PORTALETTERE.
postlúdio, → POSLUDIO.
pósto, *sm.* collocazione, giacitura, postura, posizione, situazione, sito, spazio, località, luogo, punto, ubicazione, sede, insediamento, stanza, paese || seggio, stallo || ufficio, ministero, incombenza, carica, → IMPIEGO || posto avanzato, → AVAMPOSTO.
nomencl. di prim'ordine, di second'ordine, ultimo, primo, in coda || *agg.* largo, stretto, comodo, scomodo, libero, occupato, vacante, riservato, affollato, distinto, numerato, comune || *verb.* accomodare, accomodarsi, cansare, scansare, circoscrivere, limitare, restringere, dare la gambata, dar luogo, far luogo, disporre, far largo, far posto, graduare, impostare, installare, insediare, mettere o mettersi in coda, posare, postare, collocare, sgombrare, scambiare, sbrattare, soppiantare, sostituire, sottentrare, subentrare, succedere, entrare, spostare, dislocare, avere, trovare, mantenere, portar via, cedere, lasciare, allontanarsi.
postrèmo, *agg.* ultimo, → ESTREMO.
postríbolo, *sm.* → BORDELLO.
postulànte, *ppr.* di postulare || *agg.* e *sm.* instante, petente, richiedente, supplicante || mendicante.
postulàre, *v.tr.* → DOMANDARE || esigere come vero.
postulàto, *sm.* assioma, presupposto, *a priori*, prolegomeno, preambolo, preliminare, → PROPOSIZIONE.
contr. ipotesi, supposizione, congettura || conclusione, deduzione.
postulazióne, *sf.* → DOMANDA, PREGHIERA.
postúra, *sf.* → POSIZIONE.
potàbile, *agg.* bevibile, bevereccio, potulento (*ant.*).
contr. imbevibile.
potagióne, *sf.* → POTATURA.
potaiòlo, *sm.* → POTATOIO.
potàre, *v.tr.* arroncare, capitozzare, cimare, dibrucare, disbrucare, dicimare, dirucchiare, divettare, mordere, roncare, sbastardare, sbroccare, sbroncare, sbronconare, scacchiare, scamozzare, scapezzare, scapitozzare, sfrondare, spollonare, spuntare, succidere, svettare, tondere, svecchiare, tosare || *fig.* tagliare, omettere.
nomencl. (*modi*) a bicchiere, a cono, a ombrello, a pergola, a spalliera, a ventaglio, a vaso || potaiolo, potatore, potatoio, pennato, roncola.
potatóio, *sm.* potatore, roncola, potaiolo, pennato.
potatóre, *sm.* → POTATOIO.
potatúra, *sf.* potagione, potazione, potamento, scapitozzatura, spollonatura, taglio, succisione.
potazióne, *sf.* → POTATURA.
potentàto, *sm.* potenza, → GOVERNO || SOVRANO.
potènte, *agg.* arcipotente, possente, forte, gagliardo, energico, poderoso, valido, vigoroso, robusto, eminente, efficace || grande, autorevole, ricco, elevato, fiero || *sm.* potentato, sovrano, regnante, personaggio, pezzo grosso.
contr. impotente, debole, meschino, inefficace || subalterno, soggetto, persona modesta, umile.
potènza, *sf.* possa, possanza, forza, vigore, gagliardia, energia || facoltà, capacità, potenzialità, possibilità, efficacia, portata || ascendente, prestigio, autorità, balía, dominio, dominazione, potere, podestà o potestà, influsso, imperio, impero, tirannia, potentato, magia || persona, società, istituzione, ente, Stato, nazione potente || potenza creatrice, → GENIO.
nomencl. *verb.* avere, possedere, accrescere, crescere, diminuire, scemare, declinare, decadere, consolidare, salire.
contr. impotenza, sterilità, debolezza, inefficacia, miseria, meschinità, mancanza di efficienza || poveraglia.
potenziàle, *agg.* virtuale, capace, implicito, → POSSIBILE || *sm.* → FORZA.
contr. attuale, attuato, svolto, in atto.
potenzialità, *sf.* → FACOLTÀ, POSSIBILITÀ, POTENZA.
potenziàto, *agg.* moltiplicato, accresciuto, sviluppato, rinforzato, consolidato, ringagliardito, convalidato.
contr. depotenziato, diminuito, sminuito, indebolito, svigorito, depresso, estenuato.
potére[1], *v.intr.* avere potere, forza, modo, influenza, facoltà, possibilità, autorità, capacità, mezzi, opportunità, licenza, arbitrio || essere possibile, lecito, permesso, conveniente || reggere, sopportare, riuscire, valere.
potére[2], *sm.* facoltà di fare o di non fare, autorità, arbitrio, diritto, possibilità, potenza, potestà, potestade, possanza, padronanza, possesso, supremazia, sopravvento, → FORZA, EFFICACIA, FACOLTÀ || dominio, balía || autorità politica, comando, dominazione, → GOVERNO || capacità, proprietà || quarto potere, → STAMPA.
nomencl. (*distinzioni*) intellettuale, morale, spirituale, fisico, materiale, umano, magico || laico, ecclesiastico, religioso, temporale, civile, militare, giudiziario, legislativo, esecutivo, deliberativo, deliberante, disciplinare, discretivo, discrezionale, politico (centrale, periferico), sindacale, dispotico, dittatoriale, assoluto, autocratico, oligarchico, tirannico, democratico, popolare, costituzionale || (*attinenti*) abuso di potere, camarilla, combriccola, conflitto di poteri, cricca, giurisdizione, ostentazione, soggezione, braccio secolare, onnipotenza, pieni poteri, sopravvento || *verb.* accentrare, accrescere, aggrandire, estendere, assumere, avere mani libere, abusare, abdicare, rinunciare, comandare, conser-

vare, ereditare, esercitare, perdere, abbandonare, lasciare, salire al potere, signoreggiare, comandare, soggiogare, spodestare, trasmettere, investire, tenere in pugno.
contr. impotenza, impossibilità, inettitudine, incapacità || soggezione.
potestà, *sf.* → GOVERNO, POTERE || FORZA || POSSIBILITÀ.
pottiníccio, *sm.* fanghiglia, mota, motriglia || *fig.* guazzabuglio, intruglio, miscuglio, pasticcio, confusione || rappezzatura, accomodatura mal riuscita.
poveraménte, *avv.* → DIMESSAMENTE.
contr. riccamente, abbondantemente.
pòvero, *agg.* scarso, mancante, privo di mezzi, di ornamenti; misero, meschino, di poco pregio, disadorno, umile, banale || arido, sterile || *sm.* indigente, bisognoso, misero, miserabile, mendico, mendicante, paria, inope, diseredato, nullatenente, decaduto, disagiato, accattone, affamato, bruco, cencioso, consunto, disperato, disgraziato, guitto, logoro, infelice, nudo, pezzente, pitocco, proletario, rovinato, sbricio, scalzo, spelacchiato, spelato, spiantato, straccione, lazzaro, stremato, sventurato, tapino, tribolato, tristo.
nomencl. *verb.* ammiserire, cadere o andare in rovina, decadere, declinare, finire all'ospedale; restare all'asciutto, al verde, sul lastrico, sulla strada; ridursi al lumicino, all'elemosina, alla stanga, al nulla, al poco, alla fame, in camicia || andare a raccattare, aver bisogno di un tozzo di pane; campare alla miseria, male, con disagio, a stento; dormire sul saccone, essere al basso, essere al verde, essere nudo, mendicare, non aver casa né tetto, non aver cencio; non aver cosa al mondo, né arte né parte, né luogo né fuoco; patire inopia, stentar a pane, non aver da cozzar il pranzo con la cena, restar solo gli occhi per piangere, stentare, tirar la carretta; trovarsi in cattive acque, nei guai, nelle peste; vivere alla giornata, a stento, di limatura, di stenti: affogare nella miseria, morir di fame || buttare in istrada, in mezzo alla strada, sul lastrico; lasciar nudo; ridurre al poco, al sottile, in miseria; rovinare, spogliare, stremenzire.
contr. abbondante, ben fornito, sontuoso || ricco, riccone, epulone, possidente, proprietario, plutocrate, fortunato, capitalista.
povertà, *sf.* miseria, indigenza, inopia, miserabilità, pochezza, scarsezza, ristrettezza, privazione, fame, mendicità, angustia, bisogno, necessità, penuria, disagio, tapinità, meschinità, stento, strettezza economica, stato di bisogno, pitoccume, pitoccheria.
nomencl. pauperismo, proletariato || beneficenza || *agg.* cenciosa, cenciuta, decorosa, estrema, massima, squallida, evangelica, volontaria, grande, onorata, serena, pulita, dignitosa, rassegnata, relativa, straziante, sublime, vile, vergognosa.
contr. ricchezza, abbondanza, opulenza, dovizia, sontuosità, superfluità, benessere.
pozióne, *sf.* → BEVANDA.
pozióre, *agg.* → MAGGIORE.
pózza, *sf.* zampillo. pozzanghera, fossa, buca, cavità, fango, terreno acquoso, acquitrinoso.
pozzànghera, *sf.* guazzo, gora, pozza, pantano, sudiciume, pottiniccio, pozzacchia.
pozzétta, *sf.* buco, incavo, fossetta, scavettino, cavità.
pózzo, *sm.* cisterna, sorgente, fontana, fontanile, polla, scaturigine, soffione, vena, → FOSSA || MINIERA || pozzo nero, → BOTTINO, FOGNA.
nomencl. artesiano || (*parti*) arca, bocca, gola, intonaco, mantellina, parapetto, sponda, tettuccio, vera o puteale || (*elementi*) carrucola o puleggia, mazzacavallo, burbera, bindolo, trivella, tromba o pompa, secchia || *verb.* armare, attingere, calare la secchia, incarrucolare, rimondare, ripescare la secchia, scarrucolare, scavare, purgare, spurgare || rappozzare.
pragmàtico o **prammàtico,** *agg.* ciò che riguarda la prassi, il fatto, l'azione, la consuetudine; pratico.
nomencl. prammatica sanzione || pragmatismo.
contr. speculativo, contemplativo, teorico.
pranzàre, *v.intr.* mangiare, far pranzo, desinare, banchettare.
prànzo, *sm.* pràndio (*lett.*), banchetto, mensa, desinare, convito, lauto pasto, trattamento, tavolata, → PASTO.
nomencl. (*alcuni tipi*) di parata, di nozze, funerario, di gala, diplomatico, ufficiale || (*pertinenti*) antipasto, piatto, avanzi, lista, calapranzi, portapranzi, pospasto || pranzatore, invitato, commensale, convitato, parassita, anfitrione, capotavola || *agg.* abbondante, sontuoso, pantagruelico, gargantuesco, lauto, lussuoso, magnifico, sardanapalesco, sfarzoso, splendido, squisito, alla buona, buono, familiare, canino, da quaresima, magro, frugale, modesto, leggero, semplice, eccellente, luculliano, parco, sottile, lugubre.
pràssi, *sf.* il fare, l'azione || pratica, consuetudine, procedura abituale.
nomencl. filosofia della prassi, determinismo economico, pragmatismo.
contr. teoria, speculazione, filosofia.
pratellína, *sf.* margheritina, pratolina, prataiola, → PRIMULA.
pratería, *sf.* → PRATO, PASCOLO.
pràtica, *sf.* prassi, usanza, consuetudine, esperienza, esercizio, abitudine, azione, perizia, abilità, conoscenza (per uso, per esperienza), empirismo, sicurezza, uso || affare, negozio, trattativa, maneggio || compagnia, conversazione, frequentazione, → AMICIZIA || il mettere in pratica || PASSO.
nomencl. spirito pratico || *agg.* buona, lunga, collaudata || *verb.* acquistare o acquisire pratica, tradurre in pratica, fare della pratica, impratichirsi, intendersene, praticare, saperla lunga, saper il fatto proprio, aver sulla punta delle dita, esercitarsi.
contr. inesperienza, imperizia || teoria, regola, dettame, astrazione.
praticàbile, *agg.* accessibile, accostabile, frequentabile, attraversabile, penetrabile, permeabile, pervio, raggiungibile || effettuabile, fattibile, possibile, facile || (di persona) trattabile.
contr. impraticabile, impenetrabile, impermeabile, impervio, inaccessibile, inaccostabile, inarrivabile, disagevole, irraggiungibile || impossibile, ineffettuabile, difficile.
praticabilità, *sf.* accessibilità, penetrabilità, facilità || (di persona) trattabilità.
contr. impraticabilità, inaccessibilità, impenetrabilità.
praticaménte, *avv.* all'atto pratico, con la pratica, ef-

fettivamente, empiricamente, in concreto, in pratica.
contr. teoricamente, in teoria, in astratto.

praticànte, *ppr.* di praticare || *sm.* e *f.* → APPRENDISTA, NOVIZIO || *agg.* → PROFESSANTE.

praticàre, *v.tr.* mettere in pratica, mettere in opera, fare, esercitare, eseguire, applicare, effettuare, operare, usare, professare, abituare || trattare, conversare, bazzicare, avere rapporti, → FREQUENTARE.

pràtico, *agg.* competente, dotto, [illegible], esperto, intenditore, perito, conoscitore, provetto, rotto al mestiere, scaltrito, sicuro, sperimentato, navigato, specchiato, versato, usato || che riguarda la pratica, l'azione || che si può mettere in pratica, di facile uso, semplice, comodo, maneggevole || → POSITIVO.
contr. inesperto, inesercitato, imperito, malpratico || novizio, tirocinante || scomodo, malcomodo, complicato, incomodo || astratto, speculativo, teorico.

praticóne, *agg.* e *sm.* medicastro, empirico, mozzorecchi, maneggione.

pràto, *sm.* prateria, pascolo, erbaio, terreno erboso, marcita, baraggia.
nomencl. (*affini*) savana, trifoglieto, landa, *parterre*, passata, posta, giungla, brughiera, radura || (*erbe*) achillea, avena, gramigna, luppolo, trifoglio, maggengo, foraggio, erba medica, ladino, fava, lupinella, veccia, leguminose, graminacee || (*inerenti*) pratoso, pratense, prativo || *agg.* verde, fresco, asciutto, umido, rugiadoso, irriguo, adusto, incolto, naturale, artificiale, permanente, secco, stabile, sterile, vecchio, verdeggiante, salato, misto, bruciato || *verb.* appratire, infittire, spellicciare, mettere a prato, formare, disfare, svecchiare, ringiovanire.

pratolína, *sf.* pratellina, margheritina, prataiola, → PRIMULA.

pravità, *sf.* → MALVAGITÀ, MALIGNITÀ.

pràvo, *agg.* → MALVAGIO, CATTIVO.

preaccennàre, *v.tr.* → PREMETTERE.

preadamítico, *agg.* antichissimo, preistorico, antidiluviano, primordiale, primitivo || *scherz.* vecchissimo, disusato, vieto, obsoleto.
contr. novissimo, recentissimo, odierno, attuale.

preàmbolo, *sm.* esordio, inizio, introduzione, prefazione, preliminare, proemio, preludio, cappello, protasi, prologo.
contr. epilogo, conclusione, riepilogo, finale, chiusa, appendice.

preannunziàre, *v.tr.* preavvertire, preavvisare, preconizzare, predire, presagire, indovinare, profetare, prevenire.
contr. concludere.

preannúnzio, *sm.* preavvertimento, preavviso, predizione, profezia, presagio, preconio, avvertimento.
contr. fatto compiuto, conclusione.

preavvertiménto, *sm.* → PREANNUNZIO.

preavvertíre, *v.tr.* → PREANNUNZIARE, AVVERTIRE.

preavvisàre, *v.tr.* → PREANNUNZIARE.

preavvíso, *sm.* → PREANNUNZIO.

prebènda, *sf.* rendita di canonicato, congrua, → BENEFICIO || lucro, guadagno facile, senza fatica, → PAGA.

prebendàrio, *sm.* beneficiario, commendatario.

precarietà, *sf.* instabilità, incertezza, temporaneità, provvisorietà, transitorietà, revocabilità, mutabilità, insicurezza.
contr. stabilità, durevolezza, irrevocabilità, certezza, sicurezza.

precàrio, *agg.* temporaneo, provvisorio, incerto, instabile, dubbio, transitorio, transeunte, caduco, fugace, passeggero, momentaneo, revocabile, malsicuro, problematico, alla giornata, effimero.
contr. stabile, fermo, continuo, durevole, duraturo, permanente, costante, certo, irrevocabile.

precauzióne, *sf.* cautela, circospezione, attenzione, prudenza, riguardo, sagacia, oculatezza, discernimento, cura, studio, premura, riserbo || prevenzione, profilassi, rimedio preventivo.
contr. avventatezza, imprudenza, impulsività, imprevidenza, precipitazione.

prèce, *sf. lett.* → PREGHIERA.

precedènte, *ppr.* di precedere || *agg.* anteriore, antecedente, → PASSATO || *sm.* fatto anteriore, antefatto || antesignano, pioniere, precursore, precessore, anticipatore, antecessore || *pl.* condotta anteriore.
contr. successivo, susseguente, conseguente, posteriore || epigono, successore.

precedènza, *sf.* priorità, diritto di precedenza, antecedenza, precessione, graduatoria.
contr. posteriorità, séguito.

precèdere, *v.intr.* e *tr.* andare avanti, antecedere, anticorrere, antivenire, antivedere, precorrere, preire, prevenire, preannunziare.
nomencl. (*affini*) predestinare, predire, predisporre, prefiggere, prefigurare, pregustare, preludere, premettere, premunire, prenotare.
contr. venir dopo, succedere, seguire, seguitare, conseguire, derivare, procedere.

precessióne, *sf.* → PRECEDENZA.

precettàre, *v.tr.* imporre, comandare, intimare, ordinare, far divieto, diffidare, intimare || richiamare, chiamare alle armi.
contr. esentare, dispensare || congedare.

precettística, *sf.* stilistica, rettorica || libro di rettorica.

precètto, *sm.* dettame, comandamento, regola, norma, insegnamento, parola, ammaestramento morale, massima, dottrina, aforisma, apoftegma, citazione || decreto, legge, sentenza, intimazione, ordine, comando, ammonizione, prescrizione, imposizione, ingiunzione, editto, *ukase*.

precettóre, *sm.* maestro, ripetitore, educatore, istitutore, pedagogo, mentore, → INSEGNANTE.

precídere, *v.tr.* mozzare, troncare, tagliare, amputare, intercidere, recidere, resecare || *fig.* interrompere, precludere, impedire, levare, togliere.
contr. agevolare, facilitare, dar modo, venire incontro.

precíngere, *v.tr.* → CINGERE, CIRCONDARE.

precipitàre, *v.tr.* e *rifl.* → GETTARE, DIRUPARE || *intr.* piombare, stramazzare → CADERE, CROLLARE, FRANARE || *fig.* fallire, tracollare, rovinare || *rifl.* affrettarsi, abborracciare, → ENTRARE.
contr. salire, risalire, avanzare, progredire, aver successo.

precipitataménte, *avv.* → PRECIPITOSAMENTE.

precipitàto, *pps.* di precipitare || *sm.* → POSATURA.

precipitazióne, *sf.* → FRETTA || avventatezza, imprevidenza, impulsività, → IMPRUDENZA || CADUTA.
contr. precauzione, cautela, circospezione, sagacia, oculatezza, prudenza, attenzione, cura, studio, discernimento.
precípite, *agg.* → CADENTE || PRECIPITOSO || *fig.* ripido, → SCOSCESO.
precipitévole, *agg.* celerissimo, impetuosoo, precipite || → CADENTE || *fig.* affrettato, molto frettoloso, → PRECIPITOSO.
contr. lentissimo, calmo, pigro, ponderato, misurato.
precipitevolménte, *avv.* → PRECIPITOSAMENTE.
precipitosaménte, *avv.* precipitevolmente, con fretta, con furia, con impeto, all'impazzata, alla cieca, a rompicollo, a rovina, a precipizio, precipitatamente, rovinosamente, frettolosamente.
contr. lentamente, con calma, prudentemente, moderatamente.
precipitóso, *agg.* impetuoso, precipite, precipitevole, rovinoso || *fig.* impaziente, imprudente, frettoloso, iracondo, avventato, sconsiderato, furioso, irruente, abborracciato.
contr. lento, pacifico, tranquillo, calmo || moderato, posato, prudente.
precipízio, *sm.* burrone, abisso, voragine, → DIRUPO, BARATRO || CADUTA.
precípuo, *agg.* peculiare, proprio, attinente, caratteristico, speciale, → PRINCIPALE.
precisaménte, *avv.* a capello, a compasso, appunto, appuntino, a sesto, esattamente, diligentemente, scrupolosamente, rigorosamente, espressamente, giustamente, giust'appunto, né piú né meno, per l'appunto, propriamente, puntualmente, tal e quale, pari pari.
contr. contrariamente, al contrario, non cosí, neanche per sogno.
precisàre, *v.tr.* → DETERMINARE, CIRCOSTANZIARE || SPIEGARE.
precisazióne, *sf.* delineamento, delineazione, determinazione, distinzione, spiegazione, chiarimento.
precisióne, *sf,* esattezza, giustezza, proprietà, perfezione, identità, medesimezza, aggiustatezza, determinatezza, determinazione, distinzione, rigidezza || accuratezza, compiutezza, diligenza, cura, scrupolosità, puntualità, attenzione, solerzia.
contr. imprecisione, errore, indeterminatezza, confusione, inesattezza, negligenza, trascuratezza.
precíso, *agg.* esatto, uguale, giusto, identico, medesimo, netto, compiuto, rigido || diligente, accurato, perfetto, scrupoloso, puntuale, attento, solerte, compíto, ordinato || categorico, inequivoco, matematico, rigoroso || espresso.
contr. impreciso, indeterminato, indistinto, vago, diverso, differente, contrario || negligente, trascurato.
precitàto, *agg.* citato prima, innanzi; preallegato, anzidetto, prefato, succitato, predetto, sopraccitato, premesso.
preclàro, *agg.* → ILLUSTRE, FAMOSO, NOBILE, GLORIOSO.
preclúdere, *v.tr.* precidere, interrompere, opporsi, → OSTACOLARE, IMPEDIRE.
contr. aprire, facilitare, agevolare.
precòce, *agg.* immaturo, anticipato, intempestivo, prematuro, affrettato, informe || primaticcio, acerbo.
contr. tardivo, seròtino, tardo, lento.
precoceménte, *avv.* acerbamente, anticipatamente, immaturamente, affrettatamente, prematuramente, per tempo.
contr. tardivamente, in ritardo, lentamente.
precocità, *sf.* immaturità, anticipazione, precocia, intempestività, → MATURITÀ.
contr. tardività, ritardo, lentezza.
precognizióne, *sf.* → PRECONOSCENZA.
preconcètto, *sm.* → PREGIUDIZIO.
precònio, *sm.* → LODE || PREANNUNZIO.
preconizzàre, *v.tr.* presagire, → PREANNUNZIARE || pubblicare, bandire.
preconoscènza, *sf.* prescienza, prenozione, precognizione, conoscenza anteriore, anticipata, antiveggenza, presentimento, presagio, preconoscimento, → PREDIZIONE.
precórrere, *v.tr.* prevenire, essere in anticipo, anticipare, predisporre, premunire, preordinare, prestabilire, → PRECEDERE, CORRERE.
contr. giungere in ritardo, regredire, tardare, indugiare, procrastinare, temporeggiare.
precursóre, *agg.* e *sm.* antecedente, antesignano, anticipatore, antecessore, precorritore, preconizzatore, foriere, pioniere, avanguardia || predecessore.
contr. successore, seguace, epigono, diadoco, retrogrado || retroguardia.
prèda, *sf.* bottino, spoglie, cose prese, spogliazione, spoliazione, sacco, depredazione, rapina, razzia, saccheggio, predería || → CACCIA.
nomencl. (*attinenti*) ladro, predatore, razziatore, predone, bucaniere, corsaro, pirata || *verb.* essere in preda, in balía.
predàce, *agg.* → RAPACE.
predàre, *v.tr.* e *intr.* far preda, saccheggiare, rapinare, depredare, rubare, mettere a sacco, razziare, pirateggiare, corseggiare, far repulisti, fare scorreria.
predatóre, *agg.* e *sm.* → DEPREDATORE, LADRO || (di uccello) rapace.
predecessóre, *sm.* antecessore, → PRECURSORE || *pl.* antenati.
contr. successore || discendenti.
predèlla, *sf.* gradino, seggetta.
predellíno, *sm.* → MONTATOIO.
predería, *sf. ant.* → REFURTIVA.
predestinàre, *v.tr.* prestabilire, designare, predeterminare, preordinare, prescegliere, preferire, anteporre, preeleggere, presignare.
contr. attuare, effettuare, completare, compiere, maturare.
predestinàto, *pps.* di predestinare || *agg.* prestabilito, designato, preordinato || → INEVITABILE || *sm.* preeletto, prescelto, preferito, anteposto, designato (dal destino, dalla sorte, dalle proprie qualità).
predestinazióne, *sf.* → PREDETERMINAZIONE.
predeterminàre, *v.tr.* preordinare, preeleggere, prestabilire, predestinare, designare.
contr. attuare, effettuare, compiere, maturare.
predeterminazióne, *sf.* preordinazione, predestinazione, designazione.
contr. attuazione, esecuzione, compimento.

predétto, *pps.* di predire || *agg.* prenominato, suddetto, sullodato, prelodato, precisato, anzidetto, succitato, precitato, prefato, sopraddetto, preallegato || pronosticato, annunziato, preannunziato, indovinato, presagito, previsto.

prèdica, *sf.* sermone, omelia, predicazione, discorso, panegirico, passione, quaresimale, ottavario || *fig.* fervorino, → RIMPROVERO.

nomencl. predichetta, predichina, predicozzo || (*inerenti*) sermologio, sermonario, luoghi predicabili || pulpito, bigoncia, pergamo || predicante, predicatore, sermoniere || *agg.* lunga, breve, noiosa, interminabile, a braccia, del cassone, studiata, convincente, persuasiva.

predicàre, *v.intr.* dire in pubblico; far prediche, sermoni, sermoneggiare || *tr.* spiegare, insegnare, pubblicare, divulgare, esortare, ammonire, avvertire, evangelizzare, propagare, preconizzare || *fig.* discorrere con enfasi, aulicamente, con solennità.

contr. discorrere familiarmente, alla buona.

predicatóre, *sm.* apostolo, evangelizzatore, predicante, panegirista, quaresimalista, difensore della fede, → ORATORE.

predicazióne, *sf.* → PREDICA.

predicòzzo, *sm. scherz.* ammonimento, paternale, ramanzina, → RIMPROVERO.

predilètto, *pps.* di prediligere || *agg.* e *sm.* preferito, diletto, cucco, → AMATO, BENIAMINO.

nomencl. uguaglianza, preferenza, distinzione, parzialità.

contr. malvisto, trascurato, detestato; pecora nera, cenerentola.

predilezióne, *sf.* → AMORE, PREFERENZA || parzialità.

predilígere, *v.tr.* careggiare, → AMARE || PREFERIRE.

prèdio, *sm.* → PODERE.

predíre, *v.tr.* annunziare, anticonoscere, antivedere, astrologare, auspicare, diagnosticare, divinare, intuire, oracoleggiare, portendere, premettere, preannunziare, preannunciare, preavvertire, preavvisare, preconizzare, preconoscere, prenunziare, presagire, prescire, presentire, prevedere, prevenire, profetare, profetizzare, prognosticare, pronosticare, rivelare, strologare, vaticinare || indovinare, apporsi, azzeccare, coglierci || fare la Cassandra.

contr. costatare, verificare, effettuare, avvenire, accadere.

predispórre, *v.tr.* → FARE, ORDINARE, PREPARARE.

predisposizióne, *sf.* inclinazione, → ATTITUDINE.

predizióne, *sf.* annunzio, anticognizione, anticonoscenza, antiveggenza, chiaroveggenza, augurio, auspicio, veggenza, divinazione, preannunziazione, preannuncio, precognizione, preconoscimento, presentimento, preveggenza, previdenza, previsione, presagio, prognostico, pronostico, pronosticamento, vaticinio, profezia || prognosi (in medicina).

nomencl. (*mezzi*) astrologia, aerimanzia, auspicio, cartomanzia, chiromanzia, idromanzia, lecanomanzia, mantica, oniromanzia, onomanzia, oracolo, oroscopo.

contr. costatazione, effetto, avvenimento, evento.

predominànza, *sf.* → PREDOMINIO.

predominàre, *v.tr.* sopraffare, → DOMINARE, PADRONEGGIARE || *intr.* prevalere, sovrastare, emergere, superare, sopravvanzare.

predominazióne, *sf.* → PREDOMINIO.

predomínio, *sm.* predominazione, predominanza, prevalenza, preponderanza, supremazia, superiorità, signoria, potere, influsso, signoreggiamento, eminenza, egemonia, → DOMINIO.

contr. soggezione, dipendenza, inferiorità, obbedienza.

predóne, *sm.* predatore, saccheggiatore, rapitore, → LADRO, BANDITO.

preelèggere, *v.tr.* → PRESCEGLIERE.

preelezióne, *sf.* → PREFERENZA.

preesistènza, *sf.* esistenza anteriore, precedente, antecedente.

contr. vita futura.

prefàto, *agg.* → PREDETTO.

prefazióne, *sf.* capitolo introduttivo, introduzione, esordio, proemio, prologo, preambolo, preliminare, isagoge, pagina introduttoria, prelezione, preludio, prodromo, proemiale, prolegomeno, prolusione, nota introduttiva, avvertenza, premessa.

contr. conclusione, epilogo.

preferènza, *sf.* predilezione, affetto, favore, distinzione, maggior stima || parzialità, ingiustizia, prelazione.

contr. minor stima || imparzialità, uguaglianza, giustizia.

preferíbile, *agg.* → MIGLIORE.

preferíre, *v.tr.* eleggere, prediligere, prescegliere, anteporre, preporre, dar la preferenza, aver per di piú, riputare o stimare migliore, favorire, → AMARE.

contr. posporre, stimare peggiore.

preferíto, *pps.* di preferire || *agg.* → ELETTO || AMATO, BENIAMINO.

prefettízia, *sf.* finanziera, *redingote* (*fr.*), → MANTELLO.

prefètto, *sm.* governatore, intendente || istitutore.

nomencl. (*distinzioni antiche*) dell'annona o delle grasce, di palazzo, della città, delle mura, delle fortificazioni, del pretorio || (*moderne*) viceprefetto, sottoprefetto, consigliere di prefettura, assessore delegato || capoluogo di provincia, prefettura.

prèfica, *sf.* piagnona.

prefíggere, *v.tr.* risolversi, stabilire, determinare, → FISSARE.

prefiguràre, *v.tr.* → IMMAGINARE.

prefigurazióne, *sf.* prefiguramento, figura, presagio, simbolo, allegoria, emblema, immagine, profezia.

prefisso, *pps.* di prefissare || *agg.* → PRESTABILITO || *sm.* particella prefissa.

contr. suffisso.

pregàre, *v.tr.* orare, supplicare, implorare, plorare, invocare, raccomandarsi, richiedere, sclamare; muovere, porgere, presentare, proferire preghiere, implorazioni, richieste, scongiurare, strapregare, intercedere || domandare, chiedere, invitare || dire o recitare le preghiere, le orazioni; recitar preci || tendere le mani al cielo, giungere le mani, levarle mani al cielo o a Dio, inginocchiarsi, profondere preghiere, snocciolar paternostri, infilzar paternostri, pregare a calde lagrime.

nomencl. (*modi*) a fior di labbra, a mani giunte, col

cuore, con la mente, con la bocca, con le labbra, con le lagrime agli occhi, di tutto cuore, cordialmente, con tutta l'anima, in ginocchio, calorosamente, fervorosamente, instantemente, vivamente, strettamente, mentalmente, genuflesso, implorando, supplicando, supplichevolmente.
contr. pretendere, esigere || imporre, intimare, comandare, ordinare || bestemmiare.
pregévole, *agg.* di pregio, pregiato, pregiabile, raro, prezioso, aureo, inapprezzabile, impagabile, impareggiabile, notevole, meritevole, cospicuo, ragguardevole || distinto, egregio, degno, anorevole, eccellente, eletto, famoso, nobile, buono.
contr. spregevole, di poco conto, dozzinale, triviale, disprezzabile, di nessun conto.
pregevolézza, *sf.* pregiabilità, pregio.
contr. spregevolezza.
preghièra, *sf.* prego, prece, orazione, invocazione, ossecrazione, obsecrazione, implorazione, impetrazione, postulazione, supplica, supplicazione, intercessione, deprecazione, giaculatoria, devozione, suffragio, voto || invito, domanda, umile o cortese richiesta, raccomandazione.
nomencl. comune, privata, personale, ufficiale || (*orazioni*) ave, avemaria, coroncina, litanie, ore canoniche, ufficio divino, ufficio della Beata Vergine, paternoster, rosario, rogazione, salmi, salveregina, salutazione angelica, S. Messa, *angelus*, *confiteor*, *oremus* || (*luoghi, oggetti*) inginocchiatoio, oratorio, cappella, chiesa, libro di preghiere, messalino, filotea, breviario || *agg.* umile, ossequiosa, fidente, fiduciosa, fervorosa, ardente, affettuosa, calda, fredda, altezzosa, superba, umana, divina || *verb.* pregare, biascicare, bisbigliare, borbottare, far pissi pissi, inginocchiarsi, giungere o congiungere le mani, scoronciare, recitare il breviario.
contr. bestemmia, imprecazione || pretesa, imposizione, intimazione, comando, ordine.
pregiàre, *v.tr.* dare pregio, prezzare, apprezzare, stimare molto; avere o tenere in pregio, in alta considerazione; valutare, lodare || careggiare, prediligere.
contr. spregiare, disprezzare, deprezzare, svalutare.
pregiàto, *pps.* di pregiare || *agg.* → PREZIOSO, PREGEVOLE || CARO.
prègio, *sm.* pregevolezza, pregiabilità, valore, stima, considerazione, onore, merito, dote, qualità, credito, prestigio, prerogativa, riputazione, lode, valore, virtù.
nomencl. *verb.* pregiare, invilire, valutare, svalutare, svilire, deprezzare, scadere || esser cosa di poco o grande momento.
contr. spregio, dispregio, disprezzo.
pregiudicàre, *v.tr.* → GIUDICARE || NUOCERE.
pregiudicàto, *pps.* di pregiudicare || *agg.* chi ha pregiudizi || giudicato prima, accusato, indiziato, sospettato || danneggiato, compromesso || *sm.* recidivo.
contr. spregiudicato || incensurato, innocente, assolto, non incriminato.
pregiudiziàle, *sf.* preliminare, postulato, → ECCEZIONE.
pregiudiziévole, *agg.* malefico, compromettente, pericoloso, cattivo, → DANNOSO.
contr. giovevole, favorevole, utile.
pregiudízio, *sm.* giudizio anticipato, prematuro || opinione falsa, preconcetto, errore || idea, opinione sbagliata; prevenzione, fisima, scrupolo, superstizione, fanatismo, ubbia; pensiero, giudizio temerario; eccezione || intacco, nocumento, → DANNO.
nomencl. (*tipi*) di casta, di setta, di scuola, di partito || religioso, filosofico, politico, sociale, razziale; popolare, scientifico, storico || spregiudicato || amuleto, talismano, iettatura, malia, malocchio || *agg.* inveterato, vieto, radicato, incallito, temerario, infondato, accertato || *verb.* dissipare, distruggere, sradicare, togliere, spazzar via, sbarbare, spogliarsi.
contr. verità, giusta opinione, credenza ben fondata || vantaggio, giovamento.
pregnànte, *agg.* pieno, zeppo, pregno, → GRAVIDO || denso di significati, complesso, molteplice, greve, → RIDONDANTE.
contr. vuoto, vacuo, semplice, evidente.
prégno, *agg.* impregnato, → PIENO || gravido.
prègo, *sm. lett.* → PREGHIERA.
pregustàre, *v.tr.* gustare, godere prima, in anticipo, prelibare || assaggiare, assaporare, degustare.
contr. riassaporare, rimembrare, rammentare, avere nostalgia.
preistòria, *sf.*
nomencl. (*pertinenti*) età della pietra (paleolitico, neolitico), del bronzo, del ferro || terramara, palafitta, caverne || antropologia, archeologia, scavi || uomo primitivo.
contr. storia, età storica || età del ferro.
preistòrico, *agg.* preadamitico, antidiluviano, paleolitico, neolitico, eneolitico, fossile.
contr. storico, contemporaneo.
prelàto, *sm.* alto clero, dignitario ecclesiastico, monsignore, presule, preposto.
nomencl. (*specificazioni*) prelato domestico, cameriere segreto, vescovo, arcivescovo, metropolita, primate, archimandrita, patriarca, prelato *nullius*, abate, camerlengo || (*oggetti*) mitra, abiti paonazzi o rossi, faldistorio, trono o cattedra, calzari, dalmatica, tunicella, pastorale, croce pettorale || onore, preminenza, dignità.
prelaziòne, *sf.* → PREFERENZA.
prelevaménto, *sm.* prelievo, ritiro, somma prelevata.
prelevàre, *v.tr.* ritirare, → PRENDERE, TOGLIERE.
prelezióne, *sf.* → PREFAZIONE.
prelibàre, *v.tr.* assaggiare anticipatamente, degustare, pregustare, delibare || *fig.* accennare, trattare brevemente (prima di approfondire una questione).
prelibàto, *pps.* di prelibare || *agg.* → ECCELLENTE, SQUISITO || *fig.* → ACCENNATO.
prelibazióne, *sf.* delibazione, assaggio, pregustamento.
prelièvo, *sm.* → PRELEVAMENTO.
preliminàre, *sm.* premessa, principio, postulato, preludio, → PREFAZIONE || *pl.* primi contatti, prime trattative, primi accordi, prime condizioni, prime disposizioni (di trattato, contratto o sim.) || *agg.* iniziale, primario, preparatorio, pregiudiziale.
contr. corollario, conclusione, risoluzione || finale, epilogo, conclusivo.
prelodàto, *agg.* → PREDETTO.

prelúdere, *v.intr.* precedere, preannunciare, anticipare, → PREPARARE.

preludiàre, *v.intr.* fare delle prove, → PREPARARE.

prelúdio, *sm.* → INTRODUZIONE, PREFAZIONE || brano, pezzo iniziale, introduttivo.

contr. postludio, posludio.

prematúro, *agg.* → IMMATURO, PRECOCE || *fig.* anticipato, non ancora accertato.

premeditàre, *v.intr.* → PENSARE, MEDITARE || PREPARARE || TRAMARE.

premeditàto, *pps.* di premeditare || *agg.* intenzionale, → PREPARATO, VOLUTO.

contr. colposo, non voluto, preterintenzionale.

premeditazióne, *sf.* → PREPARAZIONE, PROPOSITO.

prèmere, *v.tr.* e *intr.* spingere, pigiare, comprimere, pestare, pressare, schiacciare, calpestare, puntare, forzare, calcare, ricalcare, conculcare, opprimere, aggravare, gravare, incalzare, costringere, soppesare, ammaccare, gravitare; stringere, strizzare, spremere, reprimere, deprimere || cilindrare, contrappesare, imprimere, magagnare, spiaccicare, scalpicciare, gualcare || *intr. fig.* stare a cuore, avere a cuore, interessare, calere, importare, essere urgente || far pressione, cercare d'indurre, impegnare.

contr. sfiorare, toccare appena, sollevare, rialzare || disinteressarsi, rispettare, lasciar fare.

premèssa, *sf.* cosa già detta, formulata, supposta; preliminare, introduzione, proposizione, preambolo, → PREFAZIONE || SUPPOSIZIONE || *pl.* le due prime proposizioni d'un sillogismo.

contr. deduzione, conseguenza, epilogo, riepilogo, conclusione.

premèsso, *pps.* di premettere || *agg.* messo, detto, annunciato, supposto prima; preposto, previo, predetto, precedente.

contr. dedotto, conseguente, concluso, successivo.

preméttere, *v.tr.* anteporre, far precedere, dire prima, preaccennare, preporre, → PREDIRE.

contr. posporre, riepilogare, dedurre, indurre, concludere.

premiàre, *v.tr.* dare, assegnare, conferire un premio, ricompensare, rimeritare, rimunerare, retribuire, gratificare || *fig.* incoronare.

contr. punire, castigare, togliere, rimproverare.

prèmice, *agg.* fragile, frangibile, rompibile, schiacciabile.

contr. infrangibile, resistente, duro.

preminènte, *agg.* possente, emergente, valente, eminente sugli altri, → POTENTE, SUPERIORE.

contr. inferiore, sottostante, subalterno, minore.

preminènza, *sf.* primato, vantaggio sugli altri, → SUPERIORITÀ, AUTORITÀ, DOMINAZIONE.

contr. inferiorità.

prèmio, *sm.* ricompensa, mercede, gratificazione, risarcimento, riconoscimento, retribuzione, rimunerazione, merito, compenso, guiderdone, palma, palio, onoranza, onore, segno d'onore, onorificenza || → ASSICURAZIONE.

nomencl. (*distinzioni*) primo, secondo, terzo, ecc.; di consolazione, di incoraggiamento, di assicurazione || automobilistico, letterario || (*esemplificazione*) medaglia al valore, encomio solenne, menzione onorevole, incoronazione, corona, diploma, decorazione cavalleresca, taglia || grado, graduatoria || monte premi || *agg.* ambito, desiderato, agognato, sognato, meritato, degno, giusto, equo || *verb.* aspirare, desiderare, vagheggiare, mendicare, ottenere, concorrere, vincere; assegnare, aggiudicare, conferire; conseguire, riportare, scroccare, perdere, rifiutare, negare, restituire, istituire.

contr. punizione, detrazione, multa, rimprovero, disinganno, delusione, ostracismo.

prèmito, *sm.* → PRESSIONE || SFORZO.

premitúra, *sf.* → PRESSIONE || SUGO.

premolàre, *agg.* e *sm.* → DENTE.

premonitóre, *agg.* premonitorio, preavvertitore, preannunciatore, presago.

premonitòrio, *agg.* → PREMONITORE.

premoríre, *v.intr.* morire prima, anzi tempo, prematuramente.

premuníre, *v.tr.* preparare, apprestare, predisporre, → DIFENDERE || garantire, assicurare, preordinare || *rifl.* provvedere anticipatamente a difendersi, a resistere, a salvarsi.

premúra, *sf.* prestezza, furia, pressa, → FRETTA || cura, diligenza, zelo, solerzia, attenzione, precauzione, prudenza, interesse, impegno, riguardo, sollecitudine, importanza, calore, cautela, sforzo || *fig.* → DOLORE.

contr. calma, lentezza, flemma || noncuranza, trascuratezza, negligenza, svogliatezza, apatia, disinteresse, indifferenza.

premurosaménte, *avv.* → DILIGENTEMENTE.

premuróso, *agg.* → GENTILE, AFFETTUOSO || DILIGENTE.

premúto, *pps.* di premere || *agg.* calcato, compresso, depresso, pigiato, schiacciato, conculcato, oppresso, gravato, ammaccato, costretto, strizzato, represso || sollecitato, incalzato, pressato, astretto, premurato.

contr. sfiorato, illeso, sollevato || rispettato, lasciato fare.

prènce, *sm. poet.* → PRINCIPE.

prèndere, *v.tr.* abboccare, abbracciare, abbrancare, accaffare, accalappiare, acceffare, acchiappare, acciuffare, acquistare, adugnare, adunghiare, afferrare, aggavignare, agghermire, aggraffare, aggraffiare, aggraffignare, appropriarsi, arraffare, agguantare, ammorsare, arrappare, arretare, arrogarsi, arronciglíare, artigliare, attanagliare, attrappare, augnare, aunghiare, avvincere, azzannare, beccare, brancare, brandire, buscare, carpire, catturare, cavare, ceffare, chiappare, ciuffare, cogliere, conquistare, dar di piglio, espugnare, estorcere, far preda, gavignare, grappare, ghermire, graffignare, grancire, granfiare, imbrandire, impadronirsi, impossessarsi, impugnare, incettare, ingriffare, involare, irretire, occupare, pigliare, pizzicare, predare, prelevare, raccattare, raccogliere, raffare, ranfignare, rapinare, rapire, riafferrare, riacquistare, riagguantare, ricuperare, rimpadronirsi, rimpossessarsi, riprendere, ripigliare, ritogliere, ritorre, ritirare, rubare, scroccare, sequestrare, sgraffignare, sottrarre, spillare, strappare, tanagliare, tenere, togliere, tôrre, trabaldare, trafugare, trattenere, uncinare, usurpare, metter le unghie addosso || assumere, contrarre, imprendere, iniziare,

cominciare || → VINCERE, ASSALIRE || *rifl.* addossarsi, assumersi, beccarsi.
nomencl. (*pertinenti*) afferratoio, morsa, arpione, mano di ferro, piglio, presa, pizzico || repulisti, riscatto, ascitizio, ruffa, raffa || appropriazione, preda, conquista, furto, rapina.
contr. dare, ricevere, ottenere, lasciare, rilasciare, abbandonare, lasciarsi sfuggire, rinunciare, disinteressarsene.
prendíbile, *agg.* espugnabile, vincibile, smantellabile.
contr. imprendibile, inespugnabile.
prendibilità, *sf.*
contr. imprendibilità.
prenominàto, *agg.* → PREDETTO.
prenotàre, *v.tr.* fissare in precedenza, accaparrare.
prenotazióne, *sf.* accaparramento.
prenozióne, *sf.* → PRECONOSCENZA.
prenunziàre, *v.tr.* preannunziare, → PREDIRE.
preoccupàre, *v.tr.* occupare prima || *fig.* mettere o tenere in apprensione, in timore, in pensiero; impensierire, inquietare, angustiare || *rifl.* darsi pensiero, stare in apprensione, darsi cura, stare in ansia, → INQUIETARE.
contr. rassicurare, aver confidenza, fiducia, essere sereno, tranquillo, non temere, avere sicurezza.
preoccupàto, *pps.* di preoccupare || *agg.* → INQUIETO.
preoccupazióne, *sf.* orgasmo, ansia, inquietudine, turbamento, sovreccitazione, apprensione, cruccio, affanno, incubo, assillo, pensiero, sollecitudine, presentimento, preconcetto, angustia, tormento, oppressione, tensione, scoramento, smania.
contr. indifferenza, superficialità, apatia, leggerezza, spensieratezza, ottusità, noncuranza; gioia, tranquillità, distensione, fiducia, serenità, sicurezza.
preopinànte, *agg.* e *sm.* oratore precedente, interpellante, proponente.
preordinaménto, *sm.* → PREPARAZIONE.
preordinàre, *v.tr.* prestabilire, predisporre, premuni- → ORDINARE, PREDETERMINARE.
preordinazióne, *sf.* → PREPARAZIONE.
preparaménto, *sm.* → PREPARAZIONE.
preparàre, *v.tr.* predisporre, disporre, apparecchiare, provvedere, procacciare, preordinare, ordinare, apprestare, approntare, allestire, organizzare, imbandire, ammannire, accomodare, preludere, preludiare, premunire, effettuare, condizionare, conciare, premeditare, ordire, procurare, far preparativi, mettere in ordine, mettere in pronto || *rifl.* accingersi, predisporsi, apprestarsi.
contr. concludere, fare, operare, eseguire, compiere, compire, ultimare, effettuare, realizzare.
preparatívo, sm. → PREPARAZIONE.
preparàto, *pps.* di preparare || *agg.* maturo, premeditato, prestabilito, voluto, predisposto; apparecchiato, acconciato, approntato, apprestato, pronto, ordinato, disposto || *sm.* pezzo anatomico || medicamento, medicinale.
contr. impreparato, immaturo, non disposto, disacconcio, fuori allenamento, improvvisato.
preparatòrio, *agg.* → PRELIMINARE.
preparazióne, *sf.* allestimento, apprestamento, approntamento, ammannimento, ammannitura, addestramento, allenamento, acconciatura, apparato, incubazione, maturazione, organizzazione, introduzione, premeditazione, preordinamento, preordinazione, predestinazione, predisposizione, preparamento, preparativo, disposizione, apparecchiamento || propedeutica.
contr. compimento, epilogo, conclusione, esecuzione, realizzazione, effettuazione || improvvisazione.
preponderànte, *ppr.* di preponderare || *agg.* → PREVALENTE, MAGGIORE.
preponderànza, *sf.* prevalenza, superiorità, imposizione, → INFLUENZA, PREDOMINIO.
preponderàre, *v.intr.* → PREVALERE.
contr. essere inferiore, aver meno peso, esser superato, sottostare.
prepórre, *v.tr.* premettere, mettere avanti, mettere al comando, al governo, alla direzione, → ELEGGERE || PREFERIRE.
contr. posporre.
prepositúra, *sf.* → PARROCCHIA.
preposizióne, *sf.* anteposizione || particella, parte del discorso.
nomencl. (*tipi*) semplice, articolata, propria, impropria || locuzione prepositiva, segnacaso.
contr. posposizione, posponimento.
prepósto, *pps.* di preporre || *sm.* → PARROCO.
contr. posposto.
prepotènte, *agg.* arrogante, insolente, villano, malvagio, violento, autoritario, strapotente, leonino || intenso, impellente, possente, imperioso || *sm.* soverchiatore, sopraffattore, oppressore, autocrate, tiranno, despota, mafioso, bravaccio.
contr. mite, umile, timido, arrendevole, pusillanime, sottomesso, subalterno.
prepotènza, *sf.* arroganza, braveria, avania, provocazione, millanteria, intimidazione, sopraffazione, soperchieria, tirannide, oppressione || ingiustizia, insolenza, sopruso, oltraggio, bravata, angheria, villanata.
contr. mitezza, giustizia, umiltà, sottomissione, arrendevolezza.
prerogatíva, *sf.* capacità, possibilità, facoltà, → DOTE, PREGIO || PRIVILEGIO.
présa, *sf.* appiglio, attacco, collegamento || → MANICO || pizzico, presina, piccola quantità, → DOSE || cattura || conquista, espugnazione, assalto.
nomencl. *verb.* far presa, aver presa, venire alle prese.
contr. resa, consegna, capitolazione.
presagíbile, *agg.* → POSSIBILE.
presàgio, *sm.* profezia, auspicio, → AUGURIO, PREDIZIONE || indizio || presentimento, telepatia.
presagíre, *v.tr.* presentire || profetizzare, pronosticare, → PREDIRE, INDOVINARE.
presàgo, *agg.* che ha un presentimento || → PROFETA, INDOVINO.
presàme, *sm.* → COAGULO || CARCIOFO.
presbiopía, *sf.* presbitismo.
contr. miopia.
prèsbite, *agg.* e *sm.*
contr. miope.
presbiteràto, *sm.* ordine sacro, sacerdozio, ordine dei cardinali.
presbiteriàno, *sm.* puritano.

presbitèrio, *sm.* casa parrocchiale || coro, altare, transenne, balaustrata, abside (interno).
presbitísmo, *sm.* presbiopia.
contr. miopia.
prescégliere, *v.tr.* preeleggere, preferire, anteporre, prediligere, predestinare, prestabilire, → SCEGLIERE, ELEGGERE.
contr. prendere in massa, accettare senza distinzione, non distinguere.
prescélto, *pps.* di prescegliere || *agg.* e *sm.* → ELETTO.
presciènza, *sf.* preveggenza, antiveggenza, previsione, previdenza || scienza divina (circa gli eletti e i dannati).
presciménto, *sm.* prescelta, → SCELTA.
prescíndere, *v.intr.* astrarre, omettere, escludere, eccettuare, lasciar da parte, non considerare, trascurare.
contr. considerare, tener conto, includere, comprendere.
prescrittíbile, *agg.*
contr. imprescrittibile.
prescrítto, *pps.* di prescrivere || *agg.* → ORDINATO || invecchiato, caduto in prescrizione, escluso dall'uso, in disuso, vieto || *sm.* → PRESCRIZIONE.
contr. lasciato all'arbitrio, alla libera scelta || vigente, attuale, in uso, vivo.
prescrívere, *v.tr.* indicare, comandare, fissare, comminare, → ORDINARE, STABILIRE || eccettuare, annullare, invalidare, mandare in prescrizione.
contr. ubbidire, eseguire, lasciar fare || prorogare.
prescrizióne, *sf.* ordinanza, prescritto, ordine, precetto, norma, regola, → COMANDO || perenzione, perdita di diritto, decadenza di pena, di obbligo (per ragioni di tempo trascorso).
contr. ubbidienza, esecuzione, sottomissione || usucapione, acquisto di diritto, proroga.
presentàbile, *agg.* onorevole, decente, decoroso, ostensibile, introducibile.
contr. impresentabile, inostensibile, disonorante, vergognoso, indecente.
presentabilità, *sf.* decenza, decoro.
contr. impresentabilità, indecenza.
presentàre, *v.tr.* far vedere, mostrare, esporre, far conoscere, esibire, porgere, parare, offrire, condurre, portare alla presenza, porre innanzi, consegnare, donare, fare un presente, introdurre, addurre, affacciare, produrre, sporgere, stendere, tendere || *intr.* capitare, occorrere || *rifl.* → COMPARIRE, COSTITUIRE || rispondere alla chiamata, farsi conoscere.
contr. prendere, ritirare, ritogliere, nascondere, occultare, escludere.
presentazióne, *sf.* ostensione, mostra || → PREFAZIONE.
presènte[1], *sm.* che è qui, che è nello stesso luogo || attuale, odierno, astante, vigente || *sm.* l'oggi, oggigiorno, il tempo nostro, il momento attuale || *pl.* astanti, convenuti, spettatori, testimoni || al presente, presentemente, attualmente.
contr. assente, lontano || passato, futuro || il passato, il futuro.
presènte[2], *sm.* regalo, → DONO.
presentiménto, *sm.* preconoscimento, preoccupazione, presagio, preveggenza, antiveggenza, intuizione, previsione, prescienza, animo, impressione, percezione, ansia, turbamento, inquietudine, sensibilità, telepatia, pronostico, profezia.
presentíre, *v.tr.* → PREDIRE.
presènza, *sf.* intervento, assistenza, partecipazione, apparenza, cospetto, parvenza, visita || figura, → ASPETTO || prontezza (di spirito) → FRANCHEZZA.
contr. assenza, distanza, intervallo, lontananza.
presenziàre, *v.tr.* e *intr.* essere presente, assistere, partecipare, intervenire, testimoniare.
contr. congedarsi, andarsene || essere assente, assentarsi, rimanere estraneo, segregarsi.
presèpe, *sm.* presepio, → MANGIATOIA, STALLA.
preserèlla, *sf.* → DOSE.
preservàre, *v.tr.* salvare, mantenere, garantire, → CUSTODIRE, CONSERVARE, DIFENDERE.
contr. esporre, mettere a repentaglio, affrontare il pericolo, compromettersi.
preservatívo, *agg.* e *sm.* preservatore, protettivo, profilattico, difensivo, antifecondativo.
contr. terapeutico, curativo, fecondativo.
preservàto, *pps.* di preservare || *agg.* immune, salvaguardato, → ESENTE.
preservatóre, *agg.* → PRESERVATIVO.
preservazióne, *sf.* → DIFESA, PROFILASSI.
prèside, *sm.* → DIRETTORE, CAPO.
presidènte, *sm.* → DIRETTORE, CAPO.
presidiàre, *v.tr.* occupare, proteggere, → DIFENDERE.
contr. sguarnire, abbandonare, aggredire.
presidiàto, *pps.* di presidiare || *agg.* → DIFESO.
presídio, *sm.* guarnigione || *fig.* protezione, sussidio, → AIUTO, DIFESA.
presièdere, *v.tr.* e *intr.* dirigere, sovrintendere, → GOVERNARE.
nomencl. preside, presidenza || presidenziale.
presína, *sf.* → DOSE.
préso, *pps.* di prendere || *agg.* → PENSIEROSO.
prèssa, *sf.* pressoio, strettoio, torchietto, torchio, soppressa || folla, calca, ressa, affollamento, moltitudine, serra serra, frotta, pigia pigia || premura, sollecitazione, → IMPETO, FRETTA.
pressànte, *ppr.* di pressare || *agg.* incalzante, sollecitante, instante, → URGENTE.
pressàre, *v.tr.* gualcare, calcare, → PREMERE || *fig.* incalzare, accelerare, far fretta, far premura, sollecitare, instare, urgere.
contr. allentare, mollare || frenare, trattenere, imbrigliare, rattenere.
pressatúra, *sf.* → TORCHIATURA.
pressióne, *sf.* premito, premitura, pigiatura, compressione, schiacciamento, pondo, peso, pressura, pigiata, violenza || gravitazione || *fig.* premura, urgenza, insistenza, sollecitudine || pressione atmosferica, → CLIMA.
nomencl. barometro, centro di pressione, barestesiometro.
contr. allentamento, sollevamento || rinuncia.
prèsso, *avv.* e *prep.* appresso, dappresso, propinquo, vicino, poco lontano, accosto || in presenza, a confronto || *sm. pl.* prossimità, dintorni, vicinanze, sobborghi.
contr. lontano, longinquo, distante, remoto.

pressoché, *avv.* e *prep.* quasi, circa, → APPROSSIMATIVAMENTE.

pressóio, *sm.* → PRESSA.

pressúra, *sf.* → PRESSIONE.

prestabilíre, *v.tr.* predestinare, designare, predeterminare, prefiggere, preordinare, → STABILIRE.

prestaménto, *sm.* → PRESTITO.

prestanóme, *sm.* e *f.* *indecl.* uomo di paglia.

prestànte, *agg.* eccellente, possente, eminente, singolare, vistoso || di bella presenza o figura, di bella apparenza, aitante, vigoroso, imponente.

contr. meschino || di aspetto meschino, sparuto, mingherlino, macilento, estenuato.

prestanteménte, *avv.* → ECCELLENTEMENTE.

prestànza, *sf.* eccellenza, singolarità, evidenza, vistosità, prestigio || bell'aspetto.

contr. meschinità || gracilità, esilità, tenuità, bruttezza.

prestàre, *v.tr.* dare a prestito, imprestare, mutuare || dare, concedere, porgere || *rifl.* darsi, offrirsi, adoprarsi, venire in aiuto, giovare || essere adatto, idoneo, appropriato.

nomencl. (*modi*) sulla parola, su pegno, su malleveria, con o senza interessi, a usura.

contr. ricevere, restituire || non accettare, rifiutarsi.

prestazióne, *sf.* → CANONE, IMPOSTA || SERVIGIO || OPERA.

prestézza, *sf.* → AGILITÀ, INTRAPRENDENZA, RAPIDITÀ, SOLLECITUDINE.

prestigiàre, *v.tr. ant.* → INGANNARE.

prestigiatóre, *sm.* giocoliere, illusionista, giocatore di bussolotti, prestidigitatore || *fig.* impostore, ciarlatano.

prestígio, *sm.* illusione || gioco di mano || incanto, seduzione, rapimento, → FASCINO, MAGIA || influenza, forza morale, merito, pregio, → AUTORITÀ || popolarità, fama, autorevolezza.

prestigióso, *agg.* ingannevole, illusorio || seducente, attraente, fascinoso, malioso.

contr. reale, vero || inerte, atono, repellente.

prestinàio, *sm. region.* → FORNAIO.

prèstito, *sm.* imprestito, mutuo, comodato, prestamento, prestanza (*ant.*).

nomencl. (*modi*) con interesse, gratuito, a cambio marittimo, a premio, forzato o forzoso, grazioso, ipotecario, nazionale, pubblico, temporaneo, perpetuo, redimibile || (*attinenti*) malleveria, pegno, ipoteca, usura, polizza, estrazione, rimborso, interesse, tagliando, cedola, debito, credito, insolvenza, solvenza, ricevuta, estinzione, restituzione || mutuante, strozzino, usuraio || *verb.* dare, concedere, prendere a prestito; prestare, prendere a frutto, ammortizzare, improntare, mutuare, frecciare.

contr. riconsegna, restituzione, resa, rimborso, dono, donazione.

prèsto, *agg.* sollecito, lesto, destro, agile, pronto, spedito, preparato || *avv.* alla svelta, alla brava, all'arrabbiata, alla lesta, a tambur battente, sul tamburo, a vapore, da un momento all'altro, difilato, di furia, di volo, celermente, immediatamente, in un baleno, in un *fiat*, in un batter d'occhio, sui due piedi, in fretta, in poco tempo, quanto prima, prontamente, rapidamente, sollecitamente, subito, tosto, velocemente, con sollecitudine, senza indugio || fra poco tempo, fra non molto || di buon'ora, per tempo.

contr. lento, flemmatico, posapiano, tardo || lentamente, adagio, piano, con calma, tranquillamente, a tutto agio || piú tardi, tardi.

prèsule, *sm.* vescovo, arcivescovo, prelato.

presúmere, *v.intr.* aver presunzione, pretendere, arrogarsi, esigere, mettersi in testa, darsi tono, erigersi a giudice, fare il saccente, fare il saputo, reputarsi, sputare sentenze, pontificare || *tr.* congetturare, immaginare, supporre, stimar conveniente, opportuno, ritenere, → CREDERE, OPINARE.

presumíbile, *agg.* opinabile, supponibile, congetturabile, pensabile, ragionevole, verosimile, plausibile, → POSSIBILE, PRESUNTIVO.

presumibilménte, *avv.* probabilmente, ragionevolmente, verosimilmente, plausibilmente.

presuntívo, *agg.* ipotizzabile, calcolabile, anticipabile, prevedibile, presumibile, previsto; preventivo.

contr. consuntivo.

presúnto, *pps.* di presumere || *agg.* previsto, già calcolato, creduto, ritenuto, opinato, stimato, immaginato, → IMMAGINARIO.

contr. imprevisto, inopinato, improvviso || accertato, dimostrato, certo.

presuntuosàggine, *sf.* → PRESUNZIONE.

presuntuosità, *sf.* → PRESUNZIONE.

presuntuóso, *agg.* albagioso, ambizioso, arcifanfano, arrogante, baccalare, borioso, dottoricchio, galletto, marzuolo, genio incompreso, pallone gonfiato, oltracotante, saccente, saputello, saputo, saputone, sputasentenze, tracotante, tronfio, pretenzioso, illuso, pieno di sé, superbo, orgoglioso, vanitoso, borioso.

contr. modesto, nascosto, umile, ritroso, schivo.

presunzióne, *sf.* prosunzione, arroganza, orgoglio, superbia, iattanza, albagia, amor proprio, immodestia, pretesa, sicumera, boria, burbanza, prosopopea, pretensione, saccenteria, sufficienza, tronfiezza, vanità, tracotanza, vanagloria, presuntuosaggine, presuntuosità || congettura, opinione, supposizione, → IPOTESI.

contr. modestia, ritegno, umiltà, semplicità || certezza, dimostrazione.

presuppórre, *v.tr.* → OPINARE, SUPPORRE.

presuppósto, *pps.* di presupporre || *sm.* → IPOTESI.

prète, *sm.* sacerdote, → ECCLESIASTICO.

pretèndere, *v.tr.* esigere, reclamare → VOLERE || voler far credere, asserire, sostenere ostinatamente || vantarsi, aver la presunzione, → PRESUMERE || *intr.* aspirare, proporsi.

pretensióne, *sf.* → PRESUNZIONE, PRETESA || SUPERBIA.

pretensióso, *agg.* pretenzioso, → PRESUNTUOSO.

pretería, *sf. spreg.* → CLERO.

preteríre, *v.tr.* non mantenere, trasgredire, lasciar correre, → OMETTERE.

pretèrito, *pps.* di preterire || *agg.* → PASSATO || *sm.* deretano.

preterizióne, *sf.* → OMISSIONE || paralessi.

preterméttere, *v.tr.* → OMETTERE.

preternaturàle, *agg.* fuori del naturale.

pretésa, *sf.* pretensione, esigenza, smoderatezza, indiscrezione, aspirazione, proposito, → PRESUNZIONE.
nomencl. *agg.* giusta, equa, discreta, ingiusta, sballata, esagerata, eccessiva.
pretésco, *agg. spreg.* → CLERICALE.
pretéso, *pps.* di pretendere || *agg.* sedicente, → FALSO.
pretèssere, *v.tr.* → PRETESTARE.
pretestàre, *v.tr. neol.* pretessere, prendere a pretesto; addurre, accampare, usare pretesti; arrampicarsi sugli specchi, cavillare, accampare scuse magre, portare ragioni apparenti, allegare come scusa, coprire con un pretesto, colorire, velare, dissimulare.
pretèsto, *sm.* appiglio, appicco, appiccagnolo, accatto, ansa, attacco, attaccagnolo, cagione, causa, cavillo, colore, diavoleria, diverticolo, gretola, lustra, mezzo termine, motivo, occasione, opportunità, ombra || ripiego, scappatoia, scappavia, sopraffaccia, scusa, storia, trovata, falsa ragione, motivo apparente.
nomencl. *agg.* bizzarro, buono, cattivo, frivolo, futile, meschino, strano, tristo, inconsistente || *verb.* addurre, accampare, cercare, allegare, trovare, inventare, pretestare.
contr. ragione vera, vero motivo || schiettezza, lealtà, sincerità, verità.
pretíno, *agg.* → CLERICALE.
pretòrio, *sm.* → BARRA.
prètto, *agg.* → NATURALE, SCHIETTO.
prevalènte, *ppr.* di prevalere || *agg.* predominante, eminente, egemonico, imperante, superiore, preponderante, → DOMINANTE.
contr. inferiore, dipendente, subalterno, subordinato, soggetto.
prevalènza, *sf.* → INFLUENZA, PREDOMINIO.
prevalére, *v.intr.* sorpassare, superare, essere di maggior valore, valere maggiormente, preponderare, predominare, essere superiore, pesar di piú, signoreggiare, → DOMINARE || *rifl.* avvalersi, approfittarsi, servirsi con indiscrezione.
contr. essere inferiore, valere meno, sottostare, subire.
prevaricaménto, *sm.* → PECCATO.
prevaricàre, *v.intr.* tralignare, trasgredire, contravvenire, violare, → DISUBBIDIRE, ABUSARE, PECCARE.
prevaricatóre, *agg.* e *sm.* malversatore, concussionario, infedele, trasgressore, rapace, estorcitore, frodatore, barattiere, → PECCATORE || indelicato.
contr. onesto, probo, fedele, giusto, galantuomo.
prevaricazióne, *sf.* malversazione, corruzione, concussione, peculato, prevaricamento, baratteria, ruberia, trasgressione, abuso, → DISONESTÀ.
contr. onestà, probità, fedeltà.
prevedére, *v.tr.* divinare, indovinare, profetare, presagire, intuire, pronosticare, azzeccare, predire il futuro, antivedere, anticonoscere, annunziare, annunciare, → PREDIRE, CONTEMPLARE || *intr.* attendersi, aspettarsi.
contr. costatare, riconoscere, ammettere.
prevedíbile, *agg.* intuibile, presagibile, → POSSIBILE.
contr. imprevedibile, impensabile.
prevedibilità, *sf.* → POSSIBILITÀ.
prevediménto, *sm.* → PREVEGGENZA.
preveggènte, *agg.* → PREVIDENTE.
preveggènza, *sf.* prevedimento, prescienza, divinazione, previdenza, anticonocenza, antiveggenza, chiaroveggenza, previsione, chiromanzia, telepatia, → PREDIZIONE.
contr. imprevidenza, ottusità, imprudenza.
prevenire, *v.tr.* venire, arrivare prima, precedere, antecedere, provvedere, agire prima, antivenire || avvisare, avvertire, preannunziare, preavvertire, preavvisare, antivedere, preoccuparsi, precorrere, anticipare || prender vantaggio, avvantaggiarsi, premunirsi, garantirsi, preservarsi, parare le mosse, stornare, → EVITARE.
contr. giungere tardi, agire dopo, seguire.
preventívo, *agg.* → PRESUNTIVO.
nomencl. *verb.* preventivare.
contr. consuntivo.
prevenúto, *pps.* di prevenire || *agg.* e *sm.* pregiudicato, → ACCUSATO, IMPUTATO || preoccupato, preavvisato, affetto da pregiudizio.
prevenzióne, *sf.* profilassi, rimedio, difesa, riparo, → PRECAUZIONE || idea falsa, preconcetto, → PREGIUDIZIO.
previdènte, *ppr.* di prevedere || *agg.* presago, preveggente, provvido, prudente, lungimirante, antiveggente, indovino || → ECONOMO.
contr. imprevidente, imprudente, avventato, incauto, sconsiderato, inconsiderato, arrischiato.
previdènza, *sf.* precauzione, → PREDIZIONE, PRUDENZA.
contr. imprevidenza.
previsíbile, *agg.* → POSSIBILE.
previsióne, *sf.* → PREDIZIONE, PREVEGGENZA.
prevòsto, *sm.* → PARROCO || GIUDICE.
preziosísmo, *sm.* → GONGORISMO.
prezióso, *agg.* aureo, caro, pregevole, pregiato, cospicuo, impagabile, impareggiabile, ragguardevole, notevole, degno, meritevole, inapprezzabile, eccellente, eletto, distinto, nobile, onorevole, eminente, egregio, magnifico, splendido, ricco, speciale, superbo, di vaglia, di valore, di valuta || *fig.* raro, tenuto in gran conto, molto caro.
contr. di nessun pregio, o valore, di poco prezzo, spregevole, grossolano, trito, comune, volgare, ordinario, disprezzato.
prezzàre, *v.tr.* → MISURARE, STIMARE.
prezzémolo, *sm.* petrosello, petrosino.
prèzzo, *sm.* valore, costo, ricavo, importo, misura, ragione, scotto, valsente, spesa, valuta || paga, compenso, mercede, ricompensa, giornata, stipendio, mesata, onorario || *fig.* stima, pregio, valutazione, conto.
nomencl. (*pertinenti*) abbuono, abbonamento, domanda, agevolezza, bazza, calmiere, carestia, facilitazione, listino, mercuriale, offerta, rialzo, rinvilio, sconto, tariffa, ribasso || *agg.* alto, elevato, caro, enorme, esorbitante, eccessivo, esagerato, forte, incongruo, ingordo, sproporzionato, spropositato, stracaro; adeguato, equo, giusto, moderato, normale, agevole, congruo, onesto, conveniente, corrente, discreto, proporzionato, accessibile, ragionevole, andante, basso, modico, piccolo, mite, minimo, irrisorio, meschino, ristretto, vile; fisso, alterato, abbassato, rialzato, maggiorato, reale, fittizio, ultimo, venale, nominale, sostenuto || *verb.* abbassare, agevolare, deprezzare, invilire,

svilire, ribassare, scemare, smontare, alzare, rialzare, aumentare, far crescere, ritoccare, mercanteggiare, stiracchiare, tassare, contrarre, contrattare, fissare, determinare, stabilire, pattuire, chiedere, pretendere, dimezzare, raddoppiare, fluttuare, oscillare, prezzare || essere strozzato, pagar caro, strapagare, costare, pagare, prezzolare.

prezzolàre, *v.tr.* assoldare, pagare (per un fine delittuoso, disonesto).

prezzolàto, *agg.* assoldato, pagato (per un fine delittuoso), corrotto (mediante danaro), → MERCENARIO.

contr. disinteressato, dignitoso, onesto.

prigióne, *sf.* galera, carcere, catorbia, cella, cellulare, capponaia, detenzione, penitenziario, bagno penale, casa di pena, casa di lavoro, casa di custodia, casa di forza, reclusorio, segreta, reclusione.

nomencl. (*carcere*) giudiziario, mandamentale, preventivo, duro, di rigore, minorile, di espiazione || detenzione, carcerazione, reclusione, arresto, segregazione, evasione, scarcerazione, liberazione || matricola, divisa, casacca || ergastolo, lavori forzati, colonia agricola || (*inerenti*) cella, sbarre, cancello, spioncino, tavolaccio, tramoggia, ceppi, ferri, letto di contenzione, cella di punizione, cella di rigore || (*persone*) direttore, comandante, agente di custodia, secondino, guardiano, cappellano, insegnante, medico, assistente sociale || carcerato, recluso, detenuto, galeotto, arrestato || *verb.* carcerare, incarcerare, ingabbiare, imprigionare, segregare, evadere, costituirsi, rilasciare, liberare, scarcerare.

contr. libertà, latitanza.

prigionièro, *agg.* e *sm.* prigione (*ant.*), arrestato, carcerato, captivo, catturato, condannato, detenuto, galeotto, ergastolano, recluso, internato, sepolto vivo, ostaggio, deditizio || *fig.* schiavo.

nomencl. (*attinenti*) barra, ceppo, catena, palla al piede, ferri di pena o manette || riscatto, liberazione, scambio, postliminio.

contr. libero, latitante, contumace.

prillàre, *v.intr.* → PIROETTARE.

prìllo, *sm.* → PIROETTA, GIRAVOLTA.

príma¹, *avv.* pria (*poet.*), anteriormente, dapprima, dapprincipio, antecedentemente, avanti, innanzi, anzitutto, dinanzi, in pria (*poet.*), in principio, per l'innanzi, prematuramente, preventivamente || poco fa, adesso, or ora, testé, un momento fa, tempo addietro, un tempo, una volta.

contr. dopo, poi, in seguito, posteriormente.

príma², *sf.* prima rappresentazione.

contr. replica.

primàrio, *agg.* primo, migliore, eccellente, eminente, predominante, eccelso, principale || elementare || *sm.* → MEDICO.

contr. secondario, dipendente, di grado inferiore o superiore.

primàte, *sm.* → GERARCA, MAGGIORENTE || PERSONAGGIO.

primatíccio, *agg.* → PRECOCE.

primatísta, *sm.* e *f.* campione nazionale, mondiale.

primàto, *sm.* preminenza, superiorità, supremazia, egemonia, sovranità, predominio, eccellenza || *record*, miglior risultato.

nomencl. primazia, primaziale, primate || primatista.

contr. inferiorità, soggezione, dipendenza, derivazione.

primavèra, *sf.* prima stagione, dolce stagione, stagione dei fiori, gioventú dell'anno, pascore (*ant.*), stagione novella, buona stagione || → PRIMULA || *fig.* periodo sereno, inizio favorevole || giovinezza.

contr. autunno, inverno.

primaverína, *sf.* → PRIMULA.

primazía, *sf.* dignità del primate || → SUPREMAZIA.

primeggiàre, *v.intr.* avere, tenere, possedere il primato; essere superiore, essere il primo, portare la palma, emergere, predominare, salire, sovrastare, risaltare, spiccare, segnalarsi, torreggiare, → DOMINARE.

contr. essere o venire dopo gli altri, essere inferiore, essere subordinato, sottostare, ubbidire.

primèvo, *agg.* → PRIMITIVO.

primièro, *agg.* primo, di prima, originario, primario || *avv.* primieramente.

primigènio, *agg.* antichità remota, della prima generazione, remoto, → ORIGINARIO, PRIMITIVO.

primitivaménte, *avv.* → ANTICAMENTE.

primitívo, *agg.* originario, dell'origine, alle origini, iniziale, primo, vecchio, prisco, pristino, antico, primigenio, non derivato || primevo, antichissimo, primordiale, dei primi tempi, preadamitico, adamitico, preistorico, arcaico || *spreg.* barbogio, antidiluviano || *fig.* rozzo, rudimentale, elementare, vieto, incivile.

contr. odierno, attuale, contemporaneo, moderno || maturo, evoluto, sviluppato, incivilito || decadente.

primízia, *sf.* frutto primaticcio, primi frutti, rarità || *fig.* → NOTIZIA.

contr. prodotto tardivo || *fig.* notizia già nota, vecchiume.

prímo, *agg.* innanzi a tutti, iniziatore, iniziale, originario, primitivo, primigenio, primordiale, primiero, primissimo, antesignano, capofila, araldo, capolista || principale, precipuo, primario, massimo, eccellente, superiore, insuperabile, insuperato, sommo, supremo || *sm.* minuto primo.

nomencl. (*attinenti*) primo della classe, primo venuto, prima donna, primattore, primo ministro, primo cittadino || precedente, antecedente, anteriore; primogenito, primogenitore, primogenitura || primordio, prodromo, prime origini, incunabolo.

contr. ultimo, infimo, inferiore, imitatore, seguace, pedissequo.

primogenitúra, *sf.* maggiorascato, maggiorasco.

contr. minorascato, minorasco.

prímola, *sf.* → PRIMULA.

primordiàle, *agg.* → PRIMO, PRIMITIVO, ORIGINARIO.

primòrdio, *sm.* → PRINCIPIO.

prímula, *sf.* primola, primaverina, primavera.

principàle, *agg.* precipuo, singolare, cospicuo, essenziale, primario, primo, capitale, sostanziale, grande, dominante, magistrale, cardinale, massimo, maggiore, notabile, magnatizio || *sm.* maestro → CAPO, PADRONE.

contr. secondario, subalterno, accessorio || garzone, apprendista, operaio, dipendente, commesso, impiegato.

principàto, *sm.* → MONARCHIA, GOVERNO, SIGNORIA.

príncipe, *sm.* prence, sovrano, re, primate, imperatore, califfo, diadoco || principe assoluto, → DESPOTA || principe sovrano, → MONARCA || *agg.* primo, principale.
nomencl. assoluto, costituzionale, reale, imperiale || della Chiesa, elettore || (*titoli*) Altezza, Altezza Reale, Magnificenza, Sua Grazia, Sua Grandezza, Serenissimo || (*equivalenti*) arciduca, cacicco, *bey*, delfino, emiro, infante, *Kronprinz*, langravio, nababbo, voivoda, granduca, Gran Kan || (*pertinenti*) appannaggio, avvenimento, breve, corte, seguito, assunzione al trono, abdicazione, deposizione, dinastia, incognito || *agg.* regnante, sovrano, ereditario, consorte, autocrate, esautorato, detronizzato, spodestato, presuntivo, pretendente.
contr. suddito || ultimo.
principésco, *agg. fig.* → LUSSUOSO.
principiànte, *ppr.* di principiare || *agg.* e *sm.* → ESORDIENTE, NOVIZIO.
principiàre, *v.tr.* e *intr.* → COMINCIARE.
princípio, *sm.* avvio, principiatura, principiamento, cominciamento, incominciamento, derivamento, derivazione, genesi, generazione, nascimento, nascita, fioritura, origine, provenienza, scaturigine, sorgente, bulicame (di acqua termale) || albore, alba, aurora, capo, culla, causa, materia, cagione, fonte, matrice, germe, germoglio, primordio, fomite, motivo, causale, movente, occasione, pretesto, radice, inizio || iniziamento, avviamento, propedeutica, incamminamento, incoazione, impianto, impulso, iniziativa, mossa, passo, spinta, spunto || base, elemento, punto, fondamento, cardine, caposaldo, costituzione, fondazione, installamento, instaurazione, intraprendimento, impresa, intrapresa || limitare, estremità || introduzione, preliminare, proemio, prefazione, prologo, inaugurazione, debutto, esordio, rudimento, tema, radicale, étimo, riapertura || nozione, idea, criterio, morale, legge, massima, norma, verità fondamentale, concetto, convinzione, dottrina, verità, primo principio.
contr. fine, chiusura, cima, coda, foce || estinzione, epilogo, esito, effetto finale, deduzione, conseguenza, conclusione, ultimazione.
princisbécco, *sm.* oro falso, similoro.
contr. oro di zecchino, oro vero, oro fino, oro di coppella.
prióra, *sf.* badessa.
prioràto, *sm.* ufficio e dignità del priore || → BENEFICIO.
nomencl. prioría, priorale, priorista.
prióre, *sm.* magistrato, capo, → PARROCO, SUPERIORE.
priorità, *sf.* precedenza, anteriorità, diritto di precedenza, superiorità.
contr. posteriorità, derivazione, inferiorità.
prísco, *agg.* dei primi tempi, → ANTICO, PRIMITIVO.
nomencl. i prischi || priscamente.
prístino, *agg.* antico, di prima, → PRIMITIVO.
privàre, *v.tr.* defraudare, disarmare, diseredare, diredare (*ant.*), dispodestare, dispogliare, dispolpare, espropriare, escludere, denudare, interdire, levare, orbare, nudare, vedovare, scalzare, sprovvedere, sguarnire, spogliare, spossessare, spodestare, strappare, togliere, rubare, sottrarre, ritogliere || *rifl.* togliere a se stesso, imporsi privazioni, dare ad altri, mortificarsi, → ASTENERE, DISFARE.
contr. dare, donare, comunicare, provvedere, fare partecipe || concedersi, procurarsi, prendersi.
privatíva, *sf.* → MONOPOLIO || APPALTO || BREVETTO.
privàto, *pps.* di privare || *agg.* mancante, orbato, sprovvisto, carente, → PRIVO || proprio, confidenziale, individuale, particolare, intimo, personale, riservato, segreto, speciale, non pubblico || *sm.* persona privata, semplice cittadino.
contr. fornito, provvisto, palese, pubblico, comune a tutti || *sm.* statale, parastatale, pubblico funzionario, personaggio ufficiale.
privazióne, *sf.* mancanza, assenza, perdita, denudazione, stento, sacrificio, rinuncia, astensione, danno, disagio, miseria, → POVERTÀ.
contr. abbondanza, agiatezza, superfluo, scialo, avidità.
privilegiàto, *agg.* immune, → ESENTE || favorito, fortunato, avvantaggiato, dotato, superdotato.
contr. sfortunato, disgraziato, sfavorito, sprovveduto, perseguitato, malavventurato, diseredato, miserabile.
privilègio, *sm.* concessione esclusiva o speciale, diritto esclusivo, monopolio, franchigia, immunità, diritto di prelazione, benefizio, esenzione, dispensa, privativa, preferenza, favore, eccezione, distinzione || prerogativa, vantaggio, dote o pregio particolare || onore.
contr. diritto comune || comunanza, uguaglianza || angheria, svantaggio, danno, minorazione.
prívo, *agg.* abbandonato, carente, defraudato, disarmato, diseredato, inerme, mancante, mutilo, nudo, orbato, orfano, povero, privato, scevro, scusso, senza, sfornito, sguarnito, spoglio, spolpato, sprovveduto, sprovvisto, squallido, vacante, vedovato, vedovo, vuoto || *fig.* digiuno.
contr. provvisto, provveduto, provviso, munito, abbondante, fornito, rifornito.
prizzàto, *agg.* → MACCHIATO.
pro, *sm.* difesa, favore, giovamento, → UTILE, VANTAGGIO.
proàvo, *sm.* bisnonno, → NONNO.
probàbile, *agg.* → FACILE || considerabile, argomentabile, dimostrabile, → POSSIBILE.
nomencl. probabilismo, probabilista || probabiliore, probabiliorismo.
contr. improbabile.
probabilità, *sf.* → FACILITÀ, POSSIBILITÀ, CASO.
contr. improbabilità.
probabilménte, *avv.* → FACILMENTE.
probànte, *agg.* probativo, dimostrativo.
probità, *sf.* → ONESTÀ, DIRITTURA.
problèma, *sm.* questione, proposta, da risolvere, caso, fattispecie, quesito, questione, tema, teorema, erotema, enunciato || posizione, caso difficile, complesso, complicato, enigma, → DUBBIO.
nomencl. (*pertinenti*) dati, elementi, incognita, dubbio metodico, soluzione, enunciato || aporia, aporisma o aporo, regola di falsa posizione || *agg.* facile, piano, semplice, solubile, difficile, astruso, complicato, intricato, insolubile, insoluto, indeterminato, strano, inde-

cifrabile || *verb.* impostare, determinare, dubitare, discutere, risolvere, proporre.
contr. soluzione || caso di facile soluzione, interpretazione.
problematicità, *sf.* → DUBBIO.
nomencl. problematicismo, problematismo.
problemàtico, *agg.* → INCERTO, DUBBIO, PROVVISORIO.
pròbo, *agg.* → GIUSTO, BUONO.
probòscide, *sf.* naso, grifo, niffolo, rostro, succhiatoio, tromba, pungiglione.
procàccia, *sm.* → MESSO, PORTALETTERE.
procacciànte, *ppr.* di procacciare || *sm.* → COMMERCIANTE || *agg.* intrigante, arrivista, scaltro, industrioso, invadente, corrierista, → INTRAPRENDENTE.
procacciàre, *v.tr.* → PROCURARE, CERCARE || *rifl.* → OTTENERE, CONCILIARE.
procàce, *agg.* protervo, petulante, presuntuoso, provocante, insolente, stuzzicante, sfrenato, eccitante, licenzioso, → IMPUDICO, SFACCIATO.
pro càpite, *loc. lat.* a testa, per ciascuno.
procèdere, *v.intr.* andare avanti, camminare, avanzare, incedere, inoltrarsi, proseguire, muovere (da un luogo) || seguitare, continuare, progredire, seguire || comportarsi, condursi, diportarsi, agire, operare, fare || intentare lite, processo, proseguire il giudizio iniziato || derivare, provenire, dipendere, scaturire, → ORIGINARE, DISCENDERE.
contr. fermarsi, arrestarsi, interrompersi, retrocedere, rinunciare, cedere, pervenire.
procediménto, *sm.* modo di comportarsi, di condursi, di procedere; andatura; svolgimento, corso di un fatto, di un'azione; progresso, successione, evoluzione || condotta, contegno, atteggiamento || processo, azione giudiziaria, procedura || metodo, mezzo, formazione, sistema, ordine || derivazione, provenienza, scaturigine.
contr. arresto, fermata, interruzione, conclusione, retrocessione.
procedúra, *sf.* modi, norme, forme di azione giudiziaria, giudizio, processo; diritto processuale, giudiziario, → PROCEDIMENTO.
procèlla, *sf. lett.* → TEMPESTA || *fig.* calamità improvvisa e transitoria, disgrazia, → PERICOLO, DISORDINE.
contr. serenità, bonaccia, calma, favore.
procellària, *sf.* ossifraga || → GABBIANO.
procellóso, *agg.* burrascoso, → TEMPESTOSO || *fig.* fortunoso, → TUMULTUOSO.
processàre, *v.tr.* far processo, muover causa, mettere sotto accusa, mettere sotto processo, sottoporre a processo, → ACCUSARE || *fig.* indagare, inquisire, cercar di sapere con domande i segreti altrui.
contr. assolvere, prosciogliere, disinteressarsi.
processióne, *sf.* corteo, fila, filatessa, accompagnamento, pompa religiosa || *fig.* moltitudine, compagnia.
nomencl. (*inerenti*) croce processionale, stendardi, bandiere, fiorita, mazziere, baldacchino || canti, litanie, banda musicale || *Corpus Domini*, rogazioni.
processo, *sm.* → PROCEDIMENTO, FORMAZIONE || azione giudiziaria, causa, lite, dibattimento, atti processuali, → GIUDIZIO || DECORRENZA.
proclàma, *sm.* → BANDO.
proclamàre, *v.tr.* pubblicare solennemente, promulgare || dichiarare, affermare, asserire in pubblico || divulgare, pubblicare, far sapere a tutti, gridare, parlare forte, sentenziare.
contr. tacere, tener nascosto, lasciar ignorare.
proclamazióne, *sf.* dichiarazione, riconoscimento pubblico e solenne.
proclíve, *agg.* → ACCLINE || incline, inclinato, favorevole, → PROPENSO, PIEGHEVOLE.
contr. ostile, avverso, contrario.
proclività, *sf.* inclinazione, debolezza, facilità, → ISTINTO, PROPENSIONE, TENDENZA.
contr. ostilità, avversione, contrarietà.
procómbere, *v.intr.* → CADERE.
procrastinàre, *v.tr.* → PROROGARE, TEMPOREGGIARE.
contr. anticipare, prevenire, precorrere, precedere, antecedere.
procrastinazióne, *sf.* → ATTESA, RINVIO.
contr. anticipazione.
procreàre, *v.tr.* → GENERARE.
procreatóre, *sm.* → GENITORE, PADRE.
procreazióne, *sf.* → GENERAZIONE.
procúra, *sf.* mandato, incarico || ufficio dei procuratori, ufficio legale.
nomencl. generale, speciale.
procuràre, *v.tr.* procacciare, attirare, provvedere, adoprarsi, cercare, provocare, guadagnare, curare, ingegnarsi, sbrigare, sforzarsi, studiare, buscare || *rifl.* → OTTENERE, GUADAGNARE.
contr. abbandonare, lasciare, rinunciare, esser passivo, disinteressarsi.
procuratóre, *sm.* → AMMINISTRATORE || AVVOCATO || rappresentante della legge.
pròda, *sf.* approdo, → BANCHINA, RIVA || estremità, orlo, margine, sponda.
pròde, *agg.* e *sm.* cavaliere, eroe, → VALOROSO.
prodézza, *sf.* ardimento, gagliardia, bravura, valentia, intrepidezza, → CORAGGIO, VALORE || impresa, azione da prode || *iron.* bravata, imprudenza, millanteria.
contr. viltà, bassezza, pusillanimità, paura, codardia.
prodière, *sm.* → REMATORE, BARCAIOLO.
prodigalità, *sf.* sperpero, sciupinio, scialacquio, scialacquo, sciupio, profusione, dispersione, eccesso, dissipazione || → GENEROSITÀ.
prodigalizzàre, *v.tr.* e *intr.* → PRODIGARE.
prodigàre, *v.tr.* donare con larghezza, largire, elargire, profondere, spendere con profusione, scialacquare, largheggiare, prodigalizzare, spargere, versare, porgere, sperdere, sciupare, disperdere, dilapidare, sperperare || *rifl.* concedersi, darsi con abnegazione, spendersi, profferirsi, sacrificarsi.
contr. essere calcolato, lesinare, dare con parsimonia, economizzare, risparmiare.
prodígio, *sm.* portento, sorpresa, rarità, → MIRACOLO, MERAVIGLIA.
prodigióso, *agg.* → MIRACOLOSO, MERAVIGLIOSO.
pròdigo, *agg.* dissipatore, dissipato, sciupone, dilapidatore, scialacquatore || → GENEROSO || FECONDO.
proditòrio, *agg.* da traditore, infido, ingannevole, sleale, vile.
contr. amichevole, fidato, leale, fido || prode (*agg.*).

prodótto, *pps.* di produrre || *agg.* fatto, generato, originato, procreato || addotto, presentato, allegato, mostrato || *sm.* cosa fatta, creata, nata dalla terra; derrata, manufatto, bene || parto, effetto, guadagno, reddito, entrata, frutto, rendita, profitto, risultato.

pròdromo, *sm.* segno precursore, principio, preparazione, indizio, sintomo foriero || → INTRODUZIONE.
contr. seguito, effetto, conseguenza, derivazione, conclusione, postumo.

produrre, *v.tr.* generare, fare, originare, procreare, partorire, concepire, germinare, germogliare, riprodurre || comporre, foggiare, formare, congegnare, confezionare, edificare, fabbricare, causare, cagionare, determinare, eccitare || presentare, esporre, allegare, pubblicare, offrire, mostrare, ostentare || fruttificare, fruttare, fiorire, rendere.
contr. distruggere, rovinare, rompere, annichilare || nascondere, occultare || rimaner sterile.

produttività, *sf.* → FECONDITÀ || ritmo di produzione.

produttívo, *agg.* → FECONDO || industriale, della produzione || redditizio.

produzióne, *sf.* generazione, creazione, origine, procreazione, parto, concepimento, riproduzione || fabbricazione, formazione, confezione, opera, lavoro, fattura || complesso di prodotti (del suolo o di un'industria o dell'ingegno) || presentazione in giudizio.
contr. distruzione, rovina, demolizione, smantellamento || sterilità.

proemiàle, *sm.* → PREFAZIONE.

proemiàre, *v.tr.* → COMINCIARE.

proèmio, *sm.* → INTRODUZIONE, PREFAZIONE.

profanàre, *v.tr.* → CONTAMINARE, OFFENDERE, SCONSACRARE.
contr. consacrare, dedicare, votare.

profanatóre, *agg.* e sm. sacrilego, irrispettoso.

profanazióne, *sf.* → OFFESA, SACRILEGIO.

profàno, *agg.* e *sm.* laico, secolare, mondano, temporale || *sm.* non iniziato, incompetente, → IGNORANTE.
contr. sacro || iniziato, dotto, esperto, intenditore.

profènda, *sf.* mangime, → FORAGGIO || offa.

proferíre, *v.tr.* → ESPRIMERE, PARLARE || OFFRIRE, PROFFERIRE.

professànte, *ppr.* di professare || *agg.* (di religione) praticante.
contr. non praticante.

professàre, *v.tr.* confessare, riconoscere, mostrare, dimostrare, dichiarare pubblicamente; ostentare, praticare || → CREDERE || esercitare una professione, un'arte || emettere i voti religiosi || *rifl.* farsi credere, dichiararsi.

professataménte, *avv.* in modo ostentato, aperto, → DELIBERATAMENTE.

professióne, *sf.* dichiarazione, confessione, manifestazione, dimostrazione di un sentimento, di un'opinione || arte, condizione, esercizio (di una disciplina, di un'arte), impiego, occupazione, missione, carriera, curricolo, stato, specialità, studio, ufficio.
nomencl. (*pertinenti*) abilità, tendenza, proclività, inclinazione, attitudine, disposizione, pratica, tirocinio, avviamento, tecnica, vocazione || clientela, dilettante, specialista || *agg.* bella, liberale, gradita, nobile, degna, eccellente, onorevole, lucrosa, delicata, importante, elevata, povera, meschina, umile || *verb.* far pratica, abbracciare, avviarsi, scegliere, seguire, prendere, assumere, intraprendere || specializzarsi.
contr. disoccupazione, mestiere manuale, commercio, industria.

professóre, *sm.* → INSEGNANTE.
nomencl. (*tipi*) privato, pubblico, statale, supplente, provvisorio, incaricato, di ruolo, ordinario, straordinario, reggente, titolare, assistente || libero docente || cattedra, facoltà, insegnamento.

profèta, *sm.* divinatore, presago, indovino, augure, annunziatore, veggente, rivelatore (di cose occulte), mago, chiaroveggente.
contr. falso profeta, profetastro, indovino.

profetàre, *v.tr.* profeteggiare, profetizzare, → PREVEDERE, PREANNUNZIARE.

profetàstro, *sm.* → INDOVINO.

profeteggiàre, *v.tr.* → PREDIRE.

profètico, *agg.* biblico, divino, fatidico, veggente.

profetizzàre, *v.tr.* → INDOVINARE, PREDIRE.

profezía, *sf.* vaticinio, oracolo, auspicio, divinazione, preannunzio, oroscopo, veggenza, preveggenza, → PREDIZIONE.

profferíre, *v.tr.* dire, pronunciare, esprimere || → OFFRIRE, PROFERIRE.

proffèrta, *sf.* → OFFERTA.

profícuo, *agg.* vantaggioso, profittevole, giovevole, → UTILE.

profilàre, *v.tr.* designare, delineare, ritrarre in profilo || dare il profilo, orlare, guarnire con un'orlatura || *rifl.* delinearsi, stagliarsi || presentarsi, lasciarsi intravedere.

profilàssi, *sf.* prevenzione, preservazione, protezione da malattie, medicina, igiene, → DIFESA, PRECAUZIONE.
contr. cura.

profilàttico, *agg.* → PRESERVATIVO.

profilatúra, *sf.* orlatura.

profílo, *sm.* disegno, contorno, linea di contorno, delineamento, sagoma, spaccato, *silhouette*, → ASPETTO, FACCIA || MODANATURA || *fig.* ritratto, saggio, studio biografico-critico, → BIOGRAFIA.
contr. faccia, pianta.

profittàre, *v.intr.* lucrare, guadagnare, avvantaggiarsi, fruttare, trar vantaggio, profitto, utile || usare, abusare, prevalersi, approfittare || progredire, avanzare, giovare, trar giovamento.
contr. aver danno, svantaggio, perdita; perderci, rimetterci; rimanere allo stesso punto, regredire.

profittatóre, *sm.* sfruttatore.

profittévole, *agg.* fruttuoso, proficuo, giovevole, → FECONDO, UTILE.

profítto, *sm.* prodotto, frutto, reddito, rendita, risultato, utile, guadagno, interesse, progresso, vantaggio, giovamento, utilità, emolumento, assegnamento || abuso.
nomencl. *agg.* grande, enorme, discreto, modesto, piccolo, magro, meschino, nullo, impareggiabile, inestimabile, scarso.
contr. perdita, danno, svantaggio, diminuzione, regresso.

proflúvio, *sm.* effluvio, → EMANAZIONE || *fig.* gran quantità, → ABBONDANZA || (di sangue) → EMORRAGIA.
profondaménte, *avv.* addentro, addentrato, a fondo, sprofondato, in profondo, intensamente, vivamente, sinceramente, sentitamente.
contr. superficialmente, esternamente.
profondàre, *v.tr.* e *intr.* sprofondare, andare a fondo, affondare, immergere, sommergere, internarsi, gettare, subissare, rovinare, precipitare || prodigare || *rifl.* inabissarsi, sommergersi, immergersi || *fig.* addentrarsi, penetrare, sondare.
contr. emergere, salire, risalire, innalzarsi, sorgere, risorgere || stare alla superficie, all'esterno.
profondàto, *pps.* di profondare || *agg.* caduto, immerso, penetrato, atterrato.
profóndere, *v.tr.* e *rifl.* → FICCARE || PRODIGARE || dilapidare, disperdere, → SPERPERARE.
profondità, *sf.* bassezza, luogo profondo, cavità, abisso, caverna, baratro, burrone, voragine, profondo avvallamento, bassura, fondo, latebra, precipizio || altezza (da sopra in basso), spessore || *fig.* intimità, interiorità, immensità || grado (di sapere).
nomencl. (*inerenti*) batimetria, batisfera, batometro, barometria.
contr. altezza (dal basso all'alto), emergenza, eminenza, prominenza, cima, colmo, culmine, fastigio, vertice || superficie, esterno.
profóndo, *agg.* basso, alto, cavo, fondo, infimo, imo, interno, avvallato, molto concavo, bassissimo, molto interno, intimo, interiore, nascosto, intrinseco || *fig.* oscuro, intenebrato, arcano || infinito, immenso || intenso || (di colore) cupo, scuro, carico || (di voce) cupo, cavernoso || difficile da capire || → DOTTO.
nomencl. *verb.* approfondire, profondare, addentrarsi, scavare a fondo, sprofondare, immergersi, precipitare, franare, rovinare.
contr. alto, altissimo, elevato, sopraelevato, emergente, eminente, convesso || superficiale, esterno, leggero, facile.
pròfugo, *sm.* ramingo, fuoruscito, → FUGGIASCO, ESULE.
profumàre, *v.tr.* aromatizzare, dare profumo, aspergere o impregnare di profumo, spruzzare di profumo, azzimare || *rifl.* azzimarsi, mantecarsi, spargersi di profumo || *intr.* → ODORARE.
contr. impuzzire, appuzzare, impuzzare, ammorbare, putire || impuzzarsi.
profumàto, *pps.* di profumare || *agg.* fragrante, odoroso, olezzante, aromatico, balsamico, muschiato, azzimato, profumatuzzo, redolente.
contr. puzzolente, fetido, fetente, graveolente, impuzzito, putrido, marcio, guasto.
profumière, *sm.* aromatario, odorista, speziale, unguentario, barbiere.
profúmo, *sm.* odore, fragranza, olezzo, effluvio, esalazione, timiama, olore || essenza, estratto, balsamo,
nomencl. (*distinzioni*) naturale, artificiale || acri, agliacei, ambrati, ambrosacei, aniciati, aromatici, aranciati-balsamici, canforati, cedrini, drogati, fruttacei, gelsominati, mandorlati, mentacei, moscati, muriatici, rosati, penetratili, sandolizzati, velenosi, violacei, violenti, erbacei || (*esempi*) olio volatile, quintessenza, resina, acqua di Colonia, acqua Felsina, acqua nanfa, ambretta, anice, benzoino, bergamotto, basilico, canfora, cedro, comino, coriandolo, eliotropio, gelsomino, incenso, lavanda, maggiorana, menta, muschio, mirra, nardo, ramerino, reseda, rosa, salvia, sandalo, spigo, timo, tiglio, vaniglia, violetta, zibetto || (*attinenti*) distillazione, concia || pomata, tintura, acqua, unguento || capsula, lambicco, cunziere, boccettina, fiala, flacone, scatolino, polverizzatore, vaporizzatore, spruzzatore, bruciaprofumi || *agg.* acuto, forte, acre, blando, lieve, leggero, tenue, delizioso, piacevole, soave, grato, ingrato, antipatico, spiacevole, nauseante.
contr. puzzo, puzza, fetore, putridume, lezzo, tanfo, sito, zaffata.
profusióne, *sf.* → ABBONDANZA || SPERPERO.
profúso, *pps.* di profondere || *agg.* gettato, dato in gran quantità, in gran copia; prodigato, sperperato, dissipato || effuso, diffuso, sparso.
contr. lesinato, conservato, risparmiato.
progènie, *sf.* → FAMIGLIA, GENERAZIONE, STIRPE.
progenitóre, *sm.* → AVO.
progettàre, *v.tr.* far progetto, ideare, inventare, creare, concepire, disegnare, proporre, divisare, stabilire, preusare, immaginare, escogitare || proporsi.
contr. realizzare, eseguire, attuare, effettuare, concretare, far eseguire.
progètto, *sm.* piano, pianta, disegno, schema, schizzo || concezione, creazione, proposito, proponimento, programma, proposta, intenzione, avviso, idea, mira, intento, pensiero, invenzione, castello in aria, fantasticheria, utopia.
nomencl. *agg.* astratto, concreto, sballato, chimerico, diabolico, attuabile, inattuabile, possibile, impossibile, vano, grandioso, mastodontico, bello, utile, utopistico || *verb.* ideare, pensare, escogitare, concepire, attuare, realizzare, applicare, eseguire, contrariare, mandare all'aria, sconvolgere, ostacolare.
contr. realizzazione, esecuzione, compimento, attuazione.
prògnosi, *sf.* diagnosi, giudizio anticipato, previsione, → PREDIZIONE.
nomencl. *agg.* fausta, infausta, riservata, riservatissima.
prognòstico e derivati, → PRONOSTICO e derivati.
progràmma, *sm.* → AVVISO || progetto, → PROPOSITO || piano, schema, disegno, schizzo, tracciato, esposizione.
nomencl. programmazione, programmista, programmatico || *verb.* programmare.
progredíre, *v.intr.* avanzare, andare avanti, far progressi, inoltrarsi, guadagnar terreno, spingersi avanti, acquistar cammino, farsi avanti, → PROCEDERE || *fig.* migliorare, perfezionarsi, svolgersi, → EVOLVERE.
contr. regredire, rinculare, indietreggiare || peggiorare, deteriorare.
progredíto, *pps.* di progredire || *agg.* evoluto.
progressióne, *sf.* avanzamento, accrescimento, successione, sviluppo, miglioramento, espansione, continuazione progressiva, progresso.
contr. regressione, indietreggiamento, peggioramento.
progressísmo, *sm.* filoneismo, neofilia, radicalismo, riformismo, modernismo || ottimismo.

contr. reazione, conservatorismo, tradizionalismo || scetticismo, pessimismo.
progressísta, *agg.* e *sm.* riformatore, radicale, evoluzionista, modernista.
contr. moderato, conservatore, codino, retrogrado, reazionario.
progressivaménte, *avv.* a grado a grado, a mano a mano, a poco a poco, via via, crescendo, sempre più.
contr. regressivamente || improvvisamente, bruscamente, ad un tratto, a salti, a scatti, repentinamente.
progressívo, *agg.* progrediente, avanzante, graduale || crescente.
contr. improvviso, subitaneo, saltuario || regressivo, calante, decadente.
progrèsso, *sm.* progressione, avanzamento, accrescimento, miglioramento, perfezionamento, avanzata, procedimento, incremento, rifiorimento, redenzione, risorgimento, rinnovamento, rinascimento, svolgimento, → EVOLUZIONE || PROFITTO || CIVILTÀ.
contr. regresso, retrocessione, corruzione, decadenza, involuzione || svantaggio, perdita.
proibènte, *ppr.* di proibire || *agg.* → PROIBITIVO.
proibíre, *v.tr.* interdire, divietare, inibire, → VIETARE || frenare, impedire, rendere impossibile, → OSTACOLARE.
contr. permettere, concedere, lasciar correre, lasciar fare, coadiuvare, agevolare.
proibitívo, *agg.* inibitorio, proibitorio, proibente || (di prezzo) eccessivo, altissimo.
contr. concessivo, concedente, permissivo, coadiuvante.
proibíto, *pps.* di proibire || *agg.* interdetto, impedito, negato, illecito, illegale, contrastato, respinto, escluso, → VIETATO.
contr. permesso, concesso, lecito, possibile, legale, ammesso.
proibitòrio, *agg.* → PROIBITIVO.
proibizióne, *sf.* inibizione, interdizione, impedimento, ostacolo, → OPPOSIZIONE, DIVIETO.
contr. permesso, autorizzazione, concessione, agevolazione.
proibizionísmo, *sm.* proibitivismo.
proiettàre, *v.tr.* lanciare, → GETTARE, SCAGLIARE || sporgere, disegnare, sviluppare.
proiettàto, *pps.* di proiettare || *agg.* → ESPULSO, SCAGLIATO || sporgente, disegnato, svolto.
proièttile, *sm.* proietto, → PALLA, GRANATA.
nomencl. (*tipi*) tracciante, dirompente, incendiario || bomba, granata, palla, pallino, pallottola, piombo, sasso, torpedine, siluro, *shrapnel*, siliferro, spezzone, strale, torpiglia, missile, razzo || (*elementi*) arcata, curva, gettata, traiettoria, tratta, parabola, velocità iniziale || sagoma, balistica, pirobolia || *verb.* gnaulare, sibilare, fischiare, stridere, rimbalzare.
contr. arma da fuoco, da lancio.
proiètto, *sm.* → PROIETTILE.
proiettóre, *sm.* riflettore, faro.
proiezióne, *sf.*
nomencl. lanterna magica, cinematografo, riflettore, proiettore.
prolàsso, *sm.* rilasciamento, ptosi, abbassamento.
pròle, *sf.* progenie, figliolanza, figliolame, covata, nidiata, rampolli, propaggine, successione, progenitura, discendenza, → FIGLIO.
prolegàto, *sm.* → AMBASCIATORE.
prolegòmeni, *sm.pl.* → INTRODUZIONE, PREFAZIONE.
proletariàto, *sm.* classe lavoratrice, salariati, lavoratori, contadini, operai, quarto stato, → POPOLO.
contr. capitalismo borghese, di Stato, demagogia, populismo.
proletàrio, *agg.* e *sm.* salariato, lavoratore, operaio, contadino, popolano, → POPOLO || paria, → PLEBE || *spreg.* popolare, triviale, volgare, becero, lazzarone, barabba.
contr. padrone, imprenditore || borghese, ricco || demagogo.
prolificàre, *v.intr.* → GENERARE.
prolificità, *sf.* → FECONDITÀ.
contr. sterilità.
prolífico, *agg.* → FECONDO.
contr. sterile.
prolissaménte, *avv.* → DIFFUSAMENTE.
contr. concisamente, laconicamente, brevemente, in breve.
prolissità, *sf.* lungaggine, lunghezza, ridondanza, verbosità, diffusione, sproloquio, zuppa, lungagnata, tantafera, tiritera, riempitura.
contr. concisione, laconicità, brevità, efficacia.
prolísso, *agg.* lungo, diffuso, brodoso, ciancioso, parolaio, profuso, verboso, rettorico, esteso, troppo lungo, prolungato.
contr. breve, stringato, conciso, laconico, efficace.
pròlogo, *sm.* → INTRODUZIONE, ESORDIO, PREFAZIONE || PRINCIPIO.
contr. epílogo.
prolungaménto, *sm.* prolungazione, prosecuzione, allungamento, séguito, successione, parte aggiunta, continuità, → AUMENTO, CONTINUAZIONE.
contr. accorciamento, scorciamento, abbreviamento, taglio.
prolungàre, *v.tr.* e *rifl.* → ALLUNGARE, CONTINUARE, ESTENDERE.
contr. accorciare, stroncare, tagliare, scorciare, abbreviare.
prolungàto, *pps.* di prolungare || *agg.* → PROLISSO || lungo, allungato, diuturno, → CONTINUO.
prolungazióne, *sf.* → PROLUNGAMENTO || RINVIO.
prolusióne, *sf.* → INTRODUZIONE, PREFAZIONE, DISCORSO.
prolúvie, *sf.* piena, inondazione || diarrea.
contr. magra, siccità || stitichezza.
promanàre, *v.tr.* emanare, mandar fuori, diffondere || *intr.* uscir fuori, scaturire, derivare, provenire, aver origine.
contr. tenere, contenere, trattenere, ritenere.
promemòria, *sm. indecl.* → NOTA.
proméssa, *sf.* assicurazione, debito, giura, giuro, giuramento, impegno, parola, patto, pegno, impegno, fede, mallevadoria, malleveria, promissione, suggello, vincolo, voto, pollicitazione, arra, cauzione, caparra || *fig.* promettente, che fa sperar bene, che dimostra attitudine.
nomencl. fedifrago, ciurmatore, imbroglione, sleale, fellone, burattino, bindolo || *agg.* categorica, esplicita,

formale, precisa, falsa, insidiosa, fallace, vana, solenne, impegnativa, verbale, scritta, giurata, larga || *verb.* dare, fare, avere, adempiere, attenersi, disdire, mantenere, osservare, revocare, riprendere, ritirare, rompere, rispettare, sciogliere, tenere, tentennare, violare || menar il can per l'aia, ciurlare nel manico, mancar di parola, venire meno alla parola data.

promettènte, *ppr.* di promettere || *agg.* → LUSINGHIERO.

prométtere, *v.tr.* impegnarsi, obbligarsi, ingaggiarsi, dar fidanza, dar parola, far sperare, far temere, lusingare, minacciare, giurare, assicurare, garantire, guarentire, vincolarsi, lusingare, adescare, assicurare || predire, dare speranze, dare a credere.

contr. ingannare, disingannare, non mantenere, deludere la parola, la promessa.

prominènte, *agg.* sporgente, rilevato, eminente, protruso || → ALTO.

contr. rientrante, concavo, incavato, scavato, rientrato, infossato.

prominènza, *sf.* sporto, rialto, → DOSSO, EMINENZA || sporgenza, convessità, rilievo, → BITORZOLO, PROTUBERANZA.

contr. rientranza, concavità, incavo, scavo, rientramento, vallata.

promiscuità, *sf.* confusione, combutta, → MESCOLANZA.

contr. separazione, distinzione, distacco.

promíscuo, *agg.* mescolato, confuso, → MISTO.

promissióne, *sf.* → PROMESSA.

promontòrio, *sm.* sporgenza montuosa, → MONTE.

promòsso, *pps.* di promuovere || *agg.* e *sm.* approvato, maturo, ammesso.

contr. bocciato, respinto, rimandato.

promotóre, *agg.* e *sm.* iniziatore, innovatore, riformatore, fautore, intraprenditore, stimolatore, auspice, apostolo, → AUTORE.

contr. abolitore, inetto, inerte, dissuassore, spegnitoio.

promoviménto, *sm.* → PROMOZIONE.

promozióne, *sf.* miglioramento, avanzamento, promovimento, progresso, esaltazione, assunzione, passaggio (a grado superiore), conferimento di grado, dignità.

contr. retrocessione, degradazione, destituzione, bocciatura.

promulgàre, *v.tr.* pubblicare, divulgare, diffondere, → EMANARE, PROCLAMARE.

promulgatóre, *sm.* banditore, iniziatore, promotore, divulgatore, → PROPAGANDISTA.

promuòvere, *v.tr.* approvare || far passare, far avanzare o progredire, elevare, innalzare || dar impulso, incitare, intentare, provocare, stimolare, sollecitare, caldeggiare, → FAVORIRE, ECCITARE || DAR INIZIO, FARE, COMINCIARE, COLTIVARE || conferire gradi, dignità, titoli.

contr. far regredire, retrocedere, fermare, arrestare, ostacolare || bocciare, respingere, rimandare.

prònao, *sm.* → ATRIO, PORTICO.

pròno, *agg.* chino, piegato in giú, chinato, inchinato, inclinato, curvo, → BOCCONI || *fig.* remissivo, sottomesso, umile, supino, succube, propenso, facile, disposto, condiscendente, prostrato.

contr. ritto, diritto, rigido || ostinato, pervicace, inflessibile, reattivo, ostico, oppositore, ribelle.

pronosticàbile, *agg.* prognosticabile, → POSSIBILE.

pronosticaménto, *sm.* → PREDIZIONE.

pronosticàre, *v.tr.* prognosticare, congetturare, desumere, → INDOVINARE, PREDIRE.

pronosticatóre, *sm.* prognosticatore, → INDOVINO.

pronòstico, *sm.* prognòstico, previsione, congettura, → PREDIZIONE.

prontaménte, *avv.* → PRESTO.

prontézza, *sf.* prestezza, celerità, rapidità, velocità, sollecitudine, scioltezza, disinvoltura, vivacità, facilità, spigliatezza, immediatezza, solerzia, elettricità, → AGILITÀ, LESTEZZA.

contr. lentezza, accidia, pigrizia, tardità, pedanteria, inerzia, neghittosità.

prónto, *agg.* già preparato, deliberato, predisposto, apparecchiato, preordinato, in assetto, a disposizione, disponibile, sottomano, a tiro, a portata di mano, all'ordine || immediato, → IMPROVVISO || presto, lesto, celere, sollecito, àlacre, rapido, veloce, → AGILE || franco, disinvolto, svegliato, desto, arguto, vivace, → INTELLIGENTE || incline, proclive, propenso, favorevole, disposto, portato.

contr. impreparato || tardo, tardigrado, pigro, indolente, lento, pedante, posapiano, impacciato.

prontuàrio, *sm.* guida, manuale, prospetto, repertorio, indice, registro, rubrica, *vademecum*, promemoria, → MEMORIALE.

prònubo, *sm.* paraninfo.

pronúncia, *sf.* → PRONUNZIA.

pronunciaménto, *sm. sps.* complotto, insurrezione, rivolta, ribellione, sedizione militare.

pronunciazióne, *sf.* → PRONUNZIA.

pronúnzia, *sf.* pronuncia, accento, intonazione, tono, pronunziazione, pronunciazione, modo di parlare, parlata, eufonia, dizione, dicitura.

nomencl. (*elementi*) aspirazione, articolazione, elevazione, arsi, tesi, prosodia, enclitica, proclitica, iato, elisione, troncamento, aferesi, apocope, sincope || afasia, balbettamento, balbuzie, birignao, gorgia, dislalia, iotacismo, lambdacismo, parafasia, storpiatura || bleso, balbo, fonico, fonetico || fonologia, eufonia, ortoepia, ortofonia || *agg.* aperta, aspirata, aspra, bella, buona, chiara, chiusa, corretta, scorretta, difettosa, distinta, distesa, dolce, giusta, gutturale, impaniata, larga, molle, nasale, raccolta, rotonda, rozza, sciolta, serrata, sibilante, scorrevole, spedita, spiccata, stretta, veloce, viziosa, straniera, dialettale.

pronunziàbile, *agg.* pronunciabile.

contr. impronunziabile.

pronunziàre, *v.tr.* pronunciare, proferire, recitare, declamare, spiccar le parole, accentare, enunciare, emettere, formare, parlare, → DIRE, PORGERE || *rifl.* opinare, giudicare; dichiararsi || articolare, aspirare, balbettare, barbugliare, biascicare, ciancicare, ciangottare, cincischiare, compitare, dettare, declamare, farfugliare, fischiare, inciampare, ingorgiare, intaccare, intonare, linguettare, mangiarsi le parole, masticare tra i denti, perdere l'erre, rilevare le parole, scilinguare, scolpire, specificare, spiccar bene le parole, scandire

le parole, spiccicare, storpiare, strascicare, tartagliare.
nomencl. dicitore, declamatore.
pronunziàto, *pps.* di pronunziare || *agg.* → ECCESSIVO, SPORGENTE || *sm.* → DECISIONE.
pronunziatóre, *sm.* dicitore.
pronunziazióne, *sf.* → PRONUNZIA.
propagànda, *sf.* attività missionaria, apostolato, campagna, divulgazione, proselitismo, propagazione di idee, → DIFFUSIONE || PUBBLICITÀ.
propagandista, *sm.* e *f.* apostolo, divulgatore, promulgatore, propalatore, seminatore, missionario, catechista || agente di pubblicità, pubblicitario (*neol.*).
propagàre, *v.tr.* moltiplicare || *fig.* diffondere, divulgare, pubblicare, diramare, bandire ai quattro venti, spacciare, propalare || dilatare, allargare, stendere, estendere, espandere, spargere, disseminare || *rifl.* diffondersi, spandersi, → CORRERE || trasmettersi nello spazio.
contr. tacere, tener segreto || contenere, frenare, limitare, restringere, proibire, impedire.
propagàto, *pps.* di propagare || *agg.* → DIFFUSO.
propagazióne, *sf.* spargimento, pubblicazione, propalazione, diramazione, divulgamento, essoterismo, iniziazione, espansione, → DIFFUSIONE || MOLTIPLICAZIONE || ESTENSIONE.
contr. freno, contenimento, limitazione, restringimento, ostacolo || esoterismo, segreto.
propagginàre, *v.tr.* → PIANTARE.
propàggine, *sf.* (di pianta), → MARGOTTO, RAMO || *fig.* → PROLE.
propalàre, *v.tr.* svelare, rivelare, propagare, diffondere, dilatare, spargere, pubblicare, propagandare, diramare, seminare, disseminare, estendere, stendere, spacciare, bandire ai quattro venti, render noto a tutti, raccontare a molti o a tutti.
contr. tacere; impedire, mantener segreto, nascosto.
propalatóre, *sm.* seminatore, spacciatore di notizie, diffusore, → PROPAGANDISTA.
propedèutica, *sf.* propedeusi, introduzione, iniziazione, → AVVIAMENTO, PREPARAZIONE.
propellènte, *agg.* che spinge in avanti, propulsorio || *sm.* combustibile.
nomencl. solido, liquido || propulsione; razzo, míssile.
propèllere, *v.tr.* → PROPULSARE.
propèndere, *v.intr.* avere un debole, avere propensione, essere proclive, propenso, favorevole; avere inclinazione per qualcuno, preferire, essere disposto, ben disposto, → PENDERE.
contr. avere avversione, avere in antipatia, avversare, essere contrario, ostile, maldisposto.
propensàre, *v.intr.* → PENSARE.
propensióne, *sf.* inclinazione, proclività, tendenza, impulso, orientamento, vocazione, preferenza, gusto, disposizione, istinto, bernoccolo, → ATTITUDINE || favore, tenerezza, passione, predilezione, simpatia, incontro, dedizione, affezione, → AMORE.
contr. antipatia, avversione, idiosincrasia, ostilità, contrarietà, inettitudine.
propènso, *pps.* di propendere || *agg.* incline, proclive, inclinato, favorevole, disposto, ben disposto, tendente, condiscendente, affettuoso, affezionato, pieghevole, facile, prono, dedito, orientato, volonteroso.
contr. avverso, maldisposto, contrario, restío, alieno.
propilèo, *sm.* vestibolo, → PORTICO.
propína, *sf.* → PAGA, PAGAMENTO.
propinàre, *v.tr.* → DARE.
propinquità, *sf.* → VICINANZA || AFFINITÀ.
propínquo, *agg.* prossimo, → VICINO || PARENTE.
contr. longinquo, remoto, distante, lontano.
propiziànte, *ppr.* di propiziare || *agg.* propiziativo, propiziatorio, propiziatore.
propiziàre, *v.tr.* rendere propizio, favorevole, benigno, placabile; placare, intercedere, conciliarsi (uno), adescare, → CATTIVARE.
contr. inimicarsi, urtarsi, allontanarsi; provocare rancore, vendetta, irritazione.
propiziatóre, *sm.* intercessore, orante, benevolo, favoreggiatore, propiziante.
propiziatòrio, *agg.* → PROPIZIANTE.
propiziazióne, *sf.* ottenimento di protezione, benevolenza, favore, placazione, conciliazione, → ESPIAZIONE.
propízio, *agg.* → FAVOREVOLE, FAUSTO || OPPORTUNO, FACILE || AMICO.
proponíbile, *agg.* presentabile.
contr. improponibile, impresentabile.
proponibilità, *sf.*
contr. improponibilità, impresentabilità.
proponiménto, *sm.* divisamento, intendimento, → PROPOSITO.
propórre, *v.tr.* mettere innanzi, affacciare un'idea, avanzare una proposta, esporre, presentare, suggerire, consigliare, offrire, profferire, prospettare, segnalare, sottoporre, enunciare, indicare, porre, promuovere, prefiggere, designare, decidere, determinare, stabilire, disporre, fissare, volgere l'animo || *rifl.* divisare, pensare, progettare, disegnare, prefiggersi, aver l'intenzione, fare proposito.
contr. sconsigliare, distogliere, dissuadere, cambiare proposta, mutare proposito || aderire, eseguire, realizzare, effettuare, fare.
proporzionàle, *agg.* graduale, commisurato, adeguato, conveniente, reciprocante, → PROPORZIONATO.
contr. sproporzionato, inadeguato, fuori misura, fuori convenienza, esagerato.
proporzionàre, *v.tr.* rendere proporzionato, dar proporzione, stare nelle proporzioni, adattare, adeguare, far corrispondere, far convenire, agguagliare, uguagliare, rispondere, → DOSARE, MISURARE.
contr. sproporzionare, rendere inadeguato, eccedere, uscire dalla misura, dalla convenienza.
proporzionataménte, *avv.* adeguatamente, convenientemente, → EQUAMENTE, BENE.
contr. sproporzionatamente.
proporzionàto, *pps.* di proporzionare || *agg.* adeguato, competente, confacente, congruo, conveniente, proporzionale, uguale, di giusta proporzione, commisurato, della sua giustezza, atto, giusto, → ADATTO, ARMONICO, ESATTO.
contr. sproporzionato, spropositato, smisurato, inadeguato, difforme.
proporzióne, *sf.* giusta misura, giusto rapporto, convenienza, armonia, rispondenza, simmetria, equili-

brio, misura, eleganza, bellezza, adeguamento, analogia, stregua, commisura, giustezza, dispostezza, conformità, economia.
contr. sproporzione, dissonanza, eccesso, esagerazione, smisuratezza, dismisura, inadeguazione, scompenso.
propòsito, *sm.* proponimento, intenzione, motivo, cagione, argomento, disegno, premeditazione, progetto, proposta, concezione, divisamento, piano, pensiero, mente, decisione, intendimento, intento, idea, pensata, pensamento, predeterminazione, preordinamento, prefiggimento, prefinzione, programma, scopo, fine, meta, animo, deliberazione, proposizione || argomento, tema.
nomencl. a proposito, giusto, opportuno, conveniente; a sproposito || *agg.* astratto, concreto, buono, cattivo, forte, debole, costante, insistente, incrollabile, impassibile, irremovibile, ostinato, persistente, tenace, opportuno, serio, ridicolo, effimero, incostante, volubile, inopportuno, nobile, meditato, infernale, santo, contraddittorio || *verb.* deliberare, tradire, premeditare, meditare, formulare, proporre, ispirare, mantenere || desistere, venir meno, abbandonare, mutare, rimutare, modificare.
contr. realizzazione, effettualità, pratica, adeguamento.
proposizióne, *sf.* affermazione, giudizio, enunciazione, palesamento, tesi, postulato, premessa, assunto, massima, proposito, pensiero, concetto, frase, esordio || → PERIODO || OFFERTA.
nomencl. (*tipi*) apodittica, composta, semplice, ellittica, articolata, generale || (*elementi*) soggetto, predicato (verbale, nominale), complemento, apposizione, attributo, costruzione, polisindeto, asindeto, chiasma, concordanza, anacoluto || analisi logica, grammaticale.
propósta, *sf.* profferta, proposizione, progetto, proposito, proponimento, intenzione, disegno, mozione, consiglio, parere, suggerimento, divisamento, accomodamento, materia, → INVITO, OFFERTA || proposta di legge, disegno-legge, progetto-legge.
nomencl. (*inerenti*) controproposta, ultimatum, critica, osservazione, obbiezione, opposizione, contrarietà || *agg.* astratta, concreta, positiva, precisa, determinata, circostanziata, speciale, particolare, definitiva, ultimativa, risolutiva, vaga, indeterminata, incerta, inaspettata, inaccettabile, strana, stramba, originale, vantaggiosa, profittevole, utile, proficua, opportuna, favorevole, comoda, tempestiva, intempestiva, cattiva, sconveniente || *verb.* proporre, avanzare, presentare, mettere innanzi, formulare, sottoporre, proporre, riproporre, respingere, concretare.
contr. risposta, accettazione, rifiuto.
proprietà¹, *sf.* giustezza, purezza, precisione di vocaboli, di significato || natura, qualità propria, particolare, virtú propria, facoltà, efficacia particolare, → ATTRIBUTO.
nomencl. della materia, organiche, naturali, generali, speciali, medicinali, vitali, peculiari, molecolari, intrinseche, estrinseche || *verb.* avere, possedere, godere.
contr. improprietà, imprecisione (di significato, di linguaggio).
proprietà², *sf.* diritto, dominio, possesso, possidenza, appartenenza, pertinenza || cosa propria, averi, → PODERE.
nomencl. (*distinzioni*) privata, pubblica, demaniale, statale, nazionale, provinciale, comunale, artistica, letteraria, industriale, mobiliare, immobiliare || diretta, indiretta, assoluta, relativa || (*pertinenti*) aggiunzione, appropriazione, usucapione, attenenza o attinenza, acquisto, atti traslativi della proprietà, azioni petitorie, diritto di accessione, effettuazione, espropriazione, incameramento, sequestro, occupazione, permuta, cambio, reintegrazione, reversione, rivendicazione, servitù legale, usufrutto || furto, ricatto, estorsione, truffa, frodo || *agg.* inviolabile, sacra, sacrosanta, nuova, recente, vecchia, antica, immemorabile, perfetta, completa, totale, incompleta, trasmissibile || *verb.* avere, possedere, acquistare, accumulare, appropriarsi, aggiudicare, assegnare, avere al sole, costituire, arrogarsi, garantire, assicurare, trasmettere, lasciare in eredità, concedere, vendere, togliere, portar via, rubare, perdere, abbandonare, espropriare.
proprietàrio, *agg.* e *sm.* → PADRONE, POSSESSORE.
pròprio, *agg.* particolare, peculiare, speciale, caratteristico, singolare, originale, esclusivo, personale, individuale, singolo, privato, distinto || reale || appropriato, adatto, opportuno, confacente, acconcio, conveniente, giusto, preciso || *avv.* veramente, precisamente, giustamente, addirittura, → APPUNTO.
nomencl. *verb.* appropriarsi, arrogarsi, attribuirsi, appartenere, possedere.
contr. comune, altrui, improprio, figurato || vagamente, pressapoco.
propugnàcolo, *sm.* bastione, roccaforte, → FORTIFICAZIONE, DIFESA || PARAPETTO.
propugnàre, *v. tr.* → DIFENDERE.
propugnatóre, *agg.* e *sm.* → DIFENSORE, PROTETTORE.
propulsàre, *v.tr.* propellere, spingere, scagliare, lanciare || respingere, allontanare, tener lontano, ricacciare, ributtare, rintuzzare.
propulsóre, *sm.* → MOTORE.
nomencl. a reazione.
pròra, *sf.* prua, sperone, rostro.
contr. poppa.
proravía, *sf.* verso prora.
contr. poppavia.
pròroga, *sf.* dilazione, differimento, aggiornamento, rinvio, procrastinazione, prolungamento, protrazione, ritardo, remora, indugio.
contr. azione, esecuzione immediata, anticipo, anticipazione.
prorogàbile, *agg.* differibile, dilazionabile, procrastinabile, prolungabile, ritardabile.
contr. improrogabile, improcrastinabile, indilazionabile, indifferibile.
prorogabilità, *sf.*
contr. improrogabilità.
prorogàre, *v.tr.* aggiornare, differire, dilazionare, dilungare, allungare, indugiare, mandare o tirare in lungo, posticipare, procrastinare, protrarre, rimandare, rinviare, soprassedere, soprastare, sospendere, tardare, ritardare.
contr. anticipare, prevenire, agire tempestivamente, immediatamente, eseguire subito.
prorompènte, *ppr.* di prorompere || *agg.* incontenibile, indomabile, impetuoso, traboccante, gagliardo.

prorómpere, *v.intr.* traboccare, irrompere, slanciarsi, scagliarsi, uscir fuori con violenza, con impeto, squarciare, sboccare, precipitare fuori, → GETTARE || *fig.* inveire, agire con impeto, → EROMPERE, SCOPPIARE.
contr. uscir fuori lentamente, gemere, colare, stillare || parlare pacatamente, agire con calma.
pròsa, *sf.* scritto, componimento in prosa, brano, frammento in prosa, squarcio, prosa d'arte || *fig.* materialità, quotidianità, banalità, volgarità || → STILE.
nomencl. antologia, zibaldone, novella, racconto, romanzo || teatro di prosa || *agg.* bella, eletta, elaborata, ben fatta, numerosa, curata, limpida, scorrevole, fiorita, potente, serrata, naturale, concisa, stringata, robusta, sgrammaticata, ampollosa, dimessa, grossolana, prolissa, insulsa, fiacca, sciatta, slombata, armoniosa, lardellata, noiosa || *verb.* prosare (*ant.*), proseggiare, recitare.
contr. poesia, lirica, metrica, versi, rime, rima.
prosàico, *agg.* prosàstico || *spreg.* materiale, privo di poesia, di idealismo, quotidiano, banale, meschino, volgare.
contr. poetico || lirico, ideale, spirituale.
prosàpia, *sf.* → STIRPE, GENERAZIONE.
prosàstico, *agg.* → PROSAICO.
proscènio, *sm.* ribalta, palcoscenico.
prosciògliere, *v.tr.* → ASSOLVERE, LIBERARE.
proscioglimento, *sm.* → LIBERAZIONE, ASSOLUZIONE.
prosciugamento, *sm.* → BONIFICA, ESSICCAZIONE.
prosciugàre, *v.tr.* → BONIFICARE, ASCIUGARE.
prosciútto, *sm.* giambone (*frs.*), spalla, spalla di San Secondo, culatello.
nomencl. (*parti*) osso, stinco, fetta, lardo, grasso || *verb.* affettare || affumicare || rimprosciuttire.
proscrítto, *agg.* esiliato || *sm.* → ESULE.
proscrívere, *v.tr.* → ESILIARE || *fig.* ELIMINARE.
proscrizióne, *sf.* → ESILIO, BANDO.
prosecuzióne, *sf.* → CONTINUAZIONE, PROLUNGAMENTO.
proseguiménto, *sm.* → CONTINUAZIONE.
proseguíre, *v.tr.* e *intr.* andare avanti, → CONTINUARE, PROCEDERE.
prosèlito, *agg.* e *sm.* → INIZIATO, PARTIGIANO.
prosodía, *sf.* metrica, ritmica.
nomencl. (*quantità*) vocali, sillabe lunghe, brevi; verso; strofa; poesia || *verb.* scandire.
prosopopèa, *sf.* personificazione || *fig.* boria, sussiego, pomposità, grandigia, → PRESUNZIONE.
prosperàre, *v.intr.* attecchire, vigoreggiare, godere buona salute → FIORIRE || aver fortuna, buona sorte, godere benessere, essere nell'abbondanza, → MIGLIORARE.
prosperità, *sf.* pasciona, condizione prospera, stato prospero, fortuna, benessere, abbondanza, vigore, appagamento, soddisfazione, → FELICITÀ, FLORIDEZZA.
contr. stentatezza, deperimento, debolezza, miseria, penuria, bisogno, indigenza, povertà, inopia, pochezza, scarsezza, ristrettezza, meschinità.
pròspero, *agg.* vigoroso, robusto, fiorente, spirante salute, fresco, arzillo, vegeto, prosperoso, invidiabile, → FLORIDO || rigoglioso, lussureggiante, → FECONDO || FELICE, FAVOREVOLE, FAUSTO.
contr. stentato, stento, debole, gracile, floscio, mencio, vizzo, infermiccio, malaticcio, malandato || infausto, infelice.
prosperóso, *agg.* robusto, vigoroso, pieno di salute, gagliardo, vegeto || *fig.* fiorente, formoso, esuberante, → PROSPERO.
prospettàre, *v.tr.* (di edificio) guardare, fronteggiare, affacciarsi, aprirsi, specchiarsi, profilarsi, delinearsi, presentare, rispondere, riuscire || → PROPORRE || *fig.* mettere in mostra, far vedere, dimostrare, far sapere, manifestare, affacciare.
prospettíva, *sf.* panorama, prospetto, rappresentazione, lontananza, sfondo, punto di vista, scorcio, piani || scena di teatro (*ant.*) || *fig.* → FALSA ASPETTATIVA, PREVISIONE.
nomencl. *agg.* prospettico, prospettivista.
prospètto, *sm.* parte prospiciente, facciata, fronte, prospettiva, rappresentazione, scorcio, sfondo, lontananza, panorama, paesaggio, visione, visuale, veduta, vista, prima vista, vista d'insieme || manifesto || tabella, specchietto, quadro sinottico, sinopsi, tavoletta, diagramma, schizzo, → PRONTUARIO, PARADIGMA.
contr. parte retrostante, posteriore, tergo.
prospiciènte, *agg.* volto, rivolto, che dà, che guarda, che si affaccia, di prospettiva.
contr. retrostante, tergo.
prossenèta, *sm.* → SENSALE || RUFFIANO.
prossimità, *sf.* → VICINANZA || PARENTELA.
pròssimo, *agg.* propinquo, → VICINO, FUTURO || parente, consanguineo || *sm.* gli uomini, gli altri.
contr. remoto, lontano, longinquo.
prostèndere, *v.tr. lett.* → PROTENDERE.
prosternàre, *v.tr.* abbattere, gettare a terra, atterrare, fiaccare, indebolire || → ADORARE || *rifl.* prostrarsi, inginocchiarsi, genuflettersi, accasciarsi, inchinarsi || *fig.* → AVVILIRE.
contr. sollevare, rilevare, alzare, rialzare, esaltare || rizzarsi, rialzarsi.
prosternazióne, *sf.* genuflessione || abbattimento.
pròstilo, *sm.* → PORTICO.
prostituíre, *v.tr.* avvilire, prostrare, rendere venale, abbassare dignità, carattere, ingegno || *rifl.* vendersi, abbassarsi vergognosamente, fare la vita, puttaneggiare, battere il marciapiede, fare mercimonio di sé.
contr. redimere, riabilitare, nobilitare || riabilitarsi, rialzarsi, rinnovarsi.
prostitúta, *sf.* sgualdrina, baldracca, bagascia, meretrice, donnaccia, femminaccia, cortigiana, donna pubblica, femmina da conio, donna equivoca, donnina allegra, donna di malaffare, donna di vita, mantenuta, mondana, passeggiatrice, peripatetica, puttana, etera, giumenta, scanfarda, lorda, zambracca, zambràccola, zòccola || esercito di Citera, falena notturna || *neol.* ragazza-squillo, *taxi-girl*.
nomencl. (*attinenti*) casa di prostituzione, casa d'appuntamenti, bordello, postribolo, casino || meretricio, fornicazione, prostituzione, puttaneria, puttanaio, lenocinio || lenone, ruffiano, prosseneta.
contr. donna onesta, virtuosa.
prostràre, *v.tr.* abbattere, atterrare, piegare al suolo, stendere a terra, prosternare, abbassare, stancare, fiaccare, indebolire || *fig.* avvilire, disanimare, sco-

raggiare || → ADDOLORARE || *rifl.* inginocchiarsi, genuflettersi, ripiegarsi, → ADORARE, AVVILIRE.
contr. sollevare, rilevare, alzar da terra || incoraggiare, confortare, rianimare || rialzarsi, erigersi, ergersi.
prostràto, *pps.* di prostrare || *agg.* chino, piegato, inchinato, inclinato, curvo, prono, chinato fino a terra || *fig.* abbattuto, disanimato, umiliato, accasciato, sfinito, esausto, sfatto.
contr. rilevato, eretto, ritto || forte, gagliardo, prosperoso, impassibile, pieno di sé, baldanzoso.
prostrazióne, *sf.* spossatezza, languore, sfinimento, depressione, → STANCHEZZA || *fig.* abbattimento, → AVVILIMENTO, DISPERAZIONE.
protagonísta, *sm.* primo attore, → PERSONAGGIO || EROE.
contr. deuteragonista, tritagonista, attore secondario, comparsa.
pròtasi, *sf.* → ESORDIO.
contr. apòdosi.
protèggere, *v.tr.* dar protezione, appoggio, difesa, aiuto; accomodare, affiancare, agevolare, aiutare, appianare, appoggiare, avvantaggiare, beneficare, beneficiare, caldeggiare, cautelare, coadiuvare, collaborare, cooperare, coprire, curare, custodire, difendere, disimpacciare, disincagliare, facilitare, favoreggiare, favorire, fiancheggiare, garantire, guarentire, giovare, gratificare, intercedere, invigilare, liberare, mallevare, ovviare, parare, parteggiare, patrocinare, perorare, prediligere, preferire, preeleggere, premunire, preporre, prescegliere, preservare, privilegiare, promuovere, propiziare, propugnare, raccomandare, ricoverare, riparare, salvare, soccorrere, salvaguardare, sostenere, sovvenire, sovvenzionare, spalleggiare, spantanare, suffragare, sussidiare, tutelare, vegliare, vigilare || dare man forte, far carte false, mettere in guardia, metter la mano sul fuoco, militare in favore, perorare la causa, pigliar le parti di uno.
contr. avversare, combattere, abbandonare, impedire, conculcare, ostacolare, attraversare, intralciare, sabotare.
proteggitóre, *agg.* e *sm.* → PROTETTORE.
proteifórme, *agg. lett.* multiforme, multanime, versatile, vario, versipelle, molteplice, variante, cangiante.
contr. uniforme, monocorde, monotono, semplice.
protèndere, *v.tr.* prosternare, tendere, stendere innanzi, porgere, → DISTENDERE || allungare, avanzare || *rifl.* tendersi in avanti, prostendersi, distendersi, estendersi, allungarsi, allargarsi.
contr. tirare indietro, ritirare, accorciare, restringere, contrarre || ritirarsi.
protèrvia, *sf.* malignità, sfrontatezza, arroganza, sfacciataggine, procàcia, procacità, provocazione, → OSTINAZIONE, MALVAGITÀ, SUPERBIA, INSOLENZA.
contr. umiltà, mitezza, benignità, dolcezza, condiscendenza, cedevolezza, arrendevolezza.
protèrvo, *agg.* vivace, ardito, pervicace, altero, arrogante, procace, audace, sfacciato, petulante, borioso, chiuso in sé, → INSOLENTE, MALVAGIO, SUPERBO, OSTINATO.
contr. umile, mite, condiscendente, cedevole, benigno, dolce, arrendevole, placabile.
protèsta, *sf.* dichiarazione contraria o favorevole, clamore, doglianza, reclamo, querela, lamento, contestazione, disapprovazione, rammarico, pianto, protestazione, risentimento, scalpore, → OPPOSIZIONE || attestazione, notificazione, comunicazione, assicurazione formale.
nomencl. individuale, nazionale, internazionale, diplomatica || nota di protesta || *agg.* debole, fiacca, molle, forte, vigorosa, vibrata, energica, veemente, rumorosa, concitata, organizzata, artificiosa, spontanea || *verb.* elevare, organizzare, acuire, presentare, formulare, respingere, reagire.
contr. consenso, assenso, adesione, appoggio, assentimento, approvazione.
protestànte, *ppr.* di protestare || *agg.* e *sm.* e *f.* protestatario, oppositore, dissenziente, contraddittore || cristiano riformato, → ERETICO.
nomencl. (*specificazioni*) anglicano, calvinista, evangelista, luterano, metodista, presbiteriano, puritano, quacchero o quaquero, anabattista, pietista, ugonotto || protestantesimo.
contr. cattolico.
protestàre, *v.tr.* dichiarare, attestare, affermare, assicurare formalmente || andare, mandare in protesto || *intr.* far protesta, reclamare, opporsi, replicare, insorgere, lagnarsi, contestare, disapprovare, strepitare, contrastare, mettere il campo a rumore, far doglianza.
contr. accettare, ammettere, consentire, approvare, parteggiare, fiancheggiare, appoggiare.
protestazióne, *sf.* → PROTESTA.
protettívo, *agg.* → PRESERVATIVO.
protètto, *pps.* di proteggere || *agg.* difeso, coperto, riparato, salvaguardato, favorito, giustificato, accolto, spalleggiato, affiancato, ricoverato, patrocinato || *sm.* beniamino, prediletto, beneficato, raccomandato, tutelato, cliente.
contr. esposto, contraddetto, conculcato, accusato, oppugnato, abbandonato, avversato || perseguitato, vittima.
protettoràto, *sm.* → PROTEZIONE.
protettóre, *agg.* e *sm.* angelo custode, avvocato, proteggitore, difensore, patrocinatore, patrocinante, fautore, patrono, mecenate, sostenitore, agevolatore, assertore, benefattore, campione, favoreggiatore, fiancheggiatore, finanziatore, genio tutelare, intercessore, manualdo, paladino, partigiano, partitante, propugnatore, sovventore, tifoso, tutore, zelatore, favorevole.
nomencl. (*equivalenti*) padre, amico, rifugio, ricovero, asilo, porto, talismano, sponda, *mascotte.*
contr. oppositore, nemico, persecutore, avversario, traditore, manigoldo.
protezióne, *sf.* patrocinio, manto, accomandiglia, agevolazione, aita, aiuto, appoggio, apporto, asilo, assistenza, ausilio, auspicio, beneficenza, beneficio, collaborazione, cooperazione, custodia, custodimento, covo, difesa, egida, favore, facilitazione, favoritismo, garanzia, guarentigia, guarenza, giovamento, grazia, intercessione, malleveria, manforte, mano, mecenatismo, mediazione, mercè, nepotismo, ombracolo, palladio, porto, predilezione, preservamento, preservazione, presidio, protettorato, privilegio, raccomandazione, ricovero, rifugio, riparo, salvaguardia, schermo, scudo, sostegno, sovvenzione, soccorso, sussidio, ufficio, usbergo, tributo, tutela.

contr. opposizione, avversione, persecuzione, briga, contrarietà, impiccio, impedimento, intralcio, intrico, pastoia, vincolo, riserva.
protezionísmo, *sm.*
contr. liberismo, libero scambio.
protezionísta, *agg.* e *sm.*
contr. liberoscambista.
protísti, *sm.pl.* protozoi, protofiti.
pròto, *sm.* capo-operaio di tipografia, tipografo.
protocòllo, *sm.* registro, libro mastro, formulario || processo verbale (di carattere diplomatico).
protofíti, *sm.pl.* protozoi, protisti.
protología, *sf.* → METAFISICA.
protóne, *sm.*
nomencl. neutrone, elettrone, nucleo.
protòtipo, *sm.* → ESEMPIO, MODELLO.
protozòi, *sm.pl.* protisti, protofiti.
contr. metazoi.
protràrre, *v.tr.* → DIFFERIRE, PROROGARE || ALLUNGARE.
protrazióne, *sf.* → PROROGA.
protuberànza, *sf.* bitorzolo, bernoccolo, bozza, catorzolo, ronchio, bottoncino, tubercolo, verruca, cisti, gibbosità, gobba, vescica, prominenza, risalto, eminenza, escrescenza, pustola, porro, schianza, tumore, gonfiore, bugna, bozzo, caruncola.
contr. cavo, incàvo, concavità, buca, buco, vuoto, depressione.
pròva, *sf.* esperimento, esperienza, accertamento, collaudo, allegazione, analisi, assaggiatura, assaggio, cimento, comprovamento, conferma, corroborazione, costatazione, consultazione, consulto, controllo, controprova, dimostrazione, dichiarazione, disquisizione, documentazione, esame, esempio, escussione, indagine, ispezione, lodo, passo, probazione o provazione, provino, revisione, ricerca, riprova, riscontro, saggiatura, saggio, scandaglio, tentativo, testimonianza, verifica, verificazione || argomentazione, argomento || → INDIZIO, PEGNO || GARA || noviziato, tirocinio || *fig.* dolore, → TENTAZIONE, MALE || prova di stampa, → BOZZA.
nomencl. *verb.* affrontare, subire, addurre, allegare, chiedere, fornire.
contr. supposizione, ipotesi, sospetto, opinione, elucubrazione, calunnia, gratuità.
provàbile, *agg.* accertabile, comprovabile, sperimentabile, verificabile, dimostrabile, documentabile || probabile.
contr. indimostrabile, gratuito, ipotetico, non tentabile.
provàre, *v.tr.* accertare, addimostrare, analizzare, appurare, argomentare, assaggiare, attentare, attestare, far fede, cercare, cerziorare, chiarire, cimentare, circostanziare, collaudare, comprovare, confermare, costatare, consultare, controllare, corroborare, dimostrare, documentare, esaminare, escutere, esperimentare, sperimentare, esperire, giustificare, legittimare, indagare, ispezionare, misurare, pertrattare, raccertare, refertare, ricercare, riguardare, riesaminare, riprovare, riscontrare, rivedere, saggiare, scandagliare, sindacare, spiegare, tastare, testimoniare, vagliare, verificare; fornire prove || *intr.* sentire, avvertire in sé || mettere alla prova || *rifl.* mettersi alla prova, cimentarsi, esercitarsi.
contr. eseguire, credere ciecamente, essere fanatico, illudersi || aver fiducia, fidarsi (senza prove).
provàto, *pps.* di provare || *agg.* sperimentato, ben conosciuto, dimostrato, accertato, confermato, evidente, certo, argomentato, garantito, sentito, → ESPERTO || FIDATO || tentato, colpito da sventure, da avversità.
contr. gratuito, ipotetico, supposto, indimostrato, inesperto, favorito.
provazióne, *sf.* → PROVA.
provènda, *sf.* provianda, profenda, → VITTO.
proveniènte, *ppr.* di provenire || *agg.* pervenuto, arrivato, → CONSEGUENTE || originario.
proveniènza, *sf.* → ORIGINE || EFFETTO || PROCEDIMENTO.
provenìre, *v.intr.* uscir fuori, scaturire, aver origine, aver causa, procedere, promanare, emanare, generare, → DISCENDERE, DERIVARE || venire, giungere, essere venuto o giunto da.
contr. arrivare, pervenire, giungere a.
provènto, *sm.* utile, → GUADAGNO, ENTRATA || ASSEGNAMENTO.
proverbiàre, *v.intr.* e *rifl.* ammonire, → LITIGARE, BEFFARE.
provèrbio, *sm.* adagio, dettato, sentenza, detto popolare, aforisma, motto, sapienza popolare, massima, apoftegma || *ant.* villania, offesa.
nomencl. proverbista, proverbioso || *loc.* passare in proverbio.
provètto, *agg.* di età matura || → PRATICO, ESPERTO.
província, *sf.* parte dello Stato, circolo, dipartimento, compartimento, territorio, circoscrizione, circondario, marca, distretto.
nomencl. (*pertinenti*) consiglio provinciale, deputazione provinciale, giunta provinciale amministrativa, prefetto, sottoprefetto || capoluogo.
provinciàle, *agg.* abitante della provincia || *sm.* e *f. spreg.* persona semplice, goffa, impacciata, di cattivo gusto || *sf.* strada provinciale.
contr. cittadino.
províno, *sm.* → PROVA.
provocànte, *ppr.* di provocare || *agg.* provocatore, che eccita sdegno, che aizza, irritante, urtante, → OFFENSIVO || attraente, procace, inverecondo, eccitante, stuzzicante, pruriginoso, incitante, stimolante, istigante, allettante, tentatore, adescante, seducente.
contr. conciliante, bonario || riservato, verecondo, modesto, casto, cautelato, guardingo, prudente.
provocàre, *v.tr.* far succedere, cagionare, promuovere, suscitare, eccitare, dar motivo, dare occasione, dare esca, offrire l'incentivo, → CAUSARE || aizzare, attirare, attizzare, accendere, concitare, istigare, adescare, cimentare, incitare, indurre, irritare, scatenare, sedurre, sfidare, sfrenare, stimolare, stuzzicare, toccare un vespaio, urtare || → OFFENDERE || *rifl.* → LITIGARE.
contr. subire, sopportare, frenare, impedire, dominarsi, non corrispondere.
provocatóre, *agg.* e *sm.* sfidatore, sfidante, provocatorio, eccitatore, attizzatore, promotore, fomentatore, stimolatore, → ISTIGATORE.
provocatòrio, *agg.* → PROVOCATORE.
provocazióne, *sf.* incitamento, incentivo, adesca-

mento, istigazione, → ECCITAZIONE || ATTACCO, PREPOTENZA, OFFESA.
pròvola, *sf.* mozzarella.
provolóne, *sm.* caciocavallo.
provvedére, *v.tr.* e *intr.* acquistare, comperare, ordinare, procacciare, procurare, preparare, approntare, disporre, cercare, rifornire, somministrare, sopperire, sovvenire || prevenire, trovare rimedio, rimediare, riparare, mettere al riparo, preparare in tempo, premunire, munire, supplire, pensare, curare || → DECRETARE, GOVERNARE || *rifl.* fornirsi, procacciarsi, premunirsi.
nomencl. (*modi*) subito, in fretta, di corsa, in tempo, tempestivamente, prudentemente, prontamente, efficacemente, energicamente, doverosamente, momentaneamente, provvisoriamente, saggiamente, troppo tardi, lentamente, intempestivamente, pigramente.
contr. privare, rimanere estraneo, cedere, vendere, abbandonare, disinteressarsi, restare sprovvisto.
provvediménto, *sm.* misura di previdenza, riparo, compenso, rimedio, cautela, disposizione, espediente, accorgimento, cura, passo || decisione, legge, decreto.
nomencl. mezza misura, mezzo termine, mezzuccio, ripiego || *agg.* normale, ordinario, straordinario, urgente, efficace, energico, temporaneo, momentaneo, saggio, tardivo, inane, inutile, precipitoso, sollecito, pronto, tempestivo.
provveditóre, *sm.* → AMMINISTRATORE.
provvedúto, *pps.* di provvedere || *agg.* previdente, cauto || provvisto, fornito, ripieno, adorno, → DOTATO.
contr. sprovveduto, sprovvisto, inadeguato, incauto, privo, spoglio.
provvidènza, *sf.* Dio, soccorso divino, mano di Dio o del Cielo, beneficio divino, benedizione, manna || previdenza, antiveggenza, dono, favore, soccorso.
provvidenziàle, *agg.* → OPPORTUNO.
pròvvido, *agg.* → PREVIDENTE.
contr. impròvvido.
provvigióne, *sf.* senseria, mediazione, percentuale, → EMOLUMENTO, PAGAMENTO || provvisione, provvista.
provvisionàre, *v.tr.* → APPROVVIGIONARE.
provvisióne, *sf.* provvigione, provvista, assegnazione, approvvigionamento, rifornimento, scorta, riserva, corredo, munizione, vettovaglia || senseria, mediazione || stipendio, paga, percentuale, assegnazione || *pl.* viveri, vettovaglie.
provvisorietà, *sf.* → PRECARIETÀ.
provvisòrio, *agg.* momentaneo, precario, temporaneo, incerto, instabile, transitorio, transeunte, discontinuo, revocabile, problematico, posticcio, fittizio, interinale, effimero, caduco, fugace, passeggero || → AVVENTIZIO.
contr. stabile, permanente, costante, durevole, duraturo, continuo.
provvísta, *sf.* → PROVVISIONE.
provvísto, *pps.* di provvedere || *agg.* → DOTATO, PIENO, PROVVEDUTO.
prúa, *sf.* → PRORA.
prudènte, *agg.* accorto, assennato, attento, avveduto, avvertito, benavveduto, cauteloso, cauto, cervelluto, circospetto, considerato, controllato, criteriato, diplomatico, delicato, discreto, giudizioso, guardingo, lungimirante, oculato, furbo, politico, misurato, ponderato, posato, previdente, antiveggente, preveggente, provvido, provvidente, provveduto, ragionevole, rattenuto, riflessivo, riguardato, riservato, saggio, sagace, perspicace, savio, tempista, vigile.
nomencl. *verb.* andar coi piedi di piombo, dormire ad occhi aperti, star in guardia, tener la lingua a posto, pesar le parole, agire con cautela.
contr. imprudente, audace, inconsiderato, sconsiderato, incauto, avventato, temerario, arrischiato, intempestivo, sfrenato, incontrollato.
prudenteménte, *avv.* consideratamente, delicatamente, con criterio, con circospezione, giudiziosamente.
contr. imprudentemente, intempestivamente, avventatamente.
prudènza, *sf.* accortezza, assennatezza, attenzione, avvedutezza, avvertenza, buonsenso, cautela, cautezza, circospezione, considerazione, consideratezza, controllo, criterio, delicatezza, diplomazia, discrezione, freno, giudizio, furberia, furbizia, lungimiranza, antiveggenza, fondatezza, politica, ponderatezza, ponderazione, posatezza, precauzione, riguardo, moderazione, previdenza, ragionevolezza, riflessione, rattenimento, ritegno, riservatezza, riserbo, ritenutezza, saggezza, saviezza, sensatezza, senno, scrupolo, scrupolosità, tattica, tatto, tempestività, vigilanza, rispetto.
nomencl. *verb.* cautelarsi; mettersi al coperto, al riparo, al sicuro; ricoprirsi, sicurarsi, garantirsi, provvedere.
contr. imprudenza, avventatezza, sventatezza, irriflessione, mancanza di senno, cecità, follia, precipitazione, spensieratezza.
prúdere, *v.intr.* avere o dar prurito, dar pizzicore, pizzicare, solleticare, eccitare.
prudóre, *sm.* → PRURITO.
prúgna, *sf.* prugnola, pruna, susina, mirabolana.
nomencl. mirabella, regina Claudia.
prúgno, *sm.* susino.
prugnòlo, *sm.* pruno.
prunàia, *sf.* → PRUNETO.
prunàio, *sm.* → DUMETO, PRUNETO.
prunèlla, *sf.* → RASO.
prunéto, *sm.* prunaia, prunaio, pruname, spineto, roveto, ginepraio, dumeto, marrucheto, vepraio.
prúno, *sm.* dumo, rovo, spino, spina, vepro, prugnolo, marruca.
nomencl. selvatico, spinoso, bianco, boccio || *verb.* imprunare, disprunare.
prurígine, *sf.* → PRURITO.
pruriginóso, *agg.* che dà prurigine, prudore, prurito; stimolante, stuzzicante, vellicante, eccitante, irritante.
contr. leniente, calmante, lenitivo.
prurito, *sm.* prudore, pizzicore, pizzicorino, pizzico, solletico, solleticamento, vellicazione, vellicamento, titillazione, titillamento, prurigine || *fig.* voglia, vogliuzza, desiderio, capriccio, stimolo pungente, ghiribizzo, uzzolo, fregola, smania, sfizio (*region.*).
nomencl. (*inerenti*) orticaria, scabbia, fuoco, rabbia del pizzicore, psoriasi || *agg.* iemale, invernale, parziale, generale, senile, salso || *verb.* sentire, provare, dare, fare || prudere.

pseudoestesía, *sf.* falsa sensazione, illusione, allucinazione.
pseudònimo, *sm.* nome d'arte, fittizio, di battaglia, falso, posticcio, finto.
psicanàlisi, *sf.* psicologia del profondo, onirologia, freudismo, → ANALISI.
psíche, *sf.* → ANIMA || SPECCHIO.
psichiàtra, *sm.* psicopatologo, freniatra, frenologo, frenologista, alienista, neurologo, analista.
psichiatría, *sf.* freniatria, psicopatologia, psicologia patologica, neuropatologia, clinica psichiatrica.
psicología, *sf.* studio della psiche, studio del comportamento, psicologia sperimentale, psicanalisi, psicologia animale, psicologia delle folle.
psicopatía, *sf.* malattia mentale, anormalità psichica, → PAZZIA.
psicopàtico, *agg.* e *sm.* → PAZZO.
psicopatología, *sf.* → PSICHIATRIA.
psicopatòlogo, *sm.* → PSICHIATRA.
psicoterapía, *sf.*
contr. fisioterapia.
psicròmetro, *sm.* igrometro.
ptòsi, *sf.* → PROLASSO.
pubblicàbile, *agg.* divulgabile.
contr. impubblicabile.
pubblicaménte, *avv.* alla luce del sole, in pubblico, in presenza di tutti, palesemente in piazza, *coram populo.*
contr. nascostamente, riservatamente, clandestinamente, privatamente.
pubblicàno, *sm.* → APPALTATORE.
pubblicàre, *v.tr.* annunziare, dichiarare, mettere in pubblico, mettere in piazza, rendere di pubblica ragione o di pubblico dominio, far conoscere, svelare, manifestare, mostrare, scoprire, aprire, palesare, spargere, spacciare, divulgare, diffondere, propagare, propalare, disseminare, bandire ai quattro venti, affiggere, bandire, emanare, proclamare, promulgare, ripubblicare, sottoporre alla pubblica opinione || stampare, dare alle stampe, mandare alla stampa, dare alla luce, imprimere, licenziare || dedicare.
nomencl. (*strumenti*) albo pretorio, banditore || giornale, periodico, pubblicazione, spettacolo, intervista, editore.
contr. tener segreto, occultare, tacere || conservare inedito.
pubblicàto, *pps.* di pubblicare || *agg.* stampato, → EDITO.
pubblicazióne, *sf.* diramazione, propalazione, divulgamento, spargimento, diffusione, bando, annunzio, denunzia, proclama, avviso, propaganda, stampato || → NOTIZIA || GIORNALE, EDIZIONE.
nomencl. (*specificazione*) annuario, effemeride, fascicolo, giornale, guida, opera, opuscolo, periodico, prontuario, puntata, numero, numero unico, dispensa || censura.
contr. opera inedita, scritto inedito.
pubblicísta, *sm.* e *f.* autore, scrittore, → GIORNALISTA.
pubblicità, *sf. fig.* grancassa, propaganda, propagazione, diffusione, richiamo, avviso, inserzione, *réclame, battage,* campagna pubblicitaria || → FAMA.
nomencl. (*modi*) a pagamento, gratuita, murale, radiofonica, televisiva, giornalistica || (*mezzi*) insegna luminosa, manifesto, scritta, inserzione, pagina degli annunzi, uomo-*sandwich* o tramezzino || agente pubblicitario, propagandista, persuasore occulto || agenzia di pubblicità || *verb.* affiggere, attaccare; battere la grancassa, essere o mettere sulle gazzette.
púbblico[1], *agg.* comune, di tutti, dello Stato, aperto a tutti, che riguarda tutti, al servizio di tutti, universale || diffuso, noto, palese, popolare, famigerato, manifesto, notorio, divulgato, → CONOSCIUTO.
contr. privato, riservato, intimo || segreto, sconosciuto.
púbblico[2], *sm.* astanti, intervenuti, presenti, spettatori, ascoltatori, uditori, uditorio, lettori, platea, piazza, → POPOLO, GENTE.
púbere, *agg.* e *sm.* pubescente, → ADOLESCENTE.
púbe, *sm.* pettignone, anguinaia.
nomencl. pubico, pubescente, pubere || pubertà.
contr. impubere.
pubertà, *sf.* → ADOLESCENZA.
pubescènte, *agg.* e *sm.* → ADOLESCENTE.
pubescènza, *sf.* → ADOLESCENZA.
púca, *sf.* → INNESTO.
pudènde, *sf. pl.* parti vergognose, organi sessuali, genitali.
pudibóndo, *agg.* → PUDICO.
pudicízia, *sf.* → PUDORE.
pudíco, *agg.* pudibondo, casto, castigato, costumato, verecondo, continente, ritroso, riguardoso, schivo, vergognoso, → PURO.
contr. impudico, inverecondo, impudente, osceno, spudorato, svergognato, sfacciato, sfrontato, procace.
pudóre, *sm.* candore, decenza, pudicizia, verecondia, castità, compostezza, costumatezza, modestia, ritegno, rossore, peritanza, ritrosia, verecondia, vergogna, → PUREZZA || difesa, riguardo.
contr. spudoratezza, impudicizia, sfacciataggine, inverecondia, improntitudine, impudenza, procacia, oscenità.
puerile, *agg.* infantile, ingenuo, → BAMBINESCO || FRIVOLO.
contr. virile, maturo, grave, serio.
puerilità, *sf.* fanciullaggine, sciocchezza, ingenuità, semplicità, immaturità, ragazzata, monelleria, → BAMBINATA || FRIVOLEZZA.
nomencl. *verb.* pargoleggiare.
contr. cosa grave, seria, importante || gravità, serietà.
puerízia, *sf.* infanzia, pargolezza, prima fanciullezza, prima età, innocenza, età novella.
contr. vecchiaia.
pugilàto, *sm.* lotta a pugni, scambio di pugni, *boxe.*
pugilatóre, *sm.* pugile, *boxeur.*
púgile, *sm.* → PUGILATORE.
púglia, *sf.* → GETTONE.
púgna, *sf.* → BATTAGLIA.
pugnàce, *agg.* combattivo, lottatore, agguerrito, → MARZIALE.
pugnalàre, *v.tr.* stilettare, assassinare; colpire, ferire, uccidere (col pugnale), → FERIRE.
pugnalàta, *sf.* stilettata, stoccata, → FERITA || *fig.* → COLPO.
pugnàle, *sm.* ferro, arma da taglio, arma bianca, fuso,

punteruolo, stile, stiletto, stocco, stafiere, daga, verduco, → COLTELLO.

pugnàre, *v.intr.* → COMBATTERE.

pugnèllo, *sm.* manata, mano, pugno, pugnata, pugnerello, brancata, manciata, manciatella, bracciatella, granfiata, menata.

pugnitòpo, *sm.* pungitopo.

púgno, *sm.* colpo, cazzotto, nocchino, sergozzone, → PERCOSSA || pugnello, pugnerello, manata, brancata, manciata, manciatella, bracciatella, granfiata || *fig.* piccola quantità (di cose o di persone).

contr. carezza || quantità rilevante.

púla, *sf.* camerella, locca, lolla, loppa, gluma, scoria, squame, tritume.

nomencl. *verb.* spulare, dispulare, vagliare.

púlce, *sf.*

nomencl. (*specie*) comune, del gatto, del cane, del colombo, della gallina, penetrante, d'acqua, del ghiaccio, di mare, di terra || (*inerenti*) pulciaio || beccatura, morso, puntura, mangiatura, appinzatura, rosa || *verb.* impulciare, spulciare.

pulcèlla, *sf.* → PULZELLA.

pulcinèlla, *sm.* → BUFFONE.

pulcíno, *sm.* pollicino, → POLLO || *fig.* persona malconcia, timida, impacciata.

nomencl. con lanugine, pennuto || (*pertinenti*) forabecco, panico, cesto, cestino, becchime, greppio, imbeccatoio, chioccia, covata || *verb.* camminare, pigolare, far pio pio, chioccolare.

contr. gallina, gallo.

pulédro, *sm.* → CAVALLO.

puléggia, *sf.* girella, bozzello, carrucola, paranco, polipasto, taglia.

nomencl. (*parti*) ruota o disco, scanalatura o canale, staffa, fune, tampagno, cigna o cinghia, asticulo || *verb.* incarrucolare, scarrucolare.

pulimentàre, *v.tr.* tirare a pulimento, forbire, lucidare, → POLIRE, PULIRE.

contr. sporcare, insozzare, irruvidire, rendere scabro.

puliménto, *sm.* polimento, lustratura, lucidatura, → PULITA || ripulitura, rifinitura, → PERFEZIONAMENTO.

contr. imbrattatura, imbrattamento, deturpazione || abbozzo.

pulíre, *v.tr.* polire, nettare, far pulizia, astergere, detergere, tergere, digrassare, sgrassare, disfecciare, disinfettare, dizaccherare, espurgare, purgare, fare il bucato, spolverare, forbire, fregare, lavare, mondare, lucidare, rimondare, rinettare, ripassare, ripulire, lustrare, strofinare, smacchiare, spulare, sbrattare, sbruttare, setolinare, sfangare, spollonare, spulizzare, strigliare, srugginire, depurare, disungere, pulimentare, purificare, renare, rigovernare, risciacquare, scopare, spazzare, ramazzare, spazzolare, spillaccherare, spomiciare || dirozzare, spianare, affilare, piallare, raspare.

nomencl. (*mezzi*) battipanni, canovaccio, ceneraccio, strofinaccio, struffolo, straccio, pelle di daino, piumino, disinfettante, detersivo, smacchiatore, soda, sapone, pomice, granata, scopa, setola, spazzola, aspirapolvere, smeriglio, piombaggine, pennello, spugna, tripolo || spazzatura, purificatoio, detergente, astersivo, purificativo.

contr. insudiciare, sporcare, lordare, bruttare, insozzare, chiazzare, deturpare, sconciare.

pulíta, *sf.* pulitura, ripulitura, mondiglia, astersione, pulimento, spolveratura, mondamento, mondatura, nettamento, nettatura, rinettamento, rinettatura, ripulimento, ripulita, spazzata, spazzolata, spolverata, spurgo, lavata.

contr. imbrattamento, insozzamento, imbratto, deturpazione.

pulitézza, *sf.* forbitezza, nitidezza, nettezza, politezza, purità, lucentezza, levigatezza, mondezza, → PULIZIA.

contr. lordura, sporcizia, sozzura, scoria, impurità, sudiciume, immondezzaio.

pulíto, *pps.* di pulire || *agg.* lindo, netto, nitido, forbito, puro, asterso, deterso, mondo, senza macchia, immacolato, di bucato, lucente, lustro, bianco, rimondo, chiaro, come uno specchio, purificato, spurgato.

contr. sporco, immondo, lurido, lercio, sozzo, impuro, nero, imbrattato.

pulitúra, *sf.* levigamento, politura || astersione, detersione, → BUCATO, PULITA.

contr. lordamento, imbrattamento, imbrattatura.

pulizía, *sf.* mondezza, pulitezza, nettezza, nitidezza, politezza, lucentezza, lindura, lindezza, mondizia, nitore, purità || astersione, depuramento, depurazione, detersione, lucidamento, lucidatura, lustramento, lustratura, nettamento, pulimento, polimento, pulita, pulitura, ripulimento, smacchiatura, tergimento.

nomencl. (*mezzi*) spazzola, pennacchio, canavaccio o canovaccio, granata, scopa, pennello, setola, aspirapolvere, strofinaccio, disinfettante, pelle di daino, petrolio, smeriglio, piombaggine, pomice, detersivo, sapone, spugna || cassetta delle spazzature, porta spazzatura, servizio di nettezza urbana.

contr. sporcizia, sudiciume, lordura, sozzura, impurità.

pullulàre, *v.intr.* mettere, → GERMOGLIARE || (di acqua) scaturire, sorgere, buttare, spicciare || *fig.* venir fuori in gran quantità || brulicare (di gente).

púlpito, *sm.* ambone, arengario, bigoncia, cattedra, ditterio, pergamo, rostro, tribuna, sacra cattedra, tribuna religiosa.

nomencl. *verb.* salire || predicare, sermocinare, declamare, insegnare, catechizzare || montare in pulpito.

pulsàre, *v.intr.* → PALPITARE || (del cuore) battere, → MARTELLARE.

pulsazióne, *sf.* battito, polso, → PALPITO.

pultàceo, *agg. ant.* → FANGOSO.

pulvíscolo, *sm.* polviscolo, polline, → POLVERE.

pulzèlla, *sf.* pulcella, → NUBILE, FANCIULLA.

púncio, *sm.* → PONCIO.

pungèllo, *sm.* → PUNTA.

pungènte, *ppr.* di pungere || *agg.* acuto, aguzzo, appuntito || *fig.* aspro, doloroso || mordace, stuzzicante, piccante, risentito, frizzante, pepato, salace, epigrammatico, molesto, provocatore, offensivo.

contr. morbido, arrotondato || blando, dolce, soave, vellicante, cortese, adulatore.

púngere, *v.tr.* ferire di punta, forare, trafiggere, sforacchiare, bucherellare, → BUCARE || *fig.* pinzare, appinzare, pizzicare, punzecchiare, pungolare, sollecitare,

spronare, pugnolare, morsicare, molestare, eccitare, inasprire, vessare, → OFFENDERE || *intr.* → FRIZZARE.
contr. accarezzare, vellicare, titillare, solleticare, lenire, lusingare, blandire, adulare.
pungíglio, *sm.* → PUNTA.
pungiglióne, *sm.* aculeo, ago, aguglione, punta, pinza, pungitoio, spunzone, spina, spuntone || *fig.* stimolo, eccitamento, incitamento, pungolo.
pungiménto, *sm.* → PUNTURA.
pungitóio, *sm.* → PUNGIGLIONE.
pungitòpo, *sm.* pugnitopo.
pungitúra, *sf.* → PUNTURA.
pungolàre, *v.tr.* colpire col pungolo || *fig.* tormentare, affliggere, vessare, sferzare, sollecitare, incitare, spronare, → ECCITARE, STIMOLARE.
púngolo, *sm.* → PUNGIGLIONE, PUNTA || *fig.* afflizione, vessazione, tormento, sprone, incitamento, → ISTIGAZIONE, STIMOLO.
puníre, *v.tr.* castigare, condannare; infliggere una pena, un castigo, una condanna; far espiare, dare un esempio, dare la paga, tirare gli orecchi, sferzare, far pagare il fio, il taglione, vendicarsi, ritorcere, lavare nel sangue, rifarsi.
nomencl. pena, castigo, punizione, sgridata, rimprovero, lavata di capo || (*pene*) arresto, prigione, carcere, ergastolo, confino, esilio, detenzione, reclusione, lavori forzati, galera, mutilazione, rogo, morte civile, supplizio, degradazione, retrocessione, relegazione, proscrizione, bando, ostracismo, ammenda, multa || rigore, severità, clemenza, indulgenza, comprensione || indulto, commutazione, amnistia, perdono, impunità || errore giudiziario.
contr. premiare, ricompensare || espiare, perdonare, amnistiare, condonare, riabilitare.
punizióne, *sf.* castigamento, castigo, condanna, pena, penalità, rappresaglia, repressione, ritorsione, sanzione, taglione, contrappasso, scotto, vendetta, esempio, penitenza.
nomencl. (*connessi*) faida, fio, nemesi, rivalsa, rivincita, decimazione, sabotaggio || *agg.* giusta, meritata, equa, adeguata, conveniente, appropriata, legittima, ragionevole, ingiusta, iniqua, immeritata, errata, esagerata, eccessiva, severa, dura, aspra, inesorabile, leggera, lieve, mite || *verb.* infliggere, dare, subire, ricevere, sopportare.
contr. premio, ricompensa, assoluzione, riparazione, espiazione, amnistia, condono, grazia, perdono, riabilitazione.
púnta, *sf.* aculeo, capocchia, chela (di crostaceo), dente, mucrone, pinza, pungello, pungiglio, pungiglione, rostro, pungolo, puntone, rebbio, spigolo, spuntone, spunzone, chiodo, dentello, brocco || *fig.* cima, colmo, picco, vertice, cuspide, cocuzzolo, apice, → GUGLIA, ESTREMITÀ || dolore acuto, trafitta, fitta || intensità, frequenza massima || un poco, un pochino.
nomencl. (*pertinenti*) bicuspide, bicorno, forca, tricuspide || frucata, puntata, puntale, puntone || punta massima, ore di punta || *verb.* dar di punta, far la punta, essere in punta, restare in punta, introdurre o togliere la punta, impuntare, puntare, spuntare, rintuzzare, appuntare, acuminare, aguzzare, assottigliare, ottundere, spungere, rompere, stroncare || avere sulla punta della lingua, delle dita, prendere di punta.
contr. grossezza, rotondità, quadratura || base, piede.
puntàle, *sm.* ardiglione, calza, calzuolo, ghiera, gorbia, viera.
puntàre, *v.tr.* forzare, gravare, appoggiare, → PREMERE || fissare, → MIRARE || scommettere, → GIOCARE || *intr.* orientarsi, dirigersi, avviarsi.
puntàta, *sf.* colpo di punta, imbroccata, fitta, trafitta, stoccata || dispensa, fascicolo, brano (di opera pubblicata periodicamente).
contr. traversone, fendente.
puntatóre, *sm.* miratore.
punteggiàre, *v.tr.* segnare con punti, mettere la punteggiatura, l'interpunzione; interpungere.
punteggiatúra, *sf.* → INTERPUNZIONE.
puntellàre, *v.tr.* appuntellare, appuntonare, armare, mettere puntelli, sorreggere, → CALZARE, SOSTENERE || *intr.* appoggiarsi, sostenersi.
contr. lasciar cadere, lasciar crollare, rovesciare, abbattere, atterrare.
puntèllo, *sm.* appoggio, appoggiatoio, puntone, rincalzo, sergozzone, → PALO || *fig.* favore, credito, protezione, → AIUTO, SOSTEGNO.
punteruòlo, *sm.* puntaruolo, foratoio, → PUGNALE.
puntíglio, *sm.* punto d'onore, pretesto, meschinità, picca, ripicco, ostinazione, capriccio, pretesa, falso amor proprio || → GARA.
nomencl. *verb.* impuntigliarsi, impuntarsi.
contr. arrendevolezza, mitezza, remissività.
puntiglióso, *agg.* piccoso, caparbio, piccato, incaponito, cavilloso, meschino, → BISBETICO, OSTINATO.
contr. remissivo, umile, arrendevole.
puntiscrítto, *sm. ant.* monogramma.
púnto¹, *pps.* di pungere || *agg.* punzecchiato, offeso, irritato, ferito, afflitto || stimolato, pungolato, spronato.
púnto², *sm.* segno, forellino, macchiolina || limite, grado, luogo preciso, circostanza, termine, condizione, stato, → POSIZIONE, FINE, PARTE || attimo, → MOMENTO || principio, argomento, criterio, problema, proposizione, quesito, punto centrale, importante, → CENTRO.
púnto³ *avv.* nulla, affatto.
puntóne, *sm.* → PUNTA.
puntuàle, *agg.* → ESATTO, ORDINATO.
puntualità, *sf.* → ESATTEZZA.
puntualménte, *avv.* esattamente, precisamente, rigorosamente, con puntiglio.
puntúra, *sf.* appinzatura, appinzo, pinzatura, pungimento, pungitura, punzecchiamento, punzecchiatura, morso || trafitta, trafittura, → FERITA || INIEZIONE || *fig.* leggera offesa || frizzo.
puntúto, *agg.* → AGUZZO || *fig.* di uomo, aspro, irritante, offensivo, burbero.
punzecchiaménto, *sm.* → PUNTURA.
punzecchiàre, *v.tr.* → PUNGERE || *fig.* molestare, offendere, irritare, → ISTIGARE.
punzecchiatúra, *sf.* → PUNTURA || *fig.* → MOLESTIA || OFFESA.
punzonatóre, *sm.* punzonista.
punzóne, *sm.* conio, impronta.
nomencl. *verb.* punzonare.

punzonísta, *sm.* punzonatore.

púpa, *sf.* → BAMBOLA || crisalide, larva || *fig.* bambina, bimba.

pupàttola, *sf.* → BAMBOLA.

pupazzétto, *sm.* caricatura, profilo o disegno umoristico.

pupàzzo, *sm.* → FANTOCCIO || *fig. spreg.* incostante, banderuola, burattino.

pupílla, *sf.* iride, → OCCHIO.

nomencl. (*colori*) chiara, grigia, celeste, nera, verdognola || ardente, arrossata, dilatata, spenta, torbida, umida, obliqua || (*patologia*) anisicoria, atretopsia, emeralopia, enoftalmo, maglia, midriasi, miosi, punto cieco, sinizesi || cecità, strabismo || (*rimedi*) antimidriatici, collirio, miotici, pilocarpina, atropina || *verb.* abbassare, fissare, stralunare.

pupíllo, *sm.* minorenne || protetto.

nomencl. (*pertinenti*) tutela, tutore, consiglio di famiglia, curatela, curatore, pretore.

púpo, *sm.* marionetta, burattino || *fig.* bambino, bimbo.

púre, *avv.* nondimeno, tuttavia, nonpertanto, nonostante, se cosí vi piace, finalmente, a ogni modo, → ANCHE.

purézza, *sf.* purità, incontaminatezza, pulitezza, mondezza, (di metallo) finezza || semplicità, eleganza, → NATURALEZZA || *fig.* castità, candidezza, candore, innocenza, illibatezza, pudore, verecondia, continenza, modestia || → ONESTÀ.

contr. impurità, lussuria, libidine || disonestà, corruzione, corruttela.

púrga, *sf.* purgativo, lassativo, disoppilante, purgazione, evacuante, solvente, → PURGANTE.

purgànte, *ppr.* di purgare || *agg.* e *sm.* medicamento purgativo, purga, lassativo, purgazione, purgatura, disoppilante, rinfrescante, evacuante, solvente, vacuatorio.

nomencl. (*esempi*) aloe, calomelano, cascara sagrada, cassia, citrato di magnesia, cremor tartaro, limonata, magnesia, manna, olio di ricino, rabarbaro, scialappa, sena, scamonea, solfato di sodio, tamarindo, frangula || *agg.* blando, leggero, forte, energico, violento, drastico, catartico, leniente, lenitivo, emolliente, lubrificante || *verb.* defecare.

purgàre, *v.tr.* nettare, depurare, risciacquare, rigovernare, espurgare, spurgare, purificare, mondare, → PULIRE || far evacuare, disoppilare, lassare, lubrificare, rinfrescare, ripurgare, sciogliere il corpo || *fig.* pagare il fio, → ESPIARE, EMENDARE.

contr. contaminare, guastare, insozzare, sporcare || corrompere, inquinare || occludere.

purgatézza, *sf.* → PUREZZA.

purgatòrio, *sm.*

nomencl. anime purganti || suffragio, indulgenze || *fig.* luogo o persona molesta.

purgazióne, *sf.* → ESPIAZIONE || PURGA.

purificàre, *v.tr.* chiarificare, depurare, mondare, lavare, disinfettare, epurare, raffinare, purgare, smorbare, tergere, detergere, affinare, raffinare, → PULIRE || ottenere il perdono, l'innocenza, far penitenza, espiare || PERFEZIONARE, GIUSTIFICARE.

contr. contaminare, guastare, inquinare, insozzare, lordare, corrompere.

purificatóre, *agg.* e *sm.* chiarificatore, depurativo, lustrale.

purificazióne, *sf.* espurgazione, chiarificazione, depurazione, disinfezione, → LAVANDA || riparazione, catarsi, → ESPIAZIONE.

contr. inquinamento, contaminazione, corruzione, corrompimento.

purísta, *sm.* cruschevole, trecentista, linguaio, linguaiolo, rigorista, affettato.

nomencl. purismo || neologismo, barbarismo, forestierismo.

purità, *sf.* purezza, candidezza, candore, innocenza, illibatezza, incontaminatezza, mondezza, purgatezza, schiettezza, castità, verginità, pudicizia, continenza, integrità, limpidezza, ingenuità, mondizia || → ONESTÀ.

nomencl. giglio.

contr. impurità, impudicizia, guasto, corruzione, contaminatezza, inquinamento, putridume.

puritàno, *agg.* e *sm.* presbiteriano || conformista, rigido moralista.

nomencl. puritanismo, puritanesimo.

púro, *agg.* genuino, liscio, disadorno, naturale, non adulterato || (di metallo) fine || chiaro, terso, limpido, sereno, salubre || nitido, netto, pulito, purgato, pretto, elegante, corretto, classico || mero, sano, semplice, solo, vero || teorico, non applicato || *fig.* pudico, pudibondo, casto, castigato, costumato, verecondo, candido, angelico, verginale, innocente, illibato, immacolato, incontaminato, intemerato, mondo, inviolato, morigerato, ingenuo, adamantino, immune, incorrotto, intatto, non tocco, integro, onesto, schietto, virtuoso, giusto, santo, senza macchia, specchiato || → ASSOLUTO.

contr. impuro, misto, adulterato, fucato, adornato, contaminato, torbido, fangoso || applicato || disonesto, corrotto, depravato.

purosàngue, *agg.* e *sm. indecl.* → CAVALLO.

purpúreo, *agg.* → PORPORINO.

purtròppo, *avv.* malauguratamente, sfortunatamente, disgraziatamente.

purulènto, *agg.* → MARCIO, PUTRIDO.

purulènza, *sf.* → MARCIA, PUTREFAZIONE.

pus, *sm. indecl.* → MARCIA.

pusillànime, *agg.* e *sm.* vile, dappoco, timido, vigliacco, codardo, meschino, → PAUROSO.

contr. coraggioso, intrepido, audace.

pusillanimità, *sf.* vigliaccheria, → PAURA, VILTÀ.

contr. coraggio.

pustèrla, *sf.* posterla, postierla, → PORTA.

pústola, *sf.* antrace, apostema, postema, ascesso, bolla, bollicina (della pelle), papula, bottone, fignolo, foruncolo, brucolo, bruglìolo, epinittide, flemmone, fictene, fittene, pano, tubercolo, tumoretto, vescica, protuberanza, orzaiuolo.

nomencl. benigna, maligna || (*inerenti*) eruzione, vespaio, eritema, carboncello.

putatívo, *agg.* supposto, ritenuto (tale), apparente, fittizio, secondo l'opinione, secondo l'apparenza, presunto, → FALSO.

contr. vero, autentico, proprio.

puteàle, *sm.* bocca di pozzo, pozzale, → VERA.
puteolènte, *agg.* → ODOROSO.
pútido, *agg.* → PUZZOLENTE, ODOROSO.
putidóre, *sm.* → PUZZO.
putifèrio, *sm.* grande strepito, schiamazzo, alterco, scenata clamorosa, pandemonio, → DISORDINE, CONFUSIONE, RUMORE.
putíre, *v.intr.* → ODORARE, PUZZARE.
pútre, *agg.* → PUTRIDO.
putrèdine, *sf.* → PUTREFAZIONE.
putredinóso, *agg.* → PUTRIDO.
putrefàre, *v.intr.* e *rifl.* alterare, fracidare, guastare, imputridire, infracidare, infracidire, corrompere, decomporre, inverminare, inverminire, muffire, maturare, → MARCIRE.
contr. purificare || conservare, mantenere inalterato, immunizzare.
putrefàtto, *pps.* di putrefare || *agg.* putrido, marcito, marcio, imputridito, mucido, decomposto, guasto, putre, fradicio, putrescente, verminoso, rancido, marcioso, corrotto, mézzo, infetto, contagiato.
contr. puro, sano, integro, incorrotto, fresco, intatto || conservato, immunizzato.
putrefazióne, *sf.* putredine, corruttela, corruzione, depravazione, contagio, putridame, decomposizione, disfacimento, fracidezza, fradiciume, infradiciamento, irrancidimento, marcia, infezione, putrescenza, marciume, necrosi, cancrena, purulenza, pus, putrilagine, putridità, putridume, guasto, rancidezza, suppurazione, vietume.
contr. sanità, freschezza, purezza, immunità, integrità.
putrescènte, *agg.* → PUTRIDO.
putrescènza, *sf.* → PUTREFAZIONE.
putrescíbile, *agg.* putrefattibile, putrefattivo, corruttibile, decomponibile, marcescibile, suppurabile, corrompibile.
contr. imputrescibile, imputrefattibile, inalterabile, incorruttibile, conservabile.
putridità, *sf.* → PUTREFAZIONE.
pútrido, *agg.* putre, putrefatto, putrescente, putredinoso, putrilaginoso, imputridito, purulento, marcito, mucido, decomposto, guasto, fradicio, marcioso, rancido, stantio, corrotto, verminoso, infetto, inquinato, insalubre, irrancidito, esiziale, vincido, vieto, mézzo, pestilenziale.
contr. sano, fresco, integro, incorrotto, intatto, incontaminato, puro.
putridúme, *sm.* → MARCIA, PUTREFAZIONE.
putrilàgine, *sf.* → PUTREFAZIONE.
putrilaginóso, *agg.* → PUTRIDO.
pútta, *sf. lett.* fanciulla, ragazzina.
puttíno, *sm.* → BAMBINO.
pútto, *sm.* → BAMBINO.
púzza, *sf.* → PUZZO.
puzzàre, *v.intr.* mandar puzzo, mandar fetore, puzzacchiare, sitare, allezzare, putire, ammorbare, dar cattivo odore, appestare, gettare lezzo, puzzecchiare, odorare, impestare, impuzzare, impuzzire, impuzzolire, mozzare il respiro, non sapere di buono, rendere cattivo odore, spirare o esalare cattivo odore; sapere di rancido, di stantio, di chiuso, di muffa, di lezzo, di marcio, di selvatico, di cattivo.
contr. olezzare, olire, odorare, saper di buono, aver buon odore, profumare.
puzzecchiàre, *v.intr.* → PUZZARE.
púzzo, *sm.* puzza, peste, pestilenza, fetore, lezzo, lezzume, afrore, leppo, puzzolenza, tanfo, tanfata, sito, morbo, miasma, mefite, odoraccio, putidore, puzzore, zaffo, zaffata, esalazione, → ODORE.
nomencl. alito, fiato || *agg.* grave, greve, pesante, fastidioso, rivoltante, orrendo, nauseante, nauseabondo, disgustoso, stomachevole, ingrato, tremendo, forte, mefitico, fetido, velenoso || *verb.* che mozza o toglie il respiro, che toglie il fiato, che appesta, che ammorba.
contr. profumo, buon odore, fragranza, olezzo.
púzzola, *sf.* → DONNOLA.
puzzolènte, *agg.* maleolente, fetente, fetido, putido, graveolente, pestilenziale, lezzoso, putrido, marcio, → ODOROSO || sporco, sudicio, sozzo, laido.
contr. odoroso, profumato, fragrante, olezzante.
puzzolènza, *sf.* → ODORE, PUZZO.
puzzóre, *sm.* → ODORE, PUZZO.

Q

qua, *avv.* qui.
contr. là, lí, colà, costà, costí.
quàcchero, *sm.* → QUACQUERO.
quacquerísmo, *sm.* protestantesimo || *fig.* puritanismo, semplicità, fraternità, democrazia, rigidezza di costumi.
contr. sregolatezza, dissipatezza, dissolutezza, spregiudicatezza, cinismo.
quàcquero, *sm.* quacchero, protestante || *fig.* uomo alla buona, senza cerimonie, semplice || puritano, rigoroso.
quadèrno, *sm.* opuscolo, libretto, fascicolo, estratto, quinterno, quinternetto, scartabello, scartafaccio, stracciafoglio, registro.
nomencl. a righe, a quadretti, senza righe || (*affini*) album o albo, esemplare, quadernaccio o brogliaccio o brogliazzo, rubrica || cartella || *agg.* piccolo, grosso.
quadragenàrio, *agg.* e *sm.* quarantenne, di quarant'anni.
quadragèsima, *sf.* → QUARESIMA.
nomencl. quadragesimale, quaresimale.
quadragèsimo, *agg.* di quaranta, quarantesimo.
quadrangolàre, *agg.* quadrilatero, quadrato, quadriforme, quadro.
contr. rotondo, circolare.
quadràngolo, *sm.* → QUADRILATERO.
quadrànte, *sm.* mostra, circonferenza (dell'orologio) || quarta parte || spicciolo.
quadràre, *v.tr.* dar forma quadra, quadrata, → ADATTARE || *intr.* convenire, calzare, conguagliare, combaciare, coincidere, concordare, andare a capello, addirsi, corrispondere, adattarsi, star bene, tornar bene, essere appropriato || andare, andare a genio, garbare, soddisfare, → PIACERE.
quadràto, *agg.* quadro, quadrangolare, quadriforme, quadrilatero || *fig.* grosso, tarchiato, quartato, robusto, ben formato; maturo, saggio, forte, fidato, saldo || *sm.* → QUADRILATERO.
contr. circolare, rotondo, ovale || esile, mingherlino, allampanato || leggero, superficiale, infido.
quadrèllo, *sm.* → MATTONE.
quadrería, *sf.* galleria, raccolta di quadri, → PINACOTECA.
quadrettàre, *v.tr.* rigare a quadretti.
quadrettàto, *pps.* di quadrettare || *agg.* rigato a quadretti.
quadrífora, *sf.* → FINESTRA.
quadrifórme, *agg.* → QUADRANGOLARE.
quadríga, *sf.* → CARROZZA.
quadríglia, *sf.* → BALLO.
nomencl. (*pertinenti*) ballanzè, galoppo, gran scena, rondò || rompere, fare il ponte.
quadrilàtero, *agg.* → QUADRANGOLARE || *sm.* quadrato, quadrangolo, rettangolo, parallelogramma, rombo || → FORTIFICAZIONE.
quadrilústre, *agg.* di quattro lustri, ventenne.
quadrisúlco, *agg.* → FISSIPEDE.
quadrívio, *sm.* crocicchio, incrocio, confluenza (di quattro strade), → BIVIO.
nomencl. (*arti del quadrivio*) geometria, aritmetica, musica, astronomia.
quàdro, *agg.* → QUADRATO || *sm.* dipinto, → PITTURA || CATALOGO || schema, tabella, sintesi, compendio, → PROSPETTO || scena, atto, *sketch* || rappresentazione, → DESCRIZIONE.
nomencl. *verb.* quadrare, riquadrare, squadrare, inquadrare, incorniciare, far riscontro.
quadróne, *sm.* → PIETRA.
quadrúmane, *sm.* → SCIMMIA.
quàglia, *sf.* → PERNICE.
quagliàre, *v.tr.* e *intr.* cagliare, accagliarsi, coagularsi, rappigliarsi, rapprendersi, rassodare.
quàlche, *agg. indef.* alcuno, uno qualunque, qualunque sia, pur che sia || alcuni, pochi.
qualchedúno, *pron.* → QUALCUNO.
qualcúno, *pron.* qualcheduno, alcuno, taluno.
qualífica, *sf.* → QUALIFICAZIONE.
qualificàre, *v.tr.* definire, caratterizzare, → ATTRIBUIRE || *rifl.* specializzarsi, farsi stimare per qualcosa || farsi riconoscere, dire il proprio nome.
contr. squalificare, screditare.
qualificàto, *pps.* di qualificare || *agg.* fornito, dotato (di qualità, capacità, risorse, attitudine), atto, capace || di qualità, insigne, distinto, eccellente, di condizione ragguardevole || provato, riconosciuto.
contr. squalificato, screditato, non riconosciuto, incapace.
qualificazióne, *sf.* qualifica, titolo, qualità, → ATTRIBUTO || grado, capacità, mansione, ufficio || specializzazione.
qualità, *sf.* proprietà, prerogativa, particolarità, contrassegno, condizione, stato, requisito, attributo, carattere, risalto, caratteristica, peculiarità || dato, pregio, valore, merito, capacità, virtù || difetto, vizio; animo, indole, intelletto, intelligenza, mente, spirito, attitudine, tempra, temperamento, disposizione, costituzione, appartenenza, dono, fatta, forma, gusto, lega, calibro, conio, maniera, modo, misura, natura, ragione, risma, sfera, sorta, stampo, stoffa, tacca, taglia, taglio, tinta, verso || grado, genere, classe, famiglia, specie, varietà.
nomencl. *agg.* bella, brutta, buona, cattiva, pessima, degna, indegna, fine, delicata, signorile, grossolana, forte, debole, fresca, rancida, genuina, giusta, bastarda, massima, minima; nulla, grande, piccola, piacevole, onorevole, preziosa, spiacevole, disonorevole, vile, sana, simpatica, sublime, superiore, vera, falsa, naturale, acquisita, singolare, comune, intrinseca, estrinseca, interiore, appariscente, vistosa, accidentale, essenziale, occulta, palese, positiva, negativa || *verb.* possedere, acquisire, avere, aumentare, migliorare, affinare, lasciare, perdere, degenerare.
contr. difetto, incapacità, bassezza, opacità, ottusità, nullità, mediocrità, grigiore, monotonia.

qualménte, *avv.* come, in che modo.
qualóra, *avv.* ogni volta che, tutte le volte che, quando che, posto che, purché, dato che, se mai, se avvenga che, nel caso che.
qualsíasi, *agg. indef.* qualsisia, qualunque sia, chiunque sia, qualsivoglia, purchessia.
contr. quello, proprio quello.
quàndo, *avv.* allorché, allorquando, in quel tempo, in quel momento che, ogni volta che, quantunque, dato che, mentre, ora, poiché, se, qualora.
quantità, *sf.* abbondanza, copia, profusione, miriade, subisso, cumulo, catasta, valanga, congerie, ammasso, massa, mucchio, infinità, sterminio, moltitudine, sacco, mazzo, raccolta || aliquota, assortimento, cifra, dose, entità, agglomerazione, numero, misura, parte, partita, quota, serie, soma, volume, entità, somma.
nomencl. (*equivalenti*) briciolo, pizzico, chicco, inezia, zinzino, goccia, un poco, un tantino, un pochino || calca, falange, folla, brigata, brulicame, monte, pioggia, profluvio, visibilio, sovrabbondanza, turbine, strepito, buscherio || abbastanza, assortimento, brancata, farragine, manata, bracciata, braccio, dozzina, strato || *agg.* numerica, letterale, costante, variabile, abbondante, eccessiva, grande, enorme, approssimativa, incommensurabile, infinita, innumerevole, illimitata, limitata, modesta, piccola, lieve, scarsa, media, minima, progressiva, proporzionale, smisurata, sovrabbondante, sterminata, sproporzionata, trascurabile || *avv.* assai, tanto, quanto, circa, alquanto || *verb.* avere, possedere, accumulare, sommare, moltiplicare, sottrarre, dividere, distribuire.
quantúnque, *avv* → BENCHÉ.
quarantèna, *sf.* contumacia, isolamento || indulgenza || *fig.* → ATTESA.
nomencl. (*inerenti*) epidemia, contagio || lazzaretto, libera pratica || bandiera gialla.
quarantènne, *agg.* e *sm.* e *f.* quadragenario, di quarant'anni.
quarantèsimo, *agg.* quadragesimo.
quarantòtto, *sm. fig.* confusione, disordine, soqquadro, baccano, rivoluzione.
quarésima, *sf.* quarentina (*ant.*), quadragesima || *fig.* → DIGIUNO.
nomencl. mezzaquaresima, ceneri.
quaresimàle, *agg.* || *fig.* lungo, noioso, pedante || *sm.* → PREDICA || libro di prediche.
quaresimalísta, *sm.* → ORATORE.
quarteruòlo, *sm. ant.* → GETTONE.
quartière, *sm.* rione || acquartieramento, alloggiamento → CASERMA || appartamento, → CASA || *fig.* → PARTE.
nomencl. (*tipi*) d'inverno, d'estate, di riposo, generale, di alloggiamento, dei viveri || quartiermastro || residenziale, signorile, popolare, suburbano || *verb.* acquartierare; chiedere, dare, concedere quartiere.
quàrto, *agg.* || quarto potere, la stampa || quarto stato, → POPOLO, PROLETARIATO.
nomencl. (*vari*) quarto d'ora, quarta parte, quarto di luna, quarto di litro, quartino || edizione in quarto || quarto di nobiltà.
quàrzo, *sm.*
nomencl. argentifero, aurifero || (*minerali*) agata, ametista, corindone o pietra di vescovo, avventurina o venturina, calcedonia, corniola, diaspro, eliotropio, grammazia, ialite, iaspide, opale, quarzite, quarzo ialino, perlite, sardonica, cristallo di rocca, cornalina.
quàsi, *avv.* press'a poco, poco piú o poco meno, circa, a un dipresso, all'incirca, a momenti, pressoché, come, come se, approssimativamente.
contr. esattamente, precisamente, letteralmente, totalmente, del tutto.
quassú, *avv.* qui sopra.
contr. quaggiú, laggiú, costaggiú.
quàtto, *agg.* chinato, nascosto, acquattato || quieto || zitto, silenzioso.
nomencl. quatto quatto || *verb.* acquattare, appiattare, nascondere.
contr. scoperto, irrequieto, rumoroso.
quattordicèsimo, *agg.* decimoquarto.
quattrinàio, *agg.* danaroso, usuraio, avaro, interessato, avido || → MESTIERANTE.
quattríno, *sm.* centesimo, spicciolo, moneta || *pl.* → DENARO || RICCHEZZA.
quàttro, *agg. num. card.*
nomencl. (*derivati*) quadernario, quadruplo, quadrimestre, quadripartito, quadrilatero, quadrilineo, quadrimembro, quadrisillabo, quadruplice, quadruplo, quadrangolo, quadridittongo, quadriennio, quadrifoglio, quadriforo, quadrifronte, quadrilungo, quadrinomio, quadrireme, quadrivio, quattrocento, quattrocentista, quaderna, quaterna, quartina, quadriglia || tetralogia, tetrarca, tetraedro || *verb.* quadruplicare, quadripartire || fare il diavolo a quattro, dirne quattro; fare quattro passi, salti, chiacchiere, farsi in quattro.
quégli, *pron.* quello, colui, colei.
contr. questi, costui, costei.
quéllo, *pron.* quegli.
contr. questo.
quèrcia, *sf.* cerro, rovere, fàrnia, elce.
nomencl. (*specie*) della China, vallonea, d'America, da sughero o sughera, gentile, piramidale, marina, nera d'America || (*attinenti*) cerracchione, quercione, castano || ghianda, balano, galla, sughero, quercina, quercite, quercitrone, flavina || (*parassiti*) farfalla processionale della quercia, grande capricorno.
querèla, *sf.* doglianza, lagnanza, lamento, querimonia, lagno || → PROTESTA || ACCUSA || LITIGIO.
nomencl. (*tipi*) per diffamazione, per ingiurie || di parte || (*pertinenti*) ricorso, controquerela, conferma || denunziatore, querelato || *verb.* sporgere, presentare, dare, ritirare.
contr. remissione.
querelàre, *v.tr.* dare, muover querela, accusare, denunziare || *rifl. lett.* lamentarsi, dolersi, lagnarsi, deplorare, compiangere.
contr. difendere, assolvere || rallegrarsi.
querimònia, *sf.* → LAMENTO, QUERELA.
quèrulo, *agg.* risonante, lamentoso, → LAMENTEVOLE, PIAGNUCOLOSO || tenero, → ELEGIACO || *sm.* brontolone.
quesíto, *sm.* ricerca, obiezione, difficoltà, aporia, questione, → PROBLEMA || domanda, → INTERROGAZIONE.

contr. risoluzione, risposta.
quésti, *pron.* costui, quest'uomo.
contr. quegli.
questionàre, *v.intr.* → LITIGARE || polemizzare, contendere, → DISCUTERE.
questióne, *sf.* vertenza, lite, piato, → LITIGIO || DISCUSSIONE || tema, argomento, → MATERIA || PROBLEMA || quesito, → DOMANDA.
nomencl. (*tipi*) sociale, politica, religiosa, economica, sindacale, morale || (*elementi*) incidente, punto d'onore, questionario, arbitrato, bandolo, incognita, soluzione, nocciolo, nodo, sommi capi, terreno, tema, testo, vivo || dibattito, procedura || *agg.* bizantina, di lana caprina, sottile, delicata, fine, difficile, complicata, intricata, involuta, insolubile, inestricabile, imbrogliata, immatura, pendente, pericolosa, insoluta, pregiudicata,' impregiudicata, preliminare, pregiudiziale, scottante, spinosa, tacita, sottintesa || *verb.* accomodarsi, accordarsi, aggiornare, rimandare, differire, dilazionare, agitare, sollevare, arruffare, complicare, imbrogliare, definire, sbrogliare, districare, risolvere, decidere, trattare, considerare, sostenere, sviluppare, intavolare, sfiorare.
quésto, *agg.* e *pron.*
contr. quello, codesto.
questóre, *sm.* inquisitore.
quèstua, *sf.* cerca, accatto, elemosina, colletta, busca, → ACCATTONAGGIO.
questuànte, *ppr.* di questuare || *agg.* e *sm.* → MENDICANTE.
questuàre, *v.intr.* → MENDICARE, ELEMOSINARE.
questúra, *sf.* → POLIZIA.
questuríno, *sm.* → POLIZIOTTO.
quèto, *agg. lett.* → QUIETO.
qui, *avv.* qua, in questo luogo, in questo tempo, a questo punto.
contr. lì, là, costí, costà.
quiddità, *sf.* essenza, natura, sostanza, → ESSERE.
quiescènte, *agg.* in riposo, quieto, inattivo, inerte || acquiescente.
contr. attivo, àlacre, solerte, operoso.
quiescènza, *sf.* → RIPOSO || giubilazione, → PENSIONE.
quietàre o **quetàre,** *v.tr.* e *rifl.* saziare, riposare, → PACIFICARE, CALMARE || MITIGARE.
quiète, *sf.* nirvana, pace, riposo, quietudine, requie, immobilità, tranquillità, distensione, posa, raccoglimento, vita ritirata || *fig.* → CALMA, BENE.
contr. agitazione, affanno, tensione, inquietudine, irrequietezza || disordine, arruffio, rumore, frastuono, strepito, vita mondana,.
quietísmo, *sm.* apatia, inerzia, indifferenza, nirvana || passività, abbandono a Dio.
contr. attività, movimento.
quièto, *agg.* queto, calmo, cheto, disteso, allentato, silente, silenzioso, tranquillo || *fig.* buono, placido, sereno, posato, pacifico, casalingo, raccolto, flemmatico, impassibile, imperturbabile, quatto, riposato, tacito, taciturno, zitto.
contr. inquieto, agitato, aggressivo, animato, festaiolo, rumoroso, chiassoso, teso, esagitato, frenetico, convulso.
quietúdine, *sf.* → QUIETE.
quíndi, *avv.* perciò, per questo, per questa ragione || poi, di poi, piú tardi, in séguito.
quindicèsimo, *agg.* decimoquinto.
quindicína, *sf.* quindena || → PAGA.
quinquagenàrio, *agg.* e *sm.* cinquantenne.
quinquagèsimo, *agg. num.* e *sm.* cinquantesimo.
quinquènnio, *sm.* lustro.
quínta, *sf.* scena laterale, telo, sipario, velo.
contr. retroscena.
quintàna, *sf.* bersaglio, → GIOSTRA.
quinternétto, *sm.* → QUADERNO.
quintèrno, *sm.* → QUADERNO.
quintessènza, *sf.* → ESSENZA, ESTRATTO, ELISIR || *fig.* contenuto essenziale, idea centrale, → PERFEZIONE || ESSERE.
quiproquò, *sm. indecl.* equivoco, → ERRORE.
quisquília, *sf.* inezia, → MINUZIA.
quiz, *sm. invar.* quesito, domanda, interrogatorio, esame.
nomencl. (*tipi*) psicologico, culturale, giornalistico, televisivo || telequiz, telequesito.
quòrum, *sm. lat. indecl.* numero, minimo o massimo, numero legale.
nomencl. assemblea, Parlamento.
quòta, *sf.* porzione, → PARTE, DIVISIONE, ALIQUOTA || QUANTITÀ || distanza, altezza.
quotapàrte, *sf.* → ALIQUOTA.
quotàre, *v.tr.* ripartire, suddividere, → MISURARE.
quotidiàno, *agg.* cotidiano, di ogni giorno, giornaliero, diurno || normale, ordinario || *sm.* → GIORNALE.
nomencl. *verb.* quotidianeggiare, farsi quotidiano.
quoziènte, *sm.* quoto.
nomencl. divisione, divisore, dividendo, resto.

R

rabattíno, *agg.* e *sm.* → INTRAPRENDENTE.
nomencl. *verb.* arrabattarsi.
rabbaruffàre, *v.tr.* arruffare, abbaruffare, disordinare, → SCOMPIGLIARE.
contr. assestare, riordinare, riassestare.
rabbàttere, *v.tr.* riabbattere || → SOCCHIUDERE.
rabbelliménto, *sm.* → ORNAMENTO || accomodatura, rattoppo, raffazzonamento, raffazzonatura, rappezzatura, rabberciamento, → ACCOMODAMENTO.
contr. rinnovo, rinnovazione.
rabbellíre, *v.tr.* → ORNARE.
rabberciàre, *v.tr.* racconciare, acconciare, rattoppare, rammendare, rabbricciare, raffazzonare, rabbrenciare, raccenciare, raccomodare, rappezzare, rimendare, rammendare, → ACCOMODARE || *fig.* → ADATTARE.
contr. rinnovare, rifare.
ràbbi, *sm.* → RABBINO.
ràbbia, *sf.* → IDROFOBIA || *fig.* accanimento, adiramento, arrabbiamento, arrabbiatura, arrovellamento, bile, bizza, bizzarria, buschera, collera, disdegno, iracondia, izza, martello, rabidezza, rovello, saetta, sdegno, smania, veleno, velenosità, furore, → IRA, FURIA, ODIO || dispiacere, stizza || *lett.* violenza (detto di cose).
nomencl. atto, impeto, accesso, escandescenza || *agg.* bestiale, feroce, disperata, frenetica, furiosa || *verb.* arrabbiarsi, accanirsi, andare o montare in bizza, arrovellare, arrovellarsi, avere il diavolo addosso, avere un diavolo per capello, avere la bile fino agli occhi, avere un impeto di rabbia, sputar bile; consumarsi, struggersi di rabbia, crepar dalla bile, digrignare i denti, fremere o friggere di rabbia; mangiarsi, rodersi l'anima, il cuore, il fegato; masticare veleno, montare il sangue alla testa, montare la mosca al naso, non veder lume, schiumare, vibrare di rabbia, far la bava; gettare, schizzare, sputare fuoco; schizzar la rabbia dagli occhi, mangiarsi o rodersi le labbra, reprimere la rabbia, sfogare, sfogarsi, soffocare, ruggire, urlare di rabbia.
contr. calma, serenità, imperturbabilità, impassibilità, bonarietà, dolcezza, mitezza.
rabbinísta, *sm.* talmudista.
rabbíno, *sm.* dottore o maestro della legge ebraica, rabbi, rabino, talmudista.
nomencl. arcirabbino, rabbino maggiore || *verb.* rabbineggiare.
rabbióso, *agg.* idrofobo || *fig.* adirato, arrabbiato, furente, infuriato, furioso, violento, rabido, indemoniato, stizzoso, arrovellato, bizzoso, bilioso, frenetico, scatenato, mangiacristiani, → IRACONDO, IMPETUOSO.
contr. calmo, tranquillo, sereno, pacato, mite, bonario, gioviale, bonaccione, benigno.
rabboccàre, *v.tr.* → EMPIRE.
rabboccatúra, *sf.* → RIEMPIMENTO.
rabbonacciàre, *v.intr.* tornare in bonaccia, calmarsi, abbonacciarsi, quietare || *fig.* rabbonirsi, placarsi, riconciliarsi, rappacificarsi.
contr. infuriare, scatenarsi || adirarsi, arrabbiarsi.
rabboníre, *v.tr.* imbonire, mansuefare, placare, rappacificare, acquietare, quietare, → CALMARE || *rifl.* rabbonacciare, placarsi, quietarsi, calmarsi.
contr. irritare, inasprire || adirarsi, infuriarsi.
rabbrenciàre, *v.tr.* → RABBERCIARE.
rabbreviàre, *v.tr.* → RACCORCIARE.
rabbricciàre, *v.tr.* → RABBERCIARE.
rabbrividíre, *v.intr.* sentirsi accapponare la pelle, abbrividire, agghiacciare, raggelare, aggelare, aggranchirsi, aggricciarsi, assiderare, intirizzire, abbrezzare, formicolare, sentirsi venir freddo || raccapricciare, inorridire, ribrezzare, fremire, → FREMERE.
contr. accaldarsi, sentire caldo.
rabbruscàre, *v.intr.* intorbidarsi, → RANNUVOLARE.
rabbruscolàre, *v.tr.* → RACCOGLIERE.
rabbuffàre, *v.tr.* → SCOMPIGLIARE, SCAPIGLIARE || SGRIDARE, RIMPROVERARE || RANNUVOLARE || *rifl.* azzuffarsi, accapigliarsi, → COMBATTERE.
rabbúffo, *sm.* → RIMPROVERO, DIATRIBA.
rabbuiàre, *v.rifl.* ingrugnare, oscurarsi, → RANNUVOLARE || *fig.* turbarsi, inquietarsi, → AGGRONDARE, ADIRARE.
contr. rischiararsi || calmarsi, rasserenarsi, allentarsi, distendersi.
rabdomanzía, *sf.* → MAGIA.
rabescàme, *sm.* → ORNAMENTO.
rabescàre, *v.tr.* arabescare, → ORNARE.
rabescatúra, *sf.* → ORNAMENTO.
rabésco, *sm.* arabesco, fregio, → ORNAMENTO, GHIRIGORO.
rabidézza, *sf.* → RABBIA.
ràbido, *agg.* → RABBIOSO.
ràbula, *sm. spreg.* imbroglione, venale, → AVVOCATO.
raccapezzàre, *v.tr.* raccozzare, rinvenire, raccogliere, mettere insieme, riuscire a trovare, ad avere, ritrovare a stento, con diligenza || *fig.* riuscire a capire, a intendere || *rifl.* trovare, capire ragionando, riflettendo, cominciare a capire, → ORIENTARE.
raccapricciànte, *ppr.* di raccapricciare || *agg.* orripilante, spaventoso, agghiacciante, raggelante, spaventevole, → ORRENDO.
contr. rasserenante, rallegrante, allietante, piacevole, sollazzevole.
raccapricciàre, *v.intr.* rabbrividire, inorridire, ribrezzare, raggelare, provare orrore, sentire ribrezzo, rabbuffare, sentirsi rizzare i capelli, scorrere un freddo per le ossa, sentirsi accapponare la pelle, venir la pelle d'oca, far la pelle d'oca.
contr. provare piacere, distendersi i nervi, rasserenarsi, sollazzarsi, divertirsi, rimanere impassibile.
raccapríccio, *sm.* → ORRORE, BRIVIDO, IMPRESSIONE.
contr. catarsi, distensione, sollievo, gioia.
raccattàre, *v.tr.* tirar su da terra, riprendere, ripigliare, ricuperare, → RACCOGLIERE || mettere insieme,

radunare a malapena, raccapezzare, raccozzare, riaccozzare, riunire.
raccattatóre, *sm.* → RACCOGLITORE.
raccattatúra, *sf.* → RACCOLTA.
racceffàre, *v.tr.* rinfacciare, ribrontolare, buttare in faccia, → RIMPROVERARE.
raccéffo, *sm.* rinfaccio, → RIMPROVERO.
raccenciàre, *v.tr.* → ACCOMODARE.
raccertàre, *v.tr.* accertare novamente, confermare, riaccertare, rassicurare, rendere piú certo || *rifl.* farsi certo, rassicurarsi.
contr. negare, non prestar fede, dubitare; lasciar dubitare || intimorirsi.
raccettàre, *v.tr.* accogliere, ricettare, → ACCETTARE.
raccètto, *sm.* ricevimento, ricetto.
racchetàre, *v.tr.* e *rifl.* → CALMARE.
contr. agitarsi, turbarsi, inquietarsi.
racchétta, *sf.*
nomencl. (*parti*) telaio o fusto, corde, manico, orlo || da sci || (*giochi*) pallacorda, *tennis*, volano, ping-pong.
ràcchio, *agg. dial.* brutto, sgraziato, deforme || *sm.* raspollo.
racchiocciolàre, *v.rifl.* → ACCOCCOLARE.
racchiúdere, *v.tr.* → CHIUDERE || CONTENERE.
racciabattàre, *v.tr.* → ACCOMODARE.
raccògliere, *v.tr.* riprendere, tirar su, sollevare, prender su, raccattare || accentrare, ammassare, abbarcare, ammontare, ammonticchiare, adunare, radunare, unire, mettere insieme, riunire, raunare, ragunare, raugnare, conglobare, conglomerare || attingere, cogliere, ritrarre, ricavare, incettare, rastrellare, collezionare, spigolare, mietere, falciare, raspollare, ribruscolare, rabbruscolare, rifrustare, accozzare, raccozzare, raggruzzolare, raggranellare, raggrumolare, racimolare, raccapezzare, collettare, accumulare || riassumere, concentrare, condensare, ridurre, restringere || dar rifugio, ricettare, ricoverare, accogliere, accettare || *fig.* → DEDURRE || raccogliere il retaggio, → EREDITARE || *rifl.* riflettere, concentrarsi, internarsi, → PENSARE, MEDITARE || adunarsi, convenire, stringersi.
nomencl. (*pertinenti*) raccogliticcio, accogliticcio, collettizio, collettame || ricettacolo, ricetto, riunione, ripostiglio, ricovero, collana, mucchio || raccoglitore, condensatore, riassunto, compendio, *corpus*, collezione.
contr. spargere, buttare, respingere, ributtare, rimandare, disperdere, lasciar cadere, gettar via || dissipare, spendere, consumare, dilapidare.
raccogliménto, *sm.* quiete, pace, riposo, requie, ritiro, approfondimento, concentrazione della mente, devozione, preghiera, → MEDITAZIONE.
contr. distrazione, disperdimento, dispersione, dissipazione, effusione, dissolutezza, svago, divagamento.
raccogliticcio, *agg.* raccolto alla svelta, in qualche modo, collettizio, ragunaticcio.
raccoglitóre, *sm.* collezionista || collettore, raccattatore, ricoglitore || compilatore.
contr. disperditore, dispensatore, distributore.
raccoglitríce, *sf.* levatrice.
raccòlta, *sf.* raccolto, ricolta, coglitura, raccattatura || provvigione, → INCETTA || accolta, assemblea, raduno, riunione, → ADUNANZA || FASCIO, MUCCHIO, QUANTITÀ || collezione, → MUSEO || antologia, compendio, compilazione, florilegio, fiore, assortimento, spicilegio, scelta, zibaldone || → ACCATTONAGGIO.
nomencl. (*specificazione*) biblioteca, museo, gipsoteca, dattiloteca, pinacoteca, panoplia, discoteca, medagliere, archivio, galleria, emeroteca, armeria || *agg.* diligente, intelligente, minuziosa, meticolosa, scelta, eletta, preziosa, assortita, accurata, ordinata, disordinata, confusa, caotica, completa, incompleta, parziale, totale, abbondante, bella, discreta, misera, meschina, magra, scadente.
raccòlto, *pps.* di raccogliere || *agg.* adunato, radunato, messo insieme || còlto || in raccoglimento, concentrato, meditabondo, cogitabondo, → ATTENTO, PENSIEROSO || CHIUSO || *sm.* mèsse, frutto, mietitura, falciatura, sfalcio, vendemmia || → RACCOLTA.
contr. sparso, diffuso, effuso, disseminato, disperso || distratto, svagato || semina, coltivazione.
raccomandàre, *v.tr.* affidare, confidare, dare in custodia, commettere || presentare, accomandare, caldeggiare, commendare, confidare, fare appello, far caldo ufficio, lodare, mettere o spendere una buona parola, appoggiare, aiutare, dire bene || consigliare, avvertire, ammonire, ricordare, pregare.
contr. disinteressarsi, esser noncurante, denigrare, accusare, detrarre, calunniare.
raccomandazióne, *sf.* appoggio, aiuto, commendatizia, mediazione, buon ufficio, referenza, presentazione, favore, protezione, patrocinio, preghiera, consiglio, esortazione, avvertimento.
nomencl. raccomandato, raccomandatario, raccomandatore.
contr. disinteresse, disistima, noncuranza, calunnia, accusa, detrazione, denigrazione.
raccomodaménto, *sm.* → ACCOMODAMENTO || RICONCILIAZIONE.
raccomodàre, *v.tr.* → ACCOMODARE, RIPARARE || RICONCILIARE.
raccomodatúra, *sf.* → RIPARAZIONE.
racconciaménto, *sm.* → ACCOMODAMENTO, RIPARAZIONE.
racconciàre, *v.tr.* → ACCOMODARE, ORDINARE, RABBERCIARE, RIPARARE.
racconciatúra, *sf.* → ACCOMODAMENTO, RIPARAZIONE.
racconsolàre, *v.tr.* → CONSOLARE.
raccontafàvole, *sm.* bugiardo, piantacarote, impostore, fanfarone, parabolone, ciarlatano, sballone, ballista.
raccontàre, *v.tr.* → DIRE, NARRARE, MENZIONARE.
nomencl. (*attinenti*) narrativa, narrazione, stile narrativo || narratore, romanziere, novellista, novelliere, memorialista, favolista.
raccontatóre, *sm.* → NARRATORE.
raccónto, *sm.* notizia, favola, leggenda, storiella, aneddoto, episodio, parabola || novella, romanzo, bozzetto, autobiografia, memorie, biografia || esposizione, → NARRAZIONE.
nomencl. (*inerenti*) abbellitura, frangia, fantasia, estro, interesse, fiato sospeso || *agg.* breve, lungo, edificante, interessante, noioso, stucchevole, allegro, umoristico, fantasioso, storico, frivolo.
raccorciaménto, *sm.* raccorcio, scorciamento, riduzione, accorciamento, → CONTRAZIONE.

contr. allungamento, prolungamento, estensione, dilatazione.
raccorciàre, *v.tr.* rabbreviare, abbreviare, accorciare, tagliare, troncare, scorciare, scortire, contrarre || *rifl.* diventare piú corto (delle giornate, ecc.).
contr. allungare, prolungare, dilatare, protrarre.
raccorciàto, *pps.* di raccorciare || *agg.* → BREVE.
raccórcio, *sm.* → RACCORCIAMENTO.
raccordàre, *v.tr.* → COLLEGARE, CONGIUNGERE || → ACCORDARE.
raccòrdo, *sm.* → GIUNTO || STRADA.
nomencl. ferroviario, stradale, ecc.
raccostaménto, *sm.* riaccostamento, riavvicinamento, rappacificamento.
contr. allontanamento, separazione, distacco, divisione.
raccozzàre, *v.tr.* → RACCOGLIERE || INCONTRARE.
racèmo, *sm.* → GRAPPOLO.
nomencl. racemifero, racemoso.
ràchide, *sf.* spina dorsale.
rachídine, *sf.* → RACHITIDE.
rachidinóso, *agg.* e *sm.* → RACHITICO.
rachítico, *agg.* e *sm.* || *fig.* miserello, piccolo, rachidinoso, stentato, gracile e storto, cachettico, intristito, floscio e molle, deforme.
contr. sano, robusto, vigoroso, forte, aitante.
rachítide, *sf.* rachidine, rachitismo.
nomencl. scoliosi, avitaminosi || ortopedia.
rachitísmo, *sm.* → RACHITIDE.
racimolàre, *v.tr.* raggranellare, → RACCOGLIERE.
nomencl. *loc. avv.* a poco a poco, con fatica, a stento.
racímolo, *sm.* grappoletto, raspo, raspollo, racemo, gracimolo, ciocchetta || *fig.* → RESTO.
racquetàre o **racquietàre,** *v.tr.* → QUIETARE.
racquistàre, *v.tr.* → RIACQUISTARE.
ràda, *sf.* insenatura, → GOLFO.
ràdar, *sm. indecl.* radiotelemetro, radiolocalizzatore; radar distanzionometrico, panoramico; radar d'avvistamento o di scoperta; radar terrestre, aeronautico, nautico.
nomencl. radioavvistamento, radiolocalizzazione || *verb.* localizzare, determinare, individuare.
radatúra, *sf.* radezza, radura.
radàzza, *sf.* → RAMAZZA.
raddensaménto, *sm.* → ADDENSAMENTO.
raddensàre, *v.tr.* → ADDENSARE.
raddirizzàre, *v.tr.* → RADDRIZZARE.
raddobbàre, *v.tr.* → ADDOBBARE || ACCOMODARE.
raddòbbo, *sm.* → ACCOMODAMENTO, RIPARAZIONE.
raddolcíre, *v.tr.* far piú dolce, → ADDOLCIRE || *fig.* mitigare, mollificare, placare, calmare, sedare, temperare, lenire, raumiliare.
contr. rendere amaro || amareggiare, inquietare, inasprire, irritare, aspreggiare, invelenire, provocare.
raddoppiaménto, *sm.* raddoppiatura, raddoppio, addoppiatura, addoppio, addoppiamento, duplicatura, duplicazione, geminazione, reduplicazione.
contr. sdoppiamento, sdoppiatura, unificazione, divisione, scissione, separazione, distacco.
raddoppiàre, *v.tr.* addoppiare, doppiare, adduplicare, binare, geminare, ingeminare, ripetere, reduplicare, → DUPLICARE || AUMENTARE.
contr. dividere, scindere, separare, staccare, sdoppiare, unificare, diminuire.
raddoppiatúra, *sf.* → RADDOPPIAMENTO || PIEGA.
raddóppio, *sm.* → RADDOPPIAMENTO.
raddrizzàre, *v.tr.* raddirizzare, dirizzare, drizzare, rizzare, rimettere diritto || *fig.* correggere, indirizzare, aggiustare, ravviare, ristabilire nel giusto.
contr. piegare, torcere, curvare, chinare || rendere storto o contorto, guastare, corrompere.
raddúrre, *v.tr.* → RICONDURRE.
ràdere, *v.tr.* rasare, abradere, tosare, rapare, tagliare, tondere, zucconare, spuntare, scortire, pareggiare, → PELARE || raschiare || rasentare || *fig.* abbattere, demolire, distruggere, → CANCELLARE.
contr. lasciar crescere, infoltire || ricostruire, riedificare, rispettare, lasciare.
radézza, *sf.* radore, rarità, → RARITÀ.
radiànte, *ppr.* di radiare || *agg.* radioso, splendente, raggiante, irradiante, → LUCENTE.
contr. opaco, cupo, fosco, oscuro.
radiàre, *v.intr.* → SPLENDERE, RAGGIARE || *tr.* ESPELLERE, CANCELLARE.
radiazióne, *sf.* irradiamento, irradiazione; emissione, emanazione, diffusione, proiezione, espansione, propagazione di raggi, di luce, di calore, splendore || cancellazione, espulsione, allontanamento.
ràdica, *sf.* → RADICE.
radicàle, *agg.* e *sm.* progressista, democratico, riformatore || → RADICE.
contr. conservatore, liberale, moderato.
radicalísmo, *sm.* riformismo, → PROGRESSISMO.
radicàre, *v.intr.* metter radici, attecchire, appiccarsi, abbarbicarsi, barbificare, barbicare, allignare, prosperare || *fig.* attaccarsi, appigliarsi, legarsi, incallirsi, incarognire, diventar cronico, approfondirsi, ramificarsi, estendersi.
contr. sradicare, estirpare, sbarbicare, sbarbare, svellere || strappare, tagliare, potare, mortificare, amputare, staccare.
radicàto, *pps.* di radicare || *agg. fig.* abbarbicato, stabilito tenacemente, saldo, tenace, ramificato, esteso, approfondito, confitto profondamente, incallito, indurito, → INVETERATO.
contr. provvisorio, effimero, superficiale, caduco, epidermico, leggero.
radícchio, *sm.* → CICORIA.
radíce, *sf.* radica, barba, barbicaia, bulbo, ceppaia, ceppo, rizoma, tubero, rimessiticcio, propaggine || parola madre, etimo, tema, radicale || *fig.* capostipite || principio, → BASE, ORIGINE, CAUSA.
nomencl. (*tipi*) abbarbicanti, striscianti, aeree, acquatiche, sotterranee, affastellate, arboree, avventizie, cauline, composte, semplici, fibrose, bulbose, globose, nodose, orizzontali, ovali, secondarie, tuberose, alimentari, medicinali || (*pertinenti*) fittone, radicone, fittoncino, collare o colletto, barbe o radichette o capigliatura, strato corticale, ipiblema, ovulo, fecola || *verb.* mettere, abbarbare, abbarbicare, attaccare, allignare || levare, svellere, togliere, strappare, estrarre, sradicare, tagliare.

contr. rami, fogliame, frutto || risultato, sviluppo, esito, conseguenza, riuscita, scioglimento.
radiestesía, *sf.* → RADIOESTESIA.
radiménto, *sm.* → RASATURA.
ràdio[1], *sm.* osso dell'avambraccio.
nomencl. cubito, ulna.
ràdio[2], *sm.* radium.
nomencl. (*attinenti*) pechblenda, uranio || radioattività, radiologia, radiobiologia || radiografia, radioscopia, radiologo.
ràdio[3], *sf. indecl.* radiofonia, apparecchio radiofonico, stazione trasmittente.
nomencl. (*inerenti*) detettore, radioaudizione, radiotrasmissione, radiodiffusione, radiofonia, radiotelefonia, radiotelegrafia, radiovisione, radioteleiconografia, televisione, teliconografia.

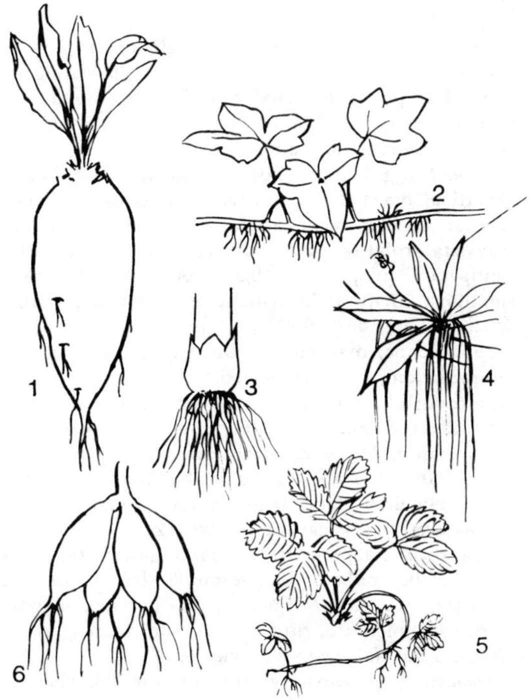

RADICI – 1) a fittone (barbabietola); 2) a rampi (edera); 3) fascicolate (porro); 4) aeree (orchidea); 5) avventizie (fragola); 6) tuberiformi (dalia).

radioamatóre, *sm.* radiodilettante.
radiocomunicazióne, *sf.* radiodiffusione, radiofonia, radiotelegrafia.
radiodilettànte, *sm.* radioamatore.
radioestesía, *sf.* radiestesia, radiomanzia.
radiofonía, *sf.* radiotelefonia.
radiofònico, *agg.* radiotelefonico.
radiogiornàle, *sm.* → GIORNALE.
radiografía, *sf.* radioscopia, → FOTOGRAFIA.
radiogrammòfono, *sm.* → FONOGRAFO.
radiolocalizzatóre, *sm.* → RADAR.
radiomanzía, *sf.* → RADIOESTESIA.
radioscopía, *sf.* radiografia, → FOTOGRAFIA.
radióso, *agg.* luminoso, splendente, raggiante, smagliante, → RADIANTE, LUCENTE || *fig.* gioioso, felice, estatico.
contr. cupo, oscuro, fosco, torbido, opaco.
radiotelefonía, *sf.* radiofonia.
radiotelefònico, *agg.* radiofonico.
radiotelegrafía, *sf.* telegrafia senza fili.
nomencl. marconigramma, marconista, radio.
radiotelegrafísta, *sm.* marconista.
radiotelegràmma, *sm.* marconigramma, telegramma.
radioteleiconografía, *sf.* → TELEVISIONE.
radioterapía, *sf.* cura dei raggi x o Röntgen || marconiterapia.
radiovisióne, *sf.* → TELEVISIONE.
radità, *sf.* radezza, radore, → RARITÀ.
raditúra, *sf.* → RASATURA.
ràdo, *agg.* raro, diradato, aperto, rarefatto, sfogato, sgombero, tenue, poroso.
contr. denso, fitto, serrato, folto, affollato, infoltito, compatto, spesso.
radóre, *sm.* radezza, radità, rarefazione, → RARITÀ.
radunànza, *sf.* → ADUNANZA.
radunàre, *v.tr.* → RACCOGLIERE || *rifl.* → AFFOLLARE.
radunàta, *sf.* → ADUNANZA || COMPAGNIA.
radúno, *sm.* → ADUNANZA || RACCOLTA || MUCCHIO.
radúra, *sf.* radatura, radezza.
contr. forteto, folto.
ràfano, *sm.* barbaforte, ravanello, radice, cren, ramolaccio.
ràffa, *sf.* gara, riffa, ruffa.
raffacciàre, *v.tr.* rinfacciare, → RIMPROVERARE.
raffàccio, *sm.* → RIMPROVERO.
raffardellàre, *v.tr.* → IMBALLARE.
raffazzonaménto, *sm.* adornamento alla meglio, accomodatura, → RATTOPPO.
raffazzonàre, *v.tr.* → ABBORRACCIARE, ACCOMODARE || *rifl.* → VESTIRE.
raffazzonatúra, *sf.* → RATTOPPO.
rafférma, *sf.* → CONFERMA || rinnovazione della ferma (militare).
contr. rinuncia, dimissioni, congedo.
raffermàre, *v.tr.* rendere piú fermo, → CONFERMARE, RINSALDARE, RAFFORZARE.
rafférmo, *pps.* di raffermare || *agg.* vincido, vieto, non fresco, indurito, duro, rassodato.
contr. caldo, fresco, soffice, tenero, morbido.
ràffica, *sf.* soffio, réfolo, rífolo, folata, buffo di vento, ventata, → VENTO || (di mitra e sim.) successione di colpi || *fig.* → IMPETO.
raffiguràbile, *agg.*
contr. irraffigurabile.
raffiguràre, *v.tr.* → RICONOSCERE || RAPPRESENTARE, SIMBOLEGGIARE || SOMIGLIARE.
raffilàre, *v.tr.* pareggiare, togliere, tagliare, uguagliare, ragguagliare.
raffinaménto, *sm.* raffinatezza, raffinatura, purificazione || *fig.* → PERFEZIONAMENTO.
contr. scoria, mondiglia || rozzezza, sciatteria, grossolanità || raffazzonamento, abborracciamento, peggioramento.
raffinàre, *v.tr.* render fine, affinare, purgare, puri-

ficare, assottigliare || e *rifl. fig.* ingentilire, → DIROZZARE, EDUCARE || elaborare, rifinire, → PERFEZIONARE.

raffinatézza, *sf.* acconcezza, atticismo, attillatezza, distinzione, eleganza, grazia, gusto, buongusto, ornatezza, ricercatezza, sceltezza, sciccheria, morbidezza, classe, finezza, forbitezza, raffinamento, civiltà, delicatezza, elettezza, nobiltà, aristocrazia, signorilità, classicità, sottigliezza, squisitudine, sensibilità, squisitezza, gentilezza, → PERFEZIONE.

contr. grossezza || grossolanità, trivialità, volgarità, barbarie, cafoneria, ineleganza, sciatteria, pacchianeria, rustichezza, ruvidità.

raffinàto, *pps.* di raffinare || *agg.* affinato, purificato, assottigliato, fino || *fig.* acconcio, alato, aristocratico, aulico, civile, *chic,* delicato, distinto, elegante, elevato, educato, eletto, fine, forbito, nobile, perfezionato, gentile, ricercato, sbozzacchito, scelto, signoresco, signorile, aristocratico, sottile, squisito, aggraziato, quintessenziato, classico.

contr. grosso, grezzo || grossolano, andante, barbaresco, cencioso, volgare, comune, contadinesco, triviale, inelegante, inculto, materiale, pedestre, rozzo, rudimentale.

raffinatúra, *sf.* → RAFFINAMENTO.

ràffio, *sm.* → UNCINO, GANCIO.

raffittíre, *v.tr.* rendere piú fitto, piú spesso, affittire, infittire, inspessire, infoltire, affoltire, addensare, condensare || *fig.* rendere piú frequente, intensificare.

contr. sfoltire, diradare.

rafforzaménto, *sm.* rinvigorimento, consolidamento, accentuazione, intensificazione.

contr. indebolimento.

rafforzàre, *v.tr.* fortificare, ingagliardire, irrobustire, tonificare, rinvigorire, afforzare, rinforzare, rinsaldare, consolidare, fissare, raffermare, rinfrancare, assicurare, accentuare, intensificare.

contr. indebolire, affievolire, affralire, abbattere, snervare, disanimare.

rafforzàto, *pps.* di rafforzare || *agg.* accentuato, ingagliardito, rinvigorito, rinforzato, rinsaldato, consolidato, assicurato, tonificato, rinfrancato.

contr. indebolito, affievolito, affralito, snervato, accasciato.

raffreddaménto, *sm.* refrigeramento, refrigerazione, intiepidimento.

contr. riscaldamento, avvampamento, infervoramento.

raffreddàre, *v.tr.* far diventare freddo, refrigerare, rinfrescare || *fig.* far diventare meno fervido, meno ardente; intiepidire, rattiepidire; deludere || *rifl.* infreddolire, perdere calore || infreddarsi || *fig.* perdere ardore, fervore, alacrità, intiepidirsi.

contr. riscaldare, far bollire || riscaldarsi, infervorarsi, entusiasmarsi, accaldarsi, eccitarsi.

raffreddàto, *pps.* di raffreddare || *agg.* → FREDDO.

raffreddatóio, *sm.* frigorifero.

raffreddatúra, *sf.* → RAFFREDDORE.

raffreddóre, *sm.* raffreddatura, infreddatura, infreddamento, infreddagione, accatarramento, accatarratura, catarro, cimurro, corizza, costipazione, colpo d'aria, flussione, rinite, scalmana, reuma di testa, rifreddume, intasamento, intasatura.

nomencl. (*rimedi*) nebulizzazione, aerosolterapia || *verb.* buscarsi, prendere, beccarsi, avere, tenersi, curare, combattere, rincappellare un raffreddore || costiparsi, raffreddarsi, incimurrire, incatarrire, intasarsi.

raffrenàre, *v.tr.* → FRENARE, REPRIMERE || *fig.* → MITIGARE.

contr. eccitare, muovere, incitare, esortare, entusiasmare, istigare, aizzare, stimolare, esaltare.

raffrescàre, *v.tr.* → RINFRESCARE.

raffrescàta, *sf.* → RINFRESCATA.

raffrígno, *sm.* → RAMMENDO || CICATRICE.

raffrontaménto, *sm.* → PARAGONE.

raffrontàre, *v.tr.* confrontare, mettere a fronte, porre a confronto, riscontrare, → INCONTRARE, PARAGONARE.

raffrónto, *sm.* → PARAGONE.

ràgade, *sf.* screpolatura, scoppiatura, rappa, ulcerazione.

raganèlla, *sf.* → RANA.

ragàzza, *sf.* fanciulla, giovinetta, signorina, giovane, donna, donnina || *ant.* o *scherz.* madamigella, damigella, donzella, putta, pulcella, pulzella, giovinotta, picciotta, pollastrina, citta, cittina || zitella, → NUBILE || fidanzata, innamorata, amata.

nomencl. *agg.* bella, belloccia, bellina, carina, brutta, bruttina, brava, buona, cattiva, capricciosa, clorotica, delicata, fine, sensibile, attempata, avvizzita, piacente, ravviata, robusta, vispa, vivace, monella, simpatica, antipatica, mingherlina, bassa, piccolina, stentatina, girellona, matura, immatura, esile, formosa, impegnata, libera, disponibile || da marito.

contr. donna, maritata, sposa, madre, matrona.

ragazzàccio, *sm.* → MONELLO.

ragazzàglia, *sf.* ragazzame, monellaglia, ragazzume, ragazzacci, discoli, teppa, teppaglia, → MARMAGLIA.

ragazzàme, *sm.* → RAGAZZAGLIA.

ragazzàta, *sf.* scapestrataggine, birichinata, bambocciata, monelleria, fanciullaggine, monellata, leggerezza, → BAMBINATA || PUERILITÀ || FRIVOLEZZA.

ragàzzo, *sm.* adolescente, fanciullo, giovinetto, ragazzino, efebo, pubere, pubescente || sbarbatello, maschietto, maschiotto, monello, marmocchio, sennino, farfarello, picciotto, citto, cittino, sciuscià, scugnizzo || innamorato, fidanzato || → FIGLIO.

nomencl. *agg.* fatticcio, grosso, robusto, chiacchierino, demonietto, discolo, diavoletto, scapestrato, scapato, sventato, sviato, spiritato, irrequieto, vivace, folletto, svelto, toccatutto, vivo, rosticcio, fastidioso, noioso, cacasenno, monello, ingenuo, furbo, sveglio, intelligente, insolente, crudele, maleducato, impertinente, buono, studioso, tranquillo, ubbidiente, ossequente || *verb.* ruzzare, giocare, schiamazzare, frignare, trastullarsi, baloccarsi, scherzare.

contr. adulto, uomo fatto, uomo maturo, vecchio || padre.

ragazzúme, *sm.* → RAGAZZAGLIA.

raggelàre, *v.tr.* → GELARE.

raggentilíre, *v.tr.* → INGENTILIRE.

ragghiàre, *v.intr.* → RAGLIARE.

nomencl. ragghio, raglio.

raggiànte, *ppr.* di raggiare || *agg.* → LUCENTE, RADIANTE, SPLENDENTE.

raggiàre, *v.intr.* e *tr.* mandar raggi, irradiare, radiare, emanare o diffondere luce, balenare, lampeggiare, scintillare, brillare, luccicare, irraggiare, → SPLENDERE.
contr. essere opaco, fosco, offuscato.
ràggio, *sm.* fascio, sprazzo, striscia, barlume, guizzo di luce; getto, lampeggio, occhiata, razzo, saetta, strale, spera, solco di luce, strisciola, teda, vampa, bagliore, splendore, → LUCE.
nomencl. (*distinzioni*) attinico, chimico, convergente, divergente, omocentrico, vettore, luminoso, riflesso, mortale || (*fenomeni*) radiazione, riflessione, riverbero, convergenza, divergenza, vibrazione, punto d'incidenza, punto anaclastico || *verb.* raggiare, irraggiare.
raggiràre, *v.tr.* rigirare, circuire, circonvenire, aggirare, truffare, → INGANNARE.
raggiratóre, *agg.* e *sm.* rigiratore, truffatore, → INGANNATORE.
raggíro, *sm.* raggiramento, lacciuolo, astuzia, maneggio, rigiro, intrigo, truffa, → IMBROGLIO, INGANNO.
raggiróne, *agg.* e *sm.* → INGANNATORE.
raggiúngere, *v.tr.* pervenire, guadagnare, giungere, sopraggiungere, acchiappare, ricongiungersi, camminare, → ARRIVARE || aggiungere, congiungere, unire || *fig.* attingere, conseguire, cogliere, conquistare, prendere, acquistare, → OTTENERE.
contr. antecedere, superare, precedere, restare indietro || fallire, subire uno scacco, esser deluso.
raggiungíbile, *agg.* → ACCESSIBILE.
contr. irraggiungibile.
raggiungiménto, *sm.* conseguimento, esito, riuscita, ottenimento, successo.
contr. frustrazione, delusione, scacco, fallimento.
raggiustaménto, *sm.* → ACCOMODAMENTO.
raggiustàre, *v.tr.* → ACCOMODARE || pacificare, → RICONCILIARE.
raggiustatúra, *sf.* → ACCOMODAMENTO.
raggiutinàre, *v.tr.* → UNIRE.
raggomitolàre, *v.tr.* → IMBALLARE || *rifl.* → RANNICCHIARE.
raggranchiàre, *v.tr.* e *intr.* → RAGGRANCHIRE.
raggranchíre, *v.intr.* e *rifl.* raggranchiare, rattrarsi, contrarsi, raggricchiare, raggricciare, rattrappire, attrappire, attrappirsi, essere intirizzito, rannicchiarsi per freddo.
contr. sgranchirsi, scattare, distendersi, estendersi, scaldarsi.
raggranellàre, *v.tr.* racimolare, → RACCOGLIERE.
raggricchiaménto, *sm.* → CONTRAZIONE.
raggricchiàre, *v.intr.* e *rifl.* → RAGGRANCHIRE, ACCOCCOLARE.
raggricciaménto, *sm.* → INTIRIZZIMENTO.
raggrinzaménto, *sm.* → INCRESPAMENTO || CONTRAZIONE.
raggrinzàre o **raggrinzíre,** *v.tr.* → INCRESPARE || *rifl.* diventare grinzoso, aggrinzarsi, incatorzolire.
raggrinzíto, *pps.* di raggrinzire || *agg.* raggrinzato, → GRINZOSO.
raggrumàre, *v.tr.* e *rifl.* → AGGRUMARE.
raggrumolàre, *v.tr.* → RACCOGLIERE.
raggruppàre, *v.tr.* aggruppare, unire in gruppo, coadunare || *rifl.* → UNIRE, AGGIUNGERE.
contr. sciogliere, separare, disperdere.
raggruzzolàre, *v.tr.* racimolare, → RACCOGLIERE.
ragguagliàre, *v.tr.* agguagliare, uguagliare, pareggiare, adeguare, livellare, spianare, raffilare || confrontare, raffrontare, paragonare, comparare, concordare || → AVVISARE, INFORMARE, NARRARE.
contr. differenziare, rendere disuguale, far risaltare.
ragguàglio, *sm.* → PARAGONE || informazione, → NOTIZIA, RAPPORTO.
ragguardévole, *agg.* riguardevole, notevole, notabile, considerevole, importante, cospicuo, solenne, grave, grande || pregevole, prezioso, molto stimabile, distinto, onorabile, onorevole, illustre, nobile.
contr. trascurabile, piccolo, meschino, inerte || spregevole, disprezzabile, abominevole.
ragguardevolézza, *sf.* → NOTABILITÀ || STIMA.
ràgia, *sf.* → COLOFÒNIA.
ragionaménto, *sm.* argomentazione, argomento, dimostrazione, assunto, esposizione, raziocinamento, raziocinio, discorso, discussione, dissertazione, → COLLOQUIO, RAGIONE.
nomencl. (*pertinenti*) apologia, cavillo, illazione, deduzione, induzione, analogia, analogismo, assioma, corollario, dilemma, entimema, logica, paradosso, paralogismo, postulato, pretesto, problema, sciloma, sillogismo, sofisma, sorite, sottigliezza, tautologia, tesi || dialettica || *agg.* apriorístico, capzioso, specioso, cavilloso, sofistico, meticoloso, insidioso, fallace, ingannevole, leale, sincero, semplice, franco, chiaro, limpido, facile, evidente, intelligibile, convincente, fondato, persuasivo, filato, filatissimo, freddo, minuto, posato, logico, sagace, saldo, forte, serrato, conciso, stringato, lungo, prolisso, inconcludente, stiracchiato, sottile, preciso, accurato, vano || tirato per i capelli, tirato coi denti || *verb.* ragionare, cavillare, confabulare, discutere, dissertare, dimostrare, filare, obiettare, ribattere, ritorcere, sostenere, dividere o spaccare un capello, zoppicare, fare o non fare una grinza, riepilogare, → concludere, controbattere.
contr. chiacchiera, ciarla, vaniloquio, cicalata, diceria, chiucchiurlaia.
ragionànte, *ppr.* di ragionare || *agg.* → RAGIONEVOLE.
ragionàre, *v.intr.* usare la ragione, riflettere, pensare, raziocinare || arguire, inferire, dedurre, indurre, desumere, dimostrare, sillogizzare, sofisticare, cavillare, sottilizzare, congetturare, supporre || discorrere, conversare, parlare, dissertare, esporre, argomentare, spiegare, confutare, concedere, disputare, polemizzare, ribattere, dialogizzare, sostenere una controversia || giudicare, calcolare.
nomencl. (*modi*) coi piedi, con senno, con buon senso, bene, male, a fondo.
contr. sragionare, parlare a vanvera, ciarlare, chiacchierare || anfanare, bestemmiare, delirare, confondersi, turbarsi, non connettere.
ragionàto, *pps.* di ragionare || *agg.* → RAGIONEVOLE.
ragióne, *sf.* intelletto, intelligenza, intendimento, mente, criterio, senno, ragionevolezza, saggezza, criterio, pensiero, raziocinio, ragionamento, buon senso, senso comune; bene, lume, scintilla dell'intelletto || argomento, argomentazione, logica, opinione || causa,

cagione, cavillo, impulso, motivo, movente, pretesto, principio, prova, qualità, sorta, specie || autorità, appartenenza || diritto, fondamento, giustizia, giurisdizione || rapporto, proporzione || parte, patrimonio, prezzo.
nomencl. (*varie*) pura, speculativa, critica, pratica, sociale || di Stato, di fatto || noologia || *agg.* astratta, concreta, buona, cattiva, cervellotica, stravagante, forte, fondata, fondamentale, prima, soda, sussistente, apparente, illusoria, finta, inesistente, reale, vera, fredda, legittima, illegittima, legale, illegale, inconsistente, infondata, insostenibile, magra, scarsa, insufficiente, tenue, vacillante, positiva, sicura, certa, effettiva, concreta, affermativa, incerta, spallata, sballata, stiracchiata, strana, ridicola, risibile, buffa, grottesca, meschina, seria, grave, pretestuosa, casuale || di santa ragione, a ragion veduta, *ultima ratio* || *verb.* avere, dare, accampare, affacciare, esporre, addurre, portare, presentare, chiedere, allegare, capire, confutare, confrontare, replicare, confortare, oppugnare, ribattere, rispondere, abbattere, opinare || avere o perdere l'uso della ragione, vacillare, delirare, sragionare.
contr. pregiudizio, fanatismo, passionalità, odio, accecamento, smarrimento, offuscamento, delirio, irragionevolezza, pazzia || torto || conseguenza, effetto.
ragionería, *sf.* logismografia, contabilità, computisteria.
nomencl. (*inerenti*) amministrazione, impianto di conti, rendiconto, partita doppia, registri contabili.
ragionévole, *agg.* logico, loico, razionale, ragionato, ragionante, dialettico, consequenziario || valido, ammissibile, coerente, concludente, consentaneo, conveniente, opportuno, fondato, congruo, giusto, legittimo, plausibile, giudizioso, prudente, discreto, ovvio, giustificato.
contr. irragionevole, illogico, stolido, scriteriato, pazzesco, incongruo, infondato, fuor di misura, esagerato, delirante, assurdo, eccessivo.
ragionevolézza, *sf.* fondatezza, logicità, → RAGIONE || PRUDENZA.
contr. irragionevolezza.
ragionevolménte, *avv.* secondo ragione, con ragione, a ragione, fondatamente, giustamente, logicamente, con fondamento, con giustizia, di ragione, di regola, razionalmente || discretamente, convenientemente.
contr. illogicamente, esageratamente, assurdamente, irrazionalmente, secondo pregiudizio.
ragionière, *sm.* contabile, computista, amministratore, logismografo.
raglàn, *sm. ingls.* → CAPPOTTO.
ragliàre, *v.intr.* ragghiare || *fig. spreg.* cantare o declamare con voce sgradevole, stonata; sbraitare || discorrere scioccamente, insultare bassamente.
contr. cantare melodiosamente, ragionare.
ragliàta, *sf.* raglio.
ràglio, *sm.* ragliata.
ràgna, *sf.* ragnatela, → RETE.
ragnàre, *v.intr.* tendere la ragnatela, passare sulla ragnatela || essere trasparente, bucarsi.
ragnatéla, *sf.* ragnatelo, ragna, tela di ragno.
nomencl. (*elementi*) filo, maglia, ragnateo || *verb.* ragnare, diragnare, sdiragnare.
ragnatélo, *sm.* → RAGNATELA.
ragnàto, *pps.* di ragnare || *agg.* consunto, trasparente, bucato, → LOGORO.
ràgno, *sm.* aracne, aragno, aracnide, ragnatelo (*ant.*).
nomencl. (*specie*) tessitore, saltigrado o saltico, lentigrado || (*affini*) dossenno, migale, tarantola, scorpione, argironeta || (*attinenti*) ragnatela, tela del ragno, ragnateo || fava, filiera, aracnologia || *verb.* filare, ragnare.
ragú, *sm.* guazzetto, condimento, cibreo, intingolo, salsa, sugo di carne, di stufato.
ragumàre, *v.tr.* e *intr.* → BIASCICARE.
ragunàre, *v.tr. ant.* → RACCOGLIERE.
rallacciàre, *v.tr.* → RIALLACCIARE.
rallegraménto, *sm.* allegrezza, → PIACERE || *pl.* congratulazioni, complimenti, mirallegri, plauso, felicitazioni.
rallegrànte, *ppr.* di rallegrare || *agg.* → PIACEVOLE.
rallegràre, *v.tr.* giocondare, allegrare, sollazzare, allietare, beare, beatificare, conciliare l'allegria, consolare, deliziare, dilettare, disannoiare, distrarre, divagare, divertire, esilarare, imparadisare, inebriare, letificare, letiziare, ricreare, ringioire, risbaldire, spassare, svagare, trastullare || andare in brodo di giuggiole, andar in zurlo, brillar d'allegria, compiacersi, far letizia, far festa, farsi lieto, farsi sollazzo, gemere d'allegria, gioire tra sé, gongolare di gioia, menar grande allegrezza, trionfare, ringalluzzirsi, rimbaldirsi d'allegria, smammolare, diventar pazzo, far gavazza, gavazzare || baloccare, ingarzullire || *rifl.* → GIOIRE, GODERE || felicitarsi, congratularsi, → COMPLIMENTARE.
contr. immalinconire, addolorare, affliggere, essere una mutria || rattristarsi, compiangere, commiserare, deplorare.
rallegratívo, *agg.* rallegratore, rallegratorio, letificante, esilarante, lepido, faceto, spassoso, sollazzevole, → PIACEVOLE.
contr. noioso, triste, affliggente, mortificante, rattristante, funesto, funereo.
rallegratóre, *agg.* e *sm.* → RALLEGRATIVO.
rallegratòrio, *agg.* → RALLEGRATIVO.
rallentaménto, *sm.* → INDUGIO.
rallentàre, *v.tr.* rendere piú lento, meno frequente, meno intenso || *intr.* diminuire di velocità, decelerare, → ANDARE.
contr. affrettare, sollecitare, intensificare || accelerare.
rallentàto, *pps.* di rallentare || *agg.* → DIMINUITO.
ramàccia, *sf.* → RAMAZZA.
ramàccio, *sm.* lo stormire (di fronde) || trambusto, frastuono, → CONFUSIONE.
ramàio, *sm.* battirame, conciabrocche, magnano, ramiere, ottonaio, → CALDERAIO, FABBRO.
ramaiòlo, *sm.* → MESTOLO.
ramanzína, *sf.* sgridata, rimprovero, rabbuffo, lavata di capo.
ramàrro, *sm.* → LUCERTOLA.
ramatúra, *sf.* → GALVANOPLASTICA.
ramàzza, *sf.* ramaccia, radazza.
ramazzàre, *v.tr.* → PULIRE, SCOPARE.
ràme, *sm.* cuprite, oricalco, calcopirite || attrezzo, vaso, moneta di rame; incisione in rame || *pl.* oggetti di rame.

nomencl. (*pertinenti*) battitura || acido cuprico o rameico, azzurrite, crisocolla, dioplasio, emmetrite, erubescite, malachite, orpello, princisbecco, verderame, vetriolo di Venere o solfato di rame || galvanoplastica || *agg.* argentato, dorato, battuto, lavorato, stagnato.

ramétto, *sm.* → GERMOGLIO.

ramière, *sm.* → RAMAIO.

ramífero, *agg.* → RAMOSO || che contiene rame.

ramificàre, *v.intr. rifl.* produrre rami, spandersi in rami || *fig.* dilatarsi, allargarsi, espandersi, → DIRAMARE, ESTENDERE.

ramificazióne, *sf.* → DIRAMAZIONE || ESTENSIONE.

ramingàre, *v.intr.* andar ramingo, alla ventura, girovagare, → ANDARE, CAMMINARE.

ramíngo, *agg.* e *sm.* → NOMADE, PELLEGRINO || ERRABONDO, FUGGIASCO.

ramíno, *sm.* → PENTOLA || GIUOCO.

rammarginàre, *v.tr.* → RIMARGINARE.

rammaricàre, *v.tr.* amareggiare, affliggere || *rifl.* dolersi, rincrescersi, rimpiangere, rincrescere, compiangere, lamentarsi, querelarsi, deplorare, lagnarsi, piangere, fiottare, → DOLERE, PENTIRE.

contr. allietarsi, compiacersi, rallegrarsi, gioire, esultare.

rammaricàto, *pps.* di rammaricare || *agg.* afflitto, rincresciuto, dispiaciuto, dolente, costernato, → ADDOLORATO.

rammàrico, *sm.* lagno, lamento, rimpianto, rincrescimento, dispiacere, afflizione, amarezza, cruccio, → DOLORE, PENTIMENTO || PROTESTA || RANCORE.

contr. gioia, esultanza, esultazione, allegrezza, letizia, consolazione, contento, piacere, compiacimento.

rammemoràre, *v.tr.* → RICORDARE.

rammemorazióne, *sf.* → RICORDO.

rammendàre, *v.tr.* rabberciare, acconciare, racconciare, rabbricciare, raffazzonare, rattoppare, rappezzare, → ACCOMODARE || EMENDARE.

contr. strappare, ragnare, lacerare, stracciare, squarciare, sdrucire.

rammendatúra, *sf.* → RAMMENDO.

rammèndo, *sm.* raffrigno, ricucitura, fringuello, rappezzatura, rammendatura, passatura, pottiniccio, rappezzo.

nomencl. di tela, semplice, in croce, rasato, damascato, perduto, invisibile, bene o mal fatto.

contr. lacerazione, strappo, squarcio, sdrucio, buco.

rammentàre, *v.tr.* → RICORDARE, MENZIONARE || ASSOMIGLIARE || far menzione, richiamare al pensiero, far sovvenire, suggerire || *rifl.* ricordarsi.

rammentatóre, *sm.* suggeritore.

rammodernàre, *v.tr.* → RIMODERNARE.

rammolliménto, *sm.* → DEBOLEZZA.

nomencl. cerebrale.

rammollíre, *v.tr.* rendere molle, mollificare, ammorbidire, rammorbidire, riammollire, → INDEBOLIRE || *fig.* impietosire, intenerire, far compassione || *rifl.* avvincidire || *fig.* rimbambire, imbecillire, rimbecillire.

contr. indurire, incallire, inasprire.

rammollíto, *pps.* di rammollire || *agg.* imbecille, imbecillito, rimbambito, → EBETE.

rammorbidíre, *v.intr.* e *rifl.* ammorbidirsi, → RAMMOLLIRE || *fig.* raddolcirsi, mitigarsi, dirozzarsi, ingentilirsi.

contr. indurirsi || inasprirsi.

rammulinàre, *v.intr.* → PENSARE, FANTASTICARE.

ràmo, *sm.* braccio, branca, pollone, rampollo, salciolo, seccaione, stecchetto, stecco, bastone, tralcio, verga, vermena, vermella, vermetta, virgulto, → FRASCA || *fig.* ramificazione, propaggine, diramazione || → STIRPE, RAZZA || PARTE.

nomencl. (*attinenti*) barbatella, brocca, broncone, forcella, forchetto, frasca, fronda, fuscello, ghirlanda, germoglio, grappolo, palo, piantone, ranfione, seccaiola, sorcolo, spine, sterpo, succhione, succione || buccia o scorza, chioma, frascame, rama, ramaggio, ramaglia, ramatura, rami, ciocca, fasciazione, gambo, margotto, sobolo, zingone || gallozza o gallozzola, innesto, nocchio, spina, fascina, fascinone || *verb.* brucare, dicioccare, diramare, diradare, frondeggiare, infrascare, infrondare, intersecare, intralciare, intrecciare, potare, scamozzare, scapitozzare, sfrondare, sfrascare, stralciare, tagliare, troncare, spuntare, sfogliare, raccogliere.

ramolàccio, *sm.* ravanello, ràfano.

ramoscèllo, *sm.* → FRASCA.

ramosità, *sf.* → CORNO.

ramóso, *agg.* ramifero, ramuto, ramoruto, diramato.

ràmpa, *sf.* zampa unghiata, → ARTIGLIO || SALITA || ramo o branca di scale || rampa di lancio.

rampàre, *v.intr.* → SALIRE.

rampàta, *sf.* colpo di zampa, zampata || → SALITA.

rampicànte, *ppr.* di rampicare || *sm.* muraiola, sarmentosa, scandente.

nomencl. (*esempi*) abbracciabosco o madreselva, vite del Canadà, aristolochia, asclepia, bignonia, celastro, calistigia, clematide, citiso, edera, evonimo, glicine, gelsomino, lonicera o caprifoglio, pervinca, poligono, vite.

rampicàre, *v.intr.* arrampicarsi, → SALIRE.

rampicóne, *sm.* → UNCINO.

rampíno, *sm.* rebbio, → GANCIO, UNCINO || *fig.* cavillo, pretesto, appiglio, attaccagnolo.

rampógna, *sf.* rimbrotto, sgridata, → RIMPROVERO, INVETTIVA.

rampognàre, *v.tr.* → RIMPROVERARE.

rampollàre, *v.intr.* pullulare, gettare, versare, → SCATURIRE || NASCERE, GERMOGLIARE.

rampóllo, *sm.* polla, vena d'acqua, sorgente, sorgiva, zampillo, → FONTANA || getto, → RAMO, GERMOGLIO || *fig.* discendente, → FIGLIO || *pl.* → PROLE.

rampóne, *sm.* rampicone, rampino, fiocina, → UNCINO, GANCIO.

ramúto, *agg.* → RAMOSO.

ràna, *sf.* raganella, botta, batrace, ila, ranocchia, ranella, ranocchio, rospo.

nomencl. (*specie*) esculenta (fritta, in guazzetto), saltatrice, temporaria o rossa, di San Giovanni || (*inerenti*) girino || batracomiomachia, mazzacchera || ranocchiaio, ranista || (*voce*) gracidare.

rànca, *sf.* gamba zoppa.

nomencl. sciancato, zoppo, storpio || *verb.* arrancare, rancare, rancheggiare, ranchettare.

rancàre, *v.intr.* arrancare, → CAMMINARE, ZOPPICARE.

rancheggiàre, *v.intr.* → CAMMINARE, ZOPPICARE.
ranchettàre, *v.intr.* → CAMMINARE, ZOPPICARE.
ranciàto, *agg.* e *sm.* → GIALLO.
rancidézza, *sf.* → PUTREFAZIONE.
rancidíre, *v.intr.* ammucidire, irrancidire, muffire, pigliare il tanfo, diventare vieto, riscaldarsi, invecchiare.
ràncido, *agg.* → GUASTO, PUTRIDO || *fig.* antiquato, fuori d'uso, superato, vieto, → POVERO, VECCHIO.
rancidúme, *sm.* sapore di rancido || cosa rancida || *fig.* cosa vecchia, disusata, antiquata, superata, vieta, vecchiume.
contr. sapore, odore di fresco || cosa fresca, fragrante, nuova, attuale, all'altezza dei tempi.
ràncio[1], *agg.* e *sm.* ranciato, arancione, → GIALLO.
ràncio[2], *sm.* pasto militare, sbobba (*pop.*), → MANGIATA.
rancóre, *sm.* astio, risentimento, animosità, malanimo, malevolenza, dissapore, ruggine, cisma, rammarico, sdegno, avversione, ira, protesta, offesa, gozzaia (*ant.*), → ODIO.
nomencl. *verb.* covare, tenere, avere, nutrire, serbare, avere il sangue guasto, avere la gozzaia, portar collera, tenere il conto aperto, non poterla mandar giú, tenere il broncio || placarsi, deporre il rancore.
contr. cordialità, simpatia || perdono, generosità.
rancúra, *sf. ant.* affanno, doglia, molestia, compassione || rancore.
randàgio, *agg.* e *sm.* → NOMADE, ERRABONDO.
randellàre, *v.tr.* → PERCUOTERE, BASTONARE.
randellàta, *sf.* → PERCOSSA, BASTONATA.
randellàto, *pps.* di randellare || *agg.* → BATTUTO.
randèllo, *sm.* → BASTONE.
ranèlla, *sf.* → RANA.
rànfia, *sf.* granfia, granfio, artiglio, unghione.
ràngo, *sm.* condizione, ceto, grado, stato, sorte || → FILA.
rannicchiàre, *v.rifl.* aggomitolarsi, raggomitolarsi, restringersi, rincantucciarsi, raggricciarsi, raggruzzarsi, accovacciarsi, accoccolarsi, contrarsi, → NASCONDERE || *fig.* vivere ritirato.
contr. stendersi, distendersi, sdraiarsi, espandersi.
rannobiliàre, *v.tr.* → NOBILITARE.
rannodàre, *v.tr.* → UNIRE.
rannuvolàre, *v.intr.* incupire, rabbuffare, rabbruscare, rabbuiare, aggrondare || *fig.* → ADIRARE, TURBARE.
contr. rischiararsi, rasserenarsi, illuminarsi.
ranòcchia, *sf.* ranocchio, → RANA.
ranòcchio, *sm.* ranocchia, → RANA.
rantolàre, *v.intr.* emettere rantoli, ansare, ansimare con rantoli.
contr. respirare normalmente, liberamente, a pieni polmoni.
rantolío, *sm.* → RANTOLO.
ràntolo, *sm.* affanno, ansito, respiro affannoso, rantolio, stertore.
contr. respiro libero, a pieni polmoni, normale.
rantolóso, *agg.* → AFFANNOSO.
ràpa, *sf.* rapaccio, brassica || *fig. fam.* apatico, insensibile, insipido, sciocco.
nomencl. (*specie*) gialla, nera, rossa, verdastra, da foraggio, da seme, mangereccia, selvatica || (*inerenti*) broccolo di rapa, gallonzolo, rapuglio, ravazzuolo || rapaio.
rapàccio, *sm.* → RAPA.
rapacciόne, *sm.* → NAVONE.
rapàce, *agg.* predace, predatore, rapitore, rapinatore, furace, grifagno, razziatore, pronto a ghermire, a far preda, a rapire || *fig.* avido, ladro, interessato.
nomencl. (*esempi*) aquila, nibbio, avvoltoio, sparviero, barbagianni, gufo || artigli, becco, rostro.
contr. *fig.* prodigo, generoso, largo, disinteressato.
rapàre, *v.tr.* → RASARE.
raparèlla, *sf.* → GHIERA, BORCHIA.
ràpida, *sf.* → CASCATA, CORRENTE.
rapidaménte, *avv.* → PRESTO, BREVEMENTE.
rapidità, *sf.* rapidezza, celerità, sollecitudine, prestezza, lestezza, fretta, → VELOCITÀ.
contr. lentezza, tardità, gravità, indugio, calma, inerzia.
ràpido, *agg.* fulmineo, frettoloso, celere, ratto, lestissimo, precipite, precipitoso, improvviso, fugace, → VELOCE || BREVE.
contr. calmo, lento, tardo, tardigrado, inerte.
rapiménto, *sm.* ratto, rapinamento || *fig.* ebbrezza, diletto, incanto, stupore, meraviglia, → ELEVAZIONE, ESTASI.
contr. dono, restituzione || indifferenza, apatia, superficialità, freddezza.
rapína, *sf.* grassazione, depredazione, ruberia, rapimento, rapinamento, spoliazione, brigantaggio, ladreria, → FURTO || PREDA.
contr. restituzione, donazione.
rapinaménto, *sm.* → RAPIMENTO, RAPINA.
rapinàre, *v.tr.* → RUBARE, DEPREDARE.
rapinatóre, *agg.* e *sm.* predace, rapace, rapitore, furace, cúpido, grifagno, ladro, malandrino, depredatore, bandito, predone, saccheggiatore.
contr. persona onesta, benefica, generosa, munifica.
rapíre, *v.tr.* portar via, involare, strappare, sgraffignare, trafugare, ghermire, carpire, travolgere, commettere un ratto, → RUBARE || *fig.* affascinare, estasiare, entusiasmare, inebriare, dilettare, eccitare ammirazione, attrarre, tirare fuori di sé.
contr. dare, donare, regalare || destare orrore, raccapriccio, ribrezzo, ripugnanza; rimanere insensibile.
rapíto, *pps.* di rapire || *agg. fig.* essere fuori di sè, incantato, attratto, dominato, → ESTATICO.
rapitóre, *agg.* e *sm.* → RAPACE, RAPINATORE.
rapónzolo, *sm.* → CAMPANULA.
ràppa, *sf.* ciuffo, nappa (del finocchio); ciocca di fiori secchi, artificiali || → RAGADE.
rappaciàre, *v.tr.* → ACCORDARE, RAPPACIFICARE.
rappacificaménto, *sm.* → RAPPACIFICAZIONE, PACE.
rappacificàre, *v.tr.* e *rifl.* rappaciare, appaciare, rimpaciare, riconciliare, pacificare, rappattumare, racconciarsi, impattare, rabbonire, ridurre in pace, far tornare in pace, → ACCORDARE.
contr. inimicare, mettere discordia, rompere con uno, osteggiare, avere in odio, serbar rancore.
rappacificazióne, *sf.* riconciliazione, pacificazione, rappacificamento, → PACE.
contr. discordia, inimicizia, rancore, ruggine, odio, risentimento.

rappallottàre, *v.tr.* appallottare || rappallottare le parole in bocca, → BALBETTARE.
rappattumàre, *v.tr.* → RAPPACIFICARE, RICONCILIARE.
rappezzàre, *v.tr.* rabberciare, → ACCOMODARE.
rappezzatúra, *sf.* rabberciatura, → RATTOPPO, RAMMENDO, ACCOMODAMENTO.
rappèzzo, *sm.* → RAMMENDO, ACCOMODAMENTO || cosa rappezzata || *fig.* → RIMEDIO, SCUSA.
rappianàre, *v.tr.* → APPIANARE, RASARE.
rappiccàre, *v.tr.* → RIAPPICCARE.
rappiccicàre, *v.tr.* → RIAPPICCICARE.
rappicciníre, *v.tr.* → RIMPICCOLIRE.
rappicciolíre, *v.tr.* → RIMPICCOLIRE.
rappiccolíre, *v.tr.* → RIMPICCOLIRE.
rappigliaménto, *sm.* → COAGULAZIONE.
rappigliàre, *v.tr.* e *intr.* rapprendere, coagulare, cagliare, raggrumare, aggrumare, quagliare, rassodare, congelare, rassegare, diventar denso.
contr. sciogliere, liquefare, diluire.
rapportàre, *v.tr.* → ATTRIBUIRE, RIFERIRE || trasportare con le medesime proporzioni.
rapportatóre, *sm.* → RELATORE || spia, delatore.
rappòrto, *sm.* informazione, notizia, ragguaglio, processo verbale, parere, elaborato, referto, nota, lettera ufficiale, → RELAZIONE || DENUNZIA || attinenza, riferimento, connessione, confronto, paragone, analogia, somiglianza, contatto, legame || relazione di grandezza || adunanza (militare, ecc.).
rappozzàre, *v.intr.* ristagnare, formarsi pozze d'acqua, impaludarsi.
contr. scorrere, dilavare.
rapprèndere, *v.tr., intr.* e *rifl.* → RAPPIGLIARE, AGGRUMARE, QUAGLIARE.
rappresàglia, *sf.* faida, prepotenza, reazione, ritorsione, → VENDETTA, PUNIZIONE || DANNO.
rappresagliàre, *v.tr.* fare rappresaglie, ritorsioni, vendicarsi, contraccambiare, rendere la pariglia.
contr. perdonare.
rappresentàbile, *agg.*
contr. irrappresentabile.
rappresentànte, *ppr.* di rappresentare || *agg.* e *sm.* mandatario, inviato, incaricato,. commissionario, agente, messo, deputato, supplente, interprete, legato, commesso viaggiatore.
contr. rappresentato.
rappresentànza, *sf.* → COMMISSIONE || rappresentanza nazionale, → PARLAMENTO.
rappresentàre, *v.tr.* interpretare, raffigurare, figurare, effigiare, esprimere, riferire, descrivere, dipingere, mostrare, dimostrare, delineare, riprodurre, simboleggiare, adombrare, atteggiare, colorire, rassembrare, rassomigliare, segnare, scrivere, dar forma, dare una idea || dar spettacolo, recitare, fingere, sostenere una parte, incarnare, impersonare, imitare, personificare, || far le veci, essere incaricato || avere importanza, valere, costituire, significare.
rappresentatívo, *agg.* figurativo.
rappresentazióne, *sf.* personificazione, figurazione, significato, simbolo, analogia, descrizione, disegno, immagine, figura, riproduzione, effigie, raffiguramento, ideazione, adombramento, rappresentanza, rassembranza, rassomiglianza, ricordo, concetto, idea || cosa rappresentata || → SPETTACOLO, TEATRO.
rapsodía, *sf.* → CANTO.
rapsòdo, *sm.* → POETA.
raraménte, *avv.* di rado, rare volte, infrequentemente, a ogni morte di papa, radamente, una volta ogni secolo.
contr. frequentemente, spesso, ad ogni momento, piú volte, di continuo.
rarefàre, *v.tr.* e *rifl.* produrre rarefazione, diminuire la densità || allargare, diradare, → DILATARE.
contr. condensare, inspessire, infittire, affoltire, addensare || accentrare, riunire || moltiplicare, rendere frequente, spesseggiare.
rarefàtto, *pps.* di rarefare || *agg.* allargato, dilatato, diradato, rado, raro, lasco, sfogato, sgombro, aperto.
contr. ristretto, condensato, riunito, infittito, inspessito, addensato.
rarefazióne, *sf.* perdita di densità, scioglimento, dilatazione || sfoltimento, diradamento.
contr. condensazione, densità, ispessimento, infittimento, addensamento.
rarézza, *sf.* → RARITÀ.
rarità, *sf.* radezza, radità, radore, rarezza || singolarità, peregrinità, eccezionalità, curiosità, meraviglia, eccellenza || cosa rara, straordinaria, fuori del comune, insolita o di pregio || *fig.* fiore || scarsezza, penuria, scarsità, carestia.
contr. abbondanza, copia, diffusione, gran numero || cosa comune, ordinaria, triviale, volgare, trita, diffusa, vieta, dozzinale
ràro, *agg.* non comune, fuori dell'ordinario, infrequente, insolito, particolare, straordinario, unico, singolare, peregrino, introvabile, curioso, eccellente, prezioso, di gran pregio, lussuoso || non numeroso, scarso, deficiente, insufficiente, manchevole, povero, scarseggiante || rado, rarefatto, diradato, sgombro.
contr. comune, solito, ordinario, trito, consueto || dozzinale || denso, spesso || abbondante, copioso, numeroso.
ras, *sm. indecl.* → CAPO || *fig. spreg.* dittatore, dispotico, autoritario, satrapo.
rasàre, *v.tr.* rendere liscio, lisciare, levigare, appianare, dolare (*ant.*), limare, piallare, rappianare, ritondere || pareggiare, livellare || radere, abradere, rapare, raschiare, raspare, rastiare, razzare, tosare, ritosare, sbarbare, sbarbificare, scuffinare || *rifl.* radersi.
contr. rendere irto, ruvido, ispido; irruvidire || lasciar crescere.
rasàto, *pps.* di rasare || *agg.* → LISCIO || SBARBATO.
rasatúra, *sf.* abrasione, grattatura, radimento, raditura, raschiatura, raschiamento, raspamento, rasura || sbarbatura, tosatura, tosamento.
contr. irruvidimento, crescita, ricrescimento.
raschiaménto, *sm.* → RASATURA.
raschiàre, *v.tr.* grattare, levigare, fregare, limare, raspare, scarnire, radere, tosare, graffiare, → CANCELLARE, RASARE || raschiarsi la gola, tossire.
nomencl. (*strumenti*) raschino, raschietto, raschiatoio, lima, raspa, radimadia, rasiera.
contr. irruvidire, lasciar crescere.

raschiatóio, *sm.* → RASCHIETTO.
raschiatúra, *sf.* → RASATURA.
raschiétta, *sf.* → RASCHIETTO.
raschiétto, *sm.* grattino, raschino, raspino, raschietta, raschiatoio, cassatoio, raspa, sponderuola, lima, pialla.
raschíno, *sm.* → RASCHIETTO.
rasciugàre, *v.tr.* → ASCIUGARE.
rasentàre, *v.tr.* passar rasente, molto vicino, avvicinarsi molto, toccare quasi, sfiorare, lambire, leccare, strisciare, → RADERE || *fig.* accostarsi, esser vicino.
contr. toccare, urtare, colpire, premere, calcare, passar sopra o lontano.
rasènte, *prep.* molto vicino, accosto, presso, a pelo, a livello, lunghesso, circa, prossimo, raso.
contr. lontano, a distanza, longinquo.
ràso¹, *pps.* di radere || *agg.* → SBARBATO || colmo, → PIENO.
contr. barbuto, peloso, villoso, ruvido, scabro, ispido || vuoto, pieno a metà, scemo.
ràso², *sm.* drappo, seta, prunella, rasone, *satin.*
nomencl. (*qualità*) liscio, lucido, operato, misto.
ràso³, *avv.* → RASENTE.
rasóio, *sm.* → COLTELLO.
nomencl. (*tipi*) di sicurezza, elettrico || (*parti*) lama, costola, taglio o filo (vivo, falso), manico || coramella, pietra da rasoio || bavaglione || braciola o taglio, rasoiata || *agg.* affilato, tagliente, che non scorre || *verb.* affilare, maneggiare, usare.
ràspa, *sf.* lima, → RASCHIETTO.
raspaménto, *sm.* → RASATURA.
raspàre, *v.tr.* grattare, → RASARE, LIMARE.
raspíno, *sm.* → RASCHIETTO.
ràspo, *sm.* → RASCHIETTO || RACIMOLO, GRAPPOLO.
raspollàre, *v.tr.* → RACCOGLIERE.
raspóllo, *sm.* → RACIMOLO.
raspóso, *agg.* → PELOSO.
rassegàre, *v.intr.* e *rifl.* → RAPPIGLIARE.
rassegàto, *pps.* di rassegare || *agg. fig.* vieto, stantio, raffreddato.
rasséglio, *sm.* → COAGULAZIONE.
rasségna, *sf.* ispezione, parata militare, → RIVISTA || resoconto, rendiconto, → NARRAZIONE, GIORNALE || mostra, esposizione, concorso, festival.
rassegnàre, *v.tr.* consegnare, cedere, restituire, presentare, → OFFRIRE || *rifl.* obbedire, adattarsi, conformarsi, arrendersi, sopportare, pazientare, sobbarcarsi, sottomettersi, soffrire in silenzio || abbassare, chinare, piegare il capo; accettar con animo rassegnato, accomodarsi alla volontà di Dio, acquiescere a Dio, avere pace, cedere alla fortuna, chinar la testa, darsi pace, far di necessità virtú, rimettersi alla volontà di Dio, prendere la vita con filosofia, sopportare con pazienza, star contento, rimettersi.
contr. protestare, insorgere, irritarsi, nutrire rancore, bestemmiare, dare in escandescenze, ribellarsi, opporsi, lottare.
rassegnàto, *pps.* di rassegnare || *agg.* persuaso, convinto, fiducioso, sottomesso, umile, fedele, sereno, → PAZIENTE.
contr. protestatario, ribelle, impaziente, orgoglioso, iracondo, rancoroso, risentito.
rassegnazióne, *sf.* accettazione, obbedienza, sopportazione, sottomissione, pazienza, fiducia, → ADATTAMENTO.
contr. protesta, doglianza, rammarico, ribellione, opposizione, resistenza, lotta, contrasto, contestazione.
rassembrànza, *sf.* sembianza, somiglianza || → RAPPRESENTAZIONE.
rassembràre, *v.tr.* rassomigliare || raffigurare, → RAPPRESENTARE || UNIRE.
rasserenàre, *v.tr.* rendere sereno, → CONFORTARE || *rifl.* tornar sereno, schiarire || *fig.* tornar lieto, tranquillo, disteso, in pace, sereno.
contr. annuvolarsi, rannuvolare, infoscarsi, rabbuiarsi || accigliarsi, irritarsi, adombrarsi.
rassettaménto, *sm.* → ORDINE, ACCOMODAMENTO.
rassettàre, *v.tr.* riordinare, riparare, aggiustare, → ACCOMODARE, RIFARE.
rassettàto, *pps.* di rassettare || *agg.* riparato, → ORDINATO.
contr. disordinato, arruffato, abbaruffato, rotto, ragnato, trascurato.
rassicuràre, *v.tr.* raccertare, accertare di nuovo, riaccertare, rendere piú certo, far sicuro, confermare, garantire, asserire, asseverare, ratificare || dar animo, sicurezza, certezza; incoraggiare, rincorare, confortare, acquietare; liberare da dubbio, da timore, da paura, da sospetto || affidare, francheggiare || *rifl.* prendere coraggio, tranquillarsi, abbandonarsi, certificarsi, cerziorarsi.
contr. intimorire, impaurire, spaventare, disanimare, rendere inquieto o dubbioso || temere, aver paura, sgomentarsi, impaurirsi.
rassicuràto, *pps.* di rassicurare || *agg.* fatto sicuro || confortato, rincorato, tranquillizzato, acquietato, incoraggiato, garantito.
contr. intimorito, dubbioso, ansioso, impaurito, inquieto, sgomento, sgomentato.
rassicurazióne, *sf.* riassicurazione, affermazione, promessa assicurante, affidamento, incoraggiamento, garanzia, → ASSICURAZIONE.
contr. discorso o parola sconfortante, avvilente, scoraggiante, inquietante.
rassodaménto, *sm.* → INDURIMENTO.
rassodàre, *v.tr.* → INDURIRE, RAPPIGLIARE || *fig.* consolidare, raffermare || *intr.* e *rifl.* diventar sodo, solido, compatto, resistente, consistente.
contr. ramollire, amorbidire, sciogliere, liquefare, diluire.
rassodàto, *pps.* di rassodare || *agg.* raffermo || *fig.* consolidato, confermato, addensato, teso, fortificato, ringagliardito.
contr. molliccio, cascante, mencio, debole, molle, frusto, floscio, sfatto.
rassomigliànza, *sf.* → IMMAGINE, SOMIGLIANZA.
rassomigliàre, *v.intr.* e *rifl.* → ASSOMIGLIARE, SOMIGLIARE || PARAGONARE || RAPPRESENTARE.
rassottigliàre, *v.tr.* e *rifl.* → ASSOTTIGLIARE.
rastiàre, *v.tr. tosc.* raschiare, → RASARE.
rastrellàre, *v.tr.* → RACCOGLIERE || *fig.* catturare, arrestare, sequestrare, saccheggiare, rubare, frugare.
nomencl. rastrellamento, rappresaglia.

rastrellièra, *sf.* greppia, → MANGIATOIA || portapiatti, porta-armi.

rastrèllo, *sm.* rastro, steccato, → CANCELLO.

rastremàre, *v.tr.* ridurre, assottigliare, → AFFUSOLARE.

rastremazióne, *sf.* entasi || assottigliamento.

contr. ingrossamento.

rasúra, *sf.* → RASATURA.

ràta, *sf.* quota, porzione, → PARTE.

nomencl. prima, seconda, ultima, settimanale, annuale, mensile, anticipata, scaduta || vendita, pagamento rateale, mutuo, cambiale, scadenza.

contr. il tutto, l'intero || saldo.

rateàre, *v.tr.* ratizzare, dividere in rate, pagare a rate.

contr. pagare tutto, versare interamente, in una sola volta.

ratífica, *sf.* ratificazione, omologazione, conferma, → APPROVAZIONE.

ratificàre, *v.tr.* omologare, giudicare, confermare, sanzionare, riconoscere, → APPROVARE.

ratificazióne, *sf.* → RATIFICA, CONFERMA, APPROVAZIONE.

ratizzàre, *v.tr.* → RATEARE.

ràto, *agg.* approvato, sanzionato, confermato, ratificato, legalmente compiuto, valido.

rattarpàre, *v.tr.* → FRENARE.

rattemperàre, *v.tr.* → TEMPERARE.

rattenére, *v.tr.* arrestare, sospendere, → FERMARE, TRATTENERE || frenare, comprimere, costringere, mortificare, → REPRIMERE || tenere a mente, ritenere.

rattenimento, *sm.* ritegno.

rattenúto, *pps.* di rattenere || *agg.* trattenuto, impedito, inibito, costretto || *fig.* circospetto, riguardato, guardingo, cauto, riservato, → PRUDENTE.

rattézza, *sf.* → VELOCITÀ.

rattiepidíre, *v.tr.* → RAFFREDDARE.

rattiepidíto, *pps.* di rattiepidire || *agg.* → DIMINUITO.

rattivàre, *v.tr.* → ECCITARE.

rattizzàre, *v.tr.* → ATTIZZARE.

ratto[1], *pps.* di rapire (una persona) || *agg.* rapito, estatico || *sm.* → RAPIMENTO || *rar.* rapina, → FURTO.

ràtto[2], *agg. lett.* sollecito, presto, veloce, impetuoso, → LESTO, RAPIDO.

contr. tardo, lento.

ràtto[3], *sm.* topo di fogna, di chiavica, surmolotto, zòccola (*region.*). → TOPO.

rattoppàre, *v.tr.* acconciare, racconciare, rabberciare, rammendare, rabbricciare, raffazzonare, → ACCOMODARE || *fig.* rimediare alla meglio.

rattoppatúra, *sf.* → ACCOMODAMENTO.

rattòppo, *sm.* raffazzonamento, raffazzonatura, rappezzatura, accomodatura, rabbellimento, accomodamento, rabberciatura, rammendo || toppa.

rattòrcere, *v.tr.* → TORCERE.

rattrappiménto, *sm.* → CONTRAZIONE || GOBBA.

rattrappíre, *v.tr.* e *rifl.* → INTIRIZZIRE || RAGGRANCHIRE, RATTRARRE.

contr. distendere, snodare, stirare, allungare.

rattrappíto, *pps.* di rattrappire || *agg.* rattratto, intormentito, paralizzato, parletico, intirizzito, contratto, accorciato || lento, intorpidito, impedito nei movimenti.

contr. disteso, snodato, scattante, vivace || vigoroso.

rattràrre, *v.tr.* e *rifl.* raggranchire, raggranchiarsi, contrarsi, raggricchiare, rattrappire.

contr. distendere, allungare, stirare.

rattristànte, *ppr.* di rattristare || *agg.* affliggente, → DOLOROSO || patetico, → COMMOVENTE.

rattristàre, *v.tr.* affliggere, accorare, trafiggere, attristare, render triste, contristare, immalinconire, → ADDOLORARE || *rifl.* abbuiarsi, attristarsi, immalinconirsi.

contr. allietare, rallegrare || allietarsi.

raucèdine, *sf.* arrochimento, rocchezza, rocaggine, abbassamento della voce.

ràuco, *agg.* fioco, aspro, chioccio, arrochito, roco.

contr. squillante, acuto, penetrante, forte, chiaro, limpido, argentino.

raugnàre, *v.tr. ant.* → RACCOGLIERE.

raugugnàre, *v.tr. ant.* → RACCOGLIERE.

raumiliàre, *v.tr. lett.* mortificare, raddolcire, ammansire, placare || *rifl.* → PENTIRE.

contr. irritare, inacerbire, inasprire, imbaldanzire.

raumiliàto, *pps.* di raumiliare || *agg.* → UMILIATO, PENTITO.

raunàre, *v.tr. ant.* → RACCOGLIERE.

ravanèllo, *sm.* → RAFANO.

raviòlo, *sm.* agnellotto, agnolotto, tortellino, cappelletto.

ravizzóne, *sm.* → NAVONE.

ravvedére, *v.rifl.* → PENTIRE, CORREGGERE.

ravvediménto, *sm.* → PENTIMENTO.

ravvedúto, *pps.* di ravvedere || *agg.* → PENITENTE.

ravviàre, *v.tr.* rimettere sulla buona via; ridare impulso, slancio; rimettere in ordine, indirizzare, raddrizzare || (dei capelli) pettinare, lisciare.

contr. sviare, far deviare, arrestare || scompigliare, disordinare, metter sossopra.

ravvicinaménto, *sm.* → AVVICINAMENTO || *fig.* → RICONCILIAZIONE.

ravvicinàre, *v.tr.* → AVVICINARE || *fig.* → RICONCILIARE.

ravvigoríre, *v.tr.* → RINVIGORIRE.

ravviluppàre, *v.tr.* → AVVOLGERE || *fig.* → IMBROGLIARE.

ravvisàbile, *agg.* riconoscibile, distinguibile.

contr. irriconoscibile.

ravvisàre, *v.tr.* immaginare, raffigurare, → DISTINGUERE, RICONOSCERE || INTENDERE.

ravvivàre, *v.tr.* dare un po' di vita, avvivare, rianimare, rinvigorire, vivificare, accendere, riaccendere, attizzare, → ANIMARE || *rifl.* riprendere forza, vigore; rianimarsi.

contr. abbattere, avvilire, mortificare || abbattersi, avvilirsi, essere o sentirsi mortificati, confusi.

ravvòlgere, *v.tr.* → AVVOLGERE, INVILUPPARE, PIEGARE.

ravvolgiménto, *sm.* || *fig.* → GIRAVOLTA.

ravvòlto, *pps.* di ravvolgere || *agg. fig.* contorto, involuto, tortuoso.

contr. sciolto, espanso, svolto || chiaro, lineare, diritto, semplice.

ravvoltolàre, *v.tr.* → AVVOLGERE.

raziocinàre, *v.intr.* → RAGIONARE.

raziocínio, *sm.* → LOGICA, RAGIONE, MENTE || ragionamento, argomentazione.

razionàle, *agg.* fondato sulla ragione, comprensibile

con la ragione, coerente, → RAGIONEVOLE || scientifico, logico, funzionale || mentale, speculativo, teorico.
contr. irrazionale, illogico, irragionevole, incoerente || sperimentale, pratico.

razionalísmo, *sm.*
contr. irrazionalismo.

razióne, *sf.* → PARTE.

ràzza, *sf.* schiatta, stirpe, ceppo, generazione, nascita, origine, ramo, linea, progenie, seme, popolo, popolazione, stipite, nazione || famiglia, casato, lignaggio, discendenza || sorta, qualità, specie, tipo || pesce.
nomencl. (*suddivisioni*) ainu, uralica; mediterranea, nordica, iraniana, indiana, alpina, baltica, adriatica, pamiriana; lappone; paleosiberiana, tibetana; tangusa, sinica, sudmongolica; eschimese; boscimana, ottentotta; sudanese, nilotica, cafra, batua, andamanese; australiana, papua, veddida; tamilica, malabarese; etiopica; dakota, pueblo-andina, amazzonica; polinesiana || (*denominazioni*) europoidi (preeuropidi, europidi, lappidi), mongoloidi (premongolidi, mongolidi, eschimidi), negroidi (steatopigidi, pigmidi, negridi), australoidi (australiani, papua, veddidi), paleoindidi, etiopidi, amerindi, polinesidi || (*pertinenti*) meticcio, mulatto || albino, villoso || incrocio, ibrido || etnografia, monogenismo, poligenismo || razzismo || *agg.* mista, mulatta, neolatina, bianca, gialla, nera o negra || antica, giovane, bella, brutta, forte, vigorosa, resistente, debole, fiacca, floscia, sfatta, gloriosa, nobile, decadente, degenere, ignobile, pura, impura, genuina, bastarda, incrociata || vernina, primaticcia || *verb.* dirazzare, imbastardire, degenerare, tralignare.

razzamàglia, *sf.* razzumaglia, marmaglia, ciurmaglia, gentaglia.
contr. gente onesta, proba, laboriosa.

razzàre, *v.tr.* → RASARE.

razzènte, *agg.* → FRIZZANTE.

razzía¹, *sf.* gualdana, scorreria, saccheggio, depredazione, → ATTACCO, PREDA.

razzía² *sf.* insetticida.

razziàre, *v.tr.* depredare, far razzia, → SACCHEGGIARE.

razziatóre, *sm.* → DEPREDATORE.

razzísmo, *sm.* odio, pregiudizio razziale, antisemitismo, segregazionismo, intolleranza.
nomencl. persecuzione, *progrom*, massacro, genocidio || *Lager*, stella gialla, campo di sterminio, segregazione || *agg.* antico, nuovo, profondo, radicato, secolare, recente, moderno, violento, sanguinario, fratricida, intollerante.

ràzzo, *sm.* → RAGGIO || míssile || fuoco d'artificio.

razzolàre, *v.intr.* grattare, raspare, ruspare, sparnazzare, starnazzare || *fig.* rovistare, frugare, raccogliere, → INVESTIGARE.

razzumàglia, *sf.* → RAZZAMAGLIA.

re [ré], *sm.* sire, sovrano, monarca, dinasta, regnante, testa coronata, maestà, imperatore, negus, sultano.
nomencl. assoluto, costituzionale || (*attinenti*) corona, scettro, manto reale, porpora, diadema, clamide regia, reggia, gabinetto privato, sala del trono, trono || Real Casa, Reali, principe ereditario, reggente, luogotenente, viceré, vicario, interré, interregno, delfino, infante, usurpatore, Consiglio di reggenza || elezione, incoronazione, successione, deposizione, rinuncia, esilio || matrimonio morganatico, lista civile, regicidio, tirannicidio, diritto di grazia || legittimisti, bonapartisti, orleanisti, imperialisti || cesarismo, cesaropapismo || *agg.* legittimo, illegittimo, usurpatore, tirannico, dispotico, accentratore, liberale, clemente, giusto, equanime, retto, imparziale, parziale, perverso, malvagio, crudele, spietato, feroce, empio, barbaro, traditore, decaduto, spodestato, esiliato, scettrato, scoronato, eletto, incoronato, consacrato, magnanimo, galantuomo, guerriero, vittorioso, fedifrago || *verb.* regnare || eleggere, nominare, incoronare, deporre, destituire, rinunciare, usurpare || salire al trono, scendere dal trono, vestire o deporre il manto reale, fondare una dinastia.
contr. suddito, regnicolo, sottomesso.

reagènte, *ppr.* di reagire || *sm.* reattivo, solvente.
nomencl. (*vari*) speciale, caratteristico, semplice, acido || indicatore.

reagíre, *v.intr.* agire contro, in contrario, far contrasto, opposizione, non rassegnarsi, scattare, rivoltarsi, → CONTRARIARE, OPPORRE.
contr. accettare, adattarsi || sottomettersi, chinare il capo, rassegnarsi, subire.

reàle¹, *agg.* effettivo, vero, autentico, concreto, certo, effettuale, fondato, positivo, provato, sostanziale, sperimentale, storico, tangibile, verosimile, verosimigliante, attuale, icastico, verace.
contr. ideale, irreale, falso, illusorio, apparente, immaginario, fantastico, fantasioso.

reàle², *agg.* → REGALE, REGIO || *sm. pl.* la famiglia reale, il re e la regina.

realísmo, *sm.* materialismo, empirismo, empiriocriticismo, naturalismo, positivismo || verismo.
contr. idealismo, concettualismo, utopismo, astrattismo, surrealismo.

realísta¹, *agg.* e *sm.* e *f.* materialista, positivista, verista.
contr. idealista, astrattista, utopista, concettualista, surrealista || antirealista, repubblicano.

realísta², *agg.* e *sm.* e *f.* regio, monarchico.

realístico, *agg.* empirico, icastico, pratico, materialistico, naturalistico, positivistico, realizzabile, sperimentale || veristico.
contr. idealistico, astrattistico, trascendente, trascendentale, astratto, platonico, utopistico, surrealistico, iperbolico.

realizzàbile, *agg.* → FACILE, POSSIBILE.
contr. irrealizzabile, utopistico.

realizzàre, *v.tr.* concretare, produrre, compiere, attuare, effettuare, mandare ad effetto, tradurre in realtà, avverare → FARE, ESEGUIRE || ridurre, cambiare in danaro, riscuotere || *rifl.* avverarsi, → AVVENIRE.

realizzatóre, *sm.* creatore, produttore, costruttore, operatore, fondatore || volitivo || demiurgo.
contr. sognatore, illuso, utopista, visionario, velleitario.

realizzazióne, *sf.* adempimento, attivazione, attuazione, compimento, praduzione, creazione, → EFFETTUAZIONE, ESECUZIONE.

realménte, *avv.* in realtà, veramente, effettivamente,

certamente, davvero, propriamente, proprio, in effetto, di fatto, infatti || regalmente.
realtà, *sf.* il vero, effettività, attualità, concretezza, fatto, consistenza, cosa, entità, ente, essere, esistenza, essenza, natura, oggettività, positività, verità, verisimiglianza.
contr. irrealtà, apparenza, idealità, ideale, astrazione, trascendenza, astrattezza, chimera, fantasia, illusione, sogno, mito, utopia, miraggio.
reàme, *sm.* → REGNO.
reàto, *sm.* → COLPA, DELITTO.
reattíno, *sm.* → SCRICCIOLO.
reattívo, *agg.* e *sm.* → REAGENTE.
reattóre, *sm.* aeroplano a reazione, *jet* || reattore nucleare, motore o pila atomica.
reazionàrio, *agg.* e *sm.* codino, retrogrado, retrivo, parruccone, forcaiuolo, sanfedista.
contr. innovatore, liberale, progressista, illuminista, rivoluzionario || sovversivo, radicale.
reazióne, *sf.* opposizione, contrasto, contraccolpo, → AZIONE, EFFETTO || resistenza, ribellione, rivolta || regresso, conservazione politica, illiberalismo, antiprogressismo.
nomencl. (*tipi*) nucleare, atomica, termonucleare || politica, sociale || *agg.* violenta, moderata, immediata, rapida, lenta, appariscente, invisibile, visibile, spontanea, forzata, organizzata, debole, forte.
contr. azione || accettazione, adattamento, rassegnazione || innovazione, progresso, sovversivismo, liberalismo.
rebbiàre, *v.tr.* → PERCUOTERE.
rébbio, *sm.* rampino, dente, corno, → PUNTA || ramo, → DIRAMAZIONE.
reboànte, *agg.* → AMPOLLOSO || RIMBOMBANTE.
rèbus, *sm. indecl.* → ENIMMA.
recalcitràre e deriv. *v.intr.* → RICALCITRARE e deriv.
recapitàre, *v.tr.* ricapitare, → CONSEGNARE, RECARE.
recàpito, *sm.* → DOMICILIO, INDIRIZZO || CONSEGNA.
recàre, *v.tr.* portare, addurre, apportare, arrecare, recapitare, ricapitare, consegnare, condurre || cagionare, → CAUSARE || *rifl.* portarsi, → ANDARE || tradurre.
contr. tenere, trattenere || rimanere, trattenersi, fermarsi.
recèdere, *v.intr.* decampare, declinare, disdire, desistere, ritirarsi, abbandonare, indietreggiare, tornare sui propri passi, → RINUNZIARE.
contr. continuare, proseguire, andare avanti, insistere, acconsentire, accettare.
recensióne, *sf.* revisione, raffronto, esame critico, critica, disamina || cenno critico, giudizio, informazione, ragguaglio (di opera scritta), annunzio, bibliografia.
recensíre, *v.tr.* → CRITICARE.
recensóre, *sm.* → CRITICO.
recènte, *agg.* → FRESCO || MODERNO, NUOVO.
recenteménte, *avv.* da poco tempo, poco tempo fa, di fresco, ultimamente, testé, novellamente, nuovamente, or ora, poc'anzi, poco fa, presentemente, prossimamente, modernamente.
contr. da molto tempo, da un pezzo, molto tempo fa, anticamente, una volta, in altri tempi.
rècere, *v.tr.* → VOMITARE.
recessióne, *sf.* il recedere, ritiro, abbandono, → RINUNZIA || crisi, flessione, diminuzione.
contr. accettazione, consenso, continuazione, aumento.
recèsso, *sm.* luogo recondito, appartato, solitario, → NASCONDIGLIO || DECRETO || *fig.* → INTERNO.
recettività, *sf.* → RICETTIVITÀ.
recettívo, *agg.* → RICETTIVO.
recezióne, *sf.* ricezione, → RICEVUTA || ricevimento, accettazione, accoglienza.
recídere, *v.tr.* mietere, → FALCIARE, TAGLIARE || rompersi, screpolarsi (di pelle, tessuto).
recidíva, *sf.* ricaduta (in una malattia, nel medesimo reato).
recidívo, *agg.* e *sm.* pregiudicato, delinquente abituale, incorreggibile, peccatore incallito, ostinato, ricaduto (nello stesso reato).
contr. convertito, emendato, guarito, riabilitato.
recíngere, *v.tr.* ricingere, cingere, → CIRCONDARE, ASSEDIARE.
recínto, *pps.* di recingere || *agg.* circondato, cinto, assediato, accerchiato, difeso, chiuso || coronato, incoronato, redimito || *sm.* cerchio, chiusura, steccato, luogo chiuso, circondato, → CERCHIA.
contr. luogo aperto, spazioso, indifeso.
recipiènte, *sm.* → VASO.
nomencl. (*esempi*) alveo, ampolla, anfora, bacinella, barile, bicchiere, bidone, bigoncia, bigoncio, boccale, boccia, borraccia, borsa, botte, bottiglia, canestro, cartoccio, cassa, cassetto, catino, cesta, cestino, cesto, chicchera, corba, corbello, damigiana, fiasca, fiasco, fiaschetto, fusto, coppa, cratere, cofano, conca, crogiuolo, cucurbita, diota, gamella, gavetta, gavozza, ghirba, idria, lagena, lecanio, lutere, madia, marmitta, mastello, mastra, moggio, orcio, otre, padella, paniere, pentola, pignatta, piscina, portavaso, sacco, scatola, secchia, secchio, sifone, sporta, stagna, tanca, tasca, tazza, tegame, tino, tinozza, urna, vasca, vascolo, vettina, zana, zangola || stazza || *agg.* capace, grande, grosso, esuberante, piccolo, sufficiente, insufficiente || *verb.* riempire, empire, vuotare, rovesciare, travasare.
reciprocaménte, *avv.* → VICENDEVOLMENTE.
reciprocànza, *sf.* → RECIPROCITÀ.
reciprocàre, *v.tr.* avvicendare, fare a vicenda, alternare || *rifl.* essere in proporzione reciproca.
reciprocazióne, *sf.* avvicendamento, alternanza, scambievolezza, ripetizione in senso contrario.
reciprocità, *sf.* reciprocanza, alternanza, scambio, relazione reciproca, → VICENDA.
recíproco, *agg.* → VICENDEVOLE.
recisaménte, *avv.* francamente, seccamente, bruscamente, risolutamente, con decisione.
contr. reticentemente, ambiguamente, dubbiosamente, con esitazione, con ambage, tortuosamente.
recisióne, *sf.* → TAGLIO || apocope.
recíso, *pps.* di recidere || *agg.* → TAGLIATO || *fig.* omesso, levato, tolto via || incisivo, risoluto, brusco, secco, pronto, espresso, deciso, netto, breve, spedito, crudo, tagliente, → ENERGICO.
contr. intero || indeciso, irresoluto, titubante, tentennante, vacillante, dubbioso, tortuoso, incerto, ambiguo.

rècita, *sf.* recitazione, declamazione, dizione, rappresentazione, azione, spettacolo, teatro.
nomencl. (*inerenti*) dramma, caricatura, commedia, farsa, tragedia, *pochade*, monologo, mimo.
recitàre, *v.tr.* declamare, dire, leggere, pronunziare, narrare, far la parte, fingere, drammatizzare, esagerare, porgere, interpretare, → RAPPRESENTARE.
recitatívo, *sm.* → CANTO.
recitazióne, *sf.* recita, interpretazione, declamazione, rappresentazione, spettacolo, narrazione, lettura, teatro.
nomencl. (*tipi*) mimica, vocale || (*pertinenti*) attore professionista, dilettante, filodrammatico, comico, comparsa, suggeritore || oratore || papera, birignao, enfasi || *agg.* realista, epica, filodrammatica; improvvisata, grossolana, volgare, enfatica, esagitata, melodrammatica, fredda, cattiva, precisa, modesta, calda, calorosa, appassionata, fervente, calma, naturale, sottile, sensibile, raffinata, splendida, magnifica, eccezionale, buona.
recitíccio, *sm.* materia vomitata, rigettata, vomitaticcio || *fig.* cosa mal fatta, mal ridotta.
nomencl. *verb.* recere.
reclamàre, *v.intr.* gridare contro, esporre lagnanze, far reclamo, far ricorso, far rimostranze, far valere le proprie ragioni, ricorrere, risentirsi, recriminare, lamentarsi, dolersi, → PROTESTARE || *tr.* richiedere (per vie legali), pretendere, esigere.
contr. approvare, accettare, cedere, consentire, subire, rassegnarsi, adattarsi.
reclamístico, *agg.* pubblicitario.
reclàmo, *sm.* lagnanza, lamento, richiamo, rimostranza, recriminazione, → RICORSO, PROTESTA || domanda, richiesta, pretesa, petizione.
contr. accettazione, ringraziamento, comprensione, parole di rassegnazione o di riconoscenza.
reclinàre, *v.tr.* chinare, appoggiare, posare, → PIEGARE.
contr. alzare, rialzare, sollevare, ergere.
reclúdere, *v.tr. lett.* → RINCHIUDERE.
reclusióne, *sf.* → PRIGIONE, CARCERAZIONE.
reclúso, *pps.* di recludere || *agg.* rinchiuso, internato, segregato, separato dal mondo || *sm.* prigioniero, → CARCERATO.
contr. libero, liberato, latitante, contumace.
reclusòrio, *sm.* → PRIGIONE.
rècluta, *sm.* soldato, coscritto, arrolato, cappellone || *fig.* novizio, novellino, tirocinante, tirone, iniziato, nuovo aderente o seguace.
contr. veterano, anziano.
reclutaménto, *sm.* → ARROLAMENTO.
reclutàre, *v.tr.* ingaggiare, → ARROLARE || ATTIRARE.
recòndito, *agg.* → NASCOSTO.
reconditòrio, *sm.* → RELIQUIARIO.
record, *sost. ingl.* → PRIMATO.
recriminàre, *v.intr.* ritorcere, controbattere, rilanciare l'accusa || far recriminazioni, lagnarsi, querelarsi, lamentarsi, protestare, → RECLAMARE.
contr. riconoscere, accettare, sottomettersi, subire.
recriminazióne, *sf.* rilancio, ritorsione di accusa || lamento, lagno, lagnanza, obiezione, redarguizione, riconvenzione, → RECLAMO.
contr. parole di soddisfazione, di adattamento, di riconoscimento, di accettazione o di rassegnazione.
recrudescènza, *sf.* → PEGGIORAMENTO || RICADUTA.
recúbito, *sm.* decubito.
recuperàbile, *agg.* → RICUPERABILE.
contr. irrecuperabile.
recuperàre, *v.tr.* → RICUPERARE.
recúpero, *sm.* → RICUPERO.
redarguíbile, *agg.* → RIMPROVERABILE.
redarguíre, *v.tr.* → RIMPROVERARE, CONFUTARE.
redarguizióne, *sf.* → RECRIMINAZIONE, RIMPROVERO.
redàtto, *pps.* di redigere || *agg.* compilato, scritto, steso, dettato, composto.
redattóre, *sm.* chi redige, compone, riassume, detta un rapporto, una relazione || scrittore di giornale, giornalista.
redazióne, *sf.* scrittura, compilazione, stesura || composizione di giornale || complesso dei redattori.
redditízio, *agg.* fruttifero, produttivo, conveniente, rimuneratore.
contr. improduttivo, dannoso.
rèddito, *sm.* → ENTRATA, RENDITA.
redènto, *pps.* di redimere || *agg.* liberato, riscattato, rialzato, salvato, reso indipendente, affrancato, assolto, ricuperato.
contr. irredento, schiavo, oppresso, caduto, dipendente.
redentóre, *agg.* e *sm.* → LIBERATORE || *sm.* il Redentore, il Salvatore, Gesú Cristo, → CRISTO.
redenzióne, *sf.* rigenerazione, nuova vita, ricupero, → RISCATTO, LIBERAZIONE || PROGRESSO.
contr. caduta, decadimento, scadimento, decadenza, corruzione || fine, morte.
redígere, *v.tr.* compilare, dettare, comporre, stendere uno scritto, → SCRIVERE, FARE.
redímere, *v.tr.* affrancare, espiare, liberare, salvare, riabilitare, riaccreditare, riparare, riscattare, ricuperare, riacquistare, rivendicare, scontare, assolvere, riparare, pagare il fio, pagare lo scotto || (un terreno) → BONIFICARE || *rifl.* riabilitarsi, liberarsi, salvarsi, rialzarsi, risollevarsi.
contr. asservire, opprimere, assoggettare, spadroneggiare, tener soggetto, rendere schiavo || decadere, cadere, fallire, sbagliare.
redimíbile, *agg.* riscattabile, → RICUPERABILE.
contr. irredimibile.
redimíre, *v.tr.* → INCORONARE.
redingote, *sf. fr.* → PREFETTIZIA.
rèdine, *sf.* guida, briglia || *fig. pl.* governo, potere, guida, direzione, polso, mano ferma, nervo.
redivívo, *agg.* ritornato in vita, restituito, rifatto vivo, rinato || rinnovato || → REDUCE.
contr. defunto, morto e sepolto, dimenticato, lontano.
rèdo, *sm.* vitello di latte, vitellino, puledro.
rèdola, *sf.* stradetta, → SENTIERO.
redolènte, *ppr.* di redolire || *agg.* → ODOROSO.
redolíre, *v.intr. lett.* → ODORARE.
rèduce, *agg.* e *sm.* ritornato (da esilio, da guerra, ecc.), superstite, veterano, redivivo.
contr. lontano, dimenticato, esule, soldato in guerra, assente, disperso.
reduplicàre, *v.tr.* → RADDOPPIARE.

reduplicazióne, *sf.* → RADDOPPIAMENTO.
réfe, *sm.* → FILO.
referendàrio, *sm.* dignitario, relatore || *iron.* delatore, → SPIA.
referènza, *sf.* informazione, presentazione, benservito, elogio, attestato, documento, indirizzo, → RACCOMANDAZIONE.
refèrto, *sm.* → RAPPORTO, DENUNCIA || PERIZIA.
refezionàre, *v.intr.* rifocillare, ristorarsi, → MANGIARE.
refezióne, *sf.* → PASTO, MANGIATA.
rèfolo, *sm.* rífolo, folata, buffo, raffica, ventata, soffio di vento.
refrattàrio, *agg.* duro, restío, resistente || *fig.* insensibile, negato, indocile, renitente, ribelle, recalcitrante, ricalcitrante, contrario, contumace, inflessibile, ingrato, intrattabile, restio, ritroso, pervicace, → OSTINATO.
contr. portato || volenteroso, volonteroso, collaboratore, docile, arrendevole, adattabile || sensibile, ricettivo, reattivo.
refrigeraménto, *sm.* refrigerio.
refrigerànte, *ppr.* di refrigeráre || *agg.* rinfrescante || *sm.* frigorifero, ghiacciaia, refrigeratore, aria condizionata, → FREDDO.
contr. riscaldante, essudativo || calorifero, termosifone, stufa.
refrigeràre, *v.tr.* rinfrescare, → RAFFREDDARE, GELARE || conservare.
refrigeratóre, *sm.* refrigerante, frigorifero.
refrigèrio, *sm.* ristoro, refrigeramento, rinfrescamento, → FRESCHEZZA || *fig.* placazione, calma, distensione, riposo, → CONFORTO, SOLLIEVO.
contr. caldo, caldura, calura, afa, afosità, arsura || irritazione, inasprimento, tensione, abbattimento, spasimo, sconforto, disperazione.
refúlgere, *v.intr. lett.* rifulgere, → SPLENDERE.
refurtíva, *sf.* maltolto, malloppo, mangeria, peculato, prederia, reperto, corpo di reato, compendio del furto.
refúso, *sm.* errore di stampa, scambio di lettera.
nomencl. *verb.* refusare.
regàglie o **rigàglie,** *sf. pl.* frattaglie, finanziera, interiora di pollo || avanzi della mensa || cascami di bozzoli.
regalàre, *v.tr.* dare, donare, dare in regalo, non far pagare, largire, favorire, presentare, offrire un omaggio, → OFFRIRE.
contr. far pagare, vendere, vendere a caro prezzo || ricevere.
regalàto, *pps.* di regalare || *agg.* → GRATUITO.
regàle, *agg.* regio, reale, imperiale, cesareo, da re || *fig.* magnifico, splendido, sfarzoso, maestoso, → POMPOSO, LUSSUOSO || generoso, condiscendente, largo, munifico.
contr. povero, misero, meschino, gretto, pitocco.
regalía, *sf.* → MANCIA || appendizie, onoranza, vantaggio, favore.
regalità, *sf.* maestà regale || fasto regale || *fig.* munificenza, → GENEROSITÀ.
regàlo, *sm.* dono, donativo, donazione, regalia, elargizione, omaggio, gratificazione, riconoscimento, presente, incerto, → MANCIA, OFFERTA || favore, cosa gradita.
nomencl. (*inerenti*) sbruffo, sportula, strenna, ceppo, congiario, improvvisata, palmario || Befana || *agg.* gradito, caro, generoso, inatteso, inaspettato, indovinato || *verb.* dare, offrire, ricevere, accettare, ricambiare, gradire, respingere.
regàta, *sf.* → CORSA, GARA.
nomencl. imbarcazioni, barche a vela, a remi, a motore || regata storica; Bucintoro (a Venezia).
regèsto, *sm.* riassunto, raccolta, repertorio, trascrizione.
reggènte, *ppr.* di reggere || *sm.* → DIRETTORE, GOVERNATORE.
règgere, *v.tr.* sostenere, tener diritto, tener fermo, difendere, aiutare, proteggere, sorreggere || dominare, guidare, dirigere, governare, imperare, amministrare, regolare || mantenere, conservare || *intr.* perseverare, durare, aver costanza, resistere || sopportare, soffrire || *rifl.* appoggiarsi, sostenersi || governarsi.
contr. abbandonare, cedere, lasciar cadere || abbandonarsi, perdersi d'animo, cadere.
règgia, *sf.* palazzo reale, abitazione reale, corte reale || *fig.* magione, casa grande e lussuosa, → CASA.
nomencl. (*esempi*) Quirinale, *konak*, *ghebbi*, Sublime Porta.
contr. tugurio, catapecchia, stamberga.
reggifiasco, *sm.* → PORTAFIASCO.
reggiménto, *sm.* unità organica dell'esercito || *ant.* contegno, portamento, atteggiamento, reggenza, → GOVERNO || *fig.* un grande numero, → MOLTITUDINE.
nomencl. di formazione, di alpini, di bersaglieri, di fanteria, del genio, d'artiglieria, ecc. || (*pertinenti*) battaglione, compagnia, plotone, squadra || deposito, distaccamento, comando, maggiorità, consiglio di amministrazione, banda musicale, caserma, massa || colonnello comandante, aiutante maggiore, capitano d'ispezione, ufficiale di picchetto, servizio di guardia, furiere, quartiermastro generale || bandiera, sacrario || *verb.* costituire, comandare, sciogliere || irreggimentare.
reggipància, *sf. indecl.* → PANCIERA.
regía, *sf.* direzione, direzione artistica, messinscena, messa in scena || guida, consiglio || → APPALTO.
nomencl. teatrale, cinematografica, radiofonica, televisiva || regista, aiuto-regista.
regicída, *sm.* e *f.* tirannicida.
regíme, *sm.* direzione, governo, modo di reggere, reggimento || sistema politico, forma statale, → GOVERNO || sistema autoritario || → DIETA || regola di vita, sistema di vita, → REGOLA.
nomencl. (*distinzioni*) repubblicano, monarchico, fascista, comunista, democratico, illiberale, dittatoriale, paternalistico || dietetico, alimentare, latteo, vegetariano || dei venti, delle acque, torrentizio.
regína, *sf.* reina, sovrana, maestà || signora, padrona assoluta.
nomencl. viceregina, regina madre, regina vedova || dovario.
règio, *agg.* reale, maestoso, → REGALE.
regionalísmo, *sm.* campanilismo, provincialismo.
regióne, *sf.* provincia, circolo, dipartimento, compartimento, circoscrizione, contrada, luogo, marca, paese,

plaga, terra, territorio, zona, landa, vasta parte di paese || *fig.* → PARTE || parte del cielo || parte del corpo umano || rione, quartiere di una città.
nomencl. regionale, corregionale.
contr. stato, nazione.
regísta, *sm.* e *f.* direttore artistico.
nomencl. aiuto-regista; regía, direzione artistica; messinscena.
registràre, *v.tr.* annotare, addecimare, aggiornare, allibrare, appuntare, campionare, catalogare, descrivere, elencare, immatricolare, includere, inscrivere o iscrivere, inventariare, mettere a libro, notare, passare le partite, protocollare, repertoriare, rubricare, schedare, raccogliere, trascrivere, sottoporre a registro, tener conto, prender nota, inserire || (di suono) riprodurre || (di meccanismo) mettere a punto, regolare, esaminare.
registratóre, *agg.* e *sm.* regolatore || (magnetico) magnetofono.
registratúra, *sf.* → REGISTRAZIONE.
registrazióne, *sf.* allibramento, inscrizione, iscrizione, inserimento, matricolazione, presentazione, registratura || raccolta, → INVENTARIO || riproduzione (di suoni o immagini).
regístro, *sm.* matricola, mastro, albo, bollettario, cabreo, campione, cartulario, catalogo, copialettere, elenco, formulario, giornale, indicatore, indice, inventario, lista, minutario, nota, prontuario, partitario, protocollo, quaderno, registro ipotecario, repertorio, rubrica, ruolo, scadenzario, sillabo, tavola || (anagrafico), → CENSIMENTO || serie di canne dell'organo || (di voce) estensione.
nomencl. (*distinzioni*) di amministrazione, di contabilità, di atti pubblici, di memorie || di basso, di soprano, di tenore || (*attinenti*) bolletta, polizza, matrice, figlia || imbreviatura || *agg.* ordinato, compiuto, perfetto, imperfetto, incompleto, ragionato, sommario, descrittivo || *verb.* registrare, figliettare, allibrare, imbreviare, immatricolare, bollare, autenticare, denunziare, insinuare || mutare registro.
regnànte, *ppr.* di regnare || *agg.* → DOMINANTE || *sm.* → RE.
contr. subordinato, dipendente, soggetto || suddito, cittadino.
regnàre, *v.tr.* imperare, domandare, reggere, tiranneggiare, sovraneggiare, avere autorità grande, → DOMINARE || GOVERNARE || *fig.* predominare, aver prevalenza.
contr. essere dominato, essere soggetto, subalterno, sottostare, ubbidire.
regnícolo, *agg.* → NAZIONALE || *sm.* suddito.
régno, *sm.* reame, dominio, principato, impero, → MONARCHIA || comando, governo || regione, divisione, → NATURA.
nomencl. (*inerenti*) interregno, triregno, trono, corona || *verb.* regnare, corregnare, reggere, decadere, detronizzare, abdicare.
règola, *sf.* guida, canone, direttiva, disciplina, criterio, chiave, consiglio, consuetudine, costume, dettame, direzione, fondamento, forma, formula, formalità, governo, indirizzo, insegnamento, istruzione, istituzione, legge, massima, metodo, sistema, modo, modello, norma, ordinamento, ordine, regolamento, prammatica, proposizione, proporzione, regime, rigore, rito, usanza || moderazione, freno, misura || regola di alimentazione, → DIETA || statuto (di ordine religioso, monastico, associazione, società).
nomencl. (*varie*) del mondo, di vita, del vivere civile, del galateo || aritmetica, algebrica, grammaticale, del governo, dell'arte, di logica || (*pertinenti*) regolarità, aberrazione, anomalia, anormalità, straordinarietà, regolatezza, osservanza, abitudine, contravvenzione, dispensa, eccezione, pignoleria, pedanteria, rigorismo || precettistica || *agg.* buona, cattiva, ottima, elastica, flessibile, rigida, stretta, dura, inflessibile, severa, austera, rigorosa, aspra, indulgente, mite, tollerante, giusta, equa, legittima, onesta, ragionevole, ingiusta, parziale, illegittima, malvagia, perversa, saltuaria, generale, universale, comune, particolare, speciale, parziale, locale, temporanea, classica || *verb.* accomodare, contravvenire, venire meno o mancare, trasgredire, deviare, violare; osservare, seguire, inchinarsi, obbedire; darsi, istituire, stabilire, fissare, statuire || frenare, regolare, moderare, non patire eccezioni.
contr. disordine, difetto, irregolarità, sregolatezza, errore, licenza, anarchia, disobbedienza, inosservanza.
regolamentàre, *v.tr.* → REGOLARE || *agg.* → REGOLARE.
regolaménto, *sm.* → REGOLA.
regolàre[1]**,** *v.tr.* disciplinare, dare regola, prescrivere, regolamentare, guidare, dirigere, → ORDINARE, GOVERNARE || accomodare, correggere, sistemare, modulare, compassare || moderare, frenare, temperare || *rifl.* comportarsi regolatamente, con regola, con misura, con criterio || moderarsi.
contr. disordinare, vivere sregolatamente, produrre confusione, sconvolgere, scompigliare, disfrenare.
regolàre[2]**,** *agg.* regolato, in regola, in giusta misura, corretto, equo, equabile; naturale, schietto; consueto, normale, solito, usuale, ordinario; uniforme, equilibrato, costante, metodico, ordinato, compassato, moderato; legale regolamentare.
contr. irregolare, eccezionale, abnorme, anormale, anomalo, raro, insolito, straordinario, fuori del comune.
regolarità, *sf.* normalità, equabilità, naturalezza, uniformità, ritmicità, → ESATTEZZA.
contr. irregolarità, disordine, discontinuità, saltuarietà, anomalia.
regolarizzazióne, *sf.* legalizzazione, → ORDINE.
regolatézza, *sf.* moderazione, → SOBRIETÀ.
contr. sregolatezza.
regolàto, *pps.* di regolare || *agg.* → ORDINATO, MISURATO || SOBRIO.
contr. sregolato.
regolatóre, *agg.* e *sm.* registratore, pianificatore.
nomencl. piano regolatore || regolatore dei fiumi.
règolo, *sm.* quadrello, → RIGA || listello, randa.
nomencl. (*inerenti*) scala fissa, mobile, dei quadrati, dei cubi, millimetrica; scorrevole, linea di fede, cursore.
regrediènte, *ppr.* di regredire || *agg.* → RETROGRADO.
contr. progrediente.
regredíre, *v.intr.* retrocedere, tornare indietro, → INDIETREGGIARE.
contr. progredire, avanzare.

regressióne, *sf.* → REGRESSO || (di acque) ritiro.
contr. progressione, avanzamento.
regressívo, *agg.* retrocedente.
contr. progrediente, progressivo.
regrèsso, *sm.* regressione, involuzione, reazione, decadenza, ritorno, decadimento, cammino indietro, indietreggiamento || egresso, uscita (*ant.*) || remissione.
contr. progresso, progressione, proseguimento, svolgimento, evoluzione, avanzamento.
reiètto, *agg.* e *sm.* respinto, ripudiato, rigettato, disgraziato, sfortunato, fallito, → SCACCIATO.
reieziόne, *sf.* → RIFIUTO.
reintegraménto, *sm.* → REINTEGRAZIONE.
reintegràre, *v.tr.* integrare novamente, ristabilire, restituire, risarcire, indennizzare || restaurare, rinnovare, ripristinare, → RENDERE.
contr. diminuire, dimezzare, sottrarre, ritogliere || lasciar decadere.
reintegrazióne, *sf.* reintegramento, risarcimento, restaurazione, rinnovazione, indennità || ripristino, → RESTITUZIONE.
contr. diminuzione, destituzione.
reinvestitúra, *sf.* → RINVESTITURA.
reità, *sf.* colpevolezza, colpa, responsabilità, scelleraggine.
nomencl. correità, corresponsabilità.
contr. innocenza, estraneità.
reiteràre, *v.tr.* replicare, → RIPETERE.
reiterazióne, *sf.* → FREQUENZA, RIPETIZIONE.
relativaménte, *avv.* in modo relativo, comparativamente, in relazione, a proposito, in proporzione, in rapporto a, rispetto a, riguardo a, riguardo, rispettivamente, secondo che, secondariamente.
contr. in modo assoluto, assolutamente, propriamente, in sé e per sé.
relatività, *sf.* correlatività, correspettività, corrispettività.
contr. assolutezza.
relatívo, *agg.* attinente, appartenente, pertinente, spettante, correlativo, correspettivo, corrispettivo, corrispondente, connesso, riflettente, toccante, riferibile, riguardante, referente, dipendente || non assoluto.
contr. proprio, estraneo || assoluto.
relatóre, *sm.* referendario, rapportatore, riportatore, riferente, oratore, conferenziere.
relazióne, *sf.* nesso, legame, inerenza, attinenza, analogia, concordanza, consonanza, congruenza, connessione, contatto, grado, correlazione, corrispondenza, legame, rapporto, riferimento, allusione, confronto, appartenenza, affinità, colleganza, concatenazione, dipendenza, proporzione, riscontro, attacco || resoconto, notizia, informazione, narrazione, elaborato, esposizione, esposto, recensione, referto, rendiconto, ragguaglio, storia || conoscenza, legame d'amicizia, → AMICIZIA || legame d'amore, → AMORE.
nomencl. (*tipi*) diplomatiche, consolari, culturali, politiche, commerciali, economiche, sociali, militari || *agg.* strette, intime, profonde, cordiali, affettuose, buone, discrete, fredde, cattive, tese, fragili, tenui, normali, ufficiali, ufficiose || *verb.* avere, intrecciare, iniziare, favorire, coltivare, migliorare, aumentare, raffreddare, interrompere, rompere || appartenere, comunicare, avere contatti, concatenare, concernere, convenire, interessare, riferire, riflettere, riguardare, somigliare, corrispondere, rapportare, avere interesse.
relegaménto, *sm.* → RELEGAZIONE.
relegàre, *v.tr.* confinare, bandire, mandar via, mandare lungi, deportare, allontanare, → ESILIARE.
contr. accogliere, richiamare, far tornare, lasciar libero,
relegazióne, *sf.* relegamento, bando, domicilio coatto, confino, allontanamento, deportazione, → ESILIO.
contr. rimpatrio, ritorno, libertà di movimento.
religionàrio, *sm. lett.* credente, fedele, correligionario.
contr. ateo, incredulo, miscredente.
religióne, *sf.* legame con Dio, culto, fede, sentimento, rito, religiosità, pietà, credenza, confessione, credo, divozione || venerazione, riverenza, osservanza scrupolosa || ordine religioso.
nomencl. (*distinzioni*) naturale, soprannaturale, rivelata, positiva, dominante, monoteistica, politeistica, immanentistica, trascendente, naturalistica, panteistica, materialistica || (*religioni cristiane*) albigesi, anabattisti, basiliani, catari, eutichiani, metodisti, monofisiti, mormoni, presbiteriani, puritani, quacqueri sabelliani, ussiti, valdesi, vecchi cattolici || anglicanesimo, cattolicismo, gnosticismo, nestorianesimo, ortodossia, calvinismo, luteranesimo, manicheismo || (*religioni non cristiane*) animismo, bramanesimo, buddismo, confucianesimo, druidismo, feticismo, giudaismo, idolatria, induismo, islamismo o maomettanesimo, mazdeismo, paganesimo, parsismo, sabeismo, taoismo, totemismo || (*Dio*) Adonai, Allah, Altissimo, Creatore, Deità, Demiurgo, Dio degli Eserciti, Divina Maestà, Divinità, Domineddio, Ente Supremo, Eterno, Fattore dell'Universo, Geova o Jehova, Nostro Signore, Nume, Onnipotente, Onnipresente, Onnisciente, Ottimo Massimo, Padre Eterno, Provvidenza, Re dei re, Sabaoth, Santissimo, Trinità, Verbo || (*divinità*) Baal, cabiri, centauri, dea, dio, elfi, eroi, indigeti, fauni, fate, furie, geni, gnomi, gorgoni, idoli, Isis, lari, Mani, Penati, Mitra, muse, ninfe, Osiris, semidei, semoni, silfo, silfide, titani, trimurti || (*libri sacri*) Bibbia o Vecchio Testamento, Vangelo o Nuovo Testamento, Corano, Indigitamenta, King, Libro dei Morti, Parana, Talmud, Veda, Zendavesta || (*edifici sacri*) chiesa, delubro, minareto, moschea, ninfeo, pagoda, pantheon, sacello, santuario, sinagoga, tabernacolo, tempio || (*persone*) aruspice, augure, bonzo, bramino, cabalista, califfo, dalai lama, dervisci, devadassi, druidi, fachiro, feciale, flamine, ierofante, imano, lama, levita, mago, muezzin, mufti, papa, pastore, pontefice, sommo pontefice, pope, prete, rabbino, sacerdote, ulema, vestale || clero || (*luoghi e azioni*) agape, altare, ara, tripode, turbante, infula, paramento || battesimo, circoncisione, ecatombe, *efod*, festa dei Tabernacoli, inno, libazione, lustrazione, olocausto, oracolo, *ramadan*, sacrificio, salmo, *taled* || (*attinenti*) abiura, agnosticismo, allodossia, antropomorfismo, apostasia, ascetismo, avatar, benedizione, bestemmia, cerimonia, cilicio, digiuno, eresia, eterodossia, funzione, grazia, incarnazione, iniziazione, metempsicosi, miracolo, misteri, nirvana, paradiso, peccato, penitenza, perfezione, precetto, predestinazione, pre-

ghiera, profezia, proseliti, prescienza, teocrazia, teofania, teologia, teosofia teismo, deismo || *verb.* professare, partecipare, seguire, praticare, propugnare, difendere, diffondere, sconfessare, rinnegare, abiurare, abbandonare, combattere, perseguitare.
contr. ateismo, miscredenza, irreligiosità, pregiudizio, superstizione, empietà, irriverenza, persecuzione, materialismo.
religiosità, *sf.* fede, → RELIGIONE || *fig.* massimo zelo, scrupolo, esattezza.
contr. irreligiosità, ateismo, empietà.
religióso, *agg.* pio, credente, devoto o divoto, fedele, ortodosso, osservante, santo, sacro, giusto || *fig.* scrupoloso, coscienzioso, accuratissimo, esatto || *sm.* → ECCLESIASTICO, FRATE.
contr. irreligioso, ateo, miscredente, empio, sacrilego, materialista || profano, laico, secolare.
relíquia, *sf.* frammento, cimelio, resto, rimasuglio, ricordo, → AVANZO, RESIDUO.
reliquiàrio, *sm.* custodia (di reliquia), reconditorio, urna, vaso con reliquia, santuario.
relítto, *sm.* → RESIDUO, ROTTAME || *fig.* naufrago, decaduto, reietto, misero, sopravvissuto, rimanente, superstite, avanzo umano, scoria umana.
remànte, *ppr.* di remare || *sm.* → REMATORE.
remàre, *v.intr.* remeggiare, remigare, vogare, andare a voga, arrancare, passavogare, arrembare, sciare, spalare.
rematóre, *sm.* remigatore, vogatore, remigante, remante, rèmige, canottiere, prodiere, poppiere, spalliere, → BARCAIOLO.
nomencl. (*inerenti*) ciurma, galeotto, pausario, celeuste.
remeggiàre, *v.intr.* → REMARE.
reméggio, *sm.* guarnimento dei remi || remigamento, remigata, remata, remigio || luogo della ciurma remigante.
remigaménto, *sm.* remeggio, remigazione.
remigànte, *ppr.* di remigare || *agg.* e *sm.* → REMATORE || *sf. pl.* penne lunghe (dei volatili).
remigàre, *v.intr.* → REMARE.
remigatóre, *sm.* → REMATORE.
remigazióne, *sf.* → REMIGAMENTO.
rèmige, *sm.* → REMATORE.
reminiscènza, *sf.* → MEMORIA, RICORDO.
remissíbile, *agg.* → PERDONABILE.
contr. irremissibile, imperdonabile.
remissióne, *sf.* condono, → PERDONO, DISPENSA || remissività, sottomissione || rilascio, rilasciamento || diminuzione, regressione.
remissività, *sf.* sottomissione, remissione, accondiscendenza, sommissione, deferenza, mitezza, docilità, arrendevolezza.
contr. indocilità, ribellione, reazione, ostinatezza, pervicacia.
remissívo, *agg.* → PACIFICO, SOTTOMESSO.
rèmo, *sm.* pagaia, pala.
nomencl. (*tipi*) a palelle, da lancia o accoppiati, da bratto, da gondola, sensile o di punta, alla battana, a pagaia, a scaloccio || scalmo, scalmiera || (*parti*) impugnatura o manico, ginocchio, pala || pedagna || *verb.* condannare al remo, alla glera || remare.
rèmora, *sf.* indugio, ritegno, → PROROGA, RITARDO || IMBARAZZO || freno, impedimento, ostacolo || pesce.
remòto, *agg.* immemorabile || distante, staccato, appartato, → LONTANO || fuori mano, lontano dall'abitato || selvatico, solitario (*ant.*).
contr. vicino, vicinissimo, prossimo.
remuneràre, *v.tr.* ricompensare, premiare, guiderdonare || retribuire, → PAGARE.
réna, *sf.* → ARENA, SABBIA.
renare, *v.tr.* → PULIRE.
rèndere, *v.tr.* restituire, ridare, ridonare, rifondere, rimborsare, risarcire, indennizzare, reintegrare, restaurare, ristabilire || fruttare, fruttificare, produrre, riprodurre || rimettere, rigettare, recere || retrocedere, rimandare || dare, offrire, presentare, consegnare, riconsegnare, rassegnare || far diventare, ridurre || ricompensare, ritrarre || esprimere || *rifl.* diventare, comportarsi || andare, recarsi, ritornare || attribuire || rendersi illustre, → EMERGERE || *lett.* arrendersi, cedere.
contr. tenere, trattenere, conservare, serbare, negare, rifiutare.
rendicónto, *sm.* resoconto, consuntivo, rendimento, resa di conti, relazione amministrativa, → BILANCIO || NARRAZIONE.
rendiménto, *sm.* frutto, rendita, reddito, resa, interesse, utile || ritorno, → RESTITUZIONE || produttività, guadagno del lavoro.
rèndita, *sf.* assegnamento, reddito, denaro, annualità, beneficio, canone, censo, cespite, entrata, interesse, frutto, profitto, prodotto, provento, prebenda.
nomencl. (*tipi*) ammortizzabile, catastale, censuaria, fondiaria, personale, vitalizia || (*attinenti*) annata, annualità, dotazione, effetti pubblici, prestazione || azione, cartella, consolidato, certificati di iscrizione, titolo di rendita, titolo nominativo, conversione, costituzione di rendita, gettito, prezzo o valore nominale, rialzo, ribasso, alla pari, dotazione, vitalizio || benefizio ecclesiastico, canonicato, commenda, cappellania, mensa vescovile, piatto cardinalizio || *agg.* imponibile, lorda, libera da canoni, netta, semplice, forte, alta || *verb.* abbassare, rialzare, capitalizzare, immobilizzare, intestare, investire || vivere di rendita.
contr. spesa, uscita, passivo.
rène, *sm.* arnione, argnone.
nomencl. (*distinzioni*) adiposo, a ferro di cavallo, amiloide, mobile, migrante, mobile nevrastenico || (*elementi, parti*) capsula surrenale, parenchina, codione, cortice, emulgente || (*patologia*) calcolo o pietra renale, endonefrite, glomerulite, lombaggine, morbo di Addison, nefralgia, nefrite, rene bianco, nefrolitiasi, pielite, renella, sviamento di reni, uremia || antialbuminurico, antinefritico.
renèlla, *sf.* → POLVERE || RENE.
réni, *sf. pl.* lombi, regione lombare.
nomencl. filo delle reni, schiena, osso sacro, plesso lombare || *verb.* direnare.
renitènte, *agg.* → INDISCIPLINATO, REFRATTARIO, RILUTTANTE, CONTUMACE.
renitènza, *sf.* → CONTUMACIA, RILUTTANZA.
rèo, *sm.* accusato, imputato, trasgressore, malfattore, colpevole, manutengolo, complice, delinquente, cri-

minale || *agg.* rio (*lett.*), malvagio, iniquo, cattivo, pessimo, perverso, scellerato, tristo || birbone, malizioso.
nomencl. confesso, convenuto, presunto, convinto || correo.
contr. innocente, buono, galantuomo || estraneo.
repàrto, *sm.* divisione, distribuzione, ripartizione || → PARTE || nucleo di soldati.
repellènte, *ppr.* di repellere || *agg.* ripulsivo, ripugnante, insopportabile, schifoso, → SGRADEVOLE.
repèllere, *v.tr.* → RESPINGERE. RIPUGNARE.
repentàglio, *sm.* rischio, sbaraglio, cimento, prova, → PERICOLO.
repènte, *agg. lett.* precipitoso, subitaneo, → IMPROVVISO, VIOLENTO.
repentíno, *agg.* → IMPROVVISO.
reperíbile, *agg.* trovabile, ritrovabile.
contr. irreperibile.
reperíre, *v.tr.* → TROVARE.
repèrto, *sm.* referto, → PERIZIA || REFURTIVA.
nomencl. medico, giuridico.
repertoriàre, *v.tr.* → REGISTRARE.
repertòrio, *sm.* regesto, registro, matricola, mastro, cabreo, catalogo, elenco, formulario, indicatore, indice, inventario, lista, minutario, nota prontuario, partitario, rubrica, scadenzario, raccolta di ordini || collezione teatrale, complesso di recitabili.
replèto, *agg. lett.* → PIENO.
rèplica, *sf.* risposta, obiezione, difficoltà, controproposta, → DISCORSO || RIPETIZIONE.
replicàre, *v.tr.* → OPPORRE, ECCEPIRE || RIPETERE, RISPONDERE.
replicatívo, *agg.* iterativo.
reporter, *sost. ingl.* cronista, → GIORNALISTA.
nomencl. (*inerenti*) servizio giornalistico, cronaca, *reportage*.
reprensíbile, *agg.* riprensibile, → BIASIMEVOLE, RIMPROVERABILE.
contr. irreprensibile.
reprensióne, *sf.* riprensione, → BIASIMO, RIMPROVERO, CASTIGO.
repressióne, *sf.* soffocamento, smorzamento, soppressione, costrizione, compressione || rifiuto, rinuncia, → MORTIFICAZIONE, PUNIZIONE.
contr. rivolta, sedizione, incitamento, istigazione, tentazione, spinta.
reprèsso, *pps.* di reprimere || *agg.* compresso, domato, vinto, soffocato, impedito, frenato, rintuzzato, contenuto, mortificato, raffrenato, smorzato, padroneggiato, fiaccato, mutilato, respinto, ricacciato, rientrato, costretto, contratto, ripiegato.
contr. favorito, aizzato, libero, liberato, scatenato, accontentato, soddisfatto, spinto || dissoluto, licenzioso, sfrenato, libertino.
reprímere, *v.tr.* domare, frenare, padroneggiare, raffrenare, tenere, rattenere, trattenere, ritenere, contenere, costringere, soffocare, sopprimere, respingere, smorzare, comprimere, premere, schiacciare, fiaccare, atterrare, impedire, abolire, ammortire, ridurre alla ragione, dare una lezione || macerare, → MORTIFICARE.
contr. liberare, incitare, istigare, aizzare, aiutare, spingere (a fare), lasciar fare, lasciar correre, permettere.
rèprobo, *agg.* e *sm.* → CATTIVO || DANNATO.
repúbblica, *sf.* cosa pubblica, Stato, governo elettivo || sovranità popolare.
nomencl. repubblica delle lettere, letteraria || repubblicanesimo, partito repubblicano.
contr. monarchia.
repubblicàno, *agg.* e *sm.*
nomencl. governo, paese, esercito, partito.
contr. monarchico.
repugnàre, e derivati, → RIPUGNARE e derivati.
repulísti, *sm.indecl.* ripulisti, tabula rasa, piazza pulita, retata, ripulita || → MANGIATA.
repulsióne, *sf.* → RIPULSIONE.
repulsívo, *agg.* → RIPULSIVO.
reputàre, e derivati, → RIPUTARE e derivati.
requiàre, *v.intr.* → FERMARE.
rèquie, *sf.* → QUIETE, RIPOSO, CALMA.
requisíre, *v.tr.* incettare, sequestrare, confiscare, prendere d'autorità, fare incetta, esigere per necessità pubblica, porre o sottoporre a contribuzione forzata, vincolare, → DOMANDARE.
contr. restituire, pagare, ricompensare, liberare, svincolare.
requisíto, *pps.* di requisire || *sm.* dote, capacità, abilità, titolo, pregio, condizione, circostanza, → QUALITÀ.
contr. manchevolezza, insufficienza, incapacità, difetto.
requisitòria, *sf.* arringa d'accusa; richiesta di condanna, di pena, → DISCORSO || *fig.* discorso di biasimo, di accusa, → RIMPROVERO.
contr. difesa, autodifesa || elogio, apologia.
requisizióne, *sf.* incetta, contribuzione forzata, presa di possesso, sequestro, richiesta, confisca.
contr. restituzione, compenso.
résa, *sf.* capitolazione, dedizione, arrendimento || → RESTITUZIONE || dei conti, rendiconto, → BILANCIO || RENDIMENTO.
contr. opposizione, resistenza, insistenza nel combattimento || prestito.
rescíndere, *v.tr.* → SCIOGLIERE || TRONCARE.
rescissióne, *sf.* annullamento, → SCIOGLIMENTO || ROTTURA.
rescrítto, *sm.* → BREVETTO, DECRETO.
resecàre, *v.tr.* amputare, → TAGLIARE || detrarre, togliere, togliere di mezzo.
resèda, *sf.* amorino.
resezióne, *sf.* amputazione, → TAGLIO.
residènte, *agg.* e *sm.* → ABITANTE.
residènza, *sf.* → DOMICILIO, SEDE || CASA.
residuàre, *v.intr.* avanzare, sopravvanzare, rimanere, restare, eccedere.
contr. mancare, venir meno, difettare.
residuàto, *sm.* residuo, → POSATURA.
resíduo, *agg.* rimanente, restante, avanzato, rimasto || *sm.* avanzaticcio, avanzo, avanzume, bavella, briciola, briciolo, brincello, brindello, cascame, civanzo, colaticcio, colatura, deposito, deposizione, differenza, dippiú, eccedenza, fanghiglia, feccia, fondaccio, fondata, fondiglio, fondo, gettame, gocciolatura, limbello, limaglia, limatura, macia, macereto, maceria, marame, marocca, minutaglia, minuzzaglia, mondatura, mondiglia, morchia, posa, posatura, racimolo, reliquia, relit-

to, rimanenza, rimasuglio, restanza, resto, rifiuto, risparmio, ritaglio, rosicchio, rosume, rottame, rovina, rudere, rudero, sbriciolatura, scampolo, scamuzzolo, scarto, sceglitìccio, sceltume, schiappa, scorcio, seccarello o seccherello, sedimento, sfasciume, sferra, sirighella, sopravanzo, spuntatura, tagliatura, tozzo, tritame o tritume, troncone, vestigio || coccio, frammento, mozzicone, cicca.

rèsina, *sf.* pece, gomma, colla, mastice, canfora, ragia, ambra, benzoino, catrame, colofonia, copaive, copale, lacca, mirra, incenso, balsamo, orichicco, sandracca, terebentina, trementina.

nomencl. (*varie*) sintetica, naturale, fossile, minerale || acido benzoico, distillazione.

resipiscènte, *agg.* ravveduto, → PENTITO.

resipiscènza, *sf.* ravvedimento, ritorno, → PENTIMENTO.

resípola, *sf.* → RISIPOLA.

resistènte, *ppr.* di resistere || *agg.* tenace, durevole, → FORTE, DURO || ribelle, insorto.

contr. cedevole, fragile, arrendevole, debole.

resistènza, *sf.* persistenza, difesa, riluttanza, renitenza, ritrosia, opposizione, ostacolo, saldezza, fermezza, tenacia, solidità, durezza, energia, contrafforza, reazione, contrasto || attrito, impedimento, fregagione || sopportazione || indocilità || → FIATO || *neol.* guerriglia, movimento di liberazione, lotta partigiana.

contr. cedevolezza, cedimento, arrendevolezza, adattamento, debolezza || offesa, violenza.

resístere, *v.intr.* perdurare, durare, rimanere, persistere, continuare, conservarsi || contrastare, star saldo, opporsi, far fronte, reggere, tener duro, tener testa, contrariare, avere buone spalle, essere restio, opporre resistenza, respingere, rispondere, reagire, rintuzzare, → DIFENDERE || OSTINARE || tollerare, sostenere, → SOPPORTARE.

contr. cedere, adattarsi, arrendersi, darsi vinto, desistere, rinunziare.

resocónto, *sm.* → NARRAZIONE, RELAZIONE || servizio, cronaca.

respíngere, *v.tr.* rimandare, spingere indietro, reagire, resistere || gettare indietro, rigettare, ributtare, repellere, repulsare, propulsare, ripugnare, rintuzzare, rimuovere, oppugnare, ribattere, allontanare, far allontanare, cacciar lontano, scacciare, cacciare, far rinculare, far arretrare, risospingere, rispingere, sospingere, spingere, piegare, mandar via, spostare || eliminare, scartare, escludere, vietare || mandare indietro, non accettare, negarsi, non concedersi, ripudiare || votar contro, bocciare, riprovare || confutare, infirmare.

contr. attrarre, attirare || ritirarsi, arrendersi, cedere || accettare, accogliere || ammettere, approvare, promuovere.

respingiménto, *sm.* controspinta, propulsore, repulsa, repulsione, spinta, rifiuto.

contr. concessione, cedimento, attrazione, accettazione, accoglimento, richiamo.

respínto, *pps.* di respingere || *agg.* reietto, scacciato, mandato indietro || ripudiato, rifiutato || bocciato, rimandato.

contr. accolto, accettato, accetto, ammesso || attirato || approvato, promosso.

respiràre, *v.intr.* espirare, aspirare, inspirare, fiatare, alitare, anelare, ansimare, ansare, boccheggiare, affannare, afflare, alenare (*ant.*), avere il fiato grosso, esalare, rifiatare, sbuffare, sfiatare, soffiare, spirare, stronfiare, tronfiare, trafelare, tirare il fiato, prendere una boccata || *fig.* vivere || riposare, aver quiete, riprender fiato, riaversi, sentirsi rivivere, ristare dalla fatica.

contr. esalare l'ultimo respiro, morire || inquietarsi, affannarsi, affaticarsi, esagitarsi, tormentarsi, crucciarsi, sentirsi morire, sentirsi mancare.

respirazióne, *sf.* respiro, espirazione, inspirazione, soffio, soffiare, alena, lena, fiatamento, rifiatamento, spiramento, spirito, alito.

nomencl. (*tipi*) diaframmatica, addominale, costo-addominale, anforica, artificiale, asmatica, catarrosa, difficile || (*fenomeni attinenti*) aria complementare, aria di riserva, capacità vitale, combustione respiratoria, alito, fiato, protasi, russamento, russo, stertore, sbadiglio, sospiro, starnuto || afa, affanno, asma, ambascia, angoscia, apnea, apneosfissia, bolsaggine, dispnea, corneggio, epispasmo, fiataccina, ortopnea, pneumatorressi, rantolo, soffocamento, soffocazione, sollacche, raffreddore, bronchite, catarro, tosse || (*strumenti*) anafonesi, ascoltazione, anapnografo, atmidometro, mantice respiratorio, pletismografo, pneumografo, spirografo, spirometro, stetoscopio || (*anatomia*) naso, fosse nasali, bocca, laringe, faringe, trachea, bronchi, polmoni || *agg.* intercisa, ansimante, affannosa, angosciata, difficile, leggera, libera, penosa, pesante, stentata, stridula.

respíro, *sm.* lena, alito, → RESPIRAZIONE, FIATO || *fig.* riposo, conforto, quiete, pausa, fermata, ripresa || proroga, dilazione, rinvio, sollievo.

responsàbile, *agg.* e *sm.* garante, mallevadore, debitore, → AVALLANTE || libero, cosciente || → COLPEVOLE.

contr. irresponsabile, costretto, incosciente.

responsabilità, *sf.* obbligazione, garanzia, sicurtà, → MALLEVERIA || libertà, moralità, rendiconto, → COSCIENZA, DOVERE || COLPEVOLEZZA.

contr. irresponsabilità.

responsióne, *sf.* → PAGAMENTO.

respònso, *sm.* oracolo, → RISPOSTA || OPINIONE.

responsòrio, *sm.* antifona.

nomencl. antifonario, antifonale, responsoriale.

rèssa, *sf.* → MOLTITUDINE || *fig.* → IMPETO.

rèsta, *sf.* (di pesce) lisca, spina || arista, gluma, lolla, loppa || filza (d'agli o di cipolle).

restànte, *ppr.* di restare || *sm.* → RESIDUO.

restànza, *sf.* → RESIDUO.

restàre, *v.intr.* ristare, non andarsene, trattenersi, → FERMARE, RIMANERE || avanzare, esserci ancora, eccedere || divenire, → DIVENTARE || TROVARE || *lett.* smettere, → CESSARE.

contr. andare, partire.

restauràre, *v.tr.* riparare, migliorare, rinnovare, riattare, ripristinare, accomodare, racconciare, rimettere a nuovo, rifare, correggere, ricostruire, ristorare, rimettere in fiore || ritoccare (un quadro) || instaurare, rendere, restituire, → REINTEGRARE || rendere stabili || *fig.* medicare.

contr. guastare, deteriorare, rovinare, trascurare, lasciar andare in rovina, distruggere, avariare, guastare.

restauratóre, *sm.* → RINNOVATORE, RIFORMATORE.
restaurazióne, *sf.* → INDENNITÀ, REINTEGRAZIONE || RESTAURO || ristabilimento (di dinastia, di forma di governo).
contr. rovina, danneggiamento, deterioramento, avaría, guasto || abdicazione, scacciata, rivoluzione.
restàuro, *sm.* restaurazione, acconciamento, riparazione, ripristinazione, ripristino, riattamento, racconciamento, reintegrazione.
contr. danneggiamento, guasto, trascuratezza, avaria, rovina.
restío, *agg.* riluttante, refrattario, renitente, ritroso, schivo, rustico, modesto, nolente, alieno, recalcitrante, negato, contrario, resistente, indisciplinato.
contr. docile, ubbidiente, arrendevole, cedevole, disposto, pronto, desideroso, collaboratore, portato.
restituíre, *v.tr.* rendere, ridare, ridonare, rifondere, rimborsare, riconsegnare, rimettere, rassegnare, risarcire, ripagare, indennizzare, retrocedere, rimandare, ritornare, riportare, contraccambiare, ricambiare || rifare, restaurare, riparare, ristabilire, rinnovare, → REINTEGRARE.
contr. prestare, dare, presentare, consegnare, guastare, rovinare.
restituzióne, *sf.* resa, rifusione, saldo, rimborso, riconsegna, rimessa, risarcimento, indennizzo, indennità, retrocessione, ritorno, contraccambio, pagamento, rendimento, reintegrazione.
contr. prestito, consegna, credito.
rèsto, *sm.* rimanenza, differenza in denaro, → RESIDUO || *pl.* civanzo, avanzi (di un pranzo) || ruderi, rovine (di monumento) || resti mortali, → CADAVERE.
restríngere, *v.tr.* (di bevanda) astringere || → STRINGERE || ridurre, contenere, limitare || LOCALIZZARE || RACCOGLIERE || *rifl.* → RANNICCHIARE || RIENTRARE.
restringiménto, *sm.* → RESTRIZIONE.
restrittívo, *agg.* limitativo.
contr. concessivo, allargante.
restrizióne, *sf.* restringimento, limitazione, diminuzione, freno, disciplina, costrizione → CONTRAZIONE || riserva, eccezione, → ESCLUSIONE || riserva mentale, → BUGIA.
contr. larghezza, allargamento, rilassatezza, licenza.
retàggio, *sm.* appannaggio, → EREDITÀ || *fig.* possedimento, → PATRIMONIO.
réte¹, *sf.* || *fig.* inganno, agguato, laccio, ragna, → INSIDIA.
nomencl. (*tipi*) a maglia grande, a maglia media, a maglia piccola, a sacco, fitta, grossa, rada, smagliata, sottile, spessa || alla deriva || (*tipi*) arganella, alboreto, àngamo, barbaia, bedina, bilancia, bogara, borgino, bragana, bragagna, cirtide, cocchia, cucchiaia, degana, draia, gamberana, gangamo, gangava, giacchio, gozzo, grifo, guada, linaio, linaruolo, lungagnuola, lupa, madraga, menaide, negossa, oltano, palamitara, panterna, pendente, pigaruolo, reciara, retone, rezza, rezzaglio, rivale, ritrecine, rozzolo, saltatoia, sciabica, strascino, tartanone, traversaria, tramaglio, tratta, vangaiola || (*parti*) ali, maestra, maglie, mazzera, modano, pelliccino o scarsella, piombini, ritrorso, soprana, spilorcia, vetra.
réte², *sf.* intreccio, intersecazione, reticolato || borsa, sacca, sacchetto.
nomencl. di spago, di seta, di nailon, d'acciaio || stradale, ferroviaria || dei meridiani, dei paralleli.
reticèlla, *sf.* retino, modano || → BERRETTO.
reticènte, *agg.* e *sm.* restío, irresoluto, insincero, ambiguo, impreciso (nel parlare).
contr. franco, schietto, risoluto, sincero, aperto, verboso, loquace.
reticènza, *sf.* silenzio parziale || *fig.* → PRUDENZA.
contr. franchezza, schiettezza, risolutezza, verbosità, loquacità.
reticolàre, *v.tr.* fare in forma di reticolo, graticolare.
reticolàto, *pps.* di reticolare || *sm.* barriera, intreccio, rete, graticolato, grata.
nomencl. (*elementi*) cavallo di Frisia, paletto, filo metallico, spinato.
retíno, *sm.* reticella || → FOTOGRAFIA.
rètore, *sm.* precettista, stilista, oratore || *spreg.* formalista, enfatico.
contr. artista originale, ispirato, sincero.
retòrica o **rettòrica,** *sf.* arte della parola, eloquenza, oratoria, grandiloquenza || *spreg.* ampollosità, gonfiezza, esagerazione, prolissità, enfasi, superficialità, ridondanza || precettistica, stilistica.
nomencl. (*figure*) allegoria, allusione, amplificazione, allitterazione, analogia, antifrasi, antonomasia, apostrofe, circonlocuzione, comparazione, concessione, deprecazione, dilemma, ellissi, enfasi, epifonema, eufemismo, imprecazione, iperbole, ipotiposi, ironia, metafora, metonimia, onomatopea, pleonasmo, preterizione, prolessi, regressione, reticenza, ripetizione, sineddoche, sinonimia, sospensione || (*elementi*) antiprotasi, argomentazione, confermazione, confutazione, armonia del periodo, atroismo, chiarezza, decenza, dialogismo, conclusione, disposizione, eleganza, elocuzione, entimema, epicherema, prosillogismo, enumerazione, epifora, epistrofe, epitrocasmo, esempio, esudenismo, genere dimostrativo, genere giudicabile, invenzione, merisma, metabole, morfologia, periodo, perorazione, proapodosi, recitazione, sorite, stilistica, purezza, proprietà, sintassi, traslati, fioretti retorici || (*lingua*) arcaismi, neolecismi, solecismi, barbarismi, idiotismi, neologismi, francesismi, anglicismi, ecc. || accessorio, antitetico, colore retorico, retore, precettista, retoricume || *verb.* rettoricare (*ant.*).
contr. brevità, concisione, stringatezza, breviloquio, efficacia.
retòrico o **rettòrico,** *agg.* stilistico, eloquente || *spreg.* magniloquente, grandiloquente, ampolloso, declamatorio, enfatico, fiorito, prolisso, sovrabbondante, tumido, molle, gonfio || astratto, superficiale, demagogico.
contr. breviloquente, breve, laconico, conciso, succinto, scarno, efficace, vigoroso, concettoso, serrato. stringato.
retràttile, *agg.* → ELASTICO, CONTRATTILE.
contr. protrattile.
retribuíre, *v.tr.* compensare, pagare, rimunerare || *fig.* rimeritare, ricambiare, guiderdonare, premiare, → RICOMPENSARE.
retribuzióne, *sf.* → PAGA, EMOLUMENTO || *fig.* → RICOMPENSA.
retrívo, *agg.* e *sm.* tardivo || retrogrado, → REAZIONARIO.

rètro, *avv.* e *sm.* → DIETRO.
retroattività, *sf.*
contr. irretroattività.
retroattívo, *agg.*
contr. irretroattivo.
retrocàmera, *sf.* retrostanza || retrobottega, deposito.
contr. anticamera.
retrocàrica, *sf.*
contr. avancarica, procedere.
retrocèdere, *v.intr.* tornare indietro; camminare a ritroso, andare indietro, retrogradare, → INDIETREGGIARE || *tr.* rimandare, → RENDERE || degradare, punire, privare del grado, destituire.
contr. avanzare, procedere.
retrocessióne, *sf.* → RESTITUZIONE || DEGRADAZIONE.
contr. avanzamento, promozione.
retrocèsso, *pps.* di retrocedere || *agg.* degradato || prestato.
contr. avanzato, promosso.
retrògrado, *agg.* che va all'indietro, regrediente || *fig.* retrivo, parruccone, codino, reazionario, misoneista, conservatore, antiprogressista.
nomencl. retrogradazione, retrogressione || *verb.* retrogradare.
contr. progressista, novatore, illuminista.
retroguàrdia, *sf.* → ESTREMITÀ.
contr. avanguardia, pattuglia in avanscoperta.
retroscèna, *sf.* → TEATRO || *sm.* → NASCONDIMENTO || *fig.* maneggio, → INTRIGO.
contr. scena, facciata, apparenza.
retrospettívo, *agg.* volto all'indietro, al passato, nostalgico, → PASSATO, RICORDARE.
contr. futuristico, avveniristico, volto al futuro, all'avvenire.
retrostànza, *sf.* → RETROCAMERA.
retrotèrra, *sm. indecl.* entroterra, *Hinterland.*
retrovéndita, *sf.* riscatto, ricupero, rivendita.
retroversióne, *sf.* spostamento all'indietro, rivolgimento || ritraduzione nella lingua originale (di testo già tradotto in altra lingua).
contr. versione, traduzione.
rètta¹, *sf.* → LINEA.
nomencl. (*geometria*) asse, bisecante, cosecante, secante, cateto, diagonale, linea, ordinata, parallela, perpendicolare, segmento, tangente, cotangente, vettore, bisettrice, asintoto, trasversale, corda, diametro, raggio || fascio di rette, parallasse, pendenza, angolo, orizzonte, bisezione, trisezione.
rètta², *sf.* ascolto, → ATTENZIONE || *ant.* durata, resistenza, riuscita.
nomencl. *verb.* dar retta, prestare ascolto, badare, seguire un consiglio.
rètta³, *sf.* dozzina, → PENSIONE.
nomencl. mensile, quindicinale, annuale || mezzaretta || collegio, convitto, pensione || *verb.* stare, tenere a retta, a pensione.
rettaménte, *avv.* dirittamente, bene, nel modo dovuto.
rettangolàre, *agg.* → BISLUNGO.
rettàngolo, *sm.* → QUADRILATERO.
rettífica, *sf.* → RETTIFICAZIONE || molatura.
rettificàre, *v.tr.* aggiustare, rimettere nella linea, nella via retta, giusta, rendere retto, raddrizzare || molare || *fig.* emendare, migliorare, cambiare, rimediare, purgare, aggiustare, convertire, → CORREGGERE.
contr. piegare, curvare || guastare, sbagliare, rendere storto, contorto, errato, sviare.
rettificàto, *pps.* di rettificare || *agg.* raddrizzato, molato || corretto, chiarito.
rettificazióne, *sf.* rettifica, correzione, smentita, chiarimento, spiegazione, ritrattazione, revoca || molatura.
contr. errore, sviamento, svista, equivoco, asserzione inesatta.
rettifílo, *sm.* rettilineo.
contr. curva, contorsione, serpeggiamento, zig zag.
rèttile, *sm.* serpe || *fig.* persona vile e bieca, viscida, ipocrita.
nomencl. (*famiglia zoologica*) ofidi o serpenti, sauri, cheloni, loricati || basilisco, alligatore, biscia d'acqua, boa, camaleonte, cicigna, cobra, coccodrillo, crotalo, drago, geco, iguana, lucertola muraiola, pitone, ramarro, salamandra, serpente a sonagli, tartaruga, testuggine acquatica, vipera || (*scienza*) erpetologia || *verb.* repere, rettare, serpeggiare.
rettilíneo, *agg.* → DIRITTO || *sm.* rettifilo || linea retta || *fig.* retto, leale, onesto, giusto.
contr. curvilineo, curvo || curva, linea spezzata || storto, contorto, falso, sleale, infido, insincero, reticente.
rettitúdine, *sf.* → DIRITTURA || *fig.* veracità, lealtà, fedeltà, schiettezza, sincerità, → GIUSTIZIA, ONESTÀ.
rètto, *agg.* → DIRITTO || *fig.* → GIUSTO, ONESTO.
rettóre, *sm.* → CAPO.
rettòrica, *sf.* → RETORICA.
rettòrico, *agg.* → RETORICO.
rèuma, *sm.* reumatismo, dolore reumatico, reumalgia || chirreuma, lombaggine, pleurodinia.
nomencl. articolare, muscolare || (*rimedi*) antireumatico, antiartritina, aspirina, salicilato di soda, salipirina, salolo, acido salicilico, salicilato di metile || *agg.* acuto, cronico, intermittente.
reumalgía, *sf.* → REUMA.
reumatísmo, *sm.* → REUMA.
revellènte, *agg.* revulsivo.
reverberàre, *v.tr.* → RIVERBERARE.
revèrbero, *sm.* → RIVERBERO.
reverèndo, *agg.* degno di reverenza, rispettabile, venerando, onorando, recolendo (*ant.*).
nomencl. reverenziale || *verb.* reverire, riverire.
reverènza, *sf.* → RIVERENZA.
revisionàre, *v.tr.* rivedere, correggere, censurare, esaminare || *neol. tecn.* sottoporre a revisione, mettere a punto (una macchina, un motore).
revisióne, *sf.* correzione, censura, → ESAME, ISPEZIONE || RECENSIONE || PROVA.
revisóre, *sm.* correttore, → ESAMINATORE || CENSORE.
contr. esaminando, esaminato.
reviviscènza, *sf.* ritorno alla vita, risurrezione, risveglio (di ricordi, sensazioni e simili), → RICORDO || ravvivamento dei meriti.
contr. morte (apparente o reale), oblio, annientamento || peccato, perdita, demerito.
revivíscere, *v.intr.* revivificare, rinvivire (*ant.*), → RIVIVERE, RISUSCITARE.

rèvoca, *sf.* revocamento, revocazione, abrogazione, annullamento, annullazione, cancellazione, cassazione, deroga, derogazione, invalidamento, invalidazione, richiamo, ritiro, rettificazione.
contr. approvazione, convalidazione, restituzione.
revocàbile, *agg.* annullabile, derogabile, cancellabile, ritrattabile, → PRECARIO, PROVVISORIO.
contr. irrevocabile, inderogabile.
revocabilità, *sf.* → PRECARIETÀ.
contr. irrevocabilità.
revocàre, *v.tr.* far tornare indietro, chiamare indietro, richiamare || abrogare, annullare, cancellare, cassare, disdire, ritirare, ritrattare, dimettere, derogare, invalidare, rettificare, contromandare, dar contrordine, dar ordine contrario.
contr. ordinare, stabilire, statuire, ristabilire.
revocazióne, *sf.* → REVOCA.
revòlver, *sm. indecl. ingls.* rivoltella, → PISTOLA.
revulsívo, *agg.* e *sm.* revellente, irritante, infiammatorio, vasodilatatore.
reziàrio, *sm.* → GLADIATORE.
rézzo, *sm.* → FRESCHEZZA, OMBRA.
nomencl. orezzo || *verb.* orezzare.
riabbàttere, *v.tr.* abbattere di nuovo, rabbattere.
riabilitàre, *v.tr.* abilitare di nuovo; rendere, restituire buona fama, stimabilità, onore, → ASSOLVERE, REDIMERE || *rifl.* riacquistare, riottenere, riprocurarsi o ricuperare il perdono, la stima, la rispettabilità, l'onore, la buona fama, redimersi, convertirsi, raddrizzarsi.
contr. disonorare || traviarsi, sbagliare, errare, andar fuori strada, disonorarsi.
riabilitazióne, *sf.* reintegrazione, riacquisto (dei diritti civili, nella pubblica stima), redenzione, conversione, raddrizzamento, ritorno, → GIUSTIFICAZIONE.
contr. vergogna, errore, deviazione, disonore.
riabitàre, *v.tr.* → ABITARE.
riaccèndere, *v.tr.* → RAVVIVARE.
riaccertàre, *v.tr.* raccertare, rassicurare, rendere piú certo, confermare, accertare nuovamente.
contr. dubitare, dubitare di nuovo.
riaccomodàre, *v.tr.* → ACCOMODARE.
riaccompagnàre, *v.tr.* → ACCOMPAGNARE.
riacconciàre, *v.tr.* → RIPARARE.
riaccostaménto, *sm.* raccostamento, riavvicinamento.
contr. allontanamento, separazione, distacco.
riaccostàre, *v.tr.* e *rifl.* → ACCOSTARE.
riaccreditàre, *v.tr.* e *rifl.* riacquistare la stima, il credito, riabilitare, → REDIMERE.
riacquistàbile, *agg.* → RICUPERABILE.
riacquistàre, *v.tr.* e *rifl.* racquistare, riavere, ricuperare, riottenere, conseguire nuovamente, riconquistare, riprendere, ricomprare, riguadagnare, rimpadronirsi, rinsignorirsi, raccattare, redimere, restaurare || riacquistare la salute, → GUARIRE.
contr. perdere, riperdere, abbandonare.
riacquísto, *sm.* → RICUPERO.
riaffermàre, *v.tr.* affermare con forza, asserire di nuovo, ripetere, → CONFERMARE.
riaffratellàre, *v.tr.* → UNIRE.
riallacciàre, *v.tr.* rallacciare, → UNIRE || rappiccare, riprendere (i rapporti).
riàlto, *sm.* rialzo, dosso, luogo elevato, prominenza, montuosità, sporgenza, protuberanza, rilievo, altipiano, rialzamento, risalto, elevazione, sporto, spaldo, spalto, rocchio, colmo || → MONTATOIO.
contr. bassura, sprofondamento, divallamento, inabissamento, avvallamento || concavità, incàvo, rientramento, rientranza.
rialzàre, *v.tr.* alzare nuovamente o maggiormente, sollevare da terra, → ALZARE, ELEVARE || *intr.* aumentare (di prezzi), → RINCARARE || *rifl.* sollevarsi, risollevarsi, → RISALIRE.
contr. abbassare, riabbassare || diminuire.
riàlzo, *sm.* rialzamento, lievitazione, aumento di prezzi, del valore; rincaro || → DOSSO, RIALTO || BANCHINA.
contr. diminuzione, ribasso, deprezzamento || avvallamento, bassura, cavità.
riamàre, *v.tr.* riamicare, riaffezionarsi, riprendere affezione, tornare ad amare, riardere d'amore || amare chi ci ama.
contr. disamare, non amare piú, disamorarsi, disaffezionarsi, inimicarsi.
riammalàre, *v.intr.* ammalarsi di nuovo, ricadere, fare una recidiva, una ricaduta (nella malattia), ricascare.
contr. risanare, rinsanicare, rinsanichire, rinsanire.
riamméttere, *v.tr.* accogliere di nuovo, riaccogliere, → AMMETTERE.
riammogliàre, *v.rifl.* riprender moglie, risposarsi, → SPOSARE.
riammollíre, *v.tr.* → RAMMOLLIRE.
riandàre, *v.intr.* andare di nuovo || *tr. fig.* ripassare con la memoria, → RICORDARE, RIPENSARE || PERCORRERE.
rianimàre, *v.tr.* restituire le forze, rimettere in vita, animare di nuovo, far riprendere i sensi || *fig.* infonder coraggio, fiducia; consolare, → RAVVIVARE || *rifl.* riaversi, riprendere i sensi || *fig.* riprender vita, fiducia, coraggio, animo, ravvivarsi.
contr. svenire, far svenire || perdersi d'animo, disanimarsi, angosciarsi.
riannodàre, *v.tr.* → UNIRE.
riapertúra, *sf.* ripresa, rinnovo.
riappiccàre, *v.tr.* rappiccare.
riappiccicàre, *v.tr.* rappiccicare.
riappigionàre, *v.tr.* → AFFITTARE.
riapríre, *v.tr.* aprire di nuovo || *fig.* rinnovare || e *rifl.* riprendere, ricominciare, iniziare.
riàrdere, *v.tr.* → ARDERE || disseccare || *intr.* bruciare, riaccendersi, riamare.
riarmàre, *v.tr.* e *rifl.* → ARMARE.
riàrmo, *sm.* riarmamento, armamento, incremento delle forze armate.
nomencl. generale, parziale, atomico, convenzionale || corsa al riarmo || *fig.* riarmo morale.
contr. disarmo.
riàrso, *agg.* → SECCO, ARIDO || ASSETATO || *fig.* adusto, → MAGRO.
contr. umoroso, umido, verde, fecondo, fertile.
riassestaménto, *sm.* → ORDINE, ACCOMODAMENTO.
riassestàre, *v.tr.* → ORDINARE, ACCOMODARE.
riassettàre, *v.tr.* riordinare, rimettere in assetto, in ordine, → ACCOMODARE || RIPARARE.

riassètto, *sm.* ritorno all'ordine, all'equilibrio, → ACCOMODAMENTO || RIPARAZIONE.
riassopiménto, *sm.* → SONNO.
riassopíre, *v.tr.* e *rifl.* assopirsi di nuovo, riaddormentarsi, ricadere nel sonno.
contr. svegliare, svegliarsi, destarsi.
riassorbiménto, *sm.* assorbimento.
riassorbíre, *v.tr.* → ASSORBIRE.
riassottigliàre, *v.tr.* → ASSOTTIGLIARE.
riassúmere, *v.tr.* riprendere, → ASSUMERE || compendiare, ricapitolare, sintetizzare, → CONDENSARE, ABBREVIARE, RIEPILOGARE.
contr. licenziare di nuovo || specificare, analizzare, scomporre.
riassúnto, *pps.* di riassumere || *sm.* compendio, sommario, breviario, canovaccio, riepilogo, riepilogazione, ricapitolazione, estratto, idea, sunto, ristretto, → SINTESI.
contr. specificazione, trattazione, analisi, scomposizione,
riassunzióne, *sf.* nuova assunzione, ripresa.
contr. licenziamento definitivo || rigetto.
riattaccàre, *v.tr.* → ATTACCARE || *fam.* riprendere, → RICOMINCIARE.
riattaménto, *sm.* → ACCOMODAMENTO, RESTAURO.
riattàre, *v.tr.* → ACCOMODARE, RESTAURARE.
riattivàre, *v.tr.* rimettere in moto, rimettere in uso o in efficienza, riaprire al traffico, riprendere, → RIPRISTINARE.
contr. abbandonare, lasciare in disuso, lasciare inefficiente.
riavére, *v.tr.* ricuperare, essere restituito, → AVERE, RIACQUISTARE || *rifl.* rianimarsi, rinvenire, riprendere i sensi || → MIGLIORARE, GUARIRE || *fig.* riprender coraggio, → RAVVIVARE, CONSOLARE.
riavvicinaménto, *sm.* → RACCOSTAMENTO || *fig.* → RICONCILIAZIONE.
ribaciàre, *v.tr.* → BACIARE.
ribadàre, *v.tr.* → SCHIVARE.
ribadíre, *v.tr.* → RIPETERE, RIBATTERE.
ribaldàggine, *sf.* → MALEFATTA.
ribaldería, *sf.* → MALVAGITÀ, MALEFATTA.
nomencl. ribaldare, ribaldeggiare (*ant.*).
ribàldo, *sm.* paltoniere, poltroniere, mascalzone, farabutto, marrano, vagabondo, birbante, villanzone, gaglioffo, briccone, tristo, malandrino, scellerato, → MALFATTORE.
contr. galantuomo, persona onesta, perbene.
ribàlta, *sf.* proscenio, → PALCO.
ribaltaménto, *sm.* balta, rovesciamento, capovolgimento, ribalzamento, ribaltatura, ribalzo, rimbalzo, ribaltone.
ribaltàre, *v.tr.* capovolgere, capovoltare, rimbalzare, rivoltare, rovesciare || *intr.* e *rifl.* capottare, trabaltare, trabalzare, cadere, rivoltarsi, andare sottosopra.
contr. levarsi, rialzarsi, riassettare, riassettarsi.
ribaltatúra, *sf.* → RIBALTAMENTO.
ribaltóne, *sm.* → RIBALTAMENTO.
ribalzaménto, *sm.* → RIBALTAMENTO, SALTO.
ribàlzo, *sm.* → RIBALTAMENTO.
ribassàre, *v.tr.* deprezzare; calare, diminuire il prezzo; rinvilire, scemare, svendere, calare, abbassare || *intr.* diminuire di prezzo, di valore; essere in ribasso.
contr. rincarare || aumentare i prezzi, essere in rialzo.
ribassísta, *sm.*
contr. rialzista.
ribàsso, *sm.* deprezzamento; diminuzione, detrazione, abbassamento di prezzo, di valore; sbasso, calo, rinvilio, sconto, svendita.
contr. rialzo, rincaro, aumento, maggiorazione, lievitazione di prezzo.
ribàttere, *v.tr.* battere di nuovo, battere ripetutamente || *fig.* ribadire, rafforzare, insistere, calcare, confermare || rintuzzare, controbattere, confutare, contraddire, argomentare contro, non cedere, contrastare, rimbeccare, → OPPORRE, RESPINGERE.
ribattiménto, *sm.* → AGITAZIONE.
ribeccàre, *v.tr.* e *intr.* → RIMBECCARE, RISPONDERE.
ribellaménto, *sm. ant.* → RIBELLIONE.
ribellàre, *v. rifl.* sollevarsi, rivoltarsi, → INSORGERE || dissentire, → DISUBBIDIRE.
ribèlle, *agg.* e *sm.* agitatore, ammutinato, anarchico, contumace, arruffapopoli, barricadiero, demagogo, dinamitardo, disfattista, estremista, facinoroso, fazioso, frondista, guerrafondaio, guerraiuolo, giacobino, libertario, incendiario, indisciplinato, insorto, insurrezionale, mangiapopoli, nichilista, perturbatore, petroliere, provoçatore, ribellante, rivoltoso, rivoluzionario, scamiciato, sedizioso, settario, sobillatore, sovversivo, terrorista, tribunizio, tribuno, tumultuante, turbolento, quarantottesco || indocile, indomabile, inquieto, violento, disubbidiente, caparbio, contrario, → OSTINATO, REFRATTARIO || solo || *agg.* (di malattia) maligno.
contr. pacifico, pacifista, paciere, pacificatore, conservatore, reazionario, uomo d'ordine || sottomesso, obbediente, docile, rassegnato, arrendevole || benigno.
ribellióne, *sf.* ammutinamento, capovolgimento, conflagrazione, cospirazione, congiura, dimostrazione, guerra di popolo, guerra civile, guerriglia, insorgimento, insurrezione, moto, movimento, pronunciamento, riscossa, rivolgimento, rivoluzione, rivolta, rovesciamento, sedizione, sollevamento, sommossa, sommovimento, sovvertimento, sovversione, sconvolgimento || tumulto, fermento, resistenza, agitazione, subbuglio, trambusto, confusione, disordine, scompiglio, quarantotto, tafferuglio || reazione, resistenza, contrasto, → OPPOSIZIONE.
nomencl. stato d'assedio, agitatore-propagandista, agente provocatore || *verb.* fomentare, incitare, provocare, insorgere, domare, reprimere, soffocare, scoppiare, fare le barricate.
contr. sottomissione, obbedienza, docilità, rassegnazione, adattamento || repressione, assetto, riordinamento, smorzamento, soffocamento.
ribére, *v.tr.* → BERE.
riboccànte, *ppr.* di riboccare || *agg.* traboccante, sovrabbondante, colmo, pienissimo, straripante, rigurgitante, eccedente, esuberante.
contr. scarso, manchevole, insufficiente, semivuoto, vuoto.
riboccàre, *v.intr.* essere pieno, colmo, abbondante, straripare, sovrabbondare, rigurgitare, esuberare, eccedere, → ABBONDARE, TRABOCCARE.

contr. essere insufficiente, vuoto, semivuoto; scarseggiare, mancare.
ribolliménto, *sm.* ribollío, gorgoglío, → BOLLITURA || *fig.* → COMMOZIONE.
ribollíre, *v.intr.* → BOLLIRE.
ribollíto, *pps.* di ribollire || *agg.* rifritto, rafriggolato.
ribòtta, *sf.* → BALDORIA, FESTA.
ribrézzo, *sm.* → BRIVIDO || raccapriccio, → PAURA || ripugnanza, schifo, repulsione, nausea, insopportabilità, → ORRORE.
ribruscolàre, *v.tr.* → RACCOGLIERE || RICORDARE.
ribuffàre, *v.tr.* → RIMPROVERARE.
ributtànte, *ppr.* di ributtare || *agg.* → ODIOSO, SGRADEVOLE, NAUSEABONDO.
ributtàre, *v.tr.* buttare di nuovo, raffacciare, rilanciare || *ant.* rigettare, → ESCLUDERE || RESPINGERE || vomitare || *tr.* ripugnare, → NAUSEARE.
ricacciàre, *v.tr.* → CACCIARE.
ricadènte, *ppr.* di ricadere || *agg.* ricascante, penzolante, floscio, pendulo.
contr. sostenuto, compatto, rigido, sodo.
ricadére, *v.intr.* → CADERE || PENZOLARE || RIAMMALARSI.
ricadúta, *sf.* ricascata, recidiva, ritorno, recrudescenza, ricorso, → CADUTA.
contr. guarigione, emendazione (definitiva).
ricalcàre, *v.tr.* seguire, ripetere, → PREMERE || lucidare, copiare, imitare, → RIPRODURRE.
ricalcitrànte, *ppr.* di ricalcitrare || *agg.* ribelle, → INDISCIPLINATO, INDOCILE, REFRATTARIO.
ricalcitràre, *v.intr.* recalcitrare, rinculare, → CALCIARE || *fig.* fare resistenza, opposizione; essere restio, refrattario, disubbidiente, indocile; impennarsi, impuntarsi, resistere, rifiutare, ripugnare, contrastare, → OPPORRE.
contr. accettare, abbandonarsi, cedere, sottomettersi, rassegnarsi.
ricamàre, *v.tr.* trapuntare, ricamucciare || rapportare, smerlare.
ricambiàre, *v.tr.* rendere la pariglia, far rappresaglia, render pan per focaccia, ripagare, contraccambiare, ricompensare, rimunerare, guiderdonare, restituire, rimeritare, corrispondere, ricontraccambiare.
ricàmbio, *sm.* cambio, cambiamento, scambio, contraccambio, pariglia, riscontro, concambio, mutuazione, palleggiamento, palleggio, vicenda, vicendevolezza, rinnovamento, reciprocità, reciprocazione, restituire, vendetta, rappresaglia.
nomencl. organico || metabolismo.
ricàmo, *sm.* smerlo || → GUARNIZIONE.
nomencl. (*modi*) a mano, a macchina, in bianco, in colore, a fiocchetti, diviso, inglese, traforato, in passato, in oro || (*affini* e *inerenti*) arazzo, arabesco, cordoncino diritto, foglia, fogliolina, pallino, trapunto, svolazzetto || punto di Malta, sopraggitto, punti piatti, punti di riempitura, punti in rilievo, spighetta, bordo a fiore, punto catenella, bordura a punto persiano, festone o punto smerlo, ricamo orientale, applicazioni, filettatura, ricamo sul canovaccio (con lustrini, con ciniglia, in rilievo, a figura) || (*punti*) crociata, impuntura, lastrico, penna, croce, mezzo punto, spezzato, treccia, vellutato || (*materia* e *strumenti*) filo, tela, seta, canovaccio, cotone, lino, canutiglia, granone, acciaino, aghi per arazzo, capra, trespolo, cavalletto, cesoie, fuso, punteruolo, tamburo, tombolo || *verb.* ricamare, trapuntare, ricamucciare, rapportare, smerlare.
ricantàre, *v.intr.* → CANTARE.
ricantazióne, *sf.* palinodía.
ricapitàre, *v.tr.* recapitare, → CONSEGNARE, RECARE || capitare di nuovo.
ricapitolàre, *v.tr.* ripetere, riassumere, → ABBREVIARE, RIEPILOGARE.
ricapitolazióne, *sf.* → RIEPILOGO, RIASSUNTO.
ricardàre, *v.tr.* → CARDARE.
ricaricàre, *v.tr.* → CARICARE.
ricascànte, *ppr.* di ricascare || *agg.* ricadente, floscio, pendulo, penzolante, abbandonato.
contr. sostenuto, rigido, compatto, sodo, erto, teso.
ricascàre, *v.intr.* → CADERE || RIAMMALARSI.
ricascàta, *sf.* → RICADUTA.
ricattàre, *v.tr.* estorcere, costringere (con minacce), minacciare || sequestrare || vendicarsi, rifarsi.
ricàtto, *sm.* estorsione, minaccia, coercizione.
ricavàre, *v.tr.* → CAVARE || *fig.* attingere, derivare, estrarre, dedurre, raccogliere, guadagnare, godere, ottenere, tirare, conseguire, ritrarre un utile.
contr. rimetterci, perderci.
ricavàto, *pps.* di ricavare || *agg.* conseguito, ottenuto, fatto || *sm.* utile, profitto, ricavo, → GUADAGNO, PREZZO || *fig.* frutto, prodotto.
contr. perdita, passivo.
ricàvo, *sm.* → RICAVATO.
riccaménte, *avv.* doviziosamente, sfarzosamente, grassamente, abbondantemente, prodigalmente, agiatamente.
contr. poveramente, miseramente, meschinamente, scarsamente.
ricchézza, *sf.* abbondanza, affluenza, agio, agiatezza, benessere, prosperità, dovizia, opulenza, ubertà, copia, gran copia, floridezza, feracità, fortuna, grassezza, pasciona, cuccagna, lusso, sfarzo || beni, averi, risorse, mezzi, capitale, patrimonio, denaro, denari, quattrini, censo, oro, pecunia, roba, rendite, sostanze, tesori || varietà, eterogeneità.
nomencl. (*tipi*) privata, pubblica, nazionale, comune, personale || (*movimento*) distribuzione, accumulazione, consumo, produzione, circolazione, ridistribuzione, risparmio || (*scienze*) crematologia, economia || plutocrazia, capitalismo, collettivismo, Mammona, Creso || società del benessere || *agg.* grande, enorme, immensa, prodigiosa, favolosa, incommensurabile, mostruosa, straordinaria, ostentata, poca, profusa || *loc. avv.* a piene mani, a bizzeffe, a josa, a sacchi, a palate, a profusione || *verb.* arricchire, raggranellare, racimolare, accumulare, custodire, spendere, dilapidare.
contr. povertà, miseria, indigenza, bisogno, pitocchería, meschinità, scarsezza.
ríccio[1], *agg.* → RICCIUTO || *sm.* ricciolo, ciocca, boccolo, cerfuglio, cernecchio, cincinno, ciuffo, cirro, anello, tirabaci, crespa, onda || truciolo.
nomencl. (*pertinenti*) ondulazione permanente, diavoletti, bigodini || *verb.* arricciare, inanellare, ondulare, accotonare, diricciare, sdiricciare.

ríccio², *sm.* porcospino.
rícciolo, *sm.* → RICCIO.
ricciolúto, *agg.* → RICCIUTO.
ricciúto, *agg.* riccio, riccioluto, bioccoluto, crespo, cresputo, cresposo, ondato, increspato, ondulato, griccio, allucignato, accotonato, arricciolato, accartocciato.
contr. liscio, diritto, tirato.
ricco, *agg.* e *sm.* abbondante, almo, pieno, copioso, grasso, dovizioso, fecondo, ferace, fertile, ubertoso, pingue, lucroso, produttivo, rigoglioso, opimo || fornito, ben fornito, dotato || opulento, abbiente, agiato, danaroso, denaroso, facoltoso, lussuoso, magnifico, vistoso, cospicuo, prezioso, sfarzoso, sontuoso, molto ornato || signore, capitalista, plutocrate, straricco, arciricco, riccone, epulone, trimalcione, creso, nababbo, milionario, plurimilionario, miliardario.
nomencl. (*equivalenti*) arricchito, pescecane, villan rifatto, risalito, rilevaticcio, gente nuova, pidocchio rifatto, rustico, rincivilito, bue d'oro, ricco e quartato || patrimonio, ricchezza, sostanza, accumulo || ostentazione, sperpero, prodigalità || *verb.* accumulare, rimpannucciarsi, arricchire, riarricchire, straricchire, affogar nella roba, aver tesori, trovare l'America.
contr. povero, misero, meschino || indigente, pitocco, miserabile, mendicante, accattone, povero, lazzaro.
ricérca, *sf.* analisi, busca, braccheggio, braccheggiamento, caccia, cerca, cercamento, frugamento, esplorazione, indagamento || indagine, inchiesta, esame, richiesta, ispezione, inquisizione, interrogatorio, investigamento, investigazione, osservazione, perquisizione, perscrutazione, recognizione, ricognizione, rifrusta, studio, scrutinio, scrutamento, seguimento, inseguimento, prova.
nomencl. (*varie*) filologica, filosofica, storica, scientifica, statistica, bibliografica, archivistica || di mercato || *agg.* diligente, accurata, meticolosa, minuziosa, paziente, lunga, lenta, interminabile, frettolosa, rapida, avventata, affrettata, fruttuosa, feconda, profittevole, utile, fertile, infeconda, sterile, inutile, vana, senza effetto, felice, fortunata, sfortunata, infelice || *verb.* ricercare, indagare, esplorare, scrutinare, scrutare.
ricercàre, *v.tr.* richiedere, procurare, rifrustare, rifrugare, scorrere, inquisire, ispezionare, → CERCARE, DOMANDARE, INVESTIGARE || PROVARE.
ricercatézza, *sf.* cura eccessiva, eleganza manierata, sprezzatura, dandismo, → AFFETTAZIONE, RAFFINATEZZA || MANIERISMO.
ricercàto, *pps.* di ricercare || *agg.* investigato, braccato || → molto desiderato, richiesto da molti || manierato, studiato, → AFFETTATO, RAFFINATO, FALSO, PIACEVOLE.
contr. rifiutato, disprezzato || trascurato, modesto, trasandato, negletto, sciatto.
ricercatóre, *sm.* studioso, scienziato || analizzatore, cercatore, indagatore, inquisitore, investigatore, osservatore, perlustratore, perquisitore, rifrustatore || amatore, dilettante.
ricètta, *sf.* prescrizione (del medico), récipe, ordinazione, → FORMULA || MEDICAMENTO.
ricettàcolo, *sm.* → NASCONDIGLIO, RIFUGIO.
ricettaménto, *sm.* → RICETTAZIONE.
ricettàre, *v.tr.* dar ricetto, dar rifugio, accogliere, ricevere, nascondere, raccettare, → RICOVERARE, RIFUGIARE || custodire, comprare, venir in possesso di roba rubata || *ant.* scrivere ricette mediche, prescrivere.
contr. respingere, scacciare, espellere || denunciare.
ricettàrio, *sm.* libro di ricette || farmacopea.
ricettatóre, *sm.* detentore o compratore di roba rubata, → COMPLICE.
ricettazióne, *sf.* ricettamento, acquisto o detenzione di cosa rubata.
ricettività, *sf.* recettività, sensibilità, emotività, suscettività, delicatezza, reattività.
contr. apatia, insensibilità, indifferenza, negatività, resistenza.
ricettívo, *agg.* recettivo, emotivo, sensibile, suscettivo, delicato, reattivo.
contr. refrattario, apatico, insensibile, immune, negativo, indifferente.
ricètto, *sm.* casa, sede, residenza, ricettacolo, ricovero, rifugio, asilo || ostello, reclinatorio, dormitorio, tempio || sentina, spelonca, vivaio, serbatoio.
nomencl. *verb.* dare, prestare, offrire || raccettare, ricettare.
ricevènte, *ppr.* di ricevere || *sm.* destinatario.
contr. offerente, trasmittente, mittente.
ricévere, *v.tr.* accogliere, ammettere, accettare || subire, comportare, sopportare, volere, avere, sostenere, contenere, capire || beccarsi, incassare, pigliare, prendere, riportare, riscuotere, toccare, buscare, gradire || ricevere in eredità, → EREDITARE.
contr. mandare, inviare, spedire, visitare || respingere, ricusare, rifiutare || dare, offrire, presentare, concedere, pagare, versare.
ricevimento, *sm.* ricezione, recezione || accoglienza, ammissione, accettazione || riunione mondana, → VISITA.
contr. spedizione, invio, rinvio || commiato, congedo, allontanamento, licenziamento.
ricevitóre, *sm.* → ESATTORE || apparecchio ricevente.
nomencl. pubblico, privato || telefonico, telegrafico.
ricevitoría, *sf.* ufficio delle tasse, delle poste, del telegrafo || botteghino del lotto.
ricevúta, *sf.* recezione, ricezione, bolletta, quietanza, biglietto, scontrino.
nomencl. a madre e figlia, in doppio || (*attinenti*) chirografo, controricevuta, marca da bollo, accettazione || *verb.* dare, rilasciare, conservare, avere, tenere || quietanzare.
ricezióne, *sf.* recezione, ricevimento, accoglimento, accoglienza.
contr. spedizione, invio || licenza, congedo, ripulsa.
richiamàre, *v.tr.* far ritornare, far venire, comparire, invitare, invocare, → CHIAMARE || attirare l'attenzione, allettare, eccitare, → LUSINGARE || RICORDARE || RIMPROVERARE.
richiàmo, *sm.* avviso, appello, invito, chiamata, avvertimento, allettamento, esortazione, eccitamento, pubblicità, grancassa, notizia || stelletta, stelloncino || ordine di tornare indietro, ritiro, → REVOCA || (in un libro) rimando || rimostranza, reclamo, querela, lagnanza, rimprovero || uccellanda.

richiedènte, *ppr.* di richiedere || *agg.* e *sm.* instante, postulante, supplicante, supplice, ricorrente, appellante, richieditore.
richièdere, *v.tr.* chiedere nuovamente, ridomandare; chiedere o domandare con insistenza, con premura, esigere, pretendere, → CHIAMARE, PREGARE || RECLAMARE || ricercare, voler comprare, desiderare || interrogare || far venire, intervenire.
contr. rispondere || concedere, accordare soddisfare || offrire, mettere in commercio.
richieditóre, *agg.* e *sm.* → RICHIEDENTE.
richièsta, *sf.* petizione, istanza, → DOMANDA || INTERROGAZIONE || RECLAMO || domanda di acquisto.
richièsto, *pps.* di richiedere || *agg.* ricercato, voluto, ambito, gradito, desiderato || conveniente, → PIACEVOLE.
contr. rifiutato, respinto, trascurato, negletto, negato.
richinàre, *v.tr.* e *intr.* reclinare.
richiúdere, *v.tr.* → CHIUDERE.
ricíngere, *v.tr.* → RECINGERE.
ricioncàre, *v.tr.* e *intr.* → BERE.
ricoglitóre, *sm.* compilatore (*ant.*), → RACCOGLITORE.
ricoglitúra, *sf.* → RACCOLTA.
ricognitóre, *agg.* e *sm.* → ESPLORATORE.
ricognizióne, *sf.* verificazione, verifica, perlustrazione, → ESAME, ESPLORAZIONE || RICERCA || cognizione riflessa, → CONOSCENZA.
ricollegàre, *v.tr.* → UNIRE.
ricollocàre, *v.tr.* → ORDINARE, RIMETTERE.
ricolmàre, *v.tr.* colmare sino all'orlo, saturare, → RIEMPIRE || abbondare, esuberare, riboccare, traboccare.
ricólmo, *agg.* esuberante, traboccante, eccedente, riboccante, straripante, → PIENO.
ricòlta, *sf.* → RACCOLTA.
ricominciàre, *v.tr.* e *intr.* attaccare, riattaccare, ripigliare, riprendere, ravviare; incominciare, farsi o rifarsi da capo; tornare da capo, ritornare da capo, rappiccare il filo, rifarsi da principio, cominciare *ab ovo* || → RINNOVARE.
contr. finire, ultimare, terminare, smettere, cessare.
ricomméttere, *v.tr.* → UNIRE.
ricommettitúra, *sf.* → UNIONE.
ricompaginàre, *v.tr.* → ORDINARE.
ricomparíre, *v.intr.* → COMPARIRE.
ricompènsa, *sf.* compenso, contraccambio, ricompensazione, premio, rimerito, riconoscimento, guiderdone, riconoscenza, rifacimento, rifusione || gratificazione, mancia, donativo || paga, salario, mercede, retribuzione, rimunerazione, emolumento, onorario || pagamento, prezzo, interesse.
nomencl. *agg.* degna, adatta, adeguata, giusta, equa, inadeguata, insignificante, scarsa, misera, meschina, larga, abbondante, generosa, munifica, splendida, inattesa, desiderata, richiesta, necessaria, obbligatoria || *verb.* dare, chiedere, ricevere, ottenere, corrispondere.
contr. pena, castigo, punizione, ingratitudine, misconoscimento, taccagneria.
ricompensàre, *v.tr.* compensare, premiare, gratificare, rimeritare, contraccambiare, ricambiare, ripagare, ricontraccambiare, render la pariglia, rendere, rispondere, corrispondere || rifondere, risarcire, ristorare, guiderdonare || retribuire, pagare, rimunerare || riconoscere, essere grato, riconoscente.
contr. punire, castigare, essere ingrati, misconoscere, essere taccagno.
ricompensazióne, *sf.* → RICOMPENSA.
ricomperàre, *v.tr.* ricomprare, → COMPERARE, RIACQUISTARE || riscattare, redimere.
ricompórre, *v.tr.* → COMPORRE, ORDINARE || UNIRE.
ricomposizióne, *sf.* rifacimento, rimaneggiamento, ricollocazione, riordinamento, rimpasto, rifusione, accomodamento || → RICOSTRUZIONE, RICOSTITUZIONE.
ricompràre, *v.tr.* → RICOMPERARE,
riconcentràre, *v.tr.* → CONCENTRARE.
riconciliàbile, *agg.*
contr. irriconciliabile.
riconciliaménto, *sm.* → RICONCILIAZIONE.
riconciliàre, *v.tr.* raggiustare, rappacificare, rappaciare, appaciare, rimpaciare, rappattumare, rabbonire, ridurre in pace, accordare, ravvicinare, riavvicinare, rimettere d'accordo, comporre il dissidio, placare, riaccostare, acconciare insieme, accomodare, raccomodare, impattare, → PACIFICARE || riconquistarsi || *rifl.* far la pace, racconciarsi.
contr. inimicare, metter discordia, dissidio, mettere uno contro l'altro, mettere zizzania.
riconciliazióne, *sf.* raccomodamento, rappacificazione, rappacificamento, pacificazione, ravvicinamento, riavvicinamento, riconciliamento, → PACE.
contr. disunione, discordia, dissidio, disaccordo, inimicizia, zizzania.
ricondúrre, *v.tr.* riaddurre, riportare, rimenare, → CONDURRE || RIDURRE.
riconférma, *sf.* → CONFERMA.
riconfermàre, *v.tr.* → CONFERMARE.
riconfortànte, *ppr.* di riconfortare || *agg.* corroborante, ricostituente, → FORTIFICANTE.
riconfortàre, *v.tr.* ristorare, → CONFORTARE, RINCORARE.
ricongiúngere, *v.tr.* → UNIRE.
riconnèttere, *v.tr.* → UNIRE.
riconoscènte, *ppr.* di riconoscere || *agg.* → GRATO.
cont. misconoscente, sconoscente.
riconoscènza, *sf.* riconoscimento, rimembranza, ricordo, → GRATITUDINE || OBBLIGAZIONE || RICOMPENSA.
contr. sconoscenza, misconoscenza, dimenticanza, spensieratezza, ingratitudine.
riconóscere, *v.tr.* affigurare, raffigurare, avvistare, discernere, distinguere, identificare, individuare, ravvisare, raccappezzarsi, osservare || accettare, ammettere, confessare, pentirsi, ripentirsi, convenire, trovar giusto || ricambiare, → RICOMPENSARE || esplorare, verificare, esaminare || *rifl.* giudicarsi, dichiararsi.
contr. disconoscere, sconoscere, negare, dimenticare, obliare, misconoscere.
riconoscíbile, *agg.* ravvisabile, identificabile, individuabile, distinguibile, discernibile, raffigurabile.
contr. irriconoscibile, indistinguibile, sfigurato, stravolto, confuso.
riconosciménto, *sm.* ricognizione, identificazione, ravvisamento, agnizione, raffigurazione, → CONOSCENZA || ammissione, dichiarazione di riconoscere, → CONFES-

SIONE || contraccambio, compenso, premio, ricambio, → RICOMPENSA.
riconosciúto, *pps.* di riconoscere || *agg.* ravvisato, identificato, individuato || ammesso, accertato, riscontrato || confessato, dichiarato, giusto.
contr. disconosciuto, misconosciuto, negato, dimenticato, rinnegato.
riconquísta, *sf.* → RICUPERO.
riconquistàbile, *agg.* → RICUPERABILE.
riconquistàre, *v.tr.* → RIACQUISTARE, RICUPERARE.
riconségna, *sf.* → RIMBORSO.
riconsegnàre, *v.tr.* → CONSEGNARE, RESTITUIRE.
ricontraccambiàre, *v.tr.* → RICAMBIARE, RICOMPENSARE.
riconveníre, *v.tr.* controcitare, ritorcere un'accusa in giudizio || rimproverare, accusare, richiamare a sua volta.
riconvenzióne, *sf.* impugnazione, ritorsione, controaccusa, → RECRIMINAZIONE.
riconvertíre, *v.rifl.* → PENTIRE.
riconvocàre, *v.tr.* → CHIAMARE.
ricopiàre, *v.tr.* → COPIARE || IMITARE, RIPRODURRE.
ricopríre, *v.tr.* → COPRIRE.
ricordàbile, *agg.* → MEMORABILE.
ricordànza, *sf. poet.* → MEMORIA, MENZIONE, RICORDO.
ricordàre, *v.tr.* rammentare, riandare, ripassare con la memoria, ripensare, rivangare, rinvangare, memorare, rammemorare, rimemorare, nominare, menzionare, mentovare, richiamare, riesumare, rimpiangere, rimembrare, rimestare, rimenare, riscorrere, risovvenire, risuscitare, rivivere, sovvenire, suggerire, ribruscolare, serbar ricordo, serbar memoria, avere sulla punta della lingua, imprimere nella memoria, scolpire nella memoria, tenere o avere presente, rinfrescare la memoria, sapere o ritenere a memoria, tornare alla mente, legarsela al dito, cercare di ricordare, riuscire a ricordarsi, avere la memoria lunga, prendere memoria di una cosa, prendere un appunto, annotare una cosa || celebrare, rievocare, commemorare, esumare || assomigliare, ravvisare, riconoscere, rassomigliare || citare, far menzione || essere riconoscente, grato || → RACCOMANDARE.
contr. dimenticare, scordare, obliare, porre in oblio, mettere o lasciare nel dimenticatoio.
ricordatívo, *agg.* → MEMORABILE.
ricordazióne, *sf. ant.* → RICORDO.
ricordévole, *agg.* → GRATO, MEMORE || MEMORABILE.
ricòrdo, *sm.* memoria, mente, rimembranza, rammemorazione, ricordanza, reminiscenza, pensiero, risovvenimento, reviviscenza, ricordazione, rimpianto, menzione, citazione, memento, commemorazione, rievocazione, ritentiva, ipermnesia || appunto, documento, citazione, nota, avviso, segno, traccia, orma, svegliarino || dono, riconoscenza, regalo || monumento, lapide, cippo, epigrafe || memento.
contr. dimenticanza, oblio, amnesia, smemorataggine, smemoratezza, dimenticaggine, ingratitudine.
ricorrènte, *ppr.* di ricorrere || *sm.* e *f.* → RICHIEDENTE.
ricorrènza, *sf.* → ANNUALE.
ricórrere, *v.intr.* ritornare periodicamente, ripresentarsi ad intervalli, ripetersi, → CORRERE || rivolgersi, indirizzarsi, ripetersi, chiedere aiuto, chiamare aiuto, appellarsi, far ricorso, interporre, invocare, raccomandarsi, implorare, affidare, pregare, richiamarsi, ripararsi, ricoverarsi, → DOMANDARE, RECLAMARE.
ricórso, *pps.* di ricorrere || *sm.* istanza, reclamo, richiesta, appello, supplica, petizione, → DOMANDA || periodicità, ritorno periodico, ritmo, ricorsa, ricorrenza, → RICADUTA || memoriale.
nomencl. corsi e ricorsi, via gerarchica || *verb.* aver corso.
ricostituènte, *ppr.* di ricostituire || *agg.* → FORTIFICANTE || *sm.* corroborante, energetico.
nomencl. (*tipi*) generale, del sangue, del sistema nervoso, osseo || (*esempi*) iniezioni, fosfati, ferro e ferruginosi o arsenicali, glicerofosfati.
ricostituíre, *v.tr.* → RIFARE || *fig.* corroborare, rinvigorire, ristabilire, → RIPRISTINARE, RINNOVARE.
ricostituzióne, *sf.* ricostruzione, ricomposizione, ripristino, ristorazione, → RINNOVAMENTO || rinvigorimento, ristabilimento, rigenerazione.
contr. distruzione, abbattimento, annientamento, estenuazione, indebolimento.
ricostruíre, *v.tr.* → RESTAURARE, RINNOVARE.
ricostruzióne, *sf.* ricostituzione, ricomposizione, ripristino, riedificazione, restauro, rifacimento, → RINNOVAMENTO.
contr. distruzione, annientamento, abbattimento, demolizione.
ricoveràre, *v.tr.* dar asilo, ricetto, ricovero, rifugio; ospitare, ricettare, proteggere, custodire, → RACCOGLIERE || rinchiudere, internare || mettere in salvo, nascondere || *rifl.* rifugiarsi, mettersi a riparo, mettersi in salvo, ritirarsi, mettersi al coperto o al riparo, rinchiudersi.
contr. lasciare incustodito, respingere || esporsi.
ricóvero, *sm.* baita, casa, casotto, rifugio, ospizio, albergo, riparo, ricetto, ritiro || ospitalità || → PROTEZIONE.
nomencl. (*esempi*) ospedale, casa di cura, casa di riposo, albergo popolare, albergo dei poveri, istituto di beneficenza, brefotrofio, orfanotrofio, gerontocomio, ricovero di vecchi.
ricreaménto, *sm.* → PIACERE, RICREAZIONE.
ricreàre, *v.tr.* creare nuovamente, rifare, riparare, ristorare, → CREARE, RINNOVARE || *fig.* → DIVERTIRE, RALLEGRARE || *rifl.* dilettarsi, divertirsi, distrarsi, prendere sollievo, rilassarsi, spassarsela, confortarsi, ristorarsi, patullarsi, darsi buon tempo, scarnascialare, stare allegri, svagarsi, → GIOCARE.
contr. rompere, rovinare, distruggere || rattristarsi, intristire, immalinconirsi, affliggersi.
ricreatívo, *agg.* → PIACEVOLE.
ricreatòrio, *agg.* ricreativo, → PIACEVOLE || *sm.* oratorio, dopolavoro, doposcuola, giardino d'infanzia, circolo ricreativo.
ricreazióne, *sf.* riposo, svago, spasso, divertimento, diporto, piacere, ozio, giuoco, ristoro, sollievo, allettamento, bisboccia, diletto, distrazione, ricreamento, passatempo, sollazzo, trastullo, festa, vacanza || pausa, intervallo scolastico.
nomencl. (*luoghi*) ritrovo, circolo, ridotto, ricreatorio.
contr. fatica, lavoro, stanchezza, sforzo, affanno, cruccio, noia.

ricrédere, *v.rifl.* ritornare sul proprio pensiero, giudizio; ripudiare, respingere ciò che si era creduto; mutar parere, opinione, apprezzamento; disingannarsi, ritrattarsi, disdire, contraddirsi, recedere, revocare, rinnegare, fare ammenda, ritirare, → PENTIRE.
nomencl. palinodia, ritrattazione.
contr. perseverare, mantenersi fedele || insistere, persistere, ostinarsi.
ricréscere, *v.intr.* → CRESCERE.
ríctus, *sm. lat.* contrazione della bocca, smorfia, ghigno abituale.
ricucíre, *v.tr.* → CUCIRE, UNIRE.
ricuòcere, *v.tr.* → CUOCERE.
ricúpera, *sf. ant.* → RICUPERO.
ricuperàbile, *agg.* recuperabile, redimibile, riacquistabile, riguadagnabile, raggiungibile, riconquistabile, riscattabile, svincolabile, francabile, liberabile.
contr. irrecuperabile, irredimibile, irriscattabile.
ricuperaménto, *sm.* → RICUPERO.
ricuperàre, *v.tr.* recuperare, riacquistare, racquistare, riconquistare, riavere, ripigliare, riprendere, rifarsi, ricomprare, riguadagnare, rivendicare, rivincere, evincere, raggiungere, riottenere, ritornare in possesso || riscattare, affrancare, redimere, salvare, portare in salvo.
contr. smarrire, perdere, abbandonare, disperdere.
ricuperazióne, *sf.* → RICUPERO.
ricúpero, *sm.* recupero, ricuperamento, ricuperazione, evizione, riscatto, retrovendita, riconquista, riacquisto, rivinta, rivincita, rivendicazione, ritrovamento, reintegrazione, ricupera (*ant.*) || cosa ricuperata.
contr. perdita, smarrimento, abbandono, dispersione.
ricúrvo, *agg.* → CURVO.
ricúsa, *sf.* → RIFIUTO.
ricusàre, *v.tr.* → NEGARE, RIFIUTARE || ABBANDONARE.
contr. accettare, accogliere, ricevere, prendere.
ridacchiàre, *v.intr.* → RIDERE.
ridanciàno, *agg.* → RIDENTE, BEFFARDO.
ridàre, *v.tr.* → RENDERE, RESTITUIRE.
ridarèllo, *agg.* riderello, → RIDENTE.
rídda, *sf.* → BALLO || *fig.* moto disordinato, confusione, pandemonio, tregenda.
riddàre, *v.intr.* → GIRARE, BALLARE.
ridènte, *ppr.* di ridere || *agg.* allegro, ameno, gaio, ilare, brioso, lepido, arguto, ridarello, riderello, ridanciano, spiritoso, sorridente, sereno, vivo, vivace, vispo || ghignante, sogghignante, sghignazzante || *fig.* → FAVOREVOLE.
contr. serio, imbronciato, musone, triste, piangente, piagnucoloso, gemebondo, querulo.
rídere, *v.intr.* ridacchiare, riducchiare, sorridere, ghignare, ghignazzare, sghignazzare, sgrignare, sogghignare, sghignare, squittire || deridere, mettere in ridicolo, schernire || sbellicarsi, scompisciarsi, sganasciarsi, sgangherarsi, smascellarsi, smammolarsi, smammarsi, tenersi la pancia, far matte risate, crepar dalle risa, sbracarsi dalle risa || ridere a crepapelle, a crepapancia, a fior di labbra, a mezza bocca, a più non posso, a scrosci, di cuore, di nascosto, di sottecchi, con grazia, rumorosamente, saporitamente, sardonicamente, sbardellatamente, sconciamente, sfacciatamente, sguaiatamente, squacqueratamente, sotto i baffi, tra le lagrime, satanicamente, vezzosamente || gioire, mostrar gioia, essere contento || arridere || *rifl.* farsi beffe, beffarsi || non curarsi, non temere, non far caso.
contr. piangere, essere triste, rattristarsi, lamentarsi, lagnarsi, singhiozzare, singhiottire, lucciolare.
riderèllo, *agg.* ridarello, → RIDENTE.
ridévole, *agg.* → RIDICOLO.
ridicolàggine, *sf.* ridicolezza, buffonata, caricatura, comica, goffaggine, gofferia, goffezza || meschinità, inezia, sciocchezza, scimunitaggine.
contr. serietà, seriosità, cosa seria, cosa grave o greve, gravità.
ridicolézza, *sf.* → RIDICOLAGGINE.
ridícolo, *agg.* degno di riso, arlecchinesco, buffo, bizzarro, farsesco, buffonesco, burattinesco, burlevole, burlesco, carnevalesco, comico, derisibile, goffo, grottesco, lepidezza, meschino, pagliaccesco, pulcinellesco, ridevole, risibile, schernevole, umoresco, brutto || → FALSO || *sm.* comicità, arguzia, spirito, ridicolaggine, caricatura, parodia.
nomencl. (*equivalenti*) zimbello, buffone, sgorbio, bertuccia in zoccoli || *verb.* essere, fare, mostrarsi ridicolo || far ridere || aver paura del ridicolo.
contr. serio, grave, patetico, rattristante, drammatico, tragico.
ridíre, *v.tr.* → DIRE, RIPETERE || riferire, riprendere, censurare, → RIPORTARE || esprimere, → NARRARE || BIASIMARE.
ridiveníre, *v.intr.* → DIVENIRE.
ridiventàre, *v.intr.* → DIVENTARE.
ridolènte, *agg.* → ODOROSO.
ridonàre, *v.tr.* → DONARE, RESTITUIRE.
ridondànte, *ppr.* di ridondare || *agg.* abbondante, sovrabbondante, riboccante, rigurgitante, esuberante, eccessivo, → TRABOCCANTE || pleonastico, prolisso, ampolloso, gonfio, pregnante.
contr. moderato, insufficiente, tenue, stentato, scarso, limitato, scarno, conciso, dimesso.
ridondànza, *sf.* abbondanza, eccesso, esuberanza, profusione, → SOVRABBONDANZA || retorica, → PROLISSITÀ, PLEONASMO.
contr. povertà, meschinità, limitazione, stentatezza, moderatezza, laconicità, concisione.
ridondàre, *v.intr.* abbondare, eccedere, traboccare, rigurgitare, esuberare, sovrabbondare, riboccare, → EMPIRE || RISULTARE.
contr. scarseggiare; essere meschino, stentato, manchevole, dimesso, scarseggiante, scarso || essere conciso, efficace.
ridòsso, *sm.* → RIPARO.
ridótto, *pps.* di ridurre || *agg.* → DIMINUITO || *sm.* → FORTIFICAZIONE || BISCA || atrio, *foyer*, → RITROVO.
riducchiàre, *v.intr.* → RIDERE.
riducíbile, *agg.* → DUTTILE.
contr. irriducibile.
ridúrre, *v.tr.* far tornare, far venire, ricondurre, raddurre, condurre, recare, portare a sua volta || adunare, → RACCOGLIERE || impoverire, diminuire, far calare, restringere, compendiare, abbreviare, stringere, adattare, modificare, cambiare, mutare, convertire, →

TRASFORMARE || menomare, peggiorare, conciare || costringere || *rifl.* rifugiarsi, condursi, ritirarsi || ridurre un debito, → BONIFICARE.
contr. aumentare, accrescere, espandere, estendere || durare, continuare, reagire, proseguire.
riduzióne, *sf.* → DIMINUZIONE, CONTRAZIONE || SEMPLIFICAZIONE || SCONTO.
riecheggiàre, *v.intr.* echeggiare, → RISONARE, RIPERCUOTERE.
riedificàbile, *agg.* ricostruibile, immovabile.
riedificàre, *v.tr.* ricostruire, rifabbricare, → EDIFICARE, RINNOVARE.
riedificazióne, *sf.* → RICOSTRUZIONE, RINNOVAMENTO.
riempiménto, *sm.* rabboccatura, colmata, colmatura, riempitura, completamento, interramento, empimento.
contr. svuotamento, vuotamento, vuotatura.
riempíre, *v.tr.* colmare, ricolmare, abboccare, colmeggiare, completare, empire, empiere, farcire, gremire, imbottire, imbuzzare, impinzare, impregnare, infarcire, ingozzare, insaccare, intasare, intrippare, inzeppare, rempire, rimbuzzare, rimpinzare, rimpippiare, rinsaccare, rinterrare, rinzeppare, satollare, saturare, saziare, stipare, stivare, zeppare, → OCCUPARE || *rifl.* mangiar troppo, saziarsi, satollarsi.
contr. vuotare, svuotare, cavare, evacuare, sfollare, diradare, sgomberare, vacuare, scavare || affamare.
riempitívo, *agg.* superfluo, eccessivo, pleonastico || *sm.* pleonasmo, zeppa.
contr. lacunoso, vuoto, mancante.
riempíto, *pps.* di riempire || *agg.* → PIENO.
riempitúra, *sf.* riempimento || cosa che riempie, ripieno || *fig.* → PROLISSITÀ, PLEONASMO.
contr. lacuna, vuoto, vuotamento, svuotamento.
rientraménto, *sm.* rientranza, rientro, concavità, incavo || insenatura, seno, golfo.
contr. sporgenza, rialto, colmo, risalto, prominenza, protuberanza, rotondità.
rientrànte, *ppr.* di rientrare || *agg.* concavo, incavato, incurvato in dentro, sinuoso.
contr. convesso, sporgente, prominente, protuberante.
rientrànza, *sf.* → RIENTRAMENTO.
rientràre, *v.intr.* → ENTRARE || restringersi, ritirarsi, accorciarsi, piegarsi in dentro || rincasare, ritornare.
contr. uscire, tornare ad uscire || allargarsi, estendersi, protendersi, sporgersi in fuori.
rientràto, *pps.* di rientrare || *agg.* ritornato, rincasato || internato, ritirato, accorciato, raccorciato, ristretto, incavato, contratto || *fig.* fallito, mancato, non riuscito, rimasto incompiuto, insoddisfatto.
contr. uscito || allargato, esteso || riuscito, compiuto, completo, soddisfatto.
riéntro, *sm.* → RITORNO || restringimento, → RIENTRAMENTO.
contr. partenza || dilatazione, allargamento.
riepilogàre, *v.tr.* epilogare, riassumere, ricapitolare, recapitolare, compendiare, raccogliere in breve, ridurre, sintetizzare, restringere, stringere, toccare per sommi capi || concludere.
contr. estendere, allungare, esporre minutamente, diffusamente, analizzare.
riepílogo, *sm.* diallage, ricapitolazione, recapitolazione, epilogo, riassunto, sintesi, ristretto, compendio, ripetizione, estratto, quintessenza, sinossi, sommario, transunto, epitome || perorazione, conclusione.
contr. esposizione diffusa, analisi || prologo, introduzione.
riesaminàre, *v.tr.* → PROVARE.
riesumàre, *v.tr.* → DISSOTTERRARE, RICORDARE.
rievocàre, *v.tr.* → RICORDARE.
rievocazióne, *sf.* → RICORDO.
rifabbricàre, *v.tr.* riedificare, → RIFARE, RINNOVARE.
rifaciménto, *sm.* rimaneggiamento, ricomposizione, riordinamento, rimpasto, rifusione, accomodamento, rinnovo, ricostruzione, ristrutturazione, → RINNOVAMENTO || RICOMPENSA.
contr. distruzione, rottura, squarcio, guasto, rovina, demolizione, abbattimento.
rifàre, *v.tr.* fare nuovamente, ripetere, far meglio di prima, migliorare, abbellire, rinnovare, riedificare, ricostruire, ricostituire, rifabbricare, riordinare, rimaneggiare, rimpastare, ristorare, ricreare, ritessere, ristabilire, riformare, → RICOMINCIARE || imitare, contraffare || rassettare || compensare, risarcire, rimediare, → INDENNIZZARE || *rifl.* riprendere forza, rianimarsi, ristabilirsi, rimpannucciarsi || risarcirsi, ristorarsi, → RICUPERARE.
contr. disfare, demolire, distruggere, abbattere || perdere.
rifasciàre, *v.tr.* → FASCIARE.
rifàtto, *pps.* di rifare || *agg.* e *sm.* rilevaticcio, risalito, pescecane.
rifazióne, *sf.* → INDENNITÀ || RINNOVAMENTO.
riferènte, *ppr.* di riferire || *sm.* → RELATORE.
riferíbile, *agg.* attribuibile, concernente, riguardante, dipendente, → RELATIVO || dicibile, ripetibile, narrabile, raccontabile.
contr. irriferibile, indicibile, irripetibile, inenarrabile.
riferiménto, *sm.* relazione, rapporto, citazione, informazione, notizia, ragguaglio, attinenza, nesso, connessione, confronto, paragone, contatto.
riferíre, *v.tr.* avvisare, riportare, rapportare, ridire, spifferare, far la spia, narrare, contare, raccontare, rivelare, dare notizia, fare rapporto, fare relazione, far sapere, ricontare, rifischiare, ripetere, → DIRE || attribuire, alludere, ascrivere, concernere, riguardare, aver relazione || *rifl.* rapportarsi, richiamarsi, riportarsi, adattarsi, rimettersi.
nomencl. relatore, referendario, referente || *relata refero.*
contr. tacere, tener segreto o nascosto, essere discreto, prudente.
riffa, *sf.* lotteria, → PESCA.
rifiataménto, *sm.* → RESPIRAZIONE.
rifiatàre, *v.intr.* → RESPIRARE || *fig.* → RIPOSARE.
rificcàre, *v.tr.* → FICCARE.
rifilatóre, *sm.* → SPIA.
rifiniménto, *sm.* rifinitura, → PERFEZIONAMENTO.
rifiníre, *v.tr.* completare, → PERFEZIONARE || *rifl.* essere esausto, esaurito, → SFINIRE.
rifinitézza, *sf.* finitezza, perfezione, compiutezza, completezza.
contr. imperfezione, incompiutezza, trascuratezza, raffazzonamento.

rifiníto, *pps.* di rifinire || *agg.* finito con cura, molto curato, completo, esaustivo, portato a termine, perfezionato || esausto, consumato, consunto, sfatto, logorato, spossato, → ESAURITO, SFINITO.
contr. abborracciato, raffazzonato, finito alla meglio, abbozzato, sbozzato, schizzato, tratteggiato, schematizzato, accennato || fiorente, gagliardo, vigoroso, florido.
rifinitúra, *sf.* perfezionamento, ultima mano, compimento.
contr. raffazzonamento, abborracciatura.
rifiorènte, *ppr.* di rifiorire || *agg.* florido, fiorente, verdeggiante, splendente, → RIGOGLIOSO.
contr. sfiorito, sfinito, rifinito, esausto, appassito, brancicato.
rifioriménto, *sm.* il rifiorire || *fig.* → MIGLIORAMENTO || PROGRESSO, RINNOVAMENTO.
rifioríre, *v.intr.* → FIORIRE || *fig.* rabbellire, illeggiadrire, ravvivare, ringiovanire, prosperare, splendere, espandersi; riprendere floridezza, vigore, bell'aspetto; migliorare, → RINNOVARE || GUARIRE.
contr. intristire, appassire, decadere, essere rifinito.
rifioríto, *pps.* di rifiorire || *agg.* ringiovanito, migliorato, abbellito, esuberante, illeggiadrito || → MACCHIATO.
contr. intristito, ammencito, brancicato, appassito.
rifioritúra, *sf.* → RINNOVAMENTO.
rifischiàre, *v.intr.* → FISCHIARE || *fig.* → RIFERIRE.
rifischióne, *sm.* → SPIA.
rifiutàre, *v.tr.* ricusare, respingere, rigettare, ripudiare, rinnegare, rinunziare, ripulsare, negare, denegare, scartare, declinare, escludere, disdire, dire di no, non concedere, fare orecchio da mercante, lasciare, abbandonare, astenersi, sottrarsi, schifare.
contr. accettare, consentire, accogliere, acconsentire, prendere, ricevere, accondiscendere, arrendersi, cedere, concedere.
rifiúto, *sm.* rinunzia, negazione, diniego, ripulsa, rigetto, ricusa, ricusazione, reiezione, respingimento, disdetta, contrarietà, opposizione, ripudio || avanzo, → IMMONDIZIA, RESIDUO.
contr. accettazione, accoglimento, consenso, ricevimento, recezione.
riflessióne, *sf.* ripiegamento, riverberazione, rifrazione, ripercotimento, riverberamento, riverbero || *fig.* attenzione, avvertenza, prudenza, posatezza || esame, pensiero, idea, introspezione, meditazione, considerazione, consiglio, deliberazione, disamina, esplorazione, indagine, ponderatezza, ponderazione, premeditazione, perscrutazione, osservazione, rilievo, ricerca, studio.
contr. avventatezza, sconsideratezza, impulso, impulsività, spensieratezza, leggerezza.
riflessívo, *agg.* guardingo, ponderato, posato, savio, ragionatore, pensieroso, giudizioso, prudente, meditativo, attento, cogitabondo, concentrato in sé || introspettivo, introverso.
contr. irriflessivo, impulsivo, sconsiderato, imprudente, superficiale || estroverso.
riflèsso, *pps.* di riflettere || *sm.* riverbero || → RIPERCUSSIONE || movimento involontario, risposta dell'organismo agli stimoli.
riflèttere, *v.tr.* ripiegare, ripercuotere, rivolgere indietro || riverberare, rispecchiare || rivolgere la mente, agitare nella mente, almanaccare, badare, bilanciare, calcolare, congetturare, considerare, covare, dibattere, discutere, esaminare, escogitare, indagare, lambiccare, stillare il cervello, masticare, maturare, metter in bilancia, misurare bene, osservare, perscrutare, pesare, ponderare, rammulinare, riandare, ricogitare, rimuginare, ripensare, ruminare, scandagliare, scervellarsi, scrutare, soppesare, → MEDITARE, PENSARE.
contr. agire impulsivamente, sconsideratamente, essere superficiale.
riflettóre, *sm.* proiettore, faro.
rifluíre, *v.intr.* scorrere all'indietro, → SCORRERE || tornare ad affluire, ritornare, riprendere.
riflússo, *sm.* ritorno della marea, afflusso.
contr. flusso, deflusso.
rifocillaménto, *sm.* → MANGIATA, RISTORO.
rifocillàre, *v.tr.* → RISTORARE || *rifl.* satollarsi, → MANGIARE.
rífolo, *sm.* → REFOLO.
rifóndere, *v.tr.* fondere nuovamente || *fig.* (di scritto) rimaneggiare, rifare || pagare, ricompensare, rimborsare, → INDENNIZZARE, RENDERE.
rifórma, *sf.* riformazione, riformagione, innovazione, novazione, cambiamento, mutamento, correzione, modificazione, emendamento, revisione, rinnovamento, miglioramento, nuovo ordine, temperamento, trasformazione || inabilità, non idoneità (al servizio militare).
nomencl. dall'alto, dal basso, luterana, protestante, cattolica || *agg.* radicale, energica, forte, vigorosa, totale, completa, blanda, fiacca, debole, parziale.
contr. *status quo*, controriforma || idoneità.
riformàre, *v.tr.* innovare, novare, cambiare, mutare, fare innovazioni, modificare, emendare, correggere, revisionare, rinnovare, migliorare, temperare, trasformare, rifare, rivedere, riordinare, rinfrescare, instaurare, svecchiare, → RINNOVARE || dichiarare inabile, inidoneo (al servizio militare).
contr. conservare, confermare, lasciare immutato, peggiorare || abilitare.
riformàto, *pps.* di riformare || *agg.* e *sm.* protestante, ugonotto || → FRANCESCANO || inabile, inidoneo (al servizio militare).
contr. cattolico || idoneo, abilitato.
riformatóre, *sm.* innovatore, novatore, progressista, radicale, riformista, rinnovatore, rinnovellatore, restauratore.
contr. conservatore, retrogrado, retrivo, codino.
riformazióne, *sf.* → RINNOVAMENTO.
riformísmo, *sm.* → PROGRESSISMO.
riformísta, *agg.* e *sm.* e *f.* → PROGRESSISTA, MINIMALISTA.
contr. rivoluzionario, sovversivo, eversore.
riforniménto, *sm.* → PROVVISIONE.
riforníre, *v.tr.* fornire novamente, riapprovvigionare, munire novamente, dare, provvedere, rifondere || *rifl.* far provvista, riprovvedersi, riapprovvigionarsi, munirsi novamente.
contr. sfornire, lasciar privo || sfornirsi.
rifornitóre, *sm.* fornitore.

rifràngere, *v.tr.* e *rifl.* far deviare, spezzare, frangere.
rifrangiménto, *sm.* rifrazione, → RISACCA.
rifrazióne, *sf.* rifrangimento, → RIFLESSIONE.
nomencl. (*inerenti*) birifrazione, monorifrazione || caustica, curva, incidenza, punto anaclastico, tavole anaclastiche, rifrattometro.
rifríggere, *v.tr.* → FRIGGERE || *fig.* → RIPETERE.
rifriggitóre, *sm.* → FRIGGITORE.
rifrítto, *pps.* di rifriggere || *agg.* → BRUCIATO.
rifrittúme, *sm.* raffrigolato, rancido, rancico, ribollito || *fig.* cose ripetute.
rifrústa, *sf.* → RICERCA.
rifrustàre, *v.tr.* → INVESTIGARE.
rifrustatóre, *agg.* e *sm.* → RICERCATORE.
rifuggíre, *v.intr.* fuggire nuovamente, aborrire, essere alieno, aver paura, non volerne sapere || *tr.* evitare, fuggire, → SCHIVARE, SCANSARE, ODIARE.
contr. far volentieri, accogliere, gradire, accettare.
rifugiàre, *v.tr.* dar ricetto, dar rifugio, ricoverare, ospitare, custodire || *rifl.* ripararsi, → NASCONDERE, RIDURRE.
contr. avventurarsi, affrontare, esporre, esporsi.
rifúgio, *sm.* asilo, albergo, casa, baita, ospizio, chiesa, tempio, ricettacolo, ricetto, ricovero, porto, nascondiglio, covo, ovile || *fig.* solitudine, → PROTEZIONE, CONFORTO.
rifulgènte, *ppr.* di rifulgere || *agg.* rutilante, → SPLENDENTE.
rifúlgere, *v.intr.* → SPLENDERE.
rifusióne, *sf.* nuova fusione || *fig.* → RINNOVAMENTO || PAGAMENTO, RIMBORSO, INDENNITÀ.
ríga, *sf.* linea, lineetta, verso, tratto, trattino, frego, segno, stria, striscia, rigo, solco || fila, filiera, ordine, serie, banda, lista || linea (di scritto o di stampato) || scriminatura, divisa || règolo, righello, stecca, righino.
nomencl. (*affini*) falsariga, pentagramma, randa, filatessa || distanza o spazio || parallele || *agg.* diritta, storta, curva, spezzata, piena, rotta, retta || *verb.* rigare.
rigàglie, *sf.pl.* → REGAGLIE.
rigàgnolo, *sm.* rivoletto, rivolo, ruscello, canaletto, berignolo, zanella.
rigàre, *v.tr.* tirare, tracciare righe; righettare, quadrettare, vergare, vergolare, rinvergare, listare, segnare, squadrettare, striare, vergheggiare, zebrare || solcare, scanalare, accanalare, insolcare, scannellare.
rigatíno, *sm.* → COTONINA.
rigàto, *pps.* di rigare || *agg.* segnato, addogato, allistato, lineato, listato, righettato, strisciato, striato, traversato, vergato, vergheggiato, reticolato, zebrato, quadrettato, squadrettato, distinto || scanalato, scannellato, solcato.
contr. liscio, pulito, bianco.
rigattería, *sf.* anticaglia, avanzi, *bric-à-brac*, calia, carabattola, cenci, cianfrusaglia, ciarpa, ciarpame, rifiuti, robavecchia, scarto, stracci || bottega di rigattiere.
nomencl. antiquariato || bottega di antiquario.
rigattière, *sm.* cenciaiolo o cenciaiuolo, ferrovecchio, rivendugliolo, rivenditore, robivecchio, straccivendolo, stracciaio, stracciaiuolo, treccone, → MERCANTE.
nomencl. antiquario.
rigatúra, *sf.* righettatura, striatura, strisciatura, quadrettatura, squadrettatura || accanalatura, scanalatura, scannellamento, scannellatura.
contr. lisciatura, levigatura.
rigeneràre, *v.tr.* generare di nuovo || far rinascere, far rifiorire, dar nuova vita, → RINNOVARE || *rifl.* riprodursi || migliorarsi, rinnovarsi.
contr. lasciar decadere, invecchiare, morire, peggiorare.
rigeneratóre, *agg.* e *sm.* → RINNOVATORE.
rigenerazióne, *sf.* → RIPRODUZIONE || *fig.* → RINNOVAMENTO || redenzione, riscatto, liberazione, nuova vita, seconda vita.
contr. decadimento, corruzione, guasto, decadenza || fine, morte.
rigermogliàre, *v.intr.* → RIGETTARE, RINASCERE.
rigettàre, *v.tr.* gettare nuovamente, gettare indietro, scagliare, ributtare, respingere, rendere, rimandare, rifiutare, ricusare, ripudiare, denegare, disdire, declinare, rinunziare, ripulsare, scartare, negare, escludere || rimettere, → VOMITARE || rifondere || rigermogliare, germogliare, germinare, ributtare, pullulare ancora.
contr. raccogliere, riprendere, riaccettare, riaccogliere || intristire, intisichire, morire, imbozzacchire.
rigètto, *sm.* → RIFIUTO.
righèllo, *sm.* → RIGA.
righettàre, *v.tr.* → RIGARE.
righettatúra, *sf.* → RIGATURA.
righíno, *sm.* → RIGA.
rigidézza, *sf.* rigidità, durezza, resistenza || *fig.* inflessibilità, rigore, severità, austerità, rifiuto, denegazione, fermezza, acerbità, pervicacia, intransigenza, → OSTINAZIONE || FISCALITÀ.
contr. malleabilità, elasticità, flessibilità || indulgenza, arrendevolezza, abbandono, concessione, bonarietà, mollezza, tolleranza
rigidità, *sf.* → RIGIDEZZA || assideramento, → INTIRIZZIMENTO, FREDDO.
contr. calore, scioltezza.
rígido, *agg.* incurvabile; inflessibile, ferreo, ferrigno, tenace, → DURO || *fig.* inclemente, aspro, acerbo, austero, scrupoloso, crudo, burbero, severo, tetro, rigoroso, immutabile, inesorabile, implacabile.
contr. pieghevole, flessibile, allentato, soffice, molle, elastico || indulgente, bonario, arrendevole.
rigiràre, *v.tr.* e *intr.* girare nuovamente, girare ripetutamente, percorrere in giro, circondare, circuire, deviare, → ANDARE || *rifl.* → VOLTARE || *fig.* raggirare, imbrogliare, ingannare, volgere a proprio vantaggio, maneggiare.
rigiratóre, *agg.* e *sm.* → INGANNATORE.
rigíro, *sm.* movimento circolare, roteazione || *fig.* → AMORE || raggiro, traffico, → INGANNO || (di parole) viluppo, garbuglio.
rigiróne, *agg.* e *sm.* rigiratore, raggiratore, imbroglione, → INGANNATORE.
rignàre, *v.intr.* → RINGHIARE.
rígo, *sm.* → RIGA.
rigóglio, *sm.* lussureggiare di piante || *fig.* esuberanza, vigoria, floridezza, prosperosità, → FORZA, FRESCHEZZA.
rigogliosità, *sf.* → FLORIDEZZA.

contr. debolezza, stentatezza, intristimento, avvizzimento, deperimento.

rigoglióso, *agg.* lussureggiante, fiorente, espanso, florido, fresco, prospero, forte || *fig.* pieno di salute, di energia, di vita, vegeto, vigoroso, vivace, vivido, vivo, esuberante.

contr. debole, triste, stentato, stento, intristito, avvizzito, mencio, scavato, malandato, malaticcio, deperito.

rigolétto, *sm.* danza, girotondo, ballata, ridda.

rigonfiaménto, *sm.* gonfiezza, gonfiore, turgidezza, turgore, tumefazione, protuberanza, tumore || *fig.* → AUMENTO.

contr. incàvo, infossamento, afflosciamento, deperimento, infiacchimento.

rigonfiàre, *v.tr.* → GONFIARE.

contr. sgonfiare.

rigónfio, *agg.* gonfio, rotondo, turgido, tumido, tumefatto, → PIENO.

contr. sgonfio, infossato, incavato, vuoto, rinsecchito.

rigóre, *sm.* → FREDDO || asprezza, rigidezza, rigidità, durezza, crudezza, acerbità || *fig.* severità, inflessibilità, scrupolosità, fermezza, rigorosità, austerità, disciplina, → REGOLA || ESATTEZZA.

contr. tepore, mollezza || indulgenza, bonarietà, arrendevolezza, cedevolezza.

rigorgànte, *ppr.* di rigorgare || *agg.* → PIENO.

rigorgàre, *v.intr.* → TRABOCCARE.

rigórgo, *sm.* → RIGURGITO.

rigorísmo, *sm.* severità morale, acerbità || scontrosità, pignoleria, → PEDANTERIA.

nomencl. stoicismo, montanismo, pietismo, giansenismo.

contr. lassismo || moderazione.

rigorísta, *agg.* e *sm.* → PEDANTE.

rigorosità, *sf.* severità, → RIGORE, ACERBITÀ || precisione, esattezza.

rigoróso, *agg.* severo, ferreo, ferrigno, duro, aspro, austero, crudo, burbero, inesorabile, inflessibile, fiscale || meticoloso, pignolo, scrupoloso, → ESATTO, PRECISO.

contr. rilassato, indulgente, tollerante, bonario, buono || impreciso, superficiale.

rigovernàre, *v.tr.* → PULIRE, LAVARE.

rigovernatúra, *sf.* lavatura delle stoviglie || acqua sporca (delle stoviglie).

contr. acqua limpida, pura.

riguadagnàre, *v.tr.* → RIACQUISTARE, RICUPERARE.

riguardànte, *ppr.* di riguardare || *agg.* → RELATIVO.

riguardàre, *v.tr.* guardare novamente, attentamente, custodire, aver riguardo, aver rispetto, aver soggezione || riscontrare, rivedere || considerare || *intr.* concernere, spettare, riferirsi, → APPARTENERE, INTERESSARE || essere situato, guardare || *rifl.* aversi riguardo, aversi cura, risparmiarsi, guardarsi, stare in guardia, cautelarsi, preservarsi, astenersi.

contr. essere estraneo || spendersi, darsi, esporsi, essere sconsiderato, imprudente.

riguardévole, *agg.* → RAGGUARDEVOLE, ONOREVOLE.

riguàrdo, *sm.* precauzione, circospezione, prudenza, diligenza, cautela, cura, premura, riserbo, attenzione, avvertenza || considerazione, riverenza, deferenza, delicatezza, cortesia, rispetto, stima, premura, sollecitudine, distinzione, soggezione, timore, rispetto umano.

nomencl. *verb.* avere, usare, mancare di riguardo || tenere in riguardo.

contr. trascuratezza, negligenza, disprezzo, villania, indelicatezza.

riguardóso, *agg.* rispettoso, cortese, delicato, premuroso, cerimonioso || circospetto, cauto, prudente, riservato.

contr. irriguardoso, impetuoso, sgarbato, villano, brutale, scortese, indelicato || imprudente.

riguarníre, *v.tr.* → RIMONTARE.

rigurgitaménto, *sm.* → RIGURGITO.

rigurgitànte, *ppr.* di rigurgitare || *agg.* → PIENO.

rigurgitàre, *v.intr.* → TRABOCCARE || *fig.* → ABBONDARE.

rigúrgito, *sm.* rigurgitamento, rigorgo, sbocco, ringorgo, rincollo, ringorgamento, trabocco, versamento.

contr. inghiottimento.

rilasciaménto, *sm.* rilascio, abbandono, → RILASSAMENTO || → PROLASSO.

contr. freno, arresto.

rilasciàre, *v.tr.* lasciare nuovamente || rimettere in libertà, liberare, assolvere, lasciar andare, condonare, || concedere, dare, cedere, consegnare || *rifl.* lasciarsi andare, abbandonarsi, distendersi, rilassarsi.

contr. trattenere, arrestare, negare || tenere, conservare || irrigidirsi, tendersi.

rilàscio, *sm.* abbandono || svincolo, liberazione || consegna, cessione, concessione.

rilassaménto, *sm.* rilasciamento, allentamento, allentatura, → PROLASSO || distensione, fiacchezza, abbandono, → RILASSATEZZA.

contr. tensione, alacrità, energia, vigore, esuberanza, rigoglio, fervore, prontezza.

rilassàre, *v.tr.* allentare, sollevare, alleggerire || snervare, ammollire, indebolire, scemare, straccare, intiepidire || *rifl.* diminuire di fervore, di zelo; perdere le forze, intiepidirsi, allentarsi, ammollirsi, perdere la coesione o l'elasticità || → RICREARE.

contr. rinvigorire, rinforzare, rendere piú forte || tendersi, rinfervorarsi, farsi piú alacre.

rilassatézza, *sf.* rilassamento, fiacchezza, fiaccona, languore, languidezza, cascaggine, abbandono, allentamento, svogliatezza, tiepidezza, dissoluzione, negligenza, ignavia, inerzia, tardezza, lentezza, → DEBOLEZZA.

contr. tensione, energia, esuberanza, rigoglio, vigore, alacrità, prontezza, fervore.

rilassàto, *pps.* di rilassare || *agg.* → MOLLE, DINOCCOLATO || NEGLIGENTE.

rilegàre, *v.tr.* → LEGARE || AGGIUNGERE.

rilegatóre, *sm.* → LEGATORE.

rilegatúra, *sf.* → LEGATURA.

rilèggere, *v.tr.* → LEGGERE.

rilevaménto, *sm.* → RILIEVO || RISALTO.

rilevànte, *ppr.* di rilevare || *agg.* notevole, → IMPORTANTE || RILEVATO.

rilevàre, *v.tr.* rialzare, sollevare, tirar su || *fig.* mettere in evidenza, far spiccare, dar rilievo, far notare, marcare || notare, considerare, eccepire, dedurre, → INTENDERE, OSSERVARE || venire a conoscere, apprendere || importare, cavare || subentrare, sostituire || allevare || *rifl.* alzarsi, sollevarsi || riaversi, rimettersi.

contr. trascurare, lasciare || giacere, abbandonarsi.
rilevatàrio, *sm.* concessionario, rilevatore.
contr. cedente.
rilevatíccio, *agg.* e *sm.* venuto su dal nulla, fatto da sé, rincivilito, rimpulizzito, → RISALITO.
rilevàto, *pps.* di rilevare || *agg.* rialzato || in rilievo, sporgente, prominente, accentuato, spiccante, pronunziato, rigonfio, rilevante, eretto, → COLMO, GOBBO.
contr. caduto || incavato, infossato, ripiegato, rientrante, cascante.
rilevatóre, *agg.* e *sm.* → RILEVATARIO.
rilevazióne, *sf.* → OSSERVAZIONE.
rilièvo, *sm.* sporgenza, prominenza, risalto, rialzo, rialto, rilevamento, → GOBBA || bassorilievo, altorilievo, → INTAGLIO || *fig.* → IMPORTANZA || OSSERVAZIONE, ESPRESSIONE, CONSEGUENZA.
contr. infossamento, incavo, sprofondamento, avvallamento || irrilevanza, insignificanza.
rilucènte, *ppr.* di rilucere || *agg.* gemmeo, candente, smagliante, → LUCENTE, LUCIDO.
contr. opaco, cupo, fosco, offuscato, oscuro.
rilucentézza, *sf.* → BAGLIORE, SPLENDORE.
rilúcere, *v.intr.* lucere, illuminare, risplendere, luccicare, brillare, irradiare, raggiare, → SPLENDERE.
contr. essere opaco, offuscato, fosco, oscuro.
riluttànte, *ppr.* di riluttare || *agg.* refrattario, renitente, restio, ritroso, schivo, ricalcitrante, nauseato, rustico, alieno, disdegnoso, resistente, indocile, rigido, → CONTRARIO.
contr. arrendevole, cedevole, maneggevole, docile, consenziente.
riluttànza, *sf.* renitenza, ripugnanza, ritrosia, resistenza, opposizione, indocilità, → CONTRARIETÀ.
contr. docilità, arrendevolezza, cedevolezza, abbandono.
riluttàre, *v.intr.* ripugnare, resistere; essere indocile, renitente, ribelle, recalcitrante, avere altri gusti, sdegnare, → CONTRARIARE.
contr. cedere, obbedire, sottomettersi, arrendersi, adattarsi, rassegnarsi.
ríma, *sf.* concordanza, consonanza, assonanza || → POESIA.
nomencl. (*varie*) baciata, alternata, chiusa, aperta, invertita, incatenata, ripetuta, accoppiata, leonina, libera || terza rima || (*attinenti*) consonanza, assonanza, armonia imitativa, dominante, verso, rimario || *agg.* bella, felice, spontanea, armoniosa, sonora, brutta, infelice, stiracchiata, tirata, ricercata, artificiosa, zoppicante, sbagliata || *verb.* rimare, mettere in rima || rispondere per le rime.
contr. prosa.
rimandàre, *v.tr.* → MANDARE || RESTITUIRE || mandar via, licenziare, congedare, ripudiare, separarsi || posporre, posticipare, prorogare, differire, ritardare, rinviare, procrastinare, dilazionare.
contr. ricevere, accogliere, trattenere, anticipare, anteporre, fare, eseguire, por mano subito.
rimàndo, *sm.* → RICHIAMO.
rimaneggiaménto, *sm.* rifacimento, ricomposizione, riordinamento, rimpasto, rifusione, accomodamento, → RINNOVAMENTO || opera rimaneggiata.
contr. conservazione || distruzione, abbattimento, annullamento, nichilimento.
rimaneggiàre, *v.tr.* maneggiare di nuovo, rifare, ricomporre, riordinare, rifondere, rimpastare, raffazzonare, raccomodare, → ACCOMODARE, RINNOVARE.
contr. conservare intatto || distruggere, abbattere, annullare.
rimanènte, *ppr.* di rimanere || *agg.* e *sm.* → RESIDUO.
rimanènza, *sf.* → AVANZO, RESIDUO.
rimanère, *v.intr.* restare, restare fermo, fermarsi, stare || avanzare, sopravvanzare, residuare || continuare, perdurare, proseguire, durare, persistere, resistere, conservarsi, reggere || convenire, rimanere d'accordo.
contr. andare, partire, allontanarsi, camminare || mancare, venir meno || desistere.
rimangiàre, *v.tr.* || *fig.* → RITRATTARE.
rimarcàre, *v.tr.* marcare novamente || notare, rilevare, osservare, far spiccare, mettere in evidenza.
contr. attenuare, trascurare, lasciare, passar sopra, dimenticare.
rimàrco, *sm.* → NOTA.
rimàre, *v.tr.* far terminare in rima, rimeggiare || fare versi, → POETARE.
rimareggiàre, *v.intr.* → ONDEGGIARE.
rimarginàre, *v.tr.*, *intr.* e *rifl.* rammarginare, ricongiungere, saldare, suppurare, → CICATRIZZARE.
contr. riaprirsi, ristagnare.
rimàso, *sm. ant.* → RESIDUO.
rimasúglio, *sm.* → RESIDUO, AVANZO || COLATICCIO.
rimatóre, *sm.* → POETA.
rimbalzàre, *v.tr.* e *intr.* → RIBALTARE, SALTARE, RIPERCUOTERE.
rimbàlzo, *sm.* → RIBALTAMENTO, SALTO.
rimbambiníre, *v.intr.* → RIMBAMBIRE.
rimbambiníto, *pps.* di rimbambinire || *agg.* RIMBAMBITO.
rimbambíre, *v.intr.* rimbambinire, rinfanciullire, imbarbogire, rimbarbogire, rammollire, svanire, → IMBECILLIRE || invecchiare.
rimbambíto, *pps.* di rimbambire || *agg.* imbecillito, rimbecillito, rimbambinito, rinfanciullito, barbogio, ebete, immelensito, vecchio.
contr. giovane, sano, sveglio, fresco (di mente).
rimbambogíre, *v.intr.* → RIMBAMBIRE.
rimbeccàre, *v.tr.* e *intr.* rispondere vivacemente, replicare, ridire, ribattere, ribeccare, rintuzzare, ribadire, oppugnare, motteggiare, beccare, render la pariglia, rispondere per le rime, rispondere di rimando o per le consonanti, stare a tu per tu, toccare bene nel viso, → OPPORRE.
contr. approvare, assentire, dar ragione, consentire, essere unanime.
rimbecillíre, *v.intr.* → IMBECILLIRE.
rimbecillíto, *pps.* di rimbecillire || *agg.* e *sm.* → RIMBAMBITO.
rimbiondíre, *v.intr.* → BIONDEGGIARE.
rimboccàre, *v.tr.* → PIEGARE.
rimbombaménto, *sm.* → RIMBOMBO.
rimbombànte, *ppr.* di rimbombare || *agg.* risonante, tonante, rintronante, rumoroso, arcisonante, gravito-

nante, tonitruante, rombante, reboante, asprosonante, echeggiante, riecheggiante, sonante, toneggiante, trasonoro, che empie la bocca || → AMPOLLOSO.
contr. silenzioso, muto, sordo, cupo, fievole, flebile, sommesso, basso, tenue, debole, attutito, attenuato.
rimbombàre, *v.intr.* rombare, risonare, echeggiare, riecheggiare, ripetere, rintronare, tonare, toneggiare, rintonare, rombare, bombire, sonare.
rimbombío, *sm.* → RIMBOMBO.
rimbómbo, *sm.* risonanza, gran rumore, strepito, rintrono, romba, rombo, tuono, eco, bombito, boato, frastuono, gazzarra, intronamento, intruono, rimbombamento, rimbombío, rintronamento, rintuono, rombazzo, suono, tonamento, → RUMORE.
contr. silenzio, calma || sordina, attutimento.
rimborsàre, *v.tr.* → RENDERE, RESTITUIRE.
rimbórso, *sm.* → RESTITUZIONE, INDENNITÀ.
rimboscàre, *v.tr.* rimboschire, afforestare || *rifl.* rintanarsi, rientrare nel bosco || ridiventare bosco, foresta.
contr. disboscare, diboscare.
rimboschíre, *v.tr.* → RIMBOSCARE.
rimbrottàre, *v.tr.* → RIMPROVERARE.
rimbròtto, *sm.* → RIMPROVERO.
rimbruníre, *v.tr.* e *intr.* → BRUNEGGIARE.
rimbruttíre, *v.tr.* e *intr.* imbruttire.
rimbucàre, *v.rifl.* → NASCONDERE.
rimbuzzàre, *v.tr.* e *rifl.* → RIEMPIRE.
rimediàre, *v.tr.* porre, portare rimedio, provvedere, riparare, accomodare le cose, trovar ripiego, rabberciare, ripiegare, rettificare, mettere insieme alla meglio, fare alla meglio, medicare, rattoppare, racconciare, raccomodare, rappezzare, rassettare, riassettare, rifare, risarcire, ristabilire, sanare, sopperire; tergere una ferita, una lacrima, una piaga, il pianto; trovare una via di mezzo, trovar modo, venire a riparo, mettere una toppa, sventare, correggere, → PROVVEDERE || ovviare, → EVITARE.
contr. guastare, rovinare, abbattere, rovesciare, demolire, distruggere, mettere discordia.
rimèdio, *sm.* impiastro, medicina, medicinale, farmaco, antidoto, medicamento, panacea, palliativo, panni o pannicelli caldi, unguento, ricetta || provvedimento, misura di previdenza, riparo, ripiego, cautela, espediente, cura, risorsa, passo, riparazione, prevenzione, rappezzo, rammendo, disposizione, difesa, redenzione, scampo, sussidio, toccasana, mezzo termine, mezzo || cavata, cavatina, conforto, consolazione.
nomencl. (*tipi*) omeopatico, preventivo, profilattico || *agg.* semplice, comune, ordinario, corroborante, debilitante, efficace, attivo, valido, utile, impareggiabile, inefficace, inutile, miracoloso, portentoso, pronto, eroico, violento, forte, tardo, lento, leggero || *verb.* applicare, cercare, portare, prendere, prescrivere, somministrare, tentare, tollerare, mettere una toppa, preservare.
contr. malattia, morbo, male, malessere, malanno, rovescio di fortuna, danno, disastro, guasto, rovina, demolizione, distruzione.
rimeggiàre, *v.intr.* → POETARE.
rimembrànza, *sf.* → MEMORIA, RICORDO.
rimembràre, *v.tr.* → RICORDARE.
rimemoràre, *v.tr.* → RICORDARE.
rimenàre, *v.tr.* riportare, ricondurre, recare, condurre || rimestare, rimescolare, mescolare, dimenare, stazzonare, brancicare, confondere, mischiare, → AGITARE || || fig. → RICORDARE.
rimenàta, *sf.* rimestata, → RIMESCOLATA || *fig.* → AGITAZIONE.
rimendàre, *v.tr.* ricucire, rattoppare, raccenciare, rappezzare, → RAMMENDARE.
rimenío, *sm.* → AGITAZIONE.
rimeritàre, *v.tr.* premiare, ricambiare, retribuire, riconoscere, guiderdonare, → RICOMPENSARE.
rimèrito, *sm.* → PAGAMENTO, RICOMPENSA.
rimescolaménto, *sm.* rimescolío, rimescolanza, rimescolata, rimestamento, mescolanza, miscuglio, mistione || → BOLLORE || agitazione, turbamento, commozione, riscaldo, affollamento, confusione, → DISORDINE || del sangue, → PAURA.
contr. quiete, tranquillità, solitudine, pace.
rimescolànza, *sf.* → RIMESCOLAMENTO.
rimescolàre, *v.tr.* mescolare, mischiare, rimischiare, rimestare, agitare, rimenare, scozzare, tramestare, rinvangare, rivangare, tramenare, → IMBROGLIARE || *rifl.* agitarsi, turbarsi, confondersi.
contr. lasciar posare || essere sereni, tranquilli, in pace.
rimescolàta, *sf.* rimenata, rimestata, rimescolamento, rimescolio, mescolanza, miscuglio || *fig.* turbamento, ansia, commozione, → AGITAZIONE.
rimescolàto, *pps.* di rimescolare || *agg.* → CONFUSO.
rimescolío, *sm.* → RIMESCOLAMENTO || *fig.* → DOLORE.
riméssa¹, *sf.* provvista || spedizione, invio, → CONSEGNA || denaro spedito, → PAGAMENTO || perdita, scapito || → GERMOGLIO.
contr. ricevimento || incasso, introito || guadagno.
riméssa², *sf.* stalla (per cavalli e carrozze), autorimessa, *garage*, *box*, *hangar*.
rimessitíccio, *sm.* → GERMOGLIO || RADICE.
rimestaménto, *sm.* → RIMESCOLAMENTO, AGITAZIONE.
rimestàre, *v.tr.* rimenare, rimescolare, mescolare, rimenare, mischiare, rimischiare, agitare, scompigliare, confondere, disordinare, tramestare, tramenare || *fig.* rivangare, rinvangare, riandare al passato, → RICORDARE.
rimestàta, *sf.* → RIMESCOLATA, RIMENATA.
riméttere, *v.tr.* mettere nuovamente, buttare, rispuntare, rinascere, collocare, ricollocare || → RESTITUIRE, RENDERE || condonare, perdonare, → ASSOLVERE || riporre, mettere via con cura, riordinare || far pervenire, → CONSEGNARE || *rifl.* scapitarci, → PERDERE || MIGLIORARE.
rimiràre, *v.tr.* e *intr.* mirare nuovamente, attentamente, guardare, riguardare || *rifl.* guardarsi con compiacimento, contemplarsi.
contr. sbirciare, sogguardare, guardare distrattamente.
rimischiàre, *v.tr.* → RIMESCOLARE.
rimodellaménto, *sm.* → RINNOVAMENTO.
rimodernaménto, *sm.* rammodernamento, rimodernatura, rinnovo, → RINNOVAMENTO.
rimodernàre, *v.tr.* rammodernare, ammodernare, svecchiare, render moderno, riformare, ridurre al meglio, rifare, → RINNOVARE.

rimodernatúra, *sf.* → RIMODERNAMENTO, RINNOVAMENTO.
rimondàre, *v.tr.* → PULIRE.
rimónta, *sf.* rimontatura, rifornimento, rifacimento.
rimontàre, *v.tr.* e *intr.* montare novamente, risalire, → SALIRE || riguarnire, rimettere a nuovo.
contr. smontare, calare, indietreggiare || sguarnire.
rimontatúra, *sf.* rimonta.
rimorchiàre, *v.tr.* condurre a rimorchio, trascinare, tirarsi dietro (anche *fig.*).
contr. mandare avanti, condurre innanzi, spingere.
rimòrdere, *v.tr.* → MORSICARE || *intr. fig.* avere la coscienza inquieta, avere una cosa sul cuore, essere straziato dai rimorsi, sentire i rimorsi, sentirsi pungere, sentire contrizione, pentirsi, rimpiangere, rammentare dolorando, lacrimando, contristarsi, accorarsi.
contr. avere la coscienza netta, pulita, tranquilla; incallita, indurita, atona, essere apatico, indifferente.
rimordiménto, *sm.* → RIMORSO.
rimòrso, *sm.* rimordimento, pentimento, cruccio, carico di coscienza, morso dell'anima, puntura morale, rimprovero, rosichio, tarlo, verme roditore, amarezza, inacerbimento, rimpianto, esulcerazione, afflizione, cordoglio, pena.
contr. coscienza tranquilla, soddisfazione, compiacimento || indurimento, incallimento, durezza, indifferenza, apatia, sufficienza, coscienza farisaica.
rimòsso, *pps.* di rimuovere || *agg.* tolto via, allontanato || licenziato, destituito || persuaso, → DISSUASO.
contr. avvicinato, aggiunto || riassunto, confermato.
rimostrànza, *sf.* → PROTESTA, RICHIAMO, RIMPROVERO.
rimostràre, *v.tr.* → PROTESTARE, RIMPROVERARE.
rimovíbile, *agg.* → AMOVIBILE.
contr. inamovibile, intoccabile, fisso, stabile.
rimozióne, *sf.* mutamento di posto, di collocazione, spostamento || *fig.* allontanamento, distoglimento, esclusione, → ELIMINAZIONE || sospensione, dimissione, destituzione.
contr. ricollocazione || riammissione, riassunzione.
rimpaciàre, *v.tr.* → RAPPACIFICARE.
rimpalmàre, *v.tr.* rincatramare, → CALAFATARE.
rimpannucciàre, *v.tr.* e *rifl.* rivestire (con abiti migliori) || *fig.* migliorare le condizioni, stare meglio, arricchirsi, rifarsi le ossa, risorgere, rinascere, spidocchiarsi, rimettersi in arnese, rimpennare.
contr. rimaner cencioso, povero, pezzente, miserabile, non progredire.
rimpastàre, *v.tr.* impastare nuovamente || *fig.* riordinare, ricomporre, cambiare, modificare, migliorare, → RIMANEGGIARE, RINNOVARE.
rimpàsto, *sm. fig.* → RIMANEGGIAMENTO, RINNOVAMENTO.
rimpatriàre, *v.intr.*
contr. espatriare.
rimpàtrio, *sm.*
contr. espatrio.
rimpeciàre, *v.tr.* → CALAFATARE.
rimpèllo, *sm.* → MURO.
nomencl. *verb.* rimpellare.
rimpennàre, *v.tr.* e *rifl.* → RIMPANNUCCIARE.
rimpiaccicottàre, *v.tr.* → ACCOMODARE.
rimpiàngere, *v.tr.* piangere, compiangere, rammaricarsi, rincrescere, desiderare vanamente, deplorare, plorare, sospirare, aver nostalgia, dolersi, → PENTIRE.
contr. compiacersi, rammentare con piacere, rallegrarsi || rimanere indifferente, inerte.
rimpiànto, *sm.* rincrescimento, rammarico, dispiacere, dolore, pentimento, compassione, nostalgia, sospiro, cordoglio, ricordo, fastidio, deplorazione, compianto, doglianza.
contr. ricordo grato, compiacente, gioioso, compiacimento, indifferenza, apatia.
rimpiastràre, *v.tr.* → CALAFATARE.
rimpiastricciàre, *v.tr.* → MESCOLARE || *fig.* accomodare male || *rifl.* sporcare.
rimpiattàre, *v.tr.* e *rifl.* → NASCONDERE.
rimpiccinire, *v.tr.* → RIMPICCOLIRE.
rimpiccolíre, *v.tr.* e *rifl.* rimpicciolire, rappicciolire, rappiccolire, rappiccinire, rimpiccinire, impiccolire, menomare, → IMPICCIOLIRE.
contr. ingrandire, ingrossare, ingigantire, esagerare.
rimpinguàre, *v.tr.* → EMPIRE.
rimpinzàre, *v.tr.* impinzare, imbottire, inzeppare, stipare, stivare, colmare, → RIEMPIRE || *rifl.* ingozzarsi, mangiare, ingurgitare.
contr. vuotare, svuotare, far digiuno || mortificarsi, esser temperante.
rimpinzàto, *pps.* di rimpinzare || *agg.* → PIENO.
rimpinzíto, *agg.* → PIENO.
rimpínzo, *agg.* → GRASSO, PIENO.
rimpollàre, *v.intr.* → RINASCERE.
rimpolpàre, *v.tr.* e *rifl.* impolpare, metter su carne, ingrassare, rincarnare, rincarnire, → ACCOMODARE.
contr. spolpare, dimagrire, scarnire, assottigliarsi, estenuare.
rimpotío, *sm.* → RISACCA.
rimprocciàre, *v.tr.* → RIMPROVERARE.
rimproveràbile, *agg.* biasimevole, biasimabile, censurabile, criticabile, condannevole, deplorevole, illaudabile, illaudevole, redarguibile, reprensibile, riprensibile, riprovevole.
contr. elogiabile, encomiabile, lodevole, laudabile, premiabile, rimeritabile, inattaccabile, incensurabile, meritevole.
rimproveràre, *v.tr.* ammonire, biasimare, bollare, brontolare, censurare, condannare, correggere, criticare, deplorare, disapprovare, mortificare, mordere, pettinare, rabbuffare, rampognare, raumiliare, raffacciare, racceffare, redarguire, ribuffare, riconvenire, rimbrottare, rimostrare, rimprocciare, rinceffare, rinfacciare, riprendere, riprovare, risciacquare, sbaldanzire, scornare, sermoneggiare, sermocinare, sermonare, sgridare, sindacare, stigmatizzare, stimmatizzare, strapazzare, strigliare, stroncare, svergognare, umiliare || cantarne quattro, dare una lezione, tirare gli orecchi, chiamare *ad audiendum verbum*, dar le croste, dire il fatto suo, fare la voce grossa, far rigar diritto, fare una partaccia, dare una ramanzina, lavare il capo, mettere a punto, rimandare con la coda tra le gambe, rintuzzare l'orgoglio, sturare gli orecchi, alzar la voce, risciacquare il bucato, levar la pelle ad uno, lanciare

male parole, fare il diavolo a quattro, dare un refilé || → ATTRIBUIRE.
contr. lodare, acclamare, ammirare, applaudire, elogiare, encomiare, approvare, rimeritare, premiare.
rimpròvero, *sm.* riprensione, ammonimento, ammonizione, cicchetto, canata, correzione, biasimo, accusa, apostrofe, appunto, brontolío, brontolamento, capriccio, censura, condanna, critica, deplorazione, diatriba, disapprovazione, doglianza, filippica, garrimento, intemerata, invettiva, lavata di capo, lezione, monito, mortificazione, lagnanza, querela, piato, obiurgazione, osservazione, partaccia, paternale, parte, passata, predica, ramanzina, predicozzo, rampogna, rabbuffo, racceffo, redarguizione, rimbroccio, rimbrotto, rimostranza, rimproveramento, rimorso, rimordimento, morso dell'anima, rincanata, rinfacciamento, rinfacciata, rinfaccio, ripassata, riprovazione, risciacquata, sciacquata, sermone, sfuriata, sgridata, spellicciata, strapazzata, strigliata, tirata, zozza, tirata d'orecchi, tiritera, umiliazione, villanía.
nomencl. agg. affettuoso, amorevole, dolce, mite, benigno, leggero, benevolo, timido, severo, aspro, duro, acerbo, ingiusto, violento, veemente, furioso, eccessivo, esagerato, sproporzionato, ironico, sarcastico, sardonico, beffardo, mordace || *verb.* rampognare, rimbrottare, riprendere || muovere, dare, ricevere, subire, sopportare, accettare, colmare, respingere.
contr. lode, plauso, applauso, approvazione, elogio, compiacimento, complimento, panegirico, premio, rimerito, encomio.
rimuginàre, *v.tr.* cercare, ricercare, rinvergare, ruminare, rimestare, rivoltare, agitare, → FRUGARE || *fig.* meditare, fantasticare, agitare dentro di sé, → PENSARE.
rimuneraménto, *sm.* → PAGAMENTO, RICOMPENSA.
rimuneràre, *v.tr.* → PAGARE, RICOMPENSARE.
rimunerazióne, *sf.* paga, pagamento, compenso, → RICOMPENSA || *fig.* → GRATITUDINE.
rimuòvere, *v.tr.* muovere, smuovere, deporre, allontanare, scostare, distanziare, spostare, togliere di mezzo, sgombrare, distaccare, mandar via, portar via o altrove, dislocare, eliminare, scartare, recidere, risecare, sbalzare, sbarbare, sradicare, scansare || scacciare, destituire, deporre, eliminare || dissuadere, sconsigliare, → DISTOGLIERE, RESPINGERE.
contr. lasciar stare, ricollocare, riporre, mettere, collocare || confermare, stabilire, ristabilire.
rimutàre, *v.tr.* → CAMBIARE.
rinascènza, *sf.* → RINNOVAMENTO.
rinàscere, *v.intr.* rigermogliare, rimpollare, rampollare || *fig.* rinnovarsi, risorgere, rivivere, ridestarsi, risvegliarsi, rinvigorire, rifiorire, tornare a nuova vita || rimpannucciarsi, spidocchiarsi, rimettersi in arnese.
contr. rimorire, terminare, finire, corrompersi, decadere, morire.
rinasciménto, *sm.* → RINASCITA || RINNOVAMENTO.
rinàscita, *sf.* nuova nascita, rinascenza, rinascimento, rinnovamento, rifiorimento, ristorazione, risorgimento, → CAMBIAMENTO.
contr. corruzione, guasto, decadenza, morte.
rinàto, *pps.* di rinascere || *agg. fig.* redivivo, restituito alla vita, ritornato in vita, nato a nuova vita, rimutato, risorto, risuscitato, ristorato.
contr. sfinito, intristito, stremato, moribondo, esausto, morto.
rincalzaménto, *sm.* → RINCALZO.
rincalzàre, *v.tr.* rammontare, incalzare, spingere, premere, rafforzare, rinforzare, sostenere, aiutare, ribadire, → CALZARE.
contr. sollevar le barbe || scalzare, far cadere.
rincalzatúra, *sf.* → RINCALZO.
rincàlzo, *sm.* rincalzamento, rincalzatura || *fig.* aiuto, rinforzo, sollievo, sostegno, appoggio.
rincanàta, *sf.* → RIMPROVERO.
rincantucciàre, *v.rifl.* → NASCONDERE.
rincappellàre, *v.tr., intr.* e *rifl.* → AGGIUNGERE.
rincaràre, *v.tr.* rialzare, aumentare (i prezzi) || *intr.* diventar piú costoso, piú prezioso.
contr. ribassare, rinvilire, svalutare.
rincarnàre, *v.tr.* e *intr.* rincarnire, ingrassare, rimpolpare.
contr. dimagrire, estenuare, scarnire, spolpare.
rincarnazióne, *sf.* reincarnazione, metempsicosi, avatara.
contr. separazione dell'anima dal corpo || morte.
rincarníre, *v.tr.* e *intr.* → RINCARNARE.
rincàro, *sm.* rialzo, lievitazione, aumento dei prezzi, del valore.
nomencl. (*pertinenti*) carestia, caroviveri || inflazione, disoccupazione.
contr. diminuzione, ribasso, recessione, svalutazione.
rincasàre, *v.intr.* rientrare, ritornare, tornare a casa, ritirarsi.
contr. uscire.
rincatramàre, *v.tr.* → CALAFATARE.
rinceffàre, *v.tr.* → RIMPROVERARE.
rinchíte, *sf.* rincoforo.
rinchiúdere, *v.tr.* internare, imprigionare, serrare, rinserrare, racchiudere, recludere, ingabbiare, suggellare, includere, → CHIUDERE || *rifl.* ritirarsi, appartarsi, chiudersi in se stesso, immusonirsi, chiudersi dentro, internarsi, barricarsi, serrarsi, asserragliarsi, tapparsi in casa.
contr. cacciare, mandar fuori, estromettere, liberare, dar l'aire || uscire, star fuori.
rincincignàre, *v.tr.* cincischiare, ammencire, → SPIEGAZZARE, STRIZZARE.
contr. stirare, rimettere a nuovo, lisciare, tener da conto.
rinciprigníre, *v.tr.* e *intr.* incrudelire, stuzzicare, rincrudire, → INASPRIRE.
rincitrullíre, *v.intr.* incitrullire, rimminchionire, rimbecillire, rincretinire, rimbambire, → IMBECILLIRE.
rincivilíto, *pps.* di rincivilire || *agg.* e *sm.* → RISALITO.
rincivilíre, *v.tr.* e *intr.* → INCIVILIRE, CIVILIZZARE.
rincòforo, *sm.* rinchite.
rincòllo, *sm.* → RIGURGITO.
rincóntro, *sm.* → INCONTRO || confronto, raffronto.
rincoràre, *v.tr.* incoraggiare, riconfortare, racconsolare, ridar coraggio, entusiasmo o conforto, rassicurare || *rifl.* riconfortarsi, racconsolarsi, prender animo, riprender animo.

contr. scoraggiare, sconfortare, rinciprignire || scoraggiarsi, avvilirsi, deprimersi, disanimarsi.
rincórrere, *v.tr.* inseguire, correr dietro, star dietro, tallonare, → CORRERE.
contr. precedere, antecedere.
rincórsa, *sf.* breve corsa.
nomencl. (*inerenti*) abbrivo, aire, impeto, spinta || *verb.* prendere (la rincorsa).
contr. balzo all'indietro, rinculo, indietreggiamento.
rincréscere, *v.intr.* increscere, dispiacere; sentire o provare rincrescimento, dispiacere, rammarico, addolorarsi, → DOLERE.
contr. aver piacere, essere contento o soddisfatto.
rincresciménto, *sm.* dispiacere, noia, tedio, fastidio, senso di pena, disgusto, amarezza, afflizione, rimorso, → PENTIMENTO.
contr. piacere, contentezza, soddisfazione, gaudio, gioia, gaiezza.
rincrudiménto, *sm.* → PEGGIORAMENTO.
rincrudíre, *v.tr.* → ESASPERARE || intr. → INASPRIRE, PEGGIORARE.
rinculàre, *v.intr.* → INDIETREGGIARE, ANDARE.
rincúlo, *sm.* indietreggiamento, scatto, balzo all'indietro.
contr. scatto in avanti, rincorsa.
rinettaménto, *sm.* → PULITA.
rinettàre, *v.tr.* → PULIRE.
rinettatúra, *sf.* → PULITA.
rinfacciaménto, *sm.* rinfaccio, → RIMPROVERO.
rinfacciàre, *v.tr.* → ACCUSARE || RIMPROVERARE.
rinfacciàta, *sf.* rinfacciamento, rinfaccio, → RIMPROVERO.
rinfàccio, *sm.* rinfacciamento, rinfacciata, → RIMPROVERO.
rinfagottàre, *v.tr.* e *rifl.* involtare, → VESTIRE.
rinfanciullíre, *v.intr.* → RIMBAMBIRE.
rinfanciullíto, *pps.* di rinfanciullire || *agg.* e *sm.* → RIMBAMBITO.
rinfarcíre, *v.tr.* → EMPIRE.
rinfioràre, *v.tr.* → ORNARE.
rinfocolaménto, *sm.* → ECCITAZIONE.
rinfocolàre, *v.tr.* rinfervorare, rinfiammare, stimolare di nuovo, rifomentare, → ACCENDERE, ECCITARE.
rinfòdera, *sf.* → FODERA.
rinfoderàre, *v.tr.* mettere nel fodero, ringuainare, → INFODERARE || *fig.* tralasciare di dire, tacere.
contr. sfoderare, sguainare || spifferare.
rinforzàre, *v.tr.* irrobustire, afforzare, rafforzare, invigorire, rinvigorire, ringagliardire, ingagliardire, rinfrancare, ravvivare, avvivare, ravvigorire, rinnervare, rinsaldare, rinsanguare, ritemprare, ristorare, vivificare, corroborare || avvalorare, ravvalorare, ribadire, rincalzare || sostenere, sorreggere, reggere, → AIUTARE || premunire, presidiare, potenziare, propugnare, rassodare, → FORTIFICARE || accastellare, appuntellare, appuntonare, armare, arroccare, attonare, barricare, bastionare, blindare, casamattare, consolidare, fiancare, fiancheggiare, folcire o fòlcere, incastellare, intelare, intelaiare, interzare, imbrachettare, imbertescare, palare, puntellare, infiancare, rinfiancare, stabilizzare || *rifl.* fortificarsi, irrobustirsi, ingagliardirsi.
contr. indebolire, togliere vigore, affralire, affiochire, fiaccare, esaurire, slombare, stancare, straccare, stremare, svigorire, scoraggiare || perdere forza, vigore, svigorirsi.
rinfòrzo, *sm.* aumento di forza, afforzamento || cosa che rinforza, che rende piú saldo, piú resistente; contrafforte, barbacane, bastione, fortificazione, fortificamento, rivellino || appoggio, aiuto, corroboramento, corroborazione, folcimento, incalzo, presidio, rincalzo, incalzamento, rincalzatura, rinfiancamento, rinfianco, rinfolcimento, rinfranco, ringagliardimento, rinvigorimento, supporto, sostegno, puntello, vivificazione, bilancino.
contr. indebolimento, svigorimento, affralimento, affiochimento || debolezza, manchevolezza.
rinfrancàre, *v.tr.* rassicurare, incoraggiare, rasserenare, rinforzare, irrobustire, afforzare, rafforzare, invigorire, rinvigorire, rinsaldare, sostenere, ridare o infondere fiducia, energia, vigore, avvalorare, → AIUTARE || *rifl.* rassicurarsi, riprendere o riacquistare coraggio, fiducia, forza, vigore.
contr. scoraggiare, indebolire, svigorire, affralire, fiaccare, disanimare, avvilire, abbattere || scoraggiarsi, perdere coraggio, disanimarsi, avvilirsi, abbattersi, indebolirsi.
rinfrànco, *sm.* → RINFORZO.
rinfrescaménto, *sm.* → RINNOVAMENTO.
rinfrescànte, *ppr.* di rinfrescare || *agg.* refrigerante, rinfrescativo, antiflogistico.
contr. riscaldante, essudativo.
rinfrescàre, *v.tr.* render fresco, refrigerare, raffreddare; mitigare, moderare, attenuare il caldo, l'arsura || *fig.* restaurare, raffrescare, dare un nuovo aspetto, riformare, → RINNOVARE || dar sollievo, ristoro, riposo || → PURGARE || *intr.* diventar fresco || *rifl.* ristorarsi, prender fresco, procurarsi fresco || → BERE.
contr. riscaldare, accendere || riscaldarsi, accaldarsi.
rinfrescàta, *sf.* raffrescata.
rinfrésco, *sm.* bevanda ghiacciata, gelato, desco molle, postpasto, refezione, → BEVUTA || refrigerio.
nomencl. *verb.* preparare, dare, offrire, partecipare.
rinfrinzellàre, *v.tr.* → RIPARARE.
rinfronzolàre, *v.tr.* e *rifl.* → ORNARE.
rinfruscolàre, *v.tr.* → CERCARE.
rinfúsa (alla), *loc. avv.* confusamente, disordinatamente, mescolatamente, sossopra, sottosopra || → CATAFASCIO.
contr. ordinatamente, distintamente, con precisione.
ringagliardiménto, *sm.* → RINFORZO.
ringagliardíre, *v.tr.* e *rifl.* → RINFORZARE.
ringalluzzíre, *v.intr.* e *rifl.* rianimarsi, agitarsi, riscuotersi, → INSUPERBIRE.
ringhiàre, *v.intr.* rignare, mostrare, digrignare i denti, brontolare, → ABBAIARE.
ringhièra, *sf.* bigoncia, pergamo, barba, poggiolo, parapetto, loggia, tribuna, balaustra, balaustrata, corrimano, pluteo, spalletta, impavesata.
ringhióso, *agg. fig.* IRACONDO.
ringhiottíre, *v.tr.* → RINGOIARE.
ringioíre, *v.intr.* → RALLEGRARE.
ringiovaníre, *v.intr.* → RIFIORIRE || RINNOVARE.
contr. invecchiare, decadere, intristire, appassire.

ringoiàre, *v.tr.* inghiottire, ringhiottire, ringollare, ringoiare, ingoiare, mandar giú || *fig.* rimangiarsi, ritrattare, disdirsi.
contr. ributtare, rigettare fuori, vomitare, recere || buttare in faccia, sfogarsi, parlare fuor dei denti.
ringollàre, *v.tr.* → RINGOIARE.
ringorgaménto, *sm.* → RIGURGITO.
ringorgàre, *v.intr.* → TRABOCCARE.
ringórgo, *sm.* → RIGURGITO.
ringraziaménto, *sm.* grazie, omaggio, riconoscenza, rendimento di grazie, espressione di gratitudine.
nomencl. *Deogratias, Tedeum* || a buon rendere || presentare, dire, pronunciare, ricambiare.
ringraziàre, *v.tr.* esprimere gratitudine, riconoscenza, render grazie, benedire, dir grazie, esser riconoscente, ricompensare.
nomencl. (*attinenti*) gratitudine, riconoscenza, riconoscimento, a buon rendere || *verb.* essere grato, rendere grazie infinite.
contr. rifiutare, non accettare || essere ingrato.
ringuainàre, *v.tr.* → RINFODERARE.
riníte, *sf.* → RAFFREDDORE.
rinnegàre, *v.tr.* non conoscere, dichiarare di non conoscere, ricredere, sconfessare, rifiutare, maledire, ripudiare, rinunziare, pervertire, prevaricare, apostatare, tradire, → ABIURARE, NEGARE.
contr. riconoscere, confermare, esser fedele.
rinnegàto, *pps.* di rinnegare || *agg.* → INFEDELE, TRADITORE || MALEDETTO.
rinnegazióne, *sf.* rinnegamento, apostasia, abiura, rinuncia, tradimento.
contr. fedeltà, costanza, perseveranza.
rinnervàre, *v.tr.* → RINFORZARE.
rinnestàre, *v.tr.* → INNESTARE.
rinnovàbile, *agg.* → CAMBIABILE.
rinnovaménto, *sm.* ammodernamento, cambiamento, innovazione, novazione, palingenesi, raddobbo, reintegramento, reintegrazione, restaurazione, restauro, ricostituzione, ricostruzione, riedificazione, rifacimento, rifazione, rifiorimento, rifioritura, riforma, riformazione, rifusione, rigenerazione, rimaneggiamento, rimodernamento, rimodellamento, rimodernatura, rimpasto, rinascenza, rinascimento, rinascita, rinfrescamento, rinnovanza, rinnovazione, rinnovo, rintegramento, ripristinamento, ripristino, risorgimento, ristoramento, ristoro, risurrezione o resurrezione, risveglio, svecchiamento, ristrutturazione, revisione, miglioramento, trasformazione, nuovo ordine, nuova vita, liberazione, redenzione, rinnovellamento, ripetizione.
contr. invecchiamento, decadenza, decadimento, corruzione, consunzione, rovina, logoramento, logorio, deterioramento, guasto.
rinnovànza, *sf.* → RINNOVAMENTO.
rinnovàre, *v.tr.* ammodernare, cambiare, defrescare, svecchiare, divecchiare, devecchiare, innovare, innovellare, novare, modernizzare, rammodernare, raddobbare, reintegrare, rintegrare, ristaurare, restaurare, ricominciare, ricostituire, ricostruire, ricreare, riedificare, rifabbricare, rifare, rifiorire, riformare, rigenerare, rimaneggiare, rimodernare, rimpastare, rinfrescare, ringiovanire, rinnovellare, rinverdire, riordinare, riparare, ripetere, ripristinare, riprodurre, risorgere, ristabilire, ristorare, rivivificare, accomodare, racconciare, rimettere a nuovo, mutare, fare innovazioni, correggere, revisionare, migliorare, trasformare, rivedere, manifestare nuovamente || ridestare || *rifl.* ravvivarsi, essere un altro, mutare, ridestarsi, rifiorire, rifarsi, rigenerarsi, risorgere.
contr. invecchiare, logorare, decadere, deteriorare, guastare, rovinare, consumare, corrompere.
rinnovàto, *pps.* di rinnovare || *agg.* redivivo, → NUOVO.
contr. vecchio, logoro, invecchiato, consumato.
rinnovatóre, *sm.* innovatore, novatore, rinnovellatore, riformatore, ricostruttore, restauratore, rigeneratore, ristoratore, riordinatore, riparatore.
rinnovazióne, *sf.* innovazione, restaurazione, reintegrazione, ripristino, rinnovo, cambiamento, → RINNOVAMENTO.
contr. invecchiamento, decadimento, logoramento, deterioramento, guasto, rovina.
rinnovellaménto, *sm.* → RINNOVAMENTO.
rinnovellàre, *v.tr.* → RINNOVARE.
rinnovellatóre, *sm.* → RINNOVATORE.
rinnòvo, *sm.* → RINNOVAMENTO.
rinofonía, *sf.* rinolalia.
rinoiatría, *sf.* → RINOLOGIA.
rinolalía, *sf.* rinofonía.
rinología, *sf.* rinoiatría, otorinolaringoiatría.
nomencl. (*inerenti*) rinite (acuta, cronica), rinalgia, rinolaringite, rinofima, coriza || rinoplastica, rinorragia, rinoscopia.
rinomàbile, *agg.* → MEMORABILE.
rinomànza, *sf.* celebrità, fama, grido, memoria, nome, nomea, nominanza, notorietà, popolarità, rinomea, rinominanza, reputazione, riputazione, risonanza, rumore, stima, diceria, opinione.
contr. oscurità.
rinomàre, *v.tr.* → ONORARE.
rinomàto, *pps.* di rinomare || *agg.* → FAMOSO, MEMORABILE.
rinomèa, *sf.* → RINOMANZA.
rinominànza, *sf.* → RINOMANZA.
rinquadràre, *v.tr.* inquadrare.
rinquadratúra, *sf.* inquadratura.
rinquartàre, *v.tr.* inquartare.
rinsaccàre, *v.tr.* → RIEMPIRE.
rinsaldàre, *v.tr.* raffermare, rafforzare, ingagliardire, rinvigorire, afforzare, consolidare, fissare, assicurare, irrobustire, ritemprare, puntellare, ravvivare, rinforzare, corroborare, → RINNOVARE.
contr. attenuare, svigorire, spegnere, affralire, indebolire, rendere pericolante.
rinsalvatichíre, *v.tr.* rinselvatichire.
rinsanguàre, *v.tr.* dar nuove forze, → RINVIGORIRE, RINFORZARE || *fig.* rifornire, riprovvedere di mezzi, di denaro.
contr. dissanguare || logorarsi, svigorirsi, infiacchire.
rinsanicare o **rinsanichire,** *v.intr.* risanare, → GUARIRE.
rinsaviménto, *sm.* → PENTIMENTO.
rinsavíre, *v.intr.* riacquistare il senno; ridiventare savio, giudizioso; ritornare sano di mente, tornare normale.

contr. impazzire, perdere il senno, fare o commettere pazzie, stranezze.
rinsecchíre, *v.intr.* → RISECCHIRE.
rinserràre, *v.tr.* chiudere, rinchiudere, racchiudere, ingabbiare, interrare, → SERRARE.
contr. aprire, lasciar libero, lasciar andare, liberare.
rintàllo, *sm.* → GERMOGLIO.
rintanàre, *v.rifl.* intanare, rinchiudersi, rifugiarsi, ritirarsi, → NASCONDERE.
rintegraménto, *sm.* reintegramento, → RINNOVAMENTO.
rintegràre, *v.tr.* reintegrare, → RINNOVARE.
rintegrazióne, *sf.* reintegrazione, → RINNOVAMENTO.
rinterràre, *v.tr.* colmare, → RIEMPIRE.
contr. sterrare, levar, cavar la terra.
rintèrro, *sm.* riporto, colmata.
nomencl. *verb.* rinterrare, colmare.
rinterzàre, *v.tr.* interzare, rafforzare, → RIPETERE, TRIPLICARE.
rintoccàre, *v.intr.* toccheggiare, sonare a tocchi, → RISONARE.
rintócco, *sm.* botto, tocco, secondo tocco, → RUMORE.
rintonàre, *v.intr.* → RIMBOMBARE.
rintoppàre, *v.tr.* intoppare, imbattersi, incontrare, rinciampare, riscontrare.
rintòppo, *sm.* rincontro, inciampo, → OSTACOLO.
rintracciaménto, *sm.* → INVESTIGAZIONE.
rintracciàre, *v.tr.* seguire la traccia, → CERCARE, INVESTIGARE || TROVARE.
rintronaménto, *sm.* → ASSORDAMENTO || RIMBOMBO.
rintronàre, *v.tr.* → ASSORDARE || RIMBOMBARE, RIPERCUOTERE.
rintronàto, *pps.* di rintronare || *agg.* → BALORDO.
rintròno, *sm.* → RIMBOMBO.
rintuòno, *sm.* → RIMBOMBO.
rintuzzàre, *v.tr.* piegare, atterrare, fiaccare, frenare, opporre, respingere, ottundere || *fig.* rimbeccare, reagire, ribattere, ribeccare, ribadire, confutare, rispondere, controbattere || reprimere, → MORTIFICARE.
contr. affilare, appuntire || assentire, consentire, dar ragione, approvare.
rinúncia o **rinúnzia,** *sf.* abbandono (di beni, di piaceri, di diritti, di privilegi, di vantaggi), astensione, mortificazione, sacrificio, abnegazione, abdicazione, abiurazione, recessione, rifiuto, negazione, diniego, ripulsa, disdetta, deroga, desistenza, dimissione, rigetto, ritiro, ricusa, defezione, diserzione, apostasia, acquiescenza, patto.
nomencl. *agg.* chiesta, clamorosa, completa, decisa, dolorosa, forzata, ignorata, imposta, improvvisa, lieta, meditata, negletta, ostentata, repentina, simulata, triste, voluta, libera, a malincuore || *verb.* fare, presentare, accogliere, imporre, respingere.
contr. accettazione, accoglimento, ricerca, consenso, gradimento, godimento, piacere, insistenza.
rinunciàre o **rinunziàre,** *v.tr.* abbandonare, lasciare, cedere, recedere, cessare, astenersi, declinare, abdicare, desistere, indietreggiare, rifiutare, respingere, ricusare, ripulsare, derogare, piantarla, ritirarsi, sacrificare, smettere, cambiare, dimettersi, dichiarare di astenersi, abiurare, rinnegare, negare || dire addio, fare una croce, rassegnare le dimissioni, darsi vinto, far largo ad uno, cedere il posto.
contr. accettare, accogliere, prendere, esigere, consentire, gradire, insistere, pretendere, volere, godere, usufruire.
rinunciatàrio o **rinunziatàrio,** *agg.* e *sm.* abdicatario, abdicante. dimissionario.
rinvangàre, *v.tr.* → RIVANGARE.
rinveníre, *v.tr.* → [illegible], TROVARE || *intr.* riaversi, riavere, rianimarsi || ammollirsi e rigonfiarsi (di cose secche poste nell'acqua).
contr. smarrire, perdere, cercare || abbattersi, venir meno, svenire.
rinverdíre, *v.tr.* far divenire di nuovo verde || *intr.* ritornar verde, verzicare, rinverzicare, rinverzire || *fig.* ringiovanire, rinvigorire, rifiorire, → RINNOVARE.
contr. appassire.
rinvertíre, *v.tr.* → INVERTIRE.
rinvestitúra, *sf.* reinvestitura.
rinviàbile, *agg.* differibile, ritardabile, dilazionabile.
contr. indifferibile, indilazionabile, non rimandabile.
rinviàre, *v.tr.* differire, dilazionare, rimandare, prorogare, procrastinare, aggiornare, rimettere ad altro tempo, → RITARDARE || postergare, rendere, rimandare, → MANDARE.
contr. anticipare, anteporre; fare, eseguire subito || ricevere, accogliere.
rinvigoriménto, *sm.* → RINFORZO.
contr. indebolimento, affievolimento, attenuazione.
rinvigoríre, *v.tr.* e *rifl.* rafforzare, afforzare, ingagliardire, rinforzare, fortificare, rinsaldare, rinsanguare, ravvigorire, ravvivare, avvivare, rianimare, vivificare, riaccendere, rinascere, rinnovarsi, ringiovanire, rifiorire, rinverdire, irrobustire, invigorire || ribadire, rincalzare.
contr. indebolire, affievolire, attenuare || indebolirsi.
rinvilío, *sm.* → RIBASSO.
rinvilíre, *v.tr.* → RIBASSARE || *ant.* render piú vile, avvilire.
rinvío, *sm.* prolungazione, proroga, indugio, dilazione, differimento, posticipazione, procrastinazione, rimando, aggiornamento.
contr. esecuzione immediata, pronta; anticipazione, accelerazione.
rinviviíre, *v.intr.* → RIVIVERE, RISUSCITARE.
rinvivíscere, *v.intr.* *lett.* → RIVIVERE, RISUSCITARE.
rinvoltàre, *v.tr.* → INVILUPPARE, IMBALLARE.
rinvòlto, *sm.* → INVOLTO.
rinzàffo, *sm.* → INTONACO.
rinzeppàre, *v.tr.* inzeppare, → RIEMPIRE.
rinzòcco, *sm.* → RINFORZO.
río[1], *sm.* rivo, ruscello, → FOSSO, FIUME.
río[2], *agg.* *lett.* → REO.
rióne, *sm.* quartiere, sestiere, contrada, zona.
riordinaménto, *sm.* → ORDINE.
riordinàre, *v.tr.* → ORDINARE, ACCOMODARE || RIFARE, RINNOVARE.
riorganizzàre, *v.tr.* → ORDINARE.
riorganizzazióne, *sf.* → ORDINE.
riottóso, *agg.* litigioso, iracondo, restio, → INDOCILE, INTRATTABILE, BELLICOSO.

rípa, *sf.* riva erta, scoscesa, sponda, orlo (di un fossato, di un burrone), costa, margine, proda, ciglio, greppo, dirupo, → ARGINE.

ripagàre, *v.tr.* compensare, → RICAMBIARE || rimborsare, risarcire, indennizzare.

riparàre, *v.tr.* acciabattare, accomodare, acconciare, adattare, aggeggiare, aggiustare, assettare, conciare, correggere, rabberciare, raccenciare, racciabattare, raccomodare, riaccomodare, racconciare, riacconciare, raddobbare, raddrizzare, raffrignare, raggiustare, riaggiustare, rammendare, rimendare, rappezzare, riappezzare, rattoppare, rattacconare, reintegrare, restaurare, rettificare, riadattare, riattare, riattivare, ricomporre, riconciare, rinfrignare, rinfrinzellare, ripezzare, riprendere, ripristinare, risanare, ristabilire, ristorare, sanare, supplire, rinnovare, rassettare, riassettare, rimettere a nuovo, rifare, ricostruire, ordinare || dar asilo, riparo, ricovero || coprire, difendere, proteggere || espiare, risarcire, compensare, scontare, redimere || *intr.* rimediare, provvedere, parare, por rimedio o riparo || *rifl.* barricarsi, ricoverarsi, mettersi al sicuro, coprirsi, riguardarsi, rifugiarsi, rintanarsi.

contr. sbagliare, errare, peccare, rovinare, spezzare, rompere, guastare || esporsi, scoprirsi, mostrarsi, avventurarsi, essere esposto, indifeso, allo scoperto.

riparàto, *pps.* di riparare || *agg.* → COPERTO, NASCOSTO || DIFESO.

contr. aggiustato, rabberciato, accomodato, rappezzato, restaurato || indifeso, esposto, scoperto.

riparazióne, *sf.* accomodamento, accomodatura, accomodo, acconciamento, acconcime, argine, aggiustamento, aggiustatura, adattamento, correzione, emenda, emendamento, emendazione, rabbercio, raccomodamento, racconciamento, raccomodatura, racconciatura, raddobbo, raggiustamento, rammendatura, rammendo, rattoppo, raffrigno, rinfrigno, frinzello, restaurazione, restauro, ripristinazione, reintegrazione, riattamento, riassetto, ripiego, rettificazione, rettificamento, riadattamento, riattivamento, ricomposizione, ricucitura, ristabilimento || risarcimento, pagamento, riparo, soddisfazione, espiazione, compenso.

contr. guasto, deterioramento, rovina, disfacimento, rottura || offesa, insulto.

ripàrio, *agg.* ripuario, rivierasco, ripense.

riparlàre, *v.intr.* parlare ancora, ridire, ripetere, rimandare, avvertire, minacciare || *rifl.* rappaciarsi, rabbonirsi, rappattumarsi.

ripàro, *sm.* difesa, schermo, usbergo, protezione, egida, scudo, copertura, baluardo, argine, diga, muro, barricata, chiusa, chiuso, contrafforte, parata, ridosso, antemurale || *fig.* provvedimento, cura, cautela, prudenza, prevenzione, riparazione, rimedio.

nomencl. (*specificazioni*) coperta, corazza, ombrello, palizzata, parapetto, spalliera, parete, rete, sponda, tetto, tettoia, trincea, berretto, calza, calzatura, veste, benda, fascia, cancello, graticciata o graticcio, imposta, intavolato, assito, paracadute, parafulmine, paravento, paracarro, paraurti, piuolo, siepe, steccato, tramezzo, inferriata, fortificazione, palanca, rivestimento, stipa, schermaglia || *agg.* valido, forte, robusto, potente, efficace, atto, sufficiente, valevole, debole, inefficace, insufficiente, inutile || *verb.* mettersi, porsi, correre, ricorrere, dare, offrire.

contr. danno, catastrofe, disastro, rottura, minaccia, pericolo, guasto, offesa, assalto.

ripartíre, *v.tr.* partire di nuovo || distribuire, suddividere, spartire, compartire, → DIVIDERE.

ripartizióne, *sf.* spartizione, divisione, sezione, riparto, reparto, ripartizione, → DISTRIBUZIONE.

ripàrto, *sm.* reparto, → DISTRIBUZIONE || COMPAGNIA.

ripassàre, *v.intr.* passare nuovamente, ritornare, → GIRARE || *tr.* scorrere, rileggere, rivedere, riesaminare, correggere || riandare, rivangare || → PULIRE.

ripassàta, *sf.* scorsa, lettura, riveduta || *fig.* → RIMPROVERO.

ripàsso, *sm.* passaggio, → GUADO.

ripensàre, *v.intr.* pensare nuovamente, riflettere, considerare, ponderare, ritornare sul pensiero, → PENSARE, MEDITARE || riandare, ripassare, risovvenire, ricordare, rievocare || cambiar pensiero, proponimento, intenzione, parere.

ripènse, *agg.* ripario, ripuario, rivierasco.

ripercòssa, *sf.* ripercussione, contraccolpo || (dell'aria) → ECO.

ripercotiménto, *sm.* → RIFLESSIONE || RIPERCUSSIONE.

ripercuòtere, *v.tr.* percuotere di nuovo, → MANDARE || *rifl.* rimbalzare, riecheggiare, echeggiare, vibrare, riflettersi, rintronare, risonare, ribattere, respingere, colpire, reagire, avere come conseguenza, stimolare.

contr. fermarsi, svanire, perdersi.

ripercussióne, *sf.* ripercotimento, contraccolpo, riflessione di suono, riecheggiamento, risonanza, rimbombo, → ECO || *fig.* riflesso, stimolo, conseguenza, reazione, effetto.

ripescàre, *v.tr.* pescare, trar fuori || *fig.* → INVESTIGARE, TROVARE.

ripésco, *sm.* amorazzo, → AMORE, INTRIGO.

ripètere, *v.tr.* bissare, confermare, riconfermare, iterare, reiterare, rifare, ridire, ribadire, ribattere, replicare, raffermare, riaffermare, rinnovare, rinnovellare, ricominciare, riparlare, riprendere, rifriggere, raddoppiare, duplicare, interzare, rinterzare, ritessere, insistere, domandare, richiedere, riprovare, spesseggiare, ricantare, tornare alla carica, dire e ridire, dire sempre la stessa solfa, far eco, ritornare alla carica || intercalare || echeggiare, → RISONARE || *rifl.* accadere nuovamente; ricadere nel già detto o nel già fatto.

contr. dire una sola volta, tacere.

ripetitóre, *sm.* → INSEGNANTE || amplificatore, ritrasmettitore.

nomencl. lezione privata, ripetizione, doposcuola.

ripetizióne, *sf.* iterazione, reiterazione, replica, conferma, doppione, insistenza, raffermazione, ribadimento, ricominciamento, riconferma, rinnovamento, ripresa, riprova, ritornello, ritorno, frequenza || lezione privata || → ECO.

nomencl. (*pertinenti*) anadiplosi, luogo comune, battologia, dittografia, palillogia, tautologia, allitterazione, anafora, diafora, epanadiplosi, epanastrofe || *agg.* costante, invariabile, immutata, frequente, infrequente.

ripiàno, *sm.* zona pianeggiante, pianerottolo, piattaforma, → PIANO || scaffale.

nomencl. *verb.* ripianare.
ripicchiàre, *v.tr.* insistere, → PERCUOTERE || agghindarsi, mettersi in ghingheri.
ripícco, *sm.* → DISPETTO || PUNTIGLIO.
rípido, *agg.* ripidoso, scivoloso, → ERTO.
nomencl. ripidezza, ripidità.
ripiegaménto, *sm.* → RIFLESSIONE || ritirata, cedimento, indietreggiamento.
contr. avanzata, avanzamento, proseguimento || rotta, fuga, sconfitta.
ripiegàre, *v.tr.* riflettere, rivolgere indietro, → PIEGARE || riverberare || *intr.* ritirarsi, trovare un accomodamento, una via d'uscita, una scappatoia, → INDIETREGGIARE, CEDERE || *rifl.* rifugiarsi, entrare, chiudersi in se stesso || flettersi, incurvarsi.
ripiegatúra, *sf.* → PIEGA.
ripiègo, *sm.* appiglio, provvedimento, pretesto, mezzo, rimedio, accomodamento, compromesso, espediente, astuzia, elusione, via d'uscita, stratagemma, artifizio, compenso, scusa, scappatoia.
nomencl. *verb.* sbrogliarsela, cavarsi d'impiccio, liberarsi, trovare, pigliare, cercar ripieghi.
ripièno, *agg.* → PIENO || *sm.* → PLEONASMO.
ripigliàre, *v.tr.* raccattare, replicare, correggersi, → RICUPERARE, PRENDERE.
ripopolàre, *v.tr.* → POPOLARE.
ripórre, *v.tr.* → METTERE, POSARE || rimpiattare, → NASCONDERE.
riportàre, *v.tr.* portare di nuovo, portare indietro, rimenare, ricondurre, rendere, condurre, restituire || avvisare, ridire, riferire, spifferare, fare la spia, rapportare, ripetere || riprodurre (disegni e simili) || conseguire, ricevere, → OTTENERE || *rifl.* richiamarsi, riferirsi || ritornare.
riportatóre, *sm.* → RELATORE.
ripòrto, *sm.* rinterro || rapporto || trasporto di numeri.
contr. deporto.
riposàre, *v.intr.* e *rifl.* posare, ristare, fermarsi, sostare, quietare, rallentare, requiare, ristorare dalle fatiche, sedare, calmare, allentarsi, distendersi, dormire, rilassare, riprender fiato, concedersi requie o riposo, aver pace, riprender lena, indugiare || *fig.* rifiatare, → RESPIRARE || esser certo, esser tranquillo, non dubitare || morire, detto di chi è morto.
contr. lavorare, faticare, agire, affannarsi, affaccendarsi; essere inquieto, dubbioso, ansioso, incerto.
riposàto, *pps.* di riposare || *agg.* ristorato, fresco, rinvigorito, pieno di forze, tranquillo, acquietato || quiescente.
contr. stanco, spossato, esausto, inquieto, ansioso, turbato, irrequieto.
ripòso, *sm.* quiete, pace, ozio, requie, calma, tranquillità, tregua, equilibrio, posamento, posa, quiescenza, quietezza, sosta, respiro, rinfresco, ristoro || luogo di seppellimento, cimitero.
nomencl. (*modi*) siesta, vacanza, festa, ferie, pensione, letargo, ricreazione, distrazione, reclinatorio || *agg.* assoluto, totale, illimitato, relativo, parziale, breve, lungo, eterno || *verb.* cercare, prendere, darsi, concedersi.
contr. attività, lavoro, fatica, affanno, inquietudine.
ripostíglio, *sm.* angolino, angoletto, buco, bugigattolo, cantuccio, favissa, latebra, nascondiglio, ricettacolo, ricetto, sgabuzzino, stambugio, stanzino, sottoscala, sottotetto.
ripósto, *pps.* di riporre || *agg.* → NASCOSTO, INTERNO, SEGRETO.
riprèndere, *v.tr.* prendere novamente, ripigliare, riacchiappare, → RIACQUISTARE || riaccettare, accettare in restituzione, ritogliere, → RICUPERARE || rioccupare, riconquistare, ritrovare || tornare da capo, → RICOMINCIARE || correggere, garrire, → RIMPROVERARE, EMENDARE || *rifl.* riacquistare forza, coraggio, correggersi.
contr. lasciare, abbandonare || perdere || lodare, elogiare || disanimarsi.
riprensíbile, *agg.* → REPRENSIBILE.
riprensióne, *sf.* reprensione, → BIASIMO, RIMPROVERO, CASTIGO.
riprésa, *sf.* ricominciamento, rioccupazione, miglioramento, riaccettazione, riattivazione, riassunzione, ripetizione || riprensione.
ripristinaménto, *sm.* → RINNOVO, RESTAURO.
ripristinàre, *v.tr.* riattivare, riporre nello stato primitivo, rimettere in uso, in moto o in efficienza; riprendere, ricostituire, ricomporre, riordinare, reintegrare, → RESTAURARE.
contr. distruggere, guastare. lasciar perire, mutare,
ripristinazióne, *sf.* → RINNOVO, RESTAURO.
riprístino, *sm.* reintegrazione, ricostituzione, ricostruzione, riparazione, rinnovamento, → RESTAURO.
riprodúrre, *v.tr.* effigiare, rappresentare, rispecchiare, ricalcare, lucidare, copiare, imitare, ricopiare, rinnovare, → STAMPARE || moltiplicare, → GENERARE.
riproduttóre, *sm.* generatore, riproduttivo.
riproduzióne, *sf.* generazione, rigenerazione, prolificazione, procreazione, proliferazione || → COPIA || imitazione, rifacimento, moltiplicazione, rappresentazione.
ripròva, *sf.* verifica, verificazione, controllo, riprova, conferma, → PROVA || PEGNO.
riprovàre, *v.tr.* ritentare, → PROVARE || disapprovare, biasimare, odiare, rimproverare || → RESPINGERE.
contr. approvare, lodare, elogiare.
riprovazióne, *sf.* → BIASIMO, DISAPPROVAZIONE, RIMPROVERO.
riprovévole, *agg.* → BIASIMEVOLE, RIMPROVERABILE.
ripuàrio, *agg.* ripario, rivierasco, ripense.
ripudiàre, *v.tr.* rinnegare, sconfessare, tradire, rifiutare, negare, rigettare da sé, disconoscere, abbandonare, lasciare, respingere.
contr. accettare, conservare, tenere con sé, esser fedele.
ripudiàto, *pps.* di ripudiare || *agg.* reietto, respinto, ripudiato, sconfessato.
ripúdio, *sm.* → RIFIUTO || DISCORDIA || DIVORZIO.
ripugnànte, *ppr.* di ripugnare || *agg.* repugnante, ributtante, repellente, rivoltante, ripulsivo, disgustoso, schifoso, nauseante, nauseabondo, sgradevole, allontanante, stomachevole, allergico, odioso, orrido, spiacevole, sconveniente || alieno, avverso, contrario, dissenziente, refrattario, renitente, restio, riluttante, ritroso, schifiltoso, incompatibile, discorde, contraddittorio.
contr. gradevole, gradito, simpatico, simpatizzante, piacevole, piacente, attraente, affascinante, allettante, affine || unanime, consenziente, docile, arrendevole.

ripugnànza, *sf.* repugnanza, idiosincrasia, fobía, allergia, avversione, incompatibilità, riluttanza, renitenza, ritrosia, contrarietà, contrasto, disaccordo, dissenso, resistenza, ripulsione, schifiltà, fastidio, ribrezzo, antipatia, → DISGUSTO, ODIO || schifo, nausea, stomaco.
contr. simpatia, attrazione, fascino, affinità, seduzione, allettamento, gradimento || amore.

ripugnàre, *v.intr.* repugnare, essere avverso, contrario; suscitare avversione, contrarietà, disgusto, ripugnanza; aborrire, rifuggire, repellere, nauseare, detestare, odiare, respingere, ributtare, ripulsare, schifare, stomacare, sentirsi il vomito, aver l'animo alieno.
contr. essere favorevole, gradire, accettare, accogliere.

ripuliménto, *sm.* → PULITA || PERFEZIONAMENTO.

ripulíre, *v.tr.* → PULIRE.

ripulísti, *sm. indecl.* → REPULISTI.

ripulíta, *sf.* → PULITA.

ripulitúra, *sf.* → PULITURA || PERFEZIONAMENTO.

ripúlsa, *sf.* → RIFIUTO.

ripulsàre, *v.tr.* → RIFIUTARE.

ripulsióne, *sf.* repulsione, fobía, antipatia, avversione, → RIPUGNANZA.
contr. attrazione, simpatia, gradimento.

ripulsívo, *agg.* repulsivo → RIPUGNANTE, SGRADEVOLE.

ripurgàre, *v.tr.* → PURGARE.

riputàre o **reputare,** *v.tr.* → GIUDICARE, STIMARE.

riputàto o **reputàto,** *pps.* di riputare || *agg.* → ONOREVOLE, FAMOSO, STIMATO.

riputazióne o **reputazióne,** *sf.* onore, credito, nome, rinomanza, pregio, rinomea, → FAMA STIMA.
contr. discredito, disistima, disprezzo, svalutazione.

riquadràre, *v.tr.* → MISURARE || dipingere, tinteggiare (una stanza).

riquàdro, *sm.* pannello, scompartimento o spazio, quadro.

risàcca, *sf.* ritorno d'onda, rifrangimento, bagnasciuga, rimpotío, risucchio, ritratta.

risàia, *sf.* risería.
nomencl. (*inerenti*) arginello, boccaiola, quadro o aiuola || risaiola, mondariso, mondina.

risaiòla, *sf.* → MONDARISO.

risalíre, *v.intr.* rialzarsi, rimpulizzire, rilevarsi, rincivilire, rimontare, → SALIRE.
contr. riscendere, cadere, decadere, impoverire, rovinarsi.

risalíto, *pps.* di risalire || *agg.* e *sm.* nuovo ricco, gente nuova, incivilito, rincivilito, villan rifatto, pidocchio riunto, rilevaticcio, rimpulizzito, venuto su dal nulla.
contr. decaduto, impoverito, immiserito, derelitto, rovinato, fallito.

risaltàre, *v.tr.* saltare di nuovo || *v. intr.* rimbalzare || aver risalto, rilievo; aggettare, sportare, sporgere, spiccare || *fig.* emergere, campeggiare, apparire evidente.

risàlto, *sm.* rialto, prominenza, sporgimento, rilievo, aggetto, sporto, dentello, rilevamento || rimbalzo || *fig.* evidenza, appariscenza, spicco, stacco, vistosità.
contr. concavità, bassura || uniformità, piattezza, irrilevanza.

risanaménto, *sm.* rinsanicamento, guarigione, miglioramento, bonifica.
contr. malattia || palude, inquinamento.

risanàre, *v.tr.* render sano, → GUARIRE || BONIFICARE, DISINFESTARE || RIPARARE, EMENDARE || *intr.* rinsanicare, rinsanichire, ricuperare o riacquistare la salute.
contr. inquinare, infestare || ammalarsi.

risapére, *v.tr.* venire a sapere, → SAPERE.

risapúto, *pps.* di risapere || *agg.* → NOTO.

risarciménto, *sm.* riparazione, indennità, pagamento, restituzione, reintegrazione, restauro, rifusione, rimborso, indennizzo, compenso, rifacimento, compensazione, soddisfazione || → ESPIAZIONE.
contr. guasto, rottura, avaria || danno, perdita, spesa, sborso.

risarcíre, *v.tr.* indennizzare, rendere, rifondere, rimborsare, compensare, → RICOMPENSARE || richiudersi di piaghe o ferite, cicatrizzare, rimarginare || racconciare, restaurare, reintegrare, rifare, ristorare, → RIPARARE.
contr. danneggiare, distruggere, abbattere, || piagare, ferire, suppurare.

risàta, *sf.* → RISO.

risàzio, *agg.* → PIENO, RISTUCCO.

riscaldaménto, *sm.* riscaldata, riscaldatina, scaldamento, scaldata || → INFIAMMAZIONE.
nomencl. (*modi*) elettrico, a gas, a legna, a carbone, a nafta, a metano, a petrolio, a cherosene, a termosifone, ad aria calda || autonomo, centrale || (*attinenti*) braciere, bruciatore, caldano, calorifero, termosifone, camino, caminetto, fornace, fornello, forno, scaldino, scaldaletto, scaldapiedi, stufa, trabiccolo || combustibile, calore, tepore || termometro, termostato.
contr. raffreddamento, rinfrescamento, refrigeramento.

riscaldànte, *ppr.* di riscaldare || *agg.* calefacente, calorifico.
contr. raffreddante, rinfrescante, refrigerante.

riscaldàre, *v.tr.* incalorire, scaldare, accaldare, infocare, covare || rancidire, irrancidire, ammucidire || *fig.* eccitare, infiammare, infervorare, accendere, mettere in agitazione, in orgasmo, riscuotere (il sangue, la fantasia, le passioni) || *rifl.* accaldarsi, accalorarsi, accalorirsi || *fig.* incollerirsi. accendere l'ira.
contr. raffreddare, rinfrescare, refrigerare || sedare, calmare, disappassionare || raffreddarsi, calmarsi.

riscaldàta, *sf.* → RISCALDAMENTO.

riscàldo, *sm.* → INFIAMMAZIONE || *fig.* eccitamento, accaloramento, rimescolamento, turbamento (di passioni).

riscattàbile, *agg.* redimibile, affrancabile, ricomprabile, svincolabile, salvabile, → RICUPERABILE.
contr. irredimibile, irrecuperabile.

riscattàre, *v.tr.* ricomprare, riacquistare, riavere, svincolare, ritrarre, affrancare, comprare, → RICUPERARE || *fig.* e *rifl.* redimere, liberare, salvare.
contr. vincolare, opprimere, ricattare, minacciare, taglieggiare, tener schiavo, tenere in pegno.

riscattàto, *pps.* di riscattare || *agg.* redento, salvato, liberato.

riscattatóre, *sm.* → LIBERATORE.

riscàtto, *sm.* redenzione, liberazione, espiazione, affrancazione, ricupero, riscossa, svincolo, vendetta, rivincita, rivolta || retrovendita, ricupero, prezzo del ricupero.

nomencl. taglia, catena, vincolo, pegno, schiavitú (anche *fig.*).

rischiaràre, *v.tr.* rischiarire, rendere chiaro, schiarire, rendere limpido, → ILLUMINARE || *fig.* spiegare, chiarire, dilucidare || *rifl.* rasserenarsi.

contr. oscurare, offuscare, incupire, intorbidire, rannuvolarsi, rabbuiarsi.

rischiàre, *v.tr.* risicare, arrischiare, esser temerario, azzardare, arrisicare, ardire, attentarsi, cimentare, compromettere, giocare, avventurarsi, osare, peritarsi, sbilanciare, tentare, affrontare || *intr.* correr rischio || correr l'alea, giocare una carta, mettersi allo sbaraglio, mettere a repentaglio, porsi in avventura, scherzare con la pelle, tentare la sorte, voler la gatta, correre ventura, mettersi a rischio.

contr. star sul sicuro, essere prudente, riflettere.

rischiaríre, *v.tr.* e *rifl.* → RISCHIARARE.

ríschio, *sm.* àlea, azzardo, cimento, avventura, caso, repentaglio, risico, sorte, zara, ventura, danno, pericolo.

nomencl. audacia, temerarietà, avventatezza || *verb.* correre, esporsi al rischio || pericolare, spericolarsi.

contr. sicurezza, timore, paura, prudenza, riflessione.

rischióso, *agg.* aleatorio, azzardoso, pericoloso, arrischiato, imprudente, audace, temerario, ardito, dubbio, dubbioso, avventato, spericolato, avventuroso.

contr. sicuro, prudente, timoroso, cauto.

risciacquaménto, *sm.* → RISCIACQUATURA.

risciacquàre, *v.tr.* → SCIACQUARE || *fig.* → RIMPROVERARE.

risciacquàta, *sf.* sciacquata || *fig.* → RIMPROVERO.

risciacquatúra, *sf.* risciacquamento || rigovernatura, acqua sporca || *fig.* broda, brodaglia, zozza.

riscontràre, *v.tr.* incontrare, andare incontro || verificare, ricontare, provare || paragonare, concordare, confrontare, raffrontare, collazionare, riguardare, notare, correggere, → OSSERVARE || *rifl.* scontrarsi di nuovo, incontrarsi, imbattersi || *intr.* corrispondere, tornare, esser giusto, → COINCIDERE.

riscontratóre, *sm.* revisore, lettore, confrontatore, raffrontatore, verificatore, controllore.

riscóntro, *sm.* incontro, accoglienza, scontro, urto || posizione di contro, dirimpetto, contraffaccia, simmetria || corrente d'aria (fra due aperture opposte) || confronto, raffronto, collazione, paragone, verifica, controllo, esame di conti, riprova, prova || contraccambio, ricambio || risposta (a lettera ricevuta) || conformità, coincidenza || esempio, somiglianza || → RELAZIONE.

riscórrere, *v.tr.* scorrere ancora, ripercorrere, rileggere || rivedere || → RICORDARE.

riscòssa, *sf.* rivincita, reazione, rivolta, ribellione, rivoluzione, insurrezione || redenzione, ricupero, ripresa, riscatto.

contr. oppressione, schiavitú, rassegnazione, ripiegamento.

riscossióne, *sf.* esazione, incasso, introito, riscotimento, trasalimento, percezione, ritiro di denaro.

nomencl. in sofferenza.

contr. pagamento, versamento, sborso, esborso, spesa.

riscòsso, *pps.* di riscuotere || *agg.* risvegliato, ridestato, liberato, riscattato || esatto, incassato, ricevuto, percepito.

contr. addormentato, assonnato, intorpidito || pagato, sborsato, versato.

riscotiménto, *sm.* → RISCOSSIONE.

riscotitóre, *sm.* → ESATTORE.

riscrívere, *v.tr.* rispondere, → SCRIVERE.

riscuòtere, *v.tr.* scuotere novamente, ridestare, risvegliare || (di denaro) introitare, ritirare, incassare, ricevere, esigere, percepire, raccogliere, pigliare || conseguire, riportare, ritrarre, buscare, → OTTENERE || *rifl.* scuotersi, ridestarsi, risvegliarsi, trasalire || ribellarsi, rivoltarsi, insorgere, reagire.

contr. pagare, versare, sborsare, spendere || assopirsi, addormentarsi, dormire, riposare, sopportare, lasciarsi andare, adattarsi, subire, soggiacere.

risecàre, *v.tr.* dissecare, → RIMUOVERE, TAGLIARE.

riseccàre, *v.tr.* disseccare, prosciugare || *rifl.* riseccarsi, asciugarsi, prosciugarsi, perdere l'umidità, disseccarsi, risecchire, rinsecchire.

contr. bagnare, inumidire, immollare, ammollare.

riseccàto, *pps.* di riseccare || *agg.* → ARIDO.

risecchíre, *v.intr.* rinsecchire, diventar secco, diventare riarso, disseccarsi, riseccarsi.

contr. bagnarsi, inumidirsi, immollarsi, ammollarsi.

risecchíto, *pps.* di risecchire || *agg.* risecco, riseccato, riarso, adusto, → ARIDO.

risécco, *agg.* riseccato, risecchito, asciuttissimo, riarso, adusto.

contr. bagnato, umido.

risedére, *v.intr.* sedere novamente || risièdere, aver sede; essere posto, collocato, situato; stare, dimorare, abitare, aver fissa dimora, domicilio o residenza.

contr. dimorare per un po', soggiornare, essere di passaggio.

riséga, *sf.* segno, solco, → IMPRONTA || sporgenza, aggetto, sporto.

risentiménto, *sm.* picca, ripicco, puntiglio, rancore, ruggine, cisma, disdegno, sdegno, avversione, protesta, offesa, clamore, scalpore, corruccio, ira, astio, → ODIO.

contr. indulgenza, condiscendenza, sopportazione, tolleranza, apatia, insensibilità, indifferenza.

risentíre, *v.tr.* sentire nuovamente, riprovare || sentire, provare vivamente, troppo sensibilmente, con sofferenza || *rifl.* sdegnarsi, impermalirsi, reagire, mostrarsi offeso, adirato, reclamare, scattare, → OFFENDERE || risensare, riaversi, rinvenire, riprendere.

risentitézza, *sf.* → PERMALOSITÀ, SUSCETTIBILITÀ.

risentíto, *pps.* di risentire || *agg.* sentito nuovamente || sdegnoso, pieno di risentimento, sospettoso, piccato, iracondo, malizioso, acre, ipersensibile, lamentoso, permaloso || vivo, intenso, gagliardo || (di lineamenti) molto segnato, scavato, marcato, duro, netto.

contr. buono, indulgente, bonario || leggero, tenue, vago, insensibile, superficiale.

riserbàre, *v.tr.* riservare, mettere in serbo, tenere in serbo, fare economia, risparmiare, conservare, salvare || → DEPUTARE.

contr. dare, prodigare, largire, scialare, scialacquare, sprecare.

riserbatézza o **riservatézza,** *sf.* → MODESTIA, PRUDENZA, RISERBO.

risèrbo, *sm.* riservo, riservatezza, riserbatezza, segre-

tezza, prudenza, riguardo, precauzione, avvertenza, cautela, circospezione, discrezione, freno, ritenutezza, ritegno, misura, moderazione, ponderatezza, posatezza, modestia, delicatezza, ritrosia.
contr. sfrontatezza, cinismo, sfacciataggine, impudenza, procacia, imprudenza, disinvoltura.
risería, *sf.*
nomencl. pila, brillatoio || risicoltura.
risèrva, *sf.* restrizione, eccezione || bandita (di caccia o di pesca) || parte tenuta in serbo (per prudenza o precauzione), → PROVVISIONE || corpo d'esercito tenuto in disparte.
nomencl. riserva tattica, strategica.
riservàre, *v.tr.* → RISERBARE, SERBARE || ECCETTUARE || ATTRIBUIRE.
riservatézza, *sf.* → RISERBATEZZA.
riservàto, *pps.* di riservare || *agg.* serbato per sé (o per altri), privato, segreto, non accessibile a tutti, appartato, riposto || prudente, cauto, modesto, circospetto, discreto, riguardoso, posato, contegnoso, delicato, moderato, pudico, pudorato, ponderato, riserbato, ritenuto, misurato, introverso.
contr. pubblico, a disposizione di tutti, esposto, aperto al pubblico || impudente, imprudente, sfrontato, sfacciato, procace, avventato, estroverso, sgangherato.
risíbile, *agg.* → RIDICOLO.
risibilità, *sf.* ridicolaggine, amenità, ridicolezza, comicità.
contr. gravità, austerità, serietà.
risicàre, *v.tr.* → RISCHIARE.
rísico, *sm.* → RISCHIO.
risicoltúra, *sf.* coltivazione del riso, → AGRICOLTURA, RISO.
risièdere, *v.intr.* risedére, aver sede, essere posto, collocato o situato, stare, permanere, dimorare, abitare. aver domicilio, aver residenza, aver fissa dimora.
contr. soggiornare, esser di passaggio, passare.
risípola, *sf.* resipola, erisipela, dermatite.
nomencl. (*tipi*) eritematosa, bollosa, pustolosa, crostosa, flemmonosa, cancerosa, migrante, fissa, carbonchiosa || fuoco sacro, fuoco di S. Antonio || *verb.* irresipolire, risipolare.
rísma, *sf. fig.* → QUALITÀ || *spreg.* qualità scadente, taglia, fatta.
ríso¹, *sm.* risone, risina.
nomencl. (*qualità*) barbato, greggio, mercantile, secco, zucco, bertone, primaticcio, francone, melone, novarese o americano, nostrale, vagliato, vestito, brillato || (*parti*) chicco, buccia, glume o glumella || (*usi*) minestra, risotto, riso in cagnoni, pila o sommolo, supplí || (*pertinenti*) risaia, riseria, brillatoio, pileria, pila, bramino, grolle, mondariso, risaiola, risaiolo, mondina, bianchella, carolo, ruggine, scortecciatrice o sbramino, sbiancatrice, fumetto, grana, mezzagrana, ruschetta || *verb.* brillare, mondare, erpicare, sarchiare, sbiancare, scortecciare, rullare, sommergere, piantare, trapiantare, pulire, mondare, mietere, trebbiare, raffinare.
ríso², *sm.* il ridere, risata, sorriso, ghigno, sogghigno, allegrezza, giocondità, brio, briosità, cachinno, ilarità, risolino, ironia, sarcasmo, sghignazzata, sghignazzamento, sghignazzo, sghignazzío.
nomencl. (*modi*) singulto, scroscio, schianto, scoppio, solletico, convulsione || ridanciano, risibile, ridevole, comico, comicità || *agg.* amaro, annacquato, aperto, beffardo, buffonesco, canzonatorio, cattivo, convulso, compassionevole, dispettoso, dolce, forzato, grasso, grazioso, irresistibile, inestinguibile, a fior di labbra, limpido, ironico, sarcastico, sardonico, mordace, osceno, licenzioso, freddo, mefistofelico, moderato, misurato, discreto, temperato, omerico, represso, domato, vinto, soffocato, frenato, smorzato, contenuto, libero, spinto, rumoroso, sonoro, schietto, sincero, genuino, leale, franco, artefatto, insincero, falso, ipocrita, sciocco, scipito, insipido, cretino, stolido, scomposto, disordinato, sguaiato, sconveniente, incomposto, sconclusionato, smodato, sgangherato, smoderato, eccessivo, spappolato, stiracchiato, sprezzante || *verb.* eccitare, muovere, suscitare, indurre, scoppiare, frenare, trattenere, reprimere, vincere, tenere, mordere la lingua, scappare, scrosciare, smascellarsi, sganasciarsi, sbellicarsi, morire, crepare dalle risa.
contr. pianto, tristezza, mestizia, dolore, ansia, amarezza || serietà, gravità.
risolàre, *v.tr.* → SOLARE.
risolatúra, *sf.* → SOLATURA.
risolíno, *sm.* → RISO.
risollevàre, *v.tr.* e *rifl.* → SOLLEVARE.
risòlto, *pps.* di risolvere || *agg.* deciso, sciolto, → RISOLUTO.
risolúbile, *agg.* risolvibile, → SOLUBILE.
contr. irrisolubile, irresolubile.
risolutaménte, *avv.* → DELIBERATAMENTE.
risolutézza, *sf.* animo risoluto, animosità, saldezza, decisione, audacia, ardire, energia, prontezza, intraprendenza, fortezza, coraggio, incrollabilità, durezza, ostinazione, inarrendevolezza (*ant.*).
contr. irrisolutezza, irresolutezza, indecisione, dubbiosità, fragilità, incertezza, perplessità, vacillamento, timidezza, timidità, titubanza, fragilità, debolezza, rassegnazione.
risolutivaménte, *avv.* → DECISIVAMENTE.
risolutívo, *agg.* risolvente, → DECISIVO.
risolúto, *pps.* di risolvere || *agg.* sciolto, disciolto, liquefatto, stemperato, diluito || energico, intraprendente, deciso, ardito, audace, pronto, determinato, speditivo, animoso, franco, autoritario, bravo, esplicito, reciso, fermo, ostinato, sbrigativo, sicuro, spiccio, stabile, coraggioso.
contr. insoluto || irrisoluto, irresoluto, apprensivo, indeciso, titubante, vacillante, incerto, dubbioso, debole, perplesso.
risoluzióne, *sf.* scioglimento, soluzione, risolvimento || scelta, decisione, determinazione, deliberazione, passo, mossa, partito, giudizio, persuasione, soluzione, misura, espediente, metodo, proposito, sistema, ardire, audacia, prontezza, coraggio.
contr. irresolutezza, indecisione, fragilità, incertezza, perplessità, timidezza, timidità, titubanza, debolezza, vacillamento.
risolvènte, *ppr.* di risolvere || *agg.* risolutivo, solvente, dissolvente.
contr. rassodante, coagulante.

risòlvere, *v.tr.* dissolvere, sciogliere, disciogliere, scomporre, ridurre || decidere, determinare, indurre, deliberare, definire, giudicare, dichiarare, stabilire, statuire || (di contratto) rescindere, annullare, invalidare || spiegare, chiarire, decifrare || *rifl.* decidersi.
contr. lasciare insoluto, incerto, indeciso, sospeso, inspiegato.
risolvíbile, *agg.* risolubile, → SOLUBILE.
contr. irrisolvibile.
risolviménto, *sm.* → RISOLUZIONE.
risonànte, *ppr.* di risonare || *agg.* echeggiante, riecheggiante, rimbombante, tonante, rintronante, tonitruante, rumoroso, arcisonante, altisonante, gravitonante, rombante, reboante, asprosonante, toneggiante, trasonoro, forte, ripercosso, sonoro.
contr. silenzioso, muto, sordo, cupo, flebile, fievole, sommesso, basso, tenue, debole, attutito, attenuato.
risonànza, *sf.* eco, ripercussione, ripercuotimento, rimbombo, → SUONO || *fig.* nominanza, nomea, → FAMA.
risonàre, *v.intr.* echeggiare, rimbombare, riecheggiare, ripetere, rintronare, tonare, toneggiare, rombare, bombire, rintonare, sonare, rintoccare, toccheggiare, ripercuotere, ribattere.
contr. essere sordo, muto.
risórgere, *v.intr.* sorgere nuovamente, risuscitare, rinascere, rivivere, rifiorire, riprender vita, risollevarsi, ristorarsi, alzarsi, rialzarsi, riemergere, migliorare, → RINNOVARE || *fig.* rimpannucciarsi, rifarsi, spidocchiarsi, rimettersi in arnese.
contr. cadere, ricadere, esser vinto, sopraffatto, morire, abbattersi, deperire || decadere, andare in miseria.
risorgiménto, *sm.* → RINASCENZA, RINASCITA, RINNOVAMENTO || MIGLIORAMENTO.
risórsa, *sf.* fonte di utilità, di guadagno, di salvezza; utile, profitto, vantaggio, aiuto, espediente, mezzo, accorgimento, capacità, argomento, assegnamento, cavata, partito, ripiego, ritrovato, scampo, stratagemma, trovata || *pl.* → FACOLTÀ.
contr. danno, svantaggio, mancanza, privazione, pericolo, perdita, scapito.
risospíngere, *v.tr.* → RESPINGERE.
risovveniménto, *sm.* → RICORDO.
risovveníre, *v.tr.* e *rifl.* → RICORDARE.
risparmiàre, *v.tr.* mettere, tenere in serbo, serbare, tenere da parte, non usare, non stancare || lesinare, economizzare, calcolare, sparagnare, accumulare, avanzare, avarizzare (*ant.*) || perdonare, salvare, aver riguardo, rispettare, non usare || essere economo; essere tirchio, avaro; fare economia fare sacrifici, fare le nozze coi fichi secchi, far tesoro, mettere da parte, restringersi, sapere il valore del denaro, tener da conto, tirarsi indietro, vivere con poco, voltare e rivoltare un quattrino prima di spenderlo, scorticare le pulci, spezzare un quattrino, tenere stretto, tirare il soldo || *rifl.* riguardarsi, aversi riguardo, non affaticarsi, non prodigarsi, non esporsi.
contr. prodigare, sperperare, spendere, scialacquare, profondere, largheggiare || affaticarsi, prodigarsi, strapazzarsi, non aver riguardi.
risparmiatóre, *agg.* e *sm.* economo, parsimonioso, frugale, previdente, sobrio || → AVARO.
contr. largo, prodigo, sperperatore, scialacquatore, spendaccione, scialone, sciupone.
rispàrmio, *sm.* economia (di denaro), previdenza, accumulazione; uso moderato, prudente, limitato; lesina, frugalità, parsimonia, sobrietà, sparagno, calcolo || denaro risparmiato, messo o tenuto da parte, avanzo, residuo.
nomencl. (*attinenti*) salvadanaio, cassa di risparmo, libretto di piccolo risparmio, gruzzolo, peculio, risparmio postale || privazioni || *agg.* aspro, magro, rigoroso, stretto, metodico, scarso, pingue, abbondante || *verb.* fare, praticare, usare, insegnare.
contr. prodigalità, sperpero, lusso, larghezza, scialacquío.
rispecchiàre, *v.tr.* riverberare, riflettere || *fig.* imitare, riprodurre, rendere, rappresentare.
rispettàbile, *agg.* → ONOREVOLE, EGREGIO.
rispettabilità, *sf.* → ONORE.
rispettàre, *v.tr.* trattare con rispetto, portar rispetto, aver stima, aver riguardo, risparmiare, tenere in alta considerazione, ossequiare, riverire, riguardare, sberrettare, venerare, onorare, stimare.
contr. mancar di deferenza, aver della noncuranza, disprezzare, danneggiare, ledere, deteriorare, abusare, strapazzare, vituperare, biasimare, vessare.
rispettivaménte, *avv.* relativamente, a proposito, a ciascuno.
contr. complessivamente, globalmente, totalmente.
rispettívo, *agg.* relativo, attinente, concernente, riguardante.
rispètto, *sm.* considerazione, riguardo, deferenza, riverenza, devozione, omaggio, ossequio, onore, decoro, venerazione, stima, obbedienza, delicatezza, precauzione, prudenza, modestia, dignità, osservanza.
nomencl. *agg.* doveroso, dovuto, debito, conveniente, indebito, forzato, imposto, obbligato, falso, fittizio, mendace, giusto, equo, adeguato, legittimo, ragionevole, onesto, meritato, profondo, intenso, immenso, elevato, sincero, schietto, genuino, leale, franco, spontaneo || *verb.* usare, ispirare, meritare, mancare.
contr. disprezzo, scherno, disistima, noncuranza, abuso, strapazzo.
rispettóso, *agg.* riguardoso, cortese, delicato, cerimonioso, obbediente, devoto, deferente, ossequiente, ossequioso, inchinevole, riverente, prudente, modesto, osservante.
contr. irrispettoso, sprezzante, noncurante, indelicato, grossolano, rozzo, irriverente.
rispíngere, *v.tr.* → RESPINGERE.
risplendènte, *ppr.* di risplendere || *agg.* lucente, fiammante, fiammeggiante, candente, → SPLENDENTE.
contr. offuscato, opaco, fosco, oscuro.
risplèndere, *v.intr.* irradiare, fiammeggiare, lucere, lampeggiare, balenare, → SPLENDERE.
contr. essere fosco, opaco, offuscato, oscuro.
rispondènte, *ppr.* di rispondere || *agg.* corrispondente, adeguato, congruo, adatto, conveniente, confacente, conforme, proprio, desiderato, ricambievole.
contr. inadatto, disadatto, inadeguato, improprio, urtante, dissonante.
rispondènza, *sf.* corrispondenza, consonanza, accor-

do, armonia, correlazione, relazione, adeguazione, concordanza, contemperamento.
contr. scordanza, disaccordo, disarmonia, dissonanza, urto, difformità.
rispóndere, *v.tr.* dar risposta, dialogare, replicare, ribattere, rinfacciare, confutare, rimbeccare, controbattere, ridire, ribeccare, ribadire, riscrivere, scrivere, parlare a sua volta, rintuzzare, contraddire, obiettare, ritorcere, soggiungere || farsi garante, guarentire || corrispondere, contraccambiare, → RICOMPENSARE.
nomencl. (*diversi modi*) acerbamente, argutamente, a mezza bocca, a rovescio, a senno, a tono, a traverso, a vanvera, asciutto, freddamente, secco secco, a volta di corriere, immediatamente, avvolto, categoricamente, chiaro, in modo esplicito, esplicitamente, con sale e pepe, con garbo, con grazia, con un cenno del capo, corto corto, crudamente, di ripicco, di proposito, distratto, evasivamente, per le rime, picche, pro e contro, prontamente, risolutamente, soffiando, sbuffando, sospirando, sul muso, sul serio, con gravità, di rimando || *verb.* impappinarsi, confondersi, sbuffare, tacere, opporre silenzio.
contr. domandare, chiedere, richiedere, consultare, interpellare, obiettare, interrogare, implorare, reclamare,
rispósta, *sf.* responso, parere, sentenza, giudizio, oracolo, replica, riscontro, confutazione, rimbeccata, ritorsione, rappresaglia.
nomencl. *agg.* affermativa, negativa, ambigua, equivoca, dubbia, incerta, categorica, sicura, precisa, esatta, indubitabile, accorta, sagace, pronta, scaltra, furba, maliziosa, ingenua, sincera, candida, schietta, innocente, semplice, contraria, sfavorevole, opposta, contrastante, ribelle, ostile, nemica, favorevole, propizia, benevola, cortese, garbata, gentile, compiacente, affabile, urbana, generosa, scortese, sgarbata, inurbana, piccata, decisiva, dura, aspra, spiacevole, rude, elusiva, evasiva, energica, forte, risoluta, virile, impertinente, pertinente, insufficiente, irriverente, laconica, breve, telegrafica, mordace, pungente, caustica, velenosa, maligna, piccante, salata, secca, sbrigativa, spiccia, spedita, lesta, sollecita, soddisfacente, urgente, imperiosa, impellente, incalzante.
contr. domanda, richiesta, interpellanza, consulto, quesito, proposta, obiezione, interrogazione.
rìssa, *sf.* mischia, contesa violenta, baruffa, battibecco, alterco, lite, litigio, colluttazione, combattimento, cagnara, contrasto, parapiglia, tafferuglio, polemica, questione, riotta, tenzone, altercazione, schermaglia, zuffa, scontro, urto || → GUERRA.
nomencl. *verb.* provocare || fare, entrare, spartire, calmare || abbaruffarsi, accapigliarsi, acciuffarsi.
contr. pacificazione, intesa, concordia, unione, accordo, amore.
rissaiòlo, *sm.* accattabrighe, attaccabrighe, bellicoso, contendente, disputatore, letichino, litichino, litigioso, prepotente, manesco, riottoso, rissoso, piazzaiolo.
contr. calmo, tranquillo, pacifico, mite, arrendevole, cedevole.
rissàre, *v.intr.* abbaruffarsi, accapigliarsi, azzuffarsi, acciuffarsi, colluttare, altercare, contendere, contrastare, litigare || andare a caccia di chiocche, di busse; cercar rogne, brighe; stuzzicare il formicaio, svegliare il can che dorme, trovar lite o questione || abbatacchiarsi, abbirucciarsi, abborracciarsi, acchiapparsi o acciuffarsi per i capelli, aggattigliarsi, appiccarsi, aggarugliarsi, attaccarsi, batostare, fare a sgrugnoni; fare ai capelli, a calci, ai morsi, a tira tira; giuocare di pugni, mettersi in rissa, orzare, rompersi il collo, schermire; venire a parole, ai fatti, alle contese, alle mani, alle vie di fatto, alla peggio, → LITIGARE.
contr. far pace, rappacificarsi, rappaciarsi, intendersela, accordarsi, rappattumarsi.
rissóso, *agg.* e *sm.* → RISSAIOLO,
ristabiliménto, *sm.* → RIPARAZIONE.
ristabilíre, *v.tr.* → RIFARE, RINNOVARE, REINTEGRARE || *rifl.* → GUARIRE.
ristagnaménto, *sm.* → RISTAGNO.
ristagnàre, *v.tr.* → SALDARE || *intr.* (di acqua) fermarsi, impaludarsi, rappozzare, → STAGNARE || non sanguinare piú, non buttare piú (di ferita), rimarginare, cicatrizzare, rinsanichire
contr. scorrere, precipitare, fluire || bonificare, prosciugare || buttare, suppurare.
ristàgno, *sm.* ristagnamento (di acque), impaludamento || *fig.* ingorgo, cessazione di corso, arenamento, marasma, stasi, recessione, crisi, calma, indugio, ostruzione, paralisi, incaglio.
contr. libero corso || ripresa, attività.
ristàmpa, *sf.* → EDIZIONE || IMPRESSIONE.
ristàre, *v.intr.* astenersi, cessare, → FERMARE, STARE.
ristecchíto, *agg.* → MAGRO.
ristillàre, *v.tr.* → DISTILLARE.
ristoppàre, *v.tr.* → CALAFATARE.
ristoraménto, *sm.* ristoro, → RINNOVAMENTO.
ristorànte, *ppr.* di ristorare || *sm.* trattoria, osteria, caffè, pensione, ristoratore.
ristoràre, *v.tr.* dar ristoro, confortare, ricreare, riconfortare, rifocillare, riposare, dar sollievo, rinnovare le forze, rinfrescare, dar refrigerio, rinvigorire || indennizzare, risarcire, compensare, ricompensare || migliorare, far tornare (come prima), restaurare, riparare, fortificare || *rifl.* riconfortarsi, rifocillarsi, rinfrescarsi, riprendersi, → RICREARE || MANGIARE.
contr. affaticare, debilítare, addolorare, affliggere, opprimere || spossarsi, stancarsi, esaurirsi, estenuarsi.
ristoràto, *pps.* di ristorare || *agg.* ristabilito, rimesso, → FRESCO, RINATO.
ristoratóre, *sm.* → RISTORANTE || *agg.* riposante, riconfortante, energetico, rinfrescante, ricostituente.
contr. stancante, soffocante, affaticante, deprimente, debilitante, opprimente, spossante.
ristòro, *sm.* ristoramento, conforto, sollievo, riposo, ricreazione, intermezzo, respiro || ammenda, risarcimento, indennizzo, compenso, riparazione || rifocillamento, spuntino, mangiata || restaurazione, rifacimento, rinnovazione, → RINNOVAMENTO.
contr. stanchezza, lassitudine, spossatezza, esaurimento || perdita, danno.
ristrettézza, *sf.* → STRETTEZZA || *fig.* → POVERTÀ, MESCHINITÀ.
ristrétto, *pps.* di restringere || *agg.* angusto, → STRETTO,

CHIUSO || *fig.* meschino, gretto, misero, scarso, limitato || *sm.* → SUNTO, RIEPILOGO.
contr. largo, lato, ampio, spazioso, dilatato || largheggiante, provvido, generoso.
ristuccàre, *v.tr.* stuccare di nuovo, di piú, maggiormente || *fig.* saziare, nauseare, fastidire, infastidire, seccare, annoiare, venire a noia, rendersi insopportabile || *rifl.* imbellettarsi, dipingersi il volto.
ristúcco, *pps.* di ristuccare || *agg.* piú che sazio, ripieno, nauseato, arcistufo, infastidito, annoiato, seccato, stucco, stuccato.
risúcchio, *sm.* → RISACCA.
risultànte, *ppr.* di risultare || in fisica, detto di forza.
contr. componente.
risultàre, *v.intr.* derivare, provenire, venir di conseguenza, dipendere, conseguire, rendersi evidente, emergere, ridondare, riuscire, concludere.
contr. enunciare, proporre, promuovere.
risultàto, *pps.* di risultare || *sm.* effetto, esito, conclusione, evento, fine, frutto, prodotto, profitto, utile, estremità, riuscita, risultamento, successo, conseguenza, scioglimento, risultanza.
contr. causa, occasione, determinante, inizio, cominciamento, principio.
risurreziόne, *sf.* reviviscenza, risorgimento, ripresa, vittoria sulla morte, ritorno alla vita, ricupero, → RINNOVAMENTO.
nomencl. risurrezione di Cristo, della carne.
contr. fine, morte || crollo, fallimento, scacco, inabissamento.
risuscitàre, *v.tr.* richiamare in vita, rendere la vita, restituire alla vita || *fig.* ravvivare, ridestare, rinnovare, risvegliare, restaurare, suscitare || → RICORDARE || *intr.* tornare in vita, rivivere, reviviscere, rinvivire.
contr. morire, esser morto || essere in disuso.
risuscitàto, *pps.* di risuscitare || *agg.* → RINATO.
risvegliàre, *v.tr.* svegliare nuovamente, dissonnare || riscuotere, scuotere, ridestare, risuscitare, rinnovare, ravvivare, suscitare, eccitare, stimolare, rinfrancare, entusiasmare di nuovo, incitare || *rifl.* ridestarsi, destarsi, scuotersi, → RINASCERE.
contr. addormentare, assopire || addormentarsi, assopirsi || perdersi d'animo, intiepidirsi, perdere il fervore.
risvéglio, *sm.* lo svegliarsi || *fig.* ravvivamento, risorgimento, rinnovamento, rinascita, resurrezione, ritorno all'attività, al proposito, all'entusiasmo, al fervore (di prima).
contr. sonno, assopimento, intiepidimento, torpore, stasi.
risvòlta, *sf.* → RISVOLTO.
risvòlto, *sm.* paramano, polsino, guardamano, risvolta, arrovesciatura, rovescia, mostra, mostreggiatura, mostrina, pistagna || *fig.* piega, lato.
ritagliàre, *v.tr.* → TAGLIARE.
ritàglio, *sm.* scampolo, avanzo, rimasuglio, parte, frammento, pezzo, tocco, residuo, scorcio, taglio.
ritardàbile, *agg.* → PROROGABILE.
ritardàre, *v.tr.* rallentare, far indugiare, allentare, differire, dilazionare, rimandare, prorogare, procrastinare, aggiornare, rimandare ad altro tempo, allontanare, trattenere, protrarre || *intr.* essere in ritardo, essere impedito, arrivare piú tardi, attardarsi, farsi aspettare, indugiare, tardare, temporeggiare, prender tempo, attendere, traccheggiare, soprassedere.
contr. affrettare, accelerare, precipitare, sveltire || anticipare, anteporre.
ritardatàrio, *sm.* indugiatore, temporeggiatore, moroso, ritardatore.
ritàrdo, *sm.* remora, proroga, indugio, tardanza, mora, perdita di velocità, lentezza, dilazione, aggiornamento, procrastinazione, protrazione, rimando, temporeggiamento.
contr. fretta, acceleramento, anticipo, precedenza.
ritégno, *sm.* riparo, ostacolo, difesa, impedimento, vincolo, legame, ceppo, pastoia, raffrenamento, indugio, sosta, repressione, freno, rattenimento, remora || imbarazzo, pudore, modestia, vergogna, contegno, prudenza, riserbo, riguardo, discrezione, misura, ritenutezza.
contr. sfrenatezza, impeto, precipitazione, ardire, slancio, procacia, rilassatezza, impudenza || abbandono.
ritempràre, *v.tr.* → RINFORZARE.
ritenére, *v.tr.* trattenere, frenare, fermare, arrestare, ostacolare, impedire, reprimere, reggere, tenere || mantenere, → SERBARE || imprimere nella memoria, serbare nella memoria || → OPINARE, GIUDICARE || *rifl.* contenersi, frenarsi, astenersi, raffrenarsi, impedirsi, moderarsi.
contr. lasciare, abbandonare || dimenticare || abbandonarsi, rilasciarsi, sfrenarsi, lasciarsi andare || rigettare, manifestare.
ritentíva, *sf.* → MEMORIA, RICORDO.
ritenúta, *sf.* trattenuta, ritenzione.
ritenutézza, *sf.* → ASTENSIONE || RITEGNO.
ritenúto, *pps.* di ritenere || *agg.* riservato, riserbato, prudente, cauto, posato, discreto, moderato, riguardato, contegnoso.
contr. imprudente, incauto, avventato, sconsiderato, sfrenato, precipitato, precipitoso.
ritenziόne, *sf.* trattenuta, ritenuta.
ritèssere, *v.tr. fig.* → RIFARE.
ritiràre, *v.tr.* tirare nuovamente || tirare indietro, ritrarre, tirare via || ritrattare, disdire, non mantenere, recedere || riprendere, riscuotere, incassare, introitare, esigere, percepire, raccogliere, pigliare, andare a prendere, farsi dare || muovere, rimuovere, dissuadere, distogliere, sconsigliare, allontanare, richiamare, far venir via (da un luogo) || *rifl.* rientrare, rinchiudersi, internarsi, appartarsi, chiudersi dentro, barricarsi, serrarsi, rifugiarsi, asserragliarsi, tapparsi in casa, rintanarsi, rientrare in sé || indietreggiare, cedere, rinunciare, rinculare, tirarsi indietro || restringersi, ridursi || dimettersi, revocare.
contr. mandare avanti || mantenere, confermare || spingere avanti, ricrescere, avanzare, avanzarsi || esporsi, uscire, affrontare, || allentarsi, rilasciarsi.
ritiràta, *sf.* indietreggiamento, rinuncia, ritiro, rinculo, ripiegamento || *fig.* scappatoia, dimissione, revoca, pretesto, scusa, dissuasione || → LATRINA.
contr. avanzata, proseguimento, conferma, mantenimento, inoltro || fuga, rotta, sconfitta.
ritiràto, *pps.* di ritirare || *agg.* appartato, lontano, re-

moto, solitario, internato, rifugiato, non conversevole, rustico, solingo.
contr. esposto, spinto, in vista, in avanti, avanzato, antistante.
ritíro, *sm.* luogo appartato, solitario, remoto, rifugio, asilo, eremo, collegio, ricovero || riscossione || rinuncia, → REVOCA || RACCOGLIMENTO.
ritmàre, *v.tr.* cadenzare, scandere, scandire, segnare il tempo, modulare, rimare, verseggiare.
ritmàto, *pps.* di ritmare || *agg.* → RITMICO.
rítmica, *sf.* ritmo, arte del ritmo, metrica, prosodia, scansione || misura, quantità, numero.
nomencl. (*pertinenti*) accento, arsi, tesi, verso, rima, strofa, metro.
rítmico, *agg.* ritmato, accentato, misurato, cadenzato, modulato, misurato, armonico || periodico.
contr. aritmico, irregolare, inarmonico.
rítmo, *sm.* misura, ordine, accento, numero, consonanza, armonia, tempo, battuta, cadenza, ritmica, inflessione.
contr. aritmia, disarmonia, irregolarità, discontinuità.
ríto, *sm.* cerimonia, funzione liturgica, culto, liturgia, cerimoniale, costume, usanza (nel modo di celebrare il culto) || regola, procedura, procedimento, formalità, consuetudine, rituale, *iter*.
nomencl. (*tipi storici*) ambrosiano, romano, cattolico, ortodosso, greco, armeno, gallicano, lionese, copto, russo, illirico, maronita, siriaco, gregoriano, mozarabico, slavo, toletano || (*attinenti*) rituale, sacramentale.
ritoccaménto, *sm.* ritocco, ritoccata, ritoccatura, palpamento, correzione, modificazione, ripasso.
ritoccàre, *v.tr.* toccare nuovamente || correggere, modificare, emendare, falsare, trasformare, variare, migliorare, perfezionare, → RESTAURARE || ripassare, rivedere.
contr. lasciare invariato, inalterato, imperfetto, scorretto.
ritoccàta, *sf.* → PENNELLATA, RITOCCAMENTO.
ritoccàto, *pps.* di ritoccare || *agg.* ripassato, restaurato, corretto, riveduto.
ritoccatúra, *sf.* → RITOCCAMENTO.
ritocchíno, *sm.* mangiarino, pietanza, pietanzino (dopo mangiare), merenduccia.
ritócco, *sm.* ripasso, revisione, correzione, modifica, emendamento, miglioramento, variazione, perfezionamento || ritoccata, ritoccamento, → PENNELLATA.
ritògliere, *v.tr.* → PRENDERE, TOGLIERE.
ritóndere, *v.tr.* → RASARE.
ritòrcere, *v.tr.* torcere novamente, torcere maggiormente || rivolgere un argomento contro (chi l'ha usato).
nomencl. argomento *ad hominem*.
ritornàre, *v.intr.* tornare, rivenire, rientrare, rincasare, riedere, ripassare, rimpatriare, volgere, voltare, → ANDARE || *tr.* dar addietro, ricambiare, ricondurre, → RENDERE, RESTITUIRE.
contr. andare, partire, avanzare, uscire, andare avanti, proseguire || retrocedere, rinculare, indietreggiare || ricevere, accettare, tenere.
ritornèllo, *sm. fig.* → RIPETIZIONE.
ritórno, *sm.* regresso, ripassata, rimpatrio, rientro, rimbalzo, riversibilità, inversione, riflusso, ricaduta || → RIPETIZIONE || RESTITUZIONE.
contr. andata, flusso || rinculo, indietreggiamento, ritirata, retrocessione.
ritorsióne, *sf.* rappresaglia, vendetta, riparo, rivincita, rivalsa, → PUNIZIONE, RISPOSTA.
ritòrtola, *sf.* → GIRIVOLTA || *fig.* → INGANNO.
ritosàre, *v.tr.* → RASARE.
ritràrre, *v.tr.* trarre, tirare novamente || ritirare, tirare indietro || cavare, ricavare, ottenere, estrarre, conseguire, raccogliere, riscuotere, derivare, riportare, buscare, rendere, riscattare, redimere, riavere, liberare, svincolare || disegnare, fotografare, imitare, copiare, descrivere, effigiare, dipingere, rendere, rappresentare, colorire, ombreggiare, scolpire || riflettere, rassomigliare, tirare || *rifl.* ritirarsi, tirarsi indietro, rinunciare, indietreggiare, rinculare, ricoverarsi, raccogliersi, internarsi, allontanarsi, ridursi.
contr. mettere, mandare avanti || proseguire, continuare, avanzare, avanzarsi.
ritràtta, *sf.* → RISACCA.
ritrattàre, *v.tr.* trattare novamente || negare, rimangiare, ringoiare, disdire, non mantenere, ritirare, recedere, revocare, sconfessare, negare, rinnegare || *rifl.* ritornare sui propri passi, disdirsi, ritrarsi, mutare idea o proposito, correggersi, emendarsi || disconvenirsi || fotografare, ritrarre, effigiare, raffigurare, posare per un ritratto.
contr. dire, affermare, asserire, fare, agire || accusare, offendere, insultare.
ritrattazióne, *sf.* il trattare di nuovo, palinodia, rettifica, rettificazione, correzione, emenda, revoca, negazione, sconfessione, disdetta, ritiro di accusa, confessione del proprio errore.
contr. affermazione, asserzione, accusa, offesa, insulto.
ritrattísta, *sm.* → PITTORE.
ritràtto, *pps.* di ritrarre || *sm.* effigie, immagine, faccia, figura, icona, maschera, statua, busto, caricatura, *silhouette*, sembianze, raffigurazione, rappresentazione, simulacro, dipinto, pittura || *fig.* profilo biografico, psicologico.
nomencl. (*modi*) al naturale, a pastello, a tempera, a olio, a penna, inciso, a colori, in bianco e nero, in rilievo, miniato || di prospetto, di fronte || (*inerenti*) ingrandimento, posa, istantanea, fotografia || portaritratti, *passe-partout* || pittore, scultore, ritrattista, fotografo, caricaturista || *agg.* abbellito, adulato, alterato, falsificato, falsato, infedele, mendace, contraffatto, fedele, veritiero, esatto, parlante, somigliantissimo, rassomigliante, vivo, vigoroso, vivido, brillante, lusinghiero, pregevole, benevolo, incoraggiante, promettente, equo, giusto, ridotto || *verb.* fare, eseguire, dipingere, scolpire, ritrarre, ritrattare, fotografare, posare, mettersi in posa.
contr. persona, originale, modello.
ritréppio, *sm.* → PIEGA.
ritrósa, *sf.* → NASSA.
ritrosàggine, *sf.* → RITROSIA.
ritrosía, *sf.* ritrosità, ritrosaggine, riluttanza, renitenza, ripugnanza, contrarietà, schifiltà, rozzezza, rustichezza, selvatichezza, ostinazione, resistenza, ombrosi-

tà, permalosità, sensibilità, modestia, umiltà, riserbo, ritiratezza, moderazione, repulsione || → OSTINAZIONE, INDISCIPLINA, PUDORE.
contr. arrendevolezza, cordialità, cortesia, compiacenza, cedevolezza, socievolezza || ambizione, arrivismo, ostentazione, mondanità.
ritrosità, *sf.* → RITROSIA.
ritróso, *agg.* avverso, contrario, refrattario, riluttante, renitente, restio, resistente, recalcitrante, intrattabile, indisciplinato, riottoso, schifiltoso, schizzinoso, selvatico, bisbetico, ostico, bizzarro || schivo, insocievole, modesto, moderato, umile, ritirato, raccolto, taciturno.
nomencl. *verb.* andare a ritroso, rinculare, indietreggiare, retrocedere, arretrare.
contr. arrendevole, compiacente, cordiale, cortese, socievole, compagnevole || ambizioso, mondano, procacciante.
ritrovàbile, *agg.* → REPERIBILE.
contr. introvabile.
ritrovaménto, *sm.* → INVENZIONE, SCOPERTA.
ritrovàre, *v.tr.* trovare di nuovo || riuscire a trovare, scoprire, vedere, inventare, conoscere, riconoscere, rinvenire, incontrare, ricuperare, disseppellire, raccapezzarsi || capitare, essere, mostrarsi, riscontrare || *rifl.* trovarsi insieme, darsi convegno, capitare insieme || → ORIENTARE.
contr. perdere, smarrire, perdere di vista.
ritrovàta, *sf.* → SCOPERTA.
ritrovàto, *pps.* di ritrovare || *sm.* → SCOPERTA, INVENZIONE || MEZZO.
ritrovatóre, *sm.* → INVENTORE.
ritròvo, *sm.* adunanza, radunanza, appuntamento, incontro, riunione, convegno, crocchio, cerchio, conversazione, trattenimento, intertenimento, compagnia, radunata, raduno || luogo di ritrovo, ridotto, circolo-caffè, ricreatorio, convegno, casino, bisca, covo, cenacolo, *club, tabarin, dancing, garden-party, foyer.*
rítto, *agg.* impalato, eretto, erto, rizzato, drizzato, raddrizzato, perpendicolare, in piedi, alzato, erto, aderto, verticale, indiritto, → DIRITTO.
nomencl. *verb.* alzarsi, rialzarsi, levarsi, sollevarsi, rizzarsi.
contr. coricato, bocconi, supino, steso, sdraiato, giacente, orizzontale, obliquo, curvo, ricurvo, incurvato, piegato, storto, contorto, pendente.
rituàle, *agg.* secondo i riti, secondo la regola, di norma || *sm.* libro dei riti, cerimoniale, → LITURGIA.
riunióne, *sf.* accolta, accozzaglia, accozzamento, adunanza, assemblea, assembramento, ammassamento, aggruppamento, attruppamento, affluenza, conferenza, confederazione, convocamento, convocazione, raccolta, radunata, radunanza, raduno, ricevimento, festa || accademia, banda, brigata, camerata, capitolo, carovana, cenacolo, circolo, concistoro, collegio, collettività, comitiva, comitato, compagnia, comunità, confraternita, congrega, congresso, concorso, consesso, consiglio, consociazione, consorzio, consulta, convegno, conventicola, coorte, corte, corteggio, corporazione, crocchio, folla, giunta, gruppo, lega, orda, parlamento, partito, scaglione, seguito, seduta, sindacato, sinedrio, sinodo, società, sodalizio, stormo, tornata, truppa, tribú, mucchio, unione || alleanza, fratellanza.
riuníre, *v.tr.* raccogliere, intruppare, raggruppare, ricongiungere, congiungere, adunare, mettere insieme, rendere unito, → UNIRE || riconciliare || *rifl.* adunarsi, tornare a stare insieme.
contr. dividere, disgiungere, staccare, separare, metter contro || separarsi, sparpagliarsi, disperdersi.
riuscíre, *v.intr.* uscire nuovamente || avere esito, aver successo || indovinare, risultare, derivare, provenire, dipendere, conseguire, ottenere, attecchire, fiorire, procedere, divenire || metter capo, sboccare, giungere, pervenire, sortire, andare a finire, approdare, concludere, → FINIRE || aver esito, venir fatto, trovar modo, esser capace, andare a gonfie vele, andare a seconda, andar in brocca, passar bene, procedere bene, venire a buon porto, venire a effetto o a frutto, raggiungere lo scopo, accaparrare la fortuna, arrivare al proprio intendimento, avere il vento in poppa, far profitto, indovinarla, riportar vittoria, essere a cavallo, infilar la via giusta, imbroccare, spuntarla, sbrigarsi bene, tirar buona partita, trovare il filo, venire al proposito, vincere la prova.
contr. rientrare, tornare indietro || fallire, far fiasco, avere scacco matto, far cilecca, far la zuppa nel paniere, far la frittata, non cavar un ragno dal buco.
riuscíta, *sf.* esito, effetto, risultato, conclusione, evento, frutto, fine, prodotto, profitto, utile, estremità, successo, conseguenza, conseguimento, raggiungimento, risultanza, termine, sorte, soluzione, nodo finale, vittoria || scacco, fallimento, catastrofe, insuccesso, fiasco, → FINE.
riuscíto, *pps.* di riuscire || *agg.* finito, venuto a capo, andato a finire (bene o male), risultato, felice, indovinato, ben fatto, ottimo, eccellente, perfetto, prospero.
contr. mal riuscito, abortito, fallito, rientrato, mancato.
ríva, *sf.* proda, approdo, arenile, argine, banchina, battigia, bagnasciuga, bordo, ciglio, ciglione, costa, costiera, lembo, lido, lito, litorale, margine, marina, molo, orlo, pendice, piaggia, ripa, riviera, rivaggio, spiaggia, sponda || → LUOGO.
rivàggio, *sm.* → RIVA.
rivàle, *agg.* e *sm.* antagonista, competitore, avversario, emulo, concorrente, gareggiatore, imitatore, contrastante, invidioso, oppositore.
contr. socio, amico, compagno, uguale, solidale, unanime, aiutante, alleato, favorevole, protettore.
rivaleggiàre, *v.intr.* → EMULARE, GAREGGIARE.
rivalità, *sf.* concorrenza, emulazione, competizione, contrasto, dualismo, antagonismo, opposizione, gara, lotta, contesa, invidia, gelosia.
contr. accordo, solidarietà, amicizia, aiuto, unanimità, protezione.
rivàlsa, *sf.* risarcimento, compensazione, rivincita, ritorsione, → PAGAMENTO, VENDETTA.
nomencl. *verb.* rivalersi.
rivalutàre, *v.tr.* dar nuovo valore, rialzare il valore, far stimare di nuovo.
contr. svalutare, denigrare.
rivalutazióne, *sf.*
contr. svalutazione, denigrazione.

rivangàre, *v.tr.* rinvangare, → INVESTIGARE, CERCARE, RICORDARE.

rivedére, *v.tr.* vedere nuovamente, ritrovare || riesaminare, ripassare, riandare, rivangare, verificare, ritoccare, modificare, riguardare, leggere, ispezionare, correggere, provare, esaminare || *rifl.* ritrovarsi, incontrarsi di nuovo.

rivedíbile, *agg.* (alla leva militare).
contr. abile.

rivedúta, *sf.* ripassata, rilettura, scorsa, occhiata.

rivedúto, *pps.* di rivedere || *agg.* riesaminato, ricorretto, emendato, migliorato, perfezionato, riletto, verificato, ripassato.
contr. scorretto, difettoso, sbagliato, imperfetto.

rivelàre, *v.tr.* svelare, scoprire, discoprire, palesare, manifestare, propalare, propagare, divulgare, spargere, spacciare, diffondere, dilatare, disseminare, propagandare, raccontare, riferire, riportare, rapportare, ridire, far sapere, rifischiare, appalesare, estrinsecare, pubblicare, confidare, informare, confessare, mostrare, predire, insegnare, accusare, spifferare, sfoggiare, ostentare || *rifl.* farsi conoscere, mostrarsi, dimostrarsi.
contr. celare, tener nascosto, segreto, tenere all'oscuro, nascondere, occultare, tacere.

rivelatóre, *agg.* e *sm.* propagatore, palesatore || *coherer* (*ingl.*).

rivelazióne, *sf.* → NOTIZIA, CONFESSIONE, CONOSCENZA.

rivéndere, *v.tr.* → VENDERE, COMMERCIARE.

rivendicàre, *v.tr.* ripetere la proprietà, accampar diritti, evincere, reclamare, chiedere, richiedere, ricuperare, dimostrar proprio un possesso, redimere, riacquistare il perduto.
contr. abbandonare, rinunziare, esimersi.

rivendicazióne, *sf.* evizione, giudizio ricuperatorio, vendicazione, richiesta, pretesa, reclamo, ricupero.
contr. abbandono, rinunzia.

rivéndita, *sf.* → NEGOZIO, BOTTEGA || COMMERCIO.

rivenditóre, *sm.* rigattiere, merciaio, barattiere, rivendugliolo, mercatino, antiquario, → BOTTEGAIO, MERCANTE.

rivendúgliolo, *sm.* rigattiere, rivenditore, merciaio, merciaiolo, barattiere, bottegaio, barullo, treccone, venditore ambulante, → MERCANTE.
nomencl. bancarella, mostra.

riverberaménto, *sm.* → RIFLESSIONE, RIVERBERO.

riverberàre, *v.tr.* reverberare, riflettere, ripercuotere, ribattere indietro, rispecchiare || *rifl.* riflettersi.

riverberazióne, *sf.* → RIFLESSIONE, RIVERBERO.

rivèrbero, *sm.* reverbero, proiezione, diffusione, rifrazione, rifrangimento, riflessione, riflesso, ripiegamento, ripercuotimento, ripercussione, riverberazione, riverberamento, irradiazione, calore irradiato || gibigiana, illuminello, barbaglio, vecchia.
nomencl. riflettore, diffusore || angolo d'incidenza.

riverènza, *sf.* reverenza, rispetto, considerazione, riguardo, deferenza, devozione, omaggio, ossequio, stima, obbedienza, onoranza, religione, alta considerazione, venerazione, ammirazione, riconoscimento || inchino, cenno di genuflessione, atto di riverenza, salamelecco, scappellata.
nomencl. *verb.* fare, eseguire, pretendere, ricevere, strisciare riverenze; riverire, riverenziare || salutare.
contr. disprezzo, superbia, alterigia, altezzosità, grossolanità, noncuranza, malcreanza, ineducazione, scontrosità, ritrosia.

riverenziàre, *v.tr.* → ONORARE, RIVERIRE.

riveríre, *v.tr.* riverenziare, ossequiare, rispettare profondamente, onorare, inchinarsi, riguardare, venerare, stimare, portar rispetto, aver stima, aver riguardo, salutare rispettosamente, sberrettare, fare omaggi.
contr. disprezzare, trattare con alterigia, trattare con disprezzo, aver della ritrosia, della noncuranza.

riversaménto, *sm.* decorrimento, deflusso, discorrimento, flusso, riflusso, spargimento, travasamento, travaso, rovesciamento.

riversàre, *v.tr.* versare, gettare, buttare addosso, versare nuovamente, rovesciare, rivoltare, rigettare, mandare, spandere, mescere || *rifl.* rovesciarsi, traboccare, invadere, sfociare, affluire.

riversióne, *sf.* passaggio, ritorno (di beni o diritti) da uno a un altro.
nomencl. riversibilità (dei meriti, ecc.).

rivèrso, *agg.* → ROVESCIO.

rivestiménto, *sm.* copertura, ricopertura, fodera, custodia, riparo, involucro.
nomencl. (*esempi*) baccello, busta, camicia, capsula, fodera, fodero, guaina, invoglio, involucro, legatura, placcatura, rilegatura, ricopertura, ricoprimento, riparo, sopraccoperta, soppanno, siliqua, teca, tegumento, vagina, volva (*ant.*).

rivestíre, *v.tr.* → VESTIRE || provvedere di vestiti || coprire, foderare, imbambagiare, incamiciare, incapsulare, inguainare, ricoprire, rilegare, soprapannare, rimpannucciare, tappezzare, placcare, platinare, rimpiumare, tegumentare, fasciare, riparare || *fig.* investire, fregiare || *rifl.* vestirsi nuovamente, vestirsi con abiti nuovi o diversi dai soliti, fornirsi di vestiti nuovi.
contr. svestire, denudare, spogliare, scoprire || svestirsi.

rivestíto, *pps.* di rivestire || *agg.* → COPERTO.

rivièra, *sf.* → RIVA || *ant.* → FIUME.

rivieràsco, *agg.* ripuario, ripario, ripense.

rivíncere, *v.tr.* e *intr.* → VINCERE, RICUPERARE.

rivíncita, *sf.* riscossa, reazione, rivolta, ribellione, rivoluzione, insurrezione, rappresaglia, ritorsione, rivalsa, riscatto, riconquista || seconda partita || → RICUPERO.
contr. sconfitta, perdita, disfatta, ripiegamento, partita persa.

rivínta, *sf.* → RICUPERO.

rivísta, *sf.* revisione, ripassata || rassegna, parata, sfilata || operetta || periodico, → GIORNALE.

rivívere, *v.intr.* vivere nuovamente || risorgere, rinascere, rinvivire, reviviscere || *fig.* acquistar nuova vita, sentirsi rinascere; riacquistare vigore, salute; → GUARIRE || rinnovarsi, riapparire in altri, nella memoria altrui, perpetuarsi || *tr.* → RICORDARE.
contr. morire, sentirsi morire, venir meno.

rivivificàre, *v.tr.* → RINNOVARE.

rívo, *sm.* rio, → FIUME, FOSSO, RUSCELLO.

rivolére, *v.tr.* → VOLERE.

rivolétto, *sm.* → RIGAGNOLO.

rivòlgere, *v.tr.* volgere indietro, volgere da un'altra parte || dirigere, indirizzare, distogliere, dissuadere, guardare || rovesciare, rivoltare, rivoltolare || convertire, trasformare, trasmutare || *rifl.* voltarsi, rigirarsi || ricorrere, indirizzarsi, dirigersi || ribellarsi || girare.

rivolgiménto, *sm.* sconvolgimento, turbamento, mutamento, cambiamento, rivolta, rivoluzione, sovvertimento, sovversione, insurrezione, sollevazione, pervertimento, retroversione.

rívolo, *sm.* → RIGAGNOLO.

rivòlta, *sf.* riscossa, ribellione. rivincita, rivoluzione, opposizione, reazione, insurrezione, quarantotto, rivolgimento, sconvolgimento, turbamento, agitazione, cambiamento, sovvertimento, ammutinamento, sedizione, tumulto, sommossa || rimboccatura, ripiegatura.
contr. pace, quiete, tranquillità, *status quo.*

rivoltànte, *ppr.* di rivoltare || *agg.* → RIPUGNANTE.

rivoltàre, *v.tr.* voltare di nuovo || voltare indietro, rinvoltare, avvoltare, metter sossopra, sconvolgere || → RIMBALZARE || *fig.* → INGANNARE || *rifl.* volgersi, voltarsi indietro, ribellarsi, insorgere opporsi.

rivoltàto, *pps.* di rivoltare || *agg.* sconvolto, rovesciato, irritato, ribelle, stravolto, → ROVESCIO.

rivoltèlla, *sf.* → PISTOLA.

rivòlto, *pps.* di rivolgere || *agg.* prospiciente.

rivoltolàre, *v.tr.* voltolare ripetutamente, rivoltare, rimescolare, rimestare, travolgere, sconvolgere || *rifl.* voltolarsi piú volte.

rivoltolío, *sm.* rimescolio, sconvolgimento, sottosopra, soqquadro.

rivoltóso, *agg.* e *sm.* → RIVOLUZIONARIO.

rivoluzionàre, *v.tr.* mettere in rivoluzione, mettere sossopra, sconvolgere, produrre sovvertimenti o mutamenti, sovvertire, insorgere, rivoltarsi, ammutinarsi, ribellarsi, sollevarsi, tumultuare || fare a fucilate, fare le barricate, levare rumore, scuotere il giogo, andare alla riscossa, muovere alla riscossa, scendere in piazza, portar disordine, agitare, muovere le folle.
contr. pacificare; portar disciplina, tranquillità, far regnare l'ordine, restaurare l'ordine.

rivoluzionàrio, *agg.* e *sm.* rinnovatore, innovatore || rivoltoso, sovversivo, insurrezionale, sedizioso, ribelle, giacobino, insorto, fazioso, ammutinato, petroliere, agitatore, sovvertitore, frondista, nichilista, anarchico, barricadiero, quarantottesco, bolscevico, comunista, tumultuante, quinta colonna.
contr. pacifico, tranquillo, conformista, conservatore, cittadino dell'ordine, || riformistico, gradualistico.

rivoluzióne, *sf.* rivolgimento, sconvolgimento, insurrezione, sovvertimento, cambiamento, mutamento politico, sommossa, agitazione, disordine, guerra civile, sedizione, ribellione, rivolta, sollevazione, tumulto, riscossa, rivincita, rinnovamento, conflagrazione, incendio, fermento, dimostrazione, moto, movimento popolare, pronunciamento, sommovimento, subbuglio, movimento di rotazione, turbamento || → GIRO.
nomencl. (*tipi*) di popolo, di palazzo, politica, militare, economica, sociale, agraria, proletaria, operaia, contadina, popolare || (*pertinenti*) barricate, fucileria, carica, controrivoluzione, stato d'assedio, quinta colonna || *agg.* domata, chiusa, spenta, indomabile, irresistibile, forte, indoma, sedata, soggiogata, sopita, calmata, sfumata, sospesa, stroncata, terminata, accesa, fervente, trionfale, vittoriosa, pacifica, incruenta, cruenta || *verb.* imbrigliare, frenare, stroncare, sedare, reprimere, domare, istigare, sollevare, fare, dirigere, far scoppiare, far nascere, promuovere.
contr. pace, tranquillità, ordine || reazione || riforma, gradualità.

rizòma, *sm.* → RADICE.

rizza, *sf.* → FUNE.

rizzàre, *v.tr.* raddrizzare, drizzare, ergere, mettere ritto, levare in piedi, levare su, erigere, innalzare || *rifl.* levarsi, ergersi, alzarsi.
contr. abbattere, buttar giú, atterrare, piegare a terra || star seduto o coricato, giacere.

roàno, *agg.* e *sm.* baio, sauro, morello, → CAVALLO.

ròba, *sf.* cosa || masserizie, possedimenti, mercanzie, averi, danari, biancheria || stoffa, panno || oggetti d'ogni specie.

robavècchia, *sf.* → RIGATTERIA.

róbbia, *sf.* garanza.

robivècchio, *sm.* → RIGATTIERE.

robustézza, *sf.* → FORZA.

robústo, *agg.* atticciato, fatticcio, grosso, tozzo, massiccio, compatto, nerboruto, aitante, solido, erculeo, ferreo, maschio, quadrato, ferrigno, forte, gagliardo, poderoso, potente, possente, duro, polputo, resistente, vigoroso, rubizzo, rubesto, vegeto, prospero, prosperoso.
contr. debole, gracile, frale, malato, malaticcio, snervato, svigorito, fiacco, sfiaccolato, smidollato.

rocàggine, *sf.* → RAUCEDINE.

ròcca[1], *sf.* arce, cittadella, fortezza, acropoli, fortilizio, → FORTIFICAZIONE || FUMAIOLO || *ant.* roccia.
nomencl. *verb.* arroccare, diroccare.

rócca[2], *sf.* conocchia.
nomencl. (*parti*) pennecchio, fuso, cannucce, aspo, roccata, penso || catasta || filatrice || *verb.* arroccare, torcere.

rocchèlla, *sf.* → FUSO.

rocchétto, *sm.* bobina (*frs.*), cannello, cilindro, → FUSO || MANTELLO.

ròcchio, *sm.* → PIETRA, PEZZO, RIALTO.
nomencl. *verb.* arrocchiare.

ròccia, *sf.* rupe, pietra, marmo, masso, blocco pietroso.
nomencl. (*tipi*) calcarea, salina, ferrifera, cristallina, porfirica, dolomitica, cristalloide, vulcanica, primitiva, stratificata, esogena, argillosa || porfido, granito, marna, lava, carbon fossile.

roccocò, *agg.* e *sm.* → ROCOCÒ.

ròccolo, *sm.* → PARETAIO || *fig.* insidia, inganno, lusinga.

rochézza, *sf.* → RAUCEDINE.

ròco, *agg.* → FLEBILE, RAUCO.

rococò o **roccocò,** *agg.* e *sm.* barocco.

rodàre, *v.tr. fis.* sladinare, assestare.
nomencl. rodaggio, assestamento.

ródere, *v.tr.* corrodere, consumare, limare, erodere, intaccare, raschiare, rosicchiare, rosicare, scarnare, scarnire, sgranocchiare, sgretolare, sgrottare, smangiare, limare, morsicare, tritare, triturare, addentare, brucare, friggere || *fig.* consumare a poco a poco, logo-

rare || *rifl.* consumarsi, logorarsi, crucciarsi, affliggersi, macerarsi, inquietarsi, struggersi, tormentarsi, mangiarsi l'anima, il cuore.
contr. divorare, inghiottire || esser calmo, sereno, tranquillo.
rodiménto, *sm.* erosione, lima, corrosione, rosicchiamento, rosichio, corrodimento || *fig.* cruccio, travaglio, inquietudine, irritazione, afflizione, macerazione, struggimento, → DOLORE.
contr. tranquillità, calma, serenità.
rodomontàta, *sf.* smargiassata, spacconata, millanteria, fanfaronata, bravata, spavalderia, vanteria, guasconata.
rodomónte, *agg.* e *sm.* bravaccio, prepotente, smargiasso, spaccone, fanfarone, guascone, → MILLANTATORE || GUERRIERO.
rogàre, *v.tr.* stipulare, stendere (detto di atti notarili).
ròggia, *sf.* → FOSSA.
róggio, *agg.* ruggine, color ruggine || *ant.* → ROSSO.
rògito, *sm.* atto, stesura notarile, stipulazione.
rógna, *sf.* → SCABBIA || *fig.* briga fastidiosa, noiosa, grana; molestia persistente.
nomencl. *verb.* cercare, grattare.
rognóne, *sm.* arnione, rene.
rògo, *sm.* cremazione, pira, supplizio del fuoco, stipa, *auto-da-fé* || *fig.* falò, fiammata, bruciamento, → FUOCO.
nomencl. *verb.* mandare, gettare, fare, accendere.
rollàre e deriv, → RULLARE e deriv.
rollétto, *sm.* → FUSO.
romàico, *agg.* e *sm.* greco moderno.
romàncio, *agg.* e *sm.* ladino, lingua ladina (dei Grigioni).
romanésco, *agg.* di Roma moderna, romano d'oggi || *sm.* dialetto romano.
romànico, *agg.* (di stile, di lingue, di letterature) neolatino, romanzo.
romanticherìa, *sf.* sentimentalismo, leziosità, affettazione fantastica, patetica, appassionamento.
contr. realismo, cinismo, aridità.
romanticísmo, *sm.*
contr. classicismo.
romàntico, *agg.* → SENTIMENTALE,
romantizzàre, *v.tr.* rendere romantico, fare del romanticismo, → ROMANZARE.
romànza, *sf.* → CANTO.
romanzàre, *v.tr.* romantizzare, romanzeggiare, esagerare, narrare enfaticamente, pateticamente.
romanzeggiàre, *v.tr.* → ROMANZARE.
romanzésco, *agg.* degno di romanzo, straordinario, fantastico, inverosimile, irreale, avventuroso, magico, interessante, avvincente.
contr. vero, verosimile, reale, comune, quotidiano, arido.
romànzo, *agg.* (di stile, di lingue, di letterature) romancio, neolatino || *sm.* → RACCONTO, NARRAZIONE.
rómba, *sf.* → FIONDA || vortice, turbine, → RIMBOMBO.
rombànte, *ppr.* di rombare || *agg.* → RIMBOMBANTE, RUMOROSO.
rombàre, *v.intr.* → RIMBOMBARE.
rombàzzo, *sm.* → RIMBOMBO, RUMORE.
rómbo^1, *sm.* → MORMORIO, RIMBOMBO, RUMORE.
rómbo^2, *sm.* → QUADRILATERO || pesce.
rombòide, *sm.* quadrilatero, parallelogramma.
romèo, *sm.* palmiere, → PELLEGRINO.
nomencl. romeaggio.
romitàggio, *sm.* → EREMO, SOLITUDINE || CASA.
romítico, *agg.* eremitico, anacoretico, solitario.
romíto, *agg.* solingo, solitario, → LONTANO, ABBANDONATO || *sm.* eremita, anacoreta, monaco del deserto || *fig.* uomo solitario, solingo, schivo, misantropo.
romitòrio, *sm.* → EREMO.
rómpere, *v.tr.* dirompere, dividere, frangere, frantumare, fracassare, sfracassare, fendere, incrinare, lacerare, infrangere, spaccare, spezzare, mandare a pezzi, fare a pezzi o in pezzi, rinfrangere, scavezzare, schiantare, scombinare, scompaginare, sferrare, smagliare, squarciare, squartare, stroncare, troncare, sfasciare, sfondare, forzare, sforzare, stritolare, tagliare, ferire, deteriorare, devastare, disfare, dissigillare, distruggere, frazionare, guastare, maciullare, rovinare, spartire, scassinare, scheggiare, scomporre, sconquassare, sminuzzare, stracciare || affrangere, crettare, dilaccare, dilaniare, dimembrare, dismembrare, dirimere, disfragellare, sbandellare, sbarattare, sbeccucciare, sboccare, sbocconcellare, sbranare, sbrandellare, sbrendellare, sbrecciare, sbreccare, sbregare, sbrendolare, sbrincellare, sbrindellare, sbrindolare, scardinare, scassare, schiappare, screpolare, sdrucire, sfondare, sfragellare, sganasciare, sgangherare, sgranare, slabbrare, smozzicare, spezzettare, strambellare, strappare, tribbiare || *fig.* violare || prorompere, interrompere, attraversare, battere || *rifl.* crepare, dispaccare, incrinare.
nomencl. (*attinenti*) cencio, boccone, brandello, brindello, brano, briciola, coccio, detrito, frammento, frazione, macerie, minuzzolo, pillola, pezzo, rovine, rudero, avanzo, rimasuglio, scheggia, sbrendolo, sfasciume, straccio, strambello, rottame.
contr. accomodare, riparare, racconciare, aggiustare, rabberciare, rattoppare, rammendare, rappezzare, rimettere insieme.
rompíbile, *agg.* prèmice, fragile, frangibile, incrinabile, schiacciabile, delicato.
contr. infrangibile, solido, duraturo, resistente.
rompicàpo, *sm.* → ENIMMA.
rompicòllo, *sm.* → DIRUPO.
rompiménto, *sm.* → ROTTURA.
rompitúra, *sf.* → ROTTURA.
rónca, *sf.* → LANCIA || roncola, → FALCE.
roncàre, *v.tr.* → POTARE.
ronchétto, *sm.* falcetto, roncolo.
rónchio, *sm.* → PROTUBERANZA.
ronchióne, *sm.* rocchio, macigno, rupe.
roncigliàre, *v.tr.* arroncigliare, uncinare, afferrare, agganciare.
roncíglio, *sm.* → UNCINO, GANCIO.
róncola, *sf.* → POTATOIO, FALCE, COLTELLO.
roncolóne, *sm.* → FALCE.
rónda, *sf.* pattuglia, pattuglione, → GUARDIA.
nomencl. fiancheggiatori || *verb.* fare la ronda, andare, essere di ronda, rondare.
rondàre, *v.intr.* → ANDARE.
róndine, *sf.* balestruccio.

nomencl. (*specie*) domestica, di mare, montana || (*voci*) zinziculare, fischiare, stridere, pispissare; fischio, stridío.
rondò, *sm.* rotonda, → PIAZZA || POEMA, MUSICA.
rondóne, *sm.*
nomencl. (*specie*) comune, alpino, indiano, pallido; salangana || (*voci*) stridere, stridío, → RONDINE.
ronfàre, *v.intr.* → RUSSARE, RONZARE.
ronzàre, *v.intr.* rombare, strepere, sussurrare, mormorare, bofonchiare, bombire, rumoreggiare, frullare, frusciare, ronfare || *fig.* circuire, → GIRARE, ANDARE.
contr. tonare, urlare strepitare, far baccano.
ronzatóre, *agg.* e *sm.* ronzone.
ronzinànte, *sm.* cavallaccio, rozza, ronzino, brenna.
ronzíno, *sm.* ronzinante, → CAVALLO.
ronzío, *sm.* sussurro, rombo, brusio, mormorio, bombito, ronzo.
contr. fracasso, frastuono, schiamazzo, clamore, rumore, strepito, baccano, scroscio.
rónzo, *sm.* → RONZIO.
ronzóne, *agg.* e *sm.* ronzatore.
ròrido, *agg.* rugiadoso, roscido, umido, umoroso.
rósa¹, *sf. rar.* erosione || pizzicore, → PRURITO.
ròsa², *sf.*
nomencl. (*specie e varietà*) bianca, gialla, rossa, accesa, centifoglia, damascena, ibrida, indica, doppia, scempia, borraccina, muscosa, incarnatina, muschiata, purpurea, canina, dorata o smeraldina, rodostagna, macchiata, pallida, stradoppia || (*parti*) gambo, boccio, bocciolo || rosaio, cetonia, roseto, acqua di rose || *agg.* fresca, appassita, vizza, sbocciata, appena socchiusa, socchiusa, aperta, imbalconata, imbalconita, rifiorente.
ròsa³, *agg.* → ROSEO.
rosàceo, *agg.* → ROSEO.
rosàio, *sm.* → ROSETO.
rosàrio, *sm.* corona.
nomencl. (*elementi*) grani, poste, avemarie, *paternoster*, *gloria patri* || *verb.* recitare, dire, scoronciare, scoronare.
rosàto, *agg.* → ROSEO.
ròscido, *agg.* → RORIDO.
ròseo, *agg.* rosa, rosato, rosaceo, carnicino, carnato, incarnato, rossastro, vermigliato, vermiglio || *fig.* → FAUSTO.
rosèola, *sf.* → IPEREMIA || ROSSORE.
roséto, *sm.* rosaio, giardino di rose, cespuglio di rose.
rosétta, *sf.* → BORCHIA.
rosicàre, *v.tr.* → ROSICCHIARE, ADDENTARE || *fig.* mangiare, guadagnare, sfruttare.
rosicchiaménto, *sm.* → RODIMENTO.
rosicchiàre, *v.tr.* addentare, rodere, corrodere, consumare, intaccare, raschiare, rosicare, scarnare, scarnire, sgranocchiare, sgrottare, smangiare, limare, morsicare || tosare (delle monete).
rosícchio, *sm.* morsello, → AVANZO, RESIDUO.
rosichío, *sm.* → RODIMENTO || *fig.* → RIMORSO.
rosmaríno, *sm.* ramerino.
róso, *pps.* di ródere || *agg.* eroso, corroso, rosicchiato, consumato, logorato, logoro, guasto, intaccato, scarnito, sgretolato, smangiato.
rosolàccio, *sm.* → PAPAVERO.
rosolàre, *v.tr.* → FRIGGERE || BRUCIARE, ABBRONZARE || *fig.* conciare.
rosolàto, *pps.* di rosolare || *agg.* → BRUCIATO.
rosolía, *sf.* → MORBILLO.
ròspo, *sm.* → RANA, BATRACE.
rossàstro, *agg.* rossigno, rossiccio, rosseggiante, tendente al rosso, sanguigno, roseo, color sangue.
rosseggiànte, *pps.* di rosseggiare || *agg.* rossastro, rossigno, rossiccio, tendente al rosso, sanguigno, rubicondo, vinoso.
rosseggiàre, *v.intr.* tendere al rosso, sembrare rosso, essere rossigno || *ant.* rossicare, rossignare.
rossétto, *sm.* minio, liscio, → BELLETTO.
rossézza, *sf.* → ROSSORE.
rossíccio, *agg.* → ROSSASTRO, BIONDO.
rossígno, *agg.* → ROSSASTRO.
rósso, *agg.* roggio, amaranto, amarantino, avvinato, carminio, chermisino, chermisi, cremisi, cremisino, ciliegiuolo, cupreo, fulvo, paonazzo, ponsò, porporino, purpureo, puniceo, robbio, rossastro, rossiccio, rosseggiante, rossigno, rubecchio, rubicante, rubino, rubro, ruggine, sanguigno, scarlatto, solferino, color mattone, color sangue, infuocato, erubescente (per vergogna).
nomencl. (*inerenti*) anilina, lacca, belletto, cinabro, minio, porpora, incarnato || *agg.* acceso, vivo, bruno, carico, chiaro, tenue, cupo, pallido, sbiadito, smorto, vinato, affuocato, ardente, scarlatto, fiammeggiante, allegro, rovente, balenante, vermiglio || *verb.* arrossare, arrossire, imporporare || rosseggiare, rossicare, rossignare.
rossóre, *sm.* erubescenza, rossezza, arrossamento, eritema, roseola, porpora || *fig.* vergogna, pudore.
nomencl. verb. arrossire, avvampare, essere accaldato, accendersi in viso, avere una vampata alla faccia, cambiar di colore, dipingersi di vergogna, divenire di mille colori, farsi rosso, fiorirsi in viso, invermigliarsi, sentirsi le vampe al viso, imporporarsi il viso, soffondersi di rossore.
contr. pallidezza, pallore || spudoratezza, sfrontatezza.
ròsta, *sf.* vèntola, granata, ventaglio || → FINESTRA.
rostíccio, *sm.* → GHISA.
ròstro, *sm.* becco, proboscide || sprone, uncino, → PRORA || tribuna, → PULPITO || PUNTA.
nomencl. *agg.* rostrale, rostrato.
rosúme, *sm.* → RESIDUO.
rotàbile, *agg.* praticabile, → CARREGGIABILE.
contr. impraticabile, interrotto, incomodo.
rotàia, *sf.* carreggiata, carrareccia, guida, solco || binario, strada ferrata.
nomencl. (*pertinenti*) barre, traversini o guancialini, chiavarde, scambio, ago, baratto, *ballast*, staffe, agio || rialto o orlo, battente || scartamento (normale, ridotto), deviatore, scambista, deragliamento || *verb.* deragliare, scambiare.
rotàre, *v.intr.* → GIRARE || arrotare, suppliziare, → RUOTA.
rotazióne, *sf.* → GIRO || CIRCOLAZIONE || AVVICENDAMENTO.
roteaménto, *sm.* → GIRO, MULINELLO.
roteàre, *v.tr.* e *intr.* aggirare, attorcere, attortigliare, girare, rotare ripetutamente, volgersi in giro, turbinare, arrotolare, rotolare, torcere || volgersi a ruota, far la ruota (dei pavoni).
rotocalcografía, *sf.* → FOTOGRAFIA, FOTOCALCOGRAFIA.

rotolàre, *v.intr.* ruzzolare, → GIRARE, CADERE.
nomencl. *avv.* rotoloni, ruzzoloni || *verb.* andare a rotoli.
ròtolo, *sm.* rocchio, involto, striscia, cartoccio, → IMBALLAGGIO || cilindro, rullo, curro.
nomencl. *verb.* arrotolare, avvolgere || andare a rotoli.
rotolóne, *sm.* ruzzolone.
rotónda, *sf.* costruzione circolare, spiazzo circolare, rondò, terrazza.
contr. semicerchio, emisfero, esedra.
rotondàre, *v.tr.* arrotondare, attondare, ritondare, ritondeggiare.
rotondeggiàre, *v.intr.* tendere al rotondo, prendere forma rotonda, arrotondarsi, tondeggiare.
rotondézza, *sf.* → ROTONDITÀ.
rotondità, *sf.* rotondezza, forma rotonda || *fig.* pienezza, simmetria, tornitura, armonia di stile, di tono, di suono, di giro.
contr. piattezza, pianezza, incàvo || semplicità, stringatezza, asciuttezza.
rotóndo, *agg.* orbicolare, circolare, cerchiato, sferico, arrotondato, rotondato, tondeggiante, tondo, attondato, globoso, curvo, arcuato, ovale || *fig.* sonante, → RIMBOMBANTE.
contr. diritto, lineare, piano, piatto, incavato.
rótta, *sf.* rottura, straripamento, allagamento || *fig.* → DISFATTA, FUGA, SCONFITTA || direzione, percorso, cammino, viaggio (di nave, di velivolo).
nomencl. *verb.* fuggire a rotta di collo, mettere in rotta, venire alle rotte.
rottàme, *sm.* coccio, frammento, pezzo, avanzi, frantume, detrito, scheggia, relitto, boccone, brandello, brano, briciola, gretola, macie, rovine, rottume, sbrendolo, sfasciume, spoglie, → PARTE, RESIDUO, MACERIE.
rótto, *pps.* di rompere || *agg.* fesso, incrinato, spaccato, spezzato, infranto, fatto a pezzi, bucato, battuto, bugio, crepato, dirotto, fratto, frantumato, lacero, lacerato, malconcio, sbocconcellato, sbrandellato, sbreccato, sbrecciato, sbrindellato, scardinato, scassinato, sconquassato, screpolato, sdrucito, sfondato, sgangherato, stracciato, straccio, strappato, interrotto || *fig.* (di patto) annullato, sciolto || *sm.* → FENDITURA || *pl.* avanzi, frazione, rimasuglio, spiccioli.
contr. intero, incolume, indenne, illeso, intatto, integrale, integro, sano, nuovo.
rottúme, *sm.* → ROTTAME.
rottúra, *sf.* rotta, rotto, rompimento, dirompimento, buco, falla, fenditura, frattura, incrinatura, effrazione, scasso, scassinatura, guasto, apertura, breccia, bucatura, crepa, crepaccio, crepatura, fessura, fiaccamento, spaccatura, frazione, fracassamento, infrangimento, laceramento, laceratura, lacerazione, lesione, rompitura, sbocconcellatura, sbranamento, sbrano, sbrendolo, sbrindellamento, sbrindello, scardinamento, schianto, scissura, scucitura, sdrucio, sdrucitura, fondatura, sfracassamento, spezzamento, spezzatura, squarcio, squarciamento, squartatura, stracciamento, stracciatura, strappo, taglio, trauma, troncamento || *fig.* interruzione, cessazione || violazione || discordia, disunione, principio di discordia || rescissione, dichiarazione di nullità.
contr. interezza, integrità, incolumità || continuità, concordia, accordo, unione.
rovèllo, *sm.* → RABBIA, ECCITAZIONE.
rovènte, *agg.* incandescente, arroventato, infuocato, bollente, caldo, scottante, cocente, torrido, arso, ardente, urente, infiammato, veemente, bruciante, avvampante.
contr. spento, freddo, raffreddato, gelido, gelato, congelato, freddissimo, glaciale.
róvere, *sm.* e *f.* → QUERCIA.
roveria, *sf. ant.* → ROVETO.
rovèscia, *sf.* → MANOPOLA, RISVOLTO.
rovesciaménto, *sm.* capovolgimento, → INVERSIONE, RIBALTAMENTO || RIBELLIONE.
rovesciàre, *v.tr.* voltare sottosopra, capovolgere, capovoltare, rivoltare, capottare, trabaltare, ribaltare, arrovesciare, rimboccare, invertire, rimbalzare, devolvere, sovvertire, travolgere, volgere, rovinare, atterrare, abbattere, demolire, smantellare, buttare, stravolgere, mettere a rovescio, buttar all'aria || versare, scodellare, riversare || *rifl.* → CADERE || sdraiarsi, mettersi supino, abbandonarsi || andare a capofitto, dare la balta o la volta, dar le calcagna al cielo, far querciolo.
contr. mettere diritto, dirizzare, raddrizzare || versare piano, a poco a poco || rizzarsi.
rovesciàto, *pps.* di rovesciare || *agg.* → ROVESCIO.
rovèscio, *agg.* rovesciato, rivoltato, capovolto, inverso, stravolto, travolto, sconvolto || verso, riverso, supino, resupino || contrario, opposto, contrapposto, posteriore || *sm.* → PIOGGIA || grave contrarietà, rovina, rotta, disfatta, sconfitta, → OPPOSIZIONE, DISGRAZIA.
contr. diritto || bocconi.
rovescióne, *sm.* colpo, manrovescio, traversone, sciabolata.
rovéto, *sm.* pruneto, macchia, cespuglio, dumeto, roveria (*ant.*).
rovigliaménto, *sm.* → AGITAZIONE.
rovína, *sf.* ruina, sfacelo, sfacimento, disastro, moriccia, crollo, tracollo, caduta, conquasso, sconquasso, eversione, incendio || abisso, calamità, catastrofe, cataclisma, colpo di grazia, fallimento, deperimento, disfacimento, distruzione, disfatta, decadenza, declinazionie, degenerazione, deterioramento, demolizione, distruzione, danno, perdita, guasto, dissesto, malora, abbandono, desolazione, devastazione, finimondo, flagello, peste, perdizione, sovvertimento, sterminio, subisso, ultimo crollo, aborto || frana, franamento, scoscendimento, dirupo, precipizio || *pl.* residui, sfasciume, avanzi, resti, ruderi, → MACERIE.
nomencl. (*inerenti*) patatrac, crac, a rotoli, a rotta di collo || *agg.* clamorosa, completa, straziante, dolorosa, irreparabile, ignorata, voluta, improvvisa, repentina, simulata || *verb.* andare, essere, trovarsi, mandare, rovinare.
contr. fortuna, destino, felicità, trionfo, successo, integrità, progresso, vittoria, salute.
rovinàre, *v.intr.* ruinare, cadere con impeto, precipitare, crollare, franare, tombolare || andare in rovina, deperire, decadere, declinare, abortire → PERDERE || *tr.* cagionar rovina, mandare in perdizione, in miseria || danneggiare, guastare, sciupare, mandare a male, consuma-

re, devastare, desolare, deteriorare, saccheggiare, mettere a sacco, impoverire, isterilire, disperdere, dissolvere, sconcertare, scialacquare, screditare, turbare || abbattere, atterrare, assassinare, conquassare, demolire, distruggere, diroccare, disfare, disertare, affogare, affondare, frantumare, rompere, sconcertare, sconquassare, sbancare, sfasciare, sfracellare, sommergere, sotterrare, spiantare, sprofondare, subissare || dare il tracollo, buttar giú, far tombolare; mandare a monte, a catafascio, a rotoli, in rovina, a male, in malora, in precipizio; mettere in mezzo ad una strada, rompere le uova nel paniere, tagliare le braccia, trarre nel malanno, volgere in basso.

contr. salvare, beneficare, vincere, trionfare, riuscire, accomodare || erigere, innalzare, costruire.

rovinàto, *pps.* di rovinare || *agg.* ruinato, in rovina, diroccato, diruto, demolito, distrutto, guastato || danneggiato, sciupato, rotto, sconquassato, disfatto, dissestato, finito || ridotto in miseria, impoverito, decaduto, mal ridotto, malandato, povero, fallito, crollato, perduto, rimasto sul lastrico, scaduto, fritto, naufragato.

contr. nuovo, fiammante || arricchito, in auge, risalito, rifatto, restaurato, ristorato, restituito, trionfante, vittorioso.

rovinío, *sm.* → RUMORE.

rovinosaménte, *avv.* → PRECIPITOSAMENTE.

rovinóso, *agg.* dannoso, disastroso, dannosissimo, deleterio, funesto, esiziale, fatale, micidiale, ruinoso, demolitore, pericoloso, disgraziato || precipitoso, furioso, impetuoso, impazzito.

contr. benefico, provvidenziale, provvido, giovevole, salutare || lento, calmo, tranquillo.

rovistàre, *v.tr.* → FRUGARE, CERCARE || INVESTIGARE.

róvo, *sm.* → SPINA, PRUNO, DUMO || CESPUGLIO.

nomencl. roveto.

rózza, *sf.* brenna, ronzino, ronzinante, → CAVALLO.

rozzézza, *sf.* grossezza, ruvidezza || *fig.* inciviltà, ignoranza, grossolanità, ineleganza, sgarbatezza, incoltura, pecoraggine, zoticoneria.

contr. liscezza || finezza, gentilezza, eleganza, raffinatezza, squisitezza, urbanità.

rózzo, *agg.* non lavorato, greggio, grezzo, disadorno, imperfetto, scabro, ruvido || *fig.* inesperto, primitivo, ignorante, villano, incivile, selvatico, grossolano, agreste, intrattabile, inurbano, inelegante, materiale, angoloso, brusco, bestiale, coticone, duro, goffo, impolito, ineducato, incolto, materialone, maleducato, orso, pecorone, rude, rustico, scabroso, scabro, sciatto, scorzone, sgarbato, sgraziato, tanghero, villanzone, villanesco, triviale, volgare, zoticone, rozzone, zotico || schietto, semplice, naturale.

contr. lavorato, ornato, adorno || colto, fine, gentile, raffinato, incivilito, cortese, squisito, elegante, delicato, di buon gusto.

rozzóne, *sm.* → ROZZO.

rubaménto, *sm.* → FURTO, RUBERIA.

rubàre, *v.tr.* accaffare, agguantare, arraffare, arraspare, augnare, alleggerire, appropriarsi, aggraffignare, attrappare, beccare, barare, chiappare, biffare, borseggiare, buscare, carpire, colludere, corseggiare, defraudare, derubare, depredare, distrarre, estorcere, frodare, furare, furtare, furfantare, graffiare, grattare, grancire, imbolare, involare, impossessarsi, ghermire, ladroneggiare, predare, portar via, pirateggiare, malversare, far repulisti, mettere a sacco, raffare, ragnare, ranfignare, rapinare, rapire, raspare, raspolare, rastiare, rastrellare, ripulire, razziare, rubacchiare, sgraffiare, sgraffignare, saccheggiare, saccomannare, scassinare, scroccare, sottrarre, spolverare, soffiare, squattrinare, spennare, spillare, spilluzzicare, spogliare, svaligiare, trabaldare, trafugare, truffare, usurpare, toccare, uncinare || dare di piglio, far repulisti, fare a riffa raffa, far la cresta, far manbassa, spolverare via, mettere a ruba, reggere il sacco, fare da palo, tenere il sacco, ricettare || mettersi, imparare, stimolare, insegnare, addestrare a rubare.

nomencl. (*attinenti*) ladro, cleptomane, borsaiolo, furatore, pirata, ladruncolo, lesto di mani, piluccone, votapollai || rubamento, rapina, abigeato, ladroneccio, ruberia, furto, peculato.

contr. largire, restituire, fare della carità, donare, regalare, prestare, offrire, porgere, portare || smettere di rubare.

rubécchio, *agg.* → ROSSO.

rubería, *sf.* rubamento, frode, rapina, peculato, prevaricazione, ladreria, ladroneccio, saccheggio, abigeato, appropriazione indebita, truffa, estorsione, → FURTO.

rubèsto, *agg.* → ROBUSTO.

rubicànte, *agg.* → ROSSO.

rubicóndo, *agg.* → PORPORINO, VERMIGLIO.

rubinétto, *sm. fis.* chiavetta.

rubíno, *agg.* → ROSSO || *sm.* carbonchio.

rubízzo, *agg.* → FLORIDO, ROBUSTO.

rubríca, *sf.* → ELENCO, REGISTRO, PRONTUARIO || regola, norma, prescrizione (nelle funzioni sacre).

rubricàre, *v.tr.* → ELENCARE, REGISTRARE.

rúbro, *agg.* → ROSSO.

rúde, *agg.* → DURO, FORTE || greggio, non lavorato, non elaborato, imperfetto, non limato, → ROZZO.

rúdero o **rúdere,** *sm.* → AVANZO, RESIDUO || *pl.* MACERIE.

rudimentàle, *agg.* primitivo, elementare, primigenio, informe, iniziale, rozzo, embrionale, grossolano, abbozzato.

contr. maturo, svolto, evoluto, perfetto, completo, compiuto.

rudiménto, *sm.* → ELEMENTO, EMBRIONE.

rúffa, *sf.* → GARA.

ruffèllo, *sm.* → MATASSA.

ruffiàno, *sm.* prosseneta, lenone, pollastriere, portapollastri, mezzano.

nomencl. ruffianata, ruffianeria, ruffianesimo || *verb.* ruffianeggiare.

rufolàre, *v.tr.* grufolare, → CERCARE, FRUGARE.

rúga, *sf.* → GRINZA || *ant.* strada.

rugghiàre, *v.intr.* → MUGGIRE, RUGGIRE.

rúgghio, *sm.* → RUGGITO.

rúggine, *sf.* ossido, ossidazione || *fig.* rancore, risentimento, cisma, sdegno, scalpore, avversione, ira, odio || *agg.* → ROSSO.

nomencl. *verb.* arrugginire, ossidare, dirugginire || *fig.* avere della ruggine (contro uno).

rugginóso, *agg.* arrugginito, ossidato.

contr. lucido, terso, lucente, liscio.
ruggíre, *v.intr.* rugghiare, rugliare, urlare, → MUGGIRE || *fig.* gridare forte, rabbiosamente.
contr. mormorare, sussurrare, gemere, mugolare.
ruggíto, *sm.* rugghio, ruglio, muglio, muggito || *fig.* urlo, grido violento, rabbioso.
contr. gemito, mormorio, mugolio, sussurrio.
rugiàda, *sf.* guazza, brina, serena, gelo notturno || *fig.* consolazione, conforto, ristoro, refrigerio, dolcezza, sollievo, placazione.
rugiadóso, *agg.* rorido, roscido, umido, bagnato di rugiada, irrorato, molle, asperso || *fig.* fresco || untuoso (moralmente), dolce, tenero (affettatamente), ipocrita, viscido, smanceroso, tartufesco.
contr. secco, asciutto || rude, schietto, sincero.
rugliàre, *v.intr.* → RUGGIRE.
rúglio, *sm.* → RUGGITO.
rugóso, *agg.* → GRINZOSO, VIZZO.
ruína, *sf. poet.* → ROVINA.
ruinàre, *v.intr. poet.* → CROLLARE, ROVINARE.
rullàre, *v.intr.* rollare, oscillare, → GIRARE || battere sul tamburo || *tr.* far scorrere (sui rulli).
contr. beccheggiare.
rullàta, *sf.* rollata, rullío, rollío.
rullío, *sm.* rollío, rollata.
contr. becchéggio.
rúllo, *sm.* battuta del tamburo || cilindro (di pietra, di legno o altro), → ROTOLO || rullo compressore, → APPIANATOIO.
ruminàre, *v.tr.* → MANGIARE, BIASCICARE || *fig.* rugumare, riconsiderare, → PENSARE, MEDITARE.
rumóre, *sm.* baccano, bordello, chiasso, fracasso, tumulto, frastuono, strepito, strepitio, clamore, clangore, fragore, diavoleto, diavolio, vocio, gridio, urlio, strillio, baccanale, bailamme, cagnara, baraonda, gazzarra, schiamazzo, scricchiolio, finimondo, pandemonio, putiferio, stridore, colpo, rombo, cigolio, rimbombo, rumoreggiamento, schianto, scoppio, scroscio, rovinio, rombazzo, trambusto, tramenio, tramescolio, tramestio, subbuglio, scompiglio, inferno, buscherio, boato, brusio, bisbiglio, fruscio, mormorio, bisbigliamento, sussurro, susurro, susurrio, sussurrio, borbottamento, borbogliamento, borboglio, borborigmo o borborismo, gorgoglio, brontolio, borbottio, brontolamento, gorgogliamento, mormoramento, rintocco, tocco, botto, sparo, fiotto, ciottolio, acciottolio, chiassata, chioccolio, deflagrazione, conflagrazione, detonazione, crepitio, crepito, calpestio, cannonata, dirugginio || baiata, buggerio, tananai, badanai, trepestio, cianio, cigolamento, fischio, frullo, scenata, raglio, ronzio, rugghio, rumoriccio, scalpicciamento, scalpiccio, scalpore, scarrucolio, scricchio, scricchiolata, stridio, stropicciamento, traghettio, ramaccio, sarabanda, sbaccanio, strombettio, stroscio, tonfo, zirlio || *fig.* vociferazione, → FAMA.
nomencl. (*voci onomatopeiche*) bolli-bolli, bum, can-can, cric-crich, paf, paffete, patapum, patratac, frufru, pissi-pissi, tac taf, taffete, tuf, tunfete, tuppete, tic, tritri || *agg.* confuso, frastornato, fragoroso, rumoreggiante, strepitante, chiassoso, tumultuante, scrosciante, rombante, sonoro, risonante, acre, crepitante, secco, alto, nutrito, pieno, forte, rimbombante, stridente, stridulo, assordante, penetrante, lacerante, acuto, stordente, pungente, indiavolato, diabolico, discordante, soffocato, lamentoso, lamentevole, gemebondo, querulo, cupo, grave, sordo, distinto, indistinto, impercettibile, debole, lontano, agitato, gorgogliante, improvviso, repentino, subitaneo, altisonante, basso, crescente, fastidioso, leggero, molesto, irritante, sommesso, straordinario || *verb.* fare, provocare, sollevare, sedare, calmare, attutire.
contr. silenzio, mutismo, calma, tranquillità, quiete, pace.
rumoreggiaménto, *sm.* → RUMORE.
rumoreggiànte, *ppr.* di rumoreggiare || *agg.* → RUMOROSO.

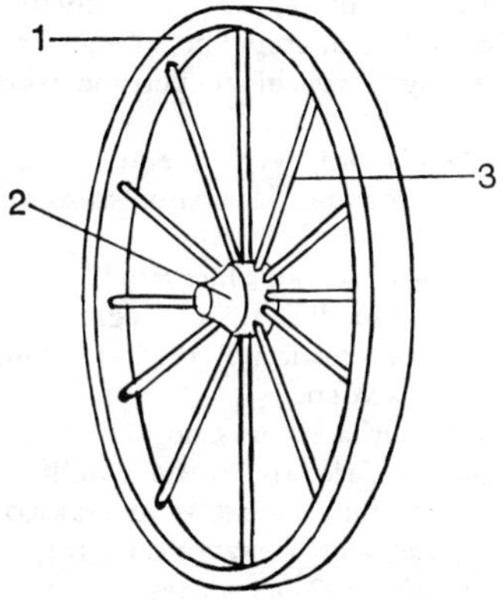

RUOTA – 1) cerchione; 2) mozzo; 3) raggio.

rumoreggiàre, *v.intr.* far rumore, strepitare, far baccano, tuonare, rimbombare, rintronare, intronare, stridere, scricchiolare, mormorare, muggire, fiottare, assordare, schiamazzare, sonare, suonare, tramenare, trimpellare || bisbigliare, bombire, borbogliare, borbottare, brontolare, bruire, bubbolare, bucinare, cancaneggiare, chiassare, chioccare, schioccare, cigolare, echeggiare, fremere, fremire, frullare, frusciare, gorgogliare, gurgugliare, gridare, mormorare, mugolare, pispigliare, riecheggiare, ripercuotere, risonare, rombare, romire, ronzare, rugghiare, rugliare, rumicciare, ruzzare, sbaccanare, sbaccaneggiare, scalpicciare, scarpicciare, schiavacciare, scricchiare, scucchiaiare, sfriggolare, sfrullare, squillare, stormire, strepere, strillare, strimpellare, strosciare, sussurrare, tonare, tonfare, vociferare, vociare || *fig.* tumultuare.
contr. tacere, stare in silenzio, imporre silenzio, far silenzio.
rumoróso, *agg.* chiassoso, clamoroso, fragoroso, altisono, altisonante, altitonante, arcisonante, reboante, rimbombante, tonante, rintronante, gravitonante, rombante, asprosonante, toneggiante, tonitruante, trasonoro, fracassone, rompone, rumoreggiante, suonante, sonoro, stentoreo, strepitante, strillante, stridente, stridulo, scricchiolante, cigolante, tambureggiante, tumultuoso, urlante.
contr. silenzioso, silente, tacito, taciturno, muto, mutolo.
ruòlo, *sm.* matricola, registro, lista, elenco, catalogo ||

assegnazione di posto, indicazione di relazione, ordine (da seguire) || (*frs.*) parte (in teatro e sim.).
ruòta, *sf.* cilindro, puleggia, carrucola, pignone, rocchetto, disco, volano, volante || *fig.* → AVVICENDAMENTO || supplizio della ruota.
nomencl. (*tipi*) a cassette, a palette, ad alette, a tamburo, a stella, dentata, maestra, idraulica, libera || (*pertinenti*) acciarino, mozzo, sala, asse, battarella, denti, cagnuolo, balzauolo, boccola, bronzina, chiavarda, cerchione, gavello, gavio, girello, ingranaggio, quarto, pale, raggio, reggetta, scutulo o scutolo || martinicca, sbarra, scarpa, verricello, cagna, randa, sbaditoio, scatola, pneumatico || rotazione, rotaia, rotismo || *verb.* girare, stridere, cigolare, scricchiolare, imboccare, ingranare, mordere, rotare, arrotare, rotolare.
rúpe, *sf.* balza, bricca, crepidine, croda, dirupo, greppo, masso, macigno, ronchione, petrone, rocchio, sporto, scoglio.
contr. pianura, pianoro, avvallamento, buca, incavo.
rupèstre, *agg.* roccioso, dirupato, scosceso, petroso, erto.
contr. piano, liscio, scavato, incavato.
ruràle, *agg.* agricolo, di campagna, agreste, campestre, villereccio, rustico, rusticano, rusticale, contadinesco, villano, → CAMPAGNOLO.
contr. cittadino, urbano, paesano.
ruscèllo, *sm.* rivo, rio, rivolo, torrentello, canale, rivoletto, sorgente, fonte, fosso, → RIGAGNOLO.
ruspàre, *v.tr.* raspare, → RAZZOLARE || trasportare terra (con la ruspa) || *fig.* → CERCARE.
nomencl. ruspa, ruspo.
russàre, *v.intr.* ronfare, ronfiare, sornacchiare, stronfiare, roncheggiare.
rusticàle, *agg.* → CAMPAGNOLO.
rusticàno, *agg.* contadinesco, → RURALE.
rustichézza, *sf.* rusticaggine, → RITROSIA || ZOTICHEZZA.
rústico, *agg.* → RURALE || schivo, timido || → ROZZO.
nomencl. *verb.* rusticare, villeggiare, vivere in campagna.
rutilànte, *agg.* rosseggiante, fulvo || sfolgorante, → LUCENTE.
nomencl. rutilare (*ant.*), rifulgere, luccicare, splendere.
ruttàre, *v.intr.* far rutti, eruttare, rutteggiare.
rútto, *sm.* flato, eruttazione.
ruvidézza, *sf.* → DUREZZA, ASPREZZA || *fig.* → ROZZEZZA.
rúvido, *agg.* granuloso, scabro, scabroso, grossolano, aspro, zòtico, bernoccoluto, grinzoso, rugoso, irregolare, squamoso, ronchioso, impolito, non lavorato, non pulito || *fig.* scontroso, → ROZZO.
contr. liscio, levigato, morbido, molle, tenero, soffice || gentile, cortese, fine, garbato.
rúzza, *sf.* ruzzo, gara, dissidio, screzio, ripicco, puntiglio, ruzzamento.
contr. pace, accordo, concordia, armonia, condiscendenza.
ruzzàre, *v.intr.* → GIOCARE || fare chiasso, far baccano, → RUMOREGGIARE.
rúzzo, *sm.* → RUZZA || capriccio, voglia amorosa, → PIACERE, AMORE || ghiribizzo.
rúzzola, *sf.* → DISCO || GIRELLA.
ruzzolàre, *v.intr.* rotolare, → GIRARE, CADERE.
ruzzolío, *sm.* → CADUTA.
ruzzolóne, *sm.* → CADUTA.

S

sàbba, *sf.* tregenda, pandemonio, convegno di streghe e demoni.
sàbbia, *sf.* rena, arena, renone, renischio, polverino, renella, reniccio, ghiaietta || zavorra.
nomencl. (*qualità*) gialla, calcarea, argillosa, refrattaria, vulcanica, grassa, magra || (*inerenti*) granello, grano || cola, colo, duna, sabbionaia || *verb.* insabbiare, arrenare, renare.
sabbióne, *sm.* → GHIAIA.
sabbióso, *agg.* arenoso, arenaceo, renoso.
sabotàggio, *sm.* danneggiamento, distruzione (di mezzi di lavoro, di lavoro eseguito), rappresaglia || intralcio, ostacolo || *fig.* rivalsa, denigrazione, svalutazione.
nomencl. (*tipi*) militare, economico, industriale, agricolo || *agg.* aperto, palese, continuo, saltuario, organizzato.
contr. lavoro accurato || rivalutazione.
sàcca, *sf.* borsa, bisaccia, tasca, scarsella, saccoccia, sacco, → FARDELLO || *fig.* insenatura, rientranza, isolamento, l'esser circondati, chiusi.
contr. sporgenza, punta.
saccàrdo, *sm.* portatore di sacchi, bagaglione (*ant.*), custode dei bagagli (dell'esercito) || saccomanno, saccheggiatore || *fig.* uomo vile, spregevole, abietto.
saccarinàre, *v.tr.* → ADDOLCIRE.
saccènte, *agg.* e *sm.* barbassoro, sapientone, arcifanfano, arrogante, baccalare, cacasenno, cacasodo, saccentone, sacciuto, saputello, saputo, sputasentenze, sputatondo, presuntuoso, presuntuosello, presuntuosetto, pedante, dottoruzzo, avvocatuzzo, salamistro, salapuzio.
contr. modesto, schivo, restío, ritroso || sapiente, colto, dotto, istruito.
saccentería, *sf.* → PEDANTERIA, PRESUNZIONE.
saccentóne, *agg.* e *sm.* → SACCENTE.
saccheggiaménto, *sm.* → SACCHEGGIO.
saccheggiàre, *v.tr.* razziare, far razzia, depredare, predare, rapinare, pirateggiare, svaligiare, spogliare, mettere a sacco, mettere a ferro e fuoco, corseggiare, saccomannare, far *tabula rasa* || → ROVINARE, DISTRUGGERE.
saccheggiatóre, *agg.* e *sm.* rapitore, depredatore, rapinatore, ladrone, predatore, predone, razziatore, devastatore.
sacchéggio, *sm.* saccheggiamento, sacco, depredazione, preda, razzia, saccomanno, scorreria, distruzione, devastazione, guasto.
sàcco, *sm.* sacca, borsa, bisaccia, tasca, saccoccia, balla, zaino, marsupio || → SACCHEGGIO || IMBALLAGGIO || *fig.* → QUANTITÀ || *scherz.* stomaco || tonaca, abito monastico.
nomencl. (*parti*) abboccatura, bocca, fondo, corda o legaccio, cocca, orecchio, picciuolo, pedicino, pellicino, rimbocchetto || saccata, saccolo, saccaia || profondità, larghezza, capacità || *agg.* vuoto, pieno, riempito, largo, stretto, capace, profondo, legato, slegato, rimboccato, colmo || *verb.* insaccare, disaccare, rinsaccare, vuotare, empire, riempire, legare, slegare, chiudere, rimboccare, rovesciare, capovolgere portare, mettere nel sacco, mettere a sacco, andare a sacco || fare sacco (di ferita, di piaga).
saccòccia, *sf.* → SACCA, TASCA.
saccomannàre, *v.tr.* → SACCHEGGIARE.
saccomànno, *sm.* → SACCARDO || SACCHEGGIO.
saccóne, *sm.* → GIACIGLIO, PAGLIERICCIO.
sacèllo, *sm. poet.* cella, cappella, oratorio, penetrale, sacrario, santuario, tabernacolo, chiesina, tempietto.
sacerdotàle, *agg.* ieratico, ecclesiastico, presbiterale, chiericale, clericale, canonico, chiesastico, prelatizio, prelatesco, pretesco, religioso.
contr. laico, secolare, mondano.
sacerdòte, *sm.* prete, ministro di Dio, religioso, ecclesiastico, pastore, celebrante, prelato, presule, reverendo.
nomencl. (*termini cattolici*) arciprete, primicerio, parroco, curato, pievano, prevosto, preposto, canonico, cappellano, decano, vicario, vicario foraneo, religioso, monaco, frate, cenobita, egùmeno o igùmeno, priore, abate, guardiano, superiore, missionario, archimandrita, monsignore, abate mitrato, protonotario apostolico, episcopo, vescovo, arcivescovo, primate, patriarca, metropolita, cardinale, porporato, camerlengo, papa, ponfice, sommo pontefice || (*termini d'altre religioni*) aruspice, augure, arvale, bonzo, bramino, coribante, cureta, druida, feciale, flamine, gerofante, ierofante, imano, lama, levita, marabut, mistagogo, muezzin, papasso, pope, rabbino, rabbi || (*attinenti*) ordine sacro, consacrazione, ordinazione, gerarchia ecclesiastica, seminario, cerimonie, liturgia, paramenti, → CHIESA.
contr. laico, secolare.
sacerdotéssa, *sf.* pretessa, druidessa, devadassi, ierofantide, baccante, pizia, vestale.
sacerdòzio, *sm.* presbiterato || clero || *fig.* missione sociale.
sacertà, *sf.* sacralità, → SANTITÀ.
sacralità, *sf.* sacertà.
sacramentàle, *agg.* → SACRO || *sm.* preghiere, cerimonie, azioni ecclesiastiche.
nomencl. grazia sacramentale || (*sacramentali*) orazioni liturgiche, lustrazioni, aspersione con acqua santa, imposizione delle sacre ceneri, confessione pubblica, elemosine, ecc.).
sacramentàre, *v.tr.* amministrare i sacramenti, far giurare || *intr.* giurare, affermare, asserire, asseverare || *pop.* bestemmiare.
sacraménto, *sm.* segni visibili di grazia, mistero sacramentale, conforti religiosi || (dell'altare, eucaristico) → EUCARESTIA || → CONSACRAZIONE || cosa segreta, giuramento.

nomencl. (*divisione*) dei vivi, dei morti || (*elenco*) battesimo, cresima o confermazione, eucarestia o comunione, penitenza o confessione, estrema unzione o olio santo, ordine sacro, matrimonio || grazia santificante, grazia sacramentale, ministro, soggetto, formula || sacramentario, libro pontificale || *verb.* conferire, ricevere, accostarsi, amministrare, frequentare, rifiutare.
sacràre, *v.tr.* consacrare, rendere sacro || dedicare, intitolare || *pop.* bestemmiare, sagrare.
contr. sconsacrare, profanare, commettere sacrilegio.
sacràrio, *sm.* → CHIESA, SACELLO.
sacràto, *pps.* di sacrare || *agg.* → SACRO.
sacrestàno, *sm.* sagrestano, sagrista, sacrista, scaccino, inserviente, chierichetto.
sacrificàre, *v.tr.* immolare, offrire, fare sacrificio, propiziare || *fig.* rinunciare, posporre, distruggere, abbandonare, privarsi, rinnegarsi || *rifl.* immolarsi, soffrire volontariamente, martoriarsi, esporsi volontariamente alla morte, a grave danno, a perdita; martirizzarsi, sopportare || levarsi la camicia, dare o spargere il proprio sangue, farsi a pezzi, levarsi il pane di bocca, spogliarsi; sopportare spese, disagi, fatiche, danni; adattarsi, rassegnarsi.
contr. profittare, assistere; tirar profitto, vantaggio, guadagno.
sacrifício, *sm.* immolazione, oblazione, olocausto, martirio, offerta, dono, libazione, profferta || abnegazione, martirio, dedizione, altruismo, consacramento, perdita grave, disinteresse, rinuncia || cosa sacrificata, offerta, consacrata.
nomencl. (*tipi*) cruento, incruento, propiziatorio, votivo || (*pertinenti*) altare, ara, ostia, vittima, cultrario, vittimari, sacerdote, tripudio || ecatombe, suovetaurilia, piacolo, purga o purgazione.
contr. guadagno, vantaggio, onore.
sacrilegaménte, *avv.* empiamente, profondamente, irreligiosamente, ereticamente, indegnamente, peccaminosamente, in modo irriverente.
contr. piamente, religiosamente, convenientemente, santamente.
sacrilègio, *sm.* profanazione, contaminazione, violazione, sconsacrazione, violazione di cosa sacra, turpitudine || *fig.* mancanza di rispetto, di riverenza.
contr. adorazione, venerazione, onore, rispetto.
sacrílego, *agg.* e *sm.* profanatore, rinnegato, maledetto, sconsacratore, rinnegatore, empio, bestemmiatore.
contr. devoto, pio, religioso, osservante.
sacrísta, *sm.* → SACRESTANO.
sàcro, *agg.* augusto, santo, benedetto, consacrato, sacrato, divino, sacramentale, sacrosanto, religioso, venerato, venerabile, liturgico, invulnerabile, inviolabile.
nomencl. (*attinenti*) profanazione, sacrilegio, simonia, sacralità sacertà.
contr. profano, sacrilego, sconsacrato, simoniaco, diabolico.
sacrosànto, *agg.* → SACRO.
sadísmo, *sm.* → CRUDELTÀ, LUSSURIA.
contr. masochismo.
saétta, *sf.* freccia, dardo, strale || folgore, → FULMINE, RAGGIO || *fig.* → RABBIA.
nomencl. costellazione del Sagittario || *agg.* saettato, assaettato, saettevole || saettame, saettamento || *verb.* saettare, dardeggiare, frecciare.
saettànte, *ppr.* di saettare || *agg.* dardeggiante, scattante, velocissimo || *fig.* folgorante.
saettàre, *v.tr.* ferire di saetta, scoccare saette || *fig.* colpire, dardeggiare, scagliare, lanciare, folgorare, fulminare.
safàri, *sm.* → CAROVANA.
sàga, *sf.* → LEGGENDA, EPICA || strega, incantatrice.
sagàce, *agg.* perspicace, prudente, acuto, intuitivo, oculato, accorto, avveduto, abile, astuto, arguto, intelligente, scaltro, furbo, sottile avvertito cauto, destro, fine.
contr. ottuso, malaccorto, incauto, rozzo, tardo, stordito, imprudente, grossolano.
sagàcia, *sf.* sagacità, fiuto, perspicacia, acume, astuzia, furbizia, furberia, avvedutezza, oculatezza, accortezza, arguzia, intelligenza, scaltrezza, cautela, finezza, sottigliezza, discernimento.
nomencl. *verb.* accorgersi, avere buon naso o fiuto, avvedersi, avere della politica, sapere il fatto suo.
contr. cecità, tardezza, ottusità, rozzezza, storditezza, malaccortezza.
sagacità, *sf.* → SAGACIA.
sagapèno, *sm.* gommaresina, serapino.
saggézza, *sf.* saviezza, senno, criterio, giudizio, prudenza, assennatezza, sensatezza, ponderatezza, sapienza.
contr. imprudenza, insipienza, avventatezza, impulsività, ottusità, stolidezza.
saggiaménte, *avv.* assennatamente, con saggezza, prudentemente, ponderatamente.
contr. avventatamente, impulsivamente, follemente, pazzamente, irragionevolmente.
saggiàre, *v.tr.* → PROVARE, MISURARE || INVESTIGARE || *ant.* assaggiare, assaporare.
nomencl. saggiatore.
saggiatúra, *sf.* → PROVA.
saggína, *sf.* sagginella, sorgo, melica o meliga, → BIADA.
sagginàle, *sm.* sanale.
sàggio[1], *agg.* giudizioso, accorto, prudente, avveduto, ponderato, assennato, sapiente, esperto, sensato, fondato, profondo, → SAVIO.
contr. melenso, insipiente, imprudente, avventato, malaccorto, senza giudizio, scriteriato.
sàggio[2], *sm.* assaggio, analisi, esperimento, esperienza, esame, prova, cimento || esempio, idea, mostra, modello || monografia, studio, memoria || → INTERESSE || BILANCIA.
nomencl. saggismo, saggista || *verb.* dare un saggio.
sagittàrio, *sm.* arciere, → GLADIATORE.
sàgo, *sm.* sagú.
sàgola, *sf.* → FUNE || SCANDAGLIO.
sàgoma, *sf.* modano, modanatura, profilo, centina, → FORMA.
sagomàre, *v.tr.* → FORMARE.
sàgora, *sf.* → SCANDAGLIO.
sàgra, *sf.* sacra, festa, festività, festeggiamenti, solen-

nità, celebrazione, dedicazione, cerimonia, consacrazione.

sagràre, *v.intr. pop.* → BESTEMMIARE.

sagràto, *sm.* sacrato, spiazzo, spazio davanti alla chiesa, luogo consacrato, luogo dei morti || *pop.* → BESTEMMIA.

sagrestàno, *sm.* → SACRESTANO.

sagrestía, *sf.* → SACRESTIA.

sagrinàto, *agg.* zigrinato.

sagrísta, *sm.* → SACRESTANO.

sàgro, *sm.* sacro, → CANNONE.

sagú, *sm.* sago.

sàla, *sf.* aula, salone, salotto, camerone || teatro || assale (della ruota) || → PAGLIA.

nomencl. (*suppellettili*) tappezzeria, tende, quadri, mobili, tappeti, specchi, soprammobili, ninnoli.

salàcca, *sf.* saracca, aringa, alosa || *fig.* libraccio vecchio, di nessun valore, sciabola.

salàce, *agg.* eccitante, pruriginoso, piccante || scurrile, sboccato, indecente, scabroso, lubrico, lascivo, libidinoso, → OSCENO.

contr. insipido || modesto, casto, onesto, puro.

salacità, *sf.* → OSCENITÀ.

salamàndra, *sf.* → LUCERTOLA.

salàme, *sm.* || *agg. fig.* → GOFFO, SCIOCCO.

nomencl. (*tipi*) di maiale, di cavallo, d'asino, felino, di Parma || (*parti*) fetta, treccia, buccia, pasta || (*salumi*) bondiola, cotechino, mosciame, sorra, tonnina, nicchio, zucchetta, salsiccia, luganega, salsicciotto, salsiccione, coppa, pancetta || *agg.* affettato, salato, misto.

salamelècco, *sm. scherz.* → SALUTO.

salamístro, *agg. ant.* saccente.

nomencl. salamistreria || *verb.* salamistrare.

salangàna, *sf.* → RONDINE.

salapúzio, *agg.* → SACCENTE.

salariàre, *v.tr.* dar salario, stipendiare, → PAGARE || prezzolare, assoldare.

salariàto, *pps.* di salariare || *sm.* → OPERAIO, PROLETARIO, MERCENARIO.

salàrio, *sm.* → PAGA, GUADAGNO.

salassàre, *v.tr.* cavar sangue, → DISSANGUARE || *fig.* spremere, torchiare denaro.

salassatóre, *sm.* flebotomo.

salàsso, *sm.* flebotomia, arteriotomia, signera || *fig.* esazione, tassazione (esosa), esborso, pagamento, spesa (considerevole).

salàta, *sf.* → INSALATA.

salàto, *pps.* di salare || *agg.* salso, salmastro, salino || salmastroso, salsedinoso, salsigginoso, condito, saporito, saporoso || *fig.* caro (di prezzo) || pungente, caustico, → MORDACE.

contr. insipido, insulso, dolce, sciocco, scipito || di buon prezzo || bonario.

sàlce o **sàlcio,** *sm.* → SALICE.

salcéto, *sm.* saliceto, salciaia.

salciòlo, *sm.* → RAMO.

sàlda, *sf.* appretto, amido, → COLLA.

nomencl. *verb.* insaldare, inamidare.

saldàre, *v.tr.* unire, congiungere, ricongiungere, riunire, attaccare, riattaccare, rappiccicare, riappiccicare, piombare, stagnare, ristagnare, racconciare, fermare || → PAGARE || definire (una controversia, una lite) || *fig.* cicatrizzare, rimarginare, rammarginare.

contr. dissaldare, staccare, rompere, spezzare, separare || lasciar sospeso, non pagare, dare acconti.

saldatúra, *sf.* stagnatura, piombatura, impiombatura, riattaccatura, incollatura, saldamento, congiungimento || *fig.* → CICATRICE.

nomencl. (*tipi*) elettrica, autogena, di terzo, di ottavo, di rame arso, a stagno, forte || (*occorrente*) presa, boraciere, cannello da saldare, cannello ferruminatorio, eolipila, saldatoio, bacchetta || stagno, piombo, lega, mastice, colla.

contr. dissaldatura, separazione, divisione, stacco.

saldézza, *sf.* fermezza, forza, resistenza, stabilità, sodezza, solidezza, solidità || *fig.* costanza, tenacia, durevolezza, risolutezza, nerbo, → EQUILIBRIO.

contr. debolezza, instabilità, inconsistenza || incostanza.

sàldo, *agg.* fermo, inconcusso, indeficiente, durevole, fisso, fermo, forte, intero, massiccio, resistente, stabile, robusto, sodo, solido, compatto, incorruttibile, incrollabile, impassibile, irremovibile, risoluto, costante, immutabile, inalterabile || tenace, forte, adamantino, diamantino || valido || *sm.* pareggio, saldamento, → PAGAMENTO || APPRETTO.

contr. malfermo, malandato, cedevole, molle, debole, fragile, tentennante, titubante, dubitoso, vacillante || incostante, volubile.

sàle, *sm.* cloruro di sodio, muriato di soda || *fig.* di cosa ardita, salace, piccante, mordente || *ant.* mare || *pl.* facezie.

nomencl. da cucina || (*inerenti*) salgemma, salnitro, sale dei deserti o delle steppe || grano, pizzico, presa, pugno || salagione, salatura, salamoia, soluzione di sale, condimento || saliera, salina, rivendita di sale, privativa, monopolio, alberello, bossolo || *agg.* bianco, fine, raffinato, grosso, depurato, comune, macinato, sofisticato, nero || *verb.* salare, soprassalare, dissalare, condire.

salènte, *ppr.* di salire, → SALIENTE.

sàlice, *sm.* salce, salcio, vetricione.

salïènte, *ppr.* di salire || *agg.* salente || sporgente, rilevato, in rilievo || *fig. neol.* rilevante, importante, notevole, principale || *sm.* opera fortificata, linea militare penetrante (in territorio nemico).

contr. scendente, declinante, rientrante || incavato concavo || irrilevante, trascurabile, secondario.

saliménto, *sm.* → SALITA.

salinàio, *sm.* salinatore.

salinatóre, *sm.* salinaio.

salinatúra, *sf.* salinazione.

salinazióne, *sf.* salinatura.

salíno, *agg.* → SALATO.

salíre, *v.intr.* abbricare, accedere, adergere, arpicare, ascendere, alzarsi, arrampicarsi, arrapparsi, assorgere, assurgere, estollersi, inalberarsi, innalzarsi, inerpicarsi, issarsi, levarsi, montare, rampare, rampicare, rimontare, ripire, risalire, scalare, scandere, sollevarsi, soprammontare, sovrammontare, sorgere, sormontare, trascendere, transcendere, dar la scalata, rialzarsi, arrancare, elevarsi, entrare || → CRESCERE || *fig.* giungere a condizione elevata.

nomencl. (*pertinenti*) salita, erta, rampa, pendio, scala, ascensore, funivia, saliscendi || *avv. e loc avv.* lentamente, a poco a poco, dolcemente, leggermente, passo passo, di corsa, velocemente, alla svelta, pian piano, con le mani e coi piedi, a sbalzi, a scatti || *verb.* fare spalla a uno, aiutare a salire.
contr. scendere, discendere, abbassarsi, calare, rientrare, diminuire || decadere.
saliscéndi, *sm. indecl.* nottolino.
salíta, *sf* ascesa, erta, pontata, costa, rampa, rampata, acclivio, pendio, ascensa, ascensione, assunzione, elevamento, innalzamento, pettata, salimento, scalata || || anabasi.
contr. discesa, abbassamento, calata, calo, china, declinazione, declivio, pendenza, scadimento || catabasi.
salíto, *pps.* di salire || *agg.* innalzato, montato, giunto, pervenuto in alto, risalito, asceso || cresciuto, aumentato.
contr. sceso, disceso, abbassato, scalato || diminuito, calato.
salíva, *sf.* sputo, bava, salivazione, espettorazione, escreato, acquolina, muco.
nomencl. (*attinenti*) parotidi, sottolinguali, sottomascellari, stenomico, calcoli salivari || ptialismo, aptialia, asiatorrea || *verb.* biascicare, salivare, sputare, inghiottire, masticare.
salivatòrio, *sm.*
nomencl. (*elenco*) angelica, guaiaco, pilocarpina, piretro, zenzero.
salivazióne, *sf.* → SALIVA.
sàlma, *sf.* soma, carico, peso || spoglia corporea, corpo, corpo esanime, cadavere.
salmàstro, *agg.* → SALATO.
salmastróso, *agg.* → SALATO.
salmería, *sf. pl.* carriaggi, bagaglio, vettovaglie (dell'esercito in marcia), → FARDELLO.
salmísta, *sm.* autore di salmi, di canti religiosi, cantore (di chiesa).
sàlmo, *sm.* → INNO.
nomencl. *verb.* salmeggiare.
salmodía, *sf.* → CANTO.
salmodiàre, *v.intr.* → CANTARE.
salnítro, *sm.* nitro, nitrato di potassio, sannitrio.
salóne, *sm.* → SALA.
salòtto, *sm.* → SALA.
salpàre, *v.tr.* levar l'àncora, partire (per mare), prendere il largo, dar le vele ai venti, andare al largo, disancorare.
contr. ancorarsi, attraccare, ormeggiare.
sàlsa, *sf.* agresto, brodetto, condito, solcio, zanzaverata, conserva, condimento, miscuglio, guazzetto, intingolo, sugo, sughetto, succo.
nomencl. (*analoghi*) agliata, acciugata, maionese, pinzimonio, ragú, savoretto, sughetto, salmí, suprema, zimino || (*ingredienti*) aceto, capperi, coriandoli, pepe, pomodori, peperoni, prezzemolo, paprica, sale, sapa, senape || salsiera, salsamentario, salsiere || *agg.* agrodolce, verde, alla finanziera, bianca, piccante, dolce.
salsamentàrio, *sm.* salsiere, pizzicagnolo, salumiere, → MACELLAIO.
salsèdine, *sf.* salsezza, salsuggine, sapore di salso.
salsedinóso, *agg.* → SALATO.
salsézza, *sf.* → SALSEDINE.
salsíccia, *sf.* salciccia, cervellata.
nomencl. fila, rocchio, filo || salsicciaio.
salsicciàio, *sm.* norcino, salumiere, pizzicagnolo, salsamentario, salumaio, → MACELLAIO.
salsiccióne, *sm.* → SALAME.
salsicciòtto, *sm.* → SALAME.
salsigginóso, *agg.* → SALATO.
sàlso, *agg.* → SALATO.
salsúggine, *sf.* salsedine, salsezza, salsume.
saltabeccàre, *v.intr.* → CAMMINARE, SALTARE.
saltabellàre, *v.intr. ant.* → SALTARE.
saltafòssi, *sm. indecl.* → CALESSE.
saltamartíno, *sm.* grillo || locusta, cavalletta.
saltàre, *v.intr.* balzare, ballottare, balzellare, ballare, ballonzolare, camminare, guizzare, lanciarsi, rimbalzare, riscuotersi, ristornare, saltar su, scattare, scoccare, slanciarsi, sbalzare, sobbalzare, saltabeccare, saltabellare, saltellare, strabalzare, sussultare, trabalzare, trasalire, trasaltare, ruzzare || saltare agli occhi, → ASSALIRE || *fig.* tralasciare, → OMETTERE || *tr.* passar oltre, oltrepassare con un salto.
saltatóre, *agg.* e *sm.* saltimbanco, acrobata || *sm.* → BATRACE.
saltellaménto, *sm.* → SALTELLO.
saltellànte, *ppr.* di saltellare || *agg.* ballonzolante, piroettante, guizzante, scattante.
saltellàre, *v.intr.* ballettare, ballonzolare, ballonzare, balzellare, capriolare, ciurlare, frullare, gambettare, giravoltare, prillare, pirlottare, piroettare, trottare, rimbalzare, saltabeccare, saltabellare, salterellare, saltare, salticchiare, sbalzellare, scambiettare, scartare, sgambettare, schizzare, andar balzelloni, andar saltelloni, → BALLARE || *fig.* apparire ad intervalli || vagare col pensiero, con l'immaginazione, saltare i trapassi logici || (del cuore, del sangue) pulsare, battere, palpitare, balzare.
saltellío, *sm.* → SALTELLO.
saltèllo, *sm.* balletto, ballonzolo, balzello, capriola, gambata, gambitto o gambetto, giravolta, piroetta, piroletta, prillo, salterello, sgambetto, scambietto, saltellio, saltellamento.
salterellàre, *v.intr.* → SALTELLARE.
salterèllo, *sm.* → SALTELLO.
saltèrio, *sm.* cetra o arpa ebraica || libro dei salmi, psalterio, salmo, → BREVIARIO.
salticchiàre, *v.intr.* → SALTELLARE.
saltimbànco, *agg.* e *sm.* saltatore, acrobata, cantambanco, giocoliere, funambolo, ciarlatano, forzatore, pagliaccio, giullare || *fig.* impostore, parabolano, girella.
sàlto, *sm.* balza, balzo, rimbalzo, rimbalzamento, balzellone, falcata, guizzata, guizzo, impeto, lancio, sbalzo, sbilancio, sbilancione, scartata, scarto, scatto, sobbalzo, strabalzo, strabalzone, sussulto, trabalzo, *sprint* || capitombolo, piroetta, capriola, scambietto || → GITA || *fig.* → OMISSIONE || cambiamento improvviso || (d'acqua) → CASCATA || *ant.* bosco.
nomencl. (*modi*) in alto, in lungo, con l'asta, lungo, corto, alto, basso, a piedi pari, con l'asta || corda, trampolino, rincorsa, abbrivo || *verb.* abbrivare, saltare.

saltuariaménte, *avv.* ogni tanto, qualche volta, → INCOSTANTEMENTE.
cont. continuamente, senza interruzione, costantemente.
saltuarietà, *sf.* intermittenza, discontinuità.
contr. continuità, costanza, persistenza.
saltuàrio, *agg.* intermittente, interrotto, discontinuo, a intervalli.
contr. continuo, costante, persistente, incessante.
salúbre, *agg.* igienico, balsamico, puro, salutevole, salutifero, salutare, vantaggioso, sano, spirabile.
contr. insalubre, malsano, dannoso, nocivo.
salubreménte, *avv.* → SANAMENTE.
salubrità, *sf.* → SANITÀ.
salumàio, *sm.* → SALUMIERE.
salumería, *sf.* pizzicheria, posteria.
salumière, *sm.* salsicciaio, norcino, pizzicagnolo, salsamentario, salumaio, macellaio.
salutàre[1], *agg.* igienico, balsamico, puro, salutevole, salutifero, sano, salubre, spirabile || *fig.* molto giovevole, efficace, benefico, soccorrevole, vantaggioso || benedetto.
contr. insalubre, nocivo, dannoso, deleterio, nefasto, pericoloso, malefico.
salutàre[2], *v.tr.* augurare salute, riverire, complimentare, ossequiare; dare il benvenuto, il ben tornato; dire addio, dare il buon giorno, far di cappello, inchinarsi, congedarsi, presentare omaggio, sberrettarsi, scappellarsi, scappucciarsi, sventolare il fazzoletto, scoprirsi, sprofondarsi in riverenza, inginocchiarsi, genuflettersi || onorare, benedire, acclamare, proclamare.
contr. togliere il saluto.
salutazióne, *sf.* → SALUTO.
salúte, *sf.* sanità, cura, igiene || salvezza, salvazione, salvamento || benessere, scampo, rifugio, ricovero, aiuto, rimedio.
nomencl. (*inerenti*) acciacco, batosta, cagionevolezza, precarietà, cacosi, disturbo, malessere, frizzone, incomodo, indisposizione, malore || complessione, valetudine, temperamento, cera, profilassi, cure, medicinali, corroboranti, energetici, sanatorio, casa di salute, sanitario, contumacia, cordone sanitario, quarantena, misure profilattiche, stravizi, logoramento, fatiche || (*stato di salute*) acciaccoso, acchiappato, afato, bacchiato, bolso, cagionevole, precario, cachettico, indisposto, malsano, malfermo, malandato, debole, deboluccio, malaticcio, ammalato, esaurito, deperito, dimagrito, indebolito, scaduto, gracile, smilzo, delicato, stentato, sciupato, sfinito, sano, florido, fiorente, forte, robusto, rubizzo, fresco, vegeto, vivo, vivace, vispo, prospero, vigoroso, solido || *agg.* ferrea, forte, robusta, ferma, perfetta, completa, stabile, prospera, florida, fiorente, vigorosa, cagionevole, delicata, malferma, logora, precaria, stentata, debole, incerta, instabile, vacillante, rovinata, buona, ottima, cattiva, poca, tanta, molta || di ferro, di acciaio || *verb.* aver salute da vendere, essere in buona salute, crepare di salute, essere bianco e rosso, essere in fiore o un fiore, essere sano, non avere un dolor di capo, prosperare, schizzare salute, sentirsi bene, essere in arnese, stare come un doge, trovarsi bene, stare al solito o alle solite || non aver salute, andar giú, decadere, declinare, deperire, deteriorare, disfarsi; essere cagionoso, delicato, deboluccio, malandato, malsano, rovinato in salute; essere in cattive acque, essere una scamonea; essere rifinito, rovinato; essere un cadavere; reggersi sui trampoli, sulle cannucce; sentire un malessere, un abbattimento, una fiacca, una debolezza, un'arsione interna; tenere, reggere l'anima coi denti; sentirsi male, trovarsi male, zoppicare || curare, riguardare, controllare.
contr. malattia, morte || dannazione, perdizione.
salutévole, *agg.* → SALUBRE.
salutífero, *agg.* → SALUBRE.
salúto, *sm.* salutazione, addio, commiato, complimento, evviva, inchino, inchinamento, ossequio, atto di ossequio, riverenza, risalutazione, salamelecco, sberrettata, scappellata, cerimonia.
nomencl. (*attinenti*) baciamano, cenno della testa, della mano; stretta di mano || ciao, arrivederci, benvenuto, bentornato, ben trovato, ben arrivato, buon giorno, buona sera, buona notte, felice giorno, felice sera, con osservanza, con ossequio, evviva, il Signore sia con voi, osanna, *ave, vale, valete, salve, salvete,* complimenti || *agg.* cortese, garbato, gentile, affabile, urbano, cerimonioso, complimentoso, ossequioso, cordiale, tenero, espansivo, sincero, languido, riguardoso, beffardo, derisore, schernitore, burlone, ironico, sarcastico, sardonico, mordace, sdegnoso, secco, sgarbato, smorfioso, villano, sostenuto || di degnazione, di ricambio || *verb.* salutare, dare, dire, formulare, fare, inviare, portare, mandare, rivolgere, ricambiare, rispondere, negare, rifiutare, togliere, ricevere.
sàlva, *sf.* sparo multiplo || sparo in bianco (senza proiettile).
salvacondótto, *sm.* lasciapassare, permesso di passo, salvaguardia, → PASSAPORTO.
salvafiàsco, *sm.* → PORTAFIASCO.
salvagènte, *sm. indecl.* galleggiante || marciapiede, banchina.
salvaguardàre, *v.tr.* → PROTEGGERE, DIFENDERE.
salvaguàrdia, *sf.* → PROTEZIONE, DIFESA.
salvaménto, *sm.* → SALVEZZA, SALUTE || AIUTO.
salvàre, *v.tr.* trarre fuori di pericolo, difendere, tutelare, scampare, lasciare intatto, mantenere, custodire, preservare, proteggere, liberare, mettere in salvo, trarre in salvo, aiutare, assicurare, campare, sottrarre, guarentire, parare, strappare alla morte || risparmiare, conservare, riserbare, mettere in serbo, tenere in serbo || redimere, guarire || *rifl.* parare, fuggire, rifugiarsi, mettersi in salvo, riparare, schivare, sfuggire, rimanere sani e salvi, restare illesi.
contr. esporre a rischio, a pericolo, a danno, a perdizione, compromettere, perdere.
salvatàcco, *sm.* soprattacco.
salvatàggio, *sm.* → SALVEZZA.
salvàtico, *agg.* → SELVATICO.
salvàto, *pps.* di salvare || *agg.* → SALVO.
salvatóre, *agg.* e *sm.* → LIBERATORE || CRISTO.
salvazióne, *sf.* → SALUTE, SALVEZZA.
salvézza, *sf.* salvazione, salvamento, salute (dell'anima), redenzione, espiazione, purgazione || incolumità, scampo, sicurtà, sicurezza, riparo, rifugio, sanità, fran-

chigia, fortuna, immunità, difesa, integrità, liberazione, salvataggio.
contr. perdizione, rovina, dannazione || pericolo, alea, azzardo, frangente, imbarazzo, minaccia, rischio, sbaraglio.
salviétta, *sf.* → ASCIUGAMANO.
sàlvo¹, *agg.* inoffeso, illeso, salvato, immune, scampato, incolume, intatto, vivo e sano, sicuro, libero, esente, inconcusso, indenne, riparato, ricuperato, sfuggito, redento.
contr. perduto, finito, rovinato, compromesso, intrappolato, scoperto, morto, ferito.
sàlvo², *avv.* → ECCETTUATO.
sambúco, *sm.* → BARCA.
sanàbile, *agg.* → GUARIBILE || *fig.* rimediabile, ricuperabile, riscattabile, riparabile.
contr. insanabile, incurabile || irrimediabile, irredimibile, irreparabile, perduto.
sanabilità, *sf.* guaribilità, rimediabilità.
contr. insanabilità, incurabilità.
sanàle, *sm.* sagginale.
sanaménte, *avv.* salubremente, salutarmente || *fig.* moralmente, onestamente.
contr. in modo guasto, insano, immoralmente, disonestamente.
sanaménto, *sm.* risanamento, guarigione || ricupero.
contr. malattia, rovina, guasto.
sanàre, *v.tr.* risanare, guarire, bonificare, cicatrizzare, risarcire || *fig.* → RIPARARE, RIMEDIARE || APPROVARE || *rifl.* ristabilirsi in salute, guarire.
contr. ammalarsi, guastarsi, infermare.
sanatòria, *sf.* → APPROVAZIONE.
sanatòrio, *sm.* → OSPEDALE.
sanazióne, *sf.* guarigione || *fig.* rimedio, riparo, legittimazione, convalida, convalidazione, approvazione.
nomencl. sanazione in radice del matrimonio.
contr. malattia, aggravamento, inguaribilità || disapprovazione.
sancíre, *v.tr.* sanzionare, ratificare, confermare, consacrare || statuire, decretare, emanare, stabilire, obbligare, imporre, comminare; legiferare, promulgare, riformare, far legge.
contr. abrogare, annullare, abolire, derogare, respingere, disapprovare, dispensare.
sancíto, *pps.* di sancire || *agg.* stabilito, confermato, imposto, statuito, decretato, sanzionato, ratificato, approvato.
contr. abrogato, annullato, abolito, non riconosciuto.
sàndalo, *sm.* cròtalo.
nomencl. pianta, guiggia, striscia.
sandolíno, *sm.* → BARCA.
sandràcca, *sf.* → RESINA.
sanfedísta, *agg.* e *sm.* || *fig.* retrogrado, reazionario, → CLERICALE, IPOCRITA.
sàngue, *sm.* cuore, sanguine || sangue freddo, nerbo, → CALMA, CORAGGIO || *fig.* stirpe, discendenza, costituzione, indole, natura.
nomencl. (*distinzioni*) arterioso, venoso, acquoso, fibroso, disrasico || (*componenti*) acqua, globuli, albumina, fibrina, grassi, cloruro di sodio, sali || citolissine, cotenna infiammatoria, crosta, ematina, globulina, emoglobina, ematoglobina, ematoplasto, emotoidina, emocianina, essudato, glutine, icore, osmazoma, paraglobulina o fibronoplastica, recrementizio, siero || (*fenomeni*) arterializzazione, assorbimento, aura sanguigna, crasi, ematopoiesi, generatori di globuli, ematosi, grumo, iperemia, plasticità, secrezione, afflusso, corrente o flusso, efflusso, fiotto, onda, fiume, lago, mare, pozza, torrente, getto, trabocco, sbocco, emottisi, stravaso, zampillo || (*patologia*) aberrazione, acrimonia, aglobulina, ammoniemia, anematosi, anemia, angioemia, angioplerosi, angioploce, angiorragia, emoraggia, angiorrea, antidroemia, anoemia, anossemia, bollore, calore, effervescenza, ribollimento, caldana, clorosi, colemia, colestremia, congestione, diapedesi, diacrasia, desimia, ematemesi, ematiasi, ematidrosi, ematocisti, ematoma, ematopatia, ematozimosi, ematuria, emodia, emofilia, emostasi, emotossia, emotrofia, epatirrea, epiplerosi, epistassi, esémia, flemmone, formicolamento, formicolio, infarto emorragico, insulto, leucemia, lipemia, lipoemia, melanemia, melitetemia, oligocitemia, pachemia, paremptosi, pioemia, pletora, policitemia, putrefazione, scorbuto, infiammazione, septicemia o setticemia, stasi, tifoemia, uremia, uricemia || (*specialità, cure*) angiologia, ematolloscopia, ematopatologia, emodinamica, ematostatica, ematica, ematologia, ematografia, emoscopia || compressione, emostasi, emospasia, epicrasi, trasfusione del sangue || emostatico, ematocartatico, ematopoietico, ematotrofico || aerotonometro, contaglobuli, cristalli di emina, emadografo, emaspettroscopio, emocitometro, emocronometro, emodinametro, emodromometro, microspettroscopio, pletismografo || ematobio, ematozoari, mignatta o sanguisuga || consanguineità, circolazione, metabolismo, ricambio, salasso, dissanguamento, emoteca || (*derivati*) cruento, incruento, sanguifero, sanguinario, sanguineo, sanguinolento, sanguinoso, sanguinante, sanguigno || *agg.* grosso, sottile, languido, vermiglio, rosso, blu, azzurro, stagnato, fermo, cattivo, cotennoso, debole, gagliardo, ardente || *verb.* accagliare, cagliare, rappigliarsi, aggrumare, aggrumarsi, coagulare, rapprendersi, appallare, assottigliare, depurare, purificare, dissanguare, rinsanguare, rinsanguinare, sanguinare, sanguificare, affluire, cavare, levare, frenare, ribollire, stagnare, svenare, dare, donare, versare, spargere, gettare, stillare, zampillare, grondare, gocciolare, colare, spiccare, insanguinare, andare a sangue.
sanguífero, *agg.* → SANGUIGNO.
sanguígno, *agg.* rossastro, rossiccio, rossigno, rosseggiante, tendente al rosso, rosso, rovente || sanguineo, sanguinoso, sanguifero, sanguinolento, cruento.
contr. anemico, scolorito, smorto, pallido, esangue, clorotico, incruento.
sanguinàccio, *sm.* migliaccio, roventino.
sanguinànte, *ppr.* di sanguinare || *agg.* insanguinato, sanguinolento, stillante, imbrattato di sangue, cruento, sanguigno, sanguineo.
sanguinàre, *v.intr.* far sangue, stillar sangue, perdere sangue.
sanguinària, *sf.* sanguinella.
sanguinàrio, *agg.* e *sm.* → ASSASSINO || CRUDELE, FEROCE.

sanguinèlla, *sf.* sanguinaria.
sanguíneo, *agg.* → SANGUIGNO.
sanguinolènto, *agg.* → SANGUIGNO.
sanguinóso, *agg.* lordo di sangue, insanguinato, sanguineo, sanguigno, sanguifero, sanguinolento || *fig.* gravissimo, dannosissimo, cruento, efferato imperdonabile.
contr. esangue, anemico, dissanguato.
sanguisúga, *sf.* mignatta, sansuga (*ant.*) || *fig.* → PARASSITA || seccatore.
nomencl. ematofagia, sanguisugio, decongestione, irudina || *verb.* pinzare.
sànie, *sf. lett.* tabe, consunzione, umore corrotto, → MARCIA.
sanificàre, *v.tr.* rendere sano, salubre; risanare, sanare, insanicare, sanicare, guarire, bonificare, riparare.
contr. inquinare, guastare, corrompere, ammorbare.
sanità, *sf.* salute, buona salute, benessere fisico, benessere abituale, robustezza, vigore, valetudine, igiene, prosperità, guarigione || salubrità.
contr. cagionevolezza, debolezza, indisposizione, malattia || insalubrità.
sanitàrio, *sm.* → MEDICO.
sannita, *sm.* → GLADIATORE.
sannítrio, *sm.* → SALNITRO.
sàno, *agg.* in buona salute, vegeto, robusto, benportante, florido, fresco, rubizzo, saldo, vivo e verde || intatto, perfetto, intero, integro || salubre, igienico, balsamico, puro, salutevole, salutifero, salutare, spirabile, aerato.
contr. malato, malaticcio, ammalato, sanioso || tocco, imperfetto, rotto, sciupato, spezzato || malsano, tabescente, tarato, dannoso, guasto, marcio, insalubre, antiigienico.
sanrocchíno, *sm.* sarrocchino, pellegrina, → MANTELLO.
sànscrito, *sm.* pracrito, pali.
santerèllo, *agg.* e *sm.* santocchio, gattamorta, bacchettone, santinfizza (*ant.*) || *sf.* madonnina infilzata, beghina, santessa (*ant.*).
santificàre, *v.tr.* far santo, canonizzare, beatificare, deificare, divinizzare || consacrare, celebrare, osservare le pratiche religiose, benedire || render santo, buono.
contr. profanare, guastare, contaminare.
santificàto, *pps.* di santificare || *agg.* → BENEDETTO.
santificazióne, *sf.* canonizzazione, beatificazione, deificazione, divinizzazione.
santificètur, *sm. lat. indecl.* → BIGOTTO.
santimònia, *sf.* → SANTITÀ || BIGOTTERIA.
santíssimo, *sm.* → EUCARISTIA || PAPA.
santità, *sf.* santimonia, sacertà, gloria, divinità, venerabilità, inviolabilità, intangibilità, consacrazione || pietà, religione || probità, integrità, illibatezza || Sua Santità, → PAPA
contr. empietà, irreligiosità, corruzione, peccaminosità.
sànto¹, *agg.* sacro, augusto, benedetto, consacrato, sacrato, divino, sacramentale, sacrosanto, appartenente o dedicato a Dio, religioso, venerato, venerabile, giusto || *fig.* inviolabile, intangibile || probo, buono, onesto || Santo Padre, → PAPA.
contr. demoniaco, maledetto, empio, sacrilego, diabolico, infernale.
sànto², *sm.* angelo, beato, celeste, patrono, canonizzato (dalla Chiesa), comprensore, eletto, spirito celeste, anima santa (del Purgatorio).
nomencl. (*distinzioni*) titolare, patrono, compatrono, protettore || apostolo, martire, pontefice, dottore, confessore, abate, vergine, vedova || (*pertinenti*) iperdulia, dulia, culto, omaggio, panegirico, preghiera, reconditorio, immagine o santino, reliquia, corona di gloria, palma del martirio, aureola, nimbo, autentica, inno, officiatura propria, officiatura comune, giorno della nascita (quello della morte), ottava || processo di beatificazione, di canonizzazione, causa di beatificazione e di canonizzazione, promotore della fede, avvocato del diavolo, postulatore della causa, onori degli altari || *acta sanctorum*, agiografia, gerotica, bollandisti, iconoclasti, immagini, statua, icona || grazia, miracolo, intercessione || *verb.* elevare alla gloria degli altari, canonizzare, beatificare, introdurre il processo (di beatificazione, di canonizzazione).
contr. dannato, maledetto, demonio.
santocchiería, *sf.* → BIGOTTERIA.
santòcchio, *agg.* e *sm.* santerello, gattamorta, → BIGOTTO.
sàntola, *sf.* → COMARE.
santuàrio, *sm.* luogo sacro, sacrario, *sancta sanctorum* || tempio, → CHIESA || RELIQUIARIO || santuario domestico, → CASA.
sanzionàre, *v.tr.* sancire, approvare, ratificare, confermare, consacrare || statuire, decretare, stabilire, legiferare, promulgare, riformare.
contr. disapprovare, respingere, derogare, abrogare, annullare.
sanzionàto, *pps.* di sanzionare || *agg.* sancito, stabilito, statuito, decretato, ratificato, approvato.
contr. abrogato, annullato, respinto.
sanzióne, *sf.* ratifica, ratificazione, conferma, approva zione || pena, comminatoria, clausola penale, → PUNIZIONE.
contr. disapprovazione, revoca, abrogazione.
sapére¹, *v.tr.* conoscere, essere a cognizione, aver appreso, intendere, essere informato, essere dotto, essere esperto, risapere, scoprire, capire, provare || non giungere nuova, venire agli orecchi, conoscere a menadito, aver sulla punta delle dita, essere certo, essere bene informato, aver familiare, aver per mano, sapere perfettamente, avere da ottima fonte, saper di buon luogo, saperne quel che se ne può sapere || aver abilità, essere in grado || aver sapore di, aver odore di.
contr. ignorare, essere all'oscuro, fare il nesci o lo gnorri || non intendersene.
sapére², *sm.* scienza, erudizione, cognizione, lo scibile, sapienza, cultura, → DOTTRINA, ISTRUZIONE.
contr. ignoranza, mezza scienza.
sapévole, *agg.* → SAPIENTE.
sapidézza, *sf.* → SAPORE.
sapidità, *sf.* → SAPORE.
sàpido, *agg.* → SAPOROSO.
sapiènte, *agg.* e *sm.* addottrinato, dottrinato, colto, dotto, istruito, erudito, conoscitore, perito, competente, esperto, onnisciente, sciente, sapevole, enciclope-

dico; avvertito, edotto, consapevole, conscio, cosciente, ferrato, preparato, informato, illuminato, versato || lume, luminare, maestro, dottore, scienziato, specialista, intenditore, pozzo di scienza, arca di scienza, biblioteca ambulante (anche *scherz.*) || saputello, saputo, barbassoro, → SACCENTE || savio, saggio, prudente, avveduto, ponderato, assennato, sensato, presago, previdente, sagace.

contr. insensato, sciocco, insipiente, insulso, ignorante, incolto, analfabeta, illetterato, asino, selvaggio, somaro, barbaro.

sapientóne, *sm.* → DOTTO, SAPIENTE || SACCENTE.

sapiènza, *sf.* cultura, dottrina, scienza, conoscenza, sapere, erudizione, istruzione, competenza, cognizione, informazione || saviezza, saggezza, criterio, giudizio, prudenza, assennatezza, sensatezza, ponderatezza, senno, sagacia, esperienza.

nomencl. dossosofia || *agg.* apparente, superficiale, d'accatto, appiccicata, di seconda, terza mano, estesa, profonda, varia, molteplice, svariata, uniforme, universale, generale, multiforme || *verb.* ostentare, dimostrare, possedere, apprendere, ricevere, aumentare.

contr. insipienza, sciocchezza, scioccaggine, insulsaggine, insipidezza, insensatezza, ignoranza, stupidaggine, analfabetismo, barbarie || ostentazione, boria.

sapóne, *sm.* marga, oleastro alcalino, saponetta.

nomencl. (*tipi*) da toeletta, da cucina, da biancheria, da bagno || al cedro, al muschio, alla lanolina, al sugo di lattuga, di glicerina, di mandorle amare, di Marsiglia || (*ingredienti*) sego, sugna, grasso, glicerina, olio, olio di palma, potassa, lisciva di soda || saponata, insaponata || polvere di sapone, scaglia di sapone, crema di sapone || detersivo || bolla di sapone || *agg.* bianco, nero, marmorizzato, ordinario, fine, pregiato, tenero, duro, stagionato, leggero, trasparente, profumato, neutro || *verb.* insaponare.

saponétta, *sf.* → SAPONE.

sapóre, *sm.* gusto, gustosità, saporosità, sapidità, sapidezza || succo || *fig.* finezza, spirito, buon senso, saggezza, mordente, piacevolezza sapidità, salacità.

nomencl. (*tipi*) zuccherino, alcalino, amaro, salino, oleoso, aromatico, rancido || (*pertinenti*) muffa, grazia, fortuna, lacchezzo, mezzo sapore || palato || assaggio, degustazione || *agg.* saporito, gradevole, piacevole, gradito, amabile, buono, stantio, vieto, cattivo, disgustoso, sgradevole, sgradito, spiacevole, nauseante, ripugnante, repellente, stomachevole, ributtante, agrodolce, brusco, arcigno, acidetto, acidino, acidulo, agro, acre, rancido, delicato, fine, soave, squisito, abboccato, dolcigno, dolce, ferrigno, forticcio, fortigno, soave, grato, ostico, grave, lazzo, piccante, allappante, frizzante, pizzicante, pieno, potente, salmastro, salato, pessimo, oleoso, insipido, scipito, insulso, sciocco || *verb.* sapere, sentire, inacetire, inacidire, inagrestire, infortire; prendere il dolce, l'amaro, il forte, la muffa, di fumo, l'odore; saper d'amaro, di agrodolce, di rancido, di mucido, di muffa, di ribollito, di strinato, di bruciaticcio; allappare, allappolare || assaporire, conciare, condire, insaporare, insaporire, aromatizzare, dare sapore, dar l'aroma || gustare, assaporare, tastare, beccucciare, degustare, delibare, fare il saggio, pigliare a saggio, saggiare, pregustare, prelibare, provare, saporare, sentire, sorbire, spilluzzicare.

contr. insipidezza, scipitezza, grossolanità, insipienza.

saporíto, *agg.* → SAPOROSO, GUSTOSO || SALATO || *fig.* frizzante, arguto, spiritoso.

contr. insapore, insipido, scipito, insulso, sciocco.

saporosità, *sf.* → SAPORE.

saporóso, *agg.* saporito, appetitoso, condito, grato, gradevole, gustoso, gustevole, sapido, stuzzicante, eccitante, allettante, pigmentato, squisito, succoso, sugoso, succulento, pepato, mordente.

contr. insapore, insipido, scipito, sciocco, insulso, scondito.

saputaménte, *avv.* scientemente, con cognizione di causa, consapevolmente.

contr. inconsapevolmente, nescientemente.

saputèllo, *agg.* e *sm.* dottorello, sciolo, → SACCENTE || PRESUNTUOSO, PEDANTE.

sapúto, *pps.* di sapere || *agg.* conosciuto, noto, inteso, risaputo || *agg.* e *sm. spreg.* → PRESUNTUOSO, SACCENTE.

contr. ignoto, ignorato || sapiente, erudito, dotto.

saputóne, *agg.* → PRESUNTUOSO, SACCENTE.

sarabachíno, *sm.* giardiniera.

sarabànda, *sf.* danza spagnola || *fig.* chiasso tumultuoso, gran fracasso, diavoleto.

saràcca, *sf.* → SALACCA.

saràcco, *sm.* → SEGA.

saracèno, *agg.* e *sm.* → SARACINO.

saracinésca, *sf.* → CATARATTA, CHIAVICA || CANCELLO, SERRANDA.

saracíno, *agg.* e *sm.* saraceno, arabo, turco, infedele, saracinesco, pagano, musulmano, maomettano, moro || predone.

contr. cristiano.

sarcàsmo, *sm.* → IRONIA || RISO.

sarcàstico, *agg.* mordace, amaro, sprezzante, → IRONICO, FRIZZANTE.

sarchióne, *sm.* → GERMOGLIO.

sarcíte, *sf.* reumatismo acuto || obesità.

sarcòfago, *sm.* arca, cassa sepolcrale, avello, sepolcro, tomba || cenotafio, mausoleo.

sarcòma, *sm.* tumore maligno, carcinoma, cancro, scirro.

sàrda, *sf.* alice, acciuga, sardella, sardina.

nomencl. manaide, sardelliera.

sardanapalésco, *agg.* → LUSSUOSO.

sardegnòlo, *agg. pop.* sardo.

sardèlla, *sf.* → SARDA.

sardína, *sf.* → SARDA.

sàrdo, *agg.* sardegnolo (*pop.*).

sardònica, *sf.* → AGATA.

sardònico, *agg.* acre, mordace, velenoso, → IRONICO.

sarménto, *sm.* → TALEA.

sarmentósa, *sf.* → RAMPICANTE.

sarrocchíno, *sm.* → SANROCCHINO.

sàrta, *sf.* cucitrice, pantalonaia, sartessa (*ant.*), crestaia, sartora, sartoressa, sartrice, → SARTO.

nomencl. (*inerenti*) fantoccino, manichino, modello || stoffa, bottone, guaina, passamano, nastro || fattura, confezione || *verb.* confezionare, cucire, tagliare, aggiustare, falsare un vestito || prendere le misure, la lunghezza, la larghezza; provare.

sàrtia, *sf.* → FUNE.
sartiàme, *sm.* esarcia.
sàrto, *sm.* sartore, sartorello, farsettaio, rattoppatore || sarta, sartora, sartina, sartucola, vestiarista, crestaia.
nomencl. (*strumenti, arnesi*) ago, anello da cucire, ditale, cesoie, cesoione, crivellone, fantoccio o manichino, figurino, filo, forbici, infilacappio, macchina da cucire, metro, micio o statite, modello, modella, refe, passamano, nastro, regolo, spilli, misura, segno, stecca || (*abiti*) calzoni o pantaloni, camicetta, cappotto, combinazione, farsetto, gabbano, gonna, mantellina, mantello, panciotto, pastrano, soprabito, *paletot*, sopraveste, sottoveste, sottana, veste || (*stoffe*) alpaca, broccatello, broccato, cambrí, cotone, crespo, drappo, fustagno, lana, mollettone, orbace, pannina, panno, seta, stamina, tessuto, tulle, velluto, vergatino || (*parti, finiture*) asola, coda, costura, falsatura, occhiello, orlo, ritreppio, bavero, controfodera, fodera, guaina, maglietta, strascico, basta || ovatta, bandiera, busto, cinturino, collo, davanti, di dietro, dosso, difetti, creazione, fianchi, finta, foggia, fortezza, gherone, giro della vita, giro di moda, mostre, mostrine, petto (doppio, semplice), piega, pieghettatura, pistagna, risvolto o rivolta, scavo del collo, scavo della manica, schienali, scollo, toppa, tasca, taschino, punto a giorno, sottopunto || (*operazioni*) cucitura, imbastitura, filettatura, intelucciatura, taglio, confezione, allungatura, accorciatura, correzione, finimento, rifinitura, messa in prova, prova || sartoria, laboratorio, *boutique, atelier* || *verb.* allungare, accorciare, appuntare, armare, confezionare, cucire, fare, disfare, tagliare un abito; fare una filza, filettare, foderare, imbastire, imbottire, intelucciare, ovattare, ribattere, ricrogiare, rifare il pezzo, rinfrinzellare, ritagliare, rivoltare, scattivare, scorciare, scorcire, scucire, slungare; soppannare, spianare le costure o le costole, spuntare un vestito, staccare un vestito, stringere, restringere, allargare, slargare, scavare, prendere le misure, prendere la larghezza o la lunghezza, provare, riprovare, aggiustare, sdrucire.
sartóre, *sm.* → SARTO.
sassàia, *sf.* sasseto, petraia, ghiareto, ghiariccio, ghiarone, greto.
sasséto, *sm.* → SASSAIA.
sassificàre, *v.tr. ant.* → PIETRIFICARE.
sàsso, *sm.* pietra, roccia, masso, scoglio, macigno, rupe || ciottolo, cogolo, ghiaia, ghiaiotto, nocciuolo, piccola pietra || *fig.* pietra tombale, sepolcro.
nomencl. (*pertinenti*) massicciata, mora, moriccia, mucchio, rocchio, sasseto, petraia, ghiareto, selciato, acciottolato || sassata, sassaiuola || sassatile || cava, mazza, scandiglio || *agg.* dolce, friabile, marcio, vergolato, listato, picchiettato, vivo, buono per calce, tondo, sfaccettato, pesante.
sàssola, *sf.* sèssola, gottazza, aggottatoio, votazza.
nomencl. *verb.* aggottare.
sassóso, *agg.* breccioso, ghiaioso, ciottoloso, pietroso.
sàtana, *sm.* demonio, principe dei demoni, nemico di Dio, satanasso, spirito maligno, tentatore, angelo delle tenebre, Belzebú, Lucifero, → DIAVOLO.
nomencl. (*inerenti*) satanismo, tentazione satanica, mostruoso, perdizione.
satanàsso, *sm.* → SATANA, DIAVOLO || *fig.* → CRUDELE.
satànico, *agg.* infernale, diabolico, perduto, maligno || mefistofelico || perverso, tentatore, profanatore, disperato.
contr. angelico, celestiale, consolatore, benigno.
satèllite, *sm. ant.* guardia del corpo, seguace, sgherro, birro, scherano, giannizzero, lanzo, bravo, sicario || corpo celeste || satellite della Terra, → LUNA || satellite artificiale.
satin, *sm. fr.* → RASO.
nomencl. satinare.
sàtira, *sf.* critica mordace, derisione, caricatura, ironia, sferzata, pasquinata, burletta, epigramma, parodia, tirata, sarcasmo, libello famoso || *fig.* canzonatura.
nomencl. (*tipi*) politica, religiosa, personale, giornalistica.
contr. adulazione, elogio, lode, apologia, agiografia, panegirico.
satireggiàre, *v.tr.* motteggiare, pungere; mettere in satira, in canzonatura, in burletta; colpire, schernire, punzecchiare.
contr. adulare, lodare, elogiare, blandire.
satírico, *agg.* aristofanesco, lucianesco, ironico, epigrammatico, mordente, sferzante, caustico, mordace, frizzante, corrosivo, comico, burlesco, sarcastico || *sm.* satirografo.
contr. elogiativo, laudativo, agiografico, adulatorio.
sàtiro, *sm.* → FAUNO || *fig.* uomo rozzo, sornione, grossolano || → LUSSURIOSO.
nomencl. satiriasi, priapismo.
satirògrafo, *sm.* satirico, satireggiatore.
satívo, *agg.* (di terreno) seminato, seminativo, coltivabile, coltivato, coltivo.
contr. incoltivabile, incolto, sterile.
satólla, *sf.* → MANGIATA.
satollaménto, *sm.* saturità, saturazione, sazietà, ripienezza.
satollàre, *v.tr.* alimentare, saziare, empire (di cibo), dar da mangiare, pascere abbondantemente, rimpinzare di cibo, ingurgitare, sfamare, saturare, → RIEMPIRE.
contr. affamare, digiunare.
satóllo, *agg.* → PIENO, SAZIO.
sàtrapo, *sm.* → CAPO.
saturàbile, *agg.*
contr. insaturabile.
saturàre, *v.tr.* satollare, colmare, → RIEMPIRE || *fig.* appagare, contentare, soddisfare, colmare, → SAZIARE || AGGIUNGERE.
saturazióne, *sf.* saturità, sazietà, satollamento.
saturità, *sf.* → SATURAZIONE.
saturnàle, *sf.* orgia, baldoria, festa orgiastica, sfrenata || grande allegria.
saturníno, *agg.* triste, uggioso, malinconico, fantastico, lunatico, di umore nero.
contr. giocondo, lieto, disteso, sereno, allegro, ridente, tranquillo.
sàturo, *agg.* → PIENO, SAZIO.
sàuro, *agg.* e *sm.* baio, roano, morello.
savàna, *sf.* → PIANURA.
saviézza, *sf.* saggezza, senno, criterio, giudizio, pru-

denza, assennatezza, sagacia, sensatezza, ponderatezza, sapienza, buonsenso, accortezza, discernimento.
contr. insensatezza, follia, imprudenza, avventatezza, storditezza, imprevidenza, scapataggine, insipienza.
sàvio, *agg.* saggio, giudizioso, sapiente, assennato, sennato, sensato, esperto, accorto, prudente, avveduto, riflessivo, posato, ragionatore, ponderato, fondato, guardingo, serio, sodo, sano, pratico, benpensante, modesto, dotto.
contr. insensato, stordito, dissennato, incauto, avventato, imprudente, improvvido, ignorante, irriflessivo.
saziàre, *v.tr.* satollare, alimentare, sfamare, dar da mangiare, pascere abbondantemente, rimpinzare, riempire, saturare, sbramare, appagare, soddisfare, levar la voglia, togliere il desiderio; aggiungere || *fig.* produrre sazietà, infastidire, disgustare, stancare, sdegnare, nauseare, stuccare, ristuccare, tediare, annoiare.
contr. lasciar digiuno, insoddisfatto, esasperato || digiunare || essere inappagato, insaziato, agognare, bramare, ustolare.
saziàto, *pps.* di saziare || *agg.* → SAZIO.
contr. insaziato.
sazietà, *sf.* pienezza || *fig.* ripienezza, satollamento, appagamento, indigestione, saturità, saturazione, sfamamento || nausea, disgusto, tedio, irritazione, avversione, inappetenza, stanchezza, noia, fastidio || a sazietà, → ABBASTANZA.
contr. digiuno, fame, desiderio, brama, bramosia.
saziévole, *agg.* stucchevole, nauseante, nauseabondo, noioso || saziativo.
contr. allettante, allettevole, attraente, stuzzicante || inesausto.
sàzio, *agg.* saziato, sfamato, satollo, pieno, saturo, saturato, pasciuto, rimpinzato, sbramato, interamente soddisfatto, pago, appagato || *fig.* stufo, stucco, nauseato, disgustato, annoiato, ristucco, inappetente, stanco, debilitato, disfatto, affranto.
contr. digiuno, affamato, famelico, insoddisfatto, inappagato || bramoso, desideroso, voglioso.
sbaccellàre, *v.tr.* sbucciare, sgusciare, sgranare (fave, piselli, ecc.).
sbacchiàre, *v.tr.* → SBATTERE.
sbaciucchiaménto, *sm.* baciucchiamento, sbaciucchío, baciucchío.
sbaciucchiàre, *v.tr.* baciucchiare.
sbadatàggine, *sf.* disattenzione, distrazione, inavvedutezza, inavvertenza, irriflessione, noncuranza, storditaggine, storditezza, sventatezza, sventataggine, negligenza, incuria, leggerezza, malestro, scapataggine, errore, svista, spensierataggine, spensieratezza, inconsideratezza, trascuraggine, trascurataggine.
contr. attenzione, diligenza, applicazione, prudenza, cautela, sagacia, avvedutezza, concentrazione.
sbadàto, *agg.* irriflessivo, inavveduto, distratto, disattento, sventato, noncurante, negligente, incurante, scapato, spensierato, stordito, dimentico, maldestro, smemorato, sbalestrato, sconsiderato, inavvertito, inconsiderato, sprovveduto.
contr. attento, cauto, prudente, diligente, posato, guardingo, sagace, provveduto, avveduto.
sbadigliaménto, *sm.* sbadigliella, sbadiglierella.
sbadiglièlla, *sf.* → SBADIGLIAMENTO.
sbafàre, *v.tr. neol. dial.* scroccare, mangiare a ufo, mangiare senza pagare.
sbafatóre, *sm.* scroccone, portoghese.
sbagliàre, *v.intr.* errare, travedere, fallare, fallire, mancare, trasgredire, tralignare, equivocare, incespicare, ingannarsi, peccare, sbalestrare, sberciare, scappucciare, sfallare, sfallire, smarrirsi, sviarsi, uscir di strada, spropositare, sgarrare || commettere uno sbaglio o un errore, cadere in difetto, dare in fallo; prendere una cantonata, un granchio, un abbaglio, un equivoco; andare in frasca, sbagliarla di grosso, pagare il noviziato, scorrere la penna, cimentarsi || *tr.* scambiare, prendere una cosa per un'altra || sceglier male.
contr. agire rettamente, giustamente || azzeccare, indovinare, imberciare, aver fortuna, buona sorte || correggere, rimediare, riparare, redimersi.
sbàglio, *sm.* errore, abbaglio, cantonata, fallo, equivoco, svista, inesattezza, svarione, granchio, sproposito, passo falso, farfallone, marrone, inganno, neo, peccato, colpa, scambio, scappuccio, cantonata, trascorso, scorso, sgarro, *lapsus, quiproquo.*
nomencl. *agg.* piccolo, leggero, grosso, grave, madornale, enorme, marchiano, pacchiano, irrimediabile, imperdonabile, di gioventù || *verb.* fare, commettere, incorrere, rimediare, riparare, confessare, tacere, nascondere, celare, evitare, fuggire, rimproverare, rinfacciare, correggere, cancellare, peggiorare.
sbaioccàre, *v.intr.* → SCIALARE.
sbaldanzíre, *v.tr.* togliere la baldanza, impaurire, intimidire, intimorire, spaventare, sgomentare, rimproverare || *rifl.* perdere la baldanza, umiliarsi, sbigottirsi, sbaire (*ant.*).
contr. imbaldanzire, insuperbire, pompeggiare.
sbaldanzíto, *pps.* di sbaldanzire || *agg.* intimorito, impaurito, turbato, sgomento, spaventato, sbigottito, confuso, mortificato.
contr. imbaldanzito, insuperbito, inorgoglito, presuntuoso, albagioso.
sbaldóre, *sm. ant.* gioia, allegria, → PIACERE.
nomencl. *verb.* sbaldire.
sbaldoriàre, *v.intr.* far baldoria, sbaioccare.
sbalestràre, *v.tr.* balestrare, lanciare lontano, mandare o sbalzare lontano, mandar via, → GETTARE || *intr.* sbagliare, fallire, fallare, errare, mancare, sberciare, non imbroccare, non cogliere nel segno, divagare || *rifl.* sbilanciarsi, far fallimento, andare in dissesto, rovinarsi negli interessi.
sbalestràto, *pps.* di sbalestrare || *agg.* mandato o sbalzato lontano || rovinato, dissestato, sbilanciato, fallito || illogico, disordinato, dissennato, poco giudizioso, incoerente, avventato, → SBADATO.
contr. stabile, assestato || coerente, assennato, saggio.
sballàre, *v.tr.* disfare, aprire una balla, disinvolgere, levare da una balla || *fig.* dir bugie, raccontar fandonie, esagerare, inventare, mentire, ingrandire, millantare, mettere la frangia, spacciare, sbraciare, affettare.
contr. imballare || dire la verità, star nel vero, non esagerare.
sballàto, *pps.* di sballare || tolto o sciolto da una bal-

la || *fig.* disordinato, incomposto, squilibrato, sbilanciato, smoderato, sbalestrato || *fig.* inventato, bugiardo, menzognero, esagerato, spaccone, millantatore, sbracione || → DISPERATO.
contr. imballato || ordinato, equilibrato, assennato, moderato, composto, saggio || veritiero.
sballonàta, *sf.* millanteria, spacconata, esagerazione, fandonia, balla, panzana.
contr. verità, racconto vero, modestia, sincerità.
sballóne, *sm.* → BUGIARDO.
sballottàre, *v.tr.* ballottare, agitare in qua e in là, far saltellare, palleggiare, sbalzellare.
sbalordiménto, *sm.* stupore, meraviglia, stordimento, conturbamento, intontimento, turbamento, confusione, sconcerto, sbigottimento, intronamento, intorpidimento, intronataggine, sbalorditaggine, stordigione.
sbalordíre, *v.tr.* imbalordire, confondere, maravigliare, conturbare, turbare, intontire, stordire, tramortire, privar di sentimento, sconcertare, sbigottire, intorpidire, stonare, scombuiare, trasognare || ottenebrare, intronare, instupidire || → AFFASCINARE.
sbalorditàggine, *sf.* → SBALORDIMENTO.
sbalorditívo, *agg.* incredibile, straordinario, meraviglioso, stupefacente, non comune, sbalorditoio.
contr. credibile, semplice, naturale, comune.
sbalordíto, *pps.* di sbalordire || *agg.* stupito, meravigliato, stordito, intontito, stupefatto, pietrificato, sbigottito, attonito, scombuiato, intronato, confuso, abbarbagliato, acciocchito, ottenebrato, tramortito, balordo, sconcertato, sorpreso, sgomento.
contr. impassibile, indifferente, incredulo, apatico, abituato, calmo.
sbalorditóio, *agg.* sbalorditivo, incredibile, eccezionale.
contr. comune, normale, credibile.
sbalzàre, *v.tr.* → GETTARE, RIMUOVERE || SALTARE || CESELLARE.
sbalzàto, *pps.* di sbalzare || *agg.* lavorato a sbalzo, cesellato.
contr. inciso.
sbalzellàre, *v.tr.* → SBALLOTTARE || *intr.* → SALTELLARE.
sbalzellío, *sm.* → SCOSSA.
sbàlzo, *sm.* → SALTO || rilievo, cesello.
contr. incisione.
sbancàre, *v.tr.* levare il banco, vincere al gioco (tutta la somma del banco) || *fig.* far fallire, ridurre al verde, al lucignolo, mandare in dissesto, spogliare, → ROVINARE.
sbandaménto, *sm.* (di milizie) disperdimento, dispersione, sbaraglio, fuga, dissoluzione, sbaragliamento, sbrancamento, allontamento, scompigliamento, scompiglio, sparpagliamento || (di nave) inclinazione su di un fianco || slittamento || *fig.* deviazione, disorientamento, turbamento, sconcerto, stordimento, disordine morale.
contr. raccolta, unione || raddrizzamento || raccoglimento, ritorno, ricupero, conversione.
sbandàre, *v. tr.* disperdere, dissipare, sbarattare, sciogliere una banda, disordinare, sbaragliare, scompigliare, sparpagliare, sgominare, mettere in fuga, sbrancare, scomporre, sconfondere, snodare || *rifl.* (di soldati, di gente) sparpagliarsi in disordine, fuggire in disordine, dividersi, disordinarsi, ritirarsi, sfilarsi, snodarsi || → DISERTARE || *intr.* perdere la direzione, deviare, slittare; (di nave) inclinarsi.
contr. raccogliere, rimettere insieme, riunire, riordinare || riunirsi, riordinarsi.
sbandàto, *pps.* di sbandare || *agg.* e *sm.* → DISPERSO.
sbandellàre, *v.tr.* scassinare.
nomencl. bandella, arpione.
sbandieraménto, *sm.* sventolamento di bandiere, sbandierata || *fig.* ostentazione, ostentamento, pompa ostentata, lusso, sfoggio.
sbandieràre, *v.tr.* sventolare bandiere || *fig.* ostentare, far mostra, mettere in mostra, sfoggiare, pompeggiare, fare pompa.
contr. dissimulare, mascherare, nascondere, tener nascosto, celare.
sbandieràta, *sf.* → SBANDIERAMENTO.
sbandiménto, *sm.* sbandeggiamento, bando, esilio, ostracismo.
sbandíre, *v.tr.* → ESILIARE || *fig.* → SCACCIARE.
sbandíto, *pps.* di sbandire || *agg.* e *sm.* → EMIGRATO.
sbaragliaménto, *sm.* → SBARAGLIO.
sbaragliàre, *v.tr.* battere, sbarattare, distruggere, disperdere, dissipare, sbandare, disordinare, scompigliare, scomporre, sparpagliare, sgominare, mettere in fuga, → SCONFIGGERE, FUGARE.
contr. riunire, raccogliere, riordinare, riprendersi, contrattaccare, vincere.
sbaragliàto, *pps.* di sbaragliare || *agg.* → BATTUTO.
sbaràglio, *sm.* disfatta, sbandamento, disperdimento, dispersione, fuga, sbaragliamento, dissoluzione, sbrancamento, scompigliamento, sparpagliamento, confusione, cimento, rotta, repentaglio, → PERICOLO.
nomencl. *verb.* mandare, esporre allo sbaraglio || mettersi allo sbaraglio, a repentaglio, al rischio.
contr. riunione, unificazione, riordinamento, ripresa, ricupero.
sbarazzàre, *v.tr.* togliere via impedimenti, ostacoli, imbarazzi; liberare, sgombrare, → ORDINARE || *rifl.* liberarsi, disfarsi (di).
contr. impacciare, imbarazzare, ostacolare, frammettere || imbarazzarsi.
sbarazzíno, *sm.* → FANCIULLO || MONELLO.
sbarbàre, *v.tr.* sbarbicare, sradicare, divellere, svellere, estirpare, → RIMUOVERE || RASARE.
contr. piantare, radicare.
sbarbatèllo, *sm.* giovanetto imberbe o presuntuoso, impertinente, ragazzo, adolescente, → IMBERBE.
contr. uomo maturo, assennato.
sbarbàto, *pps.* di sbarbare || *agg.* rasato, raso.
contr. imberbe || barbuto.
sbarbatúra, *sf.* → RASATURA.
sbarbicàre, *v.tr.* → SBARBARE.
sbarbificàre, *v.tr.* → RASARE.
sbarcàre, *v.tr.* e *intr.* disbarcare, dismontare, prendere terra, scendere, smontare, scaricare, approdare, attraccare, levare, mandare a terra || stendere a terra (da nave), cavar dalla barca, fare lo scarico || sbarcare il lunario, → VIVERE.
nomencl. (*attinenti*) approdo, pontile, porto, imbarca-

toio, sbarcatoio, molo, imbarcadero || marinaio, scaricatore, camallo o camalo, portuale.
contr. imbarcare, imbarcarsi.
sbarcatóio, *sm.* → PONTE.
sbàrco, *sm.* discesa a terra || scarico (di cose imbarcate || sbarcatoio.
contr. imbarco, caricamento.
sbardellàre, *v.tr.* bardellare (*ant.*), scozzonare, domare, dirozzare || *fig.* sballare, dir fandonie, mentire.
nomencl. bardella, bardellone.
sbardellataménte, *avv.* moltissimo, eccessivamente, straordinariamente, smoderatamente, soverchiamente, fuor di misura, troppo, in modo esorbitante, smodatamente, stemperatamente, strabocchevolmente.
contr. moderatamente, modicamente, limitatamente, poco, modestamente.
sbardellàto, *pps.* di sbardellare || *agg.* smisurato, smoderato, eccessivo, enorme, straordinario, badiale, smodato, esorbitante, soverchio, strabocchevole.
contr. limitato, moderato, esiguo, modesto, breve, angusto.
sbàrra, *sf.* asta, travicello, barra, staggio, stanga, traversino, tramezzo, inferriata || *fig.* chiusura, barriera, freno, impedimento, → OSTACOLO.
nomencl. graticcio, barricata, sbarramento || *verb.* sbarrare, ingraticciare, ingraticolare, asserragliare || mettere alla sbarra.
sbarraménto, *sm.* trincea, barricata, steccato, bastita, barriera, impedimento, ostacolo.
sbarràre, *v.tr.* chiudere, impedire, frenare, ostacolare, serrare, barricare, trincerare, asserragliare, attraversare, tappare, abbarrare (*ant.*) || (degli occhi) spalancare, aprire largamente.
contr. aprire, spalancare, lasciar libero passaggio.
sbarràto, *pps.* di sbarrare || *agg.* chiuso, serrato, impedito, ostacolato || (degli occhi) aperti, dilatati, spalancati.
contr. aperto, spalancato, sbarazzato, disimpegnato.
sbasíre, *v.intr.* → MORIRE.
sbassaménto, *sm.* → SBASSO.
sbassàre, *v.tr.* abbassare, render piú basso, scemare, ribassare.
contr. rialzare, alzare, lievitare.
sbàsso, *sm.* sbassamento, abbassamento, decremento || riduzione, sconto, ribasso.
contr. rialzo, aumento, lievitazione.
sbastardàre, *v.tr.* → POTARE.
sbatacchiaménto, *sm.* → PERCOSSA.
sbatacchiàre, *v.tr.* sbattere forte, sbacchiare, → PERCUOTERE || *fig.* → AGITARE.
sbàttere, *v.tr.* sbatacchiare, sbacchiare, batacchiare, scuotere, agitare, battere, schiaffare, percuotere, dimenare || → GETTARE || *rifl.* dimenarsi, contorcersi, scontorcersi, dibattersi, agitarsi.
contr. posare, appoggiare, trattare delicatamente || star fermo, immobile.
sbattighiàccio, *sm. indecl.* scotitoio, *shaker*.
sbattiménto, *sm.* → AGITAZIONE || caduta della luce (sulle ombre dei corpi).
sbàttito, *sm.* → AGITAZIONE.
sbattúta, *sf.* → AGITAZIONE.
sbattúto, *pps.* di sbattere || *agg.* battuto, colpito, percosso, scaraventato, sbatacchiato, agitato || *fig.* (di occhi, viso, ecc.) abbattuto, smorto, languente, pallido, incavato, sfatto.
contr. posato, deposto, trattato con riguardo || vivace, vivido, riposato.
sbavàre, *v.intr.* sbavazzare, mandar bava, far bava || spandersi come bava || scombavare, imbrattare, sporcare di bava || *fig.* contaminare || *tr.* (di metalli) levar le bave, ripulire.
sbavazzàre, *v.intr.* → SBAVARE.
sbeccucciàre, *v.tr.* sbreccare, scheggiare, sboccare, sbocconcellare.
sbeffaménto, *sm.* → SCHERNO.
sbeffàre, *v.tr.* → SCHERNIRE.
sbeffatóre, *sm.* → SCHERNITORE.
sbeffeggiàre, *v.tr.* → BEFFARE, SCHERNIRE.
sbeffeggiatóre, *sm.* → SCHERNITORE.
sbellicàre, *v.rifl.* *fig.* smascellarsi, scompisciarsi; ridere sgangheratamente, smodatamente, a crepapelle, a crepapancia.
sbendàre, *v.tr.*
contr. bendare.
sbèrcia, *sf.* schiappa, schiappino; persona incapace, inesperta, inetta, disadatta, sgangherata.
contr. esperto, persona abile, capace, provetta.
sberciàre, *v.intr.* non cogliere nel segno, deviare dalla mira, scambiare, sbalestrare, non imbroccare, → SBAGLIARE || berciare, gridare forte || fare atto o segno di scherno o di spregio, sbeffare.
contr. imberciare, imbroccare, cogliere nel segno || parlare sottovoce, tacere || lodare.
sberleffàre, *v.tr.* segnare il viso, sfregiare, svisare, sfigurare, ferire, deturpare || *ant.* far degli sberleffi.
contr. abbellire, imbellire, ornare.
sberlèffo, *sm.* segno, taglio, sfregio || *fig.* beffa, spregio, → SCHERNO.
sberlingacciàre, *v.intr.* festeggiar berlingaccio, → SCIALARE.
sberrettàre, *v.tr.* → RISPETTARE || *rifl.* → SALUTARE.
sberrettàta, *sf.* saluto ossequioso, levata di cappello, scappellata, saluto, deferenza, riverenza.
sbertàre, *v.tr.* → SCHERNIRE.
sberteggiàre, *v.tr.* → SCHERNIRE.
sbertucciàre, *v.tr.* sgualcire, gualcire, ammencire, mantrugiare, render malconcio, logorare, sformare, → MALMENARE || *fig.* → SCHERNIRE.
contr. lisciare, curare, abbellire.
sbertucciàto, *pps.* di sbertucciare || *agg.* → LOGORO.
sbevacchiàre, *v.intr.* sbevucchiare, → BERE.
sbevazzàre, *v.intr.* → BERE.
sbevazzatóre, *sm.* beone.
sbiadíre, *v.tr.* e *intr.* diventar pallido, impallidire, scolorire, schiarire, scialbare, smontare, stingere, perdere il colore o la vivezza.
contr. avvivarsi, ravvivarsi, intensificarsi.
sbiadíto, *pps.* di sbiadire || *agg.* impallidito, pallido, scolorito, schiarito, smontato, scialbo, smorto, sbiancato, spento, sbiavato, stinto, biavo.
contr. vivo, vivace, intenso, colorito, acceso.

sbiancàre, *v.tr.*, *intr.* e *rifl.* → IMPALLIDIRE, BIANCHEGGIARE.
sbiancàto, *pps.* di sbiancare || *agg.* → PALLIDO.
sbièco, *agg.* storto, stravolto, → OBLIQUO, SCANCÍO || di sbieco, per isbieco, → ATTRAVERSO || guardare di sbieco, in modo torvo, con malanimo, con diffidenza.
nomencl. sbiescio (*ant.*) || *verb.* sbiecare.
sbiettàre, *v.intr.* sguisciare, sfuggire, sgattaiolare, scambiettare || scivolare, sdrucciolare, mettere il piede in fallo || andar storto.
sbigottiménto, *sm.* impressione, meraviglia, stupore, paura, confusione, sbalordimento, sconcerto, costernazione, apprensione, turbamento, profondo timore, sgomento, terrore, → SPAVENTO.
contr. tranquillità, serenità, sicurezza, calma, baldanza.
sbigottíre, *v.tr.* sbalordire, imbalordire, confondere, meravigliare, trasognare, conturbare, turbare, intontire, stordire, sconcertare, intorpidire, intronare, scombuiare, mettere in timore, intimorire, scoraggiare, impaurire, spaventare, spaurire, atterrire, costernare, scorare, impressionare, sgomentare, avvilire, mettere in apprensione, far trepidare, rendere inquieti.
contr. incoraggiare, rassicurare, imbaldanzire, tranquillizzare, calmare, dare fiducia, dare distensione, quietare.
sbigottíto, *pps.* di sbigottire || *agg.* sbaldanzito, impaurito, intimorito, turbato, sgomento, spaventato, sbalordito, stupito, meravigliato, stordito, intontito, stupefatto, mortificato, pietrificato, attonito, scombuiato, intronato, confuso, abbarbagliato, tramortito, balordo, smarrito, scoraggiato, scorato, perduto, sorpreso, angustiato, trasecolato, inquieto.
contr. tranquillo, sereno, rassicurato, imbaldanzito, sicuro, disteso, quieto, calmo.
sbilanciàre, *v.tr.* squilibrare || *fig.* dissestare || turbare, sconvolgere, sconcertare, sbalestrare || *rifl.* perdere l'equilibrio || *fig.* dissestarsi, compromettersi, rischiare.
contr. bilanciare, equilibrare || equilibrarsi, rimettersi in sesto, assestarsi.
sbilàncio, *sm.* → SALTO || squilibrio, disquilibrio, eccesso di spese, deficit, passivo, passività, → DISSESTO.
contr. bilancio, equilibrio, economia, attivo.
sbilancióne, *sm.* → SALTO, SCOSSA.
sbilènco, *agg.* bilenco, storto, malfatto, mal tagliato, fuor di sesto, sciancato, storpio, sgraziato, sghimbesciato, sgangherato.
contr. dritto, in sesto, in equilibrio, perfetto.
sbilurciàre, *v.tr.* → GUARDARE, OSSERVARE.
sbirbàre, *v.intr.* essere, fare la birba, il birichino, → FURFANTEGGIARE || *rifl.* → DIVERTIRE.
sbirciàre, *v.tr.* → GUARDARE, OSSERVARE.
sbírcio, *agg.* e *sm.* bircio, corto o debole di vista, miope.
nomencl. guercio, losco, strabico || sbirciare.
contr. presbite || sguardo diritto, vista normale.
sbirràglia, *sf. spreg.* birraglia, sbirreria, → POLIZIA.
sbirrería, *sf. spreg.* → POLIZIA.
sbírro, *sm. spreg.* → POLIZIOTTO, SGHERRO.
sbisoriàre, *v.intr.* biascicare.
sbizzarríre, *v.tr.* togliere, far passare i capricci || *rifl.* scapricciarsi, scapriccire, sfogare i propri capricci, sbollire, sbrigliarsi.
sbòbba, *sf.* → BEVANDA.
sboccàre, *v.intr.* (di fiume) metter foce, sfociare, gettarsi, versare || metter capo, far capo, concludere, uscire, riuscire, erompere, irrompere, venir fuori, dare, comunicare || *tr.* sbreccare, sbocconcellare, sbeccucciare.
contr. imboccare, entrare.
sboccatàggine, *sf.* turpiloquio, → OSCENITÀ.
sboccàto, *pps.* di sboccare || *agg.* rotto nella bocca, sbreccato, sbocconcellato || *fig.* senza ritegno, spudorato, scurrile, salace, → OSCENO.
sboccatúra, *sf.*
contr. rabboccatura.
sbocciàre, *v.intr.* → APRIRE, FIORIRE || *fig.* nascere, espandersi, prosperare.
sbòccio, *sm.* fioritura, buttata || *fig.* inizio, principio.
sbócco, *sm.* uscita, bocca, foce, imboccatura, emissario, rigurgito || *fig.* scalo, approdo, emporio.
contr. entrata, ingresso, imbocco.
sbocconcellàre, *v.tr.* sbreccare, sboccare, sbeccucciare || spezzettare, sminuzzare, spezzare || mangiare a bocconcelli, a piccoli bocconi.
sbocconcellàto, *pps.* di sbocconcellare || *agg.* sbreccato, smussato, spezzettato, sminuzzato.
nomencl. sbocconcellatura.
sbocconcellatúra, *sf.* → ROTTURA.
sbòffo, *sm.* sgonfio, rigonfio, sbuffo, piega.
sbollíre, *v.intr.* dar giù il bollore, cessar di bollire || *fig.* diminuire, calmarsi, raffreddarsi, cessare.
contr. ribollire, bollire || infierire, dare in escandescenze, sbizzarrire sbrigliarsi.
sbolzonàre, *v.tr.* bolcionare, bolzonare || → FERIRE.
sbòrnia, *sf.* → UBRIACHEZZA || *fig.* infatuazione, illusione, riscaldo, scalmana, entusiasmo eccessivo.
sborniàre, *v.rifl.* ubriacarsi.
sbornióne, *sm.* → BEONE.
sborsàre, *v.tr.* cavar dalla borsa, aprire i cordoni della borsa, spendere, snocciolare, → PAGARE.
contr. ricevere, mettere in borsa, riscuotere, intascare, tesoreggiare.
sborsatóre, *sm.* → PAGATORE.
sbórso, *sm.* esborso, disborso, spesa, → PAGAMENTO || danaro sborsato.
contr. incasso, introito, rimborso.
sboscaménto, *sm.* disboscamento, diboscamento.
contr. rimboscamento, rimboschimento.
sboscàre, *v.tr.* disboscare, diboscare, tagliare.
contr. rimboscare, rimboschire, piantare.
sbottàre, *v.intr.* erompere, scoppiare || *fig.* sfogarsi, inveire, protestare, reclamare, rivendicare.
contr. soffocare, trattenere || ingoiare, mandar giú, subire.
sbottonàre, *v.tr.* e *rifl.* || *fig.* rivelare, parlare con franchezza, palesare il proprio pensiero, sfogarsi, → CONFIDARE.
contr. abbottonare.
sbozzacchíre, *v.tr. fig.* dirozzare, scozzonare, sgrossare, ingentilire.
contr. imbozzacchire, incatorzolire.
sbozzacchíto, *pps.* di sbozzacchire || *agg.* scozzonato, → RAFFINATO.

sbozzàre, *v.tr.* digrossare, → ABBOZZARE, DIROZZARE.
sbozzatúra, *sf.* → SBOZZO.
sbòzzo, *sm.* sbozzatura, digrossatura, sgrossatura, abbozzo.
contr. raffinamento, lavoro finito, compiuto, lisciato.
sbozzolàre, *v.tr.* staccare i bozzoli, sfrondare, sfogliare, sfrascare, potare.
sbracàre, *v.tr.*
contr. imbracare.
sbracàto, *pps.* di sbracare || *agg. fig.* sguaiato, smodato, scomposto, sgangherato, sgarbato, maleducato || → GRANDE.
contr. imbracato || composto, beneducato, perbene, garbato, *compos sui*, modesto.
sbracciàre, *v.intr.* e *rifl.* agitare troppo le braccia || denudarsi le braccia, mostrare le braccia nude, rimboccarsi le maniche || *fig.* adoperarsi, affannarsi, sforzarsi, darsi un gran da fare, sbracarsi, stracanarsi.
contr. gestire poco || stare inerte, poltrire, star fermo.
sbraciàre, *v.tr.* sfoconare || far grandi spese || vantarsi, appaltare, sballare, sbravazzare.
sbraciàta, *sf.* vanteria, spacconata, millanteria, grandezzata, sbravazzata.
sbracióne, *agg.* e *sm.* → MILLANTATORE.
sbraitàre, *v.intr.* → GRIDARE.
sbramàre, *v.tr.* e *rifl.* cavar la brama, → DISSETARE, SAZIARE.
sbramàto, *pps.* di sbramare || *agg.* → SAZIO.
sbranaménto, *sm.* rottura, lacerazione, laceramento, disbranamento, dilaceramento, dilaniamento, dismembramento, sbrano, squarciamento, squarciatura, strappo, strazio, straziatura, morso, sminuzzamento,
sbranàre, *v.tr.* fare a brani, fare a pezzi, dilaniare, lacerare, smembrare, dimembrare, squarciare, dilacerare, straziare, squartare, stracciare, strappare, sminuzzare, rompere, spartire, scempiare, fracassare, tritare, mandare in minuzzoli, ridurre in limatura || *rifl. fig.* lacerarsi, accanirsi, dilaniarsi vicendevolmente.
contr. unire, tenere insieme, riunire, raccogliere, ricostruire.
sbrancaménto, *sm.* → SBANDAMENTO || DIRAMAZIONE.
contr. imbrancamento.
sbrancàre, *v.tr.* levar dal branco, disfare il branco || *fig.* → SBANDARE, DISTANZIARE || *rifl. fig.* uscire dal branco, allontanarsi, isolarsi, appartarsi, fare a sè, fare parte per se stesso.
contr. imbrancare || imbrancarsi, mettersi con gli altri, fare come gli altri, far parte del gregge.
sbrandellàre, *v.tr.* ridurre a brandelli, → STRAPPARE.
sbràno, *sm.* → ROTTURA, SBRANAMENTO || STRAPPO.
sbrattàre, *v.tr.* → SCACCIARE || PULIRE || ORDINARE.
nomencl. imbratto, sbratto.
sbravazzàre, *v.intr.* bravazzare, bravare, braveggiare, sbraciare, fare lo spaccone, lo smargiasso, il bravo, il prepotente; millantarsi.
contr. umiliarsi, sottomettersi.
sbravazzàta, *sf.* bravazzata, bravata, millanteria, spacconata, guasconata, rodomontata, smargiassata, sbraciata.
contr. atto di rassegnazione, di sottomissione, di adattamento, di umiltà.
sbreccàre, *v.tr.* rompere, scheggiare all'orlo (un vaso, un recipiente), sbeccucciare, sbocconcellare.
sbrecciàre, *v.tr.* togliere le brecce || aprire una breccia, battere in breccia, bolcionare, sbolzonare || → SBOCCARE.
contr. imbrecciare || chiudere la breccia.
sbrendolàre, *v.tr.* sbrandellare, strambellare, → STRAPPARE || *intr.* (di vestito) pender giú, cascare a sbrendoli, sbrindellare.
contr. stare assettato, attillato, essere elegante, agghindarsi.
sbréndolo, *sm.* (di vestito) lembo, pezzo stracciato e cascante, bréndolo, brandello, brindello, cencio, brano, straccio, rimbrencio, rimbrenciolo, strambello || → ROTTURA, ROTTAME.
sbrendolóne, *sm.* sbrindellone, straccione, pezzente, uomo sciatto, trasandato, sgangherato, sguaiato, sbricio, scalcagnato.
contr. elegantone, damerino, persona vanesia, agghindata, assettatuzza.
sbriciàre, *v.tr.* → SBRICIOLARE.
sbrício, *agg.* (di vestito) logoro, liso, ragnato, frusto, sdrucito || e *sm.* (di persona) sbrendolone, scalcagnato, → POVERO.
contr. nuovo, elegante, attillato, azzimato.
sbriciolàre, *v.tr.* sbriciare, frantumare, stritolare, tritare, triturare, grattugiare, sminuzzare.
contr. impastare, incollare, mettere insieme.
sbriciolatúra, *sf.* → RESIDUO.
sbrigàre, *v.tr.* disbrigare, disimpacciare, disimpegnare, adempiere, dar esito, districare, spedire, spacciare, sbrogliare, scaricare, soddisfare, spacciare, fare, concludere, finire || fare lestamente, spicciare, liberare da impedimento, disimpegnare, disimpacciare, affrettare, sollecitare, studiare, → ACCELERARE || *rifl.* affrettarsi, spicciarsi, far presto, disbrigarsi, districarsi, sbrogliarsi, spastoiarsi, uscir di briga, trarsi d'impaccio, evitare, schivare, uscir di bega.
contr. tirare in lungo, andar per le lunghe, impacciare, impastoiare, essere impaniato, essere in difficoltà, essere inconcludente || andar piano, adagio, agire lentamente.
sbrigatívo, *agg.* spiccio, spicciativo, spedito, speditivo, sollecito, pronto, agile, lesto, risoluto, energico, facile.
contr. lento, incerto, svogliato, tardo, pigro, ponderato, compicciato, impastoiato, ponzato, tentennante.
sbrigliàre, *v.tr.* || *fig.* togliere il freno, dar piena libertà || *rifl.* sfrenarsi, liberarsi (da ogni ritegno), scapricciarsi, sbizzarrirsi.
contr. imbrigliare, domare, tenere a freno, moderare.
sbrigliatézza, *sf.* sfrenatezza, scapataggine, avventatezza, smoderatezza, scapricciamento.
contr. ritegno, freno, moderazione, ponderatezza, prudenza.
sbrigliàto, *pps.* di sbrigliare || *agg. fig.* senza freno, senza ritegno, sfrenato, smoderato, indisciplinato, licenzioso, avventato, irriflessivo || scapestrato, scapigliato.
contr. imbrigliato, contegnoso, pieno di ritegno, ponderato, riflessivo, posato, moderato, controllato, frenato, disciplinato, riflessivo.

sbrindellaménto, *sm.* → ROTTURA.
sbrindellàre, *v.tr.* ridurre a brindelli, → STRAPPARE.
sbrindèllo, *sm.* → ROTTURA.
sbrindellóne, *sm.* → STRACCIONE.
sbroccàre, *v.tr.* sbroccolare, sbrucare, → POTARE.
sbròcco, *sm.* brocco || sprocco, rampollo, pollone.
sbroccolàre, *v.tr.* brucare, sbroccare.
sbrodolàre, *v.tr.* e *rifl.* insudiciarsi, → IMBRODOLARE || *fig.* (di discorso, di scritto) diluire, non concludere.
contr. essere conciso, stringato, laconico, efficace.
sbrogliàre, *v.tr.* districare, sgombrare, sbarazzare, levar dagli imbrogli || → DIPANARE || *rifl.* districarsi, distrigarsi, sapersela cavare, liberarsi dagli imbrogli, dagli impacci.
contr. imbrogliare, ingarbugliare, intrigare, intricare, ingombrare.
sbroncàre, *v.tr.* → POTARE.
sbronconàre, *v.tr.* → POTARE.
sbròscia, *sf.* broscia, → BEVANDA.
sbruffàre, *v.tr.* → SPRUZZARE || *fig.* subornare, acquietare con danaro, corrompere con danaro.
sbruffàta, *sf.* → SPRUZZATA.
sbrúffo, *sm.* → SPRUZZATA.
sbruttàre, *v.tr.* togliere il brutto, abbellire, → PULIRE.
contr. imbruttire, sporcare.
sbucàre, *v.intr. fig.* comparire, apparire → USCIRE || *tr.* stanare, snidare, far uscire, cavar fuori.
contr. imbucarsi, nascondersi || rimbucare, intanare, nascondere, rintanare.
sbuccellàre, *v.tr.* → SCORZARE.
sbucciàre, *v.tr.* sbaccellare, sgranare, sgusciare (fave, piselli, ecc.), mondare, levar la buccia, → PELARE, SCORZARE || *rifl. fig.* escoriarsi, spellarsi, prodursi una sbucciatura o una spellatura, → FERIRE.
sbucciatúra, *sf.* → ABRASIONE, FERITA.
sbuccióne, *agg.* e *sm.* sbucciafatiche, scansafatiche.
sbudellàre, *v.tr.* sventrare, sbuzzare || *fig.* ammazzare, uccidere, → FERIRE.
sbuffàre, *v.intr.* → RESPIRARE, SOFFIARE || *fig.* impazientirsi, stizzirsi.
sbuffàta, *sf.* → SOFFIO.
sbúffo, *sm.* → FIATO, SOFFIO || SBOFFO.
sbugiardàre, *v.tr.* convincere di bugia, di menzogna; negare, smentire, smascherare, dimostrare bugiardo.
contr. confermare, approvare.
sbullettàre, *v.tr.* schiodare || formarsi, sfogarsi di bolle (d'intonachi).
contr. imbullettare, inchiodare.
sbullonàre, *v.tr.* schiavardare.
contr. imbullonare, inchiavardare.
sburràre, *v.tr.* spannare, scremare.
sburràto, *pps.* di sburrare || *agg.* scremato, spannato.
sbuzzàre, *v.tr.* → SBUDELLARE, FERIRE || APRIRE.
nomencl. buzzo, ventre, pancia.
scàbbia, *sf.* rogna, prurigine, pizzichina, pruzza, psoriasi, raschia, raspo.
nomencl. àcari || impetigine, morfea, scabbia secca || psoropotide || *verb.* prendere, essere pieno, scabbiare.
scabíno, *sm.* → GIUDICE.
scàbro, *agg.* aspro, ruvido, rozzo, scabroso || *fig.* arduo, difficile, ostico, disagevole.
contr. liscio, levigato, morbido || facile, agevole.
scabrosità, *sf.* → ASPREZZA || DIFFICOLTÀ || ineguaglianza, durezza.
contr. liscezza, levigatezza, morbidità || semplicità, naturalezza, uniformità, facilità.
scabróso, *agg.* scabro, aspro, → RUVIDO, ROZZO || *fig.* disagevole, → DIFFICILE || conturbante, salace, lubrico, pruriginoso, stuzzicante.
contr. liscio, levigato, morbido || facile, agevole.
scacazzàre, *v.intr.* → DEFECARE.
scacchiàre, *v.tr.* → POTARE.
scacchièra, *sf.* damiera, tavoliere (degli scacchi).
nomencl. scacchista, scacchistico || torneo di scacchi.
scacchière, *sm.* disposizione tattica su diagonali, parte del teatro di operazioni belliche, zona di guerra.
scacciacàni, *sm. indecl.* → PISTOLA.
scacciaménto, *sm.* esilio, cacciata, scacciata, espulsione, sfratto, bando.
scaccianéve, *sf.* tempesta di neve, tormenta.
scacciàre, *v.tr.* discacciare, ricacciare, mandar via, allontanare, dare l'ostracismo, esiliare, bandire, sbandire, licenziare, respingere, eliminare, rimuovere, espellere, escludere, disperdere, sbrattare, dar lo sfratto, sfrattare, far dileguare, mettere alla porta, spollaiare.
contr. accettare, ricettare, gradire, accogliere, ricevere, invitare.
scacciàta, *sf.* → ESILIO.
scacciàto, *pps.* di scacciare || *agg.* reietto, respinto, ripudiato, espulso, escluso, sfrattato, cacciato || *sm.* esule, fuoruscito, proscritto, profugo, ramingo.
contr. gradito, invitato, accolto, ricevuto || ritornato, reduce, rimpatriato.
scaccíno, *sm.* → SACRESTANO.
scàcco, *sm.* quadretto, piccolo riquadro || *fig.* fallimento, disfatta, rotta, insuccesso, sconfitta, mortificazione || *pl.* gioco degli scacchi.
nomencl. (*pertinenti*) alfiere, cavallo, re, regina, torre o rocco, pedina, pedone || pezzi, casa, casella, scacco, fila, quadretti, regolo, mossa, gambetto, stallo, torneo, scaccomatto, scaccorocco, scacco doppio || scacchista, scaccomania || *verb.* giocare a scacchi, arroccare, fare a scacchi, intavolare, scaccare, scaccheggiare.
scadènte, *pps.* di scadere || *agg.* cattivo, difettoso, imperfetto, mediocre, inferiore, di poco pregio.
contr. pregevole, eccellente, ottimo, egregio.
scadènza, *sf.* limite, decorso, maturanza, maturazione, termine.
nomencl. (*attinenti*) mora, proroga, respiro, puntualità || perenzione, estinzione || *agg.* lontana, lunga, breve, prossima, vicina, fissa.
scadenzàrio, *sm.* → REGISTRO.
scadére, *v.intr.* decadere, declinare, venir meno, deteriorare, peggiorare; perdere pregio, stima, valore, importanza || calare, scemare, diminuire || svalutarsi, cessare d'aver valore.
contr. migliorare, crescere, aumentare, acquistare stima interesse, importanza, valore o pregio.
scadiménto, *sm.* decadenza, peggioramento, diminuzione, abbassamento, discesa, bassezza || disistima, svalorizzazione, svalutazione.

contr. aumento, miglioramento, incremento, rivalutazione.
scadúto, *pps.* di scadere || *agg.* decaduto, svalutato || perento, dimesso || venuto, giunto a scadenza invalidato.
contr. ancora valido, in vigore.
scafàndro, *sm.* tuta.
nomencl. (*pertinenti*) palombaro, sommozzatore || serbatoio di ossigeno || caccia subacquea.

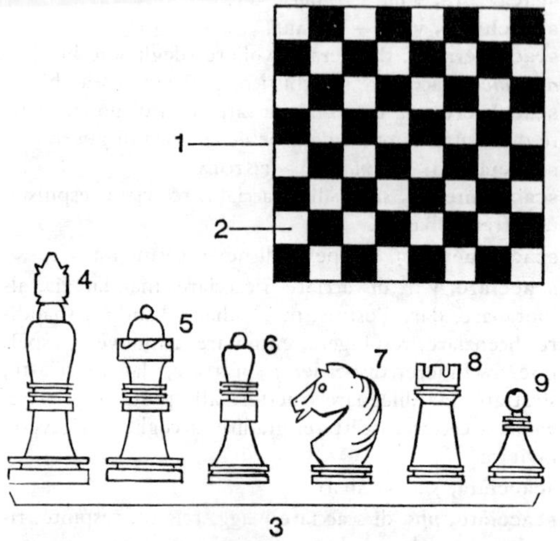

SCACCO – 1) scacchiera; 2) scacco; 3) pezzi; 4) re; 5) donna o regina; 6) alfiere; 7) cavallo; 8) torre; 9) pedone o pedina.

scafàrda, *sf.* → CATINO.
scaffàle, *sm.* scansia, scanderia, piano, ripiano, pluteo, casellario, *etagère*, → LIBRERIA, ARMADIO.
nomencl. (*inerenti*) palchetto, scompartimento || scaffalata, scaffalatura || *verb.* scaffalare.
scàfo, *sm.* fusto, guscio, → NAVE.
scagionàre, *v.tr.* e *rifl.* → DISCOLPARE, GIUSTIFICARE, DIFENDERE.
scàglia, *sf.* squama, piastrina, piastra, scheggia, pezzo, laminetta, falda, falcella, calia || → FIONDA.
scagliàre, gettare, lanciare, avventare, proiettare, slanciare, buttare, scaraventare, muovere || *rifl.* → ASSALIRE.
contr. offrire, porgere || avanzare, presentarsi.
scagliàto, *pps.* di scagliare || *agg.* proiettato, lanciato, gettato, slanciato, scaraventato, buttato.
scaglionàre, *v.tr.* collocare, disporre, ordinare a scaglioni.
contr. ammassare, riunire confusamente.
scaglióne, *sm.* gradino, grande scalino, ripiano, terrazzo, rampa, branca || frazione di moltitudine || gruppo, reparto militare.
nomencl. *verb.* scaglionare.
scàgno, *sm.* → SCANNO.
scàla, *sf.* scalea, scalera, scalinata, scalone, gradinata, scaleo, scaletta, caposcala, cordonata, scalandrino || *fig.* gamma, misura, diagramma, gradazione, successione, graduatoria, serie, passaggio.
nomencl. (*tipi*) fissa, mobile, di ferro, di legno, di corda, di ghisa, di marmo, di pietra || di servizio || a cassetta, a chiocciola, a sdrucciolo, levatoia, volante, a collo, a cordoni, alla romana, a pozzo, a tanaglia, a trespolo, a pioli, a volo, portatile, aerea, biscaglina || (*parti*) anima, asse, branca, caposcala, pianerottolo, andito, ripiano, scalino, gradino, grado, scaglione, collo, piolo, cavicchio, pedata o piano, tromba, sottoscala, appoggiatoio, bastone, ferro, guardamano o appoggiamano o corrimano, maniglia, ringhiera, balaustrata, lucernario, paracadute, grisella, lanterna, illuminazione, smaltitoio, pianta || scalatore || *agg.* cieca, buia, oscura, comoda, scomoda, agevole, disagevole, interrotta, lunga, corta, principale, libera, diritta, distesa, stabile, larga, stretta, facile, difficile, ripida, erta, faticosa, pericolosa || *verb.* salire, scendere, montare, infilare, ruzzolare, tombolare, cadere, precipitare, scalare, dare la scalata, fare i gradini a due a due o a quattro a quattro, saltare, fare a scivolarella, misurare le scale.
scalandríno, *sm.* → SCALA.
scalandróne, *sm.* → SCALO.
scalàre, *v.tr.* salire, dar la scalata, arrampicarsi, elevare || diminuire, scemare, decrescere gradatamente, a poco a poco || detrarre.
contr. discendere, digradare, calarsi || aggiungere.
scalàta, *sf.* assalto, → SALITA.
scalàto, *pps.* di scalare || *agg.* graduato, digradato, proporzionato, crescente, decrescente a scala, → DIMINUITO.
scalatóre, *sm.* rocciatore, alpinista, arrampicatore, ascensionista, crodaiolo.
scalcagnàto, *pps.* di scalcagnare || *agg. fig.* mal ridotto, male in arnese, scalcinato, sbrindellato, sbrendolone, sgangherato, sbertucciato.
contr. elegante, ben vestito, azzimato, assestato, attillato, leccato, lisciato.
scalcàre, *v.tr.* → TRINCIARE.
scalciàre, *v.intr.* tirar calci, calciare, sferrare calci, → PESTARE.
scalcinàto, *pps.* di scalcinare || *agg. fig.* scalcagnato, male in arnese, mal vestito, mal ridotto, cencioso, sbrendolone, sbrindellato.
contr. elegante, azzimato, attillato, ben vestito, leccato.
scàlco, *sm.* trinciatore, maggiordomo, siniscalco.
nomencl. scalcheria || *verb.* scalcare, trinciare.
scaldabàgno, *sm.*
nomencl. a gas, elettrico || (*parti*) serpentina, spina, chiusura automatica.
scaldalètto, *sm.* trabiccolo, prete, tamburlano, caldano, caldanino.
scaldaménto, *sm.* → RISCALDAMENTO.
scaldapànche, *agg.* e *sm.* e *f. indecl.* → OZIOSO.
scaldàre, *v.tr.* render caldo, dar calore, riscaldare, accaldare || *fig.* istigare, infiammare, appassionare, infervorare, commuovere, eccitare, accendere || *rifl.* procurarsi calore, riscaldarsi || *fig.* infiammarsi, eccitarsi, accalorarsi, infervorarsi, appassionarsi || adirarsi.
contr. raffreddare, rinfrescare || raffreddarsi, disappassionarsi, calmarsi, sedare, placarsi.
scaldasèggiole, *agg.* e *sm.* e *f. indecl.* → OZIOSO.
scaldàta, *sf.* → RISCALDAMENTO.
scaldíno, *sm.* veggio, caldano, ciecia, braciere.
scàldo, *sm.* → POETA.
scalèa, *sf.* scalinata, → SCALA.
scalèo, *sm.* → SCALA.

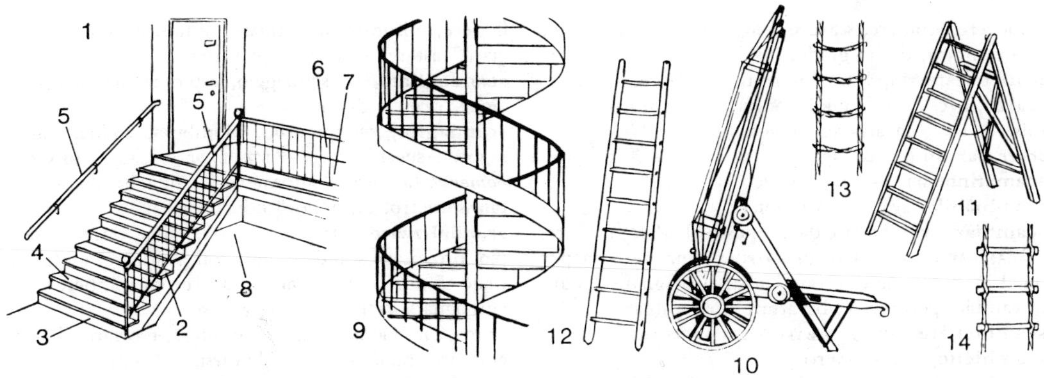

SCALA – 1) a collo; 2) gradino; 3) frontalino; 4) pedata; 5) corrimano; 6) ringhiera; 7) pianerottolo; 8) sottoscala; 9) a chiocciola; 10) aerea; 11) a trespolo; 12) a pioli; 13) di corda; 14) biscaglina.

scalèra, *sf.* → SCALA.

scalessàre, *v.intr.* scarrozzare, andare a spasso.

scalettàre, *v.tr.* tagliare, dare forma di scala.

nomencl. scalettato.

scalfíre, *v.tr.* incidere, intaccare, segnare, → GRAFFIARE, FERIRE.

scalfittúra, *sf.* → GRAFFIO, FERITA, LESIONE.

scalinàta, *sf.* → SCALA.

scalíno, *sm.* gradino, ripiano, pedata, alzata o frontalino.

scalmàna, *sf.* malessere, vampa di calore, → RAFFREDDORE || *fig.* infatuazione, entusiasmo eccessivo, riscaldo.

scalmanàre, *v.rifl.* prendere la scalmana || *fig.* affannarsi, riscaldarsi, infocarsi, agitarsi, affaticarsi, accalorarsi.

contr. raffreddarsi, agire con calma, riposare.

scalmanàta, *sf.* scalmanatura.

scalmanatúra, *sf.* scalmanata.

scàlmo, *sm.* scalmotto, scarmo, schelmo, caviglia, cavicchio.

nomencl. remo, falchetta, scalmiera, stroppo.

scalmòtto, *sm.* → SCALMO.

scàlo, *sm.* luogo d'approdo, di sbarco; imbarcatóio, sbarcatóio; banchina, calata, || porto, cantiere, squero || → SBOCCO.

nomencl. (*tipi*) marittimo, aereo, ferroviario, d'alaggio, delle merci, di costruzione || (*elementi*) avanti scalo o scalo avanzato o scalandrone; bacino di carenaggio, di raddobbo, galleggiante; parati, portavasi, invasatura, palanca || (*persone*) calafato, incassatore, mastro d'ascia, carpentiere, falegname, squerarolo || apparecchio di abbattuta, pontoni di carenaggio, apparecchio di raddrizzo, gru || varo || *verb.* abbattere in carena, calafatare, corazzare, imbastire, imbottire, impostare, raddobbare, ribadire, spalmare, varare.

scalógna, *sf.* specie di cipolla || *fig. fam.* disdetta, sfortuna, iella, iettatura, → DISGRAZIA.

contr. fortuna, buona sorte.

scalóne, *sm.* → SCALA.

scalpellàre, *v.tr.* scalpellinare, lavorare con lo scalpello, intagliare, scheggiare, incidere con lo scalpello || cancellare, distruggere, togliere, levare a colpi di scalpello.

scalpellinàre, *v.tr.* → SCALPELLARE.

scalpellíno, *sm.* tagliapietre, → MARMISTA.

scalpèllo, *sm.* scalpro, gorbia, sgorbia, calzuolo, bulino, ugnetto, tagliaferro, subbia, bicciacuto, calagnuolo, gradevolino, ciappola, granitoio, pianatoio, picchiarello, ribuzzo, smusso, spina, becco d'asino, tagliolo || → BISTURI.

nomencl. (*varietà*) a doccia, scanalato, a scarpa con taglio, da banco, tozzo || (*pertinenti*) lastra, margini, taglio, augnatura o sghembo, ralla, codolo, manico, bottone.

scalpicciàre, *v.intr.* camminare stropicciando i piedi.

scalpitàre, *v.intr.* scalpicciare, → PESTARE || zampare, zampeggiare, springare.

scalpóre, *sm.* chiasso, rumore, strepito, frastuono, protesta, litigio || *fig.* divulgazione || impressione, scandalo, scossa, risentimento.

contr. silenzio, quiete, discrezione, moderazione.

scaltrézza, *sf.* machiavellismo, callidità, sagacia, → ASTUZIA, FURBERIA.

contr. ingenuità, candore, semplicità, buona fede.

scaltriménto, *sm.* → ASTUZIA.

scaltríre, *v.tr.* accivettare, ammaliziare, ammalizzire, dirozzare, infurbire, insegnare || *rifl.* imparare, diventar scaltro, abile, esperto, smaliziato, sagace.

contr. ingannare, abbindolare, raggirare, illudere || rimanere ingenuo.

scaltríto, *pps.* di scaltrire || *agg.* smaliziato, esperto, smagato, avveduto, navigato, → PRATICO.

contr. sprovveduto, ingenuo, ignaro, rozzo, inesperto.

scàltro, *agg.* astuto, furbo, machiavellico, ambidestro, arguto, avveduto, callido, dritto, furbacchione, furbacchiotto, furbesco, malizioso, tristo, marpione, sagace, accorto.

contr. ingenuo, semplice, sempliciotto, malaccorto, inesperto, sprovveduto, in buona fede, candido, ignaro.

scalzacàne, *sm.* uomo disprezzabile, spregevole, di basso pelo, screanzato, inetto, male in arnese, malvestito, incompetente nella sua professione, presuntuoso.

contr. uomo perbene, distinto, signorile, competente, abile, esperto.

scalzaménto, *sm.* → SCAVO.

scalzàre, *v.tr.* levare le scarpe e le calze || sollevar le barbe, levare la terra intorno al pedale di un albero, intorno a una pietra interrata, abbattere, demolire,

smuovere, scuotere, scavare || *fig.* levare da un posto, da un ufficio, da un grado, insidiare.
contr. calzare, rincalzare, interrare, innalzare, costruire.
scàlzo, *agg.* a piedi nudi, senza calze o scarpe || *fig.* misero, male in arnese, → POVERO.
contr. calzato || ricco, agiato.
scamatíno, *sm.* → MATERASSAIO.
scambiàbile, *agg.* → CAMBIABILE.
scambiàre, *v.tr.* andare da un posto all'altro, mutare, → CAMBIARE || prendere una cosa o una persona per un'altra, confondere, errare, fallare, sbagliare || dare in cambio, permutare, barattare || ricambiare.
scambiettàre, *v.intr.* → BALLARE, SALTELLARE.
scambiétto, *sm.* → SALTO.
scambiévole, *agg.* mutuo, vicendevole, reciproco, alterno, alternato.
contr. unilaterale.
scambievolézza, *sf.* reciprocità, alternanza.
scàmbio, *sm.* cambio, concambio, cambiamento, contraccambio, ricambio, pariglia, riscontro, mutuazione, palleggiamento, palleggio, vicenda, vicendevolezza, rinnovamento || baratto, permuta, → COMMERCIO, NEGOZIO || → SBAGLIO.
scameràre, *v.tr.*
contr. incamerare.
scamiciàto, *pps.* di scamiciare || *agg.* senza giacca, in maniche di camicia || *sm. fig.* uomo volgare, incivile, screanzato, scalzacane, scalcagnato || sanculotto, → RIBELLE.
contr. abbottonato sino al mento || uomo compito, distinto, ben educato, morigerato || benpensante.
scamozzàre, *v.tr.* → TRONCARE || POTARE.
scampagnàta, *sf.* → GITA, FESTA.
scampanàta, *sf.* scampanacciata, scampanamento, scampanio.
scampanellànte, *ppr.* di scampanellare || *agg.* sonoro, argentino, squillante, tintinnante, tinniente, tinnulo, trillante.
scampanellàre, *v.intr.* tinnire, tintinnare, tintinnire, squillare, suonare, sonare, sonagliare, trillare.
scampàre, *v.tr.* → SALVARE, DIFENDERE, SCHIVARE || *intr.* → EVADERE, FUGGIRE.
scampàto, *pps.* di scampare || *agg.* → SALVO, IMMUNE.
scàmpo[1], *sm.* → RIMEDIO, SALVEZZA, DIFESA.
scàmpo[2], *sm.* crostaceo, òmaro, gambero.
scàmpolo, *sm.* avanzo, taglio, ritaglio, residuo, resto, rimasuglio, minuzzolo, scamuzzolo, saldo, pezzo.
contr. pezza.
scamúzzolo, *sm.* minuzzolo, → RESIDUO.
scanalàre, *v.tr.* scannellare, incavare, → RIGARE, SCAVARE.
scanalatúra, *sf.* scannellatura, incavatura, → CAVITÀ || (di armi) → RIGATURA.
scancellaménto, *sm.* → CANCELLATURA.
scancellàre, *v.tr.* → CANCELLARE.
scancellatúra, *sf.* → CANCELLATURA.
scancío, *sm.* sghimbescio, sghembo, obliquo, → SBIECO.
nomencl. *avv.* di scancio, a scancio, per scancio.
contr. diritto, dritto.
scandagliàre, *v.tr.* misurare, cercare con lo scandaglio || *fig.* esaminare, osservare, provare, discutere, riflettere, misurare, investigare, inquisire, scrutare, saggiare, tastare, sondare, esplorare.
scandagliàta, *sf.* sondaggio, esplorazione, investigazione, ricerca, esame.
scandàglio, *sm.* piombo, piombino, sonda, sagola, sagora || specillo || *fig.* → ESAME, PROVA, ESPERIMENTO.
nomencl. (*attinenti*) batometro, scandaglio da sentina, talassometro, idrofono || oceanografia.
scandalizzàre, *v.tr.* dar scandalo, dar cattivo esempio, provocare scandalo || allettare, istigare, tentare al male, indurre al peccato, sedurre, corrompere || *rifl.* vergognarsi, sdegnarsi, indignarsi.
contr. dar buon esempio, stimolare, esortare al bene, edificare, raddrizzare || edificarsi.
scàndalo, *sm.* tentazione a peccare, occasione di peccato, cattivo esempio, mal esempio, azione vergognosa, oscenità, abuso, infamia || scenata, putiferio, pubblicità, scalpore || litigio, dissidio, dissensione, lite clamorosa.
nomencl. mettiscandali, seminatore di scandali, pietra di scandalo, pietra d'inciampo || *verb.* provocare, dare, essere.
scandalóso, *agg.* tentatore, procace, → OSCENO, INFAME.
scandèlla, *sf.* → ORZUOLA.
scandènte, *agg.* → RAMPICANTE.
scàndere, *v.tr.* → RITMARE.
scandería, *sf.* → SCAFFALE.
scandescènza, *sf.* → FURIA.
scandíre, *v.tr.* scandere, misurare il verso; pronunziare distintamente, chiaramente, sillabare, compitare, → RITMARE, CADENZARE.
contr. barbugliare, balbutire, balbettare, farfugliare.
scannafòsso, *sm.* → FOSSO.
scannàre, *v.tr.* sgozzare, tagliare la gola, uccidere con atrocità || *fig.* iugulare, angariare, strangolare, prestare a usura, far pagare molto caro, rovinare.
scannatóio, *sm.* ammazzatoio, scorticatoio, mattatoio, macello, → MACELLERIA.
scannatóre, *sm.* → MACELLAIO || *fig.* → STROZZINO.
scannellaménto, *sm.* → RIGATURA.
scannellàre, *v.tr.* → SCANALARE.
scannellatúra, *sf.* → SCANALATURA.
scànno, *sm.* seggio, stallo, scagno, banco, sedia, sedile, sgabello, panca.
nomencl. (*affini*) cassapanca, desco, deschetto, panchetto, panchina, posapiedi, tavolone.
scansafatíche, *agg.* e *sm.* e *f. indecl.* → OZIOSO, PIGRO.
scansàre, *v.tr.* cansare, evitare, sfuggire, schivare, rifuggire, scampare, scappare, scantonare, parare, eludere, fuggire || rimuovere, muovere, allontanare, scostare || *rifl.* scostarsi, farsi da parte, allontanarsi || sbrigarsi, sottrarsi.
contr. andare incontro, affrontare, appropinquarsi, adire, avvicinare || avvicinarsi, accompagnarsi || impegnarsi.
scansaruòte, *sm. indecl.* paracarro.
scansía, *sf.* → LIBRERIA, SCAFFALE, ARMADIO.
scantinàre, *v.intr.* || *fig.* tralignare; uscire di tono, deviare (dal retto cammino), mancare ad un impegno, venir meno ad un dovere.
scantonàre, *v.intr.* → FUGGIRE, ANDARE, SCANSARE

scapaccionàre, *v.tr.* → PERCUOTERE.
scapacciόne, *sm.* schiaffo, manrovescio, ganascione, scappellotto, → COLPO.
scapàre, *v.tr.* levare, mozzare il capo, la testa || *rifl.* perdere la testa (in qualcosa), → FATICARE.
scapatàggine, *sf.* sbrigliatezza, sfrenatezza, impulsività, avventatezza, sbadataggine, leggerezza, inconsideratezza, spensieratezza, immaturità, distrazione, sventatezza, azione da scapato.
contr. ponderatezza, riflessione, prudenza.
scapàto, *pps.* di scapare || *agg.* e *sm.* → dissipato, inconsiderato, → SBADATO || scapestrato, → GIOVINASTRO.
scapecchiàre, *v.tr.* → CARDARE, PETTINARE.
scapestratàggine, *sf.* dissolutezza, sfrenatezza, scostumatezza, spensieratezza, scapigliatura, scapataggine || azione da scapestrato, → RAGAZZATA.
contr. serietà, gravità, morigeratezza, buona condotta.
scapestràto, *agg.* e *sm.* sbrigliato, sfrenato, avventato, irriflessivo, dissoluto, caposcarico, scavezzacollo, diavolo scatenato, rompicollo, dissipato, malvagio, giovinastro, scioperato, scapato, scapigliato, scostumato, vagabondo, discolo, spregiudicato, sregolato.
contr. uomo serio, quadrato, esemplare, laborioso, morigerato.
scapezzàre, *v.tr.* → POTARE.
scapigliàre, *v.tr.* scompigliare, scarmigliare, spettinare, arruffare, scarduffare, scarruffare, rabbuffare.
contr. pettinare, accomodare, assestare, lisciare, ravviare, districare, scatricchiare.
scapigliàto, *pps.* di scapigliare || *agg.* spettinato, arruffato, scarmigliato, scarduffato || *fig.* scapato, scapestrato, spensierato, spregiudicato, sregolato, libertino, sfrenato, di vita disordinata.
contr. pettinato || serio, solido, quadrato, laborioso, regolato, grave.
scapigliatúra, *sf.* SCAPESTRATAGGINE.
nomencl. Scapigliatura (letteraria, ecc.).
scapíno, *sm.* → GAZZA.
scapitàre, *v.intr.* → PERDERE.
scàpito, *sm.* discapito, → RIMESSA, PERDITA, DANNO.
scapitozzàre, *v.tr.* → POTARE.
scapitozzatúra, *sf.* → POTATURA.
scàpola, *sf.* omoplata, paletta (della spalla).
nomencl. spalla; faccia anteriore, posteriore; spina (della scapola); *acromion*; cavità glenoidea; apofisi cracoide.
scapolàre¹, *sm.* abitino, immagine sacra, pazienza || cappuccio (dei frati).
scapolàre², *v.intr.* fuggire, sfuggire, scansare, evitare, farsi da parte, sottrarsi, andarsene alla chetichella, svignarsela || *tr. fam.* scamparla.
scàpolo, *agg.* e *sm.* → CELIBE.
scappàre, *v.intr.* → FUGGIRE, EVADERE.
contr. affrontare, assalire, dare addosso, andare contro, sfidare.
scappàta, *sf.* → FUGA || GITA || *fig.* atto di leggerezza, lieve fallo, infrazione, imprudenza, sproposito, trascorso || trovata spiritosa || motto, frizzo.
scappatèlla, *sf.* → SCAPPATA.
scappatóia, *sf.* espediente, pretesto, appiglio, scusa, ripiego, scappavia, sotterfugio, rifugio, rivalsa, giovamento, compenso, evasione.
scappavía, *sf.* → PRETESTO, SCAPPATOIA.
scappellàre, *v.tr.* levare il cappello || *rifl.* salutare con deferenza, riverire, → SALUTARE.
scappellàta, *sf.* sberrettata, saluto, riverenza, rispetto, deferenza.
scappellottàre, *v.tr.* → PERCUOTERE.
scappellòtto, *sm.* leggero scapaccione, scoppola, scapezzone.
scappiàre, *v.tr.* sciogliere, snodare, slegare.
contr. annodare, legare.
scappucciàre, *v.tr* levare il cappuccio || *intr.* inciampare, incespicare || *fig.* → SBAGLIARE || *rifl.* → SALUTARE.
contr. incappucciare.
scappúccio, *sm.* inciampo || *fig.* lieve fallo, → SBAGLIO.
scapricciàre, *v.tr.* → DISSUADERE || *rifl.* scapriccirsi, sbizzarrirsi, sfogarsi, scatenare, levarsi i capricci, levarsi la voglia, sbollire, calmarsi, saziarsi.
contr. incapricciarsi, frenare, trattenere, contenere, infatuarsi, impaniarsi.
scapriccíre, *v.tr.* e *rifl.* → SCAPRICCIARE.
scarabàttola, *sf.* cianfrusaglia, → INEZIA.
scarabèo, *sm.* carabo, cerambice, cetonia, coccinella, maggiolino, melolonta, scarafaggio.
scarabocchiàre, *v.tr.* sgorbiare, scorbiare, schicchérare, scombiccherare, → SCRIVERE.
contr. scrivere bene, con cura, chiaramente, calligraficamente.
scarabòcchio, *sm.* sgorbio, macchia, ghirigoro, girigogolo, frego, scorbio, svolazzo, schizzo informe, imbratto || *fig.* persona mal fatta, sbilenca, sgraziata, sgangherata, deforme.
scaracchiàre, *v.intr.* → ESPETTORARE, SPUTARE || *fig.* spregiare, disprezzare.
scaràcchio, *sm.* sputo catarroso, → ESPETTORAZIONE, SPUTO.
scarafàggio, *sm.* blatta, bacherozzo, bacherozzolo, cantaride, piattola, scarabeo.
scaramanzía, *sf.* scongiuro, malía, gesto magico.
contr. iettatura, malocchio.
scaramúccia, *sf.* avvisaglia, schermaglia, mischia, badalucco, baruffa, assalto, zuffa, tafferuglio, contesa, → BATTAGLIA.
scaraventàre, *v.tr.* gettare, scagliare, lanciare, proiettare, ributtare, tirare, avventare, slanciare, buttare, sbalestrare || *fig.* trasferire lontano, sbalzare, sbalestrare || *rifl.* scagliarsi, avventarsi, slanciarsi.
contr. porgere, offrire, presentare || recarsi, posarsi.
scarceràre, *v.tr.* → LIBERARE.
scarcerazióne, *sf.* → LIBERAZIONE.
scardàre, *v.tr.* → PETTINARE.
scardassàre, *v.tr.* → PETTINARE, CARDARE.
scardassatóre, *sm.* → CARDATORE.
scardassière, *sm.* → CARDATORE.
scardassíno, *sm.* → CARDATORE.
scardinaménto, *sm.* → ROTTURA.
scardinàre, *v.tr.* sgangherare, sbandellare, scassinare, rompere, forzare, scassare, sconquassare.
contr. gangherare, incardinare, ingangherare, riparare.
scardonatóio, *sm.* → ERPICE.
scarduffàre, *v.tr.* → SCAPIGLIARE.

scàrica, *sf.* esplosione || passaggio di elettricità tra due corpi || *fig.* rovescio, subisso, abbondanza, eccesso.

scaricàre, *v.tr.* levare il carico, deporre il carico, sgravare del carico, → SBARCARE || gettare, versare || (di arme da fuoco) togliere o sparare la carica || *rifl.* sgravarsi, sbarazzarsi, alleggerirsi, evacuare, liberarsi (di un peso, di una responsabilità) || (di corsi d'acqua) gettarsi, sboccare, sfociare.

contr. caricare, appesantire, gravare, imporre || caricarsi, gravarsi, accollarsi, assumersi, sobbarcarsi.

scaricàto, *pps.* di scaricare || *agg.* → SCARICO.

scaricatóre, *sm.* → FACCHINO || EMISSARIO.

contr. caricatore.

scàrico, *agg.* scarco, scaricato, sgravato, vuoto, libero || non caricato || *sm.* scaricamento, alleggerimento, sbarco || evacuazione, fosso, scolo || uscita (di merce) || sgravio || *fig.* → GIUSTIFICAZIONE.

contr. carico, aggravio, imposizione, assunzione.

scarificàre, *v.tr.* scarnire, scarnare, prosciugare, scarnificare; radere, incidere leggermente, alla superficie.

contr. tagliare.

scarlàtto, *agg.* e *sm.* → ROSSO.

scarmigliàre, *v.tr.* disordinare, scompigliare, spettinare, arruffare, scarduffare, scarruffare, scapigliare || *rifl.* abbaruffarsi.

contr. pettinare, lisciare, azzimare, accomodare, assestare, ravviare, districare, scatricchiare.

scarmigliàto, *pps.* di scarmigliare || *agg.* spettinato, arruffato, scarruffato, scapigliato.

contr. pettinato, azzimato, lisciato, accomodato, assestato.

scarnàre, *v.tr.* → RODERE, SCARIFICARE.

scarnascialàre, *v.intr.* godersi il carnasciale, straviziare, → DIVERTIRE, RICREARE.

scarnascialàta, *sf.* gozzoviglia, baldoria, orgia, tripudio, disordine, bisboccia, stravizio.

scarnificàre, *v.tr.* → SCARIFICARE.

scarníre, *v.tr.* → RODERE, RASCHIARE, SCARIFICARE || *rifl.* → INSECCHIRE.

scarníto, *pps.* di scarnire || *agg.* → MAGRO.

scàrno, *agg.* → GRACILE, MAGRO.

scarnovalàre, *v.intr.* → STRAVIZIARE.

scàrpa, *sf.* calzatura, calzare, caliga, calcetto, calzamento, calciamento, càlceo (*ant.*) || → MURO.

nomencl. (*specie*) scarpina, stivali, stivaletti, scarponcelli, scarponi, stivaloni (da caccia, da palude, alla dragona, alla scudiera), trombone, tronchetto, soprascarpa, calzaretto, ciabatta, babbuccia, borzacchino, bortaglie, caloscia, gambale, ghette, pantofola, pianella, sandalo, pattini || sugherata, accollata, annodata, affibbiata, a ghette corte, ad elastico || da riposo, da camera, da ballo, da caccia, da montagna, da sport, da campagna, da strapazzo || di cuoio grasso, di cuoio comune, di vitello, di corda, di tela, di copale, di seta, di raso || (*parti*) anima, cambriglione, baccellino, becchetti, bocca della scarpa, bocchetto, biffa, bollettone, bordatura, calcagno, calcagnino, correggia, cappelletto o forte, cinturino, collo, codetta, corona, costura, fiocca, fasciola, formanze, gambale, gambiere, guardone, guardastinchi, lacci, laccetti, linguella, linguetta, lunette, magliettine, maschera, mascherina, mezzapianta, orecchie, orecchiolo, occhielli, orlo, orlatura, pedale, pianta, pianta smussata, mezza piantella, piantella, quartiere, soletta, suola, soprattacco, spighetta, tacco, tiranti, tomaio, toppa, tramezza, tromba || aghetto, bigherino, corrigia, calzatoio, fibbia, legaccio, stringa || lucido, cera, spazzola, pillacchera, raschietto, lustrascarpe || *agg.* antica, moderna, nuova, usata, elegante, sfarzosa, graziosa, grossolana, fangosa, imbullettata stretta, larga, leggera, lucida, lustra, pesante, piccola, rappezzata, rattoppata, rattacconata, risolata, rotta, scalcagnata, sformata || *verb.* calzare, affibbiare, sfibbiare, scalzare, lucidare, accollare, strascicare, provare || scoppiare, screpolare, slabbrarsi, scalcagnarsi, aver sete, ballarci dentro, entrare, guazzarci, non fare una grinza, piangere, ridere, sbigonciare, sembrare una barca, sgrigliolare, scricchiolare, spaccarsi, stringere, stare a pennello, tacchettare.

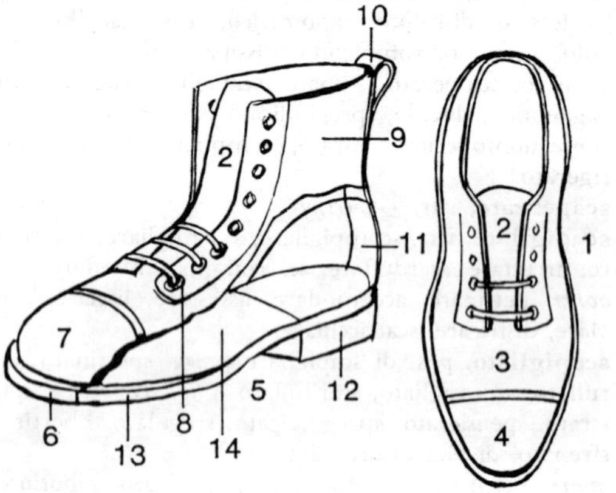

SCARPA – 1) scarpa bassa; 2) linguetta; 3) tomaio; 4) puntale; 5) scarponcino; 6) suola; 7) cappellotto; 8) occhiello; 9) gambaletto; 10) tirante; 11) sperone; 12) tacco; 13) sottosuola; 14) soletta.

scarpàro, *sm.* → CALZOLAIO.

scarpàta, *sf.* → PENDIO, ARGINE.

scarròccio, *sm.* deriva.

scarrozzàre, *v.tr.* e *intr.* scalessare, → ANDARE.

scarruffàre, *v.tr.* → SPETTINARE.

scarseggiànte, *ppr.* di scarseggiare || *agg.* → SCARSO, RARO.

scarseggiàre, *v.intr.* aver scarsità, essere scarso; mancare, difettare, far difetto.

contr. abbondare.

scarsèlla, *sf.* saccoccia, → BORSA, TASCA.

scarsézza, *sf.* scarsità, rarità, penuria, carestia, carenza, insufficienza, mancanza, pochezza, miseria, povertà, bisogno, disagio, indigenza, inopia, magrezza, menomanza, necessità, strettezza, stretta, tenuità, difetto.

contr. abbondanza, larghezza, ricchezza, dovizia, trabocco, copia, esuberanza, prosperità.

scarsità, *sf.* → SCARSEZZA.

scàrso, *agg.* poco, insufficiente, deficiente, manchevole, arido, fiacco, magro, misero, piccolo, rado, raro, scarseggiante, inadeguato, scemo, manco, mancante, sottile, sterile, tenue, modesto, limitato, stentato, povero, misurato || avaro, gretto, economo, parsimonioso, ta-

pino, bisognoso, indigente || stretto, angusto, corto || prezioso, caro, costoso.
contr. abbondante, copioso, ricco, largo, provvisto, dovizioso, prosperoso, esuberante.

scartabellàre, *v.tr.* voltar pagine, scorrere, passare, sfogliare, leggere, → CONSULTARE.

scartabèllo, *sm.* → QUADERNO.

scartafàccio, *sm.* → QUADERNO.

scartàre, *v.tr.* togliere dalla carta, disinvolgere, scartocciare || eliminare, rimuovere, buttare le carte, → RESPINGERE, RIFIUTARE || *intr.* deviare bruscamente.
contr. incartare || accettare, ricevere, accogliere, scegliere || andare diritto.

scartàta, *sf.* → SALTO || *fig.* → RIMPROVERO.

scarticchiàre, *v.tr.* → PETTINARE.

scàrto[1]**,** *sm.* cosa o roba scartata, rifiutata, lasciata da parte; scoria, ciarpame, avanzo, → RESIDUO, RIGATTERIA || ELIMINAZIONE.
contr. roba scelta, pregiata, preziosa.

scàrto[2]**,** *sm.* deviazione, movimento brusco, → SALTO || distacco, differenza || → ERRORE.

scartocciàre, *v.tr.* scartare, disinvolgere || sfogliare, spannocchiare.
contr. cartocciare, incartocciare, incartare.

scartocciatúra, *sf.* sfogliatura, spannocchiatura.

scartòccio, *sm.* cartoccio.

scasàre, *v.intr.* sloggiare, traslocare, mutare o cambiar casa || *tr.* mandar via di casa.

scassàre, *v.tr.* guastare, rompere una cassa || scardinare, sgangherare, sbandellare, rompere, scassinare, forzare, sconquassare || (di terreno) dissodare.
contr. riparare, aggiustare, incardinare, ingangherare.

scassinàre, *v.tr.* forzare, scardinare, sbandellare, scassare, aprire, sbullettare, sconficcare, sconquassare, sgangherare, → ROMPERE.

scàsso, *sm.* → ROTTURA.

scastagnàre, *v.intr.* scantinare, deviare, tergiversare.

scataròscio, *sm.* rovescio, scroscio, cateratta, → PIOGGIA.

scatarràre, *v.intr.* → ESPETTORARE, SPUTARE.

scatàrzo, *sm.* catarzo.

scatenàre, *v.tr.* levar dalla catena, → LIBERARE || *fig.* aizzare, provocare, incitare, eccitare, sfrenare || *rifl.* sfrenarsi, scapricciarsi, precipitarsi, infuriare.
contr. incatenare, frenare, trattenere, contenere, moderare, temperare || frenarsi, moderarsi.

scatenàto, *pps.* di scatenare || *agg.* liberato dalla catena || *fig.* sfrenato, smoderato, sbrigliato, eccitato, → FURENTE.
contr. incatenato, legato, sfrenato || calmo, padrone di sé.

scàtola, *sf.* astuccio, cassettina, custodia, cofanetto, forzierino, recipiente, scrigno.
nomencl. (*varietà*) d'argento, d'avorio, di cartone, di celluloide, di latta, di legno, di maiolica, d'oro, d'osso, di pelle conciata, di tartaruga, di ferro, di materiale plastico || (*affini*) ferraccia, mandorla, pettiniera, portacarte, guantiera, portasigari, portasigarette, tabacchiera, scrignetto, portagioie, *boîte à surprise* || (*parti*) cascina, fascia, coperchio, serratura, chiusura || scatolaio, scatolificio || *agg.* ampia, piccola, lavorata, traforata, ricca, comune, ordinaria, disadorna, rustica.

scatricchiàre, *v.tr.* pettinare, ravviare, districare.
contr. incatricchiare, incatricchiarsi, avvilupparsi, intrigarsi.

scattàre, *v.intr.* balzare, saltare, saltellare, balzellare, slanciarsi, prorompere, scatenarsi, saltar giú || far fotografie, riprendere.
contr. rimaner fermo, quieto, inerte, impassibile.

scàtto, *sm.* balzo, slancio, impeto, sussulto, scoppio, impulso, moto, empito, mossa, irruenza, prorompimento, → SALTO, GUIZZO.

scaturígine, *sf.* → SORGENTE, FONTANA || *fig.* → ORIGINE.

scaturíre, *v.intr.* pullulare, erompere, sorgere, sgorgare, zampillare, rampollare, spicciare, scannellare, prorompere, schizzare, stillare || *fig.* derivare, promanare, emanare, muovere, nascere, uscire, originare, apparire, avere origine, principio, avviamento.

scavalcàre, *v.tr.* appiedare, gettar giú da cavallo, scendere || → ACCAVALCARE || *intr.* passare al di sopra, valicare, → PASSARE || *fig.* prendere il posto di uno, superare uno.

scavallàre, *v.intr.* → CORRERE.

scavaménto, *sm.* → SCAVO.

scavamòrti, *sm. indecl.* → BECCHINO.

scavàre, *v.tr.* cavar terra, cavar fuori (dalla terra), estrarre, sterrare, disseppellire, dissotterrare, scalzare || accanalare, incavare, scanalare, scannellare, affossare, solcare, rigare || *fig.* sviscerare, scoprire, portare alla luce, approfondire || esaminare, escogitare, inventare, ricordare, riandare con la memoria.
contr. interrare, sotterrare, colmare, ricoprire di terra.

scavàto, *pps.* di scavare || *agg.* estratto (da terra), dissotterrato || incavato, infossato, → CAVO || *fig.* emaciato, smagrito, segnato (di viso).
contr. sotterrato, interrato || risaltato, saliente, emergente, sporgente.

scavatúra, *sf.* → SCAVO.

scavazióne, *sf.* → SCAVO.

scavezzacòllo, *sm. fig.* rompicollo, scatenato, → SCAPESTRATO.

scavezzàre, *v.tr.* → ROMPERE || *rifl.* rompersi, fiaccarsi, spezzarsi.

scavezzàto, *pps.* di scavezzare || *agg.* → SCAVEZZO.

scavézzo, *pps.* di scavezzare || *agg.* scavezzato, rotto, piegato nel mezzo, tronco.
contr. intero, sano, rigido, tutto d'un pezzo.

scavizzolàre, *v.tr.* e *intr.* scavare, frugare, cercare minutamente, tirar fuori.

scàvo, *sm.* scavamento, affossamento, affossatura, escavazione, incavamento, scavatura, scavazione, sterro, sterramento, scalzamento, dissotterramento, esumazione, incisione || fossa, incavatura, cavo, cavità, luogo scavato, vano, trincea, concavità, incavo, incile, profondità || *fig.* ricerca, approfondimento, analisi.
contr. interramento, sotterramento, colmata || convessità, sporgenza.

scazzottàre, *v.tr.* → PERCUOTERE.

scèda, *sf. letter.* → SCHERNO, SCHERZO || SMORFIA.

scégliere, *v.tr.* far la scelta, far scelta, cernere, discernere, prescegliere, trascegliere, distinguere, assortire,

dividere, separare, segregare, sceverare, selezionare, vagliare, schiumare, notare, cogliere, estrarre, eleggere, preporre, anteporre, predestinare, preeleggere || preferire, optare.
contr. prendere in massa, confondere, mescolare, rimestare, scompigliare, mischiare || rifiutare, respingere,
sceglitíccio, *sm.* → RESIDUO.
scelleràggine, *sf.* → SCELLERATEZZA.
scelleratàggine, *sf.* → SCELLERATEZZA.
scelleratézza, *sf.* scelleraggine, scelleratàggine, cattiveria, delitto, infamia, male, malvagità, nequizia, enormità, empietà, nefandezza, birbanteria, ribalderia, atrocità, malefatta, perversità, inganno, pravità, depravazione, stoltezza, viziosità, peccato, colpa.
contr. bontà, onestà, probità, mitezza, benignità, umanità, innocenza.
scelleràto, *agg.* cattivo, malvagio, infame, atroce, nefando, nefario, esecrando, ribaldo, delittuoso, iniquo, perfido, pessimo || *sm.* reo, malfattore, ribaldo, birbante, sciagurato, canaglia, empio, birbone, briccone, delinquente.
contr. buono, mite, probo, onesto, benigno, umano, misericordioso, eccellente || galantuomo, brav'uomo, persona per bene.
scélta, *sf.* cernita, cernitura, elezione, preferenza, prescelta, presceglimento, preelezione, separazione, predilezione, selezione, spoglio, vaglio || antologia, assortimento, raccolta, accolta, fiore, florilegio, collezione || arbitrio, opzione, parzialità, decisione, risoluzione, determinazione || → ELEGANZA || alternativa, → DILEMMA.
nomencl. (*inerenti*) sceglitíccio, sceltume, scarto, schiuma, residuo, il meglio, il fiore, il fior fiore, fior da fiore || *agg.* accurata, diligente, esatta, completa, definitiva, irreversibile, risolutiva, decisiva, finale, provvisoria, parziale, limitata, momentanea, transitoria, temporanea, volontaria, spontanea, forzata, involontaria, imposta, buona, ottima, mediocre, cattiva || *verb.* fare, compiere, decidere.
sceltézza, *sf.* → RAFFINATEZZA.
scélto, *pps.* di scegliere || *agg.* eletto, eccellente, migliore, distinto, fine, squisito, raffinato, fiorito || prescelto, selezionato, preferito, prediletto, anteposto, preeletto, predestinato, preposto || specializzato, ben addestrato, abilissimo.
contr. comune, ordinario, volgare, grossolano, stereotipato, qualunque, dozzinale || incapace, incompetente || rifiutato, respinto.
sceltúme, *sm.* → RESIDUO.
scemàbile, *agg.* riducibile, diminuibile, raccorciabile, restringibile.
contr. aumentabile, dilatabile, ingrossabile.
scemànte, *ppr.* di scemare || *agg.* → CALANTE.
scemàre, *v.tr.* e *intr.* abbassare, sbassare, calare, diminuire, ribassare, mitigare, rilassare, indebolire, decrescere, accorciare, impicciolire, rimpicciolire, restringere, venir meno, ridurre a meno, sottrarre, defalcare, detrarre || → MANCARE, APPASSIRE.
contr. aumentare, accrescere, crescere, incrementare, ingrandire, ingigantire, ingrossare.
scemàto, *pps.* di scemare || *agg.* indebolito, calato, ridotto, diminuito, impicciolito, rimpicciolito, accorciato, sminuito, sbassato, detratto, ristretto.
contr. ingrandito, ingrossato, cresciuto, aumentato, incrementato.
scemènza, *sf.* → SCEMPIAGGINE, SCIOCCHEZZA.
scémo, *agg.* scemato, manchevole, ridotto a meno, calato, diminuito, non pieno, scarso, guasto, difettoso, magro || e *sm.* *fig.* → SCIOCCO, IMBECILLE.
contr. aumentato, cresciuto, abbondante, pieno || intelligente, sagace.
scempiàggine, *sf.* scemenza, stupidaggine, scimunitaggine, balordaggine, scempiataggine, scempietà, scempiezza, ignoranza, scipitezza, insensatezza, buassaggine, buaggine, assurdità, imbecillità, → SCIOCCHEZZA.
contr. intelligenza, acume, saggezza, sagacia.
scempiàre, *v.tr.* sdoppiare, disgiungere (ciò che è doppio), spaiare, dispaiare, rendere scempio, semplice || *fig.* → SBRANARE.
contr. addoppiare, raddoppiare.
scempiatàggine, *sf.* → SCEMPIAGGINE, SCIOCCHEZZA.
scempiàto, *pps.* di scempiare || *agg.* reso semplice, scempio, sdoppiato || scempio, scemo, sempliciotto, → SCIOCCO.
contr. doppio, raddoppiato || intelligente, smaliziato, scaltrito.
scempietà, *sf.* → SCEMPIAGGINE, SCIOCCHEZZA.
scempiézza, *sf.* → SCEMPIAGGINE, SCIOCCHEZZA.
scémpio[1], *agg.* unico, → SEMPLICE || scimunito, manchevole, scemo, scipito, balordo, → SCIOCCO.
contr. doppio, raddoppiato || intelligente, provveduto, scaltrito, saggio.
scémpio[2], *sm.* sterminio, strage, eccidio, distruzione, rovina, strazio, carneficina, macello, tormento, danno, guasto.
scèna, *sf.* palcoscenico || scenario, quinta, fondale, sfondo || finzione, recitazione, teatro || rappresentazione, spettacolo, recitativo, suddivisione di atto || vista, veduta, → PANORAMA || scenata, → LITIGIO.
contr. retroscena, realtà.
scenàrio, *sm.* fondale, sfondo, scena, quinta || canovaccio (di lavoro drammatico o cinematografico || paesaggio naturale, → PANORAMA.
scenarísta, *sm.* sceneggiatore.
scenàta, *sf.* scena, piazzata, putiferio, baccano, diavoleto, scandalo, rabbuffo, scalpore, → LITIGIO.
scéndere, *v.tr.* percorrere || *intr.* abbassarsi, andar giú, venir giú, rinvilire, digradare, inclinare, discendere, discorrere, dismontare, smontare, divallare, calare, atterrare, avvallare, ammarare, chinare, porre in giú, dirupare, precipitare, ruzzolare, buttarsi, sdrucciolare, ricalare, ricalarsi, ridiscendere, riscendere, sbarcare || *fig.* decadere, declinare, scemare || venire per generazione.
contr. salire, ascendere, andar su, montare, inerpicarsi, arrampicarsi.
scendilètto, *sm.* tappetino || accappatoio, vestaglia.
sceneggiàre, *v.tr.* disporre, distribuire in atti e scene; ridurre, adattare per il teatro.
sceneggiatóre, *sm.* scenarista.
scenògrafo, *sm.* → DECORATORE.

scèpsi, *sf.* disamina, indagine, critica, osservazione, dubbio.
nomencl. scetticismo || scettico.
scèrnere, *v.tr. lett.* discernere, separare, dividere, scindere, sceverare, distinguere, riconoscere, scegliere, selezionare, ravvisare, cernere, scernire (*ant.*).
contr. mescolare, unire, confondere, mischiare, frammischiare.
scerniménto, *sm. ant.* cernita || discernimento.
scerpàre, *v.tr.* scerpere, schiantare, svellere, strappare, rompere, guastare.
scerpellóne, *sm.* → ERRORE.
scèrpere, *v.tr.* → SCERPARE.
scervellàre, *v.tr.* discervellare, togliere il cervello, scerebrare || *rifl. fig.* lambiccarsi il cervello, stillarsi, discervellarsi, → PENSARE, RIFLETTERE.
scésa, *sf.* → PENDIO, DISCESA.
scetticísmo, *sm.* incredulità, dubbio, indifferenza, cinismo, pirronismo, dilettantismo.
contr. certezza, fede, dogmatismo, credulità, eclettismo.
scèttico, *agg.* e *sm.* incredulo, denegatore, pirroniano, → DUBBIOSO, ATEO.
contr. certo, convinto, credulo, credente.
scèttro, *sm.* verga, verga reale, bastone || *fig.* comando, dominio, potere, autorità dignità.
nomencl. corona || *verb.* prendere, assumere, tenere, detenere, ereditare, togliere, deporre, usurpare, abbandonare.
sceveràre, *v.tr.* cribrare, vagliare, depurare, scegliere, discernere, cernere, separare, schiumare, selezionare, dividere, distinguere.
contr. confondere, mescolare, mischiare, rimestare, scompigliare.
scévro, *agg.* esente, alieno, lontano (da), privo, spoglio, immune, incolume, innocente, libero, mondo, netto, puro, vergine, → PRIVO.
contr. dotato, ricco, fornito, pieno, invischiato, infetto, compreso, implicato, mescolato.
schèda, *sf.* cartellino, cartoncino, biglietto, cedola, polizzina.
nomencl. elettorale, bianca.
schedàre, *v.tr.* → REGISTRARE.
schedàrio, *sm.* catalogo, casellario, zibaldone, raccolta, elenco.
schéggia, *sf.* scaglia, piastra, pezzo, falda, faldella, calia, frammento, frantume, schiappa, → PARTE.
scheggiàre, *v.tr.* → ROMPERE, TAGLIARE, SCALPELLARE || *rifl.* farsi schegge, rompersi in schegge.
scheletríre, *v.intr. fig.* → INSECCHIRE.
scheletríto, *pps.* di scheletrire || *agg.* → MAGRO.
schèletro, *sm.* carcassa, ossatura, ossame, carcame, catriosso || *fig.* persona magrissima || schema, canovaccio.
contr. corpo, carne || colosso || polpa, sostanza, pinguedine || sviluppo.
schèma, *sm.* imbastitura, scheletro, disegno, progetto, abbozzo, trama, traccia, proposta, lineamenti, disegno sommario, figura, figurazione generale || modello rigido, modulo, astrazione.
schematico, *agg.* abbozzato, accennato, sommario || rigido, chiuso, astratto.
contr. sviluppato, elaborato, svolto, rimpolpato, concreto, completo.
scheràno, *sm.* satellite, guardia del corpo, seguace, sgherro, birro, giannizzero, aguzzino, bandito, malandrino, assassino, malfattore, masnadiere, ribaldo, cagnotto, bravo, lanzo, spadaccino, sparafucile,

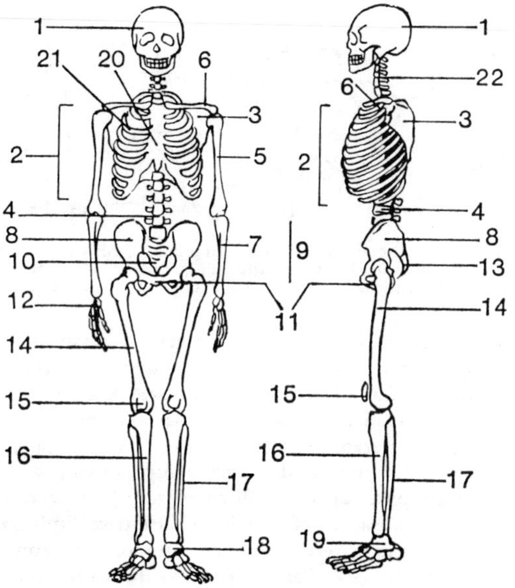

SCHELETRO – 1) cranio; 2) torace; 3) scapola; 4) colonna vertebrale; 5) òmero; 6) clavicola; 7) radio; 8) ìleo; 9) bacino; 10) sacro; 11) pube; 12) carpo; 13) còccige; 14) fèmore; 15) ròtula; 16) tibia; 17) perone; 18) astràgalo; 19) tarso; 20) sterno; 21) costole; 22) vertebra cervicale.

schérma, *sf.* gioco, lezione di arme, maneggio delle armi, opera d'arme.
nomencl. (*tipi*) di punta, di taglio, mista, con la spada, con la sciabola, con il fioretto || (*persone*) schermitore, schermidore, duellante, duellista, spadaccino, spadista, fiorettista, buona lama, buona spada, giocatore d'arme, maneggiatore d'armi, prima spada, virtuoso di scherma, maestro di scherma, direttore di scontro || (*armi*) arme bianca (sciabola, spada, fioretto), bastone, ferro || bottone, guanto, guantone, maschera (da sciabola, da spada), rete, petto, gomitiera, piastrone, corazza || (*movimenti*) apertura di guardia, assalto, difesa, allineo, azione (di prima intenzione o proposta, di seconda intenzione o risposta, in tempo o uscita in tempo), botta, parata, cavata, chiamata, colpo d'arresto, colpo finto o finta (semplice, doppia, di filo), colpo scarso, contrasto, contrattacco, contrattempo, controazione, disarmo, fendente, frugone, punta, imbroccata, incontro, invito (di fuori, di quarta, di dentro, di terza, di mezzocerchio, di seconda), manchette, polsino, mezza spada, mezzalama, sottomisura, mulinello, offesa, piattonata, posizione (di prima, di seconda, di terza, di quarta), raddoppio, saluto, sforzo, sopragguardia, spaccata, tagliata, tirata, toccata, sciabolata, scandaglio,

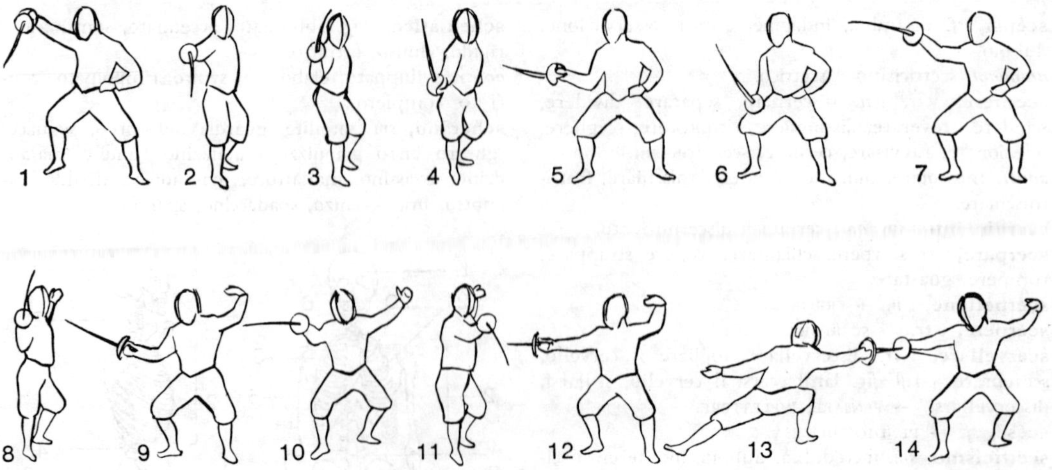

SCHERMA – 1-7) SCIABOLA - 1) guardia di prima; 2) guardia di seconda; 3) guardia di terza; 4) guardia di terza bassa; 5) guardia di quarta; 6) guardia di quarta bassa; 7) guardia di quinta. – 8-14) FIORETTO – 8) guardia di terza; 9) guardia di quarta; 10-11) guardia di mezzocerchio; 12) guardia di seconda; 13) a fondo; 14) parata di seconda.

striscio, traccheggio, traverso, traversone, trasporto || affondo, allungo, appelli, arresto, opposizione, azioni volanti, battuta o tocco di spada, cavazione, copertina, fianconata, guadagno di spada, inquartata, intrecciata, legamento (mezzo, intero); parata (di tasto, d'appoggio, di picco, semplice, di mezzo contro, di contro, di ceduta semplice, di ceduta di circolazione), stoccata || (*pertinenti*) linea di offesa, linea direttrice, misura (doppia, giusta, stretta), spratico, tempo, accademia, gara, torneo, sala d'armi, pedana, bersaglio (lato interno, lato esterno, superiore, inferiore o fianco), codice cavalleresco, cartello di sfida, duello (al primo, all'ultimo sangue), partita d'armi, scontro, primo, padrini o secondi, festa d'armi, veglia d'armi || (*verb.*) accennare, avanzare, ritirarsi, progredire, indietreggiare, battere la spada, cavare il ferro, cercare il ferro dell'avversario, coprirsi, destreggiarsi; girare la spada, la mazza in tondo; incrociare, ricavare, replicare, sbottonare, sbottoneggiare, sedere in guardia, sfalsare, stare scoperti, stare sulla difensiva, tirare, tirar di piatto, tirare un'imbroccata, chiudersi in guardia, duellare, infilzarsi, schermire.

schermàglia, *sf.* zuffa, → DUELLO, RISSA || contrasto di sentimenti, di opinioni, scaramuccia, scambio di colpi.

schermíre, *v.intr.* tirar di scherma || *tr.* parare, rintuzzare, proteggere, schivare, eludere || *rifl.* difendersi, ripararsi, destreggiarsi, cavarsela.

contr. esporsi, affrontare, sfidare, provocare.

schérmo, *sm.* paralume, ventola || riparo, intermezzo, difesa, scudo, protezione || argine, diga || cinematografo.

schernévole, *agg.* ridicolo, risibile, motteggevole, irrisorio, beffardo, burlevole, sarcastico, mordace, pungente.

contr. serio, grave, adulatorio.

scherníre, *v.tr.* berteggiare, dar la berta, coccare, accoccare, deridere, beffare, sbeffare, sbeffeggiare, sbertare, sbertucciare, sberteggiare, irridere, dileggiare, motteggiare, satireggiare, minchionare, pungere, punzecchiare, ridere, offendere, burlare, canzonare, corbellare, cuculiare, fischiare, proverbiare, sberleffare, scornare, subsannare, uccellare, prendere in giro, prendere per il bavero; mettere in satira, in canzone, in canzonatura, in ridicolo, in burla, in burletta.

contr. prendere sul serio, lodare, ammirare, adulare, rispettare, riverire.

schernitóre, *agg.* e *sm.* motteggiatore, beffatore, sbeffatore, sbeffeggiatore, derisore, dileggiatore, irrisore, beffardo.

contr. lodatore, elogiatore, applauditore, adulatore, ammiratore.

schérno, *sm.* baia, beffa, sbeffamento, burla, berlina, berta, canzonatura, scorno, derisione, irrisione, ludibrio, minchionatura, motteggio, dileggio, ironia, parodia, sarcasmo, sberleffo, scherzo, sogghigno, smorfia, sceda.

contr. lode, adulazione, reverenza, ammirazione, rispetto, elogio, plauso.

scherzànte, *ppr.* di scherzare || *agg.* → SCHERZOSO.

scherzàre, *v.intr.* celiare, folleggiare, motteggiare, berteggiare, burlare, beffare, fraschegiare, piacevoleggiare, parodiare, fare il buffone, prendersi confidenza, prendere in giro, sminchionare, zimbellare, trescare || accoccarla ad uno, corbellare la fiera, essere di buonumore, aver voglia di scherzare, prendere in celia o in ciancia o in scherzo, stare allo scherzo, reggere la celia, stare sulla berta || giocare, ruzzare, baloccarsi || *tr.* schernire, canzonare, scornare, deridere.

contr. fare sul serio, parlare o agire seriamente || essere grave, musone, imbronciato, permaloso.

scherzévole, *agg.* → RIDICOLO, SCHERZOSO.

schérzo, *sm.* baia, beffa, sbeffamento, burla, burletta, berlina, berta, scherno, canzonatura, scorno, derisione, irrisione, ludibrio, minchionatura, motteggio, dileggio, ironia, parodia, sarcasmo, sberleffo, sogghigno, smorfia, facezia, sceda, tiro, giochetto, barzelletta, bizzarria, gioco, lazzo, capriccio, bisticcio, celia.

nomencl. (*attinenti*) buon umore, allegria, carnevale, carnevalata, mascherata, pesce d'aprile || *agg.* amichevole, amorevole, benevolo, cordiale, garbato, cortese, gentile, allegro, gioioso, vivace, spiritoso, faceto, lepido, umoristico, sciocco, stupido, insulso, di cattivo gusto, di cattivo genere, villano, rozzo, ineducato, scortese, incivile, insolente, sgarbato, maligno, cattivo, malvagio, tristo, crudele, dannoso, nefasto, rovinoso, tragico, luttuoso, funesto, mortale, letale, innocente, innocuo, inoffensivo, leggero, licenzioso, libertino, osceno, manesco, sanguinoso.

scherzóso, *agg.* giocoso, scherzevole, piacevole, bernesco, faceto, bizzarro, brioso, burlevole, capriccioso, allegro, beffardo, canzonatorio, buffo, burlone, comico, giocoso, lepido, mattacchione, mattaccino, motteggevole, sollazzevole, ridanciano, scherzante, spiritoso, parodistico.

contr. sèrio, grave, musone, imbronciato, ingrognato, permaloso, suscettibile.

schiacciàre, *v.tr.* stiacciare, comprimere, calcare, ammaccare, pigiare, acciaccare, calpestare, metter sotto, premere, pestare, dirompere, rompere, spiaccicare, appiattire, deformare, infrangere, pressare, rintuzzare, sformare, schiantare, spremere, torchiare || *fig.* opprimere, vincere, soggiogare, ridurre all'impotenza, umiliare, annientare.

contr. sollevare, rilevare, gonfiare, innalzare, erigere, esaltare, levare.

schiacciàta, *sf.* → FOCACCIA.

schiacciatúra, *sf.* schiacciamento, acciaccatura, ammaccatura, compressione, appiattimento, schianto, torchiatura.

schiaffàre, *v.tr.* sbattere, sbatacchiare, → METTERE, GETTARE.

schiaffeggiàre, *v.tr.* prendere a schiaffi, ceffonare, dare schiaffi, dare un mostaccione, smostacciare, → PERCUOTERE || *fig.* umiliare, svergognare, → OFFENDERE.

contr. accarezzare, vezzeggiare, fare festa.

schiàffo, *sm.* schiaffone, gotata, guanciata, ceffone, ceffata, manrovescio, ganascione, mostacciata, mostaccione, scapaccione, sciacquadenti, → PERCOSSA || *fig.* onta, vergogna, offesa, umiliazione, torto, mortificazione.

contr. carezza, moina, vezzeggio.

schiamazzàre, *v.intr.* far schiamazzo, baccano, strepito, chiasso, schiassare, → GRIDARE, RUMOREGGIARE.

schiamazzío, *sm.* → RUMORE.

schiamàzzo, *sm.* → RUMORE.

schiancío, *agg.* scancío, → OBLIQUO.

schiantàre, *v.tr.* → ROMPERE, DISTRUGGERE || *intr.* schiattare, cedere, venir meno, scoppiare || *fig.* → MORIRE.

schiantàto, *pps.* di schiantare || *agg.* → DISTRUTTO.

schiànto, *sm.* cedimento, crollo, → ROTTURA || suono, schiocco, → SCOPPIO, RUMORE || *fig.* → DOLORE.

nomencl. *loc. avv.* di schianto.

schiànza, *sf.* → PIAGA || PROTUBERANZA || *ant.* macchia, chiazza.

schiàppa, *sf.* → SCHEGGIA || *fig.* schiappino, persona inesperta, → SBERCIA.

schiaràre, *v.tr.* → SCHIARIRE, RISCHIARARE.

schiariménto, *sm.* chiarimento, spiegazione, commento, chiosa, glossa, delucidazione, ragione, dichiarazione.

schiaríre, *v.tr.* schiarare, rendere chiaro, spiegare, dichiarare, chiarificare, esaminare, illuminare, lumeggiare, chiarire, → RISCHIARARE || *intr.* farsi chiaro, farsi giorno || diventar limpido || *rifl.* sbiadire, diventar chiaro, scolorire.

contr. oscurare, annebbiare, offuscare, intorbidire, intorbidare || scrivere o parlare oscuro, difficile, contorto, essere ermetico.

schiaríto, *pps.* di schiarire || *agg.* → SCOLORITO.

schiassàre, *v.intr.* → SCHIAMAZZARE.

schiàtta, *sf.* → RAZZA, STIRPE, GENERAZIONE.

schiattàre, *v.intr.* schiantare, scoppiare || crepare, venir meno, cedere, → MORIRE.

schiattíre, *v.intr.* squittire, scagnare, guattire, → ABBAIARE.

schiàva, *sf.* → SERVA.

schiavardàre, *v.tr.* sbullonare.

schiavàre, *v.tr.* sconficcare, → APRIRE.

schiavína, *sf.* → GABBANO, CAPPOTTO, MANTELLO.

schiavitú, *sf.* cattività, servitú, soggezione, servaggio, dipendenza, giogo, oppressione, prigionia || *fig.* → CATENA.

nomencl. (*pertinenti*) avorio nero, plagio, tratta dei negri, aguzzino, schiavista, assiente, negriere, negriero, mercante di schiavi, barca negriera || abolizionismo, affrancamento, affrancazione, andrapodismo, riscatto || *verb.* affrancare, liberare, emancipare; rompere i ceppi, le catene; spezzare le catene, scuotere il freno o il giogo, sottrarsi alla schiavitú || mettere, tenere, ridurre, porre in schiavitú; aggiogare, inschiavire, manomettere, sottomettere al giogo, tenere alla tortura.

contr. libertà, indipendenza.

schiàvo, *agg.* e *sm.* servo, mancipio, cattivo o captivo, oppresso, soggiogato, gravato, conculcato, ilota, soggetto, dipendente, dominato (anche *fig.*), prigioniero.

nomencl. (*inerenti*) iloti, mammalucco, sinfoniaci || patronato, anello, mazzafusto, nota, schiavina, tratta, schiavista || *agg.* bianco, negro, catturato, riscattato, sciolto, liberato, affrancato, adespoto, ingenuo, libertino, liberto || *verb.* affrancare, disfrancare, liberare, riscattare, sottomettere, opprimere, catturare, rendere schiavo, vendere.

contr. libero, indipendente, emancipato, liberato.

schiccàre, *v.tr.* schiaccolare, piluccare.

schiccheràre, *v.tr.* imbrattare, delineare o abbozzare male, scrivere o disegnare in fretta, troppo facilmente, scribacchiare, scombiccherare, → SCARABOCCHIARE || *fig.* palesare, riferire, spifferare || *v. intr.* bere molto, avidamente, cioncare.

contr. scrivere, disegnare con cura, con garbo, lentamente, pulitamente || tener celato, segreto || centellinare.

schiccolàre, *v.tr.* → SCHICCARE.

schidióne, *sm.* → SPIEDO.

schièna, *sf.* dorso, dosso, gobba, gobbo, tergo, lombi, reni, spalle, groppa || *fig.* dietro.

nomencl. (*attinenti*) muscoli grattanatiche, lungo dorsale, sacro lombare, traverso spinoso, romboide, ango-

lare della scapola, trapezio, gran dorsale || (*patologia*) filo della schiena, cifosi, lordosi, scoliosi, atelomielia, cirtomia, rachioparalisi || *verb.* addossare, addossarsi, sdossare, colpire nella schiena, sfilare, sfilarsi; voltare, volgere la schiena, spallarsi, direnare.
schienàle, *sm.* spalliera || schiena, midollo spinale (di animale).
schièra, *sf.* adunanza, attruppamento, plotone, battaglione, compagnia, brigata, colonna, comitiva, corpo, contingente, coorte, crocchio, drappello, scaglione, falange, formazione, legione, manipolo, nucleo, orda, ordine, rango, reggimento, squadra, squadriglia, squadrone, stormo, stuolo, truppello, truppa || banda, torma, corteggio || branco, frotta, sciame, folla, moltitudine.
nomencl. fianchi, spalle, fronte || *agg.* fitta, compatta, ordinata, disordinata, armata, disarmata, sciolta || *verb.* schierare, dischierare.
schieraménto, *sm.* allineamento, ordinamento, disposizione, incolonnamento, scaglionamento.
schieràre, *v.tr.* disporre, mettere in schiera; ordinare, allineare, mettere o spiegare in ordine di battaglia, indrappellare, incolonnare, scaglionare || *rifl.* ordinarsi in schiera || *fig.* schierarsi dalla parte di alcuno; diventare fautore, seguace, difensore di qualcuno.
contr. scompigliare, disordinare, confondere, rompere.
schiericàre, *v.tr.* e *rifl.* spretarsi, gettare la tonaca, schiostrarsi, sfratarsi.
schiettaménte, *avv.* candidamente, francamente, ingenuamente, sinceramente.
contr. fintamente, subdolamente, ipocritamente, in modo obliquo.
schiettézza, *sf.* franchezza, veracità, sincerità, lealtà, candore, candidezza, naturalezza, ingenuità, semplicità || purezza, purità.
contr. finzione, dissimulazione, ipocrisia, doppiezza, insincerità || impurità, mescolanza, contaminazione.
schiètto, *agg.* naturale, nudo, liscio, pretto, mero, genuino, regolare, sano, incontaminato, nativo, intatto, puro, non corrotto || *fig.* onesto, leale, franco, sincero, verace, ingenuo.
contr. impuro, adulterato, contaminato, mescolato, con intrugli || doppio, falso, ipocrita, finto, insincero.
schifàre, *v.tr.* → RIFIUTARE || RIPUGNARE || *rifl.* stomacare, avere il voltastomaco, provar schifo, disgustarsi, esser sazio, non poterne più.
schifévole, *agg.* → SCHIFOSO.
schifézza, *sf.* cosa schifosa, sporcizia, laidezza, schifosaggine, schifosità, mostruosità, sudiceria, oscenità.
contr. squisitezza, bontà, delicatezza, ghiottoneria, raffinatezza, finezza, cosa piacevole, attraente, cattivante, seducente, allettante.
schifiltà, *sf.* ripugnanza, incontentabilità, ritrosia, delicatezza, nausea, sdegno, sofisticheria, leziosaggine, schizzinosità, scrupolo, schifo, disgusto, ribrezzo, schifiltosità.
contr. adattabilità, facile accontentatura, superficialità, apatia, grossolanità.
schifiltosità, *sf.* → SCHIFILTÀ.
schifiltóso, *agg.* schizzinoso, ritroso, restio, alieno, sdegnoso, smorfioso, svogliato, scrupoloso, schivo, stomacato, contrario, moinardo, sofistico, lezioso, delicato, raffinato, sensibile, difficile a contentarsi.
contr. di buona bocca, di facile accontentatura, superficiale, grossolano, apatico, insensibile, inerte.
schífo, *sm.* ripugnanza, disgusto, nausea, ribrezzo, orrore, raccapriccio, ritrosia, schifiltà, voltastomaco || → BARCA || *agg.* sporco, lercio, schifoso,
contr. cupidità, attrazione, appetenza, voglia, gradimento, ammirazione.
schifosàggine, *sf.* → SCHIFEZZA.
schifosità, *sf.* → SCHIFEZZA.
schifóso, *agg.* schifo, sporco, lercio, laido, sudicio, sozzo, fetido, lercioso, nauseante, ributtante, stomachevole, stomacante, stomacoso, schifevole, sconcio, osceno, indiscreto || pessimo || esagerato.
contr. attraente, allettante, appetente, piacevole, gustoso, gradevole, pulito, lindo.
schioccàta, *sf.* → SCHIOCCO.
schiòcco, *sm.* rumore di frusta, rumore secco, colpo secco, schianto, scatto, scocco, schioccata.
nomencl. *verb.* schioccare.
schiodàre, *v.tr.* sconficcare, levare i chiodi, sbullettare, dischiodare, scassinare, → APRIRE.
contr. conficcare, ribadire i chiodi, inchiodare, chiudere.
schioppettàta, *sf.* sparo, tiro di schioppo, → FUCILATA.
schiòppo, *sm.* → FUCILE.
nomencl. schioppetto, schioppetteria, schioppettiere.
schiribìzzo, *sm.* ghiribizzo, capriccio.
schiribizzóso, *agg.* ghiribizzoso, capriccioso.
schíso, *agg.* storto, obliquo.
contr. diritto, ritto, retto, in linea retta.
schiúdere, *v.tr.* dischiudere, disserrare, socchiudere, spalancare, → APRIRE || *rifl.* aprirsi, dischiudersi, sbocciare, → GERMOGLIARE.
contr. chiudere, serrare || inaridire, seccare.
schiúma, *sf.* stummia, spuma, effervescenza || *fig.* gentaglia, accozzaglia, canaglia, feccia.
schiumaiòla o **schiumaròla,** *sf.* schiumatoio, schiumino, colatoio.
schiumàre, *v.tr.* togliere la schiuma || *fig.* → SCEGLIERE || *intr.* far schiuma.
schiumatóio, *sm.* → SCHIUMAIOLA.
schiumíno, *sm.* → SCHIUMAIOLA.
schiumóso, *agg.* spumoso, spumeggiante, effervescente, spumante.
schiúso, *pps.* di schiudere || *agg.* dischiuso, semiaperto, → APERTO.
contr. chiuso, serrato.
schivàre, *v.tr.* fuggire, rifuggire, scappare, sfuggire, scansare, guardarsi, evitare, eludere, sgusciare, parare, ribadare, muovere, scampare, svignarsela, schermire.
contr. cercare, andare incontro, affrontare, esporsi.
schívo, *agg.* contrario, ritroso, refrattario, riluttante, renitente, sfuggente, disdegnoso, restio, resistente, ribelle, alieno, schizzinoso, schifiltoso, selvatico, ostico, misantropo, acerbo, bizzarro, sdegnoso || → MODESTO.
contr. procacciante, intrigante, ambizioso, intraprendente, esibizionista.
schizofrènico, *agg.* e *sm.* anormale, → PAZZO.
schizzàre, *v.intr.* balzar fuori (di liquido), sprizzare,

spillare, scaturire, spicciare, zampillare || *tr.* spruzzare, → BAGNARE || DISEGNARE, ABBOZZARE || SALTELLARE.
schizzatóio, *sm.* spruzzatore, schizzetto.
schizzettàre, *v.tr.* → BAGNARE.
schizzétto, *sm.* piccolo schizzo || *fig.* piccolo fucile || → SCHIZZATOIO.

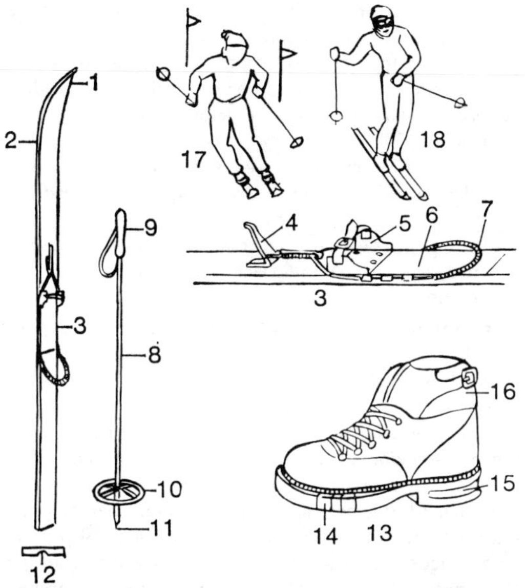

SCI – 1) punta; 2) lamina; 3) attacco; 4) tenditore anteriore; 5) staffa metallica; 6) placca; 7) superdiagonale; 8) bastoncino; 9) impugnatura; 10) rotella o racchetta; 11) puntale; 12) scanalatura; 13) scarpa da sci; 14) lamina di protezione; 15) serratallone; 16) cavigliera; 17) slalom; 18) cristiania.

schizzinóso, *agg.* → SCHIFILTOSO.
schízzo, *sm.* zampillo, spruzzo, zacchera, → MACCHIA || BOZZETTO, PROGETTO, ILLUSTRAZIONE.
sci, *sm. indecl.* scivoli, strisci.
nomencl. (*parti*) punta, lamina, scanalatura, spigolo, coda, attacco, ganascia; bastoncino, impugnatura, rotella, puntale || cristiània, slalom || sci d'acqua o nautici || acquaplano || sciare.
scía, *sf.* traccia, solco (nell'acqua).
scià, *sm. indecl.* → IMPERATORE.
sciàbica, *sf.* → RETE || gallinella d'acqua.
sciàbola, *sf.* ferro, lama, → SPADA.
nomencl. a sega, d'onore, damaschina, inguainata, sguainata || (*affini*) daga, salacca, squarcina, baionetta, squadrone, scimitarra || (*parti e inerenti*) capolo, guardamano o guardia, crociera, elsa, coccia, dorso, taglio o filo, guancia, pomo, debole, guaina, puntale, moschettone, mappa, dragona, manopola, fodero, cintura, cinturino, vette || piattonata, fendente, bandoliera || *verb.* snudare, sfoderare, sguainare, inguainare, calare fendenti, inastare.
sciabolàre, *v.tr.* colpire con la sciabola, prendere a sciabolate, dar sciabolate.
sciabolàta, *sf.* → ROVESCIONE, COLPO.
sciabordàre, *v.tr.* sciaguattare, agitare (un liquido o in un liquido), sciacquare, rilavare.

sciacàllo, *sm.* coiote || *fig.* vile, → CRUDELE.
nomencl. (*voce*) bramire.
sciacquadènti, *sm. indecl.* → SCHIAFFO.
sciacquaménto, *sm.* → AGITAZIONE.
sciacquàre, *v.tr.* risciacquare, sciabordare, sciaguattare, → LAVARE.
sciacquàta, *sf.* risciaquata || *fig.* → RIMPROVERO.
sciacquattaménto, *sm.* → AGITAZIONE.
sciacquío, *sm.* sciabordio, lavanda della bocca, → GARGARISMO.
sciaguattàre, *v.tr.* sciabordare, sciacquare, diguazzare, sbatacchiare, battere, sbattere, scuotere, → AGITARE.
sciagúra, *sf.* → DISASTRO, DISGRAZIA, SFORTUNA.
sciaguratàggine, *sf.* → MALEFATTA.
sciaguràto, *agg.* e *sm.* infelice, misero, sfortunato, sventurato, → DISGRAZIATO || vile, iniquo, briccone, scellerato, → MALVAGIO.
contr. felice, prospero, fortunato || onesto, galantuomo.
scialacquàre, *v.tr.* spendere da prodigo, sperperare, disperdere, dissipare, dilapidare, prodigare, profondere, scialare, consumare, rovinare, divorare, sparnazzare, sparnicciare.
contr. lesinare, essere avaro, essere calcolato, economo, parsimonioso, risparmiatore.
scialacquatóre, *agg.* e *sm.* sperperatore, dissipatore, dilapidatore, prodigo, scialatore, dissipato, sciupone, sprecone, scialone, spendaccione, sguazzatore, sparnazzatore, fonditore.
contr. avaro, tirchio, taccagno, economo, parsimonioso, risparmiatore.
scialàcquo, *sm.* → LUSSO || *fig.* sperpero, profusione.
scialàppa, *sf.* gialappa, sciarappa.

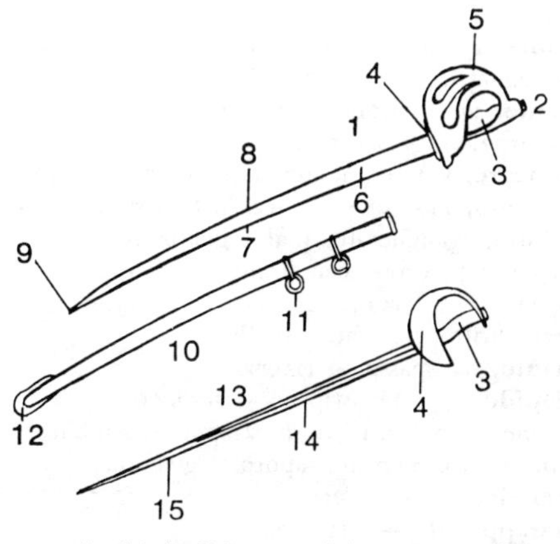

SCIABOLA – 1) sciabola; 2) bottone; 3) impugnatura; 4) guardia; 5) elsa; 6) lama; 7) dorso; 8) filo; 9) punta; 10) fodero; 11) campanella; 12) cresta; 13) sciabola per scherma; 14) lama triangolare; 15) lama rettangolare.

scialàre, *v.intr.* far vita splendida, spendere da prodigo, godere, sberlingacciare, sbaioccare, scarnevalare, scarnascialare, sbraciare, divertirsi, sberlingare, sbirbare, sbaldoriare, far baldoria, schiassare, sfogarsi, sciorinarsi, sguazzare, gavazzare, abbondare, largheggiare, grandeggiare || *tr.* sperperare, spendacciare, scia-

lacquare, dissipare, dilapidare, prodigare, profondere, consumare, sfoggiare.
contr. risparmiare, limitarsi, essere avaro, essere parsimonioso, mortificarsi, far penitenza, lesinare, stiracchiare.
scialbàre, *v.tr.* → INTONACARE, SBIADIRE.
scialbatúra, *sf.* intonacatura, → INTONACO.
sciàlbo, *agg.* → PALLIDO, SBIADITO, SCOLORITO || *sm.* → INTONACO.
contr. colorito.
sciàlle, *sm.* sciarpa, → MANTELLO.
nomencl. (*tipi*) doppio, a quattro doppi, di terno, frangiato, sgagnolo, turco, veneziano || (*affini*) baiadero, canesú, *fichu*, *plaid*, sari, sciamma || cocca || *agg.* ricco, elegante || *verb.* imbacuccare, avvolgere, infagottare.
sciàlo, *sm.* larghezza nello spendere, prodigalità, sperpero, sfarzo, spreco, profusione, dispersione, imprevidenza, consumo, abuso, sfoggio, → LUSSO || festa, carnevalata, baldoria, galloria, godimento, pompa.
contr. avarizia, taccagneria, parsimonia, risparmio, economia, calcolo, previdenza.
scialóne, *sm.* → SPENDACCIONE.
scialúppa, *sf.* → BARCA.
sciamannàre, *v.tr.* sgualcire, gualcire, sciupare, spiegazzare, disordinare, perturbare, turbare, creare scompiglio, scomporre || fare malamente, abborracciare. acciabattare || *rifl.* scomporsi, disordinarsi.
contr. assettare, rassettare, comporre, ordinare || fare, eseguire con cura, con ordine || agghindarsi, azzimarsi, ordinarsi.
sciamannàto, *pps.* di sciamannare || *agg.* disordinato, trasandato, sciamannone, trascurato, sciatto, negletto, arruffato, sbracato, sbrindellato, abbaruffato.
contr. ordinato, composto, elegante, attillato, agghindato, azzimato, leccato.
sciamàre, *v.intr. fig.* diffondersi, spargersi, allargarsi, sparpagliarsi, → EMIGRARE.
sciàme, *sm.* → MOLTITUDINE, FOLLA.
sciàmma, *sf.* → MANTELLO.
sciancàre, *v.tr.* e *rifl.* rovinare, storpiare, storpiarsi.
sciancàto, *pps.* di sciancare || *agg.* sbilenco, storto, malfatto, sgangherato, mal tagliato, fuor di sesto || storpio, zoppicante, claudicante.
nomencl. *verb.* arrancare.
contr. diritto, ben fatto, snello.
sciànto, *sm.* spasso, → PIACERE.
sciàpido, *agg. ant.* scipito, → SCIOCCO.
nomencl. scipidezza || *verb.* sciapidire, scipidire.
contr. salato, saporito, saporoso, gustoso.
sciaràda, *sf.* → ENIMMA.
sciaràppa, *sf.* → SCIALAPPA.
sciàre, *v.intr.* → CAMMINARE.
sciàrpa, *sf.* ciarpa, tracolla, cintura, fascia, fusciacca, scialletto, scialle, balteo, cravatta.
sciattàggine, *sf.* → SCIATTERIA.
sciattàre, *v.tr.* → GUASTARE.
sciattería, *sf.* sciattaggine, sciattezza, trascurataggine, trascuratezza, disordine, negligenza, scompostezza, trasandatezza, sciupio.
contr. ordine, metodicità, eleganza, accuratezza, compostezza.
sciattézza, *sf.* → SCIATTERIA.
sciàtto, *agg.* arruffato, dimesso, discinto, inornato, malmesso, malassettato, mal composto, scomposto, disordinato, sciamannato, scinto, discinto, disadorno, sbrindellato, sconcio, spennacchiato, sprezzato, sucido, trascurato, trasandato, rozzo, goffo, sgualcito, negligente, negletto, arruffato, incolto.
nomencl. sciattone, brindellone, nonnone, sciupone, sciamannone || *verb.* sciattare.
contr. ordinato, accurato, azzimato, composto, attillato, agghindato, elegante, adorno, coltivato, metodico.
sciàvero, *sm.* piallatura, truciolo, ritaglio, avanzo. scampolo.
scíbile, *agg.* e *sm.* → DOTTRINA, SCIENZA.
sciccheria, *sf.* eleganza, lusso, squisitezza, raffinatezza.
contr. ineleganza, sciatteria, trascuratezza, grossolanità.
sciènte, *agg.* → CONSAPEVOLE || SAPIENTE.
contr. insciente.
scienteménte, *avv.* consapevolmente, → DELIBERATAMENTE.
contr. inscientemente.
sciènza, *sf.* sapere, scibile, conoscenza, cognizione, dottrina, perizia, disciplina, nozione, cultura, competenza, istruzione, erudizione, studio, teoria, gnosi, esperienza, speculazione || sapienza.
nomencl. (*distinzioni*) astratta, concreta, sperimentale, naturale, tecnica, tecnologica, metafisica, soprannaturale, acustica, aerostatica, agricola, algebrica, allopatica, anatomica, antropologica, antropometrica, archeologica, aerometrica, bibliografica, biologica, botanica, calorimetrica, cartografica, chimica, chirurgica, cronologica, climatologica, cosmografica, cosmologica, cristallografica, critica, economica, elettrica, entomologica, epigrafica, estetica, etnografica, esegetica, gastronomica, geognostica, geografica, geologica, geometrica, grammaticale, armonica, storica, omeopatica, idrografica, idrologica, idrostatica, igienica, istologica, iconografica, ideologica, giuridica, legislativa, lessicografica, lessicologica, liturgica, logica, matematica, metrologica, mineralogica, musicale, numismatica, ornitologica, orografica, osteologica, paleografica, paleontologica, urbanistica, filologica, filosofica, fisica, fitografica, planimetrica, psicologica, scritturistica, sociologica, stereografica, stereometrica, tachigrafica, teologica, topografica, tossicologica, trigonometrica, uranografica, zoologica, astrologica, divinatoria, magica, magnetica, frenologica, taumaturgica, atomica, missilistica, bellica, artistica || (*elenco delle scienze*) algebra, calcolo integrale, calcolo differenziale, calcolo delle variazioni, calcolo delle probabilità, geometria, trigonometria, geometria analitica, matematica pura, matematiche applicate, matematiche miste, logica trascendentale, scienze fisiche, scienze naturali, morale, scienze storiche, scienze industriali, belle arti, critica letteraria, acustica, aerografia, aerologia, aerometria, aerostatica, agricoltura, agronomia, allopatia, anatomia, anemometria, angelologia, angiologia, antropologia, antropometria, apicoltura, archeologia, architettura, aerotecnica, astronomia, batteriologia, balistica, bibliografia, bibliologia, biblioteconomia, biologia, botanica, calorimetria, cartografia,

chimica, chirurgia, corografia, cronologia, cronografia, climatologia, cosmografia, cosmologia, cristallografia, dialettica, diplomatica, archivistica, diritto, dinamica, economia politica, economia sociale, Sacra Scrittura, elettricità, elettrochimica, elettrodinamica, elettromagnetismo, embriologia, entomologia, epigrafia, erpetologia, estetica, etnologia, eudiometria, esegesi, galvanoplastica, galvanostegia, gastronomia, geodesia, geografia, geologia, goniometria, grammatica, armonia, araldica, ermeneutica, storia, istologia, omeopatia, icnografia, idraulica, idrologia, idrometria, idroscopia, idrostatica, igiene, igrometria, iconografia, giurisprudenza, legislazione, lessicografia, letteratura, linguistica, litologia, liturgia, logica, meccanica, metallografia, metafisica, meteorologia, metrica, metrologia, micrografia, mineralogia, musica, miologia, neurologia, nosografia, nosologia, numismatica, odontologia, ontologia, ornitologia, orografia, ortopedia, ortografia, osteologia, paleografia, patologia, paleontologia, paletnologia, mistica, filosofia, filologia, fonetica, fisica, fitografia, planimetria, politica, pomologia, prosodia, psicologia, psicanalisi, selenografia, semiologia, sociologia, somatologia, sfragistica, speleologia, statistica, statica, stereografia, stratigrafia, tecnologia, telegrafia, teodicea, teologia, terapeutica, topografia, tossicologia, uranografia, zoografia, zoologia, zootomia, zootecnia || aeromanzia, alchimia, astrologia, cartomanzia, chiromanzia, demonografia, demonologia, divinazione, grafologia, ermetica, magia, magnetismo, necromanzia, occultismo, oniromanzia, ornitomanzia, fisiognomia, rabdomanzia, rabdologia, taumaturgica || (*persone*) sapiente, matematico, aritmetico, calcolatore, algebrista, geometra, metafisico, moralista, fisico, botanico, chimico, fisiologo, cosmologo, astronomo, geografo, geologo, psichiatra, psicanalista, psicologo, agricoltore, critico, agronomo, anatomista, archeologo, architetto, bibliografo, biologo, cartografo, chirurgo, cristallografo, dialettico, economista, elettricista, scrittore, entomologo, epigrafista, etnologo, esegeta, gastronomo, grammatico, idraulico, igienista, giureconsulto, lettore, legislatore, linguista, liturgista, medico, meteorologo, mineralogo, musico, naturalista, numismatico, ornitologo, ortopedico, paleografo, paleontologo, filosofo, filologo, statista, scienziato, teologo, topografo, zoologo, alchimista, astrologo, cartomante, chiromante, demonologo, indovino, mago, necromante, occultista, frenologo, rabdomante, taumaturgo || (*attinenti*) principi, elementi, assiomi, leggi, regola, metodo, formula, fondamento, domma, ricerca scientifica, nozione, idea generale, conoscenza (teorica, pratica), rendimento, istituto || acquisizione, specializzazione, bagaglio, infarinatura, vernice, prenozione, istruzione, lumi, iniziazione, abitudine, indagine, osservazione, ricerca, invenzione, scoperta, esercizio, onniscienza, pedanteria, tecnica || parte, ramo, branca, problema, quesito, trattato, errore, eresia, propedeutica, insegnamento, cattedra, accademia, seminario, enciclopedia, saggio, monografia, terminologia || *agg.* accessibile, inaccessibile, elementare, primitiva, semplice, empirica, pratica, positiva, popolare, volgarizzata, profana, profonda, viva, fondamentale, madre, infusa, pura, applicata, comparata, vera, falsa, antica, moderna, universale || *verb.* coltivare, possedere, apprendere, imparare; essere sapiente, essere versato, essere al corrente, non ignorare, studiare; aver la mente sgrossata, formata, coltivata, ornata.

contr. ignoranza, asineria, imperizia, fanatismo, mezza scienza, infarinatura, pregiudizio, mito, dogmatismo.

scienziàto, *agg.* erudito || *sm.* dotto, dottore, specialista o cultore di una scienza, perito, maestro, professore, → SAPIENTE.

nomencl. (*pertinenti*) bassotto, seguace, pedissequo, luminare, martire della scienza, mecenate, novatore, riformatore, oracolo della scienza, precursore, sacerdote della scienza, teoretico.

contr. ignorante, ignaro, profano, incolto || dilettante.

scilinguàgnolo, *sm.* filetto, frenulo, frenello || *fig.* chiacchiera, parlantina, loquacità.

nomencl. *verb.* tagliare, sciogliere || avere.

scilinguàre, *v.intr.* stentare, → BALBETTARE.

scilinguàto, *pps.* di scilinguare || *agg.* → BALBUZIENTE.

scímia, *sf.* → SCIMMIA.

scímmia, *sf.* scimia, simia, antropoide, antropomorfo, quadrumane, scimmione || *fig.* → IMITATORE.

nomencl. amadriade, babbuino, bertuccia, cappuccina, catarrina, cebo, cinocefalo, cercopiteco, drillo, driopiteco, durùculi, entello, gelada, gorilla, gibbone, guerèza, ilobate, macaco, mandrillo, marichina, marimonda, micco, monna, orango o orangutango, urango o urangotango, pitecantropo, piteco, platirrina, scimpanzè, proscimia o lemuride || ringhio || *verb.* ringhiare, scimmiottare, scimmieggiare.

scimmieggiàre, *v.tr.* → IMITARE.

scimmióne, *sm.* → SCIMMIA || *fig.* → BRUTTO.

scimmiottàre, *v.tr.* → IMITARE.

scimmiottàta, *sf.* → IMITAZIONE.

scimmiottatóre, *sm.* → IMITATORE.

scimmiòtto, *sm.* scimmia giovane || *fig.* → BRUTTO.

scimunitàggine, *sf.* → SCEMPIAGGINE, SCIOCCHEZZA.

scimuníto, *agg.* e *sm.* → SCIOCCO, IMBECILLE.

scíndere, *v.tr.* distinguere, discernere, dissolvere, separare, spezzare, strappare, tagliare, lacerare, sdrucire, fendere, staccare, scernere, sceverare, divaricare → DIVIDERE.

contr. unire, congiungere, attaccare.

scindíbile, *agg.* separabile, divisibile, fendibile, sceverabile, staccabile.

contr. inscindibile, indivisibile, inseparabile

scindibilità, *sf.* divisibilità, separabilità.

contr. inscindibilità, inseparabilità.

scíngere, *v.tr.* discingere, slegare, sciogliere, disciogliere, sciorre, slacciare, dislacciare || *rifl.* sciogliersi, slacciarsi le vesti, spogliarsi.

contr. cingere, legare, annodare, allacciare.

scintílla, *sf.* favilla, sprazzo (luminoso), monachina, → FUOCO || *fig.* luce, lume, lampo, luccichio, brillio, lampeggiamento, sfavillio, splendore, ardore.

nomencl. scintillometro || *verb.* scoccare, scintillare, brillare, luccicare, sfavillare, rutilare.

scintillaménto, *sm.* → SPLENDORE.

scintillànte, *ppr.* di scintillare || *agg.* sfavillante, bril-

lante, risplendente, corrusco, fiammante, abbagliante, luminoso, rutilante, → LUCENTE.
contr. opaco, cupo, fosco, oscuro, oscurato, offuscato.
scintillàre, *v.intr.* mandar scintille, sfavillare, risplendere; luccicare, lampeggiare, balenare, brillare, disfavillare, tremolare, rutilare, corruscare, splendere.
contr. essere fosco, cupo, buio, oscuro, opaco.
scintillío, *sm.* → LUCE, BAGLIORE.
scínto, *pps.* di scingere || *agg.* discinto, sciolto, slegato, slacciato, dislacciato || → SCIATTO.
contr. cinto, legato, allacciato.
scioccàggine, *sf.* → SCIOCCHEZZA.
scioccherèllo, *sm.* vanerello, vanesio, fatuo, vuoto, → SCIOCCO.
sciocchería, *sf.* → SCIOCCHEZZA.
sciocchézza, *sf.* asineria, asinata, babbuaggine, babbuasaggine, baggianata, balordaggine, balorderia, bambaneria, bessaggine, bietolaggine, buacciolata, buaggine, bussaggine, bubbolata, pifferata, cacchioneria, capata, capocchieria, castronaggine, castroneria, cipollata, citrullaggine, citrulleria, corbelleria, cordoneria, dabbenaggine, dappocaggine, dappochezza, fagiolata, fatuità, giuccata, giuccheria, goffaggine, grossezza d'ingegno, grullaggine, grulleria, imbecillaggine, imbecillità, insipienza, insulsaggine, matteria, desipienza, mattezza, melensaggine, mellonaggine, minchioneria, moccioneria, pappolata, pecoraggine, pinconaggine, ragliata, scempiataggine, scioccaggine, schioccheria, scempietà, scempiezza, scimunitaggine, scipitaggine, scipitezza, semplicità, stolidezza, stoltezza, stoltizia, stupidezza, trullaggine, trulleria, scempiaggine, minchionaggine, allocchería, corrività, credulità, cretineria, puerilità, ridicolaggine, stupidaggine, assurdità || inezia, → MINUZIA.
contr. intelligenza, saggezza, sapienza, maturità, sagacità, sagacia, avvedutezza, accortezza, scaltrezza, perspicacia, fiuto || cosa essenziale, importante, rilevante, notevole, di valore.
sciocchezzuòla, *sf.* → INEZIA.
sciòcco, *agg.* e *sm.* scipito, insipido, insulso, insapore, senza sale, senza sapore, sciapo, sciàpido || allocco, arcifanfano, arlotto, asino, babbaleo, babbalocco, babbano, babbeo, babbione, babboccione, babbuasso, babbuino, baccellaccio, baccello, baccellone, bacchilone, bacciocco, bacheco, bachiocco, baggeo, baggiano, baggianaccio, baiocco, baioccone, balogio, balordaccio, balordello, beccone, beco, bel cero, bello spirito, bertoldo, besso, bestiolo, bietolone, bighellone, bocco, bozzone, brogio, brogiotto, buaccio, buacciolo, buaccione, bue, bufalo, capocchio, capocchione, castronaccio, castroncello, carciofo, cavolaccio, cetriolo, chiurlo, ciafo, citrullaccio, citrullino, citrullo, ciuco, coglioncello, coglione, corbello, corbellone, cucco, cuio, cuicco, dabbenuomo, dappoco, dolcione, ebete, ebetista, fagiolo, fatuo, fesso, gabbiano, gaglioffo, goffo, galeone, gallione, chiandone, ghiozzo, giucaccio, giucco, giucherello, giuggiolone, gnocco, gocciolone, gonzo, grullino, grullo, gufaccio, imbecille, insensato, insipiente, lanternone, lasagnone, lupinaio, maccherone, magogo, mangiamarroni, margolfo, marzocco, melenso, mellone, menghero, menico, merlo, merlotto, mestolone, midollone, minchioncello, minchione, moccione, moccolone, oca, ottuso, paccheo, pacchiano, pacchio, palamidone, papavero, papero, paperotto, papacchione, pastricciano, pazzo, pecora, pecorone, pentolone, pinchellone, pincone, pippone, pisellaccio, pisello, pisellone, pollo, pover'uomo, rapa, riciuco, salame, santoccio, scempio, scimunito, scioccaccio, sciocchino, semplicione, sempliciotto, sonaglio, sporagione, stolido, stolto, strullo, stupido, taccolino, taddeo, talpa, tambellone, tempione, testa di legno, tondone, tonno, torsolo, torsone, totano, tronco, trullo, zucca, zuccone, zufolo, zugo melato, nullità, barbagianni, addormentato, barullo, beota, credulo, credulone, corrivo, credenzone, cretino, desipiente, vanesio, mammalucco, sventato, scemo, uomo senza sale.
contr. sapido, salato, salace, acre, allappante, saporito, saporoso, gustoso || intelligente, sveglio, vivace, sagace, perspicace, scaltro, acuto, capace, ingegnoso.
sciògliere, *v.tr.* sciorre, discingere, disfare, disgiungere, dislacciare, disnodare, dissolvere, disviluppare, disvincolare, disunire, sbrigliare, scappire, scingere, scontessere, slegare, dislegare, solvere, svincolare, svolgere, dipanare, districare, distrigare, disbrigare, disimpacciare, disimpegnare, slacciare, snodare, sfrenare || liberare, prosciogliere || rescindere, abolire, annullare, dichiarare írrito o nullo, dirimere, invalidare, risolvere, stracciare || disciogliere, struggere, squagliare, scomporre, decomporre, stemperare, diluire || disgregare, diradare, allargare, disperdere, dissipare, sparpagliare, sbaragliare, metter fine, sbandare, licenziare || → PURGARE || *fig.* assolvere || decidere, definire (una lite o una questione) || togliere da un impiccio, dispensare da un obbligo || *rifl.* liberarsi, svincolarsi, disimpegnarsi, divincolare || evaporare, liquefare.
contr. legare, cingere, avvincere, collegare, involgere, allacciare, unire, attaccare, annodare, stringere, restringere, congiungere, ricongiungere || coagulare, solidificare, condensare, rapprendere || impegnare, vincolare, obbligare.
scioglimento, *sm.* scomposizione, discomponimento, discioglimento, risolvimento, dissoluzione, disunione, svincolamento, disbrigo, disimpegno, slacciamento, sfrenamento, licenza, separazione, disfacimento, liquefazione, dissolvimento, distruzione, disgregazione, disgregamento, decomposizione, scongiungimento, slegamento, soluzione, dilatazione, rarefazione || chiusa, esito, conclusione, epilogo, svoltura, conversione, catarsi, catastrofe || rescissione, abolizione, annullamento, invalidazione, dichiarazione di nullità || (di contratto) → DISDETTA.
contr. legamento, inviluppo, congiungimento, unione, legame || proemio, inizio, iniziazione, introduzione, prefazione, premessa.
sciolo, *agg. e sm.* → SAPUTELLO.
sciòlta, *sf.* → DIARREA.
scioltézza, *sf.* prontezza, prestezza, celerità, sollecitudine, solerzia, alacrità, lestezza, agilità || disinvoltura, vivacità, facilità, spigliatezza, naturalezza.
contr. imbarazzo, perplessità, ritegno, goffaggine, impaccio, impegno, legame, inerzia.

sciòlto, *pps.* di sciogliere || *agg.* risoluto, disciolto, liquefatto, stemperato, diluito, liquido, decomposto || slegato, discinto, dissolto, disunito, disgiunto, slacciato, libero, liberato, snodato, prosciolto, svolto || disdetto, rescisso, scisso, svincolato || *fig.* agile, assoluto || franco, spigliato, scattante, vivace, disinvolto.
contr. legato, unito, annodato, congiunto, allacciato, impacciato, interíto, impastoiato, impaniato, invischiato, imbarazzato, vincolato, legnoso || coagulato, condensato, rappreso.
scioperàre, *v.intr.* fare uno sciopero, partecipare a uno sciopero, incrociare le braccia, fermare il lavoro, astenersi dal lavoro.
nomencl. sciopero, scioperante, picchetto, crumiro.
contr. lavorare || fare il crumiro.
scioperatàggine, *sf.* scioperatezza, ozio, pigrizia, dissipazione, negligenza, poltroneria, inoperosità, torpidità, sbadataggine, indolenza, accidia, inerzia, inazione.
contr. operosità, alacrità, laboriosità, attività, diligenza.
scioperatézza, *sf.* → SCIOPERATAGGINE.
scioperàto, *pps.* di scioperare || *agg.* e *sm.* disoccupato, pigro, inerte, infingardo, accidioso, torpido, inutile, negligente, ozioso, fannullone, scansafatiche, poltrone, sfaccendato, dissipato, vagabondo, scapestrato.
contr. laborioso, attivo, lavoratore, operoso, sveglio, alacre, diligente.
sciòpero, *sm.* astensione dal lavoro, cessazione del lavoro.
nomencl. (*varietà*) bianco, a singhiozzo, a catena, a scacchiera, lampo, nazionale, politico, economico, di protesta, di categoria, a oltranza || della fame || crumiro || *agg.* breve, lungo, parziale || *verb.* proclamare, fare, organizzare, partecipare, sospendere.
contr. lavoro || serrata, crumiraggio.
sciorinàre, *v.tr.* spiegare, → STENDERE || *fig.* mettere in mostra, esporre, sfoggiare, ostentare, far pompa, dare.
contr. piegare, ripiegare, riporre || nascondere, celare, dissimulare.
sciòrre, *v.tr. poet.* → SCIOGLIERE.
sciovinísmo, *sm.* → NAZIONALISMO.
sciovinísta, *sm.* patriottardo, nazionalista, campanilista.
scipitàggine, *sf.* → SCIOCCHEZZA.
scipitézza, *sf.* → SCIOCCHEZZA.
scipíto, *agg.* → SCIOCCO.
sciròcco, *sm.* èuro, scilocco.
sciroppàre, *v.tr.* giulebbare, confettare.
sciròppo, *sm.* giulebbe, siroppo.
nomencl. (*ingredienti*) di arancio, di china, di ipecacuana, di melagranata, di orzo, di poligala, di rabarbaro, di ribes || acetomiele, melassa, saccaroleo, zucchero.
scírro, *sm.* indurimento, → TUMORE.
scísma, *sf.* separazione, distacco, allontanamento, secessione, → DIVISIONE, DISCORDIA.
contr. concordia, fedeltà, unanimità, consenso.
scissióne, *sf.* → DIVISIONE, DISCORDIA || ANALISI.
contr. unione, congiunzione.
scísso, *pps.* di scindere || *agg.* diviso, separato, disgiunto, disunito, staccato, spezzato, fenduto, avulso, discorde.
contr. unito, attaccato, congiunto, concorde, unanime.
scissúra, *sf.* → FENDITURA, ROTTURA || *fig.* → DISCORDIA, DIVISIONE.
scitàle, *sm.* → STAFFILE.
sciupacchiàre, *v.tr.* → SCIUPARE.
sciupàre, *v.tr.* sciupacchiare, sciupinare, abballottolare, accincignare, aggrinzire, allucignolare, brancicare, cincischiare, conciare male, gualcire, guastare, maltrattare, malmenare, strapazzare, maneggiare, mantrugiare, piegare malamente, pigiare, scipare, sgualcire, tormentare, straziare, sdrucire, strappare, aggrovigliare, consumare, lacerare, logorare, sconciare, strusciare, intaccare, nuocere, strebbiare, stribbiare, strucinare || spendere, sprecare, sperperare, dissipare, scialacquare, dilapidare || *rifl.* guastarsi, consumarsi, prodigarsi, danneggiarsi, sprecarsi.
contr. lisciare, stirare, risparmiare, tener da conto, aver cura, aver riguardo || utilizzare, conservare, economizzare, tener da parte || riguardarsi, risparmiarsi, non affaticare.
sciupàto, *pps.* di sciupare || *agg.* guasto, gualcito, sgualcito, logoro, liso, consumato, consunto, sprecato, disperso || stanco, sfinito, esaurito, frusto, trito, usurato, vizzo, sfatto, logoro nella salute.
contr. intatto, fresco, conservato, utilizzato, in buono stato || vegeto, arzillo, resistente, robusto, rubizzo.
sciupinío, *sm.* → SCIUPO.
sciupío, *sm.* → SCIUPO.
sciúpo, *sm.* sciupio, spreco, scialacquo, dissipazione, sperpero, consumo, sciupinio, distruzione, dispersione.
contr. risparmio, buon uso, economia, parsimonia, conservazione.
sciupóne, *agg.* e *sm.* mangiatutto, sprecone, scialacquatore, prodigo, sperperatore, dissipatore, dissipato, spendaccione, dilapidatore, scialone, spenditore, sciupatore, sguazzatore, sparnazzatore, fonditore.
contr. avaro, tirchio, risparmiatore, parsimonioso, economizzatore, taccagno, spilorcio.
scivolàre, *v.intr.* slittare, sdrucciolare, sbiettare, sguisciare, sgusciare, strisciar via, scorrer via, guizzare, sfuggire, mettere il piede in fallo || scivolar dentro, → ENTRARE.
contr. arrestarsi, fermarsi, piantarsi, incespicare, inciampare, arrampicarsi.
scivolàta, *sf.* scivolone, sdrucciolone, ruzzolone, slittamento, sbandamento.
scívoli, *sm.pl.* strisci, → SCI.
scívolo, *sm.* piano inclinato || gorgheggio, trillo || sci.
scivolóne, *sm.* sdrucciolone, → SCIVOLATA.
scivolóso, *agg.* lubrico, sdruccioloso, sdrucciolevole || *fig.* malagevole, malsicuro, pericoloso, vacillante, tentennante.
contr. ruvido, aspro; statico, fermo, sicuro.
sclamàre, *v.intr.* esclamare || → PREGARE.
scoccàre, *v.tr.* e *intr.* far uscire, uscire, far scappare, scappare (dalla cocca), scattare, → SALTARE.
scocciàre, *v.tr.* → SECCARE.
scòcco, *sm.* → SCHIOCCO.
scodèlla, *sf.* ciotola, coppa, cornuta, lance, fondina, terrina, zuppiera, → PIATTO.
scodellàre, *v.intr.* versare, rovesciare (in tavola),

ammannire, minestrare, servire a tavola || *fig.* spifferare, spiattellare.
scodinzolàre, *v.intr.* dimenare la coda || *fig.* dimenarsi camminando, scutrettolare, → DIVINCOLARE.
scòglio, *sm.* sasso, masso, roccia, pietra, macigno, rupe, promontorio, frangente || *fig.* rovina, flagello, pericolo, → OSTACOLO, DIFFICOLTÀ.
scoglióso, *agg.* || *fig.* → PERICOLOSO.
scoiàre, *v.tr.* scuoiare, → SCORTICARE.
scolaménto, *sm.* → COLATICCIO.
scolàre, *v.intr.* colare, gocciolare, sgocciolare, gocciare, stillare, spillare, trapelare, trasudare, uscire, filtrare, versare || *tr.* far sgocciolare, far cadere.
scolàro, *sm.* allievo, alunno, discente, discepolo, studente, educando.
nomencl. (*qualità e distinzioni*) scaldapanche, ripetente, uditore, privatista, condiscepolo, esterno, interno, licenziando, maturando, abilitando, esaminando, candidato, laureando, matricola, matricolino || (*inerenti*) esame, cartella, pagella, diploma, licenza, abilitazione, laurea || vacanze, ferie || *agg.* diligente, attento, scrupoloso, assiduo, laborioso, solerte, negligente, trascurato, disattento, sfaticato, pigro, studioso, intelligente, ingegnoso, acuto, perspicace, ottuso, ignorante, modello || *verb.* scolareggiare, frequentare, marinare o salare la scuola.
contr. maestro, professore, insegnante, ripetitore, aio.
scolatúra, *sf.* → COLATICCIO.
scoliàste, *sm.* chiosatore, commentatore, annotatore, postillatore, glossatore, erudito, interprete, espositore.
scòlio, *sm.* → CANTO || esposizione, interpretazione, glossa, chiosa, → COMMENTO.
scoliòsi, *sf.* → GOBBA.
scollacciàto, *pps.* di scollacciare || *agg.* molto scollato, discinto, immodesto || *fig.* scabroso, licenzioso, → OSCENO.
contr. accollato, modesto.
scollacciatúra, *sf.* scollatura, scollo.
contr. accollatura.
scollàre, *v.tr.* staccare, disgiungere, scombaciare || *rifl.* scollacciarsi, scoprirsi troppo il collo.
contr. incollare || accollare.
scollatúra, *sf.* distacco, disgiunzione || scollacciatura, scollo.
contr. incollamento, incollatura || accollatura.
scollegaménto, *sm.* sconnessione, disgiungimento, mancanza di nesso o di connessione, scontessitura.
contr. collegamento, connessione.
scollegàre, *v.tr.* slegare, separare, disgiungere, disunire, staccare, scombaciare.
contr. collegare, unire, congiungere, legare, far combaciare.
scollinàre, *v.intr.* → PASSARE.
scòllo, *sm.* scollacciatura, scollatura.
contr. accollatura.
scolmàre, *v.tr.* togliere la colmatura, il colmo.
contr. colmare, rinterrare.
scólo, *sm.* sgrondo, sgorgo, sbocco, flusso || → FOSSO.
scolopèndra, *sf.* → MILLEPIEDI.
scoloràre, *v.tr.* e *intr.* → SCOLORIRE.
scoloriménto, *sm.* scoloramento, decolorazione || → PALLORE.
scoloríre, *v.tr.* scolorare, decolorare, discolorare, far perdere il colore || *intr.* perdere il colore, impallidire, sbiadire, schiarire, smontare, diventar pallido, stingere, ammortire || *rifl.* → IMPALLIDIRE.
contr. colorire, colorare || tinteggiare, colorirsi, tingersi, colorarsi.
scoloríto, *pps.* di scolorire || *agg.* sbiadito, impallidito, pallido, schiarito, smontato, scialbo, smorto, sbiavato, stinto, decolorato, crepuscolare.
contr. colorito, colorato, tinto, acceso.
scolpàre, *v.tr.* e *rifl.* → DISCOLPARE.
scolpíre, *v.tr.* intagliare, incidere, effigiare || *fig.* imprimere, dare rilievo, → DESCRIVERE.
scolpíto, *pps.* di scolpire || *agg.* intagliato, inciso o in rilievo || *fig.* rilevato, impresso, netto, spiccato, distinto.
contr. levigato, limato, spianato, lisciato, cancellato || soltanto accennato, appena segnato.
scólta, *sf.* → GUARDIA, SENTINELLA, AVAMPOSTO.
scoltúra, *sf.* → SCULTURA.
scombaciàre, *v.tr.* scollegare, slegare, separare, disunire, disgiungere, scollare.
contr. far combaciare, congiungere.
scombavàre, *v.tr.* imbavare, imbrattare di bava, sbavare.
scombiccheràre, *v.tr.* → SCHICCHERARE || intr. → SCARABOCCHIARE.
scombinàre, *v.tr.* mandare a monte, sconcertare, sconvolgere, scombinare, scombussolare, confondere, dissestare, → DISORDINARE, ROMPERE.
contr. comporre, combinare, concertare, consertare, assettare.
scombinazióne, *sf.* → DISORDINE.
scombúglio, *sm.* → DISORDINE.
scombuiàre, *v.tr.* mettere sossopra, disordinare, scompigliare, scombinare, rimestare, scombussolare, frastornare, sconvolgere, confondere, agitare, turbare, rabbuiare, → SPAVENTARE || *rifl.* confondersi, turbarsi, rannuvolarsi.
contr. ordinare, riordinare, combinare, sistemare, assestare || calmare, rasserenare.
scombuiàto, *pps.* di scombuiare || *agg.* agitato, frastornato, sconvolto, confuso, scompigliato, scombussolato, sconcertato, → SPAVENTATO.
scombussolaménto, *sm.* → AGITAZIONE.
scombussolàre, *v.tr.* confondere, scompigliare, mettere sossopra, scombuiare, sconvolgere, turbare, arruffare, ingarbugliare, mettere a soqquadro, agitare, → DISORDINARE.
contr. mettere a posto, sistemare, assestare, ordinare, collegare, calmare, rassettare, rasserenare.
scombussolío, *sm.* → DISORDINE, CONFUSIONE || AGITAZIONE.
scomméssa, *sf.* puntata, patto, impegno.
scommessúra, *sf.* scollatura, scommettitura, scomposizione, sconnessione, scollegamento, scontessitura, scombinazione.
contr. commessura, commettitura, incastro, connessione, collegamento, intreccio, contesto.

scomméttere, *v.tr.* fare una scommessa, → GIOCARE || disfare, disaggregare, scompaginare, disgregare, dividere, scongiungere, separare, scomporre, sconnettere.
nomencl. (*attinenti*) partita, scommessa, posta, patto, riscontro, allibratore || *verb.* giurare, pattuire, giocare, impegnare, affermare, vincere, perdere.
contr. connettere, incastrare, collegare, incollare, congiungere, contessere.
scommettitúra, *sf.* scommessura, scollatura, scomposizione, sconnessione, scongiungimento.
nomencl. *verb.* scommettere.
contr. commessura, commettitura, incastro.
scomodàre, *v.tr.* e *rifl.* → DISTURBARE.
scomodità, *sf.* malagevolezza, incomodità, disagio, imbarazzo, scomodo, incomodo.
contr. comodità, comodo, agio, agevolezza.
scòmodo[1], *agg.* incomodo, malagevole, inospitale, disagevole, disadatto, disagitato, fastidioso, oneroso, arduo, difficile, insufficiente.
contr. comodo, agevole, idoneo, facile, ospitale, appropriato.
scòmodo[2], *sm.* → SCOMODITÀ.
scompaginàre, *v.tr.* *fig.* → DISORDINARE, ROMPERE.
nomencl. compagine, commessura, contesto.
scompaginatúra, *sf.* → SCOMPAGINAZIONE.
scompaginazióne, *sf.* scompaginatura, turbamento, sconvolgimento, sconnessione. sconquasso.
scompagnàre, *v.tr.* spaiare, turbare la simmetria, → SEPARARE.
contr. unire, accompagnare, far simmetria,
scompagnàto, *pps.* di scompagnare || *agg.* separato, spaiato, scompagno, solo, unico, disarmonico.
contr. unito, appaiato, accoppiato, correlato, doppio.
scompàgno, *agg.* → SEPARATO.
scomparíre, *v.intr.* sparire, dileguarsi, squagliarsi, dissolversi, eclissarsi, svanire, disparire, allontanarsi, → PARTIRE || sfigurare, far cattiva figura.
contr. apparire, comparire, presentarsi, esser presente || far bella figura.
scompàrsa, *sf.* sparizione, eclisse, dipartita, allontanamento.
contr. comparsa, apparizione, presenza.
scompàrso, *pps.* di scomparire || *agg.* → PERDUTO.
scompartiménto, *sm.* compartimento, spartimento, divisione, reparto, riparto, ripartizione, sezione, partizione, dipartimento, casella, scomparto, parte.
scompartíre, *v.tr.* → DIVIDERE, SPARTIRE.
scompàrto, *sm.* → SCOMPARTIMENTO.
scompènso, *sm.* squilibrio, sbilancio, dissesto, disarmonia, scompiglio, privazione, insufficienza.
contr. compensazione, armonia, equilibrio.
scompiacènte, *ppr.* di scompiacere || *agg.* → SCORTESE.
contr. compiacente.
scompiacènza, *sf.* → SCORTESIA.
contr. compiacenza.
scompigliaménto, *sm.* → SCOMPIGLIO.
scompigliàre, *v.tr.* scapigliare, scarmigliare, spettinare, arruffare, scarduffare, abbaruffare, rabbuffare, disordinare, mettere sossopra, mettere in disordine, confondere, perturbare, sconvolgere, sovvertire, disfare || sbandare, disperdere, sbaragliare, scompaginare, disorganizzare, sparpagliare, sgominare, mettere in fuga, sbrancare, scomporre, sconfondere, snodare.
contr. ordinare, riordinare, assestare, assettare, rassettare, accomodare, ravviare, quietare, calmare.
scompigliàto, *pps.* di scompigliare || *agg.* disordinato, scarmigliato, scapigliato, scompaginato, → CONFUSO.
scompíglio, *sm.* scompigliamento, sbandamento, dispersione, disperdimento, sbaraglio, fuga, dissoluzione, sbaragliamento, turbamento, sbrancamento, sparpagliamento, scombuglio, arruffio, rimescolio, disordine, ribellione, rumore, confusione, perturbazione, trambusto, parapiglia, agitazione.
contr. ordine, assetto, quiete, riunione, assettamento, calma.
scompisciàre, *v.tr.* imbrattare, lordare di orina || *intr.* → ORINARE.
scompletàre, *v.tr.*
contr. completare.
scomponibilità, *sf.* → DECOMPONIBILITÀ.
contr. componibilità.
scompórre, *v.tr.* disordinare, sbandare, disperdere, sciogliere, sbaragliare, scompigliare, sgominare, disciogliere, sbandare, sbrancare, sconfondere, sciamannare, sciupare, spiegazzare, guastare, disfare, rompere, disembrare, risolvere, scommettere, sconnettere, smontare, arruffare, scarduffare, scarmigliare, scompaginare, scompartire, disgiungere, disunire, scongiungere, sconvolgere, separare, sfasciare, smembrare, analizzare, anatomizzare, decomporre, smontare || *rifl.* turbarsi, alterarsi.
contr. ricomporre, comporre, unificare, riunificare, ordinare, mettere a posto || ricomporsi.
scomposizióne, *sf.* scommessura, scollatura, scommettitura, sconnessione, scompaginamento, scioglimento, analisi, disorganizzazione.
contr. composizione, ricomposizione, riunificazione, incastro, connessione.
scompostézza, *sf.* incompostezza, sguaiataggine, sconvenienza, sciatteria, → DISORDINE.
contr. compostezza, ordine, correttezza, decoro, gravità.
scompósto, *pps.* di scomporre || *agg.* sciatto, incomposto, trasandato, sguaiato, scompigliato, sconveniente, indecente, sciamannato || disfatto, separato.
contr. composto, ordinato, corretto, ornato, decoroso, assettato, attillato, decente.
scomputàre, *v.tr.* sottrarre, scontare, togliere, detrarre dal conto.
contr. computare, includere, comprendere.
scòmputo, *sm.* → ABBUONO.
scomúnica, *sf.* anatema, interdetto, maledizione, censura.
nomencl. (*gradi*) maggiore, minore, riservata, riservatissima, *latae sententiae*.
scomunicàre, *v.tr.* fulminare, lanciare la scomunica, anatemizzare, maledire, interdire, proibire.
contr. comunicare, essere in comunione (con la Chiesa).
scomunicàto, *pps.* di scomunicare || *agg.* e *sm.* anatemizzato, interdetto, maledetto || *fig.* sacrilego, empio, iniquo.

contr. comunicato.

scomúzzolo, *sm.* → MINUZIA.

sconcertàre, *v.tr.* turbare, scombinare, sconciare, disturbare, disordinare, mandare a monte, confondere, impedire, rovinare, scompigliare, sconvolgere, scombuiare, mettere a soqquadro, scompaginare, sconnettere, sciamannare, scomporre, impressionare, guastare l'armonia.

contr. concertare, ordinare, comporre, riordinare, assettare, rimettere a posto, combinare, ricomporre.

sconcertàto, *pps.* di sconcertare || *agg.* turbato, sconvolto, interdetto, confuso, stonato, scombuiato, impressionato, perplesso.

contr. ordinato, imperturbabile, impassibile, indifferente.

sconcertatóre, *agg.* e *sm.* → DISTURBATORE.

contr. concertatore.

sconcèrto, *sm.* → DISORDINE.

contr. concerto.

sconcézza, *sf.* → BRUTTEZZA, IMPURITÀ, OSCENITÀ,

sconciàre, *v.tr.* sciupare, sciupacchiare, guastare, sgualcire, accinciglíare, cincischiare, consumare, logorare, lacerare, strusciare, rompere, mandare a male, sfasciare, deformare, danneggiare, disordinare, sconcertare, conciare || *rifl.* → ABORTIRE, LUSSARE.

contr. acconciare, accomodare, rimediare, sistemare, ordinare, assettare.

sconciatúra, *sf.* cosa imperfetta, malfatta, mal riuscita, bruttura, guasto, sconcezza, indecenza, bruttura, deformità, deformazione, aborto.

scóncio, *agg.* indecente, turpe, vergognoso, sconveniente, deforme, spiacevole, schifoso, schifo, sporco, lercio, laido, sudicio, sozzo, fetido, lercioso, nauseante, ributtante, stomachevole, stomacante, stomacoso, schifevole, osceno, sciatto, discinto, disadorno, trascurato, trasandato, rozzo, sbrindellato, malmesso, brutto, eccessivo || *sm.* sconciatura, sconcezza, indecenza, bruttura, danno, guaio, inconveniente, bruttezza.

contr. decente, decoroso, dignitoso, bello, elegante, acconcio pulito, ordinato.

sconclúdere, *v.tr.* disdire, disfare, mandare a monte, interrompere.

contr. concludere, compire, fare, portare a compimento.

sconclusionàto, *agg.* inconcludente, inconseguente, disordinato, incongruente, sgangherato, sconnesso, illogico, tentennone, → ASSURDO.

contr. concludente, conclusivo, coerente, conseguente.

sconcordànza, *sf.* discordanza, disaccordo, discordia, sconcerto, sconnessione.

contr. concordanza, accordo, connessione, armonia, concordia.

sconcordàre, *v.intr.* discordare, sconcertare, sconnettere, scompigliare.

contr. concordare, convenire, connettere, armonizzare.

sconcòrdia, *sf.* discordia, disarmonia, sconnessione.

contr. concordia, convenienza, armonia, connessione.

sconfessàre, *v.tr.* negare, disapprovare, ritrattare, rimangiare, disdirsi, non mantenere, recedere, revocare, ritirarsi, rinnegare, rifiutare, ripudiare, smentire, abiurare, contestare, annullare, rettificare, riprovare.

contr. confessare, ammettere, approvare, confermare, convalidare, ripetere.

sconfessióne, *sf.* ritrattazione, palinodia, rettifica, correzione, contestazione, revoca, negazione, sconferma, disdetta, disapprovazione, smentita, abiura, ripudio, rifiuto.

contr. confessione, accettazione, consenso, ammissione, approvazione, conferma, unanimità.

sconficcàre, *v.tr.* strappare, divellere, svellere, schiodare, staccare, rompere.

contr. conficcare, piantare, attaccare, far penetrare, inserire, incastrare.

sconfidàre, *v.intr.* diffidare, sfiduciarsi, disperare, disanimarsi, non aver confidenza.

contr. confidare, sperare, avere o nutrire fiducia.

sconfíggere, *v.tr.* sconficcare || *fig.* battere, annientare, debellare, disconfiggere, disfare, disperdere, dissipare, fugare, sbandare, disordinare, sbaragliare, scompigliare, sparpagliare, sgominare, mettere in fuga, sbrancare, scomporre, sconfondere, sconquassare, rompere, volgere in rotta, domare, sterminare, sottomettere, sopraffare, vincere, far fallire.

contr. configgere || essere o rimanere vinto, perdente, sgominato, sconfitto, sopraffatto, cedere, arrendersi, sottomettersi.

sconfinaménto, *sm.* → DIGRESSIONE.

sconfinàre, *v.intr.* uscir dal confine, sorpassare, passare oltre, superare i confini, invadere || *fig.* passare, varcare i limiti, trasmodare, eccedere.

contr. rimanere nei confini, stare nei limiti || contenersi, moderarsi, raffrenarsi.

sconfinàto, *pps.* di sconfinare || *agg.* → INFINITO.

sconfítta, *sf.* rotta, disfatta, fuga, perdita, sbaraglio, scompiglio, cedimento, tracollo, sbandamento, sconquasso, resa, sottomissione, sacco, fallimento, scacco || smacco.

nomencl. *agg.* disastrosa, rovinosa, dolorosa, spaventosa, terribile, sanguinosa, memorabile, grande, risolutiva, continuata, improvvisa.

contr. vittoria, successo, trionfo.

sconfítto, *pps.* di sconfiggere || *agg.* battuto, annientato, debellato, disperso, sbaragliato, scompigliato, sgominato, sterminato, sottomesso, domato, vinto, disfatto, perdente, umiliato, fallito || sconficcato.

contr. vincitore, vittorioso, vincente, trionfatore.

sconfortànte, *ppr.* di sconfortare || *agg.* scoraggiante, avvilente, sconsolante, demoralizzante, accasciante, umiliante, degradante.

contr. confortante, confortevole, incoraggiante, consolante, corroborante, eccitatore.

sconfortàre, *v.tr.* scoraggiare, disanimare, avvilire, sconsolare, costernare, umiliare || dissuadere, sconsigliare || *rifl.* perdersi d'animo, accasciarsi, scoraggiarsi, abbattersi || costernarsi.

contr. confortare, consolare, corroborare, eccitare, esortare, incoraggiare || confortarsi, consolarsi.

sconfortàto, *pps.* di sconfortare || *agg.* → SCONSOLATO, ADDOLORATO, DISPERATO.

sconfòrto, *sm.* scoraggiamento, avvilimento, accascia-

mento, costernazione, afflizione, dolore, dispiacere, umiliazione, esinanizione, demoralizzazione, abbattimento d'animo, angoscia, → DISPERAZIONE.
contr. conforto, consolazione, incoraggiamento, esortazione, esaltazione.
scongiúngere, *v.tr.* disgiungere, separare, disunire.
contr. congiungere, unire.
scongiungiménto, *sm.* → SCIOGLIMENTO.
contr. congiungimento.
scongiuràbile, *agg.* evitabile, allontanabile, scansabile || → DEPRECABILE.
scongiuraménto, *sm.* → SCONGIURO.
scongiuràre, *v.tr.* orare, deprecare, invocare, evocare, supplicare, → PREGARE || fare esorcismi || allontanare, scansare, evitare.
contr. imporre, comandare, ordinare.
scongiúro, *sm.* scongiuramento, scaramanzia, gesto magico, → ESORCISMO || preghiera, supplicazione, invocazione, evocazione, deprecazione.
nomencl. amuleto, iettatura, malocchio.
contr. imposizione, comando, ordine.
sconnessióne, *sf.* disgiungimento; mancanza di nesso, di connessione; incongruenza, scollegamento, scontessitura, scommettitura.
nomencl. *verb.* sconnettere.
contr. connessione, unione, congiungimento, nesso.
sconnèsso, *agg.* inorganico, sconclusionato, disorganico, disordinato, sgangherato, inconcludente, illogico, irragionevole.
contr. unito, allegato, organico, ordinato, concludente, logico.
sconnèttere, *v.tr.* scommettere, disfare, disaggregare, disgregare, dividere, scongiungere, separare, scomporre, scollegare, disunire, smembrare, spostare.
contr. connettere, commettere, unire, collegare.
sconocchiatúra, *sf.* → AVANZO.
sconoscènte, *ppr.* di sconoscere || *agg.* → INGRATO, NONCURANTE || rozzo, villano, insensibile.
contr. riconoscente.
sconoscènza, *sf.* disconoscenza, dimenticanza, noncuranza, → INGRATITUDINE.
contr. riconoscenza.
sconóscere, *v.tr.* disconoscere, discredere, misconoscere, dimenticare.
contr. riconoscere.
sconosciménto, *sm.* → INGRATITUDINE.
sconosciúto, *agg.* → IGNOTO.
contr. conosciuto.
sconquassàre, *v.tr.* → DISORDINARE, ROMPERE, ROVINARE.
sconquàsso, *sm.* forte scossa || *fig.* disordine, scompiglio, sconcerto, scotimento, finimondo, disastro, distruzione, fracassio, rovina, crollo, agitazione.
sconsacràre, *v.tr.* profanare, dissacrare, contaminare, macchiare, violare, vilipendere, infamare.
contr. consacrare, rispettare, venerare.
sconsacrazióne, *sf.* profanazione, contaminazione, violazione, sacrilegio, infamia, macchia, vilipendio.
contr. consacrazione, rispetto, venerazione.
sconsideratézza, *sf.* inconsideratezza, inconsiderazione, irriflessione, imprudenza, leggerezza, avventatezza, sventatezza, sbadataggine, storditaggine, grossolanità, precipitazione, impulsività, irruenza, dirizzone, scapataggine.
contr. consideratezza, ponderatezza, sagacia, finezza, riflessione, prudenza.
sconsideràto, *agg.* sbadato, irriflessivo, imprudente, inavveduto, distratto, disattento, sventato, noncurante, negligente, incurante, scapato, spensierato, stordito, balordo, dimentico, maldestro, smemorato, sbalestrato, irragionevole, precipitoso, impulsivo, irruente, intempestivo, smoderato, intemperante, leggero, sconsigliato, inconsulto, incauto, corrivo, avventato.
contr. considerato, prudente, riflessivo, ponderato, sagace, tempestivo, controllato, moderato, temperante, impassibile.
sconsiderazióne, *sf.* sbadataggine, irriflessione, imprudenza, inavvedutezza, distrazione, disattenzione, sventatezza, noncuranza, negligenza, scapataggine, spensieratezza, smemoratezza, irragionevolezza, precipitazione, impulsività, leggerezza, sconsideratezza, avventatezza, sconsigliatezza.
contr. considerazione, ponderatezza, sagacia, riflessione, prudenza, moderazione, avvedutezza.
sconsigliàre, *v.tr.* → DISSUADERE.
sconsigliàto, *pps.* di sconsigliare || *agg.* → DISSUASO || sconsiderato, avventato, inconsulto, incauto, inavveduto, → IMPRUDENTE, CATTIVO.
sconsolànte, *ppr.* di sconsolare || *agg.* scoraggiante, avvilente, accasciante, dolorante, sconfortante, deprimente, opprimente.
contr. consolante, confortante, corroborante, incoraggiante, esaltante.
sconsolàre, *v.tr.* sconfortare, scoraggiare, disanimare, costernare, umiliare, avvilire, deprimere || *rifl.* perdersi d'animo, scoraggiarsi.
contr. consolare, confortare, eccitare, sollevare, incoraggiare, esaltare.
sconsolatézza, *sf.* sconsolazione, sconforto, malinconia, tristezza, scoraggiamento, sfiducia, infelicità, dolore, disperazione, noia.
contr. conforto, coraggio, fiducia, felicità, consolazione, piacere, gioia.
sconsolàto, *pps.* di sconsolare || *agg.* inconsolato, sconfortato, inconsolabile, malinconico, disanimato, contristato, rattristato, abbattuto, depresso, → INFELICE, ADDOLORATO.
contr. consolato, incoraggiato, sostenuto, felice, lieto, contento, confortato.
sconsolazióne, *sf.* sconsolatezza, sconforto, malinconia, infelicità, dolore, → DISPERAZIONE.
contr. consolazione, felicità, gioia.
scontàre, *v.tr.* detrarre dal conto, scomputare, ridurre || (di pena) soffrire il contrappasso, → ESPIARE || REDIMERE.
contr. contare, computare || sfuggire alla pena, esser perdonato, non pagare il fio, farla franca.
scontentàre, *v.tr.* rendere scontento, non appagare, deludere, disingannare, disgustare.
contr. contentare, accontentare, appagare, soddisfare, esaudire, accondiscendere.
scontentézza, *sf.* insofferenza, insoddisfazione, disgu-

sto, delusione, dispiacere, malumore, irritazione, scontento.
contr. contentezza, esaudimento, appagamento, soddisfazione.
scontènto, *agg.* insofferente, incontentabile, insoddisfatto, inappagato, disgustato, irritato, → MALCONTENTO || *sm.* scontentezza, disgusto, dispiacere, disinganno, insoddisfazione, delusione, insofferenza, malumore.
contr. contento, pago, appagato, saziato, soddisfatto, allegro, lieto || contentezza, buonumore, contento.
scontessitúra, *sf.* → SCONNESSIONE.
scónto, *sm.* sbasso, ribasso, riduzione, abbassamento, detrazione dal conto, scomputo, abbuono.
nomencl. tasso o saggio di sconto || scontista || *verb.* scontare, abbuonare.
scontòrcere, *v.tr.* → TORCERE || *rifl.* dibattersi, divincolarsi, contorcersi.
scontorciménto, *sm.* torcimento, contorcimento, contorsione, stravolgimento.
scontràre, *v.tr.* incontrare, rincontrare, intoppare, rintoppare, trovare || *rifl.* → INCONTRARE || uratrsi, attaccar briga, venir alle mani, → COMBATTERE.
scontríno, *sm.* → MARCA, BIGLIETTO.
scóntro, *sm.* → INCONTRO || mischia, zuffa, briga, scaramuccia, → BATTAGLIA, DUELLO || collisione, urto, cozzo (di navi e veicoli in movimento).
scontrosàggine, *sf.* → SCONTROSITÀ.
scontrosità, *sf.* scontrosaggine, permalosità, ritrosia, impressionabilità, ipersensibilità, suscettibilità, insocievolezza, ombrosità, intrattabilità, sgarbatezza, ruvidezza, alterigia.
contr. socievolezza, affabilità, bonarietà, cordialità.
scontróso, *agg.* e *sm.* permaloso, dispettoso, restio, ritroso, irritabile, ipersensibile, selvatico, insocievole, ombroso, suscettibile, intrattabile.
contr. socievole, affabile, cordiale, bonario, cortese, umano.
sconvenévole, *agg.* → SCONVENIENTE.
sconveniènte, *agg.* sconvenevole, disconveniente, disconvenevole, sdicevole, disdicevole, biasimevole, disadatto, improprio, incompatibile, incongruente, inconsulto, inconveniente, indebito, indecente, indecoroso, inopportuno, intempestivo, malconcio, malproprio, ripugnante, sconcio, sconvenuto, strano, vieto, svantaggioso, disonorevole, indelicato, illecito, scorretto.
contr. conveniente, convenevole, decente, vantaggioso, adatto, proprio, compatibile, decente, opportuno, tempestivo, proprio, degno, garbato, corretto.
sconveniènza, *sf.* disconvenienza, disdicevolezza, inconvenienza, incompatibilità, inconvenevolezza, incongruenza, incongruità, indecenza, indelicatezza, scorrettezza, sgarbo, sgarbatezza, inciviltà, disonore, stranezza, inopportunità, intempestività, improprietà, svantaggio, sconcio, grossolanità || sproporzione.
contr. convenienza, dicevolezza, decenza, cortesia, civiltà, garbatezza, onore, opportunità, vantaggio || proporzione.
sconveníre, *v.intr.* disconvenire, essere sconveniente, non affarsi, non star bene, disdire, essere inopportuno, essere sproporzionato.
contr. convenire, essere opportuno, essere conveniente, addirsi, confarsi.
sconvòlgere, *v.tr.* rivoltare, mettere sossopra, voltolare, rivoltolare, rimescolare, rimestare, travolgere, disorganizzare, mettere in subbuglio, scompigliare, spostare, confondere, sovvertire, scomporre, rivoluzionare, → DISORDINARE || agitare, addolorare, turbare, perturbare, → COMMUOVERE.
contr. ordinare, sistemare, riordinare, accostare, assestare || consolare, calmare, rasserenare, tranquillizzare.
sconvolgiménto, *sm.* rivolgimento, turbamento, mutamento, cambiamento, rivolta, rivoluzione, sovvertimento, sovversione, pervertimento, scompaginazione, scompaginatura, scompiglio, perturbazione, rimescolio, scombuglio, subbuglio, sconquasso, cataclisma, grave agitazione, → DISORDINE, RIBELLIONE.
contr. ordine, quiete, assetto, sistemazione, pace, tranquillità, riposo, calma, distensione.
scópa, *sf.* ramazza, granata, ramaccia, saggina, spazzola, spazzolone || giuoco di carte.
nomencl. (*parti*) manelle, chioma, vimini o giunchi, manico || scopata, portascope || (*gioco*) sette bello, re bello, primiera, ori, seme || scopone; scopista, scoponista.
scopamàre, *sm. indecl.* → VELA.
scopàre, *v.tr.* ramazzare, spazzare, → PULIRE.
contr. imbrattare, insudiciare, accumulare immondizie.
scopatóre, *sm.* → SCOPINO.
scoperchiàre, *v.tr.* levare il coperchio, scoprire.
contr. coprire, covertare, mettere il coperchio.
scopèrta, *sf.* ritrovamento, ritrovato, rinvenimento, scoprimento, trovata, rivelazione || avanscoperta, perlustrazione, ricognizione, esplorazione.
contr. invenzione.
scopèrto, *ppr.* di scoprire || *agg.* scoperchiato, aperto, indifeso, rivelato, reso noto, esplorato, esposto, nudo, trovato, ritrovato, rinvenuto.
contr. coperto, difeso, nascosto, riparato || inventato.
scopéto, *sm.* → BRUGHIERA.
scopettóni, *sm. pl.* → BASETTE.
scopíno, *sm.* scopatore, spazzino, spazzaturaio.
scopísta, *sm.* scoponista.
scòpo, *sm.* destinazione, destino, fine, meta, aspirazione, effetto, intendimento, intenzione, intento, proposito, intesa, deliberazione, obbiettivo, obbietto, oggetto, progetto, riflesso, còmpito, segno, uopo, vista, bersaglio, mira, riguardo, termine, disegno.
nomencl. (*pertinenti*) mezzo, requisito, manovra, sforzo, modo, riuscita, esito, raggiungimento, conseguimento, fallimento, scacco, maniera || a bella posta, *ad hoc*, a un dato scopo, appositamente, espressamente, in termini formali, con o per uno scopo lodevole || *agg.* bello, grande, nobile, superiore, supremo, attraente, meraviglioso, splendido, generoso, umanitario, benefico, filantropico, umano, pietoso, sublime, brutto, meschino, basso, ignobile, vergognoso, vile, spregevole, abietto, diretto, indiretto, principale, secondario || *verb.* collimare, convergere, giovare, servire, essere utile, arrivare, consacrarsi, dedicarsi, desistere, mirare, tendere, trarre, prestarsi, prefiggere, proporsi, otte-

nere, conseguire, riuscire, accarezzare, rinunziare, riserbarsi, aspettare.
scoponísta, *sm.* scopista.
scoppiaménto, *sm.* → SCOPPIO.
scoppiàre, *v.intr.* esplodere, erompere, prorompere, conflagrare, deflagrare, spaccarsi, crepare, screpolare, crepitare, decrepitare, aprire, sbottare, schiattare, schiantare, saltare, scattare, schizzare, sprigionare, sfogare, fendersi, spezzare, squarciare, spappolare, incrinare, rompersi rumorosamente, fare strepito, brillare, detonare, tuonare, scoppiettare, crosciare, scrosciare || *fig.* morire.
contr. astenersi, resistere, trattenersi.
scoppiatúra, *sf.* ragade, screpolatura, rappa, ulcerazione.
scoppiettànte, *ppr.* di scoppiettare || *agg.* crepitante, detonante, strepitante, deflagrante.
scoppiettàre, *v.intr.* crepitare, → SCOPPIARE.
scoppiétto, *sm.* scroscio || archibugio, carabina.
scòppio, *sm.* esplosione, conflagrazione, deflagrazione, detonazione, crepitio, crepito, decrepitazione, scoppiamento, sfogo, tuono, schianto, rottura, scatto, → RUMORE || *fig.* manifestazione improvvisa, inaspettata.
contr. silenzio.
scòppola, *sf.* → SCAPPELLOTTO, PERCOSSA.
scopríre, *v.tr.* scoperchiare, denudare, svelare, discoprire, disseppellire || trovare, ritrovare, vedere, rinvenire, inventare, cogliere, raccogliere, indovinare, penetrare, prendere, raccapezzare, indagare, rilevare, ripescare, scovare, sentire, sorprendere, spiare, spillare, trapelare || trovar la vena, esplorare || far vedere, rivelare, palesare, manifestare, aprire, mostrare, far conoscere || inaugurare || accorgersi, venire a sapere, trovare indizio, conoscere || *rifl.* manifestarsi, palesarsi, mostrarsi.
contr. coprire, nascondere, occultare, tener nascosto || nascondersi, occultarsi, coprirsi, celarsi.
scopritóre, *sm.* → INVENTORE, AUTORE.
scoraggiaménto, *sm.* abbandono, accasciamento, avvilimento, annichilimento, esinanizione, abbattimento, afflizione, sconforto, costernazione, dolore, dispiacere, umiliazione, demoralizzazione, disperazione, prostrazione, sbigottimento, scoramento, sgomento, smarrimento d'animo, tristezza, malinconia, oppressione, depressione.
contr. incoraggiamento, conforto, consolazione, rianimazione || coraggio, ardimento, forza d'animo, baldanza, audacia, arditezza, risolutezza, sicurezza, incoscienza, temerità, spavalderia.
scoraggiànte, *ppr.* di scoraggiare || *agg.* sconfortante, sconsolante, deprimente, avvilente, dolorante, accasciante, affliggente.
contr. incoraggiante, confortante, corroborante, esaltante, rassicurante.
scoraggiàre, *v.tr.* scorare, sconfortare, disanimare, avvilire, sconsolare, costernare, umiliare, prostrare, demoralizzare, spaventare, deprimere, sbaldanzire, accasciare, impusillanimire, sgomentare, abbattere, accasciare, annichilire || dissuadere, sconsigliare || *rifl.* perdersi d'animo, sconfortarsi, costernarsi,
contr. incoraggiare, confortare, consolare, animare, rincorare, dar animo, imbaldanzire || consolarsi, confortarsi, rianimarsi.
scoraggiàto, *pps.* di scoraggiare || *agg.* avvilito, abbattuto, sconfortato, accasciato, costernato, disanimato, depresso, annichilito, sgomentato, spaventato, inibito, disfatto, intimorito, umiliato, prostrato, sbaldanzito, sgomento, malinconico, scorato, irresoluto, afflitto.
contr. incoraggiato, confortato, consolato, rianimato, rincorato, imbaldanzito, risoluto.
scoraménto, *sm.* → AVVILIMENTO, SCORAGGIAMENTO.
scoràre, *v.tr.* → SPAVENTARE, SCORAGGIARE.
scoràto, *pps.* di scorare || *agg.* → SPAVENTATO, SCORAGGIATO.
scorbacchiàre, *v.tr.* scornare, svergognare, dileggiare, deridere, vituperare, beffare, mettere in ridicolo, scornacchiare.
contr. riverire, rispettare, lodare, onorare, elogiare, adulare, esaltare.
scorbacchiàto, *pps.* di scorbacchiare || *agg.* deriso, beffato, dileggiato, vituperato, umiliato, svergognato, burlato, scornato, scornacchiato.
contr. lodato, elogiato, adulato, onorato, rispettato, esaltato, riverito; fiero.
scorbacchiatúra, *sf.* derisione, beffa, dileggio, umiliazione, vituperio, burla, scornacchiamento.
contr. lode, elogio, adulazione, onore, rispetto, esaltazione.
scorbútico, *agg.* || *fig.* bisbetico, scontroso, stravagante, lunatico, irascibile, agro.
nomencl. scorbuto, avitaminosi.
contr. bonario, accomodante, amabile, cordiale, affabile.
scorciaménto, *sm.* → RACCORCIAMENTO.
scorciàre, *v.tr.* accorciare, ridurre, restringere, scortare, raccorciare, deviare, tagliare, → ABBREVIARE || prendere una scorciatoia.
contr. allungare, prolungare, protendere, protrarre, dilungare.
scorciàto, *pps.* di scorciare || *agg.* abbreviato, raccorciato, ristretto, → BREVE.
contr. allungato, prolungato, protratto, dilungato.
scorciatóia, *sf.* via piú breve, viottolo, → SENTIERO || *fig.* mezzo spiccio.
contr. via, strada piú lunga.
scorciatúra, *sf.* scorciamento, accorciamento, abbreviamento.
contr. allungamento, prolungamento.
scórcio, *sm.* ultima parte, parte finale, → AVANZO, RESIDUO || PROSPETTIVA.
scordàre[1]**,** *v.tr.* e *rifl.* obliare, → DIMENTICARE.
contr. ricordare, rimemorare, rammemorare.
scordàre[2]**,** *v.tr.* e *rifl.* perdere, far perdere l'accordatura.
contr. accordare.
scordatúra, *sf.* stonatura.
contr. accordatura.
scordévole, *agg.* immemore, oblioso, dimentico, scordone, smemorato || ingrato, irriconoscente.
contr. ricordevole, memore, memorabile || riconoscente, grato.
scordóne, *agg.* e *sm.* → SCORDEVOLE.

scòrgere, *v.tr.* riuscire a vedere, discernere, distinguere, ravvisare, cernere, → VEDERE || *lett.* guidare, scortare.

scòria, *sf.* residuo, avanzo, rimasuglio, avanzume, scarto || *fig.* roba da buttar via, non utilizzabile, parte peggiore.

scornacchiàre, *v.tr.* scorbacchiare, → SCORNARE, SVERGOGNARE.

scornàre, *v.tr.* rompere le corna || *fig.* scorbacchiare, scornacchiare, svergognare, dileggiare, deridere, vituperare, beffare, mettere in ridicolo, rimproverare, → SCHERNIRE.

contr. rispettare, lodare, onorare, adulare, elogiare, esaltare.

scornàto, *pps.* di scornare || *agg.* svergognato, beffato, deluso, disingannato dileggiato.

contr. lodato, elogiato, adulato, onorato, esaltato, riverito; fiero.

scornettàre, *v.intr.* → SONARE.

scorniciàre, *v.tr.* togliere la cornice || *rifl.* perdere la cornice.

contr. incorniciare.

scòrno, *sm.* confusione, inganno, disinganno, delusione, → DISONORE, INFAMIA, IGNOMINIA, VERGOGNA || DISPETTO.

scorpacciàta, *sf.* → MANGIATA.

scorpióne, *sm.* → BALESTRA.

scorporàre, *v.tr.* togliere, cavare, espropriare, sequestrare, → SEPARARE.

nomencl. scorporazione, scorporo.

contr. incorporare, aggiungere.

scorrazzaménto, *sm.* → CORSA.

scorrazzàre, *v.intr.* → CORRERE.

scorrènte, *ppr.* di scorrere || *agg.* → FLUIDO.

scorrènza, *sf.* fluidità, flusso || *ant.* → DIARREA.

scórrere, *v.intr.* correre, andare, percorrere, muoversi, scorrazzare, passare, trascorrere, ripassare || passare rapidamente, scivolare, strisciare, rasentare || fluire, rifluire, colare, spiovere, scolare, defluire || *tr.* percorrere con la vista, leggere in fretta || scartabellare, consultare || far scorrerie.

scorrería, *sf.* scorrimento (*ant.*), incursione, irruzione, scorribanda, penetrazione (in territorio nemico).

nomencl. scorridore,

scorrettézza, *sf.* indelicatezza, inciviltà, grossolanità, mancanza di riguardo, → SCONVENIENZA.

contr. correttezza, delicatezza, convenienza, decenza.

scorrètto, *agg.* incorretto, errato, pieno di errori, di refusi, falso || *fig.* ineducato, maleducato, indelicato, grossolano, → SCONVENIENTE.

contr. corretto || irreprensibile.

scorrévole, *agg.* liscio, fluido, sciolto, elastico, fluente, labile, corrivo, disinvolto, rapido.

contr. viscoso, viscido, appiccicaticcio, attaccaticcio, ruvido, scabro, ritardante, impediente, difficoltoso || consistente.

scorrevolézza, *sf.* fluidità, liscezza || *fig.* scioltezza, facilità, disinvoltura.

contr. viscosità, viscidezza, ruvidezza, scabrosità || impedimento, ritardo, difficoltà.

scorrezióne, *sf.* → ERRORE.

scorribànda, *sf.* → SCORRERIA || CORSA.

scórsa, *sf.* passata, rapida lettura, occhiata (a libro, giornale e *sim.*).

scórso, *pps.* di scorrere || *agg.* → PASSATO || *fig.* trascorso, → SBAGLIO.

scòrta, *sf.* accompagnamento, accompagnatura, corteggio, compagnia, guardia, guida, difesa || merce, qualità, → PROVVISIONE.

nomencl. avanscoperta || *verb.* scortare, accompagnare, scorgere.

scortàre, *v.tr.* accompagnare, guidare, condurre, far scorta || accorciare, raccorciare, scortire, → ABBREVIARE.

scortecciàre, *v.tr.* togliere la corteccia, sbucciare, scrostare, mondare, levare la scorza, scorticare, → SCORZARE || *fig.* levare l'intonaco.

contr. rivestire, intonacare.

scortése, *agg.* scompiacente, scontroso, sgarbato, ruvido, riottoso, intrattabile, ricalcitrante, caparbio, indocile, inurbano, dispettoso, aspro, maleducato, rustico, villano scorbutico.

contr. cortese, compiacente, servizievole, arrendevole, amabile, affabile, educato, gentile, garbato.

scortesía, *sf.* scompiacenza, scontrosità, ritrosia, inurbanità, inciviltà, malgarbo, sgarberia, sgarbatezza, sgarbo, ruvidezza, villania, → MALEDUCAZIONE.

contr. cortesia, compiacenza, educazione, gentilezza, amabilità, garbo, urbanità.

scorticàre, *v.tr.* escoriare, spellare, abradere, scoiare, scuoiare, sbucciare, ferire || *fig.* tassare esageratamente, cavar danaro (con disonestà), sfruttare, profittare, abusare, mungere, smungere, pelare, seccare, succiare, strozzare, spolpare.

scorticatóio, *sm.* → MACELLERIA || COLTELLO.

scorticatúra, *sf.* escoriazione, → FERITA, ABRASIONE.

scortichíno, *sm.* → MACELLAIO.

scortíre, *v.tr.* → ABBREVIARE.

scòrza, *sf.* buccia, corteccia, coccia, guscio, baccello, involucro, tunica, tegumento, crosta, mallo, pelle, membrana, cuoio || *fig.* apparenza, parvenza, superficie, facciata, figura, esteriorità.

nomencl. catorzolo, periderma || scorzamento, scorzatura || *verb.* scorzare, scorzarsi.

contr. polpa, midollo || sostanza, realtà, interno.

scorzàre, *v.tr.* scortecciare, sbucciare, decorticare, dibucciare, digusciare, levare o togliere il baccello, mondare, sbuccellare, scrostare, sgranare, sgusciare, spogliare.

contr. rivestire, coprire, tegumentare.

scorzóne, *agg.* → ROZZO.

scoscéndere, *v.tr.* spaccare, fendere, rompere (con violenza) || *intr.* precipitare, cadere, smottare, → FRANARE || *rifl.* rovinare, spaccarsi, aprirsi, fendersi.

scoscendiménto, *sm.* spaccatura, rottura, frana, rovina, dirupo, pendio, forra, burrone, precipizio.

contr. dolce pendio, lieve discesa.

scoscéso, *agg.* abissale, aspro, dirupato, discosceso, precipite, erto, ripido, rupestre, spaccato, rotto.

contr. piano, liscio, agevole, facile.

scosciàre, *v.rifl.* → LUSSARE.

scòssa, *sf.* scotimento, concussione, sconquasso, crollamento, crollo, dibattuta, dicrollamento, scossone, ri-

scossone, salto, sbalzata, sbalzellio, sbilancione, scossata, scrollata, scrollatura, scrollamento, scrollo, scrollone, squassamento, squasso, squassone, trabalzone, sussulto, agitazione, moto, guizzo, urto, colpo, strabalzo, scatto, sobbalzo, trabalzone, tremito, tremore, abballottío, convulsione, dimenamento, moto, movimento, sballottamento, sbatacchiamento, sbattimento || *fig.* danno improvviso, contrarietà, perturbamento, viva impressione, scalpore, → DISGRAZIA.
contr. quiete, pace, calma, tranquillità, impassibilità, apatía.
scossàta, *sf.* → SCOSSA.
scossóne, *sm.* → COLPO, AGITAZIONE.
scostàre, *v.tr.* discostare, allontanare, slontanare, rimuovere, staccare, separare, scansare || *rifl.* discostarsi, rifuggire, allontanarsi, staccarsi.
contr. accostare, avvicinare, unire.
scostumatézza, *sf.* scapestrataggine, scapigliatura, sregolatezza, sfrenatezza, intemperanza, inurbanità, dissipatezza, dissolutezza, malcostume, disonestà, libertinaggio, licenza, licenziosità, lubricità, immoralità.
contr. costumatezza, onestà, moralità, ritegno, castigatezza, temperanza, morigeratezza, decenza, correttezza, urbanità.
scostumàto, *pps.* di scostumare || *agg.* e *sm.* sbrigliato, sfrenato, dissoluto, dissipato, scioperato, scapigliato, vagabondo, discolo, disonesto, immorale, osceno, impuro, inurbano, vizioso, licenzioso, libertino, scorretto, lubrico, intemperante, scurrile.
contr. costumato, morigerato, corretto, onesto, puro, castigato, urbano, morale.
scotennàre, *v.tr.* levare la cotenna, → FERIRE.
nomencl. scalpo.
scotiménto, *sm.* → SCOSSA.
scotitóio, *sm.* sbattighiaccio, *shaker*.
scòtola, *sf.* → SPATOLA.
scotolàre, *v.tr.* → CARDARE.
scottànte, *ppr.* di scottare || *agg.* rovente, incandescente, bollente, caldo, arroventato, bruciante, cocente, ardente || *fig.* irritante, interessante, allettante, eccitante, rinfocolante, doloroso.
contr. refrigerante, rinfrescante, raffrescante, freddo || calmante, sedativo.
scottàre, *v.tr.* bruciare, cuocere, sbollentare, ardere || *fig.* offendere, irritare, arroventare, rinfocolare, addolorare || *intr.* mandar calore, dar sensazione di calore.
contr. raffreddare, freddare, rinfrescare, refrigerare, raffrescare.
scottàta, *sf.* → SCOTTATURA.
scottàto, *pps.* di scottare || *agg.* bruciato, sbollentato, adusto, abbruciato, arso || *fig.* danneggiato, colpito, svergognato, scornato.
scottatúra, *sf.* bruciamento, bruciatura, ustione, scottata || leggera cottura.
nomencl. bruciore, vescica, vescicola, necrosi, galla || (*rimedi*) antipiretici, dermatolo, unguento, crema.
scòtto, *sm.* conto, → PREZZO || *fig.* resa dei conti, contrappasso, taglione, → PUNIZIONE.
scovàre, *v.tr.* levar dal covo, snidare, stanare || *fig.* cercare, scoprire, investigare, rinvenire, trovare, scovacciare, riuscire a trovare.
contr. nascondere, rintanare, internarsi, coprire.
scòzia, *sf.* modanatura, cavetto.
scozzàre, *v.tr.* → RIMESCOLARE.
scozzàta, *sf.* mescolata, rimescolata, accozzata.
scozzonàre, *v.tr.* sbardellare, domare, ammaestrare || *fig.* digrossare, iniziare, erudire, → DIROZZARE.
scozzonàto, *pps.* di scozzonare || *agg.* → ESPERTO.
scozzóne, *sm.* → CAVALLARO.
scrànna, *sf.* → SEDIA.
screanzàto, *agg.* e *sm.* malnato, malcreato, ineducato, maleducato, insolente, inurbano, incivile, villano, zotico, scortese, sgarbato.
contr. educato, urbano, gentile, cortese, benlevato, bennato, civile, incivilito, affabile, amabile.
screditàre, *v.tr.* levare il credito, privar di credito; danneggiare nella stima, nella reputazione, diffamare, disonorare, discreditare, biasimare, calunniare, offendere, demolire (*fig.*).
contr. accreditare, prestar fede o credito, acquistare stima, farsi stimare.
scrédito, *sm.* discredito, disistima, disonore, sfiducia, calunnia.
contr. credito, stima, fiducia, buona riputazione.
scremàre, *v.tr.* sburrare, spannare, sfiorare.
scremàto, *pps.* di scremare || *agg.* sburrato, spannato, sfiorato.
screpolàre, *v.tr.* e *rifl.* incrinare, spaccarsi, rompersi, fendersi superficialmente o minutamente.
screpolatúra, *sf.* scoppiatura, ragade, rappa, ulcerazione || lesione, crepa, crepaccio, spaccatura, squarcio, fenditura, sfenditura, apertura, fessura, crepatura, screpolo.
scrèpolo, *sm.* → SCREPOLATURA.
screziàre, *v.tr.* → MACCHIARE.
screziàto, *pps.* di screziare || *agg.* maculato, multicolore, variegato, picchiettato, chiazzato, cangiante, marezzato, versicolore, onnicolore, → MACCHIATO.
contr. unicolore, monocolore || tinta unita.
screziatúra, *sf.* → MACCHIA.
scrèzio, *sm.* ruzza, gara, ripicco, puntiglio, dissidio, dissenso, disaccordo, dissapore, dissensione, urto, → DISCORDIA.
contr. accordo, unanimità, intesa, concordia.
scríba, *sm.* dottore della legge (*ant.*), scrivano, amanuense, copista, segretario || scrivanello, scribacchino, scribacchiatore, scrittorello, scrittoraccio, imbrattacarte.
scribacchiàre, *v.tr.* → SCRIVERE.
scribacchiatóre, *sm.* → SCRIBA.
scribacchíno, *sm.* → SCRIBA.
scricchiaménto, *sm.* → SCRICCHIOLIO.
scricchiàre, *v.intr.* cricchiare, scricchiolare, sgrigliolare, crepitare.
scrícchio, *sm.* → SCRICCHIOLIO.
scricchiolaménto, *sm.* → SCRICCHIOLIO.
scricchiolàre, *v.intr.* scricchiare, cricchiare, sgrigliolare, crepitare, crocchiare, sgretolare, scrogiolare, scrosciare, stridire, stridere, → RUMOREGGIARE.
scricchiolío, *sm.* scrícchio, scricchiolamento, scricchiamento, → RUMORE.
scrícciolo, *sm.* sgricciolo, foramacchie, forapaglie, fora-

bosco, forasiepe, reattino || *fig.* persona minuta e vispa.
scrígno, *sm.* forziere, cofano, cassetta, scatola, stipo, astuccio || *fig. scherz.* gobba.
scrignúto, *agg.* → GOBBO.
scriminàle, *sm.* → SCRIMINATURA.
scriminàre, *v.tr.* discriminare.
scriminatúra, *sf.* divisa, addrizzatura, dirizzatura, spartizione, scriminale, → RIGA.
nomencl. (*arnesi*) addrizzatoio, ago crinale, dirizzatoio, discernicolo, discriminale, puntaruolo, pettine.
scrímolo, *sm.* ciglio, → ORLO.
scristianàre, *v.tr.* e *rifl.* scristianizzare.
scristianizzàre, *v.tr.* e *rifl.* scristianare.
scriteriàto, *agg.* → PAZZO.
scrítta, *sf.* → ISCRIZIONE || SCRITTURA.
scrítto, *pps.* di scrivere || *agg.* espresso, documentato, rappresentato || *sm.* scrittura, manoscritto, autografo, appunto, abbozzo, componimento, composizione, elaborato, dettato, pagina, prosa.
nomencl. (*tipi*) dissertazione, articolo, articolessa, elzeviro, memoria, memoriale, diario, novella, racconto, romanzo, saggio, monografia || frammento, brano, zibaldone, compilazione, libello, pappolata, pistolotto, postilla, nota, avvertenza, bozza, apografo, olografo, originale, minuta, copia, bella copia, brutta copia, duplicato, facsimile, lettera, manoscritto, poscritto, retroscritto, scartabello, schiccheramento, stesura, redazione, dattiloscritto, ciclostile, chirografo, edizione, pezzo, pezzullo || (*elementi e materiale*) calligrafia, stenografia, argomento, soggetto, geroglifico, alinea, capoverso, paragrafo, contesto, interlinea, lacuna, linea, riga, passo, tessitura, testo, data, richiamo, rimando, ritocco, ritoccata, firma, traccia, cartella, scheda, codice, cartello, inchiostro, risma, carta, modello, matita, penna, scrittoio, tavolo, colpo di penna, cancellatura || (*persone*) scrittore, compilatore, stenografo, compositore, autore, correttore, revisore || *agg.* apocrifo, autentico, apologetico, astruso, oscuro, enigmatico, sibillino, difficile, chiaro, semplice, facile, ovvio, cifrato, in chiaro, compendioso, breve, succinto, conciso, stringato, laconico, ristretto, sintetico, analitico, diffuso, prolisso, improvvisato, meditato, preparato, limitato, studiato, mutilo, incompiuto, tronco, troncato, intero, completo, intatto, orrettizio, pepato, salato, mordace, pungente, aspro, velenoso, maligno, satirico, polemico, osceno, immorale, turpe, licenzioso, disonesto, impudico, boccaccesco, pornografico, sboccato, morale, pudico, onesto || che puzza di lucerna, troppo studiato || *verb.* abbozzare, cancellare, correggere, improvvisare, inventare, inserire, allegare, richiamare, citare, addurre, iniziare, concludere, espungere, illustrare, lasciare in bianco, omettere, ordire, redigere, stare alla lettera, tagliare, copiare, tradurre.
scrittóio, *sm.* studio || scrivania.
scrittóre, *sm.* autore, pubblicista, letterato, redattore, estensore, compilatore; scriba, scrivano.
nomencl. (*tipi*) classico, romantico, idealista, materialista, realista || (*equivalenti*) arcade, buona penna, penna d'oro, enciclopedico, gonfianuvole, grafomane, rapsodista, parolaio, pennaiuolo, plagiario, penna lesta, retore, scagnozzo, imbrattacarte, impiastrafogli, pennaccia, rosolaccio, sciupacarte, scrittorello, scarabocchiatore, sgorbione || (*generi*) commediografo, novellista, romanziere, narratore, poeta, agiografo, apologista, attuario, minutante, dugentista, trecentista, quattrocentista, cinquecentista, secentista, epigrafista, epitaffista, saggista, memorialista, monografista, poligrafo, sillografo, trattatista, bibliografo, amanuense, articolista, copista, cronachista, elzevirista, frammentista, libellista, menapenna, menante, minutante, scritturale, trascrittore || stilista, citazione, plagio, pseudonimo, glossario, lima, tocco, chirospasmo, grafospasmo, crampo dello scrittore || vanità letteraria || *agg.* arguto, brillante, acuto, pronto, vivace, sottile, fine, spiritoso, faceto, lepido, umoristico, brioso, colorista, dotto, erudito, esperto, efficace, elegante, raffinato, fiorito, fecondo, fantasioso, bizzarro, immaginoso, ponderato, forbito, pulito, terso, forte, vigoroso, manierato, artificioso, lezioso, ricercato, spontaneo, semplice, originale, imitatore, pedissequo, pedante, pedestre, meschino, piacevole, gradito, attraente, dilettevole, piacente, amabile, ameno, spassoso, simpatico, gustoso, noioso, digustoso, sgradito, purgato, censurato, ridicolo, serio, satirico, sgrammaticato, utopista, sognatore, visionario, illuso, spigliato, triviale, immorale, licenzioso, osceno, casto, castigato, prezzolato, venduto, volgare, basso, ordinario, grossolano, plebeo, pacchiano, ignobile.
scrittorèllo, *sm.* → SCRIBA.
scrittúra, *sf.* scritto, carattere, modo di scrivere, mano, grafia, calligrafia, ortografia, aspetto || scritta, patto, contratto scritto, documento, memoria, atto pubblico o privato, contratto teatrale || stesura || contabilità || Sacra Scrittura, → BIBBIA.
nomencl. (*varietà*) rotonda, inglese posata, inglese fine, corsiva, corsiva posata, legata italiana o francese, rotonda italiana o francese, ornata, gotica, gotica moderna, gotica inglese, gotica antica, gotica umanistica, gotica delle pergamene, stampatello, aldina o inclinata, romana, romana lapidaria, bastarda, cuneiforme, alfabetica, sillabica, demotica, ieratica, simbolica, ideografica, fonetica, semantica, lapidaria, adespota, surrettizia || minuscola, maiuscola, posata, documentaria, dei codici, bustrofedica, stenografica, brachigrafica, opistografa, onciale, semionciale, capitale rustica, capitale quadrata o elegante, nazionale, cassinese, cassinese-lombarda, merovingica, anglosassone, insulare, irlandese, visigotica, gotica, cancelleresca, curiale, notarile || (*inerenti*) asta, fuscellino, attaccatura, bottone, capi, carattere, chiaroscuri, filetto, gambo, ghirigoro, pendenza, inclinazione, pennata, scherzi di penna, schizzo, svolazzo, tratto, uncino || abbreviatura, accento, punto, virgola, colonnino, grappa o graffa, linea, modulo, pausa, riga, asterisco, margine, tabulatura || (*arnesi*) tavoletta cerata, papiro, carta, pergamena, inchiostro, penna, calamo, penna di volatile, matita, grattino, raschietto, scrivania, scrittoio || codice, palinsesto, cifrario, grafomania, grafologia, collazione || *agg.* larga, bella, chiara, brutta, piccola, a zampe di mosca o di gallina, a occhi di pulce, intelligibile, inintelligibile, indecifrabile, bislacca, pidocchiosa || *verb.* asteggiare, scrivere, fare degli sgorbi,

ombreggiare, scrivacchiare, tratteggiare, babuinare, dar di penna, depennare, cancellare, sottoscrivere, trascrivere, scrivucchiare, scribacchiare.

scritturàle, *sm.* scrivano, scriba, copista, amanuense, computista.

scrivanèllo, *sm.* → SCRIVANO.

scrivanía, *sf.* banco, scrittoio, tavolo per scrivere, scrigno, studio, studiolo, scrivaneria.

nomencl. (*varietà*) a ribalta, a scannello, a sdrucciolo || (*elementi*) armadietto, cassetti, mensoline, scannello, leggio, segreto, pedana, tiranti o campanelle, palchetto, ribalta, scompartimenti || (*accessori*) calcafogli o calcalettere o pressacarte o fermacarte, calamaio, carta, cartella, ciotola, polverino, ceralacca, penna, reggipenne, portapenne, matite, scartafacci, raschietto, riga, falsariga, gomma, colla, sigillo, tagliacarte, temperino, temperamatite, scolorina, cestino, vassoio, timbro, tampone, reggilibro, sottomano, gratino || *agg.* moderna, antica, comoda, razionale || *verb.* sedersi, mettersi, alzarsi, stare alla scrivania.

scrivàno, *sm.* scriba, copista, amanuense, impiegato, scritturale, stenografo, dattilografo, diurnista || scrivavanello, scribacchino, scribacchiatore, scrittorello, scrittoraccio, imbrattacarte, sciupacarte.

nomencl. copisteria, copia || scrivania, macchina per scrivere.

scrívere, *v.tr.* scarabocchiare, sgorbiare, scorbiare, schiccherare, scombiccherare, scribacchiare, scrivacchiare, scrivucchiare, rispondere, riscrivere, redigere, compilare, carteggiare, annotare, notare, rappresentare, distendere, stilare, stillare, tratteggiare, vergare; dire, mandare a dire per lettera; trattare, insegnare per iscritto; maneggiare la penna, imbrattare la carta, metter in carta, metter nero su bianco || abbozzare, buttar giú, copiare, corrispondere, descrivere, empire pagine, imbrattar fogli, maneggiare la penna, minutare, periodare, registrare, rogare, versucchiare, sfiorettare, sgomitolare periodi, snocciolare, stendere, sottolineare, sottoscrivere, soscrivere, trattare, trascrivere, firmare, ricopiare, cesellare, diffondersi, divagare, dettare, elaborare, esprimere, limare, lucubrare, lumeggiare, mettere insieme, tornire, atticizzare, barbareggiare, imbellettare, intingere la penna nel fiele, attergare, capitolare, cassare, cancellare, emarginare, fognare, inscrivere, interlineare, intestare un foglio, pulire, scrivere sotto dettatura, soprascrivere, lasciare nella penna, omettere, posare o metter giù la penna, lasciare spazio in bianco.

nomencl. (*attinenti*) autografo, manoscritto, dittico, trittico, quadro, specchietto, tabella, stile, tavoletta, papiro, pergamena, carta || agrafia, crittografia, dactilografia, dattilografia, dittografia, dessiografia, grafomania, paragrafia, stenografia, scorso di penna.

scroccàre, *v.tr.* sbafare, mangiare a ufo, mangiare senza pagare, frodare, imbrogliare, trappolare, abbindolare, frecciare.

contr. lavorare, guadagnare, meritare, ricambiare.

scroccatóre, *sm.* → SCROCCONE.

scrocchiàre, *v.intr.* → SCRICCHIOLARE.

scròcco[1]**,** *sm.* mangeria, frode, truffa, imbroglio.

scròcco[2]**,** *sm.* scatto, rumore.

scroccóne, *sm.* sbafatore, mangiatore a ufo, portoghese, scroccatore, trappolone, parassita.

scròfa, *sf.* porca, troia, maiala.

scròfe, *sf.* → SCROFOLA.

scròfola, *sf.* scrofolosi, cherade, efflorescenza, gangola, ghiandola, scrofe, scrofula, struma, testudine.

nomencl. (*varietà*) ereditaria, recente, invecchiata, cruda, suppurata, aperta, callosa, infistolita, chiusa || cicatrice, gongone, gongrone || *verb.* ingavinare.

scròfula, *sf.* → SCROFOLA.

scrollaménto, *sm.* → SCOSSA.

scrollàre, *v.tr.* → MUOVERE, AGITARE, CROLLARE.

scròllo, *sm.* → CROLLO, SCOSSA.

scrollóne, *sm.* → SCOSSA.

scrosciàre, *v.intr.* crosciare, far scroscio, rumoreggiare (di pioggia, di acqua) || → PIOVERE.

contr. gocciare, colare, stillare.

scròscio, *sm.* → RUMORE || PIOGGIA.

scrostàre, *v.tr.* scortecciare, sbucciare, mondare, levare la crosta || *fig.* levare l'intonaco.

contr. incrostare, rivestire, intonacare.

scrupoleggiàre, *v.intr.* nutrire scrupoli, scrupolire.

scrupolíre, *v.intr.* avere gli scrupoli, scrupoleggiare.

scrúpolo, *sm. ant.* inciampo, difficoltà || dubbio, ansia, agitazione, incertezza, angustia di coscienza || scrupolosità, diligenza, meticolosità, prudenza, pregiudizio, esattezza, sospetto, timore, riguardo, delicatezza || schifiltà, ripugnanza, ritrosia.

scrupolosaménte, *avv.* → DILIGENTEMENTE.

scrupolosità, *sf.* scrupolo, meticolosità, esattezza, pedanteria, prudenza, cautela eccessiva, ombrosità, grande precisione, estrema diligenza, delicatezza, onestà.

contr. disinvoltura, noncuranza, sprezzatura, negligenza, grossolanità, tiepidezza.

scrupolóso, *agg.* meticoloso, minuzioso, pedante, diligente, esatto, preciso, delicato di coscienza, ombroso, santarello, schifiltoso.

contr. trascurato, tiepido, grossolano, noncurante, negligente.

scrutàbile, *agg.*

contr. imperscrutabile.

scrutaménto, *sm.* → RICERCA.

scrutàre, *v.tr.* cercare, investigare, osservare, esaminare, esplorare, guardare, frugare, investigare, perscrutare, ricercare, indagare, scrutinare, riflettere.

contr. guardare di sfuggita, superficialmente; dare un'occhiata, dare una scorsa.

scrutinàre, *v.tr.* → ESAMINARE, CERCARE, INVESTIGARE.

scrutínio, *sm.* → INVESTIGAZIONE || computo dei voti, votazione, squittinio.

nomencl. (*modi*) segreto, nominativo || *verb.* votare, scrutinare, squittinare.

scucíre, *v.tr.* sdrucire.

contr. cucire.

scucíto, *pps.* di scucire || *agg. fig.* sconnesso, incoerente, illogico, inconseguente, sconclusionato, slegato.

contr. cucito || coerente, logico, conseguente, conseguenziario.

scucitúra, *sf.* → ROTTURA.

scudería, *sf.* → STALLA.

scudétto, *sm.* → BORCHIA.

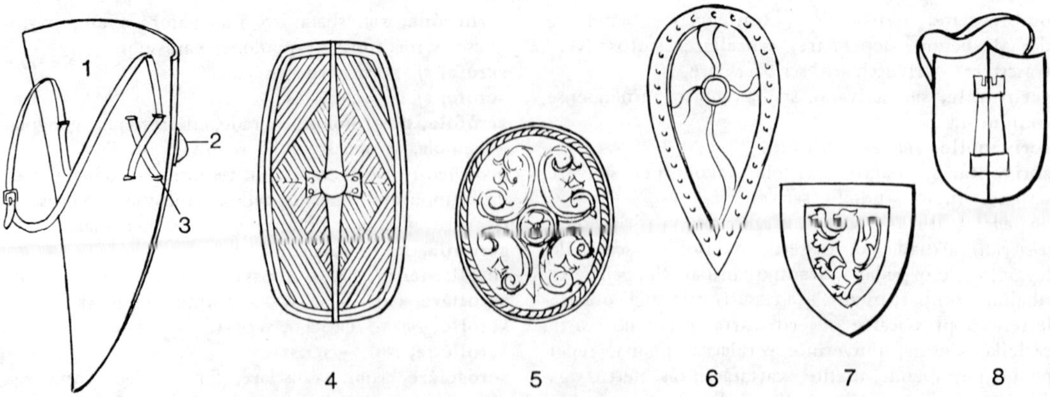

SCUDO – 1) area; 2) umbone; 3) imbracciatura; 4) scudo gallo; 5) scudo romano; 6) scudo normanno; 7) scudo del XIII sec; 8) scudo del XV sec.

scudièro, *sm.* palafreniere, staffiere.

scudisciàre, *v.tr.* → PERCUOTERE, FRUSTARE.

scudíscio, *sm.* staffile, frustino, sferza, → FRUSTA.

scúdo, *sm.* armatura, brocchiere, brocchiero, clipeo, egida, palvese, pavese, pelta, rondaccia, rotella, targa, tavolaccio, ancile, quartiere, usbergo, disco || *fig.* → RIPARO, PROTEZIONE, DIFESA || (araldica) blasone, arma, stemma || moneta.

nomencl. (*parti*) area, campo, imbracciatura, penna, umbo o umbone || (*forma*) concavo, quadro, orbicolare (clipeo romano), rotondo (parma, gallico), ovale (ancile), triangolare, semirotondo, sannitico, bandirale, a losanga (femminile), ferrato, rinforzato, ornato || ARALDICA: (*punti dello scudo*)

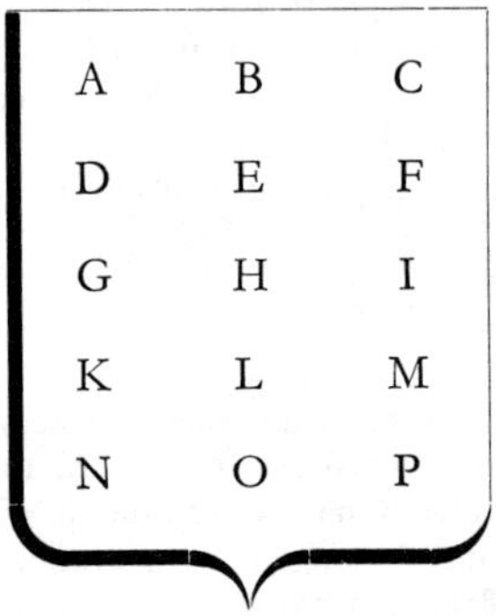

in comparazione al corpo umano, sono 15: A, canton destro; B, punto del capo; C, canton sinistro del capo; D, punto destro del punto d'onore; E, punto d'onore; F, punto sinistro del punto d'onore; G, fianco destro; H, cuore o abisso; I, fianco sinistro; K, punto destro del bellico; L, bellico; M, punto sinistro del bellico; N, destro canton della punta; O, punta; P, sinistro canton della punta; sotto O, la punta infima, e bassa || (*metalli*) oro (o giallo o punteggiato), argento (o bianco o senza segni) || (*colori*) rosso (o linee perpendicolari), azzurro (o linee orizzontali), verde (o linee diagonali dall'angolo superiore destro all'inferiore sinistro), nero (o linee orizzontali e verticali incrociantesi), porpora o violato (o linee diagonali da sinistra a destra), armellino-vaiato || (*partizioni semplici*) partito, spaccato, trinciato, tagliato, addestrato, sinistrato || (*partizioni composte o ripartizioni*) spaccato-semipartito, semipartito-spaccato, partito-semispaccato, semispaccato-partito, interzato in palo, interzato in fascia, interzato in banda, interzato in sbarra, inquartato, inquartato in croce di Sant'Andrea o in decusse, inquartato cuneato, inquartato nebuloso, inquartato in squadra, controquartato, ecc. || (*pezze onorevoli*) capo, fascia, palo, banda, sbarra, croce di Sant'Andrea, bordura, campagna, capriolo, capopalo, quarto, quadrato, scudetto || (*pezze meno onorevoli*) cantone, cinta, grembo, pergola, cinta merlettata, amaidi, pila, punta || (*vari tipi di croce*) sarchiata o filettata, composta, troncata o scorciata o svizzera, greca, cordonata o mulinata, patente, pisana o di Tolosa, falcata, biforcata, ancorata, fiorente, trifogliata o di San Maurizio, pomellata, ricrociata, a tau o di Gerusalemme, latina, di Sant'Andrea o traversa o decussata, di Malta, russa o di Lorena o a doppia traversa o patriarcale o arcivescovile, doppia semipotenziata, papale o a triplice traversa, aguzza, alzata o di Calvario, anguifera, bordonata, forcuta, gigliata, di otto punti, dal piede aguzzo, pomata, ricerchiata, ritrinciata, scalinata, di Spirito Santo, stellata, gammata o uncinata o svastica, di avellana, egiziana o ansata || (*figure naturali*) astri, cielo, meteore, luna, stelle, comete, iride, nuvole, neve, fulmine, fiamma, sfera del fuoco, tizzone, torcia, mare, fiume, lago, fontana, gemme, diamante, rubino, smeraldo, fiori, frutti, erbe, alberi, figure umane, animali || (*figure di animali*) agnello (mansuetudine, innocenza), agnello pasquale, airone, alcione (tranquillità, nobili natali, ingegno), armellino (dignità), avvoltoio (ardimento), barbio, becco o montone (ardimento in battaglia), biscia, bue (lavori campestri), bufalo (forza brutale), cammello (umiltà, temperanza, prudenza), cane (fedeltà), capra (luoghi alpestri), capriolo (pezza onorevole di prim'ordine), castoro (pace e tranquillità), cavallo (valore, intraprendenza), cervo (antica nobiltà, cacce signorili), cicogna (riconoscenza), cigno (purezza d'animo), cinghiale (audacia, ferocia), civetta (assalto notturno), colomba (amore, affetto coniugale), cervo (augurio glorioso), daino (caccia), delfino (pesca abbondante), elefante (fortezza e grandezza d'animo), falco o falcone (cacce signorili), farfalla (ricerca della verità), gallo (guerriero valoroso), gatto (indipendenza), gru (vigilanza), leone (il piú nobile degli animali), leopardo (come il leone), lepre (mitezza d'animo), levriere (caccia), lupo (capitano ardito), oca (vigilanza, fedeltà), orso (guerriero prode), pavone (ricchezza, lusso), pecora (dolcezza), pellicano (pietà per il prossimo), pesce (silenzio, verità, segretezza), picchio (uomo forte e perseverante), ramarro (affezione), scoiattolo (saggezza e prudenza), scorpione (vendetta), serpente (prudenza e grave fatica), sparviero (guerra e vittoria), struzzo (giustizia), tigre (coraggio), toro (forza), volpe (astuzia, sagacità) || (*animali chimerici*) alerione, anatrella, arpia, basilisco, centauro, cerbero, chimera, drago, fenice, grifo, grifone, idra, liocorno, melusina, merlotto, pantera, pegaso, salamandra, sfinge, sirena || (*piante e fiori*) abete (animo nobile), ciliegio (dolcezza, fratellanza, concordia), cipresso (nome senza macchia), edera (amicizia), faggio (resistenza alle passioni), fico (dolcezza, fragilità), fiordaliso (giglio), frassino (fedeltà), garofano (virtú che procura onore), gelso (prudenza), gelsomino (purezza), giglio (il piú nobile dei fiori), girasole (volontà di bene), mandorlo (ardire, gioventú, speranza incerta), melagrano (sincerità), melica o granoturco (persona del volgo che si eleva con la virtú ed il lavoro), melo (prosperità, amore), mirto (gloria poetica), nespolo (sapienza), noce (innocenza, virtú perseguitata), olivo (pace e vittoria), olmo (carità), ortica (curiosità), palma (vittoria, pace), pero (principio benefico), pesco (silenzio, verità), pino (nobiltà antica e generosa), quadrifoglio (fiore tipicamente araldico), quercia (forza, dominio antico), rapa (beneficenza), rosa (bellezza), ruta (castità, felicità), salice (castità), spiga (abbondanza, frugalità), spino (valore riconosciuto), trifoglio (efficacia nelle lettere) || *verb.* imbracciare, sbracciare.

scúffia, *sf.* cuffia || *fig.* sbornia, ubriacatura.

scuffína, *sf. ant.* → LIMA.

scuffinàre, *v.tr. ant.* → LIMARE, RASARE.

scuffióne, *sm.* → MANGIONE.

scuffiòtto, *sm.* → BERRETTO.

scugnízzo, *agg.* e *sm.* → MONELLO.

sculacciàre, *v.tr.* → PERCUOTERE.

sculacciàta, *sf.* → COLPO.

sculettàre, *v.intr.* dimenarsi, scutrettolare, ancheggiare.

scultóre, *sm.* marmista, marmoraio, scalpellino, lapicida, statuario, modellatore, plasticatore, plasmatore.

nomencl. intagliatore, cesellatore, incisore, eborario, ermoglifo, figurinaio, bambocciaio, ornatista, bronzista, sbozzatore, scalpellatore, graffiatore, formatore || (*arnesi*) anima, castelletto, cavalletto, curro, manichino, fantoccio, perno, raperella, stuffoli di paglia, trespolo, calcagnuolo, subbia, ugnetto, compasso, fisionotipo, gradina, martellina, mazzuolo, picchierello, raffice, raperelliere, rullo, saetta, saettuzza, schizzetto, stampa da scultori, stecca, stecchi, trapano || (*materie*) marmo, gesso, loto, plastilina, scagliola, smeriglio || (*procedimenti e opere*) abbozzo, bozzetto, busto, calco, modello, bassorilievo, forma, chiavi della forma, camicia, paratura, sottoquadri, tasselli o pezzi, rilievo (basso, alto, mezzo), anaglifo, anaglipto, ritratto, statua, cariatide, figurina, medaglione, cenotafio, monumento, sepolcro, erma, gessi, gloria, gruppo, maschera, mascherone, grottesca, proplasma, fregio, ornato || (*luoghi*) accademia di belle arti,. galleria, esposizione, glittoteca, mostra, museo || studio, seduta, fusione || *verb.* abbozzare, sbozzare, affaccettare, affacciare, affondare, annestare, arrotare, bucare il sasso, battere la terra, dare il lustro o il pulimento, polire, dare movenza, formare, fare il getto, ingrandir la maniera, modellare, rapportare, rifinire, risentire, ritoccare, scoprire, sformare, svolgere, traforare, incavare, cesellare, arrotare, campare, effigiare, gettare, gradinare, intagliare, picchierellare, restaurare, improntare.

scultòrio, *agg.* statuario, di bellissime forme, ben rilevato, formoso.

contr. deforme, difforme, gracile, piatto.

scultúra, *sf.* scoltura, plastica, marmoraria, statuaria || figura, simulacro, intaglio, lavoro di scalpello.

nomencl. (*varietà*) scultura criselefantina, fotoscultura, scultura in legno, tettonica.

scuoiàre, *v.tr.* scoiare, → SCORTICARE.

scuòla, *sf.* accademia, ateneo, facoltà, studio, insegnamento, istruzione, educazione || *fig.* dottrina, ammaestramento, pratica, esercizio.

nomencl. (*distinzioni*) pubblica, statale, comunale, provinciale, privata, paterna, pareggiata, parificata, legalmente riconosciuta, rurale, urbana, inferiore, elementare, media, ginnasiale, superiore, liceale, classica, tecnica, professionale, politecnica, magistrale, normale, letteraria, accademica, universitaria || primaria, secondaria (di primo, di secondo grado), preparatoria, propedeutica, infantile, popolare, operaia, maschile, femminile, mista, promiscua, diurna, serale, festiva, laica, atea, religiosa, ecclesiastica, confessionale, clericale || pratica, militare, internazionale, europea, carceraria || per normali, per anormali, specializzata || (*tipi di scuole*) scuola materna, elementare, media, avviamento professionale (a tipo agrario, industriale, commerciale, linguistico, alberghiero), istituto professionale, ginnasio, liceo (classico, scientifico, artistico), istituto magistrale, istituto tecnico (commerciale, per geometri), accademia di Belle Arti, università, politecnico, conservatorio, magistero, scuola di applicazione, scuola di perfezionamento, seminario, orto botanico, osservatorio meteorologico, scuola di ballo, accademia militare, scuola di guerra, università popolare || (*persone*) maestro, maestra, professore, direttore, preside, ispettore, provveditore agli studi, rettore, custode, bidello, uditore, allievo, alunno, scolaro, studente, consiglio scolastico provinciale, ministro della pubblica istruzione || (*luoghi e sussidi*) aula, banco, cattedra, predella, materiale didattico, suppellettile scolastica, scaffale, carte murali, lavagna, gesso, modelli, pallottoliere, gabinetto di scienze naturali, laboratorî (di falegnameria, di meccanica, di chimica, di mineralogia, di fisica, ecc.) || (*attività*) lezione, interrogazione, compito, compito in classe, esame, abilitazione, licenza, maturità, ammissione, promozione, idoneità, laurea, riparazione, proscioglimento o compimento (elementare inferiore o superiore), scrutinio, bocciatura, media, punti, voti, pagella, propina, vacanza, programma, disciplina, giustificazione, diario, libri di testo, biblioteca scolastica, gita scolastica, visite ai monumenti || didattica, pedagogia, psicologia, propedeutica || *verb.* frequentare, aprire, chiudere, sospendere, andare a scuola, marinare, salare, fare i compiti, studiare la lezione, ottenere la promozione, ripetere l'anno, saltare una classe.

scuòtere, *v.tr.* agitare, abballottare, ballottare, balzellare, batassare, colleppolare, concussare, conquassare, dibattere, dibottare, dicrollare, dimenare, dimergolare, disquassare, movimentare, crollare, muovere, rimenare, rimescolare, rimuovere, rinsaccare, ripercuotere, riscuotere, ridestare, risvegliare, sbacchiare, sballottare, sbalzellare, sbatacchiare, sbattere, sciaguattare, sconquassare, scossare, scotolare, scrollare, sommuovere, squassare, vibrare, tramenare || *fig.* commuovere, turbare, eccitare, impressionare, inquietare, galvanizzare || *rifl.* trasalire, ribellarsi, rivoltarsi, insorgere, liberarsi, destarsi || agitarsi, dimenarsi.

contr. lasciare quieto, pacifico, indifferente, apatico.

scúre, *sf.* mannaia, bipenne, ascia, accetta, pennato. azza, piccozza.

nomencl. (*parti*) manico, taglio, codolo || littore || *verb.* recidere, tagliare, asciare, mozzare || colpo (di scure).

scurétto, *sm.* → IMPOSTA.

scuríccio, *agg.* → BRUNO.

scuríre, *v.tr.* tingere, render scuro, → OSCURARE || *intr.* diventare scuro || rabbuiare, imbrunire, annottare, venir notte.

contr. schiarire || albeggiare, venir giorno.

scúro, *agg.* fosco, fuligginoso, nuvoloso, bruno, buio, tenebroso, opaco, → OSCURO || *fig.* preoccupato, turbato, torvo, accigliato || *sm.* scuretto, → IMPOSTA.

contr. chiaro, luminoso, abbagliante, radioso, splendente.

scurríle, *agg.* buffonesco, lubrico, lascivo, sguaiato, licenzioso, impudico, procace, salace, sboccato, boccaccesco, scandaloso, triviale, volgare, grossolano, → OSCENO.

contr. castigato, rigido, austero, puro, pudico, verecondo, temperato, corretto.

scurrilità, *sf.* lubricità, lascivia, licenziosità, impudicizia, procacità, salacità, scandalo, trivialità, rozzezza, grossolanità, volgarità, → OSCENITÀ.

contr. castigatezza, purezza, pudicizia, verecondia, temperanza, ritegno, austerità, correttezza, rigidezza.

scúsa, *sf.* attenuante, coonestamento, copritura, discolpa, diverticolo, giustificazione, mantello, ricoperta, ritirata, scarico, coperta, discapito, sgravio, difesa || rappezzo, appiglio, pretesto, colore, mezzo, rimedio, accomodamento, astuzia, via d'uscita, stratagemma, scappatoia, schermo, ragione (non buona), cavillo.

nomencl. (*pertinenti*) perdono, remissione, assoluzione, grazia || *agg.* buona, valida, idonea, opportuna, vantaggiosa, degna, legittima, onesta, leale, giusta, assurda, falsa, illogica, paradossale, stravagante, impossibile, logica, ragionevole, cattiva, balorda, sballata, sciocca, ridicola, grottesca, meschina, debole, vana, inutile, futile, inconsistente, inefficace, pronta, predisposta, franca, calzante, appropriata, efficace, magra, povera, apparente, illusoria, tardiva, tarda, pessima || *verb.* presentare, chiedere, accettare, addurre, portare, coonestare, profondersi in scuse, ammettere, respingere, rifiutare.

contr. ragione buona, valida || accusa, imputazione, confessione, ammissione della propria colpa.

scusàbile, *agg.* → PERDONABILE.

contr. inescusabile, ingiustificabile, imperdonabile.

scusànte, *ppr.* di scusare || *sf.* → ATTENUANTE.

scusàre, *v.tr.* adonestare, coonestare, discolpare, difendere, giustificare, perdonare, condonare, scagionare, compatire, iscusare, ricoprire, soccorrere, suffragare || *rifl.* portare, addurre, recare scusa; scolparsi, difendersi, escusarsi, farsi scusare, chiedere scusa || cercare attenuanti, mendicare pretesti, profondersi in scuse, avere per iscusato.

nomencl. (*inerenti*) apologia, giustificazione, difesa, autodifesa || accusa, invettiva, filippica, catilinaria.

contr. accusare, incolpare, imputare, denunciare || confessarsi colpevole.

scusàto, *pps.* di scusare || *agg.* → DIFESO.

scússo, *agg.* → PRIVO || *fig.* → NATURALE.

scutrettolàre, *v.intr.* sculettare, dimenarsi, ancheggiare.

sdaziàre, *v.tr.* sdoganare.

sdebitàre, *v.rifl.* → DISOBBLIGARE.

contr. indebitare.

sdegnàre, *v.tr.* disdegnare, sprezzare, spregiare, schifare, abominare, disprezzare, → ODIARE || *rifl.* adirarsi, concitarsi, indignarsi, accendersi di sdegno, risentirsi, scandalizzarsi, irritarsi, crucciarsi, corrucciarsi, andare in collera, alterarsi, arrabbiarsi, inalberarsi, stizzirsi, → OFFENDERE || accanirsi, bofonchiare, inciprignire; ardere, fremere, avvampare di sdegno; fare il viso brusco, fare il muso, tenere il muso, far la faccia scura.

contr. degnare, apprezzare, stimare, accettare, sispettare || rabbonire, calmarsi, placarsi.

sdegnàto, *pps.* di sdegnare || *agg.* irritato, crucciato, corrucciato, risentito, indignato, furioso, adirato, → IRACONDO || spregiato, disprezzato, disdegnato, aborrito, allontanato, respinto.

contr. calmo, benigno, accettato, rispettato, apprezzato, stimato, accolto.

sdégno, *sm.* indignazione, corruccio, irritazione, ira, collera, rabbia, cruccio, risentimento, picca, ripicco, puntiglio, ruggine, cisma, rancore, dispetto, protesta, scalpore, offesa, → ODIO || disdegno, disprezzo, disistima, riprovazione.

nomencl. (*pertinenti*) grinta, spallucciata, muso, parole accese || *verb.* provare, nutrire, sentire, ardere, avvampare, fremere.

contr. benignità, placidità, bontà || stima, sopportazione, rispetto, apprezzamento.

sdegnosità, *sf.* alterigia, burbanza, scontrosità, ipersensibilità, arroganza, fastidio, contegno sprezzante, → SDEGNO.

contr. cordialità, bonarietà, amabilità, affabilità, socievolezza.

sdegnóso, *agg.* disdegnoso, altero, sprezzante, fiero, scontroso, risentito, pieno di risentimento, piccato, iracondo, permaloso, schifiltoso.

contr. cordiale, bonario, amabile, amichevole, aperto.

sdiacciàre, *v.tr.* e *intr.* → SGHIACCIARE.

contr. diacciare, agghiacciare.

sdicévole, *agg.* disdicevole, → SCONVENIENTE.

sdigiunàre, *v.tr.* e *rifl.* rompere il digiuno, mangiare.
contr. digiunare.
sdilinquiménto, *sm.* svenevolezza, leziosità, moine, tenerezze, sdolcinature, cascaggini, smorfie, languore, languidezza, vezzo, affettazione, caccabaldole || svenimento, deliquio.
contr. energia, austerità, risolutezza, rudezza, durezza.
sdilinquíre, *v.intr.* venir meno, cadere in deliquio, intenerirsi, → INDEBOLIRE || *rifl.* far smorfie, moine, tenerezze, svenevolezze; illanguidire, infiacchirsi || *tr.* illanguidire, infiacchire, → INDEBOLIRE.
contr. farsi forza, essere energico, essere rude, essere risoluto, austero, solido || rinforzare, invigorire, rinvigorire.
sdilinquíto, *pps.* di sdilinquire || *agg.* → AFFETTATO.
sdoganàre, *v.tr.* sdaziare, sgabellare.
sdolcinatézza, *sf.* sdolcinatura, lezio, svenevolezza, sdilinquimento, atto svenevole, smanceria, affettazione, vezzosità, smorfia.
contr. rudezza, ruvidezza, energia, risolutezza, austerità, durezza, sgarbo, sgarbatezza, rozzezza.
sdolcinàto, *agg.* lezioso, svenevole, smanceroso, smorfioso, affettato, dolce, zuccherato, stucchevole, smaccato, dolciastro, vezzoso, sdilinquito, languido, mellifluo.
contr. energico, austero, risoluto, duro, ruvido, rude, brusco, rozzo, sgarbato.
sdolcinatúra, *sf.* → SDOLCINATEZZA.
sdoppiàre, *v.tr.* scempiare, disgiungere (ciò che è doppio), spaiare, dispaiare.
contr. addoppiare, raddoppiare, duplicare.
sdormentàre, *v.tr.* → SVEGLIARE.
contr. addormentare.
sdossàre, *v.tr.* e *rifl.*
contr. indossare.
sdottoràre, *v.intr.* → SDOTTOREGGIARE.
sdottoreggiàre, *v.intr.* sdottorare, impancarsi a dottore, fare il dottore, fare il saputo, fare il saccente, pretendere di insegnare a tutti.
sdraiàre, *v.tr.* e *rifl.* → DISTENDERE, ADAGIARE, GIACERE.
sdraiàto, *pps.* di sdraiare || *agg.* → DISTESO.
sdrucciolàre, *v.intr.* sbiettare, scivolare, mettere il piede in fallo, strisciare, slittare, guizzare, scorrere || *fig.* incorrere, incappare, cascare senza accorgersi, pericolare || cadere.
contr. incespicare, impuntarsi, piantarsi, fermarsi, reggersi, rimanere in equilibrio, arrestarsi.
sdrucciolévole, *agg.* lubrico, tendente o pendente al basso, malsicuro, vacillante, ingannevole, infido, → SCIVOLOSO, PERICOLOSO.
contr. statico, fermo, sicuro.
sdrúcciolo, *sm.* pendenza, inclinazione ripida, → PENDIO.
sdrucciolóne, *sm.* caduta, scivolone, scivolata, scivolarella.
nomencl. *avv.* sdruccioloni.
sdrucciolóso, *agg.* → SCIVOLOSO.
sdrúcio, *sm.* strappo, → ROTTURA, FERITA.
sdrucíre, *v.tr.* sdruscire, scucire, squarciare, strappare, lacerare, strambellare, sbrindellare, escoriare, → FERIRE.
contr. ricucire, rimarginare, rattoppare, rammendare, rabberciare, rappezzare, unire.
sdrucíto, *pps.* di sdrucire || *agg.* scucito, lacerato, guasto, squarciato, stracciato, strambellato, strappato, rotto, bucato, → LOGORO || *sm.* sdrucio, strappo, lacerazione, squarcio, rottura.
contr. ricucito, rattoppato, rammendato, aggiustato.
sdrucitúra, *sf.* scucitura, → ROTTURA.
contr. rammendo, rattoppo, rammendatura, rappezzatura, aggiustatura, ricucitura, rattoppatura.
sdrusciàre, *v.tr.* → LISCIARE.
sdútto, *agg.* magro, esile, sottile, flessibile, flessuoso, segaligno, → SLANCIATO.
contr. grosso, atticciato, tozzo, massiccio.
sebbène, *cong.* benché, quantunque, non ostante, bene.
secàre, *v.tr.* → SEGARE, TAGLIARE.
sécca, *sf.* banco di sabbia, sirte, seccagna, scoglio, → DUNA.
seccàggine, *sf.* → SECCATURA.
seccaginóso, *agg.* → SECCO.
seccagióne, *sf.* seccamento, essiccamento, seccatura, seccaia, seccata.
seccàgna, *sf.* → SICCITÀ.
seccàgno, *agg.* (di terreno) secco, prosciugato, asciutto, arido.
contr. umido, umidiccio, rorido, bagnato.
seccaióne, *sm.* → RAMO.
seccaménte, *avv.* asciuttamente, bruscamente, aspramente, risentitamente, recisamente, in modo offensivo.
contr. garbatamente, cortesemente, dolcemente.
seccaménto, *sm.* → SECCAGIONE.
seccànte, *ppr.* di seccare || *agg.* → IMPORTUNO.
seccàre, *v.tr.* inaridire, disseccare, asciugare, prosciugare, essiccare, insecchire, abbronzare, alidire, arrostire, smungere, assorbire, suzzare || *intr.* appassire, abbronzarsi, abbruciare, arsicciare, asseccarsi, assecchire, bruciare, disseccare, essiccarsi, improsciuttire, inalidire, inaridirsi, insecchire, perire, rimaner morto, riseccare, sverdire || *fig.* scocciare, importunare, assillare, annoiare, infastidire, disturbare, molestare, tediare, stufare, irritare, nauseare, noiare, rompere il capo o le scatole o gli stivali, stuccare, stancare, uggire, assaettare, ristuccare, saziare, fastidire, venire a noia || → SFRUTTARE.
nomencl. (*inerenti*) seccatoio, stufa || noia, depressione, sbadiglio, nausea.
contr. bagnare, inumidire, irrigare || interessare, attirare, allettare, esser gradito, divertire, rendersi piacevole, piacevoleggiare.
seccàta, *sf.* → SECCAGIONE || SECCATURA.
seccàto, *pps.* di seccare || *agg.* → SECCO || *fig.* ristucco, piú che sazio, nauseato, arcistufo, infastidito, annoiato, stucco, tediato, uggito, irritato, importunato.
contr. divertito, sollevato, disteso, sereno, contento, allegro.
seccatóio, *sm.* essiccatoio, disseccatoio, metato.
nomencl. (*tipi*) a corrente d'aria calda, alla temperatura dell'ambiente, ad aria calda, a vapore, elettrico || stufa.
seccatóre, *sm. fig.* seccante, importuno, disturbatore, impaccione, impiastro, mortorio, mosca cavallina, pittima, rompiscatole, rompistinchi, rompistivali, tafano, chiacchierone, uggioso, seccaginoso, scocciatore, noioso.

contr. uomo piacevole, divertente, allegro, di grata compagnia, ameno.

seccatúra, *sf.* seccaggine, rottorio, seccagione, seccata, seccamento || *fig.* noia, cura, cruccio, molestia, imbarazzo, disturbo, tedio, importunità, impiccio, rompicapo, tormento, uggia, fastidio, disgusto, persecuzione, stimolo, taccola, tigna.

contr. cosa piacevole, interessante, divertente.

secchézza, *sf.* secca, siccità, aridità, arsura, alidore, alidezza, asciuttezza, seccore, seccume, seccura || *fig.* magrezza.

contr. umidità, umore.

sécchia, *sf.* vaso, bigoncia, mezzino, secchiello, mastello, zangola, secchio.

nomencl. (*attinenti*) bilico, gancio, manico, erro, arconcello || mescino, noria, secchioni, sistola.

sécchio, *sm.* mastello, → SECCHIA.

secchíto, *agg.* → SECCO.

séccia, *sf.* → PAGLIA.

sécco, *agg.* appassito, seccato, arso, riarso, arido, adusto, asciutto, prosciugato, assecchito, insecchito, inaridito, risecchito, disseccato, assetato, arefatto, risecco, seccaginoso, secchito, reciso, duro || *fig.* magro, scarno, rimprosciuttito, macilento, macro, sottile, allampanato || *sm.* siccità, secchezza, aridità, arsura, asciuttezza, seccore, seccume, seccura.

contr. bagnato, umido, rorido, inumidito, irrigato || umidità, umidore.

seccóre, *sm.* → SECCHEZZA, SECCO.

seccúme, *sm.* → SECCHEZZA, SECCO.

seccúra, *sf.* → ARIDITÀ, SECCHEZZA, SECCO.

secentísmo, *sm.* marinismo, preziosismo, gongorismo, barocchismo, concettismo, eufuismo, spagnolismo.

contr. semplicità, naturalezza || atticismo.

secentísta, *sm.* → AMPOLLOSO.

secèrnere, *v.tr.* emettere, espellere, eliminare, mandare, trasudare, gemere.

contr. assorbire, riassorbire, contenere.

secessióne, *sf.* defezione, ritiro, scissione, scisma, separazione per dissidio || → DISCORDIA.

contr. unione, unanimità, intesa, accordo, concordia.

secolàre, *agg.* centenario, vetusto, annoso, antico, esistente da secoli || laico, civile, profano, mondano.

contr. nuovo, recente, giovane, moderno || ecclesiastico, regolare, claustrale, religioso.

secolarizzàre, *v.tr.* laicizzare, sciogliere dai voti, ritornare al secolo, nel mondo.

contr. prendere i voti, farsi religioso, entrare in religione, vestire l'abito religioso.

secolarizzazióne, *sf.* laicizzazione.

sècolo, *sm.* cento anni || *fig.* lungo periodo di tempo, lunga serie di anni, durata indefinita, epoca, evo, età, periodo || mondo, costumi del tempo, moda del giorno, vita mortale || mondanità, vita mondana.

contr. attimo, istante || eternità, vita ultraterrena || vita religiosa, monastica, sacerdotale.

secondàre, *v.tr.* assecondare, seguire, favorire, esser propizio, aiutare, mandare per il suo verso, adattarsi, obbedire, accomodarsi alle battute, condiscendere, compiacere, ribadire, blandire, lusingare, accarezzare, vezzeggiare, imitare, rifiorire, giovare, rimandare, rimbeccare, rimpolpettare.

contr. osteggiare, opporsi, ostacolare, disobbedire, rifiutare, recalcitrare.

secondariaménte, *avv.* accessoriamente, in secondo luogo, poi.

contr. primariamente, principalmente, innanzitutto, soprattutto.

secondàrio, *agg.* accessorio, periferico, aggiunto, accidentale, inessenziale, derivato, complementare, ausiliare, ausiliario, sussidiario, incidentale || inferiore, di second'ordine, meno importante.

contr. primario, principale, centrale, essenziale, precipuo.

secondíno, *sm.* agente di custodia, → CARCERIERE.

secóndo, *avv.* conforme, giusta, conformemente, dipendentemente, a parere di || *agg.* → FAVOREVOLE, FAUSTO || *sm.* → MOMENTO.

secondogenitúra, *sf.* cadetto.

secréto, *pps.* di secernere || *agg.* (di umore) elaborato, emesso, espulso, gemuto || *sm.* secrezione, essudato || *ant.* → SEGRETO.

contr. assorbito, riassorbito, rientrato.

secrezióne, *sf.* escrezione, secreto, essudato.

securità, *sf.* sicurità, sicurtà, → SALVEZZA, SICUREZZA, MALLEVERIA.

sedànte, *ppr.* di sedare || *agg.* sedativo, calmante, tranquillizzante, tranquillante.

contr. eccitante, aizzante, irritante, stuzzicante, stimolante, provocante.

sedàre, *v.tr.* calmare, quietare, placare, lenire, mitigare, pacificare, reprimere, frenare, riposare, tranquillizzare, raddolcire, rabbonire, attutire.

contr. eccitare, aizzare, inasprire, irritare, stuzzicare, stimolare.

sedatívo, *agg.* e *sm.* placativo, anodino, calmante, leniente, sedante, lenitivo, rinfrescante, mitigativo, tranquillante.

contr. eccitante, irritante, irritativo, stimolante, provocante, stuzzicante, aizzante.

sède, *sf.* residenza, dimora, domicilio, casa, residenza, posto, luogo, sito, giurisdizione.

nomencl. (*varie*) vacante, principale, primaria, succursale, secondaria || *agg.* ambita, desiderata, temuta.

sedére[1], *v.intr.* assidersi, star seduto, adagiarsi, riposarsi, assedersi, stare, posare, accomodarsi, acculattarsi, impancarsi, rassettarsi, sprofondarsi, stendersi, insediarsi || *fig.* aver sede o seggio, essere situato, giacere.

nomencl. (*modi*) alla turca, a gambe larghe, a cavalcioni, compostamente, scompostamente, da sbracato.

contr. alzarsi, levarsi, stare in piedi.

sedére[2], *sm.* deretano, culo, posteriore (*sm.*), pòdice, glútei, nàtiche.

sederíno, *sm.* → SEDILE.

sèdia, *sf.* seggiola, scanno, seggio, stallo, scagno, banco, scranna, seggiolone, seggetta, sgabello, sedile.

nomencl. di legno, di ferro, di giunco, di vimini, impagliata, di sala, a braccioli, a ruote, a sdraio, a sgabello, pieghevole, di barga, a dondolo || (*equivalenti, affini*) agrippina, bisello, brandina, ciscranna, dondola, dondolona, faldistorio, poltrona, sdraia, strapuntino, trono, bussola, sedia curule, deschetto, palanchino, lettiga, portantina, predellina, pulvinare, panca, trespolo, tripode, sedia gestatoria, sedia elettrica || (*elementi*) braccioli, cartella, gambe, piedi, impagliatino, intelaiatura, mazze o traverse, piano o sedere, spalliera, staggi o regoli || corda, ciambella, copertella, cuscino || seggiolaio, sediario || *agg.* sgangherata, tentennante, vecchia, zoppa, zoppicante, rotta, nuova, comoda, scomoda, elegante, artistica, in stile, antica, preziosa, ordinaria, imbottita, imperniata, sperniata, sfilata.

sedíle, *sm.* banco, bussola, banchina, panca, canapè, divano, poltrona, sedia, poggiolo, scanno, stallo, manganella, palanchino, portantina, sederino, seggio, cattedra, soglio, tripode, trono, misericordia, prospera, serpa.

sediménto, *sm.* impostime, → RESIDUO, POSATURA.

sedizióne, *sf.* → RIVOLUZIONE, RIBELLIONE, MOTO.

sedizióso, *agg.* turbolento, fanatico, settario, fazioso → RIBELLE, RIVOLUZIONARIO.

seducènte, *ppr.* di sedurre || *agg.* affascinante, attraente, piacente, allettante, piacevole, simpatico, amabile, ammaliante, fascinatore, incantevole, invescante, eccitante, provocante, procace, lusinghiero, prestigioso.

contr. repellente, ripugnante, disgustoso, antipatico, scostante, ostico, schifoso, nauseante, stomachevole.

sèdulo, *agg. lat.* assiduo, diligente, sollecito, premuroso.

sedúrre, *v.tr.* allettare, attrarre, adescare, affascinare, ammaliare, lusingare, attirare, irretire, imbonire, invescare, invischiare, stregare, incantare, suggestionare, eccitare, sobillare, subornare, inzipillare, inzufolare, persuadere (ad azione riprovevole) || depravare, viziare, corrompere || *fig.* comprare.

contr. repellere, ripugnare, disgustare, schifare, nauseare, allontanare || dar buon esempio, edificare.

sedúta, *sf.* riunione, adunanza, tornata, udienza, colloquio, assemblea, sessione.

nomencl. *verb.* aprire, chiudere, convocare, tenere, dichiarare aperta, sospendere, rimandare, togliere.

seduttóre, *agg.* e *sm.* corruttore, corrompitore, depravatore, pervertitore, adescatore, lusingatore, ammaliatore, drudo, subornatore, istigatore, accalappiatore, lenone.

seduttríce, *sf.* circe, maliarda, incantatrice, sirena, ammaliatrice, lusingatrice, strega.

contr. megera, arpia.

seduzióne, *sf.* lode, lusinga, promessa, adescamento, invescamento, eccitamento, incitamento, attrazione, stuzzichio, accalappiamento, allettamento, esca, stimolo, incanto, incantesimo, ammaliamento, malia, suggestione || pimento, attrattiva, fascino, prestigio || corruzione.

contr. antipatia, nausea, sazietà, ripugnanza, repulsione.

séga, *sf.* segaccio, segaccino, seghetta, saracco, frullona, gattuccio.

nomencl. (*foggia*) a mano, a braccia, meccanica, ad archetto, a coltello, circolare, a vapore, elettrica, ad acqua, a vento, dentata, non dentata, intelaiata || (*parti*) lama, dentellatura, dentelli o denti, telaio, capitelli, corda ritorta || segheria || segatura, allicciatura, licciaiola, sciavero || *verb.* segare, frullanare, allicciare.

segaccíno, *sm.* → SEGA.

segàccio, *sm.* → SEGA.

segalígno, *agg. fig.* magro, scarno, smunto, asciutto, adusto, secco, ossuto, gracile, allampanato, affilato, sdutto, sottile.

contr. grasso, adiposo, flaccido, mollaccione.

segantíno, *sm.* segatore.

segàre, *v.tr.* secare, tagliare, recidere, resecare, intersecare, troncare, mietere, falciare || *lett.* solcare, fendere (di navi).

contr. unire, congiungere.

segatóre, *sm.* segantino, → FALEGNAME.

segatúra, *sf.* → MIETITURA.

seggétta, *sf.* predella, gradino, → SEDIA || ORINALE.

sèggio, *sm.* scanno, stallo, scagno, banco, poltrona, → SEDIA || sede, → POSTO || seggio vescovile, → CATTEDRA.

sèggiola, *sf.* → SEDIA.

seggiolóne, *sm.* → SEDIA.

seghedíglia, *sf.* seguidiglia.

seghettàto, *agg.* dentellato.

segménto, *sm.* → PARTE.

segnàccio, *sm.* → BAFFI.

segnàcolo, *sm.* → SEGNO.

segnalàre, *v.tr.* accennare, cennare, additare, ammiccare, avvertire, avvisare, indicare, mostrare, segnare, significare, richiamare l'attenzione, denunciare, chiamare, distinguere || → PROPORRE || *rifl.* distinguersi, emergere, rendersi noto, cospicuo, illustrarsi, affermarsi.

contr. confondere, passar sotto silenzio || rimanere oscuro, ignorato, ignoto.

segnalataménte, *avv.* → CHIARAMENTE.

segnalàto, *pps.* di segnalare || *agg.* notevole, distinto, illustre, egregio, considerevole, grande, insigne, spiccato, cospicuo.

contr. insignificante, trascurabile, mediocre, pedestre, minimo, di nessun pregio o valore.

segnalatóre, *agg.* indicatore || *sm.* semaforista, → SENTINELLA.

segnalazióne, *sf.* segnale, indicazione || *fig.* → MENZIONE.

segnàle, *sm.* segno, segno convenuto, segno d'intesa, avviso, indizio, cenno, gesto, contrassegno, guida, indice, indicazione, illuminazione, insegna, segnacolo, segnalazione, richiamo.

nomencl. (*tipi*) luminoso, notturno, d'allarme, di marina, di ricognizione, ferroviario, stradale, automobilistico || (*elenco*) allarme, allerta, asterisco, bandiera, bandierina, cartello, fanale, faro, freccia, indicatore, manina, meda, notabene, occhietto, occhiolino, razzo, segnalibro, segnatasse, semaforo, soneria, spaventacchio, spaventapasseri, stelletta.

segnàre, *v.tr.* distinguere, notare con un segno, mettere un segno, contrassegnare, marcare, bollare, apporre il marchio, marchiare, stampare, imprimere || notare, registrare, accennare, designare, additare, ammiccare, distinguere, denotare, indicare, segnalare || rigare, sfregiare, tracciare, disegnare, rappresentare || sottoscrivere, soscrivere, → FIRMARE.

segnataménte, *avv.* → CHIARAMENTE.

segnatàrio, *sm.* firmatario.
segnatúra, *sf.* → FIRMA.
ségno, *sm.* contrassegno, contromarca, cifra, sigla, iniziale, distintivo || ricordo, macchia, livido, cicatrice, sfregio, nota, neo, carattere, connotato || indizio, indicazione, orma, tratto, traccia, impronta, suggello, sigillo || prova, sentore, sintomo, sospetto || miracolo, fenomeno || segnacolo, simbolo, insegna, bersaglio, mira, termine, mèta, segnalibro, segnale || cenno, accenno, gesto, smorfia || frego, riga, punto || → FIRMA || limite, misura.
nomencl. (*specie*) cabalistico, zodiacale || diacritico, ortografico, grafico, fonetico, tipografico || *agg.* piccolo, minuscolo, minimo, grande, chiaro, evidente, buono, brutto, cattivo.
ségo, *sm.* → GRASSO.
segregaménto, *sm.* → SEPARAZIONE.
segregàre, *v.tr.* → SEPARARE.
segregazióne, *sf.* isolamento, allontanamento, divisione, → SEPARAZIONE.
segréta, *sf.* → PRIGIONE.
segretàrio, *sm.* attuario, cancelliere,
nomencl. segretario capo, sottosegretario, segretario di Stato, vicesegretario, arcisegretario, consegretario.
segréto, *agg.* occulto, misterioso, esoterico, recondito, stretto, strettissimo, confidenziale, privato, riservato, riparato, appartato, riposto, celato, remoto, nascosto, clandestino, || (*di persona*) chiuso, abbottonato, discreto || *sm.* arcano, deposito, confidenza, secreto, riserbo, sigillo, nascondimento, → MISTERO.
nomencl. (*vari*) confessionale, sacramentale, professionale, postale, militare || (*attinenti*) confidente, pettegolo, chiacchierone, svescione || *agg.* inviolabile, irrivelabile, inscrutabile, assoluto, completo, intimo || *verb.* abbottonarsi, celare, custodire, conservare, aprire, carpire, confessare, confidare, deporre, dissimulare, indovinare, investigare, iniziare, manifestare, mantenere, palesare, rompere, rivelare, rubare, scrutare, scoprire, serbare, spillare, strappare, svelare, tradire, trapelare, violare, spifferare, spiattellare, snocciolare, non cantare, non far parola, stare in sé, tenere in sé, tenersi in corpo, dire una cosa sotto sigillo, vuotare il sacco, avere un cocomero in corpo.
contr. palese, manifesto, aperto, evidente, notorio, ben noto, conosciuto, di Pulcinella, delle sette comari || cosa palese, chiacchiera.
seguàce, *agg.* e *sm.* accolito, adepto, aderente, affiliato, proselite, catecumeno, apostolo, fautore, favoreggiatore, amico, compagno, aiutante, discepolo, gregario, famulo, partigiano, scolaro, pedissequo, imitatore, cagnotto, servitore, schiavo, giannizzero, bravo, settatore, settario, epigono, satellite, guardia del corpo, corifeo, lanciaspezzata, segugio, aguzzino, anima dannata, braccio destro.
contr. avversario, nemico, oppositore, indipendente, autonomo || principale, maestro, insegnante, caposcuola.
seguènte, *ppr.* di seguire || *agg.* → CONSEGUENTE.
contr. precedente, antecedente.
segúgio, *sm.* bracco leggero, bracchetto, → CANE || *fig.* poliziotto, birro, sbirro, bravo, satellite, pedinatore.
seguidíglia, *sf.* seghediglia.
seguiménto, *sm.* inseguimento.
seguíre, *v.tr.* inseguire, andar dietro, tener dietro, accompagnare, accodarsi, pedinare, spiare, venire appresso, seguire le pedate o le orme, procedere, camminare || imitare || secondare, assecondare, favorire, aiutare || osservare, studiare || *intr.* seguitare, continuare, perseverare, persistere, proseguire || accadere, venire di conseguenza, succedere, avvenire.
contr. antecedere, precedere, andare avanti.
seguitàre, *v.tr.* e *intr.* continuare, perseverare, persistere, proseguire, procedere, andare avanti, perseguire, far seguito, → SEGUIRE.
contr. arretrare, sostare, rattenere, arrestarsi, fermarsi, interrompersi.
séguito, *sm.* accompagnamento, continuazione, codazzo, corteo, corteggio, coro, compagnia, scorta, comitiva || prolungamento, prolungazione, prosecuzione, successione, conseguenza, aumento, continuazione, strascico || sequela, trafila, serie.
contr. guida, precedente, prodromo, antefatto.
sèi, *agg. num. card.* mezza dozzina.
nomencl. (*inerenti*) senario, sesto, sestetto, sestuplo, sestina, esagono, esagonale, esaedro, esedra, sestiere, sestante, sestultimo.
seicènto, *agg. num. card.*
nomencl. secentismo, secentista.
seíno, *sm.* sena.
sélce, *sf.* silice, → PIETRA.
selciàio, *sm.* → SELCIATORE.
selciàre, *v.tr.* lastricare, ammattonare, pavimentare, acciottolare, ciottolare.
contr. disselciare.
selciàto, *pps.* di selciare || *sm.* acciottolato, ammattonato, ciottolato, lastricato, lastrico, lastricamento, macadam, → PAVIMENTO.
contr. terra battuta, strada asfaltata, cementata.
selciatóre, *sm.* lastricatore, selciaio.
selène, *sf.* → LUNA.
selènico, *agg.* selenitico, lunare.
seleníticо, *agg.* selenico, lunare.
selezionàre, *v.tr.* scernere, cernere, discernere, separare, dividere, sceverare, scegliere, eleggere, schiumare, preferire, distinguere, vagliare.
contr. prendere in massa, conglobare.
selezióne, *sf.* → SCELTA.
sèlla, *sf.* arcione, bardella, basto, bardellone, sellino, efippio.
nomencl. (*varietà*) all'inglese, alla francese, alla fittavola, all'ungherese, da scudiere, rasa, reale, baiulatoria, famigliarica, gestatoria || (*parti ed elementi*) arcione, arco, bande, quarti, punte dinanzi, punte di dietro, archetti, galma, colletto, bardella, battiurti, bunello, chiavarda, contraccigna, contraccinghia, sovatti, cosciale, falde, coperta, fonde, fusto, groppiera, posola, sedere, sottopancia, sopraccinghia, staffile, staffa || coperta, gualdrappa, soprassella, cuscinetto, guancialetto || buttasella || *verb.* sellare, bardellare, dissellare, inforcare, insellare, sbalzare, scavalcare, stare in groppa, a bisdosso, a pelo.
sellàio, *sm.* bardellaio, bastaio.

nomencl. (*arnesi*) bicorna, cocomerino, imbottitoio, ministro, reggisella, tracciatoio || trapuntura || *verb.* nervare, incuoiare, imbottire.

sellàre, *v.tr.* → BARDARE.

sellíno, *sm.* → SELLA.

sélva, *sf.* → FORESTA || *fig.* → FOLLA || raccolta di argomenti, passi e pensieri, zibaldone.

nomencl. (*attinenti e derivati*) silvicoltura, silvano, silvestre, silvicola, silvereccio, selvoso, rimboschimento, diboscamento || selvaggina || *agg.* aspra, selvaggia, forte, folta, viva, rigogliosa, ricca || *verb.* inselvare, rinselvare, inselvatichire.

selvaggína, *sf.* → CACCIAGIONE || animale selvatico, carne di animale selvatico.

selvàggio, *agg.* barbaro, bestiale, feroce, incivile, incolto, inculto, insocievole, ritirato, rozzo, rude, aspro, fiero, salvatico, selvatico || silvestre, deserto, inospitale, abbandonato || → ORRENDO.

contr. civile, incivilito, civilizzato, colto, gentile, cortese || coltivato, lavorato, aprico, ameno, ridente.

selvatichézza, *sf.* selvaticume, rozzezza, asprezza, ritrosia, fierezza, rustichezza, zotichezza, inurbanità.

contr. cultura, coltivazione, socievolezza, cordialità, affabilità, cortesia.

selvàtico, *agg.* salvatico, silvestre, deserto, abbandonato, inospitale, selvaggio, fiero, aspro, agreste, silvano, boschereccio || inurbano, → BARBARO, ROZZO, RITROSO.

contr. coltivato, fiorente, opulento || colto, civile, domestico, socievole, cordiale.

selvaticúme, *sm.* → SELVATICHEZZA.

selvicoltúra, *sf.* → AGRICOLTURA.

selvóso, *agg.* → BOSCHERECCIO.

semaforísta, *sm.* segnalatore.

semàntica, *sf.* etimologia, semasiologia || → SEMEIOTICA.

nomencl. semantema.

semasiología, *sf.* semantica.

semàta, *sf.* orzata.

sembiànte, *agg.* → SIMILE || *sm.* → FACCIA, ASPETTO.

sembiànza, *sf.* somiglianza, apparenza, aspetto, mostra, → FIGURA || *pl.* fattezze, → LINEAMENTI.

sembràre, *v.tr.* parere, aver apparenza, apparire, assomigliare, comparire, mostrare, rappresentare, rassomigliare, somigliare || *intr.* parere, credere, opinare, stimare, simulare, fingere, atteggiarsi, imitare, aver opinione.

contr. essere, dover essere.

séme, *sm.* semenza, semente, germe, granello, polline, embrione, germine || umore della generazione || *fig.* generazione, progenie, discenza, stirpe, prole, → RAZZA || CAUSA, ORIGINE.

nomencl. (*pertinenti*) anima, mandorla, arillo, capsula, drupa, endosperma, episperma, follicolo, funicolo, gonecisti, guaina, ilo, integumento, lobi o cotiledoni, micropilo, nucleo, ombelico, pericarpo, epicarpo, endocarpo, baccello, pomo, periembrione, perisperma, placenta, polline, antera, pistillo, rafe o vasidotto, rizoma, silicula, testa || *agg.* acerbo, maturo, coriaceo, nudo, oleoso, freddo, caldo, selezionato, scelto || *verb.* seminare, germogliare, germinare, granire, semenzire, tallire, rampollare.

contr. frutto.

semeiòtica, *sf.* semantica, semiologia, sintomatologia, etiologia, eziologia.

seménta, *sf.* seminagione, semenzaio, semina || seme, semente.

contr. raccolta, raccolto, mèsse, pianta.

sementàbile, *agg.* → SEMINATIVO.

sementàre, *v.tr.* → SEMINARE.

seménte, *sf.* → SEME, SEMENTA.

semènza, *sf.* → SEME.

semenzàio, *sm.* → SEMINA || *fig.* → CAUSA.

semiapèrto, *agg.* socchiuso, semichiuso, dischiuso.

contr. chiuso, serrato, aperto, spalancato.

semibústo, mezzobusto, *sm.* → ERMA.

semicérchio, *sm.* emiciclo, mezzo cerchio || esedra.

contr. cerchio, circolo.

semichiúso, *agg.* semiaperto, dischiuso, socchiuso.

contr. chiuso, serrato, aperto, spalancato.

semicúpio, *sm.* → BAGNO || TINOZZA.

semidío, *sm.* → EROE || semidea.

contr. dio, dea.

semifréddo, *sm.* → GELATO.

semimòrto, *agg.* semivivo, quasi morto, appena vivo.

contr. morto; vivo.

sémina, *sf.* seminagione, semenzaio, sementa, seminatura.

contr. raccolto, raccolta, mèsse, pianta.

seminàbile, *agg.* → SEMINATIVO.

seminagióne, *sf.* → SEMINA.

seminàre, *v.tr.* spargere i semi, le sementi; sementare, piantare || *fig.* diffondere, dilatare, spargere, disseminare, ristoppare, informare.

contr. raccogliere || riunire.

seminàrio, *sm.* semenzaio || *fig.* → COLLEGIO || scuola d'applicazione, di esercitazioni pratiche; corso di studi, simposio, tavola rotonda.

seminatívo, *agg.* sativo, coltivabile, coltivo, seminabile, sementabile || fecondo, fertile.

contr. inseminativo, incoltivo, arido, sterile.

seminatóre, *sm.* || *fig.* propagandista, apostolo, divulgatore, promulgatore, propalatore, missionario, catechista.

seminatúra, *sf.* → SEMINA.

semiografía, *sf.* stenografia, tachigrafia, brachigrafia, note tironiane.

semisèrio, *agg.* tra il serio e il faceto, → EROICOMICO.

contr. serio.

semispènto, *agg.* mezzo spento, fioco, fiacco, languente, agonizzante, smorto.

contr. spento; vivo, vivace, ardente, fiammeggiante.

semíta, *agg.* e *sm.* e *f.* → EBREO.

semítico, *agg.* ebraico, → EBREO.

nomencl. semitismo, ebraismo || antisemitismo.

semiufficiàle, *agg.* ufficioso.

contr. ufficiale.

semivívo, *agg.* semimorto, appena vivo, quasi vivo.

contr. morto; vivo.

semovènte, *agg.* automatico.

nomencl. automobile, locomotore, cannone.

contr. stabile, fermo, immobile.

sempiternità, *sf.* → ETERNITÀ.

sempitèrno, *agg.* → ETERNO, PERPETUO.
sémplice, *agg.* scempio, scempiato, sdoppiato, indecomponibile, liscio, nudo, solo || puro, schietto, naturale, nativo, genuino, mero, pretto || senza artificio, alla buona, buono, modesto, familiare, domestico, patriarcale, inaffettato, inartificiale, novizio, inesperto, ingenuo, senza malizia, sincero, serio || piano, pratico, elementare, facile, primitivo, ovvio, banale || sempliciotto, semplicione, imbecille, babbeo, baccello, broccolo, citrullo, merlotto, minchione, pastricciano, pollastro.
nomencl. *verb.* semplificare, agevolare, sbarazzare il cammino.
contr. doppio, composto, decomponibile, scomponibile, complesso, complicato, misto, artificioso, miscelato || solenne || scaltro, versipelle, astuto, contorto, enfatico, burocratico, fiscale, pomposo, ampolloso, fucato, sofisticato, malizioso, furbo, furbacchione.
sémplici, *sf. pl.* erbe medicinali, → ERBA || medicamento non preparato.
nomencl. semplicità, erbaiolo.
contr. medicine chimiche, industriali.
semplicióne, *agg.* e *sm.* → SEMPLICE.
sempliciòtto, *agg.* e *sm.* → SEMPLICE.
semplicità, *sf.* schiettezza, franchezza, candore, candidezza, lealtà, purezza, purità, innocenza, ingenuità || modestia, bontà, bonarietà, accostevolezza, familiarità, naturalezza || facilità || inesperienza; assenza di malizia, di furberia || sciocchezza, dabbenaggine, puerilità || (di stile) concinnità.
contr. artificio, artificiosità, sofisticheria, complicazione || scaltrezza, doppiezza, infingimento, furberia, malizia || difficoltà, pasticcio.
semplificàre, *v.tr.* facilitare, agevolare, chiarire, rendere semplice, più semplice.
contr. complicare, inasprire, rendere difficile, tirar per le lunghe, burocratizzare, fiscalizzare.
semplificazióne, *sf.* riduzione, diminuzione, adattamento, adattazione, modificazione, agevolazione, chiarificazione.
contr. complicazione.
sèmpre, *avv.* continuamente, di continuo, in ogni tempo, ininterrottamente, incessantemente, senza cessa, a ogni ora, ognora, eternamente, tutte le volte, a tutte le ore, giorno e notte, perpetuamente, eternamente, sempiternamente, senza tempo.
contr. mai, di rado, raramente, qualche volta, a intervalli.
sèna, *sf.* seino.
senàto, *sm.* Camera Alta, Camera dei Pari, Curia, Padri Coscritti, Anziani, Seniori, gerusía.
nomencl. (*attinenti*) senatorista, senatoconsulto, senatorato, laticlavio, Alta Corte di Giustizia || senatorio, senatoriale.
sène, *agg.* e *sm. poet.* senile, seniore.
seníle, *agg.* sene, attempato, stagionato, venerando, decrepito, decadente, tardivo, → VECCHIO.
contr. giovanile, giovane.
senilità, *sf.* → VECCHIEZZA.
senióre, *agg.* e *sm.* e *f.* sene, anziano, *senior*, veterano, decano.
contr. iuniore, *iunior*, giovane, novellino.
sennàto, *agg.* assennato, → SAVIO.
sénno, *sm.* assennatezza, giudizio, sensatezza, criterio, saviezza, discernimento, prudenza, buonsenso, ragione, mente, raziocinio, dirittura, riflessione, sinderesi, perspicacia, cautela.
contr. follia, dissennatezza, avventatezza, sconsideratezza, imprudenza, faciloneria, insania, imprevidenza.
séno, *sm* grembo, mammelle, cuore, → PETTO || sinuosità, rientranza, rientratura, rientro, concavità, incàvo, insenatura, apertura, golfo, parte interna.
contr. dorso, schiena || sporgenza, punta, promontorio, parte esterna.
sensàle, *sm.* prosseneta, negoziatore, mezzano, procuratore d'affari, agente, commerciante, cozzone, intermediario, → MEDIATORE.
sensatézza, *sf.* → SAVIEZZA, PRUDENZA.
sensàto, *agg.* → SAVIO.
sensazionàle, *agg.* impressionante, sconvolgente, commovente, meraviglioso, appassionante, emozionante, toccante, anormale, inconsueto, straordinario, eccezionale segnalato.
contr. comune, quotidiano, mediocre, solito, consueto, usuale, irrilevante, indifferente.
sensazióne, *sf.* percezione, → IMPRESSIONE.
sensería, *sf.* mediazione, provvisione, compenso, pagamento.
sensíbile, *agg.* ricettivo, recettivo, percettivo, sensitivo, suscettivo || impressionabile, eccitabile, irritabile, passionale, delicato, nervoso, emotivo, compassionevole || rilevante, notevole, evidente || → MATERIALE.
contr. refrattario, apatico, duro, coriaceo, indifferente, insensibile, ottuso, torpido, immune.
sensibilità, *sf.* ricettività, recettività, percettività, suscettibilità, suscettività || impressionabilità, sensività, sensitività, emotività, delicatezza, senso, sentimento, squisitezza, tenerezza, pietà, coscienza.
nomencl. (*distinzioni*) normale, anormale; intellettiva, dei sensi, morale, estetica, fisica || (*inerenti*) allochiria, analgesia, analgia, anestesia, autopatia, disestesia, iponeuria, estesiologia || mitridatismo, sentimentalimo, sensualità || gusto, olfattività, tattilità, uditività, visività || *agg.* regolare, ordinaria, naturale, irregolare, viva, acuta, pronta, squisita, delicata, fine, ottusa, grossolana, patologica, torpida, morbosa, viziosa, malata.
contr. insensibilità, apatia, ottusità, durezza, indifferenza, torpore.
sensitività, *sf.* → SENSIBILITÀ.
sensitívo, *agg.* → SENSIBILE.
sensività, *sf.* → SENSIBILITÀ.
sènso, *sm.* sensazione, sensibilità, sentimento, impressione, percezione, intelligenza || significato, accezione, significanza, significazione, costrutto, coerenza, criterio, logicità || sensualità || → DIREZIONE.
nomencl. (*tipi*) morale, letterale || gusto, olfatto, tatto, udito, vista || (*pertinenti*) allucinazione, ammortimento, mortificazione, catalessi, soddisfazione, depravazione, corruzione, feticismo, fregola, priapismo, vaginismo, parestesia, pervertimento, degenerazione, smarrimento, turbamento, svenimento, stimolo, anestesia, iperestesia, sinestesia || sesto senso || sensismo, sensista || *agg.*

delicato, fine, finissimo, interiore, intimo, ottuso, pratico, comune, buono || *verb.* addormentare, mortificare, resistere, rianimare, riavere, risuscitare.

sensuàle, *agg.* ipersensibile, concupiscente, libidinoso, voluttuoso, lussurioso, epicureo, dedito ai piaceri, carnale, lascivo, mondano, voluttuario || → MATERIALE.
contr. frigido, freddo, indifferente, apatico, pudico, puro, casto.

sensualità, *sf.* carnalità, senso, passione, libidine, concupiscenza, lussuria, lascivia, voluttà || priapismo, satiriasi, vaginismo, eccitabilità.
contr. frigidità, frigidezza, apatia || purezza, purità, castità.

sensualménte, *avv.* → CARNALMENTE.

sentènza, *sf.* giudizio, decisione, lodo, giudicato, placito, decreto, declaratoria, ordinanza, approvazione || massima, adagio, aforisma, motto, precetto, detto, parola, assioma, epifonema, gnome, apoftegma, paradosso, proverbio || opinione, parere.
nomencl. (*distinzioni*) assolutoria, di condanna, pubblicata, pubblica, notificata, impugnata, viziata, contumaciale, appellabile, inappellabile, definitiva, incidentale, interlocutoria, desertoria, passata in giudicato, provvisoria, esecutiva, sospensiva || (*inerenti*) giudizio di delibazione, giudizio di derivazione, impugnativa di sentenza, ricorso, appello, esecuzione (provvisoria, definitiva), estensore || (*parti*) intestazione, fatto, considerando, motivazione, dispositivo, firma || *agg.* data, profferita, giusta, equa, equanime, adeguata, imparziale, legittima, retta, onesta, ingiusta, illegittima, iniqua, perversa, malvagia, saggia, severa, rigida, rigorosa, dura, inflessibile, mite, tollerante, lieve, clemente, aurea, imperfetta, difettosa, contraddittoria || *verb.* pronunciare, proferire, pubblicare, notificare, riformare, cassare, cancellare, abrogare, annullare, revocare, motivare, eseguire, impugnare, subire, sentenziare.

sentenziàre, *v.tr.* e *intr.* giudicare, decidere, condannare, assolvere, proclamare || parlare, giudicare con boria, pronunciare frasi sentenziose, sputar sentenze, dichiarare (con sussiego), fare il saccente, sentenziegiare.

sentenziosità, *sf.* → PEDANTERIA.

sentenzióso, *agg.* concettoso, conciso, sintetico, compendioso, concentrato, aforistico, dotto, dogmatico, pedante, saccente.
contr. leggero, vacuo, sconclusionato, prolisso, effuso.

sentièro, *sm.* redola, via, viale, viottola, viottolo, cavalcabile, cavedagna, andana, callaia, calle, pista, pesta, scorciatoia, tratturo, mulattiera, stradicciola, stradella, tramite.
nomencl. *agg.* piano, retto, sassoso, ghiaioso, scosceso, erto, ripido, sinuoso, tortuoso, stretto, largo, comodo.
contr. strada, stradone, viale, carreggiabile, carrozzabile.

sentimentàle, *agg.* romantico, patetico, commovente, fantastico, lirico, nostalgico, tenero, appassionato, affettuoso, arcade, gentile, delicato, simpatico || sentimentaloide, affettato, smanceroso, languido, rugiadoso || → MORALE.
contr. cinico, calcolatore, arido, sensuale, materiale, grossolano, torpido, rude, ruvido, rozzo, apatico, freddo, violento.

sentimentalísmo, *sm.* sentimento, sensibilità, impressionabilità, sensività, emotività, delicatezza, senso, squisitezza, tenerezza, pietà, disinteresse, coscienza || romanticheria, affettazione, smanceria, languore.
contr. sensualità, rudezza, rozzezza, cinismo, calcolo, aridità, violenza || realismo, praticità.

sentiménto, *sm.* affetto, passione, moto dell'animo, trasporto del cuore, ardore, cuore, fervore, fuoco sacro, delicatezza di animo, spirito, volontà || sensibilità, senso, sensazione, sensività, impressione, percezione, intelligenza, sentore, mente, anima, idea || opinione, avviso, espressione, parere, stima, concetto, giudizio, pregiudizio, prevenzione.
nomencl. (*distinzioni*) religioso, umanitario, sociale, morale, estetico, artistico, intellettuale, della natura || (*varietà e atteggiamenti*) affezione, amicizia, amore, compassione, dignità, gratitudine, pietà, altruismo, egoismo, gelosia, invidia, ira, odio, vanità, vendetta, alterezza, alterigia, amor proprio, ambizione, antipatia, emulazione, fede, fiducia, filantropia, indifferenza, modestia, noia, orgoglio, paura, sconforto, simpatia, sospetto, speranza, timore, vendetta || (*attinenti*) accordo, mozione, impeto, dispatia, dimostrazione, eccesso, esagerazione, furia, furore, esasperazione, inasprimento, espansione, confidenza, fanatismo, calma, poesia, lirismo, delicatezza, nobiltà, disinteresse, sacrificio, pegno, espressione, prova, raffinamento, perfezione, telepatia, tumulto, costanza, ottimismo, pessimismo || alti e bassi || *agg.* buono, onesto, cattivo, debole, forte, delicato, elevato, alto, fine, gentile, nobile, squisito, basso, vile, sincero, falso, onesto, disonesto, effimero, fugace, fuggevole, perenne, perpetuo, duraturo, forte, tenace, inveterato, innato, insito, intuitivo, patetico, profondo, superficiale, onorevole, grossolano, ignobile, morboso, triviale, villano, rozzo, rude, sano, schietto, naturale, genuino, cordiale || *verb.* aprire, attizzare, commuovere, esaltare, eccitare, cambiare, mutare, conculcare, forzare, opprimere, vilipendere, corrispondere, ricambiare, dissimulare, dimostrare, fingere, nascondere, essere inbevuti o penetrati, destare, infondere, instillare, mitigare, professare, ravvalorare, rilassarsi, sbalordire, riprovare, scoprirsi, soffocare, far tacere, turbare, svegliare.
contr. sensualità, materialità, cinismo, freddezza, apatia, aridità, torpore || realismo, praticità.

sentína, *sf.* fondo della nave, fogna, pozzo nero || *fig.* rifiuto, feccia, fondiglio, → RICETTO.

sentinèlla, *sf.* scolta, custode, guardia, guardiano, vedetta, avamposto, segnalatore, fazione, piantone, vigile, gabbiere, torriere, torrigiano.
nomencl. (*tipi*) avanzata, morta o perduta, doppia, notturna, diurna || (*inerenti*) corpo di guardia, consegna, parola d'ordine, capoposto, ronda, pattuglia, garitta, guardiola, postazione || (*parole d'ordine*) chi va là, all'erta, all'armi, fuori la guardia, chi vive, alto là || *verb.* disporre, rilevare, impostare, collocare, mettere, sostituire, cambiare, dare il cambio, montare, smontare, abbandonare il posto, esplorare, stare all'erta || pattugliare, custodire, avere cura, vigilare, invigilare.

sentíre, *v.tr.* ascoltare, udire, avere || capire, intendere, percepire, avvertire, cogliere || risentire, provare, patire, soffrire || aver sentore, presentire, indovinare, prevedere, presagire, aver indizio || giudicare, conoscere, riconoscere, sapere, concepire, comprendere, pensare || fiutare, odorare, aver sapore, gustare || *rifl.* conoscersi, riconoscersi, sapersi, essere disposto.

sentitaménte, *avv.* vivamente, cordialmente, veramente, sinceramente, profondamente, con sentimento.

sentóre, *sm.* percezione, presagio, intuizione, → INDIZIO || SENTIMENTO || ODORE.

sènza, *avv.* → PRIVO.

sèpalo, *sm.*

nomencl. tepalo, calice; petalo, corolla; fiore.

separàbile, *agg.* divisibile, scindibile, allontanabile, staccabile, scompagnabile.

contr. inseparabile, indivisibile, inscindibile.

separabilità, *sf.* divisibilità, scindibilità.

contr. inseparabilità, indivisibilità, inscindibilità.

separàre, *v.tr.* dividere, disgiungere, disunire, allontanare, appartare, cernere, scernere, discernere, sceverare, scegliere, distinguere, selezionare, prescegliere, cogliere, schiumare, trascegliere, vagliare, estrarre, staccare, distaccare, segregare, sconnettere, scommettere, dissolvere, isolare, intercidere, dipartire, disaccompagnare, disciogliere, discollegare, discompagnare, scompagnare, spaiare, scongiungere, discongiungere, discozzare, dismembrare, dispartire, disseparare, dissociare, fendere, partire, spartire, spiccare, recidere, scindere, scompensare, scorporare, sequestrare, strappare || *rifl.* isolarsi, allontanarsi, discompagnarsi, disgregarsi, disaggregarsi, disgiungersi, disseprarsi, dividersi, partirsi, sbrancarsi, scantonare, sceverarsi, scompagnarsi, schermirsi, smagarsi, spartirsi, staccarsi, uscire, dirsi addio, → DIRAMARE.

contr. unire, congiungere, unificare, legare, ammassare, stringere, raggruppare, accoppiare, collegare, intrecciare, fondere, imbrancare.

separataménte, *avv.* a parte, disunitamente, sparsamente, disgiuntamente, partitamente, uno alla volta, alla spicciolata, da sé, da solo.

contr. unitamente, unanimemente, indissolubilmente, inseparatamente, insieme, congiuntamente.

separàto, *pps.* di separare || *agg.* scompagnato, spaiato, scompagno, appartato, staccato, disgiunto, solo, unico, lontano, scisso || diviso, divorziato.

contr. unito, collegato, congiunto, accompagnato, associato, unificato, legato, fuso.

separazióne, *sf.* avulsione, discongiungimento, disgiunzione, disgregamento, disgregazione, dissociamento, distaccamento, distacco, disunione, sbandamento, sbrancamento, sceveramento, scompagnamento, scongiungimento, scorporazione, segregazione, segregamento, sequestro, spaiamento, staccamento, stacco, scelta, allontanamento, regolazione, spartizione, scisma, secessione, scissione || → ANALISI || DIVORZIO.

nomencl. *agg.* volontaria, consensuale, spontanea, forzata, imposta, assoluta, legale.

contr. unione, congiungimento, associazione, unificazione, incorporazione, legame, intreccio, fusione || copula, matrimonio.

sepolcràle, *agg.* di sepolcro || *fig.* funereo, lugubre, triste, desolato, cupo || (di voce) cavernosa, cupa, bassa, profonda.

contr. lieto, allegro || (di voce) argentina, squillante, melodiosa.

sepolcréto, *sm.* necropoli, camposanto, cimitero, → SEPOLCRO.

sepólcro, *sm.* arca sepolcrale, avello, sarcofago, cenotafio, tomba, tumulo, sepoltura, fossa, urna, mortorio, pietra sepolcrale, monumento.

nomencl. (*equivalenti, elementi*) arca, catacomba, cista, colombario, deposito, dolmen, mausoleo, piramide, sepolcreto, cimitero, camposanto, necropoli, carnaio, ossario, pietra, edicola, cippo, ipogeo, epitaffio, lapide, epigrafe || loculo, nicchia, ambito, chiusino, apparitorio, crisantemo, epicedio || *agg.* gelido, freddo, disadorno, spoglio, negletto, fresco, recente, monumentale, artistico, comune, lacrimato || *verb.* scendere, portare, accompagnare.

sepólto, *pps.* di seppellire || *agg.* seppellito, sotterrato, interrato, inumato || *fig.* sprofondato, immerso, coperto || dimenticato, obliato, → NASCOSTO.

contr. dissepolto, disseppellito, dissotterrato, esumato, riesumato, estratto, tratto alla luce || ocmpianto, suffragato, ricordato.

sepoltúra, *sf.* interramento, sotterramento, seppellimento, inumazione || funerale, esequie || carnaio, fossa, fossa comune, → SEPOLCRO.

contr. esumazione, disseppellimento, dissotterramento, detumulazione.

seppelliménto, *sm.* → SEPOLTURA.

seppellíre, *v.tr.* inumare, interrare, sotterrare, tumulare, infossare, intombare, funerare || *fig.* mettere in oblio, dimenticare || → NASCONDERE || *rifl.* star rinchiuso, nascosto; appartarsi, rintanarsi, sprofondarsi.

contr. disseppellire, esumare, riesumare, dissotterrare || tirar fuori, riportare alla luce, far conoscere.

seppellíto, *pps.* di seppellire || *agg.* → SEPOLTO.

seppellitóre, *sm.* becchino, beccamorto, fossore, sotterratore.

contr. disseppellitore, dissotterratore, esumatore, riesumatore.

sèpsi, *sf.* infezione, putrefazione, corruzione, decomposizione, marcia || setticemia.

contr. asepsi, antisepsi.

sequèla, *sf.* sequenza, serie, catena, continuazione, concatenazione, successione, stesa, gradazione, conseguenza, trafila, filza, sfilza, fila || séguito, codazzo, corteggio || litania, filatessa, filastrocca.

sequènza, *sf.* → SEQUELA || inno sacro || serie di scene cinematografiche.

sequestràbile, *agg.* pignorabile.

contr. insequestrabile.

sequestràre, *v.tr.* confiscare, pignorare, intercettare, esecutare, espropriare, incamerare, requisire, ritogliere, staggire, spropriare || catturare, rapire, segregare, → SEPARARE.

contr. riscattare, liberare, spignorare, scamerare, sconfiscare.

sequèstro, *sm.* confisca, pignoramento, intercettazione, avocazione, sproprio, esproprio, espropriazione,

requisizione, staggiamento || rapimento, cattura || → SEPARAZIONE.
contr. riscatto, spignoramento, liberazione.
séra, *sf.* crepuscolo, vespero, vespro, ore vespertine, crepuscolo vespertino, serata, squilla, tramonto, avemaria.
nomencl. (*pertinenti*) stasera, stassera, domanisera, domansera, a sera, di sera, sul calare, sul far della sera, sul tardi, sull'imbrunire, verso il crepuscolo || *verb.* calare, scendere, imbrunire.
contr. mattina, mattino, giorno.
seràcco, *sm.* ghiaccione, ghiacciaio, frammento di ghiaccio.
seràfico, *agg.* angelico, celestiale, ardente (come un serafino).
contr. terrestre, carnale; demoniaco, diabolico.
seràle, *agg.* vespertino, crepuscolare.
contr. diurno, mattutino, notturno.
serapíno, *sm.* sagapeno.
seràta, *sf.* → SERA || serata d'onore, beneficiata.
serbàre, *v.tr.* mettere in serbo, mettere da parte, conservare, mantenere, riserbare, riservare, risparmiare, custodire, immagazzinare, riporre, tenere in deposito, in custodia || *rifl.* conservarsi, mantenersi.
contr. dare, consegnare, spendacciare, sperperare, usare, consumare, esaurire, prodigare || prodigarsi, esporsi, impegnarsi.
serbatóio, *sm.* vasca, piscina, cisterna, castello (per acqua), recipiente, ricetto, ricettacolo, regolatoio, conserva, frigorifero.
serenaménte, *avv.* tranquillamente, placidamente, ridentemente, pacatamente || *fig.* spassionatamente, imparzialmente, spregiudicatamente.
contr. con turbamento, inquietamente, con agitazione, irosamente, con risentimento, tumultuariamente || con parzialità.
serenàta, *sf.* → CANTO.
nomencl. mattinata, alba.
serenèlla, *sf.* lilla.
serenità, *sf.* chiarezza, limpidezza || *fig.* calma, allegria, piacere, fiducia || atarassia, placidità, placazione, pacatezza, tranquillità (dell'animo) || spassionatezza, imparzialità, spregiudicatezza.
contr. nuvolosità, cupore, tenebrore || rimescolamento, inquietudine, irrequietudine, turbamento, passionalità, appassionatezza, ansia, agitazione, angoscia || pregiudizio, parzialità.
seréno, *agg.* (di cielo) chiaro, luminoso, limpido, puro, netto, terso, nitido, senza velo, sgombro di nuvole, ridente, scarico di nebbia, tranquillo, diafano, trasparente || (di animo) ridente, sorridente, quieto, tranquillo, calmo, pacato, placido, sedato, placato, pacificato, lieto, allegro, fidente || equanime, imparziale, impassibile || → FAUSTO || *sm.* cielo sereno, serenità (di cielo, di aria), bel tempo.
contr. nuvoloso, coperto, incombente, minaccioso, fosco || cupo, tenebroso, inquieto, turbato, ansioso, agitato, rimescolato, ardente, irrequieto, angosciato, imbronciato || parziale.
sèrie, *sf.* sequenza, successione, seguito, sequela, ordine, concatenazione, progressione, filza, fila, riga, schiera, sfilata, tirata, infilzata, infilzatura, filastrocca, filatessa, collana, ciclo, classe, divisione, collezione, insieme, complesso, periodo, categoria, quantità, dinastia, continuità, graduatoria, distesa || lista, catalogo, ruolo, ordinamento.
nomencl. (*disposizione*) convergente, discendente, divergente, ascendente, ricorrente, infinita.
serietà, *sf.* gravità, contegno grave, austerità, compostezza, contegnosità, contegno, fermezza, gravezza, imponenza, posatezza, profondità, severità, solennità, sussiego, rigore, coscienziosità, mutria, maestà.
contr. frivolezza, corrività, faciloneria, fatuità, futilità, inconsistenza, leggerezza, scapataggine, superficialità.
sèrio, *agg.* savio, saggio, giudizioso, accorto, avveduto, ponderato, posato, sensato, sodo, fondato, modesto, riflessivo, ragionatore, austero, compassato, contegnoso, grave, ieratico, sostenuto, supercilioso, burbero, imbronciato, musone, serioso, severo, coscienzioso, solenne, solido, profondo, rigido, inquisitorio, impassibile, inesorabile, positivo.
contr. allegro, lieto, faceto, spensierato, fatuo, frivolo, caposcarico, corrivo, facilone, farfallino, inconsistente, leggero, scapato, burlone, superficiale, vuoto.
serióso, *agg.* → SERIO.
sermocinàre, *v.intr.* sermonare, sermoneggiare, predicare, far sermoni.
sermollíno, *sm.* → SERPILLO.
sermonàre, *v.intr.* sermocinare, sermoneggiare, predicare, far sermoni || *fig.* → RIMPROVERARE.
sermóne, *sm.* → PREDICA, DISCORSO || *fig.* → RIMPROVERO.
sermoneggiàre, *v.intr.* → SERMOCINARE || *fig.* → RIMPROVERARE.
seròtino, *agg.* indugiante, ritardato, tardo, avanzato, lento, → TARDIVO.
sèrpa, *sf.* serpe, sederino, sedile, cassetta.
sèrpe, *sm.* e *f.* → SERPENTE || SERPA.
serpeggiaménto, *sm.* anfrattuosità, sinuosità, tortuosità, → MEANDRO.
serpeggiànte, *ppr.* di serpeggiare || *agg.* anfrattuoso, meandrico, sinuoso, tortile, tortuoso, a zig-zag, zigzagante.
contr. diritto, dritto, rettilineo, in linea retta.
serpeggiàre, *v.intr.* serpere, camminare tortuosamente, trascinarsi, strisciare, strascicare, repere, zigzagare, procedere a giravolte.
contr. andar diritto, scorrere in linea retta.
serpènte, *sm.* serpe, biscia, biscione, rettile, aspide, angue, colubro, ofidio.
nomencl. (*tipi*) marino, terrestre, velenoso, innocuo || (*elenco*) biscia dal collare, cerasta, vipera, cobra, dendrofite, aspide, driofide, erice, naia, paleofide, pitone, platuro, saettone, sipo, tortrice, uropete || basilisco, idra || (*particolari*) lingua bifida, spire, squama, scaglia, scoglia, spoglia, scorza, sibilo, fischio, anguicrinito || ofiologia, ofiolatria || *verb.* fischiare, sibilare, strisciare, serpeggiare, snodare, divincolarsi, attorcigliarsi; iniettare.
serpentíno, *agg.* serpigno || *fig.* velenoso, maledico, scaltro, infido, contorto.
sèrpere, *v.intr.* → SERPEGGIARE.
serpígine, *sf.* impetigine, empetigine.

serpígno, *agg.* serpentino.
serpíllo, *sm.* sermollino, timo, pepolino.
sérqua, *sf.* → DOZZINA.
sèrra, *sf.* calidario, tepidario, conserva, serbatoio, stanzone, stufa || riparo, sbarramento || tumulto, calca || → GOLA.
serràglio, *sm.* parco, serbatoio || barricata, baluardo, steccato || harem.
nomencl. *verb.* asserragliare.
serràme, *sm.* → SERRAMENTO.
serraménto, *sm.* serrame.
nomencl. (*specie*) imposta, cancello, porta, serranda, cerniera, chiave, catena, chiavistello, inferriata, lucchetto, maniglia, puntello, saliscendi, sbarra, serratura, spranga, stanga, toppa, catorcio, nottolino, paletto, contrafforte.
serrànda, *sf.* chiudenda, saracinesca, cateratta.
serràre, *v.tr.* chiudere, sigillare, sbarrare, rinchiudere, rinserrare, includere, internare, barricare, asserragliare, racchiudere, richiudere, ingabbiare, comprimere, pressare, cingere || impedire, ostacolare, ostruire || stringere || *intr.* combaciare.
contr. disserrare, schiudere, dischiudere, aprire, allargare, allentare, abbattere, buttar giú.
serràta, *sf.* cateratta, chiusa, serranda, riparo, steccato, stecconato, palizzata || chiusura (padronale) degli stabilimenti.
contr. apertura || sciopero.
serràto, *pps.* di serrare || *agg.* sbarrato, chiuso, chiuso fortemente, rinserrato || compresso, pigiato, stretto || fitto, denso, conciso, stringato, ferrato, strettamente logico || frequente, rapido, affrettato, concitato.
contr. aperto, schiuso, spalancato, dischiuso || rado, lento, prolisso, diffuso, rilasciato.
serratúra, *sf.* serrame, serramento.
nomencl. (*tipi*) di sicurezza, a mandata, a doppia mandata, a scatto, a sdrucciolo, a colpo, con chiave a registro, elettrica, egiziana, con segreto || (*varie*) nottola, becco d'anitra, cerniera, catenaccio, chiavistello, controserratura, lucchetto, paletto, saliscendi, saracinesca, spagnoletta, toppa (alla piana, con segreti o segreta) || (*parti*) ago della toppa, albero, bocchetta o scudetto, boncinello, buco della serratura, feritoia, fondo o piastra, molla, nasello, dente, nottolino, pallino, campanella cascante, segreto, staffa, stanghetta, piegatelli || grimaldello, chiave || *agg.* sconficcata, scassinata, sgangherata || *verb.* scassinare, forzare, rompere, sfruconare, tastare, tentare, sconficcare, sforzare.
sèrto, *sm.* → GHIRLANDA, CORONA.
sèrva, *sf.* ancella, domestica, fante, fantesca, garzona, cameriera, donna di servizio, servente, perpetua, → SERVO || SCHIAVA.
contr. dama, signora, padrona di casa.
servàggio, *sm.* → SCHIAVITÙ.
servènte, *ppr.* di servire || *sm.* e *f.* inserviente, maneggione, → SERVO || (*mil.*) servitore, addetto a un pezzo.
servidoràme, *sm.* → SERVITORAME.
servígio, *sm.* → SERVIZIO || prestazione gratuita, favore, piacere, cortesia, finezza, grazia, beneficio.
nomencl. compenso, ricambio, contraccambio, *do ut des* || *verb.* prestare, assistere, buttarsi nel fuoco, rendere, essere servizievole || fare un piacere, fare un servigio.
contr. dispetto, atto ostile, disservizio.
servíle, *agg.* basso, vile, umiliante, inchinevole, adulatorio, abietto, spregevole, lecchino.
contr. padronale || orgoglioso, altero, altezzoso, arrogante, dispotico, prepotente.
servilísmo, *sm.* → SERVILITÀ, ADULAZIONE.
servilità, *sf.* servilismo, adulazione, bassezza, abiezione, soggezione, animo servile.
contr. arroganza, orgoglio, alterezza, prepotenza, dispotismo.
servilménte, *avv.* spregevolmente, bassamente, vilmente.
contr. arrogantemente, prepotentemente, imperiosamente.
servíre, *v.tr.* essere soggetto, prestare servizio, sottostare, obbedire, dipendere || provvedere, amministrare, somministrare || *intr.* far l'ufficio di, funzionare, fare le veci di, essere atto a, fare uso, giovare, bastare, approdare, essere utile, influire || → MILITARE || *rifl.* fornirsi || usare, giovarsi || benservire, disservire, fare il caudatario, fare il lacché o il tirapiedi, reggere il candeliere, fare da scalco, straservire, stare per le spese.
nomencl. (*inerenti*) padrone, bottegaio, cliente, principale, superiore, capo || trattamento || (*modi*) presto, velocemente, bene, ottimamente, da signore, in guanti bianchi, male, malvolentieri, volentieri, di mala voglia, svogliatamente.
contr. comandare, imporre, pretendere, esigere || essere inutile o dannoso.
servitoràme, *sm.* servidorame, servitú, servitorume.
servitóre, *sm.* → DOMESTICO, SERVO.
servitú, *sf.* schiavitú, cattività, soggezione, servaggio, giogo, oppressione, prigionia, catena, sottomissione, sommissione, dipendenza, restrizione, vessazione, subordinazione, sudditanza, vassallaggio, inferiorità, animo servile || obbligo, legame, obbligazione, impaccio, ritegno, vincolo, vergogna, riguardo || servitorame, servidorame, servi, servitori, persone di servizio || diritto, proprietà.
nomencl. (*varie*) fondiaria, prediale, pubblica, privata, militare, di pascolo, di passaggio, dello stillicidio, mista || *verb.* affrancare, affrancarsi.
contr. signoria, padronanza || redenzione, liberazione, affrancazione, libertà, indipendenza, insubordinazione, ribellione || padroni, padronato.
serviziàle, *sm.* → CLISTERE.
serviziévole, *agg.* officioso, obbligante, compiacente, cortese, gentile, facile, arrendevole, pronto, sollecito, zelante.
contr. pigro, incivile, maldisposto, arrogante, dispotico, prepotente, ribelle, scompiacente, scortese, riottoso, recalcitrante, intrattabile.
servízio, *sm.* servigio, favore, piacere, cortesia, finezza, grazia, beneficio || prestazione, faccenda, incarico, ufficio, dipendenza, occupazione, mestiere, fatica, opera prestata, compensata, retribuita, posto || servizio speciale, corrispondenza, articolo di giornale.
sèrvo, *agg.* soggetto, schiavo, oppresso, vessato, gra-

vato, conculcato, cattivo o captivo, dipendente, dominato, prigioniero || *sm.* e *f.* serva, servente, servitore, inserviente, domestico, fàmulo, perpetua, cameriere, fante, fantessa, famiglio, fedele, dipendente, garzone, garzona, ancella, mercenario, uomo di fatica, mozzo, scudiero, lacchè, valletto, tirapiedi, vassallo.

nomencl. (*specificazioni*) aio, balia, bambinaia, bardotto, bagaglione, cagnotto, camerotto, camerista, facchino, fattorino, galuppo, galoppino, giannizzero, *groom*, guattero o sguattero, lavapiatti, lavorante, mancipio, manoletto, mazziere, maggiordomo, siniscalco, maestro di casa, messo, moretto, mozzo, paggio, palafreniere, saccardo, staffiere, tavoleggiante || servidorame || (*pertinenti*) angarie, mezzo servizio, salario, tinello, brigidino, cialda, coccarda, livrea, pastranella, assisa || assunzione, licenziamento, benservito || *agg.* alacre, laborioso, pronto, solerte, lento, pigro, neghittoso, ignavo, indolente, tardo, poltrone, scansafatiche, zelante, diligente, pieno di zelo, premuroso, attivo, sollecito, arrembato, fedele, coscienzioso, esatto, puntuale, fidato, devoto, infedele, infido, onesto, retto, probo, galantuomo, giusto, disonesto, mariuolo, maldestro, cattivo || *verb.* andare a salario, dipendere da altri, stare a padrone, allogare, mettere a servizio, licenziare, salariare.

contr. padrone, padrona, feudatario, signore.

sesquipedàle, *agg.* di un piede e mezzo || *scherz.* smisurato, → ENORME.

sessagenàrio, *agg.* e *sm.* sessantenne.

sessagèsimo, *agg. num. ord.* sessantesimo.

sessantènne, *agg.* e *sm.* sessagenario.

sessantèsimo, *agg. num. ord.* sessagesimo.

sessióne, *sf.* → COLLOQUIO, SEDUTA.

sessitúra, *sf.* piega, basta, ritreppio, sissitura.

sèsso, *sm.* sessualità, differenze somato-psichiche di maschio e femmina, istinto erotico o genesico, apparato genitale, organi della riproduzione, pudende o genitali, caratteri sessuali primari, secondari, terziari || attrazione, seduzione, *sex-appeal.*

nomencl. sessuale, sessualmente.

sèssola, *sf.* → SÀSSOLA.

sessuàle, *agg.* → CARNALE || SESSO.

sessualità, *sf.* → CARNALITÀ || SESSO.

sessualménte, *avv.* → CARNALMENTE || SESSO.

sèsta, *sf.* → COMPASSO.

sestànte, *sm.*

nomencl. *verb.* fare il punto.

sèste, *sf.* compasso || *scherz.* → GAMBA.

sestière, *sm.* sesto, rione, quartiere, contrada.

sestíno, *sm.* → MATTONE.

sèsto¹, *agg.* e *sm.* la sesta parte.

sèsto², *sm.* sistemazione, assetto, giusta misura, → ORDINE || FORMATO || curvatura (di un arco).

séta, *sf.*

nomencl. (*tipi*) algerina, cinese, di Avignone, di Como, di Genova, di Lione, di Oriente, marcellina, terzanella, falloppa || cotta, cruda, lavata, tinta, greggia (classica, corrente, mezzana, scarto, doppione), meccanica, artificiale, naturale, vegetale, piana, floscia, torta o ritorta, valicata || (*attinenti*) catarzo, fibroina, filaticcio, fioretto, marabut, organzino, orsoio, payna, pelo, setino, tussah, vergola || filo, tessuto, nastro, drappo, broccato, ciniglia, faldella, gomitolo, matassa, trafusola || bava, bavella, capitone, cascame, galettame, recotti, sinighella, fibra, guscetto, maglia, sbavatura, sericina, strazza, trafusola, trama || condizione, titolo, contrattaglio || (*persone*) setaiolo, cardatore di seta, sericano, sericoltore, bachicoltore, ciompo || setificio, filanda, trattura || (*operazioni*) macerazione, scopinatura, sbozzolatura, dipanamento, filatura, torcitura, tintoria, tessitura || *agg.* sèrico. || *verb.* rincrudire, spicciarsi, trinciarsi.

setacciàre, *v.tr.* → STACCIARE || ATTRAVERSARE.

setàccio, *sm.* → STACCIO.

séte, *sf.* arsione, arsura, aridità, secchezza, gola secca || *fig.* → DESIDERIO.

nomencl. (*inerenti*) polidipsia, adipsia, aposia, seccaggine || bevanda, dissetante, rinfrescante, bibita || dipsomania, beone || *agg.* ardente, birbona, da cani, insopportabile, ladra, orribile, perenne, continua || *verb.* assetare, assetire, avere sete, affogare di sete, allampare, avere la bocca asciutta, avere la gola secca; bruciare, morire di sete; patire la sete, dissetare, dissetarsi, cavare o cavarsi la sete, smorzare o spegnere la sete, rinfrescarsi, temperare la sete, mitigare la sete, togliere la sete.

setería, *sf.* arte della seta || *pl.* broccato, crespo, damasco, drappo, ermisino, felpa, lustrino, raso, velluto, velo.

setifício, *sm.* → FILANDA.

setolinàre, *v.intr.* setolare, → PULIRE.

setolíno, *sm.* spazzolino, scopettino, pennello.

setolóso, *agg.* → PELOSO.

setóne, *sm.* → FUNE.

sètta, *sf.* fazione, partito, chiesuola, combriccola, parte, scuola, associazione, società segreta, scisma.

nomencl. (*specificazioni*) camorra, mafia, Massoneria, Convulsionari, Esseni, Giacobiti, Iconoclasti, Luterani, Calvinisti, Ispirati, Manichei, Molinisti, Mormoni, Patarini, Scalzi || (*persone*) adepto, fanatico, iniziato, neofita o neofito, partitante, partigiano, settario, settatore, archimandrita || *verb.* aderire, seguire, iscriversi, rinnegare, abbandonare.

settantènne, *agg.* e *sm.* e *f.* settuagenario.

settantèsimo, *agg. num. ord.* settuagesimo.

settàrio, *agg.* e *sm.* → PARTIGIANO, FANATICO, FAZIOSO, SEDIZIOSO || ERETICO.

settarísmo, *sm.* → FANATISMO.

sètte, *agg. num. card.*

nomencl. (*derivati*) settembre, settena, settecento, settemila, settemplice, settenario, settennale, settennato, settennio, settemvirato, settetto, settimo, settuplo, settimino, setticlavio, settiforme, settuagenario, settuagesima, settiduo, settimana, settimestre, settina, settizonio, settilineo, eptaedro, eptagono.

settentrionàle, *agg.* nordico, boreale, artico.

contr. meridionale, australe, antartico.

settentrióne, *sm.* nord, mezzanotte, borea, tramontana, aquilone, arto, bacío, parte boreale, polo, regione settentrionale, rovaio.

nomencl. a settentrione, a bacío, a mezzanotte, a ridosso dal sole, in aquilone.

contr. sud, mezzogiorno, austro.
setter, *sm. ingl.* → CANE.
setticemía, *sf.* sepsi, infezione generale, piemia.
sèttico, *agg.* infettivo, virulento.
contr. antisettico, asettico.
settíduo, *sm.* → SETTIMANA.
settimàna, *sf.* ebdomade, edima, dima, settiduo || → PAGA.
settimanàle, *agg.* ebdomadario || *sm.* → GIORNALE.
settimèllo, *agg.* e *sm.* settimino.
settimíno, *agg.* e *sm.* settimello.
settóre, *sm.* → DIVISIONE, PARTE || chirurgo, perito settore, sezionatore di cadaveri.
settuagenàrio, *agg.* e *sm.* settantenne.
settuagèsimo, *agg. num. ord.* settantesimo.
severàre, *v.tr.* → SEPARARE.
severità, *sf.* austerità, durezza, rigore, rigorismo, rigorosità, gravità, gravezza, asprezza, inclemenza, intolleranza, inesorabilità, inflessibilità, sostenutezza, rigidezza, fermezza, rettitudine, serietà || → FISCALITÀ.
contr. indulgenza, clemenza, tolleranza, bonarietà, lassitudine, rilassatezza, mitezza, mollezza.
sevèro, *agg.* serio, ponderato, posato, sensato, compassato, contegnoso, grave, serioso, solenne, rigoroso, immite, aspro, inclemente, intollerante, inflessibile, sostenuto, fermo, ferrigno, retto, arcigno, rigorista, rigido, scrupoloso, rude, impassibile, inesorabile, duro, sodo, solido, fondato, austero, supercilioso, burbero, imbronciato, profondo, inquisitorio, fiscale, implacabile.
contr. clemente, buono, indulgente, mite, tollerante, bonario, rilassato, molle, debole, di manica larga.
sevízia, *sf.* crudeltà, incrudelimento, furore, violenza, ferocia, spietatezza, durezza, insensibilità, sadismo, → MALTRATTAMENTO, MARTIRIO.
seviziàre, *v.tr.* → MALTRATTARE, MARTIRIZZARE, INCRUDELIRE.
sévo, *sm.* sego.
sezionàre, *v.tr.* dissecare, tagliare, notomizzare, squartare.
nomencl. necroscopia, autopsia, dissezione, vivisezione || settore, perito settore.
sezióne, *sf.* → DIVISIONE || taglio, → DISSEZIONE, AUTOPSIA || ANALISI || PARTE || SCOMPARTIMENTO.
sfaccendàre, *v.intr.* sfacchinare, trafelarsi, affaccendarsi, faticare, sfangare, acciapinare, affannarsi, rapinarsi, → FARE.
contr. oziare, poltrire, riposare, stare in panciolle, fare il fannullone.
sfaccendàto, *agg.* e *sm.* sfaticato, → OZIOSO, BIGHELLONE, GIRELLONE || DISOCCUPATO.
contr. affaccendato,
sfacchinàre, *v.intr.* sfaccendare, strafelare, affannarsi, affaccendarsi, faticare.
contr. oziare, poltrire, riposare, stare in panciolle.
sfacchinàta, *sf.* → FACCHINATA, LAVORO.
sfacciatàggine, *sf.* impudenza, inverecondia, immodestia, procacità, spudoratezza, sfrontatezza, facciatosta, faccia franca, cinismo, disinvoltura, grinta, mutria, faccia di bronzo, baldanza, ardire, indiscrezione, petulanza, protervia, temerarietà, temerità, tracotanza, irrispettosità.
contr. pudore, pudicizia, riguardo, ritrosia, modestia, ritegno, dignità, peritanza, rispetto.
sfacciàto, *agg.* impudente, impronto, inverecondo, impudico, procace, immodesto, spudorato, sfrontato, facciatosta, cinico, disinvolto, faccia franca, grinta, mutria, faccia di bronzo, baldanzoso, indiscreto, petulante, protervo, temerario, tracotante, irriguardoso, ardito, svergognato || *fig.* chiassoso, molto vivace (di luce) molto abbagliante.
contr. ritroso, riguardoso, modesto, moderato, umile, tranquillo, dignitoso, peritoso, pudíco, discreto, riservato.
sfacèlo, *sm.* disorganizzazione, → DISTRUZIONE, ROVINA || CANCRENA.
sfaciménto, *sm.* → CROLLO, ROVINA.
sfàlcio, *sm.* falciatura, mietitura, → RACCOLTO.
sfaldàre, *v.tr.* e *rifl.* difaldare, sfaldellare, sfogliarsi, disfaldarsi, squamare, trinciarsi, incrinarsi, rompersi.
sfaldellàre, *v.tr.* e *rifl.* → SFALDARE.
sfallàre, *v.tr.* e *rifl.* → SBAGLIARE.
sfallíre, *v.tr.* e *intr.* → SBAGLIARE.
sfamaménto, *sm.* → SAZIETÀ.
contr. affamamento.
sfamàre, *v.tr.* levar la fame, togliere la fame, dar da mangiare, nutrire, alimentare, mantenere, saziare, satollare, rifocillare, pascere.
contr. affamare, far soffrire la fame.
sfamatúra, *sf.* → MANGIATA.
sfangàre, *v.tr.* → PULIRE || sfaccendare, sfacchinare, affaccendarsi.
sfàre, *v.tr.* disfare, rovinare, rompere, distruggere, struggere, scomporre, consumare, sfasciare, logorare || dissolvere, sciogliere, liquefare.
nomencl. sfacimento, sfatto.
contr. fare, comporre, ricomporre || coagulare, condensare, solidificare, sfatto.
sfarfallóne, *sm.* sproposito, errore grossolano, svarione.
sfàrzo, *sm.* parata, apparato, lusso, ornamento, gala, maestà, mostra, scialo, pompa, fasto, fastosità, sontuosità, sfoggio, magnificenza, splendore, ostentazione, opulenza, splendidezza, vistosità, smoderatezza, impudenza.
contr. modestia, ritegno, decenza, peritanza, meschinità, povertà, indigenza.
sfarzóso, *agg.* lussuoso, fastoso, ricco, principesco, regale, dispendioso, pomposo, ornato, splendido, sfoggiato, sfolgorato, superbo, magnifico, grandioso, magnificente, scialoso, lauto, largo, spanto, vistoso, smoderato.
contr. modesto, decente, peritoso, misero, dimesso, meschino, povero.
sfasciàme, *sm.* rovina, → MACERIE.
sfasciaménto, *sm.* → DISTRUZIONE.
sfasciàre, *v.tr.* sfare, disfare, distruggere, struggere, spezzare, scomporre, dissolvere, consumare, logorare, sconquassare, → ROVINARE, ROMPERE || *rifl.* → CROLLARE.
contr. fasciare || costruire, erigere, edificare, comporre, ricomporre, ricostruire, unire, tenere in sesto.
sfasciàto, *pps.* di sfasciare || *agg.* rovinato, sconquassato, spezzato, rovinato, crollato, sfatto, dissolto.
contr. ricomposto, riparato, riedificato, riunito.

sfasciúme, *sm.* rovina, → RESIDUO, ROTTAME.
sfatàre, *v.tr.* togliere l'incanto || *fig.* screditare, demolire, smascherare, denudare, rivelare, disingannare, sparlare, sconsacrare, smaccare, esautorare.
contr. fatare, render fatato, ammaliante || coprire, mascherare, coonestare, ingannare, scusare.
sfaticàto, *agg.* e *sm.* fannullone, pigro, poltrone, sfaccendato, scansafatiche, ozioso, vagabondo, girellone, bighellone, sbuccione, scioperato, molle, slombato.
contr. lavoratore, attivo, energico, indaffarato.
sfàtto, *pps.* di sfare || *agg.* disfatto, floscio, cadente, logoro, cascante, avvizzito, mencio, debole, sciatto, vizzo, consumato, sfasciato, liquefatto, guasto || troppo cotto.
contr. duro, sodo, saldo, solido, fiorente, resistente, gagliardo || crudo.
sfavillànte, *ppr.* di sfavillare || *agg.* → FIAMMANTE, LUCENTE, SPLENDENTE.
sfavillàre, *v.intr.* balenare, fiammeggiare, scintillare, luccicare, risplendere, mandare bagliori, raggiare, rifulgere, sfolgorare, → SPLENDERE.
contr. essere opaco, fosco, offuscato, scuro, senza splendore.
sfavillío, *sm.* → LUCE.
sfavorévole, *agg.* avverso, contrario, nemico, ostile, dannoso, opposto, contrastante, persecutore, ritroso, riluttante, alieno, antipatico, maldisposto, intollerante, inclemente, negativo.
contr. favorevole, amico, favoreggiatore, propenso, propizio, ben disposto, vantaggioso, utile.
sfederàre, *v.tr.*
contr. infederare.
sfegatàre, *v.rifl.* spolmonarsi, sgolarsi, sfiatarsi, arrangolare, gridare, consumarsi, sciuparsi il fegato, smangiarsi il cuore, arrabbiarsi.
sfegatàto, *pps.* di sfegatare || *agg.* sviscerato, entusiasta, appassionato, impulsivo || esagerato, smoderato, eccessivo, smodato.
contr. indifferente, estraneo, tiepido, freddo, contenuto, contegnoso.
sfendóne, *sm.* → FIONDA.
sfèra, *sf.* rotondità || globo, disco, palla, gomitolo, pomo || freccia, lancetta dell'orologio || sfera d'azione, → GIURISDIZIONE || *fig.* ceto, circolo, condizione, grado || sfera armillare, astrolabio.
nomencl. (*pertinenti*) cerchio, emisfero, cerchio massimo, circolo massimo, equatore, fuso, planisfero, proiezione, segmento sferico, spicchio, settore sferico, zona, paralleli, centro.
sfèrico, *agg.* rotondo, orbicolare, circolare, arrotondato, rotondato, tondeggiante, tondo, attondato, globoso, curvo, arcuato, ovale.
sferràre, *v.tr.* togliere il ferro, i ferri || *fig.* staccare violentemente, iniziare, lanciare, tirare con forza || *rifl.* iniziare, slanciarsi, lanciarsi contro.
contr. ferrare || trattenere, frenare.
sfervoràto, *pps.* di sfervorare || *agg.* intiepidito, rilassato, → SFIDUCIATO.
contr. infervorato, fervente.
sfèrza, *sf.* ferza, staffile, scudiscio, correggia, sferzino, disciplina, flagello, frusta, frustino, mazzacavallo, mazzafrusto, ferula, nerbettino, nerbo, scitale, scuriata, soatto, verga, bastone, castigamatti.
sferzànte, *ppr.* di sferzare || *agg.* amaro, iroso, tagliente, mordace, pungente, velenoso, → OFFENSIVO.
contr. smussato, carezzevole, blando, lene.

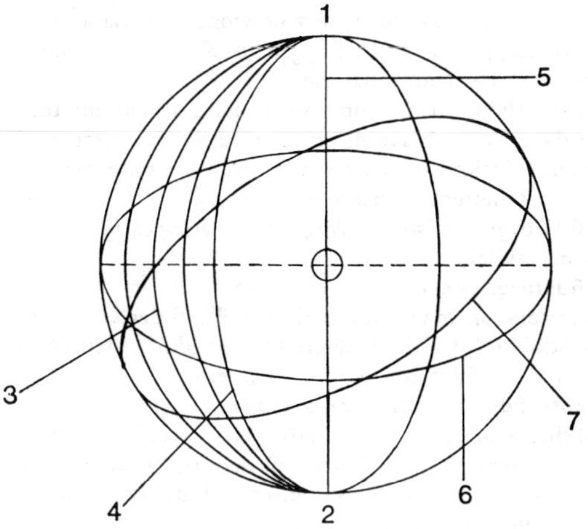

SFERA CELESTE – 1) polo nord celeste; 2) polo sud celeste; 3) meridiani; 4) coluro equinoziale; 5) asse celeste o del mondo; 6) equatore celeste; 7) eclittica.

sferzàre, *v.tr.* frustare, percuotere, flagellare, scudisciare, staffilare, vergheggiare || *fig.* biasimare, riprendere, correggere, rimproverare, censurare, offendere, umiliare,
contr. smussare, accarezzare, blandire || lodare, adulare, piaggiare.
sferzàta, *sf.* frustata, colpo, flagellazione, scudisciata || *fig.* detto pungente, rimprovero, → SATIRA.
contr. carezza || complimento, adulazione.
sferzíno, *sm.* → FUNE, SFERZA.
sfiaccolàto, *agg.* fiacco, stanco, logoro, infiacchito, dinoccolato, debole, sdolcinato, svenevole, stremato, sfibrato, smidollato.
contr. arzillo, rubesto, vivace, risoluto, energico, animoso.
sfiancàre, *v.tr.* urtare, rompere al fianco, di fianco || *fig.* spossare, fiaccare, stremare, indebolire, affaticare, logorare || *rifl.* perdere forza, indebolirsi, logorarsi, spossarsi, sfibrarsi.
contr. riposare, rinforzare || riposarsi, riprender fiato.
sfiancàto, *pps.* di sfiancare || *agg.* → SFINITO.
sfiatàre, *v.intr.* emettere, emanare, uscir fuori (di vapori, di gas) || → RESPIRARE || *rifl.* perdere il fiato, la voce, rimanere senza voce; sgolarsi, spolmonarsi, sfegatarsi, gridare, sfogarsi.
contr. tacere, ammutolire, far silenzio.
sfiatatóio, *sm.* apertura, buco, sfiato, sfogatoio, sfogo.
sfiàto, *sm.* → SFIATATOIO.
sfibbiàre, *v.tr.* sbottonare, slacciare, sciogliere.
contr. affibbiare, abbottonare, allacciare.
sfibrànte, *ppr.* di sfibrare || *agg.* → ESTENUANTE.
sfibràre, *v.tr.* e *rifl.* → INDEBOLIRE, SVIGORIRE.
sfibràto, *pps.* di sfibrare || *agg.* snervato, sfinito, inde-

bolito, svigorito, fiacco, fiaccato, infiacchito, debole, sfiaccolato, estenuato.
contr. rinvigorito, rafforzato, rinforzato, energico, robusto, possente, solido.
sfída, *sf.* disfida, cimento, duello, certame, cartello, diffida, intimazione, intimidazione, minaccia, comminazione, comminatoria, provocazione, chiamata.
sfidànte, *ppr.* di sfidare || *agg.* e *sm.* sfidatore, duellante, provocatore, comminatorio.
contr. sfidato, compromesso, provocato, cimentato.
sfidàre, *v.tr.* bravare, irritare, disfidare, gettare il guanto, intimidare, comminare, minacciare, provocare, compromettere, mettere al cimento.
sfidàto, *pps.* di sfidare || *agg.* e *sm.* provocato.
contr. sfidante.
sfidatóre, *agg.* e *sm.* → SFIDANTE.
sfidúcia, *sf.* mancanza di fiducia || diffidenza, sospetto, dubbio, disistima, discredito, scredito || scoraggiamento, avvilimento, paura, sgomento.
contr. fiducia, confidenza, speranza.
sfiduciàto, *pps.* di sfiduciare || *agg.* avvilito, scoraggiato, sfervorato, ripiegato, disperato, pessimista, disanimato || diffidente, sospettoso, dubbioso, pauroso, ombroso, permaloso.
contr. fidente, fiducioso, ottimista, sicuro di sé, tronfio.
sfigmomanòmetro, *sm.* oscillometro.
sfiguràre, *v.tr.* alterare il viso, i lineamenti, deturpare, sfregiare, svisare, sberleffare, cambiare i connotati || *rifl.* far cattiva figura, dar cattiva impressione, essere inferiore a se stesso, perder la faccia.
contr. ornare, abbellire || figurare bene, far buona figura, sfoggiare, salvar la faccia.
sfiguràto, *pps.* di sfigurare || *agg.* stravolto, sfigurito, irriconoscibile, alterato, deturpato, brutto, cambiato in peggio.
sfiguríto, *agg.* → SFIGURATO.
sfilacciàre, *v.tr.* sfilaccicare, sfrangiare, disfare.
contr. orlare, rifare.
sfilacciàto, *pps.* di sfilacciare || *agg.* sfrangiato.
sfilàre[1]**,** *v.intr.* marciare ordinatamente, camminare in fila || *fig.* succedersi, susseguirsi.
contr. procedere, camminare alla spicciolata, in disordine.
sfilàre[2]**,** *v.tr.* e *rifl.* togliere un filo o dei fili, sfilacciare, disfare.
contr. infilare.
sfilàta, *sf.* → FILA, SERIE.
sfílza, *sf.* filza, fila, gran quantità, teoria, → SEQUELA, SERIE || elenco.
sfínge, *sf.* → ENIMMA.
sfiniménto, *sm.* sfinitezza, grande indebolimento, estrema debolezza, esaurimento, inanizione, spossatezza, languore, abbattimento (fisico), sfibramento, estenuazione, mancamento di forze, deliquio, → STANCHEZZA.
contr. vigore, nerbo, resistenza, forza, solidità.
sfiníre, *v.tr.* far perdere le forze, stroncare, stancare molto, spossare, esaurire, stremare, sfibrare, estenuare, rifinire, faticare || *rifl.* consumarsi, esaurirsi, essere allo stremo, non poterne più, stancarsi molto, languire.
contr. dar riposo, risparmiare le forze, rifocillare, rinfrancare || riposarsi, risparmiarsi, rinfrancarsi, rimettersi in forze.
sfinitézza, *sf.* → SFINIMENTO, INANIZIONE.
sfiníto, *pps.* di sfinire || *agg.* sciupato, stanco, esaurito, fiacco, debole, rifinito, infiacchito, sfiancato, stroncato, spossato, stremato, svigorito, sfibrato, estenuato, esausto.
contr. invigorito, vigoroso, energico, possente, robusto, nerboruto, resistente.
sfiondàre, *v.tr.* sfrombolare.
sfiondatóre, *sm.* → FROMBOLIERE.
sfioràre, *v.tr.* passare leggermente (sopra), toccare appena, trattare delicatamente, rasentare, deliberare, cogliere la parte più bella, spogliar di fiori, || sfrondare || → SCEGLIERE, SEPARARE.
contr. urtare, calcare, ammaccare, premere, danneggiare, guastare, mantrugiare, brancicare || deflorare.
sfioríre, *v.intr.* → APPASSIRE || *fig.* perder la bellezza, la freschezza, imbruttire, avvizzire, decadere, sfarsi, → INVECCHIARE.
contr. fiorire, rifiorire, splendere, trionfare, sfolgoreggiare (di giovinezza, di bellezza, ecc.).
sfioríto, *pps.* di sfiorire || *agg.* → APPASSITO || *fig.* invecchiato.
sfítto, *pps.* di sfittare || *agg.* libero, non affittato, spigionato, da affittare, disponibile.
contr. affittato, occupato.
sfocàto, *pps.* di sfocare || *neol.* confuso, non nitido, non a fuoco || *fig.* scialbo, scolorito, amorfo, anodino, insignificante.
contr. a fuoco, chiaro, perfetto || marcato, caratterizzato, energico, risentito.
sfociàre, *v.intr.* scaricare, gettarsi, sboccare, sgorgare, terminare, → VERSARE.
contr. nascere, avere origine, scaturire, iniziare.
sfoconàre, *v.tr.* sbraciare || trarre dal focone.
sfoderàre, *v.tr.* sguainare || levar la fodera || *fig.* → CAVARE || far mostra, distinguersi, ostentare, → SFOGGIARE.
contr. infoderare, rinfoderare, inguainare, ringuainare, rimettere, riporre || rimangiarsi.
sfogàre, *v.tr.* mandar fuori, dar sfogo, espandere, effondere, esalare, uscire, svampare, versare, disfogare, sfoderare, prorompere, scoppiare, scapricciare, sfrenarsi, sgorgare || *rifl.* dar libero corso ai propri sentimenti, disfogarsi, sgocciolarsi, spandersi, spassionarsi, svelenarsi, svelenirsi, versarsi, manifestarsi, esprimersi, vuotarsi, sgonfiarsi || confidarsi, aprire l'animo, liberarsi, abbandonarsi a confidenza.
contr. soffocare, dominare, ricacciare dentro, chiudere, trattenere, nascondere, contenere, inibire, dissimulare, tacere, tenere per sé.
sfogàto, *pps.* di sfogare || *agg.* sbollito, sbrigliato, liberato, svelenito, sfrenato, effuso || (di luogo) ampio, aperto, espanso, aprico, libero, arioso, rado.
contr. contenuto, trattenuto, inibito, mortificato, frenato, controllato, invelenito, campresso || ristretto, soffocato, cupo, angusto.
sfogatóio, *sm.* sfiatatoio, sfiato, sfogo, spiraglio, esalazione, apertura.
sfoggiàre, *v.tr.* sbandierare, ostentare, sfoderare, fi-

gurare, far mostra, mettere in mostra, far pompa, pompeggiare, rivelare, sciorinare, grandeggiare, lussureggiare, scialare.
contr. dissimulare, nascondere, tener nascosto, celare, esser modesto.
sfoggiàto, *pps.* di sfoggiare || *agg.* → GRANDE, SFARZOSO || ostentato, messo in mostra, sbandierato.
sfòggio, *sm.* sfarzo, parata, lusso, ornamento, gala, maestosità, mostra, scialo, pompa, fastosità, sontuosità, magnificenza, splendore, opulenza, splendidezza, fasto, grandigia || sbandieramento, sbandierata, ostentazione.
sfòglia, *sf.* strato sottile, → FALDA.
sfogliàre, *v.tr.* scartocciare, spannocchiare, sfrondare, brucare, levare le foglie || *fig.* far scorrere le pagine, divagare, dare una scorsa, scartabellare || *rifl.* perdere le foglie, i petali.
contr. fogliare, metter le foglie || leggere attentamente, sprofondarsi (nella lettura).
sfogliàta, *sf.* → FOCACCIA.
sfogliatúra, *sf.* spannocchiatura, scartocciatura.
sfógo, *sm.* sfogatoio, sfiatatoio, sfiato, apertura, spiraglio, svuotamento, esalazione, espansione, esplosione, scoppio || *fig.* confidenza, liberazione, abbandono, libero corso, svotamento, effusione, sfuriata || *fam.* eruzione cutanea.
sfolgoraménto, *sm.* → LAMPO, BAGLIORE, SPLENDORE.
sfolgorànte, *ppr.* di sfolgorare || *agg.* → LUCENTE. SPLENDENTE || fulmineo, rapido, → IMPROVVISO.
sfolgoràre, *v.intr.* → LAMPEGGIARE, SPLENDERE || agire rapidamente, spacciare in fretta.
sfolgoràto, *pps.* di sfolgorare || *avv.* → SPLENDENTE || *fig.* → SFARZOSO.
sfolgoreggiàre, *v.intr.* → SPLENDERE.
sfolgorío, *sm.* → BAGLIORE, LUCE, SPLENDORE.
sfollagènte, *sm. indecl.* manganello, → BASTONE.
sfollàre, *v.tr.* liberare, sgombrare; spopolare || *intr.* diradarsi, rarefarsi.
contr. affollare, affollarsi, accalcarsi.
sfoltíto, *agg.* rarefatto, → DIMINUITO.
contr. infoltito, infittito, folto.
sfondàre, *v.tr.* sfondolare, → ROMPERE || *intr.* farsi avanti, riuscire, aver successo.
sfondàto, *pps.* di sfondare || *agg.* privo di fondo, senza fondo || rotto, scassato, fracassato || *fig.* sfondolato, → ECCESSIVO, ENORME.
contr. intero, completo, intatto, indenne.
sfondatúra, *sf.* → ROTTURA.
sfóndo, *sm.* scena, fondale, panorama, campo, scenario || → PROSPETTIVA || ambiente || → SOSTRATO.
sforacchiàre, *v.tr.* → FORARE, PUNGERE.
sforacchiàto, *pps.* di sforacchiare || *agg.* → LOGORO.
sformàre, *v.tr.* levar la forma, sbertucciare, sgualcire, gualcire, disformare, deformare, imbruttire, schiacciare, → GUASTARE.
contr. formare, dar forma, plasmare; abbellire.
sformàto, *pps.* di sformare || *agg.* gualcito, sgualcito, informe, senza forma, deforme, deformato, disformato || *sm.* → BUDINO.
sfornàre, *v.tr.* levar dal forno || *fig.* mandar fuori, scodellare, rovesciare.
contr. infornare, preparare, formare.
sforníre, *v.tr.* privare, spogliare, sprovvedere, togliere, sottrarre.
contr. fornire, munire, provvedere, dare, concedere, approvvigionare.
sforníto, *pps.* di sfornire || *agg.* → PRIVO.
sfortúna, *sf.* disdetta, iettatura, scalogna, disgrazia, infelicità, disavventura, malavventura, maledizione, iattura, peripezia, rovescio, sventura, traversia, calamità, sciagura, persecuzione, infortunio, contrarietà || sorte avversa, manrovescio della fortuna, stella avversa, ingiuria della sorte, cattiva fortuna, assalto della fortuna.
contr. fortuna, buona sorte, prosperità, felicità.
sfortunàto, *agg.* disgraziato, sventurato, malcapitato, infelice, miserabile, tribolato, disavventurato, disfortunato, infortunato, scalognato, perseguitato, maledetto, diseredato, iettato, misero, zimbello o trastullo della sfortuna, nato sotto cattiva stella || malaugurato, infausto, nefasto, contrario, triste, doloroso.
contr. fortunato, felice, prospero, fausto, lieto.
sforzaménto, *sm.* → SFORZO.
sforzàre, *v.tr.* forzare, costringere, obbligare, necessitare, astringere, violare, violentare || scassinare, scardinare, rompere || *rifl.* affaccendarsi, affannarsi, affaticarsi, mettersi, arrabattarsi, arrangolarsi, arrantolarsi, brigare, durare fatica, ingegnarsi, adoprarsi, faticare, impegnarsi a tutt'uomo, industriarsi, non perdere occasione, sbracciarsi, scalmanarsi, sfiancarsi, sfiatarsi, sfogarsi, sgobbare, strapelarsi, studiarsi, sviscerarsi, trafelarsi, tramenarsi quanto è possibile, stancarsi.
contr. cedere, acconsentire, rassegnarsi, disanimarsi, resistere, ribellarsi || invitare, indurre, pregare, persuadere, convincere || trascurare, rimanere inattivo, lasciar fare, non partecipare.
sfòrzo, *sm.* sforzamento, tensione, impiego o applicazione di forza o di resistenza || conato, tentativo, prova, forzamento, forza, violenza, veemenza, impeto, irruenza, risolutezza, decisione.
nomencl. *agg.* erculeo, grande, sovrumano, violento, straordinario, impetuoso, furioso, veemente, irruente, debole, limitato, insufficiente, fiacco, molle, tenue, continuo, discontinuo || *verb.* fare, compiere, usare, mettere || ponzare, sparare le ultime cartucce, a tutto fiato, a tutta forza, a tutto potere.
contr. rinunzia, debolezza, resa, cedimento, rassegnazione, abbandono.
sfracassaménto, *sm.* → ROTTURA.
sfracassàre, *v.tr.* → ROMPERE.
sfracellàre, *v.tr.* sfragellare, rovinare, spaccare, disfare, fracassare, frangere, frantumare, frazionare, infrangere, stritolare, schiacciare, maciullare, mandare o ridurre in pezzi o in frantumi, mandare in sconquasso, sbriciolare, schiantare, sconquassare, sfracassare, sgretolare, sminuzzare, smozzicare, spezzare, spiaccicare, squarciare, strizzare, rompere.
contr. ricomporre, riunire, riparare, aggiustare, rimettere insieme, in sesto.
sfragística, *sf.* sigillografia.
sfrangiàre, *v.tr.* sfilacciare, sfilaccicare.
contr. orlare, rifare la frangia.

sfrangiàto, *pps.* di sfrangiare || *agg.* sfilacciato.
sfrascàre, *v.tr.* togliere le frasche, sfrondare, sfogliare, potare, sbozzolare, → POTARE || *intr.* → STORMIRE, FREMERE.
contr. infrascare.
sfratàre, *v.tr.* e *rifl.* → SCHIERICARE.
sfrattàre, *v.tr.* dar lo sfratto || bandire, esiliare, scacciare, espellere, fugare, abbandonare || *intr.* → ANDARE.
contr. trattenere, accogliere, dar asilo, ospitare.
sfràtto, *sm.* espulsione, cacciata, bando, ostracismo, → ESILIO || disdetta di locazione.
contr. accoglimento, ospitalità, asilo || locazione.
sfregacciàre, *v.tr.* e *rifl.* sfregare, far dei freghi, fregare leggermente, strofinare.
sfregaménto, *sm.* → ATTRITO.
sfregàre, *v.tr.* → FREGARE, STROFINARE.
sfregiàre, *v.tr.* deturpare, svisare, sfigurare, ferire, procurare, fare lesioni, sberleffare, cambiare i connotati, vetrioleggiare || *fig.* insultare, infamare, → OFFENDERE.
contr. fregiare, ornare, abbellire || rispettare, onorare, lodare.
sfregiatóre, *sm.* deturpatore.
sfrégio, *sm.* lesione, ferita, sberleffo, deturpazione, taglio, rottura, cicatrice, segno, macchia || *fig.* → OFFESA, INFAMIA.
contr. fregio, abbellimento, ornamento || vendetta, rivalsa,
sfrenàre, *v.tr.* togliere il freno, il controllo, disfrenare, allentare le redini, disserrare, sbrigliare, sciogliere, scatenare, eccitare, aizzare, incitare, sferrare, sguinzagliare || *rifl.* sfogarsi, dar sfogo, espandere, prorompere, scoppiare, sgorgare, versare, svampare, uscire, imperversare, correre la cavallina, ingolfarsi, passare i limiti, prendere soverchia libertà, rompersi il collo, strapparsi la cavezza, sbrigliarsi, scapestrarsi, scapigliarsi, scapricciarsi, togliersi il freno, scatenarsi, svincolarsi, scavallare, svelenirsi, sottrarsi a ogni controllo o inibizione.
contr. frenare, trattenere, dominare, domare || frenarsi, inibirsi, controllarsi, mortificarsi.
sfrenatézza, *sf.* scapestrataggine, dissolutezza, scostumatezza, spensieratezza, scapigliatura, avventatezza, scapataggine, sbrigliatezza, licenza, incontinenza, libertinaggio, licenziosità, sfogo, sregolatezza.
contr. freno, ritegno, riserbo, rispetto, morigeratezza, inibizione, controllo, dominio.
sfrenàto, *pps.* di sfrenare || *agg.* senza freno, sbrigliato, scapestrato, scatenato, sfogato, liberato, scavezzacollo, dissoluto, effrenato, irrefrenabile, intemperante, libertino, licenzioso, precipitoso, sbardellato, scarrucolante, scavezzato, sciolto, traboccante, trabocchevole, violento, intemperante, disonesto.
contr. frenato, moderato, morigerato, tenuto a freno, compresso, onesto, peritoso, discreto.
sfringuellàre, *v.intr.* || *fig.* spifferare, spiattellare, snocciolare, rifischiare, cianciare, parlare, sparlare.
contr. tacere, essere riservato, prudente.
sfrittellàto, *pps.* di sfrittellare || *agg.* → MACCHIATO.
sfrombolàre, *v.tr.* sfiondare.
sfrondàre, *v.tr.* sfrascare, sfogliare, sfiorare, sbozzolare, → POTARE || *fig.* togliere il superfluo, il soverchio, mettere allo scoperto, svelare, attenuare, ridurre, alleggerire, semplificare.
contr. infrondire || infronzolare, infronzolire, appesantire, complicare, amplificare, esagerare.
sfrontatàggine, *sf.* → SFRONTATEZZA.
sfrontatézza, *sf.* sfrontataggine, sfacciataggine, impudenza, immodestia, procacità, spudoratezza, facciatosta, faccia di bronzo, faccia franca, cinismo, disinvoltura, grinta, mutria, baldanza, ardire, indiscrezione, petulanza, protervia, temerarietà, temerità, tracotanza, insolenza.
contr. riserbo, modestia, dignità, ritrosia, riguardo, pudore, pudicizia, peritanza, riservatezza, onestà, discrezione.
sfrontàto, *agg.* sfacciato, impudente, impronto, inverecondo, impudico, procace, immodesto, spudorato, facciatosta, cinico, disinvolto, faccia franca, faccia di bronzo, grinta, mutria, ardito, baldanzoso, indiscreto, petulante, protervo, temerario, tracotante, svergognato, audace.
contr. riguardoso, modesto, ritroso, pudibondo, pudorato, pudico, peritoso, dignitoso, riservato, discreto.
sfruconàre, *v.tr.* → FRUGARE, CERCARE.
sfrusciàre, *v.intr.* stormire, sfrascare.
sfruttaménto, *sm.* speculazione, affarismo, traffico, lucro, bagarinaggio, abuso, mercimonio.
sfruttàre, *v.tr.* (di terreno) sforzare, esaurire, isterilire, depauperare, dissugare || *fig.* trar profitto, profittare, mettere a profitto, abusare, mungere, smungere, scorticare, pelare, seccare, succiare, usufruttuare, strozzare, spolpare, viver da lenone || utilizzare.
contr. ingrassare, economizzare, risparmiare.
sfruttatóre, *sm.* profittatore, angariatore, negriero, strozzino, succhione, vampiro, pelanibbi, pirata, lenone, mafioso.
contr. sfruttato, smunto, strozzato.
sfuggènte, *ppr.* di sfuggire || *agg.* subdolo || ambiguo, restío, inafferrabile, elusivo, deludente, → SFUGGEVOLE.
sfuggévole, *agg.* fugace, fuggevole, sfuggente, evanescente, labile, fluido, rapido.
contr. durevole, fisso, stabile, immobile, duraturo.
sfuggíre, *v.tr.* evitare, schivare, cansare, scansare, scampare, eludere, nascondere, → FUGGIRE || *intr.* sbiettare, sgusciare, sguizzare, schizzar via, scivolare, mancare, dileguarsi, sottrarsi || digradare, scorciare || → DELUDERE.
contr. andare incontro, affrontare, offrirsi, presentarsi.
sfuggíta, *sf.* → EMANAZIONE || di sfuggita, alla sfuggita, fuggevolmente, di passaggio, di passata.
contr. di proposito, con attenzione, a lungo.
sfuggíto, *pps.* di sfuggire || *agg.* → SALVO.
sfumàre, *v.tr.* far evaporare, → ESALARE || attenuare, far digradare, graduare, gradare || *intr.* svaporare, evaporare, andare in fumo, svanire, dileguarsi, digradare.
contr. calcare, rinforzare, accrescere || affermarsi, rinvigorirsi, concretarsi.
sfumàto, *agg.* evanescente, svanente, digradante, digradato, lieve, tenue, scialbato, scialbo || andato in fumo, svanito, dileguato.
contr. schietto, denso, intenso, carico, marcato.

sfumatúra, *sf.* tinta attenuata; colore tenue, digradante; tocco leggero, colore sbiadito, mezzatinta, chiaroscuro || tono, digradazione, gradazione, gamma || *fig.* (nello scrivere o nel parlare) lieve cenno, accenno, finezza.
contr. intensità, tratto marcato, tinta forte, tono acceso, colore intenso || coloritura.
sfuriàta, *sf.* sfogo violento, rabbuffo, invettiva, furia, furore, accanimento, diatriba, → RIMPROVERO.
sgabèllo, *sm.* banchetto, deschetto, panchetta, panchettino, panchetto, posapiede, predella, predellina, predellone, scannello, scannetto, sederino, sgabellone, tamburetto, trespolo.
sgabellóne, *sm.* → MENSOLA, SGABELLO.
sgabuzzíno, *sm.* → RIPOSTIGLIO, BUGIGATTOLO, CAMERA.
sgagliardire, *v.tr.* → INDEBOLIRE.
sgallettàre, *v.intr.* fare il galletto, imbaldanzire, ringalluzzire, ingagliardire, ringalluzzare, sgargiare.
contr. sgagliardare, abbacchiarsi, abbattersi, disanimarsi, avvilirsi.
sgallettío, *sm.* → VIVACITÀ.
sgambàre, *v.intr.* camminare in fretta, camminare a gran passi, menar le gambe, zampettare, spulezzare, correre, sgambettare, → FUGGIRE.
contr. andare adagio, lentamente, passeggiare, ciampicare, inciampicare.
sgambàta, *sf.* corsa, sgambettata, lunga camminata.
contr. passeggiata.
sgambettàre, *v.intr.* → CAMMINARE, CORRERE, SALTELLARE.
sgambettàta, *sf.* → sgambata.
sgambétto, *sm.* gambetto, → SALTELLO.
sganasciàre, *v.tr.* slogar le ganasce, smascellare || *fig.* sfasciare, sconnettere, disgiungere, sgangherare || *rifl.* sganasciarsi, smascellarsi, sbellicarsi, scompisciarsi.
sganciaménto, *sm.* → CADUTA || indietreggiamento, allontanamento, ritirata || bombardamento.
contr. agganciamento || avanzata, progresso.
sganciàre, *v.tr.*
contr. agganciare.
sgangheraménto, *sm.* scardinamento || *fig.* → DISORDINE.
contr. gangheramento, ingangheramento, incardinazione.
sgangheràre, *v.tr.* scardinare, sbandellare, scassinare, scassare, rompere, sconnettere, sconquassare, sfasciare, sforzare || *fig.* slogare || *rifl.* → LUSSARE.
contr. gangherare, ingangherare, incardinare || assestare, accomodare, aggiustare, sistemare, rimettere a posto, in sesto.
sgangheràto, *pps.* di sgangherare || *agg.* fuori, giú dai gangheri || *fig.* sgarbato, senza garbo, senza grazia, disadatto, incapace, deforme, sciancato, zoppicante, sbardellato, pazzo, scombinato || scardinato, sconnesso, sconquassato, sfasciato, logoro.
contr. assestato, diritto, composto, intatto, nuovo.
sgarbatàggine, *sf.* → SGARBATEZZA.
sgarbatézza, *sf.* malgarbo, sgarbataggine, sgarberia, ineducazione, grossolanità, → SGARBO.
contr. garbatezza, urbanità, cortesia, garbo, grazia, leggiadria, gentilezza, educazione, bel modo.
sgarbàto, *agg.* aspro, inurbano, maleducato, malgarbato, mascalzonesco, facchinesco, disobbligante, malagevole, scompiacente, scortese, sversato, sguaiato, brutale, smodato, rozzo, ruvido, rustico, rude, zotico, villano, tarpano, sgraziato, grossolano, contadinesco.
contr. garbato, urbano, aggraziato, leggiadro, cortese, gentile, educato.
sgarbería, *sf.* → SGARBO.
sgàrbo, *sm.* sgarbataggine, sgarbatezza, sgarberia, malgarbo, azionaccia, bifolcheria, ciomperia, discortesia, facchinata, facchineria, garbaccio, inurbanità, malagrazia, maltrattamento, manieraccia, modaccio, piazzaiolata, ruvidezza, sconvenienza, sgraziataggine, spostatura, spostaturaccia, villania, brutalità, rustichezza; atto villano, scortese, sgarbato.
contr. garbo, gentilezza, cortesia, urbanità, grazia, bel modo.
sgargagliàre, *v.intr.* → SPUTARE.
sgargiànte, *ppr.* di sgargiare || *agg.* vistoso, appariscente, → ELEGANTE, LUSSUOSO.
sgargiàre, *v.intr.* essere vivace, fare il galante, → SGALLETTARE.
sgarraménto, *sm.* → ERRORE.
sgarràre, *v.intr.* → SBAGLIARE.
sgàrro, *sm.* → SBAGLIO.
sgattaiolàre, *v.intr.* → FUGGIRE, NASCONDERE.
nomencl. gattaiola || ripiego, scampo, scappatoia.
sgelàre, *v.tr.* e *intr.* disgelare, → SGHIACCIARE.
contr. gelare, ghiacciare.
sghémbo, *sm.* sghimbescio, storto, scancio, obliquo || di sghembo, → ATTRAVERSO.
contr. diritto, piano, perpendicolare.
sghèrro, *sm.* sbirro, birro, berroviere, bargello, bravo, agente, aguzzino, chiappino, cagnotto, satellite, guardia del corpo, giannizzero, sicario, malandrino, scherano, sgheriglio.
sghiacciàre, *v.tr.* e *intr.* sdiacciare, disghiacciare, sgelare, disgelare.
contr. ghiacciare, gelare.
sghignàre, *v.intr.* → RIDERE.
sghignazzaménto, *sm.* → RISO.
sghignazzàre, *v.intr.* → RIDERE.
sghignazzàta, *sf.* → RISO.
sghignazzío, *sm.* → RISO.
sghignàzzo, *sm.* → RISO.
sghimbèscio, *sm.* sghembo, scancio, obliquo, storto || di sghimbescio, → ATTRAVERSO.
contr. diritto, dritto, perpendicolare, piano.
sgnaulío, *sm.* → MIAGOLÍO.
sgobbàre, *v.intr.* lavorare molto, sfacchinare, ponzare, sgropponare, sgroppare || → STUDIARE, ELABORARE.
sgòbbo, *sm.* → LAVORO.
sgocciaboccàli, *sm. indecl.* → BEONE.
sgocciàre, *v.intr.* → GOCCIARE.
sgocciolaménto, *sm.* → SGOCCIOLIO.
sgocciolàre, *v.tr.* e *intr.* far cadere a gocce, scolare || gocciare, gocciolare, stillare, gemere, gemicare, trapelare, colare.
contr. scrosciare, sgorgare, grondare, inondare.
sgocciolatóio, *sm.* sgrondatoio, scolatoio.
sgocciolatúra, *sf.* → SGOCCIOLIO.

sgocciolío, *sm.* sgocciolamento, sgocciolatura, colamento, stillicidio, → COLATICCIO.
sgócciolo, *sm.* ultime gocce || *fig.* resto, rimasuglio, estremo.
nomencl. *verb.* essere agli sgoccioli.
sgolàre, *v.rifl.* sfiatarsi, spolmonarsi, sfogarsi, sfegatarsi, perdere la voce, → GRIDARE.
contr. borbottare, mormorare, parlare sottovoce, risparmiarsi la voce.
sgomberàre o **sgombràre,** *v.tr.* sbarazzare, liberare, sbrattare, disgombrare, disbarazzare, disimpegnare, ispacciare, rimuovere, toglier via, far piazza pulita, nettare, portar via, sfrattare, → ORDINARE || *intr.* sloggiare, cambiar casa, sfrattare, fare trasloco, andar via, → PARTIRE.
contr. ingombrare, occupare || ammobiliare.
sgomberàto, *pps.* di sgomberare || *agg.* → SGOMBERO.
sgómbero o **sgómbro¹,** *agg.* sgomberato, libero, vuoto, vacante, spacciato, sbrattato, sfogato, disoccupato, disimpegnato, rado.
contr. ingombro, occupato || ammobiliato.
sgómbero o **sgómbro²,** *sm.* cambiamento di casa, trasloco, sfratto.
sgomentàre, *v.tr.* sbaldanzire, sgagliardire, impaurire, intimidire, intimorire, spaventare, addolorare, avvilire, sbigottire, turbare || *rifl.* disanimarsi, scoraggiarsi, conturbarsi, perdere la speranza.
contr. incoraggiare, far coraggio, imbaldanzire, prender coraggio, sgallettare.
sgomentàto, *pps.* di sgomentare || *agg.* → SGOMENTO.
sgoménto, *pps.* di sgomentare || *agg.* sgomentato, attonito, stupefatto, sbalordito, stupito, disorientato, ansioso, fiaccato, pauroso, sbigottito, sbaldanzito, → SPAVENTATO || *sm.* meraviglia, trepidanza, trepidazione, scoraggiamento, abbattimento, sbigottimento, paura, timore angoscioso, apprensione, ansia, incertezza, → SPAVENTO.
contr. rassicurato, sicuro || coraggio, intrepidezza, ardire, baldanza, risolutezza, audacia, gagliardia, fermezza.
sgominàre, *v.tr.* mettere in fuga, → SCONFIGGERE, DISORDINARE.
sgominàto, *pps.* di sgominare || *agg.* → BATTUTO.
sgominío, *sm.* → DISORDINE.
sgommàre, *v.tr.* → CANCELLARE.
contr. ingommare.
sgonfiàre, *v.tr.* svuotare, disenfiare || *fig.* deludere, rimanere deluso, abbiosciarsi, accasciarsi, disanimarsi.
contr. gonfiare, gonfiarsi, invanirsi, inorgoglirsi.
sgónfio, *sm.* → SBOFFO.
contr. gonfio.
sgonnellàre, *v.tr.* → SPOGLIARE || girare, affannarsi, sfaccendare, mettersi in mostra (di donna).
sgórbia, *sf.* → GORBIA, SCALPELLO.
sgorbiàre, *v.tr.* → MACCHIARE, SCARABOCCHIARE || DIPINGERE.
sgòrbio, *sm.* scorbio, frego, scarabocchio, tratto di penna, imbratto, segnaccio, cancellatura, parola scritta male, → PITTURA || *fig.* persona deforme, sozza, laida, brutta, → FACCIA.
sgorgàre, *v.intr.* spicciare, schizzare, scaturire, stillare, sfociare, scaricare, sboccare, gettarsi, versare, uscire, fluire, svampare, disfogare, prorompere, scoppiare, sfogare, liberarsi, versarsi, effondersi, esalare, emanare, espandersi, metter capo, sprigionarsi, zampillare, sorgere, → NASCERE.
contr. trapelare, sgocciolare, distillare, colare, stillare || stagnare, ristagnare, ingorgare || impaludare, marcire, fermentare.
sgórgo, *sm.* scolo, zampillo, sgrondo, sbocco, flusso, deflusso, sfogo, uscita, versamento.
contr. ingorgo, ristagno, stagno, palude, marcita, marcia.
sgovernàre, *v.tr.* governare male, rovinosamente, dissennatamente, arbitrariamente, tiranneggiare.
contr. governare, governare con coscienza, con saggezza.
sgozzàre, *v.tr.* scannare, uccidere con atrocità, strozzare, tagliare la gola || strozzare (con l'usura).
sgradévole, *agg.* repellente, ripulsivo, ripugnante, allontanante, ributtante, antipatico, ostico, nauseante, spiacevole, disgustoso, scostante, stomacoso, → SGRADITO.
contr. gradevole, gradito, piacevole, accostevole, cattivante, simpatico, seducente.
sgradíre, *v.intr.* disaggradire, dispiacere, disgradare, disgradire, disgustare, non piacere, allontanare, annoiare, infastidire, ripugnare, essere ripugnante.
contr. gradire, piacere, attirare, accettare, essere accetto.
sgradíto, *pps.* di sgradire || *agg.* sgradevole, disaccetto, disameno, discaro, disgustoso, sgradevole, spiacevole, molesto, malgradito, noioso, odioso, ingrato, amaro, antipatico, disamabile, dispiacente, fastidioso, grave, gravoso, inamabile, inameno, increscevole, increscioso, ingiocondo, rincrescevole, rincrescioso, tristo, ributtante, ripugnante, rivoltante, stomachevole, insopportabile, repellente.
contr. gradito, piacevole, accetto, grato, simpatico, gaio, bello, caro, seducente.
sgraffiàre, *v.tr.* → GRAFFIARE.
sgraffiatúra, *sf.* → GRAFFIO.
sgraffignàre, *v.tr.* → RAPIRE, RUBARE.
sgrammaticàre, *v.intr.* sbagliare, fare errori di grammatica || *rar.* spiegare la grammatica.
contr. parlare o scrivere correttamente.
sgrammaticatúra, *sf.* → ERRORE.
sgranàre, *v.tr.* sbaccellare, sbucciare, sgusciare, sgranellare, disgusciare, levare o togliere il baccello, mondare, sbuccellare, scorzare || *rifl.* disfarsi in grani, frantumarsi.
sgranàto, *pps.* di sgranare || *agg.* sgusciato, sgranellato, sbaccellato, sbucciato, mondato || spalancato, sbarrato (di occhio).
sgranchíre, *v.tr.* e *rifl.* sgranchiare, → DIROMPERE, STIRARE.
contr. aggranchiare, aggranchire, intirizzire.
sgranellàre, *v.tr.* → SGRANARE.
sgranocchiàre, *v.tr.* → RODERE, MASTICARE.
sgrassàre, *v.tr.* digrassare, smacchiare, → PULIRE.
contr. ingrassare, sporcare.

sgravàre, *v.tr.* → ALLEGGERIRE || ASSOLVERE || *rifl.* sgravidare, → PARTORIRE.
contr. aggravare.
sgravàto, *pps.* di sgravare || *agg.* → SCARICO.
contr. aggravato.
sgràvio, *sm.* alleggerimento, diminuzione, liberazione, alleviamento, scarico, sollievo || *fig.* esonero || scusa, discolpa, giustificazione || sgravio di pena, → GRAZIA.
contr. aggravio, aggravamento, accusa, imputazione.
sgraziatàggine, *sf.* sgarbo, malgarbo, sgangherataggine, discortesia, inurbanità, malagrazia, sconvenienza, spostatura, spostaturaccia, villania, brutalità, rustichezza, facchinata.
contr. grazia, garbo, convenienza, urbanità.
sgraziàto, *agg.* senza grazia, senza garbo, deforme, → BRUTTO, ROZZO, GOFFO.
contr. aggraziato, grazioso, bello, avvenente.
sgretolaménto, *sm.* → GUASTO.
sgretolàre, *v.tr.* e *rifl.* sfracellare, fracassare, frangere, frantumare, frazionare, infrangere, stritolare, triturare, schiacciare, maciullare, mandare o ridurre in pezzi o frantumi, mandare in sconquasso, sbriciolare, schiantare, scricchiolare, sconquassare, sfracassare, sminuzzare, smozzicare, spezzare, spiaccicare, squarciare, strizzare, rompere, dirompere, sgranocchiare, scheggiare, scortecciare.
contr. accomodare, ricomporre, riunire, rifare, aggiustare, rabberciare.
sgrícciolo, *sm.* → SCRICCIOLO.
sgridàre, *v.tr.* rabbuffare, riprendere, rimbrottare, deprimere, → RIMPROVERARE.
contr. lodare, elogiare, adulare, encomiare.
sgridàta, *sf.* → RIMPROVERO.
sgrigliolàre, *v.intr.* → SCRICCHIOLARE.
sgrignàre, *v.intr.* ridacchiare, → RIDERE.
sgrillettàre, *v.tr.* e *intr.* grillare, grillettare.
sgrínfia, *sf.* → ARTIGLIO.
sgrommàre, *v.tr.* sgrumare, → LAVARE.
contr. ingrommare.
sgrondatóio, *sm.* scolatoio, sgocciolatoio.
sgrondatúra, *sf.* grondatura.
sgróndo, *sm.* scolo, sgorgo, sbocco.
sgroppàre, *v.tr.* sgruppare; disfare, sciogliere un groppo, un nodo || *intr.* alzar la groppa, sgropponare, sgobbare, sfacchinare || → STUDIARE, ELABORARE.
contr. far groppi, annodare, riannodare, aggrovigliare.
sgropponàre, *v.intr.* → SGROPPARE.
sgrossàre, *v.tr.* digrossare, dirozzare, assottigliare, abbozzare, sbozzare.
contr. ingrossare || finire, rifinire, elaborare.
sgrottàre, *v.tr.* → RODERE.
sgrovigliàre, *v.tr.* sgrovigliolare, sgroppare.
contr. aggrovigliare, aggrovigliolare, aggomitolare.
sgrovigliolàre, *v.tr.* SGROVIGLIARE.
sgrugnàre, *v.tr.* sguanciare, → PERCUOTERE.
sgrumàre, *v.tr.* → SGROMMARE.
sgruppàre, *v.tr.* → SGROPPARE.
sguaiatàggine, *sf.* sguaiatezza, maleducazione, sgarberia, immodestia, scompostezza, incompostezza, sconvenienza, svenevolezza, svenevolaggine, sconcezza, sciatteria, sgraziataggine, malagrazia, rozzezza, trivialità.
contr. compostezza, garbo, grazia, garbatezza, modestia.
sguaiatézza, *sf.* → SGUAIATAGGINE.
sguaiàto, *agg.* goffo, incomposto, scomposto, irriguardoso, svenevole, sgarbato, maleducato, malgarbato, scompiacente, rozzo, rude, rustico, zotico, villano, tarpano, smodato, sgraziato, triviale, sconveniente, sconcio.
contr. composto, educato, garbato, perbene, compiacente.
sguainàre, *v.tr.* sfoderere, snudare, svaginare.
contr. rinfoderare, ringuainare, rimettere, riporre.
sgualcíre, *v.tr.* gualcire, sciupacchiare, aggrinzare, incincignare, sformare, sciupare, mantrugiare.
sgualcíto, *pps.* di sgualcire || *agg.* sciatto, sciamannato, sciupato, spiegazzato, scomposto, incincignato, sbertucciato, sformato, discinto, scinto.
contr. curato, stirato, lisciato, aggiustato.
sgualdrína, *sf.* → PROSTITUTA.
sguanciàre, *v.tr.* → PERCUOTERE.
sguardàta, *sf.* → SGUARDO.
sguàrdia, *sf.* risguardo, foglio di risguardo.
sguàrdo, *sm.* guardo, guardata, guardatura, sguardata, sguardamento, occhiata, adocchiamento || ciglio, cipiglio, piglio || lampo d'occhi, strizzata d'occhio, espressione dell'occhio || → VISTA || *fig.* → ESAME.
nomencl. *agg.* amabile, amorevole, amoroso, dolce, soave, mite, bonario, buono, benigno, affettuoso, umano, indulgente, clemente, severo, ostile, benevolo, carezzevole, mansueto, calmo, tranquillo, limpido, chiaro, pudico, puro, innocente, sereno, timido, vivace, vivo, vivido, brillante, espressivo, significativo, eloquente, efficace, feroce, crudele, inumano, spietato, ferino, belluino, sanguinario, violento, fosco, freddo, furibondo, iroso, minaccioso, sprezzante, altezzoso, disdegnoso, truce, fulmineo, folgorante, rapidissimo, insignificante, sospettoso, diffidente, timoroso, guardingo, supplichevole, supplice, supplicante, triste, malinconico, mesto, attonito, meravigliato, sorpreso, stupito, incantato, impassibile, indifferente, ridente, allegro, gioioso, sbarrato, scerpellino, sgranato, dilatato, vitreo, immobile || *verb.* levare, sollevare, porre, volgere, gettare, fissare, dirigere, evitare, allontanare, folgorare, sgranare || vedere.
sguarníre, *v.tr.* sguernire || sfornire, sprovvedere, togliere, → PRIVARE.
contr. guarnire, guernire, provvedere, fornire, munire.
sguarníto, *pps.* di sguarnire || *agg.* → PRIVO.
sguàttero, *sm.* lavapiatti, guattero.
sguazzàre, *v.intr.* guazzare, diguazzare, sciabordare, → GUADARE || *fig.* godere, godersela, patullarsi, stragodere, straviziare, scialacquare, scialare, nuotare nell'abbondanza, gavazzare, → ABBONDARE.
contr. essere all'asciutto, a secco, tirarla coi denti || lesinare.
sguazzatóre, *sm.* → SPENDACCIONE.
sguerníre, *v.tr.* → SGUARNIRE.
sguinzagliàre, *v.tr.* slegare || *fig.* aizzare, sfrenare, incitare contro, mettere alle calcagna.
sguisciàre, *v.intr.* sbiettare, sfuggire, scivolare, schivare, sgusciare, sguittire, andare, sgufare, guizzare, sguizzare, eludere.

sguittíre, *v.intr.* → SGUISCIARE.
sguizzàre, *v.intr.* → SGUISCIARE.
sgusciàre, *v.tr.* → SCORZARE || *fig.* → SCIVOLARE.
shrapnel, *sost. ingl.* → GRANATA.
sibaríta, *agg.* voluttuoso, molle, lussurioso, gaudente, → GOLOSO.
sibilàre, *v.intr.* → FISCHIARE, BISBIGLIARE.
sibílla, *sf.* → INDOVINO.
sibillíno, *agg.* → ENIMMATICO.
sibílo, *sm.* → FISCHIO.
sicàrio, *sm.* mandatario (d'omicidio), → ASSASSINO, BANDITO.
contr. mandante.
sícciolo, *sm.* grassello, cícciolo.
siccità, *sf.* secchezza, secca, aridità, arsura, asciuttezza, alidore, alidezza, adustione, arsicciatura, arsione, seccore, seccume, asciuttore, asprura, magra, seccagna, secco, sirte.
nomencl. irrigazione, bonifica.
contr. umidità, umore, fertilità || pioggia.
sicofànte, *sm.* e *f.* calunniatore, ingannatore, delatore, accusatore, spia.
sicumèra, *sf.* tronfiezza, sufficienza, spocchia, ostentazione, ambizione, falsa sicurezza, → PRESUNZIONE, SUSSIEGO || *ant.* pompa, → FASTO.
contr. modestia, umiltà, semplicità, ritegno.
sicuraménte, *avv.* senza fallo, certo, infallantemente, certamente || senza alcun pericolo, bene.
contr. dubbiamente || pericolosamente.
sicurézza, *sf.* sicurtà, tranquillità, certezza, confidenza, intrepidezza, baldanza, fiducia, cautela, franchezza, coraggio, fede, persuasione, assicurazione, mallevadoria, salvezza, garanzia, affidamento, guarentigia || pratica, perizia, abilità.
contr. insicurezza, incertezza, dubbio, paura, inquietudine, sgomento, ansia, trepidazione, timore || imperizia, inabilità.
sicúro, *agg.* certo, evidente, indubbio, assicurato, infallibile, immancabile, inerrabile, incontrastato, positivo || fidato, fidente, fiducioso, rassicurante, garante || risoluto, intrepido, baldanzoso, energico, deciso, intraprendente, audace, pronto, determinato, speditivo, sbrigativo, animoso, franco, autoritario, esplicito, reciso, fermo, ostinato, spiccio, stabile, coraggioso || riparato || garantito || tranquillo || → SALVO || PRATICO.
nomencl. *verb.* affermare, asserire, assicurare, affidare, garantire, rendere certo, rendersi sicuro, francheggiare, raccertare, rassicurare || dormire tra due guanciali, dormire a occhi chiusi, essere al coperto, vivere in sicurtà, andare sul sicuro, essere fuori di tiro.
contr. incerto, malsicuro, malfermo, peritoso, dubbio, dubbioso, malfido, inquieto, sgomentato, ansioso.
sicurtà, *sf.* → SICUREZZA, SALVEZZA, MALLEVERIA.
sideràle, *agg.* sidereo, celeste, stellare, astrale.
contr. terreno, terrestre, ctonio.
sidèreo, *agg.* → SIDERALE.
siderurgía, *sf.* metallurgia, lavorazione del ferro, industria pesante, magona.
siderúrgico, *agg.* e *sm.* metallurgico.
siepàglia, *sf.* → SIEPE.
siepàia, *sf.* → SIEPE.
siepàre, *v.tr.* → CIRCONDARE.
sièpe, *sf.* fratta, cinta, riparo, chiudenda, chiusura, siepaia, siepaglia, spalliera || *fig.* ostacolo, impedimento, barriera.
nomencl. naturale, artificiale || (*affini*) zeriba, calla, callaia, callia, chiusa, salciaia || *agg.* folta, fitta, spessa, densa, impenetrabile, invalicabile, morta, viva, verde || (*piante per siepi*) crespino, lentaggine, rovo, bosso, rubiglione, ruvistico, spino, biancospino, robinia || *verb.* siepare, insiepare, assiepare.
sièro, *sm.* linfa, coagulo, → LATTE, SANGUE.
sièsta, *sf.* → RIPOSO, SONNO.
sifílide, *sf.* lue, mal francese, morbo gallico.
nomencl. parasifilide, sifilicomio, sifiloderma, sifiloma.
sifilítico, *agg.* e *sm.* luetico.
sifóne, *sm.* → IMBUTO.
sigarétta, *sf.* spagnoletta, sigaretto.
nomencl. (*pertinenti*) carta da sigarette, bocchino, filtro, tabacco, pacchetto, scatoletta, portasigarette, cicca || tabaccheria, sigaraio, tabaccaio, tabacchino || monopolio.
sigarétto, *sm.* → SIGARETTA.
sígaro, *sm.* cigaro, zigaro.
nomencl. (*tipi*) nazionale, estero || avana, virginia, branca, roma, cavour, sella, toscano, trabucco, regalia || (*attinenti*) cenere, cicca, mozzicone, spuntatura, mazzo, pacco, portasigari, ceneriera, posacenere, portacenere, sigariera, foglia di tabacco, bocchino || *agg.* chiaro, scuro, dolce, leggero, forte, fumabile, infumabile, scelto, soffiato, stagionato, umido, attenuato, pregiato, pressato || *verb.* accendere, fumare, sfogliare, spuntare, trinciare, spegnere.
sigillàre, *v.tr.* piombare, impiombare, suggellare, tappare bene, saldamente, chiudere ermeticamente, fare l'impronta.
contr. dissigillare, dissuggellare, aprire, stappare.
sigíllo, *sm.* suggello, bollo, timbro || chiusura || *fig.* stampo, impronta, segno, impressione, marchio || → SEGRETO.
nomencl. (*distinzioni*) papale, imperiale, privato, pubblico, dello Stato || di cera, di piombo, d'oro || (*parti e inerenti*) campo, o area, figura (araldica, simbolica, topografica, fantastica), leggenda o iscrizione, cordoncino (di lino, di canapa, di seta), scatoletta || sfragistica, sigillografia || guardasigilli || *agg.* alzato, pendente, aderente || *verb.* sigillare || apporre, togliere, custodire.
sigillografía, *sf.* sfragistica.
sígla, *sf.* abbreviatura, abbreviazione, iniziale, iniziali, cifra, ghirigoro, monogramma, puntiscritto || → FORMULA.
siglàre, *v.tr.* parafare, firmare.
signífero, *sm.* → PORTABANDIERA, ALFIERE.
significànte, *ppr.* di significare || *agg.* significativo, espressivo, indicativo, efficace, eloquente || rilevante, → IMPORTANTE.
contr. insignificante, indifferente, trascurabile, inespressivo, irrilevante, privo di importanza.
significànza, *sf.* → SIGNIFICATO, SPIEGAZIONE.
contr. insignificanza.
significàre, *v.tr.* esprimere, far sapere, dare ad intendere, alludere, manifestare, indicare, palesare, comu-

nicare, far conoscere, notificare || equivalere, voler dire, simboleggiare, importare, inferire, risuonare, mostrare, corrispondere, affigurare, allegorizzare, configurare, metaforare, rappresentare, sonare, dinotare, valere, voler dire, segnare, designare, denotare, accennare.

significatívo, *agg.* → SIGNIFICANTE, ELOQUENTE.

significàto, *sm.* accezione, senso, significanza, significazione, costrutto, espressione, valore, concetto, tenore, nozione, risonanza, intendimento, simbolo.

nomencl. (*tipi*) esoterico, essoterico, figurato, allegorico, metaforico, simbolico, letterale || (*perinenti*) antifrasi, controsenso, doppio senso, polisenso, bisenso, anfibologia, sinonimo, omonimo, interpretazione, comprensione || *agg.* chiaro, evidente, palese, facile, intelligibile, indubbio, oscuro, arcano, misterioso, segreto, occulto, nascosto, ambiguo, equivoco, sospetto, indefinibile, incerto, dubbio, problematico, improprio, proprio, esatto, preciso, chiaro, confuso.

significazióne, *sf.* → SIGNIFICATO, SPIEGAZIONE || OROSCOPO.

signóra, *sf.* madama, madonna, monna, dama, → DONNA || moglie, sposa || padrona, dominatrice || donna ricca, distinta, fine, elegante.

contr. signorina || serva, dipendente, inserviente, suddita || povera, plebea, rozza, grossolana, stracciona.

signóre, *sm.* gentiluomo, messere, monsignore, gnore || padrone, ospite, anfitrione, proprietario, possessore, dominatore, reggitore, sire, principe || uomo ricco, elegante, distinto || il Signore, → DIO.

contr. servo, dipendente, inserviente, povero, straccione, rozzo, plebeo, cafone || suddito.

signoreggiaménto, *sm.* → PREDOMINIO.

signoreggiàre, *v.tr.* e *intr.* predominare, spadroneggiare, tenere in signoria, tiranneggiare, regnare, → DOMINARE || sovrastare, prevalere, predominare, dirigere || → FRENARE || GRANDEGGIARE.

contr. servire, sottostare, dipendere, riconoscersi inferiore.

signorésco, *agg.* → RAFFINATO.

signoría, *sf.* padronanza, dominio, potere, predominio, potestà, possesso, influenza, governo, giurisdizione, balía, autorità, dominazione, principato, impero, sovranità.

contr. sudditanza, soggezione, dipendenza, servitú.

signoríle, *agg.* → NOBILE, RAFFINATO.

signorilità, *sf.* → NOBILTÀ || RAFFINATEZZA || GENEROSITÀ.

signorína, *sf.* madamigella, fanciulla, ragazza, donzella, giovinetta, pulcella, pulzella, → DONNA.

contr. donna sposata, signora, matrona.

signoròtto, *sm.* → FEUDATARIO.

silènte, *agg. lett.* → QUIETO, SILENZIOSO.

silènzio, *sm.* taciturnità || chetezza, tranquillità, pace, quiete, riposo || ozio, inoperosità || ombra, oscurità, oblio, dimenticanza || → NULLA || ASTENSIONE.

nomencl. *agg.* alto, profondo, assoluto, immenso, infinito, grave, perfetto, scrupoloso, totale, amaro, doloroso, terribile, pauroso, freddo, triste, sepolcrale, di tomba, sacro, religioso, divino, generale, misericordioso || *verb.* fare, mantenere, serbare, guardare, conservare, rompere, interrompere, imporre, ingiungere, ottenere, chiedere || zittire, ammutolire, tacere, ridurre al silenzio, mettere il bavaglio, mettere la museruola, mettere il dito alla bocca, tenere la lingua muta.

contr. rumore || loquacità.

silenziosaménte, *avv.* quietamente, adagio, pian piano, quatto quatto, cheto cheto, tacitamente, zitto zitto, mutamente.

contr. rumorosamente, loquacemente.

silenzióso, *agg.* cheto, chiotto, zitto, silente, muto, quatto, quieto, tranquillo, tacito, taciturno.

contr. rumoroso, loquace.

sílfide, *sm.* → FOLLETTO || *fig.* donna bella, graziosa, sottile, flessuosa, snella, vaporosa.

contr. strega, megera, donnone, matrona.

sílfo, *sm.* elfo, aierino, → FOLLETTO.

silhouette, *sf. fr.* → PROFILO, SAGOMA || FIGURA, LINEA.

sílice, *sf.* selce.

síllaba, *sf.*

nomencl. (*denominazioni*) aspirata, breve, lunga, comune, atona, tonica || (*derivati*) monosillabo, bisillabo, trisillabo, polisillabo, dittongo, trittongo || (*inerenti*) crasi, diastole, dieresi, sineresi, rima, segnacaso, lunghezza, prefisso, suffisso || sillabazione, sillabico, sillabario || *verb.* sillabare.

sillabàre, *v.tr.* e *intr.* compitare, scandire, rilevare.

contr. parlare in fretta, masticare le parole, mangiare le parole.

sillabàrio, *sm.* abbecedario, abbiccí.

síllabo, *sm.* indice, elenco, raccolta di proposizioni, → REGISTRO.

sílloge, *sf.* raccolta, florilegio, antología.

sillogísmo, *sm.* argomentazione, deduzione, induzione, argomento, ragionamento, dilemma, entimema, epicherema, sorite.

nomencl. (*elementi*) antecedente o premessa (maggiore, minore), protasi, conseguenza, illazione o conclusione, medio termine || sillogistica || *agg.* acuto, arguto, chiaro, semplice, cavilloso, perfetto, evidente, zoppicante || *verb.* sillogizzare, dedurre, indurre.

sillogizzàre, *v.intr.* → RAGIONARE, PENSARE.

silografía, *sf.* xilografia, incisione in legno.

silògrafo, *sm.* xilografo, → INCISORE.

siluràre, *v.tr.* colpire, danneggiare, affondare || *fig.* rovinare, → ALLONTANARE.

siluripèdio, *sm.* balipedio.

silúro, *sm.* silurotto.

nomencl. divergente, semovente || (*elementi e parti*) acciarino, capsula, testa, camera d'aria, camera ad acqua, serbatoio, servomotore, trasmissioni di movimento, valvola di affondamento, macchina motrice, poppa, scompartimento stagno, ripostiglio degli ingranaggi, armatura, elica, timone, esplosivo, detonatore, giroscopio || silurante, aerosilurante.

siluròtto, *sm.* → SILURO.

silvàno, *agg. lett.* silvicola, silvestre, silvereccio, → BOSCHERECCIO || *sm.* → FAUNO.

silveréccio, *agg.* → BOSCHERECCIO.

silvèstre, *agg.* → BOSCHERECCIO.

silvóso, *agg.* selvoso, → BOSCHERECCIO.

simboleggiàre, *v.tr.* raffigurare, affigurare, allegorizzare, configurare, figurare, metaforeggiare, metaforiz-

zare, rappresentare, significare, fingere, personificare, alludere.
simbòlico, *agg.* emblematico, figurativo, allegorico, metaforico, rappresentativo, significativo, mistico, misterioso.
contr. reale, letterale.

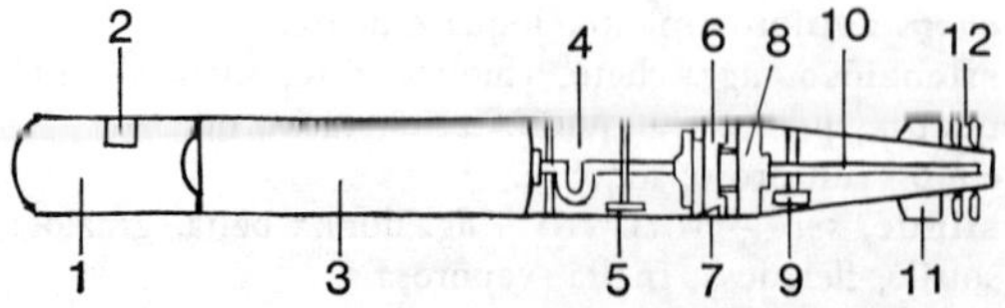

SILURO – 1) esplosivo; 2) detonatore; 3) camera d'aria; 4) camera ad acqua; 5) peso pendulo; 6) generatore; 7) serbatoio carburante; 8) motore; 9) giroscopio; 10) albero di trasmissione; 11) timone verticale; 12) eliche.

símbolo, *sm.* emblema, segno, segnacolo, figura, figura simbolica, allegoria, prefigurazione, immagine, attributo, enimma, formula, rappresentanza, tipo, personificazione || segno convenzionale.
nomencl. (*esempi*) monogramma, scettro, bastone, lupo, agnello, cane, spada, corona, giglio, bandiera.
contr. realtà.
simigliàre e deriv. → SOMIGLIARE e deriv.
similàre, *agg.* → SIMILE.
similarità, *sf.* → SOMIGLIANZA.
símile, *agg.* consimile, affine, analogo, omogeneo, congenere, conforme, corrispondente, congruente, consono, concorde, unanime, confacente, consimigliante, assomigliante, simigliante, similare, somigliante, equivalente, eguale, equabile, uguale, comparabile, paragonabile, parente, compagno, vicino, uniforme, identico, preciso, stesso, tale, tale e quale, altrettale, cosiffatto, pari.
nomencl. facsimile, copia, sosia, gemello || *verb.* assomigliare, essere simile, uguale, arieggiare a, uguagliare, uniformare.
contr. dissimile, diverso, differente, contrario, difforme, opposto.
similitúdine, *sf.* paragone, comparazione, parallelo, immagine, analogia, metafora, allegoria || somiglianza, conformità, simiglianza, similarità, rassomiglianza, equivalenza, affinità, consonanza.
contr. dissimilitudine, dissomiglianza, diversità, differenza, difformità, opposizione.
similòro, *sm.* oro falso, orpello.
contr. oro di zecchino, oro di coppella.
simmetría, *sf.* corrispondenza, rispondenza, riscontro, equilibrio, proporzione, parallelismo.
nomencl. *verb.* accompagnare, corrispondere, far riscontro, simmetrizzare.
contr. asimmetria, sproporzione, squilibrio.
simmètrico, *agg.* corrispondente.
contr. asimmetrico.
símo, *agg.* camuso || (di naso) schiacciato, rincagnato.
contr. nasuto || lungo, adunco, aquilino.
simonía, *sf.* baratteria, lucro o traffico di cose sacre.
nomencl. simoniaco || *verb.* simonizzare, simoneggiare.

simpatía, *sf.* conformità (di sentimenti), coincidenza (di gusti) || affinità, attrattiva, attrazione, complementarità, sintonia, accordo, incontro, amicizia, affetto, amore, bontà, compassione, propensione, consenso, inclinazione, gusto, somiglianza, favore, unanimità.
nomencl. *verb.* sentire, provare, ispirare, destare, avere || simpatizzare, confarsi.
contr. antipatia, allergia, urto, incomprensione, difformità, contrasto, indifferenza, ostilità, avversione, ripugnanza, incompatibilità.
simpàtico, *agg.* affettuoso, tenero, appassionato, sentimentale, gentile, delicato, patetico, attraente, piacevole, piacente, espansivo, amabile, affabile, allettevole, benigno, lusinghevole.
contr. antipatico, indifferente, urtante, ripugnante, contrastante, repellente, nauseabondo.
simpatizzànte, *ppr.* di simpatizzare || *agg.* e *sm.* e *f.* amatore, amico, fautore, favorevole, propenso, sostenitore.
contr. nemico, avversario.
simpatizzàre, *v.intr.* incontrarsi, attrarsi, somigliarsi, essere conformi, → PIACERE.
simpòsio, *sm.* adunanza (per bere insieme), bevuta (insieme), → BANCHETTO || *fig. neol.* congresso, convegno, discussione, incontro, tavola rotonda, seminario.
simulàcro, *sm.* statua, pittura, → EFFIGIE, IMMAGINE || IDOLO || IMITAZIONE || apparenza, ombra, finzione, spettro, → FANTASMA.
simulàre, *v.tr.* e *intr.* ingannare, → FINGERE, FALSARE, MOSTRARE || recitare, rappresentare, → IMITARE.
simulàto, *pps.* di simulare || *agg.* mentito, coperto, insincero, dubbio, → FALSO, FINTO.
contr. vero, franco, sincero, autentico, genuino.
simulatóre, *agg.* e *sm.* impostore, falso, doppio, mentitore, nasconditore, bugiardo, ingannatore, || recitatore, imitatore.
contr. veritiero, genuino, sincero, verace.
simulazióne, *sf.* finzione, recitazione, falsificazione, menzogna, dissimulazione, infingimento, finta, impostura, mostra, bugia.
contr. verità, veracità, sincerità, schiettezza, genuinità.
simultaneità, *sf.* coincidenza, contemporaneità, sincronismo, coesistenza, concomitanza, concorso.
nomencl. singenesi.
contr. diversità di tempo, anteriorità, precedenza, successione.
simultàneo, *agg.* contemporaneo, coesistente, coincidente, concomitante, consussistente, sincrono, comitante.
contr. anteriore, precedente, successivo, susseguente, conseguente.
simún, *sm.* ghibli, scirocco.
sinalèfe, *sf.* → SINERESI.
sinceràre, *v.tr.* e *rifl.* persuadere, convincere, chiarire, accertare, assicurarsi, certificare, disingannare.
contr. mentire, ingannare, illudere.
sincerità, *sf.* franchezza, naturalezza, lealtà, candore, candidezza, ingenuità, semplicità, purezza, spontaneità, cordialità, liberalità, veracità, fiducia, fedeltà, abbandono, effusione, espansione || genuinità, autenticità, schiettezza.

contr. insincerità falsità, doppiezza, ambiguità, finzione, simulazione, ipocrisia, inganno, artificio.
sincèro, *agg.* schietto, verace, fidente, franco, leale, aperto, espansivo, abbandonato, candido, ingenuo, liberale || spontaneo, sentito, istintivo, non simulato || puro, genuino, naturale, pretto, mero, non alterato.
contr. insincero, finto, falso, falsificato, annacquato, doppio, bugiardo, menzognero, mendace, simulatore, ipocrita || alterato, impuro.
sincípite, *sm.* bregma.
contr. occipite.
síncope, *sf.* svenimento, deliquio, mancamento, paralisi cardiaca, lipotimia.
nomencl. *verb.* sincopare || aferesi, apocope.
sincronísmo, *sm.* simultaneità, coincidenza, contemporaneità, coesistenza, concomitanza, concorso.
contr. diacronia, diversità di tempo, successione, precedenza.
síncrono, *agg.* coetaneo, contemporaneo, coesistente, coincidente, concomitante, comitante, simultaneo, consussistente.
contr. diacronico, antecedente, precedente, successivo, susseguente.
sindacàbile, *agg.* controllabile, censurabile, criticabile, riprensibile, biasimabile.
contr. insindacabile, incontrollabile, intoccabile, incensurabile.
sindacàre, *v.tr.* controllare, pesare, sorvegliare, vigilare, rivedere i conti || *fig.* criticare, vituperare, riprendere, biasimare, indagare con severità, rimproverare, censurare.
contr. approvare, ammettere, accettare, essere solidale, lodare, elogiare.
sindacàto, *pps.* di sindacare || *sm.* lega, → AUTORITÀ, ASSOCIAZIONE.
síndaco, *sm.* riscontratore, verificatore, revisore, curatore, mandatario (degli interessi) || amministratore del comune, primo cittadino, podestà.
sindèresi o **sintèresi,** *sf.* coscienza, illuminazione interiore, esame, rimordimento di coscienza || senno.
síndrome, *sf.* complesso dei sintomi, sintomatologia.
sinecúra, *sf.* canonicato, pacchia, beneficio, impiego.
sinèddoche, *sf.* → METONIMIA.
sinèdrio, *sm.* assemblea || *iron.* conciliabolo, consesso, congresso.
sinèresi, *sf.* contrazione, sinalefe, episinalefe, sinizesi.
contr. dieresi.
sinfonía, *sf.* concerto.
singhiozzàre, *v.intr.* singultire, → PIANGERE.
singhiózzo, *sm.* singulto, → PIANTO.
singolàre, *agg.* unico, singolo, distinto, proprio, solo, individuale, irrepetibile || strano, eccentrico, originale, bizzarro, bislacco || egregio, eroico, eccellente, eccezionale, impareggiabile, raro, nuovo, straordinario, incomparabile, speciale, prestante.
nomencl. *verb.* singolareggiare, singolarizzare.
contr. plurale, frequente || diffuso, comune, normale, uniforme.
singolarità, *sf.* unicità, particolarità || bandita, caratteristica, eccellenza, esclusiva, monopolio, prerogativa, proprietà, rarità, prestanza, eccezionalità, irrepetibilità || stranezza, originalità, bizzarria, curiosità.
contr. uniformità, conformità, molteplicità, pluralità || normalità, diffusione.
singolarizzàre, *v.tr.* → DISTINGUERE.
singolarménte, *avv.* → ECCELLENTEMENTE.
síngolo, *agg.* isolato, separato, → PARTICOLARE, UNICO || *sm.* individuo.
contr. comune, diffuso.
singultíre, *v.intr.* singhiozzare, → PIANGERE.
singúlto, *sm.* singhiozzo, → PIANTO.
siníbbio, *sm.* → NEVE.
siniscàlco, *sm.* → SCALCO || MAGGIORDOMO.
sinístra, *sf.* mano sinistra, mano manca, mancina.
nomencl. partiti di sinistra, sinistreggiante || *verb.* sinistrare (*ant.*).
contr. destra, dritta.
sinistràto, *agg.* e *sm.* → DANNEGGIATO.
sinístro, *agg.* mancino, manco || *fig.* dannoso, malvagio, maligno, tristo, bieco, cattivo, assurdo || infausto, nefasto, fatale, funesto, malaugurato || *sm.* disastro, disgrazia, infortunio, sfortuna, scontro, sciagura, accidente, incidente.
contr. destro, dritto || ridente, ameno, piacevole, piacente || fortuna, caso fortunato.
sinistròrso, *agg.*
nomencl. ambidestro.
contr. destrorso.
sinizèsi, *sf.* → SINERESI.
sínodo, *sm.* concilio, adunanza, convegno, riunione di sacerdoti.
sinònimo, *agg.* e *sm.* simile, affine, corrispondente, variante, sfumato, → EQUIVALENTE.
contr. differente, opposto, contrario, || antonimo.
sinòssi, *sf.* prospetto, → RIEPILOGO, SINTESI.
sintàssi, *sf.* coordinazione, ordinamento, → GRAMMATICA.
síntesi, *sf.* unificazione, composizione, ricomposizione || ricapitolazione, recapitolazione, riepilogo, epilogo, riassunto, ristretto, compendio, ripetizione, estratto, sinossi, sommario, epitome, sunto, breviario.
contr. analisi; prolissità.
sintètico, *agg.* unificato, ridotto, ristretto, sentenzioso, conciso, concettoso, compendioso, aforistico, succinto, riassuntivo, breve.
contr. analitico; diffuso, prolisso.
sintetizzàre, *v.tr.* riepilogare, epilogare, riassumere, recapitolare, compendiare, raccogliere, ridurre, restringere, stringere, toccare i sommi capi, condensare || unificare.
contr. analizzare, specificare, rendere particolare.
síntomo, *sm.* indizio, segno, prodromo, indice, indicazione, pronostico, fenomeno || sindrome.
contr. conseguenza, strascico, postumo.
sintonía, *sf.* simultaneità, contemporaneità.
sinuosità, *sf.* serpeggiamento, tortuosità, meandro, anfrattuosità, girivolta, cavità, curvità, piegatura || insenatura.
sinuóso, *agg.* piegato, torto, curvo, ricurvo, serpeggiante, flessuoso, meandrico, tortile, tortuoso, anfrattuoso, zigzagante, a zig-zag, rientrante, concavo, in-

cavato, incurvato in dentro, frastagliato, obliquo.
contr. diritto, dritto, angoloso.
sionísta, *sm.* → EBREO.
síre, *sm.* signore, sovrano, → RE.
sirèna, *sf.* → FISCHIO || *fig.* donna allettatrice, ammaliatrice, incantatrice, lusingatrice, circe, maliarda, strega.
contr. megera, arpia.
siringa, *sf.* fistola, → CATETERE || FLAUTO.
siringatúra, *sf.* → SONDAGGIO.
siròcchia, *sf. ant.* → SORELLA.
siròppo, *sm.* → SCIROPPO.
sírte, *sf.* → SICCITÀ || DUNA.
sissitúra, *sf.* → SESSITURA.
sistèma, *sf.* complesso, compagine, contesto, metodo, procedimento, modo, regola, ordine, ordinamento, coordinamento, accordo || unione di parti, organismo || → OPINIONE.
nomencl. (*anatomico*) osseo, circolatorio, cutaneo, muscolare, nervoso, → ANATOMIA || (*sociale*) capitalistico, liberale, socialista, comunista, occidentale.
sistemàre, *v.tr.* regolare, accomodare, dar regola, correggere, modulare, frenare, guidare, moderare, misurare, temperare, collegare, accordare, dare coerenza, far cospirare (a un fine solo), → ORDINARE || *rifl.* mettersi a posto, collocarsi.
contr. disordinare, mettere sossopra, far confusione, sconvolgere, capovolgere, rivoluzionare, scoordinare, rendere incoerente.
sistemàtico, *agg.* coerente, previsto, tenuto insieme, compaginato, continuo, → METODICO, ORDINATO.
contr. asistematico, incoerente, disordinato, anarchico, improvvisato, geniale, saltuario.
sistemàto, *pps.* di sistemare || *agg.* → ORDINATO.
sistemazióne, *sf.* → ORDINE.
sístole, *sf.*
contr. diastole.
sitàre, *v.intr.* → ODORARE.
sitibóndo, *agg.* → ASSETATO || *fig.* voglioso, avido, smanioso, frenetico, cupido.
síto, *agg.* posto, situato, messo, collocato || *sm.* → LUOGO, PAESE || giacitura, situazione, → POSIZIONE || puzzo, → ODORE.
situàre, *v.tr.* mettere, porre, collocare, posare, allogare, localizzare, esser posto, far giacere.
contr. levare, mutare, cambiare di posto, togliere da un luogo.
situàto, *pps.* di situare || *agg.* sito, posto, messo, collocato, giacente.
situazióne, *sf.* stato, condizione || → POSIZIONE.
sízza, *sf.* → FREDDO.
slabbràre, *v.tr.* sbreccare, sbocconcellare.
slabbràto, *pps.* di slabbrare || *agg.* sbreccato, sbocconcellato.
slacciàre, *v.tr.* e *rifl.* dislacciare, slegare, → SCIOGLIERE, LIBERARE.
contr. allacciare, affibbiare, infilare, legare, annodare.
sladinàre, *v.tr.* rodare (*fis.*), assestare.
slamàre, *v.intr.* → FRANARE.
slanciàre, *v.tr.* → GETTARE || *rifl.* scagliarsi, avventarsi, cacciarsi, gettarsi, scatenarsi, buttarsi || → SALTARE.
contr. ritirarsi, rientrare, frenarsi, fermarsi, arrestarsi.
slanciàto, *pps.* di slanciare || *agg.* scagliato, gettato, buttato || alto, snello, svelto, flessuoso, elegante, agile, sdutto.
contr. trattenuto, frenato, rientrato, respinto || atticciato, tozzo, pesante, tarchiato, corpulento, massiccio.
slàncio, *sm.* lancio, salto, scatto, mossa || impeto, foga, ardore, brio, veemenza, vivacità, impulso, passione, vivezza, interesse, furore, concitazione, foga, scoppio, émpito.
contr. immobilità, pigrizia, inerzia, indolenza, apatia, indifferenza, calcolo, frigidezza.
slargàre, *v.tr.* → ALLARGARE, DILATARE.
slargàto, *pps.* di slargare || *agg.* → DILATATO.
slatinàre, *v.intr.* latineggiare, slatinizzare, slatineggiare.
slatineggiàre, *v.intr.* → SLATINARE.
slatinizzàre, *v.intr.* → SLATINARE.
slattaménto, *sm.* divezzamento, svezzamento.
contr. allattamento.
slattàre, *v.tr.* divezzare, svezzare, spoppare.
contr. allattare.
slavàto, *agg.* → PALLIDO, BIONDO || DEBOLE.
sleàle, *agg.* perfido, infido, infedele, traditore, fellone, maligno, malvagio, tristo, fedifrago, disleale, fraudolento, doppio, misleale, perfido, spia.
contr. leale, onesto, semplice, fidato, irreprensibile, verace, fedele.
slealtà, *sf.* infedeltà, malafede, corta fede, dislealtà, mislealtà, frode, falsità, tradimento, maschera, perfidia, doppiezza, disonestà, fellonia.
contr. lealtà, buona fede, fedeltà, semplicità.
slegàre, *v.tr.* scappiare, snodare, scollegare, separare, svincolare, slacciare, disgiungere, disunire, → SCIOGLIERE.
contr. legare, avvincere, annodare, allacciare.
slegàto, *pps.* di slegare || *agg.* → SCIOLTO.
slentàre, *v.tr.* → ALLENTARE.
slítta, *sf.* traino, treggia, treggione, *troika* → CARRO, CARROZZA.
slittaménto, *sm.* scivolata, sbandamento, scivolone, sdrucciolone, caduta.
slittàre, *v.intr.* → SCIVOLARE.
slogàre, *v.tr.* spostare, dislocare || *rifl.* → LUSSARE.
slogatúra, *sf.* lussazione.
sloggiàre, *v.tr.* cacciare, scacciare, mandar via, diloggiare, sfrattare, far sgombrare, scasare, espellere, fugare || *intr.* cambiar casa, traslocare, sgombrare, fare trasloco, andar via, partire, abbandonare, andarsene.
contr. alloggiare, dare alloggio || occupare, insediarsi.
slombàre, *v.tr.* e *rifl.* → DILOMBARE || infiacchire, → INDEBOLIRE, FATICARE.
slombàto, *pps.* di slombare || *agg.* snervato, infiacchito, smidollato, molle, → DILOMBATO, DEBOLE.
slungàre, *v.tr.* → ALLUNGARE.
smaccàre, *v.tr.* svergognare, → SMASCHERARE.
smaccàto, *pps.* di smaccare || *agg. fig.* esagerato, stucchevole, → SDOLCINATO, DOLCE.
smacchiàre, *v.tr.* digrassare, sgrassare, → LAVARE, PULIRE.
contr. macchiare, imbrattare.
smàcco, *sm.* → OFFESA, DISONORE || SCONFITTA.
smagàre, *v.tr.* dismagare, smarrire, disperdere || sopraffare || separarsi, allontanarsi.

smagliànte, *ppr.* di smagliare¹ || *agg.* splendida, quasi abbagliante, → LUCENTE, SPLENDENTE.
smagliàre¹, *v.intr.* brillare, sfavillare, → SPLENDERE.
smagliàre², *v.tr.* e *rifl.* sfasciare, disfare le maglie, → ROMPERE.
contr. ammagliare.
smagràre, *v.intr.* e *rifl.* → DIMAGRIRE.
smagríre, *v.intr.* e *rifl.* → DIMAGRIRE.
smaliziàre, *v.tr.* e *rifl.* ammaliziare, infurbire, scaltrire || diventar smaliziato, scaltrirsi, diventare esperto, abile, scaltro.
contr. ingannare, illudere, raggirare.
smaltàre, *v.tr.* incrostare, ornare, decorare, → COPRIRE.
smaltíre, *v.tr.* digerire (tutto) || *fig.* inghiottire, sopportare, tollerare || spacciare, esitare, vendere, liquidare, disfarsi (di merci, ecc.).
smaltitóio, *sm.* → FOGNA, CHIAVICA.
smammolàre, *v.rifl.* ridere di gusto, smammarsi, dilettarsi, godere di una cosa.
smanacciàre, *v.intr.* → GESTIRE.
smancería, *sf.* → LEZIO, AFFETTAZIONE, MANIERISMO.
smanceróso, *agg.* sdolcinato, affettato, lezioso, languido, svenevole, smorfioso, manierato, ammanierato, sdilinquito || → ARCADE.
contr. rude, rozzo, villano, sgarbato, austero, energico.
smangiàre, *v.tr.* → RODERE.
smangiàto, *pps.* di smangiare || *agg.* → LOGORO.
smània, *sf.* viva agitazione (d'animo o di corpo) || *fig.* impazienza, desiderio, brama, bramosia, cupidità, insoddisfazione, frenesia || irrequietudine, inquietudine, affanno, ansia, assillo, concitazione, febbre, fermento, furia, furore, escandescenza, pazzia, rabbia, orgasmo, rimescolio, struggimento.
nomencl. *verb.* smaniare, dare, scoppiare, fare, andare.
contr. calma, tranquillità, equilibrio, soddisfazione, pazienza, apatia, indifferenza, svogliatezza.
smaniàre, *v.intr.* andare in, fare smanie; agitarsi, struggersi, arrovellarsi, affannarsi, delirare, essere assillato || → DESIDERARE.
contr. essere calmo, equilibrato, soddisfatto, tranquillo; pazientare, tollerare.
smaníglio, *sm.* → BRACCIALETTO.
smanióso, *agg.* → DESIDEROSO || smaniante, agitato, impaziente, irrequieto, inquieto, convulso, frenetico, instabile, furente, infuriato.
contr. calmo, tranquillo, equilibrato, paziente, tollerante.
smantellaménto, *sm.* → DISTRUZIONE.
smantellàre, *v.tr.* → DISTRUGGERE.
contr. fortificare, bastionare, murare.
smargiassàta, *sf.* gradassata, bravata, sbravazzata, bravazzata, millanteria, spacconata, rodomontata, fanfaronata, vanteria, guasconata, tarasconata, boria, vanagloria.
smargiàsso, *sm.* gradasso, rodomonte, spaccone, fanfarone, bravaccio, guappo, spavaldo, millantatore, guascone, *miles gloriosus*, borioso, vanaglorioso, vantone.
contr. modesto, umile, dimesso, semplice.
smarriménto, *sm.* perdita, dimenticanza || *fig.* paura, spavento, avvilimento, ansia, sbigottimento, turbamento, perturbamento, sconcerto, confusione, sconvolgimento || distrazione, obnubilazione, mancamento, lieve svenimento, pazzia, deliquio, malessere.
smarríre, *v.tr.* perdere, non trovare, dismarrire, sperdere || *rifl.* sbagliare strada, sperdersi, allontanarsi, sviarsi || *fig.* turbarsi, intimidirsi, disanimarsi, sbigottirsi, perdersi d'animo, confondersi, sbagliarsi, avvilirsi, sconcertarsi.
contr. trovare, ritrovare, rinvenire || riaversi, rinfrancarsi, rimettersi, risollevarsi, confortarsi.
smarríto, *pps.* di smarrire || *agg.* perduto, perso, sperso, sperduto, disperso, errante || *fig.* sconvolto, confuso, sbigottito, istupidito, spaventato, timoroso, smagato, spaurito, spaesato, sconcertato, avvilito, depresso.
contr. trovato, ritrovato, rinvenuto || baldanzoso, spavaldo, gagliardo.
smartellàre, *v.intr.* → CANTARE.
smascellàre, *v.tr.* sganasciare, → PERCUOTERE || *rifl.* slogarsi le mascelle || *fig.* ridere smodatamente.
smascheràre, *v.tr.* togliere la maschera || *fig.* sfatare, screditare, demolire, smaccare, denudare, rivelare, esautorare, sbugiardare, smentire, scoprire gli altarini, palesare, svelare, mettere in piazza, manifestare i segreti, snidare, stanare, svergognare || *rifl.* togliersi la maschera (anche *fig.*), farsi conoscere, farsi vedere, mettersi in pubblico, scoprirsi, tradirsi, manifestarsi, mostrarsi, palesarsi.
contr. mascherare, mettere la maschera, nascondere, coprire, velare, celare, dissimulare || rintanarsi, stare nascosto, stare abbottonato, tacere.
smascolinàto, *agg.* smaschinizzato, femmineo, effeminato, infemminito, scoglionato, castrato.
contr. mascolinizzato, virile.
smelensíto, *agg.* istupidito, incretinito, cretino.
contr. intelligente, saggio, sveglio, avveduto.
smembràre, *v.tr.* scomporre, disgregare, dimembrare, dividere, fare a pezzi, sbranare, lacerare, squartare, dilacerare, stracciare, strappare, sminuzzare, rompere, spartire, scempiare, tritare, mandare in minuzzoli.
contr. ricomporre, rimettere insieme, ricongiungere, unire, riunire, ricostruire.
smemoràggine, *sf.* → SMEMORATAGGINE.
smemoratàggine, *sf.* smemoraggine, smemoratezza || storditaggine, balordaggine, dimenticanza, distrazione, sventatezza, insensatezza.
contr. memoria, ritentiva, ricordo, presenza di spirito.
smemoratézza, *sf.* → SMEMORATAGGINE.
smemoràto, *pps.* di smemorare || *agg.* e *sm.* smemoriato, dimenticone, dimentico, scarso o privo di memoria, oblioso, distratto, immemore, sbadato, insensato, stordito, ebete, sventato.
contr. memore, memorioso, ricordevole, pronto.
smencíre, *v.tr.* e *intr.* ammencire, afflosciare.
smentíre, *v.tr.* smascherare, sbugiardare, disdire, svelare, sfatare, demolire, smaccare, sconfessare, rinnegare, ripudiare, negare, ritrattare, contraddire || *rifl.* disdirsi, ritirarsi, contraddirsi, ricredersi.
contr. affermare, riaffermare, asserire, asseverare, confermare, riconfermare, approvare.
smentíta, *sf.* sconfessione, ritrattazione, palinodia, rettifica, correzione, revoca, negazione, disdetta, disapprovazione, ripudio, rifiuto, dimostrazione di falsità.

contr. conferma, riconferma, asserzione, asseveranza, approvazione.

smeràldo, *sm.*

nomencl. brasiliano, orientale, di rame || (*varietà*) corindone, berillo, diottasio, glucinio.

smerciàre, *v.tr.* → VENDERE, COMMERCIARE.

smèrcio, *sm.* → VENDITA, NEGOZIO.

smèrgo, *sm.* → CORMORANO.

smerigliàre, *v.tr.* smerare (*ant.*), lustrare, polire.

smeríglio, *sm* pietra dura, corindone || smerlo, → FALCO.

smerlàre, *v.tr.* smerlettare.

nomencl. smerlo.

smerlettàre, *v.tr.* smerlare.

smèrlo, *sm.* → RICAMO.

sméssο, *pps.* di smettere || *agg.* dismesso, disusato, caduto, lasciato cadere, antiquato, lasciato da parte, messo fuori uso || interrotto, intermesso.

contr. in uso, usato, continuato, proseguito, adoperato, nuovo.

sméttere, *v.tr.* dismettere, lasciare, posare, cessare, tralasciare, finire, terminare, interrompere || astenersi, desistere, piantarla || disusare, mettere in disuso, lasciare da parte || omettere.

contr. continuare, proseguire, cominciare, iniziare, porre, o mantenere o riporre in uso.

smezzaménto, *sm.* dimezzamento.

contr. raddoppio, riunione.

smezzàre, *v.tr.* dimezzare, dividere, fare metà (di una cosa semplice) || ammezzare, tagliare, spartire, troncare, interrompere.

contr. addoppiare, raddoppiare || riunire.

smidollàre, *v.tr.* togliere il midollo || *fig.* indebolire, esaurire, svigorire, infiacchire, snervare || *rifl.* estenuarsi, infiacchirsi, indebolirsi, svigorirsi.

contr. rinforzare, invigorire || rinvigorirsi.

smilitarizzàre, *v.tr.* smantellare, distruggere (opere militari), evacuare, smobilitare, congedare.

contr. militarizzare, occupare, fortificare, presidiare, richiamare classi, mobilitare.

smilitarizzazióne, *sf.* smobilitazione, smantellamento, evacuazione.

contr. militarizzazione.

smílzo, *agg.* → MAGRO, GRACILE, SNELLO.

sminchionàre, *v.intr.* → SCHERZARE.

sminchioníre, *v.intr.* scaltrirsi.

sminuíre, *v.tr.* impicciolire, diminuire, deprezzare, abbassare.

contr. ingrandire, aumentare, millantare, esaltare, vantare, amplificare.

sminuzzaménto, *sm.* sbriciolamento, tritamento || → SBRANAMENTO.

sminuzzàre, *v.tr.* sbriciolare, sbriciare, sbocconcellare, frantumare, tritare, triturare, grattugiare || sfracellare, stritolare, disfare, frangere, frazionare, infrangere, maciullare, sbranare, pestare, fracassare, sconquassare, sfracassare, sgretolare, smozzicare, spezzare, spiaccicare, schiantare squarciare, squartare, strizzare, rompere, tagliuzzare || mandare, ridurre in pezzi o in frantumi.

contr. ricomporre, riunire, ricostituire, aggiustare, rimettere insieme.

smiracolàto, *pps.* di smiracolare || *agg.* attonito, meravigliato, trasecolato, stupefatto.

contr. impassibile, indifferente.

smisurataménte, *avv.* → ECCESSIVAMENTE.

smisuràto, *agg.* senza misura, fuor di misura, sterminato, sconfinato, illimite, illimitato, immenso, immensurabile, incommensurabile, innumerabile, interminabile, infinito, gigantesco, sbardellato, eccedente, eccessivo, enorme, straordinario, esorbitante, soverchio, strabocchevole, straripante. sproporzionato || smodato, smoderato.

contr. piccolo, minimo, minuscolo, esiguo, limitato.

smobiliàre, *v.tr.*

contr. ammobiliare.

smobiliàto, *pps.* di smobiliare || *agg.* → VUOTO.

contr. ammobiliato.

smobilitàre, *v.tr.* congedare || smilitarizzare.

contr. mobilitare, richiamare classi, chiamare alle armi.

smobilitazióne, *sf.* congedo, mettere in riserva || smilitarizzazione.

contr. mobilitazione, chiamata alle armi.

smoccolàre, *v.tr.* levare la moccolaia, il fungo, scarbonchiare || *fig.* → BESTEMMIARE.

smodàre, *v.intr.* → SMODERARE.

smodàto, *pps.* di smodare || *agg.* smoderato, trasmodato, sbardellato, smisurato, eccessivo, enorme, straordinario, esorbitante, soverchio, strabocchevole, incontrollato, sfrenato, esagerato || sgarbato, inurbano, rozzo, ruvido, rude, rustico, zotico, villanto, tarpano, scortese, sguaiato, goffo, incomposto, licenzioso, libertino, scomposto, senza riguardo, maleducato.

contr. moderato, temperante, temperato, limitato, esiguo, modesto, composto, educato, garbato, conciliante, perbene, compiacente.

smoderàre, *v.intr.* smodare, eccedere, trasmodare, uscir dalla misura, esagerare.

contr. stare nei limiti, moderarsi, contenersi, rattenersi, raffrenarsi.

smoderataménte, *avv.* fuori di misura, oltremodo, senza discrezione, sfrenatamente, intemperantemente, immoderatamente, eccessivamente, smisuratamente, spropositatamente, in modo esorbitante, strabocchevole, esageratamente.

contr. modestamente, moderatamente, compostamente, temperatamente, limitatamente.

smoderatézza, *sf.* immoderatezza, eccesso, esagerazione, intemperanza, incontinenza, immodestia, smodamento, sconvenevolezza, indiscretezza, sfrenatezza, sguaiataggine, incompostezza, scompostezza, mancanza di riguardo, malgarbo, maleducazione.

contr. moderazione„ discrezione, freno, controllo, ritegno, temperanza, educazione.

smoderàto, *pps.* di smoderare || *agg.* immoderato, sregolato, immodesto, incontinente, intemperante, libertino, sfrenato, incontrollato, → SMODATO.

contr. moderato, temperante, modesto, limitato, misurato.

smoking, *sost. ingl.* → GIACCA.

smontàre, *v.intr.* → SCENDERE || perdere vivezza, →

SBIADIRE || *tr.* → SCOMPORRE || DISTRUGGERE || *fig.* deprimere, scoraggiare, far perdere la foga o l'entusiasmo || *rifl.* deprimersi, scoraggiarsi, perdere l'ardore, afflosciarsi, sgonfiarsi, cadere, precipitare.

contr. montare, salire, rimontare, ascendere, elevarsi, innalzarsi, sollevarsi || colorire, arrubinare, avvampare, accendersi, entusiasmarsi, esaltarsi, accalorarsi.

smontàto, *pps.* di smontare || *agg.* → SCOLORITO || deluso, scoraggiato, depresso, rientrato, scaduto.

smorbàre, *v.tr.* purgare, disinfettare, risanare, purificare (anche *fig.*).

contr. ammorbare, inquinare, infettare.

smorchiàre, *v.intr.* → FRANARE.

smòrfia, *sf.* boccaccia, ghigno, lazzo, visaccio, attuccio, carezza leziosa, complimento lezioso, daddolo, fichino, gestro, ghignata, mascheraccia, moina, lezio, sceda, scasimo, smusata, scontorcimento della bocca, scorcio di bocca, rictus, sberleffo || affettazione, cerimonia, scherno, sdilinquimento, atto svenevole, smanceria.

nomencl. *verb.* bertucciare, fare atti sconci colla bocca, fare ceffi, fare le boccacce, scontorcere il viso, torcere il muso.

smorfiosità, *sf.* → AFFETTAZIONE.

smorfióso, *agg.* lezioso, svenevole, sdolcinato, affettato, schifiltoso, daddoloso, gestroso, moinardo, daddolone, ghiribizzoso, smanceroso, permaloso, suscettibile.

contr. rude, sincero, austero, aspro, violento, rozzo.

smoríre, *v.tr.* divenire smorto, → SMORZARE.

smortézza, *sf.* → PALLORE.

smortíccio, *agg.* → PALLIDO.

smòrto, *agg.* scolorito, sbiadito, impallidito, pallido, più che pallido, schiarito, smontato, scialbo, sbiavato, stinto, squallido, appassito, sparuto, spento || → DEBOLE.

contr. colorito, acceso, rubicondo, rubizzo, rosso in volto, di colore vivace.

smorzaménto, *sm.* repressione, attutimento, attutamento, soffocamento, soppressione, costrizione, compressione, estinzione.

contr. accensione, rinforzamento, ravvivamento, accrescimento.

smorzàre, *v.tr.* ammorzare, velare, spegnere, estinguere, temperare, attenuare, attutire, frenare, calmare, deprimere, reprimere, diminuire, digradare, smorire, attutare || *rifl.* impallidire, attenuarsi, attutirsi.

contr. accendere, rinforzare, rialzare, accrescere, ravvivare.

smorzàto, *pps.* di smorzare || *agg.* → DIMINUITO.

contr. acceso.

smòsso, *pps.* di smuovere || *agg.* mosso, rimosso, spostato, malfermo, instabile, vacillante, tentennante || *fig.* piegato, persuaso, indotto, attirato.

contr. fermo, saldo, solido, ben piantato, immobile || resistente, nolente, irrigidito, rigido, impalato.

smostacciàre, *v.tr.* → SCHIAFFEGGIARE, PERCUOTERE.

smottaménto, *sm.* → FRANA.

smottàre, *v.intr.* → FRANARE.

smozzicàre, *v.tr.* mozzare, smozzare, tagliare, troncare, levare, cincischiare, lacerare, sfracellare, frangere, frantumare, frazionare, stritolare, schiacciare, maciullare, mandare o ridurre in frantumi o in pezzi, sbriciolare, schiantare, sminuzzare, spezzare, spiaccicare, squarciare.

contr. ricomporre, riunire, aggiustare, ricostruire.

smúngere, *v.tr.* mungere || *fig.* sfruttare, profittare, scorticare, pelare, seccare, succiare, spolpare, strozzare, dissanguare, emungere, spremere, dissugare.

contr. alimentare, nutrire, rimpinzare.

smúnto, *pps.* di smungere || *agg.* scarno, emaciato, magro, esaurito, esausto, secco, disseccato, dissanguato, pallido, spolpato, svuotato, prosciugato, affilato, strutto.

contr. florido, grasso, pieno, turgido, paffuto, prosperoso, acceso, ravvivato, colorito, rubicondo, rubizzo.

smuòvere, *v.tr.* scalzare, demolire, scuotere, levare, rimuovere, spostare, muovere || *fig.* indurre, sommuovere, commuovere, persuadere, dissuadere, piegare, indurre, trascinare, distogliere, distornare, stornare || *rifl.* sciogliersi, piegarsi, muoversi, indursi || cedere, → LUSSARE.

contr. fermare, consolidare || restar fermo, irremovibile, non cedere, irrigidirsi, immobilizzarsi, resistere, reagire, opporsi.

smuràre, *v.tr.*

contr. murare.

smusàta, *sf.* → SMORFIA.

smussaménto, *sm.* smussatura, smusso.

smussàre, *v.tr.* ottundere, scantucciare, rendere ottuso, attondare, arrotondare, spuntare, limare, scapezzare, scapocchiare, slabbrare, spuntare || *fig.* rintuzzare, attenuare, affievolire, perdere asprezza, levigare, addolcire, attutire.

contr. appuntire, acuire, aumentare, accrescere || inasprire, inacerbire, irritare, accentuare, esasperare.

smussàto, *pps.* di smussare || *agg.* sbreccato, sbocconcellato || → OTTUSO || *fig.* attenuato, attutito, raddolcito, levigato.

contr. angoloso, appuntito, acuito, aguzzo, accuminato, irto, puntuto || inasprito, irritato, inacerbito.

smussatúra, *sf.* smussamento, smusso.

smússo, *pps.* di smussare || *sm.* smussamento, smussatura || punta smussata || → SCALPELLO.

snaturaménto, *sm.* → FALSIFICAZIONE.

snaturàre, *v.tr.* falsare, cambiare, alterare, svisare, travisare || mutare natura, peggiorare, andare contro natura, degenerare.

snaturàto, *pps.* di snaturare || *agg.* degradato, peggiorato, cambiato || crudele, inumano, barbaro, duro, malvagio, sadico, degenere, tarato.

contr. umano, buono, mite.

snebbiàre, *v.tr.* schiarire, illimpidire || *rifl.* schiarirsi, rasserenarsi || distendersi, rallegrarsi.

contr. annebbiare, offuscare || accigliarsi, aggrondarsi, ingrugnarsi || turbarsi, inquietarsi, incupirsi.

sneghittíre, *v.tr.* spoltrire, sveltire || *rifl.* spigrirsi, spoltrirsi.

contr. anneghittire, impigrirsi.

snellézza, *sf.* sottigliezza, finezza, slancio di forme; agilità, flessuosità, sveltezza, eleganza.

contr. goffaggine, grossezza, pesantezza, tozzezza, robustezza,

snèllo, *agg.* agile, sciolto, snodato, minutino, scarno,

flessibile, schietto, sdutto, slanciato, smilzo, sottile, svelto, flessuoso.
contr. tozzo, pesante, muscoloso, robusto, atticciato, massiccio, tarchiato, grosso, goffo.
snerbàre, *v.tr.* → SNERVARE.
snervànte, *ppr.* di snervare || *agg.* spossante, debilitante, sfibrante, estenuante, slombante, smidollante, svigorente, effeminante, deprimente, afflosciante.
contr. corroborante, rinforzante, eccitante, irrobustente, invigorente, rinvigorente.
snervàre, *v.tr.* snerbare, ammollire, allentare, indebolire, debellare, debilitare, dilombare, slombare, disnervare, sfibrare, straccare, rilassare, smidollare, svigorire, spossare, estenuare, effeminare, infiacchire, illanguidire, rammollire.
contr. rinvigorire, invigorire, eccitare, rinforzare, corroborare.
snervatézza, *sf.* fiacchezza, debolezza, sfinimento, sfinitezza, indebolimento, spossatezza, inanizione, stanchezza, effeminatezza, fiaccona, cascaggine, mollezza, effeminamento.
contr. vigore, energia, nerbo, nervo, impeto, solidità.
snervàto, *pps.* di snervare || *agg.* fiacco, fiaccato, infiacchito, debole, debilitato, affranto, dilombato, slombato, svigorito, smidollato, disciolto, lonzo, spossato. effeminato, allentato, affievolito, floscio, rammollito,
contr. rinvigorito, rinforzato, eccitato, forte, baldanzoso, vigoroso, maschio, nervoso, nerboruto, muscoloso, teso.
snidàre, *v.tr.* scovare, levar dal covo o dal nido, stanare, sbucare, fugare || *fig.* cavar fuori || *rifl.* → PARTIRE.
contr. annidare, rintanare, rintanarsi, nascondersi.
snob, *sost. ingl.* villan rifatto, rilevaticcio, falso gentiluomo, → BELLIMBUSTO.
nomencl. snobismo, snobistico || *verb.* snobbare.
snocciolàre, *v.tr.* cavare i noccioli || *fig.* dire, raccontare, parlare a distesa, in modo corrivo, spiattellare, spifferare, schiccherare || → PAGARE.
contr. tacere, far silenzio, mantenere un segreto.
snodàre, *v.tr.* scappire, sgroppare, sgruppare, slegare, liberare, svincolare, sbandare, disfare, → SCIOGLIERE.
contr. annodare, aggrovigliare, fare groppi.
snodàto, *pps.* di snodare || *agg. fig.* sciolto, agile, disimpacciato, flessibile, flessuoso, piegabile, pieghevole, slogato, disinvolto.
contr. annodato || interito, impacciato, rigido, irrigidito, intirizzito, duro, teso, contratto.
snodatúra, *sf.* → GIUNTURA.
snudàre, *v.tr.* denudare, nudare, ignudare, disabbigliare, scingere, dismantare, disvestire, svestire, spogliare || *fig.* sfoderare, sguainare (la spada).
contr. coprire, vestire || inguainare, ringuainare, rinfoderare, riporre nel fodero.
soàtto, *sm.* → STAFFILE.
soàve, *agg.* dolce, amabile, morvido, grato, gustoso, piacevole, amoroso, blando, gentile, leve, lusingante, immelato, melato, mellifluo, mite, molle, morbido, placido, benigno, grazioso, squisito, mansueto, tenero, caro, gradevole.
nomencl. *verb.* soavizzare, insoavire.
contr. aspro, amaro, agrodolce, stomachevole, rude, rozzo, immite, violento, grossolano, urticante, urtante, aggressivo.
soavità, *sf.* bontà, dolcezza, amabilità, mitezza, grazia, squisitezza, mansuetudine, benignità, placidezza, gustosità, gradevolezza, tenerezza.
contr. asprezza, rudezza, violenza, durezza, rozzezza, amarezza, grossolanità, aggressività.
sobbalzàre, *v.intr.* trasalire, riscuotersi, → SALTARE.
sobbàlzo, *sm.* trasalimento, tonfo, → SALTO.
sobbarcàre, *v.rifl.* assoggettarsi, sottoporsi, esporsi, sottomettersi; accettare, assumere, prendere un carico o una fatica.
contr. rifiutarsi, respingere, disubbidire, liberarsi, sgravarsi, esimersi, sottrarsi, sfuggire.
sobbillàre e deriv. → SOBILLARE e deriv.
sobbolliménto, *sm.* → BOLLORE || SUBBUGLIO.
sobbórgo, *sm.* borgo, suburbio, periferia, zona limitrofa (alla città).
nomencl. *agg.* suburbano, periferico.
sobbúglio, *sm.* → SUBBUGLIO.
sobillaménto, *sm.* → ISTIGAZIONE.
sobillàre, *v.tr.* sobbillare, istigare, aizzare, incitare, eccitare, persuadere, subornare, suggestionare (ad azione riprovevole), insinuare, inzipillare, inzufolare, metter su, subillare, sedurre, corrompere, ingannare, indettare.
contr. dissuadere, distogliere, trattenere, calmare, sedare.
sobillatóre, *agg.* e *sm.* perturbatore, agitatore, fazioso, sovversivo, eccitatore, sedizioso, → ISTIGATORE, RIBELLE.
sobillazióne, *sf.* → ISTIGAZIONE.
sobriaménte, *avv.* parcamente, modestamente, moderatamente, smisuratamente, con temperanza.
contr. smodatamente, smoderatamente, esageratamente, con eccesso, eccessivamente.
sobrietà, *sf.* misura, moderatezza, moderazione, castigatezza, temperanza, frugalità, regolatezza, risparmio, parsimonia, privazione, astinenza.
contr. intemperanza, smoderatezza, esagerazione, licenziosità, libertinaggio, eccesso, sregolatezza.
sòbrio, *agg.* parco, temperante, moderato, misurato, frugale, regolato, normale, costumato, accostumato, disciplinato, morigerato, parsimonioso.
contr. intemperante, smodato, eccessivo, esagerato, sregolato, licenzioso, smoderato.
socchiúdere, *v.tr.* schiudere, chiudere non del tutto, aprire in parte, dischiudere, rabbattere, accostare.
contr. chiudere o aprire totalmente, serrare, sbarrare.
socchiúso, *pps.* di socchiudere || *agg.* schiuso, dischiuso, semiaperto, accostato.
contr. chiuso, sbarrato, serrato.
sòcco, *sm.* coturno.
soccómbere, *v.intr.* soggiacere, sottostare, procombere, morire || cedere, lasciarsi andare, cadere, non reggere, restar vinto.
contr. resistere, reggere, tener testa, vincere, restar vivo.
soccórrere, *v.tr.* assistere, accorrere in aiuto, dare aiuto, aiutare, venire in aiuto, giovare, riguardare, rilevare, sovvenire, dar manforte, proteggere, sostenere, sussi-

diare, difendere, rimediare || → SCUSARE || venir in mente, ricordarsi, risovvenire, rimemorare.
contr. avversare, contrariare, danneggiare, colpire.
soccorrévole, *agg.* pronto, facile a soccorrere, a dare aiuto; compassionevole, pietoso, benefico, generoso, sovvenevole, sovventore, caritatevole, sostenitore, difensore, protettore.
contr. egoista, duro, apatico, insensibile, spietato, inesorabile, crudele, sfruttatore.
soccorrevolménte, *avv.* → CARITATEVOLMENTE.
soccorriménto, *sm.* → SOCCORSO.
soccorritóre, *agg.* e *sm.* → CARITATEVOLE.
soccórso, *sm.* soccorrimento, sostegno, sovvenenza, sovvenimento, sovvenzione, suffragio, aiuto, sussidio, elemosina, carità, generosità, favore, protezione, assistenza, giovamento, difesa, rimedio.
nomencl. in danaro (raccolta, sottoscrizione, questua, colletta), in natura || consiglio || *agg.* mutuo, reciproco, tempestivo, pronto, immediato, valido, adeguato, utile, umano, caritatevole, generoso, inutile, vano, inadeguato, tardivo, di Pisa || *verb.* dare, offrire, prestare, mandare, chiedere, implorare, domandare, invocare, chiamare, gridare || largheggiare, stare con le mani in mano.
sociàbile, *agg.* → SOCIEVOLE.
sociabilità, *sf.* → SOCIEVOLEZZA.
socialdemocrazía, *sf.* → SOCIALISMO.
sociàle, *agg.* → COMUNE.
contr. antisociale.
socialísmo, *sm.* collettivismo, marxismo, comunismo, democrazia popolare, massimalismo, blanquismo, bolscevismo, estremismo, sovversivismo, laburismo, leninismo, menscevismo, riformismo, sindacalismo, socialdemocrazia, stalinismo, trozkismo || capitalismo di Stato, statalismo, dittatura di partito, totalitarismo.
contr. capitalismo privato, neocapitalismo, liberismo, iniziativa privata, democrazia liberale, parlamentarismo || individualismo, anarchia || umanesimo.
socialísta, *agg.* e *sm.* e *f.* bolscevico, collettivista, statalista, totalitario, barricadiero, sovversivo, comunardo, comunista, estremista, massimalista, minimalista, menscevico, riformista, socialdemocratico, frontista.
contr. capitalista, liberale, liberista, democratico || individualista, anarchico || umanista.
socializzàre, *v.tr.* collettivizzare, statalizzare, nazionalizzare, municipalizzare.
socializzazióne, *sf.* collettivizzazione, statalizzazione, municipalizzazione, nazionalizzazione.
società, *sf.* ente, istituzione, unione, compagnia, associazione, congrega, sodalizio, confederazione, sindacato, confraternita, ordine religioso, congregazione, corporazione, cooperativa, consorteria, consorzio, ditta, fazione, setta, fratellanza, partito, circolo, *club*, lega, mafia, tribú.
nomencl. (*distinzioni*) anonima, in accomandita, in nome collettivo, commerciale, industriale, cooperativa, editrice, di consumo, di mutuo soccorso, di mutuo credito, di lavoro, di beneficenza, culturale, ricreativa, sportiva, politica, militare || privata, limitata, pubblica, nazionale, internazionale, universale, mondiale, sopranazionale || affiliazione, iniziazione, associazione, iscrizione, socio, affiliato, iniziato, registro dei soci, regolamento, carta costitutiva, statuto, costituzione, consiglio, direzione, adunanza, patto, contratto, dividendo, utile, interesse, ragione sociale, bandiera, insegna, regola di società, caratura || *agg.* alta, elegante, buona, corrotta, egoista, corruttrice, guasta || *verb.* ammettere, partecipare, appartenere, associarsi.
contr. individuo, famiglia || sfera privata, *privacy*, ritiro, isolamento.
sociévole, *agg.* sociabile, compagnevole, affabile, cordiale, abbordabile, accessibile, accogliente, accostabile, alla mano, amabile, aperto, compiacente, comunicativo, conversativo, conversevole, espansivo, ospitale, semplice, trattabile, facile, mondano, festaiolo, sollazzevole.
contr. insocievole, intrattabile, asociale, chiuso, inavvicinabile, misantropo, orso, renitente, scontroso, selvatico, solitario, solingo.
socievolézza, *sf.* sociabilità, accoglienza, accostevolezza, affabilità, amabilità, compiacenza, comunicatività, cordialità, espansività, espansione, ospitalità, trattabilità.
contr. insocievolezza, asocialità, insociabilità, ritrosaggine, egoismo, scontrosità, misantropia, orsaggine.
sòcio, *agg.* e *sm.* associato, consocio, compagno, accomandante, accomandatario, abbonato, consociato, sodale, adepto, affiliato, alleato, amico, ascritto, confederato, consodale, consettario, consettaiuolo, consorte, condiscepolo, confratello, commilitone, collega, camerata, catecumeno, epigono, federato, gregario, iniziato, leghista, membro, neofito, partigiano, proselite, satellite, seguace, settario, settatore, sozio, complice, con nivente, convivente, partecipe.
nomencl. *agg.* annuale, vitalizio, perpetuo, effettivo, onorario, emerito, fondatore, corrispondente, accomandatario, azionista, caratista, moroso, fedele || *verb.* associare, associarsi, cointeressare, consettarsi.
contr. antagonista, avversario, concorrente, competitore, contendente, emulo, rivale.
sodàglia, *sf.* masseto, strebbiaccio.
sodàle, *sm.* → SOCIO.
sodalízio, *sm.* società, unione, compagnia, associazione, congrega, confederazione, confraternita, congregazione, corporazione, consorteria, consorzio, ditta, fazione, fratellanza, partito, circolo, *club*, mafia, tribú.
sodàre, *v.tr.* → GUALCARE.
soddisfacènte, *ppr.* di soddisfare || *agg.* appagante, saziante, sazievole, soddisfacevole, placativo, placatore, soddisfacente, esaustivo, lenitivo, riposante, compensatore.
contr. insoddisfacente, deludente, irritante, esasperante, acutizzante.
soddisfacévole, *agg.* → SODDISFACENTE.
soddisfaciménto, *sm.* → SODDISFAZIONE, INDENNITÀ.
soddisfàre, *v.tr.* sodisfare, accontentare, contentare, appagare, dar soddisfazione, compiacere, acchetare, acquetare, deliziare, concedere, far contento, far cessare (il bisogno), esaudire || pagare, rintegrare, risarcire, espiare || cibare, saziare, satollare, dissetare, sbramare, sfamare, stracontentare, scapricciare, dare sa-

ziamento, pascere || adempiere || compensare, giustificare || *intr.* andare a genio, piacere, quadrare, garbare, gustare, riuscire piacevole || *rifl.* sfogarsi, liberarsi, cavarsi la voglia, godere soddisfazione, contentarsi, accontentarsi scapricciarsi, satollarsi, sbramarsi, sfamarsi, dissetarsi.
contr. chiedere, contrariare, scontentare, deludere, irritare, esasperare, defraudare, frustrare, acuire.
soddisfàtto, *pps.* di soddisfare || *agg.* sodisfatto, appagato, contento, pago, placato, disteso, sedato || allegro, lieto, felice || saziato, satollo || adempiuto.
contr. insoddisfatto, scontento, malcontento, inappagato, esasperato, irritato, deluso, inadempiuto.
soddisfazióne, *sf.* sodisfazione, appagamento, contentatura, compiacenza, compiacimento, contento, saziamento, placamento, distensione, godimento, gradimento, gusto, piacere, soddisfacimento, espansione, compensazione, riparazione, risarcimento, pagamento, indennità, espiazione || adempimento || giustificazione.
nomencl. *agg.* conveniente, onesta, adeguata, giusta, aspettata, voluta, chiesta, mancata, ottenuta, promessa, presa, meritata, solenne, clamorosa, segreta || *verb.* chiedere, volere, dare, ottenere, esigere.
contr. insoddisfazione, scontentezza, scontento, tensione, esasperazione, irritazione, delusione || danno, debito || rappresaglia, disinganno, dispiacere.
sodézza, *sf.* → SALDEZZA || DUREZZA || *fig.* gravità, moderazione, serietà, sedatezza.
contr. mollezza.
sodisfàre e deriv., → SODDISFARE e deriv.
sòdo, *agg.* duro, consistente, compatto, massiccio, solido, saldo, robusto, stabile, fermo, forte, resistente, teso, durevole, tenace, diamantino, adamantino, valido, serrato, sicuro, unito, gagliardo || *fig.* moderato, fondato, serio, grave, prudente || → SAVIO || *sm.* sodezza, compattezza, consistenza, densità.
nomencl. *verb.* assodare, consolidare, indurare, rassodare.
contr. molle, debole, cascante, flaccido, floscio, fragile || incompatto, liquido, morbido, soffice, cedevole, movibile, lieve || leggero, futile, fatuo, vano.
sofà, *sm. indecl.* canapè, divano, ottomana.
sofferènte, *ppr.* di soffrire || *agg.* paziente, tollerante, malato, martire, vittima, spasimante, dolorante, patito, angustiato, esacerbato.
contr. sano || insofferente, impaziente, intollerante.
sofferènza, *sf.* patimento, disagio, dolore, pena, male, tribolazione, tormento, angoscia, passione, fitta, trafitta, doglia, indolimento, spasimo, stento, malattia, martirio || sopportazione, tolleranza, pazienza.
contr. godimento, piacere, delizia, diletto, gioia || insofferenza, impazienza, intolleranza.
sofferíre, *v.tr.* → SOFFRIRE.
soffermàre, *v.rifl.* fermarsi, sostare, indugiare, arrestarsi, trattenersi, intrattenersi, attardarsi, tardare, dimorare.
contr. procedere, proseguire, andare avanti.
soffèrto, *pps.* di soffrire || *agg.* patito, sopportato, tollerato, pazientato.
soffiàre, *v.intr.* sbuffare, stronfiare, tronfiare, alitare, ansare, ansimare, affannare, insufflare, inspirare, respirare, risoffiare || (di vento) spirare, provenire || *fig.* fomentare, attizzare || *tr.* mandar fuori, emettere, sprizzare || *fig.* far la spia, insinuare, dire in segreto, mormorare || modellare (il vetro) || *pop.* portar via, rubare.
contr. aspirare, inspirare || (di vento) cadere, cessare, posare.
sòffice, *agg.* boffice, morbido, sollo, cedevole, molle, soave, tenero, floscio, pressibile, trattabile, elastico, comodo.
contr. duro, sodo, consistente, resistente.
sofficità, *sf.* → MORBIDEZZA.
contr. durezza, sodezza, consistenza, resistenza.
soffiétto, *sm.* mantice, mantaco.
nomencl. (*parti*) cannello, coperchio, fondo, manico.
sóffio, *sm.* fiato, respirazione || ventata, sbuffo, sbuffata, alito, buffo, folata, aura, spiro, spirito || soffio vitale, → ANIMA || *fig.* immaginazione, ispirazione poetica.
soffítta, *sf.* solaio, soppalco, mansarda, abbaino, colombaia, piccionaia, camera.
nomencl. lucernario.
soffítto, *sm.* cielo, impalcatura, volta, palco, plafone (*frs.*).
nomencl. (*tipi*) morto, regolato, scompartito, stoiato, scoperto, laqueato || (*elementi*) cassettoni, formella, lacunare, mezzone, quadri, petto di volta, regolini, bozzolati, rosone, scempiato.
soffocaménto, *sm.* → SOFFOCAZIONE.
soffocànte, *ppr.* di soffocare || *agg.* asfissiante, opprimente, oppressivo, afoso, inespirabile, irrespirabile.
contr. aerato, arioso, arieggiato, ventilato, sfogato.
soffocàre, *v.tr.* asfissiare, affogare, impedire il respiro, mozzare il fiato, togliere il fiato, strangolare, strozzare || *fig.* opprimere, frenare, reprimere, paralizzare, spegnere, fare da spegnitoio, imbavagliare, distruggere, deprimere || mitigare, coprire || *intr.* respirar male, a fatica.
contr. aerare, ventilare || liberare, dar sfogo, espansione.
soffocazióne, *sf.* soffocamento, affogamento, asfissia || *fig.* repressione, costrizione, compressione, smorzamento, oppressione, distruzione.
contr. aerazione || sfogo, espansione, liberazione, scapricciamento.
soffólcere, *v.tr. rar.* appoggiare, sostenere, puntellare.
soffregàre, *v.tr.* → STROFINARE, FREGARE.
soffríbile, *agg.* passibile, patibile, sopportabile, tollerabile, passabile, scusabile, compatibile, comprensibile, digeribile, perdonabile, sopportevole, portabile, comportabile, possibile.
contr. insoffribile, intollerabile, incomportabile, impossibile, impraticabile, ostico.
soffríggere, *v.tr.* e *intr.* → FRIGGERE.
soffríre, *v.tr.* e *intr.* sofferire, dolorare, patire, subire, penare, appenarsi, tribolare, spasimare, consumarsi, rodersi, stentare, stridere, costare, angosciarsi, angustiarsi, sentire o provare dolore o sofferenza || sopportare, pazientare, permettere, rassegnarsi, tollerare, compatire, comportare, durare, reggere, sostenere.
contr. godere, gioire, provar piacere, esultare.
soffúso, *pps.* di soffondere || *agg.* cosparso, sparso, asperso, diffuso, effuso.

sofísma, *sm.* argomento fallace, ragionamento capzioso, cavillo, sottigliezza, circolo vizioso, ragione magra, capziosità, sofisticheria, logomachia, paralogismo, errore, pedanteria.
nomencl. *(attinenti)* anfibologia, arzigogolo, petizione di principio, sofisma della pronunziazione, sofisma del rispetto, *pistilli versatio.*
sofisticàggine, *sf.* → SOFISTICHERIA.
sofisticàre, *v.intr.* sottilizzare, far sofismi, cavillare, criticare, guardar per il sottile, trovare a ridire, rivedere le bucce, cercare il pelo nell'uovo, essere incontentabile, schizzinoso, schifiltoso || falsificare, alterare, adulterare, contraffare, falsare.
sofisticàto, *pps.* di sofisticare || *agg.* → AFFETTATO, FALSO || artificiale, artificiato, → ADULTERATO.
sofisticazióne, *sf.* falsificazione, adulterazione, alterazione, contraffazione (di sostanze).
nomencl. *Ersatz,* surrogato.
sofisticheria, *sf.* sofisticaggine, sottigliezza, pedanteria, meticolosità, cavillosità, puntigliosità || → CAVILLO, SOFISMA.
contr. semplicità, naturalezza, disinvoltura, leggerezza, levità, scetticismo.
sofístico, *agg.* schifiltoso, ritroso, restio, sdegnoso, smorfioso, scrupoloso, schizzinoso, pedante, pignolo, meticoloso, stravagante, incontentabile, scontento, fantastico, avvocatesco, cavilloso, fiscale, irritabile, puntiglioso, suscettibile, ipercritico, sottile.
contr. semplice, naturale, spiccio, disinvolto, scettico, rude, rozzo, energico, contentabile, posato.
sòfo, *sm.* → FILOSOFO.
sóga, *sf.* → SOVATTO.
sogàtto, *sm.* → SOVATTO.
soggettàbile, *agg.* assoggettabile, domabile, soggiogabile, sottomettibile, docile, ligio.
contr. indomabile, riottoso, ribelle, irriducibile, insofferente, indipendente, autonomo.
soggettàre, *v.tr.* assoggettare, sottoporre, domare, soggiogare, rendere sottomesso.
contr. ribellarsi, rendersi libero, indipendente.
soggettivísmo, *sm.*
contr. oggettivismo.
soggettività, *sf.* → ESSERE.
contr. oggettività.
soggettívo, *agg.* arbitrario, personale, parziale, unilaterale, subiettivo, subbiettivo, passionale.
contr. oggettivo, obiettivo, impersonale, universale, spassionato.
soggètto, *agg.* inferiore, sottoposto, obbediente, sottomesso, dipendente, ligio, suddito, assoggettato, soggiogato || esposto, disposto, incline || *sm.* argomento, assunto, trama, intreccio, canovaccio, tema, concetto, materia, tesi, contenuto, pensiero, proposito, proposizione, punto, tasto || persona, io.
nomencl. *verb.* assoggettare || divagare, aggirare, raggirare, ragionare, trattare, stare al soggetto, tornare al soggetto.
contr. indipendente, libero, autonomo, ribelle, indomito || oggetto, altro.
soggezióne, *sf.* sottomissione, sommissione, dipendenza, subordinazione, sudditanza, servitú, obbedienza, vassallaggio, giogo, schiavitú, oppressione, inferiorità, servilità, servilismo, animo servile, gregario || imbarazzo, impaccio, legame, ritegno, vincolo, vergogna, peritanza, riguardo, catena.
nomencl. *verb.* essere, stare in soggezione, uscire di soggezione.
contr. indipendenza, libertà, insubordinazione, ribellione, sovvertimento || dominazione, dominio, imperio, comando || disinvoltura, sfacciataggine.
sogghignàre, *v.intr.* ghignare, sorridere malignamente o sprezzantemente, ridere sotto i baffi.
contr. ridere apertamente, allegramente.
sogghígno, *sm.* riso, lieve ghigno; sorriso sprezzante, maligno, sardonico, sarcastico || → SCHERNO.
contr. riso aperto, franco, risata.
soggiacére, *v.intr.* essere sottoposto, soggetto, esposto; star sotto, dipendere, sottomettersi, sottostare, subire, soccombere, procombere, morire || cedere, non reggere, restar vinto, giacere.
contr. star sopra, sovrastare, soggiogare, dominare, imporsi, vincere || resistere, reggere, contrastare, ribellarsi.
soggiogàbile, *agg.* assoggettabile, soggettabile, domabile, sottomettibile.
contr. indomabile, riottoso, ribelle, irriducibile, insofferente, sfuggente.
soggiogàre, *v.tr.* assoggettare, soggettare, dominare, domare, vincere, ridurre in schiavitú, sottomettere, sottoporre, padroneggiare, aggiogare || → CONQUISTARE.
contr. subire, sottomettersi || liberare, emancipare, dare la libertà, ribellarsi.
soggiogàto, *pps.* di soggiogare || *agg.* soggetto, sottoposto, sottomesso, assoggettato, vinto, oppresso.
contr. indipendente, libero, autonomo, ribelle, indomito.
soggiogatóre, *sm.* → CONQUISTATORE.
soggiornàre, *v.intr.* dimorare, stare, rimanere, trattenersi, intrattenersi, abitare.
soggiórno, *sm.* dimora, abitazione, ricetto, sede, stanza || domicilio || tinello.
soggiúngere, *v.tr.* aggiungere, riattaccare, riprendere, ricominciare, ripigliare, rispondere, ridire, rimbeccare, seguire, seguitare.
contr. troncare, interrompere.
soggiuntívo, *agg.* congiuntivo.
soggólo, *sm.* sottogola, → COLLARE.
nomencl. *verb.* soggolare.
sogguardàre, *v.tr.* guardar di sottecchi, furtivamente, → GUARDARE.
sòglia, *sf.* limitare, limine, sogliaio.
nomencl. porta, vano, stipiti.
sòglio, *sm. poet.* trono, seggio, solio, → SEDILE.
sognàre, *v.tr.* e *intr.* fantasticare, immaginare, immaginarsi, fare sogni, vedere in sogno, fingere, vagellare, arzigogolare, vagheggiare, congetturare, idealizzare, desiderare, sperare, inventare, delirare, vaneggiare || sognare a occhi aperti.
contr. vedere, realizzare, avverarsi.
sognatóre, *agg. sm.* visionario, vaneggiante, utopista, idealista, poeta.

contr. uomo positivo, prosaico, pratico, realizzatore, terra terra.

sógno, *sm.* visione, allucinazione, delirio, vaneggiamento || *fig.* illusione, speranza, desiderio, fantasia, evasione, utopia, fantasticheria, ideale, progetto, chimera, vana immaginazione, falsa idea.

nomencl. (*pertinenti*) incubo, succubo || onirodinia, brizomante, oniromanzia, sonnambulismo || *agg.* bello, caro, brutto, orrendo, arruffato, tranquillo, agitato || pieno di fantasmi, pieno di paure || *verb.* svanire || interpretare.

contr. realtà, verità, quotidianità || delusione.

solàio, *sm.* soffitta, soffitto, soppalco.

solaménte, *avv.* solo, soltanto, unicamente.

contr. anche, inoltre, per di piú.

solàre[1]**,** *agg.* del sole || *fig.* gioioso, sereno || chiaro, evidente, luminoso, ricco di luce.

contr. triste || oscuro, cupo, contorto, opinabile, discutibile.

solàre[2]**,** *v.tr.* suolare, risolare, risuolare.

solatío, *agg.* assolato, aprico, soleggiato, solivo || *loc.* a solatío.

contr. ombroso, crepuscolare, vespertino, aduggiato || *loc.* a bacío.

solatúra, *sf.* risolatura, risuolatura.

solcàre, *v.tr.* far solchi, arare, fendere, cavare, incavare, scavare, rigare, incidere, scalfire || → ATTRAVERSARE.

sólcio, *sm.* → SALSA.

sólco, *sm.* fenditura, incavo, occhiello, capezzaggine || *fig.* traccia, segno, impronta, scia || ruga, grinza || linea o riga incavata, rotaia.

nomencl. (*pertinenti*) porca, campo || *agg.* profondo, piccolo, leggero, largo || *verb.* aprire, incidere, fare || solcare.

soldatàglia, *sf.* → SOLDATESCA, ESERCITO.

soldatésca, *sf.* soldataglia, soldateria, truppa, milizie, armigeri, esercito, soldati.

nomencl. uomo di soldo, assoldato, soldaniere, soldoniere.

soldatésco, *agg.* militaresco, militare, guerresco, marziale || brutale, violento.

soldàto, *sm.* armigero, armato, coscritto, guerriero, combattente, militare, milite, fante, gregario.

nomencl. semplice, graduato || (*denominazioni*) attendente, ordinanza, bagagliere, capofila, cavalcante, conducente, corridore, foraggere, saccheggiatore, bagaglione, saccardo, saccomanno, fuciliere, guida, maniscalco, mulattiere, piantone, ranciere, scritturale, graduato, sentinella, serrafila, trombettiere, vedetta, vivandiere || (*corpi e specialità*) fante, alpino, bersagliere, artigliere, cavaliere, carrista, geniere, cacciatore, aviatore, marinaio, granatiere, carabiniere, guardacoste, guardia alla frontiera, guastatore, minatore, pontiere, zappatore, fante di marina, paracadutista || *agg.* anziano, reduce, veterano, abile, inabile, renitente, disertore, prigioniero, invalido, prode, pugnace, coraggioso, pauroso, imbelle, eroico.

contr. civile, borghese.

sòldo, *sm.* bagherone, baiocco, cinquino, palanca, palancone, quattrino, soldarello || paga, pagamento, salario, stipendio, onorario || patrimonio || *pl.* → DENARO.

nomencl. *quibus, conquibus,* soprassoldo || *verb.* assoldare.

sóle, *sm.* astro maggiore, solleone, stellone || *fig.* giorno.

nomencl. (*fenomeni inerenti*) alba, aurora, mattino, meriggio, vespero, sera, tramonto, notte, estate, inverno || raggi, sfera, spera riflesso, riverbero, sferza, sprazzi, sprazzo, vampa, alone, corona, antelio, anulare, arcobaleno, induzione solare, luce zodiacale, macchie solari, offuscamento, orto, occaso, parelio, radiazione, gibigiana, spettro solare, abbassamento del cerchio crepuscolare, afèlio, apogeo, apside, perielio, perigeo, angolo di commutazione, arco diurno, equatore, arco notturno, costante solare, digito, eclittica, orbita, passaggio sul sole, segni discendenti, solstizio, equinozio, pianeti, orizzonte, facule, fasmate, fotosfera || coronio, elio, eliocometa, zodiaco, eclissi || (*strumenti, applicazioni*) attinometria, eliocromia, eliografia, eliometria, elioterapia, spettrometria, spettrografia, spettroscopia, attinometro, attinografo, eliofanografo, eliofotometro, eliometro, elioscopio, eliotermometro, gnomone, radiometro, scafo, sfera armillare, spettrometro, spettroscopio, analemma, tavola solare, meridiana || solecchio, insolazione, colpo di sole, canicola, parasole || *agg.* annacquato, languido, malinconico, opaco, pallido, tipico, velato, spento, rannuvolato, debole, fioco, malato, moribondo, occiduo, meridiano, levante, basso, raggiante, sfolgorante, splendente, vivido, rovente, rutilante, forte, caldo, cocente || *verb.* soleggiare, assolare || nascere, spuntare, sorgere, levarsi, tramontare, calare, piegare, declinare, brillare, splendere, ardere, battere, cuocere, dardeggiare, fervere, fiammeggiare, folgorare, illuminare, indorare, percuotere, radiare, ridere, riscaldare, riverberare, saettare, scaldare, sferzare, sfolgorare, bruciare, arrostire, abbronzare, abbronzire.

solécchio o **solícchio,** *sm.* parasole || baldacchino.

nomencl. *verb.* fare solecchio.

solecísmo, *sm.* → ERRORE.

nomencl. *verb.* solecizzare (*ant.*).

soleggiàre, *v.tr.* mettere, esporre al sole, far asciugare, assolare, assolinare, insolare; sciorinare, stendere al sole || *intr.* stare al sole.

soleggiàto, *pps.* di soleggiare || *agg.* illuminato, riscaldato dal sole; aprico, assolato, battuto o inondato dal sole, pieno di sole, solatio.

contr. ombroso, ombreggiato, ombrifero, a bacío, aduggiato, ombrío.

solènne, *agg.* festivo, domenicale, biblico, aulico, grave, composto, contegnoso, posato, severo, serio, religioso, ieratico, maestoso, imponente, eccellente, grande || pomposo, straordinario, magnifico, splendido, fastoso, togato.

contr. ordinario, solito, comune, quotidiano, feriale, usuale, modesto, dimesso, semplice, umile.

solennità, *sf.* festa, festività, cerimonia, ricorrenza solenne || pompa, apparato || serietà, contegno grave, gravezza, compostezza, contegnosità, contegno, imponenza, posatezza, severità, sussiego, rigore, spocchia, mutria, maestà.

contr. giorno feriale, giorno lavorativo || modestia, semplicità, umiltà.

solennizzàre, *v.tr.* celebrare, festeggiare (con solennità), onorare, solenneggiare.

contr. dimenticare, trascurare, tralasciare, obliare.

solére, *v.intr.* esser solito, aver l'abitudine, esser abituato, essere avvezzo, assuefatto, avere per usanza o per costume, usare, costumare.

solèrte, *agg.* diligente, attento, premuroso, sollecito, pronto, attivo, operoso, accurato, esatto, preciso, intraprendente, ingegnoso, capace, valente, perito, svelto, alacre.

contr. trascurato, negligente, neghittoso, tardo, inerte, accidioso, abulico, apatico, inetto, di mala voglia.

solèrzia, *sf.* attenzione, diligenza, sollecitudine, premura, prontezza, attività, operosità, accuratezza, esattezza, intraprendenza, attitudine, destrezza, capacità, industriosità, prestezza, alacrità.

contr. trascuratezza, negligenza, neghittosità, tardità, inerzia, abulía, accidia, apatia, inettitudine, distrazione, svogliatezza.

solétta, *sf.* → SUOLA.

solétto, *agg.* → SOLO.

sòlfa, *sf.* solfeggio || *fig.* noia, monotonia, tedio, tiritera, filastrocca.

solfanèllo, *sm.* → ZOLFANELLO.

solfàra, *sf.* → SOLFATARA.

solfàre, *v.tr.* solforare, dar lo zolfo.

solfatàra, *sf.* cava di zolfo, solfanaria (*ant.*), solfara, zolfara, zolfatara.

solfeggiàre, *v.intr.* cantar la solfa, vocalizzare, → CANTARE.

solferíno, *agg.* → ROSSO.

solforàre, *v.tr.* solfare, dare lo zolfo.

solidàle, *agg.* concorde, sostenitore, unanime, partecipe || *sm.* → MALLEVADORE.

solidaménte, *avv.* saldamente, fermamente, stabilmente.

contr. mollemente, debolmente, instabilmente.

solidarietà, *sf.* unione, accordo, partecipazione, comunanza (con altri) || appoggio, sostegno, aiuto.

contr. disunione, disaccordo || indifferenza, egoismo, estraneità, disinteresse.

solidézza, *sf.* → SALDEZZA, DUREZZA.

solidificànte, *ppr.* di solidificare || *agg.* rassodante, indurente, coagulante, coagulativo.

contr. ammolliente, emolliente, diluente, dissolvente, fondente, risolvente, solutivo.

solidificàre, *v.tr.* rendere solido, indurire, rassodare, assodare, consolidare, coagulare || *rifl.* diventar solido, rassodarsi, indurirsi, assodarsi.

contr. ammollire, ammorbidire, liquefare, sciogliere, diluire || disciogliersi, liquefarsi.

solidificazióne, *sf.* consolidamento, rassodamento, coagulazione, consolidazione, cristallizzazione, congelamento.

contr. ammollimento, liquefazione, fusione, soluzione, scioglimento.

solidità, *sf.* saldezza, solidezza, sodezza, resistenza, stabilità, consistenza, fermezza, costanza, incrollabilità, tenacia, durezza.

contr. fralezza, debolezza, fragilità, floscezza, mollezza, inconsistenza, instabilità, infondatezza.

sòlido, *agg.* massiccio, saldo, robusto, duro, sodo, compatto, incrollabile, impassibile, irremovibile, immutabile, inalterabile, durevole, fisso, fermo, forte, resistente, infrangibile, stabile || *fig.* serio, fondato, fiducioso, reale, importante || *sm.* corpo solido.

nomencl. (*geometria*) cubo, dado, cilindro, cono, piramide, poliedro, poligono, prisma, sfera, triedro, tetraedro, pentaedro, esaedro, eptaedro, ottaedro, dodecaedro, parallelepipedo, scalenoedro, sferoide, trapezoedro || angolo, spigolo, base, vertice, faccia, sezione, incidenza || geodinamica, geostatica, stereografia, stereometria, stereoscopia, stereotomia, aerometro.

contr. debole, vuoto, inconsistente, floscio, cadente, molle, infondato, vago, instabile || liquido.

solidúngo, *agg. poet.* solidungolo, solípede.

solidúngolo, *agg. poet.* → SOLIDUNGO.

solilòquio, *sm.* monologo.

contr. colloquio, dialogo.

solíngo, *agg.* → SOLITARIO.

solíno, *sm.* → COLLETTO.

solípede, *agg. poet.* → SOLIDUNGO.

solitaménte, *avv.* di solito, → ABITUALMENTE.

solitàrio, *agg.* solingo, solo, isolato, derelitto, segregato, soletto, solivago, appartato, scompagnato, ritirato, intanato, incavernato, racchiuso, foresto, selvatico || abbandonato, deserto, disabitato, inabitato, desolato, romitico, romitano, romito, remoto, selvaggio, sperduto, tacito, ermo, lontano || *sm.* anacoreta, eremita, stilita || certosino, monaco, trappista || misantropo, gufo, marmotta, topo tettaio || introvertito || → BRILLANTE || GIUOCO.

contr. popolato, frequentato, popoloso || mondano, sociale, tribale, gregale, piazzaiolo, festaiolo || estrovertito.

sòlito, *agg.* consueto, abituale, usato, ordinario, comune, normale, quotidiano, usuale, accostumato, andante, comunissimo, corrente, dozzinale, generale, grossolano, ovvio, piano, trito, volgare, regolare || consuetudinario || *sm.* uso, consuetudine, abitudine.

contr. insolito, straordinario, eccezionale, inusitato, inusato, desueto, nuovo, strano, originale || disavvezzo, disabituato.

solitúdine, *sf.* luogo solitario, non frequentato, deserto; ritiro, eremo, romitaggio, eremitaggio, romitorio, monastero, cella, *buen retiro*, recesso, tebaide || isolamento, segregazione, allontanamento, desolazione, contumacia, quarantena.

nomencl. (*attinenti*) apantropia, monofobia, claustrofobia || *agg.* desiderata, ricercata, ambita, vagheggiata, temuta, forzata, melanconica, noiosa, selvaggia, triste, felice, impossibile || *verb.* cercare, fuggire || isolarsi, ridursi in solitudine.

contr. società || affollamento, tumulto, rumore, calca || luogo popoloso, popolato, frequentato, abitato, rumoroso || agorafobia.

solívago, *agg.* → SOLITARIO.

solívo, *agg.* → SOLATIO.

sollazzànte, *ppr.* di sollazzare || *agg.* → PIACEVOLE, SOLLAZZEVOLE.

sollazzàre, *v.tr.* dar sollazzo, ricreare, rallegrare,

→ DIVERTIRE || *rifl.* divertirsi, svagarsi, ricrearsi, spassarsi, spacchiare, godersela, patullarsi, baloccare.
contr. affliggere, rattristare, annoiare || affliggersi, rattristarsi, annoiarsi.
sollazzévole, *agg.* piacevole, divertente, spassoso, allegro, brioso, festevole, burlone, sollazzante, ricreativo, riposante.
contr. triste, rattristante, malinconico, malinconioso, sorbone, serio, grave, noioso, lugubre, funebre, funereo, uggioso, affliggente.
sollàzzo, *sm.* piacere, divertimento, allegria, spasso, svago, ricreazione, passatempo, sollievo, giuoco, trastullo, diporto, consolazione, distrazione, conforto, distensione, rifugio.
contr. malinconia, afflizione, uggia, noia, tedio, tristezza, tensione, preoccupazione, stanchezza.
sollecitaménte, *avv.* → PRESTO.
sollecitaménto, *sm.* pressione, sollecitazione, insistenza, premura, urgenza, istanza, → STIMOLO.
sollecitàre, *v.tr.* far premura, dar fretta, affrettare, incalzare, accelerare, stimolare, incitare, indurre, pressare, premere, spingere, istigare, concitare, speronare (*ant.*), spronare, instare, urgere, spacciare, spacciarsi, sbrigare || chiedere insistentemente, brigare, → DOMANDARE || ASSEDIARE.
contr. fermarsi, indugiare, temporeggiare, procrastinare, rallentare, ritardare, mandar per le lunghe, rimandare || rifiutare, ricusare, respingere.
sollecitazióne, *sf.* sollecito, sollecitamento, pressione, insistenza, premura, incitamento, fretta, ansietà, invito || → SOLLECITUDINE.
contr. pigrizia, indugio, temporeggiamento, ritardo, lungaggine || calma, tranquillità.
sollécito, *agg.* mattiniero, attento, diligente, solerte, premuroso, pronto, attivo, operoso, accurato, sbrigativo, spiccio, franco, spicciativo, spedito, speditivo, lesto, sveglio, zelante, vigilante, preoccupato, riguardoso || *sm.* → SOLLECITAZIONE.
contr. trascurato, egoista, negligente, lento, tardo, inerte, fannullone, pigro, sfaccendato.
sollecitúdine, *sf.* rapidità, premura, fretta, celerità, sveltezza, prestezza, prontezza, attività, operosità, solerzia || amorevolezza, attenzione, diligenza, zelo, accuratezza, cura, ansia, pensiero, preoccupazione, inquietudine, impegno, interesse, interessamento, riguardo, studio || *fig.* → DESIDERIO.
nomencl. *verb.* avere a cuore, avere a petto, darsi per intero, sbrigare || essere in mora, andare per le lunghe, burocratizzare. rimandare.
contr. trascuratezza, negligenza, pigrizia, neghittosità, tardità, inerzia, noncuranza, egoismo, lentezza.
solleóne, *sm.* sollione, canicola, estate torrida, → SOLE.
contr. gelo, rigore, freddo, inverno rigido.
solleticaménto, *sm.* → SOLLETICO.
solleticànte, *ppr.* di solleticare || *agg.* vellicante, titillatorio, pruriginoso || *fig.* stuzzicante, stimolante, appetitoso, eccitante, piacevole, pepato, pungente, mordente, elettrizzante, toccante.
contr. indifferente, inerte, apatico, neutro || nauseante, ripugnante, urticante, disgustoso, repellente.
solleticàre, *v.tr.* far solletico, prudere, vellicare, titillare, stuzzicare, dileticare, grattare, irritare, pizzicare, pizzicottare || *fig.* stimolare, lusingare, molcere, eccitare, incitare, aizzare, attirare, istigare.
contr. non far presa, lasciar indifferente, inerte || nauseare, ripugnare, disgustare.
sollético, *sm.* solleticamento, vellicazione, vellicamento, titillamento, titillazione, pizzicore, pizzicorino, pizzico, prudore, prurito, dilético || *fig.* voglia di ridere || pimento, stimolo, pungolo, sprone, aculeo.
sollevaménto, *sm.* innalzamento, erezione, elevamento, rilevamento || marea || → SOLLEVAZIONE || RIBELLIONE.
contr. abbassamento, piegamento, curvamento, degradamento || bassa marea.
sollevàre, *v.tr.* innalzare, alzare, elevare, levar su, rilevare, rialzare, erigere, assumere, sorreggere, sospendere, tirar su || *fig.* dar sollievo, alleviare, confortare, lenire, rilassare, allentare, aiutare, alleggerire, risollevare, consolare, rianimare, esaltare, suscitare, diminuire il peso || far sorgere, fare insorgere; indurre a ribellione, a rivolta, incitare, concitare || *rifl.* sorgere, salire, levarsi, innalzarsi || ribellarsi, rivoltarsi, insorgere.
contr. abbassare, abbattere, atterrare || gravare, pesare, opprimere, affliggere, disanimare, contristare || soggiacere, sopportare, subire.
sollevazióne, *sf.* sollevamento || sedizione, sommossa, tumulto, rivolta, ribellione, insurrezione, → RIVOLUZIONE.
sollièvo, *sm.* alleggerimento, liberazione, alleviamento, scioglimento, scarico, sfogo, scarica, sgravio, scusa, discolpa, giustificazione, aiuto || ristoro, refrigerio, ricreazione, conforto, consolazione, riposo, respiro, rilassamento, distensione, abbandono, miglioramento, benessere || piacere, godimento, divertimento, allegria, sollazzo, spasso, svago, passatempo, giuoco, trastullo.
contr. aggravamento, oppressione, carico, peso, tensione, stimolo, inibizione, repressione, rigidezza, tormento, afflizione, dolore, noia, fatica, nausea.
sollucheràre, *v.tr.* → COMMUOVERE || PIACERE.
sollúchero, *sm.* godimento, gioia, commozione, spasso.
nomencl. *verb.* sollucherare, andare in solluchero || beare, bearsi, dilettarsi, godere, patullarsi, smammolarsi dalla gioia.
contr. dolore, noia, uggia, afflizione, apatia, depressione.
sólo, *agg.* unico, semplice || solitario, solingo, soletto, solivago, isolato, separato, spaiato, scempio, scompagno, singolare, individuale, segregato, appartato, scompagnato, ritirato, foresto, selvatico, derelitto, abbandonato, privo, spoglio || *avv.* solamente, soltanto, unicamente.
nomencl. (*pertinenti*) a tu per tu, da solo a solo, a quattr'occhi, a testa a testa, faccia a faccia, senza appoggio || assolo || monofobia, solitudine.
contr. doppio, multiplo, molteplice, plurale || accompagnato, in compagnia, insieme || anche, inoltre, per di piú.
soltànto, *avv.* solo, solamente, unicamente.
contr. anche, inoltre, per di piú.

solúbile, *agg.* risolvibile, risolubile, solvibile.
contr. irrisolvibile, irresolubile, insolubile, insolvibile.
solubilità, *sf.* solvibilità.
contr. insolubilità, insolvibilità.
solutívo, *agg.* solvente, dissolvente, dissolutivo.
contr. coagulativo, rassodante.
soluzióne, *sf.* → SCIOGLIMENTO || *fig.* risolvimento, risoluzione, risolutezza, decisione, determinazione, deliberazione, passo, mossa, partito, giudizio, persuasione, misura, espediente, metodo, proposito, sistema, ardire, audacia, prontezza, coraggio || → BEVANDA.
contr. indeterminatezza, dubbio, irresolutezza, rassegnazione, titubanza, difficoltà, impedimento, incaglio, intoppo, complicazione.
solvènte, *ppr.* di solvere || *agg.* e *sm.* solutivo, dissolvente, dissolutivo, diluente, sgrassante, reagente || pagatore.
contr. coagulativo, coagulante.
solvènza, *sf.*
contr. insolvenza.
sòlvere, *v.tr.* → SCIOGLIERE.
solvíbile, *agg.* che può pagare, solvente || → SOLUBILE.
contr. insolvibile, insolubile.
solvibilità, *sf.* solubilità || possibilità di pagare.
contr. insolvibilità, insolubilità.
sòma, *sf.* salma, peso, carico, bagaglio, fardello (anche *fig.*), quantità, incomodo.
nomencl. salmeria || someggiato || *verb.* someggiare.
somaràggine, *sf.* asineria, bestialità, sciocchezza, asinità, asinata, somarata, ignoranza.
somaràta, *sf.* → SOMARAGGINE.
somàro, *sm.* → ASINO || *fig.* ignorante || ineducato, maleducato, scortese, villano, rozzo.
contr. *fig.* intelligente || cortese, educato, fine, raffinato.
sombrèro, *sm.* → CAPPELLO.
somigliànte, *ppr.* di somigliare || *agg.* → SIMILE.
somigliànza, *sf.* simiglianza, assomiglianza, rassomiglianza, affinità, analogia, assonanza, attinenza, colleganza, connessione, consonanza, conformità, correlazione, corrispettività, correlatività, equivalenza, corrispondenza, legame, nesso, identità, immagine, propinquità, proporzione, rapporto, omogeneità, parentela, parità, relazione, riferimento, similarità, similitudine, uniformità, simpatia, attrazione, congruenza.
nomencl. (*pertinenti*) aria, idea, atavismo, ascendente, ritratto || *agg.* approssimativa, lieve, lontana, piccola, vaga, grande, assoluta, parlante, perfetta, stretta, fedele, completa || *verb.* imitare, raffigurare, rappresentare.
contr. dissomiglianza, dissimiglianza, ineguaglianza, disuguaglianza, disparità, diversità, antipatia, allergia, dissimilitudine, difformità.
somigliàre, *v.intr.* e *tr.* simigliare, rassomigliare, raffigurare, → ASSOMIGLIARE || *tr. lett.* paragonare, confrontare.
sómma, *sf.* → ADDIZIONE || totale, complesso, grosso, totalità, l'ammontare, l'insieme, importo, intero || somma assegnata, → ASSEGNAMENTO || *fig.* → CONCLUSIONE || sommario, compendio, sintesi, enciclopedia.
nomencl. (*attinenti*) addendi, poste, riporto, residuo, avanzo || addizionatrice, calcolatrice || *verb.* sommare, calcolare || prelevare, depositare, ritenere, salire, aumentare, aggiungere, togliere, diminuire.
contr. sottrazione || parte, frazione.
sommàre, *v.tr.* assommare, addizionare || ammonticchiare, accrescere, raccogliere, concentrare || *intr.* ammontare, ascendere, salire, importare.
contr. sottrarre, detrarre, togliere.
sommariaménte, *avv.* sinteticamente, alla grossa, in modo sommario, per sommi capi, compendiosamente, all'ingrosso, in breve, in generale, a occhio e croce; rapidamente; brevemente.
contr. analiticamente, specificatamente, partitamente, in modo particolareggiato, in modo prolisso, con tutti i particolari, lungamente, diffusamente.
sommàrio, *agg.* compendioso, riassunto, abbreviato, approssimativo, complessivo, grossolano || (di giudizio) pronunziato senza solennità, marziale, statario || *sm.* compendio, somma, indice, riassunto, sintesi.
contr. particolareggiato, diffuso, analitico, specificato.
sommèrgere, *v.tr.* immergere, affondare, tuffare, attuffare, mandare a fondo, inabissare, cacciare sott'acqua, annegare, naufragare, sprofondare, sommersare (*ant.*) || *fig.* coprire || → ROVINARE.
contr. far emergere, estrarre, togliere fuori, galleggiare, sovrastare, sporgere, spiccare.
sommergíbile, *sm.* sottomarino, silurante.
nomencl. (*inerenti*) casse di assetto, motore, periscopio, torretta, siluri, tubi lanciasiluri || immersione, emersione || avvistare, avvistamento.
sommergiménto, *sm.* → SOMMERSIONE.
sommersióne, *sf.* affondamento, immersione, inondazione, sommergimento, sprofondamento, naufragio, annegamento.
contr. emersione, estrazione, galleggiamento.
sommèrso, *pps.* di sommergere || *agg.* calato a fondo, sott'acqua; immerso, affondato, coperto d'acqua, tuffato, sprofondato, affogato.
contr. emerso, venuto a galla, galleggiante.
sommessaménte, *avv.* a bassa voce, sottovoce, piano || umilmente, dimessamente, da sottomesso.
contr. fortemente, ad alta voce, a voce spiegata, a gran voce, con voce stentòrea || alteramente, irosamente, orgogliosamente.
sommessióne, *sf.* → SOTTOMISSIONE.
somméssо, *pps.* di sommettere || *agg.* ubbidiente, → SOTTOMESSO || UMILE, PIANO.
somméttere, *v.tr.* → SOTTOMETTERE.
somministràre, *v.tr.* servire, provvedere, amministrare, dare, porgere, propinare, fornire, largire, distribuire, concedere, far prendere.
contr. ricevere, accogliere, prendere, tenere.
sommissióne, *sf.* → SOTTOMISSIONE.
sommità, *sf.* sommo, estremità, cima, punta, cuspide, tetto, vetta, vertice, fastigio, acropoli, acrocoro, arce, apice, altezza, altitudine, altura, altipiano, cocuzzolo, colmo, culmine, eminenza, corno, cresta, crinale, dente || *fig.* eccellenza, sublimità, auge, apogeo || persona di genio, grandissimo ingegno o merito.
contr. base, basamento, imo, parte piú bassa || mediocrità, nullità.

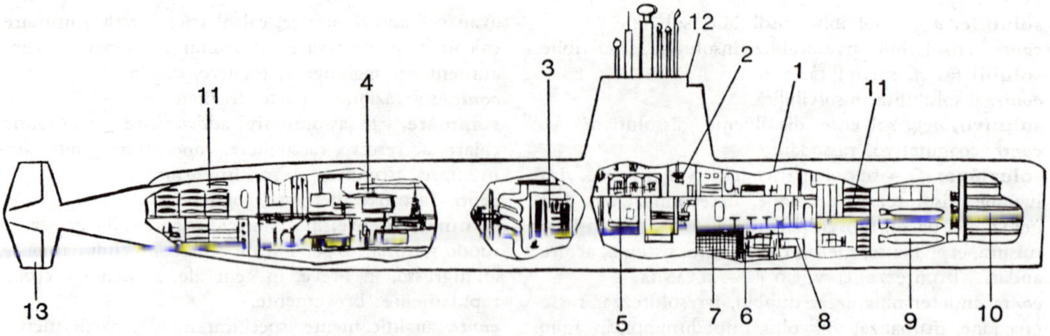

SOMMERGIBILE – 1) alloggio comandante; 2) sala periscopio; 3) reattore; 4) sala macchine; 5) sala controllo e comandi; 6) sala riunioni; 7) batterie; 8) cambusa; 9) depositi siluri; 10) tubi lanciasiluri; 11) alloggi marinai; 12) ponte; 13) timone.

sómmo, *agg.* alto, altissimo, eccelso, massimo, eccellente, primario, supremo, superiore a tutti, grandissimo, immenso || *sm.* il punto più alto, il grado più elevato, culmine, colmo, vertice, → SOMMITÀ.
contr. infimo, piccolissimo, minimo, bassissimo, nullo || mediocre, nullità.
sommoscàpo, *sm.* ratta superiore.
nomencl. colonna, fusto, capitello, collarino, scapo.
contr. imoscapo, ratta inferiore.
sommòssa, *sf.* subbuglio, moto, sommovimento, sollevazione, sedizione, sovvertimento, tumulto, rivolta, ribellione, dimostrazione, insurrezione, incendio, barricate, → RIVOLUZIONE.
sommoviménto, *sm.* agitazione, emozione, commozione, rapimento, sospensione || → SOMMOSSA, RIVOLUZIONE.
sommozzatóre, *sm.* subacqueo, sub, → PALOMBARO.
sommuòvere, *v.tr.* agitare, smuovere, eccitare, aizzare, istigare, concitare. sconvolgere, sovvertire, far perdere la testa.
contr. quietare, calmare, sedare, acquietare, pacificare, placare, soddisfare.
sonagliàre, *v.intr.* → SUONARE.
sonaglièra, *sf.* bubboliera.
sonàglio, *sm.* bubbolo, bronzino, campanello, campano, tintinnàbolo.
sonànte, *ppr.* di sonare || *agg.* risonante, altisonante, sonoro, rimbombante, squillante, reboante, grandisonante, magniloquente, → RUMOROSO.
contr. muto, tacito, silenzioso || modesto.
sonàre, *v.tr.* e *intr.* suonare, dar fiato (a uno strumento), percuotere i tasti, pizzicare o strofinare le corde, straziare gli orecchi, grattare uno strumento, friggere, concertare, strimpellare, strombettare, toccheggiare, stonare, rumoreggiare, rombare, squillare, tartassare, tintinnare, tinnire, sonicchiare, scarabillare, scornettare || eseguire musica o un pezzo musicale || indicare col suono || *intr.* emettere suono, risonare, scoccare || *fig.* significare.
contr. tacere, far silenzio, essere muto.
sonàta, *sf.* suonata, esecuzione musicale, composizione musicale || *fig. scherz.* bastonatura || inganno (subìto nel comprare).
nomencl. (*pertinenti*) cocchiata, serenata, mattinata, notturno, concento, concerto, fantasia, fuga, trio, scampanata, scampanellata, strimpellata, toccata, ballata, spifferata.
sonatóre, *sm.* musicante, musico, bandista, esecutore, filarmonico, strumentista, strimpellatore, virtuoso.
nomencl. (*specificazioni*) chitarrista, flautista, clarinettista, oboista, pianista, violinista, concertista, professore d'orchestra, tempista, mandolinista, solista, violoncellista || dilettante, amatore, orecchiante || orchestra, banda, fanfara, trio, quartetto, settimino || (*tecnica*) prova, suonata, arcata, cavata, imboccatura, chiaroscuri, tenuta, accento, espressione, ricercata, stecca, attacco, forte, piano, pianissimo, accordature || *verb.* accennare, accentare, accompagnare, accordare, affiatare, arpeggiare, allargare, stringere, battere il tempo, dare l'intonazione, granire le note, intonare, leggere la musica, picchettare, pizzicare, preludiare, rallentare, sfumare il suono, svegliare un istrumento, temperare, toccare, trasportare, trattare, svolgere, riprendere, uscire di chiave, stonare.
sónda, *sf.* → SCANDAGLIO || CATETERE.
sondàbile, *agg.* sperimentabile, investigabile, comprensibile.
contr. insondabile, incomprensibile, misterioso.
sondàggio, *sm.* specillatura, siringatura || *fig.* scandagliata, esplorazione, introspezione, indagine, investigazione, statistica, rilevamento.
sondàre, *v.tr.* scandagliare, esaminare, esplorare, saggiare, indagare, specillare, → CERCARE.
sonétto, *sm.*
nomencl. a rime obbligate, caudato || chiusa, catena di sonetti, sonettessa.
sonicchiàre, *v.tr.* e *intr.* → SONARE.
sonnacchiàre, *v.intr.* → SONNECCHIARE.
sonnacchióso, *agg.* addormentato, sonnolento, assonnato, mezzo addormentato, insonnito, insonnolito, assonnito, intorpidito, alloppiato, torpido, imbambolato || pigro, negligente, tardo, lento.
contr. sveglio, desto, vigile, pronto, alacre.
sonnàmbula, *sf.* → INDOVINO.
sonnambulísmo, *sm.* ipnotismo, sonno ipnotico.
sonnàmbulo, *agg.* e *sm.* → NOTTAMBULO.
sonnecchiàre, *v.intr.* sonnacchiare, sonneggiare, dormicchiare, appisolarsi, fare un pisolino, dormire, pisolare.
contr. stare svegli, svegliarsi, vegliare.

sonnífero, *agg.* e *sm.* addormentatore, narcotico, ipnotico, soporifero, alloppiante, torpente || *fig.* noioso, tedioso.
nomencl. barbiturico, tranquillante, oppio, morfina, cloroformio.
contr. eccitante, stimolante, divertente, entusiasmante || svegliarino.
sonnilòquio, *sm.* vaniloquio, vaneggiamento, vagellamento, delirio.
sónno, *sm.* assopimento, assonnamento, dormita, dormiveglia, insonnolimento, pisolo, pisolino, siesta, sopore, sonnolenza, torpore, coma, letargo, letargia, riposo, riassopimento || sonno eterno, morte.
nomencl. (*attinenti*) sonnambulismo, sonniloquio, sonnifero, cavasonno, incubo, succubo, ipnosi, narcotico, tranquillante, barbiturico, soporifero || *agg.* alto, duro, profondo, greve, pesante, stretto, leggero, lieve, calmo, placido, tranquillo, inquieto, agitato, torbido, ristoratore, riparatore, benefico, salutare, meridiano, primo, interrotto, continuato, lungo, breve || *verb.* avere, cadere, venire, cascare, morire di sonno, dormire in piedi, abbacchiarsi, appisolarsi, addormentarsi, procurare o provocare il sonno, immergersi nel sonno, sopire, sopirsi, interrompere, rompere, disturbare, destare, guastare, svegliare, conciliare, lusingare il sonno, russare, dormicchiare, sonnecchiare, vincere il sonno, assopirsi.
contr. insonnia, agripnia, risveglio, veglia, vigilia.
sonnolènto, *agg.* → SONNACCHIOSO.
sonnolènza, *sf.* sonno, cascaggine, coma, sopore, torpore, letargo, letargia, riposo, insonnolimento, intontimento, assopimento.
contr. sveglia, veglia, vigilia, insonnia.
sonnolíto, *agg.* insonnolito, → SONNACCHIOSO.
sonorità, *sf.* risonanza, rispondenza acustica, → SUONO.
contr. cupezza, sordità, sordezza.
sonòro, *agg.* scampanellante, argentino, squillante, tintinnante, tinniente, tinnulo, trillante, sonante, risonante, altisonante, altisono, reboante, grandisonante, vocale, rumoroso, rumoreggiante.
contr. cupo, sordo, tacito, silenzioso, silente.
sontuosità, *sf.* → SUNTUOSITÀ.
sontuóso, *agg.* → SUNTUOSO.
soperchiàre, *v.tr.* superare, vincere, → SOVERCHIARE.
soperchiería, *sf.* → SOVERCHIERIA, PREPOTENZA, OPPRESSIONE.
sopíre, *v.tr.* indurre sopore, addormentare || attutare, lenire, → MITIGARE.
sopóre, *sm.* → SONNO, NARCOSI.
soporífero, *agg.* sonnifero, addormentatore, narcotico, ipnotico, torpente, barbiturico || *fig.* noioso, tedioso.
contr. eccitante, stimolante, divertente, entusiasmante, appassionante.
soppàlco, *sm.* → SOFFITTA, PALCO.
soppannàre, *v.tr.* → FODERARE.
soppànno, *sm.* → FODERA.
soppassíre, *v.intr.* → APPASSIRE.
sopperíre, *v.tr.* provvedere al bisogno, far fronte, rimediare, bastare, fronteggiare, → SUPPLIRE, SOVVENIRE.
soppesàre, *v.tr.* → MISURARE, PREMERE || *fig.* ponderare, pensare, → RIFLETTERE.
soppiantàre, *v.tr.* sostituire, mettersi al posto di uno, dare lo sgambetto, sottentrare, scavalcare, ingannare, soffiare il posto, supplantare.
soppiàtto (di), *loc. avv.* di nascosto, nascostamente, celatamente, occultamente, in sordina, quatto quatto.
nomencl. soppiattone.
contr. apertamente, in pubblico, palesemente, alla luce del sole, alla scoperta, manifestamente, visibilmente, chiaramente, svelatamente.
soppiegàre, *v.tr.* → PIEGARE.
sopportàbile, *agg.* tollerabile, comportabile, passabile, scusabile, compatibile, comprensibile, digeribile, perdonabile, soffribile, sopportevole, portabile, possibile.
contr. insopportabile, intollerabile, impossibile, impraticabile, maltollerabile, ostico, insoffribile, incomportabile.
sopportàre, *v.tr.* durare, comportare, reggere, resistere, sostenere || soffrire, sofferire, patire, tollerare, pazientare, smaltire, superare, trangugiare, digerire, inghiottire, ingoiare, sorbettarsi, sorbire, permettere; lasciar correre, rassegnarsi, subire (con rassegnazione), compatire, scusare, perdonare, prendere in santa pace, adattarsi, adagiarsi.
contr. reagire, opporsi, ribellarsi, spazientirsi, insorgere, vendicarsi.
sopportàto, *pps.* di sopportare || *agg.* sofferto, patito, tollerato, pazientato, superato, compatito.
sopportazióne, *sf.* sofferenza, tolleranza, pazienza, rassegnazione, sopporto, resistenza, indulgenza, fortezza d'animo, compatimento, perdono.
contr. intolleranza, opposizione, renitenza, impazienza, reazione, ribellione.
sopportévole, *agg.* → SOPPORTABILE.
soppòrto, *sm.* sostegno, montante, rinforzo, supporto || sopportazione, tolleranza.
sopprèssa, *sf.* pressa, strettoio, torchio.
soppressàre, *v.tr.* pigiare, comprimere, calcare, pressare, premere, torchiare, stringere || → GUALCARE, STIRARE.
soppressatríce, *sf.* → STIRATRICE.
soppressióne, *sf.* abolizione, annullamento, cancellazione, cessazione, distruzione, liquidazione || repressione, soffocamento, smorzamento, costrizione, compressione, violenza.
soppresso, *pps.* di sopprimere || *agg.* → CANCELLATO.
soppríme re, *v.tr.* abolire, cancellare, togliere, annullare, depennare, reprimere, distruggere, radere || ammazzare, uccidere, liquidare || *rifl.* suicidarsi.
contr. lasciar vivere, sussistere, durare, vivere.
soppúnto, *sm.* sopraggitto, sopraffilo.
sópra o **sóvra,** *prep.* e *avv.* su, addosso, a ridosso, contro, circa, intorno, lassú, oltre, piú che, piú di.
contr. sotto.
soprabbondàre e deriv. → SOVRABBONDARE e deriv.
sopràbito, *sm.* cappa, cappotto, gabbana, gabbano, palandra, palandrana, palandrone, paltò, pastranello, pastrano, finanziera, prefettizia, impermeabile, spolverino, mantello.

sopraccàpo, *sm.* sovrintendente, controllore, vigilatore || grattacapo, briga, pensiero molesto, fastidio, noia, cura, ansietà.
sopraccaricàre e deriv. → SOVRACCARICARE e deriv.
sopraccennàto, *pps.* di sopraccennare || *agg.* → SUDDETTO.
sopraccièlo, *sm.* → BALDACCHINO.
sopraccíglio, *sm.* ciglio.
sopraccitàto, *pps.* di sopraccitare || *agg.* → SOPRADDETTO.
sopraccolónnio, *sm.* → ARCHITRAVE.
sopraccopèrta, *sf.* → FODERA.
sopraddétto, *agg.* → SUDDETTO.
sopraddíre, *v.intr.* aggiungere, → ESAGERARE.
sopraeccedènza, *sf.* → SOVRABBONDANZA.
sopraeccellènte, *agg.* → ECCELLENTE.
sopraelevàre o **soprelevàre,** *v.tr.* costruire sopra || innalzare, dominare, sovrastare, emergere, soverchiare.
contr. abbassare, abbattere, stare sotto.
sopraelevazióne o **soprelevazióne,** *sf.* → AUMENTO.
sopraeminènte o **sopreminènte,** *agg.* → ECCELSO.
sopraespósto, *agg.* → SOVRAESPOSTO.
sopraffàre, *v.tr.* fare, usare prepotenza, violenza, soperchieria, sopruso; opprimere, soperchiare, sormontare, soverchiare, superare, vantaggiare, eccedere, sconfiggere, battere, calcare, sottomettere, annientare, sbaragliare, distruggere.
contr. essere sopraffatto, vinto, oppresso, umiliato, rassegnarsi.
sopraffàtto, *pps.* di sopraffare || *agg.* → BATTUTO.
sopraffazióne, *sf.* prepotenza, sopruso, oppressione, soperchieria, soverchieria, violenza, eccesso, ingiustizia, affronto, oltraggio, ingiuria.
nomencl. *verb.* fare, usare, subire.
contr. umiliazione, abiezione, viltà, sottomissione, rassegnazione.
sopraffílo, *sm.* → SOPRAGGITTO.
sopraffinaménto, *sm.* → PERFEZIONAMENTO.
sopraffíno, *agg.* → FINE.
sopraffusióne, *sf.* soprassaturazione.
sopraggítto, *sm.* sopraffilo, soprammano, soppunto.
sopraggiúngere, *v.intr.* raggiungere, sopravvenire, piombare, arrivare improvvisamente, seguire subito dopo, seguire immediatamente, venir dietro, giungere dopo gli altri || accadere, cogliere ad un tratto, intervenire, intromettersi, avvenire || *tr.* → AGGIUNGERE.
contr. precedere, antecedere, rimanere fuori, estraneo.
sopraindicàto, *agg.* → SUDDETTO.
sopraIlodàto, *agg.* → SUDDETTO.
sopralluògo, *sm.* accesso giudiziario, ispezione, visita.
soprammentovàto, *agg.* → SUDDETTO.
soprammenzionàto, *agg.* → SUDDETTO.
soprammòbile, *sm.* ninnolo, oggetto, ornamento, carabattola.
soprammondàno, *agg.* → SOPRANNATURALE.
soprammontàre, *v.intr.* → ABBONDARE, SOVRABBONDARE.
soprannaturàle, *agg.* preternaturale, oltranaturale, non naturale, trascendente, sopramondano, sovrumano, prodigioso, miracoloso, meraviglioso, divino.
contr. naturale, materiale, terreno, comune, semplice, immanente.

soprannóme, *sm.* nomignolo, pseudonimo, epiteto || nome.
soprannominàre, *v.tr.* → CHIAMARE.
soprannominàto, *pps.* di soprannominare || *agg.* → SOPRAINDICATO.
soprannumeràrio, *agg.* → STRAORDINARIO.
soprappannàre, *v.tr.* → VESTIRE.
soprappassàggio, *sm.* viadotto, ponte aereo, sopraelevata.
contr. sottopassaggio, sottopasso, sotterraneo.
soprappensièro, *avv.* distrattamente || *agg.* distratto, astratto, inquieto, agitato, concentrato, pensieroso, preoccupato.
soprappéso, *sm.* → SOVRAPPESO.
soprappienézza, *sf.* → SOVRABBONDANZA.
soprappiú, *sm.* eccedenza, eccesso, → AGGIUNTA, PLEONASMO || *avv.* di piú, inoltre.
contr. deficienza, insufficienza, mancanza, scarsità.
soprappórre, *v.tr.* → SOVRAPPORRE.
soprascàrpa, *sf.* → CALOSCIA.
soprascrítta, *sf.* → INDIRIZZO.
soprascrítto, *agg.* → SUDDETTO.
soprassaturazióne, *sf.* sopraffusione.
soprassedére, *v.intr.* aspettare, attendere, indugiare, differire, rimandare, procrastinare, prorogare, rinviare, sospendere, temporeggiare, fermarsi.
contr. decidere immediatamente, fare subito, affrettare, accelerare, sollecitare, anticipare.
soprassèllo, *sm.* sovraccarico, soprappiú, sovrappeso, soprassoma, aggiunta.
soprassòglio, *sm.* → ARCHITRAVE.
soprassòldo, *sm.* → DIARIA, PAGA.
soprassòma, *sf.* → SOVRACCARICO.
soprastànte, *ppr.* di soprastare || *agg.* → IMMINENTE.
contr. sottostante.
soprastàre, *v.intr.* → SOVRASTARE || indugiare, prorogare, fermarsi, aspettare, soprassedere, differire, rimandare, rinviare, sospendere, fermarsi, frenare, temporeggiare, procrastinare || soverchiare, emergere, sormontare, soprintendere, → PADRONEGGIARE, GOVERNARE.
contr. sottostare || decidere, fare subito, accelerare, affrettare, anticipare.
soprattàcco, *sm.* salvatacco.
soprattàssa, *sf.* → TASSA, BOLLO.
soprattútto, *avv.* principalmente, particolarmente, specialmente, innanzitutto.
sopravanzàre, *v.tr.* superare, eccedere, soverchiare, emergere, sorpassare, sormontare, sopravvanzare, aver la supremazia || avanzare, sporgere, restare, residuare, rimanere || → ECCELLERE.
contr. essere al disotto, mancare, essere inferiore || stare indietro.
sopravànzo, *sm.* → RESIDUO, RESTO.
contr. ammanco, disavanzo.
sopravvenire, *v.intr.* intervenire, sopraggiungere, arrivare inaspettatamente, in modo imprevisto, giungere improvvisamente, sorprendere, soprapprendere || succedere, accadere, avvenire.
sopravvènto, *sm. fig.* vantaggio, padronanza, posizio-

ne vantaggiosa, superiorità, potere, influsso || prepotenza, invadenza, → INGANNO.
contr. sottovento || svantaggio, inferiorità, sottomissione.
sopravvèste, *sf.* saio, soprana, palandra, mantello, cotta.
nomencl. (*enumerazione*) camiciotto, cappa, cappamagna, clamide, grembiule, mantelletta, mantiglia, mantellina, rotonda, paludamento, scialle, camicetta, cappottina, cappotto, casacca, domino, gabbanella, gabbano, guarnello, mozzetta, pellegrina, peplo, polacca, polonese, rocchetto, gonnella, spolverino.
contr. sottoveste, sottogonna.
sopravvissúto, *pps.* di sopravvivere || *agg.* e *sm.* → SUPERSTITE.
contr. soccombente, vittima, sacrificato.
soprinnestàre, *v.tr.* → INNESTARE.
soprintendènte, *sm.* → SOVRINTENDENTE.
soprintèndere, *v.tr.* → SOVRINTENDERE.
soprúso, *sm.* sopraffazione, prepotenza, oppressione, soperchieria, soverchieria, violenza, offesa, ingiuria, insulto, affronto, insolenza, torto, abuso, ingiustizia, invadenza.
contr. favore, concessione, benignità, equità, giustizia.
soqquadràre, *v.tr.* mettere a soqquadro, → DISORDINARE.
soqquàdro, *sm.* → DISORDINE.
soràcchio, *sm.* → ESPETTORAZIONE.
sorbettàre, *v.tr.* ridurre a sorbetto, gelare, raffreddare || *rifl. fig.* → SOPPORTARE.
sorbétto, *sm.* → GELATO.
sorbíre, *v.tr.* → ASSORBIRE || lambire, leccare, sorsare, sorseggiare, centellinare, → BERE || *fig.* sorbettarsi, sciropparsi, sopportare, mandar giú (cosa spiacevole).
contr. ingolare, ingollare, ingoiare, trangugiare, inghiottire, tracannare, ingozzare, cioncare.
sorbóne, *agg.* cupo, sornione, pensieroso.
contr. sollazzevole, piacevole, festevole.
sórcio, *sm.* → TOPO.
sórcolo, *sm.* → INNESTO.
sordacchióne, *agg.* → SORDO.
sordàggine, *sf.* → SORDITÀ.
sordàstro, *agg.* → SORDO.
sordellína, *sf.* → PIVA.
sordidàre, *v.tr.* → SPORCARE.
sordidézza, *sf.* sporcizia, sudiciume, sudiceria, squallore, abiezione, neghittosità, sozzura || estrema avarizia, grettezza, ingordigia, spilorceria, taccagneria, lésina.
contr. pulizia, nettezza, lindura || generosità, larghezza, prodigalità.
sòrdido, *agg.* pidocchioso, sporco, sudicio, sozzo, lordo, abietto, squallido || spilorcio, gretto, ingordo, taccagno, → AVARO.
contr. pulito, netto, lindo || generoso, prodigo, sprecone.
sordína (in), *loc. avv. fig.* attenuatamente, sordamente, sottovoce, di soppiatto, celatamente || furbescamente.
contr. chiaramente, a gran voce, ad alta voce, a chiare note, sonoramente, rumorosamente, apertamente, palesemente, *coram populo*.
sordità, *sf.* sordaggine, grossezza d'udito, durezza d'orecchio, assordamento.
nomencl. (*rimedi*) cornetto acustico, portavoce, apparecchio a transistor.
sórdo, *agg.* duro d'orecchio, sordastro, sordacchione, assordato, assordito, insordito, sordo spaccato, stordito || (di suono, rumore) cupo, fondo, basso, cavo, profondo || sordo alle preghiere, → INESORABILE.
nomencl. *verb.* assordare, insordire.
contr. (di suono, rumore) sonoro, chiaro, limpido, penetrante, vibrante, argentino, squillante.
sordomúto, *agg.* e *sm.* → MUTO.
sorèlla, *sf.* germana, sirocchia, sorore, suora, sorellastra.
nomencl. *agg.* carnale, gemella, maggiore, minore || sorellevole, sororale.
sorellàstra, *sf.* → SORELLA.
sorgènte, *pr.* di sorgere || *agg.* scaturiente, zampillante, nascente, sorgivo || *sf.* pozzo, fontana, fontanile, polla, scaturigine, soffione, vena, zampillo, bocca, capo d'acqua, fonte, rampollamento, sorgiva, acqua freatica, bulicame, getto || *fig.* causa, origine, capo, principio, genesi, estremità.
nomencl. (*inerenti*) cannello, filo, rocchio, berigagnolo, luce, *geyser* || Naiadi || crenologia, idroscopia || *agg.* perenne, continua, intermittente, termale, calda, fresca, leggera, inaridita, secca || *verb.* bulicare, gemere, gemicare, sgorgare, uscire, zampillare, sorgere, pullulare, buttare, scaturire.
contr. sbocco, foce, estuario, delta || conseguenza, effetto, esito.
sórgere, *v.intr.* alzarsi, emergere, innalzarsi, assorgere, assurgere, rizzarsi, rialzarsi, sollevarsi, levarsi, salire, saltar su, balzare, estollersi, risorgere, spuntare, venir fuori, uscire, nascere, apparire, originare, derivare, presentarsi, scaturire, pullulare, erompere, sgorgare, zampillare, rampollare, spicciare, scannellare.
contr. cadere, scendere, abbassarsi, coricarsi || sboccare, sfociare, terminare || (del sole) tramontare, calare.
sorgíva, *sf.* → SORGENTE.
sorièno, *agg.* → GRIGIO.
sormontàbile, *agg.* → SUPERABILE.
contr. insormontabile.
sormontàre, *v.tr.* → PASSARE, SALIRE || *fig.* soverchiare, → SOPRAFFARE.
sornacchiàre, *v.intr.* → RUSSARE || SPUTARE.
nomencl. sornacchio, scaracchio.
sornióne, *agg.* e *sm.* susornione, sorbone, cupo, saturnino, uggioso, lunatico, malinconico || acqua cheta, madonnina infilzata, gattamorta, ipocrita, subdolo, libro chiuso, misterioso, lima sorda, impostore, falso, pigro, nasconditore, ambiguo.
contr. gioviale, franco, aperto, sincero, leale.
sorpassàbile, *agg.* → SUPERABILE.
contr. insorpassabile.
sorpassàre, *v.tr.* oltrepassare, sopravvanzare, → PASSARE, SUPERARE, ECCEDERE.
sorprendènte, *ppr.* di sorprendere || *agg.* → MERAVIGLIOSO, MIRACOLOSO.
sorprèndere, *v.tr.* prendere all'improvviso, cogliere, all'impensata, acchiappare, pizzicare, carpire di sor-

presa, giungere, incogliere, arrivare, sopravvenire, pigliare di sorpresa, soprapprendere, trovare || strabiliare, meravigliare, stupire, commuovere, rendere stupefatto, attonito, ammirato.
contr. preparare, preannunziare, preavvertire || stare all'erta, essere preparato, rimanere indifferente.
sorprésa, *sf.* improvvisata, cosa inaspettata, assalto improvviso, avvenimento || ammirazione, → MERAVIGLIA, STUPORE.
sorpréso, *pps.* di sorprendere || *agg.* → MERAVIGLIATO.
sorrèggere, *v.tr.* reggere, sostenere, tener diritto, tener fermo, sollevare, alzare su, rialzare, rizzare, sospendere || *fig.* affiancare, aiutare, soccorrere, incoraggiare, incorare, intervenire || *rifl.* reggersi, sostenersi, star diritto.
contr. lasciare, abbandonare, abbassare, abbattere, atterrare || abbandonarsi, disanimarsi, scoraggiarsi.
sorrenaménto, *sm.* → DUNA.
sorridènte, *ppr.* di sorridere || *agg.* ridente, allegro, ameno, lieto, gioviale, gaio, brioso, ridarello, sereno, vivo, vivace, vispo, quieto, tranquillo, calmo, fiducioso, fidente, aperto.
contr. imbronciato, aggrondato, immusonito, cupo, sorbone, diffidente, chiuso.
sorrídere, *v.intr.* sogghignare, ghignare, → RIDERE.
sorríso, *sm.* risolino, risetto, → RISO.
contr. risata, risataccia, sogghigno, ghigno, sghignazzata.
sorsàta, *sf.* → SORSO.
sorseggiàre, *v.tr.* sorsare, lambire, leccare, delibare, sorbire, centellinare, → BERE.
contr. ingollare, ingoiare, ingolare, inghiottire, cioncare, tracannare.
sorsíno, *sm.* → MINUZIA.
sórso, *sm.* gorgata, sorsata, sorsetto, gocciolo, centello, centellino, zinzino.
contr. cioncata, gran bevuta.
sòrta o **sòrte,** *sf.* forma, fatta, foggia, guisa, specie, qualità, razza, genere, categoria, tipo, modo, risma, ramo, varietà.
nomencl. assortimento || *verb.* assortire.
sòrte, *sf.* caso, ragione, fortuna, combinazione, evenienza, sfortuna, rischio, destino, fato, evento, ventura, fatalità, ruota del destino, alea.
nomencl. *agg.* amica, benigna, buona, vantaggiosa, utile, nemica, avversa, contraria, ostile, sfavorevole, propizia, favorevole, dura, crudele, malvagia, inesorabile, inflessibile, cattiva, mala, triste, maligna, perversa, malefica || *verb.* sorteggiare || interrogare, incontrare, capitare, abbattersi, tentare, avere, correre.
sorteggiàre, *v.tr.* estrarre o tirare a sorte, → ELEGGERE.
sortéggio, *sm.* estrazione, lotteria.
nomencl. (*attinenti*) bossolo, urna, pallina || *verb.* sorteggiare, imbussolare.
sortería, *sf.* → MAGIA.
sortière, *sm.* → INDOVINO, MAGO.
sortilègio, *sm.* → MAGIA, DIAVOLERIA.
sortílego, *sm.* → MAGO.
sortíre, *v.tr.* ottenere per caso, avere in destino, in sorte, conseguire fortuitamente, capitare, avvenire || *intr.* uscire a sorte (dall'urna), sorteggiare, accadere (*ant.*) || *region.* uscire.
sortíta, *sf.* → ATTACCO || PORTA.
sorvegliànte, *ppr.* di sorvegliare || *sm.* vigile, vigilatore, guardia, guardiano, custode, impiegato, controllore, sovrintendente.
sorveglianza, *sf.* vigilanza, cura, oculatezza, ispezione, controllo, guardia, tutela.
sorvegliàre, *v.tr.* vigilare, soprintendere, guardare, curare, osservare, custodire, badare, controllare, sindacare, criticare, censurare, rimproverare, spiare, invigilare, far buona guardia, far la guardia, non perder d'occhio, tener d'occhio, porre mente, far attenzione, tener conto, stare all'erta, stare con gli occhi aperti, tenere gli occhi addosso || *rifl.* → PADRONEGGIARE.
contr. trascurare, sorvolare, omettere, non fare conto, essere negligente, abbandonare, lasciar fare.
sorvolàre, *v.tr.* superare, oltrepassare, passare, sorpassare, eccedere, sormontare, volar sopra || *fig.* non badare, non considerare, trascurare, esser negligente, tralasciare, → OMETTERE.
contr. sorvegliare, tener d'occhio, tener conto, badare, considerare, osservare, zelare.
soscrívere, *v.tr.* → SOTTOSCRIVERE.
soscrizióne, *sf.* → SOTTOSCRIZIONE.
sospèndere, *v.tr.* attaccare, sollevare, innalzare, alzar su, tirar su, sorreggere, appiccare, tenere in aria, appendere, impiccare, agganciare, far penzolare || *fig.* prorogare, interrompere, fermare, cessare, tener sospeso, rimandare, rimettere ad altro tempo, differire, tralasciare, smettere, arrestare.
contr. piantare, fissare || continuare, dar seguito, proseguire, andare avanti, accelerare, affrettare, sollecitare, premere.
sospensióne, *sf. fig.* cessazione temporanea, interruzione, arresto, intermissione, attesa || dilazione, proroga, rimando, rinvio, differimento, tregua, dubbio, ansia, esitazione, incertezza || dimissione, destituzione, rimozione || commozione, estasi, rapimento, sommovimento, emozione.
nomencl. *verb.* essere, stare, restare in forse, esitare, dubitare.
contr. continuazione, prosecuzione, proseguimento, séguito.
sospéso, *pps.* di sospendere || *agg.* pendente, pendulo, appeso, attaccato in alto, penzolante, dondolante, pensile || interrotto, arrestato, cessato || rimandato, rinviato, prorogato, differito || incerto, dubbio, dubbioso, titubante, esitante, vacillante, tentennante, perplesso, tenuto sulla corda, tenuto a bada.
contr. piantato, fermo, stabile, fisso, fissato || continuato, proseguito, perseguito.
sospettàbile, *agg.*
contr. insospettabile.
sospettàre, *v.tr.* diffidare, temere, dubitare, aver delle apprensioni, insospettirsi, supporre, subodorare, ombrarsi, adombrarsi, almanaccare, allarmarsi, congetturare, credere, intuire, pensare male, non fidarsi, avere una pulce in un orecchio, stare all'erta.
contr. essere certo, avere la certezza, saper con certezza, avere le prove || fidarsi, abbandonarsi, esser tranquillo.
sospètto, *agg.* dubbio, malfido, equivoco, non chiaro,

indiziale, ambiguo || *sm.* diffidenza, timore, paura, apprensione, congettura, supposizione, sfiducia, discredito, disistima, gelosia, ombra, scrupolo || dubbio, dubbiezza || apparenza, indizio.
nomencl. (*inerenti*) giudizio temerario, ambiguità, equivoco || *agg.* bieco, inconsistente, falso, forte, grave, molesto, orribile, reo, vago, volgare, vano, temerario, debole, piccolo || *verb.* destare, generare, indurre, suscitare, prevenire, scoprire, far tacere.
contr. certo, certamente colpevole o dannoso o avverso || certezza, testimonianza, prova, dimostrazione, realtà, sicurezza.
sospettóso, *agg.* incredulo, diffidente, dubbioso, ombroso, suscettibile, permaloso, geloso, guardingo, malfidato, timoroso, sfiduciato, cauto, circospetto, riservato.
contr. tronfio, presuntuoso, sicuro di sé, noncurante, trascurato || fiducioso, tranquillo, sereno.
sospíngere, *v.tr.* → RESPINGERE, MUOVERE || incitare, eccitare, animare, indurre, sollecitare → SPINGERE.
sospingiménto, *sm.* → SPINTA.
sospínta, *sf.* → SPINTA.
sospirànte, *ppr.* di sospirare || *agg.* che sospira || *sm.* spasimante, smaniante, → AMANTE.
sospiràre, *v.intr.* emettere, trarre, esalare sospiri || *tr.* bramare, anelare, agognare, smaniare, aspettare, desiderare || ricordare, aver rimorsi, rammaricarsi, aver nostalgie, deplorare, rimpiangere, piangere.
contr. gioire, godere, esultare, essere soddisfatto.
sospiràto, *pps.* di sospirare || *agg.* bramato, desiderato, atteso, aspettato, rimpianto, sollecitato, invocato, agognato.
contr. deprecato, temuto, tenuto lontano.
sospíro, *sm.* soffio, gemito, respiro || affanno, ansia, ansima, ambascia || *fig.* desiderio, brama, inquietudine, invocazione, attesa || rimpianto, rimorso, amarezza || pausa.
nomencl. *agg.* amoroso, dolce, doloroso, frequente, lungo, sconsolato, affannoso || *verb.* muovere, trarre, emettere i sospiri.
contr. deprecazione, scongiuro, urlo, grido.
sospiróso, *agg.* → MALINCONICO, ADDOLORATO.
sossópra, *avv.* → SOTTOSOPRA.
sòsta, *sf.* posa, fermata, arresto, ritardo, indugio, aspettativa, tregua, riposo, cessazione, quiete.
contr. continuazione, séguito, continuità, proseguimento, ripresa.
sostantívo, *sm.* → NOME.
sostànza, *sf.* essenza, essenziale, essenzialità, anima, forma, natura, esistenza, materia, intrinseco, interno, midolla, quintessenza, pieno, quiddità, sugo, somma, soggetto, elemento, principio || corpo, consistenza || contenuto, argomento, parte utile, parte piú importante || realtà || nutrimento || patrimonio, denaro, averi, beni.
nomencl. (*distinzioni*) materiale, sensibile, tangibile, corporea, ponderabile, divisibile, immateriale, spirituale, semplice || (*attinenti*) atomo, cellula, monade, prodotto, impasto.
contr. forma, apparenza, esterno, superficie, accidente.
sostanziàle, *agg.* → ESSENZIALE, REALE.
contr. accidentale, apparente, formale.
sostanzialménte, *avv.*
contr. accidentalmente, formalmente, apparentemente.
sostanzióso, *agg.* corposo, consistente, sodo, nutritivo, nutriente.
contr. fatuo, futile, inconsistente, vuoto.
sostàre, *v.intr.* soffermarsi, fermarsi, indugiare, arrestarsi, rattenersi, trattenersi, posare, distendersi, riposarsi, quietare.
contr. non cessare, proseguire, continuare, riprendere il cammino, camminare.
sostégno, *sm.* base, appoggio, appoggiatoio, bastone, braccio, puntello, palo, posamento, fondamento, perno, piedistallo, piede, gamba, mensola, appoggiamento, appoggiatura, colonna, caposaldo, sopporto, supporto, montante, rinforzo, incalzo, rincalzo, rinfiancamento, corroborazione, stampella, tallone, trave, trespolo, contrafforte || *fig.* difesa, soccorso, soccorrimento, sovvenimento, spalleggiamento, solidarietà, aiuto, credito, sussidio, sollievo, suffragio, protezione, favore, mantenimento, conforto, forza, lenimento, appoggio morale.
sostenére, *v.tr.* folcere, folcire, soffolcere, puntellare, appoggiare, reggere, tener su, mantener fermo, rinforzare, rafforzare, appuntellare, portare, sopportare, resistere, appiccare || aiutare, dare appoggio, favorire, secondare, assecondare, corroborare, propugnare, patrocinare, proteggere, difendere, prendere le difese, confortare, fiancheggiare, tener bordone, spalleggiare, essere solidale, avallare || sopportare, tollerare, soffrire || affermare, avvalorare, suffragare, ragionare || sostentare, mantenere, alimentare, nutrire || sostenere una parte, → RAPPRESENTARE || *rifl.* reggersi, tenersi su, resistere, aiutarsi reciprocamente.
contr. lasciar cadere, abbandonare, tradire, trascurare, esser negligente || negare || denigrare.
sosteníbile, *agg.*
contr. insostenibile.
sostenibilità, *sf.*
contr. insostenibilità.
sostenitóre, *agg.* e *sm.* fautore, favoreggiatore, partigiano, zelatore, simpatizzante, amico, favorevole, propenso, difensore, protettore, patrocinatore, fiancheggiatore, solidale.
contr. avversario, oppositore, detrattore, denigratore, calunniatore, tentatore.
sostentaménto, *sm.* vitto, alimento, nutrimento, comodità || → MANTENIMENTO.
sostentàre, *v.tr.* → MANTENERE, ALIMENTARE.
sostenutézza, *sf.* serietà, severità, austerità, durezza, rigore, rigorismo, rigorosità, gravità, gravezza, asprezza, inclemenza, fermezza, rigidezza, riservatezza, broncio; contegno piccato, permaloso, grave, serio, riservato.
contr. mollezza, floscezza || amabilità, affabilità, espansività, cordialità, giovialità, confidenza.
sostenúto, *pps.* di sostenere || *agg.* sorretto, aiutato, difeso, favorito, tenuto su, tenuto alto || riservato, severo, supercilioso, contegnoso, piccato, permaloso, suscettibile, chiuso, grave, austero, fermo, rigido, serio.

contr. molle, floscio || trascurato, abbandonato, abbassato || affabile, cordiale, gioviale, espansivo, aperto.
sostituíbile, *agg.* cambiabile, commutabile, convertibile, permutabile, scambiabile, surrogabile, intercambiabile.
contr. insostituibile, necessario, indispensabile.
sostituíre, *v.tr.* soppiantare, sottentrare, scavalcare, supplantare, surrogare, subentrare, rimpiazzare, scambiare, dare il cambio, succedere, avvicendare, supplire, mutare, → CAMBIARE.
contr. mantenere invariato, immutato, rinunciare.
sostitúto, *sm.* succedaneo, sostitutore, surrogante, supplente, facente funzione, sottentrante, surrogato, subentrante, successore, interino, vicario, vice, reggente.
contr. effettivo, responsabile, titolare.
sostitutóre, *agg.* e *sm.* → SOSTITUTO.
sostituzióne, *sf.* scambio, surrogamento, surrogazione, supplenza, sottentramento, cambio, rimpiazzo, avvicendamento.
sostràto, *sm.* substrato, strato inferiore, sottostante, fondo, sfondo, sottofondo, fondamento, base, → MATERIA.
sostruzióne, *sf.* → FONDAMENTO, BASE.
sottacére, *v.tr.* omettere, nascondere, non rivelare, non dire, sottintendere, alludere, → TACERE.
contr. dire, rivelare, manifestare, palesare, propalare, dichiarare, diffondere.
sottàna, *sf.* gonna, gonnella, crinolina, faldiglia, gamurra, guardinfante, guarnello, veste.
nomencl. (*affini e attinenti*) carpetta, ciclade, sottanino, zimarra, talare || basta, ribocco, ritreppio, cintura, guarnizione, paggio, sparato, strascico, tasca, lembo || *verb.* infilare, indossare, vestire, togliersi, rimboccare, strascicare.
sottécchi, *avv.* sottocchio, di nascosto, di traverso, di soppiatto.
sottèndere, *v.tr.* → TENDERE.
sottentraménto, *sm.* → SOSTITUZIONE.
sottentrànte, *ppr.* di sottentrare || *sm.* → SOSTITUTO.
sottentràre, *v.intr.* soppiantare, sostituire, scavalcare, supplantare, subentrare, surrogare, rimpiazzare, succedere, avvicendare, cambiare, soffiare il posto, dare lo sgambetto, entrare.
sotterfúgio, *sm.* cansatura, diverticolo, gattaiola, gretola, lustra, malizia, inganno, rifugio, riparo, ritirata, ritorta, riuscita, rombolo, scampo, scantonamento, scappatoia, scappavia, scusa, stratagemma, pretesto, insidia, tranello, espediente, schivamento.
nomencl. (*modi*) con sotterfugio, alla sorda, alla sordina, di straforo, chiotto chiotto, copertamente, cautamente, di nascosto, tergiversando, furtivamente, furbescamente, di soppiatto, con scaltrezza, subdolamente, di sottomano, sottobanco.
sotterraménto, *sm.* → SEPOLTURA.
contr. dissotterramento.
sotterràneo, *agg.* e *sm.* di sottoterra || caverna, cripta, ipogeo, sottosuolo, scantinato, cantina, galleria, sostruzione, fondamenta, silo, catacomba, miniera, cloaca || *fig.* → NASCOSTO.
nomencl. rabdomanzia, raddomanzia.
sotterràre, *v.tr.* → SEPPELLIRE || *fig.* dimenticare, obliare, mettere nel dimenticatoio || → ROVINARE.
contr. dissotterrare.
sotterratóre, *sm.* → SEPPELLITORE.
sottigliézza, *sf.* snellezza, gracilità, minutezza, slancio di forme, agilità, tenuità, sottilità, magrezza, esilità, impalpabilità || *fig.* acume, finezza, raffinatezza, penetrazione, acutezza, sagacia, perspicacia, astuzia, furberia || precisione, accuratezza, esattezza, sobrietà, semplicità || cavillo, cavillazione, ipercritica, sofisma, pedanteria, sofisticheria, circolo vizioso, capziosità.
contr. grossezza, spessezza, goffaggine, grossolanità, ottusità.
sottíle, *agg.* affilato, basso, piccolo, capillare, fine, fino, leggero, minuto, snello, mingherlino, smilzo, scarso, schietto, sdutto, slanciato, svelto, magro, gracile, affusolato, estenuato, delicato, aguzzo, profilato, esile, tenue, impalpabile || fine, raffinato || acuto, arguto, furbo, scaltro, astuto, sagace, perspicace, penetrante, sfuggente, inquieto || preciso, accurato || sofistico, avvocatesco, curialesco, contorto.
nomencl. *verb.* affusare, affusellare, aguzzare, assottigliare, raffinare, digrossare, sgrossare, rassottigliare, sbozzare, sottilizzare.
contr. grasso, grosso, tozzo, massiccio, spesso, grossolano, goffo, ottuso, rozzo, semplice.
contr. dichiarare, palesare, manifestare.
sottilità, *sf.* → SOTTIGLIEZZA.
sottilizzàre, *v.intr.* sofisticare, cavillare, stiracchiare, criticare, guardar pel sottile, trovare a ridire, cercare il pelo nell'uovo, rivedere le bucce, → PENSARE.
contr. ragionare grossolanamente, all'ingrosso, alla buona, sintetizzare.
sottilizzatóre, *agg.* → PEDANTE.
sottintèndere, *v.tr.* alludere, sottacere, lasciar intendere, accennare, → OMETTERE, NASCONDERE.
contr. dichiarare, palesare, manifestare.
sottintéso, *pps.* di sottintendere || *agg.* implicito, non detto (espressamente), inespresso, omesso, sottaciuto, nascosto, alluso.
contr. dichiarato, palesato, manifestato, palese, espresso.
sottocòppa, *sf.* → PIATTO.
sottocorrènte, *sf.* sottofluviale.
sottofluviàle, *sf.* sottocorrente.
sottogóla, *sm.* soggólo, collare.
sottolineàre, *v.tr.* marcare, calcare, rilevare, far notare, mettere l'accento.
sottomaríno, *sm.* → SOMMERGIBILE.
sottoméssso, *pps.* di sottomettere || *agg.* soggetto, sottoposto, domato, assoggettato, soggiogato, sommesso, abbassato || umile, modesto, dimesso, rispettoso, dedito, ligio, vassallo, fedele, remissivo, devoto, obbediente, ossequiente.
contr. indipendente, emancipato, ribelle, insofferente, intollerante.
sottométtere, *v.tr.* sommettere, assoggettare, asservire, soggiogare, soggettare, domare, vincere, sconfiggere, aggiogare, conquistare, sottoporre, ridurre all'obbedienza, sopraffare, soperchiare, soverchiare, opprimere, battere, calcare, annientare, sbaragliare, infeudare, subordinare, umiliare || → METTERE || *rifl.*

sobbarcarsi, assoggettarsi; assumersi un carico, una fatica; sottostare, soggiacere, subire, dipendere, star sotto, cedere, non reggere, chinare il capo, inginocchiarsi, obbedire, arrendersi, rassegnarsi.
contr. liberare, emancipare || ribellarsi, rendersi indipendente, emanciparsi, insorgere.
sottomissióne, *sf.* soggezione, sommessione, sommissione, dipendenza, subordinazione, sudditanza, servitú, obbedienza, vassallaggio, giogo, schiavitú, inferiorità, servilità, servilismo, animo servile, assoggettamento, pecoraggine, acquiescenza, remissione, rassegnazione || conquista, aggiogamento.
contr. rivolta, resistenza, ribellione, emancipazione, liberazione.
sottopórre, *v.tr.* deferire, → PROPORRE || SOTTOMETTERE.
contr. sovrapporre.
sottopósto, *pps.* di sottoporre || *agg.* soggetto, sottomesso, assoggettato, soggiogato, pedissequo || *sm.* suddito, dipendente, inferiore, subordinato, ligio, vassallo, fedele, seguace.
contr. sovrapposto || indipendente, libero, autonomo, ribelle, indomito || capo, duce, condottiero, comandante, dirigente, superiore, padrone, feudatario, *ras.*
sottoscàla, *sf.* → RIPOSTIGLIO, BUGIGATTOLO.
sottoscrívere, *v.tr.* soscrivere, consentire, aderire, partecipare, esser solidale, → FIRMARE.
sottoscrizióne, *sf.* soscrizione, → FIRMA || colletta.
sottosópra, *avv.* sossopra, a catafascio, in disordine, in scompiglio, in sconvolgimento, in subbuglio, fuori di squadra.
contr. ordine, quiete, tranquillità, pace.
sottostànte, *ppr.* di sottostare || *agg.* → INFERIORE.
contr. soprastante, sovrastante.
sottostàre, *v.intr.* essere sottoposto, soggetto; prestare servizio, servire, dipendere, restare sottoposto, sottomettersi, assoggettarsi, soggiacere, cedere, rassegnarsi, adattarsi, soccombere, piegare la schiena, chinare il capo, → OBBEDIRE.
contr. soprastare, sovrastare, emergere, soverchiare, assoggettare || dominare; essere libero, indipendente, padrone di sé.
sottosuòlo, *sm.* caverna, cripta, sottoterra, ipogeo, fondamento, sostruzione, cantina, scantinato, → SOTTERRANEO.
sottovènto, *sm.*
contr. sopravvento.
sottovèste, *sf.* panciotto, gilè, corpetto, farsetto, copribusto, camicia, camicetta, maglietta.
contr. sopravveste.
sottovóce, *avv.* sommessamente, a bassa voce, piano, bassamente, flebilmente, adagio.
contr. urlato, gridato; ad alta voce, a voce spiegata, a gran voce, in modo altisonante, *coram populo,* ai quattro venti.
sottràrre, *v.tr.* detrarre, dedurre, defalcare, difalcare, falcidiare, levare, scemare, calare, mozzare, rabbattere, scomputare, togliere || rubare, portar via, rapire, carpire, spogliare, rubacchiare, depredare, strappare, far repulisti || nascondere || *rifl.* rifiutare, eludere, evitare, liberarsi, esimersi, scansare, schermirsi, sfuggirsi.
contr. aggiungere, addizionare || sobbarcarsi, sottoporsi, esporsi, offrirsi, abbandonarsi.
sottrazióne, *sf.* deduzione, detrazione, falcidia, defalcamento, defalcazione, defalco, difalcazione, diffalco, ritenzione, calo || → FURTO.
nomencl. (*aritmetica*) minuendo, diminuendo, sottraendo, resto, residuo, avanzo, differenza || *verb.* eseguire.
contr. addizione, aggiunzione, aggiunta.
sottufficiàle, *sm.* bass'uffiziale.
nomencl. (*specificazione*) sergente, sergente maggiore, vicebrigadiere, brigadiere, maresciallo (ordinario, capo, maggiore) || (*pertinenti*) ferma, rafferma, massa || gallone, grado || nomina, sospensione, retrocessione || fureria, sala o camera di disciplina.
contr. soldato, ufficiale.
sovàtto, *sm.* soga, sogatto, correggia.
sovènte, *avv.* → SPESSO.
soverchiaménte, *avv.* → ECCESSIVAMENTE.
soverchiàre, *v.intr.* soperchiare, soprabbondare, sovrabbondare, ridondare, avanzare, abbondare, traboccare, eccedere, riboccare, rigurgitare, soprammontare, stramoggiare, straripare, passare i limiti || *tr.* battere, sopraffare, opprimere, gravare, pesare, sormontare, superare, sconfiggere, vincere, sgominare, calcare, sottomettere, annientare, sbaragliare.
contr. mancare, scarseggiare; esser privo; essere insufficiente, deficiente.
soverchiàto, *pps.* di soverchiare || *agg.* → BATTUTO.
soverchiatóre, *agg.* e *sm.* → OPPRESSORE, TIRANNO, PREPOTENTE.
soverchierìa, *sf.* soperchieria, sopraffazione, prepotenza, sopruso, oppressione, ingiustizia, oltraggio, violenza, angheria, offesa.
contr. umiliazione, abiezione, accasciamento, rassegnazione.
sovèrchio, *agg.* → ECCESSIVO, SMISURATO || *sm.* → ECCESSO.
sóvero, *sm.* → SUGHERO.
sovesciàre, *v.tr.* → CONCIMARE.
sovèscio, *sm.* → CONCIME || CONCIMAZIONE.
sóvra, *prep.* e *avv.* → SOPRA.
sovrabbondànte, *ppr.* di sovrabbondare || *agg.* soprabbondante, eccedente, superfluo, strabocchevole, esuberante, rigurgitante, stomachevole, saziativo, abbondante, esuberante, ridondante, eccessivo, traboccante, riboccante, straripante, profuso, colmo, pienissimo, || pletorico, prolisso, rettorico.
contr. manchevole, mancante, insufficiente, scarso, deficiente, poco.
sovrabbondànza, *sf.* soprabbondanza, piena, eccesso, soprappiù, abbondanza, esuberanza, ridondanza, profusione, eccedenza, superfluità, profluvio, ridondamento, ribocco, rimpinzamento, trabocco, rigurgito || pletora, prolissità, pleonasmo.
contr. scarsità, scarsezza, miseria, insufficienza, mancanza, manchevolezza, deficienza, assenza, pochezza.
sovrabbondàre, *v.intr.* soprabbondare, avanzare, ridondare, abbondare, riboccare, rigurgitare, soperchiare, soverchiare, stravanzare, eccedere, traboccare, soprammontare, stramoggiare.
contr. scarseggiare, mancare, essere insufficiente, deficiente.

sovraccaricàre, *v.tr.* sopraccaricare, → CARICARE.
sovraccàricò, *agg.* sopraccarico, stracarico || *sm.* soprassello, soprappeso, soprassoma || → IMPOSTA.
sovraccelèste, *agg.* → PARADISIACO.
sovraespósto, *agg.* sovresposto, → SUDDETTO.
contr. sottoesposto.
sovramontàre, *v.intr.* → SALIRE.
sovràna, *sf.* regina, sua maestà, signora.
nomencl. regina madre, viceregina || dovario.
sovranaménte, *avv.* → ECCELLENTEMENTE.
sovraneggiàre, *v.tr.* → PADRONEGGIARE.
sovranità, *sf.* regalità, maestà || signoria, dominazione, dominio, padronanza, predominio, potere, potestà, dignità, nobiltà, governo, balia, autorità, girisdizione, principato, impero, supremazia, superiorità, eccellenza, grandezza, eminenza.
contr. sudditanza, dipendenza, sottomissione, inferiorità.
sovràno[1], *agg.* → ECCELLENTE.
sovràno[2], *sm.* re, sire, monarca, imperatore, principe, capo, gerarca, padrone, potentato, regnante, signore, dominatore, moderatore, dinasta, despota, testa coronata, rettore, tiranno, maestà.
nomencl. (*equivalenti*) bei, califfo, emiro, kan, sultano, scià, zar, cesare, augusto || (*attinenti*) incoronazione, elezione, deposizione, abdicazione, corte, lista civile, appannaggio, trono, scettro, corona, manto || (*poteri*) regno, dominio, amnistia, indulto, clemenza, decreto, rescritto, *motu proprio*, patente, costituzione, statuto || guardia del corpo, crimenlese || *agg.* inetto, pretendente, spodestato, decaduto, eletto, incoronato, consacrato || *verb.* abdicare, detronizzare, scoronare, incoronare, consacrare || dominare, reggere, regnare.
contr. servo, suddito, cittadino, regnicolo.
sovrappéso, *sm.* soprappeso, → SOVRACCARICO.
sovrappiú, *sm.* → SOPRAPPIÚ.
sovrappórre, *v.tr.* soprapporre, accavallare, accavalciare, soprammettere, addossare, indossare, imporre || → ELEVARE.
contr. sottoporre.
sovrastànte, *ppr.* di sovrastare || *agg.* → DOMINARE.
sovrastàre, *v.intr.* soprastare, essere superiore, eccellere, emergere, sovraneggiare, prevalere, signoreggiare, predominare, dominare, padroneggiare, dirigere || elevare, instare, incombere, innalzare, sopraelevare, soprelevare || *tr.* superare, sopraffare, vincere.
contr. sottostare, essere inferiore, dipendente.
sovrattútto, *avv.* → SOPRATTUTTO.
sovreccedènte, *ppr.* di sovreccedere || *agg.* eccessivo, esagerato, sovrabbondante, rigurgitante, superfluo.
contr. manchevole, deficiente, insufficiente, mancante.
sovreccedènza, *sf.* → ECCESSO.
sovreccèdere, *v.intr.* eccedere molto, sorpassare, trascendere, sovrastare, trasmodare, esagerare.
contr. essere manchevole, insufficiente, deficiente.
sovrespósto, *agg.* sovraesposto, → SUDDETTO.
sovrintendènte, *sm.* soprintendente, → DIRETTORE, CAPO.
sovrintèndere, *v.tr.* sopraintendere, soprintendere, guidare, condurre, controllare, verificare, → DIRIGERE, SOPRASTARE, SORVEGLIARE.

sovrumàno, *agg.* superumano → DIVINO, SOPRANNATURALE || MERAVIGLIOSO.
sovvenènza, *sf.* → SOCCORSO.
sovvenévole, *agg.* → SOCCORREVOLE.
sovveniènte, *ppr.* di sovvenire || *agg.* → SOCCORREVOLE.
sovveniménto, *sm.* → SOCCORSO.
sovveníre, *v.tr.* soccorrere, accorrere in aiuto, dare aiuto, aiutare, sussidiare, cooperare, contribuire, assistere, venire in aiuto, giovare, riguardare, rilevare, dar man forte, mettere una toppa, provvedere, mantenere, sopperire, rimediare, supplire, intervenire, bastare, far fronte || venire in mente, correre alla memoria, → RICORDARE || *sm.* (*frs.*) ricordo, rimembranza.
contr. essere indifferente, avversare, danneggiare || dimenticare, dimenticarsi.
sovventóre, *agg.* e *sm.* soccorritore, soccorrevole, protettore, fornitore, finanziatore.
sovvenzionàre, *v.tr.* sovvenire, finanziare, sussidiare, soccorrere.
sovvenzióne, *sf.* aiuto, sussidio, prestito, finanziamento, soccorso, regalo, elemosina, protezione.
sovversióne, *sf.* → SOVVERTIMENTO.
sovversivísmo, *sm.* anarchia, sovversione.
sovversívo, *agg.* e *sm.* agitatore, fazioso, arruffapopoli, commovitore, estremista, demagogo, sobillatore, perturbatore, sovvertitore, pervertitore, scompigliatore, sollevatore, sovversore, rivoluzionario, tribuno, turbolento, agente provocatore, fomite di rivolta, partigiano del disordine, promotore di ribellioni, petroliero, barricadiero, settario, eccitatore all'odio.
nomencl. quinta colonna.
contr. conservatore, uomo d'ordine, tradizionalista, pacifico cittadino, pacifista, persona tranquilla, riformista, legalitario, moderato.
sovversóre, *agg.* e *sm.* → SOVVERSIVO.
sovvertiménto, *sm.* sovversione, sconvolgimento, ribellione, rivolta, rovesciamento, capovolgimento, turbamento, pervertimento, sobillazione, perturbazione, rovina, distruzione.
contr. moderazione, legalità, riforma, evoluzione, riordinamento, sistemazione.
sovvertíre, *v.tr.* capovolgere, sommuovere, agitare, smuovere, eccitare, sconvolgere, rovesciare, turbare, mandar sossopra, pervertire, sollevare, istigare, aizzare, distruggere, disordinare, sobillare, rimestare, confondere, scompigliare.
contr. conservare, pacificare, mantenere, acquietare || riformare, proporre delle riforme.
sovvertitóre, *agg.* e *sm.* agitatore, pervertitore, fazioso, → SOVVERSIVO.
sòzio, *sm. ant.* → SOCIO.
sozzaménte, *avv.* sporcamente || *fig.* vituperosamente, turpemente, laidamente, bassamente, sconciamente.
contr. pulitamente || onorevolmente, dignitosamente, nobilmente.
sozzàre, *v.tr.* → SPORCARE.
sozzézza, *sf.* → INFAMIA.
sózzo, *agg.* schifo, sporco, lercio, laido, sudicio, schifoso, fetido, lercioso, nauseante, ributtante, stomachevole, sconcio, sordido, pidocchioso, lordo, lurido, im-

mondo || *fig.* turpe, impuro, osceno, infame, cattivo, basso, disonorevole, vergognoso.
contr. pulito, netto, mondo, lindo, nitido || puro, immacolato, nobile, dignitoso, onorevole.
sozzúme, *sm.* → SOZZURA.
sozzúra, *sf.* sozzume, sordidezza, sporcizia, sudiciume, sudiceria, lerciume, laidezza, schifosaggine, sconcezza, lordura, immondizia || *fig.* → BRUTTEZZA || IMPURITÀ.
contr. pulitezza, lindura, purezza, purità.
spaccalégna, *sm. indecl.* spaccalegne, taglialegna, spezzalegne, → BOSCAIOLO.
spaccamontàgne, *sm. indecl.* spaccamonti, spaccamondo, spaccone, gradasso, smargiasso, ammazzasette, fanfarone, rodomonte, millantatore, sacripante, guascone.
contr. pulcin bagnato; persona timida, modesta, moderata, pusillamine, pusillo.
spaccàre, *v.tr.* aprire, rompere, fendere, spezzare, squarciare, dividere, disgiungere, scoscendere || *rifl.* rompersi, fendersi, crepare, scoppiare, screpolarsi, incrinare.
contr. unire, attaccare, riattaccare, ricongiungere, accomodare.
spaccàto, *pps.* di spaccare || *agg.* → ROTTO || *sm.* → PROFILO.
spaccatúra, *sf.* scoscendimento, rottura, frana, rovina, buco, crepa, crepaccio, crepatura, screpolo, cretto, fenditura, screpolatura, spacco, squarcio, frattura, divisione, separazione, apertura, stacco, fessura, incrinatura || spiraglio.
spacchiàre, *v.intr.* pacchiare, → SOLLAZZARE.
spacciàre, *v.tr.* vendere, smaltire, esitare, distribuire || sbrigare, sollecitare, far premura, far fretta, far presto, affrettare, incalzare, accelerare, stimolare, incitare, indurre, pressare, premere, spingere, spronare, instare, urgere || divulgare, propagare, diffondere, spargere, pubblicare, svelare, propalare, sballare, esagerare, inventare, ingrandire, dir bugie, raccontare fandonie, mettere la frangia, spifferare || *fig.* dichiarare inguaribile, dare per morto, spedire || finire, mandare in rovina, levar di mezzo || *rifl.* figurare, farsi credere, farsi passare, gabellarsi.
contr. comprare || tener segreto, tacere || palesarsi, nominarsi, presentarsi.
spacciàto, *pps.* di spacciare || *agg.* distribuito, smaltito, esitato, venduto || *fig.* condannato, spedito, rovinato, dato per inguaribile, per morto, finito, morto, disperato.
spacciatóre, *sm.* spenditore, venditore, commerciante, distributore || *fig.* propalatore, divulgatore, spifferatore, chiacchierone, bugiardo.
contr. compratore || sincero, prudente, silenzioso.
spàccio, *sm.* esito, vendita || → NEGOZIO, BOTTEGA.
spàcco, *sm.* → SPACCATURA, FENDITURA.
spacconàta, *sf.* vanteria, sbracciata, millanteria, grandezzata, bravazzata, sbravazzata, bravata, smargiassata, rodomontata, fanfaronata, guasconata, tarasconata.
spaccóne, *sm.* mirabolano, → MILLANTATORE, SPACCAMONTAGNE.
spàda, *sf.* gladio, brando, acciaro (*poet.*), durindana, durlindana, ferro, lama, stocco, striscia, curtana, spadone, sciabola, squadrone.
nomencl. (*tipi*) damaschinata, di Toledo, d'onore, a un taglio, a due tagli || (*analoghi*) daga, daghetta, fioretto, machera, paloscio, parazonio, scimitarra, sciabola, sguerruccia, arpe, iatango, fusberta || (*parti*) capolo, impugnatura, coccia, guardamano, códolo, costola, crociera o croce, elsa, filo, lama, pomo, ponticello, punta, rivettino, taglio, piatto || (*inerenti*) balteo, cintura, cinturino, dado, fodero, dragona, fascetta, campanella, fermaglio, fiocco, nastro, fornimento, ghiera, guaina, nappa, pendaglio, puntale, tracolla || (*usi*) spadacciata, spadata, piattonata, frugone, imbroccata, puntata, traversone, scimitarrata, soprammano, spadonata, fendente, mulinello || (*persone*) spadaio, spadaro, armaiolo, spadaccino, spadista || ensiforme || *agg.* lunga, corta, tagliente, spuntata || *verb.* cavare, sguainare, snudare, inguainare, rimettere nel fodero, rinfoderare, cingere || passare a fil di spada, piattonare, rotare, roteare, stringere, strascinare, strisciare la spada sul lastricato.

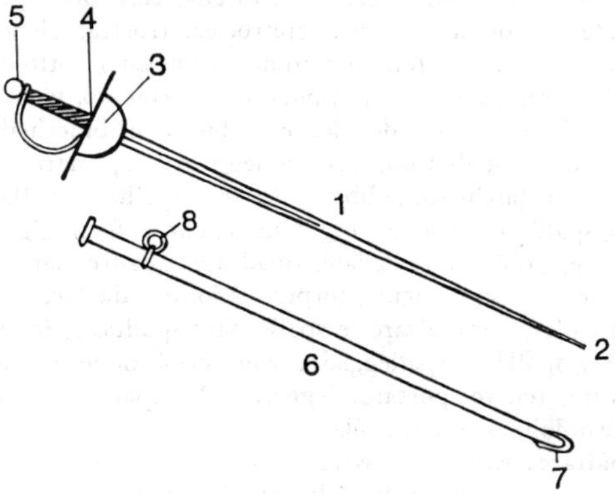

SPADA – 1) lama; 2) punta; 3) guardamano o coccia; 4) elsa; 5) pomo; 6) fodero; 7) puntale; 8) campanella.

spadaccíno, *sm.* schermidore, duellatore, duellista || → SCHERANO.
spadacciòla, *sf.* → GLADIOLO.
spaderèlla, *sf.* → GLADIOLO.
spadóne, *sm.* → SPADA.
spadronàre, *v.intr.* → SPADRONEGGIARE.
spadroneggiàre, *v.intr.* spadronare, → PADRONEGGIARE, SIGNOREGGIARE, TIRANNEGGIARE.
spaesàto, *agg.* || *fig.* smarrito, confuso, disorientato, disambientato, fuori posto, sperduto, perso.
contr. ambientato, orientato, sicuro di sé.
spaghétti, *sm. pl.* vermicelli.
spaghétto, *sm. fam.* paura, fifa.
spagiría, *sf.* → ALCHIMIA.
spagliàre, *v.tr.* levare la paglia || *intr.* vivere di paglia; *fig.* scroccare, vivere alle spalle di altri || sparpagliare || *rifl.* perdere la paglia || spandersi, impaludarsi (di acque).
contr. impagliare.
spagnolésco, *agg. fig.* altezzoso, borioso, spocchioso, superbo, tronfio, magniloquente.
contr. umile, modesto, dimesso, semplice, naturale.
spagnolétta, *sf.* → SIGARETTA.
spagnolísmo, *sm.* → SECENTISMO.

spagnòlo, *agg.* e *sm.* ispanico, ispano, ibèrico || *sm.* → CANE.

spàgo, *sm.* funicella, cordicella, liccio, merlino, fune, → CORDA.

nomencl. *agg.* fine, grosso, raggomitolato, attorcigliato, rinforzato, torto, ritorto, sottile, forte.

spaiaménto, *sm.* → SEPARAZIONE.

spaiàre, *v.tr.* → SCOMPAGNARE, SEPARARE.

contr. appaiare, accoppiare, accompagnare.

spaiàto, *pps.* di spaiare || *agg.* → SCOMPAGNATO, SEPARATO.

contr. appaiato.

spalancàre, *v.tr.* → APRIRE.

spalancàto, *pps.* di spalancare || *agg.* → APERTO.

contr. chiuso, serrato, sbarrato.

spàldo, *sm.* spalto, spianata, sporto, bastione, ballatoio.

spàlla, *sf.* omero, scapola || → PIEDISTALLO || PROSCIUTTO || *pl.* → SCHIENA, DORSO.

nomencl. (*pertinenti*) acetabolo, ascella, clavicola, epiomide, epicondilo, condilo, epitroclea, troclea, glenoidea, omoplata, arteria acrominale || (*muscoli*) sottoscapolare, semispinato, sopraspinato, sottospinato, piccolo rotondo, gran rotondo, deltoide, bicipede, bracchiale, tricipite || spallatura, lussazione, omalgia, artrite || spalluto, tarchiato, gobba || (*derivati*) spalline, spallaccio, spallino, spallone || *agg.* allegre, curve, forti, gigantesche, gobbe, incavigliate, quadrate, quadre, larghe, scariche, magre, rigide, torpide, sciolte || da facchino, d'Ercole || *verb.* alzare le spalle, fare spallucce, incurvare, spallare, spalleggiare, rinsaccarsi nelle spalle; recare, tenere, portare, reggere sulle spalle, portare a bandoliera o a tracolla.

spallàre, *v.rifl.* → LUSSARE.

spallàta, *sf.* alzata di spalle, spalluccia, spallucciata || urto con la spalla, → COLPO.

spalleggiàre, *v.tr.* esser solidale, → AIUTARE, DIFENDERE. SOSTENERE.

spallétta, *sf.* parapetto, ringhiera, poggiuolo, argine || risalto.

spallièra, *sf.* schienale, appoggiatoio, tergale, riparo || siepe, siepaglia, siepaia, cinta.

spallière, *sm.* → REMATORE.

spallína, *sf. pl.* → BRETELLE || *fig. pl.* grado di ufficiale.

spallúccia, *sf.* → SPALLATA.

spallucciàta, *sf.* → SPALLATA.

spalmàre, *v.tr.* stendere || → CALAFATARE.

spalmatóre, *sm.* calafato.

spàlto, *sm.* → SPALDO.

spampanàre, *v.tr.* levare i pampini || *rifl.* sfiorire, sfogliare, allargarsi || *fig.* esagerare, vantarsi, millantarsi.

spampanàta, *sf.* → MILLANTERIA.

spanciàta, *sf.* scorpacciata, strippata, → MANGIATA.

contr. spuntino, refezione, piccola colazione, ritocchino.

spàndere, *v.tr.* effondere, esalare, dilatare, versare, diffondere, espandere, dilagare, stendere, sparpagliare, distendere, allargare, propagare, propalare, divulgare, → SPARGERE || *fig.* prodigare || *rifl.* dilatarsi, riversarsi, effondersi, dilagare, versarsi.

contr. raccogliere, riunire, unificare, agglomerare, riunificare || restringersi, riunirsi.

spandiménto, *sm.* → SPARGIMENTO, SPARPAGLIAMENTO, EFFUSIONE.

spaniàre, *v.rifl.* liberarsi, uscire (da un impaccio), disimpacciarsi, disinvescarsi, spastoiare.

contr. impaniarsi, lasciarsi invischiare, irretirsi.

spànna, *sf.* palmo.

spannàre, *v.tr.* sburrare, scremare, sfiorare || pulire.

contr. impannare || appannare.

spannàto, *pps.* di spannare || *agg.* sburrato, scremato, sfiorato.

contr. impannato.

spannocchiàre, *v.tr.* scartocciare, sfogliare.

spannocchiatúra, *sf.* scartocciatura, sfogliatura.

spànto, *pps.* di spandere || *agg.* slargato, allargato, sparso, espanso, versato || *fig.* → SFARZOSO.

contr. unito, riunito, ristretto, raccolto.

spappagallàre, *v.intr.* → IMITARE.

spappolàre, *v.rifl.* → DISFARE.

sparadràppo, *sm.* cerotto, drappo inglese, taffetà.

sparafucíle, *sm.* → SCHERANO.

spàragio, *sm.* → ASPARAGIO.

sparagnàre, *v.tr.* → RISPARMIARE.

sparàgno, *sm.* → RISPARMIO, ECONOMIA.

sparalémbo, *sm.* → GREMBIALE.

sparaménto, *sm.* → SPARO.

sparàre¹, *v.tr.* aprire in mezzo, squartare, sventrare, fendere, tagliare, dissecare.

contr. cucire, ricucire, saldare.

sparàre², *v.tr.* far fuoco, esplodere, scaricare (un'arme da fuoco), tirare, schioppettare, bombardare, rombare, sbombardare, cannoneggiare, fucilare, mitragliare, revolverare, silurare, torpedinare || scartare, sventare, far cilecca || *fig.* → ESAGERARE.

nomencl. (*modi*) a bruciapelo, a mitraglia, a polvere, a vuoto, a salve || bordata, fiancata, sparata, sparatoria.

sparàre³, *v.tr.* e *rifl.* togliere i parati.

contr. parare, apparare.

sparàta, *sf.* scarica di armi da fuoco, → SPARO || *fig.* offerta generosa, minaccia verbale, smargiassata, vanteria, esagerazione, → MILLANTERIA.

sparatòria, *sf.* → SPARO.

sparecchiàre, *v.tr.* → ORDINARE.

contr. apparecchiare.

spareggiàre, *v.tr.* → SPARIGLIARE.

contr. pareggiare.

sparéggio, *sm.*

contr. pareggio.

spàrgere, *v.tr.* spandere, versare, effondere, diffondere, dilatare, espandere, distendere, estendere, stendere, dilagare, disperdere, disseminare, gettare, seminare, sparpagliare, spruzzare, ristoppare, spacciare, prodigare, divulgare, propagare, diramare, moltiplicare, pubblicare, propalare || cospargere, cospergere, aspergere || *rifl.* riversarsi, effondersi, emanare.

contr. raccogliere, riunire, agglomerare, unificare, condensare, restringere, riunificare.

spargiménto, *sm.* riversamento, decorrimento, deflusso, discorrimento, flusso, riflusso, travasamento, travaso, rigurgito, trabocco, ribocco || diffusione, dilatazione, effusione, sparpagliamento, espansione, span-

dimento, sprazzo, spruzzo, versamento, seminio, propagazione, aspersione.
contr. raccolta, conglobamento, riunione, riunificazione, condensazione.
sparigliàre, *v.tr.* spaiare, dispaiare, spareggiare, scompagnare, separare, dividere.
contr. apparigliare, pareggiare, accoppiare, appaiare, unire.
sparíre, *v.intr.* scomparire, disparire, dileguarsi, squagliarsi, dissolversi, eclissarsi, svanire, partire, prendere il volo, rendersi invisibile, fuggire, involarsi, perdersi, annullarsi, morire, perire.
contr. apparire, comparire, esser presente, mostrarsi.
sparíta, *sf.* → SPARIZIONE.
sparizióne, *sf.* sparita, scomparsa, fuga, sparimento, eclisse, dipartita, dileguamento, dissolvimento.
contr. apparizione, comparsa.
sparlàre, *v.intr.* dir male, far maldicenza, diffamare, malignare, denigrare, detrarre, mormorare, parlar male, infamare, addentare, mordere, lacerare la reputazione, menare la lingua, riprendere, rodere il basto, rosicchiare, schizzare veleno, sfringuellare, tagliare i panni addosso, trinciare la giubba, vituperare, avere la lingua lunga, spettegolare.
nomencl. lingua lunga, lingua viperina, lingua forcuta, lingua bífida, lingua sacrilega, linguaccia.
contr. dir bene, lodare, elogiare, tacere, sottacere.
sparlatóre, *agg.* e *sm.* → SPARLARE, MALDICENTE, DIFFAMATORE.
sparnazzàre, *v.tr.* razzolare, raspare, starnazzare, ruspare || → SPARPAGLIARE || *fig.* → SCIALACQUARE.
sparnazzatóre, *sm.* → SPENDACCIONE.
sparnicciàre, *v.tr.* → SCIALACQUARE.
spàro, *sm.* botta, bottata, colpo, sparamento, sparata, sparatoria, scarica, scoppio, salva, detonazione, tiro, tratta, fuoco di fila, rumore, rimbombo || eco.
nomencl. (*attinenti*) bordata, cannonata, cannoneggiamento, fucilata, mitragliata, moschettata, pistolettata, revolverata, rivoltellata, schioppettata, bombardamento, mitragliamento || salva generale, salva d'onore.
sparpagliaménto, *sm.* allargamento, diffusione, dispersione, disseminazione, semina, effusione, sbandamento, spandimento, spargimento, sparpàglio, sparpaglío, versamento, seminio.
contr. raccolta, ammasso, cumulo, accumulo, unione, riunione, collegamento, agglomeramento, concentramento.
sparpagliàre, *v.tr.* e *rifl.* spargere, spagliare, slegare, scomporre, dispergere, sparnazzare, sparnicciare, spandere, versare, diffondere, dilatare, espandere, distendere, allargare, dilagare, disperdere, disseminare, gettare, seminare, spruzzare, ristoppare, spacciare, prodigare, divulgare, propagare, informare || sbandare, disordinare, discontinuare, mandare qua e là.
contr. raccogliere, unire, tener insieme, collegare, riunire, ammassare, accumulare, ammucchiare.
sparpagliàto, *pps.* di sparpagliare || *agg.* → SPARSO.
sparpàglio o **sparpaglío,** *sm.* → SPARPAGLIAMENTO.
spàrso, *pps.* di spargere || *agg.* effuso, versato, espanso, soffuso, diffuso, spanto, spaso, disteso, sparto, slargato, sparpagliato, disunito, scompigliato, circonfuso || cosparso, asperso || trapunto.
contr. riunito, unito, raccolto, agglomerato, accumulato, compatto, concentrato.
spartanaménte, *avv.* stoicamente, fortemente, austeramente, fieramente.
contr. comodamente, mollemente, da epicureo, da sibarita.
spartàno, *agg. fig.* austero, duro, fiero, stoico, frugale.
contr. molle, effeminato, delicato, epicureo, sibarita.
spartiàcque, *sm. indecl.* linea di displuvio, crinale, versante, dorsale.
spartíbile, *agg.* divisibile, partecipabile, comunicabile.
contr. indivisibile.
spartiménto, *sm.* scompartimento, compartimento, divisione, riparto, reparto, sezione, casella, scomparto, parte || classe, grado || → ASSITO || → SPARTIZIONE.
contr. unificazione, accumulazione, agglomeramento, concentramento.
spartíre, *v.tr.* scompartire, compartire, dividere, partire, far le parti, dispensare, far parte, sceverare, distribuire, condividere, fare a mezzo, scindere, → SEPARARE, SBRANARE.
contr. unire, riunire, raccogliere, assommare, concentrare, ammassare, accumulare, ammucchiare.
spartíto, *sm.* istrumentatura, partitura.
spartizióne, *sf.* partizione, ripartizione, divisione, distribuzione, separazione, dispensazione, sceveramento, spartimento || → SCRIMINATURA.
contr. unione, riunione, riunificazione, accumulamento, accumulazione, accumulo, accentramento, concentramento, ammassamento.
spàrto, *pps.* di spargere || *sm.* giunco marino, alfa.
sparutèllo, *agg.* → GRACILE, MAGRO.
sparúto, *agg.* smorto, spento, pallido, sbiancato, → MAGRO, DISFATTO.
contr. colorito.
sparvière o **sparvièro,** *sm.* nettaiola, → FALCO.
spasimànte, *ppr.* di spasimare || *agg.* e *sm.* innamorato, patito, → AMANTE.
spasimàre, *v.intr.* soffrire, dolorare, patire || *fig.* appenarsi, tribolare, consumarsi, stentare, affannarsi, penare, smaniare, stridere, struggersi, consumarsi, costare, angosciarsi; essere ansioso, agitato, inquieto || agognare, → DESIDERARE.
contr. essere calmo, tranquillo, apatico, indifferente, olimpico, rinunciare.
spàsimo, *sm.* spasima, spasmo, dolore lancinante, convulsione, contorcimento, fitta, trafitta, indolimento, crampo, contrazione muscolare || *fig.* voglia grandissima, brama, cupidigia, sofferenza, patimento, dolore, tribolazione, tormento, strazio, stento, doglia, struggimento, consumazione, ansia, affanno.
spasimóso, *agg.* spasimante.
spàsmo, *sm. lett.* → SPASIMO.
spàso, *agg.* → SPARSO || disteso, piano, → VASTO.
spassàre, *v.rifl.* → BALOCCARE, DIVERTIRE, RALLEGRARE.
spassionàre, *v.rifl.* confidarsi, svelenirsi, raffreddarsi, disinnamorarsi, disamorarsi, saziarsi, → SFOGARE.
spassionataménte, *avv.* oggettivamente, olimpicamente, freddamente.

contr. appassionatamente, soggettivamente, caldamente.

spassionatézza, *sf.* serenità, imparzialità, equità, equanimità, impassibilità, atarassia, → DISINTERESSE.

contr. parzialità, appassionamento, partecipazione, partigianeria, interesse, faziosità.

spassionàto, *pps.* di spassionare || *agg.* equo, equanime, imparziale, obiettivo, → DISINTERESSATO.

contr. appassionato, parziale, partigiano, fazioso.

spàsso, *sm.* spassamento, sollazzo, piacere, divertimento, allegria, svago, ricreazione, passatempo, sollievo, giuoco, trastullo, diletto, diporto, sciallo || vita mondana, sociale.

contr. malinconia, solitudine, misantropia, ritiratezza, afflizione, noia, tedio, tristezza.

spassóso, *agg.* sollazzevole, piacevole, divertente, allegro, brioso, festevole, burlone, socievole.

contr. triste, ritirato, malinconico, misantropo, noioso, lugubre, funebre, funereo.

spastoiàre, *v.tr.* sbarazzare, disimpacciare, districare, disincagliare, liberare.

contr. impastoiare, irretire, impaniare, invescare.

spàtola, *sf.* mestichino, scotola, stecca, → MESTOLO.

nomencl. *verb.* scotolare, rimestare, mischiare, mesticare.

spatriàre, *v.tr.* espatriare, → ESILIARE || *intr.* → EMIGRARE.

spauràcchio, *sm.* avversiera, babao, babau, befana, lupo mannaro, malabestia, margolla, mormone, orco, mammone, mandrillo, mostro, spaventacchio, spaventapasseri, cacciapassere, versiera, verola, → SPAVENTO || *fig.* → BRUTTO.

spauríre, *v.tr.* → SPAVENTARE, IMPAURIRE.

spauríto, *pps.* di spaurire || *agg.* → SPAVENTATO, PAUROSO.

spavaldería, *sf.* → VANTERIA, MILLANTERIA || CORAGGIO || BRAVATA.

spavàldo, *agg.* sfrontato, sfacciato, sconsiderato, avventato, temerario, stordito, spericolato, arrogante || fanfarone, → MILLANTATORE.

contr. timido, prudente, modesto, ritenuto, spaurito, sgomentato, apprensivo.

spaventàcchio, *sm.* → SPAVENTO, SPAURACCHIO.

spaventapàsseri, *sm. indecl.* → SPAURACCHIO.

spaventàre, *v.tr.* fare, incutere paura o spavento; allarmare, atterrire, costernare, intimorire, intimidire, impaurire, inorridire, sbaldanzire, sgomentare, sbigottire, sbalordire, balordire, confondere, maravigliare, conturbare, turbare, stordire, sconcertare, intorpidire, intronare, scombuiare, scoraggiare, disanimare, spaurire, spaurare, scorare, interrorire, terrorizzare, terrificare, far arricciare il pelo o i capelli, fare spauracchio, far tremare, mettere spavento nell'anima, riempire di terrore, raccapricciare || *rifl.* prendere paura, avere paura, impaurirsi, accapricciarsi, agghiacciare, allibire, cascare in terra dalla paura, costernarsi, farsi di gelo, gelarsi, ghiacciarsi le vene, mancare il cuore, morire di paura, rabbrividire, raccapricciare, rimanere senza sangue, sbalordirsi, sbigottirsi, scompisciarsi per paura, sgomentarsi, smarrirsi, spiritare, stordirsi, trasalire di paura, venire la tremarella, essere piú morto che vivo, stremire, tramortire, tremare, venire la pelle d'oca, accapponarsi la pelle, spericolare, paventare.

contr. rinfrancare, rianimare, far coraggio, tranquillare, tranquillizzare, incuorare, rincuorare || farsi coraggio, tranquillizzarsi, rincuorarsi, aver coraggio.

spaventàto, *pps.* di spaventare || *agg.* atterrito, ansante, compreso di spavento, morto di paura, pallido di paura, pavefatto, paventato, percosso da terrore, più morto che vivo, sbigottito, sbaldanzito, intimorito, impaurito, mortificato, turbato, sgomento, sbalordito, stupito, meravigliato, stordito, intontito, stupefatto, pietrificato, attonito, scombuiato, intronato, confuso, abbarbagliato, tramortito, balordo, smarrito, scoraggiato, scorato, perduto, sconvolto, istupidito, timoroso, pauroso, smagato, spaurito, interrorito, spiritato, tremante, terrorizzato, tremefatto.

contr. impavido, intrepido, audace, risoluto, coraggioso, spavaldo, baldanzoso, imbaldanzito, temerario.

spaventévole, *agg.* spaventoso, crudo, cruento, fero, formidabile, odioso, orrendo, orribile, orrido, pauroso, raccapriccevole, raccapricciante, sgomentevole, spaurato, terrifico, terrificante, terribile, tremendo || orripilante, mostruoso, bruttissimo, ripugnante, deforme || enorme.

contr. attraente, allettante, allettevole, dilettevole, bello, letificante, piacevole, ammirevole, mirabile, confortante, rassicurante.

spavènto, *sm.* pavento, paura, timore, terrore, batticuore, allarme, atterrimento, avvilimento, battisoffia, fobia, pànico, raccapriccio, ribrezzo, rimescolamento, sgomento, trambusto, orrore, spauracchio, spaventacchio, tremarella, sconvolgimento, confusione, turbamento, smarrimento sbigottimento, stupore, apprensione, impressione, maraviglia, meraviglia.

nomencl. *verb.* provare, fare, incutere.

contr. coraggio, intrepidezza, ardire, baldanza, audacia, risolutezza.

spaventóso, *agg.* → SPAVENTEVOLE.

spaziàre, *v.intr.* vagare, librarsi nell'aria, distendersi, muoversi liberamente, allargarsi, dilatarsi, volteggiare, espandersi, diffondersi, percorrere || spazieggiare.

contr. rannicchiarsi, raggricciarsi, accovacciarsi, rintanarsi, internarsi, annidarsi, restringersi || serrare le righe.

spazieggiàre, *v.tr.* → SPAZIARE.

spazientíre, *v.intr.* e *rifl.* → IMPAZIENTIRE.

spàzio, *sm.* àmbito, aperto, aria, camera, campo, estensione (di luogo o di tempo), circuito, corso, distanza, distesa, largo, piazza, spiazzo, tratto, posto, zona, superficie, largura, striscia || intermezzo, intervallo, interstizio, intercapedine, margine, agio, area, distanza || decorrenza || il mondo sensibile, l'infinito, l'estensione dell'universo.

nomencl. (*inerenti*) tempo, luogo || palmo, pollice, pelo, recinto, zona, giro, dilatazione, dimensione, estensione, obiettivo, punto || *agg.* ampio, vasto, largo, larghissimo, spazioso, esteso, infinito, illimitato, sconfinato, smisurato, immenso, sterminato, stretto, angusto, piccolo, limitato, ristretto, chiuso, esiguo, minuscolo, circoscritto, aperto, vuoto, sgombro, deserto, libero, ingombro, zeppo, occupato, gremito, lontano, remoto,

vicino, prossimo || *verb.* abbracciare, circoscrivere, allargare, distendere, ingombrare, occupare, percorrere, sgombrare, spaziare, spazieggiare, staccare, dividere.
spazióso, *agg.* ampio, vasto, arioso, aperto, largo, larghissimo, esteso, spazievole, disteso, dilatato, espanso, sfogato.
contr. ristretto, angusto, piccolo, limitato, circoscritto.
spazzacontràde, *agg.* e *sm. indecl.* → OZIOSO.
spazzàre, *v.tr.* scopare, ramazzare, pulire, mondare, nettare || *fig.* levar via, togliere di mezzo, sgombrare, sbrattare, far sparire.
contr. imbrattare, sporcare || ingombrare.
spazzàta, *sf.* → PULITA.
spazzatóre, *sm.* → SPAZZINO.
spazzatúra, *sf.* concio, immondezza, immondizia, pattume, nettatura, pacciame, pacciume, robaccia, scoviglia, rifiuti, scoria, sudiciume.
nomencl. (*attinenti*) pattumiera, cassetta, paletta, scopa, spazzola, granata, scopino, spazzaturaio.
spazzaturàio, *sm.* → SPAZZINO.
spazzíno, *sm.* scopino, scopatore, spazzaturaio, mondezzaro, pattumaio, raccogliconcio, spazzatore, netturbino.
nomencl. (*pertinenti*) carretto, pattumiera, scopa, scopino, pala.
spàzzola, *sf.* brusca, bruschino, cardo, scopetta, scopa, striglia, strigile, setola.
nomencl. (*usi, materia*) da barba, da capelli, per abiti, per scarpe, di crine, di nailon, di pelo di tasso, di radice, di velluto, di padule || spazzolata, stripillazione || setolinaio || *agg.* dura, morbida.
spazzolàre, *v.tr.* bruschinare, scopettare, setolinare, spolverare, strigliare, pulire.
contr. impolverare, sporcare.
spazzolàta, *sf.* → PULITA.
spazzolíno, *sm.* setolino, scopettino.
specchiàre, *v.rifl.* guardarsi nello specchio, mirarsi, || contemplarsi, riflettersi || imitare, prendere come esemplare (qualcuno).
specchiàto, *pps.* di specchiare || *agg. fig.* esemplare, integro, probo, senza macchia, puro, onesto, di buona fama, chiaro.
specchièra, *sf.* → SPECCHIO.
specchiétto, *sm.* → PROSPETTO, PARADIGMA.
spècchio, *sm.* specchiera, spera, psiche, speglio, caminiera, miraglio, riverbero || *fig.* esempio, modello || → PROSPETTO, PARADIGMA.
nomencl. (*forme e tipi*) concavo, convesso, convergente, parabolico, divergente, piano, sferico, a bilico, girevole, magico, molato, ardente o ustorio o maltese || (*elementi*) cristallo, foglia di stagno o d'argento, luce, battente, fuoco, baleno || pacometro, specchiaio || *agg.* fedele, adulatore, calunniatore, appannato, terso, sciupato.
specìàle, *agg.* particolare, proprio, privato, singolare, peculiare, caratteristico, originale, raro, individuale, personale, egregio, eroico, eccellente, eccezionale, impareggiabile, esclusivo, prezioso, straordinario, diverso, precipuo.
contr. comune, totale, generale, uniforme, conforme, solito, generico, normale.
specialísta, *agg.* e *sm.* → SAPIENTE, CONOSCITORE || MEDICO.
contr. generico || compilatore, poligrafo || dilettante, curioso, amatore.
specialità, *sf.* specie, particolarità, peculiarità || → PROFESSIONE || prodotto caratteristico, piatto tipico || reparto speciale (dell'esercito).
specializzàre, *v.tr.* delimitare, → SPECIFICARE || *rifl.* dedicarsi ad un ramo particolare (di disciplina o arte o mestiere), qualificarsi, rendersi competente.
specialménte, *avv.* speciale, in ispecie, in modo speciale, massimamente, massime, particolarmente, distintamente, soprattutto, in particolar modo.
contr. sommariamente, in generale, generalmente, confusamente, in modo sbrigativo.
spècie, *sf.* aspetto, apparenza, immagine, forma, somiglianza, qualità, sorta, fatta, sorte, maniera, ragione || classe, razza, risma, schiatta, famiglia, ramo, gruppo, lignaggio, stirpe, varietà || → OSTIA || *avv.* specialmente.
nomencl. (*inerenti*) assortimento, sottospecie, ibrido, omogeneità, evoluzione, selezione, riproduzione, procreazione, conservazione.
contr. genere.
specífica, *sf.* specificazione, nota, elenco, distinta.
specificàre, *v.tr.* determinare, precisare, individuare, individualizzare, identificare, distinguere, indicare distintamente, dichiarare, esprimere, specializzare || → SPIEGARE.
contr. generalizzare, stare sulle generali, non determinare.
specificàto, *pps.* di specificare || *agg.* circostanziato, dettagliato, determinato, distinto, indicato, espresso, particolareggiato || → SPECIFICO.
contr. indeterminato, indistinto, succinto, generico, confuso, mescolato.
specificazióne, *sf.* → SPIEGAZIONE, INDICAZIONE || specifica.
specífico, *agg.* determinato, precisato, caratteristico, proprio, indicativo, particolare, → SPECIFICATO || *sm.* rimedio, medicamento (indicato per una malattia), farmaco.
contr. generico, generale, confuso, indeterminato, indistinto.
specillàre, *v.tr.* → SONDARE.
specillatúra, *sf.* → SONDAGGIO.
specíllo, *sm.* sonda, scandaglio, tenta.
spècimen, *sm. indecl.* saggio, campione, esemplare, fac-simile, fassímile, → ESEMPIO.
speciosità, *sf.* lustra, lusinga, miraggio, sofisma, apparenza, aspetto, figura, appariscenza.
contr. crudezza, sostanza, realtà.
specióso, *agg.* illusorio, ingannevole, apparente, falso, di bella presenza, vistoso, allettante, seducente, attraente, → APPARISCENTE.
contr. vero, sostanziale, autentico, reale.
spèco, *sm. lett.* → GROTTA, CAVERNA.
spècola, *sf.* osservatorio astronomico || *ant.* → BELVEDERE.
speculàre[1], *v.tr.* esplorare, specolare, teorizzare, scrutare, contemplare, investigare, studiare, pensare, meditare, filosofare, considerare, indagare, perscrutare

|| *intr.* trafficare, commerciare, guadagnare, profittare, contrattare, mercanteggiare, mercare, far mercato, tirare al guadagno, giocare (in borsa).
speculàre², *agg.* di, da specchio.
speculatívo, *agg.* → PENSIEROSO || metafisico, contemplativo, puramente teorico, astratto, teoretico || lucroso, vantaggioso, affaristico.
contr. sperimentale, prammatico, pratico, applicato || disinteressato.
speculatóre, *sm.* studioso, pensatore, ricercatore || trafficante, profittatore, affarista, → COMMERCIANTE || *agg.* → INTRAPRENDENTE.
speculazióne, *sf.* investigazione, indagine, ricerca, contemplazione, pensiero, filosofia, metafisica, meditazione, studio, teoria, scienza, insegnamento || affarismo, bottega (*fig.*), affare, traffico, negozio, guadagno, lucro, mercimonio, mercanteggiamento, sfruttamento, bagarinaggio, → COMMERCIO.
contr. azione pratica || disinteresse.
spedàle, *sm.* → OSPEDALE.
spedíre, *v.tr.* inviare, destinare, diramare, indirizzare, mandare, spiccare, trasmettere || finire, sbrigare || (di malato) spacciare, darlo per inguaribile.
nomencl. (*pertinenti*) mittente, destinatario, spedizioniere, indirizzo, spedizione, invio.
contr. ricevere, non ultimare, tenere in sospeso, trattenere.
speditaménte, *avv.* → FACILMENTE, CHIARAMENTE, PRONTAMENTE.
speditézza, *sf.* prontezza, prestezza, agilità, sveltezza, celerità, facilità.
contr. lentezza, tardità, torpidità, pigrizia.
speditívo, *agg.* → SBRIGATIVO, RISOLUTO.
spedíto, *pps.* di spedire || *agg.* pronto, lesto, sollecito, sciolto, sbrigativo, agile, spiccio, speditivo, risoluto, deciso, energico, facile, franco.
contr. lento, torpido, tardo, pigro, impacciato.
speditóre, *sm.* spedizioniere, mittente.
contr. destinatario.
spedizióne, *sf.* invio, rimessa || convoglio, impresa militare || esplorazione, viaggio per studio.
nomencl. (*attinenti*) a grande o a piccola velocità, porto franco, porto assegnato, presa e riconsegna a domicilio.
spedizionière, *sm.* speditore, corriere, agenzia di spedizioni, agente di trasporti, → COMMERCIANTE.
spèglio, *sm. poet.* → SPECCHIO.
spegnàre, *v.tr.* disimpegnare, riscattare, spignorare.
contr. impegnare.
spègnere, *v.tr.* spengere, ammorzare, smorzare, estinguere, rispegnere || *fig.* temperare, attenuare, attutire, frenare, calmare, reprimere, diminuire, digradare, smorire, sfogare, soffocare, cancellare, far cessare || *rifl.* morire, estinguersi, finire, cessare.
contr. accendere, infiammare, ravvivare || attizzare, aizzare, istigare.
spegnitóio, *sm.* estintore, smorzatore, spegnitore || *fig.* deprimente.
contr. accenditoio, accenditore.
spegnitóre, *sm.* → SPEGNITOIO.
spelacchiàre, *v.tr.* → SPELARE || *rifl.* perdere il pelo, incalvire.
spelacchiàto, *pps.* di spelacchiare || *agg.* incalvito, → CALVO || LOGORO || sbusato, spiantato, spennacchiato, → POVERO.
spelàre, *v.tr.* pelare, spelacchiare, spelazzare, spellicciare, depilare, spiumare, strappare i capelli || logorare || *rifl.* perdere i peli, spelacchiarsi, incalvire || logorarsi.
spelàto, *pps.* di spelare || *agg.* e *sm.* → LOGORO || POVERO.
spelazzàre, *v.tr.* → SPELARE.
spelèo, *agg.* e *sm.* → CAVERNICOLA || *sm.* caverna, spelonca.
spellàre, *v.tr.* levar la pelle, scorticare, scoiare, escoriare, sbucciare, discorticare, discuoiare, graffiare, scotennare, spogliare || *rifl.* scorticarsi, escoriarsi, sbucciarsi, graffiarsi.
spellatúra, *sf.* abrasione, scorticamento, escoriazione, sbucciatura || scuoiamento.
spellicciàre, *v.tr.* → SPELARE || *fig.* → MALMENARE.
contr. impellicciare.
spellicciàta, *sf. fig.* → RIMPROVERO.
spelónca, *sf.* antro, grotta, speleo, → CAVERNA || *fig.* luogo, abitazione squallida, tugurio, stamberga, → CASA.
spèlta, *sf.* spelda, farro.
spème, *sf. poet.* → SPERANZA.
spendaccióne, *sm.* dissipatore, dilapidatore, scialacquatore, sprecone, scialone, prodigo, mangiatutto, grandioso, spenditore, sciupatore, sguazzatore, sparnazzatore, fonditore, sperperatore, dissipato, sciupone, spendereccio.
contr. avaro, taccagno, spilorcio, economo, risparmiatore, calcolato, parsimonioso, pidocchioso, lesinatore, lesinone.
spèndere, *v.tr.* pagare, sborsare, erogare, cavar denaro, dispendere, fare spesa, largire, mettere mano alla borsa || *fig.* scialare, scialacquare, sperperare, dilapidare, dissipare, consumare, rovinare, prodigare, prodigalizzare, profondere, sprecare, sciupare, impiegare, seminare || fare gonnella, rigirare il denaro || buttar via i soldi, fare scialo, fare spese traverse o pazze, straziare i denari, aver le mani buche, allargare la borsa, consumare la ricchezza, dar sotto ai quattrini, far saltare i quattrini, non badare a spese, spalare il denaro, sbraciare, sguazzare nelle spese, spendere a piene mani, spendere e spandere, spolverare il patrimonio, disordinare, fare scialacquo, lacerare, liquidare, logorare, mandare male, mangiare e bere, rovinare il proprio stato, sguazzare, sopraspendere, sparnazzare, vuotare la casa.
nomencl. (*inerenti*) dissipazione, dilapidazione, profusione, larghezza, generosità, prodigalità, scialacquamento, spesa, sperpero, dissesto, fallimento, povertà, miseria, pidocchieria, spilorceria, taccagneria, lesina, avarizia, parsimonia, economia.
contr. risparmiare, fare economia, calcolare, mettere da parte, accumulare, tesaurizzare, tesoreggiare || spendere poco, calzar stretto, cincischiare il quattrino, economizzare, fare a miccino, far carestia, maneggiare con economia, sbucciare il centesimo, sparagnare, spendere a spizzico, stare a secco, stringere le spese, tener la borsa stretta, usare parsimonia, fare le spese col contagoccie, misurare la borsa.
spenderéccio, *agg.* → SPENDACCIONE.

spendière, *sm.* → AMMINISTRATORE.
spendiménto, *sm.* → SPESA.
spèndita, *sf.* → SPESA.
spenditóre, *sm.* spacciatore, venditore, distributore, commerciante || → SPENDACCIONE.
contr. compratore, acquirente, cliente.
spennacchiàre, *v.tr.* spennare, levare le penne, → PELARE || *fig.* carpire denaro, spolpare, sbusare, squattrinare.
spennacchiàto, *pps.* di spennacchiare || *agg.* povero, sbusato, miserabile, pezzente, tapino, male in arnese, spelacchiato, → SCIATTO.
spennàcchio, *sm.* → PENNACCHIO.
spennàre, *v.tr.* spennacchiare, levare le penne, → PELARE || *fig.* carpire, spillare denaro, sbusare, spiantare.
spennellàta, *sf.* → PENNELLATA.
spennellatúra, *sf.* → PENNELLATA.
spensieratàggine, *sf.* → SPENSIERATEZZA.
spensieratézza, *sf.* sfrenatezza, scapigliatura, scapestrataggine, spensierataggine, scapataggine, sbrigliatezza, avventatezza, avventataggine, sbadataggine, irriflessione, storditezza, leggerezza, inconsideratezza, sventatezza, azione da scapato, noncuranza, scioperataggine, incuria || → PIACERE.
contr. riflessione, attenzione, precisione, ponderatezza, ponderazione.
spensieràto, *agg.* e *sm.* avventato, caposcarico, cervellino, farfallino, frivolo, inconsulto, irriflessivo, inavveduto, distratto, disattento, sventato, noncurante, negligente, incurante, scapato, spensierato, stordito, dimentico, maldestro, smemorato, sbalestrato, sconsiderato, scapigliato, scioperato, trascurato, vanesio, fatuo, leggero, sbadato.
contr. attento, cauto, prudente, diligente, posato, guardingo, riflessivo, ponderato.
spènto, *pps.* di spegnere || *agg.* estinto, smorzato || *fig.* morto, scomparso, finito || scialbo, sbiancato, smorto, pallido, sbiadito, squallido, attutito || apatico, indifferente, indolente, fiacco.
contr. acceso || vivo, vivente, vivace, vivido, intenso, ardente, rilevato, energico, appassionato.
spenzolànte, *ppr.* di spenzolare || *agg.* pendente, appeso, → PENDULO.
spenzolàre, *v.tr.* e *intr.* → PENZOLARE, OSCILLARE || *rifl.* sporgersi.
spèra, *sf.* → SPECCHIO, LUCE, RAGGIO || *poet.* sfera, cielo || *ant.* speranza.
speràbile, *agg.* augurabile, auspicabile, desiderabile.
contr. insperabile, disperato.
sperànza, *sf.* affidamento, assegnamento, augurio, attesa, aspettativa, aspettazione, aspirazione, auspicio, confidanza, confidamento, fede, fidanza, fiducia, fondamento, desiderio, fantasticheria, fantasia, sogno, utopia, progetto, illusione, lusinga, miraggio, pio desiderio, speme, prospettiva, ripromissione, visione, voto || probabilità, possibilità.
nomencl. *agg.* aerea, antica, audace, aurea, breve, buona, cara, dolce, fallace, falsa, incerta, ineffabile, ingannevole, ladra, lieta, lontana, nuova, onesta, perduta, scellerata, segreta, traditrice, trepida, vana, ultima, unica, viva, vigorosa, gagliarda, ardente, fiacca, debole, inconcussa, forte || *verb.* avere, possedere, nutrire, pascere, infondere, ispirare, dare, abbandonare, lasciare, deporre, levare, togliere, ravvivare, rinverdire, carezzare, vagheggiare, cullare, distruggere, realizzare.
contr. disperazione, sfiducia, sconforto, diffidenza, dubbio, scoraggiamento, avvilimento.
speranzóso, *agg.* pieno di speranza, confidente, fidente, fiducioso, illuso.
contr. sconfidato, sconfidente, sfiduciato, disperato, disincantato, disilluso.
speràre, *v.intr.* aspettare, attendere, augurare, auspicare, confidare, fidare, desiderare, contare, fare assegnamento, fondare, lusingarsi, promettersi, ripromettersi, sognare, vagellare, vagheggiare, fantasticare, immaginare, vedere in sogno, illudersi, aprire il cuore alla speranza, covare una speranza; accarezzare, cullare una speranza; aver fiducia, contare su una cosa o su una persona, nutrire la speranza.
contr. disperare, sconfortarsi, scoraggiarsi, disanimarsi, disilludersi, aprire gli occhi.
spèrdere, *v.tr.* → DISPERDERE || PERDERE || DISTRUGGERE.
sperdiménto, *sm.* → PERDITA.
sperdúto, *pps.* di sperdere || *agg.* → SOLITARIO || spaesato, disambientato, disorientato, confuso, → SPERSO.
contr. orientato, ritrovato, rinvenuto.
spergiuràre, *v.intr.* giurare il falso, mentire || *fig.* → ABBANDONARE.
spergiuratóre, *sm.* mentitore, menzognero, insincero, infido, spergiuro.
spergiúro, *sm.* falso giuramento || spergiuratore, mentitore, infedele, infido, menzognero.
spericolàre, *v.rifl.* perdersi d'animo, disanimarsi, scoraggiarsi; invilirsi, → SPAVENTARE.
spericolàto, *pps.* di spericolare || *agg.* timoroso, pauroso, disanimato, pusillanime, sgomento || incosciente, temerario, spensierato, inavveduto, incurante, sventato.
contr. → PRUDENTE.
sperimentàle, *agg.* → POSITIVO || esperienziale, empirico, prammatico, applicato.
contr. teorico, speculativo, metafisico, teoretico, astratto.
sperimentalísmo, *sm.* → EMPIRISMO.
sperimentàre, *v.tr.* esperimentare, mettere a prova, provare, riprovare, scandagliare, tastare, verificare, cimentare, tentare, assaporare, saggiare, esperire, insegnare.
contr. speculare, teorizzare, contemplare, filosofare.
sperimentàto, *pps.* di sperimentare || *agg.* esperimentato, esperto, pratico, perito, addestrato, provato, dimostrato, ben riuscito.
contr. inesperto, non provato, non dimostrato, gratuito.
speronàre, *v.tr.* colpire, investire, urtare (una nave) || *rar.* spronare, → SOLLECITARE.
speróne, *sm.* → SPRONE || MURO, CONTRAFFORTE || PRORA.
sperperaménto, *sm.* → DISTRUZIONE.
sperperàre, *v.tr.* scialacquare, dissipare, dilapidare, prodigare, profondere, scialare, consumare, rovinare, divorare, spargere copiosamente, → SCIUPARE, SPENDERE.
contr. risparmiare, economizzare, spendere con parsimonia, calcolare, lesinare.

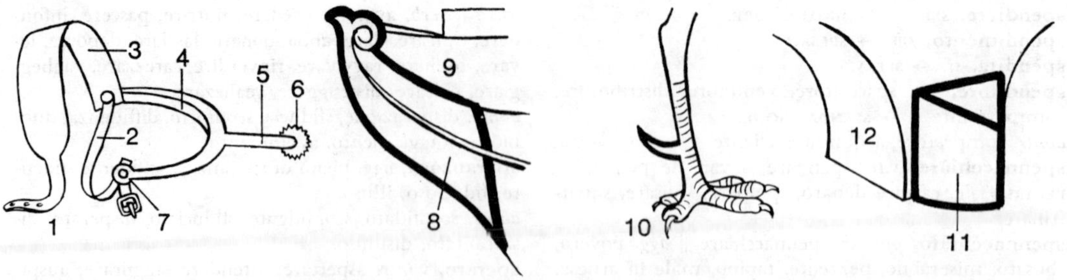

SPERONE – 1) Sperone di cavaliere; 2) sottopiede; 3) cinghia; 4) scarpa; 5) forchetta; 6) spionella o stella; 7) occhio; 8) sperone di nave; 9) prua; 10) sperone di gallo da combattimento; 11) sperone di un ponte; 12) arcata.

sperperàto, *pps.* di sperperare || *agg.* → DISPERSO.
sperperatóre, *agg.* e *sm.* → SCIUPONE, DISTRUTTORE.
spèrpero, *sm.* sciupo, sciupio, sciupinio, spreco, consumo, scialo, dissipazione, prodigalità, larghezza (nello spendere), scialacquo, dilapidazione, profusione, dispendio, sfarzo, lusso.
contr. risparmio, economia, calcolo, parsimonia, lésina.
sperpètua, *sf.* iettatura, scalogna, disdetta, disgrazia.
spèrso, *pps.* di sperdere || *agg.* disperso, smarrito, sperduto, perso, spaesato, disorientato, confuso.
contr. ritrovato, rinvenuto, orientato, sicuro, pratico.
spersoníto, *agg.* → MAGRO.
sperticàre, *v.intr.* alzarsi troppo (d'albero) || *rifl.* eccedere, esagerare, profondersi.
sperticàto, *pps.* di sperticare || *agg.* lunghissimo, sproporzionato, madornale, sesquipedale, → ENORME || *fig.* eccessivo, esagerato || → BIZZARRO.
contr. moderato, contenuto, sincero.
spésa, *sf.* spendimento, spèndita, erogazione, esito, denaro speso, esborso, contribuzione, importo, onere passivo, quota, prezzo, porzione, rata, costo, dispendio, dilapidazione, dissipazione || provvista, → COMPERA.
nomencl. (*pertinenti*) bilancio, conto, nota, parcella, fattura, stanziamento, provvista, margine, sconto, ribasso, cresta || *agg.* capricciosa, irragionevole, illogica, stravagante, stramba, eccessiva, esorbitante, soverchia, esagerata, sproporzionata, gravosa, forte, pesante, ingente, grossa, futile, frivola, vana, inutile, improduttiva, infeconda, ingiustificata, facoltativa, libera, obbligatoria, necessaria, indispensabile, giustificata, proficua, produttiva, feconda, redditizia, fruttuosa, utile, buona, giovevole, conveniente, vantaggiosa, tenue, leggera, piccola, esigua, modica, voluttuaria, minuta, ordinaria, straordinaria, prevista, imprevista, limitata || di lusso, da nulla || *verb.* fare, sostenere, affrontare, assumere, coprire, gravare, limitare, aumentare, moderare, sobbarcarsi, accollare, sostenere, subire, sborsare, rimborsare, restituire, mercanteggiare.
contr. introito, incasso, entrata, guadagno || risparmio.
spesàre, *v.tr.* → MANTENERE.
spesàto, *pps.* di spesare || *agg.* mantenuto, provveduto, sostenuto.
spesseggiàre, *v.tr.* ripetere, moltiplicare, replicare, frequentare, iterare, rinnovare || *intr.* essere frequente, ripetersi frequentemente.
contr. diradare, rarefare || difettare, mancare.
spessézza, *sf.* → DENSITÀ || FREQUENZA.
contr. intervallo, diradamento, rarefazione.
spessíre, *v.tr.* rendere denso, infittire, infoltire, affoltare, condensare, inspessire, addensare, indurire || *intr.* e *rifl.* diventar denso, infittirsi, indurirsi.
contr. sciogliere, liquefare, diluire || diradare, rarefare, intervallare.
spésso, *agg.* folto, compatto, fitto, gremito, → DENSO || grosso, pieno || frequente || *avv.* sovente, spesse volte, di frequente, frequentemente, a ogni piè sospinto, a tutto pasto o spiano, ogni momento, molte volte, piú volte.
contr. rado, diradato, rarefatto, diluito || di rado, raramente, poche volte.
spessóre, *sm.* grossezza, spessezza.
contr. tenuità, sottigliezza, esilità.
spettàbile, *agg.* → ONOREVOLE.
spettabilità, *sf.* → ONORE.
spettàcolo, *sm.* cosa da vedere, recita, recitazione, rappresentazione teatrale, scena, festa, teatro, apparato, trattenimento || vista, veduta, panorama || *fig.* pompa, pompositá.
nomencl. privato, pubblico || (*esempi*) accademia, agone, arlecchinata, mascherata, pagliacciata, bagordo, ballo, corsa, corse ippiche, carosello, cinematografo, cuccagna, giostra, fantasmagoria, fantasia, naumachia, gioco (della palla, del pallone), luminaria, regata, scherma, esercizi equestri || (*luoghi*) teatro, cinematografo, aerodromo, cavallerizza, ciclodromo, velodromo, circo, ippodromo, arena, campo di gioco || (*persone*) atleta, ballerino, giocoliere, mimo, prestidigitatore, prestigiatore, illusionista, saltimbanco, pantomimo, gladiatore, corridore, spettatore || mattinata, serata, programma, cartellone, applauso, intermezzo, replica, palco, ribalta || *agg.* riservato, bello, brutto, curioso, esilarante, gradito, grandioso, impressionante, commovente, interessante, istruttivo, lieto, magnifico, raro, ridicolo, sorprendente, strano, svariato, terribile, triste, malinconico, doloroso, sgradito, pietoso, ripugnante, disgustante, disgustoso, repellente, nauseante, piacevole, attraente, allettante, simpatico || *verb.* assistere, partecipare || organizzare, curare, allestire.
spettacolóso, *agg.* pomposo, fantasmagorico, vistoso, appariscente, enorme, straordinario, lussuoso, meraviglioso, rappresentativo, decorativo.
contr. comune, normale, modesto, ordinario, insignificante.

spettànte, *ppr.* di spettare || *agg.* appartenente, dedito, dovuto, pertinente, attinente, relativo, inerente, riguardante.
spettànza, *sf.* appartenenza, pertinenza, attinenza, proprietà, diritto, dovere, rapporto, inerenza, competenza, giurisdizione || → CREDITO.
spettàre, *v.intr.* competere, riguardare, concernere, toccare, incombere, appartenere.
spettatóre, *agg.* e *sm.* astante, presente, ascoltatore, assistente, partecipante, pubblico, uditore, uditorio, platea, piazza.
contr. assente.
spettegolàre, *v.intr.* → SPARLARE, PETTEGOLARE.
spettinàre, *v.tr.* scapigliare, scompigliare, scarmigliare, arruffare, scarduffare, disordinare, disfare.
contr. pettinare, ravviare, ordinare.
spettràle, *agg.* fantastico, chimerico, larvale, → ORRENDO.
spèttro, *sm.* apparizione, fantasma, larva, ombra, immagine, simulacro, spauracchio, spirito, visione, lamia, lemure, strige, anima || *fig.* persona magrissima, squallida || *fis.* spettro solare, íride; spettro magnetico.
nomencl. (*inerenti*) apparizione, evocazione, danza macabra, incubo, succubo, allucinazione, sudario || fantasmagoria.
spezìale, *sm.* aromatario, droghiere, farmacista, profumiere, unguentario, apotecario o apoticario.
spèzie, *sf. invar.* droga, aromi.
nomencl. (*esempi*) cannella, chiodi di garofano, cumino, anice stellato, noce moscata, pepe, zenzero, senape, vaniglia, zafferano.
spezierìa, *sf.* farmacia, drogheria, fondaco, apoteca.
spezzalégne, *sm. indecl.* spaccalegna, → BOSCAIOLO.
spezzaménto, *sm.* → ROTTURA.
spezzàre, *v.tr.* sbocconcellare, spezzettare, sfracellare, disfare, fracassare, frangere, frantumare, frazionare, infrangere, rifrangere, stritolare, schiacciare, tagliuzzare, schiantare, maciullare, mandare o ridurre in pezzi o in frantumi, mandare in sconquasso, sfracassare, sgretolare, sminuzzare, smozzicare, spiaccicare, squarciare, strizzare, rompere, distruggere, spaccare, aprire, fendere, scoscendere || *rifl.* rompersi, fendersi, crepare, scoppiare, screpolarsi, incrinare || *fig.* → FIACCARE, FATICARE.
contr. ricomporre, riparare, riunire, aggiustare, acconciare, raccapezzare, rabberciare, rappezzare, costruire, salvare, ricostruire.
spezzatìno, *sm.* stufato, umido.
spezzàto, *pps.* di spezzare || *agg.* rotto, fatto a pezzi, schiantato, frantumato, spaccato, disfatto, sconquassato || *sm. pl.* → DENARO.
contr. intero, integro, sano, intatto.
spezzatùra, *sf.* → ROTTURA, FRATTURA.
spezzazòcchi, *sm. indecl.* → BOSCAIOLO.
spezzettàre, *v.tr.* → SPEZZARE.
spìa, *sf.* spione, delatore, accusatore, indagatore, calunniatore, sicofante, confidente, esploratore, emissario, arnese di polizia, segugio, referendario, rifilatore, rifischione, informatore || finestrina, apertura, pertugio || indizio, sintomo.
spiaccicàre, *v.tr.* e *rifl.* → SCHIACCIARE, PESTARE.
spiacènte, *ppr.* di spiacere || *agg.* → SPIACEVOLE.
contr. piacente.
spiacére, *v.intr.* disgradare, dispiacere, addolorare, rincrescere, urtare, amareggiare, dolere.
contr. piacere, gioire, provar soddisfazione || allettare, attirare, esser gradito.
spiacévole, *agg.* agro, amaro, antipatico, duro, disamabile, disameno, discaro, disaggradevole, disgradevole, disgustevole, disgustoso, dispiacente, dispiacevole, fastidioso, grave, gravoso, inamabile, inameno, increscevole, increscioso, ingiocondo, ingrato, insoave, malaccetto, malgradito, malgrazioso, molesto, odioso, ostico, rincrescevole, rincrescioso, reo, sgradevole, sgradito, sgraziato, brutto, spiacente, tristo, truce, ributtante, ripugnante, rivoltante, stomachevole, nauseabondo, ínsopportabile, repellente, dispettoso, urticante, urtante.
contr. piacevole, piacente, gradevole, amabile, grato, simpatico, accetto, giocondo, gaio, gradito, soave, bello, caro.
spiàggia, *sf.* costa bassa, costiera, lido, litorale, piaggia, riva, ripa, riviera, arenile, costiera, proda.
nomencl. (*attinenti*) duna, golfo, promontorio, rena, sabbia || *agg.* deserta, abbandonata, ridente, vasta, sinuosa, sottile.
spianàre, *v.tr.* stirare, lisciare, levigare, polire, piallare, pareggiare, abbassare, uniformare, ragguagliare, distendere || appianare, livellare, facilitare || demolire, distruggere, abbattere || *fig.* spianare le costole, → BASTONARE.
contr. rendere scabro || ostacolare, intralciare, attraversare || innalzare, erigere, costruire, edificare, far emergere, rendere rilevato, distinto.
spianàta, *sf.* spaldo, spalto, sporto, bastione, spiano, spiazzo, pianoro, radura, piana || *fig.* → MANGIATA.
contr. dirupo, scoscendimento, forra, burrone, avvallamento, buca.
spianàto, *pps.* di spianare || *agg.* → PIANO, LISCIO.
spianatóio, *sm.* appianatoio, matterello, lasagnolo.
spiàno, *sm.* → SPIANATA.
spiantàre, *v.tr.* sradicare, divellere, svellere, sbarbare, strappare, annientare, stroncare, cancellare, distruggere || *fig.* mandare in miseria, rovinare || *rifl.* ridursi in miseria.
contr. piantare, radicare, costruire, ricostruire.
spiantàto, *pps.* di spiantare || *agg.* divelto, sradicato, strappato, appianato || *fig.* senza denaro, ridotto in miseria; abbruciato, arso, esausto di denari; corto a quattrini, disfatto, frusto, in bolletta, malcondotto, rovinato, sbusato, scalzo, sgangherato, spedato, spelacchiato, spennacchiato, squattrinato, povero, disperato.
contr. piantato || ricco, benestante, agiato, denaroso, dovizioso, provveduto.
spiànto, *sm.* crollo, decadimento, rovina, collasso.
spiàre, *v.tr.* spionare, ascoltare, braccare, braccheggiare, sorvegliare, osservare, esplorare, fare la posta, fiutare, indagare, inquisire, investigare, odorare, orecchiare, origliare, pedinare, scoprire, scovare, seguitare, spieggiare, spillare, stare a sentire, stare in orecchi, succhiellare, tenere d'occhio, tenere gli occhi addosso, tra-

guardare di sottecchi, curiosare, guardare || riferire, denunciare, fare il delatore, fare la spia.

spiattellàre, *v.tr.* cianciare, cicalare, parlare, raccontare, dire francamente, dire apertamente, dinocciolare, snocciolare, rifischiare, sfringuellare, spifferare, schiccherare, spippolare, strombazzare, strombettare, cantar chiaro, dire pane al pane, dire in faccia o sul muso, mostrare il viso, non mandare a dire, parlare fuori dei denti, sciogliere il sacco, sfilar la corona, sgocciolare l'orciuolo, traboccare il sacco, uscire alla libera.

contr. tacere, essere riservato, fare silenzio; essere reticente, prudente, riguardoso nel parlare, alludere.

spiàzzo, *sm.* pianoro, radura, spianata, spiano, piazzalone, spiazzata, spazio vuoto, → SPAZIO, PIANURA.

spíca, *sf. poet.* → SPIGA.

spiccànte, *ppr.* di spiccare || *agg.* staccato (in confronto ad altri), → RILEVATO, PROMINENTE

spiccàre, *v.tr.* separare, staccare, disgiungere, cogliere, levare || → SPEDIRE || *intr.* aprirsi, scoppiare || fare spicco, risaltare, aver risalto; apparire distintamente, evidente; rilevare, colpire l'occhio, campeggiare, emergere.

contr. unire, congiungere || svanire, sfumare, uguagliarsi, uniformarsi.

spiccàto, *pps.* di spiccare || *agg.* staccato, rilevato || netto, preciso, ben distinto, ben chiaro, evidente, in rilievo, vistoso, → ACCENTUATO.

contr. aderente, unito || indistinto, fuso, confuso, piatto, uniforme.

spícchio, *sm.* || *fig.* piccola parte, sezione.

nomencl. *agg.* spicchiuto || *loc. avv.* a spicchi.

spicciàre, *v.intr.* sgorgare, stillare, schizzare, scaturire, zampillare, erompere || sbrigare, spacciare, spedire, → ACCELERARE || *v.tr.* sollecitare, affrettare, incalzare, pressare || *rifl.* far presto, fare in fretta, affrettarsi, sbrigarsi, sbarazzarsi.

contr. rallentare, andare o fare lentamente, andar per le lunghe || impicciarsi, imbarazzarsi, impacciarsi.

spicciatívo, *agg.* → SBRIGATIVO.

spiccicàre, *v.tr.* → STACCARE.

contr. appiccicare.

spíccio, *agg.* → ENERGICO, SBRIGATIVO, RISOLUTO, BREVE.

spicciolàta (alla), *loc. avv.* a piccoli gruppi, a gruppetti, pochi per volta.

contr. tutti assieme, in gruppo, in massa, in folla.

spícciolo, *agg.* minuto, spezzato || *sm.* → DENARO.

nomencl. *verb.* spicciolare.

spícco, *sm.* appariscenza, bella mostra, risalto, spiccatura, stacco, distacco, rilievo, evidenza, vistosità.

nomencl. *verb.* dare, avere, fare.

spicilègio, *sm.* spigolatura, miscellanea, → RACCOLTA.

spidocchiàre, *v.rifl. fig.* → RIMPANNUCCIARE.

spièdo, *sm.* spiede, schidione.

nomencl. (*inerenti*) schidionata, girarrosto, menarrosto.

spiegàbile, *agg.* comprensibile, decifrabile, chiarificabile, comprovabile, conoscibile, deducibile, desumibile, dimostrabile, documentabile, esplicabile, intelligibile, leggibile, percettibile, percepibile, perspicuo, provabile, solubile, sondabile, ammissibile, plausibile.

contr. inspiegabile, arcano, astruso, complicato, enigmatico, enimmatico, inesplicabile, indecifrabile, indimostrabile, insolubile, sibillino, misterioso, esoterico.

spiegaménto, *sm.* → SPIEGAZIONE || allineamento, → ESTENSIONE.

spiegàre, *v.tr.* dispiegare, distendere, estendere, districare, allargare, allineare, sciorinare, esporre, sbrogliare, stendere, svolgere, enucleare || addimostrare, chiarificare, chiarire, chiosare, circostanziare, commentare, definire, determinare, descrivere, dettagliare, dire, dichiarare, dilucidare, delucidare, dimostrare, dischiarare, dispianare, documentare, elucidare, enarrare, enunziare, esemplificare, esplanare, esplicare, esporre, esprimere, formulare, illuminare, illustrare, interpretare, insegnare, lumeggiare, mostrare, motivare, parafrasare, particolareggiare, precisare, provare, rendere, rischiarare, semplicizzare, semplificare, significare, snocciolare, spianare, specificare, sternere, sviluppare, svolgere, tradurre, volgarizzare, far capire, far intendere, manifestare, giustificare, schiarire, rischiarire, sminuzzare, ragionare, divulgare, risolvere || *rifl.* esprimersi, farsi intendere.

nomencl. (*pertinenti*) enigma, indovinello, geroglifico, sigla, ermetismo, mistero, rebus, sciarada, astrusità || avvertenza, chiave, chiosa, commento, critica, ermeneutica, esegesi, glossa, introduzione, nota, teoria, prolegomeni, schiarimento, dichiarazione, esempio.

contr. piegare, avvolgere, involgere || complicare, oscurare, confondere.

spiegàto, *pps.* di spiegare || *agg.* aperto, steso, disteso, dilatato, allargato || → DEFINITO.

contr. piegato, avvolto, circonfuso, involto, confuso, involuto.

spiegazióne, *sf.* cenno, chiarimento, chiarificazione, chiave, chiosa, circonlocuzione, delucidazione, definizione, dichiarazione, dimostrazione, documentazione, enunciazione, enunziazione, esegesi, esplicazione, esposizione, glossa, illustrazione, interpretazione, motivazione, nota, parafrasi, schiarimento, significanza, significazione, specificazione, spiegamento, versione, ragione, commento, determinazione, descrizione, traduzione, postilla, osservazione, didascalia, giustificazione, volgarizzazione.

nomencl. *agg.* chiara, limpida, intelligibile, esauriente, completa, persuasiva, soddisfacente, astrusa, incompleta, insoddisfacente.

spiegazzàre, *v.tr.* abballottolare, accincignare, aggrinzire, allucignolare, brancicare, cincischiare, conciare male, gualcire, maltrattare, malmenare, maneggiare, mantrugiare, piegare malamente, pigiare, scipare, sciupacchiare, sciupare, sgualcire, tormentare, aggrovigliare, rincincignare, strizzare, guastare.

contr. lisciare, stirare, spianare, aggiustare, conservare, trattar bene.

spieggiàre, *v.tr.* → SPIARE.

spietataménte, *avv.* → CRUDELMENTE.

spietàto, *agg.* crudele, feroce, immite, inesorabile, inumano, disumano, impietoso, atroce, → CATTIVO.

contr. pietoso, umano, compassionevole, buono, generoso.

spifferàre, *v.intr.* soffiare, entrare da una fessura (detto di vento) || *tr.* ridire, sfringuellare, spiattellare, rifischiare, cianciare, parlare, cicalare, snocciolare, rac-

contare, schiccherare, spippolare, strombazzare, strombettare, riportare, riferire, rivelare.
contr. tacere, tener segreto, essere prudente, essere riservato.

spíffero, *sm.* soffio di vento, corrente d'aria, rèfolo, rífolo.

spíga, *sf.* spica, pannocchia, cariosside.
nomencl. (*attinenti*) chicchi, arista o resta, collo, peduncolo, rachide, torso, cartoccio, cornocchio, stampone || manipolo, mannello, covone || spigatura || spigolatura, spigolatrice || *agg.* bella, compiuta, granita, fallace, lunga, magra, matura, sgranata, spogliata, smilza || ben nutrita || *verb.* spigolare || dicollare, far piega, inspigare.

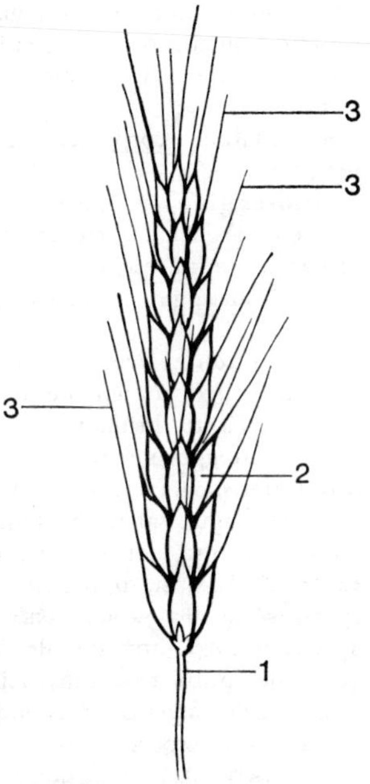

SPIGA DI GRANO – 1) collo; 2) chicchi o granelli; 3) ariste.

spigionàto, *pps.* di spigionare || *agg.* sfitto || *fig.* essere pazzo.

spigliataménte, *avv.* → BRIOSAMENTE.

spigliatézza, *sf.* prontezza, prestezza, lestezza, agilità, celerità, sollecitudine, scioltezza, disinvoltura, vivacità, facilità, solerzia, elettricità, brio, franchezza, naturalezza.
contr. goffaggine, imbarazzo, impaccio, impiccio, ingombro, titubanza.

spigliàto, *agg.* agile, sciolto, disinvolto, vivace, brioso, franco, spedito, naturale, slegato, spontaneo.
contr. impacciato, imbarazzato, goffo, esitante, titubante, impicciato.

spignoràre, *v.tr.* spegnare, disimpegnare, riscattare.
contr. impegnare, pignorare.

spígo, *sm.* spigonardo, lavanda, nardo.

spigolàre, *v.tr.* || *fig.* raccogliere qua e là, andar scegliendo.

spigolatúra, *sf.* spicilegio, miscellanea.

spigolístro, *agg.* e *sm.* bacchettone, ipocrita, furbo, pedante, sofistico, falso.

spígolo, *sm.* angolo vivo, canto, cantonata, cantone, punta.
contr. smussatura, curva.

spigolóso, *agg.* pieno di spigoli, angoloso, puntuto || *fig.* aspro, intrattabile, difficile, irsuto, spinoso, ringhioso.
contr. morbido, soffice, curvo, cordiale, affabile.

spigonàrdo, *sm.* nardo, lavanda, → SPIGO.

spigríre, *v.tr.* spoltrire, spoltronire, farsi svelto, alacre, attivo, sneghittire.
contr. impigrire, impigrirsi, anneghittire.

spílla, *sf.* boccola, fusettino, spadina, spillone.

spillaccheràre, *v.tr.* → PULIRE.
contr. impillaccherare.

spillàre, *v.intr.* gocciare, gocciolare, stillare, trapelare, trasudare, uscire, erompere || *tr.* far uscire, spicciare, scolare, colare || *fig.* cavar, tirar fuori (a stento), estorcere, ottenere, carpire, spennare.

spíllo, *sm.* spilla || cannella, votatoio || getto, stilla, zampillo d'acqua.
nomencl. (*parti*) testa o capocchia o capo, punta || (*inerenti*) guancialino, carta, appuntaspilli, buzzo, cuscinetto, portaspilli, tombolino || spillaio || *verb.* forare, appuntare, spuntare, scapocchiare.

spillóne, *sm.* → SPILLA.

spilluzzicàre, *v.tr.* piluccare, spizzicare, mangiucchiare, sbocconcellare, boccheggiare || *fig.* rubacchiare, guadagnucciare.
contr. divorare, mangiare avidamente, da ingordo.

spilorcería, *sf.* → AVARIZIA,

spilòrcio, *agg.* → AVARO.

spilungóne, *agg.* allampanato, → MAGRO.

spína, *sf.* aculeo, punta, dumo, spino, rovo, cardo, pruno, pungiglione, punzone, tribolo || lisca || → SCALPELLO, INCUDINE, ZAFFO || *fig.* pena inattesa, dolore acuto, fitta, trafitta, agitazione, inquietudine, angustia, difficoltà.
nomencl. *verb.* pungere, spinare || essere, stare sulle spine.

spinàio, *sm.* → SPINETO.

spincióne, *sm.* fringuello, pincione.
nomencl. *verb.* fischiare, spincionare.

spinéto, *sm.* spinaio, pruneto, roveto, dumeto, macchia.

spinétta, *sf.* → CEMBALO.

spingàrda, *sf.* → FUCILE, CANNONE.

spíngere, *v.tr.* dare impulso, cacciare avanti, incalzare, sospingere, muovere, mandare avanti, incalzare, rincalzare, respingere, urtare, dar dentro, pingere, spignere, pontare, propulsare, pungolare, risospingere, urgere, sollecitare, far premura, far fretta, affrettare, accelerare, rotolare, trabalzare, scagliare, espellere || *fig.* eccitare, incitare, indurre, stimolare, pressare, premere, speronare, spronare, instare, spacciare, sbrigare, istigare, consigliare, aizzare, provocare || *rifl.* andare avanti, avanzare, proseguire, farsi avanti, inoltrarsi, incantucciarsi, rincantucciarsi, entrare, ficcarsi, cacciarsi.
contr. trattenere, impedire, frenare, ostacolare, fermare, dissuadere.

spingiménto, *sm.* → SPINTA.

spíno, *sm.* pruno || → SPINA || *agg.* spinoso.

spinóso, *agg.* pieno di spine || *fig.* scabroso, difficile || scontroso, ruvido, ispido, irto, peloso, intrattabile, rustico, irsuto, spigoloso.
contr. facile, semplice, liscio, agevole || cordiale, affabile, amabile.

spínta, *sf.* impulso, impulsione, appulso, impeto, spintone, urto, urtone, spingimento, respingimento, espulsione, sospingimento, sospinta, balta, trabalzamento, trabalzo, strabalzamento || pressione || *fig.*

eccitazione, incitamento, incalzamento, incentivo, favore, stimolo, istigazione, mossa, iniziativa,
contr. freno, impedimento, ostacolo, dissuasione.
spinterògeno, *sm.*
nomencl. distributore, spazzolino, puntine.
spínto, *pps.* di spingere || *agg.* arrischiato, eccessivo, esagerato, scabroso, spericolato, sfrenato.
contr. moderato, modesto, timido.
spintóne, *sm.* → SPINTA.
spionàre, *v.tr.* → SPIARE.
spióne, *sm.* → SPIA, INFORMATORE.
spiovènte, *ppr.* di spiovere || *agg.* cascante, all'ingiú, penzolante, pendente dall'alto || *sm.* displuvio.
contr. ritto, diritto, volto, rivolto in su.
spiòvere, *v.intr.* cadere, cascare dall'alto || ricadere in giú || cessar di piovere || colare, scolare, scorrere (dell'acqua).
spippolàre, *v.tr.* → SPIATTELLARE, CANTARE.
spíra, *sf.* → SPIRALE, GIRIVOLTA.
spiràglio, *sm.* sfogo, sfogatoio, sfiato, sfiatatoio, apertura, fessura, fenditura, interstizio, pertugio, buco, spaccatura, crepa || *fig.* barlume, indizio, speranza, possibilità.
spiràle, *sf.* spira, giro, voluta, avvolgimento, molla.
spiraménto, *sm.* → RESPIRAZIONE.
spiràre, *v.intr.* respirare, alitare || (di vento) soffiare || esalare, svaporare, sfumare, svanire, evaporare, emanare || morire, dar l'ultimo respiro o spirito || *fig.* scadere, terminare, finire || *tr.* procedere, mandar fuori || *fig.* manifestare, trapelare, mostrare, palesare, raggiare, scintillare.
spiritàle, *agg.* → SPIRITUALE.
spiritaménto, *sm.* → OSSESSIONE.
spiritàre, *v.intr.* essere indemoniato, invaso dal maligno || → SPAVENTARE.
spiritàto, *pps.* di spiritare || *agg.* e *sm.* furente, energumeno, ebete, indemoniato, ossesso, fanatico, impazzito, convulso, → SPAVENTATO || agitato, instabile, mobile.
contr. calmo, tranquillo, pacifico, sereno.
spiritèllo, *sm.* → FOLLETTO.
spirítico, *agg.* spiritistico.
spiritísmo, *sm.* dottrina spiritica, medianità, occultismo, scienza degli spiriti.
nomencl. (*inerenti*) anima disincarnata, spirito, fantasma, ectoplasma, tavolino parlante, spiritista, *medium* || mediomania.
spiritístico, *agg.* spiritico.
spírito, *sm.* aura, soffio, alito, fiato, aria || persona, individuo, facoltà vitale, facoltà mentale, anima, animo, psiche, mente, intelletto, intelligenza, qualità, ingegno, spirto, vita, vitalità, forza || vivacità, brio, sentimento, slancio, altezza di sentimento, cuore, acutezza, arguzia, finezza, lepidezza, atticismo, piacevolezza, sagacia || ardimento, audacia, coraggio || entusiasmo, ispirazione, estro, fuoco, fantasia || intendimento, significato, intenzione || fantasma, spettro, ombra, genio, incubo || alcole, essenza || → RESPIRAZIONE.
nomencl. (*distinzioni*) comprensore, creativo, puro, forte, debole, elementare, semplice, animale, beato || Santo || (*esempi*) silfi, gnomi, ondine, spirito folletto, demonio, angelo, anima disincarnata, defunto, larve, lemure, rassaso, succubo, incubo, mandragora, salamandra, coboldi, silvani || (*movimenti, atti*) affanno, allegrezza, malinconia, atarassia, calma, attenzione, autosuggestione, contemplazione, elevazione, micromania, preoccupazione, turbamento, umore, franchezza, presenza, prontezza, svegliatezza, risolutezza, piccolezza, raccoglimento || (*derivati*) panpsichismo, pneumatismo, pneumatofobia, pneumatologia, psicomachia, soggettivismo, spiritismo || *agg.* gentile, grande, elevato, nobile, meschino || *verb.* spirare, inspirare, espirare, respirare.
contr. materia, corpo, carne, istinto || ottusità, materialità.
spiritosàggine, *sf.* spiritosità, facezia, frizzo, motto spiritoso, arguzia, tratto di spirito, barzelletta, gioco di parole, satira, epigramma, madrigale.
contr. insulsaggine, melensaggine, sciocchezza, ottusità.
spiritosaménte, *avv.* → BRIOSAMENTE.
spiritóso, *agg.* contenente alcole, alcoolico || arguto, burlesco, faceto, brillante, fine, frizzante, grazioso, lepido, motteggevole, salato, salsissimo, saporito, sentito, umoristico, trattoso (*ant.*) || (di persona) brillante, frizzone, lingua salata, burlone, comico, brioso, ingegnoso, piccante, sottile, epigrammatico.
contr. sciocco, insulso, melenso, opaco, stupido.
spiritosóne, *sm.* → BURLONE.
spirituàle, *agg.* immateriale, incorporale, incorporeo, verginale, puro, casto, invisibile, simbolico, spiritale, intellettuale, ascetico, trascendente, mistico, morale, sentimentale, speculativo || disinteressato, altruista, → CARITATEVOLE, UMANITARIO.
contr. materiale, corporeo, letterale, terrestre, interessato, edonista, mondano, visibile, tangibile, immanente || temporale, caduco.
spiritualísmo, *sm.*
contr. materialismo.
spiritualità, *sf.* religiosità, mistica, ascetica, virtù || anima, immaterialità, incorporalità, incorporeità.
contr. materialismo || corpo, corporeità, terrestrità, materia.
spiritualménte, *avv.*
contr. materialmente, corporalmente, letteralmente.
spírto, *sm. poet.* → SPIRITO.
spiumacciàre, *v.tr.* rifare il letto, sprimacciare.
spiumàre, *v.tr.* spennare, → SPELARE.
spizzicàre, *v.tr.* spilluzzicare, piluccare, mangiucchiare, sbocconcellare, bocchеggiare.
nomencl. *loc. avv.* a spizzico, a spizzichi.
contr. divorare, mangiare con avidità, eccessivamente.
splebeíre, *v.tr.* → NOBILITARE.
splenàlgico, *agg.* splenetico.
splendènte, *ppr.* di splendere || *agg.* sfavillante, lucente, fiammante, scintillante, raggiante, radioso, sfolgorante, sfolgorato, smagliante, balenante, brillante, candente, corrusco, disfavillante, fiammeggiante, folgorante, folgoreggiante, fulgente, fulgentissimo, fulgido, gemmeo, igneo, ignito, lampante, lampeggiante, luccicante, luccicoso, lucido, luculento, luminoso, micante, radiante, refulgente, rifulgente, riluccicante,

rilucente, risplendente, rubicante, rutilante, rutilo, sfolgoreggiante, soleggiante, splendido, stralucente, tralucente, vampeggiante, vivace, vivido, stellante.
contr. scuro, oscuro, opaco, fosco, offuscato, spento, smorto, morto.
splèndere, *v.intr.* ardere, brillare, chiarire, fiammeggiare, balenare, folgorare, folgoreggiare, fulgere, illuminare, irradiare, irraggiare, lampeggiare, luccicare, lucere, lustrare, oreggiare (*ant.*), porporeggiare, radiare, raggiare, refulgere, riluccicare, rifolgorare, rifulgere, rilucere, risplendere, scintillare, schiarire, sfolgorare, sfolgoreggiare, smagliare, stralucere, tralucere, vincere le tenebre, sfavillare, mandar bagliori, emanare o diffondere luce.
contr. oscurarsi, offuscarsi, incupirsi, ottenebrarsi, spegnersi, estinguersi, farsi buio.
splendidézza, *sf.* bellezza, parata, sfarzo, lusso, ornamento, mostra, pompa, fasto, fastosità, sontuosità, sfoggio, magnificenza, ostentazione, decoro, dovizia, scialo, spreco, opulenza || → SPLENDORE.
contr. modestia, povertà, cupore, oscurità, squallore, desolazione, tristezza, squallidezza, miseria.
splèndido, *agg.* rilucente, risplendente, luminoso, rifulgente, fulgido, → SPLENDENTE || sfarzoso, magnifico, lussuoso, fastoso, ricco, gemmeo, prezioso, principesco, regale, dispendioso, pomposo, ornato, sfoggiato, sfolgorato, superbo, magnificente, grandioso, scialoso, spanto, lauto, largo, → BELLO || *fig.* benefico, benigno, liberale, munificente, generoso, prodigo.
contr. oscuro, smorto, spento squallido || modesto, semplice, umile, mediocre, modico, dimesso || avaro.
splendóre, *sm.* fulgore, fulgidezza, lucentezza, luminosità, splendidezza, abbaglio, bagliore, baleno, candore, chiarezza, chiarore, folgore, irradiamento, irradiazione, irraggiamento, lampo, luccichio, luccicore, lucidezza, lucidità, lume, lustro, nitore, nitidezza, rilucentezza, scintillamento, sfolgoramento, sfolgorio, tersezza, politezza || sfarzo, parata, lusso, ornamento, gala, maestà, maestosità, pompa, fastosità, sontuosità, lautezza, sfoggio, magnificenza, ostentazione, opulenza, bellezza || *fig.* → FUOCO.
contr. oscurità, cupore, squallore, buio || semplicità, modestia, parsimonia, umiltà.
splène, *sm.* → MILZA.
splenètico, *agg.* splenalgico.
spòcchia, *sf.* boria, alterigia, affettazione, fasto, millanteria, vanità, grandigia, sontuosità, → SUPERBIA.
contr. semplicità, modestia, discrezione, umiltà.
spocchióso, *agg.* spocchione, tronfio, stronfione, borioso, altezzoso, millantatore, gonfio, vanitoso, altero, affettato, → SUPERBO.
contr. umile, modesto, semplice, naturale, parsimonioso.
spodestàre, *v.tr.* → SPOSSESSARE, PRIVARE || DETRONIZZARE.
spòglia, *sf.* pelle, scorza, buccia || → VESTE || CADAVERE, SALMA || *pl.* preda, bottino || → ROTTAME.
spogliaménto, *sm.* → SPOLIAZIONE.
spogliàre, *v.tr.* nudare, snudare, denudare, ignudare, disabbigliare, discingere, dismantare, disvestire, sgonnellare, svestire, scorzare, spararsi || *fig.* sfornire, privare, sprovvedere, togliere || depredare, saccheggiare, taglieggiare, derubare || disarmare || *rifl.* scingersi, discingersi, slacciarsi, togliersi le vesti || privarsi, impoverirsi, liberarsi.
contr. vestire, coprire, rivestire || fornire || vestirsi, coprirsi, rivestirsi, pararsi || acquistare, procacciarsi.
spogliàto, *pps.* di spogliare || *agg.* ignudo, brullo, scusso, spoglio, privo, → NUDO || impoverito, depredato, derubato, sprovvisto.
contr. vestito, coperto || arricchito, locupletato, provvisto.
spogliatóio, *sm.* → GABINETTO.
spogliazióne, *sf.* → SPOLIAZIONE.
spòglio[1]**,** *agg.* solo, spogliato, denudato, nudo || *fig.* libero, privo, sprovvisto.
contr. vestito, ricoperto, provveduto, provvisto.
spòglio[2]**,** *sm.* abito smesso || raccolta, cernita, classificazione, ricerca, accumulo (di citazioni, passi, ecc.), → SCELTA || scrutinio, squittinio, conteggio dei voti.
spòla, *sf.* spoletta, bobina, rocchetto.
nomencl. spolatrice, spolatura || *verb.* fare la spola, andare e venire.
spoliazióne, *sf.* spogliazione, appropriazione (di roba altrui), furto, ruberia, depredazione, saccheggio, preda, rapina, spogliamento || rinuncia, impoverimento, distacco.
contr. dono, donazione, elargizione || arricchimento, attaccamento.
spollaiàre, *v.tr.* → SCACCIARE.
spollonàre, *v.tr.* → POTARE, PULIRE.
spollonatúra, *sf.* → POTATURA.
spolmonàre, *v.rifl.* sfiatarsi, sgolarsi, sfegatarsi, gridare, sfogarsi.
contr. prendere, riprendere fiato; tacere, far silenzio, ammutolire.
spolpàre, *v.tr.* scarnire, scarnare, scarnificare, scorticare, insecchire, seccare || *fig.* svigorire, snervare, indebolire, impoverire, sfruttare, pelare, abusare, mungere, smungere, succiare, usufruttare, strozzare.
contr. rimpolpare, rimettersi in carne || rinvigorire.
spolpàto, *pps.* di spolpare || *agg.* → MAGRO || PIGRO.
spoltríre, *v.tr.* sneghittire, sveltire, spigrire, spoltronire || *intr.* → POLTRIRE || *rifl.* sneghittirsi, sveltirsi, spigrirsi.
contr. impigrire, anneghittire.
spoltroníre, *v.tr.* → SPOLTRIRE || *intr.* → POLTRIRE.
spolveràre, *v.tr.* spazzolare, bruschinare, scopettare, setolinare, strigliare, → PULIRE.
contr. impolverare, impolverarsi.
spolveràta, *sf.* → PULITA.
spolveratúra, *sf.* → PULITA.
spolverína, *sf.* → MANTELLO.
spolveríno, *sm.* → POLVERE || SOPRABITO.
spolverizzàre, *v.tr.* ridurre in polvere, polverizzare.
spolverizzatóre, *sm.* polverizzatore.
spomiciàre, *v.tr.* → PULIRE.
spónda, *sf.* ripa, riva, orlo, ciglio, ciglione, greppo, dirupo, argine, spiaggia, proda, lido, lato estremo || *fig.* riparo, appoggio.
sponderòla, *sf.* → PIALLA, RASCHIETTO.
spòndilo, *sm.* vertebra.

sponsàle, *agg.* matrimoniale || *sm. pl.* sposalizio, → MATRIMONIO.
spontaneità, *sf.* naturalezza, genuinità; subitaneità, semplicità, istintività.
contr. artificio, sforzo, imposizione.
spontàneo, *agg.* sincero, genuino, schietto, franco, cordiale, liberale, espansivo, naturale, candido, istintivo, volontario, indipendente, pronto, subitaneo, senza artificio, senz'obbligo, intuitivo || nativo.
contr. artificioso, imposto, uniformato, forzato, obbligatorio, innaturale.
spopolàre, *v.tr.* e *rifl.* sfollare, ridurre, diradare, scemare la popolazione.
contr. popolare, affollare.
spopolàto, *pps.* di spopolare || *agg.* deserto, disabitato, solitario, abbandonato.
contr. popolato, popoloso, affollato.
spoppàre, *v.tr.* slattare, divezzare, svezzare.
contr. allattare, poppare (*ant.*).
sporadicaménte, *avv.* in modo discontinuo, saltuario, ogni tanto, poche volte, → INCOSTANTEMENTE.
sporàdico, *agg.* raro, isolato, particolare, non continuo, discontinuo, intermittente.
contr. generale, epidemico, endemico, continuo, costante, diffuso.
sporcacciàre, *v.tr.* → SPORCARE.
sporcacciòne, *agg.* e *sm.* → SPORCO.
sporcaménte, *avv.* sozzamente, laidamente, turpemente.
contr. pulitamente.
sporcàre, *v.tr.* allordare, bruttare, conciare, contaminare, deturpare, imbavare, imbozzimare, imbrattare, imbrodare, imbrodolare, rimbrodolare, impataccare, impeciare, imporcare, infangare, infardare, inficere, inquinare, insafardare, insozzare, insudiciare, intridere, introgolare, impiastrare, inzaccherare, inzafardare, lerciare, lordare, macchiare, pillaccherare, sporcificare, scompisciare, sordidare, sozzare, sporcacciare, vituperare, zaccherare, zavardare || *rifl.* intrugliare, insozzarsi, imbrodolarsi, rimpiastricciarsi || *fig.* macchiarsi (di una cattiva azione, di cose disoneste).
contr. pulire, nettare, detergere, lavare || pulirsi || riabilitarsi, purificarsi.
sporcàto, *pps.* di sporcare || *agg.* → SPORCO.
sporcherìa, *sf.* → SPORCIZIA.
sporcízia, *sf.* bruttura, lordura, luridezza, sudiceria, sordidezza, sudiciume, sozzura, immondizia, sporcheria, porcheria, schifezza, laidezza, laidume, schifosaggine, schifosità, colluvie, corruzione, fangaccio, farda, fardata, fracidume, gora, grassume, illuvie, immondezzaio, lerciume, lezzo, lezzume, loia, lotume, macchia, pattume, porciume, ruggine, schianceria, untume, troiaio, troieria, troiata, troiume || sconcezza, oscenità, scurrilità.
contr. pulizia, nettezza, nitore, lindura || purezza.
spòrco, *agg.* bisunto, brodoloso, brutto, bruttato, ciacco, cimicioso, feccioso, fedo, fetido, gualercio, immondo, indecente, infetto, inquinato, indelicato, impuro, laido, lercio, lurido, lordo, macchiato, maialesco, malconcio, nero, pantanoso, polluto, lutulento, porcino, pidocchioso, porco, porcaio, rugginoso, schifoso, schifo, guitto, sordido, sozzo, sudicio, sucido, sporcato, stomachevole, tabefatto, unto, untuoso, zaffardoso || *fig.* osceno, turpe, disonesto, indecente, sconcio, equivoco, volgare, scurrile, vile, orrendo || *sm.* → SPORCIZIA.
nomencl. (*di luogo*) bozzima, bottino, cimiciaio, cloaca, fogna, fritellone, laidume, latrina, letamaio, lombricaio, merdaio, porcaio, porcile, stalla, sterquilinio || (*di persona*) bottinaio, cimicioso, fritellone, guitto, introgolone, leccapeverada, lezzoso, lezzone, maiale, norcino, pidocchioso, porcaccio, porcacciaccio, porcaccione, porco, sporcaccione, sudicio, sudicione, sudiciotto, zingaro || *verb.* sporcarsi, impataccarsi, impiastrarsi, insozzarsi, insudiciarsi.
contr. pulito, bello, netto, nitido, lindo || onesto, probo || decente.
sporgènte, *ppr.* di sporgere || *agg.* alto, elevato, eminente, colmo, gibboso, gobbo, prominente, pronunziato, protuberante, rilevante, rilevato, saliente, in rilievo, accentuato, rigonfio, inarcato, schienuto, scrignuto, sopraelevato, spenzolante || convesso, tondeggiante.
contr. incavato, rientrante, avvallato, basso, fondo, profondo, scavato.
sporgènza, *sf.* rilievo, prominenza, risalto, rialzo, rialto, rilevamento, gobba, eminenza, altezza, bernoccolo, bitorzolo, convessità, dosso, elevazione, escrescenza, innalzamento, montuosità, protuberanza, ricrescenza, rilevatura, ronchio, sporto, aggetto, parte sporgente.
contr. rientranza, affossamento, avvallamento, borro, calamento, fossa, fossato, incàvo, concavità, bassura, profondità, sprofondamento, buca, insenatura, rientro, solco.
spòrgere, *v.intr.* aggettare, emergere, risaltare, porgere, protendere, rilevare, venire in fuori, aver rilievo, sopravvanzare, sopraelevare, sportare, strapiombare || *tr.* far uscire, stendere innanzi, in fuori; porgere, presentare, protendere, prolungarsi in fuori || *rifl.* prolungarsi, protendersi, spenzolare, spingersi avanti, rilevarsi, innalzarsi, allungarsi.
contr. rientrare, affossare, avvallare, incavare, invallare, scavare, sprofondare, ritrarre, ritirare || incavarsi, ritirarsi, tirarsi indietro.
spòrt, *sm. indecl.* diporto, divertimento, sollazzo, svago, esercizio fisico, → GIOCO || competizione, gara, ludi, spettacolo.
nomencl. (*elenco*) alpinismo, atletica, automobilismo, aviazione, *baseball*, calcio, canottaggio, ciclismo, *cricket*, *croquet*, ginnastica, ippica, lotta, motociclismo, motonautica, nuoto, pallacanestro, pallanuoto, pallavolo, pelota, pattinaggio, polo, pugilato, *rugby* o palla ovale, scherma, sci, sollevamento pesi, tennis || (*persone*) atleta, campione, competitore, concorrente, dilettante, professionista, olimpionico || allenatore, arbitro, direttore tecnico, *manager*, *trainer*, massaggiatore || (*termini*) gara, girone, batteria, serie, finale, semifinale, allenamento, categoria, classifica, graduatoria, eliminatoria, punteggio, primato, *record*, campionato, scudetto, fallo, squalifica, penalità, giuria, ingaggio || incontro, partita, competizione, gara, *meeting*, *match*.
spòrta, *sf.* spòrtola (*ant.*), → CESTA, PANIERE.

sportèllo, *sm.* uscetto, imposta, ala, portello || chiusino, lastrone, porticella.
nomencl. (*pertinenti*) banda, bacchette, fermo, frullino, guardina, mastietti, nottolino, regoli dei mastietti, serrame a torcetto, serratura, stecca, telaio, cardini, arpione, maniglia, fondi, battente.
spòrto, *sm.* rupe, spaldo, eminenza, aggetto, → SPORGENZA || imposta (di bottega).
spòrtula, *sf.* compenso, onorario, stipendio, competenza, → MANCIA.
spòsa, *sf.* sposa novella, promessa sposa, fidanzata, nubenda, novizia, coniuge, → MOGLIE.
nomencl. (*attinenti*) corredo, corteo, dote, serto, fiori d'arancio, spillatico, anello o vera, nozze || *verb.* sposare, sposarsi, convolare, andare a nozze.
contr. nubile, zitella, ragazza da marito.
sposalìzio, *sm.* sponsali, → MATRIMONIO.
sposàre, *v.tr.* e *rifl.* maritare, ammogliare, accasare, impalmare, prendere in matrimonio, dare o prendere marito, dare o prendere moglie, coniugare, congiungere in matrimonio, contrarre matrimonio, legare in matrimonio, inanellare, contrarre parentela, stringersi o unirsi in matrimonio, prendere a consorte, accoppiarsi, accompagnarsi, convolare a giuste nozze, fare il nido, mettersi a posto || → *tr. fig.* unire || aderire, prendersi a cuore, accettare.
contr. ripudiare, separarsi, dividersi, fare divorzio, divorziare.
spòso, *sm.* fidanzato, promesso sposo, coniuge, consorte, → MARITO.
contr. celibe.
spossaménto, *sm.* → SPOSSATEZZA.
spossànte, *ppr.* di spossáre || *agg.* → ESTENUANTE.
spossàre, *v.tr.* sfiancare, stremare, indebolire, affaticare, logorare, sfinire, far perdere le forze, stancare, fiaccare, esaurire, snervare, rifinire, debilitare, dilombare, slombare, disnervare, sfibrare, straccare, svigorire, estenuare, attenuare, infiacchire, illanguidire, sgagliardire || *rifl.* stancarsi, fiaccarsi, indebolirsi, → FATICARE.
contr. afforzare, rinforzare, fortificare, rinvigorire, ringagliardire.
spossatézza, *sf.* spossamento, sfinimento, sfinitezza, indebolimento, debolezza, esaurimento, inanizione, stanchezza, languore, abbattimento, prostrazione, fiacchezza, macilenza, logoramento, snervamento, svigorimento, estenuazione.
contr. vigore, saldezza, gagliardia, freschezza di forze.
spossàto, *pps.* di spossare || *agg.* sfinito, sciupato, stanco, esaurito, fiacco, debole, rifinito, infiacchito, sfiancato, stroncato, stremato, snervato, debilitato, affranto, dilombato, slombato, svigorito, smidollato, disciolto, sfiatato, estenuato, lonzo, perduto, prostrato.
contr. invigorito, rinvigorito, gagliardo, energico, forte, corroborato.
spossessàre, *v.tr.* spodestare, spogliare, derubare, socializzare, → ESPROPRIARE, PRIVARE.
contr. mettere in possesso.
spostaménto, *sm.* → MOTO.
spostàre, *v.tr.* slogare, dislocare, muovere, rimuovere, mutare luogo, cambiar di posto, traslocare, trasportare, respingere, rovinare || *rifl.* muoversi, andare altrove, traslocarsi.
contr. rimettere, collocare, lasciare al suo posto || rimanere, restare, permanere.
spostàto, *pps.* di spostare || *agg.* smosso, rimosso, mosso, instabile, malfermo || dissestato, fallito, squilibrato, sbilanciato, disadattato.
contr. fermo, saldo, immobile.
spostatúra, *sf.* → SGARBO.
spostaturàccia, *sf.* → SGARBO.
sprànga, *sf.* barra, sbarra, catenaccio, bandella, fibbia, staffa, grappa, graffa.
nomencl. *verb.* sprangare, risprangare.
sprazzàre, *v.tr.* e *intr. rar.* spruzzare.
spràzzo, *sm.* getto, spruzzo, spargimento || *fig.* scintilla, favilla, raggio, baleno (di luce, di ingegno), lampo, colpo (di genio), intuizione.
sprecaménto, *sm.* → SPRECO.
sprecàre, *v.tr.* dilapidare, sciupare, dissipare, buttar via, diffondere, distruggere, sperperare, spendere e spandere, prodigare, perdere, consumare, fare getto, gettar via, guastare, lasciar perdere, perire, logorare, scialacquare, spargere, straziare, usare malamente, struggere.
contr. risparmiare, economizzare, calcolare, tener da conto, spendere con parsimonia.
sprèco, *sm.* consumo inutile, vano impiego, dispersione, dissipazione, dissipamento, dilapidazione, getto, scialacquamento, perdita, sprecamento, sperpero, sciupo, sciupio, sciupinio, logoramento, rovinio, scialo.
contr. risparmio, economia, parsimonia, modestia, moderazione, calcolo || guadagno.
sprecóne, *agg.* e *sm.* → SCIUPONE, SPENDACCIONE.
spregévole, *agg.* feccioso, abietto, indegno, ignobile, disprezzabile, dispregevole, spregiabile, degno di disprezzo.
contr. pregevole, onorevole, stimabile, apprezzabile, degno di rispetto, rispettabile.
spregiaménto, *sm.* → DISPREZZO.
spregiàre, *v.tr.* sdegnare, disdegnare, sprezzare, schifare, vilipendere, → DISPREZZARE.
contr. pregiare, stimare, apprezzare, onorare, rispettare.
spregiatóre, *agg.* e *sm.* spregioso.
contr. pregiatore.
sprègio, *sm.* → DISPREZZO, DISPETTO.
spregióso, *agg.* e *sm.* spregiatore.
spregiudicatézza, *sf.* assenza di pregiudizi, imparzialità, libertà di spirito || scetticismo, amoralità, scapestrataggine, spudoratezza, impudenza, sfrontatezza, → CINISMO.
contr. delicatezza, scrupolosità, moralità.
spregiudicàto, *pps.* di spregiudicare || *agg.* senza scrupoli, cinico, libero da pregiudizi, spirito forte, imparziale, disinteressato, emancipato, scapestrato.
contr. galantuomo, onesto, scrupoloso, delicato di coscienza.
sprèmere, *v.tr.* cavare, premere, esprimere, mandar fuori, emettere, strizzare, stringere, mungere, estrarre, rispremere, pigiare, torchiare, schiacciare, sprillare, far sprizzare, trarre || *fig.* cavar danaro, smungere,

mungere, sfruttare, scorticare, pelare, spennare, seccare, succiare, spolpare, dissanguare, emungere, dissugare.

spremúto, *pps.* di spremere || *agg.* → ESPRESSO.

spretàre, *v.rifl.* schiericarsi, gettare la tonaca, schiostrarsi.

sprezzànte, *ppr.* di sprezzare || *agg.* sdegnoso, disdegnoso, altero, fiero, scontroso, risentito, pieno di risentimento, piccato, iracondo, noncurante, permaloso, schifiltoso, cinico, → SUPERBO.

contr. rispettoso, ossequiente, amabile, cordiale, amichevole, fiducioso, umile.

sprezzàre, *v.tr.* sdegnare, disdegnare, spregiare, schifare, odiare, disprezzare.

contr. rispettare, onorare, ossequiare, essere umile, essere amabile.

sprèzzo, *sm.* → DISPREZZO.

sprigionaménto, *sm.* → EMANAZIONE.

sprigionàre, *v.tr.* togliere di prigione, → LIBERARE || *fig.* mandar fuori, lasciar uscire, → EMANARE, ESALARE.

contr. imprigionare.

sprillàre, *v.tr.* → SPREMERE || SPRUZZARE.

sprillo, *sm.* → SPRIZZO.

springàre, *v.tr.* spingare, calciare, scalciare.

sprizzàre, *v.intr.* schizzare, zampillare, sprillare, spicciare, → SPRUZZARE.

sprízzo, *sm.* sprillo, getto (di liquido), spruzzo, zampillo, sprazzo, spillo, pispino, lampo || *fig.* uscita, manifestazione, espressione.

spròcco, *sm.* sbrocco, rampollo, pollone, → GERMOGLIO.

sprofondaménto, *sm.* sommersione, sommergimento, immersione, affondamento, franamento, scoscendimento, avvallamento, infossamento || distruzione.

contr. emersione, riemersione, innalzamento.

sprofondàre, *v.tr.* far affondare, immergere, sommergere, tuffare, attuffare, mandare a fondo, inabissare, cacciare sotto acqua, annegare, gettare, subissare, precipitare || *intr.* affondare, cadere, rovinare, crollare, profondare, inabissarsi, precipitare, franare, avvallare || *fig.* lasciarsi andare, immergersi, abbandonarsi, internarsi.

contr. emergere, riemergere, innalzare, rilevarsi, estollersi, rialzarsi.

sprofondàto, *pps.* di sprofondare || *agg.* sepolto, interrato, inumato, sommerso, immerso, affondato, coperto d'acqua, affogato, caduto in fondo, avvallato, inabissato.

contr. esumato, rialzato, rilevato, emerso, riemerso, tornato a galla.

sprolòquio, *sm.* verbosità, lungaggine, lunghezza, ridondanza, prolissità, lungagnata, tiritera, riempitura, tirata, tulliata, cicalata, chiacchiera, parlata, sermone, sciloma, stampita, tantafera, zuppa, profluvio di parole, → CHIÀCCHIERA, DISCORSO.

contr. discorso laconico, conciso, breve, succoso, efficace.

spronàre, *v.tr.* pungere, stimolare (con gli sproni) || *fig.* far premura, far fretta, affrettare, incalzare, accelerare, stimolare, sollecitare, incitare, indurre, pressare, pungolare, assillare, premere, spingere, pungere, mordere, instare, urgere, spacciare, sbrigare, → ECCITARE || *intr.* affrettarsi, spacciarsi, spicciarsi.

contr. rallentare, ritardare, mandar per le lunghe, trattenere, frenare, fermare, dissuadere, ostacolare, contrariare, attraversare.

spróne, *sm.* sperone, punta della prora, muro di rinforzo || *fig.* stimolo, incitamento, esortazione, eccitazione, pungolo, assillo, pungiglione, aculeo.

nomencl. *(inerenti)* branca, brocco, brocchiere, collare, forchetta, girella, rotella, spronella, stella, stelletta, occhi || broccata, speronata || *loc. avv.* a spron battuto || *verb.* broccare, brocciare, dar di sprone.

contr. freno, rallentamento, ostacolo, dissuasione.

sproporzionalità, *sf.* → SPROPORZIONE.

contr. proporzionalità, proporzione.

sproporzionàto, *pps.* di sproporzionare || *agg.* disarmonico, asimmetrico, incongruo, disformato, sconveniente, disadatto, discordante, infedele, spropositato, enorme, eccessivo, smisurato, immensurabile, infinito, gigantesco, smodato, strabocchevole, incommensurabile, brutto, mostruoso, deforme.

contr. proporzionato, simmetrico, adeguato, congruo, conveniente, conforme, armonico, ben formato, ben costrutto, euritmico.

sproporzióne, *sf.* asimmetria, dismisura, inadeguatezza, disarmonia, smisuratezza, sproporzionalità, squilibrio, difformità || esagerazione, → ECCESSO.

contr. proporzione, equilibrio, euritmia, giusta misura.

spropositàre, *v.intr.* dirle grosse, fare o dire spropositi, bestemmiare, commettere spropositi, equivocare, errare, sbagliare, falsare, sfarfallare, sgrammaticare, smozzicare, solecizzare, storpiare, incappare in uno sproposito, pigliare un gambero o un granchio, sgarrare, esagerare, uscire dai gangheri, essere avventato, temerario, imprudente.

spropositàto, *pps.* di spropositare || *agg.* → ERRATO || esagerato, sgangherato, eccessivo, mostruoso, → SPROPORZIONATO.

spropòsito, *sm.* sfarfallone, errore grossolano, svarione, asineria, bestemmia, bestialità, buscherata, capacchione, capacchioneria, corbelleria, eresia, farfalloneria, farfallone, granelleria, inavvertenza, avventataggine, malefatta, marrone, menda, papera, passerotto, scapolla, scapuccio, scerpellone, sciocchezza, scorrettezza, sgrammaticatura, solecismo, somarata, svista, strambotto, sbaglio, trascorso di penna o di lingua, topica || enormità, mostruosità.

nomencl. *agg.* grave, badiale, bestiale, enorme, grande, madornale, maiuscolo, marchiano, massiccio, mastodontico, spampanato, solenne, ereticale || da prendere con le molle, da can barbone, da cavallo || *verb.* commettere, fare, dire, operare, scrivere || tirar giù coll'ascia, arrocchiare, strafalciare, abborracciare.

spropriàre, *v.tr.* → ESPROPRIARE.

spropriazióne, *sf.* espropriazione, sproprio, alienazione, sequestro, spoliazione, scorporo.

spròprio, *sm.* → SPROPRIAZIONE.

sprovvedére, *v.tr.* sfornire, privare, spogliare, togliere, portar via, rapire, asseccare, disprovvedere, sguarnire, sottrarre.

contr. provvedere, acquistare, fornire, dare, esser previdente, riparare.
sprovvedúto, *pps.* di sprovvedere || *agg.* sfornito, manchevole, sprovvisto, sguernito, → PRIVO || *fig.* impreparato, incauto, imprevidente, incapace, impacciato, manchevole.
contr. provveduto, fornito, provvisto, munito, previdente, capace, svelto, pronto.
sprovvísta (alla), *loc. avv.* all'improvviso, d'improvviso, in modo inaspettato, alla sprovveduta, importunamente, intempestivamente, in modo inconsulto, di sorpresa.
contr. in modo tempestivo, previdentemente, a tempo giusto, in previsione che...
sprovvísto, *pps.* di sprovvedere || *agg.* → SPROVVEDUTO, PRIVO.
contr. provvisto, provveduto, fornito, munito.
spruffàre, *v.tr.* → SPRUZZARE.
spruzzaménto, *sm.* aspersione, effusione, sbruffata, spruzzatura, spruzzo.
contr. asciugamento, prosciugamento, seccagione.
spruzzàre, *v.tr.* aspergere, inspergere, bagnare, irrorare, irrugiadare, rinnaffiare, rorare, sbruffare, schizzare, sprillare, spicciare, sprizzare, spruzzolare, zampillare, nebulizzare, polverizzare, spruffare, spargere, inzuppare, innaffiare, annacquare, adacquare.
contr. asciugare, astergere, tergere, detergere.
spruzzàta, *sf.* sbruffata, sbruffo, spruzzamento, aspersione, effusione, spruzzatura, spruzzo, annaffiata || pioggerella.
spruzzatóre, *agg.* e *sm.* schizzatoio, schizzetto, nebulizzatore, polverizzatore, spolverizzatore, inalatore, aspersorio.
spruzzatúra, *sf.* → SPRUZZATA, SPRUZZO.
sprúzzo, *sm.* aspergine, getto, sbruffo, sbuffo, schiazzata, spruzzata, spruzzatura, spargimento, sprazzo, aspersione, schizzo, sprazzo, spillo, sprillo, pispino, zampillo, zaffata, zacchera.
spruzzolàre, *v.tr.* → SPRUZZARE, PIOVERE.
spruzzolàta, *sf.* → PIOGGIA.
spruzzolàto, *pps.* di spruzzolare || *agg.* → MACCHIATO.
spudoratézza, *sf.* sfacciataggine, impudenza, inverecondia, immodestia, procacità, sfrontatezza, cinismo, disinvoltura, baldanza, ardire, protervia, temerarietà, temerità, tracotanza, audacia, fronte invetriata, petulanza, improntitudine, svergognataggine, oscenità, spregiudicatezza.
contr. pudore, modestia, discrezione, pudicizia, verecondia, costumatezza, ritegno, senso dell'onore, dignità, vergogna.
spudoràto, *agg.* e *sm.* sfacciato, impudente, impronto, sfrontato, facciatosta, cinico, faccia di bronzo, faccia franca, fronte incallita, grinta, mutria, ardito, baldanzoso, indiscreto, petulante, protervo, temerario, tracotante, audace, inverecondo, impudico, procace, immodesto, disonesto, osceno, scollacciato, scurrile, svergognato.
contr. modesto, discreto, riguardoso, pudorato, pudico, pudibondo, verecondo, costumato.
spúgna, *sf.* || *fig.* → BEONE.
nomencl. òsculo, pori || spugnosità, spugnoso || spungino.
spugnosità, *sf.* porosità.
contr. compattezza, densità.
spugnóso, *agg.* poroso, cavernoso, bucherellato, spongioso, spugnitoso.
contr. compatto, denso.
spulàre, *v.tr.* dilollare, vagliare, → PULIRE.
spulatúra, *sf.* → STACCIATURA.
spulciàre, *v.tr.* levare le pulci, spidocchiare || *fig.* fare lo spoglio, → CERCARE, ESAMINARE, SQUADERNARE.
spulezzàre, *v.intr.* spuleggiare, sparire in fretta, sgambettare, darsela a gambe, filar via, tagliar la corda.
spulizzàre, *v.tr.* → PULIRE.
spúma, *sf.* → SCHIUMA.
spumànte, *ppr.* di spumare || *agg.* spumeggiante, effervescente, gassoso, spumoso, mussante (*frs.*), spumifero, → SCHIUMOSO.
spumàre, *v.intr.* spumeggiare, schiumare.
spumeggiànte, *ppr.* di spumeggiare || *agg.* → SCHIUMOSO.
spumeggiàre, *v.intr.* spumare, fare spuma || *fig.* → BIANCHEGGIARE.
spumóne, *sm.* → GELATO.
spumóso, *agg.* → SCHIUMOSO, SPUMANTE.
spuntàre, *v.tr.* cimare, dicimare, smussare, ottundere, scantucciare, attondare, arrotondare, limare, scapezzare, scapocchiare, slabbrare, potare, rompere, tagliare, tosare, radere, scortire, togliere la punta, scorciare, svettare || *intr.* affiorare, emergere, comparire, apparire, venir fuori, germogliare, nascere || spuntarla, averla vinta, riuscire, vincere, ottenere, superare || cancellare.
contr. far la punta, appuntire || tramontare, decadere, reclinare, declinare, scomparire || aver la peggio, fallire.
spuntàto, *pps.* di spuntare || *agg.* senza punta, accorciato, svettato, ottuso || *fig.* apparso, germogliato, nato, comparso, venuto fuori.
contr. appuntito, puntuto, aguzzo, acuto || scomparso, tramontato.
spuntatúra, *sf.* rimasuglio.
spuntíno, *sm.* refezione, ritocchino, → MANGIATA, COLAZIONE.
contr. spanciata, scorpacciata, strippata.
spúnto, *sm.* principio, inizio, occasione, mossa iniziale (di un discorso, di motivo musicale) || → ACIDITÀ.
spuntóne, *sm.* → PUNTA || LANCIA || PUNGIGLIONE.
spuntúra, *sf.* → RESIDUO.
spunzóne, *sm.* → PUNTA || PUNGIGLIONE.
spurgàre, *v.tr.* → PURGARE || *intr.* → ESPETTORARE.
spúrgo, *sm.* → PULITA || ESPETTORAZIONE || rimasuglio, avanzo, residuo.
spúrio, *agg.* (di figlio) → ADULTERINO.
sputacchiàre, *v.intr.* → ESPETTORARE, SPUTARE.
sputàcchio, *sm.* → SPUTO.
sputacciàre, *v.intr.* → SPUTARE.
sputapépe, *agg.* e *sm.* e *f. indecl.* persona risentita, loquace, petulante, → PEDANTE.
sputàre, *v.intr.* sputacchiare, espettorare, scaracchiare, scatarrare, sgargagliare, sornacchiare, sputacciare || || *fig.* cacciar fuori, gettare, lanciare, vomitare.
sputasentènze, *agg.* e *sm.* e *f. indecl.* sputasenno, → PRESUNTUOSO, PEDANTE.

spúto, *sm.* espettorazione, sputacchio, saliva, muco, scaracchio, escreato.
nomencl. emottisi || saliva, catarro.
spuzzétta, *sf. ant.* odore nauseante, fetore || *fig. fam.* petulante, pettegola, noiosa.
spuzzolènte, *agg.* → FETIDO.
squacccheràre, *v.intr.* → DEFECARE.
squadernàre, *v.tr.* sfogliare, scartabellare, cercare, spulciare || *fig.* apparire, → MOSTRARE || spiattellare.
squàdra, *sf.* norma, quartabuono, quartobuono, calandra || compagnia, schiera, parte di compagnia, drappello, brigata, comitiva || formazione di navi da guerra, di aeroplani || sciabola.
nomencl. (*affini*) calandrino, calandro, pifferello, squadra zoppa, squadro, squadra a spalla || (*derivati*) squadro, squadrone, squadruccia, squadriglia || caposquadra || *verb.* squadronare, squadrare.
squadràre, *v.tr.* riquadrare, rendere quadro, → RIGARE, MISURARE || *fig.* → GUARDARE, OSSERVARE.
squadrettatúra, *sf.* → RIGATURA.
squadríglia, *sf.* → SCHIERA.
squadróne, *sm.* → SCHIERA || SCIABOLA.
squagliàre, *v.tr.* → LIQUEFARE || *rifl.* → SPARIRE.
contr. cagliare, rapprendersi, rassodare.
squallidézza, *sf.* → SQUALLORE.
squàllido, *agg.* oscuro, tenebroso, buio, pallido, smorto, smunto, sparuto, scolorito, emaciato, magro, sofferente || inameno, privo, nudo, triste, misero, povero, disadorno, sordido, sporco, sudicio, sparuto, desolato, lugubre, tristo, negletto, trascurato.
contr. prestante, rubicondo, lieto, vivace, vivido || ornato, adorno, pulito, sontuoso, ricco.
squallóre, *sm.* squallidezza, miseria, desolazione, privazione, povertà, nudità, sordidezza, tristezza, tristizia, pallore, pallidume, sparutezza.
contr. ricchezza, splendore, sontuosità, letizia, giocondità, allegria, calore.
squàma, *sf.* scaglia, lamella, → CROSTA.
squamàre, *v.tr.* e *rifl.* → SFALDARE.
squamóso, *agg.* scaglioso, crostoso, ruvido.
contr. liscio, levigato.
squarciaménto, *sm.* → SQUARCIO.
squarciàre, *v.tr.* aprire, disfare, fracassare, sfracellare, frantumare, frazionare, infrangere, stritolare, schiacciare, maciullare, mandare o ridurre in pezzi o in frantumi, mandare in sconquasso, squartare, sfracassare, sgretolare, sminuzzare, smozzicare, spezzare, spiaccicare, strizzare, rompere, distruggere, sdrucire, strappare, lacerare, stracciare, sbrindellare, escoriare, ferire, sbranare, schiantare || *rifl.* fendersi, scoscendere, lacerarsi, strapparsi.
contr. ricomporre, riunire, aggiustare, medicare, ricostruire, riparare.
squarciatúra, *sf.* → SQUARCIO.
squarcína, *sf.* → COLTELLO.
squàrcio, *sm.* squarciamento, squarciatura, sbranamento, lacerazione, ferita, piaga, taglio, strappo, dolore, rottura, falla, fessura, spacco, spaccatura, fenditura || *fig.* passo, brano, pezzo, tratto, prosa, frammento; stralcio di scritto o di opera letteraria, di orazione.
squarquòio, *agg.* cascante, cadente, decrepito, sfatto, in poltiglia, molliccio, malsano, infrollito, frollo, smidollato, rammollito || sudicio, schifoso.
contr. rigido, interito, salvo, solido, fresco, consistente || pulito, lindo, netto.
squartàre, *v.tr.* sparare, aprire in mezzo, fendere, tagliare, sezionare, squarciare, disseccare, notomizzare, smembrare, spaccare, → ROMPERE, SBRANARE.
squartatúra, *sf.* → ROTTURA.
squassaménto, *sm.* → SCOSSA.
squassàre, *v.tr.* → AGITARE, SCUOTERE, CROLLARE.
squàsso, *sm.* → SCOSSA, CROLLO.
squassóne, *sm.* → SCOSSA.
squattrinàre, *v.tr.* ridurre senza danaro, pelare, mungere, spennare, scorticare, spremere, svaligiare, spennacchiare || *intr.* spendere molto, sprecare, scialare.
contr. lesinare, risparmiare, essere parsimonioso, economizzare.
squattrinàto, *pps.* di squattrinare || *agg.* spiantato, dissestato, fallito, → DISPERATO.
contr. danaroso, ricco, capitalista.
squèro, *sm.* → SCALO, CANTIERE.
squilibràre, *v.tr.* levare o perdere l'equilibrio, sbilicarsi, sbilanciare, far perdere l'equilibrio || *tr.* e *rifl. fig.* → DISSESTARE.
contr. equilibrare, librare || essere in bilico, equilibrarsi, riassestarsi.
squilibràto, *pps.* di squilibrare || *agg.* instabile; *fig.* dissennato, scriteriato, sgangherato, mentecatto, pazzoide, anormale.
contr. equilibrato, prudente, uomo di criterio, testa quadra, assennato, coerente, equo, giusto, savio, temperato, moderato.
squilíbrio, *sm. fig.* scompenso, disquilibrio, sbilancio, instabilità, dissennatezza, incoerenza, → DISSESTO.
contr. equilibrio, equilibrazione, assestamento, stabilità, statica, costanza, misura.
squílla, *sf.* suono || → CAMPANA || SERA.
squillànte, *ppr.* di squillare || *agg.* → SONORO.
squillàre, *v.intr.* → SONARE, SUONARE.
squíncio, *agg.* → OBLIQUO.
nomencl. *verb.* squinciare, squindare.
squinternàre, *v.tr.* sconnettere, → DISORDINARE || scartabellare, → ESAMINARE.
squinternàto, *pps.* di squinternare || *agg. fig.* squilibrato, sgangherato, dissennato, confuso, pazzoide, scriteriato, senza criterio || → LOGORO.
contr. assennato, equilibrato, coerente.
squisitézza, *sf.* bontà, cortesia, delicatezza, delicatura, amabilità, grazia, mansuetudine, mitezza, benignità, placidezza, gentilezza, finezza, raffinatezza, eccellenza, perfezione, sceltezza, sensibilità, generosità, eleganza, buon cuore || squisitudine.
contr. rozzezza, trivialità, scortesia, volgarità, grossolanità, plebeaggine.
squisíto, *agg.* buono, ottimo, eccellente, abboccato, amabile, dolce, delicato, ghiotto, gustoso, gustosissimo, nettareo, soave, succulento, scelto, raffinato, eletto, migliore, distinto, fine, prelibato, fiorito, ghiotto,

raro, ricercato, studiato, stupendo, cortese, elegante, gradevole, perfetto, prezioso.
contr. cattivo, plebeo, volgare, triviale, disgustoso, repellente, grossolano, imperfetto, brutto, scortese.
squittíre, *v.intr.* schiattire, guattire, scagnare, chioccolare || → GRIDARE, RIDERE.
sradicàre, *v.tr.* spiantare, divellere, svellere, sbarbare, strappare, annientare, estirpare, rimuovere.
contr. radicare, piantare, abbarbicarsi, barbificare, barbicare.
sradicàto, *pps.* di sradicare || *agg.* → DIVELTO, DISTRUTTO.
contr. radicato.
sragionaménto, *sm.* → ASSURDITÀ.
contr. ragionamento.
sragionàre, *v.intr.* ragionare a rovescio, senza criterio, senza logica, per paradossi; essere sconclusionato, dissennato, scriteriato; delirare, vaneggiare, farneticare.
contr. ragionare, argomentare, sillogizzare.
sragionévole, *agg.* → IRRAGIONEVOLE, ASSURDO.
contr. ragionevole.
sregolatézza, *sf.* disordine, dissolutezza, scostumatezza, scapigliatura, scapestrataggine, licenziosità, squilibrio, scapataggine, dissipazione.
contr. equilibrio, regolatezza, regolarità, morigeratezza, costumatezza, moderazione, sobrietà.
sregolàto, *agg.* dismodato, disordinato, disregolato, fuor di squadra, scorretto, spropositato, smoderato, torto, dissoluto, scapestrato, dissipato, scapato, scapigliato, squilibrato, scombinato, squinternato.
contr. regolato, ordinato, corretto, moderato, equilibrato, morigerato.
srugginíre, *v.tr.* dirugginire, → PULIRE.
contr. arrugginire.
stabbiàre, *v.intr.* → DEFECARE || *tr.* → CONCIMARE.
stabbiàto, *pps.* di stabbiare || *sm.* addiaccio, pernottamento.
stàbbio, *sm.* addiaccio || → LETAME, CONCIME.
stabbiòlo, *sm.* → STALLA.
stàbile, *agg.* saldo, equilibrato, fermo, fisso, forte, massiccio, resistente, robusto, sodo, solido, compatto, inconcusso, indeficiente, intero, incrollabile, immutabile, inalterabile, inamovibile, durevole, costante, continuo, permanente, immoto, immobile, persistente, fondato, risoluto || *sm.* fondo, possesso, predio, tenimento, terra, podere, immobile, casa, edifizio.
contr. instabile, squilibrato, mutevole, provvisorio, variabile, mobile, girovago, temporaneo.
stabiliménto, *sm.* → FABBRICA.
stabilíre, *v.tr.* fissare, determinare, fermare, definire, assegnare, basare, collocare, costituire, deliberare, decidere, disporre, designare, decretare, consacrare, emanare, comandare, comminare, sancire, sanzionare, ratificare, statuire, legiferare, promulgare, far legge, riformare, prescrivere, ordinare, predefinire, predestinare, predeterminare, prefiggere, prefinire, preordinare, prestabilire, combinare, concludere, convenire, procedere, risolvere, precisare, costatare, destinare, ristabilire, stanziare, istituire, impiantare, piantare, lasciare, mettere, consolidare, porre in sodo, ripristinare, restaurare, restituire, ricostituire || *rifl.* abitare, fissarsi, allogarsi, stanziarsi, prender sede, domiciliarsi, acconciarsi, attendarsi, piantarsi, prender casa, risiedere, dimorare.
contr. abolire, abrogare, derogare, rimuovere, allontanare || dissuadere, cambiar parere, idea, proposito || trasferirsi, traslocare, trasmigrare, espatriare.
stabilità, *sf.* fermezza, saldezza, consistenza, costanza, sodezza, solidità, permanenza, immobilità, incrollabilità, continuità, fissità, durata, durevolezza, perdurabilità, persistenza, presa, invariabilità, immutabilità, equilibrio.
contr. instabilità, precarietà, mobilità, mutabilità, variabilità, discontinuità.
stabilíto, *pps.* di stabilire || *agg.* sancito, statuito, decretato, sanzionato, ratificato, promulgato, deliberato, costituito.
contr. abrogato, abolito, derogato, annullato.
stabilizzàre, *v.tr.* consolidare, rinsaldare, assodare.
contr. mobilitare, mobilizzare, abolire, rendere discontinuo, precario.
stabilizzazióne, *sf.* consolidamento, rendere durevole, incrollabile.
contr. mobilizzazione, abolizione.
stàcca, *sf.* → CAVALLO.
staccaménto, *sm.* → SEPARAZIONE.
contr. attaccamento.
staccàre, *v.tr.* distaccare, scindere, astrarre, separare, dividere, disgiungere, disunire, distrarre, allontanare, appartare, cernere, scernere, discernere, distinguere, cogliere, levare, sceverare, selezionare, sfiorare, trascegliere, vagliare, estrarre, strappare, spiccare, spiccicare, scollare, dissolvere, tagliare, fendere, disgregare, scorporare, sconnettere, dipartire, disciogliere, discollegare, discompagnare, isolare, scompagnare, spaiare, scongiungere, discongiungere, segregare, dismembrare, scoiare, squartare, dispartire, disseparare, dissociare, scommettere, scompensare, scorporare, spartire, strappare, sequestrare, intercidere, slegare, svellere, sradicare, sbarbare, divellere, togliere || distanziare || *intr.* spiccare, risaltare || *rifl.* venir via, cadere da sé || *fig.* allontanarsi, abbandonare, staccarsi.
contr. attaccare, unire, appiccicare, congiungere, saldare, incollare, appendere.
staccàto, *pps.* di staccare || *agg.* avulso, → DIVISO.
contr. attaccato.
stacciàre, *v.tr.* setacciare, vagliare, abburattare, crivellare, cernere, filtrare, mondare, raffinare, epurare, cribrare, passare, scegliere, sceverare, separare, selezionare, spulare, vigliare.
stacciatúra, *sf.* abburattamento, mondatura, mondiglia, pula, pulone, spulatura, vagliatura, vigliatura, cruschello.
stàccio, *sm.* abburatto, buratto, cribro, colo, colino, crivello, frullone, setaccio, stamigna, svecciatoio, vaglio, ventilabro.
staccionàta, *sf.* → STECCATO.
stàcco, *sm.* risalto, evidenza, appariscenza, spicco, prominenza, vistosità, rilievo || distacco, staccatura, → SEPARAZIONE.
contr. uniformità, uguaglianza, spartizione, mescolanza, mistione, confusione.
stadèra, *sf.* → BILANCIA.

staderàio, *sm.* bilanciaio.
stàdio, *sm.* anfiteatro, campo sportivo || misura di lunghezza || *fig.* → PERIODO.
stàffa, *sf.* predellino, → MONTATOIO.
staffétta, *sf.* spranga, staffa || battistrada, corriere, cursore, → MESSO.
staffière, *sm.* palafreniere, scudiero, lacchè, garzone, paggio.
staffilàre, *v.tr.* → FRUSTARE, FLAGELLARE || *fig.* sferzare, castigare, disciplinare, riprendere, → BIASIMARE.
staffilàta, *sf.* → FLAGELLAZIONE || *fig.* → BIASIMO.
staffíle, *sm.* scudiscio, sferza, correggia, disciplina, flagello, frusta, frustino, mazzacavallo, nerbettino, nerbo, scitale, scuriata, sferzino, soatto, sugatto, verga, bastone, castigamatti, mazzafrusto, ferula.
staggiaménto, *sm.* → SEQUESTRO.
staggiàre, *v.tr.* puntellare, sorreggere.
stàggio, *sm.* → SBARRA, BASTONE.
staggíre, *v.tr.* → SEQUESTRARE.
stagionàre, *v.tr.* e *intr.* formarsi, completarsi, maturare, seccare, asciugare, prosciugare, riposare, invecchiare.
stagionàto, *pps.* di stagionare || *agg.* stantio, raffermo, invecchiato, rancido || fatto, → MATURO || vecchio.
contr. fresco, appena sfornato || nuovo, acerbo, immaturo.
stagióne, *sf.* tempo, periodo, epoca, clima || *fig.* opportunità || periodo di rappresentazioni teatrali.
nomencl. primavera, estate, autunno, inverno || mezza stagione || alidore, andamento, temperatura, contrarietà, siccità, intemperie, variazione || *agg.* buona, mite, clemente, dolce, asciutta, secca, umida, nebbiosa, fredda, aspra, cruda, inclemente, calda, torrida, climaterica, ferma, perversa, piovosa, morta, avanzata, corrente.
stagliàre, *v.tr.* tagliare, frastagliare || *rifl.* risaltare, essere evidente, spiccare, rilevarsi, contrastare, profilarsi.
stàgna, *sf.* latta, bidone.
stagnàio, *sm.* stagnaro, stagnino, calderaio, magnano, fabbro.
nomencl. (*arnesi*) colonnini, fornello, padellino, raspa, saldatoio, scuffina, stagnatoio.
stagnànte, *ppr.* di stagnare || *agg.* ristagnante, ferma, putrida, marcida, → PALUDOSO.
contr. corrente, scorrente, fluente, sana, pulita.
stagnàre, *v.intr.* ristagnare, fermarsi, impaludarsi, giacere, marcire, ingorgare || *tr.* saldare, cromare, nichelare || far cessar di buttare, gettare.
contr. fluire, scorrere, sgorgare, liberarsi.
stagnàro, *sm.* → STAGNAIO.
stagnàta, *sf.* stagnatura, saldatura.
stagnatúra, *sf.* stagnata, → SALDATURA.
stagníno, *sm.* → STAGNAIO.
stàgno¹, *sm.* peltro, stagnola.
nomencl. (*metallo*) di foco, di zolfo, naturale, artificiale || cassirite, stannina || stagnatura || stagnare.
stàgno², *sm.* gora, botro, laguna, padule, palude, ristagno, acquitrino, acquastrino, pozzanghera, pantano, acqua morta, laghetto.
contr. acqua corrente.
stagnòla, *sf.* → STAGNO¹.
stàlla, *sf.* abituro, presepe, presepio, rimessa, scuderia, stallaggio, stallatico, stabulario, stabbiolo, chiuso.
nomencl. (*specificazioni*) asinaia, bovile, ovile, caprareccia, caprile, pecorile, porcile, greggia, mandra || (*elementi*) abbattifieno, buca, canaletto o smaltitoio, corsia, posta, battifianco, campanelle, colonnini, greppia o mangiatoia, rastrelliera, nottola, paloni, stabbio || letto, lettime o lettiera, sterco, concime, concio, letame, pattume, strame, rosume || (*arnesi*) bidente, tridente, forchino, forca, capestro, cavezza, scopa, raspo || stalliere, mozzo di stalla || *verb.* stabulare, spagliare.
contr. addiaccio, allo scoperto.
stallàggio, *sm.* → STALLA.
stallàre, *v.intr.* → DEFECARE.
stallàtico, *sm.* stallaggio, concio, → STALLA.
stallière, *sm.* capo stalla, maestro di stalla, garzone di stalla, stabulario, mozzo, cavallaro, famiglio.
stàllo, *sm.* scanno, → SEDILE, POSTO.
stallóne, *sm.* → CAVALLO.
stamàne, *avv.* stamani, stamattina, questa mattina.
contr. ieri mattina, iermattina, domani mattina, domattina.
stambèrga, *sf.* tugurio, spelonca, → CASA.
stambúgio, *sm.* → RIPOSTIGLIO, BUGIGATTOLO.
stamburàre, *v.intr.* → STROMBAZZARE.
stàme, *sm.* → LANA || antera, filamento, filo, polline || *fig.* filo della vita.
nomencl. (*attinenti*) adelfia, nomadelfi, diadelfi, androceo || Parche, Atropo.
stamígna, *sf.* → STACCIO.
stàmpa, *sf.* impressione, impronta, immagine stampata, edizione, editoria || arte grafica, arte della stampa || giornalismo, giornale || incisione.
nomencl. (*pertinenti*) bozza, bozzone, copia, errore, refuso, foglio (in-quarto, in-ottavo, in-sedicesimo, intrentaduesimo, in-sessantaquattresimo), inchiostro, rigo, linea di stampa, accavallatura, bianco, coda, giustezza, spazio, interlinea, lineetta, occhietti, quadratino, righino, sentinella, spizzicatura, asterisco, avvertenza, capoverso, chiamata, colonna || (*procedimenti*) acquaforte, eliografia, fototipia, fotozincografia, fotoxilografia, glifografia, ialografia, ialotipia, calcografia, cerografia, collotipia, cromolitografia, cromotipografia, litografia, fotolitografia, galvanotipia, grafotipia, policromografia, sincromia, tipografia.
stampàre, *v.tr.* segnare, marcare, marchiare, contrassegnare, imprimere, improntare, lasciare impresso || pubblicare, riprodurre, tirare, far gemere i torchi, comporre, porre in istampa, andare in macchina || consegnare, dare, mandare, mettere a stampa, alle stampe, in luce; licenziare per le stampe, controstampare, ristampare || *fig.* formare, infondere, effigiare.
stampàto, *pps.* di stampare || *agg.* impresso || → EDITO || *sm.* cosa stampata || modulo.
stampatóre, *sm.* tipografo, impressore || editore, bibliopola.
stampèlla, *sf.* gruccia, sostegno.
stampería, *sf.* tipografia, officina tipografica.
stampíglia, *sf.* stampa volante, timbro, bollo, stampino, punzone, conio, forma, impronta, stampo.
stampíno, *sm.* stampiglia, → STAMPO.
stàmpo, *sm.* forma, impronta, modello, conio, pun-

zone, stampino, stampiglia, sigillo, timbro, bollo || *fig.* sorta, stoffa, indole, inclinazione, → QUALITÀ.

stampóne, *sm.* stampino, prova di stampa, bozza.

stanàre, *v.tr.* snidare, sbucare, cavar fuori, far uscire, fugare, scovare.

contr. rintanare.

stancàggine, *sf.* → STANCHEZZA.

stancaménto, *sm.* → STANCHEZZA.

stancànte, *ppr.* di stancare || *agg.* stucchevole, noioso, uggioso, seccante || → FATICOSO.

stancàre, *v.tr.* rendere stanco, affaticare, affiacchire, accasciare, defatigare, direnare, abbattere, sfinire, far perdere le forze, spossare, esaurire, stremare, rifinire, slombare, indebolire, estenuare, infiacchire, straccare, sgambare || infastidire, stuccare, ristuccare, nauseare, uggire, saziare, annoiare, spazientire || *rifl.* dilombarsi, direnarsi, indebolirsi, faticare, svigorirsi, spossarsi, consumarsi, stemperarsi, straccarsi, sfiancarsi, estenuarsi, sfegatarsi.

contr. rinvigorire, invigorire, rinforzare || divertire, interessare || resistere.

stancheggiàre, *v.tr.* → FATICARE.

stanchévole, *agg.* → FATICOSO.

stanchézza, *sf.* abbattimento, debolezza, dilassezza, esaurimento, deliquio, estenuazione, fiacca, fiaccamento, fiacchẽzza, fiaccona, inanizione, indebolimento, fatica, affaticamento, lassezza, lassitudine, rilassatezza, rilassazione, rilassamento, rifinimento, sfinimento, sfinitezza, spossatezza, malessere, spossamento, stancamento, stancaggine, stanchità, straccamento, stracchezza || noia, fastidio, sazietà, nausea, impazienza, uggia.

contr. instancabilità, imperturbabilità, vivacità, vigore, resistenza || pazienza, sopportazione, interesse.

stànco, *agg.* abbattuto, affaticato, affranto di fatica, arrembato, atterrato dalla stanchezza, cascante, debole, cionco, domato, esausto, esaurito, estenuato, faticato, fiaccato, fiacco, infiacchito, sfiaccolato, sfinito, dinoccolato, rifinito, fracassato, frollo, lasso, logoro, macero, oppresso dalle fatiche, malconcio, prostrato di forze, scosso, sciupato, rifinito, sfiancato, stroncato, spossato, stremato, scrollato, straccio, sgarrettato, spedato, trambasciato, travagliato, vinto dalla stanchezza, svigorito, stemperato, snervato, strafelato || annoiato, infastidito, spazientito, sazio, stucco, ristucco, uggito.

contr. vigoroso, energico; pieno di forze, di energia, di vigore, instancabile, incrollabile || paziente, resistente, duro, solido.

standardizzàre, *v.tr.* fabbricare in serie, unificare, uniformare, normalizzare.

stànga, *sf.* barra, sbarra, asta, pertica, palo, bastone, leva, traversa || *fig. pop.* miseria, povertà.

stangàre, *v.tr.* chiudere || *fig.* colpire, percuotere, bastonare.

stangàta, *sf.* → PERCOSSA, COLPO.

stanghétta, *sf.* nottolino, saliscendi, chiavistello.

stantío, *agg.* rancido, acido, raffermo, stagionato, invecchiato || *fig.* vecchio, vieto, artefatto, vecchiccio.

contr. fresco, appena sfornato || giovane, nuovo, recente.

stantúffo, *sm.* pistone.

nomencl. (*inerenti*) maschio, scatola a stoppa, scatola di guarnizione, battuta, corsa, testa, bronzina.

stànza, *sf.* luogo, soggiorno, dimora, sede, ricetto, rifugio, ricovero, domicilio, posto, albergo, locale, camera, ambiente, vano, alloggio, alloggiamento || strofa, ottava.

nomencl. (*varie*) a pianterreno, al piano nobile || d'ingresso, riservata, da pranzo, da ricevere, degli armadi || cucina, dispensa, gabinetto, galleria, mezzanino, sala, salotto, studio, tinello, buco, bugigattolo, caldaia, stufa, capannone, catacomba, cella, retrocamera, sotterraneo, stabbiolo, stamberga, stanzone || (*elementi*) angolo, canto, cantone, antiporta, beccatello, botola o bodola, ribalta, cortina, tenda, impiantito, masserizia, suppellettile, solaio, zoccolo, assito, finestra, pareti, porta, soffitto, tramezzo, uscio || appartamento, fuga di stanze, giro di stanze, corridoio || *agg.* ariosa, bassa, bella, buia, scura, tetra, dipinta, imbiancata, stuccata, tappezzata, indecente, sudicia, malsana, sporca, in disordine, ordinata, linda, pulita, mobiliata, stivata, tappettata, nuda, vuota, cieca, ottusa, raccolta, screpolata, sfogata, stoiata, affittata, sfitta, spigionata || *verb.* accomodare, mutare, sbrattare, pulire, ripulire, ordinare, sistemare, rinnovare, pagare, soffittare, imbiancare, tramezzare, vestire, addobbare.

stanziàle, *agg.* permanente, abituale, continuo, stabile.

contr. di passaggio.

stanziàre, *v.tr.* decretare, statuire, stabilire, assegnare, mettere in bilancio || *intr.* stare, dimorare, avere sede permanente, stazionare.

stanzíno, *sm.* stanzibolo (*ant.*) → STANZA, RIPOSTIGLIO, GABINETTO.

stappàre, *v.tr.* aprire, sturare.

contr. chiudere, tappare.

stàre, *v.intr.* abitare, star di casa, dimorare, risiedere, soggiornare, stazionare, stanziare; aver residenza, domicilio, sede; collocarsi, occupare un luogo, occupare, piantarsi, posare, rimanere, fermarsi, restare, restar fermo, ristare, ritrovarsi, giacere, sedere, annidarsi, rintanarsi, essere presente, sottostare, star bocconi, radicarsi, trattenersi, indugiare, essere in procinto, essere per || conservarsi, mantenersi, tenersi || tardare, toccare, spettare || aderire, attenersi, partecipare || rientrarci, starci con guadagno, con vantaggio, contentarsi.

contr. andare, muoversi, spostarsi, traslocarsi, cambiare residenza, errare, vagare, snidare, stanare, respingere, sfrattare || rimetterci, perdere.

stàrna, *sf.* → PERNICE.

starnazzàre, *v.intr.* raspare, ruspare, sparnazzare, razzolare, sparnicciare.

starnutàre, *v.intr.* far starnuti o sternuti, sternutare, starnutire, sternutire.

starnutíre, *v.intr.* → STARNUTARE.

starnúto, *sm.* sternuto, starnutamento, starnutazione.

nomencl. (*attinenti*) starnutiglia, starnutatorio, rinoblenorrea || *verb.* provocare, muovere starnuti || salute!, *prosit!*.

stasàre, *v.tr.* sturare, togliere l'ostruzione, far sgorgare.

contr. intasare, ristagnare, ostruire, otturare, occludere.

stàsi, *sf.* ristagno, fermata, fermo, cessazione di corso, arenamento, calma, indugio, paralisi, incaglio, arresto.

statàle, *agg.* → NAZIONALE || parastatale || *sm.* impiegato.

statàrio, *agg.* sommario, marziale || *sm.* soldato.

stàtica, *sf.* meccanica, idrostatica, aerostatica || → EQUILIBRIO.

stàtico, *agg.* → FERMO.

statísta, *sm.* uomo di Stato, di governo, → POLITICO.

stàto, *sm.* grado, situazione, posizione, condizione, modo di essere || modo di aggregazione della materia || patrimonio, posizione sociale, professione, classe, ceto, categoria || dominio, paese, nazione, apparato amministrativo, impero, repubblica, confederazione, monarchia, potenza, terra.

nomencl. (*distinzioni*) solido, liquido, gassoso, aeriforme || civile, giuridico, di grazia || alleato, confederato, federativo, autonomo, coloniale, disarmato, armato, indipendente, laico, neutrale, belligerante, cobelligerante, etico, assolutista, democratico, liberale, di diritto, teocratico || (*suddivisioni*) ducato, principato, esarcato, contea, dipartimento, provincia, regione, cantone, circondario, mandamento, comune, frazione || (*persone*) capo dello Stato, monarca, imperatore, principe, re, presidente, dittatore, despota || (*istituzioni, servizi*) governo, ministero, ministri, prefetto, consiglio di Stato, parlamento, Corte dei conti, polizia, esercito, marina, aviazione, catasto, amministrazione finanziaria, scuole, musei, biblioteche, osservatori, ferrovie, servizio postale, telegrafo, radio, televisione, banca || (*sistemi*) cesaropapismo, demagogia, egemonia, particolarismo, regionalismo, statolatria, dittatura, costituzionalismo, parlamentarismo, partitocrazia || (*elementi*) annessione, arbitrato internazionale, capitolato, trattato, concordato, convenzioni internazionali, coalizione, alleanza, unione, lega, colpo di Stato, difesa nazionale, interregno, legge, *modus vivendi*, negoziato, ragione di Stato, restaurazione, rivoluzione, plebiscito, votazione, diplomazia, decentramento, accentramento, statizzazione, socializzazione, confini, dogana, frontiera, naturalizzazione || cittadino, suddito, popolazione || *agg.* libero, buono, ottimo, cagionevole, gramo || potente, accentratore, autoritario, egemonico.

stàtua, *sf.* erma, simulacro, effigie, figura, monumento, marmo, bronzo.

nomencl. (*materia, posizione*) d'oro, d'argento, di bronzo, di marmo, di avorio, di creta, di terracotta || di getto, al naturale, iconica, equestre, pedestre || (*elementi*) acrolito, atlante, telamone, cariatide, colonna, colosso, crisoelefantina, gigante, isometra, palladio, pantea, piramide, torso, tronco, busto || acroterio, base, piedestallo, plinto, quadricello, zoccolo, forma, edicola, nicchia, fusione || (*persone*) statuario, figurinaio, scultore || *verb.* scolpire, fare, sbozzare, erigere, dedicare, alzare, decretare, inaugurare, abbattere, demolire, scoprire, gettare, fondere, rinfrescare, restaurare, snicchiare.

statuària, *sf.* scultura, plastica, marmoraria.

statuàrio, *agg.* scultorio, plastico, formoso, di bellissime forme || *sm.* → SCULTORE.

statuíre, *v.tr.* deliberare, sancire, decretare, determinare, emanare, stabilire, comminare, legiferare, promulgare, riformare, far legge, ratificare, confermare, consacrare, sanzionare, risolvere, stanziare, assegnare, istituire.

contr. revocare, abrogare, annullare, abolire.

statuíto, *pps.* di statuire || *agg.* sancito, stabilito, decretato, sanzionato, ratificato.

contr. abrogato, annullato, revocato, abolito.

statúra, *sf.* lunghezza, altezza, corporatura, forma, fatta, tacca, taglia, taglio, mole, figura, persona || *fig.* altezza morale.

nomencl. (*modi di dire*) antenna, bel fusto, cero, festucolone, gamberone, granatiere, nottolone, pertica, scudiscione, sparagio, spiccalardo, bambolone, brindellone, ciclope, cariatide, colosso, feluca, gigante, grandaccio, lanternone, spilungone, stangone || basso, bassetto, minuzzolo, nano, botolo, pigmeo, lillipuziano, nanerottolo, tombolotto, tombolo, tozzotto, botte, tuffolotto || *agg.* aitante, robusta, gagliarda, forte, vigorosa, tarchiata, nerboruta, ciclopica, alta, eminente, media, bassa || *verb.* giganteggiare, sovrastare, torreggiare, superare gli altri, aver finito di crescere.

statúto, *sm.* costituzione, carta, magna carta, legge fondamentale || ordinamento, regolamento (di una società, ecc.).

nomencl. costituente.

stazionaménto, *sm.* fermata, parcheggio, posteggio || → ATTESA.

stazionàre, *v.intr.* stare fermo, stanziare, essere di stazione, attendere || parcare, posteggiare.

contr. muoversi, spostarsi, andarsene.

stazionàrio, *agg.* → FERMO.

contr. progrediente, mosso, mobile, in movimento.

stazióne, *sf.* stazzone (*ant.*), → FERMATA || (ferroviaria) → FERROVIA.

stàzza, *sf.* portata, tonnellaggio, capacità, volume, stazzatura.

stazzàre, *v.tr.* pesare, → MISURARE.

stazzatúra, *sf.* → STAZZA.

stàzzo, *sm.* stabbio, addiaccio || → CASA.

stazzonàre, *v.tr.* maneggiare, toccare malamente, rimenare, gualcire, sgualcire, spiegazzare, palpeggiare, mantrugiare, sbertucciare, → MALMENARE.

contr. lisciare, stirare, accarezzare.

steatíte, *sf.* micio, pietra da sarto.

stécca, *sf.* → RIGA, PERTICA || SPATOLA || CALZATOIO || *fig.* → STONATURA.

steccàia, *sf.* → STECCATO.

steccàre, *v.tr.* → CIRCONDARE, BARRICARE.

steccàto, *sm.* stecconato, impalancato, steccaia, staccionata, palizzata, palancata, assito, cannucciata, barriera, barricata, barra, recinto, chiuso, riparo, cancello, sbarrata, palamento, passonata, palafitta, rastello, serranda, chiusura, serrata, traversamento.

stecchétto, *sm.* → RAMO.

stecchíre, *v.tr.* uccidere sul colpo, freddare || *intr.* dimagrare, dimagrire, rinsecchire.

stecchíto, *pps.* di stecchire || *agg.* → ARIDO, MAGRO || finito, freddato.
stécco, *sm.* ramoscello, fuscello, brocco, ramo, sterpo, sprocco, spino, pruno, aculeo || *pl.* → GAMBA.
stecconàto, *sm.* → STECCATO, BALUARDO.
stégola, *sf.* manecchia, stiva, bure, buco.
stèle, *sf.* stela, colonna o lastra sepolcrale o votiva o commemorativa, cippo, erma.
stélla, *sf.* astro, corpo celeste, asteria, bolide || *fig.* → GUIDA.
nomencl. (*distinzioni*) visibile a occhio nudo, telescopica, cadente, filante, doppia, circumpolare; di prima, di seconda, di terza grandezza; errante, fissa, nebulosa, sferoidale, ellittica, anulare, spirale, periodica, temporanea || (*fenomeni*) aberrazione, apparizione, aspetto, capillizio, depressione, luce astrale, nutazione, occultazione, asterismo, costellazione, firmamento, Via Lattea, nascita, tramonto || stellatore, stellografo, astronomo || *agg.* radiante, raggiante, romita || *verb.* stellare, costellare, instellare, instellarsi || nascere, apparire, tramontare.
stellànte, *ppr.* di stellare || *agg.* lucente come stella, pieno di stelle, stellato.
contr. oscuro, senza stelle.
stellàre, *v.tr.* e *intr.* empire di stelle, costellare, costellarsi || siderale, sidereo, celeste, astrale.
contr. terreno, terrestre.
stellàto, *pps.* di stellare || *agg.* stellifero, pieno di stelle; sparso, cosparso, coperto di stelle, costellato || *sm.* cielo stellato.
stellétta, *sf.* → ASTERISCO.
stelloncíno, *sm.* nota, notiziola, articoletto || → ASTERISCO.
stellóne, *sm.* → SOLE.
stèlo, *sm.* peduncolo, pedicello, scapo, gambo, fusto, càule, culmo || → PERNO.
stèmma, *sm.* scudo gentilizio, blasone, arme, divisa, insegna, bandiera, impresa, intersegna, intrasegna, contrassegno, quartiere.
nomencl. (*tipi*) arme intera, pura, schietta, senza rastrello; episema, stemma parlante, seminato || (*elementi*) banda, quarti, campo, targa || araldica || *verb.* accampare, inquartare.
stemperàre, *v.tr.* levar la tempera, stemprare || diluire, sciogliere, intridere, dissolvere, disfare, squagliare, risolvere, allungare, → LIQUEFARE || *rifl.* struggersi, macerarsi, rodersi, sciogliersi, liquefarsi.
contr. temperare || coagulare, condensare, raggrumare || solidificarsi, indurirsi.
stemperàto, *pps.* di stemperare || *agg.* risoluto, sciolto, disciolto, allungato, liquefatto, diluito || *fig.* incontinente, smoderato, indebolito, estenuato, snervato, spossato, sfinito, sfiaccolato, fiacco.
contr. temperato || condensato, coagulato, raggrumato || rinforzato, corroborato, resistente.
stendàle, *sm. ant.* stendardo.
stendàrdo, *sm.* stendale, → BANDIERA.
stèndere, *v.tr.* distendere, estendere, esporre, metter fuori, sciorinare, spiegare, aprire, svolgere, dispiegare, allargare, allungare, prolungare, protendere, spalmare, spandere, sviluppare, spianare, stirare, lisciare, levigare, pareggiare, allascare || propagare, moltiplicare, spacciare, disseminare, presentare || porre o svolgere per iscritto || *rifl.* distendersi, coricarsi, allungarsi, allargarsi, prolungarsi, giacere, adagiarsi, snodarsi, stiracchiarsi, rilassarsi || stendere a terra, → ATTERRARE.
contr. restringere, contrarre, ridurre, piegare, stare in piedi, seduto.
stenderèllo, *sm.* → MATTERELLO.
stendiménto, *sm.* → AUMENTO.
stenografía, *sf.* semiografia, tachigrafia, note tironiane, brachigrafia.
stenòsi, *sf.* restringimento, contrazione.
contr. dilatazione, estensione.
stentàre, *v.intr.* durar fatica, arrivare a stento, → FATICARE || vivere con stento, passarsela male, → SOFFRIRE.
stentatíno, *agg.* → GRACILE.
stentàto, *pps.* di stentare || *agg.* difficile, fatto con fatica, con sforzo, penosamente, scombiccherato, lambiccato || patito, gracile, debole, meschino, rachitico, tisico, povero, striminzito.
contr. fatto di getto, tirato via, improvvisato || forte, vigoroso, gagliardo, pieno di vita, robusto.
stenterèllo, *agg.* → GRACILE.
stentíno, *agg.* → MAGRO.
stènto, *sm.* patimento, sofferenza, tribolazione, tormento, angoscia, male, disagio, bisogno, povertà, miseria, pena, strettezza, vita grama o misera || fatica, durezza, sforzo, difficoltà.
contr. abbondanza, larghezza, ricchezza, gioia, benessere, riconoscimento, soddisfazione || facilità, comodità, agio, agevolazione.
stentòreo, *agg.* fortissimo, fragoroso, rumoroso, robusto, altisonante, possente, da rompere i timpani (di voce).
contr. debole, fioco, roco, sommesso, fievole.
stéppa, *sf.* → PIANURA, BRUGHIERA, DESERTO.
steppàia, *sf.* → BRUGHIERA.
stèrco, *sm.* merda, feci, materie fecali, deiezioni, escremento, bruttura, evacuazione di corpo, feccia, fimo, lordura, scioglimento || (di selvaggina) pastura.
nomencl. (*pertinenti*) coprolito, bovina, vaccina, caccola, pillacchera, pillacola, pollina, zacchera, calcinaccio, guano, concime, stabbio, letame, sibala, polveraccio || coprologia, scatologia, coprologo, scatofago || stercoraceo, stercorario.
stereòbate, *sm.* → PIEDISTALLO.
stereotipàto, *pps.* di stereotipare || *agg. fig.* fisso, immutabile, monotono, uniforme.
nomencl. stereotipia, stereotipista || *verb.* stereotipare.
contr. variabile, cangiante, mutevole, vario, originale, singolare.
stèrgere, *v.tr.* → LAVARE.
stèrile, *agg.* arido, carestoso, infecondo, infertile, infruttifero, infruttuoso, impotente, improduttivo, ingrato, insterilito, magro, morto, povero, secco, sfruttato, stanco || *fig.* inefficace, inutile, vano.
contr. fecondo, fertile, fruttifero, fruttifico, produttivo, ubertoso.
sterilíre, *v.tr.* e *intr. rifl.* isterilire, sterilizzare.
contr. fertilizzare || fecondare.

sterilità, *sf.* impotenza, infecondità, infruttuosità, improduttività || aridità, inutilità, inefficacia, vanità.
contr. fertilità, ubertosità, fecondità || produttività.
sterilizzànte, *ppr.* di sterilizzare || *agg.* → DISINFETTANTE.
sterilizzàre, *v.tr.* → DISINFETTARE || STERILIRE.
sterilizzàto, *pps.* di sterilizzare || *agg.* → DISINFETTATO.
sterilizzatóre, *sm.* autoclave.
sterilizzazióne, *sf.* asepsi, antisepsi, immunità, → DISINFEZIONE || sterilizzazione genetica, castrazione, mutilazione.
contr. infezione, inquinamento, sepsi || integrità.
sterminàre, *v.tr.* disperdere, battere, sconfiggere, sgominare, distruggere, liquidare, annientare, far strage, uccidere.
contr. costruire, ricostruire, restaurare, risparmiare.
sterminataménte, *avv.* → ECCESSIVAMENTE.
sterminàto, *pps.* di sterminare || *agg.* → BATTUTO || enorme, immenso, grandissimo, interminato, infinito, sconfinato, smisurato, amplissimo, illimitato, eccessivo, smoderato, incommensurabile.
contr. ristretto, piccolo, limitato, esiguo, minuscolo, circoscritto, localizzato.
sterminazióne, *sf.* → DISTRUZIONE.
stermínio, *sm.* esterminio, eccidio, scempio, strage, distruzione, liquidazione, annientamento, rovina, strazio, carneficina, tormento, guasto || genocidio.
stèrnere, *v.tr.* → PIEGARE || *rifl.* distendere.
sternutàre o **sternutíre,** *v.intr.* → STARNUTARE.
sternúto, *sm.* starnuto.
sterpagnòlo, *sm.* → ALBERO.
sterpàre, *v.tr.* levare, sradicare, estirpare, strappare.
contr. piantare.
sterpéto, *sm.* → DUMETO, MACCHIA.
stèrpo, *sm.* brocco, bronco, broncone, ramoscello, ramo, rimessiticcio, frusco, fruscolo, pruno, stecco, vepre.
nomencl. sterpaglia, sterpigno, sterposo || *verb.* sterpare.
sterquilínio o **sterquilíno,** *sm.* letamaio, mondezzaio, → LETAME.
sterraménto, *sm.* → SCAVO.
sterràre, *v.tr.* → SCAVARE.
sterratóre, *sm.* badilante, manovale, terrazziere.
stèrro, *sm.* → SCAVO.
stertóre, *sm.* affanno di respiro, → RANTOLO.
sterzàre, *v.tr.* dividere in tre parti, diradare || *intr.* girare sullo sterzo, cambiare direzione, manovrare lo sterzo o volante; voltare, girare, deviare.
contr. rinterzare.
stèrzo, *sm.* volante, manubrio || *ant.* vettura.
stésa, *sf.* → DISTESA, SEQUELA.
stéso, *pps.* di stendere || *agg.* disteso, spiegato, spianato || messo per iscritto.
contr. ritto, diritto, piegato, raccolto.
stésso, *agg.* eguale, uguale, medesimo, desso, proprio quello, altrettale, identico, pari, quel medesimo, simigliante, similare, simile, omogeneo, consimile, analogo, conforme, affine, congenere, corrispondente, cosiffatto, pari, gemello, assomigliante, compagno, confacente, consimigliante, somigliante, tale, uniforme, vicino, comparabile, preciso, tale e quale, altrettanto, tutt'uno || *sm.* la stessa cosa.
nomencl. (*inerenti*) affinità, conformità, analogia, coessenza, eguaglianza, essenza comune, identicità, identità, medesimanza, medesimezza, omogeneità, similarità, somiglianza, uniformità || *verb.* essere, parere, valere || conformare, identificarsi, immedesimare, compenetrarsi, connaturarsi, essere tutti quanti d'un pelo e d'una buccia.
contr. differente, diverso, disuguale, altro, difforme, dissimile, contrario, lontano.
stesúra, *sf.* redazione, dettato, modo di comporre.
stetoscòpio, *sm.* fonendoscopio.
nomencl. rigido, monoauricolare, flessibile, biauricolare || auscultare, auscultazione.
stía, *sf.* gabbia, capponaia, pollaio || prigione.
stiacciàre, *v.tr.* → SCHIACCIARE.
stiacciàta, *sf.* → FOCACCIA.
sticomitía, *sf.* → VERSO.
stiffèlius, *sm. indecl.* finanziera, prefettizia, redingote, → MANTELLO.
stígio, *agg. lett.* acheronteo, infernale || nero, scuro.
nomencl. Stige.
stígma, *sf.* stimma, stigmata, sigillo, marchio, impronta, segno || *pl.* stígmate, stímmate, → PIAGHE.
stígmate, *sf.pl.* stímmate, → PIAGHE, IMPRONTA.
stigmatizzàre, *v.tr.* pungere, imprimere, bollare, marcare || *fig.* → BIASIMARE, RIMPROVERARE.
stilàre, *v.tr.* → SCRIVERE.
stíle[1] o **stílo,** *sm.* pugnale, stiletto || fusto d'albero, stello || *fig.* trafittura, fitta.
stíle[2], *sm.* modo particolare d'espressione, dire, dettato, dettatura, dicitura, modo di fare, forma del dire, espressione, prosa, frase, fraseggiare, genere, linea, lingua, metodo, parlata, scuola, tendenza, tocco, brio || carattere, indole, moda, natura, peculiarità, forma, modo.
nomencl. (*qualità*) affettato, manierato, agile, alla carlona, ampolloso, gonfio, barocco, andante, piano, scorrevole, animato, vivace, arcaico, antiquato, arguto, fine, brioso, brillante, espressivo, spiritoso, buffo, giocoso, classico, colorito, efficace, concertato, complicato, astruso, conciso, stringato, laconico, concitato, convulso, epilettico, disordinato, curiale, inelegante, trascurato, debole, fiacco, freddo, languido, lonzo, molle, slombato, smaccato, forte, robusto, vigoroso, decoroso, dignitoso, dimesso, di vena, spontaneo, duro, elegante, elevato, epigrammatico, epistolare, familiare, felice, piacevole, figurato, fiorito, forbito, purgato, terso, grossolano, grottesco, ridicolo, immaginoso, infiorato di eleganze, incolto, sciatto, rozzo, intralciato, confuso, contorto, aggrovigliato, legato, gretto, meschino, leggiadro, bello, grazioso, levigato, lezioso, licenzioso, osceno, scurrile, limitato, morto, pallido, sbiadito, magnifico, naturale, nitido, chiaro, omogeneo, oratorio, ornato, oscuro, pedestre, volgare, pittoresco, poetico, prolisso, verboso, profuso, puro, castigato, cruscaiuolo, regolato, rapido, ricercato, romantico, romanzesco, sano, equilibrato, sconnesso, spezzato, sbiadito, senza vita, senza colore, secentista, reboante, sgangherato, smagliante, splendido, sublime, sobrio, solenne, sonan-

te, stiracchiato, tacitiano, teatrale, temperato, trito, uguale, vibrato, villano, mezzano, mediocre, umile, biografico, chiesastico, epigrafico, bernesco, boccaccesco, burchiellesco, dantesco, manzoniano || (*attinenti*) analogia, debolezza di stile, vacuità, fascino, incanto, magia, novità, ornamento di stile, colore retorico, figura, proprietà, improprietà, ricercatezza, virtuosità, efficacia || stilista, stilistica, stilizzato.

stilettàre, *v.tr.* pugnalare, ferire, uccidere.

stilettàta, *sf.* pugnalata || *fig.* trafitta, fitta, angustia, dolore.

stilétto, *sm.* → STILE, PUGNALE.

stilísta, *sm.* retore, precettista || scrittore, maestro di stile.

stilística, *sf.* precettistica, arte del comporre, arte del dire, → RETORICA.

stilíta, *sm.* anacoreta, eremita || → SOLITARIO.

stílla, *sf.* → GOCCIA, LAGRIMA.

stillaménto, *sm.* → DISTILLAZIONE.

stillàre, *v.tr.* e *intr.* sgocciolare, gocciolare, gocciare, scolare, colare, spillare, trapelare, trasudare, uscire, piovere, gemere, gemicare, spicciare, versare, filtrare, distillare, lagrimare, piangere, grondare || *rifl.* lambiccarsi, beccarsi, scervellarsi, rompersi il cervello, → INGEGNARE.

contr. scrosciare, sgorgare, scaturire (in abbondanza), inondare.

stillàto, *pps.* di stillare || *agg.* → ESPRESSO.

stillicídio, *sm.* gocciolio, sgocciolio, filtrazione, stillamento, gemitio || → COLATICCIO.

contr. scroscio, inondazione, acquazzone.

stílo, *sm.* → STILE[1].

stilòbate, *sm.* → PIEDISTALLO.

stíma, *sf.* valutazione, estimo, prezzo assegnato || *fig.* ammirazione, apprezzamento, buon concetto, buona opinione, considerazione, conto, credito, estimazione, fama, fiducia, buon nome, riputazione, nomea, nominanza, rinomanza, merito, grido, favore, celebrità, lode, deferenza, rispetto, riguardo, riverenza, devozione, omaggio, onore, ossequio, venerazione, ragguardevolezza, grazia, perizia.

nomencl. *verb.* dare, avere, nutrire, acquistare, manifestare, dimostrare, riscuotere, godere, meritare, protestare || accreditare, stimare, apprezzare, pregiare, attestare, denigrare, diffamare, discreditare, screditare, sfatare, qualificare, perdere la stima.

contr. disistima, disprezzo, sprezzo, spregio, noncuranza, denigrazione, cattiva reputazione, discredito, disonore.

stimàbile, *agg.* pregevole, ragguardevole, rispettabile, spettabile, apprezzabile, considerevole, onorevole, nobile, notevole; degno di stima, di considerazione, di lode, di onore.

contr. disistimàbile, spregevole, denigrabile, sprezzabile, disprezzabile, disonorevole, disonorante.

stimabilità, *sf.* → ONORE.

contr. disistimabilità.

stimàre, *v.tr.* prezzare, valutare, misurare || *fig.* accreditare, apprezzare, ammirare, considerare, contare, pregiare, reputare, riputare, giudicare, credere, ritenere, onorare, rispettare, portar rispetto, aver stima, aver riguardo, tener in alta considerazione, riguardare, sberrettare, venerare, estimare, opinare, pensare, parere || *rifl.* stimarsi, credersi, reputarsi, giudicarsi, aver grande opinione di sé.

contr. disistimare, disprezzare, spregiare, sprezzare, disonorare, squalificare, denigrare.

stimàto, *pps.* di stimare || *agg.* riputato, reputato, rinomato, famoso, di buona riputazione, celebre, apprezzato, pregiato, accreditato, considerato, rispettato, noto, notevole, autorevole, onorevole, onorato, venerato, di chiara fama.

contr. disistimato, spregiato, disprezzato, denigrato, screditato, squalificato, disonorato, svergognato, bacato.

stímmate, *sf. pl.* → STIGMATE.

stimolànte, *ppr.* di stimolare || *agg.* stuzzicante, appetitoso, appetibile, solleticante, eccitante, seducente, fortificante, tonico, controstimolante, stimolativo, piccante, mordente, pungente, pungolante, provocante, irritante, assillante.

nomencl. (*esempi*) simpamina, tè, caffè, noce vomica, stricnina, eroina.

contr. nauseante, stomachevole, disgustoso, repellente, saziativo, sedativo, calmante.

stimolàre, *v.tr.* pungolare || *fig.* eccitare, aizzare, attizzare, risvegliare, suscitare, istigare, provocare, promuovere, spronare, far premura, dar fretta, affrettare, sollecitare, incalzare, accelerare, incitare, invitare, indurre, sedurre, pressare, premere, pungere, mordere, spingere, speronare, spacciare, instare, urgere, sbrigare, punzecchiare, infiammare, fomentare, vellicare, stuzzicare, irritare, pizzicare, lusingare, assillare, solleticare.

contr. calmare, moderare, frenare, sedare, trattenere, impedire, dissuadere.

stimolatívo, *agg.* → STIMOLANTE.

stimolazióne, *sf.* → STIMOLO.

stímolo, *sm.* pungolo, pungiglione, aculeo, assillo, sprone, sferza || *fig.* eccitazione, eccitamento, incitamento, incentivo, incoraggiamento, impulso, istigamento, invito, sollecitamento, stimolazione, sobillamento, sobillazione, provocazione, vellichio, solletico, diletico, prurito, spronata, spinta, svegliarino, estro, conforto.

contr. freno, remora, vincolo, impedimento, dissuasione.

stínco, *sm.* → GAMBA.

stíngere, *v.intr.* → SCOLORIRE.

stínto, *pps.* di stingere || *agg.* → SCOLORITO.

stípa, *sf.* stoppia, → PAGLIA || ROGO || mucchio.

stipàre, *v.tr.* stivare, pigiare, calcare, ammucchiare, colmare, addensare, condensare, infittire, → RIEMPIRE.

contr. allargare, diradare, spaziare.

stipàto, *pps.* di stipare || *agg.* → PIENO.

stipendiàre, *v.tr.* → PAGARE.

stipendiàto, *pps.* di stipendiare || *sm.* → IMPIEGATO.

stipèndio, *sm.* paga, assegnazione, provvisione, emolumento, onorario, soldo, salario, mensile, mesata, mercede, compenso, retribuzione, appannaggio, assegno, guadagno, pensione, prebenda, propina, rimunerazione, trattamento, pagamento.

nomencl. (*affini*) sportula, gratificazione, strenna, dono, paraguanto, mancia, regalia, sottomano, sottobanco || (*pertinenti*) ritenuta, trattenuta, cessione del quinto, sessennio, insequestrabilità || *agg.* magro, scarso, grasso, lauto, buono, alto, tenue, fisso, arretrato, anticipato, posticipato || *verb.* dare, pagare, trattenere, ricevere || stipendiare, assoldare.

stipettàio, *sm.* ebanista, → FALEGNAME.

nomencl. (*legni*) acacia, agrifoglio, acagiú o mogano, bosso, campeggio, dalbergia, ebano, pernambuco, granatiglia, palissandro, sandalo || (*materiali accessori*) ambra, avorio, colla, corallo, ebonite, madreperla, tartaruga, vernice || (*arnesi*) pialla, banco, tornio, sega, riga, squadra, barlotta, sponderuola, trottola.

stípite, *sm.* battente, cardinale, piedritto, stallo || *fig.* capostipite, progenitore, ceppo, stirpe, lignaggio, schiatta, → RAZZA.

contr. discendente, progenie.

stípo, *sm.* armadietto, forziere, scrigno, stipetto, → ARMADIO.

stipulànte, *ppr.* di stipulare || *sm.* → CONTRAENTE.

stipulàre, *v.tr.* rogare, fare o stendere un contratto, patteggiare, impegnarsi, obbligarsi (per contratto).

stipulaziòne, *sf.* rogito, contratto, atto pubblico, obbligazione o promessa, stesura.

stiracchiàre, *v.tr.* tirare, distendere || *fig.* mercanteggiare, cavillare, arzigogolare, torcere, sofisticare, tirare per i capelli, tirare con le tenaglie, lambiccare, raggirare, sforzare || *rifl.* distendersi, sgranchirsi, stirarsi, protendersi, slungarsi.

contr. largheggiare || contrarsi, restringersi, aggranchirsi.

stiracchiatézza, *sf.* → STIRACCHIATURA.

stiracchiàto, *pps.* di stiracchiare || *agg.* → AFFETTATO.

stiracchiatúra, *sf.* lambiccatura, arzigogolamento, cavillazione, affettazione, artificio, giro avviluppato, sforzatura, stiramento, stentatura, stiracchiatezza.

contr. naturalezza, spontaneità, eleganza, semplicità, ispirazione.

stiraménto, *sm.* → STIRACCHIATURA || MASSAGGIO.

stiràre, *v.tr.* allungare, distendere, lisciare, spianare, levigare, pareggiare, stendere, insaldare, soppressare || *rifl.* sgranchirsi, tirarsi, distendere le membra, muoversi liberamente, stiracchiarsi, protendersi, allungarsi.

contr. spiegazzare, gualcire, accincignare, aggrinzire, cincischiare, mantrugiare || aggranchirsi, rattrappirsi, contrarsi.

stiratóra, *sf.* → STIRATRICE.

stiratoría, *sf.* stireria || tintoria.

stiratríce, *sf.* stiratora, soppressatrice.

nomencl. stireria || (*arnesi*) ferro da stiro, asse, panno, stiratoio, cannette, cipolla da stirare, cucchiaia, mangano, presa o pugnetta, schiaccine o stiaccine, sferrina o posaferro, soppressa, tombolino || (*operazioni*) passatina, ripassatina, stiratura, stiro, abbronzatura, allumacatura, inamidatura, insaldatura, ricrogiata || (*materie*) amido, pomice, brillantina, indaco o turchinetto || cannoncini, sgonfi, contrappelo || *verb.* stirare, abbronzare, avvampare, allucignolare, allumacare, bagnare, inamidare, insaldare, inturchinettare, manganare, pieghettare, piegolinare, dare una passatina o una ripassata, ricrogiare, strinare, pomiciare.

stirería, *sf.* stiratoria.

stírpe, *sf.* antico sangue, casa, casato, dinastia, origine, generazione, germe, lignaggio, linea, luogo, nascita, nazione, progenie, schiatta, prosapia, popolo, parentela, classe, razza, risma, sorta, sorte, specie, famiglia, gruppo, varietà, semenza, seme, parentado, casata, stipite.

nomencl. (*inerenti*) radice, tronco, origine, genealogia, albero genealogico, lato, discendenza, ramo, diramazione || capostipite, archiparente, capo, ceppo, progenitore, avi, antenati, discendenti, posteri || linea diretta, collaterale || *agg.* avito || nobile, plebea, reale o regale, spenta, feconda.

stitichézza, *sf.* sticagine, stiticheria, stipsi, costipazione, coprostasi || *fig.* avarizia, grettezza, tirchieria.

contr. sciolta, dissenteria, diarrea.

stítico, *agg.* costipato || *fig.* renitente, avaro, restío, ritroso || arido, secco, rinsecchito, meschino, stentato, sofistico, calcolatore, rigoroso.

contr. corrivo, corrente, impulsivo, stordito, facilone, avventato.

stivalàta, *sf.* → CALCIO.

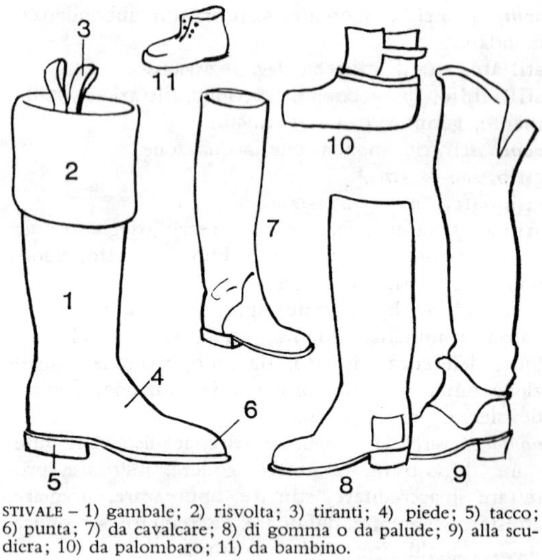

STIVALE – 1) gambale; 2) risvolta; 3) tiranti; 4) piede; 5) tacco; 6) punta; 7) da cavalcare; 8) di gomma o da palude; 9) alla scudiera; 10) da palombaro; 11) da bambino.

stivàle, *sm.* borzacchino, coturno, scarferone, → CALZATURA || *fig.* minchione, sciocco.

nomencl. (*tipi*) alla dragona, alla scudiera, a pompa, con la risvolta, da caccia, da palude || (*parti, elementi*) fiocca, gambale o gambiera, cono o bietta, giglio, laccetti, nappa, fiocco, peduccio, polpa, stinco, tiranti, stecca, tromba || calzatoia o calzatoio, cavastivali o tirastivali, cera, lucido, spazzola || stivalaio || *agg.* stretto, comodo, largo || *verb.* calzare, infilare, ingambalare, levare, stivalare, stivalarsi, dibucciare, riscappinare || unger gli stivali || *fig.* rompere gli stivali.

stivàre, *v.tr.* rimpinzare, impinzare, inzeppare, imbottire, stipare, colmare, riempire, calcare, addensare, infittire, ammassare, pigiare.

nomencl. stiva || stivamento, stivato.
contr. allargare, spaziare, spazieggiare, diradare.
stivàto, *pps.* di stivare || *agg.* → PIENO.
stízza, *sf.* izza, collera, ira, sdegno, bile, bizza, capriccio, dispetto, dispiacere, cruccio, furietta, impazienza, indignazione, malumore, rabbia, rovello, saetta.
nomencl. verb. arrovellarsi, consumarsi di rabbia, digrignare i denti, arrugginirsi, dirugginire i denti, gonfiarsi, rodersi dentro, masticare fiele, mordersi il dito || far prendere la stizza, far saltare la frullana, incollerire, imbizzarrire, impennarsi, stizzirsi, stizzarsi.
contr. calma, pazienza, bonarietà, sopportazione, tolleranza || olimpicità, impassibilità, apatia.
stizzíre, *v.tr.* incollerire, imbruschire, indignare, indispettire, far saltar la frullana || *intr.* e *rifl.* adirarsi, impennarsi, andare o montare in bizza, arrovellarsi, crucciarsi, imbizzirsi, impermalirsi, incappellare, incocciarsi, indispettirsi, montarsi, prendere il grillo, saltare la bizza o la frullana, seccarsi, incollerirsi, indignarsi.
contr. calmare, acquietare, placare, sedare || calmarsi, quietarsi, placarsi, rabbonirsi, sopportare, pazientare, stare buono.
stizzíto, *pps.* di stizzire || *agg.* adirato, crucciato, incollerito, seccato, sdegnato, bizzoso, impermalito.
contr. calmo, bonario, conciliante, amabile, paziente, olimpico, indifferente, placido.
stizzóso, *agg.* agro, bizzarro, bizzoso, bisbetico, collerico, bilioso, rabbioso, irato, iracondo, capriccioso, frenetico, furioso, permaloso, muffettino.
contr. calmo, bonario, placido, paziente, conciliante, arrendevole, ragionevole, tollerante, amabile.
stòa, *sm.* → PORTICO.
stoccafísso, *sm.* → MERLUZZO.
stoccàta, *sf.* colpo, puntata, frecciata, stilettata || *fig.* richiesta di danaro (improvvisa e importuna) || parola mordace, motteggio, frecciata, allusione offensiva o insolente, scherno.
stòcco, *sm.* → SPADA, PUGNALE, BASTONE.
stòffa, *sf.* tessuto, drappo, panno || *fig.* attitudine, qualità, capacità, indole, natura, stampo, inclinazione, ingegno.
nomencl. (*qualità*) alta, bassa, in pezza, cucita, liscia, arrendevole, operata, cilindrata, da estate, da inverno, di alta novità, di lusso, di pregio, grossolana, incatorzolita, increspata, pieghettata, intignata, lustra, mencia, usata, vecchia, sgargiante, cangiante, rigata, a fiorami, a quadratini, a bordi, a scacchi, diagonale, a bollicine, greggia, marezzata, andante, a doppia faccia || (*attinenti*) diritto, rovescio, grana, pezzo, pezza, piega, ritaglio, avanzo, scampolo, stacco della pezza, striscia, banda, taglio d'abito, applicazione, ricamo, fregio.
stoicaménte, *avv.* spartanamente, austeramente, fieramente, impassibilmente, coraggiosamente, valorosamente.
contr. timorosamente, debolmente, pavidamente, mollemente, vilmente.
stoicísmo, *sm.* indifferenza, atarassia, impassibilità, coraggio, disprezzo delle comodità, del piacere.
contr. impressionabilità, corrività, viltà, timore, trepidazione, apprensione, mollezza, effeminatezza, pavidità.
stòico, *agg.* spartano, austero, fiero, frugale, impassibile, indifferente, sereno, coraggioso.
contr. molle, effeminato, delicato, sibarita, epicureo, impressionabile, vile, pavido, trepidante.
stoíno, *sm.* zerbino, tappettino, → STUOIA.
stolidézza, *sf.* → SCIOCCHEZZA, STOLIDITÀ.
stolidità, *sf.* stolidezza, stoltezza, stupidità, fatuità, inconsistenza, leggerezza, melensaggine, sciocchezza, scimunitaggine, insipienza, insulsaggine, buaggine.
contr. senno, criterio, assennatezza, giudizio, serietà, sodezza, buon senso, gravità.
stòlido, *agg.* stolto, insensato, sciocco, stupido, imbecille, fatuo, scimunito, bietolone, gonzo, grullo, melenso, ottuso, scervellato, scriteriato, sventato, scipito, vuoto, stordito, faccia di bronzo, cretino.
contr. assennato, grave, sensato, saggio, serio, solido, giudizioso.
stóllo, *sm.* stocco, stile, → PALO, PERTICA || → PAGLIAIO.
stoltézza, *sf.* insensatezza, insensataggine, stolidezza, stolidità, stupidaggine, sciocchezza, scimunitaggine, imbecillità, pazzia, stoltizia, fatuità.
contr. senno, criterio, assennatezza, saggezza, giudizio, serietà, buon senso.
stoltízia, *sf.* → SCIOCCHEZZA, STOLTEZZA.
stólto, *agg.* e *sm.* → STOLIDO, SCIOCCO, PAZZO.
stomacànte, *ppr.* di stomacare || *agg.* → SCHIFOSO.
stomacàre, *v.intr.* → RIPUGNARE, NAUSEARE || *rifl.* → DISGUSTARE.
stomacàto, *pps.* di stomacare || *agg.* → NAUSEATO.
stomachévole, *agg.* stomacoso, stomacante, spiacevole, ributtante, ripugnante, rivoltante, nauseabondo, insopportabile, repellente, schifoso, disgustoso, sporco, laido.
nomencl. verb. avere il voltastomaco, dar di stomaco, fare stomaco.
contr. gradevole, piacevole, allettante, gradito, sopportabile, appetitoso, gustoso, stimolante.
stomàchico, *agg. sm.* eupeptico, tonico, stimolante, digestivo; stomatico (*uso improprio*).
stòmaco, *sm.* apparato gastrico, ventricolo, tubo gastroenterico, ghebbio, viscere || *fig.* appetito || commozione, indignazione.
nomencl. (*parti*) bocca dello stomaco, cardia, crosta villosa dello stomaco, fondo dello stomaco, omento maggiore, omento minore, pancreas, piloro, tubo alimentare, mucosa, epigastro o epigastrio, succhi gastrici, pepsina, diaframma || (*patologia*) acidità, acloridria o anacloridria, ipercloridria, anaspasmia o anaspasi, atonia gastrica, atretogastria, cardialgia, crampo, crudezze, dilatazione di stomaco, endogastrite, gastrite, gastrocele, gastrocolite, gastroenterite, gastralgia, gastromalcia, gastroplegia, gastroptosi, gastrospasmo, gastrosucorrea, ossiregmia, pilorostenosi, pirosi, premito, strizzone, vellicamento || (*chirurgia*) gastrectomia, gastroenterostomia, gastrotomia || pancreatina, saturanti || (*fenomeni*) efflazione, eruttazione, evaporazione, falso appetito, flatulenza, ventosità, indigestione, languidezza, languore, movimento, rivoltamento, sovversione di stomaco, digestione, rifinitezza, rigurgito, ripienezza, sconcerto, borborigmo, travaglio di stomaco || *agg.* buono, debole, delicato, accostato, aggravato,

appesantito, pesante, arrovesciato, sconcertato, sconvolto, indisposto, digiuno, vuoto, dilatato, gonfio, imbarazzato, intollerante, languido, pieno, rifinito || di ferro, da leone, di struzzo || *verb.* ristorare, addomesticare, corroborare, caricare, riempire, guastare, inacidire, rifarsi lo stomaco, sciacquarsi lo stomaco.

stomacóso, *agg.* → STOMACHEVOLE.

stomàtico, *agg.* della bocca, boccale || → STOMACHICO.

stomía, *sf.* anastomosi.

stonàre, *v.tr.* e *intr.* discordare, scordare, non armonizzare, fare stecche, → SONARE || *fig.* sconcertare, sbalordire, confondere, stridere, urtarsi.

contr. intonare, intonarsi, accordare, armonizzare, andar d'accordo.

stonàto, *pps.* di stonare || *agg.* disarmonico, fuori tono, scordato, non intonato → DISCORDANTE || *fig.* turbato, sconcertato, confuso, stordito, sbalordito, disadatto, disorientato.

contr. intonato, accordato, armonizzato || sereno, impassibile, presente a se stesso, padrone di sé.

stonatúra, *sf.* discordanza, disarmonia, dissonanza, sconcerto, stecca || *fig.* incongruenza, stordimento, cosa fuori di proposito.

contr. accordo, concordanza || congruenza, armonia.

stóppa, *sf.* capecchio || *fig.* sbornia, ubriachezza.

stoppàre, *v.tr.* → CALAFATARE || *fig.* → SUPERARE.

stóppia, *sf.* culmo, seccia, segato, stipa, stipula, paglia.

stoppíno, *sm.* → LUCIGNOLO.

stoppóso, *agg.* → BIONDO || APPASSITO.

stòrcere, *v.tr.* → PIEGARE, TORCERE || *rifl.* slogare, → LUSSARE.

storciménto, *sm.* TORCIMENTO.

stordigióne, *sf.* → SBALORDIMENTO.

stordiménto, *sm.* intontimento, intronamento, rintronamento, stornimento, stupore, assordamento, sbigottimento, confusione, onnubilamento, disorientamento, turbamento, frastornamento, → SBALORDIMENTO.

contr. impassibilità, fermezza, autocontrollo, serenità, saldezza, solidità.

stordíre, *v.tr.* intontire, intronare, rintronare, imbambolire, istupidire, instupidire, sbalordire, confondere, assordare, meravigliare, maravigliare, conturbare, turbare, sconcertare, intorpidire, stonare, scombuiare, onnubilare, rendere attonito, cavar di sentimento, sbigottire, ottenebrare, spaventare, tramortire, rompere il capo, togliere la testa, disorientare, ingarbugliare la memoria || *rifl.* distrarsi, ubriacarsi, inebetirsi.

contr. far rinvenire, tranquillare, tranquillizzare, rasserenare.

storditàggine, *sf.* smemorataggine, balordaggine, dimenticanza, storditezza, sventatezza, spensieratezza, stupidaggine, insensatezza, sbadataggine, confusione, disorientamento, turbamento.

contr. assennatezza, riflessione, posatezza, ponderatezza, giudizio, autocontrollo, presenza di spirito, serenità.

storditézza, *sf.* → STORDITAGGINE.

stordíto, *pps.* di stordire || *agg.* sbalordito, balordo, attonito, meravigliato, istupidito, sconsiderato, frastornato, intronato, intontito, pazzerello, caposcarico, leggerone, sbalestrato, spaventato, stolido, stolto, ebbro, sventato, sordo, assordato, assordito, insordito, insensato, ebete || smemorato, dimenticone, dimentico, privo di memoria, oblioso, distratto, immemore, sbadato, disattento, confuso, disorientato.

contr. impassibile, padrone di sé || assennato, giudizioso, riflessivo, pieno di senno.

stòria, *sf.* narrazione, referto, rendiconto, esposizione, annale, cronaca, ciclo, gesta, peripezia, cenno storico, monografia, biografia, epopea, fasti, fatto, serie di ricordi || leggenda, favola, avventura, aneddoto || libro di storia || storia sacra, → BIBBIA || *fig.* scusa, pretesto.

nomencl. (*partizioni*) antica, greca, romana, medievale, comunale, moderna, del Risorgimento, contemporanea, nazionale, mondiale, universale, regionale, comunale, civile, ecclesiastica, sacra, diplomatica, dei trattati, delle guerre, militare, aneddotica, letteraria, della filosofia, mitologica, delle religioni, dell'arte, della cultura, della civiltà, della scienza || (*sussidi*) cronistoria, cronologia, cronografia, archeologia, epigrafia, paleografia, diplomatica, sfragistica o sigillografia, araldica, geografia, fisiografia, preistoria, protostoria || (*termini*) documento, dissertazione, tesi, fonte, fondamento, documento, lezione, studio, cenno storico, ciclo, periodo, evo, evoluzione, paradigma, esempio, notte dei tempi, antichità, atlante storico || eventi, peripezie, avventure, leggende, dicerie, notizie, cantastorie, cantafavole, storiografo, storico || filosofia della storia || materialismo storico || *agg.* drammatica, comica, tragica, commovente, patetica, poetica, romanzesca, inverosimile || *verb.* narrare, alterare, storpiare, mutilare, commentare, interpretare, scrivere, studiare, imparare.

storiàre, *v.tr.* istoriare, → ORNARE.

stòrico, *agg.* appartenente alla storia, veramente avvenuto, vero, documentato, veridico, veramente esistito, reale || *sm.* scrittore di storia, storiografo, annalista, cronista, cronachista, memorialista, biografo, narratore.

contr. inventato, falso, fantastico, immaginario, immaginato, romanzato.

storièlla, *sf.* favola, racconto, leggenda, cosa non vera, invenzione, barzelletta, fandonia, frottola, pretesto, scusa.

contr. verità, fatto vero, documento.

storiògrafo, *sm.* → STORICO.

stormíre, *v.intr.* sfrusciare, sfrascare, frascheggiare, fremere, mormorare, frusciare.

stórmo, *sm.* adunanza, nugolo, branco, moltitudine, turba, torma, drappello, compagnia, schiera, brigata, masnada, banda, caterva, folto.

nomencl. *loc. avv.* a stormi || *verb.* sonare a stormo, accorrere a stormo.

stornàre, *v.tr.* smuovere, persuadere, dissuadere, distogliere, distornare, divertire, frastornare, indurre, distrarre, far deviare, volgere, mandare da un'altra parte o indietro, allontanare, cambiare destinazione, mandare a monte, rimuovere, sviare, annullare.

stornellàre, *v.intr.* → CANTARE.

storpiaménto, *sm.* storpiatura, stroppiatura, stortura, stroppiamento, lussazione.

storpiàre, *v.tr.* rendere storpio, deformare, alterare, rovinare, guastare, magagnare, sciancare, stroppiare, azzoppare || *rifl.* sciancarsi, lussarsi, rovinarsi.
contr. raddrizzare, normalizzare, guarire.
storpiàto, *pps.* di storpiare || *agg.* → STORPIO.
storpiatúra, *sf.* → MUTILAZIONE, STORPIAMENTO.
stórpio, *agg.* storpiato, mutilato, monco, arrancato, attratto, bilenco, sbilenco, goffo, magagnato, rattarpato, rattratto, scancio, deforme, informe, sformato, sciancato, sghembo, stortaccio, storto, stroppio, contraffatto, scontraffatto.
nomencl. grucce, stampelle || *verb.* arrancare, rancare, ranchettare.
contr. diritto, ben fatto, ben piantato.
stòrta, *sf.* storcimento, torsione, lussazione, distorsione, torcicollo || giravolta, serpeggiamento, giro || *chim.* serpentina, stortigliato, alambicco, lambicco, matraccio, cucurbita.
stortàccio, *agg.* → STORPIO.
stortézza, *sf.* → STORPIAMENTO.
stortigliàta, *sf.* → LUSSAZIONE.
stòrto, *pps.* di storcere || *agg.* sbilenco, bilenco, bieco, torto, distorto, avvolto, avvoltolato, asserpolato, bistorto, contorto, tortuoso, stravolto, ravvolto, ritorto, attorto, sconvolto, strambo, arrancato, schiso, involto, obliquo, sciancato, storpio, storpiato, attratto, rattarpato, rattratto, scancio, deforme, stortaccio, stroppio, malfatto, mal tagliato, fuor di sesto, a sghembo, a sghimbescio, contraffatto, sciamannato, sgangherato || valgo.
contr. diritto, eretto, ben fatto, ben piantato.
stortúra, *sf.* → STORPIAMENTO.
stovíglia, *sf.* → PIATTO || *pl.* terraglie, vasellame, piatti, bicchieri, tazze, scodelle, ciotole, vassoio, vaso.
nomencl. *verb.* acciottolare, acciottolío, rigovernare, rigovernatura, lavare, lavatura; rompere, sbreccare, spezzare, spaccare, incrinare.
stovigliàio, *sm.* piattaio, → VASAIO.
strabalzaménto, *sm.* → SPINTA.
strabalzàre, *v.intr.* → SALTARE.
strabàlzo, *sm.* → SALTO.
strabalzóne, *sm.* → SCOSSA.
stràbico, *agg.* losco, gualercio, guercio, strambo, bircio, sbírcio.
strabiliànte, *ppr.* di strabiliare || *agg.* meraviglioso, incredibile, stupefacente, sorprendente, ammirevole, sgomentante.
contr. normale, consueto, usuale, comunale, quotidiano, comune, ordinario, solito.
strabiliàre, *v.tr.* e *intr.* meravigliare, meravigliarsi, trasecolare, stupirsi, sbalordire, rimaner stordito, sorprendersi, sgomentarsi, farsi attonito.
strabiliàto, *pps.* di strabiliare || *agg.* → MERAVIGLIATO.
straboccànte, *ppr.* di straboccare || *agg.* → PIENO, STRABOCCHEVOLE.
straboccàre, *v.intr.* traboccare, abbondare, eccedere, straripare, tracimare.
contr. scarseggiare, mancare.
strabocchévole, *agg.* soprabbondante, sovrabbondante, eccedente, eccessivo, superfluo, ridondante, esuberante, riboccante, traboccante, straboccante, enorme, sbardellato, smisurato, smodato, smoderato, straordinario, esorbitante, soverchio, → PIENO.
contr. manchevole, mancante, scarso, deficiente, insufficiente.
strabocchevolménte, *avv.* → ECCESSIVAMENTE.
strabuzzàre, *v.tr.* rovesciare gli occhi, stravolgere, stralunare.
stracanàre, *v.rifl.* faticare da cane, affaticarsi, strapazzarsi, → STRACCARE.
stracàrico, *agg.* sopraccarico, sovraccarico.
straccàli, *sm. pl.* → BRETELLE.
straccaménto, *sm.* straccaggine, → STANCHEZZA.
straccàre, *v.tr.* snervare, indebolire, debilitare, dilombare, slombare, disnervare, sfibrare, intiepidire, smidollare, svigorire, spossare, estenuare, infiacchire, illanguidire, faticare, rilassare, esaurire, strapazzare, stracanare, → STANCARE.
contr. riposare, riposarsi, ristorare, riprendersi, posare.
stracchézza, *sf.* → STANCHEZZA.
stracciafòglio, *sm.* → QUADERNO.
stracciàio, *sm.* → RIGATTIERE.
stracciaiòlo, *sm.* → STRACCIVENDOLO.
stracciaménto, *sm.* → ROTTURA.
stracciàre, *v.tr.* → ROMPERE, SBRANARE, SCIOGLIERE.
stracciatúra, *sf.* → ROTTURA.
stràccio, *sm.* cencio, canavaccio, ciarpa, ciarpame, brandello, brindello, biracchio, brincello, strofinaccio, pezza, ciarperia, panni laceri || stracciatura, strappo, lacerazione, squarcio, buco, sdrucio, sette || *pl.* → RIGATTERIA || *agg.* stracciato, lacerato, strappato, logoro.
nomencl. (*inerenti*) cenciaio, straccivendolo, cenciaiolo || cenciaia, fagotto, straccione, cencioso, sbrindellone, pezzente || cenciata.
contr. nuovo, intero, intatto || rammendato.
straccióne, *agg.* e *sm.* brendolone, brindellone, bruco, cencioso, pezzente, pidocchioso, pieno di sudiciume, sbrendolone, sbrindellone, strappone, tritone, uomo trito, sciatto, trasandato, miserabile || *fig.* → POVERO.
contr. elegantone, damerino, snob, ricercato.
straccivéndolo, *sm.* stracciaiolo, cenciaiolo, → RIGATTIERE.
stràcco, *agg.* → STANCO.
stracontentàre, *v.tr.* soddisfare, accontentare, contentare, appagare, compiacere, acchetare, concedere, far contento, esaudire || cibare, saziare, satollare, dissetare, sbramare, sfamare, scapricciare, lasciar sfogare || compensare, giustificare.
stracòtto, *pps.* di stracuocere || *sm.* stufato, spezzatino.
stràda, *sf.* calla, calle, cammino, camminata, contrada, passeggio, passo, solco, traccia, via di comunicazione, percorso stradale, stradone, autostrada, viale, percorso, pista, rotabile, sentiero, carrareccia, vicolo, viottolo || *fig.* mezzo, modo || vocazione, carriera, professione || strada ferrata, → FERROVIA.
nomencl. (*tipi*) acciottolata, ammattonata, lastricata, selciata, asfaltata, barrocciabile, calessabile, carreggiabile, carrozzabile, cavalcabile, inghiaiata, pedonale || nazionale, internazionale, provinciale, comunale, consorziale, vicinale, di circonvallazione, di dominio pubblico; di prima, di seconda, di terza classe; postale, regia, ferrata, maestra, militare, mulattiera, poderale,

interpoderale || *(elementi)* callaiola, callaia, controstrada, cunicolo, discesa, scesa, erta, montata, galleria, meandro, curva, rampa, ronco, saliscendi, sassaia, sopravia, sottovia, cavalcavia, traghetto, tratturo, scorciatoia, traversa, camminamento, trincea, circonvallazione, carraia, passo carraio, cordonata, mulattiera, passaggio, rampa, redola || rete, viabilità, accesso, angolo, avvolgimento, biforcazione, diramazione, capostrada, capo di strada, incrociatura, intersecazione, girone, labirinto, dedalo, margine, pendenza, pendio, pesta, scarpa, svolta, gomito, bivio, trivio, quadrivio, arginello, banchina o panchina, carreggiata, ciglione, cordoni, cunetta, greppo, marciapiede, pavimento o suolo, selciato, fondo stradale, tombinatura, fognatura, chiavica || mota, fango, broda, brodicchio, pozza, pozzanghera, rigagnolo, buca, caposaldo, ponte, colonna, pietra miliare, croce, erma, indicatore, miglio, paracarro, cartello segnalatore, parapetto, staccionata, tratto, braccio, tronco, ramo, testa, termine, trottatoia || itinerario, rete stradale, battistrada, spazzaneve || stradino, cantoniere || *agg.* e *loc. avv.* ampia, larga, spaziosa, buona, comoda, diritta, sicura, angusta, piccola, stretta, faticosa, pericolosa, lubrica, storta, torta, erta, ripida, accline, acclive, cattiva, a schiena d'asino, abbandonata, appostata, a sdrucciolo, serpeggiante, a culla, battuta, calcata, calpestata, frequentata, costeggiante, confinante, convergente, coperta, ombreggiata, soleggiata, deserta, affollata, dolce, agevole, facile, fuor di mano, impraticabile, impossibile, laterale, motosa, fangosa, infangata, parallela, piana, pianeggiante, polverosa, renosa, sabbiosa, sdrucciolosa, senza uscita, senza sbocco, sgombra, solcata, sterrata, scoscesa || *verb.* acciottolare, ciottolare, accoltellare, agghiaiare, ammattonare, lastricare, selciare, aprire una strada, colmare, imbrecciare, rimbrecciare, interrare, macadamizzare, asfaltare, massicciare, mazzapicchiare; mazzerangare, pillare, picchettare, rifiorire, rivestire, rullare, spalare, sterrare, tagliare, sbarrare, chiudere, serrare, assodare, innaffiare || instradarsi, tener la mano, avviarsi.

stradíno, *sm.* → CANTONIERE.

stradóne, *sm.* → STRADA.

stradotàle, *agg.* extradotale, parafernale.

strafalciàre, *v.intr. fig.* strafalcionare, sbagliare (di grosso), → ABBORRACCIARE.

strafalcióne, *sm.* → ERRORE. ASSURDITÀ.

strafallíto, *agg.* e *sm.* → FALLITO.

strafàre, *v.intr.* → ESAGERARE.

strafelàre, *v.intr.* → SFACCENDARE.

strafelàto, *pps.* di strafelare || *agg.* → STANCO.

stràge, *sf.* abbattimento, ammazzamento, carnaio, carname, beccheria, carneficina, ecatombe, eccidio, effusione di sangue, esizio, flagello, grande uccisione, macello, massacro, martirio, genocidio, mortalità, sacrifizio, strazio, sterminio, scannamento, scempio, trucidamento, sbudellamento, epidemia || abbondanza, gran quantità || *fig.* distruzione, danno, rovina.

nomencl. *verb.* avvenire, fare, compiere, seminare || andare a sangue, correre il sangue a bigonce, guazzare nel sangue, mandare a fil di spada, infierire, massacrare, menare a morte, mietere, spargere sangue, sterminare, tagliare a pezzi, trucidare, versare fiumi di sangue.

stragónfio, *agg.* → GONFIO.

stragrànde, *agg.* → ENORME.

stralciàre, *v.tr.* tagliare i tralci inutili || *fig.* togliere, levar via, metter da parte, separare, detrarre.

nomencl. stralcio, scorporo.

stràle, *sm.* freccia, dardo || → RAGGIO.

stralucènte, *ppr.* di stralucere || *agg.* → SPLENDENTE.

stralùcere, *v.intr.* → SPLENDERE.

stralunàre, *v.tr.* strabuzzare, stravolgere, spalancare, rovesciare gli occhi.

stramàglia, *sf.* → STRAME.

stramaledíre, *v.tr.* → MALEDIRE.

stramazzàre, *v.intr.* → CADERE.

stramazzàta, *sf.* → CADUTA.

stramàzzo, *sm.* → PAGLIERICCIO || CADUTA.

stràmba, *sf.* → FUNE.

strambellàre, *v.tr.* → STRAPPARE.

strambèllo, *sm.* → SBRENDOLO, PEZZO.

strambería, *sf.* stranezza, pazzia, atto o discorso strano, stravaganza, eccentricità, bizzarria, mattana.

contr. serietà, gravità, assennatezza, posatezza.

stràmbo, *agg.* bizzarro, mattoide, nuovo, stravagante, fantasioso, storto, strampalato, eccentrico, pazzesco, grottesco, sgangherato, scapigliato, forastico, → STRANO || strabico, losco, guercio.

contr. normale, grave, serio, posato.

strambòtto, *sm.* strambottolo, stornello, rispetto, cobbola, frottola || → SPROPOSITO.

strambòttolo, *sm.* → STRAMBOTTO.

stràme, *sm.* paglia, lettiera, giaciglio, letame, foraggio, poltro, stramaglia.

nomencl. *verb.* affogliare, impattare, avventrinare, stagionare || strameggiare.

stramoggiàre, *v.intr.* → SOPRABBONDARE.

strampalàto, *agg.* → STRANO.

strampalería, *sf.* → STRANEZZA.

stranézza, *sf.* singolarità, originalità, bizzarria, curiosità, stramberia, pazzia, stravaganza, matteria, eccentricità, affettazione, bizzosità, strampaleria.

contr. cosa normale, normalità, naturalezza, semplicità.

strangolaménto, *sm.* strozzamento, strangolatura, strangolazione, strozzatura, impiccagione.

nomencl. cappio, laccio, capestro.

strangolàre, *v.tr.* soffocare, strozzare, appiccare, impiccare, torcere il collo, iugulare, prendere per il collo (anche *fig.*).

strangolatúra, *sf.* → STRANGOLAMENTO.

strangolazióne, *sf.* → STRANGOLAMENTO.

stranièro, *agg.* e *sm.* alieno, avventizio, barbaro, diverso, esotico, esterno, estero, forestiere, forestiero, pellegrino, peregrino, stranio o strangio (*ant.*), tramontano, oltramontano, immigrato, transalpino || contrario, strano, remoto, estraneo.

nomencl. *verb.* straniare, straniarsi.

contr. connazionale, compaesano, indigeno, aborigeno, autoctono || patrio, nostrano, nostrale, casalingo, nazionale.

stràno, *agg.* astratto, bizzarro, bizzoso, buffo, capriccioso, curioso, estrano, estraordinario, eteroclito, eterogeneo, fantastico, fuori di modo, inusitato, eccentrico, inverosimile, singolare, mattoide, strambo, pazzesco, grottesco, stravagante, strampalato, misterioso, inaudito, nuovo, inconsueto, innaturale, bislacco, originale, forastico, sconveniente, ostico, sconclusionato, speciale, straordinario, fuori del normale.

nomencl. (*pertinenti*) americanata, bizzarria, cosa amena, roba da chiodi, roba dell'altro mondo, curiosità, cosa di nuovo conio || *verb.* vagellare, dar in ciampanelle, straneggiare.

contr. solito, comune, consueto, ordinario, normale, naturale.

straordinàrio, *agg.* diverso, non comune, distinto, eccezionale, enorme, favoloso, fenomenale, inaudito, inusitato, inenarrabile, inconsueto, inverosimile, incredibile, inesprimibile, originale, nuovo, avventuroso, magico, fantastico, romanzesco, marchiano, miracoloso, peregrino, rilevato, sbardellato, senza precedenti, sfoggiato, sforzato, singolare, solenne, unico, sopraordinario, soprannumerario, raro, spropositato, strabocchevole, stranio, strepitoso, sbalorditivo, meraviglioso, stupefacente, stupendo, smisurato, smodato, smoderato, eccessivo, esorbitante, soverchio.

contr. ordinario, uniforme, comune, solito, normale, naturale, consueto, verosimile, misurato, accessibile, semplice, modesto, moderato, piccolo, minuscolo.

straparlàre, *v.intr.* → DELIRARE.

strapazzàre, *v.tr.* maltrattare, sciupare, malmenare, incincignare, mantrugiare, abborracciare, non aver cura, calpestare, conciare, tribolare, far man bassa, faticare, affaticare troppo || offendere, rimproverare, umiliare, disanimare, rimbrottare || *rifl.* affaticarsi.

contr. blandire, lisciare, rispettare, curare, aver cura, fare con cura || elogiare, lodare, aver riguardo, riposarsi.

strapazzàta, *sf.* → RIMPROVERO, DIATRIBA || STRAPAZZO.

strapazzàto, *pps.* di strapazzare || *agg.* maltrattato, malmenato, sciupato, malconcio, gualcito, mantrugiato, incincignato, logorato.

contr. tenuto con cura, rispettato, curato, lisciato, coccolato, vezzeggiato.

strapàzzo, *sm.* strapazzata, fatica eccessiva || → MALTRATTAMENTO.

contr. riposo, lavoro riposante, distraente, leggero, svago.

strapièno, *agg.* → PIENO.

strapiombàre, *v.intr.* → CADERE, PENDERE.

strapiòvere, *v.intr.* → PIOVERE.

strapotènte, *agg.* arcipotente, → PREPOTENTE.

strappàre, *v.tr.* rompere, staccare, sbrandellare, sbrindellare, sbrendolare, lacerare, strambellare, sbranare, squarciare, squassare, scerpare, scodicare, spiccare, sminuzzare, annientare, escoriare, ferire, sfilare, sfrangiare, guastare, sdrucire, scucire, schiantare, straziare, strappacchiare, strappucchiare || asportare, avellere, spiantare, sradicare, divellere, svellere, sbarbare, estirpare, levare, prendere, separare, sottrarre, togliere, rubare, portar via, rapire, carpire, rubacchiare, spogliare, depredare, far repulisti || *rifl.* lacerarsi da sé, levarsi di dosso con impeto.

contr. piantare, conficcare, aggiustare, cucire, unire, rimarginare || portare, donare, recare, apportare.

strappatúra, *sf.* → STRAPPO.

stràppo, *sm.* lacerazione, laceramento, dilacerazione, dilaniamento, sbranamento, dismembramento, dismembrazione, sbrano, squarciamento, squarciatura, straziatura, sminuzzamento, ferita, sbrendolo, sdrucio, buco, sdrucito, sette, spacco, squarcio, straccio, strappatura, strambello, stratta, rottura || strattone || *fig.* infrazione, violazione, eccezione.

strappóne, *agg.* e *sm.* → STRACCIONE.

strapregàre, *v.tr.* → PREGARE.

strapuntíno, *sm.* seggiolino pieghevole, sederino.

strapúnto, *sm.* → MATERASSA.

straripaménto, *sm.* → INONDAZIONE.

straripànte, *ppr.* di straripare || *agg.* riboccante, traboccante, sovrabbondante, rigurgitante, colmo, pienissimo, ridondante, eccedente, → PIENO || eccessivo,

contr. scarso, insufficiente, manchevole, semivuoto, vuoto.

straripàre, *v.intr.* riboccare, traboccare, espandersi, tracimare, → INONDARE || abbondare, eccedere.

contr. inalvearsi, ritirarsi, rientrare.

strascicàre, *v.tr.* trascinare, strascinare, tirarsi dietro a stento || *intr.* camminare a stento, andare lento, faticoso, serpeggiare.

nomencl. strascinamento, strascichio, strascinio || strascicone.

contr. strappare, tirare con violenza, portare con forza || camminare speditamente.

stràscico, *sm.* (di veste) coda || (di malattia) postumi, esiti, conseguenza || continuazione, residuo, avanzo, → AGGIUNTA.

nomencl. caudatario.

strascinàre, *v.tr.* strascicare, trascinare, tirarsi dietro a stento || *intr.* → CAMMINARE.

contr. strappare, tirare con violenza.

stràscino, *sm.* → ERPICE || rete, giacchio.

strascíno, *sm.* → MACELLAIO.

strasecolàto, *pps.* di strasecolare || *agg.* → MERAVIGLIATO.

stratagèmma, *sm.* diverticolo, lustra, inganno, frode, arte, artifizio, avvedimento, colpo di mano, astuzia di guerra, argomento, trovata, agguato, trabocchetto, trappola, tranello, insidia, invenzione, espediente, pretesto, scusa, sotterfugio, malizia; rifugio, riparo, ritirata, ritorta, riuscita, rombolo, scampo, scantonamento, scappatoia, scappavia, ripiego, risorsa, astuzia, accorgimento, cavillo || *loc.* trovar la grétola.

nomencl. *verb.* usare, creare, inventare, trovare.

stratèga, *sm.* → STRATEGO || *agg.* → ASTUTO.

strategía, *sf.* arte del guerreggiare, scienza strategica; supremo comando; poliorcetica.

nomencl. (*attinenti*) tattica, logistica, fortificazione, piano strategico, manovre strategiche, linee strategiche, mossa, falsavia, obbiettivo || riserve strategiche || *verb.* ordinare, muovere, condurre le truppe.

stratègo, *sm.* stratega, esperto nella strategia, comandante supremo, condottiero, duce, capitano.

stratificàre, *v.tr.* affaldare, assolare.

stratigrafía, *sf.* → GEOLOGIA.

stràto, *sm.* crosta, falda, nastro, pavimento, piano,

suolo, filone, tappeto, sfoglia, cumulo || ceto, grado, casta sociale.
nomencl. sostrato o substrato || stratosfera || stratigrafia || *verb.* stratificare.
stratosfèra, *sf.*
nomencl. tropopausa.
contr. troposfera.
stràtta, *sf.* → STRAPPO.
strattóne, *sm.* strappo, stratta, strappata, divincolamento.
stravagànte, *agg.* bizzarro, buffo, capriccioso, curioso, eteroclito, eterogeneo, fantastico, fuori di modo, fuori dell'uso, inusitato, eccentrico, inverosimile, singolare, mattoide, strano, strambo, pazzesco, grottesco, strampalato, originale, sconclusionato, assurdo, bislacco, sofistico, straordinario, squilibrato, cervellotico.
contr. normale, naturale, semplice, comune, ragionevole, sensato, giudizioso.
stravagànza, *sf.* bizzarria, assurdità, ampollosità, stranezza, stramberia, eccentricità, originalità, anormalità, pazzia.
contr. normalità, equilibrio, semplicità, naturalezza, assennatezza, sensatezza, giudizio, ragionevolezza.
stravanzàre, *v.intr.* → SOPRABBONDARE.
stravasàre, *v.intr.* → TRABOCCARE.
stravedére, *v.intr.* veder male, ingannarsi, travedere || favorire (uno), eccedere (verso uno), fare delle parzialità.
straviziàre, *v.intr.* stravizzare, gozzovigliare, scarnovalare, sguazzare, abusare, disordinare.
stravízio, *sm.* stravizzo, orgia, baldoria, disordine, gozzoviglia, bagordo, bisboccia, abuso.
stravòlgere, *v.tr.* strabuzzare, stralunare, invertire, capovolgere, contorcere, cambiare, deformare, svisare, alterare, snaturare, → TORCERE || *fig.* → CORROMPERE, PERVERTIRE.
stravolgiménto, *sm.* → INVERSIONE.
stravòlto, *pps.* di stravolgere || *agg.* sconvolto, turbato, sfigurato, sfigurito, irriconoscibile, contorto, esasperato, brutto, bieco, irritato, alterato, frustrato, defraudato, fuori posto.
contr. calmo, sereno, pacifico, disteso, soddisfatto, appagato.
straziànte, *ppr.* di straziare || *agg.* tormentoso, dilaniante, dolorosissimo, angosciante, tagliente.
straziantemente, *avv.* → DOLOROSAMENTE.
straziàre, *v.tr.* → SBRANARE, STRAPPARE, MALTRATTARE.
straziatúra, *sf.* → SBRANAMENTO.
stràzio, *sm.* scempio, sterminio, strage, eccidio, uccisione, macello, sacrifizio, scannamento, trucidamento, sbudellamento, carneficina || distruzione, rovina, danno, maltrattamento, crudeltà || morso, tormento, sadismo, → DOLORE.
contr. gaudio, godimento, piacere.
strebbiàccio, *sm.* sodaglia, masseto.
strebbiàre, *v.tr.* → SCIUPARE.
strėga, *sf.* fattucchiera, maliarda, incantatrice, incantademoni, sagor, strige, maga, lamia, indovina, versiera || *fig.* arpia, donna vecchia, brutta, cattiva, malefica, avida, adescatrice.
nomencl. (*pertinenti*) tregenda, sabba, striozzo, trescone, stregoneria, stregoneccio, malocchio, sortilegio, incanto, magia, stregare, fatturare, incantare.
contr. fata || donna angelica.
stregàre, *v.tr.* magare, affatturare, ammaliare, affascinare, affattucchiare, sedurre, attirare, irretire, imbonire, incantare, attrarre, adescare.
contr. smagare, aprire gli occhi, disincantare, resistere, respingere.
stregàto, *pps.* di stregare || *agg.* ammaliato, fatato, incantato, affascinato, sedotto, affatturato, magico.
contr. disincantato, smagato, deluso.
stregherìa, *sf.* → STREGONERIA.
stregóne, *sm.* incantatore, negromante, fattucchiere, indovino, mago.
stregonerìa, *sf.* stregheria, stregamento, stregoneccio, diavoleria, ammaliamento, magia, fatamento, fattura, fattucchieria, incantesimo, indiavolamento, maleficio, filtro, scongiuro, veneficio, sortilegio || fascino, incanto, malia.
strégua, *sf.* ragguaglio, → MISURA.
stremàre, *v.tr.* sfiancare, spossare, indebolire, affaticare, faticare, affiacchire, accasciare, abbattere, direnare, infiacchire, estenuare, logorare, sfinire, far perdere le forze, stancare, straccare, sgambare, slombare, dilombare, sgagliardire, esaurire, rifinire.
contr. rafforzare, invigorire, rinvigorire, dar forza, ringagliardire, corroborare, fortificare, resistere.
stremàto, *pps.* di stremare || *agg.* sfinito, sciupato, stanco, esaurito, fiacco, debole, rifinito, infiacchito, sfiancato, stroncato, spossato, scosso, scrollato, sfiaccato, sfiaccolato, sgambato, sgarrettato, tralizzato, trambasciato, travagliato, strafelato, esausto, magro, povero.
contr. invigorito, rinvigorito, vigoroso, energico, robusto, forte, gagliardo, saldo, solido, corroborato, rafforzato, fortificato.
stremíre, *v.tr.* → SPAVENTARE.
strènna, *sf.* → DONO, MANCIA.
strenuità, *sf.* → VALORE.
strènuo, *agg.* instancabile, → CORAGGIOSO, VALOROSO.
strèpere, *v.intr.* ronzare, sussurrare, rombare, mormorare, sbofonchiare, bombire, frullare, frusciare, → STREPITARE.
contr. far silenzio, tacere.
strepitànte, *ppr.* di strepitare || *agg.* → RUMOROSO.
strepitàre, *v.intr.* fare strepito, rumoreggiare, parlare, gridare, protestare, stridere, fremere, strepere, rombare, bombire, mormorare, sbofonchiare, frullare.
contr. bisbigliare, sussurrare, tacere.
strepitío, *sm.* → RUMORE.
strèpito, *sm.* chiasso, clangore, fracasso, fragore, clamore, scalpore, frastuono, rimbombo, rombo, protesta, litigio, → RUMORE.
contr. silenzio, quiete, tranquillità, sussurro, bisbiglio.
strepitóso, *agg.* fragoroso, rumoroso, clamoroso, rombante, rimbombante.
contr. muto, silenzioso, sommesso, tranquillo, sussurrone, bisbigliante.
strétta, *sf.* stringimento, strettura, abbraccio, amplesso, calca, mischia, folla, assedio, affluenza, serra serra, pigia pigia || → GOLA || *fig.* oppressione, ansia, affanno

|| penuria, bisogno, miseria, stremo, distretta, → STRETTEZZA || urgenza, crisi, difficoltà, strozzatura, eccesso.
contr. allargamento, larghezza, agio, abbondanza.
strettézza, *sf. fig.* ristrettezza, penuria, scarsezza, scarsità, carestia, insufficienza, mancanza, pochezza, miseria, povertà, fame, indigenza, inopia || stretta, difficoltà, bisogno, angustia, disagio, necessità.
contr. abbondanza, agiatezza, larghezza, ricchezza, dovizia, agevolezza.
strétto, *pps.* di stringere || *agg.* ristretto, angusto, breve, chiuso, racchiuso, raccolto, compresso, denso, congiunto, legato, vicino, serrato, spremuto || strozzato, striminzito, strangolato, affogato, poco, scarso || attillato || avaro, sordido || *fig.* rigoroso, preciso || costretto, obbligato, spinto || *sm.* passaggio, canale, braccio di mare, passo, gola.
contr. largo, lato, ampio, allargato, agevole, rilassato, abbandonato a se stesso.
strettóia, *sf.* legatura, fascia || *fig.* angustia, distretta, stringimento, tensione, pressione, condizione penosa, difficoltà.
contr. liberazione, allargamento, distensione.
strettóio, *sm.* soppressa, pressa, pressatrice, frantoio, morsa, torchio.
nomencl. manovella, leva.
strettúra, *sf.* → STRETTA.
stría, *sf.* scanalatura, → RIGA, INCAVO.
striàre, *v.tr.* → RIGARE.
striatúra, *sf.* → RIGATURA.
stribbiàre, *v.tr.* → SCIUPARE.
stridènte, *ppr.* di stridere || *agg.* crepitante, cigolante, stridulo, → RUMOROSO || *fig.* (di contrasto) sensibile, sgradevole, discordante, evidente, aspro.
contr. melodioso, dolce, armonico, consonante, gradevole.
strídere, *v.intr.* cigolare, scricchiolare, friggere, sgrigiolare, sgrigliolare, rugghiare, rimbombare, crepitare, garrire, strepitare, strillare, squittire, gridare || *fig.* stonare || soffrire, sopportare.
stridío, *sm.* → FISCHIO.
strído, *sm.* stridio, stridore, grido, strillo, ululato, urlo.
stridóre, *sm.* cigolio, scricchiolio, clangore digrignamento, sgriglio, → RUMORE.
contr. suono dolce, delizioso, soave, melodia, armonia.
strídulo, *agg.* stridente, crepitante, cigolante, sgradevole, garrulo, → RUMOROSO.
contr. soave, dolce, melodioso.
strigàre, *v.tr.* → DISTRICARE.
contr. intrigare.
stríge, *sm.* → GUFO.
strígile, *sm.* → SPAZZOLA.
stríglia, *sf.* → SPAZZOLA.
strigliàre, *v.tr.* → PULIRE, SPAZZOLARE || *fig.* → RIMPROVERARE.
strillànte, *ppr.* di strillare || *agg.* → RUMOROSO.
strillàre, *v.intr.* frinire (della cicala), → GRIDARE, STRIDERE || risentirsi vivacemente, reagire, scattare.
strillío, *sm.* → RUMORE.
strillo, *sm.* → GRIDO.
striminzíto, *pps.* di striminzire || *agg.* stretto, angusto, breve, scarso, stentato, meschino, magro, esile, strinato.
contr. vigoroso, atletico, aitante, robusto, slanciato.
strimpellàre, *v.intr.* → SONARE.
strimpellatóre, *sm.* → SONATORE.
strinàre, *v.tr.* → BRUCIARE, ABBRONZARE.
strinàto, *pps.* di strinare || *agg.* → BRUCIATO || *fig.* persona magrissima, secca, rinsecchita.
strínga, *sf.* → LACCIO.
stringàto, *pps.* di stringare || *agg. fig.* breve, corto, serrato, denso, conciso, strettamente logico, fitto, ristretto, denso (detto di discorso) || attillato (detto di abito).
contr. prolisso, interminabile, diluito, sciolto, amplificato.
strìngere, *v.tr.* arrandellare, avvinghiare, avvolgere, attanagliare, astringere, ammorsare, avvincere, comprimere, distringere, pressare, restringere, ridurre, ristringere, ristrettire, strettire, stringare, serrare, cingere, annodare, avvincigliare, azzannare, inchiavardare, chiudere, rinchiudere, torchiare, fasciare, strizzare, premere, pigiare, schiacciare, racchiudere, strangolare, strozzare, unire insieme, congiungere strettamente, legare, abbracciare, assediare, avvicinare, raccogliere, contrarre, limitare, diminuire, localizzare, costringere, obbligare, forzare || riepilogare, riassumere, sintetizzare || *rifl.* accorciarsi, appiccarsi, angustiarsi, diminuirsi, raccogliersi, ridursi, rientrare, rapprendersi, coagularsi, restringersi, contrarsi || stringersi addosso, → ASSALIRE || stringere il vento, → BORDEGGIARE.
nomencl. laccio, capestro, fascia, fune, filo, legaccio, cintura, nastro, nodo scorsoio, strettoio, stringa, guiggia.
contr. allargare, slargare, allentare, lasciar andare, mollare, sciogliere.
stringiménto, *sm.* compressione, distringimento, allacciamento, circumvenzione, pressatura, pressione, restringimento, restrizione, stretta, strettura, strizzatura, strizzata, abbraccio, amplesso, calca, mischia, folla, serra serra, pigia pigia, assedio || stenosi, coartazione, impulsione.
contr. allentamento, allargamento, scioglimento.
strippàre, *v.intr.* → MANGIARE.
strippàta, *sf.* spanciata, mangiata, scorpacciata.
nomencl. avidità, ingordigia, golosità.
strippóne, *agg.* mangione, ghiottone, → GOLOSO.
strísci, *sm.pl.* sci, scivoli.
stríscia, *sf.* lista, nastro, banda, lamina, falda, fascia, riga, lembo, limbello, linguetta, fettuccia || spazio, campo, estensione, distanza, distesa, largo, spiazzo, tratto, superficie, fazzoletto (*fig.*), largura || (di luce), → RAGGIO || SPADA.
strisciàre, *v.tr.* e *intr.* trascinarsi sul suolo, camminare carponi, serpeggiare, serpere, strascicare, repere, zigzagare, sdrucciolare, sbiettare, scivolare, scorrere, ballare, rasentare, radere || *fig.* lisciare, adulare, piaggiare, piallare, umiliarsi, farsi abietto.
contr. saltare, saltellare, balzare, camminare speditamente || trattare duramente, aspramente, essere dignitoso.
strisciatúra, *sf.* → RIGATURA.
strisciòla, *sf.* striscia, → RAGGIO.
stritolàre, *v.tr.* tritare, polverizzare, triturare, maci-

nare, grattugiare, sbriciare, sbriciolare, spezzare, spiaccicare, squarciare, rompere, spezzare, spezzettare, sfracellare, disfare, fracassare, frantumare, frazionare, infrangere, schiacciare, pestare, maciullare, mandare o ridurre in frantumi o in pezzi, mandare in sconquasso, schiantare, sconquassare, sfracassare, sgretolare, sminuzzare, smozzicare, strizzare, spianare, passare col rullo compressore, spappolare, troncare.
contr. ricomporre, riunire, aggiustare.
strizzàre, *v.tr.* premere, esprimere, stringere, estrarre, rispremere, spremere, sprillare, schiacciare, rompere, smozzicare, spiaccicare, comprimere, torcere (stoffa bagnata) || (dell'occhio) ammiccare, far l'occhiolino || rincincignare, aggrinzire, spiegazzare, guastare.
contr. bagnare, imbevere, inzuppare, intridere.
strizzàta, *sf.* → STRINGIMENTO || OCCHIATA.
strizzatúra, *sf.* → STRINGIMENTO.
strizzóne, *sm.* → FREDDO.
stròfa o **stròfe,** *sf.* → CORO.
nomencl. alcaica, anacreontica, asclepiadea, pindarica, saffica, petrarchesca || ottava o stanza, quartina, sestina, terzina || antistrofe, seguidilla, ritornello, volta.
strofinàccio, *sm.* cencio, straccio, canovaccio, ceneracciuolo, torcione, asciugamano.
strofinaménto, *sm.* fregagione, fregamento, sfregamento, soffregamento, frizione, confricazione, stropicciamento, massaggio, linimento, attrito.
strofinàre, *v.tr.* confricare, sfregare, fregare, stropicciare, soffregare, massaggiare, strusciare, stazzonare, lisciare, frizionare, logorare || → PULIRE.
strofinío, *sm.* → ATTRITO.
strologàre, *v.intr.* astrologare, predire il futuro, cercare di indovinare || *fig.* almanaccare, fantasticare, arzigogolare, lambiccarsi o stillarsi il cervello.
stròlogo, *sm.* astrologo, → INDOVINO.
strombatúra, *sf.* spalletta, sguancio, strombo.
strombazzaménto, *sm.* → NOTIZIA.
strombazzàre, *v.tr.* suonare rumorosamente la tromba || *fig.* divulgare, pubblicare, spifferare, spiattellare, → STROMBETTARE.
strombettàre, *v.intr.* → SONARE || *fig.* stamburare, strombazzare, divulgare, far sapere a tutti, spiattellare, cicalare, parlare, raccontare, dire, dinocciolare, snocciolare, rifischiare, sfringuellare, spifferare, schiodare, schiccherare, spippolare, cantar chiaro, sciogliere il sacco.
contr. tacere, tener segreto, nascondere, essere discreto, stare abbottonato.
strómbo, *sm.* → STROMBATURA.
stroncàre, *v.tr.* troncare con forza, con violenza || *fig.* fiaccare, faticare, rifinire, stancare, spossare, estenuare, domare, opprimere, stremare, esaurire, far perdere le forze, rompere, rovinare || demolire moralmente, frustrare, deludere, umiliare, frustare, rimproverare, criticare violentemente.
contr. rispettare, corroborare, elogiare.
stroncàto, *pps.* di stroncare || *agg.* tronco || sfinito, finito, sciupato, stanco, esaurito, fiacco, debole, rifinito, infiacchito, sfiancato, spossato, stremato, concio, domato, esausto, estenuato, sfiaccolato, fracassato, frollo, lasso, logoro, macero, malconcio, sciupato, sgambato, sfiaccato, travagliato, trambasciato, snervato, strafelato.
contr. invigorito, ringagliardito, vigoroso, energico.
stroncatúra, *sf.* *fig.* critica aspra, violenta, demolitrice.
contr. lode, elogio, apologia, panegirico.
strónco, *agg.* e *sm.* monco, mutilo, troncato.
stronfiàre, *v.intr.* soffiare, sbuffare, → RESPIRARE, RUSSARE.
stropicciaménto, *sm.* → STROFINAMENTO, MASSAGGIO.
stropicciàre, *v.tr.* strofinare, confricare, sfregare, massaggiare, fregare, frusciare, strusciare, pulire.
stroppiaménto, *sm.* → STORPIAMENTO.
stroppiàre, *v.tr.* → STORPIARE.
stroppiatúra, *sf.* → STORPIAMENTO.
stróppio, *agg.* → STORPIO.
strosciàre, *v.intr.* → PIOVERE, GORGOGLIARE.
stròscio, *sm.* scroscio, → PIOGGIA || *ant.* ruina, caduta, crollo.
stròzza, *sf.* → GOLA, ESOFAGO.
strozzaménto, *sm.* strangolamento, soffocazione, strangolatura, strozzatura || restringimento, difficoltà, distretta.
strozzànte, *ppr.* di strozzare || *agg.* soffocante, afoso, opprimente, irrespirabile, tufato, poco aerato, iugulatorio.
strozzàre, *v.tr.* stringere, strangolare, soffocare, giugulare, uccidere strangolando, impiccare || *fig.* prestar denaro a usura || troncare sul meglio || sfruttare, profittare, forzare, abusare, premere, prender per la gola, agire con prepotenza, con violenza, mungere, smungere, spennare, scorticare, seccare, succiare, pelare, spolpare, sgozzare.
strozzàto, *pps.* di strozzare || *agg.* stretto, strangolato, affogato, poco, scarso, ristretto, stringente.
strozzatúra, *sf.* → STROZZAMENTO || *fig.* stretta, difficoltà.
strozzinàggio, *sm.* → USURA.
strozzíno, *sm.* scannatore, scortichino || *fig.* sfruttatore, profittatore, angariatore, negriero, succhione, vampiro, piovra, pelanibbi, pirata, sanguisuga, usuraio.
contr. sfruttato || donatore, generoso, largo, munifico, liberale.
strubbiàre, *v.tr.* → SCIUPARE.
strucinàre, *v.tr.* → LOGORARE, SCIUPARE.
strufonàre, *v.tr.* *fig.* → FREGARE.
strúggere, *v.tr.* sfare, disfare, liquefare, stemperare, sciogliere, fondere, strubbiare, consumare lentamente, insecchire, distruggere || *rifl.* insecchirsi, friggere, consumarsi, andare in consunzione, affliggersi, disperare, smaniare, agitarsi, arrovellarsi, affannarsi, delirare, addolorarsi, desiderare, bramare, concupire, spasimare, andare in lacrime, disfarsi, distemperarsi, divorarsi, limarsi, macerarsi, rodersi, scarnarsi, scarnificarsi, mangiarsi il cuore, rodere il freno, spolparsi, stemprarsi, squagliarsi, sfarsi, stemperarsi.
contr. far rapprendere, condensare, coagulare, solidificare || esultare, rallegrarsi, gioire, stare contento, essere soddisfatto.
struggicuòre, *sm.* → STRUGGIMENTO.
struggiménto, *sm.* *fig.* affanno, ansia, ambascia, in-

quietudine; dolore, passione, smania, smaniamento, struggicuore, estenuazione, spasimo, brama, desiderio, profondo rammarico, lenta consunzione, insoddisfazione, macerazione, rovello.
contr. sfogo, soddisfazione, placazione, placamento, appagamento, contentezza, godimento.
strúllo, *agg.* e *sm.* → SCIOCCO.
strúma, *sf.* → SCROFOLA.
strumentàre, *v.tr.* istrumentare, comporre.
nomencl. partitura, spartito, strumentazione.
strumentísta, *sm.* → SONATORE, MUSICANTE.
struménto, *sm.* istrumento, arnese, ordigno, utensile, attrezzo, congegno, aggeggio, apparecchio, ferro di bottega, meccanismo, macchina, mezzo, macchinismo, organo || strumento musicale, → MUSICA || *fig.* atto pubblico, scrittura.
nomencl. *verb.* maneggiare, usare, adoprare.
strusciàre, *v.tr.* confricare, sfregare, fregare, stropicciare, strofinare, soffregare || logorare, → SCIUPARE || *fig.* strisciare, lisciare, piallare, adulare, piaggiare.
contr. stare staccato (da uno), battere, picchiare, percuotere, trattare aspramente o rudemente.
strútto, *pps.* di struggere || *sm.* → GRASSO.
struttúra, *sf.* complessione, costituzione, conformazione, forma, modo di costruire, costruzione, organismo, congegno, ordine, ordinamento, compagine || corporatura, acconciatura, architettura.
stuccàre, *v.tr.* turare, otturare con lo stucco || *fig.* annoiare, stufare, stancare, seccare, nauseare, infastidire, saziare, ristuccare || *rifl.* imbellettarsi || annoiarsi, esser sazio, nauseato (di uno).
contr. divertire, rallegrare, piacevoleggiare, interessare, dilettare, allettare, bramare, desiderare (ancora).
stuccatóre, *sm.* → ORNATORE.
stucchévole, *agg.* noioso, fastidioso || nauseabondo, sdolcinato, nauseante, sazievole, smaccato.
nomencl. *verb.* stucchevolare.
contr. dilettevole, divertente, captivante, allettante, ameno, interessante || appetitoso, stuzzicante.
stúcco, *agg.* sazio, pieno, rimpinzato || nauseato, disgustato, annoiato, ristucco, stanco, infastidito, spazientito, annoiato, seccato, arcistufo, stufo.
contr. divertito, rallegrato, contento, allegro || desideroso, smanioso, bramoso, cupido, ingordo.
studènte, *sm.* alunno, scolaro, scolare, goliardo, matricolino, discepolo, allievo.
nomencl. (*specificazione*) baccelliere, laureando, diplomando, maturando, licenziando, privatista, uditore || scaldabanchi, sbuccione, secchione, sgobbone, camerata, compagno di banco, violino, svagato, svogliato.
studiàre, *v.tr.* e *intr.* cercare di conoscere, d'imparare; applicarsi, addottrinarsi, acquistare dottrina, coltivare l'ingegno, elucubrare, esplorare, scrutare, contemplare, considerare, indagare, meditare, far ricerche, speculare, investigare, pensare, perscrutare, esaminare, approfondire, consultare, sgobbare, aggobbire, ammazzarsi, dedicarsi allo studio, studiacchiare, studicchiare, rimasticare, disimparare, mettersi agli studi, bere alle fonti del sapere, esercitarsi sui libri, procurarsi cognizioni, stare a tavolino, sviscerare un argomento, andare a scuola, dedicarsi allo studio, coltivare gli studi, consultare libri, dare una passata o una scorsa, fare indagini, logorarsi sui libri, faticare, vegliare, vivere sui libri; applicarsi indefessamente, approfondirsi, approfondire, immergersi negli studi, ingolfarsi nello studio, tesoreggiare il sapere, passare e ripassare la lezione, mettersi in capo una cosa, non aprire libro, vivere nella beata ignoranza || *rifl.* ingegnarsi, industriarsi, sforzarsi, adoprarsi.
nomencl. (*inerenti*) sapere, cultura, dottrina, scienza, intelletto, intelligenza, memoria, volontà, costanza, tenacia, cura, diligenza, premura, proposito, sollecitudine, accanimento, furore, svogliatezza, zelo, incostanza, decadenza || scuola, borsa di studio, presalario, sussidio, lezione, corso di studi, piano di studi.
studiàto, *pps.* di studiare || *agg.* squisito, fatto con cura, ricercato, artefatto, artificioso, affettato, compassato, composto, melato.
contr. rozzo, rude, spontaneo, naturale.
stúdio, *sm.* investigazione, indagine, ricerca, meditazione, riflessione, scienza, speculazione, teoria, osservazione, analisi, dottrina, addottrinamento, insegnamento, coltura o cultura; contemplazione, elucubrazione, applicazione, occupazione, ginnastica della mente, o dell'intelletto; oggetto o materia di studio, disciplina || progetto, bozzetto, monografia, esame, lavoro, argomento, esercizio || professione, ufficio, stanza, gabinetto, scrittoio, laboratorio || cura, sollecitudine, industria, diligenza, amorevolezza, attenzione, zelo, accuratezza, impegno, interesse, riguardo, pensiero, ingegnosità, premura.
nomencl. (*attinenti*) scuola, accademia, università || libro, biblioteca, documento, introduzione, propedeutica, fonti, materia di studio, piano di studi, ordine di studi, borsa di studio.
studióso, *agg.* che attende agli studi, → DILIGENTE || *sm.* pensatore, ricercatore, speculatore, specialista, interessato, amatore, appassionato, specializzato, approfondito, conoscitore, investigatore.
contr. svogliato, negligente || superficiale, dilettante, abborraccione, improvvisatore, ignorante.
stúfa, *sf.*
nomencl. (*varietà*) a carbone, a legna, a petrolio, a gas, a nafta, al cherosene, a benzina || *franklin*, parigina, a vapore || (*parti*) gomito, condotto, sportellino, tubo, valvola a farfalla, radiatori, evaporatori || parafuoco, fumista, stufaio.
stufàio, *sm.* fumista.
stufàre, *v.tr.* cuocere in stufato || *fig.* stuccare, annoiare, nauseare, infastidire, saziare, ristuccare, dar fastidio, annoiare, tediare, seccare.
contr. divertire, intrattenere, allietare, dilettare, interessare, desiderare.
stufàto, *pps.* di stufare || *sm.* spezzatino, stracotto.
nomencl. stufaiola.
stúfo, *agg.* sazio, nauseato, annoiato, infastidito, stucco, arcistufo, ristucco, spazientito, stanco, seccato, disgustato.
contr. desideroso, bramoso, cupido, spasimante, divertito.
stuòia, *sf.* canniccio, graticcio, stoino; zerbino.
nomencl. *verb.* stoiare.

stuòlo, *sm.* → MOLTITUDINE, SCHIERA.

stupefacènte, *ppr.* di stupefare || *agg.* strabiliante, meraviglioso, mirabile, incredibile, miracoloso, sbalorditivo, straordinario || *sm.* droga, → NARCOTICO.

contr. semplice, comune, naturale, ordinario, monotono.

stupefàre, *v.rifl.* → MERAVIGLIARE.

stupefàtto, *pps.* di stupefare || *agg.* sbalordito, stupito, meravigliato, ammirato, stordito, intontito, pietrificato, sbigottito, attonito, scombuiato, intronato, confuso, abbarbagliato, spaventato, sorpreso, sgomento.

contr. indifferente, impassibile, insensibile, stolido, ottuso.

stupefazióne, *sf.* → MERAVIGLIA, NARCOSI.

stupèndo, *agg.* incantevole, conturbante, sorprendente, inebriante, seducente, stuzzicante, → MERAVIGLIOSO, BELLO, GRANDE.

stupidàggine, *sf.* stupidità, stupidezza, balordaggine, giuccata, giuccheria, melensaggine, idiozia, scempiaggine, scempiataggine, scemenza, scimunitaggine, ignoranza, assurdità, imbecillità, sciocchezza, storditaggine, storditezza, sventatezza, insensatezza, stolidità, cosa stupida, asinata, asineria, scipitezza.

stupidézza, *sf.* → STUPIDAGGINE, STUPIDITÀ.

stupidíre, *v.tr.* istupidire, imbarbogire, imbecillire, impecorire, incitrullire, ingrossare di cervello, incretinire, ingrullire, intorpidire, addormentare, stordire, tramortire, inciuchire, rimbarbogire, rimmelensire, rincitrullire.

contr. rendere assennato, prudente, saggio, serio, giudizioso, criteriato.

stupidità, *sf.* stupidezza, stoltizia, stolidezza, stolidità, fatuità, scimunitaggine, grossezza, imbecillità, stupidaggine, balordaggine, giuccata, asineria, asinata, melensaggine, scemenza, scempiataggine, idiozia, scempiaggine, ignoranza, assurdità, storditaggine, storditezza, insensatezza, scipitezza, insipidezza.

contr. intelligenza, svegliatezza, accortezza, ingegno, prudenza, criterio.

stúpido, *agg.* asino, baggiano, bestia, bestione, bischero, boto, broccolo, bue, calandrino, capovuoto, cervellone, capaccio, bruto, ciocco, ciompo, ciuco, cretino, bietolone, ebete, deficiente, ignaro, ignorante, insensato, fatuo, imbecille, gonzo, grullo, babbaccione, babbeo, idiota, inabile, incapace, inetto, inesperto, insipido, insipiente, insulso, maccherone, melenso, mentecatto, oca, ottuso, somaro, scemo, scimunito, sciocco, scipito, stolto, scervellato, scriteriato, sventato, stordito, stolido, strullo, zotico, tonto, zocca || → ASSURDO || *ant.* stupito, intormentito.

contr. assennato, saggio, criteriato, serio, sapiente, giudizioso, intelligente, sapido.

stupíre, *v.tr.* e *rifl.* strabiliare, trasecolare, sbalordire, stordire, rendere stupefatto, incantare, → MERAVIGLIARE, CONFONDERE.

stupíto, *pps.* di stupire || *agg.* sbalordito, meravigliato, stordito, intontito, stupefatto, pietrificato, sbigottito, attonito, scombuiato, intronato, confuso, abbarbagliato, acciocchito, ottenebrato, tramortito, balordo, incantato, estatico, spaventato, sorpreso, sgomentato, sgomento.

contr. calmo, indifferente, apatico, superficiale, insensibile.

stupóre, *sm.* sbalordimento, meraviglia, stordimento, conturbamento, intontimento, turbamento, confusione, sbigottimento, intronataggine, sbalorditaggine, stordigione, sorpresa, spavento, impressione, rapimento || *ant.* intormentimento, istupidimento.

contr. impassibilità, indifferenza, freddezza, superficialità, stolidità, fatuità, stupidità, calma.

stupràre, *v.tr.* storpiare, abusare, → DEFLORARE.

stúpro, *sm.* → DEFLORAZIONE.

stúra, *sf.* avvio, avviamento, inizio, principio.

sturàre, *v.tr.* stappare, aprire.

contr. turare, chiudere, imbottigliare.

stúrbo, *sm.* disturbo, → SVENIMENTO.

stuzzicadènti, *sm. indecl.* stecchino.

stuzzicaménto, *sm.* → IRRITAZIONE, ECCITAZIONE.

stuzzicànte, *ppr.* di stuzzicare || *agg.* appetitoso, appetibile, appetente, eccitante, stimolante, solleticante, piacevole, seducente, saporoso, pepato, mordente, vellicante, provocante.

contr. nauseante, disgustoso, scostante, repellente, ributtante, stomachevole.

stuzzicàre, *v.tr.* solleticare, vellicare, titillare, dileticare, aggratigliare, grattare, frugare, frugacchiare, toccare frugando,. cercare, investigare || *fig.* irritare, eccitare, provocare, stimolare, lusingare, incitare, spingere, istigare || fastidire, infastidire, pizzicare, pizzicottare, molestare, provocare, punzecchiare, stancheggiare, toccare, strusciare, tormentare.

nomencl. stuzzichino, stuzzicatoio.

contr. ripugnare, stomacare || allontanare, scostare, lasciare in pace.

suaccennàto, *pps.* di suaccennare || *agg.* → SUDDETTO.

suadènte, *ppr.* di suadere || *agg.* → PERSUASIVO, SUGGESTIVO.

suasióne, *sf.* → PERSUASIONE.

sub, *sm* e *f. indecl.* → SOMMOZZATORE.

subaccollàre, *v.tr.* subappaltare.

subaffittàre, *v.tr.* sublocare, → AFFITTARE.

subaffítto, *sm.* sublocazione, → AFFITTO.

subaffittuàrio, *sm.* sublocatario.

subaltèrno, *sm.* gregario, sottoposto, sottomesso, dipendente, subordinato, inferiore, secondario.

nomencl. *verb.* subalternare.

contr. superiore, capo, dirigente, comandante.

subappaltàre, *v.tr.* subaccollare.

subappàlto, *sm.* → APPALTO.

subàsta, *sf.* vendita all'asta, asta, incanto.

nomencl. *verb.* subastare.

súbbia, *sf.* → SCALPELLO.

subbiettívo o **subiettívo,** *agg.* → SOGGETTIVO.

súbbio, *sm.* → CILINDRO.

subbúglio, *sm.* sommossa, fermento, sobbollimento, sobbuglio, agitazione, rivolta, ribellione, rivoluzione, confusione, rumore, trambusto, tumulto, scombuglio, sovversione.

contr. quiete, tranquillità, pace, ordine, calma.

súbdolo, *agg.* sornione, acqua cheta, gattamorta, ipocrita, libro chiuso, misterioso, lima sorda, impostore, falso, madonnina infilzata, pigro, nasconditore, mali-

gno, machiavellico, ingannevole, fraudolento, frodolento, ingannatore, sinistro, losco, infido, sleale, malsicuro, storto, torbido, ambiguo, doppio, sfuggente.
contr. franco, aperto, schietto, diritto, sincero, leale, fido, onesto, limpido.
subentrànte, *ppr.* di subentrare || *sm.* → SUCCESSORE.
subentràre, *v.tr.* sostituire, soppiantare, sottentrare, scavalcare, supplantare, surrogare, rimpiazzare, scambiare, dare il cambio, succedere, insediarsi, installarsi, avvicendare, cambiare.
súbero, *sm.* → SUGHERO.
subillàre, *v.tr.* → SOBILLARE.
subíre, *v.tr.* assoggettarsi, soggiacere, dipendere, sottomettersi, sottostare, sopportare, tollerare, adattarsi, sottoporre, patire, soffrire, cedere, rassegnarsi, non reggere, soccombere, esser violentato, costretto.
contr. ribellarsi, rivoltarsi, insorgere, reagire.
subissàre, *v.tr.* precipitare, mandare in rovina, insubissare, → ROVINARE || inabissare, sprofondare, precipitare, → AFFONDARE, CADERE.
subissàto, *pps.* di subissare || *agg.* → DISTRUTTO.
subísso, *sm.* rovina, sconquasso, fracasso, scossa, sprofondamento, schianto, → CADUTA || *fig.* moltitudine, diluvio, valanga, → QUANTITÀ.
subitaménte, *avv.* → IMPROVVISAMENTE.
subitàneo, *agg.* precipitoso, → SUBITO, IMPREVISTO.
subíto, *pps.* di subire || *agg.* sopportato, tollerato, sofferto, patito.
súbito, *agg.* subitaneo, improvviso, imprevisto, repentino, immediato, istantaneo, fatto in fretta, impulsivo || *avv.* subitamente, a botta calda, addirittura, adesso, ad un attimo, all'istante, alla prima, a spron battuto, a tamburo battente, a vista d'occhio, a volo, a volta di corriere, bentosto, detto fatto, di botto, di colpo, di fatto, difilato, di primo colpo, di punto in bianco, di schianto, immantinente, direttamente, incontanente, inaspettatamente, in men che non si dica, in quattro e quattr'otto, in quella, in un attimo, in un baleno, in un batter d'occhio, *ipso facto*, là per là, lí per lí, or ora, nell'atto, presto, prestamente, prontamente, ratto, repente, repentemente, repentinamente, senz'altro, senza perder tempo, senza aspettare, speditamente, sui due piedi, subito subito, sul colpo, sul fatto, sull'istante, sul momento, tantosto, tosto, senza por tempo di mezzo, di primo acchito, a bruciapelo, alla sprovvista, tutto in un colpo, via via.
contr. tardo, tardivo, lentamente, lento, adagio adagio || piú tardi, dopo, poi, in seguito, col tempo.
sublimàre, *v.tr.* elevare, levare in alto, sollevare, innalzare, mandare alle stelle, esaltare, estollere, onorare, lodare, magnificare, ampliare, fare l'apoteosi, deificare, glorificare, idealizzare, nobilitare, trasumanare, trasfigurare || distillare, purificare, volatilizzare, raffinare (per distillazione).
contr. adimare, abbassare, biasimare, vituperare, disonorare, rimanere deluso, esserne sazio, involgarire, volgarizzare.
sublimazióne, *sf.* evaporazione, ebollizione, distillazione, aerificazione || idealizzazione, glorificazione, trasfigurazione.
sublíme, *agg.* alto, altissimo, elevato, eccellente, eccelso, sommo, grande, celeste, divino, eterno, soprannaturale, sovrumano, trascendente, sopracceleste, etereo, trascendentale, eminente, illustre, primario, sovrano, meraviglioso, splendido, magnifico, torreggiante, inarrivabile, irraggiungibile.
contr. basso, abietto, spregevole, infimo, meschino, volgare, plebeo, indegno.
sublimità, *sf.* altezza sublime, grande elevatezza, sommità, auge, apogeo, apoteosi, eccellenza, magnificenza, grandezza.
contr. meschinità, bassezza, abiezione, spregevolezza, inferiorità, indegnità, volgarità, plebeaggine.
sublocàre, *v.tr.* subaffittare, → AFFITTARE.
sublocatàrio, *sm.* subaffittuario.
sublocazióne, *sf.* subaffitto, → AFFITTO.
sublunàre, *agg.* sottolunare.
sublussazióne, *sf.* → LUSSAZIONE.
subodoràre, *v.tr.* sospettare, dubitare, temere, supporre, intuire, presentire, presagire, aver sentore, pensare male, ombrarsi, adombrarsi, insospettirsi, → FIUTARE.
subordinàre, *v.tr.* sottoporre, sottomettere, porre in seconda linea, far dipendere, posporre, tenere in subordinazione, subalternare.
contr. anteporre, preporre, porre al disopra.
subordinàto, *pps.* di subordinare || *agg.* subalterno, in sott'ordine, gregario, dipendente, inferiore, sottoposto, suddito, obbediente, disciplinato, ossequiente, sottomesso, secondario, accessorio.
contr. superiore, principale, capo, dirigente, comandante, padrone || insubordinato, ribelle, rivoltoso, sovvertitore, refrattario.
subordinazióne, *sf.* soggezione, sottomissione, sommissione, dipendenza, sudditanza, servitú, obbedienza, vassallaggio, giogo, umiltà, inferiorità, servilità, servilismo, schiavitú.
contr. insubordinazione, sovversione, ribellione, reazione, indipendenza.
subornàre, *v.tr.* incitare, (di nascosto), sobillare, subillare, persuadere, suggestionare, insinuare, sedurre, ingannare, inzufolare, aizzare, corrompere, → ISTIGARE.
contr. eccitare, agitare, incitare apertamente.
subornazióne, *sf.* eccitazione, sobillazione, incitazione, istigazione, corruzione.
subsannàre, *v.tr.* ridere sotto i baffi, → SCHERNIRE.
substràto, *sm.* → SOSTRATO.
subúrbio, *sm.* sobborgo, borgo, estrema periferia.
contr. centro, centro storico, nucleo, città, metropoli.
succedàneo, *agg.* e *sm.* sostituto, sostitutore, surrogato, surrogante, sintetico, *Ersatz*.
succèdere, *v.intr.* sottentrare, subentrare, surrogare, sostituire, soppiantare, scavalcare, supplantare, rimpiazzare, supplire, dare il cambio, cacciar dal nido, entrare nei piedi altrui || conseguire, conseguitare, continuare, venir dopo, seguire, avere o raccogliere un'eredità, ereditare, intervenire || accadere, avvenire, nascere, darsi, capitare, incogliere, sopravvenire, alternarsi, avvicendarsi, toccare in sorte, riuscire.
contr. antecedere, precedere, venir prima, anteporsi || prepararsi, apprestarsi.
successióne, *sf.* il succedersi, continuazione, sequela,

sèguito, durata, procedimento, turno, avvicendamento, rotazione, prolungamento, proseguimento, serie || eredità, prole.
contr. inizio, precedenza || arresto, fine, chiusura.
successívo, *agg.* seguente, susseguente, conseguente, consecutivo.
contr. precedente, antecedente, preparatorio.
succèsso, *pps.* di succedere || *agg.* succeduto, avvenuto, accaduto, seguito || sottentrato, subentrato || *sm.* buon esito, buon risultato, buona sorte, effetto, conclusione, evento, conseguenza, favore, felicità, fortuna, grande incontro, incontro strepitoso, fine, frutto, ottima accoglienza, riuscita, conseguimento, trionfo, utile, profitto, prodotto, piacere, costrutto, risultato.
nomencl. *agg.* grande, strepitoso, grandioso, clamoroso, enorme, entusiastico, appassionato, felice, favorevole, benevolo, di stima || *verb.* riscuotere, avere, ottenere, cogliere, incontrare || avere, ottenere applauso; entusiasmare, furoreggiare, fare epoca, incontrare il gradimento, incontrare o riscuotere il favore popolare, fare scalpore, spopolare, ottenere buon successo || esser soddisfatto.
contr. insuccesso, scacco, fallimento, sfortuna, rovina, rovescio, sconfitta, crollo, fiasco.
successóre, *sm.* sostituto, sostitutore, surrogante, supplente, sottentrante, subentrante, facente funzione, discendente, → EREDE.
contr. antecessore, predecessore || iniziatore.
succhiàre, *v.tr.* succiare, suggere, sugare, aspirare, assorbire, bere, poppare, pocciare, mungere, centellinare, sorseggiare, sorbire, risucchiare, risucciare, leccare, lambire, libare, delibare, assaggiare || imbeversi || *fig.* sfruttare, profittare, smungere, mungere, scorticare, seccare, pelare, spennare, strozzare, spolpare, emulgere, emungere, spremere, dissugare || *rifl. fig.* sorbirsi, subire rassegnatamente, pigliarsi in pace.
contr. sputare, ributtare, vomitare, tracannare || reagire, ribellarsi.
succhiatóio, *sm.* → PROBOSCIDE.
succhiellàre, *v.tr.* succhiellinare, → FORARE, BUCARE || SPIARE.
succhièllo, *sm.* trapano, trivello, menaruola, foratoio, allargatore, punta, menasucchio, verigola, succhiatoio.
súcchio, *sm.* succo, succio, umore, linfa, sugo, liquido.
succhióne, *sm.* poppaione || *fig.* → PARASSITA, SFRUTTATORE.
succiabeóne, *sm.* → BEONE.
succiàre, *v.tr.* → SUCCHIARE, BERE || *fig.* sfruttare, profittare, smungere, scorticare, seccare, pelare, strozzare, spolpare, emulgere, emungere, spennare, spremere, dissugare.
succiatóre, *sm.* → BEONE.
succídere, *v.tr.* → POTARE.
succíngere, *v.tr.* e *rifl.* succignere, tirarsi su, sollevare sottana o gonnella, avere le vesti succinte.
contr. tendere, lasciar giù, allungare le vesti.
succínto, *pps.* di succingere || *agg.* chi ha vestiti corti, tirati su, in alto || spedito, agile || conciso, breve, sentenzioso, sintetico, concettoso, compendioso, sunteggiato, laconico, aforistico, preciso, riassuntivo, corto.
contr. analitico, lungo, abbondante, prolisso, diluito.
súcciola, *sf.* → CASTAGNA.
succisióne, *sf.* → POTATURA.
súcco, *sm.* succhio, sugo, umore, linfa, liquido, sapore, → SALSA || *fig.* sostanza, parte essenziale, insegnamento, ammaestramento, conclusione.
succóso, *agg.* → SAPOROSO, SUGOSO || *fig.* denso, concentrato, sostanzioso.
súccubo, *sm.* sottoposto, sottomesso, ossessionato, dominato, affascinato.
contr. incubo.
succulènto, *agg.* → SUGOSO.
succursàle, *sf.* filiale, dipendenza.
contr. casa madre.
súcido, *agg.* sudicio, → SPORCO, SCIATTO.
sud, *sm.* → MEZZOGIORNO.
contr. nord, settentrione.
sudacchiàre, *v.intr.* → SUDARE.
sudàre, *v.intr.* traspirare, sudacchiare, andare in acqua, disfarsi, liquefarsi, grondare, gocciolare di sudore, versare sudore, accaldarsi || *fig.* → FATICARE || *tr.* trasudare || guadagnare con fatica.
sudatíccio, *agg.* → SUDATO.
sudàto, *pps.* di sudare || *agg.* bagnato, madido, sudaticcio, molle, fradicio, grondante di sudore, coperto di sudore || *fig.* guadagnato con fatica, lavorato con molto impegno.
contr. asciutto, secco.
sudatòrio, *agg.* sudorifero, sudorifico, diaforetico.
suddétto, *agg.* antedetto, antedescritto, anzidetto, detto piú sopra, già detto, dianzi menzionato; enunciato, memorato, mentovato, menzionato di sopra; ora detto, preaccennato, preallegato, precedente, precennato, precitato, predetto, prefato, preindicato, prelodato, prementovato, premesso, prenotato, prememorato, prenarrato, prenomato, prenominato, rammemorato, sopraccennato, sopraccitato, sopraddetto, sopradditato, sopraesposto, sopraespresso, sopraindicato, soprallegato, soprallodato, soprammemorato, soprammentovato, soprammensionato, soprannarrato, soprannominato, soprannotato, soprarraccontato, soprarrecitato, soprascritto, sovraccennato, sovradescritto, sovraddetto, sovrallodato, sovrammenzionato, sovrascritto, suaccennato, succitato, sullodato, su lodato, sunnominato, summentovato, surriferito.
suddistínguere, *v.tr.* suddividere, distinguere.
contr. assommare, unificare, unire.
sudditànza, *sf.* soggezione, sottomissione, sommissione, dipendenza, subalternanza, subordinazione, servitú, obbedienza, vassallaggio, giogo, schiavitú, inferiorità, servilità, servilismo, umiltà, animo servile.
contr. indipendenza, padronanza, superiorità || anarchia.
súddito, *agg.* e *sm.* sottoposto, dipendente, inferiore, subordinato, ligio, minore, regnicolo, servidore, soggiogato, soggetto, vassallo, fedele, tributario.
contr. sovrano, re, capo, comandante, superiore, dirigente, padrone, sovrastante, indipendente, insubordinato, ribelle, anarchico.
suddivídere, *v.tr.* dividere, distinguere, suddistinguere.
contr. assommare, unificare, sommare.
suddivisióne, *sf.* → DIVISIONE || GRADO.

sudicería, *sf.* sudiciume, schifezza, sporcizia, laidezza, laidume, schifosaggine, schifosità, sozzura, illuvie, immondizia, luridezza, lerciume, loia, sordidezza, spilorceria, grettezza, porcheria, porcaio, cosa sudicia.
contr. pulizia, distinzione, nettezza, lindore, lindura, mondezza.
súdicio, *agg.* sucido, lercio, lurido, sordido, → SPORCO || *fig.* immorale, disonesto, sozzo, scurrile, laido → OSCENO || *sm.* sporcizia, luridume, laidume.
contr. pulito, distinto || onesto, puro.
sudicióne, *sm.* e *agg.* sporcaccione, luridone, sozzone, maiale, porco.
sudiciúme, *sm.* → SUDICERIA.
contr. pulizia, distinzione, mondezza, lindura, nettezza.
sudóre, *sm.* madore, traspirazione, diaforesi, trasudazione, umidore, essudazione, schiuma || *fig.* fatica, lavoro faticoso.
nomencl. (*pertinenti*) cianefidrosi, ematidrosi, meridrosi, iperidrosi, panidrosi, perspirazione (*ant.*) || gocciolone, goccia, stilla, poro, sudamento, sudata, risudamento || sudorifero o diaforetico || *verb.* colare, grondare, scorrere, distillare, gocciolare, stillare, essudare || asciugare, tergere, detergere.
sudorífero, *agg.* sudatorio, sudorifico, diaforetico.
sudorífico, *agg.* → SUDORIFERO.
suefàre, *v.tr.* → ABITUARE.
sufficiènte, *agg.* bastante, bastevole, idoneo, pari, adeguato, capace, occorrente, necessario, discreto || borioso, spocchioso, altezzoso, superbo, presuntuoso, tronfio, pieno di sé, pretenzioso, arrogante, altero, sussiegoso || *sm.* il necessario, ciò che basta.
contr. insufficiente, inadeguato, manchevole, inidoneo, incapace || modesto, umile, semplice.
sufficienteménte, *avv.* → ABBASTANZA.
sufficiènza, *sf.* bastevolezza, idoneità, possibilità, abilità, discrezione || presunzione, albagia, superbia, sussiego, aria di importanza, boria, sicumera, tronfiaggine, arroganza, alterigia, altezzosità.
contr. insufficienza, inidoneità || modestia, umiltà, semplicità, naturalezza, spontaneità.
suffísso, *sm.*
contr. prefisso.
suffragàre, *v.tr.* dare, portare suffragio, votare || giovare ai morti (con preghiere, suffragi), dir bene, procurare suffragio, raccorciare le pene, aiutare, soccorrere, raccomandare, approvare, scusare, convalidare.
contr. disapprovare, biasimare, deplorare.
suffragétta, *sf.* suffragista, femminista.
suffràgio, *sm.* → VOTO || aiuto, approvazione, raccomandazione, scusa, → SOCCORSO || PREGHIERA.
contr. disapprovazione, biasimo, ostacolo.
suffragísta, *sf.* femminista, suffragetta.
suffrútice, *sm.* → PIANTA.
suffumicaménto, *sm.* → SUFFUMIGIO.
suffumicazióne, *sf.* → SUFFUMIGIO.
suffumígio, *sm.* fumigazione, fumicazione, fumacchio, disinfezione, evaporatorio, suffusione, fumigio, suffumicamento, suffumicazione.
sugàre, *v.tr.* → SUCCHIARE.
suggellàre, *v.tr.* sigillare, bollare, imprimere, rinchiudere, concludere, compiere || *fig.* confermare, riconfermare.
contr. dissuggellare, dissigillare || disdire, rompere.
suggèllo, *sm.* → SIGILLO, CARATTERE || *fig.* compimento, cessazione, conclusione || → PROMESSA.
súggere, *v.tr.* → SUCCHIARE.
suggeriménto, *sm.* consiglio, proposta, esortazione, imbeccata, indicazione, indettatura, dettatura, ispirazione, influsso, lezione, suggestione, istigazione, subornazione, insinuazione.
suggeríre, *v.tr.* dar l'imbeccata, dar fiato, dettare, esortare, imbeccare, imboccare, ispirare, inspirare, indettare, dettare, indicare, insufflare, consigliare, avvertire, ricordare, insinuare, inzipillare, mettere in bocca, proporre, affacciare, consigliare, segnalare, sottoporre, designare, offrire, rammentare, subornare, persuadere, influire, convincere, impippare.
contr. imporre, comandare, ordinare, commettere.
suggeritóre, *sm.* consigliere, esortatore, ispiratore, buriasso || rammentatore, ricordatore, soffietto.
nomencl. teatro, cuffia, copione.
suggestionàbile, *agg.* impressionabile, emotivo, debole, subornabile.
suggestionabilità, *sf.* impressionabilità, emotività, subornabilità, debolezza.
suggestionàre, *v.tr.* impressionare, indurre, incitare, istigare, sobillare, eccitare, persuadere, subornare, insinuare, inzipillare, inzufolare, metter su, subillare || magnetizzare, ipnotizzare, stregare.
suggestióne, *sf.* istigazione, stimolo, insinuazione, sobillazione, suggerimento, ispirazione fraudolenta, influsso, → IMPRESSIONE || IPNOTISMO.
nomencl. autosuggestione || suggestione collettiva, suggestione terapeutica.
suggestívo, *agg.* suadente, suasivo, insinuante, persuasivo || attraente, allettante, piacevole, affascinante, eccitante, magnetico, malizioso, procace, stimolante.
contr. repellente, orribile, brutto, scostante.
súghero, *sm.* sovero, subero, sughera || turacciolo.
nomencl. sugherina, suberificazione.
sughétto, *sm.* → SALSA.
súgna, *sf.* → GRASSO.
sugnóso, *agg.* → GRASSO.
súgo, *sm.* succo, succhio, umore, linfa, lattice, mosto, spremuta, agro, acqua, premitura, umore || condimento, grasso, intingolo, salsa || *fig.* → SOSTANZA.
sugóso, *agg.* succoso, umoroso, succulento, saporoso, prelibato, appetitoso, squisito, gustoso || *fig.* sostanzioso, vigoroso, significante.
contr. stopposo, asciutto, secco, coriaceo, tiglioso, arido || insulso, insignificante, sconclusionato.
suicidàre, *v.rifl.* uccidersi, ammazzarsi, darsi la morte; togliersi, troncarsi la vita, sopprimersi || avvelenarsi, impiccarsi, asfissiarsi, annegarsi, affogarsi, spararsi, bruciarsi le cervella.
contr. vivere.
suíno, *agg.* di porco || *sm.* → MAIALE || *pl.* → BESTIAME.
suipsísmo, *sm.* solipsismo, → EGOISMO.
sulfúreo, *agg.* → SOLFORICO.
súlla, *sf.* lupinella.

sullodàto, *pps.* di sullodare || *agg.* → SUDDETTO.

sultàno, *sm.* → IMPERATORE.

summentovàto, *pps.* di summentovare || *agg.* → SUDDETTO.

sunnominàto, *pps.* di sunnominare || *agg.* → SUDDETTO.

súnto, *sm.* epitome, compendio, ristretto, sintesi, sommario, condensato, → RIASSUNTO.

contr. trattazione diffusa, analisi, monografia, trattato.

suntuosità, *sf.* sontuosità, dispendio, sfarzo, parata, lusso, ornamento, gala, maestosità, scialo, pompa, fasto, fastosità, sfoggio, magnificenza, splendore, ostentazione, opulenza, splendidezza.

contr. miseria, povertà, meschinità, modestia, semplicità, umiltà.

suntuóso, *agg.* sontuoso, lussuoso, magnifico, splendido, sfarzoso, fastoso, ricco, ricchissimo, costoso, dispendioso, principesco, sardanapalesco, maestoso, regale.

contr. povero, meschino, misero, modesto, umile, semplice.

suòcera, *sf.* || *fig.* donna maligna, saccente, indisponente, intrigante, impicciona, invadente, autoritaria, litigiosa, acida, → DONNA.

nomencl. genero, nuora.

suòla, *sf.* soletta, cuoio.

nomencl. mezza suola, solame || solatura, risolatura.

suolàre, *v.tr.* → SOLARE^2.

suòlo, *sm.* sòlo, terreno, nuda terra, terra, superficie, piano, strato, soprastrato, substrato, sostrato, spazzo, spiazzo, distesa, impiantito, pavimento || fondo, piano, parte piú bassa || *fig.* luogo, → PAESE.

nomencl. (*qualità*) lavorato, smosso, vangato, zappato, arborato, nudo, alto, basso, fertile, sterile, piano, collinoso, montuoso || (*elementi*) abisso, bricca, buca, burrone, caverna, dirupo, eminenza, cima, erta, grotta, pendio, rialto, scoglio, voragine, soprassuolo, sottosuolo, terrazzo, humus || altura, bassura, permeabilità, impermeabilità, abbassamento, drenaggio, sussulto, bradisismo, terremoto || *verb.* assolare, scavare.

contr. cielo, spazio siderale, stellare.

suonàre, *v.tr.* e *intr.* → SONARE.

suonàta, *sf.* → SONATA.

suonatóre, *sm.* → SONATORE.

suòno, *sm.* accento, armonia, accordo, aria, melodia, risonanza, vibrazione, concento, voce, stampita, ripercussione, ripercuotimento, eco, sonorità, nota, melodia || pronunzia.

nomencl. (*tipi*) palatale, dentale, labiale, gutturale, sibilante || omeotonico, anacamptico, di combinazione, di ripieno, enarmonico, sotterraneo, timpanico || (*suoni e rumori*) battimento, botto, clangore, brusio, cariglione, concerto, fischio, fragore, frastuono, fruscio, gemito, mormorio, rimbombo, rombo, ronfamento, rullo, scampanio, scricchiolio, soneria, sonito, sordina, squillo, tintinnio, tremolo, trimpello, tuono, zufolamento, strepito, rintrono, bombio, rimbombio, boato, intronamento, intruono, rombazzo, tonamento, rumore || (*fenomeni e qualità*) colore, intensità, forza, tono, altezza, timbro, metallo, tempera, sfumatura, corpo, pienezza, estensione, radiazione, rifrazione, enarmonia, disarmonia, fusione, concamerazione, crudezza, tremore, alterazione, armonia imitativa, assonanza, rimescolio di note, cacofonia, dodecafonia, consonanza, crescendo, dissonanza, equisonanza, eufonia, fonismo, fusione, omofonia, polifonia, unisonanza, unisono, fotofonia, fuoco acustico, interferenza, intervallo, nodi, linea nodale, onda, scala cromatica, ritmo, barriera o muro del suono || fonetica, acustica, telefono, stereofonia, microfono, fonografo, disco fonografico, registratore o magnetofono || *agg.* acuto, grave, basso, aspro, crudo, dolce, debole, fievole, fioco, flebile, forte, duro, soave, piacevole, spiacevole, ottuso, depresso, argentino, metallico, armonioso, armonico, squillante, articolato, inarticolato, chiaro, limpido, concomitante, cupo, profondo, piano, sordo, velato, sommesso, tenue, ingrato, stonato, impercettibile, languido, gradevole, grato, melodioso, maestoso, lugubre, solenne, rauco, roco, sinistro, smorzato, affievolito, straziante, stridente, stridulo, vibrante, vibrato, tonitruante, altisono, altisonante || *verb.* affiocare, affiochire, smorzare, attenuare, morire, cessare, radiare, raggiare, rammorbidire, raddolcire, rammorbidirsi, rifrangere, rimbombare, tintinnare, ripercuotersi, risonare, risuonare, suonare, vibrare.

contr. silenzio.

suòra, *sf.* → SORELLA, MONACA.

superàbile, *agg.* sormontabile, valicabile, sorpassabile, oltrepassabile, vincibile.

contr. insuperabile, invincibile, imbattibile, inarrivabile, insormontabile.

superàre, *v.tr.* annullare, atterrare, avanzare, avvantaggiare, emergere, antecedere, precedere, precorrere, prevenire, deprimere, disgradare, eccedere, eclissare, eccellere, elevarsi, estollersi, lasciar dietro, giganteggiare, metter piede innanzi, offuscare, oscurare, oltrepassare, passare, sorpassare, sormontare, sorvolare, sopravvanzare, soperchiare, soverchiare, sopraffare, sovrastare, sporgere, battere, trapassare, trascendere, torreggiare, vantaggiare, valicare, varcare, vincere, riuscire || *fig.* sopportare, tollerare, trangugiare, perdonare.

contr. essere o rimanere inferiori, indietro; soggiacere, sottostare, perdere, fallire, subire.

superàto, *pps.* di superare || *agg.* → BATTUTO || antiquato, sorpassato, inutile.

contr. insuperato.

superbaménte, *avv.* alteramente, altezzosamente, con alterigia, sprezzantemente, orgogliosamente.

supèrbia, *sf.* albagia, ridondanza, alterezza, altezzosità, altura, amor proprio, arroganza, cipiglio, autolatria, alterigia, affettazione, ambizione, ambiziosaggine, baldanza, boria, boriosità, burbanza, aria di importanza, disdegno, fumo, fumosità, fierezza, galloria, gonfiamento d'animo, gonfiezza, fasto, grandia, grandigia, iattanza, insolenza, impertinenza, crudezza di cuore, oltracotanza, millanteria, orgoglio, presunzione, pretensione, protervia, prosopopea, rigoglio, ostentazione, pompa, singolarità, spagnolaggine, spagnolismo, musoneria, sufficienza, sicumera, sussiego, spocchia, tracotanza, tronfiezza, tumidezza, vanità, vanagloria, immodestia.

nomencl. *agg.* diabolica, luciferina, insensata, meschina, ridicola, satanica, stupida, vana, vuota || *verb.* alzare la testa, guardare dall'alto, abbassare o calare le ali, far rimettere le corna indietro.
contr. modestia, umiltà, remissività.

supèrbo, *agg.* albagioso, supercilioso, altezzoso, altero, arrogante, aspro, crudo, affettato, ambizioso, baldanzoso, borioso, burbanzoso, contegnoso, disdegnoso, disprezzante, fastoso, fiero, fumido, fumosetto, fumoso, gonfio, immodesto, immortificato, imperioso, intronato, oltracotante, orgoglioso, pettoruto, protervo, presuntuoso, rubesto, insolente, rigoglioso, sdegnoso, spocchione, spocchioso, sprezzante, tracotante, tronfio, tumido, turgido, vano, vanaglorioso || prezioso, bello, spagnolesco, sfarzoso, lussuoso, fantasmagorico, ricco, principesco, regale, dispendioso, pomposo, ornato, splendido, sfoggiato, magnifico, grandioso, magnificente, scialoso, spanto.
contr. modesto, umile, dimesso, semplice || misero, povero, meschino, brutto.

superbómba, *sf.* bomba atomica, bomba H.

supereminénte, *agg.* → SUPERIORE.

superficiàle, *agg.* esterno, esteriore, epidermico, leggero || *fig.* apparente || generico, poco profondo, facilone || dilettante.
contr. profondo || meditato, esauriente.

superficialità, *sf.* → ESTERIORITÀ, DILETTANTISMO.

superfície, *sf.* area, estensione, grandezza, misura, spazio || faccia, facciata, esterno, limite, suolo, crosta, parte di sopra, pelle, scorza, buccia, strato, parete, esteriorità, apparenza.
nomencl. (*varie*) piana, curva, concava, convessa, sferica, poliedrica, interna, esterna || (*elementi*) compartimento, estensione, dimensione, lunghezza, larghezza, margine, lato, spigolo, angolo, ringrossatura || (*misure*) metro quadrato, ara, ettaro, pertica, iugero || agrimensura, agrimensore, sferometro || *agg.* levigata, liscia, ruvida, scabrosa, scabra, uguale, ineguale, limitata, sconfinata, grande.
contr. interno, sostanza, midollo, intimo.

superfluità, *sf.* soprabbondanza, sovrabbondanza, esuberanza, eccedenza, eccesso, profusione, ridondanza, soprappienezza, profluvio, ridondamento, rigurgito, ribocco, trabocco, rimpinzamento, sopraeccedenza, pleonasmo, lusso, → INUTILITÀ.
contr. scarsezza, scarsità, manchevolezza, deficienza, insufficienza || bisogno.

supèrfluo, *agg.* soprabbondante, sovrabbondante, eccessivo, eccedente, strabocchevole, ridondante, esuberante, rigurgitante, riboccante, traboccante, disutile, pleonastico, riempitivo, in più, frustaneo, inopportuno, → INUTILE || *sm.* cosa superflua, superfluità.
nomencl. *verb.* portare vasi a Samo e nottole ad Atene, sfondare una porta aperta.
contr. manchevole, mancante, scarso, deficiente, insufficiente || bisognevole.

superióre, *agg.* eccellente, eccelso, eletto, egregio, dominante, migliore, maggiore, preminente, preponderante, prestante, primario, primo, principale, priore, poziore, prevalente, soprastante, sovrastante, supereminente, sommo, supremo, supero || *sm.* maggiore di grado, comandante, → CAPO.
nomencl. *verb.* dominare, eccellere, elevarsi al disopra, emergere, giganteggiare, grandeggiare, signoreggiare, soprastare, sovrastare, superare, torreggiare || sdegnare, avere noncuranza.
contr. inferiore, più basso, infimo || subalterno, sottoposto, dipendente.

superiorità, *sf.* avanzamento, eccellenza, egemonia, maggiorità, maggioranza, dominazione, poziorità, preminenza, prestanza, predominio, primato, supremazia, vantaggio.
contr. inferiorità, minorità, subordinazione.

superlatívo, *agg.* superiore a tutti, sublime, eccellente, incomparabile, → GRANDE || *sm.* superlativo assoluto, relativo.

supèrno, *agg.* → ALTO.

súpero, *agg.* → SUPERIORE.

supersònico, *agg.* ipersonico, ultrasonico.
contr. iposonico.

supèrstite, *agg.* e *sm.* sopravvissuto, sopravvivente, scampato, redivivo || reduce, veterano.
contr. morto, sacrificato, vittima, immolato, deceduto, caduto, scomparso, disperso.

superstizióne, *sf.* credenza vana, pregiudizio, ubbia, fanatismo, idea da ignorante, paura antica, paura vana.
nomencl. (*specificazioni*) alchimia, astrologia, cartomanzia, cabala, diavolo, demonio, favola, iettatura, magia, malocchio, malia, mitologia, negromanzia, stregoneria, oracolo, scalogna, talismano, amuleto.

superstizióso, *agg.* → FANATICO.

superumàno, *agg.* → SOVRUMANO.

supíno, *agg.* rovescio, rovesciato, piegato all'indietro, arrovesciato, sdraiato sul dorso || *fig.* servile, sottomesso.
contr. prono, bocconi, steso sul ventre.

suppellèttile, *sf.* roba, masserizia, arredo, fornimento, ciarpe, carabattole, corredo, arredamento, paramento, ornamento, mobile, mobilia.

suppergiú, *avv.* pressappoco, all'incirca, piú o meno.
contr. esattamente, propriamente, precisamente, tal quale.

supplantàre, *v.tr.* → SOPPIANTARE.

suppleménto, *sm.* compimento, complemento, aggiunta, giunta, appendice, paralipomeni.

supplènte, *ppr.* di supplire || *agg.* e *sm.* sostituto, sostitutore, facente funzione, luogotenente, vicario, vice, aggiunto, aiutante, reggente, sussidiario, rappresentante.
contr. effettivo, titolare.

supplènza, *sf.* interinato, *interim*, luogotenenza, rappresentanza, vicaria, vicariato, vicegerenza, sostituzione.

suppletívo, *agg.* suppletorio, supplente.

suppletòrio, *agg.* → SUPPLETIVO.

súpplica, *sf.* domanda, ricorso, memoriale, petizione, supplicazione, istanza, scongiuro, preghiera, orazione.
contr. concessione || imposizione, intimazione, comando, pretesa, esigenza, arroganza, rimando, mora, lungaggine.

supplicànte, *ppr.* di supplicare || *sm.* orante, → RICHIEDENTE.

supplicàre, *v.tr.* → DOMANDARE, PREGARE.
supplicazióne, *sf.* → PREGHIERA, SUPPLICA.
súpplice, *sm.* e *f.* → SUPPLICHEVOLE, RICHIEDENTE.
supplichévole, *agg.* supplice, supplicante, lamentevole, umile, dimesso, fiducioso.
contr. imperioso, prepotente, arrogante, esigente, protervo, fiscale.
supplíre, *v.tr.* e *intr.* sopperire, aiutare, provvedere al bisogno, far fronte, bastare, sovvenire, rimediare, riparare, restaurare, compensare, fungere, funzionare, rappresentare, sostituire, soppiantare, sottentrare, scavalcare, supplantare, surrogare, subentrare, rimpiazzare, scambiare, dare il cambio, fare le veci, sobbarcarsi, succedere, avvicendare, cambiare.
supplízio, *sm.* pena, morte, pena di morte, esecuzione capitale, tortura, castigo corporale, martirio || *fig.* grave, atroce patimento (morale o fisico), tormento, pena, afflizione, strazio, → DOLORE.
nomencl. (*specificazioni*) autodafé, crocifissione, decapitazione o decollazione, decimazione, flagellazione, fustigazione, fucilazione (al petto, alla schiena), ghigliottina, gogna, impiccagione, lapidazione, linciaggio, propagginazione, rogo, ruota, sedia elettrica o elettroesecuzione, camicia di pece, mazzola, slogamento, impalazione o impalamento, squartamento, tratti di corda || ceppo, forca, patibolo, cappella, fossa dei leoni, croce || carnefice, boia, torturatore, esecutore; confortatore; vittima; martire || confortatorio || *agg.* estremo, ultimo, orrendo, orribile, spaventoso, atroce, terrificante, doloroso, lungo, interminabile || *verb.* abbacinare, crocifiggere, fustigare, staffilare, impalare, propagginare, trascinare, squartare, vergheggiare, impiccare, decapitare || mandare, condannare, condurre al supplizio, subire, affrontare, sopportare l'estremo supplizio.
contr. godimento, piacere, gioia, gaudio, esultanza.
supponíbile, *agg.* → POSSIBILE.
suppórre, *v.tr.* congetturare, pensare, presupporre, ragionare, immaginare, opinare, fingere, credere, sospettare, temere, dubitare, ammettere, giudicare, argomentare, figurarsi, presumere, procedere per ipotesi, ipotizzare, porre; fare conto, supposizione; diffidare, subodorare, ombrarsi, adombrarsi.
contr. essere certo, avere la certezza, la prova, affermare, costatare.
suppòrto, *sm.* sostegno, → SOPPORTO, BASE, RINFORZO.
suppositívo, *agg.* presuntivo, congetturabile, congetturale, putativo, immaginario, immaginabile, ipotetico, ipotizzabile, opinabile, presumibile, supposto, presunto.
contr. certo, positivo, reale, accertato, documentato, provato.
supposizióne, *sf.* ipotesi, congettura, premessa, argomentazione, dubbio, idea, opinione, presupposizione, presunzione, supposto, concessione, finzione, probabilità.
contr. certezza, verità, prova, documentazione.
suppósta, *sf.* → MEDICAMENTO.
suppósto, *pps.* di supporre || *agg.* putativo, presuntivo, congetturabile, preteso, immaginario, ipotetico, ipotizzato, opinabile, immaginato, creduto || *sm.* → SUPPOSIZIONE.
contr. certo, accertato, positivo || documentabile, provabile.
suppuràre, *v.intr.* → PUTREFARE, MARCIRE.
suppurazióne, *sf.* → PUTREFAZIONE, MARCIA.
supremazía, *sf.* superiorità, sommità, eccellenza, egemonia, maggiorità, maggioranza, dominazione, poziorità, preminenza, predominio, primato, vantaggio, autorità suprema, potere sommo, primazia, potenza superiore, sovranità.
contr. inferiorità, soggezione, dipendenza, vassallaggio, subordinazione.
suprèmo, *agg.* superno, sommo, il più alto, altissimo, eccelso, massimo, eccellente, sublime, primario, superiore a tutti, grandissimo, assoluto, olimpico, superno, ultimo, estremo, sovrano, sovrastante, sovreminente.
contr. infimo, piccolo, minimo, bassissimo, vile, nullo.
surmolòtto, *sm.* → RATTO².
surrettízio, *agg.* → FALSO.
surrezióne, *sf.* → FRODE.
surriferíto, *agg.* → SUDDETTO.
surrogàbile, *agg.* sostituibile, cambiabile, commutabile, convertibile, permutabile, scambiabile, rimpiazzabile.
contr. insurrogabile, insostituibile, incommutabile.
surrogaménto, *sm.* → SOSTITUZIONE.
surrogànte, *ppr.* di surrogare || *agg.* e *sm.* → SOSTITUTO, SUPPLENTE.
surrogàre, *v.tr.* sostituire, soppiantare, sottentrare, scavalcare, supplantare, subentrare, rimpiazzare, scambiare, succedere, avvicendare, supplire, cambiare, dare il cambio.
surrogàto, *pps.* di surrogare || *agg.* e *sm.* succedaneo, sintetico, sostituto, surrogante || *fig.* compensazione, ripiego, risarcimento.
surrogazióne, *sf.* → SOSTITUZIONE.
suscettíbile, *agg.* suscettivo, capace di ricevere, di prendere, di subire (un'azione, una modificazione) || permaloso, molto sensibile, facile ad offendersi, ombroso, emotivo, irritabile, risentito.
contr. socievole, cordiale, umile, pacato.
suscettibilità, *sf.* risentitezza, permalosità, suscettività, ricettività, facilità, sensibilità, scontrosità, permalosità, ritrosia, insocievolezza, ombrosità, emotività, delicatezza.
contr. socievolezza, cordialità, amicizia, compagnia.
suscettività, *sf.* → SUSCETTIBILITÀ.
suscettívo, *agg.* → SUSCETTIBILE, PERMALOSO.
suscitaménto, *sm.* istigazione.
suscitàre, *v.tr.* far sorgere, far alzare, sollevare, ergere, drizzare || *fig.* generare, svegliare, destare, provocare, incutere, infondere, creare, eccitare, istigare, ispirare, cagionare, porre in moto, commuovere, muovere, produrre, stimolare.
contr. abbattere, atterrare, abbassare || sopire, calmare, mortificare, spegnere.
suscitatóre, *agg.* e *sm.* suscettore, ispiratore, eccitatore, stimolatore, iniziatore, monitore, → ISTIGATORE.
susína, *sf.* → PRUGNA.
susíno, *sm.* → PRUGNO.
susseguènte, *ppr.* di susseguire || *agg.* successivo, seguente, consecutivo, conseguente, posteriore.

contr. precedente, anteriore, antecedente.
susseguíre, *v.intr.* e *rifl.* seguire, succedere, conseguire, continuare, venir dopo.
contr. antecedere, precedere, precorrere, venir prima.
sussidiàre, *v.tr.* mantenere, sovvenire, sovvenzionare, supplire, aiutare con denaro, soccorrere.
contr. mettere a contributo, sfruttare, smungere.
sussidiàrio, *agg.* ausiliario, accidentale, accessorio, secondario, sostituibile, cambiabile.
contr. principale, primario, essenziale, necessario, insostituibile, insurrogabile.
sussídio, *sm.* aiuto, soccorso, soccorrimento, sostegno, sovvenenza, sovvenimento, protezione, rimedio || sovvenzione, suffragio, elemosina, carità, prestito, finanziamento.
sussiègo, *sm.* serietà, gravità, contegno grave, austerità, compostezza, contegnosità, fermezza, gravezza, imponenza, posatezza, severità, solennità, rigore, mutria, maestà, sicumera, presunzione, sufficienza, boria, aria d'importanza, albagia, tronfiezza, superbia, affettazione.
contr. cordialità, giovialità, semplicità, spontaneità, modestia, umiltà.
sussistènza, *sf.* → ENTE || VETTOVAGLIAMENTO.
sussístere, *v.intr.* esistere, esistere per sé, durare, perdurare, persistere, conservarsi, sostenersi, resistere, rimanere || valere, reggere, essere valido, stare in piedi.
contr. mancare, estinguere, spegnere, scomparire, venir meno, non esistere.
sussultàre, *v.intr.* balzare, rimbalzare, trabalzare, riscuotersi, trasalire, sobbalzare, saltare, pulsare, palpitare.
sussúlto, *sm.* balzo, rimbalzo, trabalzo, sbalzo, sobbalzo, scossa, scossone, scatto, salto, guizzo, palpito, contrazione, convulsione, brivido, rapimento, trasalimento.
sussultòrio, *agg.*
contr. ondulatorio.
sussurràre, *v.tr.* e *intr.* susurrare, bisbigliare, mormorare, sbofonchiare, ronfiare, borbottare, parlottare, pispigliare || stormire, frusciare, frullare, ronzare, strepere, bombire || *fig.* biasimare, criticare, accusare, sparlare.
contr. gridare, schiamazzare, urlare || proclamare, gridare ai quattro venti, far sapere a tutti.
sussurratóre, *agg.* e *sm.* susurratore, → BISBIGLIATORE, MALDICENTE.
sussurrazióne, *sf.* susurrazione, → MALDICENZA.
sussurrío, *sm.* susurrio, → SUSSURRO, RUMORE.
sussúrro, *sm.* susurro, sussurrio, ronzio, brusio, mormorio, bombito, bisbiglio, bisbigliamento, pispiglio, vocio, → RUMORE || *fig.* → MALDICENZA.
contr. grido, urlio, fracasso, rimbombo, frastuono.
sussurróne, *agg.* e *sm.* susurrone, → BISBIGLIATORE || *fig.* → MALDICENTE.
sústa, *sf.* → MOLLA.
suzzàre, *v.tr.* rasciugare, assorbire, → SECCARE.
svagàre, *v.tr.* → DIVERTIRE, RALLEGRARE, DISTRARRE.
svagatàggine, *sf.* svagatezza, spensierataggine, sbadataggine, scapataggine, distrazione.
contr. attenzione, cura, applicazione.
svagatèllo, *agg.* → DISTRATTO.
svagatézza, *sf.* → SVAGATAGGINE.
svagàto, *pps.* di svagare || *agg.* → DISTRATTO || DISSIPATO || ERRANTE.
svàgo, *sm.* svagamento, diletto, sollazzo, piacere, divertimento, allegria, spasso, ricreazione, passatempo, sollievo, giuoco, trastullo, diporto, distrazione, sport, ginnastica, esercizi fisici, riposo, rilassamento, distensione, ripresa.
contr. malinconia, fissazione, afflizione, noia, tedio, tristezza, logorio, fatica, tensione.
svaligiàre, *v.tr.* → RUBARE, SACCHEGGIARE.
svaloríre, *v.tr.* → SVALUTARE.
svalutàre, *v.tr.* deprezzare, togliere valore, pregio, svalorire, ribassare, rinvilire, svilire, svendere, sabotare || *fig.* sottovalutare.
contr. rivalutare, apprezzare, valorizzare, dare pregio.
svalutazióne, *sf.* deprezzamento, disistima, sabotaggio, rinvilio, scredito, devalutazione.
nomencl. potere d'acquisto, inflazione, deflazione.
contr. stima, rivalutazione, valorizzazione, rincaro.
svampàre, *v.tr.* → SFOGARE, VERSARE || svaporare, finire in nulla.
svanènte, *ppr.* di svanire || *agg.* → SVANITO, SFUMATO.
svaníre, *v.intr.* sfumare, andare in fumo, disparire, sparire, scomparire, spegnersi, perdersi, fuggire, velarsi || dileguarsi, finire in niente, evaporare, perder l'essenza, lo spirito, la fragranza, svaporare, svampare, esalare, dissiparsi (di un sogno) || *fig.* → RIMBAMBIRE.
contr. apparire, comparire, concretarsi.
svaníto, *pps.* di svanire || *agg.* sfumato, evanescente, svanente, digradato, digradante, tenue, andato in fumo, dileguato, scomparso, annullato, andato a vuoto || svampato, evaporato, svaporato || *fig.* → PAZZO.
contr. apparso, comparso, presente, formato, concretato.
svantàggio, *sm.* disavvantaggio, perdita, pregiudizio, incomodo, inconveniente, inferiorità, detrimento, nocumento, scapito, discapito, → DANNO.
contr. vantaggio, guadagno, utile.
svantaggióso, *agg.* → DANNOSO, SCONVENIENTE.
contr. vantaggioso.
svaporàre, *v.intr.* → EVAPORARE || *fig.* → SVANIRE.
svariàre, *v.tr.* → CAMBIARE, DIFFERIRE, DIVAGARE.
svariàto, *pps.* di svariare || *agg.* → DIVERSO, MOLTEPLICE.
contr. uguale, monotono, uniforme.
svàrio, *agg.* → MACCHIATO || *sm.* differenza, varietà.
svarióne, *sm.* sfarfallone, sbaglio, errore, abbaglio, sproposito, cantonata, granchio, topica.
svecchiàre, *v.tr.* innovare, rinnovare, riformare, togliere il vecchiume, ringiovanire, rammodernare, ridurre all'uso moderno || → POTARE.
contr. invecchiare, conservare, continuare gli usi (di un tempo).
svecciatóio, *sm.* → STACCIO.
svéglia, *sf.* → OROLOGIO || segnale di tromba.
svegliàre, *v.tr.* destare, risvegliare, sdormentare, dissonnare, scuotere il sonno, sveggiare (*ant.*) || *fig.* scuotere, ridestare, risuscitare, rinnovare, ravvivare, susci-

tare, eccitare, stimolare, incitare || *rifl.* svegliarsi, ridestarsi, destarsi, scuotersi, rinascere.
contr. vegliare, addormentare, assopire, sopire.

svegliaríno, *sm.* → OROLOGIO || *fig.* richiamo, monito, → STIMOLO, RICORDO.

svegliatézza, *sf.* prontezza, sveltezza, vivacità di mente, d'ingegno; accortezza, intraprendenza.
contr. ottusità, lentezza, pigrizia, melensaggine, torpidezza.

svegliàto, *pps.* di svegliare || *agg.* → SVEGLIO, INTRAPRENDENTE.

svéglio, *agg.* svegliato, desto, vigile, attento || *fig.* di mente pronta, vivace; intelligente, intraprendente, svelto, disinvolto, rapido, sbrigativo, pronto, accorto, destro, tempista.
contr. ottuso, lento, addormentato, assopito, intontito, stolido.

svelàre, *v.tr.* togliere il velo, denudare || *fig.* rivelare, propalare, propagare, diffondere, manifestare, divulgare, dilatare, disseminare, spacciare, raccontare ai quattro venti, palesare, mettere in piazza, mostrare, scoprire, disvelare, spifferare, strombettare, snocciolare, spiattellare, sbugiardare, smascherare, smentire, scoprire gli altarini, mettere in piazza, svergognare, svesciare, strappare i segreti, squarciare il velo, alzare il sipario.
contr. imporre silenzio, tacere, nascondere, occultare, mascherare, celare, censurare.

svelenàre, *v.tr.* togliere il veleno, svelenire || *rifl. fig.* → SFOGARE.
contr. avvelenare.

svelenìre, *v.tr.* → SVELENARE || *rifl. fig.* → SFOGARE.
contr. invelenire.

svèllere, *v.tr.* divellere, strappare, sradicare, estirpare, spiantare, sbarbare, sbarbicare, togliere, spezzare, trarre, schiantare, annientare, distruggere.
contr. piantare, conficcare, radicare, barbicare.

sveltézza, *sf.* sollecitudine, rapidità, premura, fretta, celerità, prestezza, alacrità, prontezza, attività, operosità, solerzia || snellezza, flessuosità, agilità || *fig.* prontezza di mente, acutezza d'intelligenza, scaltrezza.
contr. lentezza, torpidità, pigrizia, inattività, impaccio.

sveltíre, *v.tr.* accelerare || render svelto, sneghittire, spoltrire || *rifl.* farsi alacre, spigrirsi, spoltrirsi || scaltrirsi.

svèlto, *agg.* snello, sciolto, snodato, slanciato, sottile, flessuoso, mingherlino, minutino, sdutto, agile, alacre, operoso, intraprendente || franco, sveglio, vivace, rapido, fulmineo, disinvolto, sbrigativo, folletto, lesto, pronto.
contr. tozzo, goffo, grasso || impacciato, tardo, lento, torpido, intorpidito, melenso.

svenàre, *v.tr.* uccidere tagliando le vene || *rifl. fig.* dissanguarsi, immolarsi, sacrificarsi, impoverirsi, rovinarsi.
contr. rinsanguarsi, risparmiarsi.

svéndere, *v.tr.* vendere sotto costo, liquidare, ribassare, deprezzare, svalutare.
contr. rincarare, rivalutare.

svéndita, *sf.* liquidazione, stralcio, saldo, ribasso.

svenevolàggine, *sf.* → SVENEVOLEZZA.

svenévole, *agg.* sdolcinato, affettato, smorfioso, lezioso, schifiltoso, daddoloso, gestroso, moinardo, stucchevole, sgalante, smanceroso, melenso, infemminito, falso, sguaiato, cascante, scomposto || (di scrittore), → ARCADE.
contr. rude, maschio, energico, robusto, gagliardo, ispido, sgarbato.

svenevolézza, *sf.* attuccio, caccabaldole, cascaggine, daddolo, lezio, leziosaggine, moina, scasimo, sceda, gestro, sdilinquimento, sdolcinatezza, sdolcinatura, smanceria, smorfia, svenevolaggine, svenia, vapori, leziosità, tenerezze, sguaiataggine, scompostezza, sconvenienza, affettazione, stucchevolezza.
contr. rudezza, maschiezza, gagliardia, rozzezza, sgarbo, sgarberia.

svènia, *sf.* lungaggine noiosa, → SVENEVOLEZZA.

sveniménto, *sm.* deliquio, sincope, lipotimia, mancamento, fastidio, pasmo (*ant.*), spasimo, sdilinquimento, smarrimento, inanizione, basimento, sturbo, tramortimento, vapori, sfinimento, torpore, sfinitezza.
contr. rinvenimento, riscotimento, ritorno in sé.

svenìre, *v.intr.* venir meno, mancare, cadere in deliquio, andare, basire, languire, sdilinquire, tramortire, perdere i sensi, i sentimenti o le forze, sentirsi mancare.
contr. rinvenire, tornare in sé, riaversi, riscuotersi, ravvivare le forze.

sventàre, *v.tr. fig.* eludere, evitare, mandare a vuoto, render vano, impedire, disturbare, spannare (*ant.*), disingannare, rimediare.
contr. avventare, subire, rimanere vittima, soggiacere, appannare (*ant.*).

sventatàggine, *sf.* → SVENTATEZZA.

sventatézza, *sf.* sventataggine, scapataggine, leggerezza, storditaggine, spensieratezza, storditezza, balordaggine, dimenticanza, stupidaggine, insensatezza, sbadataggine, sconsideratezza.
contr. assennatezza, prudenza, riflessione, posatezza, ponderatezza.

sventàto, *pps.* di sventare || *agg.* e *sm.* smemorato, dimenticone, dimentico, privo di memoria, oblioso, immemore, disattento, distratto, sbadato, insensato, stordito, ebete, bizzarro, sciocco, stolido, scapato, leggero, irriflessivo, balordo.
contr. ponderato, prudente, riflessivo, presente a se stesso, calcolatore, attento, intelligente, memore.

svèntola, *sf.* ventola || *fig.* scapaccione, schiaffo, percossa.

sventolàre, *v.tr.* esporre al vento, alzare in alto, far muovere al vento, ventilare || *rifl.* farsi vento.

sventràre, *v.tr.* sbudellare, sbuzzare || trafiggere, uccidere, colpire al ventre || *fig.* demolire edifici, quartieri || fare scorpacciate, mangiare da ingordo, strippare, → MANGIARE.

sventúra, *sf.* sfortuna, disdetta, iettatura, scalogna, sorte avversa o contraria, disgrazia, infelicità, disavventura, ingiuria della sorte, malavventura, maledizione, misavventura, peripezia, manrovescio della fortuna, rovescio, traversia, calamità, sciagura, contrarietà, stella avversa, male.
contr. buona sorte, fortuna, ventura, felicità, prosperità.

sventuràto, *agg.* sfortunato, disgraziato, malcapitato, infelice, misero, miserabile, tribolato, disavventurato, disfortunato, infortunato, scalognato, maledetto, diseredato, zimbello o trastullo della sfortuna, nato sotto cattiva stella, iettato || malaugurato, infausto, nefasto, contrario, triste, doloroso.
contr. lieto, prospero, fortunato, felice, fausto.
svenúto, *pps.* di svenire || *agg.* → ESANIME.
sverdíre, *v.intr.* → APPASSIRE.
sverginaménto, *sm.* → DEFLORAZIONE.
sverginàre, *v.tr.* cogliere il fiore (della verginità), → DEFLORARE.
svergognàre, *v.tr.* scorbacchiare, scornare, scornacchiare, smascherare, smentire, sbugiardare, umiliare, confondere, mortificare, rimproverare, vituperare, beffare, deridere, dileggiare, mettere in ridicolo.
contr. elogiare, esaltare, riabilitare, onorare, rispettare.
svergognatézza, *sf.* sfacciataggine, impudenza, procacia, sfrontatezza || → OSCENITÀ.
contr. riguardo, pudore, peritanza, delicatezza.
svergognàto, *pps.* di svergognare || *agg.* impudente, sfrontato, procace, sfacciato, spudorato, cinico || disonorato, vituperato, confuso || impudico, inverecondo, osceno.
contr. vergognoso, timido, peritoso, riservato, pudico, pudibondo, dignitoso.
svérza, *sf.* scheggia, → PARTE.
sverzàre, *v.tr.* scheggiare, sfracellare || *intr.* scheggiarsi.
svescià re, *v.tr.* spifferare, spiattellare, vuotare il sacco, palesare, rivelare, svertare, ridire, raccontare ai quattro venti, → SVELARE.
contr. tener segreto, serbare segreto, celare.
svesciónе, *agg.* chiacchierone, pettegolo.
svestíre, *v.tr.* e *rifl.* → SPOGLIARE, DENUDARE.
svestíto, *pps.* di svestire || *agg.* mezzo vestito, discinto, → NUDO.
svettàre, *v.tr.* → POTARE.
svezzaménto, *sm.* slattamento, divezzamento.
contr. allattamento.
svezzàre, *v.tr.* divezzare, slattare, spoppare || disavvezzare, → DISABITUARE.
contr. allattare.
svezzàto, *pps.* di svezzare || *agg.* → DISABITUATO.
sviàre, *v.tr.* far deviare, volgere da un'altra parte, distogliere, distornare, distrarre, fuorviare, stornare, smuovere, dissuadere, deviare; mandare da un'altra parte, allontanare, cambiare destinazione, mandare a monte, rimuovere, annullare, dirottare, obliquare || *fig.* traviare, guastare, errare, sbagliare, subornare, fallire, corrompere || *rifl.* smarrirsi, sperdersi, allontanarsi, sbagliare strada.
contr. mettere, mettersi sulla buona strada, mantenere la giusta direzione; durare, perseverare (nel bene).
sviàto, *pps.* di sviare || *agg.* corrotto, guastato, deviato, pervertito.
svicolàre, *v.intr. fig.* scantonare, svignare, sgattaiolare, scivolare, sgusciare, → FUGGIRE.
svignàre, *v.intr.* fuggire di nascosto, sfuggire, sgattaiolare, scivolare, sgusciare, battersela, darsela a gambe, scampare, scansare, cavarsela, partire, andare.
contr. rimanere, ritornare.
svigoríre, *v.tr.* smidollare, esaurire, infiacchire, sfibrare, logorare, fiaccare, infievolire, infrollire, evirare, → INDEBOLIRE.
contr. invigorire, rinvigorire, ringagliardire, rinforzare, dar forza o vigore.
svigoríto, *pps.* di svigorire || *agg.* indebolito, sfibrato, fiaccato, fiacco, infiacchito, debole, appassito, snervato, debilitato, affranto, dilombato, slombato, smidollato, disciolto, lonzo, spossato, effeminato, estenuato, finito, flaccido, cascante.
contr. forte, energico, vigoroso, robusto, temprato, invigorito, rinvigorito, ringagliardito, rinforzato, rafforzato.
sviliménto, *sm.* svalutazione, deprezzamento, rinvilio, screditо, devalutazione, disprezzo.
contr. rivalutazione, avvaloramento, valorizzazione, rincaro.
svilíre, *v.tr.* avvilire, mortificare, deprimere, svalorire, svalutare, rinvilire, deprezzare, sottovalutare, togliere valore o pregio, ribassare.
contr. rivalutare, apprezzare, valorizzare avvalorare.
svillanaménto, *sm.* → OFFESA.
svillaneggiàre, *v.tr.* → INGIURIARE, OFFENDERE.
svilippàre, *v.tr.* disfare il viluppo, snodare, svolgere || *fig.* accrescere, allargare, allungare, ampliare, aumentare, stendere, dilatare, gonfiare, incrementare, moltiplicare, ingigantire, ingrandire, ingrossare, raddoppiare, rafforzare || spiegare, commentare, descrivere, dettagliare, dimostrare, esplanare, esplicare, esporre, illustrare, interpretare, insegnare, parafrasare, particolareggiare, rischiarare, tradurre, manifestare, schiarire || *intr.* crescere, evolvere, prosperare, progredire, rafforzare || manifestarsi.
contr. limitare, contenere, frenare || mortificare, infrenare, diminuire, arrestare, fermare, calare, far indietreggiare, far regredire || sbozzare, abbozzare.
svilúppo, *sm.* andamento, corso, procedimento, decorso, decorrenza, evoluzione, svolgimento, accrescimento, crescita, aumento, incremento, progresso || → PUBERTÀ.
nomencl. (*inerenti*) atrofia, ipertrofia || perfezione, perfezionamento.
contr. regresso, diminuzione, involuzione, arresto || inviluppo, viluppo.
svincolàbile, *agg.* → RICUPERABILE.
contr. vincolabile.
svincolàre, *v.tr.* ritrarre, trarre, liberare, slegare, snodare, slacciare, sciogliere, disobbligare, riscattare, affrancare, nascondere || *rifl.* divincolarsi, fuggire, sfuggire, evitare.
contr. vincolare, impegnare, obbligare, legare, irretire.
svíncolo, *sm.* riscatto, redenzione, liberazione, affrancazione, rilascio.
contr. vincolo, legame, impegno.
svisàre, *v.tr.* sfregiare, deturpare, sfigurare, ferire, sberleffare, smusare, cambiare i connotati || *fig.* snaturare, falsare, cambiare, alterare, travisare, capovolgere, sconvolgere, stravolgere.
contr. rispettare, abbellire, ornare.
svisceràre, *v.tr.* cavar le viscere || *fig.* scavare, appro-

fondire, entrare, inviscerare, investigare, trattare a fondo, impadronirsi di un argomento, di un autore, studiare esaurientemente.
contr. sfiorare, saltabeccare, trattare in modo superficiale, svagato, generico, dilettantesco o di sfuggita.
sviscératézza, *sf.* grande tenerezza, affetto profondo, passione, appassionatezza, intrinsichezza, intimità, familiarità.
svisceràto, *pps.* di sviscerare || *agg. fig.* affettuoso, appassionato, innamorato, intimo, intrinseco, con tutto il cuore, con tutta l'anima, cordiale.
svísta, *sf.* distrazione, inavvertenza, equivoco, sbaglio, abbaglio, errore, svarione, granchio, scambio, sproposito, sfarfallone, papera, asineria, sgrammaticatura, topica.
svízzero, *agg.* elvetico || *sm.* → PORTINAIO.
svogliàre, *v.tr.* levar la voglia || *rifl.* perdere la voglia, disamorare, disamorarsi, disappassionarsi, saziarsi, esser ristucco, impigrirsi.
contr. invogliare, invogliarsi, appassionarsi.
svogliatàggine, *sf.* → SVOGLIATEZZA.
svogliatézza, *sf.* svogliataggine, disamore, malavoglia, negligenza, fiacchezza, pigrizia, rilassatezza, apatia, svogliatura, freddezza || inappetenza.
contr. voglia, passione, appassionamento, slancio, ardore, operosità, alacrità, solerzia.
svogliàto, *pps.* di svogliare || *agg.* pigro, inerte, negligente, disamorato, fiacco, fannullone, svigorito, dinoccolato, infingardo, rotto, trascurato, schifiltoso, apatico, inerte, freddo || inappetente.
contr. voglioso, diligente, alacre, operoso, volonteroso, solerte, vibrante, brioso.
svolazzaménto, *sm.* → SVOLAZZO.
svolazzàre, *v.intr.* → VOLARE || (con la fantasia) → DIVAGARE.
svolàzzo, *sm.* svolazzamento || fronzolo, frangia, scarabocchio, ghirigoro.
svolére, *v.tr.* disvolere.
contr. volere.
svòlgere, *v.tr.* disfare, disinvolgere, distendere, disvolgere, spiegare, dimostrare, dipanare, sciogliere, liberare, germogliare, sviluppare, evolvere, stendere || *fig.* dissuadere, sconsigliare, tirare indietro, rimuovere || trattare || *rifl.* accadere, compiersi (di un fatto, un avvenimento); procedere, progredire, evolvere, svilupparsi.
contr. avvolgere, involgere, inviluppare, arrotolare || cessare, finire, terminare, conchiudersi.
svolgiménto, *sm.* andamento, corso, decorso, decorrenza, sviluppo, evoluzione, procedimento, spiegamento || trattazione, esplicazione, chiarimento di un tema.
contr. avvolgimento, involgimento, arrotolamento.
svòlta, *sf.* voltata, cantonata, deviazione, curva, gomito, angolo, giro, girivolta.
contr. rettifilo, via diritta, rettilinea.
svoltàre, *v.tr.* svolgere, srotolare, disfare || *intr.* curvare, fare una svolta, svicolare, → VOLTARE.
contr. avvolgere, involgere, inviluppare || andar diritto.
svoltolóne, *sm.* rotolone, ruzzolata.
svoltúra, *sf.* → SCIOGLIMENTO || *ant.* piegatura, svoltatura.
svòlvere, *v.tr.* → SVOLGERE.
svuotàre, *v.tr.* → EVACUARE, VUOTARE.
contr. colmare, saturare, riempire.

T

tabaccàio, *sm.* → TABACCHERIA.
tabaccherìa, *sf.* tabaccaio, tabacchino (*region.*), rivendita, privativa, spaccio.
nomencl. (*pertinenti*) regìa, monopolio, appalto, levata || tabacchino, tabacchina || sale, tabacchi, sigari, sigarette, fiammiferi, francobolli, marche da bollo, carta bollata, cartoline, biglietti postali, chinino dello Stato.
tabàcco, *sm.* erba dell'ambasciatore, della regina, medica, santa; foglia nicoziana.
nomencl. (*tipi*) in corda, masticatorio, in tavolette, trinciato, turco, conciato, manipolato, nazionale, estero || (*attinenti*) cicca, radica, pacchetto, boetta, fumo, nicotina, pizzico, presa, borsa da tabacco, tabacchiera || mescolanza, moro, *maryland*, barba del sultano, scaglietta, macubino, rapé, siviglia, violetta || sigaro, sigaretta, pipa, bocchino || *agg.* dolce, forte, chiaro, scuro, odoroso, dannoso || tabacchificio, manifattura dei tabacchi || tabacchino, tabacchina || *verb.* fumare, annusare, intabaccare, tritare, tabaccare, stabaccare, ciccare.
tabàrro, *sm.* → MANTELLO, GABBANO.
tàbe, *sf.* sanie, consunzione, consumazione, malattia, contabescenza, atassia locomotrice, marcia || sifilide.
tabefàtto, *agg.* infradiciato, quasi consunto dalla tabe, marcio, marcido || → SPORCO.
tabèlla, *sf.* catalogo, nota, paradigma, prospetto, tavoletta, specchietto || tabellone, crepitacolo, raganella, battola, battolone || *fig.* chiacchierone.
tabellióne, *sm.* → NOTAIO.
tabernàcolo, *sm.* nicchia, ciborio, → SACELLO || TENDA.
tabètico, *agg.* → TABICO.
tàbico, *agg.* tabetico, tabido || marcio, marcido.
tabú, *sm. indecl.* interdizione, divieto sacrale || *fig.* cosa proibita, intangibile, intoccabile, sacra || complesso, nodo psichico.
tabulàrio, *sm.* → ARCHIVIO.
tàcca, *sf.* dente, dentello, intaccatura, incisione, taglio, segno incavato, fenditura, cocca || *fig.* neo, macchia, sciupatura, vizio, qualità, statura, magagna || ceto.
nomencl. scaletta || (*modi di dire*) uomo di mezza tacca, della stessa tacca || *verb.* taccare, intaccare, intaccacchiare.
taccagnerìa, *sf.* → AVARIZIA.
taccàgno, *agg.* sordido, spilorcio, gretto, tirchio, tirato, pidocchio, → AVARO.
contr. generoso, prodigo, liberale.
taccàto, *agg.* → MACCHIATO.
taccheggiàre, *v.tr.* tacchettare.
tacchettàre, *v.intr.* taccheggiare.
tacchíno, *sm.* dindio, dindo, gallinaccio, pollo d'India.
nomencl. (*parti*) bargiglio, caruncola, naso o corno, pennello o pizzo, rosta o ruota, pappagorgia || fare la ruota, roteare, tronfiare || (*voci*) gloglottare, gogluttare, sgorgogliare, gurgugliare.
tàccia, *sf.* → ACCUSA, ATTRIBUTO.
tacciàre, *v.tr.* → ATTRIBUIRE, ACCUSARE, BIASIMARE.
tàccola, *sf.* → LITE, LITIGIO || INEZIA, MINUZIA || GAZZA.
taccolíno, *agg.* e *sm.* → SCIOCCO.
taccóne, *sm.* toppa || → ZEPPA.
taccuíno, *sm.* libretto d'appunti, agenda || (*ant.*) lunario, almanacco, calendario.
tacére, *v.intr.* non parlare, non favellare, star zitto, far silenzio, azzittire, ammutire, ammutolire, cessar di parlare, non dire, non rivelare, non fiatare, non aprir becco, chiudersi nel silenzio o nel mutismo, mantenere il silenzio, non aver parola, non fare motto o parola, non muovere bocca, restar di parlare, stare chiotto, tener la lingua in bocca, tenere il silenzio, tenere un segreto in corpo, non manifestarsi, non far rumore || *tr.* nascondere, velare, mascherare, dissimulare, sottacere, omettere, passar sotto silenzio, rinfoderare, astenersi.
contr. parlare, dire, favellare, manifestare, gridare || nominare, citare.
tachicardìa, *sf.* batticuore, cardiopalmo, palpitazione.
contr. brachicardia.
tachigrafìa, *sf.* stenografia, brachigrafia, semiografia, note tironiane.
tachímetro, *sm.* contagiri, contachilometri.
tacíbile, *agg.* → INFAME.
tacitàre, *v.tr.* subornare, comperare il silenzio, rendere connivente, → PAGARE.
contr. far parlare.
tacitiàno, *agg.* stringato, succinto, conciso, telegrafico, laconico, → BREVE.
contr. diffuso, prolisso, verboso, brodoso, profuso, ciancioso, parolaio.
tàcito, *agg.* taciturno, muto, silenzioso, silente, tacente, ammutolito, quieto, queto, cheto, quietato, chiotto, quatto, zitto, reticente || non espresso, sottinteso, alluso, accennato, nascosto, occulto || tacitato.
contr. loquace, ciarliero, multiloquo, rumoroso, fragoroso, inquieto || espresso, affermato, dichiarato, proclamato, urlato, palese, detto a chiare note, detto in modo aperto, esplicito.
taciturnità, *sf.* silenzio || broncio, musoneria.
contr. loquacità, multiloquio, multiloquacità, verbosità, ciarlataneria, parlantina.
tacitúrno, *agg.* tacito, silenzioso, cheto, chiotto, zitto, silente, muto, quatto, quieto, silente, ammutolito, asciutto di parole, di poche parole, ottuso, tacente, pensieroso, malinconico, misantropo, imbronciato, musone, cupo, persona abbottonata.
contr. loquace, chiacchierone, multiloquo, rumoroso, ciarlone, ciarliero, pettegolo, parolaio, fragoroso, verboso.
tafàno, *sm.* estro bovino, assillo, moscone, mosca canina o cavallina, ronzone.
nomencl. succhiatoio || ronzio.
tafferìa, *sf.* farinaiola.
tafferúglio, *sm.* parapiglia, lite, litigio, rissa, baruffa,

alterco, scompiglio, disordine, tumulto, ribellione, confusione.
taffettà, *sf.* seta leggera, tela di seta || sparadrappo, drappo inglese, cerotto.
tàglia, *sf.* prezzo richiesto per riscatto, riscatto, imposta, contribuzione, premio, ricompensa || *fig.* statura, corporatura, figura, complessione, qualità, sorta || → PULEGGIA.
tagliabórse, *sm.* e *f. indecl.* borsaiolo.
tagliabòschi, *sm. indecl.* → BOSCAIOLO.
tagliacàrte, *sm. indecl.* stecca.
tagliafèrro, *sm. indecl.* → SCALPELLO.
taglialégna, *sm. indecl.* spaccalegna, boscaiolo, tagliaboschi.
tagliàndo, *sm.* cedola, talloncino, biglietto.
tagliapiètre, *sm. indecl.* → MARMISTA, SCULTORE.
tagliàre, *v.tr.* tagliuzzare, dividere, separare, fendere, incidere, intercidere, recidere, resecare, risecare, segare, intersecare, ridurre, solcare, spaccare, sparare, aprire in mezzo, squartare, partire, affettare, anatomizzare, trinciare, troncare, mozzare, amputare, mutilare, scheggiare, frastagliare, sfogliare, abradere, segare, mietere, falciare, radere, rompere, ritagliare, raccorciare, abbreviare, rabbreviare, accorciare, tosare || affaccettare, sfaccettare, affettare, ammozzicare, fare a bocconi, circoncidere, dismembrare, smembrare, falcidiare, decapitare, incicciare, intaccare, intagliare, dimozzicare, mozzicare, smozzicare, potare, svettare, stralciare, tondare, raccorcire, rifilare, sfronzare, rodere, stritolare, roncare, scannare, sgozzare, scarificare, scarnire, sfregiare, smusare, smussare, smarginare, spiccare, staccare, stagliare, stralciare, tarpare, scalcare, tritare, triturare || mescolare || *fig.* impedire, interrompere || *rifl.* ferirsi.
nomencl. (*modi*) diritto, storto, fine, sottile, grosso, per testa, terra terra, basso, a filo, in alto, delicatamente, di netto, di sbieco, di scancio, per traverso, di sghembo, in tralice, a ugna.
contr. attaccare, unire, riattaccare, congiungere, ricongiungere, riunire, ricucire, rimarginare.
tagliàta, *sf.* → BARRICATA.
tagliatèlla, *sf.* → LASAGNA.
tagliàto, *pps.* di tagliare || *agg.* reciso, mozzato, tronco, troncato, amputato, intersecato, intagliato, ritagliato, frastagliato, stagliato, separato, interciso, mutilato, trinciato, diviso, spezzato, spaccato, smozzicato, decapitato || inclinato, disposto, adatto (a una cosa).
contr. attaccato, unito, riunito, congiunto, ricongiunto, riattaccato, ricucito, rimarginato.
tagliatríce, *sf.* taglierina.
tagliatúra, *sf.* affettatura, fenditura, incisione, intaccatura, intagliamento, mozzatura, mutilazione, raffilatura, recisa, riciditura, recisione, risecamento, resecazione, scorticatura, sdrucitura, sfenditura, sfessatura, smozzatura, tacca, trinciatura, ugnatura || squarcio, ritaglio, residuo, avanzo, scampolo, frastaglio, sciavero.
contr. attaccatura, congiunzione, unione, rimarginatura, ricucitura.
tagliavènto, *sm. indecl.* parabrezza.
taglieggiàre, *v.tr.* imporre taglie, imporre gravezze, gravare con tributi, minacciare.
tagliènte, *agg.* affilato, arrotato, di taglio sottile, incisivo, aguzzo || *fig.* mordace, maldicente, pungente, sferzante, amaro, iroso, acre, incisivo || *sm.* taglio, parte tagliente, fendente.
contr. smussato || costola.
taglière, *sm.* → PIATTO.
taglierína, *sf.* tagliatrice.
tàglio, *sm.* filo, tempera || lesione, ferita, sfregio, sberleffo, deturpazione (del viso), cicatrice, incisione, amputazione, troncamento, recisione, resezione, dissezione, intaccatura, abrasione, mutilazione, squarcio || intersecamento || fenditura, spaccatura, apertura || soppressione (di una parte) || fetta, scampolo, → RITAGLIO || MIETITURA || *fig.* distacco, rottura, allontanamento || → QUALITÀ.
nomencl. *agg.* e *loc. avv.* falso, morto, vivo, semplice, pulito, sottile || a fior di pelle, a fondo, profondo, fresco, largo, stretto, netto, sfrangiato, superficiale, storto, diritto || *verb.* affilare, arrotare, levare, sciupare, rivedere, tastare, tentare || procurare, produrre, fare, eseguire || attagliare, intagliare || venire in taglio, essere a taglio.
contr. rimarginatura, congiunzione, ricucitura, cucitura, attaccatura.
tagliòla, *sf.* trappola, laccio.
tagliòlo, *sm.* → SCALPELLO.
taglióne, *sm.* contrappasso, dente per dente, occhio per occhio || → IMPOSTA.
tagliuzzàre, *v.tr.* → TAGLIARE, FERIRE.
tàiga, *sf.* → FORESTA.
talabalàcco, *sm.* → TAMBURO.
talàltro, *pron.* tal altro, qualche altro, qualcun altro.
tàlamo, *sm.* camera nuziale, letto nuziale o matrimoniale || *fig.* matrimonio.
talàre, *agg.* sacerdotale (di abito).
talassografía, *sf.* → OCEANOGRAFIA.
tàlea, *sf.* magliolo, barbatella, piantone, gettone, sarmento, margotto, propaggine (di pianta).
talentàre, *v.intr.* andare a talento, a genio, → PIACERE.
talènto, *sm.* peso, moneta || *fig.* desiderio, voglia, volontà || ingegno, intelligenza, genio, immaginazione, inclinazione, attitudine, capacità, tendenza, propensione, gusto, || grazia, doni ricevuti (da natura).
nomencl. di buon talento, maltalento, a mal talento || *verb.* talentare.
talismàno, *sm.* amuleto, portafortuna, feticcio, pentacolo, cornetto, corno, *mascotte.*
nomencl. scaramanzia, superstizione.
tallíre, *v.intr.* (di piante) accestire, fartallo, far cesto, germogliare, germinare, rinverdire.
contr. imbozzacchire, sverdire.
tàllo, *sm.* → GERMOGLIO, INNESTO.
tallonàre, *v.tr. fis.* seguire, inseguire da vicino, incalzare, premere, urgere, stare alle calcagna di, stringere da presso, spingere, sospingere.
talloncíno, *sm. fis.* tagliando, cedola, biglietto.
tallóne, *sm.* calcagno, estremità, berza || → SOSTEGNO.
talóra, *avv.* talvolta, a volte, qualche volta, alle volte, certe volte, di tempo in tempo.
contr. mai, giammai.
tàlpa, *sf.* || *fig.* → SCIOCCO.

talúno, *agg.* e *pron.* alcuno, qualcuno, qualcheduno, certuno.
contr. nessuno.
talvòlta, *sf. avv.* → TALORA.
contr. mai, giammai.
tamarindo, *sm.*
nomencl. d'America, dell'India || polpa di tamarindo, conserva, estratto, sciroppo, bibita.
tamarísco, *sm.* → TAMERICE.
tamburàre, *v.intr.* stamburare, tambureggiare, timpaneggiare || *tr.* tambussare, → PERCUOTERE.
tambureggiànte, *ppr.* di tambureggiare || *agg.* → RUMOROSO.
tambureggiàre, *v.intr.* e *tr.* → TAMBURARE.
tamburellàre, *v.tr.* → PERCUOTERE.
tamburèllo, *sm.* → TAMBURO, CEMBALO.
tamburétto, *sm.* → SGABELLO.
tamburinàre, *v.tr.* → PERCUOTERE.
tamburlàno, *sm* → SCALDALETTO.
tambúro, *sm.* timpano, talabalacco, tamburello, *tam-tam.*
nomencl. (*parti*) bordoni, bottoncino, cassa; cerchio, farsetto, fascia, fune, pelle (battifora, bordoniera), tiranti, tracolla, bacchette || batterie del tamburo, rullo, rullio, stamburata, tamburaglia || (*persone*) tamburaio, tamburino, capo tamburo o tamburo maggiore || *loc.* sul tamburo, a tambur battente || *verb.* tamburare, stamburare, tambureggiare, tamburellare, tamburinare, battere la cassa, dare nei tamburi.
tameríce, *sf.* mirice, tamarisco, tamarigi.
tampóne, *sm. fis.* stuello, zaffo, batuffolo, piumacciolo, compressa || cuscinetto || respingente.
tamtàm, *sm. indecl.* tamburo, cémbalo, *gong.*
tàna, *sf.* buco, buca, covo, chiuso, albergo, covaccio, covacciolo, covile, covolo, cuccia, cunicolo, fossa, latibulo, nascondiglio, nido, rintanamento, caverna antro, ricetto || tugurio, stamberga.
nomencl. *verb.* intanare, rintanare, stanare, sbucare, scovacciare.
tanàglia, *sf.* tenaglia, forcipe, gavaina, grappino, imbracatoio, molle, pinze.
nomencl. (*tipi*) da presa, da tiro, a imbracatoia, a massello, a molla, a nasello, a punta, a sgorbia, a staffa, a bacola, a taglio, serraglina, da fucina, da sconficcare, piana || grappino o mollette, tronchetto, arzinga || (*parti*) branche, bocche, ganascia, morso, pernio, presa, nasello || *verb.* tanagliare, attanagliare, addentare, afferrare, mordere.
tanagliàre, *v.tr.* attanagliare.
tàndem, *sm. indecl.* → BICICLETTA.
tanè, *agg.* e *sm. indecl.* castano, marrone, lionato.
tanfanàre, *v.tr.* → PERCUOTERE.
tànfo, *sm.* puzzo di rinchiuso, di muffa; mucido, lezzo, fetore, → ODORE || tanfata, zaffata.
contr. profumo, fragranza, olezzo, buon odore.
tangènte, *ppr.* di tangere || *s.f.* porzione, quota, parte, rata, percentuale, importo, onere, spesa.
nomencl. bitangente, cotangente || tangenza, tangenziale.
tàngere, *v.tr. dif. poet.* toccare, riguardare, interessare.
tànghero, *sm.* uomo rozzo, rozzone, buzzurro, goffo, zoticone, villano, villanzone.
contr. persona beneducata, compìta, civile, dabbene.
tangíbile, *agg.* toccabile, palpabile, tattile || → REALE, MATERIALE || *fig.* → EVIDENTE.
contr. intangibile, intoccabile, impalpabile.
tank, *sost. ingl.* → AUTOBLINDATA.
tantafèra e tantaferàta, *sf.* → CHIACCHIERA.
tantíno, *agg.* → PICCOLO || *sm.* → MINUZIA.
tànto, *agg.* e *avv.* cotanto, intanto, altrettanto, fintanto, frattanto, pertanto, soltanto || molto, numeroso, abbondante || in tal modo, in tal misura.
contr. poco, scarso.
tapinità, *sf.* bassezza, meschinità, → POVERTÀ.
tapíno, *agg.* e *sm.* → POVERO, INFELICE.
nomencl. *verb.* tapinare, tapinarsi, → TRIBOLARE.
tapiòca, *sf.* manioca, fecola.
tàppa, *sf.* sosta, bivacco, fermata, riposo, posata || *fig.* tregua, indugio, intermittenza.
contr. ripresa, continuazione, proseguimento.
tappàre, *v.tr.* → OSTRUIRE, COPRIRE.
contr. stappare.
tapparèlla, *sf. region.* persiana avvolgibile.
tappetàre, *v.tr.* → ORNARE.
tappéto, *sm.* pedana, scendiletto, passatoia, guida, soppedaneo, stuoia, strato, nastro, crosta, falda, arazzo.
nomencl. (*tipi*) orientale, persiano, arabo, turco || di canapa, di lana, di seta, di filaticcio || bancale, celone, *gimian, kilim, tapis roulant* || allungo, bordo || stromatica || *agg.* rosso, verde || *verb.* attappezzare, tappetare, arrotolare, stendere || mettere sul tappeto.
tappezzàre, *v.tr.* → ORNARE || *fig.* → RICOPRIRE.
tappezzería, *sf.* addobbo, arazzo, parato, paramento, tendaggi, drappo, *gobelins.*
nomencl. (*varietà*) damascata, dorata, di carta a fiori, in rilievo, stampata || (*affini*) capoletto, cascata, balza, frangia, drappellone, festone, pendone, cortinaggi, baldacchino, guarnizione || *verb.* tappezzare.
tappezzière, *sm.* attrezzista, ornatore, apparatore, addobbatore, paratore, decoratore, arredatore.
nomencl. (*paramenti e arnesi*) broccato, broccatello, cambrì, marocchino, velluto, stoffa, bórra, finali, cordoncino, gallone, frangia, fondo, fusto, ripieno, spago, boffice, sverzino, pannolino, trapunto, borchie, campanelle, molle, guarnizioni, aghi, bulletta, chiodi, bacchetta, bracciolo, gancio, punteruolo, quadrello || *verb.* appuntare, bullettare, imbottire, intelucciare, panneggiare, ricoprire, tappezzare, addobbare, addrappare, attappezzare, parare, rivestire, ornare.
tàppo, *sm.* cocchiume, turacciolo, zaffo, turo.
tàra, *sf.* diffalco, defalco, falcidia, detrazione, sconto, calo, riduzione, abbuono || vizio ereditario organico, male segreto, difetto, imperfezione, macchia, pecca, magagna.
contr. aggiunta, addizione || salute, integrità, equilibrio, perfezione.
taraccóne, *sm.* → BRONTOLONE.
tarasconàta, *sf.* → SPACCONATA.
tarchiàno, *agg.* → TARCHIATO.
tarchiàto, *agg.* quadrato, fatticcio, atticciato, massiccio, grosso, chionzo, chiatto, tozzo, tozzotto, intozzato,

rintozzato, tarchiano, tracagnotto, tombolotto, traversato, membruto, spalluto, goffo.
contr. mingherlino, allampanato, gracile, sottile, striminzito, smilzo, esile.

tardànza, *sf. ant.* indugio, differimento, → RITARDO.

tardàre, *v.intr.* e *tr.* ritardare, indugiare, essere in ritardo, traccheggiare, tentennare, temporeggiare, mandare in lungo, andare a rilento || *tr.* differire, prorogare, aggiornare, sospendere, procrastinare, rimandare, posticipare.
contr. affrettare, prevenire, precorrere, precipitarsi, anticipare, instare, assillare.

tardézza, *sf.* → TARDITÀ.

tàrdi, *avv.* a notte alta, a ore piccine, fuori ora, con ritardo.
contr. presto, in tempo, per tempo, di buona ora, senza indugio.

tardígrado, *agg.* lento, → PIGRO || *sm.* formichiere, pangolino, bradipo.

tardità, *sf.* lentezza, pigrizia, tardanza, tardezza || *fig.* ottusità, apatia, torpore, indolenza || mora, indugio.
contr. lestezza, prontezza, velocità, alacrità, fervore, rapidità.

tardívo, *agg.* lento, tardo, seròtino, retrivo.
contr. precoce, primaticcio.

tàrdo, *agg.* lento, pigro, grave, lungo || dilungato, procrastinato, serotino, intempestivo, inopportuno || *fig.* ottuso, duro di mente.
nomencl. lungaggine, indugio, lungheria || *verb.* andare per le lunghe.
contr. precoce, pronto, alacre, sollecito, rapido, veloce, lesto.

tàrga, *sf.* scudo (medievale, rettangolare) || placca, cartello, piastra, lastra.

taríffa, *sf.* calmiere, listino, mercuriale, nota, tabella, tassazione, meta, tariffario || prezzo.
nomencl. (*distinzioni*) doganale, postale, telegrafica, telefonica, daziaria, ferroviaria, delle merci, dei medicinali, delle prestazioni, ecc. || ordinaria, ridotta, differenziale, straordinaria, generale, speciale.

tarlàre, *v.intr.* intarlare, intignare, tignare, intarmare, tarmare, bacare, abbechire, trinciare, trapanare, rodere, verrinare, abbrumare.

tarlàto, *pps.* di tarlare || *agg.* tarmato, bucherellato, intarlato, intarmato, intignato, logoro || tonchioso.

tàrlo, *sm.* terèdine || larva di coleottero lignivoro || *fig.* assillo, ansia, passione che rode, pensiero che scava.

tàrma, *sf.* càmola, gorgoglione, tignola || tonchio.

tarmàre, *v.intr.* e *rifl.* → TARLARE.

tarmàto, *pps.* di tarmare || *agg.* → TARLATO.

taròcco, *sm.* germini, minchiate.
nomencl. (*elenco delle carte*) spade, bastoni, coppe, danari || re, dama, cavaliere o cavallo, fante, zero o matto, giocoliero, padre o imperatore, madre o imperatrice, sacerdotessa o papessa, gran sacerdote o papa, amanti o matrimonio, Osiride, filosofo e eremita, virtù cardinali, ruota della fortuna, morte, tifone, gran diavolo, torre o casa di Dio, pianeti, luna, sole, giudizio finale, tempo o mondo, aria || verzicola, trionfi, sequenze || *verb.* taroccare, staroccare.

taròzzo, *sm.* biscaglina.

tarpàno, *agg.* → GOFFO, SGARBATO.

tarpàre, *v.tr.* (delle ali) spuntare, tagliare la punta || *fig.* defalcare, scemare, sottrarre, → ABBREVIARE, PARALIZZARE.

tarsía, *sf.* intàrsio, intarsiatura, incrostamento, incrostatura, rimesso, mosaico.
nomencl. (*materiali, arnesi*) legno, avorio, madreperla, ambra, metalli preziosi, mastice, raschiatoio, bulino, torchio, graffietto, martello da impiallacciare, pietra pomice, tripolo, biacca di Spagna || incastri, lamine, tasselli, incrostature, filetti, cruste || stipettaio || maggiolino || *verb.* tarsiare, intarsiare.

tàrso, *sm.* astragalo, calcagno, scafoide, cuboide, tre ossa cuneiformi.
nomencl. astragalectomia || falangi.

tartagliaménto, *sm.* → BALBETTAMENTO.

tartagliànte, *ppr.* di tartagliare || *sm.* → TARTAGLIONE.

tartagliàre, *v.intr.* balbettare, balbutire, barbugliare, farfugliare, intoppare, impuntare, ciangottare, scilinguare, inviluppare, smozzicare le parole.
contr. parlare speditamente, correntemente, chiaramente.

tartaglióne, *sm.* balbo, balbuziente, bleso, balbettante, balbettatore, smozzo, tartagliante.

tartàna, *sf.* → PESCA.

tartàreo, *agg.* tartaresco, ínfero, → INFERNALE.

Tàrtaro, *sm.* → INFERNO.

tàrtaro, *sm.* gruma, crosta, taso, gromma || calcinaccio, odontolite.

tartarúga, *sf.* testuggine, tartuca, pizzuga, galana, chelone.
nomencl. scudo, clipeo, piastrone, carapace, teca.

tartassàre, *v.tr.* malmenare, maltrattare, percuotere, guastare, offendere, angariare, vessare, strapazzare, tormentare, bistrattare.
contr. rispettare, curare, trattare con delicatezza.

tartína, *sf.* crostino, panino imbottito, tramezzino, *sandwich,* → PANINO.

tartufería, *sf.* → BIGOTTERIA, IPOCRISIA.

tartúfo, *sm.* || *fig.* bigotto, ipocrita.

tarúllo, *agg.* → EBETE.

tàsca, *sf.* sacca, bisaccia, saccoccia, balla; zaino, scarsella, bolgia || borsa.
nomencl. (*parti*) fondo, davanti, di dietro, finta, rivolta, paratasche || *verb.* intascare, rovesciare, arrovesciare, frugàre, rintascare.

tàssa, *sf.* tassagione, imposizione, imposta, contribuzione, gravezza, contributo, balzello, tributo, carico, pedaggio, soprattassa, aggravio, capitazione, assisa.
nomencl. (*varie*) comunale, provinciale, regionale, nazionale, statale, governativa, consorziale, diretta, indiretta, fondiaria, progressiva || (*specificazioni*) ricchezza mobile, complementare, addizionale, di capitazione, di successione, prediale, focatico o di famiglia, testatico, sul macinato, di manomorta, di scambio, di circolazione, di bollo, di valore locativo, ripatico || canone, dazio, decima, dogana, gabella, vettigale, taglia, decimo, doppio decimo, marca segnatasse || dichiarazione dei redditi, fisco, esattoria, contribuente, sgravio, mora, esenzione || *agg.* gravosa, abusiva, eccessiva, enorme, insopportabile, leggera, lieve, tenue ||

verb. pagare, fiscalizzare, tassare, aumentare, diminuire, sgravare, accertare, riscuotere, concordare.
tassàbile, *agg.* imponibile.
tassàmetro, *sm.* → CONTATORE.
tassàre, *v.tr.* imporre, gravare, angariare, taglieggiare, soprattassare.
tassatívo, *agg.* specificato, precisato, determinato con precisione, stabilito invariabilmente; categòrico, perentorio, inderogabile.
contr. indeterminato, variabile, da stabilirsi.
tassèllo, *sm.* tessera, → TARSIA || → INCUDINE.
tàssi, *sm. indecl. taxi,* autopubblica.
tassidermía, *sf.* imbalsamazione, impagliatura (di animali).
tassinomía, *sf.* classificazione, ordinamento (di piante, di animali).
nomencl. (*distinzioni*) specie, genere, sottofamiglia, famiglia, sottordine, ordine, sottoclasse, classe, varietà.
tàsso, *sm.* → INCUDINE || rapporto, percentuale, → INTERESSE.
nomencl. (*distinzioni*) di natalità, di mortalità; d'interesse, di sconto.
tassóne, *sm.* → MUCCHIO.
tastaménto, *sm.* → PALPAMENTO.
tastàre, *v.tr.* attastare, maneggiare, palpare, toccare, brancicare, mantrugiare || provare, frugare, cercare, saggiare, assaporare, sperimentare, esperimentare, tentare, scandagliare, verificare, cimentare, misurare, cercar di conoscere.
tastóne o **tastóni,** *avv.* al tasto, tentoni, brancoloni, a caso, a naso, alla cieca, brancolando.
contr. a occhi aperti.
tàttica, *sf.* disposizione, ordinamento (degli eserciti) || *fig.* astuzia, furberia, prudenza, abilità, accorgimento, accortezza, scaltrezza, diplomazia.
nomencl. (*inerenti*) strategia, logistica || tatticismo; tattico.
tatticóne, *agg.* → ASTUTO, FURBO.
tàttile, *agg.* → TOCCABILE.
tattilità, *sf.* → TATTO.
tàtto, *sm.* tattilità, toccamento, contatto || *fig.* accortezza, prudenza, discernimento, riguardo, garbo, delicatezza, prudenza, forma, criterio, senno, saper fare.
nomencl. (*attinenti*) anafia, parafia, estensiometro, papille || *agg.* delicato, fine, squisito, signorile, plebeo, ottuso, grossolano.
contr. *fig.* imprudenza, ruvidezza, scontrosità, sgarberia, avventatezza, sventataggine.
tatuàggio, *sm.* agopuntura, pictografia.
taumatúrgico, *agg.* miracoloso.
taumatúrgo, *sm.* operatore di miracoli, di cose meravigliose, guaritore.
tauromachía, *sf.* corrida, toreo.
tautología, *sf.* ripetizione, → DIALLELO.
tavèrna, *sf.* → OSTERIA.
tavernàio, *sm.* taverniere, bettoliere, alberghiere, → OSTE.
tavernière, *sm.* → TAVERNAIO.
tàvola, *sf.* tavolo, desco, mensa, tavolino, scrivania, scrittoio, greppia, mangiatoia (*scherz.*) || asse, assito || || → DITTICO || REGISTRO || indice, → CATALOGO || tavola per avvisi pubblici, → ALBO || con incisioni (anatomiche, geografiche, ecc.).
nomencl. (*tipi*) a ferro di cavallo, a ribalta, da allungare, a un piede, a tre piedi, a quattro piedi, impiallacciata || (*parti*) gambe, piano, fascia, cassetti, labbro, filetto || (*pertinenti*) capotavola, tavoleggiante, tavolata, pedana, tiptologia || *agg.* imbarcata, incurvata, sciancata, zoppa || *verb.* tavoleggiare, far intavolare, mettere o levar le tavole, apparecchiare, sparecchiare, mettersi a tavola, stare a tavola, intavolare.
tavolàccio, *sm.* pancaccio.
tavolàto, *sm.* → PALCO, ASSITO, PAVIMENTO.
tavoleggiànte, *sm.* cameriere.
nomencl. tavoleggiare.
tavolétta, *sf.* → PROSPETTO.
tavolière, *sm.* → PIANURA.
tavolíno, *sm.* → TAVOLA.
nomencl. uomo da tavolino || stare a tavolino (studiare).
tàvolo, *sm.* → TAVOLA.
taxi, *sm. fr.* → TASSI.
tàzza, *sf.* chicchera, ciotola, boccale, bicchiere, vaso || gotto || coppa (di fontana).
nomencl. coppino, piattello, scodellino || *verb.* mescere, schiccherare.
tazzétta, *sf.* → NARCISO.
teatràle, *agg.* teatrico || *fig.* patetico, melodrammatico, pomposo, caricato, falso, esagerato, finto.
contr. semplice, naturale, spontaneo, sincero.
teatríno, *sm.* → TEATRO.
teàtro, *sm.* arena, anfiteatro, politeama, teatrino || composizione, produzione (di un autore), recita, recitazione, rappresentazione, spettacolo, scena, trattenimento.
nomencl. (*tipi*) di prosa, lirico, di varietà, da fiera, dei burattini, delle marionette, mobile, in pista || (*affini*) circo, cavallerizza, sferisterio, caffè concerto || (*parti*) atrio, balteo, barcaccia, biglietteria, boccadopera, boccascena, buca del suggeritore, camerino, comodino, cortina, cupolino, curva del teatro o emiciclo, fondale, *foyer* o ridotto, *fumoir*, galleria, golfo mistico, loggione o lobbione o loggia o piccionaia o colombaia, orchestra, palchetto (di proscenio, di primo, di secondo, di terz'ordine; di prima, di seconda, di terza fila), palchettone, palcoscenico, proscenio, ribalta, scenario, sipario, parapettata, platea, podio, praticabile, quinte, retroscena, strapuntino, velario, volta fonica, poltrona, poltroncina, posto (riservato, distinto, numerato) || (*persone*) artista, attore, interprete, ballerino, cantante, canzonettista, comico, mimo, corista, dicitore, giocoliere, illusionista, prestigiatore, trasformista, seratante, corifeo; primattore, primattrice, primadonna, spalla, comparsa, controfigura || regista, aiuto-regista, capocomico, comprimario, direttore d'orchestra, direttore di scena, maestro dei cori, scenografo, costumista, bozzettista, vestiarista || impresario, amministratore, agente teatrale || attrezzista, attrezzatore, elettricista, accenditore, tecnico delle luci, macchinista, avvisatore, buttafuori, mandafuori, guardarobiere, tramagnino, trovarobe, suggeritore, rammentatore, bigliettaio, maschera || compagnia comica, compagnia di prosa, filodrammatica, gruppo teatrale || abbonato, palchet-

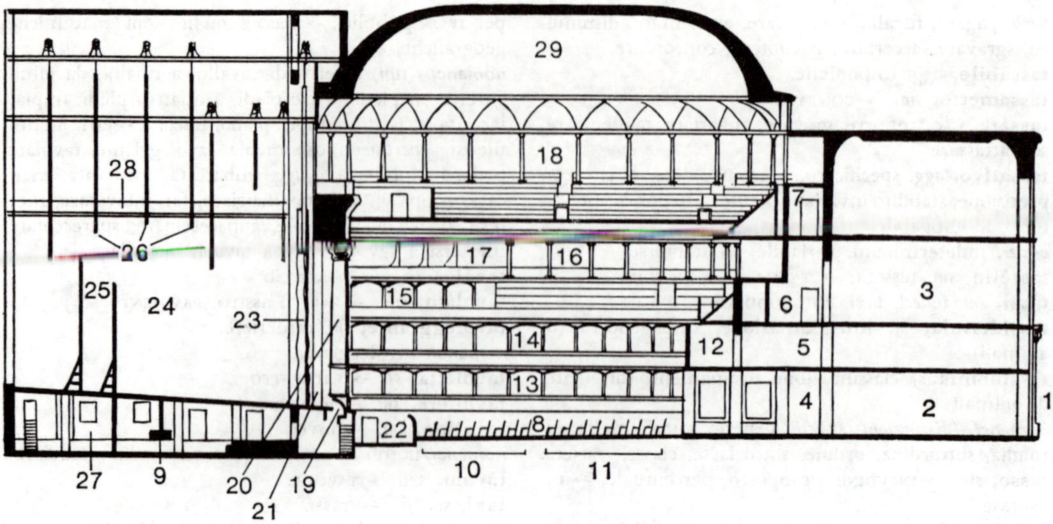

TEATRO – 1) ingresso; 2) atrio; 3) ridotto; 4-5-6-7) corridoi; 8) platea; 9) macchina per le apparizioni; 10) poltrone; 11) poltroncine; 12) palco reale; 13) palchi di 1ª fila; 14) palchi di 2ª fila; 15) palchi di 3ª fila; 16) balconata; 17) barcacce; 18) galleria o loggione; 19) buca del suggeritore; 20) boccascena; 21) ribalta; 22) orchestra o golfo mistico; 23) sipario; 24) palcoscenico; 25) scene; 26) fondali; 27) sottopalco; 28) ballatoio per le manovre; 29) volta fonica.

tista, pubblico, spettatore, bagarino, portoghese || autore, commediografo, drammaturgo, tragedo, tragediografo || censore teatrale, critico teatrale || (*spettacoli*) azione scenica, divertimento, ludo scenico, serata, mattinata, produzione || atto sacramentale, ballo, commedia, tragedia, tramelogedia, farsa, dramma, grottesco, intermezzo, leggenda drammatica, melodramma, melologo, mimo, monologo, opera buffa, opera in musica, operetta, oratorio, pantomima, parodia, proverbio, sacra rappresentazione, varietà, zarzuela, *vaudeville* || atto, quadro, scena, sceneggiatura, soggetto o argomento, preludio, prologo, protasi, catastrofe, epilogo || (*pertinenti*) applausi, battuta, beneficiata, biglietto, binoccolo, birignao, bis, cartellone, *claque*, controscena, copione, coro, coturno, didascalia, dotazione, dote teatrale, entrata di favore, fischi, giro artistico o *tournée*, intervallo, locandina, manifesto, striscione, messa in scena, mutamenti di scena, ovazione, papera, parte, piena, prima, prenotazione, programma, prova generale, regia, replica, ripetizione, ripresa, serata d'onore, stasimo, truccatura, zittii || (*inerenti*) teatrico, teatrale, teatrabile, teatralità, teatrante, teatralmente || *agg.* aperto, chiuso, diurno, serale, notturno, coperto, scoperto, animato, affollato, frequentato, gremito, zeppo, deserto, vuoto, plaudente, entusiasta || *verb.* andare a teatro, andare in scena, aprire un teatro, decorare, preparare, beccare, bissare, calzare il coturno, cantare, esordire, debuttare; fare, recitare, sostenere una parte, investirsi di una parte, impaperarsi, declamare, prodursi, truccarsi, sceneggiare, tenere il cartellone, far la piazza, far platea, applaudire.

tebàide, *sf.* luogo solitario, deserto, → ANACORETA.

tèca, *sf.* custodia, astuccio; reliquario; vetrina.

tècnica, *sf.* inerente a un'arte, a un mestiere, alla macchina (in genere); abilità pratica, perizia, ingegnosità, capacità costruttrice o riparatrice.

nomencl. (*attinenti*) tecnologia, tecnicismo, tecnologico, tecnico, tecnicamente || tecnomasio, studi tecnici, istituti tecnici || tecnopatia.

tècnico, *agg.* specialista, perito, specialistico, pratico || competente || *sm.* → CONOSCITORE.

tèda, *sf. poet.* fiaccola, torcia, face, raggio || *fig.* nozze, matrimonio.

nomencl. tedòforo, tedìfero.

teddy-boy, *sost. ingl.* → TEPPISTA, MONELLO.

tedésco, *agg.* germanico, teutonico, alemanno || *spreg.* unno.

nomencl. tedescheria, tedescume || tedescante, tedescofilo, filotedesco, germanofilo, || tedescofobo, germanofobo.

tediàre, *v.tr.* seccare, importunare, assillare, annoiare, fastidire, infastidire, disturbare, molestare, stufare, irritare, nauseare, noiare, rompere il capo o le scatole, stuccare, stancare, uggire, assaettare.

contr. divertire, distrarre, sollevare lo spirito, dilettare, tener allegri, allietare.

tèdio, *sm.* seccatura, noia, cura, cruccio, disturbo, importunità, impiccio, uggia, fastidio, disgusto, nausea, malinconia, tristezza, tediosità, molestia, avversione.

contr. serenità, tranquillità, letizia, giocondità, allegria, placidità.

tediosità, *sf.* → TEDIO, PEDANTERIA.

tedióso, *agg.* noioso, uggioso, fastidioso, pesante, molesto, sonnifero, soporifero, stanchevole, stucchevole.

contr. divertente, dilettevole, spassoso, amabile, ridanciano.

tegàme, *sm.* teglia, tegghia, testo, terrina, casseruola, padella, olla, pignatta.

nomencl. (*materia*) di terra, di alluminio, di acciaio inossidabile, di vetro, di bandone, di nikel, di rame, di ferro || (*parti*) fondo, sponda, manico, coperchio.

teggiòlo, *sm.* → PERGOLA.

téglia, *sf.* → TEGAME.

tégola, *sf.* embrice, tegolo, doccio, coppo, mattone, canale, capisterio, coppino || *fig.* disgrazia improvvisa, contrarietà inaspettata.
nomencl. (*pertinenti*) embrice alla marsigliese, frate, gronda, pianella, ardesia, copertami, coprime || embricciata, tegolata, tegolaio || *verb.* tegolare, accoppare, rintegolare.
tégolo, *sm.* → TEGOLA.
teguménto, *sm.* integumento, → EPIDERMIDE, PELLE, SCORZA.
teísmo, *sm.* deismo.
contr. ateismo.
téla, *sf.* tessuto, filato, pannilino, panno, cotone || *fig.* intreccio, intelaiatura, trama (di romanzo, di dramma) || quadro a olio, → PITTURA || tela cerata, → CERATO.
nomencl. (*tipi*) cruda, di filo tondo, nostrana, estera, senza pappa, a cuoio, a fondo bianco, a occhio di pavone, a opera, da imballaggio, da vele, da sacchi || (*esempi*) nanchina o nankin, baiota, bambagina, basino, batista, bisso, boccaccino, boraccio, bordato, buratto, canavaccio, calicò, cambrai, cambrí, ciambellotto, corame, cretonne, cutiglia, dobletto, filaticcio, frustagno o fustagno, lenza, lino, lombardella, madapolam, mezzatela, mussola, mussolina, percalle, rensa, renza, rinfranto, romagnolo, stamigna, tarlatana, traliccio, filodente, indiana, vergatino, zefir || (*pezzatura*) assortimento, cencio, pezza, drappo, rotolo, balla, scampolo, fiore, pannicello, ritaglio, setone, sottigliume, telaggio, telo || accavallatura, doppione, filaccie, orlo, guarnizione, cimosa, vivagno, appretto o apparecchio || *agg.* fine, fitta, greggia, grossa, rada, lisa, ruvida, liscia.

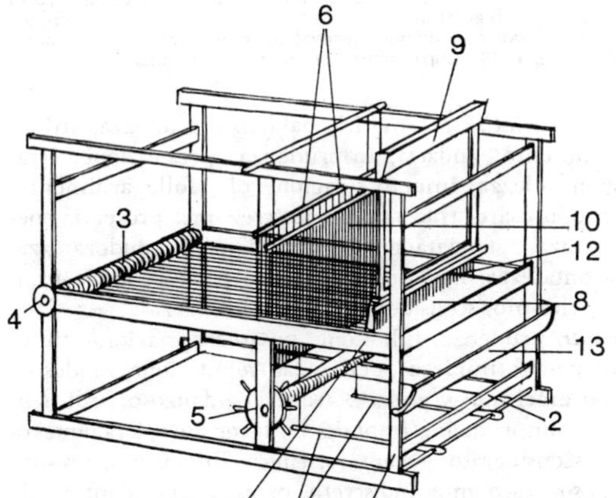

TELAIO – 1) panconi; 2) traverse; 3) subbio; 4) girella; 5) stella; 6) licciole; 7) calcole; 8) sbarra o pettorale; 9) portacassa; 10) staggi; 11) cassa del pettine; 12) pettine; 13) denti.

telàio, *sm.* telaro, armatura, intelaiatura, ossatura, assito, sopporto o supporto, sostegno || → CORNICE.
nomencl. (*vari*) a mano, a macchina, meccanico, maestro, per incollare, per ricamo, da pittore || (*per tessitura a mano*) panconi o brancali, traverse, subbio, girella, canale, bacchetta, subbiello, involgitoio, stella, cane, licciola, maestrella, licci (staffa), spola o navetta (guance, cannello, spoletta), assicina, testate, battenti, manichetto, sbarra o pettorale, portacassa, staggi, cassa, pettine, càlcole, panchetta, tempiale || (*per tessitura a macchina*) aghi, balestruccio, bilancieri, cantra, cartone, cilindri, colletti, compensatore, contacolpi, contatore, elastici, freno, fusi, griffa, guardacatena, guardatrama, guidafili, leviere, portafili, regolatore, rocchetti, tacchetti, tralicci, trinca.
teleàrma, *sf.* míssile.
telecomandàre, *v.tr.* comandare a distanza.
telefèrica, *sf.* funivía.
nomencl. (*parti*) fune portante, fune traente; carrello, cabina, vagoncino; pilone; stazione di partenza, d'arrivo.

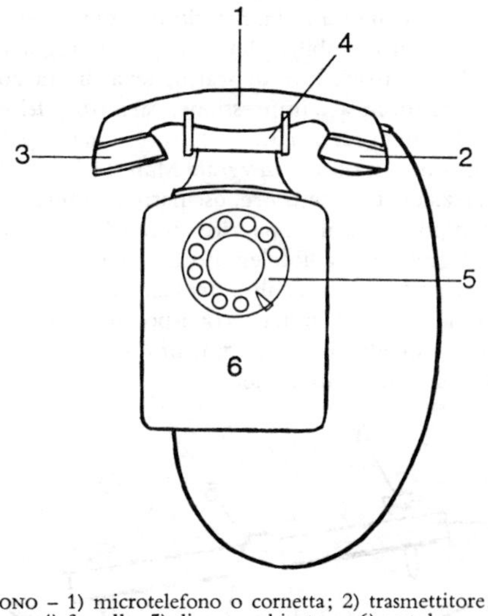

TELEFONO – 1) microtelefono o cornetta; 2) trasmettitore; 3) ricevitore; 4) forcella; 5) disco combinatore; 6) scatola.

telèfono, *sm.* microfono, megafono, pantelefono, fotofono, citofono.
nomencl. (*tipi*) unipolare, bipolare, magnetico, a pila, a commutazione automatica || murale, portatile, da lavoro, mobile, con derivazioni, da campo, militare || (*parti*) bobina d'induzione, rocchetto di Rühmkorff, primario, secondario, laminetta vibrante o membrana o disco vibrante, diaframma, gancio commutatore, generatore, alternatore monofase, soneria polarizzata, rocchetti di impedenza, prese, voltametro, accumulatore, batteria centrale, disco combinatore, microfono, ricevitore, cordone || (*funzionamento*) centrale telefonica, centralino, posto telefonico pubblico, chiamata telefonica, comunicazione telefonica, linea, filo, quadro, tavola di commutazione, spina, segnale acustico, servizio telefonico, fonogramma, elenco telefonico, teleselezione, cavo coassiale, ponte radio || (*persone*) tecnico, telefonista, centralinista, abbonato, utente.
telefotografía, *sf.* telefoto, belinogramma, teleautografo, → FOTOGRAFIA.
telegiornàle, *sm.* → GIORNALE.
telegràfico, *agg.* || *fig.* conciso, laconico, tacitiano, → BREVE.
contr. *fig.* prolisso, diffuso, verboso, brodoso, profuso, ciancioso, parolaio.

telègrafo, *sm.* radiotelegrafo.
nomencl. (*vari*) ottico, pneumatico, semaforico, senza fili || semaforo, telescrivente, radiotelegrafo, teleradiofonia || dispaccio, telegramma, radiotelegramma, marconigramma, cablogramma, belinogramma || (*rete*) filo, pali, braccio, portaisolatori, isolatore, scaricatore, parafulmini, circuito telegrafico, corrente di lavoro, corrente di riposo, elettromotore, pila, gruppo telegrafico, commutatore, bussola, translazione, soccorritore o *relais* || contatto, corto circuito, derivazione, dispersione, interruzione, miscuglio || *telegrafo Morse*: alfabeto convenzionale, linea, punto || pila, ricevitore, bussola, commutatore, scaricatore, manipolatore o tasto o trasmettitore || *telegrafo Hughes*: manipolatore, tastiera (bianco-lettera, bianco-cifra), ruota dei tipi, saltarelli, labbro mobile, elettromagnete, regolatore, asse degli eccentrici, leva di scatto, leva di trasporto, leva di arresto, leva d'impressione, carretto || *telegrafo Baudot*: distributore, *relais*, traduttore, manipolatore, cadenza, commutatore || (*telegrafo Marconi* (senza fili): onde hertziane, trasmettitore, oscillatore, interruttore, pila, manipolatore, antenna, ricevitore, *detector* || (*persone*) telegrafista, radiotelegrafista, marconista, fattorino telegrafico, guardafili || (*termini*) telegrafia, criptotelegrafia, radiotelegrafia || corrispondenza semplice o duplice o quadruplice, telegramma ritardato, tassa, modulo telegrafico, italcable.

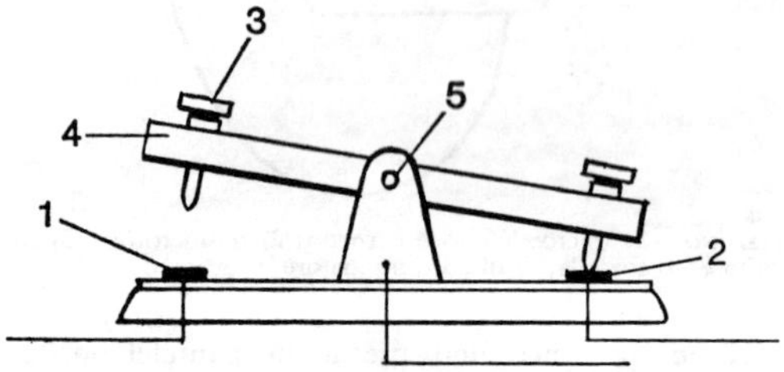

TELEGRAFO (trasmettitore) – 1) incudine anteriore; 2) incudine posteriore; 3) pometto; 4) leva; 5) asse.

telegràmma, *sm.* marconigramma, radiotelegramma, dispaccio, cablogramma, belinogramma || *pl.* → CORRISPONDENZA.
nomencl. di servizio, di Stato, privato, urgente, lampo, cifrato.
telescòpio, *sm.* cannocchiale astronomico, → CANNOCCHIALE.
nomencl. (*vari*) dialitico, parallatico, astronomico, brachitelescopio || (*elementi*) collimatore, dialite, specchio riflettore, teleobbiettivo, equatoriale.
teleselezióne, *sf.* trasmissione telefonica diretta.
telétta, *sf.* → TOLETTA.
televisióne, *sf.* radioteleiconografia, radiovisione.
nomencl. in bianco e nero, a colori || programma nazionale, secondo programma, eurovisione, intervisione, mondovisione, *telestar* || televisore || televisorista.
televisóre, *sm.* apparecchio televisivo.
nomencl. audio, video; schermo, regolatore di volume, di contrasto, di sincronismo, di luminosità, di sintonía; altoparlante; selettore dei canali; monoscopio; antenna.
tellína, *sf.* stellina, arsella, mollusco.
tèlo, *sm. poet.* → FRECCIA.
tellúrico, *agg.* terrestre, della crosta terrestre.
contr. atmosferico, celeste, spaziale.
téma¹, *sf. lett.* → TIMORE.
contr. coraggio, ardire, audacia.
tèma², *sf.* soggetto, argomento, assunto, concetto, materia, tesi, contenuto, pensiero, proposito, proposizione, punto, tasto, esempio, problema || compito, esercitazione || radice (di una parola) || parte invariabile (nelle declinazioni o coniugazioni) || motivo musicale.
tèmeno, *sm.* → TEMPIO.
temènza, *sf. ant.* → TIMORE.

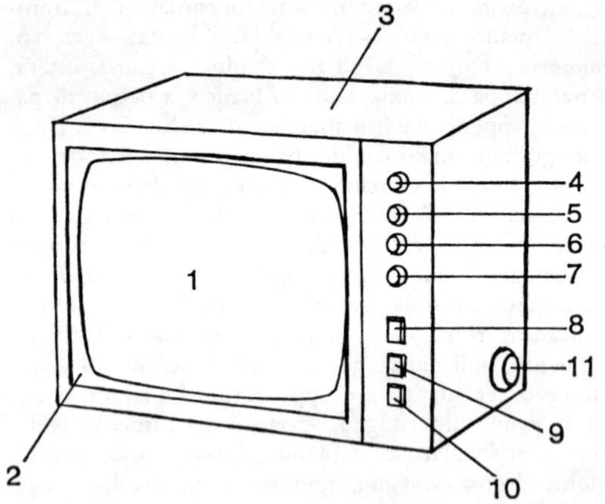

TELEVISORE – 1) schermo; 2) cornice; 3) cassa; 4) regolatore di volume; 5) regolatore di contrasto; 6) regolatore della luminosità; 7) regolatore di sincronismo; 8) interruttore; 9) regolatore di sintonia; 10) altoparlante; 11) selettore dei canali.

temerarietà, *sf.* temerità, baldanza, arditezza, ardire, ardimento, audacia, imprudenza, presunzione, irragionevolezza, impeto irragionevole, folle ardimento, troppo osare, tracotanza, indiscrezione, protervia, petulanza, sfacciataggine, impudenza, spudoratezza, sfrontatezza, facciatosta, faccia di bronzo, faccia franca, cinismo, sconsideratezza, avventatezza.
contr. prudenza, riflessione, posatezza, pavidità, timore, paura, timidezza, peritanza, trepidazione, modestia.
temeràrio, *agg.* audace, ardito, baldanzoso, ardimentoso, imprudente, impudente, inconsulto, irragionevole, sconsiderato, avventato, cinico, impetuoso, presuntuoso, tracotante, indiscreto, protervo, petulante, sfacciato, spudorato, sfrontato, facciatosta, impronto, faccia franca, grinta, faccia di bronzo, svergognato, immodesto, inverecondo, procace.
contr. prudente, guardingo, posato, riflessivo, pauroso, pavido, trepidante, timoroso, timido, peritoso, apprensivo.
temére, *v.tr.* aver paura, timore, paventare || riverire, rispettare || *intr.* sgomentarsi, impaurirsi, spaurirsi, intimorirsi, spaventarsi || preoccuparsi, peritarsi, sospettare || non aver fiducia, → DUBITARE.
contr. aver coraggio, aver baldanza, sfidare, affrontare || esser certo, aver fiducia.
temerità, *sf.* → TEMERARIETÀ, PAZZIA.

tempellàre, *v.tr.* → PERCUOTERE || *intr.* stare ambiguo, essere incerto || *fig.* → OSCILLARE.
tempellóne, *agg.* → GOFFO.
tèmpera, *sf.* tempra, durezza → TAGLIO || PITTURA.
temperalàpis, *sm. indecl.* → TEMPERINO.
temperamatíte, *sm. indecl.* → TEMPERINO.
temperaménto, *sm.* addolcimento, stemperatura, mescolanza, alleviamento, mitigazione, mezzo conciliativo, accomodamento, ripiego; espediente per mitigare, per moderare || carattere, abito, inclinazione, tendenza, indole, individualità, personalità, istinto, natura, sentimento, tempra, disposizione, umore, naturale, complessione, costituzione, dote naturale, fisico, sangue.
nomencl. sangue, bile, flemma, atrabile; sanguigno, bilioso, litigioso, impulsivo, nervoso, flemmatico, calmo, tranquillo, atrabiliare, irriflessivo, linfatico || eucrazia, armonia, mescolanza, mistione, contemperamento, equilibrio.
contr. inasprimento, invelenimento, aggravamento, peggioramento.
temperànte, *ppr.* di temperare || *agg.* astinente, astemio, castigato, continente, sobrio, moderato, misurato, controllato, frugale, parco, austero, discreto, decente, parsimonioso, modesto, casto.
contr. intemperante, smodato, smoderato, eccessivo, esagerato, incontinente, libertino, sfrenato, dissoluto, indecente, impuro, sbracato.
temperànza, *sf.* sobrietà, frugalità, misura, moderatezza, moderazione, castigatezza, compostezza, modestia, astinenza, continenza, castità, castimonia, decenza, discrezione, costumatezza, freno, morigeratezza, parsimonia, regola, regolatezza, riserbatezza, riserbo, ritegno, ritenimento, ritenutezza.
contr. intemperanza, abuso, scompostezza, dissolutezza, eccesso, esagerazione, immodestia, sconvenienza, scostumatezza, libertinaggio, sfrenatezza.
temperàre, *v.tr.* addolcire, raddolcire, mitigare, lenire, carezzare, contemperare, moderare, rattemperare, frenare, trattenere, rattenere, reggere, governare, regolare, accordare, misurare, attutire, attutare, quietare, contenere, riformare, smorzare, spegnere, estinguere, attenuare, calmare, diminuire, digradare, reprimere || tagliare, mescolare || dar la tempera || far la punta (alla matita), affilare, aguzzare || *rifl.* → PADRONEGGIARE.
contr. eccitare, inasprire, invelenire, esasperare || spuntare, smussare.
temperàto, *pps.* di temperare || *agg.* moderato, mitigato, misurato, diminuito, discreto, blando, modico, onesto, sobrio, ordinato, quieto, rimesso, riposato, giusto, addolcito, annacquato, stemperato, mescolato || (di clima, stagione) mite, dolce, appuntito.
contr. intemperante, eccessivo, esagerato, immoderato, smodato, smoderato || rigido, inclemente.
temperatúra, *sf.* grado di calore, clima, condizione termica, stato termico, temperie.
nomencl. di ebollizione || (*pertinenti*) asprezza, frescura, bonaccia, rigore, rigidezza, crudezza, tepore, intemperie || febbre, surriscaldamento, ibernazione, grado || (*tecnica*) attinometria, geotermica, termometria, termologia, pirometro, termometro, termoscopio, termostato || *agg.* alta, bassa, calda, fredda, glaciale, rigida, mite, dolce, tiepida, torrida, umida, secca, normale, fissa, massima, media, minima, variabile, assoluta, surriscaldata.
tempèrie, *sf. indecl.* clima.
contr. intemperie.
temperíno, *sm.* temperalapis, temperamatite || raschino, coltellino, coltelluccio.
nomencl. (*parti*) lama, costola, collarino, filo o taglio, impiallacciatura, manico, molla, perniettini, pernio, piastrelle, punta, ugnata, tallone || temperinata || *verb.* temperare, far la punta.
tempèsta, *sf.* aeremoto, burrasca, buriana, bufera, fortuna, fortunale, grandine, intemperie, nembo, mareggiata, procella, uragano, tormenta, turbine, turbinio, traversia, tifone, tromba d'aria, rabbuffamento, maremoto, temporale, forte tempo, tempo grosso, tempo nero, nodo di vento || *fig.* impeto, furia, veemenza, gran turbamento || disordine, scompiglio, pericolo, grande agitazione, furore.
nomencl. *verb.* scatenarsi, rompere, levare il temporale, minacciare, incontrare, infuriare, imperversare, rumoreggiare, muggire, calmarsi, allontanarsi.
contr. bonaccia, sereno, quiete, bel tempo, tempo buono || calma, tranquillità.
tempestàre, *v.tr.* imperversare, battere, percuotere, picchiare furiosamente, maltrattare || *intr.* far tempesta || inquietarsi, agitarsi, infuriare.
tempestàto, *pps.* di tempestare || *agg.* battuto con violenza, picchiato || *fig.* carico, adorno, cosparso, sparso, smaltato, incrostato, ornato riccamente.
tempestività, *sf.* opportunità, puntualità, → PRUDENZA.
contr. intempestività.
tempestívo, *agg.* al momento giusto, puntuale, → OPPORTUNO.
contr. intempestivo.
tempestóso, *agg.* fortunoso, burrascoso, procelloso, impetuoso, turbinoso, temporalesco, nubilo || *fig.* agitato, violento, turbolento, convulso, tormentoso, avventuroso, disgraziato, contrastato, pieno di vicende.
contr. quieto, fermo, immobile, sereno, calmo || armonico, felice, tranquillo, pacifico.
tèmpia, *sf.*
nomencl. *agg.* temporale || *verb.* stempiare.
tempiétto, *sm.* → SACELLO.
tèmpio, *sm.* templo, edificio consacrato, luogo di culto, chiesa, basilica, duomo, santuario.
nomencl. (*tipi*) aptero, decastilo, dittero, esastilo, ipetro o ipetrale, monottero, periptero o perittero, tetrastilo, prostilo || (*analoghi*) tèmeno, ninfeo, delubro, pagoda, panteon, sinagoga, moschea, tempietto, cappella; oratorio, sacello, edicola || (*elementi*) atrio, colonne, penetrali, portale, porta, facciata, portico, abside, propileo, altare, ara, sacrario, *sancta sanctorum* || *verb.* erigere, costruire, innalzare, dedicare, consacrare.
tempísta, *agg. fig.* puntuale, → PRUDENTE.
templàre, *agg.* e *sm.* templario.
templàrio, *agg.* e *sm.* templare.
tèmplo, *sm. poet.* → TEMPIO.

tèmpo, *sm.* età, epoca, evo, èra, data, periodo, corso dei secoli || decorso, durata, istante, momento, lasso di tempo, intervallo, trapassamento, successione, termine || circostanza, occasione, opportunità, comodo || (*musica*) ritmo, misura, battuta, cadenza || (*cinema*) parte di uno spettacolo || (*meteor.*) clima, stagione, intemperie.

nomencl. (*divisioni*) astronomico, solare, siderale, lunare || preistorico, storico, antico, moderno, contemporaneo || (*attinenti*) secolo, anno, lustro, mese, decade, settimana, giorno, ora, minuto, ciclo, corso, ricorso, decorrenza, giro, scadenza || anacronismo, sincronismo, procronismo, data, epatta, indizione, anniversario, giubileo || (*strumenti di misura*) clessidra, cronometro, orologio, pendolo, cronoscopio, almanacco, calendario || cronologia, cronografia, cronometria || (*meteorologia*) barometro, igrometro, osservatorio, stazione meteorologica, previsione del tempo, bollettino meteorologico || *agg.* afoso, alido, alto, asciutto, aspro, basso, bello, brusco, buio, burrascoso, chiaro, calmo, clemente, incerto, incostante, coperto, costante, fermo, indemoniato, indiavolato, magnifico, mite, nevoso, oscuro, pesante, piovorno, piovoso, piovigginoso, plumbeo, quieto, rannuvolato, rasserenato, rigido, rotto, secco, sereno, splendido, stabile, stravagante, tempestoso, tiepido, turbato, uggioso, umido, variabile, vario, ventoso || antidiluviano, preadamitico, primitivo, favoloso, mitologico, nuovo, anteriore, antecedente, precedente, posteriore, susseguente, attuale, presente, odierno, imminente, veniente, prossimo, futuro, lontano, remoto, lontanissimo, indefinito, limitato, illimitato, breve, lungo, interminabile, misurato, smisurato, opportuno, tempestivo, inopportuno, intempestivo, perduto, sfumato, scomparso, fugace, fuggente, fuggevole, coincidente, concomitante, simultaneo, diuturno, continuo, periodico, senza fine, avanzato, calamitoso, climaterico, critico, difficile, debito, utile, adatto, conveniente, disadatto, felice, propizio, materiale, necessario, libero, a disposizione, prefisso, dubbio, mutato, nuovo, buono, cattivo, triste, allegro, doloroso, tranquillo, agitato || (*modi di dire*) prima, dopo, frattempo, anzitempo, adesso, di quando in quando, d'ora innanzi, presto, tardi, allora, appresso, circa, contemporaneamente, contrattempo, domani, oggi, dopodomani, ieri, mai, sempre, spesso, talvolta || *verb.* andare, correre, passare, scorrere, trascorrere, volgere, avanzare, fuggire, volare, incalzare, stringere, urgere, intercorrere, mancare, bastare, maturare, menare, portare, produrre, perdersi nei secoli, ricorrere, rimanere in tempo; acquistare, guadagnare tempo; distribuire, misurare, consacrare, dedicare, mettere, essere a tempo, non avere, occupare, perdere, consumare, sciupare, buttar via, sprecare, posticipare, prefiggere, rifarsi, riacquistare, ammazzare, temporeggiare, dar tempo al tempo, lasciare tempo al tempo, avere o perdere la nozione esatta del tempo.

contr. eterno, eternità.

temporàle[1], *agg.* temporaneo, passeggero, transitorio, transeunte, fuggevole, caduco || mondano, secolare, terrestre.

contr. eterno, immobile, stabile, perpetuo, infinito, intemporale || ecclesiastico, religioso, spirituale, sacro.

temporàle[2], *agg.* della tempia.

nomencl. regione, fossa, osso, muscolo, arteria.

temporàle[3], *sm.* nubifragio, burrasca, procella, → TEMPESTA, URAGANO.

temporalísta, *agg.* → CLERICALE.

temporaneità, *sf.* → PRECARIETÀ.

temporàneo, *agg.* momentaneo, temporale, passeggero, transitorio, caduco, instabile, fugace, precario, provvisorio, transeunte, incerto, labile, interinale, avventizio.

contr. durevole, perenne, perpetuo, eterno, infinito, intemporale, duraturo, continuo, fisso, stabile.

temporeggiàre, *v.intr.* indugiare, procrastinare, differire, rimandare, tardare, ritardare, traccheggiare, tergiversare, aggiornare, mandar per le lunghe, pigliar tempo, guadagnar tempo.

contr. anticipare, accelerare, agire prontamente, immediatamente, senza indugio, tempestivamente.

tèmpra, *sf.* → TEMPERA || timbro (della voce) || *fig.* carattere, → TEMPERAMENTO, INDOLE || QUALITÀ || durezza, fibra resistente, nerbo, → FORZA.

tempràre, *v.tr.* dar la tempera, → TEMPERARE || *fig.* → FORTIFICARE.

tenàce, *agg.* viscoso, attaccaticcio || *fig.* adamantino, diamantino, caparbio, cocciuto, consistente, costante, duro, fermo, ferreo, forte, fisso, granitico, immutabile, impassibile, impenitente, imperterrito, implacabile, incapato, incaponito, incocciato, incoercibile, incomprensibile, incontrovertibile, incurvabile, indomabile, indomito, irremovibile, indissolubile, inemendabile, insistente, intestardito, intestato, irriducibile, massiccio, mulo, ostinato, perseverante, persistente, pertinace, pervicace, protervo, puntiglioso, resistente, ribelle, rigido, risoluto, saldo, sodo, solido, testardo, testone, tetragono, zuccone || avaro.

contr. incostante, volubile, arrendevole, debole, fiacco, convincibile, domabile, duttile, inchinevole, indulgente, molle, mutevole, rilassato, floscio, vincido.

tenàcia, *sf.* tenacità, viscosità, saldezza, resistenza || *fig.* fissità, fortezza, fermezza, costanza, ostinazione, ostinatezza, perseveranza, irremovibilità, pervicacia, pertinacia, caparbietà, resistenza, accanimento, risolutezza, caponaggine, incocciatura, impenitenza, impuntatura, insistenza, puntiglio, picca, zucconaggine || avarizia, spilorceria.

contr. volubilità, incostanza, arrendevolezza, floscezza, cedevolezza, duttilità, flessibilità, scaponimento, debolezza, mollezza, mutevolezza.

tenacità, *sf.* → TENACIA.

tenàglia, *sf.* → TANAGLIA.

tènda, *sf.* padiglione, attendamento, baracca, tabernacolo, trabacca || cortina, portiera, velario, tendale, cortinaggio, tendina, tendarola, tendone, sipario, bandinella, velo, zanzerino.

nomencl. (*varie*) da campo, militare, da campeggio || da uno, due, tre, quattro posti || (*elementi*) picchetto, paletto, passone, asta, bastone || bracciuolo, campanelle o anelli, cappi, cordone, frangia, fiocco, nappo, pendone, penero, guarnizione, volante || attendamento,

tendopoli, campeggio || *verb.* attendarsi || alzare, rizzare, montare, mettere, levare, ripiegare, togliere.
tendènza, *sf.* attitudine, capacità, inclinazione, istinto, indole, proclività, carattere, disposizione, propensione, tensione, apertura, simpatia, vocazione, talento, intenzione || orientamento, direzione, piega, avviamento, corrente, dirizzone, slancio, pendenza, smania.
contr. avversione, contrarietà, ostilità, incapacità, idiosincrasia.
tendenzióso, *agg.* falso, fallace, interessato, maligno, ingannevole, capzioso, insinuante, parziale, partigiano, sospetto, subdolo, polemico, istigatore, tortuoso, doppio.
nomencl. tendenziosità.
tèndere, *v.tr.* allungare, stendere, distendere, spiegare, sciorinare, sottendere || tirare, tesare, trarre || *fig.* porgere, offrire, presentare || preparare, applicare || mettere in tensione || *intr.* propendere, protendere, avere inclinazione o tendenza, aspirare, preferire, inclinare, mirare, muovere, procedere, studiare a, essere diretto, correre, intendere, avere un debole per.
contr. allentare, ripiegare, avvolgere, ritirare, rientrare.
tèndine, *sm.* → NERVO.
nomencl. di Achille, intermedio, terminale || tenotomia, tenodesi || *agg.* tendinoso, tiglioso, tendineo.
tènebra, *sf.* tenebrore, tenebría, → BUIO, OSCURITÀ || *pl. fig.* → NULLA.
nomencl. *verb.* tenebrare, intenebrare.
tenebróre, *sm.* → TENEBRA, OSCURITÀ, BUIO.
tenebrosità, *sf.* → OSCURITÀ, BUIO.
tenebróso, *agg.* buio, oscuro, scuro, bruno, opaco, caliginoso, tetro, fosco, fuligginoso, nuvoloso, fondo, nascosto || *fig.* inintelligibile, misterioso, occulto, cupo.
contr. chiaro, luminoso, splendente, fulgido, fulgente.
tenére, *v.tr.* avere, possedere, conservare, serbare, detenere, prendere || mantenere, trattenere, frenare, fermare, arrestare, ostacolare, impedire, reprimere, non lasciarsi sfuggire, serrare, sostenere || occupare, presidiare || contenere || aver valore o efficacia || credere, giudicare, reputare, stimare, ritenere || *rifl.* reggersi || seguire una direzione, mantenersi in una posizione o condizione || considerarsi || trattenersi || *intr.* resistere, reggere, esser tenace, star ben chiuso || parteggiare, sostenere.
contr. lasciare, mollare, abbandonare, cedere, rilasciare || rilassare, rilassarsi.
tenerézza, *sf.* morbidezza, mollezza, cedevolezza, sofficità || affetto, amore, affezione, commozione, compassione, pietà, rimpianto, sensibilità, delicatezza, abbandono, preferenza, espansione, effusione, svisceratezza, dolcezza, premura, propensione, sollecitudine, simpatia, carezza.
nomencl. (*inerenti*) tenerume, effeminatezza, mollezza, smanceria, smorfia, attucci, intenerimento, emotività, pianto || *verb.* penetrare, rammollire, rendere liquido, rammorbidire, toccare il cuore, intenerire, commuovere, turbare, eccitare al pianto, far piangere, impietosire, stringere, spremere il pianto, spetrare, svegliare il sentimento, sdilinquire, sdilinquirsi, smammarsi.
contr. durezza, asprezza, riottosità, disprezzo, disdegno, apatia, insensibilità, indifferenza.
tènero, *agg.* molle, soffice, morbido, pieghevole, cedevole (al tatto) || delicato, tenue || indifeso, inerme, debole || *fig.* affettuoso, gentile, cascatoio, cascaticcio, voluttuoso, amoroso, amorevole, compassionevole, carezzevole, sensibile, intenerito, commovente, patetico, toccante, commosso, dolce, pietoso, premuroso, indulgente || *sm.* affetto, inclinazione || → TENERUME.
contr. duro, sodo || spietato, rude, apatico, ruvido, indifferente, aspro, sprezzante, indisponente, crudele.
tenerúme, *sm.* il tenero, le parti tenere, delicate (della carne) || *fig.* propensione, affettuosità, tenerezza, smanceria, → EFFEMINATEZZA.
contr. durezza, sodezza.
tènia, *sf.* verme solitario.
nomencl. cisticerco || (*parti*) scolice, strobilo, articoli, proglottidi || tenífugo.
tenière, *sm.* → BALESTRA.
teniménto, *sm.* tenuta, possessione, → PODERE, STABILE.
tenitóio, *sm.* → MANICO.
tenóre, *sm.* significato, accezione, senso, significazione, espressione, valore, concetto, nozione, intendimento, modo, maniera, andamento, comportamento, procedimento, sistema|| contenuto (di lettera o discorso) || misura, percentuale (di sostanza).
nomencl. tenore leggero o di grazia, tenore di forza o drammatico || *verb.* tenoreggiare.
tensióne, *sf.* stendimento, espansione, trazione, epistasi, tiratezza, sforzo, sforzamento, impiego o applicazione di forza o di resistenza || *fig.* → ATTENZIONE.
nomencl. ipotensione, ipertensione.
contr. distensione, sfogo, allentamento, rilassatezza, detensione.
tentàbile, *agg.* → POSSIBILE.
contr. intentabile.
tentàcolo, *sm.* → CORNO.
tentaménto, *sm.* tentazione, tentativo.
tentànte, *ppr.* di tentare || *agg.* allettante, seducente, attirante, invogliante, persuasivo, eccitante, stuzzicante, piacevole, lusinghiero, procace.
contr. ripulsivo, ripugnante.
tentàre, *v.tr.* arrischiare, assaggiare, saggiare, azzardare, cimentare, esperimentare, esperire, sperimentare, provare, riprovare, ritentare, mettere a prova, verificare, cercar di riuscire, scandagliare, fiutare, impaniare, intraprendere, mettersi allo sbaraglio, mirare, pugnare, rischiare, risicare, tentare il colpo, tirar la coda al diavolo || toccare leggermente, premere, tastare || insidiare, attentare, indurre, cercar di sedurre, allettare, invogliare, lusingare, incuriosire, persuadere al male, istigare, indurre in tentazione, eccitare, stuzzicare.
contr. riuscire || respingere, superare, allontanare, ripugnare, ispirare avversione.
tentatívo, *sm.* conato, esperimento, saggio, passo, prova, sforzo, tentamento, forzamento, violenza.
nomencl. *agg.* inutile, folle, pazzo, inopportuno, intempestivo, opportuno, utile, valido, giusto, sbagliato, vano, temerario, audace, ardito, ripetuto, continuato || andato a vuoto, fuor di tempo, fuori luogo || (*modi di dire*) dàgli e dàgli, picchia e martella || *verb.* fare

un buco nell'acqua, fare fiasco, giocare l'ultima carta || fare, eseguire, ricorrere a.
tentàto, *pps.* di tentare || *agg.* provato, esperimentato || allettato, indebolito, sedotto, indotto, incitato, attirato, invogliato, persuaso, stuzzicato, istigato al male o al peccato.
contr. intentato || impassibile, apatico, tetragono, refrattario, impavido.
tentatóre, *agg.* e *sm.* allettatore, lusingatore, seducente, seduttore, allettevole, allettante, suadente, incitante, eccitante.
contr. ripugnante, ripulsivo, repellente, scostevole, allontanante.
tentazióne, *sf.* lusinga, prova, istigazione al peccato, seduzione, corruzione, suggestione || desiderio, voglia, brama, capriccio.
nomencl. *verb.* indurre, spíngere, resistere, cedere, soccombere, cadere, cacciare, allontanare, combattere, vincere.
contr. avversione, resistenza, opposizione.
tenténna, *sm. scherz.* inconcludente, cacadubbi, sconclusionato, tentennante, fiacco, dubbioso.
contr. energico, deciso, pronto, risoluto.
tentennaménto, *sm.* → OSCILLAZIONE, AGITAZIONE || *fig.* esitazione, dubbio, indecisione, fiacchezza.
contr. risolutezza, decisione, energia, prontezza.
tentennànte, *ppr.* di tentennare || *agg.* smosso, mosso, malfermo || *fig.* debole, fiacco, fragile, ondeggiante, → DUBBIOSO.
contr. saldo, risoluto, fermo, solido.
tentennàre, *v.tr.* scuotere, crollare, muovere || *intr.* dondolare, oscillare, barcollare, tremolare, ondeggiare, traballare, cadere, ciurlare, vacillare, tremare || *fig.* essere irresoluto, dubbioso, incerto; esitare, dubitare, titubare, stare in bilico, stare in forze, tergiversare.
contr. stare saldo, fermo, immobile || agire risolutamente, decidersi, risolversi, affrontare.
tentennío, *sm.* → AGITAZIONE.
tentennóne, *agg.* → DINOCCOLATO.
tentóne o **tentóni,** *avv.* → TASTONI.
tènue, *agg.* sottile, affilato, filiforme, capillare, piccolo, smilzo, mingherlino, gracile, esile, affusolato, profilato, impalpabile, imponderabile, microscopico, breve, effimero, fine, fino, leggero, lieve, minuto, snello, scarso, esiguo, scarno, smunto, pallido, fluido, modesto, mite, temperato, sfumato, → DEBOLE.
contr. forte, grosso, massiccio, voluminoso, grande, abbondante, espanso, allargato, ingrossato, tarchiato, atticciato.
tenuità, *sf.* levità, leggerezza, sottigliezza, esiguità, piccolezza, capillarità, brevità, finezza, snellezza, modestia, scarsezza, esilità.
contr. grossezza, grandezza, pesantezza, abbondanza, voluminosità.
tenúta, *sf.* capacità, capienza || resistenza || → PODERE || DIVISA.
tenúto, *pps.* di tenere || *agg. fig.* obbligato, riconoscente, grato, impegnato.
contr. disobbligato, sconoscente.
tenzonàre, *v.intr.* → COMBATTERE, GAREGGIARE || altercare, litigare, questionare, → DISCUTERE.
tenzóne, *sf.* → BATTAGLIA, LITIGIO, GARA || questione, → DISCUSSIONE.
teodicèa, *sf.* → TEOLOGIA.
teodulía, *sf.* latría, culto divino, adorazione.
contr. dulia, venerazione || idolatria, superstizione.
teología, *sf.* scienza delle cose divine.
nomencl. (*divisioni*) apologetica, naturale o teodicea, biblica, sacramentale, morale, dogmatica, pastorale, positiva, ascetica, mistica || patristica, scolastica, moderna || (*scienze sussidiarie*) storia ecclesiastica, omiletica, patrologia, liturgia, diritto canonico, casistica, ecc. || (*termini*) virtú teologali (fede, speranza, carità), articolo di fede, dogma, attributi di Dio (infinità, unità, giustizia, onnipotenza, ecc.) attrizione, pentimento, dolore, grazia, peccato, carattere (battesimo, cresima, ordine), caso di coscienza, caso riservato, consostanziale o consustanziale, miracolo, natura, persona, ortodossia, perfezione, predestinazione, predeterminazione, relazione, rivelazione, visione beatifica, novissimi, grazia abituale, grazia santificante, unione ipostatica, merito de congruo, merito de condigno.
teòlogo, *sm.* casista, apologista, controversista, tomista, scolastico.
nomencl. teologastro.
teorèma, *sm.* → PROBLEMA.
teorètico, *agg.* teorico, speculativo.
contr. pratico, empirico.
teoría, *sf.* dottrina, idea, insegnamento, opinione, astrazione || scienza, credenza, speculazione, principio generale, sistema dottrinale || → FILA.
contr. pratica, prassi, empirismo || concretezza.
teòrico, *agg.* teoretico, dottrinale, speculativo, filosofico, astratto.
contr. pratico, empirico, pragmatico, concreto.
tèpalo, *sm.*
nomencl. fiore; perigonio.
tepènte, *agg.* → TIEPIDO.
nomencl. tepidario.
tepidézza, *sf.* → TIEPIDEZZA, TEPORE.
tepidità, *sf.* tiepidità, → TEPORE.
tepóre, *sm.* tiepidità, tepidità, tiepidezza, tepidezza, calduccio, calorino, mitezza, temperatura dolce o mite, dolcezza.
contr. freddo, rigore, ardore, gran caldo, afa, caldura, calura.
téppa, *sf.* → PLEBE || MALAVITA, MALVIVENTE.
teppísmo, *sm.* → MALAVITA.
teppísta, *agg.* e *sm.* prepotente, vandalo, selvaggio, *teddy-boy*, → FAZIOSO || malvivente, → MALANDRINO.
terapèutica, *sf.* → TERAPIA.
terapèutico, *agg.* curativo, officinale, farmaceutico.
terapía, *sf.* cura; medicina curativa, medicamento, terapeutica.
nomencl. (*specificazioni*) aeroterapia, cinesiterapia, elioterapia, fototerapia, ipodermoclisi, sieroterapia, zomoterapia, elettroterapia, idroterapia, ortopedia, radioterapia, autoterapia, bacterioterapia, profilassi, anatriptica, antipiresi, antisepsi, atmiatria, epicrasi || allopatia, omeopatia, asepsi, inalazione, iniezione, illutazione, cauterizzazione, strigillazione, urticazione, massaggio

|| cinesia, cinesiologia, antagonismo terapeutico, casa di salute, sanatorio.

terebentína, *sf.* → TREMENTINA, RESINA.

terebrànte, *agg.* perforante, penetrante || vivo, acuto, lancinante, trafiggente (di dolore).

contr. superficiale, leggero.

terèdine, *sf.* → TARLO.

tergàle, *sm.* spalliera, schienale, appoggiatoio.

tèrgere, *v.tr.* asciugare, pulire, ripulire, nettare, lavare, forbire, detergere, astergere || *fig.* → PURIFICARE.

contr. sporcare, insudiciare, insozzare, bagnare, inumidire.

tergiversànte, *ppr.* di tergiversare || *agg.* → DUBBIOSO.

tergiversàre, *v.intr.* essere irresoluto, dubbioso, incerto; dubitare, esitare, titubare, tentennare, nicchiare, lellare, traccheggiare, barcamenare, temporeggiare, procrastinare, sospendere, differire, rimandare, rinviare, mandare o portare per le lunghe, attendere, cianciare, ciurlare nel manico, indietreggiare, scastagnare, addurre pretesti, cavillare, destreggiarsi, indugiare.

contr. agire risolutamente, decidersi, risolversi, troncare la questione.

tergiversazióne, *sf.* attesa, dubbio, scusa, pretesto, cavillo, ragionamento elusivo, tentennamento, irresolutezza, esitazione, tiremmolla.

contr. decisione, risoluzione, risolutezza, conclusione sbrigativa.

tèrgo, *sm.* → DORSO, SCHIENA.

teriàca, *sf.* → MEDICAMENTO.

tèrme, *sf. pl.* bagni pubblici, stabilimento termale || acque calde minerali.

terminàle, *agg.* → ULTIMO.

terminàre, *v.tr.* finire, compiere, ultimare, cessare, conchiudere, concludere, decidere, smettere, dismettere, lasciare, posare, tralasciare, interrompere, astenersi || porre o segnare i confini, limitare, delimitare, confinare || *intr.* aver fine, venir meno, cessare, scadere, spirare, morire, essere agli sgoccioli.

contr. cominciare, incominciare, iniziare, riprendere, dar principio, principiare.

terminàto, *pps.* di terminare || *agg.* → COMPITO, PERFETTO.

terminazióne, *sf.* → ESTREMITÀ, TERMINE || desinenza, uscita, cadenza.

contr. principio, inizio || radice, radicale, tema.

tèrmine, *sm.* limite, confine, cippo, palo o piolo terminale, pietra terminale || fermata, decorrenza, estremità, terminazione, fine || scadenza || misura || vocabolo, parola, locuzione, espressione.

nomencl. prescrizione, perenzione || mezzo termine || *agg.* perentorio, tassativo, prescritto, massimo, medio, minimo, omologo || *verb.* prescrivere, segnare, porre, collocare, assumere, accettare.

terminología, *sf.* → FRASARIO.

termobaròmetro, *sm.* → TERMOMETRO.

termocinètica, *sf.* conduzione, convezione, irraggiamento.

termògeno, *agg.* pirogeno.

termògrafo, *sm.* → TERMOMETRO.

termometallurgía, *sf.* elettrometallurgia.

termòmetro, *sm.* pirometro, termobarometro, termografo, barometro.

nomencl. (*tipi*) a gas, a liquido (àlcole, mercurio, toluene, a solido; a massima, a minima, centigrado o Celsius, Fahrenheit, Réaumur, a pennello, a quadrante, differenziale, elettrico avvisatore, ipsometrico, clinico || (*parti*) bolla, cannello o tubo, colonna, scala termometrica || termometria || *verb.* sàlire, scendere, oscillare, misurare.

termosifóne, *sm.* calorifero.

nomencl. (*tipi*) autonomo, centrale, a carbone, a nafta, a gasolio || (*parti*) bruciatore, caldaia, elementi, batterie di tubi, radiatori, evaporatore.

tèrra, *sf.* globo terrestre, globo terracqueo, mondo, orbe, pianeta || suolo, crosta, superficie, piano, soprastrato, strato, fondo, terreno, zolla || podere, possessione, fondo, tenuta || territorio, paese, regione, contrada || lido, spiaggia || abitanti (della terra).

nomencl. (*qualità*) acquitrinosa, granellosa, sassosa, ghiaiosa, sabbiosa, refrattaria, vegetale, alluvionale, di colmata, di transizione || colorante || argilla, calcare, gesso, silice, creta, marna, gleba, savana, tundra, steppa || (*inerenti*) atmosfera, polo nord, polo sud, equatore, rotazione, rivoluzione, eclittica, perigeo, ipogeo, longitudine, latitudine, paralleli, meridiani, tropici, asse, circoli polari, linea equatoriale, isobare, isoterme, linea equinoziale, ora mondiale, fuso orario, parallasse || (*geografia fisica*) crosta terrestre, flora, fauna, terraferma (colle, istmo, monte, pianura, promontorio, valle), superficie delle acque (golfo, mare, lago, fiume, oceano, stretto, sorgente, torrente, palude, stagno), costa, sottosuolo, terra glaciale, terra polare || cataclisma, diluvio, conflagrazione, inondazione, eruzione, frattura del globo || (*fenomeni*) igrometricità, igroscopicità, magnetismo terrestre, asse magnetico, perturbazioni magnetiche terrestri; inclinazione, declinazione, intensità del magnetismo; plutonismo, terremoto || || (*studio della terra*) geobiologia, geodesia, geodinamica, geofisica, geogenia o geogonia, geognosia, geopla-

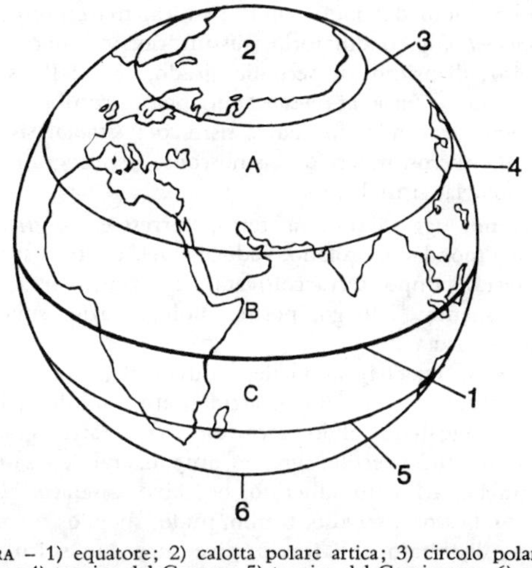

TERRA – 1) equatore; 2) calotta polare artica; 3) circolo polare artico; 4) tropico del Cancro; 5) tropico del Capricorno; 6) calotta polare antartica: A) zona temperata boreale; B) zona torrida; C) zona temperata australe.

stica, idrografia, metereologia, orittogeologia, paleontologia, paleontografia, paleontozoologia, storia naturale, tettonica, uranometria || georama, mappamondo, planisferio, sfera armillare o armille || antipodi, antictoni, antizoni, anfisci, anteci, perieci || *agg.* coltivabile, fertile, sterile, alida, arida, asciutta, secca, fresca, umida, bagnata, frigida, generosa, grossa, fine, magra, grassa, brulla, forte, indocile, leggera, molle, nuda, spoglia, salmastrosa, soffice, vergine, allodiale || interrare, sotterrare, sterrare, rinterrare, scavare, assodare, dissodare, coltivare, curare, governare.

contr. cielo, mare, acqua.

terracòtta, *sf.* ceramica, coccio, → PORCELLANA, MAIOLICA.

nomencl. laterizi, stoviglie, terraglia.

terrafèrma, *sf.* continente.

contr. isola.

terràglia, *sf.* → MAIOLICA.

terràglio, *sm. ant.* → TERRAZZA.

terràgno, *agg.* terràgnolo, terreno, terricolo, terrigeno, terrestre || *fig.* (*di uomo*) prosaico, terra terra, volgare, gretto, meschino.

terramarícolo, *sm.* palafitticolo.

terranèllo, *sm.* → BRUGHIERA.

terranína, *sf.* → FUNE.

terrapièno, *sm.* muro, antemurale, argine, banchina, ciglione, chiusa, diga, gettata, molo, parata, pescaia, pignone, riparo, sbarramento, schermo, scarpa.

terràzza, *sf.* terrazzo, altana, balcone, ballatoio, belvedere, loggia, loggetta, poggiolo, rotonda, spaldo, sporto, terraglio, verone.

terrazzàno, *sm.* paesano, compaesano, conterraneo, terriere, indigeno, villico, campagnolo, agricoltore, contadino || *agg.* → NAZIONALE.

contr. cittadino.

terrazzière, *sm.* sterratore, badilante, manovale.

terrazzíno, *sm.* → BALCONE.

terràzzo, *sm.* terrazza, balconata, ballatoio, balcone, poggiolo, loggetta, verone, belvedere, altana.

terremòto, *sm.* sisma, sismo, movimento tellurico, crollo, moto del suolo, onda sismica, maremoto.

nomencl. (*tipi*) ondulatorio, sussultorio, vulcanico, tettonico; di primo, di secondo grado, ecc. della scala Mercalli || (*fenomeni concomitanti*) boato, rombo, detonazione, epicentro, ipocentro sismico || (*studio*) sismografo, microsismografo, sismoscopio, sismogramma, sismologia, sismologo.

terréno, *agg.* di questa terra, terrestre, → TERRAGNO || mondano, profano, caduco || *sm.* tratto o spazio di terra, campo, terra coltivata, campagna, area, appezzamento || luogo, posto, suolo, spazio, superficie, → TERRA.

nomencl. (*qualità*) allodiale, alluvionale, portaticcio, di riporto, di transizione, accidentato, ondulato, ineguale, aggallato, alido, asciutto, secco, forte, grasso, magro, opimo, fertile, agricolo, ameno, arabile, arativo, inarabile, arborato, alberato, boschivo, assetato, bonificato, boscoso, selvoso, brullo, nudo, spoglio, corroso, roso, disabitato, disfatticcio, diveltato, domestico, erbato, erratico, fangoso, melmoso, acquitrinoso, fermo, stabile, franoso, frastagliato, freddo, impermeabile, permeabile, gemmifero, incolto, selvaggio, mobile, raso, smosso di fresco, sodo, sterposo, sterrato, spianato, uniforme, uguale, solatio, ubertoso, ubere || (*morfologia*) acquitrino, acquastrino, palude, bandita, biancana, botro, brughiera, orticaio, calestro, chiuso, ciglione, costa, cottoia, deserto, fasce, fitta, foresta, frasconaia, ghiareto, greto, ricolmo, granocchiaio, grillaia, lama, landa, maggese, pancone, predella, maneggia, mattaione, mota, motaccio, fango, pianale, piantonaia, vivaio, polleno, polveraccio, polvere, relitto, renaccio, ronco, roveto, scolatoio, serra, sabbione, sasseto, smotta, soprassuolo, sottosuolo, spiaggia, strebbiaccio, tanca, terrenello, strettiaccio, tombolo, terraglio, terrapieno, tufo || aggere, alzata di terra, argine, appezzamento, pezzo, podere, area, cerchia, buca, china, pendio, conca, conchetta, declività, discesa, scesa, salita, distesa, dogaia, fossa, fognatura, eminenza, escavazione, esposizione, pianello, piana, piattaforma, piota, zolla, poggio, pozza, quadrato, razzaio, risega, stria, spazzo, tana, terrazzo || (*fenomeni*) abbassamento, affioramento, alidore, siccità, ammottamento, cedimento, smottamento, avvallamento, avulsione, caligine, vapore, cataclisma, conflagrazione, inondazione, terremoto, forra, gemito, infossamento, insellamento, limite, livello, scarpa, spaccatura || (*opere*) bonifica, prosciugamento, scandaglio, spalleggiamento, spianamento, sterramento, sterro || catasto, voltura catastale, espropriazione, topografia, agrimensura.

contr. celeste, spirituale, sacro || marittimo.

tèrreo, *agg.* giallognolo, giallo, giallo olivastro, livido, → PALLIDO || terroso, terrigno.

contr. rosso, rubicondo, colorito, rubizzo.

terrèstre, *agg.* → TERRAGNO, TERRENO || MONDANO.

terríbile, *agg.* pauroso, immane, orrendo, fiero, spaventevole, spaventoso, tremendo, terrifico, orribile, orrido, mostruoso || grande, meraviglioso, formidabile, straordinario.

contr. amabile, allettevole, piacevole, attraente, mite, buono, bonario.

terríccio, *sm.* terra vegetale, *humus*, umo.

terrícolo, *agg.* → TERRAGNO.

terrificànte, *ppr.* di terrificare || *agg.* spaventevole, spaventoso, immane, crudo, cruento, fero, feroce, formidabile, odioso, orrendo, orrido, orribile, pauroso, raccapricciante, raccapriccevole, sgomentevole, sgomentante, terrifico, terribile, tremendo || orripilante, bruttissimo, ripugnante || enorme.

contr. attraente, allettante, piacevole, ammirevole, mirabile, avvenente.

terrificàre, *v.tr.* → SPAVENTARE.

terrífico, *agg.* → TERRIFICANTE, TERRIBILE.

terrígeno, *agg.* → TERRAGNO.

terrína, *sf.* → TEGAME.

territorialità, *sf.*

contr. extraterritorialità.

territòrio, *sm.* provincia, circolo, dipartimento, compartimento, distretto, circondario, regione, circoscrizione, paese, terra, agro, contado, tratto di paese || giurisdizione.

terróre, *sm.* → PAURA, SPAVENTO, ORRORE.

nomencl. terrorismo || *verb.* atterrire, terrificare.

terrorísta, *sm.* → RIBELLE.
terrorizzàre, *v.tr. fis.* → SPAVENTARE.
terrorizzàto, *pps.* di terrorizzare || *agg.* → SPAVENTATO.
terróso, *agg.* → FANGOSO || TERREO.
tersézza, *sf.* → SPLENDORE.
tèrso, *pps.* di tergere || *agg.* sereno, chiaro, limpido, puro, mondo, mondato, netto, nitido, lindo, senza velo, sgombro di nubi, ridente, scarico di nebbia, trasparente, lucente, lucido splendente, smagliante, || *fig.* elegante, forbito, chiaro, schietto.
contr. fosco, scuro, oscuro, offuscato, annebbiato, nebbioso, caliginoso.
terzàna, *agg.* quartana.
terzaruòlo, *sm.* terzeruolo.
terzería, *sf.* mezzadria, colonía.
nomencl. terzadro.
terzeruòlo, *sm.* terzaruolo.
nomencl. mezzana, artimone || matafioni || mano di terzaruolo || *verb.* prendere, serrare, sciogliere, mollare (i terzaruoli).
terziàrio, *agg.* e *sm.* laico ascritto a un ordine religioso.
nomencl. ordine terziario, terz'ordine francescano, domenicano, carmelitano, agostiniano || terziario secolare, regolare.
tésa, *sf.* il tendere || (del cappello) → FALDA.
tesàre, *v.tr.* → TENDERE.
tesàta, *sf.* catenaria.
tesaurizzàre, *v.intr.* tesaureggiare, → TESOREGGIARE.
tèschio, *sm.* → TESTA.
tèsi, *sf.* soggetto, argomento, assunto, tèma, concetto, materia, contenuto, pensiero, proposito, proposizione, punto, tasto, dissertazione, asserzione, ragionamento, questione, problema.
nomencl. sintesi, dimostrazione, prova, sillogismo || *verb.* enunciare, sostenere, discutere, presentare, provare, formulare, svolgere.
contr. antitesi, contrapposizione, obiezione.
téso, *pps.* di tendere || *agg.* tirato, allungato, steso, aperto, spiegato, allargato, proteso || agitato, convulso, frenetico.
contr. contratto, rattratto, piegato, curvo || disteso, pacifico, tranquillo, sfogato.
tesoreggiàre, *v.intr.* e *tr.* tesorizzare, tesaurizzare, tesaureggiare, accumulare, ammucchiare, adunare, arricchire, conservare, serbare, risparmiare, raggranellare || far tesoro.
contr. spendere, sperperare, disperdere, sprecare, dissipare, dilapidare, impoverire.
tesorería, *sf.* cassa, erario.
tesorière, *sm.* cassiere, amministratore, camerlengo, depositario, siniscalco.
tesorizzàre, *v.intr.* → TESOREGGIARE.
tesòro, *sm.* gruzzolo, denaro, mammona, moneta, cumulo di beni, → ERARIO || *fig.* cosa di gran pregio, persona molto amata.
tèssera, *sf.* tassello || dado || schedina, cartoncino, → BIGLIETTO.
tesseràndolo, *sm.* → TESSITORE.
tèssere, *v.tr.* lavorare al telaio, ordire, intessere, contessere, ritessere || *fig.* intrecciare, incrociare, intersecare, insertare || comporre con arte e con studio || macchinare, tramare, meditare, preparare frodi o inganni.
contr. stessere, scomporre, sciogliere, disciogliere, disfare.
tèssile, *agg.* e *sm.* → TESSITORE.
tessiménto, *sm.* → TESSITURA.
tessitóre, *sm.* tessitrice, tessiera (*ant.*), testore, tesserandolo (*ant.*), tessile, filatore, ciompo, cotoniere.
nomencl. (*specificazioni*) abbindolatore, accomandolatore, apparecchiatore, assortitrice, avviatore, calcolaiuolo, cannellaia, attaccafili, battilano, cardatore, filatore, follatore, follone, gualcheraio, incannatrice, lanaiuolo, lanino, leggitore, licciaia, lisciaiola, linaiuolo, orditrice, rammendatrice, rimettitore, ripassatrice, scardassatore, setaiuolo, tintore, tramatore, vellutiere, trattore o filante, piegatora, porgitora.
tessitúra, *sf.* arte della lana, della seta, tessile, del tessere; contessimento, intessimento, intessitura, tessimento, testura, contesto, intrecciamento, intreccio, incrocio.
nomencl. meccanica, a mano || (*fabbrica*) cotonificio, canapificio, filanda, filatura, iutificio, lanificio, setificio, tessitoria, tessoría (*ant.*) tessitura || (*materie tessili*) alpaca, bisso o seta marina, crine di cavallo, lana, peli d'agnellino di Persia (*caracul*), peli di cammello, peli di capra (*casimiro*), peli di lepre, seta, vigogna || agave americana, canapa, capoc, cocco, cotone, crine vegetale, ginestra, iuta, lino, ramiè (ortica), sparto o alfa || amianto, argento, ferro, oro, ottone, vetro || lanital, nailon, lilionraion, snia, viscosa (sniafiocco), terital, filanca || (*operazioni*) incannatura, stracannaggio, piegatura della catena, armatura, pulitura della trama, binatura, confezione delle spole, svolgimento della catena, avvolgimento del tessuto, cassa, evoluzione dei licci, navetta, tensione della trama, battuta, apprestamento, pulitura, follatura, garzatura, asciugamento, lisciatura, disegno (degli operali o messa in carta, figura piana, passata o mandata, schizzo, traslatare), disposizione, abbassata, accollettaggio, allicciatura, apparecchiatura, apprettatura, appretto, arrotolamento, piegatura, assortimento, calcolata o calcata, damascatura, eguagliatura, guidana o prova, impancatura, impannatura, impuntaggio, intorsione, invergatura, cernita, mandata della spola, ordimento o orditura, passatura o pettinatura, trasposizione, battitura, candeggio, dipanatura, essiccamento, filatura (a mano: rocca, conocchia, fuso; a macchina: ring), gramolatura, lavaggio, linizzazione, macerazione, maciullatura, mercerizzazione, pettinatura, scotolatura, solforazione, stagionatura, stigliatura, stracannatura, tintura, torcitura, trattura || (*filati ottenuti*) bambagia, bavella, cabessa, capecchio, capitone, cascami, catarzo, catena, ciniglia, comandolo, cordoncino, crespo, cucirino, faldella, filzuolo, fioretto, lucignolo, matassa, matello, misto, ordito (piede, croce), organzino, ovatta, pettinato, penerata, refe, ritorto, spagno, strigato, trafusola, trama, zeffiro || (*persone*) accomodatore, abbindolatore, apparecchiatore, assortitrice, avviatora, attaccafili, battilano, calcolaiolo, cannellaia, cardatore, ciompo, cotoniere, filatore, follatore, follone, gualcheraio, incannatrice, la-

naiolo, lanino, lettore o leggitore, licciaio, lisciaiola, linaiolo, orditrice, rammendatrice, rimettitore, ripassatrice, scardassatore, setaiuolo, tesserandolo, tessile, tessitore, tessitrice, tintore, trattore, vellutiere, riveditora, porgitora || (*macchine*) telaio (a mano, a macchina), accoppiatrici, addoppiatoio, annodatrici, arcolaio o guindolo, asciugatrice, aspo, calandra, cimatrice, filatoio, gualchiera, imbozzimatrice, orditoio, cannettiere, compensatore, incannatoio, cilindro o lucidatrice, mangano, mercerizzatrice, *ring*, scardasso, scotola o scotolatrice, spazzolatrice, spruzzatrice, tosatrice, vellutatrice, spoliera o cannellaia, torchio, trafila || *verb.* accannellare, accomodare, addoppiare, allicciare, armare, carminare, cilindrare, cimare, colpeggiare, fare i cannelli, garzare, gualcare, imbozzimare, imporre, intelaiare, ligiare, manganare, marezzare, operare, ordire, sbroccare, scardassare, sollevare i licci, stracannare, tessere.

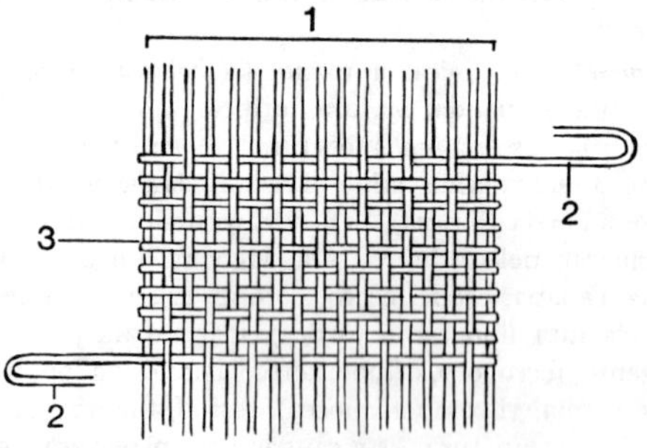

TESSUTO – 1) ordito; 2) trama; 3) cimosa.

tessúto, *sm.* stoffa, panno, drappo || *fig.* insieme, complesso, trama, intreccio.
nomencl. (*caratteristiche*) accordellato, a doppia faccia, a due diritti, affiorato, allumacato, a bastoncino, a dadi, a fiori, a quadri, a righe, a spiga, diagonale, a stampa, stampato, a trama e catena unica, operato, brizzolato, arrendevole, cangiante, cotonoso, cilindrato, damascato, elastico, doppio, felpato, impermeabile, infeltrito, floscio, greggio, grinzoso, ingualcibile, incrociato, misto, ordinario o dozzinale, pettinato, rado, ragnato, rigato, screziato, sgargiante, spigato, spinato, trapunto, trasparente, unito, vistoso, vellutato, spolinato || (*specificazioni*) albagio, alpaca o alpaga, amoerre, anchina, arazzo, baietta, bambagia, batista, bigello, bordatino, broccatello, broccato, bugrano, bura, calmucco, cambrì, cammellotto, canavaccio, carpita, casimiro, cotonina, crespo, *cretonne*, crivellone, damasco, dobletto, drappo, ermisino, felpa, feltro, flanella, *foulard*, frustagno, garza, giaconetta, giorgina, indiana, linone, lustrino, merino, mezzalana, mollettone, mussola, mussolina, orbace, *organdis*, organzino, *orléans*, pannina, pelle d'uovo, *peluche*, percalle. percallina, picchè, *popeline*, prunella, raso, rigatino, romagnuolo, saia, *satin*, sciamito, spinoso, stamigna, taffettà, tela, tibet; tocca, traliccio, tulle, velluto, velo, vergatino, zeffiro || (*operazioni*) accappiatura, accavallatura, ammarezzatura, bastonatura, anelletto, cappietto, cavatura, chiarella, coppiola, filo tirato, fioritura, gragnolaia, groviglio, lucciolo, malafatta, ondatura, radatura, ritirello, rigatura, sforzo, tuffatura || (*termini*) bordo, bordura, campione, cimosa o vivagno, frangia, scampolo, pezza, taglio, appretto, candeggio || *agg.* grossolano, gualcito, lacero, leggero, grave, fitto, liso, logoro, morbido, pesante, liscio, rozzo, ruvido || *verb.* tessere, disfare.

test, *sost. ingl.* prova, esperimento, reattivo mentale, interrogatorio, scala metrica, questionario, inchiesta.
nomencl. (*esempi*) valutazione dell'intelligenza, delle singole funzioni mentali, della motilità, del carattere (sulla crudeltà, sulla menzogna, sul furto, sul sentimento), dell'attitudine scolare (*neol.*), sulla capacità tecnica e meccanica, dell'attitudine commerciale, inchiesta familiare; per fanciulli anormali e normali, per superdotati.

tèsta, *sf.* capo, cervice, cranio, cresta, boccia, boccino, coccia, capocchia, cocuzza, cocuzzolo, cesta, celloria, chioma, collottola, gnucca (*fam.*), nuca, tempia, teschio, zucca || *fig.* pensiero, intelletto, ingegno, intelligenza, mente, senno, preminenza, direzione, inizio || estremità superiore, cima, parte anteriore || testa di legno, → BURATTINO || testa calda, → FANATICO || testa coronata, → RE || *ant.* vaso di terra cotta.
nomencl. (*parti*) cuoio capelluto, cocuzzolo, fronte, nuca, occhio, occipite, orecchio, naso, bocca; regione auricolare, epicranica, occipitale, parotidea, temporale; cervice, cuticagna, nodo del collo, sinartrosi, vertebre cefaliche, carotide, cervello, giugulare, arterie, muscoli, ossa || (*patologia*) accapacciatura, incapatura, capo peso, acciocchimento, stordimento, apomittosi, capacciaia, capogiro, vertigine, cefalea, cefalalgia, cefalite, emicrania, cefaloma, chiodo (*fig.*), ematocefalo, fasciatura al capo, gravedine, gravezza, ciocchita o acciucchita, incatorzolita, idrocefalo, inceppatura del capo, insulto del sangue, natta, nutazione, parletico, scesa, stiratura' || forfora, seborrea, tigna, lendine, pidocchio || (*anomalie*) acefalia, acefalobrachia, brachicefalia, dolicocefalia, diplocefalia, edocefalia, macrocefalia, megalocefalia, microcefalia, retroversione || (*studio*) craniologia, cefalografia, cefalologia, frenologia, cefalometro, cefalomanzia || (*capelli*) acconciatura, chioma, chierica o tonsura, raggera, codino, spillone, ciambella, cercine, bacucco || *agg.* piccola, minuscola, tonda, rotonda, ovale, bislunga, bionda, bruna, bianca, grigia, brizzolata, nera, spelacchiata, pelata, bernoccoluta, bitorzoluta, tignosa, cocciuta, calda, fervida, ostinata, vulcanica, impetuosa, impulsiva, fredda, quieta, quadrata, vuota, forte, bislacca, bizzarra, capricciosa, balzana, stramba, estrosa, fantasiosa, originale, curiosa, sventata, singolare || d'asino, di bue || *verb.* accennare, alzare, battere, rompere, rompersi, sollevare, girare,voltare, abbassare, declinare, reclinare, crollare, scrollare, tentennare, scuotere, agitare || far capolino, far coppino, far civetta, far come le chiocciole, far la cipolla, ficcarsi in capo, mettersi in testa, grattarsi la pera, perdere la collottola, tracollare || accoppare, attestare, capivoltare, decapitare, far mozzare, troncare, tagliare, scotennare, scapare || accapacciare, accapacciarsi; avere o fare la

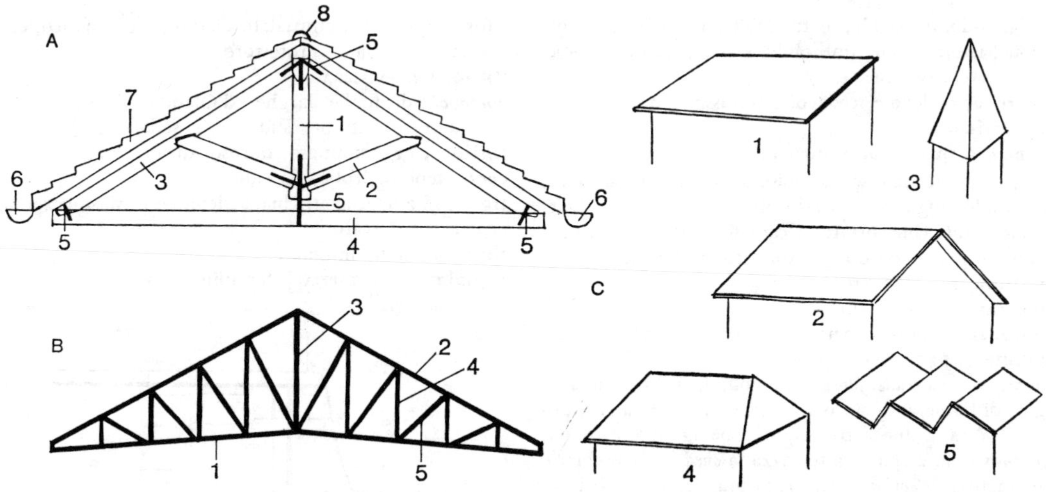

TETTO – A) Capriata di legno: 1) monaco; 2) contraffisso o saetta; 3) puntone; 4) catena; 5) staffa; 6) grondaia; 7) tegoli; 8) tegolone di colmo. – B) Capriata di ferro: 1) catena; 2) puntone; 3) montante; 4) tirante; 5) contraffisso. – C) tipi di tetti: 1) a una falda; 2) a capanna; 3) a piramide; 4) a padiglione; 5) a shed o a denti di sega.

testa grossa, intronata, confusa; avere un chiodo in testa, non reggere il capo, spezzarsi il cervello.
contr. coda, piedi, estremità inferiore.
testàbile, *agg.* disponibile (per testamento).
testàceo, *agg.* mollusco, crostaceo, nicchio, ostraceo.
nomencl. univalve, bivalve || squalodonte.
testamentàre, *v. intr.* → TESTARE.
testaménto, *sm.* ultime volontà, lascito, eredità, codicillo, chirografo || Vecchio e Nuovo Testamento, → BIBBIA.
nomencl. (*distinzioni*) apocrifo, autentico, caducato, caduco, inofficioso, nuncupativo, pubblico, segreto, olografo, valido, viziato, nullo || (*pertinenti*) fidecommesso, legato testamentario || captazione, preterizione, regola catoniana; quota disponibile, riservata o indisponibile.
testardàggine, *sf.* → OSTINAZIONE.
testàrdo, *agg.* testereccio, uomo di testa (*ant.*), → OSTINATO, TENACE, DURO.
testàre, *v.intr.* testamentare, far testamento.
testàta, *sf.* capata, → COLPO || titolo, intitolazione, → GIORNALE.
tèste, *sm.* → TESTIMONIO.
testé, *avv.* ora, or ora, poco fa, poc'anzi, dianzi.
contr. tempo fa, molto prima.
testícolo, *sm.* ghiandola genitale, coglia, coglione.
testificàre, *v.tr.* testimoniare, attestare, far testimonianza, far fede, deporre, affermare, dimostrare, documentare, comprovare, garantire, assicurare, certificare, cerziorare.
contr. smentire, negare.
testificazióne, *sf.* → TESTIMONIANZA.
testimòne, *sm.* → TESTIMONIO.
testimoniànza, *sf.* testimonio, arra, attestazione, attestato, dichiarazione, deposizione, deposto, testificazione, certificato, prova, affermazione sicura.
nomencl. (*attinenti*) audizione, udienza, contraddittorio, esame, confronto, interrogatorio, citazione, giuramento, atto di notorietà || *agg.* giurata, irrefutabile, falsa.
contr. negazione, smentita.
testimoniàre, *v.tr.* testificare, attestare, affermare, far testimonianza, far fede, deporre, fare da testimonio, certificare, confessare || *fig.* costituire una prova, provare.
contr. negare, smentire.
testimònio, *sm.* testimonianza || teste, testimone, padrino || → PEGNO.
nomencl. (*tipi*) giudiziale, a carico, a discarico, a difesa, d'accusa || auricolare, oculare || *agg.* imbeccato, reticente, schietto, sincero, subornato, veritiero, falso, fededegno, ineccepibile, irrefutabile || *verb.* addurre, presentare, portare un testimonio; chiamare a testimonio, in testimonio; escutere, interrogare, sentire un testimonio; deporre; incriminare; subornare, sobillare, indurre.
tèsto¹, *sm.* → TEGAME || *ant.* vaso da fiori.
tèsto², *sm.* lezione, scrittura originale, originale, contesto, lettera || → MATERIA || *fig.* autorità, testimonianza (in una materia, in un argomento).
nomencl. (*inerenti*) luogo, passo, postilla, aggiunta, nota, chiosa, commento, glossa || *agg.* corretto, scorretto, autorevole, interpolato, guasto, definitivo, provvisorio, breve, lungo || *verb.* far testo.
testóne, *sm.* testa grossa || *fig.* testardo, ottuso, cocciuto, → OSTINATO, INETTO.
testuàle, *agg.* conforme al testo, secondo il testo; riferito tale e quale, esattamente, alla lettera, *ad litteram*.
testúdine, *sf.* → TESTUGGINE.
testúggine, *sf.* testudine, → TARTARUGA || CETRA || *mil.* disposizione di soldati.
nomencl. carapace, corazza, piastrone || cheloni.
testúra, *sf.* → TESSITURA.
tètano, *sm.* tiro secco.
nomencl. siero antitetanico.
tetràggine, *sf.* tetricità, → MALINCONIA.
tetràgono, *agg.* che ha quattro angoli, quadrangolo

|| *fig.* saldo, impavido, inattaccabile, invincibile, incrollabile, irremovibile, immobile, stabile, fermo, → FORTE, TENACE, IMPASSIBILE.
contr. arrendevole, cedevole, remissivo, pieghevole.
tetràstico, *agg.*
nomencl. quadernario, quartina,
tètro, *agg.* tètrico, scuro, buio, fosco, caliginoso, nero, squallido, lugubre, poco luminoso, → OSCURO || *fig.* triste, cupo, concentrato, accigliato, torvo, bieco, burbero, → MALINCONICO || tristo, cattivo, perfido.
tettíme, *sm.* → TETTO.
tettíno, *sm.* → TETTOIA.
tétto, *sm.* cupola, copertura, tettoia, coperta, coperto, tettime || *fig.* ricovero, → CASA.
nomencl. (*materiale, forma*) di tegoli, di émbrici, di lavagna, di lamiera, di zinco, di eternit, a capanna, a cupola, a vôlta, a due o tre acque, a padiglione, a punta, a spiovente, a spiovi, a terrazza, a *shed* || scoperchiato, sfondato || (*elementi*) ala, armatura del tetto, colmo, comignolo, copertura, coperto, travatura, cornicione, doccia, cannoncini, gocciolatoio, sottogrondale, gronda, falsa gronda, correnti di gronda, grondaia, stillicidio, grondatoio, grondone, intercapedine, monaco o colonnello, piovente, ripiano, soppalco, sgrondo, pendio, travatura, arcarecci, correnti o piane, correntini, mensolini, pianella, puntoni, tirante || abbaino, fumaiolo, lanterna, solaio, sopratetto o soprattetto, sottotetto, banderuola, ventarola, pinnacolo, scrimolo, terrazza, tegoli, embrici, lastre, lavagna, mansarda.
tettóia, *sf.* tettino, pensilina, capannone, *marquise*, → TETTO.
teurgía, *sf.* → MAGIA.
teutònico, *agg.* germanico, → TEDESCO.
tíade, *sf.* → BACCANTE.
tiàra, *sf.* triregno, mitra, → CORONA.
tíbia, *sf.* → FLAUTO || GAMBA.
tibiàle, *agg.* della tibia || *sm.* schiniere.
tic, *sm. indecl.* → TICCHIO.
ticchettío, *sm.* tictac.
tícchio, *sm.* tic || *fig.* fisima, capriccio, vezzo, ghiribizzo, estrosità, úzzolo, voglia, gusto, sfizio (*region.*).
ticchiolàto, *agg.* → MACCHIATO.
tictàc, *sm. indecl.* ticchettío.
tiepidézza, *sf.* → TEPORE || *fig.* rilassatezza, scarso fervore, svogliatezza, aridità, scarso amore o zelo o impegno.
contr. calore || caldo o freddo, ardore o freddezza || alacrità, fervore, interesse, zelo.
tièpido, *agg.* tepido, tepente, caldo, temperato, caldetto, calduccio, soffreddo, né caldo né freddo || (di clima) dolce, mite, temperato, moderato || *fig.* poco affettuoso, poco zelante, privo di fervore, di ardore, pigro, neghittoso, svogliato, fiacco, debole.
nomencl. *verb.* intiepidire, tiepidare.
contr. caldo, freddo || fervente, alacre, ardente, amorosissimo, entusiasta.
tífo, *sm.*
nomencl. (*tipi*) addominale, petecchiale, intestinale || tifoemia, tifoide, ileotifo, peste d'Atene.
tifóne, *sm.* → TEMPESTA, CICLONE.
tifóso, *agg.* e *sm.* ammalato di tifo || *fig.* fanatico, entusiasta, partigiano, protettore.
tíglio, *sm.* → FIBRA.
nomencl. di foglie larghe, d'Olanda, d'Ungheria || (*usi*) decotto, infuso || sudorifero, sedativo.
tigliόso, *agg.* stopposo, fibroso, duro, tenace.
contr. tenero, frollo, flaccido.
tígna, *sf.* alopecia, atrichia, atricomia, ptiriasi, eczema, erpete || *fig.* avaro.
tignàre, *v.intr.* intignare.
tignòla, *sf.* → TARMA || farfallina.

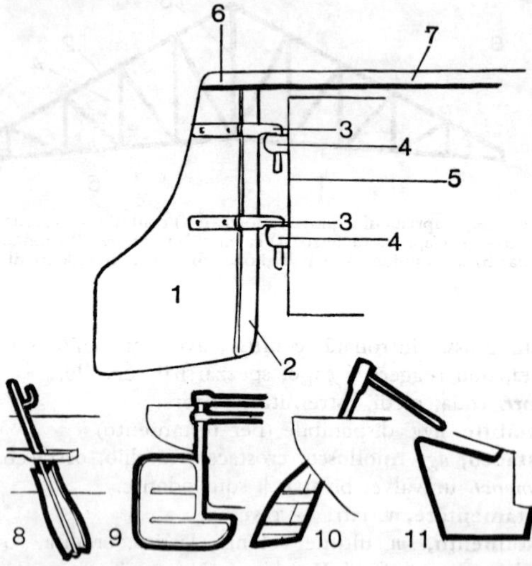

TIMONE – 1) pala o spalla; 2) asse o fusto; 3) agugliotti; 4) femminelle; 5) dritto di poppa; 6) testa del timone; 7) barra; 8) timone da galea; 9) timone di ferro 1890; 10) timone di giunca cinese; 11) timone di grande transatlantico 1966.

tígre, *sf.* o *m.* tigrotto, tigrone || *fig.* → CRUDELE.
nomencl. (*voce*) bramire, gagnolare, mugolare.
tilbury, *sost. ingl.* → CARROZZA.
timbàllo, *sm.* → PASTICCIO, BUDINO.
timbràre, *v.tr.* → BOLLARE.
tímbro, *sm.* sigillo, suggello, bollo, impronta, segno, stampo, stampiglia, stampino.
timiàma, *sf.* → INCENSO.
timidézza, *sf.* timidità, riserbo, riservatezza, timore, peritanza, pusillanimità, vergogna, trepidazione, verecondia, apprensione, pochezza d'animo, indecisione.
nomencl. *verb.* timidarsi, peritarsi, temere.
contr. coraggio, forza d'animo, risolutezza, audacia, temerarietà, sfacciataggine, sfrontatezza.
timidità, *sf.* → TIMIDEZZA.
tímido, *agg.* peritoso, pavido, inerme, pauroso, irresoluto, indeciso, pusillanime, meticoloso, paurosetto, malsicuro di sé, trepido, riservato, timorato, apprensivo, guardingo, vergognoso.
contr. coraggioso, audace, ardito, risoluto, impavido, deciso, sicuro di sé, pronto, temerario, sfacciato, sfrontato, protervo.
tímo, *sm.* serpillo, sermollino, pepolino || ghiandola.
timóne, *sm.* governo, guida.
nomencl. (*parti*) anima, pala o spalla, asse o fusto, agu-

gliotti, barra, frenello, manovella, ruota di maneggio, assiometro, tamiso o mezzaluna, agghiaccio || timoniera, abitacolo || timoniere || timoneria || *verb.* manovrare, timoneggiare, reggere, governare.

timonière, *sm.* → GUIDA.

timoràto, *agg.* → MODESTO, TIMIDO.

timóre, *sm.* allarme, ansia, apprensione, dubbio, ombra, scrupolo, sospetto, diffidenza, sfiducia, discredito, peritanza, esitazione, timidezza, timidità, pochezza d'animo, pusillanimità, pavore, agitazione, indecisione, preoccupazione, trepidazione, trepidezza, temenza, sospensione, sbigottimento, soggezione, téma, tremore, tremito, turbamento, vergogna, paura, pànico, spavento.

contr. coraggio, ardire, audacia, temerità, prontezza, risolutezza, decisione, sicurezza, sfacciataggine, sfrontatezza.

timoróso, *agg.* sospettoso, incredulo, diffidente, dubbioso, ombroso, geloso, guardingo, malfidato, sfiduciato, cauto, circospetto, riservato, smarrito, confuso, sbigottito, istupidito, smagato, spaurito, spaventato, tremante, tremefatto, scorato, perduto, intontito, stupefatto, intimorito, impaurito, turbato, sgomento, stupito, scombuiato, scoraggiato, scombussolato, pusillanime, geloso, pauroso, trepido, pavido.

contr. coraggioso, audace, ardito, sfacciato, sfrontato, deciso, temerario, risoluto, pronto; speranzoso.

timpaneggiàre, *v.intr.* → TAMBURARE.

timpanísmo, *sm.* meteorismo.

tímpano, *sm.* → FRONTESPIZIO || ORECCHIO.

tína, *sf.* → TINO.

tinàia, *sf.* → CANTINA.

tinàzza, *sf.* → TINO.

tinàzzo, *sm.* → TINO.

tíngere, *v.tr.* colorare, colorire, dipingere, verniciare, ridipingere || sporcare, imbrattare, macchiare || *rifl.* → DIPINGERE.

contr. stingere, smorzare, smontare, scolorire, scialbare|| stingersi.

tinniènte, *ppr.* di tinnire || *agg.* tínnulo, → SONORO.

tinníre, *v.intr.* TINTINNARE, SONARE.

tínnulo, *agg.* tinniente, → SONORO.

tíno, *sm.* tina, vaso, tinazza, tinazzo, tinella, vaso vinario.

nomencl. (*parti*) cannella, cerchi, spina, doghe, zipolo, fondo, bocca, peducci, sportello || tinaia, bottaio, moscione.

tínta, *sf.* colore, tintura, colorazione, mestica, carnagione, colorito || *fig.* → QUALITÀ || *ant.* notizia superficiale, vaga.

tinteggiàre, *v.tr.* colorire, → PITTURARE.

tintinnàbolo, *sm.* campano, campanello, bronzino, búbbolo, sonaglio.

tintinnànte, *ppr.* di tintinnare || *agg.* → SONORO.

tintinnàre, *v.intr.* tintinnire, tinnire, squillare, trillare, risonare, scampanellare, → SONARE.

tintinníre, *v.intr.* → TINTINNARE, SONARE.

tintínno, *sm.* il tintinnire, squillo (di campanello, sonaglio e *sim.*), tintinnío, scampanellío.

tínto, *pps.* di tingere || *agg.* colorato, verniciato, macchiato || intinto, imbrattato.

tintoría, *sf.* arte del tingere, luogo dove si tinge, imbiancamento, apparecchiatura, lavatura a secco, smacchiatura.

nomencl. (*materie*) acqua purificata, acidi (solforoso, solforico, nitrico, cloridrico, muriatico, pirolignoso, acetico, tartarico, citrico, ossalico), carbonato, bitartrato, bisolfato, ammoniaca, calce, sali di nichelio, anilina, benzidina || (*coloranti*) lacca, cocciniglia, guado o pastello, indaco, carminio d'indaco, campeggio, sandalo, robbia, zafferanone, quercitrone, tannino, sommacco, estratto di castagno, mordenti.

tintúra, *sf.* tinta, colore, colorazione, coloritura || preparato, mordente, cosmetico, tinta (liquida), belletto || *fig.* → BEVANDA.

tipicità, *sf.* → PARTICOLARITÀ.

típico, *agg.* singolare, particolare, caratteristico, peculiare, speciale, specifico, proprio, rilevante, espressivo, significativo.

contr. atipico, generico, comune, solito.

típo, *sm.* figura, immagine, campione, esempio, esemplare, modello, modulo, norma, esponente, prototipo, archetipo, asso, capo, radice, specchio, quintessenza, forma, genere, espressione, guida, idea, faccia, rappresentante, regola, personificazione, esponente, simbolo, emblema, segno, allegoria || stampo, conio, carattere mobile (da stampa) || *fig. pl.* stamperia, tipografia.

contr. copia, imitazione.

tipografía, *sf.* stamperia, officina tipografica, editoria, arti grafiche.

nomencl. (*connessi*) autotipia, autotipografia, cromotipia, galvanotipia, legatoria, linotipia, litografia, monotipia, politipia, stereotipia, flanatura, tipolitografia, policromia, zincografia || (*persone*) apprendista o bardotto, battitore, compositore, correttore, proto, direttore, impaginatore, fonditore, monotipista, impressore, linotipista, pacchettista, pedalista, piegatore, puntatore, revisore, riveditore di stampe, rullatore, stereotipista, tipografo, torcoliere, zincografo || (*caratteri*) aldino, bastardo, bodoniano, corsivo, di fantasia, elzeviro, formatello, garamoncino, garamone, gotico, grassetto, inglese, italico, maiuscolo, minuscolo, maiuscoletto, neretto, normanno, romano, tondo || (*segni tipografici*) accento, asterisco, arabesco, angolo, cantonata, capopagina, contorno, divisione, filetto (punteggiato, chiaro, ondeggiato, scuro, doppio, chiaroscuro); finale, fregio (greco, gotico, romano, rinascimento, barocco, rococò, neoclassico, floreale, preraffaellesco, nuovo stile, liberty, a combinazione), finale, fiore, vaso, fondo, fusello o fuso o fusetto, grappa, interlinea, linea, lingotto, margine, stelletta, intervallo, spazio, paragrafo, comma, rigato, trattino, parentesi, piè di mosca, quadrato, quadratone, quadratura, quadratino, rappezzi, sigla, parentesi (tonde, quadre), punto, virgola, punto e virgola, punto esclamativo, punto interrogativo, accento (grave, acuto, circonflesso), segni diacritici || allineamento, altezza, assortimento, asta, bassa cassa, soprana, spalla, spessore, tacca || (*carta*) foglio, ricernita, rifiorita, vergella, bobina, fogliacci, risma, rincarto, riscelto, strazio || (*inchiostro*) nero (nerofumo di catrame, nerofumo di resina, nero lampada), colorato (giallo cromo, di Napoli;

cinabro, minio, blu acciaio, blu di Parigi, verde, verde seta, verde russo, lacca carminata, lacca garanza, ocra, bruno mogano, terra d'ombra, terra di Siena, bruno seppia, bianco) || (*mobili*) banchi o banconi, casellario, cassettini, cassettino del diavolo, cavalletto, panconcino a leggio, rastrelliera || (*macchine, arnesi*) torchio: a nervo, a leva, olandese, a mano (piano scorrevole, corsie, manovella, platina, colonnine di sostegno, timpano o telaietto, fraschetta, tampone per l'inchiostro), meccanico || linotipo o *linotype*: tastiera, magazzino delle matrici, spazi variabili, compositoio, forma, crogiuolo, coltelli, vantaggio, sbarra di distribuzione, vite senza fine || monotipo o *monotype*: tastiera, nastro di carta perforata, lettore pneumatico, fonditrice || (*macchine da stampa*) pedalina, a pressione, a pressione cilindrica, a bianca e volta, a ritirazione, a reazione, a più cilindri, rotativa || albero di trasmissione, chiavelle, grembiale, griffe, levafogli, manine, marginatrici, mozzi, pedale, piano, punto-retro, rulletto, rulli, caricatore, rullo distributore o macinatore, bacchetta, portarulli, rocchetta, telaino, serratura, telaio, volano o volante, zoccolo, montanti, piano con movimento alternato o carrello, cilindro impressore, biella, coppia di ruote dentate, cremagliera, mettifogli, pinze, presa del foglio, nastri, tavola ricevitrice, calamaio, tamburo voltafogli, compressori automatici, bobina per la carta, piegatrice meccanica, lastra curva della stereotipia || asse, balestra, battitoia, sbattitoia, bietta, blocco o zoccolo, cacciatoia, calibro, cava-righe, compositoio, tallone, guida, mazzuola, mollette, setola o spazzola, stecca, taglietto, tipometro, vantaggio, cesoie, smussatrice, taglierina, tirabozze, trancia || (*composizione*) a mano, a macchina, a dilungo, o corrente, alternata, parallela, interlineata || aggiustaggio, arrivatura, sticometria, trasporto, bozza di stampa (in colonna, in pagina), stampone, capoverso o a capo, correzione in piombo, divisione, giustezza, impaginazione, interlineatura, lettera iniziale, lettera capitale o a capite, mozzo di pagina o mozzino, note, numerazione, pacchetto, pagina, postilla (in calce, marginale), richiamo, righino, scomposizione, segnatura, sentiero, spazieggiatura, sterlineatura, titolo, vignette (frontone, testata, finale, contorno, tavola fuori testo, tavola a colori), verme, impuntatura, maestra || (*stampa*) impressione, tiratura, imposizione in macchina, tiratura in buono, forma (lato esterno, lato interno), bianca e volta, marginatura, taccheggio, telaio, chiusura delle forme, battitura, squadratura, immissione in macchina; registrazione delle pinze, dei rulli, del calamaio, del foglio; avviamento, bagnatura della carta, alzo o tacco || stampa anastatica, comune, a rilievo, a incavo, a colori, a rotocalco, *in offset* || (*difetti, errori*) accavallatura, calco, doppieggiatura, doppione, duplicato, duplicatura, lasciato, lasciatura, errori di stampa, forzato, mancare, frate, pesce, pizzicotto, posposizione, refuso, sbaveggio, sentinella, smangio o smangiato, spelatura, sporco, strada, stracavato || correzione, revisione, riscontro, *errata-corrige* || (*stampati*) cartella, copia, originale, bottelli, blocco, bozza di stampa, controprova, edizione, foglio di stampa, cartuccia, controstampa, segnatura, puntata, dispensa, sedicesimo, stampiglia || (*operazioni*) aggiustare le righe, ammestare, ammontare, andare a rovesci, appianare, aprire la forma, cilindrare, comporre a dilungo, disimporre, disinterlineare, dividere, fare il registro, fare la cassa, giustificare, impaginare, numerare, mettere in pagina, incatenare, interfogliare, interlineare, leggere in piombo, marginare, mettere in torchio, paragonare, raffilare, refusare, rimpaginare, sbattere, scompaginare, spaginare, spazieggiare, stampare (a logoro di torchi, in bianca, la volta, in bianca e volta), stendere, tendere, tirare, trasportare, taccheggiare, tirare le bozze, flanare.

tipògrafo, *sm.* stampatore, impressore, editore || monotipista, linotipista, battitore, proto, impaginatore, stereotipista, torcoliere.

tirabàci, *sm. indecl.* → RICCIO.

tiramàntici, *sm. indecl.* → FABBRO.

tiranneggiàre, *v.tr.* e *intr.* tirannizzare, tirannare, spadroneggiare, signoreggiare, esercitare potere assoluto, spadronare, padroneggiare, infierire, incrudelire, → OPPRIMERE.

contr. lasciare o concedere libertà.

tirannía, *sf.* assolutismo, regno assoluto, potere assoluto, autocrazia, dispotismo, despotismo, giogo, tirannide, tiranneria, signoria, sovranità, usurpazione, dittatura || prepotenza, oppressione, crudeltà, arbitrio, sopruso || *fig.* costrizione, necessità inevitabile.

contr. libertà, potere democratico, sovranità popolare, parlamentarismo.

tirànnico, *agg.* dispotico, prepotente, oppressivo, crudele, violento, inumano.

contr. mite, umano, indulgente, buono, corrivo.

tirànnide, *sf.* → DISPOTISMO, TIRANNIA.

tirànno, *sm.* oppressore, conculcatore, dominatore, despota, dittatore, prepotente, soverchiatore, mangiapopoli, autocrate, usurpatore, → SOVRANO || *agg.* crudele, aguzzino, dispotico.

tirànte, *ppr.* di tirare || *sm.* → BIELLA, FUNE.

tiràre, *v.tr.* e *intr.* trarre, chiamare, estrarre, ricavare, attrarre, attirare, distendere, allungare, lacerare, squarciare, stracciare, strappare || gettare, buttare, avventare, lanciare, scagliare, sbalestrare, scaraventare || trainare, trascinare, strascinare, condurre, allevare, trasportare, travolgere || sparare, far fuoco, esplodere, scaricare (un'arme da fuoco), schioppettare, bombardare, sbombardare || indurre, istigare, allettare, lusingare, distrarre, inclinare, mirare, ottenere, ritirare, ricavare || percuotere || stampare, pubblicare, riprodurre, comporre.

contr. spingere, sospingere, contrarre || allentare, allontanare, rifiutare, respingere, lasciare.

tirastivàli, *sm. indecl.* cavastivali, → CALZATOIO.

tiràta, *sf.* lanciamento, tiro || strappamento, stiracchiatura || *fig.* discorso prolisso, cantafera, lungagnata, lungaggine, sproloquio, invettiva, rimprovero, diatriba, satira, → TIRITERA.

tiratézza, *sf.* → TENSIONE.

tiràto, *pps.* di tirare || *agg.* teso, allungato, stiracchiato, disteso || trascinato, forzato, costretto, violentato, trainato, tratto || *fig.* → AVARO.

contr. contratto, rattratto, raggricciato, allentato, lento, libero, spontaneo || spendaccione.

tirchiería, *sf.* → AVARIZIA.

tírchio, *agg.* → AVARO.

tirellóne, *agg.* e *sm.* → OZIOSO.

tiremmòlla, *sm. invar.* → TERGIVERSAZIONE.

tirétto, *sm.* cassetto.

tiritèra, *sf.* tirata, litania, filastrocca, filatessa, cantafera, cantafavola, tantafera, parlata, sproloquio, pappolata, lungagnata, lungaggine, → TIRATA || → RIMPROVERO.

tíro, *sm.* tirata, tratta, tratto, botta, bottata, sparo, portata, scoppio, sparamento, sparata, scarica, detonazione, salva, sparatoria, fuoco di fila, rumore || lancio || *fig.* tentativo, colpo, presa, scherzo || macchinazione, inganno || tiro birbone, → BEFFA || tiro a due, a quattro, a sei, → CARROZZA.

nomencl. (*caratteristiche*) alto, basso, a salva, a salve, cieco, costiero, a volo, curvilineo o in arcata, diretto, indiretto, teso o radente, giusto, di rimbalzo, di rovescio, di striscio, di volata, inclinato, lambente, radente, rasente, d'infilata, defilato, preparatorio, di contropreparazione, d'interdizione, di sbarramento, antiaereo, tambureggiante, a pallini, a pallottole, a fermo, a frullo, a volo, a corsa, diritto, piano, storto, orizzontale || (*pertinenti*) altezza, angolo di tiro, angolo di elevazione, campo di tiro (orizzontale, verticale), derivazione, deviazione o scarto, direzione del tiro, durata del tragitto, forcella, linea del tiro, linea di mira, linea di proiezione, angolo di proiezione, linea radente, piano di tiro, traiettoria, parabola, punto di caduta, punto di imbatto, velocità, mirino, bersaglio, cerchio di puntamento, balipedio, poligono, posto di osservazione, batteria, scuola di tiro || balistica, telegoniometria, telegoniometro, telèmetro || *verb.* accertare, alzare, abbassare, colpire, imbroccare, mirare, sbalestrare, spianare, toccare.

tirocinànte, *agg.* e *sm.* apprendista, principiante, esordiente, praticante, bardotto, novizio, garzone.

contr. provetto, esperto, veterano || maestro.

tirocínio, *sm.* apprendistato, noviziato, addestramento, volontariato || inizio, prova.

tiròide, *sf.* gozzo.

tirolése, *agg.* e *sm.* altoatesino, atesino.

tiróne, *sm.* → NOVIZIO || *ant.* soldato di leva.

tírso, *sm.* → BASTONE.

tisàna, *sf.* decotto, infuso, beverone, → BEVANDA.

tísi, *sf.* tisia, etisia, consunzione, mal sottile, tabe polmonare, malacuto, malattia di petto, tisichezza, tisicume, → TUBERCOLOSI.

nomencl. (*distinzioni*) intestinale, epatica, laringea, renale, galoppante, florida, senile || leucopiria, predisposizione, blennoftisi || *verb.* intisichire.

tisía, *sf.* → TISI, TUBERCOLOSI.

tisichézza, *sf.* → TISI || *fig.* gracilità, emaciazione, secchezza, pallidezza, fiacchezza.

tísico, *agg.* affetto da tisi, malato di tisi, tubercoloso, consunto, etico, bolso || *fig.* magro, fradicio, spolpo, marcio, spolpato, misero, stentato, stento, gracile, bacato, cachetico, macilento.

tisicúme, *sm.* → TISI.

titànico, *agg.* → GIGANTESCO, GRANDE, FORTE.

titàno, *sm.* → GIGANTE, COLOSSO.

titillaménto, *sm.* titillazione, solletico, solleticamento, vellicamento, vellicazione, pizzicore, pizzicorino, pizzico, prudore, prurito, prurigine, pungolo, diletico.

titillàre, *v.tr.* far solletico, solleticare, vellicare, stuzzicare, dileticare, grattare, irritare, pizzicare, pizzicottare || *fig.* stimolare, lusingare, eccitare, sedurre, allettare, incitare, tentare, invitare.

titillatòrio, *agg.* solleticante, vellicante, stuzzicante, stimolante, eccitante, pruriginoso.

titillazióne, *sf.* → TITILLAMENTO.

titolàto, *pps.* di titolare || *agg.* → NOBILE.

nomencl. titolario || *verb.* titolare, titoleggiare.

títolo, *sm.* appellativo, attributo, prenome, nome, qualifica, soprannome, qualificazione, denominazione || epiteto || iscrizione, intestazione, intitolazione, intestatura, testata || vanto, motivo, fama || documento, patente, diploma || *chim.* percentuale, proporzione || diritto di nomina, di proprietà || (di credito) → OBBLIGAZIONE.

nomencl. sottotitolo || *agg.* autentico, falso, fasullo, meschino, valido, valevole, vero, onorario, onorifico, appropriato, rispettabile || *verb.* intitolare.

titubaménto, *sm.* → TITUBANZA.

titubànte, *ppr.* di titubare || *agg.* esitante, incerto, tentennante, irresoluto, ambiguo, dubbioso, indeciso, perplesso, sospeso, pencolante, tiremmolla, tenuto sulla corda, sconclusionato, tempellone, tentenna, tentennino, tentennone, vacillante, imbarazzato, lento.

contr. risoluto, energico, deciso, avventato, temerario, fermo.

titubànza, *sf.* titubamento, dubbio, indecisione, perplessità, esitazione, irresolutezza, esitanza, tentennìo, imbarazzo, peritanza.

contr. risolutezza, decisione, slancio, sicurezza, sveltezza, prontezza.

titubàre, *v.intr.* tentennare; essere irresoluto, dubbioso, incerto, tentennante; tergiversare, esitare, dubitare, nicchiare, essere perplesso, stare in forse, gingillare, dondolare, oscillare, pencolare, peritare, temporeggiare, tentare, traccheggiare, vacillare, traballare, tremolare, ondeggiare.

contr. agire risolutamente, decidersi, risolversi, agire prontamente, essere come un fulmine.

tízzo, *sm.* → CARBONE.

tizzóne, *sm.* → CARBONE.

tobòga, *sm. indecl.* slitta, scivolo, montagne russe, otto volante.

toccàbile, *agg.* tangibile, afferrabile, palpabile, tattile, riscontrabile.

contr. intoccabile, intangibile, impalpabile.

toccaménto, *sm.* tastata, toccata, → PALPAMENTO, CONTATTO.

toccànte, *ppr.* di toccare || *agg.* → COMMOVENTE.

toccàre, *v.tr.* tastare, attastare, tasteggiare, toccheggiare, palpare, palpeggiare, ripalpare, trattare, tangere, maneggiare, mantrugiare, stazzonare, brancicare, stuzzicare, tentare, titillare, vellicare, percuotere, picchiare, colpire, sfiorare, accarezzare, lambire || *intr.* avere, dovere, ricevere, spettare, competere, incombere, ap-

partenere per diritto o dovere, pervenire || riguardare, interessare, riferirsi || raggiungere, approdare || *rifl.* arrotarsi, combaciarsi, soffregarsi, stuzzicarsi, avvicinarsi.
nomencl. tatto, contatto || tabú.
toccasàna, *sm. indecl.* balsamo, panacea, → RIMEDIO.
toccàta, *sf.* → PALPAMENTO || componimento musicale.
toccheggiàre, *v.intr.* → SONARE, RISONARE || *tr.* → TOCCARE.
tócco, *agg.* mézzo, guasto, ammaccato || stravagante, mattoide || *sm.* → COLPO, PALPAMENTO || botto, ritocco, espressione, → RUMORE || un'ora dopo mezzogiorno.
tòcco, *sm.* → PEZZO, PARTE || BERRETTO.
toelètta, *sf.* → TOLETTA.
tòga, *sf.* lucco, roba, robone, → MANTELLO.
nomencl. (*presso i Romani*) virile, pretesta o pretestata, candida, bruna, purpurea || (*età moderna*) facciole, tocco.
togàto, *agg.* || *fig.* solenne, aulico; retorico ampolloso.
tògliere, *v.tr.* asportare, levare, sottrarre, detrarre, dedurre, defalcare, diffalcare, falcidiare, abbattere, rabbattere, rimuovere, staccare, strappare, tòrre, amputare, mutilare, cavare, prelevare, prendere, ritogliere, elidere, levar via, annullare, sopprimere, rimuovere, eliminare, espungere, svellere, divellere, sradicare, spiantare, sbarbare, trarre, portar via, rapire, privare, estorcere, rubare, carpire, rubacchiare, impedire, usurpare || confiscare, defraudare, fraudare, dirugginire, dissipare, distogliere, deviare, dissuadere, esentare, esimere, esonerare, estirpare, levar di mezzo, levare gli ostacoli, rilevare, ritorre, sbalzare, destituire, scansare, spazzar via, far sparire, spogliare, spogliarsi, spolpare, spropriare, espropriare, supplantare, tagliare, tosare, radere, abràdere, uccidere.
contr. dare, concedere, accordare, rilasciare, mettere, aggiungere, addizionare.
toilette, *sf. fr.* → TOLETTA.
tòlda, *sf.* coperta.
tolemàico, *agg.*
contr. copernicano.
tolétta, *sf.* teletta, toeletta, abbigliatoio, spogliatoio, pettiniera, *toilette* || abito elegante || stanza da bagno.
nomencl. (*oggetti*) specchio, pettine, dentifricio, spazzolino da denti, profumi, belletto, cipria, cosmetico, pomata, sapone, accappatoio, piumino, piumaccio, saponiera, rossetto, rasoio || *verb.* azzimarsi, radersi, raffazzonarsi, raffusolarsi, rassettarsi, ripicchiarsi, cincinnarsi, ricincinnarsi, impiastricciarsi, impomatarsi, infardarsi, inverniciarsi, strebbiarsi, stuccarsi, pettinarsi, vestirsi, lisciarsi.
tolleràbile, *agg.* sopportabile, comportabile, passabile, scusabile, compatibile, comprensibile, digeribile, perdonabile, soffribile, sopportevole, portabile, possibile, permissibile, plausibile.
contr. intollerabile, insopportabile, impossibile, impraticabile, maltollerabile, ostico, insoffribile.
tollerànte, *ppr.* di tollerare || *agg.* e *sm.* indulgente, comprensivo, aperto, longanime, condiscendente, adattabile, liberale, transigente, di manica larga, andante, alla buona, forte, tetragono, paziente, sofferente.
contr. intollerante, intransigente, austero, severo, insofferente, impaziente, inflessibile, gretto, retrogrado, retrivo.
tollerànza, *sf.* pazienza, sopportazione, longanimità, indulgenza, condiscendenza, apertura di mente, comprensione, liberalità, compassione, compatimento, sofferenza, manica larga, impassibilità || comporto, scarto.
contr. intolleranza, severità, insofferenza, impazienza.
tolleràre, *v.tr.* sopportare, soffrire, sofferire, patire, smaltire, superare, trangugiare, digerire, inghiottire, ingoiare, sorbettarsi, sorbirsi, permettere, lasciar correre, prendere in santa pace, rassegnarsi, subire (con rassegnazione), compatire, scusare, perdonare, adattarsi, vincere, indulgere, pazientare, comportare, ammettere, comprendere, chiudere un occhio || resistere, reggere, poter sopportare.
tòlto, *ppr.* di togliere || *agg.* levato, levato via, rimosso, preso via, detratto, alienato, sottratto || *sm.* refurtiva.
contr. messo, conservato, posto, aggiunto, addizionato.
tómba, *sf.* sepolcro, sepolcreto, arca sepolcrale, avello, sarcofago, cenotafio, tumulo, sepoltura, fossa, mausoleo, loculo, edicola, urna, cimitero, luogo santo, camposanto, mortorio, pietra sepolcrale.
nomencl. (*attinenti*) inumazione, incinerazione || iscrizione, epigrafe || *verb.* calare, scendere, erigere, visitare.
tombíno, *sm.* → CHIAVICA.
tòmbola¹, *sf.* → CADUTA.
tómbola², *sf.* → PESCA².
tombolàre, *v.intr.* cadere, cascare, rotolare, ruzzolare, precipitare, capitombolare, stramazzare, procombere, tomare.
contr. alzarsi, rialzarsi, star ritto.
tombolàta, *sf.* → CADUTA.
tómbolo, *sm.* rullo || capitombolo.
tombolòtto, *agg.* e *sm.* → TARCHIATO.
tòmo, *sm.* parte, sezione, volume (di un'opera) || volume grossissimo.
tònaca, *sf.* abito religioso, talare, zimarra, sacco, saio || → MEMBRANA.
tonaménto, *sm.* → RIMBOMBO.
tonànte, *ppr.* di tonare || *agg.* → RIMBOMBANTE.
tonàre, *v.intr.* tuonare, → RIMBOMBARE, SCOPPIARE, GRIDARE.
tónchio, *sm.* → TARMA.
tondeggiànte, *ppr.* di tondeggiare || *agg.* → CURVO.
tondeggiàre, *v.intr.* rotondeggiare, tendere al rotondo, prendere forma rotonda.
tóndere, *v.tr.* → TOSARE, PELARE || *fig.* → POTARE.
tondíno, *sm.* → PIATTO.
tóndo, *agg.* → ROTONDO || GRASSO || *sm.* → PIATTO || tonto, minchione, zuccone.
toneggiànte, *ppr.* di toneggiare || *agg.* → RIMBOMBANTE.
toneggiàre, *v.intr.* → RIMBOMBARE.
tónfano, *sm.* parte fonda di fiume, → FIUME.
contr. pelo dell'acqua, superficie.
tonfàre, *v.intr.* → CADERE.
tónfo, *sm.* → CADUTA, COLPO.
tonfolàre, *v.intr.* tonfare, → CADERE.
tònico, *agg.* stimolante, stuzzicante, eccitante, fortificante, corroborante, ricostituente, eupeptico || *sm.* tornagusto, → CORDIALE.
contr. debilitante, deprimente, affaticante.

tonificàre, *v.tr.* → FORTIFICARE.
tonitruànte, *agg. poet.* tonante, → RUMOROSO.
tonnàra, *sf.* madraga.
nomencl. testa di ponente, camera della morte, bastardella, camera di ponente e di levante, bastardo,

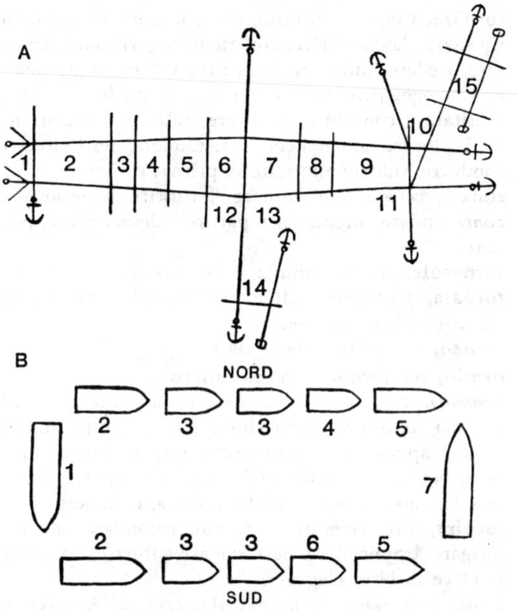

TONNARA – A) tonnara: 1) testa di ponente; 2) camera della morte; 3) bastardella; 4) camera di ponente; 5) bastardo; 6) bordonaro di ponente; 7) grande; 8) bordonaretto; 9) camera di levante; 10) camera mastrostefano; 11) rivolto; 12) spigo; 13) foe ratico; 14) campile; 15) codardo. B) disposizione delle barche nella camera della morte: 1) caporais; 2) palischerno; 3) bastimento; 4) canotto; 5) rimorchio; 6) musciara; 7) vascello.

bordonaro, bordonaretto, camera mastrostéfano, rivolto, spigo, foràtico, campile, codardo || tonnarello || mattanza || tonnarotto, rais o capopesca.
tonnellàggio, *sm.* stazza, stazzatura, capacità, volume, peso.
tónno, *sm.*
nomencl. (*inerenti*) palamita, mosciame, tonnina, tarantello, ventresca || tonnara, tonnarotto, gozzo.
tòno, *sm.* accento, intonazione, modulazione della voce, espressione, pronunzia || modo, sorta, misura || (di colore) tonalità, intensità delle tinte, effetto dominante, complessivo.
nomencl. (*pertinenti*) semitono, trasposizione, trasporto di tono, varietà di tono, tonicità, atono || tonometro || *agg.* acre, dispettoso, iroso, acuto, alto, aspro, basso, grave, medio, naturale, risoluto, deciso, franco, serio, solenne, umile, dimesso || *verb.* stonare, intonare, attonare || alzare, abbassare, regolare, modulare.
tonsílla, *sf.* amigdala.
nomencl. amigdalite, tonsillotomia, tonsillite.
tonsóre, *sm.* → BARBIERE.
tonsúra, *sf.* chierica || preparazione agli ordini sacri.
tonsuràre, *v.tr.* → TOSARE.
tónto, *agg.* sciocco, intontito, scimunito, balordo, melenso, tonto, mentecatto, stupido, goffo.
contr. sveglio, svelto, pronto, vivo, vivace, sagace, acuto, saggio.
topàia, *sf.* tana dei topi || *fig.* → CASA.
topàzio, *sm.* acquamarina.
nomencl. (*varietà*) comune, di Boemia, abbruciato, affumicato.
tòpica, *sf.* sproposito, svista, sfarfallone, errore grossolano, svarione, asineria, bestialità, papera, farfallone, farfalloneria, sciocchezza, scorrettezza, sgrammaticatura, somarata, marronata, strambotto, sbaglio, granchio, quiproquò, *gaffe*.
tòpico, *agg.* locale, esterno.
tòpo, *sm.* sorcio, ratto, rodipane || topo volatore, → PIPISTRELLO.
nomencl. (*varietà*) campagnolo, casalingo, tettaiolo, acquaiolo, delle chiaviche || trappola, topaia, topinaia || miomanzia || (*voce*) stridere, squittire.
topografía, *sf.* → GEOGRAFIA || carta, mappa topografica, pianta, tavola.
nomencl. (*strumenti*) livella, squadro, tacheometro, grafometro || (*operazioni*) livellazione, altimetria, planimetria, tacheografia, tacheometria.
toporàgno, *sm.* musoragno.
tòppa, *sf.* rappezzatura, rammendo, rattoppatura, rattoppo, taccone, cucitura, accomodamento, accomodaticcio || serratura, buco della serratura.
nomencl. *verb.* rattoppare.
toràce, *sm.* → PETTO, BUSTO.
nomencl. (*parti*) ascella, costato, lamina sunatica, mediastino, muscoli (gran pettorale, piccolo pettorale, succlavio, gran dentato, piccolo dentato, intercostali interni ed esterni, triangolatore dello sterno), nervo frenico, sterno || pneoscopio, stetometro, toracometro, toracentesi.
toracèntesi, *sf.* puntura della parete toracica.
nomencl. paracentesi || pleurite.
tórba, *sf.* → CARBONE.
nomencl. (*tipi*) di palude, di bosco, di morena; erbacea, lignitiforme || lana vegetale || torbiera.
torbidézza, *sf.* torbidume, → OSCURITÀ, BUIO.
tórbido, *agg.* torbo, torbiccio, torbidiccio, → OSCURO, BUIO, NUVOLOSO, MISTERIOSO, FECCIOSO || *fig.* inquieto, agitato, cupo, tumultuante, rivoltoso || *sm.* situazione equivoca, poco chiara, disonesta || *pl.* tumulti, contrasti, sommossa.
contr. limpido, nitido, chiaro, cristallino, trasparente.
tòrcere, *v.tr.* accordellare, attorcere, attorcigliare, asserpolare, arroncigliare, arricciare, arricciolare, contorcere, storcere, distorcere, scontorcere, rattorcere, ritorcere, estorcere, obliquare, piegare, strizzare, avvolgere || volgere, far volgere, tirare, deviare, stravolgere || lussare || *rifl.* svincolarsi, ripiegarsi, divincolarsi.
contr. svolgere, tirare, indirizzare, raddrizzare.
torchiàre, *v.tr.* pressare col torchio, pigiare, calcare, premere, costringere, pressare, stringere, comprimere, schiacciare.
torchiatúra, *sf.* pressatura, pigiatura, compressione, pigiamento.
tòrchio, *sm.* soppressa, strettoio, pressa, torcitoio, palmento, pila, spremitoio, frantoio, mangano, cilindratoio.
nomencl. (*tipi*) a mano, meccanico, idraulico, a vite, a

cilindro, da olio, da vino, da pasta, aerostatico, da stampa o tipografico || torcoliere || *verb.* torchiare, comprimere || *fig.* tormentare, vessare, torturare.

tòrcia, *sf.* → FIACCOLA, CANDELA, LUME.

torcicòllo, *sm.* nel *fig.* → BIGOTTO.

torciménto, *sm.* → TORSIONE.

torcióne, *sm.* → ASCIUGAMANO.

tordéla o **tordèlla,** *sf.* → TORDO.

tórdo, *sm.*

nomencl. tordo comune, dorato, fosco, oscuro, sassello, siberiano, gola nera; tordela o tordella; tordo gazzino o cesena || (*voce*) schiamazzo, zirlo; zirlare.

toreador, *sm. sp.* → TORERO.

toreo, *sm.* → TAUROMACHIA.

torero, *sm. toreador, matador.*

nomencl. corrida, tauromachia, toreo.

tórma, *sf.* stuolo, schiera, → MOLTITUDINE, ESERCITO || branco, → GREGGE, BESTIAME.

torménta, *sf.* bufera, turbine, scaccianeve.

tormentàre, *v.tr.* dar tormento, torturare, molestare, maltrattare, martirizzare, perseguitare, bersagliare, assillare, crucciare, angariare, affliggere, ammartellare, ancidare, ancidere, angere, assassinare, contristare, crocifiggere, (*fig.*) cuocere, dannare; dare angoscia, briga, affanno, noia, cure, fastidio, battaglia, mattana, molestia, passione, seccatura, strazio; defatigare, dilacerare, dilaniare, disossare, far sudare, far rodere il cuore, faticare, affaticare, flagellare, infestare, lacerare, malmenare, martoriare, mettere alla tortura, mettere in croce, non dare pace o requie o riposo, non lasciar vivere, offendere, opprimere, percuotere, piluccare, pungere, razzolare, rimordere, rodere, rubare la quiete, sbatacchiare, sbattere, scempiare, conciare male, scipare, sciupare, sciupacchiare, sgualcire, spiegazzare, straziare, tempellare, tempestare, tenere sulle spine, togliere ogni quiete, torchiare, uccidere a colpi di spillo, vessare, travagliare, trambasciare, tribolare || *rifl.* macerarsi, turbarsi, martirizzarsi, soffrire, affliggersi.

contr. accarezzare, blandire, allietare, deliziare, confortare.

tormentataménte, *avv.* → DOLOROSAMENTE.

tormentàto, *pps.* di tormentare || *agg.* macerato, addolorato, assillato, tempestato, tribolato, travagliato, martoriato, afflitto, crucciato, angariato, martire, vittima, cireneo, agitato, inquieto.

tormentatóre, *sm.* → CARNEFICE.

torménto, *sm.* strumento di tortura, cilicio, cilizio, tortura || *fig.* assillo, ambascia, angoscia, ansia, apprensione, chiodo, croce, cruccio, martello, pena, tribolazione, sofferenza, patimento, dolore, fatica, logorio, maltrattamento, martirio, doglia, fitta, trafitta, malattia, stento, spasimo, flagello, rodio, rodimento, strazio, afflizione, travaglio, inquietudine, passione, preoccupazione, stimolo, tribolo, vessazione, danno, indolimento, scempio, sterminio, strage, carneficina, supplizio || molestia, seccatura.

nomencl. *agg.* grave, mite, intimo, segreto, morale, fisico, continuo, incessante.

contr. gioia, piacere, gaudio, godimento, delizia, sollievo, letizia.

tormentosaménte, *avv.* → DOLOROSAMENTE.

tormentóso, *agg.* → DOLOROSO, CRUDELE.

tornacónto, *sm.* vantaggio, → GUADAGNO.

tornado, *sm. invar.* → CICLONE.

tornagústo, *sm.* stimolante, tonico, eccitante, appetitoso, di proprio gusto (di cibo o bevanda).

tornàio, *sm.* → TORNITORE.

tornàre, *v.intr.* far ritorno, ritornare, andar di nuovo, ripassare, lasciarsi rivedere, rientrare, rivenire, rincasare, riedere, indietreggiare, rimpatriare, riguadagnare il luogo, rimettere o riportare il piede, ritoccare, rivisitare || convenire, quadrare, calzare, confarsi, addirsi, giovare, andar bene || *tr.* rendere, restituire; ricondurre, ridurre allo stato di prima; rimettere, ripristinare, retrocedere, mutare || riuscire || rinnovarsi.

contr. andare, allontanarsi, partire || disconvenire, perdere.

tornasóle, *sm.* laccamuffa || → GIRASOLE.

tornàta, *sf.* ritorno || seduta, riunione, adunanza, udienza, assemblea, sessione.

tornèo, *sm.* → GIOSTRA || GIRO.

tórnio, *sm.* torno, verricello, martinetto.

nomencl. (*tipi*) a pertica, a revolver, a punte, in aria || coppaia, tamburo, verricello cinese || (*parti*) albero, collare, appoggiatoio o supporto, spigolo, arco, banco, bidé, becchetto, calcola, coda di porco, forma, girello, pedale, ruota, toppo, codolo, lunetta, castelletto.

tornìre, *v.tr.* lavorare al tornio, rotondare, alesare, levigare, brunire || *fig.* perfezionare, affinare, abbellire, rendere forbito, elegante.

contr. digrossare, sgrossare, sbozzare, abborracciare, raffazzonare.

tornìto, *pps.* di tornire || *agg.* fatto o lavorato al tornio || *fig.* rotondo, ben formato, liscio, aggraziato, perfetto, forbito, elegante, ornato.

contr. rozzo, ruvido, sgraziato, angoloso, abbozzato.

tornitóre, *sm.* tornaio, falegname.

nomencl. (*arnesi*) accetta, ascia, compasso, lima, scalpello, squadra, raschiatoi, bulini, succhielli, pettini, brunitoi, mollette, ferro da incastro, ferro di ricci, gorbia o sgorbia, grano di orzo, lima stucca, segnatoio, uncinello-pialla || rastrelliera, mastice.

tórno, *sm.* → TORNIO || giro || intorno.

torpèdine, *sf.* mina subacquea.

nomencl. torpedine galleggiante, fissa, ancorata, a rosario o ad asta, da rimorchio || nave posamine || marinaio torpediniere.

torpedinièra, *sf.* silurante.

torpènte, *ppr.* di tòrpere || *agg.* → TORPIDO.

tòrpere, *v.intr. poet.* → INTORPIDIRE.

torpidézza, *sf.* → TORPORE.

torpidità, *sf.* → TORPORE.

tòrpido, *agg.* intirizzito, informicolito, intormentito, torpente || *fig.* pigro, lento, sonnacchioso, addormentato, assonnato, sonnolento, insonnito, sonnolito, assonnito, insonnolito, lento, intorpidito, imbambolato, indolente, tardo, intempestivo, accidioso, inerte, inattivo, ottuso.

contr. vivace, attivo, sveglio, desto, acuto, vigile, rapido, alacre, pronto, tempestivo.

torpóre, *sm.* intirizzimento, torpidezza, torpidità, intontimento, intorpidimento, sbalordimento, formicolio, assideramento, svenimento, narcosi, sopore, sonnolenza || *fig.* apatia, indolenza, lentezza, accidia, sonno, indifferenza, pigrizia || ottusità.

nomencl. *verb.* intorpidire, intormentire, sgranchirsi, stirarsi, svegliarsi, risvegliarsi || *fig.* accendersi, eccitarsi, interessarsi.

contr. attività, interesse, vivacità, prontezza, solerzia, proclività, movimento, celerità, scioltezza, agilità, alacrità.

tòrre, *v.tr. poet.* tògliere.

tórre, *sf.* campanile, meschita, minaréto, bertesca.

nomencl. (*parti*) cella campanaria, pinnacolo, guglia, sfera o mela, banderuola, ventarola, croce, finestre, orologio, stanze, scale, fondo, piombatoio, spalto o spaldo, feritoie, merlo || (*affini*) torre mobile, torrione, torrazzo, battifredo, bertesca, rocca, cassero, castello, maschio o mastio, faro, pluteo || (*persone*) torriere, torrigiano, sentinella || *agg.* alta, svettante, elevata, eminente, rialzata, forte, isolata, massiccia, merlata, mutilata, pendente, diritta, piatta, quadra, smantellata, tonda, bassa, tozza, girante.

torrefàre, *v.tr.* abbrustolire, tostare.

torrefàtto, *pps.* di torrefare || *agg.* abbrustolito, tostato.

torrefazióne, *sf.* tostatura.

nomencl. tostino, tostacaffè, burlano.

torreggiàre, *v.tr.* guarnire o munire con torri, torriare, attorrare, intorriare, torrionare || *intr.* campeggiare, sovrastare, innalzarsi, soverchiare, primeggiare, grandeggiare, rilevarsi, superare.

torrènte, *sm.* borro, botro, fiumana, fiumara, gora, fossato, → FIUME || *fig.* corso impetuoso, moltitudine, abbondanza, profluvio, impeto.

nomencl. (*attinenti*) letto, passatoio, ponticello, passerella, serra || *verb.* bisbigliare, mormorare, gorgogliare, sussurrare, muggire, scrosciare, divallare, spumeggiare, precipitare, saltare.

torrentèllo, *sm.* → RUSCELLO.

torrétta, *sf.* → FUMAIOLO.

tòrrido, *agg.* → CALDO, ROVENTE.

torrière, *sm.* → SENTINELLA.

torrigiàno, *sm.* → SENTINELLA.

torrióne, *sm.* mastio, → MASCHIO.

torróne, *sm.* mandorlato, croccante, pinocchiata.

torsióne, *sf.* contorcimento, contorsione, distorsione, storcimento, scontorcimento, stortura, torcimento, stiracchiamento, storta, girivolta, sforzatura.

tórso, *sm.* → BUSTO || torsolo || statua mozza.

tórta, *sf.* focaccia, bocca di dama, cassata, crostata, erbolato, farrata, spongata, timballo, pasticcio, → DOLCE.

nomencl. tortaio, pasticciere.

tortétta, *sf.* → FOCACCIA.

tortíccio, *sm.* → FUNE.

tòrtile, *agg.* contorto, a spirale, → TORTUOSO.

tòrto¹, *pps.* di torcere || *agg.* piegato, deviato, attorcigliato, storto, distorto, adunco, curvo, obliquo, contorto, sforzato, bistorto || *fig.* bieco, protervo, cattivo, arcigno, irato, torvo, cupo, artefatto || *sm.* filato ritorto.

nomencl. tortezza, stortura || *avv.* tortiglione, tortuosamente || *verb.* torticchiare.

contr. diritto, dritto, lineare, rigido, sereno, spontaneo, naturale.

tòrto², *sm.* ingiustizia, cattiva causa, disragione, ingiuria (*fig.*), dispetto, dispregio, oltraggio, onta, offesa, slealtà, infedeltà, colpa.

nomencl. *verb.* fare, recare, arrecare, ammettere, confessare, riparare, rimediare.

contr. ragione, diritto, giustizia.

tortuosità, *sf.* serpeggiamento, anfrattuosità, sinuosità, meandro, girivolta || *fig.* ambiguità.

contr. linea diritta, retta; dirittura.

tortuóso, *agg.* serpeggiante, anfrattuoso, meandrico, sinuoso, tortile, a zig-zag, zigzagante, obliquo, sghembo, torto, contorto, a spirale || *fig.* tendenzioso, ambiguo, artefatto, insinuante, → INGANNEVOLE.

contr. diritto, rettilineo, in linea retta.

tortúra, *sf.* → TORMENTO, MARTIRIO || DOLORE.

nomencl. (*con la corda*) margherita, scarrucolamento, scrollata, strappata di fune, tratta, tratto di corda || (*strumenti*) acqua, bastone, bottoni di fuoco, capra, catasta, cavalletto, ceppi, cifone, colla, corda, croce, dado, eculeo, flagello, fune, fuoco, graffi, grattugia, manetta, sega, stanghetta, tenaglia, trebbia di ferro, uncino, verga || cuffia del silenzio || *verb.* dare, sottoporre, condurre, mettere, porre alla tortura.

torturàre, *v.tr.* → MARTIRIZZARE, TORMENTARE || *rifl.* (il cervello) affaticarlo, stillarselo, stremarlo, estenuarlo.

tórvo, *agg.* → MINACCIOSO, BIECO.

tosaménto, *sm.* tosatura, → RASATURA.

tosàre, *v.tr.* rapare, rasare, radere, pelare, ritondare. ritosare, scrinare, tondere, tosolare, tonsurare, zucconare, limare, potare, spelare.

tosatóre, *sm.* → BARBIERE.

tosatúra, *sf.* tosamento, → RASATURA.

toscaneggiàre, *v.intr.* fiorentineggiare || *tr.* toscanizzare.

toscàno, *agg.* tósco, etrusco.

tósco, *agg. lett.* toscano.

tòsco, *sm.* tòssico, veleno.

tosolàre, *v.tr.* → TOSARE.

tósse, *sf.* tosserella, tossetta, tossettina, convulso.

nomencl. (*distinzioni*) asinina, cavallina, canina o ferina, pertosse, bubbolina, catarrale, umida, secca, cronica, flemmatica, nervosa, convulsiva, grassa || (*inerenti*) piottisi, bolsaggine, nodo, colpo, accesso, insulto || (*rimedi*) pastiglia, pasticca, poligala, antispasmina, supposta || *agg.* bèchico.

tossicità, *sf.* → VELENOSITÀ.

tòssico, *agg.* velenoso, micidiale, amaro, malvagio, cattivo || *sm.* veleno, tòsco.

nomencl. tossicologia || tossine, tossiemia || *verb.* tossicare, attossiccare, invelenire, avvelenare, esasperare.

tossicòmane, *agg.* e *sm.* e *f.* cocainomane, morfinomane.

tossicomanía, *sf.* intossicazione, cocainomania, morfinismo.

contr. disintossicazione.

tossíre, *v.intr.* tossicare, tossicchiare.

tostàre, *v.tr.* torrefare, abbrustolire, abbronzare.

tostàto, *pps.* di tostare || *agg.* torrefatto, abbrustolito, bruciato, abbronzato, tosto, duro.

tostatúra, *sf.* torrefazione.
tostíno, *sm.* tamburlano, tostacaffè.
tòsto[1], *avv.* subito, presto, senza indugio, immediatamente, immantinente, in fretta || *agg. ant.* veloce, presto, rapido.
contr. piú tardi, dopo, con ritardo, lentamente, con calma, indugiatamente || lento.
tòsto[2], *agg.* → DURO, TOSTATO || *fig.* faccia tosta, faccia di bronzo, impudente, sfrontato, sfacciato || *sm. neol.* → TARTINA, PANINO.
totàle, *agg.* completo, intero, generale, universale, pieno, integro, perfetto, tutto, assoluto || *sm.* l'intero, somma, addizione.
contr. parziale, particolare, frazionario || parte, frazione, porzione.
totalménte, *avv.* → INTERAMENTE.
contr. parzialmente.
tovagliolíno, *sm.* → BAVAGLINO.
tovagliòlo, *sm.* salvietta, bavaglio.
nomencl. cocca || *verb.* piegare, spiegare, usare, mettere, levare.
tòzzo[1], *agg.* bozzacchiuto, tarchiato, quadrato, fatticcio, atticciato, massiccio, grosso, chionzo, tozzotto, intozzato, rintozzato, tarchiano, tracagnotto, tombolotto, traversato, ossuto, membruto, spalluto, goffo, robusto, grosso.
contr. magro, snello, flessuoso, slanciato, sdutto, smilzo, striminzito, mingherlino, gracile, esile, minuto.
tòzzo[2], *sm.* → PEZZO, RESIDUO, PARTE.
nomencl. *verb. ant.* tozzolare.
tra, *prep.* → FRA.
trabàcca, *sf.* baracca, → TENDA.
trabàccolo, *sm.* bragozzo, → NAVE, PESCA.
traballaménto, *sm.* → OSCILLAZIONE.
traballànte, *ppr.* di traballare || *agg.* barcollante, vacillante, oscillante, tremolante, tentennante, cadente, pericolante || *fig.* incerto, debole, instabile, ondeggiante, infido, periclitante.
contr. saldo, solido, diritto.
traballàre, *v.intr.* barcollare, tentennare, vacillare, oscillare, tremolare, pericolare.
contr. star saldo, fermo, solido, diritto.
trabalzàre, *v.tr.* strabalzare, sbalzare, agitare || *intr.* → SALTARE.
trabàlzo, *sm.* → SALTO.
trabasciaménto, *sm.* → DOLORE.
trabastàre, *v.intr.* → ABBONDARE.
trabíccolo, *sm.* scaldaletto, tamburlano, prete || *fig.* → CARRO.
traboccànte, *ppr.* di traboccare || *agg.* soprabbondante, sovrabbondante, eccedente, eccessivo, superfluo, strabocchevole, prolisso, abbondante, ridondante, esuberante, riboccante, colmo, strapieno, pienissimo, rigurgitante, straripante || → CADENTE.
contr. manchevole, mancante, scarso, deficiente, insufficiente, semivuoto, vuoto, limitato, stentato.
traboccàre, *v.intr.* abbondare, eccedere, avanzare, ridondare, rigurgitare, rigorgare, ringorgare, rigonfiarsi, rincollare, riboccare, sovrabbondare, soprammontare, soprabbondare, soperchiare, soverchiare, stravanzare, stravasare, straboccare, straripare, tracimare, versare, empire troppo, stramoggiare, uscir fuori, passare i limiti.
contr. mancare, scarseggiare, essere insufficiente o deficiente.
trabocchétto, *sm.* trabocchello (*ant.*), bocca di lupo, → BOTOLA, TRAPPOLA || *fig.* → INSIDIA.
trabocchévole, *agg.* enorme, eccessivo, strabocchevole, abbondantissimo, fuor di misura, sfrenato.
contr. scarso, limitato, manchevole.
trabócco, *sm.* → SOPRABBONDANZA || DIRUPO.
tracagnòtto, *agg.* → TARCHIATO.
tracannàre, *v.tr.* → INGHIOTTIRE, BERE.
tracannatóre, *sm.* → BEONE.
traccheggiàre, *v.intr.* tentennare, temporeggiare, → TARDARE, RITARDARE, TITUBARE.
tràccia, *sf.* segno, impronta, solco, scia, orma, pesta, usta, pedata, passata || *fig.* effetto, indizio, vestigio, resto, ricordo, fatta || schema, abbozzo, sommario, accenno, guida, trama, orditura, scheletro, tessuto.
nomencl. allumacatura, bandolo || *verb.* lasciare, seguire, smarrire, cercare, trovare, rintracciare, rinvenire, tracciare.
tracciàre, *v.tr.* segnare, accennare, disegnare, → ABBOZZARE || indicare, mostrare.
contr. cancellare, far scomparire, far perdere || seguire, rintracciare.
tràce, *sm.* → GLADIATORE.
tracimàre, *v.intr.* → TRABOCCARE.
tracòlla, *sf.* ciarpa, sciarpa, cintura, fascia, fusciacca, balteo, bandoliera, armacollo, traversa.
tracollàre, *v.intr.* perdere l'equilibrio, non reggersi, non poterne piú, strapiombare, traboccare, precipitare, stramazzare, → CADERE.
tracòllo, *sm.* caduta, rovina, disastro, disgrazia, sconfitta, rotta, disfatta, fuga, perdita, sbaraglio, sbandamento, sacco, fallimento, scacco, smacco.
tracotànte, *agg.* oltracotante, millantatore, superbo, insolente, presuntuoso, sfacciato, arrogante, prepotente, procace, pervicace, burbanzoso, impudente.
contr. mite, obbediente, amabile, conciliante, cordiale, umile.
tracotànza, *sf.* oltracotanza, arroganza, orgoglio, superbia, presunzione, insolenza, sfacciataggine, prepotenza, iattanza, pervicacia.
contr. mitezza, cordialità, obbedienza, umiltà, sottomissione, amabilità.
tradiménto, *sm.* fellonía, defezione, diserzione, slealtà, viltà, infedeltà, perfidia, prodizione || inganno, frode, insidia, voltafaccia || alto tradimento.
nomencl. contro la patria, lo Stato; di guerra || (*specificazioni*) crimenlese, delitto di lesa maestà, attentato alla sicurezza dello Stato, perduellione, passaggio al nemico, rivelazione o consegna di segreti, apostasia || *agg.* nero, infame, alto, scellerato, innominabile || *verb.* tradire, colpire alla schiena, mancare alla fede o di fede, rompere la fede, vendersi, spergiurare, fare, commettere, tessere, ordire.
tradíre, *v.tr.* venir meno alla parola o alla fede data; essere infedele, perfido, infido, trasgredire; mancare, deludere, ingannare, abbandonare, insidiare || *rifl.*

smascherarsi, farsi conoscere, farsi vedere, mettersi in pubblico, scoprirsi, palesarsi.
contr. mantenersi fedele, serbar fede, sostenere, appoggiare.
traditóre, *agg.* e *sm.* fedifrago, rinnegato, fellone, maramaldo, infedele, caino, misleale, malvagio, cattivo, perfido, infido, ingannatore, proditore, spergiuro, transfuga.
contr. leale, fido, fidato, fedele.
tradizionàle, *agg.* usuale, secondo l'usato, solito, consueto, → LEGGENDARIO.
tradizionalísta, *agg.* e *sm.* → CONSERVATORE.
contr. progressista.
tradizióne, *sf.* memoria, consuetudine, leggenda, legge, ricordanza, costumanza, abitudine, folclore, costume, usanza, consegna, esempio antico.
nomencl. (*distinzioni*) familiare, patriottica, locale, nazionale, paesana, orale, storica || (*pertinenti*) ciclo, saga, continuità o discontinuità della tradizione || *verb.* conservare, continuare, valorizzare, far rivivere, curare, rispettare, dimenticare, disprezzare, abbandonare, ripudiare.
contr. documento, scritto || innovazione, novità.
traducíbile, *agg.*
contr. intraducibile.
tradúrre, *v.tr.* traslatare; mutare, portare, volgere, recare, voltare, rendere (da una lingua in un'altra), volgarizzare, popolarizzare, interpretare, parafrasare, spiegare, specificare, sviluppare, svolgere, decifrare || (improprio) trasportare, trasferire, accompagnare, condurre.
contr. tradire; sminuire, alterare, snaturare, adulterare.
traduttóre, *sm.* interprete, volgarizzatore, parafraste, traslatore, dragomanno.
traduzióne, *sf.* versione, traslazione, volgarizzamento, metafrasi, parafrasi, spiegazione.
nomencl. (*tipi*) letterale, libera, a senso, adulterata, fedele, infedele.
trafelàre, *v.intr.* → RESPIRARE.
trafelàto, *pps.* di trafelare || *agg.* affannato, ansante, spossato, affranto, esausto.
trafelóne, *sm.* → FACCENDIERE.
trafficàbile, *agg.* → NEGOZIABILE.
trafficànte, *ppr.* di trafficare || *sm.* speculatore, profittatore, affarista, commerciante, maneggione, negoziante, mercante, bottegaio, armeggione, traffichino, faccendone, faccendiere, trafficatore, incettatore.
trafficàre, *v.tr.* e *intr.* → COMMERCIARE, MERCANTEGGIARE || *fig.* affaccendarsi, industriarsi, adoperarsi, brigare, maneggiare, darsi da fare.
trafficatóre, *sm.* → TRAFFICANTE, NEGOZIANTE.
traffichíno, *sm.* → TRAFFICANTE.
tràffico, *sm.* speculazione, affarismo, affare, guadagno, lucro, mercimonio, mercanteggiamento, negoziazione, sfruttamento, raggiro, armeggio, rigiro, maneggio, bagarinaggio, → COMMERCIO || MOVIMENTO.
trafiggènte, *ppr.* di trafiggere || *agg.* penetrante, perforante, pungente, affliggente, contristante, assillante, tormentoso, offensivo, → DOLORANTE.
trafíggere, *v.tr.* pungere, infilare, passare, colpire, → FERIRE.
trafíla, *sf.* fila, filiera || *fig.* passaggio, mezzo, tramite.
trafilétto, *sm.* stelloncino, commento, articoletto (di giornale), asterisco.
trafítta, *sf.* → TRAFITTURA, PUNTURA || *fig.* → DOLORE.
trafittúra, *sf.* fitta, trafitta, puntura, punzecchiatura, aculeo, ferita.
traforàre, *v.tr.* attraversare, bucare, perforare, bucherellare, passar da parte a parte, lavorare di traforo, → FORARE.
traforatúra, *sf.* → TRAFORO.
traforazióne, *sf.* → TRAFORO.
traforèllo, *agg.* e *sm.* → INGANNATORE.
trafóro, *sm.* foro, traforatura, traforazione, perforazione || galleria, *tunnel*.
trafugaménto, *sm.* rubamento, furto, sottrazione, rapina, occultamento.
trafugàre, *v.tr.* → RUBARE, RAPIRE.
trafurèllo, *agg.* e *sm.* ladroncello, → INGANNATORE.
trafúsola, *sf.* → MATASSA.
tragèdia, *sf.* componimento drammatico || *fig.* catastrofe, fallimento, sconfitta, → DISASTRO.
nomencl. (*affini*) ditirambo, tramelogedia, tragicommedia, dramma satiresco, dramma, melodramma || (*attinenti*) trilogia, tetralogia, commata, commo, lamentazione || prologo, epilogo, periodo, canto, coro, strofe || protagonista, personaggio principale, deuteragonista, antagonista, coturno || tragedo, tragediografo, tragediante, poeta tragico, scrittore, autore tragico || *verb.* scrivere, recitare, comporre, tragedizzare, tragediare, calzare il coturno, rappresentare, stampare.
tragediànte, *sm.* → TRAGEDO.
tragediògrafo, *sm.* → TRAGEDO.
tragèdo, *sm.* tragediografo, tragediante, poeta o autore o scrittore tragico.
traghettàre, *v.tr.* tragittare, guadare, → PASSARE, ATTRAVERSARE, TRASPORTARE.
traghettatóre, *sm.* tragittatore, passatore, navalestro, navicellaio, → BARCAIOLO.
traghétto, *sm.* tragitto, trapasso, attraversamento || passaggio, guado, giro, varco || sentiero, strada, scorciatoia.
tràgico, *agg.* || *fig.* luttuoso, triste, fatale, doloroso, violento, crudele, mortale, infausto, funesto, terribile, catastrofico, repentino, angoscioso.
contr. comico, ridicolo, farsesco, burlesco, umoristico, buffonesco, carnevalesco || tragicomico.
tragittàre, *v.tr.* traghettare, → PASSARE.
tragittatóre, *sm.* → TRAGHETTATORE.
tragítto, *sm.* traghetto, trapasso, varco, percorso, strada, sentiero, scorciatoia.
tràglia, *sf.* → FUNE.
tràgo, *sm.*
contr. antitrago.
traguàrdo, *sm.* arrivo, punto d'arrivo || → LIVELLA || META.
contr. partenza, linea di partenza.
tragumàre, *v.tr.* → MEDITARE.
traiettàre, *v.intr.* tragittare, → PASSARE.
traiettòria, *sf.* moto, parabola, corso, percorso, tragitto, linea.
nomencl. ramo ascendente, ramo discendente.

trainàre, *v.tr.* → TRASCINARE.
trainer, *sost. ingl.* → ALLENATORE.
tràino, *sm.* slitta, treggia, treggione, → CARRO || *ant.* seguito, treno, impaccio di gente.
tralasciaménto, *sm.* → OMISSIONE.
tralasciàre, *v.tr.* smettere, dismettere, lasciare, cessare, finire, terminare, interrompere, astenersi, desistere, piantarla, sospendere, prorogare, fermare, tener sospeso, differire, arrestare, abbandonare, lasciar dormire, lasciar sospeso o pendente, marinare, mollare, mancare, pausare, posare, prendere sosta, pretermettere, requiare, rifinire, riposare, soprassedere, tramezzare, trasandare, trattenere || omettere, trascurare.
contr. continuare, dar seguito, proseguire, cominciare, ricominciare, intraprendere, riprendere || introdurre, aggiungere, interporre.
tràlcio, *sm.* tralce, palmite, saeppolo, saettolo, sarmento, sermente, sermento, rametto, ramoscello, → RAMO.
nomencl. *verb.* tagliare, stralciare, intralciare.
tralíccio, *sm.* → TESSUTO || sostegno, reticolato, armatura.
tralíce (in), *loc. avv.* di sbieco, obliquamente, di sottecchi, di traverso, di sghembo.
tralignaménto, *sm.* → DEGENERAZIONE, ANORMALITÀ.
tralignàre, *v.intr.* imbastardire, degenerare, deviare, corrompersi, pervertirsi, peggiorare, incattivire, dirazzare, traviarsi, abbassarsi, depravarsi, allontanarsi, avvilirsi, disonorarsi, invigliacchirsi.
contr. rimaner fedele, migliorare, progredire, perfezionarsi.
tralignàto, *pps.* di tralignare || *agg.* → ANORMALE.
tralizzàto, *agg.* → STANCO.
tralúcere, *v.intr.* lasciar passare luce, → SPLENDERE.
tram, *sm. indecl.* → TRANVAI.
tràma, *sf.* nervatura, ripieno || traccia, schema, imbastitura, disegno, progetto, abbozzo, proposta, lineamenti, figura, sommario, accenno, guida, ordito, orditura, scheletro, tessuto, canovaccio, contesto, intreccio || inganno, insidia, intrigo, mene, macchinamento, macchinazione, premeditazione, raggiro, tradimento, tramenio, trappola, tranello, congiura, cabala, ordimento.
contr. ordito, orditura.
nomencl. *verb.* mettere, fare la trama || scoprire, sventare, rompere i fili, ordire, macchinare, tramare, svelare, scongiurare, dissolvere.
tramàglio, *sm.* → RETE.
tramandàre, *v.tr.* passare, mandare, rimettere, trasmettere, consegnare || tramandare ai posteri, → ETERNARE.
nomencl. tradizione, tradizionale, uso, usanza, conservazione.
tramàre, *v.tr.* tessere, intessere, ordire || *fig.* meditare inganni, tessere frodi, macchinare, premeditare, congiurare, lavorar sott'acqua, insidiare, ingannare, concertare, tendere frodi o insidie o tradimenti, intrigare, cospirare, congiurare, complottare.
nomencl. (*modo di dire*) gatta ci cova.
trambasciàre, *v.tr.* → TORMENTARE.
trambústo, *sm.* subbuglio, sobbuglio, sommossa, fermento, sobbollimento, agitazione, rivolta, ribellione, rivoluzione, confusione, rumore, tumulto, scombuglio, finimondo, inquietudine, pericolo, spavento, disordine, sovversione, scompiglio, sollevazione.
contr. quiete, tranquillità, pace, ordine.
tramenàre, *v.tr.* → RIMESCOLARE, AGITARE, RUMOREGGIARE.
tramenío, *sm.* disordine, agitazione, affaccendarsi, → TRAMA.
contr. ordine, pace, tranquillità, serenità.
tramescolàre, *v.tr.* → DISORDINARE.
tramescolío, *sm.* → RUMORE.
tramestàre, *v.tr.* → MESCOLARE || DISORDINARE.
tramestío, *sm.* → DISORDINE, CONFUSIONE, RUMORE.
traméttere, *v.tr. ant.* intromettere, frapporre || *rifl.* intromettersi, ingerirsi.
tramèzza, *sf.* → TRAMEZZO.
tramezzàbile, *agg.* divisibile.
tramezzàre, *v.tr.* intramezzare, dividere, separare, spartire, dimezzare, frazionare, frapporre, frammettere, interpolare, interporre.
tramezzíno, *sm.* → PANINO, TARTINA.
tramèzzo, *sm.* tramezza, assito, tavolato, parete, muro, sbarra, divisione, diaframma, riparo, paravento, paratia.
tràmite, *sm.* passaggio, via, mezzo, mediazione, strumento, → SENTIERO, TRAFILA.
tramoggiàio, *sm.* → MUGNAIO.
tramontàna, *sf.* vento di settentrione, rovaio, bora, aquilone, borea, tramontano || → SETTENTRIONE.
contr. vento del sud, austro, ostro || sud, mezzogiorno.
tramontàno, *agg.* oltramontano, ultramontano, straniero || *sm.* tramontana.
tramontàre, *v.intr.* declinare, discendere, volgere alla fine, calare, coricarsi, venir meno, andar sotto || *fig.* invecchiare, decadere, finire, → MORIRE.
contr. sorgere, nascere, spuntare, cominciare; sfolgoreggiare.
tramónto, *sm.* occaso, ponente, occidente, crepuscolo, sera || *fig.* discesa, declino, fine, termine, cessazione, morte.
contr. aurora, orto, oriente, levante || nascita, principio, inizio; culmine, pienezza.
tramortiménto, *sm.* svenimento, deliquio, sincope, lipotimia, mancamento, fastidio, sdilinquimento, smarrimento, sbalordimento, stordimento, sturbo, vapori, sfinimento, sfinitezza, torpore.
contr. rinvenimento, ripresa.
tramortire, *v.tr.* stordire, → COLPIRE || *intr.* svenire, mancare, venir meno, cadere in deliquio, basire, sbasire, sdilinquire, perdere i sensi, sentirsi mancare, stordirsi, spaventarsi, sbigottirsi, turbarsi.
contr. rinvenire, riaversi, riprendere i sensi.
tramortito, *pps.* di tramortire || *agg.* sbalordito, abbarbagliato, acciocchito, ottenebrato, balordo, fuori di sé, → SPAVENTATO.
contr. rinvenuto, ritornato in sé.
trampolière, *sm.* alettoridi, limicole, macrodattili, ardeidi, ibididi, ciconidi; gralle.
nomencl. gru, ottarda, beccaccia, beccaccino, pavoncella, airone, cicogna, fenicottero, folaga, agami, calidra, chiurlo, ciurlotello, crocciolone, gambetta, nitticora, nonnotto, occhione, piviere, vanello, verdello, voltapietre.

tramutàbile, *agg.* → CAMBIABILE.
tramutaménto, *sm.* → PERMUTA, CAMBIAMENTO.
tramutàre, *v.tr.* trasmutare, → PERMUTARE, CAMBIARE.
tranèllo, *sm.* sotterfugio, cansatura, diverticolo, gattaiola, gretola, guado, lustra, malizia, riuscita, rombolo, scampo, stratagemma, pretesto, scappatoia, scappavia, scusa, scantonamento, insidia, espediente, trappola, trabocchetto, imbroglio, inganno, rifugio, riparo, ritorta.
nomencl. *verb.* tendere, preparare, ordire, macchinare || cadere (in un tranello).
tranghiottíre, *v.tr.* → INGHIOTTIRE.
trangolàre, *v.tr.* → TRANGUGIARE.
trangugiàre, *v.tr.* inghiottire, tranghiottire, trangolare, ingoiare, ingollare, sorbire, ingozzarsi, ingurgitare, tracannare, bere, deglutire || *fig.* soffrire, sopportare, tollerare, rassegnarsi, subire (con rassegnazione), pazientare, resistere, reggere, smaltire, lasciar correre.
contr. rigettare, recere, vomitare, non tenere || sfogarsi, dar sfogo, ribellarsi.
tranquillaménte, *avv.* con calma, con tranquillità, ad animo riposato, a mente fredda, a sangue freddo, con animo scarico, dolcemente, flemmaticamente, freddamente, in pace, in vita quieta, lemme lemme, pacatamente, quietamente, riposatamente, pianamente, pian piano, placidamente, serenamente, posatamente, sedatamente, senza preoccupazioni, come se niente fosse.
contr. ansiosamente, con ansia, con inquietudine, con agitazione, convulsamente, freneticamente, con assillo.
tranquillànte, *ppr.* di tranquillare || *sm.* → CALMANTE.
tranquillàre, *v.tr.* tranquillizzare, rendere tranquillo, acquietare, acquetare, addormentare, ammansare, ammansire, applacidare, calmare, chetare, chietare, dare tranquillità, implacidire, pacare, quetare, racquetare, rassicurare, confortare, garantire, sgravare, tenere tranquillo, trarre d'inquietudine, placare, pacificare, sedare || *rifl.* mettersi in calma, in quiete, in riposo, darsi buon tempo, distendersi, adagiarsi.
contr. disturbare, inquietare, molestare, dare molestia, turbare, commuovere, eccitare, urgere, premere || agitarsi, affannarsi, arrangolarsi, inquietarsi, trangosciare.
tranquillità, *sf.* calma, quiete, pace, sicurezza, pianezza, impassibilità, imperturbabilità, placidezza, placidità, quietezza, quietitudine, requie, riposo, distensione, posatezza, pacatezza, serenità, sereno || mansuetudine || sicurtà, certezza, fiducia, cautela, assicurazione, mallevadoria, salvezza, guarentigia || aloesia, bonaccia, flemma, freddo volere, sangue freddo, padronanza, dominio, atarassia.
contr. inquietudine, agitazione, frenesia, ambascia, irrequietezza, tensione, convulsione, turbamento, ansia, ansietà, angoscia, sfiducia.
tranquillizzàre, *v.tr.* e *rifl.* → TRANQUILLARE, CONFORTARE.
tranquíllo, *agg.* calmo, quieto, placido, posato, pacifico, flemmatico, impassibile, imperturbabile, quatto, silente, silenzioso, tacito, taciturno, zitto, mansueto, pacioso, sereno, sicuro, dolce, bonario, respirante in pace, riposato, scarico, freddo, placato, savio, alla piana, disteso, sedato.
nomencl. *loc. verb.* avere bene, dormire tra due guanciali, essere ad agio, stare in pace, vivere in pace, vivere sicuro.
contr. agitato, irrequieto, inquieto, turbato, commosso, emozionato, ansioso, turbolento, convulso, violento, frenetico, teso.
transalpíno, *agg.* di là dalle Alpi, oltramontano, ultramontano, straniero.
contr. cisalpino, di qua dalle Alpi.
transàtto, *pps.* di transigere || *agg.* composto, accomodato, concluso, definito, aggiustato, tacitato.
contr. contestato, controverso, in discussione, sospeso.
transazióne, *sf.* accomodamento, accordo, acconciamento, acconcio, aggiustamento, compenso, componimento, compromesso, conciliazione, concordato, stralcio, temperamento, termine, *modus vivendi.*
transégna, *sf.* → MANTELLO.
transènna, *sf.* → DIVISIONE.
transeúnte, *agg.* caduco, effimero, transitorio, accidentale, di passaggio, instabile.
contr. eterno, assoluto, immanente, sostanziale, continuo, perpetuo, trascendentale.
trànsfuga, *sm.* disertore, fuggitivo, → FUGGIASCO || *fig.* apostata, voltabandiera, voltagabbana, infido, traditore, → INFEDELE.
contr. fedele, coerente, perseverante, costante, indefettibile.
transigènte, *ppr.* di transigere || *agg.* indulgente, paziente, tollerante, cedevole. arrendevole, longanime, liberale, condiscendente, di manica larga, alla buona.
contr. intransigente, intollerante, fanatico, arcigno, severo, insofferente, impaziente.
transígere, *v.tr.* accomodarsi, aggiustarsi, accordarsi, patteggiare, impattare, venire a patti, fare una transazione, cedere, essere indulgente, venire a un compromesso.
contr. essere intransigente, inflessibile, intollerante, fanatico; ostinarsi, resistere.
transitàre, *v.intr.* → PASSARE.
transitívo, *agg.*
contr. intransitivo.
trànsito, *sm.* → PASSAGGIO || *fig.* → MORTE.
transitorietà, *sf.* → PRECARIETÀ.
transitòrio, *agg.* → EFFIMERO, PRECARIO, PROVVISORIO.
transizióne, *sf.* passaggio, transito, trapasso, varco, intermedio.
nomencl. periodo, età storica, di transizione || passaggio da un elemento chimico a un altro.
translúcido, *agg.* → TRASLUCIDO.
transònico, *agg.* ultrasonico, ipersonico.
transpadàno, *agg.* di là dal Po.
contr. cispadano, di qua dal Po.
transustanziaménto, *sm.* → TRASFORMAZIONE.
transustanziàre, *v.tr.* → TRASFORMARE.
transustanziazióne, *sf.* → TRASFORMAZIONE.
nomencl. Eucarestia.
transvolàre, *v.tr.* → ATTRAVERSARE.
tranvài, *sm. indecl.* tram, tranvia, omnibus || carrozza di tutti.
nomencl. (*inerenti*) motrice, rimorchio || carrello, telaio, casse, ruote, piattaforma, tetto, asta di presa o

trolley, freno, *controller*, regolatore, inversore, scompartimento, rotaia, linea aerea, corrente, scambio automatico || fermata, capolinea, biglietto, tesserino di abbonamento, abbonamento || (*persone*) guidatore, tranviere, controllore, bigliettinaio, bigliettaio, utente, viaggiatore.

tranvía, *sf.* → TRANVAI.

tranvière, *sm.* conduttore, bigliettaio || controllore.

trapanàre, *v.tr.* → FORARE.

tràpano, *sm.* succhiello, verrina, trivella, trivello allargatoio, menaruola, perforatrice, foratoio.

nomencl. (*tipi*) a mano, elettrico, a macchina, a petto, a tornio, verticale, radiale, orizzontale || (*elementi*) bottone, mandrino, guardapetto, saetta, saettuzza, punta o foretto, lama, taglio, manovella, manubrio, incastellatura.

trapassàre, *v.tr.* trascendere, valicare, varcare, superare, eccedere, oltrepassare, sorpassare, sormontare, sorvolare, sopravanzare, soperchiare, sopraffare, battere, sovrastare, passare, passare oltre, andare da un luogo ad altro || trafiggere, penetrare, attraversare, passare da parte a parte || *intr.* trascorrere → MORIRE.

trapassàto, *pps.* di trapassare || *agg.* → PASSATO || MORTO.

trapàsso, *sm.* traghetto, tragitto, sentiero, strada, scorciatoia, passaggio, guado || transizione || *lett.* → MORTE.

trapelàre, *v.intr.* gemere, gemicare, scolare, colare, gocciolare, gocciare, stillare, spillare, trasudare, uscire, emanare, distillare || *fig.* apparire, comparire, venire a sapersi, manifestarsi, svelarsi, traspirare, trasparire.

contr. scrosciare, grondare, inondare || risultare chiaramente, in modo evidente, positivamente, totalmente.

trapélo, *sm.* bilancino, pertichino || bestia da tiro soprannumeraria.

nomencl. andare a trapelo.

trapiantàre, *v.tr.* smargottare, strapiantare, trasportare, tramutare || *rifl.* → ANDARE || trapiantarsi altrove, → EMIGRARE.

tràppola, *sf.* trabocchetto, tagliuola, laccio, acchiappatoio, calappio, gabbia, scaricatoia, scalella, stiaccia, botola, bocca di lupo || *fig.* astuzia, insidia, tranello, inganno, trama, esca, pania, vischio, specchietto per le allodole || → BUGIA.

nomencl. tendere, stendere; trappolare, stendere i lacciuoli || rimanere.

trappolàre, *v.tr.* intrappolare, agguantare, prendere con la trappola, nella trappola, trappare || *fig.* frodare, abbindolare, frecciare, mangiare a ufo, sbafare, scroccare, ingannare, insidiare, imbrogliare, gabbare, accalappiare, infinocchiare, aggirare, raggirare.

trappolatóre, *agg.* e *sm.* → INGANNATORE.

trappolería, *sf.* → INGANNO, ASTUZIA.

trappolière, *agg.* e *sm.* → INGANNATORE.

trappolóne, *sm.* e *agg.* → ASTUTO, INGANNATORE.

trapúngere, *v.tr.* → TRAPUNTARE.

trapúnta, *sf.* imbottita, coltrone.

trapuntàre, *v.tr.* ricamare, impuntare, trapungere.

traripàre, *v.intr.* → PASSARE.

tràrre, *v.tr.* tirare, trascinare, strascinare, condurre, muovere || ritrarre, attrarre, attirare, allettare, ritirare, tirare indietro || togliere, cavare, ricavare, ottenere, estrarre, spremere, strizzare, riscuotere, derivare, riportare, riavere, svincolare, rilevare, raccogliere, riscattare, liberare, pescare, raccappezzare, spillare, conseguire, guadagnare || *rifl.* levarsi, liberarsi, sottrarsi, cavarsi.

contr. mettere, immettere, introdurre || aggiungere || lasciare, perdere.

trasaliménto, *sm.* sussulto, scossa, soprassalto, colpo, sobbalzo, salto, riscotimento.

contr. immobilità, impassibilità, quiete.

trasalíre, *v.intr.* sussultare, balzare, rimbalzare, sobbalzare, tremare, saltare, scuotersi, riscuotersi, ridestarsi, risvegliarsi, spaventarsi.

contr. rimanere fermo, impassibile, insensibile, immobile.

trasaltàre, *v.intr.* → SALTARE.

trasandàre, *v.tr.* trascurare, → OMETTERE, TRALASCIARE.

trasandatézza, *sf.* → SCIATTERIA.

trasandàto, *pps.* di trasandare || *agg.* dimesso, inornato, malmesso, malassettato, mal composto, scomposto, disordinato, sciamannato, scinto, discinto, disadorno, sbrindellato, sconcio, spennacchiato, sucido, trascurato, rozzo, goffo, sgualcito, negligente, negletto, sciatto.

contr. accurato, distinto, elegante, diligente, agghindato, attillato, ricercato, leccato, affettato, lisciato.

trasbordàre, *v.intr.* → PASSARE, TRASPORTARE.

trasbórdo, *sm.* → PASSAGGIO.

trascégliere, *v.tr.* → SCEGLIERE.

trascendentàle, *agg.* metempirico, inaccessibile, assoluto, noumenico, sublime.

contr. immanente, empirico, relativo, fenomenico, transeunte || facile, semplice, logico, intuitivo.

trascendènte, *ppr.* di trascendere || *agg.* spirituale, immateriale, incorporale, incorporeo, invisibile, mistico, inconoscibile, soprannaturale, preternaturale, oltranaturale, soprammondano, sovrumano, prodigioso, miracoloso, meraviglioso, eccellente.

contr. immanente, materiale, fenomenico, terreno, comune, semplice, empirico, relativo.

trascéndere, *v.tr.* trapassare, superare, eccellere, eclissare, elevarsi, estollersi, giganteggiare, torreggiare, offuscare, oltrepassare, sorpassare, sormontare, sorvolare, sopravvanzare, soperchiare, sopraffare, battere, sovrastare, valicare, travalicare, sovreccedere, trasmodare, passare i limiti, esorbitare, sconfinare, uscir dal rigo, uscir dai termini, uscir dal segno, varcare il segno, eccedere, esagerare, trascorrere.

contr. restare, mantenersi al disotto, nei limiti, nei termini; moderàrsi, frenarsi.

trascinàre, *v.tr.* strascicare, strascinare, tirarsi dietro a stento, a forza, rimorchiare, muovere, trarre, tirare, condurre, trasportare, trainare, indurre, costringere, attirare, attrarre, coinvolgere, implicare, involvere.

contr. spingere avanti, accompagnare, andare insieme.

trascoloràre, *v.intr.* cambiar colore, impallidire, scolorarsi, emozionarsi.

contr. colorarsi, colorirsi intensamente, ravvivarsi, arrossire, imporporarsi.

trascórrere, *v.tr.* e *intr.* scorrere velocemente → PASSARE || ESAGERARE || PERCORRERE.

trascórso, *pps.* di trascorrere || *agg.* → PASSATO || *sm.* sbaglio, traviamento, → ERRORE.

trascrívere, *v.tr.* copiare, ricopiare, mettere in bella copia, registrare, collazionare || correggere, rimutare.
contr. cancellare, obliterare.

trascrizióne, *sf.* → COPIA.

trascuràbile, *agg.* inconsiderabile, insignificante, irrilevante, inattendibile, irrisorio, accidentale.
contr. importante, essenziale, attendibile, considerabile, considerevole.

trascuràggine, *sf.* → TRASCURATEZZA, PIGRIZIA.

trascurànza, *sf.* → DIMENTICANZA, PIGRIZIA, TRASCURATEZZA.

trascuràre, *v.tr.* tralasciare, lasciare addietro, lasciar da parte, lasciar andare, non curare, non dare importanza, non badare, non considerare, sorvolare, omettere, posporre, negligere, abbandonare, mancare, non darsi pensiero, trasandare, sprezzare, deprezzare, disinteressarsi, trasgredire, infischiarsi, prescindere, pretermettere.
contr. curare, aver cura, occuparsene, interessarsi, stimare, avere a cuore, prendere a cuore.

trascuratàggine, *sf.* → TRASCURATEZZA, PIGRIZIA.

trascuratézza, *sf.* trascurataggine, sciatteria, sciattezza, disordine, negligenza, sciattaggine, trascuranza, trascuraggine, incuria, accidia, pigrizia, disistima, disprezzo, disinteresse, dimenticanza, noncuranza, oblio.
contr. cura, diligenza, riguardo, accuratezza, ponderazione, esattezza, scrupolo, studio, ricordo, stima, apprezzamento.

trascuràto, *pps.* di trascurare || *agg.* dimesso, inornato, malmesso, malassettato, mal composto, scomposto, disordinato, sciamannato, scinto, discinto, sciatto, disadorno, sbrindellato, scapigliato, sconcio, spennacchiato, sprezzato, sucido, trasandato, rozzo, goffo, sgualcito, negligente, negletto, pigro, spensierato, posposto || incolto, abbandonato, non curato.
contr. curato, accurato, ordinato, composto, diligente, attillato, elegante. stimato, apprezzato, coltivato, scrupoloso, preciso.

trasecolàre, *v.intr.* e *rifl.* strabiliare, meravigliare, stupirsi, sbalordire, strasecolare, cascar dalle nuvole, restare di stucco o di sasso, rimaner sorpreso, stordito, sgomento.
contr. rimanere indifferente, impassibile, non curarsene, disinteressarsi.

trasecolàto, *pps.* di trasecolare || *agg.* smiracolato, meravigliato, attonito, di stucco, di sasso, sorpreso, stordito, sbalordito, sgomento.
contr. indifferente, impassibile, stolido, refrattario.

trasentíre, *v.tr.* e *intr.* sentire vagamente, indovinare. subodorare, intuire || fraintendere, traudire, sbagliarsi,

trasferíbile, *agg.* mobile, movibile, trasportabile.
contr. intrasferibile, inamovibile, intoccabile, immobile.

trasferiménto, *sm.* cambiamento di sede, di residenza, trasloco, tramutamento, traduzione, trasporto, traslatamento, passaggio, traslazione || (di proprietà) → ALIENAZIONE.

trasferíre, *v.tr.* traslocare, trasportare, tradurre || trasfondere, trasmettere, far passare, infondere, inoculare, inculcare, comunicare, partecipare || *rifl.* cambiare residenza, domicilio; andare altrove.
contr. rimanere, restare, tener fermo, tenere per sé.

trasfèrta, *sf.* vacazione, diaria, pagamento, indennità di viaggio.

trasfiguràre, *v.tr.* e *rifl.* trasfigurire, dare altra figura, effigie o aspetto, trasformare, mascherare, idealizzare, elevare, trasumanare || sfigurare, snaturare, pervertire, alterare, rendere irriconoscibile.

trasfigurazióne, *sf.* → CAMBIAMENTO, TRASFORMAZIONE.

trasfóndere, *v.tr.* travasare || *fig.* trasmettere, trasferire, far passare, infondere, comunicare, inculcare, inoculare, riversare, partecipare, informare.
contr. tenere, mantenere per sé o in sé.

trasformàbile, *agg.* → CAMBIABILE.

trasformàre, *v.tr.* modificare, mutare, cambiare, emendare, riformare, ridurre, ritoccare, rinnovare, variare, correggere, trasfigurare, assimilare, convertire, scambiare, sformare, snaturare, tornare, tramutare, trasmutare, transustanziare, travestire, versare, volvere || *rifl.* divenire, diventare diverso, mutarsi, rimpastarsi, trasfigurarsi, uscir di sembianza.

trasformatóre, *sm.* → COMMUTATORE.

trasformazióne, *sf.* cambiamento, modifica, modificazione, variazione, mutazione, mutamento, riforma, trasfigurazione, rinnovamento, conversione, transustanziazione, transustanziamento, trasmigrazione, trasmutazione, incarnazione, metamorfosi, rinascita, risurrezione, alterazione di forma o di figura, reintegrazione, palingenesi.

trasformísmo, *sm.* evoluzionismo, darvinismo || equilibrismo.

trasfusióne, *sf.* travasamento, travaso.

trasgredíre, *v.tr.* non osservare, non rispettare, violare, disobbedire, contravvenire, eludere, oltrepassare, eccedere, mancare, peccare, trascurare, sprezzare, tralasciare, abbandonare, trascendere, profanare, frangere, infrangere, offendere, prevaricare, rompere, sovvertire, tradire.
contr. rispettare, venerare, obbedire, adempiere, osservare, rimanere nella legge o nel giusto.

trasgreditóre, *sm.* → TRASGRESSORE.

trasgressióne, *sf.* inosservanza, infrazione, violazione, contravvenzione, prevaricazione, disobbedienza, elusione, strappo, eccesso, offesa, tradimento, peccato, omissione.
contr. osservanza, rispetto, adempimento, obbedienza, fedeltà, pratica.

trasgressóre, *agg.* e *sm.* prevaricatore, contravventore, infrangitore, inosservante, trasgreditore, refrattario, renitente, obiettore, violatore, traditore, inadempiente, peccatore, colpevole, reo.
contr. obbediente, osservante, fedele, praticante.

traslatàre, *v.tr.* → TRADURRE, TRASPORTARE.

traslàto, *sm.* immagine, somiglianza, metonimia, espressione, tropo, metafora || *agg.* trasferito, trasportato.
contr. vocabolo proprio, appropriato.

traslatóre, *sm.* → TRADUTTORE.

traslazióne, *sf.* → TRADUZIONE, TRASFERIMENTO.

traslocàre, *v.tr.* scasare, sloggiare, cambiar casa; trasferire o cambiare residenza, cambiar di posto, dare to, agenzia, ambasciata, cancelleria, catasto, archivio, comando, consolato, commissariato, curia, dicastero, delegazione, direzione, economato, esattoria, dogana, dazio, intendenza, ministero, prefettura, pretura, questura, tribunale, tesoreria, ufficio del registro, ufficio di leva, vescovado, ufficio del lavoro || (*persone*) ufficiali, uffiziali, funzionario, impiegato, inserviente, burocrate, candidato, capo ufficio, collega, compagno, aspirante, sostituto, reggente, supplente, vicario, titolare, minutante, magistrato || (*inerenti*) abilità, idoneità, inabilità, incapacità, inettitudine, attribuzione, obbligo, facoltà, carriera, compatibilità, incompatibilità, autorità, egemonia, dominio, immunità, prerogativa, movibilità, inamovibilità, prestazione, rapporto, responsabilità || brevetto, nomina, promozione, diaria, stipendio, straordinari, incerti della carriera, infornata, onorario, trasferta, terna, turno, visita, ispezione, note informative, qualifica, retrocessione, sospensione dal grado e dallo stipendio, esonero || concussione, peculato, baratteria, estorsione, corruzione || *agg.* provvisorio, definitivo, permanente, stabile, vacante, centrale, principale, succursale || *verb.* adire, ammettere, assegnare, assumere, confermare, rinnovare, costituire, eleggere, delegare, subdelegare, deporre, destituire, dimettere, esonerare, dispensare, innalzare, insediare, investire, conferire, rinvestire, destinare, preporre, proporre, revocare, allontanare, rimuovere, nominare, declinare, concorrere, rinunziare, esercitare le funzioni, cessare dalle funzioni, funzionare, ricoprire una carica, licenziare, licenziarsi, optare, prevaricare, trascurare, soprintendere, sostenere, succedere, supplire, soppiantare, supplantare, ritirarsi, andare o mandare in pensione.

ufficióso, *agg.* premuroso, cortese, gentile, amorevole, urbano, educato || affettato, esagerato, compassato, freddo, staccato, formale || officioso, semiufficiale, confidenziale, ispirato dal governo.

contr. scortese, sgarbato, rozzo, rude || sincero, intimo, caldo, vibrante, affettuoso || ufficiale.

uffízio, *sm.* ore canoniche, ufficio, breviario, uffiziolo.

úfo (a), *avv.* gratis, a scrocco, a macca, a spese altrui, senza pagare, a sbafo.

contr. a pagamento.

ugèllo, *sm.* → CANNA.

úggia, *sf.* → OMBRA || *fig.* tedio, tristezza, avversione, → NAUSEA, NOIA, ODIO, SECCATURA.

uggiolàre, *v.intr.* mugolare, gagnolare, guaire, ustolare, guattire.

contr. latrare, abbaiare.

uggióso, *agg.* uggito, noioso, tedioso, stucchevole, fastidioso, seccante, importuno, antipatico, odioso, pesante, tetro, camorro || (di tempo) grigio, piovorno, nebbioso, nuvoloso, plumbeo.

contr. piacevole, gradevole, amabile, gaio, allegro || sereno, solatío, limpido, chiaro.

uggíre, *v.tr.* aduggiare, annoiare, tediare, auggiare, auggire, stuccare, intristire.

contr. rallegrare, rasserenare, allargare il cuore.

úgna, *sf. poet.* → UNGHIA.

ugnatúra, *sf.* augnatura, unghiatura, smussatura, tagliatura.

contr. spigolo vivo.

ugnétto, *sm.* → SCALPELLO.

ugnòlo, *sm.* unghiolo, → ARTIGLIO.

úgola, *sf.* epiglottide.

nomencl. cionite, craspedone, cionotomo.

ugonòtto, *agg.* e *sm.* protestante, calvinista.

uguagliànza, *sf.* eguaglianza, conformità, identità, medesimezza, pareggio, parità, adeguazione, adeguamento, compensazione, omogeneità, analogia, coincidenza, uniformità, egualità.

contr. inuguaglianza, disuguaglianza, spareggio, disparità, differenza, sproporzione.

uguagliàre, *v.tr.* eguagliare, equiparare, agguagliare, accomunare, adeguare, adequare, appareggiare, pareggiare, compensare, contraccambiare, controbilanciare, contrabbilanciare, contrappesare, conguagliare, adattare, proporzionare, dosare, misurare, corrispondere, concordare, livellare, somigliare, assimilare, assomigliare, coincidere, collimare, equivalere, mettere alla pari, parificare, mettere sullo stesso livello, livellare || *rifl.* divenire o rendersi eguali, accomunarsi, adeguarsi, equivalersi, farsi uguale, identificarsi, mettersi al livello, pareggiarsi, rappareggiarsi, rappianarsi, paragonarsi || paragonare, comparare, confrontare.

contr. disuguagliare, variare, diversificare, differenziare, discompagnare, scompagnare.

uguàle, *agg.* eguale, identico, medesimo, simile, equivalente, gemello, pari, conforme, congruente, consono, congenere, adeguato, compagno, stesso, altrettale, coequale, equabile, consimile, corrispondente, indiscernibile, indistinguibile, tal e quale, tal quale, uniforme, proporzionale, bilanciato, della stessa tacca, equipollente, parallelo, allo stesso livello o distanza, pari pari, due gocce d'acqua.

contr. disuguale, inuguale, ineguale, differente, dispari, impari, diverso, dissimile, dissonante, inadeguato.

úlcera, *sf.* piaga, fistola.

nomencl. (*tipi*) luetica, tubercolare, varicosa, gastrica, cancerosa, cronica, rotonda, perforante, fagedenica, molle, serpiginosa, sordida || cauterio, stuello.

ulceràre, *v.tr.* e *rifl.* esulcerare, piagare, incancrenire, marcire.

ulcerazióne, *sf.* ulceramento, ragade, screpolatura, scoppiatura, rappa, → PIAGA.

uliginóso, *agg.* → UMIDO.

nomencl. ulígine, umidità del terreno.

uliménto, *sm.* → ODORE.

ulimóso, *agg.* → ODOROSO.

ulíre, *v.intr. ant.* olire, olezzare, essere odoroso, → ODORARE.

ulíva, *sf.* → OLIVA.

ulívo, *sm.* → OLIVO.

úlna, *sf.* → CUBITO, GOMITO.

ulster, *sost. ingl.* → CAPPOTTO.

ulterióre, *agg.* al di là.

contr. citeriore, al di qua.

ultimaménte, *avv.* alla fine, finalmente, in ultimo, da ultimo, per ultimo || recentemente, poco fa, poc'anzi, pocanzi, di recente.

contr. da principio, per cominciare, innanzitutto || un tempo, una volta, molto tempo fa.

nomencl. (*inerenti*) lampi, tuoni, pioggia, grandine, vento || brontofobia, brontologia, devastazione, rovina || *verb.* scoppiare, scatenarsi, imperversare, infuriare, turbinare, rimbombare, rombare, rumoreggiare, urlare.
contr. bel tempo, bonaccia || silenzio, quiete, tranquillità.

uranografía, *sf.* → GEOGRAFIA.

urbanità, *sf.* gentilezza, cortesia, compitezza, garbatezza, grazia, eleganza, civiltà, costumatezza, educazione, deferenza, garbo, galateo, officiosità, bel tratto, buona educazione, buona creanza, belle maniere, politezza || forbitezza, finezza, arguzia, spirito.
contr. inurbanità, sgarbatezza, sgarbo, scortesia, inciviltà, villania, rozzezza, rudezza, maleducazione, malacreanza, zotichezza, sfacciataggine, sfrontatezza, protervia, plebeaggine.

urbàno, *agg.* cittadino || *fig.* civile, civico, cortese, gentile, premuroso, amorevole, educato, ufficioso, garbato, compíto, beneducato, benallevato, costumato, creanzato, di bella maniera, di bel tratto, di buona creanza, di bel garbo, misurato, delicato, manieroso || fine, colto, elegante, forbito, spiritoso, arguto, lepido.
contr. inurbano, ineducato, sgarbato, incivile, malcreato, plebeo, rozzo, rude, screanzato, zotico, sfacciato, sfrontato, protervo, villano.

úrbe, *sf.* → CITTÀ.

urènte, *agg. lett.* → BRUCIANTE.

urgènte, *ppr.* di úrgere || *agg.* pressante, imperioso, impellente, assillante, indilazionabile, incalzante, necessario, affannante, imminente, insistente, instante, incombente, sovrastante, premente, stringente, sollecitante, inevadibile.
contr. ritardabile, prorogabile, non necessario, dilazionabile, rimandabile.

urgènza, *sf.* stretta, bisogno, crisi, necessità, distretta, fretta, impeto, occorrenza estrema, premura.
nomencl. *verb.* avere urgenza, affogare, essere con l'acqua alla gola, essere nell'acqua fino al collo, essere o trovarsi alle strette.
contr. ritardabilità, prorogabilità, dilazionabilità.

úrgere, *v.tr.* far premura, dar fretta, affrettare, incalzare, accelerare, stimolare, sollecitare, incitare, indurre, pressare, premere, spingere, assillare, spronare, instare, spacciare, spacciarsi, sbrigare, sospingere, eccitare || necessitare, incombere, non patir dimora, non tollerare sosta.
contr. rallentare, frenare, attraversare, fermare, ostacolare, ritardare, far indugiare, calmare, prorogare, dilazionare.

urína e deriv., → ORINA e deriv.

urlànte, *ppr.* di urlare || *agg.* → RUMOROSO.

urlàre, *v.intr.* gridare, berciare, guaire, abbaiare, ruggire, latrare, mugghiare, mugolare, rugghiare, smugghiare, ululare, alzar la voce, vociare, sbraitare, mugliare, stridere, strillare, squillare.
nomencl. *verb.* come un'anima dannata, un ariano, un ossesso, un Caino, un attanagliato, un disperato, un matto.
contr. mormorare, sussurrare, bisbigliare, gemere.

urlío, *sm.* → URLO, RUMORE.

úrlo, *sm.* urlata, urlío, barrito, mugghio, stridore, rugghiamento, ruggito, sibilo, strido, strillo, ululato, ululo, ululamento, clamore, lamento, → GRIDO.
nomencl. (*qualità*) forte, acuto, esasperato, rabbioso, disperato, di spavento, d'odio, di minaccia, di furore, d'ira, che arriva alle stelle, assordante, che rompe i timpani, indemoniato, bestiale, belluino, feroce, ferino, rauco, straziante, spaventoso, violento, prolungato, breve.
contr. mormorio, bisbiglio, sussurro, sussurrio, gemito.

urlóne, *sm.* bercione, strillone.
contr. mormoratore, sussurratore, bisbigliatore.

úrna, *sf.* vaso antico || cassetta (per votazioni), bossolo || → RELIQUIARIO, SEPOLCRO.

úro, *sm.* bisonte.

urogàllo, *sm.* → GALLO.

urolíto, *sm.* calcolo urinario.
nomencl. urolitiasi.

urrà, *escl.* applauso, plauso, evviva, alalà, acclamazione.

urtànte, *ppr.* di urtare || *agg.* che urta || *fig.* irritante, antipatico, odioso, sgradevole, contrariante, offensivo, indisponente, scostante, molto spiacevole.
contr. allettante, piacevole, desiderabile, gradito, simpatico, grato, cattivante.

urtàre, *v.tr.* colpire, battere, conquassare, cozzare, dar contro, dar di cozzo, dar di petto, inciampare, investire, percuotere, respingere, scontrarsi, incalzare, intoppare, premere, sospingere, spingere, toccare, squassare, urgere || *fig.* maltrattare, contrastare, opporsi, recare offesa, offendere, destare antipatia, riuscire spiacevole || *rifl.* battersi insieme, collidere, dar dentro, incontrarsi || inimicarsi (*fig.*).
contr. evitare, sorvolare || amicarsi, compiacersi, esser diplomatico.

urtàta, *sf.* → URTO.

úrto, *sm.* urtone, spinta, spintone, spingimento, sospingimento, sospinta, trabalzo, percossa, incontro, scontro, investimento, collisione, conquasso, cozzo, cozzata, contraccolpo, impulso, crollo, stratta, strattone, ripercussione, attrito, urtata, urtonata || *fig.* discordia, battaglia, combattimento, contrasto, opposizione, antipatia, irritazione.
nomencl. *agg.* debole, forte, violento, laterale, frontale || *verb.* respingere, evitare, prevedere, ricevere, resistere.

urtonàta, *sf.* → URTO.

urtóne, *sm.* → URTO.

usàbile, *agg.* adoperabile, servibile, fruibile, disponibile, godibile, concedibile.
contr. inusabile, inservibile, indisponibile.

usànza, *sf.* abitudine, abito, foggia, guisa, moda, andare, andazzo, consuetudine, costumanza, costume, maniera, metodo, metro, ordine, pratica, regola, uso, rito, prassi, tradizione, prammatica, vezzo, voga, assuetudine, assuefazione || frequenza, conversazione.
nomencl. *agg.* bella, buona, brutta, cattiva, mala, ridicola, buffa, goffa, grottesca, comica, seria, solenne, magnifica, comune, semplice, umile, inveterata, antica, vecchia, remota, pristina, tradizionale, nuova, recente, radicata, vieta, trita, ritrita, universale, cara, sentita, lodevole, disueta || *verb.* essere d'usanza, correre l'uso, costumarsi, essere solito, essere tradizione, andare in

uso, venire in usanza, attecchire, essere adottato, invalere, passare o andare in esempio, prendere, perdere, adottare, accettare, praticare, trascurare, disavvezzarsi, introdurre.
contr. disusanza, disuso, dissuetudine, desuetudine, abolizione.

usàre, *v.intr.* solere, avere l'abitudine, essere avvezzo, assuefatto, essere solito, avere per usanza o per costume, costumare, comportarsi, condursi, procedere, agire, trattare || essere conforme alla moda, essere alla moda || aver relazione, praticare, bazzicare, frequentare, conversare || *tr.* adibire, adoperare, adoprare, impiegare, maneggiare, far uso, servirsi, fruire, godere, usufruire, utilizzare, adottare, consumare, abusare, metter mano, strapazzare || esercitare.
contr. disusare, abbandonare, lasciare, tralasciare, omettere, trascurare, cadere in disuso, tramontare.

usàto, *pps.* di usare || *agg.* solito, consueto, abituale, ordinario, comune, comunissimo, quotidiano, usuale, diffuso, osservato, normale, corrente, andante, sperimentato, generale, ovvio, trito, volgare, banale || vecchio, adoperato, consunto, logoro, smesso, antico, vieto, liso, lacero || pratico.
contr. disusato, inusato, insolito, eccezionale, dissueto, desueto || nuovo, intatto.

usàtto, *sm.* → GHETTA.

usbèrgo, *sm.* → ARMATURA || *fig.* → PROTEZIONE.

usciàle, *sm.* vetrata, uscio a vetri.

uscière, *sm.* → MESSO, PORTINAIO.

úscio, *sm.* porta, passaggio, varco, apertura, adito, entrata.
nomencl. (*tipi*) a bilico, a cateratta, a saracinesca, a chiave, a colpo, a contrappeso, ad arpioni, a muro, a sdrucciolo, a regolino, a spalletta, a una banda, a due bande, a un battente, a due battenti, a vetri || (*affini*) bussola, usciale, portiera, sportello, battente, vetrata, paravento || (*attinenti*) battuta, buco dell'uscio, gattaiola, occhio, soglia, soprapporto, specchio, spia, spigolo, canto, stipite, architrave, rigume, affisso, anello, battitoio, bietta, arpione, campanello, chiavistello, serrame, serratura, bandelle, catena, corda, gruccia o maniglia, marmino o pietrino, paletto, puntello, ralla, saliscendi, segreto, spranga, staffa, catorcio, picchiotto, vano || portiera, stoino, raschietto, mandata, spiraglio, soppedaneo, cartellino, targa, cassetta || *agg.* sconnesso, sgangherato, accostato, rabbattuto, aperto, spalancato, chiuso, finto, segreto, largo, stretto || *verb.* abbattere, rabbattere, accostare, aprire, chiudere, serrare, spalancare, bussare, battere, picchiare, calettare, dar tanto di catenaccio, incatenacciare, dare una mandata, disgangherare, scardinare, sgangherare, forzare, scassinare, rompere, buttar giú, sconficcare, imboccare, infilare, affacciarsi, prendere l'uscio, entrare, uscire, murare, puntellare, sbatacchiare, sbattere, scatenacciare, sfondare, sprangare, spingere, stangare, tempestare, tirare a sé, tirarsi dietro, dare su la strada o sul cortile.

usciolàre, *v.intr.* → ASCOLTARE, UDIRE.

uscíre, *v.intr.* escire, sortire, andar fuori, venir fuori, emergere, scaturire, sgorgare, sorgere, levarsi, alzarsi, rizzarsi, balzare, risorgere, spuntare, nascere, pullulare, erompere, zampillare, rampollare, spicciare, scannellare, gocciare, gocciolare, scolare, spillare, trapelare, trasudare, traspirare, esalare, sprigionarsi, sboccare, sbucare, metter capo, scappare, liberarsi, disimpacciarsi, cavarsela, migrare, sgombrare, sgusciare, sviarsi, scapolare, schiudersi, sconcare || far uscire, snidare, scovare, stanare, cavar fuori.
contr. entrare, rientrare, penetrare, introdursi, insinuarsi, addentrarsi.

uscíta, *sf.* egresso, eruzione, fuoruscita, porta, foce, adito, apertura, uscio, passaggio, varco, sbocco, fuga, sfogo, scappavia, sortita, emersione || spesa, passivo || motto bizzarro, inatteso || esito, fine || esportazione.
contr. entrata, penetrazione, ingresso, irruzione, introduzione, insinuazione.

usignòlo, *sm.* rosignolo, luscínia.

usitàto, *agg.* usato spesso, solito, consueto, ordinario, usuale, comune.
contr. inusitato, dissueto, desueto, insueto, insolito, tramontato, raro.

úso, *sm.* usanza, costumanza, costume, abitudine, moda, andare, andazzo, comun fare, consuetudine, assuetudine, maniera, metodo, metro, ordine, pratica, prassi, prammatica, rito, tradizione, voga, vezzo, esercizio || maniera, forma, regola consueta || godimento, usufrutto, maneggio, consumo, impiego || *agg.* usato, solito, avvezzo, abituato, consueto, pratico.
nomencl. *agg.* legale, illegale, comune, ordinario, straordinario, libero, proibito, vietato, tollerato, pubblico, privato || *verb.* fare, impiegare, godere, negare, vietare.
contr. disuso, abuso, desuetudine, dissuetudine.

ússaro, *sm.* ussero, cavalleggero.

ústa, *sf.* odore (di selvaggina).

ustionàre, *v.tr.* e *rifl.* → BRUCIARE.

ustionàto, *pps.* di ustionare || *agg.* → BRUCIATO.

ustióne, *sf.* scottata, scottatura, infiammazione, bruciamento, bruciatura, arsione, incotto.

ústo, *agg. lett.* bruciato, adusto, combusto, arso.

ustolàre, *v.intr.* → ABBAIARE, UGGIOLARE.

ustòrio, *agg.* → BRUCIANTE.

usuàle, *agg.* usato, solito, consueto, abituale, ordinario, comune, normale, quotidiano, andante, corrente, comunissimo, dozzinale, generale, grossolano, ovvio, piano, trito, triviale, volgare, facile, regolare, diffuso, convenuto.
contr. insolito, raro, inconsueto, dissueto, desueto, insolito, straordinario, strano, inusitato, ricercato, raffinato.

usualménte, *avv.* → ABITUALMENTE.

usucapióne, *sf.* prescrizione acquisitiva.

usufruíre, *v.intr.* usare, sfruttare, adoperare, utilizzare, → GODERE.

usufrútto, *sm.* → USO, INTERESSE.

usúra, *sf.* interesse eccessivo, illecito; strozzinaggio, rifrutto, trabalzo || guadagno.

usuràio, *agg.* e *sm.* strozzino, sfruttatore, profittatore, angariatore, negriero, succhione, vampiro, pelanibbi, sanguisuga, mignatta, scannatore, senza cuore.

usurpàre, *v.tr.* prendere, occupare, appropriarsi ingiustamente; arrogarsi, carpire, scroccare, conquistare,

pretendere, invadere, rapinare; frodare, far proprio, impadronirsi, sottrarre.
contr. avere, ricevere, godere per diritto, ottenere, meritare.
usurpatóre, *sm.* intruso, ladro, predone, conquistatore, occupatore, tiranno, prepotente.
contr. cedente, rinunciatario, abdicatario, abdicante.
usurpazióne, *sf.* → OCCUPAZIONE.
utèllo, *sm.* → ORCIO.
utensíle, *sm.* strumento, istrumento, arnese, aggeggio, ordigno, attrezzo, congegno, apparecchio, ferro di bottega, meccanismo, macchina, macchinismo, mezzo, organo || arredo, suppellettile.
utènte, *agg.* e *sm.*
nomencl. coutente.
contr. fornitore.
útero, *sm.* grembo, seno, ventre, matrice, alvo (*poet.*).
nomencl. gravidanza, feto || fratello, sorella uterina.
útile, *agg.* giovevole, buono, fruttuoso, proficuo, favorevole, efficace, servibile, comodo, conveniente, profittevole, fruttifero, vantaggioso, acconcio, confacente, fecondo, godibile, servizievole, tempestivo, valevole, valido || *sm.* profitto, prodotto, entrata, frutto, reddito, rendita, risultato, vantaggio, interesse, progresso, guadagno, utilità, rendimento, bene, pro, provento, convenienza, giovamento, efficacia, tornaconto, rimedio, medicamento.
contr. inutile, dannoso, nocivo, pernicioso, funesto, fatale || *sost.* perdita, danno, svantaggio.
utilità, *sf.* bontà, bene, beneficio, bisogno, interesse, guadagno, efficacia, giovamento, validità, comodità.
contr. inutilità, danno, svantaggio, dannosità, nocumento, vanità, inservibilità, perdita.
utilitàrio, *agg.* vantaggioso, interessato, avido, venale, vendibile, corruttibile, ingordo, tenace, avaro, calcolatore, sfruttatore.
contr. disinteressato, staccato, generoso, liberale, incorruttibile.
utilitarísmo, *sm.* affarismo, calcolo, edonismo, epicureismo.
utilizzàre, *v.tr. fis.* usare, adoperare, impiegare, sfruttare, valersi di, giovarsi di, profittare di, far tesoro di, mettere a profitto.
utilizzaziòne, *sf. fis.* uso, impiego, gradimento, sfruttamento.
utopía, *sf.* → IDEA, IDEALE, IMMAGINAZIONE, ILLUSIONE || divinazione, presagio.
utopísta, *sm.* e *f.* sognatore, visionario, idealista, illuso || precursore, divinatore.
contr. uomo positivo, realizzatore, prosaico, terragno, praticone.
utopístico, *agg.* chimerico, immaginario, irrealizzabile, impossibile, fantastico, illusorio.
contr. realizzabile, attuabile, positivo, reale, realistico.
úva, *sf.* vite.
nomencl. (*usi*) da tavola, da vino, da serbare || (*varietà*) agostina, albana, barbera, bonamico, bonarda, canaiolo bianco, canaiolo nero, ciliegiolo o aleatico di Spagna, colonna, cortese, croatina, freisa, isabella, lambrusco, malvasia bianca, merlot, montepulciano, nebbiolo, barolo, barbaresco, spanna, neretto duro, raboso veronese, sangiovese, tokai, trebbiano, alba magna, aleatico, aurora, barbarossa di Piemonte, cardinal, ciclopica, conca d'oro, formosa, ignea, Italia, Lombardia, Marengo, mirifica, moscatello, moscato, opale, pardina, perlona, primiera, San Colombano, Santa Barbara, sovrana, sultanina, superba, americana, verdea, verdicchio, regina, salamanna, vernaccia, zibibbo || (*attinenti*) acino o chicco, seme o fiocine o vinacciolo, buccia, picciolo, raspo o graspo, grappolo, ciocca, racimolo, raspollo, pènzolo || glucosio, amilonio, mosto, vinacce, vigna, vite, vigneto, peronospora, fillossera, verderame, zolfo || *agg.* bianca, nera, acerba, matura, passita, passa, secca || *verb.* pigiare, cogliere, fermentare, appassire, imbrunare, inagrestire, invaiare, invaiolare, ammostare, vendemmiare, incalcinare, inzolfare, piluccare, spiccare, racimolare, raspollare, scacchiare, sgranellare, spippolare, sfiocinare || → VINO.
uvàceo, *agg.* úveo.
uvóso, *agg.* uvifero.
uxoricida, *sm.* ussoricida.
uxòrio, *agg.* mogliesco.
contr. maritale.
úzzolo, *sm.* voglia, vogliuzza, capriccio, fregola, sfízio (*region.*), → DESIDERIO.

V

vacànte, *ppr.* di vacare || *agg.* vuoto, vacuo, libero, privo, mancante, disoccupato, disponibile, adespoto, difettivo.
contr. occupato, impegnato, provvisto, pieno.
vacànza, *sf.* disponibilità, assenza, vacazione, mancanza del titolare || feria, giorno di riposo, di svago; riposo, diporto, ricreazione, villeggiatura || permesso, licenza.
contr. giorno di lavoro, impegno, occupazione, lavoro.
vacazióne, *sf.* trasferta, prestazione || → VACANZA.
vàcca, *sf.* giovenca, mucca, vaccina || marina, → FOCA.
nomencl. vitella, vacchetta, mongana, lattaiola, seccaticcia, primarola || (*inerenti*) stalla, bergamina, vaccaro, bergamino, mungitore || *verb.* mungere, governare.
vaccàio, *sm.* vaccaro, pastore, bovaro, buttero, mungitore.
vaccàro, *sm.* → VACCAIO, PASTORE.
vaccherìa, *sf.* → CASCINA.
vaccína, *sf.* → VACCA.
vaccinàre, *v.tr.* → INNESTARE.
vaccinazióne, *sf.* → INNESTO.
vacillaménto, *sm.* barcollamento, barcollío, barcollone, barellamento, barellone, crollamento, instabilità, ondeggiamento, oscillazione, tempellamento, tentennio, tentennamento, tentennata, traballamento, traballone, tracollamento, vacillazione || *fig.* esitanza, incertezza, dubbio, ambiguità.
contr. saldezza, stabilità, fermezza, risolutezza, resistenza || scelta, impegno, certezza, fede.
vacillànte, *ppr.* di vacillare || *agg.* → CADENTE.
vacillàre, *v.intr.* barcollare, barellare, balenare, tempennare, ciondolare, traballare, fluttuare, inciampare, ondeggiare, oscillare, tentennare, tremare, nutare, pencolare, tremolare, tretticare || *fig.* titubare; essere irresoluto, dubbioso, incerto, tentennante; traccheggiare, tergiversare, esitare, dubitare, nicchiare, stare in forse, gingillare, peritare, temporeggiare, tentare.
contr. stare saldo, sicuro, diritto; andar sicuro || *fig.* essere costante, deciso, risoluto, irremovibile.
vacillazióne, *sf.* → VACILLAMENTO.
vacuità, *sf.* votaggine, vuotezza, inutilità, inanità, leggerezza, frivolezza, vanità, futilità || (di stile) povertà di pensiero, scarsità di concetti.
contr. pienezza, robustezza, sodezza, ripienezza, consistenza.
vàcuo, *agg.* → INUTILE, VUOTO || stolido, insipido, insipiente, fatuo, → FRIVOLO.
vàdo, *agg. ant.* → GUADO.
vàfro, *agg. letter.* → ASTUTO.
vagabondàggine, *sf.* → OZIO.
vagabondàre, *v.intr.* vagare, andare vagando, errare, girovagare, girellare, pellegrinare, camminare, ramingare, oziare, vagolare, viaggiare, scarrierare, vivere alla macchia, zinganare || (con la fantasia) → DIVAGARE.
contr. fermarsi, stabilirsi, fissarsi, impiantarsi, dimorare.
vagabóndo, *agg.* e *sm.* errabondo, errante, giramondo, girellone, nomade, bighellone, ambulante, vagante, svagato, instabile, sradicato, randagio, ramingo, peripatetico, pellegrino, peregrino, zingaro || ozioso, disutile, scapestrato, sbrigliato, scapigliato, dissoluto, caposcarico, scavezzacollo, diavolo scatenato, rompicollo, giovinastro, scioperato, discolo, fannullone, sfaccendato, sfaticato, poltrone, poltroniere, pitocco, paltoniere.
contr. stabile, fermo, radicato, lavoratore, uomo operoso.
vagànte, *ppr.* di vagare || *agg.* nomade, ambulante, errante, errabondo, → VAGABONDO.
vagàre, *v.intr.* errare, vagabondare, andare vagando, girovagare, girellare, pellegrinare, camminare, ramingare, vagolare, zinganare, percorrere, spaziare || (col pensiero, la fantasia) divagare, fantasticare, sognare a occhi aperti.
contr. star fermi, fermarsi, stabilirsi, sostare, indugiare, soffermarsi.
vagellaménto, *sm.* → VANILOQUIO.
vagellàre, *v.intr.* → VANEGGIARE, SOGNARE.
vagheggiàre, *v.tr.* guardare, rimirare, mirare, ammirare, contemplare || *fig.* sognare, fantasticare, immaginare, fare sogni, fingere, arzigogolare, aspirare, desiderare, sospirare, sperare, lusingarsi, accarezzare, idoleggiare, amare, idealizzare.
contr. vedere realmente, con realismo, essere disincantato, realizzare, aborrire.
vagheggíno, *sm.* vagheggiatore, bellimbusto, amante, cascamorto, corteggiatore, spasimante, allocco, farfallone, cicisbeo, damerino, ganimede, ganzerino, spasimato || (di donna), civetta.
contr. disamorato, indifferente, insensibile, misogino || riservato.
vaghézza, *sf.* desiderabilità, richiamo indefinibile, leggiadria, → GRAZIA, BELLEZZA || diletto, piacere, attrazione, voglia, → DESIDERIO.
vagína, *sf.* guaína, → FODERO || CAVITÀ, CONDOTTO || vulva.
nomencl. vaginismo, vaginite.
vagíre, *v.intr.* piangere, frignare, gnaulare, lagnarsi.
contr. ridere.
vagíto, *sm.* → PIANTO.
vàglia[1], *sf.* pregio, valore, capacità, valentia, qualità, eccellenza.
nomencl. *verb.* vagliare, stimare, giudicare, considerare.
vàglia[2], *sm.* assegno, titolo di credito.
nomencl. postale, telegrafico, bancario, cambiario, del tesoro.
vagliàre, *v.tr.* ventilare, stacciare, setacciare, abburattare, crivellare, cernere, filtrare, mondare, epurare, cribrare, passare, scegliere, sceverare, selezionare, spulare, vigliare, scernere, discernere, separare, dividere, nettare || *fig.* soppesare, giudicare, esaminare, studiare, considerare, ponderare, distinguere, discutere, apprezzare.

contr. accettare, ammettere, approvare in massa, all'ingrosso || respingere, squalificare, bocciare.

vagliàta, *sf.* → VAGLIATURA.

vagliatúra, *sf.* stacciatura, mondatura, purgatura, vagliata, vigliatura, || lolla, mondiglia, pula || esame, scelta.

vàglio, *sm.* staccio, setaccio, abburatto, buratto, cribro, colo, colino, crivello, frullone, stamigna, svecciatoio, ventilabro, vassoio || *fig.* → ESAME, SCELTA.

vàgo, *agg.* bello, soave, dolce, leggiadro, grazioso, aggraziato, allettante, attraente, desiderabile || attratto, sedotto, attirato, incantato, desideroso, voglioso, mosso o spinto da vaghezza || astratto, generico, indeterminato, indefinibile, indefinito, incerto, indistinto, errabondo, errante.

contr. brutto, sgraziato, orripilante, scostante, scostevole, ripugnante, || certo, sicuro, tangibile, visibile, positivo, fisso, stabile.

vagolàre, *v.intr.* → VAGARE, VAGABONDARE.

vagóne, *sm.* → CARRO.

vaiàio, *sm.* → PELLAIO.

vaiétto, *agg.* → MACCHIATO.

vàio, *agg.* → MACCHIATO.

vaiòlo, *sm.* vaiuolo.

nomencl. butteri, vaccino, vaccinazione, innesto.

valànga, *sf.*

nomencl. *fig.* gran quantità, moltitudine, diluvio, subisso, tempesta, massa, miriade, → QUANTITÀ.

valènte, *ppr.* di valere || *agg.* bravo, ottimo, dotto, esperto, egregio, abile, capace, di vaglia, provetto, eccellente, pratico; prode, valoroso.

contr. inabile, inetto, inadatto, incapace.

valentía, *sf.* valore, abilità, capacità, bravura, eccellenza; prodezza, destrezza, talento.

contr. incapacità, inettitudine, inabilità.

valentuòmo, *sm.* → GALANTUOMO.

valènza, *sf.* valenzia (*ant.*), valentía, virtú, capacità, significato, → VALORE || CHIMICA.

valére, *v.intr.* aver forza, potere, capacità; aver pregio, avere un prezzo, aver merito, farsi stimare, apprezzare, rispettare; aver valore, avere efficacia, servire (a), giovare, contare, meritare, influire, costare, equivalere, militare, fruttare, bastare, potere, eccellere, suffragare || (di costume, usanza) essere in vigore, durare || *rifl.* servirsi, giovarsi, avvantaggiarsi, approfittare, utilizzare, adoperare, prevalersi, usufruire.

contr. non aver valore, non meritare, non contare, non servire.

valetudinàrio, *agg.* e *sm.* *lett.* cagionevole di salute, malaticcio, infermiccio, acciaccoso.

contr. sano, robusto, arzillo.

valetúdine, *sf.* stato di salute, complessione.

valévole, *agg.* valido, → UTILE.

vàlgo, *agg.* → STORTO.

valicàre, *v.tr.* varcare, passare, attraversare, oltrepassare, sorpassare, sormontare, sorvolare, sovrastare, trapassare, guadare, saltare, scavalcare, traghettare, superare || *letter.* trascendere, vantaggiare, avvantaggiare, eccedere, avanzare, sopravanzare, sopraffare.

valicatóio, *sm.* → PONTE.

vàlico, *sm.* colle, varco, passo, passaggio, attraversamento || bocca, colle, collo (*ant.*), forca, passo, sella.

validità, *sf.* autenticità, abilità, potenza, potere, valore, virtú, vigorosità, capacità, → FORZA, EFFICACIA.

contr. invalidità, nullità, debolezza, inefficacia, inefficienza, impotenza, inettitudine, incapacità.

vàlido, *agg.* vigoroso, forte, gagliardo, potente, saldo, robusto, poderoso || idoneo, giovevole, capace, abile, autentico, atto, efficace, sufficiente, valevole, legale, fermo, rato || ragionevole, logico.

contr. invalido, nullo, írrito, debole, inefficace, inetto, inefficiente, incapace, illegale.

valígia, *sf.* borsa, sacca, bolgia, bagaglio, fardello, bisaccia, portacappe.

nomencl. *verb.* invaligiare, svaligiare, riporre nella valigia, cavare dalla valigia.

vallàre, *v.tr.* → CIRCONDARE.

vallàta, *sf.* → VALLE.

vàlle, *sf.* vallata, vallea, vallone, convalle.

nomencl. principale, secondaria, longitudinale, trasversale, tettònica, d'erosione, fluviale, d'accumulazione, carsica, glaciale || (*affini* e *inerenti*) botro, borro, burrone, bassura, avvallamento, conca, gola, forra, bolgia, lama, chinavalle, imboccatura, serra, sbocco, linea di massima pendenza, asse, impluvio, linea di impluvio, vallura, capo, costa, fianco, parete, fondo || valligiano || *agg.* ampia, aperta, angusta, stretta, bella, ridente, triste, uggiosa, fertile, sterile, verde || *verb.* divallare, avvallare.

contr. altura, promontorio, monte, montagna.

vallèa, *sf.* → VALLE.

vallétto, *sm.* → SERVO.

vàllo, *sm.* → ARGINE.

vallóne, *sm.* → VALLE.

vallonèa, *sf.* gallonea.

valóre, *sm.* prezzo, valsente, valuta, costo, misura, equivalenza || importanza, interesse, pregio, valenza, virtú, merito, qualità, momento, possibilità, efficacia, vaglia, prerogativa || significato, accezione, senso, costrutto, espressione, concetto, tenore, nozione, risonanza, intendimento || coraggio, abilità, baldanza, fermezza, intrepidezza, forza, strenuità, bravura, prodezza, eroismo, valentia, ardire, ardimento, cavalleria.

nomencl. (*distinzioni*) militare, civile, letterario, poetico, commerciale, reale, legale || cosa rara, pezzo raro, pezzo unico, tesoro || *agg.* alto, eroico, grande, impregiabile, incalcolabile, inapprezzabile, inestimabile, altissimo, superlativo, apparente, fittizio, falso, piccolo, straordinario, maggiore, minore, ordinario, comune, transitorio, venale, attivo, passivo || *verb.* acquistare, elevare, diminuire, avvilire, svilire, deprezzare, apprezzare, stimare, pregiare, valutare.

contr. inezia, disvalore, svalutazione, inefficacia, paura, pusillanimità, viltà.

valorizzàre, *v.tr.* dar valore, mettere in valore, avvalorare.

contr. svalutare, deprezzare.

valorizzazióne, *sf.* avvaloramento.

contr. svalutazione, deprezzamento.

valorόso, *agg.* strenuo, coraggioso, ardito, fiero, prode, abile, capace, ardimentoso, animoso, eroico, va-

lente, intrepido, virile, impavido, gagliardo, valido, bravo, efficace, provato.
contr. pauroso, vile, vigliacco, pusillanime, imbelle, incapace, inabile, inetto.
valsènte, *sm. ant.* valore commerciale, valuta, prezzo, somma equivalente, → VALORE.
valúta, *sf.* → MONETA, DENARO || PREZZO, VALORE.
valutàre, *v.tr.* stimare, apprezzare, vagliare, → GIUDICARE, MISURARE, PESARE.
contr. svalutare, sottovalutare, disistimare.
valutatívo, *agg.* estimativo.
valutazióne, *sf.* stima, estimo, prezzo assegnato, estimazione, perizia, giudizio, apprezzamento.
contr. svalutazione, disistima.
valvassóre, *sm.* → FEUDATARIO.
vàlvola, *sf.* animella, valvula.
nomencl. laterale, di testa, di sicurezza, a farfalla, a volantino, fusibile || (*attinenti*) molla, piattello, punteria, otturatore, albero di distribuzione || registrazione, smerigliatura.
vàmpa, *sf.* calore, ardore, fiamma viva, fiammata, vampo, vampata, fuoco, raggio || baleno.
nomencl. *verb.* vampeggiare, divampare, avvampare, svampare, splendere, ardere.
vampàta, *sf.* → FIAMMATA, VAMPA.
vampeggiànte, *ppr.* di vampeggiare || *agg.* → SPLENDENTE.
vampeggiàre, *v.intr.* fiammeggiare, splendere, avvampare, ardere.
vampíro, *sm.* → PIPISTRELLO || *fig.* succhiasangue, parassita, usuraio, strozzino, sfruttatore, profittatore, angariatore, negriero, succhiatore, pelanibbi, crudele.
vanaglòria, *sf.* superbia, albagia, boria, vanità, burbanza, fatuità, megalomania, millanteria, presunzione, alterigia, vanto, pompa, spocchia, fumo, vanteria, stolidità, tronfiezza || gloria mondana, gloria vana.
nomencl. *verb.* vanagloriarsi, gloriarsi, glorificarsi.
contr. umiltà, modestia, pietà, discrezione.
vanagloriàrsi, *v.intr. pronom.* → VANTARE.
vanaglorióso, *agg.* e *sm.* vanitoso, vanesio, borioso, fatuo, tronfio, superbo, pretenzioso, millantatore, presuntuoso, gloriosetto, chiappanuvole, gonfianuvoli, pigliamosche, soffione, spocchioso, stronfione, impettito, vano, vuoto, stolido.
contr. modesto, umile, discreto.
vandàlico, *agg.* → BARBARO, DISTRUTTORE.
vandalísmo, *sm.* → BARBARIE, DISTRUZIONE.
vàndalo, *agg.* e *sm. fig.* → DISTRUTTORE.
vaneggiaménto, *sm.* delirio, deliramento, vagellamento, vaniloquio, farnetico, farneticamento, follia momentanea, stoltiloquio, errore, buaggine.
contr. ragionamento, argomentazione, discorso sensato.
vaneggiànte, *ppr.* di vaneggiare || *agg.* → VISIONARIO.
vaneggiatòre, *sm.* → VISIONARIO.
vaneggiàre, *v.intr.* delirare, farneticare, fantasticare, abbacare, non connettere, non ragionare, sragionare, spropositare, svariare, non stare in sé, vagellare, vanare (*ant.*).
contr. ragionare; parlare serenamente, assennatamente.
vanèsio, *agg.* e *sm.* spensierato, avventato, cervellino, farfallino, frivolo, irriflessivo, sventato, scapato, stordito, sconsiderato, fatuo, leggero, vanaglorioso, vanitoso, borioso, tronfio, spocchioso, stronfione, vano, sciocco.
contr. umile, serio, semplice, grave, assennato, modesto, discreto, sodo.
vanézza, *sf. ant.* → VANITÀ, VANAGLORIA.
vànga, *sf.*
nomencl. pala, lama, manico, vangile o staffa o staffale || vanga da fieno, da torba.
vangaiòla, *sf.* rete a strascico.
vangàre, *v.tr.* dissodare, scassare, cavare, coltivare, rivolgere o voltare le zolle, sbronconare, scardonare, scavare, rivangare.
vangatóre, *sm.* contadino.
vangèlo, *sm.* buona novella || evangelo, evangelio, Nuovo Testamento, → BIBBIA.
nomencl. canonico, sinottico, apocrifo || evangelista (Matteo, Marco, Luca, Giovanni), ispirato, ispirazione || evangelicamente || *verb.* evangelizzare, annunciare la buona novella, essere apostolo, andare in missione.
vanilòquio, *sm.* sonniloquio, vagellamento, delirio, vaneggiamento, deliramento, stultiloquio, farneticamento, farnetico, ciancia, chiacchiera, discorso sconclusionato, sproloquio, multiloquio.
contr. discorso sensato, ragionamento, argomentazione.
vanità, *sf.* vuoto, vuotezza, votaggine, vacuità, incorporeità, immaterialità, inconsistenza, fluidità, leggerezza, levità, parvenza, apparenza || illusorietà, caducità, illusione, abbagliamento, accecamento, lustra, vernice, vanezza, vento, parole vuote, sogno, falsità, mendacio, bugia || inutilità, inanità, sterilità, inefficienza, insufficienza || leggerezza, futilità, immodestia, vanagloria, superbia, albagia, alterigia, boria, burbanza, megalomania, vanto, spocchia, tronfiezza, orgoglio, ambizione, amor proprio, ostentazione, sicumera, civetteria.
contr. pienezza, consistenza, sodezza, importanza, utilità || modestia, umiltà, semplicità, buon senso.
vanitóso, *agg.* e *sm.* immodesto, vanaglorioso, vanesio, borioso, fatuo, futile, superbo, pretenzioso, millantatore, presuntuoso, gloriosetto, spocchioso, stronfione, impettito, vano, vuoto, testa vuota, sciocco.
contr. modesto, umile, discreto, dimesso, semplice, sensato.
vàno, *agg.* vuoto, vacuo, inutile, fatuo, frivolo, inefficace, perduto, futile, inane, inconcludente, nullo, infruttuoso || vanaglorioso, vanitoso, vanesio, tronfio, pretenzioso, presuntuoso, sciocco, testa vuota || *sm.* cavità, incavo, stanza, posto, locale, camera, ambiente, alloggiamento.
nomencl. *verb.* andare a vuoto, esser niente, non fruttare, non giovare, non dir nulla, non valere niente, uscire invano, risultare nullo, andare al vento, rimanere lettera morta || abbaiare alla luna, fare il lavoro di Sisifo, fare il buco nell'acqua, gettare tutta la fatica, lavar la testa all'asino, mordere l'aria, perdere il tempo, seminare sulla rena, predicare al deserto, fare la zuppa nel paniere.
contr. sodo, pieno, onusto, colmo || utile, fruttuoso, efficace, fecondo || umile, dimesso, modesto.
vantaggiàre, *v.tr.* superare, avvantaggiare, avanzare, progredire, eccedere, eclissare, eccellere, elevarsi, gi-

ganteggiare, offuscare, oltrepassare, sorpassare, oscurare, soperchiare, sopraffare, trascendere, valicare, vincere, varcare, agevolare, giovare.
contr. svantaggiare, retrocedere, perdere, restare al di sotto.
vantaggíno, *sm.* giunta, contentino, soprassello.
vantàggio, *sm.* agevolezza, agevolazione, agio, avanzo, avvantaggio, acquisto, aumento, beneficio, comodità, comodo, convenevolezza, convenienza, efficacia, esclusiva, facilitazione, facilità, favore, fortuna, franchigia, frutto, aiuto, espediente, eccellenza, accorgimento, argomento, giovame, giovamento, godimento, guadagno, influenza, predominio, primato, posizione vantaggiosa, pro, premio, privilegio, ricavato, reddito, rendita, risultato, rendimento, ripresa, rimedio, risorsa, mezzo, utile, utilità, tornaconto, interesse, lucro, ottenimento, potere, profitto, prodotto, progresso, provento, poziorità, preminenza, superiorità, supremazia, sopravvento.
contr. svantaggio, aggravio, arduità, discapito, inconveniente, inutilità, perdita, scapito, stretta, vicolo cieco.
vantaggióso, *agg.* acconcio, adatto, atto, calzante, comodo, concludente, conveniente, convenevole, efficace, fausto, favorevole, fortunato, fruttifero, fruttuoso, giovereccio, giovevole, lucrativo, lucroso, opportuno, pratico, produttivo, proficuo, profittevole, propizio, prosperevole, prospero, provvidenziale, provvido, redditizio, rimunerativo, rimuneratorio, salutevole, salutare, tempestivo, utilitario, utile, valevole.
contr. svantaggioso, avverso, calamitoso, disadatto, frustraneo, inconcludente, inconveniente, inefficace, infesto, infruttuoso, inutile, dannoso, pregiudizievole, sfortunato, vano.
vantaménto, *sm.* → VANTO, VANTERIA, LODE.
vantàre, *v.tr.* lodare, magnificare, esaltare, decantare, millantare, propagandare, vantaggiare, portare in palmo di mano, ostentare, gloriare || *rifl.* gloriarsi, vanagloriarsi, pavoneggiarsi, millantarsi, boriarsi, braveggiare, esaltarsi, gonfiarsi, grandeggiare, imbaldanzire, intronfiare, lodarsi, sfoggiare, sbravazzare, sgallettare, darsi importanza, darsi delle arie, mettersi in evidenza, mettersi in mostra, montarsi la testa, rizzar la cresta.
contr. denigrare, detrarre, screditare, calunniare, diffamare.
vantatóre, *sm.* spaccone, millantatore, rodomonte, gradasso, vanaglorioso, fanfarone, barbassoro, sbracione, guascone, sballone.
contr. denigratore, detrattore, calunniatore, diffamatore.
vantazióne, *sf.* → VANTO, VANTERIA, LODE.
vantería, *sf.* sbracciata, spacconata, millanteria, grandezzata, rodomontata, guasconata, smargiassata, fanfaronata, bravata, spavalderia, vantamento, vantazione, ostentazione, vanto, lode di sé, vanagloria, presunzione || millantato credito.
contr. modestia, umiltà, ritrosia, ascondimento.
vànto, *sm.* lode, superbia, albagia, vanagloria, burbanza, megalomania, millanteria, presunzione, spocchia, fumo, vanezza, vanteria, chiasso, vanità, vantamento, vantazione, sbracciata, spacconata, grandezzata, rodomontata, smargiassata, fanfaronata, bravata, spavalderia, alterigia, altezzosità, esaltazione || orgoglio, gloria, palma.
nomencl. *verb.* dare, concedere, portare, menare, togliere, riportare, arrogarsi, darsi arie, alzarsi in punta di piedi || avere il vanto.
contr. detrazione, maldicenza, diffamazione, calunnia || umiltà, modestia, silenzio.
vaporàre, *v.intr.* svaporare, → EVAPORARE.
vapóre, *sm.* aura, fumo, fumosità, nebbia, gas, miasma, effluvio, profumo, soffio, vaporosità.
nomencl. nuvola, umidità, soffione, stufa || *(qualità)* densità, forza di espansione, dilatazione, pressione, tensione, elasticità, volatilità || *verb.* vaporare, evaporare, svaporare, spirare, sprigionarsi, svanire, sfumare, traspirare, uscire, volatilizzare, esalare, surriscaldare.
vaporétto, *sm.* → BARCA.
vaporièra, *sf.* → LOCOMOTIVA.
vaporizzàre, *v.tr.* esporre al vapore, suffumigare || nebulizzare, polverizzare || *intr.* dileguarsi in vapore, evaporare, svaporare, volatilizzare.
contr. condensare, liquefare.
vaporizzazióne, *sf.* evaporazione, svaporazione, volatilizzazione || nebulizzazione, polverizzazione.
contr. condensazione, liquefazione.
vaporosità, *sf.* → VAPORE || *fig.* levità, tenuità, trasparenza, evanescenza, impalpabilità, nebulosità, incorporeità.
vaporóso, *agg.* fumoso, caliginoso, nebbioso || *fig.* lieve, leggerissimo, tenue, evanescente, aereo, trasparente, svaporante, impalpabile, nebuloso, incorporeo || indeterminato, vago, inconsistente.
contr. denso || grosso, massiccio, grossolano, pesante || preciso, determinato.
varàre, *v.tr.* mandare in acqua una nave, inaugurare, approntare || *fig.* pubblicare, far rappresentare, finire.
varcàre, *v.tr.* passare, guadare, oltrepassare, sorpassare, sorvolare, superare, sopravvanzare, tragittare, trapassare, valicare.
vàrco, *sm.* valico, passaggio, passo, colle, porta, apertura, adito, transito.
contr. chiusura, intoppo, ostacolo, fermata.
variàbile, *agg.* mutevole, mutabile, volubile, incostante, ineguale, incerto, climaterico, instabile, leggero, vario, cangiante.
contr. invariabile, fisso, stabile, fermo, costante, immutabile.
variànte, *ppr.* di variare || *sf.* lezione diversa, variazione, mutazione, cambiamento, correzione.
variàre, *v.tr.* varieggiare, cangiare, cambiare, mutare, modificare; rendere diverso, differente; emendare, trasformare, diversificare || migliorare, peggiorare.
contr. lasciare immutato, fissare.
variàto, *pps.* di variare || *agg.* → VARIO.
variazióne, *sf.* modificazione, mutazione, alterazione, diversificazione, ritocco, correzione, modifica, emendamento, miglioramento, trasformazione, cambiamento, diversità, digressione, variante, passaggio, oscillazione || *pl.* capricci, divagazioni, → LETTERATURA, MUSICA.
contr. uguaglianza, immutabilità, stabilità.
variegàto, *pps.* di variegare || *agg.* maculato, macchia-

to, macchiettato, screziato, cangiante, venato, vaio, variato, variopinto, policromo, multicolore.
contr. di colore unito, a tinta unita, unicolore, monocromo, monocromatico || uniforme, monotono, uguale.
varietà¹, *sf.* specie, classe, razza, risma, ramo, schiatta, sorta, sorte, gruppo, genere || molteplicità, diversità, qualità || variazione, cangiamento, cambiamento, mutazione, differenza, sfumatura, tinta, gradazione, mutevolezza.
contr. uniformità, unicità, monotonia, fissità.
varietà², *sm.* avanspettacolo, rivista, → TEATRO, SPETTACOLO.
vàrio, *agg.* diverso, differente, variato, svariato, molteplice, cangiante, complicato, multiforme, molteplice, proteiforme, versatile, pieghevole, capriccioso, variabile, versipelle, proteo, volubile, incostante || variopinto, gemmato, macchiato, mischio, multicolore, picchiettato, maculato, chiazzato, vaio, screziato, serpentino, smagliante.
contr. uguale, fisso, uniforme, monotono, immutabile, stabile, unico.
variolàto, *agg.* → MACCHIATO.
variopínto, *agg.* polícromo, multicolore, variegato, maculato, macchiato, macchiettato, screziato, gemmato, picchiettato.
contr. di colore unito, di tinta unita, unicolore, monocolore, monocromatico.
vàro, *sm.* battesimo, lanciamento, lancio, varamento || inaugurazione.
nomencl. scalo, bacino, invasatura, trinche, portavasi || madrina.
vasàio, *sm.* piattaio, stovigliaio, pentolaio, catinaio, cocciaio, concaio, figulo, ceramista, olaro, orciaio.
vàsca, *sf.* piscina, bacino, peschiera, abbeveratoio, tazza (di fontana), tinozza, bagno.
vascèllo, *sm.* vasello (*ant.*), → NAVE.
vaschétta, *sf.* → ABBEVERATOIO.
vaselína, *sf.* → POMATA.
vàso, *sm.* recipiente.
nomencl. (*materia*) d'agata, di alabastro, d'argilla, di ceramica, di creta, di cristallo, di latta, di legno, di maiolica, di marmo, di metallo, di porcellana, di porfido, di terracotta, di vetro || (*elementi*) abboccatura, orlo, labbro, bocca, orifizio, beccuccio o naso, manico o ansa, collo o gola, corpo, fondo, piede, coperchio, orecchie, turacciolo, tappo, zoccolo || (*elenco*) ampolla, acetabolo, anfora, barilotto, bariletto, barilozzo, bicchiere, botte, botticella, bottaccino, bidone, borraccia, brenta, bigoncia, bricco, brocca, boccale, brocchetto, bucchero, bottiglia, bariglione, barile, boccetta, calice, ceramica, coccio, conca, creta (*poet.*), caffettiera, calamaio, calderotto, cantaro, cantero, cantimplora, coppa, coppo, cuccuma, caraffa, caratello, ciotola, cratere, damigiana, doglio, fiasco, fiala, giara, gotto, matraccio, muffola, murrina, gamella, ghiandina, giardiniera, guantiera, insalatiera, lagena, mortaio, nappo, olla, orinale, pitale, ostensorio, pisside, pevera, pila, secchio, storta, tazza, tino, urna, ziro, teiera, terrina, testo, utello, veggio, vescica, zangola, zucca || terraglia, vasellame, vasame, vaseria, bottame || vasellaro, cocciaio, vasaio || figulina, cadometria, lecanomanzia || *agg.* artistico, fittile, accercinato, avvinato, basso, colmo, calcato, corpacciuto, sboccato, sbreccato, sfondato, sgocciolato, strozzato, versante, fesso, vuoto, pieno || *verb.* abboccare, fendere, incrinare, rovesciare, ammezzare, colmare, riempire, rimboccare, sbocconcellare, sbreccare, stagnare, travasare, tappare || tenere, gemere, filare, traboccare, trapelare, trasudare, sciaguattare, sgocciolare.
vassallàggio, *sm.* sudditanza, soggezione, sottomissione, dipendenza, obbligo di fedeltà.
nomencl. (*pertinenti*) feudalesimo, investitura, beneficio, omaggio, fedeltà, fellonia.
contr. signoria, dominio, padronato.
vassàllo, *sm.* → FEUDATARIO || *fig.* suddito, soggetto, ligio, fedele, sottomesso, sottoposto, subalterno, servo.
nomencl. (*distinzioni*) maggiore, laico, ecclesiastico, minore, valvassore, valvassino || conte, marchese, burgravio, langravio, barone.
contr. signore, dominatore, padrone.
vassóio, *sm.* guantiera, sottocoppa, tafferia, tagliere, cabarè (*frs.*), → PIATTO.
vastità, *sf.* ampiezza, grandezza, estensione, dilatazione, apertura, larghezza, spaziosità, capacità, vastezza, dimensione, immensità, latitudine.
contr. piccolezza, ristrettezza, strettezza, limitazione, angustia.
vàsto, *agg.* ampio, arioso, aperto, largo, larghissimo, esteso, spazievole, spazioso, spaso (*ant.*), disteso, dilatato, lato, sfogato, spaziato, grande, immenso, capace.
contr. ristretto, angusto, piccolo, limitato, circoscritto.
vàte, *sm.* → INDOVINO, POETA.
vaticinàre, *v.intr.* → PREDIRE.
vaticinatóre, *sm.* → INDOVINO, AUGURE.
vaticínio, *sm.* → PROFEZIA, PREDIZIONE.
vècchia, *sf. fig.* → RIVERBERO.
vecchiàia, *sf.* vecchiezza, crepuscolo, età cadente, età senile, veneranda o tarda, peso degli anni, senilità, decrepitezza, vetustà, canizie, vecchitudine (*ant.*), stagion piú tarda, età avanzata, antichità, longevità.
nomencl. (*inerenti*) agerosia, acciacchi, caducità, decrepitezza, accasciamento, indebolimento, infiacchimento, calvizie, canizie, rughe, involuzione senile, marasma senile, paraletico, rammollimento, rimbambimento || gerontologia, gerontofilia, gerontocomio || *agg.* robusta, vegeta, arzilla, decrepita, stanca, inferma, valetudinaria, tremante, canuta, grave, greve, saggia, esperta, severa.
contr. giovinezza, gioventú.
vecchiàrdo, *agg.* e *sm.* vegliardo, → VECCHIO.
vecchiézza, *sf.* → VECCHIAIA, ANTICHITÀ.
vècchio, *agg.* e *sm.* annoso, anziano, attempato, centenario, longevo, bacucco, barbogio, cucco, cadente, cascante, canuto, venerando, decano, decrepito, nonno, patriarca, sene, senile, seniore, vecchiardo, vecchiereccio, vegliardo, veglio, veterano, avito, di antica data || vieto, inveterato || antico, anticato, antiquato, arcaico, prisco, antidiluviano, primitivo, classico || stagionato, invecchiato, raffermo, rancido, irrancidito, stantio, disusato, superato, smesso, logoro, tarlato, vetusto.
nomencl. *agg.* attempatissimo, cariato, incadaverito,

mummificato, piú che vecchio, sfasciume, squarquoio, strascione, rubizzo, vegeto, arzillo, florido, robusto, ferrigno, segaligno || all'antica, di altri tempi || *verb.* invecchiare.
contr. giovane, nuovo, recente, giovanile, contemporaneo, fresco, caldo.
vecchiúme, *sm.* rancidume, vietume, → ANTICHITÀ.
véccia, *sf.* → BIADA.
véce, *sf.* vicenda, mutazione, alternamento, alternanza, avvicendamento || sostituzione, → INVECE || *pl.* funzione, ufficio, incombenza, cómpito, mansione, incarico.
vedére, *v.tr.* adocchiare, apparire, avere davanti agli occhi, avere sotto gli occhi, avvertire, avvisare, avvistare, guardare, offrirsi allo sguardo, passare davanti agli occhi, penetrare con la vista, ravvisare, riguardare, rilevare, scorgere, tenere gli occhi a, notare, scoprire, intravedere, osservare, sbilurciare, sbirciare, spiare || rivedere, riesaminare, ripassare, ispezionare, correggere, provare, esaminare || antivedere, prevedere, stravedere, avere le traveggole, scernere, discernere, distinguere, far l'occhio, occhiare, raffigurare, scoprire, seguire con la coda dell'occhio, correre con l'occhio, far capolino, parere e non parere, tener sott'occhio || *fig.* comprendere, conoscere, considerare, intuire, provvedere, curare, occuparsi, giudicare, ingegnarsi.
nomencl. (*attinenti*) traveggole, allucinazione, sguardo, visione, chiaroveggente, onniveggente, panorama, occhiata, angolo visuale, punto di vista, veduta a volo d'uccello, spettacolo || occhi, vista || occhiali, caramella, occhialino, microscopio, cannocchiale, telescopio, binocolo || *loc. avv.* alla sfuggita, di sfuggita, alla lesta, a occhio, in nube, confusamente, chiaro, male, storto, bene, di buon occhio, di mal occhio.
vedétta, *sf.* → GUARDIANO, GUARDIA.
vedovàre, *v.tr. fig.* → PRIVARE.
vedovàto, *pps.* di vedovare || *agg. fig.* → PRIVO.
védovo, *agg.* || *fig.* vacante, privo, vuoto, libero, disoccupato, sprovvisto, adespoto, orbato || *sm.* → MARITO.
contr. provvisto, fornito, munito.
vedúta, *sf.* vista, visione, paesaggio, panorama, spettacolo || → ASPETTO || *fig.* modo di vedere, angolo visuale, angolazione, → OPINIONE || stampa, disegno, pittura.
nomencl. (*inerenti*) cinerama, diorama, cosmorama, apparizione, miraggio, allucinazione, abbaglio, illusione.
veemènte, *agg.* violento, impetuoso, irruente, travolgente || *fig.* focoso, acceso, ardente, intenso, impulsivo, furente, sanguigno, efficace, enfatico, infiammato.
contr. calmo, tranquillo, placido, fiacco, linfatico, debole.
veemènza, *sf.* impeto, furia, irruenza, violenza || *fig.* foga, forza, ardore, impulsività; ènfasi, passione.
contr. calma, pacatezza, placidità, lentezza, fiacchezza.
vegetàre, *v.intr.* verzicare, fiorire, pullulare; attaccare, lussureggiare, rimettere, spuntare, germogliare, tallire, verdeggiare, crescere, → VIVERE || dar vita, innestare, fecondare, seminare.
contr. appassire, lasciarsi andare, afflosciare, intisichire, addormentarsi, isterilirsi, morire.
vegetariàno, *agg.* e *sm.* frugivoro, pitagorico.
contr. carnivoro.
vegetazióne, *sf.* verdeggiamento, verzura, verdezza, vita vegetativa.
vègeto, *agg.* sano, in buona salute, robusto, florido, fresco, rubizzo, benportante, rigoglioso, fiorente, prospero, forte, gagliardo, arzillo, vigoroso, vivo e verde, vivace, animato.
contr. debole, fiacco, cascante, squarquoio, cadente, sfiorito, intisichito.
véggio, *sm.* scaldino, caldano, braciere.
véglia, *sf.* vigilia, dormiveglia || conversazione, trattenimento serale, chiassata, nottolata, serata, festa da ballo.
vegliàrdo, *sm.* → VECCHIO.
vegliàre, *v.intr.* star desto, far veglia, far nottata || *fig.* vigilare, badare, aver cura || *tr.* assistere, curare, custodire.
contr. dormire || trascurare.
vèglio, *sm. lett.*→ VECCHIO.
veglióne, *sm.* → BALLO.
veícolo, *sm.* mezzo di trasporto || *fig.* mezzo di comunicazione, propagazione, diffusione (di calore, elettricità, malattie, ecc.).
nomencl. (*elenco*) automobile, barroccio, barroccino, bagher, barella, benna, bicicletta, biga, calesse, carro, carretto, carrozza, corriera, cocchio, diligenza, furgone, funicolare, giardiniera, lettiga, motocicletta, nave, omnibus, portantina, seggiovia, slitta, teleferica, tranvia, treggia, treno, troica, vagone || (*persone*) conduttore, conducente, autista, auriga, cocchiere, barrocciaio, carradore, postiglione, treggiatore || rimessa, traino, avviamento, spunta, mossa, posta, *garage* o rimessa, patente || *verb.* arrotare, ribaltare, sbalzare, cadere, accodare, caricare, guidare, condurre.
véla, *sf.* ala, canapè, lino, scopamare, velone.
nomencl. (*tipi*) quadra, triangolare o latina, àurica o randa, di gabbia, di taglio, di maestra, di mezzana, tagliavento, murata, sgheronata, di filo || velaccia, velaccina, controvelaccina, velaccio, civarda, cocchina, coltellacci, contromezzana, controdolo, gabbia, gabbiola, parrocchetto, trevi, fiocchi, controfiocco, augelletto || *verb.* ballettare, equilibrare, fileggiare, sfileggiare, portare, prendere a collo, abbassare, adattare al vento, ammainare, aprire le vele, assicurare, bordare, sbordare, distendere, far forza di vele, far portare, far vela, imbrogliare, inferire, inferzare, ingratigliare, invergare, issare, merlinare, mollare, orientare, sciogliere, serrare, stringere, sfogare, smorzare, smurare, sventare || veleggiare.
velaccière, *sm.* nave, veliero.
velàda, *sf.* abito a falde, falde, tàit, *tigth, Kraus.*
velàme, *sm.* complesso di vele || *fig.* velo, → ALLEGORIA.
velàre, *v.tr.* coprire con vele || *fig.* coprire, mascherare, schermare, celare, palliare, oscurare, offuscare, nascondere, dissimulare, abbrunare, coonestare, scusare || *rifl.* coprirsi, appannarsi, offuscarsi.
contr. svelare, scoprire, rivelare || manifestarsi, scoprirsi, schiarirsi.
velàrio, *sm.* tenda, tendone, sipario.
velàto, *pps.* di velare || *agg.* coperto di velo || *fig.* co-

perto, nascosto, fosco, dissimulato, celato, schermato, mascherato || attenuato.
contr. svelato, rivelato, scoperto, palese, manifesto, evidente, aperto.
veleggiàre, *v.intr.* → NAVIGARE.
velenífero, *agg.* → VELENOSO.
veléno, *sm.* veneno, tossico, tosco, tossina, droga || *fig.* rovina, amarezza, esacerbazione, invelenimento, livore, malignità || → RABBIA, ODIO.
nomencl. (*esempi*) arsenico, antimonio, acido prussico, acqua tofana, curaro, fosforo, oppio, sublimato corrosivo, stricnina, cianuro || *verb.* dare, propinare, innestare, inoculare, intossicare, tossicare, avvelenare, velenare, prendere, ingerire, suicidarsi.
contr. controveleno, contravveleno, antidoto, rimedio.
velenosità, *sf.* tossicità || *fig.* rabbia, malvagità, odio, malignità.
contr. innocuità, inoffensività || mitezza, benignità, bontà, amorevolezza.
velenóso, *agg.* epidemico, tossico, attossicato, venefico, velenifero, virulento, pestifero, avvelenato, malefico || *fig.* mordace, malvagio, maligno, cattivo, amaro, offensivo, iracondo.
contr. innocuo, svelenito || mite, benigno, buono, amorevole.
velívolo, *sm. lett.* → AEROPLANO.
velleità, *sf.* volontà inefficace, imperfetta, manchevole, → UBBIA, BIZZARRIA.
contr. volontà efficace, risolutezza.
vellicaménto, *sm.* vellicazione, solletico, solleticamento, titillamento, titillazione, eccitazione, carezza, pizzicore, pizzicorino, pizzico, prudore, prurito, pungolo, diletico, irritazione.
vellicànte, *ppr.* di vellicare || *agg.* solleticante, titillatorio, pruriginoso, carezzevole, pungolante, stuzzicante, allettante.
vellicàre, *v.tr.* solleticare, titillare, carezzare, stuzzicare, dileticare, grattare, irritare, pizzicare, pizzicottare || *fig.* stimolare, lusingare, eccitare, incitare.
vellicazióne, *sf.* → VELLICAMENTO.
vèllo, *sm.* lana intera (dell'animale tosato), pelame, tosone, → LANA.
vellóso, *agg.* lanuto, → PELOSO.
vélo, *sm.* garza, veletta, copriviso, cuffia, mesere o mesero, benda, crespo, fascia, organza, *tulle* || tenda, tarlatana, zendado, conopeo, omerale o umerale, zanzariera o zanzariere, cortina, velario, tendone || *fig.* offuscamento, buio, oscurità, nuvola, nebbia, onnubilamento, ombra || patina, patinatura || illusione, pregiudizio, passione, interesse, parzialità.
nomencl. *agg.* bianco, nero, rado, fitto, liscio, ricamato, crespo, operato, rabescato, a onda, cinese || *verb.* imporre, mettere, mettersi, prendere.
velóce, *agg.* alipede, celere, agile, alato, dinamico, festino, folgorante, fulmineo, lesto, presentaneo, presto, destro, alacre, pronto, ratto, rapido, mosso, repente, repentino, sbrigativo, scattante, speditivo, spedito, sollecito, spicciativo, spiccio, sveglio, svelto, travolgente, vertiginoso, vorticoso.
nomencl. (*modi*) come un lampo, come il fulmine, come il vento, a spron battuto.
contr. lento, flemmatico, lentigrado, lungo, tardivo, tardo, tardigrado, ottuso, stupido, torpido.
veloceménte, *avv.* → PRESTO.
velocífero, *sm.* → CARROZZA.
velocípede, *sm.* bicicletta.
velocipedísta, *sm.* ciclista.
velocità, *sf.* agilità, celerità, dinamismo, lestezza, prestezza, fretta, rattezza, prontezza, rapidezza, rapidità, scioltezza, sollecitudine, speditezza, sveltezza, destrezza, svegliatezza, alacrità.
contr. lentezza, calma, flemma, indugio, lungaggine, tardanza, tardezza, torpore.
véltro, *sm.* levriere, → CANE.
véna, *sf.* canale o vaso sanguigno, sangue (*ant.*) || → FONTANA, SORGENTE || filone, abbondanza, energia, inclinazione, disposizione.
nomencl. (*varie*) angolare, arteriosa, ascellare, basilica, cefalica, circonflessa, scapolare, toracica (lunga, superiore), acromiale, coroidea, poplitea, epigastrica, femorale, temporale, capillare, ipogastrica, maestra || (*inerenti*) venatura, venosità, ceppo, divaricazione, plesso, tronco, valvole, celoflebite, embolia, emorragia, trombosi, varice, tumore, salasso, flebotomo, flebotomia || *verb.* svenare, svenarsi, allentare, aprire, pungere, fare un salasso || bollire, ribollire, rimescolare.
venagióne, *sf.* → CACCIA.
venàle, *agg.* mercabile, prezzolato, vendereccio, mercenario, interessato, corruttibile, utilitario, calcolatore, traffichino.
contr. disinteressato, liberale, generoso, incorruttibile, invendibile.
venalità, *sf.* vendibilità || *fig.* brama, desiderio, avidità di guadagno, cupidigia di lucro, inclinazione a vendersi, corruttibilità.
contr. invendibilità || disinteresse, incorruttibilità.
venàre, *v.tr.* striare, rigare, screziare.
venàto, *pps.* di venare || *agg.* striato, rigato, listato, screziato, variegato.
venatòrio, *agg.* della caccia, attinente alla caccia.
nomencl. venagione, caccia, cacciagione.
venatúra, *sf.* filo, screziatura, macchia.
vendémmia, *sf.* → RACCOLTO.
vendemmiàre, *v.tr.* far la vendemmia || *fig.* raccogliere, far quattrini, roba, procacciare.
véndere, *v.tr.* alienare, esitare, spacciare, distribuire, smerciare, commerciare, rivendere, contrattare, dettagliare, barattare, affibbiare, cedere, licitare, liquidare, rifilare, sbolognare (*dial.*), smaltire, svendere, trafficare, appaltare, far pubblicità, vantare, prezzare.
nomencl. (*modi*) a braccia, a peso, a misura, all'ingrosso, al minuto o al dettaglio, alla pari, allo scoperto, a pronti, a contanti, a credito, a respiro, a tempo, a scapito, con perdita, sotto prezzo, caro, di seconda mano, all'asta, all'incanto, sottobanco.
contr. comprare, acquistare, riacquistare, ricomprare, spendere.
venderéccio, *agg.* mercenario, mercabile, venale, esitabile, spacciabile, vendevole, vendibile, alienabile, prezzolato, profittevole, lucrabile.
contr. invendibile, inalienabile.

vendétta, *sf.* rappresaglia, rivalsa, faida, taglione, punizione, castigo, nemesi, ripicco, rivincita, pena.
nomencl. dente per dente, occhio per occhio || ultore, vendicatore, vindice, inulto || *agg.* sanguinosa, esemplare, furibonda, furiosa, tremenda, ampia, intera, piena, completa, grave, giusta, trasversale, diretta, crudele, feroce, adeguata, proporzionata, estrema, ultima, tardiva, allegra || *verb.* fare, giurare, macchinare, meditare, preparare, minacciare, legarsela al dito, rendere pan per focaccia, rendere la pariglia, eccedere.
contr. perdono, remissione, condono || giustizia, equità.
vendíbile, *agg.* alienabile, negoziabile, profittevole, lucroso, lucrabile, venale, → VENDERECCIO.
contr. invendibile, inalienabile, non cedibile.
vendibilità, *sf.* venalità.
contr. invendibilità.
vendicàre, *v.tr.* punire, castigare, far vendetta, ricambiare, lavar col sangue || vendicare l'offesa, punire il misfatto || *rifl.* farsi vendetta, rivalersi, ricambiare.
contr. perdonare, rimettere, condonare, indulgere.
vendicatívo, *agg.* rancoroso, astioso, permaloso, implacabile, inesorabile, crudele.
contr. indulgente, generoso, dimentico (dell'offesa).
vendicatóre, *agg.* e *sm.* ultore, vindice.
vendifròttole, *sm.* e *f. indecl.* → IMBROGLIONE.
vendifúmo, *sm.* e *f. indecl.* → IMBROGLIONE.
véndita, *sf.* alienazione, cessione, svendita, esito, smercio, spaccio, commercio, smaltimento, rivendita, mercimonio, compravendita || → NEGOZIO.
nomencl. (*modi*) a corpo e non a misura, coatta, condizionata, fiduciaria, giudiziaria.
contr. acquisto, compera.
venditóre, *sm.* commerciante, distributore, spenditore, spacciatore, mercante, contraente, bottegaio, bottegante, esercente, fornitore, rigattiere, rivendugliolo, trafficante, trafficatore, trecca, minutante, grossista || commesso, commissionario, concessionario, institore, piazzista, rappresentante, sensale, mediatore.
contr. compratore, acquirente, cliente, avventore, consumatore.
vendúto, *pps.* di vendere || *agg.* alienato || *fig.* venale, corrotto, guasto, calcolatore, banderuola, girella.
venefício, *sm.* avvelenamento.
venèfico, *agg.* → VELENOSO || *fig.* insalubre.
veneràbile, *agg.* venerando, molto rispettabile, sacro, santo, religioso, benedetto, consacrato, divino, sacramentale, sacrato, sacrosanto, augusto, liturgico, onorando || *sm.* → EUCARESTIA || santificabile, canonizzabile.
contr. disprezzabile, spregevole, trascurabile.
venerabilità, *sf.* → SANTITÀ.
venerando, *agg.* → VENERABILE, ONORABILE.
veneràre, *v.tr.* rendere onore, adorare, aver devozione, prestare ossequio, riverire, ossequiare, onorare, stimare come cosa sacra, tenere in grande venerazione, usare venerazione, rispettare, tenere in alta considerazione, riguardare, sberrettare || inginocchiarsi, genuflettersi, prostrarsi.
contr. disprezzare, spregiare, trascurare.
veneràto, *pps.* di venerare || *agg.* → AMATO.
venerazióne, *sf.* pietà, religione, divozione, culto, adorazione, onore, rispetto devoto, reverenza, considerazione, riguardo, deferenza, omaggio, ossequio, stima, obbedienza, delicatezza, timore filiale.
nomencl. iperdulia, dulia.
contr. disprezzo, spregio, noncuranza, disistima, irriverenza.
vènere, *sf.* donna bellissima; fata, maliarda, silfide, sirena, *vamp* || *fig.* sesso, sessualità, desiderio amoroso, sensualità, dissolutezza, lussuria || anche *pl. lett.* grazia, preziosità, venustà, bellezza, eleganza (di stile, di lingua).
contr. arpia, megera, strega, virago.
venèreo, *agg.* lascivo, lussurioso, sessuale, sensuale, lubrico, procace.
nomencl. Afrodite, Venere (urania, pandemia, vaga).
vènia, *sf.* indulgenza, grazia, condiscendenza, compatimento, perdono, perdonanza, remissione || permesso, licenza.
contr. astio, rancore, castigo, vendetta.
veniàle, *agg.* (di peccato) perdonabile, leggero, non grave, scusabile.
contr. mortale || irremissibile, imperdonabile.
veníre, *v.intr.* addivenire, arrivare, giungere, pervenire, avvicinarsi, sopraggiungere, appressarsi, approssimarsi, entrare, intervenire, ritornare, passare, capitare, percorrere, camminare, comparire, sopravvenire, salire, tardare, affollarsi, alternare, anticipare, ritardare || avvenire, seguire, accadere, incominciare, derivare, originare, provenire, procedere, dipendere, discendere || venire alle mani, → COMBATTERE || (alla luce), → COMPARIRE || (a galla), → EMERGERE || (meno) svenire, cadere in deliquio.
contr. andare, andarsene, allontanarsi, partire, uscire.
ventàglio, *sm.* flabello, rosta, ventaruola, ventilatore, vèntola.
nomencl. (*tipi*) di carta, di piuma, di seta, da donna, di trine, da uomo || (*parti*) foglio, occhietti o raguselli, pernietto, stecche, stecche maestre || ventagliaio || *verb.* sventolarsi, farsi vento, ventagliarsi, sventagliarsi.
ventaròla, *sf.* ventaruola, → BANDERUOLA, VENTAGLIO.
ventàta, *sf.* folata, soffio, colpo di vento.
ventènne, *agg.* quadrilustre.
ventèsimo, *agg. num. ord.* vigesimo.
ventilàbro, *sm.* → VAGLIO.
ventilàre, *v.tr.* → ARIEGGIARE || spulare → VAGLIARE || *fig.* progettare, valutare, soppesare, → DISCUTERE.
ventilàto, *pps.* di ventilare || *agg.* ben esposto, sfogato, → ARIEGGIATO.
ventilatóre, *sm.* ventaruola, sfiatatoio.
nomencl. (*vari*) a vite, a mantice, a forza centrifuga, idraulico, elettrico.
ventilazióne, *sf.* → AERAZIONE.
vènto, *sm.* aria, aura, fiato, rabbuffamento dell'aria, corrente d'aria || *fig.* mutabilità, → VANITÀ, FORTUNA, NULLA.
nomencl. (*specificazioni*) africo, aliseo, anticiclonico, aquilone, austro, bora, borea, asolo, ciclonico, controaliseo, euro, favonio, garbino, grecale, greco, libeccio, maestrale, maestro, monsone, noto, ostro, ponentino, scirocco, tramontana, zeffiro || breva, brezza (di monte, di mare, di terra, di valle), etesio, *ghibli*, *mistral*,

pampero, remolino, orezzo o rezzo, rovaio, *simun*, sizza, tifone, uzza || alito, bava, buffata, buffo, buriana, filo, folata, groppo, mulinello, raffica, rifolo o refolo, salto, spiffero, traversia, tormenta, tromba, turbine, ventata, ventilazione, vortice || (*pertinenti*) anemologia, austromanzia, anemometro, anemoscopio, mostravento, rosa dei venti, banderuola, quadrante, paravento, ventola || *agg.* asciutto, buono, cattivo, d'imbatto, dominante, fresco, frizzante, gagliardo, impetuoso, forte, infuriato, scatenato, temporalesco, violento, largo, marino, montano, periodico, pungente, freddo, regolare, secco, sottile || *verb.* abbonacciare, bonacciare, alitare, fiatare, alzarsi, ammulinare, mulinare, orezzare, sospirare, buffare, soffiare, tirare, fischiare, sibilare, mugolare, muggire, rimuggire, urlare, fognare (*ant.*), mutare, cambiare, piegare, poggiare, posare, quietare l'aria, cessare, rabbonire, scarseggiare, rinfrescare, scatenarsi, infuriare, spirare, sprigionarsi, sussurrare, rumoreggiare, mormorare, stormire, sventolare, ventilare, ventolare, ventare.

vèntola, *sf.* paralume, schermo, parafuoco, paracamino || ventaglio, ventaruola, sventola.

ventosità, *sf.* aerofagia, flato, flatulenza, flatuosità || *fig.* iattanza.

nomencl. meteorismo, timpanismo.

ventràia, *sf.* → VENTRE.

vèntre, *sm.* ventraia, pancia, epa, addome, trippa, buzzo, intestino, budella, alvo, grembo || utero, seno.

nomencl. (*attinenti*) anguinaia, inguine, bacino, pelvi, regioni iliache, basso-ventre o ipogastrio, epigastrio, ombelico, ipocondrio, linea alta, lombo, mesenterio, pancreas, peritoneo, viscere, mesogastrio, omento, regioni epicoliche || (*fenomeni*) andata di corpo, beneficio di corpo, borbogliamento o borborigmo, gonfiezza, ventosità, timpanismo, timpanite, allentatura, colica, costipamento, stitichezza, diarrea, dissenteria, enterite, ipocondria, miocelite, strizzone, struggimento di corpo || (*chirurgia*) laporoscopia, laparatomia, toracentesi || reggipancia, ventriera, cinto, cintura, fascia, || ventriloquo, ventriloquio, ventrone, ventraccio, ventronaccio || *agg.* molle, duro, gonfio, teso, raggrinzato, meteorico || *verb.* sbudellare, sbuzzare, sventrare, sparare, sviscerare, squartare.

ventrésca, *sf.* pancetta, tonno.

ventrícolo, *sm.* → STOMACO.

ventrièra, *sf.* → PANCIERA, CINTO.

ventúra, *sf.* sorte, → FORTUNA, CASO, RISCHIO.

ventúro, *agg.* prossimo, → FUTURO.

venustà, *sf.* → ELEGANZA, GRAZIA, BELLEZZA.

venústo, *agg.* grazioso, leggiadro, fine, piacente, → BELLO.

venúta, *sf.* → ARRIVO.

vepràio, *sm.* → PRUNETO.

vèpre, *sm.* sterpo, brocco, broncone, frusco, fruscolo, pruno, stecco, ramoscello, ramo, spino, cespuglio spinoso.

véra, *sf.* bocca di pozzo, puteale, → GHIERA || fede, anello matrimoniale.

verace, *agg. lett.* vero, → REALE, NATURALE || schietto, sincero, ingenuo, → VERITIERO.

contr. mendace, fallace.

veracità, *sf.* → NATURALEZZA, VERITÀ.

contr. mendacità, mendacia, fallacia.

veraménte, *avv.* davvero, effettivamente, in effetto, realmente, propriamente.

verànda, *sf.* → LOGGIA, PORTICO.

verbàle, *agg.* orale, a voce || del verbo || *sm.* documento, rapporto, dichiarazione, relazione scritta.

nomencl. verbalmente || *verb.* mettere a verbale, leggere il verbale.

verberàre, *v.tr.* → PERCUOTERE.

vèrbo, *sm.* → PAROLA, LINGUAGGIO || Verbo divino, incarnato, Gesú Cristo.

nomencl. transitivo, attivo, passivo; intransitivo, intransitivo pronominale; riflessivo, riflessivo reciproco, riflessivo apparente; regolare, irregolare, sovrabbondante, difettivo, anomalo, copulativo, ausiliare, incoativo, frequentativo, iterativo, intensivo, servile, impersonale, forte, debole || coniugazione (prima, seconda, terza); tempi semplici: presente, imperfetto, passato remoto, futuro semplice; tempi composti: passato prossimo, trapassato prossimo, trapassato remoto, futuro anteriore; prima, seconda, terza persona singolare, plurale || (*modi*): indicativo, congiuntivo o soggiuntivo, condizionale, imperativo (*modi finiti*); infinito, participio presente, participio passato, gerundio (*modi infiniti*) || coniugare.

verbosità, *sf.* multiloquenza, loquacità, turgidezza, ampollosità, → PROLISSITÀ.

contr. stringatezza, laconicità, concisione, brevità.

verbóso, *agg.* → PROLISSO, FACONDO.

vérde, *agg.* verdeggiante, virente, verzicante, sempreverde, rigoglioso, lussureggiante || verde erba, verdemare, glauco || (di frutto) acerbo, non maturo || (di persona) pallidissimo, livido || *fig.* dell'età giovanile, giovane, giovanile, fiorente, vigoroso, florido, forte, recente, vivace, nuovo, fresco || *sm.* le piante, i prati, → ERBA || *fig.* forza, vigore.

nomencl. *verb.* essere al verde, senza una lira; essere verde di rabbia, di bile, d'invidia || verzicare, verdicare, verdeggiare.

contr. ingiallito, appassito, intristito, cadente, brullo, riarso.

verdeggiaménto, *sm.* → VEGETAZIONE.

verdeggiànte, *ppr.* di verdeggiare || *agg.* → VERDE.

verdeggiàre, *v.intr.* → GERMOGLIARE, VEGETARE.

verdétto, *sm.* → GIUDIZIO.

verdézza, *sf.* verdore (*ant.*), → VEGETAZIONE || *fig.* forza, vigore, rigoglio, floridezza, lena.

verdíno, *agg.* → VERDOGNOLO.

verdógnolo, *agg.* verdino, verdiccio, verdigno, verdoccio.

verdúco, *sm.* → PUGNALE.

verdúme, *sm.* → FOGLIA.

verdúra, *sf.* → ERBA, ERBAGGIO.

verecóndia, *sf.* → PUDORE, MODESTIA, VERGOGNA.

verecóndo, *agg.* → PUDICO, PURO, MODESTO.

vérga, *sf.* bacchetta, → BASTONE, RAMO || SCETTRO || lingotto || membro virile.

vergàio, *sm.* → PASTORE.

vergàre, *v.tr.* vergheggiare, → RIGARE || mettere in carta, → SCRIVERE.

vergàro, *sm.* → PASTORE.

vèrgere, *v.intr. lett.* piegarsi, volgersi, tendere, dirigersi || *fig.* convergere, propendere, inclinare.
contr. divergere, allontanare.
vergheggiàre, *v.tr.* → PERCUOTERE || RIGARE.
verginàle, *agg.* → VERGINEO.
vérgine, *agg.* intatto, integro, puro, incontaminato, immacolato, incorrotto, innocente, candido, casto, chiaro, illibato, ingenuo || *fig.* libero, esente, scevro, immune, inesperto || *sf.* pulcella, pulzella, virgo (*lat.*), → RAGAZZA.
contr. esperto, cognito || impuro, contaminato, corrotto || implicato, compromesso, coinvolto.
vergíneo, *agg.* virgineo, verginale, intatto, fresco, soave, casto, puro, delicato.
contr. smaliziato, impuro, corrotto, contaminato, sguaiato, volgare, scurrile.
verginità, *sf.* candidezza, candore, castità, illibatezza, immacolatezza, ingenuità, innocenza, purezza, purità, integrità, freschezza, grazia naturale, delicatezza || pulcellaggio, pulzellaggio.
contr. esperienza, conoscenza || impurità, corruzione, depravazione.
vergógna, *sf.* rossore || pudore, modestia, turbamento, onta, confusione, verecondia, decenza, riserbo, imbarazzo, impaccio, ritegno, legame, vincolo, peritanza, riguardo, timore, soggezione, temenza, umiltà || ignominia, infamia, dispetto, disonore, scorno, macchia, disdoro, onta, scandalo, obbrobrio, vituperio, tara, abominio || *pl.* pudende.
nomencl. *verb.* avere, sentire, provare vergogna, peritarsi, vergognarsi, ardere di scorno, arrossire, avere rossore, riputarsi in vergogna, diventare di fuoco, tenere gli occhi bassi, abbassare la fronte, confondersi, svergognare, far arrossire, scornare, scorbacchiare, confondere, infamare.
contr. cinismo, impudenza, sfacciataggine, protervia, sfrontatezza, svergognatezza, sguaiataggine, scurrilità || onore, lustro, dignità, decoro.
vergognàre, *v.rifl.* provare, sentire vergogna, arrossare, arrossire, diventare di mille colori, recarsi a onta, prendere vergogna, diventare di fuoco, fare il viso rosso, tenere gli occhi bassi o il viso basso || peritarsi, aver soggezione, aver riguardo, non osare, sdegnarsi, scandalizzarsi.
contr. aver l'impudenza, la protervia, la sfacciataggine, la svergognatezza, esser cinico.
vergognóso, *agg.* pudico, modesto, turbato, confuso di vergogna, timido, peritoso, verecondo, riservato, contegnoso, ontoso, pieno di rossore || inconfessabile, vituperoso, disonesto, sporco, sconcio, vile, turpe, immòrale, laido, lordo, osceno, ignobile, indegno, obbrobrioso, ignominioso, nefando, nefario, bieco, infame, immondo.
contr. temerario, spudorato, procace, protervo, sfacciato, cinico, svergognato || nobile, puro, dignitoso, onorevole, lodevole.
vergolàre, *v.tr.* → RIGARE.
veridicità, *sf.* → NATURALEZZA, VERITÀ.
verídico, *agg.* → NATURALE, VERO.
verífica, *sf.* verificazione, prova, riprova, controllo, accertamento, riscontro, convalidazione, ispezione.
verificàre, *v.tr.* provare, accertare, avverare, esaminare, riscontrare, appurare, certificare, convalidare, controllare, identificare, documentarsi.
verificatóre, *sm.* riscontratore, controllore, esaminatore, revisore, sindaco.
verificazióne, *sf.* → VERIFICA.
verígola, *sf.* → SUCCHIELLO.
verisimigliànza, *sf.* → VEROSIMIGLIANZA.
verisímile, *agg.* → VEROSIMILE.
verísmo, *sm.* realismo, naturalismo || *fig.* crudezza, brutalità, spudoratezza.
contr. idealismo, romanticismo || riserbo, delicatezza, pudore.
verístico, *agg.* → REALISTICO.
verità, *sf.* veridicità, veracità, autenticità, realtà, certezza, fedeltà, naturalezza, cosa vera, il vero.
nomencl. (*distinzioni*) assoluta, relativa, naturale, divina, rivelata, scientifica, filosofica, teologica, storica, umana || (*pertinenti*) assioma, senso comune, vangelo, criterio della verità, assurdità, sofisma, speciosità, apparenza, apagogia, discretiva, analisi, analogia, dimostrazione, giustificazione, prova, verificazione, protologia, documento, tesi, smentita, fallacia || *agg.* universale, incontrastabile, indiscutibile, irrefragabile, evidente, incontestabile, lampante, irrefutabile, cruda, nuda, netta, dubbia, ipotetica, santa, sacrosanta, massima, cardinale || *verb.* accertare, affermare, asserire, stabilire, negare, ammettere, accettare, approvare, cercare, confermare, confessare, dimostrare, dire, narrare, alterare, nascondere, celare, offuscare, occultare, svisare, tradire, tacere, travisare, mostrare, negare, orpellare, mascherare, odiare, rasentare, scoprire, rispondere, smentire, contestare, pretendere, impedire.
contr. menzogna, bugia, mendacio, falso, falsità.
veritièro, *agg.* verace, reale, naturale, fedele, esatto, → VERO.
contr. falso, bugiardo, mendace, menzognero.
vèrla, *sf.* farlotto.
vèrme, *sm.* baco, lombrico || verme solitario, → TENIA || *fig.* essere spregevole, indegno, immondo, putrido, degno di abbominio.
nomencl. (*suddivisioni*) segmenti, parapodi, setole, tegumenti, strati muscolari || (*classi*) acaridi, discofori, anellidi, brachipodi, chetopodi, oligocheti, platelminti, elminti, entozoi, nemertini || (*specie*) anguillula, acaride, baco, bigatto, baco da seta, bruco, cacchione, centogambe, millepiedi, echinococco o verme solitario, filandra, lumachino, marmeggia, salterello, serpula, strongilo, tarmola, tarlo, tarma, trichina, tricocefalo, tricosoma, zucchina.
vermèlla, *sf.* → RAMO.
vermèna, *sf.* → GERMOGLIO, RAMO || VIMINE.
vermétta, *sf.* → RAMO.
vermicèllo, *sm.* spaghetto.
vermífugo, *agg.* antielmintico.
vermigliàto, *agg.* → ROSEO.
vermíglio, *agg.* rubicondo, rosseggiante, rosso vivo, rosso acceso, roseo, porporino, porpora, cremisi, color rubino.
contr. sbiadito, chiaro, pallido, pallente.
verminóso, *agg.* → PUTRIDO.
vernàcolo, *sm.* → LINGUAGGIO, DIALETTO.

vernàle, *agg. lett.* invernale.
verníce, *sf.* patina, patinatura, belletto || *fig.* apparenza, lustra, infarinatura, orpello, inganno || → VANITÀ.
nomencl. (*esempi*) encausto, pastello, smalto, vetrina, asfalto, benzoino, colofonia, copale o coppale, damar, lacca, mastice, sandracco, succino, sangue di drago, trementina, sandalo || biacca, bianco di zinco, barite, caolino, nero fumo, nero di Venezia, nero di Roma, grafite, oltremare, ocra, giallo cromo, giallolino di Napoli, terra di Siena, rossetto di Germania, cinabro, lacca rossa, lacca carminata, carminio, terra verde, terra d'ombra || stucco, mastice || *verb.* dare, passare, ripassare, spalmare, togliere.
verniciàre, *v.tr.* inverniciare, spalmare, tingere, colorire, colorare, dipingere, ridipingere, pitturare, impeciare, vernicare (*ant.*).
verniciàta, *sf.* inverniciata, passata, tinta, tinteggiatura.
verniciatúra, *sf.* inverniciatura, patinatura, invetriatura.
vernièro, *sm.* nonio.
verníno, *agg.* → INVERNALE.
vèrno, *sm. lett.* → INVERNO.
véro, *agg.* reale, certo, genuino, autentico, fedele, verace, veridico, veritiero, sincero, schietto, attendibile, credibile, naturale, esatto, giusto, puro, mero, icastico, proprio || *sm.* verità, realtà, autenticità.
contr. falso, bugiardo, imitato, inautentico, falsificato, menzognero, fucato, apparente || falsità, bugia, menzogna || propaganda.
veróne, *sm.* → BALCONE.
verosimigliànte, *agg.* → VEROSIMILE.
verosimigliànza, *sf.* verisimiglianza, credibilità, attendibilità, plausibilità, possibilità, probabilità.
contr. incredibilità, impossibilità, inattendibilità, improbabilità.
verosímile, *agg.* verisimile, verosimigliante, credibile, plausibile, probabile, attendibile, possibile, logico.
contr. falso, assurdo, inverosimile, impossibile, incredibile.
verosimilménte, *avv.* → FACILMENTE.
verrétta, *sf.* → FRECCIA.
verrettóne, *sm.* → FRECCIA.
verricèllo, *sm.* → ARGANO || burbera.
verrína, *sf.* → TRAPANO.
verrinàre, *v.tr.* trapanare, → TARLARE.
vèrro, *sm.* → MAIALE.
verrúca, *sf.* porro, escrescenza, protuberanza.
versaiòlo, *sm.* → VERSEGGIATORE.
versaménto, *sm.* travaso, travasamento, trasfusione, decorrimento, discorrimento, scorrimento, deflusso, flusso, riflusso, spargimento, diffusione, dilatazione, effusione, sparpagliamento, espansione, sprazzo, spruzzo, seminio || (improprio), → PAGAMENTO.
contr. assorbimento, rientro || riscossione, entrata.
versànte, *sm.* linea di displuvio, spartiacque, crinale, declivio, pendio, spiovente.
versàre, *v.tr.* e *rifl.* travasare, trasfondere, riversare, rovesciare, mescere, gettare, rigettare, effondere, profondere, spandere, spargere, prodigare, diffondere, propagare, spacciare, traboccare || colare, defluire, distillare, docciare, gocciolare, sgocciolare, gocciare, scolare, spillare, trapelare, essudare, trasudare, stillare, uscire, piovere, gemere, filtrare, lagrimare, piangere, grondare, lambiccare, fluire, ringorgare, rigurgitare, sbrodare, scaricare, scorrere, sfociare, sfogare, espandere, esalare, svampare, disfogare, sfoderare, prorompere, sfrenarsi, riversarsi, dilatarsi, affluire, entrare || (improprio), → PAGARE.
contr. empire, riempire, introdurre, ingurgitare.
versàtile, *agg.* girevole, instabile || *fig.* mutevole, multiforme, vario, versipelle, proteiforme, molteplice, agile, abile, adatto, adattabile, manevole, pieghevole, eclettico, enciclopedico, facile.
contr. fermo, immobile, immutabile, tetràgono, unilaterale, specialista.
versatilità, *sf.* adattabilità, agilità, elasticità, varietà, eclletticità, facilità, abilità, pieghevolezza.
versàto, *pps.* di versare || pratico, esperto, esercitato, sperimentato, perito, provetto, dotto, sapiente, specialista.
contr. inesperto, inesercitato, imperito, inabile, novizio.
verseggiàre, *v.intr.* volgere in versi, mettere in versi, fare versi, ritmare, rimare, versificare, → POETARE.
verseggiatóre, *sm.* versaiolo, versificatore, poetastro, rimatore, improvvisatore, → POETA.
versicolóre, *agg.* → POLICROMO.
versièra, *sf.* → STREGA, SPAURACCHIO.
versificàre, *v.intr.* → POETARE.
versificatóre, *sm.* → POETA.
versificazióne, *sf.* → POESIA.
versióne, *sf.* traduzione, traslazione, volgarizzamento, interpretazione; metafrasi, trasmutazione, spiegazione, parafrasi || → GIRO.
versipèlle, *agg.* astutissimo, doppio, maligno, → VARIO.
vèrso[1], *sm.* → POESIA || voce lamentevole, garbo, gesto.
nomencl. (*distinzioni*) trisillabo, quadrisillabo, quinario o pentasillabo, senario, settenario, ottonario, novenario, decasillabo, endecasillabo, martelliano o alessandrino, dodecasillabo, barbaro || piano, sdrucciolo, bisdrucciolo, trisdrucciolo, quadrisdrucciolo, tronco || accoppiato, sciolto, libero, rimato, polimetrico, bernesco, comico, drammatico, giocoso, lirico, tragico, comiziale, encomiastico, erotico, intercalare, serpentino || acefasi, a quartine, a terzine, a sestine, a ottave, bilingui, concordanti, leonini, memoriali || a rima alternata, baciata, incatenata || trocheo, dattilo, giambo, anapesto, coriambo, catalettico, pirrichio, spondeo, molosso, tribrachio || (*fenomeni*) anacrusi, battuta, catalessi, capoverso, cesura, coda, desinenza, dialisi, dipodia, distico, emistichio, sticomitia, misura, mora, quantità, ritorno, sillaba breve, sillaba lunga || accento ritmico, accento del verso, ritmo, arsi, tesi || metrica, prosodia, Regia Parnassi || *agg.* aritmico, disarmonico, sbagliato, scorretto, zoppicante, zoppo, falso, bello, armonioso, carezzevole, dolce, fluido, scorrevole, sonoro, brutto, cascante, languido, nodoso, scarnito, smilzo, smunto, stonato, duro, duretto, inculto, lungo, corto, onomatopeico, reboante, vacuo, vuoto, forzato, sforzato, stiracchiato, storpiato, difettoso, melodioso, armonico, spontaneo, prosaico.

vèrso[2], *sm.* senso di moto, linea di direzione, avvicinamento, → DIREZIONE || QUALITÀ || maniera, modo, tono || (di foglio, moneta, medaglia e *sim.*) parte posteriore.
contr. retto.
vèrso[3], *prep.* contro, circa, in prossimità || *lett.* in confronto.
vèrtebra, *sf.* anello osseo, lisca, spondilo, spondulo.
nomencl. (*divisioni*) cervicale, dorsale, lombare, sacrale, coccigea || (*elementi*) apofisi, atlante, coccige, legamento, archi, forami, lamine vertebrali, canale vertebrale, arteria basilare || (*patologia*) atelorachidia, cifosi, lordosi, scoliosi, spondilite.
vertebràto, *agg.*
contr. invertebrato.
vertènza, *sf.* → LITE, LITIGIO.
verticàle, *agg.* diritto, ritto, perpendicolare, piombato, a piombo.
contr. orizzontale, obliquo, trasversale, diagonale.
vèrtice, *sm.* cima, culmine, → SOMMITÀ.
contr. base.
verticíllo, *sm.* → COROLLA.
vertígine, *sf.* → CAPOGIRO.
vertiginóso, *agg.* rapidissimo, → VELOCE || che fa girar la testa, che dà le vertigini, frenetico || sbalorditivo, incredibile, pazzesco.
contr. lento || normale, plausibile, credibile.
verúno, *agg. lett.* nessuno, niuno.
contr. uno, qualcuno, qualche.
verve, *sf. fr.* estro, vena, vivacità, spirito, mordente, → BRIO.
vérza, *sf.* sverza, verzotto, cavolo.
verzicànte, *ppr.* di verzicare || *agg.* → VERDE.
verzicàre, *v.intr.* verdeggiare, → VEGETARE.
verzière, *sm.* → ORTO || MERCATO.
verzúra, *sf.* → ERBA, VEGETAZIONE, VERDE.
vescíca, *sf.* bolla, bollicina, gonfiamento, gonfietto, cisti, protuberanza, pustola || cisti.
nomencl. (*inerenti*) uretere, calcolo, cistite, catetere, cistoscopia, cistocele, cistoplegia; stranguria || (*medicina*) cistotomia, litotomia, siringatura || siringa.
vescicànte, *sm.* → IMPIASTRO.
vescicàrio, *agg.* → VESCICOLARE.
vescicolàre, *agg.* vescicàrio, cistico.
vescovàdo, *sm.* vescovato, episcopio, episcopato || diocesi.
nomencl. (*pertinenti*) curia vescovile, archivio vescovile, uffici diocesani, mensa vescovile || vescovo.
vescovíle, *agg.* episcopale, pastorale.
véscovo, *sm.* pastore, ordinario diocesano, episcopo, presule.
nomencl. (*distinzioni*) titolare, ordinario, residenziale, coadiutore, ausiliare, commendatario, eletto, consacrato, *in partibus infidelium*, suffraganeo || abate mitrato, arcivescovo, coepiscopo, patriarca, primate, metropolita, archimandrita || (*oggetti e vesti*) anello, croce pettorale, mitra, pastorale, guanto, cappa, faldistorio, trono, sedia, filatterio, formale, mozzetta, omoforo, pallio, sandali, zona o fascia, galero, stemma || (*attinenti*) consacrazione, nomina, intronizzazione, presa di possesso, bolla, lettera pastorale, decreti, omelia, pontificale, visita pastorale, sinodo, concilio, investitura canonica, nomina dei parroci, ordinazioni || diocesi, curia vescovile, episcopio o vescovado || (*persone addette*) vicario generale, pro-vicario, cancelliere, caudatario, crocifero, ufficiali di curia, segretario.
vèspa, *sf.* → CALABRONE || motoretta.
vespàio, *sm.* vespeto || *fig.* ginepraio, tribolo, nodo di difficoltà, → PERICOLO.
vespasiàno, *sm.* → ORINATOIO.
vèspero, *sm.* vespro, crepuscolo, tardo pomeriggio, brúzzico, brúzzolo, → SERA.
vespertíglio, *sm.* → PIPISTRELLO.
vespertíno, *agg.* serale.
contr. diurno, mattutino, notturno.
vespéto, *sm.* vespaio.
vèspro, *sm.* → VESPERO, SERA.
vessàre, *v.tr.* tribolare, strapazzare, maltrattare, sciupare, malmenare, mantrugiare, conciare, tormentare, perseguitare, travagliare, angariare, tartassare, percuotere, offendere, affliggere, guastare, infestare, molestare, perseguitare.
contr. favorire, assistere, trattare bene, beneficare, aiutare, soccorrere.
vessàto, *pps.* di vessare || *agg.* → OPPRESSO.
vessatòrio, *agg.* → MOLESTO, FISCALE.
vessazióne, *sf.* persecuzione, contrarietà, seccatura, tormento, tribolo, afflizione, molestia, oppressione, fiscalità, angheria, tribolazione.
contr. favore, aiuto, assistenza, soccorso, benevolenza, beneficio.
vessillífero, *sm.* → ALFIERE.
vessíllo, *sm.* → BANDIERA || *fig.* insegna, simbolo.
vestàle, *sf.* custode, protettrice || → MONACA.
vèste, *sf.* abito, indumento, abbigliamento, vestito, panno, vestimento, ornamento, vestiario, panni, robe, guardaroba, spoglie, vestimenta, vestimenti, assisa, divisa, uniforme, costume || spoglia, involucro, fodero, rivestimento || *fig.* aspetto, apparenza, forma, qualità.
nomencl. (*distinzioni generali*) civile, militare, ecclesiastica, sacerdotale, borghese, privata, ufficiale || da bagno, da camera, da campagna, da montagna, da casa, da festa, da lavoro, da lutto, da nozze, da cerimonia, di gala, solenne, di riguardo, di rispetto, di società, talare, ordinaria, giornaliera, d'estate, d'inverno, di mezza stagione, leggera, pesante, impermeabile || a campana, a cappa, accollata, a fisciú, a grembiulino, a mezzo scollo, alla vergine, aperta davanti, aperta dietro, accrespata, increspata, corta, lunga, sbracciata, scaccata, scollata, scollacciata, sgheronata, sgaidata || foderata, soppannata, imbottita, ovattata, rifatta, rimodernata, rivoltata, scempia || (*indumenti in genere*) accappatoio, barracano, borgolino, boricco o buricco, gabbano, *burnus*, caffetano, camiciotto, cappotto, cappina, crosina, panicona, pellegrina, roccetto, spolverino, sopravveste, centone, clamide, coprimiserie, corpetto, manto, cuticagna, farsetto, domino, guarnaccia, lucco, maglia, mantello, marinara, pelliccia, perizoma, pipistrello, polacca, prussiana, raffaella, sacco, sciamma, schiavina, soprattutto, tonaca, zimarra, impermeabile || (*vesti femminili*) amazzone, bavera, beduina, bernia,

camicetta, camicia, camicino, camiciuola, corsetto, cappa, cappotta, cardinala, casacchina, coltroncino, *dolman*, giacchetto, giubbetto, giubbino, gonnella, gonna, gonnellino, crinolina, faldiglia, gamurra, guarnello, sottana, scialle, greca, kimono, mantelletta, mantellina, mantiglione, palandra, palla, rotonda, sottovita, supparo, verdugalino, zuava, *princesse*, *chemisier*, *tailleur* || (*vesti maschili*) abito nero, brache, cacciatora, carniera, calzoni, pantaloni, calzoncini, giacca, giacchetta, casacca, coda di rondine, catalano, ciotta, ferraiuolo, frac, giubba, giubbone, palandrana, palamidone, pelliccione, peplo, *poncho*, tabarro, pastrano, *raglan*, *stiffelius*, doppio petto, finanziera, prefettizia, *smoking*, toga, zamberlucco, velada, *tight* || (*complementi del vestiario*) bastone, bastoncino, benda, berretto, boa, bordone, borsa, borsetta, bretelle, straccali, calze, cappello, cappuccio, cipria, coccarda, collana, colletto, cuffia, fazzoletto o moccichino, fisciú, fusciacca, giarrettiera, gioiello, goletta, golettone, guanti, manicotto, monile, ombrello, ombrellino o solecchio o parasole, pomata, portacipria, portasigarette, profumo, reticella, uose o ghette, veletta, ventaglio, vezzo || (*parti*) bavero, collare o colletto, accollatura, affibbiatura, allungatura, basta, bastolina, lasciatura, rimessa, baverina, cintola, cinturino, costura, coda, strascico, davanti, dietro, doppia o pedana, facciuola, falda, faldino, fianchetta o fianchino, finta, gherone, giro, gronde, guaina, lembo, manipola, manopola o paramano, mostre, mostreggiatura, parafalde, paratasche, petto o busto, pettorella, piega, piegatura, rimboccatura semplice, orlo, rimbocchino, pistagna, pistagnino, polsino, quarti, ritreppio, sissitura, rovescio, saccoccia o tasca, schienali, sciavero, serra, sopraggirello, soprammaniche, sottomanica, sparato, sparo, quaderlettino, staffa, stuardina, sgonfio, scollo, spallina, staffa || biracchio, brandello, brano, ciracchio, sbrindello, filacce, sfilaccica, sdrucio, frappa, trincio, gobbaccio, toppa, rammendo, ginocchiello, pillacchera, zacchera, macchia, frittella, tignuola, naftalina, canfora || (*ornamenti*) acciaiolino, balza, balzana, berta, bertella, bigherino, bordatura, aghetto, alamaro, animella, ardiglione, asola, borchia, bottone, bottoncini o gemelli, bottoniera, cannutiglia, cappio, cinghia, ciniglia, cintola, controfodera, cordone, diadema, falsatura, fermaglio, fettuccia, fibbia, filettatura, fiocco, fodera, frangia, fregio, fronzolo, gala, gallone, gangherino, ghiandina, gorgiera, greca, grillotti, guancialetto, guarnizione, lattuga, lustrino, merletto, nappa, nastro, nodo, ucchiello, occhiello, occhiellatura, passamano, pendone, pennacchietto, pennacchio, penero, piuma, pizzo, *puf*, ricamo, riccio, smerlo, soppanno, tramezzo, trasparente, trina, vellutino, velo, vezzo, *volant* o volà o volante || attaccapanni, attaccavestiti, cappellinaio, portamantelli, spogliatoio || (*persone*) rigattiere, calzolaio, camiciaio, cappellaio, cenciaiuolo, crestaia, farsettaio, guantaio, guardarobiere, merciaio, merciaiuolo, modista, orlatrice, pellicciaio, sarta, sarto, tagliatore, tessitore, tintore, stiratrice || *agg.* aderente, attillata, stretta, comoda, chiusa, abbottonata, agganciata, disadatta, discinta, giusta, larga, abbondante, doviziosa, rigonfia, stretta, che tira, che strozza, stentata, striminzita, succinta, scarsa, bella, ben fatta, ornata, buona, ciondolante, conveniente, elegante, goffa, meschina, grottesca, ricca, lussuosa, rinnovata, signorile, vistosa, frusciante, inconsutile, rozza, grossolana, allucignolata, aggrinzata, gualcita, cenciosa, lacera, logora, rattoppata, unta, bisunta, frittellosa, frusta, impillaccherata, pillaccherosa, indecente, sconveniente, intignata, lercia, lisa, pulita, lucida, lustra, ragnata, rappezzata, rassettata, recisa, ricisa, rifinita, ritinta, sdrucita, sgualcita, sgricciata, stinta, strappata, tinta, sbagliata, difettosa || *verb.* abbigliare, acconciare, accomodare, adornare, agghindare, alleggerirsi, allindarsi, ammantare, ammantellare, assettare, attillare, camuffare, cincinnare, coprirsi, denudare, incamiciare, incappare, indossare, incappucciare, intabarrare, mascherare, mutarsi, rimboccarsi, rinnovare un abito, rivestire, sbottonarsi, slacciarsi, spogliarsi, svestirsi, trasformarsi, travestirsi || abbottonare, accincignare, accorciare, affibbiare, agganciare, aggrinzire, allacciare, allargare, allentare, allucignolare, allungare, alzare, appuntare, arrovesciare, cingere, confezionare, cucire, discingere, filettare, foderare, gualcire, imbottire, imbrattare, imbrodare, impillaccherare, infangare, inzaccherare, lacerare, logorare, consumare, macchiare, ovattare, pulire, racconciare, rammendare, rappezzare, rassettare, rattoppare, rimboccare, rivoltare, rompere, rovesciare, sbocconcellare, sciattare, scingere, sciorinare, sciupare, scucire, serrare, sfilacciare, sfrittellare, sganciare, sgonnellare, spolverare, sporcare, staccare, stracciare, strambellare, strapazzare, strappare, strascinare, usare, vestire || accollare, attagliarsi alla vita, cadere, calzare, coprire, far grinze, intignare, piangere addosso, non far grinze, ragnare, ritirarsi, star a pennello, tornar bene in dosso, smontare di colore, scolorare.

vestiàrio, *sm.* → VESTE, CORREDO.

vestíbolo, *sm.* entrata, atrio, adito, corte, cortile, ingresso, portico, porticato, pronao, propileo, loggiato, portale.

vestígio, *sm.* traccia, effetto, resto, ricordo, segno, fatta, avanzo, residuo, impronta, orma, esempio, pedata, pesta || *fig.* indizio.

vestiménto, *sm.* vestitura, vestizione || abbigliamento, acconciatura, raffazzonamento || → VESTE.

vestíre, *v.tr.* indossare, infilare, cingere, abbigliare, agghindare, allindare, ammantare, calzare, rivestire, coprire, foderare, imbambagiare, incamiciare, incappottare, inguainare, ricoprire, soprappannare, rimpannucciare, tappezzare, rimpiumare, tegumentare, fasciare, rinfagottare || *rifl.* coprirsi, abbigliarsi, attillarsi, provvedersi d'abiti, raffazzonarsi.

contr. svestire, spogliare, slacciare, sbottonare, denudare, scoprire, discingere, togliere || spogliarsi, denudarsi, svestirsi.

vestíto, *pps.* di vestire || *agg.* abbigliato, avvolto, fasciato, recinto, precinto, affagottato, attillato, coperto, rimpannucciato, stringato, rinsaccato, tunicato || *sm.* → VESTE.

nomencl. biancovestito, nerovestito, incamiciato, palliato, togato, in ghingheri, strizzato, sbracciato, sciamannato, scollacciato, lindo.

contr. svestito, spogliato, nudo, discinto.

veteràno, *agg.* e *sm.* reduce, superstite, soldato vecchio, esperto, sperimentato, → VECCHIO.
contr. coscritto, tirone, inabile, inesperto, principiante.
veterinària, *sf.* zooiatria.
nomencl. veterinario, zooiatra.
vèto, *sm.* → OPPOSIZIONE || parere contrario.
nomencl. *verb.* porre, opporre, mettere, esercitare, togliere.
vetràio, *sm.* cristallaio.
nomencl. conciatore, soffiatore, fornaciaio, appuntatore, attizzatore || (*operazioni*) polverizzazione, fritta, decomposizione, calcinazione, fusione, manipolazione della pasta, ricottura, colatura, filatura, soffiatura, taglio, traforo || (*arnesi e materie*) muffola, crogiuolo, tasche, tavola di bronzo, rullo, canna, stampo, diamante, coloranti (cobalto, minio, zaffera) || ialurgia.
vetràta, *sf.* vetriera, vetriata, invetriata.
nomencl. contrinvetriata, rosta || piombi.
vetriàta, *sf.* → VETRATA.
vétrice, *sm.* → VIMINE.
vetricióne, *sm.* → SALICE.
vetrièra, *sf.* → VETRATA.
vetrígno, *agg.* → VETROSO.
vetrína, *sf.* mostra || bacheca, armadio o scansia a vetri, cristalliera.
nomencl. *verb.* esporre, mettere, collocare in mostra || invetriare, invetriatura.
vetríno, *agg.* → VETROSO || *sm.* lastrina.
vétro, *sm.* cristallo, lastra, lente, talco, avventurina, ialite, opale, *crow-glass, strass* || anche *pl.* bicchiere, boccia, fiasco, bottiglia, vaso, damigiana.
nomencl. (*distinzioni*) colorato, bianco o boemo o francese, mezzo bianco, comune, d'agata, diacciato, ondato, di Boemia, di Murano, storiato, di piombo, di talco, di trina, ematino, filigranato o listato, iridescente, cromatico, smerigliato, solubile, doppio, semidoppio, semplice, soffiato, temperato, arrotato, molato || (*pertinenti*) granato artificiale, acetino, conteria, millefiori o vetri musaici, mosaico, olivette, porcellana di Beamur || lastra, corda, scheggia, bolla, pulica, galla, lana di vetro || collane, specchi, lenti, tubi, filo || ialurgia || *agg.* infrangibile, appannato, offuscato, concavo, convesso, chiaro, terso, trasparente, torbido || *verb.* incrinare, rompere, tagliare, spezzare, infrangere, intaccare, scalfire, fendere, pulire, invetriare.
vetróso, *agg.* vitreo, vetrino, vetrigno, cristallino.
vétta, *sf.* picco, pizzo, cima, cresta, culmine, sommità, colmo, estremità, vertice, cacume.
contr. base, piede, imo, radice.
vettína, *sf.* → ORCIO.
vettovàglia, *sf.* alimento, vitto, cibaria, grasce, munizioni, provianda, provvigione, provvisione, provvista, riposta, roba, scorta, sussistenza, viatico, vivanda, annona, viveri.
nomencl. incetta, requisizione, razione, riserva, foraggi || *verb.* vettovagliare, provvedere, fornire, rifornire.
vettovagliaménto, *sm.* sussistenza, approvvigionamento, rifornimento, foraggiamento, foraggio, servizio logistico.
vettovagliàre, *v.tr.* provvedere, rifornire, approvvigionare, approvvisionare || *rifl.* far provvista, fare la scorta, foraggiarsi, procurarsi i viveri.
vettúra, *sf.* carro, carrozza, veicolo, carrozzella, barroccio, cocchio, berlina, calesse, giardiniera, diligenza, carrozzone di un treno, automezzo, cavalcatura || → TRASPORTO.
nomencl. (*persone*) affittacavalli, vetturale, barrocciaio, vetturino, fiaccheraio, autista, conducente || autonoleggio, beveraggio, tariffa, mancia, nolo, tassametro || lettera di vettura o di porto || *verb.* montare, scendere, far accomodare, trasportare.
vetturàle, *sm.* vetturino, fiaccheraio, cocchiere di piazza, barrocciaio.
vetturàre, *v.tr.* → TRASPORTARE.
vetturíno, *sm.* → VETTURALE.
vetustà, *sf.* → ANTICHITÀ, VECCHIAIA.
vetústo, *agg.* → ANTICO, VECCHIO.
vezzeggiàre, *v.tr.* ammoinare, → CAREZZARE || blandire, lenire, adulare, piaggiare, secondare, → ATTIRARE, LUSINGARE.
vezzeggiatívo, *agg.* e *sm.* → DIMINUTIVO.
vézzo, *sm.* usanza, abitudine, andare, andazzo, consuetudine, assuetudine, assuefazione, costumanza, costume, maniera, metodo, pratica, regola, uso, prassi, voga, ticchio, fisima, capriccio, ghiribizzo || carezza, moina, → LEZIO, LUSINGA || ornamento di perle, collana, monile.
nomencl. *verb.* divezzare, svezzare, avvezzare.
vezzóso, *agg.* leggiadro, grazioso, aggraziato, avvenente, carezzevole, carino, seducente, smanceroso, sdolcinato, sdilinquito, schifiltoso, lezioso, → BELLO.
contr. brutto, sgraziato, orribile, repellente, rozzo, grossolano.
vía[1], *sf.* strada, corso, contrada, calle, arteria, viale, viadotto, viottolo, sentiero, vicolo, pista, rotabile || *fig.* meta, cammino, viaggio, itinerario, direzione, transito, passaggio, tramite, cagione || modo, avviamento, mezzo per riuscire, per arrivare, per raggiungere.
nomencl. (*distinzioni*) militare, privata, nazionale, comunale, provinciale, di campagna, poderale, interpoderale || lastricata, selciata, asfaltata, ammattonata, acciottolata, disselciata || (*affini*) angiporto, andana, autostrada, calla, callaia, carraia, carrareccia, cavedagna, chiassetto, chiasso, circonvallazione, mulattiera, passeggiata, passeggio, raccordo, rampa, redola, ronco scorciatoia, sémita, stradale, stradone, stradina, straducola, tratturo, traversa, vico, viuzza || (*elementi*) discesa, salita, angolo, avvolgimento, intrecciamento, dedalo, labirinto, biforcazione, bivio, incrocio, trivio, quadrivio, crocicchio, capo, termine, nodo, trebbio, sbocco, giravolta, giro, svolta, svoltata, margine, estremità, lembo, chiavica, fogna, chiusino, cavalcavia, sottopassaggio, marciapiede, pietra miliare, paracarro, trottatoia, pista ciclabile, segnaletica verticale, segnaletica orizzontale, semaforo, salvagente || massicciata, pavimento, accoltellato, lastrico, asfalto, ghiaia || (*qualità inerenti*) acclive, declive, in pendio, erta, in salita, accorciatoia, maestra, secondaria, vicinale, aperta, libera, impraticabile, inaccessibile, ingombra, interrotta, diretta, indiretta, larga, stretta, chiusa, cieca, senza uscita, senza sbocco, coperta, ombreggiata, ombrosa, laterale, principale, mozza, serpeggiante, tor-

tuosa, diritta, sterrata, fangosa, motosa, polverosa, affollata, battuta, frequentata, calcata, calpestata, praticata, spopolata, deserta, abbandonata, piana, a schiena d'asino o di mulo || *verb.* prendere, percorrere, indicare, indirizzare, avviare, sviare, deviare, traviare, ravvivare, inviare || aprire, costruire, tracciare, lastricare, acciottolare, selciare, disselciare, ammassicciare, ammattonare, macadamizzare, inghiaiare, incatramare, asfaltare, spazzare, pulire, innaffiare.

vía², *avv.* || andar via, correre, fuggire, andarsene || gettar via, disfarsi || dar via, vendere, regalare, distribuire || mandar via, cacciare, licenziare || essere via, essere lontano, non essere in casa || tirar via, abborracciare || *sm.* inizio, segnale di partenza.

viadótto, *sm.* soprappassaggio, sopraelevata, → VIA, PONTE.

contr. sottopassaggio, sotterranea (*sf.*).

viaggétto, *sm.* → GITA.

viaggiàre, *v.intr.* andare, girare, percorrere, camminare, pellegrinare, vagabondare, migrare, emigrare, navigare, volare, imbarcarsi, percorrere a grandi giornate, attraversare un paese, visitare, vagare, gironzolare || mettersi in viaggio, intraprendere un viaggio, fare i preparativi, far baule, far fagotto, allungare, accorciare la via.

contr. stare, rimanere, permanere, sostare, indugiare.

viaggiatóre, *sm.* passeggiero, viandante, passante, forestiero, pellegrino, romeo, esploratore, escursionista, peregrinante, nomade, ramingo, turista, vagabondo, corriere || commesso viaggiatore.

nomencl. (*affini*) compagno di viaggio, guida, alpinista, navigatore, aviatore, *globe trotter*, campeggiatore || (*attinenti*) turismo, viaggi collettivi, carovana, convoglio, comitiva, treno, corriera, autobus, equipaggio, bordone, bisaccia, baule, bagaglio, valigia, zaino, sacco alpino, tenda, borsa, viatico, passaporto, lasciapassare.

contr. sedentario.

viàggio, *sm.* cammino, camminata, percorso, giro, gita, passeggiata, ispezione, esplorazione, corsa, pellegrinazione, pellegrinaggio, tragitto, tragetto (*ant.*), emigrazione, spedizione, crociera, traversata, scappata, volo || (di nave, di velivolo) rotta || itinerario.

nomencl. (*tipi*) di gran cabotaggio, di piccolo cabotaggio, di lungo corso, marittimo, aereo, di circumnavigazione, transalpino, transoceanico, scientifico, culturale, politico, militare, di conquista, di guerra || racconto di viaggio, descrizione di viaggio, diario di viaggio, odeporico || (*inerenti*) meta, itinerario, pedaggio, caravanserraglio, orario, tappa, treno, aereo, piroscafo, nave, veicolo, automobile, motocicletta, bicicletta, pedometro, celerimetro || *agg.* breve, lungo, interminabile, agiato, disagiato, comodo, scomodo, felice, infelice, fortunato, lieto, sfortunato, avventuroso, difficile, noioso || *verb.* intraprendere, iniziare, avviare, preparare, continuare, sospendere, interrompere, terminare, ultimare, concludere || far fagotto, fare le valigie, imbarcarsi, mettersi in viaggio.

contr. permanenza, sosta, fermata, dimora.

viàle, *sm.* passeggiata, stradone, → STRADA, VIA.

viandànte, *sm.* viatore, passante, passeggiero, pellegrino, → VIAGGIATORE.

viàtico, *sm.* cibo per viaggio, → VETTOVAGLIA || OSTIA || *fig.* consolazione, conforto, aiuto, sostentamento.

viatóre, *sm. poet.* → VIANDANTE.

viavài, *sm. indecl.* va e vieni, andirivieni, su e giú, avanti e indietro.

vibrànte, *ppr.* di vibrare || *agg.* che vibra || *fig.* concitato, fremente, appassionato, veemente, → ENERGICO.

vibràre, *v.tr.* colpire, scagliare, lanciare, assestare (un colpo, una botta), affibbiare, ammenare, ammollare, appioppare, tirare, scuotere, lasciar andare, menare, calare, crosciare, dare, distendere, donare, ferire, imbrandire, inzappare, piantare, piombare, sbacchiare, scaricare, schiacciare, sestare, sciorinare, sfrombolare, toccare, trarre || *intr.* agitarsi, muoversi, ripercuotersi, fremere, appassionarsi, oscillare rapidamente, trillare, tremolare.

vibratézza, *sf.* → VIGORE.

vibràto, *pps.* di vibrare || *agg. fig.* forte, energico, concitato, enfatico, vigoroso, appassionato, veemente.

contr. debole, fiacco, posato, languido, pacato.

vibrazióne, *sf.* trillo, tremolo, oscillazione, tremore, ondulazione, onda || vibratezza.

vibrióne, *sm.* → MICROBIO.

vicaría, *sf.* → SUPPLENZA.

vicariàto, *sm.* → SUPPLENZA.

vicàrio, *sm.* supplente, luogotenente, vice, sostituto, succedaneo, gerente, facente funzione, rappresentante.

contr. superiore, titolare.

více, *sf.* → VECE || *sm.* → SOSTITUTO.

vicegerènza, *sf.* → SUPPLENZA.

vicènda, *sf.* successione alterna (di avvenimenti, fatti, condizioni), alternamento, cambiamento, rotazione, scambio, ricambio || avvicendamento, turno, alti e bassi o altalena della fortuna, permutazione della fortuna, corsi e ricorsi, fluttuamenti, movimento, mutazione di fortuna o di tempo, vece, vicissitudine, volgimento || reciprocanza, reciprocità, relazione reciproca || avvenimento, fatto, episodio, evento, caso, avventura, peripezia, accidente, occasione.

vicendévole, *agg.* reciproco, scambievole, mutuo, alterno, uno per l'altro, sinallagmatico.

vicendevolézza, *sf.* → RICAMBIO, SCAMBIO.

vicendevolménte, *avv.* reciprocamente, scambievolmente, alternativamente, a vicenda.

vicevèrsa, *avv.* al contrario, d'altra parte, all'opposto, invece, in modo diverso.

contr. allo stesso modo, ugualmente.

vicinàle, *agg.* → VICINO.

vicinànza, *sf.* adiacenza, aderenza, appressamento, approssimazione, attiguità, attinenza, avvicinamento, contatto, contiguità, propinquità, prossimità, viciniorità, confine, unione || paraggi, dintorni, adiacenze || vicinato.

contr. lontananza, alienazione, allontanamento, deviazione, digressione, discostamento, stacco, distacco.

viciniorità, *sf.* → VICINANZA.

vicíno¹, *agg.* adiacente, attiguo, circonvicino, circostante, confinante, contiguo, contermine, finitimo, limitrofo, lunghesso, prossimo, propinquo, imminente, radente, rasente, raso, vicinale, viciniore, stretto, serrato, legato, breve, comunicante, congiunto || coin-

quilino, coabitante, casigliano || simile, omogeneo, consimile, analogo, conforme, attinente, congruo, affine, congenere, corrispondente, compagno, confacente, consimigliante, eguale, equivalente, parente, sembiante, simigliante, similare, comparabile, identico, stesso.
nomencl. (*modi di dire*) a bruciapelo, a randa, a ridosso, a uscio a uscio, a uscio e bottega || *verb.* essere ai fianchi, alle costole, a un dito: esserci un salto, due passi, quattro salti || avvicinare, unire, mettere vicino.
contr. lontano, decentrato, eccentrico, distante, divulso, remoto, rimoto, staccato.
vicíno², *avv.* accanto, daccantò, a canto, accosto, allato, appresso, dappresso, dattorno, da torno, attorno, dintorno, dipresso, presso.
contr. lontano, distante, distanziato, discosto, remoto.
vicissitúdine, *sf.* → AVVENIMENTO || VICENDA.
vícolo, *sm.* angiporto, chiasso, chiassetto, chiassuolo, stradetta, straducola, contradetta, scorciatoia, vico, viuzza, viottolo, viottola, rèdola, → VIA.
contr. grande arteria, corso, stradone, viale, bastione, autostrada.
vidimàre, *v.tr.* vistare.
vidimazióne, *sf.* → VISTO.
vièra, *sf.* puntale, ghiera.
vietàre, *v.tr.* proibire, non permettere, impedire, opporsi, porre veto, ostacolare, interdire, inibire, contendere, contestare, negare, denegare, disdire, escludere, rifiutare, respingere, contrariare.
contr. permettere, consentire, acconsentire, autorizzare, lasciar fare, tollerare.
vietàto, *pps.* di vietare || *agg.* proibito, illecito, interdetto, impedito, escluso.
contr. permesso, consentito, autorizzato, tollerato.
vièto, *agg.* vecchio, appassito, stantio, rancido, putrido || *fig.* sconveniente, primitivo, antidiluviano, molto vecchio, disusato, abbandonato, inattuale, ripetuto, già detto, trito, stracco, sfruttato.
contr. fresco, recente, moderno, attuale, vigente, contemporaneo.
vietúme, *sm.* → PUTREFAZIONE.
vigènte, *ppr.* di vigere || *agg.* presente, in vigore, attuale.
contr. vieto, abolito, passato, annullato, mutato, superato, sorpassato, disusato, inusato.
vígere, *v.intr.* essere in vigore, vigoreggiare, fiorire, aver forza, potere, effetto.
contr. essere in disuso, essere abolito.
vigèsimo, *agg. num. ord.* ventesimo.
vigilànte, *ppr.* di vigilare || *agg.* vigile, attento, guardingo, sollecito, sveglio, solerte, diligente, oculato, zelante, svegliato, prudente.
contr. distratto, sbadato, avventato, trascurato, incurante, noncurante.
vigilànza, *sf.* cura, attenzione, accortezza, oculatezza, sorveglianza, sovrintendenza, controllo, prudenza, sollecitudine, solerzia, premura, guardia, ispezione, zelo, sindacato, censura.
nomencl. *agg.* stretta, attenta, sollecita, oculata, prudente, scrupolosa || *verb.* deludere, sfuggire, sottrarsi, essere sotto gli occhi d'uno.
contr. sbadataggine, negligenza, noncuranza, trascuraggine, trascuratezza, distrazione.
vigilàre, *v.tr.* invigilare, sorvegliare, guardare, curare, osservare, soprintendere, custodire, badare, controllare, spiare, dirigere, sindacare, criticare, censurare, far buona guardia, fare la guardia, non perdere d'occhio, tenere d'occhio, porre mente, stare all'erta, stare con gli occhi aperti, tenere gli occhi addosso || *intr.* usare attenzione || *ant.* vegliare, star desto, far nottata.
contr. trascurare, abbandonare, lasciar fare, non curarsi, esser negligente || essere distratto || dormire, sonnecchiare.
vigilatóre, *sm.* → VIGILE.
vígile, *agg.* vigilante, attento, guardingo, sollecito, solerte, zelante, sveglio, svegliato, diligente, oculato, pensieroso, prudente, insonne, desto, sagace, circospetto, occhiuto, accorto, avveduto || *sm.* sorvegliante, vigilatore, guardia, guardiano, custode, poliziotto, sentinella || (del fuoco) → POMPIERE.
contr. sbadato, trascurato, distratto, avventato, trascurato, noncurante, negligente.
vigília, *sf. fig.* → DIGIUNO || VEGLIA.
vigliaccheria, *sf.* codardia, paura, viltà, pusillanimità, abiezione, ignavia, dappocaggine, meschinità, pigrizia.
contr. coraggio, ardire, ardimento, arditezza, audacia, franchezza, generosità, risolutezza, decisione.
vigliàcco, *agg.* e *sm.* codardo, vile, pusillanime, pauroso, ignavo, gretto, imbelle, poltrone, meschino, mogio, abietto, coniglio.
contr. coraggioso, ardito, risoluto, audace, generoso, nobile, prode.
vigliàre, *v.tr.* vagliare.
vigliatúra, *sf.* vagliatura.
vígna, *sf.* vigneto, viti.
nomencl. (*posizione*) andante, a solatio, in costa, a mezza costa, in poggio || vitigno, vite || *verb.* avvignare, vignare || → VITE².
vignaiòlo, *sm.* → AGRICOLTORE.
vignàto, *pps.* di vignare || *agg.* vitato.
vignéto, *sm.* → VIGNA.
vignétta, *sf.* disegno, incisione, illustrazione, figura, stampa, tavola.
nomencl. iconografia.
vignòlo, *sm.* → VITICCIO.
vigógna, *sf.* alpaca, lama.
vigóre, *sm.* aitanza, benessere, energia, esuberanza, floridezza, fortezza, forza, gagliardia, gagliardezza, instancabilità, lena, coraggio, muscolosità, nerbo, nervo, polso, possa, possanza, potenza, prosperità, resistenza, rigoglio, rigogliosità, rinvigorimento, robustezza, saldezza, sanità, salute, sangue, solidità, fermezza, validità, vigoria, virilità, vitalità || *fig.* efficacia, veemenza, slancio, audacia, calore, vivacità, fervore, vibratezza, vivezza.
nomencl. *verb.* invigorire, irrobustire, svigorire || acquistare, guadagnare, perdere, domare, spegnere.
contr. debolezza, fralezza, atonia, cagionevolezza, debilità, delicatezza, emaciazione, estenuazione, fiacca, fievolezza, svigorimento, spossatezza.
vigoreggiànte, *ppr.* di vigoreggiare || *agg.* → VIGOROSO.
vigoreggiàre, *v.tr.* invigorire, rinvigorire, ravvivare, rinforzare, ringiovanire, irrobustire, lussureggiare, prosperare || valere, aver forza o vigore, durare, vigere, fiorire.

contr. svigoreggiare, indebolire, rilassare || andare in disuso, essere abolito.

vigoría, *sf.* → VIGORE, FORZA.

vigoróso, *agg.* aitante, arzillo, atletico, balioso (*ant.*), benportante, cruscolo, energico, erculeo, esuberante, ferreo, fiorente, florido, forte, forzuto, gagliardo, infaticabile, indefaticabile, indefesso, lussureggiante, maschio, muscoloso, nerboruto, nerboroso, nerbuto, poderoso, possente, potente, prospero, prosperoso, resistente, riffo, rigoglioso, robusto, rubesto, rubizzo, saldo, sano, solido, vegeto, verdeggiante, verzicante, vigoreggiante, virente, virile, vitale, vivo, michelangiolesco || *fig.* sugoso, sostanzioso, significante, veemente, concitato, vibrato, vibrante, efficace, efficiente, impetuoso, ferrigno, pieno di efficacia.

contr. debole, fiacco, abbattuto, bolso, cadente, debilitato, delicato, defesso, esaurito, estenuato, impotente, inefficace, malandato, valetudinario, cagionevole, vizzo, invertebrato.

víle, *agg.* imbelle, pusillanime, vigliacco, codardo, maramaldo, ignavo, pigro, poltrone || abietto, abbietto, basso, servile, adulatorio, lecchino, ignobile, spregevole, disprezzabile, feccioso, infame, infimo, gretto, meschino, miserabile, poltronesco, sciatto, sporco, sordido, sudicio, turpe, vilipendioso || (di prezzo) molto basso || (di qualità) triviale, plebeo, grossolano, plateale, ordinario.

nomencl. (*modi di dire*) baston da pollaio, carogna, guitto, lazzarone, lezzone, mangiapattona, mangiapolenta, poveraccio, porcaccione, porco, rettile, verme, sbricco, scagnarola, scortichino, vile insetto, facchino, fango, marmaglia, plebaglia, canaglia, ciurmaglia || *verb.* avvilire, invilire, svilire, incodardire, invigliacchire, vilipendere, disprezzare.

contr. coraggioso, ardito, ardimentoso, audace || nobile, eletto, pregevole, generoso.

vilificàre, *v.tr.* avvilire, svilire, umiliare, abbassare, disprezzare, disonorare, invigliacchire, incodardire, rendere vile, meschino.

contr. rendere coraggioso, fare ardito, incoraggiare, esaltare.

vilipèndere, *v.tr.* pregiare poco, tenere a vile, disprezzare, deprezzare, calpestare, conculcare, offendere, ingiuriare, accusare || schernire, insultare, infamare, vituperare.

contr. apprezzare, stimare, lodare, esaltare, gloriare, glorificare.

vilipèndio, *sm.* ludibrio, disprezzo, umiliazione, scherno, scorno, ingiuria, → INFAMIA, OFFESA.

contr. stima, apprezzamento, lode, venerazione, esaltazione, onore, glorificazione.

vilipéso, *pps.* di vilipendere || *agg.* tenuto a vile, disprezzato, schernito, insultato, spregiato, ingiuriato, infamato.

contr. venerato, stimato, lodato, esaltato, glorificato.

vílla, *sf.* casino di campagna, dimora agreste, → CASA || GIARDINO || PAESE || *lett.* campagna.

nomencl. (*simili*) villetta, villino alla svizzera o *chalet* || (*pertinenti*) giardino, bosco inglese, viali, parco, fontana, podere || *verb.* abitare, andare a cambiare aria, partire per la campagna, villeggiare.

villàggio, *sm.* casale, terricciuola, vico, paesello, borghetto, terra, borgo, borgata, luogo, → PAESE.

villanàta, *sf.* → OFFESA, VILLANIA.

villaneggiàre, *v.tr.* → MALTRATTARE.

villanèlla, *sf.* → FROTTOLA.

villanía, *sf.* villanata, sgarbo, sgarberia, sgarbatezza, malgarbo, bifolcheria, facchinata, facchineria, garbaccio, inurbanità, malagrazia, maltrattamento, manieraccia, modaccio, piazzaiolata, sconvenienza, sgraziataggine, sgraziatezza, brutalità, dispetto, ingiuria, maleducazione, offesa, contumelia, affronto, insulto, ingiustizia, insolenza, rimprovero, improperio, impertinenza || ruvidezza, rustichezza, inciviltà, maleducazione, scortesia, scompiacenza, scontrosità, discortesia, malcreanza, zotichezza.

contr. garbo, bel garbo, urbanità, cortesia, bel modo, educazione, gentilezza, compitezza, garbatezza, complimento.

villàno, *agg.* e *sm.* incivile, maleducato, sgarbato, aspro, inurbano, malgarbato, mascalzonesco, facchinesco, scompiacente, scortese, sversato, sguaiato, brutale, rozzo, ruvido, rustico, zotico, tarpano, dispettoso, scontroso, grossolano, ingiuriatore, offensivo, screanzato, insolente, incivile, villanzone || *sm. lett.* contadino, agricoltore, villico, bifolco.

contr. educato, beneducato, cortese, garbato, gentile, civile, urbano || cittadino.

villanzóne, *agg.* e *sm.* → VILLANO.

villeggiatúra, *sf.* campagna, riposo, ferie, vacanza, gita, diporto.

nomencl. monti, mare, lago, campagna.

villeréccio, *agg.* → RURALE, CAMPAGNOLO.

víllico, *agg.* → CAMPAGNOLO.

villíno, *sm.* → CASA.

villóso, *agg.* → PELOSO.

villòtta, *sf.* → FROTTOLA.

villúto, *agg.* → PELOSO.

vilménte, *avv.* servilmente, bassamente, ignobilmente, ignominiosamente, in modo abietto || vigliaccamente.

contr. coraggiosamente, valorosamente || nobilmente, alteramente, dignitosamente.

viltà, *sf.* ignavia, vigliaccheria, codardia, pusillanimità, paura || bassezza, abiezione, meschinità, grettezza.

contr. coraggio, ardire, audacia, ardimento || dignità, nobiltà, generosità, elevatezza.

vilúcchio, *sm.* convolvolo, viticchio.

vilúme, *sm.* marmaglia, canaglia, plebaglia || farragine di cose.

viluppatóre, *agg.* e *sm.* → INGANNATORE.

vilúppo, *sm.* groviglio, intrico, confusione, intreccio, inviluppo, involto, mucchio, globo, nodo, arruffio, spira || *fig.* rigiro (di parole), intrigo, imbroglio.

vímine, *sm.* biodo, giunco, ritortola, ritorta, salcio, salciolo, scirpo, vermena, vetrice, vimo, vincastro, vinciglio, vinco, sproccatura, sprocco, stroppa.

vímo, *sm.* → VIMINE.

vinàccia, *sf.* graspi o raspi, bucce e vinacciuoli.

nomencl. *verb.* torchiare, spremere, strizzare.

vinacciòlo, *sm.* fiocine, acino.

vinàio, *sm.* → OSTE.

vinattière, *sm.* → OSTE.

vincàstro, *sm.* → VIMINE.

víncere, *v.tr.* atterrare, battere, piegare, guadagnare, dominare, domare, distruggere, annientare, asservire, assoggettare, conquistare, debellare, disbaragliare, sbaragliare, disfare, espugnare, sconfiggere, disconfiggere, disperdere, fugare, sbandare, disordinare, scompigliare, sparpagliare, sgominare, mettere in fuga, sbrancare, scomporre, sconfondere, sconquassare, volgere in rotta, sterminare, sottomettere, sopraffare, trionfare, stravincere, rivincere, signoreggiare, imperare, soggiogare, respingere, ricacciare, sfondare, spuntarla, subordinare, mettere fuori combattimento, prostrare || *fig.* sopportare || superare, eclissare, lasciar dietro, giganteggiare, offuscare, oltrepassare, passare, avanzare, sorpassare, sormontare, sorvolare, sopravvanzare, vantaggiare, torreggiare, eccellere || indurre a cedere, far cambiare sentimento, conquidere, trascinare, persuadere || intenerire, commuovere, battere un primato, tagliare il traguardo, mettere *knock-out*, far mangiare la polvere.

contr. perdere, cedere, cadere, capitolare, soccombere, arrendersi, abbassare le armi, darsi per vinto, chiedere la resa.

vincíbile, *agg.* battibile, soggiogabile, superabile, sormontabile, oltrepassabile, sorpassabile, debellabile, domabile.

contr. invincibile, imbattibile, indomabile, irresistibile, insuperabile, tetragono.

víncido, *agg. lett.* flessibile, pieghevole, floscio, mencio || raffermo.

contr. rigido, duro || fresco.

vincíglio, *sm.* → VIMINE.

vincipèrdi, *sm. indecl.* rovescino.

víncita, *sf.* → VITTORIA.

vincitóre, *agg.* e *sm.* espugnatore, debellatore, vittorioso, trionfatore, trionfante, conquistatore, vincente, dominatore, superiore.

contr. vinto, perdente, soccombente.

vínco, *sm.* → VIMINE.

vincobòsco, *sm.* → EDERA.

vincolàre, *v.tr.* legare, stringere, unire, incatenare, allacciare, annodare, irretire, circondare, impedire, vincire (*ant.*) || *fig.* costringere, obbligare, impegnare.

contr. svincolare, sciogliere, liberare, riscattare.

víncolo, *sm.* nodo, legame, unione, catena || *pl.* ceppi, lacci || *fig.* impegno, promessa, obbligazione, obbligo || soggezione, imbarazzo, impaccio, ritegno, vergogna, peritanza, riguardo, pastoia.

contr. svincolo, libertà, liberazione, scioglimento, riscatto, indipendenza.

víndice, *agg.* e *sm.* vendicatore, ultore.

vinícolo, *agg.* enologico.

víno, *sm.* mosto, acqua di vite, bacco, lagrima di lieo, lieo, liquor d'uva, sangue della vite, seminèttare, nèttare, ambrosia, succo dell'uva, cercone.

nomencl. di collina, di monte, di piano, di costa, di mezza costa || da bottiglia, in fiasco, in barile, in botte, in damigiana || (*vini italiani*) albana, aleatico, artimino, barbacarlo, barbarossa, barbera, bardolino, barletta, barolo, brachetto, cabernet, cagnina, carmignano, chianti, rufina, cinque terre, montevecchia, dolcetto, est-est-est, falerno, freisa, gattinara, germinaia, ghemme, grignolino, grumello, lacrima christi, lambrusco, manduria, marcino, marsala, montalcino, montepulciano, morellino, morello, moscato, moscatello, nardino, nebbiolo, occhio di pernice, oliena, piscanico, pomino, raboso, raveruschio, raverusto o ravirusto, razzese, refosco, recioto, rubivi, sassella, spanna, sangiovese, sangioveto, trebbiano, uvaggio, vaiano, trani, valpolicella, verdea, vernaccia, vinacciano, vino di bosco, zucco || (*stranieri*) alba flora, alicante, *bordeaux*, *chablis*, *champagne*, *châtillon*, cipro, rodi, santorino, vino del Reno, goccia d'oro, *jerez* o *xeres*, madera, malaga, palus, *pedro ximenez*, samos, *sirrach*, tocai, oporto, porto, vino terrano, vino tinto, *merlot* || acquavite, sidro, vermut, vino chinato, amarasco, persichino, *brûlé*, drogato, medicato, vino ferrato, vino amaro || (*operazioni*) vendemmia, cernita, lavatura, pigiatura, diraspamento o sgranellatura, fermentazione, svinatura, torchiatura, colmatura, travaso, filtrazione, taglio, solforazione, concia, chiarificazione || (*recipienti*) otre, botte, tino, damigiana, bottiglia, fiasco, vasca, cisterna, benna, brenta, brentina, bigoncio, anfora, mastello, saggio, saggiuolo, tinozza, truffolo, vinoforo, boccale, boccaletta || (*strumenti*) ammostatoio, pestone, pigione, cannello, sifone, sifoncino, follatori, imbottatoia o imbottavino o pevera, imbuto, leva-olio, spina, passavino, raffio, tridente, saggiavino, sgranellatoio, spillo, stillo, lambicco, provetta, provino, colatoio, strettoio da vino o torchio, alcoolometro, enometro, gipsometro, gleucometro, pesavino || ubriachezza, temperanza, oste, osteria, bettola, canova, grotta, mescita, enologo, enofilo || lappo, raspino, spranghetta, muffa, forticcio, aceto, vinagro, intruglio || *agg.* nostrale, nostrano, fatto, perfetto, imperfetto, nuovo, vergine, crudo, vecchio, stagionato, vetusto, invecchiato, stravecchio, raccappellato, spogliato, tagliato, sforzato, stretto || acerbo, abboccato, asprigno, agretto, acidetto, amabile, asciutto, acre, aromatico, arzillo, alterato, affatturato, artefatto, annacquato o battezzato (*scherz.*), allungato, artificiale, buono, brusco, bianco, biondo, comune, chiaro, corroborante, debole, delicato, dolce, denso, esilarante, forestiero, forte, fumoso, frizzante, fiorito, falsificato, giovane, guasto, gagliardo, generoso, grave, grommoso, gessato, genuino, schietto, puro, sincero, inacidito, infortito, incerconito, limpido, leggero, nuovo, navigato, nero, prelibato, pastoso, pretto, piccante, robusto, razzente, rosso, solenne, squisito, sano, scelto, spumante, smagliante, soave, smaccato, spiritoso, trasparente, torbido, vermiglio, scarico || *verb.* abboccare, aggraziare, allungare, annacquare, chiarificare, cavare, spillare, mescere, stappare, svinare, travasare, zaffare, stagionare, invecchiare, filtrare, imbottigliare, infiascare, imbottare, manipolare, rincappellare, correggere, sgromare, sgrumare, stinare, stufare, tagliare, zipolare, bere.

vinolènto, *agg. lett.* → BEONE.

vinolènza, *sf.* → UBRIACHEZZA.

vínto, *pps.* di vincere || *agg.* abbattuto, battuto, soccombente, conquistato, domato, soggiogato, superato, sorpassato, fiaccato, prostrato, arreso, sconfitto, schiacciato, conculcato.

contr. vincitore, vincente, trionfatore, prevalente.
viòla[1], *sf.* mammola || colore.
nomencl. (*varietà*) canina, bruna, gialla, rossa, del pensiero.
viòla[2], *sf.* vivuola (*ant.*).
nomencl. da gamba, d'amore; liutaio || giga, guzla || → VIOLINO.
violàbile, *agg.* trasgredibile, conculcabile, contaminabile.
contr. inviolabile, intoccabile, infrangibile, sacro.
violàceo, *agg.* e *sm.* violetto, viola, color viola, violato (*ant.*).
violàre, *v.tr.* infrangere, manomettere, rompere, forzare, guastare, contaminare, profanare, oltraggiare, violentare, deflorare, offendere || trasgredire, disobbedire, eludere, contravvenire, mancare, prevaricare, peccare, misfare, offendere, travalicare, conculcare.
contr. venerare, rispettare, mantenere, osservare.
violatóre, *agg.* e *sm.* trasgressore, prevaricatore, contravventore, infrangitore, inosservante, trasgreditore, refrattario, renitente, peccatore, profanatore, malfattore, offensore.
contr. osservante, rispettoso, riverente, docile.
violazióne, *sf.* trasgressione, inosservanza, infrazione, contravvenzione, prevaricazione, disobbedienza, strappo, travalicamento, eccesso, offesa, peccato, profanazione, manomissione, violenza, rottura, schianto, angheria, contaminazione.
contr. osservanza, rispetto, venerazione || riparazione.
violentàre, *v.tr.* forzare, costringere, obbligare, sforzare, coartare, minacciare, sopraffare, conculcare, contaminare, manomettere, strappare, estorcere, angariare, imperversare, offendere, mettere alle strette, eccedere, necessitare, stringere, astringere, maltrattare, profanare, oltraggiare, macchiare, deflorare, sverginare.
contr. chiedere, ottenere con le buone, con garbo || rispettare, venerare.
violènto, *agg.* tirannico, dispotico, prepotente, oppressivo, crudele, feroce, brutale, bruto, aggressivo, fiero, facinoroso, ribelle, cattivo, iracondo, malvagio, sfrenato, sbrigliato, scapestrato, scavezzacollo, irrefrenabile, precipitoso, disonesto, acerrimo, virulento, tossico, irruente, furioso, rabbioso, impetuoso, dirotto, forte, repente, veemente, manesco, oppressore, travolgente, burrascoso, irresistibile, tempestoso, turbinoso, duro.
contr. mite, bonario, calmo, tranquillo, pacifico, placido, generoso, onesto, ragionevole.
violènza, *sf.* sforzo, conato, tentativo, prova, forzamento, forza, veemenza, impeto, impetuosità, furia, ferocia, efferatezza, inumanità, ingiuria, maltrattamento, costrizione, virulenza, brutalità, sopraffazione, prepotenza, sopruso, soperchieria, oppressione, tossicità, burrasca, necessità, rovina, tempesta, turbine, durezza || violazione, deflorazione.
contr. dolcezza, persuasione, mitezza, indulgenza, bontà, bonarietà, amabilità, ragionevolezza.
violétta, *sf.* viola mammola, mammola.
violétto, *agg.* violaceo, viola, violato, livido, amaranto.
violinàio, *sm.* liutaio.
violíno, *sm.*
nomencl. (*elementi*) cavigliere, riccio, bìscheri o piroli, capotasto, manico, tastiera, corde, cantino, cassa armonica, fasce, filetti, tagli a esse, ponticello, anima, cordiera, mentoniera || archetto, arco (nasello, bietta, testa, crini), colofonia, pece || sordina || arcata, archeggio, cavata, tremolo || (*persone*) violinaio, liutaio; violinista || stradivario, amati || *verb.* segare, tartassare, strimpellare, sonare, far cantare.
viòttolo, *sm.* → SENTIERO, VIA.
vípera, *sf.* cerasta, aspide, serpe.
nomencl. viperaio || viperato, vipèreo, viperino.
viperíno, *agg. fig.* → MALVAGIO.
vipistrèllo, *sm.* → PIPISTRELLO.
viràgo, *sf.* viragine, donna viriloide, megera, arpía.
viràre, *v.tr.* girare, → CAMBIARE.
virènte, *agg. lett.* → VERDE.
virgíneo, *agg.* vergineo, verginale, casto, puro, delicato, intemerato, intatto, incontaminato.
contr. malizioso, impuro, corrotto, contaminato.
virgolàre, *v.tr.* virgolettare.
virgolettàre, *v.tr.* virgolare.
virgúlto, *sm.* → GERMOGLIO, RAMO.
viridàrio, *sm.* → ORTO.
viríle, *agg.* maschio, mascolino, maschile || *fig.* forte, energico, gagliardo, strenuo, coraggioso, valoroso, intrepido, vigoroso, generoso.
contr. femmineo, femminile, effeminato || infantile || debole, fiacco, imbelle, sdolcinato, cascante.
virilità, *sf.* età virile, maschiezza, mascolinità, andrismo, maturità || virtù generativa, parti virili, forza virile, vigore, *sex-appeal* || *fig.* forza, coraggio, valore, energia, fermezza, serietà.
contr. femminilità, sessualità femminile || debolezza, pusillanimità.
virtú, *sf.* dote, pregio, qualità, bontà, bene, santità, onestà, perfezione, valore, amore del bene, potenza, energia, facoltà, fortezza || verecondia, temperanza, castità, carità || possibilità, efficacia, mezzo.
nomencl. naturale, soprannaturale || (*cardinali*) giustizia, fortezza, temperanza, prudenza || (*teologali*) fede, speranza, carità || (*morali*) abnegazione, castità, verecondia, umiltà, pudore, sincerità, benevolenza, filantropia, gratitudine, perdono, rispetto, tolleranza, saggezza || *agg.* atavica, cospicua, celeste, terrena, casalinga, civile, contemplativa, eroica, grande, somma, sovrana, splendida, sublime, evidente, acquisita, manifesta, palese, occulta, segreta, provata, sperimentata.
contr. vizio, ingiustizia, intemperanza, imprudenza, menzogna, dissolutezza, corruzione, bassezza, viltà, pervertimento, traviamento.
virtuàle, *agg.* efficace, implicito, potenziale, possibile.
contr. reale, attuale.
virtualità, *sf.* → POSSIBILITÀ.
contr. realtà, attualità.
virtuosità, *sf.* → ONESTÀ || *neol.* padronanza della tecnica, grande abilità.
contr. imperizia, incapacità, inettitudine.
virtuóso, *agg.* → ONESTO, BUONO, MORALE || *sm.* → CANTANTE, SONATORE.
virulènto, *agg.* tossico, settico, infettivo || maligno,

purulento, violento || *fig.* aspro, corrosivo, acre, velenoso, mordace, invelenito, malizioso.
contr. innocuo, benigno || mite, mellifluo, dolce.
virulènza, *sf.* velenosità, malignità, asprezza velenosa, tossicità || *fig.* violenza.
contr. innocuità, benignità || mitezza, dolcezza.
vis-à-vis, *loc. fr.* faccia a faccia, di faccia, di fronte || *sm.* → CARROZZA.
víscere, *sf. pl. fig.* intimo, intimità, parte interna, parte profonda, parti più riposte, interno || cuore, sentimento, passione, calore.
nomencl. (*modi di dire*) viscere di madre, di umanità; sentimenti, opinioni inviscerate; svisceratezza d'amore, sviscerare un tema, una questione; essere senza viscere || *verb.* sviscerare, inviscerare, viscerare.
contr. esterno, superficie || apatia, indifferenza.
vísceri, *sm. pl.* organi interni (del corpo), interiora, intestini, budella, stomaco, rigaglie, frattaglie.
víschio, *sm.* visco, pania, pegola || *fig.* lusinga, esca, adescamento, allettamento, seduzione, inganno, insidia, pericolo.
nomencl. panione, paniuzza, vergone || invescato, adescato, invischiato, impaniato || *verb.* invischiare, invescare, impaniare.
vischiosità, *sf.* viscosità, collosità, gelatinosità, gommosità, muscosità, viscidezza, viscidità, viscidume, tenacità.
contr. fluidità, fluidezza, scorrevolezza.
vischióso, *agg.* → VISCOSO, VISCIDO.
viscidézza, *sf.* → VISCHIOSITÀ.
viscidità, *sf.* → VISCHIOSITÀ.
víscido, *agg.* appiccicante, appiccicaticcio, appiccicoso, attaccaticcio, colloso, gelatinoso, glutinoso, gommoso, mucillaginoso, mucoso, piaccichiccio, piaccicoso, scivoloso, tenace || vischioso, viscoso.
contr. solido, duro, ruvido, aspro, fluido, scorrevole.
viscidúme, *sm.* → VISCHIOSITÀ.
vísco, *sm.* → VISCHIO.
viscosità, *sf.* → VISCHIOSITÀ.
viscóso, *agg.* vischioso, colloso, glutinoso, fluido, umoroso, tenace, attaccatticcio || viscido, scivoloso.
visíbile, *agg.* vedibile || *fig.* apparente, discernibile, distinguibile, concreto, materiale, evidente, manifesto, esterno, palese || presente, vicino.
contr. invisibile, occulto, oscuro, interiore, inviscerato, internato || assente.
visibílio, *sm.* flagello, sterminio, grandissima quantità, grande abbondanza || andare in visibilio, meravigliarsi, stupirsi, strabiliare, estasiarsi, essere fuori di sé.
visièra, *sf.* vista || ventaglia, buffa || cappuccio.
nomencl. a visiera alzata, calata; a viso aperto.
visionàrio, *agg.* utopista, sognatore, idealista, illuso, vaneggiante, vaneggiatore, almanaccone, allucinato.
contr. uomo positivo, realizzatore.
visióne, *sf.* vista, veduta, panorama, paesaggio, spettacolo || apparizione, immagine, immaginazione, fantasia, fantasticheria, allucinazione, illusione, utopia, sogno, chimera, fantasma, spettro, spirito, spauracchio, simulacro, estasi.
nomencl. visione beatifica.
contr. realtà.
vísita, *sf.* visitazione, ricevimento, accoglienza, presenza, abboccamento || ispezione, perlustrazione, esame, controllo, supervisione.
nomencl. (*attinenti*) ricevimento, circolo, conversazione, veglia, sala, salotto, biglietto di visita || *verb.* visitare, rivisitare; fare, scambiare, restituire, annunziare, ricevere.
visitàre, *v.tr.* far visita, vedere, rivedere, trovare, andare, percorrere, attraversare un paese, viaggiare, vagabondare, perlustrare, esaminare, ispezionare.
visitazióne, *sf.* → VISITA.
víso, *sm.* fisionomia, espressione, lineamenti, → FACCIA, ASPETTO.
vispézza, *sf.* agilità, prontezza, sveltezza, celerità, brio, vivacità, vistezza (*ant.*).
contr. lentezza, tardità, ottusità, torpore, pesantezza.
víspo, *agg.* agile, vivace, vivo, svelto, celere, pronto, brioso, ridente, vivido, grazioso.
contr. tardo, lento, pesante, torpido, ottuso.
vísta, *sf.* occhio, luce, lume, sguardo, guardo, guardata, guardatura, sguardata, occhiata, adocchiamento || spettacolo, veduta, panorama, visione, visuale || aspetto, sembianza, apparenza, mostra || indizio, scopo, mira, intenzione.
nomencl. (*difetti*) eteroscopia, miopia o brachimetropia, presbiopia o presbitismo, acromatopsia, discromatopsia, allocromasia, daltonismo, amaurosi, ambliopia, aneritropsia, anfidiplopia, anipometropia, anoopsia o anopsia, asimbolia, astenopia, brachimetropia, cianoblepsia, dictiopsia, diplopia, disopia, emiopia, eteroscopia, ipermetropia, megalopsia, meropia, monoblesia, santopsia, spinterismo, suffusione, tarassia, strabismo, oftalmia, traveggole, allucinazioni, fosfemi, scotomia || occhiali, lenti, ottica, diottria || guercio, monocolo || astignometro, ottometro, tachiscopio elettrico || *agg.* buona, ottima, acuta, lincea, perspicace, squisita, larga, sottile, corta, debole, torbida, losca, chiara, scura, offuscata || *verb.* abbacinare, abbagliare, abbarbagliare, abbuiare, annebbiare, confondere, offuscare, perdere, accecare, riacquistare, risparmiare, ammorzare, aumentare, accrescere, spegnere, nascondere, sottrarre, togliere, rendere, donare, scomparire || guardare, vedere, distinguere, discernere, intravedere, adocchiare, scorgere, travedere, stravedere, conoscere, avvistare, scoprire, baluginare, occhiare, abbracciare, spaziare.
vistàre, *v.tr.* vidimare, firmare, approvare, autenticare, licenziare, apporre la firma.
vísto, *pps.* di vedere || *agg.* veduto || *sm.* vidimazione, autenticazione, firma, approvazione, controllo
vistosità, *sf.* risalto, evidenza, appariscenza, spicco, stacco, bellezza, sfoggio || spettacolo, sfarzo, pompa.
contr. squallore, modestia, mediocrità, meschinità.
vistóso, *agg.* appariscente, bello, chiassoso, sgargiante, smagliante, spiccante, spettacoloso, pomposo, fantasmagorico, straordinario, fiammante, lussuoso, elegante, specioso, conturbante, compariscente, sfoggiato, ostentato, ardito, sfarzoso.
contr. misero, modesto, mediocre, meschino, squallido.
visuàle, *sf.* vista, visione, prospettiva, veduta, panorama.
víta, *sf.* esistenza, essere, vegetazione, animalità, istinto, luce, spirito, spirito vitale, anima, animo, vitalità,

calore, forza, alito, fiato, facoltà vitale, attività, intelletto, intelligenza, ingegno || condotta, tenore, genere, modo di vivere, sussistenza || vivacità, sanità, vigore, brio, sentimento, arguzia, acutezza, sagacia, energia, galvanismo || animazione, movimento, traffico || → BUSTO || BIOGRAFIA.

nomencl. (*distinzioni*) terrena, celeste, attiva, contemplativa, civile, selvaggia, artistica, letteraria, politica, scientifica, ascetica, spirituale, ecclesiastica, claustrale, d'affari, militare, pubblica, sociale, privata, in comune, in famiglia, solitaria || (*lato scientifico*) germe, embrione, ereditarietà, nascita, sviluppo, adolescenza, vecchiaia, genesi, anabiosi, simbiosi, assimilazione, atavismo, selezione, igiene, fisiologia, biologia, anatomia, anatomia comparata, biodinamica, medicina, morfologia, zoologia, antropologia, botanica || (*pertinenti*) alito, soffio, aurora, tramonto, declino, primavera, inverno, corso, filo, trama, vicenda, longevità, durata, attaccamento, stagione, ragione, contegno, episodio, disgrazia, infortunio, età, prime armi, successo, dieta, regola, passato, presente, futuro, sistema, metodo, ambiente, regime, valore, destino || (*qualità e modi*) breve, corta, agiata, comoda, tranquilla, opulenta, allegra, triste, malinconica, tetra, disagiata, scomoda, faticosa, laboriosa, operosa, buona, cattiva, felice, infelice, gioiosa, dolorosa, tormentata, grama, da cappuccino, da cenobita, da orso, ritirata, da cani, da galera, da inferno, dannata, di supplizio, pacifica, da papa, da patriarca, deliziosa, calma, da scapigliato, da epicureo, di casa, di famiglia, disordinata, sregolata, dissoluta, libertina, scostumata, viziosa, esemplare, illibata, intemerata, onesta, onestissima, regolata, regolare, frugale, pitagorica, sobria, igienica, intima, licenziosa, lussuriosa, casta, pura, innocente, noiosa, disonesta, virtuosa, oziosa, quotidiana, rassegnata, scellerata, spensierata, splendida, fastosa, splendente, sterile, inutile, strapazzata, stupida, sciocca, tempestosa, barbara, tribolata, normale, anormale, avventurosa, beata, benefica, chiara, dolce, autonoma, indipendente, dipendente, soggetta, da schiavo, libera, malinconica, metodica, monotona, regolata, vuota || *verb.* vivere, godere, amare, arrischiare, allungare, accorciare, abbreviare, conservare, consacrare, desiderare, detestare, distruggere, esporre, guadagnare, guadagnarsi, procurarsi da vivere, mendicare, rinunziare, rifiutare, respingere, riacquistare, donare, dare, offrire, sacrificare, sciupare, sprezzare, disprezzare, spezzare, troncare, togliere, trascinare, vender cara, stentare, vivificare, avvivare, ravvivare, risuscitare, salvare, perdere.

contr. morte, morte corporale, morte seconda || sterilità, inerzia.

vitàle, *agg. fig.* essenziale, sostanziale, necessario, importante, capitale, durevole.

contr. di poco rilievo, poco importante, trascurabile, accidentale, secondario.

vitalità, *sf.* vita, energia, esuberanza, vigore, forza, potenza vitale, vivacità, spirito, brio, calore, durevolezza, resistenza, impeto.

contr. inerzia, debolezza, fragilità, fiacchezza, impotenza, morte.

vitalízio, *sm.* → ASSICURAZIONE, PENSIONE.

vitàto, *agg.* vignato.

víte[1], *sf.* vite meccanica.

nomencl. madrevite, maschio, femmina, dado, reperella || testa, gambo, filetto o pane o verme, impanatura, passo || accecatoio, bronzina, cacciavite, chiave, trapano, trivella, vitiere, giro, spira, spirale || *verb.* avvitare, invitare, svitare, impanare, spannare.

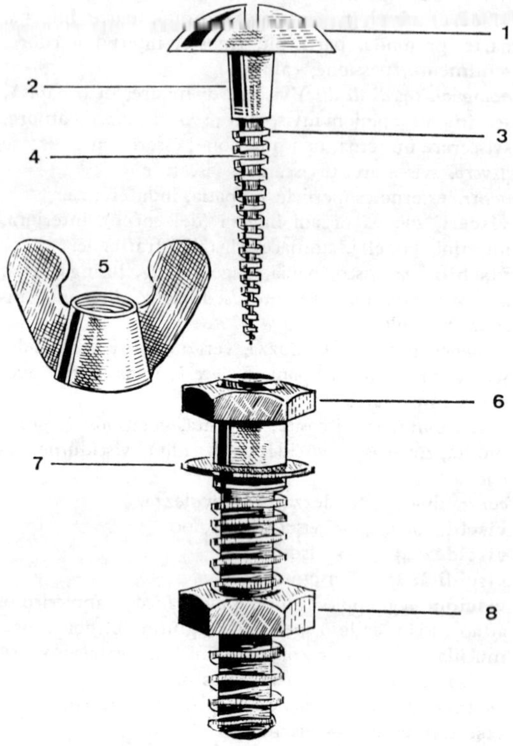

VITE – 1) testa; 2) gambo; 3) filetto o pane o verme; 4) passo; 5) madrevite; 6) bullone; 7) reperella; 8) dado.

víte[2], *sf.* palmito di Bacco, pampini, pianta uvifera, → UVA.

nomencl. vigneto, vigna, vitigno || a broncone, a gruccia, a mandorlato, a muro, a spalliera, a calcio, a capogatto, a margotta, a padiglione || (*parti, elementi*) barbata, barbatella, propaggine, ceppo, cartoccio, femminella, rimettiticci, forcella, innesto, magliolo, talea, seccaione, nocchio, tralcio, ramo, viticcio, pampano, pampino, foglia, penzolo, pollone, rampollo, gemma, grappolo, racimolo, saspollo, raspo o graspo, uva, acino, vinacciolo || calocchia o palo, fattorino, palaia, pergola, pioppata, vettone o succiaione, anguillare, filare, filaretto, calestro, lacciaia, pianello, fognarolo || (*parassiti*) altiza, fillossera, peronospora, abrostine, lambrusca || solfato di rame, zolfo, anticrittogamici || vendemmia || *agg.* digrappolata, orba, sterile, infruttifera, maritata, sposata, selvatica, troncativa, trascorsa || *verb.* accampanare, accecare, affantocciare, allacciare le viti, avvignare, coltivare, cogliere l'uva, impalare, incalcinare, incidere il magliolo, innestare, inzolfare, solfare, maritare, sposare, piegare la vite, propagginare, infossare, mer-

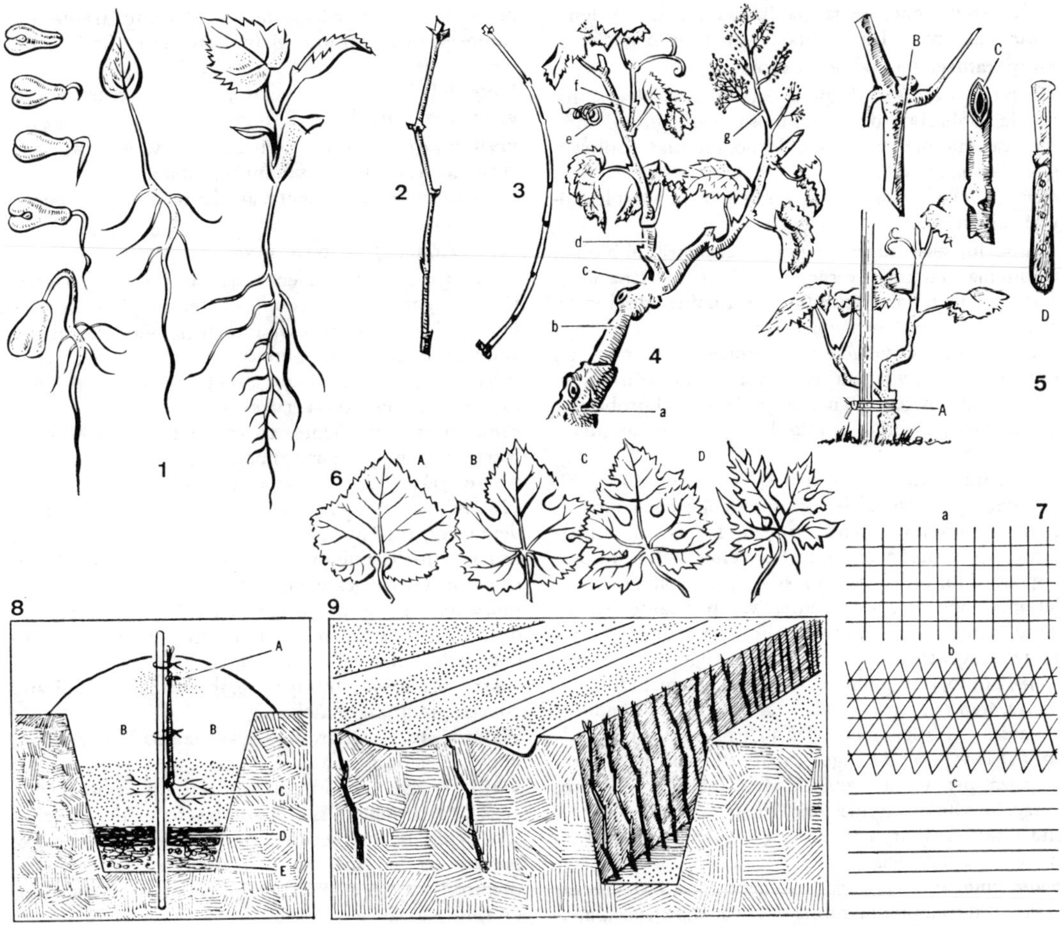

VITE – 1) Sviluppo di una vite da seme; 2) Talea; 3) Magliolo; 4) Fusto della vite: a) legno vecchio, b) tralcio di due anni, c) tralcio di un anno, d) germoglio principale, e) viticcio, f) femminella, g) grappolo; 5) Tipo di innesto: A) modo di preparare il soggetto, B) modo di preparare la marza, C) taglio del soggetto, D) coltello da innesto; 6) Tipi di foglie: A) intera, B) trilobata, C) pentalobata, D) laciniata; 7) Disposizione di piantamento: a) in quadrato, b) a quinconce, c) a filari; 8) Modo di piantare una barbatella: A) punto di innesto, B) terra comune, C) terra fine, D) letame, E) materiale di drenaggio; 8) Impianto di talee in vivaio a ciglioni.

gare, provanare, rimondare, pulire, spollonare, potare, rattralciare, succidere, zucconare, spampanare, vendemmiare, raspollare.

vitèllo, *sm.* vitella, lattonzolo, manzo, redo, bue, giovenca || pelle conciata || (marino) → FOCA.

vitíccio, *sm.* tralcio, cirro, capreolo, vignolo || voluta.

viticoltúra, *sf.* → AGRICOLTURA.

vítreo, *agg.* → VETROSO.

víttima, *sf.* capro espiatorio, offerta, olocausto, ostia || *agg.* e *sm.* martire, tormentato, tribolato, martoriato, cireneo, zimbello.

nomencl. (*pertinenti*) sacrificio, espiazione || persecuzione, inganno, prepotenza, tirannia, violenza || vittimismo, autolesionismo, masochismo, autodenigrazione || *agg.* innocente, espiatrice, volontaria, inconsapevole || *verb.* fare il martire, offrirsi vittima, vittimare (*ant.*).

contr. carnefice, persecutore, sacrificatore.

vítto, *sm.* provenda, pane, mantenimento, alimento, alimentazione, trattamento, cibo, commestibili, vivande, viveri, grasce, sostentamento.

vittòria, *sf.* vincita, successo, trionfo, conquista, palma, riuscita, presa, espugnazione, occupazione.

nomencl. tattica, strategica, di Pirro, su tutta la linea || (*attinenti*) bottino, trofeo, epinicio, corona, trionfo, ringraziamento, bollettino, festa || *agg.* grande, strepitosa, magnifica, memorabile, completa, compiuta, gloriosa, illustre, onorata, nobile, alta, effimera, incompleta, ingloriosa, sanguinosa || *verb.* ottenere, conseguire, cogliere, mancare || sbaragliare, disperdere, vincere, debellare, sbandare, sconfiggere, sgominare.

contr. sconfitta, perdita, resa, capitolazione, insuccesso, fallimento, scacco, smacco, fiasco, sbaraglio.

vittorióso, *agg.* e *sm.* trionfante, vincitore, trionfatore, conquistatore, espugnatore.

contr. vinto, sconfitto, fallito, perdente.

vituperàbile, *agg.* → VITUPEREVOLE.

vituperàre, *v.tr.* biasimare, ingiuriare, offendere, diffamare, sporcare, infamare, denigrare, censurare, criticare, disonorare, svergognare, oltraggiare, infangare, vilipendere, dir male, parlar male, mordere o lacera-

re la reputazione, menar la lingua, schizzar veleno.
contr. onorare, lodare, esaltare, venerare, benedire.

vituperatóre, *sm.* → INGIURIATORE.

vituperévole, *agg.* vituperabile, biasimevole, riprovevole, obbrobrioso, ignominioso, vergognoso, infame, scandaloso, ingiurioso, indegno, infamante, oltraggioso, disonorevole.
contr. lodevole, elogiabile, encomiabile, onorevole, nobile, dignitoso.

vitupèrio, *sm.* vitupèro, biasimo, disonore, obbrobio, ignominia, infamia, vergogna, offesa, diffamazione, scandalo, ingiuria, vilipendio, turpitudine, discredito.
contr. onore, merito, elogio, esaltazione.

vituperóso, *agg.* vergognoso, disonesto, disonorante, sporco, sconcio, vile, turpe, inconfessabile, immorale, laido, lordo, osceno, ignobile, indegno, obbrobrioso, ignominioso, nefando, nefario, bieco, infame, infamante, offensivo.

vivacchiàre, *v.intr.* vivucchiare, → VIVERE.

vivàce, *agg.* vivo, agile, brioso, rigoglioso, animato, spiritoso, pronto, ridente, mosso, fantasioso, esuberante, veemente, rubizzo, lesto, svelto, arzillo, focoso, vispo, ardito, brillante, espressivo, gaio, spiccato, sgallettante, bollente, splendente, vampeggiante, sfavillante, fiammante, fiammeggiante, scintillante, sfolgorante, fulgente, fulgido, luccicante, vivido || durevole.
contr. calmo, tranquillo, fiacco, pigro, floscio, indolente, inerte, stanco, spento, apatico, tardo || pallido || caduco.

vivacità, *sf.* brio, agilità, slancio, impeto, foga, impulso, passione, energía, vigore, sgallettio, calore, ardore, ardenza, prontezza, mobilità, vita, ardimento, spirito, coraggio, vitalità, animazione, rigoglio, vispezza, vistosità || acutezza, arguzia, finezza, lepidezza, atticismo, piacevolezza, sagacia.
contr. indolenza, pigrizia, fiacchezza, fiacca, lentezza, posatezza, tranquillità, calma, inerzia, stanchezza, apatia, flaccidità.

vivàgno, *sm.* cimosa, orlo || sponda.

vivàio, *sm.* semenzaio, seminario, orto, ricetto, peschiera, piantonaio.

vivànda, *sf.* → ALIMENTO, PIETANZA, VETTOVAGLIA.

vivandière, *sm.* canovaio, cantiniere.

vivènte, *ppr.* di vivere || *agg.* → VIVO.

vívere, *v.intr.* essere in vita, durare in vita, campare, reggere, campicchiare, respirare, crescere, esistere, stare, nascere, sussistere, vegetare, vivacchiare, vivucchiare, essere o stare al mondo, sbarcare il lunario, tirare a campare, fiorire, scampare, rivivere || abitare, coabitare, convivere, stare.
contr. morire, crepare, defungere, perire, trapassare; andare all'altro mondo, passare a miglior vita, tirare le cuoia.

víveri, *sm. pl.* cibo, grascia, cibaria, munizioni da bocca, provianda, provvigione, provvisione, provvista, roba, scorta, sussistenza, viatico, vivanda, vitto, annona, vettovaglia.

vivézza, *sf.* → VIVACITÀ.

vívido, *agg.* vivace, splendente, sfavillante, lucente, fiammante, scintillante, raggiante, sfolgorante, sfolgorato, smagliante, brillante, chiaro, corrusco, fulgido, gemmeo, igneo, micante, rutilante, rilucente, risplendente, rubicante, soleggiante, stralucente, tralucente, vampeggiante, fiammeggiante, stellante, florido, fiorente.
contr. debole, fioco, appannato, offuscato, scuro, fiacco.

vivificàre, *v.tr.* dar vita, brio, → ANIMARE.

vivífico, *agg.* vivificante, vivificativo, vivificatore, ravvivante, ravvivatore, esaltante || vitale.
contr. mortale, deprimente, avvilente, funesto, funereo, squallido.

vivisezióne, *sf.* → DISSEZIONE.

vívo, *agg.* in vita, vivente, vitale, naturale, vivace, vivido, vigoroso, gagliardo, ardente, rigoglioso, acceso, intenso, brioso, alacre, esaltante, forte, sensibile, attivo, animato, mosso, inconsunto, parlante, spirante, fresco, ridente, bollente, redivivo, semprevivo, semivivo || brillante, luminoso, → LUCENTE.
contr. morto, indolente, fiacco, pigro, debole, secco, inerte || spento, smorto, fioco, pallido.

vivucchiàre, *v.intr.* vivacchiare, → VIVERE.

viziàre, *v.tr.* e *rifl.* indulgere || avviziare, inviziare, depravare, traviare, guastare, corrompere, pervertire, trarre al male, infettare, falsare, contaminare, abbrutire, imbrutire, bacare, degradare, deviare, disonestare, fuorviare, imbastardire, immalvagire, rovinare, sedurre, sviare, stralignare, tralignare, snaturare || rendere írrito, non valido, invalidare.
contr. correggere, morigerare, raddrizzare, edificare, educare, indirizzare al bene.

viziàto, *pps.* di viziare || *agg.* → VIZIOSO || non valido, difettoso nella forma.

vízio, *sm.* difetto, grave difetto, abitudine riprovevole, vezzo, corruzione, dissolutezza, passione, abuso, deboscia, crapula, pervertimento, depravazione, male, peccato, colpa, malcostume, scostumatezza, traviamento || magagna, malanno, tacca, guasto, malattia, tara, imperfezione, difetto.
nomencl. (*capitali*) accidia, avarizia, invidia, ira, lussuria, superbia, gola || *agg.* carnale, bestiale, brutale, congenito, ereditario, incallito, incarnito, inveterato, incorreggibile, inestirpabile, innominabile, laido, latente, evidente, noto, leggero, grave || *verb.* viziare, indurre al vizio, corrompere, depravare, prendere, contrarre, coltivare, assecondare cattive abitudini; emendarsi, liberarsi, correggersi, estirpare, vincere, pentirsi, incallire, ostinarsi.
contr. virtú, temperanza, giustizia, fortezza, morigeratezza.

vizióso, *agg.* viziato, corrotto, debosciato, dissoluto, depravato, perverso, pervertito, degenerato, peccatore, colpevole, incallito, scostumato, seduttore, corruttore || guasto, magagnato, imperfetto.
contr. virtuoso, morigerato, temperante, giusto, forte, probo.

vízzo, *agg.* avvizzito, appassito, floscio, cascante, rugoso, aggrinzito, increspato, grinzoso, raggrinzito, passo, mencio, flaccido, cresputo, rinfrignato.
contr. fiorente, florido, fresco, rigoglioso, sodo, solido, saldo.

vocabolàrio, *sm.* calepino, dizionario, glossario, lessico.
nomencl. (*tipi*) ideologico, fraseologico, dei sinonimi, analogico, nomenclatore, scientifico, tecnico, enciclo-

pedico, filosofico, linguistico || lessicografia || lessicografo, vocabolarista || lemmi, parole, locuzioni.

vocàbolo, *sm.* → PAROLA.

vocalizzàre, *v.intr.* → CANTARE.

vocazióne, *sf.* inclinazione, attitudine, disposizione, tendenza, predisposizione, propensione, passione, capacità, dote, → CHIAMATA.

contr. avversione, contrarietà, riluttanza, resistenza, inettitudine, inabilità.

vóce, *sf.* accento, suono, fiato, nota, grido, tono || parola, vocabolo, termine, detto || fama, riputazione, opinione || notizia, chiacchiera, diceria.

nomencl. (*tipi*) bianca, maschile, virile, di gola, di petto, di testa || (*inerenti*) corde vocali, corpo, volume, estensione, metallo, timbro, registro, tono, impostatura, calata, tremolo, fremito, passione, ripercussione, eco, stecca, stonatura, boato, tuono, altezza, intensità, sonorità || falsetto, raucedine, afonia, ventriloquio, emifonia, eterofonia, rinofonia || fonografo, fonoscopio, fonico, fonetico || *agg.* agile, argentina, chiara, limpida, penetrante, squillante, vibrante, soffocata, sorda, fioca, rauca, stridula, cavernosa, graziosa, aggraziata, carezzevole, morbida, vellutata, soave, flautata, pastosa, ferma, formata, matura, grossa, gutturale, grave, bassa, nasale, reboante, sepolcrale, sommessa, sottile, tenue, profonda, strangolata, scordata, stonata, sgarbata, sgangherata, stentorea, agra, aspra, fessa, stridente, armoniosa, delicata, dolce, espressiva, estesa, ingrata, sgradevole, lamentevole, leggera, limpida, piena, alta, accorata, allegra, concitata, difettosa, gioconda, quadrata, rabbiosa, secca, viva, vivace, sonora, stizzosa || *verb.* addolcire, abbassare, alzare, modulare, appoggiare, articolare, contraffare, posare, spiegare, strascicare, trillare, svociarsi, vociare, vociferare || parlare, cantare, gridare, urlare, chiamare, rispondere, strillare, piangere.

vociàre, *v.intr.* urlare, gridare, berciare, abbaiare, ululare, alzar la voce, sbraitare, strillare, stridere.

contr. tacere, sussurrare, parlare sottovoce, in modo sommesso.

vociferàre, *v.intr.* parlare ad alta voce, parlare forte e a lungo || spargere la voce, dire, spargere notizie o dicerie, sparlare, soffiare, spifferare, mormorare

vociferazióne, *sf.* → NOTIZIA, RUMORE.

vocío, *sm.* bisbiglio, susurro, → RUMORE.

vòdka, *sf.* → ACQUAVITE.

vóga¹, *sf.* → USANZA, VEZZO, MODA || FAMA, GLORIA.

vóga², *sf.* spinta, palata, remata || *fig.* impeto.

nomencl. corta, lunga, alla veneziana, reale.

vogàre, *v.intr.* remare, remigare, remeggiare.

vogatóre, *sm.* rematore, remigatore, remigante, remante, rèmige, canottiere, prodiere, poppiere, spalliere, barcaiolo.

vòglia, *sf.* desiderio, desio, brama, vaghezza, appetito, talento, volontà, prurito, libito, gusto, fantasia, tentazione, umore, vena, avidità, fregola, smania, inquietudine, uzzolo, velleità, foia, capriccio, bisogno, *libido*, amore || → NEO.

nomencl. picacismo o allotriofagia || *verb.* invogliare, soddisfare, frullare, pizzicare, frenare, soffocare, trattenere, suscitare, svegliare, togliere, cavare, levare, eccitare, svogliare, struggersi, infrenesire, smaniare, agognare, sospirare, anelare, sfogare, esasperare, avvelenare.

contr. ripugnanza, avversione, contrarietà, pigrizia, fiaccona, malavoglia, saturazione, sazietà.

voglióso, *agg.* cupido, avido, bramoso, ingordo, voglioloso, → DESIDEROSO.

volàno, *sm.* → PALLA || RUOTA.

volànte¹, *ppr.* di volare || *agg.* celere, veloce, rapido, aligero, → ALATO || *sf.* squadra celere, → POLIZIA.

volànte², *sm.* volano, → RUOTA || sterzo, manubrio, leva, *cloche*.

volànte³, *sm.* guarnizione, guernizione, falpalà, gala, volantino.

nomencl. *agg.* pieghettato, arricciato.

volantíno, *sm.* foglietto, manifestino, → MANIFESTO || VOLANTE.

volàre, *v.intr.* alzarsi a volo, solcare l'aria, veleggiare con le ali, muovere le penne, reggere il volo, spiegare le ali, stare sull'ali, andare, aleggiare, aliare, librarsi, convolare, sfarfallare, planare, sorvolare, svolacchiare, svolazzare, spaziare, spazieggiare, svolare, starnazzare, transvolare, volicchiare, volitare || salire, scendere, calare, calarsi, dedaleggiare, impennare, levare il volo, prendere il volo, cabrare, ammarare, atterrare, volare alto || *fig.* correre velocissimo, passare o trascorrere rapidamente, affrettarsi molto, innalzarsi, sollevarsi.

contr. andare, serpeggiare, strisciare a terra; indugiare, andare piano, fermarsi, posarsi, ripiegare le ali.

volàta, *sf.* volo, carriera.

volàtile, *agg.* volante || *sm.* uccello, augello, alipede, pennuto, volativo (*ant.*).

volatilizzàre, *v.tr.*, *intr.* e *rifl.* distillare, sublimare, purificare, raffinare, → EVAPORARE || *fig.* scomparire.

contr. solidificare, condensare.

volatóre, *sm.* aeronàuta, aviere, aviatore.

volènte, *ppr.* di volere || *agg.* disposto, consenziente, consensuale.

contr. nolente, contrario.

volenteróso, *agg.* volonteroso, zelante, fervente, diligente, pronto, sollecito, solerte, alacre, di buona volontà, manevole, propenso.

contr. svogliato, neghittoso, trascurato, lento, inerte.

volentièri, *avv.* con piacere, di buona voglia, con gioia.

contr. malvolentieri, contro voglia, svogliatamente.

volére¹, *v.tr.* fissare, stabilire, preferire, esigere, pretendere, comandare, imperare, desiderare, rivolgere, ordinare, richiedere, chiedere, cercare, bramare, imporre, accettare, acconsentire, accordare, concedere, ammettere, determinare || aver bisogno, aver caro || *intr.* essere necessario, bisognare, urgere, occorrere, convenire, essere utile.

nomencl. (*modi*) molto, poco, con autorità, con diritto, con abuso, fiaccamente, decisamente, con costanza.

volére², *sm.* → VOLONTÀ || ENERGIA, MENTE.

volgàre, *agg.* solito, consueto, usato, usuale, ordinario, comune, normale, quotidiano, comunissimo, vulgato, divulgato, corrente, dozzinale, generale, grossolano, ovvio, piano, trito, popolaresco, ignobile, prosaico, pedestre, triviale, scurrile, osceno, piazzaiuolo, pla-

teale, plebeo, piatto, banale, rozzo, sciatto, villano, zotico, basso || *sm.* idioma, dialetto, vernacolo.
contr. nobile, signorile, aristocratico, eletto, raro, distinto, fine, delicato, non comune, raffinato || lingua dotta.
volgarità, *sf.* trivialità, bassezza, villania, scurrilità, scortesia, rozzezza, sgarbatezza, sgarbo, ineleganza, materialità, pacchianeria, grossolanità, plebeaggine.
contr. cortesia, gentilezza, distinzione, compitezza, finezza, delicatezza, raffinatezza, signorilità, nobiltà, aristocrazia.
volgarizzaménto, *sm.* → INSEGNAMENTO || TRADUZIONE || semplificazione, adattamento, appiattimento, banalizzazione.
contr. studio scientifico || opera originale.
volgarizzàre, *v.tr.* popolarizzare, divulgare, diffondere, interpretare, spiegare || tradurre.
volgarizzatóre, *sm.* traduttore, divulgatore, compilatore.
contr. scienziato, studioso.
vòlgere, *v.tr.* muovere, voltare, girare, piegare, ritorcere, torcere, stravolgere, obliquare, rivoltare, flettere, volvere, deflettere, cambiare, rovesciare, rivolvere, svoltare, tornare, versare || avvolgere, avvoltolare, voltolare, rovesciare || indurre, piegare il cammino, rivolgere, dirigere, indirizzare, guardare || dissuadere || *intr.* accostarsi, inchinare, pendere, tendere, roteare, turbinare, rotare, tornare, cambiare, mutare || *rifl.* girarsi, voltarsi, piegarsi da un lato, rivolgersi, rivoltarsi, attorcigliarsi.
vólgo, *sm.* popolino, plebe, folla, gente, moltitudine, canaglia, turba, popolaccio, massa.
vòlgolo, *sm.* → INVOLTO.
volitàre, *v.intr. lett.* svolazzare, aliare, aleggiare.
contr. involarsi.
volitívo, *agg.* → ENERGICO.
volizióne, *sf.* → VOLONTÀ.
vólo, *sm.* volata, ascesa, salita, slancio in alto || *fig.* rapida corsa, grande velocità, carriera, ascesa sociale, passaggio ardito || → VIAGGIO || (lirico, poetico, della fantasia) → FANTASTICHERIA.
nomencl. volo pindarico.
volontà, *sf.* volere, amore, bene, arbitrio, balía, beneplacito, dominio, esigenza, libito, pretesa, volizione, proposito, intenzione, disposizione, proponimento, voglia, desiderio, appetito, talento, tendenza, attitudine, gusto, forza, sentimento, piacere, facoltà, anima, intraprendenza, affezione.
nomencl. (*pertinenti*) discrezione, moderazione, vocazione, volontarietà, abuso, azione, impegno, ispirazione, ossessione, pretesa, prepotenza, prescrizione || abdicazione, abnegazione, riluttanza, ripugnanza, indifferenza, rinunzia, mortificazione, rassegnazione, acquiescenza, conformità, uniformità, consentimento, accordo, concordia, contrasto, cozzo, urto, deferenza, ossequio, rispetto, elezione, esercizio, turbamento, protesta, crisi || accidia, ignavia, inerzia, automatismo, coartazione, coercizione, coazione, forza maggiore, resistenza, opposizione, bioscia, freddezza, malavoglia, melensaggine, violenza || determinismo, indeterminismo, telematologia || *agg.* alacre, attiva, ardente, fattiva, costante, ferma, ferrea, fervida, tenace, franca, inflessibile, indomabile, indomita, pronta, risoluta, solerte, sollecita, ostinata, pervicace, irremovibile, perseverante, debole, fiacca, dubbiosa, incerta, tentennante, indeterminata, instabile, molle, perplessa, tiepida, titubante, pigra, lenta, vacillante || *verb.* accettare, acconsentire, adattarsi, animarsi, accordarsi, arrendersi, cambiare, mutare, rimutare, compiacere, dichiararsi, manifestare, dipendere, essere in vena, fare la volontà, fare a volontà, dirigere, dominare, padroneggiare, spadroneggiare, obbedire, eseguire, offrire, persistere, continuare, durare, pretendere, proporsi, secondare, frenare, nicchiare, titubare, svogliarsi, influenzare, infondere, ispirare, eccitare, rimettere, lasciare.
contr. abulia, apatia, velleità, capriccio, indifferenza, inerzia, svogliatezza, fiaccona, pigrizia, rilassatezza, volubilità, necessità.
volontàrio, *agg.* libero, intenzionale, elettivo, spontaneo, nativo, naturale, espansivo, pronto, subitaneo || *sm.* → APPRENDISTA.
contr. involontario, forzato, costretto, obbligatorio, imposto, preterintenzionale.
volonteróso, *agg.* → VOLENTEROSO.
vólpe, *sf.* → GOLPE || *fig.* → ASTUTO.
nomencl. volpaia, covo, covile || trappola, caccia || *verb.* volpeggiare || (*voci*) gnaulare, squittire, gannire.
volpíno, *agg.* → ASTUTO || *sm.* → CANE.
volpóne, *sm. fig.* → ASTUTO.
vòlta, *sf.* volgimento, giro, piega, torsione, movimento in giro, rovesciamento, rivolgimento || turno, ripetizione, periodo, occasione, circostanza, ripresa, tempo, colpo, fiata, parte, tratta, tratto, vece (*poet.*) || soffitto, impalcatura, cielo, arco, fornice, vòlto, passaggio ad arco, arcata, voltone, sopraccielo, muro || volta celeste, → CIELO.
nomencl. (*forma*) a botte, a cielo di carrozza, a crociera, a sesto acuto, a mezza botte, a quarti acuti, a vela, a ventaglio, cilindrica, conica, fonica, reale, reticolata, sotterranea, volterrana, a padiglione || (*elementi*) alette, fianchi, piedritti, arcale, asse, cappa, centina, chiave, estradosso, imbotte, sesto, coscia, costola, costolone, crociera, falso attico, intradosso, longarina, architrave, lunetta, ogiva, peduccio, pennacchi, ricasco, salterio, saltero, sfondo, tamburo || cupola, abside || *verb.* costruire, armare, fiancare.
voltacasàcca, *sm.* e *f. indecl.* girella, opportunista, banderuola, girandola, voltagabbana, buffone, voltafaccia.
nomencl. doppio giuoco.
voltagabbàna, *sm.* e *f. indecl.* → VOLTACASACCA.
voltàre, *v.tr.* volgere, girare, rivoltare, arrovesciare, rovesciare, riversare, rivolgere, capovolgere, rotolare, sconvolgere, torcere, mutare, cambiare, commutare, convertire, invertire, tornare, svoltare, virare, sterzare, trasmutare, trasformare, disdire, rinnegare, ritrattare || capovoltare, raggrovigliare, rigirare, rimboccare, svoltolare, voltolare, storcere || cambiare opinione, voltare casacca o la giubba, voltare le reni, darsi alla fuga || trasportare, tradurre || *rifl.* volgersi indietro, rivoltarsi, ribellarsi.
voltastòmaco, *sm.* nausea, mal di stomaco, contrastomaco, torcibudella.

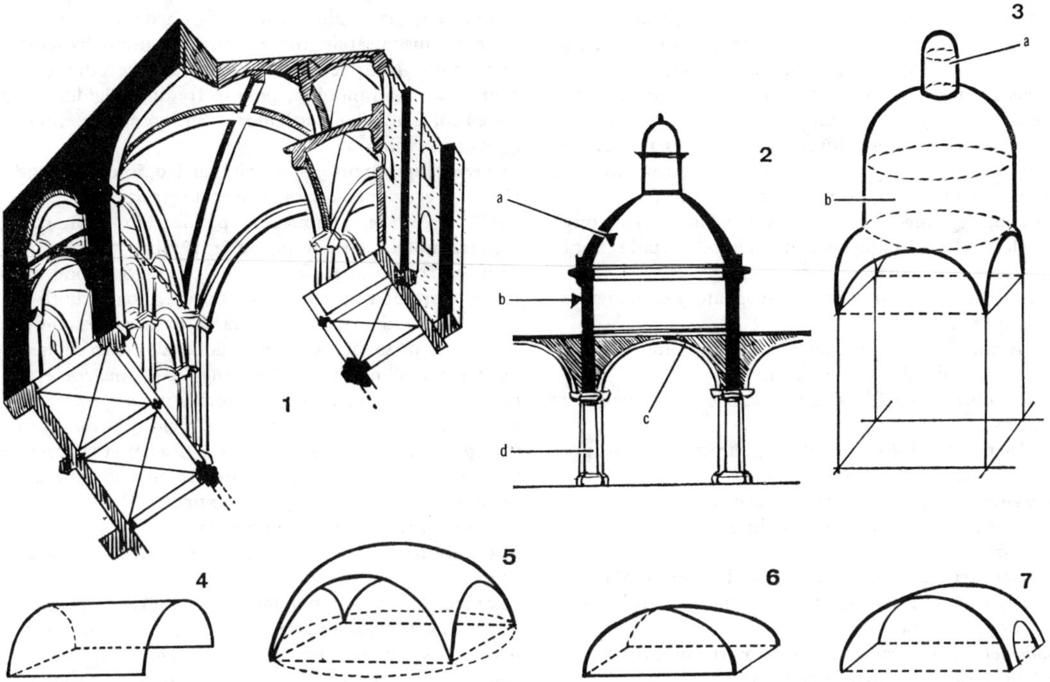

VOLTA – 1) volta a crociera; (sezione assonometrica della Chiesa di S. Ambrogio a Milano); 2) a = intradosso, b = tamburo, c = pennacchi, d = pilastrate; 3) proiezione di una cupola: a = lanterna, b = tamburo; 4) volta a botte; 5) volta a padiglione; 6) volta a vela; 7) volta a botte lunettata.

voltàta, *sf.* svolta, cantonata, curva, gomito, angolo, giro, giravolta, virata, sterzata, inversione (di marcia).

volteggiaménto, *sm.* → GIRAVOLTA.

volteggiàre, *v.intr.* bordeggiare || → GIRARE.

vólto, *sm.* viso, → FACCIA || *fig.* natura, carattere, espressione, significato, aspetto, immagine, ritratto.

vòlto, *pps.* di volgere || *agg.* voltato, rivoltato, rivolto, diretto, piegato, prospiciente, indirizzato, inclinato, orientato, aperto || dedito || mutato || *sm.* → VOLTA.

voltolàre, *v.tr.* rivoltare, rivoltolare, svoltare, rimescolare, rimestare, travolgere, sconvolgere, rovesciare, abbattere con furia, travoltare, capovolgere || *rifl.* rotolarsi, voltarsi e rivoltarsi in giro, capitombolare, avvolgersi.

voltóne, *sm.* → VOLTA, ARCO.

voltúra, *sf.* trasferimento || *ant.* tradurre.

volúbile, *agg.* incostante, instabile, variabile, mutabile, mutevole, mobile, cambiabile, leggero, facile a cambiare, fluttuante, vario || infedele, banderuola, girella, farfallino, fraschetta, vanerello.
contr. fermo, costante, saldo, solido, permanente, stabile, invariato, immutabile.

volubilità, *sf.* mobilità, incostanza, leggerezza, instabilità, cambiabilità, mutevolezza, mutabilità, varietà.
contr. costanza, fermezza, saldezza, stabilità, immutabilità, fedeltà.

volúme, *sm.* spessore, grossezza, mole, misura, massa, quantità, stazza, portata, tonnellaggio, capacità, stazzatura, contenenza || libro, tomo, opera.
nomencl. atomico, specifico || (*attinenti*) caraffo, portata, sgorgata, sgorgo, pugno, giumella, presa, stero || volumetro || *verb.* accrescere, aumentare, ricrescere, diminuire, calcolare.

voluminóso, *agg.* ingombrante, scomodo, → GROSSO.
contr. piccolo, esiguo, tenue.

volúta, *sf.* ripiegamento, → GIRAVOLTA || spirale, ornamento, riccio, ricciolo.

volutàbro o **voluttàbro,** *sm. lett.* pozzanghera, brago, pantano || *fig.* sozzura.

volúto, *pps.* di volere || *agg.* premeditato, intenzionale, inteso, preparato, volontario.
contr. involontario, colposo, preterintenzionale.

voluttà, *sf.* piacere, ebbrezza, passione, diletto, delizia, godimento, compiacenza, dolcezza || libidine, lussuria, sfrenatezza, dissolutezza || tendenza, passione.
contr. dolore, sofferenza, pena, patimento, strazio || temperanza, moderazione, rinuncia.

voluttuàrio, *agg.* di lusso, superfluo || piacevole, delizioso, → SENSUALE.
contr. necessario, indispensabile, utile.

voluttuóso, *agg.* sibaritico, → PIACEVOLE, SENSUALE.

vomeràia, *sf.* vomerale, bomberale.

vòmere, *sm.* → ARATRO.

vomitàre, *v.tr.* rècere, rigettare, vomicare, vomire, restituire il cibo, rivoltar lo stomaco, dar di stomaco || *fig.* rigurgitare, gettar fuori, lanciar fuori, emettere, respingere.
contr. inghiottire, ingollare, ingurgitare, mandar giú || assorbire, ricevere, tenere.

vomitatívo, *agg.* → VOMITIVO.

vomitívo, *agg.* e *sm.* vomitativo, vomitatorio, vomichevole, vomico, emetico.

vòmito, *sm.* gettito, ributto, reciticcio, travaglio di stomaco, sovversione, vomicamento, vomitamento, vomitazione || *fig.* ripugnanza, schifo, disgusto.
nomencl. (*inerenti*) sforzi, conati, archeggiamento, stimolo || mal di mare, mal di montagna, mal d'auto, blennemesi, colemesi, idremesi, iperemesia, mal del miserere, miserere || antemetico, antiemetico, emetico, vomico, vomitativo, vomitatorio, vomitivo.
voràce, *agg.* ingordo, divoratore, edace, avido, insaziabile, goloso, mangione, desideroso, cupido || *fig.* divorante, consumante.
contr. schifiltoso, parco, sobrio, svogliato (nel mangiare) || temperante.
voracità, *sf.* ingordigia, avidità, insaziabilità, golosità, fame || *fig.* desiderio, cupidigia.
contr. sobrietà, schifiltosità, moderazione, temperanza, misura.
voràgine, *sf.* profondità, abisso, baratro, dirupo, precipizio, spaccatura || vortice, gorgo.
nomencl. *verb.* aprirsi, sprofondarsi, inghiottire.
contr. culmine, vetta, cima, colmo.
voratóre, *sm. lett.* → MANGIONE.
vòrtice, *sm.* gurgite, gorgo, mulinello, remollo, revertigine, ringorgo, ritrosa, turbine, ciclone, evoluzione, rotazione, voluta.
nomencl. *verb.* vorticare, mulinare, roteare, rotare, rotolare, girare, circolare, aggirarsi.
vorticóso, *agg.* turbinoso, tempestoso, girante con impeto, velocissimo, rapidissimo, travolgente, vertiginoso, tumultuoso.
contr. fermo, immobile, stagnante, placido.
votàggine, *sf.* vacuità, vuotezza, inutilità, inanità, leggerezza, vanità.
votànte, *ppr.* di votare || *sm.* e *f.* elettore, votatore.
votàre[1], *v.tr.* → VUOTARE.
votàre[2], *v.tr.* suffragare, dare il voto || *rifl.* obbligarsi, consacrarsi con voto || offrirsi, consacrarsi, dedicarsi, dare tutta l'anima.
votatóio, *sm.* → SPILLO.
votatóre, *sm.* votante, elettore.
votazióne, *sf.* voto, elezione, suffragio, scrutinio, squittinio, computo dei voti, *referendum*, plebiscito, ballottaggio.
nomencl. (*maniere*) a scrutinio segreto, all'unanimità, a pieni voti, a maggioranza assoluta, a maggioranza relativa, per alzata di mano, per alzata e seduta, per appello nominale, per voto palese, per acclamazione || (*pertinenti*) maggioranza (assoluta, relativa), minoranza, voti di preferenza, voti di lista, scheda, contrassegno di lista, lista dei candidati, seggio, presidenza di seggio, scrutatori, rappresentanti di lista || appello, contr'appello, controprova, voto, dichiarazione di voto, proclamazione del voto, collegio, scrutinio di lista || adunanza, assemblea, comizio, congresso, consiglio, parlamento || candidato, astensione.
votézza, *sf.* vuotezza, → VACUITÀ.
vóto, *sm.* votagione, suffragio, díchiarazione, → VOTAZIONE || fioretto, promessa, impegno, dedizione, proposito, preghiera, giuramento || augurio, desiderio, aspirazione, volontà.
nomencl. *ex-voto.*

vulcànico, *agg.* plutonico || *fig.* ardente, fervido, bollente, instancabile, impetuoso, impulsivo, irruente, tempestoso, irrequieto || pericoloso, imprevedibile.
contr. calmo, tranquillo, posato, freddo, frigido.
vulcàno, *sm.* giogo ardente, gran voragine, monte ignivomo, volcano.
nomencl. (*tipi*) spento, in attività, attivo, in ebollizione, vivo, in eruzione, sottomarino, intermittente || (*elementi e fenomeni*) fiumaccio, pennacchio, fumarole, lagone, mofeta o mofetta, putizza, salse, soffione boracifero, solfatara, stufa, vulcano di fango || cono, camino, cratere; muraglie fesse, porose, boato, buffi di gas infiammati, eruzione, colata, fase (di esplosione, di deiezione, di solfatara, di estinzione, di emanazione o pozzoliana, pliniana), fischio, ruggito || (*materie eruttate*) dicco, lapillo, piperno, lateriti, moia, pozzolana, sabbie vulcaniche, tufo, scorie, vapori cloro-idro-solforosi, vapor acqueo, acido carbonico || (*studio*) vulcanismo, vulcanologia, vulcanologo, sismopirologia, sismografo.
vulneràre, *v.tr.* → FERIRE, OFFENDERE.
nomencl. vulnerabile || vulnerario.
vuotamènto, *sm.* vuotatura, svuotatura, → ESAURIMENTO.
vuotàre, *v.tr.* votare, svuotare, svotare, evacuare, sgombrare, cavare, stasare, scavare, sbarazzare, far vuoto.
nomencl. votaborse, votacase, votacessi, votapozzi.
contr. empire, riempire, colmare, stipare, ingurgitare.

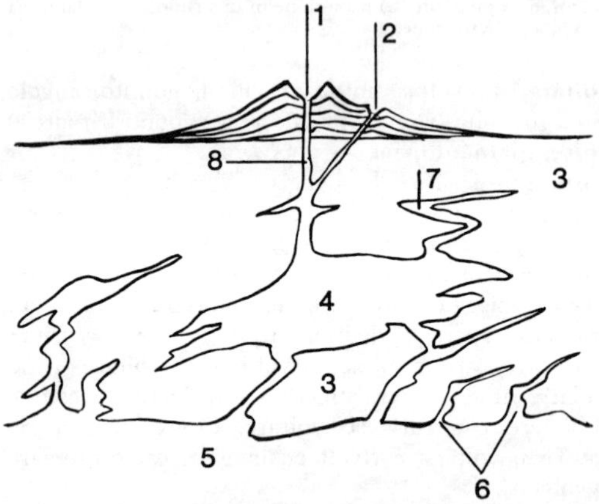

VULCANO – 1) cratere principale; 2) cratere secondario o avventizio; 3) crosta terrestre; 4) laccolite; 5) batolite; 6) apofisi; 7) vena intrusiva; 8) condotto o camino vulcanico.

vuotézza, *sf.* votezza, → VACUITÀ.
vuòto, *agg.* vacuo, cavo, incavato || lacunoso, vacante, libero, privo, mancante, disoccupato, adespoto, vedovo, difettivo, scarico, scaricato, sgombro, bugio, esausto, esaurito, sgravato, solitario, solo, solingo, non occupato, smobiliato || *fig.* fatuo, frivolo, inutile || *sm.* nulla, lacuna, vacuità, vuotezza, apparenza, illusione, vernice, inutilità, vuotaggine, omissione, cavità, incavo, fesso, vano.
nomencl. *avv.* a vuoto, invano, inutilmente, vanamente, indarno.
contr. pieno, colmo, stipato, folto, gremito, ingombro, zeppo, occupato, impegnato.

W

wagon-lit, *sm. fr.* carrozza con letti, vettura-letto.
wagon-restaurant, *sm. fr.* carrozza-ristorante.
Walzer, *sost. ted.* valzer.
week-end, *sost. ingl.* fine settimana, → VACANZA.
whisky, *sost. ingl.* → ACQUAVITE.

X

xenofobía, *sf.* senofobia.
xenòfobo, *agg.* e *sm.* senòfobo.
xilòfono, *sm.* silòfono.
xilofonísta, *sm.* silofonista.
xilografía, *sf.* silografia, incisione in legno.
xilògrafo, *sm.* silografo, → INCISORE.

Y

yacht, *sost. ingl.* pànfilo, panfilio, → BARCA.
yankee, *agg.* e *sost. ingl.* americano, statunitense, Zio Sam.
yard, *sost. ingl.* iarda.
yole, *sost. ingl.* iole, → BARCA.
yúcca, *sf.* iucca.

Z

zàcca, *sf.* → VALLE.
zàccaro, *sm.* → ZACCHERA.
zàcchera, *sf.* schizzo, spruzzo, macchia, pillacchera, zaccaro || *ant.* bagattella, inezia.
nomencl. inzaccherato, zaccheroso || *verb.* inzaccherare, zaccherare.
zaccheràre, *v.tr.* inzaccherare, → SPORCARE.
zaccherèlla, *sf.* → INEZIA.
zaccheróso, *agg.* inzaccherato, → FANGOSO.
zàccola, *sf.* → MINUZIA.
zàffa, *sf.* tampone, stuello, → ZAFFO.
zaffàre, *v.tr.* turare, chiudere, otturare, tappare.
contr. sturare, stappare, aprire.
zaffàta, *sf.* getto, ondata di cattivo odore, tanfo improvviso, tanfata, spruzzo (di liquido, di vapore, di gas).
zaffatúra, *sf.* → TURACCIOLO.
zafferàno, *sm.* croco, grogo, gruogo, zaffrone || uccello palmipede.
zaffíro, *sm.*
nomencl. orientale, d'indaco, distene, bianco, d'acqua, occidentale || *verb.* inzaffirare.
zàffo, *sm.* tappo, cocchiume, turo, turacciolo, cavicchio, sughero, stopaccino, stuello, tampone, tasta, zipolo, → SPINA.
nomencl. *verb.* zaffare.
zagàglia, *sf.* → LANCIA.
zàgara, *sf.* fiore d'arancio.
zàino, *sm.* → SACCO.
nomencl. straccale.
zambràcca, *sf.* → PROSTITUTA.
zàmpa, *sf.* piede, branca, estremità, artiglio || gamba.
nomencl. zoccolo, unghia, unghioni.
zampàre, *v.intr.* zampeggiare, zampettare, raspare, ruspare, razzolare, scalpitare.
zampàta, *sf.* rampata, artigliata, calcio, colpo, brancata || traccia, pesta, orma (di animale).
zampeggiàre, *v.intr.* → ZAMPARE.
zampettàre, *v.intr.* → ZAMPARE, CAMMINARE.
zampillàre, *v.intr.* scaturire, pullulare, erompere, sorgere, sgorgare, rampollare, spicciare, scannellare, nascere, derivare, promanare, emanare, uscire, schizzare, sprizzare, buttare, gettare, sboccare, prorompere, scoppiare, effondersi, espandersi, sprigionarsi, pispinare, saltar su, stillare.
zampíllo, *sm.* getto, filo, stilla, pispino, schizzo, spillo, sprazzo, sprizzo, spruzzo, sbruffo, vena, polla, fonte, fontana.
zampógna, *sf.* piffero, piva, zufolo, flauto agreste, siringa, fistola, pastorale, avena, cennamella, cornamusa.
zàna, *sf.* → CESTA, PANIERE, CULLA || nicchia, → CAVITÀ || *fig.* → INGANNO.
zanaiòlo, *sm.* → FACCHINO.
zànca, *sf.* → UNCINO.
zanèlla, *sf.* → FOSSA.
zànna, *sf.* → DENTE.
nomencl. zannata || *verb.* azzannare, zannare.
zànni, *sm.* → BUFFONE.
zanzàra, *sf.* anofele.
nomencl. malaria || *verb.* appinzare, beccare, pinzare, pungere || fischiare, ronzare.
zanzarièra, *sf.* → VELO.
zàppa, *sf.* marra, beccastrino, gravina.
nomencl. (*parti*) ferro, taglio, occhio, manico || *verb.* zappare, zappettare, scassare, tagliare, lavorar la terra, dirompere.
zappàre, *v.tr.* lavorare, scassare la terra; scalzare, sterrare, zappettare, zapponare.
zappatèrra, *sm. indecl.* → ZAPPATORE, AGRICOLTORE.
zappatóre, *sm.* marraiolo, sterratore, giardiniere, zappaterra, ortolano, → AGRICOLTORE || guastatore, picconaio del Genio, spianatore, zappatore del Genio.
zappettàre, *v.tr.* → ZAPPARE.
zapponàre, *v.tr.* → ZAPPARE.
zar, *sm. indecl.* → IMPERATORE.
zàra, *sf.* gioco || *fig.* → RISCHIO.
zarzuèla, *sf.* operetta spagnola.
zàttera, *sf.* galleggiante, chiatta, pontone, barca.
zatteríno, *sm.* pontone.
zavardàre, *v.tr.* → SPORCARE.
zavòrra, *sf.* → PESO.
zàzzera, *sf.* → CAPIGLIATURA, PARRUCCA.
nomencl. zazzeruto, capelluto || zazzerone, capellone.
zebràre, *v.tr.* → RIGARE.
zebràto, *pps.* di zebrare || *agg.* rigato, striato.
zécca, *sf.* acaro || coniazione.
nomencl. zecchino, zecchiere || nuovo di zecca.
zecchinétta, *sf.* toppa.
zéccola, *sf.* làppola || *fig.* bazzecola.
zèfiro o **zèffiro,** *sm.* venticello, aura, brezza, favonio, vento di ponente, ponentino.
zelànte, *agg.* zelote (*ant.*), fervente, fervido, fervoroso, diligente, coscienzioso, volonteroso, pronto, sollecito, di buona volontà, operoso, emulo, geloso, fanatico, attivo, attivista, assiduo, premuroso.
contr. trascurato, negligente, noncurante, svogliato.
zelanteménte, *avv.* → DILIGENTEMENTE.
zelàre, *v.intr.* e *tr.* avere zelo, adoperarsi con zelo, propugnare, diffondere, propagare, difendere, sostenere, interessarsi, aver interesse, avere a cuore.
zelatóre, *sm.* partigiano, sostenitore, fautore, protettore, propagatore, propagandista, favorevole, fanatico, zelantone, attivista.
contr. indifferente, apatico, disinteressato, trascurato, negligente, fiacco, tiepido.
zèlo, *sm.* diligenza, interessamento, emulazione, operosità, fervore, cura, premura, sollecitudine, attenzione, impegno, ardore, impeto, attività, prontezza, passione, fuoco, fanatismo, gelosia, esattezza, accanimento.

contr. trascuratezza, tiepidezza, noncuranza, svogliatezza, inerzia, fiacca, disinteresse, negligenza.
zendàdo, *sm.* zendale, → VELO.
zendàle, *sm.* → ZENDADO.
zènit, *sm.* vertice, sommità.
contr. nadir.
zènzero, *sm.* zenzèvero, gèngero.
zéppa, *sf.* taccone, bietta, calzatoia, calzuolo, calzatoio, conio, cuneo || *fig.* riempitura, riempitivo, pleonasmo.
nomencl. *verb.* inzeppare, rinzeppare, zeppare, metter zeppe.
zeppàre, *v.tr.* → RIEMPIRE.
zeppàto, *pps.* di zeppare || *agg.* → PIENO.
zéppo, *agg.* → PIENO.
zerbíno, *sm.* → ZERBINOTTO || tappetino, stoíno.
zerbinòtto, *sm.* zerbino, galante, bellimbusto, damerino, moscardino, elegantone, cacazibetto, civettino, figurino, ganimede, profumino, vagheggino, patito, assettatino, assettatuccio, faschiere, frinfello, frustino, gagà, ganzerino, mugherino, paino, pulitino, ripicchiato, rubacuori, tirato a lucido, vanerello, ganzo, amante.
nomencl. straccione, pezzente, poveraccio.
zèro, *sm.* quantità nulla || *fig.* nulla, niente, meno di niente.
nomencl. *verb.* non valere, non contare uno zero.
zezzío, *sm.* → RIMPROVERO.
zibaldóne, *sm.* miscellanea, antologia, raccolta || *spreg.* miscuglio, mescolanza, confusione, cibreo, polpettone.
zibétto, *sm.* muschio.
zígaro, *sm. ant.* → SIGARO.
zígomo, *sm.* pomello.
zigrinàto, *agg.* sagrinato, conciato.
zigríno, *sm.* sagrí.
zigzàg, *sm.* linea spezzata, tortuosa, serpeggiante || curva, svolta, giravolta, serpentina.
nomencl. zigzagare.
contr. linea retta, rettifilo.
zigzagàre, *v.intr.* serpeggiare, serpere, camminare tortuosamente, procedere a giravolte.
contr. andare diritto, in linea retta.
zimàrra, *sf.* guarnacca, gabbano, mantello, talare.
zimbellàre, *v.tr.* canzonare, corbellare, scherzare || allettare, attirare, richiamare, lusingare.
zimbellatóre, *sm.* → CACCIATORE.
zimbèllo, *sm.* fischietto, chioccolo, fischiarella, fischiarello, zimbelliera, quagliere, quagliero || *fig.* richiamo, allettamento, lusinga, esca || trastullo, sollazzo, spasso, svago, passatempo, ludibrio, scherno.
zinàle, *sm.* zinnale, → GREMBIALE.
zínco, *sm.* blenda, calamina.
nomencl. *verb.* zincare.
zincografía, *sf.* zincotipia, → FOTOGRAFIA.
zincògrafo, *sm.* → INCISORE.
zincotipía, *sf.* zincografia.
nomencl. (*inerenti*) lastra, tinta di fondo, mezza tinta, tinta molle, incavo, tratto, retino, granulatura, aerografo, mordente.
zinganàre, *v.intr.* → ANDARE, VAGABONDARE.
nomencl. zingano.
zíngaro, *sm.* tzigano, zigano, zingano, gitano || *fig.* errante, errabondo, nomade, girovago, vagabondo, giramondo, randagio, pellegrino, peregrino.
zínna, *sf.* → MAMMELLA.
zinnàle, *sm.* → ZINALE.
zinzíno, *sm.* → MINUZIA, SORSO.
zinzolíno, *sm.* → MINUZIA.
zípolo, *sm.* → ZAFFO.
zirlàre, *v.intr.* trutilare, fischiare.
zíro, *sm.* → ORCIO, GIADA.
zitèlla, *sf.* zittella, → NUBILE, RAGAZZA.
zittíre, *v.intr.* sibilare (per far tacere), disapprovare.
contr. applaudire, approvare.
zítto, *agg.* tacito, taciturno, muto, silenzioso, silente, ammutolito, cheto cheto, chiotto chiotto, quatto, reticente.
contr. loquace, ciarliero, garrulo, chiacchierone, rumoroso.
zízza, *sf.* → MAMMELLA.
zizzània, *sf.* → LOGLIO || *fig.* DISCORDIA || GENTE.
zízzola, *sf.* → INEZIA.
zízzolo, *sm.* giuggiolo.
zòccola, *sf.* topo di fogna. → RATTO² || *fig.* → PROSTITUTA.
zoccolàro, *sm.* → CALZOLAIO.
zòccolo, *sm.* scroi, pattini, → CALZATURA || *fig.* base, basamento, piedistallo, fondamento, piede, dado, plinto.
contr. timpano, fastigio, vertice.
zodíaco, *sm.* fascia zodiacale, analemma, eclittica, costellazione.
nomencl. (*segni*) Ariete, Toro, Gemelli, Cancro, Leone, Vergine, Bilancia, Scorpione, Sagittario, Capricorno, Acquario, Pesci.
zòilo, *sm. fig.* critico severo, astioso ingiusto || stroncatore.
zolfanèllo, *sm.* solfanello, zolfino, cerino, → FIAMMIFERO.
zolfàra, *sf.* solfara, zolfonaria, zolfatara, zolfiera, → SOLFATARA, ZOLFO.
zolfatàra, *sf.* → SOLFATARA, ZOLFO.
zolfíno, *agg.* e *sm.* → GIALLO || *sm.* → FIAMMIFERO.
zólfo, *sm.* solfo, solfaro.
nomencl. (*attinenti*) zolfaia, zolfatara, ghiolo, picconiere, zolfaio, minatore, caruso || zolfatura, suffumigio || polvere pirica, solfuro, marcassite || solforico, sulfureo || *verb.* zolfare, insolfare, solforare, solforeggiare.
zòlla, *sf.* gleba, ghiova, terra, piota || *fig.* pezzo, pezzetto.
nomencl. (*inerenti*) pelliccia di terra, piallaccio, cotenna, crosta, cotica || tagliazolle || *verb.* ammozzare, ammozzolarsi, togliere, levare, piotare.
zombàre, *v.tr.* percuotere, picchiare.
zompàre, *v.intr. region.* saltare.
zóna, *sf.* fascia, striscia, cintura || tratto di regione, di territorio; spazio, ambito, area, estensione, circuito, corso, distanza, distesa, largo, piazza, spiazzo, tratto, posto, superficie, largura, plaga, paese, lato, parte.
nomencl. (*divisione*) torrida, glaciale, temperata, boreale, australe, artica, antartica, equatoriale.
zooiàtra, *sm.* veterinario.
zooiatría, *sf.* veterinaria.

zoolatría, *sf.* totemismo.
zoología, *sf.* zoognosia.
nomencl. (*suddivisioni*) biologica, fisiologica, generale, morfologica, speciale, sistematica, applicata || ordini, genere, classe, specie, varietà || (*branche*) anatomia (zootomia), fisiologia (zoofisiologia), embriologia, batracologia, entomologia, etologia, ittiologia, ornitologia, paleozoologia, zoogeografia, zootecnia o zootecnica, zoofarmacologia || zoomagnetismo, zoomorfismo, zoofilia, zooparassita, zoospermi || zoolatria, zoolito, psicologia animale, patologia animale || (*gruppi*) protozoi, poriferi, celenterati, echinodermi, vermi, artropodi, molluschi, tunicati, vertebrati (pesci, anfibi, rettili, uccelli, mammiferi).
zootecnía, *sf.* → AGRICOLTURA.
zoppeggiàre, *v.intr.* → ZOPPICARE.
zoppicaménto, *sm.* claudicazione, zoppaggine.
zoppicànte, *ppr.* di zoppicare || *agg.* sciancato, sbilenco, storto, storpio, malfatto, mal tagliato, sgangherato, fuor di sesto, claudicante, ranco, → ZOPPO.
zoppicàre, *v.intr.* rancare, arrancare, rancheggiare, ranchettare, claudicare, camminare zoppo, andare zoppo, zoppeggiare, vacillare, cioncare.
contr. andare spedito, diritto, elegante, disinvolto.
zòppo, *agg.* e *sm.* zoppicante, cionco, ciotto, claudicante, gambacorta, nachero, ranco, sbilenco, sciancato, sgangherato, storpio, stroppio, zoppeggiante, mal tagliato, fuor di sesto.
contr. diritto, eretto.
zoroastrísmo, *sm.* parsismo, mazdeismo.
zoticàggine, *sf.* → ZOTICHEZZA.
zotichézza, *sf.* zoticaggine, grossolanità, ignoranza, rozzezza, inurbanità, scortesia, villania, sgarbatezza, volgarità, trivialità, rustichezza, selvatichezza, asprezza, ruvidezza, intrattabilità, durezza.
contr. cortesia, civiltà, garbatezza, urbanità, gentilezza, finezza.
zòtico, *agg.* e *sm.* triviale, plateale, plebeo, volgare, piazzaiolo, pedestre, basso, grossolano, villano, scurrile, sgarbato, screanzato, dozzinale, maleducato, rozzo, ignorante, inurbano, malgarbato, mascalzonesco, facchinesco, scompiacente, scortese, sversato, sguaiato, brutale, smodato, ruvido, rustico, rude, tarpano, intrattabile, becero, cafone, buzzurro, scorzone, tanghero.
nomencl. *verb.* inzotichire, inzotichirsi.
contr. educato, gentile, fine, signorile, garbato, cortese, distinto, elegante, raffinato, civile.
zoticóne, *sm.* villanzone, trivialone, → ZOTICO.
zòzza, *sf.* intruglio di liquori || *fig.* gentaglia || *fig.* rimprovero.
zúcca, *sf.* cucurbita, cocuzza || *fig.* → TESTA || SCIOCCO, IGNORANTE.
nomencl. (*specie*) comune, moscata, popona, barucca o frataia, da pesci, barilaia, da olio, da sale || semi, rete.
zuccheràre, *v.tr.* → ADDOLCIRE.
zuccherifício, *sm.*
nomencl. (*macchine*) serbatoi, silos, lavatoio, tramoggia a griglia, elevatore, tagliatrice, pressa, batterie di diffusione, diffusori, torchi o passapolpe, filtri-presse, bollitore, mescolatori o cristallizzatori, centrifughe o turbine, cassoni di riserva || (*operazioni*) lavatura, estrazione del sugo (macerazione, diffusione, torchiatura), depurazione, concentrazione, cottura, riscaldamento, saturazione, solfitazione, evaporazione, cottura, turbinaggio, raffinazione, dissoluzione, filtrazione, cristallizzazione, raffineria || *verb.* bianchire, raffinare, brillantare, candire, caramellare, saccarificare.
zuccheríno, *agg.* → DOLCE.
zúcchero, *sm.* zuccaro, glucosio, saccaro.
nomencl. (*tipi*) di canna, di barbabietola, d'acero, d'uva || in palle, in zollette, in polvere, in pezzi, in pani || greggio, macinato, bruciato, bianco, candito, stacciato, pilé, raffinato || palla, rociolo, zolla, zolletta, zollina, pane, cono, polvere, candito, caramella, confetto || (*distinzioni*) monosaccaridi, polisaccaridi; saccarosio, saccarina, lattosio, maltosio, mannite, melitosio, raffinosio || *verb.* bianchire, raffinare, brillantare, caramellare, candire, saccariferare.
zucchétto, *sm.* zuccotto, berretto, papalina.
zucconàggine, → OSTINAZIONE.
zucconàre, *v.tr.* → TOSARE.
zuccóne, *agg.* e *sm.* → SCIOCCO, TENACE, IGNORANTE.
zuccòtto, *sm.* → ZUCCHETTO.
zúffa, *sf.* rissa, litigio, baruffa, contesa, tafferuglio, parapiglia, battaglia, attacco, combattimento, mischia, scaramuccia || polemica.
nomencl. *verb.* azzuffarsi, zuffare, affrontarsi.
contr. accordo, armonia, calma, pace, tranquillità.
zuffàre, *v.intr.* → COMBATTERE.
zufolàre, *v.intr.* → FISCHIARE || *fig.* schernire, insinuare, calunniare.
zúfolo, *sm.* zampogna, piffero, piva, fischio, fischietto || sibilo, fischio || *fig.* minchione || spia.
zufolòtto, *sm.* → FISCHIO.
zúgo, *agg.* → INETTO.
zúppa, *sf.* pancotto, pappa || zuppa di pesce (o brodetto o cacciucco); zuppa alla pavese; zuppa inglese || *fig.* mescolanza, confusione, pasticcio, intruglio || noia, prolissità, barba.
nomencl. zuppiera || *verb.* inzuppare.
zuppièra, *sf.* → PIATTO.
zúppo, *agg.* → BAGNATO, MOLLE.
zúrlo, *sm.* → PIACERE.
nomencl. *verb.* zurlare.
zúrro, *sm.* → PIACERE.
zuzzerellóne o **zuzzurellóne,** *agg.* e *sm.* → OZIOSO.

APPENDICE

NEOLOGISMI E LEMMI STRANIERI
DI USO CORRENTE
NEL PARLARE E NELLO SCRIVERE

A cura della redazione C.I.D.E.

Manuela Pittoni
Raffaele Lazzara
Maria Grazia Santisi
Giuseppe Alberto

Progetto grafico della copertina Newproject - Milano

Il mondo si evolve in fretta e così il linguaggio. A volte non c'è nemmeno il tempo per tradurre una parola, perciò la si prende direttamente dalla lingua del paese nel quale è stata coniata. A volte una parola, usata da tempo, si arricchisce di un nuovo significato lontanissimo da quello fino allora noto.

In questa appendice sono state raccolte le parole e i significati nuovi, entrati nell'uso negli anni '80 e '90, che è diventato indispensabile conoscere per capire meglio il mondo che ci circonda.

AVVERTENZE

Moltissime delle parole ormai usate nel linguaggio corrente sono di origine straniera: pertanto si è ritenuto necessario dare in parentesi, accanto a ognuna di esse, oltre all'indicazione dell'origine anche quella della pronuncia. Nei limiti del possibile, ci si è attenuti alla normale grafia italiana, tranne nei seguenti casi, dove

æ	sta a indicare un suono intermedio fra queste due vocali.
a'	sta a indicare un suono allungato con una lieve r praticamente impercettibile.
o'	vedi a'.
k	è la c di casa, che, chi.
n'	è una n pronunciata in gola, con un lieve suono di g praticamente impercettibile.
sz	sta per una s sibilante, come nella parola rosa.
tz	è una t che si pronuncia con la lingua tra i denti.
ü	è una u molto chiusa, quasi i.

Abbreviazioni

sm. = sostantivo maschile
sf. = sostantivo femminile
v. tr. = verbo transitivo
v. intr. = verbo intransitivo
v. rifl. = verbo riflessivo
agg. = aggettivo
avv. = avverbio
inv. = invariabile
pl. = plurale
dial. = dialetto
part. pass. = participio passato
sin. = sinonimo
contr. = contrario
locuz. = locuzione
pron. = pronuncia
ingl. = inglese, franc. = francese, spagn. = spagnolo, ted. = tedesco.

A

abortista, *sm./f e agg.* persona favorevole alla pratica dell'aborto; che è favorevole all'aborto.
contr. antiabortista.
abusivismo, *sm.* tendenza a fare dell'abuso un modo di comportarsi, soprattutto in politica e nell'edilizia.
abusivo, *sm.* persona che esercita una attività senza la necessaria autorizzazione.
accessoriato, *agg.* fornito di accessori, detto soprattutto di autovetture e appartamenti ammobiliati.
account executive, (*ingl. pron.* accàunt exèchiutif) (*locuz.*) funzionario di un'agenzia pubblicitaria che gestisce il budget dei clienti e fa da tramite fra loro e chi prepara la campagna pubblicitaria.
acculturato, *agg. e part. pass.* istruito, educato.
acido, *sm.* acido lisergico, droga artificiale (LSD) (*gergo*).
acquacoltura, *sf.* allevamento di organismi animali o vegetali, acquatici, in condizioni controllate.
acquanauta, *sm. e f.* esploratore dei fondali marini che si serve di attrezzature particolari per restare a lungo in immersione.
additivo, *sm.* composto chimico che, aggiunto a una sostanza, ne esalta o ne attenua determinate proprietà.
adolescenziale, *agg.* che riguarda l'adolescenza.
aerobica, *sf.* tipo di ginnastica che stimola la circolazione del sangue grazie a una forte ossigenazione dei muscoli (dall'ingl. *aerobics*).
aerobus, *sm.* aereo adatto per brevi e medie distanze, con una capacità da 200 a 300 persone (dall'ingl. *airbus*).
affluent society, (*ingl. pron.* àffluent sosieti) (*locuz.*), società del benessere, ricca.
aficionado, *agg. e sm.* ammiratore, seguace, fan.
after-shave, (*ingl. pron.* afta' sceiv) (*locuz.*) dopobarba.
agganciare, *v.tr.* avvicinare, riferito in particolare a una ragazza con la quale si vuole iniziare un rapporto.
aggregazione, *sf.* riunione di più persone unite dalle stesse idee, aspirazioni e tendenze.
agopuntore, *sm.* persona che pratica cure per mezzo dell'agopuntura ‖ *sin.* agopunturista.
agriturismo, *sm.* soggiorno/vacanza a diretto contatto con la natura presso famiglie rurali appartenenti a una particolare associazione.
AIDS, (*ingl.* sigla di Acquired Immuno-Deficiency Syndrome), malattia infettiva che provoca una perdita delle difese immunologiche contro infezioni e malattie.
airbus, → AEROBUS.
albanizzazione, *sf.* progressiva involuzione politica verso una situazione simile a quella dell'Albania.
alfista, *sm.* automobilista possessore o amatore delle vetture Alfa Romeo.
alien, → ALIENO.
alieno, *sm. e agg.* extraterrestre, personaggio di un altro mondo, della fantascienza.
alla pari, (*locuz.*) condizione di persona che riceve un trattamento familiare in cambio di un aiuto domestico (dal franc. *au pair*).
allargarsi, *v.rifl.* (*gergo*) agire senza lasciare spazio agli altri o senza rispettare i limiti del proprio ruolo o della propria posizione. È anche ironico.
al limite, (*locuz.*) per assurdo, come ipotesi estrema.
allucinogeno, *sm. e agg.* sostanza che provoca visioni, allucinazioni; che provoca tali sensazioni.
allunaggio, *sm.* discesa o caduta sulla Luna ‖ *sin.* allunamento.
alta fedeltà, (*locuz.*) riproduzione fedele dei suoni (dall'ingl. *high fidelity*).
alternativo, *agg.* detto di cosa che si discosta da quanto imposto dal sistema dominante.
amarcord, (*locuz.*) ricordo velato di nostalgia (dal titolo di un film di F. Fellini) dial. bolognese: *a m'arcord* = mi ricordo.
ambientalismo, *sm.* studio dell'ambiente, linea politica di difesa dell'ambiente ‖ *sin.* ecologismo.
amerikano, *sm. e agg.* termine dispregiativo che indica uomini politici americani che sostengono la politica dei cosidetti → FALCHI; dal titolo di un film del regista Costa Gavras.
ammanicato, *agg.* raccomandato, che ha amicizie importanti che gli permettono di ottenere favori ‖ *sin.* ammanigliato.
ammanigliato *agg.* → AMMANICATO.
ammucchiata, *sf.* orgia alla quale partecipano molte persone; gruppo confuso di persone con interessi diversi e poca disposizione alla collaborazione.
ampex, *sm.* registratore che riproduce su nastro segnali televisivi; il sistema che permette tale registrazione.
anchorman, (*ingl. pron.* encoomen) giornalista o personaggio dell'informazione televisiva o dei telegiornali.
andazzo, *sm.* modo di procedere negativo, disonesto.
androide, *sm.* automa che riproduce le forme umane, tanto da poter essere scambiato per un uomo ‖ *sin.* robot.
animalista, *sm. e agg.* seguace e militante delle teorie animaliste.
animalismo, *sm.* movimento ecologista e politico che, basandosi sulle teorie animaliste di alcuni teorici, propaganda e pratica azioni per la salvezza degli animali arrivando a proporre una parità fra uomini e bestie.
animatore, *sm.* persona che organizza attività culturali o ricreative per enti, scuole, luoghi di vacanze, ecc.
ansiolitico, → TRANQUILLANTE.
anticoncezionale, *sm. e agg.* che impedisce il concepimento.
antidepressivo, *sm. e agg.* farmaco che combatte gli stati di depressione ‖ *sin.* ansiolitico, tranquillante
antidoping, *sm./f., e agg.* esame medico per accertare o impedire l'uso di sostanze eccitanti da parte di persone o animali impegnati in gare; la commissione che effettua i controlli contro il → DOPING.
antimafia, *sf. e agg.* commissione parlamentare di inchiesta contro la mafia; che combatte contro la mafia.
antinucleare, *sm. e agg.* persona contraria all'uso dell'energia nucleare; che è contrario all'uso di tale energia.
contr. filonucleare.
antipsichiatria, *sf.* linea di pensiero seguita da psichiatri

che rifiutano i tradizionali metodi psichiatrici fondati sulla segregazione dei pazienti affetti da malattie mentali, sull'uso di tranquillanti e su altre tecniche ritenute sorpassate o inadatte.
antiterrorismo, *sm.* complesso di azioni per combattere e prevenire il → TERRORISMO.
appeasement, (*ingl. pron.* appis'ment) *sm.* pacificazione, distensione, ricerca della pace ad ogni costo. Tradotto a volte con appaciamento.
approach, (*ingl. pron.* approuc') *sm.* avvicinamento.
aquila selvaggia, (*locuz.*) detto di sciopero non programmato attuato dai piloti dell'aviazione civile. Dalla locuzione *sciopero selvaggio*.
arancia meccanica, (*locuz.*) violenza inutile e gratuita, come quella praticata dai giovani protagonisti del film omonimo.
arancione, *sm. e f.* aderente a una comunità religiosa fondata dal guru indiano Bhagwan S. Rajneesh; dal colore della tunica indossata dal guru e dai suoi seguaci.
arco costituzionale, (*locuz.*) l'insieme dei partiti che hanno lavorato alla stesura della Costituzione Italiana.
area, *sf.* raggruppamento, schieramento politico.
arma intelligente, *sf.* nome dato alle più sofisticate strutture militari ad alta tecnologia e precisione.
armata brancaleone, (*locuz.*) gruppo militare o politico scalcinato, disorganizzato e formato da persone delle più varie idee e provenienze; (dal titolo del film omonimo di M. Monicelli).
arrabbiato, *sm. e agg.* anticonformista.
arrapare, *v.tr.* eccitare, dare piacere.
art, → ART DIRECTOR.
art director, (*ingl. pron.* aat directa') (*locuz.*) il responsabile della scelta delle immagini di un'agenzia pubblicitaria o di una casa editrice.
arte povera, (*locuz.*) corrente artistica che predilige nella produzione artistica l'uso di materiali come legno, stracci, carta, e simili.
assemblaggio, *sm.* parola derivante dalla terminologia meccanica che indica spesso con una sfumatura spregiativa, il mettere insieme più pezzi di varie opere artistiche. ‖ *sin.* assiemaggio.
assiemaggio, → ASSEMBLAGGIO.
assistenzialismo, *sm.* assistenza fatta in maniera indiscriminata, spesso inutile.
astronauta, *sm. e f.* navigatore (o navigatrice) dello spazio. ‖ *sin.* cosmonauta.
astronave, *sf.* veicolo adatto alla navigazione interplanetaria ‖ *sin.* razzo; cosmonave; capsula spaziale.
attacchinare, *v.tr.* attaccare manifesti.
audience, (*ingl. pron.* o'diens) *sf.* uditorio, insieme delle persone che seguono una stazione radioemittente o televisiva o uno spettacolo.
audio, *sm. e agg.* insieme dei congegni per la ricezione e la trasmissione dei suoni di un apparecchio televisivo; sonoro, parlato.
audiovisivo, *sm. e agg.* mezzo di comunicazione che si avvale di immagini, suoni e parole.
aula bunker, *sf.* aula di tribunale allestita in un luogo particolarmente controllato e militarizzato per permettere lo svolgimento di processi ritenuti rischiosi per l'ordine pubblico o per l'incolumità dei partecipanti.
au pair, → ALLA PARI.
austerity, (*ingl. pron.* osteriti) *sf.* disciplina sociale basata sul contenimento degli acquisti e sul risparmio per affrontare una congiuntura sfavorevole.
auto blu, *sf.* dal colore tipico delle vetture degli uomini politici di rilievo, indica per estensione le automobili dei parlamentari o dei potenti.
auto-bomba, *sf.* automobile carica di esplosivo usata da terroristi o mafiosi per effettuare attentati.
auto-civetta, *sf.* automobile delle forze dell'ordine, priva di contrassegni, usata da poliziotti in borghese per servizi di pronto intervento.
autonomia, *sf.* movimento extraparlamentare; area costituita dai sindacati autonomi non collegati con quelli confederali e ex confederali, come CGIL, CISL, UIL.
autopensionarsi, *v.rifl.* darsi una assicurazione per la vecchiaia o per una eventuale infermità versando una cifra di denaro in modo sistematico ad un ente assicurativo: pratica comune fra liberi professionisti o lavoratori autonomi.
autoriduzione, *sf.* atto di protesta che consiste nel non pagare derrate acquistate o servizi.
autotassazione, *sf.* sistema di pagamento dell'imposta sul reddito eseguita dal contribuente stesso.
autunno caldo, (*locuz.*) espressione che sta a indicare un periodo di tensioni e lotte sociali, quale fu ad esempio l'autunno del 1969.
ayatollah, (*arabo*) *sm.* capo religioso di setta sciita. Per estensione, dopo la rivoluzione integralista iraniana che rovesciò l'impero dello Scià ponendo un ayatollah a capo del paese, in generale, religioso che fa politica.
aziendalese, *sm.* linguaggio usato dai dirigenti aziendali anche fuori dalle competenze lavorative.

B

baasista, *sm. e agg.* appartenente o militante del Partito Baas, al potere in Irak e in Siria, di tendenza nazional-socialista.
baby, *sm. ef.* bambino/a.
baby-boom, (*ingl. pron.* beibi bum) (*locuz.*) eccezionale aumento della natalità.
baby-parking (*ingl. pron.* beibi parkin') (*locuz.*) letteralmente, parcheggio per bambini, luogo in cui i genitori indaffarati possono lasciare in custodia i bambini; (*ironico*).
baby-pensionato, (*locuz.*) dipendente pubblico che viene messo in pensione dopo pochi anni di lavoro; (*ironico*).
baby-sitter, (*ingl. pron.* beibi sitta') (*locuz.*) persona che sorveglia bambini a pagamento, durante brevi assenze dei genitori.
bacino di utenza, (*locuz.*) area alla quale fanno capo determinate categorie di persone, come gli scolari di una certa scuola, i pazienti di un certo medico e simili.
background, (*ingl. pron.* bék-graund) *sm.* letteralmente, retroterra: anche: ambiente, presupposto, fondamento; formazione culturale di una persona.
bagno di folla, (*locuz.*) si dice del contatto diretto di un personaggio famoso con la folla festante, in occasione di cerimonie o spostamenti.
balordo, *sm.* appartenente alla malavita, poco capace.
baluba, *sm. inv.* persona rozza, incivile.
bambino a rischio, (*locuz.*) bambino in pericolo di vita oppure sociologicamente inserito in contesti di virtuale devianza.
bambino in provetta, (*locuz.*) bambino nato per fecondazine artificiale.
bancomat, *sm. inv.* sistema di cassa continua attuato dalle banche al quale i clienti accedono per mezzo di speciali tessere magnetiche.
bang sonico, (*locuz.*) esplosione prodotta dagli aerei a reazione che superano la velocità del suono.
baraccopoli, *sf.* insieme di baracche ai margini delle grandi metropoli. || *sin.* bidonville.
barone, *sm.* primario ospedaliero o professore universitario molto potente. (*spregiativo*).
base, *sf.* nastro sul quale viene registrata la musica di una canzone, usato per facilitare l'esecuzione di spettacoli, specialmente in televisione; insieme degli iscritti di un partito ***contr.*** vertice.
basic, (*ingl. pron.* beisik) *sm.* linguaggio simbolico di programmazione usato sui personal computer.
beat, (*ingl. pron.* biit) *sm./f e agg.* giovane protestatario, ribelle; appartenente al gruppo letterario chiamato 'beat generation' sorto in America negli anni '50; per definire anche un tipo di musica (musica beat).
beatlemania, *sf.* passione sfrenata per i Beatles, famoso complesso musicale inglese degli anni '60.
beauty-case, (*ingl. pron.* biuti keis) (*locuz.*) borsa da viaggio che contiene il necessario per la toeletta.
bene, *agg. inv.* di buona condizione sociale, bene introdotto; che è ricco e ha stile, in espressioni come 'una famiglia bene'.
benzinaio, *sm.* l'addetto alla pompa di benzina. Anche benzinaro.
bermuda, *sm. pl.* pantaloncini al ginocchio, per lo più con disegno a fiori molto vistosi.
best-seller, (*ingl. pron.* best sella') (*locuz.*) libro o disco molto venduto, il più venduto.
biciclettata, *sf.* gita in bicicletta organizzata per diletto, per raccogliere denaro a vari scopi o per una manifestazione di protesta.
bidonare, *v.tr.* imbrogliare, raggirare, fare un bidone o dare una bidonata, turlupinare.
bidonville, → BARACCOPOLI.
big, (*ingl. pron.* big) *sm./f e agg.* personalità importante; di persona che si distingue.
biodegradabile, *agg.* che si decompone in maniera biologica ritornando nel ciclo della materia, senza lasciare scorie indistruttibili e inquinanti.
bioetica, *sf.* etica applicata alla biologia e alla medicina nei casi in cui esse propongono problemi di carattere morale, come aborto, eutanasia, manipolazione genetica e simili.
bioingegneria, *sf.* ingegneria applicata alla biologia e alla medicina, per ricostruire e impiantare organi artificiali.
biomassa, *sf.* insieme degli organismi viventi; massa di materia viva che serve a produrre energia o sostanze proteiche.
bionica, *sf.* scienza che riproduce i processi biologici mediante macchine elettroniche.
bioritmo, *sm.* ritmo dei cicli dell'attività psicofisica degli esseri viventi.
biosfera, *sf.* ambiente terrestre costituito da suolo, sottosuolo e atmosfera, sede della vita animale e vegetale.
biotopo, *sm.* piccolo ecosistema in cui vive una specie animale o vegetale.
bipartitismo, *sm.* alternanza di due forze politiche di diversa ideologia nell'espletamento dei compiti istituzionali di una Nazione.
bit, (*ingl. pron.* bit) *sm.* informazione elementare riconoscibile dal computer.
blindato, *sm.* dall'aggettivo che viene dato ai mezzi di polizia: per estensione gli stessi mezzi (autoblindate, cellulari, eccetera).
blow-up, (*ingl. pron.* blou-ap) (*locuz.*) ingrandimento fotografico.
board, (*ingl. pron.* bood) *sm.* comitato, gruppo dirigente.
bocconiano, *sm. e agg.* detto di chi studia o insegna all'Università Bocconi di Milano. Per estensione può indicare un giovane rampante.
body, (*ingl. pron.* bdi) *sm.* indumento che copre il corpo e vi aderisce, specialmente usato dai ballerini; indumento intimo femminile.
body-building, (*ingl. pron.* bodi-bildin') (*locuz.*) → CULTURISMO.
body-dance (*ingl. pron.* bodi-dns) (*locuz.*) ballo acrobatico, atletico.
bombarolo, *sm.* chi si serve di bombe per azioni terro-

ristiche, di guerriglia e simili.
boom, (*ingl. pron.* buum) *sm.* periodo di grande sviluppo economico; rapida fioritura; successo. ***contr.*** sboom.
break, (*ingl. pron.* breik) *sm.* intervallo, pausa di riposo.
break-dance, (*ingl. pron.* breik dens) (*locuz.*) ballo acrobatico.
briefing, (*ingl. pron.* brifin') *sm.* da to brief: riassumere. Indica una breve riunione in cui ad un gruppo vengono date le istruzioni per lavorare. Per estensione può anche significare l'insieme delle istruzioni ricevute.
brunch, (*ingl. pron.* bran) *sm.* fusione dei termini breakfast e lunch, cioè colazione mattutina e pranzo. È il pasto di chi si alza tardi e fa colazione e pranzo insieme.
buco, *sm.* disavanzo finanziario; iniezione di droga (*gergo*).
budget, (*ingl. pron.* bgget) *sm.* piano, programma di spesa.
burocratese, *sm.* modo di esprimersi complicato e poco chiaro usato dalla pubblica amministrazione (*spregiativo*).
burosauro, *sm.* impiegato di alto grado della pubblica amministrazione, burocrate (*spregiativo*).
buyer, (*ingl. pron.* baia') *sm.* funzionario che acquista i prodotti necessari al lavoro di una ditta o all'approvvigionamento di un grande magazzino.
by-pass, (*ingl. pron.* bai pass) (*locuz.*) percorso alternativo per il sangue ottenuto chirurgicamente; strada alternativa.
by-passare, *v. intr.* trovare un percorso alternativo.

C

caciarone, *agg.* individuo molto rumoroso, chiassoso.
cafè society, (*ingl. pron.* café sosàieti) (*locuz.*) alta società, frequentante locali famosi e alla moda.
cafeteria, *sf.* locale-bar, di origine americana ormai entrato in uso in tutto il mondo.
cagare, *v.* prestare attenzione (*gergo*).
calcese, *sm.* linguaggio specialistico del mondo sportivo legato al gioco del calcio.
calcetto, *sm.* gioco derivante dal football di cui conserva le regole fondamentali, giocato su un campo ridotto (metri 40 x 20) con squadre di cinque elementi ‖ *sin.* calcio balilla.
calciomercato, *sm.* compravendita di giocatori di calcio effettuata dalle società calcistiche in particolari periodi annuali.
calcolatore, → CALCOLATORE ELETTRONICO.
calcolatore elettronico, *sm.* dispositivo capace di elaborare informazioni in base a istruzioni fornitegli sotto forma di programmi ‖ *sin.* calcolatore; computer.
call-boy, (*ingl. pron.* col boi) (*locuz.*) giovane uomo che si prostituisce ‖ *sin.* ragazzo squillo.
call-girl, (*ingl. pron.* col ghee'l) (*locuz.*) prostituta che si serve del telefono per contattare i suoi clienti ‖ *sin.* ragazza squillo.
calzamaglia, *sf.* indumento di lana o di altro tessuto, che aderisce perfettamente al corpo, coprendolo dai piedi alla cintola o alle spalle.
camera, *sf.* macchina da presa fotografica o, più spesso, cinematografica. In televisione → TELECAMERA.
camera dei bottoni, (*locuz.*) luogo destinato al comando o alle decisioni di guerra; anche figura metaforica per indicare il potere.
cameraman, (*ingl. pron.* cameramn) *sm.* il tecnico addetto al funzionamento della camera da presa cinematografica o televisiva.
camper, *sm.* veicolo automobilistico destinato all'abitazione, generalmente usato da turisti in vacanza.
campesino, (*spagn. pron.* campessino) *sm.* contadino, lavoratore della terra.
camping, (*ingl. pron.* kempin') *sm.* luogo attrezzato per il campeggio.
campus, (*ingl. pron.* kemp'as) *sm.* l'insieme delle strutture e degli edifici appartenenti alle università americane. (dal latino).
candid camera, (*ingl. pron.* kendid camera) (*locuz.*) tecnica che consiste nel filmare nascostamente avvenimenti reali e non recitati per scopi di indagine o spettacolo.
cane sciolto, (*locuz.*) in politica, individuo che passa da una bandiera all'altra senza possibilità di controllo; anche indipendente o autonomo.
canna, *sf.* termine che indica una sigaretta fatta a mano contenente hashish o marijuana o olio di canapa indiana, il più delle volte miscelati con tabacco. (*gergo*) ‖ *sin.* spino, spinello, cannone, giunto.
cantautore, *sm.* chi è cantante e autore delle proprie canzoni.
capetto, *sm.* il capo di un gruppuscolo politico o il capo arrogante e presuntuoso in generale. (*ironico e spregiativo*).
capoccione, *sm.* persona intelligente ma, spesso, anche presuntuosa. (*ironico e spregiativo*).
capo storico, (*locuz.*) fondatore o ideologo di un gruppo o di un movimento politico o religioso, dotato di carisma personale.
caravan, (*ingl. pron.* caravn) *sm.* roulotte, camper, o carrozzone, veicolo adatto per viaggiare e abitare al tempo stesso.
carosello, *sm.* storico programma pubblicitario ideato dalla RAI e trasmesso dalla televisione dal 1957 al 1977, composto di brevi scenette che vennero rappresentate anche da illustri artisti di teatro.
carta, *sf.* banconota da mille lire. (*gergo*).
carta di credito, (*locuz.*) tessera speciale che le banche rilasciano ai loro clienti per acquisti e pagamenti in negozi ed esercizi con loro convenzionati. (dall'ingl. *credit card*).
carta intelligente, (*locuz.*) tesserino dotato di banda magnetizzata che può essere letta, e che permette l'accesso a servizi o a spazi (vi sono abitazioni le cui normali chiavi sono state sostituite da carte intelligenti).
carteriano, *agg.* proprio di Jimmy Carter, presidente degli USA (fra il 1976 e il 1980).
carterismo, *sm.* ideologia di Jimmy Carter (presidente degli USA fra il 1976 e il 1980); movimento di seguaci dello stesso.
cartoon, (*ingl. pron.* cartuun) *sm.* disegno animato, cartone animato di tipo umoristico o, altrimenti, il fumetto in ogni sua forma.
cartoonist, (*ingl. pron.* crtunist) *sm.* disegnatore e/o ideatore di cartoon o di fumetti.
casa comune, (*locuz.*) una proficua convivenza fra l'Europa e l'URSS; per esteso indica la possibilità per partiti o fazioni politiche diverse di lavorare insieme.
casa squillo, (*locuz.*) luogo di ritrovo clandestino di prostitute con i loro clienti ‖ *sin.* bordello, casa di tolleranza.
cash, (*ingl. pron.* kesc') *avv.* di pagamento in denaro contante, liquido.
cash-and-carry, (*ingl. pron.* kesc 'n' kerri) (*locuz.*) letteralmente, paga e porta via; definisce negozi del genere del supermercato.
cash flow, (*ingl. pron.* kesc' flou) (*locuz.*) flusso di cassa, liquidità, l'insieme d'entrate e uscite.
casinaro, *sm.* che fa chiasso, confusionario. (*gergo*).
casinista, *sm.* che fa confusione, che pasticcia. (*gergo*).
cassaintegrato, *sm.* chi è posto in → CASSA INTEGRAZIONE. ‖ *sin.* cassintegrato.
cassa integrazione, (*locuz.*) istituto sociale che permette ai dipendenti di imprese industriali in difficoltà, in alcune situazioni particolari, di ricevere lo stipendio senza lavorare.
castrismo, *sm.* filosofia politica dello statista e rivoluzionario Fidel Castro, presidente cubano dal 1959.
casual, (*ingl. pron.* kesual) *sm. e agg.* casuale; nel campo della moda indica un particolare stile collegato ad una trasformazione degli abiti di lavoro in abiti di stile, spesso ideati da grandi firme, che si indossano con disinvoltura,

per stare comodi.
catastrofismo, *sm.* moda o mania che sfocia nella previsione di catastrofi o situazioni apocalittiche.
cattocomunismo, *sm.* tentativo di fondere morali e attività di stampo marxista e di stampo cattolico.
cavallino, *sm.* dal simbolo della casa automobilistica Ferrari, per estensione sinonimo della casa automobilistica stessa.
CD, la di → COMPACT DISC.
celerino, *sm.* agente di polizia della Celere.
centralismo, *sm.* tendenza ad accentrare il potere nelle mani di pochi. ***contr.*** policentrismo.
centrismo, *sm.* teorizzazione di un governo democratico fondato su una coalizione di centro.
centro decisionale, (*locuz.*) luogo dove si prendono decisioni.
centro direzionale, (*locuz.*) zona di una città in cui sono concentrati uffici amministrativi, banche, uffici commerciali, ministeri, o, nelle industrie, luogo in cui si trovano gli uffici direttivi.
centro storico, (*locuz.*) la parte più antica di un agglomerato urbano, oggi sempre più spesso posto sotto tutela degli enti di amministrazione locale per conservarlo e renderlo godibile da parte di tutti.
cerca persone, (*locuz.*) dispositivo radio telefonico che permette di richiamare per mezzo di un segnale chi si sia allontanato dal proprio apparecchio restando entro una certa zona.
cerebroleso, *sm.* chi ha subito una lesione cerebrale da cui derivano spesso disfunzioni fisiche o psichiche.
chador, (*persiano pron.* ciadòr) velo, spesso e nero, che copre il capo ed il viso delle donne, nella tradizione musulmana.
character, (*ingl. pron.* karacta') *sm.* personaggio letterario o fumettistico particolare.
charter, (*ingl. pron.* ciarta') *sm. e agg.* veicolo aereo o autobus noleggiato per il trasporto di persone, in genere meno costoso dei normali viaggi di linea.
cheap, (*ingl. pron.* ciip) *agg.* economico, di poco prezzo; banale.
checca, *sf.* omosessuale, effeminato. (*gergo*).
check in, (*ingl. pron.* cek in) (*locuz.*) controllo, verifica, per esempio dei documenti di volo dei passeggeri in partenza con un aereo.
check up, (*ingl. pron.* cek ap) (*locuz.*) controllo medico generale e particolareggiato.
cheek to cheek, (*ingl. pron.* cik tu cik) (*locuz.*) guancia a guancia, vicino.
chewing gum, (*ingl. pron.* ciuin' gam) (*locuz.*) gomma da masticare (dall'inglese *to chew* = masticare e *gum* = gomma).
chicano, *sm. e agg.* messicano che abita negli USA.
chip, (*ingl. pron.* cip) *sm.* frammento; circuito integrato elettronico miniaturizzato, adatto all'elaborazione dati in un computer.
ciclocross, *sm.* sport praticato su terreni sconnessi o agresti percorrendo su speciali biciclette piste particolari.
ciellino, *sm. e agg.* aderente a → COMUNIONE E LIBERAZIONE.
cinefilo, *sm.* amante del cinema.
cinema d'essai, (*locuz.*) cinematografo specializzato in rassegne di film culturali → FILM D'ESSAI.
cinema povero, (*locuz.*) termine usato per indicare i prodotti cinematografici ottenuti senza grande impiego di mezzi tecnici e finanziari.
cinema spazzatura, (*locuz.*) termine offensivo con il quale gli amanti del cinema d'autore indicano i prodotti puramente commerciali. Lo stesso termine viene usato, di volta in volta, contro un certo genere od un determinato autore dai suoi nemici o denigratori.
cinese, *sm./f e agg.* marxista fautore della via maoista o "cinese" al comunismo; comunista.
cintura periferica, (*locuz.*) la periferia che circonda, come una cintura, le grandi città.
cipputi, *sm.* nome metaforico dell'operaio di sinistra un po' idealista e un po' fatalista, dall'omonimo personaggio creato dal disegnatore critico Altan.
città, *sm.* contrazione di Commissario Tecnico (di una squadra, di un gruppo di atleti). Sinonimo di allenatore.
claretta, *sf.* giovane elegante ed affettata, banale quanto inconsapevole di esserlo, che contraddistingue con la sua presenza certi ambienti frivoli.
clientelare, *agg.* basato sul → CLIENTELISMO.
clientelismo, *sm.* utilizzo di amicizie e conoscenze a proprio vantaggio nella vita sociale e politica.
climatizzare, *v. tr.* condizionare l'aria, rinfrescare.
clip, (*ingl. pron.* clip) *sm.* sequenza di film. → VIDEOCLIP.
clearing, (*ingl. pron.* clirin') *sm.* riequilibrio, compensazione di debiti fra banche, imprese o nazioni.
clonale, *agg.* prodotto per → CLONAZIONE.
clonazione, *sf.* riproduzione naturale o artificiale di cellule o individui, identici.
cobas, *plur.* Comitati di Base; per esteso tutti i sindacati che non si riconoscono nè nelle tre confederazioni CGIL-CISL e UIL, nè nei sindacati di partito o regionali.
colf, abbreviazione di → COLLABORATRICE FAMILIARE.
collaboratrice familiare, (*locuz.*) domestica, serva, cameriera privata.
collant, (*franc. pron.* collànt) *sm.* calzamaglia che sale fino alla vita, spesso trasparente.
colletti bianchi, (*locuz.*) impiegati.
colletti blu, (*locuz.*) operai.
colomba, *sf.* sostenitore della pace, pacifista; a volte, anche nel senso di non-violento.
coltivatore diretto, (*locuz.*) chi coltiva la terra per conto proprio a suo interesse e profitto.
columnist, (*ingl. pron.* columnist) *sm.* collaboratore esterno di un giornale, che scrive e firma i propri articoli in maniera indipendente. ‖ *sin.* colonnista.
combino, *sm.* festicciola, ricevimento, anche intesa un po' ambigua.
comics, (*ingl. pron.* comics) *sm. pl.* fumetti.
comic book, (*ingl. pron.* comic buk) (*locuz.*) libro o fascicolo a fumetti.
comic strip, (*ingl. pron.* comik stip) (*locuz.*) striscia a fumetti.
commissariamento, *sm.* 1 atto del → COMMISSARIARE.
commissariare, *v.tr.* nominare un commissario per l'amministrazione straordinaria di una società in crisi.
compact, (*ingl. pron.* kompact) *agg.* compatto; di dimensioni ridotte.
compact disc, (*ingl. pron.* kompact disk) (*locuz.*) disco di cm 12 di diametro che viene letto da una ottica laser che elimina fruscii e distorsioni. Creato dalla Philips, è indicato

con la sigla CD.
compilation, (*ingl. pron.* compilé'scion) *sf.* antologia di testi, musiche, figure o altro.
complessato, *agg.* afflitto da complessi o forme nervose.
comportamentismo, *sm.* teoria sociologica e psicologica che vede nel comportamento individuale esteriore la chiave di lettura per analisi sociali.
compromesso storico (*locuz.*) teorizzazione politica di una collaborazione fra forze cattoliche e socialiste all'interno di un governo democratico.
computer, (*ingl pron.* compiuta') → CALCOLATORE ELETTRONICO.
computer art, (*ingl. pron.* compiute' aa't) (*locuz.*) la corrente artistica che utilizza i programmi grafici dei computer per fabbricare le proprie opere (dalle arti visive tradizionali al fumetto o all'arte situazionale).
computer music, (*ingl. pron.* compiuta' miusik) (*locuz.*) musica ottenuta mediante un calcolatore elettronico.
computerese, *sm.* linguaggio tecnico usato dagli addetti ai terminali dei computer e, in genere, dell'elaborazione elettronica.
computer portatile, (*locuz.*) chiamato anche computer valigetta o computer ventiquattrore, è un computer portatile che può funzionare a pile ed essere usato in qualsiasi luogo.
comunione e liberazione, (*locuz.*) movimento politico religioso cattolico integralista sorto negli anni '50.
concept album, (*ingl. pron.* conset album) (*locuz.*) si dice di un Lp, ovvero di un disco a 33 giri che contiene testi e musiche basati su un filo conduttore preciso.
conduttore, *sm.* presentatore di una trasmissione radiofonica o televisiva.
conferenza al vertice, (*locuz.*) incontro fra importanti personalità politiche o capi di Stato.
congiuntura, *sf.* le condizioni dell'economia in un dato periodo.
consumare, *v. tr.* godere, usufruire dei beni e dei servizi disponibili.
consumatore, *sm.* chi consuma ogni genere di oggetto o di servizio commerciabile.
consumerismo, *sm.* movimento di difesa dei consumatori dai consumi eccessivi.
consumismo, *sm.* situazione tipo della civiltà capitalista, caratterizzata da un frenetico consumo.
consumista, *sm./f e agg.* chi, che consuma beni offerti dalla civiltà consumistica anche senza necessità.
container, (*ingl. pron.* conteina') *sm.* speciale recipiente per il trasporto di merci su navi, treni o aereoplani.
contestare, *v. tr.* polemizzare, protestare, partecipare alla → CONTESTAZIONE.
contestatario, → CONTESTATORE.
contestatore, *sm. e agg.* che contesta ‖ *sin.* contestatario.
contestazione *sf.* protesta, rifiuto, critica radicale della società.
conto alla rovescia, (*locuz.*) enumerazione di controlli svolti, fatta in senso inverso (per.es. da 10 a 0) utilizzata soprattutto per operazioni spaziali; usato anche in senso figurato.
controcultura, *sf.* cultura che si oppone a quella conforme, di regime o di moda ‖ *sin.* cultura alternativa.
controesodo, *sm.* il ritorno massiccio dalle vacanze degli Italiani.
controller, (*ingl. pron.* kontrolla') *sm.* controllore, soprattutto in campo economico.
conurbazione, *sf.* l'unione di due agglomerati urbani per causa dell'espansione territoriale di uno o di tutti e due i centri.
cooler, (*ingl. pron.* kula') *sm.* vino miscelato a gazzosa e succhi di frutta, da bersi ghiacciato.
copy, → COPYWRITER.
copywriter, (*ingl. pron.* copi'raita') *sm. e f.* creativo; ideatore di testi pubblicitari. → *sin.* copy.
cordata, *sf.* insieme di uomini d'affari o di società che si uniscono per raggiungere il potere di controllo economico o politico di un settore.
cortina di ferro, (*locuz.*) figura metaforica per indicare il confine invalicabile che divide l'Europa OcOidentale da quella dei Paesi Socialisti aderenti al Patto di Varsavia.
cosmonauta, *sm.* navigatore del cosmo ‖ *sin.* astronauta.
count down, (*ingl. pron.* kaunt daun) → CONTO ALLA ROVESCIA.
country, (*ingl. pron.* kauntri) *agg.* campestre; proprio della campagna; tipo di musica americana.
country blues, (*ingl. pron.* kauntri bluusz) (*locuz.*) tipo di musica blues che risente di forti influssi country.
cover girl, (*ingl. pron.* kova' gheel) (*locuz.*) ragazza che occupa la copertina dei rotocalchi ‖ *sin.* fotomodella.
crack, (*ingl. pron.* crac) *sm.* droga surrogato della cocaina, molto forte e dannosa all'organismo.
creativo, *sm.* ideatore di testi o immagini pubblicitarie.
Cuba libre, (*locuz.*) famosissimo cocktail a base di rhum cubano e coca cola.
cuccare, *v. tr.* fare la corte ad una persona, fare il filo. Anche ritrovare.
cult movie, (*ingl. pron.* kalt muvi) (*locuz.*) film che diviene oggetto di culto da parte dei suoi ammiratori, indipendentemente dal suo valore artistico.
cultura di pace, (*locuz.*) nel linguaggio dei pacifisti e degli antimilitaristi rappresenta quel processo culturale che dovrebbe portare ad una società libera dall'autoritarismo e dalla violenza.
culturese, *sm.* linguaggio degli intellettuali, spesso volutamente ricercato.
culturismo, *sm.* insieme di tecniche ginniche per rafforzare i muscoli e ingigantire il corpo.
culturista, *sm. e agg.* chi pratica il → CULTURISMO.
cupola, *sf.* il vertice organizzativo della mafia.
curva, *sf.* nella terminologia da stadio indica la tifoseria più rumorosa e calorosa che solitamente si ritrova nelle curve degli edifici sportivi. (*gergo*).
cybernetica, *sf.* disciplina che studia le correlazini fra macchine, sistemi ed organismi viventi, nonché l'apporto di queste ricerche alle tecnologie.
cyberpunk, *sm. e agg.* (*ingl. pron.* saibe'pank) il ribelle informatico, il pirata della telematica e dell'informazione, il nuovo artista libertario dei media, delle nuove tecnologie e dei computer.

D

dancing, (*ingl. pron.* densin') *sm.* dal verbo to dance, danzare, è usato per indicare discoteche e luoghi in cui si può ballare.
dark, (*ingl. pron.* dark) *sm. e agg.* indica una moda giovanile molto in voga negli anni 80 ma ancora presente. Dal termine inglese, che significa "oscuro", i giovani dark indossano vesti nere e orpelli cimiteriali e sono amanti di un genere musicale deprimente.
darketta, *sf.* detto di ragazza dark (*scherzoso*).
data base, (*ingl. pron.* deitabéis) (*locuz.*) insieme di dati conservati nella memoria di un sistema informativo di dati.
day after, (*ingl. pron.* dei afta') (*locuz.*) il giorno dopo quello di una disastrosa esplosione nucleare. Dal titolo omonimo dèl film del regista Nicholas Meyer.
day by day, (*ingl. pron.* dei bai dei) (*locuz.*) letteralmente "giorno per giorno". Un po' alla volta; alla giornata; quotidianamente. Detto anche per indicare una pianificazione a medio termine.
day hospital, (*ingl. pron.* déi hospitol) (*locuz.*) ospedale presso il quale i pazienti vengono ricoverati per breve tempo e non di notte.
dazibao, → TAZEBAO.
dealer, (*ingl. pron.* dila) *sm.* lo speculatore borsistico.
deca, *sm.* banconota da diecimila lire (*gergo*).
decisionismo, *sm.* concezione politica secondo la quale la volontà politica che crea la norma è fondamento del diritto. (dal ted. *Dezisionismus*).
decodificare, *v. tr.* tradurre in linguaggio corrente un messaggio in codice; anche in senso figurato. (dall'ingl. *to decode*).
defogliante, *sm.* sostanza tossica che impedisce la crescita delle foglie e delle piante.
demenziale, *agg.* apparentemente illogico, beffardo, dissacrante, specialmente riferito a un certo tipo di musica.
demistificare, *v. tr.* evidenziare gli aspetti reali di una cosa o di una persona rivelandone la falsità.
demonizzare, *v. tr.* mettere in cattiva luce qualcuno o qualcosa attribuendogli caratteristiche perverse anche senza fondamento.
demotivare, *v. tr.* togliere il motivo per fare qualcosa; frustrare eventuali aspirazioni.
denuclearizzare, *v. tr.* eliminare, liberare da armi o impianti nucleari.
depenalizzare, *v. tr.* togliere la pena da un atto che, in precedenza, era stato ritenuto reato.
deprogrammare, *v. tr.* praticare un lavaggio del cervello a scopo di completa integrazione e subordinazione dell'individuo ad un ruolo professionale.
deregulation, (*ingl. pron.* déreghiule'scion) *sf.* deregolamentazione, cioè eliminazione di leggi e disposizioni che impediscono lo sviluppo di una società, di un'economia, ecc.
desaparecido, (spagn. pron. dés' aparesido) *sm. e agg.* persona scomparsa misteriosamente che si ritiene fatta sparire e uccisa dal regime al quale si oppone; soprattutto oppositori del regime in Sud America.
design, (*ingl. pron.* disain) *sm.* disegno, soprattutto di prodotti industriali.
designer, (*ingl. pron.* disaina') *sm.* disegnatore di prodotti industriali
destabilizzare, *v. tr.* rendere instabile un assetto costituito.
destalinizzazione, *sf.* eliminazione delle idee, dei metodi e degli istituti instaurati nell'Unione Sovietica e altrove durante il periodo in cui detenne il potere Stalin.
deterrente, *sm. e agg.* che serve a scoraggiare eventuali aggressioni (dall'ingl. *deterrent*).
dietrologo, *sm.* esperto di → DIETROLOGIA.
dietrologia, *sf.* tecnica che permette di capire cosa si nasconda veramente dietro persone, discorsi o atti ufficiali (*ironico*).
differita, *agg.* riferito a una trasmissione radiotelevisiva indica uno spettacolo registrato e mandato in onda in altro momento.
contr. diretta.
di-gei, sigla di → DISC-JOCKEY.
diretta, *agg.* riferito a una trasmissione radiofonica o televisiva indica uno spettacolo che viene ripreso e mandato in onda mentre si svolge
contr. differita.
dischetto, *sm.* il floppy disk dei computer. Nel giuoco del calcio, il punto del campo che, situato nell'area piccola e a 11 metri dalla porta, viene segnato sull'erba con un segno circolare e dal quale vengono tirati i calci di rigore.
disc-jockey, (*ingl. pron.* disc giòkei) *sm.* persona che sceglie i dischi da mandare in onda durante un programma radiofonico o in un locale e, a volte, li presenta.
disco-music, (*ingl. pron.* discou miùsik) (*locuz.*) musica da discoteca, del tipo lanciato alla fine degli anni '70 dal film 'La febbre del sabato sera'.
discoteca, *sf.* locale dove si fa musica e si balla al suono di dischi.
discotecaro, *sm e agg.* frequentatore assiduo di discoteche.
dissociarsi, *v. rifl.* uscire da un'associazione, prendere le distanze, soprattutto riferito ai membri di associazioni di tipo terroristico o a gruppi criminali.
divorzista, *sm. e f.* persona favorevole all'introduzione dell'istituto del divorzio.
dolcevita, *sm.* maglione a collo alto, già indossato dal protagonista del film di F. Fellini "La dolce vita".
donna-grissino, (*locuz.*) donna molto magra, spesso riferito alle fotomodelle.
donna-oggetto, (*locuz.*) la donna, quando viene considerata non per le sue qualità come essere umano ma come oggetto di sfruttamento e di piacere.
doparsi, *v. rifl.* praticare il → DOPING.
doping, (*ingl. pron.* dopin') l'assunzione, in ambito sportivo, di sostanze con l'intento di migliorare il rendimento fisico d'un atleta.
door-to-door, (*ingl. pron.* dor tu dor) (*locuz.*) sistema di vendita che si effettua recandosi a domicilio dai clienti potenziali.
doppiolavorista, *sm. e f.* che svolge due lavori, per lo più

uno a orario normale e il secondo di sera e nei giorni festivi.

droga party, (*locuz.*) incontro, "festicciola" combinata per assumere droghe in compagnia.

drop out, (*ingl. pron.* drop aut) (*locuz.*) colui che non è dentro alla società o ai suoi valori, ma fuori (out). Emarginato, vagabondo, barbone, ma anche individuo deviante e geniale, ribelle.

duty free, (*ingl. pron.* diuti frii) (*locuz.*) insieme con la parola shop (= negozio), esercizio in cui vengono venduti alcuni beni in esenzione doganale (negli aeroporti, porti, su navi, aerei, ecc.).

E

eccedentario, *agg.* che è in più rispetto a quanto è necessario.
eclatante, *agg.* sorprendente, vistoso, che attira l'attenzione (dal franc. *éclatant*).
ecocatastrofe, *sf.* catastrofe che coinvolge e distrugge un ecosistema.
ecofurbo, *sm. e agg.* politico che sfrutta demagogicamente i temi dell'ecologia per i propri interessi personali.
ecologia sociale, (*locuz.*) dalle teorie del filosofo Murray Boockin e di altri pensatori contemporanei, il filone di pensiero sviluppatosi nei primi anni '70 che si caratterizza per la forte connessione fra gli elementi ecologici e le problematiche sociali, ritenendo improponibile la difesa e l'equilibrio ecologici nell'ambito di una società disequilibrata.
ecologismo, *sm.* teoria e pratica della difesa dell'ambiente ‖ *sin.* ambientalismo.
ecologista, *sm. e f.* persona che si occupa di problemi ecologici e considera la difesa dell'ambiente il primo scopo da perseguire.
ecologo, *sm.* studioso di problemi inerenti l'ecologia.
economia sommersa, (*locuz.*) insieme di attività economiche che è impossibile rilevare statisticamente e che sfuggono anche al fisco perché svolte al di fuori degli schemi che regolano il lavoro ‖ *sin.* economia sotterranea.
economia sotterranea, → ECONOMIA SOMMERSA.
ecopacifista, *sm. e agg.* chi unisce, nel proprio pensiero politico, i temi dell'ecologismo con quelli pacifisti.
ecoterrorista, *sm. e agg.* detto di chi opera azioni illegali o violente in nome della causa ecologica.
ECU, sigla di European Currency Unit, nome della moneta convenzionale europea, in vigore dal 1979 nell'ambito dello SME ‖ *sin.* euroscudo.
editor, (*ingl. pron.* edita') *sm.* consulente editoriale che, specialmente nei paesi di lingua inglese, fa da collegamento fra l'editore e gli autori, suggerendo a questi ultimi cosa scrivere per realizzare un libro di successo (best-seller).
educazione permanente, (*locuz.*) aggiornamento culturale e professionale per adulti per preparare le persone anche già occupate ad assumere compiti nuovi.
elaboratore, → ELABORATORE ELETTRONICO.
elaboratore elettronico, → CALCOLATORE ELETTRONICO.
ellepi, *sm.* dalla sigla LP, disco microsolco di grande formato. (dall'ingl. *long-playing*).
emarginare, *v. tr.* mettere da parte qualcuno, trascurare.
emarginazione, *sf.* atto, effetto dell'emarginare.
emergente, *agg.* riferito a paesi arretrati, che stanno realizzando un progresso tecnologico; a volte, detto anche di persone che stanno acquistando importanza.
emittenza, *sf.* insieme all'aggettivo 'televisiva' indica l'insieme delle stazioni emittenti della televisione.
erba, *sf.* droga vegetale, soprattutto marijuana e hashish (*gergo*).
ergonomia, *sf.* studio delle condizioni di lavoro, dell'ambiente nel quale esso si svolge e del rapporto dei lavoratori con lo stesso al fine di migliorare il rendimento individuale e i risultati cumulativi.
ero, *sf.* abbreviazione di eroina (*gergo*).
eros center, (*ingl. pron.* eros senta') (*locuz.*) negozio di materiale erotico.
esamificio, *sm.* termine spregiativo con il quale viene chiamata l'Università.
escalation, (*ingl. pron.* escale'scion) *sf.* aumento graduale e progressivo; dai tempi del conflitto del Vietnam sta a indicare soprattutto una tattica di guerra basata su un progressivo aumento di azioni che possono portare a un inasprimento della situazione e scatenare reazioni non prevedibili.
ese, *suffisso* con il quale vengono formate molte parole che designano tipi di linguaggio usati da determinati gruppi politici e sociali. (es.: politichese, sindacalese, giornalese, computerese, femminese, ecc.) (*ironico*).
eskimo, *sm.* giaccone di tela impermeabile di color grigioverde, con il cappuccio, usato negli anni '70 dai giovani di sinistra.
esobiologia, *sf.* ramo della biologia che studia le possibilità di vita fuori dalla Terra.
espianto, *sm.* rimozione di un organo da utilizzare per un altro essere umano che lo riceverà durante una operazione di → TRAPIANTO.
esproprio proletario, (*locuz.*) appropriazione indebita compiuta provocatoriamente da gruppi rivoluzionari.
establishment, (*ingl. pron.* estàblisc ment) *sm.* gruppo, organizzazione o istituzione che esercita il potere.
etero, *sm. e agg.* abbreviazione di eterosessuale.
etilometro, *sm.* la macchina usata dalla polizia della strada per misurare lo stato di ebrezza dei conducenti dei veicoli.
euro, *prefisso* con il quale sono state formate molte parole che sostituiscono l'uso dell'aggettivo 'europeo' (es.: euromoneta, eurodivisa, europarlamento, ecc.).
eurocentrismo, *sm.* visione storico-politica secondo la quale l'Europa sarebbe il centro del mondo.
eurocheque, *sm.* carta assegni internazionale utilizzabile in molti paesi e banche convenzionate. (dall'ingl. *cheque, pron. cek*).
eurocomunismo, *sm.* comunismo all'europea in contrapposizione a quello sovietico.
eurocratese, *sm.* linguaggio dei funzionari della CEE.
eurodecisionismo, *sm.* volontà politica espressa nell'ambito degli organi delle Comunità Europee.
eurodeputato, *sm.* deputato al Parlamento Europeo.
eurodollaro, *sm.* dollaro statunitense depositato in Europa e destinato a operazioni finanziarie in tale continente.
eurolira, *sf.* lira contrattata come moneta di scambio nell'ambito del mercato europeo.
euromercato, *sm.* mercato finanziario delle eurodivise, cioè di valute negoziate in paesi europei che non sono quelli di emissione.
euromissile, *sm.* missile installato dalla NATO in Stati europei.
euroscudo, → ECU.
evergreen, (*ingl. pron.* eva' griin) *sm.* cantante o canzone

mai tramontati.
executive (*ingl. pron.* exe' kiutif) *sm.* dirigente d'industria.
extra comunitario, *sm. e agg.* chi non è cittadino di una nazione facente parte della Comunità Europea. Per estensione gli immigrati dal Terzo e Quarto Mondo.
extraparlamentare, *sm./f. e agg.* che appartiene a partit o gruppi non rappresentati in parlamento.
extrasinistra, *sf.* sinistra che non fa parte dei partiti di si nistra rappresentati in Parlamento. ‖ *sin.* ultrasinistra.
extraterrestre, *sm./f. e agg.* che non è di questa terra. ‖ *sin.* alieno.

F

fabbrica di sogni, (*locuz.*) Holljwood.
facilese, *sm.* linguaggio facile, comprensibile per tutti.
facsimile, → FAX.
factoring, (*ingl. pron.* fctorin') *sm.* cessione di crediti da parte di un'impresa a una società che è incaricata di riscuoterli.
falco, *sm.* in politica, persona dall'atteggiamento intransigente che sceglie sempre la linea dura. ***contr.*** colomba.
fall-out, (*ingl. pron.* foll aut) *sm.* caduta di pulviscolo radioattivo.
famiglia mononucleare, (*locuz.*) famiglia formata da una persona sola; anche famiglia composta dai genitori ed eventuali figli in opposizione alla famiglia aperta, comunitaria o patriarcale.
famiglia tipo, (*locuz.*) famiglia composta dai due genitori e da due figli, dove l'uomo lavora e la donna accudisce alle faccende domestiche.
fan, (*ingl. pron.* fen) *sm.* sostenitore accanito, un po' fanatico (dall'ingl. *fanatic*).
fanta, *prefisso* derivato dalla parola 'fantasia' con il quale sono state coniate parole come fantascienza e molte altre. (es.: fantaarte, fantaeconomia, fantagenetica, fantamedicina, ecc.).
fantapolitica, *sf.* genere letterario che ha per oggetto avvenimenti politici generati da situazioni di fantasia, spesso utilizzando però personaggi e luoghi reali.
fantascienza, *sf.* genere letterario che ha per oggetto situazioni in cui scienza e fantasia danno vita a storie avventurose ambientate nel futuro. La parola è stata coniata nel 1952 e deriva dalla libera traduzione dell'ingl. *science-fiction*.
fantasy, (*ingl. pron.* fentasi) *sf. e agg.* filone narrativo basato su molti elementi fra i quali la fantascienza, la narrativa utopica e il fiabesco tradizionale.
fantozziano, *agg.* meschino, che finisce sempre nel peggiore dei modi. Dal nome del personaggio ideato e interpretato da Paolo Villaggio.
fard, (*franc. pron.* far) *sm.* cosmetico usato per ombreggiare il viso.
farsi, *v. rifl.* drogarsi (*gergo*).
farsi una pera, (*locuz.*) iniettarsi una droga (*gergo*).
farsi un trip, (*locuz.*) sperimentare l'effetto di un allucinogeno (*gergo*) ‖ *sin.* fare un viaggio.
fast-food, (*ingl. pron.* fast fuud) (*locuz.*) tavola calda dove si mangia rapidamente o, anche, il cibo che vi si mangia.
fatturista, *sm. e f.* lavoratore autonomo che fattura il proprio lavoro.
fax, *sm.* apparecchiatura che serve per la trasmissione a distanza via telefono di documenti; anche il documento così trasmesso ‖ *sin.* telefax o facsimile.
faxare, *v. tr.* trasmettere via fax, comunicare via fax.
faxista, *sm. sf. e agg.* chi si occupa della comunicazione via fax (*scherzoso*).
fedain, *sm.* appartenente al corpo dei guerriglieri in lotta per il ritorno del popolo palestinese in Palestina; che si riferisce a tali persone; esiste anche la forma *fedayn*.
feeling, (*ingl. pron.* fiilin') *sm.* sensazione di particolare simpatia nei confronti di persone, cose o situazioni; sensibilità.
fico, *sm. e egg.* chi, che è bello, elegante, desiderabile, sessualmente attraente; anche nella forma femminile, con riferimento soprattutto alle attrattive di tipo sessuale (*gergo*) ‖ *sin.* figo.
fiction, (*ingl. pron.* fic' scion) *sf.* narrativa, racconto di fantasia.
fifty-fifty, (*ingl. pron.* fifti-fifti) (*locuz.*) cinquanta-cinquanta, nel senso di metà e metà, 50% a ciascuno.
figlio dei fiori, (*locuz.*) giovane appartenente a gruppi non violenti, derivati dai gruppi → HIPPIE.
figo, → FICO.
file, (*ingl. pron.* fil) *sm.* archivio; in informatica, banca dati.
filmato, *sm.* pezzo di pellicola realizzata con la tecnica cinematografica, inserito in un programma televisivo.
fllm d'essai, (franc. pron. film d'essé) (*locuz.*) film di particolare interesse e valore, destinato a un pubblico di buon livello culturale.
film-maker, (*ingl. pron.* film meica') (*locuz.*) autore del film in ogni sua fase: soggetto, sceneggiatura, scenografia, musca, ecc.
filonucleare, *sm. e agg.* favorevole allo sfruttamento dell'energia nucleare ‖ *sin.* nuclearista.
contr. antinucleare.
finanziere d'assalto, (*locuz.*) persona spregiudicata che opera nel campo dell'alta finanza violandone le regole per trarre maggiori profitti personali.
finlandizzazione, *sf.* processo di neutralizzazione di un paese simile a quello sperimentato dalla Finlandia nei confronti della confinante Unione Sovietica, imposto dalle circostanze più che da una libera scelta.
flscal drag, (*ingl. pron.* fisc'l drg) (*locuz.*) tassazione piuttosto pesante.
fiscalese, *sm.* linguaggio burocratico e di difficile comprensione utilizzato dal fisco.
fitness, (*ingl. pron.* fitnes) *agg.* l'essere in forma.
flashback, (*ingl. pron.* flsc bak) *sm.* ricordo che affiora dal passato, come soprattutto avviene nei racconti cinematografici.
flippato, *agg.* agitato, privo di controllo, folle.
flipper, (*ingl. pron.* flippa') *sm.* biliardino elettrico a gettoni.
floppy disk, (*ingl. pron.* floppi disk) (*locuz.*) dischetto magnetico di materiale flessibile usato dagli eleboratori elettronici come memoria ausiliaria.
fonoteca, *sf.* raccolta di rumori, suoni, voci registrati che vengono inseriti in un film.
forno a microonde, (*locuz.*) forno di piccole dimensioni e di uso generalmente domestico in cui il calore è prodotto da onde elettromagnetiche.
fotofinish, *sm.* foto dell'arrivo al traguardo dei partecipanti a una gara, che permette di determinare con sicurezza il vincitore in casi dubbi; (dall'ingl. *photofinish*).
fotosafari, → SAFARI-FOTOGRAFICO.
frana, *sf.* persona che combina guai.

franco tiratore, (*locuz.*) parlamentare che, nel corso di una votazione, vota senza tenere conto delle direttive del proprio partito o del proprio gruppo, sconvolgendo i risultati previsti.
freak, (*ingl. pron.* friik) *sm. e agg.* chi o che agisce senza curarsi delle convenzioni sociali, asserendo la propria assoluta libertà.
free climbing, (*ingl. pron.* fri claimbin') (*locuz.*) arrampicata libera. Scalata sportiva effettuata utilizzando i soli appigli e appoggi naturali, dove le corde e gli altri strumenti dell'alpinismo tradizionale vengono usati solo come mezzi di sicurezza.
free lance, (*ingl. pron.* frii laens) *inv.* Libero professionista.
fricchettone, *sm.* persona non violenta che cerca di evadere dalla realtà e di esprimersi attraverso abiti strani e musica. (dall'ingl.freak, pron. friik).
fruire, *v. tr.* e intr. godere di qualcosa, specialmente di cose artistiche.
fruizione, *sf.* atto e effetto del fruire.
full immersion, (*ingl. pron.* full imer'scion) (*locuz.*) immersione totale, soprattutto in rapporto allo studio delle lingue e alla necessità di immergersi pienamente in esse per apprenderle rapidamente e bene. ‖ *sin.* total immersion.
full-time, (*ingl. pron.* full taim) (*locuz.*) tempo pieno, detto di un lavoro che tiene occupate tutte le ore lavorative della settimana.
contr. part-time.
fumettaro, *sm. e agg.* autore di fumetti. ‖ *sin.* fumettista.
fumettista, → FUMETTARO.
funky, (*ingl. pron.* fànchi) *agg.* detto di musica moderna, molto ritmata.
fusione fredda, (*locuz.*) reazione nucleare di fusione fra due nuclei che avviene a temperatura ambiente per effetto di fenomeni elettrici e chimici.
fustella, *sf.* piccola etichetta con l'indicazione del prezzo applicata o facente parte della confezione dei medicinali che serve per il rimborso da parte delle casse di assistenza sanitaria.
futurologia, *sf.* scienza che studia il futuro.
futurologo, *sm.* studioso della scienza del futuro.

G

gadget, (*ingl. pron.* ghgget) *sm.* accessorio, macchinetta, aggeggio curioso ma non indispensabile.
gag, (*ingl. pron.* gg) *sf.* trovata comica che anima una battuta, uno spettacolo.
gambizzare, *v. tr.* ferire alle gambe, a colpi di arma da fuoco. Tecnica adottata dai terroristi per intimidire i presunti avversari.
gap, (*ingl. pron.* ghaep) *sm.* interruzione, divario, spesso usato in unione all'aggettivo 'tecnologico' per indicare la differenza esistente fra le condizioni di sviluppo di un paese e di un altro.
gap generazionale, (*locuz.*) solco scavato dalla differenza di idee fra generazioni.
garantismo, *sm.* tutela dei diritti del cittadino sanciti dalla Costituzione e limitazione degli arbitri del potere pubblico.
garantista, *sm./f. e agg.* chi o che sostiene il garantismo.
garofano, *sm.* dal simbolo del Partito Socialista Italiano, per estensione indica il partito stesso o anche un suo simpatizzante o iscritto.
gasarsi, *v. rifl.* eccitarsi, montarsi la testa.
gate, (*ingl. pron.* gheit) da → WATERGATE, come suffisso, nel senso di scandalo.
gatto selvaggio, (*locuz.*) forma di lotta sindacale che prevede la sospensione del lavoro senza preavviso.
gay, (*ingl. pron.* ghei) *sm. e agg.* omosessuale.
gel, *sm.* gelatina o altra sostanza del genere, usata come cosmetico.
genseria, → JEANSERIA.
gerarchetto, *sm.* giovane alla moda quanto inconsapevolmente volgare e arrogante che stazione nei locali più in.
geronte, *sm.* nel linguaggio dei → Paninari indica la persona anziana.
gestualità, *sf.* insieme dei gesti, quasi rituali, che si compiono durante una cerimonia o uno spettacolo.
gettonare, *v. tr. e intr.* telefonare col gettone; scegliere una canzone in un juke-box; acquistare qualcosa da una macchina a gettoni.
ghettizzare, *v. tr.* rinchiudere, limitare persone in un determinato ambiente, costringendole all'isolamento sociale, politico o culturale.
ghost writer (*ingl. pron.* gost raita') (*locuz.*) scrittore che scrive per altre persone, che firmeranno i suoi scritti.
giallo verità, (*locuz.*) racconto giallo o poliziesco che si rifà o ricostruisce avvenimenti realmente accaduti.
giapponismo, *sm.* atteggiamento nipponico nella cultura, nell'arte o nella vita sociale.
gigomma, *sf.* (dall'inglese cewingum) gomma per masticare ‖ *sin.* cingomma, gingomma.
giocare di sponda, (*locuz.*) sfruttare le reazioni altrui a proprio vantaggio. Termine mutuato dal gioco del biliardo.
giornalese, *sm.* stile oscuro usato da certi giornali.
giovanilismo, *sm.* atteggiamento favorevole ai giovani a tutti i costi, più per calcolo che per reale interesse.
girl-friend, (*ingl. pron.* gheel frend) (*locuz.*) amica, fidanzata, partner. ***contr.*** boy-friend.
giungla retributiva, (*locuz.*) disuguaglianza nella retribuzione di lavoratori dipendenti da Stato, enti locali e industria, a parità di qualità e quantità di lavoro prestato.
glasnost, (*russo*) *sf.* trasparenza, pubblicità nella vita politica dell'Unione Sovietica instaurata dal → GORBACIOVISMO.
glissare, *v. tr.* sorvolare, scivolare via su un argomento per evitare di parlarne, di approfondirlo. (dal franc. *glisser*).
goleador, *sm.* calciatore che fa molti goal.
golpe, (*spagn. pron.* golpe) *sm.* colpo di stato militare, spe cialmente nell'America Latina.
golpe bianco, (*locuz.*) colpo di stato che non ricorre all'uso della forza, bensì utilizza illegalmente ed anticostituzionalmente gli organi di potere democratici.
golpista, *sm./f. e agg.* autore di un → GOLPE.
gorbaciovismo, *sm.* politica con la quale il segreltario de PCUS Mickail Gorbaciov intende rinnovare il suo paese.
gotico, *agg.* riferito a racconti o film, fantastico, misterioso.
governicchio, *sm.* governo incapace che mantiene il potere senza occuparsi dei problemi reali.
graffiti, *sm. pl.*, scritte sui muri, ricordi di tempi passati (dal film 'American Graffiti', che rievocava gli anni '60).
grande età, (*locuz.*) eufemismo per indicare la vecchiaia.
grande vecchio, (*locuz.*) persona che, come un misterioso burattinaio, tesse nell'ombra oscure trame politiche.
gratificare, *v. tr.* dare soddisfazione, compiacimento; far aumentare in una persona la stima di se stessa.
griffato, *agg.* fornito di griffe, firmato, etichettato.
griffe, (franc. pron. griff) *sf.* etichetta di nota sartoria che si applica sui capi di abbigliamento.
grigio, *sm.* genitore (*gergo*).
grill, (*ingl. pron.* grill) *sm.* ristorante, tavola calda che offre cibi cucinati alla griglia.
gruppettaro, *sm.* facente parte di un gruppuscolo, oppure persona che aderisce alla sinistra extraparlamentare (dal dial. romanesco).
gruppuscolo, *sm.* piccolo gruppo politico che si forma intorno ad una ideologia o ad uno scisma di partito.
guardone, *sm.* chi trae eccitazione e piacere dallo spiare spettacoli sessuali o simili senza esserne direttamente coinvolto. ‖ *sin.* voyeur.
guard-rail, (*ingl. pron.* gaad reil) (*locuz.*) muretto o fascia metallica che divide le carreggiate delle autostrade o le circonda per evitare sbandamenti e scontri.
guerra stellare, (*locuz.*) temibile scontro missilistico fra le superpotenze della Terra, (dal titolo del film di fantascienza di G. Lucas).
guerriglia urbana, (*locuz.*) strategia terroristica che si svolge attraverso piccole azioni di offesa nelle vie cittadine, nelle fabbriche, nei luoghi pubblici, ecc.
guest house, (*ingl. pron.* ghest haus) (*locuz.*) casa di campagna adibita ad → AGRITURISMO.
guevariano, *agg.* che segue le idee di Ernesto "Che" Guevara (1928-1967).
gufare, *v. tr.* portare sfortuna, dall'immagine del gufo come simbolo di sventura.
gulag, (*russo pron.* glag) *sm.* campo di lavoro e di pena sovietico, reso famoso da un romanzo denuncia di A.

Solzenicyn. Per estensione, campo di concentramento per oppositori politici di regimi dittatoriali.

guru, *sm.* capo religioso indiano; anche, tipo di giacca lunga a collo alto come quella indossata da queste persone.

H

hacker, (*ing. pron.* hacher) *sm. e agg.* il pirata dei computer, il sabotatore informatico.
hair stylist, (*ingl. pron.* heer stailist) (*locuz.*) parrucchiere di grido, che crea mode nuove nel campo dell'acconciatura.
handicappato, *sm. e agg.* persona affetta da un handicap, cioè da una minorazione fisica o psichica. ‖ *sin.* andicappato (dall'ingl. *handicapped*).
happening, (*ingl. pron.* hppenin') *sm.* tipo di spettacolo teatrale, di origine americana, basato sulla libertà espressiva e sulla creatività del singolo o del gruppo; anche festa o ricevimento che si svolge a ruota libera, senza nulla di prefissato.
happy end, (*ingl. pron.* heppi end), (*locuz.*) lieto fine, in genere quello di un romanzo o di un film di evasione, disimpegnato.
hard, (*ingl. pron.* haad) abbreviativo di → HARD CORE.
hard-core, (*ingl. pron.* haad coo') (*locuz.*) film pornografico molto spinto, dove nulla è lasciato alla fantasia.
hard rock, (*ingl. pron.* haad rok) (*locuz.*) rock duro, musica stridente, aggressiva.
hardware, (*ingl. pron.* haaduea') *sm.* parte fissa, non trasformabile, del computer.
headline, (*ingl. pron.* héedlain) *sm.* titolo di giornale; messaggio pubblicitario.
hearing, (*ingl. pron.* hìirin') *sf.* indagine conoscitiva.
heavy metal, (*ingl. pron.* hvi mètal) (*locuz.*) tipo dì musica più violenta del → HARD ROCK.
hi-fi, (*ingl. pron.* haifai) abbreviazione di → HIGH-FIDELITY.
high, (*ingl. pron.* hai) abbreviazione di high society, alta società.
highbrow, (*ingl. pron.* haibrau) *agg.* intellettuale.
high fidelity, (*ingl. pron.* hai fideliti) (*locuz.*) tecnica di registrazione ad alta fedeltà ‖ *sin.* hi-fi.
high-tech, (*ingl. pron.* hai tek) (*locuz.*) abbreviazione di high technology, alta tecnologia, tecnica sofisticata.
hip, (*ingl. pron.* hip) abbreviazione di → HIPSTER.
hip hop, *sm. e agg.* nuova filosofia della cultura alternativa, della gioventù americana soprattutto, nera.
hipster, (*ingl. pron.* hipsta') *sm.* all'ultima moda.
hippie, *sm./f. e agg.* appartenente a un movimento che sostiene uno stile di vita contrario al consumismo e alla cultura di massa e persegue il ritorno a ideali di vita interiore attraverso un comportamento libero da schemi ma anche l'uso di allucinogeni.
hit-parade, (*ingl. pron.* hit pareid) (*locuz.*) rassegna dei dischi di maggior successo.
HIV, sigla di Human Immunodeficiency Virus, il virus che provoca l'→ AIDS.
hobbista, *sm. e f.* chi ha, chi coltiva un passatempo particolare, come una raccolta, uno sport, ecc. (dall'ingl. *hobby*).
hobo, *sm.* il vagabondo, negli Stati Uniti d'America.
home computer, (*ingl. pron.* houm compiuta') (*locuz.*) elaboratore elettronico che ha applicazioni utili alla famiglia e viene usato in casa.
home video, (*ingl. pron.* houm video) (*locuz.*) il "video domestico", la visione di filmati od opere cinematografiche per mezzo del proprio videoregistratore e di videocassette.
homocus, *sm.* contrazione di 'Homo sovieticus' (dal romanzo omonimo di A, Zinov'ev che dipinge un tipo d'uomo prodotto dalle condizioni di vita dell'Unione Sovietica).
hot-pants, (*ingl. pron.* hot pants) (*locuz.*) calzoncini da donna molto corti e sexy.
house boat, (*ingl. pron.* haus boot) (*locuz.*) casa galleggiante da usare come abitazione o per diporto.
huligano, → ULICANO.

I

iconologo, *sm.* studioso delle immagini.
identi-kit, *sm.* metodo per ricostruire l'immagine di un ricercato, sulla base delle testimonianze e informazioni di persone che hanno assistito a un evento delittuoso. (dall'ingl. *identification* (pron. aidéntifichscion=identificazione) e *kit* (kit = strumento); anche apparecchio per eseguire questo disegno o il disegno stesso.
ideologizzare, *v. tr.* impostare, porre o risolvere problemi sulla base di un'ideologia.
idratante, *agg.* che serve a ridare alla pelle il suo giusto grado di umidità.
illuminismo padano, (*locuz.*) neologismo per indicare la tensione riformista e innovatrice presente nella cultura delle regioni dell'Italia padana.
image-maker (*ingl. pron.* imeg meika') *sm. e f.* chi si occupa di costruire l'immagine di una persona o di un prodotto, presupposto necessario per il suo successo.
imam, (*arabo*) *sm.* autorità religiosa dell'Islam.
immaginazione al potere, (*locuz.*) slogan degli studenti del maggio francese (1968) fatto proprio anche dai giovani di molti altri paesi.
immagine, *sf.* aspetto esteriore che una persona o un prodotto danno di sé o per le loro capacità o perché si sono affidati all opera di un → IMAGE-MAKER.
impasticcarsi, *v. rifl.* far uso di sostanze stupefacenti o di miscugli di medicinali o bevande che raggiungono lo scopo della droga.
impeachment, (*ingl. pron.* impiic'ment) *sm.* procedura per incriminare una personalità politica.
impegnato, *sm. e agg.* che si impegna, che agisce soprattutto in campo politico e sociale.
impiantistica, *sf.* studio e tecnica relativi a impianti e attrezzature industriali.
implantologo, *sm.* esperto specializzato in → IMPLANTOLOGIA.
implantologia, *sf.* tecnica medica per l'esecuzione di impianti fissi di capelli, denti e simili.
implementare, *v. tr.* rendere operante, attivo.
imprinting, (*ingl. pron.* imprintin') *sm.* termine usato dagli etologi per indicare il condizionamento nel comportamento degli animali nei primissimi tempi della loro vita.
inaffidabile, *agg.* di cui non ci si può fidare.
inaffidabilità, *sm.* qualità di chi è → INAFFIDABILE.
incaprettamento, *sm.* feroce uccisione praticata dalla mafia nei confronti di persone ritenute colpevoli, che consiste nel legare insieme mani piedi e collo provocando la rottura della vena giugulare.
inclusive tour, (*ingl. pron.* inclùsif tuur) (*locuz.*) combinazione di viaggi, pernottamenti e pasti che le agenzie di viaggio offrono ai turisti.
incidente di percorso, (*locuz.*) imprevisto che interrompe momentaneamente un'attività senza impedirne tuttavia il seguito.
indice di gradimento, (*locuz.*) misurazione della popolarità di un programma televisivo o radiofonico effettuata su un gruppo di ascoltatori presi come campione.
indiano metropolitano, (*locuz.*) aderente a un movimento che si ispira al modello degli Indiani d'America ma che vive in città.
indoor, (*ingl. pron.* indoo') *agg.* manifestazione sportiva che si svolge al coperto.
industrial design, (*ingl. pron.* indstrial disint) (*locuz.*) disegno industriale, di prodotti che verranno realizzati in quantità dall'industria.
informatica, *sf.* insieme delle discipline e delle tecniche applicate alla raccolta e al trattamento delle informazioni. (dal franc. *information e automatique*).
informatico, *sm. e agg.* chi, che studia l'informatica o e un esperto della stessa.
informatizzare, *v. tr.* dotare di sistemi informatici.
in nero, (*ocuz.*) definizione di compensi in denaro che non vengono regolarmente dichiarati e, quindi, sfuggono alla tassazione.
input, (*ingl. pron.* input) *sm.* entrata, inserimento nel computer delle informazioni per mezzo di una tastiera o altro; le informazioni stesse.
in progress, (*ingl. pron.* in prgress) (*locuz.*) in corso di svolgimento.
inquinamento acustico, (*locuz.*) forma particolare di inquinamento che colpisce l'udito, determinato dalla somma dei rumori prodotti da automobili, macchinari, strumenti di lavoro, ecc.
inquinatore di prove, (*Locuz.*) chi cerca di confondere le ricerche della magistratura per trarne profitto o per insabbiare un processo.
insabbiare, *v. tr.* nascondere, occultare la verità o frenarne la ricerca.
insider trading, (*ingl. pron.* insaida' treidin') (*locuz.*) uso di notizie relative all'attività della borsa; soffiata.
insonorizzare, *v. tr.* rendere impenetrabile ai suoni.
insospettabile, *sm. e agg.* chi è al di sopra di ogni sospetto. Termine usato per indicare il colpevole di un reato sul quale non era ragionevolmente ipotizzabile alcun sospetto.
instant, (*ingl. pron.* instnt) prefisso per formare locuzioni come *instant-book*, *instantfilm*, ecc. cioè libri, film o altro che si riferiscono a fatti appena avvenuti, realizzati molto velocemente per sfruttare a fini commerciali un interesse vivo nel pubblico.
instant book, (*ingl. pron.* instant buc) (*locuz.*) libro commerciale scritto in gran velocità per sfruttare un fatto di cronaca o una moda.
integrato, *sm. e agg.* chi, che ha accettato l'integrazione.
integrazione, *sf.* inserimento e accettazione della società e delle sue strutture che in precedenza si erano rifiutate.
intelligenza artificiale, (*locuz.*) capacità di un computer di eseguire compiti che richiedono intelligenza.
intellighenzia, *sf.* la classe intellettuale di un paese, in genere con ideali in comune (dal russo).
intercity, (*ingl. pron.* intersiti) *sm.* treno rapido che collega importanti località.
intercobas, *sf.* l'insieme delle categorie rappresentate dai → COBAS.

interfaccia, *sf.* collegamento fra due parti dell'hardware di un computer che hanno caratteristiche differenti.
interfacciare, *v. tr.* praticare un collegamento → interfaccia.
inter rail, (*ingl. pron.* inter reil) (*locuz.*) convenzione ferroviaria internazionale che permette ai giovani al di sotto dei ventisei anni di viaggiare per un mese senza limitazioni di chilometraggio.
intersettoriale, *agg.* che si trova o si riferisce a più settori.
intifada, (*arabo*) la ribellione dei palestinesi, iniziata alla fine del 1987, contro l'occupazione israeliana. Detta anche "la rivolta delle pietre".
intrippato, *sm. e agg.* chi è sconvolto o assorto per aver assunto una droga o per altre ragioni. Anche scherzoso.
ipermercato, *sm.* supermercato di dimensioni molto grandi.
iperrealismo, *sm.* tendenza artistica che consiste in una minuziosa rappresentazione della realtà.
islamizzazione, *sf.* il ridurre sotto l'influenza dell'islamismo.
IT, sigla di → INCLUSIVE TOUR.
italese, *sm.* cattivo italiano nel quale si mescolano molte parole inglesi ‖ *sin.* italiese.
IVA, sigla dell'Imposta sul Valore Aggiunto (Imposta indiretta sui consumi).

J

jeanseria, *sf.* negozio nel quale si vendono jeans, o blue-jeans. ‖ *sin.* genseria ‖ jeans-shop (dall'ingl. pron. *giins sciop*).
jet-set, (*ingl. pron.* get set) *sm.* la società delle persone ricche che viaggiano in aeroplano (dall'ingl. *jet*, aereo a reazione e *set*, gruppo, associazione. ‖ *sin.* jet-society.
jihad, (*arabo pron.* gihad) *sf.* guerra santa islamica contro gli infedeli e i miscredenti.
jingle, (*ingl. pron.* ging'l) *sm. la musica o la canzoncina che accompagna uno spot pubblicitario in televisione o per radio.*
job, (*ingl. pron.* giob) *sm.* lavoro, impiego.
jobber, (*ingl. pron.* giobba') *sm.* operatore di borsa che tratta titoli attraverso un agente di cambio e non direttamente con il pubblico.
jogger, (*ingl. pron.* giogga') *sm.* chi pratica lo → JOGGING.
jogging, (*ingl. pron.* giogghin') *sm.* corsa non veloce ma di lunga durata che viene praticata per mantenersi in forma.
joint, (*ingl. pron.* gioin't) *sm.*spinello → canna.
joint venture, (*ingl. pron.* gioint vencia') (*locuz.*) associazione di più imprese per la realizzazione di un programma comune.
joystick, (*ingl. pron.* gioistic) *sm.* nel linguaggio dei piloti d'aereo indica la cloche di comando. Nel linguaggio dei computer, meccanismo a leva che permette di pilotare sul video alcuni elementi.
junk, (*ingl. pron.* giank) *sm. e agg.* ciarpame, cosa grossolana.
junk music, (*ingl. pron.* gianc mius'c) musica stravolta e non curata, propria di alcuni artisti demenziali e di avanguardia.

K

kabulista, *sm./f. e agg.* comunista fedele alla linea tradizionale del partito (dal nome della città capitale dell'Afghanistan) ‖ *sin.* stalinista.
kalashnikov, (*russo pron.* kalasc'nicof) *sm.* fucile mitragliatore fabbricato nell'Unione Sovietica; anche abbreviato in *kala*.
karateta, *sm.* persona che pratica l'arte marziale giapponese denominata *karaté*.
katanghese, *sm.* appartenente a un servizio istituito da giovani extraparlamentari di sinistra in occasione di dimostrazioni o spettacoli per impedire infiltrazioni di avversari o facinorosi.
kebab, (*arabo*) polpettina di carne fritta, tipica della cucina araba.
keghebino, *sm.* agente segreto del KGB, il servizio segreto sovietico di polizia.
keyboard, (*ingl. pron.* cheiboo'r) *sf.* tastiera, sia dei computer che dei pianoforti.
khomeinista, *sm./f. e agg.* seguace dell'ayatollah Komeini, capo della Repubblica islamica dell'Iran dal 1979.
kid, (*ingl. pron.* chid) *sm.* ragazzino. Nel gergo musicale del rock può indicare i componenti di una band o i fans di un gruppo.
killeraggio, *sm.* assassinio (dall'ingl. *killer* pron. *killa'*).
killer delle carceri, (*locuz.*) recluso che uccide un altro recluso su ordinazione esterna alle mura della prigione.
kit, *sm.* scatola di montaggio, in genere formata da molti pezzi da montare insieme.
kitsch, (*tedesco pron.* kic') *agg.* di cattivo gusto.
know-how, (*ingl. pron.* nou-hau) *sm.* insieme di conoscenze pratiche e teoriche necessarie per compiere un determinato lavoro.
kremlinologo, *sm.* studioso della politica sovietica.

L

lacoste, (*franc. pron.* lacòst) *sf.* tipica maglietta da tennista, prodotta in molti colori, caratterizzata dal marchietto a forma di coccodrillo (dal nome del tennista francese suo produttore R. Lacoste).

lambada, *sf.* danza folklorica brasiliana molto ritmata e sensuale.

laser printer, (*ingl. pron.* lasa printa) (*locuz.*) stampante al laser.

laserterapia, *sf.* cura basata sull'applicazione di raggi laser

laurea corta, (*locuz.*) nei nuovi progetti di riforma universitaria la laurea che si otterrà con un breve corso di laurea, dimezzato rispetto al corso vero e proprio.

lavavetro, *sm. e agg.* le persone che, abusivamente, lavano i vetri delle automobili ferme ai semafori in cambio di una mancia.

lavoro nero, (*locuz.*) lavoro svolto senza regolare assunzione e quindi senza la tutela della legge e dei sindacati in caso di controversia.

lavoro sul campo, (*locuz.*) lavoro di ricerca basato sull'osservazione della realtà.

contr. ricerca di laboratorio.

leaderino, *sm.* piccolo leader, capetto ‖ *sin.* liderino.

leasing, (*ingl. pron.* lìisin') *sm.* sistema per cui dei beni vengono dati in prestito ma, alla fine del contratto possono venir riscattati dal locatario.

leggere, *v. tr.* nel neologismo indica le funzioni di interpretazione e di decodificazione o analisi.

leghe, *sf.* l'insieme delle svariate Leghe regionali che si sono opposte ai partiti cosiddetti tradizionali dalla fine degli anni '80 facendosi portavoce di una protesta variegata e multiforme e proponendo un progetto di autonomia e federalismo.

leghismo, *sm.* il fenomeno delle → leghe.

lentocrazia, *sf.* lentezza con la quale la pubblica amministrazione svolge i suoi compiti. (*ironico*).

lettering, (*ingl. pron.* letterin') *sm.* studio grafico dei caratteri tipografici.

lettore di schede, (*locuz.*) lettore automatico per i dati in entrata in un computer, registrati in codice su schede perforate.

libanizzazione, *sf.* progressivo impazzimento del tessuto sociale fino ad una completa e violenta distruzione della stessa società, in riferimento alla situazione del Libano dalla fine degli anni'70 in poi.

libro da spiaggia, (*locuz.*) termine usato per indicare una tranquilla lettura da potersi effettuare durante momenti di relax estivo, magari seduti o sdraiati in riva al mare.

limerick, (*ingl. pron.* limerik) *sm.* filastrocca buffa inglese formata da una sequenza di 5 versi.

linea calda, → LINEA ROSSA.

linea rossa, (*locuz.*) linea telefonica istituita fra la Casa Bianca e il Kremlino per tenere sotto controllo la situazione internazionale.

linguaggio, *sm.* in informatica, l'insieme dei termini e delle regole studiati per comunicare con un elaboratore elettronico.

lista d'attesa, (*locuz.*) elenco dei passeggeri che hanno fatto richiesta di un posto in un volo di linea nel caso di rinuncia da parte di altri passeggeri; in senso figurato, indica altri tipi di attesa.

listato, *agg. e sm.* copia su video o su carta delle istruzioni di un programma del computer.

listino, *sm.* elenco di film noleggiati da un distributore nel corso di una stagione.

live, (*ingl. pron.* liv) *agg.* nel linguaggio dello spettacolo, in diretta dal vivo.

lodge, (*ingl. pron.* log) *sm.* residenza, albergo.

loft, (*ingl. pron.* loft) *sm.* grande locale, per lo più magazzino, che viene trasformato in un appartamento.

logo, *sm.* simbolo o marchio di una ditta, associazione o altro ancora; programma di apprendimento per computer basato su un linguaggio semplificato.

long drink, (*ingl. pron.* lon' drink) (*locuz.*) miscela di liquore e acqua, ghiaccio, succo di frutta o altro che compongono una bibita dissetante o tonificante.

long playing, (*ingl. pron.* lon' plein') (*locuz.*) disco microsolco di grande formato. ‖ *sin.* microsolco, LP.

look, (*ingl. pron.* luk) *sm.* aspetto, immagine che fa moda, sensazione, ecc.

look generation, (*ingl. pron.* luuk generescion) (*locuz.*) generazione che ama aggregarsi in gruppetti e che sceglie un tipo di abbigliamento particolare che la distingue dagli altri.

lotta armata, (*locuz.*) guerriglia scelta come mezzo di lotta da gruppi terroristici in contrapposizione ai metodi democratici.

lotta biologica, (*locuz.*) lotta attuata in agricoltura contro organismi nocivi per mezzo di insetti o di preparati naturali, che esclude completamente l'uso di sostanze chimiche.

lottizzazione, *sf.* suddivisione e attribuzione di posti di lavoro, cariche, prebende, titoli ecc. sulla base non di qualità e meriti ma di appartenenza a determinati partiti.

love story, (*ingl. pron.* lv stri) (*locuz.*) storia d'amore, avventura romantica, (dal titolo di un romanzo di E. Segal).

LP, sigla di → LONG-PLAYING.

ludico, *agg.* che riguarda il gioco, piacevole.

ludoteca, *sf.* luogo dove si custodiscono giocattoli che vengono dati in prestito.

lumaca postale, (*locuz.*) termine spregiativo per indicare le Poste Italiane e le disfunzioni di cui sono causa.

lumare, *v. tr.* guardare, sbirciare.

lumbard, *sm. e agg.* lombardo. Militante o simpatizzante della Lega Lombarda.

lungodegente, *sm. e f.* malato costretto a un lungo ricovero.

M

machismo, (*spagn. pron.* macìsmo) *sm.* comportamento o modo di fare di persone di sesso maschile che tendono a imporre la propria forza virile sentendosi superiori (dallo spagnolo *macho* = maschio) ‖ *sin.* maschismo; maschilismo; fallocrazia.
contr. femminismo.
machista, (*spagn. pron.* macìsta) *agg.* che pratica il → MACHISMO.
macho, (*spagn. pron.* màcio) *sm. e agg.* maschio che veste e si comporta in maniera da mettere in evidenza soprattutto i suoi caratteri virili. (*spregiativo*).
macrobiotica, *sf.* tipo di alimentazione e teoria relativa ad essa, che si basa soprattutto sull'uso di cereali integrali e vegetali, escludendo carne, zuccheri e tutti i prodotti di tipo industriale.
macumba, *sf.* festa religiosa e stregoneria basata su antichi rituali africani, che si pratica nell'America Latina.
mad, (*locuz.*) sigla di Mutually Assured Destruction, cioè mutua distruzione assicurata. È l'equilibrio del terrore della tecnologia militare atomica rivolto ad un'ipotesi di guerra totale.
made in, (*ingl. pron.* meid in) (*locuz.*) espressione usata per indicare il luogo di origine di un prodotto (made in Italy, made in Hong Kong); se riferito a prodotti di prestigio, anche nel senso di marchio di garanzia o di moda.
madonnaro, *sm.* persona che si guadagna da vivere dipingendo a gessetto sui marciapiedi delle città immagini, per lo più sacre.
madre coraggio, (*locuz.*) nel linguaggio giornalistico indica le madri di famiglia che si impegnano in battaglie civili.
maestro di pensiero, (*locuz.*) persona di prestigio, dotata di carisma, che orienta vasti gruppi di persone divulgando con scritti o altro mezzo le proprie idee (dal franc. *maitre à penser*).
mafia bianca, (*locuz.*) la mafia che c'è ma non si vede.
mafiologia, *sf.* studio della mafia e dei problemi ad essa legati.
maggio francese, (*locuz.*) espressione usata per definire il mese di maggio 1968 e l'inizio, in Francia, della contestazione giovanile e del rinnovamento desiderato e sintetizzato nello slogan 'L'immaginazione al potere'.
maggioranza silenziosa, (*locuz.*) insieme dei cittadini che, pur essendo molti, non manifestano chiaramente e pubblicamente le proprie idee, che si ritiene siano contrarie a quelle chiaramente espresse da una minoranza più attiva e 'rumorosa'; gruppo conservatore (dall'ingl. *silent majority*).
maitre à penser, → MAESTRO DI PENSIERO.
malato terminale, (*locuz.*) malato incurabile ormai giunto agli ultimi giorni della vita.
malavitoso, *sm. e agg.* appartenente alla malavita.
management, (*ingl. pron.* mnag'ment) *sm.* direzione di un'azienda; l'insieme delle persone che compongono la direzione.
manager, (*ingl. pron.* mànagia') *sm.* dirigente d'azienda con ampi poteri decisionali.
manageriale, *agg.* che si riferisce all'attività di un manager, proprio del manager (dall'ingl. *manager*).
managerialismo, *sm.* teoria, pratica, linea di pensiero del manager. (dall'ingl. *manager*).
managerialità, *sf.* capacità di agire da manager; condizione del manager. (dall'ingl. *manager*).
manga, *sm.* fumetti giapponesi.
maoismo, *sm.* pensiero politico ispirato alle teorie marxiste di Mao-Tse-tung ‖ *sin.* maotsetungpensiero.
maoista, *sm./f. e agg.* chi, che segue le idee politiche di Mao-Tse-tung. ‖ *sin.* cinese.
mapo, *sm.* agrume ottenuto incrociando mandarino e pompelmo.
marchettaro, *sm. e agg.* che si prostituisce, prostituto.
maria giovanna (*locuz.*) marijuana; anche Mary (*gergo*).
marketing, (*ingl. pron.* marketin') *sm.* studio del mercato che si effettua allo scopo di migliorare le vendite di un'azienda.
market oriented, (*ingl. pron.* market orient'd) (*locuz.*) che produce o lavora in funzione della domanda del mercato.
marpione, *sm.* furbacchione, intrallazzatore.
maschilismo, → MACHISMO.
maschilista, → MACHISTA.
mass media, (*ingl. pron.* mess midia) (*locuz.*) *plur.* strumenti di comunicazione di massa, come giornali, radio, TV ‖ *sin.* media.
massmediologo, *sm.* studioso dei mass media e delle loro implicazioni teoriche, pratiche, informative, politiche o narrative e del loro utilizzo.
massmedizzare, *v. tr.* influenzare attraverso i → MASSMEDIA.
master, (*ingl. pron.* màsta') *sm.* corso di specializzazione per laureati tenuto in genere presso le università.
matita, *sf. e agg.* per estensione: il disegnatore, l'illustratore.
matusa, *sm./f e agg.* nel linguaggio giovanile, un genitore (da Matusalemme) ‖ *sin.* maxi (*gergo*).
maxiprocesso, *sm.* processo celebrato contemporaneamente a molte persone appartenenti a organizzazioni criminali di vario genere.
media, → MASS MEDIA.
media event, (*ingl. pron.* midia ivènt) (*locuz.*) evento in diretta televisiva, spesso creato appositamente.
meeting, (*ingl. pron.* miitin') *sm.* incontro, riunione (dall'ingl. *to meet* = incontrare).
memorizzare, *v. tr.* mandare a memoria; usato soprattutto per indicare la capacità dei calcolatori elettronici di accumulare dati nella loro memoria.
meridionalismo, *sm.* studio dei problemi del Meridione d'Italia; politica a favore dello sviluppo del Meridione.
meridionalista, *sm. f e agg.* studioso dei problemi del Meridione.
meritocrazia, *sf.* concezione per cui ogni individuo ottiene riconoscimenti e successi commisurati ai suoi meriti reali.
messaggio, *sm.* informazione pubblicitaria.
metadone, *sm.* medicinale simile alla morfina che viene impiegato per tentare di disintossicare i drogati.
metal-detector, (*ingl. pron.* métal detécta') (*locuz.*) macchina

capace di individuare oggetti di metallo, usata negli aeroporti e nei luoghi pubblici per scoprire eventuali armi nascoste.
metallaro, *sm.* giovane amante della musica del tipo → HEAVVY-METAL riconoscibile dall abbigliamento formato da un giubbino di pelle nera e da decorazioni a base di borchie metalliche.
metatopia, *sf.* è l'utopia che vuole rappresentare il futuro del mondo.
meteo, *sf.* previsioni del tempo (meterrologiche).
mezzobusto, *sm.* lettore del telegiornale o giornalista televisivo, del quale lo spettatore vede e conosce solamente la parte superiore del corpo.
migliorista, *sm. e agg.* riformista di sinistra che ha rifiutato qualsiasi analisi rivoluzionaria della società. In particolare riferito alla corrente di destra del P.D.S.
mini, *fisso*e sostituisce l'uso dell'aggettivo piccolo o minuscolo con il quale sono formate molte parole, (es. minigonna, minilegge, minitasse, miniabito, minialloggio, miniappartamento, ecc.).
miniassegno, *sm.* assegno circolare per somme piccolissime (lire 50 o 100) che verso la fine degli anni '70 venne emesso in grandi quantità per superare le difficoltà causate dalla mancanza di monete.
minimalista, *sm./f.e agg.* scrittore di un particolare genere di storie mlmme con personaggi comuni; quel tipo di letteratura.
minitel, *sm.* sistema di comunicazione che sfrutta il binomio computer-telefono.
mise, (*franc. pron.* misz) *sf.* modo di vestire; anche il vestito stesso.
missilistica, *sf.* tecnica della costruzione e dell'uso dei missili.
mitterandismo, *sm.* la linea politica di Fran,cois Mitterand, presidente della Repubblica Francese dal 1981.
mix, (*ingl. pron.* mix), *sm.* mescolanza, miscela; usato anche in senso figurato.
mod, (*ingl. pron.* mod) *sm. e agg.* teppista inglese, cinico ed elegante (dall'inglese *modern*, moderno).
moderatore, *sm.* persona che dirige e tiene i fili di una tavola rotonda o di una discussione pubblica, radiofonica, televisiva.
modernariato, *sm.* attività commerciale di vendita di oggetti moderni di buon → DESIGN.
contr. antiquariato.
mollah, (*arabo*) *sm.* religioso nel mondo islamico sunnita.
mondialismo, *sm.* politica estera estesa a tutto il mondo.
mondialista, *sm./f. e agg.* chi, che si occupa o è un seguace del → MONDIALISMO.
monitor, *sm.* teleschermo di controllo o di segnalazione che permette di tenere sotto osservazione un programma, un enomeno fisico o altro.
monitoraggio, *sm.* controllo attraverso un → MONITOR.
mono, *prefisso* che sostituisce espressioni come 'un solo', 'di una sola', ecc.; con il quale sono state formate molte parole (es. monocamera, monorazione, monorotaia, ecc.
monocolore, *sm. e agg.* governo formato da ministri appartenenti a un solo partito.
monopiatto, *agg.* pasto formato da un unico piatto.
monoreddito, *agg.* che si basa sul reddito di un unico lavoratore.
motorhome, (*ingl. pron.* motorhoum) *sf.* autocaravan di grandi dimensioni.
mouse, (*ingl. pron.* maus) *sm.* dispositivo per lo spostamento del cursore costituito da una scatolina collegata al computer da un filo che si muove con la mano. La sua forma ricorda un topolino (*mouse* in inglese) da cui il nome.
mountain bike, (*ingl. pron.* muntain baik) *sf.* bicicletta per escursioni in montagna o in campagna.
multimediale, *sm.* che utilizza diversi media, cioè mezzi espressivi e comunicativi diversi.
multinazionale, *sf. e agg.* società che, attraverso uffici, altre società e fabbriche collegate opera in diversi paesi; che riguarda una o più nazioni.
multipartitismo, *sm. e agg.* la presenza di molti partiti (in una coalizione di governo od opposizione, in un parlamento ecc.)
multiproprietà, *sf.* proprietà condivisa da più persone di un bene (per esempio un appartamento) del quale ogni proprietario può usufruire durante determinati periodi ‖ *sin.* multicomproprietà.
multisala, *agg.* si dice di cinematografo che dispone di più sale nelle quali vengono proiettate contemporaneamente pellicole diverse.
multiuso, *agg.* che è adatto a usi diversi.
murale, *sm.* affresco eseguito sul muro esterno di un edificio, per lo più di grandi dimensioni e di soggetto politico o sociale (dallo spagnolo *'mural'*, generalmente plur. *'murales'*).
muralista, *sm./f. e agg.* pittore di → MURALE.
must, (*ingl. pron.* mast) *sm.* cosa assolutamente obbligatoria, tassativa, irrinunciabile.
mutante, *sm. e f.* uomo, donna o animale protagonisti per lo più di racconti di fantascienza che subiscono mutazioni genetiche in maniera appariscente.
mutazione, *sf.* cambiamento, trasformazione.
mutuabile, *agg.* che ha i requisiti per godere dell'assistenza di un ente mutualistico, per lo più riferito a medicinali e assistenza medica.

N

nano, *prefisso* che, anteposto a una unità di misura, la divide per un miliardo.
nanosecondo, *sm.* miliardesimo di secondo. Unità di misura misurabile solamente con un orologio atomico.
NAP, sigla di Nuclei Armati Proletari.
napalm, *sm.* composto chimico incendiario usato per bombe e lanciafiamme.
nappista, *sm./f. e agg.* terrorista appartenente ai Nuclei Armati Proletari che si fregiano della sigla → NAP.
narco-dollari, *sm. pl.* dollari che provengono dal traffico di droga.
narcotest, *sm.* esame effettuato per individuare un'eventuale presenza di droga nell'organismo di una persona.
nastroteca, *sf.* luogo in cui si conservano nastri incisi.
nature, (*franc. pron.* natdr) *agg. inv.* semplice, naturale; nudo.
'ndrangheta, *sf.* associazione mafiosa calabrese.
neo, *prefisso* che sostituisce l'aggettivo 'nuovo' con il quale sono stati formati molti neologismi (es. neoborghesia, neocapitalismo, neofascismo, ecc.).
neocapitalismo, *sm.* il capitalismo del dopoguerra.
neocattolico, *sm. e agg.* cattolico progressista.
neocomunista, *sm. e agg.* colui che si propone una "rifondazione" del pensiero e della pratica comunista ortodossa.
nero, *sm. e agg.* forma abbreviata di → LAVORO NERO terrorista di destra.
contr. rosso.
network, (*ingl. pron.* netuoek) *sm.* insieme di stazioni televisive che lavorano in collegamento.
neutronizzare, *v. tr.* colpire con una bomba a neutroni.
neve, *sf.* cocaina, dal colore candido (*gergale*).
neve, *sf.* droga pesante, specialmente cocaina. (*gergo*).
new look, (*ingl. pron.* niu luuk) (*locuz.*) nuova immagine, o → LOOK, con la quale un personaggio noto si presenta al pubblico.
new romantic, (*ingl. pron.* niu romntic) (*locuz.*) gruppo facente parte della → LOOK GENERATION che reinterpreta in maniera personale modelli tradizionali colti.
news, (*ingl. pron.* niusz) *sf. pl.* notizie giornalistiche.
news magazine, (*ingl. pron.* nius màgasin) (*locuz.*) rivista di politica e di attualità.
new wave, (*ingl. pron.* niu ueiv) (*locuz.*) corrente cinematografica anticonformista americana.
nientologo, *sm.* espressione per definire chi sa un po' di tutto senza essere profondo su nulla (*ironico*) ‖ *sin.* tuttologo.
niet, (*russo. pron.* niet), *avv.* no.
no future, (*ingl. pron.* no fiuciar) (*locuz.*) slogan usato dal movimento punk e dai suoi epigoni che significa "nessun futuro".
noir, (*franc. pron.* nuar) *sm. e agg.* nella narrativa letteraria, cinematografica, nel fumetto ecc. indica il genere del delitto, del poliziesco criminale, dell'horror.
nomenklatura, (*russo pron.* nomenklatura) *sf.* insieme di funzionari che ricoprono alte cariche in uno Stato e, in particolare, nell'Unione Sovietica.
nomination, (*ingl. pron.* nominéscion) *sf.* nomina di un candidato per una carica politica negli USA.
non, *avv.* spesso usato come prefisso per negare o escludere il concetto espresso da una parola e formarne automaticamente altrettante (es. non-allineato, non-credente, non-fumatore, ecc.).
non-tessuto, *sm.* struttura tessile ottenuta meccanicamente, chimicamente o con altri procedimenti che non sono quelli della tessitura o della maglieria.
non-vedente, *sm./f. e agg.* chi, che non vede ‖ *sin.* cieco.
notista, *sm. e f.* giornalista che scrive su giornal e riviste specialmente di politica.
nouvelle cuisine, (*franc. pron.* nuvell quisìn) (*locuz.*) nuova tendenza della cucina francese, poi seguita anche in altri paesi, che lascia libero il cuoco di esercitare la pro,pria creatività preparando piatti apparentemente semplici ma molto raffinati, adatti alle esigenze dietetiche d'oggi. ‖ *sin.* cucina creativa.
novela, (*spagn. pron.* novéla) *sf.* telefilm popolare sudamericano ‖ *sin.* telenovela.
no wave, (*ingl. pron.* no ueiv) (*locuz.*) senza una tendenza precisa.
nucleare, *sm. e agg.* insieme delle possibilità offerte dall'energia nucleare.
numerologia, *sf.* l'arte di trovare nei numeri significati magici o mistici o anche proprietà curiose.
numero chiuso, (*locuz.*) limite numerico rigorosamente invalicabile per assegnare posti di lavoro o di studio. ‖ *sin.* numero programmato.
numero verde, (*locuz.*) numero telefonico che può essere chiamato senza pagare il servizio, grazie a una speciale convenzione della SIP.
nuovi turchi, (*locuz.*) neologismo per indicare i giovani, o più in generale i turisti che, calando in massa nelle città d'arte o nei luoghi naturalisticamente più belli sono fonte di distruzione, disordine ed impoverimento.
nutrizionale, *agg.* che si riferisce alla nutrizione, nutritivo.
nutrizionista, *sm. e f.* esperto, studioso di problemi che riguardano la nutrizione.

O

obiettore, → OBIETTORE DI COSCIENZA.
obiettore di coscienza, (*locuz.*) giovane che, per motivi religiosi, morali o politici si rifiuta di fare il servizio militare; anche abbreviato in obiettore.
obiezione, → OBIEZIONE DI COSCIENZA.
obiezione di coscienza, (*locuz.*) rifiuto di fare il servizio militare da parte di un → OBIETTORE DI COSCIENZA; anche abbreviato in obiezione.
obliterare, *v. tr.* annullare con un apposito strumento, timbrando o forando, biglietti o simi,i documenti.
obliterazione, *sf.* annullamento, atto dell → OBLITERARE, specialmente riferito ai biglietti usati sui mezzi pubblici.
occhio di gatto, (*locuz.*) segnaletica antinebbia delle autostrade.
occupazionale, *agg.* che si riferisce all'occupazione, al lavoro.
oceanonauta, *sm./f. e agg.* chi, che si occupa dell'esplorazione dei fondali oceanici. ‖ *sin.* acquanauta.
off, (*ingl. pron.* off) *avv.* nel linguaggio dello spettacolo, ciò che rimane fuori dal campo visivo o sonoro; anche, ciò che si discosta dalla tradizione o dalla cultura ufficiale.
oggettistica, *sf.* insieme degli oggetti destinati a un particolare uso.
ombudsman, (*svedese pron.* ommudzman) *sm.* rappresentante pubblico, difensore civico della popolazione.
omissis, (*latino*) termine giuridico che indica la facoltà di non esibire documenti o parti di essi; locuzione passata al linguaggio dei politici.
omologare, *v. tr.* rendere omologo, simile o anche identico a un dato modello.
omosex, *sm./f. e agg.* abbreviazione di omosessuale.
onda lunga, (*locuz.*) l'effetto a lunga durata o ritardato di un'azione.
one man show, (*ingl. pron.* uan men sciou) (*locuz.*) spettacolo basato su un solo individuo, dotato di particolare abilità e carisma.
on the road, (*ingl. pron.* on tz roud) (*locuz.*) che avviene sulla strada, lungo la strada; soprattutto in riferimento a spettacoli, (dal titolo di un romanzo dell'americano J. Kerouac).
op, → OP-ART.
op-art, *sf.* corrente artistica che ripete o fa rivivere le forme dell'astrattismo geometrico esaltando il gioco come fine ultimo dell'arte.
open hause, (*ingl. pron.* open 'aus) (*locuz.*) letteralmente, casa aperta; festa alla quale si può accedere senza invito.
open space, (*ingl. pron.* upen spéis) (*locuz.*) termine usato dagli architetti per denominare un luogo ampio destinato ad abitazione o ufficio, privo di pareti divisorie.
operatore ecologico, (*locuz.*) lavoratore addetto alla pulizia della strada ‖ *sin.* spazzino, netturbino.
opinionista, *sm. e f.* autore di articoli di giornale nei quali si esprimono opinioni e commenti su avvenimenti politici.
opinion leader, (*ingl. pron.* opìnion lìda') (*locuz.*) persona in grado di determinare, rappresentare o influenzare fortemente l'opinione pubblica attraverso stampa, radio, televisione.
opinion-maker, (*ingl. pron.* opinion meiche') (*locuz.*) facitore d'opinioni. In generale dicesi di giornalista o di → anchor man televisivo che commenta l'attualità e la politica.
optional, (*ingl. pron.* òpscional) *sm. e agg.* oggetto facoltativo, che si può aggiungere a un'automobile o altro.
orbita, andare in (*locuz.*) perdere la ragione, essere euforici, folli.
orgasmare, *v. intr.* raggiungere l'orgasmo; eccitarsi sessualmente.
orizzontalismo, *sm.* tendenza a vedere la vita in maniera orizzontale, escludendo la dimensione metafisica.
oro bianco, (*locuz.*) latte.
oscurare, *v. tr.* disattivare i ripetitori della televisione.
ostpolitik, (*ted pron.* òstpolitìk) *sf.* politica che tende a instaurare buoni rapporti con i paesi dell'Est..
ottava arte, (*locuz.*) la pubblicità.
out, (*ingl. pron.* aut) *avv.* fuori moda, vecchio.
output, (*ingl. pron.* àutput) *sm.* produzione; nel linguaggio del calcolatore elettronico, uscita dei dati.
overdose, *sf.* dose eccessiva di qualcosa, soprattutto usato in riferimento a una dose di droga che può anche essere mortale per chi l'ha assunta (dall'ingl. *overdose* pron. *ova-'dous*).
overdrive, (*ingl. pron.* ova'draiv) *sm.* apparecchio che moltiplica i giri delle ruote e riduce quelli del motore.
ovviologo, *sm.* persona esperta in cose ovvie (*ironico*).
ozono, buco di (*locuz.*) diminuzione rilevata nell'atmosfera dell'emisfero australe dello spessore della fascia di ozono che protegge la terra dalle radiazioni solari.

P

P2, (*locuz.*) loggia massonica segreta chiamata Propaganda due.
P38, (*locuz.*) pistola tedesca automatica.
pacchetto, *sm.* insieme organico di proposte politiche che devono essere accettate o rifiutate in blocco; offerta da parte di un'agenzia turistica comprendente vitto, alloggio, ecc.
padre-padrone, (*locuz.*) padre autoritario che tratta i figli come una proprietà (dal titolo di un libro autobiografico di Gavino Ledda).
padrino, *sm.* capo di un'organizzazione di stampo mafioso che esercita un forte potere sui membri della propria struttura, anche di vita e di morte (dal titolo di un libro di Mario Puzo).
padroncino, *sm.* l'autotrasportatore proprietario dei suoi mezzi di trasporto.
paesi emergenti, (*locuz.*) paesi che si stanno sviluppando rapidamente ‖ *sin.* paesi in via di sviluppo; paesi decollanti.
paesi in via di sviluppo, → PAESI EMERGENTI.
paese reale, (*locuz.*) l'insieme della popolazione di un paese che non si occupa della vita pubblica.
paesi sottosviluppati, (*locuz.*) paesi la cui economia è ancora di tipo prevalentemente agricolo, nei quali l'industria è poco sviluppata e il reddito medio pro-capite è basso.
palazzinaro, *sm.* costruttore edile che si è arricchito speculando e costruendo non in conformità alle leggi urbanistiche.
palazzo, *sm.* centro simbolico del potere politico.
paleocapitalismo, *sm.* capitalismo del passato.
contr. neo-capitalismo.
paleocapitalista, *sm. f. e agg.* appartenente al → PALEOCAPITALISMO.
contr. neocapitalista.
paleo-comunismo, *sm.* comunismo superato, di vecchia maniera.
contr. neo-comunismo.
palinsesto, *sm.* l'insieme dei tempi, degli spazi, dei programmi, degli obiettivi di una rete televisiva.
pallista, *e f.* acconta 'palle' ovvero frottole.
palloso, *agg.* noioso, pesante (*gergo*).
panchina, *sf.* sedile ai margini di un campo sportivo dove, durante le partite, siedono l'allenatore e le riserve.
paniere, *sm.* insieme di prodotti indispensabili per l'alimentazione presi come dati di base per il calcolo del costo della vita.
paninaro, *sm.* giovane frequentatore di → PANINERIE e → FAST FOOD che, seguendo una moda degli anni 80 veste costosi abiti → CASUAL, non impegnato politicamente ‖ *sin.* tozzo.
panineria, *sf.* bar specializzato nella preparazione di panini, frequentato da impiegati nell'intervallo di pranzo e spesso anche luuogo d'incontro di gruppi di giovani → PANINARI 1l *sin.* paninoteca.
paninese, *sm.* gergo parlato dal → PANINARO.
paninoteca, → PANINERIA.
pantera, *sf.* Movimento Studentesco nato nel Dicembre del 1989 a Palermo poi allargatosi ad altri atenei d'Italia per protestare contro i progetti di privatizzazione dell'Università. Prese il nome da una pantera fuggita da un circo, che nessuno è riuscito a catturare. "La pantera siamo noi!" fu lo slogan del Movimento.
pantere nere, (*locuz.*) movimento politico estremistico statunitense formato da persone di colore che si oppongono all'integrazione (dall'ingl. *Black Panthers*).
papamobile, *sf.* la macchina speciale sulla quale viaggia il Papa.
paper-back, (*ingl. pron.* peipa' baek) (*locuz.*) libro tascabile economico.
pappone, *sm. e agg.* protettore di prostitute e malviventi (*gergo*).
paraculo, *sm. e agg.* furbo, tipo giusto (*gergo*).
paradiso fiscale, (*locuz.*) paese nel quale i redditi sono liberi da imposte o nel quale esse sono poco gravose.
parcellizzare, *v. tr.* suddividere il lavoro in un'azienda assegnandone a ogni lavoratore una parte così ridotta da ottenere risultati alienanti per la psiche dello stesso.
parcellizzazione, *sf.* suddivisione di qualcosa in parti molto piccole.
parcheggiare, *v. tr.* sistemare cose o persone in posizione provvisoria, di attesa per lo più riferito a bambini e anziani (*ironico*).
parlamentino, *sm.* organo che rappresenta un gruppo e che fa parte della struttura di un partito o di un sindacato.
paroliere, *sm.* autore del testo di canzoni.
partitismo, *sm.* tendenza ad accentrare i poteri nei partiti, dando origine alla → PARTITOCRAZIA.
partitocrazia, *sf.* accentramento del potere nelle mani dei partiti.
partner, (*ingl. pron.* paat'na') *sm. e f.* socio, compagno nella vita, in uno spettacolo, nel lavoro, ecc.
part-time, (*ingl. pron.* paat-taim) (*locuz.*) tempo dedicato a un lavoro che si svolge solo per qualche ora al giorno ‖ *sin.* tempo parziale.
contr. full-time/tempo pieno.
pass, (*ingl. pron.* pss) *sm.* tessera che permette di identificare chi ha diritto a entrare in un determinato luogo.
pass word (*ingl. pron.* pass waed) (*locuz.*) codice di identificazione costituito da pochi caratteri, usato in informatica da chi è autorizzato ad accedere a un sistema per farsi riconoscere da un calcolatore e mettersi in collegamento con esso.
patchwork, (*ingl. pron.* paec'waek) *sm.* telo formato da tasselli di vario tipo, disegno e colore uniti insieme; in senso figurato, lavoro formato da contributi di vario genere.
PAY TV, (*ingl. pron.* pei tivì) (*locuz.*) rete televisiva che necessita di un decodificatore a pagamento per la visione dei programmi.
pausa di riflessione, (*locuz.*) sosta concordata fra i partecipanti a un convegno o a un'azione per chiarirsi le idee valutando gli elementi raccolti fino a quel momento.
pedonalizzare, *v. tr.* riservare ai pedoni una zona della città, creando un'isola pedonale ‖ *sin.* pedonizzare.

pedonizzare, → PEDONALIZZARE.
pendolare, *sm./f. e agg.* chi, che viaggia giornalmente per recarsi al posto di lavoro e torna ogni sera a casa, compiendo un tragitto di andata e ritorno in maniera regolare assimilabile al movimento di un pendolo; nel gergo politico, anche partito che cerca voti a destra e sinistra.
pentapartito, *sm.* alleanza fra cinque partiti.
pentathleta, *sm.* atleta che pratica il pentathlon.
pentitismo, *sm.* fenomeno per cui un → PENTITO collabora con le forze dell'ordine.
pentito, *sm. e agg.* terrorista o criminale che collabora con le forze dell'ordine e la magistratura dichiarandosi pentito dei propri delitti.
peones, (*spagn. pron.* peònes) *sm. pl.* nel gergo politico, deputati di un partito che non hanno alcun potere e si sentono esclusi dal gioco delle correnti.
perbenista, *sm./f. e agg.* chi, che desidera apparire onesto, di buoni costumi e ligio alla morale a tutti i costi.
percorribilità, *sf.* stato di una strada che ne permette l'uso a piedi o con altro mezzo di locomozione.
percussionista, *sm. e f.* chi suona uno strumento a percussione.
perestrojka, (*russo pron.* prestrojka) *sf.* riforma, riorganizzazione iniziata in URSS dal → GORBACIOVISMO.
performer, (*ingl. pron.* performa') *sm.* esecutore, artista.
permissivismo, *sm.* ideologia, condizione di una società ispirata a → PERMISSIVITA.
permissività, *sf.* libertà, tolleranza a volte anche eccessiva nei confronti di comportamenti generalmente considerati poco raccomandabili.
personal, → PERSONAL COMPUTER.
personal computer, (*ingl. pron.* person'l kompiuta') (*locuz.*) elaboratore elettronico di piccole dimensioni usato da professionisti, famiglie, uffici, ecc.
persuasione occulta, (*locuz.*) tecnica usata soprattutto in pubblicità, per persuadere all'acquisto o a determinate azioni senza che la persona, così convinta, si renda conto dell'intervento operato su di lei.
picchiatore, *sm.* persona brutale che usa la violenza per intimidire gli avversari, soprattutto politici.
piccolo schermo, (*locuz.*) video, schermo televisivo.
piduista, *sm. e agg.* appartenente alla → P2.
pierre, *e f.*ssionista che si occupa di → PUBBLICHE RELAZIONI.
pillola, *sf.* pillola contraccettiva costituita da sostanze ormonali che impediscono l'ovulazione e rendono la donna temporaneamente sterile.
pioggia dorata, (*locuz.*) orina, nel linguaggio delle pubblicazioni → "hard-core".
pirata dell'aria, (*locuz.*) persona che sotto la minaccia di armi assume il controllo di un aereo, generalmente di linea, per motivi personali o politici.
play-back (*ingl. pron.* plei-bek) (*locuz.*) tecnica di registrazione di uno spettacolo che prevede la separazione della parte sonora da quella visiva alla quale viene sovrapposta in un tempo successivo.
play-boy, (*ingl. pron.* plei-boi) (*locuz.*) uomo benestante e di bell'aspetto che si dedica con impegno alla vita mondana.
playmaker, (*ingl. pron.* plei meika') *sm.* termine sportivo che indica chi imposta e dirige il gioco di una squadra.
playmate, (*ingl. pron.* plei-meit) *sf.* compagna di giochi; termine usato soprattutto in senso erotico.
plot, (*ingl. pron.* plot) *sm.* intreccio, trama di un film o di un'opera letteraria.
plotter, (*ingl. pron.* plotta') *sm.* unità di un elaboratore elettronico che ne stampa i risultati sotto forma di grafici o disegni.
pluralismo, *sm.* dottrina politica che non accetta lo stato totalitario dando invece rilievo ai diritti e ai compiti di comunità e associazioni che fanno da tramite fra individui e Stato.
pluralista, *sm./f. e agg.* chi o che segue la dottrina del pluralismo.
pocket-book, (*ingl. pron.* pcket bk) *sm.* Iibro tascabile.
polfer, abbreviazione di Polizia Ferroviaria.
pole position, (*ingl. pron.* poul posi'scion) (*locuz.*) posizione di partenza e di vantaggio nelle gare automobilistiche, corrispondente alla prima fila e alla parte più interna della pista; anche in senso figurato.
policentrismo, *sm.* situazione in cui vi sono più centri di potere politico, ideologico, religioso, ecnomico, ecc.
contr. centralismo.
politica spettacolo, (*locuz.*) modo di fare.politica utilizzando i modi particolari del mondo dello spettacolo per attirare la gente.
politicastro, *sm.* politico da strapazzo.
politichese, *sm.* Iinguaggio contorto, poco comprensibile a chi non fa parte del mondo politico. (*spregiativo*).
politologia, *sf.* studio dei sistemi, dei meccanismi e, in generale, di tutto quanto riguarda la politica.
politologo, *sm.* esperto, persona che studia la → POLITOLOGIA.
polstrada, abbreviazione di Polizia della Strada.
ponte, *sm.* giorno o periodo che collega giornate festive consentendo a chi lavora di usufruire di una breve vacanza.
pontiere, *sm.* chi fa una vacanza servendosi di un → PONTE.
pony, → PONY EXPRESS.
pony express, (*ingl. pron.* poni éxpress) (*locuz.*) postino motorizzato che fa parte di un'agenzia privata per il recapito celere di lettere e plichi (dal nome di una delle agenzie del genere sorta a Milano nel 1984).
pool, (*ingl. pron.* pul) *sm.* indica un gruppo di lavoro costituito da specialisti per gestire in comune un progetto.
pop, (*ingl. pron.* pop) *sm. e agg.* genere artistico molto diffuso; anche modo di vestire e di essere; abbreviazione dell'ingl. *popular* = popolare.
pop-art, (*ingl. pron.* pop aa't) (*locuz.*) arte popolare, di massa.
pop singer, (*ingl. pron.* pop singa') (*locuz.*) cantante di musica pop. ‖ *sin.* pop-star.
pornofumetto, *sm.* fumetto pornografico.
portaborse, *sm. e f.* persona che lavora in maniera sottomessa per un personaggio importante e influente sperando così di ottenerne i favori.
post, *prefisso* che sostituisce l'avverbio 'dopo' con il quale vengono formati molti neologismi (es. post-atomico, post-comunismo, post-femminismo, ecc.).
post-industriale, *agg.* che segue il periodo industriale; soprattutto in relazione alla trasformazione delle attività lavorative da quelle prevalentemente industriali a quelle del cosiddetto → TERZIARIO.

post-moderno, *sm. e agg.* relativo al movimento artistico e architettonico innovatore che promuove la riscoperta e la riutilizzazione di materiali e di elementi del passato; anche nel senso di → POST-INDUSTRIALE.
post-sessantottesco, *agg.* contrario allo spirito dei giovani del → MAGG10 FRANCESE e di quelli che si ispiravano ad esso.
P.R., sigla di → PUBLICRELATIONS.
pranoterapia, *sf.* terapia praticata da guaritori che vantano un particolare potere emanante dal loro corpo e, in particolare, dalle loro mani.
precariato, *sm.* condizione di un lavoratore → PRECARIO.
precario, *sm.* Iavoratore laureato assunto dalla pubblica amministrazione come insegnante non di ruolo, senza prospettive certe per il futuro.
preppy, (*ingl. pron.* preppi) *sf. e agg.* persona o moda che imita o ricalca le divise degli studenti delle preparatory school americane.
presa diretta, (*locuz.*) registrazione del sonoro di un film compiuta direttamente durante le riprese dello stesso.
presalario, *sm.* assegno, borsa di studio concessa a studenti universitari che appartengono a famiglie con basso reddito.
press-agent, (*ingl. pron.* press eig'nt) (*locuz.*) procuratore e agente di pubblicità che cura i rapporti con la stampa di attori di cinema, teatro e TV.
pret-à-porter, (*franc. pron.* pret a porté) *sm.* abito confezionato, pronto da indossare.
prima serata, (*locuz.*) nel linguaggio televisivo indica la fascia oraria delle trasmissioni situate dalle ore 20 alle 22,30.
prime-rate, (*ingl. pron.* praim reit) (*locuz.*) tasso minimo di interesse che le banche applicano ai loro migliori clienti.
prime-time, (*ingl. pron.* praim taim) (*locuz.*) fascia oraria di maggior ascolto delle trasmissioni radio-televisive.
privacy, (*ingl. pron.* pràivasi), *sf.* il privato, l'intimità delle persone. ‖ *sin.* privatezza (poco usato).
privatizzare, *v. tr.* trasferire a privati servizi gestiti dallo Stato.
professionalità, *sf.* capacità di svolgere un lavoro in maniera competente ed efficiente.
progettuale, *agg.* che si riferisce a un progetto.
programmatore, *sm.* chi si occupa di programmazione economica e prepara piani; nel linguaggio del → COMPUTER, chi predispone programmi per lo stesso.
promotion (*ingl. pron.* promo' scion) *sf.* attività pubblicitaria, tesa a far conoscere un prodotto e a diffonderne l'uso; anche, attività di sviluppo dell → IMMAGINE di un ente, di una persona, ecc.
promo - video, (*locuz.*) videoclip promozionale.
promozionale, *agg.* che riguarda la → PROMOTION, riferito per lo più a oggetti o campagne pubblicitarie.
promozione, *sf.* progresso, elevazione, in senso commerciale, o di immagine (dall'ingl. *promotion*).
protagonismo, *sm.* comportamento, atteggiamento che mette una persona in primo piano; affermazione del proprio ruolo.
protestatario, *sm. e agg.* chi, che protesta,' che si ribella a parole.
provo, *sm.* provocatore, contestatore olandese degli anni '60.
psichedelico, *agg.* allucinogeno.
psiconauta, *sm. e f.* esploratore della psiche.
psicosomatica, *sf.* scienza che studia i rapporti e le interazioni fra psiche e funzionamento del corpo.
pubbliche relazioni, → PUBLIC RELATIONS.
pubblicitario, *sm.* chi si occupa di pubblicità.
public relations, (*ingl. pron.* pàblic rele'scions) (*locuz.*) insieme di attività rivolte a gruppi di persone per influenzarle favorevolmente nei confronti di prodotti o persone.
pubblivoro, *sm. e agg.* il vorace consumatore di spot pubblicitari.
puffare, *v. tr.* verbo che sottintende tutti gli altri verbi nel linguaggio dei Puffi, famosissimi personaggi dei fumetti e dei cartoni animati.
punk, (*ingl. pron.* pank) *sm./f. e agg.* seguace di un movimento giovanile di protesta contro la società dei consumi riconoscibile per l'abbigliamento scuro, il trucco violento, la pettinatura a cresta e i capelli tinti in colori innaturali.
punkettaro, *sm.* il ragazzo (femm. punkettara) che veste come un pòunk o gli assomiglia. (*scherzoso o spregiativo*).
punk rock, (*ingl. pron.* pank rok) (*locuz.*) musica rock violenta, tipica dei punk.
pusher, (*ingl. pron.* puscia') *sm.* spacciatore di droga (*gergo*).

Q

Q-DISC, *sm.* nome commerciale di un disco LP che contiene solamente quattro canzoni.
quadripartito, *sm. e agg.* governo formato da quattro partiti.
quadro, *sm.* dirigente d'azienda, che appartiene al gruppo direttivo.
qualità della vita, (*locuz.*) modo di vivere che sottintende l'aspirazione a un mondo piacevole e pulito in senso morale e materiale.
quantificazione, *sf.* espressione, in termini matematici o numerici della qualità della realtà.
quarta età, (*locuz.*) quella che segue la terza età, cioè dai 75 anni in poi.
quartiere dormitorio, (*locuz.*) quartiere alla periferia della città abitato per lo più da lavoratori che vi rientrano solo o quasi solo per dormire, non dotato di strutture sociali.
quartierista, *sm. e agg.* il vigile urbano di quartiere a Milano.
quarto mondo, (*locuz.*) insieme dei paesi più poveri del mondo dove non vi sono segni di sviluppo.
quercia, *sf. e agg.* termine affettuoso per definire un vecchio amico.
questione morale, (*locuz.*) la teoria secondo la quale è necessario svolgere l'azione governativa e l'attività politica in generale con il massimo rigore etico.
quotidianizzare, *v. tr.* trasformare qualcosa di speciale in normale o banale.

R

raccordo anulare, (*locuz.*) strada asfaltata e carrozzabile che circonda come un anello una città collegandone le uscite.
radical chic, (*locuz.*) persona di ceto elevato che esteriormente si atteggia a rivoluzionario o a progressista ma è in realtà solo uno snob.
radio commerciale, → RADIO LIBERA.
radio libera, (*locuz.*) emittente radiofonica gestita da privati, non controllata dallo Stato, sorta in Italia negli anni '70. ‖ *sin.* radio commerciale, radio privata, radio locale.
radio locale, → RADIO LIBERA.
ragazza alla pari, (*locuz.*) giovane che collabora al lavoro domestico in una famiglia per ricambiare l'ospitalità in una città straniera per motivi di studio o in vacanza. ‖ *sin.* ragazza au pair.
ragazza pon pon, (*locuz.*) ragazza in divisa che con altre compagne, incita i giocatori dei vari sport di squadra negli U.S.A.; anche ballerina dell'avanspettacolo.
rambismo, *sm.* moda e ammirazione fanatiche per il personaggio cinematografico americano di Rambo; atteggiamento violento e onnipotente.
randagismo, *sm.* la condizione degli animali randagi.
random, (*ingl. pron.* rndom) *agg. inv.* casuale, fortuito, non programmato.
rave night, (*ingl. pron.* reiv nai't) (*locuz.*) feste notturne non autorizzate e organizzate in luoghi nascosti dove si danza e si assumono droghe.
reaganiano, *agg.* relativo al governo di Ronald Reagan, Presidente USA dal 1980 al 1988.
redditività, *sf.* possibilità o capacità di produrre un reddito.
referendario, *agg.* riferito ad un referendum.
reggae, (*ingl. pron.* reghei) *sm.* musica di origine giamaicana, portata in auge da Bob Marley negli anni '70.
regular, *sm. e agg.* chi è normale. Chi è nella situazione media, giusta. Anche spregiativo. (*gergo*).
regulation, (*ingl. pron.* reghiulescion) *sf.* regolamentazione per legge.
remake, (*ingl. pron.* rimeik) *sm.* rifacimento, per esempio di un'opera di teatro, cinema, etc.
replay, (*ingl. pron.* riplei) *sm.* ripetizione, ritrasmissione.
responsabilizzazione, *sf.* il rendere qualcuno cosciente delle proprie responsabilità.
revival, (*ingl. pron.* revaiv'l) *sm.* ripetizione, riproposizione di un'opera d'arte o spettacolo o di moda in generale.
riciclaggio, *sm.* l'atto di → RICICLARE.
riciclare, *v. tr.* rimettere in lavorazione la parte di materia presente in un elemento non ancora utilizzata; anche riproporre un vecchio spettacolo o altro in veste nuova o apparentemente tale.
ricucire, *v. tr.* in linguaggio politico riunificare, riunire.
riff, (*ingl. pron.* riff) *sm.* nella musica blues, jazz e rock è una frase ripetuta all'interno di un pezzo, incisiva e particolare.
riflusso, *sm.* l'ondata di reazione sociale che segue un momento di contestazione o di rivolta.
riforestazione, *sf.* azione di rimboschimento.
rigetto, *sm.* reazione con cui un organismo al quale sia stato impiantato un organo, tende a eliminarlo.
rinco, *sm. e agg.* da rincoglionito, stupido (*gergo*).
rivoluzione gentile, (*locuz.*) si dice di quel movimento incruento che, nel 1989, portò alla democratizzazione alcuni Paesi dell'Europa orientale.
roba, *sf.* droga, partita di droga (*gergo*).
robotica, *sf.* codice di comportamento dei robot, ideato dallo scrittore e scienziato americano Isaac Asimov.
rocchettaro, *sm.* giovane che ama, canta, suona, ascolta e balla il rock.
rock, (*ingl. pron.* rok) *sm.* abbreviazione di rock and roll, termine più polivalente del primo: musica della seconda metà del XX° secolo, appartenente alle radici nere americane che incarna le pulsioni ribellistiche dei giovani di tutto il mondo.
rockabilly, (*ingl. pron.* rock'a'billi') *agg. inv.* musica popolare americana; moda di bande giovanili abbigliate alla maniera del primo importante cantante rock, Elvis Presley.
rocker, (*ingl. pron.* roka') *sm.* musicista di rock.
rock star, (*ingl. pron.* rok staa') (*locuz.*) famoso musicista rock; idolo della musica leggera.
rock jazz, (*ingl. pron.* rok gesz) (*locuz.*) forma musicale sorta negli anni '70, miscela di ritmi e di sperimentazioni armoniche.
romanzo verità, (*locuz.*) storia vera o presunta tale che viene raccontata in un romanzo.
rottura, *sf.* in politica, spaccatura, scissione; nel linguaggio corrente, seccatura, noia.
ruspante, *agg. e part. pass.* genuino, puro, non inquinato (*da ruspare*).

S

saccopelista, *sm. e f.* turista giovane, che viaggia e dorme nel proprio sacco a pelo.
safari fotografico, (*locuz.*) caccia grossa effettuata con la macchina fotografica o la cinepresa al posto del fucile.
safe sex, (*ingl. pron.* seif secs) (*locuz.*) sesso sicuro, ovvero la pratica sessuale che viene svolta con accurate misure igienico-sanitarie.
salutista, *sm./f. e agg.* chi, che segue le teorie salutiste, che segue diete, fa molta ginnastica e conduce vita naturale.
sandinista, *sm./f. e agg.* nome dei rivoluzionari del Nicaragua che nel 1979 rovesciarono la dittatura del Presidente Somoza, da A.C. sandino, leggendario rivoluzionario nicaraguense.
satellite, *sm.* congegno tecnico che gira secondo un'orbita prestabilita nello spazio cosmico; anche, stato subalterno ad una nazione più potente.
Satrapismo, *sm.* autoritarismo, anche ostentato.
sballo, *sm.* stato in cui si trova chi ha assunto droghe od alcool; stanchezza che fa sentire come in preda al delirio; ‖ *sin.* piacevole, bello, positivo, faticoso (*gergo*).
sbarbo, *sm.* ragazzo, giovane, pubere. ‖ *sin.* sbarbato, sbarbino.
sbattere, *v. tr.* compiere l'atto sessuale; darsi da fare, essere attivi (*gergo*).
scaricare, *v. tr.* piantare in asso; calmarsi.
scatola nera, (*locuz.*) congegno elettronico posto a bordo dei velivoli che ne registra i dati di volo anche in previsione di un eventuale incidente.
scazzarsi, *v. rifl.* litigare, scontrarsi; divenire apatici, passivi ‖ *sin.* fregarsene (*gergo*).
scazzo, *sm.* dissenso, scontro verbale o fisico; apatia, noia, atarassia, situazione di insofferenza e incapacità (*gergo*).
scendere in piazza, (*locuz.*) manifestare, protestare, dar vita ad un corteo.
sceneggiata, *sf.* messinscena per commuovere o provocare.
schianto, *sm.* e *f.* persona o cosa affascinante.
sci alpinismo, (*locuz.*) alpinismo praticato con gli sci.
science fiction, (*ingl. pron.* saiens fik-scion) (*locuz.*) narrativa che riferisce fatti immaginari che si svolgono nel futuro ‖ *sin.* fantascienza.
scimmia, *sf.* dipendenza da una droga o da altro (*grego*).
scioccare, *v. tr.* impressionare, scandalizzare (dall'ingl. *to shock*).
scolarità, *sf.* condizione e fatto dell'essere studenti.
scolarizzare, *v. tr.* educare per mezzo della scuola.
scolarizzato, *sm./agg.* e *part. pass.* che ha avuto un'istruzione a scuola.
scomunica, *sf.* in gergo politico la condanna di un individuo o di un movimento da parte di un partito, o la sua sconfessione.
screening, (*ingl. pron.* scriinin') *sm.* indagine medica o sociale di massa.
scuola di sopravvivenza, (*locuz.*) luogo do ve si viene addestrati alla vita in circostanze difficili, per es. nella natura selvaggia.
secolarizzato, *agg.* che ha subito un processo di → SECOLARIZZAZIONE.
secolarizzazione, *sf. laicizzazione, eliminazione di forme sociale religiose.*
seconda casa, (*locuz.*) casa acquistata per passare le vacanze al mare o in montagna.
seconda serata, (*locuz.*) nel linguaggio televisivo, la fascia oraria di un palinsesto situata fra le 22,30 e le 23,30.
secondo lavoro, (*locuz.*) lavoro collaterale a quello principale, spesso → IN NERO.
segnale audio, (*locuz.*) tensione o corrente con la medesimalegge di variazione della intensità sonora.
segnale video, (*locuz.*) tensione o corrente con la medesimalegge di variazione della intensità luminosa su un'immagine.
sei politico, (*locuz.*) voto minimo positivo assegnato a tutti gli studenti senza distinzione, secondo una formula contestataria sessantottina.
selvaggio, *agg.* riferito a uno sciopero o a un voto, incontrollabile o imprevedibile.
semaforizzazione, *sf.* installazione di semafori.
serial, (*ingl. pron.* siriol) *sm.* telefilm trasmesso a episodi.
serializzato, *sm. e agg.* di serie, conformizzato.
servizio civile, (*locuz.*) servizio di leva sostitutivo di quello militare.
sessantottino, *sm. e agg.* che ha partecipato in manierà attiva alla contestazione e ai movimenti del 1968, o che ne deriva. ‖ *sin.* sessantottesco, sessantottardo.
sessismo, *sm.* modo di valutare gli individui in ragione del loro sesso; discriminazione.
sessista, *sm.* pratico o teorico o modalità del → SESSISMO.
sesso sicuro, (*locuz.*) → safe sex.
sette grandi, (*locuz.*) paesi più industrializzati del mondo, nel 1988 USA, Francia, Giappone, Inghilterra, Germania, Italia e Canada.
settembre nero, (*locuz.*) gruppò di rivoluzionari patrioti palestinesi che presero questo nome in seguito al massacro dei loro conterranei nel settembre 1967; esteso anche ad altre situazioni per analogia.
sette sorelle, (*locuz.*) nome dato alle sette maggiori compagnie petrolifere internazionali.
settoriale, *agg.* che riguarda un settore.
sexy, (*ingl. pron.* sexi) *agg.* che esercita attrazione sessuale; qualcosa o qualcuno erotico; sensuale.
sfamigliato, *sm. e agg.* che vive da solo, fuori dalla famiglia ‖ *sin.* → SINGLE.
sfiga, *sf.* sfortuna, disgrazia (*gergo*).
sfigato, *sm. e agg.* sfortunato, disgraziato; anche uomo che non ha una donna (*gergo*).
sfizioso, *agg.* capriccioso, che soddisfa un capriccio voluttuoso.
sgallettata, *sf.* e agg. donna esuberante e vivace (*spregiativo*).
sgamare, *v. tr.* fare lo gnorri, camuffare; anche intuire.
sgomitare, *v. tr.* farsi largo a forza di braccia, anche in senso figurato.
sgommare, *v. intr.* partire con una improvvisa accelerazione che fa stridere le gomme di automobili o moto.

shakerare, *v. tr.* miscelare e squotere gli ingredienti di un cocktail con lo shaker. (dall'ingl. *to shake*).
shiatzu, (*giapponese*) *sm.* massaggio-ginnastica giapponese in grado di curare stati di malessere psichici e fisici.
shopping, (*ingl. pron.* scioppin') *sm.* il fare le compere, l'andare per vetrine e negozi.
shopping center, (*ingl. pron.* scioppin' senta') (*locuz.*) centro commerciale.
shorts, (*ingl. pron.* sciorts) *sm. pl.* pantaloncini corti.
show businness, (*ingl. pron.* scioo bisiness) (*locuz.*) il mondo degli affari che è dietro al mondo dello spettacolo.
show girl, (*ingl. pron.* scioo gheel) (*locuz.*) ragazza dello spettacolo, attrice di genere leggero.
show man, (*ingl. pron.* scioo maen) (*locuz.*) uomo di spettacolo, attore, presentatore, ecc.
show room, (*ingl. pron.* scioo ruum) (*locuz.*) sala d'esposizioni in cui si fanno vedere oggetti, abiti, ecc. a possibili compratori.
sieropositività, *sf.* condizione di chi è sieropositivo.
silenzio stampa, (*locuz.*) astensione dal pubblicare notizie o riferirne da parte dei giornali e della radio TV richiesta da particolari e gravi circostanze.
similpelle, *sf.* materiale sintetico dall'aspetto di cuoio lavorato.
sindacalese, *sm.* linguaggio dei sindacalisti.
sindacatocrazia, *sf.* dominio dei sindacati.
sindrome cinese, (*locuz.*) situazione di terrore provocata dal timore di una catastrofe nucleare (dal titolo di un film del 1979).
single, (*ingl. pron.* singl) *m. e f.* celibe o nubile, che vive da solo ‖ *sin.* → SFAMIGLIATO.
sinistrese, *sm.* linguaggio degli attivisti di sinistra.
sintetizzatore, *sm.* impianto elettronico che opera una sintesi di suoni usato anche per creazioni musicali.
sit in (*ingl. pron.* sit in) (*locuz.*) manifestazione di protesta che si svolge occupando un luogo pubblico (fabbrica, scuola, ecc.) e bloccandolo.
skate bbard, (*ingl. pron.* skeit bood) (*locuz.*) monopattino a quattro rotelle e senza manubrio.
skinhead (*ingl. pron.* schin'ed) *sm.* letteralmente testa rasata. (abbreviato skin) Appartenente a squadracce di teppisti ubriaconi e picchiatori di confuse idee neonaziste. Moda nata negli anni '60 in Inghilterra e diffusasi poi in altre nazioni europee.
slow food, (*ingl. pron.* slou fu'd) (*locuz.*) è l'antitesi del fast food. Movimento per il ritorno ad un tranquillo e lento (slow) pasteggiare.
snack bar, (*ingl. pron.* snek baa') (*locuz.*) bar nel quale si può fare un rapido spuntino.
sniffare, *v. tr.* aspirare o annusare droga (*gergo*).
soap opera, (*ingl. pron.* soup opra) (*locuz.*) racconto televisivo o cinematografico di genere popolare.
social climber, (*ingl. pron.* sosci'l claimba') (*locuz.*) arrampicatore sociale, persona che tenta con tutti i mezzi di conquistare un posto importante in società.
sociale, *sm.* tutto ciò che riguarda la socialità.
società dei consumi, (*locuz.*) metafora per indicare il sistema capitalista nei suoi aspetti di esasperata ricerca di fruizione dei beni di consumo ‖ *sin.* società affluente; società del benessere; società opulenta.
società dello spettacolo, (*locuz.*) la società in cui ha valore solo ciò che è fenomenico o può essere spettacolarizzato.
società permissiva, (*locuz.*) società fin troppo democratica o libertaria, dove la libertà si può trasformare in abuso.
soft, (*ingl. pron.* soft) *agg.* morbido, leggero, anche limitato.
soft drink, (*ingl. pron.* soft drink) (*locuz.*) bevanda poco alcolica.
software, (*ingl. pron.* softuear) *sm.* i programmi del computer inseriti nel → HARDWARE.
software house, (*ingl. pron.* softwear haus) (*locuz.*) fabbrica di → SOFTWARE.
softwarista, *sm.* produttore o ideatore di software.
sommerso, *agg. e sm.* attività di lavoro o insieme di attività che sfuggono a ogni tipo di controllo.
sorpasso, *sm.* nel linguaggio politico, il superamento, per mezzo elettorale di un partito politico da parte di un altro.
sottoalimentato, *sm. e agg.* privo di una alimentazione sufficiente.
sotto-occupato, *sm. e agg.* chi, che non ha un lavoro regolare e che guadagna poco.
sotto-cultura, *sf.* cultura di basso livello.
sotto-governo, *sm.* insieme di persone che intrallazzano e dominano all'ombra di un Governo.
sotto-immigrato, *sm. e agg.* chi, che vive in condizioni peggiori di quelle di un immigrato.
sotto-impiego, *sm.* impiego parziale e non soddisfacente.
sotto-sviluppo, *sm.* stato di una zona o di una nazione non progredita.
sotto-utilizzo, *sm.* utilizzazione parziale.
sotto-via, *sf.* tunnel, sottopassaggio.
sottiletta, *sf.* nome commerciale di una fetta sottile, quadrangolare, di formaggio fuso.
sottotitolare, *v. tr.* riportare in parole scritte sul videoschermo o sulla pellicola di un film i dialoghi o i testi dello stesso.
sovietologo, *sm.* esperto degli affari e problemi del regime sovietico.
spada, *sf.* siringa per iniettare droga, nel gergo dei tossicomani.
spaghetti house, (*ingl. pron.* hausz) (*locuz.*) tipo di ristorante all'italiana ideato in USA e poi diffusosi nel mondo ‖ *sin.* spaghetteria.
spaghetti western, (*ingl. pron.* uesten) (*locuz.*) film d'avventura all'italiana.
spelling, (*ingl. pron.* spellin') *sm.* compitazione che si fa per rendere più comprensibile una parola o un nome, specialmente al telefono.
spinellarsi, v. rifl. fumare una → CANNA o → SPINO 1l *sin.* farsi; stravolgersi, rovinarsi, intripparsi, strippare, strusare (*gergo*).
spinello, *sm.* sigaretta manufatta contenente allucinogeni ‖ *sin.* canna, spino.
spino, → CANNA, → SPINELLO.
splitting, (*ingl. pron.* splittin') *sm.* suddivisione della tassa sul reddito.
sponsor, (*ingl. pron.* sponsa') *sm.* garante, finanziatore di varie attività a fini pubblicitari (*dal latino*).
sponsorizzare, *v. tr.* finanziare, sovvenzionare.
sponsorizzato, *agg.* finanziato da uno → SPONSOR.
sponsorizzatore, *sm.* chi compie l'opera di → SPONSOR.
spontaneismo, *sm.* situazione politica che prevede una autogestione e una autocoscienza della attività sociale.

spot, (*ingl. pron.* spot) *sm.* breve messaggio pubblicitario video o cinetrasmesso.

sprangare, *v. tr.* colpire, picchiare con sbarre di ferro (*gergo*)

squadroni della morte, (*locuz.*) squadre militarizzate clandestine che, nei paesi dittatoriali dell'America Latina, seminano la morte ed il terrore tra gli oppositori del regime.

square, (*ingl. pron.* squea') *agg.* conformista, integrato, buon cittadino.

squinzia, *sf.* ragazza stravagante e un po' presuntuosa (*gergo*).

staff, (*ingl. pron.* staff) *sm.* gruppo di specialisti in qualcosa ‖ *sin.* equipe.

staffetta, *sf. passaggio di poteri politici da un individuo ad un altro o da un partito ad un altro.*

stangata, *sf.* provvedimento pesante di carattere fiscale.

star war, (*ingl. pron.* staa uoo) (*locuz.*) guerra tecnolgica stellare; guerra cosmica.

status symbol, (*ingl. pron.* steitas simbl) (*locuz.*) simbolo oggettivo della propria condizione sociale.

steak house, (*ingl. pron.* steik haus) (*locuz.*) ristorante specializzato in bistecche e carni.

stilista, *sm. e f.* creatore (creatrice) e ideatore (ideatrice) di moda.

stress, (*ingl. pron.* stress) *sm.* tensione psichica provocata da diversi fattori più o meno legati alla vita quotidiana.

stressante, *agg.* che provoca → STRESS; faticoso.

stressare, *v. tr.* sottoporre a → STRESS; annoiare, infastidire.

stressato, *sm. e agg.* chi, che soffre di → STRESS.

strip, (*ingl. pron.* strip) *sm.* striscia, storia breve a fumetti.

strumentalizzare, *v. tr.* utilizzare per i propri interessi.

strumentalizzato, *sm. e part. pass.* chi, che è usato come uno strumento per gli scopi di altre persone.

stunt man, (*ingl. pron.* stan mn) (*locuz.*) cascatore, attore specializzato in sequenze pericolose.

subliminale, *agg.* che è al di sotto delle capacità di comprensione immediata e cosciente.

sufismo, *sm.* movimento religioso mistico dell'Islam.

Sufista, *agg.* relativo al → sufismo.

super, *agg.* di qualità superiore ‖ *sin.* eccellente, il migliore.

supportare, *v. tr.* sostenere qualcuno.

supporter, (*ingl. pron.* supporta') *sm.* sostenitore, tifoso di una squadra o di qualcuno.

surprise party, (*ingl. pron.* surprais paati) (*locuz.*) festa o festino a sorpresa, dove accadono cose impreviste.

survival, (*ingl. pron.* survaivl) *sf.* sopravvivenza; tecnica della sopravvivenza.

suspence, (*ingl. pron.* sspence) *sf.* tensione provocata da qualche artificio artistico-spettacolare che tiene col fiato sospeso.

surplus, *sm.* eccesso di merci, crediti o debiti.

svacco, *sm.* comportamento apatico, inattivo, passivo, annoiato, cedimento inattivo dopo un iniziale entusiasmo (*gergo*).

sveltina, *sf.* rapporto sessuale veloce e spesso disincantato (*gergo*).

T

tabulato, *sm.* prospetto stampato dalla stampante di un elaboratore elettronico.
TAC, sigla di tomografia assiale computerizzata, esame medico (stratigrafia assiale) eseguita mediante un computer.
tagliare, *v. tr.* fuggire, scappare, anche aggiungere sostanze estranee ad una quantità di droga da parte degli spacciatori per aumentare i ricavi.
take away, (*ingl. pron.* teik auei) (*locuz.*) servizio fornito da un ristorante o tavola calda dove si possono acquistare piatti da asportare (in ingl. *take away* = portare via).
take off, (*ingl. pron.* teik off) (*locuz.*) decollo di un aereo; in senso figurato, il prendere avvio dall'economia o di un progetto.
talent-scout, (*ingl. pron.* tlent scaut) *sm.* persona che scopre e lancia nuovi artisti nel mondo dello spettacolo.
talk show, (*ingl. pron.* too'k sciou) (*locuz.*) spettacolo televisivo basato sulla conversazione fra un conduttore e i suoi invitati.
talpa, *sf.* informatore, spia che opera nel buio.
tamarro, *sm.* espressione dialettale meridionale con varie sfumature nelle varie regioni d'Italia; 'villano, zotico' al sud; giovinastro che ha delle pretese di eleganza al nord.
tampinare, *v. tr.* seguire, abbordare, molestare (dal dialetto milanese).
tanga, *sm.* costume da bagno di dimensioni ridottissime.
tangelo, *sm.* frutto ottenuto incrociando un mandarino con un pompelmo.
tangente. *sf.* pagamento illegittimo richiesto, spesso con minacce, su una trattativa.
tangentista, *sm. e f.* chi chiede o incassa una → TANGENTE.
target, (*ingl. pron.* taa'ghet) *sm.* obiettivo di una campagna di vendita; pubblico al quale la stessa si rivolge.
taroccato, *sm. e agg.* oggetto contraffatto messo in vendita come oggetto di marca.
task force, (*ingl. pron.* task foo's) (*locuz.*) unità militare o navale usata per operazioni di pronto intervento in situazioni di particolare emergenza.
tastierista, *sm. e f.* suonatore di organo elettronico, sintetizzatore o altro strumento dotato di tastiera.
tatzebao, (*cinese,* con varie grafie) *sm.* cartellone murale di contenuto politico e propagandistico originato in Cina ai tempi della cosiddetta Rivoluzione Culturale; in occidente, tabellone scritto a grandi lettere, in uso soprattutto in fabbriche e scuole.
tavola a vela, → WINDSURF.
tazebao, → TATZEBAO.
teaching machine, (*ingl. pron.* ticin' mascìn) (*locuz.*) apparato elettronico utilizzato per l'insegnamento, soprattutto delle lingue.
team, (*ingl. pron.* tiim) *sm.* gruppo di persone che operano insieme ‖ *sin.* equipe.
tecnocrate, *sm. e f.* tecnico che esercita il proprio potere anche in campo politico.
tecnocrazia, *sf.* dominio dei tecnici nella vita economica, politica e sociale di un paese e conseguente messa da parte dei politici.
tecnologie dolci, (*locuz.*) tecnologie che non disturbano l'equilibrio ambientale o la salute degli uomini.
tecnopoli, *sf.* società dominata dalla tecnica e dalle sue innovazioni.
teen-ager, (*ingl. pron.* tiin-eigia') *sm. e f.* giovane fra i tredici e i diciannove anni (dall'ingl. *thfrteen* (= 13) e *nineteen* (= 19).
telare, *v. intr.* scappare, darsela a gambe (*gergo*).
teleacquisto, *sm.* l'acquisto di una merce attraverso la televisione.
teleascoltatore, → TELESPETTATORE.
teleascolto, *sm.* ascolto o visione di trasmissioni televisive. ‖ *sin.* teleaudience.
teleaudience, (*ingl. pron.* teleòdiens) → TELEASCOLTO.
telebeam, (*ingl. pron.* telebim) *sm.* particolare dispositivo elettronico che, elaborando immagini televisive, riesce a misurare gli spazi e le distanze delle stesse.
telecamera, → CAMERA.
telechiesa, *sf.* chiesa televisiva, in cui opera un → telepredicatore.
telecomando, *sm.* comando impartito a distanza; soprattutto l'apparecchietto a raggi infrarossi utilizzato per sintonizzare il televisore.
teledipendente, *sm./f. e agg.* persona che vive in funzione delle trasmissioni televisive senza riuscire a staccarsi dal piccolo schermo.
teledrin, *sm.* servizio speciale offerto dalla SIP per chiamare, mediante un apposito apparecchietto, un abbonato che si trova entro un determinato raggio dal proprio apparecchio telefonico adattato a questo servizio.
telefax, *sm.* trasmissione e ricezione di immagini a distanza, effettuate attraverso linee telefoniche appositamente adattate.
telefilmico, *sm. e agg.* del telefilm. Spregiativo per indicare un film.
telefono azzurro, (*locuz.*) associazione che si occupa dei problemi relativi ai maltrattamenti dei minori.
telefono cellulare, (*locuz.*) chiamato anche "cellulare" è il telefono portatile, tascabile, → status symbol nei primi anni '90 in Italia.
telefono rosso, → LINEA ROSSA.
telegiornalistico, *agg.* relativo ai telegiornali od al loro linguaggio.
telematica, *sf.* informatica applicata alla telecomunicazioni; trasmissione di dati a distanza via cavi telefonici.
telemedicina, *sf.* applicazione della → TELEMATICA alla medicina.
telenovela, → NOVELA.
teleologo, termine ironico per indicare lo studioso della televisione, dei contesti e delle implicazioni ad essa legati. ‖ *sin.* massmediologo.
telepredicatore, *sm.* uomo di fede o religioso che, apparendo sugli schermi televisivi, predica ai telespettatori.
teleriscaldamento, *sm.* riscaldamento ottenuto sfruttando l'energia residua di certe lavorazioni o dell'incenerimento di immondizie, o simili che viene convogliata verso luoghi

pubblici, abitazioni, ecc.
teleutente, *sm.* chi fruisce del media televisivo.
televisazione, *sf.* stato di assuefazione del → teleutente.
televisione verità, (*locuz.*) serie di programmi televisivi trasmessi in diretta che propongono un reale coinvolgimento dei telespettatori con la verità mostrata.
tempi lunghi, (*locuz.*) lungo spazio di tempo previsto come necessario per l'esecuzione di un determinato progetto.
tempi tecnici, (*locuz.*) periodo di tempo necessario per compiere una determinata funzione; (espressione usata comunemente come formula giustificativa di ritardi dovuti alla necessità di svolgere certe funzioni in modo preciso).
tempo d'accesso, (*locuz.*) nel linguaggio del computer, il tempo che occorre per leggere e registrare un'operazione nella memoria.
tempo parziale, → PART TIME.
tempo pieno, (*locuz.*) tempo che si dedica a un'attività lavorativa che copre l'intero arco della giornata; anche usato per indicare attività scolastiche che si svolgono oltre le ore di lezione con insegnanti che non sono quelli che tengono le lezioni del mattino.
contr. tempo parziale; part time.
tempo prolungato, (*locuz.*) termine che si usa per indicare un impegno scolastico che copre l'intero arco della giornata, diverso dal → TEMPO PIENO in quanto le lezioni pomeridiane sono tenute dagli stessi insegnanti che tengono quelle del mattino.
tempo reale, (*locuz.*) nel linguaggio dell'informatica indica un'operazione il risultato della quale è quasi contemporaneo alla immissione dei dati.
teologia della liberazione, (*locuz.*) la teoria evangelica e sociale sviluppatasi in America Latina negli ultimi decenni.
terrorismo, *sm.* tipo di lotta politica basata sulla violenza.
terza età, (*locuz.*) termine generale per indicare l'insieme delle persone anziane.
terza serata, (*locuz.*) nel linguaggio televisivo, fascia oraria situata fra le 23,30 e la fine delle trasmissioni.
terziario, *sm. e agg.* settore o attività che produce o fornisce servizi, così detto perché viene al terzo posto dopo il settore primario (produzione) e il secondario (trasformazione industriale).
terziario avanzato, (*locuz.*) settore dell'attività produttiva dei servizi ad alto contenuto di innovazione tecnoglogica. (per esempio: informatica, management, ecc.).
terziarizzazione, *sf.* processo per cui gli addetti ai servizi finiscono con il prevalere sul resto dei lavoratori.
terzomondista, *sm. e f.* persona che si occupa dei problemi del → TERZO MONDO.
terzo mondo, (*locuz.*) l'insieme dei paesi afroasiatici, quasi tutti ex colonie, impegnati in un processo di sviluppo economico e sociale.
tessera magnetica, (*locuz.*) scheda di identificazione in plastica con bande magnetizzate per il prelievo automatico di denaro, apertura porte, ecc.
testa di cuoio, (*locuz.*) appartenente a uno speciale corpo di polizia, formato da uomini scelti e addestrati per azioni particolarmente delicate.
testa d'uovo, (*locuz.*) intellettuale (dall'ingl. *egghead pron.* egg heed).
testare, *v. tr.* sottoporre a un test, a un esame, ad analisi, riferito sia a persone che a prodotti di vario genere.
testimonial, (*ingl. pron.* testimònial) *sm.* messaggio pubblicitario nel quale un personaggio famoso garantisce la qualità di un prodotto; anche il personaggio stesso.
testone, *sm.* un milione di lire (*gergo*).
TG, sigla di Telegiornale.
tetrapak, *sm.* il pacchetto di cartone paraffinato nel quale vengono confezionati e venduti latte, bibite, succhi, ecc.
thatcheriano, (*ingl. pron.* tacceriano) *agg.* relativo a Margaret Thatcher, Primo Ministro della Gran Bretagna degli anni '80.
thatcherismo, (*ingl. pron.* taccerismo) *sm.* politica decisa, propria del Primo Ministro della Gran Bretagna Margaret Thatcher.
thriller, (*ingl. pron.* tzrilla') *sm.* racconto raccappricciante, che fa venire i brividi ed emozione; ‖ *sin.* giallo.
ticket, (*ingl. pron.* tiket) *sm.* scontrino, biglietto; quota che gli assistiti dagli enti mutualistici sono tenuti a pagare quando acquistano medicinali o usufruiscono di cure mediche, analisi di laboratorio e simili.
tifoseria, *sf.* l'insieme delle persone che fanno il tifo per una squadra o per un atleta.
tigone, *sm.* animale risultante dall'incrocio, fatto in vitro, in laboratorio, fra una tigre e un leone.
tigre di carta, (*locuz.*) animale aggressivo e pericoloso solo in apparenza (dal linguaggio dei seguaci del → MAOISMO).
tilt, (*ingl. pron.* tilt) *sm.* interruzione, soprattutto nell'espressione 'andare in tilt'; l'incepparsi; derivato dal gioco del → FLIPPER.
timer, (*ingl. pron.* taimà) *sm.* dispositivo a orologeria che conta il tempo necessario affinché una macchina compia determinati movimenti e funzioni, usato anche per le bombe a orologeria.
tiramisù, *sm.* cocaina o farmaco eccitante (*gergo*).
tirare, *v. intr.* funzionare bene, essere in piena espansione.
titoismo, *sm.* concezione politica del presidente jugoslavo Josip Broz Tito. ‖ *sin.* titismo.
titolazione, *sf.* formulazione del titolo di un giornale.
titolese, *sm.* il linguaggio poco chiaro di certi titoli di giornale.
top, (*ingl. pron.* top) *sm.* vertice, momento culminante; camicetta senza maniche.
top class, (*ingl. pron.* top kless) (*locuz.*) prima classe degli aerei.
top manager, (*ingl. pron.* top managia') (*locuz.*) alto dirigente.
top rate, (*ingl. pron.* top reit) (*locuz.*) massimo interesse applicato dalle banche ai loro clienti migliori.
top secret, (*ingl. pron.* top sikrt) (*locuz.*) cosa segretissima, nota soltanto a poche persone.
top target, (*ingl. pron.* top tar'ghit) (*locuz.*) la parte più importante del pubblico al quale si rivolge una campagna pubblicitaria.
tormentone, *sm.* pensiero o attività assillante.
tossicodipendente, *sm./f. e agg.* persona che non può fare a meno della droga, affetta da tossicodipendenza.
total immersion, → FULL IMMERSION.
totonero, *sm.* scommesse clandestine sulle partite del campionato di calcio.
tour operator, (*ingl. pron.* tuur opereita') (*locuz.*) organizzatore di viaggi turistici e di vacanze.

tozzo, *sm.* corrispondente romano di → PANINARO.
tracimare, *v. intr.* andare fuori di testa (*gergo*).
trade-center, (*ingl. pron.* treid senta') (*locuz.*), zona nella quale sono concentrati uffici, negozi e servizi vari.
training, (*ingl. pron.* treinin') *sm.* addestramento, allenamento, insegnamento.
training autogeno (*vedi pron.* training) (*locuz.*) metodo psicoterapeutico che permette di rilassarsi mediante la concentrazione.
trans, abbreviazione di → TRANSESSUALE.
transessuale, *sm. e agg.* persona il cui sesso risulta incerto; che si sente appartenente al sesso opposto. ‖ *sin.* transex.
trapianto, *sm.* tecnica chirurgica che permette il trasferimento di organi da un individuo all'altro o da una parte all'altra di uno stesso organismo.
trasferibile, *sm.* lettera o disegno stampato su un apposito foglio di plastica che può essere trasferito su un altro foglio per comporre titoli, didascalie, ecc.
trasversalismo, *sm.* tendenza a superare gruppi e settori per agire in modo autonomo.
trekking, (sudafricano, pron. trekkin') *sm.* escursionismo che si svolge in regioni poco accessibili con pernottamenti e campi improvvisati.
trend, (*ingl. pron.* trend) *sm.* tendenza, specialmente in politica.
trendy, (*ingl. pron.* trendi) *agg.* che è di moda, alla moda.
triangolazione, nel gergo calcistico, doppio passaggio fra due giocatori.
trionfalismo, *sm.* atteggiamento da trionfatore, non del tutto o sempre giustificato.
trip, (*ingl. pron.* trip) *sm.* temporaneo allontanamento dalla realtà provocato dall'assunzione di sostanze allucinogene (*gergo*). ‖ *sin.* viaggio.
troika, (*russo, pron.* troika) *sf.* gruppo dirigente formato da tre persone.
trombatura, *sf.* insuccesso clamoroso.
t-shirt, (*ingl.* ti sceet), *sf.* maglietta a maniche corte.
tupamaro, *sm.* guerrigliero che si ispira ai terroristi uruguaiani.
turismatica, *sf.* informatica applicata al turismo.
turnazione, *sf.* l'alternarsi dei turni di lavoro.
turn-over, (*ingl. pron.* teen ova') (*locuz.*) ricambio del personale mediante nuove assunzioni, ‖ *sin.* rotazione.
tuttologia, *sf.* scienza del tutto (*ironico*).

U

ufficializzare, *v. tr.* rendere nota a tutti una cosa che è stata realizzata o progettata.
ufficializzato, *agx. ep.p.* reso noto.
ufflcializzazione, *sf.* atto, effetto dell → UFFICIALIZZARE.
UFO, sigla di Unidentified Flying Objects (Oggetti Volanti non Identificati), riferito a oggetti misteriosi segnalati in volo nel cielo.
ufologia, *sf.* studio, 'scienza degli → UFO.
Uligano, *sm.* teppista russo (dal russo *chuligan*).
ultima spiaggia, (*locuz.*) estrema speranza.
ultra, *prefisso* che sostituisce l'avv. 'oltre' con il quale sono state formate molte parole (es. ultrasonico, ultrapotenza, ultraviolenza).
ultrà, *sm. inv.* reazionario; estremista; extraparlamentare.
ultra-destra, *sf.* l'insieme degli estremisti di destra.
ultra-sinistra, *sf.* l'insieme degli estremisti di sinistra.
umanoide, *sm. e agg.* essere simile all'uomo ma non del tutto umano; personaggio della fantascienza; proveniente da altri pianeti o creato in laboratorio.
under, (*ingl. pron.* anda') *avv.* sotto, inferiore a.
underground, (*ingl. pron.* anda' graund) *agg.* letteralmente, sotterraneo; detto di movimento politico non ufficiale o di stile di vita che va contro la cultura dominante; alternativo.
understatement, (*ingl. pron.* anda'steitment) *sm.* affermazione in tono minore, che tende a sminuire.
unisex, *agg.* che non fa differenza fra i sessi, adatto a donne e uomini.
unità sanitaria locale, (*locuz.*) una delle strutture (insieme di uffici, servizi, ecc.) in cui si articola il servizio sanitario nazionale.
uomo-massa, (*locuz.*) individuo che fa parte coscientemente della massa, privo di individualità e spirito sociale.
uomo-oggetto, (*locuz.*) uomo che non viene trattato come un individuo, soggetto di diritto, ma come un oggetto. ***contr.*** donna-oggetto.
up, (*ingl. pron.* ap) *avv.* in progresso, in ascesa, che sale.
upper class, (*ingl. pron.* appa' cl s) (*locuz.*) classe superiore, alta borghesia.
up to date, (*ingl. pron.* ap tu deit) (*locuz.*) aggiornato, alla moda.
urlo, *sm.* cosa fantastica, bellissima.
usa e getta, (*locuz.*) oggetto destinato al consumo immediato, non riutilizzabile in altre occasioni.
usato, *sm.* prodotto rimesso in vendita dopo il primo uso (automobili, abiti, ecc.).
USL, sigla di → UNITA SANITARIA LOCALE.
usmare, *v. tr.* fiutare, odorare, anche in senso figurato.
utero in affitto, (*locuz.*) neologismo riferito alla donna che porta a termine una gravidanza altrui, in quanto le è stato inserito nell'utero l'ovulo fecondato di un'altra donna.

V

vacanze a pedali, (*locuz.*) percorso turistico effettuato in bicicletta.
vacanze intelligenti, (*locuz.*) vacanze diverse da quelle tradizionali, che conciliano svago e impegno culturale.
vacanziere, *sm.* persona che va o si trova in vacanza.
vampiro della benzina, (*locuz.*) chi ruba la benzina dalle auto in sosta.
velinaro, *sm.* giornalista che, anziché scrivere secondo le proprie opinioni, si limita a scrivere quanto gli viene imposto dai proprietari o direttori del giornale o da altre persone.
vendetta trasversale, (*locuz.*) vendetta compiuta su persone care a quella che si vuole colpire indirettamente.
venditore di morte, (*locuz.*) spacciatore di droga.
venerabile, *sm. e agg.* capo di una loggia massonica.
ventiquattrore, *sf.* valigetta di piccole dimensioni, atta a portare con sè il necessario per un breve viaggio d'affari.
verde, *sm. e f.* appartenente al movimento ecologico dei Verdi.
verticismo, *sm.* tendenza a delegare il potere decisionale a un'organizzazione politica o sindacale senza consultare la base.
verticista, *sm./f. e agg.* chi, che è orientato verso il → VERTICISMO.
vetero, *prefisso* che sostituisce la parola 'vecchio' con il quale sono state formate molte parole (es. vetero-comunista, vetero-leninista, ecc.).
viado, *sm.* travestito sudamericano che si prostituisce per le strade.
viaggio, → TRIP.
video, *prefisso* che significa dotato di schermo tipo TV con il quale sono state formate molte parole (es. video-cassetta, video-citofono, videoscrittura, ecc.).
video art, (*locuz.*) arte che si serve della televisione.
video-cassetta, *sf.* caricatore che contiene film o programmi televisivi registrati che, mediante apposite apparecchiature, possono essere proiettati e visti sul video di un normale televisore.
videocitofono, *sm.* citofono dotato di piccolo schermo collegato a una telecamera che permette di vedere chi suona alla porta.
videoclip, (*ingl. pron.* vidioclip) *sm.* breve filmato televisivo che illustra un brano musicale.
videodipendente, *sm./f. e agg.* individuo condizionato dai programmi della televisione dei quali non riesce più a fare a meno.
videodipendenza, *sf.* stato di forte dipendenza piscologica e di incapacità di non guardare la televisione, proprio del → VIDEODIPENDENTE.
videogame, (*ingl. pron.* videogheim) → VIDEOGIOCO.
videogioco, *sm.* apparecchiatura elettronica che permette di simulare su un video situazioni di gioco (tennis, battaglie navali, ecc.) alle quali possono prendere parte due e più giocatori.
videomusic, (*ingl. pron.* videomiusik), *sm.* disco sul quale sono registrati musica e immagini proiettabili su schermo televisivo.
videonastro, *sm.* nastro magnetico che può essere riprodotto su schermo televisivo ‖ *sin.* videotape.
videonews, *sf. plur.* notiziario televisivo.
videoregistratore, *sm.* registratore di programmi televisivi O film che, ripresi con un apposita → CAMERA sono proiettabili sullo schermo televisivo.
videoscrittura, sf. scrittura mediante un elaboratore elettronico ‖ *sin.* word processing.
videosimulazione, *sf.* riproduzione su video di situazioni reali a fini pedagogici o di addestramento.
videotape, → VIDEONASTRO.
videoteca, *sf.* raccolta di videocassette o luogo dove vengono raccolte.
videotel, *sm.* nome commerciale che indica un servizio di informazioni di interesse generale di cui si può usufruire attraverso un particolare adattamento della linea telefonica e del televisore e il pagamento di un canone.
videotelefono, *sm.* telefono dotato di schermo televisivo sul quale compare l'immagine di chi telefona.
videoterminale, *sm.* terminale di un elaboratore elettronico dotato di video sul quale vengono visualizzate immagini.
vigilantes, *sm. pl.* corpo di polizia privata (dallo spagnolo).
ville a schiera, (*locuz.*) casette unifamiliari costruite una a fianco dell'altra, solitamente in località turistiche.
villeggiatura forzata, (*locuz.*) confino cautelare, licenziamento, congedo.
VIP, sigla di Very Important Person (*ingl. pron.* veri importnt persn) personaggio importante, di grande prestigio: (dal linguaggio militare, poi passato a quello delle compagnie aeree e infine diffuso anche in altre aree).
vippità, *sf.* l'essere → VIP.
visagista, *sm.* e f: specialista del trucco (dal francese *visage,* pron. visasg = viso).
visitors, (*ingl. pron.* visitors) *sm. pl.* alieni, personaggi di un altro mondo (dal titolo del film omonimo).
vissuto, *sm.* l'insieme degli avvenimenti che hanno formato la vita di una persona.
visualizzare, *v. tr.* rappresentare con delle immagini che facciano quasi vedere ciò di cui si parla.
viversi addosso, (*locuz.*) vivere in modo apatico, tirare a campare.
vocalist, *sm. e f.* cantante in un gruppo musicale. ‖ *sin.* vocalista.
vocalista, → VOCALIST.
volantinaggio, *sm.* distribuzione di volantini informativi che viene fatta davanti a luoghi di lavoro o scuole specialmente in occasione di scioperi o manifestazioni.
volantinare, *v. intr.* effettuare una distribuzione di volantini, eseguire il → VOLANTINAGGIO.
volley, (*ingl. pron.* vollei) *sm.* pallavolo.
volodeltista, *sm. e agg.* pilota di deltaplano.
voucher, (*ingl. pron.* vaucia') *sm.* tagliando, ricevuta soprattutto quella rilasciata da uffici viaggio per comprovare l'avvenuto pagamento di un servizio (albergo, trasporto, ecc.).

voyeurismo, *sm.* atteggiamento maniacale del guardone che trova piacere nello spiare spettacoli sessuali. ‖ *sin.* guardonlsmo.

vu cumprà, (*locuz.*) venditore ambulante, per lo più di colore, così chiamato dal suo richiamo (vuoi comprare?).

vuoto a perdere, (*locuz.*) bottiglia per la quale non si paga una cauzione al momento dell'acquisto e che viene gettata (o riciclata) dopo l'uso.